ਪੰਜਾਬੀ ਯੂਨੀਵਰਸਿਟੀ
ਪੰਜਾਬੀ ਅੰਗਰੇਜ਼ੀ ਕੋਸ਼

PUNJABI UNIVERSITY
PUNJABI ENGLISH DICTIONARY

ਥ	th	ਹਾਥੀ	ha*th*i
ਦ	d	ਤਾਈਦ	tai*d*
ਧ	t/d	ਧੱਕਾ/ਸਾਧ	*t*ə̀kka/sá*d*
ਨ	n	ਨਫ਼ਾ	*n*əpha
ਪ	p	ਤਪਸ਼	tə*p*əṣ
ਫ	ph	ਫੱਕਰ	*ph*əkkər
ਫ਼	f	ਫ਼ਰਵਰੀ	*f*ərvəri
ਬ	b	ਤਬਕਾ	tə*b*ka
ਭ	p/b	ਭੀੜ/ਲੱਭਣਾ	*p*ìṛ/lə́*bb*əṇa
ਮ	m	ਨਾਮ	na*m*
ਯ	y	ਯਤੀਮ	*y*ətim
ਰ	r	ਨਰ	nə*r*
ਲ	l	ਤਲਬ	tə*l*əb
ਲ਼	ḷ	ਕਾਲ਼ਾ	ka*ḷ*a
ਵ	v	ਵੈਰ	*v*er
ੜ	ṛ	ਦੌੜ	dɔṛ

1. ਅਨੁਨਾਸਕਤਾ ਦੇ ਚਿੰਨ੍ਹ ਟਿੱਪੀ ' ੰ ' ਅਤੇ ਬਿੰਦੀ ' ਂ ' ਨੂੰ ਆਈ.ਪੀ.ਏ. ਵਿਚ ਚਿੰਨ੍ਹ '~' ਰਾਹੀਂ ਪਰਗਟਾਇਆ ਗਿਆ ਹੈ। ਏਹ ਚਿੰਨ੍ਹ ਸਬੰਧਤ ਸਵਰ ਚਿੰਨ੍ਹ ਦੇ ਉੱਪਰ ਲਾਇਆ ਗਿਆ ਹੈ। ਜਿਵੇਂ ਸ਼ਬਦ 'ਸੰਦ' (sə̃d) ਅਤੇ 'ਅਸਾਂ' (əsã) ਵਿਚ।
2. ਸ਼ਬਦਾਂ ਦੇ ਉਚਾਰਨ ਸਮੇਂ ਨੀਵੀਂ ਅਤੇ ਉੱਚੀ ਸੁਰ ਨੂੰ ਤਰਤੀਬਵਾਰ ਚਿੰਨ੍ਹ '`' ਅਤੇ '´' ਰਾਹੀਂ ਪਰਗਟਾਇਆ ਗਿਆ ਹੈ। ਏਹ ਚਿੰਨ੍ਹ ਸਬੰਧਤ ਸਵਰ ਚਿੰਨ੍ਹ ਉੱਪਰ ਲਾਇਆ ਗਿਆ ਹੈ। ਜਿਵੇਂ ਸ਼ਬਦ 'ਧੀਰ' (tìr) ਅਤੇ 'ਸਾਧ' (sád) ਵਿਚ। ਗੁਰਮੁਖੀ ਧੁਨੀ 'ਹ' ਦਾ ਸ਼ਬਦ ਦੇ ਅਰੰਭ ਵਿਚ ਉਚਾਰਨ ਹੁੰਦਾ ਹੈ ਪਰ ਸ਼ਬਦ ਦੇ ਵਿਚਕਾਰ ਜਾਂ ਅੰਤ ਉੱਤੇ ਆਉਣ ਨਾਲ ਏਹ ਧੁਨੀ ਸੁਰ ਵਿਚ ਬਦਲ ਜਾਂਦੀ ਹੈ ਜਿਵੇਂ 'ਹੱਤਕ' (həttək), 'ਸਨੇਹ' (səné) ਅਤੇ 'ਪੜ੍ਹਾਈ' (pəṛài) ਵਿਚ।
3. ਦੁੱਤ ਵਿਅੰਜਨ ਧੁਨੀ ਨੂੰ ਪਰਗਟਾਉਣ ਲਈ ਗੁਰਮੁਖੀ ਵਿਚ ਅਧਕ ' ੱ ' ਚਿੰਨ੍ਹ ਦੀ ਵਰਤੋਂ ਕੀਤੀ ਜਾਂਦੀ ਹੈ। ਏਹ ਚਿੰਨ੍ਹ ਪੰਜਾਬੀ ਵਿਚ ਸੰਜੁਗਤ ਧੁਨੀ ਵਾਲ਼ੇ ਅੱਖਰ ਤੋਂ ਪੈਹਲੇ ਅੱਖਰ ਦੇ ਉੱਪਰ ਲਾਇਆ ਜਾਂਦਾ ਹੈ ਅਤੇ ਆਈ. ਪੀ. ਏ. ਵਿਚ ਅਜੇਹੀ ਧੁਨੀ ਦੇ ਪਰਗਟਾ ਵਾਲ਼ੇ ਅੱਖਰ ਪਾਏ ਜਾਂਦੇ ਹਨ ਜਿਵੇਂ ਸ਼ਬਦ 'ਲੁੱਟ' (luṭṭ) ਅਤੇ 'ਕੁੱਦ' (kudd) ਵਿਚ।
4. ਸ਼ਬਦ ਦੇ ਉਚਾਰਨ ਸਮੇਂ ਬਲ ਦੇ ਪਰਗਟਾ ਲਈ ਦਬਾ ਚਿੰਨ੍ਹ ਪਾਇਆ ਜਾਂਦਾ ਹੈ ਜਿਵੇਂ 'ਖੜਕਾ' ('khəṛka) ਅਤੇ 'ਖੜਕਾ' (khəṛ'ka) ਵਿਚ।

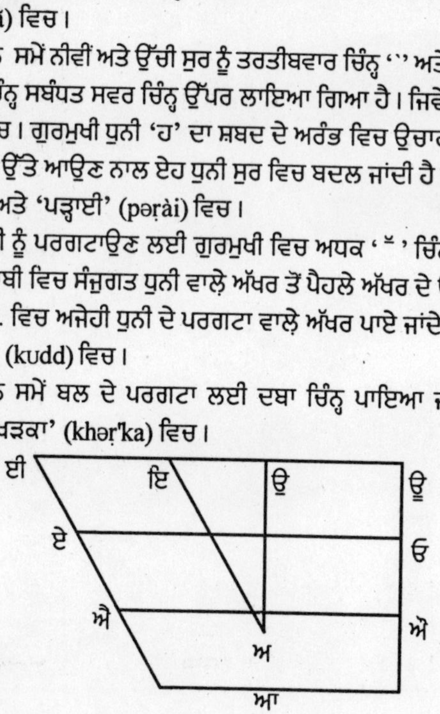

ਪੰਜਾਬੀ ਯੂਨੀਵਰਸਿਟੀ

ਪੰਜਾਬੀ-ਅੰਗਰੇਜ਼ੀ ਕੋਸ਼

PUNJABI UNIVERSITY
PUNJABI-ENGLISH
DICTIONARY

ਪਬਲੀਕੇਸ਼ਨ ਬਿਊਰੋ
ਪੰਜਾਬੀ ਯੂਨੀਵਰਸਿਟੀ, ਪਟਿਆਲਾ

PUNJABI-ENGLISH DICTIONARY
· published by
Punjabi University, Patiala

ISBN 81-7380-096-0

ਪਹਿਲੀ ਛਾਪ 1994
ਸੰਕਲਨ ਕਰਤਾ
ਮੇਜਰ ਗੁਰਮੁਖ ਸਿੰਘ (ਰਿਟਾ.)
ਸੰਪਾਦਕ
ਡਾ. ਸ. ਸ. ਜੋਸ਼ੀ, ਸ. ਮੁਖਤਿਆਰ ਸਿੰਘ ਗਿੱਲ
ਸੰਪਾਦਕ ਮੰਡਲ
ਸ. ਮਨਮੰਦਰ ਸਿੰਘ, ਡਾ. ਕੁਲਜੀਤ ਕਪੂਰ

ਦੂਜੀ ਛਾਪ 1999
ਸੰਪਾਦਕ ਮੰਡਲ
ਡਾ. ਸ. ਸ. ਜੋਸ਼ੀ, ਸ. ਮੁਖਤਿਆਰ ਸਿੰਘ ਗਿੱਲ
· ਸ. ਮਨਮੰਦਰ ਸਿੰਘ, ਡਾ. ਕੁਲਜੀਤ ਕਪੂਰ
ਸ੍ਰੀਮਤੀ ਸੁਮਨ ਪਰੀਤ, ਸ. ਗੁਰਬਖਸ਼ ਸਿੰਘ

ਤੀਜੀ ਛਾਪ 2002
ਚੌਥੀ ਛਾਪ (ਮੁੜ ਪ੍ਰਕਾਸ਼ਤ)
2009
ਕਾਪੀਆਂ : 11,000
ਮੁੱਲ : 400-00

ਡਾ. ਐਸ. ਐਸ. ਖਹਿਰਾ, ਰਜਿਸਟਰਾਰ, ਪੰਜਾਬੀ ਯੂਨੀਵਰਸਿਟੀ, ਪਟਿਆਲਾ ਨੇ ਪ੍ਰਕਾਸ਼ਿਤ ਕੀਤੀ
ਅਤੇ ਮੈ/ਸ ਅਨੰਦ ਸੰਨਜ਼, ਦਿੱਲੀ ਵਿਖੇ ਛਪੀ

ਭੂਮਿਕਾ

ਸੰਸਾਰ ਵਿਚ ਆਵਾਜਾਈ ਅਤੇ ਸੰਚਾਰ ਦੇ ਸਾਧਨਾਂ ਦਾ ਤੇਜ਼ੀ ਨਾਲ ਵਿਕਾਸ ਹੋਣ ਕਾਰਨ ਵੱਖ-ਵੱਖ ਭਾਸ਼ਾਵਾਂ ਬੋਲਣ, ਪੜ੍ਹਨ ਅਤੇ ਸਮਝਣ ਵਾਲੇ ਲੋਕਾਂ ਦਾ ਆਪਸੀ ਸੰਪਰਕ ਵੱਧ ਗਿਆ ਹੈ । ਇਸ ਸੰਪਰਕ ਨਾਲ ਵੱਖ-ਵੱਖ ਬੋਲੀਆਂ ਦਾ ਇਕ-ਦੂਜੀ ਬੋਲੀ ਉਤੇ ਪ੍ਰਭਾਵ ਪੈਣਾ ਆਵੱਸ਼ਕ ਹੋ ਗਿਆ ਹੈ । ਹਰ ਇਕ ਵਿਕਸਿਤ ਜਾਂ ਅਵਿਕਸਿਤ ਭਾਸ਼ਾ ਦੂਜੀਆਂ ਭਾਸ਼ਾਵਾਂ ਤੋਂ ਸ਼ਬਦ ਗ੍ਰਹਿਣ ਕਰ ਰਹੀ ਹੈ । ਭਾਸ਼ਾ ਵਿਚ ਆ ਰਹੀ ਨਵੀਂ ਸੋਚ, ਨਵੀਂ ਖੋਜ, ਨਵੇਂ ਅਨੁਭਵੀ ਚਿੱਤਰ ਪੇਸ਼ ਕਰਨ ਲਈ ਕਈ ਨਵੇਂ ਸ਼ਬਦ ਵੀ ਘੜੇ ਜਾ ਰਹੇ ਹਨ । ਹੋਰ ਬੋਲੀਆਂ ਵਾਂਗ ਪੰਜਾਬੀ ਬੋਲੀ ਵਿਚ ਵੀ ਇਹ ਵਾਧਾ ਹੋ ਰਿਹਾ ਹੈ । ਇਸ ਵਾਧੇ ਨੂੰ ਲੋਕਾਂ ਤਕ ਪੁਚਾਉਣ ਦੇ ਸਾਧਨਾਂ ਵਿਚ ਕੋਸ਼ ਦਾ ਮਹੱਤਵਪੂਰਨ ਯੋਗਦਾਨ ਹੈ । ਦੋ ਭਾਸ਼ੀ ਕੋਸ਼, ਦੋ ਭਾਸ਼ਾਵਾਂ ਨੂੰ ਸਮਝਣ ਵਾਲੇ ਹਰ ਇਕ ਵਿਅਕਤੀ, ਭਾਵੇਂ ਉਹ ਸਿਖਾਂਦਰੂ ਹੋਵੇ ਜਾਂ ਮਾਹਰ, ਲਈ ਲਾਹੇਵੰਦ ਸਿੱਧ ਹੁੰਦਾ ਹੈ ।

ਭਾਰਤ ਵਿਚ ਪੰਜਾਬੀ ਭਾਸ਼ਾ ਨਾਲ ਸਬੰਧਤ ਸਭ ਤੋਂ ਪਹਿਲਾਂ ਦੋ ਭਾਸ਼ੀ ਕੋਸ਼ 'ਪੰਜਾਬੀ ਕੋਸ਼' ਲੁਧਿਆਣਾ ਮਿਸ਼ਨ ਨੇ 1854 ਈ. ਵਿਚ ਰਚਿਆ ਸੀ । ਇਸ ਤੋਂ ਬਾਅਦ ਮੈਯਾ ਸਿੰਘ ਨੇ 'ਪੰਜਾਬੀ ਕੋਸ਼' 1895 ਈ. ਵਿਚ ਸੰਪਾਦਤ ਕੀਤਾ । ਇਨ੍ਹਾਂ ਦੋਹਾਂ ਕੋਸ਼ਾਂ ਵਿਚ ਪੰਜਾਬੀ ਭਾਸ਼ਾ ਦੇ ਸ਼ਬਦਾਂ ਦੇ ਅਰਥ ਅੰਗਰੇਜ਼ੀ ਵਿਚ ਦਿੱਤੇ ਹੋਏ ਹਨ । ਵੀਹਵੀਂ ਸਦੀ ਵਿਚ ਇੱਕਾ ਦੁੱਕਾ 'ਪੰਜਾਬੀ-ਅੰਗਰੇਜ਼ੀ ਕੋਸ਼' ਕੁਝ ਪ੍ਰਕਾਸ਼ਕਾਂ ਵੱਲੋਂ ਛਾਪੇ ਗਏ । ਜੇ ਕਿਸੇ ਅਦਾਰੇ ਵੱਲੋਂ 'ਪੰਜਾਬੀ-ਅੰਗਰੇਜ਼ੀ ਕੋਸ਼' ਤਿਆਰ ਕੀਤਾ ਗਿਆ ਹੈ ਤਾਂ ਇਹ ਪੰਜਾਬੀ ਯੂਨੀਵਰਸਿਟੀ ਵੱਲੋਂ ਮੇਜਰ ਗੁਰਮੁਖ ਸਿੰਘ (ਰਿਟਾ.) ਵੱਲੋਂ ਸੰਕਲਿਤ ਕੀਤਾ ਗਿਆ ਸੀ ਅਤੇ ਦਸੰਬਰ 1994 ਵਿਚ ਛਪਿਆ ਸੀ ।

ਅੰਗਰੇਜ਼ੀ ਭਾਸ਼ਾ ਲਿਖਣ, ਪੜ੍ਹਨ, ਬੋਲਣ ਅਤੇ ਸਮਝਣ ਵਾਲੇ ਲੋਕ ਬਹੁਤ ਸਾਰੇ ਦੇਸ਼ਾਂ ਵਿਚ ਮਿਲਦੇ ਹਨ । ਪੰਜਾਬੀ ਸ਼ਬਦਾਂ ਦੇ ਅੰਗਰੇਜ਼ੀ ਵਿਚ ਅਰਥ ਦੇਣ ਕਰਕੇ ਇਹ ਕੋਸ਼ ਵਿਦੇਸ਼ਾਂ ਵਿਚ ਵੀ ਲਾਹੇਵੰਦ ਸਿੱਧ ਹੋ ਰਿਹਾ ਹੈ । ਇਸ ਕੋਸ਼ ਦੀ ਪਹਿਲੀ ਐਡੀਸ਼ਨ ਦੀ ਪਾਠਕਾਂ ਵੱਲੋਂ ਕਾਫ਼ੀ ਸ਼ਲਾਘਾ ਅਤੇ ਮੰਗ ਹੋਈ ਅਤੇ ਛਪੀਆਂ ਕਾਪੀਆਂ ਜਲਦੀ ਹੀ ਖ਼ਤਮ ਹੋ ਗਈਆਂ । ਹਥਲਾ ਕੋਸ਼ ਇਸੇ ਕੋਸ਼ ਦੀ ਸੋਧੀ ਹੋਈ ਦੂਜੀ ਐਡੀਸ਼ਨ ਹੈ ।

'ਪੰਜਾਬੀ-ਅੰਗਰੇਜ਼ੀ ਕੋਸ਼' (ਦੂਜੀ ਐਡੀਸ਼ਨ) ਨੂੰ ਪਾਠਕਾਂ ਅੱਗੇ ਪੇਸ਼ ਕਰਨ ਵਿਚ ਮੈਂ ਫ਼ਖਰ ਮਹਿਸੂਸ ਕਰ ਰਿਹਾ ਹਾਂ । ਕੋਸ਼ਕਾਰੀ ਦੇ ਪਿੜ ਵਿਚ ਇਹ ਕੋਸ਼ ਅਹਿਮ ਸਥਾਨ ਰਖਦਾ ਹੈ । ਸੁਹਿਰਦ ਪਾਠਕਾਂ ਵੱਲੋਂ ਭਰਪੂਰ ਸੁਆਗਤ ਦੀ ਆਸ ਹੈ ।

ਪੰਜਾਬੀ ਯੂਨੀਵਰਸਿਟੀ
ਪਟਿਆਲਾ
ਜਨਵਰੀ, 1999

ਜੋਗਿੰਦਰ ਸਿੰਘ ਪੁਆਰ
ਵਾਈਸ-ਚਾਂਸਲਰ
(1993-1999)

ਸੰਪਾਦਕੀ

ਇਸ ਯੂਨੀਵਰਸਿਟੀ ਵਿਚ 1978 ਈ. ਵਿਚ ਸ਼ਬਦ-ਜੋੜ ਕੋਸ਼ ਸੈੱਲ ਦੀ ਸਥਾਪਨਾ ਹੋਈ ਸੀ, ਜਿਸ ਨੂੰ 1992 ਈ. ਵਿਚ 'ਪੰਜਾਬੀ ਕੋਸ਼ਕਾਰੀ ਵਿਭਾਗ' ਵਿਚ ਬਦਲ ਦਿੱਤਾ ਗਿਆ ਸੀ ਪਰ ਇਸ ਵਿਭਾਗ ਵਿਚ ਅਕਾਦਮਿਕ ਅਮਲੇ ਦੇ ਮੈਂਬਰ ਇਕ ਲੈਕਚਰਾਰ ਜਾਂ ਦੋ ਲੈਕਚਰਾਰ ਤੋਂ ਵੱਧ ਨਾ ਹੋ ਸਕੇ। ਤਿੰਨ-ਚਾਰ ਸਾਲ ਪਹਿਲਾਂ ਮੌਜੂਦਾ ਵਾਈਸ-ਚਾਂਸਲਰ ਡਾ. ਜੋਗਿੰਦਰ ਸਿੰਘ ਪੁਆਰ ਜੀ ਨੇ ਇਸ ਵਿਭਾਗ ਵਿਚ ਚਾਰ ਲੈਕਚਰਾਰਾਂ ਦਾ ਸਟਾਫ਼ ਕਰ ਦਿੱਤਾ ਅਤੇ ਤਕਨੀਕੀ ਸਹਾਇਕ, ਪ੍ਰਜੈਕਟ ਸਹਾਇਕ, ਲੈਂਗੂਏਜ ਇਨਵੈਸਟੀਗੇਟਰ, ਡੀਮਾਂਸਟਰੇਟਰ ਆਦਿ ਦੀਆਂ ਹੋਰ ਅਸਾਮੀਆਂ ਵੀ ਦੇ ਦਿੱਤੀਆਂ। ਇਸ ਤੋਂ ਇਲਾਵਾ ਉਹਨਾਂ ਨੇ ਨਿੱਜੀ ਦਿਲਚਸਪੀ ਲੈ ਕੇ ਵਿਭਾਗ ਲਈ ਹੋਰ ਸੁਵਿਧਾਵਾਂ ਵੀ ਮੁਹੱਈਆ ਕੀਤੀਆਂ। ਕੋਸ਼ਕਾਰੀ ਵਿਭਾਗ ਵਾਈਸ-ਚਾਂਸਲਰ ਸਾਹਿਬ ਦਾ ਧੰਨਵਾਦੀ ਹੈ, ਜਿਨ੍ਹਾਂ ਦੀ ਇਸ ਦਿਲਚਸਪੀ ਸਦਕਾ ਇਸ ਵਿਭਾਗ ਵੱਲੋਂ ਕੋਸ਼ਕਾਰੀ ਦੇ ਕਾਰਜ ਵਿਚ ਅਤੀ ਮਹੱਤਵਪੂਰਨ ਕਾਰਜ ਹੋਣੇ ਆਰੰਭ ਹੋ ਗਏ।

ਪਿਛਲੇ ਚਾਰ-ਪੰਜ ਸਾਲਾਂ ਵਿਚ ਪੰਜਾਬੀ ਕੋਸ਼ਕਾਰੀ ਵਿਭਾਗ ਨੇ 'ਪੰਜਾਬੀ-ਅੰਗਰੇਜ਼ੀ ਕੋਸ਼' ਦੀ ਪਹਿਲੀ ਐਡੀਸ਼ਨ, 'ਅੰਗਰੇਜ਼ੀ-ਪੰਜਾਬੀ ਕੋਸ਼' ਦੀ ਸੋਧੀ ਹੋਈ ਪੰਜਵੀਂ ਐਡੀਸ਼ਨ, 'ਅੰਗਰੇਜ਼ੀ-ਪੰਜਾਬੀ ਕੋਸ਼' (ਵਿਦਿਆਰਥੀ ਐਡੀਸ਼ਨ) ਤਿਆਰ ਕੀਤੇ ਹਨ। ਸ਼ਬਦ ਜੋੜਾਂ ਦੇ ਨੇਮ ਬਣਾ ਕੇ ਸ਼ਬਦ ਜੋੜ ਕੋਸ਼ ਦੀ ਦੂਜੀ ਐਡੀਸ਼ਨ ਤਿਆਰ ਕੀਤੀ ਗਈ ਹੈ, ਜੋ ਛਪਾਈ ਦੇ ਅੰਤਿਮ ਪੜਾਅ 'ਤੇ ਹੈ। 'ਸੰਸਕਰਿਤ ਪੰਜਾਬੀ ਕੋਸ਼' ਛਪਾਈ ਲਈ ਪਰੈੱਸ ਨੂੰ ਭੇਜਿਆ ਜਾ ਰਿਹਾ ਹੈ ਅਤੇ 'ਪੰਜਾਬੀ ਪੰਜਾਬੀ ਕੋਸ਼' ਤਿਆਰੀ ਅਧੀਨ ਹੈ। ਥੋੜੇ ਜਿਹੇ ਸਟਾਫ਼ ਵੱਲੋਂ ਕੇਵਲ ਚਾਰ-ਪੰਜ ਸਾਲਾਂ ਵਿਚ ਕੀਤਾ ਗਿਆ ਇਹ ਕੰਮ ਸ਼ਲਾਘਾ-ਯੋਗ ਹੈ।

ਪੰਜਾਬੀ ਕੋਸ਼ਕਾਰੀ ਵਿਭਾਗ ਵੱਲੋਂ ਦਸੰਬਰ 1994 ਵਿਚ ਮੇਜਰ ਗੁਰਮੁਖ ਸਿੰਘ ਦੁਆਰਾ ਸੰਕਲਿਤ 'ਪੰਜਾਬੀ-ਅੰਗਰੇਜ਼ੀ ਕੋਸ਼' ਸੰਪਾਦਤ ਕਰਕੇ ਪਹਿਲੀ ਵਾਰ ਛਾਪਿਆ ਗਿਆ ਸੀ। ਇਸ ਕੋਸ਼ ਦੀ ਦੇਸ਼ ਅਤੇ ਵਿਦੇਸ਼ਾਂ ਵਿਚ ਸ਼ਲਾਘਾ ਹੋਈ ਕਿਉਂ ਜੋ ਅੰਗਰੇਜ਼ੀ ਜਾਣਨ ਵਾਲੇ ਪੰਜਾਬੀ ਦੇ ਵਿਦਵਾਨਾਂ ਲਈ ਇਹ ਅਤੀ ਲਾਹੇਵੰਦ ਸਿੱਧ ਹੋਇਆ ਹੈ। ਇਸ ਯੂਨੀਵਰਸਿਟੀ ਵੱਲੋਂ ਸਿੱਖਿਆ ਦਾ ਮਾਧਿਅਮ ਪੰਜਾਬੀ ਅਪਣਾਉਣ ਕਰਕੇ, ਪੰਜਾਬ ਸਰਕਾਰ ਦੇ ਦਫ਼ਤਰਾਂ ਵਿਚ ਪੰਜਾਬੀ ਭਾਸ਼ਾ ਦੀ ਵਰਤੋਂ ਹੋਣ ਕਰਕੇ ਅਤੇ ਹੋਰ ਕਾਰਜਾਂ ਵਿਚ ਪੰਜਾਬੀ ਨੂੰ ਦਿੱਤੀ ਜਾ ਰਹੀ ਪਹਿਲ ਸਦਕਾ ਇਸ ਕੋਸ਼ ਦਾ ਮਹੱਤਵ ਹੋਰ ਵੀ ਵੱਧ ਗਿਆ ਹੈ।

'ਪੰਜਾਬੀ-ਅੰਗਰੇਜ਼ੀ ਕੋਸ਼' ਦੀ ਲਗਾਤਾਰ ਆ ਰਹੀ ਮੰਗ ਨੂੰ ਧਿਆਨ ਵਿਚ ਰਖਦਿਆਂ ਹੋਇਆਂ ਪੰਜਾਬੀ ਕੋਸ਼ਕਾਰੀ ਵਿਭਾਗ ਵੱਲੋਂ ਇਸ ਕੋਸ਼ ਦੀ ਪਹਿਲੀ ਐਡੀਸ਼ਨ ਦੀ ਸੋਧ ਕਰਕੇ ਅਤੇ ਕੁਝ ਵਾਧੇ ਘਾਟੇ ਕਰਕੇ, ਦੂਜੀ ਐਡੀਸ਼ਨ ਤਿਆਰ ਕੀਤੀ ਗਈ ਹੈ। ਯਤਨ ਕੀਤਾ ਗਿਆ ਹੈ ਕਿ ਇਸ ਕੋਸ਼ ਵਿਚ ਵੱਧ ਤੋਂ ਵੱਧ ਸ਼ੁੱਧਤਾ, ਸਪਸ਼ਟਤਾ, ਸੰਖੇਪਤਾ ਅਤੇ ਸੰਪੂਰਨਤਾ ਆ ਸਕੇ। ਇਸ ਕੋਸ਼ ਦੀ ਸੁਧਾਈ ਦਾ ਕਾਰਜ ਪੰਜਾਬੀ ਕੋਸ਼ਕਾਰੀ ਵਿਭਾਗ ਦੇ ਅਧਿਆਪਨ ਅਮਲੇ ਨੇ ਨਿਸ਼ਚਿਤ ਸਮੇਂ ਵਿਚ ਪੂਰਾ ਕਰਕੇ ਜਸ ਖੱਟਿਆ ਹੈ।

ਅਸੀਂ ਡਾ. ਜੋਗਿੰਦਰ ਸਿੰਘ ਪੁਆਰ ਜੀ ਦੇ ਰਿਣੀ ਹਾਂ ਜਿਨ੍ਹਾਂ ਦੀ ਅਗਵਾਈ ਅਤੇ ਸਰਪ੍ਰਸਤੀ

ਸਦਕਾ ਇਹ ਕਾਰਜ ਜਲਦੀ ਹੀ ਨੇਪਰੇ ਚੜ੍ਹ ਸਕਿਆ ਹੈ। ਇੰਜ ਪੰਜਾਬੀ ਭਾਸ਼ਾ ਦੇ ਕੋਸ਼ਕਾਰੀ ਦੇ ਅਣਗੌਲੇ ਪਿੜ ਨੂੰ ਪੁੰਗਰਨ ਦਾ ਮੌਕਾ ਮਿਲ ਸਕਿਆ ਹੈ। ਮੇਜਰ ਗੁਰਮੁਖ ਸਿੰਘ (ਰਿਟਾ.) ਦਾ ਵੀ ਧੰਨਵਾਦ ਕਰਦੇ ਹਾਂ ਜੋ ਇਸ ਕੋਸ਼ ਵਿਚ ਸੋਧਾਂ ਕਰਨ ਵੇਲੇ ਸਮੇਂ-ਸਮੇਂ ਸਾਨੂੰ ਆਪਣੀ ਰਾਇ ਦਿੰਦੇ ਰਹੇ। ਪ੍ਰੋਫੈਸਰ ਗੁਲਵੰਤ ਸਿੰਘ ਜੀ ਅਤੇ ਸ੍ਰੀ ਜੀ. ਐਸ ਰਿਆਲ ਵੀ ਸਾਡੀ ਸਹਾਇਤਾ ਕਰਦੇ ਰਹੇ। ਇਨ੍ਹਾਂ ਦੇ ਅਸੀਂ ਸ਼ੁਕਰਗੁਜ਼ਾਰ ਹਾਂ। ਵਿਭਾਗ ਦੇ ਤਕਨੀਕੀ ਸਹਾਇਕ ਸ. ਕਰਮਜੀਤ ਸਿੰਘ ਨੇ ਤਕਨੀਕੀ ਪੱਖ ਤੋਂ ਕੋਸ਼ ਵਿਚ ਇਕਸਾਰਤਾ ਲਿਆਉਣ ਲਈ ਸ਼ਲਾਘਾਯੋਗ ਕੰਮ ਕੀਤਾ। ਸ. ਭੁਪਿੰਦਰ ਸਿੰਘ ਨੇ ਕੋਸ਼ ਦੇ ਪਰੂਫਾਂ ਨੂੰ ਬੜੇ ਗੌਹ ਨਾਲ ਪੜ੍ਹਿਆ ਅਤੇ ਵਿਭਾਗ ਦੇ ਹੋਰ ਸਟਾਫ਼ ਮੈਂਬਰ ਨਿਸ਼ਾਨ ਸਿੰਘ, ਅਨਵਰ ਚਿਰਾਗ ਅਤੇ ਨਾਗਰ ਸਿੰਘ ਨੇ ਇਸ ਕੰਮ ਵਿਚ ਜਿਸ ਮੇਲ-ਮਿਲਾਪ ਨਾਲ ਕੰਮ ਕੀਤਾ, ਉਸ ਦੀ ਪ੍ਰਸ਼ੰਸਾ ਕਰਨੀ ਯੋਗ ਬਣਦੀ ਹੈ।

ਇਸ ਕੋਸ਼ ਦੀ ਛਪਾਈ ਵਿਚ ਸ. ਹਜ਼ਾਰਾ ਸਿੰਘ, ਤਕਨੀਕੀ ਸਲਾਹਕਾਰ, ਪਬਲੀਕੇਸ਼ਨ ਬਿਊਰੋ ਨੇ ਨਿੱਜੀ ਦਿਲਚਸਪੀ ਲਈ ਅਤੇ ਇਸ ਦੀ ਸੁੰਦਰ ਛਪਾਈ ਕਰਵਾਈ। ਇਸ ਸਹਿਯੋਗ ਲਈ ਅਸੀਂ ਉਨ੍ਹਾਂ ਦੇ ਦਿਲੋਂ ਧੰਨਵਾਦੀ ਹਾਂ।

'ਪੰਜਾਬੀ-ਅੰਗਰੇਜ਼ੀ ਕੋਸ਼' ਦੀ ਦੂਜੀ ਸੋਧੀ ਐਡੀਸ਼ਨ ਪਾਠਕਾਂ ਨੂੰ ਪੇਸ਼ ਕਰਨ ਵਿਚ ਮੈਂ ਖ਼ੁਸ਼ੀ ਅਨੁਭਵ ਕਰ ਰਿਹਾ ਹਾਂ। ਆਸ ਕਰਦਾ ਹਾਂ ਕਿ ਪਾਠਕ ਇਸ ਦਾ ਸੁਆਗਤ ਕਰਨਗੇ ਅਤੇ ਇਸ ਬਾਰੇ ਉਸਾਰੂ ਸੁਝਾ ਸਾਨੂੰ ਭੇਜਣਗੇ।

ਸ. ਸ. ਜੋਸ਼ੀ
ਸੰਪਾਦਕ

ਪੰਜਾਬੀ ਕੋਸ਼ਕਾਰੀ ਵਿਭਾਗ,
ਪੰਜਾਬੀ ਯੂਨੀਵਰਸਿਟੀ
ਪਟਿਆਲਾ
ਜਨਵਰੀ, 1999

FOREWORD

Basic material is urgently needed for the development of a language. Dictionaries of various types constitute the core of this material. As we live in a multilingual society, multilingual dictionaries are the need of the hour. A dictionary is useful not only for the translators and scholars but also for those who are to be initiated in the learning of a language. Bilingual dictionaries are a must if Punjabi is to cope with challenges and take on new responsibilities.

Punjabi is no longer confined to the political boundaries of a single state. It is being used almost all over the world. As a language, being used as a medium of instruction upto Postgraduate level in the colleges and Universities in the Punjab, as an official and court language at various levels and as a language of mass media, Punjabi was in dire need of a standard Punjabi-English Dictionary. The present dictionary is the first one in the series of bilingual dictionaries, being prepared by the Punjabi University, Patiala. English-Punjabi, Persian-Punjabi, Sanskrit-Punjabi, and Lahindi-Punjabi dictionaries are at various stages of preparation.

This dictionary was originally compiled by Major Gurmukh Singh (Retd.). The department of Punjabi Lexicography took up the task of getting it printed. I am glad to mention that the whole work, from rewriting the mansuscript to preparing the press copy and seeing the whole project through, was taken up on a war footing under the guidance of Prof. Mukhtiar Singh Gill and Prof. S. S. Joshi. The staff of various departments, namely, Lexicography, Linguistics and Punjabi Language, Punjabi Literary Studies and Punjabi Language Development lent a helping hand in completing this in a record time.

This dictionary, I am sure, will go a long way in promoting the development of Punjabi Language.

Punjabi University, Patiala
December 21, 1994

JOGINDER SINGH PUAR
Vice-Chancellor

EDITORIAL

A dictionary occupies an important place in the basic materials needed for language learning and teaching. It is perhaps the only source of information regarding the richness of a language and its usages for most people. Among humans, language is the principal cultural tool and means of communication. It changes with the change of place and even in the same place with time. Every living language coins or adopts new words and idioms to meet various needss while some of the old ones which have become irrelevant are pushed out of use. In a way every new generation needs a fresh dictionary.

With rapid advances in the field of science and technology the whole globe has become a village like unit. People from different countries speaking different languages and following different cultural traditions are seen rubbing shoulders with one another. In India, which is a multilingual and multicultural society, bilingual dictionaries are the need of the hour. For historical reasons Punjab had and is still having close relations with the English speaking world. Even within India, in importance, English is second to none. It is a compulsory subject for under-graduates all over the country. The number of English-medium schools has been rising enormously. Students from Punjab often suffer from the lack of suitable vocabulary when it comes to expressing themselves in English. On the other hand people of the Punjabi origin settled in English speaking countries are worried about the fact that the new generation is being removed farther from their rich cultural and religious heritage to maintain cultural links. They need reference books that would supply meanings of Punjabi words and phrases in English. It is our hope that the present Punjabi-English Dictionary will go a long way in meeting these demands.

The present dictionary has been so designed as to be useful not only to Punjabi knowing scholars and translators but also to help English knowing learners of modern Punjabi language. It contains about forty thousand Punjabi words, phrases and idioms arranged in the order of Gurmukhi alphabet. A special feature of this Dictionary is the provision of pronunciation of the principal words using I.P.A. symbols modified according to typographical constrainsts. Punjabi being a tone language, where the accented syllable is also the tone onset syllable, high and low tones have been marked on the vowel of the accented syllable. There is a marked disparity between letter-sound correspondence in Punjabi. The pronunciation, enclosed in square brackets, is very near to the spoken form. Grammatical information including parts of speech, particle, inflextional form, number, gender etc., is given with each word, phrase and idiom. Only nominative and substantive forms of verbs and masculine form of nouns and adjectives are generally given in the present work, unless otherwise indicated. In the case of nouns and adjectives where no gender is indicated, it is presumed that the form of adjective does not change with the gender.

This dictionary was compiled by Major Gurmukh Singh (Retd.). The University decided to publish this dictionary and to accomplish the task the Editors were given the responsibility of revising and up-dating the original manuscript. Not only the manuscript was revised but the pronunciation of principal Punjabi words was also provided in the modified I.P.A. by the editors, adding accent and diacritical marks wherever necessary.

The press copy had to be written by hand to meet the technical requirements of the press. Therefore, help from the academic staff of Anthropological Linguistics and Punjabi Language Department, some friends of the Punjabi Literary Studies Department, Punjabi Language Development Department, Calligraphists from the Degree section and other technical and non-teaching staff of the department of Punjabi Lexicography was obtained and is gratefully acknowledged.

This dictionary was printed on the basis of laser computer-typesetting under the guidance of Dr Hazara Singh, Technical Advisor, Publication Bureau, Punjabi University, Patiala. Without his deep personal interest, it was well nigh impossible for this project to be completed in such a short time.

We are indebted to our worthy Vice-Chancellor Dr Joginder Singh Puar who is singularly responsible not only for this dictionary but also for providing a new impetus to the development of Punjabi in all respects. The Punjabi University was established with the sole aim of developing Punjabi language, literature and culture and in all these spheres tremendous amount of work has been undertaken under the able guidance of Dr J. S. Puar, who is dedicated to the task of developing Punjabi. This dictionary could not see the light of the day but for his personal interest and daily monitoring of progress at various stages of its preparation. We are grateful to him.

This dictionary had to be sent to the press for publication to meet certain deadlines set by the University authorities. Therefore, it is but natural that certain errors may have escaped our notice. The users are requested to send their suggestions for further improvement and point out errors so that these can be removed in the next edition.

Punjabi University, Patiala
December 21, 1994

MUKHTIAR SINGH GILL
S. S. JOSHI
Editors

INSTRUCTIONS FOR USE

Principal words are arranged in alphabetical order and their pronunciation in modified I.P.A. is against each is square brackets.

The alphabetic order of the symbols used is as under :

Gurmukhi	*I. P. A.*	*Gurmukhi*	*I. P. A.*
ਅ	ə	ਝ	c/j
ਆ	a	ਞ	ñ
ਇ	ɪ	ਟ	ṭ
ਈ	i	ਠ	ṭh
ਉ	ʊ	ਡ	ḍ
ਊ	u	ਢ	ṭ/ḍ
ਏ	e	ਣ	ṇ
ਐ	ɛ	ਤ	t
ਓ	o	ਥ	th
ਔ	ɔ	ਦ	d
ਸ	s	ਧ	t/d
ਸ਼	ṣ	ਨ	n
ਹ	h	ਪ	p
ਕ	k	ਫ	ph
ਖ	kh	ਫ਼	f
ਖ਼	x	ਬ	b
ਗ	g	ਭ	p/b
ਗ਼	g̣	ਮ	m
ਘ	k/g	ਯ	y
ਙ	ṅ	ਰ	r
ਚ	c	ਲ	l
ਛ	ch	ਲ਼	ḷ
ਜ	j	ਵ	v
ਜ਼	z	ੜ	ɽ

Nasalisation symbols tippi 'ੰ' and bindi 'ਂ' are represented by the symbol ~ on top of the respective vowel symbol and low and high tones are shown by the signs ` and ´ respectively placed on the top of the vowel symbols.

adhak has been used to mark gemination of Punjabi consonant sounds other than nasals.

Sequence under each consonant is the letter without any symbol, then followed by vowel symbols ਮੁਕਤਾ (Null), 'ਾ', 'ਿ', 'ੀ', '_', '=', 'ੇ', 'ੈ', 'ੋ', and 'ੌ' in that order. Derivatives and idioms related to principal words are given again in an alpabetical order but without pronunciation in the I.P.A., under each, except where change of the pronunciation of the principal word occurs. In the later case they appear separately as principal words or phrases alongwith their correct pronunciation. The symbol ~ is used for the principal word. Synonyms are separated by commas and difference of connotation or consonance has been expressed by semicolon.

Two different expressions have been used to indicate relation to synonyms. "same as..." has been used to point out towards more commonly used in standard literary Punjabi for the given words. Where as "see...", is used for similar reference in the case of colloquial and dialectical usage uncommon in literary writing or against words from other language. "also..." has been used to point out literary spellings less commonly used.

LIST OF ABBREVIATIONS

adj.	adective
adv.	adverb
arch.	archaic
aux. v.	auxiliary verb
cf.	compare
colloq.	colloquial
conj.	conjunction
con. v.	conjunct verb
cpd. v.	compound verb
depec.	depreciatory or deprecatory
dia.	dialectical usage
esp.	especially
f./fem.	feminime gender
fig.	figurative usage
geom.	geometry
gr.	grammar
interj.	interjection
lit.	literally
m.	masculine gender
maths.	mathematics
met.	metaphoric usage
n. f.	noun, feminine
n. m.	noun, masculine
ph.	phrase
pl.	plural
poet.	poetic use
prec.	the principal word, derivative or phrase immediately preceding
pref.	prefix
prep.	preposition
pron.	pronoun
suff.	suffix
usu.	usually
v. form.	verb form
v. i.	verb, intransitive
v. i. t.	verb, intransitive as well as transitive
v. t.	verb, transitive

LIST OF ABBREVIATIONS

adj.	adjective
adv.	adverb
arch.	archaic
aux. v.	auxiliary verb
cf.	compare
colloq.	colloquial
comm.	commercial
con. v.	connect verb
cpd. v.	compound verb
derog.	deprecatory or depreciation
dial.	dialectal usage
esp.	especially
f.	feminine gender
fig.	figurative usage
geog.	geography
gram.	grammar
intersec.	intersection
lit.	literally
m.	masculine gender
maths.	mathematics
met.	metaphoric usage
n. f.	noun, feminine
n. m.	noun, masculine
ph.	phrase
pl.	plural
poet.	poetic use
prec.	the principal word, derivative or phrase immediately preceding
pref.	prefix
prep.	preposition
pron.	pronoun
suff.	suffix
us.	usually
v. intr.	verb
v. refl.	verb reflexive
v.t.i.	verb intransitive as well as transitive
v.t.	verb transitive

ੳ

ੳ [uṛa] *n.m.* first letter of Gurmukhi script used to form vowel ੳੁ /u/ as in pull, ੳੂ /u/ as in pool and ਓ /o/ as in pole

ਉਆਂ [uã] *n.f.* sound of infants' cry

ਉਸ [us] *pron.* that, he, she, it, in conjunctive modes of

~ **ਦਾ** his, her, its; also ਉਹਦਾ

~ **ਨੂੰ** him, her, it

~ **ਨੇ** he, she, it

ਉਸ਼ਕਲ [uṣkəl] *n.f.* incitement, instigation, prompting; impulse, sudden inclination to action

~ **ਆਉਣੀ** *con.v.* to feel impulse or urge to action

~ **ਦੇਣੀ** *con.v.* to incite, instigate, prompt, motivate, urge

ਉਸ਼ਟੰਡ [uṣṭə̃ḍ] *n.m.* stunt, hoax, sham, trick

ਉਸ਼ਟੰਡੀ [uṣṭə̃ḍi] *adj. m.* sham; trickster, hoaxer, impostor

ਉਸਤਤ/ਉਸਤਤੀ [ustət/ustəti] *n.f.* praise, admiration, compliment, tribute, eulogy, laudation, encomium, panegyric; orison, prayer, hymn

~ **ਕਰਨੀ** *con.v.* to praise, compliment, eulogise, laud, panegyrise; to pay tribute; to sing hymn or praises

ਉਸਤਰਾ [ustəra] *n.m.* razor; *fig.* a clever, smart or cunning person

~ **ਫੇਰਨਾ** *ph.* to shave; *fig.* to swindle, cheat, cozen, defraud

ਉਸਤਰਿਆਂ ਦੀ ਮਾਲ਼ਾ *ph.* a crown or bed of thorns, razor's edge, a difficult or hazardous job

ਉਸਤਾਦ [ustad] *n.m.* teacher, tutor, instructor, master, master craftsman *adj.* skilful, expert, adept, adroit, dexterous, proficient; clever, shrewd; swindler, crafty

ਉਸਤਾਦੀ [ustadi] *n.f.* mastery, skill, expertness, expertise, adeptness, adroitness, shrewdness, cunning, artfulness, craftiness

ਉਸ਼ਬਾ [uṣba] *n.m.* sarsaperilla

ਉਸਰਈਆ [usrəia] *n.m.* builder, maker, founder

ਉੱਸਰਨਾ [ussərna] *v.i.* to be built, come up, be constructed, grow, develop; to be strengthened or augmented

ਉੱਸਰਵਾਂ [ussərvã] *adj. m.* being built up, rising

ਉਸਰਵਾਉਣਾ [usərvauṇa] *v.t.* to get something built or constructed

ਉੱਸਲਵੱਟ [ussəḷvəṭṭ] *n.m.* wriggling or writhing motion, tossing and turning, uneasiness, restlessness

~ **ਲੈਣੇ** *con.v.* to toss and turn, wriggle and writhe, feel uneasy or restless, squirm

ਉਸ਼ਾ [uṣa] *n.f.* dawn, morning light, daybreak

ਉਸਾਰਨਾ [usarna] *v.t.* to build, construct, raise, build up; to strengthen, augment

ਉਸਾਰੀ [usari] *n.f.* process of ਉਸਾਰਨਾ, construction

ਉਸੇ [use] *pron.* he, she, himself, herself

ਉਸ਼ੇਰ [uṣer] *n.f.* dawn, morning light, daybreak

~ **ਸਾਰ** *adv.* at dawn, at daybreak

ਉਹ [ó] *pron.* he, she, it, they, that, those; same as ਉਸ, also ਓਹ

ਉਹ ਹੋ [ó ho] *interj.* oh!

ਉਹ ਜਾਣੇ [ó jaṇe] *interj.* never mind, it is all right, don't bother

ਉਹਨਾਂ [ónã] *pron.* they

ਉਕਸਾਉਣਾ [uksauṇa] *v.t.* to incite, excite,

instigate, encourage, abet, motivate, stimulate, prompt; to provoke

ਉਕਸਾਊ [uksau] *adj.* motivating, stimulating, inciting, exciting; provocative

ਉਕਸਾਹਟ [uksáṭ] *n.f.* incitement, instigation, provocation

ਉੱਕਣਾ [ukkəṇa] *v.i.* to overlook, omit, forget; to miss; to err, make a mistake, do something through forgetfulness or ignorance; also ਉੱਕ ਜਾਣਾ

ਉਕਤ [ukt] *adj.* the said, aforesaid, above mentioned, already mentioned

ਉਕਤਾਉਣਾ [uktauṇa] *v.i.* to be fed up, tired of, bored, sick of; to feel irked, irritated or exasperated; to lose interest; to become indifferent

ਉਕਤਾਹਟ [uktáṭ] *n.f.* boredom, exasperation

ਉਕਤੀ [ukti] *n.f.* speech, statement, saying, mark, aphorism

ਉਕਤੇਵਾਂ [uktevã] *n.m.* loss of interest, indifference

ਉੱਕਰਨਾ [ukkərna] *v.t.* to engrave, inscribe, carve, cut, chisel, chase, etch, tattoo

ਉੱਕਰਨੀ [ukkərni] *n.f.* burin

ਉੱਕਰਵਾਂ [ukkərvã] *adj.* engraved, inscribed, chiselled, etched, tattooed

ਉਕਰਵਾਉਣਾ [ukərvauṇa] *v.t.* to cause to be or to get engraved or inscribed

ਉਕਰਵਾਈ [ukərvai] *n.f.* process of or wages for ਉਕਰਵਾਉਣਾ

ਉਕਰਾਂ [ukrã] *adv.* similarly, as the same, in the same way; same as ਓਵੇਂ

ਉਕਰਾਉਣਾ [ukrauṇa] *v.t.* same as ਉਕਰਵਾਉਣਾ

ਉਕਰਾਈ [ukrai] *n.f.* process of, wages for ਉਕਰਾਉਣਾ

ਉਕਰੇਵਾਂ [ukrevã] *n.m.* engraving, etching

ਉੱਕੜ ਦੁੱਕੜ [ukkəṛ dukkəṛ] *adj.* see ਇੱਕੜ ਦੁੱਕੜ

ਉਕੜੂ [ukṛu] *adj.* bent or tilted forward; (as loaded cart) with more weight on the front part

ਉੱਕਾ [ukka] *adv.* at all; totally, wholly, completely; *usu.* ਉੱਕਾ ਨਹੀਂ – not at all

~ ਪੁੱਕਾ *adj. m.* nett (cost, price, bargain) without overhead or additional charges

ਉਕਾਉਣਾ [ukauṇa] *v.t.* to cause to miss, overlook or omit; *cf.* ਉੱਕਣਾ

ਉਕਾਈ [ukai] *n.f.* failure to act, error or fault of omission, default, oversight, error, mistake

ਉਕਾਬ [ukab] *n.m.* eagle

ਉਕਾਬੀ [ukabi] *adj.* eagle-like, aquiline, accipitrine, raptorial

ਉਕੇਰਾ [ukera] *n.m.* engraver, inscriber, etcher, tattooer, tattooist

ਉੱਖਣਨਾ [ukkhəṇna] *v.t.* same as ਉੱਕਰਨਾ

ਉੱਖਲ/ਉੱਖਲੀ [ukkhəḷ/ukkhəḷi] *n.m./n.f.* pit or mortar for pounding grain *esp.* paddy in

ਉੱਖੜਨਾ [ukkhəṛna] *v.i.* to get loose, dismantled, disjointed or unhinged; to be uprooted or pulled out; to become shaky or unsteady; to waver; to become unsettled (as in life or business)

ਉੱਖੜਵਾਂ [ukkhəṛvã] *adj.* detachable, loose, unfastened or disjointed

ਉਖੜਵਾਉਣਾ [ukhəṛvauṇa] *v.t.* to get or cause to be disjointed, dismantled or unhinged

ਉਖਾੜਨਾ/ਉਖੇੜਨਾ [ukhaṛna/ukheṛna] *v.t.* to disjoint, dismantle, dislocate, unhinge; to extract, uproot, pull-out; to unsettle; to cause to be diffident or waver

ਉਖਿਆਈ [ukhıai] *n.f.* same as ਔਖ

ਉੱਗਣਾ [uggəṇa] *v.i.* to germinate, sprout, grow; (for sun, moon, stars) to rise

ਉਗਮਣਾ [ugəmṇa] *v.i.* to rise, arise, appear; to emerge, emanate; to take birth

ਉਗਰ [ugər] *adj.* fierce, intense, wrathful, angry, violent, terrible, frightful

ਉਗਰਤਾ [ugərta] *n.f.* fierceness, ferocity, intensity, wrathfulness, terror, frightfulness

ਉੱਗਰਨਾ [ʊggərna] *v.t.* to brandish, wave, display (blow or weapon) threateningly, tilt; *v.i.* to incline forward threateningly, take a threatening posture; to be desirous or anxious to do something

ਉਗਰਪੰਥੀ [ʊgərpə̃thi] *adj. n.m.* terrorist

ਉਗਰਵਾਦ [ʊgərvad] *n.m.* terrorism

ਉਗਰਵਾਦੀ [ʊgərvadi] *adj. & n.m.* terrorist

ਉਗਰਾਹ [ʊgrá] *v.form* imperative of ਉਗਰਾਹੁਣਾ, collect

ਉਗਰਾਹੀ [ʊgrái] *n.f.* collection (of donations or subscriptions); collection, realisation (of dues)

ਉਗਰਾਹੁਣਾ [ʊgráuṇa] *v.t.* to go round and collect (dues or donations)

ਉਂਗਲ਼ [ũgəḷ] *n.f.* finger; toe, digit; dactyl; breadth of a finger as a unit of measurement approximately .75 inch

ਉਗਲ਼ੱਛਣਾ [ugḷəcchəṇa] *v.i.* to vomit, disgorge, throw out, spew; *fig.* to disclose, reveal (secret or misappropriated property)

ਉੱਗਲ਼ਨਾ[1] [uggəḷna] *v.t.* to disclose, reveal (a secret or misappropriated property)

ਉੱਗਲ਼ਨਾ[2] *v.i.* to come to surface as a result of rubbing, heating or fermenting

ਉਂਗਲ਼ੀ [ũgəḷi] *n.f.* same as ਉਂਗਲ

~ ਕਰਨੀ *ph.* to point out; to accuse

~ ਦੇਣੀ *ph.* to incite, instigate, abet; to provoke

~ ਧਰਨੀ *ph.* to select, choose

~ ਨਾ ਚੁੱਕਣਾ *ph.* to raise no objection, acquiesce

~ ਫੜਨੀ *ph.* to extend a helping hand, help, support (*usu.* in adversity)

~ ਮੂੰਹ ਵਿਚ ਪਾਉਣੀ *ph.* to wonder, be amazed, astonished or awe-struck

~ ਲੈਣੀ *ph.* to invite trouble, interfere unnecessarily, start unnecessary squabble

ਉਂਗਲ਼ੀਆਂ ਤੇ ਨਚਾਉਣਾ *ph.* to make a puppet or a fool of, make someone to sing to one's tune

ਉਗਵਾਉਣਾ [ʊgvauṇa] *v.t.* to get (plant or crop) grown or raised

ਉਗਵਾਈ [ʊgvai] *n.f.* wages for ਉਗਵਾਉਣਾ

ਉਗਾਉਣਾ [ʊgauṇa] *v.t.* to grow, raise, cultivate (plant or crop)

ਉਗਾਹ [ʊgá] *n.m. dia.* see ਗਵਾਹ

ਉਗਾਹੀ [ʊgái] *n.f. dia.* see ਗਵਾਹੀ

ਉਗਾਲ਼ਦਾਨ [ugaḷdan] *n.m.* spittoon, cuspidor

ਉਗਾਲ਼ਨਾ [ʊgaḷna] *v.t.* to bring or cause to come to surface; *cf.* ਉੱਗਲ਼ਨਾ[2]

ਉਗਾਲ਼ੀ [ugaḷi] *n.f.* cud; cud-chewing, ruminating, mastication

~ ਕਰਨੀ/~ ਪੈਣਾ *con.v.* to chew the cud, ruminate

ਉਗੇਲ਼ਨਾ [ugeḷna] *v.i.* same as ਉਗਾਲ਼ਨਾ

ਉੱਘ ਸੁੱਘ [úg súg] *n.f.* whereabouts, clue, trace, news, information

~ ਲੱਗਣੀ/~ ਮਿਲ਼ਣੀ *con.v.* to get a clue

ਉੱਘਰਨਾ [úggərna] *v.t.* (for dues or donations) to be collected; *cf.* ਉਗਰਾਹੁਣਾ

ਉੱਘਲ਼ਾਉਣਾ [ũgḷàuṇa] *v.i.* to doze, drowse, be sleepy or drowsy, get to sleep lightly or fitfully, be somnolent

ਉੱਘਲ਼ਾਹਟ/ਉੱਘਲ਼ਾਟਾ/ਉੱਘਲ਼ੇਟਾ/ [ũgḷàṭ/ ũgḷàṭa/ ũgḷèṭa] *n.f./n.m./n.m.* drowse, drowsiness, sleepiness, dozing off, somnolence

ਉਘੜ ਦੁਘੜ/ਉਘੜ ਦੁਘੜਾ [úgəṛ dúgəṛ/ úgəṛ dúgəṛa] *adj./adj.m.* helter-skelter, in disorder, haphazard, disorderly, botchy, bungled

ਉੱਘੜਨਾ [úggəṛna] *v.i.* (for eyes) to open; to become distinct, legible or prominent; (for colour) to have a clear bright hue; (for secret, deceit, etc.) to be disclosed, come out

ਉੱਘੜਵਾਂ [úggəṛvã] *adj. m.* clear, distinctly visible, vivid, bright, conspicuous

ਉੱਘਾ [úgga] *adj. m.* prominent, well-known, leading, important, noted, celebrated, distinguished, eminent; notorious

ਉਘਾੜਨਾ [ʊgàṛna] *v.t.* to make clear, conspicuous, bright or vivid, (as

colour or impression); *cf.* ਉੱਘੜਨਾ
ਉਘੇੜਨਾ [ugèṛna] *v.t.* to open (eyes); to open (door, knife, etc.); to uncover, reveal (deceit, conspiracy, lie, etc.); *informal* to separate corn from cob
ਉੱਚ [ʊcc] *adj.* high, exalted, grand
ਉਚੱਕਪੁਣਾ [ʊcəkkpuṇa] *n.m.* rascality, villainy; roguery, knavery
ਉਚੱਕਾ [ʊcəkka] *n.m.* knave, rogue, thief, rascal, swindler, bad character, villain
ਉੱਚਤਮ [ʊccətəm] *adj.* highest, most exalted
ਉੱਚਤਰ [ʊccətər] *adj.* higher
ਉੱਚਤਾ [ʊccəta] *n.f.* highness, greatness, eminence, superiority
ਉਚਰ [ʊcər] *adv.* see ਉਚਿਰ
ਉਚਰਨਾ [ʊcərna] *v.i.* to say, utter, speak
ਉਚਰਿਤ [ʊcrɪt] *adj.* said, uttered, spoken, pronounced
ਉੱਚੜਨਾ [ʊccəṛna] *v.i.* to come off (as of skin or crust on wound); to be unstuck or separated
ਉੱਚੜ ਪੈੜੇ ਲੱਗਣੇ [ʊccəṛ pɛṛe ləggṇe] *ph.* to be uneasy, frisky or anxious
ਉੱਚੜਵਾਂ [ʊccəṛvã] *adj.m.* tending to come off, easily unstuck or separated
ਉੱਚਾ [ʊcca] *adj.m.* high, tall, lofty, elevated, exalted, eminent; loud; *adv.* up, high, aloft
~ ਸੁਣਨਾ *con.v.* to be hard of hearing
~ ਕਰਨਾ *con.v.* to heighten, raise
~ ਨੀਵਾਂ *adj.m.* uneven, rough, rugged
~ ਨੀਵਾਂ ਹੋਣਾ *ph.* to be uneven; to quarrel or pick up a quarrel
~ ਬੋਲਣਾ *ph.* to raise one's voice; to shout
ਉਚਾਈ [ʊcai] *n.f.* height, altitude, tallness, rise; pitch; eminence
ਉਚਾਟ [ʊcaṭ] *adj.* fed up, bored, satiated, dissatisfied, discontented
ਉਚਾਣ [ʊcaṇ] *n.f.* same as ਉਚਾਈ; rise, high ground, steepness
ਉਚਾਰਨ [ʊcarən] *n.m.* pronunciation, articulation, enunciation
ਉਚਾਰਨਾ/ਉਚਾਰਨ ਕਰਨਾ [ʊcarna/ʊcarən kərna] *v.i.t.* to enunciate, utter, articulate, recite, pronounce; to say, voice
ਉਚਾਵਾਂ [ʊcavã] *adj.m.* raised, tending to rise or go up; slanting; movable, portable
~ ਚੁੱਲ੍ਹਾ *ph. slang* fickle-minded, vacillating, wavering, indecisive
ਉਚਿਆਉਣਾ [ʊcɪauṇa] *v.t.* same as ਵਡਿਆਉਣਾ
ਉਚਿਆਈ [ʊcɪai] *n.f.* see ਉਚਾਈ; exaltedness, nobility, greatness
ਉਚਿਤ [ʊcɪt] *adj.* proper, befitting, correct, decorous, just, reasonable, right, relevant, adequate
ਉਚਿਤਤਾ [ʊcɪtəta] *n.f.* propriety, suitability, justness, relevance, adequacy, advisability
ਉਚਿਰ [ʊcɪr] *adv.* meanwhile, till then
ਉੱਚੀ [ʊcci] *n.f.* tweezers, pair of small forceps
ਉਚੇਚ [ʊcec] *n.m.* special effort to entertain, formality, ceremoniousness
ਉਚੇਚਾ [ʊceca] *adj.* special, particular, exclusive, unusual, ad hoc *adv.* specially, especially, particularly, as a formality
ਉਚੇਰਾ [ʊcera] *adj.m.* higher, taller, loftier, superior
ਉਚੇੜਨਾ [ʊceṛna] *v.t.* to pull apart, separate, detach
ਉੱਛਣਾ [ʊcchəṇa] *v.i.* (for mouth or tongue) to become coarse or blistered
ਉੱਛਲ਼ਣਾ [ʊcchəḷna] *v.i.* to jump, leap, hop; to overflow; to vomit, puke
~ ਕੁੱਦਣਾ *cpd.v.* to frolic, gambol, romp, frisk, caper, play
ਉਛਾਹ [ʊchá] *n.m.* see ਉਤਸ਼ਾਹ
ਉਛਾਲ਼ [ʊchaḷ] *n.m.* impulse, impulsion; buoyancy; overflow
~ ਕੇਂਦਰ *n.m.* centre of buoyancy
ਉਛਾਲ਼ਨਾ [ʊchaḷna] *v.t.* to throw upwards; toss, hurl, cause to spring; to eject; to expose, unmask, publicize with intent to defame
ਉਛਾਲ਼ਾ [ʊchaḷa] *n.m.* overflow, flood;

upward jerk
ਉਛਾਲ਼ੀ [uchaḷi] *n.f.* vomit, puke
~ ਆਉਣੀ *con.v.* to vomit, feel like vomiting, experience nausea
ਉਛਾੜ [uchaṛ] *n.m.* cover of pillow, quilt, mattress, bolster, etc.
~ ਚੜ੍ਹਾਉਣਾ *con.v.* to put, enclose or sheathe in ਉਛਾੜ
ਉਂਜ [ũj] *adv.* see ਉਂਞ
ਉਜੱਡ [ujəḍḍ] *adj.* uncultivated, uncouth, gross, crass, uncivilized, philistine, rustic; churlish, surly, gauche
~ ਵਿਅਕਤੀ *n.m.* churl, lout, oaf, curmudgeon, boor
ਉਜੱਡਪੁਣਾ [ujəḍḍpuṇa] *n.m.* rusticity, gaucherie, crassness
ਉਜ਼ਰ [uzər] *n.m.* objection, plea, excuse
~ ਕਰਨਾ *con.v.* to object, advance excuse or plea, raise objection
ਉਜਰਤ [ujrət] *n.f.* wage, wages, payment for work or service, remuneration, charges, fee
ਉਜ਼ਰਦਾਰੀ [uzərdari] *n.f.* expression or registration of ਉਜ਼ਰ especially in a court
ਉੱਜਲ [ujjəl] *adj.* bright, shining, clean
~ ਦੀਦਾਰ *adj.* of blessed mien
ਉੱਜੜਨਾ [ujjəṛna] *v.i.* to be ruined, destroyed, deserted or badly damaged; to become homeless, destitute, penniless; to be displaced, uprooted; to perish
ਉਜੜਵਾਉਣਾ [ujəṛvauṇa] *v.t.* to cause ruin or destruction through someone, abet ruin or destruction
ਉਜਾਗਰ [ujagər] *adj.* revealed, manifest; well-known, famous
~ ਹੋਣਾ *con.v.* to be revealed; to become manifest, readily perceptible, clear; to become well-known or famous
~ ਕਰਨਾ *con.v.* to reveal; to make clearly or widely known; to bring out
ਉਜਾਲ਼ਾ [ujaḷa] *n.m.* light, radiance; dawn, daybreak
ਉਜਾੜ [ujaṛ] *n.f.* desolation, devastation, ruin; desolate place, wasteland
ਉਜਾੜਨਾ [ujaṛna] *v.t.* to ruin, destroy, devastate, damage, lay waste, vandalize; to squander
ਉਜਾੜਾ [ujaṛa] *n.m.* devastation, ruination, vandalism; damage (to crop)
~ ਕਰਨਾ *con.v.* to cause damage (to crop)
ਉਜਾੜੂ [ujaṛu] *adj.* squanderer, wastrel, spendthrift; prodigal
ਉਜ਼ੂ [uzu] *n.m.* see ਵੁਜ਼ੂ
ਉਂਞ [ũj] *adv.* that way; by the way; in fact, as a matter of fact; but
~ ਹੀ *adv.* just for nothing, casually, without specific motive or purpose
ਉੱਠ[1] [uṭṭh] *n.m. dia.* see ਊਠ
ਉੱਠ[2] *v.form* of ਉੱਠਣਾ, stand up, rise
~ ਖਲੋਣਾ/~ ਬਹਿਣਾ *cpd.v.* same as ਉੱਠਣਾ
~ ਜਾਣਾ *ph.* to die, pass away
ਉੱਠਣ ਬਹਿਣ [uṭṭhən béṇ] *n.m.* company; close acquaintance
ਉੱਠਣਾ [uṭṭhəna] *v.i.* to rise, get up, stand up to wake, waken, awaken, become awake
ਉਠਵਾਉਣਾ [uṭhvauṇa] *v.t.* to cause or to get to be awakened; to get something lifted, carried, cleared or removed
ਉਠਵਾਈ [uṭhvai] *n.f.* wages for ਉਠਵਾਉਣਾ, portage
ਉਠਾ [uṭha] *v.form.* imperative of ਉਠਾਉਣਾ; *n.m.* abscess
~ ਉੱਠਣਾ *con.v.* for abscess to appear
ਉਠਾਉਣਾ [uṭhauṇa] *v.t.* same as ਚੁੱਕਣਾ; to awake, awaken, rouse; to have or assist someone to stand up
ਉਠਾਈਗੀਰ [uṭhaigir] *n.m.* pilferer, petty thief
ਉਠਾਲ਼ਾ [uṭhaḷa] *n.m.* last (funeral) rites, obsequies, last prayers
ਉੱਡ [uḍḍ] *v.form.* imperative of ਉੱਡਣਾ, fly
~ ਉੱਡ ਕੇ *ph.* eagerly, enthusiastically, fervently

~ **ਜਾਣਾ** *cpd v.* to fly away, flee; to disappear; (for colour) to bleach, fade; to evaporate

ਉਡਣ ਖਟੋਲਾ [uḍəṇ khəṭola] *n.m.* a glider or an airborne vehicle in Indian mythology

ਉੱਡਣਾ¹ [uḍḍəṇa] *v.i.* to fly, soar, glide or float in air; to evaporate; to vanish, disappear; to bleach

ਉੱਡਣਾ² *adj.m.* swift, quick in movements, agile, nimble, volatile, flighty; (for colour) likely to fade, not fast

ਉੱਡ ਪੁੱਡ ਜਾਣਾ/ਉੱਡ ਪੁੱਡਣਾ [uḍḍ puḍḍ jaṇa/ uḍḍ puḍḍəṇa] *v.i.* see ਉੱਡਣਾ; ਉੱਡਣਾ *adj.m.* a mild abuse

ਉਡਦੀ ਉਡਦੀ/ਉਡਦੀ ਖ਼ਬਰ [uḍdi-uḍdi/ uḍdi-khəbər] *n.f.* rumour, gossip; hearsay, unconfirmed news or report

ਉਡਵਾ [uḍva] *v.form* imperative of ਉਡਵਾਉਣਾ; cause or get to fly or assist in winnowing

ਉਡਵਾਉਣਾ [uḍvauṇa] *v.t.* to get something flown or birds scared away; to get (colour) bleached; to get (threshed harvest) winnowed

ਉਡਵਾਈ [uḍvai] *n.f.* wages for winnowing

ਉਡਾਉਣਾ [uḍauṇa] *v.t.* to fly (kite, aircraft etc.); to cause to fly; to scare away (birds); to bleach (colour); to squander, waste, dissipate; to winnow; to cross, delete (figures while simplifying fractions); to blow up (with explosive); to abolish (post)

ਉਡਾਊ [uḍau] *adj.* spendthrift, prodigal, extravagant

ਉਡਾਈ [uḍai] *n.f.* process of, wages for ਉਡਾਉਣਾ

ਉਡਾਣ/ਉਡਾਰੀ [uḍaṇ/uḍari] *n.f.* flight, air sortie, take-off

ਉਡਾਰੂ¹ [uḍaru] *n.m.* flier, pilot, aviator

ਉਡਾਰੂ² *adj.* wayward, wilful, wanderer, vagabond; also ਉਡਾਰ

ਉਡਾਵਾ [uḍava] *n.m.* winnower

ਉਡੀਕ [uḍik] *n.f.* waiting, wait, expectation, anticipation

ਉਡੀਕਣਾ [uḍikəṇa] *v.i.* to wait (for), await, expect; also ਉਡੀਕ ਕਰਨੀ

ਉਡੀਕਵਾਨ [uḍikvan] *adj.* waiting, expectant

ਉਣ [uṇ] *v.form* imperative of ਉਣਨਾ, knit, weave, string

ਉਣੰਜਵਾਂ [uṇə̃jvã] *adj. m.* forty-ninth

ਉਣੰਜਾ [uṇə̃ja] *adj.* forty-nine

ਉਣੰਜੀਂ [uṇə̃jĩ] *adv.* for Rs. 49

ਉਣਤਾਲ਼ੀ [uṇtaḷi] *adj.* thirty-nine

ਉਣਤਾਲ਼ੀਂ [uṇtáḷĩ] *adv.* for Rs. 39

ਉਣਤਾਲ਼ੀਵਾਂ [uṇtāḷivã] *adj. m.* thirty-ninth

ਉਣਤੀ [uṇti] *n.f.* process, design or pattern of knitting, texture

ਉਣੱਤੀ [uṇətti] *adj.* twenty-nine

ਉਣੱਤ੍ਰੀਂ [uṇə́ttĩ] *adv.* for Rs. 29

ਉਣੱਤ੍ਰੀਵਾਂ [uṇə́ttivã] *adj.m.* twenty-ninth

ਉਣਨਾ [uṇna] *v.t.* to knit; to weave; to string (cot)

ਉਣਵਾਂ [uṇvã] *adj. m.* knit, knitted, woven

ਉਣਵਾਉਣਾ [uṇvauṇa] *v.t.* to get something knit, strung or woven; to assist in knitting or weaving or stringing

ਉਣਵਾਈ [uṇvai] *n.f.* process of, wages for ਉਣਨਾ

ਉਣ੍ਹੱਤਰ [uṇə̀ttər] *adj.* sixty-nine

ਉਣ੍ਹੱਤਰਵਾਂ [uṇə̀ttərvã] *adj. m.* sixty-ninth

ਉਣ੍ਹੱਤਰੀਂ [uṇə̀ttərĩ] *adv.* for Rs. 69

ਉਣਾਉਣਾ [uṇauṇa] *v.t.* same as ਉਣਵਾਉਣਾ

ਉਣਾਈ [uṇai] *n.f.* same as ਉਣਵਾਈ

ਉਣਾਸੀ [uṇasi] *adj.* seventy-nine

ਉਣਾਸੀਂ [uṇasĩ] *adv.* for Rs. 79

ਉਣਾਸੀਵਾਂ [uṇasivã] *adj. m.* seventy-ninth

ਉਣਾਹਠ [uṇáṭh] *adj.* fifty-nine

ਉਣਾਹਠਵਾਂ [uṇáṭhvã] *adj.m.* fifty-ninth

ਉਣਾਹਠੀਂ [uṇáṭhĩ] *adv.* for Rs. 59

ਉਣਾਨ੍ਵਾਂ [uṇánvã] *adj.m.* eighty-ninth

ਉਣਾਨ੍ਵੀਂ [uṇánvĩ] *adv.* for Rs. 89

ਉਣਾਨਵੇਂ [uṇanvẽ] *adj.* eighty-nine

ਉਣੀਂਦਾ [uṇĩda] *n.m.* same as ਅਨੀਂਦਾ

ਉਤਸਰਜਨ [utsərjən] *n.m.* secretion; excretion

ਉਤਸਵ [utsəv] *n.m.* auspicious

occasion, festival, festivity, funfare
ਉਤਸ਼ਾਹ [utṣá] *n.m.* zeal, enthusiasm, ardour, verve, eagerness, avidity; incentive, inspiration, motivation; also ਉਤਸਾਹ
~ ਦੇਣਾ/~ ਵਧਾਉਣਾ *con.v.* to encourage, enthuse, inspire; to cheer, buck up
ਉਤਸ਼ਾਹਹੀਣ [utṣáhiṇ] *adj.* apathetic, impassive, dull
ਉਤਸ਼ਾਹਜਨਕ [utṣájənək] *adj.* inspiring, motivating, animating, encouraging
ਉਤਸ਼ਾਹਿਤ [utṣahɪt] *adj.* encouraged, motivated, inspired
ਉਤਸ਼ਾਹੀ [utṣái] *adj.* same as ਉਤਸ਼ਾਹਜਨਕ; inspired, motivated, eager, avid, active
ਉਤਸੁਕ [utsuk] *adj.* eager, keen, desirous, avid; curious
ਉਤਸੁਕਤਾ [utsukta] *n.f.* eagerness, keenness, avidity, curiosity
ਉਤਕੰਠਾ [utkə̃ṭha] *n.f.* longing, craving, impatience
ਉਤਕਰਖ [utkərkh] *n.m.* climax, culmination; creation, expansion; also ਉਤਕਰਸ਼, ਉਤਕਰਸ਼ਨ or ਉਤਕਰਖਣ
ਉਤਨਾ [utna] *adj.m.* see ਓਨਾ
ਉਤਪਤੀ [utpəti] *n.m.* creation, genesis, birth, origin, procreation, emanation, production, growth; also ਉਤਪੱਤੀ
ਉਤਪੰਨ [utpə̃nn] *adj.* created, born, produced
~ ਹੋਣਾ *con.v.* to emanate, grow, come forth, appear, take birth
~ ਕਰਨਾ *con.v.* to create, produce, grow, generate, engender, breed
ਉਤਪਰੇਰਕ [utpərerək] *n.m.* catalyst
ਉਤਪਾਦਕ [utpadək] *n.m.* producer, grower; *adj.* productive, fertile
ਉਤਪਾਦਕਤਾ [utpadəkta] *n.f.* productivity
ਉਤਪਾਦਨ [utpadən] *n.m.* production, produce, output
ਉਤਪਾਦਿਤ [utpadɪt] *adj.* produced, manufactured, created
ਉਤਭੁਜ [utpùj] *adj.* terrigenous, abiogenetic; *n.m.* one of the four classes of created things in Indian philosophy as distinct from ਅੰਡਜ, ਜੇਰਜ and ਸੇਤਜ; vegetation and minerals
ਉੱਤਮ [uttəm] *adj.* best, superior, superb, excellent; perfect, ideal
~ ਪੁਰਖ *n.m.* first person, noble person
ਉੱਤਮਤਾ/ਉੱਤਮਤਾਈ [uttəmta/uttəmtai] *n.f.* goodness, superiority, excellence
ਉੱਤਰ¹ [uttər] *n.m.* north
ਉੱਤਰ² *pref. adj.* indicating later
~ ਅੱਧ/ਉਤਰਾਰਧ *n.m.* later half or part of book
~ ਅਧਿਕਾਰ *n.m.* inheritance; right of succession
~ ਅਧਿਕਾਰੀ *n.m.* heir, inheritor, successor
~ ਪਦ *adj. m.* (*maths*) consequent
ਉੱਤਰ³ *n.m.* answer, reply
~ ਦੇਣਾ *con.v.* to answer, reply, give ਉੱਤਰ, respond to
ਉੱਤਰ⁴ *v.form.* imperative of ਉੱਤਰਨਾ; come down
ਉੱਤਰਦਾਇਕ/ਉੱਤਰਦਾਈ [uttərdaɪk/uttərdai] *adj.* responsible, accountable, answerable
ਉੱਤਰਦਾਇਕਤਾ/ਉੱਤਰਦਾਇਤਵ [uttərdaɪkta/uttərdaɪtəv] *n.f. n.m.* responsibility, onus, burden, accountability
ਉੱਤਰਨਾ [uttərna] *v.i.* to come down, descend, alight, dismount, disembark, land, debus, detrain; to arrive, halt, encamp; (for colour) to fade, bleach, blanch, pale; (for fever or intoxication) to lessen, come down, become less, subside, abate; (for river, water level, flood) to ebb, subside, recede; (for weather or season) to befall, commence
ਉਤਰਵਾਉਣਾ/ਉਤਰਾਉਣਾ [utərvauṇa/utrauṇa] *v.t.* to get or assist in something brought, taken or carried down
ਉਤਰਾਈ [utrai] *n.f.* descent, downward, slope, declivity; wages for unloading, unloading charges; *cf.* ਉਤਰਾਉਣਾ
ਉਤਰਾ ਚੜ੍ਹਾ [utra cəṛà] *n.m.* ebb and flow; ups and downs, rise and fall;

fluctuation; vicissitudes

ਉੱਤਰੀ [uttəri] *adj.* northern

~ **ਧਰੂ** *n.m.* north pole

ਉੱਤਲ [uttəl] *adj.* convex

ਉੱਤਲਤਾ [uttəlta] *n.m.* convexity

ਉਤਲਾ [utla] *adj. m.* upper, overhead; additional; topmost; *fig.* God

~ **ਪੁਤਲਾ** *adj. m.* additional, ancillary; supervisory (work or duty)

ਉਤਲੇ ਮਨੋਂ [utle mənõ] *adv.* half-heartedly; not seriously, insincerely, perfunctorily

ਉਤਲੇਰਾ [utlera] *adj.m.* upper, comparati-vely or slightly higher

ਉਤਾਂ/ਉਤਾਂਹ/ਉਤਾਂਹਾਂ [utã/utã́/utãhã] *adv.* up, upwards, above, aloft

ਉਤਾਉਲਾ [utaʊla] *adj. m.* anxious, eager, impatient, rash, zealous

ਉਤਾਰ [utar] *n.m.* subsiding; ebb, decline, fall, reduction; antidote; *v.form* imperative of ਉਤਾਰਨਾ, bring down

~-**ਚੜ੍ਹਾ** *n.m.* same as ਉਤਰਾ ਚੜ੍ਹਾ; loading -unloading; (of voice or sound) modulation

ਉਤਾਰਨਾ [utarna] *v.t.* to unload, bring down, put down, assist in coming down or dismounting; to take off, remove (as clothes); to make a copy

ਉਤਾਰਾ[1] [utara] *n.m.* copy, facsimile

ਉਤਾਰਾ[2] *n.m.* arrival and accommodation, lodging, sojourn, encampment

~ **ਕਰਨਾ** *con.v.* to stay, sojourn; to prepare a copy

~ **ਕਰਾਉਣਾ** *con.v.* to lodge, accommodate; to get a copy made

ਉਤਾਰੂ [utaru] *adj.* poised, ready, bent upon

ਉਤਾਵਲਾ [utavla] *adj.m.* same as ਉਤਾਉਲਾ, eager, anxious

ਉਤਾੜ [utaṛ] *n.m.* right or upper side of a river, upland; *cf.* ਹਿਠਾੜ

ਉੱਤੂ[1] [uttu] *n.m.* plaiting, puckering, crumping, gathering into ornamental folds, such fold or frill

ਉੱਤੂ[2] *n.m. dia.* see ਉਥਾਕ

ਉੱਤੂਗਰ [uttugər] *n.m.* professional who makes ornamental folds or frills

ਉੱਤੂਗਰੀ [uttugəri] *n.f.* skill or craft of ਉੱਤੂਗਰ

ਉੱਤੇ [utte] *prep. adv.* on, upon, above, over

ਉਤੇਜਕ [utejək] *adj. & n.m.* provocative, exciting, stimulating, exacerbating; stimulant, stimulus, motivator

ਉਤੇਜਨਾ [utejna] *n.m.* provocation, excitement, stimulation, motivation exacerbation

ਉਤੇਜਿਤ [utejɪt] *adj.* provoked, excited, agitated

ਉੱਤੋਂ[1] [uttõ] *adv.* from above; off; on top of it

ਉੱਤੋਂ[2] *n.m. dia.* see ਉਥਾਕ

ਉੱਤੋੜਿੱਤੀ [uttoṛɪtti] *adv.* in quick succession, one after the other, successively

ਉਥੱਲ [uthəll] *v.form* imperative of ਉਥੱਲਣਾ, turn over

~-**ਪੁਥੱਲ** *n.f.* state of being topsy-turvy, welter, higgledy - piggledy or jumbled, confusion; turmoil, disturbance, confusion, chaos

ਉਥੱਲਣਾ [uthəllṇa] *v.t.* to turn over or upside down

ਉਥਾਈਂ [uthaĩ] *adv. dia.* there itself, exactly there, at that very place

ਉਥਾਨ [uthan] *n.m.* rise, progress, development

ਉਥਾਨਕਾ [uthanka] *n.f.* preface, foreword, prologue, introduction, prelude, prolegomenon

ਉੱਥੂ [utthu] *n.m.* paroxysmal cough caused by choking of esophagus

~ **ਆਉਣਾ** *con.v.* to suffer from ਉੱਥੂ

ਉੱਥੇ [utthe] *adv.* see ਓਥੇ

ਉੱਥੋਂ [utthõ] *adv.* see ਓਥੋਂ

ਉਦਘਾਟਨ [udgàṭən] *n.m.* inauguration, opening ceremony

~ **ਕਰਨਾ** *con.v.* to inaugurate, declare open

ਉਦਘਾਟਨੀ [udgàṭəni] *adj.* inaugural

ਉਦਭਵ [udpə̀v] *n.m.* birth, origin, rise

ਉੱਦਮ [uddəm] *n.m.* impulse to exert oneself, endeavour, effort; enterprise, industry
~ ਕਰਤਾ *n.m.* enterpreneur
~ ਕਰਨਾ *con.v.* to exert oneself, strive, make effort
ਉਦਮਣ/ਉੱਦਮੀ [udməṇ/uddəmi] *adj.f./adj.m.* enterprising, energetic, active, industrious; *n.m.* enterpreneur
ਉਦਯੋਗ [udyog] *n.m.* enterprise, industry, manufacture, manufacturing unit
ਉਦਯੋਗਸ਼ਾਲਾ [udyogṣala] *n.f.* factory, workshop, mill
ਉਦਯੋਗਪਤੀ [udyogpəti] *n.m.* industrialist
ਉਦਯੋਗਵਾਦ [udyogvad] *n.m.* industrialism, policy of industrialisation
ਉਦਯੋਗਵਾਦੀ [udyogvadi] *adj.* protagonist of a policy of industrialisation
ਉਦਯੋਗਿਕ/ਉਦਯੋਗੀ [udyogik/udyogi] *adj.* industrial
ਉਦਯੋਗੀਕਰਨ [udyogikərn] *n.m.* industrialisation
ਉਦਰ [udər] *n.m.* stomach, abdomen, belly; womb
~ ਸੰਬੰਧੀ *adj.* stomachic, stomachical, gastric, abdomenal
~ ਪੂਰਤੀ *n.f.* subsistence, modest living
ਉਦਰੇਵਾਂ [udrevã] *n.m.* homesickness, lonesomeness, nostalgia
ਉਦਾਸ [udas] *adj.* sad, dejected, depressed, sorrowful, lonesome, gloomy, sombre, morose, melancholy
ਉਦਾਸੀ[1] [udasi] *n.f.* sadness, dejection, depression, sorrow, lonesomeness, moroseness, melancholy; any of the long travels of Guru Nanak Dev
ਉਦਾਸੀ[2] *n.m.* a religious sect of Sikh or Hindu monks; a member of this sect
ਉਦਾਸੀਨ[1] [udasin] *adj.* same as ਉਦਾਸੀ[1] cool or indifferent to mundane attachment, detached, apathetic
ਉਦਾਸੀਨ[2] *n.m.* same as ਉਦਾਸੀ[2]
ਉਦਾਸੀਨਤਾ [udasinta] *n.f.* indifference, apathy, non-attachment
ਉਦਾਹਰਨ [udărən] *n.f.* example, instance, illustration, allegory
ਉਦਾਤ [udat] *adj.* sublime; acutely accentuated, sharply intoned
~ ਕਰਨਾ *con.v.* to sublimate; to accentuate
ਉਦਾਤੀਕਰਨ [udatikərn] *n.m.* sublimation; accentuation
ਉਦਾਰ [udar] *adj.* liberal, catholic, broad-minded, humane, tolerant; generous, benevolent
ਉਦਾਰਚਿੱਤ [udarcıtt] *adj.* same as ਉਦਾਰ
ਉਦਾਰਤਾ [udarta] *n.f.* broadmindedness, humaneness, generosity, liberality
ਉਦਾਰਵਾਦ [udarvad] *n.m.* liberalism
ਉਦਾਰਵਾਦੀ [udarvadi] *adj.* liberal, moderate, liberalist
ਉਦਾਲ਼ਾ [udaḷa] *n.m.* surroundings environment, neighbourhood
ਉਦਾਲ਼ੇ [udaḷe] *adv.* around, all around
ਉਦਿਆਨ [udıan] *n.m.* garden; orchard; forest
ਉੱਦੀਪਨ [uddipən] *n.m.* stimulus, act of exciting, invigorating or exhilarating; stimulant, exhilarant; origin, start, rise, development (of power, movement, etc.)
ਉਦੇ [ude] *n.m.* rise, emergence, appearance
~ ਹੋਣਾ *con.v.* to rise, appear, emerge, particularly of sun or moon
ਉਦੇਸ਼ [udeṣ] *n.m.* aim, object, purpose, goal, objective
~ ਵਾਕ *n.m.* motto
ਉਦੇਸ਼ਵਾਦ [udeṣvad] *n.m.* teleology, teleologism
ਉਦੇਸ਼ਵਾਦੀ [udeṣvadi] *adj.* teleologic, teleological, teleologist
ਉਦੇਸ਼ਾਤਮਿਕ [udeṣatmık] *adj.* purposive, pertaining to ਉਦੇਸ਼; tendentious
ਉਦੋਂ [udõ] *adv. dia.* see ਓਦੋਂ
ਉਦੋਕਣਾ/ਉਦੋਕਾ [udokəṇa/udoka] *adv* since then
ਉੱਧਰ [úddər] *adv. dia.* see ਓਧਰ
ਉਧਰਨ [údərən] *n.m.* same as ਉੱਧਾਰ
ਉਧਰਨਾ [údərna] *v.i.* to be liberated,

redeemed, attain spiritual bliss or salvation

ਉੱਧਲ਼ਨਾ [úddəlna] *v.i.* of women to elope; also ਉੱਧਲ ਜਾਣਾ

ਉੱਧੜ [úddər̤] *v.form* imperative of ਉੱਧੜਨਾ

ਉੱਧੜ ਗੁਧੜਾ [úddər̤ gúdər̤a] *adj.m.* entangled, snarled; ragged

ਉੱਧੜਨਾ [úddər̤na] *v.i.* to be unstitched, unsewn, un-seamed, unstrung

ਉੱਧੜਵਾਂ [úddər̤vã] *adj. m.* poorly sewn or stitched, easy to unstitch

ਉਧੜਵਾਉਣਾ/ਉਧੜਾਉਣਾ [údər̤vaun̤a/ údər̤àun̤a] *v.t.* to get something unstitched; *cf.* ਉਧੇੜਨਾ

ਉਧੜਾਈ [udr̤ài] *n.f.* process of unstitching; wages for ਉਧੜਾਉਣਾ

ਉਧਾਰ [udàr] *n.m.* loan, debt, credit; *adj.* on loan, loaned

~ ਕਰਨਾ *con.v.* to promise to pay later

~ਦੇਣਾ *con.v.* to lend, loan; to sell on credit

~ ਲੈਣਾ *con.v.* to borrow; to buy on credit

ਉੱਧਾਰ [uddàr] *n.m.* liberation, salvation, redemption, emancipation

~ ਹੋਣਾ *con.v.* to be liberated

~ ਕਰਨਾ *con.v.* to liberate, save, emancipate; to edify

ਉਧਾਰਾ [udàra] *adj.m.* borrowed; loaned, on loan

ਉਧਾਲ਼ਨਾ [udàlna] *v.t.* to abduct, kidnap (a woman)

ਉਧਾਲ਼ਾ [udàl̤a] *n.m.* abduction, elopement, kidnapping; a woman kidnapped, abducted or eloped

ਉਧੇੜ [udèr̤] *v.form.* imperative of ਉਧੇੜਨਾ; unstitch

ਉਧੇੜਨਾ [udèr̤na] *v.t.* to unstitch, unsew; to unravel, untwist, disentangle, unweave

ਉਧੇੜਬੁਣ [udèr̤bun̤] *n.m.* perplexity, dilemma, anxious thought, worry, indecision

ਉੱਨ [unn] *n.f.* wool, woollen yarn; fleece

ਉੱਨਤ [unnət] *adj.* improved, advanced, developed

ਉੱਨਤੀ [unnəti] *n.f.* improvement, advance, progress, development

~ ਕਰਨਾ *con.v.* to progress, develop, rise; flourish, thrive, make progress, improve, increase

ਉਨੱਤੀ [unətti] *adj.* same as ਉਣੱਤੀ, twenty nine

ਉੱਨਤੀਸ਼ੀਲ [unnətiṣil] *adj.* developing, progressing, progressive

ਉਨਤੋਦਰ [untodər] *adj.* convex

ਉਨਤੋਦਰਤਾ [untodərta] *n.f.* convexity

ਉਨਮਤ [unmət] *adj.* intoxicated; crazy, frenzied; insane

ਉਨਮਾਦ [unmad] *n.m.* intoxication; ecstasy, frenzy; insanity

ਉਨਮੁਖ [unmukh] *adj.* inclined, disposed towards; eager, intent, prone

ਉਨਮੁਖਤਾ [unmukhta] *n.f.* inclination; proneness

ਉਨਮੂਲਨ [unmulən] *n.m.* eradication, rooting out, extermination, destruction

ਉੱਨਾ [unna] *adj.m.dia.* see ਓਨਾ

ਉੱਨਾਬ [unnab] *n.m.* jujube tree, *Zizyphus;* fruit of jujube

ਉਨਾਬੀ [unabi] *adj.* maroon

ਉੱਨੀ [unni] *adj.* nineteen

ਉੱਨ੍ਹੀਂ [únni] *adv.* for Rs.19

ਉੱਨ੍ਹੀਵਾਂ [únnivã] *adj.m.* nineteenth; also ਉਨ੍ਹੀਆਂ

ਉਪ [up] *pref.* denoting subordinate position or post

ਉਪਸਹਾਇਕ [upsàık] *adj.* deputy, assistant

ਉਪਸਥਿਤ [upəsthıt] *adj.* present

ਉਪਸਥਿਤੀ [upəsthıti] *n.f.* presence, attendance

ਉਪਸਮਿਤੀ [upsəmıti] *n.f.* sub-committee

ਉਪਸਮੂਹ [upsəmú] *n.m.* (*maths*) subset

ਉਪਸਰਗ [upsərg] *n.m.* suffixed preposition such as, ਨੇ, ਨੂੰ, ਵਿਚ, ਵੱਲ

ਉਪਸਿਧਾਂਤ [upsıdãt] *n.m.* corollary

ਉਪਹਾਸ [uphas] *n.m.* ridicule, mockery, derision, jest, fun

~ ਕਰਨਾ *v.t.* to ridicule, mock, deride, make fun of, jeer at

ਉਪਹਾਰ [uphar] *n.m.* present, gift, largess
ਉਪਕਰਨ [upkərn] *n.m.* implement, tool, appliance, apparatus, instrument
ਉਪਕਾਰ [upkar] *n.m.* benefaction, beneficence, favour, a kind act, active kindness, selfless assistance, philanthropy, help
ਉਪਕਾਰਤਾ [upkarta] *n.f.* same as ਉਪਕਾਰ; the quality of being ਉਪਕਾਰੀ
ਉਪਕਾਰੀ [upkari] *adj.* benefactor, beneficent, benevolent, philanthropic, philanthropist, kind, helping
ਉਪਕੁਲ [upkul] *n.f.* sub-caste, sept
ਉਪਕੁਲਪਤੀ [upkulpəti] *n.m.* vice-chancellor
ਉਪਗ੍ਰਹਿ [upgrɛ] *n.m.* satellite
ਉਪਚੱਕਰ [upcəkkər] *n.m.* epicycle
ਉਪਚਮੜੀ [upcəmṛi] *n.f.* epidermis
ਉਪਚਾਰ [upcar] *n.m.* remedy, treatment, service, attendance upon
ਉਪਚਾਰਿਕ [upcarɪk] *adj.* pertaining to ਉਪਚਾਰ, remedial
ਉਪਚੇਤਨ [upcetən] *n.m.* sub-conscious
ਉਪਚੋਣ [upcoṇ] *n.f.* by-election
ਉਪਜ [upəj] *n.f.* produce, production, output, yield, product
ਉਪਜਣਾ [upjəṇa] *v.i.* to grow, sprout, be produced or grown; to originate; to happen, occur, appear
ਉਪਜਾਉਣਾ [upjauṇa] *v.t.* to produce, grow; to generate, create
ਉਪਜਾਊ [upjau] *adj.* productive, fertile, fecund
ਉਪਜਾਊਪਣ [upjaupəṇ] *n.m.* productivity, fertility, fecundity
ਉਪਜਾਤੀ [upjati] *n.f.* species; sub-caste
ਉਪਜੀਵਕਾ [upjivka] *n.f.* livelihood, subsistence; means of livelihood, vocation, profession
ਉਪੱਦਰ [upəddər] *n.m.* violence, tumult, turbulence, rowdyism, disorder, rebellion, riot
ਉਪੱਦਰਵੀ/ਉਪੱਦਰੀ [upəddərvi/upəddəri] *adj.* causing ਉਪੱਦਰ, rowdy, tumultuous, turbulent, rebellious, riotous; *n.m.* rebel, rioter, rowdy
ਉਪਦੇਸ਼ [updeṣ] *n.m.* sermon, lesson, precept, advice, counsel, instruction, exhortation, religious or moral discourse
~ ਕਰਨਾ/~ ਦੇਣਾ *con.v.* to preach, sermonise, deliver sermon; to advise, instruct, teach
ਉਪਦੇਸ਼ਕ [updeṣək] *n.m.* preacher, serm-oniser, preceptor, lecturer (religious or moral)
ਉਪਦੇਸ਼ਵਾਦ [updeṣvad] *n.m.* didacticism
ਉਪਦੇਸ਼ਾਤਮਿਕ [updeṣatmɪk] *adj.* advisory, instructive, didactic, preceptive
ਉਪਧਾਰਾ [uptàra] *n.f.* sub-clause
ਉਪਨਾਮ [upnam] *n.m.* pseudonym, alias, nickname
ਉਪਨਿਆਸ [upnɪas] *n.m.* novel, a book of fiction
ਉਪਨਿਆਸਕਾਰ [upnɪaskar] *n.m.* novelist, fiction writer
ਉਪਨਿਆਸਕਾਰੀ [upnɪaskari] *n.f.* art or profession of writing novel
ਉਪਨਿਸ਼ਦ [upnɪṣəd] *n.m.* any of a class of ancient philosophical treatises on metaphysics
ਉਪਨਿਯਮ [upnɪyəm] *n.m.* sub-rule, bye-law, regulation
ਉਪਨਿਵੇਸ਼ [upnɪveṣ] *n.m.* colony; *cf.* ਬਸਤੀ
ਉਪਨਿਵੇਸ਼ਵਾਦ [upnɪveṣvad] *n.m.* colonialism
ਉਪਬੋਲੀ [upboli] *n.f.* dialect
ਉਪਭਾਸ਼ਾ [uppàṣa] *n.f.* dialect
ਉਪਭੋਗ [uppòg] *n.m.* consumption, using up, enjoyment, pleasure
~ ਕਰਨਾ *con.v.* to consume, use up, expend; to enjoy
ਉਪਭੋਗਤਾ [uppògta] *n.m.* consumer
ਉਪਭੋਗਤਾਵਾਦ [uppògtavad] *n.m.* consumerism
ਉਪਮੰਡਲ [upmə̃ḍəl] *n.m.* sub-division, an adminstrative unit below a district
ਉਪਮੰਤਰੀ [upmə̃təri] *n.m.* deputy minister
ਉਪਮਾ¹ [upma] *n.f.* praise, eulogy

~ ਕਰਨੀ *con.v.* to praise, eulogize

ਉਪਮਾ[2] *n.m.* a south Indian salt dish

ਉਪਮਾ[3] *con.v.* simile, comparison

~ ਦੇਣੀ *con.v.* to compare with, express likeness or similarity

ਉਪਮਾਨ [upman] *n.m.* that with which comparison is made

ਉਪਮੇਯ [upmey] *adj.* comparable; *n.m.* that which is compared with ਉਪਮਾਨ

ਉਪਯੁਕਤ [upyukt] *adj.* suitable, proper, appropriate, befitting; sufficient; expedient

ਉਪਯੁਕਤਤਾ [upyukətta] *n.f.* utility, usefulness, suitability

ਉਪਯੋਗ [upyog] *n.m.* use

ਉਪਯੋਗਤਾਵਾਦ [upyogtavad] *n.m.* utilitarianism

ਉਪਯੋਗਤਾਵਾਦੀ [upyogtavadi] *n.m. & adj.* utilitarian

ਉਪਯੋਗੀ [upyogi] *adj.* useful

ਉੱਪਰ [uppər] *prep. & adv.* on, upon, above, atop, up, on top (of), aloft

~ ਥੱਲੇ ਹੋ ਜਾਣਾ *ph.* to be misplaced

~ ਥੱਲੇ ਕਰਨਾ *ph.;* to misplace; to disarrange, disorder, unsettle; to hide, conceal

~ ਵੱਲ *adv.* upwards

ਉੱਪਰਛਲ [uppərchəl] *n.f.* vomit, puke, matter vomitted

ਉਪਰੰਤ [uprə̃t] *adv.* after, besides, next, in addition to

ਉੱਪਰਮੁਖੀ [uppərmukhi] *adj.* upward-looking

ਉੱਪਰਲਾ [uppərla] *adj. m.* upper, higher, superior, *fig. n.m.* God

~ ਖ਼ਰਚਾ *n.m.* overhead cost or expenses, overheads

ਉੱਪਰਲੀ [uppərli] *adj.* same as ਉੱਪਰਲਾ

~ ਆਮਦਨ *n.f.* additional income; income through corrupt or unfair means

~ ਸਹੂਲਤ *n.f.* perquisite, fringe benefit; *informal* perks

ਉਪਰਾਸ਼ਟਰਪਤੀ [uprașțərpəti] *n.m.* vice-president

ਉਪਰਾਜਪਾਲ [uprajpal] *n.m.* lieutenant governor

ਉਪਰਾਮ [upram] *adj.* pathetic, indifferent; sad, dejected; fed-up, disinterested

ਉਪਰਾਮਤਾ [upramta] *n.f.* apathy, indifference, disinterestedness; sadness, dejection

ਉਪਰਾਲਾ [uprala] *n.m.* effort, attempt, endeavour, means, way

~ ਕਰਨਾ *con.v.* to make effort, find means or way out

ਉੱਪਰੋਂ [uppərõ] *adv.* from above; *fig.* outwardly, insincerely

ਉਪਰੋਕਤ [uprokət] *adj.* above-mentioned, aforesaid

ਉੱਪਰੋਥਲ਼ੀ [uppərothəḷi] *adv.* continuously, one after the other, incessantly

ਉਪਲਭਦੀ [upləbədi] *n.f.* attainment, achievement, acquisition, gain

ਉਪਵਾਸ [upvas] *n.m.* fast, fasting

~ਕਰਨਾ *con.v.* to observe fast, fast

ਉਪਵਾਕ [upvak] *n.m.* clause

ਉੱਪੜ [uppəṛ] *v.form* imperative of ਉੱਪੜਨਾ, reach

ਉੱਪੜਨਾ [uppəṛna] *v.i.* to reach; to arrive; also ਅੱਪੜਨਾ

ਉਪੜਵਾਉਣਾ/ਉਪੜਾਉਣਾ [upəṛvauṇa/ upṛauṇa] *v.t.* to arrange to despatch or deliver; to deliver or get something delivered, carry and deliver, convey

ਉਪਾਓ/ਉਪਾ [upao/upa] *n.m.* remedy, means, way out, solution, measure; also ਉਪਾਅ

~ ਕਰਨਾ *con.v.* to take a step, take measure, remedy, find a way out or solution

ਉਪਾਸ਼ਕ [upașək] *n.m.* worshipper, devotee

ਉਪਾਸ਼ਨਾ [upașna] *n.f.* worship, devotion; also ਉਪਾਸਨਾ

ਉਪਾਦਾਨ [upadan] *n.m.* acquisition

~ ਕਾਰਨ *n.m.* material cause

ਉਪਾਧ/ਉਪਾਧੀ[1] [upád/upádi] *n.m./n.f.* same as ਉਪੱਦਰ

ਉਪਾਧੀ[2] *n.f.* title, appellation (of rank or honour)

ਉਪਾਰਜਨ [uparjən] *n.m.* acquirement, earning, gain
ਉਪਾਰਜਿਤ [uparjɪt] *adj.* acquired, earned
ਉਪੇਖਿਆ [upekhɪa] *n.f.* ignoring, refusal or failure to take notice of, slight disregard
ਉੱਫਲ਼ [upphəḷ] *v.form* imperative of ਉੱਫਲ਼ਨਾ
ਉੱਫਲ਼ਨਾ [upphəḷna] *v.i.* to spring, jump; to rebound
ਉਫਲ਼ਵਾਂ [uphəḷvã] *adj.m.* springy, jumpy, resilient
ਉਬਸਣਾ [ubəsṇa] *v.i. dia.* see ਬੁੱਸਣਾ
ਉਬਕ [ubək] *n.m.dia.* see ਉਬਾਕ
ਉੱਬਲ਼ [ubbəḷ] *v.form* nominative of ਉੱਬਲ਼ਨਾ, boil
ਉੱਬਲ਼ਨਾ [ubbəḷna] *v.i.* to boil, ferment, effervesce, seethe, simmer; to boil and overflow
ਉਬਲ਼ਵਾਉਣਾ [ubəḷvauṇa] *v.t.* to get something boiled
ਉਬਾਸੀ [ubasi] *n.f.* yawn, gape
~ **ਲੈਣੀ** *con.v.* to yawn
ਉਬਾਕ [ubak] *n.m.* retching, vomiting sensation; spasm, regurgitation; nausea
ਉਬਾਕਣਾ [ubakəṇa] *v.i.* to retch; to vomit, regurgitate
ਉਬਾਰ [ubar] *v.form* imperative of ਉਬਾਰਨਾ, liberate
ਉਬਾਰਨਾ [ubarna] *v.t.* to release, set free; to liberate, deliver spiritually
ਉਬਾਲ਼ [ubaḷ] *n.m.* effervescence, boiling; *fig.* fit or outburst of passion *esp.* of anger or grief
ਉਬਾਲ਼ਨਾ [ubaḷna] *v.t.* to boil
ਉਬਾਲ਼ਾ [ubaḷa] *n.m.* act or process of boiling, ebullition
~ **ਆਉਣਾ** *con.v.* same as ਉੱਬਲ਼ਨਾ
~ **ਦੇਣਾ** *con.v.* same as ਉਬਾਲ਼ਨਾ
ਉੱਭਰ [úbbər] *v.form.* imperative of ਉੱਭਰਨਾ, jump
ਉੱਭਰਨਾ [úbbərna] *v.i.* to rise; to jump; to bounce; to swell; to become prominent or conspicuous
ਉੱਭਰਵਾਂ [úbbərvã] *adj.m.* rising; having a rise, bump or swelling, jutting out, bouncing
ਉੱਭੜ ਖਾਬੜ [úbbəṛ khabəṛ] *adj.* uneven, rough, across country
ਉੱਭੜਵਾਹ/ਉੱਭੜਵਾਹੇ [úbbərvá/úbbəṛváe] *adv.* with a start
ਉਭਾਸਰ [ubàsər] *v.form* imperative of ਉਭਾਸਰਨਾ; speak out
ਉਭਾਸਰਨਾ [ubàsərna] *v.i.* to speak out, dare to say something
ਉਭਾਰ [ubàr] *n.m.* arise, protuberance, swelling; promontory, mound; prime, heyday; social advancement, upward movement, prominence
ਉਭਾਰਨਾ [ubàrna] *v.t.* to raise, push up, elevate; to rouse, excite; to make conspicuous or prominent
ਉੱਭੇ ਸਾਹ [úbbe sá] *n.m.pl.* sobs, sighs, gasps
~ **ਭਰਨੇ**/~ **ਲੈਣੇ** *ph.* to gasp, sob, sigh
ਉੱਭੇਸਾਹੀਂ [úbbe sái] *adv.* sobbingly, with sighing
ਉੱਮਸ [ũmməs] *n.m. dia.* see ਹੁੰਮਸ
ਉਮੰਗ [umə̃g] *n.f.* desire, wish, longing, yearning, ambition, aspiration
ਉਮਡ [uməḍ] *v.form* nominative of ਉਮਡਣਾ
~ **ਆਉਣਾ** same as ਉਮਡਣਾ
ਉਮਡਣਾ [uməḍṇa] *v.i.* to well up (as tears); to overflow, swell; to rise and spread out (as clouds)
ਉੱਮਤ [ummət] *n.f.* religious community, people, nation
ਉਮਦਗੀ [umədgi] *n.f.* goodness, excellence
ਉਮਦਾ [umda] *adj.* of good quality, superior, good, excellent, beautiful
ਉਮਰ [umər] *n.f.* age, life-span, lifetime, duration of life; stage of life
~ **ਕੈਦ** *n.f.* imprisonment or penal servitude for life, life imprisonment
~ **ਕੈਦੀ** *n.m.* prisoner; lifer
ਉਮਰਾਓ/ਉਮਰਾ [umrao/umra] *n.m. pl.* of ਅਮੀਰ; elite, nobility, aristocracy
ਉਮੁਕਣਾ [úməkṇa] *v.i.* to gush, spring forth, be filled with sudden desire;

also ਉਮ੍ਹਲ਼ਨਾ

ਉਮਾਹ [umá] *n.m.* exuberance, profuse joy or desire; yearning, longing

ਉਮੀਦ [umid] *n.f.* hope, expectation, wish

ਉਮੀਦਵਾਰ [umidvar] *adj. & n.m.* candidate; hopeful, expectant

ਉਮੀਦਵਾਰੀ [umidvari] *n.f.* hopefulness, expectancy; pregnancy

ਉਮੇਦ/ਉਮੈਦ [umed/umɛd] *n.f. dia.* see ਉਮੀਦ

ਉਰਲ ਪਰਲ [url pərl] *n.m.* sundry things or matters; this and that stuff, odds and ends

ਉਰਲਾ [urla] *adj. m.* (the one) on this side, the nearer (one)

~ ਪਰਲਾ *adj. m.* this and that, miscellaneous; superfluous unimportant

ਉਰਵਾਰ [urvar] *adv.* on this side of bank

~ ਪਾਰ *adv.* everywhere, here and across

ਉਰ੍ਹਾਂ [úrã] *adv.* here, hither, near

~ ਪਰ੍ਹਾਂ ਹੋ ਜਾਣਾ *ph.* to hide oneself; to be lost

~ ਪਰ੍ਹਾਂ ਕਰਨਾ *ph.* to hide, conceal; to steal

ਉਰਾ ਪਰਾ [ura pəra] *n.m.* miscellaneous things or goods, odds and ends

~ ਕਰਨਾ *ph.* to hesitate, dilly-dally, trifle, try to avoid work, find excuses

ਉਰਾਰ [urar] *n. & adv.* nearer side of a river, stream or canal; on the nearer bank or side (of river, etc.)

ਉਰਾਰਲਾ [urarla] *adj. m.* pertaining to or belonging to ਉਰਾਰ

ਉਰਿਓਂ [uriõ] *adv.* from a nearer place

ਉਰੂਜ [uruj] *n.m.* same as ਅਰੂਜ, rise

ਉਰੇ [ure] *adv.* here, near

ਉੱਲ [ull] *n.f.* head-ache with pain in eye-balls

ਉਲਕਾ [ulka] *n.m.* meteor, shooting star, astroid

ਉਲੰਘ [ulə̃g] *v.form* imperative of ਉਲੰਘਣਾ, violate

ਉਲੰਘਣਾ [ulə̃gṇa] *n.f.* trespass, transgression, contravention, violation, infringement, breach, disobedience

~ ਕਰਨੀ *con.v.* to trespass, contravene, violate, infringe, break, disobey, disregard (law,custom, etc.)

ਉਲਝ [úlj] *v.form.* imperative of ਉਲਝਣਾ, get entangled

ਉਲਝਣ [úljəṇ] *n.f.* entanglement, complex problem, complication, dilemma, quandry, imbroglio, perplexity, embarrassment, contretemps

ਉਲਝਣਾ [úləjṇa] *v.i.t.* to be or get involved, entangled; to quarrel, enter into disputation, dispute or bickering

ਉਲਝਾਓ/ਉਲਝਾ [uljào/uljà] *n.m.* entanglement, involvement

ਉਲਝਾਉਣਾ [uljàuṇa] *v.t.* to entangle, involve, entrap, ensnare; to complicate

ਉਲਝਾਊ [uljàu] *adj.* perplexing, complicating, embarrassing

ਉਲਝੇਵਾਂ [uljèvã] *n.m.* same as ਉਲਝਣ

ਉਲਟ [ulṭ] *adj. & adv.* upside down, inverted, inverse, reverse, opposed to, opposite, contrary, against, overturned; astray, wrong; *v.form* imperative of ਉਲ਼ਟਣਾ, turn over

~ ਕਰਮ *n.m.* reverse order, also ਉਲ਼ਟਕ੍ਰਮ

~ ਪੁਲ਼ਟ *adv.* topsy-turvy; in a scattered confused state; in disorder

ਉਲ਼ਟਣਾ [ulṭəṇa] *v.i.* to overturn, tumble, *v.t.* same as ਉਲੱਦਣਾ

ਉਲਟਾ[1] [ulṭa] *adj. m.* same as ਉਲਟ; adv. on the other hand, on the contrary, contrariwise

ਉਲਟਾ[2] *n.m.* inversion, reversal

ਉਲਟਾਉਣਾ [ulṭauṇa] *v.t.* to cause to overturn, invert, reverse, put upside down, same as ਉਲੱਦਣਾ

ਉਲਟਾਵਾਂ [ulṭavã] *adj.m.* reverse, in reverse order

ਉਲਟਾਵੀਂ [ulṭavĩ] *adj. f.* same as *prec.;* (plough) which turn the soil upside down

ਉਲਟੀ [ulṭi] *n.f.* vomit, puke, spew

~ ਕਰਨਾ *con.v.* to vomit, puke, spew
ਉਲਥਵਾ [uləthva] *v.form* imperative of ਉਲਥਵਾਉਣਾ, get something translated
ਉਲਥਵਾਉਣਾ [uləthvauṇa] *v.t.* to get something translated or transcribed
ਉਲਥਵਾਈ [uləthvai] *n.f.* process of or remuneration for ਉਲੱਥਾ
ਉਲਥਾ [ultha] *n.m.* translation, translated version, transcription
ਉਲਥਾਉਣਾ/ ~ਕਰਨਾ [ulthauṇa] *v.t.* to translate, transcribe
ਉਲਥਾਕਾਰ [ulthakar] *n.m.* translator
ਉਲਥਾਕਾਰੀ [ulthakari] *n.f.* art / skill / job or process of translation
ਉਲੱਦ [uladd] imperative of ਉਲੱਦਣਾ, pour
ਉਲੱਦਣਾ [uləddəṇa] *v.t.* to pour, drop, empty by overturning the container
ਉਲਫ਼ਤ [ulfət] *n.f.* love
~ ਕਰਨੀ *con.v.* to love
ਉੱਲਰ [ullər] *v.form* imperative of ਉੱਲਰਨਾ, lean, bend
ਉੱਲਰਨਾ [ullərna] *v.i.* to lean, incline, bend down, tilt; *fig.* to be partial (towards)
ਉੱਲਰਵਾਂ [ullərvā̃] *adj. m.* leaning; inclining, bending, tilting; tending or likely to tilt
ਉੱਲਾਸ [ullas] *n.m.* see ਹੁਲਾਸ
ਉਲਾਹਮਾ [uláma] *n.m.* complaint, expression of grievance; blame, reproof
~ ਦੇਣਾ *con.v.* to complain (to a person who caused a grievance)
~ ਲਾਹੁਣਾ *con.v.* to remedy ਉਲਾਹਮਾ, recompensate for damage or grievance caused
ਉਲਾਂਘ[1] [ulā̃g] *n.f. dia,* see ਪਲਾਂਘ
ਉਲਾਂਘ[2] *v.form* imperative of ਉਲੰਘਣਾ, same as ਉਲੰਘ
ਉਲਾਂਘਣਾ [ulā̃gṇa] *v.t.* same as ਉਲੰਘਣਾ
ਉਲਾਦ [ulad] *n.f.* offspring, progeny, sons and daughters; same as ਔਲਾਦ
ਉਲਾਂਭਾ [ulā̃ba] *n.m.* same as ਉਲਾਹਮਾ
ਉਲਾਰ [ular] *n.m.* tilt, leaning, inclination; *adj.* tilted, leaning, inclined, (for carts, etc.) with more weight in rear part
ਉਲਾਰਨਾ [ularna] *con.v.* to tilt backwards; to sway, brandish, lower in order to strike
ਉਲਾਰਵਾਂ/ਉਲਾਰੂ [ularvā̃/ularu] *adj. m.* tending to tilt, incline or sway
ਉੱਲੀ [ulli] *n.f.* fungus, mildew, mould, must
~ ਲੱਗਣੀ *con.v.* for ਉੱਲੀ to form; to be affected by ਉੱਲੀ
~ ਲੱਗਿਆ *adj.m.* mucid, mouldy, musty
ਉਲੀਕ [ulik] *v.form* imperative of ਉਲੀਕਣਾ, draw
ਉਲੀਕਣਾ [ulikəṇa] *v.t.* to draw, delineate, sketch; to write down; to plan
ਉੱਲੂ [ullu] *n.m.* owl; *slang* a fool
~ ਸਿੱਧਾ ਕਰਨਾ *ph.* (*depec.*) to serve one's own purpose, grind one's own axe
~ ਦਾ ਪੱਠਾ *ph.* (*lit.* owl's disciple) an abuse, idiot
~ ਦੀ ਅਵਾਜ਼ *ph.* hoot
~ ਬਣਾਉਣਾ *ph.* to make a fool of, befool
ਉੱਲੂਪੁਣਾ [ullupuṇa] *n.m.* foolishness, folly
ਉੱਲੂਬਾਟਾ [ullubaṭa] *adj. m.* foolish, stupid, silly *n.m.* simpleton, fool, dullard
ਉਲੇਹਾ [uleha] *n.m. dia.* see ਲੇਹਾ
ਉੱਲੇਖ [ullekh] *n.m.* mention, indication, description, reference; record
~ ਕਰਨਾ *con.v.* to mention, refer to, make a mention of or a reference to; to describe; to record
ਉਲੇਲ [ulel] *n.m.* sudden desire, impulse
~ ਆਉਣਾ *con.v.* to have or act under an impulse
ਉਲੇੜ੍ਹ [uléṛ] *v.form* imperative of ਉਲੇੜ੍ਹਨਾ, stitch, hem
ਉਲੇੜ੍ਹਨਾ [uléṛna] *v.t.* to stitch (hem of a garment) with hand, hem
ਉਲੇੜ੍ਹੀ [uléṛi] *n.f.* hand-made stitches on hem, hemming
ਉੜ[1] [uṛ] *v.i.dia.* see ਉੱਡ
ਉੜ[2] *v.form* imperative of ਉੜਨਾ, bend, stoop
ਉੜਦ [uṛd] *n.m.* same as ਮਾਂਹ, horse

bean

ਉੜਨਾ [uṛna] *v.i.* to bend down, bend due to old age; also ਉੜ ਜਾਣਾ

ਉਂ [ũ] *adv. dia.* see ਉਂਞ

ਉਂ ਉਂ [ũ ũ] *n.f.* whimper, whine

~ ਕਰਨੀ *con.v.* to whimper, whine

ਉਂ ਹੂੰ [ũ hũ] *adv. & interj.* no

ਊਂਘ [ũ̃g] *n.f.* dozing, short slumber; sleepiness, drowsiness, nap

ਊਂਘਣਾ [ũ̃gṇa] *v.i.* to doze off, drowse, sleep drowsily; also ਊਂਘ ਆਉਣੀ

ਊਚ ਨੀਚ [uc nic] *n.f. lit.* high and low; social stratification, caste or class distinction

ਊਜ [uj] *n.f.* insinuation, aspersion, imputation, blame, blemish, accusation, derogatory remark

~ਲਾਉਣੀ *ph.* to insinuate, cast aspersion; to accuse, blame, impute blame

ਊਟ ਪਟਾਂਗ [uṭ pəṭãg] *n.m.* nonsense; *adj.* preposterous, nonsensical

ਊਠ [uṭh] *n.m.* camel; dromedary

ਊਠਕ ਬੈਠਕ [uṭhək bɛṭhək] *n.f.* sit-up, sit-and-stand exercise; *fig.* botheration, unnecessary exertion

ਊਠਣੀ [uṭhṇi] *n.f.* she-camel

ਊਠਨਾ [uṭhna] *n.m.* front rest of bullock-cart

ਊਣ [uṇ] *n.f.* deficiency, deficit, shortage, shortfall, lag, lack, want

ਊਣਤਾਈ [uṇtai] *n.f.* same as ਊਣ

ਊਣਾ [uṇa] *adj. m.* not full, deficient, incomplete, short

ਊਤ [ut] *adj.* clumsy, awkward, ungainly, tactless, stupid, foolish

ਊਤਪੁਣਾ [utpuṇa] *n.m.* clumsiness, stupidity, tactlessness, foolishness

ਊਦਬਿਲਾਓ [udbılao] *n.m.* otter

ਊਦਾ [uda] *adj.m.* violet, slightly reddish blue

ਊਧਮ [údəm] *n.m.* noise, uproar, furore, riot, turmoil, pandemonium

~ ਮਚਾਉਣਾ *ph.* to create ਊਧਮ

ਊਨੀ [uni] *adj.* woollen

ਊਰਜਾ [urja] *n.f.* energy, power

ਊਰਾ[1] [ura] *n.m.* frame for winding thread or string, winder

ਊਰਾ[2] *adj.m.* same as ਊਣਾ

ਊਲ ਜਲੂਲ [ul jəlul] *n.m.* nonsense, absurd or meaningless talk or ideas

~ ਬਕਣਾ *ph.* to talk nonsense

ਊੜਾ [uṛa] *n.m.* the letter ੳ

~ ਐੜਾ *n.m.* Gurmukhi alphabet, ABC of Punjabi

ਓ[1] [o] *n.m.* modified ੳ used to express the vowel [o]

ਓ[2] *interj.* hey, O!

ਓਅੰਕਾਰ [oə̃kar] *n.m.* the formless yet manifest one, God

ਓਏ [oe] *interj.* hey, O (for addressing males; *cf.* ਨੀ)

ਓਸ[1] [os] *pron.* same as ਉਸ

ਓਸ[2] *n.f.* see ਤ੍ਰੇਲ

ਓਸੇ [ose] *pron.* same as ਉਸੇ

ਓਹ [ó] *interj.* oh!

~ ਹੋ *interj.* oh, sorry!

ਓਹ ਜਾਣੇ [ó jaṇe] *ph.* it does not matter, it is alright, never mind

ਓਹਦਾ[1] [óda] *pron.* same as ਉਸਦਾ

ਓਹਦਾ[2] [óda] *n.m.* rank, post, appointment

ਓਹਲਾ [óla] *n.m.* cover, veil, screen, protection, support, refuge; privacy, secrecy

ਓਹੀ/ਓਹੋ [ói/oho] *pron.* the very same, the same

ਓਕ [ok] *n.f.* cupped palm (-s)

ਓਕੜੂ [okəṛu] *adj.* tilted to the front (for cart)

ਓਗਾਰਾ [ogəra] *n.m.* an edible weed

ਓਜ [oj] *n.m.* effulgence, radiance, glory, majesty

ਓਝਰੀ [ójri] *n.f.* stomach, especially of chicken, tripe

ਓਝਲ [ójəḷ] *adj.* hidden from view, invisible, out of sight

ਓਟ [oṭ] *n.f.* cover, shelter, refuge, support

ਓਡ [oḍ] *n.m.* a Rajasthani tribe; a member of this tribe

ਓਡਾ [oḍa] *adj.m.* of the same size or age

~ਕੋਡਾ *adj.m.* of the same size (as seen formerly)

ਓਤ ਪੋਤ [otpot] *adj.* like warp and weft; well mixed

ਓਥੇ [othe] *adv.* there, at that place

ਓਥੋਂ [othõ] *adv.* from there

ਓਦਣ [odəṇ] *adv.* on that day

ਓਦਰ [odər] *v. form.* nominative of ਓਦਰਨਾ

ਓਦਰਨਾ/ਓਦਰ ਜਾਣਾ [odərnã/odər jaṇã] *v.i.* to feel lonesome, be homesick

ਓਦਾਂ [odã] *adv. dia.* in a particular way, that way, otherwise

ਓਦੂੰ [odũ] *adv.* compared to that

ਓਦੋਂ [odõ] *adv.* then

~ ਤੋਂ *adv.* from then onward, since then

ਓਧਰ [ódər] *adv.* on that side, there, thither

ਓਧਰਲਾ [ódərla] *adj.m.* one on that side

ਓਧਰੋਂ [ódərõ] *adv.* from that side

ਓਨਾ [ona] *adj.* that much, as much, (of a particular quantity/extent/amount)

ਓਪਰਾ [opəra] *adj.m.* stranger, unfamiliar; superficial

ਓਭੜ [óbəṛ] *adj.* unknown, stranger

ਓਮ [om] *n.m.* the primordial sound or word; God

ਓਲ੍ਹਾ [óla] *n.m.* same as ਓਹਲਾ

ਓਲ਼ਾ [oḷa] *n.m.* hail-stone

ਓਵੇਂ [ovẽ] *adv.* in that way, in that moment

ਓੜ/ਓੜਾ [oṛ/oṛa] *n.f./n.m.* furrow

ਓੜਕ [oṛək] *n.m.* the end, extreme, *adv.* in the end

~ ਦਾ *adj.m.* immense, extreme

ਓੜ੍ਹ ਤੋੜ੍ਹ/ਓੜ੍ਹ ਪੋੜ੍ਹ [óṛ-tóṛ/óṛ-póṛ] *n.m.* endeavours, expedients, unprofessional remedy

ਅ

ਅ[1] [ə] *n.m.* second letter of Gurmukhi script used to denote vowel sounds ਅ/ə/, ਆ/a/, ਐ/ɛ/ and ਔ/ɔ/

ਅ[2] *pref.* used to form negatives of certain nouns and adjectives

ਅਉਸਰ [əusər] *n.m.* same as ਔਸਰ[1], opportunity, chance

ਅਉਧ [ə́ud] *n.f.* life, duration, age

ਅੰਸ [ə̃s] *n.f.* progeny, scion, lineage, lineal descendant(s), *cf.* ਅੰਸ਼

ਅੰਸ਼ [ə̃ṣ] *n.m.* part, portion, constituent, fraction, (maths) numerator; degree, point

ਅਸ਼ਕ [əṣk] *n.m.* tear

ਅਸ਼ਕਤ [əṣəkt] *adj.* powerless, lacking strengh or authority, incapable, incompetent

ਅਸ਼ਕੇ [əṣke] *interj.* bravo! well done! (sometimes. as a sarcasm)

ਅਸੰਖ [əsə̃kh] *adj.* countless, infinite (in numbers), numberless, innumerable

ਅਸੰਗਤ [əsə̃gət] *adj.* inconsistent, improper, unreasonable, incompatible, irrelevant, contradictory

ਅਸਗੰਧ [əsgə̃d] *n.m.* a medicinal plant, *Physalis flexussaital;* also ਅਸ਼ਵਗੰਧਾ

ਅਸਗਾਹ [əsgá] *adj.* fathomless, unfathomable, illimitable, immeasurable, abysmal, boundless

ਅਸਚਰਜ [əscərj] *adj.* wonderful, wondrous, marvellous, astonishing, strange, quaint

ਅਸਚਰਜਤਾ [əscərjta] *n.f.* wonderfulness, wondrousness, marvel, astonishment, strangeness, quaintness

ਅਸੰਜਮ [əsə̃jəm] *n.m.* intemperance

ਅਸੰਜਮੀ [əsə̃jmi] *adj.* intemperate, immoderate

ਅਸ਼ਟ [əṣṭ] *adj.* see ਅੱਠ

~ ਕੋਣ *n.m. adj.* octagon

~ ਪਦੀ *n.f.* a poem of eight stanzas, octet *cf.* ਚੌਪਦਾ

ਅਸ਼ਟੰਡ [əṣṭə̃ḍ] *n.m.* see ਉਸ਼ਟੰਡ

ਅਸ਼ਟਮੀ [əṣṭmi] *n.f.* the eighth of lunar fortnight

ਅਸ਼ਟਾਮ [əṣṭam] *n.m.* stamped paper (used for legal deeds)

ਅਸੱਤ [əsətt] *n.m. & adj.* untruth, falsehood; untrue, false

ਅਸਤ ਹੋਣਾ [əst hoṇa] *con.v.* (for sun, moon or day) to set; also ਅਸਤਣਾ, ਅਸਤ ਜਾਣਾ

ਅਸਤਬਲ [əstbəl] *n.m.* (horse) stable

ਅਸਤਬਾਜ [əstbaj] *n.m.* one who makes or displays fireworks, pyrotechnist;

ਅਸਤਬਾਜੀ [əstbaji] *n.f.* fireworks, pyrotechnics, a display of fire works; also ਆਤਸ਼ਬਾਜ਼ੀ

ਅਸਤਰ[1] [əstər] *n.m.* missile weapon (arrow, javelin, etc.)

~-ਸ਼ਸਤਰ *n.m. pl.* weapons, weaponry, armament

ਅਸਤਰ[2] *n.m.* inner lining of garments

ਅਸਤਰ[3] *n.m.* mythical foal of mule; a very clever person

ਅਸਤਾਵਾ [əstava] *n.m.* earthen or metallic vessel with spout *esp.* one used in mosques for ablutions before prayer

ਅਸਤਿਤਵ [əstɪtəv] *n.m.* existence; reality, being

ਅਸਤਿਤਵਵਾਦ [əstɪtəvvad] *n.m.* existentialism

ਅਸਤਿਤਵਵਾਦੀ [əstɪtəvvadi] *adj.* existential, existentialist

ਅਸਤੀਫ਼ਾ [əstifa] *n.m.* resignation, letter of resignation

~ ਦੇਣਾ *con.v.* to resign, quit, demit, give or submit resignation

ਅਸੰਤੁਸ਼ਟ [əsə̃tuṣṭ] *adj.* dissatisfied, discontented, disgruntled, aggrieved

ਅਸੰਤੁਸ਼ਟਤਾ [əsə̃tuṣṭta] *n.f.* dissatisfaction, discontent, discontentment

ਅਸੰਤੁਲਨ [əsə̃tulən] *n.m.* inequilibrium, instability, imbalance

ਅਸੰਤੋਖ [əsə̃tokh] *n.m.* same as ਅਸੰਤੁਸ਼ਟਤਾ

ਅਸਥਾਈ[1] [əsthai] *adj.* temporary, impermanent, transitory

ਅਸਥਾਈ[2] *n.f.* refrain

ਅਸਥਾਨ [əsthan] *n.m.* place, position, spot, site; space, room; dwelling, home, office, residence, house; seat, post

ਅਸਥਾਪਨ [əsthapən] *n.m.* installation

ਅਸਥਾਪਨਾ [əsthapna] *n.f.* establishment, instalment

ਅਸਥਾਪਿਤ [əsthapɪt] *adj.* installed, established

~ ਕਰਨਾ *con.v.* to instal, establish, set up, instate; same as ਥਾਪਣਾ[2]

ਅਸਥਿਤ [əsthɪt] *adj.* see ਸਥਿਤ

ਅਸਥਿਰ [əsthɪr] *adj.* instable, unstable, unsteady, unsettled, infirm, destructible, transitory, impermanent

ਅਸਥਿਰਤਾ [əsthɪrta] *n.f.* instability, impermanence, transitoriness

ਅਸਥੀ/ਅਸਤੀ [əsthi/əsti] *n.f.* bone; usu. ਅਸਥੀਆਂ *pl.* ashes (of cremated person)

ਅਸਧਾਰਨ [əsədàrən] *adj.* uncommon, abnormal, unusual, special

ਅਸਪਸ਼ਟ [əsəpəṣṭ] *adj.* unclear, obscure, arcane, vague, ambiguous; hazy, illegible, nebulous

ਅਸਪਸ਼ਟਤਾ [əsəpəṣṭta] *n.f.* lack of clarity, obscurity, obscureness, vagueness, ambiguity, ambiguousness, haziness, illegibility, illegibleness, nebulousness

ਅਸਪਾਤ [əspat] *n.m.* same as ਇਸਪਾਤ

ਅਸਫਲ [əsəphəl] *adj.* unsuccessful, failed; fruitless, in vain

~ ਹੋਣਾ *con.v.* to fail, come a cropper, come to grief, flunk

~ ਕਰਨਾ *con.v.* to fail, frustrate

ਅਸਫਲਤਾ [əsəphəlta] *n.f.* failure

ਅਸੰਬੰਧ ਸਮੂਹ [əsə̃bə̃d səmú] *n.m.* (*maths*) disjoint set

ਅਸਬਾਬ [əsbab] *n.m.* luggage, baggage, goods, load

ਅਸੱਭ [əsə́bb] *adj.* uncultured, uncivilised, uncultivated, unsophisticated, barbarian, vulgar, rustic, ill-mannered

ਅਸੰਭਵ [əsə̃́bəv] *adj.* impossible, unlikely, impracticable

ਅਸੱਭਿਅਤਾ [əsə́bbɪəta] *n.f.* lack of culture, barbarism

ਅਸਮ [əsəm] *adj.* unequal, dissimilar

~-ਰੇਖੀ *adj.* (*geom.*) non-collinear

ਅਸਮਤ [əsmət] *n.f.* same as ਇਸਮਤ

ਅਸਮਤਾ [əsəmta] *n.f.* inequality, dissimilarity

ਅਸਮਰਥ [əsəmrəth] *adj.* unable, incapable, incompetent

ਅਸਮਰਥਤਾ [əsəmrəthta] *n.f.* inability, incapability, incompetence

ਅਸਮਾਨ[1] [əsəman]*adj.* unequal

ਅਸਮਾਨ[2] [əsman] *n.m.* sky, heaven; firmament

ਅਸਮਾਨਤਾ [əsəmanta] *n.f.* inequality, dissimilarity

ਅਸਮਾਨੀ [əsmani] *adj.* pertaining to ਅਸਮਾਨ, celestial, heavenly; sky-blue

ਅਸਮਾਨੋਂ [əsmanõ] *adv.* from ਅਸਮਾਨ; out of the blue

ਅਸਰ [əsər] *n.m.* effect, influence, impression; result, consequence

~ ਪਾਉਣਾ *con.v.* to affect, influence, impinge upon, impress

~ ਰਸੂਖ਼ *n.m.* influence, pull, access, clout; respectability

ਅਸਰਦਾਇਕ [əsərdaɪk] *adj.* effectual, effective, efficacious, influential, forceful, impressive; also ਅਸਰਦਾਰ, ਅਸਰਦਾਈ

ਅਸ਼ਰਧਾ [əṣə́rda] *n.f.* lack of faith, disbelief, scepticism

ਅਸ਼ਰਫ਼ੀ [əṣrəfi] *n.f.* a gold coin, mohur, gold mohur (no longer current)

ਅਸਲ [əsəl]*n.m. adj.* real, original, true; genuine, pure, unadulterated; root, origin, original copy, essence

ਅਸਲਾ[1] [əsla] *n.m.* origin, purity of breed, family characteristics

ਅਸਲਾ² *n.m.* weapons, arms, weaponry
ਅਸਲੀ [əsli] *adj.* same as ਅਸਲ
~ ਗੱਲ ਤੇ ਆਉਣਾ *ph.* to come down to brass tacks, come to the point
ਅਸਲੀਅਤ [əsliət] *n.f.* reality, fact, truth
ਅਸ਼ਲੀਲ [əṣlil] *adj.* indecent; immodest, risque, obscene, ill-behaved, vulgar
~ ਸਾਹਿਤ *n.m.* pornographic literature, pornography
ਅਸ਼ਲੀਲਤਾ [əṣlilta] *n.f.* indecency, immodesty, vulgarity, obscenity, bad manners
ਅਸਲੋਂ [əslõ] *adv.* totally, completely; from the origin
~ ਨਹੀਂ *ph.* not at all
ਅਸਵਸਥ [əsəvəsth] *adj.* not healthy, in poor health, indisposed, ill
ਅਸਵਸਥਤਾ [əsəvəsthta] *n.f.* ill health, indisposition
ਅਸਵਾਰ [əsvar] *n.m.* see ਸਵਾਰ¹, rider
ਅਸਾਂ [əsã] *pron.* we; also ਅਸੀਂ
ਅਸਾਡਾ [əsaḍa] *pron.* same as ਸਾਡਾ
ਅਸ਼ਾਂਤ [əṣãt] *adj.* perturbed, agitated, disquieted, disturbed or troubled *esp.* mentally; turbulent, violent
ਅਸ਼ਾਂਤੀ [əṣãti] *n.f.* perturbation, agitation, disquiet, disturbance, turbulence, violence, disorder, breach of peace, turmoil
ਅਸਾਧ [əsád] *adj.* incurable, intractable, refractory, unmanageable
ਅਸਾਧਾਰਨ [əsadàrən] *adj.* same as ਅਸਧਾਰਨ, uncommon
ਅਸਾਨ [əsan] *adj.* easy, not difficult, convenient, facile
ਅਸਾਨੀ [əsani] *n.f.* easiness, facility, facileness, convenience
ਅਸਾਮ [əsam] *n.m.* Assam (state)
ਅਸਾਮੀ¹ [əsami] *adj.* Assamese; *n.f.* Assamese language
ਅਸਾਮੀ² *n.f.* client; debtor; post, job, situation, appointment, vacancy
~ ਡੁੱਬਣੀ *ph.* to become a bad debt, for a debt to become irrecoverable
~ਤਰਨੀ *ph.* for a debt to be fully recovered

ਅਸਾਰ¹ [əsar] *adj.* meaningless, insubstantial, unreal
ਅਸਾਰ² *n.m.* width (of a wall); *pl.* traces, signs, characteristics
ਅਸਾਵਧਾਨ [əsavdàn] *adj.* inattentive, not alert, heedless, careless, inadvertent
ਅਸਾਵਧਾਨੀ [əsavdàni] *n.f.* inattention, inattentiveness, heedlessness, carelessness, inadvertence, inadvertency
~ ਨਾਲ *adv.* inattentively, heedlessly, carelessly, inadvertently
ਅਸ਼ਿਸ਼ਟ [əṣɪṣt] *adj.* unmannered, unmannerly, impolite, rude, boorish, churlish, uncivil
ਅਸ਼ਿਸ਼ਟਤਾ [əṣɪṣṭta] *n.f.* lack of good manners or civility, impoliteness, rudeness, boorishness, churlishness
ਅੰਸ਼ਿਕ [ə̃ṣɪk] *adj.* partial, fractional
ਅਸਿੱਖ¹ [əsɪkkh] *adj.* unteachable, untutored
ਅਸਿੱਖ² *n.m.* a non-Sikh; *adj.* not Sikh-like
ਅਸਿੱਖਿਅਤ [əsɪkkhɪət] *adj.* untrained, uneducated, illiterate, unlettered, unskilled
ਅਸਿੱਧਾ [əsídda] *adj.m.* indirect, not straight; devious, crooked, not straightforward
ਅਸੀਂ [əsĩ] *pron.* we
ਅੱਸੀ¹ [əssi] *adj.* eighty
~ ਸਾਲਾ *adj.m.* valid for 80 years; octogenarian
ਅੱਸੀ² *n.f.* edge, side
~ ਪਰਨੇ *adv.* standing upon ਅੱਸੀ, sidewise, sideways
ਅੱਸੀਂ [əssĩ] *adv.* for Rs. 80
ਅਸੀਸ [əsis] *n.f.* blessing, benediction, benison
~ ਦੇਣੀ *con.v.* to bless, invoke ਅਸੀਸ
ਅਸੀਮ [əsim] *adj.* limitless
ਅਸੀਮਤਾ [əsimta] *n.f.* limitlessness, boundlessness; illimitability; infinity
ਅਸੀਮਿਤ [əsimɪt] *adj.* unlimited, boundless; illimitable; unrestricted, unchecked; infinite

ਅਸ਼ੀਰਵਾਦ [əṣirvad] *n.m.* same as ਅਸੀਸ
ਅਸੀਲ [əsil] *adj.* gentle, easy to manage, amenable to discipline, tractable
ਅਸੀਲਪੁਣਾ [əsilpuṇa] *n.m.* gentleness amenability or amenableness to discipline or training, tractability, tractableness
ਅੱਸੀਵਾਂ [əssivã] *adj.m.* eightieth; also ਅਸੀਆਂ
ਅਸੁਖਾਵਾਂ [əsukhavã] *adj.m.* uncomfortable, discomforting, unsoothing, unsuitable, harmful
ਅਸ਼ੁੱਧ [əṣúdd] *adj.* impure. adulterated; wrong, incorrect
ਅਸ਼ੁੱਧਤਾ [əṣúddəta] *n.f.* impureness, adulteratedness, adulteration, wrongness
ਅਸ਼ੁੱਧੀ [əṣúddi] *n.f.* error, solecism, misprint, mistake
~ ਪੱਤਰ *n.m.* errata, corrigenda, *usu.* ਸ਼ੁੱਧੀ ਪੱਤਰ
ਅਸ਼ੁਭ [əṣúb] *adj.* inauspicious, unpropitious, unlucky, portentous, ominous
ਅਸੁਭਾਵਿਕ [əsuḃàvɪk] *adj.* unnatural, out of one's character, abnormal
ਅਸੁਰ [əsur] *n.m.* demon, evil spirit; ogre, monster; Satan, devil
ਅਸੁਰਖਿਅਤ [əsurəkkhɪət] *adj.* insecure, unsafe, unprotected
ਅਸੁਰੱਖਿਆ [əsurəkkhɪa] *n.f.* insecurity, lack of safeguards or protection, insecureness
ਅਸੁਰਾ [əsura] *adj.m.* demoniac, evil, ogrish, monster-like, satanic, devilish
ਅੱਸੂ [əssu] *n.m.* name of the seventh month of Bikrami calendar; also ਅੱਸੂੰ
ਅਸੂਝ [əsúj] *adj.* see ਨਾਸਮਝ
ਅਸੂਲ [əsul] *n.m.* principle, basic rule, axiom or doctrine, tenet, rule of moral conduct, precept
ਅਸੂਲਨ [əsulən] *adv.* on principle, in principle
ਅਸੂਲੀ [əsuli] *adj.* principled, morally correct or valid, righteous
ਅਸੈਨਿਕ [əsɛnɪk] *adj.* non-military, civil, civilian, non-combatant
ਅਸ਼ੋਕ[1] [əṣok] *n.m.* Ashoka, the emperor; *n.m.* ashoka tree, *Polyathia longifolia, Saraca indica*
ਅਸ਼ੋਕ[2] *adj.* free from sorrow, carefree, happy, cheerful, contented
ਅਹੰ [əhə̃] *n.m.* ego, egoism, egotism.
ਅਹੰਕਾਰ [əhə̃kar] *n.m.* same as ਅਹੰ; pride, arrogance, conceit
ਅਹੰਕਾਰੀ [əhə̃kari] *adj.* proud, arrogant, conceited
ਅਹਾਰ [əhar] *n.m.* food, diet, meal, victuals
ਅਹਿੰਸਕ [əhĩsək] *adj.* nonviolent; peaceful, peace-loving
ਅਹਿੰਸਾ [əhĩsa] *n.f.* non-violence
ਅਹਿਸਾਸ [ɛ́sas] *n.m.* see ਇਹਸਾਸ
ਅਹਿਸਾਨ [ɛ́san] *n.m.* see ਇਹਸਾਨ
ਅਹਿੰਸਾਵਾਦ [əhĩsavad] *n.m.* doctrine or policy of ਅਹਿੰਸਾ
ਅਹਿੰਸਾਵਾਦੀ [əhĩsavadi] *adj.* concerning ਅਹਿੰਸਾਵਾਦ; same as ਅਹਿੰਸਕ *n.m.* a follower of ਅਹਿੰਸਾਵਾਦ
ਅਹਿਣ [ɛ́ṇ] *n.m.* hail, hail pellet or ball, hail storm
~ ਪੈਣੇ *con.v.* to hail
ਅਹਿਦ[1] [ɛ́d] *n.m.* resolve, vow, determination, promise
~ ਕਰਨਾ *con.v.* to make ਅਹਿਦ, vow, promise, resolve
ਅਹਿਦ[2] *n.m.* period or time of rule, reign
ਅਹਿਦਨਾਮਾ [ɛ́dnama] *n.m.* treaty, formal agreement between nations or states; document embodying such agreement
ਅਹਿਮ [ɛ́m] *adj.* important, essential, significant, momentous
ਅਹਿਮਕ [ɛ́mək] *adj.* fool, foolish, asinine, silly, stupid, fatuous, senseless (person)
ਅਹਿਮਕਪੁਣਾ [ɛ́məkpuṇa] *n.m.* foolishness, silliness, stupidity, senselessness
ਅਹਿਮਕਾਨਾ [ɛ́mkana] *adj.* foolish, silly, asinine (talk or act)
ਅਹਿਮੀਅਤ [ɛ́mɪət] *n.f.* importance, significance

ਅਹਿਰਨ [ɛrən] *n.f.* anvil, ironsmith's block
ਅਹਿੱਲ [ə'hɪll] *adj.* immovable, unmoved, firm, unmoving, steadfast, motionless, stationary
ਅਹਿਲਕਾਰ [ɛlkar] *n.m.* servant, employee, agent, public servant, petty official
ਅਹਿਲਮਦ [ɛlməd] *n.m.* clerk, *esp.* of a court
ਅਹਿਲਾ [ɛla] *adj. m.* fruitless, purposeless, vain, negatory, valueless
ਅਹੀ ਤਹੀ [ə̀i tə́i] *n.f.* insult, indignity, slight, affront
~ ਕਰਨੀ *ph.* to insult, slight; to inveigh; to rebuke, reprove, scold
ਅਹੁਦਾ [ɔ̀da] *n.m.* same as ਓਹਦਾ[2]
~ ਘਟਾਉਣਾ *con.v.* to demote, revert
~ ਘਟਾਈ *n.f.* demotion, reversion
~ ਵਧਣਾ *con.v.* for ਅਹੁਦਾ to be upgraded or promoted; *n.m.* promotion
~ ਵਧਾਉਣਾ *con.v.* to promote or upgrade
ਅਹੁਦੇਦਾਰ [ɔ̀dedar] *n.m.* holder of ਅਹੁਦਾ; official, (minor) officer
ਅਹੂਤੀ [əhuti] *n.f.* sacrificial burning, oblation; sacrifice, immolation
~ ਚੜ੍ਹਾਉਣੀ/~ ਦੇਣੀ *ph.* to sacrifice, offer as a sacrifice
ਅਹੋ ਭਾਗ [əho pàg] *interj.* blessed am I (or are we) !, good luck
ਅੱਕ[1] [əkk] *n.m.* a wild plant of sandy region, *Calotropis procera*
ਅੱਕ[2] *v.form* imperative of ਅੱਕਣਾ
ਅੰਕ [ə̃k] *n.m.* digit, numeral, number, page number; mark; point; part, issue, serial; degree
ਅਕਸ [əks] *n.f.* reflection, reflected image
~ ਪਾਉਣਾ *con.v.* to reflect; to direct the reflected rays (upon or towards)
ਅੰਕਸ਼ [ə̃kəṣ] *n.m.* see ਅੰਕੁਸ਼
ਅਕਸਮਾਤ [əkəsmat] *adv.* suddenly, unexpectedly
ਅਕਸਰ [əksər] *adv.* often, frequently, mostly
ਅਕਸਰੀਅਤ [əksəriət] *n.f.* majority; abundance
ਅਕਸ਼ਾਂਸ਼ [əkṣãṣ] *n.m.* degree of latitude
ਅਕਸੀਰ [əksir] *n.f.* life-giving or life-saving drug, elixir, panacea; mythical chemical said to be used in alchemy
ਅਕਹਿ [əkɛ́] *adj.* unspeakable, unutterable, inexpressible, indescribable, ineffable, beyond words
ਅੰਕ ਗਣਿਤ [ə̃k gəṇɪt] *n.m.* arithmatic
ਅੰਕ ਗਣਿਤੀ [ə̃k gəṇɪti] *adj.* arithmetical
ਅਕੱਟ [əkəṭṭ] *adj.* irrefutable, incontrovertible
ਅੱਕਣਾ [əkkəṇa] *v.i.* to be fed up, bored, tired (of), irritated
ਅਕਤੂਬਰ [əktubər] *n.m.* October
ਅਕੱਥ [əkətth] *adj.* same as ਅਕਹਿ
ਅਕੱਥਤਾ [əkətthəta] *n.f.* ineffability
ਅਕਰਮਕ [əkərmək] *adj.* intransitive (verb); passive, inert
ਅਕਲ [əkəl] *n.f.* intelligence, intellect, reason, reasoning faculty, understanding, wit, wisdom, sagacity, perspicacity
~ ਆਉਣੀ *con.v.* to be wise; to come to understand or discern
~ ਤੇ ਪੜਦਾ ਪੈਣਾ *ph.* to be confused, baffled, bemused; muddled, obfuscated, stupefied
~ ਦਾ ਅੰਨ੍ਹਾ/~ ਦਾ ਦੁਸ਼ਮਨ/~ ਦਾ ਵੈਰੀ *ph.* stupid, foolish, muddle-headed
~ ਦੁੜਾਉਣੀ *ph.* to think hard, deliberate, reflect on
~ ਮਾਰੀ ਜਾਣੀ *ph.* same as ~ ਤੇ ਪੜਦਾ ਪੈਣਾ
ਅਕਲਮੰਦ [əkəlmə̃d] *adj.* intelligent, wise, astute, sensible, sagacious; prudent
ਅਕਲਮੰਦੀ [əkəlmə̃di] *n.f.* astuteness, sagaciousness, sagacity, perspicaciousness, prudence
ਅਕੜਾ [əkṛa] *n.m.* stiffness, stiffening; tenseness, inflexibility
ਅੰਕੜਾ [ə̃kṛa] *n.m.* digit, numeral
~ ਸਮੱਗਰੀ *n.f.* statistical data
~ ਵਿਗਿਆਨ *n.m.* statistics
ਅਕੜਾਉਣਾ [əkṛauṇa] *v.t.* to stiffen, tighten; to starch
ਅੰਕੜੇ [ə̃kṛe] *n.m. pl.* statistics, data,

figures

ਅਕੜੇਵਾਂ [əkṛevã] *n.m.* same as ਅਕੜਾ *fig.* pride, arrogance, uppishness

ਅਕਾ [əka] *n.m.* boredom, tedium, irksomeness, wearisomeness, nuisance, annoyance, exasperation; *v.form* imperative of ਅਕਾਉਣਾ, tease

ਅਕਾਉਣਾ [əkauṇa] *v.t.* to cause to be fed up, bore, tire, vex, irritate, weary, irk, annoy, exasperate

ਅਕਾਸ਼ [əkaṣ] *n.m.* same as ਅਸਮਾਨ²; also ਆਕਾਸ਼

~ ਗੰਗਾ *n.f.* Milky Way

~ ਬਾਣੀ *n.f.* revelation, divine inspiration or communication, afflatus, apocalypse

~ ਵੇਲ *n.f.* see ਅਮਰਵੇਲ

ਅਕਾਸ਼ੀ [əkaṣi] celestial, heavenly

ਅਕਾਂਖਾ/ਅਕਾਂਖਿਆ [əkãkha/əkãkhɪa] *n.f.* ambition, aspiration, keen desire

ਅਕਾਦਮੀ [əkadmi] *n.f.* academy

ਅਕਾਰ [əkar] *n.m.* same as ਆਕਾਰ, shape, form

ਅਕਾਰਥ [əkarth] *adj.* useless, purposeless, fruitless; *adv.* in vain

~ ਜਾਣਾ *con.v.* to be in vain

ਅਕਾਰਨ [əkarən] *adj.* without cause, unprovoked, needless, groundless, unnecessary, unwarranted, *adv.* needlessly, unnecessarily

ਅਕਾਲ [əkal] *n.m.* The Timeless One, God

~ ਚਲਾਣਾ *n.m.* death, untimely death

~ ਪੁਰਖ *n.m.* same as ਅਕਾਲ

ਅਕਾਲੀ [əkali] *n.m.* dedicated to ਅਕਾਲ; baptised Sikh, (formerly) a Nihang Sikh; a member of Akali Dal

~ ਦਲ *n.m.* Akali Dal, a political party of the Sikhs.

ਅੰਕਿਤ [ə̃kɪt] *adj.* marked, written, inscribed

~ ਕਰਨਾ *con.v.* to mark, write, inscribe

~ ਮੁੱਲ *n.m.* marked price, list price

ਅਕਿਰਤਘਣ [əkɪrtkəṇ] *adj.* ungrateful

ਅਕਿਰਤਘਣਤਾ [əkɪrtkəṇta] *n.f.* ungratefulness

ਅਕਿਰਿਆਸ਼ੀਲ [əkɪrɪaṣil] *adj.* passive, inactive, inert

~ ਸਾਂਝੀਵਾਲ *n.m.* sleeping partner

ਅਕੀਦਤ [əkidət] *n.f.* same as ਸ਼ਰਧਾ

ਅਕੀਦਾ [əkida] *n.m.* faith, belief, creed; doctrine, tenet, principle

ਅੰਕੁਸ਼ [ə̃kuṣ] *n.m.* goad, prod, *esp.* for elephants; *fig.* restriction, curb

~ ਲਾਉਣਾ *ph.* to restrict, apply or enforce restrictions, ban

ਅਕੇਵਾਂ [əkevã] *n.m.* boredom, tedium, wearisomeness, exasperation, ennui; same as ਅਕਾ

ਅੱਖ [əkkh] *n.f.* eye

~ ਉੱਘੜਨੀ *ph.* for eye to open or dilate; to awaken, awake, wake up, rise from sleep; *fig.* to become conscious of, alert, realize (danger, deceit, etc.)

~ ਆਉਣੀ *ph.* to get sore eyes; to suffer from opthalmia

~ ਖੁਲ੍ਹਣੀ *ph.* same as ਅੱਖ ਉੱਘੜਨੀ

~ ਚੁਰਾਉਣੀ *ph.* to avoid (someone)

~ ਝਮਕਣੀ *con.v.* to wink; to blink

~ ਥੱਲੇ ਹਨੇਰਾ *ph.* the darkest place is under the candlestick

~ ਦਾ ਕੰਡਾ *ph.* eyesore

~ ਦਾ ਤਾਰਾ *ph.* most dear, pupil of one's eye, darling

~ ਦਾ ਪਲਕਾਰਾ *ph.* an instant, moment

~ ਦਾ ਪਾਣੀ *ph.* acqueous humour, vitreous humour

~ ਦੀ ਪੁਤਲੀ *n.f.* pupil

~ ਨਾ ਚੁੱਕਣੀ *ph.* not to look up in the face, be ashamed; to be modest, respectful or bashful

~ ਨੀਵੀਂ ਹੋਣੀ *ph.* to be ashamed or mortified

~ ਪਿੱਛੇ ਪਰਦੇਸ *ph.* out of sight out of mind

~ ਬਚਾਉਣੀ *ph.* to avoid being seen; to move or act stealthily, slink

~ ਬਣਵਾਉਣੀ *con.v.* to get ਅੱਖ operated upon, *usu.* for corneal trouble

~-ਮਟੱਕਾ *n.m.* ogling, exchange of amorous glances, flirtation

~ ਮਾਰਨੀ *ph.* to wink, ogle; to make a sign or give a hint by blinking

~ ਮੀਚਣੀ/~ ਮੀਟਣੀ *ph.* to close one's eyes *fig.* to ignore; to connive at
~ ਰੱਖਣੀ *ph.* to keep an eye upon, watch; to covet; to mark or select for owning
~ ਲੜਨੀ *ph.* to fall in love with
~ ਲਾਲ ਹੋਣੀ *ph.* to be intoxicated; to be angry
ਅਖੰਡ [əkhə̃ḍ] *adj.* undivided, whole, uninterrupted, unbroken, undisturbed, continuous
ਅਖੰਡ ਪਾਠ [əkhə̃ḍ paṭhi] *n.m.* an end to end (non-stop) recital (of the Sikh scripture)
ਅਖੰਡ ਪਾਠੀ [əkhə̃ḍ paṭhi] *n.m.* scripture reader, taking part in ਅਖੰਡ ਪਾਠ or one qualified to do so
ਅਖਤਿਆਰ [əkhtıar] *n.m. colloq.* same as ਇਖ਼ਤਿਆਰ
ਅਖਬਾਰ [əkhbar] *n.m.f.* newspaper, tabloid, news bulletin, news letter
~ ਨਵੀਸ *n.m.* journalist
~ ਨਵੀਸੀ *n.f.* journalism
ਅਖਬਾਰੀ ਕਾਗਜ਼ [əkhbari kagəz] *n.m.* newsprint
ਅੱਖਰ [əkkhər] *n.m.* letter, character (of alphabet); syllable
~-ਕ੍ਰਮ *n.m.* alphabetical order
ਅੱਖਰੀ [əkkhəri] *adj.* pertaining to letters, literal
ਅਖਰੋਟ [əkhroṭ] *n.m.* walnut
ਅਖਲਾਕ [əkhlak] *n.m. colloq.* see ਇਖ਼ਲਾਕ
ਅਖਵਾ [əkhva] *v.form* imperative of ਅਖਵਾਉਣਾ, get communicated or recommended
~ ਘਲਣਾ *cpd.v.* to send a verbal message
ਅਖਵਾਉਣਾ [əkhvauṇa] *v.t.* to get something communicated, imparted, recommended (through someone), make, cause or get someone say something; to be called, named or known as
ਅੱਖੜ [əkkhəṛ] *adj.* brusque, blunt, stubborn, pugnacious, quarrelsome, churlish, arrogant
~ ਬੰਦਾ *n.m.* a churl, ਅੱਖੜ person
~ ਬੋਲ *n.m.* cacophony, blunt or impolite talk
ਅੱਖੜਪੁਣਾ [əkkhəṛpuṇa] *n.m.* brusqueness, brusquerie, stubbornness, pugnacity, pugnaciousness, arrogance
ਅਖਾ [əkha] *v.form* imperative of ਅਖਾਉਣਾ same as ਅਖਵਾ
ਅੱਖਾਂ [əkkhā̃] *n.f.pl.* plural of ਅੱਖ
~ ਚਾਰ ਕਰਨੀਆਂ *ph.* to meet, come face to face with, face squarely
~ ਤੇ ਪੱਟੀ ਬੰਨ੍ਹਣੀ/~ ਤੇ ਪੜਦਾ ਪੈਣਾ *ph.* to act blindly, thoughtlessly, carelessly
~ ਤੇ ਬਿਠਾਉਣਾ *ph.* to welcome warmly; to treat with special consideration and respect
~ ਫੇਰ ਲੈਣੀਆਂ *ph.* to be estranged; to jilt, sever relations (with former friend)
~ ਭਰ ਆਉਣੀਆਂ *ph.* for eyes to be tearful, become obviously sentimental or lachrymose
~ ਵਿਖਾਉਣੀਆਂ *ph.* to frighten, threaten
~ ਵਿਚ ਘੱਟਾ ਪਾਉਣਾ *ph.* to deceive
~ ਵਿਛਾਉਣੀਆਂ *ph.* to welcome warmly, to receive with affection or reverence; to await eagerly
ਅੱਖੋਂ ਪਰੋਖੇ/ ਅੱਖੋਂ ਉਹਲੇ *adv.* out of sight
ਅਖਾਉਣਾ [əkhauṇa] *v.t.* see ਅਖਵਾਉਣਾ; to be called (by some title or appellation)
ਅਖਾਣ [əkhaṇ] *n.m.* proverb, saying, aphorism, adage
~ ਪਾਉਣਾ *con.v.* to quote an ਅਖਾਣ
ਅਖਾਧ [əkhád] *adj.* uneatable, inedible, unfit for human consumption
ਅਖਾੜਾ[1] [əkhaṛa] *n.m.* arena, amphitheatre; ring formed by spectators around a bout or display, wrestling pit
~ ਬੰਨ੍ਹਣਾ *con.v.* to form a human ring around a bout or display
ਅਖਾੜਾ[2] *n.m.* monastery, cloister, convent or assemblage of certain religious sects
ਅਖਿਲ [əkhıl] *adj.* whole, all
ਅਖੀਰ [əkhir] *n.f.* end, finis, extreme limit; *fig.* last moment; death; *adv.* at

last, ultimately, finally
ਅਖੀਰਲਾ [əkhirla] *adj.* last, ultimate, final, hindmost; also ਅਖ਼ੀਰਲਾ and ਅਖੀਰੀ
ਅਖੁੱਟ [əkhuṭṭ] *adj.* inexhaustible, abundant
ਅਖੌਤ [əkhɔt] *n.f.* same as ਅਖਾਣ
ਅਖੌਤੀ [əkhɔti] *adj.* the so called; proverbial; supposed, putative
ਅੱਗ [əgg] *n.f.* fire, blaze, conflagration, flame; *fig.* passion, particularly ardent desire/anger or jealousy
~ ਬਾਲਨੀ *con.v.* to kindle light or make a fire
~ ਬੁਝਾਉਣੀ *con.v. ph.* to put out, extinguish a fire; *fig.* to satisfy passion
~ ਭੜਕਾਉਣੀ *ph.* to stoke/fan or feed a fire
~ ਲੱਗਣਾ *colloq. ph.* an abuse, *lit.* fit for burning, likely to catch fire
~ ਲੱਗਣੀ *con.v.* to catch fire, for fire to break out; *fig.* to be angry or jealous; same as ਅੱਗ ਲੱਗਣਾ (for *fem.*)
~ ਲਾਉਣੀ *con.v.* to set on fire, set ablaze, burn, inflame, ignite, kindle, enkindle; *fig.* to excite, incite; to provoke or raise passion
~ ਵੱਸਣੀ *ph.* to be extremely hot, for intense firing to take place
~ ਵਰ੍ਹਾਉਣੀ *ph.* to subject (the enemy) to intensive fire/shelling or bombing
ਅੰਗ [ə̃g] *n.m.* part, portion, division; limb, member (of body); part and parcel, branch
~ ਸੰਗ *adv.* with, present with; omnipresent (for deity)
~ ਸਾਕ *n.m. pl.* relations, relatives, kith and kin, kinsfolk
~ ਪਾਲਕ/~ ਪਾਲ *adj. & n.m.* true friend, true to one's word or promise
~ ਪਾਲ਼ਨਾ/~ ਪੂਰਨਾ *ph.* to be true, faithful friend or supporter; to keep one's promise or word of honour
~ ਭੰਗ *n.m.* mutilation, mayhem
~ ਰੱਖਿਅਕ *n.m.* bodyguard
~ ਲਾਉਣਾ *ph.* to embrace; to own, take under one's wing, patronise
ਅਗਸਤ [əgəst] *n.m.* August (the month)
ਅੰਗਹੀਣ [ə̃ghiṇ] *adj.* limbless, cripple, disabled
ਅੰਗਣ/ਅੰਗਣਾ [ə̃gəṇ/ə̃gṇa] *n.m.* courtyard, compound
ਅਗਨ [əgən] *n.f.* see ਅੱਗ
~ ਕੁੰਡ *n.m.* pit for sacrificial fire
~ ਬੋਟ *n.m.* steamboat, power-driven boat
ਅਗਨੀ [əgni] *n.f.* same as ਅੱਗ; *n.m.* Hindu god of fire
~ ਪਰੀਖਿਆ *n.f.* ordeal by fire
ਅਗਮ/ਅਗੰਮ [əgəm/əgə̃m] *n.m.* inaccessible, unapproachable
ਅਗਰ [əgər] *conj.* same as ਜੇ; if
ਅਗਰ ਆਗਮ [əgər agəm] *n.m.* (phonetics), prothesis
ਅੰਗਰਖਾ [ə̃grəkha] *n.m.* long and loose shirt
ਅਗਰਗਾਮੀ [əgərgami] *adj.* preceding, leading, *n.m.* forerunner, predecessor
ਅਗਰਬੱਤੀ [əgərbətti] *n.f.* incense stick, joss-stick
ਅੰਗਰੇਜ਼ [ə̃grez] *n.m.* Englishman, the English
ਅੰਗਰੇਜ਼ੀ [ə̃grezi] *adj.* English; *n.f.* English language
~ ਸ਼ਰਾਬ *n.f.* imported liquor; *I.M.F.L.* Indian made foreign liquor
ਅੱਗਲ਼ ਹੱਥ [əggəḷ hətth] *n.m. adj.* factotum, leading worker or agent, all in all, confidant
ਅੱਗਲ਼ਵਾਂਢੇ [əggəḷvā̃ḍe] *adv.* forward, going or coming forward (as to welcome)
ਅਗਲਾ [əgla] *adj. m.* foremost, front, forward one, next; preceding, former, past, previous. *n.m.* the other party
ਅਗਲੇਰਾ [əglera] *adj. m.* same as *prec.* next, next but one
ਅਗਵਾ [əgva] *n.m.* abduction; hijack
~ ਕਰਨਾ *con.v. to* abduct; to hijack
ਅਗਵਾਈ [əgvai] *n.f.* lead, guidance, leadership
~ ਕਰਨੀ *con.v.* to lead, guide, give lead,

provide leadership

ਅਗਵਾਕਾਰ [əgvakar] *n.m.* abductor, kidnapper; hijacker

ਅਗਵਾਨੀ [əgvani] *n.f.* welcome, reception

~ **ਕਰਨੀ** *con.v.* to welcome, receive, usher

ਅਗਵਾੜਾ [əgvaṛa] *n.m.* front side, front portion, foreground, front, facade

ਅੱਗੜ ਪਿੱਛੜ [əggəṛ pɪcchəṛ] *adv.* one after the other, one behind the other, successively, in quick succession

ਅੰਗੜਾਈ [ə̃grai] *n.f.* stretching of body or limbs lazily often accompanied by a yawn

~ **ਲੈਣੀ** *con.v.* to stretch one's body or limbs

ਅੱਗਾ [əgga] *n.m.* the front, front part; facade; future; the hereafter

~ **ਸਵਾਰਨਾ** *ph.* to work for a better future, lead a virtuous life

~ **ਢਕਣਾ** *ph.* to cover the front or private parts, dress up decently

~ **ਮਾਰਨਾ** *ph.* to spoil one's future

ਅਗਾਊਂ [əgaũ] *adv.* beforehand, in advance, in anticipation; *adj.* anticipatory, speculative, advance

ਅਗਾਹ [əgá] *adv. colloq.* see ਆਗਾਹ

ਅਗਾਂਹ [əgā́] *adv.* same as ਅੱਗੇ; in future, in the hereafter

~ **ਲੰਘ ਜਾਣਾ** *con.v.* to go too far; to outdo; to pass, go fast; to excel

~ **ਵਧੂ** *adj.* progressive

ਅਗਾਧ [əgád] *adj.* same as ਅਸਗਾਹ, unfathomable

ਅਗਾਮੀ [əgami] *adj.* forthcoming, approaching, next

ਅੰਗਾਰਾ [ə̃gara] *n.m.* see ਅੰਗਿਆਰਾ, ember

ਅਗਾੜੀ [əgaṛi] *n.f.* front, front side halter, front fetter and rope; *adv.* in front, forward, before

~**ਪਿਛਾੜੀ** *adv.* in file, one behind the other; forward and backward

ਅੱਗਿਓਂ [əggɪõ] *adv.* from the front side; in advace, beforehand; in future

ਅਗਿਆਤ [əgɪat] *adj.* unknown, stranger, unfamiliar; hidden, anonymous

~ **ਵਾਸ** *n.m.* going underground, hiding

ਅਗਿਆਨ [əgɪan] *n.m.* lack of knowledge, ignorance, nescience

ਅਗਿਆਨਤਾ [əgɪanta] *n.f.* same as ਅਗਿਆਨ

ਅਗਿਆਨੀ [əgɪani] *adj. & n.m.* ignorant, stupid (person), ignoramus

ਅੰਗਿਆਰ [ə̃gɪar] *n.m. pl.* burning coal, embers

ਅੰਗਿਆਰਾ [ə̃gɪara] *n.m.* ember, live coal or charcoal

ਅੰਗਿਆਰੀ [ə̃gɪari] *n.f.* a small ਅੰਗਿਆਰਾ

ਅਗਿਣਤ [əgɪṇt] *adj.* see ਅਣਗਿਣਤ; innumerable

ਅੰਗੀ [ə̃gi] *n.f.* brassiere, bodice

ਅੰਗੀਕਾਰ [ə̃gikar] *adv.* accepted (for offering *esp.* of garment or ornament)

~ **ਕਰਨਾ** *v.t.* to accept (offering); to put on, wear

ਅੰਗੀਠਾ [ə̃giṭha] *n.m.* pyre, funeral pyre; monument raised over place of cremation

ਅੰਗੀਠੀ [ə̃giṭhi] *n.f.* fireplace, portable hearth, mantlepiece, mantleshelf

ਅੰਗੀਠੀਪੋਸ਼ [ə̃giṭhipoṣ] *n.m.* cloth to cover or decorate mantelpiece or shelf

ਅੰਗੂਠਾ [ə̃guṭha] *n.m.* thumb; hallux; big toe; thumb-impression

~ **ਲਾਉਣਾ** *con.v.* to put thumb-impression

~ **ਵਿਖਾਉਣਾ** *ph.* same as ਠੁੱਠ ਵਿਖਾਉਣਾ; to refuse to give

ਅੰਗੂਠੀ [ə̃guṭhi] *n.f.* ring, finger ring

ਅੰਗੂਰ[1] [ə̃gur] *n.m.*grape

~ **ਦਾ ਖੇਤ** *n.m.* vineyard

~ **ਦੀ ਖੰਡ** *n.f.* dextroglucose. d-glucose, grape sugar

~ **ਦੀ ਵੇਲ** *n.f.* vine, grapevine

ਅੰਗੂਰ[2] *n.m.* crust formed over a healing wound, scab

~ **ਆਉਣਾ** *con.v.* for a crust or scab to form

ਅੰਗੂਰੀ[1] [ə̃guri] *adj.* light green

ਅੰਗੂਰੀ[2] *n.f.* soft, newly growing grass or

leaves

ਅੱਗੇ [əgge] *adv.* before, ahead, in front; onwards; formerly

~ ਆਉਣਾ *con.v.* to come forward; to volunteer; to win; (for a wrong action) to boomerang

~ ਈ/~ ਹੀ *adv.* already, before-hand

~ ਕਰਨਾ *con.v.* to put or push forward

~ ਤੋਂ *adv.* now onwards, in future

~ ਪਾਉਣਾ *ph.* to postpone, defer, put off

~ ਪਿੱਛੇ *adv.* sooner or later; one behind the other, in file; back and forth

~ ਪਿੱਛੇ ਫਿਰਨਾ *ph.* to follow abjectly; to fawn (upon)

~ ਵਾਸਤੇ *adv.* in future, now onwards, hereafter

ਅਗੇਤ [əget] *n.m.*early time, earliness, advance (in relation to sowing operation)

ਅਗੇਤਰ [əgetər]*n.m.* prefix

ਅਗੇਤਰਾ/ਅਗੇਤਾ [əgetra/əgeta] *adj.m.* sown or ripe prematurely

ਅਗੇਰੇ[əgere] *adv.* forward, further on, more forward, more to the front

ਅੱਗੋਂ [əggõ] *adv.* from the front, from the opposite direction; next, hereafter, henceforth

~ ਪਿੱਛੋਂ *adv.* sooner or later; from anyside

~ ਬੋਲਣਾ *ph.* to talk back, be impertinent, saucy or rude

ਅਗੋਚਰ [əgocər] *adj.* unknowable through the senses, imperceptible, indiscernible; an attribute of God

ਅੰਗੋਛਾ [ə̃gocha] *n.m.*towel, large scarf, sheet, garment to cover lower body

ਅਘ [ə̀g] *n.m.* sin, wickedness, guilt

ਅੱਘ [ə̀gg] *n.m.* credibility, credit, trustworthiness

~ ਮਾਰਨਾ *con.v.* to cause loss of ਅੱਘ, harm credibility

ਅਘੜ [əkə̀ṛ] *adj.* unhewn; also ਅਣਘੜਤ

ਅਘਾ [əgà] *v.form* imperative of ਅਘਾਣਾ

ਅਘਾਣਾ [əgàṇa] *v.i.* to have one's fill, be satiated, satisfied, pleased; *v.t.* to satiate, surfeit

ਅਘਾਤ [əkàt] *n.m.* injury, confusion, hurt, harm

~ ਪੁਚਾਉਣਾ *con.v.* to cause ਅਘਾਤ; to injure, hurt, harm

ਅਘੁਲ [əkùl] *adj.* insoluble

ਅਚਕ [əcək] *v.form* imperative of ਅਚਕਣਾ, wait, tarry

ਅਚਕਣਾ [əckəṇa] *v.i.* to stop or wait briefly, linger, tarry

ਅਚਕਨ [əckən] *n.f.* long. *adj.* tight-fitting coat

ਅਚਨਚੇਤ [əcəncet] *adv.* suddenly, all of a sudden, without warning, abruptly, unexpectedly, precipitately

ਅਚੰਭਾ [əcə̃ba] *n.m.* surprise, astonishment, strange happening; wonder, marvel

ਅਚਰਜ [əcərj] *adj.* same as ਅਸਚਰਜ, strange

ਅਚੱਲ [əcəll] *adj.* immovable, fixed, constant, static, stationary

ਅੰਚਲ [ə̃cəl] *n.m.* end portion of a scarf or head-cloth, fringe, border

ਅਚਵੀ [əcvi] *n.f.* itch, restlessness, uneasy sensation, dysphoria

ਅਚਾਨਕ [əcanək] *adv.* same as ਅਚਨਚੇਤ

ਅਚਾਰ [əcar] *n.m.* pickle

ਅਚਾਰੀਆ [əcaria] *n.m.* Brahmin, religious teacher

ਅਚਿੰਤ [əcĩt] *abj.* free from worry or anxiety, carefree; *adv.* without care or concern, unconcernedly; unexpectedly, without warning, surprisingly

ਅਚਿੰਤੇ ਬਾਜ਼ ਪੈਣੇ [əcĩte baz pɛṇe] *ph.* sudden calamity, death (*lit.* unexpected eagles)

ਅਚੁਕ [əcuk] *adj.* unfailing, sure, certain

~ ਨਿਸ਼ਾਨਾ *n.m.* sureshot, sure hit

ਅਚੁੱਤ [əcutt] *adj.* who cannot be displaced, immovable, permanent, stable

ਅਚੇਤ [əcet] *adj.* unconscious, unconsciously done, not deliberate, inadvertent, unintentional; *adv.* unconsciously, inadvertently, unintentionally

ਅੱਚੋਵਾਈ [əccovai] *n.f.* same as ਅਚਵੀ

ਅਛਲ [əchəl] *adj.* who cannot be deceived, undeceivable

ਅੱਛਾ[1] [əccha] *adj.* good, nice, fine, well; amiable; proper, pleasant, suitable; benevolent, kind; healthy

~ ਹੋ ਜਾਣਾ *con.v.* to recover, recoup health

~ ਕਰਨਾ *con.v.* to cure, heal

~ ਲੱਗਣਾ *con.v.* to be good, pleasant or pleasing, liked

ਅੱਛਾ[2] *adv.* yes, all right, okay; well

ਅੱਛਾ[3] *interj* well, is it ? fine

ਅਛਿੱਜ [əchıjj] *adj.* not liable to be easily torn/rent or worn out, illacerable

ਅਛੂਤ [əchut] *adj.* untouchable; *n.m.* untouchable person, one belonging to the lowest class of Hindu society

~ ਉਧਾਰ *n.m.* redemption or reolamation of untouchables, eradication of untouchability

ਅਛੂਤਾ [əchuta] *adj.m.* untouched, unpolluted, clean, fresh, new, unused, brand new

ਅਛੇਦ [əched] *adj.* impierceable, impenetrable, inaccessible

ਅਛੋਹ [əchó] *adj.* same as ਅਛੂਤਾ; which cannot be touched, unapproachable, unreachable

ਅਛੋਪ [əchop] *adj.* unseen, stealthy, surreptitious

ਅਛੋਪਲੇ [əchopəle] *adv.* stealthily, surreptitiously, quietly in stalking manner, slinkily

ਅੱਜ [əjj] *adv. & n.m.* today, this day.

~ ਹੀ *adv.* today itself

~ ਕੱਲ੍ਹ *adv.* now-a-days, these days, at present

~ ਕੱਲ੍ਹ ਕਰਨਾ *ph.* to delay, procrastinate, avoid, evade

~ ਕੱਲ੍ਹ ਦਾ *adj. m.* modern

~ ਭਲ੍ਹਕ *adv.* any day, now, in the near future

ਅਜੰਸੀ [əjə̃si] *n.f.* agency

ਅਜਗਰ [əjgər] *n.m.* python

ਅਜੰਟ [əjə̃t] *n.m.* agent, comprador, factotum

ਅਜੰਟੀ [əjə̃ṭi] *n.f.* job of an agent; agency

ਅੰਜਨ [ə̃jən] *n.m.* collyrium, eyewash

ਅਜਨਬੀ [əjnəbi] *n.m. & adj.* stranger, unacquainted, unfamiliar person

ਅਜਨਮਾ [əjənma] *adj.m.* same as ਅਜੂਨੀ, unborn

ਅਜਪਾ ਜਾਪ [əjəpa jap] *n.m.* silent prayer, meditation

ਅਜਬ [əjəb] *adj.* same as ਅਜੀਬ, strange

ਅਜ਼ਮਤ [əzmət] *n.f.* greatness, grandeur, pre-eminence

ਅਜ਼ਮਾਉਣਾ [əzmauṇa] *v.t.* to try, test, experiment

ਅਜ਼ਮਾਇਸ਼ [əzmaıṣ] *n.f.* trial, test, testing, experiment, experimentation

ਅਜ਼ਮਾਇਸ਼ੀ [əzmaıṣi] *adj.* experimental, on trial basis, probationary

ਅਜਰ [əjər] *adj.* unbearable

ਅਜਲ [əjəl] *n.f* death

ਅਜ਼ਲ [əzəl] *n.f.* beginning of time

ਅਜਲਾਸ [əjlas] *n.m. colloq.* see ਇਜਲਾਸ

ਅਜ਼ਲੀ [əzli] *adj.* ever-existent, timeless

ਅੰਜਲੀ [ə̃jli] *n.f.* hands joined and cupped (as to make an offering to the deity)

ਅਜਵਾਇਣ [əjvaıṇ] *n.f.* see ਜਵੈਣ, parsley, thyme

ਅਜਾਇਬ ਘਰ [əjaıb kə̀r] *n.m.* museum

ਅਜਾਈਂ [əjaĩ] *adv.* in vain, needlessly, purposelessly, unnecessarily; *adj.* needless, purposeless, unnecessary; fruitless

~ ਜਾਣਾ *con.v.* to go waste

~ ਮੌਤ *n.f.* purposeless death; unnatural death

ਅਜਾਤ [əjat] *adj.* unborn; casteless, outcaste

ਅਜ਼ਾਦ [əzad] *adj.* independent, free; self-governing

~ ਕਰਨਾ *con.v.* to free, set free, grant independence, release

~ ਕਰਾਉਣਾ *con.v.* to free, liberate

~ ਖਿਆਲ *adj.* freethinking, maverick, freethinker

ਅਜ਼ਾਦੀ [əzadi] *n.f.* independence, freedom

ਅਜ਼ਾਨ [əzan] *n.f.* Muslims' call for

prayer, azan
ਅਜ਼ਾਬ [əzab] *n.m.* torture, torment, suffering, pain
ਅੰਜਾਮ [ə̃jam] *n.m.* consequence, end result, outcome
ਅਜ਼ਾਰਬੰਦ [əzarbə̃d] *n.m.* see ਨਾਲ਼ਾ²
ਅਜਾਰਾ [əjara] *n.m.* see ਇਜਾਰਾ, monopoly
ਅਜਾਲ਼ੀ [əjaḷi] *n.m.* shepherd, sheepherder
ਅਜਿਹਾ [əjéa] *adj.* similar to, like or resembling this; *adv.* thus
ਅਜਿੱਤ [əjɪtt] *adj.* invincible, unconquerable
ਅਜ਼ੀਜ਼ [əziz] *adj.* dear, darling, beloved; *n.m.* youngster, lad
ਅਜੀਟਨ [əjiṭən] *n.m.* adjutant
ਅਜੀਤ [əjit] *adj.* same as ਅਜਿੱਤ, invincible
ਅਜੀਬ [əjib] *adj.* strange, quaint; weird; fantastic, eerie, uncanny, extraordinary, uncommon, unfamiliar; marvellous, wonderful
ਅਜੀਬੋ ਗਰੀਬ [əjibo gərib] *adj.* same as ਅਜੀਬ
ਅਜ਼ੀਮ [əzim] *adj.* great, grand, huge, stupendous
ਅੰਜੀਰ [ə̃jir] *n.f.* fig, *fig* tree
ਅਜੀਰਨ [əjirn] *adj.* dyspeptic, flatulent
ਅਜੀਰਨਤਾ [əjirnta] *n.f.* indigestion, dyspepsia, flatulence
ਅੰਜੀਲ [ə̃jil] *n.f.* Bible, Gospel
~ ਸੰਬੰਧੀ *adj.* biblical, gospel, evangelical, evangelic
ਅਜੀਵ [əjiv] *adj.* inanimate, lifeless, inorganic
ਅਜੀਵਕਾ [əjivka] *n.f.* see ਆਜੀਵਕਾ, subsistence
ਅਜੁੱਟ [əjuṭṭ] *adj.* peerless, unique, matchless; friendless
ਅਜੁੜਵਾਂ [əjuṛvã] *adj.* incompatible; not matching, different; disjointed, disconnected, separate
ਅਜੂਨੀ [əjuni] *adj.* unborn, not liable to birth and death; an attribute of God
ਅਜੂਬਾ [əjuba] *n.m.* wonder, marvel, miracle, prodigy
ਅਜੇ [əje] *adv.* yet, as yet, till now, still
ਅਜੈ [əjɛ] *adj.* same as ਅਜਿਤ, unconquered
ਅੱਜੋ [əjjo] *adv.* this very day, today itself
ਅਜੋਕਾ [əjoka] *adj.* of today, of present time, present, modern; contemporary
ਅਜੋਗ [əjog] *adj.* see ਅਯੋਗ, unfit
ਅਜੋਨੀ [əjoni] *adj.* same as ਅਜੂਨੀ, unborn
ਅਜੋੜ [əjoṛ] *n.m.* incompatibility, dissimilarity; estrangement, alienation; *adj.* without joints
ਅਜੋੜਾ [əjoṛa] *n.m.* incompatible, dissimilar; estranged, alienated, not on good terms
ਅਝਕ [əcə̀k] *adj.* see ਨਿਝਕ
ਅਝਕਣਾ [əcə̀kəṇa] *v.i. colloq.* see ਅਚਕਣਾ
ਅਝੁਕ [əcʊ̀k] *adj.* unbendable, unbending, rigid, inflexible
ਅੰਞਾਣ [ə̃jaṇ] *adj.* young, immature
ਅੰਞਾਣਾ [ə̃jaṇa] *adj. & n.m.* same as ਨਿਆਣਾ¹, young
ਅੱਟ [əṭṭ] *n.f.* piece of coagulated blood excreted by mammals after the discharge of placent
ਅੱਟਾਂ ਸੁੱਟਣੀਆਂ *con.v.* to excrete ਅੱਟ
ਅਟਕ¹ [əṭək] *n.m.* the river Indus
ਅਟਕ² *v.form* imperative of ਅਟਕਣਾ, stop
ਅਟੰਕ [əṭə̃k] *adj.* detached, aloof, indifferent, undisturbed
ਅਟਕਣਾ [əṭkəṇa] *v.i.* to stop, halt, linger, wait, tarry; to be obstructed, hindered; to be caught, held up, stuck or suspended (as during a fall or while floating)
ਅਟਕਲ [əṭkəl] *n.f.* guess, conjecture, rough estimate; rough and ready solution, trial and error method
~ ਪੱਚੂ *n.m.* random or wild guess
ਅਟਕਵਾਉਣਾ [əṭəkvauṇa] *v.t.* to get someone stopped, obstructed or delayed
ਅਟਕਾ [əṭka] *n.m.* stoppage, obstruction, delay, interruption, impediment, hindrance; *v.form* imperative of ਅਟਕਾਉਣਾ, stop
ਅਟਕਾਉਣਾ [əṭkauṇa] *v.t.* to stop, ob-

struct, impede, retard, delay, interrupt

ਅਟਕਾਊ [əṭkau] *adj.* causing ਅਟਕਾ, obstructionist; impedient

ਅੱਟਣ [əṭṭəṇ] *n.m.* corn, horny spot *usu.* on palms or toes caused by constant friction

ਅਟੱਲ [əṭəll] *adj.* unavoidable, inescapable, inevitable, ineluctable, inexorable; firm, immovable; eternal, permanent, everlasting; immutable, unchangeable, irrevocable

ਅਟਾ ਸਟਾ [əṭṭa səṭṭa] *n.m.* rough estimate

ਅਟਾਕੁਟ [əṭakuṭ] *adv.* continuously, relentlessly, without respite

ਅਟਾਰੀ [əṭari] *n.f.* mansion, loft, attic

ਅਟਿਕਵਾਂ [əṭɪkvã] *adj.* unstable, precarious

ਅੱਟੀ [əṭṭi] *n.f.* skein, hank (of yarn), clew, clue

ਅਟੁੱਟ [əṭuṭṭ] *adj.* unbreakable, firm, lasting, inviolable

ਅਟੇਕ [əṭek] *adj.* without support or refuge, shelterless, friendless

ਅਟੇਰਨ [əṭern] *n.m.* reel or frame for making ਅੱਟੀ

ਅਟੇਰਨਾ [əṭerna] *v.t.* to make hanks of yarn

ਅਠ [əṭh] *n.f.* rendezvous, R.V., predetermined meeting place; determination of rendezvous

~ **ਕਰਨੀ** *con.v.* to fix, decide upon ਅਠ

ਅੱਠ [əṭṭh] *adj.* eight

ਅਠਕੋਣ/ਅਠਭੁਜ [əṭhkoṇ/əṭhpùj] *n.f.* octagon; *adj.* octagonal

ਅਠੱਤਰ [əṭhəttər] *adj.* seventy-eight

ਅਠੱਤਰਵਾਂ [əṭhəttərvã] *adj.* seventy-eighth

ਅਠਤਾਲ਼ੀ [əṭhtaḷi] *adj.* forty-eight

ਅਠਤਾਲ਼ੀਵਾਂ [əṭhtáḷivã] *adj.* forty-eighth

ਅਠੱਤੀ [əṭhətti] *adj.* thirty-eight

ਅਠੱਤੀਵਾਂ [əṭhəttivã] *adj.* thirty-eighth

ਅਠਪਹਿਰਾ [əṭhpéra] *n.m.* complete day and night, a period of 24 hours; *adj.m.* spreading over 24 hours

ਅਠਪਹਿਰੀ [əṭhpéri] *adj. f.* milch cow or buffalo yielding milk only once in a day

ਅਠਫਲਕ [əṭhphəlk] *n.f.* octahedron

ਅਠਰਾ[1] [əṭhra] *n.m.* a disease of woman which supposedly causes the death of offspring in infancy

ਅਠਰਾ[2] *n.m.* coolness, cooling (of liquid) or healing (of wound) *cf.* ਆਠਰਨਾ

ਅਠਰਾਉਣਾ [əṭhrauṇa] *v.i.* to suffer from ਅਠਰਾ

ਅਠਵੰਞਵਾਂ [əṭhvə̃jvã] *adj.* fifty-eighth

ਅਠਵੰਞਾ [əṭhvə̃jja] *adj.* fifty-eight

ਅਠਵੰਞੀਂ [əṭhvə̃jĩ] *adv.* for Rs. 58

ਅਠਵਾਂ [əṭhvã] *adj.* eighth

ਅਠਵਾਰਾ [əṭhvara] *n.m.* a period of eight days, a week

ਅਠਾਈ [əṭhai] *adj.* twenty-eight

ਅਠਾਈਂ [əṭhaĩ] *adv.* for Rs. 28

ਅਠਾਈਵਾਂ [əṭhaivã] *adj.* twenty-eighth, also ਅਠਾਈਆਂ

ਅਠਾਸੀ [əṭhasĩ] *adj.* eighty-eight

ਅਠਾਸੀਂ [əṭhásĩ] *adv.* for Rs. 88

ਅਠਾਸੀਵਾਂ [əṭhasivã] *adj.* eighty-eighth, also ਅਠਾਸੀਆਂ

ਅਠਾਂਹ [əṭhã] *adv. dia* see ਹੇਠਾਂ

ਅਠਾਹਠ [əṭháṭh] *adj.* sixty-eight

ਅਠਾਹਠਵਾਂ [əṭháṭhvã] *adj.* sixty-eighth

ਅਠਾਨਵਾਂ [əṭhanvã] *adj.* ninety-eighth

ਅਠਾਨ੍ਵੀਂ [əṭhánvĩ] *adv.* for Rs. 98

ਅਠਾਨ੍ਵੇਂ [əṭhánvẽ] *adj.* ninty-eight

ਅਠਾਰ੍ਹਵਾਂ [əṭhárvã] *adj.* eighteenth

ਅਠਾਰਾਂ [əṭharã] *adj.* eighteen

ਅਠਾਰ੍ਹੀਂ [əṭhárĩ] *adv.* for Rs.18

ਅਠਿਆਨੀ [əṭhɪani] *n.f.* 50 paise (old eight-anna) coin; half a rupee

ਅੱਠੀ [əṭṭhi] *n.f.* card with eight pips, the eight of any suit

ਅਠੂਹਾਂ [əṭhúã] *n.m. dia.* see ਠੂਹਾਂ

ਅੱਠੇ ਪਹਿਰ [əṭṭhe pér] *adv.* throughout day and night, without break, constantly, continuously

ਅਠੋਤਰ ਸੌ [əṭhotər sɔ] *adj.* one hundred and eight

ਅਠੋਤਰੀ [əṭhotəri] *adj. & n.f.* (rosary) with 108 beads

ਅੱਡ [əḍḍ] *adj.* separate, different, distinct; *adv.* apart, separately, distinctly;

v.form, imperative of ਅੱਡਣਾ

~ ਹੋਣਾ *con.v.* to separate, part; to establish a separate household or business

~ ਕਰਨਾ *con.v.* to separate; to split, sever; to set apart; to disconnect

ਅੰਡਕਾਰ [ə̃ḍkar] *adj.* oval, elliptical; cf. ਆਂਡਾ

ਅੰਡਕੋਸ਼ [ə̃ḍkoṣ] *n.m.* ovary; scrotum

ਅੰਡਜ [ə̃ḍəj] *n.m.* born from egg; one of four classes of animate creation, birds and reptiles as different from mammals; oviparous beings

ਅੱਡਣਸ਼ਾਹੀ [əḍḍənṣái] *n.m.* same as ਸੇਵਾਪੰਥੀ, a sect

ਅੱਡਣਾ [əḍḍəṇa] *v.t.* to open wide, spread, dilate

ਹੱਥ ~ *ph.* to beg

ਬਾਘਾ ~ *ph.* to cry loudly

ਮੂੰਹ ~ *ph.* to be greedy or covetous

ਅਡੰਬਰ [əḍə̃bər] *n.m.* ostentation, show, display, pomp; pomposity, pompousness

~ ਕਰਨਾ/~ ਰਚਣਾ *ph.* to hold or organise ਅਡੰਬਰ

ਅਡੰਬਰੀ [əḍə̃bəri] *adj.* pompous, pretentious, showy

ਅੱਡਰਾ [əḍḍəra] *adj.m.* same as ਅੱਡ, another

ਅੱਡਾ [əḍḍa] *n.m.* specified place (*usu.* of vice such as gambler's den, brothel, etc.); bus, tonga or rickshaw stand; base, rendezvous; worktable, workstand

ਅੱਡੇ ਚੜ੍ਹਨਾ *ph.* to become another's tool; to be seduced, used or led astray

ਅੰਡਾ [ə̃ḍa] *n.m.* see ਆਂਡਾ, egg

ਅਡਿੱਠ [əḍɪṭṭh] *adj.* unseen, hidden from view, invisible; *fig.* ignored, overlooked

~ ਕਰਨਾ *con.v.* to ignore, overlook consciously

ਅੱਡੀ ਛੜੱਪਾ [əḍḍi chəṛəppa] *n.m.* a children's game

ਅੱਡੀ ਟੱਪਾ [əḍḍi ṭəppa] *n.m.* skipping on one leg, hopscotch

ਅੱਡੋ ਅੱਡ [əḍḍo əḍḍ] *adv.* separately, singly, individually; distinctly; apart, asunder

ਅਡੋਲ [əḍol] *adj.* steady, calm, placid, tranquil, unmoved, serene; *adv.* steadily, calmly, tranquilly

ਅਡੋਲਤਾ [əḍolta] *n.f.* steadiness, calmness, placidity, placidness, tranquillity, tranquilness, serenity, poise, sereneness, aplomb

ਅਢੁਕਵਾਂ [əṭùkvā̃] *adj.m.* inappropriate, unsuitable, not matching, incompatible, discordant

ਅਣ [əṇ] *pref.* indicating not or without, un-, non-

ਅਣਹੋਣੀ [əṇhoṇi] *n.f./adj.* rare or unexpected occurrence, impossibility

ਅਣਹੋਂਦ [əṇhõd] *n.f.* non-existence, non-availability, want, absence

ਅਣਖ [əṇəkh] *n.f.* sense of honour, self-respect, right or just pride

ਅਣਖੀ [əṇkhi] *adj.* (person) having ਅਣਖ

ਅਣਖੀਲਾ [əṇkhila] *adj.m.* self respecting

ਅਣਗਹਿਲੀ [əṇgéli] *n.f.* carelessness, neglect, negligence

ਅਣਗਿਣਤ [əṇgɪṇt] *adj.* countless, innumerable

ਅਣਗੌਲਣਾ [əṇgɔlṇa] *v.t.* to neglect, avoid, overlook

ਅਣਛੋਹ [əṇchó] *adj.* untouched, unpolluted; brand new

ਅਣਜਾਣ [əṇjaṇ] *adj.* innocent; ignorant; amateur, inexperienced, amateurish

ਅਣਜਾਣਪੁਣਾ [əṇjaṇpuṇa] *n.m.* innocence, ignorance, amateurishness, inexperience

ਅਣਡਿੱਠ [əṇḍɪṭṭh] *adj.* unseen

ਅਣਥੱਕ [əṇthəkk] *adj.* tireless, untiring, diligent, industrious

ਅਣਦੇਖੀ ਕਰਨਾ [əṇdekhi kərna] *v.i.t.* to overlook, neglect, ignore, not to be mindful of

ਅਣਬਣ [əṇbəṇ] *n.f.* discord, disagreement, quarrel, contention, difference, misunderstanding, dissension

ਅਣਭੋਲ [əṇpòl] *adj.* same as ਅਣਜਾਣ; unintentional, inadvertent
ਅਣਮੇਲ [əṇmel] *n.m.* disharmony
ਅਣਿਆਈ [əṇɪai] *adj.f.* untimely, unexpected, undeserved (death or calamity), unfortunate
ਅਣਿਆਲਾ [əṇɪala] *adj.m.* (for arrow) pointed, sharp; with its point flattened in triangular shape so that it cannot be pulled out easily
ਅਣੀ [əṇi] *n.f.* point of arrow, tip
ਅਣੂ [əṇu] *n.m.* atom, molecule
~ ਸੰਬੰਧੀ *adj.* atomic, molecular
~ ਦਰਸ਼ੀ *adj.* microscopic, minute, minuscule
ਅਣੋਖਾ [əṇokha] *adj.m.* strange, uncommon, rare, singular, extraordinary, wonderful, queer, quaint
ਅੱਤ [ətt] *n.f.* extreme, limit or excess (usu. of evil action); atrocity
ਅੰਤ [ə̃t] *n.m.* end, extremity; completion; result, consequence; termination; death; *adv.* at last, in the end, finally
~ ਆਉਣਾ *ph.* for death or death time to arrive
~ ਸਮਾਂ/~ ਕਾਲ *n.m.* death, time of death
~ ਕਰਨਾ *con.v.* to end, finish, kill, abolish, eradicate
~ ਦਾ *adj.m.* extreme
ਅਤਕਥਨੀ [ətkəthni] *n.f.* exaggeration, hyperbole
ਅੰਤਕਾ [ə̃tka] *n.f.* appendix, supplement, epilogue
ਅੰਤਕਾਲ [ə̃tkal] *n.f.* same as ਅਲਕਤ, irritation
ਅਤਰ [ətər] *n.m.* perfume, scent, otto, attar
~ ਦਾਨੀ *n.f.* perfume box
~ ਫੁਲੇਲ *n.m.* scented, perfumed oil.
ਅੰਤਰ¹ [ə̃tər] *n.m.* interior, inside; difference; distance
ਅੰਤਰ² *pref.* denoting inner or inter
~ ਆਤਮਾ *n.f.* innermost consciousness, soul
~ ਸੂਝ *n.f.* self-realisation
~ ਜਾਮਤਾ *n.f.* intuitive knowledge of other people's thoughts, telepathy
~ ਜਾਮੀ *adj.* (one) who possesses the faculty of knowing others' thoughts, telepathist
~ ਦਰਿਸ਼ਟੀ *n.f.* intuition, insight
~ ਧਿਆਨ *adj.* in deep meditation; invisible
~ ਧਿਆਨ ਹੋਣਾ *ph.* to disappear by virtue of spiritual power; to be lost in meditation
~ ਪਰੇਰਨਾ *n.f.* instinctive inspiration, intuition
~ ਬੋਧ *n.m.* intuitive knowledge
~ ਬੋਧੀ *adj.* intuitional
~ ਬੋਧੀ ਭਾਵ *n.m.* inner meaning, feeling or nature
~ ਭਾਵਨਾ *n.f.* secret desire or feeling
~ ਮੁਖੀ *adj.* inward - looking; introvert
~ ਰਾਸ਼ਟਰਵਾਦ *n.m.* internationalism
~ ਰਾਸ਼ਟਰਵਾਦੀ *adj.* internationalist
~ ਰਾਸ਼ਟਰੀ *adj.* international
~ ਵੇਸ਼ਨ *n.m.* interpolation
ਅੰਤਰੰਗ [ə̃trə̃g] *adj.* executive
ਅੰਤਰਗਤ [ə̃tərgət] *adv.* included in; within; during
ਅੰਤਰਗ੍ਰਹੀ [ə̃tərgrə́i] *adj.* interplanetary
ਅੰਤਰਰਸੀ ਗਿਲ੍ਹਟੀ [ə̃tərrəsi gílṭi] *n.f.* endocrine gland, ductless gland
ਅੰਤਰਾ [ə̃təra] *n.m.* part of a song or hymn *usu.* sung at a higher pitch between burdens or refrains
ਅੰਤਰਿਕਸ਼ [ə̃tərɪkṣ] *n.m.* space, outer-space
ਅਤਰਿਪਤ [ətərɪpt] *adj.* unsatiated, unsatisfied
ਅੰਤਰਿਮ [ə̃tərɪm] *adj.* interim
ਅੰਤਰੀ [ə̃tri] *adj.* inner, internal
ਅੰਤਰੀਵ [ə̃təriv] *n.m.* see ਅੰਤਾਕਰਨ; *adj.* innate, intrinsic
ਅਤਲਸ [ətləs] *n.m.* a variety of silken cloth
ਅੰਤਲਾ [ə̃tla] *adj.m.* last, final, end, concluding, ultimate
ਅੱਤਵਾਦ [əttəvad] *n.m.* extremism, terrorism

ਅੱਤਵਾਦੀ [əttəvadi] *n.m. & adj.* extremist, terrorist

ਅੰਤੜੀ [ə̃təṛi] *n.f.* see ਆਂਦਰ

ਅੰਤਾਕਰਨ [ə̃takərn] *n.m.* inner-self, mind, heart, soul, consciousness, conscience; also ਅੰਤਹਕਰਨ, ਅੰਤਸ਼ਕਰਨ

ਅਤਾ ਪਤਾ [əta pəta] *n.m.* whereabouts, information

ਅੱਤਾਰ [əttar] *n.m.* maker or seller of ਅਤਰ

ਅਤਿ [ətɪ/ət] *adj.* very, in superlative degree

ਅਤਿਅੰਤ [ətɪə̃t] *adj.* extreme, very much

ਅੱਤਿਆਚਾਰ [əttɪacar] *n.m.* tyranny, atrocity, oppression, barbarity, cruelty, persecution, torment, torture

~ **ਕਰਨਾ** *con.v.* to commit or perpetrate ਅੱਤਿਆਚਾਰ; to tyrannize, oppress, persecute, torment, torture

ਅੱਤਿਆਚਾਰੀ [əttɪacari] *adj.* tyrannical, atrocious, oppressive, cruel, oppressor, persecutor, tormentor

ਅਤਿਕਥਨੀ [ətɪkəthni] *n.f.* same as ਅਤਕਥਨੀ

ਅਤਿਥੀ [ətɪthi] *n.m.* guest

~ **ਸੇਵਾ** *n.f.* hospitality

ਅੰਤਿਮ [ə̃tɪm] *adj.* same as ਅੰਤਲਾ

~ **ਉਪਜ** *n.f.* end product

ਅਤਿਰਿਕਤ [ətɪrɪkt] *adv.* besides, in addition to; *adj.* additional, extra

ਅਤੀਸਾਰ [ətisar] *n.m.* diarrhoea, dysentery, loose motions

ਅਤੀਤ[1] [ətit] *n.m.* past, antiquity, bygone times

ਅਤੀਤ[2] *n.m.* ascetic, anchorite, recluse

ਅਤੁੱਟ [ətuṭṭ] *adj.* inexhaustible, plentiful

ਅਤੁੱਲ [ətull] *adj.* matchless, incomparable, unparalleled; not weighable, inestimable; *cf.* ਤੁਲਨਾ and ਤੋਲ

ਅਤੇ [əte] *conj.* and, as well as

ਅਤੋਲ [ətol] *adj.* same as ਅਤੁੱਲ

ਅਤੋਲਵਾਂ [ətolvã] *adj. m.* same as ਅਤੁੱਲ; unweighed

ਅਥੱਕ [əthəkk] *adj.* tireless, untiring, indefatigable

ਅੱਥਰ [ətthər] *n.m. dia.* see ਅੱਥਰੂ

ਅੱਥਰਾ [ətthəra] *adj.m.* wayward, self-willed, capricious, freakish

ਅੱਥਰੂ [əttharu] *n.m.* tear, tears

~ **ਪੂੰਝਣਾ** *con.v.* to wipe tears; to console

~ **ਵਹਾਉਣਾ** *con.v.* to shed tears; to cry

ਅਥਵਾ [əthva] *conj.* or

ਅਥਾਹ [əthá] *adj.* fathomless, unfathomable, immeasurable

ਅਦਨਾ [ədna] *adj.m.* inferior, of inferior quality, rank or status; low, mean

ਅਦਬ[1] [ədəb] *n.m.* respect, regard, courtesy, politeness, deference

~ **ਆਦਾਬ** *n.m.* civility, urbanity, social manners, rules of good social behaviour, etiquette, decorum

~ **ਕਰਨਾ** *con.v.* to respect, hold in esteem or honour, treat with regard and courtesy

~ **ਨਾਲ** *adv.* respectfully, courteously, politely

ਅਦਬ[2] *n.m.* literature, literary writings

ਅਦਬੀ [ədbi] *adj.* literary

ਅਦਭੁਤ [ədpùt] *adj.* wonderful, wondrous, marvellous, uncanny, supernatural, strange; surprisingly beautiful, admirable, unique

ਅਦਮ[1] [ədəm] *n.m.* non-existence, death, next world

ਅਦਮ[2] *pref.* non-, indicating absence or non-existence

ਅਦਮਤਸ਼ੱਦਦ [ədəmtəṣəddəd] *n.m.* non-violence

ਅਦਮਤਾਮੀਲ [ədəmtamil] *n.f.* non-compliance

ਅਦਮ ਮੌਜੂਦਗੀ [ədəm mɔjudgi] *n.f.* absence

ਅੰਦਰ [ə̃dər] *n.m.* inside, interior room *adv.* in, inside, within

~-**ਅੰਦਰ** *adv.* internally, mentally

~ **ਖਾਤੇ** *adv.* secretly, confidentially

~ **ਖਾਨੇ**/~ **ਗਤੀ** *adv.* surreptitiously, clandestinely, under the table

~ **ਵੱਲ ਮੋੜਨਾ ਜਾਂ ਰਖਣਾ** *ph.* to invaginate; to introvert; to internalize

ਅੰਦਰੋਂ ਅੰਦਰ *adv.* secretly, internally;

also ਅੰਦਰੇ ਅੰਦਰ

ਅੰਦਰਸ [ə̃drəs] *n.m.* inner lining (of garments)

ਅੰਦਰਲਾ [ə̃dərla] *adj.m.* internal, interior, inner, intrinsic; *n.m. fig.* the mind

ਅੰਦਰਾਜ [ə̃draj] *n.m.* entry, record, registration

ਅਦਰਿਸ਼ਟ [ədərɪṣṭ] *adj.* invisible

ਅਦਰਿਸ਼ਟਤਾ [ədərɪṣṭta] *n.f.* invisibility

ਅੰਦਰੂਨੀ [ə̃druni] *adj.* same as ਅੰਦਰਲਾ

ਅਦਲ [ədəl] *n.m.* justice

ਅਦਲ ਬਦਲ [ədəl bədəl] *n.m.* exchange

ਅਦਲਾ ਬਦਲੀ [ədla bədli] *n.f.* interchange, barter; alternation, substitution

~ **ਕਰਨੀ** *con.v.* to exchange, interchange, barter; to alternate, substitute, change, replace

ਅਦਲੀ [ədli] *n.m.* dispenser of ਅਦਲ, judge; *adj.* just, impartial, concerning ਅਦਲ, judicial

ਅਦਵੈਤ [ədəvɛt] *n.f.* non-duality, oneness, unity; impartiality

ਅਦਵੈਤਵਾਦ [ədəvɛtvad] *n.m.* non-dualism, monism, monotheism

ਅਦਵੈਤਵਾਦੀ [ədəvɛtvadi] *adj.* monist, monistic, monotheist, monotheistic, non-dualist

ਅਦਾ[1] [əda] *n.f.* graceful, amorous or coquettish movement or gesture, coquetry, flirtation; style of expression, blandishment

ਅਦਾ[2] *adj.* paid, repaid

~ **ਕਰਨਾ** *con.v.* to pay, make payment (of dues); to repay (loan); to perform (duty or role)

ਅਦਾਇਗੀ [ədaɪgi] *n.f.* payment; refund, repayment;. style of expression, delivery

ਅਦਾਕਾਰ [ədakar] *n.m.* actor, stage artist

ਅਦਾਕਾਰੀ [ədakari] *n.f.* art of acting

ਅੰਦਾਜ਼ [ə̃daz] *n.m.* style, manners, mode

ਅੰਦਾਜ਼ਨ [ə̃dazən] *adv.* approximately, nearly, roughly

ਅੰਦਾਜ਼ਾ [ə̃daza] *n.m.* estimate, guess, guesswork, approximation, conjecture, surmise, supposition

~ **ਕਰਨਾ/~ ਲਾਉਣਾ** *con.v.* to estimate, guess, surmise, conjecture

ਅਦਾਰਾ [ədara] *n.m.* institution, establishment

ਅਦਾਲਤ [ədalət] *n.f.* court, court of law or of justice, tribunal, court-house, cutcherry

ਅਦਾਲਤੀ [ədalti] *adj.* pertaining to court or justice, judicial; *n.m.* holder of ਅਦਾਲਤ

~ **ਕਾਰਵਾਈ** *n.f.* court or legal proceedings or process, legal action

ਅਦਾਵਤ [ədavət] *n.f.* enmity, hostility, feud, animus, rancour

~ **ਰੱਖਣੀ** *con.v.* to harbour ਅਦਾਵਤ in the mind

ਅਦਿੱਖ [ədɪkkh] *adj.* same as ਅਦਰਿਸ਼ਟ

ਅਦੀਬ [ədib] *n.m.* literateur, man of letters, literary artist or scholar, writer; *pl.* literati

ਅਦੁੱਤੀ [ədutti] *adj.* unique, unequalled, unparalleled; incomparable, peerless, matchless

ਅੰਦੇਸ਼ਾ [ə̃deṣa] *n.m.* apprehension of danger, anxiety,dread, fear, misgiving, trepidation

ਅੰਦੋਲਨ [ə̃dolən] *n.m.* agitation, movement, struggle

~ **ਕਰਨਾ** *con.v.* to agitate

ਅੰਦੋਲਨਕਾਰੀ [ə̃dolənkari] *adj.* agitator; agitational

ਅਧ [əd] *pref.* half, semi, signifying, incompleteness, as in ਅਧਖੜ–middle-aged

ਅੱਧ [ədd] *n.m.* a half, half portion

~ **ਕਰਨਾ** *con.v.* to halve, divide into two equal parts; to bisect; to reduce to half

~ **ਪਚੱਧ** *n.m.* nearly half

~ **ਪਚੱਧਾ/~ ਵਰਿੱਤਾ** *adj.m.* same as ਅਧੂਰਾ

~ **ਵਿਚਾਲੇ** *adv.* in the middle, in midstream, in the lurch, in unfinished condition

ਅੰਧ [ə̃d] *pref.* signifying darkness or blindness as in ਅੰਧਵਿਸ਼ਵਾਸ– blind faith

ਅਧਕ [ə̃dək] *n.m.* the suprasegmental symbol (ੱ) representing stress or double consonant
~ ਦੀ ਕਿਰਿਆ *ph.* gemination
ਅੰਧਕਾਰ [ə̃dkar] *n.m.* darkness, pitch-dark; severe dust-storm; *fig.* ignorance; anarchy, confusion; also ਅੰਧਗੁਬਾਰ, ਅੰਧਘੋਰ
ਅਧਖੜ [ə̃dkhəṛ] *adj.* middle-aged
ਅੰਧ ਪਰੰਪਰਾ [ə̃d pərə̃pəra] *n.f.* blind following of tradition
ਅਧਮ [ə̃dəm] *adj.* mean, low, ignoble
ਅਧਮੋਇਆ [ə̃dmoɪa] *adj.m.* half-dead
ਅਧਰਕ [ədrək] *n.m.* fresh ginger
ਅਧਰੰਗ [ədrə̃g] *n.m.* hemiplegia, paralysis
ਅਧਰਮ [ətə̀rm] *n.m.* irreligion, impiety, unjust or unprincipled act, vice, sin, immorality
ਅਧਰਮੀ [ətə̀rmi] *adj.* irreligious, impious, immoral, atheist, non-believer
ਅੰਧਰਾਤਾ [ə̃dràta] *n.m.* night blindness, nyctalopia
ਅਧਰਿੜਕਾ [ə̃drɪṛka] *n.m.*partly churned curd, butter-milk
ਅਧਵਾਟੇ [ədvàṭe] *adv.* half-way
ਅਧਵਾੜ/ਅਧਵਾੜਾ [ədvàṛ/ədvàṛa] *n.f./n.m.* half-sized bottle having capacity to hold about 380 millilitre of liquid, liquor
ਅੰਧਵਿਸ਼ਵਾਸ [ə̃dvɪṣvas] *n.m.* blind faith, superstition, unfounded belief
ਅੰਧਵਿਸ਼ਵਾਸੀ [ə̃dvɪṣvasi] *adj.* superstitious, having wrong or false beliefs
ਅੱਧੜਵੰਜਾ [ə̃ddəṛvə̃ja] *adj.m.* partly dressed, ill-clad, half-naked
ਅੱਧਾ [ə̃dda] *adj. m.* half
ਅੰਧਾ [ə̃dda] *adj. m.* see ਅੰਨ੍ਹਾ, blind
~ ਧੁੰਧ *adv.* same as ਅੰਨ੍ਹੇਵਾਹ, blindly
ਅਧਾਰ [ədàr] *n.m.* foundation, base, basis; *fig.* nourishment, sustenance, food
~-ਸਮੱਗਰੀ *n.f.* basis, material, data
~-ਸ਼ਿਲਾ *n.f.* foundation stone
ਅਧਾਰਤ [ədàrət] *adj.* based, dependent (upon)
ਅਧਿਅਕਸ਼ [ə̃dɪəkṣ] *n.m.* president, presiding officer, chairman, chairperson
ਅਧਿਅਕਸ਼ਤਾ [ə̃dɪəkṣta] *n.f.* presidentship, chairmanship
ਅਧਿਆਇ [ədɪàe] *n.m.* chapter
ਅਧਿਆਤਮਵਾਦ [ədɪàtəmvad] *n.m.* spiritualism, metaphysics
ਅਧਿਆਤਮਵਾਦੀ [ədɪàtəmvadi] *adj.* metaphysicist, spiritualist
ਅਧਿਆਤਮਿਕ [ədɪàtmɪk] *adj.* spiritual, metaphysical
ਅਧਿਆਤਮਿਕਤਾ [ədɪàtmɪkta] *n.f.* spirituality
ਅਧਿਆਦੇਸ਼ [ə̃dɪadeṣ] *n.m.* ordinance
ਅਧਿਆਪਕ [ədɪàpək] *n.m.* teacher, tutor, educator, pedagogue, schoolmaster, professor; *fem.* ਅਧਿਆਪਕਾ
ਅਧਿਆਪਕੀ [ədɪàpki] *adj.* concerning teachers or teaching, pedagogical
ਅਧਿਆਪਨ [ədɪàpən] *n.m.* teaching, art of teaching, pedagogy
ਅਧਿਆਰਾ [ədɪàra] *n.m.* a deal in which a young animal or dry milch cattle is entrusted to someone for bringing up or feeding till it becomes fit for (profitable) sale, the usual terms being sharing the sale proceeds between the owner and the guardian in presettled proportion
~ ਮੁਕਾਉਣਾ *con.v.* to settle the ਅਧਿਆਰਾ deal
ਅਧਿਆਰੇ ਦੇਣਾ *ph.* to give away (the animal) to the trustee under ਅਧਿਆਰਾ deal
ਅੰਧਿਆਰਾ [ə̃dɪàra] *n.m.* see ਹਨੇਰਾ, darkness
ਅਧਿਐਨ [ədɪɛ̀n] *n.m.* study, perusal, learning, pursuit of learning
ਅਧਿਸੂਚਤ [ə̃dɪsucət] *adj.* notified
ਅਧਿਸੂਚਨਾ [ə̃dɪsucna] *n.f.* notification
ਅਧਿਕ [ə̃dɪk] *adj.* more, excessive, surplus; abundant, plentiful, plenty
~ ਕੋਣ *n.m.* (geom) obtuse angle
ਅਧਿਕਤਾ [ə̃dɪkta] *n.f.* excess, abundance, plenty
ਅਧਿਕਰਨ ਕਾਰਕ [ə̃dɪkərn kark] *n.m.* (*gr.*) locative case

ਅਧਿਕਰਿਤ [ədikərit] *adj.* possessed, occupied, acquired, conquered, dominated

ਅਧਿਕਾਰ [ədikar] *n.m.* right, title, authority, power; possession; jurisdiction

~ **ਸੰਬੰਧੀ** *adj.* pertaining to ਅਧਿਕਾਰ, jurisdictional

~ **ਕਰਨਾ** *con.v.* to occupy, possess; to conquer; also ਅਧਿਕਾਰ ਜਮਾਉਣਾ

~ **ਖੇਤਰ** *n.m.* jurisdiction, extent of authority, sphere of influence or dominance

~**-ਖੇਤਰੀ** *adj.* jurisdictional

~ **ਦਾ ਤਿਆਗ ਕਰਨਾ** *ph.* to abdicate; to forego ਅਧਿਕਾਰ

~ **ਦੇਣਾ** *con.v.* to authorise, empower, warrant

~ **ਪੱਤਰ** *n.m.* title-deed; letter of authority

ਅਧਿਕਾਰੀ [ədikari] *n.m.* officer, official; *adj.* entitled; deserving

~ **ਤੰਤਰ** *n.m.* see ਨੌਕਰਸ਼ਾਹ, bureaucracy

~ **ਵਰਗ** *n.m.* officialdom, bureaucracy, officer cadre or class

ਅਧਿਦੈਵਿਕ [ədidevik] *adj.* supernatural

ਅਧਿਨਾਇਕ [ədinaik] *n.m.* chief leader, commander, lord, master

ਅਧਿਨਿਯਮ [ədiniyəm] *n.m.* rule, regulation, bye-law

ਅਧਿਵੇਸ਼ਨ [ədiveṣən] *n.m.* session, meeting, sitting

ਅੱਧੀ [əddi] *adj.f.* same as ਅੱਧਾ, half

ਅਧੀਆ [ədia] *n.m.* half quart, half quart bottle

ਅਧੀਨ [ədin] *adj.* subordinate, subservient, subject to, under subjection, dominated (by); submissive, meek, docile, humble

~**ਕਰਨਾ** *con.v.* to conquer, dominate, bring under subjection

ਅਧੀਨਗੀ [ədingi] *n.f.* submissiveness, meekness, docility, humility

ਅਧੀਨਤਾ [ədinta] *n.f.* subservience, servility, subjection

ਅਧੀਰ [ədir] *adj.* impatient, anxious, deeply concerned, worried, distressed

ਅਧੂਰਾ [ədùra] *adj.m.* half-done, incomplete, inconclusive, inchoate, unfinished

ਅਧੂਰਾਪਣ [ədùrapəṇ] *n.m.* incompleteness, incompletion

ਅੱਧੇ ਸਿਰ ਦੀ ਪੀੜ [ədde sir di piṛ] *n.f.* migraine

ਅਧੇੜ [ədeṛ] *adj.* middle-aged

~ **ਉਮਰ** *n.m.* middle age; *adj.* middle-aged; also ਉਧੇੜ ਉਮਰ

ਅੱਧੋ ਅੱਧ/ਅੱਧੋ ਅੱਧਾ [əddo ədd/əddo ədda] *n.m./adj.m.* half and half, fifty-fifty; halved, bisected, equally divided in two, half

ਅੱਧੋ ਸੁੱਧ [əddo súdd] *adj.* virtually, practically or almost half and half

ਅਧੋਗਤੀ [ədogəti] *n.f.* plight, sorry state, degradation, wretchedness; decline, downfall

ਅੱਧੋਰਾਣਾ [əddoraṇa] *adj.m.* partworn, second-hand, old

ਅਨ [ən] *pref.* same as ਅਣ

ਅੰਨ [ə̃nn] *n.m.* foodstuff, victuals, cereal, grain

~**ਜਲ** *n.m.* (*lit.* food and water), fate, destiny; subsistence

~ **ਦਾਤਾ** *n.m.* sustainer, supporter, patron; an honorific for the employer, overlord or for the rich in general

~ **ਦੀ ਨਾਲੀ** *ph.* oesophagus, gullet, alimentary canal or passage

~ **ਪਾਣੀ** *n.m.* meal; means of livelihood; provisions; hospitality

ਅਨਉਚਿਤ [ənucit] *adj.* improper, unbecoming. undesirable, inappropriate

ਅਨਸਰ [ənsər] *n.m.* element

ਅਨਹਤ/ਅਨਹਦ [ənhət/ənhəd] *adj.* unstruck; *usu.* preceding ਨਾਦ

ਅਨਹਦਨਾਦ [ənhədnad] *n.m.* mystic sound experienced by yogis in deep meditation, the primordeal sound Om

ਅਨਜੋੜ [ənjoṛ] *adj. & n.m.* same as ਅਨਮੇਲ, mismatch

ਅਨੰਤ [ənə̃t] *adj.* infinite, endless, bound-

less, eternal; an attribute of God
ਅਨੰਤਤਾ [ənə̃tta] *n.f.* infinity, infinitude, eternity, endlessness, boundlessness
ਅਨੰਦ [ənə̃d] *n.m.* happiness, joy, pleasure, delight, glee, ecstasy, rapture; tranquillity of mind, content; bliss, spiritual peace; *colloq.* see ਅਨੰਦ ਕਾਰਜ
~ ਆਉਣਾ *con.v.* to feel ਅਨੰਦ
~ ਸਰੂਪ *adj.* happiness embodied, joy incarnate, godlike, godly
~ ਕਰਨਾ *con.v.* to be happy; to enjoy life
~ ਮੰਗਲ *n.m.* same as ਅਨੰਦ; happy state
~ ਮਾਣਨਾ/~ ਲੈਣਾ *con.v.* same as ਅਨੰਦ ਕਰਨਾ
ਅਨੰਦ ਕਾਰਜ [ənə̃d karəj] *n.m.* marriage according to Sikh faith
ਅਨੰਦਦਾਇਕ [ənə̃ddaɪk] *adj.* delightful, pleasing, pleasure giving, enjoyable; piquant
ਅਨੰਦਪੂਰਨ [ənə̃dpurn] *adj.* joyous, joyful, merry, gleeful
ਅਨੰਦਮਈ [ənə̃dməi] *adj.* blissful, joyful
ਅਨਦਾੜ੍ਹੀਆ [əndáṛia] *adj.m.* beardless, teenaged, adolescent
ਅਨੰਨ [ənə̃nn] *adj.* unbounded; unique.
ਅਨਪੜ੍ਹ [ənpə́ṛ] *adj.* illiterate, uneducated, unlettered
ਅਨਪੜ੍ਹਤਾ [ənpə́ṛta] *n.f.* illiteracy
ਅਨਪੜ੍ਹੀ ਵਾਰਤਕ [ənpə́ṛi vartək] *n.f.* unseen passage
ਅੰਨ ਪੁਰਖ [ənn purkh] *n.m.* third person
ਅਨਮਤ [ənmət] *n.m.* religion other than one's own
ਅਨਮਤੀਆ [ənmətia] *n.m.* follower of another religion
ਅਨਮੇਲ [ənmel] *n.m.* unmatching, misfit, mismatch
ਅਨਮੋਲ [ənmol] *adj.* priceless, invaluable
ਅਨਰਥ[1] [ənərth] *n.m.* injustice, oppression, calamity, undeserved loss or misfortune
ਅਨਰਥ[2] *n.m.* contrary or wrong meaning
ਅਨਰਥਕ [ənərthək] *adj.* meaningless, nonsensical
ਅਨਵਾਨ [ənvan] *n.m.* title, heading; symptoms, traits, characteristics
ਅੰਨ੍ਹਾ [ə́nna] *adj.m.* blind
~ ਖੂਹ *n.m.* ruined or deserted or abandoned well
ਅੰਨ੍ਹੇ ਹੱਥ ਬਟੇਰਾ *ph.* a chance hit, fluke
ਅੰਨ੍ਹੇ ਕੁੱਤੇ ਹਰਨਾਂ ਦੇ ਸ਼ਿਕਾਰੀ *ph.* persons on wild goose chase; vagabonds, idlers, vagrants
ਅਨ੍ਹੇਰ [ənèr] *n.m.* see ਹਨੇਰ
ਅੰਨ੍ਹੇਵਾਹ [ə́nnevá] *adv.* blindly, rashly recklessly, slapdash
ਅਨਾਹਤ/ਅਨਾਹਦ [ənahət/ənahəd] *adj.* same as ਅਨਹਤ, ਅਨਹਦ
ਅਨਾਚਾਰ [ənacar] *n.m.* improper conduct, indecorum, unseemly behaviour, vicious character
ਅਨਾਚਾਰਤਾ [ənacarta] *n.f.* viciousness, wickedness, depravity, depravedness
ਅਨਾਚਾਰੀ [ənacari] *adj.* indecorous, vicious, wicked, depraved, ill-behaved
ਅਨਾਜ [ənaj] *n.m.* food grain, cereals, corn
ਅਨਾਥ [ənath] *adj.* without a protector/master or guardian, orphan, helpless, destitute, abandoned, unprotected (person)
~ ਆਸ਼ਰਮ *n.m.* home for the destitute, poor house, rescue home, orphanage
ਅਨਾਥਤਾ [ənathta] *n.f.* state of being ਅਨਾਥ, orphanhood
ਅਨਾਦਰ [ənadər] *n.m.* disrespect, insult, affront, dishonour, indignity, irreverence
~ ਕਰਨਾ *con.v.* to treat with ਅਨਾਦਰ; to affront, disrespect, insult
ਅਨਾਦੀ [ənadi] *adj.* without a beginning, eternal, ever-existent; an attribute of God
ਅਨਾਨਾਸ [ənanas] *n.m.* pineapple, *Ananas comosus*
ਅਨਾਮ[1] [ənam] *adj.* nameless, anonymous, obscure
ਅਨਾਮ[2] *n.m.* *colloq.* see ਇਨਾਮ
ਅਨਾਰ [ənar] *n.m.* pomegranate, *Punica*

granatum; a kind of firework
ਅਨਾਰਕੀ [ənarki] *n.f.* anarchy
ਅਨਾਰਦਾਣਾ [ənardaṇa] *n.m.* dried seeds of sour pomegranate
ਅਨਾੜੀ [ənaṛi] *adj.* unskilled, inexpert, quack, clumsy, untrained, inexperienced, novice; uncouth, awkward
ਅਨਾੜੀਪਣ [ənaṛipəṇ] *n.m.* inexpertness, clumsiness
ਅਨਿਆਂ [ənɪã] *n.m.* injustice, unfairness, invidiousness
ਅਨਿਆਈ [ənɪai] *adj.* unjust, unfair, invidious, partial
ਅਨਿਸ਼ਚਿਤ [ənɪṣcɪt] *adj.* not sure, uncertain, undecided, dubious, unspecified, doubtful, indefinite
~ **ਪੜਨਾਂਵ** *n.m.* indefinite pronoun
~ **ਭੂਤਕਾਲ** *n.m.* past indefinite
ਅਨਿਸ਼ਚਿਤਤਾ [ənɪṣcɪtəta] *n.f.* uncertainty, dubiousness, doubtfulness, indefiniteness
ਅਨਿੱਖੜਵਾਂ [ənɪkkhəṛvã] *adj. m.* inseparable, integral, essential
ਅਨਿੱਛਤ [ənɪcchɪt] *adj.* unwanted
ਅਨਿੱਤ [ənɪtt] *adj.* impermanent, temporary, transitory,transient, fleeting, perishable
ਅਨਿਯਤੀਵਾਦ [ənɪyətivad] *n.m.* indeterminism
ਅਨਿਯਮਿਤ [ənɪyəmɪt] *adj.* irregular, uncontrolled, contrary or not according to rules
ਅਨਿਵਾਰੀ [ənɪvari] *adj.* essential, necessary, binding
ਅਨੀਸ਼ਵਰਵਾਦ [əniṣvərvad] *n.m.* atheism
ਅਨੀਸ਼ਵਰਵਾਦੀ [əniṣvərvadi] *adj.* atheist
ਅਨੀਤੀ [əniti] *n.f.* absence of any policy, wrong policy, injustice, despotism, autocracy
ਅਨੀਂਦਰਾ/ਅਨੀਂਦਾ [ənĩdəra/ənĩda] *n.m.* sleeplessness, insomnia, lack of sleep
ਅਨੀਮਾ [ənima] *n.m.* enema
ਅਨੁਸਰਨ [ənusərn] *n.m.* the act of following, adaptation, imitation, conformity, compliance, pursuance
~ **ਕਰਨਾ** *con.v.* to follow, imitate, copy, conform, pursue
ਅਨੁਸ਼ਾਸਕ [ənuṣasək] *adj. n.m.* disciplinarian, controller, administrator
ਅਨੁਸ਼ਾਸਕੀ [ənuṣaski] *adj.* disciplinary, administrative
ਅਨੁਸ਼ਾਸਨ [ənuṣasən] *n.m.* discipline, control, administration
ਅਨੁਸ਼ਾਸਿਤ [ənuṣasɪt] *adj.* disciplined, controlled
ਅਨੁਸਾਰ [ənusar] *adv.* according to, in accordance with, in conformity with, conforming to
ਅਨੁਸਾਰੀ [ənusari] *adj.* conforming, following, pursuant
ਅਨੁਸੂਚਿਤ [ənusucɪt] *adj.* scheduled, listed, notified
ਅਨੁਕਰਨ [ənukərn] *n.m.* same as ਅਨੁਸਰਨ
ਅਨੁਕਿਰਿਆ [ənukɪrɪa] *n.f.* response, reaction
ਅਨੁਕੂਲ [ənukul] *adj.* suitable, agreeable, favourable, compatible *adv.* according, corresponding or conforming to, adapted to
ਅਨੁਕੂਲਤਾ [ənukulta] *n.f.* agreeableness, suitability, adaptiveness, compatibility, adaptability
ਅਨੁਕੂਲਨ [ənukulən] *n.m.* adaptation, adjustment, acclimatisation
ਅਨੁਗਰਹਿ [ənugərɛ] *n.m.* kindness, compassion, favour, mercy, pity, sympathy, grace, indulgence, patronage
~ **ਕਰਨਾ** *con.v.* to favour, help, indulge, oblige
ਅਨੁਗਾਮੀ [ənugami] *adj. n.m.* follower, servant, adherent; disciple, votary
ਅਨੁਚਿਤ [ənucɪt] *adj.* improper, inappropriate, undue, wrong, unbecoming, indecorous, undesirable, objectionable
ਅਨੁਛੇਦ [ənuched] *n.m.* same as ਪਰਿਛੇਦ, paragraph
ਅਨੁਦਾਨ [ənudan] *n.m.* grant; subsidy
ਅਨੁਨਾਸਿਕ [ənunasɪk] *adj.* nasal
ਅਨੁਨਾਸਿਕਤਾ [ənunasɪkta] *n.f.* nasalisation, nasality

ਅਨੁਨਾਸੀ [ənunasi] *adj.* nasal, nasalised
ਅਨੁਪਰਾਸ [ənupəras] *n.m.* alliteration
ਅਨੁਪਾਤ [ənupat] *n.m.* ratio, proportion
ਅਨੁਪਾਤੀ [ənupati] *adj.* proportional, proportionate
ਅਨੁਬੰਧ [ənubə̃d] *n.m.* adjunct, appendage, appendix, supplement, appendicle
ਅਨੁਬੰਧੀ [ənubə̃di] *adj.* adjunctive, appendant, supplementary
ਅਨੁਭਵ [ənupə̀v] *n.m.* sensation, feeling, perception, experience
~ ਕਰਨਾ *con.v.* to feel, perceive, experience, undergo
ਅਨੁਭਵਵਾਦ [ənupə̀vəvad] *n.m.* empiricism
ਅਨੁਭਵਵਾਦੀ [ənupə̀vəvadi] *adj.* empiricist
ਅਨੁਭਵੀ [ənupə̀vi] *adj.* experienced; experimental, empirical, experiential
ਅਨੁਭੂਤੀ [ənupùti] *n.f.* experience, feeling, perception, knowledge
ਅਨੁਮਤੀ [ənuməti] *n.f.* concurrence, approval, assent, consent, permission, sanction
ਅਨੁਮਾਨ [ənuman] *n.m.* same as ਅੰਦਾਜ਼ਾ, estimate
ਅਨੁਮਾਨਿਤ [ənumanɪt] *adj.* estimated, putative, inferred, guessed
ਅਨੁਯਾਈ [ənuyai] *adj.* same as ਅਨੁਗਾਮੀ, follower
ਅਨੁਰਾਗ [ənurag] *n.m.* love, affection, liking, attachment
ਅਨੁਰਾਗੀ [ənuragi] *adj.* loving, affectionate, attached
ਅਨੁਰੂਪ [ənurup] *adj.* resembling, analogous, matching, similar; condign, befitting, suitable
ਅਨੁਰੂਪਤਾ [ənurupta] *n.f.* resemblance, similarity, analogousness, befittingness, condignity, suitability
ਅਨੁਵਾਦ [ənuvad] *n.m.* translation; metaphrase; interpretation
~ ਕਰਨਾ *con.v.* to translate; to metaphrase; to interpret
ਅਨੁਵਾਦਕ [ənuvadək] *adj.* translator, interpreter, metaphrast
ਅਨੁਵਾਦਿਤ [ənuvadɪt] *adj.* translated, interpreted, metaphrased
ਅਨੂਠਾ [ənuṭha] *adj.m.* uncommon, queer, angular, unique, novel, odd, rare, singular, extraordinary, signal, notable, wonderful, marvellous, peculiar
ਅਨੂਠਾਪਣ [ənuṭhapəṇ] *n.m.* uncommonness, queerness, singularity, uniqueness, novelty, oddity, oddness, rareness, peculiarity
ਅਨੂਪ [ənup] *adj.* same as ਅਨੂਠਾ
ਅਨੂਪਤਾ [ənupta] *n.f.* same as ਅਨੂਠਾਪਣ
ਅਨੇਕ [ənek] *adj.* many, several, various, diverse, sundry, manifold, numerous, multiple
~ ਈਸ਼ਵਰਵਾਦ *n.m.* polytheism
~ ਈਸ਼ਵਰਵਾਦੀ *adj.* polytheist
ਅਨੇਕਤਾ [ənekta] *n.f.* plurality, multiplicity, variety, diverseness, diversity
ਅਨੈਤਿਕ [ənɛtɪk] *adj.* immoral, amoral
ਅਨੈਤਿਕਤਾ [ənɛtɪkta] *n.f.* immorality, amorality
ਅਨੋਖਾ [ənokha] *adj.* same as ਅਣੋਖਾ, strange
ਅਪਸਾਰ/ਅਪਸਾਰਨ [əpsar/əpsarn] *n.m.* divergence, deviation, deflection
~ ਕਰਨਾ *con.v.* to diverge, deviate, branch off, deflect
ਅਪਹਰਨ [əphərn] *n.m.* same as ਹਰਨ², hijacking
ਅਪਹੁੰਚ [əpɔ̃c] *adj.* inapproachable, unapproachable, inaccessible
ਅਪਹੁੰਚਤਾ [əpɔ̃cta] *n.f.* inapproachability, unapproachableness, inaccessibility
ਅਪੰਗ [əpə̃g] *adj.* crippled, disabled, handicapped
ਅਪਚ [əpəc] *adj.* indigestible, heavy
ਅਪੱਛਰਾਂ [əpəcchərã] *n.f.* fairy, nymph; charming woman, feminine charmer
ਅਪਜਸ [əpjəs] *n.m.* infamy, notoriety, ignominy, illfame, ill repute, defamation, slander, calumny, calumniation
~ ਕਰਨਾ *con.v.* to defame, slander, calumniate, talk ill of
ਅਪਣੱਤ [əpṇətt] *n.f.* intimacy, familiarity, family or friendly feeling

ਅਪਣਾ [əpṇa] *adj.* see ਆਪਣਾ, own; *v.form* imperative of ਅਪਣਾਉਣਾ, own up

ਅਪਣਾਉਣਾ [əpṇauṇa] *v.t.* to own; to declare or claim as one's own; to acknowledge; to adopt, espouse

ਅਪੱਥ [əpətth] *adj.* harmful, unwholesome, forbidden to a patient, insalubrious

ਅਪਭਰੰਸ਼ [əpəpərə̃ṣ] *n.f.* corrupted form of word/phrase/language/dialect

ਅਪਮਾਨ [əpman] *n.m.* insult, disgrace, disrespect, affront, indignity, outrage, slight, slur, disregard, contempt

~ ਕਰਨਾ *con.v.* to insult, disgrace, slight, slur; to treat with ਅਪਮਾਨ

ਅਪਮਾਨਜਨਕ [əpmanjənk] *adj.* insulting, contemptuous, derogatory, snide; degrading

ਅਪਰਸੰਨ [əpərsə̃nn] *adj.* unhappy; unsatisfied, dissatisfied; displeased

~ ਕਰਨਾ *con.v.* to dissatisfy; to displease; to cause ਅਪਰਸੰਨਤਾ

ਅਪਰਸੰਨਤਾ [əpərsə̃nta] *n.f.* unhappiness, dissatisfaction, displeasure

ਅਪਰਸਿੱਧ [əpərsídd] *adj.* unknown, obscure, little known

ਅਪਰਸਿੱਧੀ [əpərsíddi] *n.f.* obscurity

ਅਪਰਚਲਿਤ [əpərcəlɪt] *adj.* obsolete, out of fashion, not in vogue, antiquated, obsolescent

~ ਭਾਸ਼ਾ *n.f.* dead language

ਅਪਰਤੱਖ [əpərtəkkh] *adj.* indirect, devious, roundabout, underhand, clandestine

ਅਪਰੰਪਰ/ਅਪਰੰਪਾਰ [əpərə̃pər/əpərə̃par] *adj.* boundless, shoreless, unlimited, infinite, beyond limits, illimitable; an attribute of God

ਅਪਰਵਾਨਿਤ [əpərvanɪt] *adj.* unaccepted, unacceptable, unapproved, rejected, not sanctioned

ਅਪਰਾਜਿਤ [əpərajɪt] *adj.* undefeated, unconquered, unsubdued, unconquerable, indomitable

ਅਪਰਾਧ [əprád] *n.m.* crime, offence, transgression of law, guilt, default, fault, delinquency, sin

~ ਕਰਨਾ *con.v.* to commit ਅਪਰਾਧ

ਅਪਰਾਧੀ [əprádi] *adj.* criminal, offender, guilty, delinquent

ਅਪਰਾਪਤ [əpərapət] *adj.* ungained, also ਅਪ੍ਰਾਪਤ

ਅਪਰਿਗਰਹਿ [əpərɪgərɛ́] *n.m.* renunciation

ਅਪਰਿਗਰਹੀ [əpərɪgərə́i] *adj.* renouncer; renunciator

ਅਪਰਿਭਾਸ਼ਿਤ [əpərɪbàṣɪt] *adj.* undefined

ਅਪਰਿਮਿਤ [əpərɪmɪt] *adj.* limitless, boundless, immeasurable, infinite

ਅਪਰਿਵਰਤਨ [əpərɪvərtən] *n.m.* refraction

~ ਕੋਣ *n.m.* angle of refraction

ਅਪਰਿਵਰਤਿਤ ਕਿਰਨ [əpərɪvərtɪt kɪrn] *n.f.* refracted ray

ਅਪਰੋਖ [əpərokh] *adj.* present, obvious, evident, apparent

ਅਪਵਾਦ [əpvad] *n.m.* censure, slander, slur, aspersion; false/malicious/foul or nonsensical utterance or talk

ਅਪਵਾਦੀ [əpvadi] *adj.* slanderer; slanderous

ਅਪਵਿੱਤਰ [əpəvɪttər] *adj.* unholy, defiled, polluted, unclean, profane, impure

~ ਕਰਨਾ *con.v.* to defile, pollute, contaminate, desecrate, profane

ਅਪਵਿੱਤਰਤਾ [əpəvɪttərta] *n.f.* unholiness, defilement, pollutedness, profaneness

ਅੱਪੜ[1] [əppəṛ] *adj.* fallow; *n.f.* fallow, uncultivated land

ਅੱਪੜ[2] *v.form.* imperative of ਅੱਪੜਨਾ, reach

ਅੱਪੜਨਾ [əppəṛna] *v.i.* to reach, arrive, also ਉੱਪੜਨਾ

ਅਪੜਵਾਉਣਾ [əpəṛvauṇa] *v.t.* to convey, deliver, carry and deliver

ਅਪੜ੍ਹ [əpə́ṛ] *adj.* illegible

ਅਪੜਾਉਣਾ [əpṛauṇa] *v.t.* to convey, deliver, carry and deliver

ਅਪ੍ਰਾਪਤ [əpərapət] *adj.* unattained, unacquired, not received, unrealised

ਅਪਾਹਜ [əpáj] *adj.* disabled, crippled, incapacitated, handicapped, invalid; *n.m.* a cripple, disabled person

ਅਪਾਦਾਨ ਕਾਰਕ [əpadan kark] *n.m.* ablative case

ਅਪਾਰ [əpar] *adj.* same as ਅਪਰੰਪਾਰ

~ ਦਰਸ਼ਕ/~ ਦਰਸ਼ੀ *adj.* opaque

ਅਪੀਲ [əpil] *n.f.* appeal

~ ਕਰਨੀ *con.v.* to appeal

~ ਦਾਇਰ ਕਰਨੀ *ph.* to file an appeal

ਅਪੁੱਤਾ [əputta] *adj. m.* see ਨਿਪੁੱਤਾ, childless

ਅਪੂਰਨ [əpurn] *adj.* incomplete, uncompleted; partial

~ ਅੰਸ਼ *n.m.* (maths) mantissa

~ ਅੰਕ *n.m.* fraction

~ ਭੂਤਕਾਲ *n.m.* past imperfect or past continuous tense

ਅਪੂਰਨਤਾ [əpurnta] *n.f.* incompleteness, incompletion

ਅਪੂਰਵ [əpurv] *adj.* unprecedented, unexampled, unparalleled, unique, novel, singular, new

ਅਪੂਰਵਤਾ [əpurəvta] *n.f.* uniqueness, singularity, novelty

ਅਪੇਖਿਆ [əpekhɪa] *n.f.* expectation, hope; comparison *cf.* ਉਪੇਖਿਆ

~ ਕਰਨੀ *con.v.* to expect, hope; to compare

ਅਫ਼ਸਰ [əfsər] *n.m.* officer

ਅਫ਼ਸਰਸ਼ਾਹੀ [əfsərṣái] *n.f.* bureaucracy

ਅਫ਼ਸਰਾਨਾ [əfəsrana] *adj.* officerlike; authoritative; official

ਅਫ਼ਸਰੀ [əfsəri] *n.m.* position or status of ਅਫ਼ਸਰ; *adj.* same as ਅਫ਼ਸਰਾਨਾ

ਅਫ਼ਸਾਨਾ [əfsana] *n.m.* short story, story, fiction; scandal, scandalous tale

~ ਨਗਾਰ/~ ਨਵੀਸ *adj.* short story writer

~ ਨਗਾਰੀ/~ ਨਵੀਸੀ *n.f.* art of story writing

~ ਬਣ ਜਾਣਾ *ph.* to be turned into a scandalous tale or gossip; to be famous or notorious

ਅਫ਼ਸੋਸ [əfsos] *n.m.* sadness, grief, sorrow; regret, remorse, condolence; *interj.* alas! ah

~ ਕਰਨਾ *con.v.* to grieve; be sad, sorry, sorrowful; to regret, be remorseful, *v.t.* to bewail, deplore; to commiserate or condole (with)

ਅਫ਼ਸੋਸਨਾਕ [əfsosnak] *adj.* sorrowful, deplorable, regrettable, sorry, sad

ਅਫਰਾ [əphra] *n.m.*flatulence, bloat, bloating

ਅਫਰਾਉਣਾ [əphrauṇa] *v.t.* to cause ਅਫਰਾ

ਅਫ਼ਰੀਕਾ [əfrika] *n.m.* Africa

ਅਫਰੇਵਾਂ [əphrevã] *n.m.* same as ਅਫਰਾ; *fig.* pride, arrogance, conceit

ਅਫਲ/ਅਫੱਲ [əphəl/əpphəl] *adj.* fruitless, barren, sterile, unproductive

ਅਫ਼ਲਾਤੂਨ [əflatun] *n.m.* Plato (the philosopher); *slang.* a clever person

ਅਫ਼ਲਾਤੂਨੀ [əflatuni] *adj.* platonic; clever, smart

ਅਫ਼ਵਾਹ [əfvá] *n.f.* rumour, false report, canard, gossip

~ ਫੈਲਾਉਣੀ *con.v.* to spread ਅਫ਼ਵਾਹ; to rumour, bruit

ਅਫ਼ਾਕਾ [əfaka] *n.m.* relief (in pain or sickness)

ਅਫ਼ਾਤ [əfat] *n.f. colloq.* see ਆਫ਼ਤ, calamity; *slang.* a dangerous person

ਅਫਾਰਾ [əphara] *n.m.* same as ਅਫਰਾ

ਅਫਿਰਕੂ [əphɪrku] *adj.* non-communal, secular, non-sectarian

ਅਫ਼ੀਮ [əfim] *n.f.* opium

ਅਫ਼ੀਮੀ [əfimi] *adj. n.m.* opium eater or addict; *slang.* lazy or whimsical person

ਅਫੁਰ [əphur] *adj.* undisturbed by thought

~ ਸਮਾਧੀ *n.f.* deep meditation, trance

ਅੰਬ[1] [ə̃b] *n.m.* mango, *Magnifera indica*, (plant as well as fruit)

ਅੰਬ[2] *v.form.* imperative of ਅੰਬਣਾ

ਅਬਚਲ [əbcəl] *adj.* immovable, permanent, everlasting

ਅੰਬਚੂਰ [ə̃bcur] *n.m.* dried and powdered mango-parings

ਅੰਬਣਾ [ə̃bəṇa] *v.i.* to get tired, fatigued, exhausted; (for a limb or muscle) to get numb

ਅਬਦ [əbəd] *n.m.* end of time; eternity

cf. ਅਜ਼ਲ

ਅਬਦਲ [əbədəl] *adj.* unchangeable, unalterable, inalterable, without a substitute; everlasting

ਅਬਦੀ [əbdi] *adj.* eternal

ਅਬਨਾਸੀ [əbnasi] *adj.* same as ਅਬਿਨਾਸੀ, indestructible

ਅੰਬਰ [ə̃bər] *n.m.* sky, firmament, vault of heaven; ambergris; fossil, resin, amber; *adj.* pale, yellowish brown

ਅੰਬਰਸ [ə̃brəs] *n.m.* mango-juice

ਅਬਰਕ [əbrək] *n.m.* mica, talc

ਅੰਬਰਾ [ə̃bəra] *n.m.* cloth cover of quilt or mattress

ਅੰਬਰੀ[1] [ə̃bəri] *n.f.* decorative shiny-surfaced paper used in book-binding; wall paper

ਅੰਬਰੀ[2] *adj.* sky-blue

ਅਬਰੂ [əbru] *n.f. colloq.* see ਆਬਰੂ

ਅਬਲਖ [əbləkh] *adj.* piebald (horse)

ਅਬਲਾ [əbla] *adj.f.* weak, powerless; *n.f.* woman, *esp.* lady in distress

ਅੰਬੜੀ [ə̃bəṛi] *n.f.* mother, mummy, mamma, mama

ਅੱਬਾ [əbba] *n.f.* father, daddy, dad

ਅੰਬਾ [ə̃ba] *n.m.* fatigue, exhaustion, numbness caused by fatigue

ਅਬਾ ਤਬਾ [əba təba] *n.f.* abuse, scolding, harangue

ਅਬਾਦ [əbad] *adj.* inhabited, populated; colonized; cultivated (land)

~ **ਕਰਨਾ** *con.v.* to populate; to colonise; to cultivate, bring under the plough

ਅਬਾਦਕਾਰ [əbadkar] *adj.* coloniser

ਅਬਾਦਕਾਰੀ [əbadkari] *n.f.* colonisation

ਅਬਾਦਤ [əbadət] *n.f.* worship, homage to a deity, prayers

~ **ਕਰਨਾ** *con.v.* to worship, say one's prayers

ਅਬਾਦੀ [əbadi] *n.f.* population; habitation; built-up area; land around a village reserved for expansion of residential area

ਅਬਾਬੀਲ [əbabil] *n.f.* swallow, kite

ਅਬਿਨਾਸੀ [əbɪnasi] *adj.* indestructible, eternal, imperishable; an attribute of God

ਅੰਬੀ [ə̃bi] *n.f.* small raw ਅੰਬ, young mango plant

ਅਬੁਝ [əbúj] *adj.* inextinguishable, unquenchable

ਅਬੂਰ [əbur] *n.m.* passing over or across, crossing; mastery, skill; thorough knowledge

~ **ਹਾਸਲ ਕਰਨਾ** *ph.* to acquire mastery (of a skill or subject)

~ **ਕਰਨਾ** *con.v.* to go across

ਅਬੇ[1] [əbe] *adv.* at once, just now

ਅਬੇ[2] *interj.* hey! O! (depec)

ਅਬੋਧ [əbód] *adj.* ignorant, unintelligent, too young to understand

ਅਭਖ [əpə̀kh] *adj.* inedible, unfit for eating, taboo; forbidden (food)

ਅਭੰਗ [əpə̃̀g] *adj.* unbreakable, indivisible, unbroken, continuous, incessant

ਅਭਮਾਨ [əbmàn] *n.m.* same as ਅਭਿਮਾਨ, pride

ਅਭਲਾਸ਼ਾ/ਅਭਲਾਖਾ [əblàṣa/əblàkha] *n.f.* same as ਅਭਿਲਾਸ਼ਾ, desire

ਅੱਭੜਵਾਹ/ਅੱਭੜਵਾਹੇ [ə́bbəṛvá/ə́bbəṛvahe] *adv.* (awakening) with a start, suddenly

ਅਭਾਗਣ/ਅਭਾਗਾ [əpàgəṇ/əpàga] *adj.f./adj.m.* unfortunate, unlucky, luckless, hapless

ਅਭਾਵ [əpàv] *n.m.* non-availabilty, lack, want

ਅਭਿਆਸ [əbɪàs] *n.m.* practice, rehearsal; repetition; exercise; meditation

~ **ਕਰਨਾ** *con.v.* to practise; to learn or improve through repetitive performance; to exercise, rehearse; to meditate, concentrate (upon deity or any religious precept)

ਅਭਿਆਗਤ [ə́bɪagət] *n.m.* fakir, sadhu, monk, mendicant; stranger; visitor, chance guest

ਅਭਿਸਰਕ [ə́bɪsərk] *adj.* convergent

ਅਭਿਸਰਨ [ə́bɪsərn] *n.m.* convergence

ਅਭਿਸਾਰੀ [ə́bɪsari] *adj.* converging

~ **ਅੰਕ** *n.m.* degree of convergence

~ **ਕੋਨ** *n.m.* angle of convergence

ਅਭਿੱਜ [əpìjj] *adj.* water-proof; unabsorbent

ਅਭਿੰਨ [əpìnn] *adj.* not different; integral, inseparable, indistinguishable

ਅਭਿਨੰਦਨ [əbɪnə̃dən] *n.m.* felicitation, congratulation, greeting; praise, encomium; welcome; honour

~ **ਗ੍ਰੰਥ** *n.m.* commemoration volume

~ **ਪੱਤਰ** *n.m.* welcome address

ਅਭਿਮਾਨ [əbɪman] *n.m.* pride, arrogance, conceit, superciliousness, vanity, haughtiness, vainglory

ਅਭਿਮਾਨੀ [əbɪmani] *adj.* proud, arrogant, conceited, vain, vainglorious, haughty, supercilious

ਅਭਿਯੁਕਤ [əbɪyukt] *adj.* accused, defendant

ਅਭਿਯੋਗ [əbɪyog] *n.m.* accusation, allegation, charge, prosecution

~ **ਪੱਤਰ** *n.m.* charge-sheet

~ **ਲਾਉਣਾ** *con.v.* to accuse, prosecute

ਅਭਿਯੋਗੀ [əbɪyogi] *n.m.* complainant, plaintiff

ਅਭਿਰੁਚੀ [əbɪruci] *n.f.* keen interest, strong inclination, earnest desire, ambition

ਅਭਿਲਾਸ਼ਾ [əbɪlaṣa] *n.f.* wish, desire, longing, aspiration, craving, yearning

ਅਭਿਲਾਸ਼ੀ [əbɪlaṣi] *adj.* desirous, seeker

ਅਭਿਵਿਅੰਜਕ [əbɪviə̃jək] *adj.m.* signifier, indicator, symbol

ਅਭਿਵਿਅੰਜਨ [əbɪviə̃jən] *n.m.* signification, import, manifestation, indication

ਅਭਿਵਿਅੰਜਨਵਾਦ [əbɪviə̃jənvad] *n.m.* symbolism

ਅਭਿਵਿਅੰਜਨਾ [əbɪviə̃jna] *n.f.* correct indication of a sentiment or suggestion, expression

ਅਭੁੱਲ [əpùll] *adj.* unforgettable; ever remembering; unerring

ਅਭੂਤਪੂਰਵ [əpùtpurəv] *adj.* unprecedented, unexampled, unparalleled, unique

ਅਭੇਖ [əpèkh] *adj.* not belonging to any particular sect or order

ਅਭੇਦ [əpèd] *adj.* same as ਅਭਿੰਨ; identical

ਅਭੇਦਤਾ [əpèdta] *n.f.* indistinguishableness, indistinguishability, identicalness

ਅਭੈ [əpɛ̀] *adj.* fearless, dauntless, bold, intrepid, brave, courageous

~ **ਦਾਨ** *n.m.* boon of fearlessness

ਅਭੈਪਦ [əpɛ̀pəd] *n.m.* spiritual stage of liberation from all fear

ਅਭੋਲ [əpòl] *adj.* innocent, unsuspecting; *adv.* unknowingly, inadvertently, unintentionally

ਅਭੌਤਿਕ [əpɔ̀tɪk] *adj.* not material, incorporeal; spiritual

ਅਭੌਤਿਕਤਾ [əpɔ̀tɪkta] *n.f.* incorporeity

ਅਮਕਾ [əmka] *adj.m.* unspecified (person), some one, such a one, such as one, so and so

~-**ਢਿਮਕਾ** *adj.m.* any Tom, Dick or Harry

ਅਮਨ [əmən] *n.m.* peace, tranquillity, quiet, order; absence of war

~ **ਚੈਨ** *n.m.* same as ਅਮਨ

~-**ਪਸੰਦ** *adj.* peaceful; peaceloving; pacificist, pacifist

~ **ਪਸੰਦੀ** *n.f.* peacefulness; pacifism

ਅਮਰ [əmər] *adj.* deathless, immortal, everlasting, eternal, undying; spiritually emancipated

~ **ਪਦ** *n.m.* the highest stage of mystic self-realisation, liberation, freedom from birth and death

ਅਮਰਤ [əmrət] *n.m. colloq.* see ਅੰਮਰਿਤ

ਅਮਰਤੀ [əmrəti] *n.f.* same as ਅੰਮਰਿਤੀ

ਅਮਰਵੇਲ [əmərvel] *n.f.* dodder, *Cascuta epidendron*

ਅਮਰਾ [əmra] *n.m.* same as ਅੰਬਰਾ

ਅੰਮਰਿਤ [ə̃mrɪt] *n.m.* nectar, elixir of life, ambrosia; sweetened consecrated water administered in Khalsa baptism or initiation ceremony; *informal. adj.m.* anything sweet and delicious or nourishing; also ਅੰਮ੍ਰਿਤ

~ **ਛਕਣਾ** *con.v.* to undergo initiation ceremony of the Khalsa

~ **ਛਕਾਉਣਾ** *con.v.* to administer ਅੰਮਰਿਤ

~ **ਧਾਰੀ** *adj.* duly baptised (Sikh)

~ ਵੇਲ਼ਾ *n.m.* ambrosial hour, early morning, wee hours of the morning

ਅੰਮਰਿਤੀ [ə̃mrɪti] *n.f.* name of an Indian sweetmeat, a type of candy

ਅਮਰੀਕਨ [əmrikən] *adj.n.* American

ਅਮਰੀਕਾ [əmrika] *n.m.* America

ਅਮਰੂਦ [əmrud] *n.m.* guava, *Psidium guajava*

ਅਮਲ[1] [əməl] *n.m.* action, execution, practice; conduct, character

~ ਕਰਨਾ *con.v.* to act upon, follow; to carry out, execute; to practise

~ ਵਿਚ ਲਿਆਉਣਾ *ph.* to implement, adopt, put into practice

ਅਮਲ[2] *n.m.* addiction; drug addicted to, *usu.* opium; *(maths)* written description of a construction

ਅਮਲਤਾਸ [əməltas] *n.m.* tree bearing long bean-like fruit containing pulp used medicinally as a cathartic, *Cathartocarpus fistula*

~ ਦੀ ਫਲੀ *n.f.* fruit of ਅਮਲਤਾਸ

ਅਮਲਾ [əmla] *n.m.* staff, usu. clerical staff, establishment, personnel

~-ਫੈਲਾ *n.m.* caboodle, kit and caboodle

ਅੰਮੜੀ [ə̃mməṛi] *n.f.* mother (endearment)

ਅੰਮਾਂ [ə̃mmã] *n.f.* mother; grand-mother; any old lady

~ ਜਾਇਆ *adj.m.* born to the same mother; n.m. real brother

~ ਜਾਈ *adj. & n.f.* real sister

ਅਮਾਨਤ [əmanət] *n.f.* deposit on trust, safe deposit, anything entrusted for safe custody

~ ਵਿੱਚ ਖ਼ਿਆਨਤ *ph.* betrayal of trust

ਅਮਾਨਤਖਾਨਾ [əmanətkhana] *n.m.* store for safe deposits

ਅਮਾਨਤਨਾਮਾ [əmanətnama] *n.m.* document concerning safe deposit, record of ਅਮਾਨਤ

ਅਮਾਨਤੀ [əmanti] *adj.* concerning ਅਮਾਨਤ, keeper of safe deposits, trustee; given or kept as ਅਮਾਨਤ

ਅਮਾਮ [əmam] *n.m.* see ਇਮਾਮ

ਅਮਾਰੀ [əmari] *n.f.* same as ਹਮਾਰੀ[2]

ਅਮਾਵਸ [əmavəs] *n.f.* moonless night, last day of the dark fortnight of a lunar month

ਅਮਿਟ/ਅਮਿਟਵਾਂ [əmɪṭ/əmɪṭvã] *adj./adj.m.* indelible, ineradicable, permanent, inerasable, ineffaceable

ਅਮਿਣਵਾਂ [əmɪṇvã] *adj.m.* unmeasured; immeasurable

ਅਮਿੱਤ [əmɪtt] *adj.* limitless, boundless, endless, infinite, beyond measure, immeasurable

ਅਮਿਤਤਾ [əmɪtəta] *n.f.* limitlessness, boundlessness, infiniteness

ਅੰਮੀ [ə̃mmi] *n.f.* same as ਅੰਮੜੀ, mother

ਅਮੀਰ [əmir] *adj.* rich, wealthy, affluent, opulent; *n.m.* rich man, wealthy person, the rich; chief, ruler

ਅਮੀਰਸ਼ਾਹੀ [əmirṣái] *n.f.* plutocracy, aristocracy, plutarchy

ਅਮੀਰਜ਼ਾਦਾ [əmirzada] *n.m.* son of an ਅਮੀਰ

ਅਮੀਰਾਨਾ [əmirana] *adj.* in the life-style of ਅਮੀਰ, stately, lordly, aristocratic

ਅਮੀਰੀ [əmiri] *n.f.* state of being rich, opulence, wealthiness, affluence; *adj.* same as ਅਮੀਰਾਨਾ

ਅਮੁੱਕ [əmʊkk] *adj.* inexhaustible

ਅਮੁੱਲ/ਅਮੁੱਲਾ [əmʊll/əmʊlla] *adj./adj.m.* same as ਅਨਮੋਲ, priceless

ਅਮੂਰਤ [əmurət] *adj.* formless, unembodied, abstract

ਅਮੂਰਤੀਕਰਨ [əmurtikərn] *n.m.* abstraction, disembodiment

ਅਮੋਦ [əmod] *n.m.* pleasure, amusement, enjoyment, merriment, gaiety

ਅਮੋਲ/ਅਮੋਲਕ [əmol/əmolək] *adj.* same as ਅਨਮੋਲ

ਅਮੋੜ [əmoṛ] *adj.* unrestrained, unrestrainable, impetuous, headstrong, self-willed

ਅਮੋੜਤਾ [əmoṛta] *n.f.* unrestrainability, intractability, impetuosity

ਅੱਯਾਸ਼ [əyyaṣ] *adj.* profligate, dissolute, dissipated, pleasure-seeking, voluptuous, voluptuary, libertine

ਅੱਯਾਸ਼ੀ [əyyaṣi] *n.f.* profligacy, dissipation, pleasure-seeking, love of pleasure, voluptuousness, voluptuosity, dissoluteness

ਅਯਾਲ [əyal] *n.f.* mane

ਅਯੋਗ [əyog] *adj.* improper, inexpedient, inappropriate; unsuitable, inept, unfit, unqualified, undeserving, incapable, incompetent, unworthy

ਅਯੋਗਤਾ [əyogta] *n.f.* inappropriateness, unsuitability, ineptness, ineptitude, disqualification, incapability, incompetence, incompetency, unworthiness

ਅਰ[1] [ər] *n.m.* spoke

ਅਰ[2] *conj.* and

ਅਰਸ਼ [ərṣ] *n.m* sky; heaven; God's abode

~ ਫ਼ਰਸ਼ *ph.* heaven and earth

ਅਰਸਾ [ərsa] *n.m.* duration, period, span of time, time-span

ਅਰਸ਼ੀ [ərṣi] *adj.* heavenly, celestial

ਅਰਹਰ [ərhər] *n.f.* same as ਹਰਹਰ

ਅਰਕ[1] [ərk] *n.m.* distilled product, distillate, extract

~ ਕੱਢਣਾ *con.v.* to distil; *fig.* to cause to perspire, tire out

ਅਰਕ[2] *n.f.* elbow

ਅਰਕਦਾਨੀ [ərkədani] *n.f.* fancy container for ਅਰਕ, *esp.* for perfumes

ਅਰਗਲਾ [ərgəla] *n.m.* drawbar, bolt

ਅਰਘ [ə́rg] *n.m.* libation, ritual offering of water to Hindu deities

ਅਰਘਾ [ə́rga] *n.m.* a special spoon or tapering vessel for making libation; base on which Shivaling is placed

ਅਰਚਨ/ਅਰਚਨਾ/ਅਰਚਾ [ərcən/ərcəna/ərca] *n.m./n.f.* worship, ceremonious reverence, adoration

ਅਰਜ਼ [ərz] *n.m.* breadth, width; request, supplication, solicitation, petition, appeal, entreaty

~ ਕਰਨੀ *con.v.* to make a request, request, supplicate, solicit, petition, appeal, entreat

ਅਰਜ਼ਦਾਸ਼ਤ [ərzdaṣt] *n.f.* same as ਅਰਜ਼

ਅਰਜਨ [ərjən] *n.m.* acquisition, collection, accumulation

ਅਰਜ਼ਮੰਦ [ərzmə̃d] *adj.* petitioner, supplicant

ਅਰਜ਼ਮੰਦੀ [ərzmə̃di] *n.f.* the act of making an ਅਰਜ਼

ਅਰਜ਼ੀ [ərzi] *n.f.* written request, application

~ ਦੇਣੀ *con.v.* to submit an application, apply

ਅਰਜ਼ੀਨਵੀਸ [ərzinəvis] *n.m.* petition-writer, writer of petitions and other legal documents or private accounts, scribe

ਅਰਜ਼ੀਨਵੀਸੀ [ərzinəvisi] *n.f.* profession or art of ਅਰਜ਼ੀਨਵੀਸ

ਅਰਥ[1] [ərth] *n.m.* meaning, purport, import, sense, signification, significance, interpretation; object, purpose

~ ਕਰਨਾ/~ ਕੱਢਣਾ *con.v.* to interpret, explain, elucidate

ਅਰਥ[2] *n.m.* commodities, wealth, riches, property

~ ਸੰਕੋਚ *n.m.* economy, frugality

~ ਸ਼ਾਸਤਰ *n.m.* economics

~ ਸ਼ਾਸਤਰੀ *n.m.* economist

~ ਮੰਤਰਾਲਾ *n.m.* finance ministry

~ ਮੰਤਰੀ *n.m.* finance minister

~ ਵਿਗਿਆਨ *n.m.* economics

~ ਵਿਗਿਆਨੀ *n.m.* economist

ਅਰਥਹੀਣ [ərthhiṇ] *adj.* meaningless, inane, purposeless

ਅਰਥਚਾਰਾ [ərthcara] *n.m.* economic system, economy

ਅਰਥਪੂਰਨ/ਅਰਥਯੁਕਤ [ərthpurn/ərthyukt] *adj.* meaningful, significant, pithy

ਅਰਥਾਤ [ərthat] *conj.* namely, that is, that is to say, meaning thereby

ਅਰਥਾਵਲੀ [ərthavəli] *n.f.* glossary

ਅਰਥੀ [ərthi] *n.f.* bier, hearse

~ ਕੱਢਣੀ *con.v.* to take out ਅਰਥੀ or a funeral procession

ਅਰਦਲ [ərdəl] *n.f.* attendance (upon), service (of)

~ ਕਰਨੀ/~ ਵਿਚ ਹੋਣਾ *ph.* to be in attendance upon or an orderly to, serve as an ਅਰਦਲੀ

ਅਰਦਲੀ [ərdəli] *n.m.* orderly, batman, servant, attendant

ਅਰਦਾਸ [ərdas] *n.f.* supplication, orison, supplicatory prayer *esp.* of the Sikhs

~ **ਕਰਨੀ** *con.v.* to supplicate, say or offer supplicatory prayer

ਅਰਦਾਸੀਆ [ərdasia] *n.m.* supplicant, priest leading supplicatory prayer

ਅਰਧ [ə́rd] *n.m.* see ਅੱਧ

~ **ਚੇਤਨਾ** *n.f.* sub-conscious

~ **ਵਿਆਸ** *n.m.* radius

~ **ਵਿਆਸੀ ਖੰਡ** *n.m.* (*geom.*) sector

~ **ਵਿਰਾਮ** *n.m.* comma

ਅਰਧੰਗਣੀ [ərdə̃gəṇi] *n.f.* wife; *informal.* better half

ਅਰਨਾ [ərna] *n.m.* bison

ਅਰਪ [ərp] *v.form.* imperative of ਅਰਪਣਾ, dedicate

ਅਰਪਣ [ərpəṇ] *n.m.* dedication

ਅਰਪਣਾ [ərpəṇa] *v.t.* to dedicate; to offer, present; to sacrifice, give, deliver; also **ਅਰਪਣ ਕਰਨਾ**

ਅਰਪਿਤ [ərpɪt] *adj.* dedicated, devoted; offered,

ਅਰਬ[1] [ərb] *n.m.* Arabia; native of Arabia

ਅਰਬ[2] *adj.* one hundred crore, one thousand million, a billion (American)

ਅਰਬੀ[1] [ərbi] *adj.* Arabian; *n.f.* Arabian language, Arabic

ਅਰਬੀ[2] *n.f. dia.* see **ਅਰਵੀ**

ਅਰੰਭ [ərə̃b] *n.m.* beginning, commencement, start, opening, inception, outset, genesis, origin, introduction, incipience

ਅਰੰਭਣਾ [ərə̃bəṇa] *v.t.* to begin, commence, start, initiate, introduce; also **ਅਰੰਭ ਕਰਨਾ**

ਅਰੰਭਿਕ [ərə̃bɪk] *adj.* preliminary, incipient, introductory, rudimentary, preparatory, inchoate, inceptive

ਅਰਮਾਨ[1] [ərman] *n.m.* wish, desire, longing

ਅਰਮਾਨ[2] *n.m. colloq.* see ਅਰਾਮ

ਅਰਲ [ərl] *n.m.* wooden bar used as fastening or securing device

ਅਰਲ ਬਰਲ [ərl bərl] *n.m.* non-sensical, irrelevant or irrational talk, inane remark, inanity

ਅਰਲਿਆ ਬਰਲਿਆ [ərlɪa bərlɪa] *adj. m.* confused; non-sensical

ਅਰਲੀ [ərli] *n.f.* wooden or iron pin used at either end of a yoke

ਅਰਵੀ [ərvi] *n.f.* an esculent root used as vegetable; its plant, calocasia, arum, *Calocacia antiquorum, Arum calocasia*

ਅਰੜਾ [ərṛa] *v.form.* imperative of ਅਰੜਾਉਣਾ

ਅਰੜਾਉਣਾ [ərṛauṇa] *v.i.* to cry hoarsely or at the highest pitch, blubber; (of cattle) to low, moo

ਅਰੜਾਟ [ərṛaṭ] *n.m.* sound or noise of ਅਰੜਾਉਣਾ, agonised cry or shriek

~ **ਪਾਉਣਾ** *con.v.* same as ਅਰੜਾਉਣਾ

ਅਰਾਈਂ [əraĩ] *n.m.* name of an agricultural class or caste; a member of this class; *fem.* ਅਰਾਇਣ

ਅਰਾਜਕਤਾ [ərajəkta] *n.f.* anarchy, political chaos, lawlessness, disorder, absence of effective government

ਅਰਾਜਕਤਾਵਾਦ [ərajəktavad] *n.m.* anarchism

ਅਰਾਜਕਤਾਵਾਦੀ [ərajəktavadi] *adj.* anarchist

ਅਰਾਜ਼ੀ [ərazi] *n.f.* land *esp.* agricultural land

ਅਰਾਧਕ [ərádək] *adj.* worshipper

ਅਰਾਧਣਾ [ərádəṇa] *v.i.t.* to pray, remember, worship

ਅਰਾਧਨਾ [ərádəna] *n.f.* worship, religious service, prayer, devotion, homage

~ **ਕਰਨਾ** *con.v.* same as ਅਰਾਧਣਾ

ਅਰਾਮ [əram] *n.m.* relaxation, relief, respite; restoration of health, rest, repose, ease, comfort

~ **ਆਉਣਾ** *con.v.* to recover (from illness); to feel ਅਰਾਮ

~ **ਕਰਨਾ** *con.v.* to take rest, rest, relax, repose

~ **ਕੁਰਸੀ** *n.f.* easy chair

~ **ਦੇਣਾ** *con.v.* to soothe, relieve,

assuage, refresh, provide ਅਰਾਮ
~ ਨਾ ਪਚਣਾ *ph. informal.* to misuse rest or leisure; to make mischief
ਅਰਾਮਗਾਹ [əramgá] *n.f.* place of rest, rest room, rest home, rest house
ਅਰਾਮਤਲਬ [əramtələb] *adj.* ease loving, indolent, slothful, lazy
ਅਰਾਮਦੇਹ [əramdé] *adj.* restful, easeful, peaceful, quiet, soothing
ਅਰਾਮਪਰਸਤ [ərampərəst] *adj.* same as ਅਰਾਮਤਲਬ
ਅਰਾਮਪਰਸਤੀ [ərampərəsti] *n.f.* indolence, sloth, laziness, sluggardliness
ਅਰਿੰਡ/ਅਰਿੰਡੀ [ərĩḍ/ərĩḍi] *n.m./n.f.* castor, *Ricinus communis* also castor-oil plant
~ ਦਾ ਤੇਲ *n.m.* castor oil
~ ਦਾ ਬੀ *n.m.* castor seed, castor bean
ਅਰੁਚੀ [əruci] *n.f.* disinclination, distaste, dislike, aversion, disgust; disinterestedness, indifference
ਅਰੂਜ [əruj] *n.m.* rise, ascendancy
ਅਰੂਪ [ərup] *adj.* formless, shapeless, amorphous
ਅਰੂੜ੍ਹ [ərúṛ] *adj.* unconventional
ਅਰੂੜੀ [əruṛi] *n.f. dia.* same as ਰੂੜੀ
ਅਰੇੜੀ [əreṛi] *n.f.* iron pin used to join water drawing pots of a Persian wheel
ਅਰੋਗ [ərog] *adj.* free from disease, healthy
ਅਰੋਗਤਾ [ərogta] *n.f.* sound health
ਅਰੋਪ [ərop] *n.m.* accusation, blame; attribution
ਅਰੋਪਣਾ [əropəṇa] *v.t.* to attribute (*usu.* blame); to transplant
ਅੱਲ[1] [əll] *n.f.* nickname (for family); sobriquet
~ ਪੈਣੀ *con.v.* for a family nickname to stick
ਅੱਲ[2] *n.f.* bottle-gourd
ਅਲਸਾ [əlsa] *v.form* imperative of ਅਲਸਾਉਣਾ
ਅਲਸਾਉਣਾ [əlsauṇa] *v.i.t.* to feel or be lethargic, lazy or sluggish; to lethargise, make dull or drowsy, *cf.* ਆਲਸ
ਅਲਸੀ [əlsi] *n.f.* linseed, flax seed
ਅਲਹਿਦਗੀ [əlɛ́dgi] *n.f.* separateness, separation, disparateness; aloofness
~ ਪਸੰਦ *adj.* recluse, separatist
ਅਲਹਿਦਾ [əlɛ́da] *adj. & adv.* separate, separated, disparate, disconnected, disjointed; different; aloof, apart
ਅਲਕ/ਅਲਕਤ [əlk/əlkət] *n.f.* feeling of annoyance/irritation or vexation
ਅਲੰਕਰਿਤ [ələ̃kərɪt] *adj.* embellished, ornate; rhetorical, flowery (language)
ਅਲੰਕਾਰ [ələ̃kar] *n.m.* figure of speech, figurative expression, literary embellishment, ornamentation
ਅਲੰਕਾਰਮਈ/ਅਲੰਕਾਰਿਤ/ਅਲੰਕਾਰੀ [ələ̃karməi/ələ̃karɪt/ələ̃kari] *adj.* same as ਅਲੰਕਰਿਤ
ਅਲਖ [ələkh] *adj.* imperceptible, unknowable, incomprehensible, invisible; an attribute of God; *interj.* slogan or call by ਅਲ਼ਖਧਾਰੀ *cf.* ਅਲ਼ਖ
ਅਲ਼ਖ [əḷəkh] *n.f.* obscure word used in phrases as
~ ਜਗਾਉਣੀ *ph.* to give a mendicant's call shouting "ਅਲਖ ਨਿਰੰਜਣ" *lit.* the imperceptible, faultless One, i.e. God *cf.* ਅਲਖ
~ ਮੁਕਾਉਣੀ *ph.* to finish, destroy, kill
~ ਲਾਹੁਣੀ *ph.* to beat, thrash
ਅਲ਼ਖਧਾਰੀ [əḷəkhtàri] *n.m.* a mendicant sect, a member of this sect
ਅਲੱਗ [əlәgg] *adj.&adv.* same as ਅਲਹਿਦਾ
~ ਕਰਨਾ *con.v.* to separate, disconnect, detach, isolate, remove
ਅਲਗਰਜ਼ [əlgərz] *adj.* careless, negligent, inattentive
ਅਲਗਰਜ਼ੀ [əlgərzi] *n.f.* carelessness, negligence
ਅਲਗਾਓਵਾਦ [əlgaovad] *n.m.* separatism, secessionism
ਅਲਗਾਓਵਾਦੀ [əlgaovadi] *adj.* separatist, secessionist
ਅਲਗੋਜ਼ਾ [əlgoja] *n.m.* pipe (musical instrument)
~ ਵਜਾਉਣਾ *con.v.* to blow pipe

ਅਲਜਬਰਾ [əljəbra] *n.m.* algebra
ਅਲਜਬਰੇ ਸੰਬੰਧੀ *adj.* algebraic
ਅੱਲਣ [əllən̩] *n.m.* flour added to thicken ਸਾਗ, roux
ਅਲਪ [əlp] *adj.* small (quantity or degree), a little, brief, scanty, meagre
~ ਸੰਖਿਆ *n.f.* small number, minority
~ ਸੰਖਿਅਕ *adj.* in minority, less in number, minority
~ ਕਾਲੀ *adj.* short-term, temporary
ਅਲਪੱਗ [əlpəgg] *adj.* with little or superficial knowledge, ignorant
ਅਲਪੱਗਤਾ [əlpəggəta] *n.f.* little or superficial knowledge, superficiality, ignorance
ਅਲਪਤਮ [əlpətəm] *adj.* least, minimum
ਅਲਪਤਾ [əlpəta] *n.f.* smallness, littleness, insignificance
ਅਲਫ਼ [əlf] *n.m.* first letter of Arabic and Persian scripts
~ ਨੰਗਾ *adj.m.* stark-naked, completely naked, nude
ਅਲਬੱਤਾ [əlbətta] *conj.* however; of course
ਅਲਬੇਲਾ [əlbela] *adj.m.* smart, trim, spruce; foppish, vain, carefree, nonchalant; bonny, beautiful, handsome, coquettish
ਅਲਭ [ələ́b] *adj.* see ਦੁਰਲਭ, rare
ਅਲਮਸਤ [əlməst] *adj.* indifferent to pleasure and pain, carefree, unconcerned with worldy worries, same as ਮਸਤ
ਅਲਮਨਾਕ [ələmnak] *adj.* same as ਗ਼ਮਨਾਕ, sad
ਅਲਮਾਰੀ [əlmari] *n.f.* almirah; cupboard; wardrobe; bookcase
ਅੱਲਵਲੱਲਾ [əllvələlla] *adj.m.* see ਝੱਲਾ, mad
ਅਲਵਿਦਾ [əlvɪda] *n.f.* farewell, leavetaking; separation, departure; *interj.* farewell, good-bye, adieu, bon voyage, godspeed
~ ਕਹਿਣਾ/ ~ ਕਰਨਾ *con.v.* to bid farewell, say good-bye, see off
ਅਲਕ [ə́lək] *n.f.* see ਅੜਕ, snarl
ਅੱਲੜ [ə́llər̩]*adj.f.* adolescent, young; inexperienced, untrained, immature
~ ਉਮਰ/ ~ਅਵਸਥਾ *n.f.* adolescence
ਅਲੜਪੁਣਾ [ə́llər̩pun̩a] *n.m.* childishness, inexperience, immaturity
ਅੱਲਾ [əlla] *n.m.* The Muslim name of God, Allah
ਅੱਲ੍ਹਾ [ə́lla] *adj.m.* raw, tender (wound)
ਅਲਾਹੁਣੀ [əláun̩i] *n.f.* lamentation, lament, doleful song sung while mourning, dirge; *usu. pl.* ਅਲਾਹੁਣੀਆਂ
ਅਲਾਕਾ [əlaka] *n.m. colloq.* see ਇਲਾਕਾ
ਅਲਾਟਮੈਂਟ [əlaṭmẽṭ] *n.f.* allotment
ਅਲਾਟੀ [əlaṭi] *n.m.* allottee
ਅਲਾਣਾ [əlaṇa] *adj.m.* unsaddled, bareback (horse, etc.); not covered with sheet or mattress (bedstood, etc.) bare
ਅਲਾਪ [əlap] *n.m.* prelude to a song or hymn *usu.* rendered solo
~ ਕਰਨਾ *con.v.* to sing or render the prelude, tune one's voice before singing; to utter, speak
ਅਲਾਮਤ [əlamət] *n.f.* sign, symptom, symbol, portent, augury, omen
ਅਲਾਮਤੀ [əlamti] *adj.* symptomatic, symbolic, portentous, ominous
ਅਲਾਲਤ [əlalət] *n.f.* illness, indisposition, sickness; cf. ਅਲੀਲ
ਅਲਿਖਤ [əlɪkht] *adj.* unwritten, unrecorded, verbal
ਅਲਿੰਗ [əlĩg] *adj.* sexless, asexual
ਅਲਿਪਤ [əlɪpt] *adj.* unsmeared, unattached, detached, ascetical
ਅਲੀਲ [əlil] *adj.* ill, sick, indisposed
ਅਲੂੰਆਂ [əlũã] *adj.m.* (*lit.* hairless), young, unfledged, callow, tender, adolescent, immature
ਅਲੂਚਾ [əluca] *n.m.* plum
ਅਲੂਣਾ [əluṇa] *adj.* without salt, unsalted
ਅਲੇਲ[1] [əlel] *n.m.* see ਉਲੇਲ, impulse
ਅਲੇਲ[2] *adj.* unbroken (horse or ox), untamed, untrained; young, frisky
ਅੱਲੋ [əllo] *n.f.* same as ਅਲਕਤ, irritation
~ ਆਉਣੀ/~ ਕਰਨੀ/~ ਮਨਾਉਣੀ *con.v.* to feel ਅੱਲੋ
ਅਲੋਹ [əló] *adj.* non-ferrous
ਅਲੋਕ [əlok] *adj.* invisible

ਅਲੋਕਾਰ [əlokar] *adj.* strange, marvellous, novel, wonderful, remarkable, unusual, unfamiliar; extraordinary
ਅਲੋਚਕ [əlocək] *n.m.* critic, reviewer
ਅਲੋਚਨਾ [əlocəna] *n.f.* criticism, review, critique
~ **ਕਰਨੀ** *con.v.* to criticise, review, find fault with
ਅਲੋਪ [əlop] *adj.* invisible; out of sight; hidden, concealed
~ **ਹੋ ਜਾਣਾ** *con.v.* to disappear, vanish
ਅਲੋਪਤਾ [əlopta] *n.f.* disappearance
ਅਲੋਲ [əlol] *n.m.* see ਉਲੋਲ, impulse
ਅਲੌਕਿਕ [əlɔkɪk] *adj.* unearthly, supernatural, preternatural, transcendental, heavenly, celestial
ਅਲੌਕਿਕਤਾ [əlɔkɪkta] *n.f.* supernaturalness, transcendence
ਅਵੱਸ [əvəss] *adj.* beyond one's power or control, involuntary; inevitable
ਅਵੱਸ਼ [əvəṣṣ] *adv.* without fail, certainly, surely, definitely, inevitably, necessarily; undoubtedly, without doubt, of course
ਅਵਸਥਾ [əvəstha] *n.f.* state, position, condition, situation, circumstance, stage; stage of life, age
ਅਵਸਰ [əvsər] *n.m.* opportunity, chance; occasion, time; leisure
~ **ਮਿਲਣਾ** *con.v.* to get a chance or opportunity
ਅਵਸਰਵਾਦ [əvsərvad] *n.m.* opportunism
ਅਵਸਰਵਾਦੀ [əvsərvadi] *adj.* opportunist, time-server
ਅਵਸ਼ੇਸ਼ [əvṣeṣ] *n.m.* remains, remnant, residue
ਅਵਹੇਲਨ/ਅਵਹੇਲਨਾ [əvhelən/əvhelna] *n.m./n.f.* neglect, ignoring; disrespect, disdain
~ **ਕਰਨਾ** *con.v.* to neglect, ignore; to insult, disdain
ਅਵਕਾਸ਼ [əvkaṣ] *n.m.* leisure, respite, free time, leave, retirement
~ **ਪ੍ਰਾਪਤ** *adj.* retired, superannuated
~ **ਲੈਣਾ** *con.v.* to retire; to take leave
ਅਵਗਤ [əvgət] *adj.* known, understood
~ **ਕਰਾਉਣਾ** *con.v.* to inform
ਅਵੱਗਿਆ [əvəggɪa] *n.f.* disobedience, disregard, defiance, affront, breach of order/rule or law
~ **ਕਰਨੀ** *con.v.* to disobey, disregard, defy, affront
ਅਵਗੁਣ [əvguṇ] *n.m.* same as ਔਗੁਣ, fault
ਅਵਚੇਤਨ [əvcetən] *adj.* sub-conscious
ਅਵਤਲ [əvtəl] *adj.* concave
ਅਵਤਲਤਾ [əvtəlta] *n.f.* concavity
ਅਵੱਤਾ [əvətta] *adj.m.* crooked, misguided, roguish, wayward, unruly
ਅਵਤਾਰ [əvtar] *n.m.* incarnation, (human) birth
~ **ਧਾਰਨਾ** *con.v.* to be incarnated, born
ਅਵਤਾਰਵਾਦ [əvtarvad] *n.m.* belief in divine incarnation, doctrine of reincarnation of gods in human (or other) form
ਅਵਤਾਰਵਾਦੀ [əvtarvadi] *adj.* concerning or believer in ਅਵਤਾਰਵਾਦ
ਅਵਤਾਰੀ [əvtari] *adj.* incarnated, superhuman
ਅਵਧ [ə́vəd] *n.m.* name of a region now part of Uttar Pradesh in India, Oudh
ਅਵਧੀ[1] [ə́vədi] *adj.* native of or concerning Oudh; *n.f.* dialect spoken in Oudh
ਅਵਧੀ[2] *n.m.* period of time, duration, term, tenure
ਅਵਧੂਤ [əvdùt] *n.m.* ascetic, fakir, sadhu, mendicant, esp. of a certain order
ਅਵਮੂਲਨ [əvmulən] *n.m.*devaluation
ਅਵਰ [əvər] *conj.* see ਔਰ
ਅਵਰਨ [əvərən] *adj.* achromatic; colourless
ਅਵਰਨਤਾ [əvərənta] *n.f.* achromatism; colourlessness
ਅਵਰਨਤਾਪੂਰਨ [əvərnətapurən] *adj.* same as ਅਵਰਨ
ਅਵਰੋਹ/ਅਵਰੋਹਣ [əvró/əvróṇ] *n.m.* anticlimax, descent, fall
ਅਵਰੋਧ [əvród] *n.m.* obstruction, hindrance, resistance, impediment, set-

back, delay
~ ਕਰਨਾ v.t. to obstruct, hinder, resist, impede
ਅਵਰੋਧਕ [əvródək] *adj.* obstructer, hinderer, impeder, causing setback or delay
ਅੱਵਲ [əvvəl] *adj.* first, topmost, foremost, principal
ਅਵੱਲੜਾ/ਅਵੱਲਾ [əvvəlləṛa/əvəlla] *adj.m.* clumsy, awkward, tactless, clueless; perverse, contrary, bad, wrong, evil vicious
ਅਵਾਈ [əvai] *n.f.* rumour, hearsay
ਅਵਾਕ [əvak] *adj.* speechless, inarticulate, dumb, silent
ਅਵਾਜ਼ [əvaz] *n.f.* sound, voice, call
~ ਆਉਣੀ *con.v.* for sound to be heard
~ ਦੇਣੀ *con.v.* to call, summon
~ ਪੈਣੀ *con.v.* to be called or summoned
~ ਬੈਠ ਜਾਣੀ *ph.* to get hoarse voice, for voice to become hoarse or husky
~ ਮਾਰਨੀ *con.v.* same as ਅਵਾਜ਼ ਦੇਣੀ
ਅਵਾਜ਼ਾਰ [əvazar] *adj.* fed up, disgusted; in pain, agony or distress, aggrieved
ਅਵਾਜ਼ਾਰੀ [əvazari] *n.f.* disgust, repugnance, vexation; pain, grief
ਅਵਾਮ [əvam] *n.m. pl.* the common people, general public, commonalty, commonality
ਅਵਾਮੀ [əvami] *adj.* popular, general
ਅਵਾਰਗੀ [əvargi] *n.f.* vagrancy, vagabondage, wanderings, loafing
ਅਵਾਰਾ [əvara] *adj.* loafer, vagrant, vagabond, footloose, loiterer, wanderer; (for animals) stray
ਅਵਾਰਾਗਰਦ [əvaragərd] *adj. & n.m.* same as ਅਵਾਰਾ; tramp, caird
ਅਵਾਰਾਗਰਦੀ [əvaragərdi] *n.f.* same as ਆਵਾਰਗੀ
ਅਵਾਰਾਪਣ [əvarapəṇ]*n.m.* vagabondage
ਅਵਿਅਕਤ [əvɪəkt] *adj.* unsaid, unpronounced, implicit
ਅਵਿਸ਼ਵਾਸ [əvɪṣvas] *n.m.*disbelief, distrust, mistrust, incredulity, lack of faith or confidence; scepticism, doubt, suspicion
~ ਦਾ ਮਤਾ *n.m.* vote of no-confidence
ਅਵਿਸ਼ਵਾਸੀ [əvɪṣvasi] *adj.* incredulous, suspicious, sceptic; *informal.* doubting Thomas
ਅਵਿਕਸਿਤ [əvɪksɪt] *adj.* undeveloped, backward, retarded
ਅਵਿਕਾਸ [əvɪkas] *n.m.* non-development, under-development, backwardness
ਅਵਿਕਾਰੀ [əvɪkari] *adj.* faultless, flawless, pure; unchanging, constant, permanent
ਅਵਿਗਿਆਨਿਕ [əvɪgɪanɪk] *adj.* unscientific
ਅਵਿਚਲ [əvɪcəl] *adj.* same as ਅਬਚਲ
ਅਵਿੱਦਿਆ [əvɪddɪa] *n.f.* ignorance, false knowledge, illusion; illiteracy, illiterateness
ਅਵਿਨਾਸ਼ [əvɪnaṣ] *n.m.* indestructibility
ਅਵਿਨਾਸ਼ੀ [əvɪnaṣi] *adj.* indestructible, immortal, imperishable, everlasting; an attribute of God
ਅਵਿਵੇਕ [əvɪvek] *n.m.* unreason, irrationality; indiscretion, imprudence, lack of wisdom or power of discrimination
ਅਵੇਸਲਾ [əvesla] *adj.m.* negligent, careless, heedless, indifferent, apathetic, casual, sluggish, slack
ਅਵੇਰ [əver] *n.f.* delay, lateness
ਅਵੈਧ [əvɛ́d] *adj.* illegal, unconstitutional
ਅਵੈਧਤਾ [əvɛ́dta] *n.f.* illegality, unconstitutionality
ਅਵੈੜ/ਅਵੈੜਾਪਣ [əvɛṛ/əvɛṛapəṇ] *n.m.* wayward wilfulness, cussedness, boorishness
ਅਵੈੜਾ [əvɛṛa] *adj.m.* wayward, obtuse, boorish, crass, surly, churlish, obstinate, wilful
ਅੜ [əṛ] *n.f.* stubbornness, obstinacy, obdurateness
~ ਭੰਨਣੀ *ph.* to force one to shed ਅੜ, make one obey
ਅੜਕ [əṛk] *adj.m.* untrained (bullock)
ਅੜੰਗਾ [əṛə̃ga] *n.m.* obstacle, entanglement; difficult or problematic situa-

tion
~ ਪਾਉਣਾ *ph.* to make things difficult, create problems; to oppose
~ ਪੈਣਾ *ph.* for a difficult situation to arise or be created
ਅੜਚਨ [əṛcən] *n.f.* hitch, hindrance, trammel, impediment, obstacle, difficulty, bottleneck, stymie
~ ਪਾਉਣੀ *con.v.* to cause or create ਅੜਚਨ, throw spanner in the works or wheels
ਅੜਨਾ [əṛna] *v.i.* to stick, stop; to be hooked or entangled; to refuse to move or agree; to insist; to be stubborn, obstinate, obdurate; to take a firm stand, put one's foot down, balk; also ਅੜ ਜਾਣਾ
ਅੜਬ [əṛəb] *adj.* obstinate, stubborn, obdurate
ਅੜਬੰਗ [əṛbə̃g] *adj.* same as ਅੜਬ; peevish, cantankerous, quarrelsome, contentious
ਅੜਬਪਣ [əṛəbpəṇ] *n.m.* same as ਅੜ
ਅੜ੍ਹਕ [ə́ṛək] *n.f.* tangle of hair, snarl
ਅੜ੍ਹਕਾਂ ਪੈਣੀਆਂ [ə́ṛkã pɛṇiã] *con.v.* (for hair) to become tangled/snarled or matted
ਅੜਾ [əṛa] *n.m.* same as ਅੜਚਨ
ਅੜਾਉਣਾ[1] [əṛauṇa] *v.t.* to hook, hitch, fasten; to entangle or involve in a difficult situation; to get one arrested
ਅੜਾਉਣਾ[2] *v.i.* same as ਅਰੜਾਉਣਾ
ਅੜਾਉਣੀ [əṛaṇi] *n.f.* riddle, puzzle; obstacle, obstruction, problem
ਅੜਾਟ [əṛat] *n.m.* same as ਅਰੜਾਟ
~ ਪਾਉਣਾ *con.v.* same as ਅਰੜਾਉਣਾ
ਅੜਿਆ [əṛıa] *Interj.* vocative for male addressee; an endearment
ਅੜਿੱਕਾ [əṛıkka] *n.m.* same as ਅੜਚਨ
ਅੜਿੰਗਣਾ [əṛĩgṇa] *v.i.* same as ਅਰੜਾਉਣਾ
ਅੜੀ [əṛi] *n.f.* stubbornness, obstinacy, mulishness, persistent insistence (as of children)
ਅੜੀਅਲ/ਅੜੀਖੋਰਾ [əṛiəl/əṛikhora] *adj./adj.m.* habitually mulish/stubborn or obdurate (*esp.* for horses); firm, unflinching
ਅੜੀਏ [əṛie] *Interj.* vocative for female addressee showing familiarity or endearment; *cf.* ਅੜਿਆ
ਅੜੂੰਗ [əṛũg] *v.form.* imperative of ਅੜੂੰਗਣਾ, hook
ਅੜੂੰਗਣਾ [əṛũgṇa] *v.t.* to hook, entangle, catch, seize, pierce
ਅੜੇਸ [əṛes] *n.f.* push or lift with a lever, pry, leverage
~ ਦੇਣੀ *con.v.* to push or lift with a lever, pry
ਅੜੋਸ ਪੜੋਸ [əṛos pəṛos] *n.m.* same as ਗੁਆਂਢ, neighbourhood
ਆ [a] *v.form.* imperative of ਆਉਣਾ, come
ਆਉਣ ਜਾਣ [auṇ jaṇ] *n.m.* coming and going, frequenting, familiarity, close social relationship
ਆਉਣਾ [auṇa] *v.i.* to come, arrive, appear; *aux. suff.* to become or be as in ਨਜ਼ਰ ~ to be visible; ਰਾਸ ਆਉਣਾ–to suit; to be known (subject, skill, etc.) as in ਪੜ੍ਹਨਾ ਆਉਣਾ to know how to read
ਆਓ ਭਗਤ [ao pə̀gət] *n.f.* welcome, respectful reception, hospitality, treat, service (to guest or visitor)
ਆਇਆ [aıa] *n.f.* maid servant, nurse
ਆਇਤ[1] [aıt] *n.f.* verse or sentence of the Quran
ਆਇਤ[2] *n.f.* rectangle
ਆਈ [ai] *n.m.* name of a sect of yogis
ਆਈ ਚਲਾਈ [ai cəlai] *n.f.* simple living (short of poverty), lack of affluence, just making ends meet
ਆਈਨਾ [aina] *n.m.* mirror, looking glass
ਆਸ [as] *n.f.* hope, expectation; trust, dependence; desire, wish; promise
~ ਪੂਰਨੀ *ph.* to fulfil one's hope or wish
~ ਲੱਗਣੀ *ph.* (for milch cattle) to be crossed; to be pregnant
ਆਸਹੀਣ [ashiṇ] *adj.* without hope, despairing, in despair, hopeless, desperate
ਆਸ਼ਕ [aṣək] *n.m.* lover, paramour, suit-

or; *adj.* enamoured
~ ਹੋ ਜਾਣਾ/~ ਹੋਣਾ *ph.* to fall in love, love
~ ਮਿਜ਼ਾਜ *adj.* voluptuous, lecherous, libertine, sensual, lascivious, lustful
~ ਮਿਜ਼ਾਜੀ *n.f.* voluptuousness, voluptuosity, lechery, libertinism, lasciviousness, lustfulness
ਆਸ਼ੰਕਾ [aṣə̃ka] *n.f.* doubt, fear, suspicion, risk, danger, apprehension
ਆਸ਼ਕੀ [aṣki] *n.f.* same as ਇਸ਼ਕ, love
ਆਸਜਨਕ [asjənək] *adj.* providing hope, promising, hopeful
ਆਸਣ [asəṇ] *n.m.* seat; additional strip of cloth used in seat portion of a garment; sitting posture; yoga exercises
~ ਜਮਾਉਣਾ *ph.* to stay on for good
~ ਪਾਉਣਾ *con.v.* to stitch additional cloth in the seat portion of a garment
~ ਮੱਲਣਾ *ph.* to choose, occupy, appropriate or usurp a seat
~ ਲਾਉਣਾ *con.v.* to sit, squat, take a seat; to assume a yogic posture; same as ਆਸਣ ਜਮਾਉਣਾ
ਆਸਤਿਕ [astık] *adj. & n.m.* believer in God, theist
ਆਸਤਿਕਤਾ [astıkta] *n.f.* theism, belief in the existence of God
ਆਸਤੀਨ [astin] *n.f.* sleeve of a shirt
~ ਦਾ ਸੱਪ *ph.* treacherous friend
ਆਸਥਾ [astha] *n.f.* faith, trust, confidence
ਆਸ਼ਨਾ [aṣna] *adj. & n.m.* acquaintance, friend, lover, paramour
ਆਸ਼ਨਾਈ [aṣnai] *n.f.* acquaintance, friendship, love-affair, amour
ਆਸ ਪਾਸ [as pas] *n.m.* neighbourhood, vicinity, proximity, propinquity; *adv.* in the vicinity, nearabout, all around, proximately
ਆਸਮਾਨ [asman] *n.m.* see ਅਸਮਾਨ², sky
ਆਸ਼ਰਮ [aṣrəm] *n.m.* hermitage, monastery; residence or institution for philanthropic purposes; any of the four divisions of life according to Hinduism
ਆਸਰਾ [asra] *n.m.* support, prop, refuge, asylum, haven, shelter, protection, patronage; aid, help, assistance
ਆਸਰਿਤ [asrıt] *adj.* (one) given, granted or provided ਆਸਰਾ, dependent
ਆਸਵੰਦ/ਆਸਵਾਨ [asvə̃d/asvan] *adj.* hopeful, expectant
ਆਸਾ¹ [asa] *n.f.* same as ਆਸ, hope
ਆਸਾ² *n.m.* name of a musical measure
ਆਸ਼ਾ [aṣa] *n.f.* see ਆਸ, hope
ਆਸਾਨ [asan] *adj.* same as ਅਸਾਨ, easy
ਆਸਾਰ [asar] *n.m. pl.* see ਅਸਾਰ², signs
~ ਕਦੀਮਾ *n.m. pl.* ancient remains, archaeological sites or exhibits
ਆਸ਼ਾਵਾਦ [aṣavad] *n.m.* optimism
ਆਸ਼ਾਵਾਦੀ [aṣavadi] *adj.* optimist, optimistic, hopeful
ਆਹ¹ [á] *n.f.* sigh
~ ਭਰਨੀ *con.v.* to sigh, heave a sigh
ਆਹ² *interj.* exclamation of delight/surprise or pain
ਆਹ³ *pron.* this, these
~ ਮੂੰਹ ਤੇ ਮਸਰਾਂ ਦੀ ਦਾਲ *prov.* honey is not for ass's mouth
ਆਹਮਣੇ ਸਾਹਮਣੇ [ámṇe sámṇe] *adv.* see ਆਮ੍ਹਣੇ ਸਾਮ੍ਹਣੇ
ਆਹਰ [ár] *n.m.* impulse, inclination or habit to be active, initiative for work, activity, enthusiasm, fervour, zeal, ardour
~ ਪਾਹਰ *n.m.* activity, arrangements, steps taken to be in readiness
~ ਪਾਹਰ ਕਰਨਾ *ph.* to make arrangements or preparation
ਆਹਰੀ [ári] *adj.* active, enthusiastic
ਆਹਲ਼ਕ [áḷək] *n.m.* laziness, indolence, propensity, to put off or postpone, sloth
ਆਹਲ਼ਕੀ [áḷki] *adj.* lazy, indolent, sluggish, slothful
ਆਹਲਾ [ála] *adj.* superior, of high status or quality; excellent
~ ਅਫ਼ਸਰ *n.m.* superior officer, higher authority
ਆਹਾ [aha] *interj.* exclamation of delight or wonder
ਆਹਿਸਤਾ [ahısta] *adv.* slowly, gradu-

ally; gently, not or less loudly, softly
ਆਹੂ [ahu] *n.m.* deer, buck, doe, gazelle
~ ਚਸ਼ਮ *adj.* having beautiful deer-like eyes
ਆਹੂਤੀ [ahuti] *n.f.* same as ਅਹੂਤੀ, sacrifice
ਆਹੂ ਲਾਹੁਣੇ [ahu láuṇe] *v.t.* to massacre, kill in great number,perpetrate a carnage
ਆਹੋ [aho] *interj.* yes, yea, aye
ਆਕਸਮਿਕ [akəsmɪk] *adj. & adv.* see ਅਚਨਚੇਤ, sudden, suddenly
ਆਂਕਣਾ [ãkṇa] *v.t.* to calculate, assess, evaluate, estimate
ਆਕਰਸ਼ਨ [akərṣən] *n.m.* attraction; allurement, fascination
~ ਸ਼ਕਤੀ *n.f.* gravity, gravitational force or pull
~ ਖੇਤਰ *n.m.* gravitational field
ਆਕਰਸ਼ਿਕ [akərṣɪk] *adj.* attractive; gravitating
ਆਕਰਖ/ਆਕਰਖਣ [akərkh/akərkhəṇ] *n.m.* same as ਆਕਰਸ਼ਨ; destruction of cosmos (as opposed to ਉਤਕਰਖ)
ਆਕਰਮਣ [akərməṇ] *n.m.* same as ਹਮਲਾ, attack
~ ਕਰਨਾ *con.v.* to attack, assault, invade, raid, charge, make an incursion, launch an offensive, commit aggression, assail
ਆਕਰਮਣਕਾਰੀ [akərməṇkari] *adj.n.* attacker, invader, aggressor, raider, hostile, assailant
ਆਕਰਿਤੀ [akərɪti] *n.f.* form, shape, appearance, figure, picture, sketch, diagram, model
ਆਕੜ [akəṛ] *n.f.* stiffness, rigidness, tenseness; starchiness; pride, arrogance; haughtiness, temerity, audacity, superciliousness, overbearing attitude, airs, egotism, self-conceit
~ ਕੇ ਤੁਰਨਾ *ph.* to strut, perk, swagger
ਆਕੜਬਾਜ਼/ਆਕੜਖਾਨ [akəṛbaz/akəṛkhan] *adj.* proud, arrogant, haughty, vain, vainglorious, conceited, perky, pert, jaunty, supercilious
ਆਕੜਨਾ [akəṛna] *v.i.* to stiffen, become starchy or stiff; to be proud, arrogant, supercilious, overbearing, haughty; to behave in a haughty manner, to take airs
ਆਕਾ [aka] *n.m.* master, employer
ਆਕਾਸ਼ [akaṣ] *n.m.* same as ਅਕਾਸ਼
ਆਕਾਰ [akar] *n.m.* shape, size, form, figure, lineament, dimensions, magnitude, appearance
ਆਕੀ [aki] *adj.* rebellious, defiant, disobedient, refractory, rebel, mutinous
~ ਹੋ ਜਾਣਾ/~ ਹੋ ਬਹਿਣਾ *ph.* to rebel, defy, mutiny, revolt, show defiance or disobedience, rise to rebellion
ਆਖਣਾ [akhṇa] *v.i.* to say, tell, utter; to express; to ask; to recommend, plead or advance a suit
ਆਖਰ [akhər] *n.f.* the end; limit; *adv.* in or at the end, at last, ultimately
~ ਚੁੱਕਣੀ *ph.* to cross the limit of decency; to be extremely cruel, atrocious or defiant of lawful civic behaviour
ਆਖਰਾਂ ਦਾ *adj.m.* immense, abundant, extreme
ਆਖਰਕਾਰ [akhərkar] *adv.* same as ਆਖਰ
ਆਖਰੀ [akhri] *adj.* last, ultimate, final, decisive
~ ਦਮ ਤੀਕ *ph.* up to the last breath, until death
ਆਖਾ/ਆਖਿਆ [akha/akhɪa] *n.m.* expressed intent/desire or advice
~ ਮੰਨਣਾ *con.v.* to accept ਆਖਾ, to agree.
~ ਨਾ ਮੋੜਨਾ *con.v.* not to say no
ਆਖੇਪ [akhep] *n.m.* objection, accusation, delation, censure; invective, sarcasm, ironical remark, satire, aspersion
~ ਕਰਨਾ *con.v.* to object to; to accuse, delate, censure; to asperse, decry, inveigh, satirise; to speak against
ਆਖੇਪਕ [akhepək] *adj.* objector, accuser, delator, detractor; satirist,
ਆਗ [ag] *n.m.* top leafy part of sugarcane

ਆਂਗਸ [ãgəs] *n.m.* energy, strength
ਆਂਗਣ [ãgəṇ] *n.m.* same as ਅੰਗਣ, compound
ਆਗਤ [agət] *n.f.* income, receipt; arrival
~ **ਕਰਨਾ** *con.v.* to record as received
~ **ਪਾਉਣਾ** *con.v.* to credit
ਆਗਮ [agəm] *n.m.* revealed wisdom, the Vedas; the science of tantras; arrival, advent
ਆਗਮਨ [agmən] *n.m.* arrival, advent, entrance; birth; induction
ਆਗਮਨਾਤਮਿਕ [agəmnatmɪk] *adj.* inductive
ਆਗਰਹਿ [agrɛ́] *n.m.* insistence, importunity, pressure, obstinacy, persistence
~ **ਕਰਨਾ** *con.v.* to insist, persist, importune, put pressure, assert
ਆਗਾਹ [agá] *adj.* informed, knowing, in the know, wise
~ **ਕਰਨਾ** *con.v.* to inform, put wise report to; to warn
ਆਗਾਜ਼ [agaz] *n.m.* beginning
ਆਗਿਆ [agɪa] *n.f.* order, command, fiat, injunction, directive, behest, instruction; permission, sanction
~ **ਕਰਨੀ** *con.v.* to order, bid, command
~ **ਦੇਣੀ** *con.v.* to permit, sanction, approve; to give assent or permission
~ **ਪੱਤਰ** *n.m.* letter of authority, commission, warrant, permit, licence, passport, writ
~ **ਪਾਲਕ** *adj.* same as ਆਗਿਆਕਾਰ
~ **ਪਾਲਨ** *n.m.* same as ਆਗਿਆਕਾਰੀ
~ **ਮੰਗਣੀ** *con.v.* to beg, seek order or permission
~ **ਵਿਚ ਰਹਿਣਾ** *ph.* to be loyal, obedient, subservient
ਆਗਿਆਕਾਰ [agɪakar] *adj.* obedient, submissive, dutiful, compliant, docile
ਆਗਿਆਕਾਰੀ [agɪakari] *n.f.* obedience, submissiveness, compliance, docility; *adj.* same as prec.
ਆਗੂ [agu] *n.m.* leader, commander; guide; pioneer, forerunner, precursor
ਆਗੂਪੁਣਾ [agupuṇa] *n.m.* leadership, leadership qualities
ਆਗੋਸ਼ [agoṣ] *n.f.* lap
ਆਂਚ [ãc] *n.f.* fire, flame, blaze; *fig,* harm, hurt, danger
~ **ਨਾ ਆਉਣੀ** *ph.* not to be hurt or harmed at all, to have clean escape
ਆਚਰਨ [acərən] *n.m.* conduct, moral character, demeanour, behaviour
ਆਚਾਰ [acar] *n.m.* rules of conduct, morality, norms of behaviour, culture, ethical standard, ethos; character
~ **ਸੰਘਿਤਾ** *n.f.* code of conduct
~ **ਵਿਗਿਆਨ** *n.m.* ethics
ਆਚਾਰਹੀਣ [acarhiṇ] *adj.* immoral, amoral, unprincipled
ਆਚਾਰਵੰਤ/ਆਚਾਰਵਾਨ [acarvə̃t/acarvan] *adj.* cultured, well-behaved, with good moral character
ਆਚਾਰੀ [acari] *adj.* strict in the observance of moral or cultural norms; a man of good moral and religious conduct, pious, holy (person)
ਆਚਾਰੀਆ [acaria] *n.m.* scholar and teacher of religion, *esp.* of Hindu religious texts, preceptor
ਆਜਜ਼ [ajəz] *adj.* humble, meek; helpless, weak, exhausted; abject, miserable
ਆਜਜ਼ਾਨਾ [ajzana] *adv.* humbly, meekly; abjectly
ਆਜਜ਼ੀ [ajzi] *n.f.* humility, meekness; helplessness, exhaustion, abjectness, miserableness
ਆਜ਼ਮ [azəm] *adj.* great, exalted, *usu.* used as suffix for the great, grand
ਆਜੜੀ [ajṛi] *n.m.* same as ਅਜਾੜੀ, shepherd
ਆਜ਼ਾਦ [azad] *adj.* same as ਅਜ਼ਾਦ, free
ਆਜ਼ਾਰ [azar] *n.m.* pain, torture, grief
ਆਜੀਵਕਾ [ajivka] *n.f.* means of livelihood, subsistence; vocation, profession, employment, job
ਆਜੀਵਨ [ajivən] *adv.* throughout life, for life, lifelong

ਆਂਟ [ãṭ] *n.f.* same as ਆਂਢ, knot
ਆਂਟ ਸਾਂਟ [ãṭ sãṭ] *n.f.* same as ਆਂਢ ਸਾਂਢ, intrigue
ਆਟਾ [aṭṭa] *n.m.* flour, powdered grain
ਆਟੇ ਦੀ ਚੱਕੀ [aṭṭe di cəkki] *n.f.* flour mill
ਆਠਰ [aṭhər] *v.form.* imperative of ਆਠਰਨਾ
ਆਠਰਨਾ [aṭhərna] *v.i.* to cool down, become lukewarm, (for liquids, *cf.* ਠਰਨਾ); (for wounds) to form a crust, be visibly healing
ਆਠਾ [aṭha] *n.m.* the figure 8
ਆਡ [aḍ] *n.f.* small water channel *usu.* for well irrigation
ਆਂਡ [ãḍ] *n.f.* testicle
ਆਂਡਾ [ãḍa] *n.m.* egg, ovum; *informal.* a zero
ਆਂਡਾਕਾਰ [ãḍakar] *adj.* oval, egg-shaped, elliptical
ਆਂਡੇ [ãḍe] *n.m. pl.* of ਆਂਡਾ
~ **ਥੋੜੇ ਕੁੜਕੁੜ ਬਹੁਤੀ** *prov.* much cry little wool; great boast, little roast
~ **ਦੀ ਸਫ਼ੇਦੀ** *n.f.* white of an egg
~ **ਦੀ ਜ਼ਰਦੀ** *n.f.* yolk
~ **ਦੇਣ ਵਾਲੀ ਕੁਕੜੀ** *n.f.* layer
~ **ਦੇਣਾ** *con.v.* to lay eggs
ਆਂਡਿਆਂ ਤੇ ਬਹਿਣਾ/ਆਂਡਿਆਂ ਵਿਚੋਂ ਬੱਚੇ ਕੱਢਣਾ *ph.* to brood, hatch eggs
ਆਂਢ [ãḍ] *n.f.* knot; joint, relation, connection
~**ਸਾਂਢ/ਆਂਢਾ ਸਾਂਢਾ/ਆਂਢਾ ਗਾਂਢਾ** *n.m.* secret alliance, intrigue, conspiracy, under-hand machinations or stratagem
ਆਂਢ ਗੁਆਂਢ [ãḍ guãḍ] *n.m.* neighbourhood, neighbours collectively
ਆਢਾ [aḍa] *n.m.* unreasonable discussion or argumentation or quarrel
~ **ਲਾਉਣਾ** *ph.* to start and continue ਆਢਾ
ਆਂਤ [ãt] *n.f.* see ਆਂਦਰ, intestine
ਆਤਸ਼ [atəṣ] *n.f.* fire
~ **ਮਿਜ਼ਾਜ** *adj.* hot-tempered, fiery, irascible, impetuous
ਆਤਸ਼ਕ [atṣək] *n.f.* syphilis
~ **ਦਾ ਮਰੀਜ਼** *n.m.* syphilitic
ਆਤਸ਼ਬਾਜ਼ [atəṣbaz] *n.m.* see ਅਸਤਬਾਜ
ਆਤਸ਼ਬਾਜ਼ੀ [atəṣbazi] *n.f.* see ਅਸਤਬਾਜੀ, fireworks
ਆਤਸ਼ੀ [atṣi] *adj.* related to fire, fiery
~ **ਸ਼ੀਸ਼ਾ** *n.m.* convex lens, magnifying glass
ਆਤੰਕ [atə̃k] *n.m.* fear, terror
ਆਤੰਕਵਾਦ [atə̃kvad] *n.m.* terrorism
ਆਤੰਕਵਾਦੀ [atə̃kvadi] *n.m. adj.* terrorist
ਆਤੰਕਿਤ [atə̃kɪt] *adj.* terrorised
ਆਤਮ [atəm] *pref.* signifying self
~ **ਸੰਜਮ** *n.m.* self-control, self-restraint, temperance
~ **ਸਨਮਾਨ** *n.m.* self-respect
~ **ਸਾਧਨਾ** *n.f.* self-practice; self-correction, self-realisation
~ **ਸ਼ਲਾਘਾ** *n.f.* self-praise
~ **ਹੱਤਿਆ** *n.f.* suicide
~ **ਕਥਾ** *n.f.* autobiography, memoirs
~-**ਗਿਆਨ** *n.m.* self-knowledge, knowledge of the self, spiritual knowledge, self-realisation
~-**ਗਿਆਨੀ** *n.m.* one who has attained self-realisation
~ **ਘਾਤ** *n.m.* suicide
~ **ਤਿਆਗ** *n.m.* self-abnegation, self-sacrifice, renunciation
~ **ਤਿਆਗੀ** *n.m.* one who practises ਆਤਮ ਤਿਆਗ
~ **ਨਿਰਭਰ** *adj.* self-sufficient, self-supporting, self-reliant, independent
~ **ਨਿਰਭਰਤਾ** *n.f.* self-sufficiency, self-reliance
~-**ਨਿਰੀਖਣ** *n.m.* introspection, heart-searching
~ **ਪਦ** *n.m.* stage of attaining ਆਤਮ ਗਿਆਨ
~-**ਪਰਦਰਸ਼ਨ** *n.m.* showing off, exhibitionism
~-**ਬੋਧ** *n.m.* same as ਆਤਮ ਗਿਆਨ
~-**ਰਸ** *n.m.* ecstasy resulting from self-realisation
~-**ਰੱਖਿਆ** *n.f.* self-defence, self-protection
~-**ਸੰਵਾਦ** *n.m.* egoism, egotism, soliloquy
~-**ਵਿਸ਼ਵਾਸ** *n.m.* self-confidence, self-possession

~-ਵਿੱਦਿਆ *n.f.* knowledge of the soul, spiritual knowledge

ਆਤਮਾ [atma] *n.f.* soul, psyche, spirit, animus; self-consciousness; conscience

ਆਤਮਿਕ [atmɪk] *adj.* concerning the soul or self; spiritual

ਆਤਰ [atər] *adj.* afflicted, grieved; needy, resourceless; perplexed, distressed

ਅੰਤਰਿਕ [ãtərɪk] *adj.* inner, internal

ਆਂਤੜੀ [ãtəṛi] *n.f.* see ਆਂਦਰ, intestine

ਆਥਣ [athəṇ] *n.f.* evening, eventide, sunset, dusk, gloaming, twilight

ਆਥੜੀ [athəṛi] *n.m.* agricultural labourer *usu.* on annual contract basis, a regular farmhand; *n.f.* service as a regular farmhand

~ ਕਰਨੀ/~ ਰਹਿਣਾ *con.v.* to serve as ਆਥੜੀ

ਆਦਤ [adət] *n.f.* habit, wont, nature, practice, vogue, addiction

~ ਹੋਣੀ/~ ਪੈਣੀ *con.v.* to be habituated. accustomed, addicted (to)

~ ਪਾਉਣੀ *con.v.* to develop a habit; to fall into ਆਦਤ, *v.t.* to habituate, be accustomed

ਆਦਮ [adəm] *n.m.* Adam; man; *adj.* human

~-ਕੱਦ *adj.* life-size

~-ਜ਼ਾਤ *n.f.* human species, homo sapien, mankind

ਆਦਮਖੋਰ [adəmkhor] *adj.* cannibal, man-eater

ਆਦਮਖੋਰੀ [adəmkhori] *n.m.* cannibalism

ਆਦਮਜ਼ਾਦ [adəmzad] *adj.* human being, *lit.* Adam's progeny

ਆਦਮੀ [admi] *n.m.* man; human being, homo sapien

ਆਦਮੀਅਤ [admiət] *n.f.* humanity, human nature, civility, humaneness

ਆਦਰ [adər] *n.m.* respect, reverence, veneration, regard, consideration, honour, homage

~ ਕਰਨਾ *con.v.* to respect, revere, venerate, honour, hold in high regard, treat with consideration, pay respect or homage

~ ਭਾਉ/~ ਮਾਣ *n.m.* same as ਆਦਰ, warm feelings, respectful regard

ਆਂਦਰ [ãdər] *n.f.* intestine, gut, *usu. pl.* ਆਂਦਰਾਂ

ਆਦਰਸ਼ [adərṣ] *n.m.* ideal, standard, model, paragon, norm

ਆਦਰਸ਼ਕ [adərṣək] *adj.* ideal, excellent, exemplary, best, superb

ਆਦਰਸ਼ਵਾਦ [adərṣvad] *n.m.* idealism

ਆਦਰਸ਼ਵਾਦੀ [adərṣvadi] *adj.* idealist

ਆਦਰਯੋਗ [adəryog] *adj.* respectable, venerable

ਆਂਦਰਾਂ [ãdərã] *n.f. pl.* intestines, entrails; *fig.* parental *esp.* mother's attachment

ਆਦਲ [adəl] *adj.* just, impartial, fair, equitable, (person, *esp.* judge or sovereign); dispenser of equitable, impartial justice

ਆਦਾ [ada] *n.m. dia.* see ਅਧਰਕ

ਆਦਾਨ ਪਰਦਾਨ [adan pərdan] *n.m.* exchange; give-and-take; trade, barter

ਆਦਿ[1] [ad] *n.m.* beginning, origin, commencement; first cause; beginning of time, space or creation; *adj.* the first, original, initial, primeval, primal, primordial

~ ਕਾਲ *n.m.* beginning of time; ancient times; time immemorial

~ ਵਾਸੀ *n.m.* aboriginal, aborigine; *adj.* aboriginal, primitive, original (inhabitants)

ਆਦਿ[2]/ਆਦਿਕ [ad/adɪk] *adv.* etcetra, etc., and so on, and the like, and others, et.al

ਆਦੀ [adi] *adj.* habituated, accustomed, addicted

ਆਦੇਸ [ades] *n.m.* salutation, obeisance, *esp.* among certain ascetic orders

~ ਕਰਨਾ *con.v.* to utter salutation, pay obeisance

ਆਦੇਸ਼ [adeṣ] *n.m.* order, command, fiat, decree, injunction, writ, direction, bidding, instruction, directive, mandate

~ ਦੇਣਾ *con.v.* to issue an ਆਦੇਸ਼; to order, command, bid, direct, instruct
ਆਧਾਰ [adàr] *n.m.* same as ਅਧਾਰ, basis
ਆਧੁਨਿਕ [ádunɪk] *adj.* modern, present, new, neoteric, current
ਆਧੁਨਿਕਤਾ [ádunɪkta] *n.f.* modernness, modernity
ਆਧੁਨਿਕਤਾਵਾਦ [ádunɪktavad] *n.m.* modernism
ਆਧੁਨਿਕਤਾਵਾਦੀ [ádunɪktavadi] *adj.* modernist
ਆਨ [an] *n.f.* honour, glory, reputation, dignity, sense of high honour, self-respect
~ ਸ਼ਾਨ/~ ਬਾਨ *n.f.* grandeur, splendour, glory, pomp, show, ostentation
ਆਨੰਦ [anə̃d] *n.m.* see ਅਨੰਦ, bliss
ਆਨਾ[1] [ana] *n.m.* old coin now obsolete, one sixteenth of a rupee in value
ਆਨਾ[2] *n.m.* eyeball; ਚਿੱਟਾ ਆਨਾ–sclera; ਕਾਲਾ ਆਨਾ–iris
ਆਨਾ ਕਾਨੀ [ana kani] *n.f.* deliberate delay, neglect, refusal, procrastination, finding excuses, avoidance
~ ਕਰਨਾ *ph.* to delay or procrastinate purposely, try to avoid
ਆਨੇ ਬਹਾਨੇ [ane bəhane] *adv.* by way of an excuse, pretending an excuse
ਆਪ [ap] *pron.* oneself; honorific for you or thou; reflexive pronoun used as intensifier as in ਮੈਂ ਆਪ I myself; ਤੂੰ or ਤੁਸੀਂ ਆਪ you yourself or yourselves, and so on
~ ਹੁਦਰਾ *adj.m.* self-willed, headstrong, impulsive
~ ਬੀਤੀ *n.f.* own experience or story, autobiography
~ ਮਰੇ ਜਗ ਪਰਲੋ *prov.* after me the deluge
~ ਮੁਹਾਰਾ *adj.m.* same as ਆਪ ਹੁਦਰਾ
~ ਮੁਹਾਰੇ *adv.* spontaneously. impulsively, automatically
ਆਪਸ [apəs] *pron.* self in relation to others
~ ਵਿਚ *adv.* with one another or each other, between or among selves, mutually, reciprocally
ਆਪਸਦਾਰੀ [apəsdari] *n.f.* mutual relations, mutuality, reciprocity
ਆਪਸੀ [apsi] *adj.* mutual, reciprocal
ਆਪਣਾ [apṇa] *adj.m.* own, personal, appertaining to self
ਆਪਤਨ ਕੋਣ [aptən-koṇ] *n.m.* angle of incidence
ਆਪੱਤੀ [apətti] *n.f.* see ਇਤਰਾਜ਼, objection; calamity, disaster, distress, adversity
ਆਪੱਤੀ ਜਨਕ [apətti jənk] *adj.* calamitous, disastrous, distressing; objectionable
ਆਪਾ [appa] *n.m.* selfhood, self, one's own person
~ ਅਤੀਤ *adj.* selfless, beyond self, transcending self
~ ਕੁਰਬਾਨ ਕਰਨਾ/~ ਵਾਰਨਾ *ph.* to sacrifice one's self or one's all
ਆਪਾਂ [apã] *pron.* we (including second person)
ਆਪਾਤੀ ਕਿਰਨ [apati kɪrn] *n.f.* ray of incidence
ਆਪੇ [ape] *adv.* by oneself
~ ਤੋਂ ਬਾਹਰ ਹੋਣਾ *ph.* to be beside oneself (with anger), in rage
ਆਪੋਧਾਪੀ [apotàpi] *n.f.* selfishness, pursuit only of one's own interests, rat race for selfish ends
ਆਫ਼ਤ [afət] *n.f.* calamity, disaster, scourge, misfortune, adversity
~ ਆਉਣੀ/~ ਟੁਟ ਪੈਣੀ *ph.* for ਆਫ਼ਤ to befall
ਆਫ਼ਤਾਬ [aftab] *n.m.* the sun
ਆਫਰਨਾ [aphərna] *v.i.* to bloat, overeat, gorge, glut, gormandise, suffer from an attack of gastric trouble, be puffed up; *fig.* to swell with pride
ਆਫ਼ਰੀਨ [afrin] *interj.* well done! bravo
ਆਬ [ab] *n.m.* water; *n.f.* polish, shine, sheen, gloss, lustre, brilliance
~ ਹਯਾਤ *n.m.* nectar, elixir, ambrosia
~ ਤਾਬ *n.f.* splendour, glamour, beauty, elegance
ਆਬਸ਼ਾਰ [abṣar] *n.f.* waterfall, cascade
ਆਬਕਾਰੀ [abkari] *n.f.* excise, excise tax or department

ਆਬਦਾਰ[1] [abdar] *adj.* lustrous, sheeny
ਆਬਦਾਰ[2] *n.m.* waiter, wine-waiter
ਆਬਨੂਸ [abnus] *n.m.* ebony, *Diospyros ebonum*
ਆਬਨੂਸੀ [abnusi] *adj.* of ebony; ebonite; jet black, pitch black
ਆਬਪਾਸ਼ੀ [abpaṣi] *n.f.* irrigation
ਆਬਰੂ [abru] *n.f.* honour, chastity, character, good reputation
ਆਬਾਦ [abad] *adj.* same as ਅਬਾਦ
ਆਬਿਆਨਾ [abıana] *n.m.* water-rate or cess, tax on canal irrigation, canal-water revenue
ਆਬੀ [abi] *adj.* pertaining to water, watery, living in water, aqueous, aquatic; light green
ਆਬੋ ਹਵਾ [abo həva] *n.f.* climate
ਆਬੋਦਾਣਾ [abo-daṇa] *n.m.* sustenance
~ ਉਠ ਜਾਣਾ *ph.* to die; to be deprived of sustenance; to go or to be forced to go elsewhere to live
ਆਭਾ [ába] *n.f.* lustre, shine, sheen; beauty, grace, splendour
ਆਭਾਸ [abàs] *n.m.* glimpse, appearance; illusion; notion, vision; shadow, reflection, hint, suggestion
ਆਭਾਰ [abàr] *n.m.* same as ਇਹਸਾਨ
ਆਭਾਰੀ [abàri] *adj.* under someone's obligation, obliged, grateful, thankful, indebted
ਆਭੂ [ábu] *adj.* unripe and half parched (grain)
ਆਭੂਸ਼ਣ/ਆਭੂਖਣ [apùṣən/apùkhəṇ] *n.m.* ornament, a piece of jewellery, finery
ਆਮ [am] *adj.* common, general, ordinary, public, commonplace, undistinguished; plenty, abundant, plentiful, easily available, frequent
~ ਆਦਮੀ *n.m.* layman, the man in the street, common man (or woman)
~ ਜਨਤਾ *n.f.* public, general public, laity; (depec) riff-raff, rabble, hoi polloi
~ ਨਾਂਵ *n.m.* common noun
~ ਮੁਆਫ਼ੀ *n.f.* general amnesty
ਆਮੰਤਰਨ [amə̃trən] *n.m.* invitation
~ ਦੇਣਾ *con.v.* to invite, extend an invitation
ਆਮੰਤਰਿਤ [amə̃tərıt] *adj.* invited
~ ਕਰਨਾ *con.v.* to invite
ਆਮਦ [aməd] *n.f.* arrival; receipts, income; import
ਆਮਦਨ [amdən] *n.f.* income, revenue; gain, profit
~ ਕਰ *n.m.* income tax
ਆਮਦਨੀ [amdəni] *n.f.* same as ਆਮਦਨ
ਆਮਲ [aməl] *n.m.* an official *esp.* an executive official; juggler, performer
ਆਮਲਾ [amla] *n.m.* see ਔਲਾ
ਆਮ੍ਹਣੇ ਸਾਮ੍ਹਣੇ/ਆਮ੍ਹੋਂ ਸਾਮ੍ਹਣੇ [áməṇe sáməṇe/ ámo sáməṇe] *adv.* face to face, facing each other, openly, publicly
ਆਮਾਲ [amal] *n.m. pl.* actions, deeds; *cf.* ਅਮਲ[1]
ਆਮੋਦ [amod] *n.m.* entertainment, amusement, pleasure
~ ਕਰ *n.m.* entertainment tax
ਆਯਾਤ [ayat]*n.f.* imports, imported goods
~ ਕਰ *n.m.* import duty
ਆਯੁਕਤ [ayukt] *n.m.* commissioner
ਆਯੁਰਵੇਦ [ayurved] *n.m.* science of indigenous Indian system of medicines
ਆਯੁਰਵੈਦਿਕ [ayurvɛdık] *adj.* pertaining to ਆਯੁਰਵੇਦ
ਆਯੂ [ayu] *n.f.* see ਉਮਰ, age
ਆਯੋਗ [ayog] *n.m.* commission, official body commissioned to carry out specific task or inquiry
ਆਯੋਜਨ [ayojən] *n.m.* planning, preparation, arrangement
ਆਯੋਜਿਤ [ayojıt] *adj.* planned, organised, arranged
ਆਰ [ar] *n.f.* awl, poker; pricker, prod, goad, jab
~ ਮਾਰਨੀ *con.v.* to goad, poke, prod with ਆਰ
ਆਰਸੀ [arsi] *n.f.* small mirror set on a ring, ring with inset mirror worn by ladies *usu.* on the thumb
ਆਰਜਾ [arja] *n.f.* same as ਆਰਬਲਾ, age.
ਆਰਜ਼ੀ [arzi] *adj.* temporary, ad hoc,

provisional

ਆਰਜ਼ੂ [arzu] *n.f.* desire, wish, expectation, hope, longing, yearning, aspiration

ਆਰਤੀ [arti] *n.f.* ritual worship with lighted lamps in tray moved in circular motion in front of an idol or person; the accompanying hymn of praise

~ **ਕਰਨੀ** *con.v.* to perform ਆਰਤੀ

ਆਰਥਿਕ [arthık] *adj.* economic, financial, pecuniary, monetary

ਆਰਥਿਕਤਾ [arthıkta] *n.f.* economy, state of economy

ਆਰ ਪਾਰ [ar par] *adv.* through and through, right across, athwart, on both sides (as of a river)

ਆਰਫ਼ [arəf] *adj.* pious, holy, enlightned (person) *n.m.* saint, sage, person possessing divine knowledge

ਆਰਫ਼ਾਨਾ [arfana] *adj.* like or of ਆਰਫ਼, saintly, spiritual

~ **ਕਲਾਮ** *n.m.* spiritual poetry

ਆਰਬਲਾ [arbəla] *n.f.* age, life-span

ਆਰ੍ਹ [ár] *n.m.* same as ਆਹਰ, activeness

ਆਰਾ [ara] *n.m.* pit-saw, lumberman's saw, sawing machine, sawmill, lumber mill

ਆਰਾਕਸ਼ [arakəṣ] *n.m.* lumberer, lumberjack, lumberman

ਆਰੀ[1] [ari] *n.f.* hand-saw, hack-saw; any saw

ਆਰੀ[2] *adj.* helpless, disabled, handicapped, deprived

ਆਰੀਆ [aria] *n.m.* Aryan; name of a backward class in the Punjab

ਆਰੋਹ [aró] *n.m.* ascent, rise, ascendance

ਆਰੋਹਣ [arohəṇ] *n.m.* progress towards climax; *cf.* ਅਵਰੋਹਣ

ਆਰੋਹੀ [arohi] *adj.* ascending, ascendant, rising

ਆਰੋਪ [arop] *n.m.* accusation, allegation, blame, charge; insinuation

~ **ਲਾਉਣਾ** *con.v.* to accuse, blame, charge, insinuate

ਆਲ[1] [al] *n.f.* female progeny, line, descendants through daughter

~-**ਉਲਾਦ** *n.f.* family

~ **ਜਾਲ** *n.m.* family ties

ਆਲ[2] *n.m.* name of a tree from the roots of which a red dye is extracted for use in tanning hides

ਆਲਸ [aləs] *n.m.* sloth, laziness, indolence, sluggishness, sluggardliness lethargy; inactiveness, slothfulness

ਆਲਸੀ [alsi] *adj.* slothful, lazy, indolent, sluggish, sluggardly, lethargic, inactive

~ **ਬੰਦਾ** *n.m.* a sluggard, lazy fellow

ਆਲਣ [aləṇ] *n.m.* grain flour mixed with green leafy vegetable (ਸਾਗ) to make it thicker and tastier; same as ਅੱਲਣ

ਆਲਮ[1] [aləm] *n.m.* world, universe; condition, state, situation

~ **ਤਾਰੀ ਹੋਣਾ** *ph.* for a particular state to prevail

ਆਲਮ[2] *adj.* learned, highly educated; *n.m.* a learned person

~ **ਫ਼ਾਜ਼ਲ** *n.m.* savant

ਆਲ੍ਹਕ [álək] *n.m.* see ਆਹਲਕ

ਆਲ੍ਹਣਾ [áləṇa] *n.m.* nest; *fig.* retreat, abode

ਆਲ਼ਾ[1] [aḷa] *n.m.* niche, alcove, recess in a wall

ਆਲ਼ਾ[2] *n.m.* instrument, tool, contrivance, mechanical device

ਆਲ਼ਾ ਦੁਆਲ਼ਾ [aḷa duaḷa] *n.m.* surroundings, vicinity, environment, ambience, milieu

ਆਲ਼ਾ ਭੋਲ਼ਾ [aḷa pòḷa] *adj.m.* simple, artless, guileless, innocent; sincere

ਆਲੀਸ਼ਾਨ [aliṣan] *adj.* grand, majestic, splendid, gorgeous, magnificent, imposing, beautiful, highly impressive, noble

ਆਲੂ [alu] *n.m.* potato, *Solanum tuberosum*

ਆਲੂ ਬੁਖਾਰਾ [alu bukhara] *n.m.* plum, *Prunus bokharien*

ਆਲ਼ੇ ਦੁਆਲ਼ੇ [aḷe duaḷe] *adv.* all around, on all sides, in the surroundings

ਆਲੋਕ [alok] *n.m.* brightness, brilliance, lustre, splendour

ਆਲੋਚਕ [alocək] *n.m.* same as ਅਲੋਚਕ, critic

ਆਲੋਚਨਾ [alocəna] *n.f.* same as ਅਲੋਚਨਾ, criticism

ਆਲੋਚਨਾਤਮਿਕ [alocənatmɪk] *adj.* critical, by way of or related to criticism

ਆਵੱਸ਼ਕ/ਆਵੱਸ਼ਿਅਕ [avəṣṣək/avəṣṣɪək] *adj.* necessary, essential, requisite, binding, obligatory, indispensable

ਆਵਰਤਨ [avərtən] *n.m.* rotation

ਆਵਰਤਨੀ [avərtəni] *adj.* rotary, rotatory, rotational

ਆਵਰਿਤੀ [avərɪti] *n.f.* frequency

~ **ਵਕਰ** *n.f.* frequency curve, ogive

ਆਵਾ [ava] *n.m.* kiln, potter's kiln

~ **ਊਤ ਜਾਣਾ** *ph.* the whole lot to go waste or to be perverted

ਆਵਾਸ [avas] *n.m.* residence, dwelling, house; immigration

ਆਵਾਸੀ [avasi] *n.m. & adj.* resident; immigrant

ਆਵਾਗਮਨ/ਆਵਾਗਵਨ [avagəmən/avagəvən] *n.m.* transmigration of soul, cycle of birth and death; metempsychosis

ਆਵਾਜ਼ [avaz] *n.f.* same as ਅਵਾਜ਼, sound

ਆਵਾਜਾਈ [avajai] *n.f.* traffic, frequenting, transport and communication

~ **ਦੇ ਸਾਧਨ** *n.m. pl.* means of transport and communication

ਆਵਾਰਾ [avara] *adj.* see ਅਵਾਰਾ, vagabond

ਆਵਿਸ਼ਕਾਰ [avɪṣkar] *n.m.* invention, discovery, innovation

ਆਵੀ [avi] *n.f.* potter's kiln

ਆਵੇਸ਼ [aveṣ] *n.m.* anger, passion, excitement

ਆਵੇਗ [aveg] *n.m.* excitement, impulse, impulsion, flurry, commotion, paroxysm

ਆਵੇਗੀ [avegi] *adj.* impulsive, paroxysmic, paroxysmal

ਆਵੇਦਨ [avedən] *n.m.* respectful request, appeal, petition

~ **ਪੱਤਰ** *n.m.* application, petition, formal appeal

ਆਵੇਦਨਕਾਰ [avedənkar] *adj.* applicant, petitioner

ਆੜ [ar] *n.f.* cover, protection, shelter, safe position

~ **ਮੱਲਣੀ/~ ਲੈਣੀ** *con.v.* to take cover (as against hostile fire)

ਆੜ੍ਹਤ [áṛət] *n.f.* brokerage; agency for purchase and resale; commission on such a transaction

ਆੜ੍ਹਤੀ/ਆੜ੍ਹਤੀਆ [áṛti/áṛtia] *n.m.* broker, commission agent *esp.* in grain market

ਆੜੀ [aṛi] *n.m. dia.* team-mate, friend; *n.f.* friendship

ਆੜੂ [aṛu] *n.m.* peach, *Prunus domestisa*

ਐਂ/ਐਂਉਂ [ɛ̃/ɛ̃ũ] *adv.* thus, in this way, like this, in this manner

ਐਸ [ɛs] *pron.* this

ਐਸ਼ [ɛṣ] *n.f.* fun and frolic, pleasure, enjoyment, revel, revelry, luxurious living

ਐਸ਼ ਪਰਸਤ/ਐਸ਼ੀ ਪੱਠਾ [ɛṣ pərəst/ɛṣi pəṭṭha] *adj./adj.m.* same as ਅੱਯਾਸ਼, pleasure-loving

ਐਸ਼ ਪਰਸਤੀ [ɛṣ pərəsti] *n.f.* love of ਐਸ਼

ਐਸਾ [ɛsa] *adj.m.* see ਅਜਿਹਾ

ਐਸਾ ਵੈਸਾ [ɛsa vɛsa] *adj.m.* commonplace, petty, trite, insignificant; indecent, vulgar, coarse, obscene

ਐਸੀ ਤੈਸੀ [ɛṣi tɛsi] *n.f.* an abusive phrase, abuse

ਐਂਠ [ɛ̃ṭh] *n.f.* uppishness, arrogance, presumptuousness

~ **ਜਮਾਉਣੀ** *ph.* to behave uppishly, try to overawe

ਐਡਾ [ɛḍa] *adj.m.* so much as this, of such dimensions/size or magnitude; *cf.* ਔਡਾ

ਐਡੀਟਰ [ɛḍiṭər] *n.m.* editor

ਐਡੀਟਰੀ [ɛḍiṭəri] *n.f.* editorship; *adj.* editorial

ਐਤਕਾਂ [ɛtkã] *adv. dia.* see ਐਂਉਂ; same as ਐਦਕਾਂ

ਐਤਵਾਰ [ɛtvar] *n.m.* Sunday
ਐਤਵਾਰੀ [ɛtvari] *adj.* falling on a Sunday
ਐਥੇ [ɛthe] *adv.* here, at this place
ਐਥੋਂ [ɛthõ] *adv.* from here
ਐਦਕਾਂ/ਐਦਕੀਂ [ɛdkã/ɛdkĩ] *adv.* this time, on this occasion, in this season or year, etc
ਐਦਾਂ [ɛdã] *adv. dia.* same as ਐਉਂ
ਐਧਰ [ɛ́dər] *adv.* on this side, in this direction, hither
~ ਓਧਰ *adv.* this way and that
ਐਧਰੋਂ [ɛ́dərõ] *adv.* from this side or direction
ਐਨ [ɛn] *adv.* exactly
~ ਮੌਕੇ ਤੇ *ph.* in the nick of time, at the eleventh hour; right on the spot
ਐਨਕ [ɛnək] *n.f.* spectacles, eye-glasses; goggles
ਐਨਕਸਾਜ਼ [ɛnəksaz] *n.m.* optician
ਐਨਕਸਾਜ਼ੀ [ɛnəksazi] *n.f.* trade or skill of an optician
ਐਨਾ [ɛna] *adj. & adv.* this much, so much
ਐਨੇ ਨੂੰ/ਐਨੇ ਵਿਚ [ɛne nũ/ɛne vɪc] *adv.* by this time, by then
ਐਪਰ [ɛpər] *conj.* but, however, nevertheless
ਐਬ [ɛb] *n.m.* evil or undesirable characteristic, defect, fault, blemish, imperfection; sin, vice
~ ਕੱਢਣਾ/~ ਛਾਂਟਣਾ *con.v.* to find fault, criticise, carp, cavil
ਐਬ ਬੀਨੀ [ɛb bini] *n.f.* fault finding
ਐਬੀ [ɛbi] *adj.m.* vicious, depraved, profligate, sinful
ਐਰਾ [ɛra] *n.m.* cover, lower part of wall or pillar; chessman covering the king
~ ਕੱਢਣਾ *con.v.* (in chess) to provide cover to the king
ਐਲਾਨ [ɛlan] *n.m.* same as ਇਲਾਨ, proclamation
ਐਵੇਂ [ɛvẽ] *adv.* for nothing, purposelessly; fruitlessly, in vain; free, gratis
~ ਕਿਵੇਂ *adj.* so so, slipshod, shoddy *adv.* gratis, free
~ ਤੋਂ ਸਾਵਾਂ *ph.* (bought) for a song, extremely cheap or free
ਔੜਾ [ɛṛa] *n.m.* the letter ਅ
ਔਸ [ɔs] *pron.* that; *cf.* ਐਸ
ਔਂਸ [ɔ̃s] *n.m.* ounce
ਔਸਤ [ɔst] *n.f.* average, mean, median
ਔਸਤਨ [ɔstən] *adv.* on the average
ਔਸ਼ਧਾਲਾ [ɔṣdàla] *n.m.* dispensary, pharmacy, chemist's or apothecary's shop
ਔਸ਼ਧੀ [ɔ́ṣədi] *n.f.* medicine, drug
~ ਚਿਕਿਤਸਾ ਵਿਗਿਆਨ *n.m.* pharmacotherapy
~ ਪਛਾਣ ਵਿਗਿਆਨ *n.m.* pharmacology
ਔਸਰ[1] [ɔsər] *n.m.* opportunity, chance, time, occasion, leisure
ਔਸਰ[2] *v.form.* imperative of ਔਸਰਨਾ
ਔਸਰਨਾ [ɔsərna] *v.i.* same as ਸੁੱਝਣਾ, to strike
ਔਸਾਨ [ɔsan] *n.m. pl.* senses
~ ਖ਼ਤਾ ਹੋਣੇ *ph.* to be out of one's senses or wits; to lose presence of mind (out of fear); to be dumbfounded
ਔਂਸੀ [ɔ̃si] *n.f.* a superstitious way of guessing success or failure, fulfilment or belying of hope by drawing a series of lines on the ground without count and then cancelling them in certain order, an exact multiple indicating success
ਔਂਸੀਆਂ ਪਾਉਣੀਆਂ *ph.* to draw ਔਂਸੀ
ਔਹ [ɔ́] *pron.* that, those
ਔਹਰ [ɔ́r] *n.f.* ailment, disease, malady, affiction
ਔਹਰਿਆ/ਔਹਰੀ [ɔ́rɪa/ɔ́ri] *adj.m.* sick, ill, indisposed, suffering from disease
ਔਹਲ਼ [ɔ́ḷ] *n.f.* hurry, rush, haste
ਔਕੜ [ɔkəṛ] *n.f.* difficulty, hardship, predicament, difficult or perplexing situation or problem, stymie, quandary, trouble, distress
ਔਂਕੜ [ɔ̃kəṛ] *n.m.* vowel sign representing the sound [ʊ]; *cf.* ਦੁਲੈਂਕੜੇ
ਔਖ [ɔkh] *n.f.* difficulty, hardship, distress; discomfort; quandary
~ ਸੌਖ *n.f.* normal ups and downs of life
ਔਖਦ [ɔkhəd] *n.f.* same as ਔਸ਼ਧੀ
ਔਖਾ [ɔkha] *adj.m.* difficult, laborious,

arduous, uncomfortable; knottly, intricate, problematic

ਔਖਿਆਈ [ɔkhɪai] *n.f.* same as ਔਖ

ਔਖੇਰਾ [ɔkhera] *adj.m.* more difficult, knottier

ਔਗੁਣ [ɔguṇ] *n.m.* demerit, vice, undesirable trait or act; fault, flaw, defect, foible, blemish

ਔਗੁਣਹਾਰ/ਔਗੁਣਹਾਰਾ [ɔguṇhar/ɔguṇhara] *adj.m.* (person) without merit, devoid of virtue, vicious, sinful

ਔਘਟ [ɔ̃gəṭ] *adj.* uneven, rugged, rough, difficult

ਔਜ਼ਾਰ [ɔzar] *n.m.* tool, implement, instrument, appliance

ਔਝੜ [ɔ̃jəṛ] *adj.* devious, difficult, wrong (path); *n.m.* trackless wasteland

~ **ਪਾਉਣਾ** *ph.* to misguide, misdirect; to lead astray

~ **ਪੈਣਾ** *con.v.* to go astray; to travel across trackless countryside

ਔਡਾ [ɔḍa] *adj.m.* of that size or magnitude

ਔਂਤ/ਔਂਤਰ [ɔ̃t/ɔ̃tər] *adj.* childless, issueless, without offspring or progeny, barren; also ਔਂਤਰਾ

ਔਥੇ [ɔthe] *adv.* there, at that place (pointing out); *cf.* ਓਥੇ and ਐਥੇ

ਔਧ [ɔ̃d] *n.f.* see ਅਉਧ, life

ਔਧਰ [ɔ̃dər] *adv.* on that side, in that direction (pointing); *cf.* ਓਧਰ

ਔਰ[1] [ɔr] *conj.* and

ਔਰ[2] *adj.* see ਹੋਰ, more

ਔਰਤ [ɔrt] *n.f.* woman, female of human species, lady; wife

ਔਲ਼[1] [ɔḷ] *n.f.* sensation of uneasiness or irritation felt during milking by some animals calved for the first time; such sensation in general

~ **ਕਰਨੀ**/~ **ਮਨਾਉਣੀ** *con.v.* to feel and express ਔਲ਼

ਔਲ਼[2] *n.f.* same as ਜਿਓਰ, placenta

ਔਲ਼ਾ [ɔḷa] *n.m.* a tree *Emblic myrobalan, Phyllantnus emblica;* its fruit, a kind of myrobalan

ਔਲਾਦ [ɔlad] *n.f.* offspring, progeny, issue; immediate descendants, sons and daughters

ਔਲੂ [ɔḷu] *n.m.* pit or masonry trough into which water drawn from an irrigation well falls

ਔੜ [ɔṛ] *n.f.* drought; rainless, dry season, prolonged dry spell, water famine due to failure of rain; scarcity, want, shortage

~ **ਲੱਗਣੀ** *con.v.* for ਔੜ to occur, prevail

ਔੜਵ [ɔṛəv] *adj.* musical measure using only six notes

ੲ

ੲ [iṛi] *n.f.* the third letter of Gurmukhi script used for expressing vowel sounds ਇ/ɪ/, ਈ/i/ and ਏ/e/
ਇਉਂ [iũ] *adv.* same as ਐਉਂ, in this way
ਇਆਣਾ [ɪaṇa] *adj.m.* same as ਅਣਜਾਣ; innocent, ignorant
ਇਆਲ਼ੀ [ɪaḷi] *n.m.* see ਅਜਾਲੀ, shepherd
ਇਸ [ɪs] *pron.adj.* this
ਇਸ਼ਕ [ɪṣək] *n.m.* love, carnal passion, spiritual attachment to God
~ **ਹਕੀਕੀ** *n.m.* real love, platonic love, spiritual love
~ **ਮਜਾਜ਼ੀ** *n.m.* carnal love, lust
ਇਸ਼ਕਪੇਚਾ [ɪṣəkpeca] *n.m.* ivy, *Herdera helix*
ਇਸ਼ਟ [ɪṣṭ] *n.m.* deity, patron, saint, preceptor, spiritual guide
ਇਸਤਕਬਾਲ [ɪstəkbal] *n.m.* welcome, reception
~ **ਕਰਨਾ** *con.v.* to welcome, receive formally or gladly
ਇਸਤਕਬਾਲੀਆ [ɪstəkbalia] *adj.* concerning ਇਸਤਕਬਾਲ
ਇਸਤਗਾਸਾ [ɪsətgasa] *n.m.* criminal case filed by the aggrieved party
ਇਸ਼ਤਮਾਲ [ɪṣətəmal] *n.m.* consolidation, *usu.* for ~ਅਰਾਜ਼ੀ *n.m.* consolidation of land holdings
ਇਸਤਰਿਤਵ [ɪsətərɪtəv] *n.m.* femininity, feminineness, womanliness, womanhood, female nature
ਇਸਤਰੀ[1] [ɪstəri] *n.f.* woman; wife
~ **ਰੋਗ ਵਿਗਿਆਨ** *n.m.* gynaecology
~ **ਲਿੰਗ** *n.m.* feminine gender, *adj.* feminine
ਇਸਤਰੀ[2] *n.f.* smoothing iron, ironing press, goose
~ **ਕਰਨਾ** *con.v.* to press or iron (clothes)
ਇਸਤਲਾਹ [ɪsətlá] *n.f.* term, technical term, word or group of words
ਇਸ਼ਤਿਹਾਰ [ɪṣtɪhar] *n.m.* advertisement, public notice, poster, leaflet, handbill
~ **ਦੇਣਾ** *con.v.* to advertise, announce, get an ਇਸ਼ਤਿਹਾਰ published
ਇਸ਼ਤਿਹਾਰਬਾਜ਼ੀ [ɪṣtɪharbazi] *n.f.* mere show, cheap publicity
ਇਸ਼ਤਿਹਾਰੀ [ɪṣtɪhari] *adj.* pertaining to ਇਸ਼ਤਿਹਾਰ, declared, proclaimed
~ **ਮੁਲਜ਼ਮ** *n.m.* proclaimed offender
ਇਸਤੇਮਾਲ [ɪstemal] *n.m.* use, utility, application, employment
~ **ਕਰਨਾ** *con.v.* to use, put to use, apply, employ
ਇਸ਼ਨਾਨ [ɪṣnan] *n.m.* bath, ablutions
~ **ਕਰਨਾ** *con.v.* to bathe, take a bath
ਇਸਪਾਤ [ɪspat] *n.m.* steel
ਇਸਬਗੋਲ [ɪsəbgol] *n.m.* a plant, fleawort, *Plantago ovata* or *Ispagula*; its seed used medicinally
~ **ਦਾ ਛਿਲਕਾ** *n.m.* upper coat of ਇਸਬਗੋਲ seed used as laxative
ਇਸਮਤ [ɪsmət] *n.f.* chastity, honour
ਇਸਰਾਰ [ɪsrar] *n.m.* insistence, persistence, importunity
~ **ਕਰਨਾ** *con.v.* to insist, press one's point, persist in solicitaion, importune
ਇਸਲਾਹ [ɪslá] *n.f.* reform, correction; improvement
ਇਸਾਈ [ɪsai] *adj.* Christian
~ **ਧਰਮ** *n.m.* Christianity
ਇਸਾਈਅਤ [ɪsaiət] *n.m.* same as ਇਸਾਈ ਧਰਮ
ਇਸ਼ਾਰਾ [ɪṣara] *n.m.* hint, sign, signal, indication; covert or indirect suggestion
~ **ਕਰਨਾ** *con.v.* to point out, hint, signal, indicate
~ **ਦੇਣਾ** *con.v.* to signal, give a signal
ਇਸ਼ਾਰੀਆ [ɪṣaria] *n.m.* decimal point
ਇਹ [é] *pron.&adj* this, it

ਇਹਸਾਸ [ésas] *n.m.* feeling, sensation; realisation
~ ਹੋਣਾ *con.v.* to feel; to realise
ਇਹਸਾਨ [ésan] *n.m.* favour, obligation, kindness, a good turn
~ ਕਰਨਾ *con.v.* to favour, do a favour, oblige
~ ਫ਼ਰਾਮੋਸ਼ *adj.* ungrateful
~ ਮੰਨਣਾ *con.v.* to be obliged or grateful, acknowledge a favour or obligation
ਇਹਸਾਨਮੰਦ [ésanmə̃d] *adj.* obliged, indebted
ਇਹਤਕਾਦ [étkad] *n.m.* same as ਇਤਕਾਦ, faith
ਇਹਤਿਆਤ [étɪat] *n.f.* precaution, care, heed, watchfulness, caution
~ ਰਖਣਾ/~ ਵਰਤਣਾ *con.v.* to observe caution, precaution, be cautious, careful, watchful
ਇਹਤਿਆਤਨ [étɪatən] *adv.* as a precaution, as a precautionary measure, cautiously, guardedly
ਇਹਤਿਆਤੀ [étɪati] *adj.* precautionary
ਇਹਨਾਂ [énã] *pron.* these
ਇਹਾਤਾ [ɪhata] *n.m.* walled compound; approved place for taking liquor publicly
ਇਹੀ/ਇਹੋ [ɪhi/ɪho] *pron.* this one, only this, this very
ਇੱਕ [ɪkk] *adj.* one, a, an; united; *pref.* signifying unity, uniformity or continuity
~ ਅੰਸ਼ੀ ਸਮੂਹ *n.m.* (*maths*) singleton
~ ਅੱਧ/~ਅੱਧਾ *adj./adj.m.* one odd, a few
~ ਸਮਾਨ *adj.m.* same as ਇਕਸਾਰ
~ ਸਾਹਰਾ *adj.m.* level
~ ਸਾਹਾ *adj.m.* continuously, uninterruptedly, in the same breath
~ ਸਾਥ *adv.* together, simultaneously
~ ਸਾਰ *adj.* uniform, similar throughout constant, continuous; *adv.* uniformly, constantly, continuously, consistently
~ ਸਾਰਤਾ *n.f.* uniformity, consistency, similarity
~ ਸੁਰ *adj.* in unison, harmonious, consonant; of the same opinion, unanimous, united
~ ਸੁਰਤਾ *n.f.* unison, harmoniousness, consonance; unanimity, harmony, consensus
~ ਕਰਨਾ *con.v.* to unite, unify, bring together; to combine, mix, amalgamate, integrate
~ ਕੇਂਦਰੀ *adj.* concentric
~ ਕੋਸ਼ੀ *adj.* unicellular
~ ਚਿੱਤ *adj.* single-minded, having concentration of mind, keen attentive, rapt; dedicated
~ ਜੁਟ *adj.* united
~ ਟੱਕ ਵੇਖਣਾ *ph.* to stare, cast fixed glance, glare
~ ਤਰਫ਼ਾ *adj.m.* one-sided, partial; exparte
~ ਤਾਰਾ *n.m.* monochord
~ ਦਮ *adv. lit.* one breath; at once, immediately, instantly, forthwith; suddenly, all at once
~ ਧਿਰ *adv. n.f.* one side, aside
~ ਪੱਖੀ *adj.* same as ਇਕ ਤਰਫ਼ਾ
~ ਮਿੱਕ *adj.* completely united, closely mixed, indistinguishable
~ ਮੁੱਠ *adj.* united; in one instalment, completely
~ ਰੁੱਤਾ *adj.m.* seasonal; single-crop
~ ਰੂਪ *adj.* identical, indistinguishable
~ ਰੂਪਤਾ *n.f.* identity
~ ਲਖਤ *adv.* same as ਇਕਦਮ
~ ਵਚਨ *n.m.* singular number
~ ਵੱਢੋਂ *adv.* from end to end, without exception, continuously from the beginning
ਇੱਕਅਧਿਕਾਰ [ɪkkədɪkar] *n.m.* monoply
ਇੱਕਈਸ਼ਵਰਵਾਦ [ɪkkiṣvərvad] *n.m.* monotheism
ਇਕਹਿਰਾ [ɪkɛ́ra] *adj.m.* single-layered; thin, lean
ਇਕੱਠ [ɪkəṭṭh] *n.m.* unity, harmony, harmoniousness; assembly, assemblage, gathering, meeting; funeral feast and congregation *usu.* held after the death of old heads of families; concourse, jamboree

~ ਵਾਚਕ ਨਾਂਵ *n.m. (gr.)* collective noun

ਇਕੱਠਾ [ɪkəṭṭha] *adj.m.* united, joined, combined, collective, collected, gathered; close; shrunk, crumpled, wilted; *adv.* togather, all at once, collectively, at the same time

~ ਹੋਣਾ *con.v.* to gather, assemble, come together, unite

~ ਕਰਨਾ *con.v.* to gather, assemble, collect, garner; to fold; to accumulate, amass

ਇੱਕਣ [ɪkkəṇ] *adv.dia.* see ਐਉਂ, thus

ਇਕੱਤਰ [ɪkəttər] *adj.* collected, assembled, marshalled, gathered, embodied

~ ਕਰਨਾ *con.v.* same as ਇਕੱਠਾ ਕਰਨਾ

ਇਕੱਤਰਤਾ [ɪkəttərta] *n.f.* assembly, gathering, meeting

ਇਕੱਤਰਿਤ [ɪkəttərɪt] *adj.* same as ਇਕੱਤਰ

ਇਕੱਤਰੀਕਰਨ [ɪkəttərikərn] *n.m.* collection, gathering process, embodiment, marshalling

ਇਕਤਾਲ਼ੀ [ɪktaḷi] *adj.* forty-one

ਇਕਤਾਲ਼ੀਂ [ɪktáḷi] *adv.* for Rs. 41

ਇਕਤਾਲ਼ੀਆਂ/ਇਕਤਾਲ਼ੀਵਾਂ [ɪktáḷiã/ɪktáḷivã] *adj.m.* forty-first

ਇਕੱਤੀ [ɪkəttị] *adj.* thirty-one

ਇਕੱਤ੍ਹੀਂ [ɪkə̀tti] *adv.* for Rs. 31

ਇਕੱਤ੍ਹੀਆਂ/ਇਕੱਤ੍ਹੀਵਾਂ [ɪkə́ttiã/ɪkə́ttivã] *adj.m.* thirty-first

ਇਕਨਾਂ [ɪknã] *pron. pl.* same (persons)

ਇਕ ਨਾ ਇਕ [ɪk nã ɪk] *ph.* someone or the other, someone surely

ਇਕਬਾਲ [ɪkbal] *n.m.* confession; admission, avowal; eminence, propriety, dignity, good fortune, high status

~ ਕਰਨਾ *con.v.* to confess, admit, avow

ਇਕਬਾਲਨਾਮਾ [ɪkbalnama] *n.m.* confessional statement

ਇਕਬਾਲੀ [ɪkbali] *n.m.* confessor

ਇਕਬਾਲੀਆ [ɪkbalia] *adj.* confessional

ਇੱਕਰ [ɪkkər] *adv. dia.* see ਐਉਂ, thus

ਇਕਰਾਰ [ɪkrar] *n.m.* promise, undertaking, commitment, agreement, assurance, word of honour, word, pledge; confession

~ ਕਰਨਾ *con.v.* to promise, make a promise, give an undertaking/assurance or word of honour, assure, agree; to confess

~ ਦਾ ਪੱਕਾ/~ ਦਾ ਪੂਰਾ *adj.m.* man of his word, trustworthy, reliable, firm

~ ਨਿਭਾਉਣਾ/~ ਪੂਰਾ ਕਰਨਾ *con.v.* to fulfil one's promise or commitment, keep one's word, honour one's word

ਇਕਰਾਰਨਾਮਾ [ɪkrarnama] *n.m.* written agreement, contract

ਇਕੱਲ [ɪkəll] *n.f.* loneliness, lonesomeness, solitariness, seclusion, isolation, companionlessness, solitude; lonely place, privacy, aloneness

ਇਕਲਵੰਜਾ/ਇਕਲਵਾਂਝਾ [ɪkəlvə̃ja/ɪkəlvá̃ja] *n.m.* isolated place. solitary corner, privacy

ਇਕਲਵੰਝੇ/ਇਕਲਵਾਂਝੇ [ɪkəlvə̃́je/ɪkəlvá̃je] *adv.* in an isolated place, in private, secretly

ਇਕੱਲਾ [ɪkəlla] *adj.m.* alone, single, one only, single-handed, unaided or unaccompanied, all by oneself

~ ਇਕੱਲਾ *adv.* one by one, separately, singly, each one successively; one against one,

~ ਦੁਕੱਲਾ *adj.m.* one odd, alone or accompanied by another one

ਇਕਲਾਪਾ [ɪklapa] *n.m.* singleness, companionlessness, absence of a helping hand, aloneness

ਇਕਲੌਤਾ [ɪklɔta] *adj.m.* the only (son or child), lone

ਇਕਵੰਜਾ [ɪkvə̃ja] *adj.* fifty-one

ਇਕਵੰਞਵਾਂ [ɪkvə̃́jvã] *adj.m.* fifty-first

ਇਕਵੰਞੀਂ [ɪkvə̃́jị] *adv.* for Rs. 51

ਇਕਵਾਸਾ [ɪkvasa] *adj.m.* tilted, lopsided, inclined, leaning

ਇਕਵਾਸਾਪਣ [ɪkvasapəṇ] *n.m.* tilt, lopsidedness, incline

ਇੱਕੜ ਦੁੱਕੜ [ɪkkəṛ-dukkəṛ] *adj.* one odd, in ones and twos, few and far between, sporadic

ਇਕੁੱਤਰ [ɪkə̀ttər] *adj.* seventy-one

ਇਕੁੱਤਰਵਾਂ [ɪkəttərvã] *adj.m.* seventy-first
ਇਕੁੱਤਰੀਂ [ɪkəttəri] *adv.* for Rs. 71
ਇੱਕਾ [ɪkka] *n.m.* see ਯੱਕਾ, two-wheeled horse-driven carriage
ਇਕਾਈ [ɪkai] unit, position of the extreme right digit of any whole number
~ **ਦਾ ਕਾਇਦਾ/~ ਦਾ ਤਰੀਕਾ** *n.m.* (*maths.*) unitary method
ਇਕਾਸੀ [ɪkasi] *adj.* eighty-one
ਇਕਾਸੀਂ [ɪkási] *adv.* for Rs.81
ਇਕਾਸੀਵਾਂ [ɪkásivã] *adj.m.* eighty-first; also ਇਕਾਸੀਆਂ
ਇਕਾਹਠ [ɪkáṭh] *adj.* sixty-one
ਇਕਾਹਠਵਾਂ [ɪkáṭhvã] *adj.* sixty-first
ਇਕਾਹਠੀਂ [ɪkáthi] *adv.* for Rs. 61
ਇਕਾਗਰ [ɪkagər] *adj.* with concentrated mind, attentive, rapt; also ਇਕਾਗਰ ਚਿੱਤ
ਇਕਾਗਰਤਾ [ɪkagərta] *n.f.* concentration of mind, rapt attention
ਇਕਾਂਗੀ [ɪkãgi] *n.m.* one-act play
ਇਕਾਂਤ [ɪkãt] *n.m.* solitary place, solitariness, seclusion, isolation, privacy, aloneness
ਇਕਾਂਤਰ ਕੋਣ [ɪkãtər koṇ] *n.m.* (*geom.*) alternate interior angle
ਇਕਾਂਤਵਾਸ [ɪkãtvas] *n.m.* voluntary isolation, living in a solitary place
ਇਕਾਂਤਵਾਸੀ [ɪkãtvasi] *adj.* recluse
ਇਕਾਦਸ਼ੀ [ɪkadṣi] *n.f.* eleventh day of a lunar fortnight
ਇੱਕਾ ਦੁੱਕਾ [ɪkka dukka] *adj.* same as ਇੱਕੜ ਦੁੱਕੜ, one odd
ਇਕਾਨਵਾਂ [ɪkanvã] *adj.* ninety-first
ਇਕਾਨਵ੍ਹੀਂ [ɪkánavi] *adv.* for Rs. 91
ਇਕਾਨਵੇਂ [ɪkanvẽ] *adj.* ninety-one
ਇੱਕੀ [ɪkki] *adj.* twenty-one
ਇੱਕੀਂ [íkki] *adv.* for Rs. 21
ਇਕ੍ਹੀਵਾਂ [íkkivã] *adj.* twenty-first
ਇਕੇਰਾਂ [ɪkerã] *adv.* once, once upon a time, *usu.* ਇਕਵੇਰਾਂ
ਇੱਕੋ [ɪkko] *adj.* only one
~ **ਇੱਕ** *adj.* the only, the only one
~ **ਜਿਹਾ** *adj.m.* similar, identical, alike
ਇਕੋਤਰ ਸੌ [ɪkotər sɔ] *adj.* one hundred and one
ਇਕੋਤਰੀ ਮਾਲਾ [ɪkotəri maḷa] *n.f.* rosary with 101 beads
ਇੱਖ [ɪkkh] *n.m.* sugarcane plant, its crop or field
~ **ਪੀੜਨਾ** *con.v.* to crush ਇੱਖ
ਇਖਤਸਾਰ [ɪkhətsar] *n.m.* summary, digest; brevity, conciseness
ਇਖਤਲਾਫ਼ [ɪkhtəlaf] *n.m.* difference, opposition, disagreement, dispute, quarrel; dissimilarity, variance
ਇਖਤਿਆਰ [ɪkhtɪar] *n.m.* authority, jurisdiction, control, power, command; discretion
~ **ਕਰਨਾ** *con.v.* to adopt, follow
~ **ਦੇਣਾ** *con.v.* to authorise, empower, devolve or delegate ਇਖਤਿਆਰ, invest with ਇਖਤਿਆਰ
~ **ਮਿਲਣਾ** *con.v.* to be invested with ਇਖਤਿਆਰ, be empowered, possess control or power
~ **ਰੱਖਣਾ** *con.v.* to possess control or power
~ **ਲੈਣਾ** *con.v.* to assume ਇਖਤਿਆਰ
ਇਖਤਿਆਰੀ [ɪkhtɪari] *adj.* discretionary, optional, within one's ਇਖਤਿਆਰ
ਇਖਲਾਸ [ɪkhlas] *n.m.* intimacy, attachment, friendship
ਇਖਲਾਕ [ɪkhlak] *n.m.* morality, morals, moral character, manners, behaviour, conduct; politeness, gentlemanliness
ਇਖਲਾਕੀ [ɪkhlaki] *adj.* moral, ethical
ਇੰਗਲਸਤਾਨ [ĩgləstan] *n.m.* England
ਇੰਚ [ĩc] *n.m.* inch
ਇਚਰ [ɪcər] *adv.* for this duration, meanwhile
ਇੱਛਕ/ਇੱਛਾਧਾਰੀ [ɪcchək/ɪcchatàri] *adj.* desirous, willing, avid, eager
ਇੱਛਾ/ਇੱਛਿਆ [ɪccha/ɪcchɪa] *n.f.* desire, wish, liking, intention, will, inclination; appetite
~ **ਕਰਨੀ** *con.v.* to desire, wish, like, want
~ **ਰਹਿਤ** *adj.* without desire, loath, unwilling
ਇੱਛਿਤ [ɪcchɪt] *adj.* desired, wished, wanted, intended

ਇੰਜ [ĩj] *adv.* same as ਇੰਞ, thus
ਇਜ਼ਹਾਰ [ɪzhar] *n.m.* manifestation, showing, expression, revelation, disclosure
~ ਕਰਨਾ *con.v.* to manifest, show, express, reveal, disclose
ਇੱਜ਼ਤ [ɪzzət] *n.f.* honour, respect, self-respect, dignity, regard, reverence, esteem; prestige, respectability
~ ਅਫ਼ਜ਼ਾਈ ਕਰਨਾ *ph.* to honour, bestow honour upon, do honour to; *lit.* to add to someone's dignity
~ ਕਰਨਾ *con.v.* to respect, regard, esteem, revere
~ ਦਾ ਸਵਾਲ *ph.* matter of honour, self-respect or prestige
~ ਲੁੱਟਣੀ *ph.* to dishonour, molest, disgrace; to rape or seduce
ਇੱਜ਼ਤਦਾਰ [ɪzzətdar] *adj.* honourable, respectable, esteemed
ਇੱਜ਼ਤਦਾਰੀ [ɪzzətdari] *n.f.* honourableness, respectability
ਇੰਜਨ [ĩjən] *n.m.* engine
~ ਚਲਾਉਣਾ *con.v.* to operate, start or run an engine
ਇਜਰਾ [ɪjra] *n.m.* execution, implementation, carrying out (of law or court order or judgement)
ਇਜਲਾਸ [ɪjlas] *n.m.* sitting, session, meeting
~ ਕਰਨਾ *con.v.* to hold ਇਜਲਾਸ
~ ਬੁਲਾਉਣਾ *con.v.* to convene ਇਜਲਾਸ
ਇੱਜੜ [ɪjjəṛ] *n.m.* herd, flock, drove; *informal.* crowd
ਇਜਾਜ਼ਤ [ɪjazət] *n.f.* permission, leave, consent
~ ਦੇਣੀ *con.v.* to permit, allow, give consent, accord permission
~ ਲੈਣੀ *con.v.* to ask or take ਇਜਾਜ਼ਤ
ਇਜਾਰਾ [ɪjara] *n.m.* a monopoly concern, monopoly
ਇਜਾਰੇਦਾਰ [ɪjaredar] *n.m.* monopolist
ਇਜਾਰੇਦਾਰੀ [ɪjaredari] *n.m.* monopoly
ਇੰਜੀਨੀਅਰ [ĩjiniər] *n.m.* engineer
ਇੰਜੀਲ [ĩjil] *n.f.* see ਅੰਜੀਲ, Bible
ਇੰਞ [ĩñ] *adv.* thus, in this way, in this manner
ਇੱਟ [ɪṭṭ] *n.f.* brick, slab; (gold or silver) bar
~ ਖੜਕਾ *n.m.* quarrel, hostility, frequent disputation or wrangling
~ ਰੋੜਾ/~ ਵੱਟਾ *n.m.* debris, rubble
ਇਟਸਿਟ [ɪṭsɪṭ] *n.f.* a weed also used medicinally, *Tuanthema pentandra*
ਇੰਤਸ਼ਾਰ [ĩtṣar] *n.m.* disarray, disruption, disorder, disarrangement, disunity, confusion, chaos
~ ਪੈਦਾ ਕਰਨਾ *ph.* to disarray, disrupt, disarrange; to create disorder/disunity/confusion
ਇਤਕਾਦ [ɪtkad] *n.m.* belief, faith, trust, reliance
~ ਰੱਖਣਾ *con.v.* to have or keep ਇਤਕਾਦ
ਇੰਤਕਾਮ [ĩtkam] *n.m.* revenge, vengeance, retaliation, retribution, requital
~ ਲੈਣਾ *con.v.* to avenge, retaliate, requite, take revenge
ਇੰਤਕਾਲ [ĩtkal] *n.m.* death, demise; mutation, record of transfer (of property)
~ ਹੋਣਾ/~ ਕਰਨਾ *con.v.* to die, pass away, expire, breathe one's last
~ ਦਰਜ ਕਰਨਾ *ph.* to record mutation of property
ਇੰਤਖ਼ਾਬ [ĩtkhab] *n.m.* election, selection, choice; also ਇੰਤਖ਼ਾਬ
~ ਕਰਨਾ *con.v.* to elect, select, choose
ਇੰਤਜ਼ਾਮ [ĩtzam] *n.m.* arrangement, management, administration; provision, preparation
~ ਕਰਨਾ *con.v.* to arrange, manage, organise, administer, make arrangement or preparation
ਇੰਤਜ਼ਾਮੀਆ [ĩtzamia] *adj.* executive, administrative, managerial; *n.f.* executive committee, management, managing committee
ਇੰਤਜ਼ਾਰ [ĩtzar] *n.m.* same as ਉਡੀਕ, wait
ਇਤਨਾ [ɪtna] *adj. & adv.* see ਐਨਾ, so much
ਇਤਫ਼ਾਕ [ɪtfak] *n.m.* unity, concord, harmony, mutual understanding,

oneness of purpose; coincidence, chance
~ **ਕਰਨਾ** *con.v.* to agree; to unite
~ **ਰਾਏ** *n.f.* unanimity, consensus
ਇਤਫ਼ਾਕੀਆ [ɪtfakia] *adj.* coincidental, chance; adv. coincidentally, by chance
~ **ਛੁੱਟੀ** *n.f.* casual leave
ਇਤਬਾਰ [ɪtbar] *n.m.* faith, trust, confidence; reliability, credibility; reliance, assurance, surety
~ **ਕਰਨਾ** *con.v.* to trust, put one's trust in, rely upon
ਇਤਬਾਰੀ [ɪtbari] *adj.* trustworthy, reliable, dependable, credible, fiduciary
ਇਤਮੀਨਾਨ [ɪtminan] *n.m.* same as **ਤਸੱਲੀ**, satisfaction
ਇਤਰ [ɪtər] *n.m.* same as **ਅਤਰ**, perfume
ਇਤਰਾਜ਼ [ɪtəraz] *n.m.* objection, reservation, disapproval
~ **ਕਰਨਾ** *con.v.* to object to, raise objection, demur, express reservation or disapproval
ਇਤਲਾਹ [ɪtlá] *n.f.* intimation, information, report, news
~ **ਕਰਨੀ**/~ **ਦੇਣੀ** *con.v.* to intimate, inform, report
~ **ਕਰਾਉਣੀ** *con.v.* to serve court summons
ਇਤਲਾਹਨਾਮਾ [ɪtlánama] *n.m.* written intimation
ਇਤਾਇਤ [ɪtaɪt] *n.f.* subjection, subservience, subordination, allegiance
~ **ਕਬੂਲ ਕਰਨੀ** *ph.* to surrender, accept, subjection, submit
ਇਤਿਹਾਸ [ɪtɪhas] *n.m.* history, annals chronicle; the past
ਇਤਿਹਾਸਕਾਰ [ɪtɪhaskar] *n.m.* historian; chronicler
ਇਤਿਹਾਸਕਾਰੀ [ɪtɪhaskari] *n.f.* historiography, art of writing history
ਇਤਿਹਾਸਿਕ/ਇਤਿਹਾਸੀ [ɪtɪhasɪk/ɪtɪhasi] *adj.* historic, historical
ਇਤਿਹਾਦ [ɪtɪhad] *n.m.* unity, union, alliance, coalition, concord, association
ਇਤਹਾਦੀ [ɪtəhadi] *n.m.* ally, confederate; *adj.* allied
ਇੱਥੇ [ɪtthe] *adv.* same as **ਐਥੇ**, here
ਇੱਥੋਂ [ɪtthõ] *adv.* same as **ਐਥੋਂ**; from here
ਇੰਦਰ [ĩdər] *n.m.* king of gods; god of rain, rain-god, Jupiter, Jove, Zeus
~**ਜਾਲ** n.m. illusion
ਇੰਦਰੀ [ĩdəri] *n.f.* sense organ; reproductive organ
ਇੱਦਾਂ [ɪddã] *adv.* same as **ਐਉਂ**, thus
ਇੱਧਰ [íddər] *adv.* same as **ਐਧਰ**, this way
ਇਨਸਾਨ [ɪnsan] *n.m.* human being, mankind, man; *informal.* a virtuous or cultured person
ਇਨਸਾਨੀ [ɪnsani] *adj.* human; humanitarian
ਇਨਸਾਨੀਅਤ [ɪnsaniət] *n.f.* humanness, humanity, human nature; humaneness, virtuousness, right conduct, propriety; mankind
ਇਨਸਾਫ [ɪnsaf] *n.f.* justice, fairness, equity; justness; impartiality, fairplay
ਇਨਸਾਫ਼ਪਸੰਦ [ɪnsafpəsə̃d] *adj.* just, fair, impartial, lover of justice
ਇਨਹਸਾਰ [ɪnhəsar] *n.m.* dependence
~ **ਹੋਣਾ** *con.v.* to depend (upon)
ਇਨਕਸ਼ਾਫ਼ [ɪnkəṣaf] *n.m.* revelation, disclosure
~ **ਕਰਨਾ** *con.v.* to reveal, disclose
ਇਨਕਲਾਬ [ɪnkəlab] *n.m.* revolution, cataclysm, transformation, complete or radical change, fundamental reconstruction
ਇਨਕਲਾਬੀ [ɪnkəlabi] *adj.* revolutionary; *n.m.* a revolutionary
ਇਨਕਾਰ [ɪnkar] *n.m.* refusal; denial, disavowal, disobedience, non-acceptance
~ **ਕਰਨਾ** *con.v.* to disobey, disown, deny, disavow, refuse, gainsay
ਇਨਕਾਰੀ [ɪnkari] *adj.* (one) who refuses, denies, disavows, disowns or disobeys; gainsayer
ਇੰਨਬਿੰਨ [ɪnnbɪnn] *adv.* exactly (same

or similar), almost
ਇਨ੍ਹਾਂ [ínã] *pron.adj.* same as ਇਹਨਾਂ, these
ਇੰਨਾਂ [ɪnnã] *adj.adv.m.* same as ਐਨਾਂ, so much
ਇਨਾਇਤ [ɪnaɪt] *n.f.* favour, benefaction, beneficence, kindness
~ ਕਰਨਾ *con.v.* to bestow
ਇਨਾਮ [ɪnam] *n.m.* prize, reward, award
~ ਦੇਣਾ/~ ਵੰਡਣਾ *con.v.* to give away or distribute ਇਨਾਮ
~ ਲੈਣਾ *con.v.* to win or receive ਇਨਾਮ
ਇੰਨੂੰ [ɪnnũ] *n.m.* same as ਥਿੰਨੂੰ
ਇਬਤਦਾ [ɪbtəda] *n.f.* beginning, start, origin, outset
ਇਬਤਦਾਈ [ɪbtədai] *adj.* initial, elementary, first, primary, rudimentary
ਇਬਰਤ [ɪbrət] *n.f.* lesson, moral instruction
~ ਹਾਸਲ ਕਰਨੀ *ph.* to derive or learn a lesson
ਇਬਾਦਤ [ɪbadət] *n.f.* same as ਅਬਾਦਤ, worship
ਇਬਾਰਤ [ɪbarət] *n.f.* writing, text, writing dictation, written matter
~ ਲਿਖਣੀ *con.v.* to write dictation
ਇਬਾਰਤੀ [ɪbarti] *adj.* written, in writing
ਇਮਕਾਨ [ɪmkan] *n.m.* possibility, likelihood
ਇਮਤਿਆਜ਼ [ɪmtɪaz] *n.m.* discrimination, prejudice; distinction, discernment
~ ਕਰਨਾ *con.v.* to discriminate, treat differently; to distinguish, discern
ਇਮਤਿਆਜ਼ੀ [ɪmtɪazi] *adj.* discriminatory, prejudicial
ਇਮਤਿਹਾਨ [ɪmtɪàn] *n.m.* examination, test, trial, ordeal
~ ਦੇਣ ਵਾਲ਼ਾ *ph.* examinee, testee
~ ਦੇਣਾ *con.v.* to take ਇਮਤਿਹਾਨ, go through an ordeal
~ ਲੈਣ ਵਾਲ਼ਾ *ph.* examiner, tester
~ ਲੈਣਾ *con.v.* to examine, test, try
ਇਮਤਿਹਾਨੀ [ɪmtɪàni] *adj.* pertaining to ਇਮਤਿਹਾਨ
ਇਮਦਾਦ [ɪmdad] *n.f.* help, assistance, aid, succour, support
~ ਕਰਨੀ/~ ਦੇਣੀ *con.v.* to help, assist, aid, succour, support
ਇਮਦਾਦੀ [ɪmdadi] *adj.* as an aid; *n.m.* helper, supporter
ਇਮਲੀ [ɪmli] *n.f.* tamarind, *Tamarindus Indica*
ਇਮਾਨ [ɪman] *n.m.* faith, belief *esp.* in God; religion; conscience, integrity, probity
~ ਲਿਆਉਣਾ *con.v.* to have faith in, come to believe in, adopt a religion
ਇਮਾਨਦਾਰ [ɪmandar] *adj.* honest, truthful, upright, sincere, loyal,faithful
ਇਮਾਨਦਾਰੀ [ɪmandari] *n.f.* honesty, sincerity, truthfulness, trustworthiness, uprightness, probity, integrity
ਇਮਾਮ [ɪmam] *n.m.* Muslim high priest
ਇਮਾਮਜ਼ਾਦਾ [ɪmamzada] *n.m.* son of an ਇਮਾਮ
ਇਮਾਮਬਾੜਾ [ɪmambaṛa] *n.m.* place of congregation for Shia Muslims
ਇਮਾਰਤ [ɪmarət] *n.f.* building, house, mansion, edifice
~ ਖੜ੍ਹੀ ਕਰਨੀ *con.v.* to raise, construct ਇਮਾਰਤ
ਇਮਾਰਤਸਾਜ਼ੀ [ɪmarətsazi] *n.f.* architecture, building process or profession
ਇਮਾਰਤੀ [ɪmarti] *adj.* used for buildings
~ ਲੱਕੜੀ *n.f.* timber
ਇਰਦ ਗਿਰਦ [ɪrd gɪrd] *adv.* see ਆਲ਼ੇ ਦੁਆਲ਼ੇ
ਇਰਾਕ [ɪrak] *n.m.* Iraq, Mesopotamia
ਇਰਾਕੀ [ɪraki] *adj.* (a species of) high-bred (horse); belonging to Iraq
ਇਰਾਦਤਨ [ɪradtən] *adv.* same as ਇਰਾਦੇ ਨਾਲ਼, intentionally
ਇਰਾਦਾ [ɪrada] *n.m.* resolve, determination; aim, intention, purpose; steadfastness; desire, inclination
~ ਕਤਲ *n.m.* attempt or conspiracy to murder
ਇਰਾਦੇ ਨਾਲ਼ [ɪrade naḷ] *adv.* intentionally, purposely, deliberately
ਇੱਲ [ɪll] *n.f.* kite, a bird of prey
~ ਦਾ ਨਾਉਂ ਕੋਕੋ ਨਾ ਜਾਣਨਾ *ph.* to be quite ignorant or illiterate

ਇਲਹਾਕ [ɪlhak] *n.m.* annexation, cession, integration

ਇਲਹਾਮ [ɪlham] *n.m.* afflatus, revelation, divine communication, super- natural knowledge, apocalypse, divine inspiration

ਇਲਜ਼ਾਮ [ɪlzam] *n.m.* blame, accusation, allegation, charge, indictment

~ **ਲਾਉਣਾ** *con.v.* to blame, accuse, charge (with), indict

ਇਲਤ [ɪlt] *n.f.* mischief, prank, frolic, antic

~ **ਕਰਨੀ** *con.v.* to make mischief, play pranks, frolic, antic, perform antics

ਇੱਲਤ [ɪllət] *n.f.* bad habit, addiction to vice

~ **ਪੈਣੀ** *ph.* to develop a bad habit

ਇਲਤਮਾਸ [ɪltəmas] *n.m.* humble request, entreaty

ਇਲਤਿਜਾ [ɪltɪja] *n.f.* supplication

~ **ਕਰਨਾ** *con.v.* to humbly request, entreat, supplicate, beseech, beg

ਇਲਤੀ [ɪlti] *adj.* mischievous, prankster, frolicsome

ਇਲਮ [ɪlm] *n.m.*knowledge, learning; education; science; information

~ **ਹੋਣਾ** *con.v.* to have or possess knowledge or information, be aware of

ਇਲਾਇਚੀ [ɪlaɪci] *n.f.* same as ਇਲਾਚੀ, cardamom

ਇਲਾਹੀ [ɪlái] *n.m.* God ; *adj.* divine

ਇਲਾਕਾ [ɪlaka] *n.m.* territory, region, tract, extent of land, sphere of jurisdiction

ਇਲਾਕਾਈ [ɪlakai] *adj.* territorial, regional

ਇਲਾਕਾਪਰਸਤੀ [ɪlakapərəsti] *n.f.* regionalism, parochialism, provincialism

ਇਲਾਚੀ [ɪlaci] *n.f.* cardamom

~ **ਛੋਟੀ** *n.f.* cardamom, *Alpina* or elettaria, small and superior variety of ਇਲਾਚੀ

~-**ਦਾਣਾ** *n.m.* cardamom seed, particularly sugar-coated

~ **ਵੱਡੀ** *n.f.* cardamom, *Amomum aromaticum* or *subulatum,* larger and inferior veriety of ਇਲਾਚੀ

ਇਲਾਜ [ɪlaj] *n.m.* medical treatment, cure, therapy, remedy; *fig.* solution, way-out, remedial measure

~ **ਸੰਬੰਧੀ** *adj.* therapeutic

~ **ਕਰਨਾ** *con.v.* to treat, cure, find a solution or way out, take remedial measures

~-**ਮੁਆਲਜਾ** *n.m.* same as ਇਲਾਜ

ਇਲਾਨ [ɪlan] *n.m.* declaration, proclamation, announcement, promulgation

~ **ਕਰਨਾ** *con.v.* to declare, proclaim, announce, promulgate

ਇਲਾਨੀਆ [ɪlania] *adv.* openly, publicly, by proclamation

ਇਲਾਵਾ [ɪlava] *adv.* besides, in addition to, over and above

ਇਵਜ਼ [ɪvəz] *n.m.* return, exchange, replacement

~ **ਵਿੱਚ** *adv.* in return for, in exchange, in place of, as a substitute

ਇਵਜ਼ਾਨਾ [ɪvzana] *n.m.* compensation, recompense, reparation

ਇਵੇਂ [ɪvẽ] *adv.* same as ਐਉਂ; in this way

ਈ [i] *adv.* same as ਹੀ

ਈਸਰ [isər] *n.m.* same as ਈਸ਼ਵਰ

ਈਸ਼ਵਰ [iṣvər] *n.m.* God

ਈਸ਼ਵਰਵਾਦ [iṣvərvad] *n.m.* theism, deism

ਈਸ਼ਵਰਵਾਦੀ [iṣvərvadi] *adj.* theist, deist, deistic, deistical, theistical

ਈਸਵੀ ਸੰਨ [isvi sə̃nn] *n.m.*year of Christian era, Anno Domini, A.D.

ਈਸ਼ਾਨ ਕੋਣ/ਈਸ਼ਾਨ ਦਿਸ਼ਾ [iṣan koṇ/iṣan diṣa] *n.m.* North-East direction

ਈਸਾ ਮਸੀਹ/ਈਸਾ [isa məsi/isa] *n.m.* Christ, Jesus Christ

ਈਦ [id] *n.m.* Id, Muslim festival; *fig.* happy occasion, a good time, festivity, rejoicing

ਈਨ [in] *n.f.* submission, subjection, surrender, subordination, subdual

~ **ਮੰਨਣੀ** *con.v.* to accept ਈਨ

~ **ਮੰਨਾਉਣੀ** *con.v.* to force one to accept ਈਨ, conquer, force into subjection

ਈਮਾਨ [iman] *n.m.* same as ਇਮਾਨ, faith
ਈਰਖਾ [irkha] *n.f.* jealousy, envy; spite, ill-will, malice, malevolence, rancour
~ ਕਰਨੀ *con.v.* to be jealous, envy, spite, nurse or harbour ill-will, malice or rancour
~ ਭਰਿਆ/ਈਰਖਾਲੂ *adj.m./adj.* spiteful, jealous, envious, malicious, malevolent, rancorous
ਈਰਾਨ [iran] *n.m.* Iran, Persia
ਈਰਾਨੀ [irani] *adj.* Iranian, Persian
ਈੜੀ [iṛi] *n.f.* the letter ੲ
ਏ [e] *interj.* vocative for calling or drawing attention
ਏਸ [es] *pron.* same as ਇਸ, this
ਏਕ ਈਸ਼ਵਰਵਾਦ [ek iṣvərvad] *n.m.* monotheism
ਏਕਤਾ [ekta] *n.f.* unity, oneness, accord, harmony; identicalness, sameness
ਏਕਮ [ekəm] *n.f.* one, first (date)
ਏਕਵਾਦ [ekvad] *n.m.* monism
ਏਕੜ [ekər] *n.m.* acre
ਏਕਾ [eka] *n.m.* the numeral 1
ਏਕਾ [ekka] *n.m.* unity
ਏਕਾ ਏਕੀ [eka eki] *adv.* same as ਅਚਨਚੇਤ, suddenly
ਏਕਾਂਤ [ekãt] *n.m.* see ਇਕਾਂਤ, seclusion
ਏਕੀਕਰਨ [ekikərn] *n.m.* unification, consolidation, fusion
ਏਕੀਕਰਿਤ [ekikərıt] *adj.* unified, consolidated
ਏਜੰਸੀ [ejə̃si] *n.f.* same as ਅਜੰਸੀ, agency
ਏਜੰਟ [ejə̃ṭ] *n.m* same as ਅਜੰਟ, agent
ਏਡਾ [eda] *adj.m.* same as ਐਡਾ
ਏਥੇ [ethe] *adv.* same as ਐਥੇ
ਏਥੋਂ [ethõ] *adv.* same as ਐਥੋਂ
ਏਦਾਂ [edã] *adv.dia.* see ਐਉਂ
ਏਦੂੰ [edũ] *adv.* compared to this, from this
ਏਧਰ [édər] *adv.* same as ਐਧਰ
ਏਧਰਲਾ [édərla] *adj.m.* (the one) on, of or from this side
ਏਨਾ [ena] *adj. m. & adv.* same as ਐਨਾ
ਏਲਚੀ [elci] *n.m.* ambassador, envoy, emissary, state messenger, diplomatic representative
ਏਲਾਨ [elan] *n.m.* same as ਇਲਾਨ
ਏਲੂਆ [elua] *n.m.* aloe
ਏਵੇਂ [evẽ] *adv.* same as ਐਵੇਂ

ਸ

ਸ¹ [səssa] *n.m.* fourth letter of Gurmukhi script used to express the sibilant consonant sound[s]

ਸ² *pref.* denoting "with" or sameness

ਸ³ *n.m.* Abbreviation ਸ. for ਸਰਦਾਰ as an appellation

ਸਉ [səʊ] *Aux. v. form.* were (for use only with ਤੁਸੀਂ)

ਸਈਸ [səis] *n.m.* syce, groom

ਸੱਸ [səss] *n.f.* mother-in-law

~ ਸਹੁਰਾ *n.m. pl.* parents-in-law

ਸੰਸਕਰਨ [sə̃skərn] *n.m.* edition

ਸੰਸਕਰਿਤ [sə̃skərɪt] *n.f.* Sanskrit

ਸੰਸਕਰਿਤੀ/ਸੰਸਕ੍ਰਿਤੀ [sə̃skərɪti] *n.f.* culture; civilization

ਸਸਕਾਰ [səskar] *n.m.* cremation

ਸੰਸਕਾਰ [sə̃skar] *n.m.* influence of previous birth, accumulative or residual proclivities of past births; rite, ceremony; tradition

ਸਸਤ/ਸਸਤਾਈ [səst/səstai] *n.f.* cheapness, fall in prices, depression

ਸਸਤਾ [səsta] *adj.m.* cheap, inexpensive

ਸਸਤਾਉਣਾ [səstaʊṇa] *v.i.* to make brief halt for rest, relaxation or recuperation, take a breather

ਸੰਸਥਾ [sə̃stha] *n.f.* institution, organisation, society, establishment, institute

ਸੰਸਥਾਈ [sə̃sthai] *adj.* institutional

ਸੰਸਥਾਈਕਰਨ [sə̃sthaikərn] *n.m.* institutionalisation

ਸੰਸਥਾਨ [sə̃sthan] *n.m.* institute, establishment

ਸੰਸਥਾਪਕ [sə̃sthapək] *n.m.* founder, institutor

ਸੰਸਥਾਪਨ/ਸੰਸਥਾਪਨਾ [sə̃sthapən/sə̃sthapna] *n.m./ n.f.* setting up, founding, starting, instituting, institution, establishment

ਸੰਸਥਾਪਿਤ [sə̃sthapɪt] *adj.* instituted, established

ਸੰਸਦ [sə̃səd] *n.f.* parliament

ਸੰਸਦੀ [sə̃sədi] *adj.* parliamentary

ਸੰਸ਼ਲੇਸ਼ਨ [sə̃ṣleṣən] *n.m.* joining together, uniting, synthesis

ਸੰਸ਼ਲੇਸ਼ਨਾਤਮਿਕ [sə̃ṣleṣnatmɪk] *adj.* synthetic, synthetical

ਸੰਸ਼ਲੇਸ਼ਨੀ [səṣleṣni] *adj.* synthesising

ਸੱਸਾ [səssa] *n.m.* the letter ਸ; rabbit; hare

ਸੰਸਾ [sə̃sa] *n.m.* uncertainty, anxiety, fear, apprehension; doubt, suspicion

ਸੰਸਾਰ [sə̃sar] *n.m.* same as ਮਗਰਮੱਛ, crocodile; the world, earth, universe, the creation as a whole, mundane existence

ਸੰਸਾਰਿਕ [sə̃sarɪk] *adj.* worldly, mundane, physical, temporal, terrestrial, pertaining to mundane existence

ਸੰਸਾਰਿਕਤਾ [sə̃sarɪkta] *n.f.* worldliness

ਸੰਸਾਰੀ [sə̃sari] *adj.* of this world, worldly, mortal (usu. for person)

ਸੰਸਾਵਾਦ [sə̃savad] *n.m.* scepticism

ਸੰਸਾਵਾਦੀ [sə̃savadi] *n.m. & adj.* sceptic, doubter, doubting

ਸੰਸ਼ੋਧਕ [sə̃ṣódək] *n.m.* one who undertakes or carries out ਸੰਸ਼ੋਧਨ, corrector

ਸੰਸ਼ੋਧਕੀ [sə̃ṣódəki] *adj.* correctional, corrective

ਸੰਸ਼ੋਧਨ [sə̃ṣódən] *n.m.* amendment, correction; revision, improvement

~ ਕਰਨਾ *con.v.* to amend, correct, revise, improve

ਸੰਸ਼ੋਧਿਤ [sə̃ṣódɪt] *adj.* amended, corrected, revised

ਸਸ਼ੋਭਿਤ [səṣóbɪt] *adj.* see ਸੁਸ਼ੋਭਿਤ

ਸਹਾਇਕ [səhaɪk/sέɪk] *adj. & n.m.* assistant, helper, helping hand, helpful, helpmate, colleague, supporter

~ਸੰਧੀ *n.f.* mutual-aid pact, subsidiary

treaty
~ ਸੈਨਾ *n.f.* auxiliary corps or force
~ ਕਿਰਿਆ *n.f.* auxiliary verb
~ ਨਦੀ *n.f.* tributary
ਸਹਾਇਤਾ [səhaɪta/sέta] *n.f.* assistance, help, aid, relief, support, succour
~ ਕਰਨੀ/~ ਦੇਣੀ *con.v.* to assist, help, aid, support, succour, favour, lend a helping hand, provide relief
ਸਹਾਈ [səhai/sài] *adj.* (one) who provides help, assistance or support; conducive
~ ਹੋਣਾ *con.v.* to go to one's help, come to one's rescue, be conducive to
ਸਹਾਰਨਾ [səharna/sàrna] *v.i.t.* to endure, bear, suffer; to support, hold, sustain
ਸਹਾਰਾ [səhara/sàra] *n.m.* support, succour, refuge, shelter, prop; dependence
~ ਦੇਣਾ *con.v.* to support, succour, prop, buttress, shore up
~ ਲੈਣਾ *con.v.* to lean against, take refuge
ਸਹਿ¹ [sε] *pref.* indicating togetherness, co
ਸਹਿ² *v.form* imperative of ਸਹਿਣਾ, bear, endure
ਸਹਿਆ [səhɪa/séia] *n.m.* rabbit, hare, cony
ਸਹੇ ਦਾ ਬੱਚਾ *n.m.* leveret
ਸਹਿਸੰਬੰਧ [sέsə̃bə̃d] *n.m.* correlation
ਸਹਿਸੁਭਾ [sέsubà] *adv.* naturally, spontaneously, effortlessly
ਸਹਿਹੋਂਦ [sέhõd] *n.f.* coexistence, symbiosis
ਸਹਿਕਾਰਤਾ [sέkarta] *n.f.* co-operation
ਸਹਿਕਾਰੀ [sέkari] *adj.* co-operative
ਸਹਿਖੰਡ [sέkhə̃ḍ] *n.m.* co-factor
ਸਹਿਗਾਨ [sέgan] *n.m.* chorus, duet
ਸਹਿਜ [sə̃hj/sέj] *adj.* easy, slow, tranquil; *n.m.* tranquillity, equipoise, calm
~ ਅਨੰਦ *n.m.* spiritual joy, ecstasy
~ ਅਵਸਥਾ *n.f.* state of spiritual calm, equipoise or tranquillity
~ ਸਮਾਧ/~ਸਮਾਧੀ *n.f.* deep concentration and meditation
~ ਸੁਭਾ *adv.* same as ਸਹਿਸੁਭਾ
~ ਗਿਆਨ *n.m.* intuitive or instinctive knowledge, intuition
~ ਪਾਠ *n.m.* slow reading or recitation; end-to-end reading of Sikh Scripture without time limit
~ ਵਿਕਾਸ *n.m.* evolution
ਸਹਿਜਧਾਰੀ [sέjtàri] *adj. & n.m.* a Sikh without formal baptism, *usu.* with trimmed hair
ਸਹਿਜੀਵਨ [sέjivən] *n.m.* symbiosis
ਸਹਿਜੇ [sέje] *adv.* slowly, gently, by degrees, gradually
ਸਹਿਣਾ [sέṇa] *v.i.t.* same as ਸਹਾਰਨਾ
ਸਹਿਤ [sέt] *prep.* with, together with, along with, accompanied by
ਸਹਿੰਦੜ [səhĩdəṛ/sε̃dəṛ] *adj.* used to or accustomed to endure, immune to painful feeling
ਸਹਿਧਰਮੀ [sέtərmi] *adj.* co-religionist
ਸਹਿਨਸ਼ਕਤੀ [sέnṣəkti] *n.f.* tolerance, endurance, toleration, patience, forbearance; stamina
ਸਹਿਨਸ਼ੀਲ [sέnṣil] *adj.* tolerant, patient, forbearing
ਸਹਿਨਸ਼ੀਲਤਾ [sέnṣilta] *n.f.* tolerant nature, tolerance, patience
ਸਹਿਨਯੋਗ [sέnyog] *adj.* tolerable, bearable, endurable
ਸਹਿਪੱਤਰ [sέpəttər] *n.m.* joint communication
ਸਹਿਪਾਠੀ [sέpaṭhi] *n.m.* class-mate, class-fellow
ਸਹਿਭੋਜ [sέpòj] *n.m.* commensality
ਸਹਿਮ [sέm] *n.m.* fear, dread, fright, terror; awe; apprehension, anxiety
ਸਹਿਮਣਾ [sέməṇa] *v.i.* to be afraid, overawed; to wince, flinch, recoil; also ਸਹਿਮ ਜਾਣਾ
ਸਹਿਮਤ [sέmət] *adj.* of the same opinion, in agreement, agreeable, willing
~ ਹੋਣਾ *con.v.* to agree, concur, accord in opinion, consent, assent, acquiesce, see eye to eye (with), corroborate

ਸਹਿਮਤੀ [sɛ́mti] *n.f.* agreement, concurrence, consensus, accord, consent, assent, willingness, acquiescence

ਸਹਿਮਿਆ/ਸਹਿਮਿਆ ਹੋਇਆ [sɛ́mɪa/sɛ́mɪa hoɪa] *adj.m.* afraid, shrunk with fear

ਸਹਿਯੋਗ [sɛ́yog] *n.m.* co-operation, help

~ **ਕਰਨਾ**/~ **ਦੇਣਾ** *con.v.* to co-operate, help

ਸਹਿਯੋਗਤਾ [sɛ́yogta] *n.f.* same as ਸਹਿਯੋਗ; (maths) association

ਸਹਿਯੋਗੀ [sɛ́yogi] *adj. & n.m* co-operator, helper, associate

ਸਹਿਰਾ [sɛ́ra/sɛhra] *n.m.* desert

ਸਹਿਲ [sɛhəl/sɛ́l] *adj.* easy, not difficult, simple

~ **ਕਰਨਾ**/~ **ਬਣਾਉਣਾ** *con.v.* to simplify, facilitate, make easy

ਸਹਿਲਾ [sɛ́la] *adj.m.* same as ਸਹਿਲ

ਸਹਿਵਰਤੀ [sɛ́vərti] *adj.* contemporary, co-existent

ਸਹਿਵਾਸ [sɛ́vas] *n.m.* cohabitation; living together, joint living, common residence

ਸਹੀ[1] [sə́i] *n.f.* signature, initials; female hare or rabbit

~ **ਪਾਉਣੀ** *con.v.* to sign, initial, put one's signature to

ਸਹੀ[2] *adj.* correct, accurate, right, true, authentic

~ **ਕਰਨਾ** *con.v.* to correct, ensure correctness; to sign, attest or authenticate

~ **ਸਲਾਮਤ** *adj.* safe and sound, unharmed, undamaged

ਸਹੀਆਂ [sə́iã] *n.f. pl.* girl friends of girls, also ਸਈਆਂ, ਸਖੀਆਂ

ਸਹੁੰ [sɔ́] *n.f.* oath; vow, pledge, affirmation

~ **ਖਾਣੀ**/~ **ਚੁੱਕਣੀ** *con.v.* to take oath, swear

~ **ਦੇਣੀ** *con.v.* to be a surety (for), provide a surety

~ **ਪਾਉਣੀ** *con.v.* to take a vow (not to do something), to forbid in the name of God or other deity

ਸਹੁਰਾ [sɔ́ra] *n.m.* father-in-law

~ **ਘਰ/ਸਹੁਰੇ** *n.m.* in-laws' family, place or residence

ਸਹੂਲਤ [səhulət/sùlət] *n.f.* facility, privilege, ease, concession, convenience

ਸਹੇਲਪੁਣਾ [səhelpuṇa/sèlpuṇa] *n.m.* mutual friendship or intimacy among girls and women

ਸਹੇਲੜੀ/ਸਹੇਲੀ [səheləṛi/səheli/sèləṛi/sèli] *n.f.* female friend or companion of a girl or women

ਸਹੇੜ [səheṛ/sèṛ] *v.form.* imperative of ਸਹੇੜਨਾ, adopt, make or enter into relationship

ਸਹੇੜਨਾ [səheṛna/sèṛna] *v.t.* to contract, enter into relationship with; to acquire, own, adopt

ਸੱਕ [səkk] *n.m.* bark, peel, sliver, splinter, shaving, spill; bark of a particular plant used, *usu.* by women to clean teeth and mouth and as a cosmetic for colouring lips and gums

~ **ਮਲ਼ਨਾ** *con.v.* to rub teeth and gums with ਸੱਕ

~ **ਲਾਹੁਣਾ** *con.v.* to bark, peel; to sever ਸੱਕ from a tree, log, etc

ਸੰਕਟ [sə̃kəṭ] *n.m.* crisis, distress, calamity, hardship, adversity, misfortune, disaster, scourge; danger, jeopardy

~ **ਆਉਣਾ** *con.v.* for ਸੰਕਟ to befall

~ **ਕਾਲ** *n.m.* emergency

ਸੰਕਟਪੂਰਨ [sə̃kəṭpurn] *adj.* critical, calamitous

ਸੰਕਟਮਈ [sə̃kəṭməi] *adj.* disastrous, dangerous, hazardous

ਸਕਣਾ [səkṇa] *aux.v.* can, may

ਸਕੱਤਰ [səkəttər] *n.m.* secretary

ਸਕੱਤਰੀ [səkəttəri] *n.f.* secretarial job or duties

ਸਕੱਤਰੇਤ [səkəttəret] *n.m.* secretariat

ਸਕਤਾ[1] [səkta] *adj.m.* see ਸ਼ਕਤੀਸ਼ਾਲੀ

ਸਕਤਾ[2] *n.m.* numbness, stupor, daze, stupefaction

~ **ਤਾਰੀ ਹੋਣਾ** *con.v.* to be benumbed, dazed, stupefied

ਸੱਕਰ [səkkər] *n.f.* same as ਸ਼ੱਕਰ, brown

sugar
ਸਕਰਮਕ [səkərmək] *adj. (gr.)* transitive (verb)
ਸੰਕਲਨ [sə̃kələn] *n.m.* collection, compilation, anthology
ਸੰਕਲਿਤ [sə̃kəlɪt] *adj.* collected, compiled, gathered
ਸੰਕਲਪ [sə̃kəlp] *n.m.* resolve, resolution, determination, vow; concept, conception, idea, notion; volition, will
~ਸੰਬੰਧੀ *adj.* conceptual, volitive, volitionary
~ ਕਰਨਾ *con.v.* to resolve, will, desire, determine; to conceive, form a concept, notion or idea
ਸੰਕਲਪਵਾਦ [sə̃kəlpvad] *n.m.* voluntarism, voluntaryism
ਸੰਕਲਪਵਾਦੀ [sə̃kəlpvadi] *adj.* voluntarist, voluntaryist
ਸਕਾ/ਸੱਕਾ¹ [səka/səkka] *adj. & n.m.* real (father, brother, etc.); near or close relative
ਸੱਕਾ² *n.m.* water-carrier, *esp.* muslim, who carries water in leather flasks
ਸਕਾਰ [səkar] *v.t.* imperative of ਸਕਾਰਨਾ, accept, execute
ਸਕਾਰਥ/ਸਕਾਰਥਾ [səkarəth/səkartha] *adj.* fruitful, successful, purposeful, used or done for a good cause
ਸਕਾਰਨਾ [səkarna] *v.t.* (for bills and hand notes) to accept, approve, endorse, authenticate
ਸਕਿੰਟ [səkĩṭ] *n.m.* second, 1/60th of a minute
ਸਕੀਮ [səkim] *n.f.* scheme, plan; conspiracy, intrigue, plot
~ ਬਣਾਉਣੀ *con.v.* to prepare a scheme, plan, make or project a plan or scheme; to conspire, intrigue, plot
~ ਲਾਗੂ ਕਰਨੀ *ph.* to implement or execute a ਸਕੀਮ
ਸਕੀਮੀ [səkimi] *adj.* schemer, intriguer, plotter, conspirator; scheming, clever, artful
ਸੰਕੀਰਨ [sə̃kirən] *adj.* narrow, small; petty, mean, complex, sectarian
ਸੰਕੀਰਨਤਾ [sə̃kirənta] *n.f.* narrowness, smallness, pettiness, meanness, complexity, sectarianism
ਸਕੀਰੀ [səkiri] *n.f. dia.* see ਸਾਕ, relationship
ਸਕੀਲ [səkil] *adj.* heavy in weight; heavy to digest
ਸਕੀਵੀ [səkivi] *n.f.* skivvy
ਸੰਕੁਚਿਤ [sə̃kucɪt] *adj.* limited, contracted; brief; reserved, shy, bashful; shrivelled, reduced
ਸਕੂਟਰ [səkuṭər] *n.m.* scooter
ਸਕੂਟਰੀ [səkuṭəri] *n.f.* moped
ਸਕੂਨ [səkun] *n.m.* calm, quiet, calmness, quietude, tranquillity, peace
~ ਮਿਲ੍ਹਨਾ *con.v.* to find or have ਸਕੂਨ, to feel relieved
ਸਕੂਨਤ [səkunət] *n.f.* residence, act or fact of residing
~ ਇਖ਼ਤਿਆਰ ਕਰਨੀ *ph.* to reside, begin to reside, occupy a place of residence, come to live (at)
ਸਕੂਲ [səkul] *n.m.* school
ਸਕੂਲੀ [səkuli] *adj.* school-going
ਸਕੇ ਸਬੰਧੀ [səke səbə̃di] *n.m. pl.* kith and kin; real or near relatives
ਸੰਕੇਤ [sə̃ket] *n.m.* hint, gesture, cue, sign, symbol, token; reference, allusion
~ ਕਰਨਾ *con.v.* to point out, allude to; to signal, hint
~ ਦੇਣਾ *con.v.* to give a hint or provide a cue, signify
ਸੰਕੇਤਕ [sə̃ketək] *n.m.* pointer, signifier
ਸੰਕੇਤਾਵਲੀ [sə̃ketavli] *n.f.* notes and references
ਸੰਕੇਤਿਕ [sə̃ketɪk] *adj.* symbolic, significative, token; *cf.* ਸੰਕੇਤਕ
ਸੰਕੇਤਿਤ [sə̃ketɪt] *adj.* signified, hinted at, alluded to
ਸਕੇਲ [səkel] *n.f.* scale
ਸਕੈੱਚ [səkɛcc] *n.m.* sketch
ਸਕੈਂਡਲ [səkɛ̃ḍəl] *n.m.* scandal
ਸੰਕੋਚ [sə̃koc] *n.m.* hesitation, bashfulness, shyness, reserve, reluctance; forbearance, abstinence; thrift, thrifti-

ness, frugality, frugalness
~ ਕਰਨਾ *con.v.* to show or observe ਸੰਕੋਚ, hesitate, forbear, refrain; to exercise thrift, be economical or thrifty
ਸੰਕੋਚਵਾਨ [sə̃kocvan] *adj.* reluctant, loath; thrifty, hesitant
ਸਕੋਪ[1] [səkop] *adv.* angrily, irately
ਸਕੋਪ[2] *n.m.* scope
ਸੰਖ[1] [sə̃kh] *n.m.* conch-shell
~ ਪੂਰਨਾ/~ਵਜਾਉਣਾ *con.v.* to blow a ਸੰਖ
ਸੰਖ[2] *adj.* a hundred thousand billion, 100,000,000,000,000,000
ਸੱਖਣਾ [səkkhəṇa] *adj.m.* empty, without contents; vacant, unoccupied; bare, vacuous, blank; fruitless, empty-handed
ਸਖ਼ਤ [səxət] *adj.* hard, rigid, sturdy, firm, stiff, inflexible; severe, stern, harsh, strict; violent, cruel
~ ਕਲਾਮੀ *n.f.* harsh word or speech, coarse or vulgar speech
~ ਨੁਕਤਾਚੀਨੀ *n.f.* diatribe, biting criticism
ਸਖ਼ਤਾਈ/ਸਖ਼ਤੀ [səxtai/səxti] *n.f.* hardness, rigidness, sturdiness, firmness, harshness, strictness; cruelty, oppression
ਸਖ਼ਾਵਤ [səxavət] *n.f.* generosity, benevolence, charity, charitableness, munificence, philanthropy
ਸਖ਼ਾਵਤੀ [səxavti] *adj.* charitable, philanthropic
ਸੰਖਿਅਕ [sə̃khıək] *adj.* numerical
~ ਵਿਸ਼ੇਸ਼ਣ *n.m.* (*gr.*) numerical adjective
ਸੰਖਿਆ [sə̃khıa] *n.f.* number, numeral, figure, sum, quantity
~ ਕ੍ਰਮ *n.m.* numerical order
~ ਬੋਧ *n.m.* quantification
~ ਬੋਧਕ/~ ਵਾਚਕ *adj.* quantitative, quantifier
ਸੰਖਿਪਤ [sə̃khıpt] *adj.* brief, summarised, abridged, succinct, concise, terse, abbreviated
~ ਰੂਪ *n.m.* abridged or obbreviated form, summary, short form, abstract, synopsis, resume, precis, abridgement
ਸਖੀ [səkhi] *adj.n.f.* same as ਸਹੇਲੀ; generous, benevolent, open hearted person
ਸੰਖੀ [sə̃khi] *n.f.* a piece of meat, a bone in a meat dish
ਸੰਖੀਆ [sə̃khia] *n.m.* arsenic
ਸੰਖੇਪ [sə̃khep] *adj.* same as ਸੰਖਿਪਤ; *n.m.* same as ਸੰਖਿਪਤ ਰੂਪ
~ ਭਾਵ ਰੂਪ *n.m.* precis
~ ਵਿਚ *adv.* in short, briefly
ਸੰਖੇਪਤਾ [sə̃khepta] *n.f.* brevity, conciseness, terseness, succinctness
ਸੰਗ[1] [sə̃g] *n.m.* company, association, companionship; party or procession of pilgrims; stone
~ ਤਰਾਸ਼ *n.m.* stone cutter, hewer of stone, sculptor
~ ਤਰਾਸ਼ੀ *n.f.* profession or skill of stone cutting, sculpture
~ ਦਿਲ *adj.* hard-hearted, cruel
~ ਮਰਮਰ *n.m.* marble
~ ਏ ਬੁਨਿਆਦ *n.m.* foundation stone
ਸੰਗ[2] *n.f.* shyness, bashfulness, modesty, coyness, demureness
ਸੰਗ[3] *adv.* see ਨਾਲ਼[1], with
ਸੰਗਠਨ [sə̃gəṭhən] *n.m.* organisation, association, union; (*maths.*) system
ਸੰਗਠਿਤ [sə̃gəṭhıt] *adj.* organised, systematised
ਸਗਣ [səgəṇ] *adj.* prosodic foot of two short followed by one long syllable
ਸੰਗਣਾ [sə̃gəṇa] *v.i.* to feel or show ਸੰਗ, be bashful
ਸੰਗਤ [sə̃gət] *n.f.* company, association; religious congregation; (*maths.*) correspondence
~ ਕਰਨੀ *con.v.* to keep company, associate (with), fall in the company of
~ ਕੋਣ *n.m.* (*geom.*) corresponding angle
ਸੰਗਤਰਾ [sə̃gtəra] *n.m.* orange, *Citrus aurantium, Citrus sinensis*
ਸੰਗਤਰੀ [sə̃gtəri] *adj.* orange (colour).
ਸੰਗਤੀ [sə̃gəti] *adj.* corresponding, associative
ਸਗਨ [səgən] *n.m.* omen, presage, au-

gury, portent; betrothal; gift *usu.*, in cash made to bride or bridegroom on the occasion of betrothal or marriage, or to a child on its birth

~ ਸੁਆਰਥ *n.m.* auspicious rite or ceremony

~ ਪਾਉਣਾ *con.v.* to give a monetary gift on an auspicious occasion

~ ਲਾਉਣਾ *con.v.* to betroth, perform betrothal ceremony; to arrange a match

ਸੰਗਮ [sə̃gəm] *n.m.* confluence, junction, juncture, union, meeting, combination, conjunction

ਸੰਗਮਰਮਰ [sə̃gmərmər] *n.m.* marble

ਸੰਗਰ [sə̃gər] *n.m.* pod of ਜੰਡ, also ਸੰਗਰੀ

ਸੰਗਰਹਿ [sə̃grɛ] *n.m.* collection, hoard, store, compilation, anthology

~ਕਰਤਾ *n.m.* collector, compiler, hoarder

~ਕਰਨਾ *con.v.* to collect, gather, amass, hoard, compile

ਸੰਗਰਹਿਆਲਾ [sə̃grɛ́ala] *n.m.* museum

ਸੰਗਰਹਿਣੀ [səgrɛ́ṇi] *n.f.* sprue

ਸੰਗਰਾਂਦ [sə̃grãd] *n.f.* first day of the Indian solar month

ਸੰਗਰਾਮ [sə̃gram] *n.m.* battle, war, fighting; struggle

ਸੰਗਰਾਮੀ [sə̃grami] *adj.* pertaining to ਸੰਗਰਾਮ, warlike

ਸੰਗਰਾਮੀਆ [sə̃gramia] *adj.m.* combatant, fighter, participant in a struggle, warrior

ਸਗਲ [səgəl] *adj.* entire, all, whole

ਸੰਗਲ਼[1] [sə̃gəḷ] *n.m.* thick iron or steel chain

~ ਪਾਉਣਾ/~ ਮਾਰਨਾ *con.v.* to tie with a ਸੰਗਲ

ਸੰਗਲ਼[2] *n.m. colloq.* railway signal

~ ਡਾਊਨ ਕਰਨਾ *ph.* to lower the signal

ਸਗਲਾ [səgla] *n.m.* a kettle of cylindrical shape; an ornament worn around the ankles

ਸੰਗਲ਼ੀ [sə̃gḷi] *n.f.* light chain *cf.* ਸੰਗਲ਼[1]

ਸਗਵਾਂ [səgvã] *adj.* identical, resembling, similar, alike, the very same

ਸੰਗ੍ਰਹਿ [sə̃grɛ] *n.m.* collection; also ਸੰਗਰਹਿ

ਸੰਗਾ [sə̃ga] *n.f.* same as ਸੰਗ[2], bashfulness

ਸੰਗਾਊ [sə̃gau] *adj.* shy, bashful, modest, coy, demure

ਸਗਾਈ [səgai] *n.f.* same as ਕੁੜਮਾਈ, betrothal

ਸੰਗਾਮੀ [sə̃gami] *adj.* concurrent

ਸੰਗਿਆ [sə̃gɪa] *n.f. (gr.)* noun

~ ਵਾਚੀ *adj.* denotative

ਸੱਗੀ [səggi] *n.f.* a dome-like ornament worn by women on top of the head

~ ਫੁੱਲ *n.m.* a set of one ਸੱਗੀ and two small dome-like ornaments, each of the latter worn on either side of ਸੱਗੀ

ਸੰਗੀ [sə̃gi] *n.m.* companion, associate, friend, comrade, fellow traveller

ਸੰਗੀਤ [sə̃git] *n.m.* music

~ ਸ਼ਾਸਤਰ *n.m.* science and art of ਸੰਗੀਤ, musicology

~ ਸ਼ਾਸਤਰੀ *n.m.* musicologist, maestro

~ ਸ਼ਾਲਾ *n.f.* school for training in ਸੰਗੀਤ

~ ਨਾਟਕ *n.m.* opera, musical drama, musical comedy

~ ਭਵਨ *n.m.* music hall

ਸੰਗੀਤਕ [sə̃gitək] *adj.* pertaining to ਸੰਗੀਤ; musical

ਸੰਗੀਤਕਾਰ [sə̃gitkar] *n.m.* music director, musician

ਸੰਗੀਤੱਗ [sə̃gitəgg] *n.m.* same as ਸੰਗੀਤ ਸ਼ਾਸਤਰੀ, musician

ਸੰਗੀਤਮਈ [sə̃gitməi] *adj.* musical, melodious

ਸੰਗੀਨ[1] [sə̃gin] *n.f.* bayonet

ਸੰਗੀਨ[2] *adj.* serious, severe, egregious, brutal (crime), critical, grave (situation)

ਸਗੁਣ [səguṇ] *adj.* same as ਸਰਗੁਣ

ਸੰਗੇਵਾਂ [sə̃gevã] *n.m.* same as ਸੰਗਾ[2]

ਸਗੋਂ [səgõ] *conj. & adv.* but, rather, on the contrary

ਸੱਗੋਰੱਤਾ [səggorətta] *adj.m.* related by marriage

ਸੰਘ [sə̃g] *n.m.* throat, larynx; gullet, oesophagus; party, league, association, organisation, federation, union

~ ਪਾੜਨਾ *ph.* to speak, shout or sing at

the top of one's voice; to make unnecessary noise while talking
~ ਬਹਿ ਜਾਣਾ *con.v.* for throat or speech to be hoarse, to get sore throat
ਸੰਘਣਾ [sə̃gə̃ṇa] *adj. m.* thick, dense, viscous, crowded, inspissated; intimate, close
~ ਕਰਨਾ *con.v.* to thicken, inspissate
ਸੰਘਣਾਪਣ [sə̃gəṇapəṇ] *n.m.* thickness, viscosity, inspissatedness; closeness, intimacy
ਸੰਘਰ [sə̃gər] *n.m.* sangar, stone enclosure used as temporary fortification
ਸੰਘਰਸ਼ [sə̃gə̀rəṣ] *n.m.* struggle, strife, conflict, clash, friction
~ ਕਰਨਾ *con.v.* to struggle, strive, launch or carry out struggle
ਸੰਘਵਾਦ [sə̃gvad] *n.m.* federalism
ਸੰਘਵਾਦੀ [sə̃gvadi] *adj.* & *n.m.* federalist
ਸੰਘਾ [sə̃ga] *n.m.* bunch of twines in a strung cot separated from others in a set pattern; a rope like side bar near the lower end of a cot around which the strings pass
~ ਬੰਨ੍ਹਣਾ *con.v.* to form a ਸੰਘਾ
ਸੰਘਾਰ [sə̃gàr] *n.m.* destruction, ruin, devastation, annihilation, havoc; slaughter, killing
ਸੰਘਾਰਨਾ [sə̃gàrna] *v.t.* to destroy, ruin, devastate, annihilate, play havoc with; slaughter, kill; also ਸੰਘਾਰ ਕਰਨਾ
ਸੰਘਾਰਾਤਮਿਕ [sə̃gàratmɪk] *adj.* destructive, ruinous, devastating, annihilating
ਸੰਘਾੜਾ [sə̃gàṛa] *n.m.* water caltrop, water chestnut, *Trapa bispinosa* or *halorageae*
ਸੰਘਿਤਾ [sə̃gɪta] *n.f.* collection, compilation, compendium, collection of hymns from a single Veda
ਸੰਘੀ [sə̃gi] *n.f.* same as ਸੰਘ, neck; *adj.* federal
ਸੱਚ [səcc] *n.m.* truth, reality, fact, *adj.* true, real, factual, correct
~ ਖੰਡ *n.m.* abode or region of the True One or God, the highest stage of meditation in Sikh philosophy
~ ਮੁੱਚ/ਸੱਚੀ-ਮੁੱਚੀ *adv.* really, truly, in fact, indeed
ਸੰਚ [sə̃c] *v.form.* imperative of ਸੰਚਣਾ, collect; amass
ਸੰਚਣ [sə̃cəṇ] *n.m.* collection, accumulation, hoarding, amassing
ਸੰਚਣਾ [sə̃cəṇa] *v.t.* to collect, accumulate, gather, hoard, amass; also ਸੰਚਣ ਕਰਨਾ
ਸੱਚਾ[1] [səcca] *adj.m.* true, truthful, real
~ ਸੁੱਚਾ *adj.m.* truthful, honest, sincere, virtuous, upright
ਸੱਚਾ[2] *n.m.* mould, cast, die, matrix; frame for resting a pitcher on
ਸਚਾਈ [səcai] *n.f.* truth, truthfulness, honesty; fact
ਸੰਚਾਰ [sə̃car] *n.m.* spread, spray, diffusion, penetration; transmission, communication, propagation
~ ਸਾਧਨ/~ ਮਾਧਿਅਮ *n.m.* means of transmission, communication or of propaganda, the media
~ ਕਰਨਾ *con.v.* to transmit, communicate
ਸੰਚਾਲਕ [sə̃calək] *n.m.* manager, administrator, director, impresario
ਸੰਚਾਲਨ [sə̃calən] *n.m.* management, direction, administration, running (of business, etc.)
~ ਕਰਨਾ *con.v.* to manage, administrate, direct, run
ਸੰਚਾਲਿਤ [sə̃calɪt] *adj.* managed, administered, directed, run
ਸਚਿਆਰ [səcɪar] *n.m.* a truthful, righteous, virtuous person; *adj.* same as ਸੱਚਾ[1]
ਸੰਚਿਤ [sə̃cɪt] *adj.* collected, accumulated, gathered, hoarded, amassed
ਸਚਿਦਾਨੰਦ [səcɪdanə̃d] *n.m.* an epithet of God, *lit.* truth, intellect and bliss
ਸਚਿਵ [səcɪv] *n.m.* see ਸਕੱਤਰ
ਸਚਿਵਾਲਾ [səcɪvala] *n.m.* see ਸਕੱਤਰੇਤ
ਸਚੇਤ [səcet] *adj.* conscious, wakeful, alert, wary, attentive, careful, circum-

spect, aware
~ ਹੋਣਾ *con.v.* to be ਸਚੇਤ, beware; to come to
~ ਕਰਨਾ *con.v.* to caution, warn, awaken, arouse, quicken, bring to life or to consciousness
ਸਚੇਤੇ [səcete] *n.m.* call of nature, obedience to call of nature; faeces, human excreta
~ ਹੋਣਾ/~ ਜਾਣਾ/~ ਫਿਰਨਾ/~ ਬਹਿਣਾ *ph.* to obey the call of nature, ease or relieve oneself, defecate
ਸੱਚੋ ਸੱਚ [səcco səcc] *adv.* truthfully
ਸਜ [səj] *n.f.* beauty, splendour, pomp, ostentation; decoration, adornment, ornamentation, embelishment; *v.form.* imperative of ਸਜਣਾ, be presentable or attractive
~ ਧਜ ਕੇ/~ ਧਜ ਨਾਲ *ph.* with pomp and show, ostentatiously
ਸੱਜ [səjj] *pref.* recent, fresh, new; *cf.* ਸੱਜਰਾ
ਸੱਜਣ [səjjəṇ] *n.m.* friend, lover; kind, respectable, noble or virtuous person; a gentleman; *adj.* good, kind, virtuous, respectable, noble, gentle
ਸਜਣਾ [səjəṇa] *v.i.* to appear beautiful, imposing or attractive, make oneself attractive, do one's own make-up; (for garments, ornaments, furniture, etc.) to match or fit nicely, look comely
ਸਜਣਾਈ [səjṇai] *n.f.* friendship, feality, loyalty in friendship; goodness, nobility, nobleness
ਸਜਦਾ [səjda] *n.m.* same as ਸਿਜਦਾ, prostration
ਸੰਜਮ [sə̃jəm] *n.m.* moderation, continence, temperance, temperateness, self-control, discipline, restraint, forbearence, abstemiousness, soberness, sedateness
ਸੰਜਮੀ [səjmi] *adj.* disciplined, forbearing, abstemious, continent, temperate, sober, sedate
ਸੱਜਰ [səjjər] *adj.* recently calved (milch cattle)
ਸੱਜਰਾ [səjjəra] *adj.m.* fresh; new, recent
ਸੱਜਲ਼ [səjjəḷ] *adj.* moist, aqueous, watery, tearful (eyes)
ਸਜਵਾਂ [səjvã] *adj.m.* adorned, comely, befitting
ਸਜਵਾਉਣਾ [səjvauṇa] *v.t.* to get something or someone decorated, adorned, beautified, draped or furnished
ਸਜ ਵਿਆਹਿਆ/ਸੱਜ ਵਿਆਹੇ/ਸਜ ਵਿਆਹੀ [səj vɪáɪa/səj vɪáe/səj vɪái] *adj.m./adj.m./adj.f.* newly wed
ਸਜਾ [səja] *n.f.* see ਸਜਾਵਟ, decoration
ਸੱਜਾ [səjja] *adj.m.* right; right-hand
~ ਖੱਬਾ *n.m.* right and left, surrounding situation
~ ਖੱਬਾ ਨਾ ਵੇਖਣਾ *ph.* to act recklessly, be reckless
~ ਖੱਬਾ ਵੇਖਣਾ *ph.* to be wary, circumspect; to hesitate; to look around helplessly, be puzzled
ਸੱਜੀ ਬਾਂਹ *n.f.* right arm; right-hand man, supporter
ਸੱਜੇ ਖੱਬੇ *adv.* around
ਸੱਜੇਪੱਖੀ *adj.* rightist, conservative, moderate
ਸਜ਼ਾ [səza] *n.f.* punishment, penalty, chastisement, sentence
~ ਸੰਬੰਧੀ *adj.* penal
~ ਦੇਣੀ *con.v.* to punish, penalize, chastise, sentence (to imprisonment or death)
~ ਯਾਫ਼ਤਾ *adj.* & *n.m.* convicted, convict, legally punished, (a person) who has undergone legal punishment anytime in the past
ਸਜਾਉਣਾ [səjauṇa] *v.t.* to decorate, adorn, beautify; to instal; to hold (court); to make, initiate, baptise (as a Sikh)
ਸਜਾਇਆ[1] [səjaɪa] *v.form.* of ਸਜਾਉਣਾ, adorned
ਸਜਾਇਆ[2] *adj.m.* newly or recently born, newborn
ਸਜਾਤੀ [səjati] *adj.* belonging to the same species, class or caste
ਸੰਜਾਫ [sə̃jaf] *n.f.* see ਕਿਨਾਰੀ, hem

ਸਜਾਵਟ [səjavəṭ] *n.f.* decoration, adornment, embellishment, ornamentation; *cf.* ਸਜ
~ ਕਰਨੀ *con.v.* same as ਸਜਾਉਣਾ
ਸਜਾਵਟੀ [səjavəṭi] *adj.* decorative
ਸਜਿਲਦ [səjɪld] *adj.* bound (book) with hard cover, library edition
ਸੱਜੀ[1] [səjji] *adj.f.* same as ਸੱਜਾ
ਸੱਜੀ[2] *n.f.* an alkaline mineral, unpurified carbonate of soda
ਸੰਜੀਦਗੀ [sə̃jidgi] *n.f.* serenity, soberness, sobriety; seriousness; sincerity, earnestness
ਸੰਜੀਦਾ [sə̃jida] *adj.* serene, grave, sober, unruffled; sincere, earnest
ਸਜੀਲਾ [səjila] *adj.m.* good-looking, graceful, comely, befitting, attractive, adorned, nicely or tastefully decorated, handsome
ਸਜੀਵ [səjiv] *adj.* living, alive, animate; lively, active, animated, vivid
~ ਕਰਨਾ *con.v.* to revive or resurrect.
ਸਜੀਵਤਾ [səjivta] *n.f.* animateness, liveliness
ਸਜੀਵਨ [səjivən] *n.m.* revival, resurrection
ਸੰਜੀਵਨੀ [sə̃jivni] *n.f.* a mythical herb supposed to revive or revivify the dead
ਸੰਜੁਗਤ [sə̃jugt] *adj.* joint, incorporate, united, federate, federated, confederate, confederated
~ ਅੱਖਰ *n.m.* conjoined or conjugated letter
~ ਸੁਰ *n.m.* dipthong
ਸੱਜੂ [səjju] *adj.* right-handed (person); *informal.* rightist, moderate
ਸੱਜੇ [səjje] *adv.* on the right-hand side, to the right
ਸੰਜੋ [sə̃jo] *n.f.* armour, coat of mail
ਸੰਜੋਗ [sə̃jog] *n.m.* connection, concordance, coalescence; union, coition; marital relationship; luck, fate; chance, coincidence
~ ਵੱਸ *adv.* per chance, coincidently, luckily
ਸੰਜੋਗੀ ਮੇਲਾ [sə̃jogi mela] *n.m.* chance or providential meeting; a term of farewell
ਸੰਝ [sə̃j] *n.f.* evening; sunset
~ ਸਵੇਰਾ *n.m.* morning and evening; early morning
~ ਸਵੇਰੇ *adv.* in the morning or evening; quite early, at odd hours
ਸੱਟ [səṭṭ] *n.f.* stroke, strike, whack, thwack, blow, injury, hurt, wound, bruise; concussion; shock, trauma, mental blow, agony; sudden calamity
~ ਫੇਟ *n.f.* injury, bodily hurt or harm
~ ਮਾਰਨੀ/ ~ ਲਾਉਣੀ *con.v.* to strike, whack, thwack, bash, slog, cause ਸੱਟ, inflict injury or mental torture
~ ਲੱਗਣੀ/ ~ ਵੱਜਣੀ *con.v.* to sustain injury, be injured; to suffer shock
ਸਟਕਾ [səṭka] *n.m.* anaemia
ਸਟੰਟ [səṭə̃ṭ] *n.m.* stunt, hoax
ਸੱਟਣਾ [səṭṭəṇa] *v.t. dia,* see ਸੁੱਟਣਾ
ਸਟਪਟਾ [səṭpəṭa] *v.form.* nominative, imperative of ਸਟਪਟਾਉਣਾ
ਸਟਪਟਾਉਣਾ [səṭpəṭauṇa] *v.i.* to be restless or annoyed, fret, flap; to be surprised, wonder
ਸੱਟਾ [səṭṭa] *n.m.* speculation, business at stock exchange, forward dealing; wild guess, bluff; gambling
~ ਕਰਨਾ/~ ਖੇਡਣਾ *con.v.* to indulge in speculative forward deals; to gamble
~ ਬਜ਼ਾਰ *n.m.* stock exchange, bourse
~ ਬਜ਼ਾਰੀ *n.f.* speculative trade
~ ਮਾਰਨਾ *con.v.* to make a wild guess, bluff
ਸਟੀਕ [səṭik] *adj.* (book) containing text along with translation, exposition or exegesis
ਸਟੀਮ [səṭim] *n.f.* steam
ਸਟੀਲ [səṭil] *n.m.* steel
ਸਟੂਲ [səṭul] *n.m.* stool, peg-table
ਸਟੇਅਰਿੰਗ [səṭeərĩg] *n.m.* steering rod, steering wheel
ਸਟੇਸ਼ਨ [səṭeṣən] *n.m.* railway station, stoppage; place of posting or service

ਸਟੇਸ਼ਨਰੀ [səṭeṣnəri] *n.f.* stationary, writing material

ਸਟੇਜ [səṭej] *n.f.* stage, platform

ਸੱਟੇਬਾਜ਼ [səṭṭebaz] *n.m.* speculator; bluff, bluffer

ਸੱਟੇਬਾਜ਼ੀ [səṭṭebazi] *n.f.* speculation; bluffing

ਸੱਠ [səṭṭh] *adj.* sixty

ਸੱਠਵਾਂ [səṭṭhvã] *adj.m.* sixtieth

ਸੱਠੀ [səṭṭhi] *adj.* (crop) which matures in sixty days

ਸੱਠੀਂ [səṭṭhī] *adv.* for Rs. 60

ਸਡੌਲ [səḍɔl] *adj.* muscular (body), symmetrical

ਸਡੌਲਤਾ [səḍɔlta] *n.f.* muscularity, symmetry

ਸੰਢ [sə̃ḍ] *n.f.* barren buffalo

ਸੰਢਾ [sə̃ḍa] *n.m.* male buffalo

ਸੰਢੀ [sə̃ḍi] *n.f.* barren buffalo

ਸਣ[1] [sə̃ṇ] *n.f.* hemp, brown hemp, *Crotolaria junica*

ਸਣ[2] *pref.* denoting with or including

~ **ਕੱਪੜੀਂ** *adv.* with clothes on, without stripping

~ **ਕੇਸੀਂ** *adv.* including hair

~ **ਟੱਬਰਾ** *adj. & adv.* together with the family

~ **ਦੇਹੀ** *adj.* embodied, with body, alive

ਸਣੇ [səṇe] *prep. & adv.* together with, along with, including

ਸਣੇ ਸਣੇ [səṇe səṇe] *adv.* slowly, gradually

ਸਤ[1] [sət] *n.m.* essence, sap, juice; strength, power; virtue, conjugal fidelity, chastity

~ **ਹੀਣ** *adj.* sapless; weak; unchaste

~ **ਕੱਢਣਾ** *ph.* to extract essence; to derive deeper meaning

~ **ਪਾਲ਼ਨਾ** *con.v.* to preserve one's chastity

ਸਤ[2] *pref.* denoting goodness

~ **ਸੰਗ**/~ **ਸੰਗਤ** *n.m./n.f.* company of virtuous, holy persons, religious congregation

~ **ਸੰਗੀ** *n.m.* member of ਸਤਸੰਗ

~ **ਜੁਗ** *n.m.* age of truth or virtue, the first era of Hindu aeon, the Golden Age

~ **ਜੁਗੀ** *adj.* good, virtuous

~ **ਪੁਰਖ** *n.m.* virtuous person, saint, sage, guru, God

~ **ਬਚਨ** *n.m.* wise saying, virtuous utterence; *ph.* of polite obedience meaning yes, all right

ਸਤ[3] *pref.* denoting seven or several

~ **ਨਾਜਾ** *n.m.* mixture of several cereals

~ **ਮਾਹਾਂ** *adj.m.* of premature birth, *lit.* born after seven months of pregnancy; *fig.* thin and lean, weak, weakling

~ **ਰੰਗਾ** *adj.m.* of seven colours, multicoloured, rainbow-coloured

~ **ਰੰਗੀ ਪੀਂਘ** *n.f.* rainbow

~ **ਲੜਾ** *adj.m.* (rope) of seven strands

ਸੱਤ[1] [sətt] *n.m.* same as ਸੱਚ

~ **ਪਰਾਇਆ** *adj.m.* absolute stranger

ਸੱਤ[2] *adj.* seven

ਸੰਤ [sə̃t] *n.m.* saint, holy man, a pious or deeply religious person; an ascetic, mendicant

~ **ਸੁਭਾ** *adj.* having the temperament of a ਸੰਤ, gentle, honest, simple, virtuous

~ **ਬਾਣਾ** *n.m.* dress of or like that of a ਸੰਤ

~ **ਬਾਣੀ** *n.f.* utterances *esp.* hymns of saints

~ **ਭਾਸ਼ਾ** *n.f.* a particular mixed dialect used by medieval Indian saints

ਸਤਕਾਰ [sətkar] *n.m.* respect, honour, reverence, regard, veneration; hospitality

~ **ਕਰਨਾ**/~ **ਦੇਣਾ** *con.v.* to respect, honour, revere, regard, venerate

ਸਤਕਾਰਹੀਣ [sətkarhiṇ] *adj.* disrespectful, flippant

ਸਤਕਾਰਹੀਣਤਾ [sətkarhiṇta] *n.f.* disrespectfulness, lack of regard, flippancy

ਸਤਕਾਰਜੋਗ/ਸਤਕਾਰਯੋਗ [sətkarjog/sətkaryog] *adj.* deserving ਸਤਕਾਰ, respectable, honourable, reverend, venerable

ਸਤਣਾ [sətṇa] *v.i.* to get fed up, feel vexation, annoyance

ਸਤੱਤਰ [sətəttər] *adj.* seventy-seven

ਸਤੱਤਰ੍ਵਾਂ [sətə́ttərvã] *adj.m.* seventy-seventh

ਸਤੱਤ੍ਰੀਂ [sətə́ttərĩ] *adv.* for Rs. 77

ਸਤੰਬਰ [sətə̃bər] *n.m.* September

ਸਤਮੀ [sətmi] *n.f.* the seventh day of a lunar fortnight

ਸਤਰ[1] [sətər] *n.m.* level, standard, stratum; ladies' apartments, part of a house to which entry by men is restricted

ਸਤਰ[2] *n.f.* line, row (of writing or print)

ਸੱਤਰ [səttər] *adj.* seventy

ਸੱਤਰਵਾਂ [səttərvã] *adj.m.* seventieth

ਸੱਤਰਿਆ ਬਹੱਤਰਿਆ [sə́ttrɪa bə́ttərɪa] *adj.m.* *lit.* (a person) in his seventies; senile, unable to think clearly or decide rightly, aged and of unsound mind

ਸਤਰਕ [sətərk] *adj.* alert, watchful, wary, vigilant, cautious, careful

ਸਤਰਕਤਾ [sətərkəta] *n.f.* alertness, watchfulness, wariness, vigilant, caution, carefulness

ਸੰਤਰਾ [sə̃təra] *n.m.* same as ਸੰਗਤਰਾ

ਸਤਰਾਵ [sətrav] *n.m.* secretion

ਸੰਤਰੀ [sə̃təri] *n.m.* sentinel, sentry, guard, guardsman, watchman

ਸੱਤ੍ਰੀਂ [sə́ttərĩ] *adv.* for Rs. 70

ਸਤਵੰਜਾ [sətvə̃ja] *adj.* fifty-seven

ਸਤਵੰਞਵਾਂ [sətvə̃jvã] *adj.m.* fifty-seventh

ਸਤਵੰਞੀਂ [sətvə̃jĩ] *adv.* for Rs. 57

ਸਤਵੰਤੀ [sətvə̃ti] *adj.f. & n.f.* faithful (wife), chaste (woman)

ਸਤਵਾਂ [sətvã] *adj.* seventh

ਸੱਤਵਾਦੀ [səttəvadi] *adj.* truthful, veracious, veridical; righteous

ਸਤ੍ਹਾ [sə́ta] *n.f.* surface, level, plane

ਸਤਾ [səta] *v.form.* imperative of ਸਤਾਉਣਾ; *n.m.* vexation, annoyance, tease

ਸੱਤਾ [sətta] *n.f.* power, authority

ਸਤਾਉਣਾ [sətauṇa] *v.t.* to harass, torment, oppress; to tease, vex, irritate, rile, annoy

ਸਤਾਈ [sətai] *adj.* twenty-seven

ਸਤਾਈਂ [sətáĩ] *adv.* for Rs. 27

ਸਤਾਈਵਾਂ [sətáivã] *adj.m.* twenty-seventh; also ਸਤ੍ਹਾਈਆਂ

ਸਤਾਸੀ [sətasi] *adj.* eighty-seven

ਸਤਾਸ੍ਹੀਂ [sətásĩ] *adv.* for Rs. 87

ਸਤਾਸ੍ਹੀਵਾਂ [sətásivã] *adj.* eighty-seventh; also ਸਤ੍ਹਾਸੀਆਂ

ਸਤਾਹਠ [sətáṭh] *adj.* sixty-seven

ਸਤਾਹਠਵਾਂ [sətáṭhvã] *adj.* sixty-seventh

ਸਤਾਹਠੀਂ [sətáṭhĩ] *adv.* for Rs. 67

ਸੱਤ ਹੀਣ [səttahiṇ] *adv.* powerless, devoid of ਸੱਤਾ

ਸੱਤਾਧਾਰੀ [səttatàri] *adj.* holder, wielder of ਸੱਤਾ, in power

ਸੰਤਾਨ [sə̃tan] *n.f.* progeny, offspring, children, descendants, scions

ਸਤਾਨ੍ਹਵਾਂ [sətánvã] *adj.m.* ninety-seventh

ਸਤਾਨ੍ਹਵੀਂ [sətánvĩ] *adv.* for Rs. 97

ਸਤਾਨਵੇਂ [sətanvẽ] *adj.* ninety-seven

ਸੰਤਾਪ [sə̃tap] *n.m.* sorrow, woe, distress, torment, torture, anxiety, excruciation, agony, mental pain; repentance, remorse

ਸੰਤਾਪੀ [sə̃tapi] *adj.* (one) causing ਸੰਤਾਪ, tormentor, agoniser, excruciator

ਸਤਾਰ੍ਹਵਾਂ [sətárvã] *adj.m.* seventeenth; *n.m.* obsequies *usu.* performed on the seventeenth day after death

ਸਤਾਰ੍ਹੀਂ [sətárĩ] *adv.* for Rs. 17

ਸਤਾਰਾ [sətara] *n.m.* star, fate, luck, fortune; shining little disc used in embroidery, spangle, sequin; film star

ਸਤਾਰਾਂ [sətarã] *adj.* seventeen

ਸੰਤਾਲ਼ੀ [sə̃taḷi] *adj.* forty seven

ਸੰਤਾਲ਼੍ਹੀਂ [sə̃táḷĩ] *adv.* for Rs. 47

ਸੰਤਾਲ਼੍ਹੀਵਾਂ [sə̃táḷivã] *adj.m.* forty-seventh; also ਸੰਤਾਲ੍ਹੀਆਂ

ਸੱਤਾਵਾਦ [səttavad] *n.m.* authoritarianism

ਸੱਤਾਵਾਦੀ [səttavadi] *adj.* authoritarian

ਸਤਿ [sət] *n.m.* truth; God; *adj.* true

~ ਸ੍ਰੀ ਅਕਾਲ *ph.* the Sikh salutation, *lit.* the True, Reverend, Timeles one, i.e. God

~ ਕਰਤਾਰ *n.m.* the True Creator, God

~ ਗੁਰ/~ ਗੁਰੂ *n.m.* True guru or preceptor

~ ਨਾਮ *n.m.* The True Name, God
ਸੱਤਿਆ [sǝttɪa] *n.f.* same as ਸੱਤਾ; moral or spiritual power; vigour, energy, vitality
ਸੱਤਿਆਹੀਣ [sǝttɪahiṇ] *adj.* same as ਸੱਤਾਹੀਣ; weak, exhausted, dull
ਸੱਤਿਆਗ੍ਰਹਿ/ ਸਤਿਆਗਰਹਿ [sǝttɪagǝrɛ̃] *n.m.* agitation with moral force, moral resistance, passive resistence
ਸਤਿਆਗ੍ਰਹੀ [sǝttɪagǝrǝi] *n.m.* moral & passive resister
ਸੱਤਿਆਨਾਸ [sǝttɪanas] *n.m.* utter ruin, total loss or destruction
~ ਕਰਨਾ *con.v.* to cause ਸਤਿਆਨਾਸ, ruin
ਸੱਤਿਆਨਾਸੀ [sǝttɪanasi] *adj.* ruinous, destructive; (one) who causes ਸੱਤਿਆਨਾਸ, wicked
ਸੱਤਿਆਵਾਨ [sǝttɪavan] *adj.* possessing moral or spiritual strength; vigorous, energetic, strong, powerful
ਸਤੀ [sǝti] *adj. & n.f.* chaste, virtuous woman, faithful wife; self-immolating widow, one who burns herself alive at her husband's funeral pyre
ਸੱਤੀ [sǝtti] *n.f.* playing card with seven pips
ਸੱਤੀਂ [sǝttĩ] *adv.* for Rs. 7
ਸੰਤੁਸ਼ਟ [sə̃tuṣṭ] *adj.* satisfied, well-pleased, content, gratified
ਸੰਤੁਸ਼ਟਤਾ/ਸੰਤੁਸ਼ਟੀ [sə̃tuṣṭǝta/sə̃tuṣṭi] *n.f.* satisfaction, content, gratification, contentment
ਸੰਤੁਲਨ [sə̃tulǝn] *n.m.* balance, poise, equipoise, equilibrium; proportion, comparison
~ ਬਿੰਦੂ *n.m.* point of equilibrium
ਸੰਤੁਲਨਾਤਮਿਕ [sə̃tulnatmɪk] *adj.* comparative; comparable
ਸੰਤੁਲਿਤ [sə̃tulɪt] *adj.* balanced; poised; proportionate
ਸੱਤੂ [sǝttu] *n.m.* barley flour, a dish of barleymeal
~ ਖਾਣੇ/~ ਫੱਕਣੇ *con.v.* to eat a dish of ਸੱਤੂ mixed with clarified butter and sugar
~ ਪੀਣੇ *con.v.* to drink a sweetened solution of ਸੱਤੂ
ਸਤੂਨ [sǝtun] *n.m.* pillar, column, post
ਸਤੂਪ [sǝtup] *n.m.* tope, Buddhist monument
ਸੰਤੂਰ [sə̃tur] *n.m.* dulcimer
ਸਤੇਂ [sǝtẽ] *n.f.dia* see ਸਤਮੀ
ਸੰਤੋਸ਼/ਸੰਤੋਖ [sə̃toṣ/sə̃tokh] *n.m.* contentment, satisfaction, gratification, content; patience
~ ਆਉਣਾ/~ ਕਰਨਾ *con.v.* to be content, contented, satisfied, gratified
ਸੰਤੋਖਜਨਕ [sə̃tokhjǝnǝk] *adj.* satisfying, satisfactory
ਸੰਤੋਖਣਾ [sə̃tokhǝṇa] *v.t.* to close and wrap (a sacred book)
ਸੰਤੋਖਵਾਨ/ਸੰਤੋਖੀ [sə̃tokhvan/sə̃tokhi] *adj.* content, contented, satisfied, gratified; patient
ਸਤੋਗੁਣ [sǝtoguṇ] *n.m.* virtuous trait, goodness; one of the three characteristics of maya
ਸਤੋਤਰ [sǝtotǝr] *n.m.* praise; invocation, prayer, hymn of praise, psalm, doxology; liturgical formula
~ ਸੰਬੰਧੀ *adj.* hymnal, doxological
~ ਗਿਆਨ *n.m.* hymnology
ਸਤੌਲ਼ [sǝtɔḷ] *n.f. dia.* abundant progency
ਸੱਥ [sǝtth] *n.f.* assembly point for poeple and cattle of a village; meeting of village council or village elders
ਸਥਗਨ [sǝthǝgǝn] *n.m.* adjournment, prorogation, postponement, suspension
ਸਥਗਿਤ [sǝthǝgɪt] *adj.* adjourned, prorogued, postponed, suspended
~ ਕਰਨਾ *con.v.* to adjourn, prorogue, postpone, suspend
ਸੱਥਰ[1] [sǝtthǝr] *n.m.* harvest reaped but not yet collected; sheaves unrolled and spread for drying prior to crushing; straw, straw-mat
~ ਖਿਲਾਰਨਾ *con.v.* to spread ਸੱਥਰ for drying, airing
ਸੱਥਰ[2] *n.m.* a funeral custom of sleeping on the floor after a death in the house
~ ਬਹਿਣਾ *con.v.* to sit or lie on the ground for mourning

~ ਲਾਹੁਣਾ *con.v.* to lay a dying person on the floor when the end is imminent; *fig.* to kill in great numbers, massacre

ਸੱਥਰਾ [sətthəra] *n.m.* carpenter's chisel, gouge

ਸੱਥਰੀ [sətthəri] *n.f.* a small heap of reaped crop; swath, swathe

ਸਥਲ [səthəl] *n.m.* same as ਥਲ; *suff.* meaning place, as in ਮਾਰੂਸਥਲ

ਸੰਥਾ [sə̃tha] *n.f.* see ਸੰਥਿਆ, lesson

ਸਥਾਈ[1] [səthai] *n.f.* refrain of a song or hymn

ਸਥਾਈ[2] *adj.* permanent, lasting, abiding, durable, standing; steady, stable, fixed

ਸਥਾਨ [səthan] *n.m.* same as ਅਸਥਾਨ, place

ਸਥਾਨੰਤਰਨ [səthanə̃tərən] *n.m.* transfer, transposition

ਸਥਾਨੰਤਰਿਤ [səthanə̃tərɪt] *adj.* transferred, transposed

ਸਥਾਨਿਕ/ਸਥਾਨੀ [səthanɪk/səthani] *adj.* local

ਸਥਾਨੀਕਰਨ [səthanikərn] *n.m.* localisation

ਸਥਾਨੀਕਰਿਤ [səthanikərɪt] *adj.* localised

ਸਥਾਪਕ [səthapək] *n.m.* founder

ਸਥਾਪਨ/ਸਥਾਪਨਾ [səthapən/səthapəna] *n.m./n.f.* same as ਅਸਥਾਪਨ, installation

ਸਥਾਵਰ [səthavər] *adj.* immovable, fixed; *n.m.* mountain; immovable property or things

ਸੰਥਿਆ [sə̃thɪa] *n.f.* lesson, a reading lesson

ਸਥਿਤ [səthɪt] *adj.* situated, located, positioned

ਸਥਿਤੀ [səthɪti] *n.f.* position, situation, location, site; condition, state

ਸਥਿਰ [səthɪr] *adj.* firm, stable, steady, fixed, stationary, immovable, immutable, unchangeable, constant; calm, quiet; determined, resolute, inflexible, steadfast

~ ਅੰਕ/~ ਸੰਖਿਆ *n.m./n.f.* (*maths.*) constant number, constant

ਸਥਿਰਤਾ [səthɪrta] *n.f.* firmness, stability, steadiness, steadfastness

ਸਥੂਲ [səthul] *adj.* material, gross, concrete, having mass; massive, large, bulky

ਸਦ[1] [səd] *adj.* see ਸੌ

~ ਅਫ਼ਸੋਸ *interj.* very sorry, extremely regrettable; shame!, fie!

ਸਦ[2] *pref.* denoting goodness

ਸੱਦ [sədd] *n.f.* call, shout, summons; a prosodic form, dirge; *v.form.* imperative of ਸੱਦਣਾ, call

~ ਪੁੱਛ *n.f.* social importance

ਸੰਦ [sə̃d] *n.m.* implement, tool, instrument

ਸਦੱਸ [sədəss] *n.m.* same as ਮੈਂਬਰ, member, membership

ਸਦੱਸਤਾ [sədəssəta] *n.f.* same as ਮੈਂਬਰੀ

ਸਦਕਾ [sədka] *n.m.* sacrifice; *prep.* because of, for; *adv.* for the sake of, on account of, by means of

ਸਦਕੇ/ਸਦਕੇ ਜਾਵਾਂ [sədke/sədke jawã] *interj.* terms of endearment, *lit.* may I be a sacrifice to you

~ ਕਰਨਾ *con.v.* to sacrifice

ਸਦਗਤੀ [sədgəti] *n.f.* liberation, salvation, emancipation

ਸਦਗੁਣ [sədguṇ] *n.m.* good quality, trait or characteristic, virtue

ਸੱਦਣਾ [səddəṇa] *v.t.* to call, summon, beckon, send for; to invite; to evoke

ਸਦਨ [sədən] *n.m.* house, particularly of legislature

ਸਦਭਾਵ [sədpàv] *n.m.* amiability, good feelings

ਸਦਭਾਵਨਾ [sədpàvəna] *n.f.* courteous or friendly disposition, goodwill

ਸਦਮਾ [sədmã] *n.m.* shock, blow, trauma; sorrow, grief, bereavement

~ ਪਹੁੰਚਣਾ *con.v.* to suffer ਸਦਮਾ

~ ਪਹੁੰਚਾਉਣਾ *con.v.* to cause ਸਦਮਾ, shock

ਸਦਰ [sədər] *n.m.* chairman, chairperson, president, head; headquarters; *pref.* denoting primacy

~ ਕਾਨੂੰਗੋ *n.m.* a revenue official ranking

above ਪਟਵਾਰੀ at the headquarters
~ ਦਫ਼ਤਰ *n.m.* head office
~ ਬਜ਼ਾਰ *n.m.* main commercial street in a cantonment
~ ਮੁਕਾਮ *n.m.* capital, headquarters of government, metropolis
ਸੰਦਰਭ [sə̃dərəb] *n.m.* reference, context
ਸਦਰਿਸ਼ [sədərɪṣ] *adj.* like, similar, resembling
ਸਦਰਿਸ਼ਤਾ [sədərɪṣta] *n.f.* likeness, similarity, resemblance
ਸਦਰੀ [sədəri] *n.f.* padded jacket
ਸੰਦਲ [sə̃dəl] *n.m.* sandalwood, *Santalum album*
ਸੰਦਲਾ [səddəla] *n.m.* piece of cloth wrapped round the waist by wailing women at funerals
ਸੰਦਲੀ [sə̃ddli] *adj.* of the colour of ਸੰਦਲ; pale yellow; (fragrant) like ਸੰਦਲ, made of ਸੰਦਲ
ਸਦਵਾ [sədva] *v.form.* imperative of ਸਦਵਾਉਣਾ, call, send for
ਸਦਵਾਉਣਾ [sədvauṇa] *v.t.* to call or send for through someone else
ਸਦਾ [səda] *adv.* always, perpetually, continually, permanently, constantly, ever; *pref.* denoting continuity
~ ਸੁਹਾਗਣ ਹੋਵੇ *interj. ph.* of blessing for married women, *lit.* may your husband live long or survive you, may you never be a widow
~ ਬਹਾਰ *adj.* evergreen
~ ਵਰਤ *n.m.* free boarding or alms available round the clock
ਸੱਦਾ [sədda] *n.m.* call, shout, beggar's call for alms; verbal invitation
~ ਦੇਣਾ *v.i.* to give a call or invitation, invoke
~ ਪੱਤਰ *n.m.* invitation card, written invitation
ਸੰਦਾ [sə̃da] *prep.* of, pertaining to
ਸਦਾਉਣਾ [sədauṇa] *v.t.* same as ਸਦਵਾਉਣਾ; *v.i.* to be called or known as
ਸਦਾਕਤ [sədakət] *n.f.* truthfulness, truth
ਸਦਾਕਤ ਪਸੰਦ [sədakət pəsə̃d] *adj.* truthful
ਸਦਾਚਾਰ [sədacar] *n.m.* good breeding, manners or character, vitruous conduct
ਸੰਦਾਨ [sə̃dan] *n.m.* anvil
ਸਦਾਰਤ [sədarət] *n.f.* presidentship, chairmanship, headship
ਸਦਾਰਤੀ [sədarti] *adj.* presidential, pertaining to ਸਦਾਰਤ
ਸਦਿਸ਼ ਰਾਸ਼ੀ [sədɪs raṣi] *n.f.* (maths, physics) vector quantity
ਸੰਦਿਗਧ [sə̃dígəd] *adj.* doubtful, dubious, unreliable, uncertain, suspect, suspected
ਸੰਦਿਗਧਤਾ [sə̃dígədta] *n.f.* doubtfulness dubiety, dubiosity, dubiousness
ਸਦੀ [sədi] *n.f.* century, a period of 100 years
ਸਦੀਵ [sədiv] *adv.* always, ever, forever, eternally
~ ਕਾਲ *n.m.* eternity
~ ਕਾਲੀ/ਸਦੀਵੀ *adj.* eternal, sempiternal, everlasting
ਸੰਦੂਕ [sə̃duk] *n.m.* box, chest, trunk
ਸੰਦੂਕੜੀ [sə̃dukəṛi] *n.f.* small ਸੰਦੂਕ, casket
ਸੰਦੇਸ਼/ ਸੰਦੇਸਾ [sə̃deṣ/ sə̃desa] *n.m.* same as ਸਨੇਹਾ, message
ਸੰਦੇਹ [sə̃dé] *n.m.* same as ਸ਼ੱਕ, suspicion
ਸੰਦੇਹਸ਼ੀਲ [sə̃déṣil] *adj.* of doubting nature, sceptic
ਸੰਦੇਹਸ਼ੀਲਤਾ [sə̃dəṣilta] *n.f.* scepticism
ਸੰਦੇਹਜਨਕ [sə̃déjənək] *adj.* causing doubt or suspicion, doubtful, ambiguous
ਸੰਦੇਹਪੂਰਨ [sə̃dépurn] *adj.* same as ਸੰਦਿਗਧ, doubtful
ਸੰਦੇਹਮਈ [sə̃déməi] *adj.* same as ਸੰਦੇਹਜਨਕ
ਸਦੇਹਾਂ [sə̃dehã] *adv.* early, early morning
ਸੱਧਰ [sə́ddər] *n.f.* strong desire, vehement wish, longing, yearning
ਸਧਰਾਇਆ [sə́dəràia] *adj.m.* full of ਸੱਧਰ, yearning
ਸਧਾਰ [sədàr] *adj.* simple-minded,

simpleton, facile; mentally deficient

ਸਧਾਰਨ [sədàrən] *adj.* common, general, ordinary, simple, usual, commonplace

~ **ਸੰਖਿਆ** *n.f.* cardinal number or numeral

~ **ਵਿਆਜ** *n.m.* simple interest

ਸਧਾਰਨੀਕਰਨ [sədàrnikərn] *n.m.* simplification, generalisation

ਸਧਾਰਨੀਕਰਿਤ [sədàrnikərıt] *adj.* simplified, generalised

ਸੰਧਾਰਾ [sə̃dàra] *n.m.* presents to married women from parents or in-laws on festival occasions

ਸੰਧਿਆ [sə̃dıa] *n.f.* evening, sunset time, dusk, twilight, nightfall; evening prayer by Hindus

~ **ਕਾਲ** *n.m.* same as ਸੰਧਿਆ, time for evening prayer

ਸੰਧੀ [sə̃di] *n.f.* treaty, agreement, accord, compact; pact; reconcilement, reconciliation; *(gr.)* euphony, euphonic change or combination of words

~ **ਕਰਤਾ** *n.m.* party to a treaty

~ **ਕਰਨਾ** *con.v.* to form a euphonic combination

~ **ਛੇਦ** *n.m.* analysis of a euphony

~ **ਪੱਤਰ** *n.m.* written treaty, document recording a treaty

ਸੰਧੀਕਰਨ [sə̃dikərn] *n.m.* process of euphonic combination

ਸਧੁੱਕੜੀ/ਸਧੁਕੜੀ [sədùkkəṛi/sədùkəṛi] *n.f.* a dialect used as lingua franca by medieval Indian saints

ਸੰਧੂਰ [sə̃dùr] *n.m.* red oxide of lead or mercury, red lead, minium, cinnabar, murcuric sulphide; vermilion.

~ **ਦਾ ਟਿੱਕਾ** *ph.* vermilion mark

ਸੰਧੂਰਦਾਨੀ [sə̃dùrdani] *n.f.* casket for containing vermilion

ਸੰਧੂਰੀ [sə̃dùri] *adj.* of the colour of ਸੰਧੂਰ, deep red

ਸਨ [sən] *aux.v.* were

ਸੰਨ [sənn] *n.m.* a dated year of Christian or Hijri era; *cf.* ਸੰਮਤ

ਸਨਸਨੀ [sənsəni] *n.f.* sensation, excitement, thrill; scandal

~ **ਪੈਦਾ ਕਰਨਾ** *ph.* to cause sensation

ਸਨਸਨੀਖੇਜ਼ [sənsənikhez] *adj.* sensational, exciting, thrilling, scandalous

ਸਨਕ [sənək] *n.f.* whim, caprice, fancy, eccentricity, idiosyncracy, crankiness, whimsy, daftness, craze, craziness, cynicism

ਸਨਕੀ [sənki] *adj.* whimsical, capricious, eccentric, idiosyncratic, cranky; daft, crazy; cynic, cynical

ਸਨਤ [sənət] *n.f.* industry

ਸਨਤਕਾਰ [sənətkar] *adj. & n.m.* industrialist

ਸਨਤੀ [sənəti] *adj.* industrial

ਸਨਤੀਕਰਨ [sənətikərn] *n.m.* to industrialise; industrialisation

ਸਨਦ [sənəd] *n.f.* certificate, degree, diploma; deed, document, charter, warrant, proof of grant; testimonial

ਸਨਦਬੱਧ [sənədbə́dd] *adj.* certified, authenticated

ਸਨਦੀ [sənədi] *adj.* pertaining to ਸਨਦ, based on a ਸਨਦ, authentic, genuine

ਸਨਬੰਧ [sənbə̃d] *n.m.* same as ਸੰਬੰਧ, connection

ਸਨਮ [sənəm] *n.m.* statue, idol; beloved, darling, paramour *esp.* female

ਸਨਮਾਨ [sənman] *n.m.* respect, honour, regard, esteem, accolade, deference, reverence, veneration

~ **ਕਰਨਾ** *con.v.* to honour, respect, esteem, revere, venerate, hold in high or courteous regard

~ **ਯੋਗ** *adj.* honourable, respectable, venerable, esteemable

ਸਨਮਾਨਣਾ [sənmanəṇa] *v.t.* to confer honour upon, do honour to

ਸਨਮਾਨਿਤ [sənmanıt] *adj.* honoured, esteemed, respected, revered, venerated

ਸਨਮੁਖ [sənmukh] *adv.* in the presence of, in front of, before; opposite, face to face

ਸੰਨ੍ਹ [sə̃nn] *n.m.* cleft, gap, opening; hole made in a wall by thieves, theft,

housebreaking, burglary; middle space between two objects
~ ਮਾਰਨਾ/~ ਲਾਉਣਾ *con.v.* to make a ਸੰਨ੍ਹ, break a house, commit theft, burgle, burgalise
ਸੰਨ੍ਹਾਂ [sə́nnã] *n.m.* front bar of a plough
ਸੰਨ੍ਹੀ [sə́nni] *n.f.* tongs, pincers; *dia.* same as ਗੁਤਾਵਾ
ਸਨਾ [səna] *n.f.* see ਹਮਦ, praise of God; senna, *Cassia lanceolata* or *aculifolia*
ਸੰਨਾਟਾ [sə̃naṭa] *n.m.* absolute silence, stillness, quiet
~ ਛਾ ਜਾਣਾ *ph.* sudden and absolute silence to prevail
ਸਨਾਤਨ [sənatən] *adj.* old, traditional, ancient, primeval, classical
~ ਧਰਮ *n.m.* the traditional Hindu religion
ਸਨਾਤਨਤਾ [sənatənta] *n.f.* quality of being ਸਨਾਤਨ
ਸਨਾਤਨਵਾਦ [sənatənvad] *n.m.* traditionalism
ਸਨਾਤਨਵਾਦੀ [sənatənvadi] *adj.* traditionalist
ਸਨਾਤਨੀ [sənatəni] *adj.* traditional, traditionalist
ਸਨਿਆਸ [sənɪas] *n.m.* renunciation, asceticism, monasticism; fourth stage of life according to Hindu religious thought; *cf.* ਆਸ਼ਰਮ
~ ਧਾਰਨ ਕਰਨਾ/ ~ਲੈਣਾ *ph.* to be a sannyasi or monk
ਸਨਿਆਸੀ [sənɪasi] *n.m.* a Hindu monk, sannyasi
ਸਨਿੱਚਰ [sənɪccər] *n.m.* the planet Saturn; Saturday
ਸਨਿੱਚਰਵਾਰ [sənɪccərvar] *n.m.* Saturday
ਸਨੁਕੜਾ [sənukəṛa] *n.m.* a kind of hemp or jute
ਸਨੇਹ [səné] *n.m.* love, affection, friendship, attachment, sympathy, tenderness
ਸਨੇਹਪੂਰਨ/ਸਨੇਹਮਈ [sənépurn/səenéməi] *adj.* full of tender feelings, affectionate, sympathetic, loving
ਸਨੇਹਾ [sənéa] *n.m.* message *esp.* oral, communication, information
~ ਘੱਲਣਾ *con.v.* to send a ਸਨੇਹਾ
~ ਦੇਣਾ *con.v.* to give or deliver a ਸਨੇਹਾ
ਸਨੇਹੀ [sənéi] *adj. & n.m* .friendly, friend, well-wisher
ਸਨੋਬਰ [sənobər] *n.m.* a coniferous tree of pine family
ਸੱਪ [səpp] *n.m.* snake, serpent
~ ਸੀਹਣ/~ ਸੀਹਣੀ *n.f.* a species of lizard
~ ਸੁੰਘ ਜਾਣਾ *ph.* to suffer snakebite; to keep mum
~ ਵਰਗਾ *adj. m.* serpentine
ਸਪਸ਼ਟ [səpəṣṭ] *adj.* clear, distinct, lucid, perspicuous, pellucid, vivid, obvious; explicit, undisguised; unequivocal, unambiguous, overt
ਸਪਸ਼ਟਤਾ [səpəsṭəta] *n.f.* clarity, distinctness, lucidity, vividness, explicitness, unequivocalness, unambiguousness, perspicuousness
ਸਪਸ਼ਟੀਕਰਨ [səpəṣṭikərn] *n.m.* clarification, elucidation, explanation
ਸਪਸ਼ਟੀਕਰਿਤ/ਸਪਸ਼ਟੀਕ੍ਰਿਤ [səpəṣṭikərɪt] *adj.* clarified, elucidated, explained
ਸਪਣੀ [səpṇi] *n.f.* see ਸਪਨੀ
ਸਪਤ [səpt] *adj.* see ਸੱਤ[2]
~ ਸਿੰਧੂ *n.m.* land of seven rivers, archaeological name of the region between the rivers Indus and Yamuna
ਸਪਤਕ [səptək] *n.m.* (music) the set of seven notes, septet scale
ਸਪਤਰਿਸ਼ੀ [səpətriṣi] *n.m.* the group of stars known as Great Bear
ਸਪਤਾਹ [səptá] *n.m.* same as ਹਫ਼ਤਾ, week
ਸਪਤਾਹਿਕ [səptahɪk] *adj.* same as ਹਫ਼ਤਾਵਾਰ, weekly
ਸੰਪਤੀ/ਸੰਪਦਾ [sə̃pəti/sə̃pda] *n.f.* property, possessions, assets, belongings, wealth, riches, estate
ਸੰਪੰਨ [sə̃pə̃nn] *adj.* finished, completed, accomplished; possessed of
ਸੰਪੰਨਤਾ [sə̃pə̃nnəta] *n.f.* completion, accomplishment, fulfilment
ਸਪਨੀ [səpni] *n.f.* female snake
ਸਪਰਸ਼ [səpərṣ] *n.m.* touch, bodily contact
~ ਇੰਦਰੀਆਂ/~ ਇੰਦਰੇ *n.f. pl./n.m.pl.* sense

of touch, organs of tactile sense, cutaneous surface

~ ਗਿਆਨ *n.m.* tactile sensation, perception through touch

~ ਬਿੰਦੂ *n.m.* point of contact

~ ਰੇਖਾ *n.f. (geom.)* tangent

ਸਪਰਸ਼ਿਤ [səpərṣɪt] *adj.* touched

ਸਪਰਸ਼ੀ [səpərṣi] *adj.* tactile, touching, in touch

ਸੰਪਰਕ [sə̃pərk] *n.m.* contact, access, touch, approach, association, relation; communion, liaison

~ ਕਾਇਮ ਕਰਨਾ/~ ਪੈਦਾ ਕਰਨਾ *con.v.* to establish contact or relations, be in touch with; to liaise with

ਸੰਪਰਦਾ [sə̃pərda] *n.f.* sect, religious branch, faction or denomination

ਸੰਪਰਦਾਇਕ [sə̃pərdaɪk] *adj.* same as ਸੰਪਰਦਾਈ

ਸੰਪਰਦਾਇਕਤਾ [sə̃pərdaɪkta] *n.f.* sectarianism, communalism

ਸੰਪਰਦਾਈ [sə̃pərdai] *adj.* sectarian, of a sect, communal, denominational

ਸੰਪਰਦਾਨ ਕਾਰਕ [sə̃pərdan kark] *n.m.* dative case

ਸਪਰੇਟਾ [səpreṭa] *n.m.* skimmed milk

ਸੰਪਾਤ [sə̃pat] *n.m.* coincidence

ਸੰਪਾਤੀ [sə̃pati] *adj.* coincident

ਸੰਪਾਦਕ [sə̃padək] *n.m.* editor

ਸੰਪਾਦਕੀ [sə̃padki] *adj.* editorial; *n.f.* editorial article

ਸੰਪਾਦਨ [sə̃padən] *n.m.* editing

~ ਕਰਨਾ *con.v.* to edit

ਸੰਪਾਦਿਤ [sə̃padɪt] *adj.* edited

ਸਪਾਧਾ [səpáda] *n.m.* snake-charmer

ਸਪੁੱਤਰ [səputtər] *n.m.* son *esp.* an obedient or dutiful son; fem. ਸਪੁੱਤਰੀ

ਸਪੁਰਦ [səpurd] *adj.* entrusted, deposited, given, delivered, handed over

~ ਕਰਨਾ *con.v.* to entrust, deposit, give, deliver, hand over

ਸਪੁਰਦਗੀ/ਸਪੁਰਦਦਾਰੀ [səpurdgi/səpurdədari] *n.f.* act of entrusting, custody, charge, responsibility

ਸਪੂਤ [səput] *n.m.* same as ਸਪੁੱਤਰ

ਸੰਪੂਰਕ [sə̃purək] *adj.* supplementary

~ ਕੋਣ *n.m. geom.* supplementary angle

ਸੰਪੂਰਨ [sə̃purəṇ] *adj.* complete, completed, finished; total, whole, entire

ਸੰਪੂਰਨਤਾ [sə̃purənta] *n.f.* completeness, wholeness, entirety

ਸਪੇਰਾ [səpera] *n.m.* same as ਸਪਾਧਾ, snake-charmer

ਸਪੋਲ਼ੀਆ [səpoḷia] *n.m.* a small or young snake; *fig. adj.m.* cunning, sly, dangerous

ਸਫ਼ [səf] *n.f.* mat of reed, straw or palm leaves; line, row

~ ਬੰਦੀ *n.f.* battle line, battle array, battle order

~ ਵਲ੍ਹੇਟਣੀ *ph.* to pack up, prepare to leave

ਸਫ਼ਰ [səfər] *n.m.* journey, travel, peregrination

~ ਕਰਨਾ *con.v.* to travel, journey, peregrinate

~ ਨਾਮਾ *n.m.* travelogue

ਸਫ਼ਰਾ [səfəra] *n.m.* see ਪਿੱਤ, bile

ਸਫ਼ਰੀ [səfəri] *adj.* useful or meant for use during ਸਫ਼ਰ

ਸਫਲ [səphəl] *adj.* fruitful, successful, effectual, efficacious, effective

ਸਫਲਤਾ [səphəlta] *n.f.* success, victory, triumph, achievement, fruitfulness

ਸਫਲਤਾਪੂਰਨ [səphəltapurn] *adv.* successfully, effectively, fruitfully; also ਸਫਲਤਾਪੂਰਵਕ

ਸਫਲਾ [səphla] *adj.m.* same as ਸਫਲ

ਸਫ਼ਾ¹ ['səfa] *n.m.* page (of book)

ਸਫ਼ਾ² [sə'fa] *adj.* same as ਸਾਫ਼

ਸਫ਼ਾਇਆ [səfaɪa] *n.m.* elimination, extinction, annihilation, eradication

ਸਫ਼ਾਈ [səfai] *n.f.* cleanliness, cleanness, hygiene, sanitation; evidence or statement in defence *esp.* during a court case, defence, exculpation, vindication

~ ਸੇਵਕ *n.m.* sweeper, scavenger

~ ਦਾ ਗਵਾਹ *ph.* defence witness

~ ਪਸੰਦ *adj.* of clean, sanitary habits

ਸਫ਼ਾਚੱਟ [səfacəṭṭ] *adj.* quite clean, *lit.* licked clean, empty; close-shaven, bald; completely wiped out

ਸ.ਫਾਜੰਗ [səfajə̃g] *n.m.* battle-axe, halberd

ਸ.ਫਾਰਸ਼ [səfarṣ] *n.f.* recommendation

~ **ਕਰਨੀ** *con.v.* to recommend, commend

ਸ.ਫਾਰਸ਼ੀ [səfarṣi] *adj.* recommendatory; (one) who recommends or is recommended; (some or something) that is promoted through ਸ.ਫਾਰਸ਼ and not on merit alone

ਸ.ਫਾਰਤ [səfarət] *n.f.* ambassy, diplomatic mission

ਸ.ਫਾਰਤਖਾਨਾ [səfarətkhana] *n.m.* embassy (building or office)

ਸ.ਫਾਰਤੀ [səfarti] *adj.* ambassadorial, diplomatic

ਸ.ਫੀਤੀ [səfiti] *n.f.* increase, growth, expansion, inflation

ਸ.ਫੀਰ [səfir] *n.m.* ambassador, envoy

ਸ.ਫੂਫ [səfuf] *n.m.* finely powdered substance *esp.* medicine

ਸਫੁਰਤੀ [səphurti] *n.f.* same as ਫੁਰਤੀ; agility; pulsation, palpitation, inspiration, afflatus

ਸ.ਫੇਦ [səfɛd] *adj.* white, bleached, undyed; blank (paper)

~ **ਹਾਥੀ** *n.m.* white elephant, a burdensome, expensive liability

~ **ਝੂਠ** *n.m.* blatant lie, obvious untruth, a whopper

~ **ਪੋਸ਼** *adj.* (one) wearing white or neat and clean dress, natty; *n.m.* a gentleman; a village dignitary during the British rule in Punjab

ਸ.ਫੇਦਾ [səfɛda] *n.m.* eucalyptus, *Salix tetrasperma;* white paint in paste form, putty, white lead; zinc oxide; whitish variety of mango or of muskmelon

ਸ.ਫੇਦੀ [səfɛdi] *n.f.* whiteness; whitewash; white of egg

~ **ਕਰਨੀ** *con.v.* to whitewash

ਸਬਕ [səbək] *n.m.* lesson, instruction (*usu.* moral)

~ **ਸਿਖਾਉਣਾ** *ph.* to teach someone a lesson, punish

ਸਬਜ਼ [səbəz] *adj.* green, verdant

~ **ਬਾ.ਗ ਵਿਖਾਉਣੇ** *ph.* to lead (one) up the garden path, tempt, inveigle by giving exaggerated account of prospects, give false hopes

ਸਬਜ਼ਾ [səbza] *n.m.* greenery, verdure, green vegetation; emerald

ਸਬਜ਼ੀ [səbzi] *n.f.* greenness; vegetable, esculent, a vegetable dish

~ **ਦੀ ਖੇਤੀ** *ph.* olericulture

~ **ਦੀ ਦੁਕਾਨ** *ph.* greengrocery

~ **ਫਰੋਸ਼** *n.m.* greengrocer, vegetable-seller

~-**ਭਾਜੀ** *n.f.* vegetable dish, cooked vegetable

~ **ਮੰਡੀ** *n.f.* vegetable market

ਸੰਬੱਧ [sə̃bə́dd] *adj.* attached, connected, linked

ਸੰਬੰਧ [sə̃bə̃́d] *n.m.* relation, connection, link, relationship, affinity, kinship, alliance, association

~ **ਕਾਇਮ ਕਰਨਾ** *con.v.* to establish relations or relationship

~ **ਕਾਰਕ** *n.m.* possessive case

ਸੰਬੰਧਹੀਣ [sə̃bə̃́də̃hiṇ] *adj.* unrelated, unconnected, without kinship, lone

ਸੰਬੰਧਕ [sə̃bədək] *n.m.* one who unites in relations; *gr.* conjunctive

ਸੰਬੰਧਕੀ [sə̃bə̃́dki] *adj.* pertaining to relationship

ਸੰਬੰਧ ਵਾਚਕ ਪੜਨਾਂਵ [sə̃bə̃́d vacək pəṛnāv] *n.m.* relative pronoun

ਸੰਬੰਧਿਤ [sə̃bə̃́dɪt] *adj.* related, connected, linked, concomitant

ਸੰਬੰਧੀ[1] [sə̃bə̃́di] *n.m.* relative, kin, kinsman, relation, cognate, kindred

ਸੰਬੰਧੀ[2] *suff.* connected with, pertaining to, about

ਸਬੱਬ [səbəbb] *n.m.* reason, cause; favourable coincidence or situation

~ **ਨਾਲ/ਸਬੱਬੀਂ** *adv.* by chance, coincidently

ਸਬਰ [səbər] *n.m.* patience, contentment; tolerance

~ **ਆਉਣਾ** *con.v.* to be patient, content, satisfied, satiated

~ ਸੰਤੋਖ/~ ਸਬੂਰੀ *n.m./n.f.* same as ਸਬਰ
~ ਕਰਨਾ *con.v.* to be patient, content
~ ਦਾ ਘੁੱਟ ਭਰਨਾ *ph.* same as ਸਬਰ ਕਰਨਾ
~ ਨਾ ਕਰਨਾ *con.v.* to lose patience, despair; to be greedy

ਸੱਬਰਕੱਤਾ [səbbərkətta] *adj.* enough, abundant, plentiful

ਸੰਬਰਨਾ [sə̃bərna] *v.t.* to sweep, broom

ਸੰਬਰਾਉਣਾ [sə̃bərauṇa] *v.t.* to get (some surface) swept, broomed

ਸਬਲ [sə'bəl] *adj.* forceful, powerful, strong, potent; healthy

ਸੱਬਲ਼ [səbbəḷ] *n.m.* crowbar

ਸਬਲਤਾ [sə'bəlta] *n.f.* forcefulness, powerfulness, strength, potency; healthiness

ਸਬਾਇਆ [səbaɪa] *adj.m.* same as ਸਾਰਾ, all, total

ਸਬਾਤ [səbat] *n.f.* kitchen

ਸਬੀਲ [səbil] *n.f.* plan, scheme

ਸਬੂਣ [səbuṇ] *n.m.* same as ਸਾਬਣ, soap

ਸਬੂਤ [səbut] *n.m.* proof, testimony, evidence, demonstration, substantiation
~ ਦੀ ਜ਼ੁਮੇਵਾਰੀ *n.f.* onus or burden of proof
~ ਦੇਣਾ/ਪੇਸ਼ ਕਰਨਾ *con.v.* to prove, give proof, substantiate, affirm

ਸਬੂਤਾ [səbuta] *adj.m.* same as ਸਾਬਤ[1] *adv.* without chewing or munching, whole, uncut, uncrushed

ਸੰਬੋਧ [sə̃bód] *n.m.* comprehension, perception, cognition, understanding, knowledge

ਸੰਬੋਧਨ [sə̃bódən] *n.m.* address, call, addressing; *gr.* vocative
~ ਕਰਨਾ *con.v.* to address
~ ਕਾਰਕ *n.m.* vocative case
~ ਵਿਧੀ *n.f.* form or manner of addressing

ਸੰਬੋਧਨਵਾਚੀ [sə̃bódənvaci] *adj. (gr.)* vocative

ਸੰਬੋਧਨੀ [sə̃bódəni] *adj.* pertaining to ਸੰਬੋਧਨ

ਸੰਬੋਧਿਤ [sə̃bódɪt] *adj.* (person) addressed or called
~ ਕਰਨਾ *con.v.* to address

ਸਭ [səb] *adj.* all, every, total, whole, entire, all and sundry; also **ਸਭਸ/ ਸਭਨਾ/ ਸੱਭਾ/ ਸਭੇ/ ਸਭੈ/**
~ ਹੱਛਾ *n.m.* the report all correct, okay, o.k.
~ ਕੁਝ *n.m.* everything, every bit

ਸੰਭਲ਼ ਕੇ [sə̃bbəḷ ke] *adv.* cautiously, carefully, with care, warily, watchfully

ਸੰਭਲ਼ਨਾ [sə̃bbəḷna] *v.i.* to maintain or recover balance; to be careful, alert, cautious; to be warned; to be held or supported

ਸੰਭਵ [sə̃bə̃v] *adj.* possible, probable, likely, practicable, verisimilar

ਸਭਾ [sə́ba] *n.f.* assembly, council, meeting, congregation, convention, synod; association, social body or organisation, society
~ ਸਦ *n.m.* member of a ਸਭਾ
~ ਸੱਦਣੀ/~ ਬੁਲਾਉਣੀ *con.v.* to call, convene, hold a meeting
~ ਪਤੀ *n.m.* president, chairman, chairperson, prolocutor, presiding officer, head
~ ਮੰਚ *n.m.* stage or platform of a ਸਭਾ

ਸੱਭਾ [sə́bba] *adj.* see under **ਸਭ**, all

ਸੰਭਾਲ਼ [sə̃bàḷ] *n.f.* care, upkeep, maintenance, conservation, preservation; protection, safe custody, custody; nourishment, upbringing; careful holding, use, handling or storage
~ ਕਰਨੀ *con.v.* to take care of, look after

ਸੰਭਾਲ਼ਨਾ [sə̃bàḷna] *v.t.* to feed, nourish, bring up, sustain; to hold, use, handle or keep safely or properly; to support, prop, help; to protect, keep in safe custody; to take over, take charge

ਸੰਭਾਲੂ[1] [sə̃bàḷu] *adj.m.* (depec.) excessively worried, concerned or watchful about one's charge; stingy, miserly; fem. ਸੰਭਾਲ਼ੋ

ਸੰਭਾਲ[2] *n.m.* a type of shrub, *Vitex negundo*

ਸੰਭਾਵਨਾ [sə̃bàvna] *n.f.* possibility, probability, likelihood, verisimilitude; practicability

ਸੰਭਾਵਿਤ [sə̃bàvɪt] *adj.* imagined, supposed

ਸੰਭਾਵੀ [sə̃bàvi] *adj.* hypothetical; same as ਸੰਭਵ

~ **ਭਵਿੱਖ ਕਾਲ** *n.m.* contingent future tense

ਸੱਭਿ/ਸੱਭਿਆ [sə́bb/sə́bɪa] *adj.* cultured, genteel, well-bred, well-mannered, civil, civilised, polite, courteous

ਸੱਭਿਅਤਾ [sə́bbɪəta] *n.f.* culture, civilisation, gentility, decency, good manners

ਸੱਭਿਆਚਾਰ [sə́bbɪacar] *n.m.* same as ਸਭਿਅਤਾ; civility, cultured conduct or behaviour; moral living

ਸੱਭਿਆਚਾਰਿਕ/ਸੱਭਿਆਚਾਰੀ [sə́bbɪacarɪk/sə́bbɪacari] *adj.* cultural

ਸੰਭੋਗ [sə̃bòg] *n.m.* coitus, coition, sexual act, sexual intercourse

ਸਮ [səm] *adj.* equal, even, level; similar, same; *pref.* denoting similarity or equality

~ **ਅੰਗਤਾ** *n.f.* isomerism

~ **ਅੰਗੀ** *adj.* isomerous

~ **ਕਾਲੀ** *adj.* contemporary, coeval

~ **ਕੇਂਦਰ** *n.m.* homocentre

~ **ਕੇਂਦਰੀ** *adj.* concentric, homocentric

~ **ਕੋਣ** *n.m.* rightangle

~ **ਕੋਣੀ ਖੰਡ** *n.m.* quadrant

~ **ਕੋਣੀ ਤਲ** *n.m. isogon*

~ **ਚਤਰਭੁਜ/~ ਚੁਕੋਣ** *n.f.* rhombus

~ **ਜਾਤ** *adj.* see ਹਮਜਿਨਸ, homogeneous

~ **ਤਿਕੋਣ** *n.f.* equilateral triangle

~ **ਤੁੱਲ** *adj.* stable, balanced

~ **ਤੋਲ** *n.m.* equilibrium

~ **ਦਰਸ਼ੀ** *adj.* impartial, unbiased, unprejudiced towards friends and foes alike

~ **ਦਰਿਸ਼ਟੀ** *n.f.* impartiality, neutrality

~ **ਭਾਰਰੇਖਾ** *n.f.* isobar

~ **ਰੰਗੀ** *adj.* homochromatic

~ **ਲੰਬ ਚਤਰਭੁਜ** *n.f.* trapezium

~ **ਵਰਤੀ** *adj.* concurrent; contiguous

ਸੰਮ [sə̃mm] *n.m.* metallic ring or sleeve at the end of a club or stick

~ **ਚੜ੍ਹਾਉਣਾ** *con.v.* to fix a ਸੰਮ (to a stick or a club); to have a ਸੰਮ fixed

ਸਮਸਤ [səməst] *adj.* same as ਸਭ, all

ਸਮੱਸਿਆ[1] [səməssɪa] *n.f.* problem, puzzle, a difficult question or situation requiring a solution, difficulty

~ **ਹੱਲ ਕਰਨੀ** *ph.* to solve a problem, find a solution to a ਸਮੱਸਿਆ

~ **ਖੜ੍ਹੀ ਹੋ ਜਾਣੀ** *ph.* for a ਸਮੱਸਿਆ to arise

ਸਮੱਸਿਆ[2] *n.f.* a line set as a topic or as prosodic model for writing a complete poem

~ **ਪੂਰਤੀ** *n.f.* completing a stanza or poem on the given clue

ਸਮੱਸਿਆਜਨਕ [səməssɪajənək] *adj.* causing a ਸਮੱਸਿਆ, problematic

ਸਮੱਸਿਆਪੂਰਨ [səməssɪapurn] *adj.* full of difficulties, fraught with problems, problematic, puzzling

ਸਮੱਸਿਆਮਈ [səməssɪaməi] *adj.* same as ਸਮੱਸਿਆਪੂਰਨ; enigmatic

ਸਮੱਗਰ [səməggər] *adj.* same as ਸਭ, all

ਸਮੱਗਰੀ [səməggəri] *n.f.* material, ingredients, stuff, equipment, tools, appliances, provisions (collectively)

ਸਮਗਲਰ [səməglər] *n.m.* smuggler

ਸਮਗਲਿੰਗ [səməglĩg] *n.f.* smuggling

ਸਮਝ [sə́məj] *n.f.* understanding, comprehension, prehension, knowledge, perception, sense, intellect, intelligence, savvy

~ **ਆਉਣਾ** *con.v.* to be understood, perceived

~ **ਆਉਣੀ** *con.v.* same as prec., to see the light; to learn a lesson; to come to one's senses

ਸਮਝਣਾ [sə́məjəṇa] *v.t.* to understand, perceive, grasp, savvy, follow, realize, comprehend; to think, deem, suppose; to have (a question, problem) explained

ਸਮਝਦਾਰ [sə́məjdar] *adj.* wise, intelligent, sensible, astute; shrewd, prudent

ਸਮਝਦਾਰੀ [sə́məjdari] *n.f.* sensibleness, astuteness, shrewdness, prudence

ਸਮਝਾਉਣਾ [səmjàuṇa] *v.t.* to advise, instruct, explain, make one understand

ਸਮਝੌਤਾ [səmjɔ̀ta] *n.m.* compromise, reconciliation, settlement, agreement,

treaty, pact, accord
~ ਕਰਨਾ *con.v.* to compromise, reconcile, arrive at a ਸਮਝੌਤਾ, conclude a ਸਮਝੌਤਾ, come to terms with
ਸਮਝੌਤਾਵਾਦ [səmjɔ̃tavad] *n.m.* conciliationism
ਸੰਮਣ [sə̃mməṇ] *n.m.* summons
ਸੰਮਤ [sə̃mmət] *n.m.* Indian calendar era; particular or specified years of an Indian calendar
ਸਮਤਲ [səmtəl] *adj.* level, plane, flat, smooth
~ ਰੇਖਾ ਗਣਿਤ *n.m.* plane geometry
ਸਮਤਾ [səmta] *n.f.* equality; uniformity; similarity, likeness
ਸਮਤਾਪ ਰੇਖਾ [səmtap rekha] *n.f.* isotherm
ਸਮਤਾਵਾਦ [səmtavad] *n.m.* egalitarianism
ਸਮਤਾਵਾਦੀ [səmtavadi] *adj.* egalitarian
ਸਮਤੀ/ਸੰਮਤੀ [səmti/sə̃mməti] *n.f.* opinion, view, consent, willingness; vote; agreement; *cf.* ਸਮਿਤੀ
ਸਮਦਬਾਉ ਰੇਖਾ [səmdəbao rekha] *n.f.* isobar
ਸਮਰੱਥ [səmrətth] *adj.* capable, able, competent, powerful or strong enough, fit, authorised, entitled
ਸਮਰਥਕ [səmərthək] *adj. & n.m.* supporter, backer, backup, corroborator, vindicator, follower
ਸਮਰਥਨ [səmərthən] *n.m.* support, backing, corroboration, vindication
~ ਕਰਨਾ/~ਦੇਣਾ, *con.v.* to support, back, corroborate, vindicate, follow, confirm, give or lend support
ਸਮਰੱਥਾ [səmrəttha] *n.f.* capability, ability, competence, fitness; power, strength, authority
ਸਮਰੱਥਾਹੀਣ [səmrətthahiṇ] *adj.* incapable, unable, incompetent, unfit, weak, powerless, devoid of power or authority
ਸਮਰਪਣ [səmərpəṇ] *n.m.* dedication, devotion, surrender
~ ਕਰਨਾ *con.v.* to dedicate, devote, surrender
~ ਮੁੱਲ *n.m.* surrender value
ਸਮਰਪਿਤ [səmərpɪt] *adj.* dedicated, devoted, surrendered
~ਕਰਨਾ *con.v.* same as ਸਮਰਪਣ ਕਰਨਾ
ਸਮਰਾਟ [səmraṭ] *n.m.* emperor
ਸਮਰੂਪ [səmrup] *adj.* identical, exactly similar, analogous
ਸਮਰੂਪਤਾ [səmrupta] *n.f.* identity, identicalness, similarity, sameness, analogy
ਸਮਰੂਪੀ [səmrupi] *adj.* same as ਸਮਰੂਪ
ਸਮਰੇਖੀ [səmrekhi] *adj.* collinear
ਸਮਾ [sə'ma] *v.form.* nominative of ਸਮਾਉਣਾ
~ ਜਾਣਾ *con.v.* to be absorbed; *informal.* to die
ਸਮਾਂ ['səmā̃] *n.m.* time, period, duration; season; prevailing circumstances
~ ਗਵਾਉਣਾ/~ ਨਸ਼ਟ ਕਰਨਾ *con.v.* to waste time
ਸੰਮਾਂ [səmmā̃] *n.m.* piece of sugarcane with one or more nodes used as seed
ਸਮਾਉਣਾ [səmauṇa] *v.i.* to be adjusted or accommodated; to be absorbed, assimilated, imbibed; to commingle, combine; to be contained, held; *v.i.* to permeate, pervade
ਸਮਾਈ [səmai] *n.f.* adjustment, assimilation, absorption, accommodation
ਸਮਾਸ [səmas] *n.m. (gr.)* compound word; formation of compound words
ਸਮਾਗਮ [səmagəm] *n.m.* function, celebration; gathering, reunion
ਸਮਾਚਾਰ [səmacar] *n.m.* news, information, intelligence, report, message, tidings
~ ਦੇਣਾ *con.v.* to convey, communicate, carry or break news, inform, report
~ ਪੱਤਰ *n.m.* newspaper, tabloid, news bulletin, newsletter
ਸਮਾਜ [səmaj] *n.m.* society, community, public, cultural or social group, institution or organisation, brotherhood
~ ਸੰਬੰਧੀ *adj.* social
~ ਸੇਵਾ *n.f.* social service

~ ਸ਼ਾਸਤਰ *n.m.* sociology
~ ਸ਼ਾਸਤਰੀ *n.m.* sociologist
~ਵਿਗਿਆਨ *n.m.* social science, social studies; sociology
~ ਵਿਰੋਧੀ *adj.* anti-social
ਸਮਾਜਵਾਦ [səmajvad] *n.m.* socialism
ਸਮਾਜਵਾਦੀ [səmajvadi] *adj.* socialist
ਸਮਾਜਿਕ [səmajık] *adj.* social
ਸਮਾਜਿਕ ਢਾਂਚਾ/ ਸਮਾਜਿਕ ਪਰਨਾਲੀ [səmajık ṭãca/səmajik pərnali] *n.m./ n.f.* social system
ਸਮਾਜੀਕਰਨ [səmajikərn] *n.m.* socialisation
ਸਮਾਜੀਕਰਿਤ [səmajikərıt] *adj.* socialised
ਸਮਾਧ [səmád] *n.f.* tomb, sepulchre, shrine raised over the ashes of a deceased person
ਸਮਾਧਾਨ [səmadàn] *n.m.* removal (of doubt or objection); solution, answer, adjustment (of problem or situation)
ਸਮਾਧੀ [səmádi] *n.f.* same as ਸਮਾਧ; deep meditation, contemplation, concentration as a mystic exercise or experience, trance; sitting posture for meditation
~ ਲਾਉਣੀ *con.v.* to take a sitting posture for ਸਮਾਧੀ; to go into trance or deep meditation, internalise the senses
ਸਮਾਨ¹ [səman] *n.m.* luggage, baggage, goods, chattels; equipment, apparatus; provisions, material
~ ਢੋਣਾ *con.v.* to carry or transport goods
~ ਬੰਨ੍ਹਣਾ *con.v.* to pack up; to pack luggage
ਸਮਾਨ² *adj.* equal, similar, like, alike, identical, same, equivalent; consistent, consonant, congruous; *pref.* denoting equality or similarity, equi
~ ਉਚਾਰਨ *n.m.* homophony
~ ਉਚਾਰਨ ਵਾਲ਼ਾ *adj.* homophonous
~ ਉਚਾਰਨ ਵਾਲ਼ਾ ਸ਼ਬਦ *n.m.* homophone
~ ਅਨੁਪਾਤ *n.m.* proportion
~ ਅਰਥੀ ਸ਼ਬਦ *n.m.* synonym
~ ਸਮ *adj.* congruent, congruous
~ ਸਮਤਾ *n.f.* congruity, congruousness
~ ਸੁਰ *adj.* assonant
~ ਸੁਰ ਸ਼ਬਦ *n.m.* assonant
~ ਸੁਰਤਾ *n.f.* assonance
~ ਰੰਗ *adj.* isochromatic
ਸਮਾਨ³ *n.m. colloq.* see ਅਸਮਾਨ²
ਸਮਾਨੰਤਰ [səmanə̃tər] *adj.* parallel, equidistant
~ ਕਰਨਾ *con.v.* to make parallel, collimate
ਸਮਾਨੰਤਰਤਾ [səmanə̃tərta] *n.f.* parallelism, equality, similarity, likeness, identicalness, equivalence; sameness; consistency, consonance
ਸਮਾਨਾਰਥਿਕ [səmanarthık] *adj.* synonymous
ਸਮਾਨੀਕਰਨ [səmanikərn] *n.m.* see ਸਮੀਕਰਨ, equalisation
ਸਮਾਪਤ [səmapət] *adj.* finished, completed, ended, concluded, terminated, expired
ਸਮਾਪਤੀ/ਸਮਾਪਨ [səmapəti/səmapən] *n.f./ n.m.* completion, end, ending, finale, conclusion, finalization; termination, expiry
ਸਮਾਰਕ [səmarək] *n.m.* memorial, monument; memento
~ ਵਸਤੂ *n.f.* souvenir
ਸਮਾਰਕੀ [səmarki] *adj.* memorial, moumental
ਸਮਾਰੋਹ [səmaró] *n.m.* function, celebration, social gathering, get-together
~ ਕਰਨਾ *con.v.* to hold or arrange a ਸਮਾਰੋਹ
ਸਮਾਵੇਸ਼ [səmaveṣ] *n.m.* inclusion, comprisal, subsumption
ਸਮਿਤੀ [səmıti] *n.f.* committee
ਸਮਿਲਿਤ [səmılıt] *adj.* included, mixed, united, combined, joined, annexed
ਸਮੀਕਰਨ [səmikərn] *n.m.* equalising, equating, equalisation, equation, assimilation
~ ਕਰਨਾ *con.v.* to equalise, equate
ਸਮੀਖਿਆ [səmikhıa] *n.f.* review, careful, detailed or critical study, critique, commentary, analysis
~ਸ਼ਾਸਤਰ *n.m.* criticism, art of criticism
~ ਸ਼ਾਸਤਰੀ *n.m.* critic

~ ਕਰਨੀ *con.v.* to review, criticise, comment upon, conduct a thorough study (of or about)

ਸਮੀਖਿਆਕਾਰ/ਸਮੀਖਿਅਕ [səmikhıakar/ səmikhıək] *n.m.* reviewer, critic, analyser

ਸਮੀਖਿਆਕਾਰੀ [səmikhıakari] *n.f.* art or act of literary criticism

ਸਮੀਖਿਆਤਮਿਕ [səmikhıatmık] *adj.* analytical

ਸਮੀਪ [səmip] *adv.* near, about, beside, by the side of, in the vicinity or proximity of, close to

ਸਮੀਪਤਾ [səmipta] *n.f.* nearness, closeness, proximity, vicinity, contiguity, propinquity

ਸਮੀਪਵਰਤੀ/ਸਮੀਪੀ [səmipvərti/səmipi] *adj.* adjoining, contiguous, proximate, close, near

~ ਭੂਤਕਾਲ *n.m. (gr.)* near past

ਸਮੁੱਚ/ਸਮੁੱਚਤਾ [səmucc/səmuccəta] *n.m./ n.f.* totality, entirety, wholeness, overallness

ਸਮੁੱਚਾ [səmucca] *adj.m.* total, entire, whole, overall, aggregate

ਸਮੁਚਿਤ [səmucıt] *adj.* proper, befitting, suitable

ਸਮੁਚਿਤਤਾ [səmucıtəta] *n.f.* properness, fitness, suitablity

ਸਮੁੰਦਰ [səmũdər] *n.m.* sea, ocean; *informal* milk, water

~ ਗਾਹੁਣ ਵਾਲ਼ਾ *n.m.* seafarer

~ ਗਾਹੁਣਾ *con.v. n.m.* seafaring

~ ਝੱਗ *n.f.* dorsel, scale or bone of cattlefish (used as a drug)

~ ਤਟ *n.m.* seashore, coast, beach, seaboard

~ ਤਟੀ *adj.* coastal, littoral

~ ਤਲ *n.m.* sea-bed; sea level

~ ਪੱਧਰ *n.f.* sea level

~ ਪਾਰ *adv.* overseas, abroad, across the sea

ਸਮੁੰਦਰੀ [səmũdəri] *adj.* oceanic, pelagic; naval; maritine, seaborne, marine

~ ਅੱਡਾ *n.m.* naval base

~ ਸਫ਼ਰ *n.m.* voyage

~ ਜਹਾਜ਼ *n.m.* ship

~ ਡਕੈਤੀ *n.f.* piracy

~ ਡਾਕੂ *n.m.* pirate, sea rover

~ ਫ਼ੌਜ *n.f.* navy

~ ਮੁਸਾਫ਼ਰ *n.m.* voyager

~ ਰਸਤੇ *n.m. pl.* sea routes

~ ਰਸਤੇ ਵਪਾਰ *ph.* maritime or sea-borne trade

ਸਮੁਦਾ [səmuda] *n.m.* group, social group or body, assemblage, cluster, crowd, community

ਸਮੁਦਾਇਕ [səmudaık] *adj.* pertaining to ਸਮੁਦਾ communal

ਸਮੁਦਾਈ [səmudai] *n.m.* member of a ਸਮੁਦਾ; *adj.* same as ਸਮੁਦਾਇਕ

ਸਮੂਹ [səmú] *n.m.* assemblage, crowd, throng, mass, multitude, concourse, congeries, collection; heap, lot, swarm, group; (*maths.*) a set; *adj.* same as ਸਰਬੱਤ

~ ਨਿਰਮਾਨ ਰੂਪ *n.m.* set, (*maths.*) set-builder

~ ਵਾਚੀ *adj. (gr.)* collective (noun)

ਸਮੂਹਵਾਦ [səmúvad] *n.m.* collectivism

ਸਮੂਹਵਾਦੀ [səmúvadi] *adj.* collectivist

ਸਮੂਹਿਕ [səmuhık] *adj.* collective, cumulative

ਸਮੂਰ [səmur] *n.m.* chamois, rupicapra, chamois leather; skin or fur of sable or marten

ਸਮੇਟਣਾ [səmeṭəṇa] *v.t.* to collect, gather, garner, amass; to fold, roll up; to finish, clear; *informal.* to consume, eat up, devour; to appropriate

ਸਮੇਟੂ [səmeṭu] *adj.* (one) who collects, gathers, consumes or appropriates greedily; greedy, gluttonous, gourmand

ਸਮੇਤ [səmet] *prep.* together with, alongwith, *adv.* including, inclusive of, accompanied by

ਸੰਮੇਲਨ [sə̃mmelən] *n.m.* convention, gathering, assembly, meeting, congregation

ਸਮੋਸਾ [səmosa] *n.m.* a kind of Indian snack

ਸਮੋਣਾ [səmoṇa] *v.t.* to absorb, subsume, assimilate, incorporate
ਸੱਯਦ [səyyəd] *n.m.* saiyid, sayyid, a muslim caste descended directly from Prophet Mahammad through Fatima and Ali; *fem.* ਸੱਯਦਣ, ਸੱਯਦਾਣੀ
ਸੱਯਾਹ [səyyá] *n.m.* traveller, tourist, explorer
ਸੱਯਾਦ [səyyad] *n.m.* bird-catcher, fowler, hunter
ਸੰਯੁਕਤ [sə̃yukt] *adj.* see ਸੰਜੁਗਤ, joint
ਸੰਯੋਗ [sə̃yog] *n.m.* see ਸੰਜੋਗ, concordance
ਸੰਯੋਜਕ [sə̃yojək] *n.m. (gr.)* conjunction *adj.* conjunctive, connective
ਸਰ¹ [sər] *n.m.* see ਸਿਰ¹, head; same as ਸਰੋਵਰ, sacred tank or lake; sir
ਸਰ² *n.f.* leaves of elephant grass or other reed plants; trump
~ ਬਣਾਉਣੀ *con.v.* to make a trump
ਸਰਾਂ ਮੱਲਣ *n.m.* a game of cards similar to bridge
ਸਰਾਂ ਮੱਲਣੀਆਂ *ph.* to bid for trumps
ਸਰ³ *adj.* conquered
~ ਕਰਨਾ *ph.* to conquer, reduce, overcome, subdue, defeat; to accomplish; to win
ਸਰ⁴ *v.form.* nominative of ਸਰਨਾ
ਸਰਸ¹ [sərəs] *adj.* juicy, watery, fresh, palatable, delicious, sweet, luscious pleasing, attractive
ਸਰਸ² [sərs] *v.form.* nominative of ਸਰਸਣਾ
ਸਰਸਣਾ [sərəsṇa] *v.t.* to blossom, ripen; to be pleased, happy
ਸਰਸਤਾ [sərəsta] *n.f.* juiciness
ਸਰਸਬਜ਼ [sərsəbəz] *adj.* (of flora, field) luxuriant, verdant
ਸਰ ਸਰ [sər sər] *n.f.* rustling sound, rustle
~ ਕਰਨਾ *con.v.* to rustle
ਸਰਸਰਾਹਟ [sərsəráṭ] *n.f.* same as *prec.*
ਸਰਸਰੀ [sərsəri] *adj.* hurried, casual, superficial, cursory
~ ਨਜ਼ਰ/~ ਨਿਗਾਹ *n.f.* hurried look, cursory glance or study, superficial or casual survey
ਸਰਸਾ¹ ['sərəsa] *adj.m.* same as ਸਰਸ¹; satisfied, pleased
ਸਰਸਾ² ['sərsa] *n.m.* name of a town in Haryana, *n.f.* name of a stream in the Punjab
ਸਰਸਾਹੀ [sərsái] *n.f.* a small unit or measure of weight; a unit of area, 3 square metre approximately
ਸਰਸਾਮ [sərsam] *n.m.* a disease affecting the brain, cerebritis, brain fever
ਸਰਸ਼ਾਰ [sərṣar] *adj.* overflowing, steeped in, intoxicated
ਸਰਹੱਦ [sərhədd] *n.f.* border, boundary, frontier (*usu.* of country or state); borderland, border line
~ ਸੈਨਾ *n.f.* frontier force, border guards or force, boundary force
ਸਰਹੱਦਬੰਦੀ [sərhəddbə̃di] *n.f.* demarcation, delimitation of ਸਰਹੱਦ
ਸਰਹੱਦੀ [sərhəddi] *adj.* pertaining to ਸਰਹੱਦ, frontier
~ਚੌਕੀ *n.f.* border post or picquet
ਸਰਹਾਣਾ [səràṇa] *n.m.* same as ਸਿਰਹਾਣਾ, pillow
ਸਰਹਾਂਦੀ [sərâdi] *adv.* at or towards the head of a bed
ਸਰਕ [sərk] *v.form.* imperative of ਸਰਕਣਾ, move
ਸਰਕਸ [sərkəs] *n.m.* circus
ਸਰਕਸ਼ [sərkəṣ] *adj.* rebellious, in revolt, up in arms, defiant; insubordinate
ਸਰਕਸ਼ੀ [sərkəṣi] *n.f.* rebellion, revolt, defiance; insubordination
ਸਰਕਟ [sərkəṭ] *n.m.* circuit
~ ਹਾਊਸ *n.m.* circuit house
ਸਰਕੰਡਾ [sərkə̃ḍa] *n.m.* thick growth of elephant grass, *saccharum sara or saccharum munja*
ਸਰਕਣਾ [sərkəṇa] *v.i.* to move a little, slide, shift, slip; to creep, crawl
ਸਰਕਰਦਗੀ [sərkərdgi] *n.f.* leadership, prominence
ਸਰਕਰਦਾ [sərkərda] *adj.* prominent, influential; chief, leading
ਸਰ ਕਰਨਾ [sər kərna] *v.t.* see under ਸਰ³, to conquer

ਸਰਕਲ [sərkəl] *n.m.* circle

ਸਰਕੜਾ [sərəkṛa] *n.m.* see ਸਰਕੰਡਾ

ਸਰਕਾਉਣਾ [sərkauṇa] *v.t.* to move, push, shift, slide

ਸਰਕਾਰ [sərkar] *n.f.* government, civil administration, ministry; rule; honorific form of address for ruler, officer or master

ਸਰਕਾਰੀ [sərkari] *adj.* of or pertaining to government, governmental, official, public, state

ਸਰਕਾਰੇ ਦਰਬਾਰੇ [sərkare dərbare] *adv.* in government circles, in high places

ਸਰਕੋਬੀ [sərkobi] *n.f.* suppression, quelling (of rebels, mutineers)

~ **ਕਰਨਾ** *con.v.* to suppress, quell, crush, put down (rebellion or mutiny)

ਸਰਗ [sərg] *adj.* (cattle) with one horn turned upwards and the other downwards

ਸਰਗਨਾ [sərgəna] *n.m.* leader, head, chief, (*usu.* of a group of criminals or rebels)

ਸਰਗਮ [sərgəm] *n.f.* (music) gamut, key, system of seven ascending or descending notes, sol-fa

ਸਰਗਰਮ [sərgərm] *adj.* active, actively engaged, zealously busy; enthusiastic, intent, energetic, diligent

ਸਰਗਰਮੀ [sərgərmi] *n.f.* activeness, zeal, enthusiasm

ਸਰਗਰਮੀਆਂ *n.f.pl.* activities

ਸਰੰਗੀ [sərə̃gi] *n.f.* a string instrument of the inverted violin type

ਸਰਗੁਣ [sərguṇ] *adj.* endowed with qualities or attributes; immanent aspect of God as against transcendent

ਸਰਘੰਡ [sərkə̃ḍ] *n.m.* seed or seedpod of hemp

ਸਰਘੀ [sə́rgi] *n.f.* pre-dawn meal taken by Mohammadans observing fast during the month of Ramzan; early morning meal, early breakfast

~ **ਵੇਲ਼ਾ** *n.m.* pre-dawn, early morning

ਸੰਰਚਨਾ [sə̃rəcna] *n.f.* structure, see ਰਚਨਾ[1], construction

~ **ਵਾਦ** *n.m.* structuralism

~ **ਵਾਦੀ** *adj.* structuralist

ਸਰਜ [sərj] *n.f.* serge

ਸਰਜਨ [sərjən] *n.m.* surgeon

ਸਰਜ਼ਮੀਨ [sərzəmin] *n.f.* land, territory (of a country)

ਸਰੰਜਾਮ [sərə̃jam] *adj.* completed, accomplished, fulfilled, performed

~ **ਦੇਣਾ** *v.t.* to complete, accomplish, fulfil, perform

ਸਰਟੀਫ਼ਿਕੇਟ [sərṭifıkeṭ] *n.m.* certificate

ਸਰਤਾਜ [sərtaj] *n.m.* master, ruler; husband; glorious head or leader

ਸਰਦ [sərd] *adj.* cold, cool, chill, chilly

~ **ਗਰਮ** *adj.* feverish, exposed to sudden cold

ਸਰਦਈ [sərdəi] *adj.* light-green with yellowish tinge

ਸਰਦਲ [sərdəl] *n.f.* bottom piece of a door frame; threshold, doorstep

ਸਰਦਾ[1] [sərda] *n.m.* a kind of musk melon, *Cucumismelo*

ਸਰਦਾ[2] *v.form.* of ਸਰਨਾ; *adj.* just enough, sufficient or manageable

~ **ਪੁਜਦਾ** *adj.m.* well-to-do, well off, prosperous, rich, affluent

~ **ਬਣਦਾ** *adj.m.* easily spared, (donated or given) according to one's means or capacity

ਸਰੰਦਾ [sərə̃da] *n.m.* a kind of musical string instrument

ਸਰਦਾਈ [sərdai] *n.f.* a nourishing cold drink *usu.* made with crushed poppy-seed, almond and sugar

ਸਰਦਾਰ [sərdar] *n.m.* chief, chieftain, commander, leader; lord; eminent person; junior commissioned officer in the army; an appellative for a Sikh; a Sikh

ਸਰਦਾਰੀ [sərdari] *n.f.* chiefship, leadership, position, rank or status of ਸਰਦਾਰ; hegemony, sway, domination

ਸਰਦਾਰੀਵਾਦ [sərdarivad] *n.m.* hegemonism

ਸਰਦਾਰੀਵਾਦੀ [sərdarivadi] *adj.* hegemonistic, hegemonist

ਸਰਦੀ [sərdi] *n.f.* cold, coldness, cool, chill; cold weather, winter
~ **ਲੱਗਣੀ** *v.i.* to feel cold, catch cold
ਸਰਧਾ [sə́rda] *n.f.* same as ਸ਼ਰਧਾ, faith
ਸਰਨ[1] [sərn] *n.f.* same as ਸ਼ਰਨ, refuge
ਸਰਨ[2] *n.m.* a disease of cattle causing lameness in hind legs
ਸਰਨਾ[1] [sər'na] *n.m.* a kind of herb used as laxative
ਸਰਨਾ[2] ['sərna] *v.i.* to be sufficient, make do, suffice, be within one's means or ability
ਸਰਨਾਈ [sərnái] *n.f.* same as ਸ਼ਹਿਨਾਈ
ਸਰਨਾਟਾ [sərnaṭa] *n.m.* whistling or whizzing sound of wind during gale storm or hurricane
ਸਰਨਾਵਾਂ [sərnavã] *n.m.* address, *usu.* postal address, letterhead
ਸਰਨੀਆਂ [sərnıã] *adj.m.* (animal) suffering from ਸਰਨ[2]
ਸਰਪ [sərp] *n.m.* see ਸੱਪ, snake
ਸਰਪ ਗੰਧਾ [sərp gə̃da] *n.m.* a plant with thin serpentine trunk, aphioxylon
ਸਰਪੰਚ [sərpə̃c] *n.m.* elected head of village council, chairman of panchayat
ਸਰਪੰਚੀ [sərpə̃ci] *n.f.* post or function of ਸਰਪੰਚ
ਸਰਪਟ/ਸਰਪੱਟ [sərpəṭ/sərpəṭṭ] *adv.* galloping at breakneck speed; at full speed
ਸਰਪਰ [sərpər] *adv.* in any case, surely, certainly; ultimately
ਸਰਪ੍ਰਸਤ/ ਸਰਪਰਸਤ [sərpərəst] *n.m.* guardian, patron, trustee; protector, chaperon; sponsor
ਸਰਪ੍ਰਸਤੀ/ ਸਰਪਰਸਤੀ [sərpərəsti] *n.f.* guardianship, patronage, trusteeship, tutelage; chaperonage, protectorship; sponsorship
ਸਰਫ਼ [sərf] *n.m.* expenditure, expense; a popular brand of detergent Surf
~ **ਕਰਨਾ** *con.v.* to spend, incure expenditure
ਸਰਫਾ [sərpha] *n.m.* economy, thrift, frugality, careful spending, miserliness
~ **ਕਰਨਾ** *con.v.* to exercise economy, spend thriftly, save, scrimp
ਸਰਫੇਖੋਰ/ਸਰਫੇਖੋਰਾ [sərphekhor/sərphekhora] *adj.* frugal, thrifty, scrimpy, parsimonious; stingy, skimpy, miserly
ਸਰਬ [sərb] *adj.* same as ਸਭ, all; *pref.* indicating totality or universality
~ **ਉੱਚ** *adj.* supreme
~ **ਉਪਰੀ** *adj.* topmost, highest
~ **ਅਧਿਕਾਰੀ** *n.m. & adj.* (officer) with full powers, plenipotentiary
~ **ਈਸ਼ਵਰਵਾਦ** *n.m.* pantheism
~-**ਸਧਾਰਨ** *adj.* most common, commonplace, universal; ecumenical
~ **ਸੰਮਤੀ** *n.f.* unanimity
~ **ਸੰਮਤੀ ਨਾਲ਼** *ph.* unanimously
~ **ਸਮਰੱਥ** *adj.* omnipotent, almighty
~ **ਸਾਂਝਾ** *adj.m.* common to all humanity
~ **ਸ਼ਕਤੀਮਾਨ** *adj.* same as ਸਰਬ ਸਮਰੱਥ
~ **ਹਿੰਦ** *adj.* all-India
~ **ਕਲਾ ਸਮਰੱਥ/** ~ **ਕਲਾ ਭਰਪੂਰ** *ph.* possessor of all virtues, master of all arts
~ **ਕਾਲੀ** *adj.* eternal
~ **ਨਾਸ** *n.m.* total disaster, absolute destruction, annihilation
~ **ਪੱਖੀ** *adj.* all-round, comprehensive, versatile
~ **ਪਾਲਕ** *adj.* sustainer of all, an attribute of God
~ **ਲੋਹ** *n.m.* all-steel, steel, pure steel
~ **ਵਿਆਪਕ/** ~**ਵਿਆਪੀ** *adj.* omnipresent, ubiquitous, all-pervasive, universal
ਸਰਬੰਸ [sərbə̃s] *n.m.* entire family or class
~ **ਦਾਨ** *n.m.* total sacrifice
~ **ਦਾਨੀ** *adj.* (one) who sacrifices one's all
ਸਰਬੱਗ [sərbəgg] *adj.* omniscient
ਸਰਬੰਗ [sərbə̃g] *adj.* onmibus, all-purpose, multi-purpose; also ਸਰਬੰਗੀ
ਸਰਬੰਗਸਮ [sərbə̃gsəm] *adj.* congruent; congruous
ਸਰਬੰਗਸਮਤਾ [sərbə̃gsəmta] *n.f.* congruence, congruency
ਸਰਬੱਗਤਾ [sərbəggta] *n.f.* omniscience
ਸਰਬਜਨਕ [sərəbjənək] *adj.* public, relat-

ing to people in general

ਸਰਬੱਤ [sərbətt] *adj.* all, entire, whole, plenary, all and sundry

~ **ਸੰਗਤ** *n.f.* the entire congregation

~ **ਕਾ ਭਲਾ** *ph.* concluding phrase of the supplicatory prayer of the Sikhs, *lit.* welfare of all and everywhere, universal well-being

~ **ਖਾਲਸਾ** *n.m.* plenum, plenary meeting representative of all baptized Sikhs; the entire Sikh community

ਸਰਬੱਤਰ [sərbəttər] *adv.* everywhere

ਸਰਬਰਾਹ [sərəbrá] *n.m.* leader; manager, agent, person authorised to act on another's *esp.* a minor's behalf, fiduciary

ਸਰਬਰਾਹੀ [sərəbrái] *n.f.* office or function of ਸਰਬਰਾਹ

ਸਰਬਾਲ੍ਹਾ [sərbála] *n.m.* bridegroom's companion (during marriage ceremonies), bestman

ਸਰਮਾਇਆ [sərmaıa] *n.m.* capital, funds, investment; property, wealth, possessions *esp.* movable property

~ **ਲਾਉਣਾ** *con.v.* to invest capital, make investment

ਸਰਮਾਏਦਾਰ [sərmaedar] *adj.* capitalist; wealthy, rich

ਸਰਮਾਏਦਾਰੀ [sərmaedari] *n.f.* possession of ਸਰਮਾਇਆ

~ **ਨਜ਼ਾਮ** *n.m.* capitalist system, capitalism

ਸਰਲ [sərl] *adj.* easy, simple, straight, plain; artless, homely; facile

~ **ਸੁਭਾ** *adj.* simple-minded, good-natured, guileless

~ **ਕਰਨਾ** *con.v.* to simplify

~ **ਕੋਣ** *n.m.* straight angle

~ **ਬਣਾਉਣਾ** *con.v.* same as ਸਰਲ ਕਰਨਾ

~ **ਰੇਖਾ** *n.f.* straight line

ਸਰਲਤਾ [sərlta] *n.f.* easiness, simplicity, facility; artlessness, guilelessness

ਸਰਲੀਕਰਨ [sərlikərn] *n.m.* simplification

ਸਰਵਨ ਕਰਨਾ [sərvən kərna] *con.v.* to hear, listen to

ਸਰਵਰ [sərvər] *n.m.* same as ਸਰੋਵਰ, holy tank; chief

ਸਰਵਾ [sərva] *adj.m.* green, unripe; fresh, soft, young

ਸਰਵਾਹੀ [sərvái] *n.f.* see ਸਰੋਹੀ, sword

ਸਰਵਾਰਨਾ [sərvarna] *n.m.* a form of blessing by revolving a coin or currency note around the head of the person blessed, the money then being given to the attending menial

~ **ਕਰਨਾ** *con.v.* to perform ਸਰਵਾਰਨਾ

ਸਰਵਾੜ [sərvár̤] *n.f.* see ਸਰਕੰਡਾ

ਸਰਵੇ/ਸਰਵੇਖਣ [sərve/sərvekhəṇ] *n.m.* survey; inspection, review

~ **ਕਰਨਾ** *con.v.* to survey, inspect, review

ਸਰ੍ਹੋਂ [sə́rõ] *n.f.* rapeseed plant or crop, *Brassica campestris* or *napus;* black mustard, *Brassica nigra* or *eruca;* rapeseed

ਅੱਖਾਂ ਅੱਗੇ ~ ਫੁੱਲਣੀ *ph.* to be temporarily blind; to be astounded, stunned with sudden fear

ਹੱਥਾਂ ਉਤੇ ~ ਜਮਾਉਣੀ *ph.* to perform a miracle, produce unexpected result instantly

ਸਰਾਂ[1] ['sərã] *n.f.* inn, tavern, serai, caravanserai

ਸਰਾਂ[2] [sərã] *n.f. pl.* of ਸਰ[3], trumps; *n.m.pl.* of ਸਰ[2], sacred tanks

ਸਰਾਸਰ [sərasər] *adv.* absolutely, entirely, from beginning to end, from end to end, totally

ਸਰਾਹੁਣਾ [səráuṇa] *v.t.* see ਸਲਾਹੁਣਾ, to praise

ਸਰਾਧ [sərád] *n.m.* Hindu rite of feasting Brahmins for the benefit of dead ancestor's soul; such feast

~ **ਕਰਨਾ** *con.v.* to perform ਸਰਾਧ

ਸਰਾਪ [sərap] *n.m.* curse, malediction, imprecation, execration

~ **ਲੱਗਣਾ** *con.v.* to be under a ਸਰਾਪ, accursed

ਸਰਾਪਣਾ [sərapəṇa] *v.t.* to curse, invoke a ਸਰਾਪ, imprecate or maledict a curse upon, damn; also ਸਰਾਪ ਦੇਣਾ

ਸਰਾਪਿਆ/ਸਰਾਪੀ [sərapıa/sərapi] *adj.m./ adj.f.* accursed, damned

ਸਰਾਫ਼[1] [səraf] *n.m.dia.* see ਸਰਾਪ; jeweller, goldsmith

ਸਰਾਫ਼ਾ ਬਜ਼ਾਰ [sərafa bəzar] *n.m.* street or market where jewellers transact business

ਸਰਾਫ਼ੀ [sərafi] *n.f.* trade or occupation of ਸਰਾਫ਼

ਸਰਾਲ [səral] *n.f.* python

ਸਰਾਲ਼ਾ [sərala] *n.m.* a tall, prickly kind of grass

ਸਰਾਲ਼ੀ [sərali] *n.f.* a type of plant with esculent root

ਸਰਿਸ਼ਟੀ [sərıṣṭi] *n.f.* same as ਸ੍ਰਿਸ਼ਟੀ, creation

ਸਰਿਸ਼ਤੇਦਾਰ [sərıṣṭedar] *n.m.* senior court clerk, head clerk or superintendent of a legal office

ਸਰਿਸ਼ਤੇਦਾਰੀ [sərıṣṭedari] *n.f.* office or function of ਸਰਿਸ਼ਤੇਦਾਰ

ਸਰਿੰਜ [sərĩj] *n.f.* syringe

ਸਰੀਆ [səria] *n.m.* iron rod or bar

ਸਰੀਹਣ [sərin̤] *adv.* clearly, evidently, openly, plainly, publicly

ਸਰੀਖਾ [sərikha] *adj. & adv.* see ਸਾਰਖਾ, like, alike

ਸਰੀਰ [sərir] *n.m.* body, physique, soma; person

~ **ਛੱਡਣਾ**/~ **ਤਿਆਗਣਾ** *ph.* to die

ਸਰੀਰਕ/ਸਰੀਰੀ [sərirək/səriri] *adj.* bodily, corporal, corporeal, physiological, somatic

~ **ਕਿਰਿਆ** *n.f.* functioning or function of body

~ **ਕਿਰਿਆ ਵਿਗਿਆਨ** *n.m.* physiology

~ **ਕਿਰਿਆ ਵਿਗਿਆਨੀ** *n.m.* physiologist

ਸਰੂ [səru] *n.m.* fir, cypress, larch

~ **ਕੱਦ** *adj.* tall and slim, graceful

ਸਰੂਪ [sərup] *n.m.* form, shape, configuration, appearance

ਸਰੂਰ [sərur] *n.m.* mild intoxication or tipsiness; pleasure, joy, delight, happiness, ecstasy, exhilaration

~ **ਆਉਣਾ** *con.v.* to feel ਸਰੂਰ

ਸਰੇਸ਼ [səreṣ] *n.f.* glue

ਸਰੇਸ਼ਟ [səreṣṭ] *adj.* see ਸ੍ਰੇਸ਼ਟ, superior

ਸਰੇਵੜਾ [sərevəra] *n.m.* Jain sadhu; a kind of bird

ਸਰੋਆ [səroa] *n.m.* wooden spoon for pouring clarified butter over sacrificial fire

ਸਰੋਹੀ [sərói] *n.f.* a kind of sword

ਸਰੋਕਾਰ [sərokar] *n.m.* relation, connection, concern, business relation

~ **ਰੱਖਣਾ** *con.v.* to have or keep ਸਰੋਕਾਰ

ਸਰੋਜ [səroj] *n.m.* lotus (flower)

ਸਰੋਤ [sərot] *n.m.* same as ਸ੍ਰੋਤ, source

ਸਰੋਦ [sərod] *n.f.* a kind of musical string instrument; melody, music

ਸਰੋਦੀ [sərodi] *adj.* melodious, musical, lyrical

ਸਰੋਪਾ [səropa] *n.m.* robe of honour, a length of cloth bestowed as a mark of honour

ਸਰੋਵਰ [sərovər] *n.m.* pond, pool, tank, lake, *usu.* a sacred one

ਸਰੌਤਾ [sərɔta] *n.m.* betel-nut cutter, nutcracker

ਸੱਲ [səll] *n.m.* hole bored in timber; perforation; *fig.* intense grief, shock; feeling of deprivation or bereavement

~ **ਪਾਉਣਾ**/~ **ਮਾਰਨਾ** *con.v.* to bore a hole

~ **ਲੱਗਣਾ** *ph.* to suffer shock, grief, deprivation, bereavement

ਸੰਲਗਨ [səlәgən] *adj.* joined, united, adjacent, adjoining; engaged, busy

~ **ਕੋਣ** *n.m.* adjacent angle

~ **ਪੱਤਰ** *n.m.* enclosure, supplement

ਸਲੰਡਰ [sələ̃ḍər] *n.m.* cylinder

ਸਲੰਡਰੀ [sələ̃ḍəri] *adj.* cylinderical

ਸੱਲਣਾ [səllən̤a] *v.t.* to cause shock or grief, *usu.* ਕਲੇਜਾ ਸੱਲਣਾ; to bore a hole

ਸਲਤਨਤ [sələtnət] *n.f.* kingdom, empire, realm, dominions, domain

ਸਲਫ਼ਰ [səlfər] *n.m.* see ਗੰਧਕ; sulphur

ਸੱਲਰ [səllər] *n.m.* splice *esp.* short splice

~ **ਲਾਉਣਾ** *con.v.* to splice

ਸਲਵਾਰ [səlvar] *n.f.* a type of loose trousers *usu.* worn by females

ਸਲ਼ੰਘ/ਸਲ਼ੰਘਾ [səḷə̃g/səḷə̃ga] *n.f./n.m.* pitchfork

ਸਲ੍ਹਾਬ/ਸਲ੍ਹਾਬਾ [səlàb/səlàba] *n.f./n.m.* dampness, moisture, seepage. water-logging

ਸਲ੍ਹਾਬਿਆ [səlàbıa] *adj.m.* damp, moist, wet, water-logged

ਸੱਲਾ [səlla] *n.m.* dry sesame stalk

ਸਲਾਈ [səlai] *n.f.* knitting needle, bodkin; *colloq.* see ਸਵਾਈ

ਸਲਾਹ¹ [səlá] *v.form.* imperative of ਸਲਾਹੁਣਾ, praise

ਸਲਾਹ² *n.f.* advice, counsel, consultation; opinion; intention, intent

~ ਕਰਨੀ *con.v.* to consult, hold consultation, confer; to make up one's mind; to take advice or counsel

~ ਦੇਣੀ *con.v.* to advise, give or express opinion

~-ਮਸ਼ਵਰਾ *n.m.* consultation, confabulation, conference

~ ਲੈਣੀ *con.v.* to consult, take or ask for advice or opinion

ਸਲਾਹਕਾਰ [səlákar] *n.m.* adviser, counseller

ਸਲਾਹੀਅਤ [səláiət] *n.f.* same as ਸਮਰੱਥਾ, capability

ਸਲਾਹੁਣਯੋਗ [səláuṇyog] *adj.* admirable, laudable, praiseworthy

ਸਲਾਹੁਣਾ [səláuṇa] *v.t.* to praise, admire, eulogise, extol, applaud, laud

ਸਲਾਖ਼ [səlax] *n.f.* rod, bar; same as ਸਰੀਆ

ਸਲਾਦ [səlad] *n.m.* salad, lettuce, *Lactuca stiva*

ਸਲਾਨਾ [səlana] *adj.* annual, yearly

ਸਲਾਮ [səlam] *n.f.* a form of greeting, salutation for or among Muslims; *lit.* peace, safety, well-being; salutation, compliments

~ ਕਰਨੀ *con.v.* to salute, greet, pay compliments, wish

~ ਦੁਆ *n.f.* exchange of greeting or salutation; formal relationship, acquaintance

~ ਦੇਣਾ *con.v.* to send for

ਸਲਾਮਤ [səlamət] *adj.* safe and sound, in peace, in good health or condition, protected

~ ਰਹਿਣਾ *con.v.* to be ਸਲਾਮਤ

~ ਰਹੋ *ph.* a blessing, may you live long and happily

ਸਲਾਮਤੀ [səlamәti] *n.f.* well-being, safety

ਸਲਾਮਾਲੈਕਮ [səlamalɛkəm] *n.f.* same as ਸਲਾਮ

ਸਲਾਰਾ [səlara] *n.m.* a type of embroidered cotton shawl; a kind of bird, a kind of weed

ਸਲਾਰੀ [səlari] *n.f.* a kind of medicine

ਸੱਲਿਆ [səllıa] *adj.m.* with a hole bored; grief-stricken, grieved

ਸਲੀਸ [səlis] *adj.* easy, simple yet literary (language)

ਸਲੀਕਾ [səlika] *n.m.* etiquette, good manners, decorum, good social behaviour, politeness; right way to do a thing, dexterity, adroitness

ਸਲੀਕਾਦਾਰ/ਸਲੀਕਾਮੰਦ [səlikadar/səlikamə̃d] *adj.* well-mannered, civil, polite; dexterous, adroit

ਸਲੀਕਾਦਾਰੀ/ਸਲੀਕਾਮੰਦੀ [səlikadari/səlikamə̃di] *n.f.* civility, gentlemanliness

ਸਲੀਤਾ [səlita] *n.m.* bag for packing tentage

ਸਲੀਪਰ [səlipər] *n.m.* a type of footwear, slippers; rectangular log, sleeper, sleeping car or coach

~ ਪਾਉਣਾ *con.v.* to wear slippers

ਸਲੀਬ [səlib] *n.f.* the cross, a Christian symbol

ਸਲੀਵ [səliv] *n.f.* sleeve

ਸਲ਼ੂ [səḷu] *n.m.* boot-lace, laces

ਸਲੂਕ [səluk] *n.m.* treatment, behaviour, conduct; dealing; mutual understanding, unity, amity

~ ਕਰਨਾ *con.v.* to treat, behave towards, deal with

~ ਰੱਖਣਾ *con.v.* to remain united or on good terms

ਸਲੂਕਾ [səluka] *n.m* .half-sleeved jacket or bodice

ਸਲੂਣਾ [səluṇa] *n.m.* cooked vegetable dish; *adj.* saltish, saline; tasty, savoury

ਸਲੂਣਾਪਣ [səluṇapəṇ] *n.m.* saltishness, salinity; saltish taste

ਸਲੇਸ਼ [səleṣ] *n.m.* adhesion, adhesiveness; contact, embrace; equivoque, paronomasia, pun

ਸਲੇਸ਼ਾਤਮਿਕ [səleṣatmɪk] *adj.* equivocal, pronomastic; adhesive

ਸਲੇਟ [səleṭ] *n.f.* slate

ਸਲੇਟੀ[1] [səleṭi] *n.f.* slate-pencil, *adj.* deep blue

ਸਲੇਟੀ[2] *adj.f.* woman belonging to Sial tribe or caste; an epithet of Heer (a heroine of Punjabi folklore)

ਸਲੋਸ਼ਨ [səloṣən] *n.m.* solution, particularly the one used for mending rubber tubes

ਸਲੋਹਾ [səlóa] *n.m.* a kind of creeper, *Puerasia tuberosa*

ਸਲੋਕ [səlok] *n.m.* couplet or short stanza; *slang.* abuse

~ **ਉਚਾਰਨਾ** *con.v.* to compose or recite ਸਲੋਕ

~ **ਸੁਣਾਉਣੇ** *con.v.* to recite ਸਲੋਕ, *slang.* to utter abuses

ਸਲੋਣਾ [səloṇa] *adj.m.* having beautiful charming eyes, handsome

ਸਲੋਤਰ [səlotər] *n.m.* heavy club; wooden pestle for pounding cannabis or hemp

ਸਲੋਤਰੀ [səlotəri] *n.m.* veterinary doctor *esp.* a specialist in horse diseases

ਸਵਖਤਾ [səvəkhta] *n.m.* early time, early morning

ਸਵਖਤੇ [səvəkhte] *adv.* early, early in the morning; tomorrow

ਸਵੱਛ [səvəcch] *adj.* same as ਸੁੱਛ, clean

ਸਵੱਯਾ [səvəyya] *n.m.* a prosodic metre or form *usu.* of four rhyming lines

ਸਵਰਨ [səvərən] *n.m.* gold

~ **ਕਾਰ** *n.m.* goldsmith

~ **ਮੰਦਰ** *n.m.* the holy Sikh shrine Harmandir, the Golden Temple at Amritsar

ਸਵਰਨਾ [səvərna] *v.i.* see ਸੌਰਨਾ, to be set right or decorated

ਸਵਰਾਜ [səvraj] *n.m.* self-government, autonomy, independence, self-rule

ਸਵਾ [səva] *adj.m.* one and a quarter; *pref.* meaning a quarter added to a whole number

ਸਵਾਉਣਾ [səvauṇa] *v.t.* see ਸੁਆਉਣਾ, to lay to sleep; to get (garment) stitched

ਸਵਾਇਆ [səvaɪa] *adj.m.* one and a quarter times, *informal.* a little, in a small quantity

~ **ਗੱਫਾ** *n.m.* a small share (of food, *esp.* of sacred food)

ਸਵਾਈ[1] [səvai] *adj.f.* same as ਸਵਾਇਆ

ਸਵਾਈ[2] *n.f.* stitching or tailoring charges, quality of stitching, tailoring

ਸਵਾਦ [səvad] *n.m.* same as ਸੁਆਦ, taste

ਸੰਵਾਦ [sə̃vad] *n.m.* conversation, dialogue, interlocution; news, information

~**ਦਾਤਾ** *n.m.* correspondent, news reporter

ਸਵਾਂਧਾ [səvə̃da] same as ਸੁਆਂਧਾ, parting line of hair

ਸਵਾਬ [səvab] *n.m.* same as ਪੁੰਨ, charity

ਸਵਾਰ[1] [səvar] *n.m.* rider, horseman, cavalry soldier; *suff.* meaning rider as in ਘੋੜਸਵਾਰ

~ **ਹੋਣਾ** *con.v.* to ride, mount, get into or on to (a vehicle); to embus, emplane, embark, board, get on board; *fig.* to domineer, boss over, bawl

ਸਵਾਰ[2] *v.form.* imperative of ਸਵਾਰਨਾ, improve, spruce

ਸਵਾਰਨਾ [səvarna] *v.t.* same as ਸੁਆਰਨਾ

ਸਵਾਰੀ [səvari] *n.f.* ride, riding; conveyance, mount, carriage, vehicle, transport; passenger

~ **ਕਰਨੀ** *con.v.* same as ਸਵਾਰ ਹੋਣਾ

ਸਵਾਲ [səval] *n.m.* question, query, problem; proposition, sum; request, entreaty

~ **ਹੱਲ ਕਰਨਾ** *ph.* to solve a problem

~ **ਕਰਨਾ** *con.v.* to question, put a question, ask; to beg

~ **ਜਵਾਬ** *n.m.* question-answer, discussion, controversy, wrangle, dialogue, interlocution

~ **ਪਾਉਣਾ** *con.v.* to put a question; to demand, request, beg for something; to set a question or problem

ਸਵਾਲੀ [səvali] *adj. & n.m.* petitioner, beggar

ਸਵਾਲੀਆ [səvalia] *adj.* interrogative
~ ਚਿੰਨ੍ਹ/~ ਨਿਸ਼ਾਨ *n.m.* question mark, sign of interrogation
ਸਵਿਸਤਾਰ/ਸਵਿਸਥਾਰ [səvıstar/səvısthar] *adj.* detailed, thorough, exhaustive, comprehensive, elaborate; *adv.* thoroughly, exhaustively, comprehensively, elaborately
ਸੰਵਿਧਾਨ [sə̃vıdàn] *n.m.* constitution
ਸੰਵਿਧਾਨਿਕ [sə̃vıdànık] *adj.* constitutional
ਸਵੀਕਾਰ [səvikar] *adj.* same as ਸ੍ਵੀਕ੍ਰਿਤ, accepted
ਸਵੇਗ [səveg] *adj.* speedily, rapidly, swiftly, with full force, headlong
ਸੰਵੇਗ [sə̃veg] *n.m.* excitement, flurry, commotion
ਸੰਵੇਦਨ [sə̃vedən] *n.m.* feeling, sensibility, emotion
~ ਸ਼ਕਤੀ *n.f.* emotive faculty or capacity, sensitivity
ਸੰਵੇਦਨਸ਼ੀਲ [sə̃vedənṣil] *adj.* emotional, sensitive, emotionable
ਸੰਵੇਦਨਸ਼ੀਲਤਾ [sə̃vedənṣilta] *n.f.* sensitiveness, sensibility, emotionableness
ਸੰਵੇਦਨਾ [sə̃vedəna] *n.f.* feeling or expression of pain or sorrow
ਸਵੇਰ [səver] *n.f.* morning, early morning, dawn; also *n.m.* ਸਵੇਰਾ
~ ਸਾਰ *adv.* early in the morning, at dawn
ਸਵੇਰੇ [səvere] *adv.* early, too early, early tomorrow
ਸਵੇਲ਼ਾ [səveḷa] *n.m. dia.* see ਸਵੇਰ
ਸੜ [səṛ] *v.form.* nominative of ਸੜਨਾ
~ ਬਲ ਜਾਣਾ *ph.* to burn with anger or envy
~ ਮਰਨਾ *con.v.* to be burnt to death; to commit self-immolation by fire; *adj.m.* touchy, edgy, irascible, testy; extremely hard-working, industrious; cantankerous, ill-natured
ਸੜਕ [səṛk] *n.f.* road, highway
ਸੜਕੇ~/ ਸੜਕੋਂ ~ *adv.* on or along a ਸੜਕ, by road
ਸੜਕਨ [səṛkən] *n.f.* burning sensation
ਸੜਨ [səṛən] *n.f.* burning sensation; decay, rot, putrefaction, decomposition; jealousy, grouchiness, sulkiness
~ ਭੁੱਜਣ *n.f.* jealousy, envy, peevishness
ਸੜਨਾ [səṛna] *v.i.* to burn, flame, blaze; to decay, rot, putrefy, decompose; to be jealous, envious, grouchy, sulky; (for plants) to wilt, wither, perish, die
ਸੜਵਾਉਣਾ [səṛvauṇa] *v.t.* to have something burnt
ਸੜ੍ਹ [sə́ṛ] *n.f.* same as ਸੱਲਰ, splice
ਸੜ੍ਹਾਂਦ/ਸੜਿਆਂਧ/ਸੜ੍ਹਿਆਨ/ਸੜੇਹਾਨ [sərā̆d/ sərıā̆d/sərıàn/sərеàn] *n.f.* stink, stench, foul smell, miasma, reek, strong unpleasant smell
ਸੜਾਉਣਾ [səṛauṇa] *v.t.* same as ਸੜਵਾਉਣਾ; to cause to ferment or decompose
ਸੜੀਅਲ/ਸੜੂ [səṛiəl/səṛu] *adj.* peevish, sulky, ill-natured, ill-humoured, cantankerous; irascible; grumpy, surly
ਸ੍ਰਾਧ [sərád] *n.m.* see ਸਰਾਧ
ਸ੍ਰਿਸ਼ਟੀ/ ਸਰਿਸ਼ਟੀ [sərıṣṭi] *n.f.* Creation, universe; construction
~ ਕਰਤਾ *n.m.* Creator, God
~ ਵਿਗਿਆਨ *n.m.* natural philosophy or science; cosmology, cosmogony
ਸ੍ਰੀ/ਸਿਰੀ [sıri] *adj.m.* an honorific prefixed to the name of a person, deity or sacred thing; Mr.
~ ਸਾਹਿਬ *n.f. informal.* sword
ਸ੍ਰੀਫਲ/ਸਰੀਫਲ [sırifəl] *n.m.* quince, *Cydonia oblonga*
ਸ੍ਰੀਮਤੀ/ਸਿਰੀਮਤੀ [sırimәti] *adj.f.* same as ਸ੍ਰੀ; Mrs, madam
ਸ੍ਰੀਮਾਨ/ਸਿਰੀਮਾਨ [sıriman] *adj.m.* same as ਸ੍ਰੀ; Sir, respected sir
ਸ੍ਰੇਸ਼ਟ/ਸਰੇਸ਼ਟ/ਸ੍ਰੇਸ਼ਠ/ਸਰੇਸ਼ਠ [səreṣṭ/səreṣṭh] *adj.* superior, superb, excellent, great, eminent, noble, honourable
ਸ੍ਰੇਸ਼ਠਤਾ/ਸਰੇਸ਼ਠਤਾ [səreṣṭhta] *n.f.* superiority, superbness, excellence, greatness, eminence, nobility, nobleness, honourableness
ਸ੍ਰੇਵੜਾ [sərevəṛa] *n.m.* see ਸਰੇਵੜਾ, Jain monk
ਸ੍ਰੋਤ/ਸਰੋਤ [sərot] *n.m.* source, origin, provenance, provenience; spring
ਸ੍ਰੋਤਾ/ਸਰੋਤਾ [sərota] *n.m.* hearer, listener
~- ਗਣ/ ਸ੍ਰੋਤੇ *n.m. pl.* audience

ਸੁਸਥ/ਸਵਸਥ [səvəsth] *adj.* healthy, hale, robust, vigorous, in sound health

ਸੁਸਥਤਾ/ਸਵਸਥਤਾ [səvəsthta] *n.f.* ਸੁਸਥ condition, good or normal health, haleness, robustness; vigour

ਸੁੱਛ/ਸਵੱਛ [səvəcch] *adj.* neat, clean, tidy, pure, unsoiled, undefiled

~ ਕਰਨਾ *con.v.* to clean, cleanse, purify, make ਸੁੱਛ

ਸੁੱਛਤਾ/ਸਵੱਛਤਾ [səvəcchta] *n.f.* neatness, cleanness, tidiness, purity

ਸੁੰਬਰ/ਸਵੰਬਰ [səvə̃bər] see ਸੁਵੰਬਰ

~ ਰਚਨਾ/~ ਰਚਾਉਣਾ *con.v.* to hold a ਸੁੰਬਰ

ਸੁੰਬਰੀ/ਸਵੰਬਰੀ [səvə̃bəri] *adj.* pertaining to ਸੁੰਬਰ

ਸੁਰ/ਸਵਰ [səvər] *n.m.* voice, sound, pitch; tone, accent; tune, note; vowel

~ ਅੰਤਰੀ *adj.* intervocalic

~ ਸਿੱਧੀ *n.f.* voice control, practice or proficiency in vocal music

~ ਸ਼ਾਸਤਰ *n.m.* phonology, phonetics

~ ਚਿੰਨ੍ਹ *n.m.* vowel sign or symbol

~ ਤੰਤੂ *n.m. pl.* vocal cords

~ ਯੰਤਰ *n.m.* larynx

~ ਲਮਕਾ *n.m.* prolongation of vowels

~ ਲੋਪ *n.m.* elision

ਸੁਰਗ/ਸਵਰਗ [səvərg] *n.m.* same as ਸੁਰਗ

ਸੁਰਗੀ/ਸਵਰਗੀ [səvərgi] *adj.* heavenly; the late, deceased

ਸੁਰਾਜ [səvraj] *n.m.* same as ਸਵਰਾਜ, self-rule

ਸੁਾਸ/ਸਵਾਸ [səvas] *n.m.* breath

~-ਕਿਰਿਆ *n.f.* respiration, breathing

~ ਛੱਡਣੇ *con.v.* to breathe one's last, die

~ ਪ੍ਰਣਾਲੀ/~ ਪ੍ਰਬੰਧ *n.f./n.m.* respiratory system

~ ਪ੍ਰਵਾਹ *n.m.* respiration

ਸੁਾਸਤਿਕ/ਸਵਾਸਤਿਕ [səvastık] *n.m.* swastika, fylfot

ਸੁਾਂਗ/ਸਵਾਂਗ [səvãg] *n.m.* see ਸਾਂਗ[1], mimicry

ਸੁਾਗਤ/ਸੁਆਗਤ [səvagət] *n.m.* welcome, reception; acceptance

~ ਕਰਨਾ *con.v.* to welcome, receive or accept gladly or formally

ਸੁਾਗਤੀ/ਸਵਾਗਤੀ [səvagti] *adj.* welcome, in connection with or on the occasion of ਸੁਾਗਤ

~ ਭਾਸ਼ਨ *n.m.* welcome address

ਸੁਾਦ/ਸਵਾਦ [səvad] *n.m.* see ਸੁਆਦ

ਸੁਾਦਿਸ਼ਟ/ਸਵਾਦਿਸ਼ਟ [səvadıṣṭ] *adj.* same as ਸੁਆਦਲਾ, tasty

ਸੁਾਧੀਨ/ਸਵਾਧੀਨ [səvadin] *adj.* independent, free, self-ruled, self-governing, autonomous

ਸੁਾਧੀਨਤਾ/ਸਵਾਧੀਨਤਾ [səvadinta] *n.f.* independence, freedom, autonomy, self-rule, self-government, liberty

~ ਸੰਗਰਾਮ *n.m.* war of independence, struggle for freedom

ਸੁਾਮੀ/ਸਵਾਮੀ [səvami] *n.m.* master, owner; lord, ruler; husband; a holyman, hermit, recluse, ascetic; an appellation for holy men

~-ਭਗਤ *adj.* liege, loyal, faithful to ਸੁਾਮੀ

~-ਭਗਤੀ *n.f.* loyalty, faithfulness, devotion, fealty, fidelity

ਸੁਾਰਥ/ਸਵਾਰਥ [səvarth] *n.m.* self-interest, selfishness; moral need; family function

~-ਸਿੱਧੀ *n.f.* fulfilment of own desire or self-interest

ਸੁਾਰਥਵਾਦ/ਸਵਾਰਥਵਾਦ/ਸੁਾਰਥਾਚਾਰ/ਸਵਾਰਥਾਚਾਰ [səvarthvad/səvarthacar] *n.m.* jobbery, self-seeking, corruption

ਸੁਾਰਥੀ/ਸਵਾਰਥੀ [səvarthi] *adj.* selfish, self-seeking, self-centred

ਸ੍ਵੀਕ੍ਰਿਤ/ਸਵੀਕਰਿਤ [səvikərıt] *adj.* accepted, approved, sanctioned, assented to; owned up, acknowledged, confessed; agreed to, admitted, avowed; granted

ਸ੍ਵੀਕ੍ਰਿਤੀ/ਸਵੀਕਰਿਤੀ [səvikərıti] *n.f.* acceptance, approval, sanction, assent; confession, admission, avowal

ਸ੍ਵੀਕਾਰ/ਸਵੀਕਾਰ [səvikar] *adj.* similar to ਸ੍ਵੀਕ੍ਰਿਤ;

~ ਕਰਨਾ/ਸਵੀਕਾਰਨਾ [svikarna] *con.v.* to accept, approve, sanction, grant; to confess, admit, avow

ਸ੍ਵੈ/ਸਵੈ [səvɛ] *pref.* denoting self

ਸ੍ਵੈਇੱਛਾ/ਸਵੈਇੱਛਾ [səveıccha] *n.f.* willingness, free will, desire

ਸ੍ਵੈਇੱਛਿਤ/ਸਵੈਇੱਛਿਤ [səvɛɪchhət] *adj.* voluntary, of own accord, of own choosing, desired; arbitrary

ਸ੍ਵੈਸੰਜਮ/ਸਵੈਸੰਜਮ [səvɛsə̃jəm] *n.m.* self-control, self-restraint, continence, temperance, discipline

ਸ੍ਵੈਸੰਜਮੀ/ਸਵੈਸੰਜਮੀ [səvɛsə̃jmi] *adj.* continent, temperate

ਸ੍ਵੈਸਨਮਾਨ/ਸਵੈਸਨਮਾਨ [səvesənman] *n.m.* self-respect, self-esteem

ਸ੍ਵੈਸਿੱਧ/ਸਵੈਸਿੱਧ [səvɛsídd] *adj.* self-evident

ਸ੍ਵੈਸੁਝਾ/ਸਵੈਸੁਝਾ [səvɛsujà] *n.m.* auto-suggestion

ਸ੍ਵੈਹਿਤ/ਸਵੈਹਿਤ [səvɛhɪt] *n.m.* self-interest

ਸ੍ਵੈਚਾਲਨ/ਸਵੈਚਾਲਨ [səvɛcalən] *n.m.* automation

ਸ੍ਵੈਚਾਲਿਤ/ਸਵੈਚਾਲਿਤ [səvɛcalɪt] *adj.* automatic, self-propelled

~ **ਗੱਡੀ** *n.f.* automobile

ਸ੍ਵੈਟਰ/ਸਵੈਟਰ [səvɛṭər] *n.m.* sweater, jersey, pullover

ਸ੍ਵੈਪ੍ਰਕਾਸ਼ੀ/ਸਵੈਪਰਕਾਸ਼ੀ [səvɛpərkaṣi] *adj.* self-illuminated

ਸ੍ਵੈਪੂਰਨ/ਸਵੈਪੂਰਨ [səvɛpurn] *adj.* self-sufficient

ਸ੍ਵੈਪੂਰਨਤਾ/ਸਵੈਪੂਰਨਤਾ [səvɛpurnta] *n.f.* self-sufficiency

ਸ੍ਵੈਰੱਖਿਆ/ਸਵੈਰੱਖਿਆ [səvɛrəkkhɪa] *n.f.* self-defence

ਸ੍ਵੈਵਿਸ਼ਵਾਸ/ਸਵੈਵਿਸ਼ਵਾਸ [səvɛvɪṣvas] *n.m.* see ਆਤਮ ਵਿਸ਼ਵਾਸ, self-confidence

ਸ੍ਵੈਵਿਰੋਧ/ਸਵੈਵਿਰੋਧ [səvɛvɪród] *n.m.* self-contradiction, inconsistency

ਸ੍ਵੈਵਿਰੋਧੀ/ਸਵੈਵਿਰੋਧੀ [səvɛvɪródi] *adj.* self-contradictory, inconsistent, contradictory

ਸਾਂ [sã] *aux.v.* was, were (for first person)

ਸਾਉ [sau] *aux.v.* were (for second person *pl.*) same as ਸਉ

ਸਾਉਣ [sauṇ] *n.m.* fifth month of Bikrami calendar corresponding to July-August

ਸਾਉਣੀ [sauṇi] *n.f.* autumn harvest, crop sown in summer and harvested in autumn

ਸਾਊਲਾ [saula] *adj.m.* dark or wheat-complexioned

ਸਾਊ [sau] *adj.* urbane, gentle, good-natured, amiable, courteous, mild, suave

ਸਾਊਪੁਣਾ [saupuṇa] *n.m.* urbaneness, urbanity, suavity, gentleness, amiableness, courteousness

ਸਾਇਆ [saɪa] *n.m.* shadow, shade; *fig.* protection, refuge, patronage; fear, awe; evil influence

~ **ਉੱਠ ਜਾਣਾ** *ph.* to become unprotected, orphaned

~ **ਪੈਣਾ** *ph.* to be under fear, awe or influence or overshadowed

ਸਾਇੰਸ [saĩs] *n.f.* science

ਸਾਇੰਸਦਾਨ [saĩsdan] *n.m.* scientist

ਸਾਇੰਸੀ [saĩsi] *adj.* scientific

ਸਾਇਤ [saɪt] *n.f.* time; a measure of time of about 24 minutes duration

ਸਾਇਬਾਨ [saɪban] *n.m.* same as ਸਾਏਬਾਨ, canopy

ਸਾਇਰਨ [saɪrn] *n.f.* siren

ਸਾਇਲ [saɪl] *n.m.* (*lit.* questioner) petitioner, applicant; beggar

ਸਾਈ[1] [sai] *n.f.* earnest money, token advance as a promise to buy; booking fee

ਸਾਈ[2] *pron. dia.* see ਸੋਈ

ਸਾਈਂ [saĩ] *n.m.* same as ਸੁਆਮੀ

ਸਾਈਸ [sais] *n.m.* same as ਸਈਸ, syce

ਸਾਈਕਲ [saikəl] *n.m.* cycle

~ **ਸਵਾਰ** *n.m.* cyclist

ਸਾਈਨ [sain] *n.f.* sign, signal; signature

~ **ਬੋਰਡ** *n.m.* signboard

ਸਾਈਫ਼ਨ [saifən] *n.m.* syphon

ਸਾਏਦਾਰ [saedar] *adj.* shady (tree)

ਸਾਏਬਾਨ [saeban] *n.m.* canopy; large open tent

ਸਾਂ ਸਾਂ [sã sã] *n.f.* whistling sound of wind

ਸਾਂਸੀ [sãsi] *n.m.* a Muslim backward class; a Jatt sub-caste

ਸਾਹ[1] [sá] *n.m.* same as ਸੁਆਸ, breath, respite, rest, relaxation

~**ਆਉਣਾ** *con.v.* to regain breath; to breathe easily or freely; to feel respite, relaxation

~-**ਸਤ** *n.m.* sign of life, strength, energy

~ ਸੁੱਕਣਾ *ph.* to be frightened
~ ਘੁੰਮ ਕਰਨਾ *ph.* to smother, stifle, suffocate
~ ਘੁਟਣਾ *ph.* to feel suffocation
~ ਘੁੱਟਣਾ *ph.* to hold one's breath
~ ਚੜ੍ਹਨਾ *ph.* to breathe heavily, rapidly, be out of breath
~ ਨਾਲ ~ ਨਾ ਰਲ਼ਨਾ *ph.* to be out of breath as well as excited
~ ਪੀਣਾ *ph.* to frighten, scare, terrify, give or throw into a fright; to torture, exasperate
~ ਫੁੱਲਣਾ *ph.* to breathe hard, heavily or rapidly, feel difficulty in breathing, be out of breath with slight exertion
~ ਲੈਣਾ *ph.* to breathe; to have respite, take rest, relax after exertion, take a breather; *informal.* to wait
~ ਵਿਚ ਸਾਹ ਆਉਣਾ *ph.* to breathe easily (after tension), feel relief (following despair)
ਸਾਹਸ [sás] *n.m.* courage, boldness, daring, intrepidity, fearlessness, bravery, valour, pluck, doughtiness, guts, spunk, gumption
ਸਾਹਸੀ [sási] *adj.* courageous, bold, daring, intrepid, fearless, dauntless, brave, valorous, valiant, plucky, doughty
ਸਾਹਬ [sáb] *n.m. colloq.* see ਸਾਹਿਬ
ਸਾਹਮਣਾ [sámṇa] *n.m.* same as ਸਾਮ੍ਹਣਾ;[1]
ਸਾਹਲ [sál] *n.m.* plumb, plumbline, plumbrule, plummet; plumb-bob; *colloq.* see ਸਾਹਿਲ
ਸਾਹਵਾਂ [sávã] *adj.m.* frontal, facing, confronting, directly opposite; *adv.* opposite, in front, face-to-face; straight towards
~-ਸਿੱਧਾ *adj.m.* straightforward, direct; *adv.* straightforwardly, directly
ਸਾਹਵੇਂ [sávẽ] *adv.* same as ਸਾਹਵਾਂ, in the presence of
ਸਾਹਾ/ਸਾਹਿਆ [saha/sáɪa] *n.m.* propitious time and date for a marriage ceremony or other auspicious event
~ ਮਿਥਣਾ *con.v.* to determine, fix ਸਾਹਾ
ਸਾਹੇ ਚਿੱਠੀ *n.f.* letter notifying date of marriage
ਸਾਹੇਬੱਧਾ *adj.m.* (one) whose marriage date has been fixed
ਸਾਹਿਤ [sahɪt] *n.m.* literature, literary art
~ ਸਮੀਖਿਆ *n.f.* literary criticism
~-ਸ਼ਾਸਤਰ *n.m.* poetics, rhetoric, art of writing, literary art, any work on theory of literature
~-ਸ਼ਾਸਤਰੀ *n.m.* rhetorician, literary artist or theoretician, literateur, literati
~-ਕਲਾ *n.f.* literary art, art of writing
~-ਪੜਚੋਲ *n.f.* literary criticism
ਸਾਹਿਤਕਾਰ [sahɪtkar] *n.m.* literary artist, writer, man of letters, literateur, *pl.* literati
ਸਾਹਿਤਕਾਰੀ [sahɪtkari] *n.f.* art or profession of producing literature, literary writing
ਸਾਹਿਤਿਕ [sahɪtɪk] *adj.* literary
ਸਾਹਿਬ [sahɪb] *n.m.* master, lord, boss; and honourable person; *informal.* a white man, European; form of address, sir; an honorific suffixed to names or designations
~ ਸਲਾਮ/~ ਸਲਾਮਤ *n.f.* a form of greeting *usu.* between a Muslim and a non-Muslim
ਸਾਹਿਬਜ਼ਾਦਾ [sahɪbzada] *n.m. lit.* son of a ਸਾਹਿਬ; son
ਸਾਹਿਬਾ [sahɪba] *n.f. fem* for ਸਾਹਿਬ
ਸਾਹਿਬਾਨ [sahɪban] *n.m. pl.* for ਸਾਹਿਬ
ਸਾਹਿਬੀ [sahɪbi] *n.f.* status or position of a ਸਾਹਿਬ; lordship, overlordship
ਸਾਹਿਲ [sahɪl] *n.m.* shore, coast, beach, bank
ਸਾਹਿਲੀ [sahɪli] *adj.* coastal
ਸਾਹੂਕਾਰ [sáukar] *n.m.* same as ਸ਼ਾਹੂਕਾਰ, moneylender
ਸਾਕ [sak] *n.m.* relative, relation, relationship, kin, kinsman, kinship; match (for marriage)
~-ਅੰਗ *n.m. pl.* kith and kin, kinsfolk, kindred, relatives; also ਅੰਗ ਸਾਕ
~ ਕਰਨਾ/~ ਦੇਣਾ *con.v.* to give away a girl in marriage or to betroth her
~ ਲੈਣਾ *con.v.* to accept a girl in marriage

or betrothal
~ ਸੰਬੰਧੀ *adj.* relational, kindred
~ ਸੰਬੰਧੀ *n.m.pl.* same as ਸਾਕ ਅੰਗ
ਸਾਕਤ [sakət] *n.m.* worshipper of Shaktti or *Maya;* one too much attached to worldly rather than to spiritual matters
ਸਾਕੜ [sakəṛ] *n.m.* distant relation
ਸਾਕਾ [saka] *n.m.* an historic happening *esp.* tragedy involving rare valour or sacrifice
ਸਾਕਾ ਸੰਮਤ [saka sə̃mmət] *n.m.* Saka calendar; a year of Saka era, commencing march 78 A.D
ਸਾਕਾਗੀਰੀ/ਸਾਕਾਦਾਰੀ [sakagiri/sakadari] *n.f.* relationship, kith and kin, circle of relatives
ਸਾਕਾਰ [sakar] *adj.* possessing form, manifest, concrete, obvious; real, actual
ਸਾਕੀ [saki] *n.m.* person who pours drinks for others; butler, wine-waiter; *informal.* beloved, sweetheart
ਸਾਕੀਆ [sakia] *n.m.* vocative for ਸਾਕੀ
ਸਾਖ [sakh] *n.f.* business reputation, credit, credibility, trust; fame, respectability
~ ਪੱਤਰ *n.m.* letter of credit
~ ਬੱਝਣੀ *con.v.* for ਸਾਖ to be established
~ ਬਣਾਉਣੀ *con.v.* to establish ਸਾਖ
ਸਾਖਰ [sakhər] *adj.* literate
ਸਾਖਰਤਾ [sakhərta] *n.f.* literacy
ਸਾਖਿਆਤ [sakhıat] *adj.* present, visible, manifest, *adv.* in person, in concrete form
~ ਹੋਣਾ *con.v.* to manifest oneself, be visible, discernible, materialise
~ ਦਰਸ਼ਨ *n.m.* personal appearance (*usu.* for God or other deity); a glimpse of the supernatual or invisible
ਸਾਖੀ [sakhi] *n.f.* story, anecdote *usu.* connected with a holy person; evidence, testimony; *n.m.* witness, deponent, testifier
ਸਾਗ [sag] *n.m.* green leafy vegetable; a dish of this
~ ਚਾੜ੍ਹਨਾ/~ ਚੜ੍ਹਾਉਣਾ *con.v.* to cook ਸਾਗ
~ ਤੋੜਨਾ *con.v.* to pluck, gather tender stalks and leaves of ਸਾਗ plants
~ ਪੱਤਰ *n.m.* greens
~ ਰਿੰਨ੍ਹਣਾ *con.v.* same as ਸਾਗ ਚਾੜ੍ਹਨਾ
ਸਾਂਗ [sãg] *n.m.* mimicry, disguise, sham; folk play, drama; imitation, masquerade, fancy dress
~ ਬਣਨਾ *con.v.* to masquerade, mimic
~ ਬਣਾਉਣਾ *con.v.* to put up ਸਾਂਗ
~ ਲਾਉਣਾ *con.v.* to mimic, imitate, mock
ਸਾਂਗ[2] *n.f.* a kind of spear
ਸਾਗਰ [sagər] *n.m.* same as ਸਮੁੰਦਰ, sea; wineglass, goblet
~ ਸੰਬੰਧੀ *adj.* oceanic
~ ਵਿਗਿਆਨ *n.m* oceanography
~ ਵਿਗਿਆਨਿਕ *adj.* oceanographic
~ ਵਿਗਿਆਨੀ *n.m.* oceanographist
ਸਾਂਗਲੀ [sãgli] *n.f.* husk of cottonball
ਸਾਗਵਾਨ [sagvan] *n.m.* teak, *Tactona grandis*
~ ਦੀ ਲੱਕੜੀ *n.f.* teakwood
ਸਾਂਗੀ [sãgi] *n.m* mimic, actor, imitator
ਸਾਗੂਦਾਣਾ [sagudaṇa] *n.m.* sago; also ਸਾਬੂਦਾਣਾ
ਸਾਂਗੋ ਪਾਂਗ [sãgo pãg] *adj. & adv.* exactly similar, total; in exactly similar way, identically; totally
ਸਾਜ਼[1] [saz] *n.m.* musical instruments collectively, instrument, accompaniment, accoutrement trappings; harness, saddlery
~ ਸਮਾਨ *n.m.* baggage, equipment, furniture etc., paraphernalia
~ ਪਾਉਣਾ *con.v.* to harness a horse, mule etc.
~ ਵਜਾਉਣਾ *con.v.* to play at a musical instrument
ਸਾਜ਼[2] *suff.* meaning maker as in ਕਾਰਸਾਜ਼, ਘੜੀਸਾਜ਼
ਸਾਜ਼ਸ਼ [sazəṣ] *n.f.* conspiracy, intrigue, plot, complot, collusion
~ ਕਰਨੀ *con.v.* to conspire, plot, complot collude, intrigue
ਸਾਜ਼ਸ਼ੀ [sazəṣi] *adj* conspiratory, conspiratorial, conspirative, intriguing, collusive; *n.m.* plotter, conspirator, intriguer
ਸਾਜ਼ਗਾਰ [sazgar] *adj.* favourable, helpful, propitious, salubrious

ਸਾਜਣ [sajəṇ] *n.m.* see ਸੱਜਣ, friend
ਸਾਜਣਾ[1] [sajṇa] *interj.* vocative for ਸਾਜਣ
ਸਾਜਣਾ[2] *v.t.* same as ਸਿਰਜਣਾ, to create
ਸਾਜ਼ਬਾਜ਼ [sazbaz] *n.f.* illegal or secret contacts, collusion, conspiracy
ਸਾਂਝ [sā̃j] *n.f.* see ਸੰਝ, evening; partnership, share; association, relationship
~ **ਪੱਤੀ** *n.f.* partnership, share, shareholding
~ **ਪਾਉਣੀ** *con.v.* to enter into relationship or partnership (with)
~ **ਭਿਆਲੀ** *n.f.* same as ਸਾਂਝ ਪੱਤੀ
ਸਾਝਰਾ/ਸਾਝਰੇ [sájəra/sájəre] *n.m./adv.* early morning, early
ਸਾਂਝਾ [sā̃ja] *adj.m.* common, shared; *adv.* in partnership with
ਸਾਂਝੀ[1] [sā̃ji] *adj.f.* same as ਸਾਂਝਾ
ਸਾਂਝੀ[2] *n.m.* a partner in business; agricultural labourer, farmhand paid in kind through a share in produce; any agricultural worker employed on regular *usu.* annual basis
ਸਾਂਝੀਦਾਰੀ [sā̃jidari] *n.f.* partnership
ਸਾਂਝੀਵਾਲ [sā̃jival] *n.m.* sharer, joint proprietor, partner, co-owner
ਸਾਂਝੀਵਾਲਤਾ [sā̃jivalta] *n.f.* partnership, coownership, joint ownership, co-operation, association, relationship
ਸਾਂਟ [sā̃ṭ] *n.f. usu. pl.* ਸਾਂਟਾਂ, ornament *usu.* silver for ladies' ankles
ਸਾਟਨ [saṭən] *n.f.* satin
ਸਾਡਾ/ਸਾਡੀ [saḍa/saḍi] *pron. adj.m./pron. adj. f.* our, ours
ਸਾਢ [sáḍ] *n.f.* half of a unit
ਸਾਂਢ [sā̃ḍ] *n.m.* see ਸਾਨ੍ਹ, bull
ਸਾਂਢਣੀ [sā̃ḍəṇi] *n.f.* she-camel
~ **ਸਵਾਰ** *n.m.* camel-rider
ਸਾਂਢਾ [sā̃ḍa] *n.m.* splice
~ **ਗਾਂਢਾ** *n.m.* alliance, league (loose or adhoc); collusion, conspiracy
~ **ਲਾਉਣਾ** *con.v.* to splice
ਸਾਂਢੂ [sā̃ḍu] *n.m.* husband of wife's sister, brother-in-law
ਸਾਢੇ [sáḍe] *pref.* meaning additional one half, *e.g.* ਸਾਢੇ ਚਾਰ-*adj.* four and a half, or (for time) half past four
ਸਾਣ [saṇ] *n.f.* hone, grindstone, whetstone
~ **ਚੜ੍ਹਾਉਣਾ/~ ਲਾਉਣਾ** *con.v.* to sharpen with ਸਾਣ, hone
ਸਾਣਾ [saṇa] *adj.m.* (string or rope) made from brown hemp; *cf.* ਸਣ[1]
ਸਾਣੀ [saṇi] *adj.f.* same as *prec.;* (cot) strung with such string
ਸਾਤਵਿਕ [satvɪk] *adj.* possessing ਸਤੋਗੁਣ, virtuous, morally good
ਸਾਤਵਿਕਤਾ [satvɪkta] *n.f.* goodness, virtue, virtuosity, moral excellence
ਸਾਤਾ [sata] *n.m.* the figure 7; week
ਸਾਥ [sath] *n.m.* company, companion, companionship, comradeship; support, backing
~ **ਕਰਨਾ** *con.v.* to accompany, keep company (of)
~ **ਛੱਡਣਾ** *con.v.* to desert, turn one's back upon, forsake, quit one's companion, dissolve companionship or association, dissociate oneself from
~ **ਦੇਣਾ** *con.v.* to accompany; to support
~ **ਨਿਭਾਉਣਾ/~ਪਾਲ਼ਨਾ** *ph.* to be loyal and constant to one's comrades
ਸਾਥੀ [sathi] *n.m.* companion, comrade, associate, friend, cohort, supporter, partisan
ਸਾਥੋਂ[1] [sathõ] *adv.* from one's company
ਸਾਥੋਂ[2] *pron. adv.* from us
ਸਾਦਗੀ [sadgi] *n.f.* simplicity, simplemindedness, plainness, unpretentiousness, modesty, homeliness, unassumingness
ਸਾਦਮੁਰਾਦਾ [sadmurada] *adj.m.* same as ਸਾਦਾ, simple
ਸਾਦ੍ਰਿਸ਼/ਸਾਦਰਿਸ਼/ਸਾਦ੍ਰਿਸ਼ਟ/ਸਾਦਰਿਸ਼ਟ/ [sadərɪṣ/sadərɪṣṭ] *adj.* similar, analogous
ਸਾਦ੍ਰਿਸ਼ਟਤਾ/ਸਾਦਰਿਸ਼ਟਤਾ [sadərɪṣṭta] *n.f.* similarity, analogy
ਸਾਦਾ [sada] *adj.m.* simple, plain; unassuming, unpretentious, simple-minded, modest, homely; unornamental, unostentatious
~ **ਸੁਭਾ** *adj.* simple-minded
ਸਾਦਿਹਾੜੀ [sadɪàṛi] *adv.* during a single

day, on the same day

ਸਾਧ[1] [sád] *n.m.* saint, holyman, ascetic, mystic, monk, hermit, mendicant, anchorite, sadhu

~ ਸੰਗ *n.m.* company of saints, holy company

~ ਸੰਗਤ *n.f.* holy congregation

~-ਬਾਣਾ *n.m.* dress commonly worn by sadhus *usu.* ochre or saffron in colour

~ ਬਾਣੀ *n.f.* compositions, *usu.* hymns by saints

~ ਬੋਲੀ/~ ਭਾਸ਼ਾ/~ ਭਾਖਾ *n.f.* mixed dialect, common among medieval saints

ਸਾਧ[2] *v.form.* nominative/imperative of ਸਾਧਣਾ, perform

ਸਾਧਕ [sádək] *adj. & n.m.* practitioner, performer of austerities; controller, manager, accomplisher; *suff.* meaning "instrumental" as in ਕਾਰਜਸਾਧਕ

ਸਾਧਣਾ [sádṇa] *v.t.* to accomplish, achieve; to practise, perform; *cf* ਸਾਧਨਾ; to control, manage; to reform

ਸਾਧਣੀ [sádṇi] *n.f.* female sadhu, nun, anchoress

ਸਾਧਨ [sádən] *n.m.* means, resources; way, method; wherewithal; instrument, medium, equipment, apparatus

ਸਾਧਨਾ [sádna] *n.f.* ascetic discipline; spiritual quest, devotion; *cf.* ਸਾਧਣਾ

ਸਾਧਾਰਨ [sadàrn] *adj.* same as ਸਧਾਰਨ, common

ਸਾਧਿਤ [sádɪt] *adj.* achieved; controlled, reformed

ਸਾਧੂ [sádu] *n.m.* same as ਸਾਧ[1]

~ ਆਸ਼੍ਰਮ/~ ਆਸ਼ਰਮ *n.m.* hermitage, monastery

~ ਸੁਭਾ *adj.* possessing the temperament or nature of a ਸਾਧੂ, simple, humble, polite, pious, virtuous

ਸਾਨ [san] *n.f.* same as ਸਾਣ whetstone

ਸਾਨ੍ਹ [sán] *n.m.* bull, stud bull

~ ਘੋੜਾ *n.m.* stud, studhorse, stallion

ਸਾਨ੍ਹਾ [sána] *n.m.* a kind of lizard

ਸਾਨੀ [sani] *adj. & n.m.* equal, matching, match, second, rival, similar

ਸਾਨੂੰ [sanũ] *pron.* to us, us

ਸਾਪੇਖ [sapekh] *adj.* relative, comparative, mutually dependent

ਸਾਪੇਖਕ [sapekhək] *adj.* contingent, conditional

~ ਘਣਤਾ *n.f.* relative density

ਸਾਪੇਖਤਾ [sapekhta] *n.f.* relativity

ਸਾਪੇਖਤਾਵਾਦ/ਸਾਪੇਖਵਾਦ [sapekhtavad/sapekhvad] *n.m.* relativism

ਸਾਪੇਖਵਾਦੀ [sapekhvadi] *adj.* relativist

ਸਾਪੇਖੀ [sapekhi] *adj.* same as ਸਾਪੇਖਕ; clear, pellucid

ਸਾਫ਼ [saf] *adj.* clean, unsoiled, pellucid neat; clear, distinct, vivid; legible, intelligible; unobstructed, smooth, flat; frank, straightforward; blatant, obvious; cloudless

~ ਸਾਫ਼ *adj.* quite clear, categorical, frank, unambiguous, *adv.* frankly, flatly; lucidly, clearly

~ ਸੁਥਰਾ *adj.m.* clean, neat and clean, tidy, prim, trim, spruce, natty, dapper

~ ਕਰ ਜਾਣਾ *ph.* to make a clean sweep; to consume or take away everything

~ ਕਰਨਾ *con.v.* to clean, wash, cleanse, rub, scrub, wipe, mop; to clear, clarify, purify, depurate, refine; to spruce up, tidy up; to dress (meat)

~ ਜਵਾਬ *n.m.* point blank refusal, a blunt no

~ ਦਿਲ *adj.* honest, upright, guileless, candid

~ ਦਿਲੀ *n.f.* honesty, uprightness, guilelessness, candour

ਸਾਫ਼ਗੋ [safgo] *adj.* truthful, frank; upright, candid

ਸਾਫ਼ਗੋਈ [safgoi] *n.f.* truthfulness, frankness, candour, uprightness, rectitude

ਸਾਫ਼ਾ [safa] *n.m.* turban; short length of cloth used as bath towel, scarf and wrap

~ ਬੰਨ੍ਹਣਾ *con.v.* to wrap a ਸਾਫ਼ਾ around (one's middle of head); to tie a turban

ਸਾਬਕ/ਸਾਬਕਾ [sabək/sabka] *adj.* former, preceding, ex-

ਸਾਬਣ [sabəṇ] *n.m.* soap

~ ਮਲਨਾ/~ ਲਾਉਣਾ *con.v.* to apply soap,

soap
ਸਾਬਣਦਾਨੀ [sabəṇdani] *n.f.* soap container, soap-dish
ਸਾਬਤ[1]/ਸਾਬਤਾ [sabət/sabta] *adj./adj.m.* whole, unbroken, uncut, in one piece; firm
~-ਸੂਰਤ *adj.* with full-grown, uncut hair and beard
~ ਕਦਮ *adj.* firm, unwavering, steady, steadfast, constant, staunch
~ ਕਦਮੀ *n.f.* firmness, steadiness, steadfastness, staunchness, constancy
ਸਾਬਤ[2] *adj.* proved, proven, established, substantiated
~ ਕਰਨਾ *ph.* to prove, establish, substantiate
ਸਾਬਰ [sabər] *adj.* contented, content; patient; *cf.* ਸਬਰ
ਸਾਂਬਰ [sãbər] *n.m.* a South-Indian dish; see ਸਾਂਭਰ
ਸਾਂਭ [sắb] *n.f.* care, caretaking, maintenance, upkeep; protection, custody, looking after; collecting, garnering; preservation, conservation
~ ਕੇ ਰੱਖਣਾ *ph.* to stash away; to preserve, keep in good condition or safely
ਸਾਂਭਣਾ [sắbəṇa] *v.t.* to take care of, maintain, keep in custody, keep in good condition; to collect, garner
ਸਾਂਭਰ [sắbər] *n.m.* a kind of antelope; leather prepared from its pelt or skin
ਸਾਮ[1] [sam] *n.f.* same as ਸੰਮ, ferrule
ਸਾਮ[2] [sam] *n.m.* name of one of the Vedas
ਸਾਮੰਤ [samə̃t] *n.m.* feudal lord, vassal, mandarin, satrap, feudatory, noble, a member of landed/military aristocracy
ਸਾਮੰਤਸ਼ਾਹੀ [samə̃tṣ́ai] *n.f.* aristocracy
ਸਾਮੰਤਵਾਦ [samə̃tvad] *n.m.* feudalism
ਸਾਮੰਤਵਾਦੀ [samə̃tvadi] *adj.* feudalist
ਸਾਮੰਤੀ [samə̃ti] *adj.* feudal, feudatory
ਸਾਮਰਾਜ [samraj] *n.m.* empire
ਸਾਮਰਾਜਵਾਦ [samrajwad] *n.m.* imperialism
ਸਾਮਰਾਜਵਾਦੀ [samrajwadi] *adj.* imperialist
ਸਾਮਰਾਜੀ [samraji] *adj.* imperial
ਸਾਮਰਾਜੀਆ [samrajia] *n.m.* an imperialist
ਸਾਮਵਾਦ [samvad] *n.m.* communism
ਸਾਮਵਾਦੀ [samvadi] *adj.* communist; *n.m.* a communist
ਸਾਮ੍ਹਣਾ[1] [sámṇa] *n.m.* encounter, confrontation; front, frontage, facade, meeting, opposition; *adj.m.* opposite, (one) in front, frontal
~ ਕਰਨਾ *con.v.* to face, oppose, fight, encounter, confront, stand upto
ਸਾਮ੍ਹਣਾ[2] *v.t. dia. colloq.* see ਸਾਂਭਣਾ
ਸਾਮ੍ਹਣੇ [sámeṇe] *adv.* in front of, opposite, before, face to face, in the presence of, in opposition or in comparison to
~ ਹੋਣਾ *con.v.* to be in front, be present; *v.t.* to face, confront
ਸਾਮਾਨ [saman] *n.m.* same as ਸਮਾਨ[1], luggage
ਸਾਮੀ[1] [sami] *adj.* Semitic; *n.m.* a Semite
ਸਾਮੀ[2] *n.f. colloq.* see ਅਸਾਮੀ, client
ਸਾਰ[1] [sar] *n.m.* quintessence, substance; abstract, gist, synopsis, summary; conclusion, result, outcome, consequence; essence; sap; steel
~ ਕੱਢਣਾ *con.v.* to extract essence; to draw conclusion
~ ਕਥਨ *n.m.* recapitulation, review, summary
ਸਾਰ[2] *n.f.* knowledge, information; enquiry *esp.* regarding health or well being
~ ਹੋਣੀ *ph.* to have knowledge (of)
~ ਲੈਣੀ *ph.* to enquire about or call on; help
ਸਾਰ[3] *suff.* to form adverb showing time, sequence, as in ਇਕਸਾਰ continuing steadily at the same pace. ਪਹੁੰਚਣਸਾਰ immediately on arrival
ਸਾਰਸ [sarəs] *n.m.* stork, crane
ਸਾਰੰਸ਼ [sarə̃ṣ] *n.m.* gist, purport, conclusion, abstract, epitome, summary, substance
ਸਾਰਹੀਣ [sarhiṇ] *adj.* insubstantial, inconsequential, inessential; sapless
ਸਾਰਖਾ [sarkha] *adj. & adv.* like, resembling; alike
ਸਾਰੰਗ [sarə̃g] *n.m.* a measure in Indian

music; Lotus; antelop; lion; a kind of Indian cuckoo which is believed to drink only rain-drops
ਸਾਰੰਗੀ [sarə̃gi] *n.f.* see ਸਰੰਗੀ
ਸਾਰਜੰਟ [sarjə̃ṭ] *n.m.* sergeant
ਸਾਰਜੰਟੀ [sarjə̃ṭi] *n.f.* post or function of a sergeant, sergeancy, sergeantship
ਸਾਰਥਕ/ਸਾਰਥਿਕ [sarthək/sarthɪk] *adj.* meaningful, purposeful, significant; useful, profitable, advantageous; substantial, real
ਸਾਰਥਕਤਾ [sarthəkta] *n.f.* meaningfulness, purposefulness, significance; usefulness, profitability, substantiality, substantialness; reality
ਸਾਰਥੀ [sarthi] *n.m.* charioteer, pilot
ਸਾਰਦੂਲ [sardul] *n.m.* tiger, lion
ਸਾਰਨਾ [sarna] *v.t.* to make do (with), pull on, make to suffice; to arrange (for someone); to help, assist
ਸਾਰਨੀ [sarni] *n.f.* list, schedule; table, reckoner; inventory, catalogue
ਸਾਰਾ [sara] *adj.m.* all, entire, whole, complete, total, aggregate
ਸਾਰੇ ਦਾ ਸਾਰਾ *ph.* the whole lot
ਸਾਰਾਂਸ਼ [sarãṣ] *n.m.* same as ਸਾਰੰਸ਼, conclusion
ਸਾਲ[1] [sal] *n.m.* year, annum
~ **ਗਿਰ੍ਹਾ** *n.f.* anniversary; birthday
~ **ਭਰ** *adv.* throughout the year, all the year round
ਸਾਲਾਂ ਬੱਧੀ *adv.* for years together, for years on end
ਸਾਲੋਂ ਸਾਲ *adv.* yearly, annually, every year, year after year
ਸਾਲ[2] *n.m. sal,* a kind of pine, *Shorea robusta, Vatica robusta;* its timber
ਸਾਲਸ [sals] *n.m.* arbiter, arbitrator; mediator, conciliator; judge, referee, umpire
ਸਾਲਸੀ [salsi] *n.f.* arbitration; mediation; *adj.* arbitral, mediatory, mediatorial
ਸਾਲਗਰਾਮ [salgəram] *n.m.* a small stone, image or idol carried on person or worshiped by Hindus
ਸਾਲਨ [salən] *n.m.* same as ਸਲੂਣਾ[2], cooked vegetables
ਸਾਲਬ [saləb] *n.m.* edible rector tuber, salep
ਸਾਲਮ [saləm] *adj.*complete, uncut, undivided, full, whole, complete
ਸਾਲੁ [sál] *n.m. colloq.* see ਸਾਹਲ, plumbline
ਸਾਲ਼ਾ [saḷa] *n.m.* wife's brother
ਸਾਲਾਨਾ [salana] *adj.* yearly, annual
~ **ਪੈਨਸ਼ਨ** *n.f.* annuity
ਸਾਲ਼ੀ [saḷi] *n.f.* wife's sister
ਸਾਲੂ [salu] *n.m.* ladies' red-coloured wrap, plain or embroidered, *usu.* worn during marriage
~ **ਲੈਣਾ** *con.v.* to buy or wear ਸਾਲੂ; to take ਸਾਲੂ
ਸਾਲ਼੍ਹੇਹਾਰ [saḷehar] *n.f.* wife of ਸਾਲ਼ਾ
ਸਾਵਣ [savəṇ] *n.m.* same as ਸਾਉਣ
ਸਾਵਧਾਨ [savdàn] *adj.* alert, watchful, careful, cautious, circumspect, wary, attentive; vigilant; *interj.* imperative, equivalent of English word of command "attention."
ਸਾਵਧਾਨੀ [savdàni] *n.f.* alertness, watchfulness, caution, cautiousness, wariness, attentiveness,vigilance
~ **ਨਾਲ** *adv.*carefully, attentively, warily.
~ **ਵਰਤਣਾ** *ph.* to be ਸਾਵਧਾਨ
ਸਾਵਨ [savan] *n.m.* same as ਸਾਉਣ
ਸਾਂਵਲਾ [sãvla] *adj.m.* dark-complexioned, of wheatish complexion; black; *informal.* handsome; *n.m.* beloved, lover, paramour
ਸਾਵਾ [sava] *adj.m.* green; (for kine) grey
ਸਾਵਾਂ [savã] *adj.* equal, balanced, even
ਸਾਵੇਂ [savẽ] *n.m. pl.* a ladies festival spreading over the month of ਸਾਉਣ (July-August); presents from in-laws to daughters-in-law who *usu.* go to their parents for the festival
ਸਾਵੋਂ ਸਾਵੀਂ [savõ savĩ] *adv.* equally, measure for measure
ਸਾੜ [saṛ] *n.m.* burn, scald, burning sensation; causticity; wound or crust formed by burning; blight; *fig.* anger, spite, heartburning; jealousy, hatred, malice, rancour

~ ਕੱਢਣਾ *ph.* to give vent to repressed anger, complain
~ ਫੂਕ *n.m* .residue after burning; arson
~ ਫੂਕ ਦੇਣਾ *ph.* to burn, cremate, destroy by burning
ਸਾੜਨਾ [saṛna] *v.t.* to burn, scald, cremate, char; to overcook, blight; to pass sarcastic remark, make one angry or jealous
ਸਾੜਵਾਂ [saṛvã] *adj.m.* burning, causing burns; sarcastic, biting, sardonic
ਸਾੜ੍ਹਸਤੀ [sáṛsəti] *n.f.* period of continued or repeated troubles, bad luck *or calamity*
ਸਾੜ੍ਹੀ [sáṛi] *n.f.* sari, a ladies garment
ਸਾੜਾ [saṛa] *n.m.* jealousy, green-eyed monster, sulkiness, spite
ਸਿਊਂ [sɪũ] *v.form.* imperative of ਸਿਊਣਾ
ਸਿਊਣਾ [sɪuṇa] *v.t.* to sew, stitch, make a seam; also ਸਿਓਣਾ
~ ਪਰੋਣਾ *n.m.* art or practice of tailoring and embroidery
ਸਿਊ ਬੇਰ [sɪu ber] *n.m.* a variety of large-sized berry of jujube
ਸਿਊ ਬੇਰੀ [sɪu beri] *n.f.* jujube tree of this variety
ਸਿਓ [sɪo] *n.m.* same as ਸੇਉ
ਸਿਓਂਕ [sɪõk] *n.f.* white ant, termite
~ ਖਾਧਾ *adj.m.* damaged by ਸਿਓਂਕ
ਸਿਓਣ [sɪoṇ] *n.f.* seam, a series of stitches, suture
ਸਿਓਨਾ [sɪona] *n.m. dia* see ਸੋਨਾ
ਸਿਆਸਤ [sɪast] *n.f.* politics
ਸਿਆਸਤਦਾਨ [sɪastdan] *n.m.* politician
ਸਿਆਸਤੀ [sɪasti] *adj.* political, *informal* clever, cunning
ਸਿਆਹ [sɪá] *adj.* black, dark
~ ਫ਼ਾਮ *adj.* dark-complexioned
~ ਬਖ਼ਤ *adj.* unlucky
~ ਬਖ਼ਤੀ *n.f.* bad luck
ਸਿਆਹਤ [sɪát] *n.f.* travel, touring, tourism
ਸਿਆਹੀ [sɪái] *n.f.* blackness, darkness, ink, black ink
ਸਿਆਹੀ ਚੱਟ/ਸਿਆਹੀ ਚੂਸ [sɪái caṭṭ/sɪái cus] *n.m.* blotting paper, blotting pad, blotter
ਸਿਆਣ [sɪaṇ] *n.f.* recognition, identity; name of a Jatt sub-cast
ਸਿਆਣਨਾ [sɪaṇna] *v.t.* to recognise, identify
ਸਿਆਣਪ [sɪaṇp] *n.f.* wisdom, intelligence, sagacity, prudence, circumspection, sensibleness
ਸਿਆਣਾ [sɪaṇa] *adj.m.* wise, intelligent, sagacious, prudent, circumspect, sensible; *n.m.* physician; old person
~ ਬਣ *ph. imperative* behave, be sensible
~ ਬਿਆਣਾ *adj.m.* grown up, expected to behave responsibly or show maturity
ਸਿਆਣੂ [sɪaṇu] *n.m.* acquair tance, familiar person; *v.form.* will recognise
ਸਿਆਪਾ [sɪapa] *n.m.* a funeral custom of women beating their breasts, cheeks and thighs; *informal* any unpleasant, irritating task or labour
~ ਕਰਨਾ *con.v.* to lament by beating breast, cheeks and thighs; to do an unpleasant job
~ ਖੜ੍ਹਾ ਕਰਨਾ/~ ਪਾਉਣਾ *ph.* to create a problem or difficult situation
~ ਪੈਣਾ *ph.* to be in trouble
ਸਿਆਲ਼ [sɪaḷ] *n.m.* winter
ਸਿਆਲ਼ੀ [sɪaḷi] *adj.* pertaining to ਸਿਆਲ਼, wintry
ਸਿਆੜ [sɪaṛ] *n.m.* furrow
~ ਕੱਢਣਾ/~ ਮਾਰਨਾ *con.v.* to plough a furrow
ਸਿਆੜੇ~ *adv.* along the furrow
ਸਿਸਕਣਾ [sɪsəkṇa] *v.i.* to sob, to gasp
ਸਿਸਕੀ [sɪski] *n.f.* sob, gasp
ਸਿਸਕੀਆਂ ਭਰਨਾ [sɪskiã pərna] *con.v.* to sob
ਸਿਸਟਮ [sɪsṭəm] *n.m.* system
ਸਿਸਟਰ [sɪsṭər] *n.f.* sister; nurse
ਸਿਹਤ [séət/sét] *n.f.* health, sound health, physical fitness, muscular physique; robustness, vigour
~ ਅਫ਼ਜ਼ਾ *adj.* conducive to good health, healthy, healthful, salubrious (place or climate)
~ ਸਫ਼ਾਈ *n.f.* hygiene and sanitation
~ ਬਖ਼ਸ਼ *adj.* same as ਸਿਹਤ ਅਫ਼ਜ਼ਾ

~ ਵਿਗਿਆਨ *n.m.* hygienics, hygiene, sanitary science

~ ਵਿਗਿਆਨੀ *n.m.* hygienist

~ ਵਿਭਾਗ *n.m.* department of public health, public health department

ਸਿਹਤਮੰਦ [sétmə̃d] *adj.* healthy, in sound health

ਸਿਹਤਮੰਦੀ [sétmə̃di] *n.f.* same as ਸਿਹਤ and ਸਿਹਤਯਾਬੀ

ਸਿਹਤਯਾਬ [sétyab] *adj.* recovered after sickness

ਸਿਹਤਯਾਬੀ [sétyabi] *n.f.* recovery, restoration of ਸਿਹਤ. recuperation, convalescence, getting well

ਸਿਹਰ [sér] *n.f.* same as ਸਵੇਰ, morning; *n.m.* same as ਜਾਦੂ, magic

ਸਿਹਰਾ [séra] *n.m.* chaplet, wreath; laurel, honour; same as ਸਹਿਰਾ, desert

~ ਬੰਨ੍ਹਣਾ *con.v.* to tie ਸਿਹਰਾ around the head

~ ਵਧਾਉਣਾ *con.v.* to untie and remove ਸਿਹਰਾ

ਸਿਹਰਾਬੰਦੀ [sérabə̃di] *n.f.* ceremony of tying a ਸਿਹਰਾ around the bridegroom's head

ਸਿਹਾਣ [sıàn] *n.f.* same as ਸਿਆਣ, recognition

ਸਿਹਾਰੀ [sıàri] *n.f.* vowel symbol 'ਿ' representing/ı/

ਸਿਕ [sık] *v.form.* nominative of ਸਿਕਣਾ

ਸਿੱਕ [sıkk] *n.f.* intense desire to meet some one, yearning, longing

ਸਿਕਣਾ [sıkṇa] *v.i.* to be warmed, heated, baked

ਸਿੱਕਣਾ [sıkkəṇa] *v.i.* to long, yearn, desire, hone

ਸਿਕਦਾਰ [sıkdar] *n.m.* a village official, revenue-collector

ਸਿੱਕਰੀ [sıkkəri] *n.f.* dandruff, scurf

~ ਪੈਣੀ *con.v.* to have ਸਿੱਕਰੀ; for ਸਿੱਕਰੀ to form

ਸਿਕਲ [sıkəl] *n.m.* polish, varnish *esp.* of metal

~ ਕਰਨਾ *con.v.* to polish, varnish

ਸਿਕਲੀਗਰ [sıkligər] *n.m.* a nomadic tribe whose profession is to make knives and swords, and to polish them; a member of this tribe

ਸਿਕਲੀਗਰੀ [sıkligəri] *n.f.* profession or skill of a ਸਿਕਲੀਗਰ

ਸਿਕਵਾਉਣਾ [sıkvauṇa] *v.t.* to get something warmed, heated or baked

ਸਿੱਕੜ [sıkkəṛ] *n.m.* splinter, chip; bark; rind

ਸਿੱਕਾ [sıkka] *n.m.* lead; coin,currency, coinage; graphite rod in a lead pencil, black lead; authority, sway

~ ਚਲਾਉਣਾ *con.v.* to strike coins; to issue coins

~ ਜਮਾਉਣਾ *ph.* to establish sway, domination, prestige or impression

ਸਿਕਾਉਣਾ [sıkauṇa] *v.t.* same as ਸਿਕਵਾਉਣਾ

ਸਿੱਕੇਬੰਦ [sıkkebə̃d] *adj.* standard, of standard quality

ਸਿੱਖ[1] [sıkkh] *n.m.* disciple, follower; Sikh community; a follower of Sikh religion; *n.f.* same as ਸਿੱਖਿਆ

~ ਧਰਮ/~ ਮਤ *n.m.* the Sikh religion, Sikhism

~ ਮੱਤ *n.f.* instruction, advice, precept; Sikh discipline

ਸਿੱਖ[2] *v.form.* imperative of ਸਿੱਖਣਾ, learn

ਸਿੱਖਣਾ [sıkkhəṇa] *v.i.t.* to learn, acquire knowledge or skill, receive instruction or training

ਸਿਖਰ [sıkhər] *n.f.* peak, top, summit, apex, acme, zenith, vertex, highest point, crown, upper limit, pinnacle, climax

~ ਸਨਮੁਖ ਕੋਣ *n.m. (geom.)* vertically opposite angle

~ ਦੁਪਹਿਰ *n.f.* hot noon, the hottest part of the day

~ ਨੂੰ ਛੂਹਣਾ *ph.* to reach to the top or the limit, achieve distinction or excellence

~ ਬਿੰਦੂ *n.m.* zenith, acme

ਸਿਖਰਲਾ [sıkhərla] *adj.m.* topmost, highest

ਸਿਖਰੀ [sıkhri] *adj.* zenithal, top

ਸਿਖਲਾਉਣਾ [sıkhlauṇa] *v.t.* same as ਸਿਖਾਉਣਾ, to teach

ਸਿਖਲਾਈ [sıkhlai] *n.f.* instruction, training, teaching, schooling

ਸਿਖਵਾਉਣਾ [sıkhvauṇa] *v.t.* to get someone trained

ਸਿਖਾਉਣਾ/ਸਿਖਾਣਾ [sɪkhauṇa/sɪkhaṇa] *v.t.* to teach, train, instruct; to incite, prompt; to tame

ਸਿਖਾਈ [sɪkhai] *n.f.* fee or charges for training

ਸਿਖਾਂਦਰੂ [sɪkhãdru] *n.m.* person under training, learner, beginner, apprentice, novice

ਸਿਖਾਲਣਾ [sɪkhalna] *v.t.* same as ਸਿਖਾਉਣਾ

ਸਿਖਾਵਟ [sɪkhavət] *n.f.* instigation, incitement, abetment, prompting; insinuation

ਸਿੱਖਿਅਕ [sɪkkhɪək] *n.m.* teacher, instructor, tutor, pedagogue, educator, trainer; mentor, preceptor, educationist

ਸਿੱਖਿਆ [sɪkkhɪa] *n.f.* education, schooling, tuition, instruction,training, advice, teaching, precept

~ **ਸਿਖਾਇਆ** *adj.m.* already trained; under instigation

~ **ਸ਼ਾਸਤਰ** *n.m.* pedagogy, theory and art of teaching

~**ਸ਼ਾਸਤਰੀ** *n.m.* educationist, educationalist

~ **ਦੇਣਾ** *con.v.* to advise, instruct, educate, train

~ **ਪੱਧਤੀ/~ ਪ੍ਰਣਾਲੀ** *n.f.* system of education, educational system

~ **ਮੰਤਰੀ** *n.m.* minister for education, education minister

~ **ਮਾਧਿਅਮ** *n.m.* medium of education or instruction

~ **ਲੈਣੀ** *con.v.* to receive ਸਿੱਖਿਆ, be educated, trained or instructed, learn

~ **ਵਿਧੀ** *n.f.* methods of education or of instruction

ਸਿੱਖਿਆਦਾਇਕ/ਸਿੱਖਿਆਦਾਈ [sɪkkhɪadaɪk/sɪkhɪadai] *adj.* educative, instructive, preceptive

ਸਿਖਿਆਰਥੀ [sɪkhɪarthi] *n.m.* student, learner, pupil, educand, scholar, apprentice

ਸਿੱਖੀ [sɪkkhi] *n.f.* Sikhism, Sikh religion

~ **ਸਿਦਕ** *n.m.* the firm faith of a ਸਿੱਖ

ਸਿੰਗ [sĩg] *n.m.* horn, antler

ਸਿਗਰਟ [sɪgrət] *n.f.* cigarette

~ **ਪੀਣੀ** *con.v.* to smoke, smoke a cigarette

ਸਿੰਗਲ [sĩgəl] *adj.* single

ਸਿੰਗੜ [sĩgəṛ] *n.m.* powder-horn; *n.f.* see ਸੁੱਤ

ਸਿਗਾਰ [sɪgar] *n.m.* cigar

ਸਿੰਗੀ [sĩgi] *n.f.* A hollow horn or cone used as blood purifier or for treating muscle contraction, cupping glass; yogis' horn, a kind of trumpet

ਸਿੰਗੋਟੀ [sĩgoṭi] *n.f.* ornamental covering for bullock's horns

ਸਿੰਘ [sĩg] *n.m.* lion; zodiac sign Leo; a baptised Sikh; a kind of surname used by all Sikh males

~ **ਸਭਾ** *n.f.* a socio-religious association of Sikhs

~ **ਸਭੀਆ** *adj.* a member of ਸਿੰਘ ਸਭਾ

ਸਿੰਘਣੀ [sĩgəṇi] *n.f.* lioness; Sikh female

ਸਿੰਘਾਸਣ [sĩgàsəṇ] *n.m.* throne

ਸਿੰਘਾੜਾ [sĩgàṛa] *n.m.* see ਸੰਘਾੜਾ, water caltrop

ਸਿੰਜ [sĩj] *v.form.* imperative of ਸਿੰਜਣਾ, water

ਸਿੱਜਣਾ [sɪjjəṇa] *v.i.* to get wet, moist or drenched

ਸਿੰਜਣਾ [sĩjjəṇa] *v.t.* to irrigate, water

ਸਿਜਦਾ [sɪjda] *n.m.* prostration, genuflection, kowtow

~ **ਕਰਨਾ** *con.v.* to genuflect, prostrate in prayer (by Muslims), kowtow

ਸਿੰਜਵਾਉਣਾ/ਸਿੰਜਾਉਣਾ [sĩjvauṇa/sĩjauṇa] *v.t.* to get (plant or field) watered or irrigated

ਸਿੰਜਾਈ [sĩjai] *n.f.* process of irrigation, watering; charges for watering

ਸਿੱਝਣਾ [sɪ́jjəṇa] *v.t.* to settle score with, teach one a lesson, avenge, treat harshly, sternly or cruelly

ਸਿਞਾਣ [sɪñaṇ] *n.f.* same as ਸਿਆਣ, recognition

ਸਿੱਟਣਾ [sɪṭṭəṇa] *v.t.* same as ਸੁੱਟਣਾ, to throw

ਸਿੱਟਾ [sɪṭṭa] *n.m.* ear of corn, spike; conclusion, deduction, inference, result,

consequence, effect, sequel
~ ਕੱਢਣਾ *con.v.* to grow ear (of crop); to derive conclusion, draw inference, make deduction; to conclude, infer, deduce; to result in, lead to consequent effect
~ ਨਿਕਲ਼ਨਾ *con.v.* for ਸਿੱਟਾ to appear or be derived
ਸਿਠ/ਸਿਠਣੀ [sɪṭṭh/sɪṭṭhəṇi] *n.f.* obscene utterance or composition, lampoon, abusive songs sung at marriage by ladies on the bride's side addressing and ridiculing bridegroom's relations
ਸਿਠਣੀਆਂ ਦੇਣੀਆਂ *con.v.* to sing ਸਿਠਣੀਆਂ
ਸਿਠਾਣੀ [sɪṭhaṇi] *n.f.* wife of a rich merchant; *cf.* ਸੇਠ
ਸਿਡ਼ਾ [sɪḍḍa] *n.m.* perseverence, tenacity, firmness, persistence, steadfastness
~ ਰੱਖਣਾ *con.v.* to persevere, persist, be firm, tenacious, steadfast
ਸਿੰਡੀਕੇਟ [sĩḍikeṭ] *n.m.* syndicate
ਸਿਤਮ [sɪtəm] *n.m.* same as ਜ਼ੁਲਮ, atrocity
~ ਢਾਹੁਣਾ *con.v.* to perpetrate ਸਿਤਮ
ਸਿਤਮਗਰ [sɪtəmgər] *n.m. & adj.* same as ਜ਼ਾਲਮ, cruel
ਸਿਤਮੀ [sɪtmi] *adj.* cruel, atrocious
ਸਿਤਾਰ [sɪtar] *n.f.* sitar, a musical string instrument, a kind of guitar
~ ਵਜਾਉਣੀ *con.v.* to play at ਸਿਤਾਰ
ਸਿਤਾਰਾ [sɪtara] *n.m.* same as ਸਤਾਰਾ, star
ਸਿਥਲ [sɪthəl] *adj.* languid, lazy, slack, slow; feeble, weak; weary, faint, inert, inactive, torpid, apathetic, dull, sluggish, languid, languorous; numb; also ਸਿਥਿਲ
ਸਿਥਲਤਾ [sɪthəˡta] *n.f.* languidness, languor, inertness, inertia, sluggishness, dullness, numbness, weariness
ਸਿਦਕ [sɪdək] *n.m.* faith, belief, trust; contentment; patience
~ ਦਿਲੀ *n.f.* faith
~ ਰੱਖਣਾ *con.v.* to be or remain patient
ਸਿਦਕਹੀਣ [sɪdəkhiṇ] *adj.* lacking faith; faithless; impatient, greedy
ਸਿਦਕਵਾਨ [sɪdəkvan] *adj.* firm in faith

ਸਿੱਧ[1] [síd̲] *n.m.* person who has attained certain spiritual and miraculous powers through meditation and austerities; a divine
ਸਿੱਧ[2] *adj.* proved
~ ਕਰਨਾ *con.v.* to prove
ਸਿੱਧ[3] *n.f.* obverse side
~ ਪੁੱਠ *n.f.* difference between obverse and reverse sides
ਸਿੰਧ [sı̃d] *n.m.* Indus (river); Sindh (a province in Pakistan)
~ ਸਾਗਰ ਦੁਆਬ *n.m.* name of the region lying between the Rivers Indus and Jhelum
ਸਿੱਧ ਪੱਧਰਾ [sídd pəddəra] *adj.m.* simple, straight, modest; simpleton, foolish
ਸਿੱਧੜ [síddəṛ] *adj.* same as ਸਧਾਰ, simpleton
ਸਿਧਾ [sɪdà] *v.form.* Imperative of ਸਿਧਾਉਣਾ, tame
ਸਿੱਧਾ [sídda] *adj.m.* straight, erect, upright; direct; plain, simple, guileless, artless, innocent ingenuous; *adv.* straight, direct; directly
~ ਕਰਨਾ *v.t.* to straighten, set right, disentangle, unravel; to punish and reform
~ ਤੀਰ/~ ਤੁੱਕ *adj.* straight as a rod
~ ਪੱਧਰਾ *adj.* same as ਸਿੱਧ ਪੱਧਰਾ
~ ਪੁੱਠਾ *adj.* topsy-turvy, entangled, confused
~ ਫਾਸਲਾ/ਸਿੱਧੀ ਦੂਰੀ *n.m./n.f.* straight distance, distance as the crow flies
ਸਿਧਾਉਣਾ [sɪdàuṇa] *v.t.* to domesticate, tame, train
ਸਿਧਾਈ [sɪdài] *n.f.* domestication, taming, training; straightness, erectness; proper alignment
ਸਿਧਾਂਤ [sɪdā̃t] *n.m.* principle, doctrine, theory, tenet, canon, rule
~ ਸੰਬੰਧੀ *adj.* doctrinal, theoretical, canonical
~ ਮੁਖੀ *adj.* principled; logical, rational
ਸਿਧਾਂਤਹੀਣ [sɪdā̃thiṇ] *adj.* unprincipled; illogical, irrational
ਸਿਧਾਂਤਵਾਦ [sɪdā̃tvad] *n.m.* theorism,

doctrinairism; theoretics
ਸਿਧਾਂਤਵਾਦੀ [sɪdãtvadi] *adj.* theorist, theoretician, doctrinarian
ਸਿਧਾਂਤਿਕ [sɪdãtɪk] *adj.* doctrinal, theoretical, canonical
ਸਿਧਾਂਤੀ [sɪdãti] *adj.* pertaining to ਸਿਧਾਂਤ, same as ਸਿਧਾਂਤਿਕ or ਸਿਧਾਂਤਵਾਦੀ
ਸਿਧਾਂਤੀਕਰਨ [sɪdãtikərn] *n.m.* theorisation
ਸਿਧਾਰਨਾ [sɪdàrna] *v.i.* to depart, leave for, proceed to
ਸਿੱਧੀ[1] [síddi] *adj.f.* same as ਸਿੱਧਾ.
ਸਿੱਧੀ[2] *n.f.* spiritual stage or power of a ਸਿੱਧ
ਸਿੰਧੀ [sı́ddi] *adj.* pertaining to Sindh province, *n.m.* inhabitant or native of Sindh; *n.f.* language or culture of Sindhis
ਸਿੰਧੌਰਾ [sĩdɔ̀ra] *n.m.* ceremonial offering placed at the feet of the dead husband by a widow intending to be sati; *cf.* ਸਤੀ
ਸਿਨਕੋਨਾ [sɪnkona] *n.m.* cinchona
ਸਿਨਫ਼ [sɪnf] *n.f.* art form, genre
ਸਿਨਮਾ [sɪnma] *n.m.* cinema
ਸਿੰਨ੍ਹ [sínn] *v.form.* imperative of ਸਿੰਨ੍ਹਣਾ, moisten
ਸਿੰਨ੍ਹਣਾ [sínnəṇa] *v.t.* to moisten, make wet; to tease with sarcastic remarks, ridicule, taunt; to take aim at
ਸਿੱਪ [sɪpp] *n.f.* sea-shell, *esp.* bivalve shell, oyster shell
ਸਿਪਾਇਆ [sɪpaɪa] *n.m.* wooden rest to keep the fore part of a bullock-cart in raised position
ਸਿਪਾਈ [sɪpai] *n.f.* see ਤਿਪਾਈ; three-legged stand for resting water pitcher on
ਸਿਪਾਹ [sɪpá] *n.* army
~ ਸਲਾਰ *n.m.* army commander, commander-in-chief
~ ਸਲਾਰੀ *n.f.* command of an army
ਸਿਪਾਹੀ [sɪpái] *n.m.* sepoy, soldier, gendarme; policeman, constable
ਸਿਪਾਹੀਆਨਾ [sɪpáiana] *adj.* soldierly
ਸਿਪਾਹੀਗੀਰੀ/ਸਿਪਾਹੀਪੁਣਾ [sɪpáigiri/sɪpáipuṇa] *n.f./n.m.* career, profession or service of ਸਿਪਾਹੀ, soldiering, army service
ਸਿੱਪੀ [sɪppi] *n.f.* same as ਸਿੱਪ, scraper (for cleaning kitchen vessels); spatula, turner
ਸਿਫ਼ਤ [sɪft] *n.f.* praise, kudos, plaudit, penegyric, approbation, glorification; attribute, quality, characteristic, merit
~ ਸਲਾਹ *n.f.* praises to deity
~ ਕਰਨੀ *con.v.* to praise, admire, laud
ਸਿਫ਼ਰ [sɪfər] *n.f.* cypher, cipher, zero, naught
ਸਿਫ਼ਾਰਸ਼ [sɪfarṣ] *n.f.* recommendation
~ ਕਰਨੀ *con.v.* to recommend, suggest, sponsor
ਸਿਫ਼ਾਰਸ਼ੀ [sɪfarṣi] *adj. & n.m.* one who recommends, suggests or sponsors; (one) who attains a position on recommendation rather than on merit; recommendatory
~ ਚਿੱਠੀ *n.f.* letter of recommendation testimonial
ਸਿੰਬਲ [sĩbəl] *n.m.* silk-cotton tree, *Bombax heptaphylum;* silk-cotton or down yielded by its pods
ਸਿੰਮ [sı́mm] *v.form.* nominative of ਸਿੰਮਣਾ
ਸਿੰਮਣਾ [sĩmməna] *v.i.* (art or practice of to ooze, leak, seep, exude
ਸਿਮਟ [sɪmṭ] *v.form.* nominative/imperative of ਸਿਮਟਣਾ, shrink
ਸਿਮਟਣਾ [sɪmṭṇa] *v.i.* to shrink, contract, shrivel; *fig.* to be shy; to cower, crouch
ਸਿਮਟਾ [sɪmṭa] *n.m.* shrinkage, contraction
ਸਿਮਟਾਉਣਾ [sɪmṭauṇa] *v.t.* to make or cause to shrink, contract or shrivel, contract, shorten
ਸਿਮਤ [sɪmt] *n.f.* direction, side, cardinal point
ਸਿਮਰ [sɪmər] *v.form.* imperative of ਸਿਮਰਨਾ[1], remember
ਸਿਮਰਤੀ [sɪmərti] *n.f.* recollection, remembrance; same as ਸਿਮ੍ਰਿਤੀ
ਸਿਮਰਨ [sɪmrən] *n.m.* remembering of or meditation upon God's name, prayer
ਸਿਮਰਨਾ[1] [sɪmərna] *v.i.* to remember, meditate upon, invoke God, count or tell one's beads, pray, repeat God's

name; also ਸਿਮਰਨ ਕਰਨਾ
ਸਿਮਰਨਾ² *n.m.* rosary
ਸਿੰਮਲ [sĩmməl] *n.m.* see ਸਿੰਬਲ
ਸਿਮ੍ਰਿਤੀ/ਸਿਮਰਿਤੀ [sɪmrɪti] *n.f.* holy book containing code of Hindu law
ਸਿਰ¹ [sɪr] *n.m.* head
~ ਉੱਚਾ ਰੱਖਣਾ *ph.* to hold or carry one's head high, carry oneself with honour or dignity
~ ਅੱਖਾਂ ਤੇ *ph.* (receiving) with pleasure, most cordially
~ ਸਦਕਾ/~ ਸਦਕੇ *adv.* for the sake of, by virtue of
~ ਸੰਬੰਧੀ *adj.* cephalic
~-ਸੜਿਆ *adj.m.* headstrong, wilful; willful; eccentric, crazy
~ ਸੁਆਹ ਪੈਣੀ *ph.* to be damned
~ ਹਿਲਾਉਣਾ *ph.* (ਹਾਂ ਵਿਚ) to nod, nod assent; (ਨਾ ਵਿਚ) shake one's head
~ ਕੱਢ *adj.* prominent, distinguished, outstanding
~ ਖਪਾਈ *n.f.* mental, worrisome labour, irritation; idle talk, ineffectual argumentation; drudgery
~ ਖਾਣਾ *ph.* to irritate, bore, vex by loud, incessant or repeated talk or request
~ ਖੁੱਥਾ *adj.m.* one with tasselled, matted or dishevelled hair; a phrase of mild abuse
~ ਚਕਰਾਉਣਾ *ph.* to feel light-headed, giddy or dizzy
~ ਚੜ੍ਹਨਾ *ph.* to be overbearing; to go to one's head
~ ਚੜ੍ਹਾਉਣਾ *ph.* to pamper, spoil, coddle, indulge excessively; to put under forfeit
~ ਤੇ ਸਵਾਰ ਹੋਣਾ *ph.* to be overbearing or domineering (towards)
~ ਤੋੜ *adj.* head-breaking, maximum (effort)
~ ਦਰਦ *n.f.* headache
~ ਦਰਦੀ *n.f.* same as ਸਿਰ ਖਪਾਈ
~ ਦੇਣਾ *ph.* to make supreme sacrifice
~ ਧੜ ਦੀ ਬਾਜ਼ੀ *ph.* a matter of life and death
~ ਨਿਵਾਉਣਾ *ph.* to bow, salute, obey
~ ਨੂੰ ਆਉਣਾ *ph.* to be aggressively rude, insubordinate or quarrelsome
~ ਪਰਨੇ ਡਿਗਣਾ *ph.* to fall headlong; to come a cropper, suffer defeat
~ ਪੀੜ *n.f.* headache; migraine
~ ਪੈਰ *n.m.* head or tail, meaningfulness
~ ਫਿਰਨਾ *ph.* to become proud or arrogant; to go mad
~ ਫਿਰਿਆ *adj.m.* proud, arrogant; mad
~ ਫੇਰਨਾ *ph.* to refuse, deny, decline
~ ਭਾਰ *adv.* headlong, head first, on one's head
~ ਮਾਰਨਾ *ph.* to shake one's head in refusal or denial; to make hard effort, strike one's head against
~ ਮੁੰਨਾ/~ ਮੁੰਨਿਆਂ *adj.m.* clean-shaven (often used as a mild rebuke)
~ ਮੂੰਹ *n.m.* same as ਸਿਰਪੈਰ
~ ਮੌਰ *n.m* .diadem, coronet; chief, leader, distinguished person
~ ਲੱਥ *adj.* brave, fearless, dauntless, intrepid; reckless, desperate
~-ਵੱਢਵਾਂ *adj.m.* deadly (enmity)
~ ਵਾਰਨਾ *n.m.* alms given after revolving over a person's head, signifying a sacrifice for him; see ਸਰਵਾਰਨਾ
ਸਿਰੋ~ *adv.* completely, fully
ਸਿਰ² *prep.* on, upon, against
ਸਿਰਸਾਮ [sɪrsam] *n.m.* see ਸਰਸਾਮ
ਸਿਰਹਾਣਾ/ਸਿਰ੍ਹਾਂਵਾਂ [sirhaṇa/sɪràṇa] *n.m.* pillow
ਸਿਰਕਾ [sɪrka] *n.m* .vinegar, dilute acetic acid
ਸਿਰਕੀ [sɪrki] *n.f.* mat made from reed or split bamboo, used as curtain or for roofing, reed-mat, reed-curtain, bamboo-curtain; wattle
~ ਬੰਨ੍ਹ *n.m.* manufacturer of ਸਿਰਕੀ
~ ਵਾਸ *n.m.* see ਟੱਪਰੀਵਾਸ, gypsy
ਸਿਰਖੰਡੀ [sɪrkhə̃di] *n.f.* a poetic form
ਸਿਰਜਣ [sɪrjəṇ] *n.m.* the act of or process of creating, making, composing
~ ਸ਼ਕਤੀ *n.f.* creative power
ਸਿਰਜਣਹਾਰ [sɪrjəṇhar] *n.m* creator, producer; God, Creator
ਸਿਰਜਣਾ [sɪrjəṇa] *v.t.* to create, make, build, compose, produce; *n.m.* see

ਸਿਰਜਨਾ; same as ਸਿਰਜਣ
ਸਿਰਜਣਾਤਮਿਕ [sɪrjṇatmɪk] *adj.* creative, productive
ਸਿਰਜਨਾ [sɪrjna] *n.f.* creation, production, composition; creation; a work of art
ਸਿਰਨ੍ਹਾਉਣੀ [sɪrnàuṇi] *n.f.* menstruation, menses
ਸਿਰਨਾ [sɪrna] *v.i.* same as ਸਿੰਮਣਾ, to seep
ਸਿਰਨਾਵਾਂ [sɪrnavã] *n.m.* same as ਸਰਨਾਵਾਂ, address
ਸਿਰਫ਼ [sɪrf] *adv.* only, merely, simply
ਸਿਰਲੇਖ [sɪrlekh] *n.m.* heading, title, caption, rubric
ਸਿਰੜ [sɪrəṛ] *n.m.* tenacity, resoluteness, firmness, persistence, perserverence
ਸਿਰੜੀ [sɪrəṛi] *adj.* tenacious, resolute, firm, persistent, persevering
ਸਿਰ੍ਹਾਂਦ [sɪrā̀d] *n.m* top or head of a cot or bedstead
ਸਿਰ੍ਹਾਂਦੀ [sɪrā̀di] *adv.* at, on the top end
ਸਿਰਾ [sɪra] *n.m.* end, edge, extremity; top, apex, vertex; limit
ਸਿਰੇ ਦੀ ਗੱਲ *ph.* the final word, an apt remark
ਸਿਰੀ [sɪri] *n.f.* diminutive of ਸਿਰ, head; *adj.m.* same as ਸ੍ਰੀ
ਸਿਰੋਪਾ [sɪropa] *n.m.* same as ਸਰੋਪਾ, robe of honour
ਸਿਲ਼ [sɪḷ] *n.f.* stone slab, flat piece of rock
~ ਲਿਖਤ *n.f.* rock inscription, also ਸਿਲਾਲੇਖ
~ ਵੱਟਾ *n.m.* stone and pestle, grinding stone
ਸਿਲਸਿਲਾ [sɪlsɪla] *n.m.* series, sequence, concatenation; (mountain) range; serial order, arrangement, row; order, system; school of Sufism; *informal.* business; property
ਸਿਲਸਿਲੇਵਾਰ [sɪlsɪlevar] *adj.* serial, serially arranged, concatenate, consecutive, successive; *adv.* in a row, serially, consecutively, successively, in certain order
~ ਕਰਨਾ *con.v.* to serialise, arrange serially or in a particular order
ਸਿਲਕ [sɪlk] *n.f.* silk, silk cloth
ਸਿਲਮਾ [sɪlma] *n.m.* fine gold, silver or copper wire or thread used in embroidery or filigree
~ ਸਿਤਾਰਾ *n.m.* ਸਿਲਮਾ and sequin or spangle collectively; ornamentation, embellishment
ਸਿਲਵਰ [sɪlvər] *n.m.* silver; aluminium
ਸਿੱਲ੍ਹ [síll] *n.f.* same as ਸਲ੍ਹਾਬ; humidity
ਸਿੱਲ੍ਹਾ [sílla] *adj.m.* damp, moist, humid
ਸਿਲਾ¹ [sɪla] *n.m.* consequence; reward, recompense, requital
~ ਦੇਣਾ *ph.* to reward, recompense or repay, requite
ਸਿਲਾ²/ਸਿਲ਼ਾ *n.m.* ear of wheat dropped or left in the field after harvesting
~ ਚੁਗਣਾ *con.v.* to glean, garner or pick up ਸਿਲਾ
ਸਿਲਾਈ [sɪlai] *v.t.* same as ਸਵਾਈ²
~ ਕਢਾਈ *n.f.* tailoring and embroidery
~ ਕਰਨਾ *con.v.* to stitch, sew, tack
ਕੱਚੀ~ *n.f.* tacking, tacks
~ ਮਸ਼ੀਨ *n.f.* sewing machine
ਸਿਲਾਜੀਤ [sɪlajit] *n.f.* a kind of mineral or rock secretion or pitch used as a potent drug; also ਸ਼ਿਲਾਜੀਤ
ਸਿਲ਼ੀ [sɪḷi] *n.f.* a small ਸਿਲ਼, whetstone
ਸਿਲੇਹਾਰ [sɪlehar] *n.f.* gleaner of ਸਿਲਾ²
ਸਿਲੇਬਸ [sɪlebəs] *n.m.* syllabus
ਸਿਵਲ [sɪvəl] *adj.* civil, civil government, civilian officers or administrative services collectively as against military organisation
ਸਿਵਲੀਅਨ [sɪvliən] *adj.* civilian; *n.m.* member of civil services
ਸਿਵਾ¹ [sɪva] *n.m.* funeral pyre, burning or burnt pyre
ਸਿਵਾ² *adv. & conj.* without, except, but, save, besides; also ਸਿਵਾਇ, ਸਿਵਾਏ
ਸਿੜ੍ਹੀ [síṛi] *n.f.* bier *esp.* one designed like a ladder; *cf.* ਸੀੜ੍ਹੀ; funeral pyre
~-ਸਿਆਪਾ, *n.m.* mourning, wailing rites, *fig.* botheration, vexation, unpleasant work
ਸੀ¹ [si] *aux.v.* past tense of auxillary verb 'be', was
ਸੀ² *n.f.* hissing sound caused by sudden pain

~ ਕਰਨੀ *con.v.* to hiss feeling pain or having eaten something bitter like chillies
~ ਨਾ ਕਰਨੀ *ph.* not to express pain, to bear with fortitude
ਸੀਂ [sĩ] *n.f.* boundary separating two farms; a single ploughing
~ ਲਾਉਣੀ *con.v.* to plough
ਸੀਆ [sia] *n.m.* mild, pleasant warmth (provided by sunshine during winter), sun
ਸੀਏ [sie] *adv.* in the sun
ਸੀਸ [sis] *n.m.* head
~ ਕੱਟਣਾ *con.v.* to behead, sever the head
~ ਕਟਾਉਣਾ/~ ਦੇਣਾ/~ ਭੇਟ ਕਰਨਾ *ph.* to die voluntarily for a cause, sacrifice one's life, offer oneself for supreme sacrifice
ਸੀਸਾ [sisa] *n.m.* lead (a metal); *dia. colloq.* see ਸ਼ੀਸ਼ਾ, glass
ਸੀਹਰਫ਼ੀ [sihərfi] *n.f.* a prosodic form, a kind of acrostic
ਸੀਹੜ [síṛ] *n.m. dia.* see ਸੀਰ[2], oozing
ਸੀਖ [sikh] *n.f.* advice, instruction; metallic rod or bar *usu.* iron; poker, skewer; *colloq.* match stick
~ ਕਬਾਬ *n.m.* minced meat roasted on a skewer, shish kebab, shashlick
~ ਪਾ *adj. & adv.* (horse) frisking and standing on hind legs
ਸੀਚਾਨਾ [sicana] *n.m.* a bird of the hawk family
ਸੀਟ [siṭ] *n.f.* seat
ਸੀਟੀ [siṭi] *n.f.* whistle, whistling sound
~ ਮਾਰਨੀ *con.v.* to whistle
~ ਵਜਾਉਣੀ *con.v.* to blow a whistle; to whistle
ਸੀਂਢ [sĩḍ] *n.m.* mucus discharge through nostrils, snot, drivel
~ ਵਗਣਾ *con.v.* for mucus to discharge
~ ਵਗਾਉਣਾ *con.v.* to drivel
ਸੀਂਢਲ/ਸੀਂਢੂ [sĩḍəḷ/sĩḍu] *adj.* (one) who drivels too often or constantly, (one) with a running nose, sniffler, snuffler
ਸੀਣਾ [siṇa] *v.t.* same as ਸਿਊਣਾ
ਸੀਤ [sit] *n.f.* cool, chill; *adj.* cold, chilly, chilled
~ ਪੈਣੀ *ph.* for weather to be cold
~ ਲੱਗਣੀ *con.v.* to feel cold
ਸੀਤਲਤਾ [sitəlta] *n.t.* coolness; calmness; soothingness
ਸੀਤਲਾ [sitla] *n.f.* small pox, variola
ਸੀਤਾ[1] [sita] *n.f.* name of Lord Rama's wife
~-ਸਵਿਤਰੀ *adj. & n.f.* chaste woman
ਸੀਤਾ[2] *v.form.* past indefinite of ਸਿਊਣਾ, stitched, sewed
~-ਸਿਤਾਇਆ *adj.m.* readymade (garment)
ਸੀਤਾ ਫਲ [sita phəl] *n.m.* custard apple, *Annona reticulata*
ਸੀਧਾ[1] [sída] *adj.m.* see ਸਿੱਧਾ
ਸੀਧਾ[2] *n.m.* dry ration *esp.* wheat flour
ਸੀਨ[1] [sin] *n.m.* scene
ਸੀਨ[2] *n.f.dia* see ਸਿਓਣ
ਸੀਨਾ [sinna] *n.m.* chest, bosom, breast; heart; *fig.* courage
~-ਜ਼ੋਰ *adj.* bully, blusterer, aggressor, tyrant
~ ਜ਼ੋਰੀ *n.f.* brute force, bullying, oppression, tyranny
~ ਬਸੀਨਾ *adv.* through folk memory, from generation to generation, traditionally
ਸੀਨੇ ਠੰਢ ਪੈਣੀ *ph.* to be fully satisfied; to be avenged or vindicated
ਸੀਨਾਬੰਦ [sinnabə̃d] *n.m.* bodice; breast plate, cuirass, corselet; martingale
ਸੀਨਿਆਰਟੀ *n.f.* seniority
ਸੀਨੀਅਰ [siniər] *adj.* senior
ਸੀਮਾ [sima] *n.f.* boundary, border, frontier; limit, extent, periphery, purlieu, precincts, confines; scope, range
~-ਕਰ *n.m.* custom duty, customs, terminal tax
~ ਰੇਖਾ *n.f.* border line, boundary line
~ ਵਰਤੀ *adj.* same as ਸੀਮਾਂਤ
ਸੀਮਾਂਕਣ [simãkəṇ] *n.m.* demarcation
ਸੀਮਾਂਤ [simãt] *adj.* border, frontier, peripheral, extreme, outermost
ਸੀਮਿੰਟ [simĩṭ] *n.m.* cement
ਸੀਮਿਤ [simɪt] *adj.* limited, restricted, confined, finite
ਸੀਰ[1] [sir] *n.m.* partnership, share; farm labour contract on terms of share i[n]

produce

~ ਕਰਨਾ/~ ਪਾਉਣਾ *ph.* to enter into partnership

ਸੀਰ[2] *n.f.* oozing out, ooze or trickle of water through a bank or of blood out of skin of bullocks due to intense heat, *cf.* ਨਕਸੀਰ

~ ਪੈਣੀ *ph.* for water to ooze or seep

~ ਫੁੱਟਣੀ *ph.* for blood to trickle

ਸੀਰਾ [sira] *n.m.* a semi-solid or liquid dish of roasted wheat flour mixed with boiled, sweetened water; syrup; treacle; molasses

ਸੀਰੀ [siri] *n.m.* agricultural worker paid through a share in the produce; partner, sharer

ਸੀਲ[1] [sil] *adj. colloq.* see ਅਸੀਲ, gentle

~ਸੁਭਾ *adj.* same as ਅਸੀਲ

ਸੀਲ[2] *n.f.* seal

ਸੀਲਬੰਦ [silbə̃d] *adj.* sealed

ਸੀੜ [siṛ] *n.f.* wound but untwined string or cord

ਸੀੜਨਾ [siṛna] *v.t.dia.* see ਸਿਊਣਾ

ਸੀੜ੍ਹ [siṛ] *n.m.* same as ਸਿਓਣ

ਸੀੜ੍ਹੀ [siṛi] *n.f.* same as ਪੌੜੀ, ladder, stairs

ਸੁ [su] *pref.* denoting goodness

ਸੁਅਸਥ [suəsth] *adj.* same as ਸੁਸਥ, healthy

ਸੁਆ [sua] *v.form.* imperative of ਸੁਆਉਣਾ[1]

ਸੁਆਉਣਾ [suauṇa] *v.t.* to assist (an animal) to calve or foal; to assist, lull or make (one) to sleep; to get (a garment) stitched

ਸੁਆਸ [suas] *n.m.* same as ਸੁਾਸ, breath

ਸੁਆਹ [suá] *n.f.* ash, cinders, ashes, (of metals) calx

~ ਕਰਨਾ *ph.* to reduce to ashes, *ph.* not to do anything or to do something carelessly, wastefully

~ ਖੇਹ, ~ ਭੱਸ *n.f.* useless matter, a contemptuous phrase for something considered useless

ਸੁਆਹਰਾ [suára] *adj.m.* level, plane, smooth; continuous, uninterrupted; uniform. *adv.* continuously, at a stretch

ਸੁਆਂਕ [suãk] *n.m.* wild rice, *Zizania aquatica;* a weed, Achinochloa crusgalli

ਸੁਆਂਗ [suãg] *n.m.* same as ਸਾਂਗ[1], mimicry

ਸੁਆਗਤ [suagət] *n.m.* same as ਸੁਾਗਤ, welcome

ਸੁਆਣੀ [suaṇi] *n.f.* woman; wife

ਸੁਆਂਤ ਬੂੰਦ [suãt bũd] *n.f.* mythical raindrop believed to be transformed into a pearl after it has fallen into an open sea-shell or mother-of-pearl

ਸੁਆਦ [suad] *n.m.*taste, savour, flavour, smack, relish; pleasure, enjoyment; desire, addiction; penchant

~ ਆਉਣਾ *con.v.* to feel, have, enjoy ਸੁਆਦ

~ ਪੈਣਾ *ph.* to be addicted to, come to relish, develop a taste for something

~ ਲੱਗਣਾ *con.v.* to be tasty, savoury

~ ਲੈਣਾ *ph.* to taste, relish, enjoy

ਸੁਆਦਲਾ/ਸੁਆਦੀ [suadla/suadi] *adj.m./adj.* tasty, savoury, delicious, flavoury, flavoursome, flavourful, dainty, palatable; delectable, pleasant, luscious; interesting; entertaining, gripping

ਸੁਆਂਧਾ [suə̃da] *n.m.* parting or parting line of hair

~ ਕੱਢਣਾ *con.v.* to part the hair

ਸੁਆਮੀ [suami] *n.m.* same as ਸੁਾਮੀ, master

ਸੁਆਰ[1] [suar] *n.m.* colloq. see ਸਵਾਰ, rider

ਸੁਆਰ[2] *v.form.* imperative of ਸੁਆਰਨਾ, clean up

ਸੁਆਰਨਾ [suarna] *v.t.* to improve, refine, reform, repair; to accomplish or help in accomplishing; to clean, brush up, spruce, adorn, decorate; to repair, set right, remove fault or defect

~ ਸਜਾਉਣਾ *cpd.v.* to preen and primp

ਸੁਆਰਥ [suarth] *n.m.* same as ਸੁਾਰਥ, self-interest; *informal.* social function

ਸੁਆਲ [sual] *n.m. colloq.* see ਸਵਾਲ, question

ਸੁਆਲਣਾ/ਸੁਆਲ੍ਹਨਾ [sualṇa/sualna] *v.t. dia.* see ਸੁਆਉਣਾ, to put to sleep

ਸੁਸੱਜਿਤ [susəjjɪt] *adj.* well adorned, tastefully decorated; well-furnished

ਸੁਸਤ [sust] *adj.* lazy, languid, sluggish,

dull, lethargic, slothful, indolent; slow, slack, negligent, remiss; stolid, passive, phlegmatic, unemotional; physically unwell

ਸੁਸਤੀ [susti] *n.f.* laziness, languor, sluggishness, dullness, lethargy, sloth, indolence; slackness, negligence, remissness; stolidity, stolidness, passivity, passiveness

~ **ਕਰਨੀ** *con.v.* to be ਸੁਸਤ; to delay, dawdle, linger

ਸੁਸਰੀ [susri] *n.f.* a type of weevil

~ **ਚਾਲ**/~ **ਤੋਰ** *adv.* very slowly, at snail's pace

ਸੁਸਾਇਟੀ [susaiṭi] *n.f.* society

ਸੁਸਿੱਖਿਅਤ [susikkhiət] *adj.* well-educated, well-read, well trained

ਸੁਸ਼ੀਲ [suṣil] *adj.* well-bred, well-behaved, well-mannered, refined, cultured

ਸੁਸ਼ੀਲਤਾ [suṣilta] *n.f.* good breeding or behaviour, manners, refinement, culture

ਸੁਸ਼ੋਭਤ [suṣóbət] *adj.* same as ਸੁਸੱਜਿਤ; gracefully seated, sitting, installed

ਸੁਹਜ [sój] *n.f.* grace, gracefulness, beauty, magnificence, delicacy, charm, refinement, aesthetic sense or quality, artistic sense or quality

~ **ਸੁਆਦ** *n.m.* aesthetic pleasure, enjoyment derived from or given by art or literature

ਸੁਹਜਮਈ [sójməi] *adj.* graceful, delicate, refined, aesthetic, artistic, beautiful, charming

ਸੁਹਜਵਾਦ [sójvad] *n.m.* aestheticism, aesthetics

ਸੁਹਜਵਾਦੀ [sójvadi] *adj.* aesthete, aesthetic

ਸੁਹਜਾਤਮਿਕ [sójatmik] *adj.* aesthetic

ਸੁਹੰਢਣਾ [suə̃ḍṇa] *adj.m.* long-lasting, durable

ਸੁਹਣੱਪ [súṇəpp] *n.m.* beauty, prettiness, comeliness, handsomeness, pulchritude, physical charm, attractiveness or grace

ਸੁਹਣਾ [sóṇa] *adj.m.* see ਸੋਹਣਾ[1], good looking

ਸੁਹੱਪਣ [suhəppəṇ] *n.m.* same as ਸੁਹਣੱਪ

ਸੁਹਬਤ [sóbət] *n.f.* company, companionship, fellowship, association; *informal.* sexual intercourse *esp.* illicit

~ **ਕਰਨੀ** *con.v.* to keep company, associate with; to commit adultery

ਸੁਹਲ [sól] *adj. colloq.* see ਸੋਹਲ, delicate

ਸੁਹਾਉਣਾ [suhauṇa] *adj.m.* comely, pleasing, pleasant, delightful; *v.i.* see ਸੋਹਣਾ[2], to appear good or befitting

ਸੁਹਾਗ [suàg] *n.m.* married state of a woman while her husband is alive, bliss of married life; ornaments worn by women only while their husbands are alive; nuptial song

~ **ਉੱਜੜਨਾ** *ph.* to become a widow

~ **ਗਾਉਣਾ** *ph.* to sing nuptial songs

~ **ਗੀਤ** *n.m.* nuptial song

~ **ਪਟਾਰ**/~ **ਪਟਾਰੀ** *n.m.* casket containing cosmetics presented to bride at wedding

~ **ਭਾਗ** *n.m* good fortune, bliss of married women

~ **ਰਾਤ** *n.f.* the first night of the newly-wed's sharing a bed

ਸੁਹਾਗਣ [suàgəṇ] *n.f.* a woman whose husband is alive

ਸੁਹਾਗਣਾ [suàgəṇa] *v.t.* to level (a ploughed field) with a ਸੁਹਾਗਾ

ਸੁਹਾਗਾ [suàga] *n.m.* borax, tincal; leveller

ਸੁਹਾਂਞਣਾ [suàñəṇa] *n.m.* a kind of tree yielding long beans used for making pickle

ਸੁਹਾਵਣਾ/ **ਸੁਹਾਵਾ** [suàvṇa/suàva] *adj. m.* same as ਸੁਹਾਉਣਾ

ਸੁਹਿਰਦ [suhird] *adj.* good-hearted, good-natured, kind, gentle *n.m.* well-wisher, friend

ਸੁਹਿਰਦਤਾ [suhirdta] *n.f.* good-heartedness, gentleness, friendship

ਸੁਹੇਲਾ [suhela] *adj.m.* easy; comfortable, soothing

ਸੁੱਕ [sukk] *n.f.* dryness, dry place; litter or straw, spread in cattle-shed or stable to keep its floor dry

~ ਖਿਲਾਰਨੀ/~ ਪਾਉਣੀ *con.v.* to spread ਸੁੱਕ (in shed or stable)
ਸੁੱਕਣਾ [sʊkkəṇa] *v.i.* to dry, evaporate, become dry; to be dehydrated; to wither, shrivel; to become thin or lean
ਸੁੱਕਣੇ ਪਾਉਣਾ [sʊkkəṇe pauṇa] *ph.* to spread to dry; *slang* to put one to great trouble, cause botheration, torture or exasperation
ਸੁਕਪਕਾ [sʊkpəka] *adj.m.* half-baked
ਸੁਕਮਾਂਜ [sʊkmãj] *adj.* (of utensils) rubbed clean, cleansed without using water
~ ਕਰਨਾ *con.v.* to rub clean without using water
ਸੁਕਵਾਂ [sʊkvã] *adj.m.* tending to become dry; spread or hung to dry
ਸੁਕਵਾਉਣਾ [sʊkvauṇa] *v.t.* to get or assist in getting something dried or aired
ਸੁਕੜੰਜ [sʊkṛə̃j] *n.m.* shin-bone, tibia
ਸੁਕੜਨਾ [sʊkəṛna] *v.i.* see ਸੁੰਗੜਨਾ, to shrink
ਸੁਕੜੂ/ਸੁਕੜੋ [sʊkṛu/sʊkṛo] *adj.m./adj.f.* thin, lean, lanky, emaciated, gaunt, scrawny, scraggy, rawboned; bony
ਸੁਕੜੇਵਾਂ [sʊkṛevã] *n.m.* thinness, narrowness
ਸੁੱਕਾ [sʊkka] *adj.m.* dry, dried, dehydrated, withered, wilted, thin, lean, emaciated, dead (tree); *cf.* ਸੁੱਕ; *n.m.* dry fodder such as hay or chaff
ਸੁਕਾਉਣਾ [sʊkauṇa] *v.t.* to dry, air, dehydrate, evaporate, desiccate, cause to wither
ਸੁੱਕਾ ਪੁੱਕਾ [sʊkka pʊkka] *adj.m.* nett, without overheads
ਸੁਕਿਰਤ/ਸੁਕ੍ਰਿਤ [sʊkɪrt/sʊkrɪt] *n.f. /n.m.* good action, deed
ਸੁਕੈਸ਼ [sʊkɛṣ] *n.m.* squash
ਸੁਖ [sʊkh] *n.m.* comfort, ease, feeling of relief or freedom from anxiety, happiness or contentment, felicity, tranquillity
~ ਦਾ ਸਾਹ *ph.* sigh of relief, relief from worry or anxiety
~ ਦਾ ਸਾਹ ਲੈਣਾ *ph.* to heave a sigh of relief
ਸੁੱਖ¹ [sʊkkh] *n.f.* welfare, well-being, happy state
~ ਅਨੰਦ/~ ਅਰਾਮ/~ ਸਾਂਦ/~ ਸ਼ਾਂਤੀ/~ ਚੈਨ [ənə̃d/əram/sãd/ṣãti/cɛn] *n.m./n.m./ n.f./ n.f./ n.m.* same as ਸੁਖ
~ ਨਾਲ *adv.* by God's grace, happily
~ ਮੰਗਣੀ [mə̃gṇi] *con.v.* to pray for ਸੁੱਖ
ਸੁੱਖ² *n.f.* promise or vow of an offering to deity, charity, pilgrimage etc. on fulfilment of desire or prayer
~ ਸੁੱਖਣੀ *con.v.* to make such a resolve or vow
~ ਦਾਤਾ *adj.* same as ਸੁਖਦਾਇਕ, also *n.m.* bestower of happiness, God
ਸੁੱਖਣਾ [sʊkkhəṇa] *n.f.* same as ਸੁੱਖ²; *v.i.* to resolve or vow
ਸੁਖਚੈਨ [sʊkhcɛn] *n.m.* see ਸੁੱਖ; a shady tree, *Pongamia glabra*
ਸੁਖਦਰਸ਼ਨ [sʊkhdərṣən] *n.m.* a kind of herb, *Amaryllis grandiflora*
ਸੁਖਦਾਇਕ/ਸੁਖਦਾਈ/ਸੁਖਮਈ/ਸੁਖਾਵਾਂ [sʊkhdaɪk/sʊkhdai/sʊkhməi/sʊkhavã] *adj./ adj./ adj./ adj.m.* comfort giving, comfortable, soothing
ਸੁਖਨ [sʊkhən] *n.m.* utterance, words, saying, poetic composition, verse
ਸੁਖਨਵਰ [sʊkhənvər] *n.m.* poet
ਸੁਖਨਿਧਾਨ [sʊkhnɪdàn] *adj.* same as ਸੁਖਦਾਇਕ, *lit.* treasure of comfort or happiness; *informal n.m.* same as ਸੁੱਖਾ, canabis
ਸੁਖਮਨਾ ਨਾੜੀ [sʊkhməna naṛi] *n.f.* one of the breathing passages in haṭh yoga
ਸੁਖਰਹਿਣਾ [sʊkhréṇa] *adj.m.* ease-loving, pleasure-loving, easy-going, used to comfortable living or comforts
ਸੁਖੱਲਾ [sʊkhəlla] *adj.m.* same as ਸੌਖਾ, easy
ਸੁਖਾ [sʊkha] *v.form.*, nominative of ਸੁਖਾਉਣਾ
ਸੁੱਖਾ [sʊkkha] *n.m.* an intoxicating herb or drug, hemp, *Canabis indica*
ਸੁਖਾਉਣਾ¹ [sʊkhauṇa] *v.i.* to soothe, suit or agree (as medicine or treatment), be comfort-giving, relieve pain
ਸੁਖਾਉਣਾ² *v.t.* see ਸੁਕਾਉਣਾ
ਸੁਖਾਸਨ [sʊkhasən] *n.m.* comfortable posture or seat; closed position of the Sikh scripture
ਸੁਖਾਂਤ [sʊkhãt] *n.m.* comedy; *adj.* ending

happily

ਸੁਖਾਂਤਿਕ [sukhãtık] *adj.* pertaining to comedy

ਸੁਖਾਲ਼ਾ [sukhaḷa] *adj.m.* same as ਸੌਖਾ, easy

ਸੁਖਾਵਾਂ [sukhavã] *adj.m.* see ਸੁਖਦਾਇਕ, soothing

ਸੁਖਿਆਰਾ [sukhıara] *adj.m.* same as ਸੁਖਰਹਿਣਾ, ease-loving

ਸੁਖੀ [sukhi] *adj.* happy, in ease and comfort, contented, satisfied, free from discomfort, worry or anxiety

ਸੁੱਖੀ ਸਾਂਦੀਂ [sukkhi sãdĩ] *adv.* same as ਸੁੱਖ ਨਾਲ; in good health, all well

ਸੁੱਖੀਂ ਲੱਧਾ [sukkhĩ lədda] *adj.m.* obtained after a great deal of praying and vowing; dear, precious

ਸੁਖੇਨ [sukhɛn] *adj.* same as ਸੌਖਾ, easy

ਸੁਖੇਨਤਾ [sukhɛnta] *n.f.* same as ਸੌਖ, ease

ਸੁਗੰਦ/ਸੁਗੰਧ[1] [sugə̃d/sugə̃d] *n.f.* same as ਸਹੁੰ, oath

ਸੁਗੰਧ[2]**/ਸੁਗੰਧੀ** [sugə̃di] *n.f.* fragrance, pleasing smell or odour, scent, perfume, redolence

ਸੁਗੰਧਮਈ [sugə̃dməi] *adj.* fragrant, sweet-smelling

ਸੁਗੰਧਿਤ [sugə̃dıt] *adj.* same as ਸੁਗੰਧਮਈ perfumed, scented, redolent

ਸੁਗਮ [sugəm] same as ਸੌਖਾ, easily accessible; *cf.* ਦੁਰਗਮ

ਸੁੰਗੜ [sũgəṛ] *v.form.* nominative/imperative of ਸੁੰਗੜਨਾ, shrink

ਸੁੰਗੜਨਸ਼ੀਲ [sũgṛənṣil] *adj.* shrinkable, contractible, contractile

ਸੁੰਗੜਨਸ਼ੀਲਤਾ [sũgṛənsilta] *n.f.* shrinkability, contractibility

ਸੁੰਗੜਨਾ [sũgəṛna] *v.i.* to shrink, contract, shrivel, pucker

ਸੁੰਗੜਵਾਂ [sũgəṛvã] *adj.m.* tight-fitting; likely to shrink or contract

ਸੁੰਗੜਵਾਉਣਾ [sũgəṛvauṇa] *v.t.* to have something shrunk

ਸੁੰਗੜਾ [sũgṛa] *n.m.* shrinkage, contraction (extent of)

ਸੁੰਗੜੇਵਾਂ [sũgṛevã] *n.m.* shrinkage, contraction, (process or effect of)

ਸੁਗਾਤ [sugat] *n.f.* present, gift; speciality, rarity, curiosity, curio

ਸੁੰਗੇੜਨਾ [sũgeṛna] *v.t.* to shrink, contract, cause to shrink, reduce, shorten

ਸੁੰਘ [sũg] *v.form.* imperative of ਸੁੰਘਣਾ, smell

ਸੁੰਘਣਾ [sũgəṇa] *v.i.t.* to smell, sniff, nose, to inhale a smell.

ਸੁੰਘਵਾਉਣਾ/ਸੁੰਘਾਉਣਾ [sũgvàuṇa/sũgàuṇa] *v.t.* to have something smelt, make one smell

ਸੁਘੜ [súgər] *adj.* well-trained, clever, competent, dexterous, skilful, adroit, accomplished

~ **ਸੁਜਾਨ** *adj.* same as ਸੁਘੜ, intelligent; virtuous

ਸੁਘੜਤਾ/ਸੁਘੜਪਨ [súgəṛta/súgəṛpən] *n.f./n.m.* competence, accomplishment, adroitness; good behaviour, intelligence

ਸੁੱਚ [succ] *n.f.* cleanliness, freedom from (*usu.* tactile) pollution or defilement, unpollutedness, undefiledness, purity, ablution

~ **ਸੰਜਮ** *n.m.* habit or discipline of cleanliness

ਸੁਚੱਜ [sucəjj] *n.m.* right or proper way to do something, skill, deftness

ਸੁਚੱਜਾ [sucəjja] *adj.m.* neat-handed, deft, dextrous, skilful

ਸੁੱਚਤਾ/ਸੁੱਚਪੁਣਾ/ਸੁੱਚਮ/ਸੁੱਚਮਤਾ [succta/succpuṇa/succəm/succəmta] *n.f./n.m./n.f./n.f.* same as ਸੁੱਚ; fastidiousness or touchiness about unclean touch or defilement

ਸੁੱਚਾ [succa] *adj.m.* pure, clean, unpolluted, undefiled, untouched; real (not imitation), genuine; *informal.* soft, silken, silky

ਸੁਚੇਤ [sucet] *adj.* cautious, alert, mindful, attentive, awake, aware, conscious, careful, watchful, wakeful, vigilant

~ **ਕਰਨਾ** *con.v.* to caution, alert, warn; to inform, bring to the notice of, remind

ਸੁਚੇਤਤਾ [sucetəta] *n.f.* alertness, mindfulness, watchfulness, vigilance

ਸੁੱਜ [sujj] *v.form.* nominative of ਸੁੱਜਣਾ

~ ਭੜੌਲਾ *adj.* angry, peevish, sullen
ਸੁੱਜਣਾ [sujjəṇa] *v.i.* to swell, bulge
ਸੁਜਾ [suja] *n.m.* see ਸੋਜ, swelling
ਸੁੱਜਾ [sujja] *adj.* swollen, inflamed, tumid, turgid, turgescent; *v.form. p.p.* of ਸੁੱਜਣਾ, swelled
ਸੁਜ਼ਾਕ [suzak] *n.m.* gonorrhoea
ਸੁਜਾਖਾ [sujakha] *adj.m.* with eyes and eyesight intact, not blind
ਸੁਜਾਗਾ [sujaga] *adj.m.* wakeful sleeper, alert in sleep
ਸੁਜਾਨ [sujan] *adj.* intelligent, wise, sagacious; learned
ਸੁੱਜਿਆ [sujjɪa] *adj. v.form.* same as ਸੁੱਜਾ, swollen
ਸੁਜੋਗ [sujog] *n.m.* good opportunity, favourable coincidence; *adj.* well, able, sufficiently capable
ਸੁਜੋੜ [sujoṛ] *n.m.* good match; relevance; *adj.* relevant
ਸੁੱਝ [sújj] *v.form.* nominative of ਸੁੱਝਣਾ
ਸੁੱਝਣਾ [sújjəṇa] *v.i.* to occur or come to mind, strike; to be known, seen, discerned
ਸੁਝਾਉ [sujào] *n.m.* suggestion, proposal, hint; also ਸੁਝਾ
ਸੁਝਾਉਣਾ [sujàuṇa] *v.t.* to suggest, propose; to make one see or understand, make one realize.
ਸੁਝਾਊ [sujàu] *adj.* suggestive, indicative; *v.form.* will suggest
ਸੁੰਞ [sũñ] *n.f.* vacuum, vacuity, void, emptiness, vacant place, desolation, vacancy, nothingness; loneliness, lonesomeness
ਸੁੰਞਾ [sũña] *adj.m.* empty, vacant, vacuous, deserted, desolate, lonesome, unoccupied
ਸੁੱਟ [suṭṭ] *n.f.dia.* see ਸੋਟ; *v.form.* imperative of ਸੁੱਟਣਾ, throw
~ ਪਾਉਣਾ *con.v.* to throw away, waste, let go
ਸੁੱਟਣਾ [suṭṭəṇa] *v.t.* to throw, hurtle, fling, cast; to put down, shed, discard; to eject; to vomit, *aux.v.* denoting completion as in ਕਰ ਸੁੱਟਣਾ, ਪੜ੍ਹ ਸੁੱਟਣਾ
ਸੁਟਵਾਉਣਾ/ਸੁਟਾਉਣਾ [suṭvauṇa/suṭauṇa] *v.t.* to have something thrown, thrown away, put down or removed
ਸੁੰਡ [sũḍ] *n.f.* elephant's trunk; proboscis
ਸੁੰਡਾ [sũḍḍa] *n.m.* large ਸੁੰਡੀ
ਸੁੰਡੀ [sũḍḍi] *n.f.* caterpillar, weevil, worm, larva (as of butterfly or moth)
ਸੁਡੌਲ [suḍɔl] *adj.* same as ਸਡੌਲ, muscular
ਸੁੰਢ [sṹḍḍ] *n.f.* ginger, *Zingiber officinale*
ਸੁੰਢਾ [sṹḍḍa] *n.m.* bubo, swollen gland in groin or armpit
ਸੁੰਢੋਲਾ [sũḍòḷa] *n.m.* powdered ginger mixed with brown sugar and fried in clarified butter
ਸੁਣ [suṇ] *v.form.* imperative of ਸੁਣਨਾ, listen
ਸੁਣਕ [suṇk] *v.form.* Imperative of ਸੁਣਕਣਾ blow (nose)
ਸੁਣਕਣਾ [suṇkṇa] *v.i.* to blow (nose)
ਸੁਣਕਵਾਉਣਾ/ਸੁਣਕਾਉਣਾ [suṇkvauṇa/suṇkauṇa] *v.t.* to get or assist in getting (the nose) blown or cleaned
ਸੁਣੱਖਾ [suṇəkkha] *adj.m.* same as ਸੁਨੱਖਾ, beautiful
ਸੁਣਨ [suṇən] *n.m.* hearing
~ ਸੰਬੰਧੀ *adj.* auditory
~ ਸ਼ਕਤੀ *n.f.* power, faculty or sense of hearing, audition
~ ਕਿਰਿਆ *n.f.* audition
~ ਯੰਤਰ *n.m.* hearing aid
ਸੁਣਨਾ [suṇna] *v.t.* to hear, listen, hark, hearken, harken; to heed, pay heed or attention to; to give audience to
ਸੁਣਵਾਉਣਾ [suṇvauṇa] *v.t.* to cause to hear, have something recited, told or sung
ਸੁਣਵਾਈ [suṇvai] *n.f.* hearing *esp.* of petition in law suit
ਸੁਣਾਉਣਾ [suṇauṇa] *v.t.* to tell, relate, recite, narrate, inform; to say something aloud for a particular person's ears
ਸੁਣਾਉਣੀ/ਸੁਣਾਉਤ [suṇauṇi/suṇaut] *n.f.* condolence call
ਸੁਣਾਈ [suṇai] *n.f.* see ਸੁਣਵਾਈ; the fact

of being heard
~ ਦੇਣ ਵਾਲ਼ਾ *adj.m.* audible
~ ਦੇਣਾ *con.v.* to be audible, be heard
ਸੁਣੀ ਅਣਸੁਣੀ ਕਰਨਾ [suṇi ənsuṇi kərna] *ph.* to turn a deaf ear to; to ignore
ਸੁਣੀ ਸੁਣਾਈ [suṇi suṇai] *adj. & n.f.* hearsay, rumour
ਸੁਣੌਤ [suṇɔt] *n.f.* condolence call
ਸੁਤ [sut] *n.m.* son
ਸੁੱਤ [sutt] *n.f.* prong of hay or chaff gatherer; cf. ਤੰਗਲੀ
ਸੁਤੰਤਰ [sutə̃tər] *adj.* independent, free, sovereign; uncontrolled, unrestrained, self-willed, self-governing; separate, unconnected, unrelated
ਸੁਤੰਤਰਤਾ [sutə̃tərta] *n.f.* independence, freedom, sovereignty, self-government; separateness
~ ਸੰਗਰਾਮ *n.m.* struggle for independence, freedom struggle
~ ਸੰਗਰਾਮੀ/~ ਸੰਗਰਾਮੀਆ *n.m.* freedom fighter
ਸੁਤਾ[1] [suta] *n.f.* daughter; *cf.* ਸੁਤ
ਸੁਤਾ[2] *n.f.* consciousness; attention
ਸੁੱਤਾ [sutta] *v.form.* past singular masculine of ਸੌਣਾ, slept
~ ਹੋਇਆ *adj.m.* asleep *fig.* numb; unmindful
ਸੁਤੇ ਸਿੱਧ [sute sídd] *adv.* spontaneously, naturally, inadvertently, of itself
ਸੁੱਥਣ [sutthəṇ] *n.f.* same as ਸਲਵਾਰ, ladies' trousers
ਸੁਥਰਾ[1] [suthra] *adj.m.* clean, neat, tidy, trim
ਸੁਥਰਾ[2] *n.m.* member of a mendicant order of the same name
ਸੁਥਰਾਸ਼ਾਹੀ [suthraṣái] *adj.* pertaining to ਸੁਥਰਾ clan
ਸੁਥਰਾਪਣ [suthrapən] *n.m.* cleanliness, neatness, tidiness, trim
ਸੁੰਦਰ [sũdər] *adj.* beautiful, lovely, pretty, winsome, handsome, cute, shapely, comely, sightly, fair, graceful, charming
ਸੁਦਰਸ਼ਨ [sudərṣən] *adj.* elegant, beautiful, good looking
~ ਚੱਕਰ *n.m.* mythical ring-shaped weapon wielded by Lord Krishna
ਸੁੰਦਰਤਾ [sũdərta] *n.f.* beauty, handsomeness, grace, comeliness, prettiness
ਸੁੰਦਰੀ [sũdri] *n.f.* beautiful woman, damsel, maiden
ਸੁੱਦਾ [sudda] *n.m.* hard faeces caused by acute constipation
ਸੁਦਾਗਰ [sudagər] *n.m.* merchant, trader, *esp.* itinerant
ਸੁਦਾਗਰੀ [sudagri] *n.f.* trade, commerce; job or career of a ਸੁਦਾਗਰ
ਸੁਦੀ [sudi] *n.f.* light half of a lunar month
ਸੁਦੇਸ਼ੀ [sudeṣi] *adj.* same as ਦੇਸੀ, indigenous
ਸੁੱਧ[1] [súdd] *n.f.* consciousness, sensation, perceptiveness, intelligence, sense; attention; memory
~ ਨਾ ਰਹਿਣੀ *ph.* to be unconscious or oblivious
~ ਨਾ ਲੈਣੀ *ph.* to neglect, ignore
~ ਬੁੱਧ *n.f.* same as ਸੁੱਧ
~ ਲੈਣੀ *ph.* to attend to, enquire after
ਸੁੱਧ[2] *adj.* pure, unadulterated, genuine, uncorrupted, clear, clean; correct, accurate; refined, purified
~ ਕਰਨਾ *con.v.* to purify, refine, clean, depurate; to correct; to reduce to ash (for medicinal use)
ਸੁੰਧਕ [sũdək] *n.f.* information, clue, trace, hint, intelligence
~ ਮਿਲਨੀ *con.v.* for ਸੁੰਧਕ to be found or received
~ ਲੈਣੀ *con.v.* to gather information, try to find out, spy
ਸੁੱਧਤਾ/ਸੁਧਤਾਈ [súddta/súdtai] *n.f.* purity, genuineness, accuracy, correctness
ਸੁਧਰ [súdər] *v.form.* nominative imperative of ਸੁਧਰਨਾ, reform yourself
ਸੁਧਰਨਾ [súdərna] *v.i.* to improve, be improved, reformed, rectified or mended; to get better
ਸੁਧਵਾਉਣਾ/ਸੁਧਾਉਣਾ [sudvàuṇa/sudàuṇa] *v.t.* to get something improved, rectified, repaired, set right, corrected or

purified
ਸੁਧਾ[1] [súda] *n.m.* nectar, ambrosia
ਸੁਧਾ[2] *adj.m.* whole, entire, unmixed
ਸੁਧਾਈ/ਸੁਧਰਾਈ/ਸੁਧਵਾਈ [sudài/sudrài/sudvài] *n.f.* process of improving/repairing/purifying/act; wages for such service
ਸੁਧਾਸਰ [sudàsər] *n.m.* the sacred tank at Amritsar, pool of nectar
ਸੁਧਾਰ [sudàr] *n.m.* reforms, improvement, reformation; emendation, correction
~ ਘਰ *n.m.* reformatory, gaol, jail, penitentiary
ਸੁਧਾਰਕ [sudàrk] *n.m.* reformer, reformist. *adj.* reformative, reformatory, remedial, correctional
ਸੁਧਾਰਨਾ [sudàrna] *v.t.* to reform, correct, improve, refine; also ਸੁਧਾਰ ਕਰਨਾ
ਸੁਧਾਰਵਾਦ [sudàrvad] *n.m.* reformism
ਸੁਧਾਰਵਾਦੀ [sudàrvadi] *adj.* reformist
ਸੁੱਧੀ [súddi] *n.f.* same as ਸ਼ੁੱਧੀ, purification
ਸੁੰਨ[1] [sũnn] *n.f.* void, emptiness, absolute silence, state of mind without thought or feeling, nothingness, nonexistence
~ ਆਸਣ/~ ਸਮਾਧੀ *n.m./n.f.* yogic posture or state, perfect mental tranquillity
~ ਮਸਾਨ *n.f.* silence of the graveyard, dismal scene, desolation
~ ਮਸੁੰਨ *adj.* dismal, desolate, eerie
~ ਮੰਡਲ *n.m.* highest stage of meditation in yoga
~ ਮੁੰਨ *adj.* silent, sullen
ਸੁੰਨ[2] *adj.* numb, benumbed, without sensation, insensible, stunned, paralysed, torpid; very cold, icy cold
~ ਕਰਨਾ *con.v.* to benumb, stun; to anesthetize
ਸੁਨਸਾਨ [sunsan] *adj. & n.m.* dreary, desolate, vacuous, soundless wasteland
ਸੁਨਹਿਰਾ[1] [sunéra] *adj.m.* golden, auric; auburn (hair)
ਸੁਨਹਿਰਾ[2] *n.m.* a stone-mortar
ਸੁਨੱਖਾ [sunəkkha] *adj.m. lit.* having beautiful eyes; beautiful, handsome, *esp.* with lovely facial features
ਸੁੰਨਤ [sũnnət] *n.f.* circumcision
~ ਕਰਨੀ *con.v.* to perform ਸੁੰਨਤ
~ ਕਰਾਉਣੀ *con.v.* to undergo ਸੁੰਨਤ
ਸੁੰਨਵਾਦ [sũnnvad] *n.m.* Nihilism; Buddhist view of ultimate reality
ਸੁੰਨਵਾਦੀ [sũnnvadi] *adj.* Nihilist; pertaining to or believer in ਸੁੰਨਵਾਦ
ਸੁੰਨਾ [sũnna] *adj. m. dia.* see ਸੁੰਞਾ, desolate
ਸੁਨਾਰ/ਸੁਨਿਆਰਾ [sunar/suniara] *n.m.dia.* goldsmith, silversmith
ਸੁਨਿਸ਼ਚਿਤ [suniṣcit] *adj.* well-established, firmly determined, fully proved; sure, certain, positive, doubtless
ਸੁੰਨੀ [sũnni] *n.m.* name of a Muslim sect; a follower of ਸੁੰਨੀ sect; *cf.* ਸ਼ੀਆ
ਸੁਨੀਤੀ [suniti] *n.f.* good or sound policy
ਸੁਪਤਨੀ [supətni] *n.f.* faithful wife
ਸੁਪਨਦੋਸ਼ [supəndoṣ] *n.m.* nocturnal emission, emission of semen during sleep
ਸੁਪਨਾ [supna] *n.m.* dream, vision, reverie
~ ਆਉਣਾ/~ ਲੈਣਾ/~ ਵੇਖਣਾ *con.v.* to dream; to have a vision; *ph.* to ambition, aspire to, desire, aim at
ਸੁਪਰਡੰਟ [supərḍə̃ṭ] *n.m.* superintendent
ਸੁਪਰਵਾਈਜ਼ਰ [supərvaizər] *n.m.* supervisor
ਸੁਪਰਵਾਈਜ਼ਰੀ [supərvaizəri] *n.f.* job or function of a supervisor
ਸੁਪ੍ਰਸਿੱਧ/ਸੁਪਰਸਿੱਧ [supərsídd] *adj.* famous, well-known, renowned
ਸੁਪ੍ਰੀਮ ਕਮਾਂਡਰ/ਸੁਪਰੀਮ ਕਮਾਂਡਰ [suprim kəmā̃ḍər] *n.m.* supreme commander
ਸੁਪ੍ਰੀਮ ਕੋਰਟ/ਸੁਪਰੀਮ ਕੋਰਟ [suprim korṭ] *n.m.* Supreme Court
ਸੁਪਾਤਰ [supatər] *adj.* well-deserving, worthy
ਸੁਪਾਰੀ [supari] *n.f.* betelnut, arecanut; betel-palm, *Areca catechu*
ਸੁਫਨਾ [suphna] *n.m. dia.* see ਸੁਪਨਾ
ਸੁਫਲ [suphəl] *adj.* same as ਸਫਲ, successful, fruitful
ਸੁਫ਼ਾ [sufa] *n.m.* sitting room, antechamber, ante-room; page; *colloq* pre-emption
ਸੁਬ [sub] *n.m.* a twist of tobacco
ਸੁਬਕ [subək] *adj.* thin, slender, slim, lean,

delicate; fast, swift-footed, agile

ਸੁਬਕਦੋਸ਼ [subkdoṣ] *adj.* relieved, retired, free (from job or responsibility)

ਸੁਬਕੀ [subki] *n.f.* slimness; agility; sob

ਸੁਬੜਾ [subəṛa] *n.m.* a skin disease of chickenpox type

ਸੁਬ੍ਹਾ [súba] *n.f.* morning, early morning

~ **ਸਵੇਰੇ** *adv.* early in the morning, at dawn, in the wee hours of the morning

ਸੁੰਬਾ [sũba] *n.m.* poker, punch, punching chisel; dibble, dibber

ਸੁੱਬੀ [subbi] *n.f. dia.* same as ਰੱਸੀ, string

ਸੁਬੋਧ [subód] *adj.* uncommonly intelligent, highly knowledgeable, *n.m.* thorough knowledge, clear perception, acumen

ਸੁੱਭਰ [súbbər] *n.m.* red-coloured cloth covering bride's head during marriage ceremony

ਸੁਭਾਉ [subào] *n.m.* nature, temperament, disposition, habitual behaviour, habitude; character, mentality; also ਸੁਭਾਅ

ਸੁਭਾਉਕੀ/ਸੁਭੈਕੀ [subàuki/subɛ̀ki] *adv.* naturally, spontaneously, without design, habitually, unintentionally

ਸੁਭਾਇਮਾਨ [subàeman] *adj.* same as ਸੁਸੱਜਿਤ, ਸੁਸ਼ੋਭਿਤ, well-seated

~ **ਹੋਣਾ** *con.v.* to sit, sit in state

ਸੁਭਾਗ [supàg] *n.m.* good luck, good fortune, felicity; *adj.* lucky, forfunate

~ **ਜੋੜੀ** *n.f.* newly-wedded couple; the newly wed

ਸੁਭਾਗਾ / ਸੁਭਾਗਣ / ਸੁਭਾਗਵਤੀ / ਸੁਭਾਗਵਾਨ [supàga/supàgəṇ/supàgvəti/supàgvan] *adj./adj.f.* fortunate, lucky

ਸੁਭਾਵਿਕ [subàvɪk] *adj.* natural, normal

~ **ਸਿੱਟਾ** *n.m.* corollary; natural end or conclusion

ਸੁਭਾਵਿਕਤਾ [subàvɪkta] n.f. naturalness

ਸੁੰਮ [sũmm] *n.m.* hoof; *pl.* hoofs, hooves

~ **ਕੱਟਣੇ** *v.t.* to pare hooves

ਸੁੰਮਦਾਰ [sũmdar] *adj.* hoofed, ungulate

ਸੁਮਕਾ [sumka] *n.m.* sniffle, snivel, snuffle, sob

ਸੁਮਕੂ/ਸੁਮਕੋ [sumku/sumko] *adj.m./adj.f.* sniveller, sniffler, given to sobbing on the slightest provocation

ਸੁਮੱਤ [sumətt] *n.f.* good advice, precept or instruction; good sense, right thinking

~ **ਦੇਣੀ** *con.v.* to advise rightly; to teach good manners

ਸੁਮਿਲਨ [sumɪlən] *n.m.* happy or auspicious meeting

ਸੁਮੇਰ [sumer] *n.m.* name of a mythical mountain on the Himalayas

ਸੁਮੇਰੂ [sumeru] *n.m.* principal bead in a rosary

ਸੁਮੇਲ [sumel] *n.m.* same as ਸੁਮਿਲਨ; suitability, correspondence, harmoniousness, harmony, compatibility, congeniality, congenialness

ਸੁਯੋਗ [suyog] *adj.* worthy, befitting, deserving; acuminous

ਸੁਯੋਗਤਾ [suyogta] *n.f.* worthiness, fitness, desert, acumen

ਸੁਰ[1] [sur] *n.m.* angel, god

ਸੁਰ[2] *n.f.* tune, melody, note; tilt, cadence, tone, pitch; musical sound or voice; *informal. n.m.* correct way, method

~ **ਸੰਗਮ** *n.m.* symphony

~ **ਕਰਨਾ** *con.v.* to tune, attune

~ **ਤਾਲ** *n.m.* musical rhythm, cadence

~ **ਦਬਾਅ** *n.m.* accent

~ **ਬਹਾਰ** *n.m.* name of a musical instrument

~ **ਮਿਲਾਉਣਾ** *con.v.* to harmonise, attune; *fig.* to agree to, chime in

~ **ਮੇਲ** *n.m.* harmony, assonance, consonance

ਸੁਰਸੁਰਾਹਟ [sursuráṭ] *n.f.* creeping sensation

~ **ਹੋਣੀ** *con.v.* to feel ਸੁਰਸੁਰਾਹਟ

ਸੁਰਕੀ [surki] *n.f.* sip; sound produced by sipping a liquid too hot for gulping, slurp

~ **ਲਾਉਣੀ** *con.v.* to sip noisily, slurp

ਸੁਰਖ [surkh] *adj.* red, scarlet, ruddy

ਸੁਰਖਰੂ [surkhəru] *adj. lit.* red-faced; honourably acquitted of duty or responsibility, successful, triumphant

ਸੁਰਖਰੂਈ [surkhrui] *n.f.* honourable acquittal, honour, respect, success, triumph

ਸੁਰਖਾ [surkha] *adj.* reddish, tinged with red

ਸੁਰਖਾਬ [surkhab] *n.m.* ruddy sheldrake

~ ਦਾ ਪਰ ਲਗਣਾ *ph.* to assume a novel or special position

ਸੁਰੱਖਿਅਕ [surəkkhɪək] *n.m.* conservator

~ ਅਮਲਾ *n.m.* security staff

~ ਦਸਤੇ *n.m. pl.* security or defence forces

ਸੁਰੱਖਿਆਪਣ [surəkkhɪapəṇ] *n.m.* conservation, protection; security

ਸੁਰੱਖਿਅਤ [surəkkhɪət] *adj.* safe, secure, protected, conserved; safe, secured; reserved; immune, immunised, insusceptible

ਸੁਰਖ਼ੀ [surkhi] *n.f.* redness, red colour, pink-coloured face powder, lip-stick, rouge, brick powder, reddle, ruddle; headline, heading, title, caption, rubric

~ ਸੁਰਮਾ/~ ਪਾਊਡਰ/~ ਬਿੰਦੀ *n.m./n.m./n.f.* cosmetics, rouge, facial make-up

ਸੁਰਗ [surg] *n.f.* paradise, heaven, Elysium, Olympus, Eden, abode of God or gods, the next world

~ ਸਿਧਾਰਨਾ *ph.* to die, decease

~ ਵਿਚ ਵਾਸਾ ਹੋਵੇ *ph.* a blessing for the dead, *lit.* may he/she live in ਸੁਰਗ

ਸੁਰੰਗ[1] [surə̃g] *n.f.* tunnel, mine, subterranian passage; explosive charge, torpedo

~ ਕਢਣੀ *con.v.* to make or dig a ਸੁਰੰਗ

~ ਵਿਛਾਉਣੀ *con.v.* to lay mine

ਸੁਰਗਵਾਸ [surgvas] *n.m.* death, decease, demise

ਸੁਰਗਵਾਸੀ [surgvasi] *adj.* dweller of ਸੁਰਗ, dead, deceased, the late

ਸੁਰਗਾਪੁਰੀ [surgapuri] *n.f.* same as ਸੁਰਗ, paradise

ਸੁਰਜਣ [surjəṇ] *n.m.* godly person, holy man

ਸੁਰਜੀਤ [surjit] *adj.* alive, living, active

~ ਕਰਨਾ *con.v.* to enliven, invigorate, resuscitate, revive, reactivate; to renew, regenerate, renovate

ਸੁਰਤ [surt] *n.f.* consciousness, awareness, understanding, mental activity or functioning, sanity, attention; power of reflection and recollection, memory

~ ਆਉਣੀ *con.v.* to come to senses, gain or regain consiousness, come to

~ ਸੰਭਾਲਣੀ *ph.* to come to the age of understanding

~ ਕਰਨੀ *con.v.* to become conscious, awake or aware

ਸੁਰਤੰਦ [surtə̃d] *n.f.* vocal cord

ਸੁਰਤੀ [surti] *n.f.* same as ਸੁਰਤ

ਸੁਰਮਈ [surməi] *adj.* light blue, greyish blue, steel grey, *lit.* of the colour of ਸੁਰਮਾ

ਸੁਰਮਚੂ [surmcu] *n.m.* thin metal or glass rod, bodkin used to apply collyrium to eyes

ਸੁਰਮਾ [surma] *n.m.* antimony or collyrium powder; graphite, plumbago rod in a lead pencil, lead of a pencil

ਸੁਰਮੇਦਾਨੀ [surmedani] *n.f.* phial to hold collyrium

ਸੁਰ ਲਿਪੀ [sur lɪpi] *n.f.* system of musical notations

ਸੁਰਲੋਕ [surlok] *n.m. lit.* world of the gods; same as ਸੁਰਗ; Olympus

ਸੁਰੜ ਸੁਰੜ [surəṛ surəṛ] *n.f.* bubbling sound; throbbing sensation; snuffle

ਸੁਰਾਹੀ [surái] *n.f.* long-necked small pitcher, decanter, flagon, flask

ਸੁਰਾਖ [surakh] *n.m.* hole, perforation, orifice, foramen, opening, aperture, cavity, bore

~ ਕਰਨਾ/~ ਕੱਢਣਾ *con.v.* to make, dig or pierce a ਸੁਰਾਖ, perforate, bore

~ ਦਾਰ *adj.* perforated

ਸੁਰਾਗ [surag] *n.m.* clue, trace, hint, sign, lead, leading intelligence

~ ਕੱਢਣਾ *con.v.* to find ਸੁਰਾਗ, trace, spy

~ ਮਿਲਨਾ/~ ਲੱਗਣਾ *con.v.* for a ਸੁਰਾਗ to be found

ਸੁਰਾਘਾਤ [surakàt] *n.m.* accent

ਸੁਰੀਲਾ [surila] *adj.m.* melodious, musical, dulcet, sweet (sound) canorous, ariose

~ ਪਣ *n.m.* melodiousness, musicality,

musicalness, canorousness

ਸੁਲੱਖਣਾ [suləkkhəṇa] *adj.m.* auspicious; fortunate, lucky

ਸੁਲਗ [sulg] *v.form.* nominative of ਸੁਲਗਣਾ

ਸੁਲਗਣਾ [sulgəṇa] *v.i.* to burn without flame, smoulder; to be sullen

ਸੁਲ਼ਝ [súlәj] *v.form.* nominative of ਸੁਲ਼ਝਣਾ

ਸੁਲ਼ਝਣਾ [súljəṇa] *v.i.* to be disentangled, unravelled, straightened, solved

ਸੁਲ਼ਝਾਉਣਾ [suljàuṇa] *v.t.* to disentagle, unravel, straighten, solve

ਸੁਲਤਾਨ [sultan] *n.m.* king, emperor, ruler, sultan

ਸੁਲਤਾਨੀ [sultani] *adj.* royal, imperial, kingly, regal

~ ਗਵਾਹ *n.m.* approver, accused turned prosecution witness

ਸੁਲਤਾਨੀਆ [sultania] *n.m.* follower of a Muslim sect founded by Sultan Sakhi Sarwar

ਸੁਲਫ਼ਈ/ ਸੁਲਫ਼ੇਬਾਜ਼ [sulfəi/sulfebaz] *n.m.* an addict to ਸੁਲਫ਼ਾ

ਸੁਲਫ਼ਾ [sulfa] *n.m.* mixture of tobacco and cannabis smoked as intoxicant

ਸੁਲਭ [suləb] *adj.* easily available or feasible

ਸੁਲਭਤਾ [suləbta] *n.f.* abundance, availability

ਸੁਲ੍ਹਾ [súla] *n.f.* peace, amity, conciliation; compromise, truce, reconciliation, peace agreement or treaty

~ ਸਫ਼ਾਈ *n.f.* compromise, reconciliation; rapprochment; peaceableness, amicability

~ ਕਰਨੀ *con.v.* to make peace, come to terms, conclude peace treaty; to compromise, settle (dispute)

~ ਕਰਾਉਣੀ *con.v.* to reconcile, help conclude reconciliation or settlement, to mediate for peace

~ ਪਸੰਦ *adj.* peace loving, pacifist, amicable, peaceable

~ ਪਸੰਦੀ *n.f.* peaceableness, pacifism, amiability, amiableness

~ ਵਾਰਤਾ *n.f.* peace talks, peace parleys, negotiations for ਸੁਲ੍ਹਾ

ਸੁਲ੍ਹਾਕੁਲ [súlakul] *adj.* pacifist, desirous of acting towards universal amity, (policy) of general peace

ਸੁਲ੍ਹਾਨਾਮਾ [súlanama] *n.m.* deed of compromise, written agreement of rapprochment; also ਰਾਜ਼ੀਨਾਮਾ

ਸੁਲੇਖ [sulekh] *n.m.* good handwriting; exercise or practice to improve handwriting

ਸੁਲੇਖਕਾਰ [sulekhkar] *n.m.* calligraphist

ਸੁਲੇਖਕਾਰੀ [sulekhkari] *n.f.* calligraphy

ਸੁਲੇਮਾਨ [suleman] *n.m.* Solomon

ਸੁਲੇਮਾਨੀ [sulemani] *adj.* Solomonic

ਸੁਵੰਨਾ [suvə̃nna] *adj.m.* of good colour, pleasing to the eye

ਸੁਵੰਬਰ [suvə̃bər] *n.m.* ancient Indian custom of a girl choosing her own spouse in open assembly or through competition

ਸੁਵੱਲਾ [suvəlla] *adj.m.* cheap, lowpriced, inexpensive

ਸੁਵਿਧਾ [súvɪda] *n.f.* facility, privilege concession, convenience, ease

ਸੁਵਿਨਰ [suvɪnər] *n.m.* souvenir

ਸੁੜਕਾ/ਸੁੜਾਕਾ [suṛka/suṛaka] *n.m.* slurp; snuffle; noise produced by them

~ ਮਾਰਨਾ *con.v.* to slurp, snuffle

ਸੁ[1] [su] *n.f.* side, direction; *usu.* ਹਰ ਸੁ -*adv.* everywhere, in every direction

ਸੁ[2] *aux. v. form.* used in present perfect third person singular meaning 'has'

ਸੂਆ [sua] *n.m.* lactation period; bodkin, large needle, poker; sharp-pointed sprout; injection; canal distributary

ਸੂਈ [sui] *n.f.* needle; pin; injection; hand of a watch

~ ਦਾ ਨੱਕਾ *ph.* eye of a needle

~ ਦੇ ਨੱਕੇ ਵਿਚੋਂ ਕੱਢਣਾ *ph.* to make one undergo rigorous training, make one an expert

~ ਧਾਗਾ *n.m.* needle and thread, housewife

~ ਪਰੋਣਾ/~ ਵਿਚ ਧਾਗਾ ਪਾਉਣਾ *ph.* to thread a needle

ਸੂਸਲਾ [susla] *n.m.* small bundle of straw used for scrubbing utensils

ਸੂੰਹ[1] [sū́] *n.f.* clue, trace, inkling; information, tip-off, news, intelligence; acquaintance
~ ਸਿਹਾਣ/~ ਸਿਞਾਣ *n.f.* acquaintance; recognition
~ ਕੱਢਣੀ *con.v.* to trace out, find a ਸੂੰਹ, detect, spy, find out
~ ਮਿਲ਼ਨੀ/~ ਲੱਗਣੀ *con.v.* to get an inkling of
~ ਲੈਣੀ *con.v.* to snoop, sneak, try to find out
ਸੂੰਹ[2] *n.m.* a variety of mustard, see ਤਾਰਾਮੀਰਾ
ਸੂਹਟਾ [súṭa] *n.m.* spring of water
ਸੂਹਣ[1] [sún] *n.f.* bundle of live grass stalks for making a broom
ਸੂਹਣ[2] *n.m.* wheat or millet flour mixed in leafy vegetable to thicken it
ਸੂਹੜ [súṛ] *n.m.* husk of lentil seeds *esp.* of gram
ਸੂਹਾ [suha] *adj.m.* deep red, scarlet, crimson
ਸੂੰਹੀਆ [sūia] *n.m.* spy, detective, informer
ਸੂਖਮ [sukhəm] *adj.* fine, slender, delicate, light, subtle, imperceptible, abstract, tenuous, mysterious
~ ਬੁਧੀਵਾਲਾ *adj.* perspicacious
ਸੂਖਮਤਾ/ਸੂਖਮਤਾਈ [sukhəmta/sukəmtai] *n.f.* fineness, delicacy, lightness, subtlety, abstractness, mysteriousness, perspicacity
ਸੂਗ [sug] *n.f.* disgust, hatred, loathing, repulsion, aversion, abhorrence
~ ਕਰਨੀ *con.v.* to hate, loathe, abhor, be disgusted
ਸੂਚਕ [sucək] *adj.* indicative, suggestive, symptomatic; *n.m.* indicator, signifier, pointer; informer, reporter
~ ਅੰਕ *n.m.* index, degree
~ ਹੋਣਾ *con.v.* to indicate, signify, denote; to inform; betoken, imply, point out or to
ਸੂਚਨਾ [sucəna] *n.f.* information, news, report; notice, notification, intimation, warning, caution, hint, suggestion
~ ਹਿਤ *adv.* for information
~ ਦੇਣੀ *con.v.* to inform, report, intimate, tell, notify
~ ਪੱਤਰ *n.m.* note, notice, notification, advertisement
ਸੂਚਨਾਪੂਰਨ [sucənapurn] *adj.* informative
ਸੂਚਿਤ [sucɪt] *adj.* informed, notified
~ ਕਰਨਾ *con.v.* same as ਸੂਚਨਾ ਦੇਣੀ
ਸੂਚੀ [suci] *n.f.* list, schedule, table, inventory, catalogue
~ ਦਰ *adj.* scheduled
~ ਪੱਤਰ *n.m.* same as ਸੂਚੀ, table of contents, index
~ ਮੁੱਲ *n.m.* list price, marked price
ਸੂਚੀਕਾਰ [sucikar] *n.m.* tabulator
ਸੂਚੀਬੱਧ [sucibə̀d] *adj.* tabulated, catalogued
ਸੂਜੀ [suji] *n.f.* granulated form of wheat flour; semolina
ਸੂਝ [súj] *n.f.* understanding, perception, discernment, knowledge, insight, awareness; intelligence, acumen, sagacity, common sense, shrewdness
~ ਹੋਣੀ *con.v.* to have or possess ਸੂਝ
~ ਬੂਝ *n.f.* same as ਸੂਝ
ਸੂਝਹੀਣ [sújhiṇ] *adj.* devoid of or lacking ਸੂਝ, dull, slow-witted
ਸੂਝਵਾਨ [sújvan] *adj.* intelligent, shrewd, knowledgeable
ਸੂਟ [suṭ] *n.m.* suit, set of clothes
~ ਕਰਨਾ *con.v.* to suit; *v.i.* to be suitable
~ ਕੇਸ *n.m.* suitcase
ਸੂਟਾ [suṭa] *n.m.* puff
~ ਲਾਉਣਾ *con.v.* to smoke
ਸੂਣਾ [suṇa] *v.i.* (for cattle) to calve, (for horse) foal, give birth, reproduce; multiply
ਸੂਤ[1] [sut] *n.m.* yarn *esp.* cotton yarn; cord or line used by carpenters and masons; unit of measurement, 1/8th of an inch
~ ਭਰ *adv.* 1/8th of an inch, slightly, a little distance
~ ਲਾਉਣਾ *ph.* to check straightness or alignment by means of ਸੂਤ
ਸੂਤ[2] *adv.* correct, proper, fit; manage-

able, tractable, properly aligned or adjusted, in working order

~ ਆਉਣਾ *con.v.* to suit, fit properly, be fit

~ ਕਰਨਾ *con.v.* to correct, fit, repair or adjust, set right; *fig.* to chastise

ਸੂਤਕ [sutək] *n.m.* child birth, impurity or uncleanliness associated by Hindu custom with birth in a house; *cf.* ਪਾਤਕ

ਸੂਤਣਾ [sutəṇa] *v.t.* to stretch brandish; to rub and smooth (a rope)

ਸੂਤਨਾ [sutəna] *n.m.* loincloth

~ ਕੱਸਣਾ/~ ਬੰਨ੍ਹਣਾ *con.v.* to wear ਸੂਤਨਾ

ਸੂਤਰ [sutər] *n.m.* same as ਸੂਤ[1]; formula, maxim, brief precept, aphorism

~ ਬੱਧ *adj.* formulated, set forth systematically, systematised

ਸੂਤਰਧਾਰ [sutərtàr] *n.m.* stage manager, director, controller, wirepuller *esp.* in a puppet show, puppeteer; moderator

ਸੂਤਰੀ [sutəri] *adj. suff.* pronged, point (formula, policy or programme), strand

ਸੂਤਰੀਕਰਨ [sutərikərən] *n.m.* formulation

ਸੂਤਲੀ/ਸੂਤੜੀ [sutəli/sutəṛi] *n.f.* twine, string, pack thread

~ ਵਟਣੀ *con.v.* to make ਸੂਤਲੀ

ਸੂਤਾ [suta] *n.m.* wet cloth or string used to rub and smoothen a stretched rope

~ ਫੇਰਨਾ/~ ਮਾਰਨਾ *con.v.* to apply or rub with ਸੂਤਾ

ਸੂਤੀ [suti] *adj.* cotton, made of cotton

ਸੂਦ[1] [sud] *n.m.* interest, profit on cash loan, rate of interest

~ ਖ਼ੋਰ *n.m.* usurer, moneylender

~ ਖ਼ੋਰੀ *n.f.* usury, moneylending

~ ਦਰ *n.m.* rate of interest

~ ਦਰ ~ *n.m.* compound interest

ਸੂਦ[2] *n.m. & adj.* name of a Khatri subcaste; its member

ਸੂਦੀ [sudi] *adv.* on loan with interest

ਸੂਪ [sup] *n.m.* soup; gravy

ਸੂਫ਼ [suf] *n.m.* a variety of cloth black in colour; mango-fibres; sponge used in inkpot

ਸੂਫ਼ੀ [sufi] *n.m.* a monastic sect of Muslims, Sufi, Muslim mystic, a member of Sufi sect, *adj.* pious, sober, teetotaller

~ ਮੱਤ *n.m.* Sufism

ਸੂਫ਼ੀਆਨਾ [sufiana] *adj.* pertaining to Sufis or Sufism; sober, simple

ਸੂਬਾ [suba] *n.m.* province, state; *colloq.* see ਸੂਬੇਦਾਰ; vicar of the Namdhari sect of Sikhs

ਸੂਬੇਦਾਰ [subedar] *n.m.* provincial governor; a junior- commissioned rank in Indian and Pakistan army

ਸੂਬੇਦਾਰੀ [subedari] *n.f.* rank, office or jurisdiction of a ਸੂਬੇਦਾਰ

ਸੂਮ [sum] *n.m.* miser, a parsimonious or stingy person, close-fisted or niggardly person, niggard, churl, hunks; *adj.* miserly, niggardly, parsimonious, stingy

ਸੂਮਪੁਣਾ [sumpuṇa] *n.m.* miserliness, parsimony, parsimoniousness, stinginess, niggardliness

ਸੂਰ[1] [sur] *n.m.* pig. boar, hog, swine

~ ਦਾ ਅਚਾਰ *ph.* brawn, pickled pork

~ ਦਾ ਮਾਸ *ph.* pork, bacon, brawn

~ ਦੀ ਚਰਬੀ *ph.* lard, hog's fat

ਸੂਰ[2] *adj. & n.m.* brave, daughty, valiant, courageous, intrepid; a warrior; *informal.* see ਸੂਰਜ

ਸੂਰਜ [surəj] *n.m.* the sun

~ ਅਸਤ ਹੋਣਾ *ph.* for the sun to set

~ ਕੇਂਦ੍ਰਿਤ *adj.* heliocentric

~ ਗ੍ਰਹਿਣ *n.m.* solar eclipse

~ ਚੜ੍ਹਨਾ/~ ਨਿਲਕਣਾ *con.v.* for the sun to rise

~ ਡੁੱਬਣਾ *con.v.* for the sun to set

~ ਨੂੰ ਦੀਵਾ ਵਿਖਾਉਣਾ *ph.* to pretend to instruct a learned person

~ ਮੁਖੀ *n.m.* sunflower, *Halicanthus annus*

ਸੂਰਜੀ [surji] *adj.* solar

ਸੂਰਤ [surət] *n.f.* form, figure; face, visage, countenance, appearance; situation, circumstance; instance, case; means, method, wayout

ਸੂਰਤਮੰਦ/ਸੂਰਤਵਾਨ [surtmə̃d/surtvan] *adj.* beautiful, handsome, comely

ਸੂਰਨੀ [surni] *n.f.* sow

ਸੂਰਬੀਰ [surbir] *adj.* brave, courageous, intrepid; *n.m.* brave warrior

ਸੂਰਬੀਰਤਾ [surbirta] *n.f.* same as ਬਹਾਦਰੀ
ਸੂਰਮਾ/ਸੂਰਾ [surma/sura] *n.m.* same as ਸੂਰਬੀਰ; *informal.* a blind man
ਸੂਰੀ¹ [suri] *n.f.* same as ਸੂਰਨੀ, sow
ਸੂਰੀ² *n.m.* name of a Khatri sub-caste
ਸੂਲ਼¹ [suḷ] *n.f.* thorn *esp.* a long one
ਸੂਲ਼² *n.m.* convulsive stomach- pain, colic
~ ਪੈਣਾ *ph.* to suffer from ਸੂਲ਼²
ਸੂਲ਼³ *adj.f.* (for cattle) fertile, productive
ਸੂਲ਼ੀ [suḷi] *n.f.* the cross, crucifix, any cross; *fig.* torturous situation or life, torture
~ ਚੜ੍ਹਾਉਣਾ *ph.* to crucify
~ ਤੇ ਟੰਗਣਾ *ph.* to torture
~ ਦੀ ਸੂਲ਼ ਬਣ ਜਾਣੀ *ph.* to be saved from potential danger or harm
ਸੂੜ/ਸੂੜਾ/ਸੂੜੀ [súṛ/súṛa/súṛi] *n.m./n.m./n.f.* same as ਸੂਹੜ
ਸੇ¹ [se] *aux.v. dia.* see ਸਨ
ਸੇ²/ਸੇਉ/ਸੇਅ [seo] *n.m.* apple, *Malus pumila.*
ਸੈ³ *n.f.* lying in wait, ambush, eager expectation
~ ਲਾਉਣੀ *con.v.* to look intently at, wait eagerly for prey, ambush, lie in wait
ਸੇਊ ਬੇਰ [seu ber] *n.m.* same as ਸਿਊ ਬੇਰ
ਸੇਈ [sei] *pron.* same as ਸੋਈ, the same
ਸੇਹ [sé] *n.f.* porcupine, *Frethison dorseturn*
~ ਦਾ ਤੱਕਲਾ *n.m.* quill, spine
ਸੇਹਰਾ [séra] *n.m.* see ਸਿਹਰਾ
ਸੇਕ [sek] *n.m.* heat, warmth; fomentation; *fig.* sympathy, pity, affection
~ ਲੱਗਣਾ *con.v.* to feel warmth or heat; for heat to be radiated or otherwise applied or felt; *fig.* to have sympathy; to feel for
ਸੇਂਕ [sẽk] *n.f. dia.* see ਸਿਓਂਕ, termite
ਸੇਕਣਾ [sekəṇa] *v.t.* to heat, warm up, foment; *fig.* to beat, thrash; *v.i.* to enjoy warmth (as of sunshine), bask
ਸੇਗਲ [segəl] *n.f.* see ਸਲ੍ਹਾਬ, dampness
ਸੇਂਘਾ [sẽga] *n.m.* water-diviner, dowser
ਸੇਜ [sej] *n.f.* bed *esp.* a soft or decorated one, particularly one laid for a couple to lie on or in
~ ਵਿਛਾਉਣੀ *con.v.* to lay ਸੇਜ
ਸੇਜਲ਼ [sejəl] *n.f.* same as ਸਲ੍ਹਾਬ, dampness
ਸੇਂਜਾ [sẽja] *n.m.* irrigated field; process of watering; person who irrigates
ਸੇਂਜੀ [sẽji] *n.f.* a fodder crop; *Melilotus perviflora*
ਸੇਂਜੂ [sẽju] *adj.* irrigated, not dry (crop or field)
ਸੇਠ [seṭh] *n.m.* rich merchant or businessman, moneylender, wealthy person
ਸੇਠਾਣੀ [seṭhaṇi] *n.f.* wife of a ਸੇਠ; rich woman; female merchant, businesswoman
ਸੇਤਜ [setəj] *n.m.* created being grown out of filth, heat and moisture; *cf.* ਅੰਡਜ and ਜੇਰਜ
ਸੇਤੀ [seti] *prop.* with, by
ਸੇਧ [séd] *n.f.* direction, lead, guidance; line, straightness, alignment, guideline
~ ਦੇਣੀ *con.v.* to direct, lead, guide, lay or give guidelines
ਸੇਧਣਾ [sédəṇa] *v.t.* to aim at; to straighten, align
ਸੇਂਧਾ [sẽ́da] *n.m.* rock salt, mineral salt
ਸੇਪ [sep] *n.f.* service, employment, regular contract labour (for agricultural or menial work); wage for such service
ਸੇਪੀ [sepi] *n.m.* agricultural labourer or village artisan or menial *usu.* working on annual customary payment in kind
ਸੇਫ਼ [sef] *n.f.* safe
ਸੇਬ [seb] *n.m.* same as ਸੇਉ
~ ਦਾ ਰਸ *ph.* apple-juice, sweet cider
~ ਦੀ ਸ਼ਰਾਬ *ph.* cider, hard cider
ਸੇਬਾ [seba] *n.m.* jute twine used as pack thread or for stitching gunny bags
ਸੇਮ¹ [sem] *n.f.* water-logging, marshiness; seepage, oozing
~ ਨਾਲ਼ਾ *n.m.* seepage drain
~ ਪੈ ਜਾਣੀ *ph.* to waterlog, become waterlogged
~ ਮਾਰਿਆ *adj.m.* waterlogged, soggy, sodden
ਸੇਮ² *n.f.* creeper plant yielding edible long

beans
~ ਫਲ਼ੀ *n.f.* beans of ਸੇਮ
ਸੇਮਾ [sema] *n.m.* seepage, oozing; ooze, exudate
ਸੇਰ [ser] *n.m.* a measure of weight approximately equal to 0.9 kilogram, seer
~ ਦਾ ਸਵਾ ਸੇਰ *ph.* more than a match, a fit reply
ਸੇਰੂ [seru] *n.m.* shorter arm, head or foot bar of a cot frame
ਸੇਲ [sel] *n.f.* sale
ਸੇਲ੍ਹਾ [séla] *n.m.* spear; pike
ਸੇਲ੍ਹੀ [séli] *n.f.* woollen cord worn around head or neck by monks of certain orders
~ ਟੋਪੀ *n.f.* cord and cap, emblems of headship of certain religious orders
ਸੇਵਕ [sevək] *n.m.* servant, attendant, waiter, servitor; disciple, follower, devotee; *cf.* ਸੇਵਾ
ਸੇਵਕੀ [sevki] *n.f.* service; discipleship
ਸੇਵਤੀ [sevti] *n.f.* white rose, eglantine
ਸੇਵਨ [sevən] *n.m.* taking, eating, drinking, consuming
~ ਕਰਨਾ *con.v.* to eat, drink, take, use, consume
ਸੇਵਾ [seva] *n.f.* service, free and voluntary labour or service; salaried job, duty; devotion, worship, homage; ministration, attending upon, looking after, waiting upon, taking care of
~ ਸਮਿਤੀ *n.f.* service society
~ ਕਰਨੀ *con.v.* to serve, minister, attend upon, wait upon; to worship; *informal.* to entertain, regale; *slang.* to bribe
~ ਫਲ਼ *n.m.* salary, pay, wages, remuneration
~ ਭਾਵ *n.m.* spirit of ਸੇਵਾ, philanthropy
~ ਮੁਕਤ *adj.* retired, discharged, dismissed, relieved from ਸੇਵਾ
ਸੇਵਾਦਾਰ [sevadar] *n.m.* servant (paid or free), same as ਸੇਵਕ
ਸੇਵਾਪੰਥੀ [sevapə̃thi] *n.m.* a Sikh sect dedicated to humanitarian and service activities; a member of this sect
ਸੇਵੀਂ [sevĩ] *n.f. usu. pl.* ਸੇਵੀਆਂ– vermicelli
ਸੈ[1] [sɛ] *adj. dia.* see ਸੌ, hundred
ਸੈ[2] *n.f.* bullock's droppings while on the move
ਸੈਂ [sɛ̃] *aux.v.* past second person singular of to be, wert, were
ਸੈਸ਼ਨ [sɛṣən] *n.m.* session
ਸੈਂਸਰ [sɛ̃sər] *n.m.* censor
~ ਕਰਨਾ *con.v.* to censor
ਸੈਂਸਾ [sɛ̃sa] *n.m.* same as ਸੰਸਾ, anxiety
ਸੈਕਸ਼ਨ [sɛkṣən] *n.m.* section
ਸੈਕਟਰ [sɛkṭər] *n.m.* sector
ਸੈਕਟਰੀ [sɛkṭəri] *n.m.* secretary; also ਸਕੱਤਰ
ਸੈਕਟਰੀਏਟ [sɛkṭərieṭ] *n.m.* secretariat
ਸੈਕੰਡ [sɛkə̃ḍ] *n.m. adj.* second; *n.m.* second (unit of time)
ਸੈਂਕੜਾ [sɛ̃kṛa] *n.m.* a hundred, century (of runs); *adv.* per cent
ਸੈਂਚੀ [sɛ̃ci] *n.f.* volume, a separate part of a book
ਸੈੱਟ [sɛṭṭ] *n.m. & adj.* set
~ ਕਰਨਾ *con.v.* to set, fix, adjust, settle
ਸੈਂਟ [sɛ̃ṭ] *n.f.* scent, perfume
ਸੈਂਟਰ [sɛ̃ṭər] *n.m.* centre
ਸੈਂਟੀਗ੍ਰਾਮ/ਸੈਂਟੀਗਰਾਮ [sɛ̃ṭigəram] *n.m.* centigram
ਸੈਂਟੀਗ੍ਰੇਡ/ਸੈਂਟੀਗਰੇਡ [sɛ̃ṭigreḍ] *adj.* centigrade, Celsius
ਸੈਂਟੀਮੀਟਰ [sɛ̃ṭimiṭər] *n.m.* centimetre
ਸੈਂਡ [sɛ̃ḍ] *n.m.* roughage. separated from chaff after winnowing yet containing some grain
~ ਗਾਹੁਣਾ *con.v.* to crush ਸੈਂਡ (in order to retrieve grain)
ਸੈਂਡਲ [sɛ̃ḍəl] *n.m.* sandal, pair of sandals
ਸੈਂਤੀ [sɛ̃́ti] *adj.* thirty-seven
ਸੈਂਤ੍ਹੀਂ [sɛ̃́tĩ] *adv.* for Rs. 37
ਸੈਂਤ੍ਹੀਵਾਂ [sɛ̃́tīvã] *adj.m.* thirty-seventh; also ਸੈਂਤ੍ਹੀਆਂ
ਸੈਨਤ [sɛnət] *n.f.* hint, sign, signal through gesture *esp.* of the eye
~ ਮਾਰਨੀ *ph.* to signal with a gesture; to wink
ਸੈਨਾ [sɛna] *n.f.* army, armed force, defence forces, host, military, legion, militia; any military unit or formation, troops

~ ਸੰਬੰਧੀ *adj.* army, military, martial
~ ਖੜ੍ਹੀ ਕਰਨੀ *ph.* to raise an army
~ ਤੋੜਨੀ *ph.* to disband or demobilise the army
ਸੈਨਾਪਤੀ [sɛnapəti] *n.m.* commander, commander-in-chief, supreme commander
ਸੈਨਿਕ [sɛnɪk] *n.m.* soldier, sepoy, trooper; *adj.* pertaining to ਸੈਨਾ
ਸੈਨਿਟ [sɛnɪṭ] *n.f.* senate
~ ਹਾਲ *n.m.* senate hall
ਸੈਂਪਲ [sɛ̃pəl] *n.m.* sample
~ ਭਰਨਾ/~ ਲੈਣਾ *con.v.* to take sample
ਸੈਫ਼ [sɛf] *n.f.* sword
ਸੈਫ਼ਲ [sɛfəl] *n.m.* siphon, viaduct
ਸੈਰ [sɛr] *n.f.* stroll, walk, saunter, ramble, promenade, sightseeing, outing, jaunt, tour
~ ਸਪਾਟਾ *n.m.* pleasure trip, tour or excursion; tourism
~ ਕਰਨੀ *con.v.* to stroll, walk, go out for a walk, saunter
ਸੈਰਗਾਹ [sɛrgá] *n.f.* a place for ਸੈਰ, park, promenade, walk, tourist resort
ਸੈਰਾਬ [sɛrab] *adj.* irrigated, watered, inundated
~ ਕਰਨਾ *con.v.* to irrigate, water, inundate
ਸੈਲ [sɛl] *n.f. colloq.* see ਸੈਰ
ਸੈੱਲ [sɛll] *n.m.* cell. (of battery)
ਸੈੱਲਫ਼ [sɛlf] *n.m.* self-starter
ਸੈਲਾਨੀ [sɛlani] *n.m.* tourist, traveller, sightseer, rambler
~ ਕਵਿਤਾ/~ ਛੰਦ *n.f./n.m.* free verse, *vers libre*
ਸੈਲਾਬ [sɛlab] *n.m.* see ਹੜ੍ਹ, flood
ਸੋ[1] [so] *adv.* therefore
ਸੋ[2] *pron.* the same, this, that
ਸੋ[3]/ ਸੋਅ *n.f.* news, information, tiding; clue; inkling
ਸੋਇਆ ਬੀਨ [soɪa bin] *n.f.* soya bean, soy bean, *Glycine Soja*
ਸੋਈ/ ਸੋਈਓ [soi/soio] *pron.* the very same, the same
ਸੋਏ [soe] *n.m. pl.* a wild plant resembling aniseed
ਸੋਸਨੀ [sosəni] *adj.* lilac, purple
ਸੋਹਣ ਹਲਵਾ [sóṇ həlva] *n.m.* a type of sweetmeat
ਸੋਹਣਾ[1] [sóṇa] *adj.m.* beautiful, handsome, good-looking, comely, shapely, lovely, charming, pretty, cute; grand, graceful, elegant, attractive, pleasing
ਸੋਹਣਾ[2] *v.i.* to look or appear good or proper, befit, be graceful
ਸੋਹਣੀ [sóṇi] *adj.f.* same as ਸੋਹਣਾ[1]. *n.f.* heroine of a Punjabi folklore romance, *usu.* ਸੋਹਨੀ
ਸੋਹੰਦਾ [sõda] *adj.m.* becoming, befitting, proper
ਸੋਹਲ [sól] *adj.* delicate, tender, feeble, weak; ease-loving, easy-going; also ਸੋਲ੍ਹ
ਸੋਹਲਾ/ਸੋਹਿਲਾ [sóla/sohɪla] *n.m.* eulogy, panegyric *usu.* in verse, paean; a poem with 16 lines or stanzas; bedtime prayer of the Sikhs
ਸੋਹਾਗਾ [soàga] *n.m.* see ਸੁਹਾਗਾ, leveller
ਸੋਕ [sok] *n.f.* dryness; dryage, loss of weight due to dehydration or evaporation
ਸੋਕਲ/ਸੋਕੜ [sokəl/sokəṛ] *adj.f.* dry, arid (land)
ਸੋਕੜਾ [sokṛa] *n.m.* rickets, rachitis, atrophy, atrophia
~ ਨਾਸ਼ਕ *adj.* anti-rachitic
ਸੋਕਾ [soka] *n.m.* dryness, drought, lack of water, irrigation or rain, effect of such lack, shortage or lack of milk because of milch cattle going dry; see ਸੋਕੜਾ
ਸੋਖਕ/ਸੋਖਣਹਾਰ [sokhək/sokhəṇhar] *adj.* absorbent
~ ਯੰਤਰ *n.m.* drying machine
ਸੋਖਣ [sokhəṇ] *n.m.* drying up; absorption; see ਸ਼ੋਸ਼ਣ
~ ਸ਼ਕਤੀ *n.f.* absorbability
ਸੋਖਣਤਾ [sokhəṇta] *n.f.* same as ਸੋਖਣ ਸ਼ਕਤੀ
ਸੋਖਣਾ [sokhəṇa] *v.t.* to dry, absorb, suck in (moisture)
ਸੋਗ [sog] *n.m.* grief, sorrow, sadness, mourning, lamentation, wailing
~ ਕਰਨਾ/~ ਮਨਾਉਣਾ *con.v.* to grieve, bemoan, lament, observe mourning

~ ਦਾ ਗੀਤ *ph.* dirge, funeral song, threnody, threnode, elegy

ਸੋਗਮਈ [sogməi] *adj.* sorrowful, grievous, melancholy

ਸੋਗਵਾਨ [sogvan] *adj.* grieved, saddened, sad, melancholy

ਸੋਗੀ [sogi] *adj.* grieved, saddened, bereaved; mournful; elegiac, *n.m.* mourner

ਸੋਘ [sóg] *n.f.* care, caution

ਸੋਚ [soc] *n.f.* thought, thinking, reflection, cogitation, consideration, contemplation, meditation; worry, care; grief, sorrow, anxiety, cark, apprehension, misgiving; *v.form.* imperative of ਸੋਚਣਾ, think, consider

~ ਉਡਾਰੀ *n.f.* imagination, flight of imagination

~ ਸਮਝ *n.f.* understanding, prudence, carefulness, circumspection

~ ਸ਼ਕਤੀ *n.f.* cognitive faculty or power, intelligence, intellect

~ ਕਿਰਿਆ *n.f.* thinking, reflecting, cogitation, reflection, consideration, contemplation, meditation

~ ਢੰਗ *n.m.* same as ਸੋਚਣੀ

~ ਵਿਚਾਰ *n.m.* deliberation, consideration, consultation, caution, wariness, circumspection

ਸੋਚਾਂ ਪੈਣੀਆਂ *ph.* to be burdened with cares

ਸੋਚੀਂ ਪੈਣਾ *ph.* to worry, cark

ਸੋਚਣਾ [socəṇa] *v.i.* to think, reflect, ponder, consider, cogitate, deliberate, contemplate; to conceive, imagine, suppose; to worry, feel uneasy or anxious

ਸੋਚਣੀ [socəṇi] *n.f.* thought process, way of thinking, attitude, cerebration

ਸੋਚਵਾਨ [socvan] *adj.* thoughtful, pensive, intelligent, considerate; prudent, wise; wary, circumspect

ਸੋਜ [soj] *n.f.* swelling, protuberance, tumidity, tumescence, tumidness, turgidity, turgidness

~ ਚੜ੍ਹਨੀ/~ ਪੈਣੀ *con.v.* same as ਸੁੱਜਣਾ

~ ਲਹਿਣੀ *con.v.* for swelling to subside

ਸੋਜ਼ [soz] *n.m.* pathos, sadness (in literature and music)

ਸੋਜਸ਼ [sojəṣ] *n.f.* inflammation, burning sensation

ਸੋਜਾ [soja] *n.m.* same as ਸੋਜ

ਸੋਜ਼ਾਕ [sozak] *n.m.* see ਸੁਜ਼ਾਕ

ਸੋਝੀ [sóji] *n.f.* awareness, understanding, perception, consciousness, realisation, comprehension

~ ਆਉਣੀ *con.v.* to be aware, conscious, attain the age of understanding, come of age; to realise, perceive, comprehend

ਸੋਝੀਵਾਨ [sójivan] *adj.* see ਸੂਝਵਾਨ

ਸੋਟ [soṭ] *n.f.* throwing of coins in handfuls over the head of bride or bridegroom

~ ਕਰਨੀ *con.v.* to perform the ceremony of ਸੋਟ

ਸੋਟਾ [soṭṭa] *n.m.* club, batton, stick; staff, bludgeon

~ ਫੜ ਲੈਣਾ *ph.* to be prepared to fight, be very angry

ਸੋਟਿਓ ਸੋਟੀ *adv.* fighting with clubs

ਸੋਟੀ [soṭi] *n.f.* stick, cane, walking stick, switch, rod

ਸੋਡੀਅਮ [sóḍiəm] *n.m.* sodium

ਸੋਢਾ [sóḍa] *n.m.* soda, washing soda; baking soda, baking powder, sodium bicarbonate; mineral water, soda water

~ ਕਾਸਟਕ *n.m.* caustic soda, sodium hydroxide

~ ਵਾਟਰ *n.m.* soda water, mineral water

ਸੋਤ [sot] *n.f.* bedding, sleeping kit

ਸੋਤੜ [sotəṛ] *adj.* sound sleeper, fond of sleeping or oversleeping

ਸੋਤਾ [sota] *n.m.* sleeping time, bed time, late evening

~ ਪੈ ਜਾਣਾ *ph.* to be bed time

ਸੋਧ [sód] *n.f.* correction, rectification, emendation, collation, revision; reform, lustration; purification, refinement

~ ਸੁਧਾਈ *n.f.* process of revision and correction

~ ਪੱਤਰ *n.m.* coarrigenda, list of amendments

ਸੋਧਕ [sódək] *n.m.* rectifier, purifier, depurative
ਸੋਧਣਾ [sódəṇa] *v.t.* to correct, rectify, emend; to vet, emendate, revise, collate; to reform, lustrate; to purify, refine, depurate
ਸੋਧਵਾਦ [sódvad] *n.m.* revisionism, reformism
ਸੋਧਵਾਦੀ [sódvadi] *adj.* revisionist, reformer, reformist
ਸੋਨ [son] *pref.* meaning golden, aural, auric
~ **ਸਿਹਰਾ** *n.m.* gold or golden chaplet
~ **ਚਿੜੀ** *n.f.* a yellow coloured sparrow
~ **ਮੁਖੀ** *adj.* (arrow) with a gold tip
ਸੋਨਾ [sona] *n.m.* gold, aurum
~ **ਚੜ੍ਹਾਉਣਾ** *con.v.* to make an offering of gold; to goldplate, to gild
~ **ਪਾਉਣਾ** *con.v.* to wear ornaments of gold; *v.t.* to give ornaments in dowry
ਸੋਨੇ ਦਾ ਵਰਕ *ph.* gold leaf
ਸੋਨੇ ਦੀ ਇੱਟ *ph.* gold bar
ਸੋਨੇ ਦੀ ਖਾਣ *ph.* gold mine, gold field
ਸੋਨੇ ਦੀ ਡਲ਼ੀ *ph.* nugget
ਸੋਨੇ ਨੂੰ ਟਾਂਕਾ *ph.* cadmium soldering
ਸੋਫ਼ਾ [sofa] *n.m.* sofa, cushioned seat
ਸੋਫ਼ੀ [sofi] *adj.* teetotaller, abstainer, abstemious; sober, not under influence of drink, not intoxicated
ਸੋਬਤੀ[1] [sobti] *adv.* naturally, casually, unintentionally; softly, slowly, gently
ਸੋਬਤੀ[2] *n.m.* name of a Khatri sub-caste
ਸੋਭਣਾ [sóbəṇa] *v.i.* to be or look befitting, proper, elegant, graceful, beautiful; to beseem, become; to be creditable, honourable
ਸੋਭਨੀਕ [sóbnik] *adj.* befitting, becoming elegant, graceful, beautiful, proper, dignified, adding to beauty, splendour or honour
ਸੋਭਾ [sóba] *n.f.* praise, fame, glory, good reputation; grace, splendour
~ **ਕਰਨੀ** *con.v.* to praise, admire, glorify.
~ **ਯਾਤਰਾ** *n.f.* procession *esp.* one with tableaux
ਸੋਭਾਵੰਤ/ਸੋਭਾਵਾਨ [sóbavə̃t/sóbavan] *adj.* famous, glorious, praiseworthy
ਸੋਮਰਸ [somrəs] *n.m.* elixir, drink of the gods; wine, liquor
ਸੋਮਵਾਰ [somvar] *n.m.* Monday
ਸੋਮਵਾਰੀ [somvari] *adj.* falling on Monday
ਸੋਮਾ [soma] *n.m.* spring, fountainhead, source, origin
ਸੋਰਠ [sorəṭh] *n.m.* name of a classical Indian musical measure
ਸੋਰਠਾ [sorṭha] *n.m.* a prosodic metre; couplet based on this metre with rhyme in the middle
ਸੋਲ [sol] *n.m.* sole
ਸੋਲ਼ਵਾਂ [sóḷvã] *adj.m.* sixteenth
ਸੋਲ਼ਾ [sóḷa] *adj.m.* measuring sixteen units of any scale
ਸੋਲ਼ੀਂ [sóḷi] *adv.* for Rs. 16
ਸੋਲ਼ਾਂ [soḷã] *adj.* sixteen
ਸੋਵੀਅਤ [soviət] *n.m. & adj.* Soviet
~ **ਪਰਨਾਲ਼ੀ**/~ **ਪ੍ਰਬੰਧ** *n.f./n.m.* soviet system.
ਸੌ [sɔ] *adj.* hundred
~ **ਈਂ** *adv.* for Rs. 100 or multiples of ਸੌ
~ **ਵਾਂ** *adj.m.* hundredth
ਸੌਂਹ [sɔ̃] *n.f.* same as ਸਹੁੰ, oath
ਸੌਹੇਂ [sɔhẽ] *adv.* see ਸਾਹਵੇਂ, in front
ਸੌਕਣ [sɔ̃kəṇ] *n.f.* co-wife; *fig.* rival
ਸੌਕਣਪੁਣਾ [sɔ̃kəṇpuṇa] *n.m.* rivalry, jealousy
ਸੌਖ [sɔkh] *n.f.* ease, facility, convenience
ਸੌਖਾ [sɔkha] *adj.m.* easy, not difficult, comfortable, convenient, facile
ਸੌਗਾਤ [sɔgat] *n.f.* see ਸੁਗਾਤ, present
ਸੌਗੀ/ਸੌਂਗੀ [sɔgi/sɔ̃gi] *n.f.* raisin, dried grape
ਸੌਂਚਲ[1] [sɔ̃cəl] *n.m.* a kind of salt blackish in colour; also called ਸੌਂਚਲ ਲੂਣ
ਸੌਂਚਲ[2] *n.f.* a pot herb, a leafy green vegetable, *Malva paviflora*
ਸੌਂਚੀ [sɔ̃ci] *n.f.* a manly sport, a variety of ਕਬੱਡੀ
ਸੌਜ [soj] *v form.* nominative of ਸੌਜਣਾ
ਸੌਜਣਾ/ਸੌਜਲ਼ਨਾ [sɔjəṇa/sɔjəḷna] *v.i.* to prosper; to be profitable, beneficial or advantageous
ਸੌਣ [sɔṇ] *n.m.* same as ਸਾਉਣ; act of sleeping, sleep

ਸੌਣਾ [sɔṇa] *v.i.* to sleep

ਸੌਣੀ [sɔṇi] *n.f.* mode or posture of sleeping, sleep; *colloq.* see ਸਾਉਣੀ

ਸੌਂਤਰਾ [sɔ̃tǝra] *adj.m.* man having male progeny; *cf.* ਔਤ/ਔਤਰ

ਸੌਂਦਰਜ/ਸੌਂਦਰਯ [sɔ̃dǝrj/sɔ̃dǝry] *n.m.* beauty, beauteousness

ਸੌਂਦਰਜਪੂਰਨ [sɔ̃dǝrjpurṇ] *adj.* aesthetic

ਸੌਂਦਰਜਵਾਦ [sɔ̃dǝrjvad] *n.m.* aestheticism

ਸੌਂਦਰਜਵਾਦੀ [sɔ̃dǝrjvadi] *adj. & n.m.* aesthete

ਸੌਂਦਰਜਾਤਮਿਕ [sɔ̃dǝrjatmɪk] *adj.* aesthetical

ਸੌਦਾ [sɔda] *n.m.* merchandise, wares, goods for sale; bargain, deal, barter; negotiations, business, transaction, give and take

~ **ਕਰਨਾ** *con.v.* to bargain, strike a bargain, transact or negotiate a deal

ਸੌਦਾਗਰ [sɔdagǝr] *n.m.* see ਸੁਦਾਗਰ

ਸੌਦੇਬਾਜ਼ [sɔdebaz] *adj.* (person) adept in striking deals, a clever bargainer or negotiator

ਸੌਦੇਬਾਜ਼ੀ [sɔdebazi] *n.f.* bargaining, higgling, horsetrading, give and take

ਸੌਂਪ [sɔ̃p] *v.form..* imperative of ਸੌਂਪਣਾ handover

ਸੌਂਪਣਾ [sɔ̃pǝṇa] *v.t.* to entrust, hand over, deliver, consign, put in charge, give charge; *n.f.* act of ਸੌਂਪਣਾ, comittal, delivery

ਸੌਂਫ [sɔ̃f] *n.f.* anise seed, aniseed; anise, *Pimpinella anisum*

~ **ਦਾ ਅਰਕ** *ph.* aniseed water

ਸੌਂਫੀ/ਸੌਂਫੀਆ [sɔ̃phi/sɔ̃phia] *adj.* of or like aniseed; *n.f.* a particular brand of country liquor

ਸੌਰ [sɔr] *v.form..* nominative of ਸੌਰਨਾ

ਸੌਰਨਾ [sɔrna] *v.i.* to be reformed, adjusted, repaired, corrected, put in order; to be adorned, decorated; to be accomplished, performed; *informal.* (for cattle) to be crossed and got pregnant

ਸੌਲ਼ [sɔḷ] *n.f.* wooden or iron peg at either end of a yoke, cf. ਅਰਲੀ

ਸੌਲ਼ਾ [sɔḷa] *adj.m. colloq.* same as ਸਾਂਵਲਾ

ਸੌੜ [sɔṛ] *n.f.* tightness, narrowness, straitness, straitened circumstances, difficulty, pinch, squeeze, shortage, need, want, distress

ਸੌੜਵ [sɔṛǝv] *adj.* (musical measure) using only live notes

ਸੌੜਾ [sɔṛa] *adj.m.* tight, narrow, cramped, straitened; hard pressed, irritated, impatient

~ **ਪੈਣਾ** *ph.* to be tight-fit, irritated or impatient

ਸ਼

ਸ਼ [ṣəṣa] *n.m.* modified letter ਸ to represent alveolo-palatal fricative consonant [ṣ]

ਸ਼ਊਰ [ṣəur] *n.m.* manners, etiquette, good behaviour

ਸ਼ਸ਼ਕਾਰ [ṣəṣkar] *n.f.* shooing away; sound produced to put hounds on to the prey

ਸ਼ਸ਼ਕਾਰਨਾ [ṣəṣkarna] *v.t.* to shoo away, shoo on to prey

ਸ਼ਸਤਰ [ṣəstər] *n.m.* arm, weapon; armament, weaponry

~ ਹੀਣ ਕਰਨਾ *ph.* to unarm, disarm

~ ਕਲਾ *n.f.* skill-at-arms, fighting skill, martial arts

~ ਘਰ *n.m.* armoury, arsenal, arms store

~ ਧਾਰੀ *adj.* armed

~ ਬਸਤਰ *n.m.* arms and equipment

~ ਬਧ ਕਰਨਾ *con.v.* to arm

~ ਵਿੱਦਿਆ *n.f.* same as ਸ਼ਸਤਰ ਕਲਾ

ਸ਼ਸਤਰਹੀਣ [ṣəstərhiṇ] *adj.* unarmed disarmed

ਸ਼ਸਤਰਕਾਰ [ṣəstərkar] *n.m.* armourer, arm manufacturer

ਸ਼ਸਤਰਾਲਾ [ṣəstrala] *n.m.* same as ਸ਼ਸਤਰਘਰ

ਸ਼ਸਤਰੀਕਰਨ [ṣəstərikərn] *n.m.* arming, mobilisation, militarisation

ਸ਼ਸ਼ੋਪੰਜ [ṣəsopə̃j] *n.m.* double mindedness, perplexity, doubt, uncertainty, confusion, hesitation, irresoluteness, procrastination, indecision

~ ਵਿਚ ਪੈਣਾ *ph.* to be double-minded, perplexed, in doubt, uncertain, confused, indecisive; irresolute; to hesitate, procrastinate

ਸ਼ਹਾਦਤ[1] [ṣəhadət] *n.f.* martyrdom, self-sacrifice; evidence, testimony

~ ਦੇਣੀ/~ ਪਾਉਣੀ *con.v.* to be or become a martyr, sacrifice oneself, make supreme sacrifice

~ ਦੇਣੀ *con.v.* to give evidence, testify, appear in court as witness

ਸ਼ਹਾਦਤੀ [ṣəhadəti] *n.m.* witness, testifier

ਸ਼ਹਾਨਾ [ṣəhana] *adj.* royal, regal, kingly *n.m.* pomp, splendour

ਸ਼ਹਿ[1] [ṣɛ́] *n.f.* instigation, incitement, abetment, power behind a crime

~ ਦੇਣੀ *ph.* to instigate, incite, abet, encourage

ਸ਼ਹਿ[2] *n.f.* (in chess) check

~ ਦੇਣੀ *con.v.* to check

~ ਮਾਤ *n.f.* checkmate

ਸ਼ਹਿਜ਼ਾਦਾ [ṣɛ́zada] *n.m.* prince

ਸ਼ਹਿਤੂਤ [ṣɛ́tut] *n.m.* same as ਸ਼ਤੂਤ, mulburry

ਸ਼ਹਿਦ [ṣɛ́d] *n.m.* honey

~ ਦੀ ਮੱਖੀ *ph.* honey-bee

ਸ਼ਹਿਨਸ਼ਾਹ [ṣɛ́nṣá] *n.m.* emperor, great king; *lit.* king of kings

ਸ਼ਹਿਨਸ਼ਾਹਤ/ਸ਼ਹਿਨਸ਼ਾਹੀਅਤ [ṣɛ́nṣát/ṣɛ́nṣáiət] *n.f.* emperorship, royalty

ਸ਼ਹਿਨਸ਼ਾਹੀ [ṣɛ́nṣái] *adj.* imperial

ਸ਼ਹਿਨਾਈ [ṣɛ́nai] *n.f.* a wind-wood instrument, a kind of hautboy

ਸ਼ਹਿਰ [ṣɛ́r] *n.m.* city, town

~ ਵਾਸੀ *n.m.* city or town dweller, townsman; *pl.* urban folk, townfolk, towns people

ਸ਼ਹਿਰਦਾਰੀ [ṣɛ́rdari] *n.f.* urban life

ਸ਼ਹਿਰਨ [ṣɛ́rən] *n.f.* female resident of ਸ਼ਹਿਰ

ਸ਼ਹਿਰੀ [ṣɛ́ri] *n.m.* same as ਸ਼ਹਿਰਨ; citizen; *adj.* urban

~ ਬਣਨਾ *con.v.* to become a citizen, get or acquire citizenship; to become a townsman

~ ਬਣਾਉਣਾ *con.v.* to give, grant or award citizenship

ਸ਼ਹਿਰੀਅਤ [ṣɛ́riət] *n.f.* citizenship

ਸ਼ਹਿਰੀਕਰਨ [ṣɛ́rikərn] *n.m.* urbanisation

ਸ਼ਹਿਵਤ [ṣɛ́vət] *n.f.* sex urge or impulse, sexual desire, sexuality, sex

ਸ਼ਹੀਦ [ṣəhid] *n.m.* martyr

~ **ਹੋਣਾ** *con.v.* to lay down one's life, to sacrifice oneself, be or become a ਸ਼ਹੀਦ

~ **ਕਰਨਾ** *con.v.* to execute, assassinate or kill a person fighting for a noble cause

ਸ਼ਹੀਦਗੰਜ [ṣəhidgə̃j] *n.m.* memorial building or shrine in honour of a ਸ਼ਹੀਦ

ਸ਼ਹੀਦੀ [ṣəhidi] *n.f.* martyrdom; *adj.* concerning a martyr or martyrdom

ਸ਼ਹੁ [ṣɔ́] *n.m.* husband, master, lover; courage, boldness

~ **ਸਾਗਰ** *n.m.* fathomless, vast ocean

~ **ਦਰਿਆ** *n.m.* mighty river

~ **ਪੈਣਾ**/~ **ਭਰਨਾ** *con.v.* to pick up courage

ਸ਼ਕ [ṣək] *n.m.* name of an ancient race or tribe that invaded India; an Indian calendar commecing from 78 A.D.

ਸ਼ੱਕ [ṣəkk] *n.m.* doubt, suspicion, uncertainty, mistrust, distrust

~ **ਸ਼ੁਬ੍ਹਾ** *n.m.* same as ਸ਼ੱਕ

~ **ਕਰਨਾ** *con.v.* to doubt, suspect, mistrust, distrust

ਸ਼ਕੰਜਵੀ [ṣəkə̃jvi] *n.f.* a soft cold drink prepared by mixing lemon or lime juice and sugar in water

ਸ਼ਕੰਜਾ [ṣəkə̃ja] *n.m.* stocks; vice; springe, snare, trap

ਸ਼ਕਤੀ [ṣəkti] *n.f.* strength, power; might; potency; energy, force, ability; capability, authority; gross nature in contrast to the transcendental spirit

ਸ਼ਕਤੀਸ਼ਾਲੀ [ṣəktiṣali] *adj.* strong, powerful, mighty; potent; possessing authority

ਸ਼ਕਤੀਹੀਣ [ṣəktihiṇ] *adj.* powerless; weak, feeble, debilitated, asthenic, impuissant; lacking or devoid of authority, ineffective, impotent

ਸ਼ਕਤੀਹੀਣਤਾ [ṣəktihiṇta] *n.f.* powerlessness, asthenia, impotency, debility, impuissance, weakness, feebleness; lack of authority

ਸ਼ਕਤੀਹੀਨਤਾ [ṣəktihinta] *n.f.* same as *prec.*

ਸ਼ਕਤੀਮਾਨ [ṣəktiman] *adj.* strong, powerful, mighty, potentate, redoubtable

ਸ਼ੱਕਰ [ṣəkkər] *n.f.* brown sugar, raw sugar

~ **ਰੋਗ** *n.m.* diabetes

ਸ਼ਕਰਕੰਦੀ [ṣəkərkə̃di] *n.f.* sweet potato, Batatas edulis

ਸ਼ੱਕਰਪਾਰਾ [ṣəkkərpara] *n.m.* a kind of sweetmeat, cubes of flour dough fried and coated with sugar

ਸ਼ਕਲ [ṣəkəl] *n.f.* shape, form, appearance; figure, diagram; face, countenance, visage

~ **ਸੂਰਤ** *n.f.* appearance, look, personal aspect, features

~ **ਬਣਾਉਣੀ** *con.v.* to draw a figure or diagram; also ਸ਼ਕਲ ਖਿੱਚਣੀ

~ **ਵਿਖਾਉਣੀ** *con.v.* to be seen, appear; to meet, visit

~ **ਵਿਗਾੜਨੀ** *con.v.* to deface, disfigure; to spoil

ਸ਼ਕਲਵੰਦ/ਸ਼ਕਲਵਾਨ [ṣəkəlvə̃d/ṣəkəlvan] *adj.* beautiful, shapely, comely, handsome, good-looking

ਸ਼ੰਕਾ [ṣə̃ka] *n.m.* doubt, suspicion; misgiving, apprehension

~ **ਸਮਾਧਾਨ**/~ **ਨਿਵਾਰਨ** *n.m.* clearance of or removal of ਸ਼ੰਕਾ

ਸ਼ੰਕਾਵਾਦ [ṣə̃kavad] *n.m.* scepticism

ਸ਼ੰਕਾਵਾਦੀ [ṣə̃kavadi] *adj.* sceptic, doubting Thomas or Tom; sceptical

ਸ਼ੱਕੀ[1] [ṣəkki] *adj.* doubtful, suspicious, suspecting, doubting Thomas, sceptic; also ਸ਼ੱਕੀ ਮਿਜ਼ਾਜ

ਸ਼ੱਕੀ[2]**/ਸ਼ੱਕੀਆ** [ṣəkki/ṣəkkia] *adj.* doubtful, arousing doubt or suspicion, suspect, suspicious, dubious, uncertain

ਸ਼ਖ਼ਸ [ṣəxəs] *n.m.* person, individual

ਸ਼ਖ਼ਸੀ [ṣəxəsi] *adj.* personal, individual, individualistic

ਸ਼ਖ਼ਸੀਅਤ [ṣəxsiət] *n.f.* personality

ਸ਼ਗਨ [ṣəgən] *n.m.* same as ਸਗਨ

ਸ਼ਗਿਰਦ [ṣəgɪrd] *n.m.* pupil, student, apprentice

ਸ਼ਗਿਰਦੀ [ṣəgɪrdi] *n.f.* studentship, apprenticeship

ਸ਼ਗੂਫ਼ਾ [ṣəgufa] *n.m.* blossom, bud

ਸ਼ਜਰਾ [ṣəjra] *n.m.* illustrative table, tabulated statement, matrix

~ ਨਸਬ *n.m.* genealogical table or chart, family tree

ਸ਼ਟੱਲੀ [ṣəṭəlli] *adj. & n.m.* tattler, idle talker, rambler, spinning yarn

ਸ਼ਟਾਲ੍ਹਾ [ṣətála] *n.m.* same as ਬਰਸੀਮ

ਸ਼ਤਰੰਜ [ṣətrə̃j] *n.m.* chess

ਸ਼ਤਰੰਜਬਾਜ਼ [ṣətrə̃jbaz] *n.m.* chessplayer, chess enthusiast

ਸ਼ਤਰੰਜੀ[1] [ṣətrə̃ji] *adj.* pertaining to ਸ਼ਤਰੰਜ; *fig.* clever

~ ਚਾਲ *n.f.* a move in chess, *fig.* any clever move, trick

ਸ਼ਤਰੰਜੀ[2] *n.f.* reed mat

ਸ਼ੱਤਰੂ [ṣəttəru] *n.m.* same as ਦੁਸ਼ਮਨ

ਸ਼ਤਾਨ [ṣətan] *n.m.* Satan, devil, Lucifer; *fig.* a rogue, villain, knave, cheat, swindler, rascal, fiend; *adj.* naughty, mischievous, prankish, playful; devilish, wicked, vicious, roguish

ਸ਼ਤਾਨੀ [ṣətani] *n.f.* mischief, prank, wickedness, naughtiness; *adj.* devilish, villainous, roguish, vicious, fiendish, satanic

~ ਕਰਨੀ *con.v.* to play mischief

ਸ਼ਤਾਬਦੀ [ṣətabdi] *n.f.* same as ਸਦੀ, century

ਸ਼ਤਾਬੀ [ṣətabi] *adv.* quickly, hastily, without delay, rapidly, speedily, swiftly; immediately, forthwith, at once

~ ਕਰਨਾ *con.v.* to be quick, hasten, hurry

ਸ਼ਤੀਰ [ṣətir] *n.m.* wooden beam, girder, rafter or joist

~ ਪਾਉਣਾ *con.v.* to hoist, fix or use ਸ਼ਤੀਰ

ਸ਼ਤੀਰੀ [ṣətiri] *n.f.* smaller ਸ਼ਤੀਰ

ਸ਼ਤੂਤ [ṣətut] *n.m.* mulberry, *Morus indica* ਕਾਲ਼ਾ ~ *Morus nigra* ਚਿੱਟਾ ~ *Morus alba; its fruit*

ਸ਼ਦੀਦ [ṣədid] *adj.* intense, acute, of high degree

ਸ਼ਨਾਖ਼ਤ [ṣənakhət] *n.f.* identification; recognition

~ ਕਰਨੀ *con.v.* to identify; to recognise

ਸ਼ਨਾਖ਼ਤੀ [ṣənakhti] *adj.* identifying, *n.m.* identifier

~ ਕਾਰਡ *n.m.* identity card

~ ਚਿੰਨ੍ਹ/~ ਨਿਸ਼ਾਨ *n.m.* identification mark

ਸ਼ਨੀਲ [ṣənil] *n.f.* chenille

ਸ਼ਪਥ [ṣəpəth] *n.f.* see ਸਹੁੰ, oath

ਸ਼ਫ਼ਕਤ [ṣəfkət] *n.f.* kindness, kindliness, benignity, compassion, pity

ਸ਼ਫ਼ਤਾਲੂ [ṣəftalu] *n.m.* a variety of peach

ਸ਼ਫ਼ਾ [ṣəfa] *n.f.* recovery from sickness, restoration of health, healing, cure

ਸ਼ਫ਼ਾਖ਼ਾਨਾ [ṣəfakhana] *n.m.* hospital

ਸ਼ਫ਼ਾਯਾਬ ਹੋਣਾ [ṣəfayab hoṇa] *con.v.* to recover from sickness, regain or recoup health, be cured or restored to health, also ਸ਼ਫ਼ਾ ਪਾਉਣੀ

ਸ਼ਬਦ [ṣəbəd] *n.m.* sound, word, vocable, hymn, paean

~ ਉਸਾਰੀ/~ਉਤਪਤੀ *n.f.* etymology

~ ਅਡੰਬਰ *n.m.* sententiousness, rant, bombast

~ ਅਰਥ *n.m.* meaning, sememe

~ ਅਰਥ ਵਿਗਿਆਨ *n.m.* semantics

~ ਸੰਗ੍ਰਹਿ *n.m.* glossary, vocabulary, dictionary, lexicon

~ ਸਾਧਨਾ *n.f.* diction, phraseology

~ ਕੀਰਤਨ *n.m.* hymn-singing

~ ਕੋਸ਼ *n.m.* lexicon, dictionary

~ ਕੋਸ਼ੀ *adj.* lexical *n.f.* lexicography

~ ਗਾਇਣ *n.m.* same as ਸ਼ਬਦ ਕੀਰਤਨ

~ ਚੋਣ *n.f.* diction

~ ਜੋੜ *n.m.* spelling

~ ਬੋਧ *n.m.* etymology, semantics

~ ਭੰਡਾਰ *n.m.* vocabulary

~ ਸ਼ਾਸਤਰ *n.m.* syntax, grammar, semantics, philology, etymology

~ ਸ਼ਾਸਤਰੀ *n.m.* grammarian, semanticist, semantician, philologist, etymologist

ਸ਼ਬਦਾਂਸ਼/ਸ਼ਬਦਾਂਗ [ṣəbdãṣ/ ṣəbdãg] *n.m.* syllable

ਸ਼ਬਦਾਰਥ [ṣəbdarth] *n.m.* meaning, literal meaning, annotation, annotated edition

ਸ਼ਬਦਾਵਲੀ [ṣəbdavli] *n.f.* vocabulary, diction; glossary

ਸ਼ਬਦੀ [ṣəbdi] *adj.* literal, verbal; concerning ਸ਼ਬਦ

~ ਜਥਾ *n.m.* Sikh choir

ਸ਼ਬਨਮ [ṣəbnəm] *n.f.* see ਤ੍ਰੇਲ, dew

ਸ਼ਬਾਬ [ṣəbab] *n.m.* see ਜਵਾਨੀ, youth

ਸ਼ਮਸ਼ਾਦ [ṣəmṣad] *n.m.* cypress

ਸ਼ਮਸ਼ਾਨ [ṣəmṣan] *n.m.* cremation ground, pyre, crematorium, funeral pyre

~ ਘਾਟ/~ ਭੂਮੀ *n.m. & n.f.* cremation ground, crematorium

ਸ਼ਮਸ਼ੀਰ/ਸ਼ੁਮਸ਼ੇਰ [ṣəmṣir/ṣumṣer] *n.f.* sword, sabre, scimitar

ਸ਼ਮਲਾ [ṣəmla] *n.m.* loose end of turban often starched to serve as plume, plume

~ ਛੱਡਣਾ *con.v.* to wear a ਸ਼ਮਲਾ

ਸ਼ਮ੍ਹਾ [ṣə́ma] *n.f.* candle

ਸ਼ਮ੍ਹਾਦਾਨ [ṣə́madan] *n.m.* candlestick, candelabrum, candelabra, sconce

ਸ਼ਮੀਜ਼ [ṣəmiz] *n.f.* chemise

ਸ਼ਮੂਲੀਅਤ [ṣəmuliət] *n.f.* participation, inclusion, association

ਸ਼ਰਤ [ṣərt] *n.f.* bet, wager, punt, stake; term, condition, stipulation, proviso

~ ਬੰਨ੍ਹਣੀ/~ ਰੱਖਣੀ/~ ਲਾਉਣੀ *v.i.* to bet, wager, punt; to lay down conditions or stipulations

ਸ਼ਰਤਨਾਮਾ [ṣərtnama] *n.m.* written agreement, stipulation or terms of wager

ਸ਼ਰਤੀ [ṣərti] *adj.* conditional, contingent

ਸ਼ਰਤੀਆ [ṣərtia] *adv.* certainly, surely, positively, undoubtedly; *adj.* sure, certain

ਸ਼ਰਧਾ [ṣə́rda] *n.f.* faith, belief, trust; respect, reverence; devotion, devotedness

~ ਰੱਖਣੀ *v.t.* to have or keep faith, belief, respect or devotion

~ ਯੁਕਤ *adj.* same as ਸ਼ਰਧਾਪੂਰਨ

ਸ਼ਰਧਾਹੀਣ [ṣə́rdahiṇ] *adj.* lacking faith, belief or respect

ਸ਼ਰਧਾਹੀਣਤਾ [ṣə́rdahiṇta] *n.f.* lack of ਸ਼ਰਧਾ

ਸ਼ਰਧਾਂਜਲੀ [ṣərdā̃jli] *n.f.* tribute, compliment, acknowledgement of esteem, eulogy, panegyric

ਸ਼ਰਧਾਪੂਰਨ [ṣə́rdapurn] *adj.* devoted

ਸ਼ਰਧਾਮਈ [ṣə́rdaməi] *adj.* inspiring ਸ਼ਰਧਾ

ਸ਼ਰਧਾਲੂ [ṣərdàlu] *n.m.* devotee, votary

ਸ਼ਰਧਾਵਾਨ [ṣə́rdavan] *adj.* believer, devoted

ਸ਼ਰਨ [ṣərn] *n.f.* refuge, shelter, haven, protection, asylum

~ ਦੇਣੀ *con.v.* to grant ਸ਼ਰਨ

~ ਲੈਣੀ *con.v.* to take refuge

ਸ਼ਰਨਾਗਤ/ਸ਼ਰਨਾਰਥੀ [ṣərnagət/ṣərnarthi] *adj. and n.m.* refugee, fugitive, one seeking or granted ਸ਼ਰਨ

ਸ਼ਰਬਤ [ṣərbət] *n.m.* sherbat, sweet, cooling drink, syrup

ਸ਼ਰਬਤੀ [ṣərbəti] *adj.* of light rosy colour

~ ਅੱਖਾਂ *n.f. pl.* beautiful, attractive eyes

ਸ਼ਰਮ [ṣərm] *n.f.* shame, mortification, humiliation, bashfulness, shyness, modesty, pudency; remorse, contrition

~ ਆਉਣੀ *con.v.* to feel shame, be ashamed or mortified, lose face

~ ਕਰਨੀ *con.v.* to feel shy, bashful; to be hesitant *esp.* out of respect

~ ਲਾਹ ਸੁੱਟਣੀ/~ ਲਾਹ ਦੇਣੀ/~ ਲਾਹੁਣੀ *ph.* to behave or conduct oneself unashamedly, unabashedly or dishonourably

ਸ਼ਰਮਸਾਰ [ṣərmsar] *adj.* ashamed, abashed, shame-faced, mortified, put to shame, having a feeling of humiliation; contrite, remorseful, sorry

~ ਹੋਣਾ *con.v.* same as ਸ਼ਰਮ ਆਉਣੀ

~ ਕਰਨਾ *con.v.* to abash, embarrass, put to shame

ਸ਼ਰਮਨਾਕ [ṣərmnak] *adj.* shameful, disgraceful, ignominious, dishonourable, opprobrious, scandalous, shocking

ਸ਼ਰਮਾਉਣਾ [ṣərmauṇa] *v.i.* same as ਸ਼ਰਮ ਕਰਨੀ

ਸ਼ਰਮਾਊ/ਸ਼ਰਮਾਕਲ਼ [ṣərmau/ṣərmakəḷ] *adj.* bashful, modest, shy, coy, demure; squeamish

ਸ਼ਰਮਿੰਦਗੀ [ṣərmĩdgi] *n.f.* shame, mortification, humiliation

ਸ਼ਰਮਿੰਦਾ [ṣərmĩda] *adj.m.* same as ਸ਼ਰਮਸਾਰ

ਸ਼ਰਮੀਲਾ [ṣərmila] *adj.m.* same as ਸ਼ਰਮਾਕਲ਼

ਸ਼ਰਲਾਟਾ [ṣərlaṭa] *n.m.* shower, *esp.* an intense one of rain

ਸ਼ਰ੍ਹਲਾ [ṣə́rla] *n.m.* act of urinating, jet of liquid

~ ਛੱਡਣਾ/~ ਮਾਰਨਾ *con.v.* to urinate; to release in a jet, spout

ਸ਼ਰ੍ਹਾ [ṣára] *n.f.* Islamic or Quranic law, religious rules or code

ਸ਼ੱਰਾ [ṣərra] *n.m.* pallet or granule of a cartridge

ਸ਼ਰਾਫ਼ਤ [ṣərafət] *n.f.* gentlemanliness, nobility, courteousness, politeness; chivalry, civility, goodness of heart and conduct

ਸ਼ਰਾਬ [ṣərab] *n.f.* liquor, wine, alcoholic beverage or drink, intoxicating spirit, tipple, inebriant, potation

~ ਖ਼ਾਨਾ *n.m.* wineshop, pub, tavern, public house, public bar

~ ਬਣਾਉਣ ਦਾ ਕਾਰਖ਼ਾਨਾ *ph.* distillery, brewery

ਸ਼ਰਾਬਨੋਸ਼ੀ [ṣərabnoṣi] *n.f.* drinking *esp.* habitual or excessive drinking, carousing, potation

ਸ਼ਰਾਬੀ [ṣərabi] *adj.* drunk, drunken, tippler, bibber, fuddler, inebriate, under influence of drink, intoxicated, bibulous

~ ਹੋ ਜਾਣਾ *ph.* to be drunk or tipsy, intoxicated, fuddled or tippled

~ ਕਬਾਬੀ *adj.* habitual drinker, debauched, intemperate

~ ਕਰਨਾ *con.v.* to intoxicate, fuddle, tipple, to make one drunk, to inebriate

ਸ਼ਰਾਰਤ [ṣərarət] *n.f.* mischief, prank, hoax, frolic, antics, villainous or malicious act, villainy, trickery

ਸ਼ਰਾਰਤੀ [ṣərarti] *adj.* frolicsome, prankster, villainous, mischief-maker, mischievous, puckish

ਸ਼ਰਾਰਤੀਪੁਣਾ [ṣərartipuṇa] *n.m.* frolicsomeness, prankishness, villainy, villanousness, wickedness

ਸ਼ਰਾਰਾ [ṣərara] *n.m.* same as ਗਰਾਰਾ[1], loose trousers; spark, scintilla

ਸ਼ਰੀਂਹ [ṣərĩ] *n.m.* a type of tree, *Accacia speciosa, Albizzia lebbek*

ਸ਼ਰੀਕ [ṣərik] *n.m.* collateral; rival, partner, companion, peer

~ ਹੋਣਾ *con.v.* to participate, join, take part, share

~ ਕਰਨਾ *con.v.* to include, associate

ਸ਼ਰੀਕਾ [ṣərika] *n.m.* collaterals (collectively) kins, rivalry, jealousy, malice, ill-will

~ ਕਰਨਾ/~ ਰੱਖਣਾ *con.v.* to be jealous of, have ill-will against

ਸ਼ਰੀਕੇਦਾਰੀ [ṣərikedari] *n.f.* same as ਸ਼ਰੀਕਾ; relations

ਸ਼ਰੀਕੇਬਾਜ਼ੀ [ṣərikebazi] *n.f.* rivalry, jealousy, ill-will

ਸ਼ਰੀਣਾ [ṣəriṇa] *n.m.* grains given to artisans and menials as payment in kind for services rendered

ਸ਼ਰੀਣੀ [ṣəriṇi] *n.f.* sweetmeats distributed to celebrate some happy occasion

ਸ਼ਰੀਫ਼ [ṣərif] *adj.* gentle, courteous, noble, highborn; *suff.* an honorific meaning holy or venerable

ਸ਼ਰੀਫ਼ਜ਼ਾਦਾ [ṣərifzada] *n.m.* one of noble birth

ਸ਼ਰੀਫ਼ਾ [ṣərifa] *n.m.* custard apple, *Anonra reticulata*

ਸ਼ਰੀਰ[1] [ṣərir] *n.m.* same as ਸਰੀਰ, body

ਸ਼ਰੀਰ[2] *adj.* same as ਸ਼ਰਾਰਤੀ, prankish

ਸ਼ਲਗਮ [ṣəlgəm] *n.m.* turnip, *Brasssica rapa;* also ਸ਼ਲਜਮ

ਸ਼ਲਾਘਾ [ṣəlága] *n.f.* praise, admiration, applause, laudation, commendation

~ ਕਰਨੀ *con.v.* to praise, admire, applaud, extol, laud

ਸ਼ਲਾਘਾਯੋਗ [ṣəlágayog] *adj.* praiseworthy, admirable, laudable, commendable

ਸ਼ਲਾਜੀਤ [ṣəlajit] *n.f.* same as ਸਿਲਾਜੀਤ

ਸ਼ਲਿੰਗ [ṣəlĩg] *n.m.* shilling

ਸ਼ੜਯੰਤਰ [ṣəryẽtər] *n.m.* intrigue, conspiracy; also ਸ਼ੜਿਅੰਤਰ

ਸ਼੍ਰਮ/ਸ਼ਰਮ [srəm/ṣərəm] *n.m.* labour, toil, industry, exertion

~ ਕਰਨਾ *con.v.* to labour, toil, do hard work

~ ਜੀਵੀ *n.m. lit.* living on one's labour, labourer, toiler, worker

~ ਪ੍ਰਧਾਨ *adj.* labour-intensive

ਸ਼੍ਰਮਿਕ/ਸ਼ਰਮਿਕ [ṣərəmık] *n.m.* labourer, worker

ਸ਼੍ਰਮਣ/ਸ਼ਰਮਣ [ṣərəməṇ] *n.m.* Buddhist-monk or recluse

ਸ਼੍ਰਮਦਾਨ/ਸ਼ਰਮਦਾਨ [ṣərəmdan] *n.m.* voluntary free labour, offer or rendition of such labour; *cf.* ਕਾਰ ਸੇਵਾ

ਸ਼੍ਰਮਦਾਨੀ/ਸ਼ਰਮਦਾਨੀ [ṣərəmdani] *n.m.* one who renders free labour

ਸ਼੍ਰਵਣ/ਸ਼ਰਵਣ [ṣərvəṇ] *n.m.* hearing, listening, audition; ear

~ **ਕਰਨਾ** *con.v.* to hear, listen *esp.* as an act of devotion

~ **ਕਿਰਿਆ** *n.f.* process of hearing, audition

ਸ਼੍ਰਿਕ ਕਰਨਾ/ਸ਼ਰਿਕ ਕਰਨਾ [ṣəṛīk karna] *con.v.* to shrink (of cloth)

ਸ਼੍ਰੇਣੀ/ਸ਼ਰੇਣੀ [ṣəreṇi] *n.f.* class, category; rank, grade; species, genus; row, series

~ **ਸੰਗ੍ਰਾਮ**/~ **ਸੰਘਰਸ਼** *n.m.* class-struggle, class-war

~ **ਵੰਡ** *n.f.* classification, categorisation

ਸ਼੍ਰੇਣੀ ਆਤਮਿਕ/ਸ਼ਰੇਣੀ ਆਤਮਿਕ [ṣəreṇiatmık] *adj.* determined by ਸ਼੍ਰੇਣੀ, class-based

ਸ਼੍ਰੇਣੀਬੱਧ/ਸ਼ਰੇਣੀਬੱਧ [ṣəreṇibə́dd] *adj.* classified, categorised, class-wise, category-wise, graded

ਸ਼ਾਇਸਤਗੀ [ṣaıstəgi] *n.f.* sophistication, civilised behaviour, gentlemanliness, politeness, good manners or breeding

ਸ਼ਾਇਸਤਾ [ṣaısta] *adj.* sophisticated, cultured, cultivated, civilised, gentlemanly, polite, well-mannered, well-bred

ਸ਼ਾਇਦ [ṣaıd] *adv.* perhaps, possibly, may be

ਸ਼ਾਇਰ [ṣaır] *n.m.* poet, versifier

ਸ਼ਾਇਰਾਨਾ [ṣaırana] *adj.* poetic

ਸ਼ਾਇਰੀ [ṣaıri] *n.f.* art of versification, poetic expositions; *colloq.* poetry

ਸ਼ਾਸਕ [ṣasək] *n.m.* ruler, governor, administrator, king

~ **ਦਲ** *n.m.* ruling party, party in power

~ **ਵਰਗ** *n.m.* ruling class

ਸ਼ਾਸਕੀ [ṣaski] *adj.* governmental, administrative

ਸ਼ਾਸਤਰ [ṣastər] *n.m.* scripture, sacred book *esp.* of Hindus, code of law; treatise, book of learning; school of philosophy; *suff.* meaning theory of, science of

ਸ਼ਾਸਤਰਕਾਰ [ṣastərkar] *n.m.* writer of a ਸ਼ਾਸਤਰ

ਸ਼ਾਸਤਰਕਾਰੀ [ṣastərkari] *n.f.* art of writing ਸ਼ਾਸਤਰ

ਸ਼ਾਸਤਰਾਰਥ [ṣastrarth] *n.m.* religious debate, discourse, argument or discussion

ਸ਼ਾਸਤਰੀ[1] [ṣastəri] *adj.* pertaining to ਸ਼ਾਸਤਰ, scriptural

ਸ਼ਾਸਤਰੀ[2] *n.m.* an academic degree in Sanskrit; proficieny in the study of scriptural literature

ਸ਼ਾਸਤਰੀ[3] *n.f. colloq.* Hindi; Devanagri script

ਸ਼ਾਸਨ [ṣasən] *n.m.* government, rule, reign, sway, administration

~ **ਸੰਬੰਧੀ** *adj.* governmental, administrative

~ **ਕਾਲ** *n.m.* period of rule, reign

~ **ਪ੍ਰਨਾਲ਼ੀ** *n.f.* type or system of government

ਸ਼ਾਸਨੀ [ṣasni] *adj.* same as ਸ਼ਾਸਨ ਸੰਬੰਧੀ

ਸ਼ਾਸਿਤ [ṣasıt] *adj.* ruled, governed

ਸ਼ਾਹ [ṣá] *n.m.* king; rich merchant, shopkeeper, moneylender, banker; an honorific *suff* for saints, fakirs or saiyids; *pref. adj.* great, prominent

~ **ਸਵਾਰ** *n.m.* great rider

~ **ਖ਼ਰਚ** *adj.* libral in spending, extravagant

~ **ਰਗ** *n.f.* throat, trachea, wind-pipe

~ **ਰਾਹ** *n.m.* highway, main or arterial road or waterway

ਸ਼ਾਹਕਾਰ [ṣákar] *n.m.* masterpiece (of literary work)

ਸ਼ਾਹਜ਼ਾਦਾ [ṣázada] *n.m.* prince

ਸ਼ਾਹਜ਼ਾਦੀ [ṣázadi] *n.f.* princess

ਸ਼ਾਹਣੀ [ṣáṇi] *n.f.* wife of a merchant, shopkeeper or moneylender

ਸ਼ਾਹਦ [ṣád] *n.m.* eye-witness; witness, testifier, attester

ਸ਼ਾਹਦੀ [ṣádi] *n.f.* evidence, testimony, attestation; assurance

~ **ਦੇਣਾ** *con.v.* to testify, attest, bear witness to, affirm

ਸ਼ਾਹ ਨਾਮਾ [ṣá nama] *n.m.* historical account *usu.* in verse of a king or line of kings

ਸ਼ਾਹਾਨਾ [ṣahana] *adj.* royal, kingly, princely, regal, majestic, grand, pompous

ਸ਼ਾਹੀ[1] [ṣái] *adj.* see ਸ਼ਾਹਾਨਾ

ਸ਼ਾਹੀ[2] *n.f.* see ਸਿਆਹੀ; freckle, dark spot on skin *esp.* on the face caused in some cases by strain of childbirth

ਸ਼ਾਹੂਕਾਰ [ṣáukar] *n.m.* rich merchant, banker, moneylender, usurer

ਸ਼ਾਹੂਕਾਰਨੀ [ṣáukarni] *n.f.* wife of a ਸ਼ਾਹੂਕਾਰ; female ਸ਼ਾਹੂਕਾਰ

ਸ਼ਾਹੂਕਾਰਾ [ṣáukara] *n.m.* business of a ਸ਼ਾਹੂਕਾਰ, *esp.* moneylending

ਸ਼ਾਹੂਕਾਰੀ [ṣáukari] *n.f.* same as *prec.*; *adj.* pertaining to ਸ਼ਾਹੂਕਾਰ

ਸ਼ਾਖ [ṣakh] *n.f.* branch, bough, twig, sprig, offshoot; sub-section, sub-office, branch office, branch

ਸ਼ਾਂਤ [ṣãt] *adj.* calm, quiet, tranquil, still, serene, unperturbed, peaceful, placid, pacified

~ ਸੁਭਾ *adj.* of ਸ਼ਾਂਤ nature, mild, sober, unperturbable, cool-headed, composed

~ ਕਰਨਾ *con.v.* to pacify, mollify, assuage, to calm, quieten, tranquillise

~ ਚਿੱਤ *adj.* same as ਸ਼ਾਂਤ ਸੁਭਾ; satisfied, unworried, unexcited, at peace with oneself

ਸ਼ਾਂਤਮਈ [ṣãtməi] *adj.* peaceful, non-violent; *colloq.* see ਸ਼ਾਂਤੀ

ਸ਼ਾਤਰ [ṣatər] *n.m.* same as ਸ਼ਤਰੰਜਬਾਜ਼, chess player, clever

ਸ਼ਾਂਤੀ [ṣãti] *n.f.* peace, calmness, quietude, tranquillity, sangfroid, placidity

~ ਸੈਨਾ *n.f.* peace force, peace corps

ਸ਼ਾਂਤੀਪੂਰਨ [ṣãtipurn] *adj.* peaceful, nonviolent, without disturbance or untoward incident, amicable

ਸ਼ਾਂਤੀਵਾਦ [ṣãtivad] *n.m.* pacifism

ਸ਼ਾਂਤੀਵਾਦੀ [ṣãtivadi] *adj.* pacifist, peace-loving

ਸ਼ਾਦ [ṣad] *adj.* happy, glad, pleased, delighted

ਸ਼ਾਦਮਾਨ [ṣadman] *adj.* same as ਸ਼ਾਦ

ਸ਼ਾਦਮਾਨੀ [ṣadmani] *n.f.* happiness, gladness, delight, joy; a happy occasion, rejoicing, festivity

ਸ਼ਾਦਿਆਨਾ [ṣadıana] *n.m.* music on festive occasions, festive music

ਸ਼ਾਦੀ [ṣadi] *n.f.* marriage, wedding, matrimony, nuptials, espousals; happy occasion, festivity

~ ਕਰਨਾ *con.v.* to marry, wed; to marry away, perform ਸ਼ਾਦੀ, give away in marriage

~ ਗਮੀ *n.f.* social events, happy or sad occasions

~ ਤੋਂ ਨਫ਼ਰਤ *ph.* misogamy

~ ਤੋਂ ਨਫ਼ਰਤ ਕਰਨ ਵਾਲ਼ਾ *ph.* misogamic; & *n.m.* misogamist

ਸ਼ਾਨ [ṣan] *n.f.* glory, pomp, splendour, grandeur, glamour, grandness; elegance, show, magnificence, gorgeousness, exquisiteness; flamboyance, panache

~ ਸ਼ੌਕਤ *n.f.* same as ਸ਼ਾਨ; ostentation, pomp and show

ਸ਼ਾਨਦਾਰ [ṣandar] *adj.* glorious, pompous, splendid, grand, great, gorgeous, glamorous, magnificent, elegant, exquisite

ਸ਼ਾਬਦਿਕ [ṣabdık] *adj.* literal; verbal

ਸ਼ਾਬਾਸ਼ [ṣabaṣ] *n.f.* applause, approbation, encouragement, a pat on the back; *interj.* bravo! well-done

~ ਦੇਣੀ *con.v.* to applaud, approbate, encourage; to give a pat on the back; to congratulate, commend, praise

ਸ਼ਾਮ[1] [ṣam] *n.f.* evening, eventide, dusk, nightfall

ਸ਼ਾਮ[2] *n.m.* Lord Krishna; Syria

~ ਦੇਸ *n.m.* Syria

~ ਰੰਗ *n.m.* black colour, dark complexion; *adj.* black, dark-complexioned

ਸ਼ਾਮਤ [ṣamət] *n.f.* adversity, calamity, hard times; misfortune, evil, mischief, harm

~ ਆਉਣੀ *con.v.* for ਸ਼ਾਮਤ to befall

ਸ਼ਾਮਲ [ṣaməl] *adj.* included, enclosed, annexed, merged, united, joined, associated

~ ਹੋਣਾ *con.v.* to participate, join, be associated with, included, enclosed, annexed, merged in, united with
~ ਕਰਨਾ *con.v.* to include, enclose, join, annex, merge, unite, associate
ਸ਼ਾਮਲਾਤ [ṣamlat] *n.f.* village common
ਸ਼ਾਮਿਆਨਾ [ṣamıana] *n.m.* large open tent, tented pavilion, awning, marquee
ਸ਼ਾਲ [ṣal] *n.f.* shawl
ਸ਼ਾਲਾ [ṣala] *adv.* God willing, by the will or grace of God
ਸ਼ਾਵਨਵਾਦ [ṣavənvad] *n.m.* chauvinism
ਸ਼ਾਵਨਵਾਦੀ [ṣavənvadi] *adj.* chauvinist, chauvinistic
ਸ਼ਿਅਰ[1] [ṣıər] *n.m.* a verse-line or couplet conveying a complete idea; see ਸ਼ੇਅਰ
ਸ਼ਿਸ਼ [ṣıṣ] *n.m.* student, pupil; disciple, follower
ਸ਼ਿਸ਼ਕਾਰ [ṣıṣkar] *n.f.* sound to encourage dogs on to pray; sound of shooing off
ਸ਼ਿਸ਼ਕਾਰਨਾ [ṣıṣkarna] *v.t.* to utter ਸ਼ਿਸ਼ਕਾਰ, to shoo off; to hound
ਸ਼ਿਸ਼ਟ [ṣıṣt] *adj.* polite, civil, urbane, suave, well-bred, well-mannered, refined
~ ਮੰਡਲ *n.m.* goodwill mission or delegation
ਸ਼ਿਸ਼ਟਤਾ [ṣıṣtta] *n.f.* politeness, civility, urbanity, urbaneness, suavity, decency, courtesy
ਸ਼ਿਸ਼ਟਾਚਾਰ [ṣıṣṭacar] *n.m.* same as ਸ਼ਿਸ਼ਟਤਾ; good manners, etiquette, decorum, ceremonial or formal propriety
ਸ਼ਿਸ਼ਟਾਚਾਰੀ [ṣıṣṭacari] *adj.* formal, ceremonial, concerning ਸ਼ਿਸ਼ਟਾਚਾਰ
ਸ਼ਿਸਤ [ṣıst] *n.f.* aim (of weapon)
~ ਬੰਨ੍ਹਣੀ/~ ਲਾਉਣੀ/~ ਲੈਣੀ *con.v.* to aim, to take aim, to train a weapon at; *informal.* to gaze intently
ਸ਼ਿਕਸਤ [ṣıkəst] *n.f.* defeat, repulse, rout, reverse, overthrow
~ ਖਾਣੀ *con.v.* to be defeated, conquered, vanquished or routed; suffer ਸ਼ਿਕਸਤ
~ ਦੇਣੀ *con.v.* to defeat, rout, overcome, overthrow, conquer, vanquish, subjugate
ਸ਼ਿਕਸਤਾ[1] [ṣıkəsta] *n.m.* running style of writing, scribbling, jotting
ਸ਼ਿਕਸਤਾ[2] *adj.* broken, cracked
~ ਦਿਲ *adj.* heartbroken
ਸ਼ਿਕਨ [ṣıkən] *n.m.* wrinkle, crease, shrivel, fold
~ ਪੈਣਾ *con.v.* to develop ਸ਼ਿਕਨ, for ਸ਼ਿਕਨ to be caused or effected
ਸ਼ਿਕਰਾ [ṣıkra] *n.m.* a kind of hawk, falcon, kestrel
ਸ਼ਿਕਵਾ [ṣıkva] *n.m.* complaint, grievance, grouse
~ ਕਰਨਾ *con.v.* to complain
~ ਸ਼ਿਕਾਇਤ *n.f.* same as ਸ਼ਿਕਵਾ
ਸ਼ਿਕਾਇਤ [ṣıkaıt] *n.f.* same as ਸ਼ਿਕਵਾ; accusation; ailment, trouble
~ ਹੋਣੀ *con.v.* to have cause for ਸ਼ਿਕਾਇਤ; to suffer from any ailment or disorder
~ ਕਰਨੀ *con.v.* to complain, accuse, report against
ਸ਼ਿਕਾਰ [ṣıkar] *n.m.* game, chase, hunting, hunt, prey, victim, quarry
~ ਕਰਨਾ/~ ਖੇਡਣਾ *con.v.* to hunt, follow the chase, kill, hound, pursue
ਸ਼ਿਕਾਰਗਾਹ [ṣıkargá] *n.f.* hunting ground, game-preserve
ਸ਼ਿਕਾਰਾ [ṣıkara] *n.m.* small row-boat, canoe; house-boat
ਸ਼ਿਕਾਰੀ [ṣıkari] *n.m.* huntsman, hunter; bird-catcher, fowler
~ ਕੁੱਤਾ *n.m.* hound, greyhound
ਸ਼ਿਖਾ [ṣıkha] *n.f.* see ਸਿਖਰ, and ਬੋਦੀ[2]
ਸ਼ਿੰਗਰਫ਼ [ṣĩgrəf] *n.f.* cinnabar, mercuric sulphide
ਸ਼ਿਗਾਫ਼ [ṣıgaf] *n.m.* hole, opening, gap, aperture, crevice, fissure, crack, chink
ਸ਼ਿੰਗਾਰ [ṣĩgar] *n.m.* decoration, adornment, ornamentation, embellishment, beautification; make-up, toilet; finery
~ ਕਰਨਾ *con.v.* to put on make-up, adorn oneself, prim up
~ ਪੱਟੀ *n.f.* toilet-box; toiletry
~ ਰਸ *n.m.* eroticism
ਸ਼ਿੰਗਾਰਨਾ [ṣĩgarna] *v.t.* to beautify, bedizen, bedeck, adorn, embellish
ਸ਼ਿਤਾਬ [ṣıtab] *adv.* hastily, hurriedly, soon,

at once, urgently

ਸ਼ਿਤਾਬੀ [ṣɪtabi] *n.f.* haste, hurry, precipitancy; *adv.* same as ਸ਼ਿਤਾਬ

~ ਕਰਨਾ *con.v.* to hurry up, make haste

ਸ਼ਿੱਦਤ [ṣɪddət] *n.f.* intensity, acuteness, vehemence

~ ਨਾਲ਼ *adv.* intensely, acutely, vehemently

ਸ਼ਿਰਕਤ [ṣɪrkət] *n.f.* participation, partnership

~ ਕਰਨੀ *con.v.* to participate, take part, join

ਸ਼ਿਰੋਮਣੀ/ਸ਼ਿਰੋਮਨੀ [ṣɪromaṇi/ṣɪromənі] *adj.* principal, premier, top, apex, leading, superior most

ਸ਼ਿਲਪ [ṣɪlp] *n.m.* art, craft, manual art, handicraft

~ ਕਲਾ *n.f.* technology or technique of manual arts; sculpture, architecture, art

~ ਕਲਾ ਸੰਬੰਧੀ *ph.* technological; sculptural; architectural

ਸ਼ਿਲਪਕਾਰ [ṣɪlpkar] *n.m.* craftsman, artisan, artist; sculptor, architect

ਸ਼ਿਲਪਕਾਰੀ [ṣɪlpkari] *n.f.* same as ਸ਼ਿਲਪ ਕਲਾ

ਸ਼ਿਲਪੀ [ṣɪlpi] *n.m.* same as ਸ਼ਿਲਪਕਾਰ; *adj.* concerning ਸ਼ਿਲਪ, sculptural, architectural

ਸ਼ਿਲਾਜੀਤ [ṣɪlajit] *n.f.* same as ਸਿਲਾਜੀਤ

ਸ਼ਿਵ [ṣɪv] *n.m.* shiva, Lord Shiva, one of the Hindu trinity

ਸ਼ਿਵਲਿੰਗ [ṣɪvlĩg] *n.m.* phallus, stone image represnting Lord Shiva

ਸ਼ਿਵਾਲਾ [ṣɪvala] *n.m.* temple *esp.* one dedicated to Lord Shiva

ਸ਼ੀਆ [ṣia] *n.m. & adj.* name of a Muslim sect; (one) belonging to this sect

ਸ਼ੀਸ਼ਘਰ [ṣɪṣkər] *n.m.* glass-house, greenhouse

ਸ਼ੀਸ਼ਮ [ṣiṣəm] *n.f.* same as ਟਾਹਲੀ

ਸ਼ੀਸ਼ ਮਹੱਲ [ṣiṣ məhəll] *n.m.* glass palace; also ਸ਼ੀਸ਼ ਮਹਿਲ

ਸ਼ੀਸ਼ਾ [ṣiṣa] *n.m.* glass; glass-pane; mirror; lens; *fig.* real situation, fact

~ ਆਤਸ਼ੀ *n.m.* convex lens

~ ਮੂੰਹ ਵੇਖਣ ਵਾਲਾ *ph.* mirror, looking glass

ਸ਼ੀਸ਼ੀ [ṣiṣi] *n.f.* small bottle, phial, vial.

~ ਸੁੰਘਾਉਣੀ *v.t.* to anaesthetise

ਸ਼ੀਸ਼ੇਦਾਰ [ṣiṣedar] *adj.* fitted with ਸ਼ੀਸ਼ਾ

ਸ਼ੀਂਹ [ṣĩ] *n.m.* tiger, lion

ਸ਼ੀਹਣੀ [ṣĩṇi] *n.f.* tigress, lioness

ਸ਼ੀਘਰ [ṣigər] *adv.* same as ਸ਼ਿਤਾਬ, soon

ਸ਼ੀਰ [ṣir] *n.m.* milk

~ ਖੋਰ *adj.* breast-fed, infant, very young

~ ਗਰਮ *adj.* lukewarm, tepid

ਸ਼ੀਰਸ਼ [ṣirəṣ] *n.m.* head, top, vertex, apex, summit

~ ਕੋਣ *n.m.* vertical angle

~ ਬਿੰਦੂ *n.m.* vertical point

ਸ਼ੀਰਸ਼ਕ [ṣirṣək] *n.m.* heading, title, caption

ਸ਼ੀਰਨੀ [ṣirni] *n.f.* see ਸ਼ਰੀਣੀ, sweetmeats

ਸ਼ੀਰਾਜ਼ਾ [ṣiraza] *n.m.* stitching on the back of a book, band

~ ਬਿਖਰ ਜਾਣਾ *ph.* to scatter, to be disorganised

ਸ਼ੀਰੀਂ [ṣirĩ] *adj.* sweet; *n.f.* name of a folklore heroine

ਸ਼ੀਲ [ṣil] *n.m.* propriety, modesty, nobility, gentleness; good nature, temper or character, amiableness, gentility

~ ਸੰਜਮ *n.m.* propriety and discipline

ਸ਼ੀਲਵੰਤ/ਸ਼ੀਲਵਾਨ [ṣilvə̃t/ṣilvan] *adj.* well-behaved, well mannered, modest, chaste, urbane, cultivated

ਸ਼ੁਆ [ṣua] *n.f.* ray or beam of light

ਸ਼ੁਹਰਤ [ṣórət] *n.f.* fame, renown, repute, celebrity; notoriety

~ ਹੋਣੀ *con.v.* to be or become famous, renowned, well-known or notorious

~ ਮਿਲਣੀ *con.v.* to become famous, renowed, honoured, celebrity

ਸ਼ੁਕਰ [ṣukər] *n.m.* thanks, thanks-giving, gratitude

~ ਹੈ *interj.* thank God

~ ਹੋਣਾ *con.v.* to be a matter or event for thanks-giving

~ ਗੁਜ਼ਾਰ *adj.* thankful, grateful

~ ਗੁਜ਼ਾਰੀ *n.f.* thanks-giving, expression of gratitude

ਸ਼ੁੱਕਰ [ṣukkər] *n.m.* the planet Venus, vesper, evening star; Friday

~ ਗ੍ਰਹਿ *n.m.* the planet Venus

ਸ਼ੁੱਕਰਵਾਰ [ṣukkərvar] *n.m.* Friday
ਸ਼ੁੱਕਰਵਾਰੀ [ṣukkərvari] *adj.* falling on a Friday
ਸ਼ੁਕਰਾਨਾ [ṣukrana] *n.m.* same as ਸ਼ੁਕਰ and ਸ਼ੁਕਰ ਗੁਜ਼ਾਰੀ; fee paid for favour done
ਸ਼ੁਕਰੀਆ [ṣukria] *n.m.* same as ਸ਼ੁਕਰ; *interj.* thanks, thank you, so kind of you
ਸ਼ੁਕਲ ਪੱਖ [ṣukəlpəkkh] *n.m.* brighter half of a lunar month
ਸ਼ੁਕ੍ਰ/ਸ਼ੁਕਰ [ṣukər] *n.m.* semen
ਸ਼ੁਕ੍ਰਾਣੂ/ਸ਼ੁਕਰਾਣੂ [ṣukraṇu] *n.m.* sperm, spermatozoon, gamete; *pl.* spermatozoa
ਸ਼ੁਕੀਨ [ṣukin] *adj.* fond (of) ; amateur; dandy, fop, chic, swanky, smartly dressed, foppish
ਸ਼ੁਕੀਨੀ [ṣukini] *n.f.* foppery, foppishness, gaudiness, fondness for gaudiness or swankiness
ਸ਼ੁਗ਼ਲ [ṣugəl] *n.m.* hobby, pastime, amusement, fun, sport
~ ਕਰਨਾ *con.v.* to sport, romp, make merry
~ ਤਮਾਸ਼ਾ/~ ਮੇਲਾ *n.m.* fun, amusement, mirth, merriment, jocundity
ਸ਼ੁਗ਼ਲੀ [ṣugəli] *adj.* merry, jocund, jocular, mirthful
ਸ਼ੁਗ਼ਲੀਆ [ṣugəlia] *adv.* as a pastime, by way of fun
ਸ਼ੁਤਰ [ṣutər] *n.m.* camel
~ ਸਵਾਰ *n.m.* camel-rider
ਸ਼ੁਤਰ ਮੁਰਗ [ṣutər murg] *n.m.* ostrich; cassowary
ਸ਼ੁਦਾ [ṣuda] *n.m.* madness, insanity, daftness, lunacy, mental derangement, craziness, mania, schizophrenia
ਸ਼ੁਦਾਈ/ਸ਼ੁਦੈਣ [ṣudai/ṣudɛṇ] *adj. & n.m./adj. & n.f.* mad, insane, lunatic, maniac, crazy, loony, daft
ਸ਼ੁੱਧ [ṣúdd] *adj.* same as ਸੁੱਧ[2], pure
ਸ਼ੁੱਧੀ [ṣúddi] *n.f.* purity; reformation, refinement
ਸ਼ੁਫ਼ਾ [ṣufa] *n.m.* pre-emption; pre-emption suit
ਸ਼ੁਬ੍ਹਾ [ṣúba] *n.m.* suspicion
~ ਕਰਨਾ *con.v.* to suspect
ਸ਼ੁਭ [ṣúb] *adj.* auspicious, propitious, happy, welcome, good
~ ਅਸੀਸ *n.f.* blessing
~ ਅਵਸਰ *n.m.* auspicious or happy occasion
~ ਇੱਛਕ *adj.* well-wisher
~ ਇੱਛਿਆ *n.f.* good-will, sympathy
~ ਕਰਮ *n.m.* good or virtuous act
~ ਚਿੰਤਕ *adj.* well-wisher
~ ਨਾਮ *n.m.* good name (a polite way of asking someone's name)
ਸ਼ੁਮਾਰ [ṣumar] *n.m.* counting, reckoning, calculation, enumeration
~ ਹੋਣਾ *con.v.* to be counted (among) or enumerated
~ ਕਰਨਾ *con.v.* to count, reckon, calculate, enumerate; to include
ਸ਼ੁਮਾਰਾ [ṣumara] *n.m.* number, issue (of a magazine or a perodical)
ਸ਼ੁਰ੍ਹਲੀ [ṣúrli] *n.f.* a kind of firework; *adj. fig.* smart, fast, nimble, active, quick, agile; clever, cunning
ਸ਼ੁਰੂ [ṣuru] *n.m.* beginning, commencement, outset, start; origin, incepton, incipience, incipiency, inchoation; also ਸ਼ੁਰੂਆਤ
~ ਹੋਣਾ *con.v.* to begin, commence, start
~ ਕਰਨਾ *con.v.* to begin, commence, start, originate, introduce, initiate; inchoate
~ ਤੋਂ *adv.* from the beginning, *ab initio*
ਸ਼ੁਲਕ [ṣulək] *n.m.* tax, duty, cess
ਸ਼ੁਸ਼ਕ [ṣuṣək] *n.f.* slender twig *esp.* one used for flogging, switch, rattan, withe, cane
ਸ਼ੂੰ ਸ਼ਾਂ [ṣũ ṣã] *n.f.* ostentation, show, foppery; vanity
ਸ਼ੂਕ [ṣuk] *n.f.* hissing sound, whistling caused by rapid movement as of wind in storm; also ਸ਼ੂਕਰ
ਸ਼ੂਕਣਾ [ṣukəṇa] *v.i.* to hiss, snort, rage
ਸ਼ੂਕਾ ਸ਼ਾਕੀ [ṣuka ṣaki] *n.f.* same as ਸ਼ੂੰ ਸ਼ਾਂ
ਸ਼ੂਟ [ṣuṭ] *n.f.* sprint, dash, dart
~ ਲਾਉਣੀ *con.v.* to sprint
~ ਵੱਟਣੀ *ph.* to run away, flee
ਸ਼ੂਦਰ [ṣudər] *n.m.* the lowest of the four Hindu castes, low-caste person, an untouchable, menial

ਸ਼ੁਮ [ṣum] *adj.dia.* see ਸੂਮ, miser
ਸ਼ੇਸ਼ [ṣeṣ] *n.m.* remainder, balance; *adj.* remaining, left over
ਸ਼ੇਸ਼ਨਾਗ [ṣeṣnag] *n.m.* name of a mythical snake
ਸ਼ੇਖ [ṣekh] *n.m.* sheikh, Muslim chief or dignitary
~ ਚਿੱਲੀ *n.m.* name of a folk lore comic character; day-dreamer, one who builds castles in the air, a gossip, day-dreaming
ਸ਼ੇਖਜ਼ਾਦਾ [ṣekhzada] *n.m.* sheikh's son.
ਸ਼ੇਖਜ਼ਾਦੀ [ṣekhzadi] *n.f.* sheikh's daughter
ਸ਼ੇਖਾਣੀ [ṣekhaṇi] *n.f.* wife of a sheikh
ਸ਼ੇਖੀ [ṣekhi] *n.f.* boast, vaunt, brag, bluff
~ ਮਾਰਨਾ *con.v.* to brag, boast, vaunt
ਸ਼ੇਖੀਖੋਰ/ਸ਼ੇਖੀਖੋਰਾ/ਸ਼ੇਖੀਬਾਜ਼ [ṣekhikhor/ ṣekhikhora/ṣekhibaz] *adj./adj.m./adj.* braggart, braggadocio, boaster, vaunter; proud, arrogant
ਸ਼ੇਡ [ṣeḍ] *n.m.* shade, screen to keep off or to moderate light
ਸ਼ੇਰ [ṣer] *n.m.* tiger, lion, *informal.* a brave person
~ ਦਿਲ *adj.* lion-hearted, brave, fearless, dauntless, intrepid
~ ਦੀ ਗੁਫ਼ਾ *n.f.* tiger's den or lair
~ ਬਬਰ *n.m.* lion
~ ਮਰਦ *n.m.* a brave person, daredevil
~ ਮਰਦੀ *n.f.* bravery, courage, daring, daredevilry
ਸ਼ੇਰਨੀ [ṣerni] tigress; lioness
ਸ਼ੇਰਵਾਨੀ [ṣervani] *n.f.* tight long-coat
ਸ਼ੇਵਾ [ṣeva] *n.m.* habit, business
ਸ਼ੈ [ṣɛ] *n.f.* thing, article, object, commodity
ਸ਼ੈੱਡ [ṣɛḍḍ] *n.m.* shed
ਸ਼ੈਤਾਨ [ṣɛtan] *n.m.* same as ਸ਼ਤਾਨ, Satan
ਸ਼ੈਲੀ [ṣɛli] *n.f.* style, mode, manner; technique
~ ਗਤ *adj.* stylish, in style
ਸ਼ੈਵ [ṣɛv] *adj.* pertaining to Shiva, Shaivite; *n.m.* sect of Hindu worshippers of Shiva, a member of Shaivite sect
~ ਮਤ *n.m.* Shaivism, Shaivite sect
ਸ਼ੋ [ṣo] *n.m.* show
ਸ਼ੋਸ਼ਕ [ṣoṣək] *adj.* exploiter
ਸ਼ੋਸ਼ਣ [ṣoṣəṇ] *n.m.* exploitation
ਸ਼ੋਸ਼ਿਤ [ṣoṣɪt] *adj.* exploited
ਸ਼ੋਸ਼ਾ [ṣoṣa] *n.m.* rumour, canard
~ ਛੱਡਣਾ *con.v.* to spread rumour
ਸ਼ੋਸ਼ੇਬਾਜ਼ [ṣoṣebaz] *n.m.* rumour-monger
ਸ਼ੋਹਦਾ [ṣóda] *adj.m.* mean, base, banal, ignoble; sordid, weak, feeble, poorly, pitiable, helpless, unfortunate
ਸ਼ੋਹਲਾ [ṣóla] *n.m.* spark; *fig. adj.* agile, swift, nimble, sprightly, active, light-footed
ਸ਼ੋਕ [ṣok] *n.m.* grief, sorrow, woe, distress, dolour; mourning, condolence; regret
~ ਸਭਾ *n.f.* condolence or condolatory meeting
~ ਕਰਨਾ *con.v.* to grieve, mourn, observe mourning
~ ਗੀਤ *n.m.* dirge, elegy, threnody, funeral song, lament
~ ਪੱਤਰ *n.m.* letter of condolence, notification of death
ਸ਼ੋਕਮਈ [ṣokməi] *adj.* grievous, sorrowful, woeful, tragic, dolorous, distressing, saddening, lugubrious
ਸ਼ੋਖ਼ [ṣokh] *adj.* playful, sportive, mirthful, lively, sprightly, pert, naughty, coquettish; insolent, impertinent; bright (colour or light)
ਸ਼ੋਖ਼ਾ [ṣokha] *adj.m.* same as ਸ਼ੋਖ਼
ਸ਼ੋਖ਼ੀ [ṣoxi] *adj.f.* same as ਸ਼ੋਖ਼; *n.f.* ਸ਼ੋਖ਼ act or behaviour, coquetry
ਸ਼ੋਧ ਪ੍ਰਬੰਧ [ṣód pərbə̃d] *n.m.* thesis, monograph
ਸ਼ੋਭਾ [ṣóba] *n.f.* same as ਸੋਭਾ, praise
ਸ਼ੋਰ [ṣor] *n.m.* noise, din, clang, clangour; shouting, outcry, hue and cry, clamour, tumult, uproar
~ ਸ਼ਰਾਬਾ *n.m.* noisy clamour, blatancy, furore, tumult, turmoil, uproar, rioting
~ ਕਰਨਾ/~ ਮਚਾਉਣਾ *con.v.* to make or create noise, to clamour
ਸ਼ੋਰਸ਼ [ṣorəṣ] *n.f.* riot, rebellion, uprising, revolt; turmoil, affray, tumult

ਸ਼ੋਰਸ਼ੀ [ṣorəṣi] *adj.* riotous, rebellious, tumultuous

ਸ਼ੋਰਬਾ [ṣorba] *n.m.* curry *esp.* meat-curry, gravy

ਸ਼ੋਰਾ [ṣora] *n.m.* nitre, saltpetre, potassium nitrate; salinity (of soil); *adj.* saline (soil)

ਸ਼ੋਰੇਦਾਰ [ṣoredar] *adj.* containing ਸ਼ੋਰਾ, saline (land)

ਸ਼ੌਹਰ [ṣɔ̃r] *n.m.* husband

ਸ਼ੌਕ [ṣɔk] *n.m.* fond or eager desire, liking, interest, eagerness; zest; hobby

ਸ਼ੌਕਣ/ਸ਼ੌਕੀ [ṣɔkəṇ/ ṣɔki] *adj. f./adj.m.* fond, eager, interested, keen, having ਸ਼ੌਕ (for)

ਸ਼ੌਕੀਆ [ṣɔkia] *adv.* with ਸ਼ੌਕ or pleasure, as a hobby or special interest

ਸ਼ੌਕੀਨ [ṣɔkin] *adj.* see ਸ਼ੁਕੀਨ

ਹ

ਹ [haha] *n.m.* fifth letter of Gurmukhi script representing glottal fricative [h]

ਹਉਂ [həõ] *pron. n.f.* same as ਹਉਮੈਂ

ਹਉਕਾ [həuka] *n.m.* same as ਹੌਕਾ, sigh

ਹਉਮੈਂ [həumɛ̃] *n.f.* ego, I-ness, self-pride, conceit, egoity, egoism, egotism, arrogance; self

ਹਉਮੈਂਵਾਦ [həumɛ̃vad] *n.m.* egoism

ਹਊਆ [həua] *n.m.* object of terror, a terror, *bete noire,* imaginary dreaded object, bugbear

ਹੱਸ¹ [həss] *v.form.* imperative of ਹੱਸਣਾ, laugh

ਹੱਸ² *n.m.* an ornament for the neck, collar; collar-bone

ਹੰਸ [hə̃s] *n.m.* swan; *fig.* soul, spirit

ਹੱਸਣਾ [həssəṇa] *v.i.* to laugh, smile, giggle, chuckle, chortle, guffaw, snicker, snigger; titter *v.t.* to ridicule, to make fun of, laugh at, deride

~ ਖੇਡਣਾ/~ ਮੱਲਣਾ *cpd.v.* to play around, to frolic, make merry, have fun

ਹਸਤ [həst] *n.m.* see ਹੱਥ

~ ਕਮਲ *n.m.* holy, sacred or revered hand; *lit.* lotus hand

~ ਕਲਾ *n.f.* manual art or skill, handicraft

~ ਕੌਸ਼ਲ *n.m.* manual skill, dexterity, deftness, adroitness

ਹਸਤਖੇਪ [həstkhep] *n.m.* interference, meddling; intervention; intercession

~ ਕਰਨਾ *con.v.* to interfere, meddle; to intervene; to intercede

ਹਸਤਨੀ [həstəni] *n.f.* see ਹਥਣੀ

ਹਸਤਾਖਰ [həstakhər] *n.m.* signature; autograph

~ ਕਰਤਾ *n.m.* signatory, signer

~ ਕਰਨਾ *con.v.* to sign, put one's signature to; to autograph

ਹਸਤਾਖਰਿਤ [həstakhrɪt] *adj.* signed; autographed

ਹਸਤੀ¹ [həsti] *n.f.* existence, being, life.

ਹਸਤੀ² *n.m.* see ਹਾਥੀ

ਹਸਦ [həsəd] *n.m.* jealousy, green-eyed monster, envy

~ ਕਰਨਾ *con.v.* to be jealous (of), envy

ਹਸਪਤਾਲ [həspətal] *n.m.* hospital

~ ਦੀ ਗੱਡੀ *ph.* hospital van, ambulance car

ਹਸਬ [həsəb] *pref.* according to, as per

~ ਕਾਇਦਾ/~ ਕਾਨੂੰਨ/~ ਜ਼ਾਬਤਾ *adv.* according to rules, regulations or law

~ ਜ਼ੈਲ *adv.* as given below, the following, as follows

~ ਨਸਬ *n.m.* pedigree, lineage, ancestry, familial particulars

~ ਮਨਸ਼ਾ *adv.* as desired

~ ਮਿਕਦਾਰ *adv.* quantitatively, proportionately, in proportion to quantity

ਹਸਮੁਖ [həsmukh] *adj.* cheerful, blithe, blithesome, jolly, jovial, gay, jocose, jocular, vivacious, risible

~ ਸੁਭਾ *n.m.* risibiliy, vivacity, jocoseness

ਹਸ਼ਰ [həʂər] *n.m.* doomsday, day of judgement; end, consequence, final result

~ ਹੋਣਾ *ph.* to result finally in

ਹਸਰਤ [həsrət] *n.f.* unfulfilled desire, yearning, regret or sorrow at such desire

ਹੰਸਲੀ [hə̃sli] *n.f.* water channel to supply water to a sacred tank

ਹਸਾ [həsa] *v.form.* imperative of ਹਸਾਉਣਾ, make someone laugh

ਹਸਾਉਣਾ [həsauṇa] *v.t.* to make one laugh, cause laughter, amuse, tickle; *adj.m.* comic, comical, funny,amusing, humorous, witty, laughable, ludicrous

ਹਸਾਉਣੀ ਗੱਲ [həsauṇi gəll] *n.f.* humorous or witty remark; joke, burlesque
ਹਸਾਉਣੀ ਨਕਲ [həsauṇi nəkəl] *n.f.* parody; skit, comic play
ਹਸਾਸ [həsas] *adj.* sensitive, sentimental
ਹਸਾਣ [həsaṇ] *n.m.* act or process of ਹਸਾਉਣਾ
~ **ਲਈ** *adv.* just to make others laugh
ਹਸਾਨ [həsan] *n.m. colloq.* see ਇਹਸਾਨ
ਹਸਾਬ [həsab] *n.m. colloq.* see ਹਿਸਾਬ
ਹੱਸੀ [həssi] *n.f.* collar bone, clavicle
ਹਸ਼ੀਸ਼ [həṣiṣ] *n.f.* hashish, hasheesh
ਹਸੂੰ ਹਸੂੰ [həsũ-həsũ] *adj.* smiling, laughing, happy
ਹੱਕ[1] [həkk] *n.m.* right, entitlement, title, claim; truth, justice, rectitude; the true one, God
~ **ਹਕੂਕ** *n.m. pl.* rights
~ **ਹਲਾਲ** *n.m.* honest means
~ **ਤਲ਼ਫ਼ੀ** *n.f.* violation, usurpation or denial of rights, wrongful dispossession of rights
~ **ਤਲ਼ਫ਼ੀ ਕਰਨਾ** *con.v.* same as ਹੱਕ ਮਾਰਨਾ
~ **ਬਜਾਨਬ** *adj.* justified; entitled
~ **ਮਾਰਨਾ** *con.v.* to violate, usurp or deny one's right, treat unjustly, divest one of ਹੱਕ
~ **ਮਾਲਕਾਨਾ** *n.m.* proprietory right, title, proprietorship
ਹੱਕ[2] *n.f.* stammer, stutter
~ **ਪੈਣੀ** *con.v.* to stammer, stutter
ਹੱਕਸ਼ਨਾਸ [həkkṣənas] *adj.* truthful, just
ਹੱਕਸ਼ਨਾਸੀ [həkkṣənasi] *n.f.* truthfulness, justness
ਹੱਕਸ਼ੁਫਾ [həkkṣupha] *n.m.* right of pre-emption; *informal.* pre-emption suit
ਹੱਕਣਾ [həkkəṇa] *v.t.* same as ਹਿੱਕਣਾ, drive
ਹੱਕਦਾਰ [həkkdar] *adj.* rightful owner, entitled, claimant, deserving
ਹੱਕਦਾਰੀ [həkkdari] *n.f.* entitlement, title, claim
ਹੱਕਪਸੰਦ [həkkpəsə̃d] *adj.* same as ਹੱਕ-ਸ਼ਨਾਸ
ਹੱਕਪਸੰਦੀ [həkkpəsə̃di] *n.f.* same as ਹੱਕਸ਼ਨਾਸੀ
ਹੱਕਪਰਸਤ [həkkprəst] *adj.* same as ਹੱਕਸ਼ਨਾਸ, worshipper of truth or of the True One
ਹੱਕਪਰਸਤੀ [həkkpərəsti] *n.f.* same as ਹੱਕਸ਼ਨਾਸੀ; theism, deism, God worship
ਹੱਕਰਸੀ [həkkrəsi] *n.f.* acceptance, grant or restoration of one's right; justice
ਹਕਲ਼ਾ [həkḷa] *adj.m.* stammerer, stutterer
ਹਕਲ਼ਾਉਣਾ [həkḷauṇa] *v.i.* to stammer, stutter
ਹੱਕਾ ਬੱਕਾ [həkka bəkka] *adj.m.* surprised, astonished, stunned, stupefied, overawed, amazed, perplexed, confused, bewildered; wonderstruck
ਹੰਕਾਰ [hə̃kar] *n.m.* pride, vanity, arrogance, haughtiness, hubris, conceit, pomposity
~ **ਕਰਨਾ** *con.v.* to be ਹੰਕਾਰੀ; also ਹੰਕਾਰਨਾ
ਹਕਾਰਤ [həkart] *n.f.* hatred, contempt, disdain
ਹੰਕਾਰੀ [hə̃kari] *adj.* proud, vain, arrogant, haughty, conceited, pompous, egoistic
ਹੱਕੀ [həkki] *adj.* true, rightful
ਹਕੀਕਤ [həkikət] *n.f.* reality, fact, truth, worth, value
~ **ਪਸੰਦ** *adj.* realist
~ **ਪਸੰਦੀ** *n.f.* realism
ਹਕੀਕੀ [həkiki] *adj.* real
ਹਕੀਮ [həkim] *n.m.* physician *esp.* one practising Unani system of medicine; a wise man
ਹਕੀਮੀ [həkimi] *n.f.* profession of ਹਕੀਮ
ਹਕੀਰ [həkir] *adj.* contemptible, despicable, low, mean; insignificant, inconsiderable, worthless
ਹਕੂਮਤ [həkumət] *n.f.* reign, rule, sway, domination, authority, control; government, ruling power, administration
~ **ਕਰਨੀ** *con.v.* to reign, rule, govern
ਹਕੂਮਤੀ [həkuməti] *adj.* governmental, public
ਹੱਕੋ ਹੱਕ [həkko həkk] *adv.* justly, on merit
ਹੱਗਣਾ [həggəṇa] *v.i.* to excrete faeces, ease oneself, obey nature's call, shit
ਹੰਗਤਾ [hə̃gta] *n.f.* same as ਹਉਮੈਂ
ਹਗਾਉਣਾ [həgauṇa] *v.t.* to get or assist

one to excrete faeces

ਹੰਗਾਮਾ [hə̃gama] *n.m.* riot, tumult, affray, uproar, turmoil, public disorder, turbulence, disturbance, furore, bluster

~ ਖੜ੍ਹਾ ਕਰਨਾ *ph.* to cause or raise ਹੰਗਾਮਾ, to bluster

ਹੰਗਾਮੀ [hə̃gami] *adj.* disturbed, tumultuous, riotous, emergency, critical

~ ਹਾਲਤ *n.f.* state of emergency

ਹਗਾਰ [həgar] *n.f.* excreta of houseflies

ਹਗੇੜ [həgeṛ] *n.f.* excreta of human beings or dogs; area so fouled

ਹੰਘ [hə̃g] *v.form.* nominative of ਹੰਘਣਾ

ਹੰਘਣਾ [hə̃ggəṇa] *v.i.* (of rope, string,etc) to get loose and lengthen through use

ਹੰਘਾਲ਼ [hə̃gàḷ] *n.m.* water added to milk before heating it up, (to lessen the effect of evaporation); slop, swill

~ ਪਾਉਣਾ *con.v.* to add ਹੰਘਾਲ਼

ਹੰਘਾਲ਼ਨਾ [hə̃gàḷṇa] *v.t.* to clean superficially with water, rinse, douse, to slop

ਹੰਘੀ [hə̃gi] *n.f.* sieve

ਹੰਘੂਰਾ [hə̃gùra] *n.m. dia.* see ਹੁੰਗਾਰਾ

ਹਚਕੋਲਾ [həckola] *n.m.* same as ਹਝੋਕਾ, jerk, jolt

ਹੱਛਾ¹ [həccha] *adv.* yes, all right, ya, well, very well, *interj.* is it? so that is it, oh, ah, aha

ਹੱਛਾ² *adj.m.* good, nice, useful, profitable; agreeable; lovely, likeable; well, nicely, rightly, thoroughly

ਹੱਜ [həjj] *n.m.* pilgrimage to Mecca, hajj; *informal.* use, benefit, advantage, good

ਹਜ਼ਮ [həzəm] *adj.* digested, assimilated

~ ਕਰਨਾ/~ ਕਰ ਜਾਣਾ *con.v.* to digest, assimilate; *fig.* to misappropriate, embezzle

ਹਜ਼ਰਤ [həzrət] *adj.* (honorific) reverend, eminent, great; appallation *usu.* prefixed to the name of prophets; Prophet, lord

ਹਜਾਮ [həjam] *n.m.* see ਨਾਈ, barber

ਹਜਾਮਤ [həjamət] *n.f.* shave; haircut

~ ਕਰਨੀ/~ ਬਣਾਉਣੀ *con.v.* to shave, give haircut; fig, to swindle, fleece, cheat; plunder

ਹਜ਼ਾਰ [həzar] *adj.* thousand

ਹਜ਼ਾਰਵਾਂ [həzarvã] *adj.* thousandth

ਹਜ਼ਾਰਾਂ [həzarã] *adj.pl.* thousands

ਹਜ਼ਾਰੀਂ [həzarĩ] *adv.* with thousands of rupees

ਹਜੀਰ/ਹੰਜੀਰ [həjir/hə̃jir] *n.f.* fig tree, *Ficus carica*

ਹੰਜੀਰਾਂ [hə̃jirã] *n.f. pl.* scrofula

ਹਜੂਮ [həjum] *n.m.* crowd, mob, throng, multitude

ਹਜ਼ੂਰ [həzur] *adj.m.* (honorific in addressing) your honour, sir, your lordship; *n.m.* presence, attendance; court

~ ਵਿਚ *adv.* in the presence of, in the court of, before

ਹਜੋਕਾ [həjoka] *n.m.* see ਹਝੋਕਾ, jolt

ਹੰਝੂ [hə̃ju] *n.m.* tear, tears

~ ਕੇਰਨੇ *ph.* to shed tears, weep, cry; to lament

~ ਪੀ ਜਾਣਾ *ph.* to suppress one's tears, to control one's grief or sorrow

~ ਪੂੰਝਣਾ *ph.* to console, comfort, *lit.* to wipe tears

~ ਵਹਾਉਣੇ/~ ਵਗਾਉਣੇ *ph.* same as ਹੰਝੂ ਕੇਰਨੇ

ਹਝੋਕਾ [həjòka] *n.m.* jolt; jerk, lurch

~ ਖਾਣਾ/~ ਲਗਣਾ *con.v.* to get or receive a ਹਝੋਕਾ

~ ਮਾਰਨਾ *con.v.* to jolt, shake, jerk, give a ਹਝੋਕਾ

ਹਟ [həṭ] *v.form.* imperative of ਹਟਣਾ

~ ਹਟਾ *n.m.* cessation of quarrel, scuffle or fight

ਹੱਟ [həṭṭ] *n.m.* shop *esp.* a big one, sale depot, store, emporium

ਹਟਕ [həṭək] *n.f.* forbiddance, check, ban; *v.form.* imperative of ਹਟਕਣਾ, forbid

ਹਟਕਣਾ [həṭəkəṇa] *v.t.* to forbid, prevent, check, warn against, advise against, dissuade, restrain

ਹਟਕਵਾਂ [həṭəkvã] *adj.m.* dissuasive, forbidding

ਹਟਕੋਰਾ [həṭkora] *n.m.* sob, sigh, gasp

ਹਟਕੋਰੇ ਭਰਨਾ *ph.* to sob, sigh, gasp

ਹਟਣਾ [həṭəṇa] *v.i.* to move back or aside, withdraw, retire; to recede; to stop, give up; to desist, refrain, abstain; to shift, budge

ਹੰਟਰ [hə̃ṭər] *n.m.* whip, scourge, lash

~ **ਨਾਲ਼ ਕੁੱਟਣਾ/~ ਮਾਰਨੇ** *ph.* to whip, scourge, lash, flagellate, flog

ਹਟਵਾਂ [həṭvã] *adj.m.* separate, removed at a distance; *adv.* aside, at a distance

ਹਟਵਾਈ [həṭvai] *n.f.* payment for getting something moved or removed

ਹਟਵਾਣੀਆਂ [həṭvaṇiã] *n.m.* shopkeeper, retailer

ਹਟੜੀ [həṭəṛi] *n.f.* diminutive of ਹੱਟੀ, a small shop

ਹਟਾਉਣਾ [həṭauṇa] *v.t.* to move, remove, push back or aside; to stop; to dissuade; to dismiss, sack, discharge; to get or cause to stop; to cease quarrelling or fighting; to drive away

ਹਟਾਈ [həṭai] *n.f.* payment for ਹਟਾਉਣਾ

ਹੱਟਾ ਕੱਟਾ [həṭṭa kəṭṭa] *adj.m.* strong, stout, robust, hefty, burly, sturdy; corpulent, bulky, fat

ਹੱਟੀ [həṭṭi] *n.f.* shop, grocery

~ **ਪਾਉਣੀ** *con.v.* to set up a shop

ਹੱਟੋ ਹੱਟ [həṭṭo həṭṭ] *adv.* from shop to shop

ਹਠ [həṭh] *n.m.* persistence, insistence, tenacity, pertinacity, doggedness, determination, perseverence; obstinacy, obduracy, stubbornness, waywardness

~ **ਕਰਨਾ** *con.v.* to insist, persist, persevere, importune

~ **ਜੋਗ** *n.m.* a type of yoga involving austerities and self-imposed physical strain

~ **ਜੋਗੀ** *n.m.* practitioner of *prec.*

~ **ਧਰਮੀ** *n.f.* same as ਹਠ, fanaticism, dogmatism, bigotry; *adj.* same as ਹਠੀ

ਹਠੀ/ਹਠੀਲਾ [həṭhi/həṭhila] *adj/adj.m.* tenacious, dogged, obdurate, persevering, resolute; stubborn, obstinate, pertinacious, headstrong, wilful, wayward, refractory

ਹੱਡ [həḍḍ] *n.m.* bone, skeleton of animal; self

~ **ਸੇਕਣੇ** *ph.* to beat, give a thrashing

~ **ਹਰਾਮ/~ ਹਰਾਮਣ/~ ਹਰਾਮੀ** *adj./adj.f./adj.m.* malingerer, shirker

~ **ਖੋਰਾ** *n.m.* osteomalicia

~ **ਚੂਰ** *n.m.* bone-dust, bone-ash

~ **ਬੀਤੀ** *n.f.* personal experience

~ **ਭੰਨਣੇ** *ph.* to work hard, toil, drudge; same as ਹੱਡ ਸੇਕਣੇ

~ **ਭੰਨਵਾਂ** *adj.m.* toilsome, arduous, strenuous, laborious, bone-breaking

~ **ਰਖ** *adj.* shirker, easy-going, slothful, indolent, lazy

~ **ਵਰਤੀ** *n.f.* same as ਹੱਡਬੀਤੀ

ਹੱਡਾ [həḍḍa] *n.m.* spavin, a disease of horses

ਹੱਡੀ [həḍḍi] *n.f.* bone

~ **ਉਤਰਨੀ** *con.v.* for bone or joint to be dislocated

~ **ਵਿਗਿਆਨ** *n.m.* osteology

~ **ਦਾ ਇਲਾਜ** *ph.* orthopaedics

~ **ਦਾ ਸੁੱਕਣਾ** *ph.* necrosis

~ **ਦਾ ਡਾਕਟਰ ਜਾਂ ਮਾਹਰ** *ph.* orthopaedist

~ **ਦਾ ਪਿੰਜਰ/~ ਦਾ ਪੁਤਲਾ** *ph.* skeleton; emaciated, lean and thin

ਹੱਡੀਆਂ ਨਿਕਲ਼ ਆਉਣੀਆਂ *ph.* to be emaciated; to be reduced to a skeleton

ਹੱਡੂ [həḍḍū] *adv. dia.* see ਅਸਲੋਂ

ਹੱਡੇ ਮੂਤਰੇ [həḍḍe mutre] *n.m.pl.* same as ਹੱਡਾ, spavin

ਹੱਡੋਰੋੜਾ [həḍḍoroṛa] *n.m.* animal skeleton, carcass without skin and flesh, a heap of this; place where skeletons of dead animals are collected for further disposal

ਹੰਡੋਲਾ [hə̃ḍola] *n.m.* cradle, swing; castor oil plant, *Ricinus communis*

ਹੰਢ [hə̃ḍ] *v.form.* imperative of ਹੰਢਣਾ

ਹੰਢਣਸਾਰ [hə̃ḍəṇsar] *adj.* durable

ਹੰਢਣਸਾਰਤਾ [hə̃ḍəṇsarta] *n.f.* durability

ਹੰਢਣਾ [hə̃ḍəṇa] *v.i.* (*usu.* for clothes) to last; to wear off; *v.t.* same as ਹਾਂਢਣਾ, to beat about to rouse game

ਹੰਢਵਾਉਣਾ [hə̃dvàuṇa] *v.t.* to get (a garment) used until worn out; to get (a field or forest) searched for game

ਹੰਢਾਉਣਾ [hə̃ḍàuṇa] *v.t.* to wear, use until worn out

ਹੰਢਾਈ [hə̃ḍài] *n.f.* wearing, use; durableness, durability

ਹੰਢਾਲ਼ੀ [hə̃ḍàḷi] *n.f.* plough, oxen yoked together; yoke-frame with plough fastened to it

ਹੰਢਿਆ [hə̃ḍɪa] *adj.* worn out, *fig.* experienced

ਹਣੌਂ [hə́ṇõ] *n.f.* molar, molar tooth

ਹਤ [hət] *interj.* oh!, an expression of disdain

~ ਤੇਰੀ *interj.* oh, you !

ਹੱਤਕ [həttək] *n.f.* insult, dishonour, disrespect, indignity, affront, slight, defamation

~ ਅਦਾਲਤ *n.f.* contempt of court

~ ਆਮੇਜ਼ *adj.* insulting, pejorative, deprecatory, defamatory, libellous

~ ਇਜ਼ਤ *n.f.* defamation, libel

~ ਇਜ਼ਤ ਦਾ ਦਾਹਵਾ *ph.* defamation suit

~ ਕਰਨੀ *con.v.* to insult, dishonour; to defame, slight, show disrespect or affront

ਹੱਤਿਆ [həttɪa] *n.f.* murder, assassination, killing, slaughter, homicide

~ ਕਰਨੀ *con.v.* to commit ਹੱਤਿਆ, kill, butcher, assassinate, murder, slaughter

~ ਕਾਂਡ *n.m.* murder story, massacre, carnage

ਹਤਿਆਰਾ [hətɪara] *n.m.* murderer, killer, assassin, butcher, homicide; *adj.m.* blood-thirsty, bloody, murderous, savage, cruel, ferocious

ਹੱਥ [hətth] *n.m.* hand, arm, fore-arm; a measure of length, two cubits, half a yard; *fig.* reach, approach; turn in game (as of cards), cards held in hand

~ ਉਧਾਰ *n.m.* cash loan on verbal promise of repayment

~ ਅੱਡਣੇ *ph.* to beg, ask for humbly

~ ਆਉਣਾ *ph.* to be got, caught, procured

~ ਸਾਫ਼ ਕਰਨਾ *ph.* to steal, swindle

~ ਸੁੰਗੇੜਨਾ *ph.* to act or behave miserly, niggardly

~ ਹੌਲ਼ਾ ਕਰਨਾ *ph.* to utter incantation, exorcise

~ ਕਰਨਾ *ph.* to extend one's hand (as to receive something); to play trick, trick, cheat, swindle

~ ਖਿੱਚਣਾ *ph.* to avoid, evade, desist, retract, withdraw; to wash one's hand of

~ ਗੋਲ਼ਾ *n.m.* hand grenade

~ ਘੜੀ *n.f.* wrist watch

~ ਘੁਸਾਣਾ *ph.* to avoid, evade, abstain

~ ਚੁੱਕਣਾ *ph.* to assault, strike, beat

~ ਜੋੜਕੇ *adv.* with folded hands, humbly

~ ਜੋੜਨੇ *ph.* to fold one's hands in respect, prayer or supplication, beg, entreat, pray; to beg; to be excused; to express inability

~ ਠੋਕਾ *n.m.* ready means, something instrumental or useful

~ ਤੰਗ ਹੋਣਾ *ph.* to be short of money, tight financially

~ ਦਾ *adj.m.* manual; in hand; handmade

~ ਦੀ ਸਫ਼ਾਈ *ph.* sleight of hand, legerdemain, conjuring trick, jugglery

~ ਧੋ ਕੇ ਪਿੱਛੇ ਪੈਣਾ *ph.* to follow or work earnestly; to persecute

~ ਧੋਣੇ *con.v.* to wash one's hands of; *ph.* to lose something, be deprived of

~ ਪਸਾਰਨਾ *ph.* same as ਹੱਥ ਕਰਨਾ

~ ਪੱਲੇ ਪੈਣਾ *ph.* to receive or get, derive (benefit or profit); to be understood, comprehended

~ ਪਾਉਣਾ *ph.* to undertake; to grip, grasp

~ ਪੈਰ ਜੋੜਨੇ *ph.* to beg, supplicate, entreat humbly

~ ਪੈਰ ਪੈ ਜਾਣੇ/~ ਪੈਰ ਫੁੱਲ ਜਾਣੇ *ph.* to get nervous, jittery; to have jitters; to flap, fluster

~ ਪੈਰ ਮਾਰਨੇ *ph.* to try hard, struggle, strive; to fumble

~ ਫੇਰਨਾ *ph.* to pat, move one's hand gently over something; to clean up; *fig.* to steal, swindle

~ ਫੇਰੀ *n.f.* stealing, swindling, cheating

~ ਬੰਨ੍ਹ *adj.* loyal, obedient

~ ਬੰਨ੍ਹਣੇ *ph.* same as ਹੱਥ ਜੋੜਨੇ; to force one not to do something, prohibit, forbid, interdict

~ ਭੜੱਥੀ *adv.* together, with helping hands,

in co-operation with others, assisted by ready helpers, collectively, jointly
~ ਮਲ਼ਨੇ *ph.* to repent, regret (a loss)
~ ਮਾਰਨਾ *ph.* to grab, seize, acquire cheaply or free of cost
~ ਮਿਲ਼ਾਉਣਾ *con.v.* to shake hands
~ ਰੇੜ੍ਹੀ *n.f.* handcart, wheelbarrow
~ ਲਾਉਣਾ *ph.* to touch; to begin
~ ਵਿਖਾਉਣਾ *ph.* to let one's pulse to be felt; to consult a palmist
~ ਵਿਖਾਉਣੇ *ph.* to show or demonstrate one's strength, skill or authority
ਹੱਥੀਂ ਪੈਣਾ *ph.* to grapple, fight, scuffle
ਹੱਥੋ~ *adv.* from hand to hand, from one to another
ਹੱਥੋ ਹੱਥੀ *adv.* soon, with collective or mutual assistance
ਹੱਥੋ ਪਾਈ ਹੋਣਾ *ph.* to grapple, scuffle, come to blows, exchange blows, fisticuff

ਹਥਕੰਡਾ [həthkə̃ḍa] *n.m. usu. pl.* ਹੱਥ ਕੰਡੇ sleight, cunning, trickery

ਹਥਕੜੀ [həthkəṛi] *n.f.* handcuff, manacles, irons
~ ਲਾਉਣੀ *con.v.* to handcuff, to arrest

ਹਥਣੀ [həthəṇi] *n.f.* she-elephant

ਹੱਥਲ਼ [hətthəḷ] *adj.* helpless; (for cattle) yielding milk without calf or only to a particular person

ਹਥਲਾ [həthla] *adj.m* without means, disarmed, handicapped; *adj.m.* in hand

ਹੱਥ ਲਿਖਤ [hətth lɪkht] *n.f.* manuscript; *adj.* hand-written

ਹਥਵਾਨ [həthvan] *n.m.* driver of an elephant, mahout

ਹਥਿਆ [həthɪa] *v.form.* imperative of ਹਥਿਆਉਣਾ, grab

ਹਥਿਆਉਣਾ [həthɪauṇa.] *v.t.* to catch, acquire, grab, usurp; to find, get

ਹਥਿਆਰ [həthɪar] *n.m.* weapon, arm; tool, instrument, implement, appliance; device, contrivance, means; *informal.* strong point
~ ਸੁੱਟਣੇ *ph.* to surrender, capitulate, accept defeat, surrender arms, throw down arms
~ ਘਟਾਈ *n.f.* disarmament, reduction in armed strength or in weapons
~ ਘਰ *n.m.* armoury, arsenal, kote
~ ਚੁੱਕਣੇ *ph.* to take up arms

ਹਥਿਆਰਸਾਜ਼ [həthɪarsaz] *n.m.* maker, manufacturer of arms, armourer

ਹਥਿਆਰਸਾਜ਼ੀ [həthɪarsazi] *n.f.* arms industry; art, skill or profession of making arms

ਹਥਿਆਰਬੰਦ [həthɪarbə̃d] *adj.* armed, equipped with arms

ਹਥਿਆਰਬੰਦੀ [həthɪarbə̃di] *n.f.* arming, mobilisation, militarisation

ਹੱਥੀ [hətthi] *n.f.* handle, grip

ਹੱਥੀਂ [hətthi] *adv.* with hands, manually; by oneself, practically

ਹਥੇਲ਼ੀ [hətheḷi] *n.f.* palm, inner surface of hand
~ ਤੇ ਸਰ੍ਹੋਂ ਜਮਾਉਣੀ *ph.* to do something wonderful immediately

ਹਥੌਲ਼ਾ [həthɔḷa] *n.m.* incantation as treatment; see ਹੱਥ ਹੌਲ਼ਾ ਕਰਨਾ, under ਹੱਥ

ਹਥੌੜਾ [həthɔṛa] *n.m.* hammer

ਹਥੌੜੀ [həthɔṛi] *n.f.* a small hammer

ਹੱਦ [hədd] *n.f.* limit, bound, boundary, border, end, extreme; range, extent, degree
~ ਹੋ ਗਈ *interj.* it is a limit; strange!
~ ਕਰਨੀ/~ ਕਰ ਛੱਡਣੀ/~ ਕਰ ਦੇਣੀ *ph.* to do something unusual, amazing, wonderful, laudable or improper
~ ਤੋਂ ਬਾਹਰ ਹੋਣਾ *ph.* to cross the limit of decency, show disrespect, anger or insubordination, be beside oneself
~ ਬਸਤ *adj.* delimited, demarcated; *n.f.* delimitation, demarcation
~ ਬੰਨਾ *n.m.* limit, end, extreme boundry

ਹੱਦਬੰਦੀ [hədbə̃di] *n.f.* same as ਹੱਦਬਸਤ under ਹੱਦ
~ ਕਰਨੀ *ph.* to delimit, demarcate, to limit, circumscribe

ਹਦਵਾਣਾ [hədvaṇa] *n.m.* water melon, *Citrullus vulgaris;* pepo

ਹੰਦਾ [hə̃da] *n.m.* cooked food collected daily by priests

ਹਦੀਸ [hədis] *n.f.* traditional sayings and anecdotes of Prophet Muhammad

ਹਦੈਤ [hədɛt] *n.f. colloq.* see ਹਿਦਾਇਤ, instruction

ਹਦੋਂ ਵੱਧ *adj. & adv.* beyond limits, unlimited

ਹਨ [hən] *aux.v.* are (for third person *pl.*)

ਹੰਨਾ [hə̃nna] *n.m.* pommel

ਹੰਨੇ ਹੰਨੇ *adv.* with every saddle, cavalier or soldier

ਹਨੇਰ [həner] *n.m.* darkness; dark half of a lunar month, *fig.* confusion, anarchy, chaos, tyranny, injustice, oppression, enormity, outrage; calamity, tumult

~ **ਆ ਗਿਆ/~ ਸਾਈਂ ਦਾ** *interj.* Good Lord, Good God, Good Heavens! oh hell!

~ **ਖਾਤਾ** *n.m. lit.* muddled accounts; confusion, chaos, absence of rules or order, disorder

~ **ਗਰਦੀ** *n.f.* confusion, chaos, tyranny, injustice, disorder

~ **ਬਿਰਤੀ** *n.f.* obscurantism

ਹਨੇਰਾ [hənera/hənèra] *n.m.* darkness, murkiness, absence or lack of light, gloom, dimness; *fig.* obscurity, ignorance; *adj.m.* dark, dim, gloomy, murky, dusky, misty, hazy; dingy, obscure

~ **ਘੁੱਪ** *adj. & n.m.* pitch dark

~ **ਹਨੇਰੇ ਦਾ ਭੈ** *ph.* nyctophobia

ਹਨੇਰੀ [həneri/hənèri] *adj.f.* same as ਹਨੇਰਾ; *n.f.* dust-storm, wind-storm, gale, tornado

~ **ਕੋਠੜੀ** *n.m.* dark cell, dungeon

ਹਨੋਰਾ [hənora] *n.m.* same as ਗਿਲਤ, friendly complaint

ਹਫ [həph] *v.form.* nominative of ਹਫਣਾ

ਹਫਣਾ [həphəṇa] *v.i.* to be out of breath, breathe heavily, pant

ਹਫ਼ਤਾ [həfta] *n.m.* week; *informal.* Saturday

ਹਫ਼ਤਾਵਾਰ/ਹਫ਼ਤੇਵਾਰ [həftavar/həftevar] *adj. & adv.* weekly; also ਹਫਤੇਵਾਰੀ

ਹਫੜਾ ਦਫੜੀ [həphəṛa dəphəṛi] *n.f.* confusion, commotion, panic, bustle, stampede, hurry, haste, turmoil, flurry

~ **ਵਿਚ** *adv.* pell-mell

ਹਫਾ [həpha] *n.m.* panting, act or state of breathing heavily, fast breathing, also ਹਫੇਵਾਂ

ਹਫਾਉਣਾ [həphauṇa] *v.t.* to make one out of breath or pant, tire out

ਹਫੂੰ ਹਫੂੰ [həphũ həphũ] *n.m.* rage, rave, indecent talk

~ **ਕਰਨਾ** *con.v.* to rage, rave or talk indecently

ਹੱਬ [həbb] *n.f.* hub

ਹਬਸ਼ਣ [həbṣəṇ] *n.f.* negress

ਹਬਸ਼ੀ [həbṣi] *n.m.* negro, negroid, an African, Abyssinian or Ethiopean

ਹਬਕ [həbək] *n.f.* same as ਹਮਕ, stink

ਹੰਭ [hə̃́b] *v.form.* nominative of ਹੰਭਣਾ

ਹਭਕਾ [hə́bka] *n.m.* jerk; sudden attack of sorrow, shock

ਹੰਭਣਾ [hə̃́bəṇa] *v.i.* to get exhausted, tired, fatigued, weary

ਹੰਭਲ਼ਾ [hə̃́bḷa] *n.m.* spring, jump, determined effort *esp.* after tiredness, sheer will

~ **ਮਾਰਨਾ** *ph.* to stand up with a jerk, act with recollected strength or will; to jump

ਹੰਭਾ [hə̃́ba] *n.m.* exhaustion, tiredness, fatigue

ਹੰਭਾਉਣਾ [hə̃bàuṇa] *v.t.* to tire out, exhaust

ਹੰਭਿਆ [hə̃́bɪa] *adj.m.* exhausted, tired, dead tired, fatigued, weary, worn-out

~ **ਹੁਟਿਆ** *adj.* dead tired

ਹਮ[1] [həm] *pron.* we

ਹਮ[2] *pref.* denoting companionship or similarity

ਹਮ ਉਮਰ [həm ʊmər] *adj.* of the same age, coetaneous

ਹਮ ਅਸਰ [həm əsər] *adj.* contemporary

ਹਮਸ਼ਕਲ [həmṣəkəl] *adj.* resembling, similar, alike, identical

ਹਮਸਫਰ [həmsəphər] *n.m.* fellow traveller

ਹਮਸਾਇਆ [həmsaɪa] *n.m.* neighbour

ਹਮਸ਼ੀਰਾ [həmṣira] *n.f.* sister, real sister

ਹਮਕ [həmək] *n.f.* stink, stench, foul smell; also ਹਮੁਕ

ਹਮਕਾਫੀਆ [həmkaphia] *adj.* rhyming

ਹਮਕੌਮ [həmkɔm] *adj.* belonging to the same nation; *n.m.* fellow citizen, fellow countryman, fellow national

ਹਮਖਿਆਲ [həmkhıal] *adj.* thinking alike, of one mind, holding same or similar views or opinions, unanimous

ਹਮਜ਼ਬਾਨ [həmzəban] *adj.* speaking the same language; saying with one voice

ਹਮਜਮਾਤੀ [həmjəmati] *adj.* classmate, classfellow

ਹਮਜਾਤ [həmjat] *adj.* of the same caste, clan or species

ਹਮਜਿਨਸ [həmjıns] *adj.* homogenous.

ਹਮਜੋਲੀ [həmjoli] *n.m.* playmate, friend, chum, comrade, compeer

ਹਮਦ [həməd] *n.f.* praise (of God), paean

ਹਮਦਮ [həmdəm] *n.m.* friend; beloved.

ਹਮਦਰਦ [həmdərd] *adj.* sympathetic, sympathiser, well-wisher

ਹਮਦਰਦੀ [həmdərdi] *n.f.* sympathy

ਹਮਨਸ਼ੀਨ [həmnəṣin] *n.m.* companion, pal, comrade, mate

ਹਮਨਸ਼ੀਨੀ [həmnəṣini] *n.f.* comradeship, companionship

ਹਮਨਾਮ [həmnam] *adj.* namesake

ਹਮਪਿਆਲਾ [həmpıala] *adj.& n.m.* drinking pal

ਹਮਪੇਸ਼ਾ [həmpeṣa] *adj.* following the same trade or profession

ਹਮਰਾਏ [həmrae] *adj.* see ਹਮਖਿਆਲ, holding same or similar opinion

ਹਮਰਾਹ [həmrá] *adv.* with, along with, in the company of, travelling with

ਹਮਰਾਹੀ [həmrahi] *n.m.* co-traveller, fellow traveller, companion

ਹਮਰਾਜ਼ [həmraz] *adj.* confidant, sharing one's secrets, *fem.* confidante

ਹਮਲ [həməl] *n.m.* pregnancy, gravidity, gravidness

~ ਗਿਰਨਾ *con.v.* to miscarry, abort

~ ਠਹਿਰਨਾ/~ ਹੋ ਜਾਣਾ *con.v.* to be pregnant, gravid

ਹਮਲਾ [həmla] *n.m.* invasion, attack, aggression, assault, offensive, charge, raid, onslaught, onset

~ ਆਵਰ *n.m.* invader, attacker, aggressor, raider

~ ਕਰਨਾ *con.v.* to invade, attack, assault, charge, raid, commit aggression, launch ਹਮਲਾ

ਹਮਵਜ਼ਨ [həmvəzən] *adj.* equal in weight

ਹਮਵਤਨ [həmvətən] *n.m. & adj.* countryman, *fem.* country woman, fellow countryman or countrywoman, compatriot, fellow citizen

ਹਮਵਾਰ [həmvar] *adj.* level, plane, even, flat, smooth

~ ਕਰਨਾ *con.v.* to level up

ਹਮਵਾਰੀ [həmvari] *n.f.* levelness, evenness, flatness, smoothness

ਹਮ੍ਹਾ [háma] *n.m.* faith, confidence (on another for help or support)

ਹਮਾਇਤ [həmaıt] *n.f.* same as ਮਦਦ, support

ਹਮਾਕਤ [həmakət] *n.f.* stupidity, foolishness, folly, unwise conduct

ਹਮ੍ਹਾਤੜ [həmàtər] *pron.* like me, poor me

~ ਤੁਮ੍ਹਾਤੜ *pron.* you and I, the likes of us

ਹਮਾ-ਤੁਮਾ [həma-tuma] *pron.* the common people, ordinary folk; *n.f.* insulting language

~ ਕਰਨੀ *ph.* to insult

ਹਮਾਮ [həmam] *n.m.* bath, hot bath, Turkish bath; bathroom; cylindrical water container with a tap; bath-tub

ਹਮਾਮ ਦਸਤਾ [həmam dəsta] *n.m.* pestle and mortar

ਹਮਾਰੀ[1] [həmari] *pron.* our (for something *fem.*)

ਹਮਾਰੀ[2] *n.f.* canopied howdah

ਹਮੇਸ਼ [həmeṣ] *adv.* always, ever, perpetually

ਹਮੇਸ਼ਾਂ [həmeṣã] *adv.* for ever

ਹਮੇਲ [həmel] *n.f.* a type of necklace for ladies; tinkling necklace ior oxen

ਹਯਾ [həya] *n.f.* modesty, bashfulness, shame, sense of (*usu.* female) honour

ਹਯਾਤ [həyat] *n.f.* life, existence

ਹਯਾਤੀ [həyati] *n.f.* life, long life, life-span

ਹਰ[1] [hər] *n.m.* (maths) denominator, divisor; see ਹਰੀ[1], God, *usu.* ਹਰਿ

ਹਰ[2] *adj. pref.* each, every, any

~ ਇਕ *n.m.* each one, everyone, all and sundry

~ ਹੀਲੇ *adv.* by all or any means

~ ਕੋਈ *n.m.* everyone, any Tom, Dick or Harry
~ ਘੜੀ *adv.* always, all the time, constantly
~ ਥਾਂ *adv.* everywhere
~ ਦਮ *adv.* same as ਹਰ ਘੜੀ, always
~ ਦਿਲ ਅਜ਼ੀਜ਼/~ ਮਨ ਪਿਆਰਾ *ph.* popular, likeable, favourite of one and all
~ ਮੌਸਮੀ *adj.* of all seasons, perennial
~ ਵਰ੍ਹਿਆਈ *adj.f.* (milch cattle) calving every year or so
~ ਵਾਰੀ *adv.* each or every time
ਹਰਸ਼ [hərṣ] *n.m.* joy, delight, glee, happiness, gladness; rejoicing, mirth, pleasure, merriment
~ ਧੁਨੀ *n.f.* cry of joy
ਹਰਸਵ ਸਵਰ/ਹ੍ਰਸ੍ਵ ਸੁਰ [hərsəv səvər] *n.m.* short vowel
ਹਰਸ਼ਿਤ [hərṣɪt] *adj.* delighted, joyous, cheerful, happy
ਹਰਹਰ [hər hər] *n.f.* a kind of pulse, *Citisus cajan, Çajanus indicus,* pigeonpea
ਹਰਕਤ [hərkət] *n.f.* motion, movement; action, conduct; naughtiness, mischief; *informal. dia.* laziness, indolence
~ ਕਰਨਾ *con.v.* to move; *informal.* to dawdle, to neglect
ਹਰਕਤੀ [hərkəti] *adj.* lazy, indolent
ਹਰਕਾਰਾ [hərkara] *n.m.* messenger, courier, harbinger; postman
ਹਰਖ [hərkh] *n.m.* anger, hot displeasure, rage; complaint, grumble; sorriness
ਹਰਖਿਆ [hərkhɪa] *adj.m.* angry, displeased, enraged
ਹਰਗਿਜ਼ ਨਹੀਂ [hərgɪz nəhĩ] *adv.* never, not at all, not at any cost
ਹਰਜ [hərj] *n.m.* loss, waste (of time, money or effort)
~ ਕਰਨਾ *con.v.* to cause ਹਰਜ, waste
~ ਮਰਜ/ਹਰਜਾ/ਹਰਜਾ ਮਰਜਾ *n.m.* same as ਹਰਜ
ਹਰਜਾਈ [hərjai] *adj.m.* fickle, inconstant in love, flanderer, womaniser
ਹਰਜਾਨਾ [hərjana] *n.m.* penalty, fine; indemnity, compensation, damages, demurrage
~ ਪਾਉਣਾ *con.v.* to order, levy ਹਰਜਾਨਾ
~ ਭਰਨਾ *con.v.* to pay ਹਰਜਾਨਾ
ਹਰਟ [hərṭ] *n.m.* see ਹਲ੍ਹਟ[1], Persian wheel
ਹਰਦਲ [hərdəl] *n.f. dia.* see ਹਲ਼ਦੀ, turmeric
ਹਰਦੂ ਲਾਹਨਤ [hərdu lánət] *n.f.* damnation in either or any case, veritable evil
ਹਰਨ [hərn] *n.m.* deer, buck, antelope; abduction, elopement
~ ਹੋ ਜਾਣਾ *ph.* to run away, flee, abscond; disappear
ਹਰਨਾ [hərna] *v.t.* to abduct; to steal, deprive of
ਹਰਨਾਲ਼ੀ [hərnaḷi] *n.f. dia.* see ਹੰਢਾਲੀ, yoked pair of oxen
ਹਰਨੀਆ [hərnia] *n.m.* hernia
ਹਰਨੀਆਂ [hərniã] *n.f. pl.* female ਹਰਨ, does, hinds
ਹਰਨੀਏਂ ਦਾ ਅਪ੍ਰੇਸ਼ਨ [hərniẽ da əpreṣən] *n.m.* hernioplasty, herniotomy
ਹਰਨੋਟਾ [hərnoṭa] *n.m.* young buck, fawn
ਹਰਨੌਲਾ [hərnɔla] *n.m.* castor-oil plant, same as ਹੰਡੋਲਾ
ਹਰਨੌਲੀ [hərnɔli] *n.f.* castor boll or seed
ਹਰਫ਼ [hərf] *n.m.* letter (of alphabet); blame, blemish
~ ਆਉਣਾ *ph.* to suffer blame, disgrace or loss of face
~ ਬਹਰਫ਼ *adv.* word by word, literally, exactly
ਹਰਫ਼ਨ ਮੌਲਾ [hərfən mɔla] *adj.m.* master or jack of all trades, versatile
ਹਰਫ਼ੀ [hərfi] *adj.* literal
ਹਰਫ਼ੋ ਹਰਫ਼/ਹਰਫ਼ੇ ਹਰਫ਼ੀ *adv.* same as ਹਰਫ਼ ਬਹਰਫ਼, literally
ਹਰਬਾ [hərba] *n.m.* weapon; means
ਹਰਬਾ ਜਰਬਾ [hərba jərba] *n.m. informal.* loss, injury, misfortune
ਹਰਮ [hərəm] *n.m.* harem, seraglio, inner apartments of a house
~ ਸਰਾ *n.f.* same as ਹਰਮ
ਹਰਮਲ [hərməl] *n.f.* a kind of herb, *Peganum harmala*
ਹਰਲ ਹਰਲ [hərl hərl] *n.m.* bustle, excited activity, crowding, commotion
~ ਕਰਨਾ *ph.* to bustle, crowd, hustle

ਹਰਵਾ [hərva] *v.form.* imperative of ਹਰਵਾਉਣਾ, cause or let one be defeated

ਹਰਵਾਉਣਾ [hərvauṇa] *v.t.* to cause defeat, defeat through someone else; *cf.* ਹਰਾਉਣਾ

ਹਰਵਾਂਹ [hərvã] *n.m.* a kind of pulse, *Doliches scrudsis,* its bean or seed

ਹਰੜ [hərəṛ] *n.f.* a medicinal nut, its tree, myrobalan

ਹਰੜ ਪੋਪੋ [hərəṛ popo] *n.m.* palmist (depec.)

ਹਰ੍ਹਟ [hə́rəṭ] *n.m.* same as ਹਲ੍ਹਟ¹, Persian wheel

ਹਰਾ [həra] *adj.m.* green; fresh; *n.m.* green fodder

~ **ਭਰਾ** *adj.m.* lush, verdant

ਹਰਾਉਣਾ [hərauṇa] *v.t.* to defeat, overthrow, beat, frustrate, worst, outdo; to be the cause of one's defeat *cf.* ਹਰਵਾਉਣਾ

ਹਰਾਸ [həras] *n.m.* decrease, diminution, loss, deficiency; decline, downfall

ਹਰਾਸਪੂਰਨ [həraspurn] *adj.* diminished, reduced

ਹਰਾਸਮਈ [hərasməi] *adj.* diminishing, decreasing; causing or capable of causing ਹਰਾਸ

ਹਰਾਨ [həran] *adj colloq.* see ਹੈਰਾਨ, surprised

ਹਰਾਮ [həram] *adj.* forbidden or prohibited (by religion), morally wrong; sinful, taboo, tabooed

~ **ਕਰਨਾ** *ph.* to spoil, waste

ਹਰਾਮਕਾਰ [həramkar] *adj.m.* fornicator adulterer. sinful

ਹਰਾਮਕਾਰੀ [həramkari] *n.f.* fornication, adultery

ਹਰਾਮਖੋਰ [həramkhor] *adj.* living by unfair means or on unearned income, corrupt, venal; also ਹਰਾਮਖ਼ੋਰ

ਹਰਾਮਖੋਰੀ [həramkhori] *n.f.* corruption, venality, perversion, embezzlement; also ਹਰਾਮਖ਼ੋਰੀ

ਹਰਾਮਜਦਗੀ [həramjədgi] *n.f.* wickedness, moral degradation, perverseness, roguery, illegitimateness; also ਹਰਾਮਜ਼ਦਗੀ

ਹਰਾਮਜਾਦਾ/ਹਰਾਮਦਾ [həramjada/həramda] *adj.m.* bastard, illegitimate, adulterine, born out of wedlock; *n.m.* an abuse, rascal; also ਹਰਾਮਜ਼ਾਦਾ

ਹਰਾਮ ਦਾ ਮਾਲ [həram da mal] *ph.* ill-gotten wealth, unearned gain or income

ਹਰਾਮੀ [hərami] *adj.* same as ਹਰਾਮਜਾਦਾ

ਹਰਾਰਤ [hərarət] *n.f.* heat, warmth, feverishness

ਹਰਾਵਲ [həravəl] *adj.* foremost, marching ahead; *n.m.* vanguard

~ **ਦਸਤਾ** *n.m.* vanguard

ਹਰਿ [həri] *n.m.* God

ਹਰਿਆ¹ [hərɪa] *adj.m.* same as ਹਰਾ, green

~ **ਭਰਿਆ/ਹਰਿਆਵਲਾ** *adj.m.* lush, verdant, luxuriant

ਹਰਿਆ² *v.form. colloq.* ਹਾਰਿਆ, participle of ਹਾਰਨਾ, defeated

ਹਰਿਆਉਲ/ਹਰਿਆਲੀ/ਹਰਿਆਵਲ [hərɪaul/hərɪali/hərɪavəl] *n.f.* greenery, verdure, vegetation, flora

ਹਰਿਆਈ [hərɪai] *n.f.* greenness, verdure

ਹਰਿੰਡ [hərĩḍ] *n.f.* same as ਅਰਿੰਡ, castor

ਹਰੀ¹ [həri] *n.m.* God

~ **ਹਰ** *n.m.* same as ਹਰੀ¹

ਹਰੀ² *adj.f.* same as ਹਰਾ, green

~ **ਝੰਡੀ** *n.f.* green flag, green signal; permission, sanction, approval

~ **ਝੰਡੀ ਵਿਖਾਉਣੀ** *ph.* to permit, sanction, give the green signal, inaugurate

ਹਰੀਜਨ [hərijən] *n.m.* person belonging to any of the Indian scheduled castes or tribes

ਹਰੀਫ਼ [hərif] *n.m.* same as ਦੁਸ਼ਮਨ, enemy

ਹਰੀੜ [həriṛ] *n.f. dia.* see ਹਰੜ, myrobalan

ਹਲ਼ [həḷ] *n.m.* plough

~ **ਦਾ ਫਾਲ਼ਾ** *n.m.* ploughshare

~ **ਵਾਹ** *adj.m.* simple, peasant-like, rustic

~ **ਵਾਹੁਣਾ** *con.v.* to plough

ਹੱਲ [həll] *n.m.* solution, answer, means wayout

~ **ਸਮੂਹ** *n.m.* solution set

~ **ਹੋਣਾ** *con.v.* to be solved; to dissolve be dissolved

~ ਕਰਨਾ *con.v.* to solve; to dissolve
ਹਲਕ [həḷk] *n.m.* same as ਸੰਘ, throat; rabies, rabidness, hydrophobia, mania
ਹਲ਼ਕਣਾ [həḷkəṇa] *v.i.* to suffer an attack of rabies, be rabid, mad; *fig.* to feel a sudden urge
ਹਲਕਾ¹ [həlka] *adj.m.* same as ਹੌਲ਼ਾ; light (colour)
~ ਫੁਲਕਾ *adj.m.* same as ਹੌਲ਼ਾ, light-weight, nimble, agile
ਹਲਕਾ² *n.m.* circle, division, ward, constituency, jurisdiction
ਹਲ਼ਕਾ [həḷka] *n.m. & adj.m.* rabid
ਹਲ਼ਕਾਉਣਾ [həḷkauṇa] *v.t.* to cause ਹਲ਼ਕਾ
ਹਲਕਾਰਾ [həlkara] *n.m. dia.* see ਹਰਕਾਰਾ, messenger
ਹਲਕੇਵਾਰ [həlkevar] *adv.* circle-wise
ਹਲਚਲ [həlcəl] *n.f.* movement, disturbance, hubbub, commotion, agitation, turmoil, perturbation, tumult, furore
ਹਲ਼ਟ [həḷṭ] *n.m.* Persian wheel, well-gear; *interj.* halt !
ਹਲ਼ਟੀ [həḷṭi] *n.f.* a small ਹਲ਼ਟ¹
ਹਲੰਤ [hələ̃t] *adj.* vowel less (consonant)
ਹਲਦੀ [həḷdi] *n.f.* turmeric, *Curcuma longa*
ਹਲਫ਼ [həlf] *n.f.* oath, affirmation, vow
~ ਸ਼ਿਕਨੀ *n.f.* breach of oath, perjury
~ ਚੁੱਕਣੀ *con.v.* to take oath or affirmation, vow, swear
ਹਲਫ਼ਨ [həlfən] *adv.* on oath
ਹਲਫ਼ਨਾਮਾ [həlfnama] *n.m.* affidavit, written statement on oath
ਹਲਫ਼ੀ/ਹਲਫ਼ੀਆ [həlfi/həlfia] *adj.* on oath
~ ਬਿਆਨ *n.m.* statement on oath, affidavit, deposition
~ ਬਿਆਨ ਦੇਣ ਵਾਲਾ *ph.* deponent
~ ਬਿਆਨ ਦੇਣਾ *ph.* to depose
ਹਲਵਾ [həlva] *n.m.* a kind of pumpkin also called ਹਲਵਾ ਕੱਦੂ, *Cucurbita maxim;* same as ਕੜਾਹ
~ ਮਾਂਡਾ *n.m.* loaves and fishes, bread and butter; also ਹਲਵਾ ਮੰਡਾ and ਹਲਵਾ ਪੂਰੀ
ਹਲਵਾਈ [həlvai] *n.m.* confectioner, sweetmeat maker or seller
ਹਲਵਾਨ [həlvan] *n.m.* a type of red cotton cloth
ਹੱਲੜ [hәllәṛ] *n.m.* a type of plough, heavy plough
ਹਲਾ [həla] *adv.* yes, all right, very well, o.k.
~ ਸ਼ੇਰੀ *n.f.* encouragement, abetment, incitement, instigation
~ ਸ਼ੇਰੀ ਦੇਣੀ *ph.* to encourage, abet, incite, instigate
ਹੱਲਾ [hәlla] *n.m.* attack, assault, charge; noise, uproar
~ ਕਰਨਾ *con.v.* to make noise; same as ਹੱਲਾ ਬੋਲਣਾ
~ ਗੁੱਲਾ *n.m.* noise, din, uproar, merrymaking, revel, mirth
~ ਬੋਲਣਾ *con.v.* to attack, assault, charge, make an assault, rush at
ਹਲਾਹਲ [həlahəl] *n.m.* deadly poison
ਹਲਾਕ [həlak] *adj.* killed, murdered, butchered, slaughtered
~ ਕਰਨਾ *con.v.* to kill, murder, butcher, slaughter
~ ਹਲਾਕਤ *n.f.* killing, murder, slaughter, manslaughter
ਹਲਾਲ [həlal] *adj.* sanctioned or permitted by religious law or morality, lawful, right, legitimate, permissible; *n.m.* flesh of animal slaughtered slowly by Muslim rite
~ ਕਰਨਾ *con.v.* to slaughter by Muslim rite
~ ਦਾ *adj.* legitimate
ਹਲਾਲਖੋਰ [həlalkhor] *adj.* consumer of ਹਲਾਲ meat; honest, conscientious, also ਹਲਾਲਖ਼ੋਰ
ਹਲਾਲਖੋਰੀ [həlalkhori] *n.f.* consumption of ਹਲਾਲ meat; living by honest means; also ਹਲਾਲਖ਼ੋਰੀ
ਹਲੀਮ [həlim] *adj.* gentle, meek, humble, kind, benign, mild
ਹਲੀਮੀ [həlimi] *n.f.* gentleness, meekness, humility, kindness, benignity, mildness, kindliness
ਹਲੂਣ [həluṇ] *v.form.* imperative of ਹਲੂਣਨਾ, shake
ਹਲੂਣਨਾ [həluṇəna] *v.t.* to shake, jerk, move jerkily

ਹਲੂਣਾ [həluṇa] *n.m.* jerk, jolt, shaking up; swaying motion, swing
~ **ਦੇਣਾ** *con.v.* to shake, sway, swing
ਹਲੋਰਾ [həlora] *n.m.* same as ਹੁਲਾਰਾ, swaying
ਹਵਸ [həvəs] *n.f.* ardent desire, greed, covetousness; lust; ambition
ਹਵਸੀ [həvsi] *adj.* greedy, eager, ambitious, covetous; lustful
ਹਵਨ [həvən] *n.m.* a fire sacrifice, oblation to fire-god, fire-worship, a ritual form of worship among Hindus; sacrifice
~ **ਕਰਨਾ** *con.v.* to perform ਹਵਨ
~ **ਕਰਾਉਣਾ** *con.v.* to have a ਹਵਨ performed
~ **ਕੁੰਡ** *n.m.* fire-pit for ਹਵਨ
ਹਵਾ [həva] *n.f.* air, wind
~ **ਸਰਨੀ** *con.v.* to fart, discharge wind
~ **ਹੋ ਜਾਣਾ** *ph.* to run at top speed; to disappear, evaporate
~ **ਕੱਢਣੀ** *con.v.* to deflate; *infomal.* to frighten
~ **ਖਾਣੀ** *ph.* to go out for a walk, stroll; *informal.* to be unsuccessful, fail, go without gain
~ **ਦਾ ਰੁਖ਼ ਪਛਾਣਨਾ** *ph.* to know which side one's bread is buttered, be prudent
~ **ਨਾਲ਼ ਗੱਲਾਂ ਕਰਨੀਆਂ** *ph.* to run very fast, gallop
~ **ਭਰਨੀ** *ph.* to inflate, to pump up
~ **ਲੱਗਣੀ** *ph.* to catch cold, be exposed to ਹਵਾ
ਹੱਵਾ [həvva] *n.f.* Eve, the first woman
ਹਵਾਈ [həvai] *adj.* aerial; *n.f.* a kind of firework, rocket
~ **ਉਡਾਨ** *n.f.* aerial flight, air sortie
~ **ਅੱਡਾ** *n.m.* air-field, aerodrome, airport, air-strip
~ **ਸਰਵੇਖਣ** *n.m.* aerial survey
~ **ਸੈਨਾ** *n.f.* air-force
~ **ਹਮਲਾ** *n.m.* air raid, air attack
~ **ਕਿਲੇ** *n.m. pl.* castles in the air, fanciful schemes, wishful thinking, fools paradise, make-believe
~ **ਚੱਕੀ** *n.f.* wind mill
~ **ਜਹਾਜ਼** *n.m.* aircraft, aeroplane
~ **ਜਹਾਜ਼ ਚਲਾਉਣਾ** *ph.* to fly an aircraft, aviate
~ **ਜਹਾਜ਼ ਚਾਲਕ** *n.m.* pilot, aviator; *fem.* aviatrix
~ **ਜਹਾਜ਼ ਦਾ ਅਮਲਾ** *ph.* air-crew
~ **ਜਹਾਜ਼ ਦਾ ਪੈਟ੍ਰੋਲ** *ph.* aviation spirit
~ **ਰਸਤਾ** *n.m.* airway, air route, air passage
~ **ਰਸਤੇ** *n.m. pl.* of prec; *adv.* by air
ਹਵਾਸ [həvas] *n.m. pl.* senses
~ **ਉੱਡ ਜਾਣੇ** *ph.* to be terror-struck or terror-stricken
ਹਵਾਂਕ [həvãk] *n.f.* howl, bay (of dog or jackal)
ਹਵਾਂਕਣਾ [həvãkṇa] *v.i.* to howl, bay
ਹਵਾਂਕਣੀ [həvãkṇi] *n.f.* same as ਹਵਾਂਕ
ਹਵਾਨਾ [həvana] *n.m.* udder
ਹਵਾਬੰਦ [həvabə̃d] *adj.* airtight, hermetic
ਹਵਾਬਾਜ਼ [həvabaz] *n.m.* flier, aviator, pilot
ਹਵਾਬਾਜ਼ੀ [həvabazi] *n.f.* aviation
ਹਵਾਰੀ [həvari] *n.m.* companion; disciple, follower
ਹਵਾਲ [həval] *n.m. pl.* circumstances, condition
ਹਵਾਲਦਾਰ [həvaldar] *n.m.* head constable, police sergeant; *cf.* ਹੌਲਦਾਰ
ਹਵਾਲਦਾਰਨੀ [həvaldarni] *n.f.* wife of *prec.*; female head constable
ਹਵਾਲਦਾਰੀ [həvaldari] *n.f.* rank or post of ਹਵਾਲਦਾਰ
ਹਵਾਲਾ [həvala] *n.m.* reference, citation, mention, allusion; custody, charge, trust; clandestine business in foreign exchange
~ **ਦੇਣਾ** *con.v.* to refer, cite, mention, quote
~ **ਪੁਸਤਕ** *n.f.* reference book
ਹਵਾਲਾਤ [həvalat] *n.f.* (police or judicial) lock-up
ਹਵਾਲੇ [həvale] *adv.* in custody (of)
~ **ਕਰਨਾ** *con.v.* to hand over, deliver, give, entrust
ਹਵਾੜ੍ਹ [həváṛ] *n.f.* steam, visible evaporation, vapours or particles; hot breath; *fig.* suppressed or latent feeling esp. anger

~ ਕੱਢਣੀ *con.v.* to let out steam; to give vent to anger or hurt feelings; to leak out a secret; to have catharsis
~ ਲੈਣੀ *con.v.* to inhale steam, have steam fomentation; *fig.* to pry or spy
ਹਵੇਲੀ [həveli] *n.f.* large walled house, mansion
ਹੜਤਾਲ਼ [həṛtal̤] *n.f.* strike, stoppage of work; yellow arsenic, orpiment or pigment used for erasing
ਹੜਤਾਲ਼ੀ [həṛtal̤i] *adj & n.m.* striking, on strike; striker
ਹੜੱਪ [həṛəpp] *adj.* gulped, swallowed
ਹੜੱਪਣਾ/ਹੜੱਪ ਕਰਨਾ [həṛəppəṇā] *v.t.* to gulp, gobble, swallow; *fig.* to usurp, embezzle
ਹੜੱਪੂ [həṛəppū] *n.m.* act or sound of gulping
ਹੜਬ [həṛb] *n.f.* jaw, jaw-bone
ਹੜਬੜੀ [həṛbəṛi] *n.f.* confusion, melee, pell-mell; consternation
ਹੜਬੁੱਚ [həṛbucc] *n.m.* clenched fist, blow with clenched fist, box, buffet
ਹੜਬੋਚ [həṛboc] *adj. informal.* clumsy, awkward
ਹੜ੍ਹ [hə́ṛ] *n.m.* flood, deluge, inundation; *fig.* excess, abundance
~ ਆਉਣਾ *con.v.* for ਹੜ੍ਹ to occur, to be flooded
~ ਪੀੜਤ *adj.* flood-sufferers
~ ਮਾਰ *n.f.* damage or destruction caused by ਹੜ੍ਹ
~ ਮਾਰਿਆ *adj.m.* damaged, destroyed or affected by ਹੜ੍ਹ
ਹੜ੍ਹਨਾ [hə́ṛna] *v.i. dia.* see ਰੁੜ੍ਹਨਾ
ਹੜ੍ਹਬ [hə́ṛəb] *n.f.* same as ਹੜਬ
ਹੜ੍ਹਾਉਣਾ [həṛàuṇā] *v.t. dia.* see ਰੋੜ੍ਹਨਾ
ਹੜ੍ਹਾਟ [həṛàṭ] *n.m.* same as ਹਿੜ੍ਹਾਟ, erection; rut
ਹੜ੍ਹੱਤ [həṛə̀tt] *adj. dia.* see ਫਿਛਲੱਗ
ਹਾਂ¹ [hā̃] *interj.* yes; *n.f.* willingness, consent, approval, affirmation; yes, aye, affirmative vote
~ ਕਰਨੀ *con.v.* to say yes, express consent
~ ਜੀ *interj.* yes sir, yes madam
~ ਪੱਖੀ *adj.* positive
~ ਵਿਚ *adv.* in affirmative
ਹਾਂ² *aux.v.* present first person of ਹੋਣਾ, am, are
ਹਾਈਜੀਨ [haijin] *n.f.* hygiene
ਹਾਏ [hae] *interj.* an expression of pain, pleasure, grief or anxiety depending on intonation, oh, ah, alack, alas; *n.f.* cry of pain
ਹਾਏਂ [haẽ] *interj.* interrogative expression, what? is it?
ਹਾਸ [has] *pref.* expressing laughter, joy, *cf.* ਹਾਸਾ
~ ਕਾਵਿ *n.f.* humorous verse
~ ਚਿੱਤਰ *n.m.* cartoon, caricature
~ ਜਨਕ *adj.* comical, humorous, laughable, amusing
~ ਬਿਲਾਸ *n.m.* joking, fun, jest, jollity, merriment
~ ਰਸ *n.m.* humour in art and literature *esp.* in poetry
~ ਰਸੀ *adj.* humorous, comic
~ ਵਿਅੰਗ *n.m.* wit and humour, sarcastic humour, witticism
ਹਾਸਦ [hasəd] *adj.* jealous; *n.m.* jealous person
ਹਾਸਲ [hasəl] *n.m.* gain, benefit, profit; *adj.* gained, acquired, procured, obtained; (arith.) figure carried over during addition and multiplication
~ ਹੋਣਾ *con.v.* to be gained, obtained
~ ਕਰਨਾ *con.v.* to gain, obtain, acquire, procure, get
~ ਜਮ੍ਹਾ *n.m.* total, sum
~ ਜਰਬ *n.m.* product
~ ਤਕਸੀਮ *n.m.* quotient
~ ਤਫ਼ਰੀਕ *n.m.* remainder
ਹਾਸਾ [hassa] *n.m.* laughter, giggle, guffaw, chuckle, chortle; snicker, snigger; wag, joke, jest, ridicule; *cf.* ਹੱਸਣਾ
~ ਆਉਣਾ *con.v.* to laugh, feel like laughing
~ ਆ ਜਾਣਾ *con.v.* to laugh spontaneously
~ ਠੱਠਾ/~ ਮਖੌਲ *n.m.* fun, jest, jokes, drollery, wagging
ਹਾਸੀ [hasi] *n.f.* same as ਹਾਸਾ; ridicule.

~ ਉਡਾਉਣਾ *ph.* to deride, ridicule
ਹਾਸ਼ੀਆ [haṣia] *n.m.* margin, border
~ ਖਿੱਚਣਾ/~ ਲਾਉਣਾ *con.v.* to draw a border
ਹਾਸ਼ੀਏਦਾਰ [haṣiedar] *adj.* with a (*usu.* decorative) margin, border or hem
ਹਾਸੇ ਹਾਸੇ [hase hase] *adv.* jokingly, in jest
ਹਾਸੋਹੀਣਾ [hasohiṇa] *adj.m.* ridiculous, ludicrous, absurd, comical, laughable, laughing stock
ਹਾਹ [há] *n.f.* same as ਆਹ[1]; lamentation or curse *esp.* as a result of cruelty or injustice; curse
~ ਦਾ ਨਾਅਰਾ *ph.* call for justice
~ ਪੈ ਜਾਣੀ *ph.* to suffer as a result of victim's ਹਾਹ, be under a victim's curse
~ ਮਾਰਨੀ *ph.* to utter lamentation or curse
ਹਾਹਾ [haha] *n.m.* the letter ਹ
ਹਾਹਾਕਾਰ [hahakar] *n.f.* wailing, lamentation, uproar or cry of distress
~ ਮੱਚ ਜਾਣੀ *ph.* for a general protest or uproar to be raised or to arise (consequent to cruelty or injustice)
ਹਾਹੋ [haho] *interj. dia.* see ਆਹੋ, yes
ਹਾਕ [hak] *n.f.* call, shout
~ ਮਾਰਨੀ *con.v.* to shout for, call aloud
ਹਾਂਕਣੀ [hãkəṇi] *n.f.* weaver's tool to keep yarn or cloth stretched breadthwise
ਹਾਕਮ [hakəm] *n.m.* ruler, governor, officer, magistrate, administrator; *lit.* wielder of authority to give command; *cf.* ਹੁਕਮ
ਹਾਕਮਾਨਾ [hakəmana] *adj.* authoritarian, officer-like
ਹਾਕਰ [hakər] *n.f.* shout, call to scare birds or animals off a field or garden; *cf.* ਹਾਕ
~ ਮਾਰਨੀ *con.v.* to utter ਹਾਕਰ
ਹਾਕੀ [haki] *n.f.* hockey, hockey-stick
ਹਾਜਤ [hajət] *n.f.* need, necessity, want, requirement; call of nature
~ ਹੋਣੀ *con.v.* to need, want, require, feel need; to feel call of nature
~ ਪੂਰੀ ਕਰਨੀ *con.v.* to fulfil ਹਾਜਤ
ਹਾਜਤਮੰਦ [hajətmə̃d] *adj.* needy, necessitous
ਹਾਜਤਮੰਦੀ [hajətmə̃di] *n.f.* neediness, need, want
ਹਾਜਤੀ [hajəti] *adj.* same as ਹਾਜਤਮੰਦ; *n.f.* pot for bed-patient to excrete in
ਹਾਜਮਾ [hajma] *n.m.* digestion, digestive power, assimilation; also ਹਾਜ਼ਮਾ
ਹਾਜਮੇਦਾਰ [hajmedar] *adj.* (something) which helps digestion, digestive, peptic; also ਹਾਜ਼ਮੇਦਾਰ
~ ਵਸਤੂ *n.f.* digestant
ਹਾਜਰ [hajər] *adj.* present, in attendance, ready, readily available; also ਹਾਜ਼ਰ
~ ਹੋਣਾ *con.v.* to present oneself, attend, appear, be present
~ ਕਰਨਾ *con.v.* to present, produce, supply, make available
~ ਜਵਾਬ *adj.* ready or nimble-witted
~ ਜਵਾਬੀ *n.f.* ready or nimble wit, wittiness; repartee
~ ਜ਼ਮਾਨਤ *n.f.* security, bail or bond for first personal appearance in court
~ ਨਾਜ਼ਰ *adj.* present, manifest, immanent, omnipresent
ਹਾਜਰੀ [hajri] *n.f. informal.* breakfast, light meal; presence, attendance; roll-call; also ਹਾਜ਼ਰੀ
~ ਪੁਕਾਰਨੀ *con.v.* to call the roll, take roll-call
~ ਭਰਨੀ *ph.* to be in attendance, be at someone's beck and call; to go and meet; to record attendance
~ ਲਾਉਣੀ *con.v.* to call and mark attendance
~ ਲੈਣੀ *con.v.* same as ਹਾਜਰੀ ਪੁਕਾਰਨੀ
ਹਾਜਰੀਨ [hajrin] *n.m.pl.* audience, assembly of listeners or spectators, viewers; also ਹਾਜ਼ਰੀਨ
ਹਾਜੀ [hajji] *n.m.* one who is going for or has already made a pilgrimage to Mecca; *cf.* ਹੱਜ
ਹਾਟ [haṭ] *n.m.* see ਹੱਟ; mart, market, bazar; market day
ਹਾਂਡੀ [hãḍi] *n.f.* kettle, cooking pot, casserole, pipkin, stew-pan; cooked meat or vegetable; (of lamp) globular chimney or shade

~ ਚੱਟ *adj.* voracious, glutton; greedy

ਹਾਂਢ [hā̃ḍ] *n.f.* wandering, fruitless travelling; beating up or about in search of game; *adj.* rouser (dog)

ਹਾਂਢਣਾ [hā̃ḍəṇa] *v.t.* to beat up or about to rouse game

ਹਾਣ [haṇ] *n.m.* same as ਹਾਨ, loss; equality or near equality in age, coetaneousness

~ ਦਾ *adj.* of the same age, coetaneous

~ ਪਰਵਾਣ *adj.* same as *prec.*

ਹਾਣਤ [haṇət] *n.f.* loss of face, insult, disgrace, shame

ਹਾਣੀ [haṇi] *n.m.* one's equal in age; companion, pal, mate; lover; *fem.* ਹਾਨਣ

ਹਾਤਾ [hata] *n.m.* compound, enclosure, housing-plot *usu.* enclosed

ਹਾਤੋ [hato] *n.m.* Kashmiri labourer

ਹਾਥ [hath] *n.m.* see ਹੱਥ; *n.f.* depth, measure or estimate of depth; measurability

~ ਲੈਣੀ *ph.* to measure depth, fathom; to test one's knowledge, capacity or patience

ਹਾਥੀ [hathi] *n.m.* elephant, mastodon

~ ਦੰਦ *n.m.* ivory; tusk

ਹਾਥੀਵਾਨ [hathivan] *n.m.* mahout, keeper and driver of elephant

ਹਾਦਸਾ [hadsa] *n.m.* accident, mishap, tragedy, tragic happening, happenstance

~ ਹੋਣਾ *con.v.* for an ਹਾਦਸਾ to occur or take place

ਹਾਦੀ [hadi] *n.m.* preceptor, teacher; *cf.* ਹਿਦਾਇਤ

ਹਾਨ/ਹਾਨੀ [han/hani] *n.m/n.f.* loss, damage, detriment, harm, disadvantage

ਹਾਨੀਕਾਰਕ [hanikarək] *adj.* damaging, detrimental, harmful, injurious, deleterious, noxious, baneful, destructive, disadvantageous, pernicious, prejudicial

ਹਾਨੀਪੂਰਤੀ [hanipurti] *n.f.* compensation, recompense, amends, reparation, indemnity, indemnification, requital

~ ਕਰਨਾ *con.v.* to compensate, recompense, make amends, indemnify, requite

ਹਾਫਜ [haphəj] *n.m.* one who has memorised the Quranic text; *informal.* a blind man; also ਹਾਫ਼ਜ਼

ਹਾਫਜਾ [haphja] *n.m.* memory, faculty of recollection or remembering; also ਹਾਫ਼ਜ਼ਾ

ਹਾਫ਼ਜ਼ੇ ਦੀ ਕਮਜ਼ੋਰੀ [haphje di kamjori] *ph.* amnesia

ਹਾਬੜ [habəṛ] *n.f.* impatience for eating, voracity, voraciousness, ravenousness, extreme hunger or greed

ਹਾਬੜਨਾ [habəṛna] *v.i.* to be impatient for eating, eat voraciously

ਹਾਬੜਾ/ਹਾਬੜੀ [habṛa/habṛi] *n.m./n.f.* same as ਹਾਬੜ

ਹਾਂਬ [hā̃b] *n.f.* fatigue, exhaustion, weariness, lassitude, languor; *cf.* ਹੌਂਬਣਾ

ਹਾਮਲਾ [hamla] *adj.f.* pregnant, gravid

ਹਾਮ੍ਹੀ [hámi] *n.f.* support, seconding, backing up; assurance, advocacy, sympathy

~ ਭਰਨਾ *con.v.* to support, second, backup; to vouch for, bear out, guarantee, advocate; to sympathise (with)

ਹਾਮੀ [hami] *adj.* supporter, protagonist, partisan, sympathiser

ਹਾਰ¹ [har] *n.m.* garland, necklace, wreath

~ ਸ਼ਿੰਗਾਰ *n.m.* ornamentation, adornment, make-up, embellishment; trappings, ornaments, cosmetics

~ ਗੁੰਦਣਾ *con.v.* to make a garland or wreath

~ ਪਾਉਣਾ *con.v.* to garland; *v.i.* to wear a ਹਾਰ

ਹਾਰ² *n.f.* defeat, reverse, failure, frustration, rout

~ ਹੁੱਟ ਕੇ *adv.* after defeat, weariness or frustration; having been tired of

~ ਕੇ *adv.* at last, having waited for long, having tried one's best (but in vain)

~ ਖਾਣੀ *con.v.* to be defeated; to suffer, defeat, lose, be vanquished/overpowered or overcome

~ ਦੇਣੀ *con.v.* same as ਹਰਾਉਣਾ, to defeat

~ ਮੰਨਣੀ *con.v.* to accept or acknowledge defeat, surrender, strike one's colours, throw in the sponge or towel

ਹਾਰਟ ਅਟੈਕ [haṛt əṭɛk] *n.m.* heart-attack

ਹਾਰਦਿਕ [hardık] *adj.* hearty, heart-felt earnest, sincere, cordial

ਹਾਰਨ [harn] *n.m.* horn, honk, hooter (of vehicles)

~ ਦੇਣਾ/~ ਵਜਾਉਣਾ *con.v.* to blow horn, honk

ਹਾਰਨਾ [harna] *v.i.* same as ਹਾਰ ਖਾਣੀ; to be defeated; *v.t.* to lose something in bets, gamble or business

ਹਾਰਮੋਨੀਅਮ [harmoniəm] *n.m.* harmonium

ਹਾਰਾ [hara] *n.m.* niche or earthen bin for milk-boiling pot

ਹਾਰੀ ਸਾਰੀ [hari sari] *pron.* anyone, any or every Tom, Dick and Harry

ਹਾਲ [hal] *n.m.* hall; state, condition, circumstance, situation; account, news, narrative; recent time, present; iron rim of wooden wheel; circular movement of head in frenzied or ecstatic state

~ ਓਏ *interj.* help ho !

~ ਹਵਾਲ/~ ਚਾਲ *n.m.* state, condition, circumstance, state of affairs or of well-being, welfare

~ ਹਾਲ *n.f.* hue and cry, outcry, shouting in pain, clamour

~ ਹਾਲ ਕਰਨੀ *ph.* to raise hue and cry, cry

~ ਦੁਹਾਈ/~ ਪਾਹਰਿਆ *n.f.* same as ਹਾਲ ਹਾਲ

~ ਪੈਣਾ *v.i.* to be in a state of ਹਾਲ

ਹਾਲੋਂ ਬੇਹਾਲ *adj.* miserable, unhappy, wretched

ਹਾਲਤ [haləṭ] *n.f.* state, condition, position, posture, case, event

~ ਵਿਚ *adv.* in case (of), in the event (of)

ਹਾਲਾਂ [halā̃] *adv.* yet, as yet, till now, for the time being; also ਹਾਲੀ and ਹਾਲੇ

ਹਾਲ਼ਾ [haḷa] *n.m.* land revenue, register of dues on account of land revenue; halo, nimbus

ਹਾਲਾਂ ਕਿ [halā̃ ke] *conj.* although, though, even though

ਹਾਲਾਤ [halat] *n.m. pl.* of ਹਾਲਤ, circumstances, conditions, state of affairs

ਹਾਲਿਓਂ/ਹਾਲੋਂ [haḷıõ/haḷõ] *n.f.* a type of cress, medicinal seed of plant *Lepidium stivum*

ਹਾਲ਼ੀ [haḷi] *n.m.* ploughman, tiller; *adj.* (for bullock) used to pull plough

~ ਪਾਲ਼ੀ *n.m.* ploughman, cowherd; peasantry

ਹਾਲੀਆ [halia] *adj.* present, current, recent

ਹਾਵ ਭਾਵ [hav pàv] *n.m. pl.* gestures, gesticulation, bodily *esp.* facial expression or movements

ਹਾਵਾ [hava] *n.m.* sigh, suspiration; grief, sorrow, pangs of separation.

ਹਾਵੀ [havi] *adj.* dominant, predominant, overbearing, overwhelming

~ ਹੋਣਾ *ph.* to dominate, predominate, overbear, overwhelm; to excel; to defeat

ਹਾੜ [haṛ] *v.form.* imperative of ਹਾੜਨਾ, measure

ਹਾੜਨਾ [haṛna] *v.t.* to measure, weigh, estimate, appraise

ਹਾੜਬਾ [haṛba] *n.m.* intense hunger, ravenousness, voraciousness; greed

ਹਾੜ੍ਹ[1] [háṛ] *n.m.* fourth month of Bikrami calendar (mid-June to mid-July); summer

ਹਾੜ੍ਹ[2] *n.f.* chase; same as ਹਾਂਢ

ਹਾੜ੍ਹੀ [háṛi] *n.f.* summer harvest, rabi crop; *adj.* harvested during summer

~ ਸਾਉਣੀ *n.f.* summer and winter; summer and winter crops; *adv.* periodically; once in a while

ਹਾੜ੍ਹੂ [háṛu] *adj.* grown during summer

ਹਾੜਾ [haṛa] *n.m.* measure; peg, dose; weight of empty container, tare; counterweight, counterpoise; supplication, humble request or pleading, cringing, fawning, entreaty

~ ਕਰਨਾ *con.v.* to counterweigh, counterbalance, tare

ਹਾੜੇ ਹਾੜੇ [haṛe haṛe] *interj.* expression of request for mercy, for God's sake !

ਹਾੜੇ ਕੱਢਣਾ [haṛe kəḍṇā] *v.i.* to supplicate, cringe, fawn, entreat

ਹਿੱਸ [hiss] *v.form.* nominative of ਹਿੱਸਣਾ, to shrink
ਹਿੰਸਕ [hĩsək] *adj.* violent, destructive
ਹਿਸਟਰੀ [hıstəri] *n.f.* history
ਹਿਸਟੀਰੀਆ [hıstiria] *n.m.* hysteria
ਹਿੱਸਣਾ [hıssəṇa] *v.i.* to contract, shrink, be reduced in bulk due to heat or boiling
ਹਿੱਸਾ [hıssa] *n.m.* share, part, portion, division, section, segment; quota, lot; share-cropping
~ ਪੱਤੀ *n.m.* share (in business or industry)
~ ਪਾਉਣਾ *con.v.* to contribute; to buy a share
~ ਪੈੜਾ *n.m.* share in share-cropping
~ ਲੈਣਾ *con.v.* to take part, participate; to receive one's share
ਹਿੰਸਾ [hĩsa] *n.f.* violence, destruction, use of injurious force; violent-force or act
~ ਵਾਦੀ *adj.* believer in or user of violence, terrorist, destructionist
ਹਿੰਸਾਤਮਿਕ [hĩsatmık] *adj.* violent, destructive
ਹਿਸਾਬ [hısab] *n.m.* account; calculation, computation, reckoning; estimation, estimate; rate; arithmetic, mathematics
~ ਸਿਰ *adv.* as per ਹਿਸਾਬ, judiciously
~ ਕਰਨਾ *con.v.* to calculate, compute, reckon
~ ਕਿਤਾਬ *n.m.* accounts, accounting, book-keeping; reckoning, calculation; computation, estimation, estimate; record of dues in and dues out
~ ਚੁਕਤਾ ਕਰਨਾ/~ ਚੁਕਾਉਣਾ *ph.* to clear, liquidate or settle account
~ ਦੇਣਾ *con.v.* to render account
~ ਬੇਬਾਕ ਕਰਨਾ *ph.* same as ਹਿਸਾਬ ਚੁਕਾਉਣਾ
~ ਰੱਖਣ ਵਾਲ਼ਾ *n.m.* accountant
~ ਲਾਉਣਾ *con.v.* to reckon, calculate, estimate
ਹਿਸਾਬਦਾਨ [hısabdan] *n.m.* mathematician, arithmetician
ਹਿਸਾਬੀ [hısabi] *adj.m.* calculating, shrewd
ਹਿੱਸੇਦਾਰ [hıssedar] *n.m.* partner, share, share-holder
ਹਿੱਸੇਦਾਰੀ [hıssedari] *n.f.* partnership, share-holding
ਹਿੱਸੇਵੰਡ [hısse və̃ḍ] *n.f.* apportionment, division, allotment
ਹਿੱਸੇਵਰਤੀ/ਹਿੱਸੇਵਾਰ [hıssevərti/hıssevar] *adv.* proportionately, sharewise
ਹਿੱਕ[1] [hıkk] *n.f.* chest, bosom, breast
~ ਦਾ ਧੱਕਾ *n.m.* use of force, violence, oppression; injustice
~ ਦੇ ਜ਼ੋਰ/~ ਦੇ ਤਾਨ *adv.* by force, forcibly; by one's own strength
~ ਨਾਲ਼ ਲਾਉਣਾ *ph.* to embrace, hug, love; to claim, own or shelter as a loved one
ਹਿੱਕ[2] *v.form.* imperative of ਹਿੱਕਣਾ, drive
ਹਿੱਕਣਾ [hıkkəṇa] *v.t.* to drive (animal), goad, urge on
ਹਿਕਮਤ [hıkmət] *n.f.* Unani system of medicine; prudence, wisdom; skill; method, plan, solution
ਹਿਕਮਤੀ [hıkməti] *adj.* clever, shrewd; skilful, ingenious
ਹਿਕਮਤੇ ਅਮਲੀ [hıkməte-əmli] *n.f.* practical plan, action-plan, policy, diplomacy
ਹਿਕਵਾਉਣਾ [hıkvauṇa] *v.t.* to have (animals) driven (by someone); *cf.* ਹਿੱਕਣਾ
ਹਿਕੜੀ [hıkəṛi] *n.f.* diminutive of ਹਿੱਕ[1]
ਹਿਕਾਉਣਾ [hıkauṇa] *v.t.* same as ਹਿਕਵਾਉਣਾ
ਹਿਕਾਇਤ [hıkaıt] *n.f.* story, tale, fable, apologue, anecdote
ਹਿਕਾਇਤੀ [hıkaıti] *adj.* apologal, anecdotal
ਹਿੰਗ [hĩg] *n.f.* asafoetida
~ ਲੱਗੇ ਨਾ ਫਟਕੜੀ *ph.* without cost or trouble
ਹਿੰਗਲ [hĩgəl] *n.m.* sulphate of mercury, cinnabar
ਹਿੰਙ [hĩṅ/hĩg] *n.f.* same as ਹਿੰਗ
ਹਿਚ ਹਿਚ [hıc hıc] *n.f.* giggle; absurd, foolish or ludicrous laugh
~ ਕਰਨਾ *ph.* to giggle, snicker, snigger, titter, foolishly or absurdly
ਹਿਚਕ [hıcək] *n.f.* hesitation, reluctance; wavering, vacillation, uncertainty
ਹਿਚਕਚਾਉਣਾ [hıckəcauṇa] *v.i.* to hesitate, waver, vacillate, be reluctant, uncertain or in doubt

ਹਿਚਕਚਾਹਟ [hıckəcáṭ] *n.f.* same as ਹਿਚਕ

ਹਿਚਕਣਾ [hicəkṇa] *v.i.* same as ਹਿਚਕਚਾਉਣਾ

ਹਿਚਕੀ [hıcəki] *n.f.* hiccough, hiccup; sobbing, convulsive sobs

~ ਆਉਣੀ/~ ਲੈਣੀ *con.v.* to hiccough, hiccup

~ ਬੱਝ ਜਾਣੀ *ph.* to sob bitterly, convulsively

ਹਿਚਕੋਲਾ [hıckola] *n.m.* same as ਹਝੋਕਾ, jolt

ਹਿਜਰ [hıjər] *n.m.* separation (from beloved)

ਹਿਜਰਤ [hıjrət] *n.f.* migration *esp.* Prophet Muhammad's from Mecca to Madina in 622 A.D.

ਹਿਜਰੀ [hıjri] *adj.* Muslim era, calendar or year (reckoned from ਹਿਜਰਤ)

ਹਿੱਜਾ [hıjja] *n.m.* spelling; *usu. pl.* ਹਿੱਜੇ

ਹਿਜਾਬ [hıjab] *n.m.* modesty, bashfulness, shyness, coyness

ਹਿਠਾਂ/ਹਿਠਾਂਹ [hıṭhā/hıṭhā́] *adv. dia.* see ਹੇਠ, below

ਹਿਠਾੜ [hıṭhaṛ] *n.m.* downward direction (of river or valley); *adj.* (place) situated down the river or on the left of it

ਹਿੰਡ [hĩḍ] *n.f.* obstinacy, insistence, piggishness, pig-headedness, mulishness, stubbornness; an act of ਹਿੰਡ; pride, arrogance, self-righteousness

~ ਫੜਨੀ *ph.* to be obstinate, piggish, mulish

~ ਭੰਨਣੀ *ph.* to tame, humble one's pride

ਹਿੰਡੋਲ [hĩḍol] *n.m.* a mode or measure in Indian classical music

ਹਿੰਡੋਲਾ [hĩḍola] *n.m.* same as ਹੰਡੋਲਾ, cradle

ਹਿਣ ਹਿਣ [hıṇ hıṇ] *n.f.* sound of neighing, neigh, whinny

ਹਿਣਕਣਾ [hıṇəkəṇa] *v.i.* to neigh, whinny; to laugh foolishly; also ਹਿਣ ਹਿਣ ਕਰਨਾ

ਹਿਣਕਾਰ/ਹਿਣਹਿਣਾਹਟ [hıṇkar/hıṇhıṇáṭ] *n.f.* neigh, whinny

ਹਿਤ¹ [hıt] *n.m.* interest, benefit; affection, love, friendliness

ਹਿਤ² *prep. & adv.* for, in order to, for the sake of, with a view to

ਹਿਤਕਰ [hıtkər] *adj.* beneficial, favourable, advantageous, benevolent

ਹਿਤਕਾਰੀ [hıtkari] *adj.* beneficent, benefactor, well-wisher, affectionate, friendly; fem. ਹਿਤਕਾਰਨ

ਹਿਤੀ/ਹਿਤੂ/ਹਿਤੈਸ਼ੀ [hıti/hıtu/hıtɛṣi] *adj.* same as. ਹਿਤਕਾਰੀ

ਹਿੰਦ [hĩd] *n.m.* India

~ ਸਾਗਰ/~ ਮਹਾਂਸਾਗਰ *n.m.* Indian ocean

~ ਵਾਸੀ *n.m.* Indian, resident in or native of India

~ ਵਾਣੀ *n.f.* a Hindu woman; *adj.* pertaining to Hind or Hinduism

ਹਿੰਦਸਾ [hĩdsa] *n.m.* digit, numeral, number

ਹਿਦਾਇਤ [hıdaıt] *n.f.* instruction, direction, injunction, advice, guidance

~ ਕਰਨੀ/~ ਦੇਣੀ *con.v.* to advise, instruct, direct; to impress upon

~ ਨਾਮਾ *n.m.* code of conduct, set of instructions

ਹਿੰਦੀ [hĩdi] *adj.* Indian; *n.f.* Hindi language

ਹਿੰਦੁਸਤਾਨ [hĩdusətan] *n.m.* India, Bharat

ਹਿੰਦੁਸਤਾਨੀ [hĩdusətani] *adj.* Indian, *n.f.* simple Hindi as lingua franca in India

ਹਿੰਦੂ [hĩdu] *n.m. & adj.* follower of Hinduism

~ ਧਰਮ/~ ਮਤ *n.m.* Hinduism, Hindu religion

ਹਿਨਾ [hına] *n.f.* henna, *Lawsonia inermis; usu.* ਮਹਿੰਦੀ

ਹਿਫ਼ਜ [hıphj] *adj.* committed to memory, learnt by heart, memorized

~ ਕਰਨਾ *con.v.* to learn by heart, memorize, commit to memory

ਹਿਫਾਜਤ [hıphajət] *n.f.* security, protection, safety, safe custody, safeguard, care, preservation; also ਹਿਫ਼ਾਜ਼ਤ

~ ਕਰਨੀ *con.v.* to protect, guard, defend, safeguard, keep in safe custody, preserve

~ਵਿਚ ਲੈਣਾ *ph.* to take into custody, provide protection , give asylum

ਹਿਫਾਜਤੀ [hıphajəti] *adj.* protective, pre-

ventive, defensive; protector, guardian, custodian; also ਹਿਫ਼ਾਜ਼ਤੀ
~ ਦਸਤਾ *n.m.* escort, guard
~ ਦਸਤੇ *n.m. pl.* security forces
ਹਿਬਰੂ [hıbru] *n.f.* Hebrew
ਹਿਬਾ [hıba] *n.m.* gift, present, free grant, bequest, bequeathal
~ ਕਰਨਾ *con.v.* to bestow ਹਿਬਾ, bequeath
~ ਦਾਰ *n.m.* receiver of ਹਿਬਾ, grantee
~ ਨਾਮਾ *n.m.* deed of ਹਿਬਾ, bequeathal
ਹਿਮ [hım] *n.f.* snow; ice, *usu.* ਬਰਫ਼
~ ਕਣ *n.m.* snow-flake
~ ਖੰਡ *n.m.* frigid zone
~ ਨਦੀ *n.f.* glacier
~ ਪਰਬਤ *n.m.* iceberg
~ ਪਾਤ *n.m.* snowfall, snowing, sleet
ਹਿੰਮਤ [hĩmmət] *n.f.* courage, bravery, spirit, pluck, valour, boldness, enterprise; strength, power, capability
~ ਹਾਰਨੀ *ph.* to lose heart, give up, despair, quail
~ ਹੋਣੀ *con.v.* to have ਹਿੰਮਤ
ਹਿੰਮਤੀ [hĩmməti] *adj.m.* courageous, bold, brave, venturesome, enterprising, plucky, resourceful; strong
ਹਿਮਾਇਤ [hımaıt] *n.f.* support, backing, help, aid, partisanship
~ ਕਰਨੀ *con.v.* to support, back up, help, take side of
ਹਿਮਾਇਤੀ [hımaıti] *n.m.* supporter, helper, partisan
ਹਿਮਾਚਲ [hımacəl] *n.m.* Himachal Pradesh
ਹਿਮਾਚਲੀ [hımacəli] *adj.* pertaining or belonging to ਹਿਮਾਚਲ
ਹਿਮਾਲਾ/ਹਿਮਾਲੀਆ [hımala/hımalia] *n.m.* the Himalayas
ਹਿਰਸ [hırs] *n.f.* desire, expectation, ambition, greed, avarice, covetousness, avidity, eagerness, cupidity; lust, lasciviousness, lecherousness, sexual desire
ਹਿਰਸੀ [hırsi] *adj.* desirous, ambitious, greedy, covetous, avaricious, avid; sexy, lascivious, lecherous
~ ਟੱਟੂ *n.m.* sexy, lecherous person, lecher, voyeur
ਹਿਰਖ [hırkh] *n.m.* same as ਹਰਖ, anger, complaint
ਹਿਰਦਾ [hırda] *n.m.* heart; mind
ਹਿਰਦੇਗਤੀ [hırdegəti] *n.f.* heart-beat
ਹਿਰਦੇਵੇਧਕ [hırdevédək] *adj.* heart-rending, heart-piercing, extremely painful, tragic
ਹਿਰਨ [hırn] *n.m.* deer, buck, antelope
~ ਦਾ ਬੱਚਾ *n.m.* fawn
~ ਦਾ ਮਾਸ *n.m.* venison
ਹਿਰਮਚੀ [hırəmci] *n.f.* a kind of red dust or colour, cochineal; *adj.* of the colour of ਹਿਰਮਚੀ
ਹਿਰਾਸ [hıras] *n.m.* fear, fright, dread, trepidation; disappointment, despair, grief
ਹਿਰਾਸਤ [hırast] *n.f.* arrest, detention, custody, restraint, confinement
ਹਿਰਾਸਤੀ [hırasti] *adj.* detaining, restraining
ਹਿਰਾਸਿਆ/ਹਿਰਾਸੀ [hırasıa/hırasi] *adj.m.* / *adj.f.* afraid, frightened, disappointed, grieved
ਹਿੱਲ [hıll] *v.form.* imperative of ਹਿੱਲਣਾ, move
ਹਿਲ਼ [hıḷ] *v.form.* nominative of ਹਿਲ਼ਨਾ
~ ਮਿਲ਼ ਜਾਣਾ *ph.* to get familiar or close, intimate
ਹਿਲਜੁਲ [hıljʊl] *n.f.* movement, motion; stir, commotion, agitation, bustle
ਹਿੱਲਣਾ [hıllə̣na] *v.i.* to move, change position, stir, shake, rock, oscillate; *cf.* ਹਿਲ਼ਨਾ
ਹਿਲ਼ਤਰ [hıḷtər] *n.f.* habit, habitude, tendency
ਹਿਲ਼ਨਾ [hıḷna] *v.i.* to get used to, become accustomed, habituated or familiar
ਹਿਲਵਾਉਣਾ [hılvauṇa] *v.t.* to get something moved or loosened
ਹਿਲਾਉਣਾ [hılauṇa] *v.t.* to move, shake, stir, loosen, rock
ਹਿਲ਼ਾਉਣਾ [hıḷauṇa] *v.t.* to make (one) habituated, familiar, intimate or accustomed
ਹਿਲ਼ਿਆ/ਹਿਲ਼ੀ [hıḷıa/hıḷi] *adj.m.* & *adj.f.*

habituated, accustomed, familiar, intimate

ਹਿਲੋਰਾ [hılora] *n.m.* swing, oscillating or rocking motion; thrill, feeling of intoxication, kick, elation

ਹਿੜ [hıṛ] *v.form.* nominative of ਹਿੜਨਾ

ਹਿੜਹਿੜ [hıṛhıṛ] *n.f.* giggle, indecent laughter

ਹਿੜਹਿੜਾਉਣਾ [hıṛhıṛauṇa] *v.i.* to giggle, also ਹਿੜਹਿੜ ਕਰਨਾ

ਹਿੜਕ [hıṛk] *n.f. dia.* see ਗਿਟਕ, endocarp

ਹਿੜਨਾ [hıṛna] *v.i.* (for penis or clitoris) to distend

ਹਿੜਾਟ [hıṛat] *n.m.* erection, erection of sexual organs; sexual desire, urge; rut

~ ਚੜ੍ਹਨਾ *con.v.* to be sexually excited; to rut

ਹੀ [hi] *adv.* emphatic particle, only, even, indeed, exactly, verily

ਹੀਆ [hia] *n.m.* heart; courage, pluck, guts, nerve, boldness

~ ਪੈਣਾ *con.v.* to gather or take courage

ਹੀਹ [hĩ] *n.f.* longer arm of cot-frame

ਹੀਂਗਣ [hĩgəṇ] *n.f.* bray, braying

ਹੀਂਗਣਾ [hĩgəṇa] *v.i.* to bray

ਹੀਂਗਣੀ [hĩgəṇi] *n.f.* same as ਹੀਂਗਣ; *fig.* impulsive desire or action

ਹੀਂਗਾ [hĩga] *n.m.* whimper, whine, blubber

~ ਛੇੜਣਾ *con.v.* to begin ਹੀਂਗਾ, to whimper, whine, blubber; to cry continuously

ਹੀਜੜਾ [hijṛa] *n.m.* same as ਖੁਸਰਾ, eunuch

ਹੀਟ [hiṭ] *n.f.* heat; (sports) heat

ਹੀਟਰ [hiṭər] *n.m.* heater

ਹੀਣ[1] [hiṇ] *adj.* inferior, worthless, low, abject, abased, humiliated; lacking

~ ਭਾਵ *n.m.* inferiority complex

ਹੀਣ[2] *suff.* meaning without, devoid, deprived or bereft of as in ਅੰਗਹੀਣ, ਬਲਹੀਣ, etc

ਹੀਣਤ/ਹੀਣਤਾ/ਹੀਣਤਾਈ [hiṇət/hiṇta/hiṇtai] *n.f.* inferiority, abjectness

ਹੀਣਾ/ਹੀਣੀ [hiṇa/hiṇi] *adj.m./adj.f.* (person) lacking, devoid of, in want; crippled, handicapped

~ ਕਰਨਾ *con.v.* to deprive; to humiliate; to cripple, decapacitate

ਹੀਰਾ [hira] *n.m.* diamond, gem; *informal.* a decent person, gem of a man.

ਹੀਰੋ [hiro] *n.m.* hero; fem. ਹੀਰੋਇਨ

ਹੀਲ[1] [hil] *n.f.* heel *esp.* of shoes

ਹੀਲ[2] *v.form.* nominative of ਹੀਲਣਾ

ਹੀਲ ਹੁੱਜਤ [hil hujjət] *n.f.* evasion, delay, shirking, excuse, pretext

~ ਕਰਨੀ *ph.* to evade, delay, shirk, find, make or produce excuses or pretexts for evading

ਹੀਲਣਾ [hiləṇa] *v.t.* to expose oneself to risk or danger; to face or suffer dangerous situation with fortitude

ਹੀਲਾ [hila] *n.m.* means, way, device, remedy; effort, attempt, exertion, endeavour; stratagem, trick, excuse, pretext

~ ਕਰਨਾ *ph.* to try to find ways or means

~ ਬਹਾਨਾ *n.m.* excuse, pretext, plea

~ ਵਸੀਲਾ *n.m.* effort and approach; resource, means, help, promoter

ਹੀਲੇ ਬਹਾਨੇ [hile bəhane] *adv.* incidently; on some pretext

ਹੀਲੇਬਾਜ਼ [hilebaz] *adj.* shirker, malingerer, pretender, prone to make or find excuses

ਹੀਲੇਬਾਜ਼ੀ [hilebazi] *n.f.* proneness to make or find excuses or pretexts

ਹੀਲੇ ਵਸੀਲੇ [hile vəsile] *adv.* through some means or other, somehow, through own effort joined with external help

ਹੁਆਂ ਹੁਆਂ [huã huã] *n.f.* sound of jackal's howl

~ ਕਰਨਾ *con.v.* to howl, bay; to cry

ਹੁਆਂਕਣਾ [huãkəṇa] *v.i.* same as ਹੁਆਂ ਹੁਆਂ ਕਰਨਾ

ਹੁੱਸ[1] [huss] *n.m.* same as ਹੁੰਮ੍ਹ or ਹੁੱਸੜ, sultriness

ਹੁੱਸ[2] *v.form.* nominative of ਹੁੱਸਣਾ

~ ਹੁੱਟ ਜਾਣਾ/~ ਜਾਣਾ/ਹੁੱਸਣਾ *con.v.* to get exhausted, extremely tired or out of breath

ਹੁਸਨ [husən] *n.m.* beauty, comeliness, prettiness; handsomeness, elegance, attractiveness, charm, loveliness

ਹੁਸਨਪਰਸਤ/ਹੁਸਨਪ੍ਰਸਤ [husənpərəst] *adj.*

worshipper or admirer of beauty
ਹੁਸਨਪਰਸਤੀ/ਹੁਸਨਪ੍ਰਸਤੀ [husənpərəsti] *n.f.* worship of or weakness for beauty
ਹੁਸ਼ਨਾਕ [huṣnak] *adj.* cute, clever, ingenious
ਹੁੱਸੜ [hussəṛ] *n.m.* sultriness, stuffiness, stuffy weather; tiredness, tedium, boredom; impatience
ਹੁੱਸੜਨਾ [hussəṛna] *v.i.* to be tired of or fed up with, be bored; to become impatient; to feel lonely, homesick, also ਹੁੱਸੜ ਜਾਣਾ
ਹੁਸੜਾਉਣਾ [husṛauṇa] *v.t.* to cause boredom, tedium; impatience; to make one homesick
ਹੁਸਾਉਣਾ [husauṇa] *v.t.* to tire out, exhaust
ਹੁਸ਼ਿਆਰ [huṣıar] *adj.* clever, intelligent, shrewd, astute, quick-witted; alert, smart, vigilant; cunning, crafty; *interj.* a call of warning, stand to
~ ਕਰਨਾ *con.v.* to warn, caution, alert, rouse
~ ਰਹਿਣਾ *con.v.* to be alert, vigilant, careful
ਹੁਸ਼ਿਆਰੀ [huṣıari] *n.f.* cleverness, shrewdness, astuteness; cunning, craftiness; sexual excitement
~ ਆਉਣੀ *con.v.* to learn ਹੁਸ਼ਿਆਰੀ; to be sexually aroused
~ ਕਰਨੀ *con.v.* to be or act smart, to play tricks
ਹੁਕਈ [hukəi] *n.m.* smoking addict, great smoker of ਹੁੱਕਾ
ਹੁਕਨਾ [hukna] *n.m.* enema
ਹੁਕਮ [hukəm] *n.m.* (in cards) spade; order, command, mandate; decree, judgment, decision; sanction, permission; fate, God's will, divine law
~ ਅਦੂਲੀ *n.f.* disobedience, refusal or failure to obey, contumacy, infraction, defiance
~ ਅਦੂਲੀ ਕਰਨਾ *con.v.* to disobey, refuse or fail to carry out ਹੁਕਮ
~ ਇਮਤਨਾਹੀ *n.m.* injunction, court order restraining action, caveat
~ ਹਾਸਲ *n.m.* order, command, direction, directive
~ ਕਰਨਾ/~ ਦੇਣਾ *con.v.* to order, command, give or issue ਹੁਕਮ
~ ਚਲਾਉਣਾ *con.v.* to domineer, boss over, show off while exercising authority, order about
~ ਬਜਾਉਣਾ/~ ਮੰਨਣਾ *con.v.* to obey ਹੁਕਮ
~ ਮਨਾਹੀ *n.m.* same as ਹੁਕਮ ਇਮਤਨਾਹੀ
~ ਮੋੜਨਾ *con.v.* to disobey
ਹੁਕਮਨ [hukmən] *adv.* by command, under orders
ਹੁਕਮਨਾਮਾ [hukəmnama] *n.m.* written command, edict, mandatory epistle
ਹੁਕਮਰਾਨ [hukəmran] *n.m.* ruler, king, sovereign; *adj.* ruling
ਹੁਕਮਰਾਨੀ [hukəmrani] *n.f.* rule, sway, dominion
ਹੁਕਮੀ [hukmi] *adj.* one in authority to give ਹੁਕਮ; obedient, subservient; *gr.* imperative
ਹੁਕਮੀਆ [hukmia] *adv.* same as ਹੁਕਮਨ
ਹੁੱਕਾ [hukka] *n.m.* smoking pipe, hookah; hubble-bubble
~ ਪਾਣੀ *n.m.* social relations or intercourse
~ ਪਾਣੀ ਬੰਦ ਕਰਨਾ *ph.* to ostracise
~ ਪੀਣਾ *con.v.* to smoke ਹੁੱਕਾ
ਹੁੱਕੀ [hukki] *n.f.* small ਹੁੱਕਾ, hubble-bubble
ਹੁੱਕੇਬਾਜ਼ [hukkebaz] *n.m.* same as ਹੁਕਈ, smoker
ਹੁੰਗਾਰਾ [hũgara] *n.m.* monosyllabic response indicating listener's attention, response or reaction *esp.* positive, concurrence
~ ਦੇਣਾ/~ ਭਰਨਾ *ph.* to respond, express concurrence, assent or support
ਹੁੱਜਤ [hujjət] *n.f.* frivolous argument, wrangling, disputation, controversy; excuse, unsound explanation or pretext; cavil, joke, sarcasm
~ ਕੱਢਣੀ *ph.* to stickle
~ ਕਰਨੀ *ph.* to utter joke or sarcasm, cut a joke
ਹੁੱਜਤਬਾਜ਼/ਹੁੱਜਤੀ [hujjətbaz/hujjəti] *adj.* wrangler, controverter, caviller, carper, joker, jocular, waggish, stickler

ਹੁੱਜਤਬਾਜ਼ੀ [hujjətbazi] *n.f.* pointless argumentation, casuistry; jocularity, waggishness

ਹੁਜਮ [hujəm] *n.m.* volume; mass, bulk

ਹੁਜਰਾ [hujra] *n.m.* cell or small chamber attached to mosque for meditation in seclusion

ਹੁੱਝ [húj] *n.f.* poke, prod, thrust, nudge, jab, goading

~ ਮਾਰਨੀ *con.v.* to poke, prod, nudge, goad, jab

ਹੁਝਕਾ [húјka] *n.m.* same as ਹਝੋਕਾ, jolt, jerk

ਹੁੰਝਵਾ [hũjvà] *v.form.* imperative of ਹੁੰਝਵਾਉਣਾ, get it swept

ਹੁੰਝਵਾਉਣਾ/ਹੁੰਝਾਉਣਾ [hũjvàuṇa/hũjàuṇa] *v.t.* to get (a place) swept, broomed, scavenged, cleared; to assist in this

ਹੁੰਝਾਈ [hũjài] *n.f.* process of, wages for ਹੁੰਝਾਉਣਾ

ਹੁੱਟ [huṭṭ] *n.m. dia.* see ਹੁੱਸੜ

ਹੁੱਟਣਾ [huṭṭəṇa] *v.i.* to be very tired or exhausted

ਹੁੱਡ [huḍḍ] *n.f.* boar's tusk; extra protruding tooth in some humans; hood

ਹੁੰਡੀ [hũḍi] *n.f.* bill of exchange, cheque, draft, written authorisation for payment

~ ਕਰਨੀ *con.v.* to draw a ਹੁੰਡੀ

~ ਦਲਾਲ *n.m.* broker of ਹੁੰਡੀਆਂ

~ਵਹੀ *n.f.* register of ਹੁੰਡੀਆਂ

ਹੁਣ [huṇ] *adv.* now, at present

~ ਤੀਕ *adv.* till now, so far, yet

~ ਵੀ *adv.* even now, still

ਹੁਣੇ [huṇe] *adv.* just now, presently, directly, immediately

~ ਹੁਣੇ *adv.* a short while ago, very recently

ਹੁਦਹੁਦ [hudhud] *n.m.* hoopoe

ਹੁੰਦੜਹੇਲ [hũdəṛhel] *adj.* up and coming, promising, healthy (child).

ਹੁੱਦਾ [hudda] *n.m. colloq.* see ਓਹਦਾ², rank

~ ਘਟਣਾ *con.v.* to be demoted

~ ਘਟਾਉਣਾ *con.v.* to demote

~ ਵਧਣਾ *con.v.* to be promoted, rise in rank

~ ਵਧਾਉਣਾ *con.v.* to promote

ਹੁੰਦਾ [hũda] *v.form.* of *aux.* V. be, used to denote continuous or habitual action; *interj.* expressing wish

ਹੁੰਦਿਆਂ ਸੁੰਦਿਆਂ/ਹੁੰਦੇ ਸੁੰਦੇ *adv.* inspite of, despite, notwithstanding

ਹੁਦਾਰ [hudar] *n.m. colloq.* see ਉਧਾਰ, loan

ਹੁਨਰ [hunər] *n.m.* art, skill, ingenuity, technique, craft

ਹੁਨਰਮੰਦ [hunərmə̃d] *adj.* skilled, skilful, craftsman, ingenious

ਹੁਨਰਮੰਦੀ [hunərmə̃di] *n.f.* skilfulness, ingeniousness

ਹੁਨਰੀ [hunəri] *adj.* same as ਹੁਨਰਮੰਦ; concerning ਹੁਨਰ; artistic

ਹੁਨਾਲ਼/ਹੁਨਾਲ਼ਾ [hunaḷ/hunaḷa] *n.m.* summer

ਹੁੱਬ [hubb] *n.f.* pain in chest or under the ribs; love, affection

ਹੁਬਸ [hubəs] *n.f.* stench, stink

ਹੁਬਸਣਾ [hubəsəṇa] *v.i.* to emit ਹੁਬਸ, stink, rot, putrify

ਹੁਬਕਣਾ [hubkəṇa] *v.i.* to sob, snivel

ਹੁਬਕਾਰ [hubkar] *n.f.* same as ਹੁਬਸ

ਹੁਬਕੀ [hubki] *n.f.* sob, snivel

ਹੁੱਬਲਵਤਨ [hubbəlvətən] *n.m. lit.* lover of one's native country, patriot

ਹੁੱਬਲਵਤਨੀ [hubbəlvətni] *n.f.* patriotism

ਹੁਮ ਹੁਮਾ ਕੇ [hum humà ke] *adv.* (gathering or turning out) in large numbers, with great enthusiasm, in strength; joyfully

ਹੁਮਕ/ਹੁੰਮ੍ਹ/ਹੁੰਮ੍ਹਸ [humək/hũmm/hũmməs] *n.f.* sultriness, heat and dampness, swelter, mugginess, stuffiness; sultry, muggy weather

ਹੁਮਾ [huma] *n.m.* a mythical bird whose shadow is supposed to bring luck

ਹੁਮਾਲ/ਹੁਮੇਲ [humal/humel] *n.f.* caparison, trappings

ਹੁੱਰ [hurr] *interj.* hurrah, sound to express joy/victory or challenge

ਹੁਰਮਤ [hurmət] *n.f.* honour, dignity, chastity; reputation, sanctity

ਹੁੱਲ [hull] *n.f.* shooting pain in head and eyes

ਹੁਲਸਾ [hulsa] *v.form.* nominative of ਹੁਲਸਾਉਣਾ

ਹੁਲਸਾਉਣਾ [hulsauṇa] *v.i.t.* to exult, rejoice, cause exultation, be happy, elated,
ਹੁੱਲਣਾ [hulləṇa] *v.i.* to become fragrant, become famous, well-known
ਹੁੱਲੜ [hullər̥] *n.m.* noise, uproar, tumult, commotion, clamour, riot, rampage
~ ਮਚਾਉਣਾ *con.v.* to raise, make ਹੁੱਲੜ
ਹੁੱਲੜਬਾਜ਼ [hullər̥baz] *adj.* boisterous, unruly, clamorous, riotous; *n.m.* miscreant, mischief-maker, troublemaker
ਹੁੱਲੜਬਾਜ਼ੀ [hullər̥bazi] *n.f.* tendency, nature or habit of making trouble, boisterousness, unruliness, obstreperousness
ਹੁਲਾਸ [hulas] *n.m.* joy, delight exultation, exultancy, buoyancy, cheerfulness, elation, high spirits
ਹੁਲਾਰਾ [hulara] *n.m.* swinging movement, swing, oscillation, swaying; intoxication, elation, thrill, kick
~ ਆਉਣਾ/~ ਖਾਣਾ *con.v.* to swing, sway
~ ਲੈਣਾ *con.v.* same as *prec.;* to enjoy
ਹੁਲੀਆ [hulia] *n.m.* appearance, shape, features, description, descriptive roll
~ ਵਿਗੜਨਾ *con.v.* to be disfigured, in bad shape or mutilated
~ ਵਿਗਾੜਨਾ *con.v.* to disfigure, mutilate; to disguise
ਹੁੜਕ [huṛk] *n.f.* longing, wish *esp.* unfulfilled persistent expectation
~ ਹੋਣੀ/~ ਲੱਗਣੀ *con.v.* to wish, expect
ਹੁੜਕਾ [huṛka] *n.m.* lever of a lock; a locking device for doors
ਹੂ [hu] *n.f.* fame; notoriety
~ ਪੈਣੀ *ph.* to become famous or notorious, for ਹੂ to spread
ਹੂੰ [hũ] *interj.* yes, an expression of understanding or response (see ਹੁੰਗਾਰਾ)
~ ਹਾਂ *n.f.* verbal response, yes or no
ਹੂੰਹ [hű] *interj.* yah; call to drive cattle on
ਹੂਕ [huk] *n.f.* cry of intense pain or distress; shooting, convulsive pain
~ ਉੱਠਣੀ *ph.* for intense pain to be felt
ਹੂਕਣਾ [hukəṇa] *v.i.* to raise, utter cry of pain
ਹੂਕਰ [hukər] *n.f.* cry, call, howl
ਹੂਕਰਨਾ [hukərna] *v.i.* to cry, to howl
ਹੂੰਗ [hũg] *n.f.* groan, grunt, low cry, moan
ਹੂੰਗਣਾ/ਹੂੰਗਰਨਾ [hũgəṇa/hũgərna] *v.i.* to groan, grunt, moan, hone; also ਹੂੰਗਰੇ ਭਰਨਾ
ਹੂੰਗਰ/ਹੂੰਗਰਾ [hũgər/hũgəra] *n.f./n.m.* same as ਹੂੰਗ
ਹੂੰਝ [hűj] *v.form.* imperative of ਹੂੰਝਣਾ, sweep
ਹੂੰਝਣਾ [hűjəṇa] *v.t.* to sweep, scavenge, broom, whisk, clear, clean
ਹੂੰਝਾ [hűja] *n.m.* act of sweeping; broom, whisk
~ ਫਿਰ ਜਾਣਾ *ph.* to be deprived, ruined, suffer great loss, lose everything
~ ਫੇਰਨਾ *ph.* to sweep, make a clean sweep, take away or destroy everything
ਹੂਟਾ [huṭa] *n.m.* same as ਝੂਟਾ, swing.
ਹੂਬਹੂ [hubəhu] *adv.* exactly similar or same, alike, identical
ਹੂਰ [hur] *n.f.* houri; beautiful woman, nymph, fairy, nymphet
ਹੂਰਾਂ ਪਰੀ *n.f.* *slang.* sarcasm for ugly woman
ਹੂਰਾ [hura] *n.m.* fist, clenched hand; box, buffet
~ ਕੱਸਣਾ *con.v.* to clench one's hand, to threaten with a fist
~ ਮਾਰਨਾ *con.v.* to fist, box, buffet
~ ਮੁੱਕੀ *n.f.* fist fight, fisticuff, exchange of blows
~ ਵੱਟਣਾ *con.v.* same as ਹੂਰਾ ਕੱਸਣਾ
ਹੂਰੋ ਹੂਰੀ [huro huri] *adv.* fisticuffing
~ ਹੋਣਾ/~ ਹੋ ਪੈਣਾ *con.v.* to come to blows, exchange blows; to scuffle, fisticuff
ਹੂੜ੍ਹ [húṛ] *adj.* foolhardy, obstinate, stupid, obdurate, reckless, rash
~ ਮਤ *n.f.* foolhardiness, recklessness, rashness
~ ਮਾਰ *adj.* same as ਹੂੜ੍ਹ; impulsive, headstrong
ਹੇ [he] *interj.* of (address), o !
ਹੇਕ [hek] *n.f.* prolonged sing-song voice, chant, oral tune as prelude to singing
ਹੇਚ [hec] *adj.* trifling, paltry, virtually

nothing, insignificant, worthless

ਹੇਜ [hej] *n.m.* affection, love, attachment

~ ਕਰਨਾ *con.v.* to express ਹੇਜ

ਹੇਜਲਾ [hejla] *adj.m.* loving, affectionate, attached

ਹੇਠ [heṭh] *adv.* below, beneath, under, underneath, down

~ ਉੱਤੇ/~ ਉੱਪਰ *adv.* below and/or above, topsy-turvy, helter-skelter, mixed up

~ ਉੱਪਰ ਹੋ ਜਾਣਾ *ph.* to become mixed up, to be lost (temporarily)

~ ਉੱਪਰ ਹੋ ਪੈਣਾ *ph.* to quarrel, altercate, wrangle, to come to blows

ਹੇਠਲਾ [heṭhla] *adj.m.* lower, nether, bottom; low-lying; subordinate, inferior; following, given or placed below

ਹੇਠਲੀ [heṭhli] *adj.f.* same as ਹੇਠਲਾ

~ ਉੱਤੇ *n.f.* confused state, turmoil, tumult, revolution, chaos

~ ਉੱਤੇ ਆ ਜਾਣੀ *ph.* for turmoil, chaos or revolution to break out

~ ਉੱਤੇ ਲਿਆਉਣੀ *ph.* to raise hue and cry, start or bring about commotion or tumult

ਹੇਠਾਂ [heṭhã] *adv.* same as ਹੇਠ, below

~ ਨੂੰ/~ ਵੱਲ *adv.* downwards

ਹੇਠੀ [heṭhi] *n.f.* insult, disgrace, slight, indignity, deprecation, dishonour, ignominy

~ ਹੋਣੀ *con.v.* to suffer ਹੇਠੀ

~ ਕਰਨੀ *con.v.* to insult, deprecate, slight, dishonour

ਹੇਠੋਂ [heṭhõ] *adv.* from below

ਹੇਠੋ ਹੇਠ [heṭho heṭh] *adv.* all along under the surface

ਹੇਣੂੰ [heṇũ] *n.m. pl.* dry cattle

ਹੇਤ[1] [het] *n.m.* love, affection, fondness; partiality

~ ਕਰਨਾ *con.v.* to love, have affection (for), be fond (of); to be partial towards

~ ਪਿਆਰ *n.m.* love, affection, friendship

ਹੇਤ[2] *prep.* for, for the sake of, on account of, with a view to

ਹੇਰ ਫੇਰ [her pher] *n.m.* change, vicissitude; difference, error, discrepancy; circumlocution, periphrasis; mix-up, confusion, muddle

ਹੇਰਵਾ [herva] *n.m.* same as ਹੇਜ; longing for, missing (a dear one) yearning

~ ਕਰਨਾ *con.v.* to yearn, long for; to miss, grieve for

ਹੇਰਾ [hera] *n.m.* same as ਹੇਕ

~ ਕੱਢਣਾ/~ ਲਾਉਣਾ *con.v.* to sing with a lengthened note

ਹੇਰਾ ਫੇਰੀ [hera pheri] *n.f.* embezzlement; deceit; trickery, pettifoggery, chicanery, gimmick, gimmickry

~ ਕਰਨੀ *con.v.* to embezzle; to deceive, trick, cheat, pettifog, chicane

ਹੇੜ [héṛ] *n.f.* herd, drove, flock; *informal,* crowd, throng, multitude

ਹੇੜਾ [heṛa] *n.m.* hunt, chase

ਹੇੜੀ [heṛi] *n.m.* hunter, huntsman

ਹੈ [hɛ] *aux.v.* is (for third person singular)

~ ਸਨ *aux.v.* were (for third person *pl.*)

~ ਸਾਂ *aux.v.* (I) was; (we) were

~ ਸਾਓ *aux.v.* (you) were

~ ਸੀ *aux.v.* (third person singular) was

~ ਸੈਂ *aux.v.* (you singular) were, (thou) wert

ਹੈਂ[1] [hɛ̃] *aux.v.* (you singular) are, (thou) art

ਹੈਂ[2] *interj.* same as ਹਾਂਏਂ, what?

ਹੈਂਸਿਆਰਾ [hɛ̃sɪara] *adj.m.* cruel, merciless, tyrannical; *n.m.* cruel person, tyrant, brute, butcher

ਹੈਸੀਅਤ [hɛsiət] *n.f.* status, position; pecuniary condition, property, wealth; capacity, capability

ਹੈਕਲ [hɛkəl] *n.m.* hackle, plume; amulet, protective charm; ornamental collar for horse

ਹੈਂਕੜ [hɛ̃kəṛ] *n.f.* pride, arrogance, self-conceit, presumptuousness, overbearing attitude or behaviour, bluster

ਹੈਂਕੜਬਾਜ [hɛ̃kəṛbaj] *adj.* proud, arrogant, conceited, presumptuous, overbearing, bully; also ਹੈਂਕੜਬਾਜ਼

ਹੈਂਕੜਬਾਜੀ [hɛ̃kəṛbaji] *n.f.* same as ਹੈਂਕੜ; also ਹੈਂਕੜਬਾਜ਼ੀ

ਹੈਗਾ [hɛga] *aux.v. colloq.* see ਹੈ
ਹੈਜ਼ [hɛz] *n.m.* menses, menstruation, menstrual discharge
ਹੈਜ਼ਾ [hɛza] *n.m.* cholera
ਹੈੱਡ [hɛḍḍ] *n.m. pref.* head
ਹੈਫ਼ [hɛf] *interj.* alas, ah; shame
ਹੈਬਤ [hɛbət] *n.f.* dread, fear, terror, horror
ਹੈਬਤਨਾਕ [hɛbətnak] *adj.* dreadful, fearful, terrible, horrible, horrendous, fearsome
ਹੈਰਤ [hɛrət] *n.f.* wonder, amazement, bewilderment, astonishment, surprise; shock
~ ਅੰਗੇਜ਼ *adj.* wonderful, wondrous, amazing, astonishing, surprising; strange, marvelous
ਹੈਰਾਨ [hɛran] *adj.* surprised, astonished, emazed, wonderstruck; perplexed, confounded, nonplussed, shocked; bothered, harassed
~ ਹੋਣਾ *con.v.* to wonder, be ਹੈਰਾਨ
~ ਕਰਨਾ *con.v.* to surprise, astonish; to harass, bother, pester
ਹੈਰਾਨਕੁਨ [hɛrankun] *adj.* surprising, astonishing, amazing, wonderful, strange, marvellous
ਹੈਰਾਨੀ/ਹੈਰਾਨਗੀ [hɛrani/hɛrangi] *n.f.* same as ਹੈਰਤ; botheration, harassment
ਹੈਰੋਂ [hɛrõ] *n.f.* harrow
ਹੈਲਮਟ [hɛlməṭ] *n.m.* helmet
ਹੈਵਾਨ [hɛvan] *n.m.* animal, beast, brute; *fig.* uncultured, uncivilised person
ਹੈਵਾਨੀਅਤ [hɛvaniət] *n.f.* animal nature, animality, brutishness, beastliness
ਹੋ [ho] *aux.v.* nominative of ਹੋਣਾ, be; (for second person *pl.*) are
ਹੋਏ ਹੋਏ [hoe hoe] *n.f.* disgrace, shame, taunt
ਹੋਸ਼ [hoṣ] *n.m.* consciousness, sense, awakening
~ ਉੱਡਣੇ *ph.* to be surprised, baffled, afraid or frightened
~ ਹਵਾਸ *n.m. pl.* consciousness, awareness, understanding, mental faculties, senses
~ ਕਰਨੀ *con.v.* to become fully awak; to come to one's senses
~ ਗੁੰਮ ਹੋਣੇ *ph.* same as ਹੋਸ਼ ਉੱਡਣੇ
~ ਠਿਕਾਣੇ ਕਰਨੇ *ph.* to teach one a lesson, bring one to one's senses
~ ਦੀ ਦਵਾ ਕਰਨੀ *ph.* to be sensible
~ ਨਾ ਰਹਿਣੀ *ph.* to be out of senses or oblivious; to be worried, to be circumspect or mindful
~ ਪਰਤਣੇ *con.v.* to come to, come round, revive
ਹੋਸਟਲ [hosṭəl] *n.m.* hostel
ਹੋਸ਼ਮੰਦ [hoṣmə̃d] *adj.* sensible, mindful, mentally alert, prudent
ਹੋਸ਼ਮੰਦੀ [hoṣmə̃di] *n.f.* sensibleness, mindfulness, prudence
ਹੋਕਰ [hokər] *n.f.* hawker's cry
~ ਦੇਣੀ/~ ਮਾਰਨੀ *con.v.* to utter ਹੋਕਰ; to call, cry
ਹੋਕਰਾ [hokra] *n.m.* same as ਹੋਕਰ
ਹੋਕਾ [hoka] *n.m.* same as ਹੋਕਰ; public announcement, proclamation
~ ਦੇਣਾ *con.v.* to proclaim through a public crier or by beat of drum
ਹੋਛਾ [hocha] *adj.* blunt, brusque, frivolous, flippant, uncivil, ill-mannered, undignified, mean
ਹੋਛਾਪਣ [hochapəṇ] *n.m.* bluntness in behaviour, frivolousness, flippancy, meanness
ਹੋਛੇ ਹਥਿਆਰ [hoche həthıar] *n.m. pl.* mean or undignified means
ਹੋਟਲ [hoṭəl] *n.m.* hotel, restaurant
ਹੋਠ [hoṭh] *n.m.* lip, lips
~ ਦੰਤੀ *adj.* labio-dental
ਹੋਂਠੀ [hõṭhi] *adj.* labial
ਹੋਣਹਾਰ [hoṇhar] *adj.* promising, full of promise, budding, up and coming; likely to happen or befall; *n.f.* same as ਹੋਣੀ, fate
ਹੋਣਾ [hoṇa] *v.i.* to be, exist, happen, occur, befall, come about, take place, come to pass; to be born
ਹੋਣੀ [hoṇi] *n.f.* fate, destiny, predestination, the inevitable, appointed lot
ਹੋਤ [hot] *n.m.* a Bloch tribe; camel rider, cameleer

ਹੋਂਦ [hõd] *n.f.* existence, being, entity; life; reality
~ ਵਿਚ ਆਉਣਾ *ph.* to come into existence, born, created
ਹੋਂਦਵਾਦ [hõdvad] *n.m.* existentialism
ਹੋਂਦਵਾਦੀ [hõdvadi] *adj. & n.m.* existentialist
ਹੋਬਲ਼ੂ[1] [hobḷu] *n.m.* thigh bone, femur; first-time milk of newly-calved cattle
ਹੋਮ [hom] *n.m.* sacrifice, burnt offering, oblation
~ ਸਮੱਗਰੀ *n.f.* sacrificial material
~ ਕੁੰਡ *n.m.* same as ਹਵਨ ਕੁੰਡ, firepit
~ ਜੱਗ *n.m.* sacrificial ritual or ceremony
ਹੋਰ [hor] *adj. & adv.* more, additional; different, else, further; *pron.* other, another
~ ਕੁਝ *pron.* something else or more
~ ਥਹਿ/~ ਥੇ/~ ਦਰ/~ ਦਰੇ *adv.* somewhere else, elsewhere
ਹੋਰਸ [hors] *pron.* someone else
ਹੋਰਨਾ [horna] *pron. pl.* others
ਹੋਰਵੇਂ [horvẽ] *adv.* differently; in a different or in some other way or manner
ਹੋਰਾਂ/ਹੋਰੀਂ [horã/hori] *suff.* honorific used with third person *pl.*
ਹੋਲ਼ [hóḷ] *n.f. usu. pl.* ਹੋਲ਼ਾਂ, green gram parched in pods
ਹੋਲਡਾਲ [holḍal] *n.m.* holdall
ਹੋਲਾ/ਹੋਲਾ ਮਹੱਲਾ [hola/hola-məhəlla] *n.m.* a Sikh festival falling in March
ਹੋਲੀ [holi] *n.f.* holi, the Indian festival of colours
ਹੋੜ[1] [hoṛ] *n.f.* competition, rivalry, race, bid to excel; bet, wager; obstinacy, refractoriness
ਹੋੜ[2] *v.form.* imperative of ਹੋੜਨਾ, prevent forbid; roughen, tip
ਹੋੜਨਾ [hoṛna] *v.t.* to deter, dissuade, prevent, forbid, discourage; to roughen (a millstone)
ਹੋੜਾ [hoṛa] *n.m.* Punjabi vowel-symbol ਹੋੜਾ denoting phoneme /o/ or round vowel sound [o]; latch, catch, lever; obstruction, hindrance; restriction, ban, bar; chisel for roughening millstones
ਹੌਸਲਾ [hɔsla] *n.m.* courage, boldness; morale, spirit, spiritedness; fortitude, moral strength; patience, forbearance
~ ਅਫ਼ਜ਼ਾਈ *n.f.* encouragement, morale-boosting
~ ਅਫ਼ਜ਼ਾਈ ਕਰਨਾ *ph.* to encourage, embolden, hearten
~ ਢਾਉਣਾ *ph.* to discourage, demoralise
~ ਦੇਣਾ *ph.* to encourage; to console
~ ਵਧਾਉਣਾ *ph.* to encourage, boost one's morale
ਹੌਸਲਾਮੰਦ [hɔslamə̃d] *adj.* courageous, spirited; patient, forbearing
ਹੌਸਲਾਮੰਦੀ [hɔslamə̃di] *n.f.* courageousness; patience
ਹੌਂਕ [hɔ̃k] *v.form.* nominative of ਹੌਂਕਣਾ
ਹੌਂਕਣਾ [hɔ̃kəṇa] *v.i.* to breathe fast, be out of breath, pant, puff
ਹੌਂਕਣੀ [hɔ̃kəṇi] *n.f.* fast breathing, panting, puffing
ਹੌਕਾ [hɔka] *n.m.* sigh, deep breath, suspiration; *fig.* grief
~ ਭਰਨਾ/~ ਲੈਣਾ *con.v.* to sigh, heave a sigh, draw a deep breath
ਹੌਜ [hɔj] *n.m.* water tank, masonry tub; also ਹੌਜ਼
ਹੌਜ਼ਰੀ [həzəri] *n.f.* hosiery
ਹੌਜੀ [hɔji] *n.f.* small ਹੌਜ; also ਹੌਜ਼ੀ
ਹੌਦਾ [hɔda] *n.m.* howdah
ਹੌਦੀ [hɔdi] *n.f. colloq.* see ਹੌਜੀ
ਹੌਮੈਂ [hɔmɛ̃] *n.f.* same as ਹਉਮੈਂ, ego
ਹੌਲ [hɔl] *n.m.* fear, terror, dread, horror, fright; sinking of heart, swoon; demoralisation
~ ਪੈਣਾ *ph.* to be terror-stricken; to suffer a sinking fit
ਹੌਲਡਰ [hɔlḍər] *n.m.* pen-holder
ਹੌਲਦਾਰ [hɔldar] *n.m.* havildar, sergeant; head constable
ਹੌਲਦਾਰੀ [hɔldari] *n.f.* post or status of ਹੌਲਦਾਰ
ਹੌਲ਼ਦਿਲਾ [hɔḷdɪla] *adj.m.* chicken-hearted, timid; mean, miser, uogenerous
ਹੌਲ਼ਦਿਲੀ [hɔḷdɪli] *adj.f.* same as *prec.; n.f.* chicken-heartedness; meanness

ਹੌਲ਼ਨਾਕ [hɔḷnak] *adj.* fearsome, frightening, terrible, dreadful, horrible, horrendous

ਹੌਲ਼ਾ [hɔḷa] *adj.m.* light, not heavy; small, young; inferior, cheap; mean

~ ਕਰਨਾ *con.v.* to lighten, reduce weight

~ ਪੈਣਾ *ph.* to feel belittled, disgraced

~ ਫੁੱਲ *adj.* very light, relieved, refreshed; unburdened

ਹੌਲ਼ਾਪਣ [hɔḷapəṇ] *n.m.* lightness; meanness, flippancy

ਹੌਲ਼ੀ [hɔḷi] *adj.f.* same as ਹੌਲ਼ਾ; *adv.* slowly; softly, less or not loudly; gently

~ ਹੌਲ਼ੀ/ਹੌਲ਼ੇ ਹੌਲ਼ੇ *adv.* gradually, by degrees, step by step; slowly, at a slow pace; same as ਹੌਲ਼ੀ

ਕ

ਕ [kəkka] *n.m.* sixth letter of Punjabi script used to express velar plosive unaspirated sound [k]

ਕਉ [kəo] combination in old Punjabi is now written as ਕੌ; *e.g.* ਕੌਣ for ਕਉਣ, ਕੌਤਕ for ਕਉਤਕ, ਕੌਰ for ਕਉਰ

ਕਊ [kəu] *n.m.* a kind of heavy and hard wood *usu.* used for making walking sticks or helves; a variety of olive tree, *Olea ferruginea*

ਕਊਆ [kəua] *n.m.* crow

ਕਊਚ [kəuc] *n.m.* couch

ਕਈ [kəi] *adj.* many, several, some, a few, quite a few, numerous

~ ਵਾਰ/~ ਵਾਰੀ *adv.* sometimes; often, frequently, repeatedly, many a time

ਕਸ [kəs] *n.f.* rust, particularly on brass, bronze or copper vessels; verdigris

ਕੱਸ [kəss] *n.f.* fever, feverishness, febrility, temperature; tautness, tightness, tenseness, tensity, tension, stretch, pull, grip

~ ਕਸਾ *n.m.* process of tightening up

~ ਚੜ੍ਹਨੀ *con.v.* to have or suffer from fever

ਕਸ਼ [kəṣ] *n.m.* puff, inhalation of tobacco, smoke

~ ਲਾਉਣਾ *con.v.* to smoke

ਕਸ਼ਸ਼ [kəṣəṣ] *n.f.* attraction, pull, gravity, pulling force, attractiveness, charm

ਕਸਕ [kəsək] *n.f.* pang, twinge, shooting pain, spasm; heart ache, heart-burning, anguish; grudge, enmity, jealousy

~ ਕੱਢਣੀ *ph.* to avenge, retaliate

~ ਪੈਣੀ *ph.* to suffer ਕਸਕ, twinge

ਕਸਕੁਟ [kəskuṭ] *n.m.* bismuth

ਕਸ਼ਕੌਲ [kəṣkɔl] *n.m.* same as ਕਚਕੌਲ, begging bowl

ਕਸ਼ਟ [kəṣṭ] *n.m.* hardship, distress, trouble, torture, pain, excruciation, agony, affliction, painful experience; bother, botheration

~ ਸਹਿਣਾ *con.v.* to undergo, suffer, bear ਕਸ਼ਟ

~ ਕਰਨਾ *con.v.* to take the trouble, exert (as a favour)

~ ਦੇਣ ਵਾਲਾ *ph.* tormentor, persecutor

~ ਦੇਣਾ *con.v.* to trouble, bother, cause or inflict ਕਸ਼ਟ

~ ਭੋਗਣਾ *con.v.* same as ਕਸ਼ਟ ਸਹਿਣਾ

ਕਸ਼ਟਦਾਇਕ/ਕਸ਼ਟਦਾਈ [kəṣṭdaɪk/kəṣṭdai] *adj.* troublesome, distressing, torturous, excruciating, agonising, bothersome, painful

ਕਸ਼ਟਪੂਰਨ/ਕਸ਼ਟਮਈ [kəṣṭpurn/kəṣṭməi] *adj.* painful, difficult, arduous, nerve-racking, trying

ਕਸਟਰੈਲ [kəsṭrɛl] *n.m.* castor oil

ਕੱਸਣ [kəssəṇ] *n.f.* thin clouds, mist, slightly cloudy weather

ਕੱਸਣਾ [kəssəṇa] *v.t.* to tighten, stretch, tauten; to bind, tie; to strain

ਕੱਸਣੀ [kəssəṇi] *n.f.* something, *e.g.* string, rope, wedge, used for tightening; *v.t.* same as ਕੱਸਣਾ in case of *fem.* objects

ਕਸਤੂਰਾ [kəstura] *n.m.* musk deer

ਕਸਤੂਰੀ [kəsturi] *n.f.* musk

ਕਸਦ [kəsəd] *n.m.* same as ਇਰਾਦਾ, determination

ਕਸਦਨ [kəsdən] *adv.* intentionally, deliberately

ਕਸਬ [kəsəb] *n.m.* skill, trade, profession, vocation, avocation, calling

~ ਕਰਨਾ *con.v.* to follow or adopt ਕਸਬ *slang.* to do something improper or mischievous

ਕਸਬਨ [kəsbən] *adj.f.* same as ਕਸਬੀ; *n.f.* *informal.* whore, prostitute, harlot

ਕਸਬਾ [kəsba] *n.m.* town, small town or large village

ਕਸਬੀ [kəsbi] *adj.m.* skilful, clever, expert
ਕਸਮ [kəsəm] *n.f.* oath; vow
~ ਖਾਣੀ *con.v.* to take oath, make affirmation, vow, swear
~ ਖੁਆਉਣੀ *con.v.* to administer oath or affirmation; to make one to vow; to swear in
~ ਪਰੇਡ *n.f.* attestation parade, oath-taking or swearing in ceremony
ਕਸ਼ਮਕਸ਼ [kəṣəməkṣ] *n.f.* struggle, tension, pull and push; procrastination, hesitation, doubt, dilemma
~ ਵਿੱਚ ਪੈਣਾ *ph.* to be in two minds, double-minded
ਕਸਮੀਆ [kəsmia] *adv.* on oath
ਕਸ਼ਮੀਰ [kəṣmir] *n.m.* name of a state in North India, Kashmir
ਕਸ਼ਮੀਰਾ [kəṣmira] *n.m.* a type of woollen fabric
ਕਸ਼ਮੀਰੀ [kəṣmiri] *adj.* pertaining to Kashmir; *n.m.* native of ਕਸ਼ਮੀਰ; *n.f.* language of the people of ਕਸ਼ਮੀਰ
ਕਸਰ [kəsər] *n.f.* (*maths*) fraction; incompleteness, deficiency, shortage, shortcoming; disadvantage, loss; indisposition, illness, ailment; defect, fault
~ ਕੱਢਣੀ *con.v.* to make up for loss or deficiency, to compensate; *informal.* to avenge
~ ਖਾਣੀ *ph.* to lose, stand, make a bad bargain
~ ਪੂਰਨੀ *ph.* to compensate, indemnify
~ ਪੈਣੀ *ph.* to develop defect or fault
~ ਮਸਰ *n.f.* indisposition, ailment; loss, deficiency
~ ਰਹਿਣੀ *ph.* to be or remain incomplete
~ ਲੱਗਣੀ *ph.* to suffer loss
~ ਲਾਉਣੀ *ph.* to cause loss
~ ਲੈਣੀ *ph.* to avenge
ਕਸਰਤ [kəsrət] *n.f.* physical exercise, training or practice; calisthenics, callisthenics; abundance, excessiveness, plenteousness, copiousness
~ ਹੋਣੀ *con.v.* to be abundant, in abundance, plenteous, copious, excessive
~ ਕਰਨੀ *con.v.* to take exercise
~ ਘਰ *n.m.* gymnasium
ਕਸਰਤੀ [kəsrəti] *adj.* regular in taking exercise; athletic
ਕਸਰਵੰਦ/ਕਸਰਵੰਦਾਂ [kəsərvə̃d/kəsərvə̃dã] *adj./adj.m.* disadvantageous; running in loss; bad (bargain), losing (concern)
ਕਸਰਿਆ [kəsrıa] *adj.m.* ill, indisposed
ਕਸਰੀ [kəsri] *adj.* fractional
~ ਸੰਖਿਆ *n.f.* fractional numeral
ਕਸਵੱਟੀ [kəsvəṭṭi] *n.f.* same as ਕਸੌਟੀ, touchstone
ਕਸਵਾਂ [kəsvã] *adj.m.* taut, tight, stretched, strained, strictly, weighed or measured; exact
ਕਸਵਾਉਣਾ [kəsvauṇa] *v.t.* to get something tightened or stretched
ਕਸਵਾਈ [kəsvai] *n.f.* charges or wages for ਕਸਵਾਉਣਾ
ਕਸਾ [kəsa] *n.m.* same as ਕੱਸ, tautness
ਕੱਸਾ [kəssa] *adj.m.* short, deficient, less
ਕਸਾਉਣਾ [kəsauṇa] *v.t.* same as ਕਸਵਾਉਣਾ
ਕਸਾਈ[1] [kəsai] *n.f.* same as ਕਸਵਾਈ
ਕਸਾਈ[2] *n.m.* butcher; a cruel, merciless person; *fem.* ਕਸਾਇਣ
ਕਸਾਈਖਾਨਾ [kəsaikhana] *n.m.* see ਬੁੱਚੜਖ਼ਾਨਾ, slaughter house
ਕਸਾਈਪੁਣਾ [kəsaipuṇa] *n.m.* butcher's trade; cruelty, mercilessness, pitiless nature, stone-heartedness
ਕਸਾਬ [kəsab] *n.m.* butcher, meat seller.
ਕਸਾਰਾ [kəsara] *n.m.* loss, deficit, disadvantage
ਕਸਾਵਟ [kəsavəṭ] *n.f.* same as ਕੱਸ, tautness
ਕਸੀ [kəsi] *n.f.* spade
ਕੱਸੀ[1] [kəssi] *adj.f.* same as ਕੱਸਾ, deficient
ਕੱਸੀ[2] *n.f.* sub-distributary, irrigation channel
ਕਸੀਆ [kəsia] *n.m.* spade with a long handle (for hoeing), hoe
ਕਸੀਸ[1] [kəsis] *n.f.* clenching of teeth, holding of breath (while applying force or suffering pain)
~ ਵੱਟਣੀ *con.v.* to clench teeth and hold breath

ਕਸੀਸ[2] *n.m.* ferrous sulphate, green vitriol

ਕਸੀਦਾ [kəsida] *n.m.* embroidery, needlework; a verse form, eulogy, panegyric

~ ਕੱਢਣਾ *con.v.* to embroider

~ ਪੜ੍ਹਨਾ *con.v.* to recite ਕਸੀਦਾ

ਕਸੀਦਾਕਾਰੀ [kəsidakari] *n.f.* art of ਕਸੀਦਾ, embroidery

ਕਸੀਰ [kəsir] *n.m.* thornlike growth or needle(s) on ear of corn; awn

ਕਸੀਰਦਾਰ/ਕਸੀਰੀ [kəsirdar/kəsiri] *adj.* (crop or ear of corn) having ਕਸੀਰ on it, awned

ਕਸੁੰਡਾ [kəsũḍa] *n.m.* space between bricks or lines of bricks in masonry work

ਕਸੁੱਧ/ਕਸੁੱਧਾ [kəsúdd/kəsúdda] *adj./adj.m.* wrong, improper

ਕਸੁੰਭੜਾ/ਕਸੁੰਭਾ [kəsũbṛa/kəsũba] *n.m.* safflower, *Carthamus tinctorius*

ਕਸੁਰਾ [kəsura] *adj.m.* see ਬੇਸੁਰ, out of tune

ਕਸੂਤਾ [kəsuta] *adj.m.* not in alignment, misaligned, misfit; entangled; wrong, bad, difficult

~ ਫਸਣਾ *con.v.* to be badly entangled or involved

ਕਸੂਰ[1] [kəsur] *n.m.* name of a town in Pakistan; fault, guilt, culpability, wrong, wrong act or omission, crime, criminality, error, responsibility for error

~ ਕਰਨਾ *con.v.* to commit crime, error or omission

ਕਸੂਰਵਾਰ [kəsurvar] *adj.* guilty, blameworthy, culpable

ਕਸੇਰਾ[1] [kəsera] *n.m.* brazier, tinker; manufacturer and/or seller of copper and brass utensils

ਕਸੇਰਾ[2] *adj.m.* a little less, short or deficient; *cf.* ਕੱਸਾ

ਕਸੈਲ਼ਾ [kəsɛḷa] *adj.m.* bitter, astringent, pungent, acerb

ਕਸੈਲ਼ਾਪਣ [kəsɛḷapən] *n.m.* bitterness, astringency, pungency, acerbity

ਕਸੋਹਣਾ [kəsóṇa] *adj.m.* not handsome, ugly, unshapely, unattractive

ਕਸੋਰਾ [kəsora] *.ı.m.* cup of baked clay

ਕਸੋਲੀ [kəsoli] *n.f.* hoe

ਕਸੌਟੀ [kəsɔṭi] *n.f.* test, proof, criterion, norm, measure; touchstone

ਕਹਾਉਣਾ [kəhauṇa] *v.t.* same as ਅਖਵਾਉਣਾ, to be called

ਕਹਾਉਤ [kəhaut] *n.f.* same as ਕਹਾਵਤ, proverb, saying

ਕਹਾਣੀ [kəhaṇi] *n.f.* story, tale; fable, parable; yarn; statement of incident

~ ਸੁਣਾਉਣੀ/~ ਕਹਿਣੀ *con.v.* to tell, relate, narrate a ਕਹਾਣੀ, spin a yarn

~ ਘੜਨੀ *ph.* to spin a yarn, invent a tale

~ ਪਾਉਣੀ *ph.* to talk in a roundabout way, talk in riddles

ਕਹਾਣੀਕਾਰ [kəhaṇikar] *n.m* story-writer

ਕਹਾਰ [kəhar] *n.m* palanquin bearer

ਕਹਾਵਤ [kəhavət] *n.f.* proverb, saying, saw, adage, maxim, dictum, aphorism

ਕਹਿ [kɛ́] *v.form.* imperative of ਕਹਿਣਾ, say, tell, relate

ਕਹਿੰ [kɛ̃] *n.m.* bronze

ਕਹਿਕਸ਼ਾਂ [kɛ́kəṣã] *n.f.* rainbow

ਕਹਿਕਹਾ [kɛ́kəha] *n.m.* loud laughter, guffaw

ਕਹਿਗਲ [kɛ́gəl] *n.m* mud plaster

ਕਹਿਣਾ [kɛ́ṇa] *v.t.* to say, speak, tell, relate, narrate, recite, recount, state, utter; to remark, observe; to order, direct; to advise; to request; to recommend; *n.m.* utterance, remark, word, comment, observation

~ ਸੁਣਨਾ *cpd.v.* conversation, dialogue; advice; explanation

~ ਮੰਨਣਾ *cpd.v.* to obey order or advice

ਕਹਿਣੀ [kɛ́ṇi] *n.f.* way or mode of speaking, utterance; statement of one's principles, profession

~ ਤੇ ਕਰਨੀ *n.f.* profession and practice

ਕਹਿਤ [kɛ́t] *n.m.* famine

ਕਹਿਰ [kɛ́r] *n.m.* wrath, anger, rage, ire; oppression; calamity, affliction; (divine) chastisement

~ ਨਾਜ਼ਲ ਹੋਣਾ/~ ਬਰਪਾ ਹੋਣਾ *ph.* for a calamity to descend, break out, take place, befall

ਕਹਿਰਵਾਨ/ਕਹਿਰੀ [kɛ́rvan/kɛ́ri] *adj.* wrathful, enraged, irate, angry; calamitous

ਕਹਿਲਵਾਉਣਾ/ਕਹਿਲਾਉਣਾ [kɛ́lvauṇa/kɛ́lauṇa] *v.t.* same as ਅਖਵਾਉਣਾ, to be called

ਕਹੀ [kəhi/kə́i] *n.f.* spade, hoe, a kind of digging implement

ਕਹੀ² *pron.* of what sort? also ਕਿਹੀ; *cf.* ਕਿਹਾ²

ਕਹੇ [kəhe/kə́e] *pron. pl.* same as *prec.* also ਕਿਹੇ; *v.form* of ਕਹਿਣਾ, let (him/her) say

~ ਲੱਗਣਾ *con.v.* to obey, do as told or advised

ਕੱਕਰ [kəkkər] *n.m.* frost, hoar-frost, glaze, glazed ice, glazed frost, verglas, rime, rime ice

~ ਪੈਣਾ *con.v.* to frost

ਕੰਕਰ [kə̃kər] *n.m.* small piece of stone, pebble, gravel, shingle; calcareous nodule

ਕੰਕਰੀ [kə̃kəri] *n.f.* small pebble; gravel

ਕਕਰੀਲਾ [kəkrila] *adj.m.* covered with frost, frosty, icy cold

ਕਕਰੋਲਾ [kəkrola] *n.m.*see ਤਿੱਤਰ, partridge

ਕੱਕੜਸਿੰਗੀ [kəkkəṛsĩgi] *n.f.* excrescence of *kakkar* tree *Rhus intigerrima* used as cough cure; also ਕਿੱਕੜਸਿੰਗੀ

ਕੱਕੜੀ [kəkkṛi] *n.f.* see ਤਰ¹

ਕੱਕਾ¹ [kəkka] *adj.m.* brown-haired, blond, auburn, golden (hair)

ਕੱਕਾ² *n.m.* the letter ਕ

ਕਕਾਰ [kəkar] *n.m. pl.* the five symbols of Sikh faith, all with ਕ(k) in initial position - *kacch,* drawers; *kaṛa,* steel bangle; *kirpan,* sword or dagger; *kes,* untrimmed hair; and *kangha,* comb

ਕਕੂਹੀ [kəkúi] *n.f.* see ਟਟੀਹਰੀ, lapwing

ਕੱਕੋਂ [kəkkõ] *n.f.* raw sugar, crystal jaggery

ਕੱਖ [kəkkh] *n.m* straw, dry stalk of grass, piece of chaff; *informal.* fodder

~ ਕੰਡਾ/~ ਕਾਨ *n.m.* rubbish, litter, straw

~ ਪੱਠਾ *n.m.* fodder, forage, hay

~ ਭਰ *adj.* very little, in very small quantity

ਕੱਖਾਂ ਦੀ ਕੁੱਲੀ *ph.* thatched hut with walls of reeds or dry stalks

ਕੱਖੋਂ ਹੌਲਾ *ph.* utterly disgraced or humbled

ਕੱਖੋਂ ਲੱਖ *ph.* from rags to riches

ਕੰਗਣ [kə̃gəṇ] *n.m.* same as ਕੰਙਣ, bracelet

ਕੰਗਰੋੜ [kə̃groṛ] *n.f.* vertebra, spine, spinal column, backbone, vertebral column

~ ਦੀ ਸੋਜ *ph.* spondylitis

ਕੰਗਲਾ/ਕੰਗਾਲ [kə̃gla/kə̃gal] *adj.m./adj.* poor, penniless, penurious, indigent, impoverished, destitute, impecunious

ਕੰਗਾਲਪੁਣਾ/ਕੰਗਾਲੀ [kə̃galpuṇa/kə̃gali] *n.m./n.f.* poverty, penury, indigence, destitution, impecuniousness

ਕੰਘਾ [kə̃́ga] *n.m.* comb

~ ਕਰਨਾ *con.v.* to comb; *slang,* to cause loss or grievous harm

~ ਫੇਰਨਾ/~ ਵਾਹੁਣਾ *con.v.* to comb

ਕੰਘੀ [kə̃́gi] *n.f.* same as ਕੰਘਾ

~ ਪੱਟੀ *n.f.* hair dressing, make-up, toilet

ਕੰਘੇ ਘਾੜਾ [kə̃́ge kàṛa] *n.m.* combmaker

ਕੰਙਣ [kə̃ṅəṇ/kə̃gəṇ] *n.m.* bracelet, bangle, *usu.* of gold or silver

ਕੰਙਣਾ [kə̃ṅəṇa/kə̃gəṇa] *n.m.* bracelet of red and white strand of cotton yarn ceremoniously tied on the wrist of bride or bridegroom; ritual song sung during this ceremony; same as ਕੰਙਣ

ਕੰਙਣੀ [kə̃ṅəṇi/kə̃gəṇi] *n.f.* a kind of millet; broken fragments of rice (collectively)

ਕੱਚ [kəcc] *n.m.* glass; rawness, unripeness; fragileness, fragility; *fig.* immaturity; inexperience; weakness, infidelity, meanness, falsehood

~ ਸੱਚ *n.m.* half-truth

~ ਘਰੜ *adj.* ill-trained, quack

~ ਦਿਲੀ *n.f.* indetermination, halfheartedness, irresoluteness; cowardice, pusillanimity

~ ਪੱਕ *adj.* uncertain; *n.f.* uncertainty

ਕਚਹਿਰੀ [kəcɛ́ri] *n.f.* court, cutchery, courthouse

ਕਚਕੌਲ [kəckɔl] *n.m.* mendicant's begging bowl

ਕੰਚਨ [kə̃cən] *n.m.* gold; *informal. adj.* pure, clean, virtuous

ਕਚਨਾਰ [kəcnar] *n.m.* name of a tree, *Bauhinia variegata;* its flower

ਕੰਚਨੀ [kə̃cni] *n.f.* beautiful girl; dancing

girl, prostitute
ਕਚਪਕਾ [kəcpəka] *adj.m.* not fully ripe; half-baked
ਕਚਪੁਣਾ [kəcpuṇa] *n.m.* immaturity, unripeness; undependable nature
ਕਚਰ ਕਚਰ [kəcər kəcər] *n.f.* sound of eating raw fruit, etc.
ਕਚਰਾ [kəcəra] *n.m.* unripe musk-melon; rubbish, waste, refuse, trash; swill garbage
ਕਚਲਹੂ [kəcləhu] *n.m.* blood mixed with pus
ਕੱਚਾ [kəcca] *adj.m.* raw, unripe; fragile, tender; unbaked, half-baked; impermanent, temporary; unconfirmed; crude, undeveloped; immature, unsound, inexperienced; (of house) not of baked bricks or concrete: weak, not strong; false, disloyal, not firm on one's word, undependable
~ **ਹੋ ਜਾਣਾ** *ph.* to feel ashamed
~ **ਕਰਨਾ** *ph.* to make one feel ashamed, to embarass; to baste, tack; to soften injured bone/limb or joint before finally setting it
~ **ਚਿੱਠਾ** *n.m.* fake statement; secret, conspiracy
~ **ਪੱਕਾ** *adj.m.* not fully ripe; half-baked; not certain, uncertain, undecided; (of building) partly of baked and partly of sun-dried bricks
~ **ਪਿੱਲਾ** *adj.m.* not fully baked; (of person) unreliable, unfaithful, unprincipled
~ **ਭੁੰਨਾ** *adj.m.* half-baked, half-cooked
~ **ਮਾਲ** *n.m.* raw material
ਕਚਾਲੂ [kəcalu] *n.m.* an esculent tuberous root, *Arum colocasia*
ਕਚਾਵਾ [kəcava] *n.m.* saddle (for camel); pack-frame (for donkey), packsaddle
ਕਚਿਆਈ [kəcıai] *n.f.* state or quality of being ਕੱਚਾ, same as ਕਚਪੁਣਾ
ਕਚਿਆਣ੍ਹ [kəcıáṇ] *n.f.* nausea, nauseating feeling, revulsion
~ **ਆਉਣੀ** *con.v.* to feel ਕਚਿਆਣ੍ਹ
ਕੱਚੀ [kəcci] *adj.f.* same as ਕੱਚਾ
~ **ਉਮਰ** *n.f.* tender age
~ **ਇੱਟ** *n.f.* sun-dried brick
~ **ਸੜਕ** *n.f.* unmetalled road
~ **ਧਾਤ** *n.f.* ore
~ **ਨੌਕਰੀ** *n.f.* temporary, adhoc or unconfirmed service
~ **ਪਿੰਨੀ** *n.f.* a kind of sweetmeat prepared with fried, granulated wheat-flour and sugar
ਕਚੀਚੀ [kəcici] *n.f.* gnashing or gritting of teeth or tightening of jaws in anger or while applying force), gnash, gnathic or gnathal tenseness; grimace
~ **ਵੱਟਣੀ** *con.v.* to gnash; to assume threatening posture, grimace
ਕਚੂਮਰ [kəcumər] *n.m.* pounded or crushed pith or marrow
~ **ਕੱਢਣਾ** *con.v.* to pound or crush thoroughly; to give a severe beating, beat hollow; to overburden
ਕਚੂਰ [kəcur] *n.m.* a medicinal plant, *Curcuma reclinata;* its root
ਕਚੇਰਾ [kəcəra] *adj.m.* somewhat raw, relatively more raw; *cf.* ਕੱਚਾ
ਕਚੌਰੀ [kəcɔri] *n.f.* fried sandwich of wheat flour stuffed with bruised pulses
ਕੱਛ[1] [kəcch] *n.f.* armpit, axilla
~ **ਵਿਚ** *adv.* under the armpit
~ **ਵਿਚ ਲੈਣਾ** *ph.* to embrace
ਕੱਛਾਂ ਮਾਰਨੀਆਂ *ph.* to express extreme joy, chuckle, be overjoyed
ਕੱਛਾਂ ਵਿਚ ਹੱਸਣਾ *ph.* to laugh up one's sleeve
ਕੱਛ[2]**/ਕਛਹਿਰਾ/ਕੱਛਾ** [kəchéra/kəccha] *n.f./n.m.* underwear shorts
ਕੱਛ[3] *v.form.* imperative of ਕੱਛਣਾ, measure
ਕੱਛਣਾ [kəcchəṇa] *v.t.* to measure (land)
ਕਛਰਾਲ਼ੀ [kəchraḷi] *n.f.* boil in armpit, bubo
ਕਛਵਾਉਣਾ/ਕਛਾਉਣਾ [kəchvauṇa/kəchauṇa] *v.t.* to get (land) measured, assist in measurement
ਕਛਾਰ [kəchar] *n.f.* same as ਕਾਛੜ; marshy land
ਕੱਛੀ [kəcchi] *n.f.* small underwear shorts; same as ਕਾਛੜ, marshy land
ਕੱਛੂ/ਕੱਛੂਆ/ਕੱਛੂਕੁੰਮਾ [kəcchu/kəchua/

kəcchu kũmma] *n.m.* tortoise, turtle also ਕਛਵਾਨਾ

ਕਛੋਟੀ [kəchɔṭi] *n.f.* see ਲੰਗੋਟੀ, loin-cloth

ਕਜ [kəj] *n.m.* crookedness, physiological or behavioural defect

ਕੱਜ [kəjj] *n.m.* cover, wrapper, covering, overlay; *v.form* imperative of ਕੱਜਣਾ, cover

~ ਕਜਾ *n.m.* covering up; hushing up

ਕੰਜ [kə̃j] *adj.f.* barren (cow, buffalo or woman)

ਕੰਜਕ/ਕੰਜਕੁਆਰੀ [kə̃jək/kə̃jkuari] *n.f.* virgin, young girl

ਕੱਜਣ [kəjjəṇ] *n.m.* cover; headdress; book-jacket; lid; shelter

ਕੱਜਣਾ [kəjjəṇa] *v.t.* to cover, overspread; to veil; to put a lid on; to shroud; to hush up, conceal, shelter

ਕੰਜਰ [kə̃jər] *n.m.* male of a class whose woman are prostitutes or dancing girls; a shameless person (word of abuse)

ਕੰਜਰਖਾਨਾ [kə̃jərkhana] *n.m.* brothel; bawdy house, house of ill fame

ਕੰਜਰਪੁਣਾ [kə̃jərpuṇa] *n.m.* prostitution; shamelessness, utter lack of self-respect

ਕਜਰਾਰੇ [kəjrare] *adj.m. pl. usu.* ਕਜਰਾਰੇ ਨੈਣ eyes blackened with collyrium

ਕੰਜਰੀ [kə̃jəri] *n.f.* prostitute, harlot, bawd, strumpet, dancing girl

ਕੱਜਲ/ਕਜਲਾ [kəjjəḷ/kəjla] *n.m.* collyrium, black sulphide of antimony

ਕਜ਼ਾ [kəza] *n.f.* death; fate

ਕਜ਼ਾਕ [kəzak] *n.m.* pirate, buccaneer, corsair; plunderer, freebooter, dacoit, robber

ਕਜ਼ਾਕੀ [kəzaki] *n.f.* piracy, plunder, dacoity, robbery

ਕਜ਼ੀਆ [kəzia] *n.m.* bother, unpleasant task; dispute, quarrel

~ ਕਰਨਾ *con.v.* to perform an unpleasant task

ਕੰਜੂਸ [kə̃jus] *adj.* miserly, niggardly, stingy, skimpy, parsimonious, scrimpy, close-fisted; *n.m.* miser, niggard

ਕੰਜੂਸੀ [kə̃jusi] *n.f.* miserliness, niggardliness, stinginess, skimpiness, parsimony

ਕਜੋੜ [kəjoṛ] *adj.* misfit, not matching, inharmonious; *n.m.* misfit, mismatch, mismarriage, misjoinder

ਕੱਟ [kəṭṭ] *v.form* imperative of ਕੱਟਣਾ, cut

~ ਕਟਾ *n.m.* deduction, adjustment (of dues)

~ ਛਾਂਟ *n.f.* selection, abridgement, editing: shortening, curtailment, expunction, pruning

~ ਵੱਢ *n.f.* massacre, destruction, incision, excision, surgery, vivisection, resection; cutting, overwriting

ਕਟਹਰ [kəṭəhər] *n.m.* jack-fruit; jack-tree; also ਕਟਹਲ, *Artocarpus heterophyilus*

ਕਟਹਿਰਾ [kəṭéra] *n.m.* dock, witness box; palisade

ਕਟਕ [kəṭək] *n.m.* large force or army, host, multitude

~ ਚੜ੍ਹਨਾ *con.v.* for ਕਟਕ to set out or arrive

ਕੱਟਣਾ [kəṭṭəṇa] *v.t.* to cut, sever, clip, chip, slice, carve; to bite, sting; same as ਵੱਢਣਾ; to delete, erase, cancel, expunge; to cross, pass by, overtake (as in race); to excel; to pass over (in promotion); to deduct (in accounts); to refute, counter, rebut (argument); to interrupt (talk); to pass, while away, spend (time)

ਕਟਰੂ [kəṭru] *n.m* same as ਕਟੜੂ, buffalo calf

ਕੰਟਰੋਲ [kə̃ṭrol] *n.m* control

~ ਕਰਨਾ *con.v.* to control

ਕਟਲਸ [kəṭləs] *n.m* cutlet

ਕਟਵਾਉਣਾ [kəṭvauṇa] *v.t.* to get something cut, severed, felled, cancelled, deleted; to assist in cuttiing, felling, etc.

ਕਟਵਾਈ [kəṭvai] *n.f.* process of, wages for ਕਟਵਾਉਣਾ

ਕੱਟੜ [kəṭṭər] *adj.* staunch, dogmatic, orthodox, bigot, fanatic, intolerant, fundamentalist

~ ਪੰਥੀ *adj.* same as ਕੱਟੜ

ਕੱਟੜਪੁਣਾ [kəṭṭərpuṇa] *n.m.* bigotry, fa-

naticism, orthodoxy, fundamentalism
ਕਟੜਾ[1] [kəṭəṛa] *n.m.* ward; walled market
ਕਟੜਾ[2]/ਕਟੜੂ [kəṭṛu] *n.m.* male buffalo calf
ਕੱਟਾ [kəṭṭa] *n.m.* male buffalo calf; small bag (as of cement or cattle feed)
~ ਵੱਛਾ *n.m.* calves (collectively)
ਕਟਾਉ/ਕਟਾ [kəṭao/kəṭa] *n.m.* cut, notch, dent; gap; erosion; wound
ਕਟਾਉਣਾ [kəṭauṇa] *v.t.* same as ਕਟਵਾਉਣਾ
ਕਟਾਈ [kəṭai] *n.f.* same as ਕਟਵਾਈ; harvesting; cutting (of cloth in tailoring), designing, design
ਕਟਾਕਸ਼/ਕਟਾਖ [kəṭakəṣ/kəṭakh] *n.m.* taunt, sarcastic remark, sarcasm, innuendo, leer, sly look; ogle, amorous or impertinent glance
~ ਕਰਨਾ *con.v.* to pass sarcastic remark
~ ਮਾਰਨਾ *con.v.* to ogle, leer
ਕਟਾਰ [kəṭar] *n.f.* dagger, poniard, dirk, stiletto
~ ਮਾਰਨੀ *con.v.* to stab with ਕਟਾਰ
ਕਟਾਰੁ [kəṭár] *n.m.* same as ਕਟਹਰ, jackfruit
ਕਟਾਰਾ [kəṭara] *n.m.* a medicinal plant; *Achinops nivea;* name of bird
ਕੰਟੀਨ [kə̃ṭin] *n.f.* canteen
ਕਟੰਬ [kəṭũb] *n.m.* see ਕੁਟੰਬ, family
ਕੱਟੂ [kəṭṭu] *n.m.* same as ਕੱਟਾ
ਕਟੋਰਾ [kəṭora] *n.m.* bowl, cup
ਕਟੋਰੀ [kəṭori] *n.f.* a small ਕਟੋਰਾ
ਕਟੌਤੀ [kəṭɔti] *n.f.* deduction, recovery, cut, decrease, amount deducted; rebate, discount; abatement
ਕੰਠ [kə̃ṭh] *n.m.* throat, neck
~ ਸੰਬੰਧੀ *adj.* jugular
~ ਕਰਨਾ *ph.* to memorise, commit to memory, learn by heart
~ ਲਾਉਣਾ *ph.* to hug, embrace; to give refuge
ਕਠਨ [kəṭhən] *adj.* difficult, arduous, tough, stiff, hard, severe, knotty; puzzling
ਕਠਨਤਾ [kəṭhənta] *n.f.* stiffness, hardness, toughness, knottiness
ਕਠਨਾਈ [kəṭhnai] *n.f.* difficulty, a difficult task or problem, arduousness, toughness, hardness; problem, hardship
ਕਠਪੁਤਲੀ [kəṭhputli] *n.f.* puppet; *fig.* a subservient, obsequious person, stooge, underling, accomplice
~ ਦਾ ਤਮਾਸ਼ਾ *ph.* puppet show
ਕਠਫੋੜਾ [kəṭhphoṛa] *n.m.* *dia.* see ਚੱਕੀਰਾਹਾ, woodpecker
ਕੰਠਾ [kə̃ṭha] *n.m.* necklace
ਕਠਿਨ [kəṭhın] *adj.* same as ਕਠਨ, difficult
ਕੰਠੀ [kə̃ṭhi] *n.f.* same as ਕੰਠਾ; *adj.* glottal, guttural
ਕਠੋਰ [kəṭhor] *adj.* hard, rigid, solid, unbending; hard-hearted, cruel, heartless, harsh, severe; inexorable; stern, callous, relentless
~ ਚਿੱਤ *adj.* hard-hearted, unfeeling, obdurate, merciless, callous, indurate
ਕਠੋਰਤਾ [kəṭhorta] *n.f.* hardness, rigidity, rigidness; cruelty, hard-heartedness, heartlessness, harshness, mercilessness, relentlessness, callousness
ਕੰਡ[1] [kə̃ḍ] *n.f.* back, behind, rear
~ ਓਹਲੇ ਪਰਦੇਸ *prov.* out of sight, out of mind
~ ਕਰਨੀ *con.v.* to turn or expose one's back, turn away, desert
~ ਤੇ ਹੱਥ ਧਰਨਾ/~ ਤੇ ਹੱਥ ਰੱਖਣਾ *ph.* to patronise, support, encourage, back up; to bless
~ ਤੇ ਹੱਥ ਫੇਰਨਾ *ph.* to bless; to pat
~ ਦੇਣੀ/~ ਫੇਰ ਲੈਣੀ *ph.* to turn one's back upon, withdraw patronage or support, turn away (from)
~ ਪਿੱਛੇ *adv.* in the absence of, behind someone's back
~ ਲੱਗਣੀ *ph.* to be defeated *esp.* in wrestling
~ ਲਾਉਣੀ *ph.* to defeat *esp.* in wrestling
ਕੰਡ[2] *n.f.* prickling particles of dust/hay or of certain plants, prickles or sensation caused by such; *fig.* heightened sense of honour
~ ਕਰਨੀ *con.v.* to react to slightest touch or provocation
~ ਲੜਨੀ *con.v.* to feel tingling sensation, be prickled

ਕੰਡਮ [kə̃ḍəm] *adj.* condemned
~ ਕਰਨਾ *con.v.* to condemn, declare unserviceable / useless or unfit for use; to denigrate, criticise, defame, censure
ਕੰਡਾ [kə̃ḍa] *n.m.* thorn, barb, fish-hook, fish-bone; uvula, laryngitis; weighing machine, large weighing scale
~ ਕੱਢਣਾ *con.v.* to pull out or extract thorn; *fig.* to remove hindrance
~ ਪੈ ਜਾਣਾ *ph.* to develop or suffer from laryngitis
ਕੰਡਿਆਂ ਤੇ ਘਸੀਟਣਾ *ph.* to embarrass, disconcert
ਕੰਡਿਆਂ ਦੀ ਸੇਜ *ph.* bed of thorns, difficult task
ਕੰਡੇ ਤੇ ਹੋਣਾ *ph. slang,* to be in form, to be intoxicated, tipsy
ਕੰਡੇ ਬੀਜਣਾ *ph.* to sow seeds of distress, cause potential trouble or impediment
~ ਲਾਉਣਾ *con.v.* to weigh with ਕੰਡਾ
ਕੰਡਿਆਲ਼ਾ[1] [kə̃ḍıaḷa] *n.m.* hedge-hog; a type of curved bit of bridle; bridle fitted with such bit
ਕੰਡਿਆਲ਼ਾ[2] *adj.m.* thorny, prickly; difficult, hazardous (path, route or course)
ਕੰਡੇਦਾਰ [kə̃ḍedar] *adj.* barbed (wire), thorny
ਕੰਡੇਰਨਾ [kə̃ḍerna] *n.m.* same as ਕੰਡਿਆਲਾ[1]
ਕੱਢ [kə́ḍḍ] *v.form.* imperative of ਕੱਢਣਾ to pull out; embroider
~ ਲੈਣਾ/~ ਲੈ ਜਾਣਾ *con.v.* to take away, steal; to abduct,
ਕੱਢਣਾ [kə́ḍḍəṇa] *v.t.* to pull out, dig out, extract, draw, bring out, unearth, discover; to invent, produce; to turn out, oust, expel, dismiss; to solve (question); to find solution to or of; to find or spare (time); to deduct, subtract; to embroider
~ ਪਰੋਣਾ *v.i.t.* to embroider; *n.m.* embroidery
~ ਪਾਉਣਾ *ph.* to have any concern with
ਕੱਢਵਾਂ [kə́ḍḍvã] *adj.m.* embroidered
ਕੱਢਵਾਉਣਾ/ਕਢਾਉਣਾ [kəḍvàuṇa/kəḍàuṇa] *v.t.* to get something taken out, extracted or embroidered; to assist in this process
ਕਢਵਾਈ [kəḍvài] *n.f.* process of or wages for ਕਢਵਾਈ
ਕੰਢਾ [kə̃́ḍa] *n.m.* shore, coast, bank; bourn, bourne, boundary, limit; verge, edge, brink, brim; *fig.* goal
ਕਢਾਈ [kəḍài] *n.f.* embroidery; wages or charges for embroidering
ਕੰਢੀ [kə̃́ḍi] *n.f.* land along the bank of a river or along foothills, submontane region
ਕੰਢੇ ਕੰਢੇ [kə̃́ḍe kə̃́ḍe] *adv.* along the ਕੰਢਾ
ਕੰਢੇ ਲੱਗਣਾ [kə̃́ḍe ləggəṇa] *v.i.* to reach the bank, across; to reach completion; to achieve one's goal
ਕੰਢੇ ਲਾਉਣਾ [kə̃́ḍe lauṇa] *v.t.* to take one across; to bring to completion or conclusion, shore up; to assist one achieve one's goal
ਕਣ [kəṇ] *n.m.* particle, mote, grit; sweetness (in jaggery); seedlings (collectively); essence, grain; pluck, spirit, vigour; sense of honour
ਕਣਕ [kəṇək] *n.f.* wheat, *Triticum stivum or aestivum;* wheat crop, plant or seed
~ ਖੇਤ ਕੁੜੀ ਪੇਟ ਆ ਜਵਾਈਆ ਮੰਡੇ ਖਾਹ *ph.* counting one's chickens before they are hatched
~ ਦਾ *adj.m.* wheaten
~ ਭਿਨਾ/~ਵੰਨਾ *adj.m.* wheatish, almond-coloured (complexion)
ਕਣਕੂਤ [kəṇkut] *n.f.* estimate of yield from standing crop; also ਕਣਕੱਛ
ਕਣਕੂਤਣਾ [kəṇkutəṇa] *v.t.* to estimate yield
ਕਣੱਖਾ [kəṇəkkha] *adj.m.* squint-eyed
ਕਣੱਖੀਆਂ [kəṇkhiã] *n.f.pl.* leer; sideways glance, looking askance
ਕਣਦਾਰ [kəṇdar] *adj.* (matter) possessing ਕਣ, of good quality
ਕਣਾ [kəṇa] *n.m.* hole at either end of wooden bar of weighing scale; *colloq.* a big drop of rain
ਕਣੀ [kəṇi] *n.f.* rain drop; broken rice (*usu.* pl. ਕਣੀਆਂ); sense of honour; *cf.* ਕਣ
ਕੱਤ [kətt] *v.form.* imperative of ਕੱਤਣਾ,

spin

ਕੱਤ² *n.f.* leather piece, leather washer; cut in the nib of a reed-pen

ਕੰਤ [kə̃t] *n.m.* husband, male spouse

ਕਤਈ [kətəi] *adv.* at all; *usu.* in negative ਕਤਈ ਨਹੀਂ; not at all; *adj.* firm, absolute (decision, resolve)

ਕੱਤਕ [kəttək] *n.m.* eighth month of Bikrami calendar corresponding to October-November

ਕੱਤਣ [kəttəṇ] *n.m.* process of or material for spinning

~ **ਤੁੰਮਣ** *n.m.* spinning and carding

ਕੱਤਣਾ [kəttəṇa] *v.t.* to spin

ਕੱਤਣੀ [kəttəṇi] *n.f.* box or basket of straw for keeping cotton-wool pieces and cops

ਕਤਰ [kətər] *n.f.* clipped piece of cloth/leather or metal sheet; paring, clipping; *v.form.* imperative of ਕਤਰਨਾ, cut

ਕਤਰਨਾ [kətərna] *v.t.* to clip or trim (with scissors)

ਕਤਰਨੀ [kətərni] *n.f.* scissors

ਕਤਰਾ [kətəra] *n.m.* drop

ਕਤਰਾਉਣਾ¹ [kətrauṇa] *v.t.* to get something clipped; to avoid, evade, fudge, dodge, slink, shirk

ਕਤਰਾਈ [kətrai] *n.f.* process of, wages or trimmed for ਕਤਰਾਉਣਾ or ਕਤਰਨਾ

ਕਤਲ [kətəl] *n.m.* murder, assassination, manslaughter

~ **ਕਰਨਾ** *con.v.* to murder, assassinate, slay, behead, kill (human being), commit ਕਤਲ, put to sword

ਕੱਤਲ [kəttəl] *n.f.* splinter (of brick or stone)

ਕਤਲਗਾਹ [kətəlgá] *n.f.* slaughter-house, place of carnage

ਕਤਲੰਮਾ [kətlə̃mma] *n.m.* collop, chop, fillet, steak

ਕਤਲਾਮ [kətlam] *n.m.* massacre, carnage, pogrom, bloodbath, genocide, butchery

ਕਤਵਾਉਣਾ/ਕਤਾਉਣਾ [kətvauṇa/kətauṇa] *v.t.* to get something spun; to assist someone in spinning

ਕਤਵਾਈ/ਕਤਾਈ [kətvai/kətai] *n.f.* process of, wages for ਕੱਤਣਾ or ਕਤਵਾਉਣਾ

ਕਤਾਰ [kətar] *n.f.* line, row, file; queue

~**ਬੰਨ੍ਹਣੀ/~ ਬਣਾਉਣੀ** *con.v.* to fall in ਕਤਾਰ; to form ਕਤਾਰ

ਕਤਾਰੋ ~ *adv.* in rows, in a series

ਕਤੀਰਾ [kətira] *n.m.* scissors used by tinsmith or goldsmith; also ਕਤੀਆ

ਕਤੀਰਾ ਗੂੰਦ [kətira gũd] *n.f.* a gum used medicinally, a kind of tragacanth

ਕਤੂਰਾ [kətura] *n.m.* pup, cur, whelp

ਕੱਥਕ [kətthək] *n.m.* a dance form popular in North India

ਕਥਨ [kəthən] *n.m.* utterance, remark, speech, *esp.* of a wise or holy person, sermon, advice, saying, maxim, dictum

ਕਥਨੀ [kəthəni] *n.f.* same as *prec.;* what is said or professed, profession

~**ਦਾ ਪੂਰਾ** *ph. adj.m.* (man) of his word

ਕਥਾ [kətha] *n.f.* story, fable, fiction, tale, anecdote, plot; sermon, religious discourse, oral exegesis

~ **ਸਾਹਿਤ** *n.m* fiction, fictional literature

~ **ਕਰਨੀ** *con.v.* to deliver sermon or discourse

~ **ਕਾਵਿ** *n.m.* fictional poetry, story in verse, epic

~ **ਵਸਤੂ** *n.f.* plot of ਕਥਾ or play

ਕੱਥਾ [kəttha] *n.m.* catechu, extract of the bark of *Accacia catechu*

ਕਥਾਕਲੀ [kəthakəli] *n.m.* a dance form popular in Kerala

ਕਥਾਕਾਰ [kəthakar] *n.m.* story writer or narrator, exegete

ਕਥਾਕਾਰੀ [kəthakari] *n.f.* art of profession of writing stories or of delivering discourses

ਕਥਾਨਕ [kəthanək] *n.m.* story in brief, plot

ਕਥਾਵਾਚਕ [kəthavacək] *n.m.* narrator of ਕਥਾ

ਕਥਾ ਵਾਰਤਾ [kətha varta] *n.f.* general conversation

ਕਥਿਤ [kəthɪt] *adj.* said, stated, alleged; so-called

ਕਦ [kəd] *adv. dia.* see ਕਦੋਂ, when?

ਕੱਦ [kədd] *n.m.* height; size, stature
~ **ਆਵਰ** *adj.* tall
~ **ਕਾਠ/~ ਬੁੱਤ** *n.m.* physique, bodily structure, stature, constitution
ਕਦਮ [kədəm] *n.m.* step; pace, footstep, footprint
~ **ਉੱਖੜਨਾ** *ph.* to be out of step; to slip, falter, stumble, stagger; to lose balance; to become unsteady; to be defeated, lose ground
~ **ਚੁੱਕਣਾ** *ph.* to take step, commence action, set about
~ **ਟੁੱਟਣਾ** *ph.* to get out of step
~ **ਡਗਮਗਾਉਣਾ** *ph.* to stagger, walk unsteadily
~ **ਤਾਲ** *n.m. command:* mark time
~ **ਮਿਲਾਉਣਾ** *con.v.* to be or march in step
~ **ਵਧਾਉਣਾ** *con.v.* to come forward, move forward, progress (towards); to step out
ਕਦਮੋਂ ਕਦਮੀ [kədəmo kədəmi] *adv.* step by step, gradually, slowly
ਕਦਰ [kədər] *n.f.* value, worth, importance; honour, esteem, respect, deference; appreciation; quantity
~ **ਸ਼ਨਾਸ** *adj.* appreciator, appreciative, just evaluator of merit
~ **ਸ਼ਨਾਸੀ** *n.f.* recognition of merit, appreciativeness
~ **ਕਰਨੀ** *con.v.* to value, appreciate, esteem, respect, honour
~ **ਕੀਮਤ** *n.f.* worth, value; importance
ਕੰਦਰ [kə̃dər] *n.f.* cave, cavern, den
ਕਦਰਦਾਨ [kədərdan] *adj.* same as ਕਦਰਸ਼ਨਾਸ; patron
ਕਦਰਦਾਨੀ [kədərdani] *n.f.* same as ਕਦਰਸ਼ਨਾਸੀ; patronage
ਕਦਰਾਂ [kədrã] *n.f.pl.* (social or moral) values, norms; also ਕਦਰਾਂ ਕੀਮਤਾਂ
ਕੰਦਲਾ [kə̃dla] *n.m. dia.* see ਸਰੀਆ, iron rod
ਕਦਾਮਤਪਸੰਦ [kədamət pəsə̃d] *adj.* traditionalist, conservative
ਕਦਾਮਤਪਸੰਦੀ [kədamət pəsə̃di] *n.f.* traditionalism, conservatism
ਕਦੀ [kədi] *adv.* same as ਕਦੇ, sometimes
ਕਦੀਮ/ਕਦੀਮੀ [kədim/kədimi] *adj.* ancient, old, antique, antiquated, primitive
ਕੰਦੀਲ [kə̃dil] *n.f.* a type of hanging lamp, chandelier
ਕੱਦੂ [kəddu] *n.m.* gourd, pumpkin, cucurbit; *adj. & n.m. slang.* simple, dull, dullard, simpleton, foolish; field prepared for transplantation of paddy seedlings
~ **ਕਰਨਾ** *con.v.* to plough inundated field into soft-mud to prepare it for paddy transplantation
ਕੱਦੂਕਸ਼ [kəddukəs̩] *n.m.* grater
~ **ਕਰਨਾ** *con.v.* to grate (vegetables)
ਕੱਦੂਦਾਣਾ [kəddu daṇa] *n.m.* a small intestinal worm, *Taenia cucurbitana*
ਕਦੂਰਤ [kədurt] *n.f.* malice, ill-will, rancour, enmity, animus, animosity, vindictiveness; impurity, foulness
ਕਦੇ [kəde] *adv.* sometime
~ **ਹੀ** *adv.* hardly, rarely, seldom
~ **ਕਦਾਈਂ/~ ਕਦੇ** *adv.* sometimes, occasionally, now and then, at times, off and on
ਕਦੋਂ [kədõ] *adv.* when?
~ **ਤੋਂ/~ ਦਾ** *adv.* since when? for a long time now
ਕੰਧ [kə̃d] *n.f.* wall; partition; *fig.* formidable obstacle; defence, support
~ **ਕਰਨੀ** *con.v.* to erect a partition
~ **ਚਿੱਤਰ** *n.m.* mural painting, mural
ਕੰਧਾਂ ਦੇ ਵੀ ਕੰਨ ਹੁੰਦੇ ਹਨ *ph.* walls have ears
ਕੰਧਲੀ [kə̃dli] *n.f.* necklace for children
ਕੰਧਾ [kə̃da] *n.m.* shoulder
ਕੰਧਾਂ ਕੋਠੇ/ਕੰਧਾਂ ਕੌਲ਼ੇ [kə̃dã kothe/kə̃dã kɔḷe] *n.m.* buildings, houses, house property
ਕੰਧਾਲਾ [kə̃dàḷa] *n.m.* implement for digging holes in ground or walls
ਕੰਧਾਲ਼ੀ [kə̃dàḷi] *n.f.* long-handled ਕੰਧਾਲ਼ਾ also used as weapon
ਕੰਧਾੜੇ [kə̃dàṛe] *adv.* astride the back, shoulder or neck, piggyback
ਕੰਧੀ [kə̃di] *n.f.* river bank; same as ਕੰਢੀ
ਕੰਧੂਈ [kə̃dùi] *n.f.* darning needle
ਕੰਧੋਲ਼ੀ [kə̃dòḷi] *n.f.* tattered quilt; low wall
ਕੰਨ [kə̃nn] *n.m.* ear, auricle

~ ਸੰਬੰਧੀ *adj.* auricular
~ ਸੁੱਟਣੇ *ph.* to look unwell, depressed, dejected or in low spirit
~ ਸੇਕਣੇ *ph.* to beat, thrash, punish
~ ਹੋ ਜਾਣੇ *ph.* to be warned; to learn a lesson
~ ਕੱਟਣਾ *ph.* to excel in cunning or cleverness
~ ਕਰਨਾ *ph.* to listen, be attentive
~ ਕੁਤਰਨਾ *ph.* same ਕੰਨ ਕੱਟਣਾ
~ ਖੜਿੱਕਾ *n.m.* seemingly important but unclear unintelligible sound; attention towards such or other expected sound
~ ਖੜਿੱਕੇ ਲੈਣਾ *ph.* to try to listen, eavesdrop
~ ਖੜ੍ਹੇ ਹੋਣੇ/~ ਖੜ੍ਹੇ ਕਰਨੇ *ph.* to be alarmed, surprised, prick up one's ears
~ ਖਾਣਾ *ph.* to jar, make noise; to pester
~ ਚੁੱਕਣੇ *ph.* to be alert or attentive
~ ਝਾੜ *n.f.* admonition
~ ਦੀ ਸੋਜ *n.f.* otitis
~ ਦੀ ਮੈਲ਼ *n.f.* ear wax, cerumen
~ ਧਰਨਾ *ph.* to listen to, heed
~ ਨਾ ਹਿਲਾਉਣਾ *ph.* to be submissive, obey without demur
~ ਨਾ ਧਰਨਾ *ph.* to turn a deaf ear to, ignore; to refuse to listen
~ ਪੁੱਟਣੇ *ph.* to twist or pull one's ears, to pull up, balk, baulk, admonish
~ ਭਰਨੇ *ph.* to incite with slander, poison one's ears
~ ਰਸ *n.m.* fondness for listening to gossip
ਕੰਨਾਂ ਤੇ ਹੱਥ ਧਰਨੇ *ph.* to express innocence or ignorance
ਕੰਨਾਂ ਤੇ ਜੂੰ ਨਾ ਸਰਕਣੀ *ph.* to be immune to reason, take no notice of warning or advice
ਕੰਨਾਂ ਦਾ ਕੱਚਾ *adj.m.* credulous, gullible, easily influenced
ਕੰਨੀਂ ਕੱਢਣਾ/ਕੰਨੀ ਪਾਉਣਾ *ph.* to inform; to mention
ਕੰਨੋਂ ~ *adv.* upto the brim
ਕੰਨੋਂ ~ ਖ਼ਬਰ ਨਾ ਹੋਣੀ *ph.* to remain a secret

ਕਨਸਤਰ [kənəstər] *n.m.* canister, tin container
ਕਨਸੋ [kənso] *n.f.* inkling, intimation, information, rumour, hint, overheard information; also ਕਣਸੋ
~ ਲੈਣੀ *con.v.* to get an inkling, overhear, eavesdrop
ਕਨਕ [kənək] *n.m.* gold; *cf.* ਕਣਕ
ਕਨਕੋੜ [kənkoṛ] *n.f.* same as ਕੰਗਰੋੜ, spine
ਕੰਨਖਜੂਰਾ [kənkhəjura] *n.m.* centipede, millipede
ਕਨਟੋਪ [kənṭop] *n.m.* hood
ਕੰਨਪਾਟਾ [kə̃nnpaṭa] *adj.m.* with pierced ears; *n.m.* a mendicant sect
ਕਨਪੇੜਾ [kənpeṛa] *n.m.* swelling behind the ears, mumps
ਕੰਨ੍ਹ [kə̃nn] *n.m.* part of ox's neck bearing the yoke, withers
ਕੰਨ੍ਹਾ [kə̃nna] *n.m.* same as *prec.*; shoulder
~ ਡਾਹੁਣਾ/~ ਦੇਣਾ *ph.* to put one's shoulder to, take on, undertake, assist in (a difficult task)
ਕੰਨਾ [kə̃nna] *n.m.* vowel symbol 'ਾ' for alongated /a/
ਕਨਾਇਤ [kənaɪt] *n.f.* contentment, satisfaction, patience
~ ਕਰਨੀ *con.v.* to be contented, content, satisfied, patient
ਕਨਾਤ [kənat] *n.f.* tent-wall
ਕਨਾਤਰਾ [kənatəra] *n.m.* tip of horse's ear; also ਕਨੌਤਰਾ
ਕਨਾਰ [kənar] *n.m.* a disease of horses causing swelling under the jaw and a running nose
ਕਨਾਰੀ [kənari] *n.f.* same as ਕਿਨਾਰੀ, hem
ਕਨਾਲ [kənal] *n.f.* a unit of a land area, one eighth of an acre
ਕੰਨਿਆਂ [kə̃nnɪã] *n.f.* girl, maiden, lass, maid, virgin; daughter
~ ਦਾਨ *n.m* giving away one's daughter in marriage
~ ਰਾਸ਼ੀ *n.f.* the zodiacal sign Virgo
ਕੰਨੀ¹ [kə̃nni] *n.f.* end, edge, hem, border of cloth or garment, frill, fringe
~ ਕਤਰਾਉਣਾ *ph.* to avoid, evade, shirk, refrain

ਕੰਨੀ[2] *adv.* towards, on the side of, in the direction of; in, by or with ears; *cf.* ਕੰਨ
~ ਬੁੱਜੇ ਆਉਣੇ *ph.* to become hard of hearing, be deaf temporarily
~ ਬੁੱਜੇ ਦੇਣਾ *ph.* to ignore, not to listen, pretend not to hear
ਕਨੀਜ਼ [kəniz] *n.f.* slave girl, maid servant, maid, concubine
ਕਨੂਣੀ [kənuṇi] *n.f.* lobe of ear, the external ear
ਕਨੂੰਨ [kənũn] *n.m.* law; legislation; statute, canon, rule, regulation
~ ਅਨੁਸਾਰ *adj.* legal, lawful, de jure
~ ਸੰਬੰਧੀ *adj.* legal; forensic
~ ਸੰਬੰਧੀ ਡਾਕਟਰੀ ਵਿਗਿਆਨ *ph.* forensic medicine
~ ਛਾਂਟਣਾ *ph.* to argue unnecessarily, pettifog
~ ਬਣਾਉਣਾ *con.v.* to legislate, make law, enact or lay down rules or regulations
~ ਵਿਗਿਆਨ *n.m.* jurisprudence
~ ਵਿਰੁੱਧ *adj.* illegal, unlawful
ਕਨੂੰਨਸਾਜ਼ [kənũnsaz] *n.m.* law maker, legislator; *adj.* legislative
ਕਨੂੰਨਸਾਜ਼ੀ [kənũnsazi] *n.f.* legislation
ਕਨੂੰਨਦਾਨ [kənũndan] *n.m.* jurist, lawyer, legal expert
ਕਨੂੰਨਨ [kənũnən] *adv.* according to or as per law
ਕਨੂੰਨੀ [kənũni] *adj.* legal, lawful, legitimate, de jure; pettifogger
ਕਨੂਲੀ [kənuli] *n.f.* cavity of the ear, auricular meatus
ਕਨੇਡਾ [kəneḍa] *n.m.* Canada
ਕਨੇਡੂ [kəneḍu] *n.m.* same as ਕੰਨਪੇੜਾ
ਕਨੇਰ [kəner] *n.f.* oleander, *Nerium oleander, Narium Odorum, Narium indicum*
ਕਨੌੜਾ [kənɔṛa] *n.m.* vowel symbol ' ੌ ' for dipthong /ɔ/
ਕੱਪ[1] [kəpp] *n.m.* cup
ਕੱਪ[2] *v.form.* imperative of ਕੱਪਣਾ, cut
ਕਪਕਪੀ [kəpkəpi] *n.f.* shiver, tremble
~ ਲੱਗਣੀ *con.v.* to shiver, tremble
ਕਪਟ [kəpəṭ] *n.m.* deceit, fraud, guile, ruse, trick, trickery, treachery, feint, artifice, hypocrisy, duplicity, wile, wiliness, insincerity
~ ਕਰਨਾ *con.v.* to commit or practise ਕਪਟ, to wile, beguile, trick, deceive, defraud, to have recourse to ਕਪਟ
ਕਪਟਤਾ [kəpəṭəta] *n.f.* same as ਕਪਟ; deceitfulness
ਕਪਟੀ [kəpṭi] *adj.* deceitful, guileful, wily, insincere, treacherous, disingeuous, false, crafty, artful
ਕੱਪਣਾ [kəppṇa] *v.t.* to cut, sever, chop
ਕੰਪਣੀ [kə̃pəṇi] *n.f.* company
ਕਪਤਾਨ [kəptan] *n.m.* captain
ਕੱਪਰ [kəppər] *n.m.* hard clayey soil or such tract of land, steep river bank
ਕਪਰੀ/ਕਪਰੀਲੀ [kəpəri/kəprili] *adj.f.* clayey (land or soil)
ਕੱਪੜ [kəppəṛ] *n.m.* a large quantity or heap of cloth or clothes
~ ਹਾਨ *n.f.* smell of burning cloth
~ ਛਾਣ *adj.* sieved through cloth
~ ਧੜੀ *n.f.* heap of clothes, also ਕਪੜਾਂਧ
ਕੱਪੜਾ [kəppəṛa] *n.m.* cloth, fabric, textile; clothes, garment, clothing, dress, apparel, vestment, piece of cloth, cloth piece
~ ਲੱਤਾ *n.m.* articles of wear, clothing
ਕੱਪੜਿਆਂ ਤੋਂ ਬਾਹਰ ਹੋ ਜਾਣਾ *ph.* to be angry, enraged, furious
ਕੱਪੜੇ ਪਾਉਣੇ *con.v.* to put on clothes, dress up
ਕੱਪੜੇ ਬਦਲਨਾ *con.v.* to change dress
ਕੱਪੜੇ ਲਾਹੁਣਾ *ph. fig.* to fleece, strip of money or property; to overcharge or underpay, to swindle, cheat; *lit.* to take off clothes, undress
ਕੱਪੜੇ ਲਾਹੁਣੇ *con.v.* to take off clothes, undress, strip, denude
ਕੱਪੜੇ [kəppəṛe] *n.m. pl.* menses, menstruation, menstrual discharge
~ ਆਉਣੇ *con.v.* to have menses, to menstruate
ਕੰਪਾਸ [kə̃pas] *n.m.* compass
ਕੰਪਾਸਟ [kə̃past] *n.m.* compost, organic manure
ਕਪਾਹ [kəpá] *n.f.* cotton, cotton crop

~ ਚੁਗਣੀ *con.v.* to pick cotton
~ ਪਿੰਜਣੀ *con.v.* to card cotton
~ ਵੇਲਣੀ/ *con.v.* to gin cotton *esp.* with a hand-operated contrivance; *cf.* ਵੇਲਣਾ
ਕਪਾਹੀ [kəpái] *adj.* pale, yellow
ਕਪਾਟ [kəpaṭ] *n.m.* door leaf, screen
~ ਖੁੱਲ੍ਹਣੇ *ph.* for door to open, *fig.* to realize, to understand
ਕਪਾਲ [kəpal] *n.m.* head, skull, cranium
~ ਕਿਰਿਆ *n.f.* Hindu ceremony of breaking the skull of a burning corpse
ਕਪੁੱਤ/ਕਪੁੱਤਰ [kəputt/kəputtər] *n.m.* unworthy, undutiful, or degenerate son; *cf.* ਪੁੱਤ and ਸਪੁੱਤਰ
ਕਪੂਰ [kəpur] *n.m.* camphor, often ਮੁਸ਼ਕ ਕਪੂਰ
ਕਪੂਰਾ [kəpura] *n.m.* testicle or kidney of male goat *usu. pl.* ਗੁਰਦੇ ਕਪੂਰੇ testes and kidneys
ਕੰਪੋਡਰ [kə̃poḍər] *n.m.* compounder, pharmacist, dispenser
ਕੰਪੌਡਰੀ [kə̃poḍəri] *n.f.* job or post of a ਕੰਪੋਡਰ
ਕਫ਼ [kəf] *n.f.* cuff; cough, phlegm, catarrh, rheum
~ ਨਾਸ਼ਕ *adj.* antiphlegmatic
ਕਫ਼ਸ [kəfəs] *n.m.* cage
ਕਫ਼ਨ [kəfən] *n.m.* coffin, shroud
~ ਦੀ ਚਾਦਰ *n.f.* pall
ਕਫ਼ਨਾਉਣਾ [kəfnauṇa] *v.t.* to shroud (a corpse)
ਕਫ਼ਨੀ [kəfni] *n.f.* long loose garment worn by certain holymen and mendicants
ਕਫ਼ਾਇਤ [kəfaɪt] *n.f.* economy, thrift, frugality
~ ਕਰਨੀ *con.v.* to exercise ਕਫ਼ਾਇਤ, economise
~ ਸ਼ੁਆਰ *adj.* thrifty, frugal, economiser
~ ਸ਼ੁਆਰੀ *n.f.* thriftiness, frugalness, thrift, economy, frugality
ਕਫ਼ਾਇਤੀ [kəfaɪti] *adj.* economical, cheap
ਕਫ਼ਾਰਾ [kəfara] *n.m.* atonement, expiation
ਕਫ਼ੂਰ [kəfur] *n.m.* same as ਕਪੂਰ
~ ਹੋ ਜਾਣਾ *ph.* to evaporate; to disappear
ਕੱਬ [kəbb] *n.m.* crookedness, pugnacity, quarrelsomeness, pertness, impertinence, provocative or offensive act
ਕੰਬ [kə̃b] *v.form.* nominative/imperative of ਕੰਬਣਾ
ਕੰਬਖਤ [kə̃bəkhət] *adj.* unfortunate, unlucky, ill-fated, wretched, poor fellow, (as a mild rebuke)
ਕੰਬਖਤੀ [kə̃bəkhti] *n.f.* misfortune, wretchedness, adversity
ਕਬਜ਼ [kəbəz] *n.f.* constipation, costiveness
ਕਬਜ਼ ਕੁਸ਼ਾ [kəbəz-kuṣa] *adj.* laxative, purgative, aprient, digestive
ਕਬਜ਼ਾ [kəbza] *n.m.* possession, occupation, holding; seizure; hilt, handle, grip (of sword, dagger, etc.); hinge
~ ਕਰਨਾ *con.v.* to occupy, hold, possess, seize; conquer
~ ਜਮਾਉਣਾ *con.v.* to assert right of ਕਬਜ਼ਾ, consolidate possession, hold firmly
ਕਬਜ਼ੇ ਹੇਠ *adj. & adv.* in possession, under occupation
ਕਬਜ਼ੀ [kəbzi] *adj.* constipating, causing costiveness
ਕਬਜ਼ੇਦਾਰ [kəbzedar] *adj.* fixed with hinges, movable
ਕੱਬਪੁਣਾ [kəbbpuṇa] *n.m.* pugnacious nature or behaviour, cantankerousness
~ ਕਰਨਾ *con.v.* to behave pugnaciously, offensively
ਕਬੱਡੀ [kəbəḍḍi] *n.f.* an Indian team game of strength and agility; also ਕੌਡੀ
ਕੰਬਣਾ [kə̃bəṇa] *v.i.* to tremble, shiver, quiver, shake, vibrate, shudder
ਕੰਬਣੀ [kə̃bəṇi] *n.f.* trembling motion, tremble, shiver, tremolo, vibration, shudder, tremor, trepidation
~ ਛਿੜਨੀ *con.v.* to begin to tremble, shiver, shudder
ਕਬਰ [kəbər] *n.f.* grave, burial vault, tomb, sepulchre
ਕਬਰਸਤਾਨ [kəbərəstan] *n.m.* graveyard, cemetery, burial ground

ਕਬਰਾ [kəbra] *adj.m.* spotted, of variegated colours; brown or blue-eyed

ਕਬਲ [kəbəl] *adv.* before, prior to, previously, earlier

ਕੰਬਲ਼ [kə̃bəḷ] *n.m.* blanket, woollen wrap

ਕਬਾ [kəba] *n.m.* a type of loose gown

ਕੱਬਾ [kəbba] *adj.m.* pugnacious, quarrelsome, blusterer, bully, cantankerous

ਕੰਬਾਉਣਾ [kə̃bauṇa] *v.t.* to cause one to tremble or shiver

ਕਬਾਇਲੀ [kəbaıli] *adj.* tribal; *n.m.* tribesman; *pl.* the tribals

ਕੰਬਾਈਨ [kə̃bain] *n.f.* harvester combine

ਕਬਾਬ [kəbab] *n.m.* meat minced and roasted on skewers, kebab

ਕਬਾਬੀ [kəbabi] *adj.* (one) who makes, sells or eats kebab

ਕਬਾੜ [kəbaṛ] *n.m.* junk, discarded articles (collectively)

ਕਬਾੜਖਾਨਾ [kəbaṛkhana] *n.m.* junk-store, junk-shop

ਕਬਾੜੀ/ਕਬਾੜੀਆ [kəbaṛi/kəbaṛia] *n.m.* dealer in ਕਬਾੜ or in second hand, old goods

ਕਬਿੱਤ [kəbıtt] *n.m.* a verse form; stanza composed in this meter

ਕਬੀਰਪੰਥੀ [kəbir pənthi] *n.m. & adj.* followers of Kabir a fifteenth century saint, pertaining to ਕਬੀਰ ਪੰਥ, the sect named after ਕਬੀਰ

ਕਬੀਲਦਾਰ [kəbildar] *n.m.* married man with a family, head of a family, householder

ਕਬੀਲਾ [kəbila] *n.m.* tribe, clan; family, house, household

ਕਬੁੱਧ [kəbύdd] *n.f.* perverted or retarded intelligence, foolishness, stupidity; *adj.* perverted, foolish, stupid

ਕਬੁੱਧਾ [kəbύdda] *adj.m.* (person) with ਕਬੁੱਧ, depraved, stupid

ਕਬੂਤਰ [kəbutər] *n.m.* pigeon, turbit

ਕਬੂਤਰਖਾਨਾ [kəbutərkhana] *n.m.* pigeonhouse, loft, dovecote; *slang.* disarranged place or state

ਕਬੂਤਰਬਾਜ਼ [kəbutərbaz] *n.m.* pigeonfancier

ਕਬੂਤਰਬਾਜ਼ੀ [kəbutərbazi] *n.f.* rearing and taming of pigeons

ਕਬੂਤਰੀ [kəbutəri] *n.f.* female pigeon; *informal.* beautiful woman

ਕਬੂਲ [kəbul] *adj.* accepted, acknowledged, owned, confessed, admitted

~ ਨਾ ਕਰਨਾ *con.v.* to disown, deny, refuse to accept

ਕਬੂਲਣਾ [kəbuləṇa] *v.t.* to accept, acknowledge, own, confess, admit; also ਕਬੂਲ ਕਰਨਾ

ਕਬੂਲੀਅਤ [kəbuliət] *n.f.* acceptance

ਕਮ [kəm] *adj.* same as ਥੋੜ੍ਹਾ, little, less, *pref.* indicating little or less

~ ਅਜ਼ ਕਮ *adv.* at least

ਕੰਮ [kə̃mm] *n.m.* work, job, task, business,service, employment, occupation; duty, act, action; purpose, use

~ ਆਉਣਾ *ph.* to be used or be of use, be useful or helpful; to be killed or martyred

~ ਸਾਰਨਾ *ph.* to make do; to serve one's purpose; *con.v.* to serve another's purpose, help

~ ਸਾਰੂ *adj.* makeshift, adhoc

~ ਕੱਢਣਾ *ph.* to have one's purpose served, get one's job done

~ ਕਰਨਾ *con.v.* to work, labour, serve; to be employed, occupied, busy; to do own or another's job

~ ਕਾਜ/~ ਕਾਰ *n.m.* business, occuption, service, employment

~ ਚਲਾਊ *adj.* same as ਕੰਮ ਸਾਰੂ

~ ਚੋਰ/ਕਮਚੋਰ *adj.* same as ਕਮਕੋਸ, shirker

~ ਦਾ *adj.m.* useful, of use

~ ਧੰਧਾ *n.m.* same as ਕੰਮ ਕਾਜ

~ ਪਿਆਰਾ, ਚੰਮ ਪਿਆਰਾ ਨਹੀਂ *ph.* handsome is who handsome does

~ ਬਣਾਉਣਾ *ph.* to manage, contrive

ਕਮ ਉਮਰ [kəm umər] *adj.* young

ਕਮ ਅਕਲ [kəm əkəl] *adj.* stupid, foolish

ਕਮ ਅਕਲੀ [kəm əkli] *n.f.* stupidity, foolishness

ਕਮਸਿਨ [kəmsın] *adj.* young, minor, child

ਕਮਸਿਨੀ [kəmsini] *n.f.* young or tender age, minority, childhood

ਕਮਕੋਸ [kəmkos] *adj.* idler, shirker, malingerer; slow, tardy, sluggish; lazy, slack

ਕਮਖਰਚ [kəmkhərc] *adj.* frugal, parsimonius

ਕਮਖਰਚੀ [kəmkhərci] *n.f.* frugality, parsimony, economy

ਕਮਜ਼ਾਤ [kəmzat] *adj.* of low birth or caste, mean, base, ignoble

ਕਮਜ਼ੋਰ [kəmzor] *adj.* weak, feeble, infirm, decrepit; tenuous, fragile, impotent; lackadaisical

~ ਕਰਨਾ *con.v.* to weaken, enfeeble; debilitate; to attenuate

ਕਮਜ਼ੋਰੀ [kəmzori] *n.f.* weakness, feebleness, infirmity, debility, fragility; impotence; tender spot, Achilles heel; hyposthenia

ਕੰਮਣੀ [kə̃mməṇi] *n.f. colloq.* see ਕੰਬਣੀ

ਕਮਤਰ [kəmtər] *adj.* less, inferior

ਕਮਤਰੀ [kəmtəri] *n.f.* inferiority

~ ਦਾ ਇਹਸਾਸ *ph.* inferiority complex

ਕਮੰਦ [kəmə̃d] *n.m.* climbing or scaling rope

ਕਮਦਿਲ [kəmdɪl] *adj.* coward, timid

ਕਮਦਿਲਾ [kəmdɪla] *adj.m.* timorous, pusillanimous, faint-hearted, chicken-hearted

ਕਮਦਿਲੀ [kəmdɪli] *n.f.* cowardice, timidity, pusillanimity

ਕਮਰ [kəmər] *n.f.* waist, middle, loins, lumbar

~ ਕੱਸਣੀ *ph.* to gird up one's loins, tighten one's belt, be ready for a task

~ ਟੁੱਟਣੀ *ph.* to be disappointed, disheartened

~ ਤੋੜ *adj.* back-breaking, arduous, exhausting

~ਬਸਤਾ *adj.* ready, all set, prepared

ਕਮਰਕੱਸ [kəmərkəss] *n.f.* a medicinal gum

ਕਮਰਕੱਸਾ/ਕਮਰਬੰਦ [kəmərkəssa/kəmərbə̃d] *n.m.* girdle, waistband, belt

ਕਮਰਖ[1] [kəmrəkh] *n.m.* name of a tree and its fruit, *Averrhoa carambola;* cambric

ਕਮਰਾ [kəmra] *n.m.* room, small hall, chamber; closet; apartment

ਕਮਰੋੜ [kəmroṛ] *n.f. colloq.* see ਕੰਗਰੋੜ spine

ਕਮਲ [kəməl] *n.m.* lotus

~ ਨੈਣ/~ ਨੈਣੀ *adj./adj.f.* lotus-eyed, (woman) having beautiful eyes

ਕਮਲ਼ [kəməḷ] *n.m.* madness, insanity, craziness, craze, lunacy, mental derangement, mania, dementia

~ ਕੁੱਜਾ *adj.* simpleton, half-witted, foolish, stupid

~ ਕੁੱਟਣਾ/~ ਖਿਲਾਰਨਾ *ph.* to act, talk or behave foolishly

~ ਪੈਣਾ *ph.* to get nervous, jittery, annoyed, confused (as when having too many things to attend to at the same time or in a hurry)

ਕਮਲ਼ਾ [kəmḷa] *adj.m.* mad, insane, crazy, lunatic, mentally deranged, demented; foolish, simpleton

~ ਰਮਲ਼ਾ/ਕਮਲ਼ੀ ਰਮਲ਼ੀ *adj.m./adj.f.* simpleton, half-witted

ਕਮਲ਼ੀਆਂ ਰਮਲ਼ੀਆਂ *adj.f.pl.* of *prec.; n.f.pl.* foolish, nonsensical talk

ਕਮਾ [kəma] *v.form.* imperative of ਕਮਾਉਣਾ, earn

ਕਮਾਉਣਾ [kəmauṇa] *v.i.t.* to earn, make money or profit; to work; to dress (hide, leather); to knead (mud for making pottery); to develop one's physique through exercise into a muscular body

ਕਮਾਊ [kəmau] *adj.* earning, earner, bread-winner, working, hard-working, industrious

ਕਮਾਈ [kəmai] *n.f.* earnings, wages, profits, gain, savings; industriousness, industry, hardwork; achievements

~ ਕਰਨੀ *con.v.* to earn, make profit; to achieve something; to work hard, toil

ਕਮਾਂਡ [kəmãḍ] *n.f.* command

ਕਮਾਂਡਰ [kəmãḍər] *n.m.* commander

ਕਮਾਦ [kəmad] *n.m.* sugarcane, *Saccharum afficinarum*

ਕਮਾਨ [kəman] *n.f.* bow; command

~ ਅਫ਼ਸਰ *n.m.* commanding officer, commandant

ਕਮਾਨੀ [kəmani] *n.f.* spring, roadspring; bracket

ਕਮਾਨੀਦਾਰ *adj.* fitted with ਕਮਾਨੀ, arcuate
ਕਮਾਲ [kəmal] *n.m.* wonder, marvel, feat of skill or strength; excellence, perfection; adroitness, mastery; artistic masterpiece
~ ਕਰਨਾ/~ਕਰ ਵਿਖਾਉਣਾ *ph.* to work wonders, do something unusual or unexpected
~ ਦਾ *adj.m.* wonderful, excellent, superb, marvellous
ਕਮਿਸ਼ਨ [kəmɪṣən] *n.m.* commission; discount; commissioned rank *esp.* in armed services
ਕਮੀ [kəmi] *n.f.* lack, want, paucity shortage, decrement, decrease, deficiency, shortfall; absence; loss, deficit
~ ਕਰਨਾ *con.v.* to decrease, lessen, bring down
ਕੰਮੀ¹ [kə̃mmi] *n.f.* water-lily, lily, asphodel, blue-lotus
ਕੰਮੀ² *n.m.* menial, low-class craftsman or workman (in village community)
~ ਕਮੀਣ *n.m. pl.* menials collectively
ਕਮੀਜ਼ [kəmiz] *n.f.* shirt
ਕਮੀਣ [kəmiṇ] *n.m.* same as ਕੰਮੀ²; *adj.* mean, low-born; same as ਕਮੀਨਾ
ਕਮੀਨਗੀ [kəmingi] *n.f.* meanness, baseness
ਕਮੀਨਾ [kəmina] *adj.m.* mean, base, low, ignoble, abject, debased, immoral, sordid
ਕਮੀਨਾਪਣ [kəminapəṇ] *n.m.* lowness, ignobleness, ignobility, skullduggery
ਕਮੀਲਾ [kəmila] *n.m.* name of a shrub, *Rottleva tinctoria;* vermifuge made from it
ਕਮੇਟੀ [kəmeṭi] *n.f.* committee; a kind of co-operative financing or mutual funding
ਕਮੋਡ [kəmoḍ] *n.m.* commode
ਕਮੌਤ [kəmɔt] *n.f.* undeserved or unnatural death
ਕਰ¹ [kər] *n.m.* tax, toll, levy, duty, custom, fee, impost; see ਹੱਥ
~ ਛੋਟ *n.f.* exemption from or reduction in tax
~ ਦਾਤਾ *n.m.* tax-payer, assessee
~ ਮੁਕਤ *adj.* tax-free
~ ਯੋਗ *adj.* taxable
~ ਰਹਿਤ *adj.* same as ਕਰ ਮੁਕਤ
ਕਰ² *n.f.* dandruff
ਕਰ³ *v.form.* imperative of ਕਰਨਾ, do
ਕਰੰਸੀ [kərə̃si] *n.f.* currency (money)
ਕਰਹਿਤ [kərét] *n.f.* dislike, loathing, disgust, repugnance, abomination, detestation; nausea; *cf.* ਕੁਰਹਿਤ
~ ਆਉਣੀ/~ ਕਰਨੀ *con.v.* to feel ਕਰਹਿਤ, to dislike, loath, detest
ਕਰਕ [kərək] *n.f.* shooting pain, stinging pain, pang; (the zodiac sign) Cancer
~ ਰੇਖਾ *n.f.* tropic of Cancer
ਕਰੰਗ [kərə̃g] *n.m.* skeleton
ਕਰਘ [kárg] *n.f.* tightening cord of drum
ਕਰਘਾ [kárga] *n.m.* weaver's loom, handloom
ਕਰਚ [kərc] *n.f.* crunch
~ ~ ਕਰਨਾ *con.v.* to crunch, munch; to gnash
ਕਰਜ਼/ਕਰਜ਼ਾ [kərz/kərza] *n.m.* debt, loan, borrowing, credit
~ ਉਤਾਰਨਾ *ph.* see ਕਰਜ਼ ਲਾਹੁਣਾ
~ ਚੁਕਾਉਣਾ *ph.* see ਕਰਜ਼ ਲਾਹੁਣਾ
~ ਦੇਣਾ *v.t.* to lend, give on credit; to loan
~ ਲਾਹੁਣਾ *v.t.* to repay, pay back, clear, discharge, liquidate ਕਰਜ਼
~ ਲੈਣਾ *v.t.* to borrow, take a loan
ਕਰਜ਼ਖਾਹ [kərzkhá] *n.m.* debtor, borrower, desirous of or applicant for ਕਰਜ਼
ਕਰਜ਼ਦਾਰ [kərzdar] *adj. & n.m.* debtor; indebted
ਕਰਜ਼ਦਾਰੀ [kərzdari] *n.f.* indebtedness
ਕਰਜ਼ਾਈ [kərzai] *adj.* under debt, indebted, loanee; *n.m.* debtor
ਕਰੰਟ [kərə̃ṭ] *n.m.* electric current or shock
~ ਲੱਗਣਾ *con.v.* to be struck by ਕਰੰਟ
ਕਰੰਡ [kərə̃ḍ] *n.f.* formation of hard crust on ploughed or sown field caused by rain
ਕਰੰਡਣਾ [kərə̃ḍəṇa] *v.t.* to cause ਕਰੰਡ
ਕਰੰਡਿਆ [kərə̃ḍɪa] *adj.m.* (field) affected by ਕਰੰਡ
ਕਰੰਡੀ [kərə̃ḍi] *n.f.* trowel; a type of cloth

ਕਰਤਬ [kərtəb] *n.m.* feat, performance or show of skill; jugglery; acrobatics; see ਕਰਤੱਵ

ਕਰਤਬੀ [kərtəbi] *adj.m.* performer of ਕਰਤਬ; clever, ingenious, trickster; resourceful

ਕਰਤਰੀਵਾਚ [kərtərivac] *n.m.* active voice

ਕਰਤੱਵ [kərtəvv] *n.m.* duty

ਕਰਤਾ [kərta] *n.m.* doer, maker; author, composer, creator; God; *gr.* subject

~ **ਕਾਰਕ** *n.m.* subjective or nominative case

~ **ਧਰਤਾ** *adj. & n.m.* (one) in exclusive control, all in all, boss, one at the helm of affairs

~ **ਪੁਰਖ** *n.m.* the Lord Creator, God

~ **ਵਾਚੀ** *adj.* pertaining to subject

ਕਰਤੂਤ [kərtut] *n.f.* misdeed, mischief; trick, prank, frolic

~ **ਕਰਨੀ**/~ **ਘੋਲ਼ਨੀ** *ph.* to commit ਕਰਤੂਤ

ਕਰਦ [kərd] *n.f.* kitchen knife, knife with fixed blade; small, symbolic sword, snickersnee

ਕਰਨ [kərən] *n.m.* see ਕੰਨ, ear; verbal noun from ਕਰਨਾ, doing, action, performance; citron, *Citrus medica geom.* hypotenuse

~ **ਕਾਰਕ** *n.m.* instrumental case

~ **ਕਾਰਨ** *n.m.* cause of all action, cause of causes, first cause, an attribute of God

ਕਰਨਹਾਰ [kərnhar] *adj. n.m.* doer, creator, God

ਕਰਨਲ [kərnəl] *n.m.* same as ਕਰਨੈਲ

ਕਰਨਾ [kərna] *v.i.t.* to do, act, perform; *aux.v.* to show wont or practice (as in ਪੀਆ ਕਰਦਾ used to drink or usually drank)

ਕਰਨੀ [kərni] *n.f.* deeds, actions, conduct, practice

~ **ਭਰਨੀ** *n.f.* consequence of one's ਕਰਨੀ; requital, result, effect of one's deeds, retribution; nature's principle of cause and effect

ਕਰਨੈਲ [kərnɛl] *n.m.* colonel

ਕਰਨੈਲੀ [kərnɛli] *n.f.* colonelship

ਕਰਮ[1] [kərm] *n.m.* act, action, deed; occupation, business; activity; fate, fortune, luck, destiny; object grace; mercy, compassion, kindness, benignity, favour, benevolence

~ **ਇੰਦਰੀ** *n.f.* organ of action

~ **ਹੀਨ** *adj.* unfortunate, unlucky

~ **ਕਰਨਾ** *con.v.* to treat with ਕਰਮ, bestow ਕਰਮ

~ **ਕਾਂਡ** *n.m.* ritualism, rituals

~ **ਕਾਂਡੀ** *adj.* ritualist, ritualistic; *n.m.* one who performs rituals believing in their efficacy for wish fulfilment or liberation

~ **ਖੇਤਰ** *n.m.* field of action, sphere of activity

~ **ਧਰਮ** *n.m.* religious belief and practice, orthodoxy

~ **ਫਲ** *n.m.* consequence, reward or punishment for action

~ **ਮਾਰਗ**/~ **ਯੋਗ** *n.m.* a branch of yoga advocating realisation of bliss through purification of mind by honest and sincere performance of one's religious and social duties

~ **ਰੇਖਾ** *n.f.* line of fate

ਕਰਮਾਂ ਮਾਰਿਆ *adj.m.* stricken by fate, unfortunate

ਕਰਮਾਂ ਵਾਲ਼ਾ *adj.m.* fortunate, lucky

~ **ਕਾਰਕ** *n.m.* objective or accusative case

ਕਰਮਵਾਚੀ ਕਿਰਿਆ *n.f.* verb used as noun in objective case, gerund

ਕਰਮ[2] *n.f.* a unit of land measurement equal to two paces, about 5.5 feet

ਕਰਮਸ਼ੀਲ [kərəmşil] *adj.* industrious, active, energetic

ਕਰਮਚਾਰੀ [kərəmcari] *n.m.* employee, servant, worker, official (*usu.* of lower grade as opposed to ਅਧਿਕਾਰੀ officer)

ਕਰਮੰਡਲ [kərmə̃ḍəl] *n.m.* water container with top handle

ਕਰਮਣੀ [kərməṇi] *adj. gr.* verbal

~ **ਕਿਰਿਆ** *n.f.* transitive verb

~ **ਵਾਚ** *n.m.* passive voice

ਕਰਮਵਾਦ [kərəmvad] *n.m.* philosophy of action and its consequence

ਕਰਵਟ [kərvəṭ] *n.f.* turn of body (while

sleeping or lying down); side
~ ਬਦਲਨੀ/~ ਭਰਨੀ/~ ਲੈਣੀ *v.i.* to turn side, to turn sideways, to turn on one's side
ਕਰਵਾ [kərva] *n.m.* water-vessel with spout; *cf.* ਗੜਵਾ
ਕਰਵਾਉਣਾ [kərvauṇa] *v.t.* same as ਕਰਾਉਣਾ, to have something done
ਕਰਵਾ ਚੌਥ [kərva cɔth] *n.f.* day of fasting observed by Hindu married woman for the sake of their husband's long life and well-being
ਕਰੜ ਬਰੜ/ਕਰੜ ਬਰੜਾ [kərəṛ bərəṛ/kərəṛ bərəṛa] *adj./adj.m.* greying (hair) or (person) with hair greying
ਕਰੜਾ [kərəṛa] *adj.m.* tough, hard, adamantine, stiff; tight; difficult, arduous; severe, strict, stern, drastic, harsh; dry, stony, strong
ਕਰੜਾਈ [kərəṛai] *n.f.* toughness, hardness, stiffness; tightness; arduousness; security, strictness, harshness, sternness
ਕਰ੍ਹਾ [kə́ra] *n.m.* powdered or fragmented remains of a pile of cow-dung cakes or dung-hill
ਕਰਾ [kəra] *v.form.* imperative of ਕਰਾਉਣਾ, get (this) done
ਕਰਾਉਣਾ [kərauṇa] *v.t.* to get or have (something) done; to assist in doing something
ਕਰਾਇਆ¹ [kəraɪa] *n.m.* rent; fare; hire or transportation charges, freight
ਕਰਾਇਆ² *v.form.* past tense of ਕਰਾਉਣਾ, got done
ਕਰਾਏਦਾਰ [kəraedar] *n.m.* tenant, hirer, lodger
ਕਰਾਏਦਾਰੀ [kəraedari] *n.f.* tenancy
ਕਰਾਏਨਾਮਾ [kəraenama] *n.m.* written agreement or deed of ਕਰਾਇਆ¹
ਕਰਾਹ/ਕਰਾਹਾ [kərá/kəraha] *n.m.* an agricultural implement for scraping and levelling fields
ਕਰਾਹੁਣਾ [kəráuṇa] *v.t.* to level with ਕਰਾਹ; also ਕਰਾਹ ਮਾਰਨਾ
ਕਰਾਂਤੀ [kərãti] *n.f.* same as ਕ੍ਰਾਂਤੀ, revolution
ਕਰਾਮਾਤ [kəramat] *n.f.* miracle, wondrous feat, supernatural happening, marvel, wonder; magic; thaumaturgy
~ਸੰਬੰਧੀ *adj.* thaumaturgic, thaumaturgical
~ਕਰਨੀ *con.v.* to work or make miracle
ਕਰਾਮਾਤਾਂ ਦਾ ਅਧਿਐਨ *ph.* thaumatology
ਕਰਾਮਾਤਾਂ ਦਾ ਪਰਦਰਸ਼ਨ *ph.* thaumaturgy, miracle making
ਕਰਾਮਾਤੀ [kəramati] *adj.* miraculous, thaumaturgic *n.m.* miracle-maker, thaumaturge
ਕਰਾਰ [kərar] *n.m. colloq.* see ਇਕਰਾਰ, promise; mental calm, stability or satisfaction; tranquillity, calmness
~ਆਉਣਾ *con.v.* to have or achieve ਕਰਾਰ
ਕਰਾਰਾ [kərara] *adj.m.* spicy, saltish; crisp; piquant; hard, deep, severe (blow or injury)
ਕਰਾੜ [kəraṛ] *n.m.* Hindu money-lender, petty shop-keeper or businessman
ਕਰਾੜਪੁਣਾ [kəraṛpuṇa] *n.m.* behaviour, character typical of a ਕਰਾੜ; stinginess, meanness
ਕਰਾੜੀ¹ [kəraṛi] *n.f.* same as ਕਰਾੜ; a kind of weed
ਕਰਿਆਨਾ [kərɪana] *n.m.* provisions, grocery; change in small coins
~ ਫ਼ਰੋਸ਼ *n.m.* seller of ਕਰਿਆਨਾ, grocer
ਕਰਿਸ਼ਮਾ [kərɪşma] *n.m.* same as ਕਰਾਮਾਤ, miracle
ਕਰਿੰਘੜੀ [kərĩgəṛi] *n.f.* hands held with entwined fingers
~ ਪਾਉਣੀ *con.v.* to hold or grasp hands with fingers entwined
ਕਰਿੱਝ [kəríjj] *v.form.* nominative of ਕਰਿੱਝਣਾ
ਕਰਿੱਝਣਾ [kəríjjəṇa] *v.i.* to be peevish, sullen, angry, vexed; to fret, grudge, grieve
ਕਰਿੰਦਾ [kərĩda] *n.m.* worker, servant, agent
ਕਰੀ [kəri] *n.f. dia.* see ਕਰੀਰ
ਕਰੀਹ [kərı̃] *n.f.* same as ਕਰ੍ਹਾ
ਕਰੀਚ [kəric] *n.f.* nausea, disgust, repugnance
~ ਆਉਣੀ/~ ਕਰਨੀ *con.v.* to feel nauseated, disgusted

ਕਰੀਚਣਾ [kəricəṇa] *v.t.* to grind, gnash, grit (teeth)

ਕਰੀਬ [kərib] *adv.* near, near about, close to, not far; about, nearly, approximately

ਕਰੀਬਨ [kəribən] *adv.* nearly, approximately, roughly, almost

ਕਰੀਬੀ [kəribi] *adj.* near, close, (relation or place); *n.f.* nearness, closeness

ਕਰੀਮ¹ [kərim] *adj.* kind, benign, benevolent, compassionate, bounteous, bountiful, clement; an attribute of God

ਕਰੀਮ² *n.f.* cream

ਕਰੀਰ [kərir] *n.f.* wild caper, *Capparis aphylla*

ਕਰੁਕਾ/ਕਰੁਖਾ [kəruka/kərukha] *adj.m.* tilted; wrongly or improperly placed, balanced, shaped or orientated

ਕਰੂੰਡ [kərũḍ] *n.m.* a kind of edible weed, *Chenopodium murole;* emery, corundum, aluminium oxide

ਕਰੁੱਤਾ [kərutta] *adj.m.* out of season, unseasoned, unseasonable

ਕਰੁਨਾ [kəruna] *n.f.* pity, compassion, feeling of tenderness

ਕਰੂ¹ [kəru] *v.form.* of ਕਰਨਾ, will do (third person singular)

ਕਰੂ² *n.f.* same as ਕਰਮ¹

ਕਰੂੰਜੜਾ [kərũjəra] *n.m.* fresh vegetable seller, green grocer, fruit seller

ਕਰੂਟਾ [kəruṭa] *n.m.* young accasia tree

ਕਰੂਪ [kərup] *adj.* ugly, unshapely, deformed, ill-formed, not good-looking

ਕਰੂਪਤਾ [kərupta] *n.f.* ugliness

ਕਰੂੰਬਲ [kərũbəl] *n.f.* tender top or end part of a shoot, plant or branch of a tree

ਕਰੂਰ [kərur] *adj.* cruel, heartless, pitiless, merciless, brutal, truculent, tyrannical, ruthless

ਕਰੂਰਤਾ [kərurta] *n.f.* cruelty, truculence, brutality, pitilessness, mercilessness, ruthlessness

ਕਰੂਰਾ [kərura] *n.m.* urine, *esp.* of a patient

~ **ਰਲਨਾ** *ph.* to be of the same temper, taste, habits or opinions

ਕਰੂਲ਼ਾ/ਕਰੂਲ਼ੀ [kəruḷa/kəruḷi] *n.m./n.f.* mouthwash, rinsing of mouth; gargle

~ **ਕਰਨਾ/~ ਕਰਨੀ** *con.v.* to rinse one's mouth, gargle

ਕਰੇਹੀ [kərehi] *n.f.* crack in skin, *esp.* on the heel (due to cold or dust), chap

ਕਰੇਬ [kəreb] *n.f.* crepe

ਕਰੇਲਾ [kərela] *n.m.* bitter gourd, *Memordica charantia*

ਕਰੇਵਾ [kəreva] *n.m.* remarriage of a widow *usu.* without religious ceremony

ਕਰੇੜਾ [kəreṛa] *n.m.* tartar

~ **ਲੱਗਣਾ** *con.v.* for tartar to deposit (on teeth)

ਕਰੋਸ਼ੀਆ [kərosia] *n.m.* crochet, crochet-needle

ਕਰੋਧ [kəród] *n.m.* same as ਕ੍ਰੋਧ, anger, ire

ਕਰੋਪ [kərop] *n.m.* anger, wrath, rage, indignation, hot displeasure; *adj.* angry, enraged, wrathful, wroth, displeased, indignant

ਕਰੋਪਵਾਨ [kəropvan] *adj.* angry, wrathful, hot-tempered

ਕਰੋਪੀ [kəropi] *n.f. & adj.* same as ਕਰੋਪ

ਕਰੋਲ਼ [kəroḷ] *v.form.* imperative of ਕਰੋਲ਼ਨਾ, poke

ਕਰੋਲ਼ਨਾ [kəroḷna] *v.t.* to poke, dig, disturb, feel or search with a stick

ਕਰੋਲ਼ਨੀ [kəroḷni] *n.f.* stick used for ਕਰੋਲ਼ਾ

ਕਰੋਲ਼ਾ [kəroḷa] *n.m.* an act of ਕਰੋਲ਼ਨਾ

ਕਰੋੜ [kəroṛ] *adj.* crore, ten million

ਕਰੋੜਪਤੀ [kəroṛpəti] *n.m.* multi-millionaire, a very rich person

ਕਰੌਂਦਾ [kərɔ̃da] *n.m.* a fruit-tree, *Carissa carandas;* its fruit

ਕਰੌਂਦੀ [kərɔ̃di] *n.f.* a tree similar to *prec.; Carissa spinarum*

ਕਲ [kəl] *n.f.* machine, mechanical device; any of its parts *esp.* moving part, component

~ **ਪੁਰਜ਼ੇ** *n.m.pl.* accessories, parts, components

~ **ਵਿਗੜਨੀ** *con.v.* for ਕਲ to get out of order; *fig.* (for a person) to get annoyed or out of temper

ਕਲਸ [kəls] *n.m.* pinnacle, finial

ਕਲਸਦਾਰ [kəlsdar] *adj.* fitted, adorned or topped with a ਕਲਸ

ਕਲਹਿਣਾ [kəléṇa] *adj.m.* pugnacious, garrulous, contentious, impertinent

ਕਲੰਕ [kələ̃k] *n.m.* blemish, stigma, blot, smudge, splodge, smirch, smear; taint; ignominy, disgrace

~ **ਖੱਟਣਾ** *ph.* to earn a bad name

~ **ਲੱਗਣਾ** *ph.* to be blemished, dis- graced, stigmatised

~ **ਲਾਉਣਾ** *ph.* to blemish, stigmatise, defame, vilify, slander

ਕਲਕਲ [kəlkəl] *n.f.* rippling sound

ਕਲੰਕਿਤ [kələ̃kɪt] *adj.* besmirched with ਕਲੰਕ, ignominious, blemished, stigmatised

~ **ਕਰਨਾ** *con.v.* same as ਕਲੰਕ ਲਾਉਣਾ; to cause to be blemished

ਕਲੰਕੀ/ਕਲੰਕਣੀ [kələ̃ki/kələ̃kṇi] *adj.m./adj.f.* same as ਕਲੰਕਿਤ

ਕਲਗੀ [kəlgi] *n.f.* plume, crest, aigrette, panache

ਕਲਗੀਦਾਰ/ਕਲਗੀ ਵਾਲ਼ਾ [kəlgidar/kəlgi vaḷa] *adj./adj.m.* having or wearing ਕਲਗੀ, plumed

ਕਲਗੀਧਰ [kəlgitə̀r] *adj.* same as ਕਲਗੀਦਾਰ; an attributive for Guru Gobind Singh

ਕਲਚਰ [kəlcər] *n.f.* culture

ਕਲ਼ਜੀਭਾ [kəḷjíba] *adj.m. lit.* black-tongued; evil-tongued, ill-omened; *n.m.* such person, a pessimist, cynic; *fem* ਕਲ਼ਜੀਭਣ, ਕਲ਼ਜੀਭੀ

ਕਲਜੁਗ [kəljug] *n.m.* age of darkness, the last of the four eons in Indian philosophy

ਕਲਜੁਗੀ [kəljugi] *adj.* pertaining to or of ਕਲਜੁਗ

ਕਲਜੋਗਣ [kəljogəṇ] *n.f.* mythical blood-sucking demon, termagant; *fig.* vixen, vamp, shrew

ਕਲੰਡਰ [kələ̃ḍər] *n.m.* calendar

ਕਲ਼ੱਤਣ [kəḷəttəṇ] *n.f.* blackness, sootiness; a black or dark patch or stain

ਕਲੱਤਰ [kələttər] *n.f.* wife

ਕਲੰਦਰ [kələ̃dər] *n.m.* Muhammadan monk or recluse; monkey or bear-tamer

ਕਲੰਦਰੀ [kələ̃dəri] *n.f.* status or profession of ਕਲੰਦਰ; *adj.* pertaining to ਕਲੰਦਰ

ਕਲਦਾਰ [kəldar] *adj.* fitted with ਕਲ, mechanical

ਕਲਪ [kəlp] *v.form.* imperative of ਕਲਪਣਾ, imagine

ਕਲਪਣਾ [kəlpəṇa] *v.t.* to imagine, speculate, assume, fancy, formulate, think about, invent

ਕਲ਼ਪਣਾ [kəḷpəṇa] *v.i.* to lament, moan; to complain; to express pain, grief or torment; to shout

ਕਲਪਨਾ [kəlpəna] *n.f.* imagination, speculation, thought; assumption, supposition, fancy

~ **ਸ਼ਕਤੀ** *n.f.* imaginative or speculative faculty or power

ਕਲਪਨਾਤਮਿਕ [kəlpənatmɪk] *adj.* imaginative

ਕਲਪ ਬਿਰਖ/ਕਲਪ ਬਿਰਛ [kəlpbɪrəkh/kəlp bɪrəch] *n.m.* mythical wish-fulfilling tree; *informal.* a bounteous person

ਕਲ਼ਪਾ [kəḷpa] *n.m.* vexation, annoyance, grief, irritation, torment; cause for shouting or lamenting

ਕਲ਼ਪਾਉਣਾ [kəḷpauṇa] *v.t.* to cause grief or annoyance, vex, annoy, irritate, torment

ਕਲਪਿਤ [kəlpɪt] *adj.* imagined, assumed

ਕਲਫ਼ [kəlf] *n.f.* starch, farina; hair-dye

~ **ਲਾਉਣਾ** *con.v.* to starch; to dye (hair)

ਕਲੱਬ [kələbb] *n.f.* club

~ **ਬਣਾਉਣੀ** *con.v.* to form, set up, establish a ਕਲੱਬ

ਕਲਬੂਤ [kəlbut] *n.m.* frame, body, mould; last, shoe-stretcher

~ **ਦੇਣਾ** *con.v.* to last, stretch or shape shoes with ਕਲਬੂਤ

ਕਲਮ [kələm] *n.f.* pen, reed-pen; cutting, graft; wedge; unshaved tuft of hair near the temples

~ **ਕਰਨਾ** *ph.* (*usu.* for head) to cut, sever

~ **ਘੜਨੀ** *con.v.* to sharpen reed-pen

~ **ਚਲਾਉਣੀ** *ph.* to exercise authority, issue

order or judgment
~ ਫੇਰਨੀ *ph.* to delete, erase, cancel, strike out; *fig.* to bring to nothing, destroy
~ ਲਾਉਣੀ *ph.* to plant a cutting; to graft
ਕੱਲਮ ਕੱਲਾ [kəlləm kəlla] *adj.m.* all alone, lone, solitary, companionless
ਕਲਮਤਰਾਸ਼ [kələmtəraṣ] *n.m* pen-knife
ਕਲਮਦਾਨ [kələmdan] *n.m.* ink-stand
ਕਲਮਬੰਦ [kələmbə̃d] *adj.* written
~ ਕਰਨਾ *con.v.* to write down, reduce to writing, record
ਕਲਮਾ [kəlma] *n.m.* Muhammadans' sacred formula; speech, utterance, sentence
~ ਪੜ੍ਹਨਾ *con.v.* to recite ਕਲਮਾ; to be initiated as a Muslim
ਕਲਮੀ [kəlmi] *adj.* written; grafted, (fruit) borne by a grafted tree; crystalline
ਕਲਮੀ ਸ਼ੋਰਾ [kəlmi ṣora] *n.m.* crystalline nitre
ਕਲ਼ਮੂਹਾਂ [kəḷmuhã] *adj.m.* (abusive) *lit.* black-faced, one with face blackened; stigmatised, stained, disgraced, (one) who has committed some disgraceful act, ill-famed, abominable; ill-omened, inauspicious
ਕੱਲਰ [kallər] *adj.* barren, saline (land); *n.m.* salinity of soil; white crust formed on land or wall surfaces
~ ਹੋ ਜਾਣਾ *ph.* (for land) to turn ਕੱਲਰ
~ ਲੱਗਣਾ *con.v.* for ਕੱਲਰ to appear, affect or erode (wall or other surface)
ਕਲਰਕ [kələrk] *n.m.* clerk
ਕਲਰਕੀ [kələrki] *n.f.* profession or post of ਕਲਰਕ, clerkship
ਕਲਰਾਉਣਾ [kəlrauṇa] *v.i.* same as ਕੱਲਰ ਹੋ ਜਾਣਾ
ਕਲਰਾਈ [kəlrai] *adj.f.* turned ਕੱਲਰ, affected by ਕੱਲਰ
ਕੱਲਰੀ [kalləri] *n.f.* patch of ਕੱਲਰ land; *adj.* affected by ਕੱਲਰ, barren due to ਕੱਲਰ
ਕੱਲ੍ਹ [kə̀ll] *n.m.* & *adv.* yesterday; tomorrow
~ ਕੱਲ੍ਹ ਕਰਨਾ *ph.* to go on postponing, delaying
~ ਪਰਸੋਂ *adv.* a few days back or ago; a few days hence
ਕਲ੍ਹਾ [kə̀la] *n.f.* conflict, trouble, dissension, ill will, discord; quarrel, strife, tussle, contention
~ ਜਗਾਉਣੀ *ph.* to raise, start or cause ਕਲ੍ਹਾ
~ ਦਾ ਮੂਲ *ph.* cause of ਕਲ੍ਹਾ, bone of contention
~ ਮਿਟਾਉਣੀ *ph.* to stop, settle or end ਕਲ੍ਹਾ
ਕਲਾ¹ [kəla] *n.m* .same as ਕਲ; art, fine art, craft; technique, skill; any of the phases of moon
~ ਕ੍ਰਿਤੀ *n.f.* work of art, artistic product
~ ਜੰਗ *n.m.* a trick in wrestling, gymnastic exercise or acrobatic feat, handspring; somersault; volte face, about face
~ ਪ੍ਰੇਮੀ *adj.n.m.* amateur, admirer of ਕਲਾ
~ ਵਿਗਿਆਨ *n.m.* technology, aesthetics
~ ਵਿਗਿਆਨੀ *adj.* technologist, aesthetician
ਕਲਾ² *v.form.* impertive of ਕਲਾਉਣਾ, winnow
ਕਲਾਂ [kəlã] *adj.* large; *suff. usu.* to indicate larger of two villages of the same name; *cf.* ਖੁਰਦ
ਕੱਲਾ [kəlla] *adj.m.* same as ਇਕੱਲਾ, alone
~ ਕਲਾਪਾ/~ ਕਾਰਾ *adj.m.* alone, lone, all by oneself, unaccompanied
~ ਦੁੱਕਲਾ *adj. & adv.* in ones and twos, alone or with insufficient company
ਕਲਾਉਣਾ [kəlauṇa] *v.t.* to winnow with a special technique to separate finer particles from grain
ਕਲਾਈ [kəlai] *n.f.* same as ਵੀਣੀ, wrist
ਕਲਾਸ [kəlas] *n.f.* class
ਕਲਾਸਕੀ [kəlaski] *adj.* classical
ਕਲਾਹੀਣ [kəlahiṇ] *adj.* ignorant of ਕਲਾ¹, artless; inartistic
ਕਲਾਕ [kəlak] *n.m.* clock
ਕਲਾਕੰਦ [kəlakə̃d] *n.f.* a type of Indian sweetmeat
ਕਲਾਕਾਰ [kəlakar] *n.m.* artist, artiste
ਕਲਾਣ [kəlaṇ] *n.f.* laudatory recital of pedigree by bard or herald
ਕਲਾਤਮਕ [kəlatmək] *adj.* artistic
ਕਲਾਧਾਰੀ [kəlatàri] *adj.* skilful, proficient

(in some art)
ਕਲਾਬਾਜ਼ [kəlabaz] *n.m.* acrobat, gymnast
ਕਲਾਬਾਜ਼ੀ [kəlabazi] *n.f.* acrobatic feat, tumble, handspring, somersault; volteface, about aface; acrobatics, gymnastics
~ ਖਾਣੀ/~ ਮਾਰਨੀ *con.v.* to perform ਕਲਾਬਾਜ਼ੀ, tumble or fall end over end
ਕਲਾਮ [kəlam] *n.m.* utterance, speech; sacred text; poem, verse, poetic work
~ ਨਾ ਕਰਨਾ *ph.* not to be on speaking terms (with)
ਕਲਾਮਈ [kəlaməi] *adj.* same as ਕਲਾਤਮਕ, artistic, skilled
ਕਲਾਲ [kəlal] *n.m.* name of a low caste; person belonging to this class; distiller and seller of country liquor
ਕਲਾਵੰਤ/ਕਲਾਵਾਨ [kəlavə̃t/kəlavan] *adj.* possessor of talent for art or skill, artist, skilful, competent, talented, virtuoso
ਕਲਾਵਾ [kəlava] *n.m.* armful; grip with both arms extended, encirclement with arm; hug, embrace
~ ਭਰਨਾ/~ ਮਾਰਨਾ/ਕਲਾਵੇ ਵਿੱਚ ਲੈਣਾ *ph.* to grasp or hold with both arms; to hug, embrace
ਕਲਿਆਣ [kəlɪaṇ] *n.m.* welfare, weal, happiness, success; benediction; blessedness, liberation; *n.f.* see ਕਲਾਣ; name of a musical measure
~ ਕਰਨਾ *con.v.* to assist in welfare or success; to bless, liberate
ਕਲਿਆਣਕਾਰੀ [kəlɪaṇkari] *adj.* auspicious, contributory to ਕਲਿਆਣ, blissful
ਕਲਿਆਣਮਈ [kəlɪaṇməi] *adj.* benedictory, blissful
ਕਲਿੱਟ [kəlɪṭṭ] *n.f.* briquet, briquette
ਕਲਿੱਤਣ [kəlɪttəṇ] *n.f.* same as ਕਲੱਤਣ, blackness
ਕਲਿੱਪ [kəlɪpp] *n.m.* clip
ਕਲੀ[1] [kəli] *n.f.* bud, blossom; jasmine flower; lime, quicklime, calcium oxide; tin
~ ਕਰਨਾ *con.v.* to whitewash; to tin
ਕਲੀ[2] *n.m.* a prosodic form in Punjabi folklore
ਕਲੀਆਂ ਲਾਉਣਾ *con.v.* to sing ਕਲੀਆਂ
ਕਲੀਗਰ [kəligər] *n.m.* person who whitewashes; tinman, tinsmith
ਕਲੀਗਰੀ [kəligəri] *n.f.* profession of *prec.*
ਕਲੀਚੜੀ [kəlicəri] *n.f.* small, light ring worn by women
ਕਲੀਨ [kəlin] *n.m.* carpet, rug
ਕਲੀਨਰ [kəlinər] *n.m.* cleaner (assistant to truck-driver)
ਕਲੀਨਰੀ [kəlinəri] *n.f.* job of a ਕਲੀਨਰ
ਕਲੀਰਾ [kəlira] *n.m.* bride's wreath of seashells, coconut kernel and dry fruit
ਕਲੁੰਜ [kəlũj] *v.form.* imperative of ਕਲੁੰਜਣਾ
ਕਲੂੰਜਣਾ [kəḷũjəṇa] *v.t.* same as ਛਿੜਣਾ, to throw water with both hands
ਕਲੁਖਤ [kəlukhət] *n.f.* same as ਕਲੰਕ, stigma
ਕਲੇਸ਼ [kəleṣ] *n.m.* distress, trouble, conflict, dissension, soreness, anguish, agony, torment
~ ਖੜ੍ਹਾ ਕਰਨਾ *ph.* to cause ਕਲੇਸ਼
~ ਪੈਣਾ *ph.* for ਕਲੇਸ਼ to befall; to be afflicted by ਕਲੇਸ਼
ਕਲੇਮ [kəlem] *n.m.* claim
~ ਕਰਨਾ *con.v.* to claim
ਕਲੇਰਨਾ [kəlerna] *n.m.* fringe for the head of a horse or bullock
ਕਲੇਵਰ [kəlevər] *n.m.* physique, structure, size, form
ਕਲੈਕਟਰ [kəlɛkṭər] *n.m.* collector
ਕਲੈਕਟਰੀ [kəlɛkṭəri] *n.f.* collectorship
ਕਲੇਜਾ [kəḷeja] *n.m.* liver; heart; *fig.* courage, spirit, magnanimity, patience, forbearance
~ ਉੱਛਲਨਾ *ph.* to be excited, for heart to leap
~ ਸੜਨਾ *ph.* to feel the effect of gastric acidity; to feel heartsick or heartsore
~ ਸਾੜਨਾ *ph.* to cause jealousy; to torment
~ ਘਿਰਨਾ *ph.* to feel uneasiness or restlessness
~ ਡਿੱਕ ਹੋਣਾ *ph.* to feel heaviness in stomach due to excessive wind in stomach
~ ਧਕ ਧਕ ਕਰਨਾ *ph.* to experience strong rapid heartbeat; to have misgiving, be

afraid or apprehensive
~ ਧੜਕਣਾ *ph.* same as *prec.*
~ ਫੜ ਲੈਣਾ *ph.* to become oppressed with grief, excessively depressed
ਕਲੇਜੇ ਠੰਡ ਪੈਣੀ *ph.* to feel satisfied, assuaged by adversary's trouble or by own revenge
ਕਲੇਜੇ ਨਾਲ ਲਾਉਣਾ *ph.* to embrace, hug
ਕਲੇਜੇ ਵਾਲਾ *adj.m.* courageous, spirited; magnanimous; patient, forbearing
ਕਲੇਜੀ [kəḷɛji] *n.f.* liver of slaughtered bird or animal
ਕਲੋਨੀ [kəloni] *n.f. colloq.* colony
ਕਲੋਰੀ [kəlori] *n.f.* calorie
ਕਲੋਰੀਨ [kəlorin] *n.f.* chlorine
ਕਲੋਰੋਫਾਰਮ [kəlorofarm] *n.m.* chloroform
ਕਲੋਲ [kəlol] *n.m.* frolic, prank, frisk, caper, gambol, merrymaking; flirtation, petting, fondling
~ ਕਰਨਾ *con.v.* to frolic, frisk, caper, gambol; to flirt, pet, fondle
ਕਲੋਲੀ [kəloli] *adj.m.* frolicsome, frisky, playful, sportive, flirt, flirter
ਕਲੌਂਜੀ [kəḷɔ̃ji] *n.f.* a plant yielding medicinal seed of the same name, *Nigella stiva*
ਕਲੌਂਤ [kəḷɔ̃t] *n.m.* minstrel, a traditional class of folk-singers
ਕਵਚ [kəvəc] *n.m.* helmet, part of armour covering head, face and neck
ਕਵਣ [kəvəṇ] *pron.* see ਕੌਣ, who
ਕਵਰ [kəvər] *n.m.* cover
ਕੰਵਰ [kə̃vər] *n.m.* prince; son; young man, youngster *usu.* of nobility
ਕਵਰਗ [kəvərg] *n.m.* group of four velar plosives in Gurmukhi, viz., ਕ, ਖ, ਗ, ਘ, and the nasal ਙ
ਕੰਵਲ [kə̃vəl] *n.m.* same as ਕਮਲ, lotus
ਕਵੱਲਾ [kəvəlla] *adj.m.* improper, wrong; ill-mannered, indecent
ਕਵਾਇਦ [kəvaɪd] *n.f.* drill, parade; *n.m. pl. of* ਕਾਇਦਾ, rules
ਕਵਾਰਾ [kəvara] *n.m. & adj.m.* same as ਕੁਆਰਾ, bachelor, unmarried
ਕਵਾਲ [kəval] *n.m.* singer of ਕਵਾਲੀ
ਕਵਾਲੀ [kəvali] *n.f.* a particular type of song sung *usu.* in group in its particular mode
ਕਵਾੜ [kəvaṛ] *n.m* same as ਕਿਵਾੜ, door-leaf
ਕਵਿੱਤਰੀ [kəvɪttəri] *n.f.* poetess
ਕਵਿਤਾ [kəvɪta] *n.f.* poetry, poesy, verse; poem, rhyme, poetic composition
ਕਵੀ [kəvi] *n.m.* poet, versifier
ਕਵੀਸ਼ਰ [kəviṣər] *n.m.* same as ਕਵੀ; composer and/or reciter of folk poetry
ਕਵੀਸ਼ਰੀ [kəviṣəri] *n.f.* same as ਕਵਿਤਾ; art of composing folk-poetry *usu.* recited rather than sung
ਕਵੇਲ/ਕਵੇਲਾ [kəveḷ/ kəveḷa] *n.f./n.m.* lateness, late time, late hour, delay
ਕਵੇਲੇ [kəveḷe] *adv.* late, after proper time
ਕਵੈਦ [kəvɛd] *n.f. colloq.* see ਕਵਾਇਦ, drill
ਕੜ [kəṛ] *n.m.* hard layer of earth or rock come across during digging of a well
~ ਟੁੱਟਣਾ *con.v.* for the hard layer to be dug through
~ ਤੋੜਨਾ *con.v.* to dig through ਕੜ; *fig.* to accomplish a difficult task
~ ਪਾਟਣਾ *ph.fig.* to lose restraint (as in wailing); (for rain) to fall very heavily
ਕੜਕ [kəṛk] *n.f.* thunder, crash, explosive sound
ਕੜੱਕ [kəṛəkk] *n.f.* breaking or cracking sound, crack, snap
ਕੜਕਣਾ [kəṛkəṇa] *v.i.* to thunder; to produce cracking sound; to crack, break (as of wood, bone, joint)
ਕੜਕਵਾਂ [kəṛkəvā] *adj.m.* thunderous; brittle
ਕੜ ਕੜ [kəṛ kəṛ] *n.m.* same as ਕੜਕ; peal, crackle
~ ਕਰਨਾ *con.v.* to crackle, thunder
ਕੜਕਾ [kəṛka] *n.m.* same as ਕੜਕ
ਕੜਕਾਉਣਾ [kəṛkauṇa] *v.t.* to break, snap, shatter
ਕੜਛ [kəṛch] *n.m.* a large ladle or scoop
ਕੜਛਾ [kəṛcha] *n.m.* same as ਕੜਛ
ਕੜਛੀ [kəṛchi] *n.f.* small ladle, a type of spatula, stirring or serving spoon
~ ਫੇਰਨੀ/~ ਮਾਰਨੀ *con.v.* to stir or turn the

contents of a cooking pot with ਕੜਛੀ

ਕੜਤਲ਼ [kəṛtəl] *n.f.* same as ਕੜ, hard layer

ਕੜਨਾ [kəṛna] *v.t.* to tie, fasten or bind tightly

ਕੜਬ [kəṛəb] *n.f.* hard, over-ripe or dried stalks of fodder crop *usu.* of millets

ਕੜੱਲ/ਕੜਵੱਲ [kəṛəll/kəṛvəll] *n.m.* cramp, contraction of muscle; cramped muscle

~ ਪੈਣੇ *v.i.* to have cramps

ਕੜਵਾਹਟ [kəṛváṭ] *n.f.* same as ਕੁੜੱਤਣ, bitterness

ਕੜ੍ਹਨਾ [kə̀rna] *v.i.* to boil, (for milk) be sterilized by boiling on slow heat; to simmer

ਕੜ੍ਹੀ [kə̀ṛi] *n.f.* curry,gruel, prepared with gram flour boiled in curd or buttermilk with salt and spices added

~ ਘੋਲ਼ਨੀ *ph. slang.* to spoil the show

ਕੜਾ[1] [kəṛa] *n.m.* metallic bangle, bracelet, tire, hoop, ring or band; steel bangle worn by Sikhs as a religious symbol; *cf.* ਕਕਾਰ

ਕੜਾ[2] *adj.m.* see ਕਰੜਾ, hard, tough

ਕੜਾਹ [kəṛá] *n.m.* a kind of pudding prepared with wheat flour or granulated wheat, sugar and clarified butter; *colloq.* see ਕੜਾਹਾ

~ ਪਰਸ਼ਾਦ *n.m.* ਕੜਾਹ consecrated and distributed in Sikh temples

ਕੜਾਹਾ [kəṛaha] *n.m.* cauldron

ਕੜਾਹੀ [kəṛái] *n.f.* small cauldron; poultice (*usu.* of flour, oil and jaggery)

ਕੜਾਹੀਆ [kəṛáia] *n.m.* bucket; small circular trough

ਕੜਾਕਾ [kəṛaka] *n.m.* same as ਕੜੱਕ; intenseness

ਕੜਾਕੇਦਾਰ [kəṛakedar] *adj.* thundering, thrilling; crisp; intense

ਕੜਾਪਾ [kəṛappa] *n.m.* lessening or stoppage of yield by milch cattle going dry

ਕੜਿਆਲ਼ਾ [kəṛıaḷa] *n.m.* same as ਕੰਡਿਆਲ਼ਾ

ਕੜਿੱਕੀ [kəṛıkki] *n.f.* springe, snare, trap; tight grip

ਕੜੀ[1] [kəṛi] *n.f.* link, connection, connecting tie or bond; any of the loops of surveyor's chain; small wooden rafter *usu.* on roofs of mud houses

ਕ੍ਰਮ/ਕਰਮ [kə'rəm] *n.m.* series, order, sequence

~ ਅਨੁਸਾਰ *adv.* serially, in serial order; correspondingly

~ ਸੰਖਿਆ *n.f.* serial number

~ ਪਰਿਵਰਤੀ *adj.* commutative

~ ਬਦਲਨਾ *con.v.* to change order or sequence, transpose, interchange

~ ਵਾਰ *adv.* same as ਕ੍ਰਮ ਅਨੁਸਾਰ

ਕ੍ਰਮਬੰਦੀ/ਕਰਮਬੰਦੀ [kə'rəmbə̃di] *n.f.* serialisation; classification

ਕ੍ਰਮਬੱਧ/ਕਰਮਬੱਧ [kə'rəmbə̀dd] *adj.* serialised, arranged in serial order, serially ordered or arranged; classified

ਕ੍ਰਮਵਾਚਕ/ਕਰਮਵਾਚਕ [kə'rəmvacək] *adj.* ordinal

~ ਸੰਖਿਆ *n.f.* ordinal number or numeral

ਕ੍ਰਮਾਂਕ/ਕਰਮਾਂਕ [kə'rəmãk] *n.m.* same as ਕ੍ਰਮ ਸੰਖਿਆ, serial number

ਕ੍ਰਮਿਕ/ਕਰਮਿਕ [kərəmık] *adj.* consecutive, successive

ਕ੍ਰਾਈਸਟ/ਕਰਾਈਸਟ [kəraisṭ] *n.m.* Christ

ਕ੍ਰਾਸ/ਕਰਾਸ [kəras] *n.m.* cross

~ ਕਰਨਾ *con.v.* to cross; to delete

ਕ੍ਰਾਂਤੀ/ਕਰਾਂਤੀ [kərãti] *n.f.* revolution, upsurge, upheaval, successful rebellion, overthrow and/or forced replacement of political system or government, a complete change

ਕ੍ਰਾਂਤੀਕਾਰ/ਕਰਾਂਤੀਕਾਰ/ਕ੍ਰਾਂਤੀਕਾਰੀ/ਕਰਾਂਤੀਕਾਰੀ [kərãtikar/kərãtikari] *n.m./adj.* revolutionary, revolutionist

ਕ੍ਰਾਂਤੀਵਾਦੀ/ਕਰਾਂਤੀਵਾਦੀ [kərãtivadi] *adj.* revolutionist

ਕ੍ਰਿਸ਼ਨ/ਕਰਿਸ਼ਨ [kərıṣən] *n.m.* Lord Krishna; *adj.* black, dark

ਕ੍ਰਿਸ਼ਮਾ/ਕਰਿਸ਼ਮਾ [kərıṣma] *n.m.* same as ਕਰਾਮਾਤ, miracle

ਕ੍ਰਿਸਮਸ/ਕਰਿਸਮਸ [kərısms] *n.m.* Christmas, Xmas

ਕ੍ਰਿਸ਼ੀ/ਕਰਿਸ਼ੀ [kərıṣi] *n.f.* agriculture, farming

~ ਸੰਬੰਧੀ *adj.* agrarian, agricultural

~ ਵਿਗਿਆਨ *n.m.* agronomy, agronomics
~ ਵਿਗਿਆਨੀ *adj. & n.m.* agronomist, agricultural scientist
~ ਵਿਭਾਗ *n.m.* department of agriculture, agriculture department
ਕ੍ਰਿਕਟ/ਕਰਿਕਟ [kərıkəṭ] *n.f.* cricket
ਕ੍ਰਿਤ/ਕਰਿਤ [kərıt] *adj.* done, performed, written, produced (by)
ਕ੍ਰਿਤੱਗ/ਕਰਿਤੱਗ [kırtəgg] *adj.* grateful, thankful, obliged, indebted
ਕ੍ਰਿਤੱਗਤਾ/ਕਰਿਤੱਗਤਾ [kırtəggəta] *n.f.* gratefulness, gratitude, thankfulness, indebtedness
ਕ੍ਰਿਤਘਣ/ਕਰਿਤਘਣ [kərıtkə̀ṇ] *adj.* ungrateful, thankless
ਕ੍ਰਿਤਘਣਤਾ/ਕਰਿਤਘਣਤਾ [kərıtkə̀ṇta] *n.f.* ungratefulness, ingratitude, thanklessness
ਕ੍ਰਿਤਾਰਥ/ਕਰਿਤਾਰਥ [kərıtarth] *adj.* gratified, satisfied, obliged, delighted; successful, (one) whose desire has been fulfilled
~ ਕਰਨਾ *con.v.* to gratify, oblige, satisfy
ਕ੍ਰਿਤੀ/ਕਰਿਤੀ [kərıti] *n.f.* performance, work, writing,artifact
ਕ੍ਰਿਦੰਤ/ਕਰਿਦੰਤ [kırdə̃t] *n.m.* participle, suffix added to verb to form adjective or substantive
ਕ੍ਰਿਪਾ/ਕਿਰਪਾ [kırpa] *n.f.* same as ਕਿਰਪਾ, favour
ਕ੍ਰੀਜ਼/ਕਰੀਜ਼ [kəriz] *n.f.* crease
ਕ੍ਰੀਮ/ਕਰੀਮ [kərim] *n.f.* cream
ਕ੍ਰੀੜਾ/ਕਰੀੜਾ [kərira] *n.f.* same as ਖੇਡ, play
~ ਥਲ *n.m.* same as ਖੇਡ ਦਾ ਮਦਾਨ, playing field
ਕ੍ਰੇਨ/ਕਰੇਨ [kəren] *n.m.* crane (for lifting weights)
ਕ੍ਰੈਕਟਰ/ਕਰੈਕਟਰ [kərɛkṭər] *n.m.* character, conduct
ਕ੍ਰੋਧ/ਕਰੋਧ [kəród] *n.m.* anger, ire, wrath, indignation, fret, choler; rage, fury, frenzy, furore
~ ਕਰਨਾ *con.v.* to express ਕ੍ਰੋਧ, be angry, furious, enraged
ਕ੍ਰੋਧਵਾਨ/ਕਰੋਧਵਾਨ/ਕ੍ਰੋਧੀ/ਕਰੋਧੀ [kəródvan/ kəródi] *adj.* angry, irate, ireful, wrathful, furious, indignant; fretful, irascible, peevish
ਕ੍ਰੋਮ/ਕਰੋਮ [kərom] *n.m.* chrome
ਕ੍ਰੋੜ/ਕਰੋੜ [kəroṛ] *adj.* same as ਕਰੋੜ, crore
ਕਾ [ka] *prep.* see ਦਾ, of
ਕਾਂ/ਕਾਉਂ [kã/kaũ] *n.m.* crow; *dia.* see ਕੰਡਾ, uvula
~ ਕਾਂ *n.f.* caw, cawing; *fig.* noise, babble, prattle, clamour, din, cacophony
~ ਕਾਂ ਕਰਨਾ *ph.* to caw; to talk louldy or simultaneously, babble, prattle, clamour
ਕਾਵਾਂ ਰੌਲ਼ੀ *n.f.* noise, din, clamour
ਕਾਵਾਂ ਰੌਲ਼ੀ ਪਾਉਣੀ *ph.* to make noise, talk loudly and simultaneously
ਕਾਉਣੀ [kauṇi] *n.f.* female crow
ਕਾਉਂਟਰ [kaũṭər] *n.m.* counter
ਕਾਅਬਾ [kaəba] *n.m.* kaaba, Mecca; *fig.* any sacred place
ਕਾਇਆਂ [kaıã] *n.f.* body, constitution, physique; appearance, condition; durability; age
~ ਕਲਪ *n.m.* rejuvenation; transformation
ਕਾਇਦ [kaıd] *n.m.* law-giver, leader
ਕਾਇਦਾ [kaıda] *n.m.* rule, regulation, law, established order or practice, usage, custom; method, mode, system; primer, elementary text-book
ਕਾਇਨਾਤ [kaınat] *n.f.* creation, cosmos, universe, world, Nature
ਕਾਇਮ [kaım] *adj.* established, set-up, existing; firm
~ ਹੋਣਾ *con.v.* to be established, set-up, come up
~ ਕਰਨਾ *con.v.* to establish, set-up, found
~ ਦਾਇਮ *adj.* ever-existent, everlasting
~ ਮੁਕਾਮ *adj.* acting, officiating
~ ਰਹਿਣਾ *con.v.* to persist; be or remain firm; to last, endure, stay
ਕਾਇਰ [kaır] *adj.* coward, cowardly, timid, chicken-hearted, craven, abject, pusillanimous; *n.m.* coward
ਕਾਇਰਤਾ [kaırta] *n.f.* cowardice, timidity, pusillanimity, chicken-heartedness
ਕਾਇਲ [kaıl] *adj.* convinced, deeply impressed, believing

~ ਹੋਣਾ *con.v.* to believe, admit, to be convinced, impressed
~ ਕਰਨਾ *con.v.* to convince, impress, persuade
ਕਾਈ¹ [kai] *pron.dia.* see ਕੋਈ, any
ਕਾਈ² *n.f.* same as ਕਾਹੀ, moss, fungus
ਕਾਸ਼ [kaṣ] *interj.* would that, were it that
ਕਾਸਟਕ ਸੋਡਾ [kasṭək soḍa] *n.m.* caustic soda, sodium hydroxide
ਕਾਸ਼ਤ [kaṣt] *n.f.* cultivation, sowing, tillage, tilth
~ ਕਰਨਾ *con.v.* to cultivate, grow, produce; to till, plough
~ ਕਾਰ *n.m.* cultivator, farmer, agriculturist
~ ਕਾਰੀ *n.f.* farming, agriculture, cultivation
~ ਯੋਗ *adj.* cultivable, arable
ਕਾਸਦ [kasəd] *n.m.* messenger, courier, errandboy, emissary
ਕਾਸ਼ਨੀ [kaṣni] *n.f.* wild succory, chicory, *Cichorium intybus; adj.* pale bluish violet; lilac
ਕਾਸਬੀ [kasbi] *n.m.* weaver
ਕਾਸਾ [kassa] *n.m.* cup, bowl *esp.* begging bowl
ਕਾਸਾਗਰ [kasagər] *n.m.* potter
ਕਾਂਸੀ [kãsi] *n.f.* same as ਕਹਿ¹, bronze
ਕਾਹ [ká] *n.m.* same as ਕਾਹੀ; an armful pile of reaped crop, swath, swathe
ਕਾਹਜ਼ਬਾਨ [kázəban] *n.m.* rhododendron, *Rhododendron*
ਕਾਹਤੋਂ [kátõ] *pron. adv. dia.* same as ਕਿਉਂ; why?
ਕਾਹਦਾ [káda] *pron.m.* of what?
ਕਾਹਨੂੰ [kánũ] *pron.adv.* same as ਕਿਉਂ, why?
ਕਾਹਲ [kál] *adj.* lazy, lethargic, slothful, indolent
ਕਾਹਲ਼ [kál] *n.f.* hurry, haste, urgency, eagerness, need for haste, precipitateness, precipitation
~ ਕਰਨੀ *con.v.* to hurry, make haste, precipitate, act or move fast
~ ਦਾ *adj.m.* urgent; precipitate
~ ਪੈਣੀ *con.v.* to need haste, have to hurry up, be eagerly impatient or be in hurry
ਕਾਹਲ਼ਾ [káḷa] *adj.m.* (one) in ਕਾਹਲ਼, quick, fast, hasty, impetuous, rash, petulent, fretful, impatient
~ ਪੈਣਾ *con.v.* to be impatient of delay
ਕਾਹਲ਼ੀ [káḷi] *adj.f.* same as ਕਾਹਲ਼ਾ; *adv.* hurriedly, hastly, fast
ਕਾਹਵਾ [káva] *n.m.* coffee; tea or coffee without milk; black coffee
ਕਾਹੀ [kái] *n.f.* a kind of reed grass, *Saccharum spontoneum;* moss, scum, fungus, lichen, algae
ਕਾਕ [kak] *n.m.* cork
ਕਾਕੜਾ [kakəṛa] *n.m.* raw fruit of jujube; its stone; hail, hail-stone
ਕਾਕੜਾ ਲਾਕੜਾ [kakəṛa-lakəṛa] *n.m.* a disease resembling measles
ਕਾਕਾ [kaka] *n.m.* child, boy; son, male child; youngster
ਕਾਕੀ [kaki] *n.f. fem.* of ਕਾਕਾ; pupil of the eye
ਕਾਕੋਰੌਲ਼ਾ [kakorɔḷa] *n.m.* cacophony, babel, babble, noise
ਕਾਗ [kag] *n.m.* crow; *colloq.* see ਕਾਕ, cork
ਕਾਂਗ [kãg] *n.f.* flood, stream or river in flood, tidal wave, billow
ਕਾਗ਼ਜ਼ [kagəz] *n.m.* paper; document, bond; any piece or sheet of paper
~ ਪੱਤਰ/ਕਾਗ਼ਜ਼ਾਤ *n.m.pl.* documents, record, papers
ਕਾਗ਼ਜ਼ੀ [kəgəzi] *adj.* of or pertaining to ਕਾਗ਼ਜ਼, written, in writing; thin; (for almond, walnut, lemon) of superior quality with thin rind or skin
~ ਪਹਿਲਵਾਨ *n.m. slang* a weak, thin and lean person; paper-tiger
ਕਾਂਗਰਸ [kãgrəs] *n.f.* Congress; name of a political party in India, the Indian National Congress
ਕਾਂਗਰਸੀ [kãgrəsi] *adj.* pertaining to or belonging to ਕਾਂਗਰਸ; member of Congress party, Congressite, Congressman

ਕਾਂਗੜੀ [kãgəṛi] *n.f.* warming pot carried by people of North Himalayan region in winter; *adj.* same as ਕਾਂਗੜੂ

ਕਾਂਗੜੂ [kãgəṛu] *adj.m.* lean and thin, slim, weak; *n.m.* such person; *fem.* ਕਾਂਗੜੇ

ਕਾਂਗਿਆਰੀ [kãgıari] *n.f.* a crop disease, smut

ਕਾਚਰਾ [kacra] *n.m.* chopped mixed fodder

ਕਾਛੜ [kachəṛ] *adj. & n.f.* slushy; marshy land

ਕਾਛੀ [kachi] *n.m.* surveyor, measurer of land; *cf.* ਕੱਛਣਾ

ਕਾਜ [kaj] *n.m.* work, task, affair; purpose; social function; button-hole

ਕਾਜ਼ੀ [kazi] *n.m.* Muslim judge, magistrate; interpreter of Islamic law, qadi, qazi

ਕਾਂਜੀ ਹਾਊਸ [kãji-haus] *n.m.* cattle pound

ਕਾਜੂ [kaju] *n.m* cashew-nut

ਕਾਝਬਾਨ [kájban] *n.m. colloq.* see ਕਾਹਜ਼ਬਾਨ

ਕਾਂਞਣ [kãñəṇ] *n.f.* beam resting on side pillars of Persian wheel or bullock-driven grinding mill and holding their verticle axle

ਕਾਟ [kaṭ] *n.f.* cutting, cut, intersection; deduction; effectiveness (as of medicine); erosion; *colloq.* see ਕਾਰਡ, postcard

~ ਕਰਨੀ *con.v.* to cut, deduct; to erode; to be effective

~ ਛਾਂਟ *n.f.* same as ਕੱਟ ਛਾਂਟ, pruning

ਕਾਟਵਾਂ [kaṭvã] *adj.m.* cut into shape or design; sectional; effective; erasive; pungent, astringent; sarcastic (remark); counter (argument)

ਕਾਟਵੀਂ ਰੇਖਾ [kaṭvĩ rekha] *n.f.* transversal

ਕਾਟਾ [kaṭa] *n.m.* cross mark, deletion, cancellation

~ ਫੇਰਨਾ/~ ਮਾਰਨਾ *con.v.* to cross, delete, cancel, mark a cross

ਕਾਂਟਾ [kãṭa] *n.m.* see ਕੰਡਾ, an ornament for the ear, ear drop, ear pendant; hook *esp.* for fishing or for retrieving sunk articles; lever for joining/ disjoining rail tracks; railway signal; fork; *adj. fig.* clever, cunning, smart

~ ਬਦਲਨਾ *con.v.* to change lever, man railway signal

ਕਾਂ ਟੂਟੀ [kã ṭuṭṭi] *adj. slang* clever, mischievous; *n.m.* such person

ਕਾਂਟੇ ਛੁਰੀਆਂ [kãṭe churiã] *n.f. pl.* knives and forks, cutlery

ਕਾਂਟੇਵਾਲਾ [kãṭevala] *n.m.* pointsman

ਕਾਟੋ [kaṭo] *n.f. dia.* same as ਗਾਲ੍ਹੜ, squirrel

ਕਾਠ[1] [kaṭh] *n.m.* physique, body, bulk, bodily magnitude, build, frame

ਕਾਠ[2] *n.f.* wood, timber

~ ਦਾ ਉੱਲੂ *ph.* (*lit.* wood owl) blockhead, fool

~ ਦੀ ਹਾਂਡੀ *n.f.* (*lit.* wooden kettle) unwise, impractical measures; useless effort

~ ਦੀ ਹਾਂਡੀ ਇੱਕੋ ਵਾਰ ਚੜ੍ਹਦੀ ਹੈ - *ph.* unwise measures seldom succeed

~ ਮਾਰਨਾ *ph.* to commit or entangle purposelessly or profitlessly

ਕਾਠਾ [kaṭṭha] *adj.m.* hard, stiff; raw, unripe; inferior or hard varieties of certain fruits, plants or trees (as sugarcane and jujube)

ਕਾਠੀ [kaṭhi] *n.f.* same as ਕਾਠ[1], physique; saddle; seat (as of two wheelers)

ਕਾਂਡ [kãḍ] *n.m.* chapter, scene, part, episode; happening, tragedy

ਕਾਡਰ [kaḍər] *n.m.* cadre

ਕਾਂਡੀ [kãḍi] *n.f. colloq.* see ਕਰੰਡੀ, trowel

ਕਾਢ [káḍ] *n.f.* invention, discovery, finding; clue, trace; style or work of embroidery

~ ਕੱਢਣੀ *con.v.* to invent, discover, find, trace, detect, find a clue; to embroider a (new) design

ਕਾਢਵਾਂ [káḍvã] *adj.m.* embroidered

ਕਾਢਾ[1] [káḍḍa] *adj.n.m.* one who retrieves sunken articles; inventor, discoverer, finder

ਕਾਢਾ[2] *n.m.* fodder plants mixed in the main grain crop and pulled out, picked up for use as green fodder; a species of large-sized black ant

~ ਕੱਢਣਾ *con.v.* to pull out, pick up ਕਾਢਾ

ਕਾਣ [kaṇ] *n.f.* same as ਖਾਣ¹, mine; obliquity, slant (as in a cot frame); imperfection, defect, fault, vice, blemish; blindness in one eye; *colloq.* see ਮਕਾਣ, condolatory call

ਕਾਣਸ [kaṇəs] *n.f.* cornice, shelf, mantle, mantlepiece

ਕਾਣਸਰ [kaṇsər] *n.f.* obliquity, slant

ਕਾਣਾ/ਕਾਣੀ [kaṇa/kaṇi] *adj.m./adj.f.* blind in one eye; blemished, blameworthy; diseased, worm-eaten (as sugarcane, fruit, vegetable); oblique, slanting; *n.m. informal* crow

~ **ਵੰਡ** *n.f.* unequal, unjust distribution, maldistribution, discrimination

ਕਾਣੋ [kaṇo] *n.f.* same as ਕਾਣਸਰ

ਕਾਤ [kat] *n.f.* shears, clippers

ਕਾਤਬ [katəb] *n.f.* scribe, writer, amanuensis, calligrapher

ਕਾਤਰ [katər] *n.f.* same as ਕਤਰ, clipping

ਕਾਤਲ [katəl] *n.m.* murderer, assassin, killer

ਕਾਦਰ [kadər] *adj.* almighty, potent, all powerful; *n.m.* creator or lord of creation; God; *cf.* ਕੁਦਰਤ

ਕਾਨ¹ [kan] *n.m.* see ਕੰਨ, ear

ਕਾਨ² *n.f.* see ਖਾਣ¹

ਕਾਨਫਰੰਸ [kanfərə̃s] *n.f.* conference

ਕਾਨਵਾਈ [kanvai] *n.f.* convoy

ਕਾਨ੍ਹ [kán] *n.m.* handsome person; beloved; Lord Krishna

ਕਾਨ੍ਹੀ [káni] *n.m. lit.* one who puts his shoulder to bier (*cf.* ਕੰਨ੍ਹਾ); pall bearer

ਕਾਨਾ [kanna] *n.m.* head or stalk of any rush plant; elephant grass, *Saccharum munja;* any stick four steps (approximately 3.3 metre) in length used as an improvised measure of length, depth or height

ਕਾਨਾਫੂਸੀ [kanaphusi] *n.f.* whisper, conversation in whisper

~ **ਕਰਨੀ** *ph.* to converse in whisper

ਕਾਨੀ [kanni] *n.f.* reed of kahi grass, *Saccharum spontoneum;* reed pen; arrow

ਕਾਨੂੰਗੋ [kanũgo] *n.m.* a revenue official ranking above a ਪਟਵਾਰੀ

ਕਾਨੂੰਨ [kanũn] *n.m.* same as ਕਨੂੰਨ, law

ਕਾਂਪ [kā̃p] *n.f.* thin stick of split bamboo used in making kites; see ਕੰਬਣੀ; weakness, vacillation

~ **ਖਾਣੀ** *ph.* to vacillate, fluctuate in opinion, belief or decision

ਕਾਪੀ [kappi] *n.f.* copy, duplicate; exercise book, notebook, passbook, copybook; transcript

~ **ਕਰਨਾ** *con.v.* to copy, transcribe; to imitate, emulate

~ **ਨਵੀਸ** *n.m.* copyist, transcribe, copywriter

~ **ਰਾਈਟ** *n.m.* copyright

ਕਾਫ਼ਰ [kafər] *n.m.* atheist, infidel, heretic, agnostic, non-believer in God or in Islam; renegade, apostate

ਕਾਫ਼ਲਾ [kafəla] *n.m.* caravan

ਕਾਫ਼ੀ¹ [kafi] *adj.* sufficient, enough, adequate

ਕਾਫ਼ੀ² *n.f.* name of a prosodic form and musical mode; coffee

ਕਾਫ਼ੀਆ [kafia] *n.m.* rhyme

~ **ਤੰਗ ਕਰਨਾ** *ph.* to harass, make things difficult for, put one in a tight corner, persecute

ਕਾਫ਼ੂਰ [kafur] *n.m.*same as ਕਪੂਰ, camphor

ਕਾਬ [kab] *n.f.* see ਰਕਾਬੀ, saucer, plate

ਕਾਬਜ਼ [kabəz] *adj.* in possession, possessing, holding in occupation, occupant; tending to produce constipation; *cf.* ਕਬਜ਼

ਕਾਬਲ¹ [kabəl] *n.m.* name of city in Afghanistan, Kabul

ਕਾਬਲ² *adj.* able, capable, competent, qualified, worthy, deserving, fit, intelligent, learned, meritorious

ਕਾਬਲੇ ਇਤਬਾਰ *adj.* reliable, authentic, trustworthy, dependable

ਕਾਬਲੇਦੀਦ *adj.* sightly, worth seeing, worth visiting

ਕਾਬਲਾ [kabla] *n.m.* bolt

~ **ਕੱਸਣਾ** *con.v.* to tighten bolt

ਕਾਬਲੀ [kabli] *adj.* of Kabul, of Afghanistan; belonging to big, hybrid variety (as ਕਾਬਲੀ gram)

ਕਾਬਲੀਅਤ [kabliət] *n.f.* ability, capability, competence, competency, desert, fitness, merit, qualification, intelligence, learning

ਕਾਬਲੇ ਗ਼ੌਰ [kable gɔr] *adj.* fit for consideration

ਕਾਬਲੇ ਜ਼ਮਾਨਤ [kable zəmanət] *adj.* bailable

ਕਾਬਲੇ ਜ਼ਿਕਰ [kable zıkər] *adj.* mentionable, notable, noteworthy

ਕਾਂਬਾ [kãba] *n.m.* same as ਕੰਬਣੀ, shiver

ਕਾਬੂ [kabu] *n.m.* control, hold

~ ਆਉਣਾ *con.v.* to be caught, apprehended

~ ਕਰਨਾ/~ ਪਾਉਣਾ *con.v.* to seize, arrest, possess, control, bring under control

~ ਤੋਂ ਬਾਹਰ *ph.* out of control, beyond control

~ ਵਿਚ *adv.* under control

ਕਾਮ [kam] *n.m.* see ਕੰਮ, work; desire, passion, lust, aphrodisiac, sexual appetite, sexual instinct, libido, lecherousness, lechery, salaciousness, salacity

~ ਉਤੇਜਕ *adj.* aphrodisiac, sexy, erotic

~ ਸ਼ਾਸਤਰ *n.m.* sexual science, treatise on sex

~ ਚੇਸ਼ਟਾ *n.f.* sexual desire, carnal desire, aphrodisiac

~ ਦੇਵ *n.m.* Cupid

~ ਰੋਗ *n.m.* venereal disease

~ ਰੋਗ ਵਿਗਿਆਨ *n.m.* venereology

~ ਵਰਧਕ *adj.* aphrodisiac, sexy, erotic

~ ਵਾਸ਼ਨਾ *n.f.* sexual desire or urge, lecherousness, lust

ਕਾਮਣ[1] [kaməṇ] *n.m.* same as ਟੂਣਾ, exorcism

ਕਾਮਣ[2]/ਕਾਮਣੀ *n.f.* same as ਕਾਮਨੀ, damsel

ਕਾਮਨ [kamən] *adj.* common

ਕਾਮਨਾ [kamna] *n.f.* desire, wish

ਕਾਮਨੀ [kamni] *n.f.* beautiful woman, damsel

ਕਾਮਯਾਬ [kamyab] *adj.* successful, declared pass in examination, winner; effective

~ ਹੋਣਾ *con.v.* to succeed, be successful

~ ਕਰਨਾ *con.v.* to help one to succeed

ਕਾਮਯਾਬੀ [kamyabi] *n.f.* success, victory, effectiveness, achievement

ਕਾਮਰੇਡ [kamred] *n.m.* comrade; person with socialist/communist or revolutionary views

ਕਾਮਲ [kaməl] *adj.* accomplished, expert, perfect

ਕਾਮਾ [kamma] *n.m.* worker, toiler, labourer, servant *esp.* in farming; *adj.m.* hardworking, industrious, sincere, efficient, swift, clever in work; comma; coma

ਕਾਮੀ[1] [kammi] *adj.* lustful, libidinous, lecherous, salacious; amative, amatory

ਕਾਮੀ[2] *adj. & n.f.* same as ਕਾਮਾ

ਕਾਮੁਕ [kamuk] *adj.* erotic, amatory, aphrodisiac

ਕਾਰ [kar] *n.f.* car, motor car; same as ਕੰਮ, work

~ ਆਮਦ *adj.* useful

~ ਸੇਵਾ *n.f.* free, voluntary service *usu.* such service rendered by devotees for construction or dredging work in their shrines

~ ਕਰਦਗੀ *n.f.* performance

~ ਖ਼ਿਦਮਤ *n.f.* service *esp.* personal service

~ ਮੁਖ਼ਤਿਆਰ *n.m.* attorney, agent, administrator, steward, servant with vast powers, all-in-all, factotum

~ ਵਿਹਾਰ *n.m.* business, profession, job, trade, routine, duties, task

ਕਾਰਸਤਾਨੀ [karsətani] *n.f.* mischief, prank, doing, handiwork, wrong act; conspiracy

ਕਾਰਸਾਜ਼ [karsaz] *adj.* accomplisher of all work or actions; an attributive of God

ਕਾਰਕ [karək] *n.m.* cork; case, relation to verb; *adj.* doer, operator, factor

~ ਚਿੰਨ੍ਹ *n.m.* preposition

ਕਾਰਕੁਨ [karkun] *n.m.* worker, clerk, functionary; agent, manager, director

ਕਾਰਕੁਨੀ [karkuni] *n.f.* managership, di-

rectorship
ਕਾਰਖਾਨਾ [karkhana] *n.m.* workshop, factory, mill, manufactory
~ ਲਾਉਣਾ *con.v.* to set up, establish ਕਾਰਖਾਨਾ
ਕਾਰਖਾਨੇਦਾਰ [karkhanedar] *n.m.* owner of ਕਾਰਖਾਨਾ, mill or factory owner; industrialist, manufacturer
ਕਾਰਖਾਨੇਦਾਰੀ [karkhanedari] *n.f.* ownership of ਕਾਰਖ਼ਾਨਾ; industrial business
ਕਾਰਗਰ [kargər] *adj.* effective, efficacious, effectual
ਕਾਰਗੁਜ਼ਾਰ [karguzar] *n.m.* performer, worker
ਕਾਰਗੁਜ਼ਾਰੀ [karguzari] *n.f.* performance, work, achievement
ਕਾਰਜ [karəj] *n.m.* function; work, action; social function; affair; vocation, business
~ ਸਾਧਕ *adj.* instrumental, helpful, useful, efficacious; makeshift; adhoc, acting, officiating; executive
~ ਸਿਧੀ *n.f.* success in enterprise, achievement of object
~ ਸ਼ੈਲੀ *n.f.* style of work, mode of action, *modus operandi*
~ ਕਰਤਾ *n.m.* executive, manager, person in command, management, functionary, worker
~ ਕਾਰਨ ਸੰਬੰਧ *ph.* causation, causality
~ ਕਾਰਨ ਵਿਗਿਆਨ *ph.* aetiology
~ ਕਾਲ *n.m.* tenure
~ ਖੇਤਰ *n.m.* sphere of action, jurisdiction
~ ਪਰਨਾਲੀ *n.f.* procedure, method, methodology, *modus operandi*
~ ਪਾਲਿਕਾ *n.f.* executive committee or council, the executive
~ ਭਾਰ *n.m.* workload, responsibility
~ ਵਾਹਕ *adj.* acting, officiating, temporary, adhoc
~ ਵਿਧੀ *n.f.* same as ਕਾਰਜ ਪਰਨਾਲ਼ੀ
ਕਾਰਜਸ਼ੀਲ [karəjṣil] *adj.* active, engaged in execution, on the job; energetic
ਕਾਰਜਕਾਰਨੀ [karəjkarni] *n.f.* the executive
ਕਾਰਜਕਾਰੀ [karəjkari] *adj.* acting, officiating, temporary
ਕਾਰਟੂਨ [karṭun] *n.m.* cartoon
~ ਬਣਾਉਣ ਵਾਲਾ *ph.* cartoonist
ਕਾਰਡ [karḍ] *n.m.* card; post card
ਕਾਰਤੂਸ [kartus] *n.m.*cartridge *esp.* of shot gun
ਕਾਰਦਾਰ [kardar] *n.m.* agent, official
ਕਾਰਨ [karən] *n.m.* cause, reason, motive, ground; purpose; factor responsible for; *adv.* because of, due to, owing to, by reason of, by virtue of
~ ਸੰਬੰਧੀ *adj.* causal
~ ਕਾਰਜ ਸੰਬੰਧ *ph.* causation, causality
~ ਵਾਚਕ/~ ਵਾਚੀ *adj. (gr.)* indicating ਕਾਰਨ, causative
ਕਾਰਨਰ [karnər] *n.m.* corner
ਕਾਰਨਾਮਾ [karnama] *n.m.* feat, noteworthy act, act of valour or exceptional ability, wonderful performance or achievement, historic action
ਕਾਰਨਿਸ [karnıs] *n.f.* cornice
ਕਾਰਪੋਰੇਸ਼ਨ [karporeṣən] *n.f.* corporation
ਕਾਰਬਨ [karbən] *n.m.* carbon
ਕਾਰਬਾਈਨ [karbain] *n.f.* carbine
ਕਾਰਵਾਂ [karvā̃] *n.m.* same as ਕਾਫ਼ਲਾ, caravan
ਕਾਰਵਾਈ [karvai] *n.f.* action, process, proceedings, operation; procedural steps; minutes
~ ਯੋਗ *adj.* actionable
ਕਾਰਾ [kara] *n.m.* evil or preposterous act or incident, tragedy; promise *usu.* of future undertaking
ਕਾਰੇਹੱਥਾ/ਕਾਰੇਹਾਰ *adj.m./adj.* doer or perpetrator of ਕਾਰਾ, mischief maker, villain of the piece
ਕਾਰੇ ਤੇ *adv.* as promised, according to promise, on the promised day or date
ਕਾਰਿੰਦਾ [karīda] *n.m.* see ਕਰਿੰਦਾ, worker, agent
ਕਾਰੀ [kari] *adj.* serious, grievous, mortal, fatal; effective, effectual
~ ਆਉਣਾ *con.v.* to suit, be effective
ਕਾਰੀਗਰ [karigər] *n.m.* craftsman, artisan, tradesman, artificer; *adj.* skilful, adept, adroit, expert, proficient, dex-

terous

ਕਾਰੀਗਰੀ [karigəri] *n.f.* skill, workmanship, mastery, proficiency, adroitness, dexterity

ਕਾਰੋਬਾਰ [karobar] *n.m.* same as ਕਾਰ ਵਿਹਾਰ, business

ਕਾਰੋਬਾਰੀ [karobari] *adj.* pertaining to work or business, businesslike, businessman

ਕਾਲ[1] [kal] *n.m.* time; period, epoch, era, age; *gr.* tense; also see ਕਾਲ਼

~ ਚੱਕਰ *n.m.* the wheel of time, fate

~ ਬੋਧਕ *adj.* indicative of time or tense

~ ਰੂਪ *n.m.* tense, verb form according to tense

~ ਵੰਡ *n.f.* distribution or division of time

~ ਵਾਚਕ/~ ਵਾਚੀ *adj.* same as ਕਾਲ ਬੋਧਕ

ਕਾਲ[2] *n.f.* call

ਕਾਲ਼ [kaḷ] *n.m.* death; famine, scarcity

~ ਪੀੜਿਤ/~ ਮਾਰਿਆ *adj./adj.f.* victim of famine, famine-stricken

~ ਪੈਣਾ *con.v.* for famine to occur or break out

~ ਫਾਸ *n.f.* death trap, death

~ ਵੱਸ *adj.* dead, deceased

ਕਾਲ਼ ਕੋਠੜੀ [kaḷ koṭhəri] *n.f.* dungeon, black hole, dark cell; *cf.* ਕਾਲ਼ਾ

ਕਾਲ਼ਖ [kaḷəkh] *n.f.* blackness, smut, soot; blot, stain, smudge; disgrace, stigma

~ ਮਲ਼ਨੀ/~ ਲਾਉਣੀ *ph.* to blacken, besmirch, tarnish, sully, stigmatise, smudge, smear, vilify; to cause ਕਾਲ਼ਖ

ਕਾਲਜ [kaləj] *n.m.* college

ਕਾਲ਼ਜਾ [kaḷja] *n.m. dia.* see ਕਲ਼ੇਜਾ, liver, heart

ਕਾਲਜੀਏਟ [kaljieṭ] *n.m. & adj.* collegiate

ਕਾਲਪਨਿਕ [kalpənɪk] *adj.* imaginary, fictitious, unreal, notional

ਕਾਲਬ [kaləb] *n.m.* body, frame; temporary structure to serve as base for masonry work such as arch or lintel

ਕਾਲਮ [kaləm] *n.m.* column

ਕਾਲਰ [kalər] *n.m.* collar

ਕਾਲ਼ਾ [kaḷa] *adj.m.* black, dark, dark-complexioned, dusky, swarthy, sable

~ ਇਲਮ *n.m.* necromancy, witchcraft, sorcery, black art, magic, exorcism

~ ਧਨ *n.m.* black money, hidden income, ill-gotten wealth, income derived from tax-evasion

~ ਪਾਣੀ *n.m.* the Andamans, confinement there as punishment (under the British rule), transportation for life

~ ਭੂੰਡ *n.m.* same as ਭੌਰ, black bee

~ ਮੋਤੀਆ *n.m.* glaucoma

ਕਾਲਿਓਂ/ਕਾਲ਼ੋਂ [kaḷɪõ/kaḷõ] *n.f.* same as ਕਾਲ਼ਖ, blackness

ਕਾਲ਼ੀ [kaḷi] *adj.f.* feminine of ਕਾਲ਼ਾ

~ ਖੰਗ *n.f.* whooping cough, chincough, pertussis

~ ਘਟਾ *n.f.* dark clouds, nimbostratus

~ ਮਿਰਚ *n.f.* black pepper, dried berry of *Piper nigrum*

~ ਮੂਸਲੀ *n.f.* medicinal root of *Anilema tuberosa*

~ ਬੋਲ਼ੀ *adj.f.* pitch dark (night); severe (dust storm)

ਕਾਲੀਨ [kalin] *n.m.* same as ਕਲੀਨ, carpet

ਕਾਵਿ [kav] *n.m.* poetry, poesy, poetic literature, poetic composition or work

~ ਅਨੁਭਵ *n.m.* poetic experience

~ ਸੰਗ੍ਰਹਿ *n.m.* collection, anthology or book of poems

~ ਸ਼ਾਸਤਰ *n.m.* poetics, prosody, treatise on versification

~ ਸ਼ਾਸਤਰੀ *n.m.* scholar, master of poetics

~ ਸ਼ੈਲੀ *n.f.* poetic style

~ ਕਲਾ *n.f.* art of poetry, poetic art

~ ਚੋਰ *n.m.* plagiarist

~ ਚੋਰੀ *n.f.* plagiarism

~ ਭੇਦ *n.m.* prosodic forms or variety

~ ਰਸ *n.m.* pleasure or aesthetics of ਕਾਵਿ

~ ਰਚਨਾ *n.f.* versification, poetic work o[r] composition

~ ਰੂਪ *n.m.* prosodic form, metre, measure, stanzaic form

ਕਾਵਿਮਈ [kavməi] *adj.* poetic, poetical

ਕਾਵੀਆ [kavia] *n.m.* soldering iron

ਕਾੜ ਕਾੜ [kaṛ kaṛ] *n.f.* cracking sound, crack, repeated cracks; thunder; *adv.* furiously or repeatedly given blow

ਕਾੜ੍ਹ [káṛ] *v.form.* imperative of ਕਾੜ੍ਹਨਾ, boil

ਕਾੜ੍ਹਨਾ [káṛna] *v.t.* to boil thoroughly, boil on low heat for a long time, decoct

ਕਾੜ੍ਹਨੀ [káṛni] *n.f.* vessel *usu.* earthen for boiling milk

ਕਾੜ੍ਹਾ [káṛa] *n.m.* decoction, herbs or drugs decocted in water; *fig.* intensely hot, sultry weather

ਕਿ [ke] *conj.* that, or

ਕਿਉਂ [kɪõ] *adv.* why? what for?

ਕਿਉਂਕਿ/ਕਿਉਂ ਜੋ [kɪõke/kɪõjo] *conj.* because, for, since, in that

ਕਿਉਂਟ [kɪõṭ] *v.form* imperative of ਕਿਉਂਟਣਾ, finish

ਕਿਉਂਟਣਾ [kɪõṭəṇa] *v.t.* to complete, finish, round up

ਕਿਉੜਾ [kɪoṛa] *n.m.* name of a plant, *Pandanus odoratissimus,* its flowers, scent or scented liquid prepared from it

ਕਿਆ [kɪa] *pron.* same as ਕੀ, what, *conj.* whether

ਕਿਆਸ [kɪas] *n.m.* guess, conjecture, surmise, presumption, supposition, thought, speculation, imagination, rueful or sad thought

~ ਆਰਾਈ *n.f.* speculation, thinking guessing, surmise, conjecture, also ਕਿਆਸਕਾਰੀ

~ ਕਰਨਾ *con.v.* to think or to bear in mind

ਕਿਆਸੀ [kɪasi] *adj.* conjectural, speculative, presumptive, thoughtful

ਕਿਆਫ਼ਾ [kɪafa] *n.m.* guess, estimation, surmise, conjecture

~ ਲਾਉਣਾ *con.v.* to guess, estimate

ਕਿਆਮ [kɪam] *n.m.* stay, sojourn, rest, temporary residence

~ ਕਰਨਾ *con.v.* to stay, sojourn, reside

ਕਿਆਮਤ [kɪamət] *n.f.* doomsday, day of judgement, doom, deluge; disaster, calamity

~ ਢਹਿ ਪੈਣੀ/~ ਬਰਪਾ ਹੋਣੀ *ph.* for disaster or calamity to befall, for hell to break out

ਕਿਆਰਾ [kɪara] *n.m.* plot, subdivision of a field

ਕਿਆਰੇ ਪਾਉਣਾ *con.v.* to subdivide a field into plots or beds

ਕਿਆਰੇ ਭੁੱਜਣਾ *con.v.* to water plots one after the other, divert water from one ਕਿਆਰਾ to another

ਕਿਆਰੀ [kɪari] *n.f.* small ਕਿਆਰਾ, flower bed

ਕਿਸ [kɪs] *pron.adj.* who? which! what?

~ ਤਰ੍ਹਾਂ *adv.* how? in what way

~ ਤੋਂ *adv.* from whom

~ ਦਾ *pron.* whoes?

~ ਨੇ *pron.* who?

~ ਨੂੰ *pron.* whom? to whom?

~ ਲਈ *adv.* for whom, for what, why, what for?

ਕਿਸ਼ਤ [kɪṣt] *n.* instalment; (In chess) check

~ ਦੇਣੀ *con.v.* to check; to pay instalment

~ ਮਾਤ *n.f.* checkmate

ਕਿਸ਼ਤਾਂ ਤੇ *adv.* on instalment basis

ਕਿਸ਼ਤੀ [kɪṣti] *n.f.* boat, canoe, scull, dinghy

ਕਿਸ਼ਤੀਆਂ ਦਾ ਕਾਰਖ਼ਾਨਾ *ph.* boatyard

ਕਿਸ਼ਤੀਆਂ ਦੀ ਦੌੜ *ph.* boat-race, sculls

ਕਿਸ਼ਤੀਸਾਜ਼ [kɪstisaz] *n.m.* boatwright

ਕਿਸਮ [kɪsəm] *n.f.* kind, type, variety, sort, class, species, ilk

~ ਕਿਸਮ ਦਾ *ph.* of different or several kinds or types, various, variegated, diverse

ਕਿਸਮਤ [kɪsmət] *n.f.* fate, fortune, luck, lot, destiny, stars, predestinatiton

~ ਦਾ ਗੇੜ *ph.* quirk of fate

~ ਦਾ ਧਨੀ *ph.* lucky, fortunate

~ ਦਾ ਬਲੀ *ph.* (ironically) unfortunate

ਕਿਸ਼ਮਿਸ਼ [kɪṣ-mɪṣ] *n.f.* same as ਸੌਗੀ, raisin

ਕਿਸ਼ਮਿਸ਼ੀ [kɪṣmɪṣi] *adj.* mixed with ਕਿਸ਼ਮਿਸ਼, of the colour of ਕਿਸ਼ਮਿਸ਼

ਕਿੱਸਾ [kɪssa] *n.m.* story, tale, legend, folktale, romantic tale in verse, fable; incident, episode, narration of experience; *informal.* matter, affair, business, incident

~ ਕਾਵਿ *n.m.* poetic genre, poetic literature consisting of ਕਿੱਸੇ

~ ਗੋ *n.m.* writer, narrator or reciter of ਕਿੱਸਾ
~ ਕੋਤਾਹ *adv.* in short, in brief
ਕਿੱਸਾਕਾਰ [kɪssakar] *n.m.* writer of ਕਿੱਸਾ
ਕਿਸਾਨ [kɪsan] *n.m.* peasant, farmer, tiller of land, agriculturist, cultivator, yeoman
~ ਵਰਗ *n.m.* peasantry, the agriculturist class
ਕਿਸੇ [kɪse] *pron.adj.* someone, anyone, any
~ ਤਰ੍ਹਾਂ *adv.* somehow
~ ਥਾਂ *adv.* somewhere
ਕਿਸ਼ੋਰ [kɪṣor] *n.m.* male child, boy, son, *adj.m.* adolescent, juvenile, *fem.* ਕਿਸ਼ੋਰੀ
~ ਅਵਸਥਾ *n.f.* adolescence
ਕਿਹੜਾ [kéṛa] *pron.m. adj.m.* who? which? which one?
ਕਿਹਾ¹ [kía] *v.form* past indefinite of ਕਹਿਣਾ, also ਕਹਿਆ – said, told
~ ਸੁਣਿਆ/~ ਕਹਾਇਆ¹ *n.m.adj.* talk; hearsay, behaviour
~ ਕਹਾਇਆ² *adv. & adj.m.* acting on hearsay or incitement
ਕਿਹਾ² *pron.m.* of what sort? like what?
ਕਿਹੋ ਜਿਹਾ/ਕਿਹਾ ਕੁ [kío jía/kía ku] *adj.m. & adv.* approximately or roughly of what sort or kind?
ਕਿੱਕ [kɪkk] *n.f.* kick
~ ਮਾਰਨੀ *con.v.* to kick
ਕਿੱਕਰ [kɪkkər] *n.f.* acacia, *Acacia arabica, Acacia niletica, Acacia fanesiana*
~ ਦੀ ਗੂੰਦ *n.f.* arabic gum
ਕਿੱਕਰੀ [kɪkkəri] *n.f.* small or young ਕਿੱਕਰ
ਕਿੱਕਲ਼ੀ [kɪkkəḷi] *n.f.* a kind of folk dance performed by females; a peal of laughter
~ ਪਾਉਣੀ *con.v.* to perform ਕਿੱਕਲੀ dance; to make fun and frolic
ਕਿੰਗ [kĩg] *n.f.* a single-string musical instrument
ਕਿੰਗਰਾ [kĩgəra] *n.m.* ornamental parapet or battlement; top, summit, pinnacle; edge (of vessel)
ਕਿੰਗਰੀ [kĩgri] *n.f.* border of cloth *usu.* printed, embroidered, laced, interlaced or interwoven; also ਕਿਨਾਰੀ; (in architecture) freeze
ਕਿੰਗਰੀਦਾਰ/ਕਿੰਗਰੇਦਾਰ [kĩgridar/kĩgredar] *adj.* with ਕਿੰਗਰੀ
ਕਿਚ ਕਿਚ [kɪc kɪc] *n.f.* sound of grinding or gnashing teeth; nonsensical or unintelligible talk
~ ਕਰਨੀ *ph.* to grind or gnash teeth; to talk nonsensically, unintelligibily
ਕਿਚਨ [kɪcən] *n.f.* kitchen
ਕਿਚਰ [kɪcər] *adv.* (compound of ਕਿੰਨਾ+ਚਿਰ) for how long? till when? also ਕਦੋਂ ਤੀਕ
~ ਕੁ *adv.* for how long approximately?
ਕਿੰਜ/ਕਿੰਞ [kĩj/kĩñ] *adv. dia.* see ਕਿਵੇਂ, how?
ਕਿੱਟ [kɪṭṭ] *n.f.* kit, kitbag
~ ਲਾਉਣੀ *con.v.* to display ਕਿੱਟ; to let one's possessions remain spread or scattered about
ਕਿੱਡਾ [kɪḍḍa] *adj.m.* how (big, small, large, old, etc.)
ਕਿਣਕਾ [kɪṇka] *n.m.* particle, speck, little, mote, granule, broken piece of grain; atom
ਕਿਣ ਮਿਣ [kɪṇ-mɪṇ] *n.f.* drizzle
~ ਹੋਣੀ *con.v.* to drizzle
ਕਿਤਨਾ [kɪtna] *adj.m.* see ਕਿੰਨਾ, how much?
ਕਿਤ੍ਹਾ [kɪtá] *n.m.* piece of land, plot; a stanzaic form *usu.* in Urdu verse
ਕਿੱਤਾ¹ [kɪtta] *n.m.* occupation, vocation, business, trade, job, work
ਕਿੱਤਾ² *adj.m.* see ਕਿੰਨਾ, how much
ਕਿਤਾਬ [kɪtab] *n.f.* book, publication, textbook; register, account-book
ਕਿਤਾਬਚਾ [kɪtabca] *n.m.* booklet, pamphlet
ਕਿਤਾਬਤ [kɪtabət] *n.f.* calligraphy, scribing
ਕਿਤਾਬੀ [kɪtabi] *adj.* concerning books, bookish
~ ਕੀੜਾ *n.m.* book-worm, too studious
ਕਿੰਤੂ [kĩtu] *conj.* but, however; *fig.* objection, reservation
~ ਕਰਨਾ *con.v.* to object, express reservation

ਕਿਤੇ [kɪte] *adv.* somewhere; *conj.* whether, lest

~ ਕਿਤੇ *adv.* at some places, at places, here and there; at times, infrequently, off and on, sporadically

ਕਿਥੇ [kɪtthe] *adv.* where? at what place?

~ ਕੁ *adv.* roughly where? where about?

ਕਿੱਥੋਂ [kɪtthõ] *adv.* from where, wherefrom, whence

ਕਿੱਦਣ [kɪddəṇ] *adv.* on which or what day or date, when

ਕਿੱਦਾਂ [kɪddã] *adv. dia.* see ਕਿਵੇਂ, how

ਕਿੱਧਰ [kíddər] *adv.* on which side, in which direction, which way, whither, to which place, where to

ਕਿਧਰੇ [kídəre] *adv.* same as ਕਿਤੇ; perchance, possibly

ਕਿਧਰੋਂ [kídrõ] *adv.* wherefrom, from which side or direction, from where?

ਕਿਧਾ [kída] *pron.* whose

ਕਿਨ [kɪn] *pron.adj. dia.* see ਕਿਸ, who

ਕਿਨਵਾਂ [kɪnvã] *adj.m.* which one, where (in a series or sequence)

ਕਿੰਨ੍ਹਾਂ [kĩnnã] *pron. pl.* of ਕਿਸ, who

ਕਿੰਨ੍ਹੂ [kĩnnũ] *pron.* whom, to whom

ਕਿੰਨ੍ਹੇ [kĩnne] *pron.* who, which one (in subjective case)

ਕਿੰਨਾ [kĩnna] *adj.m.* how much?

~ ਕੁ *adj.m.* just how much?

ਕਿਨਾਰਾ [kɪnara] *n.m.* same as ਕੰਢਾ; border, hem

ਕਿਨਾਰਾਕਸ਼ੀ [kɪnarakəṣi] *n.f.* standing apart, dissociation

~ ਕਰਨਾ *ph.* to dissociate (from), withdraw, sever connection (with)

ਕਿਨਾਰੀ [kɪnari] *n.f.* hem, edging, lace, fringe, tatting

ਕਿਨਾਰੀਦਾਰ [kɪnaridar] *adj.* trimmed with ਕਿਨਾਰੀ, laced, fringed

ਕਿੰਨੂ [kĩnnũ] *n.m.* kinnow

ਕਿੰਨੇ [kĩnne] *adj.m.pl.* of ਕਿੰਨਾ, how many

ਕਿੰਬ [kĩb] *n.m.* a kind of large sour lime, citron

ਕਿਬਰ [kɪbər] *n.m.* same as ਤਕੱਬਰ, pride

ਕਿਰਸ [kɪrs] *n.f.* thrift, frugality, parsimony, economy, saving; *colloq.* see ਕਿਰਤ, work, toil

~ ਕਰਨੀ *con.v.* to practise ਕਿਰਸ, economise

ਕਿਰਸਾਨ [kɪrsan] *n.m. colloq.* see ਕਿਸਾਨ, peasant

ਕਿਰਸਾਨੀ [kɪrsani] *n.f.* agriculture, farming, husbandry; agriculturists (collectively), peasantry

ਕਿਰਸੀ [kɪrsi] *adj.* thrifty, frugal, parsimonious

ਕਿਰਕ [kɪrk] *n.f.* grit, *esp.* in food; *fig.* dislike, aversion, digust, abhorrence, hostile feeling

ਕਿਰਕਰਾ [kɪrkəra] *adj.m.* gritty, bad in taste, disagreeable, spoilt

ਕਿਰਚ [kɪrc] *n.f.* straight sword, rapier; crunch, crunching sound

~ ਕਿਰਚ ਕਰਨਾ *ph.* to crunch, munch

ਕਿਰਤ [kɪrt] *n.f.* work, toil, labour; business, vocation, occupation, trade

~ ਸੰਜਮੀ *adj.* labour-saving

~ ਕਮਾਈ *n.f.* honest earnings, income from ਕਿਰਤ

~ ਕਰਨੀ *con.v.* to do or perform ਕਿਰਤ, work, toil, labour

ਕਿਰਤੱਗ [kɪrtəgg] *adj.* same as ਕ੍ਰਿਤੱਗ, obliged, grateful

ਕਿਰਤਘਣ [kɪrtkəṇ] *adj.* same as ਕ੍ਰਿਤਘਣ, ungrateful

ਕਿਰਤਾਰਥ [kɪrtarəth] *adj.* same as ਕ੍ਰਿਤਾਰਥ, gratified; satisfied with the result of one's ਕਿਰਤ

ਕਿਰਤੀ [kɪrti] *n.m.* worker, toiler, labourer

~ ਸੰਘ *n.m.* workers' organisation, trade union

~ ਵਰਗ *n.m.* working class, proletariat

ਕਿਰਦਾਰ [kɪrdar] *n.m.* character, conduct, characteristic, distinctive trait or quality

ਕਿਰਨ [kɪrn] *n.f.* ray, beam (of light)

ਕਿਰਨਾ [kɪrna] *v.i.* to drop, leak, fall down (one by one); to fall out, back out, straggle

ਕਿਰਪਾ [kɪrpa] *n.f.* kindness, benignity, compassion; favour, benevolence, beneficence, benefaction; mercy, grace, graciousness

~ ਕਰ ਕੇ *adv.* kindly, please
~ ਕਰਨੀ *con.v.* to show ਕਿਰਪਾ, be kind/ benign; to favour, oblige, bestow benefaction or benefit, do a good turn, do favour
~ ਦ੍ਰਿਸ਼ਟੀ *n.f. lit.* gaze of ਕਿਰਪਾ, kind attention, merciful regard
~ ਨਿਧ/~ ਨਿਧਾਨ *adj.* treasure of ਕਿਰਪਾ, most gracious, kind or merciful
~ ਪਾਤਰ *adj.* deserving ਕਿਰਪਾ, object of ਕਿਰਪਾ, beneficiary
ਕਿਰਪਾਨ [kırpan] *n.f.* curved sword, sabre, scimitar, small sword carried by baptized Sikhs as their religious symbol
~ ਧਾਰੀ *adj. & n.m.* wearer or bearer of ਕਿਰਪਾਨ, one armed or equipped with or normally carrying a sword; a baptized Sikh
ਕਿਰਪਾਲ/ਕਿਰਪਾਲੂ [kırpal/kırpalu] *adj.* kind, merciful, benign, compassionate, benevolent, beneficent
ਕਿਰਪਾਲਤਾ [kırpalta] *n.f.* same as ਕਿਰਪਾ, graciousness, beneficence
ਕਿਰਮ [kırm] *n.m.* insect, worm, slug, grub, larva, maggot, midget; germ, microbe
~ ਨਾਸ਼ਕ/~ ਨਾਸ਼ੀ *adj.* insecticide, germicide, pesticide; antiseptic, antibiotic
ਕਿਰਮਚੀ [kırmci] *adj.* crimson, scarlet
ਕਿਰਮੋਕਿਰਮੀ [kırmokırmi] *adv.* one by one, one after the other
ਕਿਰਲਾ [kırla] *n.m.* large-sized lizard
ਕਿਰਲੀ [kırli] *n.f.* lizard
ਕਿਰਾਇਆ [kıraıa] *n.m.* same as ਕਰਾਇਆ[1], rent
ਕਿਰਿਆ[1] [kırıa] *n.f.* verb; activity, act, action, operation, process, working, performance; ablutions, personal hygiene; biological or physiological system; *colloq.* funeral rites, obsequies; also ਕਿਰਿਆਕਰਮ
~ ਸਾਧਣੀ *ph.* to attend to one's personal hygienic needs such as toilet, ablutions
~ ਕਰਮ *n.m.* funeral rites, obsequies
~ ਪਦ *n.m. (gr.)* copula
~ ਫਲ *n.m. (gr.)* gerund, verbal noun
~ ਬੋਧਕ *adj.* indicating action, suggestive of activity
~ ਰੂਪ *n.m. (gr.)* conjugation, verbal form
~ ਵਿਸ਼ੇਸ਼ਣੀ ਕਾਰਕ *ph.* prosecutive case
ਕਿਰਿਆਸ਼ੀਲ [kırıaṣil] *adj.* active, in action, in motion, up-and-about, on the job, busy.
ਕਿਰਿਆਸ਼ੀਲਤਾ [kırıaṣilta] *n.f.* state of being ਕਿਰਿਆਸ਼ੀਲ, activity, activeness
ਕਿਰਿਆਤਮਿਕ [kırıatmık] *adj.* related to ਕਿਰਿਆ, verbal
ਕਿਰਿਆਨਾ [kırıana] *n.m.* see ਕਰਿਆਨਾ, grocery
ਕਿੱਲ [kıll] *n.m.* nail, peg, hobnail, cotter, brad, cotter-pin; pimple, acne (on the face); thick, almost congealed milk on first milking after calving
~ ਕੰਡਾ/~ ਕਾਂਟਾ *n.m.* material, tools, equipment
ਕਿਲਕ [kılk] *n.f.* reed-pen made from a particular thin and tough reed
ਕਿਲਕਾਰੀ [kılkari] *n.f.* joyful shriek, uncontrolled loud laughter, guffaw
~ ਮਾਰਨੀ *con.v.* to utter/give out ਕਿਲਕਾਰੀ, guffaw
ਕਿੱਲਤ [kıllət] *n.f.* shortage, scarcity, paucity, dearth
ਕਿੱਲ੍ਹ [kíll] *v.form* imperative of ਕਿੱਲ੍ਹਣਾ, strain
ਕਿੱਲ੍ਹਣਾ [kílləṇa] *v.i.* to strain excretory muscles during evacuation of bowls; to strain, make intense physical effort
ਕਿਲ੍ਹਾ [kíla] *n.m.* fort, fortress, castle, citadel, military stronghold
ਕਿਲ੍ਹੇਦਾਰ [kíledar] *n.m.* commander or owner of ਕਿਲ੍ਹਾ, garrison commander
ਕਿਲ੍ਹੇਬੰਦੀ [kílebə̃di] *n.f.* fortification
ਕਿੱਲਾ[1] [kılla] *n.m.* peg, post, stake, pin; *fig.* patron, support; acre
~ ਗੱਡਣਾ *con.v.* to drive a ਕਿੱਲਾ (into); *fig.* to establish oneself firmly
~ ਪੁੱਟਣਾ *con.v.* to pull out ਕਿੱਲਾ; *n.m.* tent pegging
ਕਿੱਲੀ [kılli] *n.f.* a small peg, spike or

wedge

ਕਿੱਲੇਬੰਦੀ [kıllebə̃di] *n.f.* division or demarcation of land into one acre plots

ਕਿੱਲੇ ਵਲ਼ [killevəl] *n.m.* clove hitch, fisherman's bond

ਕਿੱਲੋ [kıllo] *n.m.* kilo; *pref.* meaning one thousand

~ **ਗ੍ਰਾਮ** *n.m.* kilogram

~ **ਮੀਟਰ** *n.m.* kilometre

~ **ਲੀਟਰ** *n.m.* kilolitre

ਕਿਵਾੜ [kıvaṛ] *n.m.* door-leaf; door, gate

~ **ਖੁੱਲ੍ਹ ਜਾਣੇ** *ph.* for door to open; *fig.* to be enlightened

ਕਿਵੇਂ [kıvẽ] *adv.* how? by what means or method? in what or which way? for which purpose, why?

ਕਿੜ [kıṛ] *n.f.* enmity, malice, ill-will, rancour, vindictiveness

~ **ਕੱਢਣੀ** *ph.* to give expression to ਕਿੜ, harm with malicious or vindictive intent

~ **ਰੱਖਣੀ** *ph.* to harbour ਕਿੜ

ਕੀ/ਕੀਹ [ki/kí] *pron.* what; *conj.* whether

~ **ਤੋਂ** *adv. dia.* see ਕਿਸ ਤੋਂ, from whom

~ **ਦਾ** *pron. dia.* same as ਕਿਧਾ, whose

~ **ਨੂੰ** *pron.* same as ਕਿਸ ਨੂੰ, to whom

~ **ਹੋਇਆ/~ ਗੱਲ** *ph.* what happened? what is the matter?

ਕੀਕਣ/ਕੀਕਰ/ਕੀਕੂੰ [kikəṇ/kikər/kikũ] *adv./dia./colloq.* see ਕਿਵੇਂ; how

ਕੀਟ [kiṭ] *n.m.* same as ਕੀੜਾ, insect

~ **ਨਾਸ਼ਕ** *adj.* insecticide, germicide, wormicide

~ **ਭਕਸ਼ੀ** *adj.* insectivorous, entomophagus

~ **ਵਿਗਿਆਨ** *n.m.* entomology

~ **ਵਿਗਿਆਨੀ** *n.m.* entomologist

ਕੀਟਾਹਾਰੀ [kiṭahari] *adj.* same as ਕੀਟ ਭਕਸ਼ੀ

ਕੀਟਾਣੂ [kiṭaṇu] *n.m.* germ, micro organism, microbe

ਕੀਤਾ [kitta] *v.form* of ਕਰਨਾ, did, done *n.m.* favour, help rendered by (some one); (own) deeds, actions

~ **ਕਤਰਿਆ/~ ਕਰਾਇਆ** *adj.m.* all that has been done, performed or achieved; past effort

~ **ਪਾਉਣਾ/~ ਅੱਗੇ ਆਉਣਾ** *ph.* to suffer the consequence of past action, reap what one has sown

ਕੀਨਾ [kina] *n.m.* malice, spite, rancour, vindictiveness, vindictive feeling

~ **ਰੱਖਣਾ** *ph.* to harbour ਕੀਨਾ, be vindictive or rancorous

ਕੀਨਾਖੋਰ [kinakhor] *adj.* vindictive, spiteful, rancorous

ਕੀਨਾਖੋਰੀ [kinakhori] *n.f.* vindictiveness, spitefulness

ਕੀਫ਼ [kif] *n.f.* funnel

ਕੀਮਖਾਬ [kimkhab] *n.m.* brocade

ਕੀਮਤ [kimət] *n.f.* price, cost, value; rate; *fig.* consequence

~ **ਚੁਕਾਉਣੀ** *ph.* to pay for

ਕੀਮਤੀ *adj.* precious, costly, valuable, dear

ਕੀਮਾ [kima] *n.m.* minced meat

~ **ਕਰਨਾ** *con.v.* to mince (meat, flesh), hash

ਕੀਮੀਆ [kimia] *n.m.* alchemy, substance that turns any metal into gold

ਕੀਮੀਆਗਰ [kimiagər] *n.m.* alchemist

ਕੀਮੀਆਗਰੀ [kimiagəri] *n.f.* alchemy; chemistry

ਕੀਰਤਨ [kirtən] *n.m.* hymn singing, devotional singing in praise of deity

~ **ਕਰਨਾ** *con.v.* to perform ਕੀਰਤਨ

~ **ਦਰਬਾਰ** *n.m.* a session of ਕੀਰਤਨ *usu.* by different performing groups

ਕੀਰਤਨੀ [kirtəni] *adj.* related to ਕੀਰਤਨ

ਕੀਰਤਨੀਆ [kirtənia] *n.m.* one who performs ਕੀਰਤਨ

ਕੀਰਤੀ [kirti] *n.f.* fame, renown; praise, admiration; glory, celebrity

ਕੀਰਨਾ [kirna] *n.m.*wail, high pitched cry of mourning

ਕੀਰਨੇ ਪਾਉਣੇ *ph.* to wail, lament, mourn, cry bitterly

ਕੀਲਣਾ [kiləṇa] *v.t.* to charm (particularly a snake), transfix, fascinate, captivate, enthrall, cast spell over, make spellbound

ਕੀੜਾ [kiṛa] *n.m.* large ant; insect, worm, maggot, pest; *informal.* snake; *fig.* ਕਿਤਾਬੀ ਕੀੜਾ bookworm

~ ਪਤੰਗਾ *n.m.* insects in general
ਕੀੜੀ [kiṛi] *n.f.* ant, emmet, pismire
ਕੀੜੇਮਾਰ [kiṛemar] *adj.* insecticide, wormicide, pesticide
ਕੁ[1] [ku] *pref.* denoting badness, wrongness
ਕੁ[2] *suff.* meaning approximately, roughly, nearly, almost or a little, a bit, slightly, as in ਕਿੰਨਾ ਕੁ how much roughly? how much? ਮੀਲ ਕੁ nearly a mile, ਰਤਾ ਕੁ a little bit
ਕੁਆ [kua] *v.form* imperative of ਕੁਆਉਣਾ, call
ਕੁਆਉਣਾ [kuauṇa] *v.t.* to call, summon, send for; to address, talk to; to condole with, make condolence call
ਕੁਆਹਰਾ [kuára] *adj.m.* not level, uneven; tangled
ਕੁਆਟਰ [kuaṭər] *n.m.* quarter
~ ਗਾਰਦ *n.f.* quarter guard
~ ਪਲੇਟ *n.f.* quarter plate
~ ਫ਼ਾਈਨਲ *adj. n.m.* quarter-final
ਕੁਆਟਰ ਮਾਸਟਰ [kuaṭər masṭər] *n.m.* quartermaster
ਕੁਆਰ/ਕੁਆਰ ਗੰਦਲ਼ [kuar/kuar gə̃dəḷ] *n.f.* a medicinal plant, aloe, *Aloe perfoliata, Aloe indica*
ਕੁਆਰਪਣ/ਕੁਆਰਪੁਣਾ [kuarpəṇ/kuarpuṇa] *n.m.* virginity, unmarried state, bachelorhood, spinsterhood
ਕੁਆਰਾ [kuara] *adj. & n.m.* bachelor, unmarried, unmarried man
ਕੁਆਰੀ [kuari] *adj. & n.f.* virgin, spinster, miss, unmarried woman
ਕੁਆਲਟੀ [kualṭi] *n.f.* quality
ਕੁਇੰਟਲ [kuɪnṭəl] *n.m.adj.* quintal
ਕੁਸ਼ [kuṣ] *adj. dia.* see ਕੁਝ, somewhat
ਕੁੱਸ [kuss] *n.f.* female genitalia
ਕੁਸਕ [kusk] *v.form* imperative of ਕੁਸਕਣਾ
ਕੁਸਕਣਾ [kuskəṇa] *v.i.* to make the slightest sound in speech, hardly utter a word; to make the meekest protest
ਕੁਸੰਗ/ਕੁਸੰਗਤ [kusə̃g/kusə̃gət] *n.m.* bad company
ਕੁਸਗਨ [kusəgən] *n.m.* bad/ill or evil omen or portent
ਕੁਸੱਤ [kusətt] *n.m.* untruth, falsehood
ਕੁਸ਼ਤਾ [kuṣta] *n.m.* oxide of metals for medicinal use *esp.* in Unani system of medicine
ਕੁਸ਼ਤੀ [kuṣti] *n.f.* wrestling, wrestling bout or match
~ ਕਰਨੀ/~ ਲੜਨੀ *con.v.* to wrestle
ਕੁਸਮ [kusəm] *n.m.* flower, bloom, blossom
ਕੁਸ਼ਲ [kuṣəl] *adj.* proficient, efficient, expert, skilful, skilled, deft; happy, healthy, well, hale (and hearty)
ਕੁਸ਼ਲਤਾ [kuṣəlta] *n.f.* proficiency, efficiency, expertise, skill, deftness; wellbeing, happiness, health, haleness
ਕੁਸ਼ਾਸਨ [kuṣasən] *n.m.* misgovernment, maladministration
ਕੁਸੁਹਜ [kusój] *n.m.* ugliness, perverted or misplaced aesthetic sense
ਕੁਹਾਣ [kuhaṇ] *n.f.* hump (of camel)
ਕੁਹਾੜਾ [kuhaṛa] *n.m.* large or heavy axe, felling axe
ਕੁਹਾੜੀ [kuhaṛi] *n.f.* small axe, hatchet;
ਕੁਕ ਕੁਕ [kuk kuk] *n.f.* cluck, clucking
~ ਕਰਨਾ *con.v.* to cluck
ਕੁੱਕਰ [kukkər] *n.m.* cooker, pressure cooker
ਕੁਕਰਮ [kukərm] *n.m.* bad/wrong or evil act, vice, crime, sin, malfeasance, misdeed, wickedness
ਕੁਕਰਮਣ [kukərməṇ] *adj.f.* evil, evil-doer
ਕੁਕਰਮੀ [kukərmi] *adj.m.* sinful, vicious
ਕੁੱਕਰਾ [kukkəra] *n.m. usu. pl.* ਕੁੱਕਰੇ, trachoma
ਕੁੱਕੜ [kukkəṛ] *n.m.* cock, rooster, male fowl
~ ਉਡਾਰੀ *ph. fig.* short distance
~ ਬਾਂਗੇ *adv.* with the first crowing of the cock, in the early morning, at cockrow
ਕੁੱਕੜੂੰ ਘੜੂੰ *n.f.* sound of a cock crowing
ਕੁੱਕੜੀ [kukkəṛi] *n.f.* hen; *dia.* see ਛੱਲੀ, corncob
ਕੁੱਖ [kukkh] *n.f.* womb, belly, abdomen
~ ਹਰੀ ਹੋਣੀ *ph.* to be pregnant or bear a child

~ ਕੱਢਣੀ/~ ਭਰਨੀ *ph.* to eat or feed to capacity, have one's fill

ਕੁੰਗਰੂ [kũgru] *n.m.* kangaroo

ਕੁੰਗੜਨਾ [kũgəṛna] *v.i.* same as ਸੁੰਗੜਨਾ, to shrink

ਕੁੰਗੀ [kũgi] *n.f.* wheat rust, *adj.* (crop) affected by ਕੁੰਗੀ

~ ਪੈ ਜਾਣੀ *ph.* (for crop *esp.* wheat) to turn pale due to excessive humidity and insufficient sunshine; to be affected by ਕੁੰਗੀ

ਕੁੰਗੂ [kũgũ] *n.m.* a dye prepared from mixture of myrobalan and turmeric and used as a cosmetic by ladies and for making saffron mark on forehead by gents; flood, deluge

ਕੁੱਚ [kucc] *n.m.* weaver's brush

ਕੁਚੱਜ [kucəjj] *n.m.* awkwardness, clumsiness, lack of proper manner or method; tactlessness

ਕੁਚੱਜਾ [kucəjja] *adj.m.* awkward, clumsy, clueless, unmannerly, tactless

ਕੁਚਲਨਾ [kucəlna] *v.t.* to crush, see ਮਿੱਧਣਾ

ਕੁਚਲਾ [kucla] *n.m.* strychnina, strychnia, nuxvomica, *Strychnos nuxvomica*

ਕੁਚਾਲ/ਕੁਚਾਲਾ [kucal/kucala] *n.f./n.m.* awkward gait; wrong behaviour

ਕੁਛ [kucch] *adj.* see ਕੁਝ, some

ਕੁੱਛੜ [kucchəṛ] *n.f.* haunch, hip, lap, arms

~ ਕੁੜੀ ਤੇ ਸ਼ਹਿਰ ਢੰਢੋਰਾ *ph.* seeking the horse one has been riding all along

~ ਚੜ੍ਹਨਾ *ph.* (for small children) to be carried on ਕੁੱਛੜ

~ ਚੁੱਕਣਾ *ph.* to hold or carry (a child) on ਕੁੱਛੜ

ਕੁੱਛੜਲਾ [kucchəṛla] *adj.m.* carried on one's hip or lap; small, suckling, breast-fed, infant

ਕੁੰਜ[1] [kũj] *n.f.* (snake's) slough; a type of lace, a pattern in embroidery, embroidered corner or border

~ ਝਾੜਨੀ/~ ਲਾਹੁਣੀ *ph.* to slough

ਕੁੰਜ[2] *n.m.* bower, arbour, pergola; nook, corner

ਕੁੰਜ[3] *v.form* imperative of ਕੁੰਜਣਾ, tuck in, tuck-up

ਕੁੰਜਣਾ [kũjəṇa] *v.t.* to tuck in, tuck up

ਕੁੰਜੜਾ [kũjəṛa] *n.m.* greengrocer

ਕੁਜਾ [kuja] *adv.* where, (used in phrases of comparison or contrast)

ਕੁੱਜਾ [kujja] *n.m.* small earthen pitcher or pot; a piece of lump sugar

~ ਮਿਸ਼ਰੀ *n.f.* lump sugar

ਕੁਜਾਤ [kujat] *n.f.* low or alien caste; *adj.* belonging to a low or alien caste; low, mean, evil (person)

ਕੁਜਾਤਣ [kujatəṇ] *adj.f.* same as *prec.*

ਕੁੱਜੀ [kujji] *n.f.* small ਕੁੱਜਾ

ਕੁੰਜੀ [kũji] *n.f.* key; annotated help book, notes or guide for students

ਕੁੰਜੀਆਂ ਦਾ ਗੁੱਛਾ *ph.* bunch of keys

~ ਬਰਦਾਰ *adj. & n.m.* keeper of keys

~ ਲਾਉਣੀ *con.v.* to apply key (to lock)

ਕੁੰਜੀਦਾਰ [kũjidar] *adj.* (locking device) which works only with a key

ਕੁਝ [kúj] *adj.* some, something, anything, somewhat, a little, a few; *adv.* rather, in some measure

ਕੁੱਟ [kuṭṭ] *n.f.* beating, flogging, thrashing, drubbing, clobbering; threshing, pounding, crushing; *v.form* imperative of ਕੁੱਟਣਾ, pound

~ ਕੁਟਾਈ *n.f.* same as ਕੁੱਟ

~ ਖਾਣੀ *con.v.* to be beaten up, get a beating

~ ਮਾਰ *n.f.* beating, thrashing, drubbing; scuffle, fight

ਕੁੱਟਣਾ [kuṭṭəṇa] *v.t.* to beat, thrash, flog, spank, pummel, cudgel, clobber, belabour; to thresh, pound, crush

ਕੁਟਣੀ [kuṭṇi] *n.f.* procuress, bawd, go-between (in vice)

ਕੁਟੰਬ [kuṭə̃b] *n.m.* family, kith and kin, household

ਕੁੱਟ ਮਾਰ [kuṭṭ mar] *n.f.* beating, thrashing, drubbing

ਕੁਟਲ [kuṭəl] *adj.* same as ਕੁਟਿਲ, crooked

ਕੁੱਟਲ [kuṭṭəl] *n.m.* chaff and threshed stalks of oil-seed plants

ਕੁਟਵਾ [kuṭva] *v.form* imperative of ਕੁਟਵਾਉਣਾ

ਕੁਟਵਾਉਣਾ/ਕੁਟਾਉਣਾ [kuṭvauṇa/kuṭauṇa] *v.t.* to get someone thrashed or something threshed/crushed; *cf.* ਕੁੱਟਣਾ

ਕੁਟਵਾਈ [kuṭvai] *n.f.* process of or wages for ਕੁਟਾਈ

ਕੁਟਾਈ [kuṭai] *n.f.* same as *prec.;* same as ਕੁੱਟ, beating

~ **ਕਰਨੀ** *con.v.* same as ਕੁੱਟਣਾ

ਕੁਟਾਪਾ [kuṭapa] *n.m.* same as ਕੁੱਟ ਮਾਰ, beating

~ **ਚੜ੍ਹਾਉਣਾ/~ ਚਾੜ੍ਹਨਾ** *ph.* to beat, spank, clobber, belabour

ਕੁਟਿਲ [kuṭıl] *adj.* crooked, perverse, devious, disingenuous, deceitful, collusive, conspiratorial

ਕੁਟਿਲਤਾ [kuṭılta] *n.f.* crookedness, perverseness, cunning, deceitfulness, collusion, collusiveness

ਕੁਟੀਆ [kuṭia] *n.f.* cottage, hut, shack, modest dwelling, thatched hut; hermitage

ਕੁਟੇਸ਼ਨ [kuṭeṣən] *n.f.* quotation

ਕੁੱਠ [kuṭṭh] *v.form* imperative of ਕੁੱਠਣਾ, torture

ਕੁੱਠਣਾ [kuṭṭhəṇa] *v.t.* to kill, slaughter, torture; *v.i.* to suffer mentally, be tortured

ਕੁੱਠਾ [kuṭṭha] *n.m.* meat of animal or fowl slaughtered slowly as prescribed by Islamic law

~ **-ਹਲਾਲ** *n.m.* same as ਕੁੱਠਾ

ਕੁਠਾਲ਼ੀ [kuṭhaḷi] *n.f.* goldsmith's crucible

ਕੁੰਡ [kũḍ] *n.m.* pool, pond, tank, reservoir; pit for consecrated fire, fire altar

ਕੁੰਡਲ਼ [kũḍəḷ] *n.m.* curl, lock (of hair), ringlet; coil, spiral; noose of rope; large heavy ear-ring; curlicue

ਕੁੰਡਲ਼ਦਾਰ [kũḍəḷdar] *adj.* curly, coiled, spiralled

ਕੁੰਡਲ਼ਨੀ [kũḍəḷni] *n.f.* an important ganglion in body (according to yoga)

ਕੁੰਡਲੀ [kũḍli] *n.f.* small coil or ring; horoscope

ਕੁੰਡਲੀਆ [kũḍəlia] *adj.m.* coiled, coiling, *n.m.* a species of snake

ਕੁੰਡਾ [kũḍa] *n.m.* hasp, hasp and staple, fastening chain, hook, grapnel, grapline, grapple, grappling iron; handle (of bucket, etc.); grip (of cauldron); loop of yarn (in knitting); elephant driver's iron

ਕੁੰਡੀ [kũḍi] *n.f.* small hasp or locking chain; hook, fishhook, fishing tackle

ਕੁੰਢ [kuḍ] *n.m.* crookedness; turning in of horns; *informal* a foolish, stupid, headstrong person; turned in horn

ਕੁਢੰਗ [kuṭə̃g] *n.m.* improper or wrong way or method, clumsiness

ਕੁਢੰਗਾ/ਕੁਢੱਬਾ [kuṭə̃ga/kuṭəbba] *adj.m.* clumsy, awkward; ill-contrived, ill-managed

ਕੁੱਢਣ [kúḍḍəṇ] *n.m.* wooden poker, a piece of wood burning at one end

ਕੁਢੱਬ [kuṭəbb] *n.m.* same as ਕੁਢੰਗ, clumsiness

ਕੁੰਢਾ [kuḍa] *adj.m.* turned in (horn); buffalo with such horns

ਕੁਣਸ [kuṇəs] *n.f.* fault, faultfinding

~ **ਕੱਢਣੀ** *ph.* to find fault, criticise, pettifog, cavil, carp

ਕੁਣਕਾ [kuṇka] *n.m.* same as ਕੜਾਹ, a kind of pudding

ਕੁਣਬਾ [kuṇba] *n.m.* same as ਕੁਨਬਾ, family

ਕੁਤਕਾ [kutka] *n.m. dia.* see ਘੋਟਣਾ, thick club used as pestle

ਕੁਤਕੁਤਾੜੀ/ਕੁਤਕੁਤੀ [kutkutaṛi/kutkuti] *n.f.* tickle, titillation, rib-tickling

~ **ਹੋਣੀ** *con.v.* to feel ਕੁਤਕੁਤਾੜੀ, be tickled; to be excited

~ **ਕੱਢਣੀ** *con.v.* to tickle, titillate

ਕੁੱਤਪੁਣਾ [kuttpuṇa] *n.m.* a dog's or dog-like behaviour, pugnacity; shamelessness, meanness, shameful conduct

ਕੁਤਬ-ਫ਼ਰੋਸ਼ [kutəb fəroṣ] *n.m.* book-seller

ਕੁਤਬ-ਫ਼ਰੋਸ਼ੀ [kutəbfəroṣi] *n.f.* job or trade of book-selling

ਕੁਤਰ¹ [kutər] *n.m.* triangular field; (*geom.*) diameter

~ **ਪਰਨੇ** *adv.* diagonally

ਕੁਤਰ² *v.form* imperative of ਕੁਤਰਨਾ, chop, cut

ਕੁਤਰਨਾ [kutərna] *v.t.* to nibble, gnaw; bite; to chop, cut (fodder, etc.)

ਕੁਤਰਵਾਉਣਾ [kutərvauṇa] *v.t.* to have something cut or chopped, assist in cutting or chopping

ਕੁਤਰਵਾਈ [kutərvai] *n.f.* process of or wage for *prec.*

ਕੁਤਰਾ [kutra] *n.m.* anything (*esp.* fodder) chopped into small pieces

ਕੁਤਰਾਉਣਾ [kutrauṇa] *v.t.* same as ਕੁਤਰਵਾਉਣਾ

ਕੁਤਰਾਈ [kutrai] *n.f.* same as ਕੁਤਰਵਾਈ

ਕੁੱਤਾ [kutta] *n.m.* dog, hound; stopper or brake of Persian wheel

ਕੁਤਿ ਸੰਬੰਧੀ *adj.* canine

ਕੁਤਿ ਖੱਸੀ *n.f. slang* aimless or useless wandering/loitering or effort

ਕੁਤਿ ਖੱਸੀ ਕਰਨਾ *ph. slang* to wander/loiter without aim or achievement, waste time; *lit.* to castrate dogs

ਕੁਤਿ ਖਾਣੀ *n.f.* insult, indignity, maltreatment, treating like a dog

ਕੁਤਿ ਚਾਲ *n.f.* slow trot

ਕੁਤਿ ਦੀ ਪੂਛ *ph. slang.* an incorrigible fellow

ਕੁਤਿ ਦੀ ਮੌਤ *ph.* miserable or disgraceful death

ਕੁਤਿ ਮੱਖੀ *n.f.* dogfly, gadfly

ਕੁਤਾਹੀ [kutái] *n.f.* omission, nonfeasance, neglect, default, negligence

ਕੁੱਤੀ [kutti] *n.f.* bitch

ਕੁਤੀੜ/ਕੁਤੀੜ ਵਾਧਾ [kutiṛ/kutiṛ váda] *n.f.* dogs collectively *esp.* unwanted street/stray or pidogs

ਕੁਤਿਖ਼ਾਨਾ [kutte khana] *n.m.* kennel

ਕੁੱਤੇ ਫੁੱਲ [kutte phull] *n.m.* snapdragon, *Antirrhinum majus*

ਕੁਥਾਂ [kuthã] *n.f.* wrong place; *adv.* at the wrong spot

ਕੁਥਾਵੇਂ [kuthavẽ] *adv.* at a sensitive or tender spot

ਕੁੱਦ [kudd] *n.f.* jump, plunge; capriole; *v.form* imperative of ਕੁੱਦਣਾ, jump

~ ਕੇ ਪੈਣਾ *ph.* to jump at, assault, pounce upon

~ ਪੈਣਾ *ph.* to take the plunge/jump or leap into, join (a movement or struggle)

ਕੁੱਦਣਾ [kuddəṇa] *v.i.* to jump, leap, skip, vault, spring, hop; to caper, gambol, dance about, frisk; to act at sudden impulse; to pounce

ਕੁੰਦਨ [kũdən] *n.m.* pure gold; *adj. fig.* pure, good, honest; in perfect health

ਕੁਦਰਤ [kudrət] *n.f.* nature, created existence, universe; phenomenal or material world; omnipotence, God's power of creation, sustenance and destruction, providence, divine will

ਕੁਦਰਤਨ [kudərtən] *adv.* naturally; by chance, coincidently

ਕੁਦਰਤੀ [kudərti] *adj.* natural, divine; innate; unexpected; *adv.* same as ਕੁਦਰਤਨ

ਕੁਦਵਾ [kudva] *v.form* imperative of ਕੁਦਵਾਉਣਾ, make one jump

ਕੁਦਵਾਉਣਾ/ਕੁਦਾਉਣਾ [kudvauṇa/kudauṇa] *v.t.* to get or make someone (*usu.* a horse) jump/vault/dance or caper

ਕੁਦਵਾਈ [kudvai] *n.f.* act of/reward or payment for *prec.*

ਕੁੰਦਾ [kũda] *n.m.* wooden block; stock of a gun; cooking oil, vegetable ghee, impure or adulterated ghee

ਕੁਦਾਈ [kudai] *n.f.* same as *prec.*; act of jumping, vaulting, leaping

ਕੁਦਾੜਾ [kudaṛa] *n.m.* capriole

ਕੁਦਾੜ ਕੇ ਪੈਣਾ *ph.* to jump suddenly and furiously at, assault

ਕੁੰਦੀ [kũdi] *n.f. dia.* violent shake

~ ਕਰਨਾ *v.t.* see ਛੰਡਣਾ

ਕੁਦੇਸ [kudes] *n.m.* foreign country (*deprec.*)

ਕੁਦੇਸਣ/ਕੁਦੇਸੀ [kudesəṇ/kudesi] *n.f./n.m.* foreigner, alien; stranger (*deprec.*)

ਕੁਧਰਮੀ [kutərmi] *adj.* irreligious, atheist; follower of a false religion; sinful, sinner

ਕੁਨਬਾ [kunba] *n.m.* family, household, line, kith and kin, kinsfolk

~ ਪਰਵਰੀ/~ ਪ੍ਰਸਤੀ *n.f.* nepotism

ਕੁਨਾਂ [kunā̃] *n.m.* bad or wrong name, misnomer

ਕੁੰਨਾਂ [kũnnā̃] *n.m.* kettle, casserole; *slang* stomach; *adj.* kettleful (of cooked food)

ਕੁਨਾਲ਼ੀ [kunaḷi] *n.f.* flat-bottomed earthen basin for kneading flour in

ਕੁੰਨੀਂ [kũnni] *n.f.* small ਕੁੰਨਾਂ

ਕੁਨੀਨ [kunin] *n.f.* quinine

ਕੁੰਨੂੰ [kũnnũ] *n.m.* heap, stack

ਕੁਨੈਣ [kunɛṇ] *n.f.colloq.* see ਕੁਨੀਨ

ਕੁੱਪ [kupp] *n.m.* dome-shaped stack of wheat chaff; *cf.* ਧੜ²

ਕੁਪੱਤ [kupətt] *n.f.* quarrel, altercation, wrangle, brawl, squabble; dishonourable or disorderly behaviour

~ ਕਰਨਾ *ph.* to start ਕੁਪੱਤ, indulge in ਕੁਪੱਤ

~ ਪੈਣਾ *ph.* for ਕੁਪੱਤ to take place

ਕੁਪੱਤਾ/ਕੁਪੱਤੀ [kupətta/kupətti] *adj.m. / adj.f.* quarrelsome, wrangler, squabbler; spoilsport

ਕੁੱਪਾ [kuppa] *n.m.* large vessel made from raw hide *usu.* for holding and carrying oil; any large container, canister; *adj.fig.* fat, obese, corpulent, bulky

ਕੁੱਪੀ [kuppi] *n.f.* lubricating can, oil container, oil-can

ਕੁਪੀਨ [kupin] *n.f.dia.* see ਲੰਗੋਟੀ, loincloth

ਕੁਪੁੱਤ/ਕੁਪੁੱਤਰ [kuputt/kuputtər] *n.m.* same as ਕਪੁੱਤ, unworthy son

ਕੁਫ਼ਰ [kufər] *n.m.* atheism, disbelief, unbelief in the existence of God, paganism, blasphemy

~ ਤੋਲਣਾ *ph.* to tell a lie, spin a yarn, utter blasphemy, talk blasphamously

ਕੁਫ਼ਲ [kufəl] *n.m.* lock, locking device

ਕੁੱਬ [kubb] *n.m.* bend, curve, curvature; bend or crook in body, hump, hunch

~ ਕੱਢਣਾ *con.v.* to remove ਕੁੱਬ, to straighten

~ ਨਿਕਲਣਾ *con.v.* for ਕੁੱਬ to develop, to be or become hunchback; for ਕੁੱਬ to be removed

ਕੁੱਬਾ/ਕੁੱਬੀ [kubba/kubbi] *adj.m./adj.f.* (one) with body bent; hunchback; also ਕੁਬੜਾ, ਕੁਬੜੀ

ਕੁਬੇਰ [kuber] *n.m.* mammon, god of riches

ਕੁਬੋਲ [kubol] *n.m.* improper or impolite remark or talk

ਕੁੰਭ [kub] *n.m.* pitcher, earthen water pot; zodiac sign Aquarius; a religious fair of Hindus held every twelfth year

ਕੁੰਭੀ ਨਰਕ [kubi nərək] *n.m.* the lowest hell

ਕੁਮਕ [kumək] *n.f.* reinforcement

ਕੁਮੱਤ [kumətt] *n.f.* bad or wrong advice/ opinion or counsel; lack of intelligence, foolishness

ਕੁਮਲਾ [kumla] *v.form* imperative of ਕੁਮਲਾਉਣਾ

ਕੁਮਲਾਉਣਾ [kumlauṇa] *v.i.* to wither, wilt, shrivel, droop, sear; *fig.* to pale, languish, be sad

ਕੁਮ੍ਹਿਆਰ [kumıàr] *n.m.* potter; a kind of centipede that appears during rains

ਕੁਮਾਰ [kumar] *n.m.* boy, son, male child or young man not yet married; prince

ਕੁਮਾਰੀ [kumari] *n.f.* girl, daughter; virgin, maiden

ਕੁਮਾਰਗ [kumarg] *n.m.* wrong path; *fig.* bad or corrupt conduct

ਕੁਮੇਦਾਨ [kumedan] *n.m.* commandant

ਕੁਮੇਲ [kumel] *n.m.* maladjustment, mismatch, wrong or unsatisfactory relation

ਕੁਮੈਤ [kumɛt] *adj.m.* bay, reddish-brown (horse)

ਕੁਰਸ [kurs] *n.m.* bad taste, spoiled or interrupted pleasure

ਕੁਰਸੀ [kursi] *n.f.* chair; base, plinth, foundation; office, rank, post, seat of honour

~ ਨਸ਼ੀਨ *adj.* seated on a chair; entrenched in office; honoured

~ ਨਾਮਾ *n.m.* genealogical chart or table, family tree

ਕੁਰਹਿਤ [kurέt] wrong living; breach of (Sikh) code of conduct; anathema; aversion

~ ਆਉਣੀ/~ ਕਰਨੀ *ph.* to dislike, feel aversion or disgust; to disregard religious code

ਕੁਰਹਿਤਣ/ਕੁਰਹਿਤੀਆ [kurɛ́tən̩/kurɛ́tia] *adj.f./adj.m.* (one) who does not observe code of social or religious conduct; unprincipled, misguided; apostate, renegade

ਕੁਰਕ [kurk] *adj.* attached, distrained, sequestrated (property)

~ **ਕਰਨਾ** *con.v.* to attach, distrain,seize, sequestrate (property)

ਕੁਰਕੀ [kurki] *n.f.* attachment, distrainment, sequestration, seizure

ਕੁਰਕੁਰੀ [kurkuri] *n.f.* irritation in sore throat

ਕੁਰਖ਼ਤ [kurəxt] *adj.* hard, rigid; harsh, severe (temper, behaviour); shrill, grating, strident (sound)

~ **ਬੋਲ** *n.m. pl.* cacophony; harsh talk

ਕੁਰਖ਼ਤਗੀ [kurəxtəgi] *n.f.* hardness, harshness, severity, shrillness, stridence

ਕੁਰਬ [kurb] *n.m.* same as ਨੇੜ; also *n.f.* ਕੁਰਬਤ, nearness

ਕੁਰਬਲ ਕੁਰਬਲ [kurbəl kurbəl] *n.f.* overabundance, overcrowding

~ **ਕਰਨਾ** *con.v.* to mill around, overcrowd

ਕੁਰਬਾਨ [kurban] *adj.* sacrificed, martyred

~ **ਹੋਣਾ** *con.v.* to die for, become a martyr, give one's life for

~ **ਕਰਨਾ** *con.v.* to sacrifice

ਕੁਰਬਾਨੀ [kurbani] *n.f.* sacrifice

~ **ਕਰਨੀ** *con.v.* to sacrifice one's own interest

~ **ਦੇਣੀ** *con.v.* same as *prec.;* to give or offer someone or something or oneself as a sacrifice, same as ਕੁਰਬਾਨ ਹੋਣਾ

ਕੁਰਮ [kurm] *n.m* chrome

ਕੁਰਲ [kurl] *n.m.* fish-hawk, osprey

ਕੁਰਲ ਕੁਰਲ [kurl kurl] *n.f.* shrill or grating speech

~ **ਕਰਨੀ** *ph.* to chatter, jabber

ਕੁਰਲਾ/ਕੁਰਲੀ [kurla/kurli] *n.m./colloq./n.f.* see ਕਰੂਲਾ, ਕਰੂਰੀ, gargle, mouthwash

ਕੁਰਲਾ [kurla] *v.form* imperative of ਕੁਰਲਾਉਣਾ, cry

ਕੁਰਲਾਉਣਾ [kurlaun̩a] *v.i.* to cry, wail, lament, shriek

ਕੁਰਲਾਟ/ਕੁਰਲਾਪ [kurlaṭ/kurlap] *n.m.* loud cries, wailing, lamentation; shrieking, hue and cry, great vocal noise

~ **ਪਾਉਣਾ** *con.v.* same as ਕੁਰਲਾਉਣਾ, to raise hue and cry, cry bitterly

ਕੁਰਾਹ [kurá] *n.m.* wrong path; *fig.* bad or corrupt conduct, aberration

ਕੁਰਾਹੀਆ [kur̩áia] *adj. & n.m.* aberrant, misguided person

ਕੁਰਾਹੇ [kuráe] *adv.* on the wrong path, off the right track, astray

~ **ਪਾਉਣਾ** *ph.* to misguide, mislead

~ **ਪੈਣਾ** *ph.* to go astray

ਕੁਰਾਨ [kuran] *n.m.* Muhammadan Scripture, the Quran, Koran

~ **ਸ਼ਰੀਫ/~ ਮਜੀਦ** *n.m.* the holy Quran

ਕੁਰਾਨੀ [kurani] *adj.* pertaining to ਕੁਰਾਨ Quranic, Koranic

ਕੁਰੀਤ/ਕੁਰੀਤੀ [kurit/kuriti] *n.f.* bad custom

ਕੁਰੂਪ [kurup] *adj.* same as ਕਰੂਪ, ugly

ਕੁਰੇਦਣਾ [kuredən̩a] *v.t.* see ਖੁਰਚਣਾ, to scrape

ਕੁਲ [kul] *n.f.* lineage, line, dynasty, descent, ancestry, pedigree, family, house; caste, tribe, race

~ **ਘਾਤ/~ ਨਾਸ** *n.m.* genocide

ਕੁੱਲ [kull] *adj.* entire, whole, all, gross, total

~ **ਜਮ੍ਹਾਂ** *n.m.* sum total

~ **ਜੋੜ** *n.m.* grand total

ਕੁਲਹੀਣ [kulhin̩] *adj.* of low birth, lineage or caste

ਕੁਲਚਾ [kulca] *n.m.* a kind of bun or bread-roll, scone

ਕੁਲੱਛਣ [kuləcchən̩] *n.m.* wrong or bad trait, misconduct, wickedness; bad omen/portent or sign

ਕੁਲੱਛਣਾ/ਕੁਲੱਛਣੀ [kuləcchən̩a/kuləcchən̩i] *adj.m./adj.f.* wicked, evil, evildoer; ill-omened, ominous

ਕੁਲੱਜ [kuləjj] *n.f.* bad name, ill fame, disrepute; shamelessness; *adj.* of ill fame, disreputable; shameless, brazen-faced

ਕੁਲੰਜ¹ [kulə̃j] *n.m.* colitis, pain in large intestine; inflammation of colon
ਕੁਲੰਜ² *adj.* knock-kneed (person); (for horse) cutting behind while walking
ਕੁਲਤ [kult] *n.f.* bad habit
ਕੁਲਥੀ [kulthi] *n.f.* a kind of pulse grain, its plant, *Dolichus bifliorus*
ਕੁਲਪਤੀ [kulpəti] *n.m.* chancellor (of a university)
ਕੁਲਫ਼ਾ [kulfa] *n.m.* a pot-herb, purslane, *Portulaca oleracea*
ਕੁਲਫ਼ੀ [kulfi] *n.f.* ice cream *esp.* rolled around a stick or moulded into conical shape
ਕੁੱਲਰ [kullər] *n.m* small earthen cup
ਕੁਲਵੰਤ/ਕੁਲਵੰਤੀ/ਕੁਲੀਨ [kulvə̃t/kulvə̃ti/kulin] *adj.m./adj.f./adj.* of noble birth or lineage
ਕੁੱਲ੍ਹਾ [kúlla] *n.m.* same as ਕੰਨ੍ਹ; hip, buttocks
ਕੁੱਲਾ¹ [kulla] *n.m.* a kind of cowl/hood or cap around which a turban is tied
ਕੁੱਲਾ² *n.m.* modest house, hut; home
ਕੁੱਲਾ³ *n.m.* complexion (of horse) between light bay and light brown
ਕੁਲਾਹਲ [kulahəl] *n.m.* uproar, clamour
ਕੁਲੀ [kuli] *n.m* coolie, porter
ਕੁੱਲੀ [kulli] *n.f.* same as ਕੁੱਲਾ² shack, shanty
ਕੁਲੀਨ [kulin] *adj.* of noble birth or lineage
ਕੁਵਕਤ [kuvəkt] *n.m* wrong, late or unsuitable time
ਕੁਵਕਤਾ [kuvəkta] *adj.m.* untimely, ill-timed, late
ਕੁਵਖਤ [kuvəkht] *n.m.* hard times, adversity, misfortune
ਕੁਵਰਤੋਂ [kuvərtõ] *n.f.* wrong use, abuse, misuse, mishandling
~ ਕਰਨੀ *con.v.* to misuse, mishandle
ਕੁਵੱਲਾ [kuvəlla] *adj.m.* ill-advised, unwise; ticklish, difficult, complicated
ਕੁਵੇਲ਼/ਕੁਵੇਲ਼ਾ [kuveḷ/kuveḷa] *n.f./n.m.* late time; lateness, late hour, behind time
ਕੁਵੇਲ਼ੇ [kuveḷe] *adv.* late, untimely
ਕੁੜ [kuṛ] *n.m.* baseboard of plough; lid of churn-vessel; U-shaped piece of wood holding the axle of churn
ਕੁੜਕ¹ [kuṛk] *adj.f.* broody (hen); *n.f.* broodiness (of hen)
~ ਮੱਲਣੀ *con.v.* (for hen) to go or become broody; to brood
ਕੁੜਕ² *v.form.* imperative of ਕੁੜਕਣਾ
ਕੁੜਕਣਾ [kuṛkəṇa] *v.i.* to become dry, hard, brittle; *adj.m.* brittle; crisp; also ਕੁੜ ਜਾਣਾ
ਕੁੜ-ਕੁੜ [kuṛ kuṛ] *n.f.* clucking, cackling, cackle, gaggle (of hen); *fig.* noisy, unpleasant or inconsequent talk
~ ਕਰਨੀ *con.v.* to cluck, cackle, gaggle
ਕੁੜੱਤਣ [kuṛəttəṇ] *n.f.* bitterness
ਕੁੜਤਾ [kuṛta] *n.m.* shirt, doublet; also ਕੁਰਤਾ
ਕੁੜਤੀ [kuṛti] *n.f.* half shirt, waistcoat; underwear shirt, ladies blouse; smock, jerkin; also ਕੁਰਤੀ
ਕੁੜਮ [kuṛm] *n.m* father-in-law of one's son or daughter
ਕੁੜਮਣੀ [kuṛməṇi] *n.f.* mother-in-law of one's son or daughter
ਕੁੜਮਾਈ [kuṛmai] *n.f.* betrothal, engagement, ceremony related to it
ਕੁੜਮਾਚਾਰੀ [kuṛmacari] *n.f.* relationship between ਕੁੜਮ or between families of the spouses
ਕੁੜ੍ਹ¹ [kúṛ] *n.f.* room or enclosed shed to keep cattle in during winter; barn
ਕੁੜ੍ਹ² *v.form* imperative of ਕੁੜ੍ਹਨਾ
ਕੁੜ੍ਹਨਾ [kúṛṇa] *v.i.* to be peevish or sullen, simmer; to be envious or jealous, boil inwardly
ਕੁੜਾਂਘ [kuṛag] *n.f.* bitterness, bitter taste, acerbity, pungency,
ਕੁੜਿੱਕੀ [kuṛɪkki] *n.f.* same as ਕੜਿੱਕੀ, springe, snare
ਕੁੜੀ [kuṛi] *n.f.* girl, maiden, virgin; daughter, female child
ਕੁੜੇ [kuṛe] *interj.* vocative of ਕੁੜੀ; also ਕੁੜੀਏ
ਕੂ [ku] *v.form* imperative of ਕੂਣਾ, speak
ਕੂਹਣੀ [kúṇi] *n.f.* elbow, ancon
~ ਮਾਰਨੀ *ph.* to nudge

ਕੂਕ [kuk] *n.f.* shout, shriek, scream, cry *esp.* to call; whistle (of train)
~ ਪੁਕਾਰ *n.f.* crying in distress for help; wailing
~ ਮਾਰਨੀ *con.v.* to utter ਕੂਕ; (for train) to whistle
ਕੂਕਣਾ [kukəṇa] *v.i.* to utter ਕੂਕ; to shout, vociferate, talk in a shrill tone
ਕੂਕਰ [kukər] *n.f. colloq.* same as ਕੂਕ; dog
ਕੂਕਾ [kuka] *n.m.* follower of Namdhari sect of Sikhs; a Namdhari or Namdhari Sikh
ਕੂਚ[1] [kuc] *n.m.* march, marching, advance (by troops)
~ ਕਰ ਜਾਣਾ *ph.* to march off; *fig.* to pass away, die
~ ਕਰਨਾ *ph.* to march, advance, depart, set out
ਕੂਚ[2] *v.form* imperative of ਕੂਚਣਾ, scrub, cleanse
ਕੂਚਣਾ [kucəṇa] *v.t.* to rub hard, scrub (*usu.* utensil *esp.* vessels used for boiling and churning milk)
ਕੂਚਾ [kuca] *n.m.* a bundle of straw or faggots used for scrubbing; hard brush; street, lane, alley
ਕੂਚੀ [kuci] *n.f.* small ਕੂਚਾ; small soft brush used in painting or lettering; drawing brush; brush of reed-bark used for white-washing
ਕੂੰਜ [kũj] *n.f.* a migratory bird of cold regions, ashen gray in colour and resembling crane; florican, Siberian crane
ਕੂਟਨੀਤਗ [kuṭnitəg] *n.m.* diplomat
ਕੂਟਨੀਤੀ [kuṭniti] *n.f.* diplomacy, secret plan or policy; intrigue
ਕੂੰਡਾ [kũḍa] *n.m.* flat-bottomed round earthen vessel, shallow basin; vat
ਕੂਣਾ [kuṇa] *v.i.* to speak, talk, say; *informal.* to be on speaking terms
~ ਬੋਲਣਾ *cpd.v.* verbal intercourse, (informal) relationship
ਕੂਤ [kut] *n.m.* estimate, appraisal, assessment (of value or weight)
ਕੂਤਣਾ [kutəṇa] *v.t.* to assess, appraise

ਕੂਨਾ [kuna] *adj.m.* soft-spoken but cunning
ਕੂਪ [kup] *n.m.* see ਖੂਹ, well
ਕੂਪਣ [kupəṇ] *n.m.* coupon; also ਕੂਪਨ
ਕੂੰਬਲ/ਕੂਮਲ [kũbəl/kũməl] *n.m. colloq.* see ਕਰੂੰਬਲ, soft end portion of a branch, tender shoot
ਕੂਰ [kur] *n.m.* pup, young dog, doggie
~ ਕੂਰ *n.f.* call for dog
~ ਕੂਰ ਕਰਨਾ *con.v.* to call a dog or pup
ਕੂਲਰ [kulər] *n.m.*water cooler; room cooler
ਕੂਲ੍ਹ [kúl] *n.f.* see ਖਾਲ; water-channel dug or constructed in hilly areas
ਕੂਲ਼ਾ [kuḷa] *adj.m.* soft, sleek, smooth, tender; young
ਕੂਲ਼ਾਪਣ [kuḷapəṇ] *n.m.* softness
ਕੂੜ [kuṛ] *n.m. dia.* same as ਝੂਠ, falsehood
ਕੂੜਾ[1] [kuṛa] *adj.m. dia.* same as ਝੂਠਾ, false
ਕੂੜਾ[2] *n.m.* sweepings, garbage, refuse, waste, rubbish, litter, trash; also ਕੂੜਾ ਕਚਰਾ and ਕੂੜਾ ਕਰਕਟ
ਕੂੜੇਦਾਨ [kuṛedan] *n.m.* rubbish bin, dust bin, garbage can
ਕੇ [ke] *prep.* see ਦੇ; *suff.* following a verb making its perfect tense, as in ਕਰਕੇ having done, after doing
ਕੇਸ[1] [kes] *n.m. pl.* hair
ਕੇਸ[2] *n.m.* case; casing
ਕੇਸਰ [kesər] *n.m.* saffron, *Crocus stivus*
ਕੇਸਰੀ/ਕੇਸਰੀਆ [kesri/kesəria] *adj./adj.m.* of the colour of ਕੇਸਰ flowers, deep orange or yellow
ਕੇਸਾਧਾਰੀ [kesatàri] *adj.* (one) keeping untrimmed hair and beard
ਕੇਸੂ [kesu] *n.m.* flower of dhak tree, *Butea frondosa*
ਕੇਹਰ [kér] *n.m.* see ਸ਼ੇਰ, tiger, lion
ਕੇਕ [kek] *n.m.* cake
ਕੇਕੜਾ [kekṛa] *n.m.* crab
ਕੇਤਲੀ [ketli] *n.f.* kettle
ਕੇਤੂ [ketu] *n.m.* comet, shooting star, meteor; descending node (of moon)
ਕੇਂਦਰ [kẽdər] *n.m.* centre, core, nucleus;

centroid; focus; head quarters; the central government
~ ਮੁਖੀ *adj.* centripetal
ਕੇਂਦਰਿਤ [kẽdrıt] *adj.* centred, collected (around), focussed, concentrated; also ਕੇਂਦ੍ਰਿਤ
ਕੇਂਦਰੀ [kẽdri] *adj.* central, centric, core, main, nuclear
ਕੇਂਦਰੀਕਰਨ [kẽdrikərn] *n.m.* centralisation
~ ਕਰਨਾ *con.v.* to centralise
ਕੇਂਦਰੀਵਾਦ [kẽdrivad] *n.m.* centralism, centralised system
ਕੇਂਦਰੀਵਾਦੀ [kẽdrivadi] *adj.* centralist, supporter of a centralised system, centralistic
ਕੇਬਲ [kebəl] *n.f.* cable
ਕੇਰ [ker] *v.form* imperative of ਕੇਰਨਾ; pour
ਕੇਰਨਾ [kerna] *v.t.* to drop, let fall, pour symmetrically, *usu.* to sow seed in lines
ਕੇਰਾ [kera] *n.m.* seed sown in lines manually; *cf.* ਪੋਰਨਾ; natural falling of fruit from tree
ਕੇਰੀ [keri] *n.f.* thin grain, weed-seed etc.; coal dust that falls through a sieve
ਕੇਲਾ [kela] *n.m.* banana, plantain, plant or fruit *Musa sapientum, Musa paradisiaca* respectively
ਕੇਲੀ [keli] *n.f.* a decorative garden plant, *Plantago major,* also called plantain
ਕੇਲੋਂ [kelõ] *n.f.* a species of fir tree
ਕੇਵਲ [kevəl] *adv.* only, merely, simply, just
ਕੈ[1] [kɛ] *n.f.* vomit, puke, spew
~ ਆਉਣੀ *con.v.* to feel like vomiting, feel nausea; to vomit, puke, spew
~ ਕਰਨੀ *con.v.* to vomit, puke, spew
ਕੈ[2] *pron. pl. dia.* see ਕਿੰਨੇ, how many?
ਕੈਸ਼ [kɛṣ] *n.m.* cash
~ ਕਰਨਾ *con.v.* to encash
~ ਬਕਸ *n.m.* cashbox
~ ਬੁੱਕ *n.f.* cashbook
~ ਮੀਮੋ *n.m.* cash-memo
ਕੈਸਟ [kɛsəṭ] *n.f.* cassette
ਕੈਂਸਰ [kɛ̃sər] *n.m.* sepsis, see ਕੈਨਸਰ
~ ਜਾਣਾ *con.v.* (for wound) to grow septic or tetanic
ਕੈਂਸਲ [kɛ̃səl] *adj.* cancelled
~ ਕਰਨਾ *con.v.* to cancel
ਕੈਸਾ [kɛsa] *adj.* same as ਕਿਹਾ, of what sort?
ਕੈਂਸੀ [kɛ̃si] *n.f.* a concussion instrument, small cymbals
ਕੈਸ਼ੀਅਰ [kɛṣiər] *n.m.* cashier
ਕੈਂਹ [kɛ̃] *n.m.* same as ਕਹਿੰ, bronze
ਕੈਂਚ [kɛ̃c] *n.f.* a type of loincloth
ਕੈਂਚੀ [kɛ̃ci] *n.f.* scissors, shears, clippers, garden scissors; a trick in wrestling involving vice-like grip with legs
~ ਵਾਂਗ ਜਬਾਨ ਚੱਲਣੀ *ph.* to talk too much or too fast *esp.* quarrelsomely, talk imprudently or sarcastically
ਕੈਂਟ [kɛ̃ṭ] *n.f.* cantt., cantonment
ਕੈਂਠਾ [kɛ̃ṭha] *n.m.* an ornament hung around the neck, heavy necklace
ਕੈਂਠੀ [kɛ̃ṭhi] *n.f.* a light ਕੈਂਠਾ
ਕੈਡਟ [kɛḍəṭ] *n.m.* cadet
ਕੈਥਲਿਕ [kɛthlık] *adj.* catholic
ਕੈਦ [kɛd] *n.f.* imprisonment, incarceration, captivity, confinement, detention; bondage; *adj.* imprisoned, under arrest or imprisonment
~ ਸਖ਼ਤ *n.f.* rigorous imprisonment
~ ਕਰਨਾ *con.v.* to imprison, incarcerate, detain, arrest, capture, jail
~ ਮਹਿਜ਼ *n.f.* simple imprisonment, internment, confinement
ਕੈਦਖ਼ਾਨਾ [kɛdkhana] *n.m.* jail, gaol, prison, reformatory; borstal jail
ਕੈਦਾ [kɛda] *n.m. colloq.* see ਕਾਇਦਾ[1&2]; rule; primer
ਕੈਦੀ/ਕੈਦਣ [kɛdi/kɛdəṇ] *n.m./n.f.* prisoner, detainee, captive; convict
ਕੈਨਸਰ [kɛnsər] *n.m.* cancer, carcinoma
ਕੈਂਪ [kɛ̃p] *n.m.* camp
ਕੈਂਪਸ [kɛ̃pəs] *n.m.* campus
ਕੈਁਪਸੂਲ [kɛpsul] *n.m.* capsule
ਕੈਪਟਨ [kɛpṭən] *n.m.* captain
ਕੈਫ਼ੀਅਤ [kɛfiət] *n.f.* state, condition, well-being; remarks, detail, statement
ਕੈਬਨ [kɛbən] *n.m.* cabin

ਕੈਬੀਨਟ [kɛbnəṭ] *n.m.* cabinet
ਕੈਮਰਾ [kɛmra] *n.m.* camera
ਕੈਮਿਸਟ [kɛmɪsṭ] *n.m.* chemist
ਕੈਮਿਸਟਰੀ [kɛmɪsṭəri] *n.f.* chemistry
ਕੈਰਾ [kɛra] *adj.m.* brown-eyed; squint-eyed
ਕੈਰੀ ਅੱਖ ਦੇਖਣਾ *ph.* to look askance, stare maliciously; to gaze lustfully
ਕੈਰੀਅਰ [kɛriər] *n.m.* carrier (of bicycle); career
ਕੈਲ [kɛl] *n.f.* a species of pine tree, blue pine, *Pinus excelsa*
ਕੈਲਸ਼ੀਅਮ [kɛlṣiəm] *n.m.* calcium
ਕੈੜ [kɛṛ] *n.f.* vigilance, attention to sound
ਕੈੜਾ [kɛṛa] *adj. m. dia.* see ਕਰੜਾ, tough
ਕੋਅ [ko] *n.m.* corner of the eye nearer to the nose
ਕੋਇਲ [koɪl] *n.f.* Indian cuckoo, *Cuculus indicus;* nightingale
ਕੋਇਲਾ [koɪla] *n.m.* see ਕੋਲ਼ਾ, coal
ਕੋਈ [koi] *pron.* anybody, somebody; someone, anyone; *adj.* any, some, certain
~ ਕਸਰ ਨਾ ਛੱਡਣੀ *ph.* to leave no stone unturned; to do one's best
ਕੋਸ[1] [kos] *v.form* imperative of ਕੋਸਣਾ, curse
ਕੋਸ[2] *n.m.* see ਕੋਹ[1]
ਕੋਸ਼ [koṣ] *n.m.* treasure, storehouse, repository; coffers, fund; dictionary, lexicon, thesaurus, wordbook, glossary
~ ਕਲਾ *n.f.* (art or skill of) lexicography
ਕੋਸ਼ਸ਼/ਕੋਸ਼ਿਸ਼ [koṣəṣ/koṣɪṣ] *n.f.* effort, attempt, endeavour, try
~ ਕਰਨੀ *con.v.* to make effort, attempt, endeavour, try
ਕੋਸ਼ਕਾ [koṣka] *n.f.* nerve-cell
ਕੋਸ਼ਕਾਰ [koṣkar] *n.m.* lexicographer
ਕੋਸ਼ਕਾਰੀ [koṣkari] *n.f.* lexicography (compilation of ਕੋਸ਼); *cf.* ਕੋਸ਼ ਕਲਾ
ਕੋਸਣਾ [kosəṇa] *v.t* to blame, accuse; imprecate, execrate
ਕੋਸ਼ਪਾਲ [koṣpal] *n.m.* treasurer, treasury officer
ਕੋਸਾ [kossa] *adj.m.* lukewarm, tepid, slightly warm; (for body) feverish
ਕੋਹ[1] [kó] *n.m.* a unit of distance approximately equal to 2.4 kilometres
ਕੋਹ[2] *n.m.* same as ਪਹਾੜ, mountain
ਕੋਹ[3] *v.form* imperative of ਕੋਹਣਾ, kill
ਕੋਹਸਤਾਨ [kohəstan] *n.m.* mountainous country, hilly tract, mountain range
ਕੋਹਕਾਫ [kókaf] *n.m.* a legendary country of demons and fairies, Caucasus Mountains
ਕੋਹਣਾ [kóṇa] *v.t.* to torture; to kill, murder, slay, slaughter; to beat mercilessly
ਕੋਹਤੂਰ [kótur] *n.m.* Mount Sinai
ਕੋਹਰ [kór] *n.m.* mango flowers, flowering of mango tree
ਕੋਹਲੂ [kólu] *n.m.* oil-press
ਕੋਹੜ [kóṛ] *n.m. dia.* see ਕੋੜ੍ਹ, leprosy
ਕੋਕਣ ਬੇਰ [kokəṇ ber] *n.m.* fruit of zizyphus, see ਮਲ੍ਹਾ
ਕੋਕੜਾ [kokṛa] *n.m.* contraction of intestines due to hunger or cold
ਕੋਕੜੂ [kokṛu] *n.m. dia.* see ਕੋੜਕੂ, hard grain
ਕੋਕਾ [koka] *n.m.* small nail; an ornament for the nose, nose-pin
ਕੋਕੋ[1] [koko] *n.f. colloq.* crow
ਕੋਕੋ[2] *n.m.* cocoa, seed of *Theobroma cacao*
ਕੋਚ[1] [koc] *n.m.* coach (trainer)
ਕੋਚ[2] *n.f.* coach (carriage)
ਕੋਚਵਾਨ [kocvan] *n.m.* coachman
ਕੋਚਵਾਨੀ [kocvani] *n.f.* job of a ਕੋਚਵਾਨ
ਕੋਚਿੰਗ [kocĩg] *n.f.* coaching
ਕੋਝ [kój] *n.m.* awkwardness, indecorum, unbecomingness, ugliness, gawkiness, defect in appearance, blemish, blotch
ਕੋਝਾ *adj.m.* awkward, indecorous, unseemly, unbecoming, ugly, gawky
ਕੋਝਾਪਣਾ [kója pəṇa] *n.m.* same as ਕੋਝ
ਕੋਟ[1] [koṭ] *n.m.* coat (garment or of polish, plaster, etc.); fort, fortress, castle; high enclosing wall, rampart; clean set in a game of cards; *colloq.* see ਕੋਰਟ, court
ਕੋਟ[2] *adj.* see ਕਰੋੜ, crore

ਕੋਟਲ਼ਾ [koṭəḷa] *n.m.* small village or town; same as ਕੋਰੜਾ; piece of cloth twisted and twined into a lash
ਕੋਟਾ [koṭa] *n.m.* quota
~ **ਪ੍ਰਨਾਲੀ** *n.f.* quota system
ਕੋਟੀ [koṭi] *n.f.* a type of undershirt; waistcoat *esp.* padded one, jersey, cardigan, sweater with full sleeves
ਕੋਠੜੀ [koṭhṛi] *n.f.* small room, cell, cubicle, cabin, closet
ਕੋਠਾ [koṭha] *n.m.* room, house; brothel, house of a prostitute, house of ill fame
ਕੋਠੀ [koṭhi] *n.f.* small room, storage bin; bungalow, spacious elegant house, mansion; foundation shaft as of a well or bridge; cell for prisoners *esp.* those sentenced to death, death-house
~ **ਗਾਲ਼ਨੀ** *ph.* to sink foundation shaft
~ **ਲੱਗਣਾ** *ph.* to be sentenced to death and confined in an isolation cell
~ **ਲਾਉਣਾ** *ph.* to sentence one to death
ਕੋਡਾ [koḍḍa] *adj.m.* bent forward, stooping
ਕੋਣ [koṇ] *n.m.* angle; cone
~ **ਬਿੰਦੂ** *n.m.* point of intersection
~ **ਮਾਪਕ** *n.m.* protractor
ਕੋਣਾ [koṇa] *n.m.* corner, nook
ਕੋਣਿਕ/ਕੋਣੀ/ਕੋਣੇਦਾਰ [koṇık/koṇi/koṇedar] *adj.* angular; conical
ਕੋਤ [kot] *n.m.* armoury, kote, arms kote
ਕੋਤਲ [kotəl] *adj.* highbred (horse), *n.m.* horse for king's or a great man's personal riding, horse duly saddled and kept in retinue for use when needed by king or lord
ਕੋਤਵਾਲ [kotval] *n.m.* chief police officer or executive magistrate of a city, kotwal
ਕੋਤਵਾਲੀ *n.f.* status or post of ਕੋਤਵਾਲ; chief police station; police post
ਕੋਤਾਹੀ [kotahi] *n.f.* same as ਕੁਤਾਹੀ, negligence
ਕੋਧਰਾ [kódəra] *n.m.* a coarse grain now extinct, *Paspalum scrobiculatum*
ਕੋਨ [kon] *n.m.* same as ਕੋਣ, angle
ਕੋਨਾ[1] [kona] *n.m.* same as ਕੋਣਾ, corner
ਕੋਨਾ[2] *adj.m.* (tree of shrub) without thorns
~ **ਮੋਨਾ** *adj.m.* same as ਘੋਨਾ ਮੋਨਾ clean-shaven
ਕੋਪ [kop] *n.m.* see ਕਰੋਪ, anger
ਕੋਪਰ [kopər] *n.m.* same as ਖੋਪਰ, skull; large/close-shaven head
ਕੋਫ਼ਤ [koft] *n.m.* same as ਕਸ਼ਟ, botheration
ਕੋਫ਼ਤਾ [kofta] *n.m.* ball of minced meat or mashed vegetable, dish prepared from it
ਕੋਮਲ [koməl] *adj.* soft, tender, delicate; pliant, plastic, lithe, lithesome, flexible; limber, supple, fine, subtle; sensitive
~ **ਹੁਨਰ** *n.m.* fine art
~ **ਬਣਾਉਣਾ** *con.v.* to make ਕੋਮਲ, sublimate, limber up, soften
~ **ਭਾਵ** *n.m. pl.* delicate or fine feelings, sensibilities, susceptibilities
ਕੋਮਲਤਾ *n.f.* softness, tenderness, delicacy; plasticity, litheness, lithesomeness, suppleness, flexibility, subtlety, subtleness, finesse, sensitiveness
ਕੋਰ[1] [kor] *n.f.* corps; border, hem, edge (of garment); flesh at the base of nails
ਕੋਰ[2] *n.f. & adj.* crop or field sown but not yet watered
ਕੋਰਸ [kors] *n.m.*course (training schedule or syllabus)
~ **ਕਰਨਾ** *con.v.* to undergo a course
ਕੋਰਟ [korṭ] *n.m.* court, courthouse, court room; *colloq.* prosecuting officer
~ **ਫ਼ੀਸ** *n.f.* court fee
~ **ਮਾਰਸ਼ਲ** *n.m.* court martial
ਕੋਰਮ [korəm] *n.m.* quorum
ਕੋਰਮ ਕੋਰਾ [korəm kora] *adj.m.* absolutely blank (paper); totally ignorant (person)
ਕੋਰਮਾ [korma] *n.m.* fried meat with a little or no broth
ਕੋਰੜਾ [korəṛa] *n.m.* whip, lash, scourge
~ **ਛਪਾਕੀ** *n.f.* a children's game in which a whip of twisted cloth is used
ਕੋਰੜੇ ਮਾਰਨਾ *con.v.* to whip, lash, flog
ਕੋਰੜੂ [korəṛu] *n.m.* same as ਕੋੜਕੂ, hard grain
ਕੋਰਾ[1] [kora] *n.m.* frost, hoarfrost
~ **ਜੰਮਣਾ**/~ **ਪੈਣਾ** *con.v.* to frost

ਕੋਰਾ[2] *adj.m.* (for earthen pot) new unused; (for cloth) new, not yet washed or bleached; (for paper) blank; (for person or behaviour) not sociable, unsocial, unobliging, not co-operative, unfriendly, indifferent, devoid of warmth, selfish

~ ਅਣਪੜ੍ਹ *adj.m.* absolutely illiterate or unlettered

~ ਜਵਾਬ *n.m.* flat or point-blank refusal

ਕੋਰਾਪਣ [korapəṇ] *n.m.* newness, blankness, emptiness; indifference, unobliging nature or behaviour

ਕੋਲ਼ [koḷ] *adv.* near, near to, near by, by, beside, in proximity, in the vicinity, in the neighbourhood; in possession of, with, through, by hand of

~ ਕੋਲ਼ *adv.* in close proximity, side by side, next to each other

~ ਦਾ/ਕੋਲ਼ਲਾ *adj.m.* nearby, adjacent, contiguous, adjoining, proximate

ਕੋਲ਼ਾ [koḷa] *n.m.* coal, steamcoal, coke, charcoal

ਅੱਧ ਸੜਿਆ ~ *n.m.* cinder

ਪੱਥਰ ਦਾ ~ *n.m.* coal, steamcoal, hard coke, coking coal, soft coke

ਮਘਦਾ ~ *n.m.* live coal, ember

ਕੋਲ਼ਿਆਂ ਦੀ ਦਲਾਲੀ ਵਿਚ ਮੂੰਹ ਕਾਲਾ *ph.* the meddlesome earn bad name

ਕੋਲ਼ਿਆਂ ਦੇ ਭਾਅ *ph.* very cheap, for a song

ਕੋੜਕੂ [koṛku] *n.m* grain that remains hard even after boiling; *fig.* unsocial person, odd fellow

ਕੋੜਮਾ [koṛma] *n.m* family, kins, kinship group, kinsfolk

ਕੋੜਵਾਂ [koṛvã] *n.m. dia.* same as ਕੋੜਮਾ

ਕੋੜ੍ਹ [kóṛ] *n.m* leprosy; *fig.* dishonesty, deceitfulness, duplicity

~ ਵਿਗਿਆਨ *n.m.* leperology

ਕੋੜ੍ਹ ਕਿਰਲੀ [kóṛ kırli] *n.f.* same as ਕਿਰਲੀ, lizard

ਕੋੜ੍ਹਖਾਨਾ [kóṛkhana] *n.m. colloq.* (a mild rebuke) a person or group of idles, good-for-nothing fellow(s)

ਕੋੜ੍ਹਾ/ਕੋੜ੍ਹੀ [kóṛa/kóṛi] *adj. & n.m./adj. & n.f.* person afflicted with leprosy leprous; leper; (a mild rebuke) worthless, good-for-nothing fellow

ਕੋੜਾ [koṛa] *n.m.* see ਚਾਬਕ, whip

ਕੋੜੀ [koṛi] *n.f.* a unit of counting, score; *adj.* twenty

ਕੌਸ਼ਲ [kɔṣəl] *n.m.* skill, skilfulness, dexterity; name of a Hindu subcaste

ਕੌਂਸਲ [kɔ̃səl] *n.f.* council

ਕੌਡਾ [kɔḍa] *n.m.* large cowrie; name of a cannibal in Sikh hagiography

ਕੌਡੀ[1] [kɔḍi] *n.f.* small sea-shell formerly used as a low coin, cowrie; same as ਧਰਨ, umbilicus

ਕੌਣ [kɔṇ] *pron.* who? which?

ਕੌਂਤ [kɔ̃t] *n.m. dia.* see ਕੰਤ, husband

ਕੌਤਕ [kɔtək] *n.m.* miracle, wonderful happening, wonder

ਕੌਤਕਹਾਰ [kɔtəkhar] *adj.* miracle-maker

ਕੌਤਕੀ [kɔtki] *adj.* miraculous

ਕੌਮ [kɔm] *n.f.* nation, nationality, community

ਕੌਮਪ੍ਰਸਤ [kɔmpərəst] *n.adj.* nationalist, patriot, patriotic

ਕੌਮਪ੍ਰਸਤੀ [kɔmpərəsti] *n.f.* nationalism, patriotism

ਕੌਮਾਂਤਰੀ [kɔmãtri] *adj.* international

ਕੌਮੀ [kɔmi] *adj.* national; communal

ਕੌਮੀਅਤ [kɔmiət] *n.f.* nationality, nation, nationhood

ਕੌਮੀਕਰਨ [kɔmikərn] *n.m.* nationalisation

~ ਕਰਨਾ *con.v.* to nationalise

ਕੌਰ [kɔr] *n.m. colloq.* see ਕੰਵਰ; *n.f.* suffix or surname of women *esp.* Sikh females

ਕੌਲ [kɔl] *n.m.* lotus; lily; also ਕੌਲ ਫੁੱਲ; bowl, cup; promise, vow, word of honour, pledge, solemn assurance

~ ਇਕਰਾਰ *n.m* same as ਕੌਲ

~ ਹਾਰਨਾ *ph.* to fail to keep one's word

~ ਡੋਡਾ *n.m.* nut of lotus, seed of water lily

~ ਦਾ ਪੂਰਾ *adj.m.* firm on one's promise, true to one's word

~ ਨਿਭਾਉਣਾ/~ ਪੂਰਾ ਕਰਨਾ *ph.* to fulfil one's ਕੌਲ

ਕੌਲਾ [kɔla] *n.m.* large bowl
ਕੌਲ਼ਾ [kɔḷa] *n.m.* column, pillar
ਕੌਲੀ [kɔli] *n.f.* small bowl
ਕੌੜ [kɔṛ] *n.f.* expression of bad temper, resentment, envy or jealousy; anger, chagrin, ill temper, *adj.f.* (*usu.* for cattle) ill-tempered
~ ਕਰਨੀ *ph.* to show or express ਕੌੜ
ਕੌੜ ਗੰਦਲ [kɔṛ gə̃dəl] *n.f.* any of several bitter medicinal herbs, *esp.* absinthe or wormwood, *Artemisia absinthium,* and *Ophelia chirretta; fig.* ill tempered person, spoilsport
ਕੌੜ ਤੁੰਮਾ [kɔṛ tũmma] *n.m.* same as ਤੁੰਮਾ, colocinth
ਕੌੜਨਾ [kɔṛna] *v.i.t.* same as ਕੌੜ ਕਰਨੀ, to treat or behave ill-temperedly
ਕੌੜਾ [kɔṛa] *adj.m.* bitter, acrid, pungent, astringent; (of temper) bitter, harsh, caustic, acrimonious
~ ਸੁਭਾ *n.m.* harsh or ill temper or behaviour
~ ਕਸੈਲ਼ਾ *adj.m* bitter and astringent; *fig.* harsh, abusive (talk)
~ ਘੁੱਟ ਭਰਨਾ *ph.* to swallow the bitter pill, bear with patiently; to do something unpleasent
~ ਤੇਲ *n.m* mustard oil
ਕੌੜਾਪਣ [kɔṛapəṇ] *n.m.* bitterness, bitter taste; also ਕੁੜਿੱਤਣ
ਕੌੜੀ[1] [kɔṛi] *adj.f.* same as ਕੌੜਾ
ਕੌੜੀ[2] *n.f.* a fodder crop, same as ਸੇਂਜੀ; same as ਕੋੜੀ, score; same as ਕੌਡੀ[1], cowrie
~ ਵੇਲ ਵਾਂਗ ਵਧਣਾ *ph.* to grow very fast
ਕੌੜੀ ਬੂਟੀ/ਕੌੜੀ ਵੇਲ [kɔṛi buṭi/ kɔṛi vel] *n.f. lit.* bitter creeper; any of several plants such as *Trichodesma indicum, Solanum gracilipes, Ajuga bracteate, Cascuta reflexa*

ਖ

ਖ [khəkkha] *n.m.* seventh letter of Gurmukhi script used to represent voiceless aspirated velar plosive sound [kh]

ਖਉ [khəo] *n.m.* see ਥੈ, destruction

ਖਈ [khəi] *n.f.* tuberculosis, T.B., consumption, phthisis, pulmonary consumption; chronic cough

~ ਅਣੂ *n.m.* germs of tuberculosis

~ ਰੋਗ *n.m.* same as ਖਈ

ਖਸ [khəs] *n.f.* roots of certain grass plants, *Cymbopogon aromaticus, Andropogon muricatus or Anatherum muricatum,* used for making ਖਸ ਦੀ ਟੱਟੀ

~ ਦੀ ਟੱਟੀ *n.f.* a thick screen of ਖਸ for doors and windows used as room cooler

ਖਸਕਾ [khəska] *n.m.* space left on top of lower, wider wall while building the upper thinner wall

ਖਸਖਸ/ਖਸਖਾਸ [khəskhəs/khəskhas] *n.f.* poppy seed

ਖੱਸਣਾ [khəssəṇa] *v.t. dia.* see ਖੋਹਣਾ, to snatch

ਖਸਤਾ [khəsta] *adj.* broken, dilapidated; poor, miserable (condition); crisp (biscuit, wafer etc.)

~ ਹਾਲ *adj.* miserable, wretched, poor, pitiable, dilapidated, crumbling

~ ਹਾਲਤ *n.f.* miserable, deplorable plight, distress, neglected state

~ ਹਾਲੀ *n.f.* state of being ਖਸਤਾ ਹਾਲ, wretchedness, distress, miserable condition, misery

ਖਸਮ [khəsəm] *n.m.* husband, master, owner

ਖਸਮ ਖਸਾਈ *n.m.* owner, master

ਖਸਮਾਂ ਖਾਣਾ/ਖਸਮਾਂ ਪਿੱਟੀ *adj.m./adj.f.* a mild abuse

ਖਸਮਾਨਾ [khəsmana] *n.m. lit.* husbandhood; protection, refuge

ਖਸਰਾ [khəsra] *n.m.* measles; chicken-pox; record of the village revenue official, field book, record of ownership or of crop-survey

~ ਨੰਬਰ *n.m.* serial or reference number of a plot or field

ਖਸਲਤ [khəslət] *n.f.* nature, character; habit, conduct also ਖ਼ਸਲਤ

ਖੱਸੜ [khəssəṛ] *adj.* fruitless (plant)

ਖਸਾਰਾ [khəsara] *n.m.* same as ਕਸਾਰਾ, loss, deficit

ਖੱਸੀ [khəssi] *adj.* castrated, sterilized, emasculated; *fig.* coward, without pluck, impotent

~ ਕਰਨਾ *con.v.* to castrate, sterilise, emasculate

ਖਸੂਸਨ [khəsusən] *adv.* particularly, especially, in particular, also ਖ਼ਸੂਸਨ

ਖਸੂਸੀ [khəsusi] *adj.* same as ਖਾਸ, particular, special

ਖਸੂਸੀਅਤ [khəsusiət] *n.f.* property, special quality, characteristic or trait, peculiarity; also ਖ਼ਸੂਸੀਅਤ

ਖਹਿ [khɛ́] *n.f.* rubbing, friction; clash, enmity, frequent bickering

ਖਹਿਣਾ [khɛ́ṇa] *v.i.t.* to rub, push with body, jostle; to provoke or start a quarrel, pick up quarrel, bicker, wrangle

ਖਹਿਬੜ [khɛ́bəṛ] *n.f.* altercation, petty quarrel, squabble, wrangle

ਖਹਿਬੜਨਾ [khɛ́bəṛna] *v.i.t.* to altercate, quarrel, squabble, wrangle

ਖਹਿਬੜਬਾਜ਼ [khɛ́bəṛbaz] *adj.* wrangler, querulous, quarrelsome

ਖਹਿਬੜਬਾਜ਼ੀ [khɛ́bəṛbazi] *n.f.* quarrelsome nature or habit; also ਖਹਿਬਾਜ਼ੀ

ਖਹਿੜਾ [khɛ́ṛa] *n.m.* urging, impulsion, insistence, persistent entreaty

~ ਕਰਨਾ *ph.* to urge, insist, press, pursue or entreat persistently
~ ਛੁਡਾਉਣਾ *ph.* to disentangle, disengage oneself from, get rid of
ਖਹਿੜੇ ਪੈਣਾ *ph.* same as ਖਹਿੜਾ ਕਰਨਾ
ਖਹੁਰ [khɔ́r] *n.f.* hardness, roughness, coarseness; threatening or angry mood or manner, menace, ill will, gruff manner
ਖਹੁਰਨਾ [khɔ́rna] *v.t.* to menace, threaten
ਖਹੁਰਾ [khɔ́ra] *adj.* hard, rough, coarse; hot-tempered, harsh, menacing
ਖਹੁਰੂ [khɔ́ru] *n.m.* same as ਖੌਰੂ, boisterousness
ਖਹੂੰ ਖਹੂੰ [khə́ũ khə́ũ] *n.f.* coughing, coughing sound
~ ਕਰਨਾ *con.v.* to cough repeatedly or frequently, suffer from cold and cough
ਖੱਖ [khəkkh] *n.f.* cheek
ਖੱਖਰ [khə́kkhər] *n.f.* hive, honey comb of wasps
~ ਖਾਧਾ *adj.m. slang* (face of person) with pox marks
~ ਛੇੜਨੀ *ph.* to stir hornet's nest
ਖਖਵਾੜ [khəkhvaṛ] *n.f.* jaw (of animals, *esp.* cattle)
ਖਖਵਾੜਨਾ [khəkhvaṛna] *v.t.* to feed or give medicine (to animal) forcibly
ਖੱਖੜੀ [khəkkhəṛi] *n.f.* musk-melon, *adj.* split, broken
ਖੱਖਾ [khəkkha] *n.m.* the letter ਖ ; *adj.m.* quarrelsome
ਖੱਗ [khəgg] *v.form* imperative of ਖੱਗਣਾ, dig up for replantation
ਖੱਗਣਾ [khəggəṇa] *v.t.* to dig up (a plant) along with roots and surrounding soil (for transplanting it)
ਖੱਗਾ [khəgga] *n.m.* plant uprooted along with soil; hive, beehive; leaf of date-palm
~ ਲਾਉਣਾ *con.v.* to transplant
ਖਗੋਲ [khəgol] *n.m.* sky, celestial sphere, firmament, celestial vault, heaven
~ ਸੰਬੰਧੀ *adj.* astronomical
~ ਰੇਖਾ *n.f.* horizon
~ ਵਿਗਿਆਨ *n.m.* astronomy
~ ਵਿਗਿਆਨੀ *n.m.* astronomer, also ਖਗੋਲ ਸ਼ਾਸਤਰੀ
~ ਵਿੱਦਿਆ *n.f.* astronomy
~ ਵੇਤਾ *n.m.* astronomer
ਖਗੋਲੀ [khəgoli] *adj.* astronomical; celestial
ਖੰਘ [khə̃g] *n.f.* cough, coughing
~ ਤਾਪ *n.m.* same as ਖਈ, *lit.* cough and fever
ਖੰਘਣਾ [khə̃gəṇa] *v.i.* to cough
ਖੰਘਾਰ [khə̃gàr] *n.m.* phlegm
~ ਸੁੱਟਣਾ/~ਮਾਰਨਾ *con.v.* to discharge phlegm
ਖੰਘਾਰਨਾ [khə̃gàrna] *v.i.* to cough, discharge phlegm
ਖੰਘਾਲ਼ [khə̃gàḷ] *n.m. dia.* see ਹੰਘਾਲ਼, slop, rinse
ਖੰਘਾਲ਼ਨਾ [khə̃gàḷna] *v.t.* see ਹੰਘਾਲ਼ਨਾ, to rinse
ਖੰਘੂਰਾ [khə̃gùra] *n.m.* light coughing as for clearing the throat (involuntary or deliberate)
~ ਮਾਰਨਾ *ph.* to cough *esp.* to draw attention
ਖੱਚ [khəcc] *n.m/f.* shameless, unprincipled, dishonourable act/utterance or person; meanness
~ ਕਰਨਾ *ph.* to let down, put one in a dishonourable position
~ ਦੀ ~ *ph.* an abuse *lit.* meanest of the mean
~ ਮਾਰਨੀ *ph.* to act meanly, ignobly, dishonourably, shamelessly
ਖੱਚਾਂ ਮਾਰਨੀਆਂ/ਖੱਚਾਂ ਵੱਢਣੀਆਂ *ph.* to talk loosely, shamelessly or meaninglessly
ਖਚਖਚ [khəc khəc] *n.f.* loose/low talk
ਖੱਚਰ [khəccər] *n.f.* mule
ਖੱਚਰਪੁਣਾ [khəccərpuṇa] *n.m.* cleverness, wiliness, wile, wit, naughtiness, wickedness
ਖਚਰਾ[1] [khəcra] *n.m.* male mule
ਖਚਰਾ[2] *adj.m.* clever, cunning, wily, witty, naughty; wicked; *fem.* ਖਚਰੀ
ਖਚਾਖਚ [khəcakhəc] *adv.* (filled) to capacity
ਖਚਿਤ [khəcɪt] *adj.* attracted, absorbed,

rapt, engrossed
ਖੰਜਰ [khə̃jər] *n.m.* dagger, poniard; also ਖ਼ੰਜਰ
~ ਮਾਰਨਾ *con.v.* to stab
ਖੰਜਰੀ [khə̃jəri] *n.f.* timbrel, small tambourine
ਖੱਜਲ [khəjjəl] *adj.* wandering, roving, harassed, travelling from place to place fruitlessly, distressed
~ ਹੋਣਾ *ph.* to wander, rove, travel fruitlessly
~ ਕਰਨਾ *ph.* to make one to wander fruitlessly; to harass, persecute, distress, cause unnecessary and futile trouble
~ ਖਰਾਬ/~ ਖੁਆਰ *adj.* harassed, wretched, degraded, humiliated
~ ਖਰਾਬੀ/~ ਖੁਆਰੀ *n.f.* harassment, persecution, humiliation, fruitless wandering
ਖਜਾਨਚੀ [khəjanci] *n.m.* treasurer, cashier; also ਖ਼ਜ਼ਾਨਚੀ
ਖਜਾਨਾ [khəjana] *n.m.* treasure; treasure-trove, treasury, treasure-house, fisc, coffer, exchequer; store, repository; repertory; also ਖ਼ਜ਼ਾਨਾ
~ ਮੰਤਰੀ *n.m.* finance minister
ਖਜੀਨਾ [khəjina] *n.m.* same as ਖਜਾਨਾ
ਖਜੂਰ [khəjur] *n.f.* date-palm; *Phoenix dactylifera;* its fruit, date; also ਖੱਜੀ
ਖਟ [khəṭ] *pref.* meaning six
~ ਸ਼ਾਸਤਰ *n.m. pl.* the six schools of Hindu philosophy; the six sacred books pertaining thereto
~ ਸ਼ਾਸਤਰੀ *n.m.* person learned in *prec.*
~ ਕਰਮ *n.m. & n.m. pl.* six-fold duty of Brahman or other holymen to perform and conduct *yajña* (sacrifice); to receive and impart education; to receive and give away charities
~ ਦਰਸ਼ਨ *n.m. pl.* same as ਖਟ ਸ਼ਾਸਤਰ
~ ਰਸ *n.m. pl.* six tastes, viz. sweet, saline, sour, astringent, pungent and bitter
ਖੱਟ[1] [khəṭṭ] *v.form.* imperative of ਖੱਟਣਾ, earn; dig
ਖੱਟ[2] *n.f.* cot, bedstead; dowry *esp.* when spread on [cot(s)] for display
ਖਟਕ[1] [khəṭək] *v.form* imperative of ਖਟਕਣਾ
ਖਟਕ[2] *v.form.* see ਖੜਕਾ, sound
ਖਟਕਣਾ [khəṭəkṇa] *v.i.* to be sensed or apprehended (as ominous, dangerous or foul play); to be hated, disliked; same as ਖੜਕਣਾ, to rattle
ਖਟਕਾ [khəṭka] *n.m.* apprehension, misgiving, worry, anxiety or fear of possible or imagined danger, trouble or evil
ਖਟ ਖਟ [khəṭ khəṭ] *n.f.* sound of repeated knocking, tapping, rapping or thumping; also ਖਟਕਾਰ
~ ਕਰਨਾ *con.v.* to produce ਖਟ ਖਟ, knock
ਖਟਖਟਾਉਣਾ [khəṭkhəṭauṇa] *v.t.* to knock, rap, tap, thump
ਖੱਟਣਾ [khəṭṭəṇa] *v.i.t.* to earn, gain, make profit, acquire or get as profit; to dig, excavate; also ਖੋਦਣਾ, ਪੁੱਟਣਾ
ਖਟਪਟ/ਖਟਪਟੀ [khəṭpəṭ/khəṭpəṭi] *n.f.* estrangement, alienation, quarrel, conflict, disagreement, strained relations
ਖਟਮਲ [khəṭməl] *n.m.* bug, bedbug, *Cimex lectularius*
ਖਟਮਿਠਾ [khəṭmɪṭha] *adj.m.* sour and sweet
ਖੱਟਰ [khəṭṭər] *adj.* (for milch cattle) difficult/hard to milk; troublesome
ਖਟਵਾਉਣਾ [khəṭvauṇa] *v.t.* to cause or assist one to earn profit; to cause or assist in digging, excavating
ਖੱਟੜ [khəṭṭəṛ] *adj.* same as ਖੱਟਰ
ਖੱਟਾ[1] [khəṭṭa] *adj.m.* yellow, pale; sour, acidic, tart, acerb, acerbic
ਖੱਟਾ[2] *n.m.* citron (tree or its fruit), *Citrus medica;* buttermilk or curd added to milk to curdle or coagulate it; rennet, rennin
ਖਟਾਉਣਾ [khəṭauṇa] *v.t.* same as ਖਟਵਾਉਣਾ
ਖਟਾਈ[1]/ਖਟਾਸ [khəṭai/khəṭas] *n.f.* sourness, tartness, acerbity
ਖਟਾਈ[2] *n.f.* suspense, uncertainly, indefinite delay
~ ਵਿੱਚ ਪਾਉਣਾ *ph.* to suspend, postpone, defer, adjourn or put off indefinitely, put in cold storage

ਖਟਾਖਟ [khəṭakhəṭ] *adv.* noisy; same as ਫਟ[1]

ਖਟਿਆਈ [khəṭıai] *n.f.* same as ਖਟਾਈ[1] acerbic food

ਖੱਟੀ [khəṭṭi] *n.f.* earnings, income, gain, profit

~ **ਕਮਾਈ** *n.f.* same as ਖੱਟੀ; achievement

~ **ਖੱਟਣੀ** *ph.* to eam, make profit; to achieve

ਖਟੀਕ [khəṭik] *n.m.* tanner

ਖੱਟੇ[1] [khəṭṭe] *adj.m.pl.* of ਖੱਟਾ[1]; *n.m.pl.* of ਖੱਟਾ[2]

ਖੱਟੇ[2] *adv.* on a cot, *cf.* ਖੱਟ[2]; in cold storage, *cf.* ਖਟਾਈ[2]

~ **ਪਾਉਣਾ** *ph.* same as ਖਟਾਈ ਵਿਚ ਪਾਉਣਾ

ਖੱਟੇ ਡਕਾਰ [khəṭṭe ḍəkar] *n.m.* regurgitation

ਖਟੋਲਾ [khəṭola] *n.m.* small cot; cradle; see ਉਡਣ ਖਟੋਲਾ

ਖੱਡ [khəḍḍ] *n.f.* ditch, pit, gorge, ravine, canyon, abyss, chasm

ਖੱਡੇ ~ *adv.* along a ਖੱਡ

ਖੰਡ[1] [khə̃ḍ] *n.f.* sugar

~ **ਵਰਗਾ** *adj.m.* saccharine; sweet

ਖੰਡ[2] *n.m.* part, portion, segment, section, piece, fragment; region; chapter

~ **ਕਾਵਿ** *n.m.* short poem

~ **ਖੰਡ ਹੋਣਾ** *ph.* to be broken to pieces; to disintegrate, be fragmented; to break up

~ **ਖੰਡ ਕਰਨਾ** *ph.* to break into parts or pieces, fragment, disintegrate, divide and sub-divide

~ **ਮੰਡਲ** *n.m.* cosmic region or sphere

ਖੰਡਣ [khə̃ḍəṇ] *n.m.* refutation, rebuttal, denial, contradiction, rejection; also ਖੰਡਨ

~ **ਕਰਨਾ** *con.v.* to refute, rebut, deny, reject, repudiate, contradict

ਖੰਡਣਯੋਗ [khə̃ḍəṇyog] *adj.* refutable, rebuttable

ਖੰਡਣਾ [khə̃ḍəṇa] *v.t.* same as ਖੰਡਣ ਕਰਨਾ, to refute

ਖੰਡਰ [khə̃ḍər] *n.m.* ruins, remains, archaeological remains of buildings or habitations

ਖੰਡਰਾਤ [khə̃ḍrat] *n.m.pl.* of ਖੰਡਰ, ruins

ਖੱਡਲ [khəḍḍəl] *n.f.* same as ਡੱਲ[1], ruined well

ਖੱਡਾ [khəḍḍa] *n.m.* pit, ditch, dugout; also ਖੱਢਾ, cavity, concavity

ਖੰਡਾ [khə̃ḍa] *n.m.* a type of double-edged sword

ਖਡਾਉਣਾ [khəḍauṇa] *v.t. colloq.* see ਖਿਡਾਉਣਾ

ਖੰਡਿਤ [khə̃ḍıt] *adj.* broken, fragmented; interrupted

~ **ਸ਼ਖਸੀਅਤ** *n.f.* split personality, multiple personality

ਖੱਡੀ [khəḍḍi] *n.f.* weaver's pit; handloom, loom

ਖੰਡੂ [khə̃ḍu] *adj.* hare-lipped

ਖਡੌਣਾ [khəḍɔṇa] *n.m. colloq.* see ਖਿਡੌਣਾ, toy

ਖਣ [khəṇ] *n.m.* section of roof between two girders or beams or between beam and wall

ਖਣਵਾਦਾ [khəṇvada] *n.m.* family, house, clan

ਖਣਿਜ [khəṇıj] *adj.* dug or extracted from a mine, mineral; *n.m.* mineral

~ **ਪਦਾਰਥ** *n.m.* mineral, ore

ਖਤ [khət] *n.m.* letter, epistle; post card; also ਖ਼ਤ; line *esp.* straight line; handwriting

~ **ਕੱਢਣਾ** *con.v.* to trim beard and/or moustache into a regular line by shaving or by plucking hair beyond the line

~ **ਖਿੱਚਣਾ**/~ **ਵਾਹੁਣਾ** *con.v.* to draw a line

~ **ਪਾਉਣਾ** *con.v.* to write/post/drop/send a letter

ਖਤਨਾ [khətna] *n.m.* circumcision, also ਖ਼ਤਨਾ

ਖਤਮ [khətəm] *adj.* finished, exhausted, ended, completed, also ਖ਼ਤਮ

~ **ਹੋਣਾ** *con.v.* to be finished, exhausted completed; to finish, exhaust, end, come to an end, expire, terminate

~ **ਕਰ ਦੇਣਾ** *ph.* same as ਖਤਮ ਕਰਨਾ; to kill, murder, assassinate

~ **ਕਰਨਾ** *con.v.* to finish, exhaust, end, bring to an end, terminate

ਖਤਮੀ [khətmi] *n.f.* marsh mallow,

Althea officinalis or *Malva mauritiana*

ਖਤਰਨਾਕ [khətərnak] *adj.* dangerous, perilous, jeopardous, hazardous, risky, unsafe; threatening, venturesome, alarming; also ਖ਼ਤਰਨਾਕ

ਖਤਰੰਮਾ [khətrə̃mma] *adj.m.* pertaining to Khatri caste or class

ਖਤਰਾ [khətra] *n.m.* danger, peril, jeopardy, hazard, risk; apprehension; also ਖ਼ਤਰਾ

~ **ਮੁੱਲ ਲੈਣਾ** *ph.* to invite trouble, take risk

ਖਤਰਾਣੀ [khətraṇi] *n.f.* woman of ਖੱਤਰੀ caste, ਖੱਤਰੀ woman

ਖੱਤਰੀ [khəttəri] *n.m.* warrior or ruling (kshatriya) caste of traditional Hindu society, Hindu business class (in the Punjab), person belonging to it; *adj.* same as ਖਤਰੰਮਾ

ਖਤਰੇਟਾ/ਖਤਰੇਟੀ [khətreṭa/khətreṭi] *n.m./n.f.* ਖੱਤਰੀ child or person

ਖਤਾ [khəta] *n.f.* fault, guilt, mistake, omission, failure to act or observe, default, neglect; also ਖ਼ਤਾ

ਖੱਤਾ [khətta] *n.m.* a piece of land or field

ਖਤਾਈ [khətai] *n.f.* a kind of crisp snack

ਖਤਾਨ [khətan] *n.m.* pit *esp.* one dug by the side of a road to provide earth for maintenance of the road

ਖੱਤੀ [khətti] *n.f.* small ਖੱਤਾ, plot

ਖਤੋਖਾਲ [khətokhal] *n.m.* features, out line; also ਖ਼ਤੋਖ਼ਾਲ

ਖਤੌਨੀ [khətɔni] *n.f.* land holding of each cultivator

~ **ਨੰਬਰ** *n.m.* number alloted to a particular property in revenue land record of the village

ਖਦਸ਼ਾ [khədṣa] *n.m.* possibility of danger, apprehension; also ਖ਼ਦਸ਼ਾ

ਖੰਦਕ [khə̃dək] *n.f.* trench, ditch; also ਖ਼ੰਦਕ

ਖੱਦਰ [khəddər] *n.m.* coarse cloth of home-spun cotton

ਖੱਦਰਧਾਰੀ/ਖੱਦਰਪੋਸ਼ [khəddərtàri/khəddərpoṣ] *adj.* wearer of ਖੱਦਰ garments; simply clad, simple (person)

ਖੱਦਾ [khədda] *adj.m.* worn out, threadbare; of poor quality (cloth, paper or wood)

ਖੰਦਲਾ [khə̃dəla] *n.m.* wattle

ਖੰਧਾ [khə̃da] *n.m.* herd, flock, drove

ਖਧੋਲੀ [khədòli] *n.f.* tattered quilt or blanket

ਖਨਜ਼ੀਰ [khənzir] *n.m.* same as ਸੂਰ¹ swine; also ਖ਼ਨਜ਼ੀਰ

ਖੰਨੀ [khə̃nni] *adj.f.* half, quarter (loaf)

ਖਨੌਤੀ [khənɔti] *n.f.* a bird of sub-family *rallinae,* water rail

ਖਪ [khəp] *v.form* imperative of ਖਪਣਾ

ਖੱਪ [khəpp] *n.f.* noise, babel, din; quarrel, dispute, altercation; commotion, uproar, pother

~ **ਕਰਨੀ**/~ **ਪਾਉਣੀ** *con.v.* to raise, make ਖੱਪ

~ **ਖਪਾ**/~ **ਖਪਾਈ** *n.m./n.f.* same as ਖੱਪ

ਖੱਪਖਾਨਾ [khəpp khana] *n.m.* pointless talk, pother, clamour, noisy scene

ਖਪਣਾ [khəpəṇa] *v.i.* to be absorbed, mixed; to be spent, expended, consumed; to be assimilated; to be dried up; to disappear; to worry, fret; to lament, strain one's nerves, break one's head over

ਖਪਤ¹ [khəpət] *n.f.* consumption, sale; demand; expenditure; absorbing capacity

ਖਪਤ² *n.m. colloq.* see ਖਬਤ

ਖਪਤਕਾਰ [khəpətkar] *n.m.* consumer

ਖੱਪਰ [khəppər] *n.m.* begging bowl, beggar's bowl; skull, cranium

ਖਪਰਾ [khəpra] *n.m.* a species of snakes; a worm that infests gram and wheat, weevil

ਖੱਪਰਾ/ਖਪਰੈਲ [khəppra/khəprɛl] *n.m./n.f.* tile for roofing, such tiles collectively

ਖਪਾ [khəpa] *n.m.* act or process of ਖਪਣਾ, worry, bother, botheration; same as ਖਪਤ¹; *v.form* to make something disappear *v.form* imperative of ਖਪਾਉਣਾ, tease

ਖੱਪਾ [khəppa] *n.m.* gap, breach, hiatus, rift; difference, margin

ਖਪਾਉਣਾ [khəpauṇa] *v.t.* to cause worry; to vex, tease, irritate; to absorb, consume, assimilate; to cause to disappear; *cf.* ਖਪਣਾ

ਖਪਾਈ [khəpai] *suff.* meaning worry, botheration, as in ਸਿਰ ਖਪਾਈ, ਮਗ਼ਜ਼ ਖਪਾਈ

ਖੱਪੀ [khəppi] *adj.* noisy, bothersome, quarrelsome, prone to raise ਖੱਪ

ਖਫ਼ਕਾਨ [khəphkan] *n.m.* phobia, melancholia, palpitation; also ਖ਼ਫ਼ਕਾਨ

ਖੱਫਣ [khəpphəṇ] *n.m.* shroud; see ਕਫ਼ਨ

ਖਫਣੀ [khəphəṇi] *n.f.* long/loose sleeveless gown *usu.* worn by ascetics and mendicants

ਖ਼ਫ਼ਾ [khəfa] *adj.* angry, annoyed, unhappy, displeased; estranged

ਖਬਚੂ [khəbcu] *adj. colloq.* left-handed

ਖਬਤ [khəbət] *n.m.* mania, craze, fad, whim, caprice, idiosyncrasy, eccentricity; also ਖ਼ਬਤ

ਖਬਰ [khəbər] *n.f.* news, information, report, intelligence; also ਖ਼ਬਰ

~ **ਸਾਰ/~ ਸੁਰਤ** *n.f.* news, information or inquiry about health or well-being

~ **ਸਾਰ ਲੈਣੀ** *v.i.* to enquire about well-being, call on

~ **ਕਰਨੀ/~ ਦੇਣੀ/~ ਪਹੁੰਚਾਉਣੀ** *con.v.* to inform, forewarn; to carry, convey or communicate ਖਬਰ, report, break news

~ **ਲੈਣੀ** *ph.* to enquire about; *slang.* to take to task, rebuke, chastise

ਖਬਰਗੀਰ [khəbərgir] *n.m.* spy, informer, *adj.* well-informed

ਖਬਰਦਾਰ [khəbərdar] *adj.* alert, vigilant, watchful, cautious; *interj.* beware, take care, on your guard, look out, be warned

ਖਬਰਦਾਰੀ [khəbərdari] *n.f.* watchfulness; vigilance, alertness; knowledge; care, caution

ਖਬਰੇ [khəbre] *adv. & interj.* perhaps, may be, could be, possibly

ਖੱਬਲ¹ [khəbbəl] *n.m.* a kind of perennial grass; *Cynodon dactylon;* darnel (another variety)

ਖੱਬਲ² *adj.* left-handed

ਖੱਬੜ¹ [khəbbəṛ] *n.m.* rope made from stalks of wheat/paddy or green fodder

~ **ਵੱਟਣਾ** *con.v.* to make ਖੱਬੜ

ਖੱਬੜ² *adj.* same as ਖੱਬਲ²

ਖੱਬਾ [khəbba] *adj.m.* left, left-handed; communist, leftist

ਖੱਬਿਓਂ [khəbbɪõ] *adv.* from the left

ਖੱਬੀ [khəbbi] *n.f.* rope tied round the lower jaw of a horse as a substitute for bridle; *adj.f.* same as ਖੱਬਾ

ਖਬੀਸ [khəbis] *adj.* (term of abuse) vile, wicked, debased, evil; *n.m.* such person; also ਖ਼ਬੀਸ

ਖੱਬੀ ਖਾਨ [khəbbi khan] *n.m.* arrogant, pretentious, haughty person

ਖਬੀਲ [khəbil] *n.m.* shoemaker's tool to soften leather

ਖੱਬੂ [khəbbu] *adj.* left-handed; *informal. n.m.* leftist

ਖੱਬੇ [khəbbe] *adv.* on the left; *adj.m. pl.* of ਖੱਬਾ

ਖੰਭ [khəb] *n.m.* wing, feather, plume

~ **ਉਗਣੇ** *con.v.* to grow feathers, feather

~ **ਸੁਆਰਨੇ** *ph.* to preen

~ **ਝਾੜਨੇ** *ph.* to moult, shed feathers

~ **ਦੀ ਡਾਰ ਬਣਾਉਣੀ** *ph.* to make mountain of a mole hill, raise a storm in a tea cup, utter a canard

~ **ਲੱਗਣੇ** *ph.* to grow or become wilful/wayward or presumptuous

ਖੰਭਰ [khəbər] *n.m.* wing of arrow, feathers at the end of the shaft

ਖੰਭਾ [khəba] *n.m.* post, column, pole, pillar

ਖੱਭੀ [khə́bbi] *n.m. dia.* see ਖੱਬੀ

ਖਮ [khəm] *n.m.* bend, curve, crookedness, stoop; also ਖ਼ਮ

ਖਮਤਾ [khəmta] *n.f.* same as ਸਮਰੱਥਾ, capability

ਖਮਦਾਰ [khəmdar] *adj.* bent, not straight, curved; also ਖ਼ਮਦਾਰ

ਖਮ੍ਹਣੀ [khə́mməṇi] *n.f.* same as ਮੌਲ਼ੀ; multi-strand/multicoloured yarn

ਖਮਿਆਜ਼ਾ [khəmɪaza] *n.m.* consequence, (of a wrong act); compensation payable; also ਖ਼ਮਿਆਜ਼ਾ

~ **ਭੁਗਤਣਾ** *con.v.* to face/bear/suffer ਖਮਿਆਜ਼ਾ

ਖਮੀਰ [khəmir] *n.m.* leaven, yeast, barm;

fermentation, bacterization; also ਖ਼ਮੀਰ
~ ਉੱਠਣਾ *con.v.* to ferment, undergo fermentation
~ ਉਠਾਉਣਾ *con.v.* to ferment, leaven
ਖਮੀਰਾ [khəmira] *adj.m.* fermented, leavened
ਖਮੀਰੀ ਰੋਟੀ [khəmiri roṭi] *n.f.* scone
ਖਮੋਸ਼ [khəmoṣ] *adj.* silent, quiet, mute, speechless, dumb
ਖਮੋਸ਼ੀ [khəmoṣi] *n.f.* silence, quiet, quietude, muteness, speechlessness, dumbness
ਖਰ [khər] *pref.* (*lit.* ass) indicating stupidity; also ਖ਼ਰ
~ ਦਿਮਾਗ/~ ਮਗ਼ਜ਼ *adj.* stupid, foolish, unintelligent, dull, stolid, addlebrained, addlepated
ਖਰਕਣਾ [khərkəṇa] *n.m.* currycomb
~ ਕਰਨਾ *con.v.* to curry (a horse)
ਖਰਕਾ [khərka] *n.m.* broom made from sticks of *Tamarix dioica*
ਖਰਖਰਾ [khərkhəra] *n.m.* same as ਖਰਕਣਾ
ਖਰਖਰੀ [khərkhəri] *n.f.* itch in throat, coughing (low and frequent)
ਖਰਗੋਸ਼ [khərgoṣ] *n.m.* rabbit, hare, cony; also ਖ਼ਰਗੋਸ਼
~ ਦਾ ਬੱਚਾ *n.m.* leveret
ਖਰਚ [khərc] *n.m.* expenditure, expenses, spending; consumption; *v.form.* imperative of ਖਰਚਣਾ; also ਖ਼ਰਚ
~ ਕਰਨਾ *con.v.* to spend, expend, consume, use up
~ ਪੱਠਾ *n.m.* subsistence money
ਖਰਚਖਾਹ [khərckhá] *adj.* spendthrift, prodigal, extravagant, lavish
ਖਰਚਖਾਹੀ [khərckhái] *n.f.* prodigality, extravagance, lavishness, wastefulness
ਖਰਚਣਾ [khərcəṇa] *v.t.* same as ਖਰਚ ਕਰਨਾ under ਖਰਚ
ਖਰਚਵਾਉਣਾ [khərcəvauṇa] *v.t.* to make or cause one to spend or expend
ਖਰਚਾ [khərca] *n.m.* same as ਖਰਚ; charges, cost, overhead expenses; costs (in law suit); subsistence money paid to separated spouse, alimony
ਖਰਚਾਉਣਾ [khərcauṇa] *v.t.* same as ਖਰਚਵਾਉਣਾ
ਖਰਚੀਲਾ [khərcila] *adj.m.* same as ਖਰਚਖਾਹ; prodigal
ਖਰਨਾ [khərna] *v.i.* same as ਖੁਰਨਾ, to melt, dissolve
ਖਰ ਪਤਵਾਰ [khər pətvar] *n.m.* same as ਨਦੀਨ, weeds
ਖਰਬ [khərb] *adj.* one hundred thousand million; 100,000,000,000
ਖਰਬੂਜਾ [khərbuja] *n.m.* musk melon, cantaloupe; also ਖ਼ਰਬੂਜ਼ਾ
ਖਰਮਸਤ [khərməst] *adj.* wanton, frolicsome, prankish, gay, rowdy, rompish, boisterous
ਖਰਮਸਤੀ [khərməsti] *n.f.* horseplay, gay, abandon, merriment, wantonness; pranks, mischief, romp, boisterous, frolic, boisterousness; rowdiness, rowdyism
ਖਰਲ [khərl] *n.m.* mortar
~ ਕਰਨਾ *con.v.* to pulverise, triturate, powder, grind in a ਖਰਲ
ਖਰਵਾਰ [khərvar] *n.m.* iron rod used as brazier's anvil; heap of grain recently threshed; a measure of grain approximately equal to four quintals
ਖਰੜਾ [khərəṛa] *n.m.* manuscript, draft, outline, blueprint, rough sketch
ਖਰ੍ਹਵਾ [khə́rva] *adj.m.* rough, coarse, uneven, rugged; (of speech, temper) harsh, rude, impolite, blunt, brusque, raucous
ਖਰਾ [khəra] *adj.m.* pure, genuine, unalloyed, unadulterated; honest, truthful, straightforward, unblemished, untainted, sincere
~ ਕਰਨਾ *ph.* to encash; to put to good use, utilise, take advantage of
~ ਖਰਾ *adj.m.* selected, chosen, the best (*usu.* provisions)
~ ਖੋਟਾ *adj.m.* real or counterfeit, in whatever condition, good or bad
ਖਰਾਸ [khəras] *n.m.* animal-driven grinding mill
ਖਰਾਸ਼ [khəraṣ] *n.f.* scratch, bruise, abra-

sion, scrape; also ਖ਼ਰਾਸ਼
~ ਆਉਣੀ *con.v.* to have or suffer ਖਰਾਸ਼
ਖਰਾਜ [khəraj] *n.m.* see ਰੜਕਾ, broom; tribute; also ਖ਼ਰਾਜ
~ ਗੁਜ਼ਾਰ *adj. & n.m.* tributary, vassal
ਖਰਾਜੇ ਅਕੀਦਤ [khəraje əkidət] *n.m.* same as ਸ਼ਰਧਾਂਜਲੀ, tribute, compliment, honour
ਖਰਾਂਟ [khərãṭ] *adj.* cunning, crafty, clever, smart, mischievous, deceitful
ਖਰਾਂਟਪੁਣਾ [khərãṭpuṇa] *n.m.* cunning, craftiness, cleverness, smartness, mischievousness, deceitfulness
ਖਰਾਦ [khərad] *n.m.* lathe
ਖਰਾਦਣਾ [khəradəṇa] *v.t.* to lathe, turn something on a lathe; also ਖਰਾਦ ਕਰਨਾ
ਖਰਾਪਣ [khərapəṇ] *n.m.* purity, genuineness; honesty, truthfulness
ਖਰਾਬ [khərab] *adj.* bad, not good, unfit for use, malfunctioning, defective, out of order; spoiled, spoilt, rotten, defiled; evil, vile, wicked; foul, rough, inclement (weather); vulgar, obscene (language); harassed, persecuted; also ਖ਼ਰਾਬ
~ ਹੋਣਾ *con.v.* to be ਖਰਾਬ; to be put to unnecessary trouble or futile effort
~ ਕਰਨਾ *con.v.* to cause or give trouble, harass; to spoil, botch, bungle, put out of order; to defile
ਖਰਾਬੀ [khərabi] *n.f.* badness; bad act, mischief; malfunction, defect, malignance
~ ਕਰਨੀ *con.v.* to make mischief; to be harmful; *v.t.* to harm
ਖਰੀ [khəri] *adj.f.* same as ਖਰਾ
~ ਖਰੀ ਸੁਣਾਉਣਾ *ph.* to speak or tell fearlessly to one's face, tell bluntly
~ ਖੋਟੀ ਸੁਣਾਉਣਾ *ph.* to speak or tell brusquely, rudely; to abuse
ਖਰੀਂਡ [khəriḍ] *n.m.* scab, incrustation, hard crust formed over sores or wounds
~ ਆਉਣਾ/~ ਬੱਝਣਾ *con.v.* to incrust, scab, become covered with ਖਰੀਂਡ, for ਖਰੀਂਡ to form
ਖਰੀਤਾ [khərita] *n.m.* leather bag *esp.* one for packing, despatching mail
ਖਰੀਦ [khərid] *n.f.* purchase, buying, shopping; thing purchased; also ਖ਼ਰੀਦ
~ ਕੀਮਤ/~ ਮੁੱਲ *n.f./n.m.* cost price, cost
ਖਰੀਦਣਾ [khəridəṇa] *v.t.* to purchase, buy; also ਖਰੀਦ ਕਰਨੀ
ਖਰੀਦਾਰ [khəridar] *n.m.* buyer, purchaser, customer
ਖਰੀਦਾਰੀ [khəridari] *n.f.* buying process, purchase; demand
ਖਰੀਦੋ ਫਰੋਖਤ [khərido fərokhət] *n.f.* buying and selling, marketing, trading, trade, business, commerce
ਖਰੀਫ਼ [khərif] *n.f.* (crop) sown in summer and harvested in autumn or early winter; also ਖ਼ਰੀਫ਼
ਖਰੂੰਡ [khərũḍ] *n.m.* scratch caused by fingernails, paws or claws
ਖਰੂੰਡਣਾ [khərũḍəṇa] *v.t.* to cause ਖਰੂੰਡ, scratch with nails or claws, dig one's nails or claws into; also ਖਰੂੰਡ ਭਰਨਾ/ਖਰੂੰਡ ਮਾਰਨਾ
ਖਰੂਦ [khərud] *n.m.* turbulence, tumult, violent disturbance, disorderly or rowdy behaviour, rowdyism; romp, frolic
~ ਕਰਨਾ/~ ਮਚਾਉਣਾ *ph.* to cause, raise or indulge in ਖਰੂਦ, romp, frolic
ਖਰੂਦਣ/ਖਰੂਦੀ [khərudəṇ/khərudi] *adj.f./adj.m.* turbulent, disorderly, rowdy, unruly, wild
ਖਰੇਪੜ [khərepəṛ] *n.m.* scale, scab, crust, thick layer, flat piece of dried-mud or mud-plaster
~ ਉੱਠਣਾ *con.v.* for ਖਰੇਪੜ to form or be formed
ਖਰੇਪੜੀ [khərepəṛi] *n.f.* small or thin ਖਰੇਪੜ, diminutive of ਖਰੇਪੜ
ਖਰੈਤ [khərɛt] *n.f. colloq.* ਖ਼ਰੈਤ, alms
ਖਰੈਤੀ [khərɛti] *adj.* charitable
ਖਰੋਸ਼ਟੀ [khəroṣṭi] *n.f.* an ancient script Kharoshti used in northwest India and Afghanistan
ਖਰੋਚਣਾ [khərocəṇa] *v.t.* same as ਖੁਰਚਣਾ, to scrape, scrub
ਖਰੌੜਾ [khərɔṛa] *n.m.* lower leg including

hock and fetlock joints of animals, hoof
ਖਲ [khəl] *adj.* same as ਦੁਸ਼ਟ, wicked
ਖਲ਼ [khəḷ] *n.f.* oil-cake; also ਖਲ਼ੀ
~ ਪਾਉਣੀ *con.v.* to feed (cattle) with ਖਲ਼
ਖੱਲ [khəll] *n.f.* skin, hide, pelt, fleece, derma, dermis; ਉੱਪਰਲੀ, ਓਪਰੀ ਖੱਲ epidermis, ਅੰਦਰਲੀ, ਹੇਠਲੀ, ਥਲਵੀਂ, ਅਸਲੀ ਖੱਲ corium; cutis derma
~ ਸੰਬੰਧੀ *adj.* cutaneous
~ ਲਾਹੁਣ ਵਾਲਾ *ph.* skinner
~ ਲਾਹੁਣੀ *con.v.* to skin, flay, peel off skin; *fig.* to beat, thrash ruthlessly
ਖਲਕ [khələk] *n.f.* creation, creatures, created
ਖਲਕਤ [khəlkət] *n.f.* beings; mankind; large crowd, throng; also ਖ਼ਲਕਤ
ਖਲਜਗਣ [khəljəgəṇ] *n.m.* scattered business or arrangements, confusion, encumbrance
ਖੱਲਣਾ [khəlləṇa] *n.m. informal* family, line, descent
ਖਲਨਾਇਕ [khəlnaık] *n.m.* villain; *fem.* ਖਲਨਾਇਕਾ villainess, vamp, vixen
ਖਲਬਲੀ [khəlbəli] *n.f.* confusion, commotion, disorder, alarm, helter-skelter state or situation, tumult, turmoil
~ ਮੱਚਣੀ *ph.* for ਖਲਬਲੀ to occur or break out
ਖ਼ਲਲ [khələl] *n.m.* interference, disturbance, interruption, obstruction, hindrance; also ਖਲਲ
~ ਅੰਦਾਜ਼ ਹੋਣਾ *ph.* same as ਖਲਲ ਪਾਉਣਾ
~ ਅੰਦਾਜ਼ੀ *n.f.* act or instance of interfering, etc.
~ ਪਾਉਣਾ *ph.* to interfere, disturb, interrupt, obstruct, hinder, retard, hamper
ਖਲਵਾੜਾ [khəlvaṛa] *n.m.* heap or pile of unthreshed harvest around the threshing floor; *cf.* ਖਰਵਾਰ
ਖੱਲੜ [khəllər] *n.m.* large or thick hide
ਖੱਲੜੀ [khəlləṛi] *n.f.* same as ਖੱਲ
ਖਲ੍ਹਾਰ [khəlàr] *n.f.* stoppage, halting, cessation or interruption of activity; also ਖਲ੍ਹਿਆਰ, ਖਲ੍ਹੀਰ
ਖਲ੍ਹਾਰਨਾ [khəlàrna] *v.t.* to stop, halt; to make one stand still; to interrupt; to ask or tell someone to wait; to stop or switch off (machine); to park (vehicle)
ਖੱਲਾ [khəlla] *n.m. dia.* shoes
ਖੱਲਾਂ [khəllã] *n.f.pl.* of ਖੱਲ; bellows
ਖਲ਼ਾਈ [khəḷai] *n.f.* process of, wages for ਖਾਲ਼ਨਾ
ਖਲਾ ਖਲੋਤਾ [khəla khəlota] *adj.m. & adv.* standing, while in standing position; within a short time, briefly
ਖਲਾਰ [khəlar] *n.m.* same as ਖਿੰਡਾ, ਖਿਲਾਰ, spread
ਖੱਲੀ [khəlli] *n.f.* stiffening of muscle, stiff muscle; pulled or strained muscle, ligament or tendon
~ ਪੈਣੀ *con.v.* to pull or strain muscle, ligament or tendon
ਖੱਲੀਆਂ ਪੈਣੀਆਂ [khəlliã pɛṇiã] *con.v. pl.* to get tired, get stiff body
ਖਲੀਜ [khəlij] *n.f.* gulf, bay; chasm, abyss; *fig.* distance in relations, estrangement, difference, separation; also ਖ਼ਲੀਜ
ਖਲੀਫ਼ਾ [khəlifa] *n.m.* Prophet's successor, spiritual and temporal head of Muslims, caliph; *slang* shirker, malingerer; cunning person
ਖਲੂਸ [khəlus] *n.m.* love, affection, amity, friendship, friendliness; warmth, kindness; also ਖ਼ਲੂਸ
ਖਲੋਣਾ [khəloṇa] *v.i.* to stand; to halt, stop or wait; to be or stay erect without support; to be stable or stabilised
ਖਲੋਤਾ [khəlota] *adj.* stagnant, standing *v.form.* past indefinite of ਖਲੋਣਾ, stood
~ ਪਾਣੀ *n.m.* stagnant water
ਖਲੋਤੇ ਖਲੋਤੇ [khəlote khəlote] *adv.* without waiting or waste of time, shortly, in a short while
ਖਵਰੇ [khəvre] *adv.* same as ਖਬਰੇ, perhaps
ਖੜ ਸੁੱਕ [khəṛ sukk] *adj.* dead (tree)
ਖੜਕ [khəṛk] *v.form* imperative of ਖੜਕਣਾ, *n.m.* same as ਖੜਕਾ
~ ਖੰਨਾ *n.m.* noise, sound; alertness towards the slightest noise or sound, vigilance
ਖੜਕਣਾ [khəṛkəṇa] *v.i.* to rattle, clank,

clink, jingle, ring, tinkle; clatter; to be knocked, thumped, tapped; *fig.* to talk in a rage; to cross swords

ਖੜਕੰਨਾ [khəṛkə̃nna] *adj.m.* having large protruding ears

ਖੜਕਵਾਂ [khəṛkvã] *adj.m.* rattling, clanking, clattering, ringing; loose-fitting (door, window, etc.); passionate, bold (speech *esp.* reply, rebuttal, etc.)

ਖੜਕਾ [khəṛka] *n.m.* rattling, clattering sound, noise (as of bang, knock, etc.)

~ **ਹੋਣਾ** *con.v.* same as ਖੜਕਣਾ, for ਖੜਕਾ to be produced or heard

~ **ਕਰਨਾ** *con.v.* to cause, produce ਖੜਕਾ

~ **ਦੜਕਾ** *n.m.* threatening noise, show of force to create fear or awe; brave posture; public disturbance, disorder

ਖੜਕਾਉਣਾ [khəṛkauṇa] *v.t.* to knock, rap, tap; to ring, rattle; to thump; to shake, beat producing rattling or clanking noise; *fig.* to beat, thrash, chastise

ਖੜਕਿੱਲੀ [khəṛkılli] *n.f.* loud ringing laughter, guffaw

ਖੜਕੀਲਾ/ਖੜਕੇਦਾਰ [khəṛkila/khəṛkedar] *adj.m./adj.* noisy; outspoken; having authoritative personality evoking awe or fear, dominating

ਖੜ ਖੜ [khəṛ khəṛ] *n.f.* rattling sound

ਖੜਗ [khəṛg] *n.f.* sword

ਖੜਗਧਾਰੀ [khəṛgtàri] *adj.* armed with or carrying ਖੜਗ, swordsman

ਖੜੰਜਾ [khəṛə̃ja] *n.m.* pavement or floor paved with bricks in vertical position; such placement or arrangement of bricks

ਖੜਤਾਲ [khəṛtal] *n.f.* castanets; a pair of wooden bars with inset cymbals

ਖੜਦੁੰਬ [khəṛdũb] *n.f.* roguery, mischief; tumult, noisy commotion, quarrel

ਖੜਦੁੰਬਾ [khəṛdũba] *adj.m.* roguish, mischievous, quarrelsome

ਖੜਨਾ [khəṛna] *v.t.* to take away or along

ਖੜੱਪਾ [khəṛəppa] *adj. & n.m.* hooded snake

~ **ਸੱਪ** *n.m.* same as ਖੜੱਪਾ

ਖੜਪਾੜ [khəṛpaṛ] *n.f.* log sawn lengthwise following its grain

ਖੜਪੈਂਚ [khəṛpɛc] *n.m.* self-appointed headman or leader; overbearing/pretentious/presumptuous person; bully; busybody

ਖੜਬਾਜ਼ੀ [khəṛbazi] *n.f.* somersault, acrobatic feat

ਖੜਬਾਜ਼ੀਆਂ [khəṛbaziã] *n.f. pl.* acrobatics, gymnastics

ਖੜਬਾਨ੍ਹੇ [khəṛbáne] *n.m.pl.* blind folding, blindman's buff

ਖੜ੍ਹਨਾ [khə́ṛna] *v.i. dia.* see ਖਲੋਣਾ

ਖੜ੍ਹਵਾਂ [khə́ṛvã] *adj.m.* upright, vertical

ਖੜ੍ਹਾ [khə́ṛa] *adj.m.* standing, vertical, upright

~ **ਕਰਨਾ** *con.v.* same as ਖਲ੍ਹਾਰਨਾ

ਖੜ੍ਹਾਉਣਾ [khəṛàuṇa] *v.t. dia.* see ਖਲ੍ਹਾਰਨਾ

ਖੜ੍ਹੇ ਪੈਰ [khə́ṛe pɛr] *adv.* at once, immediately, instantly

ਖੜ੍ਹੇ ਰੁਖ [khə́ṛe rukh] *adv.* vertically, perpendicularly

ਖੜਾਂ [khəṛã] *n.f.* one of a pair of wooden sandals

ਖੜਾਕ [khəṛak] *n.m.* same as ਖੜਕਾ, sound, noise

ਖੜਾਵਾਂ [khəṛavã] *n.f. pl.* pair of wooden sandals

ਖੜੀਆ ਮਿੱਟੀ [khəṛia mıṭṭi] *n.f.* gypsum

ਖੜੀਚਣਾ [khəṛicəṇa] *v.i. dia.* see ਗੁਆਚਣਾ; also ਖੜਾਚਣਾ, to be lost

ਖੜੋਣਾ [khəroṇa] *v.i. dia.* see ਖਲੋਣਾ, to stand

ਖੜੋਤ [khə́ṛot] *n.f.* stagnation, lack of progress or further development

ਖਾ [kha] *v.form* imperative of ਖਾਣਾ[1], eat

ਖਾਂ [khã] *adv.* just (used with imperative, e.g. ਦੱਸ ਖਾਂ, just tell me)

ਖਾਂ[2] *n.m. colloq.* see ਖ਼ਾਨ

ਖਾਊ [khau] *adj.* glutton, great eater, guzzler, voracious; *fig.* hanger on

~ **ਉਡਾਊ**/~ **ਹੰਢਾਊ**/~ **ਪੀਊ** *adj.* spendthrift, extravagant, happy-go-lucky, easy-going

~ **ਯਾਰ** *n.m.* hanger-on, selfish friend, parasite, cheat, swindler

ਖਾਈ [khai] *n.f.* ditch, moat, fosse; trench;

gulf, chasm, abyss; *fig.* difference, distance (in relations), estrangement

ਖਾਸ [khas] *adj.* special, particular, specific, peculiar, certain; favourite; private; select; the same (post office as the village); also ਖ਼ਾਸ

~ ਕਰ/~ ਕਰਕੇ *adv.* especially, particularly, specifically

~ ਖਾਸ *adj.* selected ones

~ ਨਹੀਂ *ph.* not much, nothing special or significant

~ ਨਾਮ *n.m.* proper noun

ਖਾਸਾ¹ [khasa] *adj.m.* good, superior, of special variety, especial, important; a kind of thick muslin; characteristic, distinguishing quality or disposition, special feature

ਖਾਸਾ² *adj.* quite, much, considerable, sufficient, abundant

ਖਾਂਸੀ [khãsi] *n.f.* see ਖੰਘ, cough

ਖਾਸੀਅਤ [khasiət] *n.f.* property, quality, characteristic; also ਖ਼ਾਸੀਅਤ

ਖਾਸੀਅਤੀ [khasiəti] *adj.* qualitative

ਖਾਹ [khá] *conj.* though, although, even though, even if, albeit; whether; also ਖ਼ਾਹ

ਖਾਹਸ਼ [kháș] *n.f.* desire, wish, aspiration, longing; also ਖ਼ਾਹਸ਼

~ ਹੋਣੀ/~ ਕਰਨੀ *con.v.* to desire, wish, want, aspire (to), long (for)

ਖਾਹਸ਼ਮੰਦ [kháṣmə̃d] *adj.* desirous, aspirant

ਖਾਹਮਖਾਹ [khámәkhá] *adv.* uncalled for, without reason/justification or provocation, unjustly, unjustifiably; also ਖ਼ਾਹਮਖ਼ਾਹ

ਖਾਕ [khak] *n.f.* dust, ashes, earth, *fig.* insignificant entity, triviality; also ਖ਼ਾਕ

~ ਛਾਣਨੀ *ph.* to wander, travel or labour in vain

~ ਵਿਚ ਮਿਲ਼ ਜਾਣਾ/~ ਵਿਚ ਰਲ਼ ਜਾਣਾ *ph.* to die, perish; to be humiliated, disgraced

~ ਵਿਚ ਮਿਲ਼ਾ ਦੇਣਾ/~ ਵਿਚ ਰਲ਼ਾ ਦੇਣਾ *ph.* to destroy, kill, reduce to ਖ਼ਾਕ, raze to dust; to humiliate, disgrace

ਖਾਕਸਾਰ [khaksar] *adj.* humble, modest, meek; a term for oneself showing humility, yours humbly

ਖਾਕਸਾਰੀ [khaksari] *n.f.* humility; modesty, meekness

ਖਾਕਰੋਬ [khakrob] *n.m.* sweeper, scavenger

ਖਾਕਾ [khaka] *n.m.* sketch, outline map; plan *esp.* rough plan; also ਖ਼ਾਕਾ

~ ਉਤਾਰਨਾ *con.v.* to copy or trace ਖ਼ਾਕਾ

~ ਖਿੱਚਣਾ/~ ਬਣਾਉਣਾ *con.v.* to prepare or draw ਖ਼ਾਕਾ

ਖਾਕੀ [khaki] *adj.* of the colour of dust, dusty, greyish brown; made of earth, material (as against ਨੂਰੀ-spiritual); also ਖ਼ਾਕੀ

ਖਾਖ [khakh] *n.f.* cheek; corner of mouth, meeting point of lips on either side

ਖਾਖਾਂ ਦਾ ਭੇੜ [khakhã da pèṛ] *ph.* logomachy, wordy duel

ਖਾਂਘੜ [khā̃gәṛ] *adj.f.* (cow or buffalo) nearing the end of lactation period

ਖਾਂਚਾ [khãca] *n.m.* hawker's basket

ਖਾਂਚੇਵਾਲ਼ਾ [khãcevaḷa] *n.m.* hawker, peddler

ਖਾਜ [khaj] *n.m. dia.* see ਖ਼ੁਰਾਕ; see ਖਾਜਾ

ਖਾਜਾ [khaja] *n.m.* favourite food; natural diet *colloq.* see ਖ਼ੁਆਜਾ

ਖਾਜਾਸਰਾ [khajasra] *n.m.* same as ਖੁਸਰਾ, eunuch

ਖਾਞਣ [khañәn] *n.f.* pounded paddy, rice mixed with chaff

ਖਾਣ¹ [khaṇ] *n.f.* mine, mineral deposits or source; *fig.* abundant stock, store, treasure

ਖਾਣ² *n.m.* eating

~ ਪੀਣ *n.m.* eating and drinking

ਖਾਣਜੋਗ [khaṇyog] *adj.* eatable, edible, esculent

ਖਾਣਾ¹ [khaṇa] *v.t.* to eat, dine, take, consume, ingest; to suffer, endure (defeat, beating, deceit); to embezzle, misappropriate; to take (oath); to corrode, erode

ਖਾਣਾ² *n.m.* meal, dinner, feast, fare, food, diet, grub, repast

~ ਦਾਣਾ *n.m.* victuals, eatables, ration,

provisions, grub
~ **ਪਕਾਉਣ ਦੀ ਕਲਾ** *ph.* culinary art, cuisine, cookery, art or skill of cooking
~ **ਪਕਾਉਣਾ** *con.v.* to cook food or meal, prepare a meal
~ **ਪੀਣਾ** *n.m.* same as ਖਾਣ ਪੀਣ
~ **ਲਗਾਉਣਾ** *con.v.* to lay or serve ਖਾਣਾ
ਖਾਣੇ ਸੰਬੰਧੀ *adj.* dietary; prandial

ਖਾਣੀ [khaṇi] *adj.* extracted from ਖਾਣ[1], mineral, concerning ਖਾਣ[1]; *n.f.* same as ਖਾਣ
~ **ਸੰਪਤੀ** *n.f.* mineral resources; mineral wealth
~ **ਮਜ਼ਦੂਰ** *n.m.* miner
~ **ਲੂਣ** *n.m.* mineral salt, rock salt

ਖਾਤਮਾ [khatma] *n.m.* end, termination; eradication, extermination; also ਖ਼ਾਤਮਾ
~ **ਕਰਨਾ** *con.v.* to end, terminate; to eradicate, exterminate; to put an end to; to kill, murder, assassinate

ਖਾਤਰ[1] [khatər] *prep. & adv.* for, for the sake of, on account of; also ਖ਼ਾਤਰ

ਖਾਤਰ[2] *n.f.* hospitality, treat, entertainment, respect, service
~ **ਕਰਨੀ** *ph.* to treat or serve with generous hospitality and due regard; *slang* to beat, thrash
~ **ਖਾਹ** *adj.* satisfactory, adequate, ample, suitable, sufficient
~ **ਜਮ੍ਹਾ ਕਰਨਾ** *ph.* to be or feel reassured or satisfied, not to worry, to rest assured
~ **ਦਾਰੀ/~ ਤਵਾਜ਼ਾ** [khatərdari] *n.f.* same as ਖਾਤਰ[2]

ਖਾਤਾ [khatta] *n.m.* account, account book, ledger
ਸਾਂਝਾ ~ *n.m.* joint account
ਚਾਲੂ ~ *n.m.* current account
ਬੱਚਤ ~ *n.m.* savings account
ਵਹੀ ~ *n.m.* ledger, account book, journal of accounts

ਖਤੋਖਾਲ [khətokhal] *n.m. pl.* features, outline, also ਖ਼ਤੋਖ਼ਾਲ

ਖਾਦ [khad] *n.f.* manure, fertilizer, compost
ਹੱਡੀਆਂ ਦੀ ~ *n.f.* bone meal
ਹਰੀ ~ **/ਗੋਹੇ ਆਦਿ ਦੀ** ~ *n.f.* organic manure, compost
ਕੀਮਿਆਈ ~ **/ਰਸਾਇਣਿਕ** ~ *n.f.* chemical manure or fertiliser
~ **ਦਾ ਕਾਰਖਾਨਾ** *n.m.* fertilizer plant

ਖਾਦਮ [khadəm] *n.m.* servant; humble well-wisher, also ਖ਼ਾਦਮ

ਖਾਦਰ [khadər] *n.m.* low land along a river

ਖਾਂਦਾ ਪੀਂਦਾ [khãda pīda] *adj.m.* prosperous, affluent, wealthy; *adv.* while eating and drinking

ਖਾਦੀ [khadi] *n.f.* same as ਖੱਦਰ

ਖਾਧ ਖੁਰਾਕ [khád khurak] *n.f.* diet, food, nourishment, victuals

ਖਾਧੜ [khádəṛ] *adj.* moth-eaten, infested, weevily; (of teeth) carious

ਖਾਧਾ [kháda] *v.form* of ਖਾਣਾ, ate; *adj.* eaten
~ **ਹੋਇਆ** *adj.m.* eaten, same as ਖਾਧੜ
~ **ਪੀਤਾ** *adj.m.* meal taken, food consumed
~ **ਪੀਤਾ ਕੱਢਣਾ** *ph.* to vomit, puke; *v.t. fig.* to beat, thrash, threaten, torture

ਖਾਨ [khan] *n.m.* Muslim chief or noble; a Pathan or Afghan; also ਖ਼ਾਨ

ਖਾਨਸਾਮਾ [khansama] *n.m.* cook, butler, bearer, waiter; also ਖ਼ਾਨਸਾਮਾ

ਖਾਨਗਾਹ [khangá] *n.f.* Muslim shrine or monastry; habitation around a tomb/grave/sepulchre or mausoleum of a Muslim divine; also ਖ਼ਾਨਕਾਹ

ਖਾਨਗੀ [khangi] *adj.* pertaining to family or household, domestic, family, private, personal, also ਖ਼ਾਨਗੀ

ਖਾਨਜਾਦਾ [khanjada] *n.m.* son of a ਖਾਨ; also ਖ਼ਾਨਜ਼ਾਦਾ

ਖਾਨਦਾਨ [khandan] *n.m.* dynasty, lineage, house, family; also ਖ਼ਾਨਦਾਨ

ਖਾਨਦਾਨੀ [khandani] *adj.* hereditary, dynastic, belonging to or from a noble family; *n.f.* heritage, lineage, descent
~ **ਦੁਸ਼ਮਨੀ** *n.f.* feud, family feud, dynastic quarrel or animosity

ਖਾਨਾ [khanna] *n.m.* house, building, dwelling, apartment; compartment, drawer, recess, pigeonhole; column or

row in a tabulated statement; also ਖ਼ਾਨਾ
~ ਆਬਾਦੀ *n.f.* settling down in married life, prosperity, flourishing as a family
~ ਖਰਾਬ *adj.* fallen into ruin, ruinous; ill-omened
~ ਖਰਾਬੀ *n.m.* ruin, downfall
~ ਜੰਗੀ *n.f.* civil war
~ ਤਲਾਸ਼ੀ *n.f.* house-search
~ ਦਾਰੀ *n.f.* house keeping, family life
~ ਬਦੋਸ਼ *adj.* nomadic, wandering; *n.m.* nomad, gypsy, wanderer, vagabond
~ ਬਦੋਸ਼ੀ *n.f.* nomadism, nomadic life, state of constantly changing residence
~ ਬਰਬਾਦੀ *n.f.* ruination, destruction of domestic life
~ ਪੁਰੀ *n.f.* filling in blanks; *fig.* mere formality
ਖਾਨਿਓਂ ਜਾਣੀ [khanıõ-jaṇi] *ph.* to lose one's wits, be alarmed, be dumbfounded or apprehensive
ਖਾਨੇਦਾਰ [khannedar] *adj.* chequered; compartmented
ਖਾਬ [khab] *n.m.* dream; also ਖ਼ਾਬ
ਖਾਬਗਾਹ [khabgá] *n.f.* bedroom
ਖਾਬੋ ਖਿਆਲ [khabo khıal] *n.m.* the least idea, doubt or expectation, (used in negative as ਖਾਬੋ ਖਿਆਲ ਨਾ ਹੋਣਾ) not to have the least idea, doubt etc.
ਖਾਭਾ [khába] *n.m.* oiler's vessel
ਖਾਂਭੀ [khə̃bi] *n.m.* driver of the team of oxen that draws water with a ਚਰਸਾ
ਖਾਮ [kham] *adj.* unripe, half-baked, raw; also ਖ਼ਾਮ
~ ਖਿਆਲੀ *n.f.* mere imagination, foolish notion, wishful thinking
ਖਾਮੀ [khami] *n.f.* defect, fault; imperfection, want, lack, deficiency, incompleteness, incompletion
ਖਾਮੋਸ਼ [khamoṣ] *adj.* same as ਖਮੋਸ਼ silent; also ਖ਼ਾਮੋਸ਼
ਖਾਰ[1] [khar] *n.m.* thorn; also ਖ਼ਾਰ
ਖਾਰ[2] *n.f.* alkali, any alkaline substance used as detergent *esp.* ash; malice, rancour, enmity, envy, jealousy
~ ਖਾਣੀ *v.i.* to harbour ਖਾਰ (against)
ਖਾਰ[3] *v.form* imperative of ਖਾਰਨਾ; *n.f.* corrosion, erosion
ਖਾਰਸ਼ [kharəṣ] *n.f.* same as ਖੁਰਕ; itch, scabies; also ਖ਼ਾਰਸ਼
ਖਾਰਜ [kharj] *adj.* discharged, expelled, dismissed; excreted, exuded, rusticated; also ਖ਼ਾਰਜ
~ ਹੋਣਾ *con.v.* to ooze, exude, flow out, leak; to be discharged, expelled, rusticated or dismissed; to be excreted
~ ਕਰਨਾ *con.v.* to discharge, expel, rusticate or dismiss; to exude, emit, excrete; to secrete
ਖਾਰਨਾ [kharna] *v.t.* to corrode, erode, wash away, waste away; to dissolve
ਖਾਰਬਾਜੀ [kharbaji] *n.f.* malignity, maliciousness, envy, jealousy, enmity, rancour
ਖਾਰਾ[1] [khara] *adj.* alkaline, briny, saline, brackish
~ ਸੋਡਾ *n.m.* soda water
~ ਪਣ *n.m.* salinity, brackishness
ਖਾਰਾ[2] *n.m.* ceremonial bath given to bride or bridegroom prior to or on the eve of marriage ceremony; reed basket; also *fem.* ਖਾਰੀ
ਖਾਰਿਓਂ ਲਾਹੁਣਾ *ph.* to take down from the bathing pedestal (after offering a gift by maternal uncle)
ਖਾਰੇ ਚੜ੍ਹਾਉਣਾ *ph.* to give the ceremonial bath (to groom or bride)
ਖਾਰੀ [khari] *n.f.* volume of water or water-level in a well, sprouting of water in a well
ਖਾਰੂ [kharu] *adj.* corrosive, erosive
ਖਾਲ਼ [khaḷ] *n.m.* water-channel, drain
~ ਖਾਲ਼ਨਾ *con.v.* to clean a ਖਾਲ਼ of weeds or silt, desilt ਖਾਲ਼
ਖਾਲ਼ੇ ਖਾਲ਼/ਖਾਲ਼ੋਂ ਖਾਲ਼ *adv.* along a ਖਾਲ਼
ਖਾਲਸ [khaləs] *adj.* pure, unadulterated, unalloyed, genuine, real; nett (income); also ਖ਼ਾਲਸ
ਖਾਲਸਾ [khalsa] *n.m.* community or commonwealth of baptised Sikhs, a baptised Sikh; crown land; also ਖ਼ਾਲਸਾ
~ ਪੰਥ *n.m.* the Sikh religion/community

or brotherhood

ਖਾਲਕ [khalək] *n.m.* creator, God; also ਖ਼ਾਲਕ

ਖਾਲਾ [khalla] *n.f.* same as ਮਾਸੀ; also ਖ਼ਾਲਾ

~ ਜੀ ਦਾ ਵਾੜਾ *ph.* something very easy and taken for granted (*usu.* in negative)

ਖਾਲੀ [khalli] *adj.* empty, emptied, vacant, vacated, vacuous, unoccupied, unfilled, blank, void; (for cattle) crossed but not pregnant; *adv.* only, merely; also ਖ਼ਾਲੀ

~ ਹੱਥ *adj.* empty-handed; unarmed; without means

~ ਕਰਨਾ *con.v.* to empty, vacate, clear

ਖਾਲ਼ੀ [khaḷi] *n.f.* small ਖਾਲ਼, drain

ਖਾਵਣਾ [khavəṇa] *v.t. dia.* see ਖਾਣਾ¹, to eat

ਖਾਵੰਦ [khavə̃d] *n.m.* husband, male spouse, master, lord; also ਖ਼ਾਵੰਦ

ਖਾੜਕੂ [khaṛku] *adj.* courageous, bold, brave; dreaded, feared, domineering, dominating, assertive; *n.m.* such person, terrorist, militant

ਖਾੜੀ [khaṛi] *n.f.* gulf, bay, creek, oceanic channel

ਖਿਆਨਤ [khıanət] *n.f.* dishonesty, breach of trust, embezzlement, defalcation, misappropriation; also ਖ਼ਿਆਨਤ

ਖਿਆਲ [khıal] *n.m.* idea, thought, fancy, notion, view, impression, opinion, reflection, reasoning, contemplation, care, consideration, regard, attention, heed; also ਖ਼ਿਆਲ

~ ਕਰਨਾ *con.v.* to pay attention, heed, take care, keep or bear in mind, consider

~ ਤੋਂ ਬਾਹਰ *ph.* out of one's thought or mind *adj.* inconceivable, unthinkable, unimaginable

~ ਨਾ ਰਹਿਣਾ *ph.* to slip from one's mind, forget

~ ਰੱਖਣਾ *con.v.* same as ਖਿਆਲ ਕਰਨਾ; to watch, guard; to favour; to look after

ਖਿਆਲਾਤ [khıalat] *n.m. pl.* of ਖਿਆਲ, ideas, thoughts, views

~ ਦੀ ਰੌ *ph.* stream of consciousness

ਖਿਆਲੀ [khıali] *adj.* imaginary, fanciful, fancied, not real

~ ਪੁਲਾਉ *n.m.* fanciful thoughts or ideas, vain speculation or expectation, day-dreaming

~ ਪੁਲਾਉ ਪਕਾਉਣਾ *ph.* to build castles in the air

ਖਿੱਸ [khıss] *v.form* imperative of ਖਿੱਸਣਾ

ਖਿਸਕ [khısk] *v.form.* imperative of ਖਿਸਕਣਾ

ਖਿਸਕਣਾ [khıskəṇa] *v.i.* to slip, slide, shift or move slowly; to move away; to stick, skulk, sneak, scarper

ਖਿਸਕਤ [khıskət] *n.f.* same as ਮਿਆਨੀ

ਖਿਸਕਵਾਂ [khısəkvā̃] *adj.m.* loose, sliding, slipping

ਖਿਸਕਵਾਉਣਾ [khısəkvauṇa] *v.t.* to get something slid or moved slightly or shifted, stolen, taken away

ਖਿਸਕਾਉਣਾ [khıskauṇa] *v.t.* to slide, move, shift; to take away, remove, steal

ਖਿਸਕਾਵਾਂ [khıskavā̃] *adj.m.* same as ਖਿਸਕਵਾਂ

ਖਿਸਕੂ [khısku] *adj.* truant, shirker, malingerer; inconsistent, fickle, inconstant

ਖਿੱਸਣਾ [khıssəṇa] *v.i.* to wear out

ਖਿੰਘਰ [khıgər] *n.m.* over-burnt brick, hard brittle stone, piece of slag or scoria *adj.* hard and brittle

ਖਿੰਘੜੀ [khıgəṛi] *n.f.* same as ਕਰਿੰਘੜੀ, entwining of fingers

ਖਿੱਚ [khıcc] *n.f.* pull, tug, haul, evulsion; attraction, lure, fascination; drawing or pulling act or force, tautness, tension; gravitation

~ ਧੂਹ *n.f.* harassment, persecution, pull and push

ਖਿੱਚਣਾ [khıccəṇa] *v.t.* to pull, tug, haul, drag, draw, strain at; to attract, lure, fascinate; to draw or make (as sketch or picture); to take (photograph)

ਖਿਚਵਾਉਣਾ/ਖਿਚਾਉਣਾ [khıcvauṇa/khıcauṇa] *v.t.* to have something pulled, hauled, dragged; to assist in pulling

ਖਿੱਚੜ ਭੱਪਾ [khıccəṛ pə̀ppa] *n.m. colloq.* see ਖਿਚੜੀ

ਖਿਚੜੀ [khɪcəṛi] *n.f.* a dish of rice mixed with lentil; *informal* any mixture

~ ਪਕਾਉਣਾ *con.v.* to cook ਖਿਚੜੀ; *slang* to conspire

ਖਿਜਰ [khijər] *n.m.* a deathless saint of Islamic mythology; patron saint of rivers and oceans; also ਖ਼ਿਜ਼ਰ

ਖਿਜਾਂ [khɪjã] *n.f.* autumn; also ਖ਼ਿਜ਼ਾਂ

ਖਿਜਾਬ [khɪjab] *n.m.* hair-dye; also ਖ਼ਿਜ਼ਾਬ

~ ਲਾਉਣਾ *con.v.* to dye hair

ਖਿਝ [khíj] *n.f.* feeling or mood of vexation, annoyance, irritation, grouch, pique, anger, chagrin, fretfulness, exasperation

ਖਿਝਣਾ [khíjəṇa] *v.i.* to feel or express ਖਿਝ, fret

ਖਿਝਾ [khɪjà] *n.m.* same as ਖਿਝ; *v.form* imperative of ਖਿਝਾਉਣਾ, to vex, tease

ਖਿਝਾਉਣਾ [khɪjàuṇa] *v.t.* to cause ਖਿਝ, vex, annoy, rile, exasperate, irritate, tease, provoke, fret, torment

ਖਿਝੂ/ਖਿੱਝਲ [khíju/khíjjəl] *adj.* easily annoyed, fretful, short-tempered

ਖਿੰਡ [khĩḍ] *v.form* imperative of ਖਿੰਡਣਾ, disperse

ਖਿੰਡਣਾ/ਖਿੰਡਰਨਾ [khĩḍəṇa/khĩḍərna] *v.i.* to scatter, disperse, diffuse, spread; also ਖਿੰਡ ਪੁੰਡ ਜਾਣਾ

ਖਿੰਡਵਾਂ [khĩḍvã] *adj.m.* scattering, diffuse, diffusive, dispersive

ਖਿੰਡਵਾਉਣਾ [khĩḍvauṇa] *v.t.* to get (something or group) scattered, dispersed, spread

ਖਿਡਾ [khɪḍa] *v.form* imperative of ਖਿਡਾਉਣਾ, play with

ਖਿੰਡਾ [khĩḍa] *n.m.* spread, dispersion, dispersal, diffusion, *v.form* imperative of ਖਿੰਡਾਉਣਾ, scatter

ਖਿਡਾਉਣਾ [khɪḍauṇa] *v.t.* to make, help or encourage one to play; to coach, conduct, supervise (a game); to play with, fondle (a child); to exercise; to make someone to play to one's own tune

ਖਿੰਡਾਉਣਾ [khĩḍauṇa] *v.t.* to scatter, disperse, spread, diffuse

ਖਿੰਡਾਈ [khĩḍai] *n.f.* process of / wages for ਖਿੰਡਵਾਉਣਾ or ਖਿੰਡਾਉਣਾ

ਖਿਡਾਰੀ [khɪḍari] *n.m.* player, sportsman, *fem.* ਖਿਡਾਰਨ

ਖਿਡਾਵਾ/ਖਿਡਾਵੀ [khɪḍava/khɪḍavi] *n.m./n.f.* person to carry/play with or amuse (infant or child), baby-sitter

ਖਿਡੌਣਾ [khɪḍɔṇa] *n.m.* toy, plaything

ਖਿਣ [khɪṇ] *n.m.* moment, instant, trice

~ ਖਿਣ *adv.* continuously, constantly, always

~ ਪਲ/~ ਭਰ *n.m. adv.* same as ਖਿਣ, a very short duration; momentarily, for a short while

~ ਮਾਤਰ *adj.* momentary

ਖਿੱਤਾ [khɪtta] *n.m.* region *esp.* geographical region; also ਖ਼ਿੱਤਾ

ਖਿਤਾਬ [khɪtab] *n.m.* title of honour, distinctive appellation; award; sobriquet; address, speech; also ਖ਼ਿਤਾਬ

~ ਅਦਾ ਕਰਨਾ/~ ਦੇਣਾ *ph.* to award, confer ਖਿਤਾਬ

~ ਕਰਨਾ *v.t.* to address

~ ਮਿਲਣਾ *v.i.* for a ਖਿਤਾਬ to be conferred upon, receive or be awarded ਖਿਤਾਬ

ਖਿਤਿਜ [khɪtɪj] *n.m.* horizon

ਖਿਤਿਜੀ [khɪtɪji] *adj.* horizontal

ਖਿੱਤੀ [khɪtti] *n.f.* constellation, group or cluster of stars; small heap of freshly cut branches of trees or bushes

ਖਿੰਥਾ [khĩtha] *n.f.* same as ਖਿੰਧੋਲੀ, tattered blanket

ਖਿਦਮਤ [khɪdmət] *n.f.* service *esp.* personal or social, attendance upon; also ਖ਼ਿਦਮਤ

~ ਕਰਨੀ *con.v.* to serve, wait or attend upon, cater for needs and comforts of

ਖਿਦਮਤਗਾਰ [khɪdmətgar] *n.m.* servant, attendant

ਖਿਦਮਤਗਾਰੀ [khɪdmətgari] *n.f.* same as ਖਿਦਮਤ

ਖਿੱਦੂ/ਖਿੱਦੋ [khɪddu/khɪddo] *n.m. colloq./n.m.* ball, *esp.* one made of tightly-packed yarn or rags

~ ਖੂੰਡੀ *n.f.* a game; rural or rustic type of hockey

ਖਿੰਧ/ਖਿੰਧੋਲੀ [khɪd/khĩdòli] *n.f.* a tattered

quilt of patch-work cloth

ਖਿਮਾ [khımā] *n.f.* pardon, forgiveness, apology; forbearance; mercy; absolution, remission

~ ਕਰਨਾ *con.v.* to pardon, forgive, absolve, excuse

~ ਮੰਗਣੀ *con.v.* to apologise, beg pardon, beg to be excused or absolved; (in a polite way) to refuse, decline or avoid

ਖਿਰਨੀ [khırni] *n.f.* a mimosaceous tree, *Mimusops kauki*

ਖਿੱਲ¹ [khıll] *n.f.* a fully parched and burst grain of gram, maize, rice, etc., popped gram, popcorn; hornet, Vespa cinota

ਖਿੱਲ² *adj.f.* (buffalo) easy to milk

ਖਿੱਲਰਨਾ [khıllərna] *v.i.* to spread, diffuse, scatter, disperse; also ਖਿੱਲਰ ਪੁੱਲਰ ਜਾਣਾ

ਖਿੱਲਰਵਾਂ [khıllərvā̃] *adj.m.* diffuse, widespread

ਖਿਲਾਰ [khılar] *n.m.* spread, diffusion, expansion, expanse, compass

ਖਿਲਾਰਨਾ [khılarna] *v.t.* to spread, scatter, disperse, diffuse

ਖਿਲਾਰਾ [khılara] *n.m.* same as ਖਿਲਾਰ; scattered state

ਖਿਲਾੜੀ [khılaṛi] *n.m.* same as ਖਿਡਾਰੀ, player

ਖਿੱਲੀ [khılli] *n.f.* laughter, fun, merriment; ridicule, mockery, derision, derisive laugh, jeer, scoff

~ ਉਡਾਉਣਾ *ph.* to subject one to ਖਿੱਲੀ, laugh derisively at, mock, make fun of, deride

~ ਪਾਉਣਾ *ph.* to laugh, joke, jest, make merry, revel

ਖਿਲੇਰਨਾ [khılerna] *v.t. dia.* see ਖਿਲਾਰਨਾ

ਖਿੜਕ [khıṛk] *n.m.* gate *esp.* one comprising wooden bars vertically fitted into harizontal beams

ਖਿੜਕੀ [khıṛki] *n.f.* window, casement

ਖਿੜਖਿੜਾਉਣਾ [khıṛkhıṛauṇa] *v.i.* to burst into full-throated laughter, give a hearty laugh, laugh boisterously, guffaw; also ਖਿੜਖਿੜ ਹੱਸਣਾ

ਖਿੜਖਿੜਾਹਟ [khıṛkhıṛáṭ] *n.f.* act or sound of loud laughter, guffaw

ਖਿੜਨਾ [khıṛna] *v.i.* to flower, bloom, *fig.* blossom, come to full bloom; *fig.* to burst into laughter; (for cotton bolls) to burst open; (for grain) to pop into popcorn

ਖਿੜਾਉਣਾ [khıṛauṇa] *v.t.* to cause (flowers) to bloom or (bolls, grain) to pop

ਖੀਸ [khis] *n.f.* carpenter's tool for marking lines on wood

ਖੀਸਾ [khissa] *n.m.* pocket

~ ਕੱਟਣਾ *con.v.* to pick pocket

ਖੀਸੇਕੱਟ [khise kəṭṭ] *n.m.* pickpocket

ਖੀਣ [khiṇ] *adj.* feeble, weak, frail, famished, effete, debilitated, enfeebled

ਖੀਣਤਾ [khiṇta] *n.f.* feebleness, weakness, frailness, debility

ਖੀਰ [khir] *n.f.* rice pudding, rice cooked in sweetened milk; (rare) milk

ਖੀਰਾ¹ [khira] *adj.m.* (young animal) who has not yet cast its milk-teeth

ਖੀਰਾ² *n.m.* cucumber, *Cucumis stivus*

ਖੀਵਾ [khiva] *adj.m.* extremely happy; intoxicated, tipsy

ਖੁਆਉਣਾ [khuauṇa] *v.t.* to cause/make or help one to eat, feed, serve (meal), administer (medicine)

ਖੁਆਜਾ [khuaja] *n.m.* a title of respect among the Muslims, a Muslim divine, *esp.* Khuājā Muin-ud-Din Chisti of Ajmer; *usu.* pronounced ਖ਼ਾਜਾ; also ਖ਼ੁਆਜਾ

ਖੁਆਰ [khuar] *adj.* degraded, insulted; wretched, distressed; subjected to needless inconvenience or to fruitless wandering or effort; also ਖ਼ੁਆਰ

~ ਕਰਨਾ *con.v.* to degrade; insult; to subject to needless, fruitless trouble; to cause one to run from pillar to post

ਖੁਆਰੀ [khuari] *n.f.* degradation, insult; wretchedness, distress; needless or fruitless wandering/effort or inconvenience

ਖੁਆਲ਼ਨਾ [khuaḷna] *v.t. dia.* see ਖੁਆਉਣਾ, to feed

ਖੁਸ਼¹ [khuṣ] *adj.* happy, delighted, glad,

pleased; joyous, merry, cheerful; well-satisfied, content; also ਖ਼ੁਸ਼

~ ਕਰਨਾ *con.v.* to please; to appease, ingratiate, placate; to humour; to make happy, delight

~ ਰਹਿਣਾ *con.v.* to live happily, contentedly

ਖੁਸ਼² *pref.* indicating goodness/pleasure or pleasantness

ਖੁੱਸ [khuss] *v.form* imperative of ਖੁੱਸਣਾ, to be snatched; *cf.* ਖੋਹਣਾ *n.f.* sinking of heart, feeling of extreme anxiety

ਖੁਸ਼ਆਮਦੀਦ [khuṣamdid] *n.m. & interj.* welcome; also ਖ਼ੁਸ਼ ਆਮਦੀਦ

ਖੁਸ਼ਇਖਲਾਕ [khuṣıkhlak] *adj.* same as ਖੁਸ਼ਖੁਲਕ, well-mannered

ਖੁਸ਼ਹਾਲ [khuṣhal] *adj.* prosperous, well-to-do, affluent

ਖੁਸ਼ਹਾਲੀ [khuṣhali] *n.f.* prosperity, affluence

ਖੁਸ਼ਕ [khuṣk] *adj.* dry, free from moisture, dehydrated, desiccated; arid, parched; withered; cleansed, dried; also ਖ਼ੁਸ਼ਕ

~ ਸਾਲੀ *n.f.* drought, rainless season or year, failure of rain

~ ਸੁਭਾ *n.m.* cold-heartedness, unsympathetic or apathetic nature; *adj.* (person) with such nature, cold-hearted, apathetic, stolid, ill-natured, cynical, sulky

~ ਦਿਮਾਗ/~ ਮਿਜ਼ਾਜ *n.m. & adj.* same as ਖੁਸ਼ਕ ਸੁਭਾ

~ ਮਿਜ਼ਾਜੀ *n.f.* same as ਖੁਸ਼ਕ ਸੁਭਾ; short-temperedness, unsociability

ਖੁਸ਼ਕਿਸਮਤ [khuṣkısmət] *adj.* fortunate, lucky

ਖੁਸ਼ਕਿਸਮਤੀ [khuṣkısməti] *n.f.* good fortune, good luck

ਖੁਸ਼ਕੀ [khuṣki] *n.f.* dryness, absence of moisture, humidity or greasiness; cold-heartedness; land

~ ਦਾ ਰਸਤਾ *n.m.* land route

ਖੁਸ਼ਖਤ/ਖੁਸ਼ਖਤੀ [khuṣkhət/khuṣkhəti] *n.m./n.f.* good/neat handwriting, calligraphy, penmanship

ਖੁਸ਼ਖਬਰੀ [khuṣkhəbri] *n.f.* good, happy, joyful or auspicious news or tidings

ਖੁਸ਼ਖੁਲਕ [khuṣkhulk] *adj.* well-mannered, well-behaved, polite, cultured, good-natured; also ਖ਼ੁਸ਼ਖ਼ੁਲਕ

ਖੁਸ਼ਖੁਲਕੀ [khuṣkhulki] *n.f.* good-naturedness, polite manners or behaviour, pleasant nature

ਖੁਸ਼ਗਵਾਰ [khuṣgəvar] *adj.* (*usu.* for climate or weather) pleasant, soothing, salubrious, congenial to health, healthy

ਖੁੱਸਣਾ [khussəna] *v.i.* to be snatched, taken away by force, seized, plundered, robbed, lost; (for hair) to be pulled out, fall; (of heart) to sink, feel uncomfortable; (of flowers) to be plucked; *cf.* ਖੋਹਣਾ

ਖੁਸ਼ਤਬ੍ਹਾ/ਖੁਸ਼ਤਬੀਅਤ/ਖੁਸ਼ਦਿਲ [khuṣtə̃ba/khuṣtəbiət/khuṣdıl] *adj.* jolly, gay, blithe, jovial; humorous, witty; joyful, jocund, mirthful; jolly, jocose, cheerful; warm-hearted

ਖੁਸ਼ਦਿਲੀ [khuṣdıli] *n.f.* joyful nature, jocundity

ਖੁਸ਼ਨਸੀਬ [khuṣnəsib] *adj.* same as ਖੁਸ਼ਕਿਸਮਤ

ਖੁਸ਼ਨਸੀਬੀ [khuṣnəsibi] *n.f.* same as ਖੁਸ਼ਕਿਸਮਤੀ

ਖੁਸ਼ਨਵੀਸ [khuṣnəvis] *n.m. & adj.* calligrapher, calligraphist; person with good handwriting

ਖੁਸ਼ਨਵੀਸੀ [khuṣnəvisi] *n.f.* same as ਖੁਸ਼ਖਤੀ; profession of ਖੁਸ਼ਨਵੀਸ, calligraphy

ਖੁਸ਼ਨੁਮਾ [khuṣnuma] *adj.* pleasing to sight, beautiful, seemly, comely, lovely, pretty; attractive

ਖੁਸ਼ਨੂਦੀ [khuṣnudi] *n.f.* favourable opinion (*usu.* of another about oneself), pleasure, favour

~ ਹਾਸਲ ਕਰਨਾ *ph.* to curry or find favour (with); to be in good books (of), win (another's) favour

ਖੁਸ਼ਫਹਿਮ [khuṣfɛ̃m] *adj.* smug, self-satisfied, conceited; also ਖ਼ੁਸ਼ਫ਼ਹਿਮ

ਖੁਸ਼ਫਹਿਮੀ [khuṣfɛ̃mi] *n.f.* smugness, conceit, self-satisfaction

ਖੁਸ਼ਬੂ [khuṣbu] *n.f.* sweet, pleasant smell, fragrance, redolence, aroma, odour, scent, perfume

ਖੁਸ਼ਬੂਦਾਰ [khuṣbudar] *adj.* sweet smelling, fragrant, redolent, perfumed, scented, odorous, odoriferous

ਖੁਸ਼ਮਿਜ਼ਾਜ [khuṣmızaj] *adj.* same as ਖੁਸ਼ਤਬੀਅਤ

ਖੁਸ਼ਮਿਜ਼ਾਜੀ [khuṣmızaji] *n.f.* same as ਖੁਸ਼ਦਿਲੀ

ਖੁਸਰਾ [khusra] *n.m.* eunuch, hermaphrodite, castrated man; impotent; *informal.* coward; also ਖੁਸਰਾ

ਖੁੱਸੜ [khussər] *adj.* easily pulled out; worn out, decayed, ragged; same as ਖੁੱਥੜ

ਖੁਸ਼ਾਮਦ [khuṣaməd] *n.f.* flattery, blarney, cajolery; snow job; also ਖ਼ੁਸ਼ਾਮਦ

~ **ਕਰਨੀ** *con.v.* to flatter, cajole, wheedle; to fawn upon

ਖੁਸ਼ਾਮਦੀ [khuṣamdi] *adj.* flatterer, obsequious, servile, sycophant

ਖੁਸ਼ੀ [khuṣi] *n.f.* happiness, pleasure, joy, elation, delight, gladness, euphoria, felicity, cheerfulness; mirth, gaiety, jubilation, jollity, glee, hilarity, amusement; rejoicing, celebration, festivity; festive occasion; also ਖ਼ੁਸ਼ੀ

~ **ਕਰਨੀ** *con.v.* see ਖੁਸ਼ੀ ਮਨਾਉਣੀ

~ **ਖੁਸ਼ੀ** *adv.* willingly, with pleasure, happily, gladly, cheerfully, voluntarily

~ **ਮਨਾਉਣੀ** *con.v.* to be happy and gay, enjoy, celebrate, jubilate, rejoice

~ **ਗਮੀ** *n.f.* delight and sorrow, pleasure and pain

ਖੁਹਾ [khuá] *v.form* imperative of ਖੁਹਾਉਣਾ, help plucking

ਖੁਹਾਉਣਾ [khuɔ̀na] *v.t.* to cause or to let be snatched or taken away (of flowers or fruit) to get them plucked or assist in plucking

ਖੁਹਾਈ [khuái] *n.f.* process of/wages for plucking (flowers or fruits)

ਖੁੰਘ [khũg] *n.m.* stump, roughly hewn or unhewn log or part of a felled tree-trunk; *informal* uncouth, vulgar, trouble-some person

ਖੁੰਘੀ [khũgi] *n.f.* small, sharp remnant of branch sticking from a log or a piece of wood; small stump of harvested crop; rent in cloth caused by ਖੁੰਘ or any protruding nail, etc.

~ **ਲੱਗਣੀ** *con.v.* to be stuck/wounded or torn by ਖੁੰਘੀ

ਖੁੱਚ [khucc] *n.f.* hollow of the knee, tendons on the back of the knee, hamstring; (in animals) hock

ਖੁੱਚਾਂ ਨਿਕਲ ਆਉਣੀਆਂ *ph.* to become very weak or emaciated

ਖੁਜਲੀ [khujli] *n.f.* see ਖੁਰਕ, irritation

ਖੁੰਝ [khũj] *v.form.* imperative of ਖੁੰਝਣਾ

ਖੁੰਝਣਾ [khũjəna] *v.i.* to err, make mistake; to overlook; to lose way or track, go astray, miss (the right course)

ਖੁੰਝਵਾਉਣਾ [khũjvàuṇa] *v.t.* to cause or make one miss or lose (the right path), misguide

ਖੁੰਝਾਉਣਾ [khũjàuṇa] *v.t.* to miss or let go (right time or opportunity); to mislead, lead astray, cause one to err

ਖੁੰਝਾਈ [khũjài] *n.f.* error, oversight, mistake; going astray, making mistake

ਖੁੱਟ [khuṭṭ] *v.form.* nominative of ਖੁੱਟਣਾ; *informal* imperative 'be off'

ਖੁਟਕ [khuṭək] *v.form* imperative of ਖੁਟਕਣਾ

ਖੁਟਕਣਾ [khuṭkəṇa] *v.i.* to strike (the mind), feel as ominous or dangerous

ਖੁੱਟਣਾ [khuṭṭəṇa] *v.i.* to become or be deficient, finished, exhausted

ਖੁੱਟੜ/ਖੁਟੜਾ [khuṭṭər/khuṭəra] *adj./adj.m.* impudent, pert, forward; ruthless, remorseless, barbarous, savage, cruel

ਖੁਟਿਆਈ [khuṭıai] *n.f.* same as ਖੋਟ

ਖੁੱਡ [khuḍḍ] *n.f.* hole, burrow; opening, narrow cave; *fig.* humble abode, dugout, hiding place; clue, unexpected source (of help, recommendation, etc.)

ਖੁੱਡਾ [khuḍḍa] *n.m.* house, pigeon-house, coop, pen, aviary; warren; bone, joint

ਖੁੱਡੇ ਨਿਕਲ ਆਉਣੇ *ph.* to be emaciated, be reduced to a skeleton

ਖੁੱਡੇ ਲੱਗਣਾ *ph.* to be sidelined, defeated, worsted, ignored; to become irrelevant

ਖੁੱਡੇ ਲਾਉਣਾ *ph.* to sideline, defeat, ignore, render irrelevant

ਖੁੰਢ [khũḍ] *n.m.* same as ਖੁੰਘ, unhewn tree trunk; *fig.* old person; old rascal, old fox, crook

ਖੁੰਢਾ [khũḍa] *adj.m.* blunt, not sharp; dull, stupid; insensitive, ill-mannered, abrupt, gruff, rude, surly, churlish

ਖੁੰਢਾਪਣ [khũḍapəṇ] *n.m.* bluntness, dullness, rudeness

ਖੁਣ [khuṇ] *v.form* imperative of ਖੁਣਨਾ

ਖੁਣਸ [khuṇs] *n.f.* spite, rancour, malice, ill will, malignity, animosity, enmity, vindictiveness

~ ਕੱਢਣੀ *ph.* to give expression to ਖੁਣਸ, harm, act maliciously towards, have one's own back, avenge

~ ਰੱਖਣੀ *ph.* to harbour ਖੁਣਸ

ਖੁਣਸੀ [khuṇsi] *adj.* spiteful, rancorous, malicious, vengeful, malevolent, vindictive

ਖੁਣਨਾ [khuṇna] *v.t.* to inscribe, engrave, chisel, tattoo

ਖੁਣਵਾਉਣਾ/ਖੁਣਾਉਣਾ [khuṇvauṇa/khuṇauṇa] *v.t.* to get something inscribed, engraved, tattooed

ਖੁਣਵਾਈ/ਖੁਣਾਈ [khuṇvai/khuṇai] *n.f.* act of/wages for *prec.;* process of or wages for ਖੁਣਵਾਉਣਾ or ਖੁਣਾਉਣਾ

ਖੁਣੋਂ [khuṇõ] *adv.* without, for lack of, for want of

ਖੁਤਖੁਤੀ [khutkhuti] *n.f.* tickle, titillation; anxiety, uneasiness; eagerness, impatience; apprehension

~ ਹੋਣੀ/~ ਲੱਗਣੀ *ph.* to feel ਖੁਤਖੁਤੀ, be anxious, eager, impatient

ਖੁਤਬਾ [khutba] *n.m.* sermon, address *esp.* one before Friday prayer in mosque; also ਖ਼ੁਤਬਾ

ਖੁਤਵਾ [khutva] *v.form* imperative of ਖੁਤਵਾਉਣਾ

ਖੁਤਵਾਉਣਾ/ਖੁਤਾਉਣਾ [khutvauṇa/khutauṇa] *v.t.* to get something dug up, scraped, inscribed, engraved

ਖੁਤਵਾਈ/ਖੁਤਾਈ [khutvai/khutai] *n.f.* act of/wages for ਖੁਤਵਾਉਣਾ, process of digging, scraping, inscribing or engraving; wages for the same

ਖੁੱਤੀ [khutti] *n.f.* a small pit or hole dug and used as target in children's games played with shells, glass balls, etc.

~ ਕੱਢਣੀ *con.v.* to dig a ਖੁੱਤੀ

ਖੁੱਥੜ/ਖੁੱਥੜੀ [khutthəṛ/khutthəṛi] *adj.* / *adj. f.* having uncombed, unclean, dirty, dishevelled, shaggy, unkempt hair

ਖੁੱਥਾ [khuttha] *v.form past participle & adj.* of ਖੋਹਣਾ, snatched, grabbed, robbed or plucked; also ਖੋਹਿਆ

ਖੁਦ [khud] *pron. & adj.* self, oneself (prefixed or suffixed to personal nouns or pronouns) ~ ਉਹ/ ਉਹ ~ he himself, she hersell or they themselves; also ਖ਼ੁਦ

ਖੁਦ ਇਖਤਿਆਰ [khudıkhtıar] *adj.* autonomous, also ਖ਼ੁਦਇਖ਼ਤਿਆਰ

ਖੁਦਕਾਸ਼ਤ [khudkaṣt] *adj.* self-cultivated, (land) cultivated by proprietor

ਖੁਦਕੁਸ਼ੀ [khudkuṣi] *n.f.* suicide

ਖੁਦਗਰਜ [khudgərj] *adj.* selfish; also ਖ਼ੁਦ.ਗਰਜ਼

ਖੁਦਗਰਜੀ [khudgərji] *n.f.* selfishness

ਖੁਦਦਾਰ [khuddar] *adj.* self-respecting

ਖੁਦਦਾਰੀ [khuddari] *n.f.* self-respect, self-esteem, sense of honour

ਖੁਦਨੁਮਾ [khudnuma] *adj.* exhibitionist

ਖੁਦਨੁਮਾਈ [khudnumai] *n.f.* exhibitionism

ਖੁਦਪਸੰਦ/ਖੁਦਪ੍ਰਸਤ [khudpəsə̃d/khudpərəst] *adj.* egocentric, narcissist, self-loving

ਖੁਦਪਸੰਦੀ/ਖੁਦਪ੍ਰਸਤੀ [khudpəsə̃di/khudpərəsti] *n.f.* self-love, narcissism, egocentricism, egoism, egotism

ਖੁਦ ਬਖੁਦ [khudbəkhud] *adv.* automatically, of or by oneself, of one's own volition, *suo moto;* involuntarily, by itself; also ਖ਼ੁਦਬਖ਼ੁਦ

ਖੁਦਮੁਖਤਿਆਰ [khudmukhtıar] *adj.* independent, self-ruled, sovereign, free; also ਖ਼ੁਦਮੁਖ਼ਤਿਆਰ

ਖੁਦਮੁਖਤਿਆਰੀ [khudmukhtıari] *n.f.* independence, self-rule, freedom, autonomy

ਖੁੰਦਰ [khũdər] *n.f.* cave, hollow, hole, dug-out

ਖੁਦਰੌ [khudrɔ] *adj.* natural (vegetation); wayward, wilful (person)

ਖੁਦਵਾਉਣਾ/ਖੁਦਾਉਣਾ [khudvauṇa/khudauṇa] *v.t.* same as ਖੁਤਵਾਉਣਾ, ਖੁਤਾਉਣਾ, to be got dug

ਖੁਦਾ [khuda] *n.m.* God; also ਖ਼ੁਦਾ

~ **ਤਰਸ** *adj.* God-fearing

~ **ਤਰਸੀ** *n.f.* fear of God; mercy, compassion

~ **ਰਸੀਦਾ** *adj.* spiritually united with God, holy, mystic

ਖੁਦਾਈ [khudai] *n.f.* God's power; God's manifestation, creation, universe, cosmos, world; *adj.* godly, divine; digging; excavation; carving, engraving, inscribing

~ **ਕਰਨੀ** *con.v.* to dig; to excavate; to inscribe, engrave

ਖੁਦਾਪ੍ਰਸਤ [khudapərəst] *adj.* God-worshipping, theist; pious, holy

ਖੁਦਾਪ੍ਰਸਤੀ [khudapərəsti] *n.f.* worship of God, theism

ਖੁਦਾਵੰਦ [khudavə̃d] *n.m.* God, lord, master

ਖੁਦੀ [khudi] *n.f.* ego, egotism, self-conceit; vanity, pride; self, self-esteem; also ਖ਼ੁਦੀ

ਖੁੱਦੋ [khuddo] *n.m. dia.* see ਖਿੱਦੂ or ਖਿੱਦੋ, ball

ਖੁੰਧਕ [khũdək] *n.f.* same as ਖੁਣਸ rancour

ਖੁਨਕੀ [khunki] *n.f.* same as ਠੰਢ, cold

ਖੁਨਾਕ [khunak] *n.m.* croup, an ailment causing cough and difficulty in breathing; quinsy, suppurative tonsillitis

ਖੁਨਾਮੀ [khunami] *n.f.* petty sin, peccadillo, offence, fault; guilt, remorse; same as ਬਦਨਾਮੀ

ਖੁਫੀਆ [khuphia] *adj.* secret, confidential, covert, concealed, hidden, arcane; clandestine, surreptitious; also ਖ਼ੁਫ਼ੀਆ

~ **ਪੁਲਸ** *n.f.* secret police, intelligence bureau, criminal investigation department

ਖੁੰਬ [khũb] *n.f.* mushroom, *Agaricus campastris*, agaric, morel; washerman's copper; *adj.* washed after steaming in a ਖੁੰਬ, washed clean

~ **ਕਰਨਾ**/~ **ਚੜ੍ਹਾਉਣਾ** *con.v.* to steam linen in a ਖੁੰਬ

~ **ਠੱਪਣੀ** *ph. fig.* to drub, thrash, flag, beat

ਖੁਭ [khúb] *v.form* imperative of ਖੁਭਣਾ, get stuck or involved

ਖੁਭਣ [khúbən] *n.f.* see ਖੋਭਾ, bog

ਖੁਭਣਾ [khúbəṇa] *v.i.* to sink, get stuck (in); to pierce, prick, penetrate, enter; *fig.* to get deeply involved, entangled (in)

ਖੁਭੋਣਾ [khubòṇa] *v.t.* to thrust, push, press (into); to penetrate, pierce, enter, prick

ਖੁਮਾਰ/ਖੁਮਾਰੀ [khumar/khumari] *n.m./n.f.* intoxication, ecstasy, ecstatic joy, transport; drowsiness, sleepiness; also ਖ਼ੁਮਾਰ

ਖੁਰ[1] [khur] *v.form* imperative of ਖੁਰਨਾ

ਖੁਰ[2] *n.m.* hoof, cloven hoof; *cf.* ਸੁੰਮ

ਖੁਰਕ [khurk] *n.f.* itch, scabies, mange, psoriasis, herpes, eczema; *v.form* imperative of ਖੁਰਕਣਾ, scratch

~ **ਹੋਣੀ** *con.v.* to itch, feel itching sensation, feel like scratching part of the body

~ **ਖਾਧਾ** *adj.m.* badly suffering from or affected by scabies, mange etc.

~ **ਪੈਣੀ** *con.v.* to be attacked by ਖੁਰਕ, contract ਖੁਰਕ

~ **ਲਾਹੁਣੀ** *ph.* to beat, thrash, drub

ਖੁਰਕਣਾ [khurkṇa] *v.i.t.* to scratch, scrape, rub (to relieve itch)

ਖੁਰਚ [khurc] *v.form* imperative of ਖੁਰਚਣਾ, scrub

ਖੁਰਚਣ [khurcəṇ] *n.f.* see ਖਰੋੜ, scrapings of cooking pots

ਖੁਰਚਣਾ [khurcṇa] *v.t.* to scrape, scrub; *n.m.* scraper, scrubber

ਖੁਰਚਣੀ [khurcṇi] *n.f.* small ਖੁਰਚਣਾ

ਖੁਰਚਵਾਉਣਾ [khurcvauṇa] *v.t.* same as ਖੁਰਚਾਉਣਾ

ਖੁਰਚਾ [khurca] *n.m.* same as ਖੁਰਚਣਾ, scraper

ਖੁਰਚਾਉਣਾ [khurcauṇa] *v.t.* to get something cleaned through scratching/scraping or scrubbing, have something scraped/scrubbed

ਖੁਰਚੀ [khurci] *n.f.* same as ਖੁਰਚਣੀ, scraper

ਖੁਰਜੀ [khurji] *n.f.* saddle bag, pannier

ਖੁਰਦ [khurd] *adj. suff.* small (*usu.* suffixed to village names to distinguish smaller of the two bearing the same name, *cf.* ਕਲਾਂ; younger, smaller; also ਖ਼ੁਰਦ

ਖੁਰਦਬੀਨ [khurdbin] *n.f.* microscope

ਖੁਰਦ ਬੁਰਦ [khurd burd] *adj.* wasted; embezzled

~ ਕਰਨਾ *con.v.* to waste, squander; to embezzle

ਖੁਰਦਰਾ [khurdəra] *adj.m.* rough, uneven, not smooth, coarse, not soft, crude

~ ਪਣ *n.m.* roughness, coarseness, crudeness

ਖੁਰਨਾ [khurna] *v.i.* to melt, dissolve; (for colour) to fade, bleach; (for earth, earthwork) to erode or be eroded

ਖੁਰਪਕਾ [khurpəka] *n.m.* same as ਮੂੰਹ ਖੁਰ, foot-and-mouth disease

ਖੁਰਪਾ [khurpa] *n.m.* a weeding or hoeing implement, hoe with a short crooked handle; also ਰੰਬਾ

ਖੁਰਪੀ [khurpi] *n.f.* small ਖੁਰਪਾ (with a narrower blade)

ਖੁਰਮਾ [khurma] *n.m.* date fruit; a kind of sweetmeat

ਖੁਰਮਾਨੀ [khurmani] *n.f.* apricot, *Prunus armeniaca,* tree or fruit; also ਖ਼ੁਰਮਾਨੀ

ਖੁਰਲ [khurl] *n.m.* large ਖੁਰਲੀ

ਖੁਰਲੀ [khurli] *n.f.* manger, feeding trough, stall or crib

ਖੁਰਵਾਂ [khurvã] *adj.m.* liable to fade, not fast (colour); soluble

ਖੁਰਾ [khura] *n.m.* bathroom, washroom; footprint, footmark, spoor, slot, trail; clue, trace, track

~ ਕੱਢਣਾ *con.v.* to track down by following footmarks or trail; to trace, find out, find clue to

~ ਖੋਜ *n.m.* trace, sign, evidence, vestige

~ ਖੋਜ ਮਿਟਾਉਣਾ *ph.* to destroy completely, eradicate, exterminate, annihilate

~ ਦੱਬਣਾ/~ ਨੱਪਣਾ *ph.* to cover footprint (to preserve it for identification later)

~ ਮਰਨਾ *ph.* for ਖੁਰਾ to disappear or be lost

~ ਮਾਰਨਾ *ph.* to destroy ਖੁਰਾ deliberately

ਖੁਰਾਕ [khurak] *n.f.* food, diet, victuals; meal; dose; victualage; provisions; also ਖ਼ੁਰਾਕ

~ ਸੰਬੰਧੀ *adj.* dietary

~ ਘਟਾਉਣੀ *con.v.* to diet

~ ਦੀ ਨਾਲੀ *ph.* oesophagus, food pipe, alimentary canal

~ ਲੱਗਣੀ *ph.* for diet to be effective or contributing to better health

ਖੁਰਾਟਾ [khuraṭṭa] *n.m.* same as ਘੁਰਾੜਾ, snore

ਖੁਰੀ [khuri] *n.f.* diminutive of ਖੁਰ², small hoof; shoe for ਖੁਰ, horse-shoe, shoe for cloven hooves or for gents shoes or boots; sprint

~ ਕਰ ਜਾਣਾ/~ ਵਟ ਜਾਣਾ *ph.* to run away, dart, sprint, scoot; to escape, slip away

ਖੁੱਲ [khull] *n.f. dia.* drubbing, beating, buffeting

~ ਪੈਣੀ *ph.* to get a drubbing

ਖੁੱਲਣਾ [khulləṇa] *v.t.* to beat, buffet, give a drubbing

ਖੁੱਲ੍ਹ [khúll] *n.f.* freedom, liberty, permission, licence, openness, spaciousness, vastness; familiarity, intimacy, freedom of behaviour

~ ਦਿਲਾ *adj.m.* open-hearted, broad-minded, generous, liberal

~ ਦਿਲੀ *adj.f.* same as *prec.;* n.f. broad-mindedness

~ ਦੇਣੀ *con.v.* to permit, allow, indulge, pamper

~ ਲੈਣੀ *con.v.* to take liberty, assume permission or familiarity

ਖੁਲ੍ਹਣਾ [khúlləṇa] *v.i.* to open, be or become open; to commence; to become untied or loose; to expand; to become familiar, intimate, shed shyness or coyness; to become unrestrained in behaviour; to be unlocked; to be revealed or known (of secret); (for weather) to clear

ਖੁਲ੍ਹਮ ਖੁਲ੍ਹਾ [khúlləm khúlla] *adv.* openly, publicly, unreservedly; frankly, candidly; unashamedly

ਖੁੱਲ੍ਹਵਾਂ [khúlləvā̃] *adj.m.* loose, expansible, expandable, stretchable

ਖੁਲ੍ਹਵਾਉਣਾ [khúlvàuṇa] *v.t.* to get something opened, untied, unlocked, loosened

ਖੁਲ੍ਹਵਾਈ [khúlvai] *n.f.* process of/wages for ਖੁਲ੍ਹਵਾਉਣਾ

ਖੁੱਲ੍ਹਾ [khúlla] *adj.m.* open, unlocked, unrestricted, unrestrained, unstinted; loose, loose-fitting, wide, spacious, vast; (for weather) clear, moderate, pleasant

~ -ਡੁੱਲ੍ਹਾ *adj.m.* open, spacious, abundant; heavy-set, broad-limbed, broad-bodied; stocky; unrestrained in behaviour

ਖੁਲ੍ਹਾਉਣਾ [khulàuṇa] *v.t.* same as ਖੁਲ੍ਹਵਾਉਣਾ

ਖੁਲਾਸਾ¹ [khulasa] *adj.m.* frank, candid, open-hearted, informal, detailed

ਖੁਲਾਸਾ² *n.m.* abridged or annotated book, helpbook, notes; precis, summary; *adj.m.* frank, open-minded, liberal

ਖੁੜਕ [khuṛk] *n.f.* sound of footsteps, knock, etc.; premonition, anticipation, foreboding, presentiment, intuitive foreknowledge (*usu.* of coming danger)

ਖੁੜਕਣਾ [khuṛkəṇa] *v.i.* to have premonition, presentiment, etc. also ਖੁੜਕ ਜਾਣਾ

ਖੁੜ੍ਹਬ [khúṛb] *n.f. dia.* same as ਖਹਿਬੜ, altercation

ਖੁ [khu] *n.f.* same as ਖੋ, habit; also ਖ਼ੂ

ਖੂਹ [khú] *n.m.* well, irrigation well; *informal* any deep pit

~ ਖਾਤੇ *adv.* down the drain, sheer loss or waste

~ ਕੱਢਣਾ/~ ਪੁੱਟਣਾ *con.v.* to dig/construct ਖੂਹ

~ ਲਾਉਣਾ *con.v.* to instal a well

ਖੂਹਣੀ [khúṇi] *n.f.* huge (army); (mythology) a mixed force of 21870 elephants, 21870 chariots, 65610 horse and 109350 foot soldiers

ਖੂਹਣੀਆਂ ਖਪਣੀਆਂ/ਖੂਹਣੀਆਂ ਗਲਨੀਆਂ *ph.* wholesale destruction, tremendous loss of manpower to take place

ਖੂਹੀ [khúi] *n.f.* narrow well

ਖੂੰਖਾਰ [khũkhar] *adj.* wild, blood-thirsty, blood-sucking, bloody, carnivorous, fierce; also ਖ਼ੂੰਖ਼ਾਰ

ਖੂੰਜਾ [khũja] *n.m. dia.* same as ਗੁੱਠ, nook

ਖੂੰਡ/ਖੂੰਡਾ [khũḍ/khũḍa] *n.m.* bamboo club with crooked root-end; long, heavy cane struck with crooked grip

ਖੂੰਡੀ [khũḍi] *n.f.* walking stick, stick with crooked grip; crooked stick for playing ਖਿੱਦੋ ਖੂੰਡੀ; polo stick

ਖ਼ੂਨ [khun] *n.m.* blood; blood relation or relationship; murder, assassination, manslaughter, homicide; progeny, direct descendant; also ਖੂਨ

~ ਸੁੱਕਣਾ *ph.* to be extremely afraid; to pale because of fear/disease or loss of blood; to suffer from anaemia

~ ਕਰਨਾ *ph.* to murder, assassinate, kill, slay, commit murder or homicide

~ ਖ਼ਰਾਬਾ *n.m.* bloodshed, blood bath, killing, loss of life, massacre, carnage, pogrom

~ ਖੌਲ੍ਹਣਾ *ph.* to be extremely angry/excited/enraged, for blood to boil

~ ਚੜ੍ਹਾਉਣਾ *con.v.* to transfuse blood

~ ਦਾ ਕੈਨਸਰ *n.m.* blood-cancer, leukaemia

~ ਦਾਨ *n.m.* blood donation

~ ਦਾ ਰਿਸ਼ਤਾ *n.m.* blood relation, consanguinity

~ ਦੀ ਕਮੀ/ਘਾਟ *ph.* loss or want of blood; anaemia

~ ਦੀ ਨੇੜਤਾ *ph.* consanguinity

~ ਦੀ ਬਹੁਤਾਤ *ph.* plethora

~ ਰੇਜ਼ *adj.* bloody (battle)

~ ਰੇਜ਼ੀ *n.f.* blood bath, bloodshed

~ ਵਹਾਉਣਾ *ph.* ruthless killing, carnage

~ ਵਿਚ ਲਤਪਤ *ph.* blood-soaked, blood-stained

ਖੂਨੀ [khuni] *n.m.* murderer, killer, assassin, slayer; *fem.* ਖੂਨੀ, ਖੂਨਣ; *adj.* murderer, murderous; fatal; bloody, pertaining to blood, sanguinary, sanguineous, sanguinolent

ਖੂਨੋਂ ਖੂਨ [khuno khun] *adj.* blood-soaked, grievously wounded

ਖੂਬ [khub] *adj.* good; plenty, copious, abundant, plentiful; *adv.* very much, greatly, well, in plenty, copiously, abundantly; also ਖ਼ੂਬ

ਖੂਬਸੂਰਤ [khubsurət] *adj.* good-looking, shapely, beautiful, handsome, winsome, pretty, cute, charming, bonny, pulchritudinous, comely, seemly, lovely

ਖੂਬਸੂਰਤੀ [khubsurti] *n.f.* beauty, handsomeness, good looks, pulchritude, comeliness, cuteness

ਖੂਬਕਲਾਂ [khubkəlã] *n.f. pl.* a kind of medicinal grass, *Sisymbrium iro,* its seed used as a febrifuge agent

ਖੂਬੀ [khubi] *n.f.* good quality or property, merit, virtue, speciality, beauty

ਖੇਸ [khes] *n.m.* a kind of heavy cotton shawl or sheet, a cotton substitute for blanket

ਖੇਸੀ [khessi] *n.f.* small ਖੇਸ

ਖੇਹ [khé] *n.f.* dust, ashes, ash

~ ਉਡਣੀ *ph.* to be disgraced, defamed

~ਉਡਾਉਣੀ *ph.* to act disgracefully; *v.t.* to defame

~ ਖਰਾਬੀ/~ ਖੁਆਰੀ *n.f.* vice, evil, lechery, depravity; calumny, slander; useless effort; persecution, affliction

~ ਖਾਣਾ *adj.m.* (a term of abuse) adulterous, immoral (person)

~ ਖਾਣੀ *ph.* to commit adultery or rape, have promiscuous relations; *adj.f.* same as *prec.*

~ ਛਾਣਨੀ *ph.* to wander or toil fruitlessly

ਖੇਹਨੂੰ [khénũ] *n.m. dia.* see ਖਿੱਦੋ, small ball

ਖੇਖਣ [khekhəṇ] *n.m.* pretence, artifice, trick, ruse; pretending, malingering, makebelieve; see ਨਖਰਾ, coquetry

~ ਕਰਨਾ *ph.* to pretend, feign

ਖੇਖਣਹਾਰਾ [khekheṇhara] *adj.m.* make-believe, pretender, coquettish

ਖੇਚਲ਼ [khecəḷ] *n.f.* inconvenience, trouble, botheration, pains; weariness, fatigue, tiredness

~ ਹੋਣੀ *con.v.* to feel or undergo ਖੇਚਲ਼

~ ਕਰਨੀ *con.v.* to take the trouble, take pains, to bother; to oblige

~ ਦੇਣੀ *con.v.* to trouble, bother, inconvenience

ਖੇਂਜ [khẽj] *n.f. dia.* see ਖਿੱਚ, pull

ਖੇਡ [kheḍ] *n.f.* game, play, sport, pastime; firm, frolic, gambol, gay prank, gaiety, recreation; (juggler's) trick; (God's) play, wonder, marvel; *fig.* any easy task

~ ਤਮਾਸ਼ਾ *n.m.* fun, frolic; juggler's or puppeteer's show

~ ਦਾ ਮਦਾਨ *ph.* playground, playfield

~ ਮੱਲ੍ਹ *n.f.* children's play, game, fun or recreation

~ ਵਿਗਾੜਨੀ *ph.* to spoil a game, queer the pitch

~ ਵਿਗਾੜੂ *adj.* spoilsport

ਖੇਡਣਾ [khéḍəṇa] *v.i.t.* to play, sport, frolic, gambol; to act, enact, stage (play); to gamble; to hunt; to make rhythmic movements during exorcism

ਖੇਤ [khet] *n.m.* field, piece of agricultural land, farm; an acre; battlefield

~ ਰਹਿਣਾ *ph.* to be killed in battle

ਖੇਤਰ [khetər] *n.m.* area, region, sphere, extent; field

~ ਫਲ *n.m.* area

~ ਮਿਤੀ *n.f. informal.* mensuration

ਖੇਤਰੀ [khetəri] *adj.* regional

ਖੇਤੀ [kheti] *n.f.* agriculture, land-farming, cultivation, tillage; agricultural field/farm/land or crop

~ ਸੰਬੰਧੀ *adj.* agricultural, agrarian

~ ਖਸਮਾ ਸੇਤੀ *ph.* the master's eye makes the mare fat

~ ਜੋਤੀ/~ ਬਾੜੀ *n.f.* agricultural profession, agriculture

~ ਯੋਗ *adj.* cultivable, arable

~ ਵਿਗਿਆਨ *n.m.* agronomy, agronomics

~ ਵਿਗਿਆਨੀ *n.m.* agronomist

ਖੇਤੀਕਾਰ [khetikar] *n.m.* agriculturist, farmer, peasant

ਖੇਦ¹ [khed] *n.m.* sorrow, grief; regret, compunction; sadness

~ ਪਰਗਟ ਕਰਨਾ/~ ਪਰਗਟਾਉਣਾ *con.v.* to express ਖੇਦ; to regret; to condole with

ਖੇਦ² *n.f.* same as ਕਿਸ਼ਤ

ਖੇਦਜਨਕ [khedjənək] *adj.* sorrowful, sad, grievous, dismal, doleful

ਖੇਪ [khep] *n.f.* a load carried in one trip; merchandise

ਖੇਪੜ [khepər] *n.m.* same as ਖਰੇਪੜ, crust

ਖੇਰੂੰ ਖੇਰੂੰ [kherũ kherũ] *adj.* scattered, widely spread, dispersed; divided, separated

ਖੇਲ [khel] *n.f.* same as ਖੇਡ, play, game; a slightly raised embankment or bed with trenches along both sides in a field prepared for growing certain vegetables or fruit plants; a trench or trough for watering animals

~ ਖਤਮ *interj.* the game is up!

ਖੇਵਟ¹ [khevəṭ] *n.f.* ownership number in the revenue record register of a village

ਖੇਵਟ² *n.m.* boatman

ਖੇੜਾ [kheṛa] *n.m.* blossoming, blooming, flowering, bloom; *fig.* joy, happiness, delight; village, small town

ਖੇੜੀ [kheṛi] *n.f.* small village or habitation; a type of slippers

ਖੈ [khɛ] *n.f.* destruction, decay, decadence, decline, extinction, extermination

ਖੈਮਾ [khɛma] *n.m.* tent; camp; also ਖ਼ੇਮਾ

~ ਗੱਡਣਾ *con.v.* to pitch a tent; *v.i.* to encamp

ਖੈਰ¹ [khɛr] *n.m.* catechu (tree) *Accacia catechu*

ਖੈਰ² *n.f.* well-being, welfare, health and happiness; *adv.* all well, o.k., well; alms, charity; also ਖ਼ੈਰ

~ ਅੰਦੇਸ਼ *adj.* well-wisher

~ ਸੱਲਾ *ph.* all well by God's grace, no harm done, all right, never mind

~ ਸੁੱਖ *n.f.* same as ਖੈਰ²

~ ਨਾਲ *adv.* well; luckily, auspiciously

~ ਪਾਉਣਾ *con.v.* to give alms

~ ਪੈਣਾ *con.v.* for alms to be given; to get or receive alms

~ ਮੰਗਣਾ *con.v.* to pray for well-being; to beg, to ask for alms

~ ਮਿਹਰ *n.f.* prosperity, affluence; *ph.* same as ਖੈਰ ਸੱਲਾ

ਖੈਰਖਾਹ [khɛrkhá] *adj.* well-wisher

ਖੈਰਖਾਹੀ [khɛrkhái] *n.f.* wishing well, good will, sympathy, favour

ਖੈਰਾ [khɛra] *adj.m.* (cattle or horse) of the colour of catechu extract, dark brown

ਖੈਰਾਤ [khɛrat] *n.f.* charity, alms, doles

ਖੈਰੀਅਤ [khɛriət] *n.f.* same as ਖੈਰ²

ਖੈਰੀ ਮਿਹਰੀ [khɛri•méri] *adv.* all right, all well, safe and sound, without any mishap

ਖੋ [kho] *n.f.* habit, wont (derogatory)

~ ਪੈਣੀ *con.v.* to fall into a habit

ਖੋਆ/ਖੋਇਆ [khoa/khoɪa] *n.m. dia.* condensed milk, milk boiled into paste, milk paste

ਖੋਸੜਾ [khosəṛa] *n.m.* worn-out shoe

ਖੋਹ¹ [khó] *n.f.* discomfort, uneasiness, sinking of heart *esp.* caused by intense hunger, appetite or intense grief or shock; cave, cavern, hollow

~ ਪੈਣੀ *ph.* to feel ਖੋਹ

ਖੋਹ² *v.form* imperative of ਖੋਹਣਾ, snatch

~ -ਖੁਹਾਈ/~ ਖਿੰਜ/~ ਘਸੀਟ/~ ਮੋਹ/ਖੋਹਾ-ਖਾਹੀ/ਖੋਹਾ-ਖੋਹੀ/ਖੋਹਾ ਮੋਹੀ *n.f.* snatching, grabbing, tussle to snatch, grab or possess, pillage, spoliation, extortion, exploitation

ਖੋਹਣਾ [khóṇa] *v.t.* to snatch, grab, seize, extort, take by force; to rob, loot, plunder, pillage; to deprive one of; to pluck, pull off, rip

ਖੋਖਰੀ [khokhəri] *n.f.* kukri, a short inward curved sword *usu.* carried by Gorkhas, a type of falchion

ਖੋਖਲਾ [khokhḷa] *adj.m.* hollow, not solid; weak; *fig.* base, mean; weak-minded

~ ਕਰਨਾ *con.v.* to hollow out; to weaken; to debase

~ ਪਣ *n.m.* hollow, hollowness; baseness, meanness, weakness

ਖੋਖਾ [khokha] *n.m.* empty cartridge or shell, fired case; wooden packing case, crate; cabin, hut, shack, shanty

ਖੋ ਖੋ [kho kho] *n.f.* (a type of team game) kho-kho

ਖੋਚਰ/ਖੋਚਰਾ/ਖੋਚਰੂ [khocər/khocəra/khocəru] *adj.m. colloq.* see ਖਚਰਾ², *fem.* ਖੋਚਰੀ, clever, cunning

ਖੋਚਲ਼ਾ [khocəḷa] *adj.m.* loose (joint, bolt, etc.), not tightly or closely fitted

ਖੋਜ [khoj] *n.f.* search, quest, prospecting, exploration; research, enquiry, inquiry, investigation; trace, clue, mark; examination (of material or of evidence); finding out, discovery

~ ਸਹਾਇਕ *n.m.* research assistant

~ ਸੰਬੰਧੀ *adj.* investigative, exploratory

~ ਕੱਢਣਾ *con.v.* to find out, discover, dig up

~ ਕਰਨੀ *con.v.* same as ਖੋਜਣਾ; to carry out research

~ ਪੱਤਰ *n.m.* research paper, dissertation

~ ਪ੍ਰਬੰਧ *n.m.* thesis

~ ਭਰਪੂਰ/~ ਪੂਰਨ *adj.* well-researched, informative

ਖੋਜਕਾਰ/ਖੋਜਕਰਤਾ [khojkar/khojkərta] *n.m.* researcher, investigator, prospector, explorer

ਖੋਜਣਾ [khojəṇa] *v.t.* to seek, search, prospect, explore, find out, enquire, research, investigate, inquire, examine, discover, trace, dig up

ਖੋਜਾ [khojja] *n.m.* a class of Muslim converts proselytised from Hinduism; a member of this class

ਖੋਜੀ [khoji] *n.m.* one trained, adept, expert in tracking down by examining and following footprints or hoofmarks, tracker; researcher, research worker, research-scholar; explorer, prospector, discoverer, seeker

ਖੋਟ [khoṭ] *n.m.* impurity, adulteration, adulterant, adulterated matter; fault, flaw, defect; vice, evil, guile, malintention, insincerity, duplicity, hypocrisy, wiliness, deceit, deceitfulness

~ ਕਮਾਉਣਾ *ph.* to be insincere, disloyal, deceitful; to deceive, betray

~ ਪਾਉਣਾ *ph.* to add or mix base matter, adulterate

ਖੋਟਾ [khoṭṭa] *adj.m.* counterfeit, false, not genuine, fake, spurious; debased, impure, base, adulterated; insincere, disloyal, deceitful, perfidious

~ ਖਰਾ *adj.m.* same as ਖਰਾ ਖੋਟਾ, good or bad

ਖੋਟਾਪਣ [khoṭapəṇ] *n.m.* same as ਖੋਟ, impureness, baseness

ਖੋਣਾ [khoṇa] *v.i.t.* same as ਗੁਆਉਣਾ, to lose

ਖੋਤਣਾ/ਖੋਤਰਨਾ [khotəṇa/khotərna] *v.t.* to scratch, scrape, reap (grass); to weed, hoe; to dig, excavate; to engrave, etch, inscribe, carve; to pick (teeth)

ਖੋਤਾ [khotta] *n.m.* donkey, ass, jackass; *informal.* a stupid or dirty person

ਖੋਤੀ [khotti] *n.f.* jennet, jenny

ਖੋਦ [khod] *n.m.* helmet; also ਖ਼ੋਦ; *v.form* imperative of ਖੋਦਣਾ, dig

ਖੋਦਣਾ [khodəṇa] *v.t.* see ਖੋਤਣਾ and ਪੁੱਟਣਾ, to dig, hoe

ਖੋਦਾ [khodda] *adj.m.* one without a beard or with sparse beard only on the chin

ਖੋਦੀ [khoddi] *adj.f.* (for beard) sparse, thin, meagre

ਖੋਪਰ [khoppər] *n.m.* skull, cranium; scalp, pate; head, *usu.* ਖੋਪਰੀ

ਖੋਪਰੀ [khopri] *n.f.* same as ਖੋਪਰ; also ਖੋਪੜੀ

~ ਲਾਹੁਣੀ *ph.* to scalp, behead

ਖੋਪਲ਼ [khoppəḷ] *adj.m.* (for bullock trained for well, oil press, etc.) blindfolded, with blinkers or blinders

ਖੋਪਾ [khoppa] *n.m. usu.* ਖੋਪੇ, blinders, blinkers; coconut, its kernel, copra

ਖੋਪੇ [khoppe] *n.m. pl.* of *prec.* blinders, blinkers; coconuts

ਖੋਭ [khób] *n.f.* prick, thrust, piercing push; *v.form* imperative of ਖੋਭਣਾ, thrust

ਖੋਭਣਾ [khóbəṇa] *v.t.* to thrust, push in drive in, stab, prick, pierce

ਖੋਭਾ [khóba] *n.m.* slushiness, marshiness, slush, mire, bog, quagmire, *slang.* rape

ਖੋਰ [khor] *n.m.* solution; erosion, corrosion; leftover or refuse of grass or fodder; rancour, enmity

ਖੋਰਨਾ [khorna] *v.t.* to dissolve, mix solid (as salt, sugar etc.) in liquid; to erode, corrode

ਖੋਰਾ [khora] *n.m.* erosion, corrosion, *suff.* meaning eating away as in ਮਾਸਖੋਰਾ, ਮਾਰਖੋਰਾ

ਖੋਰੀ¹ [khori] *suff.* same as ਖੋਰਾ; *adj.* revengeful, rancorous

ਖੋਰੀ² *n.f.* dry leaves of sugarcane

ਖੋਰੂ [khoru] *adj.* solvent, dissolvent, erosive, corrosive

ਖੋਲ [khol] *n.m.* hollow, cavity; outer casing, covering or sheath; also ਖ਼ੋਲ

ਖੋਲ੍ਹਣਾ [khóləṇa] *v.t.* to open, unclose; to loosen, untie, disconnect, unbind, disjoint, disentangle, unravel; to disclose; to explain, elucidate, elaborate, clarify

ਖੋਲ਼ਾ [khoḷa] *n.m.* ruined/roofless or dilapidated building, deserted compound without habitable buildings

ਖੋਲ਼ੀ [khoḷi] *n.f.* she-buffalo, old cattle; shack, single-room quarter, shanty

ਖੋੜ [khoṛ] *n.f.* hollow, cavity

ਖੌ [khɔ] *n.m.* same as ਖੈ, destruction

ਖੌਂਸੜਾ [khɔ̃səṛa] *n.m. dia.* see ਖੋਸੜਾ, old shoes

ਖੌਹਰਾ [khɔ́ra] *adj.m.* same as ਖਹੁਰਾ

ਖੌਂਚਾ [khɔ̃ca] *n.m.* long-handled, scraper or stirrer

ਖੌਂਦ [khɔ̃d] *n.m. colloq.* see ਖਾਵੰਦ, husband

ਖੌ ਪੀਆ [khɔ pia] *n.m. lit.* suppertime, evening, late evening

ਖੌਫ਼ [khɔf] *n.m.* fear, terror, fright, dread, trepidation, apprehension, misgiving, dismay, alarm; also ਖ਼ੌਫ਼

~ ਆਉਣਾ *ph.* to feel ਖੌਫ਼, be afraid of

~ ਖਾਣਾ *ph.* to be afraid of, fear

~ ਲੱਗਣਾ *ph.* same as ਖੌਫ਼ ਆਉਣਾ

ਖੌਫ਼ਜ਼ਦਾ [khɔfzəda] *adj.* terror-struck, afraid, terror-stricken

ਖੌਫ਼ਨਾਕ [khɔfnak] *adj.* fearsome, dreadful, terrible, terrifying

ਖੌਰੂ [khɔru] *n.m.* stamping the ground, digging with horns and raising dust as by a bull in rage; rage, fury, boisterous behaviour

~ ਪਾਉਣਾ *ph.* to rage, fret and fume

ਖੌਰੇ [khɔ̃re] *adv. dia.* see ਖ਼ਬਰੇ, perhaps

ਖੌਲਣਾ/ਖੌਲ਼ਨਾ [khɔləṇa/khɔḷna] *v.t.* to boil, bubble; *fig.* to boil with rage, be intensely angry and agitated

ਗ

ਗ [gəgga] *n.m.* eighth letter of Gurmukhi script representing velar plosive voiced consonant sound [g]
ਗਉਂ [gəũ] *n.m.* purpose, need, selfinterest, selfishness
ਗਉੜੀ [gəuṛi] *n.m.* a measure in Indian classical music
ਗਊ [gəu] *n.f.* cow
~ ਹੱਤਿਆ/~ ਕੁਸ਼ੀ *n.f.* cow-slaughter
~ ਗਰੀਬ *ph. lit.* cow and the poor; the down-trodden, the exploited, the poor, destitutes
~ ਘਾਤ *n.m.* same as ਗਊ ਹੱਤਿਆ
~ ਮੱਖੀ *n.f.* gadfly
~ ਮਾਸ *n.m.* beef
~ ਮੂਤਰ *n.m.* bovine urine
~ ਵਧ *n.m.*same as ਗਊ ਹੱਤਿਆ
ਗਊਸ਼ਾਲਾ [gəuṣala] *n.f.* charitable home for old uncared-for cows
ਗਸ਼ [gəṣ] *n.m.* swoon, fainting fit, faint, unconsciousness, catalepsy, syncope; also ਗਸ਼
~ ਖਾਣਾ/~ ਪੈਣਾ *con.v.* to lose consciousness, swoon, faint, have a fit
ਗਸ਼ਤ [gəṣt] *n.f.* patrol, patrolling, going round; beat, circuit; wandering
~ ਕਰਨੀ *con.v.* to patrol, go round, wander; to cruise
ਗਸ਼ਤੀ ਚਿੱਠੀ *n.f.* circular letter, circular
ਗਸ਼ਤੀ ਜਹਾਜ਼ *n.m.* cruiser
ਗਸ਼ਤੀ ਦਸਤਾ *n.m.* patrolling party; roving band
ਗਸ਼ੀ [gəṣi] *n.f.* state of ਗਸ਼, also ਗ਼ਸ਼ੀ
ਗਹਾ [gəha] *v.form* imperative of ਗਹਾਉਣਾ, get (the harvest) threshed
ਗਹਾਂ [gəhã] *adv. dia.* see ਅੱਗੇ, forward
ਗਹਾਉਣਾ [gəhauṇa] *v.t.* to get/cause/assist in threshing harvest; *cf.* ਗਾਹੁਣਾ
ਗਹਾਈ [gəhai] *n.f.* process of/wages for threshing
ਗਹਾਵਾ [gəhava] *n.m.* person employed for or engaged in *prec.*
ਗਹਿਣਾ [géṇa] *n.m.* ornament, piece of jewellery; mortgage, hypothecation
~ ਪਾਉਣਾ *con.v.* to wear ਗਹਿਣਾ
ਗਹਿਣਿਆਂ ਦਾ ਸੈੱਟ *ph.* parure, jewellery set
ਗਹਿਣੇ ਪਾਉਣਾ/ਗਹਿਣੇ ਰੱਖਣਾ *con.v.* to mortgage, hypothecate, pledge, pawn
ਗਹਿਣੇ ਪਾਉਣ ਵਾਲਾ *ph.* mortgager
ਗਹਿਣੇ ਲੈਣ ਵਾਲਾ *ph.* mortgagee
ਗਹਿਮਾ ਗਹਿਮ/ਗਹਿਮਾ ਗਹਿਮੀ [géma gém/géma gémi] *n.f.* hustle and bustle, jostling crowd, gaiety; splendour
ਗਹਿਰ [gér] *n.f.* dusty, misty, cloudy or hazy weather; dustiness, mistiness,haziness
ਗਹਿਰ ਗੰਭੀਰ [gér gə̃bir] *adj.* serene, calm, unruffled, tranquil, placid
ਗਹਿਰਾ [géra] *adj.m.* see ਡੂੰਘਾ, deep; dusty, cloudy, hazy (sky or weather); muddy, translucent (water); close, fast (friend); serious (matter)
ਗਹਿਰੀ ਅੱਖ *n.f.* angry or malicious look or glance
ਗਹਿਰਾਈ [gérai] *n.f.* see ਡੂੰਘਾਈ, depth
ਗਹੀਰਾ [gəhira] *n.m.* pile of cowdung cakes plastered over with cowdung
ਗਹੁ [gɔ́] *n.m.* close, keen observation; assiduity, attention, watchfulness, keenness
ਗਹੂਰਾ [gəhura] *n.m.dia.* see ਚਿੜਾ, sparrow
ਗਗਨ [gəgən] *n.m.* sky, heaven, firmament
~ ਮੰਡਲ *n.m.* celestial region; a high spiritual stage in yoga
~ ਮੰਡਲੀ *adj.* pertaining to *prec.,* celestial
ਗੱਗੜ/ਗਗੜਾ [gəggəṛ/ gəgṛa] *n.m.* a hereditary leech-gathering class, a leech-

gatherer
ਗੱਗਾ [gəgga] *n.m.* the letter ਗ
ਗੰਗਾ [gə̃ga] *n.f.* the river Ganges
ਗੰਗਾਸਾਗਰ [gə̃ga sagər] *n.m.* jug, water container with handle
ਗੰਗਾਰਾਮ [gə̃garam] *n.m.* pet name for parrot
ਗੰਗੋਤਰੀ [gə̃gotəri] *n.f.* source of Ganges
ਗੰਘਲ਼ [gə̃gəḷ] *v.form* imperative of ਗੰਘਲ਼ਨਾ
ਗੰਘਲ਼ਨਾ [gə̃gəḷna] *v.i.* (for water) to become turbid, muddy, dirty, roily
ਗੰਘਲ਼ਿਆ [gə̃gəḷɪa] *adj.* turbid, muddy, dirty
ਗੰਘਾਲ਼ਨਾ [gə̃gàḷna] *v.t.* to stir, rile, roil; to make (water) or other fluid turbid, muddy or dirty
ਗੱਚ [gəcc] *n.m.* mortar, plaster, stucco, plaster of Paris; lump, sod along with grass on nursery plant; lump in the throat
~ ਭਰ ਆਉਣਾ *ph.* to feel lump in the throat, become sentimental or emotional
ਗਚਕ [gəcək] *n.f.* a kind of sweetmeat made from sugar paste and sesame seed; also ਗਜਕ
ਗੱਚਗਰੀ [gəccgəri] *n.f.* stucco work
ਗੱਚਣਾ [gəccəṇa] *v.t.* to dig up (plant) along with earth covering its roots
ਗਜ [gəj] *n.m.* yard, a unit of measurement equal to 3 feet; bow; ramrod cleaning rod; elephant
ਗੱਜ [gəjj] *v.form* imperative of ਗੱਜਣਾ, thunder
ਗੰਜ [gə̃j] *n.m.* baldness; bald patch, bald head or pate; treasure, pile, heap, granary; market, market place or square
ਗਜ਼ਟ [gəzəṭ] *n.m.* gazette
ਗਜ਼ਟੀਅਰ [gəzəṭiər] *n.m.* gazetteer
ਗੱਜਣਾ [gəjjəṇa] *v.i.* thunder, roar, bellow; to growl, gnarl, snarl
ਗਜਬ [gəjəb] *n.m.* anger, wrath, fury; calamity, disaster; oppression tyranny, injustice, persecution; wonderful, strange or great act or happening; also ਗ਼ਜ਼ਬ
~ ਹੋ ਜਾਣਾ *ph.* for unexpected to happen; for a calamity to befall
~ ਕਰਨਾ/~ ਢਾਉਣਾ *ph.* to perform a wonderful or unexpected act; to perpetrate tyranny/injustice or persecution
ਗਜਬਨਾਕ [gəjəbnak] *adj.* wrathful, angry, furious
ਗਜਰਾ [gəjra] *n.m.*garland, chaplet; bracelet, broad bangle
ਗਜਰੇਲਾ [gəjrela] *n.m.* a sweetmeat or sweet dish of mashed carrot cooked in sweetened milk and thickened into paste
ਗਜ਼ਲ [gəzəl] *n.f.* short, lyrical, rhymed poem; also ਗ਼ਜ਼ਲ
ਗਜ਼ਲਗੋ [gəzəlgo] *n.m.* poet, composer, reciter or singer of ਗਜ਼ਲ
ਗਜ਼ਲਗੋਈ [gəzəlgoi] *n.f.* art of composing or singing ਗਜ਼ਲ
ਗੱਜ ਵੱਜ [gəjj vəjj] *n.m.* pomp and show, eclat
~ ਕੇ *adv.* with pomp and show, with eclat, pompously
ਗਜਾ[1] [gəja] *n.m.* collection of food offerings from different households
~ ਕਰਨਾ *con.v.* to go round collecting offerings of cooked food
ਗਜਾ[2] [gəja] *v.form* imperative of ਗਜਾਉਣਾ
ਗਜਾ[3] *n.f.* diet, food, nourishment, aliment; also ਗ਼ਜ਼ਾ
ਗੰਜਾ [gə̃ja] *adj.m.* bald (head or person)
ਗਜਾਉਣਾ [gəjauṇa] *v.i.* to utter (salutation) in loud, thunderous voice
ਗਜਾਈ [gəjai] *adj.* dietary, alimentary
ਗੰਜੀ [gə̃ji] *n.f.* pile, heap; *adj.f.* same as ਗੰਜਾ
ਗੰਜੀਚਾਰਾ [gə̃jicara] *n.m.* any of the safe compartment for counters in the game of ਚੌਸਰ
ਗੰਜੀਬਾਰ [gə̃jibar] *n.f.* arid wasteland between the rivers Ravi and Sutlej since colonised and broadly comprising Sahival and part of Multan district of Pakistan; canal colony of Lower Bari Doab canal
ਗਟ ਗਟ/ਗਟਾ ਗਟ [gəṭ gəṭ/ gəṭa gəṭ] *adv.*

(drinking) without pause, at one go; *n.f.* gurgling sound produced while gulping

~ ਪੀ ਜਾਣਾ/~ ਪੀਣਾ *ph.* to swill, guzzle

ਗੱਟਾ [gəṭṭa] *n.m.* stopper, cork, plug; sprag

ਗਟਾਰ [gəṭar] *n.f.* magpie; a kind of myena

ਗਟਾਰਾ [gəṭara] *n.m.* tamarind seed pod

ਗੱਟੀ [gəṭṭi] *n.f.* wooden piece or pebble used as checker in games like draughts

ਗੱਟੀਆਂ ਗਿਣਨਾ *ph. lit.* to count one's checkers; to calculate one's chances of success, plan one's course; to be in suspense, procrastinate

ਗੱਟੂ [gəṭṭu] *n.m.*wooden-block or beam, round or cuboid in shape; sprag

ਗਠ [gəṭh] *n.f. dia.* see ਗੰਢ, knot

ਗਠਜੋੜ [gəṭhjoṛ] *n.m.* alliance, league, coalition, clique, coterie

ਗਠਨ [gəṭhən] *n.m.* organisation, formation

~ ਕਰਨਾ *con.v.* to organise, form; also ਗਠਣਾ

ਗੱਠੜ [gəṭṭhəṛ] *n.m.* large, heavy bale or bundle

ਗਠੜੀ [gəṭhəṛi] *n.f.* bale, bundle, package *usu.* tied in a piece of cloth

ਗਠਾ [gəṭha] *n.m. dia.* see ਗੰਢਾ, onion

ਗੱਠਾ [gəṭṭha] *n.m.* bale, bundle; faggot; onion

ਗਠਿਤ [gəṭhɪt] *adj.* organised

ਗੰਠੀਆ [gə̃ṭhia] *n.m.* arthritis, gout; rheumatism

ਗਠੀਲਾ [gəṭhila] *adj.m.* muscular (body), (one) having a muscular body; solid, firm; knotty, knarred, knarled, knaggy

ਗੱਡ [gəḍḍ] *n.f. colloq* see ਗੱਡਾ; *v.form* imperative of ਗੱਡਣਾ, pitch, plant; bury

ਗੰਡ [gə̃ḍ] *n.m.* trough for cooling down sugarcane syrup into jaggery or brown sugar; earthen wall around a millstone; circular wooden base on which wall of a well is erected

ਗੱਡਣਾ [gəḍḍəṇa] *v.t.* to pitch, plant, fix, drive into, to thrust, bore, pierce; to bury, entomb; to conceal by burying

ਗਡਮਡ [gəḍiməḍ] *adj. & adv.* pell-mell, mixed up, jumbled

ਗਡਰੀਆ [gəḍəria] *n.m.* shepherd

ਗਡਵਾ [gəḍiva] *v.form* imperative of ਗਡਵਾਉਣਾ, get (it) pitched

ਗਡਵਾਂ [gəḍvã] *adj.m.* stuck, partly or firmly dug in, fixed, firm, forceful

ਗਡਵਾਉਣਾ [gəḍvauṇa] *v.t.* to get something pitched, planted, fixed, buried

ਗਡਵਾਈ [gəḍvai] *n.f.* process of/wages for ਗਡਵਾਉਣਾ

ਗੱਡਾ [gəḍḍa] *n.m.* bullock-cart

ਗੰਡਾ [gə̃ḍa] *n.m.* four cowries

ਗਡਾਉਣਾ [gəḍauṇa] *v.t.* same as ਗਡਵਾਉਣਾ

ਗਡਾਈ [gəḍai] *n.f.* same as ਗਡਵਾਈ

ਗੰਡਾਸਾ [gə̃ḍasa] *n.m.* broad axe with long helve; chopper

ਗੱਡੀ [gəḍḍi] *n.f.* cart, carriage, coach, wagon, train; car, truck, vehicle

ਗਡੀਰਾ [gəḍira] *n.m.*three-wheeled frame used to train infants in walking, walker

ਗੱਡੀਵਾਨ [gəḍḍivan] *n.m.* coachman, driver

ਗੰਡੇਰੀ [gə̃ḍeri] *n.f.* see ਗਨੇਰੀ

ਗੰਡੋਆ [gə̃ḍoa] *n.m.* slug, *Limus maximus,* a type of earthworm

ਗੰਢ [gə̃ḍ] *n.f.* knot, any interlacing or connection of cord, rope, etc. forming a sort of knob; knot, knar, knurl, burl; tuber, tubercle; node, nodule; hardened protuberance, enlarged gland; money tied in an end of a garment, purse; connection, relationship, kinship; bale, bundle, pack, package; invitation for marriage ceremony

~ ਕੱਟ/~ ਕਤਰੀ/~ ਕੱਪ *adj.* pickpocket, cutpurse

~ ਜੋੜ *n.m.* patchwork, repair; permutation and combination; alliance; conspiracy

~ ਤੁੱਪ *n.m.* same as ਗੰਢ ਜੋੜ

~ ਦਾਰ *adj.* knotty, knurled, knurly, knarred, knotted

~ ਦੇਣੀ *con.v.* to tie into a knot, knot

~ ਬੰਨ੍ਹਣੀ *con.v.* to pack into a ਗੰਢ, to bale
~ ਘੱਲਣੀ *ph.* to send/extend invitation
~ ਚਿਤਰਾਵਾ *n.m.* ceremony of tying together scarf-ends of bride and bridegroom; marital or close relationship
~ ਤੋੜਨੀ *ph.* same as ਗੰਢ ਘੱਲਣੀ
~ ਪਾਉਣੀ *ph.* to establish (marital) relationship

ਗੰਢਣਾ [gə̃ḍəṇa] *v.t.* to tie into a knot, knot; to join, fasten; to splice, mend, repair, cobble; to win over, bring into relationship; to suborn

ਗੰਢਲ [gə̃ḍəl] *adj.* same as ਗੰਢਦਾਰ, under ਗੰਢ, knotty, gnarled

ਗੰਢਵਾਉਣਾ/ਗੰਢਾਉਣਾ [gə̃ḍvàuṇa/gə̃ḍàuṇa] *v.t.* to get something repaired, mended, cobbled

ਗੰਢਵਾਈ/ਗੰਢਾਈ [gə̃ḍvài/gə̃ḍài] *n.f.* process of or wages for *prec.*

ਗੰਢਾ [gə̃ḍa] *n.m.* onion (bulb or plant); bulb (of garlic)

ਗੰਢਿਆਲ [gə̃ḍıàl] *n.m.* place/room for preparing jaggery

ਗੰਢੀ [gə̃ḍi] *n.f.* hard piece of any medicinal root/herb or tuber; a piece of ginger/turmeric/garlic

ਗੰਢੇਲ [gə̃ḍèl] *n.f.* onion plant grown into flowering and seed; seed-stem of onion

ਗਣ [gəṇ] *pref.* meaning people as in ਗਣਤੰਤਰ

ਗਣਤੰਤਰ [gəṇtə̃tər] *n.m.* republic, republicanism

ਗਣਤੰਤਰੀ [gəṇtə̃təri] *adj.* republican, concerning ਗਣਤੰਤਰੀ

ਗਣਨਾ [gəṇna] *n.f.* enumeration, counting, computation; census

ਗਣਨਾਤਮਿਕ [gəṇnatmık] *adj.* quantitative

ਗਣਪਤੀ [gəṇpəti] *n.m.* the Hindu god Ganesh, *lit.* lord of the people

ਗਣਰਾਜ [gəṇraj] *n.m.*republic

ਗਣਾਤਮਿਕ [gəṇatmık] *adj.* computational

ਗਣਿਤ [gəṇıt] *n.m.*arithmetic, mathematics
~ ਸ਼ਾਸਤਰ *n.m.* mathematics
~ ਸ਼ਾਸਤਰੀ *n.m.* mathematician
~ ਵਿੱਦਿਆ *n.f.* same as ਗਣਿਤ ਸ਼ਾਸਤਰ

ਗਤ[1] [gət] *n.f.* rhythm, style or tune in drum-beating
~ ਵਜਾਉਣੀ *con.v.* to play (a particular) beat or rhythm on drum

ਗਤ[2] *n.f.* state, condition, plight, predicament
~ ਬਣਾਉਣੀ *ph.* to punish, beat, thrash, reduce (one) to difficult plight

ਗਤ[3] *adj.* past, previous, last

ਗਤਕਾ [gətka] *n.m.* sword play, sword practice with wooden swords or sticks, fencing, swordsmanship
~ ਖੇਡਣਾ *con.v.* to practise or fence with swords

ਗਤਕੇਬਾਜ਼ [gətkebaz] *n.m.* trained swordsman

ਗਤਕੇਬਾਜ਼ੀ [gətkebazi] *n.f.* sword play, swordsmanship

ਗੱਤਾ [gətta] *n.m.* cardboard

ਗਤੀ [gəti] *n.f.* speed, pace, movement, motion; salvation, liberation
~ ਕਰਨੀ *con.v.* to liberate (spiritually), emancipate
~ ਜੜਤਾ *n.f.* inertia, inactivity
~ ਤੋੜ *n.m.* speed bump
~ ਰੋਧ *n.m.* obstacle, obstruction, impediment; deadlock
~ ਵਿਗਿਆਨ *n.m.* dynamics, kinetics, kinematics

ਗਤੀਆਤਮਿਕ [gətiatmık] *adj.* kinematic, kinetic

ਗਤੀਸ਼ੀਲ [gətiṣil] *adj.* mobile, moving, dynamic, progressive

ਗਤੀਸ਼ੀਲਤਾ [gətiṣilta] *n.f.* mobility, dynamism

ਗਤੀਹੀਣ [gətihiṇ] *adj.* inert, immobile, static, stationary, stagnant

ਗਤੀਹੀਣਤਾ [gətihiṇta] *n.f.* inertness, inertia, immobility; apraxia

ਗਤੀਮਾਨ [gətiman] *adj.* moving, on the move

ਗਤੀਵਾਦ [gətivad] *n.m.* dynamism, progressivism

ਗੱਦ[1] [gədd] *n.f.* lap

~ ਵਿਚ ਲੈਣਾ *ph.* to hold in or on the lap, to embrace, caress, fondle
ਗੱਦ[2] *n.f.* prose
ਗੱਦ[3] *n.f. dia.* see ਆਸਣ; additional strip of cloth stitched to seat of drawers or trousers
ਗੰਦ [gə̃d] *n.m.* filth, muck, refuse, dirt, dust, garbage, sullage, ordure, stinking matter, excrement; foulness, filthiness; vulgarity, profanity, pornography, obscenity, rankness
~ ਪਾਉਣਾ *ph.* to cause, make or spread ਗੰਦਗੀ, to befoul, defile, sully; to make a mess of
~ ਬਕਣਾ *ph.* to utter profanities
~ ਮੰਦ *n.m.* same as ਗੰਦ
ਗੱਦਕਾਰ [gəddkar] *n.m.* prose-writer
ਗੱਦਕਾਰੀ [gəddkari] *n.f.* art of prose-writing
ਗਦ ਗਦ [gəd gəd] *adj.* very happy, delighted, pleased, joyous, jubilant
ਗੰਦਗੀ [gə̃dgi] *n.f.* same as ਗੰਦ, filth
ਗੰਦਮ [gə̃dəm] *n.f.* see ਕਣਕ, wheat
ਗੰਦਮੀ [gə̃dəmi] *adj.* wheatish (complexion)
ਗਦਰ [gədər] *n.m.* mutiny, rebellion, revolt, uprising; tumult, disturbance; chaos; also ਗ਼ਦਰ
~ ਮੱਚਣਾ *ph.* for mutiny to break out; for general tumult/chaos to occur
~ ਮਚਾਉਣਾ *ph.* to mutiny, rebel, revolt; to rise in rebellion; to create disturbance or chaos
ਗੱਦਰ [gəddər] *adj.* not fully ripe, somewhat raw
ਗਦਰਾ [gədra] *adj.m.* spotted, particoloured, piebald (bullock)
ਗਦਰੀ [gədri] *adj.* related to ਗਦਰ mutinous, rebellious
ਗੰਦਲ਼ [gə̃dəḷ] *n.f.* tender stem, stalk or shoot *esp.* of esculent plants
ਗਦਾ [gəda] *n.f.* knobbed club, mace; charity, alms
ਗੱਦਾ [gədda] *n.m.* cushion, padded seat or mattress, pallet
ਗੰਦਾ [gə̃da] *adj.m.* filthy, dirty, dusty, unclean, untidy, befouled, shabby, scruffy, squalid, tatty, contaminated, foul; bad, immoral; improper, obscene, indecent; shameful, wicked, licentious; not straightforward (in business)
~ ਮੰਦਾ *adj.m.* same as ਗੰਦਾ; impure, adulterated
ਗਦਾਗਰ [gədagər] *n.m.* beggar, mendicant
ਗਦਾਗਰੀ [gədagəri] *n.f.* begging, beggarhood, mendicancy, beggary
ਗਦਾਧਾਰੀ [gədatàri] *adj.* macebearer, macewielder, (one) carrying ਗਦਾ as a weapon of war
ਗੱਦਾਰ [gəddar] *n.m.* traitor, betrayer, treacherous, disloyal, unfaithful; renegade, tergiversator; turncoat; also ਗ਼ਦਾਰ
ਗੱਦਾਰਾਨਾ [gəddarana] *adj.* traitorous, treasonable (act or behaviour)
ਗੱਦਾਰੀ [gəddari] *n.f.* traitorousness, treason, tergiversation, betrayal
ਗੱਦੀ[1] [gəddi] *n.f.* padded seat, cushion; seat of temporal or spiritual authority, throne
~ ਤੇ ਬਹਿਣਾ/~ ਤੇ ਬੈਠਣਾ *ph.* to be enthroned, succeed to a seat of authority
ਗੱਦੀ[2] *n.m.* name of a sheep-rearing hill tribe; any of its members
ਗੱਦੀਦਾਰ/ਗੱਦੇਦਾਰ [gəddidar/gəddedar] *adj.* cushioned, padded, equipped with cushioned seats
ਗੱਦੀਨਸ਼ੀਨ [gəddinəṣin] *adj.* installed, enthroned, crowned
ਗਦੂਦ [gədud] *n.m.* hard lump formed in flesh, glandular swelling
ਗਦੇਲਾ [gə̃dela] *n.m.* same as ਗੱਦਾ
ਗੰਧ [gə̃d] *n.f.* smell, odour; stink; fragrance
ਗੰਧਹੀਣ [gə̃dhiṇ] *adj.* odourless, inodourous
ਗੰਧਕ [gə̃dək] *n.f.* sulphur, brimstone
~ ਦਾ ਤਿਜ਼ਾਬ *ph.* sulphuric acid
ਗੰਧਕੀ [gə̃dki] *adj.* sulphuric, sulphurous
ਗੰਧਨਾਸ਼ਕ [gə̃dnaṣək] *adj.* deodorant
ਗੰਧਰਬ [gə̃dərb] *n.m.* celestial musician;

an accomplished singer or musician; maestro

ਗੰਧਲ਼ਾ [gə̃dəḷa] *adj.m.* see ਗੰਧਲ਼ਿਆ; fragrant, sweet-smelling

ਗਧਾ [gə́da] *n.m.* same as ਖੋਤਾ, ass, donkey

ਗੰਧਾਲ਼ਾ [gə̃dàḷa] *n.m. dia.* see ਕੰਧਾਲ਼ਾ, a digging tool

ਗੰਨ¹ [gə̃nn] *n.f.* gun, shotgun, machine gun

ਗੰਨ² *n.m.* crease of fat or flesh *usu.* on abdomen or hips

~ ਪੈਣੇ *con.v.* to be fat, flabby, flaccid

ਗਨਕਾ [gənka] *n.f.* dancing girl; prostitute, courtesan

ਗਨਰ [gənər] *n.m.* gunner

ਗੰਨਾ [gə̃nna] *n.m.* sugarcane (plant or crop)

~ ਦੇਣਾ, ਭੇਲੀ ਨਾ ਦੇਣੀ *ph.* to strain at a gnat and swallow a camel

ਗਨੀ [gəni] *adj.* affluent, rich, generous, bestower of blessing; also ਗ਼ਨੀ

ਗੰਨੀ [gə̃nni] *n.f.* edge of eyelid (on which eyelashes grow)

ਗਨੀਮ [gənim] *n.m.* enemy, adversary; plunderer; also ਗ਼ਨੀਮ

ਗਨੀਮਤ [gənimət] *n.f.* booty, plunder; boon, blessing; good luck; also ਗ਼ਨੀਮਤ

ਗਨੂਦਗੀ [gənudgi] *n.f.* slumber, dozing off, light sleep, sleepiness; temporary unconsciousness, swoon; also ਗ਼ਨੂਦਗੀ

ਗਨੇਰੀ [gəneri] *n.f.* a segment of sugarcane *usu.* peeled

ਗੱਪ [gəpp] *n.f.* gossip, canard, lie; tattle, prattle, chat, idle talk; false report, rumour; scandal; vain boast

~ ਛੱਡਣੀ/~ ਠੋਕਣੀ/~ ਮਾਰਨੀ *ph.* to tell tales, spin a yarn, gossip, tell or utter a lie

ਗੱਪੀ [gəppi] *adj.* gossip, gossipper, gossipy; chatterer, talker; rumour-monger, scandalmonger; boaster

ਗਪੌੜ/ਗਪੌੜਾ [gəpɔṛ/gəpɔṛa] *n.m.* an enormous ਗੱਪ, blatant lie, canard, cock-and-bull story

ਗਫ [gəph] *adj.* thick coarse (cloth), closely woven

ਗਫ਼ਲਤ [gəflət] *n.f.* negligence, neglect, laziness, carelessness, remissness, obliviousness; also ਗ਼ਫ਼ਲਤ

ਗੱਫਾ [gəppha] *n.m.* a substantial share or portion, windfall, big gain, lion's share

ਗਬਨ [gəbən] *n.m.* misappropriation, embezzlement, fraud, defalcation, peculation, also ਗ਼ਬਨ

~ ਕਰਨਾ *con.v.* to misappropriate, embezzle, defalcate, peculate

ਗੱਭ [gə́bb] *n.m. dia* middle point, middle

ਗੱਭਣ [gə́bbəṇ] *adj.f.* (of cattle) pregnant, gravid

ਗੱਭਰੂ [gə́bbru] *adj. & n.m.* youthful, grown up; youth, youngman; husband

ਗੱਭਰੂਪੁਣਾ [gə́bbrupuṇa] *n.m.* youthfulness

ਗਭਰੇਟਾ [gəbrèṭa] *adj. & n.m.* same as ਗੱਭਰੂ

ਗਭਲਾ [gə́bla] *adj. m.* middle one, central,medial, intermediate; internal

ਗੱਭਾ [gə́bba] *n.m.* middle, centre, interior

ਗੰਭੀਰ¹ [gə̃bir] *n.m.* ulcer; gangrene, *esp.* that affecting bones

ਗੰਭੀਰ² *adj.* serious, grave, sober, sedate, thoughtful, calm, quiet, placid, staid, composed, reserve; grim, flagrant, egregious, glaring, outrageous

ਗੰਭੀਰਤਾ [gə̃birta] *n.f.* seriousness, gravity, sobrety, solemnity, sedateness, composure, reserve, placidity; grimness, flagrance, egregiousness, flagrancy

ਗੱਭੇ [gə́bbe] *adv.* in the middle or centre

ਗਮ [gəm] *n.m.* sorrow, grief, woe; distress, dejection, despondence, sadness,depression; also ਗ਼ਮ

~ ਕਰਨਾ/~ ਖਾਣਾ *ph.* to grieve, lament, weep, mourn, feel or express ਗਮ

~ ਗਲਤ ਕਰਨਾ *ph.* to try to forget or subdue one's sorrow; to drown one's sorrow (*usu.* in spirits)

ਗਮਕ [gəmək] *n.m.* vibration of sound or voice, violent clash in music, deep sound of drumbeat, flourish (on drum)

ਗਮਖਾਰ [gəmkhar] *adj.* sympathiser, sharer of one's sorrow, condoler

ਗਮਖਾਰੀ [gəmkhari] *n.f.* sympathy, condolence, condolement

ਗਮਖੋਰ [gəmkhor] *adj.* one patiently suffering grief

ਗਮਗੀਨ/ਗਮਜ਼ਦਾ [gəmgin/gəmzəda] *adj.* grieved, sad, gloomy, sorrowful, doleful, rueful, dejected, despondent, depressed; also ਗ਼ਮਗੀਨ, ਗ਼ਮਜ਼ਦਾ

ਗਮਨ [gəmən] *n.m.* act of going or walking; locomotion; departure, going away; sexual intercourse

~ ਕਰਨਾ *con.v.* to go away, depart, travel; to copulate, ravish

ਗਮਨਾਕ [gəmnak] *adj.* grievous, sorrowful, mournful, woeful, saddening, doleful; also ਗ਼ਮਨਾਕ

ਗਮਲਾ [gəmla] *n.m.* flowerpot; chamberpot, privy pan

ਗਮੀ [gəmi] *n.f.* same as ਗਮ; sorrowful or sad occasion; state of being in sorrow

ਗਰਹੁ [gərɔ̃] *n.m.* planet, star, also ਗ੍ਰਹਿ; planetary influence; bad luck, misfortune, bad times

~ ਟਲ਼ ਜਾਣਾ *ph.* to escape bad luck

~ ਪੈਣਾ *ph.* to fall on bad days, come under the influence of evil stars

ਗਰਕ [gərk] *adj.* sunk, drowned, submerged, immersed; absorbed, engrossed; also ਗ਼ਰਕ

~ ਹੋਣਾ *con.v.* same as ਗਰਕਣਾ; to be absorbed, engrossed

ਗਰਕਣਾ [gərkəṇa] *v.i.* to sink, be drowned; *fig.* to go down the drain, be wasted, a mild abuse; also ਗਰਕ ਜਾਣਾ

ਗਰਕਾਉਣਾ [gərkauṇa] *v.t.* to sink, drown, immerse, submerge, cause to be sunk

ਗਰਕੀ [gərki] *n.f.* disaster, catastrophe, cataclysm; deep-trench latrine

ਗਰਗਰਾ [gərgəra] *adj.m.* slightly hard, not quite soft or plump, not fully ripe, immature

ਗਰਜ [gərj] *n.f.* thunder, roar, bellow

ਗਰਜ਼ [gərz] *n.f.* need, want; interest, interestedness; selfishness, purpose, selfish end; also ਗ਼ਰਜ਼

~ ਪੂਰੀ ਕਰਨੀ *ph.* to fulfil one's need

~ ਪੈਣੀ *con.v.* to be in need

ਗਰਜਣਾ [gərjəṇa] *v.i.* see ਗੱਜਣਾ, to thunder, roar

ਗਰਜ਼ਮੰਦ [gərzmə̃d] *adj.* needy, in want, necessitous; indigent, destitute

ਗਰਜ਼ਮੰਦੀ [gərzmə̃di] *n.f.* state of being ਗਰਜ਼ਮੰਦ; indigence, necessitousness, want, need

ਗਰੰਟੀ [gərə̃ṭi] *n.f.* guarantee

~ ਦੇਣਾ *con.v.* to guarantee

ਗਰਦ [gərd] *n.f.* dust

~ ਉੱਠਣੀ *ph.* for dust to rise

~ ਉੱਡਣੀ *ph.* for dusty wind to blow

~ ਗੁਬਾਰ *n.m.* dust storm

ਗਰਦਸ਼ [gərdəṣ] *n.f.* revolution, rotation, whirl, spin, circulation; *fig.* vicissitude, turning of the wheel of fate, calamity, misfortune

~ ਵਿਚ ਆਉਣਾ *ph.* to revolve, rotate

ਗਰਦਨ [gərdən] *n.f.* neck, nape, scruff, cervix

~ ਤੋੜ ਬੁਖਾਰ *n.m.*meningitis

~ ਮਰੋੜਨੀ *ph.* to strangulate, strangle, kill

ਗਰਦਾ [gərda] *n.m.* same as ਗਰਦ, dust

ਗਰਦਾਨ [gərdan] *n.f. (gr.)* parsing, paradigm; *v.form* imperative of ਗਰਦਾਨਣਾ, know as

~ ਕਰਨੀ *con.v.* to parse

ਗਰਦਾਨਣਾ [gərdanəṇa] *v.t* to know as, take for

ਗਰਦਾਵਰ [gərdaver] *n.m.* surveyor of crops or agricultural land; a revenue official above ਪਟਵਾਰੀ in rank; also ਗਰਦੌਰ

ਗਰਦਾਵਰੀ [gərdavri] *n.f.* land or crop survey, also ਗਰਦੌਰੀ

ਗਰਨਾ[1] [gərna] *v.i.* to rot, decay, deteriorate, become decomposed; also ਗਲ਼ਨਾ

ਗਰਨਾ[2] *n.m.* a tree, *Capparis horrida*

ਗਰਨੇਡ [gərned] *n.m.* grenade

ਗਰਬ [gərəb] *n.m.* pride, vanity, conceit, elation, arrogance, egotism, self-esteem

~ ਕਰਨਾ *con.v.* to be proud, vain, conceited, arrogant

ਗਰਬ ਗਹੇਲਾ/ਗਰਬੀਲਾ [gərəb gəhela/ gərbila] *adj.m.* proud, vain, conceited, arrogant

ਗਰਭ [gə́rb] *n.m.* womb, uterus; pregnancy, conception, gravidity, gravidness

~ ਹੋ ਜਾਣਾ/~ ਠਹਿਰ ਜਾਣਾ *ph.* to become pregnant or gravid

ਗਰਭਪਾਤ [gə́rbpat] *n.m.* miscarriage, abortion, feticide, aborticide

~ ਹੋ ਜਾਣਾ *ph.* to miscarry, abort

ਗਰਭਪਾਤਕ/ਗਰਭਰੋਕੂ [gə́rbpatək/gə́rb roku] *adj.* abortifacient, abortive; *adj.* contraceptive

ਗਰਭਵਤੀ [gə́rbvəti] *adj.* pregnant, gravid, big with child carrying, in family way

ਗਰਮ [gərəm] *adj.* hot, warm, heated, burning, parching, scorching, boiling, sweltering, sultry; *fig.* angry, furious, fiery, agitated, excited; zealous, active, vigorous, energetic

~ ਸਰਦ *adj.* hot and cold; suffering from effects of sudden exposure *esp.* to cold

~ ਹੋਣਾ *con.v.* to be or become hot; *fig.* to be angry, excited, agitated

~ ਕਰਨਾ *con.v.* to heat, warm up; to activate, enthuse

~ ਖਿਆਲ/~ ਖਿਆਲੀਆ *adj./adj.m.* radical, extremist, hawk (in politics)

~ ਖਿਆਲੀ *n.f.* radicalism, extremism, hawkishness

~ ਜੋਸ਼ੀ *n.f.* enthusiasm, warmth, warmheartedness, cordiality (*esp.* in welcoming, meeting)

~ ਬਜ਼ਾਰੀ *n.f.* boom, rapid economic activity or growth

~ ਮਿਜ਼ਾਜ *adj.* hot-headed, short-tempered, choleric, irascible, touchy, irritable

~ ਮਿਜ਼ਾਜੀ *n.f.* irascibility, touchiness, irritability, short-temperedness

ਗਰਮ ਮਸਾਲਾ [gərəm məsala] *n.m.* spices, condiments

ਗਰਮਾਉਣਾ [gərmauṇa] *v.t.* same as ਗਰਮ ਕਰਨਾ, to heat, warm up

ਗਰਮਾਇਸ਼/ਗਰਮਾਈ [gərmaiṣ/gərmai] *n.f.* heat, warmth

ਗਰਮਾ ਗਰਮ [gərma gərəm] *adj.* hot, warm, freshly cooked

ਗਰਮਾ ਗਰਮੀ [gərma gərmi] *n.f.* vehemence, liveliness or intensity (in activity, feeling or argument); altercation, exchange of hot words

ਗਰਮਾਲਾ [gərmalla] *n.m.* mason's implement for levelling plaster, leveller

ਗਰਮੀ [gərmi] *n.f.* heat, warmth; hot weather, summer; sweat, perspiration; passion, excitement, anger; venereal disease

ਗਰਮੀਖੋਰਾ [gərmi khora] *adj.m.* susceptible to ill effects of summer or of hot/ spicy food/alcoholic drinks, etc.

ਗਰੜ [gərəṛ] *n.m.* blue jay, *Cyanocitta cristata;* a large heron, *Ardea argala;* Vishnu's vehicle in Hindu mythology

~ ਪੋਪੋ *n.m.* see ਹਰੜ ਪੋਪੋ

ਗਰ੍ਹਨਾ [gə́rna] *n.m.* bundle of hemp stalks

ਗਰ੍ਹਬੜਾ [gə́rbəṛa] *n.m.* perforated earthen pot in which a lighted lamp is placed (Childern carry it round on the evening of certain festivals and ask for donations)

ਗਰਾ [gəra] *n.m.* pile, heap, stack

ਗਰਾਂ [gərã] *n.m.* village

ਗਰਾਈਂ/ਗਰਾਇਣ [gəraĩ/gəraıṇ] *n.m./n.f.* person from the same village, covillager

ਗਰਾਸ/ਗਰਾਹੀ [gəras/gərái] *n.m./n.f.* morsel, bite, mouthful

ਗਰਾਜ [gəraj] *n.m.* garage

ਗਰਾਨੀ [gərani] *n.f.* heaviness in stomach, indigestion

ਗਰਾਮ [gəram] *n.m.* gram; village

~ ਸੇਵਕ/~ ਸੇਵਕਾ *n.m./n.f.* village level paid social worker

~ ਪੰਚਾਇਤ *n.f.* village council, panchayat

~ ਵਾਸੀ *n.m.* villager

ਗਰਾਮੀਣ [gəramiṇ] *adj.* rural, ruralite; villager

ਗਰਾਮੀਣਤਾ [gəramiṇta] *n.f.* rurality, rusticity

ਗਰਾਰਾ [gərara] *n.m.* loose-fitting trou-

sers; gargle
ਗਰਾਰੇ ਕਰਨਾ *con.v.* to gargle
ਗਰਾਰੀ [gərari] *n.f.* pinion, pulley, gear
ਗਰਾਰੀਦਾਰ [gəraridar] *adj.* fitted with or working on ਗਰਾਰੀ
ਗਰਿੱਜ [gərɪjj] *v.form* imperative of ਗਰਿੱਜਣਾ
ਗਰਿੱਜਣਾ [gərɪjjəṇa] *v.i.* (for food or fodder) to become sodden or soggy when packed or stacked hot
ਗਰਿਫ਼ਤ [gərɪft] *n.f.* see ਪਕੜ, grip
ਗਰਿਫ਼ਤਾਰ [gərɪftar] *adj.* arrested, apprehended, captured
~ ਕਰਨਾ *con.v.* to arrest, apprehend, capture
ਗਰਿਫ਼ਤਾਰੀ [gərɪftari] *n.f.* arrest, apprehension, capture; detention
ਗਰੀ [gəri] *n.f.* coconut kernel, kernel or seed of nuts such as almond/walnut and groundnut
ਗਰੀਬ [gərib] *adj.* poor, indigent, penniless, penurious, impoverished, destitute; meek, humble, modest, unassuming; weak; *n.m.* a weak poor person; also ਗ਼ਰੀਬ; *fem.* ਗਰੀਬਣੀ
~ ਗੁਰਬਾ *n.m.* the poor (collectively)
~ ਨਿਵਾਜ਼/~ ਪਰਵਰ *adj.* cherisher, supporter, sustainer or nurturer of the poor
~ ਮਾਰ *n.f.* oppression, exploitation of or injustice towards the poor or the innocent; tyranny
ਗਰੀਬਖਾਨਾ [gəribkhana] *n.m.* *lit.* poor house; modest term for referring to one's own house or home
ਗਰੀਬੜਾ [gəribəṛa] *adj. & n.m.* same as ਗਰੀਬ
ਗਰੀਬਾਨਾ [gəribana] *adj.* of or like poor; modest, poor, simple
ਗਰੀਬੀ [gəribi] *n.f.* poverty, penury, want, indigence, destitution, privation; meekness, humility
ਗਰੂਰ [gərur] *n.m.* pride, vanity, conceit, egotism, arrogance; also ਗ਼ਰੂਰ
ਗਰੇਬਾਨ [gəreban] *n.m.* collar (of a shirt)
ਗਰੋਹ [gəró] *n.m.* group, band, gang; crowd
ਗਰੋਹਬੰਦੀ [gəróbə̃di] *n.f.* grouping, organisation into group; groupism, factionalism
ਗਲ਼¹ [gəḷ] *n.m.* neck; throat, gullet, esophagus, food-pipe
~ ਸੰਬੰਧੀ *adj.* jugular
~ ਗਲ਼ *adv.* neck-deep
~ ਗਲ਼ਾਵਾਂ *n.m.* halter; *fig.* unwanted or undesirable duty/responsibility or encumberance; debt
~ ਘੁੱਟਣਾ *con.v.* to strangle, strangulate, stifle, smother, kill; *informal* to press (one) to do something unwillingly
~ ਘੋਟੂ *n.m.* blocking/choking of throat, diptheria, diptheritis
~ ਪੈਣਾ *ph.* to attack, assault
~ ਭਰ ਆਉਣਾ *ph.* to become emotional or sentimental; feel a lump in one's throat
~ ਮੜ੍ਹਨਾ *ph.* to impose something on
~ ਲਾਉਣਾ *ph.* to embrace, hug; to acknowledge or recognise as one's near and dear; to give refuge to, to sympathise with
ਗਲ਼² *v.form* imperative of ਗਲ਼ਨਾ
ਗੱਲ [gəll] *n.f.* utterance, talk, vocal or verbal expression; matter, affair, purpose, word, speech; promise
~ ਕੱਥ *n.f.* conversation, dialogue, talk, interlocution
~ ਕਰਨੀ *con.v.* to talk, speak, mention, converse, have a word with, consult; to promise
~ ਨਾ ਗੌਲਣੀ *ph.* not to listen, ignore
~ ਬਾਤ *n.f.* same as ਗੱਲ-ਕੱਥ; negotiations; confabulation
~ ਬਾਤ ਕਰਨੀ *con.v.* to converse, hold talks, negotiate
ਗਲਗਲ [gəlgəl] *n.f.* a type of citron, fruit of *Citrus medica* mostly used for pickles
ਗਲਤ [gəlt] *adj.* wrong, incorrect, improper; erroneous, mistaken; untrue, false; also ਗ਼ਲਤ
~ ਅਰਥ ਕੱਢਣਾ/~ ਲੈਣਾ *ph.* to misinterpret
~ ਸਮਝਣਾ *con.v.* to misunderstand, misapprehend, misjudge

~ ਸਾਬਤ ਕਰਨਾ *ph.* to disprove, confute
~ ਕਰਨਾ *con.v.* to cancel, cross, erase
~ ਧਾਰਨਾ *n.f.* misconception
~ ਨਾਉਂ *n.m.* misnomer
~ ਫਹਿਮੀ *n.f.* misunderstanding, misapprehension; disagreement, dissension; smugness
~ ਬਿਆਨੀ *n.f.* wrong or false statement, misstatement, misrepresentation
~ ਮਲਤ *adj.* confused, jumbled, disordered, involved
ਗਲਤਾਨ [gəltan] *adj.* immersed, absorbed, deeply engrossed
ਗਲਤੀ [gəlti] *n.f.* mistake, error, solecism, inaccuracy; misconception, misunderstanding, misjudgement; wrongdoing, faux pas, gaffe, blunder; lapse, omission; also ਗ਼ਲਤੀ
~ ਕਰਨੀ *con.v.* to err, commit ਗਲਤੀ
~ ਦਾ ਪੁਤਲਾ *ph.* fallible, liable to err
ਗਲ਼ਨਾ [gəḷna] *v.i.* to melt, dissolve; to rot, decompose, decay; to fester, putrefy, become gangrenous; to sink (as of foundation, well); also ਗਲ਼ ਜਾਣਾ or ਗਲ਼ਨਾ ਸੜਨਾ
ਗਲਪ [gəlp] *n.f.* story, short story, novel, novelette; fiction
~ ਸਾਹਿਤ *n.m.* fiction
~ ਕਾਰ *n.m.* story-writer, novelist, fiction writer, fictionist
~ ਕਾਰੀ *n.f.* art of fiction-writing
ਗਲਪਾਤਮਿਕ [gəlpatmɪk] *adj.* fictional
ਗਲਫੜਾ [gəlphəṛa] *n.m.* gill
ਗਲਬਾ [gəlba] *n.m.* domination, dominance, preponderance, power, overwhelming influence or control, sway; also ਗ਼ਲਬਾ
~ ਪਾਉਣਾ *ph.* to dominate, overpower, overwhelm; to conquer, rule over, hold sway over
ਗਲ਼ਵੱਕੜੀ [gəḷvəkkəṛi] *n.f.* embrace, hug
~ ਪਾਉਣੀ *con.v.* to embrace, hug
ਗਲ਼ਵਾਉਣਾ [gəḷvauṇa] *v.t.* to get something melted / decomposed / sunk through someone else
ਗਲ਼ਵਾਈ [gəḷvai] *n.f.* act of/wages for *prec.*
ਗੱਲ੍ਹ [gə́ll] *n.f.* cheek, jowl
ਗੱਲ੍ਹੜ [gə́llər̥] *adj.* having plump cheeks
ਗਲ਼ਾ [gəḷa] *n.m.* same as ਗਲ਼[1], throat; same as ਗੜਾ, hailstone; opening, big hole (as in a wall)
ਗੱਲਾ [gəlla] *n.m.* grain, corn, agricultural produce, harvest; money box, cash box, chest, till, safe, coffer
ਗਲ਼ਾਉਣਾ [gəḷauṇa] *v.t.* same as ਗਾਲ਼ਨਾ to dissolve, decompose
ਗਲ਼ਾਈ [gəḷai] *n.f.* process of/wages for *prec.*
ਗਲਾਸ [gəlas] *n.m.* glass; tumbler
ਗਲਾਸੀ [gəlasi] *n.f.* small tumbler
ਗਲ਼ਾਖੋੜੀ [gəḷakhoṛi] *n.f.* halter with one end turned into a loop and the other into a knob to fit into the loop
ਗਲਾਜਤ [gəlajət] *n.f.* same as ਗੰਦ filth; also ਗ਼ਲਾਜ਼ਤ
ਗਲਾਧੜ [gəládər̥] *adj.* talkative, loquacious, babbler, glib talker, verbose, prolix, wordy, chatterbox; garrulous
ਗਲ਼ਾਵਾਂ [gəḷavā] *n.m.* halter, rope tied around the neck of an animal or around a post or bar; entanglement, involvement
ਗਲ਼ਿਆ ਹੋਇਆ [gəḷɪa hoɪa] *adj.m.* rotten, decomposed
ਗਲਿਆਰਾ [gəlɪara] *n.m.* corridor
ਗਲ਼ੀ [gəḷi] *n.f. dia.* see ਮੋਰੀ[2], hole; lane, alley, street; narrow pass
~ਓ ਗਲ਼ੀ/~ ਏ ਗਲ਼ੀ *adv.* along or through a ਗਲ਼ੀ
~ ਗਲ਼ੀ *adv.* in every ਗਲ਼ੀ
ਗੱਲੀਂ ਕੱਥੀਂ/ ਗੱਲੀਂ ਗੱਲੀਂ/ਗੱਲੀਂ ਬਾਤੀ/ ਗੱਲੋ ਗੱਲੀ [gəllĩ kətthĩ/gəllĩ gəllĩ/gəllĩ battĩ/ gəllõ gəllĩ] *adv.* casually during conversation, while talking, by the way; merely by talking, without being serious
ਗਲੀਚਾ [gəlica] *n.m.* carpet, rug
ਗਲੀਜ਼ [gəliz] *adj.* offensively or disgustingly unclean also ਗ਼ਲੀਜ਼
ਗਲ਼ੇ [gəḷe] *n.m. pl.* tonsils, tonsilitis
~ ਪੈਣੇ *con.v.* for tonsils to inflame, suffer

from tonsilitis

ਗਲ਼ੇਡੂ [gəḷeḍu] *n.m. usu. pl.* tears (before they come out of the eyes), tearful eyes, eyes brimmed with tears

~ ਭਰ ਆਉਣਾ *ph.* to have tearful eyes, for eyes to brim with tears

ਗਲ਼ੇਫਣਾ [gəḷephəṇa] *v.t.* to daub or cover with thick layer (of paste, syrup, etc.)

ਗਲ਼ੇਫਾ [gəḷepha] *n.m.* lump, blob, globule of thick liquid

ਗਲੈਸਰੀਨ [glɛsrin] *n.f.* glycerine

ਗਲੈਂਡ [glɛ̃ḍ] *n.m.* gland

ਗਲੋ [gəlo] *n.f.* a creeper plant used medicinally to cure certain fevers, *Menispermum glabrum*

ਗਲੋਟਾ [gəloṭṭa] *n.m. dia.* see ਮੁੱਢਾ, cop

ਗਲੋਤ [gəlot] *n.m.* an esculent plant with acid leaves, *Ceropegia esculenta*

ਗਲੋਬ [gəlob] *n.m.* globe

ਗਲੋਲਾ [gəlola] *n.m.* anything pressed into the shape of a ball; *cf.* ਗੁਲੇਲਾ

ਗਵੱਈਆ [gəvəia] *n.m.* singer, vocalist, songster, musician

ਗਵਰਨਰ [gəvərnər] *n.m.* governor

ਗਵਰਨਰੀ [gəvərnəri] *n.f.* governorship; *adj.* pertaining to governor or governorship

ਗਵਾ [gəva] *v.form* imperative of ਗਵਾਉਣਾ, get one to sing

ਗਵਾਉਣਾ [gəvauṇa] *v.t.* to make or persuade one to sing; to have (song, poem, etc.) sung; same as ਗੁਆਉਣਾ, to lose

ਗਵਾਹ [gəvá] *n.m.* witness, deponent, testifier

~ ਹੋਣਾ *con.v.* to witness, bear witness

ਸਫ਼ਾਈ ਦਾ~ *n.m.* defence witness

ਸਰਕਾਰੀ ~ *n.m.* prosecution witness

ਵਾਇਦਾ ਮਾਫ ~ *n.m.* approver

ਗਵਾਹੀ [gəvái] *n.f.* evidence, deposition, testimony

~ ਸੰਬੰਧੀ *adj.* evidential

~ ਦੇਣੀ *con.v.* to give evidence, depose, testify, bear witness

ਗਵਾਂਢ [gəvā̃ḍ] *n.m.* same as ਗੁਆਂਢ, neighbourhood

ਗਵਾਰ [gəvar] *adj.* uncivilized, vulgar, cad, uncultured, rustic, churlish, unmannerly, boor, boorish, foolish, stupid, fatuous, crass, gross

ਗਵਾਰਪੁਣਾ [gəvarpuṇa] *n.m.* rusticity, vulgarity, churlishness, boorishness, fatuity, fatuousness, crassness, grossness

ਗਵਾਰਫਲੀ [gəvarphəli] *n.f.* bean, seed pod of ਗਵਾਰਾ², clusterbean

ਗਵਾਰਾ¹ [gəvara] *adj.* bearable, tolerable, endurable, acceptable

~ ਕਰਨਾ *con.v.* to tolerate, bear with, endure, accept

ਗਵਾਰਾ² *n.m.* a kind of millet, clusterbean, *Cyamopsis psoraliodes*

ਗਵਾਲ ਮੰਡੀ [gəval mə̃ḍi] *n.f.* dairy, milk market; dairy farm; ward or sector where dairies are located

ਗਵਾਲਾ [gəvala] *n.m.* dairyman, milkman, milk-vendor; *fem.* ਗਵਾਲਣ

ਗਵੇੜ [gəveṛ] *n.m.* guess, inference; estimate

~ ਲਾਉਣਾ *con.v.* to guess, infer, estimate

ਗੜ [gəṛ] *n.m.* deep-rooted boil, furuncle, tumour, abscess, fistula

ਗੜਗੱਜ [gəṛgəjj] *adj.* thunderous, roaring; *n.f.* loud noise, thunderous sound or speech

ਗੜਗੜ [gəṛgəṛ] *n.f.* rumbling, soaring, thunderous sound, thunder

ਗੜਗੜਾਉਣਾ [gəṛgəṛauṇa] *v.i.* to rumble, thunder, boom; also ਗੜਬੜ ਕਰਨਾ

ਗੜਗੜਾਹਟ [gəṛgəráṭ] *n.f.* same as ਗੜਗੜ

ਗੜਬਹਿਲ [gəṛbɛ́l] *n.f.* light bullock-driven cart, cariole

ਗੜਬੜ/ਗੜਬੜੀ [gəṛbəṛ/gəṛbəṛi] *n.f.* confusion, disorder, commotion, mess, welter, ruffle, chaos,muddle; fault, flaw, defect

~ ਕਰਨੀ/~ ਪਾਉਣੀ *con.v.* to cause/create ਗੜਬੜ; to spoil

ਗੜਵਈ [gəṛvəi] *n.m.* servant attending at bath

ਗੜਵਾ [gəṛva] *n.m.* medium-size pitcher-like metal vessel

ਗੜਵੀ [gəṛvi] *n.f.* a small ਗੜਵਾ

ਗੜ੍ਹ [gə́ṛ] *n.m.* fort, castle, bastion, stronghold

ਗੜ੍ਹਕ [gə́ṛk] *n.f.* boiling, bubbling, rumbling sound; boiling process, thunder, roar, bellow

ਗੜ੍ਹਕਣਾ [gə́ṛkəṇa] *v.i.* to boil, seethe; to thunder, roar, bellow

ਗੜ੍ਹਕਾ [gə́ṛka] *n.m.* same as ਗੜ੍ਹਕ

ਗੜ੍ਹਨਾ [gə́ṛna] *v.t.* (for cattle) to cross, copulate

ਗੜ੍ਹੀ [gə́ṛi] *n.f.* fortress, fortified house

ਗੜ੍ਹੰਮ [gəṛùm] *n.m.* deep pit filled with water, pit within a channel, river, lake, pond, etc.; also ਡੁੰਮ੍ਹ

ਗੜਾ [gəṛa] *n.m.* hailstone, hail

~ ਪੈਣਾ *con.v.* to hail

ਗੜੀ ਜੋਗਾ/ਗੜੇ ਜੋਗਾ [gəṛi joga/gəṛe joga] *adj.m.* a mild abuse, *lit.* fit to be struck with hail

ਗੜੁੱਚ [gəṛucc] *adj.* thoroughly soaked, drenched, saturated

ਗੜੁੱਚਣਾ [gəṛuccəṇa] *v.i.* to be soaked, drenched, saturated

ਗੜੂਆਂ [gəṛuã] *n.m.* a species of worm which infests sugarcane crop

ਗੜੂੰਦ [gəṛũd] *adj.* same as ਗੜੁੱਚ; smeared, daubed; absorbed, engrossed

ਗੜੂੰਦਣਾ [gəṛũdəṇa] *v.t.* to cause to be ਗੜੂੰਦ, smear, daub; to absorb, engross

ਗੜੇਮਾਰ [gəṛemar] *n.f.* destruction, damage caused by hailstorm

ਗ੍ਰਸਣਾ/ਗਰਸਣਾ [gərəsəṇa] *v.t.* to seize, hold; to eat away, swallow; to eclipse, overshadow; to afflict

ਗ੍ਰਹਿ/ਗਰਹਿ [gərɛ́] *n.m.* planet, star; effect of evil or ill star; house, home, dwelling

~ ਚਾਲ *n.f.* planetary movement or velocity

~ ਪੰਥ *n.m.* orbit

~ ਮੰਤਰਾਲਾ *n.m.* secretariat of home department, ministry of home affairs, home ministry

~ ਮੰਤਰੀ *n.m.* home minister, minister of home or internal affairs

~ ਯੁੱਧ *n.m.* civil war

~ ਵਿਭਾਗ *n.m.* home department, department of home affairs

ਗ੍ਰਹਿਸਤ/ਗਰਹਿਸਤ [gərìst] *n.m.* same as ਗ੍ਰਿਸਤ

ਗ੍ਰਹਿਣ/ਗਰਹਿਣ [gərɛ́ṇ] *n.m.* eclipse; adoption, acquisition, assimilation

~ ਕਰਨਾ *con.v.* to adopt, follow, accept, acquire

ਗ੍ਰਹਿਣਿਆ/ਗਰਹਿਣਿਆ [gərɛ́ṇɪa] *adj.m.* eclipsed, afflicted/struck by supposed ill effects of eclipses *usu.* physical deformities

ਗ੍ਰਹੁ/ਗਰਹੁ [gərɔ́] *n.m.* same as ਗ੍ਰਹਿ

ਗ੍ਰੰਥ/ਗਰੰਥ [gərə̃th] *n.m.* book, tome; sacred book

~ ਸਾਹਿਬ *n.m. lit.* Guru Granth Sahib, the scripture of the Sikhs

ਗ੍ਰੰਥੀ/ਗਰੰਥੀ [gərə̃thi] *n.m.* Sikh scripture-reader/priest or officiant

ਗ੍ਰਾਊਂਡ/ਗਰਾਊਂਡ [gəraũḍ] *n.f.* ground, play ground

ਗ੍ਰਾਫ/ਗਰਾਫ [gəraph] *n.m.* graph

~ ਪੇਪਰ *n.m.* graph paper

ਗ੍ਰਾਮੋਫੋਨ/ਗਰਾਮੋਫੋਨ [gəramophon] *n.m.* gramophone

ਗ੍ਰਿਸਤ/ਗਰਿਸਤ [gərɪst] *n.m.* family life, house holdership, married state, having a family; also ਗ੍ਰਿਸਥ

~ ਆਸ਼੍ਰਮ *n.m.* second stage of life according to Hindu code

ਗ੍ਰਿਸਤੀ/ਗਰਿਸਤੀ [gərɪsti] *adj. & n.m.* householder, person following ਗ੍ਰਿਸਤ, married and having a family

ਗ੍ਰਿੱਲ/ਗਰਿੱਲ [gərɪll] *n.f.* grill, grille

ਗ੍ਰੀਸ/ਗਰੀਸ [gəris] *n.f.* grease; *n.m.* Greece

ਗ੍ਰੁਪ/ਗਰੁਪ [gərupp] *n.m.* group, faction

ਗ੍ਰੁਪ ਬੰਦੀ/ਗਰੁਪਬੰਦੀ [gəruppbə̃di] *n.f.* organisation into groups

ਗ੍ਰੁਪਬਾਜ਼ੀ/ਗਰੁਪਬਾਜ਼ੀ [gəruppbazi] *n.f.* groupism, factionalism

ਗ੍ਰੇਡ/ਗਰੇਡ [gəreḍ] *n.m.* grade; pay grade

ਗ੍ਰੈਜੂਏਟ/ਗਰੈਜੂਏਟ [gərɛjueṭ] *adj. & n.m.* graduate

ਗ੍ਰੈਮਰ/ਗਰੈਮਰ [gərɛmər] *n.f.* grammar

ਗ੍ਰੋਹ/ਗਰੋਹ [gəró] *n.m.* band, gang

ਗਾ [ga] *v.form* imperative of ਗਾਉਣਾ, sing

ਗਾਂ [gã] *n.f.* cow; *pl.* ਗਾਵਾਂ, ਗਾਈਂ, ਗਾਈਆਂ
ਗਾਉਂ [gaõ] *n.m.* village
ਗਾਉਣਾ [gauṇa] *v.i.t.* to sing, chant
ਗਾਉਜ਼ਬਾਨ [gaozəban] *n.m.* cowslip, *Primula officinatis, Primula veris*
ਗਾਉਦੁਮ [gaodum] *adj.* resembling cow's tail, tapering downwards
ਗਾਊਨ [gaun] *n.m.* gown
ਗਾਇਕ [gaık] *n.m.* singer, vocalist, singster, chanter, chorister, musician
ਗਾਇਕਾ [gaıka] *n.f.* same as ਗਾਇਕ
ਗਾਇਣ [gaıṇ] *n.m.* singing, singing performance; song, lay, chant, music; warble, warbling
~ ਵਿੱਦਿਆ *n.f.* music, musicology
ਗਾਇਬ [gaıb] *adj.* absent, missing, invisible, disappeared, vanished, evaporated; hidden, concealed; also ਗ਼ਾਇਬ
~ ਹੋ ਜਾਣਾ *con.v.* to disappear, vanish; to be lost to sight, be lost
~ ਕਰਨਾ *con.v.* to make something disappear, hide, conceal; to steal
ਗਾਈਡ [gaiḍ] *n.m.* guide
ਗਾਹ [gá] *n.m.* a spread of harvested crop awaiting or under crushing or threshing; *informal* things lying helter-skelter, disorder
~ ਖਿਲਾਰਨਾ *con.v.* to spread harvest for threshing
~ ਪਾਉਣਾ *ph.* see *prec.;* to create disorder, chaos, spread things helter-skelter
ਗਾਹਕ [gák] *n.m.* customer, buyer, purchaser; client; seeker
ਗਾਹਕੀ [gáki] *n.f.* demand; sale; purchase; clientele
ਗਾਹਟੀ [gáṭi] *n.f.* counter (used in some indoor games), also ਗੋਹਟੀ
ਗਾਹਣ[1] [gáṇ] *adj.* fordable; *n.m.* ford
~ ਲੰਘਣਾ *con.v.* to ford, wade through
ਗਾਹਣ[2] *n.m.* process of threshing; same as ਗਾਹ
ਗਾਹੁਣਾ [gáuṇa] *v.t.* to thresh, crush, bruise (crop); to travel, traverse, wander through (*usu.* in search of something)
ਗਾਗਰ [gaggər] *n.f.* metallic pitcher
ਗਾਚ [gac] *n.m.* sod along with nursery plant; lump of more or less regular shape
ਗਾਚਨੀ [gacni] *n.f.* yellow clay
ਗਾਚਾ [gacca] *n.m.* maize grown as fodder crop; also ਟਾਂਡੀ
ਗਾਚੀ[1] [gacci] *n.f.* same as ਗਾਚਨੀ; small ਗਾਚ; soapcake
ਗਾਜਰ [gajjər] *n.f.* carrot, *Daucus carota*
~ ਪਾਕ *n.m.* type of sweetmeat; same as ਗਜਰੇਲਾ
ਗਾਜਾ [gaja] *n.m.* toilet powder; unguent
ਗਾਂਜਾ [gãja] *n.m.* dried pistillate part of Indian hemp, cannabis, hashish
~ ਪੀਣਾ *con.v.* to smoke hashish
ਗਾਜੀ [gaji] *n.m.* person who goes round collecting food offerings; *cf.* ਗਜਾ[1]
ਗਾਜ਼ੀ [gazi] *n.m.* crusader, fighter for a religious cause; vanquisher of infidels, Muslim warrior or hero; also ਗ਼ਾਜ਼ੀ
ਗਾਟਾ [gaṭṭa] *n.m.* neck
ਗਾਡ[1] [gaḍ] *n.m. colloq.* same as ਗਾਰਡ
ਗਾਡ[2] *n.f.* digging, pitching; dug in position, dugout; *cf.* ਗੱਡਣਾ
ਗਾਂਡ [gãḍ] *n.f.* anus, rectum, arse
~ ਮਾਰਨੀ *con.v.* to commit sodomy
ਗਾਡਰ [gaḍər] *n.m.* girder
ਗਾਡੀ [gaḍi] *n.f. dia.* see ਗੱਡਾ, cart; *adj.* (bullock) trained to pull ਗੱਡਾ; *n.m.* bullock-cart driver
~ ਰਾਹ *n.m.* cart track; beaten track, main route, highway
ਗਾਡੀਵਾਨ [gaḍivan] *n.m.* cart driver
ਗਾਂਡੂ [gãḍu] *n.m.* male prostitute, *adj. fig.* coward; shameless
ਗਾਂਢਾ [gã̀ḍa] *n.m.* joint, patch, splice
~ ਸਾਂਢਾ *n.m.* patchwork, patch-up; conspiracy, collusion
~ ਲਾਉਣਾ *con.v.* to make a joint, patch, mend, repair, splice
ਗਾਣਾ [gaṇa] *n.m.* song, ditty; singing, tune; *v.i.* see ਗਾਉਣਾ
~ ਵਜਾਣਾ/ ਗਾਣ-ਵਜਾਣ *n.m.* musical entertainment, merry-making, revel, revelry, festivity
ਗਾਤਰਾ [gatəra] *n.m.* baldric, sword-belt,

sash, shoulder-belt; inner bar of yoke

ਗਾਥਾ [gatha] *n.f.* story, tale, saga; an old language with Sanskrit, Pali and other regional or local vocabulary mixed in it, a kind of macaronic

ਗਾਦ [gad] *n.f.* sediments, dregs, lees; *cf.* ਗਾਬ

ਗਾਧੀ [gádi] *n.f.* bullock-driver's seat; beam of Persian wheel/oilpress, etc., to which bullocks are yoked

~ **ਵਾਹੁਣੀ** *con.v.* to drive bullocks yoked to ਗਾਧੀ

ਗਾਂਧੀਵਾਦ [gə̃divad] *n.m.* Gandhism, political philosophy of the Indian leader Mohandas Karamchand Gandhi

ਗਾਂਧੀਵਾਦੀ [gə̃divadi] *adj.* concerning Gandhism, Gandhian, *n.m.* follower of Gandhism

ਗਾਨਾ [ganna] *n.m.* bracelet of multi-coloured yarn with cowries attached to it (*usu.* tied to the right wrist of bride or bridegroom at marriage (ceremony)

~ **ਬੰਨ੍ਹਣਾ** *con.v.* to wear or tie ਗਾਨਾ

ਗਾਨੀ [ganni] *n.f.* necklace of shells, beads or simply of coloured string with specially designed knots (mostly used for children and animals)

ਗਾਫ਼ਲ [gafəl] *adj.* oblivious, unmindful, inattentive, negligent, neglectful, careless, remiss; lazy; also ਗ਼ਾਫ਼ਲ

ਗਾਬ [gab] *n.f.* mire, mud, slime, silt

ਗਾਮ [gam] *n.m.* foot, pace; *n.f.* amble, horse's gait at walking pace; see also ਗਰਾਂ, village

ਗਾਮਚਾ/ਗਾਮਚੀ [gamca/gamci] *n.m./n.f.* pastern

ਗਾਰ¹ [gar] *n.f.* same as ਗਾਬ, suspended dirt in water, silt; cave, cavern, also ਗ਼ਾਰ

~ **ਕੱਢਣੀ** *con.v.* to desilt, dredge

ਗਾਰਡ [garḍ] *n.m.* guard *esp.* of railway train

ਗਾਰਡੀਅਨ [garḍiən] *n.m.* guardian

ਗਾਰਦ [gard] *n.f.* guard, group of soldiers or policemen deployed for protection or close watch

ਗਾਰਨਾ [garna] *v.t.* see ਗਾਲ਼ਨਾ; to bury harvested hemp/jute plants under water

ਗਾਰਾ [gara] *n.m.* mortar of mud used as building material, cob; *dia.* same as ਗਾਰ¹, same as ਚਿੱਕੜ

ਗਾਲ਼¹ [gaḷ] *n.f.* abuse, profanity, name-calling, invective, execration, vituperation; any abusive/vulgar/filthy/insulting and provocative utterance or swear word

~ **ਉਲਾਂਭਾ** *n.m.* complaint, accusation, reproach

~ **ਕੱਢਣੀ** *con.v.* to utter ਗਾਲ਼, revile at or against, abuse, berate, swear at, call names

~ **ਦੁੱਪੜ/ ਗਾਲ਼ੀ ਗਲੋਚ** *n.f.* profanities, vulgarities, name-calling, vituperation, revilement, billingsgate; exchange of abuse, vulgar altercation

ਗਾਲ਼ੋਗਾਲ਼/ਗਾਲ਼ੋਗਾਲ਼ੀ ਹੋਣਾ *ph.* to exchange abuses, to altercate using abusive/ vulgar expression

ਗਾਲ਼² *v.form* imperative of ਗਾਲ਼ਨਾ decompose, melt

ਗਾਲਣਾ/ਗਾਲ਼ਨਾ [galṇa/gaḷna] *v.t.* to dissolve, melt; to decay, rot; decompose; to smelt, fuse; to sink (foundation, well, etc.)

ਗਾਲਬ [galəb] *adj.* dominating, dominant, overpowering, preponderating, preponderant; also ਗ਼ਾਲਬ

~ **ਹੋ ਜਾਣਾ** *con.v.* to dominate, overpower

ਗਾਲਬਨ [galbən] *adv.* probably, most or very likely

ਗਾਲੜੀ [galəṛi] *adj.* talkative, chatty, chatterer, prattler, chatterbox

ਗਾਲ੍ਹੜ [gálər] *n.m.* squirrel

ਗਾਲ਼ਾ [gaḷa] *n.m.* grist

ਗਾੜ੍ਹ [gáṛ] *n.m.* thickness, denseness, density, glutinosity, viscosity; compactness, closeness, intimacy; crowd, throng, multitude

ਗਾੜ੍ਹਾ [gə̃ṛa] *adj.m.* thick, o nse, compact, glutinous, inspissated, thickened, viscous; intimate/close/fast (friend or

ally)
~ ਕਰਨਾ *con.v.* to inspissate, thicken
ਗਾੜ੍ਹਾਪਨ [gáṛapən] *n.m.* same as ਗਾੜ੍ਹਾ
ਗਾੜ੍ਹੀ [gáṛi] *adj.f.* same as ਗਾੜ੍ਹਾ; *n.f. colloq.* see ਗਾਧੀ
ਗਿਆ [gɪa] *v.form.* past indefinite singular masculine from ਜਾਣਾ, went
~ਗੁਆਤਾ/~ਗੁਜਰਿਆ *adj.m.* good-for-nothing, worthless (fellow)
ਗਿਆਤ [gɪat] *adj.* known, comprehended, understood, perceived, familiar
ਗਿਆਤਮਈ [gɪatməi] *adj.* knowable, comprehensible
ਗਿਆਤਾ [gɪata] *adj. & n.m.* knower, knowing, knowledgeable, informed, familiar, wise, intelligent person
ਗਿਆਨ [gɪan] *n.m.* knowledge, comprehension, perception, understanding, information, ken, intelligence, light, insight; divine/religious or spiritual knowledge
~ ਅੰਜਨ *n.m. lit,* collyrium of knowledge; spiritual insight
~ ਇੰਦਰੀ *n.f.* sense organ, receptor
~ ਸਿਧਾਂਤ *n.m.* epistemology
~ ਖੰਡ *n.m.* mystical stage of spiritual knowledge, realm of knowledge
~ ਗੋਸ਼ਟ *n.f.* intelligent conversation/discourse/discussion or debate *esp.* on religious or spiritual matters
~ ਧਿਆਨ *n.m.* spiritual knowledge, meditation, contemplation
~ ਮਿਮਾਂਸਾ *n.f.* same as ਗਿਆਨ ਸਿਧਾਂਤ
ਗਿਆਨਹੀਣ [gɪanhiṇ] *adj.* ignorant, devoid of knowledge
ਗਿਆਨ ਬੋਧ [gɪanbód] *n.m.* cognition
ਗਿਆਨਮਈ [gɪanməi] *adj.* knowledge-giving, educative
ਗਿਆਨਵਾਦ [gɪanvad] *n.m.* intellectualism, gnosticism
ਗਿਆਨਵਾਦੀ [gɪanvadi] *adj.* gnostic
ਗਿਆਨਵਾਨ [gɪanvan] *adj.* learned, enlightened, knowledgeable; also ਗਿਆਨਵੰਤ
ਗਿਆਨੀ [gɪani] *n.m.* scholar, savant, teacher, learned, exegete; a university course for diploma in Punjabi literature; holder of such degree or diploma
ਗਿਆਰਾਂ [gɪarā̃] *adj.* eleven
ਗਿਆਰ੍ਹਵਾਂ [gɪárvā̃] *adj.* eleventh
ਗਿਆਰ੍ਹੀਂ [gɪárī̃] *adv.* worth or bought or sold for Rs. 11
ਗਿੱਚੀ [gɪcci] *n.f.* neck, cervix; nape, scruff
~ ਮਰੋੜਨੀ *ph. lit.* to twist ਗਿੱਚੀ; to strangulate, kill
ਗਿਜ਼ਾ [gɪza] *n.f.* same as ਗਜ਼ਾ[1]
ਗਿੱਝ [gíjj] *v.form* imperative of ਗਿੱਝਣਾ
ਗਿੱਝਣਾ [gíjjəṇa] *v.i.* to form or develop a habit, become used to/habitual/addicted or accustomed; to take something for granted
ਗਿੱਝਾ [gíjja] *adj.m.* habitual, accustomed, addicted, encouraged to take something for granted
~ ਗਿੱਝਾ/~ਗਿਝਾਇਆ *adj.m.* same as ਗਿੱਝਾ; *adv.* out of or prompted by habit
ਗਿਝਾਉਣਾ [gɪjàuṇa] *v.t.* to habituate, accustom, addict, help or encourage one to take a habit or something for granted
ਗਿਟਕ [gɪṭək] *n.f.* stone of fruit, endocarp
ਗਿਟਮਿਟ [gɪṭmɪṭ] *n.f.* talk, conversation in an unfamiliar language *usu.* English; unintelligible talk
ਗਿੱਟਲ਼ [gɪṭṭəl] *adj.* (one) with ankles abnormally or noticeably protruding; weak, emaciated
ਗਿੱਟਾ [gɪṭṭa] *n.m.* ankle
~ ਨਿਕਲ਼ਨਾ *ph.* to sprain one's ankle
ਗਿੱਟੇ ਨਿਕਲਨੇ *ph.* to become emaciated
ਗਿੱਟੇ ਗਿੱਟੇ *adv.* ankle-deep
ਗਿੱਟੇ ਗੋਡੇ *n.m.pl.* joints
ਗਿੱਟੀ [gɪṭṭi] *n.f.* same as ਗੀਟੀ, rounded pebble or shard; counter; wooden wedge to keep strings of drum taut; cluster of stars, galaxy
ਗਿੱਟੀਆਂ ਗਿਣਨਾ *ph. lit.* to count stars, indulge in useless calculation/speculation or thoughts in separation or adversity; not to be able to sleep at night due to worry

ਗਿੱਠ [gɪṭṭh] *n.f.* span, measure of length equal to stretched hand, about 9 inches; fully stretched hand or palm

ਗਿਠਮੁਠੀਆ/ਗਿੱਠਾ [gɪṭhmuṭhia/gɪṭṭha] *adj.m.* dwarfish, dwarf, pigmy, midget, shorty, Tom Thumb

ਗਿੱਡ [gɪḍḍ] *n.f.* mucus or viscid matter formed in sore eyes

~ ਆਉਣੀ *con.v.* for ਗਿੱਡ to form or appear

ਗਿੱਡਲ਼ [gɪḍḍəḷ] *adj.* (person) with eyes often secreting ਗਿੱਡ; *fig.* dirty, unclean

ਗਿਣ [gɪṇ] *v.form* imperative of ਗਿਣਨਾ, count

ਗਿਣਤਾਰ [gɪṇtar] *n.m.* abacus

ਗਿਣਤੀ [gɪṇti] *n.f.* counting, count, enumeration, census; total number; reckoning, calculation, computation; roll call, muster

~ ਕਰਨਾ *con.v.* same as ਗਿਣਨਾ, to count, call the roll

~ ਮਿਣਤੀ *n.f.* calculation, computation, assessment

~ ਵਿਚ ਨਾ ਹੋਣਾ *ph.* not to count, to be insignificant

ਗਿਣਨਾ [gɪṇna] *v.t.* to count, enumerate, check numbers, reckon, calculate, compute; to take into account; to call the roll, take muster

ਗਿਣ ਮਿਥ ਕੇ [gɪṇ mɪth ke] *adv.* deliberately, intentionally, after due reckoning of pros and cons

ਗਿਣਵਾਂ [gɪṇvã] *adj.m.* same as ਗੇਣਵਾਂ, limited in number

ਗਿਣਵਾਉਣਾ [gɪṇvauṇa] *v.t.* to get, have (things or persons) counted/enumerated; to assist in counting

ਗਿਣਾਉਣਾ [gɪṇauṇa] *v.t.* same as *prec.*

ਗਿਣਾਤਮਿਕ [gɪṇatmɪk] *adj.* quantitative, numerical

ਗਿੱਦੜ [gɪddəṛ] *n.m.* jackal; *adj.m. informal* coward

~ ਕੁੱਟ *n.f.* severe beating

~ ਗੁੰਮਾ *n.m.* unnecessary altercation, disputation over a trifle; wild unedible mushroom

~ ਦੂੰਬਾ *n.m.* a kind of grass

~ ਪਰਵਾਨਾ *n.m.* (derogatory) a trivial note/letter of recommendation or permit

~ ਪੀੜ੍ਹੀ *n.f.* a flat-topped protuberance formed on certain trees

~ ਭਬਕੀ *n.f.* bluster, empty threat, menacing or swaggering conduct, bravado

ਗਿੱਧ [gídd] *n.f.* see ਗਿਰਝ, vulture

ਗਿੱਧਾ [gídda] *n.m.* clapping; a ladies' dance of Punjab accompanied by singing and clapping of hands

~ ਪਾਉਣਾ *con.v.* to perform ਗਿੱਧਾ

ਗਿਰ[1] [gɪr] *n.f.* a unit of length equal to the width of three fingers, 1/16th of a yard or 9/4 inches

ਗਿਰ[2] *n.m.* mountain

ਗਿਰ[3] *v.form* imperative of ਗਿਰਨਾ, fall down

ਗਿਰਗਟ [gɪrgəṭ] *n.m.* chameleon; also ਗਿਰਗਿਟ

ਗਿਰਜਾ [gɪrja] *n.m.* church; also ਗਿਰਜਾਘਰ

ਗਿਰਝ [gírj] *n.m.* vulture, *Cathartes aura*

ਗਿਰਦ [gɪrd] *adv.* around

ਗਿਰਦਾ [gɪrda] *n.m.* circumference, perimeter, environment, milieu, surroundings, periphery

ਗਿਰਦਾਵਰ [gɪrdavər] *n.m.* same as ਗਰਦਾਵਰ

ਗਿਰਦੇ [gɪrde] *adv.* around, all around

ਗਿਰਦੋਨਵਾਹ [gɪrdonəvá] *n.m.* surroundings, vicinity, neighbourhood, periphery

ਗਿਰਨਾ [gɪrna] *v.i.* same as ਡਿਗਣਾ; to fall; to stoop, lose dignity

ਗਿਰਮਟ [gɪrməṭ] *n.m.* gimlet

ਗਿਰਵੀ [gɪrvi] *adj.* mortgaged, pawned

~ ਰੱਖਣਾ *con.v.* to mortgage, pawn

ਗਿਰਾ [gɪra] *n.f.* same as ਗਿਰ[1]

ਗਿਰਾਂ [gɪrã] *n.m. dia.* see ਗਰਾਂ, village; *n.f. pl.* of ਗਿਰ[1]

ਗਿਰਾਉਣਾ/ਗਿਰਾਣਾ [gɪrauṇa/gɪraṇa] *v.t.* same as ਡੇਗਣਾ, to cause (one) fall, fell

ਗਿਰਾਵਟ [gɪravəṭ] *n.f.* fall, drop, loosening, downfall, decline, degeneration, deterioration, degradation, decadence, turpitude

ਗਿਰਿਆਜ਼ਾਰੀ [gɪrɪazari] *n.f.* wailing, lamentation

ਗਿਰੀ[1] [gɪri] *n.f.* kernel; meat of coconut

ਗਿਰੀ[2] *n.m.* mountain

ਗਿਰੇਬਾਨ [gɪreban] *n.m.* collar (of a shirt)

ਗਿੱਲ [gɪll] *n.f.* name of a Jaṭṭ sub-caste; moisture, moistness, dampness, wetness; wet ground

ਗਿਲਟ [gɪlṭ] *n.m.* nickel

ਗਿਲਤੀ [gɪlti] *n.f.* sheet wrapped around head, shoulders and trunk and tied to the neck

~ ਬੰਨ੍ਹਣੀ/ਮਾਰਨੀ *con.v.* to wear ਗਿਲਤੀ as above

ਗਿਲ੍ਹਟ [gíḷṭ] *n.m.* hardened muscle due to exertion; same as ਖੱਲੀ

~ ਪੈਣੇ *con.v. pl.* for ਗਿਲ੍ਹਟ to form; to be extremely tired, have taut muscles

ਗਿਲ੍ਹਟੀ [gíḷṭi] *n.f.* hard swollen gland, protuberance, lump formed in flesh; bubo, tumour, neoplasm

ਗਿੱਲ੍ਹੜ [gíllər] *n.m.* goitre, enlargement of thyroid gland

ਗਿਲਾ [gɪla] *n.m.* friendly complaint, expression of injured feelings, sense of being hurt; accusation, grievance

ਗਿੱਲਾ [gɪlla] *adj.m.* moist, damp, wet

~ ਸੁੱਕਾ *adj.m.* damp and dry; dampish, somewhat damp, partly wet and partly dry

~ ਕਰਨਾ *con.v.* to dampen, moisten, dabble, wet

~ ਪੀਹਣ *ph.* snail's pace, extremely slow rate of progress

~ ਪੀਹਣ ਪਾਉਣਾ/ਪਾ ਛੱਡਣਾ *ph.* to work or move at a snail's pace

ਗਿਲਾਜ਼ਤ [gɪlazət] *n.f.* see ਗੰਦ, filth

ਗਿਲਾਫ਼ [gɪlaf] *n.m.* cover, covering (for pillow/quilt/mattress, etc.); also ਗਿਲਾਫ਼

~ ਚੜ੍ਹਾਉਣਾ *con.v.* to put ਗਿਲਾਫ਼ (around/on)

ਗਿੜ [gɪṛ] *v.form* imperative of ਗਿੜਨਾ

ਗਿੜਗਿੜਾ [gɪṛgɪṛa] *v.form* imperative of ਗਿੜਗਿੜਾਉਣਾ, beseech

ਗਿੜਗਿੜਾਉਣਾ [gɪṛgɪṛauṇa] *v.i.* to beseech/implore or request abjectly/tearfully/whimperingly

ਗਿੜਗਿੜਾਹਟ [gɪṛgɪráṭ] *n.f.* abject whimpering

ਗਿੜਨਾ [gɪṛna] *v.i.* (for machine/wheel/axle) to turn, rotate

ਗਿੜਵਾਉਣਾ [gɪṛvauṇa] *v.t.* to have something turned/rotated; to assist in such process

ਗਿੜਵਾਈਂ [gɪṛvai] *n.f.* wages for ਗਿੜਵਾਉਣਾ

ਗਿੜਾਉਣਾ [gɪṛauṇa] *v.t.* same as ਗਿੜਵਾਉਣਾ

ਗਿੜਾਈ [gɪṛai] *n.f.* same as ਗਿੜਵਾਈ

ਗੀਗਾ [giga] *n.m. informal* infant, baby; *adj.m.* innocent, simpleton

ਗੀਜ਼ਰ [gizər] *n.m.* geyser

ਗੀਝਾ [gíja] *n.m. dia.* see ਖੀਸਾ, pocket

ਗੀਟੜਾ/ਗੀਟਾ/ਗੀਟੀ [giṭəṛa/giṭa/giṭi] *n.m./n.m./n.f.* pebble, small rounded stone or shard

ਗੀਂਢਾ [gíḍa] *adj.m. informal* short (person); shorty, short and stout

ਗੀਤ [git] *n.m.* song, lyric, ditty, hymn, chant, serenade, paean

~ ਕਾਵਿ *n.m.* lyrical poetry, poetic compositions capable of being sung or set to music

~ ਨਾਟ *n.m.* opera

ਗੀਤਕਾਰ [gitkar] *n.m.* composer or writer of ਗੀਤ, lyric poet, songster

ਗੀਤਕਾਰੀ [gitkari] *n.f.* art of writing ਗੀਤ

ਗੀਤਮਈ/ਗੀਤਾਤਮਿਕ [gitməi/gitatmɪk] *adj.* lyrical

ਗੀਤਾ [gita] *n.f.* a sacred book of Hindus, Bhagavad Gita

ਗੀਦੀ [giddi] *adj.* coward, cowardly, dastard, pusillanimous, timid, chicken-hearted, faint-hearted, timorous

ਗੀਦੀਪੁਣਾ [giddipuṇa] *n.m.* cowardness, pusillanimity, timidity, timorousness; cowardice

ਗੁਆ [gua] *v.form* imperative of ਗੁਆਉਣਾ, lose

ਗੁਆਉਣਾ [guauṇa] *v.t.* to lose; to miss; to waste, squander, fritter away, dissipate; to spend unwisely

ਗੁਆਊ [guau] *adj.* spendthrift, extravagant, prodigal; likely or prone to lose

ਗੁਆਹ [guá] *n.m. colloq.* see ਗਵਾਹ
ਗੁਆਚਣਾ [guacəṇa] *v.i.* to be or to get lost
ਗੁਆਂਢ [guā̃ḍ] *n.m.* neighbourhood, vicinity; neighbours (collectively)
ਗੁਆਂਢਣ/ਗੁਆਂਢੀ [guā̃ḍəṇ/guā̃ḍi] *n.f./n.m.* neighbour
ਗੁਆਂਢਣੀ [guā̃ḍəṇi] *n.f.* pimple on the eyelid, sty
ਗੁਆਰ [guar] *adj. colloq.* see ਗਵਾਰ, rustic
ਗੁਆਰਾ [guara] *n.m. colloq.* see ਗਵਾਰਾ², a millet plant
ਗੁਆਲਾ [guala] *n.m. colloq.* see ਗਵਾਲਾ, dairyman
ਗੁਸਤਾਖ [gustakh] *adj.* rude, impudent, impolite, impertinent, uncivil, discourteous, blunt, brusque, audacious; also ਗੁਸਤਾਖ਼
ਗੁਸਤਾਖੀ [gustakhi] *n.f.* rudeness, impertinence, impudence, impoliteness; affront, bluntness, brusqueness, audacity
ਗੁਸਲ [gusəl] *n.m.* bath; also ਗੁਸਲ
~ ਕਰਨਾ *con.v.* to take bath, bathe
ਗੁਸਲਖਾਨਾ [gusəlkhana] *n.m.* bathroom, bath, bath house
ਗੁੱਸਾ [gussa] *n.m.* anger, wrath, ire, fury, rage, choler, spleen, pique, dudgeon; complaint, grievance
~ ਕੱਢਣਾ *con.v.* to express or give vent to anger
ਗੁਸਾਈਂ [gusaĩ] *n.m.* holy man, saint, sadhu, name of a sect of sadhus, name of a Brahmin sub-caste
ਗੁੱਸੇ [gusse] *adj.* angry, irate, furious; displeased; estranged, annoyed
~ਨਾਲ *adv.* angrily, irately, furiously
ਗੁੱਸੇਖੋਰ/ਗੁੱਸੇਖੋਰਾ [gussekhor/gussekhora] *adj./adj.m.* choleric, irascible, touchy, testy; short-tempered
ਗੁਸੈਲ [gusɛl] *adj.* irate, irascible, wrathful, easily provoked to anger
ਗੁਹਜ [gój] *adj.* mysterious, secret, occult, recondite, erotic
ਗੁਹਾਰਾ [guhara] *n.m.* same as ਗਹੀਰਾ, stack of cowdung cakes
ਗੁੰਗ [gũg] *n.m.* dumbness, muteness, inability to speak, aphasia
~ ਵੱਟਾ *adj.* mute, refusing to talk
ਗੁੱਗਲ [guggəl] *n.f.* gum of certain pine trees such as *Amyris comiphora used in incense or balms*
~ ਹੋ ਜਾਣਾ *ph.* to go waste, to be in vain
ਗੁੱਗਾ [gugga] *n.m.* serpant god
~ ਪੂਜਾ *n.f.* snake-worship
ਗੁੰਗਾ [gũga] *adj.m.* dumb, mute, speechless
~ ਹੋ ਜਾਣਾ/~ ਹੋ ਰਹਿਣਾ *ph.* to be silent/reticent or reserved on purpose
ਗੁੰਗਾਪਣ [gũgapəṇ] *n.m.* same as ਗੁੰਗ
ਗੁੱਛਾ [guccha] *n.m.* bunch, cluster, tuft, tassel, pompon; tangle, jumble, curl; bouquet, floccule, rossette
ਗੁੱਛਮ ~ *adj. & adv.* see ਗੁੱਥਮਗੁੱਥਾ; entagled, jumbled
~ ਹੋਣਾ *ph.* to shrink, contract, shrivel, wrinkle; to become entangled, tasselled
ਗੁੱਛੀ [gucchi] *n.f.* diminutive of ਗੁੱਛਾ; a kind of edible mushroom, morel, *Morchella esculenta;* barber's bag; shaving brush
ਗੁੱਛੇਦਾਰ [gucchedar] *adj.* curly; tasselled, tufty, flocculent, clustery
ਗੁੰਜਨ [gũjən] *n.f.* buzzing or humming sound
ਗੁਜਰ [gujər] *n.f.* same as ਗੁਜਾਰਾ; same as ਲਾਂਘਾ; also ਗੁਜ਼ਰ
~ ਜਾਣਾ *con.v.* same as ਗੁਜਰਨਾ; to pass away, die, expire, breathe one's last
~ ਬਸਰ/ਗੁਜਰਾਨ *n.f.* same as ਗੁਜਾਰਾ
ਗੁੱਜਰ [gujjər] *n.m.* cattle-breeder and milkman; name of a cattle-rearing tribe or community
ਗੁਜਰਨਾ [gujərna] *v.i.* to go, pass by or through, get across or through; (for time) to pass or elapse; also ਗੁਜ਼ਰਨਾ
ਗੁਜਰੀ [gujri] *n.f.* milkmaid; doll of baked clay; name of a musical measure
ਗੁੰਜਾ [gũja] *v.form* imperative of ਗੁੰਜਾਉਣਾ, make to resound; *cf.* ਗੂੰਜ
ਗੁੰਜਾਉਣਾ [gũjauṇa] *v.t.* to make or cause (something) to resound, buzz, reverberate, echo or re-echo

ਗੁੰਜਾਇਸ਼ [gũjaɪṣ] *n.f.* capacity, space, room, margin; profit, margin of profit
~ ਕੱਢਣੀ *con.v.* to make or spare ਗੁੰਜਾਇਸ਼

ਗੁੰਜਾਨ [gũjan] *adj.* dense. (population)
~ ਆਬਾਦ *adj.* densely populated

ਗੁੰਜਾਰ [gũjar] *n.f.* same as ਗੂੰਜ and ਗੁੰਜਨ

ਗੁਜਾਰਸ਼ [gujarəṣ] *n.f.* request, entreaty, solicitation, supplication, prayer, petition; also ਗੁਜ਼ਾਰਸ਼
~ ਕਰਨੀ *con.v.* to make ਗੁਜ਼ਾਰਸ਼, request, entreat, supplicate

ਗੁਜਾਰਨਾ [gujarna] *v.t.* to pass through, penetrate; to pass/spend or while away (time); also ਗੁਜ਼ਾਰਨਾ

ਗੁਜਾਰਾ [gujara] *n.m.* living, livelihood, sustenance, subsistence, alimentation; accommodation, adjustment; also ਗੁਜ਼ਾਰਾ
~ ਕਰਨਾ *con.v.* to subsist, just manage, make ends meet, make do; to accommodate, adjust, reconcile

ਗੁੱਝ [gújj] *n.f.* secrecy, covertness, clandestine dealing; bribe; axle of a spinning wheel

ਗੁੱਝਣਾ [gújjəṇa] *v.i.* to be kneaded; *cf.* ਗੁੰਨ੍ਹਣਾ

ਗੁੰਝਲ [gṹjəl] *n.f.* entangled knot, tangle, snarl, entanglement; complication, knotty problem; intricacy, anfractuosity, puzzlement, perplexity; enigma, puzzle

ਗੁੰਝਲਦਾਰ [gṹjəḷdar] *adj.* entangled, snarled, tangled, complicated, knotty; intricate, anfractuous, puzzling, perplexing

ਗੁੰਝਲਨਾ [gṹjəḷna] *v.i.* to become snarled; to get entangled, involved, jumbled, enmeshed; to become problematic; to be confused, confounded, perplexed

ਗੁੰਝਲਾਉਣਾ [gũjəḷàuṇa] *v.t.* to make or cause to be intricate, entangle, involve; to confuse, confound, perplex, puzzle

ਗੁੱਝਾ [gújja] *adj. m.* hidden, secret, invisible, surreptitious, covert, clandestine, concealed; obscure, mysterious

ਗੁਟ [guṭ] *n.m.* group, faction, clique, coterie, combine, gang, bloc
~ ਨਿਰਲੇਪ *adj.* non-aligned
~ ਨਿਰਲੇਪਤਾ *n.f.* (policy of practice of) non-alignment

ਗੁੱਟ¹ [guṭṭ] *n.m.* wrist, carpus

ਗੁੱਟ² *adj.* thoroughly drunk, intoxicated, dead drunk

ਗੁਟਕ [guṭək] *v.form* imperative of ਗੁਟਕਣਾ, coo, chirp

ਗੁਟਕਣਾ [guṭəkəṇa] *v.i.* to coo, chirp; to laugh in or up one's sleeves, chuckle, chortle, titter

ਗੁਟਕਾ [guṭka] *n.m.* breviary, handbook of prayers; small wooden piece; cleat

ਗੁਟਬੰਦੀ [guṭbə̃di] *n.f.* groupism, factionalism; also ਗੁਟਬਾਜ਼ੀ

ਗੁੱਟਾ [guṭṭa] *n.m.* a wooden instrument used by shoe-makers; see also ਗੇਂਦਾ, a flower

ਗੁੱਟੀ [guṭṭi] *n.f.* roll, skein; small bundle; knot of hair *esp.* of beard
~ ਕਰਨੀ *con.v.* to tie up beard in a knot

ਗੁੱਠ [guṭṭh] *n.f.* corner, nook, angle
~ ਕੱਢਣੀ *ph.* to shape into an angular end; to plough or dig up corner of a field
~ ਪਰਨੇ *adv.* diagonally, obliquely
ਗੁੱਠੇ ਲਾਉਣਾ *ph.* to corner, bring to bay, put one in an humiliating situation; to show one one's place

ਗੁਠਲੀ [guṭhli] *n.f. dia.* see ਗਿਟਕ, endocarp

ਗੁੱਡਣਾ [guḍḍəṇa] *v.t. dia.* see ਗੋਡਣਾ, to dig, hoe

ਗੁੰਡਪੁਣਾ/ਗੁੰਡਾਗਰਦੀ [gũḍpuṇa/gũḍagərdi] *n.m./n.f.* hooliganism, roguery, rascality, ruffianism

ਗੁਡਵਾ [guḍva] *v.form* imperative of ਗੁਡਵਾਉਣਾ, get (the field) weeded

ਗੁਡਵਾਉਣਾ/ਗੁਡਾਉਣਾ [guḍvauṇa/guḍauṇa] *v.t.* to get (plot, field) weeded, hoed, dug up; to assist in hoeing or digging *cf.* ਗੋਡਣਾ

ਗੁੱਡਾ [guḍḍa] *n.m.* male doll; a large-sized kite

ਗੁੰਡਾ [gũḍa] *n.m.* rogue, rascal, hooligan, scamp, muscleman, ruffian, hoodlum, gangster, goon

ਗੁਡਾਈ [guḍai] *n.f.* process of or wages for hoeing or digging

ਗੁਡਾਵਾ [guḍava] *n.m.* hoer, labourer engaged for hoeing or weeding

ਗੁੱਡੀ [guḍḍi] *n.f.* doll; kite; a little girl, daughter; doll-shaped support on the spindle side of a spinning wheel

ਗੁੱਡੀਆਂ ਪਟੋਲੇ *n.m.pl.* playthings of small girls

~ **ਚੜ੍ਹਨੀ** *ph.* for a kite to fly high; *fig.* to rise in status, be famous or prosperous

~ **ਚੜ੍ਹਾਉਣੀ** *ph.* to fly a kite, *fig.* to praise, eulogise; to make one famous

ਗੁਣ [guṇ] *n.m.* quality, property, attribute, characteristic; virtue, merit, talent; skill, art, excellence, advantage, good effect

~ **ਗਾਉਣਾ** *ph.* to sing praises (of), to praise, admire, eulogise, panegyrise

~ **ਦੋਸ਼** *n.m. pl.* good and bad points, merits and demerits

ਗੁਣਾਂ ਦੀ ਗੁਥਲੀ *ph. lit.* a bag of talents; person possessing versatile qualities, talent or skill

ਗੁਣਹੀਣ [guṇhiṇ] *adj.* deviod of ਗੁਣ, worthless

ਗੁਣਕ [guṇək] *n.f.* (*maths.*) factor, coefficient, multiplier

ਗੁਣਕਾਰੀ [guṇkari] *adj.* effective, efficacious, potent, useful, beneficial

ਗੁਣ ਗੁਣ [guṇ guṇ] *n.f.* nasalized, inaudible or unintelligible speech; murmur, snuffle

~ **ਕਰਨਾ** *ph.* to speak in low/unintelligible tone, murmur, snuffle

ਗੁਣਗੁਣਾ [guṇguṇa] *adj.m.* snuffler

ਗੁਣਗੁਣਾਉਣਾ [guṇguṇauṇa] *v.i.* to sing in a very low tone, *usu.* to oneself, hum

ਗੁਣਗੁਣਾਹਟ [guṇguṇáṭ] *n.f.* humming sound

ਗੁਣਜ [guṇəj] *n.m.* multiple

ਗੁਣਨ [guṇən] *n.m.* multiplication

~ **ਖੰਡ** *n.m.* factor

~ **ਫਲ** *n.m.* product

ਗੁਣਵੰਤ [guṇvə̃t] *adj.m.* gifted, talented, accomplished, virtuous, *fem.* ਗੁਣਵੰਤੀ

ਗੁਣਵੱਤਾ [guṇvətta] *n.m.* quality, merit

ਗੁਣਵਾਚਕ [guṇvacək] *adj.* indicating ਗੁਣ, qualitative

ਗੁਣਵਾਨ [guṇvan] *adj.* attributive; same as ਗੁਣਵੰਤ

ਗੁਣਾ¹ [guṇa] *n.m.* multiplying, multiplication; draw, lot, portion alotted by drawing lots; heel-piece of leather shoe

~ **ਕਰਨਾ** *con.v.* to multiply

ਗੁਣਾ² *prep.* into, multiplied by; *adj.* (so many) fold, (so many) times

~ **ਪਾਉਣਾ** *con.v.* to draw lots

~ **ਪੈਣਾ** *con.v.* to fall in the lot of

ਗੁਣਾਂਕ [guṇãk] *n.m.* multiplicand, coefficient

ਗੁਣਾਤਮਿਕ [guṇatmık] *adj.* qualitative

ਗੁਣਾਵਾਚਕ ਸੰਖਿਆ [guṇavacək sə̃khıa] *n.f.* multiplicative

ਗੁਣੀ [guṇi] *adj.* same as ਗੁਣਵੰਤ, gifted

~ **ਗਿਆਨੀ** *n.m.* a learned, wise person

ਗੁਣੀਆਂ [guṇiã] *n.m.* try square, T square

ਗੁੱਤ [gutt] *n.f.* pigtail, hair tied or dressed into a braid

~ **ਕਰਨੀ** *con.v.* to dress hair into a ਗੁੱਤ

~ **ਪੁੱਟਣੀ** *ph.* to chastise (a girl or woman)

ਗੁਤੜੀ [gutəṛi] *n.f.* diminutive or depreciative of ਗੁੱਤ

ਗੁਤਾਵਾ [gutava] *n.m.* chaff, straw or fodder mashed with solution of oil-cake, ground grain, etc. and water

~ **ਕਰਨਾ** *con.v.* to prepare or serve ਗੁਤਾਵਾ

ਗੁੱਥਮਗੁੱਥਾ [gutthəmguttha] *adj. & adv.* grappling, locked into scuffle or hand-to-hand fight

~ **ਹੋਣਾ** *con.v.* to grapple, scuffle (with)

ਗੁਥਲਾ/ਗੁਥਲੀ [guthla/guthli] *n.m./ n.f.* bag, clothbag, pouch, satchel

ਗੁੱਥੀ [gutthi] *n.f.* same as ਗੁੰਝਲ/ਗੁਥਲੀ

~ **ਸੁਲਝਾਉਣੀ** *ph.* to solve a problem, unravel a tangled skein

ਗੁੰਦ [gũd] *v.form* imperative of ਗੁੰਦਣਾ, plait

ਗੁਦਗੁਦਾ [gudguda] *adj.m.* soft, spongy;

fleshy, plump, fluffy

ਗੁੰਦਣਾ [gũdəṇa] *v.t.* to plait, braid, interlace

ਗੁੰਦਵਾਂ [gũdvã] *adj.m.* plaited, braided, interlaced

ਗੁੰਦਵਾਉਣਾ [gũdvauṇa] *v.t.* to get (hair or rope) plaited

ਗੁੰਦਵਾਈ [gũdvai] *n.f.* process of or wages for *prec.*

ਗੁੱਦੜ [guddəṛ] *n.m.* old/soiled/worn-out quilt/mat/garment; tatters, rag

ਗੁਦੜੀ [gudəṛi] *n.f.* see ਗੋਦੜੀ

ਗੁਦਾ [guda] *n.f.* rectum, anus, arse-hole

~ ਸੰਬੰਧੀ *adj.* anal

ਗੁੱਦਾ [gudda] *n.m.* pulp, pith, flesh; bagasse

ਗੁੰਦਾਉਣਾ [gũdauṇa] *v.t.* same as ਗੁੰਦਵਾਉਣਾ

ਗੁੰਦਾਈ [gũdai] *n.f.* same as ਗੁੰਦਵਾਈ; quality of plaiting, braiding, etc.

ਗੁਦਾਮ [gudam] *n.m* godown, store, storehouse, depot, warehouse; granary; repository; emporium; *dia.* button

ਗੁੱਦੇਦਾਰ [guddedar] *adj.* pulpy, fleshy, pithy

ਗੁੰਨ੍ਹ [gúnn] *v.form* imperative of ਗੁੰਨ੍ਹਣਾ, knead

ਗੁੰਨ੍ਹਣਾ [gúnnṇa] *v.t.* to knead

ਗੁੰਨ੍ਹਵਾਂ [gúnvã] *adj.m.* kneaded

ਗੁਨ੍ਹਵਾਉਣਾ [gúnvaúṇa] *v.t.* to have/get something kneaded; to assist someone in kneading

ਗੁਨ੍ਹਵਾਈ [gunvái] *n.f.* process of or wages for *prec.*

ਗੁਨ੍ਹਾਉਣਾ [gunàuṇa] *v.t.* same as ਗੁਨ੍ਹਵਾਉਣਾ

ਗੁਨ੍ਹਾਈ [gunái] *n.f.* same as ਗੁਨ੍ਹਵਾਈ

ਗੁਨਾਹ [guná] *n.m.* sin; crime; fault, guilt

~ ਬੇਲੱਜ਼ਤ *ph.* sin sans pleasure

ਗੁਨਾਹਗਾਰ [gunágar] *adj.* sinner; offender, culprit, guilty; sinful, criminal

ਗੁਨਾਹਗਾਰੀ [gunágari] *n.f.* sinning, sinfulness

ਗੁਨਾਹੀ [gunái] *adj.* same as ਗੁਨਾਹਗਾਰ

ਗੁਪਤ [gupt] *adj.* secret, clandestine, confidential, concealed, arcane, hidden, covert, perdu; private, closed-door; mysterious, occult, obscure, esoteric, recondite; surreptitious, underhand, stealthy; anonymous

~ ਅੰਗ *n.m.*private parts, genital organs, genitalia

~ ਦਾਨ *n.m.* anonymous gift, donation or charity

~ ਰੋਗ *n.m.* undiagnosed ailment; venereal disease

~ ਵਾਸ *n.m.* secret, undisclosed dwelling; hiding

ਗੁਪਤਚਰ [gupətcər] *n.m.* spy, secret agent, detective

~ ਵਿਭਾਗ *n.m* secret service, intelligence service, criminal investigation department

ਗੁਪਤੀ [gupti] *n.f.* sword-stick, weapon concealed inside a stick

ਗੁਫ਼ਤਗੂ [gufətgu] *n.f.* conversation, talk, colloquy, dialogue

~ ਸੰਬੰਧੀ *adj.* conversational

~ ਕਰਨੀ *con.v.* to converse with, talk to

ਗੁਫ਼ਤਾਰ [guftar] *n.f.* speech, utterance; style of speech

ਗੁਫ਼ਤੋਸ਼ੁਨੀਦ [guftoṣunid] *n.m. lit.* said and heard; conversation, colloquy, dialogue, exchange of views

ਗੁਫਾ [gupha] *n.f.* cave, cavern; lair, den

ਗੁੰਬਦ [gũbəd] *n.m.* dome, cupola

ਗੁੰਬਦਦਾਰ [gũbəddar] *adj.* domed

ਗੁੰਬਦਨੁਮਾ [gũbədnuma] *adj.* domelike

ਗੁਬਾਰ [gubar] *n.m.* haze, dust, dust-storm, mist; *fig.* suppressed resentment, complaint or sorrow; also ਗ਼ੁਬਾਰ

~ ਕੱਢਣਾ *ph.* to give vent to suppressed feelings

~ ਛਾ ਜਾਣਾ *con.v.* for ਗ਼ੁਬਾਰ to prevail

ਗੁਬਾਰਾ [gubara] *n.m* balloon

ਗੁੰਮ [gũmm] *adj.* lost, missing; silent, mute, unconscious; hidden, concealed

~ ਸੁੰਮ *adj.* still, silent, mute, non-plussed, stunned

~ ਹੋ ਜਾਣਾ *ph.* to be or get lost; to become unconscious/non-plussed

~ ਹੋਣਾ *con.v.* to be lost
~ ਕਰਨਾ *con.v.* to lose, conceal, hide
ਗੁੰਮ² *n.m.* uncut coconut kernel
ਗੁਮਸ਼ੁਦਾ [gumṣuda] *adj.* lost, missing
ਗੁਮਟੀ [gumṭi] *n.f.* small dome; kiosk; type of cotton fabric
ਗੁੰਮਣਾ [gummәṇa] *v.i.* to be lost; also ਗੁੰਮ ਜਾਣਾ
ਗੁਮਨਾਮ [gumnam] *adj.* anonymous, obscure, nameless, unknown, little known, inconspicuous
ਗੁਮਨਾਮੀ [gumnami] *n.f.* anonymity, obscurity
ਗੁਮਰ [gumәr] *n.m.* pride, vanity, envy, wish to wreak vengeance
~ ਕੱਢਣਾ *ph.* to give vent fully to anger
ਗੁਮਰਾਹ [gumrá] *adj.* astray, stranded, following wrong or evil path, misled, erring, wandering, aberrant
ਗੁੰਮ੍ਹ [gŭmm] *n.m.* see ਹੁਮਕ stuffiness
ਗੁੰਮੜ [gŭmәṛ] *n.m* boil, inflammation rising up from the skin but without a bursting point yet
ਗੁੰਮਾ¹ [gũmma] *n.m* same as *prec.*
ਗੁੰਮਾ² *n.m.* same as ਹੁਮਕ stuffiness, swelter
ਗੁਮਾਉਣਾ [gumauṇa] *v.t. informal* see ਗੁਆਉਣਾ, to lose
ਗੁਮਾਸ਼ਤਾ [gumaṣta] *n.m.* agent, manager, representative, accountant
ਗੁਮਾਨ [guman] *n.m.* pride, arrogance, vanity, conceit; conjecture, guess; fancy, imagination; doubt, suspicion
ਗੁਮਾਨੀ [gumani] *adj.m.* proud, arrogant, vain, conceited; *fem.* ਗੁਮਾਨਨ
ਗੁਰ¹ [gur] *n.m.* formula, simplified rule or method
ਗੁਰ² *n.m. pref.* meaning concerning or connected with ਗੁਰੂ
~ ਉਪਦੇਸ਼ *n.m.* guru's teaching, instruction, sermon or precept
~ ਸ਼ਬਦ *n.m.* utterance or composition of the guru, guru's word
~ ਸਾਖੀ *n.f.* anecdote concerning the guru
~ ਭਾਈ *n.m.* fellow disciple of the same guru, co-religionist
ਗੁਰਸ [gurs] *n.m.* gross, 12 dozens
ਗੁਰਸਿੱਖ [gursıkkh] *n.m.* a (true) disciple or follower of a guru, a pious Sikh
ਗੁਰਖਾਲੀ [gurkhali] *n.f.* same as ਗੋਰਖਾਲੀ
ਗੁਰਗਾਬੀ [gurgabi] *n.f.* pumps; lowcut shoes without fastening; pump shoes
ਗੁਰਜ [gurj] *n.m.* mace, a weapon of war comprising a club with a big knobbed head
ਗੁਰਤਾ [gurta] *n.f.* guruship; weight, heaviness, gravity
ਗੁਰਦਵਾਰਾ [gurdәvara] *n.m.* same as ਗੁਰਦੁਆਰਾ, Sikh place of worship
ਗੁਰਦਾ [gurda] *n.m.* kidney; *fig.* courage, pluck, fearlessness; forbearance, patience, endurance
ਗੁਰਦੇ ਸੰਬੰਧੀ *adj.* renal
ਗੁਰਦੇ ਕਪੂਰੇ *n.m.pl.* liver, kidney and testes of slaughtered animal
ਗੁਰਦੇ ਦਾ ਅਪਰੇਸ਼ਨ *ph.* nephrotomy, nephrectomy
ਗੁਰਦੁਆਰਾ [gurduara] *n.m.* Sikh place of worship, Sikh temple
ਗੁਰਧਾਮ [gurtàm] *n.m.* Sikh place of pilgrimage, place connected with one or more of the Sikh gurus
ਗੁਰਪੁਰਬ [gurpurb] *n.m.* religious festival commemorating a guru
ਗੁਰਬਤ [gurbәt] *n.f.* same as ਗਰੀਬੀ; poverty; also ਗੁਰਬਤ
ਗੁਰਬਾਣੀ [gurbaṇi] *n.f.* same as ਗੁਰਸ਼ਬਦ
ਗੁਰਬਿਲਾਸ [gurbılas] *n.m.* biographical or hagiographical account of a guru *usu.* in verse
ਗੁਰਮਤ [gurmәt] *n.f. lit.* guru's precepts; principal tenets, teachings of Sikh religion; Sikhism
ਗੁਰਮੰਤਰ [gurmə̃tәr] *n.m.* religious/initiatory formula
ਗੁਰਮਤਾ [gurmәta] *n.m.* resolution or consensus adopted in a Sikh congregation
ਗੁਰਮਤਿ [gurmәt] *n.f.* same as ਗੁਰਮਤ
ਗੁਰਮੁਖ [gurmukh] *adj.* guru-oriented, pious, religious, devout, virtuous; *n.m.* an ideal Sikh, a noble person

ਗੁਰਮੁਖੀ [gurmukhi] *n.f.* name for the script for writing Punjabi, Gurmukhi

ਗੁਰਿਆਈ [guɪai] *n.f.* guruship, pontificate, succession to guruship

ਗੁਰੀਲਾ [gurila] *n.m.* guerilla

~ ਜੰਗ/ ~ ਯੁੱਧ *n.m.* guerilla warfare

ਗੁਰੂ [guru] *n.m.* teacher, tutor; religious or spiritual guide or preceptor; any one of the Sikh prophets; the Sikh scripture, Guru Granth Sahib; *informal.* a clever person; *adj.* heavy; longer (vowel sound)

ਗੁਰੂ ਘੰਟਾਲ [guru kə̃ṭàl] *adj. & n.m.* rascal, rogue, scamp; notorious person, very clever person

ਗੁਰੂਵਾਰ [guruvar] *n.m.* Thursday; also ਵੀਰਵਾਰ

ਗੁਰੇਜ਼ [gurez] *n.m.* avoidance, abstention, refrainment, desistance

~ ਕਰਨਾ *con.v.* to avoid, abstain, refrain, desist from, keep away from, shun

ਗੁਲ [gul] *n.m.* flower

~ ਕੰਦ *n.f.* a medicinal paste prepared by mixing rose-petals with sugar; a conserve of roses

~ ਖਤਮੀ *n.m* marshmallow, *Althea officinalis*

~ ਖੈਰਾ *n.m.* holly hock, *Alcea rosea*

~ ਬਹਾਰ *n.m.* daisy

~ ਬਦਨ *adj.* soft-skinned, soft-bodied, beautiful

~ ਬਨਫ਼ਸ਼ਾ *n.m.* petunia

~ ਮਹਿੰਦੀ *n.m.* balsam flower and plant, *Commiphora*

~ ਮੋਹਰ *n.m.* gold mohur, *Painciana regia*

ਗੁੱਲ[1] [gull] *n.m.* burnt part of wick or cigarette, snuff; a strike at ਗੁੱਲੀ[1], toss and hit in the game of ਗੁੱਲੀ ਡੰਡਾ

~ ਝਾੜਨਾ *con.v.* to snuff (wick, candle, lamp or cigarette)

~ ਮਾਰਨਾ/~ ਲਾਉਣਾ *con.v.* to toss and strike at ਗੁੱਲੀ

ਗੁੱਲ[2] *adj.* burnt out, lost, wasted, extinguished

~ ਹੋ ਜਾਣਾ *ph.* to be burnt out; to be wasted

~ ਕਰਨਾ *ph.* to extinguish; to waste

~ ਲਾਉਣਾ *ph.* to cauterise, brand

ਗੁੱਲ[3] *n.m.* cotton boll in full bloom

ਗੁਲਸ਼ਨ [gulṣən] *n.m.* flower garden; any garden

ਗੁਲਕਾਰੀ [gulkari] *n.f.* art or work of making floral designs in embroidery or painting

ਗੁਲਗੁਲਾ [gulgula] *n.m.* a kind of sweetmeat, fried ball of sweetened flour

ਗੁਲਚੀਂ [gulci] *n.m.* plucker of flowers, gardener

ਗੁਲਛਰੇ [gulchəre] *n.m.* revelry; merrymaking, abandon

~ ਉਡਾਉਣਾ *ph.* to indulge in revelry

ਗੁਲਜ਼ਾਰ [gulzar] *n.m.* same as ਗੁਲਸ਼ਨ

ਗੁਲਦਸਤਾ [guldəsta] *n.m.* bouquet, bunch of flowers, nosegay, posy

ਗੁਲਦਾਉਦੀ [guldaudi] *n.f.* chrysanthemum; *Chrysanthemum indicum*

ਗੁਲਦਾਨ [guldan] *n.m.* vase, flowerpot; snuff dish, ash tray

ਗੁਲਦਾਰ [guldar] *adj.* flowery, decorated or embroidered with floral designs or patterns, flowered

ਗੁਲਨਾਰ [gulnar] *n.m.* flower of pomegranate; *adj.* of the colour of this flower, orange; scarlet

ਗੁਲਫਾਮ [gulpham] *adj.* handsome, beautiful

ਗੁਲਰ/ਗੁਲ਼ਰ [gullər/gúllər] *n.m.* pup, puppy; cottonboll in full bloom; a kind of fig tree

ਗੁਲ਼ਰਾ [gúllərа] *n.m. dia* see ਕੱਚੀ ਪਿੰਨੀ

ਗੁਲ਼ਾ [guḷa] *v.form* imperative of ਗੁਲ਼ਾਉਣਾ, round it, make it round

ਗੁੱਲਾ [gulla] *n.m.* any thick, short and round piece of wood/metal or ivory; wedge, plug, stopper

ਗੁਲ਼ਾਉਣਾ [guḷauṇa] *v.t.* to round (in shape)

ਗੁਲ਼ਾਈ [guḷai] *n.f.* roundness, rotundity, sphericity, globularity, circularity; circumference, curvature; curve

ਗੁਲਾਬ [gulab] *n.m.* rose plant and flower; rose water

~ ਦਾ ਅਰਕ *n.m.* rose-water

ਗੁਲਾਬਜਾਮਨ [gulabjamən] *n.m.*a kind of

sweetmeat, fried balls of cheese sweetened in sugar syrup

ਗੁਲਾਬਦਾਨੀ [gulabdani] *n.m.* small *usu.* ornamented container for keeping scented liquid

ਗੁਲਾਬੀ [gulabbi] *adj.* pink, ruddy, rosy

ਗੁਲਾਮ [gulam] *n.m.* slave, bondsman, thrall; servant; person in bondage; (in cards) jack; also ਗ਼ੁਲਾਮ

ਗੁਲਾਮੀ [gulami] *n.f.* slavery, bondage, thraldom, servitude, enslavement; *fig.* drudgery

ਗੁਲਾਲ [gulal] *n.m.* coloured powder thrown on each other during the HIndu festival of ਹੋਲੀ

ਗੁਲਿਸਤਾਨ [gulıstan] *n.m.* same as ਗੁਲਸ਼ਨ, garden

ਗੁੱਲੀ [gulli] *n.f.* a small piece of wood tapered at both ends; small Indian loaf; *informal* food (as one of the basic necessities of life); corncob of maize

ਗੁਲ਼ੀ [guḷi] *n.f.* kernal, inner core of wood or timber; piece of plant stem denuded of bark or skin

ਗੁੱਲੀ ਡੰਡਾ [gulli ḍə̃ḍa] *n.m.* a game played with ਗੁੱਲੀ[1] and a short straight stick; tip-cat; a weed, plant *usu.* of wheat fields, *Philarus minu*

ਗੁਲੂਕੋਸ [gulukos] *n.m.* glucose

ਗੁਲੂਬੰਦ [gulubə̃d] *n.m* muffler, scarf, comforter, neck-cloth, cravat

ਗੁਲੇਲ [gulel] *n.f.* pellet-bow, pellet-swing, slingshot

ਗੁਲੇਲਚੀ [gulelci] *n.m.* person using or adept in the use of ਗੁਲੇਲ

ਗੁਲੇਲਾ [gulella] *n.m.* earthen ball or pellet used as missile with ਗੁਲੇਲ

ਗੁਲੇਲੀ [gulelli] *n.f.* female member of an Indian gypsy tribe

ਗੁੜ [guṛ] *n.m.* jaggery, lumped brown sugar

~ **ਘੱਲਣਾ** *ph.* to send lump sugar as a mark of invitation on marriage occasion

ਗੁੜਗੁੜ [guṛguṛ] *n.f.* sound of smoking at hubble-bubble; bubbling or rumbling sound

ਗੁੜਗੁੜਾਉਣਾ [guṛguṛauṇa] *v.i.* to produce ਗੁੜਗੁੜ; to smoke hubble-bubble; also ਗੁੜਗੁੜ ਕਰਨਾ

ਗੁੜਗੁੜੀ [guṛguṛi] *n.f.* hubble-bubble *esp.* one of small size

ਗੁੜ੍ਹ [gúṛ] *v.form* imperative of ਗੁੜ੍ਹਨਾ

ਗੁੜ੍ਹਕਣਾ [gúṛkəna] *v.i.* to chuckle, laugh in or up one's sleeves

ਗੁੜ੍ਹਤੀ [gúṛti] *n.f.* first food, *usu.* honey or brown sugar ritually given to a new-born baby

~ **ਦੇਣੀ** *con.v.* to administer ਗੁੜ੍ਹਤੀ

ਗੁੜ੍ਹਨਾ [gúṛna] *v.i.* to assimilate, imbibe (learning/experience), be experienced

ਗੂੰਹ [gṹ] *n.m.* human faeces, excreta, excrement, ordure, night soil

~ **ਕੱਢਣਾ** *ph.* to press hard; to beat mercilessly

ਗੂੰਹਤੜਿੱਕੀ [gṹtəṛıkki] *n.f.* sty, pimple on eyelid

ਗੂਹੀ [guhi] *n.f.* a round piece of wood attached to the wheel of a spinning wheel or to the end of a rope; a wooden frame used to make skeins of cotton yarn

ਗੂੰਜ [gũj] *n.f.* echo, thunder, roar, rumble, resonance, reverberation, resounding

ਗੂੰਜਣਾ [gũjəṇa] *v.i.* to echo, thunder, roar, rumble, resound, reverberate

ਗੂਣ/ਗੂਣੀ [guṇ/ guṇi] *n.f. dia.* bag, gunny bag, sack, *esp.* one for loading beasts of burden

ਗੂਣਾ [guṇa] *n.m.* same as ਗਊ ਮੂਤਰ, bovine urine

ਗੂੰਦ [gũd] *n.f.* gum, glue, mucilage; secretion of certain trees particularly of accasia

ਗੂੰਦਦਾਨੀ [gũddani] *n.f.* gum bottle

ਗੂੜ੍ਹ [gúṛ] *n.m.* fast friendship, close intimacy, cheek by jowl; fastness or deepness of colour; deepness, profundity

~**ਗਿਆਨ** *n.m.* thorough/profound knowledge

~ ਗਿਆਨੀ *n.m.* one possessing profound knowledge *esp.* of religion
ਗੂੜ੍ਹਾ [gúṛa] *adj.m.* deep, fast, dark (colour); intense (love, friendship); profound
ਗੇਅਰ [geər] *n.m.* gear
ਗੇਜ [gej] *n.f.* gauge
ਗੇਝ [géj] *n.f.* habit; addiction
ਗੇਟ [geṭ] *n.m.* gate
~ ਕੀਪਰ *n.m.* gatekeeper
ਗੇਣਵਾਂ [geṇvā̃] *adj.m.* restricted in number, a few
ਗੇਣਵੇਂ ਦਿਨ *n.m. pl.* numbered days, short period; *fig.* life
ਗੇਂਦ [gẽd] *n.m.* ball (used for playing)
~ ਬੱਲਾ *n.m.* cricket
ਗੇਂਦਾ [gẽda] *n.m.* marigold plant or flower, *Tagetes erecta*
ਗੇਮ [gem] *n.f.* game
ਗੇਰਨਾ [gerna] *v.t. dia.* see ਡੇਗਣਾ, to cause to fall
ਗੇਰੀ/ਗੇਰੂ [geri/ geru] *n.f./ n.m.* red ochre, reddle, ruddle, raddle, red brick powder, burnt sienna
ਗੇਰੂਆ/ਗੇਰੂ ਰੰਗਾ [gerua/ geru rə̃ga] *adj.m.* of the colour ਗੇਰੂ, ochre, reddish brown, russet
ਗੇਲੀ [geli] *n.f.* timber beam, sleeper; galley (in printing)
ਗੇੜ [geṛ] *n.m.* turn, rotation, circuit; chance, opportunity, vicissitude
ਗੇੜਨਾ [geṛna] *v.t.* to rotate/turn or revolve
ਗੇੜਵਾਂ [geṛvā̃] *adj.* rotary, rotatory
ਗੇੜਾ [geṛa] *n.m.* turn, circuit, round, visit; trip to and fro, a round trip; a single rotation or revolution
~ ਮਾਰਨਾ *ph.* to visit
ਗੈਸ [gɛs] *n.f.* gas; gas lamp, petromax lamp; cooking gas, liquefied petrolium gas, L.P.G.
~ ਪਲਾਂਟ *n.m.* gas plant (one producing bio-gas)
ਗੈੱਸ [gɛss] *n.m.* guess
~ ਕਰਨਾ/~ ਲਾਉਣਾ *con.v.* to guess, conjecture, estimate, make or hazard a guess

ਗੈੱਸਟ [gɛsṭ] *n.m.* guest
~ ਹਾਊਸ *n.m.* guesthouse
ਗੈਂਗ [gɛ̃g] *n.m.* gang
ਗੈਟਸ [gɛṭəs] *n.m.* garter, sock-suspender, suspender strap
ਗੈਂਠੀਆ [gɛ̃ṭhia] *n.m.* same as ਗੰਠੀਆ, arthritis, gout
ਗੈਂਡਾ [gɛ̃ḍa] *n.m.* same as ਗੇਂਦਾ; rhinoceros, rhino
ਗੈਂਤੀ [gɛ̃ti] *n.f.* pick (digging tool)
ਗੈਬ [gɛb] *n.m.* the unknown, the invisible, the mysterious, the supernatural; also ਗ਼ੈਬ
ਗੈਬੀ [gɛbi] *adj.* from the ਗੈਬ, mysterious, mystic, occult, supernatural, divine
ਗੈਰ[1] [gɛr] *adj.* alien, stranger, not own, unacquainted; *n.m.* rival in love; also ਗ਼ੈਰ
ਗੈਰ[2] *combining form* for forming opposites, antonyms
~ ਆਬਾਦ *adj.* uninhabited
~ ਸਰਕਾਰੀ *adj.* non-governmental, private, unofficial
~ ਸਰਗਰਮ *adj.* passive, inactive
~ ਸਿੱਖ *adj. & n.m.* non-Sikh
~ ਹਿੰਦੂ *n.m. adj.* non-Hindu
~ ਕਾਸ਼ਤਕਾਰ *adj.* non-agriculturist
~ ਕਾਨੂੰਨੀ *adj.* illegal, unlawful; *cf.* ਲਾਕਾਨੂੰਨੀ
~ ਕੁਦਰਤੀ *adj.* unnatural, artificial
~ ਜ਼ਰੂਰੀ *adj.* unnecessary, unimportant, inessential, superfluous, needless
~ ਜ਼ੁੰਮੇਵਾਰ *adj.* irresponsible, casual, indifferent; negligent, neglectful, remiss
~ ਜ਼ੁੰਮੇਵਾਰੀ *n.f.* irresponsibility, irresponsibleness, lack of sense of responsibility; dereliction, negligence
~ ਫ਼ਾਨੀ *adj.* immortal, indestructible, imperishable, everlasting
~ ਮਸ਼ਰੂਤ *adj.* unconditional
~ ਮਹਿਦੂਦ *adj.* unlimited, limitless, illimitable, boundless
~ ਮਨਕੂਲਾ *adj.* non-transferable, immovable (property)
~ ਮਾਮੂਲੀ *adj.* uncommon, exceptional, extraordinary
~ ਮਾਲਕ *n.m.* absentee owner, proprietor

or landlord

~ ਮਾਲਕੀ *n.f.* absentee landlordism

~ ਮੁਸਲਿਮ *n.m. & adj.* non-Muslim

~ ਮੁਕੰਮਲ *adj.* same as ਨਾਮੁਕੰਮਲ, incomplete

~ ਮੁਨਾਸਬ *adj.* same as ਨਾਮੁਨਾਸਬ, improper

~ ਮੁਮਕਨ *adj.* impossible, impracticable; (for land) arid, uncultivable, unarable

~ ਮੁਲਕੀ *adj.* foreign, alien; *n.m.* foreigner

~ ਮੌਜੂਦਗੀ *n.m.* absence; also ਅਦਮਮੌਜੂਦਗੀ

~ ਮੌਰੂਸ/~ ਮੌਰੂਸੀ *adj.* non-hereditary, uninheritable, uninherited

~ ਰਸਮੀ *adj.* informal, without ceremony

~ ਵਾਜਬ *adj.* same as ਨਾਵਾਜਬ, improper

ਗੈਰਸਾਲੀ [gɛrsalli] *n.f.* alienation, estrangement, enmity

ਗੈਰਹਾਜ਼ਰ [gɛrhazər] *adj.* absent, *n.m.* absentee

ਗੈਰਹਾਜ਼ਰੀ [gɛrhazri] *n.f.* absence

ਗੈਰਤ [gɛrət] *n.f.* sense of honour, self-respect, righteous or right pride; sensitiveness, touchiness in matters of honour and self-respect; also ਗੋਰਤ

ਗੈਰਤਮੰਦ [gɛrətmə̃d] *adj.* (person) possessing ਗੈਰਤ

ਗੈਲ[1] [gɛl] *n.f.* rut (groove, track)

ਗੈਲ[2] *prep. dia.* see ਨਾਲ਼[1]; with, along, by, by means of

ਗੈਲਸ [gɛləs] *n.m.* gallus, galluses

ਗੈਲਨ [gɛlən] *n.f.* gallon; container with one gallon capacity

ਗੈਲਰੀ [gɛləri] *n.f.* gallery

ਗੋ[1] [go] *v.form* imperative of ਗੋਣਾ, knead (clay)

ਗੋ[2] *n.f.* scaffold, scaffolding

~ ਬੰਨ੍ਹਣੀ *con.v.* to erect ਗੋ

ਗੋਇਆ [goɪa] *conj.* as if

ਗੋਈ [goi] *n.f.* poultice made from brown sugar, oil and water

ਗੋਸ਼ਟ [goṣṭ] *n.f.* conversation, discussion, discourse particularly on a religious topic

ਗੋਸ਼ਟੀ [goṣṭi] *n.f.* same as ਗੋਸ਼ਟ; symposium

ਗੋਸ਼ਤ [goṣt] *n.m.* meat, flesh

ਗੋਸ਼ਤਖੋਰ [goṣtkhor] *adj.* meat-eating, carnivorous, carnivore; non-vegetarian

ਗੋਸ਼ਤਖੋਰੀ [goṣtkhori] *n.f.* carnivorism, non-vegetarianism, meat-eating

ਗੋਸ਼ਵਾਰਾ [goṣvara] *n.m.* tabulated report/statement or information; table

ਗੋਸ਼ਾ [goṣa] *n.m.* corner; secluded or secret place

ਗੋਸ਼ਾਨਸ਼ੀਨ [goṣa nəṣin] *adj.* recluse, living in seclusion

ਗੋਸ਼ਾਨਸ਼ੀਨੀ [goṣanəṣini] *n.f.* reclusion, seclusion, self-chosen solitary life

ਗੋਹ [gó] *n.f.* a species of large sized lizards

~ ਗਹੀਰਾ *n.m.* male of ਗੋਹ

ਗੋਹਲ [gól] *n.f. dia.* see ਗੋਲ੍ਹ

ਗੋਹੜਾ [góṛa] *n.m.* see ਗੋੜ੍ਹਾ

ਗੋਹਾ [goha] *n.m.* dung, cowdung

~ ਕੂੜਾ/~ ਗੱਟਾ *n.m.* cow-dung and rubbish; scavenging

~ ਕੂੜਾ ਕਰਨਾ *ph.* to dispose of ਗੋਹਾ and clean up; to scavenge

~ ਮਿੱਟੀ *n.m.* cow-dung and clayed earth kneaded together as mud plaster

~ ਰੋਲ਼ੀ *n.f.* a thin mixture of *prec.*

ਗੋਕਾ [gokka] *adj.* bovine

ਗੋਖੜੂ [gokhəṛu] *n.m.* ornament for ladies' wrists; heavy bracelet of gold or silver

ਗੋਂਗਲੂ [gõgəlu] *n.m.* turnip, *Brassica rapa*

ਗੋਗੜ [goggəṛ] *n.f.* paunch, potbelly, belly

ਗੋਗੜੀਆ/ਗੋਗੜੂ [gogəṛia/gogəṛu] *adj.m.* pot-bellied, corpulent, paunched

ਗੋਗਾ [goga] *n.m.* rumour

ਗੋਗੀ/ਗੋਗੋ [gogi/gogo] *n.f.* small/thick and round Indian loaf

ਗੋਚਰਾ [gocəra] *adj.m.* deserving of, fit for, suitable for, pertaining to, depending on

ਗੋਜੀ [goji] *n.f.* mixed crop *usu.* of wheat/barley and gram

ਗੋਝ [gój] *n.m.* secret, mystery; *adj.* small as ਗੁੱਝਾ; recondite, esoteric

ਗੋਟ [goṭ] *n.f.* checker, chequer, counter

ਗੋਟਾ [goṭṭa] *n.m.* gold or silver lace

~ ਕਿਨਾਰੀ *n.f.* same as ਗੋਟਾ

~ ਲਾਉਣਾ *con.v.* to stitch/sew ਗੋਟਾ (on, to

a garment)

ਗੋਟੀ [goṭṭi/góṭi] *n.f.* small as ਗੋਟ

ਗੋਠ [goṭh] *n.f.* sitting posture with legs crossed, with knees raised and a cloth band tied around the back and the legs; shoulder piece of ladies, bodice; same as ਗੋਟ, checker

~ ਮਾਰ ਕੇ ਬਹਿਣਾ/~ ਮਾਰਨੀ *ph.* to sit in ਗੋਠ posture

ਗੋਡ [goḍ] *v.form* imperative of ਗੋਡਣਾ hoe, dig

ਗੋਡਣਾ [goḍəṇa] *v.t.* to hoe, weed, dig

ਗੋਡਲ਼ [goḍəl] *adj.* (one) having large, clumsy knees

ਗੋਡਾ [goḍḍa] *n.m.* knee; also ਗੁਡਾਵਾ

ਗੋਡੀ [goḍḍi] *n.f.* process of hoeing, weeding, digging; quality of such work

~ ਕਰਨੀ *con.v.* same as ਗੋਡਣਾ

ਗੋਡੀਆਂ ਲਾਉਣਾ *ph. lit.* to bend knees so as to touch the ground; to strain, strive with full strength

ਗੋਡੀਆਂ ਲਵਾਉਣੀਆਂ *ph.* to bring one to knees, force one to surrender, defeat

ਗੋਣਾ [goṇa] *v.t.* to knead (mud as for making plaster or pottery); *cf.* ਗੁੰਨ੍ਹਣਾ

ਗੋਤ [got] *n.f.* sub-caste, clan, sept

ਗੋਤਕੁਨਾਲ਼ਾ [gotkunaḷa] *n.m.* mixture (*deprec.*); ceremonial taking of meal together by newly wed spouses; pot pourri

ਗੋਤਰ [gotər] *n.f.* same as ਗੋਤ

ਗੋਤਾ [gotta] *n.m.* dip, dive, immersion; suffocation and gulping of water while drowning; spasm caused by entry of water or other drink in respiratory passage

~ ਆਉਣਾ/~ ਖਾਣਾ *con.v.* to be subject to suffocation under water; to spasm while drinking

~ ਮਾਰਨਾ/~ ਲਾਉਣਾ *con.v.* to dive, plunge, take a dive

ਗੋਤਾਖੋਰ [gottakhor] *adj. & n.m.* diver, frogman

ਗੋਤਾਖੋਰੀ [gottakhori] *n.f.* diving

ਗੋਤੀ [gotti] *adj.* (person) belonging to the same ਗੋਤ

ਗੋਦ [god] *n.f.* lap

~ ਹਰੀ ਹੋਣੀ *ph.* (for a woman) to become a mother

~ ਲੈਣਾ *ph.* to adopt

ਗੋਂਦ [gõd] *n.f.* process or style of braiding, plaiting, interlacing, *cf.* ਗੁੰਦ; plan, plot, intrigue, conspiracy, machination

~ ਗੁੰਦਣੀ *ph.* to make or prepare a plan, plot, intrigue, conspire

ਗੋਂਦਵਾਂ [gõdvã] *adj.m.* same as ਗੁੰਦਵਾਂ, plaited

ਗੋਦੜੀ [godəṛi] *n.f.* beggar's blanket, ragged or patched blanket

~ ਦਾ ਲਾਲ *ph.* an unexpectedly talented person, *lit.* a ruby in rags

ਗੋਦੀ [goddi] *n.f.* same as ਗੋਦ; hold, stowage (of a ship); harbour, port

ਗੋਧਾ [gŏda] *n.m.* a kind of black beetle *usu.* found in dung heaps

ਗੋਪੀ [goppi] *n.f.* milkmaid, dairymaid

ਗੋਪੀਆ [gopia] *n.m.* slingshot

ਗੋਬਰ [gobər] *n.m.* same as ਗੋਹਾ, dung, cowdung

~ ਗਣੇਸ਼ *n.m. slang.* blockhead, fool, a stupid, good-for-nothing person

~ ਗੈਸ *n.f.* cooking gas obtained from cowdung, bio-gas

ਗੋਬਿੰਦ [gobĩd] *n.m.* Lord of the Earth, God

ਗੋਭ [gób] *n.f.* pith, marrow; bud, young shoot

ਗੋਭੀ [góbi] *n.f.* a kind of vegetable, *usu.* cauliflower, *Brassica botrytis;* other varieties are ਗੰਢ ਗੋਭੀ *Brassica caulorapa* and ਬੰਦ ਗੋਭੀ, cabbage, *Brassica oleracea or capitata*

ਗੋਰ [gor] *n.f.* same as ਕਬਰ, grave

ਗੋਰਸਤਾਨ [gorsətan] *n.m.* same as ਕਬਰਸਤਾਨ, graveyard

ਗੋਰਖਧੰਧਾ [gorəkhtə̃da] *n.m.* complicated problem/situation or business; intricate contraption; chinese puzzle, labyrinth

ਗੋਰਖਾ [gorkha] *n.m.* Gurkha, Gorkha, a Nepalese Rajput; any Nepalese male; any person with Mongoloid features;

fem. ਗੋਰਖਣ

ਗੋਰਖਾਲੀ [gorkhali] *n.f.* Nepalese language

ਗੋਰਾ [gora] *adj.m.* fair-complexioned, fair-skinned; (of ox, bullock) having brown or dark brown coat; *n.m.* whiteman, a European

~ **ਸ਼ਾਹੀ** *adj.* pertaining to white races; *n.m.* British rule

~ **ਨਿਛੋਹ** *adj.m. lit.* untouched or pure white; having very fair complexion

ਗੋਰੀ [gori] *adj.f.* same as ਗੋਰਾ; *n.f.* a beautiful woman

ਗੋਲ [gol] *adj.* same as ਗੋਲ਼; *n.m.* goal

~ **ਕਰਨਾ** *con.v.* to round; to score goal

ਗੋਲ਼ [goḷ] *adj.* round, circular, spherical, globular, globose, spheric

~ **ਅਕਾਰ** *adj.* spherical, globular, round, circular; also ਗੋਲ਼ਾਕਾਰ

~ **ਗੱਪਾ** *n.m.* a crisp ball-like cookie eaten with carrot-water; *fig.* a chubby child, a fat/obese person

~ **ਫਾਲ਼** *n.f.* dowel, dowel pin

~ **ਮਟੋਲ਼**/~ **ਮੋਲ਼** *adj.* roundish, spherical; fat, plump, corpulent, obese, rotund

ਗੋਲਕ [goləkk] *n.m.* money-box, charity-box, cash box, coffer, bursary, till

ਗੋਲ੍ਹ [gól] *n.f.* fruit of banyan or mulberry tree

ਗੋਲ੍ਹਾ [góla] *n.m.* dish or tray made of papier-mache or of a mixture of pulp, clay and dung

ਗੋਲਾ [golla] *n.m.* slave, bondsman; *fem.* ਗੋਲੀ; (in cards) jack, knave; *adj.m.* foolish, stupid, ill-behaved (child)

ਗੋਲ਼ਾ [goḷa] *n.m.* cannon ball, bomb, (artillery) shell, marriage-bomb; shot put

~ **ਸੁੱਟਣਾ** *con.v.* to put the shot

~ **ਬਰੂਦ** *n.m.* ammunition and explosives

ਗੋਲ਼ਾਈ [goḷai] *n.f. usu.* ਗੁਲ਼ਾਈ, roundness, circumference, rotundity

ਗੋਲ਼ਾਬਾਰੀ [goḷabari] *n.f.* artillery fire; bombing, shelling, bombardment

ਗੋਲ਼ੀ [goḷi] *n.f.* bullet, cartridge, gunshot, buckshot, pellet; pill, tablet; firing, strafing

~ **ਸਿੱਕਾ** *n.m.* ammunition

~ **ਚੱਲਣੀ** *con.v.* for firing to take place or break out

~ **ਚਲਾਉਣੀ** *con.v.* to fire at, open fire

~ **ਦੀ ਮਾਰ** *ph.* range of firing; effect of firing; effective range

~ **ਵਾਂਗ** *adv.* very fast, at a great speed

ਗੋੜ੍ਹਾ [góṛa] *n.m.* piece of carded cotton wool prepared for spinning; *see* ਛੋਪਾ

ਗੌਂ[1] [gɔ̃] *n.m.* purpose, need, self-interest, selfishness

ਗੌਂ[2] *v.form* imperative of ਗੌਣਾ or ਗਾਉਣਾ, sing

ਗੌਹ [gɔ́] *n.m.* see ਗਹੁ, keen attention

ਗੌਣ[1] [gɔṇ] *n.m.* song, folk song, chant; singing

ਗੌਣ[2] *adj.* secondary, subordinate, auxiliary

ਗੌਣਾ[1] [gɔṇa] *v.i. colloq.* see ਗਾਉਣਾ

ਗੌਣਾ[2] *n.m.* same as ਮੁਕਲ਼ਾਵਾ, ceremonial departure of a bride for her in-laws for the second time

ਗੌਰ [gɔr] *n.m.* close attention, deep thought, deliberation, consideration; also ਗ਼ੌਰ

~**ਕਰਨਾ** *con.v.* to pay attention, consider

~**ਤਲਬ** *adj.* needing or deserving consideration

~**ਫ਼ਰਮਾਉਣਾ** *con.v.* same as ਗੌਰ ਕਰਨਾ

ਗੌਰਮਿੰਟ [gɔrmĩṭ] *n.f.* government

ਗੌਰਵ [gɔrəv] *n.m.* honour, glory, dignity, prestige; eminence, grandeur, majesty

ਗੌਰਵਤਾ [gɔrəvta] *n.f.* greatness, grandeur, heaviness; solemnity, seriousness

ਗੌਰਾ [gɔra] *adj.m.* heavy, weighty, great, grand; serious, solemn, thoughtful

ਗੌਲ਼ [gɔḷ] *v.form* imperative of ਗੌਲ਼ਨਾ

ਗੌਲ਼ਨਾ [gɔḷna] *v.i.t.* to pay attention (to something said), respond to; *usu.* ਗੱਲ ਗੌਲ਼ਨੀ, to listen, respond, react to an utterance

ਗੌੜੀ [gɔṛi] *n.f.* see ਗਉੜੀ, a musical measure

ਘ

ਘ [kə̀gga] *n.m.* ninth letter of the Gurmukhi script, a consonant representing the sound [k/g] and high and low tones

ਘਉ ਘੱਪ [kə̀ũ kə̀pp] *adj.* disappeared, stolen, embezzled

~ ਕਰਨਾ *ph.* to embezzle, steal, misappropriate, spend, waste, fritter away

ਘਸ [kə̀s] *n.f.* act of rubbing, friction; mark left by rubbing; fine powder made by rubbing something against another harder surface

ਘਸਣਾ [kə̀səṇa] *v.i.* to rub off, wear off through use or friction, abrade, be rubbed,

ਘਸਰ [kə̀sər] *n.f.* mark produced by rubbing, abrasion, bruise, scratch, rub

~ ਮਸਰ *n.f.* dallying, dilly-dallying, delaying, procrastination

~ ਮਸਰ ਕਰਨਾ *ph.* to dilly-dally, delay, procrastinate, try to avoid doing something, malinger

ਘਸਮਿੱਟੀ [kə̀səmɪṭṭi] *n.f.* loose mixed soil containing sand and clay particles

ਘਸਮੈਲਾ [kə̀smə̀ḷa] *adj.m.* ashen, drab, dull, gray

ਘਸਰਨਾ [kə̀sərna] *v.i.* to rub (against or along), abrade; *v.t.* see ਘਸਾਉਣਾ

ਘਸਵੱਟੀ [kə̀svə̀ṭṭi] *n.f.* touchstone

ਘਸਵਾਉਣਾ [kəsvàuṇa] *v.t.* to get something rubbed, filed or ground

ਘਸਵਾਈ [kəsvài] *n.f.* charges for *prec.*

ਘੱਸਾ [kə̀ssa] *n.m.* jerk; movement of push and withdrawal during copulation; any spurt of effort or activity

~ ਮਾਰਨਾ/~ ਲਾਉਣਾ *con.v.* to push and pull jerkily; to make forceful effort

ਘਸਾਉਣਾ [kəsàuṇa] *v.t.* to rub, file, grind, triturate, wear down, wear out

ਘਸਾਊ [kəsàu] *adj.* triturator; abrasive

ਘਸਾਈ [kəsài] *n.f.* process of/wages for rubbing, filing, smoothening

ਘਸਿਆਰਾ [kəsɪàra] *n.m.* grass-cutter

ਘਸੀਟ [kəsi̇ṭ] *n.f.* drag, dragging act or motion; *v.form* imperative of ਘਸੀਟਣਾ, drag

ਘਸੀਟਣਾ [kəsiṭəṇa] *v.t.* to drag, haul; to scrawl, scribble

ਘਸੀਟਵਾਂ [kəsiṭvã] *adj.m.* dragging, careless (scribble)

ਘਸੁੰਨ [kəsũnn] *n.m.* clenched fist, blow with clenched fist, box, punch, buffet, jab, fisticuff

~ ਜੜਨਾ/ ~ਫੇਰਨਾ/ ~ਮਾਰਨਾ *con.v.* to box, punch, jab, buffet, pummel, fisticuff

~ ਮੁੱਕੀ/ਘਸੁੰਨਬਾਜ਼ੀ *n.f.* fisticuff, brawl, scuffle

~ ਮੁੱਕੀ ਹੋਣਾ/ਘਸੁੰਨੋਂ ਘਸੁੰਨੀ ਹੋਣਾ *ph.* to come to blows, exchange blows, scuffle, fisticuff

~ ਵੱਟਾ *adj.* sulking, sulky

~ ਵੱਟਾ ਹੋ ਜਾਣਾ *ph.* to sulk

ਘਸੋੜਨਾ [kəsòṛna] *v.t.* same as ਘੁਸਾਉਣਾ, to push in with force

ਘੱਗਰਾ/ਘੱਗਰੀ [kə̀ggəra/kə̀ggəri] *n.m./n.f.* petticoat, skirt

~ ਦਾ ਸਾਕ *ph.* relation through wife, in-law

ਘੱਗਾ¹ [kə̀gga] *n.m.* the letter ਘ

ਘੱਗਾ² *adj.m.* hoarse, husky, raucous (voice); (one) having such voice

ਘਗਿਆਉਣਾ [kəgɪàuṇa] *v.i.t.* to cry hoarse; to beseech, implore abjectly

ਘਚਾਨੀ [kəcàni] *n.f.* dodge, elusive or evasive trick

~ ਦੇਣੀ/ ~ਮਾਰਨੀ *con.v.* to dodge; to hoodwink

ਘਚੋਰ [kəcòr] *n.f.* dark, narrow nook

ਘਚੋਲ਼ [kəcòḷ] *n.m.* confusion, jumble, muddle, foul mixture

~ ਮਚੋਲ/ਘਚੋਲਾ *n.m.* same as ਘਚੋਲ਼

ਘਚੋਲ਼ਨਾ [kəcòḷna] *v.t.* to foul up, muddle; to rinse; also ਘਚੋਲ ਮਚਾਉਣਾ

ਘਟ¹ [kə̀ṭ] *n.f.* dark/dense or heavy clouds, rain-clouds
~ ਉੱਠਣੀ/ ~ਚੜ੍ਹਨੀ *con.v.* for ਘਟ to rise/ appear
ਘਟ² *n.m.* pitcher; *fig.* heart, mind, body
ਘੱਟ [kə̀ṭṭ] *adj.* less, little, short, deficient, inadequate, scanty; *adv.* seldom, infrequently; in small measure
~ ਕਰਨਾ *con.v.* to lessen, shorten, reduce, deduct, diminish; to retrench
ਘੱਟੋ ~ *adj.* least; *adv.* at the least, at least
ਘਟਣਾ [kə̀ṭṇa] *v.i.* to be or become less/ short or deficient, abate, lessen, diminish
~ ਵਧਣਾ *cpd.v.* to vary, fluctuate, rise and fall, wax and wane, ebb and flow
ਘਟਦਾ ਪ੍ਰਤੀਫਲ [kə̀ṭda prətiphəl] *n.m.* diminishing return
ਘਟਨਾ [kə̀ṭəna] *n.f.* happening, incidence
ਘਟਵਾਂ/ਘਟਦਾ [kə̀ṭvã/kə̀ṭda] *adj.m.* decreasing, diminishing; same as ਘੱਟ
ਘਟਵਾਉਣਾ [kəṭvàuṇa] *v.t.* to have something lessened/decreased
ਘਟਾ¹ [kə̀ṭa] *n.f.* same as ਘਟ¹
ਘਟਾ² [kəṭà] *v.form* imperative of ਘਟਾਉਣਾ, decrease, subtract
ਘਟਾ³ *n.m.* shortness, deficiency; decline (as of age or day); contraction, shrinkage
ਘੱਟਾ [kə̀ṭṭa] *n.m.* dust, dirt; *fig.* trifle, nothing
~ ਗੱਲ *n.f.* trifling matter
~ ਮਿੱਟੀ *n.f.* dust, dirt, refuse, rubbish, trash, litter
ਘੱਟੇ ਕੌਡੀ ਰਲਾਉਣਾ *ph.* to waste, let go down the drain; to let a matter remain undecided
ਘੰਟਾ [kə̃̀ṭa] *n.m.* hour; large bell or gong; an instructional period
~ ਖੜਕਾਉਣਾ/ ~ਵਜਾਉਣਾ *con.v.* to ring a large bell or gong
ਘਟਾਉਣਾ [kəṭàuṇa] *v.t.* to lessen, shorten, reduce, deduct, diminish; to retrench
ਘੰਟਾਘਰ [kə̃̀ṭakə̀r] *n.m.* clock-tower; belfry
ਘਟਾਟੋਪ [kə̀ṭaṭop] *adj.* pitch dark *esp.* when caused by dark clouds
ਘੰਟੀ [kə̃̀ṭi] *n.f.* bell, tinkle, call bell, telephone bell; sound of bell ringing, tintinnabulation; instructional period
~ ਖੜਕਣੀ/ ~ਵੱਜਣੀ *con.v.* for bell to ring
~ ਖੜਕਾਉਣੀ, ~ਵਜਾਉਣੀ, ਦੇਣੀ, ਮਾਰਨੀ *con.v.* to ring bell
~ ਵਜਾਉਣ ਵਾਲਾ *ph.* bellman
ਘਟੀਆ [kə̀ṭia] *adj.* inferior, substandard, of low quality, shoddy, cheap; mean, sordid, sleazy
ਘੰਡ [kə̃̀ḍ] *n.m.* same as ਸਰਘੰਡ, seed of flax/jute or hemp; clever/crafty/wicked person; rascal, villain
ਘੰਡਪੁਣਾ [kə̃̀ḍpuṇa] *n.m.* villainy, wickedness
ਘੰਡੀ [kə̃̀ḍi] *n.f.* larynx, Adam's apple; epiglottis, uvula
~ ਕੱਢ ਦੇਣੀ *ph.* uvulectomy
~ ਮਰੋੜਨੀ *ph.* to strangle, strangulate, kill
ਘਣ [kə̀ṇ] *n.m.* sledge hammer; multitude of honey bees, swarm, beehive; rain clouds; cube; *adj.* cubic
~ ਅਕਾਰ *adj.* cuboid, cubical, cuboidal
ਘਣਘੋਰ [kəṇkòr] *adj.* thick, dark, dense (clouds)
ਘਣਚੱਕਰ [kə̀ṇcəkkər] *n.m. slang.* simpleton, blockhead, dunce, dolt, stupid person
ਘਣਤਵ/ਘਣਤਾ [kə̀ṇtəv/kə̀ṇta] *n.m/ n.f.* density, solidity, compactness
ਘਣਫਲ [kə̀ṇphəl] *n.m.* volume
ਘਣਾ [kə̀ṇa] *adj.m.* same as ਸੰਘਣਾ; much, abundant
ਘਣੇਰਾ [kəṇèra] *adj.m.* more, very much
ਘਨੂਏਂ [kənùẽ] *n.m. pl.* otitis, inflammation of the ear
ਘਪਲਾ [kə̀pəla] *n.m.* embezzlement, fraud; duplicity; something fishy, hanky-panky, chaos, confusion
~ ਕਰਨਾ *con.v.* to create or cause ਘਪਲਾ
ਘਬਰਾ [kəbəra] *v.form.* nominative of ਘਬਰਾਉਣਾ; *n.m.* same as ਘਬਰਾਹਟ
ਘਬਰਾਉਣਾ [kəbəràuṇa] *v.i.* to fluster, flurry,

become nervous, agitated, confused, bewildered, non-plussed, baffled or afraid; to feel uneasiness or mental restlessness

ਘਬਰਾਹਟ [kəbərā̃ṭ] *n.f.* fluster, flurry, dither, nervousness, tizzy, agitation, confusion, bewilderment, bafflement, fear, feeling of uneasiness or mental restessness, apprehension

ਘਮਸਾਨ [kəmsàn] *adj.* fierce (fight); *n.m.* thick of battle

ਘਮਘਮ [kə̀mkə̀m] *n.f.* rhythmic sound of churning milk

ਘਮੰਡ [kəmə̃̀ḍ] *n.m.* pride, conceit, arrogance, vanity, egotism; superciliousness, haughtiness

~ **ਕਰਨਾ** *con.v.* to be proud (of), be ਘਮੰਡੀ, behave arrogantly

ਘਮੰਡੀ [kəmə̃̀ḍi] *adj.* proud, conceited, arrogant, vain, egotist; supercilious, haughty

ਘਰ [kə̀r] *n.m.* home, house, household, homestead, abode, residence, apartment; family, lineage; square (in certain game boards); slot; *suff.* denoting place, location or building, as in ਡਾਕਘਰ, ਸੁਧਾਰਘਰ, ਘੰਟਾਘਰ

~ **ਘਰ** *adv.* in or at every home; from house to house

~ **ਘਾਟ**/~ **ਦਰ** *n.m.* any place one can call one's own or one can fall back upon; home, house, permanent place of residence; shelter

~ **ਜਵਾਈ** *n.m.* son-in-law living with his in-laws

~ **ਦਾ ਘਰ** *ph.* no profit no loss, income equal to cost

~ **ਦਾ ਜੋਗੀ ਜੋਗੜਾ ਬਾਹਰ ਦਾ ਜੋਗੀ ਸਿੱਧ** *ph.* a prophet is not honoured in his own place

~ **ਦਾ ਭੇਤੀ ਲੰਕਾ ਢਾਹੇ** *ph.* traitors are country's worst enemies

~ **ਦੀ ਮੁਰਗੀ ਦਾਲ ਬਰਾਬਰ** *ph.* what is abundant is not cherished

~ **ਨਾ ਘਾਟ** *ph.* homelessness; destitution

~ **ਪ੍ਰਤੀ**/~ **ਪਿੱਛੇ** *adv.* per family, per household; also ~ ਪਰਤੀ

~ **ਪੂਰਾ ਕਰਨਾ** *ph.* to compensate, satisfy

~ **ਫੂਕ ਤਮਾਸ਼ਾ ਵੇਖਣਾ** *ph.* to ruin oneself in pursuit of pleasure

~ **ਬਾਰ** *n.m.* same as ਘਰ

~ **ਬਾਰੀ** *n.m.* householder

~ **ਵਸਾਉਣਾ** *ph.* to get married, set up a home

~ **ਵਾਰ** *adv.* same as ਘਰ ਪ੍ਰਤੀ

~ **ਵਾਲ਼ਾ** *n.m.* husband; master of the house

~ **ਵਾਲ਼ਾ ਘਰ ਨਹੀਂ ਹੋਰ ਕਿਸੇ ਦਾ ਡਰ ਨਹੀਂ** *ph.* when the cat is away the mice will play

ਘਰਕ [kə̀rək] *v.form* imperative of ਘਰਕਣਾ

ਘਰਕਣਾ [kə̀rkəṇa] *v.i.* to pant, puff, breathe fast, be out of breath

ਘਰਕਣੀ [kə̀rkəṇi] *n.f.* panting, puffing, fast breathing

ਘਰਕਾਉਣਾ [kərkàuṇa] *v.t.* to put someone out of breath, chase one to exhaustion, cause or make one pant or puff

ਘਰਕੀਣ [kərkịṇ] *n.f.* see ਘਰੇਣ

ਘਰਲ [kə̀rl] *n.m.* wide opening or gully made by rain or running water

ਘਰਵਾਲੀ [kə̀rvali] *n.f.* wife, mistress of the house

ਘਰੜ[1] [kə̀rəṛ] *n.m.* half-churned curd; mixed horse-feed of hay and crushed gram

ਘਰੜ[2] *adj.* close-shaven (head)

~-**ਘਰੜ** *n.f.* grating sound

~ **ਮੁਨਾਉਣਾ** *con.v.* to have (head) closely shaved

ਘਰਾਇਣ [kəràiṇ] *n.f.* same as ਘਰੇਣ

ਘਰਾਟ [kəràṭ] *n.m.* water-mill, flour-mill operated by running water

ਘਰਾਟੀ [kəràṭi] *adj.* milled at a ਘਰਾਟ

ਘਰਾਟੀਆ [kəràṭia] *n.m.* owner or operator of a ਘਰਾਟ

ਘਰਾਣਾ/ਘਰਾਨਾ [kəràṇa/kərāna] *n.m.* family, house, lineage of standing; school of musical art

ਘਰਾਲ਼ [kəràḷ] *n.m.* see ਘਰਲ

ਘਰੂੰਡ [kərũ̀ḍ] *n.m. dia.* see ਖਰੂੰਡ, scratch

ਘਰੇ [kə̀re] *adv.* inside home or house

ਘਰੇਲੂ [kərèlu] *adj.* domestic, private; household (things), of or pertaining to house or housekeeping; stay-at-home; home-made

~ ਦਸਤਕਾਰੀ *n.f.* cottage-industry

ਘਰੈਣ [kərɛ̀ṇ] *n.f.* an insect which builds for itself house of clay along wall surfaces

ਘਰੋਂ [kərõ] *adv.* from or out of home *n.f.* wife

ਘਰੋ ਘਰ/ਘਰੋ ਘਰੀ *adv.* in, at, to every or respective ਘਰ

ਘਰੋਕੀ/ਘਰੋਗੀ [kəròki/kərògi] *adj.* same as ਘਰੇਲੂ

ਘਰੋੜ [kəròṛ] *n.m.* scraping of a milk-pot or cooking pot

ਘਰੋੜਨਾ [kəròṛna] *v.t.* to scrape, scrub (vessel); to repeat, press, emphasize (in speech)

ਘਰੋੜਾ [kəròṛa] *adj.m.* uncovered, bare (cot)

ਘਰੋੜੀ [kəròṛi] *n.f.* same as ਘਰੋੜ

ਘਰੋੜੀ ਦਾ [kəròṛi da] *adj.m.* last born, youngest, *cf.* ਪਲੇਠੀ ਦਾ

ਘਰੌਂਦਾ [kərɔ̃̀da] *n.m.* diminutive of ਘਰ; nest

ਘੱਲ [kə̀ll] *v.form* imperative of ਘੱਲਣਾ, send

ਘੱਲਣ ਵਾਲ਼ਾ [kə̀lləṇvala] *adj.m.* sender, despatcher

ਘੱਲਣਾ [kə̀lləṇa] *v.t.* to send, despatch, consign, remit, transmit, forward; to post (letter)

ਘਲਵਾਉਣਾ/ਘਲਾਉਣਾ [kəlvàuṇa/kəlàuṇa] *v.t.* to cause/make or arrange to send

ਘਲਾੜੀ [kəlàṛi] *n.f. dia.* sugarcane crusher, see ਵੇਲ਼ਨਾ

ਘੱਲੂਘਾਰਾ [kə̀llukàra] *n.m.* holocaust, massacre, great destruction, deluge, genocide, slaughter; (historically) the great loss of life suffered by Sikhs at the hands of their rulers, particularly on 1 May 1746 and 5 February 1762

ਘਵਾਂ [kəvɑ̃̀] *n.m.* long-handled stirrer

~ ਫੇਰਨਾ/ ~ਮਾਰਨਾ *con.v.* to stir with a ਘਵਾਂ

ਘੜ [kə̀ṛ] *v.form* imperative of ਘੜਨਾ, shape

ਘੜਤ [kə̀ṛt] *n.f.* form, design; shape, workmanship or quality of such work

ਘੜਨਾ [kə̀ṛna] *v.t.* to manufacture, make, form, fashion, forge, shape, design; to sculpt, chisel sculpture; to make, invent (excuse or story), cook (story); to coin (word or expression); to sharpen (pencil)

ਘੜੰਮ [kəṛə̀mm] *n.f.* splashing sound of something heavy falling in water; *adv.* (falling) with a noisy splash or thud; also ਘੜੰਮ ਕਰਕੇ

ਘੜਮੱਸ [kəṛmə̀ss] *n.f.* milling crowd, stampede, confusion, tumult; also ਘੜਮੱਸ ਚੌਦੇਂ

~ ਪੈਣੀ *ph.* for stampede to occur or be caused

ਘੜਵੰਜ [kəṛvə̃̀j] *n.m.* a card game of rural Punjab

ਘੜਵੰਜੀ [kəṛvə̃̀ji] *n.f.* pitcher-stand

ਘੜਵਾ [kəṛvà] *v.form* imperative of ਘੜਵਾਉਣਾ, get something worked into some shape

ਘੜਵਾਂ [kə̀ṛvɑ̃] *adj.m.* manufactured by cutting/reducing/smoothening as against casting in a mould

ਘੜਵਾਉਣਾ [kəṛvàuṇa] *v.t.* to get something manufactured by cutting, etc.

ਘੜਵਾਈ [kəṛvài] *n.f.* wages for *prec.*

ਘੜਾ[1] [kə̀ṛa] *n.m.* pitcher, earthen waterpot

ਘੜਾ[2] [kəṛà] *v.form* imperative of ਘੜਾਉਣਾ, same as ਘੜਵਾ

ਘੜਾਉਣਾ [kəṛàuṇa] *v.t.* same as ਘੜਵਾਉਣਾ

ਘੜਾਈ [kəṛài] *n.f.* same as ਘੜਵਾਈ

ਘੜਿਆ ਘੜਾਇਆ [kə̀ṛɪa kəṛàɪa] *adj.m.* already manufactured, readymade

ਘੜਿਆਲ [kəṛɪàl] *n.m.* gong; alligator, crocodile

ਘੜਿਆਲੀ/ਘੜਿਆਲੀਆ [kəṛɪàli/kəṛɪàlia] *n.m.* one who strikes at a ਘੜਿਆਲ, timekeeper

ਘੜੀ[1] [kə̀ṛi] *n.f.* a unit of time equal to 22.5 minutes; watch, clock, time-piece; small pitcher; *cf.* ਘੜਾ[1]

~ ਘੜੀ *adv.* again and again, time and again, at short intervals, repeatedly
~ ਦਾ ਪਰਾਹੁਣਾ *ph.* short-lived, transient, transitory, ephemeral; dying, expected to die shortly
~ ਦੀ ਚੇਨ/~ ਦੀ ਜ਼ੰਜੀਰ *ph.* watch-chain, strap, watch-guard
~ ਨੂੰ *adv.* shortly, soon
~ ਨੂੰ ਚਾਬੀ ਦੇਣੀ *ph.* to wind a ਘੜੀ
~ ਪਲ *n.m.* a very short interval, an instant, a moment
~ ਮਿਲਾਉਣੀ *con.v.* to synchronise a ਘੜੀ
ਘੜੀਸਣਾ [kəṛìsəṇa] *v.t.* same as ਘਸੀਟਣਾ, to drag
ਘੜੀਸਾਜ਼ [kəṛisaz] *n.m.* watch-maker
ਘੜੋਲੀ [kəṛòli] *n.f.* same as ਘੜੀ²
ਘਾਉ/ਘਾ [kào/kà] *n.m.* wound, cut, gash, slash, stab wound, lesion, laceration, deep injury, incision
ਘਾਇਲ [kàil] *adj.* wounded, injured, lacerated
ਘਾਈ [kài] *n.f.* loincloth
ਘਾਸ [kàs] *n.m.* see ਘਾਹ; same as ਘਸਰ, abrasion
~ ਫੂਸ *n.m.* rubbish, straw, herbage
ਘਾਸਾ [kàssa] *n.m.* stirrup leather
ਘਾਸੀ [kàssi] *n.f.* same as ਘਸਰ, abrasion
ਘਾਹ [kà] *n.m.* grass, sward, hay, straw, herbage, turf, weeds (collectively)
~ ਕੱਢਣਾ *con.v.* to weed out ਘਾਹ
~ ਖਾਣ ਵਾਲਾ *ph.* herbivorous, *n.m.* herbivore
~ ਖੋਤਣਾ *con.v.* to cut/reap grass, scrape the earth for grass; *informal* to drudge
~ ਪੱਠਾ *n.m.* fodder, green fodder
~ ਫੂਸ *n.m.* same as ਘਾਸ-ਫੂਸ, rubbish
~ ਬੂਟ *n.m.* weeds
~ ਬੂਟੀ *n.f.* weeds, herbs, herbage
ਘਾਹੀ [kài] *n.m.* grass-cutter
ਘਾਟ¹ [kàṭ] *n.m.* landing place, quay, jetty, pier, wharf; ferry or ford site; bathing place on river bank; mountain range parallel to sea-coast
~ ਘਾਟ ਦਾ ਪਾਣੀ ਪੀਣਾ *ph.* to have wide, variegated experience
ਘਾਟ² *n.f.* lack, want, absence; deficiency, deficit, inadequacy, insufficiency; dearth, shortage, scarcity, paucity; loss; bereavement; decrease, diminution, reduction
~ ਮਹਿਸੂਸ ਕਰਨੀ *ph.* to feel ਘਾਟ or effect of ਘਾਟ; to miss
ਘਾਟਾ [kàṭṭa] *n.m.* same as ਘਾਟ², loss, deficit, adverse balance
~ ਪੈਣਾ *con.v.* to incur or suffer loss
~ ਵਾਧਾ *n.m.* profit or loss, discrepancy; trifling cause of mutual misunderstanding; ups and downs (in business or life)
ਘਾਟੀ [kàṭṭi] *n.f.* valley, vale, dale; low mountain range; declivity, downward slope of a hill or mountain
ਘਾਟੇ ਦਾ ਬਜਟ [kàṭṭe da bəjəṭ] *ph.* deficit financing, deficit budget, budget showing a deficit
ਘਾਟੇਵੰਦਾ [kàṭṭe vɑ̃da] *adj.m.* likely to result in loss, disadvantageous, unfavourable, adverse, losing
ਘਾਠ [kàṭh] *n.f.* parched barley
ਘਾਣ [kàṇ] *n.m.* a large mass of anything prepared or processed in one lot, e.g. in oilpress; great killing, carnage
~ ਲਾਹ ਸੁੱਟਣੇ/ ~ਲਾਹ ਦੇਣੇ *ph.* to kill in large numbers
ਘਾਣੀ [kàṇi] *n.f.* quantity or mass prepared or processed in one lot; mass of mud plaster mixed with wheat-chaff, cob; *colloq.* see ਕਹਾਣੀ
~ ਪਾਉਣੀ *con.v.* to put in a mass or quantity of anything for processing
~ ਮਾਰਨੀ *con.v.* to prepare mud plaster
ਘਾਤ¹ [kàt] *n.f.* ambush, ambuscade, lying in wait; awaiting an opportunity to strike; *n.m.* murder, killing, slaughter, assassination; *suff.* indicating killing as in ਆਤਮਘਾਤ, ਮਿੱਤਰਘਾਤ, ਵਸਾਹਘਾਤ, etc.; *n.f.* (maths) power, index
~ ਅੰਕ *n.m.* index
~ ਸਮੂਹ *n.m.* power set
~ ਕਰਨਾ *con.v.* to kill, slaughter
~ ਲਾਉਣੀ *con.v.* to lie in wait, ambush
ਘਾਤਕ [kàtək] *adj.* killer, fatal, mortal,

deadly; deleterious, injurious

ਘਾਤੀ [kàti] *adj. and suff.* killer, murderer

ਘਾਪਾ [kàppa] *n.m.* chunk, lump; cleft, cleavage, opening, slit, hole; gap, deficit, loss; embezzlement, fraud

~ ਖੋਲਣਾ *con.v.* to make a large slit or hole; to inflict serious/open wound; to slash

~ ਪੂਰਨਾ *con.v.* to fill a gap/hole or opening; to make up or cover big loss

~ ਮਾਰਨਾ *ph.* to embezzle/misappropriate a considerable amount

ਘਾਬਰਨਾ [kàbərna] *v.i.* same as ਘਬਰਾਉਣਾ, to be nervous

ਘਾਰ [kàr] *n.f.* same as ਘਰਲ, gully

ਘਾਲ [kàl]h *n.f.* intense effort, hard work, labour, toil; assiduity, assiduousness, diligence, industry; also ਘਾਲ਼

~ ਕਮਾਈ *n.f.* hard labour; honest earnings

~ ਘਾਲਣੀ *ph.* to put in intense effort, toil diligently

ਘਾਲਣਾ [kàləṇa] *n.f.* same as ਘਾਲ; *v.i.* to work hard, labour, toil; also ਘਾਲ਼ਣਾ

ਘਾਲ਼ਾ ਮਾਲ਼ਾ [kàḷa maḷa] *n.m.* same as ਘਪਲਾ, embezzlement

ਘਾੜਤ [kàṛət] *n.f.* same as ਘੜਤ, design

ਘਾੜਵਾਂ [kàṛvã] *adj.m.* same as ਘੜਵਾਂ

ਘਾੜਾ [kàṛa] *n.m.* one who cuts/chisels/reduces into form/manufacturer/sculptor

ਘਿਓ [kɪò] *n.m.* clarified butter, refined butter, ghee

~ ਖੰਡ ਹੋਣਾ/~ ਖਿਚੜੀ ਹੋਣਾ *ph.* to become very intimate friends, chum

ਘਿਆਲ [kɪàl] *adj.f.* (milch cattle) with high fat content in milk

ਘਿੱਗੀ [kìggi] *n.f.* hiccup caused by crying and sobbing

~ ਬੱਝ ਜਾਣੀ *ph.* to develop ਘਿੱਗੀ, cry hoarse, cry one's heart out

ਘਿਚ ਪਿਚ/ਘਿਚ ਮਿਚ [kìc pɪc/kìc mɪc] *n.f.* illegible scribble, careless scrawl

~ ਕਰਨੀ/~ਮਾਰਨੀ *ph.* to write badly/illegibly

ਘਿਨਾਉਣਾ [kɪnàuṇa] *adj.m.* odious, loathsome, hideous, hateful, detestable, despicable, contemptible

ਘਿਰ [kìr] *v.form* imperative of ਘਿਰਨਾ¹

ਘਿਰਨਾ¹ [kìrna] *v.i.* (*usu.* ਘਿਰ ਜਾਣਾ), to be surrounded, cornered, brought to bay, encircled; ਸਿਰ ਜਾਂ ਦਿਲ ਘਿਰਨਾ-to feel dizzy, giddy, vertiginous, faint, feeble or uncomfortable; *cf.* ਘੇਰਨਾ

ਘਿਰਨਾ² *n.f.* hatred, dislike, disgust, loathing, odium, aversion, repugnance, abhorrence, detestation, contempt, abomination

~ ਕਰਨੀ *con.v.* to hate, loathe, abhor, detest

~ ਯੋਗ *adj.* hateful, obnoxious, detestable, loathsome, disgusting, odious, execrable, repellent, repugnant, abominable, repulsive, abhorrent

ਘਿਰਨਿਤ [kìrnɪt] *adj.* hated, detested, execrated, abhorred

ਘਿਰਨੀ [kìrni] *n.f.* pulley; reel; wooden frame for twisting yarns or strings

ਘਿਰਵਾਉਣਾ [kɪrvàuṇa] *v.t.* to get someone or something surrounded/encircled

ਘਿਰਵਾਈ [kɪrvài] *n.f.* process of or wages or reward for *prec.*

ਘਿਰਾਉ [kɪrào] same as ਘੇਰਾਉ

ਘੀ [kì] *n.m.* same as ਘਿਓ, ghee

ਘੀਆ [kìa] *n.m.* a variety of pumpkin, bottle gourd; *Cucurbita lagenaria*

~ਕੱਦੂ n.m. same as ਘੀਆ

~ਤੋਰੀ n.f. a vegetable plant, its fruit; *Luffa pentandra*

ਘੀਆਕਸ਼ [kìakəṣ] *n.m.* same as ਕੱਦੂਕਸ਼

ਘੀਸ [kìs] *n.f.* mole, *Scalopus aquaticus;* bandicoot

ਘੀਸੀ [kìssi] *n.f.* rubbing of buttocks on the ground

~ ਕਰਨੀ *con.v.* to rub buttocks on the ground (as to clean the bottom after stools); *fig.* to linger unsuccessfully on a job

ਘੁਸ [kùs] *v.form* imperative of ਘੁਸਣਾ, enter

ਘੁੱਸ [kùss] *v.form* imperative of ਘੁੱਸਣਾ

ਘੁਸਣਾ [kùsəṇa] *v.i.t.* to enter, penetrate,

go in forcibly or without permission, transgress, trespass; to interfere, meddle
ਘੁੱਸਣਾ [kùssəṇa] *v.i.* to err, make a mistake; to miscalculate; to miss (the right way); to be lost or stranded
ਘੁਸਬੈਠ [kùsbɛṭh] *n.f.* intrusion, infiltration
ਘੁਸਬੈਠੀਆ [kùsbɛṭhia] *n.f.* infiltrator, intruder
ਘੁਸਮੁਸਾ [kùsmusa] *n.m. & adj.m.* semi-dark, semi-darkness (as at dawn or dusk); dim, foggy or shadowy light; dusky, dim, somewhat dark; twilight, crepuscule, crepuscle, crepuscular
ਘੁਸਰਨਾ/ਘੁਸੜਨਾ [kùsərna/kùsəṛna] *v.i.* same as ਘੁਸਣਾ; to be crammed in, to snug, snuggle, nestle
ਘੁਸਰ ਮੁਸਰ [kùsər musər] *n.f.* whisper, whispering, conspiracy, rumour
~ ਕਰਨੀ *ph.* to whisper, talk in whispers, talk in undertone; to conspire, plot
ਘੁਸਾਉਣਾ[1] [kusàuṇa] *v.t.* to cause one to miss or make mistake, mislead; to avoid
ਘੁਸਾਉਣਾ[2]/ਘੁਸੇੜਨਾ [kusèṛna] *v.t.* to push in, insert with force, thrust in, force in, penetrate, stuff tightly
ਘੁਕਾ [kukà] *v.form* imperative of ਘੁਕਾਉਣਾ
ਘੁਕਾਉਣਾ [kukàuṇa] *v.t.* to rotate or swing with speed, drive fast; *c.f.* ਘੂਕਣਾ
ਘੁਕਾਈ [kukài] *n.f.* speedy rotation, fast driving
ਘੁੱਗ [kùgg] *adv.* (to live) comfortably, happily, prosperously; (to be populated, to inhabit) densely, flourishingly
~ ਵੱਸਣਾ *con.v.* to prosper/flourish/live happily/prosperously
ਘੁੰਗਣੀਆਂ [kũ̀gəṇiã] *n.f. pl.* grain boiled whole
ਘੁੰਗਰ [kũ̀gər] *n.m.* (of hair) curl, lock; curliness
ਘੁੰਗਰਾਲ਼ [kũgràḷ] *n.f.* string of bells *usu.* put around the necks of draught animals
ਘੁੰਗਰਾਲ਼ੇ [kũgràḷe] *adj.m.pl.* curly, crispate (hair)
ਘੁੰਗਰੀ [kũ̀gəri] *n.f.* tiny ਘੁੰਗਰੂ
ਘੁੰਗਰੂ [kũ̀gəru] *n.m.* small tinkling bell
ਘੁੱਗੀ [kùggi] *n.f.* dove
ਘੁੱਗੂ [kùggu] *n.m.* male dove; an earthen toy which on blowing gives out sound like cooing of a dove; *fig.* a stupid person, simpleton; siren, horn, hooter
~ ਘੋੜੇ *n.m. pl.* same as ਘਿਚਮਿਚ, illegible writing
~ ਵੱਜ ਜਾਣਾ *ph. informal* to die, finish
~ ਵਜਾਉਣਾ *con.v.* to blow ਘੁੱਗੂ, *informal* to kill, destroy
ਘੁੱਘ [kùgg] *adv.* same as ਘੁੱਗ
ਘੁੰਙਣੀਆਂ [kuñəṇiã] *n.f. pl.* grain boiled whole
ਘੁਟ [kùṭ] *v.form* imperative of ਘੁਟਣਾ
ਘੁੱਟ[1] [kùṭṭ] *n.m.* a sip, a single draught, gulp or mouthful of liquid
~ ਕੁ *n.m.* a little
~ ਭਰ ਛਡਣਾ *ph.* to drink (the whole lot), finish; *fig.* to kill
~ ਭਰਨਾ *con.v.* to take a sip
ਘੁੱਟ[2] *n.f.* tightness, pressure, compression; *v.form* imperative of ਘੁੱਟਣਾ, press, tighten
ਘੁਟਣਾ [kùṭəṇa] *v.i.* to be ground, pulverised; *cf.* ਘੋਟਣਾ
ਘੁੱਟਣਾ [kùṭṭəṇa] *v.t.* to press, compress, tighten, squeeze, astringe, constrict, stifle, smother; to hug; to massage, knead (a body or limb)
ਘੁਟਨ [kùṭən] *n.f.* suffocation, uneasiness; mugginess, oppressiveness
ਘੁਟਨਾ [kùṭəna] *n.m.* see ਗੋਡਾ, knee
ਘੁੱਟਨਾ [kùṭṭəna] *n.m.* tight-fitting trousers; tights
ਘੁਟਵਾ [kuṭvà] *v.form* imperative of ਘੁਟਵਾਉਣਾ, get (it) tightened, massaged, pulverised
ਘੁਟਵਾਂ [kùṭvã] *adj.m.* tight, tight-fitting, skin-fitting
ਘੁਟਵਾਉਣਾ [kuṭvàuṇa] *v.t.* to get (something) pressed, tightened, squeezed, compressed; to have (one's body) massaged, kneaded; to get (something) ground, pulverised or to assist in this process

ਘੁਟਵਾਈ [kuṭvài] *n.f.* process of/wages or reward for ਘੁਟਵਾਉਣਾ
ਘੁਟਾਉਣਾ [kuṭàuṇa] *v.t.* same as ਘੁਟਵਾਉਣਾ
ਘੁਟਾਈ [kuṭài] *n.f.* process of/wages or reward for ਘੁੱਟਣਾ
ਘੁੱਟਿਆ ਘੁੱਟਿਆ/ਘੁੱਟਿਆ ਵੱਟਿਆ [kùṭṭɪa kùṭṭɪa/kùṭṭɪa vəṭṭɪa] *adj.m.* sullen; morose
ਘੁੱਟੀ [kùṭṭi] *n.f.* see ਗੁੜ੍ਹਤੀ; purgative, laxative for infants
ਘੁੱਟੋ ਘੁੱਟੀ [kùṭṭo kùṭṭi] *adv.* in sips, sip by sip; (eating) by alternately taking a bite of bread and a sip of water or milk
ਘੁੰਡ [kū̃ḍ] *n.m.* veil, covering the face by women against elders (as a mark of respect or of modesty); slanting projection over windows, ventilators, etc., protective screen, awning
~ **ਕੱਢਣਾ** *con.v.* to draw a veil or head-cloth over one's face, observe purdah
~ **ਚੁਕਾਈ**/~ **ਲੁਹਾਈ** *ph.* token present of money for ceremonial unveiling of a bride; the ceremony itself
~ **ਲਾਹ ਦੇਣਾ** *ph.* to unveil; to act shamelessly, be immodest
ਘੁੰਡੀ [kū̃ḍi] *n.f.* hook, loop, link; trick, catch, problem, complication, crux; any tricky, complicated point (in law, logic, etc.); knot of plants like wheat/barley, etc.
~ **ਡੋਡਾ** *n.m.* cloth button and the loop to hold it
~ **ਪੁੱਟਣੀ** *con.v.* to unfasten a hook, unravel a knot; to solve a knotty problem, discover the crux of a matter
~ **ਮੇਲ੍ਹਨੀ** *con.v.* to make a loop at the end of a rope
ਘੁੰਡੀਆਂ [kū̃ḍiā̃] *n.f.pl.* of ਘੁੰਡੀ; uncrushed pieces of ears of corn mixed with knots of chaff (needing recrushing *usu.* by pounding)
ਘੁੰਡੀਦਾਰ [kū̃ḍidar] *adj.* provided with ਘੁੰਡੀ, hooked, looped
ਘੁਣ [kùṇ] *n.m.* worm that infests wood or grain, weevil, wood-worm; *fig.* a secret sorrow or worry
~ **ਖਾਧਾ** *adj.m.* worm-eaten, infested or damaged by ਘੁਣ; decayed
~ **ਲੱਗਣਾ** *con.v.* to be infested with ਘੁਣ
ਘੁਣਾਦਾ [kuṇàda] *adj.m.* same as ਘੁਣ ਖਾਧਾ, under *prec.*
ਘੁੰਤਰ [kū̃tər] *n.f.* any point of criticism, fault, blemish, shortcoming, defect, weakness
~ **ਕੱਢਣੀ** *ph.* to find fault, criticise
ਘੁੰਤਰਬਾਜ [kū̃tərbaj] *adj.& n.m.* critic, fault-finder, cynic, cynical, satirical; pettifogger
ਘੁੰਤਰਬਾਜੀ [kū̃tərbaji] *n.f.* fault-finding, criticism, cynicism; pettifoggery
ਘੁੰਤਰੀ [kū̃təri] *n.m.* same as ਘੁੰਤਰਬਾਜ
ਘੁੱਤੀ [kùtti] *n.f.* same as ਘਚਾਨੀ, dodge
ਘੁੱਥਾ [kùttha] *adj.m.* mistaken, misled; also ਘੁੱਸਿਆ
ਘੁਧਿੱਤ [kutìtt] *n.f.* bad habit
ਘੁੱਪ ਹਨੇਰਾ [kùpp hənera] *n.m.* same as ਹਨੇਰਾ ਘੁੱਪ, pitch dark
ਘੁੰਮ [kùmm] *v.form* imperative of ਘੁੰਮਣਾ, spin, swirl
ਘੁਮਕਾਰ [kùmkar] *n.f.* buzzing sound as that of a fast-running machine, constant humming or buzzing noise; fast circular dance
~ **ਪਾਉਣੀ** *con.v.* to produce constant buzzing noise; to dance at a fast pace
ਘੁਮੰਡ [kùmə̃ḍ] *n.m.* see ਘਮੰਡ, pride
ਘੁੰਮਣਘੇਰੀ [kū̃mmənkèri] *n.f.* whirlpool, eddy, swirl, vortex, maelstrom, whirl; dizziness, vertigo
ਘੁੰਮਣਾ [kū̃mməṇa] *v.i.* to rotate, spin, revolve, swirl, whirl, gyrate, go round and round, move in circular direction, circulate; to walk, take a walk, stroll, roam, wander; to turn, take a turning, turn about, return
~ **ਫਿਰਨਾ** *cpd.v.* to walk about, ambulate
ਘੁੰਮਰ [kū̃mmər] *n.f.* same as ਝੁੰਮਰ, a folk dance
ਘੁਮਾ [kumà] *v.form* imperative of ਘੁਮਾਉਣਾ, turn, rotate
ਘੁਮਾਂ [kū̃mā̃] *n.m.* acre; also ਘੁਮਾਉਂ
ਘੁਮਾਉ [kumào] *n.m.* turning, curve, cur-

vature; rotation, gyration, revolution, torsion, angle, degree or extent of turning

ਘੁਮਾਉਣਾ [kumàuṇa] *v.t.* to turn, rotate, spin, twirl, whirl, swing; to take one around for a walk; to make one come again and again, harass

ਘੁਮਾਈ [kumàì] *n.f.* process of or wages for *prec.*

ਘੁਮਾਣੀ [kumàṇi] *n.f.* slingshot

ਘੁਮੇਰ [kumèr] *n.f.* dizziness, giddiness, vertigo

ਘੁਰਕ [kùrk] *v.form* imperative of ਘੁਰਕਣਾ, growl

ਘੁਰਕਣਾ [kùrkəṇa] *v.i.t.* to growl, grunt, snarl, gnarl; to threaten, frown, browbeat, scold, gesticulate or shout threateningly

ਘੁਰਕੀ [kùrki] *n.f.* growl, grunt, snarl, frown, threatening sound and gesture, threat; also ਘੁਰਾਕੀ

~ ਮਾਰਨੀ *con.v.* same as ਘੁਰਕਣਾ

ਘੁਰ ਘੁਰ [kùr kùr] *n.f.* whisper, whispering campaign, conspiracy

ਘੁਰਨਾ [kùrna] *n.m.* den, lair, hiding place, dugout, pit made by animals with their paws

ਘੁਰ੍ਹਾ [kùra] *n.m.* same as ਘੁਰਨਾ; mesh, any of the open spaces in a net/netting or of a string cot, also ਘੁਰ੍ਹੀ

ਘੁਰਾੜਾ [kuràṛa] *n.m.* snore

ਘੁਰਾੜੇਮਾਰ [kuràṛemar] *adj.* snorer

~ ਨੀਂਦਰ *n.f.* deep/sound sleep

ਘੁਲ਼ [kùḷ] *v.form* imperative of ਘੁਲ਼ਨਾ, dissolve; wrestle

~ ਘੁਲ਼ ਮਰਨਾ *ph.* to die a slow death, eat one's heart out

~ ਮਿਲ਼ ਜਾਣਾ *ph.* to become intimate, close, familiar, friendly, thick; to dissolve properly or totally; to mix up

ਘੁਲ਼ਨਸ਼ੀਲ [kùḷənsil] *adj.* soluble

ਘੁਲ਼ਨਸ਼ੀਲਤਾ [kùḷənsilta] *n.f.* solubility

ਘੁਲ਼ਨਹਾਰ [kùḷənhar] *adj.* same as ਘੁਲ਼ਨਸ਼ੀਲ

ਘੁਲ਼ਨਾ [kùḷəna] *v.i.* to dissolve, melt

ਘੁਲ਼ਵਾਉਣਾ [kùḷvauṇa] *v.t.* to get something dissolved; to have someone wrestle

ਘੁਲ਼ਵਾਈ [kùḷvài] *n.f.* process of or reward or wages for ਘੁਲ਼ਵਾਉਣਾ

ਘੁਲ਼ਾਉਣਾ [kuḷàuṇa] *v.t.* to get some one wrestle, arrange a wrestling match

ਘੁਲ਼ਾਟੀਆ [kuḷàṭia] *n.m.* wrestler, grappler, experienced in combat

ਘੁਲਾੜੀ [kulàṛi] *n.f. dia.* see ਵੇਲਣਾ crusher; *dia.* see ਕੁਹਾੜੀ, axe, hatchet

ਘੂਆਂ[1] [kùã] *adj.* cunning, crafty, sly; *n.m.* such person

ਘੂਆਂ[2] *n.m.* insect used as bait to lure bird or fish

ਘੂਸ [kùs] *n.f.* bribe, illegal gratification

ਘੂਸਖੋਰ [kùskhor] *adj.* venal, corrupt

ਘੂਸਖੋਰੀ [kùskhori] *n.f.* venality, corruption

ਘੂਸਾ [kùssa] *n.m.* woman's genitals, vulva, pudendum *adj.m. informal* same as ਘੂਸੇਘੱਟਾ

ਘੂਸੇਘੱਟਾ [kùsse kəṭṭa] *adj.m.* petty, mean, shameless, *n.m.* such person

ਘੂਕ[1] [kùk] *n.f.* same as ਘੂਕਰ

ਘੂਕ[2] *adj. & adv.* fast, sound (sleep)

ਘੂਕਣਾ [kùkəṇa] *v.i.* same as ਘੂਕਰਨਾ

ਘੂਕਰ [kùkər] *n.f.* whirling sound

~ ਪੈਣੀ *con.v.* for ਘੂਕਰ to be produced

ਘੂਕਰਨਾ [kùkərna] *v.i.* to spin, rotate, very fast (so as) to produce whirling/humming/buzzing sound

ਘੂਕੀ [kùki] *n.f.* drowsiness, sleepiness, unconsciousness (as a result of high fever or medicine)

~ ਚੜ੍ਹਨੀ *con.v.* for ਘੂਕੀ to be effected, to feel or undergo ਘੂਕੀ

ਘੂੰ ਘੂੰ [kũ̀ kũ̀] *n.f.* buzzing/humming/whirling sound, buzz

~ ਕਰਨਾ *con.v.* to buzz, hum

ਘੂਰ[1] [kùr] *n.f.* entanglement caused in a skein by pulling the thread at the wrong end

ਘੂਰ[2] *adj.* emaciated, thinned, weakened

ਘੂਰ[3] *v.form* imperative of ਘੂਰਨਾ, threaten

~ ਕੇ ਵੇਖਣਾ *ph.* to stare threateningly

ਘੂਰਨਾ [kùrna] *v.i.t.* to stare threateningly,

frown, scowl, gnarl, snarl, growl, speak angrily, scold

ਘੁਰਿਆ/ਘੁਰੀ¹ [kùrıa/kùri] *adj.m./ adj.f.* entangled and tightened

ਘੁਰੀ² *n.f.* frown, scowl, threatening stare

~ **ਵੱਟ ਕੇ ਪੈਣਾ/~ ਵੱਟਣੀ** *ph.* to make threatening gesture, same as ਘੂਰਨਾ

ਘੇ [kè] *n.m. dia.* see ਘਿਓ, ghee

ਘੇਸ/ਘੇਸਲ਼ [kès/kèssəḷ] *n.f.* pretended sleep, pretended ignorance of command, evasive mood or behaviour; bundle or pile of dry fodder stalks

~ **ਵੱਟਣੀ** *ph.* to pretend sleep or ignorance, evade, avoid, malinger

ਘੇਸਲ਼ਾ [kèsəḷa] *adj.m.* evasive, shirker, deliberately inattentive, feigning sleep or ignorance

ਘੇਪਾ [kèppa] *n.m.* chunk, lump; also ਘਾਪਾ

ਘੇਰ¹ [kèr] *n.m.* same as ਘੇਰਾ; uneasiness, sinking of heart, anxiety

~ **ਪੈਣੇ** *ph.* to feel or suffer from ਘੇਰ

ਘੇਰ² *v.form* imperative of ਘੇਰਨਾ, encircle

ਘੇਰਨਾ [kèrna] *v.t.* to surround, encircle, besiege, blockade, round up; to encompass, enclose

ਘੇਰਨੀ [kèrni] *n.f.* swoon, syncope, vertigo, dizziness

ਘੇਰਾ [kèra] *n.m.* circumference, perimeter, ambit; periphery; encirclement, blockade, siege; boundary, limit, sphere, gamut; girth

~ **ਪਾਉਣਾ** *con.v.* to surround, encircle, besiege

~ **ਬੰਨ੍ਹਣਾ** *con.v.* to form a circle or ring (of persons, spectators)

ਘੇਰਾਉ [kerào] *n.m.* picketing, a form of agitation in which a person or office is surrounded by agitators blocking entrance and exit, occlusion

~ **ਕਰਨਾ** *con.v.* to form or stage ਘੇਰਾਉ, picket, occlude

ਘੇਰੇਦਾਰ [kèredar] *adj.* circular, circumferential, in the form of circle

ਘੈਂਟੀ [kẽ̀ṭi] *n.f.* same as ਘੰਟੀ, bell

ਘੈਰ [kɛ̀r] *n.f.* hazy, dusty weather

ਘੋਸ਼ਣਾ [kòṣəṇa] *n.f.* declaration, proclamation, announcement, also ਘੋਸ਼ਨਾ

~ **ਪੱਤਰ** *n.m.* written ਘੋਸ਼ਣਾ, communique

ਘੋਸ਼ਤ [kòṣət] *adj.* declared, proclaimed, announced, made public, published, advertised

ਘੋਹਾ [kòha] *n.m. dia.* see ਮੁਨਾਦੀ, proclamation by beat of drum

ਘੋਖ [kòkh] *n.f.* investigation, enquiry, probe, inquiry, scrutiny, minute or/and critical study

~ **ਪੜਤਾਲ** *n.f.* same as ਘੋਖ

ਘੋਖਣਾ [kòkhəṇa] *v.t.* to scrutinise, probe, investigate, subject to minute/critical study, go to the bottom (of a matter); also ਘੋਖ ਕਰਨੀ

ਘੋਖੀ [kòkhi] *adj.* critical observer, critic, scrutiniser; prone to fault-finding, hair-splitter

ਘੋਗਲ਼ਕੰਨਾ [kògəḷ kə̃nna] *adj.m.* pretending or feigning ignorance or deafness

ਘੋਗੜ [kògəṛ] *n.m.* large kite or vulture; *adj.* fat, obese, pot-bellied

~ **ਕਾਂ** *n.m.* raven

ਘੋਗਾ [kòga] *n.m.* sea-shell; mollusc, whelk, oyster, snail, etc.; their shells

ਘੋਟ [kòṭ] *n.f.* tight rub to smoothen a surface, polishing; process of grinding/pulverising in a mortar; ground matter, *v.form* imperative of ਘੋਟਣਾ, grind

ਘੋਟਣਾ [kòṭəṇa] *v.t.* to pound, rub, grind, crush, bray, triturate; pulverise in a mortar *n.m.* pestle, *usu.* a short, thick wooden club used as pestle; also ਘੋਟਨਾ

ਘੋਟਣੀ [kòṭəṇi] *n.f.* a short ਘੋਟਣਾ with a semi-spherical knob attached to one end to crush and mix cooked vegetables

ਘੋਟਵਾਂ [kòṭvã] *adj.m.* well crushed and mixed

ਘੋਟਵੀਂ [kòṭvĩ] *adj.f.* same as *prec.;* tightly tied (turban)

ਘੋਟਾ [kòṭṭa] *n.m.* pounding, crushing, grinding, trituration, pulverisation; a thorough crushing in a mortar or pot; *fig.* cramming, learning by heart, memorising through repetition

~ ਲਾਉਣਾ *con.v.* to pestle; to cram

ਘੋਣ [kòṇ] *n.m.* bald or closely shaven spot

ਘੋਨ ਮੋਨ [kòn mon] *adj.* closely shaven (head); (person) having closely shaven head; bald

ਘੋਨਾ [kònna] *adj.m.* bald or with hair closely cut; (tree) without foliage or thorns

~ ਮੋਨਾ *adj.m.* same as ਘੋਨ ਮੋਨ

ਘੋਪਣਾ [kòpəṇa] *v.t.* same as ਖੋਭਣਾ, to stab

ਘੋਰ [kòr] *adj.* intense, horrible, terrible, dire, flagrant, egregious, too much

~ ਪਾਪ *n.m.* deadly sin; horrible crime

ਘੋਰੜੂ [kòrəṛu] *n.m.* guttural, wheezing sound of a dying person, death-rattle

~ ਵੱਜਣਾ *con.v.* to produce ਘੋਰੜੂ, be dying

ਘੋਲ਼ [kòḷ] *n.m.* a wrestling match; combat, contest, conflict; struggle, intense effort, endeavour; solution; sacrifice to someone, dedication

~ ਘੁਮਾਈ/ਘੋਲ਼ੀ *ph.* expressing love, affection or dedication

ਘੋਲ਼ਨਾ [kòḷna] *v.t.* to dissolve, stir, melt, mix in liquid

ਘੋੜ [kòṛ] *pref.* showing relation to horse

~ ਸਵਾਰ *n.m.* horseman, horserider, cavalier, cavalryman, trooper, dragoon, mounted soldier; jockey, equestrian; *fem.* equestrienne

~ ਸਵਾਰੀ *n.f.* horse-riding, equitation, horsemanship, manege

~ ਸਵਾਰੀ ਸੰਬੰਧੀ *ph.* equestrian

~ ਚੜ੍ਹਾ *n.m.* mounted soldier or policeman, a member of irregular cavalry

~ ਦੌੜ *n.f.* horse-racing/races

~ ਪਲਾਕੀ *n.f.* seat or sitting astride a horse; *adv.* astride as on horse back, piggyback, astraddle

~ ਪਲਾਨ *n.m.* cloth covering on horse back as a substitute for saddle

~ ਮੂੰਹਾਂ *adj.m.* horse-mouthed

ਘੋੜਸਾਲ [kòṛsal] *n.f.* stable, horse stable

ਘੋੜਾ [kòṛa] *n.m.* horse, pony, stallion, (in chess) knight; vaulting horse; trigger

~ ਕੱਸਣਾ *con.v.* to harness a horse

~ ਗੱਡੀ *n.f.* horse-drawn carriage

~ ਟੱਪਣਾ *con.v.* to perform or practise horse- vaulting

~ ਦੱਬਣਾ *con.v.* to pull trigger

ਘੋੜੇ ਬੀੜਨੇ *ph.* to make elaborate arrangements

ਘੋੜੇ ਵੇਚ ਕੇ ਸੌਣਾ *ph.* to sleep like a top

ਘੋੜੀ [kòṛi] *n.f.* mare, female horse; song sung by ladies in praise of bridegroom and his family; *cf.* ਸਿੱਠਣੀ; a contraption for preparing vermicelli or the like; the bridge of a stringed instrument; chevalet; *pl.* ਘੋੜੀਆਂ, crutches

~ ਚੜ੍ਹਨਾ *con.v.* to mount a ਘੋੜੀ *n.m.* ceremonial mounting on horse by bridegroom

ਘੋੜੀਆਂ ਗਾਉਣਾ *con.v.* to sing ਘੋੜੀ; to sing praises, eulogise, flatter

ਘੌਂ [kɔ̃] *n.m.* process of stirring, mixing thoroughly while cooking

~ ਕਰਨਾ/ਘੌਣਾ *con.v.* to stir, mix thoroughly

ਘੌਂਸਲਾ [kɔ̃səla] *n.m.* same as ਆਲ੍ਹਣਾ, nest

ਘੌਲ਼ [kɔ̀ḷ] *n.f.* laziness, negligence; carelessness, indifference, dilly-dally, indolence

~ ਕਰਨੀ *con.v.* to delay through laziness, dilly-dally, neglect

ਘੌਲ਼ੀ [kɔ̀ḷi] *adj.* lazy, indolent, negligent, sluggish, sluggard, careless; indifferent

ਙ

ਙ [nə̃ŋã] *n.m.* tenth letter of Gurmukhi script representing the velar nasal sound [ñ]

ਚ

ਚ¹ [cəcca] *n.m.* eleventh letter of Gurmukhi script representing voiceless palatal plosive consonant [c]

ਚ² [cə] *pref.* denoting 'four' as in ਚਕੋਣ, ਚਨੁਕਰਾ

ਚੱਸ [cəss] *n.f.* sharpness, keenness; taste

~ ਵੇਖਣੀ *con.v.* to test, feel or experience the ਚੱਸ (of)

ਚਸਕ [cəsək] *n.f.* same as ਕਸਕ, shooting or throbbing pain

~ ਪੈਣੀ *con.v.* for ਚਸਕ to be felt

ਚਸਕਣਾ [cəsəkṇa] *v.i.* (for wound) to give throbbing pain

ਚਸਕਾ [cəska] *n.m.* relish, taste, liking, penchant, ardent desire; predilection; habit, addiction

ਚਸਕੇਖੋਰ [cəskekhor] *adj.* greedy, having weakness for or easily tempted by something, such as spicy/juicy eatables

ਚਸਕੇਖੋਰੀ [cəskekhori] *n.f.* same as ਚਸਕਾ; tendency or behaviour of *prec.*

ਚਸਕੇਦਾਰ [cəskedar] *adj.* spicy, delicious, tempting: appetizing

ਚਸਕੇਬਾਜ [cəskebaj] *adj.* same as ਚਸਕੇ ਖੋਰ

ਚਸਕੇਬਾਜੀ [cəskebaji] *n.f.* same as ਚਸਕੇਖੋਰੀ

ਚਸਕੋਰਾ [cəskora] *adj.m.* same as ਚਸਕੇਖੋਰ

ਚੱਸਦਾਰ [cəssdar] *adj.* sharp, keen; tasty

ਚਸ਼ਮ [cəṣəm] *n.m.* eye

ਚਸ਼ਮਦੀਦ [cəṣəmdid] *adj.* seen, witnessed

~ ਗਵਾਹ *n.m.* eye-witness

ਚਸ਼ਮਪੋਸ਼ੀ [cəṣəmpoṣi] *n.f.* (*lit.* covering the eye), closing one's eyes (to) deliberately ignoring or disregarding

~ ਕਰਨਾ *ph.* to shut one's eyes (to); to turn a blind eye (towards), not to take notice, to ignore, neglect or overlook intentionally

ਚਸ਼ਮਾ [cəṣma] *n.m.* spectacles, glasses; goggles; spring, fountain

ਚਹਾ [cəha] *n.f.* a bird of heron family, snipe

ਚਹਿਕ [cɛ́k] *n.f.* singing, chirping, warbling, twittering of birds; chirp, warble, twitter

~ ਮਹਿਕ *n.f.* merriment, festivity, talk and twitter

ਚਹਿਕਣਾ [cɛ́kəṇa] *v.i.* (for birds) to chirp, warble, twitter, sing; (for children and ladies) to talk pleasingly, sing melodiously

ਚਹਿਚਹਾ [cɛ́cəha] *v.form* imperative of ਚਹਿਚਹਾਉਣਾ

ਚਹਿਚਹਾਉਣਾ [cɛ́cəhauṇa] *v.i.* same as ਚਹਿਕਣਾ

ਚਹਿਚਹਾਟ [cɛ́cəhaṭ] *n.f.* same as ਚਹਿਕ or ਚਹਿਕ ਮਹਿਕ

ਚਹਿਲ ਪਹਿਲ [cɛ́l pɛ́l] *n.f.* hustle and bustle, happy crowd, throng; merriment, gaiety, jollity, rejoicing

ਚਹੁੰ [cɔ̃́] *adj.* four, foursome, all four

~ ਕੂੰਟੀਂ/~ ਚੱਕੀਂ/~ ਪਾਸੀਂ *adv.* everywhere, in all directions, on all sides, universally

ਚਹੁੰਆਂ [cɔ̃́ã] *adj.* all the four

ਚਹੁਰ [cɔ́r] *n.f.* any process repeated four times

ਚਹੁਰਾ [cɔ́ra] *adj.m.* fourfold, quadruple

ਚਹੇਤਾ [cəheta] *adj.m.* favourite, particularly professed or favoured one, pet, dear, darling

ਚਹੇੜੂ [cəheṛu] *n.m.* butter milk content in butter

ਚੱਕ [cəkk] *n.m.* a bite or cut made with teeth; potter's wheel; circular wooden frame over which wall of a well is built; village *esp.* one in a canal colony; a compact piece of agricultural land

~ ਪਾਉਣਾ *con.v.* to place ਚੱਕ at the bottom of a well *usu.* ceremoniously; to start constructing the wall of a well, to inaugurate construction

~ ਭਰਨਾ/~ ਮਾਰਨਾ/~ ਵੱਢਣਾ *con.v.* to bite,

to take a bite

ਚਕਚੂੰਧਰ [cəkcũdər] *n.f.* mole, *Scalopus acquaticus;* a kind of fire work, squib

ਚੱਕਣਾ [cəkkəṇa] *v.t. dia.* see ਚੁੱਕਣਾ

ਚਕੰਦਰ [cəkə̃dər] *n.m.* beetroot, sugar beet, *Beta vulgaris*

ਚਕਨਾਚੂਰ [cəknacur] *adj.* same as ਚੂਰ ਚੂਰ under ਚੂਰ

ਚੱਕਬੰਦੀ [cəkkbə̃di] *n.f.* demarcation of land of a ਚੱਕ; division of land into compact portions

ਚਕਮਕ [cəkmək] *n.m.* same as ਚਕਮਾਕ

ਚਕਮਾ [cəkma] *n.m.* dodge, deception, ruse, trick, stratagem, subterfuge, hoax

~ **ਖਾਣਾ** *ph.* to be deceived

~ **ਦੇਣਾ** *ph.* to dodge, deceive, dupe, beguile, cheat, defraud, gull

ਚਕਮਾਕ [cəkmak] *n.m.* flint; flint-lock

ਚਕਮਾਕੀ [cəkmaki] *adj.* flinty

ਚਕਰ [cəkər] *n.m.* quoit *esp.* a flattened iron ring with sharp outer edge used as a weapon

ਚੱਕਰ [cəkkər] *n.m.* rotation, revolution, whirl, spin, any circular movement; circle; wheel, a complete turn of the wheel; journey to and back, circuit; reel as from dizziness; (in Haṭh yoga) supposed ganglion in human body; a futile visit

~ **ਆਉਣਾ** *ph.* to feel dizzy, reel, swirl, stagger

~ **ਕੱਟਣਾ**/~ **ਕੱਢਣਾ** *ph.* to wander, roam about, walk around, visit again and again

~ **ਖੰਡ** *n.m.* segment (of a circle)

~ **ਖਾ ਜਾਣਾ** *ph.* to be confused, perplexed, deceived

~ **ਖਾਣਾ** *ph.* to rotate, revolve, whirl, spin swirl , gyrate

~ **ਦੇਣਾ** *con.v.* to rotate

~ **ਪਾਉਣਾ**/~ **ਵਿਚ ਪਾਉਣਾ** *ph.* to cause one run in circles, mislead, confuse, harass, cause harassment

ਚਕਰਚੂੰਡਾ [cəkrcũḍa] *n.m.* wooden rattle, revolving horse

ਚੱਕਰਦਾਰ [cəkkərdar] *adj.* circular, round, spiral, formed like a helix, cyclical, cyclic

ਚੱਕਰਧਾਰੀ [cəkkərtàri] *adj.* one wearing quoits; *cf.* ਚਕਰ

ਚੱਕਰਵਰਤੀ [cəkkərvərti] *adj.* worldwide, universal; (king) with vast empire; roaming, wandering

ਚਕਰਾਉਣਾ [cəkrauṇa] *v.i.* (*usu.* for head) to swirl, reel; to feel dizzy

ਚਕਰਾਕਾਰ [cəkrakar] *adj.* circular, round

ਚਕਰਾ ਦੇਣਾ [cəkra deṇa] *con.v.* to cause to reel, swirl, rotate; to make or cause dizziness or perplexity; to confuse, obfuscate, baffle, bewilder

ਚਕਰੀ [cəkri] *n.f.* small wheel, reel, pulley; *adj.* same as ਚੱਕਰਦਾਰ

ਚਕਲੱਠੀ [cəklәṭṭhi] *n.f.* wooden bar with which a potter rotates his wheel

ਚਕਲਾ [cəkla] *n.m.* circular plate on which dough is rolled and flattened for preparing Indian loaves; brothel, bordel, bordello, bagnio, brothel area, red light area or district

~ **ਵੇਲਣਾ** *n.m.* set of ਚੱਕਲਾ and roller

ਚਕਲੀ [cəkli] *n.f.* vertically rotating gear of persian wheel; pulley, pinion; block of earth enclosing root and trunk of a plant

ਚਕਵਾ [cəkva] *n.m.* ruddy sheldrake, *Casarca ferruginea*

ਚਕਵੇਂ ਪੈਰੀਂ [cəkvẽ pɛri] *adv.* swiftly, fast, at a quick pace

ਚੱਕਾ [cəkka] *n.m.* wheel, disc, rim; lump (as of thick curd, jelly, etc.)

~ **ਬੱਝਣਾ** *con.v.* for a lump (for curd, jelly, etc.) to be formed, thicken or clot into ਚੱਕਾ

ਚਕਾਚੌਂਧ [cəkacɔ̃d] *adj.* dazzled, awed, surprised; *n.f.* dazzling effect of light

~ **ਕਰਨਾ** *ph.* to dazzle, surprise, impress, awe

ਚਕਿਤ [cəkɪt] *adj.* surprised, astonished, puzzled, perplexed, also ਚਕ੍ਰਿਤ

ਚੱਕੀ [cəkki] *n.f.* same as ਚੱਕ cake (of soap) hand-operated millstone, quern; grinding mill, flour mill

~ ਝੋਣਾ *con.v.* to operate a quern; *informal* to drudge

~ ਰਾਹੁਣਾ *con.v.* to roughen or tip millstone

ਚੱਕੀਹੋੜਾ/ਚੱਕੀਰਾਹਾ¹ [cəkkihoṛa/cəkkiraha] *n.m.* person who roughens millstones

ਚੱਕੀਰਾਹਾ² *n.m.* woodpecker, *Dryocopus pileatus;* hoopoe

ਚਕੂੰਦਰ [cəkũdər] *n.f. dia.* see ਚਕਚੂੰਧਰ, mole

ਚਕੋਣ [cəkoṇ] *n.f.* quadrangle, quadrilateral, tetragon

ਚਕੋਣਾ [cəkoṇa] *adj.m.* quadrilateral, tetragonal, four-cornered

ਚਕੋਤਰਾ/ਚਕੋਤਾ [cəkotəra/cəkota] *n.m.* citron, shaddock, pomelo, *Citrus grandis;* settled rent (of agricultural land)

ਚਕੋਰ¹ [cəkor] *n.m.* Indian redlegged partridge, greek partridge, *Allectoris graeca* (it is a lover of the moon in myth and poetry)

ਚਕੋਰ² *adj.* same as ਚਕੋਣਾ

ਚੱਖ [cəkkh] *v.form* imperative of ਚੱਖਣਾ, taste

ਚੱਖਣਾ [cəkkhəṇa] *v.t.* to taste, take a bite (from), eat

ਚਖਵਾਉਣਾ/ਚਖਾਉਣਾ [cəkhvauṇa/cəkhauṇa] *v.t.* to have something tasted; to get or let someone taste

ਚਖਵਾਈ/ਚਖਾਈ [cəkhvai/cəkhai] *n.f.* act of tasting

ਚੱਖੀ [cəkkh1i] *v.form* past *fem.* of ਚੱਖਣਾ tasted; *n.f.* feed for falcons

ਚਖੂੰਜਾ [cəkhũja] *n.m. & adj.m.* same as ਚਕੋਣ and ਚਕੋਣਾ

ਚਗਲ਼ [cəgəḷ] *adj.* mean, low, debased, *n.m.* mean fellow; *v.form* imperative of ਚਗਲ਼ਨਾ, chew

ਚਗਲ਼ਨਾ [cəgəḷna] *v.t.* to suck, chew or masticate (without swallowing); to spoil

ਚੰਗੜ [cə̃gəṛ] *n.m.* name of a scheduled tribe or caste *usu.* living on migratory, seasonal labour; a member of this caste

ਚੰਗਾ [cə̃ga] *adj.m.* good, nice, fine; proper; pure, of good quality; healthy, sound; good-looking, beautiful; *adv.* yes, all right

~ ਚੋਖਾ *n.m.* rich, nutritious or nourishing food; *adj.m.* sufficient, abundant.

~ ਭਲਾ *adj.m.* in good sound health, recovered from illness or disability, hale and hearty

~ ਮੰਦਾ *adj.m.* fair and foul, good or bad

~ ਮੰਦਾ ਬੋਲਣਾ *ph.* to abuse, revile

~ ਲੱਗਣਾ *con.v.* to be liked; to be likeable, lovable, pleasant, acceptable or good

ਚੰਗਿਆਈ [cə̃gɪai] *n.f.* goodness, virtue, excellence, good characteristic or quality, fineness, nicety, niceness

ਚੰਗਿਆੜਾ [cə̃gɪaṛa] *n.m.* spark

ਚੰਗਿਆੜੀ [cə̃gɪaṛi] *n.f.* same as *prec.*, scintilla

~ ਲਾਉਣਾ *ph.* to ignite a fire; *fig.* to provoke or incite a quarrel, sow dissension or disorder

ਚੰਗਿਆੜੇ ਸੁੱਟਣਾ/ਚੰਗਿਆੜੇ ਛੱਡਣਾ *ph.* to spark, emit or sputter sparks, scintillate

ਚੰਗੇਰ [cə̃ger] *n.f.* shallow round basket of straw fastened with leaves of date-palm

ਚੰਗੇਰਾ [cə̃gera] *adj.m.* better, superior; more; *cf* ਚੰਗਾ

ਚੰਘਾੜ [cə̃gàṛ] *n.f.* roar (of tiger or lion), trumpet or shriek (of elephant)

ਚੰਘਾੜਨਾ [cə̃gàṛna] *v.i.* to roar, shriek

ਚੰਚਲ [cə̃cəl] *adj.* playful, lively, sprightly, active, sportive, volatile, frolicsome, energetic, restless, flighty, skittish; pert, flirtatious, coquettish; wanton, frivolous, capricious; inconstant, fickle

ਚੰਚਲਤਾ/ਚੰਚਲਤਾਈ [cə̃cəlta/cə̃cəltai] *n.f.* playfulness, frolicsomeness, sprightliness; restlessness; pertness, flirtatiousness coquettishness

ਚੱਚਾ [cəcca] *n.m.* the letter 'ਚ'; see also ਚਾਚਾ, uncle

ਚਚੇਰਾ [cəcera] *adj.m.* avuncular

ਚੱਜ [cəjj] *n.m.* proper method, mode, knack, skill, manner; way; manners, rules of conduct; virtuous living, good manners or breeding

~ ਨਾਲ *adv.* methodically, properly, in the

proper way
ਚੱਜ ਦੁਆਬ [cəjj duab] *n.m.* area or tract lying between the rivers Chanab and Jhelum (here ਚ stands for ਚਨਾਬ and ਜ for ਜਿਹਲਮ)
ਚੱਟ [cəṭṭ] *v.form* imperative of ਚੱਟਣਾ, lick, lap
~ **ਕਰ ਜਾਣਾ** *ph.* to eat up, eat greedily, consume wholly; to waste, embezzle
ਚਟਕ[1] [cəṭək] *adj.* agile, active, quick, lissom, limber; clever, quick-witted, smart
~ **ਮਟਕ** *n.f.* agility, smartness; glitter, brilliance; elegance, beauty
ਚਟਕ[2] *n.f.* cracking, crackling sound; blooming, blossoming
ਚਟਕਣਾ [cəṭəkṇa] *v.i.* to crack, snap, break; to bloom, blossom
ਚਟਕਾ [cəṭka] *v.form* imperative of ਚਟਕਾਉਣਾ, snap
ਚਟਕਾਉਣਾ [cəṭkauṇa] *v.t.* to snap, crack, break
ਚਟਕਾਰ [cəṭkar] *v.form* imperative of ਚਟਕਾਰਨਾ, click; *n.f.* clicking sound
ਚਟਕਾਰਨਾ [cəṭkarna] *v.t.* to produce clicking sound by turning the tongue *against* the palate and snapping it back; to click
ਚਟਕਾਰਾ/ਚਟਕਾਰੀ [cəṭkara/cəṭkari] *n.m. / n.f.* clicking sound; click
~ **ਮਾਰਨਾ** *con.v.* same as ਚਟਕਾਰਨਾ
ਚਟਕੀ [cəṭki] *n.f.* agility, quickness
ਚਟਕੀਲਾ [cəṭkila] *adj.m.* agile, nimble, smart; brittle, rigid
ਚੱਟਣਾ [cəṭṭəṇa] *v.t.* to lick, lap; to taste; to kiss
ਚਟਣੀ [cəṭṇi] *n.f.* sauce
~ **ਕਰਨਾ** *ph.* to crush thoroughly, mash, reduce to paste; *fig.* to beat mercilessly
~ **ਬਣਾਉਣੀ** *con.v.* to prepare ਚਟਣੀ
ਚਟਪਟਾ [cəṭpəṭa] *adj.m.* spicy, saucy, delicious; pungent, peppery; *informal* showy, gaudy
ਚਟਮ [cəṭəm] *adj.* completely eaten up, licked up
~ **ਕਰਨਾ** *ph.* same as ਚੱਟ ਕਰ ਜਾਣਾ, to eat the whole lot
ਚਟਵਾਉਣਾ/ਚਟਾਉਣਾ [cəṭvauṇa/cəṭauṇa] *v.t.* to have something licked; to get or let someone lick
ਚਟਾਈ [cəṭai] *n.f.* act of ਚੱਟਣਾ or ਚਟਾਉਣਾ; mat, mattress, pallet, palliasse made from straw, seeds, palm-leaves or crushed stalks of sugarcane
ਚਟਾਕ [cəṭak] *n.m.* crack or sudden sharp noise as of a slap or whip; scar, patch, mark left by a healed wound, injury or boil; splotch, fleck, patch caused by vitiligo or leukoderma
ਚਟਾਕਾ [cəṭaka] *n.m.* same as ਚਟਾਕ; intense heat or sun
ਚਟਾਕੀ [cəṭaki] *n.f.* mild slap
ਚਟਾਨ [cəṭan] *n.f.* rock, large boulder, cliff, crag
~ **ਵਿਗਿਆਨ** *n.m.* petrography, petrology
ਚਟਾਨੀ *adj.* rocky, cragged
ਚੱਟੀ [cəṭṭi] *n.f.* penalty, fine, forfeiture; bribe, illegal gratification; loss
~ **ਭਰਨੀ** *ph.* to pay ਚੱਟੀ, to bear loss
ਚੱਟੂ [cəṭṭu] *n.m.* deep cylindrical mortar of wood/metal or stone
~ **ਵੱਟਾ** *n.m.* mortar and pestle; *slang.* a spendthrift
ਚਟੂਰਾ [cəṭura] *n.m.* diminutive of ਚਾਟੀ; greedy eater, glutton; *adj.m.* (one) who has a weakness for spicy food; gluttonous, voracious
ਚੱਠ [cəṭṭh] *n.f.* inauguration; house-warming function
~ **ਕਰਨੀ** *con.v.* to inaugurate; *slang* to punish, chastise, beat
ਚੱਠਾ [cəṭṭha] *n.m.* large trough for animals to drink from; shallow trough of sugarcane crusher through which juice flows into receptacle; properly laid stack (of bricks timber, hay, etc.); name of a Jaṭṭ sub-caste
ਚੱਠੂ [cəṭṭhu] *n.m.dia.* see ਚੱਟੂ
ਚੰਡ [cə̃ḍ] *n.f.* slap, smack; process of sharpening by hammer-beats
~ **ਮਾਰਨੀ** *con.v.* to slap, smack
ਚੰਡਣਾ [cə̃ḍəṇa] *v.t.* to sharpen (blade)

by hammering; *fig.* to make someone thoroughly trained, skilled through intense training and strict control

ਚੰਡਵਾਉਣਾ/ਚੰਡਾਉਣਾ [cə̃ḍvauṇa/cə̃ḍauṇa] *v.t.* to get something sharpened by hammering; to have someone thoroughly trained

ਚੰਡਵਾਈ/ਚੰਡਾਈ [cə̃ḍvai/cə̃ḍai] *n.f.* process of or wages for *prec.*

ਚੱਡਾ [cəḍḍa] *n.m.* hollow between hind-legs; groins, udder

ਚੰਡਾਲ [cə̃ḍal] *n.m.* low born, merciless or bloodthirsty person; a scheduled caste among Hindus, any of its members

~ **ਚੌਂਕੜੀ** *n.f.* a group of ruffians or bad characters

ਚੰਡਾਲਪੁਣਾ [cə̃ḍalpuṇa] *n.m.* conduct, behaviour of ਚੰਡਾਲ meanness, mercilessness

ਚੱਡੀ [cəḍḍi] *n.f.* prod, goad; jab given between hind legs (of bullocks); diaper, loincloth, light underwear shorts, drawers, undershorts

~ **ਦੇਣੀ** *con.v.* to prod, jab, goad, smarten by means of ਚੱਡੀ

ਚੰਡੀ [cə̃ḍi] *n.f.* name of a Hindu goddess; *fig.* a fierce or shrewish woman; sword; corn (on toes or hands) excoriation, caltus

~ **ਪੈਣੀ** *con.v.* for ਚੰਡੀ to be formed

ਚੰਡੂ [cə̃ḍu] *n.m.* a preparation of opium for smoking as an intoxicant

ਚੰਡੂਖਾਨਾ [cə̃ḍukhana] *n.m.* smoking club or shop for ਚੰਡੂ

ਚੰਡੋਲ[1] [cə̃ḍol] *n.f.* Indian lark

ਚੰਡੋਲ[2] *n.m.* a type of cradle or palanquin

ਚਣ [cəṇ] *adj. dia.* see ਚਿਣਖਾ, thin, slim

ਚਣਾ [cəṇa] *n.m.* gram, *Cicer arietinum,* chickpea

ਚਣੇ ਚਬਾਉਣਾ *ph.* to give a crushing defeat or fierce opposition; *lit.* to munch gram

ਚਣਾਖ [cəṇakh] *n.f.* cobweb, its thread; redness of eye believed to be caused by the touch of ਚਣਾਖ with retina

ਚਤਰ [cətər] *adj.* intelligent, shrewd, wise, sagacious, astute, ingeneous; clever, cunning, sly, crafty, smart, skilful, deft, adroit, adept

ਚਤਰਤਾ/ਚਤੁਰਾਈ [cətərta/cəturai] *n.f.* intelligence, shrewdness, sagacity, astuteness, ingeneousness; clever-ness, cunningness; skill, deftness

ਚਤਰਭੁਜ [cətərpùj] *n.f.* quadrangle, quadrilateral, tetragon

ਚੱਤੇ ਪਹਿਰ [cətte pɛ́r] *adv.* all the time, always, constantly

ਚੰਦ[1] [cə̃d] *n.m.* moon; a moon-shaped ornament *adj. fig.* moonlike, beautiful

~ **ਗ੍ਰਹਿਣ** *n.m.* lunar eclipse

~ **ਚਾਨਣੀ** *n.f.* moonlight

~ **ਚਾਨਣੀ ਰਾਤ** *ph.* moonlit-night

ਚੰਦ[2] *adj.* some, a few

~ **ਇਕ** *adj.* a few

ਚੰਦਨ [cə̃dən] *n.m.* sandalwood, *Santalum album*

ਚੱਦਰ [cəddər] *n.f. colloq.* ਚਾਦਰ, sheet

ਚੰਦਰਪੁਣਾ [cə̃dərpuṇa] *n.m.* wickedness, evil nature

ਚੰਦਰਮਾ [cə̃dərma] *n.m.* moon

ਚੰਦਰਮੁਖੀ [cə̃dərmukhi] *adj.* beautiful, moon-faced

ਚੰਦਰਾ [cə̃dra] *n.m.* hail, hailstone, downpour of hail; painful inflammation *usu.* on fingers or toes, whitlow; *adj.m.* bad, evil, wicked; unfortunate

~ **ਨਿਕਲਣਾ** *con.v.* for whitlow to appear

~ **ਪੈਣਾ** *con.v.* to hail

ਚੰਦਾ [cə̃da] *n.m.* same as ਚੰਦ[1], subscription, contribution, collection, donation

~ **ਦੇਣਾ** *con.v.* to pay ਚੰਦਾ, to subscribe, contribute, donate

ਚੰਦੀ [cə̃di] *n.f.* an ornament; a flat piece attached to nose-ring

ਚੰਦੋਆ [cə̃doa] *n.m.* canopy, baldachin

ਚੰਨ [cə̃nn] *n.m.* moon; *fig.* a dear one

~ **ਚੜ੍ਹ ਜਾਣਾ** *ph.* for moon to rise; to be extremely happy, for a happy incident to take place; to be gladdened

~ **ਚਾੜ੍ਹਨਾ** *ph.* to do something wrong or dishonourable

~ ਤੇ ਥੁੱਕਣਾ *ph.* to calumniate an honourable person
~ ਮਾਹੀ *n.m.* beloved, lover, dear one; husband
~ ਮੁਖੜਾ *n.m.* beautiful face
ਚੰਨਣ [cə̃nnəṇ] *n.m. colloq.* see ਚੰਦਨ
ਚੰਨਾ¹ [cə̃nna] *interj.* vocative form of ਚੰਨ
ਚੰਨਾ² *n.m.* masonary column to support the end of a beam
ਚਨਾਰ [cənar] *n.m.* same as ਚਿਨਾਰ
ਚਨੁਕਰਾ [cənUkra] *adj.m.* four-cornered, quadrangular
ਚੰਪਕ [cə̃pək] *n.m.* same as ਚੰਪਾ
ਚਪਟਾ [cəpṭa] *adj.m.* flat, level, even, horizontal, plane
ਚਪਟਾਪਣ [cəpṭapəṇ] *n.m.* flatness
ਚਪਟੀ [cəpṭi] *adj.f.* same as ਚਪਟਾ; *n.f.* any thin, flat, straight piece of wood; ferule
ਚੱਪਣ [cəppəṇ] *n.m.* large earthen lid, *usu.* ਚੱਪਣੀ
ਚੱਪਣ ਕੱਦੂ [cəppəṇ kəddu] *n.m.* a type of gourd
ਚੱਪਣੀ [cəppəṇi] *n.f.* earthen lid for pitchers; knee-cap, patella
ਚੰਪਤ ਹੋਣਾ [cə̃ppət hoṇa] *ph.* to run away, scoot, disappear, flee, abscond
ਚਪਲ [cəpəl] *adj.* quick, brisk, lively, playful, talkative, ebullient
~ ਮੱਤ *adj.* reckless, rash, harum-scarum
ਚੱਪਲ/ਚਪਲੀ [cəppəl/cəpli] *n.f.* slippers, one of such pair
~ ਪਾਉਣੀ *con.v.* to put on, wear ਚੱਪਲ
ਚਪਲਤਾ [cəpəlta] *n.f.* quickness, briskness, ebullition, ebullience; rashness
ਚਪੜ ਚਪੜ [cəpəṛ cəpəṛ] *n.f.* sound of lapping or eating; nonsensical talk, chatter, jabber
~ ਕਰਨੀ/~ ਲਾਉਣੀ *ph.* to lap or eat noisily; to chatter, jabber, prattle
ਚਪੜਾਸ [cəpṛas] *n.f.* post or function of a peon, peonage
ਚਪੜਾਸੀ [cəpṛasi] *n.m.* peon, official attendant or messenger
ਚਪੜਾ ਲਾਖ [cəpṛa lakh] *n.f.* shellac
ਚੱਪਾ¹ [cəppa] *n.m.* four fingers joined together; breadth of four fingers, approximately equal to 3-inches; one fourth (*usu.* of a loaf); small iron plate attached to each horizontal bar of the well-end wheel of persian wheel on which the filled water-pots rest
~ ਕੁ/~ ਭਰ *adj. & adv.* a little, slight, slightly, just a bit
ਚੱਪਾ² *adj. m.* (bullock) with horns turned downward.
ਚੰਪਾ [cə̃pa] *n.f.* a tree, *Michelia champacca,* bearing fragrant yellow flowers; its flower
~ ਕਲੀ *n.f.* ਚੰਪਾ bud or flower, a type of necklace
ਚਪਾਤੀ [cəpatti] *n.f.* thin Indian loaf
ਚੱਪੂ [cəppu] *n.m.* oar, paddle, scull
~ ਚਲਾਉਣਾ *con.v.* to propel with oar, row, paddle; to scull
~ ਵਾਲ਼ੀ ਕਿਸ਼ਤੀ *ph.* rowboat
ਚਪੇੜ [cəpeṛ] *n.f.* slap, smack, swat, swot; *fig.* blow (of fate); insult, affront
~ ਜੜਨੀ/~ ਮਾਰਨੀ *con.v.* to slap, smack, swat
ਚੱਬ [cəbb] *v.form* imperative of ਚੱਬਣਾ, munch
ਚਬਕ [cəbək] *v.form.* imperative of ਚਬਕਣਾ
ਚਬਕਣਾ [cəbəkṇa] *v.t.* to champ (*usu.* the bit)
ਚਬੱਚਾ [cəbəcca] *n.m.* masonry trough
ਚੱਬਣਾ [cəbbəṇa] *v.t.* to grind, crush with teeth, champ, munch, crunch; to chew, masticate
ਚੰਬਲ¹ [cə̃bəl] *n.f.* a cutaneous or skin disease, psoriasis; eczema
ਚੰਬਲ² *n.m.* name of a river in central India
ਚੰਬੜ [cə̃bəṛ] *n.f.* clinging, clasping, adhesion
~ ਕਰਨੀ *con.v.* to express warm affection, hospitality or fellow-feeling
ਚੰਬੜਨਾ [cə̃bəṛna] *v.i.t.* to cling, adhere, stick, be glued (to); to clasp, hold tightly; to embrace, hug; to insist
ਚੰਬੜਾਉਣਾ [cə̃bṛauṇa] *v.t.* to stick, cause to adhere or cling, paste

ਚੰਬਾ [cə̃ba] *n.m.* same as ਚੰਪਾ; bevy, covey; name of a former state, now a district in Himachal Pradesh

ਚਬਾਉਣਾ [cəbauṇa] *v.t.* same as ਚੱਬਣਾ; to get or have (one) to grind with teeth

ਚਬਾਈ [cəbai] *n.f.* act, process of ਚਬਾਉਣਾ

ਚਬੀਨਾ [cəbina] *n.m.* refreshment; *usu.* roasted grain taken by munching

ਚਬੂਤਰਾ [cəbutəra] *n.m.* masonry platform, terrace, dias

ਚੰਬੇਲੀ [cə̃beli] *n.f.* jasmine shrub, *Jasminum grandiflorum;* its flower

ਚੰਬੇੜਨਾ [cə̃beṛna] *v.t.* same as ਚੰਬੜਾਉਣਾ

ਚੰਬਲ਼ [cəbəḷ] *v.form* imperative of ਚੰਬਲ਼ਨਾ

ਚੰਬਲ਼ਨਾ [cəbəḷna] *v.i.* to become naughty, petulant, prankish, indolent or spoilt (*usu.* child) through excessive pampering or fond indulgence

ਚੰਬਲ਼ਾਉਣਾ [cə̃bḷàuṇa] *v.t.* to pamper, fondle, overindulge, cause (a child) to become naughty, prankish, rude, insolent or indolent

ਚੰਮ [cə̃mm] *n.m.* leather, skin, hide, felt

~ **ਉਧੇੜਨਾ** *ph.* to thrash, flog, beat mercilessly

~ **ਦੇ ਸਿੱਕੇ ਚਲਾਉਣਾ** *ph.* to exercise dictatorial powers

~ **ਲਾਹੁਣਾ** *ph.* to skin, fleece, flay, excoriate; to thrash, flog, beat mercilessly

ਚਮਕ [cəmək] *n.f.* shine, glitter, gleam, gloss, glint, glow, glaze, sheen, sparkle; lustre, radiance, flash, glare, twinkle; *informal.* excitement, anger; scintillation, coruscation

~ **ਦਮਕ** *n.f.* same as ਚਮਕ; splendour; outward show, gloss, coruscation, scintillation

ਚਮਕਣਾ [cəməkṇa] *v.i.* to shine, glitter, glaze, sparkle, twinkle; to be suddenly excited with anger; to scintillate, coruscate

ਚਮਕਦਾਰ [cəməkdar] *adj.* shining, glittering, sparkling, lustrous, resplendent

ਚਮਕਾਉਣਾ [cəmkauṇa] *v.t.* to burnish, buff, brighten, polish, rub or clean thoroughly, shine; to make famous

ਚਮਕਾਰ/ਚਮਕਾਰਾ [cəmkar/cəmkara] *n.m.* flash, gleam, glimmer

ਚਮਕੀ [cəmki] *n.f.* same as ਸਿਲਮਾ ਸਿਤਾਰਾ, spangles

ਚਮਕੀਲਾ [cəmkila] *adj.m.* same as ਚਮਕਦਾਰ

ਚਮੱਖਾ/ਚਮੱਖੂ [cəməkkha/cəməkkhu] *adj.m.* *colloq.* see ਚੁੰਨ੍ਹਾ

ਚਮਗਾਦੜ/ਚਮਗਿੱਦੜ [cəmgadəṛ/cəmgɪddəṛ] *n.m.* same as ਚਾਮਚੜਿੱਕ, bat

ਚਮਚਮ [cəmcəm] *n.f.* a kind of sweetmeat

ਚਮਚਮ ਕਰਨਾ [cəmcəm kərna] *con.v.* to glitter, sparkle

ਚਮਚਾ [cəmca] *n.m.* spoon; *slang* lackey, tout, obsequious, hanger-on, servile follower; sycophant

ਚਮਚਾਗੀਰੀ [cəmcagiri] *n.f.* sycophancy, obsequiousness

ਚਮਜੂੰ [cəmjũ] *n.f.* body louse

ਚਮਤਕਾਰ [cəmətkar] *n.m.* miracle, wonder, marvel, wonderful feat/thing or sight

ਚਮਤਕਾਰੀ [cəmətkari] *adj.* miraculous, wondrous, wonderful, marvellous, amazing

ਚਮਨ [cəmən] *n.m.* garden; name of town and district in Pakistan famous for quality grapes

ਚਮਰਸ [cəmrəs] *n.m.* sore or wound caused by friction with leather

ਚਮਰਖ [cəmrəkh] *n.m.* any of the leather pieces holding the spindle in a spinning wheel

ਚਮਲ਼ਾਉਣਾ [cəmlàuṇa] *v.t.* same as ਚੰਬਲ਼ਾਉਣਾ

ਚੰਮੜਨਾ [cə̃mməṛna] *v.i.t.* same as ਚੰਬੜਨਾ

ਚਮੜਾ [cəmṛa] *n.m.* same as ਚੰਮ

~ **ਸੋਧਣਾ**/~ **ਕਮਾਉਣਾ**/~ **ਰੰਗਣਾ** *con.v.* to tan hides into leather

~ **ਰੰਗਣ ਦਾ ਕਾਰਖਾਨਾ** *ph.* tannery

ਚਮੜੀ [cəmṛi] *n.f.* skin, dermis

~ **ਉਧੇੜਨੀ** *ph.* same as ਚੰਮ ਉਧੇੜਨਾ under ਚੰਮ, to beat

~ ਸੰਬੰਧੀ *adj.* cutaneous
~ ਦੇ ਰੋਗਾਂ ਦਾ ਡਾਕਟਰ *ph.* dermatologist, skin specialist
~ ਵਿਗਿਆਨ *n.m.* dermatology
ਚਮਾਟਾ [cəmaṭa] *n.m.* see ਚਪੇੜ, slap
ਚਮਾਰ [cəmar] *n.m.* a scheduled caste or any of this caste members *usu.* engaged in leather work or weaving trade; shoemaker, cobbler, tanner, weaver
ਚਮਾਰੜੀ [cəmarṛi] *n.f.* ਚਮਾਰ collectively; their residential quarter or ward
ਚਮਿਆਰ [cəmɪar] *n.m. dia.* same as ਚਮਾਰ
ਚਮੂਣਾ [cəmuṇa] *n.m. usu. pl.* ਚਮੂਣੇ – minute organism causing irritation in skin especially in the anal region
ਚਮੂਣੇ ਲੜਨੇ *con.v.* to feel irritation of skin or uneasiness in rectum; *slang.* to be fidgety/restless
ਚਮੇੜਨਾ/ਚਮੋੜਨਾ [cəmeṛna/cəmoṛna] *v.t. dia.* see ਚੰਬੜਾਉਣਾ
ਚਮੋਟਾ [cəmoṭa] *n.m.* piece of leather on which a barber smoothens/cleans the edge of his razor or one used to protect prisoner's legs against chafing by iron fetters
ਚਰਸ[1] [cərs] *n.f.* a preparation of hemp flower smoked for its intoxicating effect
ਚਰਸ[2]/ਚਰਸਾ [cərs/cərsa] *n.m.* contraption consisting of a large leather bucket, ropes and pulley used for drawing water from deep irrigation wells
ਚਰਸੀ/ਚਰਸੀਆ [cərsi/cərsia] *n.m.* hemp addict
ਚਰਖ [cərkh] *n.m.* hyena; wheel *esp.* potter's wheel; lathe; sky, heaven, also ਚਰਖ਼
~ ਚੜ੍ਹਾਉਣਾ *con.v.* to work on lathe, lathe; to flatter
ਚਰਖੜੀ [cərkhṛi] *n.f.* pulley, windlass; a medieval engine of torture, the wheel
~ ਤੇ ਚੜ੍ਹਾਉਣਾ *ph.* to torture or kill by means of ਚਰਖੜੀ
ਚਰਖਾ [cərkha] *n.m.* spinning wheel
ਚਰਖੀ [cərkhi] *n.f.* small ਚਰਖਾ; same as ਚਰਖੜੀ; pinion; reel, pulley
ਚਰਗ [cərg] *n.m.* a species of hawk
ਚਰਚ [cərc] *n.m.* church
ਚਰਚਰ [cərcər] *n.f.* creaking sound
~ ਕਰਨਾ *con.v.* to creak
ਚਰਚਾ [cərca] *n.f.* public talk, gossip, rumour, discussion; report, remarks, mention; fame, notoriety, talk of the town
~ ਹੋਣੀ *ph.* to be talked about, be discussed, become talk of the town, famous or notorious
~ ਕਰਨੀ *ph.* to talk (about), to discuss or debate, hold a discussion, debate or discourse (on); to mention
ਚਰਨ[1] [cərn] *n.m.* foot, feet; a foot of line or verse
~ ਸੇਵਕ *n.m.* humble, devoted servant; disciple, follower
~ ਸੇਵਾ *n.f.* devotion, devoted service
~ ਕਮਲ *n.m. lit.* lotus-feet, holy feet
~ ਛੂਹਣਾ *con.v.* to touch (another's) feet; to pay respect or obeisance
~ ਛੋਹ *n.f.* The touch of (another's *usu.* a holy person's) feet; personal blissful contact
~ ਦਾਸੀ *n.f.* same as ਚਰਨ ਸੇਵਕ; *slang.* shoes
~ ਧੂੜ *n.f. lit.* the dust of ਚਰਨ; same as ~ ਚਰਨ ਛੋਹ
~ ਪਹੁਲ਼ *n.f.* initiation ceremony in which the novitiate drinks water touched by or poured over the preceptor's toes
~ ਪਾਉਣਾ *ph.* to enter, grace by presence or visit
~ ਬੰਦਨਾ *n.f.* salutation by touching an elder's feet
ਚਰਨ[2] *v.form* of ਚਰਨਾ, grazing
ਚਰਨਾ [cərna] *v.i.t.* to graze, browse, eat; *n.m.* manger, crib, feeding trough, improvised receptacle for cattle to feed out of; short trousers
ਚਰਨਾਮ੍ਰਿਤ [cərnamərɪt] *n.m.* wash of guru's or idol's feet; sacred water from a sacred river or tank
ਚਰਨੀ [cərni] *n.f.* same as ਚਰਨਾ for *fem.*

object
ਚਰਬਾ [cərba] *n.m.* paper soaked in oil and used in tracing; a tracing
ਚਰਬਿਆ [cərbɪa] *adj.m.* fat, with excessive fat, fatty; *fem.* ਚਰਬੀਲੀ
ਚਰਬੀ [cərbi] *n.f.* fat, tallow, lard, suet; grease
ਚਰਬੀਲਾ [cərbila] *adj.m.* same as ਚਰਬਿਆ
ਚਰਮ[1] [cərm] *n.m.* see ਚੰਮ
ਚਰਮ[2] *adj.* ultimate, last, highest, final
~ **ਸੀਮਾ** *n.f.* ultimate, farthest limit, highest point
ਚਰਮਖ [cərməkh] *n.m.* same as ਚਮਰਖ
ਚਰਵਾ [cərva] *v.form* imperative of ਚਰਵਾਉਣਾ
ਚਰਵਾਉਣਾ [cərvauṇa] *v.t.* to have something grazed/eaten/consumed (by animals); to get or let (animals) graze; to graze, tend (cattle, sheep, etc.)
ਚਰਵਾਈ [cərvai] *n.f.* act/process of or wages for ਚਰਵਾਉਣਾ
ਚਰਵਾਹਾ [cərvaha] *n.m.*cowherd, shepherd, goatherd, herdsman, grazer
ਚਰਵਾਹਿਆਂ ਸੰਬੰਧੀ *adj.* pastoral
ਚਰਵਾਹੀ [cərvài] *n.f.* shepherdess, herdswoman, cowherd, goatherd, grazer
ਚਰੜ [cərəṛ] *n.f.* sound of tearing/splitting
ਚਰੜਨਾ *v.i.* to give out the sound of ਚਰੜ, to rend
ਚਰ੍ਹ [cə́r] *n.f. colloq.* see ਚਰ੍ਹੀ, sorghum; pit dug to be used as hearth
ਚਰ੍ਹਗਲ਼ [cə́rgəḷ] *n.f.* a festering deep wound, a big open wound, gash, slash
ਚਰ੍ਹਾ [cə́ra] *n.m.* breach, opening, gap; serious leak in roof or embankment
ਚਰ੍ਹੀ [cə́ri] *n.f.* a fodder crop, sorghum, *Sorghum vulgare*
ਚਰਾ [cəra] *v.form* imperative of ਚਰਾਉਣਾ, graze
ਚਰਾਉਣਾ [cərauṇa] *v.t.* to graze, pasture; *slang.* to beguile, delude, deceive
ਚਰਾਇਤਾ [cəraɪta] *n.m.* same as ਚਰੈਤਾ
ਚਰਾਈ [cərai] *n.f.* same as ਚਰਵਾਈ; pasturage, grazing
ਚਰਾਗ [cərag] *n.m.* same as ਚਿਰਾਗ਼, lamp
ਚਰਾਗਾਹ/ਚਰਾਂਦ [cəragá/cərãd] *n.f.* pasture, pasturage, grassland, meadow, sward, lea
ਚਰਾਵਾ [cərava] *n.m.* same as ਚਰਵਾਹਾ cowherd, shepherd
ਚਰਿੱਤਰ [cərɪttər] *n.m.* character *esp.* moral conduct, behaviour, nature; biography, memoir
ਚਰਿੱਤਰਹੀਣ [cərɪttərhiṇ] *adj.* immoral, depraved, wicked, profligate, licentious, lewd, dissolute
ਚਰਿੱਤਰਹੀਣਤਾ [cərɪttərhiṇta] *n.f.* immorality, depravity, wickedness, misconduct, profligacy, licentiousness, lewdness, dissoluteness
ਚਰਿੱਤਰਵਾਨ [cərɪttərvan] *adj.* (person) with high moral character, virtuous, good, upright; chaste
ਚਰੈਤਾ [cərɛta] *n.m.* a blood-purifying drug made from a plant *Ophelia chirretta*
ਚਰੋਕਾ [cəroka] *adv.* same as ਚਿਰੋਕਣਾ, long back
ਚਰੋਲ਼ੀ [cəroḷi] *n.f.* round tray of bamboo or wicker deepening towards the centre, wickerbasket, hamper
ਚਲ [cəl] *v.form* imperative of ਚਲਣਾ – go, let us go, walk
~ **ਚਿੱਤਰ** *n.m.* movie, film.
~ **ਜਾਣਾ** *con.v.* to go off (as a gun or cracker); to die; pass away; to last; (for brain) to go mad; just to serve one's purpose
~ **ਪੈਣਾ** *con.v.* to start
ਚਲ਼ [cəḷ] *n.f.* act of meanness, baseness; low greediness
~ **ਮਾਰਨੀ** *ph.* to behave meanly/greedily, commit an act of meanness/baseness,
ਚਲਗੋਜ਼ਾ [cəlgoza] *n.m.* pine-seed used as dry fruit
ਚਲ਼ਣਾ [cəḷṇa] *v.i.* to behave as to show low greediness
ਚੱਲਣਾ [cəlləṇa] *v.i.* to go, proceed, move; to walk, tread; (for machine, instrument, etc.) be working, run, function; (for gun,

explosive etc.) to fire, be discharged, explode, go off; (for coin, note) to be current or in circulation, pass as genuine; (for articles of use) to continue, survive

ਚਲਣਸਾਰ [cələṇsar] *adj.* lasting, strong, of good quality; *adv.* immediately, on moving, at the very start

ਚਲਣਹਾਰ [cələṇhar] *adj.* not lasting, mortal, transient

ਚਲਣਯੋਗ [cələṇyog] *adj.* movable, workable, fit to move or walk; fit for use; ambulant, ambulatory

ਚਲੰਤ [cələ̃t] *adj.* passing, moving; current, in vogue; in force, ongoing

ਚਲਦਾ [cəlda] *adj.m.* moving, in motion, on the move; serviceable, in working order; continuing, continued, ongoing, current

~ **ਕਰਨਾ** *con.v.* to move, push, despatch, send away, dispose of, get rid of; to repair, put in working order

~ **ਪੁਰਜ਼ਾ** *adj.m. lit.* component in motion or in working order; *fig.* clever, smart, resourceful, cunning; *n.m.* such person

~ **ਫਿਰਦਾ** *adj.m.* mobile; paddler; active

ਚਲਦੇ ਫਿਰਦੇ *adv.* while on the move or march; by the way

ਚਲਨ [cələn] *n.m.* same as ਚਾਲਚਲਨ

ਚਲ ਰਾਸ਼ੀ [cəlraṣi] *n.f.* (maths) variable

ਚਲਵਾਉਣਾ [cəlvauṇa] *v.t.* to get something moving, put in order or working order

ਚਲਵਾਈ [cəlvai] *n.f.* wages for *prec.*

ਚਲ੍ਹਾ [cə̀ḷa] *n.m.* pit, puddle; sink, sink hole, soakage pit

ਚਲਾਉਣਾ [cəlauṇa] *n.m.* to cause to move, make something move, set in motion; to start, run, work, ply, drive; to manage, administer, conduct; to discharge, fire, fire with (firearm); to shoot (arrow)

ਚਲਾਇਮਾਨ [cəlaıman] *adj.* transitory, transient, impermanent, not lasting, mortal, perishable

ਚਲ਼ਾਈ [cəḷai] *n.f.* same as ਚੁਲ਼ਾਈ, an esculent weed

ਚਲਾਕ [cəlak] *adj.* clever, smart, sharp, sly, insidious, ingenious, cunning, crafty; agile, nimble, swift, active

ਚਲਾਕੀ [cəlaki] *n.f.* cleverness, smartness, sharpness, insidiousness, ingeniousness

~ **ਵਾਲ਼ਾ** *adj.m.* insidious, sly, deceitful (act)

ਚਲਾ ਚਲੀ [cəla cəli] *n.f.* continuous, incessant movement *esp.* of life and death, transience; bustle, preparation for departure

~ **ਦਾ ਮੇਲਾ** *ph.* the transient world

ਚਲਾਣਾ [cəlaṇa] *v.t.* same as ਚਲਾਉਣਾ; *n.m.* death, decease, passing away

~ **ਕਰ ਜਾਣਾ** *ph.* to die, pass away, expire, breathe one's last

ਚਲਾਨ [cəlan] *n.m.* challan

~ **ਕਰਨਾ** *con.v.* to challan, prosecute

ਚਲਾਵਾਂ [cəlavã] *adj.m.* just working or moving; *adv.* in motion *esp.* in flying motion as in javelin-throw

~ **ਮਾਰਨਾ** *con.v.* to throw (at), send (stone, etc.) flying (at)

ਚਲਿੱਤਰ [cəlıttər] *n.m.* trick, artifice, stratagem; guile, pretence, coquetry

~ **ਹੱਥਾ** *adj.m.* clever, wily, cunning, shammer

~ **ਕਰਨਾ** *con.v.* to beguile, trick

ਚਲਿੱਤਰਹਾਰੀ [cəlıttərhari] *adj.* coquettish, flirt

ਚਲਿੱਤਰਬਾਜ਼ [cəlıttərbaz] *adj.* same as ਚਲਿੱਤਰ ਹੱਥਾ

ਚਲਿੱਤਰਬਾਜ਼ੀ [cəlıttərbazi] *n.f.* art or practice of ਚਲਿੱਤਰ, trickery

ਚਲਿੱਤਰੀ [cəlıttəri] *adj.m.* same as ਚਲਿੱਤਰ ਹੱਥਾ

ਚਲੀਹਾ [cəlía] *n.m.* period of 40 days *usu.* for practising austerities

ਚਲੂਣੇ [cəluṇe] *n.m. pl.* see ਚਮੂਣਾ

ਚਲੋ ਚਲੀ [cəlo cəli] *n.f.* same as ਚਲਾ ਚਲੀ

ਚਵਰ [cəvər] *n.f.* same as ਚੌਰ, whisk

ਚਵਰਗ [cəvərg] *n.m.* group of five letters of Devanagri and Gurmukhi alphabets representing palatal consonants ਚ, ਛ, ਜ, ਝ, ਞ

ਚਵਲ਼ [cəvəḷ] *adj.* mean, low, base,

shameless, undependable; *n.m.* such person

ਚਵਲ਼ਪੁਣਾ [cəvəḷpuṇa] *n.m.* meanness, baseness

ਚਵ੍ਹੱਕਲ਼ੀ [cəvə́kkəḷi] *n.f. colloq.* see ਚੱਕਲੀ, vertical gear

ਚਵ੍ਹਾਂ [cə́vã] *adj. pl. dia.* see ਚਹੁੰਆਂ; all four

ਚਵ੍ਹੀ [cə́vi] *adj.* twenty-four

ਚਵ੍ਹੀਂ [cə́vī] *adv.* for Rs. 24

ਚਵ੍ਹੀਆਂ/ਚਵ੍ਹੀਵਾਂ [cə́viã/cə́vivã] *adj.* twenty-fourth

ਚੜ [cəṛ] *n.f.* hangnail, agnail

~ **ਫੁੱਟਣੀ** *con.v.* to develop ਚੜ, for ਚੜ to appear

ਚੜ੍ਹ [cə́ṛ] *v.form* imperative of ਚੜ੍ਹਨਾ; *n.f.* ascendancy, fame, notoriety

~ **ਮੱਚਣੀ** *ph.* to be famous

ਚੜ੍ਹਤ/ਚੜ੍ਹਤਲ [cə́ṛt/cə́ṛtəl] *n.f.* ascendancy, glory, fame; advance to attack; offerings, amount or quantity of offerings; riding, horsemanship

ਚੜ੍ਹਦਾ [cə́ṛda] *adj.* rising, ascending, soaring; *n.m.* east

ਚੜ੍ਹਦੀ ਕਲਾ [cə́ṛdi kəla] *n.f.* high morale, rising spirit; prosperity

ਚੜ੍ਹਦੀ ਜਵਾਨੀ [cə́ṛdi jəvani] *n.f.* early youth

ਚੜ੍ਹਨਾ [cə́ṛna] *v.i.t.* to rise, ascend, go up, soar, climb, clamber, scale; to ride, mount, board, entrain, embark; (for river) to be swollen or in flood, to rise; (for fever) to attack; (for temperature) to rise; (for dishes) to be cooked; (for groceries) to be put in the scale/ balance; (for dislocated joints) to be reset, set; (for intoxication or intoxicants) to affect, go to one's head; (for procession or army) to set forth; (for transaction) to be registered/ recorded; (for debt) to amount, be incurred; (for bangles) to slide (up one's arm); (for day) to break; (for sun, moon) to rise/appear

ਚੜ੍ਹਵਾਂ [cə́ṛvã] *adj.m.* rising, tending to go upwards; liable or fit to be lifted

ਚੜ੍ਹਵਾਉਣਾ [cəṛvàuṇa] *v.t.* same as ਚੜ੍ਹਾਉਣਾ, to get someone or something taken upwards

ਚੜ੍ਹਾ [cəṛà] *v.form* imperative of ਚੜ੍ਹਾਉਣਾ, lift, fit

ਚੜ੍ਹਾਉਣਾ [cəṛàuṇa] *v.t.* to cause or assist to climb or rise, lift; to set (bone or joint); to load, put upon; to fit; to cook; to enter, register, record; to launch (army); to mount

ਚੜ੍ਹਾਊ [cəṛàu] *adj.* passenger (train); fit for or trained for riding; fit to be raised; rising (as river or current)

ਚੜ੍ਹਾਅ [cəṛà] *n.m.* act or process or extent of rising, fitting, sliding, etc.

ਚੜ੍ਹਾਈ [cəṛài] *n.f.* ascent, upwards gradient, rise; invasion; attack, offensive; process of or wages for ਚੜ੍ਹਨਾ

~ **ਕਰ ਜਾਣਾ** *ph.* to die

~ **ਕਰਨੀ** *ph.* to attack, set forth to attack or invade

ਚੜ੍ਹਾਵਾ [cəṛàva] *n.m.* offerings; oblation

~ **ਚੜ੍ਹਾਉਣਾ** *con.v.* to make an offering

ਚੜ੍ਹੋਖਤੀ [cə́ṛokhəti] *n.f.* provocation; unprovoked offence, excess; raw deal; one-upmanship, to offend first

~ **ਕਰਨੀ** *con.v.* to commit ਚੜ੍ਹੋਖਤੀ, provoke

ਚਾਉ/ਚਾ [cao/ca] *n.m.* pleasure *esp.* innocent pleasure on meeting someone or gaining something, happiness, joy; desire, glee, eagerness, euphoria, ardour, fervour, exultation, elation

~ **ਚੜ੍ਹਨਾ** *con.v.* to feel, express, display ਚਾਉ

~ **ਭਰਿਆ** *adj.m.* full of or showing ਚਾਉ, eager, ardent, fervent

~ **ਮਲ੍ਹਾਰ** *n.m.* affection, love, *esp.* towards youngsters

ਚਾਉਣਾ [cauṇa] *v.t. dia.* see ਚੁੱਕਣਾ, to lift

ਚਾਈਂ ਚਾਈਂ [caī caī] *adv.* cheerfully, eagerly, fervently, warmly

ਚਾਸ [cas] *n.f.* syrup; thickened/warm solution of sugar in water, fondant

ਚਾਂਸ [cãs] *n.m.* chance

ਚਾਸਕੂ [casku] *n.m.* a kind of medicinal seed good for opthalmia/body pains or as blood purifier

ਚਾਸ਼ਨੀ [caṣni] *n.f.* same as ਚਾਸ
ਚਾਂਸਲਰ [cãslər] *n.m.* chancellor
ਚਾਹ [cá] *n.f.* desire, wish, avidity; aspiration, longing, craving, yearning; love, fondness; tea, plant or its leaves; *Thea sinensis*
~ ਕਰਨਾ *con.v.* to have or express fondness, liking, love or affection (for); to aspire, desire
~ ਛਕਾਉਣਾ *con.v.* to serve tea; *slang.* to beat, to thrash; to give a beating
~-ਪੱਤੀ *n.f.* tea leaves
~-ਪਾਣੀ *n.m.* light refreshment
~-ਪਾਰਟੀ *n.f.* tea party
~ ਪੂਰੀ ਕਰਨੀ *ph.* to fulfil desire
ਚਾਹਟਾ [cáṭa] *n.m.* (derogatory) tea; *slang.* beating, thrashing
ਚਾਹਣੀ [cáṇi] *n.f.* same as ਚਾਸ
ਚਾਹਤ [cát/cahət] *n.f.* same as ਚਾਹ[1]
ਚਾਹਦਾਨੀ [cádani] *n.f.* tea pot
ਚਾਹਵਾਨ [cávan] *adj.* desirous, eager, avid
ਚਾਹੀ [cahi/caí] *adj.* (land) irrigated with well water drawn by persian wheel
ਚਾਹੀਦਾ [cáida] *v.form.* of ਚਾਹੁਣਾ should be, ought to be; *adj.* wanted, desired, required
ਚਾਹੁਣਾ [cɔ́ṇa] *v.t.* to need or require, demand or want, desire or love
ਚਾਹੇ [cahe/cáe] *conj.* either, or; even if
ਚਾਕ[1] [cak] *n.m.* chalk; cowherd, cattle-grazer
ਚਾਕ[2] *n.f.* triangular piece of cloth stiched at the joints of garment
ਚਾਕ[3] *adj.* torn, rent, ripped, slashed
~ ਕਰਨਾ *con.v.* to tear apart, rend, rip slash
ਚਾਕਰ [cakər] *n.m.* servant, employee
ਚਾਕਲੇਟ [cakleṭ] *n.m.* chocolate, *adj.* of the colour of ਚਾਕਲੇਟ
ਚਾਕੀ [cakki] *n.f.* lump, piece, (soap) cake
ਚਾਕੂ [cakku] *n.m.* knife, snickersnee
~ ਚਲਾਉਣਾ *ph.* to fight with ਚਾਕੂ, to stab with ਚਾਕੂ
ਚਾਂਗ/ਚਾਂਗਰ [cãg/cãgər] *n.f.* cry, scream, shriek, howl, shout
~ ਨਿਕਲ਼ ਜਾਣੀ *ph.* to utter a shriek, shriek, scream
~ ਮਾਰਨੀ *ph.* same as *prec. esp.* to challenge someone
ਚਾਘ [cág] *n.f.* snicker, snigger, sarcastic remark, derisive laughter
~ ਕਰਨੀ *con.v.* to snicker, snigger, ridicule, utter indecent joke, remark or laughter
ਚਾਚਾ [cacca] *n.m.* paternal uncle, father's younger brother; *cf.* ਤਾਇਆ[1]
ਚਾਂ ਚਾਂ [cã cã] *n.f.* sound of crying *esp.* by small children; noise
ਚਾਚੀ [cacci] *n.f.* aunt, wife of ਚਾਚਾ
ਚਾਚੇ ਤਾਏ [cace tae] *n.m. pl.* elders on the father side, *lit.* father's brothers
ਚਾਟ [caṭ] *n.f.* a kind of pungent, sour delicacy; relish, taste, liking, addiction, (bad) habit, weakness (for), allurement, temptation, desire
~ ਲੱਗਣੀ/ਚਾਟੇ ਲੱਗਣਾ *ph.* to be addicted to, fall for, be allured or tempted to a bad habit
ਚਾਟੇ ਲਾਉਣਾ *ph.* to allure, addict or attract (to some undesirable habit)
ਚਾਟਸਾਲ [caṭsal] *n.f.* school
ਚਾਟੜਾ [caṭəṛa] *n.m.* disciple, pupil
ਚਾਂਟਾ [cãṭa] *n.m.* same as ਚਪੇੜ, slap
ਚਾਟੀ [caṭṭi] *n.f.* earthen vessel for churning milk and keeping butter-milk
~ ਹਰੀ ਕੋਠੀ ਭਰੀ *ph.* a blessing *lit.* may (your) vessels remain full of milk and (your) bins full of grain
ਚਾਣੱਕ ਨੀਤੀ [caṇəkk niti] *n.f.* clever diplomacy; machiavellianism
ਚਾਣ ਚੱਕ [caṇ cəkk] *adv.* *colloq.* see ਅਚਾਨਕ, suddenly
ਚਾਣਨੀ [caṇni] *n.f.* same as ਚਾਨਣੀ, moonlight
ਚਾਣਾ[1] [caṇa] *v.t.dia.* see ਚੁੱਕਣਾ, to lift; to instigate
ਚਾਣਾ[2] *n.m.* scales (of fish)
ਚਾਤਰ [catər] *adj.* same as ਚਤਰ, intelligent
ਚਾਤਰੀ [catəri] *n.f.* same as ਚਤੁਰਾਈ, intelligence
ਚਾਤ੍ਰਿਕ/ਚਾਤਰਿਕ [catərık] *n.m.* a species of pied cuckoo, *Cuculus melanoleucos*, supposed to drink only rain drops

ਚਾਂਦਨੀ [cãdəni] *n.f.* see ਚਾਨਣੀ
ਚਾਂਦਮਾਰੀ [cãdmari] *n.f.* firing range, range practice, firing or shooting practice at firing range, target practice
ਚਾਦਰ [caddər] *n.f.* sheet, bedsheet, coverlet, bedspread; shawl, wrap; same as ਚਾਦਰਾ; shroud, pall
~ **ਅੰਦਾਜ਼ੀ** *ph.* a form of marriage, *usu.* of widows, in which the couple sit together and a sheet is spread over them, that completing the ceremony
~ **ਚੜ੍ਹਾਉਣੀ** *ph.* to make the offering of a sheet which is spread over the corpse or grave of a respected one, pall
~ **ਪਾਉਣੀ** *ph.* to marry (a widow) through the ceremony of ਚਾਦਰ ਅੰਦਾਜ਼ੀ
~ **ਵੇਖ ਕੇ ਪੈਰ ਪਸਾਰਨਾ** *ph.* to cut one's coat according to one's cloth
ਚਾਦਰਾ [cadəra] *n.m.* sheet used as a garment to cover the lower body
ਚਾਂਦੀ [cãdi] *n.f.* silver, argent, argentum, money, wealth; *fig.* profit, gain
~ **ਦਾ**/~ **ਵਰਗਾ** *adj.m.* silvery, argentine, argenteous
ਚਾਨਸ [canəs] *n.m.* *colloq.* see ਚਾਂਸ, chance
ਚਾਨਣ [canəṇ] *n.m.* light, radiance, brightness, luminosity, luminousness; illumination; enlightenment; dawn
~ **ਹੋ ਜਾਣਾ** *ph.* for light to spread; *fig.* for truth to come out, realise; to be dawn or daybreak
~ **ਕਰਨਾ** *con.v.* to put on, switch on or produce light, illumine, illuminate
~ **ਮੁਨਾਰਾ** *n.m.* lighthouse, beacon, guiding star; *fig.* ideal person
~ **ਲੱਗ ਜਾਣਾ** *ph.* same as ਚਾਨਣ ਹੋ ਜਾਣਾ
ਚਾਨਣਾ[1] [canəṇa] *n.m.*same as ਚਾਨਣ *adj.m.* light, bright
~ **ਪੱਖ** *n.m.* light half, from newmoon to full moon (of lunar month); also ਚਾਨਣੀ (*n.f.)*
~ **ਪਾਉਣਾ** *ph.* to enlighten, elucidate, describe
ਚਾਨਣਾ[2] *n.f.* a disease of horses
ਚਾਨਣੀ [canəṇi] *n.f.* same as ਚਾਨਣ; moonlight; lightning that damages certain crops; *adj.f.* same as ਚਾਨਣਾ; tetanus; canopy, awning, baldachin
~ **ਰਾਤ** *n.f.* moonlit night
ਚਾਨਾ [cana] *n.m.* same as ਚਾਣਾ[2], scales of fish
ਚਾਪ[1] [cap] *n.f.* sound of footsteps; improvised dam *usu.* of brushwood to partly stop or obstruct the flow of water in canal, etc.; *(geom.)* arc
~ **ਬਣਾਉਣੀ**/~ **ਲਾਉਣੀ** *con.v.* to draw ਚਾਪ
ਚਾਪ[2]/**ਚਾਂਪ** [cãp] *n.f.* rib-bone with flesh attached, fleshy rib-bone
ਚਾਪਲੂਸ [capəlus] *adj.* flatterer, sycophant, servile, abject, obsequious, wheedler, palaverer
ਚਾਪਲੂਸੀ [capəlusi] *n.f.* flattery, sycophancy, abjectness, obsequiousness, wheedling, palaver, cajolery, blarney, wheedling talk
~ **ਕਰਨਾ** *con.v.* to flatter, wheedle, blarney, fawn
ਚਾਪੜ [capəṛ] *n.m.* sun-dried slab made of mud and straw; any slab; *slang.* a fat, burly fellow
ਚਾਪਾ [cappa] *n.m.* a style of stitching
ਚਾਪੀ [cappi] *n.f.* massage, kneading of muscles
~ **ਕਰਨੀ** *con.v.* to massage, knead (a person's body)
ਚਾਬਕ [cabək] *n.m.* whip, scourge, hunter; driving stick; lash, crop (of whip)
~ **ਸਵਾਰ** *n.m.* horse trainer, jockey
~ **ਦੀ ਮਾਰ** *ph.* flogging, flagellation, scourge
~ **ਮਾਰਨਾ** *con.v.* to strike with ਚਾਬਕ, to whip, scourge, lash, flog, flagellate
ਚਾਬੀ [cabbi] *n.f.* key; winding lever; wrench, spanner
~ **ਦੇਣੀ** *con.v.* to wind (watch, toy, etc.); *fig.* to goad into action or swifter action
~ **ਲਾਉਣੀ** *con.v.* to fit ਚਾਬੀ (as into a lock); to open; *fig.* to incite, instigate
ਚਾਬੀਦਾਰ [cabidar] *adj.* working with ਚਾਬੀ
ਚਾਂਭਲ਼ਨਾ [cãbəḷna] *v.i.* same as ਚੰਭਲ਼ਨਾ
ਚਾਮਚੜਿੱਕ/ਚਾਮਚਿੱਠ [camcəṛikk/camcɪṭṭh] *n.m.* bat, vampire, *Desmodus rufus*

ਚਾਮੁਲ਼ਨਾ [cáməḷna] *v.i.* same as ਚੰਭਲ਼ਨਾ
ਚਾਰ [car] *adj.* four; *fig.* some, a few
~ ਅੱਖਰ *n.m. pl.* some or a little education
~ ਖ਼ਾਨਾ *n.m.* chequered design (in textile), such cloth, check
~ ਚੁਫੇਰਾ *n.m.* surroundings; perimeter
~ ਚੰਨ ਲਾਉਣੇ *ph.* to enhance beauty, status or fame of, bring credit or glory to, add a feather to one's cap
~ ਚੁਫੇਰੇ *adv.* all around
~ ਤਾਲ *n.f.* a particular rhythm, *lit.* four beats
~ ਦਿਵਾਰੀ *n.f.* compound wall, all round wall, the four walls of any room; wall surface
~ ਪਾਈ *n.f.* cot
ਚਾਰਜ [carj] *n.m.* charge
~ ਦੇਣਾ *con.v.* to hand over ਚਾਰਜ
~ ਲਾਉਣਾ *con.v.* to chargesheet, frame charge (against)
~ ਲੈਣਾ *con.v.* to take over ਚਾਰਜ
ਚਾਰਟ [carṭ] *n.m.* chart
ਚਾਰਨਾ [carna] *v.t.* same as ਚਰਾਉਣਾ, to graze; *informal.* to deceive, trick, befool, beguile
ਚਾਰਯਾਰੀ [caryari] *n.f.* circle of friends
ਚਾਰਵਾਕ [carvak] *n.m.* name of an atheist sect of Hinduism
ਚਾਰਵਾਕੀਆ [carvakia] *adj.m.* atheist, *n.m.* followers, member of ਚਾਰਵਾਕੀਆ sect
ਚਾਰਾ [cara] *n.m.* fodder, forage; effort, attempt, recourse, resource, remedy
~ ਕਰਨਾ *ph.* to make effort, endeavour, find a way out; to make haste
ਚਾਰਾਜੋਈ [carajoi] *n.f.* effort, endeavour, attempt (*usu.* to get justice), remedy
~ ਕਰਨੀ *ph.* to same as ਚਾਰਾ ਕਰਨਾ, seek remedy through legal action
ਚਾਰੂ [caru] *adj.* (animal) grazing or feeding voraciously
ਚਾਰੇ[1] [care] *adj. pl.* all four
~ ਬੰਨੇ *adv.* same as ਚਾਰ ਚੁਫੇਰੇ under ਚਾਰ; as a last resort; if worse comes to worst, at worst
ਚਾਰੇ[2] *n.m. pl.* of ਚਾਰਾ, efforts
ਚਾਲ [cal] *n.f.* walk, gait, pace, movement, speed, tempo, motion, momentum; move, gambit, stratagem, trick, ruse, artifice, ploy; (in warfare) tactics, strategy
~ ਚੱਲਣਾ *con.v.* to walk or move in a particular style, speed or gait
~ ਚੱਲਣੀ *con.v.* to make a move; to play trick, trick, deceive
~ ਢਾਲ *n.f.* conduct, behaviour, character, movements, demeanour, department, style
ਚਾਲਕ [calək] *n.m.* driver, pilot, conductor, manager, director, organiser, administrator, (one) who runs the show
ਚਾਲ ਚਲਨ [cal calən] *n.m.* character, conduct, moral character or behaviour *esp.* sexual
ਚਾਲਬਾਜ [calbaj] *adj.* clever, cunning, trickster, wily, artful, deceitful, crafty, insidious, tricksy
ਚਾਲਬਾਜੀ [calbaji] *n.f.* trickery, cunning, chicanery, artfulness, deceitfulness, insidiousness, skulduggery, pettifoggery, pettifogging
ਚਾਲਾ [calla] *n.m.* same as *prec.*
ਚਾਲੇ *n.m.* same as ਚਾਲਬਾਜੀ; action or habit (derogatory)
ਚਾਲੀ [calli] *n.f.* group of prisoners moving under escort (*usu.* from one jail to another)
ਚਾਲ਼ੀ/ਚਾਲ਼ੀ [caḷi/cáḷi] *adj.* forty
ਚਾਲ਼ੀਮਾਂ/ਚਾਲ਼ੀਵਾਂ [cáḷimã/cáḷivã] *adj.m.* fortieth
ਚਾਲ਼ੀਂ [cáḷĩ] *adv.* for Rs. 40/-
ਚਾਲੂ [callu] *adj.* in working order, working, operational, in progress, current; afraid, retreating
~ ਕਰਨਾ *con.v.* to put in working order, make operational; to start; to threaten and make one retreat
~ ਖਾਤਾ *n.m.* current account
~ ਪੂੰਜੀ *n.f.* working capital
ਚਾਵਣਾ [cavəṇa] *v.t. dia.* see ਚੁੱਕਣਾ, pick up, lift
ਚਾਵਲ [cavəl] *n.m.* same as ਚੌਲ਼, rice
ਚਾੜ [caṛ] *n.f.* bowstring; wooden block

used by shoemakers to loosen, slacken, stretch shoe which is too tight; last

ਚਾੜ੍ਹਨਾ [cáṛna] *v.t.* same as ਚੜ੍ਹਾਉਣਾ

ਚਾੜ੍ਹਾ [caṛa] *n.m.* dehydrated fodder, silage

ਚਿਆਂਕ [cıāk] *v.form.* nominative of ਚਿਆਂਕਣਾ, whimper; *cf.* ਚੀਕ

ਚਿਆਂਕਣਾ [cıākəṇa] *v.i.* (of babies or small children) to cry, whimper, blubber

ਚਿਹਨ [cén] *n.m.* mark, distinguishing feature, characteristic; conduct, behaviour

~ **ਚੱਕਰ** *n.m.* mark; also *pl.* features, symptoms of probable conduct

ਚਿਹਰਾ [céra] *n.m.* face, countenance, visage, mien; image, semblance

~ **ਉਤਰਨਾ** *ph.* to be sad or afraid, have a pale or drawn face

~ **ਮੁਹਰਾ** *n.m.* features, appearance, countenance, aspect, figuration, configuration, shape, form

ਚਿੱਕ[1] [cıkk] *n.f.* curtain or screen made of split bamboo sticks; thin mortar of mud, mire; *colloq.* see ਚੈੱਕ

ਚਿੱਕ[2] *v.form.* imperative of ਚਿੱਕਣਾ, drive away

~ **ਦੇਣਾ** *con.v.* to drive or send away

ਚਿੱਕਣਾ [cıkkəṇa] *v.t.* to drive, drive away

ਚਿਕਨ[1] [cıkən] *n.f.* a type of embroidered, muslin cloth

ਚਿਕਨ[2] *n.m.* chicken

ਚਿਕਨਾ [cıkəna] *adj.m.* greasy, oily, slippery, smooth, lubricous; sleek, glossy

ਚਿਕਨਾਈ [cıknai] *n.f.* greasiness, greasy substance, lubricant; gloss

ਚਿਕਨਾਹਟ [cıknáṭ] *n.f.* greasiness, oiliness; slipperiness, lubricity

ਚਿਕਨੀ ਚੋਪੜੀ [cıkəni copəṛi] *adj.* suave, unctuous or inveighing (speech)

ਚਿੱਕੜ [cıkkəṛ] *n.m.* mud, mire, slush, sludge, slime

~ **ਸੁੱਟਣਾ** *ph.* to throw mud (on); *fig.* to slander, defame, induldge in mud-slinging

ਚਿਕੜੀ [cıkəṛi] *n.f.* boxwood, *Buxus sempervirens*

ਚਿਕਾਰਾ [cıkara] *n.m.* a type of musical string, instrument played with a bow; a species of reddish brown deer, Indian or Tibetan gazelle

ਚਿਖਾ [cıkha] *n.f.* pyre, funeral pyre

ਚਿੰਘਾੜ [cīgàṛ] *n.f.* same as ਚੰਘਾੜ, roar

ਚਿਚਲਾ [cıcla] *v.form.* imperative of ਚਿਚਲਾਉਣਾ, cry out

ਚਿਚਲਾਉਣਾ [cıclauṇa] *v.i.* to cry out, shriek, scream, squeak, squeal

ਚਿਚਲਾਹਟ [cıcláṭ] *n.f.* outcry, shriek, scream, squeak, squeal; noise, blare, clamour

ਚਿੱਚੜ [cıccəṛ] *n.m.* tick, *Dermacentor veriabilis;* mite sticking to animal bodies; *fig.* parasite, a person not easily shaken off, persistent beggar; chigger, jigger, *Eutrombicula alfreddugesi*

~ **ਵਾਂਗ ਚੰਬੜਨਾ** *ph.* to stick like a ਚਿੱਚੜ or bur; *fig.* to pester, harry; to be persistent or tenacious

ਚਿਟ [cıṭ] *pref.* indicating whiteness

ਚਿੱਟ [cıṭṭ] *n.f.* chit

ਚਿਟਕਣਾ [cıṭəkṇa] *v.i.* same as ਤਿੜਕਣਾ, to crack

ਚਿਟਕਣੀ [cıṭəkṇi] *n.f.* a fastening device for doors, windows etc., top bolt

ਚਿਟਕਪੜੀਆ [cıṭkəpṛia] *adj.m.* normally dressed in white, white-collar

ਚਿਟਦਾੜ੍ਹੀਆ [cıṭdáṛia] *adj.m.* (person) with grey beard, old, respectable

ਚਿੱਟਾ[1] [cıṭṭa] *adj.m.* white, milky; bleached; bright, clear (day); grey (hair)

~ **ਦਿਨ** *n.m.* sunrise, bright daylight

~ **ਦੁੱਧ** *adj.* milk white, perfectly clean

~ **ਮੋਤੀਆ** *n.m.* cataract (of the eye)

ਚਿੱਟਾ[2] *n.m.* same as ਫੋਲਾ, leucoma

ਚਿਟਿਆਈ [cıṭıai] *n.f.* whiteness

ਚਿੱਠਾ [cıṭṭha] *n.m.* list, schedule, roll; bill, account, slip, document, written details, memorandum, a long letter

ਚਿੱਠੀ [cıṭṭhi] *n.f.* letter, epistle, written note or message, missive;

recommendatory note
~ ਚਪੱਠੀ/~ ਪੱਤਰ *n.f./n.m.* correspondence, letter-writing
~ ਪਾਉਣੀ *con.v.* to write; to post, send or despatch a ਚਿੱਠੀ
~ ਰਸਾਨ *n.m.* postman
~ ਲਿਖਣੀ *con.v.* same as ਚਿੱਠੀ ਪਾਉਣੀ
ਚਿਣ [cɪṇ] *v.form.* imperative of ਚਿਣਨਾ, stack
ਚਿਣਖਾ [cɪṇkha] *adj.m.* thin, slim, *usu.*
~ ਕਮਾਦ *n.m.* a variety of sugarcane
ਚਿਣਗ/ਚਿਣਗਾਰੀ [cɪṇəg/cɪṇgari] *n.f.* spark, scintilla, ember; *fig.* burning sensation like pin-pricks; also ਚਿੰਗਾਰੀ and ਚਿੰਗਿਆੜੀ
~ ਲਾਉਣੀ *ph. fig.* to spark off trouble, incite, instigate
ਚਿਣਗਾਂ ਉੱਠਣੀਆਂ *ph.* to feel burning pin-pricks
ਚਿਣਨਾ [cɪṇna] *v.i.* to arrange, stack, fix in a pile or row; to build, mason
ਚਿਣਵਾਉਣਾ [cɪṇvauṇa] *v.t.* to get something properly arranged, stacked or constructed; also ਚਿਣਾਉਣਾ
ਚਿਣਵਾਈ/ਚਿਣਾਈ [cɪṇvai/cɪṇai] *n.f.* process of or wages for ਚਿਣਵਾਉਣਾ
ਚਿੱਤ¹ [cɪtt] *n.m.* mind, heart, mental faculties
~ ਕਰਨਾ *con.v.* to desire, feel like
ਚਿੱਤ² *adj.* supine, lying or falling flat on the ground; *fig.* defeated
~ ਹੋ ਜਾਣਾ *ph.* to fall flat on the ground, be defeated *esp.* in wrestling or boxing, bite the dust, measure one's length
~ ਕਰਨਾ *ph.* to defeat; to throw on the ground, make one measure one's length or bite the dust; to kill
ਚਿੰਤਕ [cĩttək] *adj.* thinker, intellectual, wise
ਚਿਤਕਬਰਾ [cɪtkəbra] *adj.m.* roan, piebald, mottled, dappled, speckled
ਚਿਤੰਨ [cɪttə̃nn] *adj.* alert, attentive, wide awake; conscious; cautious, watchful, vigilant, wakeful
ਚਿੰਤਨ [cĩttən] *n.m.* contemplation, reflection, thinking, mental reasoning, consideration, deliberation; meditation
~ ਕਰਨਾ *con.v.* to contemplate, reflect, think (about), deliberate (upon), consider; to meditate
ਚਿੰਤਨਸ਼ੀਲ [cĩttənṣil] *adj.* contemplative, reflective, thinking, deliberative, thoughtful
ਚਿਤੰਨਤਾ [cɪtə̃nnəta] *n.f.* alertness, wakefulness, watchfulness
ਚਿੱਤਰ/ਚਿਤਰ [cɪttər/cɪtər] *n.m.* picture, painting, portrait; likeness; illustration, representation; figure, diagram, sketch; mural, engraving, drawing, tattooing, graphics
~ ਕਲਾ *n.f.* art of painting, pictorial art, graphic art
~ ਪਟ *n.m.* screen, stage, canvas
~ ਲਿਪੀ *n.f.* hieroglyphics
~ ਵਿੱਦਿਆ *n.f.* knowledge or study of pictorial art
ਚਿੱਤਰਸ਼ਾਲਾ [cɪttərṣala] *n.f.* picture gallery, art gallery; studio
ਚਿੱਤਰਕਾਰ [cɪttərkar] *n.m.* artist, painter
ਚਿੱਤਰਕਾਰੀ [cɪttərkari] *n.f.* art of painting or picture making; work of art; artistic skill
ਚਿੱਤਰਨਾ [cɪttərna] *v.i.t.* to draw, paint, sketch, engrave, tattoo
ਚਿੱਤਰਮਈ [cɪttərməi] *adj.* picturesque, pictorial
ਚਿਤਰਮਿਤਰਾ/ਚਿਤਰਾ [cɪtərmɪtəra/cɪtra] *adj.* same as ਚਿਤਕਬਰਾ, mottled, spotted
ਚਿੱਤਰਾ [cɪttəra] *n.m.* leopard, panther, *Panthera pardus,* catamountain
ਚਿਤਰੀਵਾਲ਼ਾ [cɪtərivala] *adj.* spotted, speckled (banana)
ਚਿਤਵਣਾ [cɪtəvṇa] *v.t.* same as ਚਿਤਾਰਨਾ, to think about
ਚਿੱਤੜ [cɪttəṛ] *n.m.* buttock, posterior, bottom, arsc, nates, rump, bum
~ ਕੁੱਟਣੇ *ph.* to spank, beat, flog
ਚਿਤ੍ਰ/ਚਿਤਰ [cɪtər] *n.m.* same as ਚਿੱਤਰ
ਚਿਤ੍ਰਗੁਪਤ/ਚਿਤਰਗੁਪਤ [cɪtərgupt] *n.m.* mythical invisible angels accompanying every person and recording his or her good and bad deeds respectively
ਚਿਤ੍ਰਿਤ/ਚਿਤਰਿਤ [cɪttərɪt] *adj.* painted,

portrayed, illustrated; engraved, tattooed

ਚਿਤਾ¹ [cɪta] *n.f.* same as ਚਿਖਾ, funeral pyre

ਚਿਤਾ² *v.form.* imperative of ਚਿਤਾਉਣਾ, remind

ਚਿੰਤਾ [cĩtta] *n.f.* worry, anxiety, concern, care, thought; apprehension, misgiving, fear; grief, sorrow, dole, sadness, despondency

~ **ਕਰਨੀ** *con.v.* to worry, care or to be anxious (about); to have misgivings

~ **ਚਿਖਾ ਬਰੋਬਰ** *ph.* worry is canker of the heart

ਚਿਤਾਉਣਾ [cɪtauṇa] *v.t.* to remind; to warn, caution; to apprise, inform

ਚਿੰਤਾਜਨਕ [cĩttajənək] *adj.* causing ਚਿੰਤਾ worrisome, distressing, sorrowful, grievous

ਚਿੰਤਾਤੁਰ/ਚਿੰਤਾਵਾਨ [cĩttatur/cĩttavan] *adj.* worried, anxious, concerned, apprehensive, full of care or misgiving, careworn, sad, downcast, worrywart, despondent, dispirited, melancholy

ਚਿਤਾਰ [cɪtar] *v.form.* imperative of ਚਿਤਾਰਨਾ, remember

ਚਿਤਾਰਨਾ [cɪtarna] *v.t.* to remember, recollect, think of, deliberate; to meditate upon, ponder over

ਚਿਤਾਵਣੀ/ਚਿਤਾਉਣੀ [cɪtavəṇi/cɪtauṇi] *n.f.* warning, caution; reminder, caveat, notice

~ **ਦੇਣੀ** *con.v.* to warn, caution, alert

ਚਿੱਤੂ [cɪttu] *adj. dia.* coward; effeminate, milksop

ਚਿਤੇਰਾ [cɪtera] *n.m.* painter; engraver

ਚਿੱਥ [cɪtth] *v.form.* imperative of ਚਿੱਥਣਾ, munch

ਚਿੱਥਣਾ [cɪtthəṇa] *v.t.* to crush with teeth, crunch, munch, chew, masticate

ਚਿੰਦੀ [cĩdi] *n.f.* any small piece of cloth; piece of flannelette used to clean barrel of a firearm

ਚਿੰਨ੍ਹ [cĩnn] *n.m.* sign, mark, spot, speck; symbol, emblem, token; symptom; indication

~ **ਮਾਤਰ** *adj.* just a sigh; *adv.* simply as a ਚਿੰਨ੍ਹ

ਚਿੰਨ੍ਹਵਾਦ [cĩnnəvad] *n.m.* symbolism

ਚਿੰਨ੍ਹਵਾਦੀ [cĩnnəvadi] *adj.* symbolist, symbolistic

ਚਿੰਨ੍ਹਾਤਮਕ [cĩnnatmək] *adj.* symbolic, indicative

ਚਿਨਾਰ [cɪnar] *n.m.* a large tree found in hilly area *esp.* in Kashmir, plane tree, platan, *Platanus orientalis*

ਚਿਨਾਰੀ [cɪnari] *adj.* pertaining to ਚਿਨਾਰ, made of ਚਿਨਾਰ wood

ਚਿਪਸ [cɪpəs] *n.m. & adj.* chips, mosaic

ਚਿਪਕ [cɪpək] *v.form.* imperative of ਚਿਪਕਣਾ, cling

ਚਿਪਕਣਾ [cɪpəkṇa] *v.i.* to stick, adhere, cling, cohere; *adj.m.* adhesive, sticking

ਚਿਪਕਵਾਂ [cɪpəkvã] *adj.m.* adhesive, sticky, viscous, viscid, glutinous; stuck, pasted, sticking

ਚਿਪਕਾਉਣਾ [cɪpkauṇa] *v.t.* to stick, paste, glue, join or attach firmly, cause or make to adhere

ਚਿਪ ਚਿਪ [cɪp cɪp] *n.f.* stickiness, adhesiveness, sticky touch, glueness, viscidness, viscosity, mucilage

~ **ਕਰਨਾ** *con.v.* to be sticky, adhesive, give a sticky touch

ਚਿਪਚਿਪਾ [cɪpcɪpa] *adj.m.* sticky, adhesive, gluey, glutinous, viscous, viscid, greasy, slimy, gummy

ਚਿੱਪਰ [cɪppər] *n.f.* broken piece, splinter, chip

ਚਿੱਪੜ [cɪppəṛ] *n.f. dia.* see ਗਿੱਡ, mucus of the eye

ਚਿੱਪੀ [cɪppi] *n.f.* oval-shaped begging bowl; wooden stirrer used to cool thickened sugarcane juice, spatula

ਚਿੱਬ [cɪbb] *n.m.* dent, indentation, inward bend of a metallic surface

~ **ਕੱਢਣਾ** *con.v.* to remove, straighten, repair ਚਿੱਬ

~ **ਖੜਿੱਬਾ** *adj.m.* of irregular or uneven shape, dented, crooked, deformed

~ **ਪਾਉਣਾ** *con.v.* to cause or make ਚਿੱਬ, dent, indent

~ ਪੈਣਾ *con.v.* for a ਚਿੱਬ, to be caused or effected

ਚਿੱਬੜ/ਚਿੱਬਾ [cɪbbəṛ/cɪbba] *adj.* dented, indented, damaged, deformed

ਚਿੰਬੜਨਾ [cĩbəṛna] *v.t. dia.* see ਚੰਬੜਨਾ, to stick

ਚਿੱਭੜ [cíbbəṛ] *n.m.* a kind of edible wild fruit borne by a creeper weed

ਚਿਮਚਾ [cɪmca] *n.m.* same as ਚਮਚਾ, spoon

ਚਿਮਟਣਾ [cɪməṭṇa] *v.i.t.* see ਚਿਪਕਣਾ, to stick

ਚਿਮਟਾ [cɪmṭa] *n.m.* tongs, foreceps; fork (as of bicycle); a concussion instrument (musical) comprising a long tongs with metallic discs attached to each arm

~ ਵਜਾਉਣਾ *con.v.* to play ਚਿਮਟਾ

ਚਿਮਨੀ [cɪməni] *n.f.* chimney; glass globe of a lamp

ਚਿੰਮੜਨਾ [cĩmməṛna] *v.i.t. dia.* see ਚੰਬੜਨਾ, to stick

ਚਿਰ[1] [cɪr] *n.m.* long time; span of time; delay, lateness

~ ਸਥਾਈ *adj.* long lasting, enduring, abiding; eternal, sempiternal

~ ਹੋਇਆ *ph.* long ago

~ ਕਰਨਾ *ph.* to be late, delay

~ ਕਾਲ *n.m.* a long time

~ ਤੀਕ *adv.* for a long time

~ ਲੱਗਣਾ *con.v.* for delay to take place, be a long time (for it), take a long time

~ ਲਾਉਣਾ *con.v.* to take a long time, be late, delay

ਚਿਰ[2] *v.form.* nominative of ਚਿਰਨਾ; *cf.* ਚੀਰ

ਚਿੱਰ [cɪrr] *n.f.* sound of tearing (cloth, etc.)

ਚਿਰਕ [cɪrk] *n.f.* frequent discharge of faeces in small quantities (as by sick infants)

ਚਿਰਕਣਾ [cɪrəkṇa] *v.t.* to excrete faeces frequently; also ਚੁਰਕਣਾ

ਚਿਰੰਜੀਵ [cɪrə̃jiv] *adj.* having long life, long-lived

ਚਿਰੰਜੀਵਤਾ [cɪrə̃jivta] *n.f.* long life, longevity

ਚਿਰੰਜੀਵੀ [cɪrə̃jivi] *adj.* same as ਚਿਰੰਜੀਵ

ਚਿਰਨਾ [cɪrna] *v.t.* to be sawed or sawn, be torn, rent apart, split, *cf.* ਚੀਰਨਾ

ਚਿਰਵਾਉਣਾ/ਚਿਰਾਉਣਾ [cɪrvauṇa/cɪrauṇa] *v.t.* to cause or have (timber, etc.) sawed or sawn

ਚਿਰਵਾਈ/ਚਿਰਾਈ [cɪrvai/cɪrai] *n.f.* process or wages for ਚਿਰਵਾਉਣਾ

ਚਿਰਾਕਾ [cɪrakka] *adj.m.* late, also ਚਿਰਕਾ

ਚਿਰੋਕਣਾ/ਚਿਰੋਕਾ [cɪrokəṇa/cɪroka] *adv.* long ago

ਚਿਰਾਗ [cɪrag] *n.m.* lamp particularly an oil lamp; also ਚਿਰਾਗ਼

ਚਿਰੌਂਜੀ [cɪrõji] *n.f.* a kind of tree, *Chironji sapida,* its nut or edible kernel (used to flavour pudding and sweets)

ਚਿਲ਼ [cɪḷ] *n.f.* large clod or lump or clay or earth

ਚਿਲਕ [cɪlk] *n.f.* glitter, polish, shine, sheen, gloss, lustre, glisten, glitter particularly of metallic surfaces

ਚਿਲਕਣਾ [cɪləkṇa] *v.t.* to glitter, glisten, shine; *adj.m.* glittering, glistening, lustrous, glossy, sleek, sheeny

ਚਿਲਕਵਾਉਣਾ [cɪləkvauṇa] *v.t.* to get something cleaned, polished and made sheeny, glossy

ਚਿਲਕਾਉਣਾ [cɪlkauṇa] *v.t.* to rub, polish, burnish thoroughly, make shiny

ਚਿਲਕਾਰ/ਚਿਲਕਾਰਾ [cɪlkar/cɪlkara] *n.f. / n.m.* glitter, sparkle, flash, reflection of light

ਚਿਲਗੋਜ਼ਾ [cɪlgoza] *n.m.* same as ਚਲਗੋਜ਼ਾ, pine-seed

ਚਿਲਮ [cɪləm] *n.f.* bowl of hubble-bubble into which tobacco or hemp and burning coal are put

ਚਿਲਮਚੀ [cɪləmci] *n.f.* wash-basin, wash-bowl

ਚਿਲਮਨ [cɪlmən] *n.f.* same as ਚਿੱਕ[1], screen

ਚਿਲਾ [cɪla] *n.m.* period usually 40 days of solitary meditation and prayer

~ ਕੱਟਣਾ *ph.* to observe or undergo ਚਿਲਾ

ਚਿੱਲਾ [cɪlla] *n.m.* bow-string

~ ਚੜ੍ਹਾਉਣਾ *con.v.* to pull and tie or fasten ਚਿੱਲਾ

ਚਿੱਲਾਉਣਾ [cɪllauṇa] *v.t.* to shout, scream,

talk in unduly loud tone, bawl

ਚਿੜ [cɪṛ] *n.f.* aversion, repugnance, allergy, detestation, dislike, peevishness, pique, chagrin

ਚਿੜਚਿੜ [cɪṛcɪṛ] *n.f.* chatter, prating, prattle, jabber, babble, peevish or snappish talk; noise or chirping of some birds (such as sparrows and magpies)

~ **ਕਰਨਾ** *ph.* to chatter, prate, prattle, jabber, babble; to chirp

ਚਿੜਚਿੜਾ [cɪṛcɪṛa] *adj.m.* peevish, snappish, snappy, ill-humoured, ill-natured, quarrelsome, bilious, irritable, short-tempered, fractious

ਚਿੜਚਿੜਾਹਟ/ਚਿੜਚਿੜਾਪਣ [cɪṛcɪṛát/cɪṛcɪṛapəṇ] *n.f. / n.m.* peevishness, snappishness, snappiness, irritability, short-temper

ਚਿੜਨਾ [cɪṛna] *v.t.* to feel or express ਚਿੜ, to be peeved

ਚਿੜਵੜਾ/ਚਿੜਵਾ [cɪṛvəṛa/cɪṛva] *n.m.* rice soaked, beaten, salted and parched or fried

ਚਿੜ੍ਹ [cír] *n.f.* same as ਚਿੜ

ਚਿੜਾ [cɪṛa] *n.m.* male sparrow; *informal.* a lascivious person

ਚਿੜਾਉਣਾ [cɪrauṇa] *v.t.* to cause ਚਿੜ in someone, annoy, irritate, nettle, vex, chagrin, tease, peeve, mock, jeer, gibe, rile

ਚਿੜੀ [cɪṛi] *n.f.* female sparrow, any unspecified small bird; shuttle cock; club suit in cards

ਚਿੜੀਆਂ ਦਾ ਚੰਬਾ *ph.* bevy, covey of girls

~ **ਛਿੱਕਾ** *n.m.* badminton

~ **ਪਹੁੰਚਾ** *n.m.* cat's cradle

ਚਿੜੀਆ [cɪṛia] *n.f.* see ਚਿੜੀ, sparrow; *n.m.* club suit in cards

ਚਿੜੀਆ ਘਰ [cɪṛia kə̀r] *n.m.* zoological garden, zoo, menagerie, aviary

ਚਿੜੀਮਾਰ [cɪṛimar] *n.m.* bird catcher, fowler

ਚੀਸ [cis] *n.f.* pang, sharp shooting or spasmodic pain

~ **ਉੱਠਣੀ**/~ **ਪੈਣੀ** *con.v.* to feel, suffer from ਚੀਸ

ਚੀਕ [cik] *n.f.* shriek, scream, shrill cry, outcry, squeak, squeal; screech, screak, creak; whistle of a train

~ **ਚਿਹਾੜਾ** *n.m.* wailing, crying, lamentation, clamour, outcry, pother, noise, raving, caterwauling

~ **ਚਿਹਾੜਾ ਪਾਉਣਾ** *ph.* to wail, cry, clamour, rave, caterwaul

~ **ਚਿਹਾੜਾ ਪੈਣਾ** *ph.* for wailing, clamour etc. to take place, occur

~ **ਪੁਕਾਰ** *n.f.* lamentation; protestation, outcry, complaint, request for justice

~ **ਪੁਕਾਰ ਕਰਨੀ** *ph.* to raise outcry, clamour for justice, protest noisily

~ **ਮਾਰਨੀ** *con.v.* to utter ਚੀਕ, (for train) whistle

ਚੀਕਣਾ[1] [cikəṇa] *v.i.* to utter ਚੀਕ, to shriek, to complain, squeal, squeak; to creak, screak; to grumble

ਚੀਕਣਾ[2] [cikəṇa] *adj.m.* slippery, sticky, greasy, oily, soapy, glossy, sleek, smooth, soft

ਚੀਕਣੀ ਮਿੱਟੀ [cikəṇi mɪṭṭi] *n.f.* clay

ਚੀਕਵਾਂ [cikvã] *adj.m.* shrill, screechy, squeaky, creaking

ਚੀਕਾ [cika] *n.m.* a simple string instrument with one or two cords and played with a bow

ਚੀਕੂ [ciku] *n.m.* sapota, sapodilla, *Achras zapota,* its fruit, sapodilla plum

ਚੀਂਗੜਬੋਟ [cĩgəṛboṭ] *n.m.* numerous young ones, brood, litter

ਚੀਂਘ [cı̃g] *n.m. dia.* see ਗਿੱਡ, mucus of eye

ਚੀਚਕ [cicək] *n.f.* small pox, variola

~ **ਦਾ ਟੀਕਾ** *n.m.* vaccination

ਚੀਚ ਘਚੋਲੀਆਂ/ਚੀਚ ਘਚੋਲੇ [cic kəcòliã/cic kəcòle] *n.f. pl. / n.m. pl.* haphazardly drawn lines, a play among children during rains

ਚੀਚਵਹੁਟੀ [cicvɔ́ṭi] *n.f.* same as ਚੀਜ ਵਹੁਟੀ, a kind of lady bug

ਚੀਚੀ [cici] *n.f.* little finger, little toe

ਚੀਂ ਚੀਂ [cĩ cĩ] *n.f.* plaintive sound or tone, low cry, whimper; chirping, warbling of birds; sound of cutting by sawing motion

~ **ਕਰਨਾ** *con.v.* to utter ਚੀਂ ਚੀਂ, complain

ਚੀਜ਼[1] [ciz] *n.m.* cheese
ਚੀਜ਼[2] *n.f.* thing, article, chattel, commodity, item, object, substance, entity, *colloq.* something significantly attractive important or beautiful; also ਚੀਜ
~ ਵਸਤ *n.f.* things, goods, luggage, baggage, belongings, movable property
ਚੀਜ ਵਹੁਟੀ [cij vɔ́ṭi] *n.f.* a kind of lady bug, a red velvety insect
ਚੀਣਾ [ciṇa] *n.m.* a kind of millet, parthenon weed, *Panicum miliaceum;* also ਚੀਨਾ
~ ਖਿਲਾਰਨਾ *ph.* to scatter or broadcast ਚੀਣਾ, *slang.* to lament cry bitterly; to make a scene
~ ਚੀਣਾ ਕਰਨਾ *ph.* to shatter or break into pieces or smithereens
~ ਛੜਨਾ *con.v.* to hull, pound, husk ਚੀਣਾ
ਚੀਤਾ [cita] *n.m.* same as ਚਿੱਤਰਾ, leopard
ਚੀਥੜਾ [cithṛa] *n.m.* rag, tattered garment or piece of cloth
ਚੀਨ [cin] *n.m.* China
ਚੀਨਾ[1] [cinna] *n.m.* resident of ਚੀਨ, person of Chinese origin, a Chinese
ਚੀਨਾ[2] *adj.m.* spotted (pigeon)
ਚੀਨੀ[1] [cinni] *adj.* Chinese, of or related to ਚੀਨ
ਚੀਨੀ[2] *n.f.* sugar, crystal sugar
ਚੀਨੀ ਦੇ ਬਰਤਨ [cinni de bərtən] *n.m. pl.* porcelain crockery
ਚੀਨੀ ਮਿੱਟੀ [cinni mɪṭṭi] *n.f.* petuntse, China clay, porcelain
ਚੀਪ [cip] *n.f.* any sticky, viscous, greasy substance; stickiness, viscosity
ਚੀਪੜ [cipəṛ] *adj.* miserly, niggardly, stingy, close-fisted, parsimonious; persistent in asking for favours, hanger-on
ਚੀਪੜਪੁਣਾ [cipəṛpuṇa] *n.m.* miserliness, niggardliness, parsimony
ਚੀਂ ਪੀਂ [cĩ pĩ] *n.f.* complaining, grumbling, making excuses
~ ਕਰਨੀ *ph.* to complain, grumble, make or find excuses, not to agree readily
ਚੀਫ਼ [cif] *adj. & n.m.* chief
ਚੀਰ [cir] *n.m.* slit, rent, rip, tear, fissure; slit made with a saw; slight cut in skin; parting line of hair
~ ਆਉਣਾ *con.v.* to get a slight cut in skin
~ ਕੱਢਣਾ *con.v.* to part the hair
~ ਪਾਉਣਾ *con.v.* to saw, make a slit
~ ਫਾੜ *n.f.* surgery, vivisection, dissection, incision, surgical operation, tearing into pieces, laceration
~ ਫਾੜ ਕਰਨੀ *con.v.* to incise, dissect, vivisect, operate upon
ਚੀਰਨਾ [cirna] *v.t.* to saw, slit, cut, split; to tear, apart, rend, rip
ਚੀਰਨੀ [cirni] *n.f.* parting line of hair; a single handful of leafy vegetable to be cut
ਚੀਰਵਾਂ [cirvā̃] *adj.* cutting, incisive; sharp, acute
ਚੀਰਾ [cira] *n.m.* cut, incision, lancing (as of a boil); red coloured or striped turban
~ ਦੇਣਾ *con.v.* incise, lance, operate upon
~ ਬੰਨ੍ਹਣਾ *con.v.* to wear, tie, don ਚੀਰਾ
ਚੀਲ [cil] *n.f.* pine tree, *Pinus excelsa* or *longifolia;* see ਇੱਲ, kite; also ਚੀਲ੍ਹ
ਚੀੜ੍ਹ[1] [cĩ̃ṛ] *n.f.* same as ਚੀਲ
ਚੀੜ੍ਹ[2] *n.m.* hardiness, rigidity, stiffness; gumminess, glueyness, glutinousness
ਚੀੜ੍ਹਾ [cĩ̃ṛa] *adj.m.* hard, rigid, stiff; gummy, gluey, glutinous; *fig.* fussy, difficult to deal with, hard bargainer; firm, tough, resolute; stingy, miserly
ਚੁ [cu] *pref.* denoting four
ਚੁਅਰਕਾ [cuərka] *n.m.* a mixture of four distilled extracts
ਚੁਆਂ [cuā̃] *n.m. dia.* see ਟੁੱਟਦਾ ਤਾਰਾ, shooting star, meteor
ਚੁਆਉਣਾ [cuauṇa] *v.t.* to get (a milch animal) milked; to drip something (on to)
ਚੁਆਈ [cuai] *n.f.* act or nature of or wages for milking
ਚੁਆਤੀ [cuati] *n.f.* spark, ember, small smouldering piece of wood; *adj. fig.* firebrand; inciter
~ ਲਾਉਣੀ *ph.* to set fire to; *fig.* to incite, instigate, provoke; to cause fire; to cause or promote a fight or dispute

ਚੁਆਨੀ [cuani] *n.f.* an Indian coin, 25 paise, ¼th of a rupee, formerly 4-anna coin

ਚੁਆਲ਼ੀ [cuaḷi] *adj. dia* see ਚੁਤਾਲ਼ੀ, forty four

ਚੁਆਵਾ [cuava] *n.m.* man employed for milking

ਚੁਆਵਾਂ [cuavã] *adj.m.* (milk) straight from the animal, freshly milked, unadulterated, pure (milk)

ਚੁਸਕੜੀ/ਚੁਸਕੀ [cusəkṛi/cuski] *n.f.* a sip; a draught or pull at smoking

~ ਭਰਨੀ/~ ਲੈਣੀ *ph.* to sip, take a sip or draught, smoke or drink leisurely

ਚੁਸਤ [cust] *adj.* smart, active, agile, spry, sprightly, brisk, nimble, nimble-footed, energetic; dapper, jaunty, perky, pert, sharp, clever; tight, tight-fitting (garment or dress)

~ ਕਰਨਾ/~ ਬਣਾਉਣਾ *con.v.* to perk up, smarten

~ ਪਜਾਮਾ *n.m.* a type of breeches-like trousers

ਚੁਸਤੀ [custi] *n.f.* smartness, activeness, agility, briskness; perkiness, pertness, cleverness; an act of cleverness or crookedness

~ ਕਰਨੀ/~ ਵਿਖਾਉਣੀ *ph.* to act agilely; to act fast; to overact, try to be clever or smart

ਚੁਸਾ [cusa] *v.form* imperative of ਚੁਸਾਉਣਾ, let the (child, patient, etc.) suck or sip; *cf.* ਚੂਸਣਾ

ਚੁਸਾਉਣਾ [cusauṇa] *v.t.* to cause something to be sucked or sipped, get or let someone suck or sip

ਚੁਹੱਤਰ [cuhəttər] *adj.* seventy-four

ਚੁਹੱਤਰਵਾਂ [cuhəttərvã] *adj.m.* seventy-fourth

ਚੁਹੱਤਰੀਂ [cuhəttarĩ] *adv.* for Rs. 74

ਚੁਹੱਦਾ [cuhədda] *n.m.* meeting point of the boundaries of four villages or fields

ਚੁਹਲ [cól] *n.m.* same as ਚੋਲ੍ਹ, dalliance

ਚੁਹਲ਼ਟਾ [cuhəḷṭa] *adj.m.* (well) with four Persian wheels installed on it, also ਚੁਹਰਟਾ

ਚੁਹਾਈ [cuài] *n.f.* one fourth part or share; see ਚੁਥਾਈ

ਚੁੱਕ[1] [cukk] *n.f.* stiffening of or pain in back muscles or backbone; spinal disorder or dislocation; error, omission

~ ਕੱਢਣੀ *con.v.* to treat, heal ਚੁੱਕ

~ ਜਾਣਾ *con.v.* to commit error or omission, to fail to act

~ ਪੈਣੀ *con.v.* for ਚੁੱਕ to be caused or take place; to suffer from spinal dislocation

ਚੁੱਕ[2] *v.form.* imperative of ਚੁੱਕਣਾ *n.f.* incitement, instigation

~ ਚੁਕਾ *n.m.* incitement, instigation

~ ਦੇਣਾ *con.v.* to lift, raise; *informal.* to remove

~ ਦੇਣੀ *ph.* to incite, instigate, arouse, abet

~ ਲੈਣਾ *con.v.* to lift, pick up, take up; to steal; to carry

~ ਵਿੱਚ ਆਉਣਾ *ph.* to be influenced by ਚੁੱਕ, to be incited or instigated

ਚੁਕਣਾ [cukəṇa] *aux. v.* indicating completion of action as in ਜਾ ਚੁਕਣਾ, be gone

ਚੁੱਕਣਾ [cukkəṇa] *v.t.* to lift, pick up, take up; to raise, hoist; to incite; instigate

ਚੁਕਤਾ [cukta] *adj.* paid up, settled (account)

~ ਕਰਨਾ *ph.* to pay up, settle

ਚੁਕਤੀ ਪੂੰਜੀ [cukti pũji] *n.f.* paid up capital

ਚੁਕੰਨਾ [cukə̃nna] *adj.m.* same as ਚੌਕਸ, alert

ਚੁਕਵਾ [cukva] *v.form.* imperative of ਚੁਕਵਾਉਣਾ, get (it) lifted

ਚੁਕਵਾਂ [cukəvã] *adj.m.* raised, slanting upwards; portable

ਚੁਕਵਾਉਣਾ [cukvauṇa] *v.t.* to have something lifted, picked up, carried away, removed; to assist in lifting or raising; *cf.* ਚੁੱਕਣਾ

ਚੁਕਵਾਈ [cukvai] *n.f.* process of and wages for ਚੁੱਕਣਾ

ਚੁਕਵੇਂ ਪੈਰੀਂ [cukvẽ pɛrĩ] *adv.* at a fast pace, rapidly, fast

ਚੁੱਕਾ [cukka] *n.m.* a component of lathe

ਚੁਕਾਉਣਾ [cukauṇa] *v.t.* same as ਚੁਕਵਾਉਣਾ

ਚੁਕਾਈ [cukai] *n.f.* same as ਚੁਕਵਾਈ
ਚੁਕੈਤੀ [cukɛti] *n.f.* settlement, agreed amount as final settlement
ਚੁਕੋਤਾ [cukota] *n.m.* same as ਚਕੋਤਾ, rental
ਚੁੰਗ [cũg] *n.f.* customer *esp.* retail customer; something given to a customer gratis as bonus on purchases; a small part or portion of anything, a handful, a pinch, a bit
ਚੁਗਣਾ [cugəṇa] *v.i.t.* same as ਚਰਨਾ¹, to graze; to pick, pluck, pick up (flowers, cotton, grain, etc.), gather, glean, garner; to choose, select; to sort
ਚੁਗੱਤਾ [cugətta] *n.m.* Chughtai Mughal, Turk
ਚੁਗਲ [cugəl] *n.m.* backbiter, tale-bearer, tell-tale, tattler; owl, screeching owl; also ਚੁਗ਼ਲ
~ ਖੋਰ *adj.* backbiter, tell-tale, insinuator, also ਚੁਗ਼ਲਖ਼ੋਰ
~ ਖੋਰੀ *n.f.* backbiting, taletelling, tattling, *esp.* habitual
ਚੁੰਗਲ਼ [cũggəḷ] *n.m.* trap, entanglement; talon, claw, grip
ਚੁਗਲੀ [cugli] *n.f.* an instance of backbiting, false and malicious report, malevolent insinuation or slander in one's absence; also ਚੁਗ਼ਲੀ
~ ਕਰਨੀ/~ ਖਾਣੀ *ph.* to backbite
ਚੁਗਵਾ [cugva] *v.form.* imperative of ਚੁਗਵਾਉਣਾ, get (flower etc.) picked
ਚੁਗਵਾਉਣਾ [cugvauṇa] *v.t.* to get something picked up, garnered, selected, sorted; to assist in picking or garnering; *cf.* ਚੁਗਣਾ; also ਚੁਗਾਉਣਾ
ਚੁਗਵਾਈ/ਚੁਗਾਈ [cugvai/cugai] *n.f.* process of, wages for ਚੁਗਣਾ
ਚੁਗਾਠ [cugaṭh] *n.f.* frame (of door, window, cot, etc.)
ਚੁਗਾਨ [cugan] *n.m.* polo, pologround; any open space, ground, square or large compound
ਚੁਗਾਵਾ [cugava] *n.m.* person employed for picking, sorting, etc.
ਚੁਗਿਰਦ [cugɪrd] *adv.* same as ਚੁਗਿਰਦੇ, around
ਚੁਗਿਰਦਾ [cugɪrda] *n.m.* perimeter, boundary, ambit, circumference; surroundings, environment, environs, ambience; neighbourhood
ਚੁਗਿਰਦੇ [cugɪrde] *adv.* around, all-around
ਚੁੰਗੀ [cũggi] *n.f.* octroi; custom duty, toll tax; octroi post; leap; jump (as by deer)
~ ਖਾਨਾ *n.m.* octroi post
~ ਭਰਨੀ *v.t.* to pay ਚੁੰਗੀ; *v.i.* to take ਚੁੰਗੀ; to run with long strides or leaps
ਚੁਗੁੱਠਾ [cuguṭṭha] *adj.m.* four-cornered, rectangular, quadrangular
ਚੁੰਘ [cṹg] *v.form.* imperative of ਚੁੰਘਣਾ, suck
ਚੁੰਘਣਾ [cṹgəṇa] *v.i.t.* to suck, suckle
ਚੁੰਘਣੀ [cṹgəṇi] *n.f.* nipple, sugar-tit, pacifier; feeding bottle or nipple
ਚੁੰਘਾ [cṹgga] *n.m.* rough, crude club, heavy walking stick
ਚੁੰਘਾਉਣਾ [cũgàuṇa] *v.t.* to suckle, nurse, breastfeed (a baby); to assist or let (a calf) suckle
ਚੁੰਘਾਈ [cũgài] *n.f.* act or process of ਚੁੰਘਾਉਣਾ
ਚੁੰਘਾਵੀ [cũgàvi] *n.f.* wet nurse, foster mother
ਚੁੱਚ [cucc] *n.m.* bleariness
ਚੁੰਚ-ਗਿਆਨ [cũc gɪan] *n.m.* bookish or superficial knowledge, sophistry, specious reasoning, shallow prattle
ਚੁੰਚ ਗਿਆਨੀ [cũc gɪani] *n.m.* specious reasoner, pretentious prattler without real merit
ਚੁੱਚਾ [cucca] *adj.m.* dim-sighted purblind, blear-eyed
ਚੁੰਝ [cṹj] *n.f.* beak, bill; neb, nib; nib of a pen; pointed end
~ ਗਿਆਨ *n.m.* same as ਚੁੰਚ ਗਿਆਨ
~ ਮਾਰਨੀ *con.v.* to peck
ਚੁੰਝਾਂ ਲੜਾਉਣੀਆਂ *ph.* to engage in wordy duel, verbal quarrel or argumentation, wrangle, bicker
ਚੁਟਕਲਾ [cuṭkəla] *n.m.* tit-bit, joke, witty, humorous or amusing gossip, skit, pleasantry, witticism
ਚੁਟਕੀ [cuṭki] *n.f.* pinch, flick, nib or fillip,

snap of fingers; a small quantity of anything

~ ਭਰ *adj.* very small in quantity, a pinch of, a tiny bit of

~ ਮਾਰਨੀ/~ ਵਜਾਉਣੀ *ph.* to snap, flick or nip one's fingers, fillip

~ ਵਿਚ *adv.* in no time, instantly, in a trice, very quickly

ਚੁੱਠਣਾ [cuṭṭəṇa] *v.t.* same as ਚੁੰਡਣਾ

ਚੁੰਡ [cũḍ] *n.f.* corner, nook of house, cloth, sack, etc; braid, plait or tuft of hair

ਚੁੰਡਣਾ [cũḍṇa] *v.t.* to strike (in game of marbles), hit (target)

ਚੁਣ [cuṇ] *v.form.* imperative of ਚੁਣਨਾ, choose

ਚੁਣਨਾ [cuṇna] *v.t.* to choose, select, elect; to sort; to arrange; to plait; to pile up, stack neatly; same as ਚੁਗਣਾ

ਚੁਣਵਾਉਣਾ [cuṇvauṇa] *v.t.* to cause or get something or someone selected, elected, sorted or stacked

ਚੁਣਵਾਈ/ਚੁਣਾਈ [cuṇvai/cuṇai] *n.f.* process of and wages for *prec.*

ਚੁਣੌਤੀ [cuṇɔti] *n.f.* same as ਚੁਨੌਤੀ, challenge

ਚੁੱਤ [cutt] *n.f.* same as ਚੂਤ, vulva, anus

ਚੁਤਹੀ [cutə̀i] *n.f. lit.* with four folds or layers; cotton wrapper or bed sheet with two layers

ਚੁਤਰਫਾ [cutərpha] *adj.m.* extending or spread all around

ਚੁਤਰਫੀ [cutərphi] *adv.* all around, in or from all sides or directions

ਚੁੱਤੜ [cuttəṛ] *n.m.* same as ਚਿੱਤੜ, buttock

ਚੁਤਾਰਾ [cutara] *adj.m.* four-strand; *n.m.* a four-string musical instrument

ਚੁਤਾਲ਼ੀ [cutaḷi] *adj.* forty-four

ਚੁਤਾਲ਼ੀਂ [cutáḷi] *adv.* for Rs. 44

ਚੁਤਾਲ਼ੀਆਂ/ਚੁਤਾਲ਼ੀਵਾਂ [cutáḷiã/cutáḷivã] *adj.* forty-fourth

ਚੁਥਾਈ [cuthai] *n.f.* one fourth, a fourth part, a quarter

ਚੁਦਰੀਆ [cudəria] *adj.m.* (house or room) having four doors, one on each side

ਚੁਦਵਾ [cudva] *v.form.* imperative of ਚੁਦਵਾਉਣਾ, get ravished

ਚੁਦਵਾਉਣਾ/ਚੁਦਾਉਣਾ [cudvauṇa/cudauṇa] *v.i.* (for females) to be ravished, commit adultery; *cf.* ਚੋਦਣਾ

ਚੁਧਰੰਮਾ [cúdərə̃mma] *n.m.* same as ਚੌਧਰ, headmanship

ਚੁਧਰਾਣੀ [cudərà̀ṇi] *n.f.* wife of a ਚੌਧਰੀ

ਚੁੰਧਿਆ [cũdıà] *v.form.* nominative/imperative of ਚੁੰਧਿਆਉਣਾ, dazzle

ਚੁੰਧਿਆਉਣਾ [cũdıàuṇa] *v.t.* to cause to blink, dazzle; also ਚੁੰਧਲਾਉਣਾ

ਚੁੰਨ੍ਹਾ [cũnna] *adj.m,* dazzled; having small eyes

ਚੁੰਨੀ [cũnni] *n.f.* scarf, light head-cloth for women

~ ਚੜ੍ਹਾਉਣੀ *ph.* to present ਚੁੰਨੀ to a prospective bride as a ceremony signifying approval of the match

ਚੁਨੌਤੀ [cunɔti] *n.f.* challenge; a challenging situation

~ ਦੇਣਾ *con.v.* to challenge

ਚੁੱਪ [cupp] *n.f.* silence, reticence, taciturnity, speechlessness, quietness, muteness, hush; *adj.* silent, quiet, tacit, speechless, mum, mute; *interj.* silent, hush, stop talking, listen, shut up!

~ ਸਾਧਣੀ *con.v.* to keep mum, remain silent

~ ਹੋ ਜਾਣਾ/~ ਕਰਨਾ *con.v.* to stop talking, become silent

~ ਕਰਾਉਣਾ *con.v.* to silence, quieten, bring to silence; to sooth or lull (a crying child)

~ ਗੜੁਪ *adj.* taciturn, reticent, tight-lipped, uncommunicative, close-mouthed, close-lipped

~ ਚਾਨ *n.f.* absolate or perfect silence, quietude, hush

~ ਚਾਪ/~ ਚਪੀਤੇ *adv.* silently, quietly, noiselessly; clandestinely, secretly, in a hush-hush manner

~ ਰਹਿਣਾ *con.v.* to remain silent, hold one's tongue or peace, endure patiently

ਚੁਪਹਿਰਾ [cupéra] *n.m.* a period of 12 hours; *adj.m.* extending over 12 hours

ਚੁਪੱਟ [cupəṭṭ] *adv.* wide open, (as door,

window)

ਚੁਪੱਤੀ [cupətti] *n.f.* a particular game of cards; a four-leaved plant

ਚੁਪੜਵਾ [cupəṛva] *v.form* imperative of ਚੁਪੜਵਾਉਣਾ, get (bread) buttered

ਚੁਪੜਵਾਉਣਾ/ਚੁਪੜਾਉਣਾ [cupəṛvauṇa/cupṛauṇa] *v.t.* to get something (*usu.* loaf) smeared or spread on with butter, etc; to get any part or surface greased or besmeared; to assist in besmearing; *cf.* ਚੋਪੜਨਾ

ਚੁਪੜਵਾਈ/ਚੁਪੜਾਈ [cupəṛvai/cupṛai] *n.f.* process of and expenses for ਚੁਪੜਾਉਣਾ

ਚੁਪਾ [cupa] *v.form.* imperative of ਚੁਪਾਉਣਾ, get (one) to suck

ਚੁਪਾਉਣਾ [cupauṇa] *v.t.* to get or let someone suck, eat or crush with teeth (as mango or sugar cane); *cf.* ਚੂਪਣਾ

ਚੁਪਾਇਆ *n.m.* quadruped; *adj.m.* four-legged

ਚੁਪਾਈ¹ [cupai] *n.m.* act of ਚੂਪਣਾ or ਚੁਪਾਉਣਾ, sucking

ਚੁਪਾਈ² *n.f.* same as ਚੌਪਈ, a prosodic form

ਚੁਪਾਸੀ/ਚੁਪਾਸੇ [cupassi/cupasse] *adv.* all around, in all directions, on all four sides

ਚੁਪਾਲ [cupal] *n.f.* meeting place for village elders or assembly

ਚੁੱਪੂ [cuppu] *adj. colloq.* tacitum, reserved

ਚੁਫਾਲ [cuphal] *adv.* in prostrate, prone, supine, flat or straight position

~ ਡਿਗਣਾ *con.v.* to fall flat, sprawl

~ ਲੇਟਣਾ *con.v.* to lie flat, sprawl

ਚੁਫਾੜ [cuphaṛ] *adj.* split into four pieces

ਚੁਫੇਰ/ਚੁਫੇਰਾ [cupher/cuphera] *n.m.* same as ਚੁਗਿਰਦਾ, perimeter

ਚੁਫੇਰਗੜ੍ਹੀਆ [cuphergə́ṛia] *adj.m.* trying to side with or please all sides, frequent changer of opinion, without a firm viewpoint; inconstant, inconsistent, unreliable; defector; fem. ਚੁਫੇਰਗੜ੍ਹਨੀ

ਚੁਫੇਰੇ [cuphere] *adv.* same as ਚੁਗਿਰਦੇ, all around

ਚੁੰਬਕ [cũbbək] *n.m.* magnet, loadstone

~ ਸ਼ਕਤੀ *n.f.* magnetic power, magnetism

~ ਵਿਗਿਆਨ *n.m.* magnetics

ਚੁੰਬਕੀ [cũbbəki] *adj.* magnetic

~ ਖੇਤਰ *n.m.* magnetic field

ਚੁਬੱਚਾ [cubəcca] *n.m.* same as ਚਬੱਚਾ, trough

ਚੁਬਲ਼ਦਾ [cubəḷda] *n.m.* team of four bullocks or oxen

ਚੁਬਾਰਾ [cubara] *n.m.* room on the first floor, two-storeyed or multistoreyed building, penthouse

ਚੁਬੁਰਜੀ [cuburji] *n.f.* building with kiosks on four corners

ਚੁਭ [cúb] *v.form* nominative of ਚੁਭਣਾ

ਚੁਭਣਾ [cúbəṇa] *v.i.t.* to pierce, prick, prickle; (for eyes) to be prickled or hurt by a direct touch with eye ball; to hurt, annoy; to rankle, cause resentment or envy

ਚੁਭਨ [cúbən] *n.f.* prick, prickle

ਚੁਭਵਾਂ [cúbvã] *adj.m.* prickly, prickling, smarting, rankling; sarcastic, caustic, vitriolic, scathing

ਚੁੰਭਾ [cúbba] *n.m.* large, deep pit used as fireplace to boil sugarcane juice into jaggery or brown sugar

ਚੁਭਾਉਣਾ/ਚੁਭੋਣਾ [cubàuṇa/cubòṇa] *v.t.* to pierce, prick, prickle, stick into; to hurt

ਚੁੱਭੀ [cúbbi] *n.f.* dip, dive, duck, submergence

~ ਮਾਰਨੀ/~ ਲਾਉਣੀ *con.v.* to take a dip, dive or duck, submerge

~ ਮਾਰ ਜਾਣਾ *ph.* to disappear or be absent for a long time

ਚੁਭੋਣਾ [cubòṇa] *v.t.* same as ਚੁਭਾਉਣਾ

ਚੁੰਮ [cũmm] *v.form.* imperative of ਚੁੰਮਣਾ, kiss

ਚੁੰਮਣ [cũmməṇ] *n.m.* act of kissing, a kiss, osculation

~ -ਚੱਟਣ *n.m.* caressing, fondling, petting

ਚੁੰਮਣਾ [cũmməṇa] *v.t.* to kiss, osculate, touch with lips

~ ਚੱਟਣਾ *cpd.v.* to caress, fondle, pet

ਚੁਮਾਉਣਾ [cumauṇa] *v.i.t.* to get or let one kiss, be kissed

ਚੁਮਾਸਾ [cumassa] *n.m. lit.* a period of four

months; the rainy season (*usu.* June to September) sultry, sweltering weather; sultriness

ਚੁੰਮੀ [cũmmi] *n.f.* kiss, osculation

~ ਚਾਟੀ *n.f.* same as ਚੁੰਮਣ-ਚੱਟਣ

~ ਲੈਣੀ *con.v.* to kiss, have a kiss, osculate

ਚੁਮੁਖੀ/ਚੁਮੁਖੀਆ [cumukhi/cumukhia] *adj.m.* four-cornered, having four sides or facets, fourfaceted, multifaced

~ ਦੀਵਾ *n.m.* four cornered lamp with provision for four wicks or flames, one at each corner

ਚੁਰਸਤਾ [curəsta] *n.m.* crossroad, road-junction, quadrivial point, square, plaza

ਚੁਰਚੁਰਾ [curcura] *adj.m.* crisp, spicy; brittle

ਚੁਰੰਜਾ [curə̃ja] *adj.* fifty-four

ਚੁਰੰਜਵਾਂ [curə̃jvā] *adj.m.* fifty-fourth

ਚੁਰੰਜੀਂ [curə̃jī] *adv.* for Rs. 54

ਚੁਰਟ [curṭ] *n.m.* cheroot, cigar, pipe

~ ਪੀਣਾ *con.v.* to smoke cigar

ਚੁਰਵਾ [curva] *v.form.* imperative of ਚੁਰਵਾਉਣਾ, get (something) stolen

ਚੁਰਵਾਉਣਾ [curvauṇa] *v.t.* to get something stolen (through someone)

ਚੁਰੜ [curəṛ] *v.form.* nominative of ਚੁਰੜਨਾ

~ ਮੁਰੜ *adj.* crumpled, shrivelled, wrinkled; twisted or bent out of shape

ਚੁਰੜਨਾ [curəṛna] *v.i.* to crumple, shrivel, wrinkle as through heat or withering

ਚੁਰ੍ਹ [cúr] *n.f.* narrow underground passage or hideout, tunnel, hole dug in the ground

ਚੁਰਾ [cura] *v.form.* imperative of ਚੁਰਾਉਣਾ, steal

ਚੁਰਾਉਣਾ [curauṇa] *v.t.* to steal, thieve, purloin, pilfer, filch, burgle, burglarise, rob

ਚੁਰਾਸੀ [curassi] *adj.* eighty-four; *n.f.* cycle of 84 lacs (8,400,000) births through which, according to Indian religious belief, a soul transmigrates

~ ਕੱਟਣੀ/~ ਭੋਗਣੀ *ph.* to undergo transmigration

~ ਕੱਟੀ ਜਾਣੀ *ph.* to be liberated from the cycle of transmigration, attain liberation, salvation or immortality, become immortal

~ ਦਾ ਗੇੜ/~ ਦਾ ਚੱਕਰ *n.m.* cycle of birth and death, transmigration

ਚੁਰਾਸੀਂ [curássi] *adv.* for Rs. 84

ਚੁਰਾਸੀਆਂ/ਚੁਰਾਸੀਵਾਂ [curássiā/curássivā] *adj.m.* eighty-fourth

ਚੁਰ੍ਹਾਨਵਾਂ/ਚੁਰ੍ਹਾਨਵਿਆਂ [curánvā/curánviā] *adj.* ninety-fourth

ਚੁਰ੍ਹਾਨਵੀਂ [curánvi] *adv.* for Rs. 94; *adj.f.* same as ਚੁਰ੍ਹਾਨਵਾਂ

ਚੁਰਾਨਵੇਂ [curanvẽ] *adj.m.*ninety-four

ਚੁਰਾਲ [cural] *n.m.*wild peas, *Dathyres stivus*

ਚੁਰੇੜਾ [cureṛa] *adj.m.* broader, wider; *cf.* ਚੌੜਾ

ਚੁਲਬੁਲਾ [culbula] *adj.m.* wanton, playful, lively, restless, vivacious, jaunty, pert, perky, naughty; lambent, active, agile

ਚੁਲਬੁਲਾਹਟ/ਚੁਲਬੁਲਾਪਣ [culbuláṭ/culbulapəṇ] *n.f. / n.m.* wantonness, playfulness, liveliness,vivacity, pertness, perkiness, naughtiness

ਚੁਲੜਾ [culəṛa] *adj.m.* four strand

ਚੁੱਲ੍ਹ/ਚੁੱਲ੍ਹਾ [cúll/cúlla] *n.f. / n.m.* hearth, fireplace (for cooking)

~ ਚੌਂਕਾ *n.m.* kitchen; culinary chores

ਚੁੱਲ੍ਹੇ ਅੱਗ ਨਾ ਬਲ਼ਨੀ *ph.* to be destitute

ਚੁੱਲ੍ਹੇ ਵਿਚ ਪੈਣਾ *ph. lit.* to fall into fire; to be dammed; to go to hell

ਚੁਲ਼ਾ/ਚੁਲ਼ੀ [cuḷa/cuḷi] *n.m. / n.f.* cupped palm (as to receive water) or palmful (of liquid); rinsing or washing of mouth, gargle

~ ਕਰਨਾ *con.v.* to rinse one's mouth, gargle

~ ਭਰ *adj.* palmful, mouthful, a small quantity (of liquid)

~ ਭਰਨੀ *con.v.* to take out or hold a palmful (of liquid)

ਚੁਲ਼ਾਈ [cuḷai] *n.f.* a potable weed

ਚੁੜ [cuṛ] *v.form.* nominative of ਚੁੜਨਾ

ਚੁੜ ਚੁੜ [cuṛ cuṛ] *n.f.* sound of roasting or of burning damp wood

~ ਕਰਨਾ *ph.* to produce sound of ਚੁੜ ਚੁੜ; *fig.* to grumble

~ ਮਰਨਾ *ph.* to die a slow, torturous death,

languish

ਚੁੜੱਤਣ [cuṛəttən] *n.f.* width, breadth, broadness, span, expanse

ਚੁੜਨਾ [cuṛna] *v.i.* to burn, roast; same as ਚੁਰੜਨਾ

ਚੁੜਾਈ [cuṛai] *n.f.* same as ਚੁੜੱਤਣ

ਚੁੜੇਲ [cuṛel] *n.f.* witch, goblin, hobgoblin; female spectre, giant, or spirit; malicious or vicious woman; naughty girl (as a mild rebuke, even at times as endearment)

ਚੂਆਂ [cuā̃] *n.m.* small, young melon, gourd, pumpkin, etc.; small-sized, young child

ਚੂਸ [cus] *v.form.* imperative of ਚੂਸਣਾ, suck; soak

ਚੂਸਣਾ [cusəṇa] *v.t.* to suck, sip; to absorb, soak up, soak out, sponge out; same as ਚੂਪਣਾ

ਚੂਸਣੀ [cusəṇi] *n.f.* any absorbent thing used for sponging out; nipple of a feeding bottle

ਚੂਹੜ ਮਾਜਰੀ [cúṛ majri] *n.f.* scavengers' colony, ward or quarter

ਚੂਹੜਾ/ਚੂਹੜੀ [cúṛa/cúṛi] *n.m.* / *n.f.* scavenger, sweeper, member of a caste *usu.* working as scavengers; *fig.* person of despicable nature or habits; a filthy person

ਚੂਹਾ [cuha/cúa] *n.m.* mouse, rat, bandicoot, rodent; dry mucous from the nose; an implement for digging holes, see ਕੰਧਾਲ਼ਾ

ਚੂਹੀ [cuhi/cúi] *n.f.* female of ਚੂਹਾ, small-sized mouse; *informal.* paper clip

ਚੂਹੇਦਾਨੀ [cúedani] *n.f.* rat-trap

ਚੂਕ [cuk] *n.f.* corner, end (of sheet or scarf); mistake, error, default, omission, dereliction, neglect; *v.form.* nominative of ਚੂਕਣਾ[1]

ਚੂਕਣਾ[1] [cukṇā] *v.i.* to chirp, creak; to commit mistake, forget, omit

ਚੂਕਣਾ[2] *n.m.* hip, hip-joint, haunch

~ **ਉਤਰਨਾ** *v.i.* for ਚੂਕਣਾ to be dislocated

~ **ਚੜ੍ਹਾਉਣਾ** *v.t.* to treat dislocation of hip-joint

ਚੂੰਕਿ [cũke] *conj.* because, as, since, inasmuch as

ਚੂੰਗੜਾ [cũgṛa] *n.m.* same as ਚੂਆਂ; a kind of small earthen lamp

ਚੂਚਾ [cucca] *n.m.* chicken, chick, poult, young fowl

ਚੂਚਿਆਂ ਦਾ ਪਰਾਗਾ *n.m.* covey of chicken

ਚੂਚੀ [cucci] *n.f.* female chicken; human teat, nipple, mamilla, pap; breast, *esp.* of young women

ਚੂੰ ਚੂੰ [cũ cũ] *n.f.* chirping sound or noise; grumbling, complaining, protesting

~ **ਕਰਨੀ** *v.i.* to chirp; to grumble, complain, protest

~ **ਦਾ ਮੁਰੱਬਾ** *ph.* a grumbling person, grumbler; miscellaneous collection, miscellany

ਚੂੰਡ [cũḍ] *v.form* imperative of ਚੂੰਡਣਾ, scrape with teeth

ਚੂੰਡਣਾ [cũḍṇa] *v.t.* to pluck, scrape or cut with teeth or beak, gnaw, nibble; *fig.* to exploit, fleece

ਚੂੰਡਾ [cũḍa] *n.m.* same as ਜੂੜਾ, topknot

ਚੂੰਡੇ ਵੰਡ *n.f.* inheriting property by equal portion to each wife or her progeny

ਚੂੰਢੀ [cṹḍi] *n.f.* pinch, a pinchful; clamp, clasp, clip, paper-clip; nip

~ **ਕੁ**/~ **ਭਰ** *adj.* a little, a pinchful

~ **ਭਰਨੀ**/~ **ਵੱਢਣੀ** *v.t.* to pinch

ਚੂਤ [cut] *n.f.* private parts of a woman's body, vulva; anus of male or female

ਚੂਥੀ [cuthi] *n.f.* pivot of a hingeless door, fulcrum; socket in which the pivot turns

ਚੂਨਾ [cuna] *n.m.* lime; **ਅਣਬੁਝਿਆ** ~, quick lime; **ਬੁਝਿਆ** ~, slaked lime

~ **ਕਰਨਾ** *v.t.* to whitewash

~ **ਲਾਉਣਾ** *v.t.* *informal.* to cause loss

ਚੂਨੇਗੱਚ *adj.* plastered with mortar of lime and brick-powder

ਚੂਨੇ ਦਾ ਪੱਥਰ *n.m.* limestone

ਚੂਨੇ ਦੀ ਭੱਠੀ *n.f.* lime kiln

ਚੂੰ ਨਾ ਕਰਨੀ [cũ na kərni] *ph.* to obey readily without demur; not to demur

ਚੂਪ [cup] *v.form.* imperative of ਚੂਪਣਾ,

suck
ਚੂਪਣਾ [cupṇa] *v.t.* to suck juice of (juicy fruit or sugarcane); to suckle, kiss passionately
ਚੂਪਣੀ/ਚੂਪਲੀ [cupṇi/cupli] *n.f.* nipple of feeding bottle or any imitation of this
ਚੂਰ [cur] *adj.* exhausted (with fatigue); intoxicated; absorbed, engrossed; broken, shattered
~ **ਚੂਰ** *adj.* dead tired; dead drunk; broken to pieces, shattered, badly smashed, pulverised
~ **ਚੂਰ ਕਰਨਾ** *ph.* to break into pieces, shatter, smash; to pulverise, blow into smithereens; to tire, exhaust with fatigue
ਚੂਰਨਾ [curna] *v.t.* to same as ਭੋਰਨਾ, shell
ਚੂਰਮਾ [curma] *n.m.* a sweetmeat made with crushed bread mixed with butter and sugar
ਚੂਰਾ [cura] *n.m.* fragments, fragmented state, smithereens, powder, filings, saw dust, scrap; crushed grain used as cattle feed
~ **ਕਰਨਾ** *v.t.* to grind, pulverise, reduce to small bits
ਚੂਰੀ [curi] *n.f.* same as ਚੂਰਮਾ
ਚੂਲ਼ [cul̩] *n.f.* tenon; pivot
~ **ਠੋਕਣੀ** *con.v.* to fit a tenon into a mortise
~ **ਦਾ ਛੇਕ** *ph.* mortise; socket
ਚੂਲ਼ਾ [cul̩a] *n.m.* same as ਚੂਕਣਾ[2]
ਚੂੜ੍ਹਾ [cúṛa] *n.m.* see ਚੂਹੜਾ
ਚੂੜਾ [cuṛa] *n.m.* set of red and white bangles of ivory or hard plastic worn by brides and newly-wed women; any set of bangles collectively
~ **ਚੜ੍ਹਾਉਣਾ** *ph.* to wear bangles; *v.t.* to fit and slide bangles up the wearer's arm
ਚੂੜੀ [cuṛi] *n.f.* bangles; bracelet; thread of a screw; spiral, spire, coil; helix, helical ridge; annelid (of insects)
ਚੂੜੀਗਰ [cuṛigər] *n.m.* maker or seller of bangles
ਚੂੜੀਦਾਰ [cuṛidar] *adj.* threaded like a screw; spiralled; helical; annulate; (of trousers) tight fitting at lower legs
ਚੂੜੀ ਸਰੋਚ/ਚੂੜੀ ਸਲੋਟ [cuṛi səroc/cuṛi səloṭ] *n.f.* name of a medicinal herb
ਚੇਅਰ [ceər] *n.f.* chair
ਚੇਅਰਮੇਨ [ceərmɛn] *n.m.* chairman, chair person
ਚੇਅਰਮੇਨੀ [ceərmɛni] *n.f.* chairmanship
ਚੇਸ਼ਟਾ [cesṭa] *n.f.* desire, wish, fancy
ਚੇਹਰਾ [céra] *n.m.* same as ਚਿਹਰਾ, face
ਚੇਟਕ [ceṭək] *n.f.* taste, relish, fondness, attraction, zeal, habitual desire, appetence
~ **ਲੱਗਣੀ** *ph.* to develop ਚੇਟਕ (for)
ਚੇਤ [cet] *n.m.* name of the first month of Bikrami and Shaka calendars and 12th month of the Khalsa calendar (corresponding to March-April)
ਚੇਤਨ [cetən] *adj.* animate, sentient, conscious, alive, perceptve; *n.m.* sentient being
ਚੇਤੰਨ [cetə̃nn] *adj.* same as ਚਿਤੰਨ, alert
ਚੇਤਨਤਾ/ਚੇਤਨਾ [cetənta/cetna] *n.f.* sentience, sentiency, animateness, consciousness, feelings, understanding faculty of mind
ਚੇਤਰ [cetər] *n.m.* same as ਚੇਤ
ਚੇਤਾ [cetta] *n.m.* memory, remembrance, recollection
~ **ਆਉਣਾ** *con.v.* to remember, recollect, come back to mind
~ **ਕਰਨਾ** *con.v.* to remember, recollect, think and bring back to mind
~ **ਕਰਾਉਣਾ** *con.v.* to remind
~ **ਪੱਤਰ** *n.m.* see ਯਾਦ ਪੱਤਰ, reminder
~ **ਭੁਲਾਉਣਾ** *con.v.* to forget
~ **ਰੱਖਣਾ** *con.v.* to keep in mind, remember
ਚੇਤੇ ਆਉਣਾ *con.v.* same as ਚੇਤਾ ਆਉਣਾ
ਚੇਤੇ ਕਰਨਾ *con.v.* same as ਚੇਤਾ ਕਰਨਾ; to memorise
ਚੇਤੇ ਦੀ ਕਮਜ਼ੋਰੀ *ph.* amnesia
ਚੇਤਾਉਣੀ/ਚੇਤਾਵਣੀ [cetauṇi/cetavəṇi] *n.f.* same as ਚਿਤਾਵਣੀ, warning
ਚੇਤੀ [ceti] *adj.f.* sown in ਚੇਤ
ਚੇਨ [cen] *n.f.* chain
ਚੇਪ [cep] *n.m.* same as ਚਿਪ ਚਿਪ viscosity
ਚੇਪਣਾ [cepṇa] *v.t.* to stick, paste, glue

ਚੇਪੀ [ceppi] *n.f.* sticking or adhesive piece
ਚੇਲਾ [cella] *n.m.* disciple, follower, learner, pupil; apprentice, novice, adherent
~ ਚਾਟੜਾ/~ ਚਾਟਾ/~ ਬਾਲਕਾ *n.m.* same as ਚੇਲਾ
ਚੇੜ੍ਹ [cér̤] *n.f.* irritating or vexatious remark, expression or act (as e.g. repetition of an unpalatable remark); remark or act arousing ਚਿੜ
ਚੈੱਸ [cɛss] *n.m.* chess
ਚੈਸੀ [cɛssi] *n.f.* chassis
ਚੈੱਕ¹ [cɛkk] *n.m.* cheque
ਚੈੱਕ² *n.f.* chequered design, pattern or cloth
ਚੈੱਕਰ [cɛkkər] *n.m.* checker
ਚੈਕਿੰਗ [cɛkĩg] *n.f.* checking
ਚੈਨ [cɛn] *n.m.* rest, repose, comfort, relief, calm, peace, tranquillity
~ ਆਉਣੀ *con.v.* to feel relief
ਚੈਲੰਜ [cɛlə̃j] *n.m.* challenge
~ ਕਰਨਾ *con.v.* to challenge, throw a challenge to
~ ਦੇਣਾ *con.v.* to deliver a challenge, challenge
ਚੋ¹ [co] *v.form.* imperative of ਚੋਣਾ¹
ਚੋ² [co] *n.m.* seasonal stream
ਚੋਅ *n.m.* burning piece of wood straight from the hearth
ਚੋਆ [coa] *n.m.* same as ਚੋ²; dripping, leakage in drops; a drop, blob
~ ਪੈਣਾ *con.v.* to drip
ਚੋਸਾ [cossa] *n.m.* same as ਚੌਸਾ, rasp
ਚੋਹਲ [cól] *n.m.* same as ਚੋਲ੍ਹ, dalliance
ਚੋਕ [cok] *n.f.* prick, prod; pricking, hoeing or weeding with a pointed implement, superficial hoeing; *fig.* incitement, goading, prodding, rousing; choke
ਚੋਕਣਾ [cokəṇa] *v.t.* to hoe superficially; to goad, prod, incite, rouse
ਚੋਕਰ [cokər] *n.m.* bran, rice-bran, powdered husk of paddy
ਚੋਖੜਾ [cokhəṛa] *adj.m.* pretentious, self-conscious
ਚੋਖਾ [cokkha] *adj.m.* plenty, plenteous, plentiful, ample, copious, profuse, abundant; too much, overmuch, substantial
ਚੋਗ/ਚੋਗਾ¹ [cog/cogga] *n.f./n.m.* feed for birds, bird seed; *informal.* bait
~ ਪਾਉਣੀ/ਚੋਗਾ ਪਾਉਣਾ *con.v.* to throw or scatter birdseed, feed (birds); to throw bait, bait
ਚੋਗਾ² [coga] *n.m.* cloak, robe, gown; also ਚੋਗ਼ਾ
ਚੋਚਲਾ [cocla] *n.m.* playful, childish act; coquettish speech or gesture
ਚੋਚਲੇ [cocle] *n.m. pl.* coquetry; prudery, fastidiousness
ਚੋਜ [coj] *n.m.* mystic, miraculous or wondrous act or sport
ਚੋਜੀ [cojji] *adj.* performer of ਚੋਜ; sportive
ਚੋਟ [coṭ] *n.f.* same as ਸੱਟ, strike, injury; striking range, distance or angle; ironical, derisive or taunting remark, gibe, sarcasm
~ ਕਰਨੀ *ph.* to make an ironical, sarcastic or derisive remark, gibe, taunt
~ ਤੇ ਹੋਣਾ *ph.* to be within striking range
~ ਲਾਉਣੀ *ph.* to strike; to sound (war drum); to strike, injure
ਚੋਟੀ [coṭṭi] *n.f.* peak, top, summit, apex, acme, vertex, height; same as ਬੋਦੀ²
ਚੋਣ [coṇ] *n.f.* selection, choice, election; preference, option; ballot, hustings; polling, poll; fold, pleat, plait
~ ਉਜਰਦਾਰੀ *n.f.* election petition
~ ਅਧਿਕਾਰੀ/~ ਅਫਸਰ *n.m.* returning officer
~ ਸੰਬੰਧੀ *adj.* electoral
~ ਸੂਚੀ *n.f.* electoral roll
~ ਹਲਕਾ/~ ਖੇਤਰ *n.m.* constituency, electorate, electoral college
~ ਕਰਨੀ *con.v.* to choose, select, elect; to sort, classify
~ ਦਫ਼ਤਰ *n.m.* election office; polling centre
~ ਨਿਸ਼ਾਨ *n.m.* electoral or election symbol
~ ਪਰਚੀ *n.f.* ballot paper, ballot
~ ਪਾਉਣੀ *v.t.* to pleat, plait
~ ਮੁਹਿੰਮ *n.f.* election campaign, electioneering
ਚੋਣਕਾਰ [coṇkar] *n.m.* voter, elector
ਚੋਣਵਾਂ [coṇvã] *adj.m.* selected, chosen,

pick (of), select, selective, elective

ਚੋਣਾ[1] [coṇa] *v.t.* to milk; *v.i.* to leak, drip

ਚੋਣਾ[2] *n.m.* male cotton-picker

ਚੋਣਾਂ [coṇã] *n.f. pl.* election, elections, hustings, selections; ਆਮ ਚੋਣਾਂ general election; ਮੱਧਕਾਲੀ ਚੋਣਾਂ interim or mid-term elections, ਅਚਾਨਕ ਚੋਣਾਂ snap poll; ਉਪਚੋਣਾਂ by-elections

ਚੋਣੀ[1] [coṇi] *v.t.* see ਚੋਣਾ[1] for *fem.* object

ਚੋਣੀ[2] *n.f.* female cotton-picker

ਚੋਦ [cod] *v.form.* imperative of ਚੋਦਣਾ, ravish

ਚੋਦਣਾ [coddṇa] *v.t.* to copulate, ravish, fornicate, rape, have sexual intercourse (with)

ਚੋਪ [cop] *n.m.* a kind of red-coloured shawl with embroidered ends

ਚੋਪੜ [copəṛ] *n.m.* smear; butter oil etc. to smear bread with; *v.form* imperative of ਚੋਪੜਨਾ, smear

ਚੋਪੜਨਾ [copəṛna] *v.t.* to smear, besmear, butter

ਚੋਪੜੀਆਂ ਗੱਲਾਂ *n.f. pl.* flattering, wheedling talk, flattery, blarney, sycophancy

ਚੋਪੜੀਆਂ ਨਾਲ਼ੇ ਦੋ ਦੋ *ph.* to eat one's cake and have it too

ਚੋਪੜਿਆ/ਚੋਪੜੀ [copəṛıa/copəṛi] *adj.m. / adj.f.* besmeared, greased, oiled, buttered

ਚੋਬ [cob] *n.f.* pole *esp.* tent pole; mace, ornamented club; drum-stick; wood

~ **ਲਾਉਣੀ** *ph.* to strike, sound (a war-drum)

ਚੋਬ ਚੀਨੀ [cob cini] *n.f.* china root, root of a creeper *Smilaz china*

ਚੋਬਦਾਰ [cobdar] *n.m.* macebearer; gatekeeper

ਚੋਬਦਾਰੀ [cobdari] *n.f.* office, job or post of ਚੋਬਦਾਰ

ਚੋਬਰ [cobbər] *n.m.* hefty youngman, a tall, fat, stout, strong or sturdy man

ਚੋਬੀ [cobi] *adj.* wooden

ਚੋਭ [cób] *n.f.* poke, thrust; prick, prod, jab, goad; *v.form.* imperative of ਚੋਭਣਾ, prick

ਚੋਭਣਾ [cóbbṇa] *v.t.* to poke, thrust; prick, prod, jab, goad, nudge

ਚੋਭਵਾਂ [cóbvã] *adj.m.* same as ਚੁਭਵਾਂ, prickly

ਚੋਭੜ/ਚੋਭਾ [cóbbəṛ/cóbba] *n.f. n.m.* same as ਚੋਭ, prick

ਚੋਭਾ [cóbba] *n.m.* diver, frogman; one who digs well below water level; *cf.* ਚੁੱਭੀ

ਚੋਰ [cor] *n.m.* thief, burgler, house-breaker, pilferer

~ **ਉਚੱਕਾ** *n.m.* same as ਚੋਰ; robber, swindler, felon, criminal

~ **ਅੱਖ** *n.f.* secret glance, furtive glance, side glance

~ **ਖਾਨਾ** *n.m.* secret drawer or cabinet, hidden closet, recess or cell

~ **ਚਕਾਰ** *n.m.* same as ਚੋਰ ਉਚੱਕਾ

~ **ਚੁਲ੍ਹਾ** *n.m.* a second hearth behind the main fireplace and heated by exhaust flame or heat; back burner

~ **ਦਰਵਾਜ਼ਾ** *n.m.* secret door, exit or passage; trapdoor, backdoor

~ **ਨਜ਼ਰ** *n.f.* same as ਚੋਰ ਅੱਖ

~ **ਬਜ਼ਾਰ** *n.m.* black market

~ **ਬਜ਼ਾਰੀ** *n.f.* black market operations or business, black-marketing; smuggling

~ **ਬਜ਼ਾਰੀ ਕਰਨ ਵਾਲ਼ਾ** *ph.* black-marketeer; smuggler

ਚੋਰੀ [cori] *n.f.* theft, burglary, larceny, housebreak; pilfering, pilferage, stealth, stealage; *adv.* secretly, stealthily clandestinely

~ **ਸੁਣਨਾ** *con.v.* to eavesdrop, listen stealthily

~ **ਹੋਇਆ ਸਮਾਨ** *ph.* stealage, stolen goods

~ **ਚਕਾਰੀ** *n.f.* same as ਚੋਰੀ; stealing, thieving; felony, petty crime

~ **ਚੋਰੀ/~ ਛੱਪੀ** *adv.* secretly, stealthily, clandestinely, in an underhand manner, surreptitiously, insidiously, covertly

ਚੋਲ੍ਹ [cól] *n.m.* patting, fondling, caressing, coquetry, dalliance, amorous play; joking, jesting, amusement

~ **ਕਰਨਾ** *con.v.* to engage, indulge in ਚੋਲ੍ਹ, dally

ਚੋਲ੍ਹਾ [cóla] *n.m.* dainty dish, delicacy

ਚੋਲ਼ਾ [coḷa] *n.m.* long robe, loose long

shirt, gown, cassock, toga; *fig.* human body, mortal frame
~ ਛੱਡਣਾ/~ ਛੱਡ ਜਾਣਾ *ph.* to die, decease, cast off the mortal frame
ਚੋਲ਼ੀ [coli] *n.f.* ladies' blouse
ਚੌ [cɔ] *n.m.* detachable part of a plough on which ploughshare is fixed
ਚੌਸਰ¹ [cɔsər] *n.m.* a game like blackgammon played with an oblong dice
ਚੌਸਰ² *adj.* rectangular or square
ਚੌਸਾ [cɔsa] *n.m.* rasp
~ ਫੇਰਨਾ/~ ਮਾਰਨਾ *con.v.* to rasp
ਚੌਹਠ [cɔ̃ṭh] *adj.* sixty-four
ਚੌਹਠਵਾਂ [cɔ̃ṭhvā] *adj.m.* sixty-fourth
ਚੌਹਠੀਂ [cɔ̃ṭhī] *adv.* for Rs. 64
ਚੌਹਾਂ [cɔ̃ā] *adj. pl.* same as ਚਹੁੰਆਂ, all the four
ਚੌਕ¹/ਚੌਂਕ [cɔk/cɔ̃k] *n.m.* public square, plaza; crossroads, road junction; semi-spherical ornament worn by woman on top of the head
~-ਫੁੱਲ *n.m.* set of a ਚੌਕ and two ਫੁੱਲ²;
ਚੌਕ² *v.form.* nominative of ਚੌਂਕਣਾ
ਚੌਕਸ [cɔkəs] *adj.* alert, careful, watchful, vigilant, cautious, wary, wide awake; circumspect, prudent, scrupulous, observant, precautious
~ ਕਰਨਾ *con.v.* to alert, warn, forewarn, put on the alert
~ ਰੱਖਣਾ *con.v.* to keep on the alert
ਚੌਕਸੀ [cɔksi] *n.f.* alertness, carefulness, watchfulness, vigilance, wariness; precaution,circumspection
~ ਰੱਖਣੀ *con.v.* to be ਚੌਕਸ, keep a watch
ਚੌਂਕਣਾ [cɔ̃kṇa] *v.i.* to start, startle, be startled, become suddenly aware of danger, forgotten task, etc; to jump at sudden realisation of something; to be surprised; to whimper (by or as a dog), cry
ਤ੍ਰੌਂਕੰਨਾ [cɔkə̃nna] *adj.m.* see ਚੌਕਸ alert
ਚੌਂਕੜਾ/ਚੌਂਕੜੀ [cɔ̃kṛa/cɔ̃kṛi] *n.m.* / *n.f.* sitting posture with legs crossed on ground or flat surface, squat
~ ਮਾਰਨਾ/~ ਮਾਰਨੀ *conj.v.* to squat
ਚੌਂਕੜੀ [cɔ̃həri] *n.f.* leap or bound (by or as of deer); any group of four, a foursome, tetrad; a four-cornered design in embroidery
~ ਭਰਨੀ *con.v.* to leap
ਚੌਂਕਾ [cɔka] *n.m.* the numeral 4; (in cricket) a four, hit earning four runs
ਚੌਕਾ¹ [cɔ̃kka] *n.m.* cooking place, kitchen, dining place
ਚੌਕੇ ਚੜ੍ਹਨਾ *ph.* to resume normal work ceremonially after childbirth
ਚੌਂਕਾ² *v.form.* imperative of ਚੌਂਕਾਉਣਾ, startle
ਚੌਂਕਾਉਣਾ [cɔ̃kauṇa] *v.t.* to startle, surprise, give or cause surprise; also ਚੌਂਕਾ ਦੇਣਾ
ਚੌਕੀ [cɔkki] *n.f.* playing card with four pips
ਚੌਂਕੀ [cɔ̃kki] *n.f.* a low stool, seat in the form of a small low wooden platform; a police post; (military) outpost; octroi post; session of devotional singing; group of choristers or carollers
~ ਚੜ੍ਹਨੀ *ph.* for a group of hymn-singers to perform while on the move
~ ਪੈਣੀ *con.v.* for a police post to be established
~ ਭਰਨੀ *ph.* to attend, wait (upon)
~ ਲਾਉਣੀ *ph.* to hold ਚੌਂਕੀ in a Sikh temple or muslim shrine
ਚੌਕੀਦਾਰ [cɔkidar] *n.m.* watchman, guard, sentinel, a village functionary
ਚੌਕੀਦਾਰਾ [cɔkidara] *n.m.* a tax on householders for payment to ਚੌਕੀਦਾਰ; vocative for ਚੌਕੀਦਾਰ
ਚੌਕੀਦਾਰੀ [cɔkidari] *n.f.* function, duty or post of ਚੌਕੀਦਾਰ; protection, care, watchfulness, vigil
ਚੌਕੁੰਟੀਂ [cɔkũṭi] *adv.* everywhere in all directions, or all sides universally
ਚੌਕੋਰ [cɔkor] *adj.* four-cornered, quadrilateral, rectangular, quadrangular; *n.f.* quadrangle, rectangle, square
ਚੌਖਟ [cɔkhəṭ] *n.f.* same as ਦਲ੍ਹੀਜ਼,

threshold
ਚੌਖਟਾ [cɔkhəṭa] *n.m.* frame (as of a door), mount (as of a picture), panel
ਚੌਖਰ/ਚੌਖੁਰ [cɔkhər/cɔkhur] *n.m.* four-footed animal, quadruped *esp.* cattle
ਚੌਗਾ [cɔga] *adj.m.* (cattle) with four front teeth cut
ਚੌਗਾਨ [cɔgan] *n.m.* same as ਚੁਗਾਨ, polo
ਚੌਗੁਣਾ/ਚੌਣਾ [cɔguṇa/cɔṇa] *adj.m.* four-times, four fold, quadruplicate; also ਚਾਰ ਗੁਣਾ
ਚੌਣਾ *n.m.* herd of cattle, drove
ਚੌਂਤਰਾ [cɔ̃təra] *n.m.* same as ਚੌਂਕਾ cooking place; any platform of masonry, terrace
ਚੌਤਾਲ [cɔtal] *n.f.* (more commonly ਚਾਰ ਤਾਲ) name of a particular rhythm or drum-beat
ਚੌਤੀ [cɔti] *adj.* thirty-four
ਚੌਤ੍ਹੀਂ [cɔ́ti] *adv.* for Rs. 34
ਚੌਤ੍ਹੀਆਂ/ਚੌਤ੍ਹੀਵਾਂ [cɔ́tiã/cɔ́tivã] *adj.m.* thirty-fourth
ਚੌਤੁਕਾ [cɔtuka] *n.m.* stanza of four lines, quatrain; *adj.m.* (poem or hymn) having such stanzas
ਚੌਤੋ [cɔtto] *n.f. dia.* see ਕੁਪੱਤ, disorderly behaviour
ਚੌਥ [cɔth] *n.f.* one fourth part; fourth day of either half of a lunar month; (history) a tribute levied by the Marathas on dependent states, equalling one fourth of their revenue; *adv.* on the fourth day preceding or following today (today inclusive)
ਚੌਥਾ [cɔtha] *adj.m.* fourth
ਚੌਥਾਈ [cɔthai] *n.f.* one fourth part or share; *adj.* one fourth
ਚੌਦਸ [cɔdəs] *n.f.* fourteenth day of either fortnight of a lunar month
ਚੌਦ੍ਹਵਾਂ [cɔ́dvã] *adj.m.* fourteenth
ਚੌਦ੍ਹਵੀਂ [cɔ́dvi] *n.f.* fourteenth day of either half of a lunar month; *adj.f.* same as *prec*
ਚੌਦ੍ਹੀਂ [cɔ́di] *adv.* for Rs. 14
ਚੌਦਾਂ [cɔdã] *adj.* fourteen
ਚੌਦੇਂ [cɔdẽ] *n.f.* same as ਚੌਦਸ
ਚੌਂਧ [cɔ̃́d] *n.f.* dazzling light, flash; effect of flash (on eyes)
ਚੌਧਰ [cɔ́dər] *n.f.* leadership, headmanship; haughtiness, bullying, intimidation, arrogance
~ **ਜਗਾਉਣੀ/~ ਜਮਾਉਣੀ** *ph.* to bully, intimidate, assert superiority on false claim through threats or bluffing
ਚੌਧਰੀ [cɔ́dəri] *n.m.* headman of village, trade or community; an honorifc *usu.* for Jats; bigwig, leader, prominent person; *fem.* ਚੁਧਰਾਣੀ
ਚੌਧਵਾਂ [cɔ́dvã] adj.m. same as ਚੌਦ੍ਹਵਾਂ
ਚੌਧਵੀਂ [cɔ́dvĩ] *adj.f. & n.f.* same as ਚੌਦ੍ਹਵੀਂ
ਚੌਧੀਂ [cɔ́di] *adv.* same as ਚੌਦ੍ਹੀਂ
ਚੌਪਈ [cɔpəi] *n.f.* a verse form; stanza of rhyming pairs of short lines
ਚੌਪਟ [cɔpəṭ] *adj.* spoiled, spoilt, ruined
~ **ਕਰਨਾ** *con.v.* to spoil, ruin (plan or work)
ਚੌਪਦਾ [cɔpəda] *n.m.* song or hymn of four stanzas.
ਚੌਪੜ [cɔpəṛ] *n.m.* same as ਚੌਸਰ[1]
ਚੌਪਾਲ [cɔpal] *n.m.* assembly hall, meeting place; see ਸੱਥ
ਚੌਰ [cɔr] *n.m.* whisk, fly whisk *usu.* of yak's tail or feathers of peacock's tail
~ **ਕਰਨਾ/~ ਝੁਲਾਉਣਾ** *con.v.* to hold or wave whisk (over)
ਚੌਰਸ [cɔrəs] *adj.* rectangular or square
ਚੌਰਸਾ [cɔrsa] *n.m.* same as ਸੱਥਰਾ, carpenter's chisel
ਚੌਰਸੀ [cɔrəsi] *n.f.* same as ਸੱਥਰੀ; try square, T-square
ਚੌਰਾ [cɔra] *adj.m.* (bullock) with short bushy tail like yak's tail; man *(depec.)* with long, heavy, grey beard
ਚੌਰਾਹਾ [cɔraha] *n.m.* same as ਚੁਰਸਤਾ; square
ਚੌਰੀ [cɔri] *n.f.* same as ਚੌਰ, *adj.f.* same as ਚੌਰਾ
ਚੌਲ਼ [cɔḷ] *n.m. usu. pl.* rice
ਚੌਲ਼ਾਂ ਦਾ ਦਾਣਾ *ph.* a grain of rice
ਚੌਲ਼ਾਂ ਦੀ ਫ਼ਸਲ *ph.* paddy
ਚੌਵੀ [cɔvi]-*adj.* same as ਚਵ੍ਹੀ, twentyfour
ਚੌੜ [cɔṛ] *n.f.* petulance, behaving like an over-indulged, spoilt child; obstinacy, bragging, arrogance; *adj.* spoiled,

spoilt, damaged, wasted, gone in vain
~ ਕਰਨਾ *ph.* to spoil, damage, waste
~ ਕਰਨੀ *ph.* to be petulant, behave like over-indulged, pampered or spoilt child
~ ਚਾਨਣ *n.m.* spoilt or good-for-nothing fellow, a dud
~ ਚੁਪੱਟ *adj.* wide open (door); utterly spoiled; *adv.* flat on the ground
~ ਜਾਣਾ/~ ਹੋ ਜਾਣਾ *ph.* to go waste or in vain, be wasted, spoiled, damaged

ਚੌੜਪੁਣਾ [cɔṛpuṇa] *n.m.* same as ਚੌੜ

ਚੌੜਾ [cɔra] *adj.m.* broad, wide; open; dilated; vast
~ ਹੋਣਾ *ph.* to be arrogant, show self-importance; *lit.* to broaden
~ ਕਰਨਾ *con.v.* to open, broaden, widen, dilate, stretch
ਚੌੜੇ ਦਾ/ਚੌੜੇ ਰੁਕ *adv.* breadthwise, breadthways

ਚੌੜਾਈ [cɔṛai] *n.f.* same as ਚੁੜੱਤਣ, width, breadth

ਛ

ਛ [chəccha] *n.m.* twelfth letter of Gurmukhi script representing the voiceless aspirated palatal plosive sound [ch]

ਛਹਿ [chɛ́] *n.f.* ambush, crouching position or posture preparatory to assault or springing upon prey or target; skulking; *colloq.* see ਸ਼ਹਿ

~ **ਲਾਉਣੀ** *con.v.* to take ਛਹਿ position, ambush

~ **ਲਾ ਕੇ ਬਹਿਣਾ** *ph.* to lie in ambush and wait

ਛਹਿਣਾ [chɛ́ṇa] *v.i.* to take ਛਹਿ position, crouch, lurk, skulk; to hide oneself out of fear, cower, wince, flinch

ਛਹਿਬਰ [chɛ́bər] *n.f.* shower, rain, constant or heavy rain, downpour

~ **ਲੱਗਣੀ** *ph.* to come down in shower, rain heavily

~ **ਲਾਉਣੀ** *ph.* to shower (rain, praises, bounties etc.)

ਛਹੀ [chə́i] *n.f.* leap, spring to assault, crouch preparatory to assault

ਛਹੀਆਂ ਲੈ ਕੇ ਪੈਣਾ *ph.* to crouch, advance, approach or jump menacingly

ਛਕ [chək] *v.form.* imperative of ਛਕਣਾ, eat

ਛੱਕ [chəkk] *n.f.* presents given to bride by her maternal uncles and/or grandparents

~ **ਪੂਰਨੀ** *ph.* to offer presents, give ਛੱਕ

ਛਕਣਾ [chəkəṇa] *v.t.* to eat; drink, take, consume

ਛਕ ਜਾਣਾ *con.v.* to consume; *slang.* to misappropriate

ਛਕਵਾਉਣਾ [chəkvauṇa] *v.t.* to cause or arrange to be served or eaten, serve (meals) through another

ਛਕੜਾ [chəkṛa] *n.m.* cart, wagon, van, truck; *informal.* any rickety vehicle

ਛੱਕਾ [chəkka] *n.m.* playing card with six pips, any group of six; (in poetics) sextet, group of six poems or stanzas in the same vein; (in cricket) sixer, hit earning six runs

~ **ਪੰਜਾ ਕਰਨਾ** *ph.* to hesitate, evade, dilly-dally

ਛੱਕੇ ਛੁਡਾਉਣਾ *ph.* to give a tough fight, tire out, defeat

ਛਕਾਉਣਾ [chəkauṇa] *v.t.* to serve (food or drink), feed, have something eaten or consumed

ਛੰਗਵਾ/ਛੰਗਾ [chə̃gva/chə̃ga] *v.form.* imperative of ਛੰਗਵਾਉਣਾ/ਛੰਗਾਉਣਾ, get (it) pruned

ਛੰਗਵਾਉਣਾ/ਛੰਗਾਉਣਾ [chə̃gvauṇa/chə̃gauṇa] *v.t.* to cause, get, have (tree or shrub) pruned, trimmed, (or its branch) lopped, cut off

ਛੰਗਵਾਈ/ਛੰਗਾਈ [chə̃gvai/chə̃gai] *n.f.* process of, wages for pruning

ਛੱਛਾ [chəccha] *n.m.* the letter ਛ

ਛਛੂੰਦਰ [chəchū̃dər] *n.f.* same as ਚਕਚੂੰਧਰ, mole

ਛੱਜ [chəjj] *n.m.* winnowing tray or basket

~ **ਤੇ ਬੋਲੇ, ਛਾਣਨੀ ਵੀ ਬੋਲੇ** *ph.* the pot calling the kettle black

~ **ਵਿਚ ਪਾ ਕੇ ਛੱਟਣਾ** *ph. lit.* to winnow or clean (grain) with ਛੱਜ; to dishonour, defame, slander

ਛਜਲੀ [chəjli] *n.f.* large ਛੱਜ; expanded hood of cobra

ਛੱਜਾ [chəjja] *n.m.* balcony; extension of roof *usu.* above doors and windows; eave

ਛਟ [chəṭ] *adj.* see ਖਟ, ਛੇ, six

ਛੱਟ[1] [chəṭṭ] *n.f.* double sack used for

loading beasts of burden with a sack on either side; burden or load so carried; *fig.* heavy responsibility
~ ਪਾਉਣੀ *con.v.* to load ਛੱਟ (on the beast); burden (a person) with responsibility
ਛੱਟ² *v.form.* imperative of ਛੱਟਣਾ, winnow
ਛੱਟਣ [chəṭṭəṇ] *n.m.* process of winnowing or cleaning with ਛੱਜ; refuse of grain so winnowed
ਛਟਣਾ [chəṭəṇa] *v.i.* to be selected, chosen, sorted, sifted *cf.* ਛਾਂਟਣਾ
ਛੱਟਣਾ [chəṭṭəṇa] *v.t.* to winnow, sift, clean with a ਛੱਜ; *fig.* to slander, defame
ਛਟਮ [chəṭəm] *adj.* see ਛੇਵਾਂ, sixth
ਛਟਵਾ [chəṭva] *v.form.* imperative of ਛਟਵਾਉਣਾ; get (grain) winnowed or thing or person selected
ਛਟਵਾਉਣਾ [chəṭvauṇa] *v.t.* to get (grain) winnowed, assist in winnowing; to get something sorted, sifted, graded, selected; to assist in the process
ਛਟਵਾਈ [chəṭvai] *n.f.* process of, wages for *prec.*
ਛਟਾ¹ [chəṭa] *n.f.* glory, splendour, grace
ਛਟਾ² *adj.m.* see ਛੇਵਾਂ
ਛੱਟਾ [chəṭṭa] *n.m.* sprinkle, splash, spatter, scattering; broadcast method of sowing
~ ਦੇਣਾ *con.v.* to broadcast seed; to sprinkle, scatter
~ ਮਾਰਨਾ *con.v.* to sprinkle, splash, spatter; to scatter
ਛਟਾਉਣਾ [chəṭauṇa] *v.t.* same as ਛਟਵਾਉਣਾ
ਛਟਾਂਕ [chəṭãk] *n.f.* a measure of weight, $^1/_{16th}$ of a seer (ਸੇਰ), approximately 2 ounces
~ ਭਰ *adj.* weighing a ਛਟਾਂਕ approximately, a ਛਟਾਂਕ or so
ਛਟਾਕਾ [chəṭaka] *n.m.* jerky upward swing of a ਛੱਜ during winnowing
ਛਟਾਕੀ [chəṭaki] *n.f.* same as ਛਟਾਂਕ
ਛਟਾਲ੍ਹਾ [chəṭála] *n.m. colloq.* see ਬਰਸੀਮ
ਛਟਿਆ ਹੋਇਆ/ਛਟਿਆ ਫੁਕਿਆ [chəṭɪa hoɪa/ chəṭɪa phukɪa] *adj.m.* notorious, knavish, incorrigible; errant, downright or confirmed (rogue); *fem.* ਛਟੀ ਹੋਈ, ਛਟੀ-ਫੁਕੀ
ਛਟੀ¹ [chəṭi] *n.f.* same as ਛੜੀ², stick; ceremony on the sixth day after childbirth
ਛਟੀ² *adj.f.* see ਛੇਵਾਂ; sixth
ਛੱਡ [chəḍḍ] *v.form.* imperative of ਛੱਡਣਾ, leave, give up, let go
~ ਆਉਣਾ *con.v.* to leave behind, deliver and come back
~ ਛਡਾ/~ ਛਡਾਈ *n.m./n.f.* separation, disengagement, divorce
ਛੰਡ [chə̃ḍḍ] *v.form.* imperative of ਛੰਡਣਾ
ਛੱਡ ਜਾਣਾ [chəḍḍ jaṇa] *con.v.* to leave, depart, desert; to leave behind (on death)
ਛੱਡਣਾ [chəḍḍəṇa] *v.t.* to give up, desert, demit, leave, forsake, give up, renounce, abandon; to remit, waive (as discount, rebate etc.); to pardon, forgive; to release, acquit, free, let go; to resign, quit; to omit, leave out, drop, exclude; to fire, discharge, explode, (gun, bomb, cracker etc); *aux.v.* indicating completion or have done with, as in ਕਰ ਛੱਡਣਾ, ਪੜ੍ਹ ਛੱਡਣਾ
ਛੰਡਣਾ [chə̃ḍḍəṇa] *v.t.* to shake violently (as a cloth for dusting); to exorcise
ਛਡਵਾਉਣਾ [chəḍvauṇa] *v.t.* to cause, make or have (something) to be given up, etc; to have (a person) acquitted, released, liberated, rescued, redeemed
ਛੰਡਵਾਉਣਾ/ਛੰਡਾਉਣਾ [chə̃ḍvauṇa/ chə̃ḍauṇa] *v.t.* to get (sheet, carpet, garment, etc.) dusted; to assist in the process
ਛਡਵਾਈ [chəḍvai] *n.f.* act of, wages or reward for ਛਡਵਾਉਣਾ
ਛੰਡਵਾਈ/ਛੰਡਾਈ [chə̃ḍvai/ chə̃ḍai] *n.f.* process of, wages for ਛੰਡਣਾ or ਛੰਡਵਾਉਣਾ
ਛਡਾਉਣਾ [chəḍauṇa] *v.t.* same as ਛਡਵਾਉਣਾ; to disengage (persons engaged in a fight or scuffle); to get (property) vacated, released from mortgage or occupancy
ਛਣਕ [chəṇək] *n.f.* same as ਛਣਕਾਰ,

jingle

ਛਣਕਣਾ [chəṇkəṇa] *v.i.* to jingle, tinkle, clink, clank; *n.m.* any jingling, tinkling toy

ਛਣਕਾਉਣਾ [chəṇkauṇa] *v.t.* to cause or make to jingle, clink, tinkle, clank, rattle

ਛਣਕਾਰ/ਛਣ ਛਣ [chəṇkar/chəṇ chəṇ] *n.f.* jingle, tinkle, clink, clank

ਛਣਨਾ [chəṇna] *v.i.* to be sieved, strained; (for cloth, garment) to get worn out, thinned

ਛਣਵਾਉਣਾ/ਛਣਾਉਣਾ [chəṇvauṇa/chəṇauṇa] *v.t.* to get something sieved, strained

ਛਣਵਾਈ/ਛਣਾਈ [chəṇvai/chəṇai] *n.f.* process of, wages for *prec.*

ਛੱਤ [chətt] *n.f.* roof, ceiling; floor, storey; overhead cover

ਛੱਤਣ [chəttəṇ] *n.f.* wooden lintel, lintel over doors, windows, etc.

ਛੱਤਣਾ [chəttəṇa] *v.t.* to provide with or to construct roof, roof; to build, construct (room, house, etc.); also ਛੱਤ ਪਾਉਣਾ

ਛੱਤ ਮਰੋੜੀ [chətt məroṛi] *n.f. (gr.)* apostrophe

ਛਤਰ [chətər] *n.m.* canopy, umbrella (as a mark of royalty or holiness)

~ **ਛਾਇਆ** *n.f. lit.* shade of ਛਤਰ; protection, patronage, auspices, aegis, sponsorship, chaperonage, support

~ **ਝੁਲਾਉਣਾ** *con.v.* to hold ਛਤਰ (over or over the head of)

ਛਤਰਧਾਰੀ/ਛਤਰਪਤੀ [chətərtàri/chətərpəti] *adj. & n.m.* kind, royal; king, prince, chieftain

ਛੱਤਰਾ [chəttəra] *n.m.* ram, male sheep

ਛਤਰੀ [chətəri] *n.f.* umbrella, brolly, parasol, garden umbrella; parachute; ornamental umbrella-shaped or domed pavilion; kiosk, dome, cupola; dome-shaped spread of tree branches

~ **ਤਾਣਨੀ** *con.v.* to spread ਛਤਰੀ, hold ਛਤਰੀ (over)

ਛੱਤਰੀ[1] [chəttəri] *n.f.* female sheep, ewe

ਛੱਤਰੀ[2] *n.m.* same as ਖੱਤਰੀ

ਛਤਵਾਉਣਾ [chətvauṇa] *v.t.* to have (building) constructed, roofed, provided with roof or overhead cover; *cf.* ਛੱਤਣਾ

ਛਤਵਾਈ [chətvai] *n.f.* act of, wages for *prec.*

ਛੱਤਾ [chətta] *n.m.* honeycomb, hive, beehive

ਛਤਾਉਣਾ [chətauṇa] *v.t.* same as ਛਤਵਾਉਣਾ

ਛਤਾਉਤ [chətaut] *n.f.* the entire built up place; roof of topmost storey

ਛਤਾਈ [chətai] *n.f.* act, process or wages for ਛੱਤਣਾ or ਛਤਵਾਉਣਾ

ਛਤਾਲ਼ੀ [chətaḷi] *adj.* forty-six

ਛਤਾਲ਼ੀਂ [chətáḷĩ] *adv.* for Rs. 46

ਛਤਾਲ਼ੀਆਂ/ਛਤਾਲ਼ੀਵਾਂ [chətáḷiã/chətáḷivã] *adj.m.* forty-sixth

ਛੱਤੀ[1] [chətti] *v.form. & adj.f.* of ਛੱਤਣਾ roofed, built, constructed

ਛੱਤੀ[2] *adj.* thirty-six

ਛੱਤ੍ਹੀਂ [chə́ttĩ] *adv.* for Rs. 36

ਛੱਤ੍ਹੀਆਂ/ਛੱਤ੍ਹੀਵਾਂ [chə́ttiã/chə́ttivã] *adj.m.* thirty-sixth

ਛਤੀਰ [chətir] *n.m.* wooden beam, rafter, joist

ਛੱਤੇ *n.m.pl.* dishevelled, unkempt or bobbed hair; also ਛੱਤਰੇ; *n.m.pl.* of ਛੱਤਾ, beehives

ਛਤੌਲ਼ [chətɔḷ] *n.f.* built-up space, or area

ਛੰਦ [chə̃d] *n.m.* any of several poetic forms or modes; song, stanza or poem written in this mode

ਛੰਦਕਾਰ [chə̃dkar] *n.m.* versifier, poet

ਛੰਦਕਾਰੀ [chə̃dkari] *n.f.* art of writing poetry, prosody, prosodic art or skill

ਛੰਦਬੱਧ [chə̃dbə̀dd] *adj.* versified

ਛੰਦ ਮੁਕਤ [chə̃dd mukt] *adj.* free (verse)

ਛੰਦਾਬੰਦੀ [chə̃dabə̃di] *n.f.* versification, verse form, metrical structure, metrical composition

ਛੰਨ [chə̃nn] *n.f.* thatched hut, thatched roof

ਛੰਨਾ[1] [chə̃nna] *n.f. pl.* of *prec.*

ਛੰਨਾ[2] *n.m.* bowl, *usu.* of bronze, with edges inclined inwards

ਛਨਿੱਛਰ [chənɪcchər] *n.m. colloq.* see

ਸਨਿੱਚਰ, Saturday
ਛਪਈ [chəpəi] *n.f.* a prosodic form, six-line stanza, sextain
ਛਪਕਾ [chəpka] *n.m.* latch, fastening bar
ਛਪੰਜਾ [chəpə̃ja] *adj.* fifty-six
ਛਪੰਝਵਾਂ [chəpə̃jvã] *adj.* fifty-sixth
ਛਪੰਝੀਂ [chəpə̃jĩ] *adv.* for Rs. 56
ਛਪਣਾ[1] [chəpṇa] *v.i. dia.* see ਛੁਪਣਾ, to hide
ਛਪਣਾ[2] *v.i.* to be printed, published, be imprinted, marked, stamped
ਛੱਪਰ[1] [chəppər] *n.m.* thatched roof or shed
~ ਪਾਉਣਾ *con.v.* to make a shed with thatched roof
~ ਬੰਨ੍ਹਣਾ *con.v.* to make ਛੱਪਰ
ਛੱਪਰ[2] *n.m.* eyelid
ਛਪਰਾ [chəpra] *n.m.* same as ਛੱਪਰ[1]
ਛਪਰੀ [chəpri] *n.f.* a small ਛੱਪਰ; thatched hut, shack, shanty
ਛਪਵਾ [chəpva] *v.form.* imperative of ਛਪਵਾਉਣਾ, get (it) printed
ਛਪਵਾਉਣਾ [chəpvauṇa] *v.t.* to get something printed, published, imprinted or marked
ਛਪਵਾਈ [chəpvai] *n.f.* act of or cost of *prec.*
ਛੱਪੜ [chəppəṛ] *n.m.* pond, pool, unlined tank
ਛਪੜੀ [chəpəṛi] *n.f.* small pond, puddle, cesspool
ਛਪਾ [chəpa] *v.form.* of ਛਪਾਉਣਾ, same as ਛਪਵਾ
ਛੱਪਾ [chəppa] *n.m.* terror, fright, shock, awe
~ ਪੈਣਾ *con.v.* to be struck with terror
ਛਪਾਉਣਾ [chəpauṇa] *v.t.* same as ਛਪਵਾਉਣਾ
ਛਪਾਈ [chəpai] *n.f.* same as ਛਪਵਾਈ; quality of printing, typography
ਛਪਾਕਾ [chəpakka] *n.m.* splash; sound of splashing
ਛਪਾਕੀ [chəpakki] *n.f.* rashes, urticaria, hives
~ ਨਿਕਲ਼ਨੀ *con.v.* to develop, contract, suffer from ਛਪਾਕੀ
ਛਪਾ ਛਪ [chəpa chəp] *adv.* immediately, instantly; quickly, hastily
ਛਪੇ ਛੰਦ [chəpɛ chə̃d] *n.m.* a prosodic form; six-line stanza, sextain
ਛਬ [chəb] *n.f.* splendour, elegance, beauty, brilliance, sheen, grace
ਛੱਬਾ [chəbba] *n.m.* a domelike tasseled ornament worn by children or suspended from canopy in temples
ਛਬੀ [chəbi] *n.f.* same as ਛਬ, beauty, grace
ਛੱਬੀ [chəbbi] *adj.* twenty-six
ਛੱਬੀਂ [chə́bbĩ] *adv.* for Rs. 26
ਛੱਬੀਆਂ/ਛੱਬੀਵਾਂ [chə́bbiã/chə́bivã] *adj.m.* twenty-sixth
ਛਬੀਨਾ [chəbina] *n.m. colloq.* see ਚਬੀਨਾ, roasted grain
ਛਬੀਲ [chəbil] *n.f.* place, stand for free service of drinking water
~ ਲਾਉਣੀ *con.v.* to establish, set up, run ਛਬੀਲ
ਛਬੀਲਾ [chəbila] *adj.m.* splendid, elegant, beautiful, graceful, handsome
ਛਬੀਲਾਪਣ [chəbilapəṇ] *n.m.* handsomeness, elegance, gracefulness
ਛੰਭ [chə̃b] *n.m.* shallow lake, extensive pond
ਛਮਕ [chəmək] *n.f.* flexible shoot or twig; switch, rod, ferule, cane, stick; withe
ਛਮਕ ਛੱਲੋ [chəməkchəllo] *n.f. informal.* an endearment for beautiful, coquettish, or passionate woman
ਛਮਕ ਨਮੋਲ਼ੀ [chəmək nəmoḷi] *n.f.* a wild creeper bearing yellow berries used in certain medicines; its fruit, berry
ਛਮ ਛਮ/~ ਛਮਾ ਛਮ [chəm chəm/chəma chəm] *n.f.* sound of tinkling bells or ornaments; *adv.* (for rain to fall) heavily, cats and dogs; (for tears to flow) profusely
~ ਕਰਨਾ *con.v.* to produce (while moving walking, dancing) tinkle, jingle, clink, clank
~ ਵੱਸਣਾ *con.v.* (for rain) to fall, rain
ਛੱਰ੍ਹਾ [chə́rra] *n.m.* pellet, granule of a shot-gun cartridge, lead shot, buck

shot; also ਛੱਰਾ

ਛੱਰ੍ਹੇਦਾਰ [chə́rredar] *adj.* containing pellets

ਛਰਾਟਾ [chəraṭṭa] *n.m.* same as ਸ਼ਰਲਾਟਾ, shower; snow-drift

ਛਲ਼ [chəḷ] *n.m.* trick, guile, wile, ruse, hox, feint, stratagem; deception, duplicity, pretence, fraud, deceit; delusion, illusion

~ ਕਪਟ *n.m.* same as ਛਲ਼; trickery, knavery, chicanery

~ ਕਰਨਾ/~ ਖੇਡਣਾ *ph.* to practise or resort to ਛਲ਼; to play tricks

~ ਫਰੇਬ/ਛਲ਼ਬਾਜ਼ੀ *n.m. / n.f.* same as ਛਲ਼ ਕਪਟ

~ ਲੈਣਾ *v.t.* same as ਛਲ਼ਨਾ

ਛੱਲ [chəll] *n.f.* wave, billow, breaker; overflow

~ ਉੱਠਣੀ *con.v.* for ਛੱਲ to rise appear or be caused

~ ਪੈਣੀ *v.i.* to overflow; *v.t.* for ਛੱਲ to strike

ਛੱਲਾਂ *n.f. pl.* for ਛੱਲ; surf

ਛਲ਼ਹੀਣ [chəḷhiṇ] *adj.* guileless, honest

ਛਲਕ [chələk] *n.f.* overflow, spillover

~ ਛਲਕ ਕਰਨਾ *ph.* to produce sound as of shaking half-filled vessel

ਛਲਕਣਾ [chəlkəṇa] *v.i.* to overflow, spill over

ਛਲ਼ ਕਪਟ [chəḷ kəpəṭ] *n.m.* see under ਛਲ਼

ਛਲਕਾਉਣਾ [chəlkauṇa] *v.t.* to cause to overflow or spillover, shake (vessel containing liquid)

ਛਲਛਲਾਉਣਾ [chəlchəlauṇa] *v.i.* to be filled to the brim; to overflow; also ਛਲਛਲ ਕਰਨਾ

ਛਲ਼ਨਾ [chəḷṇa] *v.t.* to pettifog, chicane; to enamour, charm, deceive, beguile, swindle; to play tricks

ਛਲ਼ਪੂਰਨ [chəḷpurn] *adj.* wily, crafty, guileful, cunning, deceitful, deceptive, fraudulent

ਛਲ਼ ਫਰੇਬ/ਛਲ਼ਬਾਜ਼ੀ *n.m. / n.f.* see under ਛਲ਼

ਛੱਲਾ [chəlla] *n.m.* plain finger-ring, any metallic ring; sleeve; ringlet, curl or coil; annulus

ਛੱਲੇਦਾਰ/ਛੱਲੇ ਵਰਗਾ *adj. / adj.m.* ring-like, annular, curly, coiled

ਛੱਲਾ ਕੋਠੀ [chəlla koṭhi] *n.f.* house of ill fame, brothel house

ਛਲਾਂਗ [chəlãg] *n.f.* same as ਛਾਲ਼, jump

ਛਲਾਰੂ [chəlaru] *n.m.* young goat or sheep; *fig.* lad

ਛਲ਼ਾਵਾ/ਛਲ਼ੇਡਾ [chəḷava/chəḷeḍa] *n.m.* imaginary animal or spirit, phantom, ghost; illusion, delusion, optical illusion, will-o-the-wisp

ਛੱਲੀ [chəlli] *n.f.* corncob of maize; hank, skein of yarn, bobbin, spool; enlarged spleen; stiffened muscle

~ ਤੋੜਨੀ *con.v.* to pluck maize corncob

~ ਪੈਣੀ *con.v.* for maize plant or crop to bear cobs; (for a muscle) to be pulled or stiffened into the form of corncob

~ ਲਾਹੁਣੀ *con.v.* to spin and take a hank off the spindle

ਛਲੀਆ [chəlia] *n.m.* charmer, enchanter; lover

ਛਵੰਜਾ [chəvãja] *adj.* same as ਛਪੰਜਾ, fifty-six

ਛਵ੍ਹੀ [chə́vi] *n.f.* battle axe with long and broad blade and long helve; chopping blade of fodder-cutting machine

ਛਵਾ [chəva] *v.form.* imperative of ਛਵਾਉਣਾ, thatch

ਛਵਾਉਣਾ [chəvauṇa] *v.t.* to make a thatching, thatch a roof or building; to get a building thatched

ਛੜ[1] [chəṛ] *n.f.* kick by kine; shepherd's lopper, pruning hook; pole, spike, long metallic rod, shaft

~ ਮਾਰਨੀ *con.v.* (for bullock or cow) to kick with hind leg

ਛੜਾਂ ਮਾਰਨੀਆ *ph.* to resist, oppose, rick; *fig.* to protest, resist

ਛੜ[2] *v.form.* imperative of ਛੜਨਾ, hull, husk

ਛੜਨਾ [chəṛna] *v.t.* to hull, pound, flail, husk, thresh; same as ਛੱਟਣਾ, to winnow

ਛੜੱਪਾ [chəṛəppa] *n.m.* jump across with both feet joined together

~ ਮਾਰਨਾ *con.v.* to jump with both feet, take such jump

ਛੜਵਾਉਣਾ [chəṛvauṇa] *v.t.* to cause, get (paddy etc.) hulled, husked
ਛੜਵਾਈ [chəṛvai] *n.f.* act of, wages for ਛੜਵਾਉਣਾ
ਛੜਾ[1] [chəṛa] *adj.m.* unmarried, single; *n.m.* unmarried male, bachelor; *adv.* only
~ ਛਾਂਟ *adj.m.* bachelor, all alone
ਛੜਾ[2] *n.m.* roll of string or twine
ਛੜਾਉਣਾ [chəṛauṇa] *v.t.* same as ਛੜਵਾਉਣਾ
ਛੜਾਈ [chəṛai] *n.f.* process of, wages for ਛੜਨਾ and ਛੜਾਉਣਾ
ਛੜੀ[1] [chəṛi] *adj.f.* same as ਛੜਾ[1], *n.f.* spinster
ਛੜੀ[2] *n.f.* stick *esp.* walking stick; cane, ferule, switch
ਛੜੀਆਂ ਮਾਰਨਾ [chəṛiã marna] *con.v.* to kick and toss (as a child crying in protest); to wriggle, writhe, squirm (as one dying in pain)
ਛਾਂ/ਛਾਉਂ [chã/chaõ] *n.f.* shade, shadow, umbra; *fig.* protection support, auspices, aegis, patronage
~ ਕਰਨੀ *con.v.* to shade; to protect, patronise
ਛਾਉਣਾ[1] [chauṇa] *v.t.* to thatch; to cover with thatch
ਛਾਉਣਾ[2] *v.i.* to overshadow; same as ਛਾ ਜਾਣਾ
ਛਾਉਣੀ [chauṇi] *n.f.* same as ਛੌਣੀ, cantonment
ਛਾਇਆ [chaıa] *n.f.* same as ਛਾਂ and ਸਾਇਆ, shade, shadow; spirit *esp.* evil spirit, phantasm, fantasy, apparition, creation of imagination
~ ਚਿੱਤਰ *n.m.* shadow play, silhoutte
ਛਾਇਆਵਾਦ [chaıavad] *n.m.* mysticism, romanticism
ਛਾਇਆਵਾਦੀ [chaıavadi] *adj.* mystic, mystical, romantic; romanticist
ਛਾਈਂ ਮਾਈਂ [chaĩmaĩ] *adj.* disappeared, vanished, touch-and-go, ephemeral
~ ਹੋ ਜਾਣਾ *ph.* to disappear, vanish suddenly, evaporate
ਛਾਹ [chá] *n.f.* *dia.* see ਲੱਸੀ, buttermilk; same as ਸੁਆਹ, ash
~ ਵੇਲ਼ਾ *n.m.* breakfast, breakfast time, morning, morning meal; also ਲੱਸੀਵੇਲ਼ਾ
ਛਾਹੀ [chái] *adj. n.f. colloq.* see ਸ਼ਾਹੀ
ਛਾਂਗ [chãg] *v.form.* imperative of ਛਾਂਗਣਾ, cut, prune, lop; *n.f.* process of pruning or lopping of branches; the lopped branches collectively
~ ਛਂਗਾਈ *n.f.* same as ਛਾਂਗ
ਛਾਂਗਣਾ [chãgəṇa] *v.t.* to cut, prune, lop, chip off branches; *fig.* to beat, injure, wound; to sever limb(s)
ਛਾਗਲ [chagəl] *n.f.* small portable bag of canvas for carrying water; skin
ਛਾਂਗਲਾ/ਛਾਂਗਾ/ਛਾਂਗੀ [chãgla/chãga/chãgi] *adj. / adj.m. / adj.f.* (person) with six fingers/toes on either or both hands/ feet; sexdigitate
ਛਾ ਜਾਣਾ [cha jaṇa] *con.v.* to prevail, dominate, hold sway over, predominate, preponderate; (for clouds) to spread, overcast
ਛਾਜੀ [chaji] *n.m.* winnower; *cf.* ਛੱਜ
ਛਾਟ [chaṭ] *n.f.* whip, lash *esp.* one comprising a leather thong attached to a stick
ਛਾਂਟ [chãṭ] *n.f.* selection, choosing, sifting, sorting, separating; pruning, reduction
ਛਾਂਟਣਾ [chãṭəṇa] *v.t.* to select, sift, sort, prune, reduce; also ਛਾਂਟ ਕਰਨੀ
ਛਾਂਟਾ [chãṭa] *n.m.* same as ਛਾਟ;
ਛਾਂਟੀ [chãṭi] *n.f.* same as ਛਾਂਟ, retrenchment, curtailment
~ ਕਰਨਾ *con.v.* to retrench, reduce, curtail
ਛਾਂਡਾ [chãḍa] *n.m.* same as ਛਾਂਡਾ[2], exorcism
ਛਾਣ [chaṇ] *n.m.* residue, refuse after sieving; bran
~ ਬੀਨ *n.f.* investigation, minute inquiry, scrutiny, screening, searching or critical examination
~ ਬੀਨ ਕਰਨੀ *con.v.* to investigate, scrutinise, inquire, examine closely, critically, thoroughly
~ ਬੂਰਾ *n.m.* bran

~ ਮਾਰਨਾ *ph.* to search, explore, look for thoroughly; to drag (river, canal, etc.), comb, rummage, ransack (in search of something)

ਛਾਣਨਾ [chaṇna] *v.t.* to sieve, strain, filter, bolt, percolate; *n.m.* same as ਛਾਨਣਾ

ਛਾਣਨੀ [chaṇni] *n.f.* same as ਛਾਨਣੀ; *v.t.* to sieve, bolt (with *fem.* object)

ਛਾਣਾ [chaṇa] *n.m.* spray, scattering, spreading thinly; thin layer of grain or powdered stuff over a surface

~ ਦੇਣਾ/~ ਮਾਰਨਾ *con.v.* to scatter, spread, throw, broadcast in small quantities or in thin layer

ਛਾਤਾ [chatta] *n.m.* same as ਛਤਰੀ, umbrella

ਛਾਤਾਧਾਰੀ [chatta tàri] *adj.* parachutist

ਛਾਤੀ [chatti] *n.f.* chest, breast, bosom, bust; heart; *fig.* courage; *pl.* ਛਾਤੀਆਂ, human teats, breasts

~ ਤਾਣਨਾ *ph. lit.* to stretch out one's chest; *fig.* to offer a brave front, face boldly

~ ਤੇ ਸੱਪ ਲੇਟਣਾ *ph.* to be jealous, envious

~ ਤੇ ਪੱਥਰ ਰੱਖਣਾ *ph.* to endure courageously; to be patient under compulsion

~ ਤੇ ਮੂੰਗ ਦਲ਼ਨੀ *ph.* to provoke; to do something in order to provoke, annoy or insult; to act challengingly

~ ਨਾਲ ਲਾਉਣਾ *ph.* to embrace, hug; to own, accept as one's own

~ ਪਾਟ ਜਾਣੀ/~ ਫਟ ਜਾਣੀ *ph.* to suffer heart-rending grief

ਛਾਂਦਾ [chãda] *n.m.* same as ਦੁਸ਼ਾਂਦਾ, a potion for cough and cold; portion, share, part *esp.* of food stuff given in charity

ਛਾਂਦਾਰ [chãdar] *adj.* shady, umbrageous, umbriferous

ਛਾਨਣਾ [chanəṇa] *n.m.* large, coarse, sieve, riddle; colander; *v.t.* same as ਛਾਣਨਾ

ਛਾਨਣੀ [chanəṇi] *n.f.* small sieve with fine gauze; percolator, strainer, bolter

ਛਾਪ [chap] *n.f.* finger ring; imprint, impression, seal, mark, brand, print, edition

~ ਛੱਲਾ *n.m.* ornaments (collectively)

ਛਾਪਣਾ [chapəṇa] *v.t.* to print; to publish

ਛਾਪਾ [chappa] *n.m.* same as ਛਾਪ; severed branch of tree; raid, attack, *esp.* surprise attack, surprise visit

~ ਮਾਰ *n.m.* raider, guerilla fighter

~ ਮਾਰ ਜੰਗ *n.f.* guerilla war or warfare

~ ਮਾਰਨਾ *con.v.* to raid; to attack suddenly; to surprise; to hit with ਛਾਪਾ

ਛਾਪਾਖਾਨਾ [chappakhana] *n.m.* printing press; also ਛਾਪਾਖ਼ਾਨਾ

ਛਾਬੜੀ [chabṛi] *n.f.* hawker's basket, any small basket, scuttle

~ ਵਾਲ਼ਾ *n.m.* hawker, peddler

ਛਾਬਾ [chabba] *n.m.* pan of weighing scale; small basket

ਛਾਰ [char] *n.f.* same as ਖਾਰ², alkali; and ਸੁਆਹ, ash

ਛਾਲ਼ [chal̤] *n.f.* jump, plunge, spring, leap, bound

~ ਪਟੜਾ *n.m.* springboard

~ ਮਾਰਨੀ *con.v.* to jump, take a jump, leap, plunge, bound, spring (at) ; *informal ironical.* to perform a daring or generous act

ਛਾਲਾ [challa] *n.m.* blister, vesicle, pock, pustule, cyst

~ ਪੈਣਾ *con.v.* (for skin or limb) to blister; for ਛਾਲਾ to form

ਛਾਵਨੀ [chavəni] *n.f. dia.* see ਛੌਣੀ, cantonment

ਛਿਅਹੁਰ [chɪɔ́r] *n.f.* sixth ploughing (of the same field)

ਛਿਅਹੁਰਾ [chɪɔ́ra] *adj.m.* sixfold, six times

ਛਿਆਸੀ [chɪasi] *adj.* eighty-six

ਛਿਆਸੀਂ [chɪasĩ] *adv.* for Rs. 86

ਛਿਆਸੀਆਂ/ਛਿਆਸੀਵਾਂ [chɪasiā/chɪasivā] *adj.m.* eighty-sixth

ਛਿਆਹਠ [chɪáṭh] *adj.* sixty-six

ਛਿਆਹਠਵਾਂ [chɪáṭhvā] *adj.m.* sixty-sixth

ਛਿਆਹਠੀਂ [chɪáṭhĩ] *adv.* for Rs. 66

ਛਿਆਨ੍ਵਾਂ [chɪánvā] *adj.m.* ninety-sixth

ਛਿਆਨ੍ਵੀਂ [chɪánvĩ] *adv.* for Rs. 96

ਛਿਆਨ੍ਵੇਂ [chɪánvẽ] *adj.* ninety-six

ਛਿਆਲ਼ੀ [chɪal̤i] *adj.* same as ਛਤਾਲ਼ੀ, forty-six

ਛਿਹੱਤਰ [chɪə̀ttər] *adj.* seventy-six

ਛਿਹੱਤਰਵਾਂ [chɪə̀ttərvā̃] *adj.m.* seventy-sixth

ਛਿਹੱਤਰੀਂ [chɪə̀tterī̃] *adv.* for Rs. 76

ਛਿਹਲਟਾ [chɪhəlṭa] *n.m.* broad well with six Persian wheels installed on it

ਛਿੱਕ [chɪkk] *n.f.* same as ਨਿੱਛ, sneeze

ਛਿੱਕਣਾ [chɪkkəṇa] *v.i.* to sneeze; *dia.* see ਖਿੱਚਣਾ, to pull

ਛਿੱਕਲ਼ੀ [chɪkkəḷi] *n.f.* small cup-shaped network

ਛਿੱਕਾ [chɪkka] *n.m.* cup-shaped network with strings for fastening over animals' mouth against its damaging crops, or for hanging eatables to protect them against cats, mice or ants; tennis or badminton racket; the digit 6; same as ਛਿੱਕੀ

ਛਿੱਕੇ ਟੰਗਣਾ *con.v.* to hang up in ਛਿੱਕਾ; *fig.* to postpone indefinitely

ਛਿੱਕੀ [chɪkki] *n.f.* playing card with six pips

ਛਿੱਕੂ [chɪkku] *n.m.* small basket of reed and/or straw

ਛਿਕੋਣ [chɪkoṇ] *n.f.* hexagon

ਛਿਕੋਣਾ/ਛਿਕੋਨਾ [chɪkoṇa/chɪkona] *adj.* hexagonal, six-cornered

ਛਿੰਗ [chĩg] *n.f.* metallic toothpick

~ ਕੜਛੀ *n.f.* a tiny spoon used for cleaning ears; a set of a toothpick and an ear-cleaner

~ ਤਵੀਤ *n.m.* a combination of toothpick, ear-cleaning spoon and any charm set in silver or gold hung around the neck as an ornament

ਛਿੱਗਾ/ਛਿਗਾਲਾ [chɪgga/chɪgəla] *adj.m.* (animal) with six front teeth grown; full-grown, mature (animal)

ਛਿਗੁਣਾ [chɪguṇa] *adj.m.* sixfold, six times

ਛਿੱਛਰਾ¹ [chɪcchəra] *n.m.* a tree with large leaves used for making ਪੱਤਲ਼ and ਡੂਨਾ, *Butea frondosa*

ਛਿੱਛਰਾ²/ਛਿੱਛੜਾ [chɪcchəṛa] *n.m.* piece of congealed blood or milk, fibro-vascular shred or scrap of meat

ਛਿੱਜ [chɪjj] *v.form.* nominative of ਛਿੱਜਣਾ

ਛਿੱਜਣਾ [chɪjjəṇa] *v.i.* (for cloth) to become too thin, worn out; for its threads to become separated on washing or wearing; to be loosened, separated

ਛਿੰਝ¹ [chij] *n.f.* wrestling tournament

~ ਪਾਉਣੀ *con.v.* to arrange, hold, conduct ਛਿੰਝ; *informal ph.* to raise a quarrel; to jump around, caper, gambol, prance

ਛਿੰਝ² *v.form.* imperative of ਛਿੰਝਣਾ throw (water)

ਛਿੰਝਣਾ [chĩjəṇa] *v.t.* to throw (water) *usu.* with both hands, palms joined together

ਛਿੱਟ/ਛਿੱਟਾ [chɪṭṭ/chɪṭṭa] *n.f. / n.m.* drop, slop, splash, spatter; stain, spot made by drop or splash; blob, splotch

ਛਿੱਟਾਂ ਪਾਉਣੀਆਂ/ਛਿੱਟੇ ਪਾਉਣੇ *con.v.* to splash, spatter

ਛਿੱਟਾਂ ਪੈਣੀਆਂ/ਛਿੱਟੇ ਪੈਣੇ *con.v.* for drops to fall, rain mildly; to be smeared by ਛਿੱਟਾਂ

ਛਿਟੀ [chɪṭi] *n.f.* as ਛੜੀ²; leafless or dry plant of cotton

ਛਿੱਡੀ [chɪḍḍi] *n.f.* residue after straining *esp.* of buttermilk

~ ਕੱਢਣੀ *con.v. lit.* to separate or extract ਛਿੱਡੀ; *fig.* to press, squeeze; to beat, thrash

ਛਿਣ [chɪṇ] *n.m.* a moment, instant, trice

~ ਭਰ/~ ਪਲ/~ ਮਾਤਰ *n.m. & adv.* same as ਛਿਣ; just a moment or for a moment

~ ਭੰਗਰ *adj.* short-lived, evanescent, destructible, transient

ਛਿਣਕ [chɪṇk] *v.form.* imperative of ਛਿਣਕਣਾ

ਛਿਣਕਣਾ [chɪṇkṇa] *v.t.* same as ਛਿੜਕਣਾ, to sprinkle; to brush off, shake off, dismiss, sever relations abruptly or contemptuously; also ਛਿਣਕ ਦੇਣਾ

ਛਿਣਕਾ [chɪṇka] *n.m.* same as ਛਿੜਕਾਉ, spray

ਛਿੱਤਰ [chɪttər] *n.m.* either of a pair of shoes; a very old and worn-out shoe

~ ਖਾਣੇ *ph.* to get a shoe-beating; to suffer humiliation, disgrace

~ ਪੌਲਾ *n.m.* beating, fighting with shoes

~ ਮਾਰਨਾ *ph.* to beat with shoes, give shoe-beating; *fig.* to humiliate, disgrace, insult; to reprimand, rebuke
~ ਲਾਹ ਲੈਣਾ *ph. lit.* to take off shoes; to be prepared to beat or chastise
ਛਿੱਤਰੀਂ ਡਹਿ ਪੈਣਾ *ph.* to start beating with shoes
ਛਿੱਤਰੋ ਛਿੱਤਰੀ *adv.* fighting with shoes
ਛਿੱਤਰੋ ਛਿੱਤਰੀ ਹੋਣਾ/ਹੋ ਪੈਣਾ *ph.* to come to blows, scuffle, fight with shoes
ਛਿਤਰਾੜ/ਛਿਤਰੌਂੜ [chɪtraṛ/chɪtrɔṛ] *n.m.* shoe-beating, spanking with shoes
ਛਿਤਾਲ਼ੀ [chɪtaḷi] *adj.* same as ਛਤਾਲ਼ੀ, forty-six
ਛਿੱਥਾ [chɪttha] *adj.m.* irritated, annoyed; angry, cross; peevish, chagrined, sullen, fretful
~ ਪੈਣਾ *con.v.* to be or become ਛਿੱਥਾ
ਛਿੱਦਣਾ [chɪddəṇa] *v.i.* same as ਛਿੱਜਣਾ; to develop holes, be pierced, perforated, worn out
ਛਿਦਰ [chɪdər] *n.m.* hole, rent, slit; *fig.* defect, weakness, mistake, sin
ਛਿਦਵਾਉਣਾ [chɪdvauṇa] *v.t.* to get something perforated
ਛਿਦਵਾਈ [chɪdvai] *n.f.* process of, wages for *prec.*
ਛਿੱਦਾ [chɪdda] *adj.m.* perforated, sleazy, flimsy, worn-out, defective, with holes, porous
ਛਿੰਦਾ [chĩda] *adj.m.* naughty, spoiled (child), tomboyish, wanton
ਛਿੰਨ ਭਿੰਨ [chĩnn pinn] *adj.* scattered, dispersed, disappeared
ਛਿਪਕਲੀ [chɪpkəli] *n.f.* same as ਕਿਰਲੀ, lizard
ਛਿਪਣਾ [chɪpəṇa] *v.i.* same as ਛੁਪਣਾ, to hide; (for sun, moon) to set; also ਛਿਪ ਜਾਣਾ
ਛਿਪਦਾ[1] [chɪpda] *n.m. & adj.* west; setting (sun, moon)
ਛਿਪਦਾ[2] [chɪpəda] *n.m.* poem or hymn with six stanzas
ਛਿੱਬੀ [chɪbbi] *n.f.* women's gestures or gesticulating with hands during a quarrel
ਛਿੱਬੀਆਂ ਦੇਣਾ *con.v.* to gesticulate with hands contemptuously
ਛਿੰਬ [chĩbb] *n.m.* split green twig used for making baskets
ਛਿੰਬਣ [chĩbbəṇ] *n.m.* calico-printing
ਛਿੰਬਣਾ [chĩbbəṇa] *v.t.* toB print patterns by means of dyes
ਛਿਮਾਹੀ[1] [chɪmái] *n.f.* period of six months, half year, semester; biannually paid pay, grant or allowance
ਛਿਮਾਹੀਂ/ਛਿਮਾਹਿਆਂ/ [chɪmáĩ/chɪmáıã] *adj.f./adj.m.* half-yearly, six-monthly, biannual; *n.m./f.* prematurely born, child born after six months of conception
ਛਿਲ [chɪll] *n.f.* skin, bark, rind, peel, integument, husk, hull
~ ਲਾਹੁਣੀ *con.v.* same as ਛਿੱਲਣਾ; *fig.* to give severe beating
~ ਵਾਲ਼ਾ *adj.m.* provided with or having ਛਿੱਲ, husky
ਛਿਲਕਾ [chɪlka] *n.m.* same as ਛਿੱਲ
~ ਇਸਬਗੋਲ *n.m.* same as ਇਸਬਗੋਲ ਦਾ ਛਿਲਕਾ
ਛਿੱਲਣਾ [chɪlləṇa] *v.t.* to peel, skin, pare, to remove or scrape off ਛਿੱਲ or (as in the case of sugarcane) to remove leaves; to scratch, scrape (as wound); to shell, whittle
ਛਿਲਤ/ਛਿਲਤਰ [chɪlt/chɪltər] *n.f.* sharp fine, fibre-like piece or peel of wood or straw that pierces the flesh like thorns; a very thin sliver
~ ਚੁੱਭਣੀ/~ ਵੱਜਣੀ *con.v.* for a ਛਿਲਤ to pierce skin or flesh
ਛਿਲਵਾ [chɪlva] *v.form.* imperative of ਛਿਲਵਾਉਣਾ, get (it) peeled
ਛਿਲਵਾਉਣਾ [chɪlvauṇa] *v.t.* to get something peeled, skinned, scraped, to get (leaves of sugarcane or maize) removed; to assist in this process
ਛਿਲਵਾਈ [chɪlvai] *n.f.* process of, wages for *prec.*
ਛਿੱਲੜ [chɪllər] *n.f.* same as ਛਿੱਲ
ਛਿਲਾ [chɪla] *n.m. colloq.* see ਚਿਲਾ
ਛਿਲਾਉਣਾ [chɪlauṇa] *v.t.* same as ਛਿਲਵਾਉਣਾ

ਛਿਲਾਰੂ [chɪlaru] *n.m.* same as ਛਲਾਰੂ, young goat or sheep
ਛਿੜ [chɪṛ] *v.form.* nominative of ਛਿੜਨਾ
ਛਿੜਕ [chɪṛk] *v.form.* imperative of ਛਿੜਕਣਾ, sprinkle
ਛਿੜਕਣਾ [chɪṛkəṇa] *v.t.* to sprinkle, spray, scatter, spatter, bespatter, splash
ਛਿੜਕਵਾਉਣਾ [chɪṛkəvauṇa] *v.t.* to get (some liquid or area) sprinkled
ਛਿੜਕਵਾਈ [chɪṛkəvai] *n.f.* process or act of, wages for *prec.*
ਛਿੜਕਾਉ [chɪṛkao] *n.m.* act or process of ਛਿੜਕਣਾ, spray, sprinkle
ਛਿੜਕਾਉਣਾ [chɪṛkauṇa] *v.t.* same as ਛਿੜਕਣਾ, to spray, sprinkle; also ਛਿੜਕਾ ਕਰਨਾ
ਛਿੜਕਾਈ [chɪṛkai] *n.f.* same as ਛਿੜਕਾਉ
ਛਿੜਨਾ [chɪṛna] *v.i.* to begin, start, continue (as cough, sneeze, pain, etc.); (for war) to break out; (for animals, herd) to set out for grazing; (for dispute, discussion (etc.) to arise, begin, start
ਛਿੜਵਾ [chɪṛva] *v.form.* imperative of ਛਿੜਵਾਉਣਾ
ਛਿੜਵਾਉਣਾ [chɪṛvauṇa] *v.t.* to have (the cattle) taken out for grazing; *cf.* ਛੇੜ[1]; to have something touched; to have someone touched, disturbed, teased, provoked; *cf.* ਛੇੜ[2]
ਛਿੜਾਈ [chɪṛai] *n.f.* act of taking animals out for grazing; wages of cowherd
ਛੀ [chi] *adj.* same as ਛੇ, six
ਛੀਂ [chi] *adv.* for Rs. 6
ਛੀਏ [chie] *adj. pl.* all the six
ਛੀਹ/ਛੀਹੋ ਛੀਹ [chi/chió-chi] *interj.* expression used to induce cattle to drink water; expression used by washermen to keep rhythm while smashing clothes againt stone or wooden board
ਛੀਓੜੰਬਾ [chiórə̃ba] *n.m.* a portion of standing crop left uncut at the end of harvesting for charitable use
ਛੀਕਾ [chika] *n.m.* the digit 6
ਛੀਟ [chiṭ] *n.f.* printed calico, chintz
ਛੀ ਛੀ [chi chi] *interj.* expression of disgust or disdain; fie, tush, tut
ਛੀਟਕਾ [chiṭka] *adj.m.* slim, slender, wiry, light weight (but muscular, strong, athletic), lithe, svelte
ਛੀਂਬਾ [chiba] *n.m.* washerman, calico-printer; member of washerman caste; *fem.* ਛੀਂਬਣ
ਛੀੜ [chiṛ] *n.f.* gap in a crowd, thin crowd
~ **ਪੈਣੀ** *con.v.* (for crowd) to become thinner, thin, start dispersing
ਛੁਹ [chó] *n.f.* same as ਛੋਹ, touch
ਛੁਹਣਾ [chóṇa] *v.t.* same as ਛੋਹਣਾ, to begin
ਛੁਹਾ [chuá] *v.form.* imperative of ਛੁਹਾਉਣਾ, to cause to touch; to get to begin
ਛੁਹਾਉਣਾ [chuàuṇa] *v.t.* to cause or make to touch, bring in contact with; cf. ਛੂਹਣਾ; to get or make to begin, assist in beginning *cf.* ਛੋਹਣਾ
ਛੁਹਾਈ [chuài] *n.f.* act or process of beginning
ਛੁਹਾਰਾ [chuàra] *n.m.* dried date; ceremony of betrothal or engagement signified by having the potential groom to bite or eat a ਛੁਹਾਰਾ
~ **ਲੱਗਣਾ** *ph.* for betrothal to take place
~ **ਲਾਉਣਾ** *ph.* to betroth
ਛੁੰਗਣਾ [chũgəṇa] *v.t.* same as ਟੁੰਗਣਾ, to tuck
ਛੁਛੋਹਰਾ [chuchóra] *adj.m.* childish, puerile
ਛੁਛੋਹਰਾਪਣ [chuchórapəṇ] *n.m.* puerility, childish nature or behaviour
ਛੁੱਟ [chuṭṭ] *prep.* except, save, but, besides, barring, excepting; *v.form.* nominative of ਛੁੱਟਣਾ
~ **ਜਾਣਾ/ਛੁੱਟਣਾ** *con.v.* same as ਛੁਟਕਾਰਾ ਪਾਉਣਾ to be freed; to be omitted, overlooked or missed; to start, move, leave; to lose (job); to break loose (for animal); (for marriage contract) to be dropped, disengaged; to ejaculate, emit semen
ਛੁਟਕਾਰਾ [chuṭkara] *n.m.* escape, freedom, release, liberation, manumission, deliverance, rescue, riddance, acquital, liberty, emancipation

~ ਦਿਵਾਉਣਾ *con.v.* to secure or manage release (of)
~ ਦੇਣਾ *con.v.* to free, release, liberate, set free, set at liberty
~ ਪਾਉਣਾ/~ ਮਿਲਣਾ *ph.* to get rid of, be liberated, freed, acquitted; to get release, deliverance, emancipation

ਛੁੱਟਪਣ/ਛੁੱਟਪਣਾ [chuṭṭpəṇ/chuṭṭpəṇa] *n.m.* smallness, insignificance, *cf.* ਛੋਟਾ

ਛੁਟਪੁਟ [chuṭpuṭ] *adj.* miscellaneous, stray, sundry, common, insignificant

ਛੁੱਟ ਪੈਣਾ [chuṭṭ pɛṇa] *con.v.* to spout suddenly

ਛੁੱਟ ਮਰੋੜੀ [chuṭ mərori] *n.f.* same as ਛੱਤ-ਮਰੋੜੀ, apostrophe

ਛੁੱਟੜ [chuṭṭəṛ] *adj.f.* abandoned, divorced (woman)

ਛੁਟਾਈ [chuṭai] *n.f.* see ਛੁਟਿਆਈ, smallness

ਛੁਟਿਆ [chuṭıa] *v.form.* imperative of ਛੁਟਿਆਉਣਾ, belittle

ਛੁਟਿਆਉਣਾ [chuṭıauṇa] *v.t.* to shorten, contract, minimise; to belittle, depreciate, disparage, decry, discredit, contemn

ਛੁਟਿਆਈ [chuṭıai] *n.f.* shortness, smallness, littleness; also ਛੁਟਪਣਾ

ਛੁੱਟੀ [chuṭṭi] *n.f.* holiday, leave, vacation, furlough; discharge, dismissal; immunity, exemption, permission, license; release, acquittal
~ ਹੋ ਜਾਣੀ *ph.* for ਛੁੱਟੀ to be granted or declared; to be dismissed, service to be terminated
~ ਕਰ ਦੇਣੀ *ph.* to declare holiday; to dismiss, discharge

ਛੁਟੇਰਾ [chuṭera] *adj.m.* younger, smaller, shorter; lesser, less

ਛੁਡਾਉਣਾ [chuḍauṇa] *v.t.* same as ਛਡਾਉਣਾ, to disengage

ਛੁਣਛੁਣਾ [chuṇchuṇa] *n.m.* see ਛਣਕਣਾ, toy; *adj.m.* fidgety, restless, impatient

ਛੁਪ [chup] *v.form.* imperative of ਛੁਪਣਾ, hide

ਛੁਪਣਾ [chupəṇa] *v.i.* to hide, conceal onself, disappear, become out of sight; (for sun, moon) to set

ਛੁਪਾਉ/ਛੁਪਾ [chupao/chupa] *n.m.* hiding place or position, cover; concealment

ਛੁਪਾਉਣਾ [chupauṇa] *v.t.* to hide, conceal, cover, put out of sight, stack away, harbour, give shelter to

ਛੁਰਕਾ [churka] *n.m. dia.* see ਝੁਕਣੀ, loose motions, diarrhoea

ਛੁਰਾ [chura] *n.m.* dagger, long knife, cutlass, snickersnee
~ ਮਾਰਨਾ *con.v.* to stab

ਛੁਰੀ [churi] *n.f.* small ਛੁਰਾ; butcher's knife or chopper, kitchen knife, scalpel, knife, carver
~ ਕਾਂਟਾ *n.m.* knife and fork; cutlery

ਛੁਲ਼ਕਣਾ [chuḷkəṇa] *v.i.* same as ਛਲ਼ਕਣਾ, to overflow

ਛੁੜਕ [churk] *v.form.* nominative of ਛੁੜਕਣਾ

ਛੁੜਕਣਾ [churkəṇa] *v.t.* to slip, drop, fall (from hand)

ਛੁੜਕਾਉਣਾ [churkauṇa] *v.t.* to cause to slip, drop or fall; to cause to miss something

ਛੁੜਾਉਣਾ [churauṇa] *v.t.* see ਛਡਾਉਣਾ, to disengage

ਛੂਈ ਮੂਈ [chui mui] *n.f.* same as ਲਾਜਵੰਤੀ[2], a weed plant

ਛੂਹ [chú] *v.form.* imperative of ਛੂਹਣਾ, touch

ਛੂਹਣਾ [chúṇa] *v.t.* to touch, feel, come or be in physical contact (with); to catch (in touch-and-go game)

ਛੂਛਕ [chuchək] *n.f. colloq.* see ਸ਼ੂਸ਼ਕ, rattan

ਛੂਛਾ [chuccha] *adj.m.* empty, unfilled or partly filled (vessel); vain (person), hollow, mean

ਛੂਛੀ[1] [chucchi] *adj.f.* same as *prec.*

ਛੂਛੀ[2] *n.f.* hole in the stock of a muzzle-loading gun for keeping its ramrod in; see ਠੂਠੀ[1]

ਛੂਟ [chuṭ] *n.f.* same as ਛੋਟ; permission, licence; *colloq.* see ਸ਼ੂਟ, sprint

ਛੂਣੀ [chuṇi] *n.f. dia.* see ਚੱਪਣੀ, lid

ਛੂਤ [chut] *n.f.* contagion, contamination,

infection; untouchability
~ ਛਾਤ *n.f.* practice of untouchability as practised in classical Hinduism (but now legally banned)
~ ਛਾਤ ਮੰਨਣੀ/~ ਮਨਾਉਣੀ *con.v.* to observe ਛੂਤ ਛਾਤ
~ ਦਾ ਰੋਗ/~ ਦੀ ਬੀਮਾਰੀ *ph.* contagious or infectious disease
~ ਲਾਉਣੀ *ph.* to infect, transmit contagion or infectious disease
~ ਵਾਲ਼ੀ *adj.* contagious, infectious, contaminating, catching
ਛੂ ਮੰਤਰ [chu mə̃tər] *n.m.* surprising trick; exorcist's or juggler's trick, incantation or formula, jumble-mumble, hocus-pocus
ਛੇ [che] *adj.* six
~ ਗੁਣਾ *adj.* sixfold, six times, sextuple, sextuplex
ਛੇਓ/ਛੇਈ [cheo/chei] *adj.* all the six
ਛੇਕ [chek] *n.m.* hole, perforation, aperture, loophole, crevice, opening, fissure, cleft, bore, large puncture, pore
~ ਕਰਨਾ/~ ਕੱਢਣਾ/ਛੇਕਣਾ *con.v.* to make, bore, drill ਛੇਕ, perforate, (for ship) scuttle
ਛੇਕਣਾ [chekəṇa] *v.t.* see under *prec.*; to ostracise, excommunicate, boycott; to ignore, disown; also ਛੇਕ ਦੇਣਾ
ਛੇਕਦਾਰ [chekdar] *adj.* perforated, porous
ਛੇਕਲ਼ [chekəḷ] *adj.* with many holes, perforated
ਛੇਕੜ [chekəṛ] *n.m.* end, conclusion, termination; delay *esp.* in sowing; *adv.* at last, in the last resort, at the end, finally, ultimately; *adj.* terminal, final, ultimate, eventual; later, subsequent
ਛੇਜ [chej] *n.f. colloq.* see ਸੇਜ, bed
ਛੇਤੀ [cheti] *adv.* urgently, promptly; quickly, hastily, briskly, hurriedly, speedily; soon, shortly, presently, *n.f.* hurry, haste, urgency
~ ਕਰ *con.v.* hurry up, make haste, look sharp
~ ਕਰਨਾ *con.v.* to hurry, make haste, rush; to hasten, expedite, speed up, hie
~ ਛੇਤੀ/~ ਨਾਲ਼ *adv.* same as ਛੇਤੀ, presto
ਛੇਦ [ched] *n.m.* same as ਛੇਕ, hole
ਛੇਦਕ [chedək] *n.m.* borer, gimlet
ਛੇਦਕ ਰੇਖਾ [chedək rekha] *n.f. (geom.)* secant
ਛੇਂਬਾ [chẽba] *n.m.* die for calico-printing
ਛੇਰੜਾ [cherəṛa] *n.m. dia.* see ਬਹੁਲੀ, coagulated milk of newly calved animal
ਛੇਲਾ [chella] *n.m.* young male of goat or sheep; person employed for removing leaves from sugarcane
ਛੇਲੀ [chelli] *n.f.* young female of goat or sheep; process of harvesting and removing leaves from sugarcane to prepare it for crushing
~ ਪਾਉਣੀ *con.v.* to start process of preparing sugarcane for crushing
ਛੇਵਾਂ [chevã] *adj.m.* sixth; *fem.* ਛੇਵੀਂ
ਛੇੜ[1] [cheṛ] *n.m.* herd of cattle, drove
ਛੇੜ[2] *n.f.* provocation to quarrel, teasing, vexing, annoying, bothering; touching, fingering, meddling, tampering, tinkering, harassment; new practice, fashion or vogue; precedent turned into practice
~ ਖਾਨੀ/~ ਛਾੜ *n.f.* same as ਛੇੜ (with women) eve-teasing, molestation
~ ਖਾਨੀ ਕਰਨੀ/~ ਛਾੜ ਕਰਨੀ *con.v.* to act provokingly, tease, vex, bother, harass; to molest (women); to stir up, trouble
~ ਪਾਉਣੀ *ph.* to set precedent or to lead in ਛੇੜ, *esp.* in something undesirable
~ ਪੈਣੀ *ph.* for a ਛੇੜ to be set
ਛੇੜਨਾ [cheṛna] *v.t.* to touch, fiddle with, tinker, finger; to take out (cattle) graze; to start (song, topic, discussion, etc.); to raise, begin (struggle, war, etc.)
ਛੇੜੂ [cheṛu] *n.m.* cowherd, herdsman, drover
ਛੈਣਾ [chɛṇa] *n.m.* cymbal; *usu. pl.* ਛੈਣੇ *n.m.pl.* cymbals
ਛੈਣੇ ਖੜਕਾਉਣਾ/~ ਵਜਾਉਣਾ *con.v.* to strike or ring cymbals
ਛੈਣਾ ਮੁਰਗੀ [chɛṇa murgi] *n.f.* a Bengali sweetmeat

ਛੈਣੀ [chɛṇi] *n.f.* chisel, graver, burin

ਛੈਲ [chɛl] *adj.* handsome, beautiful, foppish, fashionable, dandyish, coxcombic

~ ਛਬੀਲਾ/~ ਬਾਂਕਾ *adj.m.* same as ਛੈਲ

ਛੈਲਾ [chɛla] *n.m.* handsome young man, a fop, dandy, coxcomb, beau

ਛੋਈ [choi] *n.f.* dry leaves covering sugarcane, similar detachable thin layer on any plant or body

~ ਲਾਹੁਣੀ *ph.* to remove ਛੋਈ, to peel; *fig.* to give a beating, thrashing

ਛੋਹ[1] [chó] *n.f.* touch, dab, tap, pat; contact, proximity, association; *cf.* ਛੂਹਣਾ

ਛੋਹ[2] *v.form.* imperative of ਛੋਹਣਾ, begin, start

ਛੋਹਣਾ [chóṇa] *v.t.* to begin, start, commence; participle ਛੋਹਿਆ, ਛੁੱਥਾ

ਛੋਹਰ [chór] *n.m.* boy, male child, son, stripling; *fem.* ਛੋਹਰੀ; *fem. dia.* ਛੋਹਿਰ, girl, lass, daughter

ਛੋਹਲ਼ਾ [chóḷa] *adj.m. colloq.* see ਸ਼ੋਹਲਾ; agile, swift

ਛੋਕਰਾ [chokra] *n.m.* boy, young lad, youngster; urchin, brat; boy servant, page; *fem.* ਛੋਕਰੀ

ਛੋਟ [choṭ] *n.f.* discount, rebate, remission, concession; exemption, condonation

~ ਕਰਨੀ/~ ਦੇਣੀ *ph.* to allow ਛੋਟ, condone, exempt

ਛੋਟਾ [choṭa] *adj.m.* small, short, young; inferior (in rank or status); younger, junior, subordinate; curt; tiny, diminutive; slight; insignificant, petty, puny trivial, trifling; brief, concise

~ ਕਰਨਾ *con.v.* to shorten, reduce, curtail; to abridge, summarise, abbreviate

~ ਜਿਹਾ *adj.m.* shortish, rather short, smallish, rather small, puny, shorty

~ ਮੋਟਾ *adj.m.* ordinary, commonplace, general; miscellaneous

~ ਰਾਹ *n.m.* shortcut

~ ਵੱਡਾ *adj.m.* big and small, young and old, everyone, all

ਛੋਟਾਈ [choṭai] *n.f.* same as ਛੁਟਿਆਈ

ਛੋਟਾਪਣ [choṭapəṇ] *n.m.* same as ਛੁਟਿਆਈ; fact or feeling of being ਛੋਟਾ, inferiority complex

ਛੋਟੂ/ਛੋਟੋ [choṭu/choṭo] *n.m. / n.f.* youngster, youngling

ਛੋਟੇ ਦਸਤਖ਼ਤ [choṭe dəstkhət] *n.m.pl.* initials

ਛੋਪ/ਛੋਪਾ [chop/choppa] *n.f. / n.m.* small pack of rolls of cotton-wool

ਛੋਪਾਂ ਪਾਉਣੀਆਂ/ਛੋਪੇ ਪਾਉਣੇ *con.v.* to spin in a group, group-spinning

ਛੋਪਲੇ [chople] *adv.* quietly, stealthily, softly, lightly

ਛੋਲਾ [cholla] *n.m.* a single grain of gram, *usu.* ਛੋਲੇ *n.m. pl.* gram (crop or grain); clotris

ਛੋਲੀਆ [cholia] *n.m.* green gram (used as fresh vegetable)

ਛੋੜਨਾ [choṛna] *v.t.* see ਛੱਡਣਾ, to leave, give up

ਛੌਂਕ [chɔ̃k] *v.form.* imperative of ਛੌਂਕਣਾ, fry

ਛੌਂਕਣਾ [chɔ̃kəṇa] *v.t.* to fry and season with spices

ਛੌਡਾ [chɔḍḍa] *n.m.* splinter, sliver

ਛੌਣਾ [chɔṇa] *v.i. colloq.* see ਛਾ ਜਾਣਾ, to pervade; *v.t. colloq.* see ਛਾਉਣਾ, to thatch

ਛੌਣੀ [chɔṇi] *n.f.* cantonment, permanent military station, camp or barracks

~ ਪਾਉਣੀ/~ ਪਾ ਲੈਣੀ *ph.* to establish a cantonment; *informal.* to stay for a long time at another's house (*usu.* as an unwanted guest, or to extract some favour, or to recover debt)

ਛੌਰਾ [chɔra] *n.m.* pile or stack of harvested plants of millets or maize stalks

ਛੌਲਦਾਰੀ [chɔldari] *n.f.* tent, open tent, or pavilion covered with tentage; same as ਸ਼ਾਮਿਆਨਾ

ਛੌੜ [chɔṛ] *n.m.* same as ਛੌਡਾ

~ ਲਾਹੁਣੇ *con.v.* to split wood

ਜ

ਜ [jəjja] *n.m.* thirteenth letter of Gurmukhi script representing the voiced, palatal plosive [j]
ਜਈ [jəi] *n.f.* see ਜਵੀ, oat
ਜਈਫ਼ [jəif] *adj.* old, infirm, weak, senile; also ਜ਼ਈਫ਼
ਜਈਫ਼ੀ [jəifi] *n.m.* old age, infirmity, weakness, senility
ਜੱਸ [jəss] *n.m.* fame, glory, renown, grandeur, good reputation, name; praise, eulogy, laudation, encomium, panegyric
~ ਕਰਨਾ *con.v.* to praise, admire, glorify, eulogise, panegyrise
~ ਖੱਟਣਾ *ph.* to earn renown, win laurels
~ ਗਾਉਣਾ *ph.* to sing praises, eulogise, pay encomium, praise
ਜਸਟਿਸ [jəstɪs] *n.m.* justice
ਜਸਤਾ [jəsta] *n.m. colloq.* see ਜਿਸਤ¹, zinc
ਜਸ਼ਨ [jəṣən] *n.m.* festivity, celebration, festival; merrymaking, revelry
~ ਸੰਬੰਧੀ *adj.* festive, festal
ਜਸਾਮਤ [jəsamət] *n.f.* mass, expanse, volume, body, bulk
ਜਸੀਮ [jəsim] *adj.* massive, bulky, big-bodied, corpulent, voluminous
ਜਸੂਸ [jəsus] *n.m.* spy, informer; detective, sleuth
ਜਸੂਸੀ [jəsusi] *adj.* detective, detecting; *n.f.* espionage, spying, espial
~ ਕਰਨਾ *con.v.* to spy (on or upon)
ਜਹੰਨਮ [jəhə̃nəm] *n.m.* hell, Hades, inferno, Sheol
~ ਰਸੀਦ *adj.* gone or consigned to hell; dead
~ ਰਸੀਦ ਕਰਨਾ *ph.* to kill
ਜਹੰਨਮੀ [jəhə̃nmi] *adj.* hellish, infernal; gone to ਜਹੰਨਮ, accursed
ਜਹਾਜ [jàj] *n.m.* ship, steamer, vessel, launch, liner; aeroplane, aircraft; also ਜਹਾਜ਼
~ ਉੱਤੇ ਚੜ੍ਹਨਾ *ph.* to go or get on board, embark, emplane, board a ਜਹਾਜ
~ ਚਲਾਉਣਾ *con.v.* to sail, steer or navigate a ship, set sail; to pilot or fly an aeroplane
~ ਦਾ ਸਫ਼ਰ *n.m.* voyage; flight
~ ਦਾ ਹਾਦਸਾ *n.m.* shipwreck; air crash
~ ਦਾ ਕਾਰਖਾਨਾ *n.m.* shipyard
ਜਹਾਜ਼ੀ ਅਮਲਾ *n.m.* crew, air crew
ਜਹਾਜ਼ੀ ਡਾਕਾ *n.m.* piracy
ਜਹਾਜ਼ੀ ਡਾਕੂ *n.m.* pirate, buccaneer
ਜਹਾਜ਼ੀ ਬੇੜਾ *n.m.* fleet; navy; armada
ਜਹਾਜਰਾਨ [jàjran] *n.m.* sailor; flier
ਜਹਾਜਰਾਨੀ [jàjrani] *n.f.* shipping; navigation
ਜਹਾਜੀ [jàji] *n.m.* sailor; flier; *adj.* connected with ships or shipping; naval, nautical
ਜਹਾਦ [jəhad/jàd] *n.m.* crusade, religious or holy war
ਜਹਾਂਦੀਦਾ [jā̀dida] *adj. lit.* (one) who has seen the world; experienced, widely travelled; worldly wise
ਜਹਾਨ [jā̀n] *n.m.* world, cosmos, universe, earth; mankind, human race, humanity
ਜਹਾਂਪਨਾਹ [jā́pənā́] *adj. lit.* refuge of the world; form of addressing a king, emperor or ruler, Your or His Majesty
ਜਹਾਂਪਰਵਰ [jəhā̃pərvər] *adj. lit.* sustainer of the world; same as *prec*
ਜਹਾਲਤ [jā́lət] *n.f.* ignorance, cultural backwardness, uncivilised state, rusticity, boorishness, crudity of living or behaviour
ਜਹਿਨੀਅਤ [jéniət] *n.f.* see ਜ਼ਿਹਨੀਅਤ
ਜਹਿਫਲ [jéphəl] *n.f.* same as ਜਾਇਫਲ, nutmeg
ਜਹਿਮਤ [jémət] *n.f.* same as ਕਸ਼ਟ, trouble; also ਜ਼ਹਿਮਤ
~ ਉਠਾਉਣੀ *ph.* same as ਕਸ਼ਟ ਕਰਨਾ, to

take the trouble
ਜਹਿਰ [jɛ́r] *n.m.* poison, venom, toxin, virus; *fig. adj.* taboo, sinful, bitter; also ਜ਼ਹਿਰ
~ ਘੋਲ਼ਨਾ *ph.* to embitter, envenom (relations)
~ ਚੜ੍ਹਨਾ *con.v.* for poison to take effect or spread
~ ਦਾ ਅਸਰ *n.m.* poisoning, toxication
~ ਦੇਣਾ *con.v.* to poison
~ ਮਾਰ *adj.* alexipharmic, prophylactic, antivenom, antitoxin, antidote
~ ਮਾਰ ਦਵਾਈ *n.f.* antitoxin, antivenom, counterpoison, antidote
ਜਹਿਰਬਾਦ [jɛ́rbad] *n.m.* carbuncle on the neck
ਜਹਿਰਮਹੁਰਾ [jɛ́rmóra] *n.m.* bezoar; a greenish colour; *adj.* greenish in colour
ਜਹਿਰੀ/ਜਹਿਰੀਲਾ [jéri/jɛ́rila] *adj. / adj.m.* poisonous, toxic, toxicant, virulent, venomous, viperous
ਜਹਿਰੀਲਾਪਣ [jɛ́rilapəṇ] *n.m.* poisonous quality or effect, poison
ਜਹੀ ਤਹੀ [jə́i tə́i] *n.f.* same as ਐਹੀ ਤਹੀ, insult
ਜਹੀਨ [jəhin/jin] *adj.* brainy, intelligent; astute, sagacious; also ਜ਼ਹੀਨ
ਜਹੁਰੀ [jɔ́ri] *n.m.* see ਜੌਹਰੀ, jeweller
ਜਹੂਰ [jùr] *n.m.* manifestation, presence, appearance; also ਜ਼ਹੂਰ
ਜਕ[1] [jək] *n.f.* disgrace, shame; disappointment, disenchantment, disillusion, disillusionment; defeat, failure; *dia.* see ਝਾਕਾ[1], hesitation
~ ਉਠਾਉਣੀ *ph.* to suffer ਜਕ
ਜੰਕਸ਼ਨ [jə̃kṣən] *n.m.* railway junction, a junction station
ਜਕਣਾ [jəkəṇa] *v.i.* same as ਝਿਜਕਣਾ, to hesitate
ਜਕੜ [jəkəṛ] *n.f.* tight grip, stranglehold; *v.form.* imperative of ਜਕੜਨਾ, to fasten
ਜੱਕੜ [jəkkəṛ] *n.m.* same as ਯੱਕੜ, yarn, tattle
ਜਕੜਨਾ [jəkəṛna] *v.t.* to tie, fasten, bind, shackle, fetter, grip or hold tightly, tighten
ਜਕੜਬੰਦ [jəkəṛbə̃d] *n.m.* shackle, gyre, manacle, fetter, tightening or tightened loop
~ ਮਾਰਨਾ *con.v.* same as ਜਕੜਨਾ
ਜਕੜਵਾਂ [jəkəṛvã] *adj.m.* tight, tightened, closely fastened
ਜਕੜਵਾਉਣਾ [jəkəṛvauṇa] *v.t.* to get something or someone tightly held, fastened, shackled, bound
ਜਕਾਤ [jəkat] *n.f.* Muhammadan version of tithe; one fortieth part of earnings given away in charity; *informal.* alms, charity; also ਜ਼ਕਾਤ
ਜਕਾਰਾ [jəkara] *n.m. colloq.* see ਜੈਕਾਰਾ, shout of victory
ਜੱਕੋ ਤੱਕਾ [jəkko təkka] *n.m.* hesitation, reluctance, dithering, procra-stination, uncertain mind, double-mindedness, vacillation, indecision, quandary, irresoluteness, ambivalence, dilemma
~ ਕਰਨਾ/~ ਵਿਚ ਪੈਣਾ *ph.* to hesitate, dither, procrastinate, be double minded, irresolute, ambivalent
ਜੱਕੋ ਤੱਕੇ ਵਿਚ *ph.* hesitating, hesitant, reluctant, reluctantly
ਜੱਖ [jəkkh] *n.m.* same as ਯੱਖ, demi-god
ਜੱਖਣਾ [jəkkhəṇa] *n.f.* existence; essence
~ ਪੱਟਣੀ *ph.* to spoil, disfigure, mar, ruin, damage
ਜਖਮ [jəkhəm] *n.m.* wound, injury, cut, slash, gash; laceration, blotch, lesion; also ਜ਼ਖ਼ਮ
~ ਤੇ ਲੂਣ ਛਿੜਕਣਾ *ph.* to add insult to injury
~ ਮਿਲ਼ਨਾ/~ ਮੌਲਣਾ *con.v.* for wound to heal up
ਜਖਮੀ [jəkhmi] *adj.* wounded, injured, lacerated, mangled, maimed
~ ਕਰਨਾ *con.v.* to wound, cut, slash, lacerate, mangle, maim; to inflict grievous injury, injure
ਜਖਾਮਤ [jəkhamət] *n.f.* voluminousness, volume, copiousness, largeness, hugeness; also ਜ਼ਖ਼ਾਮਤ
ਜਖੀਮ [jəkhim] *adj.* voluminous, copious,

big, huge; also ਜ਼ਖ਼ੀਮ
ਜਖੀਰਾ [jəkhira] *n.m.* stock, store, hoard, collection, treasure; storehouse, repository; plantation of trees; also ਜ਼ਖ਼ੀਰਾ
~ ਕਰਨਾ *con.v.* to stock, hoard, accumulate, amass
ਜਖੀਰੇਬਾਜ [jəkhirebaj] *n.m.* hoarder
ਜਖੀਰੇਬਾਜੀ [jəkhirebaji] *n.f.* hoarding
ਜੱਗ [jəgg] *n.m.* same as ਜਹਾਨ, world same as ਯੱਗ, yajna; public feast as an act of charity; jug
~ ਹਸਾਈ *n.f.* public disgrace, opprobrium, public ridicule, derision or contempt, infamy
~ ਹਸਾਈ ਹੋਣੀ *ph.* to be or become a laughing stock
~ ਬੀਤੀ *n.f.* general or common experience
ਜੰਗ[1] [jə̃g] *n.m.* wooden or metallic bell *usu.* hung around the neck of camel or elephant
ਜੰਗ[2] *n.m.* rust, also ਜ਼ੰਗ; war, hostilities, armed conflict, fighting, belligerency; battle, armed clash or fight; warfare; *fig.* any collective struggle
~ ਕਰਨੀ *con.v.* to fight, wage war, engage in war or battle, battle
~ ਛੇੜਨੀ *con.v.* to declare war (against), go to war (with), take the field (against)
~ ਦਾ ਕਾਰਨ *n.m. casus belli;* reason or motive behind war
~ ਦਾ ਮੈਦਾਨ *n.m.* battlefield, war front, theatre of war
~ ਲੱਗਣਾ *con.v.* to rust to oxidise
ਜੰਗਜੂ [jə̃gju] *adj.* martial, bellicose
ਜਗਣਾ [jəgəṇa] *v.i.* same as ਜਾਗਣਾ, to wake up; to be alight, burn, be lighted
ਜਗਤ [jəgət] *n.m* same as ਜਹਾਨ, world
~ ਪਰਸਿੱਧ *adj.* world-famous
~ ਵਿਆਪੀ *adj.* all-pervading, all pervasive, worldwide
ਜਗਦੀਸ਼/ਜਗਨਨਾਥ [jəgdish/jəgənnath] *n.m.* Lord of the world, God
ਜੰਗਬੰਦੀ [jə̃gbə̃di] *n.f.* ceasefire, armistice, truce, suspension or cessation of hostilities
ਜੰਗਬਾਜ [jə̃gbaj] *adj.* warmonger, bellicose, jingo, militant
ਜੰਗਬਾਜੀ [jə̃gbaji] *n.f.* warmongering, bellicosity, jingoism, militancy
ਜੰਗਮ [jə̃gəm] *n.m.* name of a Shaivite sect of ascetics, also of a mendicant sect; a member of these sects; anything living and moving, animate being
ਜਗਮਗ [jəgməg] *adj.* alight, bright, resplendent, radiant, glowing, shining,refulgent, sparkling
~ ਕਰਨਾ *con.v.* to be ਜਗਮਗ, to be lighted brightly
ਜਗਮਗਾਉਣਾ [jəgməgauṇa] *v.t.* to make a place resplendent
ਜਗਮਗਾਹਟ [jəgməgáṭ] *n.f.* brightness, resplendence, light, glow, refulgence
ਜੱਗਰ [jəggər] *adj.* dumb and mentally retarded; half-witted, idiotic, stupid
ਜਗਰਾਤਾ [jəgratta] *n.m.* night-long watch or vigil; keeping awake throughout the night *usu.* for group-spinning or hymn-singing
ਜੰਗਲ਼ [jə̃gəḷ] *n.m.* forest, wood, jungle; bush, scrub, brush; wilderness; *informal.* call of nature, easing oneself, excreting faeces
~ ਜਾਣਾ *ph.* to go out at the call of nature, ease oneself, defecate
~ ਪਾਣੀ *n.m.* call of nature, defecation
~ ਬਹਿਣਾ *ph.* same as ਜੰਗਲ਼ ਜਾਣਾ
~ ਵਿਚ ਮੰਗਲ *ph.* habitation, hustle and bustle or rejoicing in forest or in any unlikely place
ਜੰਗਲ਼ਾ [jə̃gəḷa] *n.m.* fence, fencing; pale, paling, palisade; railing, balustrade; lattice
ਜੰਗਲ਼ਾਤ [jə̃gḷat] *n.m. pl.* of ਜੰਗਲ਼, forests
ਜੰਗਲ਼ੀ [jə̃gḷi] *adj.* pertaining to or found in forests, forestal, forestial, wild; same as ਜਾਂਗਲ਼ੀ
~ ਗੁਲਾਬ *n.m.* eglantine, sweet briar; Australian briar, *Rosa factida*
~ ਜਾਨਵਰ *n.m.* wild animal, beast, (collectively) fauna, wild life
~ ਬਤਖ਼ *n.f.* wild duck or goose, mallard

~ ਬੂਟੀ *n.f.* herb; weed

ਜਗ੍ਹਾ [jə́ga] *n.f.* place, spot, location, locality; space, room; residence, house; dwelling; post, position, stead, situation, station, office; *adv.* instead of

ਜਗਾ [jəga] *v.form* imperative of ਜਗਾਉਣਾ

ਜਗਾਉਣਾ [jəgauṇa] *v.t.* to wake, awake, awaken, rouse from sleep; *fig.* to warn, arouse, bring to senses or action, make one realise a situation; to light, illumine, illuminate (lamp, candle, etc) to switch on (lamp or light)

ਜਗਾਤ [jəgat] *n.f.* tax, toll-tax, octroi, custom duty

~ ਲਾਉਣੀ *con.v.* to impose or levy ਜਗਾਤ

ਜੰਗਾਲ਼ [jə̃gaḷ] *n.m.* rust, verdigris, corrosion

ਜੰਗਾਲ਼ਨਾ [jə̃gaḷəṇa] *v.i.t.* to rust, oxidise, to be rusted, gather rust; also ਜੰਗਾਲ਼ ਲੱਗਣਾ

ਜੰਗਾਲ਼ਿਆ/ਜੰਗਾਲ਼ੀ ਹੋਈ [jə̃gaḷıa/jə̃gaḷi hoi] *adj.m. / adj.f.* rusted, rusty

ਜਗਾੜ [jəgaṛ] *n.m.* same as ਜੁਗਾੜ, improvisation

ਜਗਿਆਸਾ [jəgıassa] *n.f.* same as ਜਿਗਿਆਸਾ, desire to know

ਜੰਗੀ [jə̃gi] *adj.* pertaining to war, warlike, martial, military

~ ਸਾਜ਼ ਸਮਾਨ *ph.* munitions of war

~ ਸਾਧਨ *n.m.* sinews of war means of waging war

~ ਚਾਲਾਂ *n.f. pl.* tactics, tactical moves, strategy

~ ਜਹਾਜ਼ *n.m.* war-ship, war-plane, battleship, cruiser, frigate

~ ਬੇੜਾ *n.m.* armada, war-fleet, naval fleet, navy

~ ਲਾਟ *n.m.* commander-in-chief

ਜਗੀਰ [jəgir] *n.f.* fief, estate, demesne, rent-free land grant, prebend, regular cash grant for services to the state

ਜਗੀਰਦਾਰ [jəgirdar] *n.m.* fiefholder, prebendary, lord of a feudal estate, recipient of cash grant in lieu of land grant

ਜਗੀਰਦਾਰੀ [jəgirdari] *n.f.* feudalism, feudal system

ਜਗੋਟਾ [jəgoṭa] *n.m.* loincloth of plaited hair or woollen cord worn by some mendicant orders

ਜੰਘ [jə̃́g] *n.f.* leg; thigh

ਜੰਘੀ [jə̃́gi] *n.f.* handle of a plough

ਜਚ [jəc] *v.form* nominative of ਜਚਣਾ

ਜਚਗੀ [jəcgi] *n.f.* maternity, childbirth; period of confinement for delivery and convalescence thereafter; also ਜ਼ਚਗੀ

ਜਚਣਾ [jəcṇa] *v.i.t.* to be seemly, suitable, comely, well-fitting or personable; to match, suit, befit

ਜਚਵਾਂ [jəcvā̃] *adj.m.* seemly, comely, befitting, personable, appropriate,

ਜਚਵਾਉਣਾ [jəcvauṇa] *v.t.* to have something assessed, examined, estimated; *cf.* ਜਾਚਣਾ

ਜੱਚਾ [jəcca] *n.f.* woman in child birth or parturition, parturient mother, or one who has recently given birth to or delivered a child; also ਜ਼ੱਚਾ

~ ਬੱਚਾ ਸਬੰਧੀ ਵਿਗਿਆਨ *ph.* obstetrics

ਜਚਾਉਣਾ [jəcauṇa] *v.t.* same as ਜਚਵਾਉਣਾ; to make something or someone presentable or befitting

ਜੱਚਾਖਾਨਾ [jəccakhana] *n.m.* maternity home

ਜੱਜ [jəjj] *n.m.* judge, justice, magistrate

ਜੰਜ [jə̃j] *n.f.* same as ਜੰਞ

ਜਜ਼ਬ [jəzəb] *adj.* absorbed, sucked, soaked

~ ਹੋਣਾ *con.v.* to be diffused, fuse, mingle, commingle, permeate; to be incorporated, joined, annexed, engulfed

~ ਕਰਨਾ *con.v.* to absorb, assimilate, suck, annex, engulf

ਜਜ਼ਬਾ [jəzba] *n.m.* feeling, emotion, sentiment

ਜਜ਼ਬਾਤ [jəzbat] *n.m. pl.* of ਜਜ਼ਬਾ

ਜਜ਼ਬਾਤੀ [jəzbati] *adj.* emotional, sentimental, sensitive

ਜਜਮਾਨ [jəjman] *n.m.* client of a Brahmin or a bard

ਜਜਮਾਨਣੀ [jəjmanəṇi] *n.f.* a female ਜਜਮਾਨ, wife of a ਜਜਮਾਨ

ਜਜਮਾਨੀ [jəjmani] *n.f.* relation between ਜਜਮਾਨ and the Brahmin or bard; clientele

ਜੱਜਾ [jəjja] *n.m.* the letter ਜ

ਜੰਜਾਲ਼ [jə̃jal] *n.m.* entanglement, problem, involvement, difficulty, worry, botheration, complication or responsibilities of life

ਜੱਜੀ [jəjji] *n.f.* office, post, function of ਜੱਜ

ਜਜ਼ੀਆ [jəzia] *n.m.* a tax, levied by some Muslim rulers on the Hindus; *informal.* any unjust or discriminatory levy

ਜੰਜੀਰ [jə̃jir] *n.f.* chain; also ਜ਼ੰਜੀਰ

ਜਜ਼ੀਰਾ [jəzira] *n.m.* island, isle

ਜੰਜੀਰੀ [jə̃jiri] *n.f.* a lighter chain, ornamental chain

ਜੰਜੂ [jə̃ju] *n.m.* same as ਜੰਞੂ

ਜੰਞ [jə̃ñ] *n.f.* marriage party, marriage procession led by the bridegroom

~ ਘਰ *n.m.* building reserved for accommodating marriage parties

ਜੰਞੂ [jə̃ñu] *n.m.* sacred thread (worn by upper caste Hindus as mark of initiation)

ਜੱਟ [jəṭṭ] *n.m.* name of an agricultural class of northwestern India; a member of this class; farmer, agriculturist, peasant

~ ਜੱਫਾ *n.m.* stranglehold, tight grip; forcible seizure, highhandedness

~ ਬੂਟ/~ ਵਹਿੜ *n.m.* rustic, boor, yokel; an illiterate, dull, simple, unsophisticated person

ਜਟਕਾ [jəṭəka] *adj.m.* pertaining to or characteristic of a ਜੱਟ; simple, rural, rustic

~ ਹਿਸਾਬ *n.m.* rule of the thumb

~ ਨੁਸਖ਼ਾ *n.m.* nostrum, quack medicine

ਜਟਲ [jəṭəl] *adj.* same as ਜਟਿਲ, complicated

ਜੰਟਲਮੈਨ [jə̃ṭəlmɛn] *n.m.* gentleman; fop

ਜੰਟਲਮੈਨੀ [jə̃ṭəlmɛni] *n.f.* foppery

ਜਟਾ [jəṭa] *n.f.* strand of matted hair, elf-lock

~ ਜੂਟ/~ ਧਾਰੀ *adj.* (one) wearing matted hair

ਜਟਾਂ [jəṭã] *n.f. pl.* matted or tangled hair

ਜਟਿਲ [jəṭɪl] *adj.* complicated, intricate, complicate, complex, involved, tangled; difficult to analyse, solve or understand

ਜਟਿਲਤਾ [jəṭɪlta] *n.f.* complication, intricacy, complexity

ਜੱਟੀ [jəṭṭi] *n.f.* ਜੱਟ woman

ਜਟੂਰੀ [jəṭuri] *n.f.* diminutive of ਜਟਾ *usu.* pl. ਜਟੂਰੀਆਂ short matted hair

ਜਟੇਟਾ [jəṭeṭa] *n.m.* young male ਜੱਟ; *fem.* ਜਟੇਟੀ

ਜਠਾਣੀ [jəṭhaṇi] *n.f. colloq.* see ਜਿਠਾਣੀ

ਜਠੇਰਾ [jəṭhera] *n.m.* elder, an ancestor of husband's family; same as ਜੇਠ

ਜੰਡ [jə̃ḍ] *n.m.* a tree of desert region, *Prosopis specigera*

ਜਣ [jəṇ] *n.m.* same as ਜਨ; *v.form.* nominative of ਜਣਨਾ

ਜਣਦੇ [jəṇde] *n.m. pl.* same as ਮਾਪੇ, parents; *lit.* begetters

ਜਣਨ [jəṇən] *n.m.* act of giving birth, begetting, procreation, reproduction

~ ਅੰਗ *n.m.* procreative or reproductive organ(s), genitalia

~ ਅੰਗ ਰੋਗ ਵਿਗਿਆਨ *ph.* gynaecology

ਜਣਨਾ [jəṇəna] *v.t.* to give birth to, bear, deliver, beget (a child); to procreate, produce, bring forth

ਜਣਨੀ [jəṇəni] *n.f.* mother

ਜਣਾ [jəṇa] *n.m.* a person, individual; man, youngman, youth; fellow, chap; husband

~ ਖਣਾ *n.m.* any person, anyone, every Tom, Dick and Harry

ਜਣੇਪਾ [jəṇepa] *n.m.* child birth, delivery, maternity, bringing forth, begetting, parturition

ਜਤ [jət] *n.m.* celibacy, asceticism, control over passions

~ ਸਤ *n.m.* celibacy, chastity

ਜੱਤ [jətt] *n.f.* hairy growth on skin, pelage; short, heavy or dense hair; coat of wool, shag, fur, fleece

ਜੰਤ [jə̃t] *n.m.* living being, creature

ਜਤਨ [jətən] *n.m.* effort, attempt, endeavour, try; step, measure

~ -ਸੰਜਮ *n.m.* economy of effort
~ ਕਰਨਾ *con.v.* to try, attempt, endeavour, make effort, strive, take steps or measures
ਜਤਨਸ਼ੀਲ [jətənşil] *adj.* (one) making ਜਤਨ, endeavouring, attempting, trying, on the job; industrious
ਜੰਤਰ [jə̃tər] *n.m.* instrument, implement, machine, engine, apparatus, contrivance; diagram of mystical character, amulet, charm; same as ਢਿੰਵਣ, an inferior variety of rice
~ ਮੰਤਰ *n.m.* magic formula, incantation, black magic, necromancy, exorcism, sorcery; certain constructions used for astronomical study
ਜੰਤਰੀ [jə̃təri] *n.m.*same as *prec.;* practitioner of ਜੰਤਰ ਮੰਤਰ, necromancer, sorcerer, exorcist; an instrument used by goldsmiths to draw wires; alamanac, calendar *usu.* in the form of a booklet giving lunar as well as solar data and other miscellaneous information such as festival dates
ਜੱਤਲ਼ [jəttəḷ] *adj.* (one) wearing ਜੱਤ, hairy, shaggy, fleecy, hirsute
ਜਤਾ [jəta] *v.form* imperative of ਜਤਾਉਣਾ, make him/her remember
ਜੰਤਾ [jə̃ta] *n.f. colloq.* see ਜਨਤਾ, people
ਜਤਾਉਣਾ [jətauṇa] *v.t.* to make one notice, remember, realise (past favour or service) to remind; *colloq.* see ਜਿਤਾਉਣਾ
ਜਤੀ/ਜਤੀ ਸਤੀ [jəti/jəti səti] *n.m. & adj.m.* celibate, one who abstains from sexual relations; virtuous
ਜੰਤੂ [jə̃tu] *n.m.* animalcule; any living being
ਜਥਾ¹ [jətha] *n.m.* band, group, batch, company, squadron, posse, squad, party, body, cohort, contingent; gang, association, faction
ਜਥਾ² *adv. & prep.* as, as per, thus, such as, for example, according to
~ ਜੋਗ *adv.* appropriately, suitably; *adj.* appropriate, suitable, proper
ਜਥੇਦਾਰ [jəthedar] *n.m.* leader, commander of ਜਥਾ¹, group leader
ਜਥੇਦਾਰੀ [jəthedari] *n.f.* function, status, office of *prec.*
ਜਥੇਬੰਦ [jəthebə̃d] *adj.* organised, grouped, united, embodied as a working group
ਜਥੇਬੰਦਕ [jəthebə̃dək] *adj.* organisational
ਜਥੇਬੰਦੀ [jəthebə̃di] *n.f.* organisation, union, grouping
ਜਦ¹ [jəd] *n.f.* striking range or angle; also ਜ਼ਦ
ਜਦ² *adv. dia.* see ਜਦੋਂ, when
~ ਕਦ *adv.* whenever, ultimately
ਜੱਦ [jədd] *n.f.* ancestry, lineage; family; descent, breed, line, pedigree, heredity; agnate group, clan
ਜੰਦਰਾ [jə̃dəra] *n.m.* lock, padlock; also ਜੰਦਾ; an agricultural implement for making ridges in a sown field; rake
~ ਮਾਰਨਾ *con.v.* to lock; to put on a lock, to put under lock and key
ਜੰਦਰਾਲ਼ [jə̃draḷ] *n.f.* earth removed or mark left while making ridges with a rake; also ਜੰਦਰ
ਜੰਦਰੀ [jə̃dri] *n.f.* small lock
ਜੱਦੀ [jəddi] *adj.* ancestral, hereditary, lineal, patrimonial, agnatic
~ ਵੈਰ *n.m.* feud, vendetta
ਜਦੀਦ [jədid] *adj.* new, modern, recent, neoteric
ਜਦੋਂ [jədõ] *adv.* when
~ ਕਦੀ/~ ਕਦੇ/~ ਜਦੋਂ *adv.* whenever, as and when
~ ਤਾਈਂ/~ ਤੀਕ *adv.* until, till, as long as, till such time as
~ ਵੀ *adv.* whenever
ਜੱਦੋ ਜਹਿਦ [jəddo jéd] *n.f.* struggle, strife, hard endeavour, exertion; campaign, contest
ਜਨ¹ [jən] *n.m.* person, individual, people, populace, mankind; pious person, devotee
~ ਅੰਕੜੇ/~ ਸੰਖਿਆ ਅਧਿਐਨ ਜਾਂ ਵਿਗਿਆਨ *n.m. pl. / ph.* demography
~ ਸੰਖਿਆ *n.f.* population
~ ਸੰਖਿਆ ਸੰਬੰਧੀ *ph.* demographic

~ ਸਧਾਰਨ *n.m.* common people, general public, commonalty, commonality
~ ਸਮੂਹ *n.m.* multitude, mass, crowd
~ ਗਣਨਾ *n.f.* census
~ ਜਾਤੀ *n.f.* scheduled tribe, tribe, tribal people, the tribals
~ ਤੰਤਰ *n.m.* democracy
~ ਤੰਤਰੀ *adj.* democratic
ਜਨ² *n.f.* woman; also ਜ਼ਨ
~ ਮੁਰੀਦ *n.m.* henpecked husband
ਜੰਨ¹ [jə̃nn] *n.f. dia.* see ਜੰਵ
ਜੰਨ² *n.m.* suspicion, mistrust; delusion; mania, eccentricity
ਜੰਨਤ [jə̃nnət] *n.f.* paradise, heaven, elysium, Eden, garden of Eden
ਜਨਤਕ [jəntək] *adj.* same as ਜਨਤਿਕ, popular
ਜਨਤਾ [jənta] *n.f.* public, people, the masses, hoi-polloi, population, populace, citizenry
ਜਨਤਿਕ [jəntɪk] *adj.*public, popular
ਜਨਮ [jənəm] *n.m.*birth; nativity; genesis, origin; life, life-time; same as ਜੂਨ²
~ ਉਤਸਵ *n.m.* birthday celebration, birth anniversary, festival connected with birth
~ ਅਸ਼ਟਮੀ *n.f.* birth anniversary of Lord Krishna
~ ਅਸਥਾਨ/~ ਸਥਾਨ *n.m.* place of birth, birthplace
~ ਸਾਖੀ *n.f.* biography *esp.* of a holy person
~ ਕੁੰਡਲੀ *n.f.* horoscope
~ ਕੁੰਡਲੀ ਬਣਾਉਣਾ *ph.* to cast a horoscope
~ ਜਨਮਾਂਤਰ *n.m. pl.* several births (of the same soul); ages
~ ਤਾਰੀਖ਼/~ ਤਿਥੀ *n.f.* date of birth
~ ਦਰ *n.m.* birth rate
~ ਦਾਤਾ *n.m.* creator, God; founder, inventor, producer; progenitor, begetter, father
~ ਦਾਤੀ *n.f.* mother
~ ਦਿਹਾੜਾ/~ ਦਿਨ *n.m.* birthday, birth anniversary
~ ਦੇਣਾ *con.v.* to give birth to, bear, beget
~ ਧਾਰਨਾ *con.v.* to take birth, be born or incarnated
~ ਪੱਤਰੀ *n.f.* horoscope
~ ਭੂਮੀ *n.f.* motherland, fatherland, native country, native place, birthplace
~ ਮਰਨ *n.m.* life and death, birth and death; birth, death and rebirth; transmigration of soul, metempsychosis; also ਜਨਮ-ਮਰਨ ਦਾ ਚੱਕਰ
~ ਮਰਨ ਦਾ ਸਿਧਾਂਤ/~ ਮਰਨ ਦਾ ਚੱਕਰ *ph.* transmigration, transmigration of soul, metempsychosis, the cycle of birth, death and rebirth
~ ਮਿਤੀ *n.f.* date of birth
ਜਨਮਣਾ [jənəmṇa] *v.i.* to be born, to take birth, to be incarnated; also ਜਨਮ ਲੈਣਾ
ਜਨਰਲ [jənrəl] *n.m.* same as ਜਰਨੈਲ, general
ਜਨਵਰੀ [jənvəri] *n.f.* January
ਜਨਾਹ [jəná] *n.m.* adultery, fornication; rape; also ਜ਼ਨਾਹ
ਜਨਾਹੀ [jənái] *n.m.* adulterer, fornicator; also ਜ਼ਨਾਹੀ
ਜਨਾਜ਼ਾ [jənaza] *n.m.* bier, hearse; funeral procession
~ ਉੱਠਣਾ/~ ਨਿਕਲ੍ਹਣਾ *con.v.* for ਜਨਾਜ਼ਾ to be carried to cemetry; *fig.* to die
~ ਕੱਢਣਾ *con.v.* to take out funeral procession; *informal.* to destroy, ruin, waste
ਜਨਾਨਖਾਨਾ [jənankhana] *n.m.* women's apartments, harem; also ਜ਼ਨਾਨਖ਼ਾਨਾ
ਜਨਾਨਾ [jənana] *adj.* effeminate; pertaining to woman, female, feminine; *n.m.* women collectively; same as *prec;* also ਜ਼ਨਾਨਾ
ਜਨਾਨੀ [jənani] *n.f.* woman; wife, also ਜ਼ਨਾਨੀ
~ ਰਾਜ *n.m.* petticoat government
ਜਨਾਬ [jənab] *adj.* honoured, honourable; *n.m.* honorific term used with name as in ਜਨਾਬ (name), honourable or respected Mr. so and so; or without name as *pron.* you, your highness, etc; or as equivalent of 'sir' while responding to call or conversation as in ਹਾਂ ਜਨਾਬ-yes, sir
ਜਨੂਨ [jənun] *n.m.* mania, frenzy, insanity,

lunacy; fad, eccentricity, obduracy, passion

ਜਨੂਨੀ [jənuni] *adj.* maniac, insane, lunatic; crackpot; eccentric; obdurate, passionate

ਜਨੂਬ [jənub] *n.m.* south

ਜਨੂਬੀ [jənubi] *adj.* southern

ਜਨੇਊ [jəneu] *n.m.* same as ਜੰਞੂ

ਜਨੇਤ [jənet] *n.f.* same as ਜੰਞ

ਜਨੌਰ [jənɔr] *n.m.* same as ਜਾਨਵਰ; bird; also ਜਨਾਵਰ

~ **ਕਥਾ** *n.f.* fable; bestiary

ਜਪ [jəp] *v.form* of ਜਪਣਾ, meditate, repeat; *n.m.* recitation or silent repetition of God's name, mystical formula or prayer; see ਜਪੁ

~ **ਤਪ** *n.m.* austerities and meditation, ascetic discipline or practices; devotion and prayer

~ **ਮਾਲ਼ਾ**/~ **ਮਾਲੀ** *n.f.* rosary

ਜਪਣਾ [jəpəṇa] *v.i.* to repeat ਜਪ mentally or orally in low tone; to tell one's beads

ਜਪਣੀ [jəpəṇi] *n.f.* rosary

ਜੰਪਰ [jə̃ppər] *n.m.* jumper (women's shirt)

ਜਪਾਉਣਾ [jəpauṇa] *v.t.* to make one pray or to assist one in prayer

ਜਪਾਨ [jəpan] *n.m.* Japan

ਜਪਾਨੀ [jəpani] *adj.* Japanese; *n.m.*a native of ਜਪਾਨ or person of Japanese origin, a Japanese; *n.f.* Japanese language

ਜਪੀ [jəpi] *n.m.* worshipper, one regular in ਜਪ

~ **ਤਪੀ** *adj. & n.m.* an ascetic, worshipper, holy man

ਜਪੁ [jəp] *n.m.* a devotional composition recited by Sikhs *usu.* as early morning prayer; also ਜਪੁਜੀ

ਜਫਰ [jəphər] *n.m.* suffering, hardship, privation, misery, woe, trouble, torment, distress

~ **ਜਾਲਣਾ** *con.v.* to undergo, suffer ਜਫਰ

ਜੱਫਲ਼ [jəpphəḷ] *adj.* (game) involving ਜੱਫਾ

ਜਫਾ [jəpha] *n.f.* atrocity, cruelty, oppression, tyranny, brutality, persecution, an act of oppression, torture; also ਜਫ਼ਾ

~ **ਕਰਨਾ** *con.v.* to inflict, commit or perpetrate atrocities

ਜੱਫਾ [jəppha] *n.m.* tight grip, clasp, hold with both arms extended around a body, body-clasp; embrace

~ **ਪਾਉਣਾ**/~ **ਮਾਰਨਾ** *con.v.* to clasp, hold with both arms; *fig.* to cling to, assert possession, possess avariciously, forcibly or illegally

ਜਫਾਕਸ਼ [jəphakəṣ] *adj.* perpetrator of ਜਫਾ; oppressor, tyrant; also ਜਫ਼ਾਕਸ਼

ਜਫਾਕਸ਼ੀ [jəphakəṣi] *n.f.* same as ਜਫਾ

ਜੱਫੀ [jəpphi] *n.f.* same as ਜੱਫਾ; affectionate or passionate embrace, hug, cuddle

~ **ਪਾਉਣੀ**/~ **ਵਿਚ ਲੈਣਾ** *con.v.* to embrace, hug, cuddle

ਜੱਫੋ ਜੱਫੀ [jəppho jəpphi] *adj.adv.* same as ਗੁੱਥਮ ਗੁੱਥਾ, locked into scuffle of hand-to-hand fight

ਜਬਤ [jəbət] *n.m.* discipline, control; self-control, restraint; patience *adj.* forfeit, forfeited, impounded, confiscated, attached, seized; resumed (grant, etc.); also ਜ਼ਬਤ

~ **ਕਰਨਾ** *con.v.* to forfeit, impound, attach, confiscate, seize; resume

~ **ਰੱਖਣਾ** *con.v.* to exercise or to maintain discipline, control or self-control

ਜਬਤੀ [jəbəti] *n.f.* forfeit, forfeiture, attachment, confiscation, seizure, resumption

ਜਬਰ¹ [jəbər] *n.f.* vowel symbol representing /a/ or /ə/ in Persian script, placed above the letter; also ਜ਼ਬਰ

ਜਬਰ² *n.m.* force, coercion, compulsion, violence, oppression, persecution, tyranny, cruelty, repression, atrocity

~ **ਕਰਨਾ** *con.v.* to coerce, oppress, persecute, tyrannize, repress; to commit atrocities, use brute force

~ **ਜੰਗ** *adj.* forceful, powerful, strong

~ **ਜਨਾਹ** *n.m.* rape

ਜਬਰਦਸਤ [jəbərdəst] *adj.* powerful, strong, forceful, mighty, great, dominating; oppressive, domineering, high-handed, over bearing; also ਜ਼ਬਰਦਸਤ

ਜਬਰਦਸਤੀ *n.f.* oppression, violence, use of force, high-handedness; *adv.* by force, forcibly, forcedly

~ ਕਰਨਾ *con.v.* to use force, act or take by force; to oppress, tyrannise, bully

ਜਬਰਨ [jəbrən] *adj.* by force, forcibly, unjustly, illegally

ਜਬਰਾਈਲ [jəbrail] *n.m.* Gabriel

ਜਬਰੀ [jəbri] *adj.* forced, compulsory; *adv.* same as ਜਬਰਨ

~ ਭਰਤੀ *n.f.* conscription, draft, levy, compulsory enrolment

~ ਭਰਤੀ ਕਰਨਾ *ph.* to conscript, draft, levy

~ ਭਰਤੀ ਕੀਤਾ ਹੋਇਆ ਸਿਪਾਹੀ *ph.* conscript

~ ਮੰਗ *n.f.* extortion, exaction; same as ਲੁੱਟ

ਜਬੜਾ [jəbṛa] *n.m.* same as ਜਬਾੜਾ, jaw, jaw-bone

ਜਬ੍ਹਾ¹ [jə̀ba] *adj.* slaughtered, killed, butchered *esp.* in the Muslim way; also ਜ਼ਬ੍ਹਾ

~ ਕਰਨਾ *con.v.* to slaughter, kill, butcher, hack to death

ਜਬ੍ਹਾ² *n.m.* authoritative effect of personality, authority, sway, awe, dominating influence; dignity, grandeur

ਜਬ੍ਹੇ ਵਾਲਾ [jə̀be vaḷa] *adj.m.* (for person) authoritative, august, awe-inspiring, having dominating or domineering personality, grand

ਜਬਾਨ [jəban] *n.f.* tongue; language; promise; also ਜ਼ਬਾਨ

~ ਹਿਲਾਉਣੀ *ph.* to speak up; to ask for something; to wag one's tongue

~ ਕਰਨੀ *ph.* to promise, give one's word

~ ਖੋਲ੍ਹਣੀ *ph.* to speak up, loose one's tongue

~ ਚਲਾਉਣੀ *ph.* to indulge in loose talk, talk too much, wag one's tongue, chatter, jabber; to talk insolently, rudely or defiantly

~ ਦਰਾਜ਼ੀ *n.f.* insolence, rudeness, impertinence

~ ਦੇਣੀ *ph.* same as ਜਬਾਨ ਕਰਨੀ

ਜਬਾਨਦਾਨ [jəbandan] *adj.* linguist, language expert, philologist; also ਜ਼ਬਾਨਦਾਨ

ਜਬਾਨਦਾਨੀ [jəbandani] *n.f.* thorough knowledge of language(s), linguistics, philology

ਜਬਾਨਬੰਦੀ [jəbanbə̃di] *n.f.* ban on speaking or expressing one's views by speech or writing

ਜਬਾਨੀ [jəbani] *adv.* orally, verbally; mentally; by word of mouth

~ ਕਲਾਮੀ *adv.* by mere words (and not through action), insincerely

~ ਜਮ੍ਹਾ ਖ਼ਰਚ *ph.* mere talk

ਜਬਾਰ [jəbar] *adj.* powerful, strict, exacting, harsh; an attribute of God according to Islamic belief; *cf.* ਜਬਰ²

ਜਬਾੜਾ [jəbaṛa] *n.m.* jaw, jaw-bone, jowl

ਜੰਬੂਰ [jə̃bur] *n.m.* same as ਜਮੂਰ, pliers

ਜੰਬੂਰਚੀ [jə̃burci] *n.m.* cannoneer

ਜੰਬੂਰਾ [jə̃bura] *n.m.* a light cannon; also ਜ਼ੰਬੂਰਾ

ਜੱਬੋਲੋਟਾ [jəbboloṭṭa] *n.m.* same as ਜਮਾਲਗੋਟਾ, croton

ਜਮ [jəm] *n.m.* messenger of death; god of death, yama; also ਜਮਕਾਲ; death

ਜੰਮ [jə̃mm] *adj.* native (of), born (in); *v.form.* nominative of ਜੰਮਣਾ

~ ਜੰਮ *adv.* by all means, welcome

ਜਮਹੂਰ [jəmhur] *n.m.* republic, democracy; democratic state or republic

ਜਮਹੂਰੀ [jəmhuri] *adj.* democratic, republican

ਜਮਹੂਰੀਅਤ [jəmhuriət] *n.f.* democracy, republicanism

ਜਮਹੂਰੀਆ [jəmhuria] *n.m.* same as ਜਮਹੂਰ

ਜਮਘਟਾ [jəmkə̀ṭa] *n.m.* crowd, throng, multitude, large assemblage

ਜੰਮਣਘੁੱਟੀ [jə̃mmənkùṭṭi] *n.f.* same as ਗੁੜ੍ਹਤੀ; tonic for infants

ਜੰਮਣਾ [jə̃mməṇa] *v.i.* to take birth, be born; to take root, sprout, germinate; *v.t.* to give birth (to), bear, beget; procreate; to freeze, condense; to congeal, coagulate, curdle; to set, settle

ਜੰਮ ਖਲੋਣਾ/ਜਮ ਜਾਣਾ/ਜਮੇ ਰਹਿਣਾ *con.v.* to stand up to, stand pat, face squarely, firmly, steadfastly or tenaciously, be or remain firm

ਜਮਦੂਤ [jəmdut] *n.m.* messenger of death

ਜਮਨਾ [jəmna] *n.f.* the river of Yamuna

ਜਮਨਾਸਟਿਕ [jəmnasṭɪk] *n.m.* gymnastics

ਜਮਨੇਜ਼ੀਅਮ [jəmneziəm] *n.m.* gymnasium

ਜਮਪਲ਼ [jəmpəḷ] *adj.* native, born and brought up, resident, domiciled

ਜਮਪੁਰੀ [jəmpuri] *n.f.* same as ਜਮਲੋਕ

ਜਮਰਾਜ [jəmraj] *n.m.* god of death, equivalent of Pluto

ਜਮਲੋਕ [jəmlok] *n.m.* infernal region, inferno, Hades, hell, Sheol

ਜਮ੍ਹਾਂ [jə́mã] *n.f.* addition, total, sum, deposit, sum total; accumulation; *adj.* collected, gathered, assembled accumulated, saved, stored, deposited; cumulative, brought together.

~ **ਹੋਣਾ** *con.v.* to collect, gather, assemble, get together; to accumulate, increase, pile up; to add, add up, be accumulated or saved

~ **ਕਰਨਾ** *con.v.* to collect, gather, bring together; to add, add up; to save, accumulate, deposit, pile up, hoard

~ **ਕਰਵਾਉਣਾ**/~ **ਕਰਾਉਣਾ** *con.v.* to deposit; to assist in collecting, gathering, adding

~ **ਕਰਾਉਣ ਵਾਲਾ** *ph.* depositor

~ **ਖਰਚ** *n.m.* accounting, calculation; *lit.* collection and expenditure

~ **ਖਾਤਾ** *n.m.* deposit account

~ **ਬੰਦੀ** *n.f.* official record of land holdings, cadastre

ਜਮਾਉ [jəmau] *n.m.* condition or degree of freezing, freeze, coagulation, congealment; stability, steadfastness; congealability, solidification; process of child birth; also ਜਮਾ

~ **ਦਰਜਾ** *n.m.* freezing point

ਜਮਾਉਣਾ [jəmauṇa] *v.t.* to freeze, congeal, coagulate or curdle; to set (milk) to curdle; to assist in child birth or foaling

ਜਮਾਊ [jəmau] *adj.* freezer, coagulator

ਜਮਾਇਣ [jəmaɪṇ] *n.f.* rennet, coagulant

ਜਮਾਤ [jəmat] *n.f.* class, form, grade (in schools); social group, party, community, society; assemblage, congregation

ਜਮਾਤਬੰਦੀ [jəmatbə̃di] *n.f.* classification

ਜਮਾਤੀ [jəmati] *n.m.* classfellow, classmate; *adj.* pertaining to ਜਮਾਤ

~ **ਘੋਲ਼** *n.m.* class struggle

ਜਮਾਂਦਰੂ [jəmãdru] *adj.* congenital, innate, inbred, inborn, since birth, born; natural

~ **ਹੱਕ** *n.m.* birth right

ਜਮਾਦਾਰ [jəmadar] *n.m.* a junior commissioned military rank in India and Pakistan, (now ਨਾਇਬ ਸੂਬੇਦਾਰ in India); mate, supervisor of labour gang or squad; scavenger, sweeper

ਜਮਾਦਾਰਨੀ [jəmadarni] *n.f.* wife of ਜਮਾਦਾਰ; a female scavenger

ਜਮਾਦਾਰੀ [jəmadari] *n.f.* rank, post, job of ਜਮਾਦਾਰ

ਜਮਾਨਤ [jəmanət] *n.f.* bail, surety, security, pledge, guarantee, guaranty; also ਜ਼ਮਾਨਤ

~ **ਦੇ ਕੇ ਨੱਸ ਜਾਣਾ** *ph.* to jump bail, abscond while on bail

~ **ਦੇਣੀ** *con.v.* to bail, bail out, stand or go bail (for), be surety (for), guarantee, under-write

ਜਮਾਨਤਨਾਮਾ [jəmanətnama] *n.m.* bail bond

ਜਮਾਨਤਯੋਗ [jəmanətyog] *adj.* bailable (offence)

ਜਮਾਨਤੀ/ਜਮਾਨਤੀਆ [jəmanti/jəmantia] *n.m.* one who stands bail, surety; also ਜ਼ਾਮਨ

ਜਮਾਨਾ [jəmana] *n.m.* time, age, period; world, society; circumstances; also ਜ਼ਮਾਨਾ

ਜਮਾਨੇਸਾਜ [jəmanesaj] *adj.* time-server, temporiser, worldlywise, prudent; disingenuous, clever, cunning; inconstant, fickle; also ਜ਼ਮਾਨਾਸਾਜ਼

ਜਮਾਨੇਸਾਜੀ [jəmanesaji] *n.f.* quality to act according to the needs of the time, prudence, expediency, temporization; also ਜ਼ਮਾਨਾਸਾਜ਼ੀ

ਜਮਾਬੰਦੀ [jəmabə̃di] *n.f.* see ਜਮ੍ਹਾਂਬੰਦੀ under ਜਮ੍ਹਾ

ਜਮਾਲ [jəmal] *n.m.*elegance, beauty, radiance (of person or personality)

ਜਮਾਲਗੋਟਾ [jəmalgoṭṭa] *n.m.* croton, *Croton tiglium;* its nut or bean used as a strong purgative

ਜਮੀਅਤ [jəmiət] *n.f.* organised group or gathering

ਜਮੀਂਦਾਰ [jəmĩdar] *n.m.* see ਜ਼ਿਮੀਂਦਾਰ

ਜਮੀਨ [jəmin] *n.f.* the earth; land; terra, soil, ground; base; foundation; fields, landed property; (in embroidery, painting, etc.) main surface, background; also ਜ਼ਮੀਨ

~ ਅਸਮਾਨ ਦਾ ਫ਼ਰਕ *ph.* a world of difference

ਜਮੀਨਦੋਜ [jəmindoj] *adj.* underground, subterranean; also ਜ਼ਮੀਨਦੋਜ਼

ਜਮੀਨੀ [jəmini] *adj.* pertaining to ਜਮੀਨ, terrestrial, earthly; landed, praedial

~ ਨਿਸ਼ਾਨ *n.m. usu. pl.* landmarks, topographical features

ਜਮੀਮਾ [jəmima] *n.m.*appendix, annexure, supplement; also ਜ਼ਮੀਮਾ

ਜਮੀਰ [jəmir] *n.f.* conscience; ethical sense; also ਜ਼ਮੀਰ

~ ਦੇ ਖ਼ਿਲਾਫ਼ *ph.* unconscionable

ਜੰਮੂ [jə̃mmu] *n.m.* name of a town in North India; *colloq.* see ਜਾਮਨ[2]

ਜਮੂਰ [jəmur] *n.m.* pliers, pincers; forceps

ਜਮੂਰਾ [jəmura] *n.m.* juggler's assistant, apprentice or factotum; *colloq.* see ਜੰਬੂਰਾ

ਜਯੰਤੀ [jəyə̃ti] *n.f.* same as ਜਨਮ-ਦਿਨ, birthday, birth anniversary

ਜਰ[1] [jər] *n.m.* gold; *fig.* wealth, riches, yellow metal; same as ਬੁਢੇਪਾ; weakness, decay; *dia.* see ਜੰਗਾਲ਼, rust; also ਜ਼ਰ

~ ਖਰੀਦ *adj.* purchased, boughten; acquired or self-earned as against inherited (property)

ਜਰ[2] *v.form.* imperative of ਜਰਨਾ, endure

ਜਰਸੀ [jərsi] *n.f.* jersey, pullover, cardigan; sweater

ਜਰਕ [jərk] *n.f.* sound of something tearing apart; cut, slit, rent (in cloth); jerk

ਜਰਖੇਜ [jərkhej] *adj.* fertile, productive (land); also ਜ਼ਰਖੇਜ਼

ਜਰਖੇਜੀ [jərkheji] *n.f.* fertility, productivity; productiveness

ਜਰਜਰਾ [jərjəra] *adj.m.* decayed, decrepit, fragile, flimsy, worn-out, threadbare

ਜਰਦ [jərd] *adj.* yellow; pale; also ਜ਼ਰਦ

ਜਰਦਾ [jərda] *n.m.* powdered tobacco

~ ਪੁਲਾ *n.m.* fried and boiled rice yellow in colour

ਜਰਦਾਲੂ [jərdalu] *n.m.* same as ਖ਼ੁਰਮਾਨੀ, apricot

ਜਰਦੀ [jərdi] *n.f.* yellowness, paleness, yellow colour or tinge; yolk

ਜਰਨਲ [jərnəl] *n.m.* journal

ਜਰਨਲਿਸਟ [jərnəlɪsṭ] *n.m.* journalist

ਜਰਨਲਿਜ਼ਮ [jərnəlɪzm] *n.m.* journalism

ਜਰਨਾ [jərna] *v.t.* to bear, endure, sustain, suffer, tolerate, undergo with patience

ਜਰਨੈਲ [jərnɛl] *n.m.* a general

ਜਰਬ [jərb] *n.f.* multiplication; bruise, abrasion, minor injury, hurt; beat or blow (as on a drum); rubbing, friction (as on a string instrument); *fig.* loss, damage; *adv.* multiplied by, into; also ਜ਼ਰਬ

~ ਆਉਣੀ/~ ਲੱਗਣੀ *v.t.* to bruise, abrade, cause ਜਰਬ; to give a beat (on drum), rub a string with bow

~ ਦੇਣੀ *v.t.* to multiply

ਜਰਮ [jərm] *n.m.* germ, bacillus (*pl.* bacilli), bacteria, micro-organism; *colloq.* see ਜਨਮ

~ ਨਾਸ਼ਕ *adj.* germicide

ਜਰਮਨ [jərmən] *n.m.* German (citizen); *n.f.* German (language); *adj.* pertaining to Germany, Germanic, German

ਜਰਮਨੀ [jərməni] *n.m.* Germany; *adj.* same as ਜਰਮਨ

ਜਰਵਾਣਾ [jərvaṇa] *n.m.* tyrant, oppressor, mighty, powerful, persecutor; invader

ਜਰਾ [jəra] *adv.* a little, a bit; also ਜ਼ਰਾ

~ ਕੁ *adj. & adv.* just a little, just a bit, somewhat; same as ਬੁਢੇਪਾ; weakness, decay

~ ਭਰ/~ ਮਾਸਾ *adj.* a little (quantity)

ਜੱਰਾ [jərra] *n.m.* particle, speck, mote,

(as of dust); atom, molecule; also ਜ਼ੱਰਾ

ਜਰਾਇਤ [jəraɪt] *n.f.* agriculture, farming or cultivation of land; also ਜ਼ਰਾਇਤ

~ **ਪੇਸ਼ਾ** *adj.* agriculturist

ਜਰਾਇਤੀ [jəraɪti] *adj.* agricultural

ਜਰਾਇਮ [jəraɪm] *n.m. pl.* of ਜੁਰਮ

~ **ਪੇਸ਼ਾ** *adj.* criminal (tribe), habitual criminal; *lit.* one for whom crime is career

ਜਰਾਸੀਮ [jərasim] *n.m.* same as ਜਰਮ, germ

ਜੱਰਾਹ [jərrá] *n.m.* surgeon

ਜੱਰਾਹੀ [jərrái] *n.f.* surgery

ਜਰਾਂਦ [jərãd] *n.f.* tolerance, patience, forbearance; *cf.* ਜਰਨਾ

ਜੱਰਾਨਿਵਾਜ [jərranɪvaj] *adj.* benevolent, cherisher or sustainer of the poor and the meek; also ਜ਼ੱਰਾਨਿਵਾਜ਼

ਜੱਰਾਨਿਵਾਜੀ [jərranɪvaji] *n.f.* benevolence, kindness towards the weak, meek and poor; also ਜ਼ੱਰਾਨਿਵਾਜ਼ੀ

ਜਰਾਫ਼ [jəraf] *n.m.* giraffe

ਜਰਾਬ [jərab] *n.f.* one of a pair of socks or stockings

ਜਰੀ [jəri] *n.f.* cloth, intervowen or embroidered with golden or silver thread, brocade; also ਜ਼ਰੀ

ਜਰੀਆ [jəria] *n.m.* means, wherewithal, way; method; source, resource; also ਜ਼ਰੀਆ

ਜਰੀਆਨ [jərian] *n.m.* same as ਧਾਤ, a seminal disorder

ਜਰੀਦਾਰ [jəridar] *adj.* interwoven or embroidered with golden or silver thread

ਜਰੀਫ [jərif] *adj.* humorous, jocular, jovial, of joking, jesting nature, also ਜ਼ਰੀਫ਼

ਜਰੀਬ [jərib] *n.f.* chain for measuring land or distance; a standard unit of length 22 yards long (20 metres)

ਜਰੀਬਕਸ਼ [jəribkəṣ] *n.m.* person or official who measures land with a ਜਰੀਬ

ਜਰੂਰ [jərur] *adv.* surely, positively, certainly, of course, doubtlessly, necessarily, essentially; also ਜ਼ਰੂਰ

~ **ਬਰ** ~ *ph.* most certainly, without fail

ਜਰੂਰਤ [jərurət] *n.f.* need, necessity, want, requirement, also ਜ਼ਰੂਰਤ

ਜਰੂਰਤਮੰਦ [jərurətmə̃ḍ] *adj.* needy, (one) without means or in need

ਜਰੂਰੀ [jəruri] *adj.* necessary, compulsory, binding; urgent, important, essential, vital, obligatory, peremptory, imperative; also ਜ਼ਰੂਰੀ

~ **ਸ਼ਰਤ** *n.f.* essential condition, *sine qua non*

~ **ਛੁੱਟੀ** *n.f.* casual leave

ਜਲ [jəl] *n.m.* water, aqua

~ **ਸਬੰਧੀ** *adj.* watery, aqueous

~ **ਸੈਨਾ** *n.f.* navy, naval force

~ **ਕਰ** *n.m.* water rate, water tax

~ **ਕੁੱਕੜ** *n.m.* water-fowl, water-hen, black coot

~ **ਘਰ** *n.m.* waterworks

~ **ਘੜੀ** *n.f.* waterclock, clepsydra

~ **ਚਕਿਤਸਾ** *n.f.* hydropathy, hydrotherapy

~ **ਜੰਤੂ**/~ **ਜੀਵ** *n.m. pl.* aquatic life, aquatic animals

~ **ਤਰੰਗ** *n.f.* wave, ripple, billow; *n.m.* a musical instrument comprising cups filled with water and struck to produce different notes

~ **ਤਲ** *n.m.* water level

~ **ਤ੍ਰਾਸ/ਤਰਾਸ** *n.m.* hydrophobia

~ **ਥਲ** *n.m.* inundation, flood

~ **ਥਲੀ ਜੀਵ ਜੰਤੂ** *ph.* amphibian life

~ **ਧਾਰਾ** *n.f.* current of water, water current

~ **ਨਿਕਾਸ** *n.m.* sewerage, sluice; dewatering

~ **ਪਰਬੰਧ** *n.m.* water supply; water management

~ **ਪਰਵਾਹ** *n.m.* water current; flow of water; casting something *esp.* dead body in water to be carried away by the current

~ **ਪਰਵਾਹ ਕਰਨਾ** *ph.* to float or cast something *esp.* dead body in running water

~ **ਪਾਣੀ** *n.m.* refreshment, light repast

~ **ਬੰਬ** *n.m.* tarpedo, depth charge

~ **ਮਾਰਗ** *n.m.* waterway; sea route

~ **ਵਾਯੂ** *n.m.* climate

~ **ਵਾਯੂ ਸਬੰਧੀ** *adj.* climatic

ਜਲ਼ [jəḷ] *v.form.* nominative of ਜਲ਼ਨਾ
~ ਜਾਣਾ *con.v.* same as ਸੜਨਾ, to burn, be burnt
ਜਲਸਾ [jəlsa] *n.m.* meeting, rally; concert, function; conference
ਜਲਜਲਾ [jəljəla] *n.m.* same as ਭੁਚਾਲ਼, earthquake; also ਜ਼ਲਜ਼ਲਾ
ਜਲਣਾ [jəlṇa] *v.i.* see ਸੜਨਾ
ਜਲਤੋਰੀ [jəltori] *n.f. slang.* fish
ਜਲਦਬਾਜ [jəldbaj] *adj.* prone to hasty decision or action; reckless, brash, impetuous, rash; also ਜਲਦਬਾਜ਼
ਜਲਦਬਾਜੀ [jəldbaji] *n.f.* tendency or habit to act in hurry, hastiness; recklessness, brashness, rashness, impetuosity; also ਜਲਦਬਾਜ਼ੀ
ਜਲੰਧਰ [jələ̃dər] *n.m.* name of a city in the Punjab, formerly spelt as Jullundhur, now Jalandhar
ਜਲ਼ਨ [jəḷn] *n.f.* burning sensation; envy, jealousy
ਜਲ਼ਨਸ਼ੀਲ [jəḷnṣil] *adj.* combustible, inflammable
ਜਲ਼ਨਸ਼ੀਲਤਾ [jəḷnṣilta] *n.f.* combustibility, flammability, inflammability
ਜਲ਼ਨਾ [jəḷna] *v.i.* same as ਸੜਨਾ, to burn
ਜਲਵਾ [jəlva] *n.m.* splendour, glitter, resplendence, refulgence, glow; grace, pleasing glimpse or sight
~ ਅਫਰੋਜ *adj.* present, gracing the occasion; also ਜਲਵਾ ਅਫ਼ਰੋਜ਼
ਜਲ਼ਵਾਉਣਾ [jəḷvauṇa] *v.t.* same as ਸੜਵਾਉਣਾ, to get something burnt
ਜਲ਼ਾਉਣਾ [jəḷauṇa] *v.t.* same as ਸਾੜਨਾ, to burn
ਜਲਾਦ/ਜੱਲਾਦ [jəlad/jəllad] *n.m.* executioner, hangman; a merciless, cruel person; an assassin
ਜਲਾਦਪੁਣਾ/ਜਲਾਦੀ [jəladpuṇa/jəladi] *n.m.* / *n.f.* function or career of ਜਲਾਦ
ਜਲ਼ਾਪਾ [jəḷapa] *n.m.* same as ਸਾੜਾ, an instance of burning, burning sensation, jealousy
ਜਲਾਲ [jəlal] *n.m.* glow, majesty, grandeur, dignity, awe-inspiring appearance

ਜਲਾਲਤ [jəlalət] *n.f.* humiliation, disgrace, dishonour, ignominy, shame, mortification, degradation; also ਜ਼ਲਾਲਤ
ਜਲਾਵਤਨ [jəlavətən] *adj.* exiled, expelled from native land
ਜਲਾਵਤਨੀ [jəlavətni] *n.f.* exile, expulsion or long separation from one's native country
~ ਸੰਬੰਧੀ *adj.* exilic
ਜੱਲੀ [jəlli] *n.f.* ecstatic dancing, rapturous frolic, gambol, prance
~ ਪਾਉਣੀ *con.v.* to dance ecstatically
ਜਲੀ ਕਟੀ [jəli kəṭi] *adj. & n.f.* sarcastic remarks or talk, abusive (remark)
~ ਸੁਣਾਉਣਾ *v.i.* to pass sarcastic remarks, to talk abusively, angrily or sarcastically
ਜਲੀਲ [jəlil] *adj.* disgraced, dishonoured, humiliated, mortified, ignominious; also ਜ਼ਲੀਲ
~ ਕਰਨਾ *con.v.* to humilitate, disgrace, dishonour, mortify
ਜਲੂਸ [jəlus] *n.m.* procession, pageant; cortege; retinue
~ ਕੱਢਣਾ *v.t.* to take out procession; *slang.* to cause disrepute, embarrass; to expose bankruptcy or disgrace
ਜਲੂਣ [jəluṇ] *n.f.* itching sensation, itch, tickle produced by soft touch
ਜਲੇਬ [jəleb] *n.m.* large ਜਲੇਬੀ
ਜਲੇਬੀ [jəlebi] *n.f.* a kind of sweetmeat; a kind of firework
ਜਲੇਬੀ ਜੂੜਾ [jəlebi juṛa] *n.m.* ladies' hair knot in broad design
ਜਲੋਂਦਰ/ਜਲੋਂਧਰ [jəlodər/jəlódər] *n.m.* dropsy
ਜਲੌ [jəlɔ] *n.m.* pomp, show, splendour, glory, grandeur, ostentation, exhibition
ਜਵ੍ਹਾ [jə́va] *n.m. colloq.* see ਜਬ੍ਹਾ, grandeur
ਜਵਾਉਣਾ [jəvauṇa] *v.t.* see ਜਿਵਾਉਣਾ, to enliven
ਜਵਾਈ [jəvai] *n.m.* son-in-law, daughter's husband
~ ਭਾਈ *n.m.* son-in-law, or someone in similar reBlationship
ਜਵਾਸਾ/ਜਵਾਂਹ [jəvassa/javã] *n.m.* a wild herb, camel-thorn, *Alhagi maurorum*

ਜਵਾਹਰ [jəvahər/jərà̀r] *n.m.* precious stone jewel, gem

ਜਵਾਹਰਾਤ [jəvárat] *n.m. pl.* of ਜਵਾਹਰ

ਜਵਾਕ [jəvak] *n.m.* child, kid, offspring; brat

ਜਵਾਤਰਾ [jəvatəra] *n.m.* same as ਜਵਾਈ, son-in-law

ਜਵਾਨ [jəvan] *adj.* young, youthful, full-grown; adolescent; robust, strong; tall; *n.m.* youth, young man; a soldier

~ **ਜਹਾਨ** *adj.* grown-up, adult

ਜਵਾਨੀ [jəvani] *n.f.* stage of life between boyhood and middle age, youth, youthfulness, manhood, prime, full bloom, maturity; adolescence, puberty

~ **ਚੜ੍ਹਨਾ** *con.v.* to become ਜਵਾਨ, come of age

~ **ਵਾਰੇ** *adv.* during youth

ਚੜ੍ਹਦੀ ~ *n.f.* early youth, early manhood, adolescence

ਢਲ਼ਦੀ ~ *n.f.* middle age

ਭਰ ~ *n.f.* the prime of life, full bloom

ਜਵਾਬ [jəvab] *n.m.* answer, reply rejoinder, replication; rebuttal, refutation, riposte, retort, counter-argument; refusal, negative reply, no; dismissal

~ **ਸਵਾਲ** *n.m.* argument, discussion, disputation, reasoning

~ **ਤਲਬੀ** *ph.* calling for a reply or explanation; a notice

~ **ਤਲਬੀ ਕਰਨਾ** *con.v.* to call for an explanation

~ **ਦਾਹਵਾ** *n.m.* answer to a legal plaint, rejoinder; counter-claim

~ **ਦੇਣਾ** *con.v.* to answer, reply, respond, give or make reply; to refuse, say no to; (ਨੌਕਰੀ ਤੋਂ) to dismiss, discharge; (ਬੀਮਾਰੀ ਕਾਰਨ) to declare a case as hopeless; to become unserviceable; to be rude, impudent, impertinent

~ **ਨਾ ਹੋਣਾ** *ph.* to be irrefutable; to be matchless

ਜਵਾਬਦਾਰ/ਜਵਾਬਦੇਹ [jəvabdar/jəvabdé] *adj.* answerable, accountable, responsible

ਜਵਾਬਦਾਰੀ/ਜਵਾਬਦੇਹੀ [jəvabdari/jəvabdèi] *n.f.* answerability, accountability, responsibility

ਜਵਾਬਨ [jəvabən] *adv.* by way of a reply, in reply to

ਜਵਾਬੀ [jəvabi] *adj.* reciprocal; retaliatory, counter, in response to, (for post card or telegram) reply-paid

~ **ਹਮਲਾ** *n.m.* counter-attack

~ **ਕਾਰਵਾਈ** *n.f.* counter-measure, reprisal

~ **ਵਾਰ** *n.m.* counterstroke, riposte, counterblow, counterpunch

ਜਵਾਂਮਰਦ [jəvãmərd] *adj. & n.m.* manly, brave, virile; youthful person

ਜਵਾਂਮਰਦੀ [jəvãmərdi] *n.f.* manliness, courage, bravery, virility, vigour

ਜਵਾਰ [jəvar] *n.f.* a kind of Indian millet, sorghum, *Sorghum vulgare*

ਜਵਾਰ ਭਾਟਾ [jəvar pàṭṭa] *n.m.* tide, tidal waves, ebb and flow, rise and fall of seas; spring or neap tides

ਜਵਾਲ [jəval] *n.m.*decline, downfall, fall, ruin; decay, degeneration, decadence; also ਜ਼ਵਾਲ

ਜਵਾਲਾ [jəvala] *n.f.* fire, blaze, flame

ਜਵਾਲਾਮੁਖੀ [jəvala mukhi] *n.m.* volcano, volcanic fire, flame, eruption or mountain

~ **ਪਰਬਤ** *n.m.* volcanic mountain, volcano

ਜਵੀ [jəvi] *n.f.* oat, *Avena stiva;* wild oat, *Avena fatua; Avena ludoviciana*

ਜਵੈਣ [jəvɛṇ] *n.f.* parsley seed or plant, *Petroselinum crispum;* thyme, *Thymus vulgaris*

ਜੜ[1] [jəṛ] *n.f.* same as ਜੜ੍ਹ, root

ਜੜ[2] *adj.* inanimate, inert, immovable, insentient

ਜੜ[3] *v.form.* imperative of ਜੜਨਾ; inlay, inset

ਜੜਤ [jəṛt] *n.f.* inlaying, insetting, embedding, fixing; inlay or inset work

ਜੜਤਕਾਰ [jəṛtkar] *n.m.* one who inlays or insets jewels in ornaments or carries out similar work, inlayer, insetter

ਜੜਤਕਾਰੀ [jəṛətkari] *n.f.* inlay or inset work or process, embedment

ਜੜਤਾ [jəṛta] *n.f.* inanimate state, inertia

ਜੜਨਾ [jəṛna] *v.t.* to inset, inlay, embed; to fix, fit, join; *fig.* to strike, implant (blow or slap)

ਜੜਵਾਂ [jəṛvã] *adj.m.* inlaid, inset, embedded

ਜੜਵਾਉਣਾ [jəṛvauṇa] *v.t.* to have something inlaid or inset

ਜੜਵਾਈ [jəṛvai] *n.f.* process of, wages for *prec.*

ਜੜ੍ਹ [jə́ṛ] *n.f.* root, origin, source, basis; cause, root cause

~ ਉੱਖੜਨੀ *ph.* to be uprooted; to get destabilised; to be eradicated

~ ਪੁੱਟਣੀ *ph.* to uproot; to destroy, eradicate, extirpate, exterminate

~ ਲੱਗਣੀ *ph.* to take root, be planted; to be established

~ ਲਾਉਣੀ *ph.* to plant; to establish, help to settle down

~ ਵੱਢਣੀ *ph.* same as ਜੜ੍ਹ ਪੁੱਟਣੀ

ਜੜ੍ਹਦਾਰ [jə́ṛdar] *adj.* having roots, rooty

ਜੜਾਉਣਾ [jəṛauṇa] *v.t.* same as ਜੜਵਾਉਣਾ

ਜੜਾਊ [jəṛau] *adj.* same as ਜੜਵਾਂ; having inlaid work done on it

ਜੜਾਈ [jəṛai] *n.f.* same as ਜੜਵਾਈ and ਜੜਤ

ਜੜੀ[1]/ਜੜੀ ਬੂਟੀ [jəṛi/jəṛi buṭi] *n.f.* herb *esp.* medicinal herb, any herbaceous plant

ਜੜੀ[2] *adj. v.form* of ਜੜਨਾ, laid, inset (for fem. object)

ਜੜੀਆ *n.m.*same as ਜੜਤਕਾਰ, insetter

ਜਾ[1] [ja] *v.form.* imperative of ਜਾਣਾ, go

ਜਾ[2] *n.f. dia.* see ਥਾਂ

ਜਾ[3]/ਜਾਅ *n.m.* calf, young of an animal

ਜਾਅਲਸਾਜ [jàlsaj] *n.m. & adj.* same as ਜਾਲ੍ਹਸਾਜ਼, forger

ਜਾਇਆ[1] [jaɪa] *adj. & n.m. lit.* born; offspring; born to; son; ਮਾਂ ~ real brother, born to the same mother; ਮਾਂ ਜਾਈ *n.f.* real sister

ਜਾਇਆ[2] *v.form.* of ਜਾਣਾ

~ ਕਰ *v.form.* go, visit (often or periodically)

~ ਕਰਦਾ *v.form.* used to go

ਜਾਇਆ[3] *adj.* waste, wasted in vain; also ਜ਼ਾਇਆ

~ ਹੋਣਾ/~ ਜਾਣਾ *con.v.* to go waste, be wasted, go or be in vain

~ ਕਰਨਾ *con.v.* to waste, dissipate; to destroy

ਜਾਇਕਾ [jaɪka] *n.m.* same as ਸੁਆਦ, taste; also ਜ਼ਾਇਕਾ

ਜਾਇਕੇਦਾਰ [jaɪkedar] *adj.* same as ਸੁਆਦੀ, tasty

ਜਾਇਜ [jaɪj] *adj.* lawful, legitimate, valid, permissible, proper, right; also ਜਾਇਜ਼

ਜਾਇਜਾ [jaɪja] *n.m.* estimate, appraisal, assessment; also ਜਾਇਜ਼ਾ

~ ਲੈਣਾ *con.v.* to estimate, appraise, assess

ਜਾਇਦਾਦ [jaɪdad] *n.f.* property, wealth, fortune, possessions, assets, estate, effects, belongings; inheritance, heritage

ਜਾਇਫਲ [jaɪphəl] *n.m.* nutmeg, *Myristica fragrans*

ਜਾਇਲ [jaɪl] *adj.* same as ਜਾਇਆ[3]; also ਜ਼ਾਇਲ

ਜਾਈ [jai] *adj.f.* same as ਜਾਇਆ[1]

ਜਾਏ[1] [jae] *adj. pl.* of ਜਾਇਆ[1]

ਜਾਏ[2] *v.form.* may he or let him go

ਜਾਸੂਸ [jasus] *n.m.* same as ਜਸੂਸ, spy

ਜਾਹਦ [jád] *adj. & n.m.* holy, pious, devout, saintly, practising continence, austerities and devotion; such person; also ਜ਼ਾਹਦ

ਜਾਹਫਰਾਨ [jáphəran] *n.m.* same as ਕੇਸਰ, saffron; also ਜ਼ਾਹਫ਼ਰਾਨ

ਜਾਹਫ਼ਰਾਨੀ [jáphərani] *adj.* of the colour of ਜਾਹਫ਼ਰਾਨ flower, pale yellow

ਜਾਹਰ [jár] *adj.* manifest, evident, apparent, overt, obvious, plain, clear, revealed, disclosed; also ਜ਼ਾਹਰ

~ ਹੋਣਾ *con.v.* to be or become ਜਾਹਰ; to come to light

~ ਕਰਨਾ *con.v.* to reveal, show, disclose, evince, bring to light, make known

ਜਾਹਰਦਾਰੀ [járdari] *n.f.* formality, outward show

ਜਾਹਰਾ [jára] *adj.* same as ਜ਼ਾਹਰ; *adv.*

openly, evidently, overtly, apparently, clearly, visibly; ostensibly, outwardly
~ ਜਹੂਰ *adj.* manifest, present in person
ਜਾਹਰੀ [jári] *adj.* outward, apparent, seeming, ostensible
~ ਤੌਰ 'ਤੇ *adv.* same as ਜ਼ਾਹਰਾ
ਜਾਹਲ [jahəl/jál] *adj.* vulgar, ill-bred, unrefined, uncultured, untutored, unenlightened, lacking sophistication, uneducated, illiterate, ignorant, ignoramus, backward, stupid, foolish, rustic, boorish, uncivilized
ਜਾਹਲਪੁਣਾ [jálpuṇa] *n.m.* same as ਜਹਾਲਤ
ਜਾਹੋ ਜਲਾਲ [jào jəlal] *n.m.* same as ਜਲਾਲ
ਜਾਕਟ [jakəṭ] *n.f.* jacket
ਜਾਗ[1] [jag] *n.m.* rennet, rennin, coagulant
~ ਲਾਉਣਾ *con.v.* to add, apply ਜਾਗ
ਜਾਗ[2] *n.f.* wakefulness, awakening; *fig.* alertness, vigil; *v.form.* imperative, wake up
~ ਆਉਣੀ/~ ਪੈਣਾ *con.v.* to wake up, become alert; also ਜਾਗ ਖੁਲ੍ਹਣੀ
ਜਾਗਣਾ [jaggəṇa] *v.t.* to become awake, wake, wake up, awaken, rise from sleep; to become conscious, become alert, vigilant
ਜਾਗਦੀ ਜੋਤ [jagdi jot] *n.f.* manifest spirit or soul, enlightenment incarnate, God in manifest form
ਜਾਗਰਿਤ [jagrıt] *adj.* wakeful, awake, conscious, also ਜਾਗਰੂਕ
ਜਾਗਰਿਤੀ [jagrıti] *n.f.* awakening, revival of interest, awareness, consciousness or attention; renaissance
ਜਾਂਗਲ਼ੀ [jãgḷi] *n.m.* forest dweller, aborigin, bushman· *adj.* barbarian, barbaric, uncivilized, savage, wild, bestial
ਜਾਗਾ [jagga] *n.m.* same as ਜਗਰਾਤਾ
ਜਾਗੋ [jaggo] *n.f.* a customary ritual with women singing songs while following one of them carrying on her head lighted lamps in a vessel; folk-songs sung on the occasion
ਜਾਗੋ ਮੀਟੀ [jaggo miṭi] *adv.* half awake, in wakeful slumber, drowsy, dozing off
ਜਾਂਘ [jãg] *n.f.* see ਜੰਘ, leg
ਜਾਂਘੀਆ [jãgia] *n.m.* diaper, shorts, drawers as of bathing suit, or one worn by wrestlers
ਜਾਚ[1] [jac] *n.f.* know-how, way, method, knack, fact, practical knowledge, skill, proficiency; estimation, estimate, observation, assessment
~ ਆਉਣੀ *con.v.* to acquire ਜਾਚ
~ ਹੋਣੀ *con.v.* to possess ਜਾਚ
~ ਕਰਨੀ/ਜਾਚਣਾ *con.v.* to observe, estimate, roughly calculate, assess
ਜਾਂਚ [jãc] *n.f.* inspection, audit, scrutiny; investigation, inquiry, trial, test, examination
~ ਪੜਤਾਲ *n.f.* scrutiny, audit, examination
ਜਾਚਕ [jacək] *n.m.* suppliant, supplicant, suitor, petitioner, beggar
ਜਾਂਚਣਾ [jãcṇa] *v.t.* to inspect, audit, scrutinise, examine, inquire, investigate, to try, test, assay
ਜਾਚਨਾ [jacna] *n.f.* see ਯਾਚਨਾ or ਬੇਨਤੀ request
ਜਾਚਵਾਂ [jacvã] *adj.m.* approximate, estimated
ਜਾਂਞੀ [jãñi] *n.m.* member of a marriage party
ਜਾਟ [jaṭ] *n.m.* a ਜੱਟ of Haryana, Rajasthan or western Utter Pradesh
ਜਾਣ[1] [jaṇ] *n.f.* see ਜਾਨ, vital force, spirit
ਜਾਣ[2] *v.form.* imperative of ਜਾਣਨਾ, know
~ ਕੇ *adv.* knowingly, intentionally, deliberately, wilfully, purposely, advertently
~ ਜਾਣਾ *con.v.* to come to know or understand
ਜਾਣਦਾ ਬੁਝਦਾ *ph.* knowing well, well acquainted
~ ਪਛਾਣ *n.f.* acquaintance, introduction
~ ਪਛਾਣ ਕਰਾਉਣਾ *ph.* to introduce
~ ਬੁੱਝ ਕੇ *adv.* same as ਜਾਣ ਕੇ
~ ਲੈਣਾ *con.v.* same as ਜਾਣਨਾ, to get to know
ਜਾਣਿਆ ਪਛਾਣਿਆ/ਜਾਣਿਆ ਬੁਝਿਆ *adj.m.* well

known, well recognised
ਜਾਣੀ ਜਾਣ *adj.* knowing all, omniscient, clairvoyant
ਜਾਣੀ ਪਛਾਣੀ *adj.f.* same as ਜਾਣਿਆ ਪਛਾਣਿਆ
ਜਾਣ³ *v.form* of ਜਾਣਾ, going, departing, leaving; imperative, same as ਜਾਏ² (for third person *pl.*) (they) may go, let (them) go
~ ਦੇਣਾ *con.v.* to let go; to ignore, overlook, forbear; to forgive, pardon, excuse; to waive; to set free
~ ਜਾਣਾ *con.v.* to go, proceed, depart; vanish, disappear; *aux. v.* denoting completion of action as in ਜਾਣ ਜਾਣਾ under ਜਾਣ²
ਜਾਣਕਾਰ [jaṇkar] *adj.* (one) who knows, knower, knowing, knowledgeable, well-informed, familiar, conversant, acquainted; cognisant
ਜਾਣਕਾਰੀ [jaṇkari] *n.f.* knowledge, information, familiarity, conversance, acquaintance, experience, understanding
ਜਾਣਨਾ [jaṇna] *v.i.* to know, understand, be acquainted, conversant or familiar with
ਜਾਣੀ/ਜਾਣੀਦਾ/ਜਾਣੋ [jaṇi/jaṇida/jaṇo] *conj.* as, as though, as if, that is
ਜਾਣੂ [jaṇu] *adj.* knowing, acquainted, aware, known; *n.m.* known person, acquaintance
ਜਾਤ [jat] *n.f.* individual self, individuality, person; species; caste, sub-caste, class, social class, brotherhood, community, race, ethnic denomination; also ਜ਼ਾਤ
~ ਕੁਜਾਤ *n.f.* low caste
~ ਗੋਤ *n.f.* caste and sub-caste
~ ਪਾਤ *n.f.* caste-system
~ ਬਰਾਦਰੀ *n.f.* brotherhood, community, fraternity, ethno-social circle
~ ਭਰਾ/~ ਭਾਈ *n.m.* persons belonging to the same ਜਾਤ
~ ਵਿੱਦਿਆ *n.f.* ethnology
ਜਾਤਕ [jatək] *n.m.* son, child
ਜਾਤਰਾ [jatəra] *n.f.* see ਯਾਤਰਾ, travel, journey
ਜਾਤਰੀ/ਜਾਤਰੂ¹ [jatəri/jatru] *n.m.* see ਯਾਤਰੀ, traveller
ਜਾਤਰੂ² *n.m.* vertical, detachable stave of a bullock-cart; also ਜਾਤੂ
ਜਾਤਾ [jatta] *v.form* participle of ਜਾਣਨਾ, knew, thought
ਜਾਤੀ¹ [jati] *n.f.* race, tribe, clan; genus, species; nation; ethnic group; breed, kind; sex
ਜਾਤੀ² *adj.* personal, private, pertaining to self, individual; also ਜ਼ਾਤੀ
~ ਤੌਰ ਤੇ *adv.* personally
ਜਾਤੀਵਾਦ [jativad] *n.m.* racism, racialism
ਜਾਤੀਵਾਦੀ [jativadi] *adj.* racist, racialist
ਜਾਦੂ [jadu] *n.m.* magic, necromancy, legerdemain, sorcery, witchcraft, wizardry; jugglery, conjuration, black art; conjuring trick; hex, spell, charm; *fig.* enchantment, attraction
~ ਕਰਨਾ *con.v.* to cast a spell (over), enchant, bewitch, demonstrate a conjuring trick
~ ਟੂਣਾ *n.m.* sorcery, black art, black magic, witchcraft, exorcism
ਜਾਦੂਗਰ [jadugər] *n.m.* magician, sorcerer, wizard, conjurer, conjuror, juggler; *fem.* ਜਾਦੂਗਰਨੀ
ਜਾਦੂਗਰੀ [jadugəri] *n.f.* same as ਜਾਦੂ; practice of ਜਾਦੂਗਰ, job, skill or career of ਜਾਦੂਗਰ; miracle-making, thaumaturgy, necromancy
ਜਾਨ [jan] *n.f.* life, soul, anima, spirit, vital force; consciousness, mind; energy, vigour, essence; *fig.* object of passionate love
~ ਸੁੱਕਣੀ *ph.* to be extremely afraid
~ ਹੂਲਕੇ *adv.* at the risk of one's life
~ ਕੱਢਣੀ *ph.* to kill; to scare one to death
~ ਛੁਡਾਉਣੀ *ph.* to get rid of; to save one's life
~ ਤੇ ਬਣ ਜਾਣੀ *ph.* to be in grave danger
~ ਤੋਂ ਹੱਥ ਧੋਣੇ *ph.* to lose one's life, die
~ ਦੇਣੀ *ph.* to sacrifice oneself, lay down one's life; *fig.* to hold someone very dear

~ ਨਿਕਲ਼ਨੀ *ph.* to die
~ ਪਾ ਦੇਣੀ *ph.* to vivify, enliven, vitalise; *fig.* to bring to perfection, perfect
~ ਬਖ਼ਸ਼ੀ ਕਰਨਾ *ph.* to spare one's life, pardon, reprieve
~ ਬਚੀ ਲਾਖੋਂ ਪਾਏ *ph.* life is more precious than riches; thank God for survival
~ ਮਾਰ ਕੇ *ph.* same as ਜਾਨ ਹੂਲ ਕੇ; after great effort or struggle
~ ਮਾਰਨੀ *ph.* to work very hard, drudge, toil, moil
~ ਮਾਲ *n.m.* life and property
~ ਲੇਵਾ *adj.* mortal, fatal
~ ਵਿਚ ਜਾਨ ਆਉਣੀ/~ ਪੈਣੀ *ph.* to heave a sigh of relief
ਜਾਨੋਂ ਮਾਰਨਾ *ph.* to kill, murder
ਜਾਨਸ਼ੀਨ [janəṣin] *n.m.* successor, heir; *lit.* one sitting in place (of)
~ ਹੋਣਾ *con.v.* to succeed, ascend (the throne)
ਜਾਨਸ਼ੀਨੀ [janəṣini] *n.f.* succession, enthronement, coronation
ਜਾਨਦਾਰ [jandar] *adj.* living, animate
ਜਾਨਵਰ [janvər] *n.m.* animate being, animal, beast, bird, living creature
ਜਾਨੀ [jani] *adj.* of life; beloved
~ ਦੁਸ਼ਮਨ *n.m.* deadly foe
~ ਦੋਸਤ *n.m.* bosom friend, fast friend
ਜਾਪ [jap] *n.m.* same as ਜਪ and ਜਾਪ ਸਾਹਿਬ *v.form.* nominative of ਜਾਪਣਾ
~ ਸਾਹਿਬ *n.m.* a compositon by Guru Gobind Singh in praise of God *usu.* recited by the devotees daily in the morning and while preparing ਅੰਮਰਿਤ
ਜਾਪਕ [japək] *adj. & n.m.* one who recites or repeats God's name
ਜਾਪਣਾ [japəṇa] *v.i.* to appear, seem, look, be felt
ਜਾਫਰੀ [japhəri] *n.f.* trellis, frame of lattice work, lattice
ਜਾਬਤਾ [jabta] *n.m.* rules, regulations, code of law, book of rules; also ਜ਼ਾਬਤਾ
~ ਦੀਵਾਨੀ *n.m.* code of civil procedure, civil code
~ ਫੌਜਦਾਰੀ *n.m.* code of criminal procedure, criminal procedure code

ਜਾਬਰ [jabər] *adj.* tyrant, oppressor, cruel, despotic, tyrannical, oppressive
ਜਾਭ [jáb] *n.f. dia. usu. pl.* ਜਾਭਾਂ, jaws
ਜਾਮ [jam] *n.m.* cup *esp.* wine cup, wine glass, goblet; traffic jam; *adj.* jammed, stuck; fruit jam
~ ਹੋ ਜਾਣਾ *ph.* to get jammed or stuck
~ ਕਰ ਦੇਣਾ *ph.* to jam, block
~ ਲੱਗਣਾ *ph.* for traffic jam to occur
ਜਾਮਣ [jamən̩] *n.m.*rennet, coagulant
ਜਾਮਨ[1] [jamən] *n.m.* person who stands bail, surety; guarantor, underwriter; also ਜ਼ਾਮਨ
~ ਹੋਣਾ/~ ਬਣਨਾ *con.v.* to stand bail, be surety, guarantee, underwrite
ਜਾਮਨ[2]/ਜਾਮਨੂ [jammən/jamnu] *n.m.* a kind of plum and plum tree, *Cerasus cornuta*; *Svzygium cumini; adj.* violet (colour)
ਜਾਮਨੀ [jamni] *adj.* of the colour of ਜਾਮਨ, violet
ਜਾਮਾ [jamma] *n.m.* garment, dress, attire, vestment; robe, gown; *fig.* body
~ ਜੋੜਾ *n.m.* set of clothes
~ ਤਲਾਸ਼ੀ *n.f.* frisking
ਜਾਮਾ ਮਸਜਿਦ [jama məsjɪd] *n.f.* principal mosque where Muslim devotees congregate for Friday afternoon prayer; name of a historical mosque in Delhi
ਜਾਰ [jar] *n.m.* tsar, czar; also ਜ਼ਾਰ *fem.* tsarina, czarina
ਜਾਰਜਟ [jarjəṭ] *n.m.* georgette
ਜਾਰਜਾਰ [jarjar] *adv.* (crying, weeping) bitterly, continuously; also ਜ਼ਾਰ ਜ਼ਾਰ
ਜਾਰੀ[1] [jari] *adj.* in force or action, continuing, current, running, flowing; issued, proclaimed, put in practice
~ ਹੋਣਾ *con.v.* to start, commence; to be issued, proclaimed, started
~ ਕਰਨਾ *con.v.* to start, commence, issue, proclaim, publish, set in motion
~ ਰਹਿਣਾ/~ ਰੱਖਣਾ *con.v.* to continue
ਜਾਰੀ[2] *n.f. dia. colloq.* see ਯਾਰੀ, friendship
ਜਾਰੋ ਜਾਰ [jaro jar] *adv.* bitterly, extremely
~ ਰੋਣਾ *con.v.* to cry bitterly, to shed copious tears

ਜਾਲ੍ਹ[1] [jal̤] *n.m.* net, dragnet; netting; *fig.* trap, stratagem
~ ਸੁੱਟਣਾ/~ ਖਿਲਾਰਨਾ/~ ਪਾਉਣਾ *ph.* to cast a ਜਾਲ੍ਹ, to lay a trap
ਜਾਲ੍ਹ[2] *v.form.* imperative of ਜਾਲ੍ਹਨਾ, burn
ਜਾਲਣਾ/ਜਾਲ੍ਹਨਾ [jalǝṇa/jal̤na] *v.t.* same as ਜਲ੍ਹਾਉਣਾ
ਜਾਲਮ [jalǝm] *adj.* cruel, pitiless, merciless, truculent, atrocious, fiendish, brutal, tyrannical, barbarous, diabolic; also ਜ਼ਾਲਮ
ਜਾਲਮਾਨਾ [jalmana] *adj.* cruel, atrocious, diabolical act, behaviour or treatment; also ਜ਼ਾਲਮਾਨਾ
ਜਾਲ੍ਹਸਾਜ [jálsaj] *adj.* forger, deceiver, cheat
ਜਾਲ੍ਹਸਾਜੀ [jálsaji] *n.f.* forgery, deception, cheating, fabrication
~ ਕਰਨਾ *con.v.* to forge, fabricate, fake, cheat, deceive by fabrication
ਜਾਲ੍ਹੀ [jáli] *adj.* forged, fake, fabricated, not genuine, counterfeit, spurious
ਜਾਲ੍ਹਾ [jal̤a] *n.m.* cobweb, gossamer; scum, film, pellicle; amnion, caul; (of eyes) cataract; alga, *pl.* algae
ਜਾਲ੍ਹੀ [jal̤i] *n.f.* netting, mesh, network, grillwork, grille, gauze, lattice, grating; flyproof cabinet
ਜਾਲ੍ਹੀਦਾਰ [jal̤idar] *adj.* provided with ਜਾਲ੍ਹੀ; gauzy, latticed
ਜਾਵੀਆ [javia] *n.m.* angle; also ਜ਼ਾਵੀਆ
ਜਾੜ੍ਹ [jáṛ] *n.f. dia.* see ਦਾੜ੍ਹ, molar
ਜਿਊ [jɪu] *v.form.* imperative of ਜਿਊਣਾ, live (*usu.* as blessing)
ਜਿਊਣਾ [jɪuṇa] *v.i.* to live, be alive, survive; to subsist
ਜਿਊਂਦਾ [jɪũda] *adj.m.* alive, living
~ ਜਾਗਦਾ *adj.m.* same as ਜਿਊਂਦਾ, very much alive, alive and conscious
ਜਿਊਂਦਿਆਂ/ਜਿਊਂਦੇ ਜੀ [jɪũdɪã/jɪũde ji] *adv.* while yet alive, during one's life-time
ਜਿਊਰਨਾ [jɪurna] *v.i.* to seep, soak, percolate; to permeate, be absorbed
ਜਿਊਰੀ [jɪuri] *n.f.* jury
ਜਿਊੜਾ [jɪuṛa] *n.m.* heart, soul
ਜਿਓਂ [jɪõ] *adv.* as, in the manner of
~ ਹੀ *adv.* as soon as, just as
~ ਕਿਓਂ *adv.* same as ਜਿਵੇਂ-ਕਿਵੇਂ; somehow or other
~ ਜਿਓਂ *adv.* as
~ ਤਿਓਂ *adv.* same as ਜਿਵੇਂ ਕਿਵੇਂ
~ ਦਾ ਤਿਓਂ *adj. & adv.* standstill, in the same state or position as before, same as before, without change; intact
ਜਿਓਣਾ [jɪoṇa] *v.i.* same as ਜਿਊਣਾ
ਜਿਓਰ [jɪor] *n.f.* placenta, foetal membrane
~ ਸੁੱਟਣੀ *con.v.* to excrete ਜਿਓਰ
ਜਿਆਦਤੀ [jɪadǝti] *n.f.* excess, abundance, profusion, amplitude, superfluity; unjust treatment, provocation, offence, outrage, transgression; also ਜ਼ਿਆਦਤੀ
~ ਕਰਨੀ *con.v.* to act unjustly, transgress moral limit, provoke, offend
ਜਿਆਦਾ [jɪada] *adj.m.* excessive, ample, abundant, plentiful, plenteous; more, surplus, additional, in excess; also ਜ਼ਿਆਦਾ
~ ਕਰ ਕੇ/~ ਤਰ *adv.* often, mostly, more frequently, more often
ਜਿਆਫ਼ਤ [jɪaphǝt] *n.f.* feast, treat, banquet; also ਜ਼ਿਆਫ਼ਤ
ਜਿਆਬਤੀਸ [jɪabǝtis] *n.f.* diabetes
~ ਦਾ ਮਰੀਜ਼ *ph.* diabetic
ਜਿਆਰਤ [jɪarǝt] *n.f.* pilgrimage, also ਜ਼ਿਆਰਤ
ਜਿਸ [jɪs] *pron./adj.* who, which, that; whom, where, what (other than interrogative)
~ ਸਮੇਂ *adv.* when
~ ਕਰਕੇ/~ ਕਾਰਨ *conj.* wherefore
~ ਕਿਸੇ/~ ਕਿਸੇਵੀ *pron.* whoever, whosoever, whichever
~ ਤੇ *adv.* whereon, whereupon, whereat
~ ਤੋਂ *adv.* from whom, which or where
~ ਥਾਂ *adv.* where
~ ਥੱਲੇ *adv.* whereunder
~ ਦਮ *adv.* when
~ ਦਾ~ ਦੇ *pron.* whose, whereof
~ ਨਾਲ੍ਹ *adj.* whereby, wherewith, with which or whom
~ ਨੂੰ *pron.* whom

~ ਵੇਲ਼ੇ *adv.* when, at the time when
ਜਿਸਤ[1] [jɪst] *n.f.* zinc; pewter
ਜਿਸਤ[2] *adj.* same as ਜੁਫ਼ਤ, even
ਜਿਸਤੀ [jɪsti] *adj.* of zinc, zincous
ਜਿਸਮ [jɪsəm] *n.m.* body, physique
ਜਿਸਮਾਨੀ [jɪsmani] *adj.* bodily, corporeal, physical; somatic
ਜਿਹਨ [jén] *n.m* brain, intellect, mind, memory, understanding
ਜਿਹਨੀ [jéni] *adj.* mental
ਜਿਹਨੀਅਤ [jéniət] *n.f.* thinking, way of thinking, mental make up, attitude
ਜਿਹਲਮ [jéləm] *n.m.* name of a river and a town in Pakistan, Jhelum
ਜਿਹੜਾ [jéṛa] *pron.adj.* who, which, that, what
~ ਕਿਹੜਾ *pron.* anyone, anybody; any Tom, Dick or Harry
~ ਜਿਹੜਾ *pron.adj.* who all
ਜਿਹਾ [jɪha/jía] *adj.m. & adv.* as like, similar to, resembling, same as
~ ਕਿ *prep.* as, for example
~ ਕਿਹਾ/~ ਤਿਹਾ *adj.m.* in whatever condition
~ ਪਿਓ ਤਿਹਾ ਪੁੱਤ *ph.* like father like son; chip of the old block
~ ਦੇਸ ਤਿਹਾ ਭੇਸ *ph.* while in Rome do as Romans do
ਜਿਹੀ [jihi/jíi] *adj.f.* same as, ਜਿਹਾ
ਜਿਹੀ ਤਿਹੀ ਕਰਨੀ *ph.* to insult, abuse
ਜਿਹੇ ~ *adj.m.* same as, like the one
ਜਿੰਕ [jĩk] *n.m.* see ਜਿਸਤ[1], zinc; also ਜ਼ਿੰਕ
ਜਿੱਕਣ/ਜਿੱਕੁਰ [jɪkkəṇ/jɪkkur] *adv.* similarly, similar to, as, in the same manner as
ਜਿਕਰ [jɪkər] *n.m.* mention, talk, narration, reference, recital; (in Sufism) recitation of Quranic text and repetition of God's name or praise; meditation; also ਜ਼ਿਕਰ
~ ਕਰਨਾ *con.v.* to mention, narrate, relate, to talk (about), speak of, refer to; to repeat, recite, remember God's name
ਜਿਗਰ [jɪgər] *n.m.* liver; heart, mind, soul
~ ਸੰਬੰਧੀ *adj.* hepatic
~ ਦਾ ਟੁਕੜਾ/~ ਦਾ ਟੋਟਾ *ph. lit.* piece of one's liver; a very dear one
~ ਦਾ ਰੋਗ *ph.* hepatic disease, Cirrhosis
~ ਦੀ ਸੋਜ *ph.* hepatitis, inflammation of the liver
ਜਿਗਰਾ [jɪgra] *n.m.* courage, bravery, pluck, boldness, intrepidity; forbearance, patience, perseverence
ਜਿਗਰੀ [jɪgri] *adj.* same as ਜਿਗਰ ਸੰਬੰਧੀ under ਜਿਗਰ; close to one's heart, dear
~ ਦੋਸਤ *n.m.* bosom friend, dear or intimate friend
ਜਿਗਰੇ ਵਾਲ਼ਾ [jɪgre vaḷa] *adj.m.* courgeous, brave, bold; forbearing, patient, persevering
ਜਿਗਾ [jɪga] *n.f.* plume (worn by kings and nobles)
~ ਕਲਗੀ *n.f.* same as ਜਿਗਾ
ਜਿਗਿਆਸਾ [jɪgɪassa] *n.f.* keenness, desire or thirst for knowledge; search, quest; inquisitiveness, curiosity
ਜਿਗਿਆਸੂ [jɪgɪasu] *n.m.* seeker of knowledge *esp.* of religious or spiritual knowledge; enquirer
ਜਿੱਚ [jɪcc] *adj.* vexed, annoyed, irritated, sullen, peeved, peevish; also ਜ਼ਿੱਚ
~ ਕਰਨਾ *con.v.* to vex, annoy, irritate, peeve, badger, harass
ਜਿਚਰ [jɪcər] *adv.* as long as, so long as, while
~ ਨਹੀਂ *adv.* until, unless
ਜਿੱਜੀ [jɪjji] *n.f.* thick or dried nasal mucus
ਜਿਠਾਣੀ [jɪṭhaṇi] *n.f.* wife of husband's elder brother, sister-in-law
ਜਿਠੀਆ [jɪṭhiya] *n.m.* son of husband's elder brother
ਜਿਠੇਰਾ [jɪṭhera] *n.m.* elder; ancestor
ਜਿੱਡਾ [jɪḍḍa] *adj.m.* as large, big, tall or long as; of the size of, as long as
ਜਿਣ [jɪṇ] *pron.* same as ਜਿਸ
ਜਿੱਤ [jɪtt] *n.f.* victory, win, triumph, conquest, success
~ ਪ੍ਰਾਪਤ ਕਰਨੀ/~ ਲੈਣਾ *ph.* same as ਜਿੱਤਣਾ, to win
ਜਿੱਤਣਾ [jɪttəṇa] *v.t.* to win, triumph (over), conquer *v.i.* to be victorious, successful, succeed
ਜਿਤਨਾ [jɪtna] *adj.m.* same as ਜਿੰਨਾ, as much as

ਜਿਤਵਾਉਣਾ/ਜਿਤਾਉਣਾ [jɪtvauṇa/jɪtauṇa] *v.t.* to cause or help to win

ਜਿਤਾਊ [jitau] *adj.* (one) that helps to win, winning (factor)

ਜਿੱਥੇ [jɪtthe] *adv.* where

~ ਕਿਤੇ *adv.* wherever

~ ਕਿੱਥੇ/~ ਜਿੱਥੇ *adv.* wherever, anywhere, everywhere

~ ਵੀ *adv.* wheresoever

ਜਿੱਥੋਂ [jɪtthõ] *adv.* from where, whence

~ ਤੀਕ *adv.* as far as

ਜਿਦ [jɪd] *n.f.* insistence, importunity, persistence, stubbornness, doggedness, obstinacy, cussedness, obduracy; resoluteness; rivalry, contention; also ਜ਼ਿਦ

~ ਕਰਨੀ *con.v.* to insist, persist in one's resolution, behave stubbornly, obdurately or obstinately

~ ਕੇ *adv.* in competition with, as a challenge

ਜਿੰਦ [jĩd] *n.f.* same as ਜਾਨ, life, soul

~ ਜਾਨ *ph.* something very dear; heart and soul, life force

ਜਿੰਦਗਾਨੀ/ਜਿੰਦਗੀ [jĩdgani/jĩdəgi] *n.f.* life, life-time, living state, life span; human condition, existence; also ਜ਼ਿੰਦਗਾਨੀ/ ਜ਼ਿੰਦਗੀ

ਜਿੱਦਣ[1] [jɪddəṇ] *adv.* on the day when (ਜਿਸ + ਦਿਨ), on (a specified or appointed) day

ਜਿੱਦਣ[2] *adj.f.* same as ਜ਼ਿੱਦੀ, obstinate

ਜਿਦਣਾ [jɪdəṇa] *v.i.t.* to compete, contend, contest, rival, vie, challenge

ਜਿੰਦਰਾ [jĩdra] *n.m.* same as ਜੰਦਰਾ[1], lock

ਜਿੱਦਲ਼ [jɪddəl̥] *adj.* same as ਜਿੱਦੀ, obstinate

ਜਿੰਦੜੀ [jĩdəṛi] *n.f.* same as ਜਿੰਦ, life, soul

ਜਿੱਦਾਂ [jɪddã] *adv. dia.* see ਜਿਵੇਂ; as

ਜਿੰਦਾ[1] [jĩda] *n.m. dia.* see ਜੰਦਰਾ; lock

ਜਿੰਦਾ[2] *adj.* living, alive; also ਜ਼ਿੰਦਾ

~ ਦਿਲ *adj.* lively, vivacious, sprightly, spirited, gay, cheerful, buoyant, blithe

~ ਦਿਲੀ *n.f.* liveliness, vivacity, verve, sprightliness, high spirits, gaiety, cheerfulness, buoyancy, blitheness

ਜਿੰਦਾਬਾਦ [jĩdabad] *interj.* long live! may... live long! also ਜ਼ਿੰਦਾਬਾਦ

ਜਿੱਦੀ [jɪddi] *adj.* insistent, persistent, importunate, cussed, obdurate, dogged resolute, stubborn, obstinate; also ਜ਼ਿੱਦੀ

ਜਿੱਦੀਪੁਣਾ [jɪddipuṇa] *n.m.* cussedness, stubbornness, obstinacy

ਜਿਦੋ ਜਿਦੀ [jɪdo jɪdi] *adv.* competitively, in rivalry to another, not to be left behind

ਜਿੱਧਰ [jɪddər] *adv.* in or to which side or direction, whither

~ ਵੀ *adv.* in whichever or whatever side or direction, whithersoever

ਜਿਧਰੋਂ [jɪdrõ] *adv.* from where, from which side or direction, whitherfrom

~ ਵੀ *adv.* from wherever, from whithersoever

ਜਿਧਾ [jɪ́da] *pron.* same as ਜਿਸ ਦਾ, whose

ਜਿਨ [jɪn] *pron.* same as ਜਿਸ, who, *pl.* ਜਿਨ੍ਹਾਂ

ਜਿੰਨ[1] [jĩnn] *n.m.* ghost, spectre, fiend, demon, evil spirit, goblin, genie; also ਜਿੰਨ ਭੂਤ

ਜਿੰਨ[2] *n.f.* gin

ਜਿਨਸ [jɪns] *n.f.* corn, grain, agricultural produce, product, commodity; genus, species; kind, sort; sex

ਜਿਨਸੀ [jɪnsi] *adj.* genetic; sexual, carnal; personal

ਜਿਨ੍ਹਾਂ [jɪ́nã] *pron. pl.* of ਜਿਨ, ਜਿਸ, who

ਜਿੰਨਾ [jĩnna] *adj.m.* as much as, of as much quantity (as)

ਜਿਨਾਹ [jɪná] *n.m.* see ਜ਼ਨਾਹ, rape

ਜਿੱਪ [jɪpp] *n.f.* zipper, slide fastener; also ਜ਼ਿੱਪ

ਜਿਬ੍ਹਾ [jɪ́ba] *adj.* see ਜ਼ਬ੍ਹਾ[1], slaughtered

ਜਿਮਨਾਸਟਕ [jɪmnasṭək] *n.m.* same as ਜਮਨਾਸਟਿਕ, gymnastics

ਜਿਮਨੀ [jɪmni] *n.f.* information report of cirme; first such report *usu.* abbreviated as F.I.R.; *adj.* supplementary, additional, sub-sidiary; also ਜ਼ਿਮਨੀ

~ ਇੰਤਖ਼ਾਬ/~ ਚੋਣ *n.m.* / *n.f.* by election,

mid-term election
ਜਿੰਮਾ [jĩmma] *n.m.* same as ਜ਼ੁੰਮਾ, responsibility
ਜਿਮੀਂ [jɪmĩ] *n.f.* same as ਜ਼ਮੀਨ, land, earth
ਜਿਮੀਂਕੰਦ [jɪmĩkə̃d] *n.f.* an edible tuberous root, yam
ਜਿਮੀਂਦਾਰ [jɪmĩdar] *n.m.* landholder, farmer, landowner, landlord, agriculturist, peasant-proprietor, peasant, yeoman; also ਜ਼ਿਮੀਂਦਾਰ
ਜਿਮੀਂਦਾਰਾ [jɪmĩdara] *n.m.* same as ਜਿਮੀਂਦਾਰੀ *adj.* agricultural
ਜਿਮੀਂਦਾਰੀ [jɪmĩdari] *n.f.* landlordism; agriculture, farming; landed estate, landed property
ਜਿਰਮ [jɪrm] *n.m.* same as ਜਰਮ, germ
ਜਿਰ੍ਹਾ [jíra] *n.f.* cross-examination; questioning; argument argumentation; objection
~ **ਕਰਨੀ** *con.v.* to cross-examine, argue, object, find fault with
ਜਿਰਾਬਕਤਰ [jɪrabəktər] *n.m.* armour, suit of armour; also ਜ਼ਿਰ੍ਹਾਬਕਤਰ
ਜ਼ਿੱਲਤ [jɪllət] *n.f.* dishonour, insult, humiliation, disgrace, degradation, ignominy, mortification; also ਜ਼ਿੱਲਤ
ਜਿਲਦ/ਜਿਲਤ [jɪld/jɪlt] *n.f.* binding cover (of book); skin, hide, derma, dermis, bark (of tree); separate part or volume (of book), recension, edition
~ **ਬੰਨ੍ਹਣੀ** *con.v.* to bind (a book)
ਜਿਲਦਸਾਜ [jɪldsaj] *n.m.* book-binder
ਜਿਲਦਸਾਜੀ [jɪldsaji] *n.f.* book-binding
ਜਿਲਬ [jɪlb] *n.f.* sticky matter, humus, decomposed sediments
ਜਿਲਬਦਾਰ [jɪlbdar] *adj.* containing ਜਿਲਬ; sticky, slushy
ਜਿੱਲ੍ਹ [jíll] *n.f.* slowness, tardiness; sloth, lethargy, laziness, sluggishness
ਜਿਲ੍ਹਣ [jíllə̣ṇ] *n.f.* quagmire, mire, bog, mud, marsh, swamp, fen; quicksand
ਜਿੱਲ੍ਹਾ [jílla] *adj.m.* slow in movements, slow-moving, sluggish, sluggard; lazy, slothful, lethargic
ਜਿਲ਼ੀ [jɪḷi] *n.f.* thin layer, skin or crust (as on cooling milk)
ਜਿਵਾ [jɪva] *v.form.* imperative of ਜਿਵਾਉਣਾ, revive; also ਜਿਵਾਲ਼
ਜਿਵਾਉਣਾ/ਜਿਵਾਲ਼ਨਾ [jɪvauṇa/jɪvaḷna] *v.t.* to revive, vivify, resuscitate, enliven, animate, resurrect, bring back to life; to invigorate, give life or sustenance
ਜਿਵੇਂ [jɪvẽ] *adv.* as, in the manner of; as if, as though, so to say, for example, for instance
~ **ਕਿ** *adv.* as it were; for example, for instance
~ **ਕਿਵੇਂ** *adv.* somehow, somehow or the other, by any means, by hook or crook, by means fair or foul, howsoever
ਜੀ¹ [ji] *suff.* of honour or respect, a term of endearment or reverence, sir; *adv.* yes, yes sir or madam
~ **ਆਇਆਂ** *interj. n.m.* welcome
~ **ਸਦਕੇ** *adv.* by all means, you are welcome
~ **ਹਜ਼ੂਰ** *ph.* yes my lord, master or madam; also ਜੀ ਹਜ਼ੂਰ
~ **ਹਜ਼ੂਰੀ** *n.f.* obedience, complaisance; yesmanship, sycophancy, flattery, fawning, toadyism
~ **ਹਜ਼ੂਰੀਆ** *adj.m.* sycophant, yesman, fawner, flatterer, toady, complaisant
~ **ਹਾਂ/ਹਾਂ** ~ *adv.* yes, sir or madam
ਜੀ² [ji] *n.m.* same as ਜੀਵ; person, member; disposition, inclination, mood
~ **ਆਈ** *n.f.* heart's desire
~ **ਕੱਚਾ ਹੋਣਾ** *ph.* to feel nausea, nauseate
~ **ਕਰਨਾ** *ph.* to be desirous (of), desire, feel inclined (to)
~ **ਕਰਾਉਣਾ** *ph.* to tempt, arouse desire, tantalise
~ **ਕਾਹਲ਼ਾ ਪੈਣਾ** *ph.* to feel uncomfortable, anxious or irritated
~ **ਖੱਟਾ ਹੋਣਾ** *ph.* to be fed up, wearied, disillusioned, dissatisfied or disgusted
~ **ਘਟਣਾ** *ph.* to feel heart-sink, be demoralised
~ **ਘਾਤ** *n.f.* killing, murder, *esp.* unwarranted destruction of life
~ **ਘਾਤੀ** *adj.m.* unscruplous killer

~ ਚੁਰਾਉਣਾ *ph.* to avoid, evade, shirk
~ ਛੋਟਾ ਕਰਨਾ *ph.* to lose heart, be discouraged
~ ਜੰਤ *n.m.*living beings, creatures; members of a family
~ ਡੋਲਣਾ *ph.* to feel shaky, feel unsure of oneself, dither, waver, vacillate
~ ਥੋੜਾ ਕਰਨਾ *ph.* to lose heart, be discouraged, frustrated, depressed
~ ਦਾਨ *n.m.* life, *lit.* gift of life
~ ਨਾ ਕਰਨਾ *ph.* not to be in mood, be unwilling
~ ਪ੍ਰਤੀ *adv.* per head, also ਜੀ ਪਰਤੀ
~ ਪ੍ਰਤੀ ਕਰ/~ ਪ੍ਰਤੀ ਟੈਕਸ ਜਾਂ ਫੀਸ *ph.* capitation, capitation charge or fee
~ ਭਰ ਆਉਣਾ *ph.* to be touched or moved, feel compassion
~ ਭਰਕੇ *adv.* to one's heart's content, one's fill
~ ਭਰ ਜਾਣਾ *ph.* to be satisfied; to be fed up
~ ਭਿਆਣੇ *adv.* instinctively, out of fear, as a reflex action (against danger); also ਜਿੰਦ ਭਿਆਣੇ
~ ਮਤਲਾਉਣਾ *ph.* same as ਜੀ ਕੱਚਾ ਹੋਣਾ
~ ਮਾਰ *n.f.* same as ਜੀ ਘਾਤ
~ ਰੱਖਣਾ *ph.* see ਦਿਲ ਰੱਖਣਾ under ਦਿਲ, to console
~ ਲੱਗਣਾ *ph.* to feel at home
~ ਲਾਉਣਾ *ph.* to develop interest (in), to be reconciled (with a new situation); to get someone interested in; to amuse, entertain

ਜੀਅੜਾ [jiəra] *n.m.* same as ਜਿਊੜਾ, heart

ਜੀਆ ਪੋਤਾ [jia potta] *n.m.* family, kith and kin

ਜੀਹਦਾ [jída] *pron.* same as ਜਿਸਦਾ, whose

ਜੀਜਾ [jijja] *n.m.* sister's husband, brother-in-law

ਜੀਣਾ [jiṇa][*v.i.* same as ਜਿਊਣਾ, to live

ਜੀਨ [jin] *n.f.* jean; gene, saddle; also ਜ਼ੀਨ

ਜੀਨਸਾਜ਼ [jinsaz] *n.m.* manufacturer of ਜੀਨ, saddler

ਜੀਨਸਾਜ਼ੀ [jinsazi] *n.f.* manufacture of saddlery

ਜੀਨਪੋਸ਼ [jinpoṣ] *n.m.* saddle cover

ਜੀਨਾ [jina] *n.m.* see ਪੌੜੀ, ladder, stairs; also ਜ਼ੀਨਾ

ਜੀਭ [jíb] *n.f.* tongue
~ ਹਿਲਾਉਣੀ *ph.* to speak up, say something
~ ਕੱਢਣੀ *ph.* to pant, be out of breath; to make faces (at), pout
~ ਦੰਦਾਂ ਹੇਠ ਦੇਣੀ/~ ਦੰਦਾਂ ਹੇਠ ਲੈਣੀ *ph.* to bear, endure of suffer patiently
~ ਦਾ ਸੁਆਦ *ph.* same as ਚਸਕਾ, penchant
~ ਦਾ ਮਿੱਠਾ *ph.* soft-spoken, sweet-tongued, persuasive, polite
~ ਰੱਖਣੀ *ph.* to be moderate in eating, eat sparingly or with care or discrimination

ਜੀਭੀ [jíbi] *n.f.* reed of musical instrument; nib of pen; tongue-cleaner; flap attached to shoes under the laces

ਜੀਰਨ [jirən] *adj.* old, worn-out, ragged, decayed, decrepit, decadent; delapidated

ਜੀਰਾ [jira] *n.m.* cumin seed, seed of *Cuminum officinale,* also called ਸਫੇਦ or ਚਿੱਟਾ to distinguish it from ਕਾਲ਼ਾ ਜੀਰਾ, black cumin, *Cuminum cyminum* or caraway, *Carum carvi;* also ਜ਼ੀਰਾ

ਜੀਰਾਂਦ [jirãd] *n.f.* life, sustenance; patience, forbearance

ਜੀਰੀ [jiri] *n.f. dia.* see ਝੋਨਾ, paddy

ਜੀਰੋ [jiro] *n.f.* ziro, cipher, naught; also ਜ਼ੀਰੋ

ਜੀਲ [jil] *n.f.* finer cord of string instrument producing seventh note of octave; tiny bell tied to the leg of a tamed hawk or pigeon

ਜੀਵ [jiv] *n.m.* sentient, animate, living being; organism, creature, animal, man, bird, animalcule; soul
~ ਆਤਮਾ *n.f.* individual soul (as against ਪਰਮ ਆਤਮਾ)
~ ਹੱਤਿਆ *n.f.* same as ਜੀ ਘਾਤ under ਜੀ; killing
~ ਰਸਾਇਣ ਵਿੱਦਿਆ *ph.* bio-chemistry
~ ਵਿਗਿਆਨ *n.m.* biology
~ ਵਿਗਿਆਨੀ *n.m.* biologist

ਜੀਵਕਾ [jivka] *n.f.* livelihood, sustenance,

living, means of livelihood; profession, occupation

ਜੀਵਨ [jivən] *n.m.* life, existence, being, lifetime, lifespan; animation, liveliness, mode of living

~ ਸ਼ਕਤੀ *n.f.* vital force, vitality

~ ਸੱਤਾ *n.f.* same as ਜੀਵਨ ਸ਼ਕਤੀ

~ ਸੰਬੰਧੀ *adj.* biographical; concerning ਜੀਵਨ; vital; biological

~ ਸ਼ਾਸਤਰ *n.m.* natural history, philosophy of life

~ ਸਾਥੀ *n.m.* life-partner, spouse

~ ਕਾਲ *n.m.* lifetime; lifespan

~ ਚਰਿੱਤਰ *n.m.*biography, life story

~ ਜਾਚ *n.f.* way of good, happy living; art of living

~ ਜੋਤ *n.f.* soul; same as ਜੀਵਨ ਸ਼ਕਤੀ

~ ਢੰਗ *n.m.* way of life, lifestyle, mode of living

~ ਦਰਸ਼ਨ *n.m.* philosophy of life

~ ਦਾਤਾ *adj. & n.m.* giver of life, God; founder, sustainer

~ ਪੱਧਰ *n.m.* standard of living, plane of existence

~ ਪਰਯੰਤ *adv. & adj.* lifelong, throughout life

~ ਬੀਮਾ *n.m.* life insurance

~ ਭਰ *adv.* same as ਜੀਵਨ ਪਰਯੰਤ

~ ਮਿਆਰ *n.m.* same as ਜੀਵਨ ਪੱਧਰ

~ ਮੁਕਤ *adj.* emancipated, liberated during the present life itself

ਜੀਵਨਹਾਰ [jivənhar] *adj.* animate, living

ਜੀਵਨੀ [jivəni] *n.f.* biography, life story

ਜੀਵਾ [jiva] *n.f.* chord

ਜੀਵਾਣੂ [jivaṇu] *n.m.* bioplasm, protoplasm; microbe, animalcule; spore, germ cell, micro organism, bacterium, zooid

~ ਸੰਬੰਧੀ *adj.* bacterial, zooidal

~ ਨਾਸ਼ਕ *adj.* antibiotic

~ ਵਿਗਿਆਨ *n.m.* bacteriology microbiology

ਜੁਆ [jʊa] *v.form.* imperative of ਜੁਆਉਣਾ, get (them) yoked

ਜੁਆਉਣਾ [jʊauṇa] *v.t.* to assist in yoking, get (animals) yoked; see ਜਿਵਾਉਣਾ, vivify, revive; *cf.* ਜੋਣਾ

ਜੁਆਈ¹ [juai] *n.f.* act, process of, wages for ਜੁਆਉਣਾ

ਜੁਆਈ² *n.m. colloq.* see ਜਵਾਈ, son-in-law

ਜੁਆਂਹ [juā̃] *n.m. colloq.* see ਜਵਾਂਹ, camel thorn

ਜੁਆਕ [jʊak] *n.m* .same as ਜਵਾਕ, child

ਜੁਆਨ [jʊan] *adj. colloq.* see ਜਵਾਨ, young man, ਜੁਆਨੀ *n.f.* see ਜਵਾਨੀ, youth

ਜੁਆਬ [jʊab] *n.f. colloq.* see ਜਵਾਬ, reply

ਜੁਆਰ [jʊar] *n.f. colloq.* ਜਵਾਰ, sorghum

ਜੁਆਰੀਆ [jʊaria] *n.m.* gambler

ਜੁਆਲਾ [jʊala] *n.f. colloq.* see ਜਵਾਲਾ, fire

ਜੁਸਤਜੂ [justju] *n.f.* search, hunt, exploration; effort to know or find out

ਜੁੱਸਾ [jussa] *n.m.* body, physique, physical structure, constitution, bulk

ਜੁਸ਼ਾਂਦਾ [juṣā̃da] *n.m.*same as ਦੁਸ਼ਾਂਦਾ, a herbal decoction

ਜੁਸ਼ੀਲਾ [juṣila] *adj.m.* excited, vehement

ਜੁਹਦ [jód] *n.f.* austerity, piety, devotional worship; also ਜ਼ੁਹਦ

ਜੁਹਮਤ [jómət] *n.f.* same as ਕਸ਼ਟ; also ਜ਼ੁਹਮਤ

ਜੁਕਾਮ [jukam] *n.m* common cold, coryza, rhinitis, catarrh, inflammation of mucus membrane; also ਜ਼ੁਕਾਮ

~ ਹੋ ਜਾਣਾ *ph.* to suffer from ਜੁਕਾਮ, catch cold

ਜੁਖਵਾ [jukhva] *v.form.* imperative of ਜੁਖਵਾਉਣਾ, get (this) weighed

ਜੁਖਵਾਉਣਾ/ਜੁਖਾਉਣਾ [jukhvauṇa/jukhauṇa] *v.t.* to have or get something weighed

ਜੁਖਵਾਈ/ਜੁਖਾਈ [jukhvai/jukhai] *n.f.* process of, wages for ਜੁਖਵਾਉਣਾ

ਜੁਗ [jug] *n.m.* age, period, epoch, times

~ ਜੁਗ/ਜੁਗੋਂ ~ *adv.* through the ages, always, for ever, eternally

~ ਗਰਦੀ *n.f.* revolution

~ ਜੁਗ ਜੀਵੇ *interj.* long live!

~ ਜੁਗਾਂਤਰ *n.m.* eternity

~ ਪਲਟਾਊ *adj.* revolutionary

ਜੁਗਣੀ [jugṇi] *n.f.* same as ਜੁਗਨੀ

ਜੁਗਤ [jugt] *n.f.* method, manner, way, skill, skilfulness, knack; tool; device, contrivance; plan, scheme, expedient

ਜੁਗਤੀ *n.f.* same as ਜੁਗਤ; *adj.m.* contriver, schemer, skilful, adroit, clever, resourceful, ingenious, inventive

ਜੁਗਨੀ [jugni] *n.f.* a mode of Punjabi folk song; a heart-shaped ornament for the neck

ਜੁਗਨੂੰ [jugnũ] *n.m.* glow-worm, firefly, glowfly, lightning bug

ਜੁਗਰਾਫੀਆ [jugrafia] *n.m.* geography, also ਜੁਗ਼ਰਾਫ਼ੀਆ

ਜੁਗਲਬੰਦੀ [jugəlbə̃di] *n.f.* playing of like rhythms on different instruments; symphony, duet

ਜੁਗਾਲ਼ੀ [jugaḷi] *n.f.* same as ਉਗਾਲ਼ੀ, cut-chewing

ਜੁਗਾੜ [jugaṛ] *n.m.* improvisation, makeshift arrangement, contrivance; set up, arrangement

ਜੁਗਿਆਣੀ [jugıaṇi] *n.f.* same as ਜੋਗਣ, female yogi

ਜੁਜ [juj] *n.m.* part, fraction, portion, section, element, ingredient; factor; also ਜੁਜ਼

ਜੁਜਬੰਦੀ [jujbə̃di] *n.f.* systematic arrangement or binding of parts, stitching together of parts as in book-binding

ਜੁਜ਼ਵੀ [juzvi] *adj.* in parts, partial, fractional

ਜੁਝਾਰ [jujàr] *adj.* fighter, valiant; heroic, militant, aggressive, vigorously combative; intrepid, fearless

ਜੁਝਾਰੂ [jujàru] *adj.* same as *prec.*; *n.m.* valient person, a militant

ਜੁੱਟ [juṭṭ] *n.m. & adj.* pair, couple, group, batch, yoked or tied together; companion, friend; *v.form.* imperative of ਜੁੱਟਣਾ

~ ਹੋਣਾ *con.v.* to join, unite or be united in a group

~ ਕਰਨਾ *con.v.* to join, unite, couple, yoke attach, fasten

ਜੁੱਟਣਾ/ਜੁੱਟ ਜਾਣਾ/ਜੁੱਟ ਪੈਣਾ [juṭṭəṇa] *v.i.* to engage or be involved in something with determination and vigour; to work seriously, singlemindedly

ਜੁੱਟੀ [juṭṭi] *n.f.* same as ਗੋੜ੍ਹਾ, piece of carded cotton, piece of cotton tied around the teats of a goat to prevent its kid from feeding on them

ਜੂਠਾ [juṭha] *v.form.* imperative of ਜੁਠਾਉਣਾ, touch and pollute

ਜੁਠਾਉਣਾ [juṭhauṇa] *v.t.* to let one taste or touch with lips or mouth; to kiss; to defile, pollute (victuals) by tasting or touching

ਜੁੰਡਲ਼ੀ/ਜੁੰਡੀ [jũḍḷi/jũḍi] *n.f.* clique, coterie a small group, peer group (*depec.*); lock of tangled, unkempt hair

ਜੁਡੀਸ਼ਲ [juḍiṣəl] *adj.* judicial

ਜੁੰਡੇ [jũḍe] *n.m. pl.* unkempt, untidy, messy hair

ਜੁੱਤਾ [jutta] *n.m.* same as ਜੁੱਤੀ, large shoes, boots

ਜੁੱਤੀ [jutti] *n.f.* shoes, one of a pair of shoes, boots, footwear, slippers, sandals

~ ਖਾਣੀ *ph.* to be beaten, thrashed with shoes; to be insulted, disgraced, punished, humiliated

~ ਚੱਟ *ph.lit.* shoe-licker, sycophant, lickspittle, toady

~ ਚੱਟਣਾ *ph.* to fawn, become a ਜੁੱਤੀ ਚੱਟ

~ ਚੱਲਣੀ *ph.* fighting with shoes to take place; to exchange blows and invectives

~ ਚੁੱਕ *adj.* shoe-lifter, petty thief

~ ਮਾਰਨੀ *ph.* beat, thrash with shoes; to insult, disgrace, punish, rebuke, reprimand, insult

~ ਲੱਗਣੀ *ph.* for shoes to pinch or blister

~ ਲਾਹ ਲੈਣੀ *ph.* to beat or prepare to beat with shoes; to prepare to run away, flee, scoot, run away

ਜੁਦਾ [juda] *adj.* separate, separated; different

ਜੁਦਾਈ [judai] *n.f.* separation *esp.* from a dear one, beloved or lover

~ ਦਾ ਗਮ/~ ਦੀ ਪੀੜ *ph.* pangs of separation

ਜੁੱਧ [júdd] *n.m.* battle, fighting, war, skirmish, hostilities, armed encounter, warfare, combat action or engagement

~ ਅਪਰਾਧ *n.m.* war crime
~ ਸਮੱਗਰੀ *n.f.* munitions of war, war material
~ ਕਰਨਾ *con.v.* to fight, fight a war
~ ਕਲਾ *n.f.*art of war, warfare, tactics
~ ਖੇਤਰ *n.m.* theatre of war, battlefield, war-front
~ ਛਿੜਨਾ *con.v.* for war to break out or commence
~ ਛੇੜਨਾ *con.v.* to declare, begin, start or cause war
~ ਦਾ ਐਲਾਨ *ph.* declaration of war
~ ਦਾ ਮੈਦਾਨ *ph.* battlefield
ਜੁੱਧਬੰਦੀ/ਜੁੱਧ ਵਿਰਾਮ [júddbə̃di/júdd-viram] *n.f.* cease fire, armistice, truce
ਜੁਪ [jup] *v.form.* nomination of ਜੁਪਣਾ
ਜੁਪਣਾ [jupəṇa] *v.i.* to be yoked; *fig.* to take up or engage (in some hard task) voluntarily
ਜੁਫਤ [juphət] *adj.* even number; also ਜੁਫ਼ਤ; *cf.* ਟਾਂਕ
ਜੁੱਫਾ [juppha] *n.m. dia.* see ਗੁੱਛਾ; lock of matted hair
ਜੁੰਬਸ਼ [jũbəṣ] *n.f.* movement; motion
ਜੁਬਲੀ [jubli] *n.f.* jubilee
ਜੁਮਾ [juma] *n.m.* Friday
ਜੁੰਮਾ [jũmma] *n.m* responsibility, duty, obligation, answerability; charge undertaking, custody, trust; liability, accountability; also ਜ਼ੁੰਮਾ
~ ਚੁੱਕਣਾ/~ ਲੈਣਾ *ph.* to undertake (liability or responsibility) be responsible or answerable for, take charge or custody, vouch for, sponsor
ਜੁੰਮੇ ਕਰਨਾ/ਜੁੰਮੇ ਲਾਉਣਾ *ph.* to entrust
ਜੁੰਮੇ ਨਿਕਲਣਾ *ph.* to be liable for (debt), due from
ਜੁਮੇਰਾਤ [jumerat] *n.f.* Thursday
ਜੁੰਮੇਵਾਰ [jũmmevar] *adj.* responsible, answerable, liable; trustworthy, reliable
ਜੁੰਮੇਵਾਰੀ [jũmmevari] *n.f.* responsibility, answerability
~ ਲੈਣੀ *con.v.* to take responsibility, stand surety, foot the bill
ਜੁਮੈਟਰੀ [jumɛṭri] *n.f.* geometry
ਜੁਰਅਤ/ਜੁੱਰਤ [jurət/jurrət] *n.f.* courage, boldness, pluck, bravery, nerve daring
~ ਕਰਨੀ *con.v.* to pick up courage, be bold, dare
ਜੁਰਮ [jurm] *n.m.* crime, offence, felony, misdemeanour, fault, guilt; charge, accusation; sin, maleficence, malfeasance
~ ਆਇਦ ਕਰਨਾ *ph.* to chargesheet, prosecute under specific charge
~ ਕਰਨਾ *con.v.* to commit crime
~ ਲਾਉਣਾ *con.v.* same as ਜੁਰਮ ਆਇਦ ਕਰਨਾ; to accuse
ਜੁਰਮਾਨਾ [jurmana] *n.m.* fine, penalty, mulet, forfeit, pecuniary punishment
~ ਹੋਣਾ *con.v.* to be fined, for fine to be imposed
~ ਭਰਨਾ *con.v.* to pay fine
~ ਮੁਆਫ ਕਰਨਾ *ph.* to remit fine
ਜੁਰਾਬ [jurab] *n.f.* same as ਜਰਾਬ, one of a pair of socks or stockings; *usu. pl.* ਜੁਰਾਬਾਂ, socks, stockings
ਜੁਲਕ [julk] *v.form.* nominative of ਜੁਲਕਣਾ
ਜੁਲਕਣਾ [julkəna] *v.i.* to creep, crawl, move or act very slowly
ਜੁਲਮ [julm] *n.m.* atrocity, tyranny, oppression, persecution, cruelty, brutality, outrage; also ਜ਼ੁਲਮ
~ ਕਰਨਾ *con.v.* to commit ਜੁਲਮ (on), to tyrannise, oppress, persecute
ਜੁਲਮੀ [julmi] *adj.* same as ਜਾਲਮ, tyrant
ਜੁਲਫ [julf] *n.f.* curl, lock, strand or tress of hair; also ਜ਼ੁਲਫ਼
ਜੁੱਲੜ/ਜੁੱਲਾ [jullər/julla] *n.m.* old, coarse or tattered quilt
ਜੁਲਾਈ [julai] *n.m.* July
ਜੁਲਾਹਾ [julaha] *n.m.* weaver; *slang.* coward person
ਜੁਲਾਬ [julab] *n.m.* purgative, laxative aperient
~ ਲੱਗਣਾ *con.v.* to be purged through use of purgative; to have loose motions
~ ਲੈਣਾ *con.v.* to take an aperient or purgative
ਜੁੱਲੀ [julli] *n.f.* same as ਜੁੱਲਾ particularly a lighter or smaller one
~ ਤੱਪੜੀ *n.f.* modest, meagre, scanty

belongings or personal effects
ਜੁੜ [juṛ] *v.form.* nominative/imperative of ਜੁੜਨਾ; join
ਜੁੜਤ [juṛt] *n.f.* cohesion, cohesiveness, fitting, quality of joint
ਜੁੜਨਾ [juṛna] *v.t.* to join, stick, cling, cleave; to be joined, connected, pasted; to get together, gather, assemble, collect, unite
ਜੁੜਵਾਂ [juṛvã] *adj.m.* connected, joined, stuck together; adjoining, adjacent, contiguous; compatible, matching, resembling, similar; cohesive, adhesive, sticky
ਜੁੜਵਾਉਣਾ/ਜੁੜਾਉਣਾ [juṛvauṇa/juṛauṇa] *v.t.* to get things joined, connected; fastened, pasted, mended; to get or help (draught animal) yoked
ਜੁੜਵਾਈ/ਜੁੜਾਈ [juṛvai/juṛai] *n.f.* process of, wages for *prec.*
ਜੂੰ [jũ] *n.f.* louse, head-louse, nit; *pl.* lice; *cf.* ਚਮਜੂੰ
~ ਤੋਰ *ph.* very slow speed; *adv.* at snail's pace
ਜੂਆ [jua] *n.m.* see ਜੂਲ਼ਾ, yoke; gambling, dice, any game of chance played with stakes; grave risk
~ ਖੇਡਣਾ *con.v.* to gamble, punt
ਜੂਆਖਾਨਾ [juakhana] *n.m.* gambling house, gamblers'den
ਜੂਏਬਾਜ [juebaj] *n.m. adj.* gambler
ਜੂਏਬਾਜੀ [juebaji] *n.f.* gambling, addiction to gambling
ਜੂਸ [jus] *n.m.* juice
ਜੂਹ [jú] *n.f.* uncultivated, waste or open land used as pasture; area, environ, purlieu, revenue limit of a village
ਜੂਝਣਾ [jújəṇa] *v.i.* to fight, die fighting, sacrifice one's life (for a cause)
ਜੂਠ [juṭh] *n.f.* pollution, contamination; food polluted by taste or touch, leftovers, leavings, orts, crumbs, kitchen refuse; *slang.* low, mean person
ਜੂਠਾ [juṭha] *adj.m.* polluted, contaminated by taste or touch, partially eaten or drunk
ਜੂਡੋ [juḍo] *n.m.* judo
ਜੂਤ [jut] *n.m.* see ਜੁੱਤੀ, big shoes
~ ਪਤਾਣ *n.m.* fight, scuffle with shoes, exchange of blows with shoes, shoe-beating
~ ਪੈਣੇ *ph.* same as ਜੁੱਤੀ ਖਾਣੀ under ਜੁੱਤੀ
~ ਫੇਰਨਾ *ph.* same as ਜੁੱਤੀ ਮਾਰਨੀ under ਜੁੱਤੀ
ਜੂਦ ਹਜਮ [jud həjəm] *adj.* readily, easily digestible; also ਜ਼ੂਦ ਹਜਮ
ਜੂਨ¹ [jun] *n.m.* June
ਜੂਨ²/ਜੂਨੀ [juni] *n.f.* birth, life, any of the 8,400,000 species among whom, according to Hindu belief, an unliberated soul wanders
ਜੂਨੀਅਰ [juniər] *adj.* junior
ਜੂਲ਼ਾ [juḷa] *n.m.* yoke; *fig.* forced duty or responsibility
ਜੂੜ [juṛ] *n.m.* tight bond, noose, shackle, fetter, knot
~ ਵੱਢਣਾ *ph. lit.* to cut a bond; *fig.* to be free of, get rid of, be done with
ਜੂੜਨਾ [juṛna] *v.t.* to bind tightly, noose, fasten, shackle, fetter; also ਜੂੜ ਪਾਉਣਾ
ਜੂੜਾ [juṛa] *n.m.* knot of hair, topknot, chignon
~ ਕਰਨਾ/~ ਬੰਨ੍ਹਣਾ *con.v.* to tie the hair into a knot
~ ਪੁੱਟਣਾ *ph.* to pull by the knot or by the hair; to chastise, punish; to insult, disgrace
ਜੂੜੀ [juṛi] *n.f.* small ਜੂੜਾ, knot of beard; a knot or bundle of hemp fibre or of tobacco leaves.
~ ਕਰਨੀ *con.v.* to tie into a knot
ਜੇ/ਜੇਕਰ [je/jekər] *conj.* if, in case, provided
ਜੇਠ [jeṭh] *n.m.* third month of Indian calendar (mid-May to mid-June); husband's elder brother, brother-in-law
ਜੇਠਾ [jeṭṭha] *adj.m.* first-born male child, eldest son; elder; ancestor
ਜੇਡਾ [jeḍḍa] *adj.m.* same as ਜਿੱਡਾ, as big as

ਜੇਤਾ [jeta] *adj.m.* same as ਜਿੰਨਾਂ, as much as
ਜੇਤੂ [jettu] *adj.* winner, victor, victorious, triumphant, champion
~ ਹੋਣਾ *con.v.* to win, come off with flying colours; to bare the palm, triumph
ਜੇਬ [jeb] *n.f.* pocket
~ ਕੱਟਣੀ *con.v.* to pick pocket
~ ਕਤਰਾ *n.m.* pickpocket, cutpurse
~ ਖਰਚ *n.m.* pocket money, pocket expenses, pin money
~ ਗਰਮ ਕਰਨੀ *ph.* to bribe
~ ਘੜੀ *n.f.* pocket watch
~ ਵਿੱਚ ਪਾ ਲੈਣਾ *ph.* to pocket
ਜੇਬੀ [jebi] *adj.* pertaining to or kept in ਜੇਬ
ਜੇਰ [jer] *n.f.* urdu vowel symbol '/' (placed under a letter unlike ਜਬਰ which is placed above a letter); *adj.* subjugated, conquered, subject, subordinate, subservient; *adv.* below, under; *dia.* see ਜਿਓਰ, placenta
~ ਕਰਨਾ *con.v.* to subjugate, conquer, defeat, master, bring under control
~ ਜਬਰ *ph.* slight mistake
~ ਜਮੀਂ *adv.* underground, subterraneanly, subterraneously
ਜੇਰਜ [jerəj] *adj.* placental, viriparous; mammal
ਜੇਰਜਤਾ [jerəjta] *n.f.* viriparity
ਜੇਰਾ [jera] *n.m.* same as ਜਿਗਰਾ
ਜੇਲ੍ਹ [jél] *n.f.* jail, gaol, prison, jailhouse; confinement, imprisonment, incarceration
ਜੇਲ੍ਹਖਾਨਾ [jélkhana] *n.m.* same as ਜੇਲ੍ਹ
ਜੇਲ੍ਹਰ [jélər] *n.m.* jailor, jailer, gaoler, jail superintendent
ਜੇਵਰ [jevər] *n.m* ornament; also ਜ਼ੇਵਰ
ਜੇਵਰਾਤ [jevrat] *n.m. pl.* of ਜੇਵਰ, jewellery; also ਜ਼ੇਵਰਾਤ
ਜੈ [jɛ] *n.f.* same as ਜਿੱਤ; cheer, acclaim, acclamation, shout of triumph or congratulation; *interj.* hail! hurrah!
~ ਜੈਕਾਰ *n.f.* ovation, applause, acclaim, acclamation, cheer; fame, renown
ਜੈਕਾਰਾ [jɛkara] *n.m.* ovation, shout in unison *esp.* during religious service, *esp.* the Sikh slogan ਬੋਲੇ ਸੋ ਨਿਹਾਲ, ਸਤਿ ਸ੍ਰੀ ਅਕਾਲ (blessed shall be he who shouts "hail the True and the Timeless One")
ਜੈਸਾ [jɛsa] *adj.m. & adv.* see ਜਿਹਾ, ਜਿਓਂ; same as ਜੈਸੇ ਨੂੰ ਤੈਸਾ *ph.* tit for tat, blow for blow
ਜੈੱਕ [jɛkk] *n.m.* jack, screw-jack; (in cards) jack, knave; *slang.* supporter, sponsor, promoter
~ ਲਾਉਣਾ *con.v.* to apply screw jack; *slang.* to use influence to promote one's interest
ਜੈਜਾਵੰਤੀ [jɛjavə̃ti] *n.m.* name of a musical measure or metre
ਜੈੱਟ [jɛṭṭ] *n.m.* jet, jet plane
ਜੈਂਟਲਮੈਨ [jɛ̃ṭəlmɛn] *n.m. & adj.m.* gentleman; dandy, fop, dandyish, foppish
ਜੈਤਸਰੀ [jɛtsəri] *n.m.* name of a musical measure or metre
ਜੈਨ [jɛn] *n.m.* an Indian religion, Jainism, also ਜੈਨ ਮੱਤ; *adj.* same as ਜੈਨੀ
ਜੈੱਨਰੇਟਰ [jɛnreṭər] *n.m.* generator
ਜੈਨੀ [jɛni] *adj. n.m.* pertaining to or follower of Jainism
ਜੈਬਰਾ [jɛbra] *n.m.* zebra, *Equus burchelli;* also ਜ਼ੈਬਰਾ
ਜੈਮ [jɛm] *n.m.* fruit jam
ਜੈ ਮਾਲ਼ਾ [jɛ maḷa] *n.f.* garland of victory; garland put around each other's neck by bride and bridegroom as an expression of mutual greeting and acceptance
ਜੈਲ [jɛl] *n.f.* an administrative unit, a group of about a score villages set up formerly for the purpose of law and order and internal intelligence; also ਜ਼ੈਲ
ਜੈਲਦਾਰ [jɛldar] *n.m.* honorary superintendent of a ਜੈਲ
ਜੈਲਦਾਰੀ [jɛldari] *n.f.* office or post of ਜੈਲਦਾਰ (no longer existing)
ਜੈਲੀ [jɛli] *n.f.* jelly
ਜੋ[1] [jo] *pron.* who, which, what, that
~ ਹੋ ਗਿਆ ਸੋ ਹੋ ਗਿਆ *ph.* let bygones be bygones

~ ਹੋਵੇ ਹੁੰਦਾ ਰਹੇ *ph.* come what may
~ ਕੁਝ *pron.* whatever
~ ਕੁਝ ਵੀ *pron.* whatsoever
~ ਕੋਈ *pron.* whoever
~ ਕੋਈ ਵੀ *pron.* whosoever
~ ਜੋ *pron.* whoever, whichever, whatever, who all, which all

ਜੋ² *v.form.* imperative of ਜੋਣਾ, yoke, harness

ਜੋਸ਼ [joṣ] *n.m.* excitement, agitation, zeal, enthusiasm, gusto, fervour, vehemence, frenzy, furore, verve, fervidity, fervidness, ebullience, ebulliency, rage, ebullition; effervescence; boiling, seething; warmth
~ ਆਉਣਾ *ph.* to be in a state of ਜੋਸ਼, boil, foam and broth
~ ਠੰਡਾ ਹੋਣਾ *ph.* to calm down, relent, slacken
~ ਠੰਡਾ ਕਰਨਾ *ph.* soothe, soften, calm
~ ਦਿਵਾਉਣਾ *ph.* to excite, incite, enrage; to rouse or stir passion, provoke into ਜੋਸ਼; to get something boiled
~ ਦੇਣਾ *ph.* to boil; to incite, encourage
~ ਨਾਲ *adv.* vehemently, enthusiastically, ebulliently, with gusto
~ ਭਰਿਆ *adj.m.* excited, agitated, vehement, enthusiastic, ebullient, hectic

ਜੋਸ਼ਾਂਦਾ [joṣãda] *n.m.* same as ਦੁਸ਼ਾਂਦਾ, herbal decoction

ਜੋਹਣਾ [jóṇa] *v.t.* to see, find out, ascertain; to test

ਜੋਹ.ਫ [jóf] *n.m.* weakening cause or factor; weakness; damage, harm; also ਜ਼ੁਹਫ
~ ਪਹੁੰਚਾਉਣਾ *con.v.* to weaken, harm, damage

ਜੋਕ [jok] *n.f.* leech, *Hirudo medicinalis; slang.* a person who hangs on to another for personal gain, a parasite, limpet
ਜੋਕਾਂ ਲਾਉਣੀਆਂ *con.v.* to leech

ਜੋਕਰ [jokkər] *n.m.* joker, jokester, prankster; (in cards) jack

ਜੋਖਣਾ [jokhəṇa] *v.t.* same as ਤੋਲਣਾ or ਜਾਂਚਣਾ, to weigh; to observe

ਜੋਖਮ/ਜੋਖੋਂ [jokhəm/jokhõ] *n.m.* risk, danger, peril, hazard, jeopardy

ਜੋਗ¹ [jog] *n.m.* yoga; asceticism; renunciation

ਜੋਗ² *adj.* proper, commensurate, suitable, fit (for), adequate; capable, competent

ਜੋਗ³ *n.f.* pair of oxen or male buffaloes, yoke

ਜੋਗਣ [jogəṇ] *n.f.* female yogi

ਜੋਗਾ¹ [jogga] *prep.* for, to

ਜੋਗਾ² *adj.m.* meant for, fit for, assigned to, intended to be given to; capable of

ਜੋਗਿਕ [jogɪk] *n.m.* compound

ਜੋਗੀ [jogi] *n.m.* practitioner of yoga; an ascetic sect or its member; snake-charmer

ਜੋਗੀਆ [jogia] *adj.* ochre, ochreous, ochry

ਜੋਟਾ [joṭṭa] *n.m.* twosome, duo, couple, pair

ਜੋਟੀ [joṭṭi] *n.m.* companionship, intimate friendship, fellowship; pair, team, group, gang; partnership

ਜੋਟੀਦਾਰ [joṭidar] *n.m.* companion, friend, pal, chum, comrade; yoke-fellow, yokemate; partner

ਜੋਣਾ [joṇa] *v.t.* to yoke, harness, press into work, engage, force

ਜੋਤ [jot] *n.f.* light, flame, flash; *fig.* soul; strap used to fasten a draught animal firmly to the yoke; extent or quality of ploughing; land sufficient to be cultivated by one pair of oxen
~ ਜਗਾਉਣੀ *ph.* to light a lamp *esp.* at a shrine or in a place of worship

ਜੋਤਸ਼ [jotəṣ] *n.m.* astrology, astronomy, palmistry, fortune-telling; foretelling
~ ਲਾਉਣਾ *con.v.* to guess or ascertain with the use of ਜੋਤਸ਼

ਜੋਤਸ਼ੀ [jotəṣi] *n.m.* astrologer, astronomer, palmist, fortune teller

ਜੋਤਣਾ [jottəṇa] *v.t.* see ਜੋਣਾ and ਵਾਹੁਣਾ, to plough, cultivate

ਜੋਤਨਾ [jotəna] *n.m.* light, eyesight

ਜੋਤਰਾ [jottəra] *n.m.* a single shift of

ploughing or at turning the Persian wheel; *informal.* a tiring shift at any work; also ਜੋਤਾ; same as ਜੋਤ

~ ਪਾਉਣਾ *con.v.* to tie ਜੋਤ around an ox's neck, strap

~ ਲਾਉਣਾ *con.v.* to complete a shift at ploughing or at Persian wheel

ਜੋਤਾਂਵਾਲੀ [jottãvali] *adj. & n.m.* pertaining to ਜੋਤ; Goddess Durga as it appears in the form of a flame at Jwalamukhi in Himachal Pradesh

ਜੋਤੀ [jotti] *n.f.* same as ਜੋਤ and ਜੋਤਨਾ, light

~ ਸਰੂਪ *n.m.* light manifest, God

~ ਜੋਤ ਸਮਾਉਣਾ *ph.* (for holy persons) to die, pass away; *lit.* for the individual light (soul) to mingle with the (eternal) light (supreme soul)

ਜੋਦੜੀ [jodəṛi] *n.f.* humble request, supplication

ਜੋਧਾ [jóda] *n.m.* warrior, fighter, soldier, combatant, knight, hero; strong young man, brave person, brave

ਜੋਨ [jon] *n.m.* zone; also ਜ਼ੋਨ

ਜੋਨੀ [joni] *n.f.* see ਜੂਨੀ, birth, species

ਜੋਬਨ [jobən] *n.m.* youth, prime, prime of life, heyday, full-blown youth, bloom of youth; handsomeness

~ ਉੱਤੇ *adv.* abloom, in one's prime

~ ਚੜ੍ਹਨਾ *ph.* to enter puberty, enter full-bloom youth, bloom, become attractively handsome or beautiful

~ ਮੱਤਾ *adj.m.* intoxicated with or proud of youth, self-conscious of one's youth

ਜੋਬਨਵੰਤ/ਜੋਬਨਵੰਤੀ [jobənvə̃t/jobənvə̃ti] *adj. / adj.f.* youthful, handsome, beautiful

ਜੋਰ [jor] *n.m.* strength, power, force, dint, energy, vitality, elan, vim, impetus; rigour, severity, pressure, momentum; emphasis, stress, accentuation; influence, authority; also ਜ਼ੋਰ

~ ਅਜਮਾਉਣਾ *ph.* to test one's power, try; to compete

~ -ਅਜਮਾਈ *n.f.* effort, attempt, try; trial of strength

~ ਕਰਨਾ *ph.* to take exercise, practise wrestling

~ ਖਾ ਜਾਣਾ *ph.* to overstrain oneself, overexert; to suffer from ill effects of overexertion

~ ਦੇਣਾ *ph.* to emphasise, stress, accentuate; to press, exert or put pressure; to insist, importune

~ ਨਾਲ *adv.* forcefully, strongly, emphatically, powerfully, vehemently, enthusiastically

~ ਪਾਉਣਾ *ph.* to put pressure (on), press, compel

~ ਫੜਨਾ *ph.* to gather momentum; to become stronger

~ ਲਾਉਣਾ *ph.* to exert, try hard

~ ਸ਼ੋਰ *n.m.* great vigour, verve, eclat, fanfare, bustle, dash

ਜੋਰਦਾਰ [jordar] *adj.* strong, powerful, mighty, severe, forceful, vigorous, energetic, vehement, pressing, dashing, furious; emphatic; also ਜ਼ੋਰਦਾਰ

~ ਤਕਰੀਰ *n.f.* declamation, rant, rhetoric, rhetorical speech, oration, harangue

ਜੋਰਾਜਬਰੀ/ਜੋਰਾ ਜੋਰੀ [jorajəbri/jorajori] *adv.* forcibly, by force; also ਜ਼ੋਰੋ ਜ਼ੋਰੀ

ਜੋਰਾਵਰ [joravər] *adj.* (for persons) strong, powerful, mighty; bully; also ਜ਼ੋਰਾਵਰ

ਜੋਰਾਵਰੀ [joravəri] *n.f.* exercise of (personal) power or influence; bullying, high-handedness; also ਜ਼ੋਰਾਵਰੀ

ਜੋਰੂ [joru] *n.f.* wife

~ ਦਾ ਗੁਲਾਮ *ph.* henpecked husband

ਜੋੜ [joṛ] *n.m.* joint, junction, concatenation, seam, link, connection; patch, splice; bond, match; equality, similarity, combination, conjunction, relation, nexus, relevance; addition, total, sum

~ ਕਰਨਾ to add up, total up, add; to calculate

~ ਜਮ੍ਹਾ *n.m.* accumulation, collection; arrangements, provision, gathering (as for some particular purpose)

~ ਜਮ੍ਹਾ ਕਰਨਾ *v.t.* to collect, provide, arrange things

~ ਤੋੜ *n.m.* permutation and combination,

manipulation, machination; conspiracy, collusion

~ ਦੁਖਣੇ *con.v.* to have pain in joints

~ ਮੇਲ *n.m.* fast, close friendship

~ ਮੇਲ਼ਨਾ *con.v.* to splice, weld, make a closely fitting joint

~ ਮੇਲਾ *n.m.* religious fair, festival, congregation, any big gathering

ਜੋੜਦਾਰ [joṛdar] *adj.* having joints, not of one piece, seamy

ਜੋੜਨਾ [joṛna] *v.t.* to join, unite, unify, bring together, couple; to patch, agglutinate, paste, bind together; to assemble, concatenate, link together; to fold (hands in prayer, supplication or salutation); to collect, accumulate, hoard, pile up; also ਜੋੜ ਦੇਣਾ/ਜੋੜ ਕਰਨਾ

ਜੋੜਨੀ [joṛni] *n.f.* hyphen

ਜੋੜਵਾਂ [joṛvã] *adj. m.* same as ਜੋੜਦਾਰ and ਜੁੜਵਾਂ, connecting, joining, connective, matching, similar

ਜੋੜਾ [joṛa] *n.m.* pair, couple, twosome, duo; a pair of shoes; a set of garments

ਜੋੜੀ [joṛi] *n.f.* pair, couple, duo; match, matching pair or couple; team of two oxen; set of two wheels; pair of Indian drums; see ਤਬਲਾ

ਜੋੜੀਦਾਰ [joṛidar] *n.m.* same as ਜੋਟੀਦਾਰ, companion; pal

ਜੋੜੂ [joṛu] *adj.* one that joins, binds; hoarder, miser

ਜੌਂ [jɔ̃] *n.m.* barley

~ ਦੀ ਸ਼ਰਾਬ *ph.* beer

~ ਭਰ *adj.* very little (quantity)

ਜੌਹਰ [jɔ́r] *n.m.* jewel, precious stone; essence, quintessence, essential nature, special quality, characteristic; excellence, skill, feat, merit, talent; show, demonstration; a self-sacrificing ceremony by women folk of Rajput warriors in the medieval times

~ ਵਿਖਾਉਣਾ *ph.* to show, demonstrate, exhibit one's skill, talent, or merit

ਜੌਹਰੀ [jɔ́ri] *n.m.* jeweller, connoiseur of jewels, precious metals and stones; a connoiseur

ਜੌਕ [jɔk] *n.m.* same as ਸ਼ੌਕ; taste, enjoyment; happiness, pleasure; also ਜ਼ੌਕ

ਜੌਂਕੀ [jɔ̃ki] *adv.* happily, in a carefree manner

ਜੌਂਧਰ [jɔ̃́dər] *n.m.* same as ਜਵੀ, oat

ਜੌੜਾ [jɔṛa] *adj.m.* twin, either of the twins

ਜੌੜੇ [jɔṛe] *n.m. pl.* twins

ਝ

ਝ [cə̀jja] *n.m.* fourteenth letter of Gurmukhi script representing a palatal sounds [c/j]

ਝਉਣਾ [cə̀uṇa] *v.i.* same as ਝੌਣਾ, to lessen

ਝਈ [cə̀i] *n.f.* sudden, furious attack, charge; gritting teeth in anger; crouching

~ ਲੈ ਕੇ ਪੈਣਾ *ph.* to attack suddenly, furiously

ਝਈਆਂ ਲੈਣਾ [cə̀iã lɛṇa] *ph.* to threaten, snarl, growl; to grit one's teeth, crouch

ਝਈਆਂ ਲੈ ਲੈ ਪੈਣਾ *ph.* to attack furiously again and again, try to charge as a dog straining at its chain

ਝਸ [cə̀s] *n.m.* habit, addiction (derogatory)

~ ਪੈਣਾ *ph.* to fall into habit, get addicted; to feel a sudden urge for the object of addiction (also ਝਸ ਕੁੱਦਣਾ)

ਝੱਸ [cə̀ss] *v.form.* imperative of ਝੱਸਣਾ, rub

ਝੱਸਣਾ [cə̀ssəṇa] *v.t.* to rub, massage, (with oil, etc.)

ਝਸਵਾਉਣਾ/ਝਸਾਉਣਾ [cəsvàuṇa/cəsàuṇa] *v.t.* to get (head, limb, body) rubbed, massaged

ਝਸਵਾਈ [cəsvài] *n.f.* wages for ਝਸਵਾਉਣਾ

ਝਸਾਈ [cəsài] *n.f.* massage, rubbing process of, wages for ਝਸਾਉਣਾ

ਝਹੀ [cə̀i] *n.f.* same as ਝਈ

ਝਕ [cə̀k] *n.f.* same as ਝਿਜਕ, hesitation; *v.form.* nominative of ਝਕਣਾ

ਝੱਕ [cə̀kk] *n.f. dia.* see ਝਖ, mean act

ਝਕਣਾ [cə̀kəṇa] *v.i.* same as ਝਿਜਕਣਾ, to hesitate

ਝਕਦੇ ਝਕਦੇ [cə̀kde cə̀kde] *adv.* hesitatingly, diffidently, reluctantly

ਝੱਕਰਾ [cə̀kkəra] *n.m.* a wide-mouthed earthen vessel

ਝੱਕਰੀ [cə̀kkəri] *n.f.* a small ਝੱਕਰਾ

ਝਕਾ [cəkà] *v.form.* imperative of ਝਕਾਉਣਾ, dodge

ਝਕਾਉਣਾ [cəkàuṇa] *v.t.* to tantalize, tease; to dodge

ਝਕਾਨੀ [cəkàni] *n.f.* dodge, feint

~ ਦੇਣੀ *con.v.* to dodge

ਝੱਕੀ [cə̀kki] *adj.* hesitant, shy, reluctant, diffident; see ਝਖਮਾਰ, mean

ਝਕੋਲ [cəkòl] *v.form.* imperative of ਝਕੋਲਣਾ, rock

ਝਕੋਲਣਾ [cəkòlṇa] *v.t.* to shake, rock, swing; same as ਘਚੋਲ਼ਨਾ, to muddle, rinse

ਝੱਖ [cə̀kkh] *n.f.* mean act, bluff; prattle, vain talk, pettifogging, pettifoggery

~ ਮਾਰਨੀ *ph.* to commit a low, mean act, act meanly, shabbily; to pettifog

ਝੱਖਮਾਰ [cə̀kkhmar] *adj.* pettifogger; mean, base

ਝੱਖੜ [cə̀kkhəṛ] *n.m.* storm, tempest, squall, duststorm, gust; dust clouds; rough weather, impending storm; *slang.* a cranky, boisterous person

~ ਝਾਂਸਾ *n.m.* rainstorm, cyclonic storm, squall; also ਝੱਖੜ ਝਾਂਜਾ

~ ਝੁੱਲਣਾ *con.v.* for a storm to break out, blow, bluster, rage; *fig.* for calamity to befall, for a tumult, disturbance to break out

ਝੱਗ [cə̀gg] *n.f.* foam, froth, scum, lather; spume

~ ਉੱਠਣੀ/~ ਆਉਣੀ/~ ਬਣਨੀ *con.v.* for ਝੱਗ to appear or be formed

~ ਸੁੱਟਣੀ/~ ਛੱਡਣੀ *ph.* to foam, fume, froth; to express extreme anger; to lather

ਝੱਗਦਾਰ [cə̀gədar] *adj.* foamy, frothy; lathery

ਝਗੜ [cə̀gəṛ] *v.form.* imperative of ਝਗੜਨਾ, dispute, quarrel

ਝਗੜਨਾ [cə̀gəṛna] *v.i.t.* to quarrel, fight, squabble, hassle, bicker, wrangle, altercate; to dispute, argue, contend, controvert, contest; to higgle, haggle, quibble

ਝਗੜਾ [cəgəṛa] *n.m.* quarrel, fight, squabble, bickering, wrangle, altercation, dispute, contention, controversy, contest; higgling, haggling, quibbling, argumentation, disputation

~ ਕਰਨਾ/~ ਪਾਉਣਾ *con.v.* to pick up quarrel, start ਝਗੜਾ

~ ਝੇੜਾ *n.m.* dispute, altercation, quarrel

~ ਨਿਬੇੜਨਾ/~ ਮਿਟਾਉਣਾ/~ ਮੁਕਾਉਣਾ *con.v.* to settle or end ਝਗੜਾ

ਝਗੜੇ ਦੀ ਜੜ੍ਹ *ph.* bone of contention, apple of discord, cause of or for ਝਗੜਾ

ਝਗੜਾਲੂ [cəgṛàlu] *adj.* quarrelsome, contentious, argumentative, disputatious, pugnacious, bellicose, combative, feisty, higgler, haggler, quibbler

ਝੱਗਾ [cəgga] *n.m.* shirt

ਝੱਗੀ [cəggi] *n.f.* short or short-sleeved shirt; blouse

ਝੰਗੀ [cə̃gi] *n.f.* copse, coppice, small forest, bosk, bosket, bosquet, bush; any group or cluster of trees, grove, clump

ਝੰਜਟ [cə̃jəṭ] *n.m* botheration, trouble, annoyance, worry; encumbrance, difficulty, problem, unwanted burden, or responsibility, imbroglio

ਝੱਜਰ [cəjjər] *n.f.* small porous earthen pitcher with a long neck, also ਝੱਜਰੀ

ਝੰਜੋੜ [cə̃jòṛ] *v.form.* imperative of ਝੰਜੋੜਨਾ shake

ਝੰਜੋੜਨਾ [cə̃jòṛna] *v.t.* to shake jerkily or violently, twitch

ਝੰਜੋੜਾ [cə̃jòṛa] *n.m.* violent shake, twitch

~ ਦੇਣਾ *con.v.* same as ਝੰਜੋੜਨਾ

ਝੰਝਟ [cə̃jət] *n.m.* same as ਝੰਜਟ

ਝੱਝਰ [cəjjər] *n.f.* same as ਝੱਜਰ

ਝੱਝਾ [cəjja] *n.m.* the letter ਝ

ਝੱਟ[1] [cəṭṭ] *v.form.* imperative of ਝੱਟਣਾ, to throw (water)

ਝੱਟ[2] *n.m.* a short space of time, moment, instant; time; *adv.* immediately, instantly, at once, in no time, offhand, hastily

~ ਘੜੀ *n.f.* a short time

~ ਟਪਾਉਣਾ *ph.* to pass time, make both ends meet; to scrape a living

~ ਟਪਾਊ *adj.* temporary, just enough for living or for the present

~ ਲੰਘਣਾ *ph.* for time to pass; to live amicably, comfortably

~ ਲੰਘਾਉਣਾ *ph.* same as ਝੱਟ ਟਪਾਉਣਾ

ਝਟਕਈ [cəṭkə̀i] *n.m.* butcher, who slaughters animals with a single blow; seller of meat of animals killed in this way

ਝਟਕਣਾ [cə̀ṭəkṇa] *v.t.* to give a jerk, jerk, jolt; to kill with a single blow of sharp weapon given at the neck, behead

ਝਟਕਾ [cə̀ṭka] *n.m.* jerk, a sudden, short pull, stroke, thrust or shake, jolt; slaughtering bird or animal with a single stroke of sharp weapon

ਝਟਕਾਉਣਾ [cəṭkàuṇa] *v.t.* to slaughter with a single stroke severing the head; also ਝਟਕਾ ਕਰਨਾ

ਝੱਟਣਾ [cə̀ṭṭəṇa] *v.t.* to throw, sprinkle, dash, splash (water) manually and continuously

ਝਟਪਟ/ਝਟਾਪਟ [cə̀ṭpəṭ/cəṭapəṭ] *adv.* same as ਝੱਟ[2]; presto

ਝਟਵਾਉਣਾ [cəṭvàuṇa] *v.t.* to get (water) thrown out by hand or by ਝੱਟਾ

ਝਟਵਾਈ [cəṭvài] *n.f.* wages for *prec.*

ਝੱਟਾ [cə̀ṭṭa] *n.m.* an indigenous method of lift irrigation by rhythmically swinging water in a basket, covered with gunny, manually by two men

ਝੰਡ [cə̃ḍ] *n.f.* a child's first crop of hair; ceremonial shaving of child's head for the first time; tonsure ceremony; flattening of a rivet end or sharpening of a blade with hammer blows; the end or edge flattened in this way

~ ਕਰਨੀ *con.v.* to shave off ਝੰਡ; *slang.* to beat, thrash, punish; to insult

~ ਕਰਨੀ/~ ਬਣਾਉਣੀ *con.v.* to flatten or sharpen with hammer

~ ਕਰਵਾਉਣੀ/~ ਕਰਾਉਣੀ *ph.* to perform or undergo tonsure ceremony; *slang.* to be beaten up or insulted, get someone beaten up or insulted

ਝੰਡਾ [cə̃ḍa] *n.m.* flag, banner, standard, colours; ensign, pennant, pennon

~ ਗੱਡਣਾ *ph.* to fix, plant flag; *v.i.* to claim possession; to proclaim victory; to assert sway or superiority

~ ਝੁਕਾਉਣਾ/~ ਨੀਵਾਂ ਕਰਨਾ *con.v.* to lower flag

~ ਝੁਲਾਉਣਾ *con.v.* to fly, hoist, unfurl flag

~ ਬਰਦਾਰ *n.m.* standard-bearer, ensign

~ ਲਹਿਰਾਉਣਾ *con.v.* same as ਝੰਡਾ ਝੁਲਾਉਣਾ

ਝੰਡੀ [cə̃ḍi] *n.f.* small flag, banneret, guidon, bannerette, bunting, streamer

~ ਸੀਸ਼ਾ *n.m.* visual signalling such as with flag, heliograph or semaphore

~ ਕੱਢਣੀ *ph.* to throw an open challenge in a tournament, claim championship

~ ਦੇਣੀ *con.v.* to flag off; to wave a ਝੰਡੀ; to permit, give green signal

~ ਫੇਰਨੀ *ph.* same as ਝੰਡੀ ਕੱਢਣੀ

ਝਣਕਾਰ [cə̀ṇkar] *n.f.* tinkling, jingling, clicking sound, chime, trilling, orchestral trill

ਝਨਾਂ [cənā̃] *n.m.* the river Chenab

ਝਪਕ [cə̀pək] *v.form.* nominative of ਝਪਕਣਾ

ਝਪਕਣਾ [cə̀pəkṇa] *v.i.* same as ਝਮਕਣਾ, to wink

ਝਪਕਾ/ਝਪਕੀ [cə̀pka/cə̀pki] *n.m./n.f.* blink, wink, flutter of eye; doze, snooze, nap, slumber

ਝਪਟ [cə̀pəṭ] *n.f.* swoop, pounce, snatch, rush, dash, lunge; assault, attack grapple

ਝਪਟਣਾ [cə̀pəṭṇa] *v.t.* to swoop, pounce (at), snatch, rush at, lunge; to attach, assault; to grapple (with)

ਝਪਟਾ [cə̀pəṭa] *n.m* same as ਝਪਟ

ਝੱਪਾ [cə̀ppa] *n.m* auditory obstruction

~ ਆਉਣਾ *con.v.* to have or suffer from ਝੱਪਾ

ਝਪੀੜ [cəpī̀ṛ] *n.f.* squeeze, occlusion, constriction of muscles *esp.* of anal region

ਝਪੀੜਨਾ/ਝਪੀੜ ਵੱਟਣੀ [cəpiṛna/cəpiṛ vəṭṭəṇi] *v.i.* to occlude or constrict anal passage; to squeeze, stringe muscles; *fig.* to bear patiently; to act parsimoniously

ਝੱਬ [cə̀bb] *adv.* quickly, soon, at once early

ਝੰਬ [cə̃̀bb] *n.f.* rain falling aslant, wind and rain, flogging shower; carding (of cotton) by flogging, *fig.* beating, flogging, thrashing

ਝੰਬਣਾ [cə̃̀bəṇa] *v.t.* to card (cotton) to flog, thrash

ਝੰਬਣੀ [cə̃̀bəṇi] *n.f.* curved stick for cleansing and carding cotton

ਝਬਦੇ [cə̀bde] *adv. dia.* see ਛੇਤੀ, ਝੱਬ

ਝੱਬਾ [cə̀bba] *n.m. dia.* same as ਝੱਪਾ

ਝੱਬੂ [cə̀bbu] *n.m.* loop of rope around the mouth of an animal to restrain it, nose band, curb

~ ਚੜ੍ਹਾਉਣਾ/~ ਚਾੜ੍ਹਨਾ/~ ਪਾਉਣਾ *con.v.* to make and put a curb around the animal's mouth

ਝਮਕ [cə̀mək] *v.form.* imperative of ਝਮਕਣਾ, blink

ਝਮਕਣਾ [cə̀məkṇa] *v.i.* to wink, blink, twinkle, nictate, nictitate; *usu.* ਅੱਖ ਝਮਕਣਾ

ਝਮਕਾ [cə̀mka] *n.m.* blink, wink, nictation, twinkle, nictitation; *fig.* doze, snooze, nap

ਝਮਕਾਉਣਾ [cəmkàuṇa] *v.t.* to close and open (eyes) same as ਝਮਕਣਾ

ਝਮਝਮ/ਝਮਾਝਮ [cə̀m cə̀m/cə̀ma cə̀m] *adj.* glittering, shimmering, gleaming, sparkling, lustrous *adv.* glitteringly, lustrously

~ ਕਰਨਾ *con.v.* to glitter, sparkle, shine, lustre, gleam, glisten, shimmer

ਝੰਮਣਾ [cə̃̀məṇa] *v.t.* same as ਝੰਬਣਾ

ਝੰਮਣੀ [cə̃̀məṇi] *n.f.* same as ਝੰਬਣੀ and see ਝਿੰਮਣੀ, eyelash

ਝਮਾਕਾ [cəmàka] *n.m.* glimpse, sight; glance, blink

ਝਮੇਲਾ [cəmèla] *n.m.* botheration, annoyance, disturbance, unpleasant or disquieting situation, perturbation complication, tangle, confusion, imbroglio

ਝਰ [cə̀r] *v.form.* nominative of ਝਰਨਾ²

ਝਰਨਾ¹ [cə̀rna] *n.m.* ventilator; same as ਝਾਰਨਾ, large sieve; waterfall, cataract, cascade, spring, fount, fountain

ਝਰਨਾ² *v.i.* to fall, flow, pass through, filter through; to seep, drip

ਝਰਨਾਹਟ/ਝਰਨਾਟ [cə̀rnáṭ/cə̀rnaṭ] *n.f.* thrill, tremor, tremble, quiver, ecstasy, rapture, tingling sensation

~ ਪੈਣੀ *con.v.* to feel thrill, be thrilled

ਝਰੀ [cə̀ri] *n.f.* see ਝਿਰੀ, slit, slot

ਝਰੀਟ [cərìṭ] *n.f.* scratch, bruise, abrasion, a deep line, an irregular line, scribble

ਝਰੀਟਾਂ ਵਾਹੁਣੀਆਂ *con.v.* to draw deep lines; to plough superficially; to write illegibly or haphazardly (like an infant or small illiterate child)

ਝਰੀਟਣਾ [cərìṭəṇa] *v.i.t.* to cause ਝਰੀਟ, to scratch, bruise; to scribble, write hastily or carelessly

ਝਰੁੱਟ [cərùṭṭ] *n.m.* snatching movement or act; snatch, grab

~ ਭਰਨਾ/~ ਮਾਰਨਾ *con.v.* to snatch, pounce; to grab; also ਝਰੁੱਟਣਾ

ਝਰੋਖਾ [cəròkha] *n.m.* window, casement, latticed window, peep-hole, any window like opening *esp.* on the first or higher floor

ਝੱਲ¹ [cə̀ll] *n.f.* dense forest of reeds, tall grasses and undergrowth; swing of waft with hand fan or manually operated ceiling fan

~ ਮਾਰਨੀ *con.v.* to wave a fan, fan

ਝੱਲ² *v.form.* imperative of ਝੱਲਣਾ, bear

ਝੱਲ³ *n.m.* madness, insanity, lunacy, dementia, frenzy; craze, fad, eccentricity, passion, foolishness; mad act or behaviour

~ ਕੁੱਦਣਾ/~ ਪੈਣਾ *ph.* to have a fit or spell of madness

~ ਖਿਲਾਰਨਾ *ph.* to act or behave as an insane person; to behave foolishly

~ ਵੱਸ *adv.* frenetically, insanely, under influence of madness

ਝਲਕ [cə̀lək] *n.f.* glimpse, sight; reflection, adumbration; glitter, glimmer, flash, refulgence, twinkle; smack, trace, hint, tinge

~ ਵਿਖਾਉਣੀ *ph.* to adumbrate, to allow a glimpse, same as ਝਲਕਣਾ

ਝਲਕਣਾ [cə̀ləkṇa] *v.i.* to be just seen or noticed, sparkle, give a trace or hint of; to glimmer, twinkle; to reflect

ਝਲਕਾਰਾ [cəlkàra] *n.m.* same as ਝਲਕ

ਝਲਕੀ [cə̀lki] *n.f.* same as ਝਲਕ; tableau, pageant

ਝਲ ਝਲ [cə̀l cə̀l] *adj.* same as ਝਮਝਮ

ਝੱਲਣ [cə̀lləṇ] *n.m.* beam on which well-ward end of the horizontal axle of a Persian wheel rests

ਝੱਲਣਾ¹ [cə̀lləna] *v.t.* to wave (a fan), fan

ਝੱਲਣਾ² *v.i.t.* to bear, endure, tolerate, suffer; to support; to bear or share (burden)

ਝੱਲ ਵਲੱਲਾ [cə̀ll vəlàlla] *adj.m.* same as ਝੱਲਾ

ਝਲਵਾ [cəlvà] *v.form.* imperative of ਝਲਵਾਉਣਾ, get (the fan) waved

ਝਲਵਾਉਣਾ [cəlvàuṇa] *v.t.* to get (fan) waved; *cf.* ਝੱਲਣਾ¹

ਝੱਲਾ [cə̀lla] *adj.m.* mad, insane; maniac; foolish

ਝਲਾਂਗ [cəlā̀g] *n.f.* morning, early morning

ਝਲਾਂਗੇ [cəlā̀ge] *adj.* in the morning, during early morning

ਝਲਾਨੀ [cəlàni] *n.f.* low-roofed mud hut used as kitchen

ਝਲਾਰ [cəlàr] *n.f.* a method of lift irrigation by using a Persian wheel to draw water from pond, canal or stream; falling current of water; catching fish with a wicker basket

ਝਲੂੰਗੀ [cəlū̀gi] *n.f.* sheet, cloth fastened around the waist and over the shoulder(s) thus making a receptacle for cotton-pickers; improvised hammock

ਝੜ¹ [cə̀ṛ] *n.m.* shade caused by clouds; cloudy weather

ਝੜ² *n.f.* lever of a lock; same as ਝੰਡ, flattened end

ਝੜ³ *v.form.* nominative of ਝੜਨਾ

ਝੜਨਾ [cə̀ṛna] *v.i.* to fall off, abscise, drop (as dry leaves, ripe fruit or hair); (for crop) to yield certain quantity

ਝੜਪ [cə̀ṛəp] *n.f.* quarrel, altercation, heated discussion or argumentation; encounter, skirmish, clash, fight, scuffle, fracas

ਝੜਪਣਾ [cə̀ṛəpṇa] *v.i.t.* to engage in ਝੜਪ, to clash

ਝੜਫ [cə̀ṛəph] *n.f. colloq.* same as ਝੜਪ

ਝੜਵਾ [cəṛvà] *v.form.* imperative of ਝੜਵਾਉਣਾ, get (it) shaken and dusted

ਝੜਵਾਉਣਾ [cəṛvàuṇa] *v.t.* to have or cause to be shaken off, dusted; to get (fruit) fall off or drop by shaking the branches; *cf.* ਝੜਨਾ

ਝੜਵਾਈ [cəṛvài] *n.f.* process of, wages for *prec.*

ਝੜਾਉਣਾ [cəṛàuṇa] *v.t.* same as ਝੜਵਾਉਣਾ

ਝੜਾਈ [cəṛài] *n.f.* same as ਝੜਵਾਈ

ਝੜੀ [cə̀ṛi] *n.f.* widespread and prolonged cloudy weather or rain, continuous downpour or drizzle

~ **ਲੱਗਣੀ** *con.v.* for rain or cloudy weather to prolong or continue; *fig.* to be abundant, copious

ਝਾ [cà] *interj.* joyful shout to surprise someone approached quietly

ਝਾਉਲ਼ਾ [càuḷa] *n.m.* same as ਝੌਲ਼ਾ, dim vision

ਝਾਊ [càu] *n.m.* same as ਪਿਲ਼ਛੀ, tamarisk

ਝਾਈ [cài] *n.f. dia.* mother, mama, mammy

ਝਾਂਸਾ [cā̀sa] *n.m.* deceit, deception, dodge, ruse, strategem; bluff, trick, trickery

~ **ਦੇਣਾ** *ph.* to deceive, dodge, mislead, elude, beguile; to defraud, cheat, trick, swindle; to bluff

ਝਾਂਸੇਬਾਜ਼ [cā̀sebaz] *adj.* deceitful, trickster, tricksy; bluffer, swindler

ਝਾਂਸੇਬਾਜ਼ੀ [cā̀sebazi] deceitfulness, trickery

ਝਾਕ¹ [càk] *n.f.* hope, expectation, expectancy

~ **ਰੱਖਣਾ** *con.v.* to hope, expect; to anticipate hopefully

ਝਾਕ² *v.form.* imperative of ਝਾਕਣਾ, look, see, peep, glance

ਝਾਕਣਾ [càkəṇa] *v.i.t.* to see, look (at) stare (at), eye, gaze, glance, peep, ogle, pry, peer

ਝਾਕਣੀ [càkəṇi] *n.f.* same as ਤੱਕਣੀ, look, gaze

ਝਾਕਾ [càka] *n.m.* hesitation, shyness, bashfulness; diffidence, reluctance; caution, wariness, chariness; glimpse, sight; same as ਝਕਾਨੀ, dodge

~ **ਆਉਣਾ** *con.v.* to feel ਝਾਕਾ, to be wary, chary, hesitate

~ **ਖੁਲ੍ਹਣਾ**/~ **ਲਹਿਣਾ** *con.v.* to become familiar, confident, shed ਝਾਕਾ

~ **ਝਾਕੀ** *n.f.* exchange of glances, ogling

ਝਾਕੀ [càkki] *n.f.* scene, spectacle, tableau, pageant, pageantry, show, display; sight, look, glimpse

ਝਾਗ [càg] *v.form.* imperative of ਝਾਗਣਾ, suffer, bear

ਝਾਗਣਾ [càgəṇa] *v.t.* to suffer, undergo, endure, bear

ਝਾਂਗੀ¹ [cā̀gi] *adj.* belonging to or coming from Jhang region in Pakistan; dialect of that region

ਝਾਂਗੀ² *n.f.* same as ਝੰਗੀ; a pile of cut tree branches

ਝਾਂਜਰ [cā̀jər] *n.f.* an ornament for the ankles, jingling anklet

ਝਾਂਜਾ [cā̀ja] *n.m.* storm, squall, tornado accompanied by rain

ਝਾਂਟ [cā̀ṭ] *n.f.* see ਝੂਹ, pubic hair

ਝਾਟਲਾ [càṭəla] *adj.m.* (of plants or trees) tufty, with thick, dense foliage, amply foliated

ਝਾਟਾ [càṭṭa] *n.m.* dishevelled, unkempt, untidy hair; hair (*depec.*)

ਝਾਟੀ [càṭi] *n.f.* same as ਝੂਟਾ, swing; joy ride

ਝਾਟੋ [càṭṭo] *adj.* (girl or woman) with dishevelled or very short hair

ਝਾਤ/ਝਾਤੀ [càt/càti] *n.f.* look, glance, peep

~ **ਪਾਉਣੀ** *ph.* to look in, scan; to visit

~ **ਮਾਰਨੀ** *ph.* to look over, have a look,

peep (through, into); to go through cursorily, throw a cursory look

ਝਾਂਫਾ [cǎpha] *n.m. dia.* see ਝਾਂਬੜ

ਝਾਂਬ [cǎb] *n.f.* carded lot of cotton, *cf.* ਝੰਬਣਾ; large spade with short helve used while sinking wells

ਝਾਂਬੜ [cǎbər] *n.f.* severed branch of tree or bush *esp.* a thorny one

ਝਾਂਬੜੀ [cǎbəri] *n.f.* hug, embrace

ਝਾਂਬਾ [cǎba] *n.m.* same as ਝਾਂਜਾ; leather container with a spout used for holding oil; process of carding, flogging; *cf.* ਝੰਬਣਾ; same as ਪੇਂਜਾ, cotton-carder; long stick or pole for knocking down fruit or leaves from trees; lot thus knocked down

ਝਾਮਾਂ [càmã] *n.m. dia.* see ਝਾਵਾਂ

ਝਾਰਨਾ/ਝਾਰਾ [càrna/càra] *n.m.* large sieve used for cleansing grain or in making sweetmeats

ਝਾਰੀ[1] [càri] *n.f.* same as ਝੱਜਰ; a type of small hubble-bubble

ਝਾਲ [càl] *n.f.* suffering, enduring, bearing; burden, responsibility; gilding, coating, polish, sheen; man-made, artificial waterfall on canals; weir

~ ਝੱਲਣੀ *ph.* to bear or shoulder burden, responsibility or liability

~ ਚੜ੍ਹਾਉਣੀ/~ ਫੇਰਨੀ *con.v.* to gild, plate, polish

ਝਾਲਰ [càlər] *n.f.* fringe, frill, hem, suffle, tatting, garnish, trimming, festoon, festooned edging or border

ਝਾਲਰਦਾਰ [càlərdar] *adj.* having ਝਾਲਰ, festooned, frilled, fringed

ਝਾਲਾ [càla] *n.m.* (in music) flourish; local rain or shower

ਝਾਂਵਲਾ [cǎvla] *n.m.* same as ਝੌਂਲਾ

ਝਾਵਾਂ [càvã] *n.m.* pumice, pumice stone; rough-surfaced piece of pottery or burnt brick used for scrubbing feet or heels; *slang.* stupid person

ਝਾੜ[1] [càr] *n.m.* same as ਝਾੜੀ; produce, yield, product; profit

~ ਕਰੇਲਾ *n.m.* a wild variety of bitter gourd

~ ਚੂਹਾ *n.m.* hedgehog

~ ਝੜਨਾ *con.v.* for profit to accrue

ਝਾੜ[2] *n.f.* rebuke, reproof, chiding, reprimand, snub, ticking off, scolding, reprehension, censure, admonition

~ ਝੰਬ/~ ਝਪਾੜ *n.f.* same as ਝਾੜ[2]

~ ਝੰਬ ਕਰਨੀ/~ ਝਪਾੜ ਕਰਨੀ/ਝਾੜਨਾ/~ ਪਾਉਣੀ *con.v.* to rebuke, chide, reprove, reprimand, scold, tick off, give one a piece of one's mind; to objurgate, reproach, upbraid

ਝਾੜ[3] *v.form.* imperative of ਝਾੜਨਾ dust, clean

~ ਪੂੰਝ/~ ਫੂਕ *n.f.* cleaning, dusting

ਝਾੜਨ [càrən] *n.m.* duster

ਝਾੜਨਾ[1] [càrna] *v.t.* to dust, shake off (dust, dirt, fruit, leaves or straw); to exorcise; to cast off, moult, shed

ਝਾੜਨਾ[2] *n.f.* see ਝਾੜ ਝੰਬ under ਝਾੜ[2]

ਝਾੜ ਫਨੂਸ [càr phənus] *n.m.* chandelier

ਝਾੜਾ [càra] *n.m.* produce, yield, product; profit; exoricism; call of nature, excrement, excreta, faeces, stools

~ ਝੜਨਾ *con.v.* for produce or profit to accrue

~ ਝਾੜਨਾ *con.v.* to derive produce or profit

~ ਕਰਨਾ *v.t.* to exorcise

~ ਆਉਣਾ *con.v.* to feel the call of nature

ਝਾੜੇ ਜਾਣਾ/ਝਾੜੇ ਬਹਿਣਾ *con.v.* to answer the call of nature, excrete, discharge ਝਾੜਾ

ਝਾੜੀ [càri] *n.f.* bush, shrub, thicket, thorn bush

ਝਾੜੀਦਾਰ [càridar] *adj.* bushy, shrubby, shrublike, fruticose

ਝਾੜੂ [càru] *n.m.* broom

~ ਦੇਣਾ/~ ਫੇਰਨਾ *con.v.* to sweep, clean, swab, scavenge; *informal.* to destroy completely

~ ਬਰਦਾਰ *n.m.* sweeper, scavenger; *informal.* humble servant

~ ਮਾਰਨਾ *con.v.* same as ਝਾੜੂ ਫੇਰਨਾ; *slang.* to dismiss or ignore a matter, let go

ਝਿਊਰ [cıùr] *n.m.* water-carrier, dish-washer, palanquin-bearer; *fem.* ਝਿਊਰੀ

ਝਿਕ ਝਿਕ [cìk-cìk] *n.f.* nonsensical,

sickening talk or activity

ਝਿੰਗ [cĩg] *n.f.* shrimp, *Crangon vulgaris*; crayfish, *Combarus diogenes;* thorny twig

ਝਿਜਕ [cìjək] *n.f.* hesitation, reluctance, chariness, wariness, shyness, bashfulness

ਝਿਜਕਣਾ [cìjəkṇa] *v.i.* to feel or act with wariness or diffidence, hesitate, shy, shrink, be wary, hesitant, bashful

ਝਿਮ ਝਿਮ [cìm cìm] *adv.* (of rainfall) slowly, gently, softly, lightly

ਝਿੰਮਣੀ [cĩmməṇi] *n.f.* eyelash

ਝਿਰਝਿਰਾ [cìrcìra] *adj.m.* (of cloth) thin, worn-out, gauzy

ਝਿਰੀ [cìri] *n.f.* slit, slot, groove

ਝਿਰੀਦਾਰ [cìridar] *adj.* slotted, grooved

ਝਿਲਮਿਲ [cìlmıl] *adj.* same as ਝਮਝਮ

ਝਿਲਮਿਲਾਉਣਾ [cìlmılauṇa] *v.i.* same as ਝਮ ਝਮ ਕਰਨਾ; also ਝਿਲਮਿਲ ਕਰਨਾ

ਝਿਲਮਿਲਾਉਂਦਾ [cìlmılaũda] *adj.m.* shimmering, sparkling, lustrous

ਝਿੱਲੀ [cìlli] *n.f.* membrane, pellicle; amnion; thin layer, crust, film, scum (as formed over cooling liquid)

ਝਿੜਕ [cìṛək] *n.f.* rebuke, reproof, reprimand, censure, chiding, scolding, upbraiding, reproach, admonition; snub

~ **ਝੰਬ** *n.f.* same as ਝਿੜਕ

~ **ਪੈਣੀ** *con.v.* to be rebuked, reproved, etc.

~ **ਮਾਰਨੀ** *v.t.* same as ਝਿੜਕਣਾ

ਝਿੜਕਣਾ [cìṛəkṇa] *v.t.* to rebuke, reprove, reprimand, censure, chide, scold, upbraid, berate, inveigh, vituperate, lambast, reproach, admonish; to snub; to show one one's place; also ਝਿੜਕ ਦੇਣੀ

ਝਿੜਕੀ [cìṛki] *n.f.* same as ਝਿੜਕ

ਝਿੜੀ [cìṛi] *n.f.* grove, cluster of trees, copse, coppice, bosk, bosket, arbour, bower, small forest

ਝੀਕ [cìk] *n.f. dia.* see ਡੀਕ, long draught

ਝੀਂਗਰ [cĩgər] *n.m.* a kind of insect, cricket, *Gryllus domesticus*

ਝੀਂਗਾ [cĩga] *n.m.* prawn, *Palaemon serratus;* lobster, *Homarus americanus*

ਝੀਂ ਝੀਂ [cĩ cĩ] *n.f.* monotonous sound as of poorly greased wooden wheel, creak

ਝੀਣੀ [cìṇi] *adj.f.* weak, low, low-pitched (sound or voice)

ਝੀਤ [cìt] *n.f.* crevice, cleft, slit, fissure; hole, peephole, vent

ਝੀਰ [cìr] *n.m. dia.* see ਝਿਊਰ

ਝੀਲ [cìl] *n.f.* lake; lagoon,tarn; large, extensive reservoir

ਝੀਵਰ [cìvər] *n.m.* same as ਝਿਊਰ, water-carrier

ਝੁਆ [cuà] *v.form.* imperative/nominative of ਝੁਆਉਣਾ

ਝੁਆਉਣਾ[1] [cuàuṇa] *v.t.* to cause or assist in ਝੋਣਾ

ਝੁਆਉਣਾ[2] *v.i.* to relax, rest (in between work)

ਝੁਆਈ [cuài] *n.f. dia.* see ਚੁਥਾਈ, one fourth share

ਝੁਕ [cùk] *v.form.* imperative of ਝੁਕਣਾ, bend, bow

ਝੁਕਣਾ [cùkəṇa] *v.i.* to bend, incline, verge; to tilt, recline, lean; to bow, stoop, crouch; to be subdued, defeated; to cringe, cower; to surrender

ਝੁਕਵਾਂ [cùkvã] *adj.m.* inclined, inclining, lowered, veering downwards; heavier; prone, apt

ਝੁਕਵਾਉਣਾ [cukvàuṇa] *v.t.* to cause, get or force to be bent, inclined, lowered, subdued

ਝੁਕਾਉ/ਝੁਕਾ [cukào/cukà] *n.m.* inclination, tilt; reclination, bow, stoop; proneness, aptness, propensity, proclivity, predilection, tendency; bias, partiality, leaning

ਝੁਕਾਉਣਾ [cukàuṇa] *v.t.* to bend, lower, tilt; to cause, make or force to bend, bow or stoop; to subdue, conquer, defeat, bring one to one's knees

ਝੁੰਗਲ੍ਹਮਾਟਾ [cũgəḷmaṭṭa] *n.m.* covering head, face and torso closely with a wrap as a protection against cold or storm

~ **ਮਾਰਨਾ** *con.v.* to cover oneself closely with a wrap

ਝੁੱਗਾ [cŭgga] *n.m.* house, residence; family, household, lineage
~ **ਚੌੜ ਹੋਣਾ** *ph.* to be ruined, suffer great loss
~ **ਚੌੜ ਕਰਨਾ** *ph.* to ruin (*usu.* one's own); to squander property
~ **ਭੰਨਣਾ** *ph.* to commit house-break to burgle, burglarise, steal
ਝੁੰਗਾ [cŭ̃gga] *adj.m.* same as ਝੁੰਗਾ[2].
ਝੁੱਗੀ [cŭggi] *n.f.* thatched hut, cottage, shanty, shack, hovel, modest or poor house, shelter
ਝੁੰਜਲ਼ਾ [cŭ̃jḷà] *v.form.* nominative of ਝੁੰਜਲਾਉਣਾ
ਝੁੰਜਲ਼ਾਉਣਾ [cŭ̃jḷàuṇa] *v.i.* to be irritated, annoyed, vexed, petulant, angry or peevish; to fret
ਝੁੰਜਲ਼ਾਹਟ [cŭ̃jḷàṭ] *n.f.* peevishness, fretfulness
ਝੁੱਟ [cùṭṭ] *n.m.* same as ਝੁੱਟੀ
ਝੁਟਾ [cuṭà] *v.form.* imperative of ਝੁਟਾਉਣਾ, swing
ਝੁਟਾਉਣਾ [cuṭàuṇa] *v.t.* to swing, push or assist one on a swing
ਝੁੱਟੀ [cùṭṭi] *n.f.* short spell of intensive, speedy effort
~ **ਮਾਰਨੀ**/~ **ਲਾਉਣੀ** *ph.* to work with full speed and strength
ਝੁਠਲਾ [cuṭhlà] *v.form.* imperative of ਝੁਠਲਾਉਣਾ, confute
ਝੁਠਲਾਉਣਾ [cuṭhlàuṇa] *v.t.* same as ਝੁਠਿਆਉਣਾ
ਝੁਠਾਉਣਾ [cuṭhàuṇa] *v.t.* to tell a lie or beguile playfully
ਝੁਠਿਆ [cuṭhıà] *v.form.* imperative of ਝੁਠਿਆਉਣਾ, contradict
ਝੁਠਿਆਉਣਾ [cuṭhıàuṇa] *v.t.* to confute, refute, contradict; to falsify, disprove; to belie
ਝੁੰਡ [cŭ̃ḍḍ] *n.m. dia.* see ਘੁੰਡ, veil; crowd, horde, swarm, throng, multitude; cluster; flock, drove, herd; (of birds) bevy, covey; (of fish) shoal, school; (of trees) grove, copse, coppice
ਝੁੱਡੂ [cùḍḍu] *adj. & n.m.* fool, foolish, stupid, oafish, oaf, lout, silly, simpleton, blockhead, idiotic; *slang. n.m.* hen-pecked husband
ਝੁਣਕਾਰ [cùṇkar] *n.f.* same as ਝਣਕਾਰ
ਝੁਣਝੁਣੀ [cùṇcùṇi] *n.f.* thrill, tremor, tingling sensation, shiver, tremble
~ **ਆਉਣੀ** *con.v.* to feel or experience ਝੁਣਝੁਣੀ
ਝੁੱਪਣਾ [cùppəṇa] *v.t.* same as ਬੋਚਣਾ, to catch
ਝੁੰਬ [cŭ̃b] *n.m.* improvised cowl-like cover of gunny, blanket, etc. to protect head and shoulders against rain or storm
~ **ਮਾਰਨਾ** *con.v.* to wear ਝੁੰਬ
ਝੁਮਕਾ/ਝੁਮਕੀ [cùmka/cùmki] *n.m. / n.f.* dome-shaped pendant for the ear; eardrop
ਝੁੰਮਰ [cŭ̃mmər] *n.f.* circular folk dance, same as ਝੂੰਮਰ
ਝੁਰ [cùr] *v.form.* nominative/imperative of ਝੁਰਨਾ, grieve, complain
ਝੁਰਨਾ [cùrna] *v.i.* to grieve, regret, repine; to complain, lament; to mope, express dejection or disappointment, to sulk
ਝੁਰਮਟ [cùrməṭ] *n.m.* crowd, mob, swarm, throng, multitude, cluster
~ **ਪਾਉਣਾ** *ph.* to crowd, throng, mob, swarm
ਝੁਰੜ [cùrəṛ] *v.form.* nominative of ਝੁਰੜਨਾ
ਝੁਰੜਨਾ [cùrəṛna] *v.i.* to wilt, wither, shrivel; to be crumpled, rumpled, wrinkled
ਝੁਰੜ ਮੁਰੜ [cùrəṛ murəṛ] *adj.* crumpled, rumpled, ruffled, shrivelled, distorted, disfigured
ਝੁਰੜੀ/ਝੁਰੀ [cùrəṛi/cùri] *n.f.* wrinkle, ridge, furrow due to ageing; pucker, cockle, crinkle
ਝੁਰੀਆਂ ਪੈਣੀਆਂ/ਝੁਰੜੀਆਂ ਪੈਣੀਆਂ *con.v.* to wrinkle, pucker
ਝੁਰੇਵਾਂ [curèvã] *n.m.* same as ਝੋਰਾ
ਝੁੱਲ[1] [cùll] *n.m.* blanket, warm covering for animals
~ **ਪਾਉਣਾ** *con.v.* to provide or cover (animals) with ਝੁੱਲ
ਝੁੱਲ[2] *v.form.* nominative of ਝੁੱਲਣਾ
ਝੁੱਲਣਾ [cùlləṇa] *v.i.* (for storm) to blow,

bluster, rage; (for flag) to fly

ਝੁਲ੍ਸ [cù̩ləs] *v.form.* nominative/imperative of ਝੁਲ੍ਸਣਾ, burn, singe

ਝੁਲ੍ਸਣਾ [cù̩ləsṇa] *v.i.t.* to burn, scorch, char, scald, sear, singe; *fig.* to bake; to be or get burnt, singed, scorched, charred scalded

ਝੁਲ੍ਸਾਉਣਾ [cul̩sàuṇa] *v.t.* same as ਝੁਲ੍ਸਣਾ, to cause to be burnt, scorched, etc.

ਝੁਲ੍ਸੀ [cù̩lsi] *n.f.* burning sensation or effect

ਝੁਲਕਾ [cùlka] *n.m.* fuel stoked into fire, oven or hearth at one time, a single stoking; *fig.* a meagre meal

~ **ਪਾਉਣਾ/~ ਡਾਹੁਣਾ** *con.v.* to put or thrust ਝੁਲਕਾ, to stoke or feed a fire

ਝੁਲਾਉਣਾ [culàuṇa] *v.t.* to raise, unfurl wave, fly (a flag); to swing, rock, dangle, sway

ਝੁੰਹ [cũ̀] *n.f.* pubic or pudendal hair

~ **ਭਰ** *adj. & adv. colloq.* see ਜਰਾ ਭਰ, a little bit

ਝੁੰਗਾ[1] [cũ̀ga] *n.m.* something additional to the bargain given by a seller to the customer; bonus

ਝੁੰਗਾ[2] *adj.m.* (ox) with small horns turned forward and downward

ਝੂਟ [cù̩ṭ] *v.form.* imperative of ਝੂਟਣਾ, swing

ਝੂਟਣਾ [cù̩ṭəṇa] *v.i.t.* to swing, dangle; to ride a swing; to oscillate

ਝੂਟਾ [cù̩ṭa] *n.m.* swing, a ride on a swing; dangling, swinging motion; free ride or lift, joy ride; *fig.* intoxication, transport, kick, swaying, thrill

~ **ਆਉਣਾ** *con.v.* to enjoy a swing; to feel thrill, transport; to be intoxicated

~ **ਦੇਣਾ** *con.v.* to give someone a push on the swing, give a lift or joy ride; to give a kick or thrill of intoxication

~ **ਲੈਣਾ** *con.v.* to experience, enjoy ਝੂਟਾ, to swing

ਝੂਠ [cù̩ṭh] *n.m.* lie, falsehood, prevarication; untruth, fib, fabrication, mendacity; perjury

~ **ਸੱਚ** *n.m.* fabrication

~ **ਬੋਲਣਾ/~ਮਾਰਨਾ** *con.v.* to tell a lie, lie, utter falsehood or untruth; to prevaricate

~ **ਮੂਠ** *adv.* falsely; not seriously; jokingly or mockingly

ਝੂਠਾ [cù̩ṭṭha] *adj.m.* liar, fibber; false, untrue, bogus, fake, phoney, spurious, not genuine, counterfeit, artificial; untruthful, mendacious, dishonest, faithless

~ **ਸਾਬਤ ਕਰਨਾ** *ph.* to disprove, falsify, confute

~ **ਮੂਠਾ/ਝੂਠੀ ਮੂਠੀ** *adjm./adj.f.* not genuine; sham, fake; fictitious; *adv.* same as ਝੂਠ ਮੂਠ under ਝੂਠ

ਝੂਠੀ ਖੁਸ਼ੀ *n.f.* euphoria

ਝੂਮ [cùm] *v.form.* nominative/imperative of ਝੂਮਣਾ

~ **ਉਠਣਾ** *ph.* to feel ecstatic joy

ਝੂਮਣਾ [cùməṇa] *v.i.* to swing, sway, wave, waver, flutter

ਝੂਮਰ [cùmər] *n.m.* same as ਝੁਮਕਾ; a circular folk dance, also ਝੁੰਮਰ

ਝੂਰਨਾ [cùrna] *v.i.* same as ਝੁਰਨਾ

ਝੂਲਣਾ [cùləṇa] *v.i.* same as ਝੂਟਣਾ and ਝੂਮਣਾ; *n.m.* cradle, hammock; swing; *adj.m.* swinging or suspension (bridge)

ਝੂਲਾ [cùla] *n.m.* swing, trapeze, cradle, hammock; merry-go-round, whirligig, carousel

ਝੇਡ [cèḍ] *n.f.* joke, jest; taunt, gibe, jeer, sarcasm

~ **ਕਰਨੀ** *ph.* to joke, jest; to taunt, mock gibe, jeer; to pass sarcastic remark (at)

ਝੇਪ [cèp] *n.f.* shyness, abashment, retrea in embarrassment or fear

ਝੇਪਣਾ [cèpəṇa] *v.i.* to express ਝੇਪ, to quail shrink with fear

ਝੇੜਾ [cèṛa] *n m.* same as ਝਗੜਾ, disput

ਝੋ [cò] *v.form.* imperative of ਝੋਣਾ, tur (the quern)

ਝੋਕ[1] [còk] *n.f.* small village, hutmen hamlet; drowsiness *esp.* one cause by opium or opiates, doze

ਝੋਕ[2] *v.form.* imperative of ਝੋਕਣਾ, stoke

ਝੋਕਣਾ [còkəṇa] *v.t.* to stoke, push fue

into furnace, hearth or oven; *fig.* to force one into a hazardous situation such as war

ਝੋਕਾ [cȍkka] *n.m.* same as ਝੌਂਕਾ or ਬੁੱਲਾ, gust, puff, waft; stoker, fire-tender, fireman

ਝੋਕੀ [cȍkki] *n.f. fem.* of *prec.;* job of a ਝੋਕਾ, stoking

~ ਕਰਨਾ *con.v.* to be employed as stoker; to stoke

ਝੋਟਾ [cȍṭṭa] *n.m.* young adult he-buffalo; stud buffalo; *adj. m. informal.* burly, stout, sturdy (person)

ਝੋਟੀ [cȍṭṭi] *n.f.* young adult she-buffalo

ਝੋਣਾ [cȍṇa] *v.t.* to turn, operate (quern)

ਝੋਨਾ [cȍnna] *n.m.* paddy

ਝੋਰਾ [cȍra] *n.m.* grief, lament, regret, complaint, expression of disappointment, dejection; *cf.* ਝੁਰਨਾ

ਝੋਲ [cȍl] *n.f.* bagginess, looseness, fall, depression as in the middle of a loosely spread sheet or tent; swaying motion of body as while riding a camel

~ ਪੈਣੀ *con.v.* for ਝੋਲ to be caused or effected

ਝੋਲਾ [cȍlla] *n.m.* palsy, ataxia, ataxy

~ ਪੈਣਾ *con.v.* to be attacked or affected by ਝੋਲਾ, to suffer from ਝੋਲਾ

ਝੋਲੇ ਮਾਰਿਆ *adj.m.* palsied, affected by ਝੋਲਾ, suffering from ਝੋਲਾ

ਝੋਲ਼ਾ [cȍḷa] *n.m.* bag, knapsack, shopping bag, totebag, satchel, valise

ਝੋਲ਼ੀ [cȍḷi] *n.f.* lap; begger's bag; portion of shirt or head cloth spread to receive something; a lapful as of picked cotton; brood (of chicken)

~ ਅੱਡਣੀ *ph. lit.* to spread ਝੋਲ਼ੀ; to beg

~ ਕਰਨੀ *ph.* to spread and hold ਝੋਲ਼ੀ (to receive something)

~ ਚੁੱਕ *adj.* robe-bearer; toady, sycophant, minion, fawning, flatterer

~ ਬੰਨ੍ਹਣੀ *con.v.* to wear ਝੋਲ਼ੀ (as far picking cotton)

~ ਲਾਹੁਣੀ *con.v.* to pick, collect a lapful (of cotton, corncobs, tea leaves, etc.)

ਝੌਂਕਾ [cɔ̏ka] *n.m.* same as ਬੁੱਲਾ, waft, puff, gust (of wind)

ਝੌਂਣਾ¹/ਝੌਂ ਜਾਣਾ [cɔ̏ṇa/cɔ̏ jaṇa] *v.i.* to become lean, thin, weak; to wither, shrivel, wilt; to lessen, fade; to abate, subside, come down (as fever, storm, etc.)

ਝੌਂਣਾ²/ਝੌਂ ਲੈਣਾ [cɔ̏ lɛṇa] *v.i.* to relax, take rest, rest after strenuous work

ਝੌਂਪੜ ਪੱਟੀ [cɔ̏pəṛ pəṭṭi] *n.f.* slum

ਝੌਂਪੜਾ/ਝੌਂਪੜੀ [cɔ̏pəṛa/cɔ̏pəṛi] *n.m. / n.f.* same as ਝੁੱਗੀ, hut

ਝੌਰ [cɔ̏r] *n.f.* itch

~ ਲਾਹੁਣੀ *ph.* to beat, thrash, punish

ਝੌਲ਼ਾ [cɔ̏ḷa] *n.m.* dim, obscure or indistinct vision or recognition

~ ਪੈਣਾ *ph.* to recognise (something or someone) indistinctly, unsurely, dimly

ਞ

ਞ/ਞੰਞਾ [ñəñña] *n.m.* fifteenth letter of Gurmukhi script representing the palatal nasal sound [ñ]

ਟ

ਟ [ṭɛ̃ka] *n.m.* sixteenth letter of Gurmukhi script, representing voiceless retroflex plosive sound [ṭ]

ਟਊ [ṭəu] *n.m.* kettle with upright sides

ਟਊਆ [ṭəua] *n.m.* same as ਠੀਪਾ, rounded shard

ਟੱਸ [ṭəss] *n.f.* imposing, impressive personal appearance, dress, decoration, turn-out

~ ਕੱਢਣੀ *ph.* to dress impressively, smarten, decorate

ਟਸਕ [ṭəsək] *n.f.* same as ਕਸਕ, pang, twinge

ਟੱਸ ਤੋਂ ਮੱਸ ਨਾ ਹੋਣਾ [ṭəss tõ məss na hoṇa] *ph.* to remain unaffected, unmoved; to be or remain adamant

ਟਸਰ [ṭəsər] *n.f.* a variety of coarse silk cloth, raw silk

ਟੱਸਰੀ [ṭəssri] *adj.* of, made from ਟਸਰ

ਟਸੂਏ [ṭəsue] *n.m. pl.* tears

~ ਵਗਾਉਣਾ *con.v.* to shed tears, weep, cry

ਟਹਿਕ [ṭék] *n.f.* blossoming, blooming; *fig.* freshness; happiness, cheer, gladness

~ ਪੈਣਾ *con.v.* to blossom forth; to cheer up

ਟਹਿਕਣਾ [ṭékəṇa] *v.i.* to blossom, bloom; to be happy, glad

ਟਹਿਣਾ/ਟਹਿਣੀ [ṭéṇa/ṭéṇi] *n.m./n.f.* same as ਟਾਹਣ/ਟਾਹਣੀ, branch

ਟਹਿਲ [ṭél] *n.f.* service, attendance upon, waiting upon, looking after

~ ਸੇਵਾ *n.f.* same as ਟਹਿਲ

~ ਕਰਨੀ *con.v.* to serve, attend upon, wait upon, look after; to extend hospitality, serve hospitably

ਟਹਿਲਣ [ṭéləṇ] *n.f.* same as ਟਹਿਲੀਆ, maid, maidservant

ਟਹਿਲਣਾ [ṭéləṇa] *v.i.* to stroll, walk leisurely, saunter, amble

ਟਹਿਲਾਉਣਾ [ṭélauṇa] *v.t.* to make one stroll, assist one in walking or strolling, take one out for a walk *usu.* as an exercise

ਟਹਿਲੀਆ/ਟਹਿਲੂਆ [ṭélia/ṭélua] *n.m.* servant, waiter, attendant, valet

ਟਹੁਰ [ṭɔ́r] *n.m.* see ਟੌਰ੍ਹ

ਟਕ [ṭək] *n.f.* gaze stare; *usu.* ਇਕ ਟਕ *adv.* (looking at) intently and continuously; *cf.* ਟਿਕਟਿਕੀ

ਟੱਕ [ṭəkk] *n.m.* a disease of cattle caused by intense heat; cut, cutmark, slit, notch, blaze; cut portion of a field of fodder crop

~ ਲਾਉਣਾ *ph.* to make a ਟੱਕ; to start cutting fodder in a field; to cut a sod of earth as a foundation laying ceremony

ਟੰਕ [ṭə̃k] *n.m.* a weight equal to four masa, roughly four grams; same as ਟਕਾ, coin

~ ਵਿੱਦਿਆ *n.f.* numismatics

ਟਕਸਾਲ [ṭəksal] *n.f.* mint; institution for standardised study of Sikh theology

~ ਦੀ ਉਪਜ *ph.* mintage, coinage

ਟਕਸਾਲਣਾ [ṭəksaləna] *v.t.* to standardise

ਟਕਸਾਲੀ [ṭəksali] *adj.* pertaining to standard, standardised, genuine, trustworthy

~ ਸਿੱਕਾ *n.m.* legal tender

ਟਕਸਾਲੀਆ [ṭəksalia] *n.m.* mint-master

ਟਕਟਕ [ṭək ṭək] *n.f.* rhythmic sound of cutting something; ticking (as of clock), rap, tap, knock, also ਟਿਕ-ਟਿਕ

~ ਕਰਨਾ *con.v.* to tick, click; to tap, rap knock

ਟੱਕਣਾ [ṭəkkəṇa] *v.t.* to make a cut mark as on tree to extract resin, toddy, etc. to tap; to notch

ਟੱਕਦਾਰ [ṭəkkdar] *adj.* dented, notched

ਟੱਕਰ [ṭəkkər] *n.f.* collision, knock

percussion, violent contact, forceful impact, crash; clash, conflict, skirmish, combat, fight; encounter; comparison, match, similarity
~ ਖਾਣੀ *con.v.* to collide, dash, bump (against)
~ ਦਾ *adj.m.* matching, of similar strength or status
~ ਮਾਰਨੀ *con.v.* to give a forceful knock *esp.* with head; to strike against, impinge upon, dash against
~ ਲੱਗਣੀ *con.v.* same as ਟੱਕਰ ਖਾਣੀ; to enter or engage in conflict or competition
~ ਲਾਉਣੀ *con.v.* same as ਟੱਕਰ ਮਾਰਨੀ
~ ਲੈਣੀ *ph.* to challenge, defy, contend, stand up to
ਟੱਕਰਾਂ ਮਾਰਨੀਆਂ *ph.* to make aimless or fruitless efforts
ਟੱਕਰਨਾ [ṭəkkərna] *v.i.t.* to come to grips with; to come across, meet, encounter, run into
ਟਕਰਾ [ṭəkra] *n.m.* meeting, encounter; comparison
ਟਕਰਾਉ [ṭəkrao] *n.m.* same as ਟੱਕਰ
ਟਕਰਾਉਣਾ [ṭəkrauṇa] *v.i.t.* same as ਟੱਕਰ ਖਾਣੀ, under ਟੱਕਰ; to strike one against another; to arrange one's meeting with another; to compare, match
ਟੱਕਰੀ ਘਾਹ [ṭəkkəri kà] *n.m.* a kind of weed grass, *Digitaria digitalis*
ਟਕਵਾ [ṭəkva] *v.form.* imperative of ਟਕਵਾਉਣਾ, get (it) tapped
ਟਕਵਾਉਣਾ [ṭəkvauṇa] *v.t.* to get or cause to be marked with cuts, tapped or notched
ਟਕਵਾਈ [ṭəkvai] *n.f.* process of, wages for *prec.*
ਟਕਾ [ṭəka] *n.m.* an old coin equal to two pice or 1/32nd of a rupee; any coin; standard coin in Bangladesh
ਟਕੇ ਤਾਰਨਾ/ਟਕੇ ਭਰਨਾ *ph.* to pay tax or ransom
ਟਕੇ ਵਰਗਾ ਜਵਾਬ *ph.* flat refusal, curt reply
ਟੰਕਾ [ṭə̃ka] *n.m.* see ਟਾਂਕਾ, stitch
ਟਕਾਉਣਾ[1] [ṭəkauṇa] *v.t.* see ਟਿਕਾਉਣਾ and ਟਕਵਾਉਣਾ
ਟੰਕਾਉਣਾ [ṭə̃kauṇa] *v.t.* to get something joined, stitched or soldered
ਟਕਾਈ [ṭəkai] *n.f.* same as ਟਕਵਾਈ
ਟੰਕੀ [ṭə̃ki] *n.f.* same as ਟੈਂਕੀ, tank (water or fuel)
ਟਕੂਆ [ṭəkua] *n.m.* small axe, battle axe
ਟਕੋਰ [ṭəkor] *n.f.* fomentation, warming of injured body surface; sarcasm; joke, taunt, gibe; mild stroke, tap, rap
~ ਕਰਨੀ *con.v.* to foment; *ph.* to pass sarcastic remark against, cut a joke, taunt, gibe
ਟਕੋਰਨਾ [ṭəkorna] *v.t.* same as ਠਕੋਰਨਾ, to knock or hammer gently
ਟਕੋਰਵਾਂ [ṭəkorvã] *adj.m.* sarcastic, uttered in a light mood, taunting
ਟਕੋਰਾ [ṭəkora] *n.m.* triangular file
ਟੰਗ[1] [ṭə̃g] *n.f.* leg
~ ਅੜਾਉਣੀ *ph.* to interfere, meddle; to obstruct, intrude
~ ਅੜਾਊ *adj.* meddlesome
~ ਹੇਠੋਂ ਕੱਢਣਾ *ph.* to defeat; to humiliate
ਟੰਗਾਂ ਪਸਾਰ ਕੇ ਸੌਣਾ *ph.* to be carefree, have a sound sleep
ਟੰਗਾਂ ਪਸਾਰਨੀਆਂ *ph.* to overstep one's authority, encroach upon other's rights; to be overambitious
ਟੰਗ[2] *v.form.* imperative of ਟੰਗਣਾ, hang
~ ਦੇਣਾ *con.v.* same as ਟੰਗਣਾ; to entangle, involve; to put in an extremely difficult position or situation; to torture
ਟੰਗਣਾ [ṭə̃gəṇa] *v.t.* to hang, suspend; to tuck up; *n.m.* a suspended device to hang or keep things on; hanger
ਟੰਗਵਾਉਣਾ/ਟੰਗਾਉਣਾ [ṭə̃gvauṇa/ṭə̃gauṇa] *v.t.* to have or cause to be hung, suspended or tucked up
ਟੰਗਵਾਈ/ਟੰਗਾਈ [ṭə̃gvai/ṭə̃gai] *n.f.* act of, wages for *prec.*
ਟਟਹਿਣਾ [ṭəṭéṇa] *n.m.* glow-worm, firefly, glowfly lightning bug, *Lampyris noctiluca*
ਟਟਵਾਣੀ [ṭəṭvaṇi] *n.f.* same as ਟੱਟੂ, female pony
ਟੱਟਾ [ṭəṭṭa] *n.m.* testicle, testis *pl.* ਟੱਟੇ,

testes; scrotum

ਟੰਟਾ [ṭə̃ṭa] *n.m.* same as ਝਗੜਾ, mischief; hard, unpleasant work

~ ਕਰਨਾ *ph.* to carry out unpleasant work, drudge

~ ਖੜ੍ਹਾ ਹੋਣਾ *ph.* for quarrel or dispute to arise

~ ਖੜ੍ਹਾ ਕਰਨਾ *ph.* to start or cause squabble

ਟਟਿਓਹਲੀ [ṭəṭıóḷi] *n.f.* same as ਟਟੀਹਰੀ

ਟੱਟੀ [ṭəṭṭi] *n.f.* faeces, stools, excrements, dejecta; call of nature, defecation; latrine; toilet, flush toilet, water closet, see ਖਸ ਦੀ ਟੱਟੀ, curtain of straw

~ ਆਉਣੀ *con.v.* to feel the call of nature

~ ਕਰਨੀ/~ ਜਾਣਾ/~ ਬਹਿਣਾ/~ ਫਿਰਨਾ *con.v.* to answer the call of nature, defecate, go to or visit flush toilet, ease oneself

ਟਟੀਹਰੀ [ṭəṭiri] *n.f.* plover, laping, peewit, pewit, sandpiper

ਟੱਟੂ [ṭəṭṭu] *n.m.* pony, hack, weak or old horse

ਟਟੋਲ਼ਨਾ [ṭəṭoḷna] *v.t.* same as ਟੋਹਣਾ, to feel, grope

ਟੱਡਣਾ [ṭəḍḍəṇa] *v.i.t.* same as ਅੱਡਣਾ, to open wide, dilate

ਟੰਡਲ਼ [ṭə̃ḍəḷ] *n.m.*same as ਡੰਡਲ਼, stalk, stem

ਟੰਢਾ [ṭə̃ḍa] *n.m.* same as ਤਰੰਢਾ, stump

ਟਣਕ [ṭəṇək] *v.form.* nominative of ਟਣਕਣਾ

ਟਣਕਣਾ [ṭəṇkəṇa] *v.i.* to clang, tinkle, jingle, ring, clank

ਟਣਕਾਉਣਾ [ṭəṇkauṇa] *v.t.* to clang, cling, jingle, tinkle, clank

ਟਣਕਾਰ [ṭəṇkar] *n.f.* sound of *prec.*, clang, tang, clank

ਟਣ-ਟਣ [ṭəṇ-ṭəṇ] *n.f.* cling, jingle, tinkle, twang, peel, ding-dong

~ ਕਰਨਾ *con.v.* same as ਟਣਕਣਾ or ਟਣਕਾਉਣਾ, to ring

ਟਨ [ṭən] *n.m.* ton

ਟਨ ਟਨ [ṭən ṭən] *n.f.* same as ਟਣ-ਟਣ

ਟੱਪ[1] [ṭəpp] tub

ਟੱਪ[2] *v.form.* imperative of ਟੱਪਣਾ jump

ਟਪਕ [ṭəpək] *v.form.* nominative of ਟਪਕਣਾ

ਟਪਕਣਾ [ṭəpəkṇa] *v.i.* to drip, trickle, dribble

ਟਪਕਾ [ṭəpka] *n.m.* dripping, trickle, dribble; also ਟਪਟਪ

ਟਪਕਾਉਣਾ [ṭəpkauṇa] *v.t.* to cause to drip, trickle, dribble

ਟੱਪਣਾ [ṭəppəṇa] *v.i.t.* to jump, jump over or across, leap, skip, hop, vault, spring, caper, gambol, frisk; *adj.m.* frisky, playful, saltant

ਟੱਪਰੀ [ṭəppəri] *n.f.* thatched hut; shelter of reeds or rags used by gypsies or nomads

ਟੱਪਰੀਵਾਸ [ṭəppərivas] *n.m.* gypsy, nomad

~ ਸੰਬੰਧੀ ਜਾਂ ਵਰਗਾ *adj.* nomadic

ਟਪਲ਼ਾ [ṭəpḷa] *n.m.* same as ਭੁਲੇਖਾ, misunderstanding

ਟਪਵਾ [ṭəpva] *v.form.* imperative of ਟਪਵਾਉਣਾ, to make (one) jump

ਟਪਵਾਉਣਾ [ṭəpvauṇa] *v.t.* to make one jump, cause or help one to jump

ਟਪਾ [ṭəpa] *v.form.* imperative of ਟਪਾਉਣਾ make (one) jump or cross

ਟੱਪਾ [ṭəppa] *n.m.* a line or verse of song or poem; a form in Punjabi folk song; a stroke of digging or cutting implement; bounce or rebound of ball

~ ਖਾਣਾ *con.v.* to bounce or rebound

~ ਮਾਰਨਾ *con.v.* to strike with a digging or cutting implement

~ ਲਾਉਣਾ *con.v.* same as *prec.*, to cut a sod as a foundation laying ceremony, see ਟੱਕ ਲਾਉਣਾ under ਟੱਕ

~ ਲਾਉਣਾ *ph.* to sing ਟੱਪਾ

ਟਪਾਉਣਾ [ṭəpauṇa] *v.t.* same as ਟਪਵਾਉਣਾ; to help one cross over; *v.i.* to pass (time)

ਟਪਾਊ [ṭəpau] *suff. adj.* as in ਡੰਗਟਪਾਊ, helping to pass time; *v.form.* third person future of ਟਪਾਉਣਾ, will help cross or pass

ਟਪਾਈ [ṭəpai] *n.f.* act of ਟੱਪਣਾ, ਟਪਾਉਣਾ, jumping, crossing

ਟਪਾਰ [ṭəpar] *n.f.* gossip, yarn, bluff, exaggeration; evil eye; same as ਨਜ਼ਰ ਲਾਉਣੀ

ਟਪਾਰਾਂ ਛੱਡਣੀਆਂ/ਟਪਾਰਾਂ ਲਾਉਣੀਆਂ *ph.* same

as ਗੱਪ ਮਾਰਨੀ, to gossip
~ ਲੱਗਣੀ *ph.* same as ਨਜ਼ਰ ਲੱਗਣੀ
exorcism; conjuration
ਟਪੂਸੀ/ਟਪੋਸੀ [ṭəpussi/ṭəpossi] *n.f.* small jump or leap in sitting position; gambol, frisk
~ ਮਾਰਨੀ/~ ਲਾਉਣੀ *con.v.* to jump, leap, skip without standing up
ਟਪੂਸੀਆਂ ਮਾਰਨੀਆਂ/ਟਪੂਸੀਆਂ ਲਾਉਣੀਆਂ *con.v.* to frisk, gambol, frolic
ਟਫ਼ [ṭəf] *adj.* tough
ਟੱਬ [ṭəbb] *n.m.* tub, trough
ਟੱਬਰ [ṭəbbər] *n.m.* family, household, clan, house; *informal.* wife
~ ਕਬੀਲਾ/~ ਟੀਰ *n.m.* family
ਟੱਬਰਦਾਰ [ṭəbbərdar] *adj.* householder, married and having children
ਟੱਬਰਦਾਰੀ [ṭəbbərdari] *n.f.* married state, householdership
ਟੱਬਰੀ [ṭəbbəri] *n.f.* same as ਟੱਬਰ, small family
ਟੰਬਾ [ṭə̃ba] *n.m.* unhewn club or heavy stick
ਟੰਬੇ ਖਾਣਾ *ph.* to get a thrashing
ਟੰਬੇ ਮਾਰਨੇ *ph.* to strike with ਟੰਬਾ
ਟਮਕ [ṭəmək] *n.m.* kettledrum
ਟਮਕਾ [ṭəmka] *v.form.* nominative/imperative of ਟਮਕਾਉਣਾ
ਟਮਕਾਉਣਾ [ṭəmkauṇa] *v.i.* to twinkle, wink; *v.t.* to light (a small lamp) with low, uncertain flame
ਟਮਕੀ/ਟਮਕੀਰੀ [ṭəmki/ṭəmkiri] *n.f.* small ਟਮਕ, tambourine
ਟਮ ਟਮ [ṭəm ṭəm] *n.m.* gig, tonga, tandem
ਟਮਾਟਰ [ṭəmaṭər] *n.m.* tomato, *Lycopersicon esculentum*
ਟਰ [ṭər] *n.f.* boast
~ ਮਾਰਨੀ *ph.* to boast
ਟਰਕ [ṭərk] *v.form.* nominative of ਟਰਕਣਾ
ਟਰੱਕ [ṭərəkk] *n.m.* same as ਟ੍ਰੱਕ, truck
ਟਰੰਕ [ṭərə̃k] *n.m.* same as ਟ੍ਰੰਕ, trunk
ਟਰਕਣਾ [ṭərkṇa] *v.i.* to move away quietly, slink *esp.* in order to avoid work or encounter, slip away
ਟਰਕਾਉਣਾ [ṭərkauṇa] *v.i.* to bluff, put off, evade; to malinger
ਟਰਕਾਊ [ṭərkau] *adj.* malingerer; bluffer, evader
ਟਰਟਰ [ṭərṭər] *n.f.* croaking sound as of frogs; *fig.* chatter, gabble, babble
~ ਕਰਨ ਵਾਲ਼ਾ *adj.m.* chatterer, chatterbox
~ ਕਰਨਾ *con.v.* to croak; to chatter, gabble
ਟਰਟਰਾਉਣਾ [ṭərṭərauṇa] *v.i.* same as ਟਰ ਟਰ ਕਰਨਾ; (for frogs) to croak
ਟਰਮ [ṭərm] *n.f.* term
ਟਲ਼ [ṭəḷ] *v.form.* nominative of ਟਲ਼ਨਾ
ਟੱਲ [ṭəll] *n.m.* large bell; see ਟੁੱਲਾ, hit
ਟਲ਼ਨਾ [ṭəḷna] *v.i.* to go away, slink, slipaway; to refrain, abstain; (for mishap or calamity) not to happen, not to befall, to spare; (for joints) to be dislocated; to be put off, postponed, deferred, delayed; also ਟਲ਼ ਜਾਣਾ
ਟੱਲਾ[1] [ṭəlla] *n.m.* see ਟੁੱਲਾ
ਟੱਲਾ[2]**/ਟੱਲੀ**[1] [ṭəlli] *n.m. / n.f. dia.* a piece of cloth, rag; garment; see ਟਾਕੀ[1]
ਟੱਲੀ[2] *n.f.* small bell, bell; *informal.* a teaching period
~ ਹੋਣਾ *ph. slang.* to be fully drunk, over-drunk
~ ਵਜਾਉਣੀ *con.v.* to ring or toll the bell
ਟਵਰਗ [ṭəvərg] *n.m.* group of retroflex plosives (ਟ, ਠ, ਡ, ਢ) and corresponding nasal (ਣ)
ਟਵਰਗੀ [ṭəvərgi] *adj.* pertaining to ਟਵਰਗ
ਟਵਿੱਲ [ṭəvɪll] *n.f.* twill
ਟਵੀਡ [ṭəviḍ] *n.f.* tweed
ਟ੍ਰਸਟ/ਟਰਸਟ [ṭərəst] *n.m.* trust
ਟ੍ਰਸਟੀ/ਟਰਸਟੀ [ṭərəsṭi] *n.m.* trustee
ਟ੍ਰੱਕ/ਟਰੱਕ [ṭərəkk] *n.m.* truck
ਟ੍ਰੰਕ/ਟਰੰਕ [ṭərə̃k] *n.m.* trunk (box)
ਟ੍ਰਾਇਲ/ਟਰਾਇਲ [ṭəraɪl] *n.m.* trial
ਟ੍ਰਾਂਸਪੋਰਟ/ਟਰਾਂਸਪੋਰਟ [ṭərãsport] *n.f.* transport
ਟ੍ਰਾਂਸਫਰ/ਟਰਾਂਸਫਰ [ṭərãsfər] *n.f.* transfer, transference
ਟ੍ਰਾਂਸ.ਫਾਰਮਰ/ਟਰਾਂਸ.ਫਾਰਮਰ [ṭərãsfarmər] *n.m.* transformer
ਟ੍ਰਾਂਸਮੀਟਰ/ਟਰਾਂਸਮੀਟਰ [ṭərãsmiṭər] *n.m.* transmitter
ਟ੍ਰਾਂਸਲੇਸ਼ਨ/ਟਰਾਂਸਲੇਸ਼ਨ [ṭərãsleṣən] *n.m.* translation
ਟ੍ਰਾਂਜ਼ਿਸਟਰ/ਟਰਾਂਜ਼ਿਸਟਰ [ṭərãzɪsṭər] *n.m.*

transistor (radio)
ਟ੍ਰਾਮ/ਟਰਾਮ [ṭəram] *n.f.* tram
ਟ੍ਰਾਲੀ/ਟਰਾਲੀ [ṭərali] *n.f.* trolley, trailer
ਟ੍ਰੱਪ/ਟਰੁੱਪ [ṭərupp] *n.m.* troop
ਟ੍ਰੇ/ਟਰੇ [ṭre] *n.f.* tray
ਟ੍ਰੇਸਿੰਗ/ਟਰੇਸਿੰਗ [ṭəresĩg] *n.f.* tracing
ਟ੍ਰੇਡ/ਟਰੇਡ [ṭəreḍ] *n.m.* trade
~ ਮਾਰਕ *n.m.* trade mark
~ ਯੂਨੀਅਨ *n.f.* trade union
ਟ੍ਰੇਨ/ਟਰੇਨ [ṭəren] *n.f.* train, railway train
ਟ੍ਰੇਨਿੰਗ/ਟਰੇਨਿੰਗ [ṭərenĩg] *n.f.* training
~ ਵਿਧੀ *n.f.* method or technique of training
ਟ੍ਰੈਕ/ਟਰੈਕ [ṭərɛk] *n.m.* track
ਟ੍ਰੈਕਟ/ਟਰੈਕਟ [ṭərɛkəṭ] *n.m.* tract; *colloq.* tractor
ਟ੍ਰੈੱਕਟਰ/ਟਰੈੱਕਟਰ [ṭərɛkkṭər] *n.m.* tractor
ਟ੍ਰੈਫ਼ਿਕ/ਟਰੈਫ਼ਿਕ [ṭərɛfɪk] *n.f.* traffic
ਟ੍ਰੈਮ/ਟਰੈਮ [ṭərɛm] *n.f.* tram
ਟਾਊਨ [ṭaun] *n.m.* town
ਟਾਇਰ [ṭaɪr] *n.m.* tyre
ਟਾਈ [ṭai] *n.f.* tie, necktie, bow tie; (in games) tie, draw, lot
ਟਾਈਟਲ [ṭaiṭəl] *n.m.* title
ਟਾਈਪ [ṭaip] *n.f.* type
~ ਕਰਨ ਵਾਲ਼ਾ *ph.* typist
~ ਦੀ ਮਸ਼ੀਨ *ph.* typewriter
ਟਾਈਫ਼ਾਈਡ [ṭaifaiḍ] *n.m.* typhoid, typhoid fever
ਟਾਈਮ [ṭaim] *n.m.* time
~ ਕੀਪਰ *n.m.* time-keeper
~ ਟੇਬਲ *n.m.* timetable
~ ਪੀਸ *n.m.* timepiece, alarm clock
ਟਾਈਲ [ṭail] *n.f.* tile
ਟਾਸ [ṭas] *n.m.* toss (of coin)
~ ਕਰਨਾ *con.v.* to toss (to decide sides, or result in case of a tie)
ਟਾਸਾ [ṭassa] *n.m.* a type of cloth
ਟਾਸੀ [ṭassi] *n.f.* see ਤਾਸੀ, plate, shallow dish of metal
ਟਾਹਣ [ṭáṇ] *n.m.* large branch of tree, bough
ਟਾਹਣੀ [ṭáṇi] *n.f.* small branch of tree, twig
ਟਾਹਰ [ṭár] *n.f.* same as ਟਾਰ੍ਹ, cry, shout
ਟਾਹਲੀ [ṭáli] *n.f.* Indian rosewood tree, *Dalbergia sissoo*
ਟਾਂਕ[1] [ṭãk] *adj.* odd number; *cf.* ਜੁਫ਼ਤ
~-ਜੁਫ਼ਤ *n.f.* a guessing game played with marbles or grains hid in closed palm
ਟਾਂਕ[2] *v.form.* imperative of ਟਾਂਕਣਾ, stitch
ਟਾਂਕਣਾ [ṭãkəṇa] *v.t.* same as ਟਾਂਕਾ ਲਾਉਣਾ under ਟਾਂਕਾ
ਟਾਕਰਾ [ṭakra] *n.m.* encounter, meeting, coming across; comparison, contrast; competition, contest, conflict; resistance, opposition, also ਟਕਰਾ
~ ਹੋਣਾ *con.v.* to encounter, come across, meet (*usu.* by chance), run into
~ ਕਰਨਾ *con.v.* to compare, contrast, match; to resist, oppose; to compete
ਟਾਕਰੇ ਦਾ *adj.m.* same as ਟੱਕਰ ਦਾ under ਟੱਕਰ
ਟਾਕਰੀ [ṭakkəri] *n.f.* name of an old script
ਟਾਂਕਾ [ṭãka] *n.m.* tack, stitch; solder, weld, soldered or welded joint
~ ਲਾਉਣਾ *con.v.* to stitch, solder, weld, braze; to mend, repair by welding, soldering; to baste, tack
ਟਾਕੀ[1] [ṭakki] *n.f.* piece of cloth, patch
~ ਲਾਉਣੀ *con.v.* to patch (a garment)
ਟਾਕੀ[2] *n.m.* talkie, motion picture; cinema, cinema hall or house, picture house
ਟਾਕੂ [ṭakku] *n.m.* same as ਟੱਕ
ਟਾਂਗ [ṭãg] *n.f.* high stand for birds to sit or perch on; a perch, roost
ਟਾਂਗਰ [ṭãgər] *n.m.* dried bits of fodder plants, chaff of gram; a kind of sweetmeat
ਟਾਂਗਰੀ [ṭãgri] *n.f.* sweetmeat as under *prec.*
ਟਾਂਗਾ [ṭãga] *n.m.* tonga, gig
ਟਾਂਗੂ [ṭãgu] *n.m.* same as ਮਚਾਣ; lookout or observation post on tree top; person keeping watch on such lookout
ਟਾਂਚੀ [ṭãci] *n.f.* same as ਟੈਂਕੀ, tank
ਟਾਟ [ṭaṭ] *n.m.* mat, roll of matting of reed fibre, coir or jute
ਟਾਂਟ [ṭãṭ] *n.f.* skull, cranium; bald or clean-shaven head; see ਡੱਡਾ, seed pod of gram
ਟਾਟਰੀ [ṭaṭri] *n.f.* tartrate, citrate

ਟਾਂ ਟਾਂ [ṭã ṭã] *n.f.* noise, babble
ਟਾਂਡ [ṭãḍ] *n.f.* shelf, stand
ਟਾਂਡਾ [ṭãḍa] *n.m.* plant or stalk of maize, millet or sugarcane; caravan or camp of travelling traders
ਟਾਂਡੀ [ṭãḍi] *n.f.* maize crop grown as fodder
ਟਾਨਸਲ [ṭãsəl] *n.m.* tonsil, tonsillitis
ਟਾਨ੍ਹ [ṭán] *n.m.* same as ਟਾਹਣ, bough
ਟਾਨ੍ਹੀ [ṭáni] *n.f.* same as ਟਾਹਣੀ, twig
ਟਾਪ [ṭap] *n.f.* overbaked, hard loaf of Indian bread; a gait of horses; sound of horses' hooves, hoofbeat, clatter
ਟਾਪਸ [ṭapəs] *n.m.* an ornament for the ear, ear-stud
ਟਾਪਾ [ṭappa] *n.m.* tub; large basket for keeping chicken covered under it; bullock-drawn carriage
ਟਾਪੂ [ṭappu] *n.m.* island, isle
~ **ਸਬੰਧੀ** *adj.* insular
~ **ਸਮੂਹ** *n.m.* island group, archipelago
~ **ਨਿਵਾਸੀ** *adj.* insular, islander
ਟਾਫ਼ਟਾ [ṭafṭa] *n.m.* taffeta
ਟਾਫ਼ੀ [ṭafi] *n.f.* toffee
ਟਾਬਰੀ [ṭabri] *n.f.* same as ਟੱਬਰ, small family
ਟਾਰਚ [ṭarc] *n.f.* torch
ਟਾਰ੍ਹ [ṭár] *n.f.* loud call, shout, cry, shriek
ਟਾਰ੍ਹਾਂ ਮਾਰਨੀਆਂ *con.v.* to utter or give out sharp cries
ਟਾਲ [ṭal] *n.f.* stack, pile, heap, rick; shop or store of firewood and for coal; toll, toll-tax
ਟਾਲ਼ [ṭal] *v.form.* imperative of ਟਾਲ਼ਨਾ put off
~ **ਮਟੋਲ਼** *n.f.* dilly-dallying, evasion, attempt to put off, excuses
~ **ਮਟੋਲ਼ ਕਰਨਾ** *con.v.* to dill-dally; same as ਟਾਲ਼ਨਾ; to make excuses
ਟਾਲ਼ਨਾ [ṭaḷna] *v.t.* to postpone, defer, delay; to avert, ward off, put off, evade, avoid
ਟਾਲ਼ਵਾਂ [ṭaḷvã] *adj.m.* evasive, tending to or meant to put off, postpone or avoid
ਟਾਲ਼ਾ [ṭaḷa] *n.m.* evasion, avoidance, delay, escape, postponement
~ **ਹੋ ਜਾਣਾ** *con.v.* same as ਟਲ਼ਨਾ
~ **ਵਾਲਾ** *n.m.* same as ਟਾਲ਼-ਮਟੋਲ਼ under ਟਾਲ਼
ਟਾਵਾਂ [ṭavã] *adj.m.* rare, uncommon
~ **ਟੱਲਾ/~ ਟਾਵਾਂ** *adj.m.* scattered, thinly, dispersed, few, very few, only here and there, odd, rare
ਟਿਊਬ [ṭɪub] *n.f.* tube
~ **ਵੈੱਲ** *n.m.* tubewell, deep-bore well
ਟਿਊਸ਼ਨ [ṭɪuṣən] *n.f.* tuition
ਟਿਕ [ṭɪk] *n.f.* same as ਟੇਕ, support, prop
ਟਿੱਕ [ṭɪkk] *n.f.* tick mark, sound of ticking or clicking, click, tick
~ **ਕਰਨਾ** *con.v.* to tick-mark, tick, click
~ **ਲਾਉਣੀ** *con.v.* to tick-mark
ਟਿਕਟ [ṭɪkəṭ] *n.f.* ticket; postage stamp, revenue stamp
~ **ਘਰ** *n.m.* booking office
~ **ਬਾਬੂ** *n.m.* booking clerk
~ **ਲਾਉਣੀ** *con.v.* to affix postage or revenue stamp
~ **ਲੈਣੀ** *con.v.* to buy ticket
ਟਿਕ ਟਿਕ [ṭɪk ṭɪk] *n.f.* ticking sound
ਟਿਕ ਟਿਕਾ [ṭɪk ṭɪka] *n.m.*settling down, calm, quiet, peace, normaly stable condition
ਟਿਕ ਟਿਕੀ¹ [ṭɪk ṭɪki] *n.f.* fixed gaze; stare
~ **ਲਾ ਕੇ ਵੇਖਣਾ** *ph.* to see, fix one's gaze (upon), watch intently; to stare (at)
ਟਿਕ ਟਿਕੀ² *n.f.* T-shaped rest on which sadhus and fakirs rest their arms during meditation; similarly shaped whipping post
ਟਿਕਣਾ/ਟਿਕ ਜਾਣਾ [ṭɪkəṇa/tikjaṇa] *v.i.* to stay, come to rest; to balance, stabilise, equilibrate; to repose, rest, take rest, relax, sleep; to stay, live, abide, lodge, sojourn for a comparatively longer period; to be quiet, still
ਟਿਕਵਾਂ [ṭɪkvã] *adj.m.* stable, steady, at rest; unvarying, constant
ਟਿਕਵਾਉਣਾ [ṭɪkvauṇa] *v.t.* to cause or get something stabilised; to assist in stabilising or in putting down, placing; *cf.* ਟਿਕਾਉਣਾ

ਟਿਕਾ[1] [ṭɪka] *v.form.* imperative of ਟਿਕਾਉਣਾ, put, place

ਟਿਕਾ[2] *adj. & n.m.* steadiness, equilibrium; equipoise, stability; calm, peace; content, contentment, contentedness

ਟਿੱਕਾ [ṭɪkka] *n.m.* sandal paste or vermillion mark on the forehead; an ornament worn on the forehead; eldest son especially of a king or noble

~ **ਲਾਉਣਾ** *con.v.* to put ਟਿੱਕਾ on the forehead

ਟਿਕਾਉਣਾ [ṭɪkauṇa] *v.t.* to put or place in a stable position or on appropriate place, settle securely, be ensconced, stabilize, bring to rest; to install in shrine; to lodge, house; to persuade, bring one around, make one agree

ਟਿਕਾਊ [ṭɪkau] *adj.* stable, stabilized, constant, more or less lasting, permanent, sure or reliable

ਟਿਕਾਣਾ[1] [ṭɪkaṇa] *v.t.* same as ਟਿਕਾਉਣਾ

ਟਿਕਾਣਾ[2] *n.m.* place of rest, abode, dwelling, shelter, residence, resort, roost; destination, end

ਟਿੱਕੀ [ṭɪkki] *n.f.* any round flat piece; small loaf of Indian bread; disc (as of sun, moon); cake (of soap)

ਟਿਕੋਜ਼ੀ [ṭɪkozi] *n.f.* tea-cosy

ਟਿੱਚ [ṭɪcc] *n.f.* clicking sound, snap; trifle

~ **ਸਮਝਣਾ/~ ਜਾਣਨਾ** *ph.* to trifle, deal lightly, not seriously; *v.t.* to consider something as trifling or easy, think little or nothing of; to look down upon, despise, disdain, scorn, treat with contempt

~ **ਬਟਨ** *n.m.* snap fastener, click-button

ਟਿਚਕਰ [ṭɪckər] *n.f.* joke, jest; jibe, taunt, ridicule, sarcasm, scoff; clicking sound produced by retroflexion of tongue

~ **ਕਰਨੀ** *con.v.* to cut a joke, jest; to taunt, gibe, ridicule; to scoff (at), pass a sarcastic remark

~ **ਮਾਰਨੀ** *con.v.* to produce, utter ਟਿਚਕਰ

ਟਿਚਕਾਰਨਾ [ṭɪckarna] *v.i.t.* same as ਟਿਚਕਰ ਮਾਰਨੀ under *prec.;* to urge an animal to move on by uttering ਟਿਚਕਰ

ਟਿਚਕਾਰੀ [ṭɪckari] *n.f.* same as ਟਿਚਕਰ

ਟਿਚ ਟਿਚ [ṭɪc ṭɪc] *n.f.* repeated clicking sound; *cf.* ਟਿਚਕਰ

ਟਿਚਨ [ṭɪcən] *adj. colloq.* tip-top, all set, trim, spruce, ready

ਟਿੱਚਰ [ṭɪccər] *n.f.* same as ਟਿਚਕਰ, joke

ਟਿੱਡ [ṭɪḍḍ] *n.m.* see ਟਿੱਡਾ, grasshopper; an ornament for the ear

ਟਿਡ [ṭɪ̃ḍ] *n.f.* earthen or metallic pot used with Persian wheel to bring up water; *fig. slang.* bald or close-shaven head

~ **ਫੂੜ੍ਹੀ** *n.f.* bag and baggage, humble belongings

ਟਿੱਡਾ [ṭɪḍḍa] *n.m.* grasshopper, mantis; *slang.* shorty, shortie

ਟਿੱਡੀ [ṭɪḍḍi] *n.f.* small mantis; locust

~ **ਦਲ** *n.m.* swarm of locusts; *informal.* multitude, mob, host

ਟਿੱਪ [ṭɪpp] *n.f.* tip

ਟਿਪ ਟਾਪ [ṭɪp ṭap] *adj.* same as ਟਿਚਨ, tip-top

ਟਿੱਪਣੀ [ṭɪppəṇi] *n.f.* comment, remark, observation, note, annotation; adverse comment, criticism

ਟਿੱਪੀ [ṭɪppi] *n.f.* (ੰ) sign for stressed nasal sounds in Gurmukhi script

ਟਿਫ਼ਨ [ṭɪfən] *n.m.* tiffin

~ **ਕੈਰੀਅਰ** *n.m.* tiffin-carrier

ਟਿੱਬਾ [ṭɪbba] *n.m.* mound; dune

ਟਿੱਬੀ [ṭɪbbi] *n.f.* small ਟਿੱਬਾ, raised ground

ਟਿਭਣਾ [ṭíbəṇa] *v.i.* to slink, move away, go away quietly, stealthily; to escape; also ਟਿਭ ਜਾਣਾ

ਟਿਮ ਟਿਮ [ṭɪm ṭɪm] *n.f.* twinkle, flicker glimmer, gleam

ਟਿਮਟਿਮਾਉਣਾ [ṭɪmṭɪmauṇa] *v.i.* to twinkle, flicker, glimmer

ਟਿਮਟਿਮਾਹਟ [ṭɪmṭɪmáṭ] *n.f.* same as ਟਿਮ-ਟਿਮ

ਟਿਮ੍ਹਕਣਾ [ṭi̴məkṇa] *n.m.* point, dot, dapple, spot; glimmer; *v.i.* to glimmer, flicker, twinkle, gleam

ਟਿੱਲ [ṭɪll] *n.m.* force, strength, might

~ **ਲਾਉਣਾ** *ph.* to try hard; to strive, strain, exert oneself

ਟਿੱਲਾ [ṭɪlla] *n.m.* hillock, knoll, a low hill, high mound

ਟੀ [ṭi] *n.f.* tee; tea
~ ਸੈੱਟ *n.m.* tea set
~ ਪਾਈ *n.f.* teapoy
~ ਪਾਟ *n.m.* teapot
~ ਪਾਰਟੀ *n.f.* tea party
ਟੀਂ [ṭĩ] *n.f.* shrill sound as of a horn of motor vehicle
~ ਟੀਂ *n.f.* repeated shrill sound; *informal.* whimper, whine
~ ਟੀਂ ਕਰਨਾ *con.v.* to blow horn; to whimper, whine
ਟੀਸ [ṭis] *n.f.* same as ਚੀਸ, shooting pain, pang
ਟੀਸੀ [ṭissi] *n.f.* peak, summit, top, apex, acme, apogee, vertex, highest point, climax, zenith, pinnacle
ਟੀਕਾ [ṭika] *n.m.* injection, inoculation, vaccination; translation, annotation, commentary, exegesis
~ ਕਰਨਾ *con.v.* to translate, annotate, prepare or write an exegesis or commentary (on)
~ ਲਾਉਣਾ *con.v.* to inject, inoculate, vaccinate
ਟੀਕਾਕਾਰ [ṭikakar] *n.m.* translator, exegete, writer of ਟੀਕਾ
ਟੀਕਾਕਾਰੀ [ṭikakari] *n.f.* art of translation, process of ਟੀਕਾ
ਟੀਕਾ ਟਿੱਪਣੀ [ṭika ṭɪppəṇi] *n.f.* criticism, comment, remarks, observations
ਟੀਚਰ [ṭicər] *n.m.* teacher
ਟੀਚਾ [ṭicca] *n.m.* goal, target, aim, end, objective
~ ਪੂਰਾ ਕਰਨਾ *ph.* to achieve, attain, fulfil, realise one's goal
~ ਮਿਥਣਾ *ph.* to set, fix, determine ਟੀਚਾ
ਟੀਟਣਾ [ṭiṭəṇa] *n.m* kick from a horse, mule or donkey
~ ਮਾਰਨਾ *usu. pl.* ਟੀਟਣੇ ਮਾਰਨਾ *con.v.* (for horse mule or donkey) to kick, hit with hind legs; to frisk, kick around, gambol, frolic
ਟੀ ਟੀ [ṭi ṭi] *n.m.* T.T.E., travelling ticket examiner (a railway official)
ਟੀਂ ਟੀਂ [ṭĩ ṭĩ] *n.f.* see under ਟੀਂ
ਟੀਂਡਾ [ṭĩda] *n.m.* squash gourd, *Cucurbita lobata;* boll, especially cotton boll
ਟੀਨ [ṭin] *n.m.* tin, tin can, canister, tin container
~ ਦੀ ਚਾਦਰ *ph.* tin sheet or plate
ਟੀਪ [ṭip] *n.f.* tipping-in (of interbrick spaces) with a mixture of cement and sand
~ ਕਰਨੀ *con.v.* to tip in
~ ਟਾਪ *n.f.* cleaning, clearing, window dressing, ornamentation, veneering, veneer, showiness
ਟੀਮ [ṭim] *n.f.* team
ਟੀਰ [ṭir] *n.m.* squint, strabismus
~ ਮਾਰਨਾ *con.v.* to squint, be cross-eyed
ਟੀਰਾ [ṭira] *adj.m.* cross-eyed, squint, squinty, strabismic
ਟੀ ਵੀ [ṭi vi] *n.m.* T.V., television, television set
ਟੁੱਕ¹ [ṭukk] *n.m. dia.* same as ਰੋਟੀ, Indian loaf; cut or hold (in garments) *usu.* made by insects or worms
~ ਲੱਗਣਾ *con.v.* for ਟੁੱਕ to be made; for garment to be spoiled by worms/ insects or damaged otherwise
ਟੁੱਕ² *v.form.* imperative of ਟੁੱਕਣਾ
ਟੁੱਕਣਾ [ṭʊkkəṇa] *v.t.* to cut, bite, gnaw, chop into bits; (for insects, worms) to eat, gnaw, spoil
ਟੁੱਕਰ [ṭukkər] *n.m* same as ਰੋਟੀ, Indian loaf
ਟੁਕਵਾਉਣਾ [ṭukvauṇa] *v.t.* to get, cause or assist in cutting, chopping, gnawing
ਟੁਕਵਾਈ [ṭukvai] *n.f.* process of, wages for *prec.*
ਟੁੱਕੜਬੋਚ [ṭukkərboc] *adj.* greedy, hanger-on, parasitic; *n.m.* such person, parasite, hanger-on
ਟੁਕੜਾ [ṭukṛa] *n.m.* piece, portion, fragment, part, sop, bit, shred, chip, slice, strip; morsel, bite; crumb, leftover
~ ਪਾਉਣਾ *ph.* to throw crumb (to), show small mercies, make small concessions
~ ਮੰਗਣਾ *ph.* to beg abjectly
ਟੁਕੜੇ ਕਰਨਾ *con.v.* same as ਟੋਟੇ ਕਰਨਾ under ਟੋਟਾ, to cut into pieces, hack
ਟੁਕੜੀ [ṭukṛi] *n.f.* small ਟੁਕੜਾ; inset work;

contingent; posse, small body (of troops)

~ ਦਾ ਕੰਮ/~ ਦੀ ਕਲਾ *n.m. / n.f.* art or work of setting pieces of reflecting glass in stucco or of setting coloured stone pieces in stone, inset work

ਟੁਕਾਉਣਾ [ṭukauṇa] *v.t.* same as ਟੁਕਵਾਉਣਾ

ਟੁਕਾਈ [ṭukai] *n.f.* same as ਟੁਕਵਾਈ; *cf.* ਟੁੱਕਣਾ; criticism, fault-finding; *cf.* ਟੋਕਣਾ

ਟੁੰਗ¹ [ṭũg] *n.m.* firm layer of sand/rock or earth down to which the foundation of a well is sunk; firm foundation or base

~ ਬੱਝਣਾ *ph.* for a firm base to be established

ਟੁੰਗ² *v.form.* imperative of ਟੁੰਗਣਾ, tuck in or up

ਟੁੰਗਣਾ [ṭũgəṇa] *v.t.* to tuck in, tuck up; to stick in

ਟੁੰਗਵਾਉਣਾ/ਟੁੰਗਾਉਣਾ [ṭũgvauṇa/ṭũgauṇa] *v.t.* to get something tucked up or in; to assist in doing so

ਟੁੰਗਵਾਈ/ਟੁੰਗਾਈ [ṭũgvai/ṭũgai] *n.f.* process of, wages for *prec.*

ਟੁੱਟ [ṭuṭṭ] *v.form.* nominative of ਟੁੱਟਣਾ

~ ਕੇ ਪੈਣਾ *ph.* to attack, assault furiously, jump at

~ ਪੈਣਾ *ph.* same as ਟੁੱਟ ਕੇ ਪੈਣਾ; *adj.m.* a mild abuse

~ ਫੁੱਟ/~ ਭੱਜ *n.f.* breakage, wear and tear

ਟੁੱਟਣਹਾਰ [ṭuṭṭəṇhar] *adj.* breakable, liable to break; brittle

ਟੁੱਟਣਾ [ṭuṭṭəṇa] *v.i.* to break, crack, be broken, smashed, wrecked; (for fruit, flower) to drop, be plucked; to fall apart; to feel hangover; also ਟੁੱਟ ਜਾਣਾ

ਟੁੱਟਦਾ ਤਾਰਾ [ṭuṭṭda tara] *n.m.* shooting star, falling star, meteor

ਟੁੱਟਵਾਂ [ṭuṭṭvã] *adj.m.* in parts, partial

ਟੁੱਟੜ [ṭuṭṭəṛ] *adj.* broken, rickety

ਟੁੱਟਾ ਹੋਇਆ [ṭuṭta hoɪa] *adj.m.* broken, cracked

ਟੁੰਡ [ṭũḍ] *n.m.* partly cut, amputated arm; stump, severed branch of tree

ਟੁੰਡਾ [ṭũḍa] *adj.m.* with one or both arms maimed, amputated or paralysed

ਟੁਣਕ [ṭuṇək] *v.form.* nominative of ਟੁਣਕਣਾ

ਟੁਣਕਣਾ [ṭuṇəkṇa] *v.i.* same as ਟਣਕਣਾ; sound of a string of musical instrument being plucked, or of a vessel being tapped with knuckle

ਟੁਣਕਾ/ਟੁਣਕਾਰ [ṭuṇka/ṭuṇkar] *n.m. / n.f.* twang

ਟੁਣਕਾਉਣਾ/ਟੁਣਕਾਰਨਾ [ṭuṇkauṇa/ṭuṇkarna] *v.t.* to pluck (a cord or string); to test (a vessel or coin), to clang; twang

ਟੁੱਬ [ṭubb] *v.form.* imperative of ਟੁੱਬਣਾ, deepen (well)

ਟੁੰਬ [ṭũb] *v.form.* imperative of ਟੁੰਬਣਾ, nudge

ਟੁੱਬਣਾ [ṭubbəṇa] *v.t.* to sink or deepen (a well)

ਟੁੰਬਣਾ [ṭũbəṇa] *v.t.* to nudge, poke; to goad, rouse, excite; to inspire, arouse, stir, prompt; to stimulate to action, touch (sensibilities)

ਟੁੱਭੀ [ṭúbbi] *n.f.* same as ਚੁੱਭੀ, dip, dive

ਟੁਰਨਾ [ṭurna] *v.i.* same as ਤੁਰਨਾ, to walk

ਟੁੱਲ/ਟੁੱਲਾ [ṭull/ṭulla] *n.m.* hit (as to ball with a stick); *informal.* guess, a wild guess, fluke

~ ਲੱਗ ਜਾਣਾ *ph.* for a wild guess to come true; to be successful by chance, also ਟੁੱਲਾ ਲੋਟ ਆ ਜਾਣਾ

~ ਲਾਉਣਾ *ph.* to hit or strike (a ball); *v.i.* to make a wild guess

ਟੂਸਾ [ṭusa] *n.m.* bud, boll

ਟੂਕ [ṭuk] *n.f.* quotation, excerpt, extract

~ ਦੇਣੀ *con.v.* to quote

ਟੂੰ ਟਾਂ [ṭũ ṭã] *n.f.* preliminary or haphazard sound of music or musical instrument

~ ਕਰਨੀ *con.v.* to produce ਟੂੰ ਟਾਂ, fiddle with any instrument

ਟੂਟੀ [ṭuṭi] *n.f.* tap, faucet, stopcock, bibcock, spigot; spout, nose, nozzle

ਟੂੰ ਟੂੰ [ṭũ ṭũ] *n.f.* same as ਟੂੰ ਟਾਂ

ਟੂਣਾ [ṭuṇã] *n.m.* exorcism, incantation, any ritual supposed to have magical effect; spell, charm, enchantment

~ ਕਰਨਾ *con.v.* to perform ਟੂਣਾ, exorcise, cast a spell, charm, enchant, bewitch

ਟੂਣੇਹਾਰ [ṭuṇehar] *adj.* charmer, exorcist
ਟੂੰਬ/ਟੂਮ [ṭũb/ṭũm] *n.f.* ornament, piece of jewellery, trinket
~ ਛੱਲਾ/~ ਟੱਲਾ *n.m.* ornaments, jewellery, trinkets, trinketry
ਟੂਰ [ṭur] *n.m.* tour
ਟੂਰਨਾਮੈਂਟ [ṭurnamɛ̃ṭ] *n.m.* tournament
ਟੂਰਿਸਟ [ṭurɪsṭ] *n.m.* tourist
ਟੂਲ¹ [ṭul] *n.m.* tool, implement, instrument; *informal.* tool-box; *colloq.* stool
ਟੂਲ² *n.f.* twill
ਟੇਸੂ [ṭessu] *n.m.* same as ਕੇਸੂ, a flower
ਟੇਕ [ṭek] *n.f.* (in music) refrain; support, prop, crutch, stay, backing; rest, easel; stillness, quiet
~ ਆਉਣੀ *con.v.* to be still or quiet
ਟੇਕਣਾ [ṭekəṇa] *v.t.* to place, stay, prop
ਟੇਕਰੀ [ṭekri] *n.f.* knoll, small hill, hillock, mound, underfeature, hummock, hammock, hommock
ਟੇਟੇ ਚੜ੍ਹਨਾ [ṭeṭe cə̀ṛna] *ph.* same as ਅੱਡੇ ਚੜ੍ਹਨਾ under ਅੱਡਾ; to be inveigled
ਟੇਢ [ṭéḍ] *n.m.* crookedness, curve, bend, slant, obliqueness, tilt, cant; *fig.* insincerity, perverseness, perversity; dishonesty; deviousness, fractuosness
ਟੇਢਾ/ਟੇਢੀ [ṭéḍa/ṭéḍi] *adj.m./adj.f.* crooked, curved, bent, aslant, awry, oblique, tilted; not straight, winding, zig-zag, roundabout; devious, perverse, cunning; insincere, dishonest
~ ਹੋਣਾ *con.v.* to be ਟੇਢਾ; *informal.* to lie down to sleep
~ ਕਰਨਾ *con.v.* to bend, tilt, cant
~ ਮੇਢਾ *adj.m.* fractuous, zig-zag
ਟੇਢੀ ਖੀਰ *ph.* difficult task, complicated problem
ਟੇਢੀ ਚਾਲ *ph.* sidle, shamble, *fig.* undesirable or immoral conduct
ਟੇਢੇ ਅੱਖਰ *n.m. pl.* italics
ਟੇਢੇ ਦਾਅ/ਟੇਢੇ ਰੁਖ *adv.* aslant, obliquely, transversely
ਟੇਢਾਪਣ [ṭéḍapəṇ] *n.m.* same as ਟੇਢ
ਟੇਪ [ṭep] *n.m.* adhesive tape; cassette
ਟੇਪਾ [ṭeppa] *n.m.* same as ਟਪਕਾ, dripping
~ ਡਿਗਣਾ/~ ਪੈਣਾ *con.v.* to drip; to leak
ਟੇਬਲ [ṭebəl] *n.m.* table
ਟੇਮ ਟੇਮ ਖਾਣਾ [ṭem ṭem khaṇa] *con.v.* to eat (supplementary dishes) sparingly
ਟੇਰ [ṭer] *n.f.* long, high-pitched tune
ਟੇਲ [ṭel] *n.f.* tail-end of canal or distributary
ਟੇਲਰ [ṭelər] *n.m.* tailor
~ ਮਾਸਟਰ *n.m.* master tailor; any tailor
ਟੇਵਾ [ṭeva] *n.m.* guess; astrologer's calculation or forecast; horoscope
~ ਲਾਉਣਾ *con.v.* to make a guess, forecast, foretell; to prepare horoscope
ਟੈਂ [ṭɛ̃] *n.f.* *informal.* pride, arrogance, vanity, uppishness, snobbishness, airs
~ ਦੱਸਣੀ/~ ਰੱਖਣੀ/~ ਵਿਖਾਉਣੀ *ph.* to assume airs, behave haughtily, arrogantly
~ ਬੋਲ ਜਾਣੀ *ph. slang.* to accept defeat, one's bluff to be called; to feel exhausted
~ ਰੱਖਣ ਵਾਲਾ *adj.m.* proud, snob
ਟੈਸਟ [ṭɛsṭ] *n.m.* test
ਟੈਂਕ [ṭɛ̃k] *n.m.* tank (an armoured fighting vehicle)
ਟੈਕਸ [ṭɛks] *n.m.* tax
ਟੈਕਸੀ [ṭɛksi] *n.f.* taxi, taxicab
ਟੈਕਨਿਸ਼ਨ [ṭɛknɪṣən] *n.m.*technician
ਟੈਕਨੀਕ [ṭɛknik] *n.m.* same as ਤਕਨੀਕ, technique
ਟੈਕਨੀਕਲ [ṭɛknikəl] *adj.* same as ਤਕਨੀਕੀ, technical
ਟੈਂਕਰ [ṭɛ̃kər] *n.m.* tanker
ਟੈਂਕਾ [ṭɛ̃ka] *n.m.* the letter ਟ
ਟੈਂਕੀ [ṭɛ̃ki] *n.f.* tank, water tank, fuel tank
ਟੈਗ [ṭɛg] *n.m.* tag
ਟੈਂਟ [ṭɛ̃ṭ] *n.m.* tent
ਟੈਟਨਸ [ṭɛṭnəs] *n.m.* tetanus
ਟੈਂ ਟੈਂ [ṭɛ̃ ṭɛ̃] *n.m.* senseless babble, chatter; shrill speech as of parrot
ਟੈਂਡਰ [ṭɛ̃ḍər] *n.m.* tender (quotations)
ਟੈਨਿਸ [ṭɛnɪs] *n.f.* tennis
~ ਦਾ ਮੈਦਾਨ *n.m.* tennis court
ਟੈਂਪਰ [ṭɛ̃pər] *n.m.* temper
ਟੈਂਪਰੇਚਰ [ṭɛ̃pərecər] *n.m.* temperature
ਟੈਂਪਰੇਰੀ [ṭɛ̃pəreri] *adj.* temporary
ਟੈਂਪੂ [ṭɛ̃pu] *n.m.* light-duty 3 or 4 wheeler vehicle

ਟੈਮ [ṭɛm] *n.m. colloq.* see **ਟਾਈਮ**, time
ਟੈਰ[1] [ṭɛr] *n.m. colloq.* see **ਟਾਇਰ**, tyre
ਟੈਰ[2] *n.f.* mare, female pony
ਟੈਰਾਲੀਨ/ਟੈਰੀਲੀਨ [ṭɛralin/ṭɛrilin] *n.f.* Terylene
ਟੈਲ [ṭɛl] *n.f. colloq.* see **ਟਾਈਲ**, tile
ਟੈਲੀਸਕੋਪ [ṭɛlisəkop] *n.f.* telescope
ਟੈਲੀਗਰਾਮ [ṭɛligram] *n.f.* telegram
~ **ਦੇਣੀ** *con.v.* to send a telegram, wire
ਟੈਲੀਫ਼ੋਨ [ṭɛlifon] *n.m.* telephone
~ **ਕਰਨਾ** *con.v.* to telephone, ring up
ਟੈਲੀਵਿਜਨ [ṭɛlivɪyən] *n.m.* television, T.V.
ਟੋ [ṭo] *n.m.* toe (of shoes or boots); tow, towing
ਟੋਆ [ṭoa] *n.m.* pit, natural depression or excavated cavity or hole in ground; (of cheek or chin) dimple; dugout; hollow
~ **ਕੱਢਣਾ**/~ **ਪੁੱਟਣਾ** *con.v.* to dig, excavate a pit
~ **ਟਿੱਬਾ** *n.m. usu. pl.* **ਟੋਏ-ਟਿੱਬੇ** *n.m.* uneven, rough, undulated ground
ਟੋਸਟ [ṭosṭ] *n.m.* toast
ਟੋਸਟਰ [ṭosṭər] *n.m.* toaster
ਟੋਹ [ṭó] *n.f.* search, probe; groping, feeling with touch; information, intelligence
~ **ਲੈਣੀ** *ph.* to fathom, sound; to get information or intelligence; to spy, scout, reconnoiter
ਟੋਹਣਾ [ṭóṇa] *v.i.t.* to feel, grope, probe, search, frisk
ਟੋਹਣੀ [ṭóṇi] *n.f.* stick, staff or cane to feel or find with; support, crutch; detector
ਟੋਹਾ ਟੋਹੀ [ṭóa ṭói] *n.f.* search, feeling about, groping
~ **ਕਰਨਾ** *con.v.* to same as **ਟੋਹਣਾ**
ਟੋਕ [ṭok] *n.f.* cut pieces of stalks (as of sugarcane cut for crushing or for sowing), hole made in cloth by insect; damage caused to crop by rodents; criticism, fault-finding, cavil; interruption (during talk or conversation)
~ **ਟਾਕ**/~ **ਟੁਕਾਈ/ਟੋਕਾਟਾਕੀ** *n.f.* repeated or persistent **ਟੋਕ**
ਟੋਕਣਾ [ṭokkəṇa] *v.t.* to criticise, find fault with, carp, nag, cavil; to interrupt
ਟੋਕਨ [ṭokən] *n.m.* token
ਟੋਕਰਾ [ṭokkra] *n.m.* basket, wicker basket, hamper, carryall, holdall
ਟੋਕਰੀ [ṭokkri] *n.f.* small basket, frail, scuttle
~ **ਢੋਣੀ** *con.v. informal.* to perform menial service or hard labour
ਟੋਕਵਾਂ [ṭokvā̃] *adj.m.* carping, cavilling; satirical, ironical or sarcastic (remark)
ਟੋਕਾ [ṭokka] *n.m.* chopper, cutter, fodder or chaff-cutter; fodder cut into small pieces; an insect, which damages standing crops
ਟੋਟ [ṭoṭ] *n.f.* want, lack; deficiency; dearth; enervation; weakness felt by addicts for want of drug or drink; hangover
~ **ਆਉਣੀ** *con v.* to feel or experience **ਟੋਟ**
ਟੋਟਕਾ [ṭoṭka] *n.m.* witticism, witty remark, aphorism; tit-bit; joke; anecdote; uncommon prescription, quack's formula
ਟੋਟਣ [ṭoṭəṇ] *n.m.* bald or clean-shaven head, scalp, pate
ਟੋਟਰੂ [ṭoṭru] *n.m.* a bird resembling dove
ਟੋਟਲ [ṭoṭəl] *n.m.* total
~ **ਕਰਨਾ** *con.v.* to total, add up
ਟੋਟਾ [ṭoṭṭa] *n.m.* piece, slice, shard, fragment, bit, severed part or portion, smither, smithereen; scrap, remnant, shred, cut-piece, section, sliver, splinter; broken pieces collectively, *esp.* broken rice; same as **ਤੋਟਾ**, loss
ਟੋਟੀ *n.f.* small piece of juicy plant; same as **ਗਨੇਰੀ**
ਟੋਟੇ ਕਰਨਾ *con.v.* to cut or break into pieces, slice, tear into shreds, hack
ਟੋਟੇ ਟੋਟੇ *adj.* broken into pieces, reduced to smithers or smithereens
ਟੋਟੇ ਟੋਟੇ ਕਰਨਾ *con.v.* same as **ਟੋਟੇ ਕਰਨਾ**; to hack, mangle; to shatter, smash
ਟੋਡਾ [ṭoḍa] *n.m.* young one of camel; young camel
ਟੋਡੀ[1] [ṭoḍḍi] *n.f.* same as **ਟੋਡਾ/ਟੋਡੀ**
ਟੋਡੀ[2] *adj.* toady, sycophant, lickspittle, fawning flatterer, yesman, hanger-on
ਟੋਡੀਪਣ [ṭoḍipəṇ] *n.m.* toadyism, sycophancy

ਟੋਣਾ [ṭoṇa] *n.m.* same as ਟੁੱਲ, hit
ਟੋਪ [ṭop] *n.m.* flat, large cap, helmet
ਟੋਪਾ [ṭoppa] *n.m.* large cap or hat, protective woollen cover for head and ears, cap comforter; a cap-like vessel for measuring grain; a measure of grain by volume, slightly less than two kilograms in case of wheat
ਟੋਪੀ [ṭoppi] *n.f.* cap; headgear other than turban or scarf; hat, cap, coif, skull cap; fire-bowl of hubble-bubble
~ ਚੜ੍ਹਾਉਣੀ *con.v.* to cap
~ ਪਾਉਣੀ *con.v.* to put on or wear ਟੋਪੀ
ਟੋਂਬੂ [ṭõbu] *n.m.* note, draft, order, bill, bond, bill of exchange
~ ਕਰਨਾ *con.v.* to draw bond
~ ਤਾਰਨਾ *con.v.* to pay off a bill or bill of exchange
ਟੋਭਾ [ṭóbba] *n.m.* pond; diver; person who sinks or deepens wells; dip of pen in inkpot
ਟੋਰ [ṭor] *n.f.* same as ਤੋਰ, gait
ਟੋਰਨਾ [ṭorna] *v.t.* same as ਤੋਰਨਾ
ਟੋਲ਼[1] [ṭoḷ] *n.f.* same as ਭਾਲ਼
~ ਕੱਢਣਾ/~ ਲੈਣਾ *con.v.* to find out, ferret out
ਟੋਲ਼[2] *n.m.* *colloq.* toll, toll
ਟੋਲ਼ਨਾ [ṭoḷna] *v.t.* same as ਭਾਲ਼ਨਾ, to search for, find out
ਟੋਲਾ [ṭolla] *n.m.* gang, group, band, party, clique, coterie; crowd, multitude; same as ਟੁੱਲਾ
ਟੋਲੀ [ṭolli] *n.f.* same as ਟੋਲਾ; team; troop, squad
ਟੋੜੀ [ṭoṛi] *n.m.* name of a musical measure in Indian classical music
ਟੌਹਰ [ṭór] *n.f.* pomp, elegance, embellishment; gaudiness, foppery
~ ਕੱਢਣਾ *ph.* to decorate, dress up elegantly
ਟੌਹਰਾ [ṭóra] *n.m.* same as ਤੁਰ੍ਹਲਾ, plume
ਟੌਹਰੀ [ṭóri] *adj.m.* foppish; *n.m.* fop

ਠ

ਠ [ṭhəṭṭha] *n.m.* seventeenth letter of Gurmukhi script representing the aspirated retroflex plosive sound [ṭh]

ਠਹਾਕਾ [ṭhəhakka/thàka] *n.m.* loud laugh, guffaw, peal of laughter; bang, resounding blow

~ ਮਾਰਨਾ *ph.* to guffaw, laugh loudly, roar with laughter, give out a full-throated laugh

ਠਹਿਕ [ṭhέk] *v.form.* nominative of ਠਹਿਕਣਾ

ਠਹਿਕਣਾ [ṭhέkṇa] *v.i.* to stumble, be knocked or struck (as of metallic vessels); to collide, clash

ਠਹਿਰ [ṭhέr] *v.form.* imperative of ਠਹਿਰਨਾ, stop

~ ਕੇ *adv.* later, after sometime

~ ਠਹਿਰ ਕੇ *adv.* intermittently sporadically, occasionally, slowly

ਠਹਿਰਨਾ [ṭhέrna] *v.i.* to halt, stop, stay, pause, tarry, linger; to wait, mark time; to have patience; to live, lodge, abide, sojourn; (for cattle) to be pregnant

ਠਹਿਰਾਉ/ਠਹਿਰਾ [ṭhέrao/ṭhέra] *n.m.* halt, pause, intermission, stoppage; punctuation; stillness, tranquillity

ਠਹਿਰਾਉਣਾ [ṭhέrauṇa] *v.t.* to cause or have one to halt, stay, stop, pause; to lodge, put up, accommodate

ਠਹੋਲਾ [ṭhəhola/thóla] *n.m.* same as ਠੂੰਗਾ, tap with knuckles

ਠਕ ਠਕ [ṭhək ṭhək] *n.f.* sound of knocking (as on a door), knock, tap; sound of striking on wooden objects

~ ਕਰਨਾ *con.v.* to knock, tap, strike (on wood)

ਠਕਠਕਾਉਣਾ [ṭhəkṭhəkauṇa] *v.i.t.* to produce ਠਕ ਠਕ sound, knock, tap

ਠਕਰਾਈ [ṭhəkrai] *n.f.* high status, lordliness, grandeur, position or status of ਠਾਕਰ

ਠਕਰਾਣੀ [ṭhəkraṇi] *n.f.* wife of a ਠਾਕਰ, lady

ਠੱਕਾ [ṭhəkka] *n.m.* cold, draught, cold wind, puff or blast of cold wind

ਠਕੁਰਾਈ [ṭhəkurai] *n.f.* same as ਠਕਰਾਈ

ਠਕੁਰਾਣੀ [ṭhəkuraṇi] *n.f.* same as ਠਕਰਾਣੀ

ਠਕੋਰ [ṭhəkor] *v.form.* imperative of ਠਕੋਰਨਾ, knock

ਠਕੋਰਨਾ [ṭhəkorna] *v.t.* to knock or hammer gently; to knock (earthen vessels) with knuckles so as to test their soundness

ਠੱਗ [ṭhəgg] *n.m.* cheat, swindler, trickster, thug, duper, deceiver, chicaner, knave, conman, confidence-man

ਠੱਗਣਾ [ṭhəggəṇa] *v.t.* to cheat, swindle, trick, deceive, dupe, chicane; *adj. m.* same as ਠੱਗ; also ਠਗਣਾ

ਠੱਗਬਾਜ਼ੀ [ṭhəggbazi] *n.f.* cheating, swindling, chicanery

ਠਗਾਉਣਾ [ṭhəgauṇa] *v.t.* to cause or assist one to cheat or be cheated; to lose something due to cheating, be cheated of

ਠੱਗੀ [ṭhəggi] *n.f.* same as ਠੱਗਬਾਜ਼ੀ, act or instance of cheating, confidence game

~ ਠੋਰੀ *n.f.* same as ਠੱਗਬਾਜ਼ੀ

ਠੂੰਗਰ [ṭhə̃gur] *v.form.* imperative of ਠੂੰਗਰਨਾ, knock with knuckles

ਠੂੰਗਰਨਾ [ṭhə̃gurna] *v.t.* to strike or knock with knuckles

ਠੂੰਗਰਾ [ṭhə̃gura] *n.m.* tap or strike with knuckles

~ ਮਾਰਨਾ *con.v.* same as ਠੂੰਗਰਨਾ

ਠੱਟਾ [ṭhəṭṭa] *n.m.* small village, hamlet

ਠੱਟੀ [ṭhəṭṭi] *n.f.* menials' ward, poor men's quarters in a village, ghetto

ਠੱਠ [ṭhəṭṭh] *n.m.* crowd, throng; pomp; jubilation; hustle and bustle

~ ਬੱਝਣਾ *ph.* for ਠੱਠ to occur, happen or be arranged
~ ਬੰਨ੍ਹਣਾ *ph.* to arrange or bring about ਠਠ
ਠਠੰਬਰ [ṭhəṭhə̃bər] *v.form.* nominative of ਠਠੰਬਰਨਾ
ਠਠੰਬਰਨਾ [ṭhəṭhə̃bərna] *v.i.* to tremble, shudder with fear, wince, flinch, boggle, shrink, cower
ਠੱਠਾ [ṭhəṭṭha] *n.m.* the letter ਠ; joke, jest, jape, quip; humour *esp.* bawdy or droll humour, waggery; sarcasm, derisive remark, taunt, gibe, mockery
~ ਕਰਨਾ *ph.* to cut a joke or wisecrack, joke, jest, jape, quip; to pass a sarcastic, derisive or facetious remark, wag, mock
~ ਮਖੌਲ *n.m.*same as ਹਾਸਾ-ਮਖੌਲ, fun, drollery
~ ਠੋਲੀਆ *adj. & n.m.* wag, jolly fellow
ਠਠਿਆਰ [ṭhəṭhıar] *n.m.* coppersmith, brazier, tinker
ਠਠਿਆਰਨ [ṭhəṭhıarən] *n.f.* wife of ਠਠਿਆਰ
ਠੱਠੀ [ṭhəṭṭhi] *n.f.* same as ਠੱਟੀ
ਠੰਡ [ṭhə̃ḍ] *n.f.* same as ਠੰਢ
ਠੱਡਾ [ṭhəḍḍa] *n.m.* boundary pillar; small mound used as take-off point for jumps
ਠੰਢ [ṭhə̃ḍ] *n.f.* cold, coldness, cool, coolness, nip, chill; exposure to cold
~ ਪਾਊ *adj.* cooling, soothing, balmy
~ ਲੱਗ ਜਾਣੀ *ph.* to catch cold
~ ਲੱਗਣੀ *con.v.* to feel cold
ਠੰਢਕ [ṭhə̃ḍək] *n.f.* same as ਠੰਢ
ਠੰਢਾ [ṭhə̃ḍa] *adj.m.* cold, cool, chill, chilly, *informal. n.m.* cold drink
~ ਸੀਤ *adj.m.* very cold, chilled, icy cold
~ ਸੁਭਾ *n.m.* calm, patient nature
~ ਕਰਨਾ *ph.* to cool, chill; *fig.* to pacify, mollify, assuage, calm down
~ ਜਿਹਾ *adj.m.* somewhat cold, mildly cold
~ ਠਾਰ *adj.m.* same as ਠੰਢਾਸੀਤ
~ ਤੱਤਾ *adj.m.* hot and cold; angry
ਠੰਢੇ ਸਾਹ *n.m. pl.* sighs, suspiration
ਠੰਢੇ ਠੰਢੇ *adv.* during the cooler part of the day; in the morning
ਠੰਢੇ ਦਿਲ ਨਾਲ਼ *ph.* coolly, calmly, soberly, dispassionately, patiently
ਠੰਢਿਆਈ [ṭhə̃dıài] *n.f.* same as ਸਰਦਾਈ, a kind of cold drink
ਠੰਢੀ [ṭhə̃ḍi] *adj.f.* same as ਠੰਢਾ; *n.f. fig.* affectionate embrace, hug
~ ਪਾਉਣੀ *v.t.* to embrace, hug
ਠਣਕ [ṭhəṇək] *v.form.* nominative of ਠਣਕਣਾ
ਠਣਕਣਾ [ṭhəṇkəṇa] *v.i.* to jingle, tinkle, clink; to resound
ਠਣਕਾਉਣਾ [ṭhəṇkauṇa] *v.t.* same as ਠਕੋਰਨਾ, ਟਣਕਾਉਣਾ, to knock, tap
ਠਣਕਾਰ [ṭhəṇkar] *n.f.* jingle, tinkle, clink, peal
ਠਣਕਾਰਨਾ [ṭhəṇkarna] *v.t.* same as ਠਣਕਾਉਣਾ
ਠੱਪ [ṭhəpp] *v.form.* nominative/imperative of ਠੱਪਣਾ
ਠਪ ਠਪ [ṭhəp ṭhəp] *n.f.* sound as of heavy footfall, stamping, imprinting, etc.
ਠੱਪਣਾ [ṭhəppəṇa] *v.t.* to close down, wind up, close or shut (book); to fold, dress, press; to pat, stroke; see ਠੱਪਾ ਲਾਉਣਾ under ਠੱਪਾ, to stamp, print
ਠਪਵਾਉਣਾ [ṭhəpvauṇa] *v.t.* to get something imprinted, embossed, stamped, folded, closed, pressed
ਠਪਵਾਈ [ṭhəpvai] *n.f.* process of, wages for *prec.*
ਠੱਪਾ [ṭhəppa] *n.m.* stamp, seal; block *esp.* for calicc-printing; die; print, printmark, imprint, embossment, branding mark, hallmark
~ ਲਾਉਣਾ *con.v.* to mark, imprint, print, brand, emboss
ਠਪਾਉਣਾ [ṭhəpauṇa] *v.t.* same as ਠਪਵਾਉਣਾ
ਠਪਾਈ [ṭhəpai] *n.f.* same as ਠਪਵਾਈ
ਠਰ [ṭhər] *n.m.* coldness, chilliness
~ ਭੰਨਣਾ *con.v.* to heat (water etc.), make it lukewarm
ਠਰਕ [ṭhərk] *n.m.* habit, addiction, weakness (for), craze; voyeurism
ਠਰਕੀ [ṭhərki] *adj.m.* slave of habit, addict; sexy, peeping Tom, voyeur
ਠਰਨਾ [ṭhərna] *v.i.* to get or become cold
ਠਰੰਮ੍ਹਾ [ṭhərə̃mma] *n.m.* patience,

composure, steadiness, sobriety, tolerence, gravity, placidity, sedateness, sangfroid

ਠਰ੍ਹੰਮੇ ਨਾਲ਼ *adv.* patiently, calmly, gently

ਠਰੰਮੇ ਵਾਲ਼ਾ *adj.m.* patient, sedate, sober, staid, tolerant, composed

ਠੱਰਾ/ਠਰ੍ਹਾ [ṭhərra/ṭhə́rra] *n.m.* illicitly distilled, country-made, low quality liqour

ਠਰੂੰ ਠਰੂੰ ਕਰਨਾ [ṭhərũ ṭhərũ kərna] *con.v.* to feel cold or chill, shiver with cold

ਠੱਲ੍ਹ [ṭhə́ll] *n.f.* stop, stoppage, check, curb, ban

~ ਪੈਣੀ *ph.* to be stopped, checked, curbed, banned, lose momentum, cease advancing or increasing

ਠੱਲ੍ਹਣਾ [ṭhə́lləṇa] *v.t.* to stop, check, curb, ban, restrain, lessen, arrest further progress or regress; also ਠੱਲ੍ਹ ਪਾਉਣੀ

ਠਾਹ [ṭhá] *n.f.* bang, sound of explosion

~ ਠਾਹ *n.f.* a series of bangs or explosions; sound of firing, shelling or bombardment

~ ਮਾਰਨਾ *ph.* to strike or throw with a bang

~ ਵੱਜਣਾ *ph.* to arrive suddenly or right on time; to strike suddenly

ਠਾਹਰ [ṭhár] *n.f.* place of rest or refuge, asylum; halting place, lodging, resort

~ ਦੇਣੀ *con.v.* to provide ਠਾਹਰ, shelter, harbour

ਠਾਕ [ṭhak] *v.form.* imperative of ਠਾਕਣਾ

ਠਾਕਣਾ [ṭhakəṇa] *v.t.* to prohibit, forbid, warn against; to prevent, disallow; same as ਠਾਕਾ ਲਾਉਣਾ, to betroth; to earmark, forestall, pre-empt

ਠਾਕਰ [ṭhakər] *n.m.* lord, master, chief, Rajput noble; God, god, deity, idol

ਠਾਕਰਦਵਾਰਾ/ਠਾਕਰਦੁਆਰਾ [ṭhakərdəvara/ṭhakərduara] *n.m.* Hindu temple

ਠਾਕਾ [ṭhakka] *n.m.* engagement ceremony preliminary to formal betrothal

~ ਲਾਉਣਾ *ph.* to perform ਠਾਕਾ so as to forestall any other proposal for a match for the prospective groom

ਠਾਕੁਰ [ṭhakur] *n.m.* same as ਠਾਕਰ

ਠਾਟ [ṭhaṭ] *n.m.* musical composition, arrangement of notes

ਠਾਠ [ṭhaṭh] *n.m.* pomp, splendour, glory, grandeur, glamour, ostentation, show; luxury, luxurious living

~ ਨਾਲ਼ *adj.* pompously, splendidly, luxuriously, gloriously

~ ਬਾਠ *n.m.* same as ਠਾਠ

~ ਬਾਠ ਵਾਲ਼ਾ *adj.m.* pompous, splendid, glorious, grand, grandiose, ostentatious, luxurious

ਠਾਠਾ/ਠਾਠੀ [ṭhaṭha/ṭhaṭhi] *n.m. / n.f.* a strip of cloth tied over chin and head to press beard and moustaches

ਠਾਠਾਂ [ṭhaṭṭhã] *n.f. pl.* waves, billows, breakers, surge

~ ਮਾਰਨੀਆਂ *con.v.* (for river, sea, lake) to swell, rise, roll, surge, flood

ਠਾਣ [ṭhaṇ] *v.form.* imperative of ਠਾਣਨਾ make up your mind

ਠਾਣਨਾ [ṭhaṇna] *v.i.* to make up one's mind, resolve, determine, resolutely intend; also ਠਾਣ ਲੈਣਾ

ਠਾਣਾ [ṭhaṇa] *n.m. colloq.* see ਥਾਣਾ, police station

ਠਾਰ [ṭhar] *n.m.* cooling process, coolness

~ ਭੰਨਣਾ *con.v.* to heat (water etc.), make it lukewarm

ਠਾਰਨਾ [ṭharna] *v.t.* to make cool, cool, chill, freeze; also ਠਾਰ ਦੇਣਾ

ਠਾਰ੍ਹਵਾਂ [ṭhárvã] *adj.m.* cooling, chilling

ਠਾਰ੍ਹ [ṭhár] *n.f.* same as ਠਾਹਰ

ਠਿੱਸ [ṭhɪss] *n.f. & adj.* same as ਠੁੱਸ

ਠਿੱਸਾ [ṭhɪssa] *n.m.* a medicinal plant thyme, *Thymus serpyllum*

ਠਿਕਵਾਉਣਾ/ਠਿਕਾਉਣਾ [ṭhɪkvauṇa/ṭhɪkauṇa] *v.t.* to get (cloth) printed; *cf.* ਠੇਕਣਾ

ਠਿਕਾਈ [ṭhɪkai] *n.f.* calico printing, process or quality of, wages for ਠੇਕਣਾ

ਠਿਕਾਣਾ[1] [ṭhɪkaṇa] *v.t.* see ਠਿਕਾਉਣਾ

ਠਿਕਾਣਾ[2] *n.m.* same as ਟਿਕਾਣਾ[2] and ਠਾਹਰ

ਠਿਕਾਣੇ ਲਾਉਣਾ *ph.* to get or assist someone to find or reach his ਠਿਕਾਣਾ; *informal.* to dispose of, kill, assassinate

ਠਿਗਣਾ/ਠਿੱਗਾ [ṭhɪgəṇa/ṭhɪgga] *adj.m.*

same as ਮਧਰਾ, short in stature, shorty
ਠਿੱਠ [ṭhɪṭṭh] *adj.* ashamed, put to shame, shamefaced, humiliated, chagrined
~ ਹੋਣਾ *ph.* to be ਠਿੱਠ, feel small, blush
~ ਕਰਨਾ *ph.* to put to shame, make one feel small, humiliate, chagrin
ਠਿਠਰ [ṭhɪṭhər] *v.form.* nominative of ਠਿਠਰਨਾ
ਠਿਠਰਨਾ [ṭhɪṭhərna] *v.i.* to shiver with cold
ਠਿਣਕ [ṭhɪṇək] *v.form.* nominative of ਠਿਣਕਣਾ
ਠਿਣਕਣਾ [ṭhɪṇkṇa] *v.i.* to whimper, sob and snivel, whine *esp.* by small children
ਠਿੱਪਰ [ṭhɪppər] *n.m. dia.* see ਗੋਂਗਲੂ, turnip
ਠਿੱਬਾ [ṭhɪbba] *adj.m.* (shoes) turned down at the heel; *fig.* club-footed, lame; *colloq.* ਠਿੱਬੜ
ਠਿੱਬੀ[1] [ṭhɪbbi] *adj.f.* same as ਠਿੱਬਾ
ਠਿੱਬੀ[2] *n.f.* kick at the feet or ankle from behind or from a side
~ ਮਾਰਨੀ *con.v.* to kick from behind or side aimed at ankle or foot
ਠਿੱਲ੍ਹ [ṭhíll] *v.form.* nominative of ਠਿੱਲ੍ਹਣਾ
~ ਪੈਣਾ *ph.* to start ਠਿੱਲ੍ਹਣਾ, plunge (into); *fig.* to take a risk
ਠਿੱਲ੍ਹਣਯੋਗ [ṭhílləṇyog] *adj.m.* (for river) fordable; (for person) capable of fording
ਠਿੱਲ੍ਹਣਾ [ṭhílləṇa] *v.i.* to swim, wade, ford, float by means of a raft; *fig.* to set out, launch or begin a risky venture
ਠੀਹਾ [ṭhía] *n.m.* carpenter's stand or contraption to fasten, secure log or plank etc. for working upon it
~ ਠੱਪਾ *n.m.* contrivance, improvisation, contraption; adhoc arrangement
ਠੀਕ [ṭhik] *adj.* correct, right, accurate,suitable, apt, apposite, proper, fit, normal, appropriate, well-fitting, *adv.* just, exactly, very well, all right, okay, o.k., yes
~ ਆਉਣਾ *con.v.* to fit exactly
~ ਹੋਣਾ *con.v.* to be ਠੀਕ, to recover (from sickness), heal up, be set right
~ ਕਰਨਾ *con.v.* to set right, repair, mend, correct, rectify, amend, heal, treat, cure; to normalise
~ ਠਾਕ *adj.* same as ਠੀਕ, all right, well, in good, proper or normal condition; hale and hearty
~ ਤਰ੍ਹਾਂ/~ ਤੌਰ ਤੇ *adv.* correctly, rightly, exactly, accurately; properly, appropriately; in the right way, satisfactorily
~ ਬਹਿਣਾ *ph.* (for a bargain) to be satisfactory, just and fair or profitable
ਠੀਕਰ/ਠੀਕਰਾ/ਠੀਕਰੀ [ṭhikkər/ṭhikkra/ṭhikkri] *n.m. / n.f.* potsherd, shard, a piece of broken pottery
ਠੀਕਰੀ ਪਹਿਰਾ [ṭhikri péra] *n.m.* keeping guard, watch, vigil over public places such as roads, canals bridges by local villagers in relays
ਠੀਂਗਾ [ṭhĩga] *n.m.* same as ਠੁੱਠ and ਠੂੰਗਾ
ਠੀਪਾ [ṭhippa] *n.m.* rounded piece of broken pottery used by children to play with; any object resembling it, disc, discus
ਠੁੱਸ [ṭhuss] *n.f.* sound of misfire or damp explosion
~ ਹੋ ਜਾਣਾ *ph.* to misfire; to fail, abort; to prove a damp squib
ਠੁਕ[1]/ਠੁੱਕ [ṭhuk/ṭhukk] *n.m.* propriety, aptness, system, order; respect, prestige, honour
~ ਸਿਰ/~ ਨਾਲ *adv.* properly, appropriately, systematically
~ ਬੱਝਣਾ *ph.* to be systematised; for respect prestige to be established
~ ਬੰਨ੍ਹਣਾ *ph.* to arrange systematically, befittingly; to establish respect, honour
ਠੁਕ[2] *v.form.* nominative of ਠੁਕਣਾ
ਠੁਕ ਠੁਕ [ṭhuk ṭhuk] *n.f.* repeated dull sound, thud; chug
ਠੁਕਣਾ [ṭhukəṇa] *v.i.* to be struck in, driven in (as a nail); to be fitted, fixed (as joints of door or cot-frame); (for body joints) to be sprained or pressed; *cf.* ਠੋਕਣਾ
ਠੁਕਰਾਉਣਾ [ṭhukrauṇa] *v.t.* to strike with toes, kick; *fig.* to refuse, reject, spurn
ਠੁਕਵਾਂ [ṭhukvã] *adj.m.* fitted, fixed by striking in; struck in, driven in; tightly fit

ਠੁਕਵਾਉਣਾ/ਠੁਕਾਉਣਾ [ṭhukvauṇa/ṭhukauṇa] *v.t.* to get something struck in; to assist someone in this

ਠੁਕਵਾਈ/ਠੁਕਾਈ [ṭhukvai/ṭhukai] *n.f.* process or quality of, wages of ਠੁਕਵਾਉਣਾ

ਠੁਕਾਈ ਕਰਨਾ *con.v.* same as ਠੋਕਣਾ *slang.* to beat, thrash, flag, flagellate

ਠੁਕਾ [ṭhuka] *n.m.* degree of strike or thrust

ਠੁੰਗ [ṭhũg] *n.m.* same as ਠੂੰਗਾ

ਠੁੰਗਣਾ [ṭhũgəṇa] *v.t.* same as ਠੂੰਗਾ ਮਾਰਨਾ, to peck

ਠੁੱਠ [ṭhuṭṭh] *n.m.* thumb (*depec.*); *informal.* curt refusal

~ **ਵਿਖਾਉਣਾ** *ph.* to say no, refuse, disappoint, jilt, cock a snook

ਠੁੱਡ [ṭhuḍḍ] *n.m.* front part of foot, kick with toes; toe of shoes; same as ਠੇਡਾ, striking against something, stumble

~ **ਮਾਰਨਾ** *ph.* to kick; same as ਠੁਕਰਾਉਣਾ

ਠੁੱਡਾ [ṭhuḍḍa] *n.m.* same as ਠੁੱਡ

ਠੁਣਕ ਠੁਣਕ [ṭhuṇək ṭhuṇək] *n.f.* whimper, whine

ਠੁਣਕਣਾ [ṭhunkṇa] *v.i.* to whimper, whine

ਠੁਣਾ/ਠੁਣ੍ਹਾ [ṭhuṇa/ṭhúṇa] *n.m. dia.* same as ਬਹਾਨਾ, excuse

~ **ਦੇਣਾ/~ ਰੱਖਣਾ** *ph.* to make, offer excuses

~ **ਭੰਨਣਾ** *ph.* to expose someone's hoax

ਠੁਮਕ ਠੁਮਕ [ṭhumək ṭhumək] *adv.* (to walk) gracefully, self-consciously, coquettishly

ਠੁੰਮਣਾ [ṭhũmməṇa] *n.m.* piece of wood, stone etc. placed under a vessel or other object to keep it settled firmly or to prevent it from tumbling; prop, support, also ਠੁੰਮ੍ਹਣਾ

~ **ਦੇਣਾ** *con.v.* to place ਠੁੰਮਣਾ (under), to prop, underprop; to support, aid, help

ਠੁਮਰੀ [ṭhuməri] *n.f.* a mode in Indian classical music (vocal)

ਠੁਰ ਠੁਰ ਕਰਨਾ [ṭhur ṭhur kərna] *con.v.* same as ਠਰੂੰ ਠਰੂੰ ਕਰਨਾ, to shiver

ਠੁੱਲ੍ਹ [ṭhúll] *n.m. dia.* see ਮੁਟਾਪਾ, fatness

ਠੁੱਲ੍ਹਾ [ṭhúlla] *adj.m. dia.* see ਮੋਟਾ, fat, voluminous

ਠੂਹ ਠਾਹ [ṭhú ṭhá] *n.f.* sound of sporadic firing; firing, exchange of fire

ਠੂਹਾਂ [ṭhúã] *n.m.* scorpion, *Centruroidus sculpturatus*

ਠੂੰਗ [ṭhũg] *n.m.* same as ਠੂੰਗਾ, pecking

ਠੂੰਗਣਾ [ṭhũgəṇa] *v.i.t.* to eat grain out of an ear or cob; to peck at (cobs, ears, fruit, etc.)

ਠੂੰਗਾ [ṭhũgga] *n.m.* pecking stroke; a tap with knuckles of forefinger (*usu.* on the scalp)

~ **ਮਾਰਨਾ** *con.v.* to peck at; to strike with knuckle of forefinger

ਠੂਠਾ [ṭhuṭṭha] *n.m.* bowl *esp.* earthen or wooden; begging bowl; cup

~ **ਕੁਨਾਲੀ** *n.m.* poor man's possessions

~ **ਫੜ ਲੈਣਾ** *ph.* to start or go begging

ਠੂਠੀ [ṭhuṭṭhi] *n.f.* small ਠੂਠਾ, same as ਸੱਗੀ (an ornament); cuplike half portion of coconut kernal

ਠੂਲ੍ਹਾ [ṭhúla] *n.m.* same as ਠੂਠਾ; large earthen basin; rubbish bin

ਠੇਸ [ṭhes] *n.f.* knock, percussion; hurt, injury, harm, damage; injured feelings

~ **ਪਹੁੰਚਾਉਣੀ/~ ਲਾਉਣੀ** *ph.* to cause ਠੇਸ, hurt one's feeling

~ **ਲੱਗਣੀ** *ph.* to suffer ਠੇਸ, or one's feelings to be hurt

ਠੇਕ [ṭhek] *v.form.* imperative of ਠੇਕਣਾ, print

ਠੇਕਣਾ [ṭhekəṇa] *v.t.* to print (cloth) with the help of blocks

ਠੇਕਾ [ṭhekka] *n.m.* contract, lease, leasehold; rent, rental; *informal.* wine shop

~ **ਕਰਨਾ** *con.v.* to settle, give or take a contract

~ **ਲੈਣਾ** *con.v.* to win or take a contract, collect or receive rental

ਠੇਕੇਦਾਰ [ṭhekkedar] *n.m.* contractor

ਠੇਕੇਦਾਰੀ [ṭhekkedari] *n.f.* job, career of ਠੇਕੇਦਾਰ

ਠੇਠ [ṭheṭh] *adj.* pure, chaste, unmixed, standard, plain, idiomatic (language)

ਠੇਠਤਾ [ṭheṭhta] *n.f.* purity (of language)

ਠੇਠਰ [ṭheṭhər] *adj.* greedy; sexy, wicked, shameless; imprudent

ਠੇਡਾ [ṭheḍa] *n.m.* stumble, trip; error, slip, blunder; bad experience, reverse in life
~ ਖਾਣਾ/~ ਲੱਗਣਾ *ph.* to stumble, trip; to slip, falter, blunder; to undergo a bad experience, suffer reverse
ਠੇਡੇ ਖਾਣਾ *ph.* to go from pillar to post, wander about; to undergo hardship or harassment over a period
ਠੇਰ੍ਹੀ [ṭhéri] *n.f.* small village, hamlet, also ਠੇੜ੍ਹੀ
ਠੇਲ੍ਹ [ṭhél] *v.form.* imperative of ਠੇਲ੍ਹਣਾ, push
ਠੇਲ੍ਹਣਾ [ṭhéləṇa] *v.t.* to push, shove into running water; to launch, float; to put into action; *cf.* ਠਿੱਲ੍ਹਣਾ
ਠੇਲ੍ਹਾ [ṭhélla] *n.m.* load-carrying vehicle, dray, truck, trolley, cart
ਠੋਸ[1] [ṭhos] *adj.* solid, hard, compact, cohesive, firm, concrete, substantial; cogent, strong (argument)
ਠੋਸ[2] *v.form.* imperative of ਠੋਸਣਾ, force, push into
ਠੋਸਣਾ [ṭhossəṇa] *v.t.* to force (down or into), foist upon; same as ਤੂਸਣਾ, to stodge
ਠੋਸਪਣ [ṭhospəṇ] *n.m.* solidity, solidness
ਠੋਹਲਾ [ṭhólla] *n.m.* same as ਠੂੰਗਾ, peck
ਠੋਕ [ṭhok] *v.form.* imperative of ਠੋਕਣਾ, hammer
~ ਠੁਕਾਈ *n.f.* process, work involving ਠੋਕਣਾ, hammering
~ ਵਜਾ ਦੇ ਵੇਖਣਾ *ph.* to test thoroughly
ਠੋਕਣਾ [ṭhokəṇa] *v.t.* to hammer, drive or ram (into firm position); to give, inflict (blow); to hit, beat, drub, flog
ਠੋਕਰ [ṭhokkər] *n.f.* stumble, trip, flounder; blow, thump, knock; block, obstacles; breakwater, artificial fall in water channel
~ ਖਾਣੀ *ph.* to suffer ਠੋਕਰ, stumble, trip, flounder; to learn a lesson
~ ਮਾਰਨੀ *ph.* to inflict ਠੋਕਰ; to kick, hit; to reject or renounce disdainfully
ਠੋਕਵਾਂ [ṭhokvā̃] *adj.m.* same as ਠੁਕਵਾਂ
ਠੋਕਾ [ṭhokka] *n.m.* carpenter, joiner
ਠੋਡ [ṭhoḍ] *n.m.* curved end of the front rest of bullock-cart
ਠੋਡੀ [ṭhoḍḍi] *n.f.* chin
ਠੋਰਨਾ [ṭhorna] *v.t.* same as ਠਕੋਰਨਾ
ਠੋਲ੍ਹਾ [ṭhólla] *n.m.* same as ਠੂਲ੍ਹਾ or ਠੋਹਲਾ
ਠੋਲ੍ਹੂ [ṭhóllu] *n.m.* same as ਡੋਲ੍ਹੂ, a type of container; wooden hammer to ring a gong with
ਠੌਂਕਾ [ṭhɔ̃ka] *n.m.* nap, snooze, brief sleep
~ ਲਾਉਣਾ *ph.* to take a nap, snooze
ਠੌਰ [ṭhɔr] *n.f.* place, room, residence, locality, situation; refuge, asylum

ਡ

ਡ [ḍəḍḍa] *n.m.* eighteenth letter of Gurmukhi script representing the voiced retroflex plosive [ḍ]

ਡੱਸ [ḍəss] *v.form.* imperative of ਡੱਸਣਾ, bite (by snake)

ਡਸਟਰ [ḍəsṭər] *n.m.* duster

ਡੱਸਣਾ [ḍəssəṇa] *v.t.* (for snake) to bite; also ਡੱਸ ਲੈਣਾ

ਡਸਵਾਉਣਾ/ਡਸਾਉਣਾ [ḍəsvauṇa/ḍəsauṇa] *v.t.* to get or cause someone to be bitten (by snake)

ਡਸਿਪਲਨ [ḍəsɪplən] *n.m. colloq.* see ਡਿਸਿਪਲਨ

ਡਹਾ [ḍəha] *n.m.* same as ਡਹਿਆ

ਡਹਾਉਣਾ [ḍəhauṇa] *v.t.* to serve (water to animals); to get (an animal) to drink (water); to get (cot, chair etc.) placed, set down; *cf.* ਡਾਹੁਣਾ

ਡਹਿਆ [ḍéa/déa] *n.m.* wooden stave hung around an animal's neck in order to curb or restrain its running away

ਡਹਿਕ [ḍék] *n.f.* same as ਡਲ੍ਹਕ, pain in eyes; temptation, avarice, bait

ਡਹਿਕਣਾ [ḍékṇa] *v.i.* to be tempted

ਡਹਿਣਾ [ḍéṇa] *v.i.* to set to or start work; to engage, begin or be occupied in doing something (for cot, chair, etc.) to be set down, placed; also ਡਹਿ ਪੈਣਾ

ਡਹੀ [ḍəi] *n.f.* small ਡਹਿਆ; *pl.* ਡਹੀਆਂ pair of crossed staves forming front rest of bullock cart; crutches

ਡੱਕ¹ [ḍəkk] *n.m.* raddish or turnip plant partly chopped at both ends and replanted for production of seed

ਡੱਕ² *v.form.* imperative of ਡੱਕਣਾ; *n.m.* wooden block, stopper, spigot; block, obstruction, dyke, dam; barrier

ਡੰਕ [ḍə̃k] *n.m.* same as ਡੰਗ, sting; pen holder, pen

ਡੱਕਣਾ [ḍəkkəṇa] *v.t.* to stop, block, bar; to prohibit, prevent, disallow, obstruct; to detain, shut in, imprison, put behind the bars

ਡੱਕਰਾ [ḍəkkəra] *n.m.* same as ਟੋਟਾ, piece

ਡੱਕਵਾਂ [ḍəkkəvã] *adj.m.* same as ਡਾਕਵਾਂ

ਡੱਕਾ¹ [ḍəkka] *n.m. dia.* see ਤੀਲਾ, straw

~ ਡੱਕਾ *ph.* every bit

~ ਨਾ ਤੋੜਨਾ *ph.* not to do any work

ਡੱਕਾ² *n.m.* obstruction, block, clog, stoppage, plug; shelter, protection, cover (as from wind or rain)

~ ਲਾਉਣਾ *v.t.* to cause or make obstruction

ਡੰਕਾ [ḍə̃ka] *n.m.* big drum, kettledrum

~ ਵੱਜਣਾ *con.v.* for drum to be sounded; *fig.* to be famous, widely known, rise to fame

~ ਵਜਾਉਣਾ *con.v.* to beat or sound drum; to spread renown (of)

ਡੰਕੇ ਦੀ ਚੋਟ *ph.* by beat of drum, openly, publicly

ਡਕਾਇਤ [ḍəkaɪt] *n.m.* see ਡਕੈਤ, dacoit

ਡਕਾ ਡਕ [ḍəka ḍək] *adv.* (filled) upto the brim, brimful; (to drink) in a single draught with gurgling sound

ਡਕਾਰ [ḍəkar] *n.m.* belch, eructation, burp

~ ਜਾਣਾ *v.t.* to devour, gulp; swallow *informal.* to embezzle, swindle

ਡਕਾਰਨਾ/ਡਕਾਰ ਮਾਰਨਾ [ḍəkarna/ḍəkar marna] *v.i.* to belch, eruct, eructate, burp

ਡਕੈਤ [ḍəkɛt] *n.m.* dacoit, robber, bandit, marauder, plunderer, brigand, highwayman; pirate

ਡਕੈਤੀ [ḍəkɛti] *n.f.* dacoity, robbery, looting, piracy, brigandage; an incident of this kind

ਡਕੋਟਾ [ḍəkoṭṭa] *n.m.* a type of transport aircraft (obsolete now)

ਡੱਕੋ ਡੱਕ [ḍəkko ḍəkk] *adv.* same as ਨੱਕੋ

ਨੱਕ, upto the brim

ਡੱਕੋ ਡੋਲੇ [ḍəkko ḍole] *n.m. pl.* swaying movements

~ ਖਾਣਾ *ph.* to sway (as a boat or ship in storm), be unsteady, drift; *fig.* to vacillate, be in doubt, be diffident; to move to and fro in distress

ਡਕੋਲ਼ੀ [ḍəkoḷi] *n.f. dia.* see ਧਰਕੋਨਾ, fruit of lilac or margosa

ਡਖੁਤਰਾ/ਡਖੁਤਾ [ḍəkhutəra/ḍəkhuta] *n.m.* tenesmus

ਡੱਗ[1] [ḍəgg] *n.m.* long pace or step, stride

~ ਭਰਨਾ/~ ਮਾਰਨਾ *con.v.* to walk with long steps or strides, stride

ਡਗ[2] *adj.* rough, coarse, ungainly

~ ਕੁੱਤਾ *n.m.* street dog, pariah dog, pie-dog

ਡੰਗ [ḍə̃g] *n.m.* sting; barb, dart; (of snake) bite; day; mealtime

~ ਸਾਰਨਾ/~ ਟਪਾਉਣਾ *ph.* to make ends meet, subsist; to pass time; to endure patiently

~ ਟਪਾਊ *adv.* just enough to subsist or to pass time

~ ਟਪਾਈ *n.f.* living from day to day or hand to mouth

~ ਦਾ *adj.m.* sufficient for one meal or for one day

~ ਦਾ ਡੰਗ/ਡੰਗੋ ~ *adv.* from hand to mouth; from meal to meal, or from day to day

~ ਮਾਰਨਾ *con.v.* to sting, bite

ਡੰਗਣਾ [ḍə̃gṇa] *v.t.* to sting, bite; to sharpen a point (as of a ploughshare) by beating with hammer while red hot

ਡੰਗਦਾਰ/ਡੰਗਮਾਰ [ḍə̃gdar/ḍə̃gmar] *adj.* stinging, venomous, viperous

ਡਗਮਗ [ḍəgməg] *adj.* unsteady, swaying, doddering, tottering, wobbling; unstable, shaky, wavering

ਡਗਮਗਾਉਣਾ [ḍəgməgauṇa] *v.i.* to sway, shake, waver, wobble, wabble, dodder, move unsteadily, reel, stagger, falter; also ਡਗਮਗ ਕਰਨਾ

ਡਗਮਗਾਹਟ [ḍəgməgáṭ] *n.f.* wobble, stagger, unsteadiness, vacillation, wavering

ਡਗਰ/ਡਗਰਾ [ḍəgər/ḍəgra] *n.f./n.m* path, track

ਡੰਗਰ [ḍə̃gər] *n.m.* cattle, animal, beast, quadruped; *informal.* stupid person, lout, oaf

~ ਚਾਰਨ ਵਾਲਾ *ph.* cowherd

~ ਚਾਰਨਾ *con.v.* to graze or tend cattle

~ ਡਾਕਟਰ *n.m.* veterinary surgeon

~ ਵੱਛਾ *n.m.* cattle, livestock

ਡੰਗਰਾਂ ਦਾ ਢਾਰਾ *ph.* cattle shed

ਡੰਗਰਪੁਣਾ [ḍə̃gərpuṇa] *n.m.* beastly nature or behaviour, beastliness; bestiality; stupidity

ਡੱਗਾ [ḍəgga] *n.m.* drumstick, stick to beat a drum with; sound or rhythm of drum, drumbeat

~ ਮਾਰਨਾ/~ ਲਾਉਣਾ *con.v.* to beat a drum with ਡੱਗਾ

ਡੰਗਾ [ḍə̃ga] *n.m.* long, loose stitch, tack; sharper end of a hammer

ਡੰਗੇ ਮਾਰਨੇ/~ ਲਾਉਣੇ *con.v.* to stitch loosely, carelessly; to tack, baste

ਡੰਗਾਉਣਾ [ḍə̃gauṇa] *v.t.* to have a point sharpened with hammer-beat; to cause or get one to sting or be stung; *cf.* ਡੰਗਣਾ

ਡੱਗੀ [ḍəggi] *n.f.* a peddler's bundle of cloth or other wares

~ ਲਾਉਣੀ *con.v.* to peddle, hawk

~ ਵਾਲਾ *n.m.* pedlar, hawker

ਡੰਗੋਰ [ḍə̃gor] *n.m.* same as ਡਾਂਗ, club, *esp.* a long and heavy one

ਡੰਗੋਰੀ [ḍə̃gori] *n.f.* same as ਡਾਂਗ; *fig.* support, prop (of old age)

ਡੰਝ [ḍə̃j] *n.f.* thirst

~ ਮਿਟਾਉਣੀ *v.t.* to quench thirst; *fig.* to fulfil desire

ਡਟ [ḍəṭ] *v.form.* imperative of ਡਟਣਾ– face firmly

~ ਕੇ *adv.* firmly, resolutely, tenaciously, bravely

ਡੱਟ/ਡੱਟਾ [ḍəṭṭ/ḍəṭṭa] *n.m.* stopper, cork, plug

~ ਦੇਣਾ/~ ਲਾਉਣਾ *con.v.* to plug with ਡੱਟ, cork

ਡਟਣਾ/ਡਟ ਜਾਣਾ [ḍəṭṇa/ḍəṭ jaṇa] *v.i.* to stand firm, face squarely, resolutely,

bravely; to set oneself (for or against)
ਡਟਵਾਂ [ḍəṭvā̃] *adj.m.* firm, resolute, brave (stand)
ਡਟੇ ਰਹਿਣਾ [ḍəṭe réṇa] *con.v.* to persevere, persist, carry on resolutely, tenaciously
ਡੰਠਲ਼ [ḍə̃ṭhəḷ] *n.m.* see ਡੰਡਲ਼
ਡੱਡ [ḍəḍḍ] *n.f.* small frog, female frog
~ **ਮੱਛੀ** *ph.* whatever comes to hand (for eating)
ਡੰਡ[1] [ḍə̃ḍ] *n.m.* bend-and-stretch exercise, press-up
~ **ਕੱਢਣੇ** *con.v.* to take bend-and-stretch exercise; also ~ ਪੇਲਣੇ, ~ ਮਾਰਨੇ
~ **ਬੈਠਕਾਂ** *n.f. pl. lit.* combination of ਡੰਡ and sit-and-stand exercise; strenuous physical exercises
~ **ਬੈਠਕਾਂ ਮਾਰਨੀਆਂ** *ph.* to take this type of exercise
ਡੰਡ[2] *n.m.* punishment, chastisement, penalty
~ **ਦੇਣਾ** *con.v.* to punish, castigate, chastise
~ **ਵਿਧਾਨ/ਡੰਡਾਵਲੀ** *n.m. / n.f.* penal code
ਡੰਡ[3] *n.m.* noise, hubbub, clamour, clatter, blare
~ **ਪਾਉਣਾ** *con.v.* to make noise, clamour
ਡੰਡ[4] *n.m.* bar
~ **ਚਿੱਤਰ** *n.m.* bar chart, bar graph
ਡੱਡਰਾ [ḍəḍḍəra] *adj.m.* not fully ripe; half-baked
ਡੰਡਲ਼ [ḍə̃ḍəḷ] *n.m.* stalk, stem
ਡੱਡਾ [ḍəḍḍa] *n.m.* the letter ਡ; pod of gram
ਡੰਡਾ [ḍə̃ḍa] *n.m.* staff, club, distaff, rod, cudgel, stick, baton, bludgeon, stave, wand, ferule, pole, wooden bar, banister; (of ladder) rung, stave; (with mortar) pestle
~ **ਕੂੰਡਾ** *n.m.* pestle and mortar
~ **ਡੋਲ਼ੀ** *n.f.* a children's game
~ **ਥੋਹਰ** *n.f.* a cactus plant, *Euphorbia, royaleana*
~ **ਪੀਰ ਹੈ ਵਿਗੜਿਆਂ ਤਿਗੜਿਆਂ ਦਾ** *ph.* rod is the logic of fools
~ **ਫੇਰਨਾ**/~ **ਮਾਰਨਾ** *ph.* to beat, hit, strike with ਡੰਡਾ, to cudgel
~ **ਵਰ੍ਹਨਾ** *ph.* to be attacked with clubs; or a fight with clubs to take place
ਡੰਡੇਮਾਰ *n.f.* beating with ਡੰਡਾ; *adj.* prone to use force, brutish, brutal
ਡੰਡਾਬੇੜੀ [ḍə̃ḍabeṛi] *n.f.* bilboes; *cf.* ਬੇੜੀ[2]
ਡਡਾਰ [ḍəḍar] *n.f.* hornet
ਡਡਿਆ [ḍəḍɪa] *v.form.* nominative of ਡਡਿਆਉਣਾ
ਡਡਿਆਉਣਾ [ḍəḍɪauṇa] *v.i.* to scream, cry with fear
ਡੱਡੀ [ḍəḍḍi] *n.f.* toad; an endearment for young children
ਡੰਡੀ[1] [ḍə̃ḍi] *n.f.* horizontal bar of a weighing scale; stem, pedicel, peduncle; leaf stalk, petiole; footpath, footway; earring; full stop bar (in Punjabi or Hindi writing)
ਡੰਡੀ[2] *n.m.* name of a mendicant order
ਡੱਡੂ [ḍəḍḍu] *n.m.* frog, male frog, toad
~ **ਚਾਲ** *n.f.* frogleg movement
ਡਡੌਲਿਕਾ [ḍəḍḍolɪka] *adj.m.* on the verge of tears, tearful
ਡੰਡੌਤ [ḍə̃ḍɔt] *n.f.* prostration, a form of salutation by lying prostrate on the ground, kowtow, kotow
~ **ਕਰਨਾ** *con.v.* to salute or pay respect with ਡੰਡੌਤ
ਡੰਨ [ḍə̃nn] *n.m.* fine, penalty, punishment
~ **ਪਾਉਣਾ** *ph.* to take one at one's word and insist on certain action
~ **ਲਾਉਣਾ** *ph.* to impose ਡੰਨ, to fine, penalise, punish
ਡੱਫ[1] [ḍəpph] *n.f.* tambourine, tabor, timbrel
ਡੱਫ[2] *v.form.* imperative of ਡੱਫਣਾ, eat, drink
ਡੱਫਣਾ [ḍəpphəṇa] *v.i.t.* (*depec.*) to eat or drink (greedily, voraciously), gorge, gourmandise, over eat, guzzle
ਡਫਲੀ [ḍəphli] *n.f.* same as ਡੱਫ[1]
ਡੱਬ[1] [ḍəbb] *n.m.* spot of different colour or shade, dapple, speckle, speck, blot, stain
~ **ਪਾਉਣੇ** *con.v.* to spot, dapple, cause or effect ਡੱਬ
ਡੱਬ[2] *n.f.* end of a sheet worn round lower

body and used as pocket

ਡੱਬ ਖੜੱਬਾ [ḍəbb khəṛəbba] *adj.m.* spotted, dappled, speckled, multicoloured, parti-coloured, pied, motley

ਡਬਲ [ḍəbəl] *adj.* double

~ ਰੋਟੀ *n.f.* bread; a loaf of bread

ਡੰਬਲ [ḍə̃bəl] *n.m.* dumbell

ਡੱਬਾ[1] [ḍəbba] *adj.m.* same as ਡੱਬ-ਖੜੱਬਾ

ਡੱਬਾ[2] *n.m.* packing case, carton, can, box, container; railway wagon, compartment, bogie or coach

ਡੱਬਾਬੰਦ [ḍəbbabə̃d] *adj.* canned, tinned

~ ਕਰਨਾ *con.v.* to pack, can

ਡੱਬਾਬੰਦੀ [ḍəbbabə̃di] *n.f.* canning

~ ਦਾ ਕਾਰਖਾਨਾ *ph.* cannery

ਡੱਬੀ[1] [ḍəbbi] *adj.f.* same as ਡੱਬਾ[1]

ਡੱਬੀ[2] *n.f.* small ਡੱਬਾ[2], casket; geometrical design or pattern in embroidery, weaving, knitting, etc.; *colloq.* match-box; box-like part of any machine containing within itself another movable part

ਡੱਬੂ [ḍəbbu] *adj.* (for dogs) pied, piebald, spotted

ਡਬੋਣਾ [ḍəboṇa] *v.t.* see ਡੁਬੋਣਾ

ਡੰਭ [ḍə̃b] *n.m.* same as ਡਿੰਭ

ਡਭਕਾ [ḍə́bka] *n.m.* sudden welling up of tears, tearful eyes

ਡਮਰੂ [ḍəmru] *n.m.* a small two-sided drum, tabor

ਡੰਮ੍ਹ [ḍə̃mm] *n.m.* brand, cautery, sear

~ ਲਾਉਣਾ *con.v.* same as ਡੰਮ੍ਹਣਾ

ਡੰਮ੍ਹਣਾ [ḍə̃mməṇa] *v.t.* to brand, sear, cauterise

ਡੰਮ੍ਹਣੀ [ḍə̃mməṇi] *n.f.* branding iron

ਡਮਾਰਚਾ [ḍəmarca] *n.m.* demurrage, penalty for not taking delivery of goods in time

ਡਰ [ḍər] *n.m.* fear, fright, terror, dread, scare, funk, affright; consternation, alarm; apprehension, dismay

~ ਹੋਣਾ *con.v.* to apprehend (danger or loss), be an unpleasant possibility

~ ਪਾਉਣਾ *con.v.* to instil fear, frighten; to intimidate, cause or spread ਡਰ; to overawe, dismay; to menace, threaten

~ ਭੌ *n.m.* same as ਡਰ

ਡਰਿਆ ਹੋਇਆ/ਡਰੀ ਹੋਈ *adj.m./adj.f.* afraid, scared, alarmed; terrified, funky; apprehensive; awe-struck

ਡਰਨਾ [ḍərna] *v.i..* to be afraid, frightened, scared, alarmed, terrified; to fear, dread; to apprehend (danger or loss); also ਡਰ ਜਾਣਾ

ਡਰਪੋਕ [ḍərpok] *adj.* timid, coward, cowardly, pusillanimous, chickenhearted, faint-hearted, craven, timorous

ਡਰਾਉਣਾ[1] [ḍərauṇa] *v.t.* same as ਡਰ ਪਾਉਣਾ under ਡਰ; to daunt, faze, appall, terrify

ਡਰਾਉਣਾ[2] *n.m.* see ਡਰੌਣਾ; *adj.m.* frightening, fearsome, threatening, menacing, minatory; ghastly, grisly, gruesome, horrible, terrible, dreadful, awful, appalling; uncanny, eerie, weird

~ ਸੁਪਨਾ *n.m.* nightmare

ਡਰਾਊ [ḍərau] *adj.* same as ਡਰਾਉਣਾ[2]

ਡਰਾਕਲ਼ [ḍərakəḷ] *adj.* same as ਡਰਪੋਕ

ਡਰਾਵਾ [ḍərava] *n.m.* threat, scare

~ ਦੇਣਾ *con.v.* to threaten, scare

ਡਰੂ [ḍəru] *adj.* same as ਡਰਪੋਕ

ਡਰੂਪੁਣਾ [ḍərupuṇa] *n.m.* cowardice, timidity, timidness, cowardliness

ਡਰੌਣਾ [ḍərɔṇa] *n.m.* scarecrow

ਡੱਲ[1] [ḍəll] *n.f.* ruined, deserted or abandoned well; name of a famous lake in Kashmir

ਡੱਲ[2] *adj.* dull

ਡਲ਼ [ḍəḷ] *n.m.* block, large piece; thick layer; crust; stratum

~ ਬੱਝਣਾ *con.v.* to solidify, encrust, incrust into ਡਲ਼

ਡਲ਼ਾ [ḍəḷa] *n.m.* large piece, block, lump, clod

ਡਲ਼ੀ [ḍəḷi] *n.f.* small piece, gobbet; ingot; nugget

ਡਲ੍ਹਕ [ḍə́ḷk] *n.f.* glitter, shine, sheen, lustre, radiance; pain or fatigue in the eye when exposed to strong light

ਡਲ੍ਹਕਣਾ [ḍə́ləkṇa] *v.i.* to glitter, shine, gleam, sparkle; to feel pain in eye, have sore eyes; also ਡਲ੍ਹਕ ਪੈਣੀ

ਡਵੀਜ਼ਨ[1] [ḍəvizən] *n.m.* division (as an

administrative unit comprising several districts or army formation of several brigades); also ਡਵੀਜਨ

ਡਵੀਜ਼ਨ² *n.f.* (*maths.*) process of dividing, division; grade, class (as in examination results)

ਡ੍ਰੰਮ/ਡਰੰਮ [ḍərə̃mm] *n.m.* drum

ਡ੍ਰਾ/ਡਰਾ [ḍəra] *adj. & n.m.* draw (in games)

ਡ੍ਰਾਇੰਗ/ਡਰਾਇੰਗ [ḍəraīg] *n.f.* drawing (an art subject)

ਡ੍ਰਾਇੰਗ ਰੂਮ/ਡਰਾਇੰਗ ਰੂਮ [ḍəraīgrum] *n.m.* drawing room, reception room, anteroom

ਡ੍ਰਾਈਕਲੀਨ/ਡਰਾਈਕਲੀਨ [ḍəraikəlin] *adj.* dry-cleaned

ਡ੍ਰਾਈਵਰ/ਡਰਾਈਵਰ [ḍəraivər] *n.m.* driver

ਡ੍ਰਾਈਵਰੀ/ਡਰਾਈਵਰੀ/ਡ੍ਰਾਈਵਿੰਗ/ਡਰਾਈਵਿੰਗ [ḍraivəri/ ḍəraivīg] *n.f.* skill or occupation of a driver

ਡ੍ਰਾਪਰ/ਡਰਾਪਰ [ḍərapər] *n.m.* dropper

ਡ੍ਰਾਫ਼ਟ/ਡਰਾਫ਼ਟ [ḍəraft] *n.m.* draft

ਡ੍ਰਾਮ/ਡਰਾਮ [ḍəram] *n.m.* dram (a measuring unit); measuring peg, a peg (of liquor)

ਡ੍ਰਾਮਾ/ਡਰਾਮਾ [ḍərama] *n.m.* drama

ਡ੍ਰਿੱਲ/ਡਰਿੱਲ [ḍərɪll] *n.f.* drill

ਡ੍ਰੇਨ/ਡਰੇਨ [ḍəren] *n.f.* drain *esp.* seepage drain

ਡ੍ਰੈਸ/ਡਰੈਸ [ḍərɛss] *n.m.* dress

ਡ੍ਰੈਸਿੰਗ/ਡਰੈਸਿੰਗ [ḍərɛsīg] *n.f.* dressing; see ਪੱਟੀ¹

ਡਾਇਰੀ [ḍaɪri] *n.f.* diary; secret report (as of a spy)

~ ਦੇਣੀ *con.v.* to submit secret report; to spy on

ਡਾਇਰੈਕਟਰ [ḍaɪrɛkṭər] *n.m.* director

ਡਾਇਰੈਕਟਰੀ [ḍaɪrɛkṭəri] *n.f.* directorate; post, office or job of ਡਾਇਰੈਕਟਰ; telephone directory

ਡਾਇਰੈਕਟਰੇਟ [ḍaɪrɛkṭəreṭ] *n.m.* directorate

ਡਾਇਲ [ḍaɪl] *n.m.* dial

~ ਘੁਮਾਉਣਾ *con.v.* to dial

ਡਾਈ [ḍai] *n.f.* die

ਡਾਈਨਿੰਗ [ḍainīg] *adj.* dining (chair, car, table, room)

ਡਾਂਸ [ḍā̃s] *n.m.* dance

~ ਕਰਨਾ *con.v.* to dance

ਡਾਹ¹/ਡਾਹੀ [ḍá/ḍái] *n.f.* catching, touching, catching up (in race, game, etc.); support, prop, abutment; lever

~ ਦੇਣੀ *con.v.* to give ਡਾਹ (as to a falling roof); to lift with lever

~ ਨਾ ਦੇਣੀ *ph.* not to be caught up with, approached or surpassed

ਡਾਹ² *v.form.* imperative of ਡਾਹੁਣਾ, set down

ਡਾਹਣ [ḍáṇ] *n.m.* same as ਟਾਹਣ, bough

ਡਾਹਣਾ¹ [ḍáṇa] *n.m.* same as ਟਾਹਣ

ਡਾਹਣਾ² *v.t. colloq.* see ਡਾਹੁਣਾ

ਡਾਹੁਣਾ [ḍáuṇa] *v.t.* to put, place, set, spread (seat, cot, etc.); to push forward (fuel or flame into hearth); to set against, put forward (competitor) in a duel match such as wrestling or boxing; to operate (spinning wheel), serve (water to animals), take (animal) to water

ਡਾਕ¹ [ḍak] *n.f.* dak, post, mail

~ ਸੰਬੰਧੀ *adj.* postal

~ ਖਰਚ *n.m.* postage

~ ਗੱਡੀ *n.f.* mail train

~ ਘਰ *n.m.* same as ਡਾਕਖਾਨਾ

~ ਦੀ ਮੋਹਰ *ph.* post-mark

~ ਬੰਗਲਾ *n.m.* dak-bungalow, public resthouse, circuit house

~ ਰਾਹੀਂ *adv.* by post

~ ਵਿਚ ਪਾਉਣਾ *ph.* to post

ਡਾਕ² *n.m.* dock, wharf

ਡਾਕਖਾਨਾ [ḍakkhana] *n.m.* post office; also ਡਾਕਖ਼ਾਨਾ

ਡਾਕਟਰ [ḍakṭər] *n.m.* doctor, surgeon, physician, medical officer; veterinary surgeon or officer; dentist, dental surgeon; academic holding Ph.D. degree

ਡਾਕਟਰਨੀ [ḍakṭərni] *n.f.* lady doctor

ਡਾਕਟਰਾਣੀ [ḍakṭərraṇi] *n.f.* wife of a ਡਾਕਟਰ

ਡਾਕਟਰੀ [ḍakṭəri] *adj.* medical *usu.* allopathic; *n.f.* medical profession or practice, medical science, therapeutics; doctorate; *informal.* medical inspection or examination

~ ਥਰਮਾਮੀਟਰ *n.m.* clinical thermometer
ਡਾਕਰ [ḍakkər] *adj.* hard, clayey (soil)
ਡਾਕਵਾਂ [ḍakvã] *adj.m.* blocked (milk of an animal milked after an unduly long interval)
ਡਾਕਾ [ḍakka] *n.m.* same as ਡਕੈਤੀ, dacoity
ਡਾਕੀ [ḍakki] *n.m.* cholera as a disease of the cattle
~ ਪੈਣਾ *adj.m.* accursed (a curse, abuse to goad or warn animals)
~ ਪੈਣੀ *con.v.* to be attacked by or to suffer from ਡਾਕੀ; *adj.f.* same as ਡਾਕੀ ਪੈਣਾ
ਡਾਕੀਆ [ḍakia] *n.m.* postman
ਡਾਕੂ [ḍakku] *n.m.* same as ਡਕੈਤ, dacoit
ਡਾਂਗ [ḍãg] *n.f.* bamboo stick, club, bludgeon, cudgel, stave, staff, nightstick
~ ਸੋਟਾ *n.m.* ਡਾਂਗ and other similar weapons; a fight with such weapons
~ ਨਾਲ਼ ਕੁੱਟਣਾ/~ ਮਾਰਨੀ *ph.* to club, cudgel, bludgeon
~ ਮਾਰਨੀ *con.v.* to hit with ਡਾਂਗ
ਡਾਂਗੀਂ ਡਹਿ ਪੈਣਾ *ph.* to start hitting, fighting with ਡਾਂਗ
ਡਾਂਗਰੀ[1] [ḍãgri] *n.m.* cowherd, cattle-grazer
ਡਾਂਗਰੀ[2] *n.f.* dungaree, overall combination
ਡਾਂਗੋ ਡਾਂਗੀ [ḍãgo ḍãgi] *adv.* (fighting) with clubs
~ ਹੋਣਾ *ph.* to fight, exchange blows with clubs
ਡਾਚੀ [ḍaci] *n.f.* female camel
ਡਾਟ[1] [ḍaṭ] *n.m.* same as ਡੱਟ, cork, stopper
ਡਾਟ[2] *n.f.* arch; rebuke, reprimand, scolding; elegance in dress or appearance, foppery; also ਡਾਂਟ
~ ਕੱਢਣੀ *con.v.* to dress elegantly, to primp
~ ਡਪਟ *n.f.* same as ਡਾਟ[2]
~ ਫਾਟ *n.f.* same as ਡਾਟ[2]
ਡਾਟਣਾ [ḍaṭṇa] *v.t.* to rebuke, reprimand, chide, reprove, scold, reproach, berate, upbraid, objurgate
ਡਾਟਦਾਰ [ḍaṭdar] *adj.* arched, vaulted; also ਡਾਟ ਮਰਨੀ
ਡਾਡ [ḍaḍ] *n.f.* loud wailing cry, shriek; stink, foul smell
ਡਾਡਾਂ ਨਿਕਲ਼ ਜਾਣੀਆਂ/ਡਾਡਾਂ ਮਾਰਨੀਆਂ *ph.* to cry loudly
ਡਾਂਡਾ ਮੀਂਡਾ [ḍãḍa mĩḍa] *n.m.* rough, across-country path, trackless land
ਡਾਂਡੇ ਮੀਂਡੇ *adv.* across country, over rough ground
ਡਾਂਡੀ[1] [ḍãḍi] *n.m.* land-measurer, same as ਜਰੀਬਕਸ਼
ਡਾਂਡੀ[2] *n.f.* improvised palanquin
ਡਾਢ [ḍaḍ] *n.f.* hardness, firmness, rigidness, rigidity, inflexibility, tightness, toughness
ਡਾਢਾ [ḍáḍa] *adj.m.* hard, firm, strong, rigid, tough, intense, severe, tight; powerful, mightly; high-handed, oppressive
ਡਾਬੂ [ḍabu] *n.m. dia.* see ਡੋਬ, ਡੋਬੂ
ਡਾਰ [ḍar] *n.f.* line or file (of birds or animals); (of birds) bevy, flock, flight; (of camels, mules) string, trail
ਡਾਲ਼ [ḍaḷ] *n.f.* branch, bough, offshoot
ਡਾਲ਼ਡਾ [ḍaḷḍa] *n.m.* a brand of vegetable edible oil, *informal.* any edible cooking or vegetable oil
ਡਾਲਰ [ḍallər] *n.m.* dollar
ਡਾਲਾ [ḍalla] *n.m. colloq.* same as ਡਾਲਰ; wicker basket; compartmented box or portable frame for carrying bottled drinks; rear shutter of truck or trolley
ਡਾਲ਼ੀ [ḍaḷi] *n.f.* same as ਡਾਲ਼ਾ branch, twig; small wicker basket; a basketful of fruit or sweets as a present
ਡਾਵਾਂਡੋਲ [ḍavãḍol] *adj. & adv.* unsteady, unbalanced, unsettled, wavering, diffident, shaky, insecure, unstable
ਡਿਊਟੀ [ḍıuṭi] *n.f.* duty
ਡਿਓਢ/ਡਿਉੜ [ḍıóḍ/ḍıóṛ] *n.f.* one and a half times quantity or proportion
ਡਿਓਢਾ/ਡਿਓੜਾ [ḍıóḍa/ḍıóṛa] *adj.m.* one and half times
ਡਿਓੜ੍ਹੀ [ḍıóṛi] *n.f.* gateway, porch, portico, foyer, vestibule, antechamber
ਡਿਸ਼ [ḍıṣ] *n.f.* dish
ਡਿਸਕ [ḍısk] *n.m.* disc
ਡਿਸਕਸ [ḍıskəs] *n.m.* discus

ਡਿਸਕਾਊਂਟ [ḍıskaũṭ] *n.m.* discount
ਡਿਸਚਾਰਜ [ḍıscarj] *n.m.* discharge (particularly from service or hospital)
ਡਿਸਟ੍ਰਿਕਟ/ਡਿਸਟਰਿਕਟ [ḍısṭərıkṭ] *n.m.* district
ਡਿਸਟਿੱਲਰੀ [ḍısṭıllәri] *n.f.* distillery
ਡਿਸਟੈਂਪਰ [ḍısṭẽpәr] *n.m.* distemper
ਡਿਸਪੈਂਸਰੀ [ḍıspẽsәri] *n.f.* dispensary
ਡਿਸਪੇਚ [ḍıspɛc] *n.m.* despatch
~ ਕਰਨਾ *con.v.* to despatch
ਡਿਸਮਿਸ [ḍısmıs] *adj.* dismissed
~ ਹੋਣਾ *con.v.* to be dismissed
~ ਕਰਨਾ *con.v.* to dismiss
ਡਿਸਿਪਲਨ [ḍısıplәn] *n.m.* discipline
ਡਿੱਕ [ḍıkk] *adj.* heavy in the stomach, feeling gastric trouble
ਡਿਕਸ਼ਨਰੀ [ḍıkәṣnәri] *n.f.* dictionary
ਡਿਕਟੇਟਰ [ḍıkṭeṭәr] *n.m.* dictator
ਡਿਕਟੇਟਰਾਨਾ [ḍıkṭeṭrana] *adj.* dictatorial
ਡਿਕਟੇਟਰੀ [ḍıkṭeṭri] *n.f.* dictatorship
ਡਿਗ [ḍıg] *v.form.* nominative of ਡਿਗਣਾ
~ ਡਿਗ ਕੇ ਅਸਵਾਰ ਹੋਈ ਦਾ ਹੈ *ph.* failures are pillars of success
ਡਿਗਦਾ ਢਹਿੰਦਾ *adv.* with difficulty, somehow
ਡਿਗੂੰ ਡਿਗੂੰ ਕਰਨਾ *ph.* to feel unwell; to stagger
ਡਿੰਗ [ḍĩg] *n.m.* same as ਵਿੰਗ, bend
~ ਪੜਿੰਗ *adj.* same as ਵਿੰਗਾ-ਟੇਢਾ, crooked, zigzag
ਡਿਗਣਾ [ḍıgṇa] *v.i.* to fall, drop, collapse, plummet, topple, tumble, stumble, trip; to suffer loss, demotion, decline or degradation; (for crops) to be lodged or laid flat
ਡਿਗਰੀ [ḍıgri] *n.f.* degree (academic), degree (of temperature or of fat content in milk); decree (from courts)
ਡਿਗਵਾਉਣਾ [ḍıgvauṇa] *v.t.* to cause or get someone or something to fall or to be dropped, felled, razed, demolished, dismantled
ਡਿੰਗਾ [ḍĩga] *adj.m.* same as ਵਿੰਗੜ, not straight
ਡਿਗਾਉ/ਡਿਗਾ [ḍıgao/ḍıga] *n.m.*extent or degree of fall, bend or incline; anticlimax, denoument, bathos
ਡਿਗਾਉਣਾ [ḍıgauṇa] *v.t.* same as ਡਿਗਵਾਉਣਾ and ਡੇਗਣਾ
ਡਿੱਗੀ [ḍıggi] *n.f.* see ਡਿੱਘੀ
ਡਿੰਘ [ḍı̃g] *n.f.* long pace or step, stride
~ ਪੁੱਟਣਾ/~ ਭਰਨੀ/~ ਮਾਰਨੀ *ph.* to take ਡਿੰਘ, walk with long strides, quicken one's pace
ਡਿੱਘੀ [ḍíggi] *n.f.* boot of vehicle; water tank, cistern
ਡਿਚਕਰ [ḍıckәr] *n.f.* same as ਟਿਚਕਰ, clicking
ਡਿਜ਼ਾਈਨ [ḍızain] *n.m.* design
ਡਿਜੈਨ [ḍıjɛn] *n.m. colloq.* see *prec.*
ਡਿਜੈਨਦਾਰ [ḍıjɛndar] *adj.* well-designed, having special or attractive designs or patterns
ਡਿੱਠਾ [ḍıṭṭha] *v.form.* past indefinite and participle of ਦੇਖਣਾ, saw, seen, also ਦੇਖਿਆ
ਡਿਨਰ [ḍınәr] *n.m.* dinner
ਡਿਪਟੀ [ḍıpṭi] *n.m. & adj.* deputy
ਡਿਪਲੋਮਾ [ḍıploma] *n.m.* diploma
ਡਿਪਲੋਮੇਸੀ [ḍıplomesi] *n.f.* diplomacy
ਡਿਪਾਰਟਮੈਂਟ [ḍıparṭmẽṭ] *n.m.* department
ਡਿਬੇਟ [ḍıbeṭ] *n.f.* debate
ਡਿੰਭ [ḍı̃b] *n.m.* cheat's outward show, guile, duplicity
ਡਿਮਾਰਚਾ [ḍımarca] *n.m.* same as ਡਮਾਰਚਾ
ਡੀ [ḍi] *n.f.* protractor; goal area
ਡੀ.ਸੀ. [ḍi si] *n.m.* D.C. deputy commissioner
ਡੀਹਟੀ [ḍı́ṭi] *n.f. dia.* see ਗੀਟੜਾ and ਗੀਟੀ, pebble
ਡੀਕ [ḍik] *n.f.* long sip, drought without taking breath in between, gulp, quaff
~ ਲਾਉਣੀ/~ ਲਾ ਕੇ ਪੀਣਾ *ph.* to drink, quaff, swallow, gulp (a liquid) in one long draught
ਡੀਂਗ [ḍı̃g] *n.f.* boast, brag, vaunt, vainglorious talk, vainglory
~ ਮਾਰਨੀ *ph.* to boast, brag, vaunt
ਡੀਜ਼ਲ [ḍizәl] *n.m.* diesel
ਡੀ.ਡੀ.ਟੀ. [ḍi ḍi ṭi] *n.m.* D.D.T. dichlorodiphenyl trichlorothene
ਡੀਨ [ḍin] *n.m.* dean

ਡੀਪੂ [ḍipu] *n.m.* depot
ਡੀਫੈਂਸ [ḍifɛ̃s] *n.f.* defence
ਡੀਲ ਡੌਲ [ḍil ḍɔl] *n.f.* physique, stature, body, bulk, shape and size, figure, (physical) personality
ਡੀਲਰ [ḍilər] *n.m.* dealer
ਡੀਲ੍ਹਾ [ḍiḷa] *n.m.* a kind of weed grass
ਡੁਸਕ [ḍusk] *v.form.* nominative/imperative of ਡੁਸਕਣਾ, sob
ਡੁਸਕਣਾ [ḍusəkṇa] *v.i.* to sob, snivel, sniffle, weep silently
ਡੁਸਕਾ/ਡੁਸਕਾਰਾ/ਡੁਸਕੀ/ਡੁਸਕੋਰਾ [ḍuska/ḍuskara/ḍuski/ḍuskora] *n.m./n.m. n.f./n.m.* sob
ਡੁਸਕੂੰ ਡੁਸਕੂੰ ਕਰਨਾ [ḍuskũ ḍuskũ kərna] *ph.* same as ਡੁਸਕਣਾ
ਡੁਸਕੇਵਾਂ [ḍuskevã] *n.m.* sobbing, snivelling
ਡੁੱਕ [ḍukk] *v.form.* imperative of ਡੁੱਕਣਾ, kiss the rod
ਡੁੱਕਣਾ [ḍukkəṇa] *v.t.* to kiss the rod (in some rustic games such as ਗੁੱਲੀ ਡੰਡਾ, ਪੀਲ ਪਲਾਂਘਾ)
ਡੁੰਗ [ḍũg] *v.form.* imperative of ਡੁੰਗਣਾ, lop
ਡੁਗਡੁਗੀ [ḍugḍugi] *n.f.* small two-sided drum with lashes attached for drubbing the sides
ਡੁੰਗਣਾ [ḍũgṇa] *v.t.* to lop, cut, pluck (ears of corn, fruit, flowers, etc.); to eat raw grain (of gram) out of green pod; (of birds) to peck at (ears of corn or fruit)
ਡੁੱਗਰ [ḍuggər] *n.m.* same as ਡੋਗਰ
ਡੁੰਗਵਾਉਣਾ/ਡੁੰਗਾਉਣਾ [ḍũgvauṇa/ḍũgauṇa] *v.t.* to cause or get ears of corn lopped; to let birds peck at and damage ears of corn
ਡੁੰਗਵਾਈ/ਡੁੰਗਾਈ [ḍũgvai/ḍũgai] *n.f.* process of, wages for ਡੁੰਗਣਾ and ਡੁੰਗਾਉਣਾ
ਡੁੱਘ [ḍúgg] *n.m.* thicker end or knob of a club; wild guess, bluff, blind chance
~ **ਲੱਗਣਾ** *con.v.* for guess or bluff to work or succeed
~ **ਲਾਉਣਾ** *con.v.* to make a wild guess; to take a blind chance; to bluff
ਡੂੰਘਾਈ [ḍũgài] *n.f.* depth, deepness; profundity, profoundness
~ **ਨਾਪਣਾ** *con.v.* to fathom, measure depth
ਡੂੰਘੇਰਾ [ḍũgèra] *adj.m.* deeper; *cf.* ਡੂੰਘਾ
ਡੁੱਚ [ḍucc] *n.m.* stump, stub
ਡੁੱਡ [ḍuḍḍ] *n.m.* partly cut or crippled leg; clubfoot (compare ਟੁੰਡ); lameness; stump of an amputated organ
~ **ਮਾਰਨਾ** *con.v.* to limp
ਡੁੰਡ [ḍũḍ] *n.m.* headless body; standing tree trunk without branches
ਡੁੱਡਾ [ḍuḍḍa] *adj.m.* lame, clubfooted, with one or both legs amputated, paralysed or deformed
ਡੁੰਨ [ḍũnn] *adj.* foolish, dunce; idiot, stupid, dull-witted, dolt, blockhead
~ **ਵੱਟਾ** *adj. & n.m.* same as ਡੁੰਨ; sullen, silent, sulking (person)
ਡੁੱਬ [ḍubb] *v.form.* nominative/imperative of ਡੁੱਬਣਾ, submerge
ਡੁਬਕਣੀ [ḍubəkṇi] *n.f.* same as ਚੁੱਭੀ, dip, dive
~ **ਕਿਸ਼ਤੀ** *n.f.* submarine
ਡੁਬਕੀ [ḍubki] *n.f.* same as ਚੁੱਭੀ
ਡੁਬਕੋਣਾ [ḍubkoṇa] *v.t.* same as ਡੁਬੋਣਾ, to submerge while held to be taken out again
ਡੁਬਡੁਬਾਉਣਾ [ḍubḍubauṇa] *v.i.* (for eyes) to be tearful
ਡੁੱਬਣਾ [ḍubbəṇa] *v.i.* to drown, sink, submerge, go under water; to be drowned, dipped, submerged, immersed; (for sun, moon, star) to set; (for property, investment) to be lost, go down the drain, become irrecoverable, irretrievable; to become bad debt
ਡੁੱਬ ਮਰਨਾ *ph. lit.* to die or commit suicide by drowning; *fig.* to be greatly ashamed, mortified
ਡੁਬੋਣਾ [ḍuboṇa] *v.t.* to drown, sink, submerge, dip, immerse; to scuttle (ship); *fig.* to waste, spoil, squander (property, business, reputation)
ਡੁੰਮ੍ਹ [ḍumm] *n.m.* a deep (within a pond, stream, etc.)
ਡੁਰਲੀ ਜਥਾ [ḍurli jətha] *n.m.* loosely

organised group of daredevils; a guerilla band, commando group

ਡੱਲ੍ਹ [ḍúll] *v.form.* nominative of ਡੱਲ੍ਹਣਾ

ਡੱਲ੍ਹਣਾ [ḍúllǝṇa] *v.i.* to spill or slop over, be spilt, flow out; *v.t.* to be enamoured of, to fall in love with; to fall for, like

ਡੁਲ੍ਹਵਾਉਣਾ/ਡੁਲ੍ਹਾਉਣਾ [ḍulvàuṇa/ḍulàuṇa] *v.t.* to cause or get something to be spilt, thrown down, poured

ਡੁਲ੍ਹਵਾਈ/ਡੁਲ੍ਹਾਈ [ḍŭlvài/ḍulài] *n.f.* process of, wages for *prec.*

ਡੁਲਾਉਣਾ [ḍulauṇa] *v.t.* to cause something to sway, make or cause to be unstable, rock; to demoralise, make someone diffident or suspicious

ਡੁੱਲੂ [ḍullu] *n.m.* same as ਬੁੱਘਾ; mug, also ਡੋਲੂ

ਡੂੰਗਾ [ḍũga] *n.m.* same as ਡੌਂਗਾ

ਡੂੰਘ [ḍṹg] *n.m.* depth, deep spot, noticeable depression in any surface; dimple

ਡੂੰਘਾ [ḍṹga] *adj.m.* deep; *fig.* profound; intense

~ ਕਰਨਾ *con.v.* to deepen; to intensify

ਡੂੰਘੀ ਨੀਂਦ *n.f.* sound sleep

ਡੂੰਘਾਈ [ḍũgài] *n.f.* same as ਡੂੰਘਾਈ, depth

ਡੂਡਣ/ਡੂਡਣਾ [ḍuḍǝn/ḍuḍṇa] *n.m.* knob, pommel; projection

ਡੂੰਡੀ [ḍũḍi] *n.f.* same as *prec;* end part of stem left struck to fruit or flower, peduncle, pedicel

ਡੂਨਾ [ḍunna] *n.m.* improvised cup or bowl made from tree leaves

ਡੂਮ [ḍum] *n.m.* member of a class of Muslim bards, singers, humorists and penagyrists; a nomadic tribe of Punjab

~ ਡਰਾਵਾ *n.m.* empty threat, mock or false alarm

ਡੂਮਣਾ [ḍumṇa] *n.m.* a species of honey bee; drone

~ ਮੱਖੀ *n.f.* same as ਡੂਮਣਾ

ਡੇਅਰੀ [ḍeǝri] *n.f.* dairy, dairy farm

ਡੇਹਨੂੰ [ḍénu] *n.m.* boll

ਡੇਹਮੂ [ḍému] *n.m.* wasp, yellow hornet, yellow insect; *informal. adj.* short tempered, irascible, choloric

ਡੇਹਮੂਆਂ ਦਾ ਛੱਤਾ *ph.* hornets' nest

ਡੇਹਰਾ [ḍéra] *n.m.* same as ਦੇਹਰਾ, shrine

ਡੇਹਰੀ [ḍéri] *n.f.* same as ਡੇਅਰੀ

ਡੇਕ [ḍek] *n.f.* same as ਧਰੇਕ; lilac

ਡੇਗ [ḍeg] *v.form.* imperative of ਡੇਗਣਾ topple

ਡੇਗਣਾ [ḍegṇa] *v.t.* to fell, cause to fall, trip, topple, overthrow, upturn, knock down; to drop, throw down, lower; to defeat; to cause downfall of; to abase, degrade; to lodge (as vegetation by storm); to pull down, demolish

ਡੇਂਡਰੂ [ḍẽḍru] *n.m.* same as ਡੌਂਡਰੂ

ਡੇਢ [ḍéḍ] *adj.* same as ਡੇੜ੍ਹ

ਡੇਰਾ [ḍera] *n.m.* camp, encampment, tabernacle, dwelling, lodging, abode, monastery, cloister, seminary, hermitage

~ ਕਰਨਾ/~ ਜਮਾਉਣਾ/~ ਪਾਉਣਾ/~ ਲਾਉਣਾ *ph.* to live, reside, stay; to establish ਡੇਰਾ

~ ਚੁੱਕ ਲੈਣਾ *ph.* to strike camp, move out

~ ਡੰਡਾ *n.m.* camp along with equipage, entire outfit, bag and baggage

ਡੇਰੀ [ḍeri] *n.f. colloq.* see ਦੇਰ[1]

ਡੇਰੇਦਾਰ [ḍeredar] *n.m.* dweller in ਡੇਰਾ; head of ਡੇਰਾ

ਡੇਲਡ਼ [ḍelǝṛ] *adj.* (person) with abnormally large or protruding eyes

ਡੇਲ੍ਹੀਆ [ḍélia] *n.m.* dehlia (flower and plant)

ਡੇਲਾ [ḍella] *n.m.* eye-ball; *usu. pl.* ਡੇਲੇ, unripe fruit of wild caper *Capparis aphylla* used for making pickle; *cf.* ਪੇਂਝੂ

ਡੇੜ੍ਹ [ḍéṛ] *adj.* one and a half

ਡੈਸ਼ [ḍɛṣ] *n.m.* dash

ਡੈਸਕ [ḍɛsk] *n.m.* desk

ਡੈਸੀ [ḍɛssi] *pref.* deci (one tenth) as in ਡੈਸੀ ਮੀਟਰ, ਡੈਸੀ ਲਿਟਰ, etc.

ਡੈਕਾ [ḍɛka] *pref.* deca (ten-times) as in ਡੈਕਾ ਮੀਟਰ, ਡੈਕਾ ਲਿਟਰ, etc.

ਡੈਣ [ḍɛṇ] *n.f.* she-demon; witch, sorceress, hag, wicked woman, woman with evil eye or intention

ਡੈਨਮੋ [ḍɛnmo] *n.m.* dynamo

ਡੈਪੂਟੇਸ਼ਨ [ḍɛpuṭeṣǝn] *n.m.* deputation

ਡੈਮ [ḍɛm] *n.m.* dam; reservoir, artificial lake

ਡੈਲਟਾ [ḍɛlṭa] *n.m.* delta (of river)
ਡੈਲੀਗੇਸ਼ਨ [ḍɛligeṣən] *n.m.* delegation
ਡੋਈ [ḍoi] *n.f.* wooden ladle
~ ਚੁੰਝ/~ ਬਗ *n.f. / n.m.* spoon bill
ਡੋਸਾ [ḍossa] *n.m.* a kind of round thin flat loaf of rice-flour (south Indian)
ਡੋਹਰਾ [ḍóra] *n.m.* large ladle with long wooden handle
ਡੋਹਰੀ [ḍóri] *n.f.* smaller ਡੋਹਰਾ
ਡੋਕਲ਼ [ḍokəḷ] *adj.f.* (milch animal) yielding milk haltingly
ਡੋਕਾ [ḍokka] *n.m.* milk that remains in the teats before yielding or after milking
ਡੋਕੇ ਪਾਉਣਾ *ph.* (for milch cattle) to keep an unusual quantity of milk in teats even before milking time (it is usually a sign of impending oestrus)
ਡੋਗਰ [ḍoggər] *n.m.* name of a hilly region bordering Punjab and comprising Jammu and parts of Himachal Pradesh
ਡੋਗਰਾ [ḍogra] *adj. & n.m.* pertaining to or native of *prec.*
ਡੋਗਰੀ [ḍogri] *adj. & n.f.* same as ਡੋਗਰਾ; dialect spoken by natives of ਡੋਗਰ
ਡੋਂਗਾ [ḍõga] *n.m.* a large canoe; same as ਡੌਂਗਾ
ਡੋਂਗੀ [ḍõgi] *n.f.* small canoe, dinghy
ਡੋਜ਼ [ḍoz] *n.m.* dose
ਡੋਂਡਰੂ [ḍõḍru] *n.m.* any globular pod *esp.* of cotton
ਡੋਡਾ [ḍoḍḍa] *n.m* same as *prec. esp.* seed-pod of poppy; head or glans of penis
ਡੋਡੀ [ḍoḍḍi] *n.f.* small pod; flower-bud, button, calyx, corolla
ਡੋਡੇ [ḍoḍḍe] *n.m. pl.* poppy husk; pl. of ਡੋਡਾ
ਡੋਨਾ [ḍonna] *n.m.* same as ਡੂਨਾ
ਡੋਬ [ḍob] *v.form.* imperative of ਡੋਬਣਾ; *n.m.* heart-sinking, fainting sensation, fainting fit; sinking; sinkage, immersion, dip; depression, grief
~ ਪੈਣੇ *ph.* to have fainting fits, feel heart-sinking or depression
ਡੋਬਣਾ [ḍobṇa] *v.t.* same as ਡੁਬੋਣਾ
ਡੋਬਾ [ḍobba] *n.m.* same as ਡੋਬ; dip of pen in inkpot
~ ਦੇਣਾ *con.v.* same as ਡੁਬੋਣਾ
~ ਲਾਉਣਾ *con.v.* to have a dip in water, to bathe; same as ਡੋਬਾ ਲੈਣਾ
~ ਲੈਣਾ *con.v.* to dip a pen in inkpot
ਡੋਬੂ [ḍobbu] *adj.* (for water, stream or pond) deeper than man's height, deep enough to drown; *n.m.* same as ਡੋਬ
ਡੋਰ [ḍor] *n.f.* cord, string, stiffened thread (as for kite-flying), leash, thong, line (not metallic); *fig.* relation, trust, confidence, dependence (on God, providence)
ਡੋਰਾ¹ [ḍora] *n.m.* string, cord; fringe on the end of sheet, blanket, etc.; fine veinous redness in sleepy eyes; string of bubbles on the surface of liquor
~ ਬੱਝਣਾ *con.v.* for ਡੋਰਾ to be formed (on liquor) or to be made (on sheet end)
~ ਬੰਨ੍ਹਣਾ *con.v.* to make fringe (on the end of sheet, blanket, etc.)
ਡੋਰੇ ਸੁੱਟਣੇ/ਡੋਰੇ ਪਾਉਣੇ *ph.* to inveigle; ensnare, lure, entice, seduce
ਡੋਰਾ² *adj.m.* deaf; hard of hearing
ਡੋਰੀ¹ [ḍori] *adj.f.* same as *prec.*
ਡੋਰੀ² *n.f.* same as ਡੋਰ
ਡੋਰੀਆ [ḍoria] *n.m.* a fine variety of gauzy cloth
ਡੋਲ¹ [ḍol] *n.m.* bucket, pail, vessel, used for drawing water from a well
ਡੋਲ² *n.f.* pain, swelling or throbbing caused in injury or wounds by excessive movement or exertion
~ ਪੈਣੀ *con.v.* for exessive pain to be caused or experienced
ਡੋਲ³ *v.form.* nominative of ਡੋਲਣਾ
ਡੋਲਚੀ [ḍolci] *n.f.* small ਡੋਲ¹
ਡੋਲਣਾ [ḍolṇa] *v.i.* to sway, shake, waver, oscillate, vacillate, lose balance, wobble; to lose faith or confidence, become diffident, shaky
ਡੋਲਨਾ [ḍolna] *n.m.* milking pail or pot
ਡੋਲਵਾਂ [ḍolvã] *adj.m.* shaky, unstable, wavering, swaying
ਡੋਲ੍ਹ [ḍól] *v.form.* imperative of ਡੋਲ੍ਹਣਾ spill

ਡੋਲ੍ਹਣਾ [ḍóləṇa] *v.t.* to spill, slop, pour, effuse, throw out (liquid out of vessel or container); to shed (blood as in battle)

ਡੋਲ਼ਾ/ਡੋਲ਼ੀ [ḍoḷa/ ḍoḷi] *n.m. / n.f.* palanquin, *esp.* one in which bride is carried to her in-laws' house; *fig.* girl given in marriage; ceremony of seeing the bride off her parental home

~ ਤੋਰਨਾ *ph.* to ceremonially see off a bride

~ ਦੇਣਾ *ph.* to give a daughter in marriage (to king or conqueror as a tribute)

ਡੋਲੂ [ḍollu] *n.m.* small container with handle for carrying it along suspended

ਡੋਂਗਾ [ḍõga] *n.m.* bowl with handles for serving food at the table, serving boat

ਡੋਂਡੀ [ḍõḍi] *n.f.* proclamation by beat of drum, public proclamation; wide publicity by word of mouth

~ ਕਰਨੀ/~ ਪਿੱਟਣੀ/~ ਫੇਰਨੀ *ph.* to proclaim by beat of drum

~ ਵਾਲ਼ਾ *n.m.* town crier, crier

ਡੌਰ ਭੌਰ/ਡੌਰ ਭੌਰਾ [ḍɔr pɔ̀r/ ḍɔr pɔ̀ra] *adj.m.* surprised out of one's wits, aghast, dumbfounded, nonplussed, confounded, puzzled, flabbergasted

ਡੌਰੂ [ḍɔru] *n.m.* same as ਡਮਰੂ

ਡੌਲ਼[1] [ḍɔḷ] *n.f.* same as ਡੀਲ ਡੌਲ; low boundary of field; see ਵੱਟ[2]; condition, state; manner, mode

ਡੌਲ਼[2] *v.form.* imperative of ਡੌਲ਼ਨਾ, cut and scrape into form

ਡੌਲ਼ਨਾ [ḍɔḷna] *v.t.* to cut, chisel, scrape into form, shape or design

ਡੌਲ਼ਾ [ḍɔḷa] *n.m.* upper arm between shoulder and elbow, brachium, muscles of this part, biceps

ਡੌਲ਼ੇ ਦੀ ਹੱਡੀ *n.f.* humerus

ਡੌਲ਼ੇ ਫਰਕਣੇ/ਡੌਲ਼ੇ ਫਰਕਾਉਣੇ *ph.* to flex one's muscles, be itching for action

ਡੌਲ਼ੀ [ḍɔḷi] *n.f.* foreleg of cattle between knee and shoulder

ਢ

ਢ [ṭəḍḍa] *n.m.* nineteenth letter of Gurmukhi script representing the retroflex plosive sounds [ṭ, ḍ]

ਢਉਂ [ṭəũ] *n.m.* same as ਢੰਗ¹

ਢਊਆ [ṭəua] *n.m.* an old coin, now obsolete, worth two-and-a-half pice; *cf.* ਢਾਈ

ਢਹਾ [ṭəha] *v.form.* imperative of ਢਹਾਉਣਾ, get (it) demolished

ਢਹਾਉਣਾ [ṭəhàuṇa] *v.t.* to cause or get something demolished, razed or erased, to cause or get someone defeated in wrestling

ਢਹਾਈ [ṭəhài] *n.f.* process of, wages for *prec.*

ਢਹਿ [ṭɛ̀] *v.form.* nominative of ਢਹਿਣਾ

~ **ਢੇਰੀ ਹੋਣਾ** *ph.* to become or to be reduced to ruins or a heap of rubble, be completely demolished; to crumble, moulder

ਢਹਿੰਦਾ ਹੋਇਆ *adj.m.* decadent, crumbling

ਢਹਿਣਾ [ṭèṇa] *v.i.* to fall, be thrown down, be defeated in wrestling; to be demolished, moulder, crumble, be razed; to be erased, wiped, disfigured, obliterated; (for crops) to be lodged; also ਢਹਿ ਜਾਣਾ

ਢਹਿੰਦੀ ਕਲਾ [ṭẽ̀di kəla] *n.f.* demoralisation, state of demoralisation; dejection, low spirits, depression; *cf.* ਚੜ੍ਹਦੀ ਕਲਾ

ਢਹੇ ਚੜ੍ਹਨਾ [ṭəe cə́rṇa] *ph.* to be a prey to, fall a victim to, be tricked in or inveigled by

ਢਕ [ṭək] *v.form.* imperative of ਢਕਣਾ, cover

ਢੱਕ [ṭəkk] *n.m.* a forest tree, *Butea frondosa;* same as ਢੱਕੀ

ਢੱਕਣ [ṭəkkəṇ] *n.m.* lid, cover; cap (on bottles)

~ **ਦੇਣਾ** *con.v.* to cover or shut with ਢੱਕਣ

ਢੱਕਣਦਾਰ [ṭəkkəṇdar] *adj.* provided with a lid

ਢਕਣਾ [ṭəkəṇa] *n.m.* same as ਢੱਕਣ; *v.t.* to cover, enshroud; to conceal, hide; *fig.* to hush up, cover up

ਢਕਵੰਜ [ṭəkvə̃j] *n.m.* crude contrivance or contraption; artifice, stratagem, trick, guile; false show, ostentation; same as ਢਕੂੰਜ

ਢਕਵਾਂ [ṭəkvã] *adj.m.* covered

ਢਕਵਾਉਣਾ/ਢਕਾਉਣਾ [ṭəkvàuṇa/ṭəkàuṇa] *v.t.* to get something covered

ਢਕਵਾਈ/ਢਕਾਈ [ṭəkvài/ṭəkài] *n.f.* process of, wages for *prec.*

ਢੱਕੀ [ṭəkki] *n.f.* small forest, narrow wooded valley or upland; forest of ਢੱਕ trees

ਢਕੂੰਜ [ṭəkũj] *n.m.* curve, bend; crook, hook

ਢਕੌਂਸਲਾ [ṭəkɔ̃sla] *n.m.* myth, superstition, stunt, sham, delusion, deception

ਢਕੌਂਸਲੇਬਾਜ਼ੀ [ṭəkɔ̃slebazi] *n.f.* myth-making, spreading superstition, deceiving with ਢਕੌਂਸਲਾ

ਢੰਗ¹ [ṭə̃g] *n.m.* method, mode, manner, means, style, way; knack, tact, skill, process, procedure, know-how, technique; festive occasion *esp.* marriage; see ਵਿਆਹ ਸ਼ਾਦੀ

~ **ਸਿਰ** *adv.* methodically, properly, tactfully

~ **ਦਾ** *adj.m.* proper

~ **ਨਾਲ਼** *adv.* same as ਢੰਗ ਸਿਰ

~ **ਲੜਾਉਣਾ** *ph.* to try, use some method or means

ਢੰਗ² *v.form.* imperative of ਢੰਗਣਾ, shackle

ਢੰਗਣਾ [ṭə̃gəṇa] *v.t.* to shackle, hobble, fetter

ਢੰਗਵਾਉਣਾ [ṭə̃gvàuṇa] *v.t.* to get (animal)

shackled, hobbled, fettered
ਢੱਗਾ [ṭə̀gga] *n.m.* ox, bullock
ਢੰਗਾ [ṭə̃ga] *n.m.* hobble, shackle, fetter
~ ਪਾਉਣਾ *con.v.* same as ਢੰਗਣਾ; *fig.* to curb, restrain, constrain, discipline
ਢੰਗਾਉਣਾ [ṭə̃gàuṇa] *v.t.* same as ਢੰਗਵਾਉਣਾ
ਢੰਗਿਆ [ṭəgɪa] *participle* and *adj.m.* shackled, hobbled, fettered
ਢੱਗੀ [ṭə̀ggi] *n.f.* cow
ਢੰਗੀ [ṭə̃gi] *adj.* skilful, tactful, ingenious, crafty, clever, cunning
ਢੱਟਾ [ṭə̀ṭṭa] *n.m.* bull, stud bull, buffalo-bull; *fig.* a stout, sturdy, bull-headed person
ਢੱਠ ਜਾਣਾ [ṭə̀ṭh jaṇa] *con.v.* same as ਢਹਿਣਾ
ਢੱਠਾ [ṭə̀ṭṭha] *v.form. & adj.m.* participle of ਢਹਿਣਾ, fallen, demolished; erased, rubbed; also ਢਹਿਆ
ਢਠੌਲ [ṭəṭhɔ̀l] *n.f.* same as ਢਾਠ
ਢੱਡ [ṭə̀ḍḍ] *n.f.* a kind of light, two-faced tabor or tambourine
ਢੰਡ [ṭə̃̀ḍ] *n.f.* a deep (within a pond, stream etc.); also ਡੂੰਮ੍ਹ
ਢੰਡੋਰਚੀ [ṭə̃ḍòrci] *n.m.* public crier, announcer
ਢੰਡੋਰਾ [ṭə̃ḍòra] *n.m.* same as ਡੌਂਡੀ, public proclamation
~ ਦੇਣਾ/~ ਪਿੱਟਣਾ *con.v.* same as ਡੌਂਡੀ ਪਿੱਟਣੀ
ਢੰਡੋਲ਼ਨਾ [ṭə̃ḍòḷna] *v.t.* same as ਢੂੰਡਣਾ, to search
ਢੱਢਾ [ṭə̀ḍḍa] *n.m.* the letter ਢ
ਢੱਬ [ṭə̀bb] *n.m.* same as ਢੰਗ[1], method, technique
ਢਮੱਕਾ [ṭəmə̀kka] *n.m.* thumping sound, noise, roll of drums
ਢਮਕਾਉਣਾ [ṭəmkàuṇa] *v.t.* to beat or sound a drum
ਢਮਕੀਰੀ [ṭəmkìri] *n.f.* toy drum
ਢਲਕਣਾ [ṭə̀ləkṇa] *v.i.* same as ਢਿਲਕਣਾ
ਢਲ਼ਦਾ [ṭə̀lda] *adj.m.* melting; declining; waning
ਢਲ਼ਨਾ [ṭə̀ḷna] *v.i.* to melt, thaw (for ice), liquefy, be liquefied; to be moulded; (for day, night, rain, moon, star) pass the zenith or middle point; to decline, descend; (for age, life) to pass one's prime; (for shadow) to lengthen; to relent, soften, mellow
ਢਲ਼ਵਾਂ [ṭə̀ḷvã] *adj.m.* sloping, inclining
ਢਲ਼ਵਾਉਣਾ/ਢਲ਼ਾਉਣਾ [ṭəḷvàuṇa/ ṭəḷàuṇa] *v.t.* to get something melted, moulded or cast
ਢਲ਼ਵਾਈ/ਢਲ਼ਾਈ [ṭəḷvài/ ṭəḷài] *n.f.* process of, wages for *prec.*
ਢਲ਼ਵਾਨ/ਢਲ਼ਾਣ [ṭəḷvàn/ ṭəḷàṇ] *n.f.* slope, incline, slant, descent, decline, declivity
ਢਵਾਉਣਾ [ṭəvàuṇa] *v.t.* same as ਢਹਾਉਣਾ
ਢਾਉਣਾ [ṭàuṇa] *v.t.* see ਢਾਹੁਣਾ; to perpetrate (atrocities)
ਢਾਇਆ [ṭàɪa] *adj.* two and half times, multiplication table for this
ਢਾਈ [ṭài] *adj.* two and a half
ਢਾਸਣਾ [ṭàsṇa] *n.m.* back-rest; sitting or standing posture with reclining or resting against something; support, prop.
~ ਲਾਉਣਾ *con.v.* to recline or rest against something
ਢਾਹ [ṭà] *n.f.* erosion *usu.* by water current; fall, defeat; destruction, ruin; subversion; loud wailing cry, lamentation
~ ਖਾਣੀ *ph.* to be defeated as in wrestling; to suffer fall, defeat, loss or failure
~ ਮਾਰਨੀ *v.i.* to utter ਢਾਹ, to bewail, lament aloud
~ ਲੱਗਣੀ *ph.* to suffer or be subjected to erosion
~ ਲਾਉਣੀ *ph.* to erode; to subvert, destroy slowly
~ ਲੈਣਾ *con.v.* same as ਢਾਹੁਣਾ
ਢਾਹਾ [ṭàha] *n.m.* steep river bank, abandoned river course; ravine; undulated land along a river
ਢਾਹੁਣਾ [ṭàuṇa] *v.t.* to demolish, raze, pull down; to destroy, ruin; to subvert; to defeat as in wrestling; to erase, rub, wipe out, obliterate; to disfigure, cancel; to perpetrate (actrocity)
ਢਾਹੂ [ṭàhu] *adj.* destructive, ruinous, damaging; subversive

ਢਾਕ¹ [ṭàk] *n.f.* hip, side of human body
ਢਾਕੇ ਹੱਥ ਰੱਖ ਕੇ ਖਲੋਣਾ *ph.* to stand with arms akimbo
ਢਾਕੇ ਚੜ੍ਹਨਾ *ph.* to be lifted or carried on the hip
ਢਾਕੇ ਲਾਉਣਾ *ph.* to lift or carry (a child) on the hip
ਢਾਕ² *n.m.* see ਢੱਕ
ਢਾਕਵਾਂ [ṭàkvã] *adj.m.* covered
ਢਾਂਗਾ [ṭãga] *n.m.* long pole; long pole with hooked end-piece (for pulling down branches or fruit)
ਢਾਂਚਾ [ṭãca] *n.m.* frame, framework, chassis, skeleton; model, prototype; rough sketch, outline
ਢਾਠ [ṭàṭh] *n.f.* ruined or demolished state, remains (of buildings), wreckage, ruins
ਢਾਠਾ/ਢਾਠੀ [ṭàṭha/ṭàṭhi] *n.m./n.f.* same as ਠਾਠਾ, ਠਾਠੀ
ਢਾਂਡਾ [ṭãḍa] *n.m.* bullock, ox, *esp.* old or emaciated one; cattle in general
ਢਾਡੀ [ṭàḍi] *n.m.* ballad singer with the accompaniment of ਢੱਡ; bard, balladeer, minstrel
ਢਾਣਸ [ṭàṇəs] *n.m.* effort; display, fanfare
ਢਾਣਾ [ṭàṇa] *v.t.* see ਢਾਹੁਣਾ
ਢਾਣੀ [ṭàṇi] *n.f.* group, band, pack, *usu.* of youth; caucus, clique; small village, habitation, hamlet
ਢਾਬ [ṭàb] *n.f.* small lake, large pond
ਢਾਬਾ [ṭàbba] *n.m.* wayside restaurant serving fast food
ਢਾਰਸ [ṭàrəs] *n.f.* consolation, solace, reassurance
~ ਦੇਣੀ/~ ਬਨ੍ਹਾਉਣੀ *ph.* to console, comfort, condole, solace, cheer, encourage, reassure, assuage grief
ਢਾਰਾ [ṭàra] *n.m.* thatched shed
ਢਾਲ [ṭàl] *n.f.* shield, buckler
ਢਾਲ਼¹ [ṭàḷ] *n.f.* same as ਢਲਵਾਨ, slope
ਢਾਲ਼² *v.form.* imperative of ਢਾਲ਼ਨਾ, melt, mould, cast
ਢਾਲ਼ਨਾ [ṭàḷna] *v.t.* to melt, plasticise; to cast, mould, form, shape; to persuade, mollify, bring round, calm down
ਢਾਲ਼ਵਾਂ [ṭàḷvã] *adj.m.* molten; formed or manufactured after melting the material
ਢਾਲੂ [ṭàḷu] *adj.* same as *prec.* easily melted; plastic, ductile; helping in melting or mollifying
ਢਿੱਗ [ṭìgg] *n.f.* landslide, large mass of rock or earth
~ ਡਿਗਣੀ *con.v.* for a landslide to occur
~ ਢਾਹੁਣੀ *ph. informal.* to lose heart or hope, be demoralised
ਢਿੰਗਰ [ṭìgər] *n.f.* same as ਢੀਂਗਰ
ਢਿੰਵਣ [ṭĩñən] *n.m.* an inferior variety of rice
ਢਿਠਾਈ [ṭɪṭhài] *n.f.* same as ਢੀਠਤਾ
ਢਿੱਡ [ṭìḍḍ] *n.m.* belly, stomach, abdomen, womb, paunch, tummy; *informal.* pregnancy
~ ਸਬੰਧੀ *adj.* abdominal, gastric, visceral
~ ਹੋ ਜਾਣਾ *ph.* to be pregnant
~ ਕਰਨਾ *ph.* to make pregnant, impregnate, cause pregnancy
~ ਦਾ ਹੌਲ਼ਾ *ph.* unable to keep a secret
~ ਪਰਨੇ *adv.* prostrate
~ ਪੀੜ *n.f.* stomach ache, colic
~ ਭਰਨਾ *ph.* to eat to satisfaction
~ ਵਿਚ ਵੜ ਜਾਣਾ *ph.* to ingratiate oneself with
ਢਿੱਡਲ਼ [ṭìḍḍəḷ] *adj.* potbellied, paunchy, abdominous, fat, obese
ਢਿੱਡੀ [ṭìḍḍi] *n.f.* small but protuberant belly, diminutive of ਢਿੱਡ
ਢਿੱਡੋਂ [ṭìḍḍõ] *adv.* from inside, internally, willingly, sincerely
ਢਿਬਰੀ [ṭìbəri] *n.f.* nut (of or for a bolt)
ਢਿੰਮ [ṭĩmm] *n.f.* same as ਢੇਮ
ਢਿਮਕਾ [ṭìmka] *adj.* see ਫਲਾਣਾ ਢਿਮਕਾ, so and so
ਢਿੱਲ [ṭìll] *n.f.* looseness, play (in machine parts); slackness, tardiness, slowness, laziness, sluggishness, delay, procrastination
~ ਕਰਨੀ *con.v.* to be slack, tardy, slow, delay, procrastinate
~ ਦੇਣੀ *ph.* to loosen, slacken; to permit slackness; to give a long rope

~ ਪਾਉਣੀ *ph.* to cause, build or keep play (in mechanism)

~ ਮਠ *n.f.* same as ਢਿੱਲ

~ ਮਠ ਕਰਨੀ *ph.* to linger, dawdle, move at a snail's pace, let grass grow under one's feet, dilly-dally

ਢਿਲਕ [ṭìlək] *v.form.* nominative of ਢਿਲਕਣਾ

ਢਿਲਕੂੰ ਢਿਲਕੂੰ ਕਰਦਾ *ph.* slipping, sliding, hanging down, loose, flabby, flaccid

ਢਿਲਕਣਾ [ṭìləkṇa] *v.i.* to slip, slide, roll down, droop, hang down loosely, get loose, sag

ਢਿਲਕਵਾਂ [ṭìləkvã] *adj.m.* loose, tending to slip, slide or roll down, lightly tied or fastened; slipping, sliding

ਢਿਲਕਵਾਉਣਾ [ṭìlkvauṇa] *v.t.* to get something loosened or pulled down slightly

ਢਿਲਕਾਉਣਾ [ṭtìləkàuṇa] *v.t.* to cause to slip or slide down, pull down

ਢਿੱਲੜ [ṭìllər] *adj.* tardy, slow-moving, sluggish, lazy

ਢਿੱਲਾ [ṭìlla] *adj.m.* same as *prec.*; loose, not tight, flabby, flaccid; plastic, soft; unwell, indisposed

~ ਹੋਣਾ *ph.* to become or be loose; to be unwell

~ ਕਰਨਾ *con.v.* to loosen, slacken; *fig.* to mollify, calm down, bring round; to soften, plasticise

~ ਪੈ ਜਾਣਾ *ph.* to become slack; to sag, relent

~ ਮੱਠਾ *adj.m.* in low key, slack; unwell, not feeling well, indisposed

ਢਿੱਲਾਪਣ [ṭìllapəṇ] *n.m.* looseness, slackness; tardiness, sluggishness; plasticity, softness

ਢੀਂਗਰ [ṭĩgər] *n.m.* branch severed from tree or bush

ਢੀਂਗਰੀ [ṭĩgri] *n.f.* small ਢੀਂਗਰ

ਢੀਂਗਲ਼ੀ [ṭĩgli] *n.f.* a contraption to draw water from a pit, pond or stream comprising a pole with a bucket at one end, fulcrum in the middle and worked by applying manual force at the other end. It is a primitive means of irrigation

ਢੀਚੂੰ ਢੀਚੂੰ [ṭicũ ṭicũ] *n.f.* braying or creaking sound

~ ਕਰਨਾ *ph.* to bray; to creak; rattle like a rickety vehicle; *informal.* to limp

ਢੀਠ [ṭìṭh] *adj.* immune to advice, direction or correction, thick-skinned, insensitive, obtuse, callous, insistent, importunate, impudent, brazen, cheeky, incorrigible; shameless

ਢੀਠਤਾ/ਢੀਠਤਾਈ/ਢੀਠਪੁਣਾ [ṭìṭhta/ṭìṭhtai/ṭìṭhpuṇa] *n.f. / n.f. / n.m.* insensitiveness, insensitivity, obtuseness, callousness, impudence, brazenness, cheek, cheekiness, incorrigibleness; incorrigibility, shamelessness

ਢੀਂਡਾ [ṭĩḍa] *n.m.* same as ਗੁਲੇਲਾ, earthen pellet or ball

ਢੀਮ [ṭim] *n.f.* same as ਢੇਮ

ਢੁਆ [ṭuà] *v.form.* imperative of ਢੁਆਉਣਾ, get (it) demolished

ਢੁਆਉਣਾ [ṭuàuṇa] *v.t.* to same as ਢਹਾਉਣਾ, to get (building) demolished; to cause or get something to be carried, shifted, transported

ਢੁਆਈ [ṭuài] *n.f.* process of, charges for ਢੁਆਉਣਾ; transit, carriage, transportation; transportation charges

ਢੁਕ ਢੁਕ ਬਹਿਣਾ [ṭùk ṭùk bɛ́ṇa] *ph.* to sit close together, show closeness with intent to derive some benefit, ingratiate oneself with

ਢੁਕਣਾ [ṭùknã] *v.i.* (for door, etc.) to close, be shut

ਢੁੱਕਣਾ [ṭùkkəṇa] *v.i.* to approach; to arrive particularly by marriage party at the bride's house

ਢੁਕਦਾ/ਢੁਕਵਾਂ [ṭùkda/ṭùkvã] *adj.m.* appropriate, proper, pertinent, opposite, suitable, befitting, becoming, matching

ਢੁਕਵਾਉਣਾ/ਢੁਕਾਉਣਾ [ṭùkvàuṇa/ṭukàuṇa] *v.t.* to get (door, etc.) closed or shut

ਢੁਕਾ [ṭukà] *n.m.* approach, arrival of marriage party at the bride's house; ceremony accompanying this

ਢੁੱਚਰ [ṭùccər] *n.f.* flimsy excuse, pretext or argument for non-action; subterfuge;

obstruction, hindrance on trivial or irrelevant grounds
~ ਡਾਹੁਣੀ *ph.* to produce ਢੁੱਚਰ, cavil (at)
ਢੁੱਚਰਬਾਜ਼ [ṭùccərbaz] *adj.* (one) prone to produce ਢੁੱਚਰ, shirker; peevish, argumentative
ਢੁੱਚਰਬਾਜ਼ੀ [ṭùccərbazi] *n.f.* fact or tendency to offer excuses
ਢੁੱਚਰੀ [ṭuccəri] *adj.* same as ਢੁੱਚਰਬਾਜ਼
ਢੁੱਠ [ṭùṭṭh] *n.f. dia.* see ਬੰਨ੍ਹ[1]
ਢੁੱਡ [ṭùḍḍ] *n.f.* knock with head, butt
~ ਮਾਰਨਾ *con.v.* to butt, knock or strike with head
ਢੁੰਡਰੀ [ṭũ̀ḍəri] *n.f.* lower end of back bone, *prolapsus ani;* interior fleshy part of anus that sometimes shows out due to weakness or disease
~ ਨਿਕਲ਼ਨੀ *con.v.* for ਢੁੰਡਰੀ to show
ਢੁੰਡਵਾਉਣਾ/ਢੁੰਡਾਉਣਾ [ṭũḍvàuṇa/ṭũḍàuṇa] *v.t.* to get one discovered, traced, sought, found or procured or searched for
ਢੁੰਡਵਾਈ/ਢੁੰਡਾਈ [ṭũḍvài/ṭũḍài] *n.f.* act of, wages for ਢੁੰਡਵਾਉਣਾ, same as ਢੂੰਡ
ਢੁੰਡਾਊ [ṭũḍàu] *adj.* searcher, seeker, explorer
ਢੂਈ/ਢੂਹੀ [ṭùi/ṭùhi] *n.f.* back, rear part or back surface of human body, posterior, rump; buttocks; anus
ਢੂੰਗਾ [ṭũ̀ga] *n.m.* posterior, rump, buttocks, anus
ਢੂੰਡ [ṭũ̀ḍ] *n.f.* search, seeking, hunt; quest, exploration; prospecting
~ ਭਾਲ਼ *n.f.* same as ਢੂੰਡ
~ ਭਾਲ਼ ਕਰਨਾ *con.v.* same as ਢੂੰਡਣਾ
ਢੂੰਡਣਾ [ṭũ̀ḍṇa] *v.t.* to search, seek, hunt, explore, prospect; to try to find; to find out
ਢੂੰਡਵਾਨ [ṭũ̀ḍvan] *adj.* searcher, desirous of finding out, seeker
ਢੂਲਾ [ṭùlla] *n.m. dia.* see ਕਾਲਬ, shuttering
ਢੇਕਚਾਲ [ṭèkcal] *n.f.* wicked, lascivious conduct; indecent, improper manner; wiliness, cunningness
ਢੇਕਾ [ṭèkka] *n.m.* jerky push with loins as during sexual act; *adj.m.* born out of wedlock, illegitimate, bastard (as an abuse)
~ ਮਾਰਨਾ *con.v.* to give a jerky push with loins
ਢੇਮ [ṭèm] *n.f.* dry lump of earth, small stone, brickbat
~ ਚਲਾਉਣੀ/~ ਮਾਰਨੀ *con.v.* to throw ਢੇਮ at, strike with ਢੇਮ, brickbat
ਢੇਰ [ṭèr] *n.m.* heap, pile, stack, rick, dump; *dia.* same as ਰੂੜੀ; organic manure
~ ਸਾਰਾ *adj.m.* in large quantity, plenty, plentiful, plenteous, abundant
~ ਪਹਿਲਾਂ *adv.* long before, long ago
~ ਪਾਉਣਾ *ph.* to put, drop, add manure (in a field)
~ ਲਾਉਣਾ *con.v.* to heap, pile up, stack, dump; to amass
ਢੇਰਾਂ ਦੇ ~ *n.m. pl.* heap upon heap, a very large quanitity
ਢੇਰਨਾ/ਢੇਰਨੀ/ਢੇਰਾ [ṭèrna/ṭèrni/ṭèra] *n.m. n.f. / n.m.* a kind of spindle used for making strings, twine; a twisting or convoluting device
ਢੇਰੀ [ṭèri] *n.f.* a small heap or dump; portion, share
~ ਹੋ ਜਾਣਾ *ph.* to collapse; to be killed, die
~ ਕਰਨਾ *ph.* to demolish; to kill
~ ਢਾਹ ਬਹਿਣਾ *ph.* to lose hope, be disheartened, despair
ਢੇਲਾ [ṭèlla] *n.m.* lump; clod; a large ਢੇਮ
ਢੇਲੀ [ṭèlli] *n.f.* small ਢੇਲਾ
ਢੈਲ਼ਾ [ṭèḷa] *adj.m.* plastic, soft; *adj.m.* (animal) with drooping horns
ਢੋ [ṭò] *v.form.* imperative of ਢੋਣਾ, carry, transport
ਢੋਅ[1] [ṭò] *n.m.* co-incidence, chance, opportunity
~ ਢੁਕਣਾ/ਲੱਗਣਾ *ph.* for co-incidence to occur, for a chance to offer itself
ਢੋਅ[2] *n.f.* same as ਢੋਹ, back-rest
ਢੋਆ [ṭòa] *n.m.* present, offering
~ ਢੋਣਾ *con.v.* to carry and make a present
ਢੋਆ ਢੁਆਈ [ṭòa ṭuài] *n.f.* transportation; carriage, conveyance, shifting of goods
ਢੋਈ [ṭòi] *n.f.* refuge, shelter, asylum

~ **ਦੇਣੀ** *ph.* to provide refuge
~ **ਮਿਲ਼ਨੀ** *ph.* to find refuge
ਢੋਹ [ṭò] *n.f.* back-rest, rest, buttress shore, *prop.*
~ **ਦੇਣੀ** *con.v.* to provide *prop.*, to buttress
~ **ਲਾਉਣੀ** *con.v.* to recline on a rest (as on a pillow), to rest against back-rest
ਢੋਕ [ṭòk] *n.f.* same as **ਡੋਕ**[1] hamlet
ਢੋਡਰ ਕਾਂ [ṭòḍər kã] *n.m.* raven, *Corvus corax;* rook, *Corvus frugilegus*
ਢੋਡਾ [ṭòḍḍa] *n.m.* thick oven-backed loaf of Indian bread
ਢੋਣਾ [ṭòṇa] *v.t.* to transport, carry, convey; to close, shut (door, etc.)
ਢੋਰ [ṭòr] *n.m.* animal, cattle, livestock, beast
ਢੋਰਾ [ṭòra] *n.m.* an insect or worm which infests grain, a kind of weevil
~ **ਲੱਗਣਾ** *con.v.* (for grain, seed) to be attacked, infested by **ਢੋਰਾ**
ਢੋਲ [ṭòl] *n.m.* drum (musical instrument); drum (large cylindrical container) barrel; dust-bin, garbage can; lover, beloved, (male only) paramour
~ **ਢਮੱਕਾ** *n.m.* noise of drum and other instruments; revelry, festivity
~ **ਵਜਾਉਣਾ** *con.v.* to beat the drum; *fig.* to make public announcement, spread news or information
ਢੋਲਕ/ਢੋਲਕੀ [ṭòlək/ṭòlki] *n.m./n.f.* small two-faced drum (musical instrument)
ਢੋਲਚੀ [ṭòlci] *n.m.* drummer
ਢੋਲਣ/ਢੋਲਜਾਨੀ [ṭòləṇ/ṭòljanni] *n.m.* same as **ਢੋਲ**
ਢੋਲਣਾ [ṭòləṇa] *n.m.* vocative for **ਢੋਲਣ**; a kind of necklace worn by women
ਢੋਲਾ [ṭòlla] *n.m.* vocative, O, beloved; a poetic and musical measure popular in west Punjab
ਢੌਂਕਾ [ṭɔ̃̀ka] *n.m.* same as **ਠੌਂਕਾ**, nap
ਢੌਂਗ [ṭɔ̃̀g] *n.m.* sham, fraud, imposture, trickery, stunt, disguise
~ **ਰਚਣਾ** *ph.* to make or arrange a sham or fasle show (in order to deceive or defraud)
ਢੌਂਗੀ [ṭɔ̃̀gi] *adj. & n.m.* tricksy, trickster, impostor; deceitful, hypocritical
ਢੌਂਚਾ [ṭɔ̃̀ca] *adj.* four and a half times; multiplication table for this

ਣ

ਣ [ṇaṇa] *n.m.* twentieth letter of Gurmukhi script representing the retroflex nasal sound [ṇ]
ਣਾਣਾ [ṇaṇa] *n.m.* the letter **ਣ**

ਤ

ਤ [tətta] *n.m.* twenty first letter of Gurmukhi script representing voiceless unaspirated dental plosive [t]
ਤਅੱਸਬ [t'əssəb] *n.m.* bigotry, religious prejudice, bias or intolerance, fanaticism
ਤਅੱਸਬੀ [t'əssəbi] *adj.* bigot, fanatic, fanatical, intolerant of other religions or their followers
ਤਅੱਜਬ [t'əjjəb] *n.m.* same as ਹੈਰਾਨੀ, surprise
ਤਅੱਦੀ [t'əddi] *n.f.* same as ਤੱਦੀ, oppression
ਤਅੱਲਕ [t'əllək] *n.m.* same as ਤੱਲਕ, relation
ਤਆਕਬ [t'akəb] *n.m.* pursuit, chase
~ ਕਰਨਾ *con.v.* to go in pursuit, pursue, chase, go in chase, shag
ਤਆਰਫ਼ [təarəf] *n.m.* introduction, presentation (of one person to another)
~ ਕਰਾਉਣਾ *con.v.* introduce
ਤਆਵਨ [təavən] *n.m.* co-operation, mutual assistance
~ ਕਰਨਾ *con.v.* to co-operate
~ ਮੰਗਣਾ *con.v.* to ask or tell one to co-operate, demand co-operation
ਤਸਕਰ [təskər] *n.m.* thief, pilferer; smuggler
ਤਸਕਰੀ [təskəri] *n.f.* theft, pilferage, smuggling
ਤਸਕੀਨ [təskin] *n.f.* consolation, solace, satisfaction, mental peace
~ ਦੇਣਾ *con.v.* to console
ਤਸ਼ਖ਼ੀਸ [təṣxis] *n.f.* scientific enquiry or examination *esp.* clinical; diagnosis
~ ਕਰਨੀ *con.v.* to carry out ਤਸ਼ਖ਼ੀਸ, to examine, diagnose
ਤਸਖ਼ੀਰ [təsxir] *n.f.* conquest
ਤਸ਼ਤਰੀ [təṣtəri] *n.f.* saucer, plate, salver, tray
ਤਸ਼ੱਦਦ [təṣəddəd] *n.m.* atrocity, tyranny, oppression, violence, brutal force
~ ਕਰਨਾ *con.v.* to commit or perpetrate ਤਸ਼ੱਦਦ, to be violent, use violence, torture
ਤਸਦੀਕ [təsdik] *n.f.* confirmation, verification, corroboration, authentication, attestation, certification; ratification
~ ਸ਼ੁਦਾ *adj.* attested, certified, authenticated, confirmed, verified; ratified
~ ਕਰਨੀ *con.v.* to confirm, corroborate, verify; to attest, certify, authenticate; to ratify
~ ਯੋਗ *adj.* certifiable, verifiable
ਤਸਨੀਫ਼ [təsnif] *n.f.* authorship; literary work
ਤਸਬੀ [təsbi] *n.f.* rosary, beads
ਤਸ਼ਬੀਹ [təṣbi] *n.f.* simile, metaphor, likeness, comparison
~ ਦੇਣੀ *con.v.* compare, liken, to use a ਤਸ਼ਬੀਹ
ਤਸਮਈ [təsməi] *n.f.* same as ਖੀਰ, rice pudding
ਤਸਮਾ [təsma] *n.m.* lace, strap, cord, string (for holding two flaps together as of shoes); *cf.* zipper
ਤਸ਼ਰੀਹ [təṣri] *n.f.* elaboration, explanation, elucidation, illustration, clarification
~ ਕਰਨੀ *con.v.* to elaborate, explain, elucidate, illustrate, clarify
ਤਸ਼ਰੀਫ਼ [təṣrif] *n.f.* presence
~ ਆਵਰੀ *n.f.* presence, coming, arrival
~ ਰੱਖਣਾ *con.v.* to sit down (on request or suggestion)
~ ਲਿਆਉਣਾ *ph.* to come, arrive, be present, grace the occasion
~ ਲੈ ਜਾਣਾ *ph.* to leave, go away

ਤਸੱਲਤ [təsəllət] *n.m.* firm hold, domination, occupation, control, hegemony

~ **ਜਮਾਉਣਾ** *con.v.* to conquer, dominate, occupy, control, rule, govern; to establish hegemony

ਤਸਲਾ [təsla] *n.m.* shallow pan or basin; a type of open-mouthed kettle

ਤਸੱਲੀ [təsəlli] *n.f.* satisfaction, contentment, assurance; consolation, solace, ease of mind

~ **ਕਰਨੀ** *con.v.* to satisfy, reassure (oneself or another), to assure

~ **ਦੇਣੀ** *con.v.* to console, condole, reassure

ਤਸੱਲੀਬਖ਼ਸ਼ [təsəllibəxṣ] *adj.* satisfactory

ਤਸਲੀਮ [təslim] *n.f.* greeting; respect, regards; acceptance, admission, confession

~ **ਅਰਜ਼ ਕਰਨਾ** *ph.* to greet, pay respect or regards

~ **ਕਰਨਾ** *con.v.* to accept, admit, confess

ਤਸੱਵਫ਼ [təsəvvəf] *n.m.* holiness, piety, purity of conduct; ideal or status of a ਸੂਫ਼ੀ; sufism

ਤਸੱਵਰ [təsəvvər] *n.m.* imagination, mental picture or image, fancy

~ **ਕਰਨਾ** *con.v.* to imagine, recall, to figure mentally

ਤਸ਼ਵੀਸ਼ [təṣviṣ] *n.f.* concern, worry, care, anxiety; apprehension, fear

ਤਸ਼ਵੀਸ਼ਨਾਕ [təṣviṣnak] *adj.* causing ਤਸ਼ਵੀਸ਼, worrisome

ਤਸਵੀਰ [təsvir] *n.f.* picture, portrait, painting, photograph, figure, likeness, image, sketch

~ **ਖਿੱਚਣੀ** *con.v.* to photograph, draw a picture

~ **ਬਣਾਉਣੀ** *con.v.* to draw make or paint a picture, portrait, make a portrait

ਤਸੀਹਾ [təsia] *n.m.* atrocity, torture, torment, excruciation, agony, persecution; any painful experience

ਤਸੀਹੇ ਦੇਣਾ *con.v.* to commit, perpetrate atrocities, torture, torment, excruciate, agonise, persecute

ਤਸੀਰ [təsir] *n.f. colloq.* see ਤਾਸੀਰ, effect

ਤਸੀਲ [təsil] *n.f. colloq.* see ਤਹਿਸੀਲ, subdivision

ਤਹੱਈਆ [təhəia] *n.m.* determination, resolve

~ **ਕਰਨਾ** *con.v.* to determine, resolve, make up one's mind, make a resolve

ਤਹੱਮਲ [təhəmməl] *n.m.* same as ਧੀਰਜ, patience

~ **ਮਿਜ਼ਾਜ** *adj.* same as ਧੀਰਜਵਾਨ

ਤਹਲਕਾ [tɛhəlka] *n.m.* same as ਤਹਿਲਕਾ, commotion

ਤਹਿ [tɛ́] *n.f.* fold; layer, stratum; bottom, bed, (as of sea or well)

~ **ਕਰਨਾ** *con.v.* to fold

~ **ਜਮਾਉਣੀ/~ ਬੰਨ੍ਹਣੀ** *con.v.* to layer, to spread a layer, stratify, press into layer; to pile up

ਤਹਿਸ ਨਹਿਸ [tɛ́s nɛ́s] *adj.* destroyed, ravaged, devastated; ransacked, topsyturvy

ਤਹਿਸੀਲ [tɛ́sil] *n.f.* revenue or administrative sub-division of a district; its office or headquarters

ਤਹਿਸੀਲਦਾਰ [tɛ́sildar] *n.m.* officer heading revenue administration of ਤਹਿਸੀਲ

ਤਹਿਸੀਲਦਾਰੀ [təsildari] *n.f.* post or profession of ਤਹਿਸੀਲਦਾਰ

ਤਹਿਕੀਕ/ਤਹਿਕੀਕਾਤ [tɛ́kik/tɛ́kikat] *n.f.* investigation, inquiry, enquiry; inquest

ਤਹਿਖਾਨਾ [tɛ́khana] *n.m.* underground cell, bunker, vault, basement, chamber; crypt; silo; also ਤਹਿਖ਼ਾਨਾ

ਤਹਿਜੀਬ [tɛ́jib] *n.f.* culture, civilisation; politeness, gentlemanly conduct, refined behaviour; aslo ਤਹਿਜ਼ੀਬ

ਤਹਿਜੀਬਯਾਫ਼ਤਾ [tɛ́jibyafta] *adj.* cultured, civilised, cultivated, refined, urbane, suave, gentlemanly

ਤਹਿਤ [tɛ́t] *n.m.* domination, predominance, supremacy, control; *adv.* under, dominated by, headed by

~ **ਜਮਾਉਣਾ** *ph.* to establish supremacy, dominate, occupy, control; to exercise control

ਤਹਿ ਤੇਗ ਕਰਨਾ [tɛ́ teg kərna] *ph.* to kill, murder, put to sword

ਤਹਿਦਾਦ [tέdad] *n.f.* same as ਤਦਾਦ, number

ਤਹਿਦਾਰ [tέdar] *adj.* having folds, layered, stratified

ਤਹਿਮਤ [tέmət] *n.f.* sheet used as garment for the lower body

ਤਹਿਰੀਕ [tέrik] *n.f.* movement; agitation, struggle

ਤਹਿਰੀਰ [tέrir] *n.f.* writing; a written work or piece

ਤਹਿਰੀਰੀ [tέriri] *adj.* written, in writing, in black and white

ਤਹਿਲਕਾ [tέlka] *n.m.* turmoil, commotion, disturbance, tumult, agitation

~ ਮਚਾਉਣਾ *ph.* to create commotion

ਤਹਿਵਾਰ [tέvar] *n.m.* see ਤਿਉਹਾਰ, festival

ਤਹਿਵੀਲ [tέvil] *n.m.* custody, deposit, safe-keeping

ਤਹਿਵੀਲਦਾਰ [tέvildar] *n.m.* custodian, depositary, trustee

ਤਕ [tək] *prep.* same as ਤੀਕ, to, up to

ਤੱਕ¹ [təkk] *n.f.* courage, boldness, pluck, nerve; expectation, hope

~ ਪੈਣੀ *ph.* to dare, have, pick up or gather courage

~ ਰੱਖਣੀ *con.v.* to expect, hope

ਤੱਕ² *v.form.* imperative of ਤੱਕਣਾ, look

ਤਕਸੀਮ [təksim] *n.f.* same as ਵੰਡ², division

~ ਕਰਨਾ *con.v.* same as ਵੰਡਣਾ, to distribute

ਤਕਸੀਰ [təksir] *n.f.* fault, guilt, mistake, error of commission or omission, faux pas

ਤੱਕਣਾ [təkkəṇa] *v.i.* same as ਦੇਖਣਾ, to see, to expect, hope

ਤੱਕਣੀ [təkkəṇi] *n.f.* look, gaze, stare, glance; the way one looks at a thing

ਤਕਦੀਰ [təkdir] *n.f.* fate, destiny, luck, lot, stars

~ ਫੁੱਟ ਜਾਣੀ *ph.* to have bad luck, fall on evil days

ਤਕਦੀਰੀ [təkdiri] *adj.* destined, predestined, fated, fateful; aleatory, unpredictable

ਤਕਦੀਰੀਂ/ਤਕਦੀਰੋਂ [təkdirĩ/təkdirõ] *adv.* according to fate, as destined, by chance

ਤਕਨਾਲੋਜੀ [təknaloji] *n.f.* technology

ਤਕਨੀਕ [təknik] *n.f.* technique

ਤਕਨੀਕੀ [təkniki] *adj.* technical, technological

ਤਕੱਬਰ [təkəbbər] *n.m.* pride, vanity, conceit, arrogance, egotism

ਤਕਮਾ [təkma] *n.m. colloq.*, see ਤਮਗਾ, medal

ਤਕਮੀਲ [təkmil] *n.f.* completion

ਤਕੱਰਰੀ [təkərəri] *n.f.* appointment (to post or office)

ਤਕਰਾਰ [təkrar] *n.m.* quarrel, dispute, altercation, wrangle, controversy; quibbing, higgling, haggling

~ ਕਰਨਾ *con.v.* to quarrel, dispute, altercate, wrangle; to quibble, higgle, haggle

ਤਕਰੀਬ [təkrib] *n.f.* function; festivity

ਤਕਰੀਬਨ [təkribən] *adv.* approximately, nearly, about, almost, roughly

ਤਕਰੀਰ [təkrir] *n.f.* speech, talk, lecture, discourse, address, oration; harangue

~ ਕਰਨੀ *con.v.* to deliver ਤਕਰੀਰ, to speak, lecture, discourse, address; to harangue, speechify

ਤਕਰੀਰਬਾਜ਼ [təkrirbaz] *adj.* fond of speechmaking, speechifier

ਤਕਰੀਰਬਾਜ਼ੀ [təkrirbazi] *n.f.* frequent speech-making, speechifying, mere speeches

ਤਕੱਲੁਫ਼ [tə'kəlləf] *n.m.* formality, conventionality, fuss, needless bustle or hospitality; going out of the way to oblige

~ ਕਰਨਾ *con.v.* to be formal, observe formalities, extend unusual or needless respect or hospitality

ਤੱਕਲ਼ਾ [təkkəḷa] *n.m.* spindle; quill (of porcupine); horizontal axle or shaft *esp.* of Persian wheel

ਤੱਕਲ਼ੀ [təkkəḷi] *n.f.* small ਤੱਕਲ਼ਾ; distaff

ਤਕਲੀਫ਼ [təklif] *n.f.* trouble, hardship, difficulty, discomfort, botheration, inconvenience; distress; pain, suffering, ailment, affliction

~ ਉਠਾਉਣੀ *con.v.* to suffer hardship or inconvenience
~ ਸਹਿਣੀ *con.v.* to endure or experience ਤਕਲੀਫ਼
~ ਕਰਨੀ *con.v.* to take the trouble (of); to exert oneself
~ ਦੇਣੀ *con.v.* to cause trouble (for), bother, inconvenience, trouble, discomfort
~ ਪਾਉਣੀ *con.v.* same as ਤਕਲੀਫ਼ ਸਹਿਣੀ, ਉਠਾਉਣੀ
~ ਮੁਆਫ਼ *ph.* sorry for the trouble, pardon me, I beg your pardon
ਤਕਵਾ [təkva] *n.m.* faith, trust (in God), religious conviction
ਤੱਕੜ [təkkəṛ] *n.m.* large ਤੱਕੜੀ, weighing scale
ਤਕੜਾ [təkṛa] *adj.m.* strong, powerful, mighty, hardy, hefty, healthy, sturdy, tough, robust, stout, stalwart; substantial, ample
ਤਕੜਾਈ [təkṛai] *n.f.* strength, soundness; tight security; firmness
~ ਰੱਖਣੀ *con.v.* to have or ensure tight security or vigilance, stand firm, prepared
ਤਕੜੇ ਦਾ ਸੱਤੀਂ ਵੀਹੀਂ ਸੌ *ph.* might is right
ਤੱਕੜੀ [təkkəṛi] *n.f.* hand-operated weighing scale or balance
~ ਦਾ ਪਲੜਾ *ph.* pan or dish of ਤੱਕੜੀ
~ ਦੀ ਡੰਡੀ *ph.* bar of ਤੱਕੜੀ
~ ਦੀ ਬੋਦੀ *ph.* cockade of ਤੱਕੜੀ serving as its fulcrum or pivot when held clear of ground
ਤਕਾ [təka] *v.form.* imperative of ਤਕਾਉਣਾ, appraise, show
ਤਕਾਉਣਾ [təkauṇa] *v.t.* to see, appraise, assess with malintent; to show, indicate, point out, cause to see
ਤਕਾਜ਼ਾ [təkaza] *n.m.* importunity, dun, dunning, insistence on demands, dispute, bickering, higgling, haggling
~ ਕਰਨ ਵਾਲ਼ਾ *ph.* dun, higgler, haggler, wrangler
~ ਕਰਨਾ *con.v.* to dun, importune, wrangle, dispute argue, bicker, higgle, haggle
ਤਕਾਲ਼ਾਂ [təkaḷã] *n.f. pl.* evening, eventide, nightfall, dusk
ਤਕਾਵੀ [təkavi] *n.f.* government loan or advance to cultivators, agricultural loan
~ ਤਾਰਨੀ *con.v.* to repay ਤਕਾਵੀ
ਤਕੀਆ [təkia] *n.m.* pillow, cushion, bolster, prop, support; refuge, shelter, succour; Muslim monastery, hermitage
ਤਕੀਆ ਕਲਾਮ [təkia kəlam] *n.m.* favourite word or phrase habitually repeated in speech
ਤਕੀਦ [təkid] *n.f. colloq.* see ਤਾਕੀਦ
ਤਖਤ [təkhət] *n.m.* throne, royal seat; also ਤਖ਼ਤ
~ ਛੱਡਣਾ *con.v.* to abdicate kingship
~ ਜਾਂ ਤਖ਼ਤਾ *ph.* do or die, desperate bid
~ ਤਾਊਸ *n.m.* (historic) Peacock throne
~ ਤਾਜ *n.m.* sceptre and crown, throne and crown
~ ਤੇ ਬਹਿਣਾ/~ ਤੇ ਬੈਠਣਾ *ph.* to ascend the throne, be enthroned, become king
~ ਤੇ ਬਿਠਾਉਣਾ *ph.* to enthrone
~ ਤੋਂ ਲਾਹੁਣਾ *ph.* to dethrone
~ ਨਸ਼ੀਨ *adj.* enthroned
~ ਨਸ਼ੀਨੀ *n.f.* enthronement, installation as king, coronation
~ ਪੋਸ਼ *n.m.* wooden platform, settee; covering for it
ਤਖਤਾ [təkhta] *n.m.* wooden plank or board; bier; leaf of door, etc.; large sheet of paper, 1/24th of a quire; also ਤਖ਼ਤਾ
~ ਪਲਟਾਉਣਾ *ph. lit.* to overturn the plank; *fig.* to topple, overthrow, carry out revolution
ਤਖਤੀ [təkhti] *n.f.* wooden tablet (for writing practice), writing tablet; also ਤਖ਼ਤੀ
ਤਖਮੀਨਾ [təkhmina] *n.m.* estimate, appraisal; also ਤਖ਼ਮੀਨਾ
ਤਖੱਯਲ/ਤਖਈਅਲ [təkhəiəl] *n.m.* thought, contemplation, reflection, imagination; also ਤਖ਼ੱਯਲ
ਤਖੱਲਸ [təkhəlləs] *n.m.* pen-name,

nom de plume, pseudonym; also ਤਖ਼ੱਲਸ
ਤਖਾਨ [təkhan] *n.m.* same as ਤਰਖਾਣ, carpenter
ਤੰਗ[1] [tə̃g] *n.m.* girth (of saddlery), belly-band
ਤੰਗ[2] *adj.* narrow, tight, close; troubled, distressed, in straitened circumstances; vexed, irritated
~ ਹਾਲ *adj.* poor, destitute, distressed
~ ਹਾਲੀ *n.f.* poverty, penury, want, destitution
~ ਕਰਨਾ *con.v.* to trouble, irk, irritate, vex, tease, harrow, badger, oppress, persecute
~ ਦਸਤ *adj.* same as ਤੰਗ ਹਾਲ
~ ਦਸਤੀ *n.f.* same as ਤੰਗ ਹਾਲੀ
~ ਦਿਲ *adj.* narrow-minded; bigoted
~ ਦਿਲੀ *n.f.* narrow-mindedness; bigotry
~ ਨਜ਼ਰ *adj.* myopic, short-sighted; same as ਤੰਗਦਿਲ
~ ਨਜ਼ਰੀ *n.f.* short-sightedness; same as ਤੰਗਦਿਲੀ
ਤਗੱਈਅਰ [təgəiər] *n.m.* change, flux, revolution, vicissitude; also ਤਗੱਈਰ
ਤੱਗਣਾ [təggəṇa] *v.i.* to last, endure, hold on, hold out
ਤਗਮਾ [təgma] *n.m.* same as ਤਮਗਾ
ਤੰਗਲ਼ੀ [tə̃gəḷi] *n.f.* multipronged pitchfork
ਤੰਗੜ [tə̃gəṛ] *n.m.* net used for carrying bales of wheat chaff, hay, etc.; Orion's belt
ਤਗੜਾ [təgṛa] *adj.m.* same as ਤਕੜਾ
ਤੰਗੜੀ [tə̃gəṛi] *n.f.* same as ਤੰਗੜ, smaller net
ਤੱਗਾ [təgga] *n.m.* charm worn around the neck
ਤਗਾਦਾ [təgada] *n.m.* same as ਤਕਾਜ਼ਾ
ਤਗਾਰ [təgar] *n.m.* mortar or lime pit; mortar prepared for use by mason
ਤਗਾਰੀ [təgari] *n.f.* basin, trough (*usu.* used for carrying ਤਗਾਰ)
ਤੱਗੀ [təggi] *n.f.* layer, stratum (of soil)
ਤੰਗੀ [tə̃gi] *n.f.* same as ਤੰਗ ਹਾਲੀ under ਤੰਗ; narrowness, tightness
~ ਤੁਰਸ਼ੀ *n.f.* hard times, poverty
ਤੱਛ [təcch] *v.form.* imperative of ਤੱਛਣਾ, hew
ਤੱਛਣਾ [təcchəṇa] *v.t.* to hew, shape, whittle, straighten or smoothen (log, tree trunk, etc.) with an axe
ਤੱਛਿਆ [təcchıa] *v.form.* past and participle of ਤੱਛਣਾ, hewn, hewed; *adj.m.* hewn
~ ਮੁੱਛਿਆ *adj.m.* same as ਤੱਛਿਆ
ਤਜਕਰਾ [təjkəra] *n.m.* same as ਜਿਕਰ; mention; prayer and meditation; also ਤਜ਼ਕਰਾ
ਤਜਣਾ [təjəṇa] *v.t.* same as ਤਿਆਗਣਾ, to renounce
ਤਜਰਬਾ [təjərba] *n.m.* experiment; experience; trial
~ ਹੋਣਾ/~ ਕਰਨਾ *con.v.* to experience; to experiment (with)
ਤਜਰਬੇ ਦੇ ਤੌਰ ਤੇ *ph.* for trial, tentatively, experimentally, as an experiment
ਤਜਰਬਾਕਾਰ/ਤਜਰਬੇਕਾਰ [təjərbakar/ təjərbekar] *adj.* experienced, expert, veteran
ਤਜਰਬਾਗਾਹ [təjərbagá] *n.f.* laboratory
ਤਜਰਬਾਤੀ [təjərbati] *adj.* experimental
ਤਜਰਬੇਕਾਰੀ [təjərbekari] *n.f.* experience; experimentation
ਤਜੱਲੀ [təjəlli] *n.f.* resplendence, refulgence
ਤਜਵੀਜ [təjvij] *n.f.* proposal, suggestion, proposition; opinion, view; plan, scheme; also ਤਜਵੀਜ਼
~ ਕਰਨਾ *con.v.* to propose, suggest, plan, put forth a plan
~ ਰੱਖਣੀ *con.v.* to present, put forth or propose a plan
ਤਜਵੀਜਸ਼ੁਦਾ [təjvijṣuda] *adj.* proposed, suggested, planned
ਤਜਾਰਤ [təjarət] *n.f.* same as ਤਿਜਾਰਤ, trade
ਤਜੌਰੀ [təjɔri] *n.f.* same as ਤਿਜੌਰੀ, till
ਤਟ [təṭ] *n.m.* coast, shore, bank, beach, strand
~ ਕਰ *n.m.* import duty
~ ਵਰਤੀ *adj.* coastal, littoral; also ਤਟੀ
ਤਣ[1] [təṇ] *n.m.* see ਤਨ; body, physique
ਤਣ[2] *v.form.* imperative of ਤਣਨਾ, stretch

~ ਖਲੋਣਾ *cpd.v.* to stand erect; to stand up to, face

ਤਣਨਾ [təṇna] *v.t.* to stretch, tighten, tauten, pull; to spread; to arrange (yarn) into wrap; to weave (as for cobweb)

ਤਣਵਾਉਣਾ [təṇvauṇa] *v.t.* to get or cause to be stretched, tightened, spread; to assist in the process

ਤਣਵਾਈ [təṇvai] *n.f.* process of, wages for *prec.*

ਤਣਾ [təṇa] *n.m.* trunk (of a tree), main stem

ਤਣਾਉ/ਤਣਾ [təṇao/təṇa] *n.m.* tautness, tightness, pull, tension, strain

ਤਣਾਉਣਾ [tənauṇa] *v.t.* same as ਤਣਵਾਉਣਾ

ਤਣਾਈ [təṇai] *n.f.* same as ਤਣਵਾਈ

ਤਣਾਵਾਂ/ਤਣੀਆਂ [təṇavã/təṇiã] *n.f. pl.* strings, braces, controlling ropes or cords (as of tents)

ਤਣੀ [təṇi] *n.f.* string, cord; strand

ਤਤ [tət] *pref.* indicating sameness or promptness as in ਤਤਸਮ, ਤਤਕਾਲ

ਤੱਤ¹ [tətt] *n.m.* element, essential nature, essence, substance, quintessence; gist, result, conclusion; truth, reality, fact, central principle

~ ਕੱਢਣਾ *con.v.* to extract essence; to sum up, analyse, find or deduce truth or fact

~ ਗਿਆਨ *n.m.* knowledge of reality, spiritual knowledge, metaphysical truth, metaphysics

~ ਗਿਆਨੀ *n.m.* metaphysicist, possessor of spiritual knowledge, philosopher, mystic, sage; *adj.* metaphysical

~ ਮੀਮਾਂਸਾ *n.f.* metaphysics

~ ਮੀਮਾਂਸਾਇਕ *adj.* metaphysical

ਤੱਤ² *adv.* same as ਤਤਕਾਲ

ਤਤਸਮ [tətsəm] *adj.* (of borrowed words) in the same or original form

ਤਤਕਰਾ [tətkəra] *n.m.* list or table of contents, index (of books)

ਤਤਕਾਲ [tətkal] *adv.* instantly, promptly, then and there, forthwith

ਤਤਕਾਲਿਕ/ਤਤਕਾਲੀ/ਤਤਕਾਲੀਨ [tətkalık/tətkali/tətkalin] *adj.* contemporary; immediate, instant

ਤਤਪਰ [tətpər] *adj.* ready, alert, prepared

ਤਤਪਰਤਾ [tətpərta] *n.f.* readiness, alertness, preparedness

ਤੱਤ ਭੜੱਥੀ [tətt pərəthi] *adj.f.* ill-natured, ill-omened (woman)

ਤੰਤਰ¹ [tãtər] *n.m.* charm, magical formula for attainment of supernatural powers

~ ਮੰਤਰ *n.m.* same as ਤੰਤਰ; magic

ਤੰਤਰ² *suff.* indicating system of government or administration, as in ਗਣਤੰਤਰ, ਰਾਜਤੰਤਰ, etc.

ਤੰਤਰੀ [tãtri] *n.m.* practitioner of ਤੰਤਰ¹; also ਤਾਂਤਰਿਕ

ਤੱਤਵੇਤਾ [təttveta] *n.m.* same as ਤੱਤ ਗਿਆਨੀ under ਤੱਤ¹

ਤੱਤਾ¹ [tətta] *n.m.* the letter ਤ

ਤੱਤਾ² *adj.m.* hot, heated, warm; *fig.* hotheaded, short-tempered, irascible, angry; (one) in a hurry, impatient; ill, omened, ill-fated, unlucky

ਤੱਤੀ ਵਾ ਨਾ ਲੱਗਣੀ *ph.* not to suffer a scratch, to be saved providentially

ਤੱਤੇ ਘਾਅ *adv. lit.* while the wound is fresh; immediately, at once

ਤੱਤੇ ਤਾਅ *adv.* immediately

ਤੱਤੇ ਤਾਅ ਸੱਟ ਮਾਰਨੀ *ph.* to strike while the iron is hot

ਤੱਤੇ ਫੱਟ *adv.* same as ਤੱਤੇ ਘਾਅ

ਤੱਤਾ³ *interj.* ploughman's call to bullocks to go slightly to the right

ਤੰਤੂ [tãtu] *n.m.* nerve, fibre, tissue, tendril

ਤਤੋਲਾ [tətola] *n.m.* mole, pigmented nevus, tattooed dot on skin

ਤੱਥ [tətth] *n.m.* same as ਤੱਤ¹, fact

ਤੱਥਹੀਣ [tətthhiṇ] *adj.* inane, pointless

ਤਥਾ [tətha] *conj.* and, along with, with, as well as

ਤੱਥਾ [tattha] *n.m.* same as ਚੂਰਾ, fragmented state, powder

ਤਦ [təd] *adv.* then, at that time, in that case

~ ਤਕ/~ ਤੀਕ/~ ਤੀਕਰ *adv.* till then, till that

time
~ ਵੀ *adv.* even then, even in that case, yet, still
ਤੰਦ [tə̃d] *n.m.* thread, strand, fibre; tendril; string (of musical instrument)
~ ਤਾਣਾ/~ ਤਾਣੀ *n.m./n.f.* the entire warp, warp and weft; the whole gamut
ਤਦ ਅਰਥ [təd ərth] *adj. & adv.* adhoc
ਤਦਬੀਰ [tədbir] *n.f.* plan, scheme, design, method; suggested solution, procedure or way out
ਤਦਭਵ [tədpə̀v] *adj.* (of loan words) modified, changed, adopted
ਤੰਦਰੁਸਤ [tə̃drust] *adj.* healthy, hale, in sound health, free from disease or infirmity, hale and hearty, physically fit
ਤੰਦਰੁਸਤੀ [tə̃drusti] *n.f.* health, sound bodily condition, healthiness
ਤਦਾਦ [tədad] *n.f. colloq.* see ਤਾਦਾਦ, number
ਤੱਦੀ [təddi] *n.f.* oppression, pressure, force, maltreatment, violence, tyranny
~ ਦੇਣੀ *con.v.* to oppress, pressurise, put pressure on; maltreat, tyrannise
ਤੰਦੀ [tə̃di] *n.f.* gut, catgut
ਤੰਦੀਰਾ [tə̃dira] *n.m.* an ornament worn around the neck by women
ਤੰਦੀਰੀ [tə̃diri] *n.f.* small ਤੰਦੀਰਾ
ਤੰਦੂਆ [tə̃dua] *n.m.* octopus; a short-statured species of panther; a cartilage or gristle under the tongue which retards speech
ਤੰਦੂਰ [tə̃dur] *n.m.* oven
ਤੰਦੂਰੀ [tə̃duri] *n.f.* small ਤੰਦੂਰ; *adj.* baked or roasted in ਤੰਦੂਰ
ਤਦੋਂ [tədõ] *adv.* same as ਤਦ, then
ਤਦੋਕਾ/ਤਦੋਕਣਾ [tədokka/tədokkəṇa] *adv.* since then, since that time
ਤਨ [tən] *n.m.* body, physique
~ ਬਦਨ *n.m.* same as ਤਨ
~ ਮਨ *n.m.* body and mind, body and soul; wholeheartedness
~ ਮਨ ਧਨ *n.m.* body, mind and property; one's all, the whole self
~ ਮਨ ਮਾਰਨਾ *ph.* to control body and mind, control passions
~ ਮਨ ਲਾਉਣਾ *ph.* to make wholehearted effort, devote body and soul
ਤਨਹਾ [tənha] *adj.* alone, lone, single, solitary; lonely, lonesome, all by oneself
ਤਨਹਾਈ [tənhai] *n.f.* loneliness, lonesomeness, solitariness; seclusion, solitude
ਤਨਕੀਦ [tənkid] *n.f.* criticism
~ ਕਰਨੀ *con.v.* to criticise
ਤਨਕੀਦੀ [tənkidi] *adj.* critical, concerning criticism
ਤਨ ਖਲੋਣਾ [tən khəloṇa] *con.v.* to stand erect, face squarely, stand up to
ਤਨਖਾਹ [tənkhá] *n.f.* pay, salary, emoluments; (in Sikh parlance) religious punishment; also ਤਨਖ਼ਾਹ
~ ਵੰਡਣ ਵਾਲ਼ਾ *ph.* paymaster, disbursement authority, disbursing officer
~ ਵੰਡਣੀ *con.v.* to disburse pay
ਤਨਖਾਹਦਾਰ [tənkhádar] *adj.* employed on pay, salaried
ਤਨਖਾਹੀਆ [tənkháia] *adj.* accused, fined, punished by Sikh ecclesiastical court or congregation
ਤਨਜ [tənj] *n.f.* sarcasm, taunt, gibe; also ਤਨਜ਼
ਤਨੱਜਲ [tənəjjəl] *n.m.* same as ਜਵਾਲ, downfall, decline, also ਤਨੱਜ਼ਲ
ਤਨਜੀਮ [tənjim] *n.f.* same as ਸੰਗਠਨ and ਸੰਸਥਾ, organisation; also ਤਨਜ਼ੀਮ
ਤਨਦਿਹੀ [təndıhi] *n.f.* hard, sincere effort or labour, diligence, assiduity
~ ਨਾਲ਼ *adv.* diligently, assiduously, wholeheartedly
ਤਨਾਸਬ [tənasəb] *n.m.* proportion
ਤਨਾਜਾ [tənaja] *n.m.* same as ਝਗੜਾ, dispute; also ਤਨਾਜ਼ਾ
ਤਨੂਰ [tənur] *n.m.* same as ਤੰਦੂਰ
ਤਨੋ ਮਨੋ [təno məno] *adv.* whole heartedly, sincerely
ਤਪ [təp] *n.m.* meditation, austerities, penances, self-mortification, devotion
~ ਕਰਨਾ/~ ਸਾਧਣਾ *con.v.* to perform, observe, undergo ਤਪ
ਤਪਸ਼ [təpəṣ] *n.f.* heat, warmth, radiation;

fever, feverishness

ਤਪੱਸਵੀ [təpəssəvi] *n.m.* an ascetic, recluse, hermit, devotee, practitioner of ਤਪ

ਤਪ ਸਾਧਨਾ/ਤਪੱਸਿਆ [təpsádna/təpəssɪa] *n.f.* same as ਤਪ

ਤਪਣਾ [təpəṇa] *v.i.* to heat up, warm up, become hot, be heated; *fig.* to be angry; to burn with grief or pain; to be feverish

ਤਪਤ [təpət] *adj.* hot, heated; thermal

ਤਪਦਿੱਕ [təpdɪkk] *n.f.* tuberculosis, T.B., phthisis, consumption

ਤੱਪੜ [təppəṛ] *n.m.* mat, matting, gunny, sack cloth; *adj.* unploughed, uncultivated, fallow (land)

~ **ਘਸੀਆ** *n.m. slang.* petty shopkeeper

ਤਪਾ [təpa] *ph.* same as ਤਪੱਸਵੀ

ਤੱਪਾ [təppa] *n.m.* region or group of villages inhabited by the same ethnic stock

ਤਪਾਉਣਾ [təpauṇa] *v.t.* to heat, warm; *fig.* to tease, vex, annoy, anger, trouble, torment

ਤਪਾਅ/ਤਪਾਈ [təpa/təpai] *n.m./n.f.* heat, heating; vexation, annoyance, torment

ਤਪਾਕ [təpak] *n.m.* warmth (in social relations), affection, enthusiasm, pleasure felt or shown on meeting others

ਤਪੀ/ਤਪੀਸਰ [təpi/təpisər] *n.m.* same as ਤਪੱਸਵੀ

ਤਪੋਬਨ [təpobən] *n.m.* forest resort of hermits

ਤਫਸੀਰ [təphsir] *n.f.* commentary, exegesis; also ਤਫ਼ਸੀਰ

ਤਫਸੀਲ [təphsil] *n.f.* detail, elaboration, detailed description; also ਤਫ਼ਸੀਲ

ਤਫਤੀਸ਼ [təphtiṣ] *n.f.* investigation, inquiry, examination (of criminal or doubtful cases); (of disease) diagnosis; also ਤਫ਼ਤੀਸ਼

~ **ਕਰਨੀ** *con.v.* to investigate

ਤਫਤੀਸ਼ੀ [təphtiṣi] *adj.* investigative, investigatory, investigational

ਤਫਰਕਾ [təphərka] *n.m.* difference, disagreement (in opinion), estrangement, distance in relations; discrimination; also ਤਫ਼ਰਕਾ

~ **ਪੈਣਾ** *con.v.* for ਤਫਰਕਾ to occur, be estranged

ਤਫਰੀਹ [təphri] *n.f.* amusement, diversion, entertainment, merriment; recess, interval for relaxation or entertainment; also ਤਫ਼ਰੀਹ

ਤਫਰੀਕ [təphrik] *n.f.* deduction, subtraction; also ਤਫ਼ਰੀਕ

~ **ਕਰਨਾ** *con.v.* to subtract, deduct

ਤਬੱਸਮ [təbəssəm] *n.m.* smile

ਤਬਸਰਾ [təbsəra] *n.m.* commentary, discussion, review

ਤਬਕ [təbək] *n.m.* sky, sphere, heaven

ਤਬਕਾ [təbka] *n.m.* social class, group, section or stratum

ਤਬਖੀਰ [təbkhir] *n.f.* evaporation, vaporisation; also ਤਬਖ਼ੀਰ

ਤਬੱਦਲ [təbəddəl] *n.m.* same as ਤਬਦੀਲੀ, change

ਤਬਦੀਲ [təbdil] *adj.* changed, exchanged, bartered; altered, transformed; transferred

~ **ਕਰਨਾ** *con.v.* to change, alter, transform; to exchange, barter, swap, trade; to transfer

ਤਬਦੀਲੀ [təbdili] *n.f.* change, alteration, transformation, transition; exchange; transfer, transference

ਤਬਰ [təbər] *n.m.* battle-axe

ਤਬੱਰਕਾਤ [təbərrkat] *n.m. pl.* sacred relics

ਤਬਲ [təbəl] *n.m.* large drum, war, drum

ਤਬਲਚੀ [təbəlci] *n.m.* one who plays at ਤਬਲਾ, tabla player

ਤਬਲਬਾਜ [təbəlbaj] *n.m.* drummer for ਤਬਲ

ਤਬਲਾ [təbla] *n.m.* a pair of one-sided drums comprising one bass and the other with tenor sound, used for rhythm in Indian music and dance

ਤਬਲੀਗ [təblig] *n.f.* propagation of religion *esp.* of Islam, proselytising, proselytisation; also ਤਬਲੀਗ਼

ਤਬ੍ਹਾ [tə́ba] *n.f.* same as ਤਬੀਅਤ, disposition

ਤੰਬਾ [tə̃ba] *n.m.* loose trousers
ਤਬਾਸ਼ੀਰ [təbaṣir] *n.f.* siliceous concretion formed on some kinds of bamboo, used in certain medicines; bamboo-manna
ਤਬਾਹ [təbá] *adj.* destroyed, ruined, totally damaged or spoiled; desolated, devastated, ravaged
~ ਹਾਲ *adj.* same as ਤਬਾਹ; in a state of ruin; destitute; in ruins
~ ਹਾਲੀ *n.f.* same as ਤਬਾਹੀ; ruined state; destitution
ਤਬਾਹਕੁਨ [təbákun] *adj.* destructive, ruinous, devastating; deadly, fatal, baleful, harmful, pernicious, injurious
ਤਬਾਹੀ [təbái] *n.f.* destruction, devastation, ravage, ruination, ruin, wreck, wreckage, havoc; destitution
~ ਕਰਨੀ/~ ਮਚਾਉਣੀ *con.v.* to cause or spread ਤਬਾਹੀ, to devastate, ravage
ਤੰਬਾਕੂ [tə̃baku] *n.m.* same as ਤਮਾਕੂ, tobacco
ਤਬਾਦਲਾ [təbadəla] *n.m.* exchange, barter; transfer
ਤੰਬੀ [tə̃bi] *n.f.* same as ਸਲਵਾਰ, a type of trousers
ਤਬੀਅਤ [təbiət] *n.f.* disposition, state of physical health, emotional state or outlook, mood, temper, humour, temperament
~ ਉਚਾਟ ਹੋਣੀ *ph.* same as ਉਕਤਾਉਣਾ, to be fed up
~ ਠੀਕ ਨਾ ਹੋਣੀ/~ ਨਾਸਾਜ਼ ਹੋਣੀ *ph.* to be unwell, indisposed
ਤੰਬੀਹ [tə̃bí] *n.f.* reprimand, warning, censure, reproof, rebuke
~ ਕਰਨੀ *con.v.* to reprimand, warn, censure, reprove, rebuke
ਤਬੀਬ [təbib] *n.m.* physician, doctor, *esp.* practitioner of Unani system of medicine
ਤੰਬੂ [tə̃bu] *n.m.* tent
~ ਗੱਡਣਾ/~ ਲਾਉਣਾ *con.v.* to pitch tent
ਤੰਬੂਰ [tə̃bur] *n.m.* tambourine
ਤੰਬੂਰਚੀ [tə̃burci] *n.m.* ਤੰਬੂਰਾ player
ਤੰਬੂਰਾ [tə̃bura] *n.m.* guitar, mandoline
ਤਬੇਲਾ [təbela] *n.m.* horse-stable, mews
ਤੰਬੋਟੀ [tə̃boṭṭi] *n.f.* small tent; *cf.* ਤੰਬੂ
ਤੰਬੋਲ [tə̃bol] *n.m.* wedding present in cash (*usu.* reciprocal)
ਤਭਕ [tə́bək] *v.form.* nominative of ਤਭਕਣਾ
ਤਭਕਣਾ [tə́bəkəṇa] *v.i.* to start, to be startled, surprised, alarmed; to shudder with sudden fear; to take fright
ਤਮ¹ [təm] *n.m.* see ਹਨੇਰਾ, darkness
ਤਮ² *suff.* used to form superlative degree of adjectives borrowed from Hindi as in ਮਹੱਤਮ, ਲਘੁੱਤਮ
ਤਮੱਸਕ [təməssək] *n.m.* bond, note of hand, promissory note
ਤਮਹੀਦ [təmhid] *n.f.* introduction, preface, preamble, foreword, prologue
ਤਮਕ [təmək] *n.f.* anger, pique, wrath, excitement; redness of face due to anger or excitement
ਤਮਕਣਾ [təmkəṇa] *v.i.* to be angry, excited (as against adverse remarks), to redden or flush with anger; also ਤਮਕ ਖਾਣੀ
ਤਮਗਾ [təmga] *n.m.* medal, medallion; also ਤਮਗ਼ਾ
ਤਮੰਚਾ [təmə̃ca] *n.m.* same as ਪਸਤੌਲ, pistol, revolver
ਤਮੰਨਾ [təmə̃nna] *n.f.* wish, desire, longing, craving, ambition
ਤਮ੍ਹਾ [tə́ma] *n.m.* greed, avarice, covetousness, greediness; temptation
~ ਕਰਨਾ *con.v.* to be greedy, avaricious, covet, desire or take greedily
~ ਦੇਣਾ *con.v.* to tempt; to bribe
ਤਮ੍ਹਾਖੋਰ [tə́makhor] *adj.* greedy, covetous, avaricious
ਤਮ੍ਹਾਤੜ [təmàtəṛ] *pron.* someone like you, your like, you
ਤਮਾਸ਼ਬੀਨ [təmaṣbin] *adj.* spectator, onlooker, interested only in amusement
ਤਮਾਸ਼ਾ [təmaṣa] *n.m.* show, spectacle, magic show, juggler's performance, fun, entertainment, sport, acrobatic display, pageant, pageantry, display, amusing incident
~ ਕਰਨਾ *con.v.* to stage, present ਤਮਾਸ਼ਾ, create an amusing situation

ਤਮਾਕੂ [təmakku] *n.m.* tobacco
~ ਪੀਣ ਵਾਲਾ *ph.* smoker
~ ਪੀਣਾ *con.v.* to smoke
ਤਮਾਚਾ [təmacca] *n.m.* slap, smack
~ ਜੜਨਾ/ਮਾਰਨਾ *con.v.* to slap, smack
ਤਮਾਮ [təmam] *adj.* all, whole, entire, total, complete, finished
ਤਮੀਜ [təmij] *n.f.* recognition, distinction, discrimination; good manners, decorum, politeness, respect; also ਤਮੀਜ਼
~ ਕਰਨੀ *con.v.* to distinguish, discriminate; to be polite, respectful
ਤਮੇਸਰ [təmesər] *n.m.* same as ਤਾਮੇਸਰ, calx
ਤਮੋਗੁਣ [təmoguṇ] *n.m.* evil, undesirable property or propensity, darker side of things (one of the three aspects of *maya*); *cf.* ਸਤੋਗੁਣ and ਰਜੋਗੁਣ
ਤਮੋਗੁਣੀ [təmoguṇi] *adj.* evil, undesirable, dark, dull
ਤਰ¹ [tər] *n.f.* oblong fruit of a creeper, a kind of cucumber
ਤਰ² *adj.* wet, dank, damp, drenched, soaked; humid; inundated; soggy, sodden
~ ਕਰਨਾ *con.v.* to drench, soak, dampen, innundate, water
~ ਬਤਰ *adj.* thoroughly soaked, inundated, overflowing
~ ਮਾਲ *n.m.* fresh, ready, juicy, greasy or nutritious things
ਤਰ³ *suff.* for forming comparative degree of adjectives, such as ਬਿਹਤਰ better, ਕਮਤਰ less or inferior, ਅਧਿਕਤਰ more, more often
ਤਰ⁴ *v.form.* nominative/imperative of ਤਰਨਾ, float; swim
ਤਰਸ [tərəs] *n.m.* pity, mercy, compassion; pathos
~ ਕਰਨਾ/~ ਖਾਣਾ *con.v.* to feel pity (for), take pity on
~ ਜਾਣਾ *con.v.* same as ਤਰਸਣਾ, to long for
~ ਮਾਰ *n.f.* mercy-killing, euthanasia
~ ਜੋਗ *adj.* pitiable, pitiful, piteous, pathetic
ਤਰਸਹੀਣ [tərəshiṇ] *adj.* merciless, pitiless
ਤਰਸਣਾ [tərsəṇa] *v.i.* to long for, earnestly desire, yearn, wish, need or want badly
ਤਰਸਵਾਨ [tərsvan] *adj.* merciful, compassionate, kind-hearted
ਤਰਸਾਉਣਾ [tərsauṇa] *v.t.* to cause or make one to long for, yearn, want, desire; to tantalise, torment by arousing false hopes
ਤਰਸੂਲ [tərsul] *n.m.* same as ਤ੍ਰਿਸੂਲ or ਤਰਿਸੂਲ, trident
ਤਰਸੇਵਾਂ [tərsevã] *n.m.* longing, yearning, desire, want
ਤਰਹਿਕਣਾ/ਤਰਹਿਣਾ [tərɛ́kəṇa/tərɛ́ṇa] *v.i.* same as ਤ੍ਰਭਕਣਾ
ਤਰਹਿੰਦੜ [tərɛ̃dəṛ] *adj.* skittish
ਤਰਕ [tərk] *n.m.* reasoning, argument, logic, rationale, debating point
~ ਸੰਗਤ *adj.* logical, rational, reasonable, proper (act or measure)
~ ਸ਼ਾਸਤਰ *n.m.* logic, science of reasoning
~ ਸ਼ਾਸਤਰੀ *n.m.* logician
~ ਕਰਨਾ *con.v.* to reason, argue
~ ਗਿਆਨ *n.m.* logic
~ ਵਿਤਰਕ *n.m.* debate
ਤਰੱਕ [tərəkk] *n.m.* same as ਸੜ੍ਹਾਂਦ; rot
ਤਰਕਸ਼ [tərkəṣ] *n.m.* quiver
ਤਰਕਸ਼ੀਲ [tərkṣil] *adj.* logical, rational, reasonable (person or argument)
ਤਰਕਸ਼ੀਲਤਾ [tərkṣilta] *n.f.* reasonableness, rationality
ਤਰਕਹੀਣ [tərkhiṇ] *adj.* illogical, unreasonable, baseless, irrational
ਤਰਕ ਕਰਨਾ [tərək kərna] *con.v.* to renounce, leave, give up, forego, abandon
ਤਰੱਕਣਾ [tərəkkəṇa] *v.i.* to rot, decay, putrefy, decompose
ਤਰਕਵਾਦ [tərkvad] *n.m.* sophism, rationalism
ਤਰਕਵਾਦੀ [tərkvadi] *n.m. & adj.* sophist, rationalist
ਤਰਕਾ¹ [tərka] *n.m.* wealth, property, share in inheritance, patrimony; sprin-

kling, sprinkle
~ ਕਰਨਾ *con.v.* same as ਤਰਕਾਉਣਾ, to sprinkle
ਤਰਕਾ² *v.form.* imperative of ਤਰਕਾਉਣਾ
ਤਰਕਾਉਣਾ [tərkauṇa] *v.t.* to cause putrefaction, rot or decay, putrefy, decompose; to sprinkle; also ਤਰੌਂਕਣਾ
ਤਰਕਾਰੀ [tərkari] *n.f.* vegetable (fresh or cooked)
ਤਰਕਾਲ਼ਾਂ [tərkaḷã] *n.f. pl.* same as ਤਕਾਲ਼ਾਂ, evening
ਤਰੱਕੀ [tərəkki] *n.f.* progress, development, advancement, improvement, betterment; advance, growth, rise; rise in rank or status, promotion
~ ਕਰਨੀ *con.v.* to progress, develop, improve, advance, grow, rise; to get promotion, rise in rank or status
~ ਮਿਲਣੀ *con.v.* to be promoted, get a rise or promotion
ਤਰੱਕੀਪਸੰਦ [tərəkkipəsə̃d] *adj.* progressive
ਤਰਕੀਬ [tərkib] *n.f.* plan, method, measure, scheme, means, process, way out, solution
ਤਰੱਕੀਯਾਫਤਾ [tərəkkiyafta] *adj.* promoted; advanced, developed
ਤਰਖਾਣ [tərkhaṇ] *n.m.* carpenter, joiner
ਤਰਖਾਣਾ ਕੰਮ / ਕਿੱਤਾ [tərkhaṇa kə̃mm/kıtta] *n.m.* carpentry, joinery
ਤਰੰਗ [tərə̃g] *n.f.* wave, ripple; breaker, surf, billow, surge; impulse, emotion, thought
ਤਰੰਗਲ਼ੀ [tərə̃gḷi] *n.f. dia.* see ਤੰਗਲ਼ੀ
ਤਰੰਗੜ [tərə̃gəṛ] *n.m. dia.* see ਤੰਗੜ
ਤਰਜ਼ [tərz] *n.f.* tune, melody, musical measure, tenor; mode, manner, fashion, style, form
ਤਰਜਮਾ [tərjəma] *n.m.* translation
~ ਕਰਨਾ *con.v.* to translate
ਤਰਜਮਾਨ [tərjman] *n.m.* representative, spokesman, interpreter
ਤਰਜਮਾਨੀ [tərjmani] *n.f.* representation, expression, interpretation (of others, views or feelings)
~ ਕਰਨਾ *con.v.* to represent, present, convey, express, interpret (view or feeling)
ਤਰਜੀਹ [tərji] *n.f.* preference
~ ਦੇਣਾ *con.v.* to prefer
ਤਰਜੀਹਨ [tərjihən] *adv.* preferentially
ਤਰਜੀਹੀ [tərjihi] *adj.* preferential
ਤਰੰਢਾ [tərə̃ḍa] *n.m.* stump of cut plant, stub, stubble
ਤਰਤਾਲ਼ੀ [tərtaḷi] *adj.* forty-three
ਤਰਤਾਲ਼ੀਂ [tərtáḷi] *adv.* for Rs. 43
ਤਰਤਾਲ਼ੀਆਂ/ਤਰਤਾਲ਼ੀਵਾਂ [tərtáḷiã/tərtáḷivã] *adj.m.* forty-third
ਤਰਤੀਬ [tərtib] *n.f.* order, arrangement, sequence, serial order, permutation, collection
~ ਦੇਣਾ *con.v.* to put in some order, arrange, permute, permutate, collocate
ਤਰਤੀਬਵਾਰ [tərtibvar] *adv.* serially, in some order or sequence
ਤਰਥੱਲੀ [tərthəlli] *n.f.* disorder, disturbance, disarray, upheaval, welter, uproar, tumult, turmoil
~ ਮਚਾਉਣੀ *ph.* to cause or create ਤਰਥੱਲੀ
ਤਰੱਦਦ [tərəddəd] *n.m.* endeavour, effort, exertion; discomfort, botheration, anxiety, worry
~ ਕਰਨਾ *con.v.* to make effort, to exert oneself; to bother, worry
ਤਰਦਾ [tərda] *adj. & adv.* afloat, floating, drifting, buoyant
ਤਰਦੀਦ [tərdid] *n.f.* refutation, denial, disavowal, repudiation, cancellation, contradiction
~ ਕਰਨੀ *con.v.* to refute, deny, cancel, repudiate, disown, issue or give a denial
ਤਰਨ ਸ਼ਕਤੀ [tərn ṣəkti] *n.f.* buoyancy
ਤਰੰਨਮ [tərə̃nnəm] *n.m.* melody, singing voice, cadence, musical tone or quality of voice or speech, melodiousness, musicality, musicalness
ਤਰਨਾ¹ [tərna] *v.i.t.* to swim, float, swim across; to be emancipated, liberated; (for debt or due) to be paid, realised, repaid

ਤਰਨ¹ *adj.m.* see ਤਰੁਣ
ਤਰੱਪਣਾ [tərəppəṇa] *v.i.t. dia.* see ਟੱਪਣਾ
ਤਰਪਨ [tərpən] *n.m.* libation to manes
ਤਰਪਾਈ [tərpai] *n.f.* same as ਉਲੇੜ੍ਹੀ, hemming; *dia.* see ਤਿਪਾਈ
ਤਰਪਾਲ [tərpal] *n.m.* tarpaulin
ਤਰਫ [tərəf] *n.f.* side, flank, direction, way; party, team; also ਤਰਫ਼
ਤਰਫਦਾਰ [tərəfdar] *adj.* partial, biased, prejudicial; *n.m.* partisan, supporter, backer
ਤਰਫਦਾਰੀ [tərəfdari] *n.f.* partiality, bias (in favour), favouritism; support, backing
~ **ਕਰਨੀ** *con.v.* to be partial to, take sides, support
ਤਰਫੈਨ [tərphɛn] *n.m. pl.* sides or parties to a case, dispute or contest; contesters, contenders; also ਤਰਫ਼ੈਨ
ਤਰਬ [tərəb] *n.f.* string (of a musical instrument), twang, vibration, sound produced by any string of the instrument
ਤਰਬੀਅਤ [tərbiət] *n.f.* bringing up, upbringing, nurture; training, education
ਤਰਬੂਜ [tərbuj] *n.m.* water melon; pepo; also ਤਰਬੂਜ਼
ਤਰਬੂਜੀ [tərbuji] *adj.* of the colour of the meat of ਤਰਬੂਜ, pinkish red
ਤਰਭਕਣਾ [tərə́bkəṇa] *v.i.* same as ਤਭਕਣਾ
ਤਰਮੀਮ [tərmim] *n.f.* amendment, emendation, correction, alteration
~ **ਕਰਨੀ** *con.v.* to amend, correct, emendate, alter
ਤਰਮੀਮਸ਼ੁਦਾ [tərmimṣuda] *adj.* amended, corrected, emendated, altered
ਤਰਮੀਮੀ [tərmimi] *adj.* amendatory, emendatory, amending
ਤਰਲ [tərəl] *adj.* liquid, fluid; *fig.* unstable, unsteady; fickle, inconstant
~ **ਪਦਾਰਥ** *n.m.* liquid, fluid
ਤਰਲਤਾ [tərəlta] *n.f.* liquidity, fluidity; fickleness
ਤਰਲਾ [tərla] *n.m.* cringing, servile request, entreaty or supplication; useless, desperate endeavour
~ **ਕਰਨਾ** *con.v.* to supplicate, beseech, entreat, beg, implore
~ **ਮਾਰਨਾ** *con.v.* to make desperate, often useless, endeavour
ਤਰਲਾਉਣਾ [tərlauṇa] *v.t.* to liquefy, melt
ਤਰਲੋਮੱਛੀ [tərloməcchi] *adj.* restless, like a fish out of water
~ **ਹੋਣਾ** *ph.* to writhe and wriggle, behave as a fish out of water
ਤਰਵੰਜਾ [tərvə̃ja] *adj.* fifty-three
ਤਰਵੰਞਵਾਂ [tərvə̃jvã] *adj.m.* fifty third
ਤਰਵੰਞੀ [tərvə̃ji] *adv.* for Rs. 53
ਤਰ੍ਹਾ/ਤਰ੍ਹਾਂ [tə́ra/ tə́rã] *adv.* like, as, just as, in the manner of
~ **ਮਿਸਰਾ** *n.m.* line suggesting metre and rhyme of a poem
ਤਰਾ [təra] *v.form.* imperative of ਤਰਾਉਣਾ make (one) swim or repay
ਤਰਾਉਣਾ [tərauṇa] *v.t.* to cause, make, teach or help to swim; to make one pay (tax or dues) or repay (debt)
ਤਰਾਉਤ [təraut] *n.f.* wetness, dampness, moisture, moistness; freshness
ਤਰਾਈ [tərai] *n.f.* process of, wages for wetting, dampening, sprinkling; plain below foot-hills; northern belt of the Gangetic plain adjoining the Himalayan foot-hills
ਤਰਾਸ [təras] *n.m.* fear, dread, terror, horror, awe, panic, alarm; trouble, affliction, pain; woe, distress, grief
ਤਰਾਸ਼ਣਾ [təraṣəṇa] *v.t.* to scrape, pare, trim, carve, cut; to sharpen by scraping, whittle (as a pencil)
ਤਰਾਸਦੀ [tərasdi] *n.m.* tragedy
ਤਰਾਸੀ [tərassi] *adj.* see ਤਿਰਾਸੀ
ਤਰਾਕ [tərak] *adj. & n.m.* swimmer
ਤਰਾਕੀ [tərakki] *n.f.* swimming, aquatics
ਤਰਾਜੂ [təraju] *n.m.* same as ਤੱਕੜੀ weighing scales; also ਤਰਾਜ਼ੂ
ਤਰਾਟ [təraṭ] *n.f.* shooting or proxysmal pain
~ **ਉੱਠਣੀ**/~ **ਪੈਣੀ** *con.v.* for sudden pain to rise or be felt
ਤਰਾਣ [təraṇ] *n.m.* power, strength

ਤਰਾਨਵੇਂ [təranəvẽ] *adj.* see ਤਿਰਾਨਵੇਂ
ਤਰਾਨਾ [təranna] *n.m.* song, ditty; musical composition, melody, harmony
ਤਰਾਂਬਾ/ਤਰਾਮਾ [tərãba/təramma] *n.m. dia.* see ਤਾਂਬਾ, copper
ਤਰਾਮੀ [tərammi] *n.f. dia.* see ਪਰਾਤ, kneading dish
ਤਰਾਵਤ [təravət] *n.f.* same as ਤਰਾਉਤ
ਤਰਿਆਸੀ [tərıassi] *adj.* same as ਤਿਰਾਸੀ
ਤਰਿਆਕਲ [tərıakəl] *n.m. lit.* a third person; arbiter, mediator, umpire
ਤਰਿਆਨਵੇਂ [tərıanəvẽ] *adj.* same as ਤਿਰਾਨਵੇਂ
ਤਰਿੰਢਣ [tərĩñəṇ] *n.m.* same as ਤ੍ਰਿੰਢਣ
ਤਰੀ [təri] *n.f.* sea (as against land), watery region; moisture, humidity; grawy, soup, broth
ਤਰੀਕ [tərik] *n.f.* date
~ ਪਾਉਣੀ *ph.* to postpone, fix a fresh date
~ ਪੈਣੀ *ph.* to be postponed to a later date
ਤਰੀਕਤ [tərikət] *n.f.* method of spiritual purification; one of the stages of spiritual progress in Sufism
ਤਰੀਕਾ [tərikka] *n.m.* method, technique, way, manner, mode; usage, custom
ਤਰੀਫ [tərif] *n.f. colloq.* see ਤਾਰੀਫ
ਤਰੀਮਤ [tərimət] *n.f.* woman, female, wife
ਤਰੁਟੀ [təruṭi] *n.f.* shortcoming, deficiency
ਤਰੁੱਠਣਾ [təruṭṭhəṇa] *v.t.* same as ਤੁੱਠਣਾ
ਤਰੁਣ/ਤਰੁਨ [təruṇ/tərun] *adj.* young, youthful, adult, full grown
~ ਅਵਸਥਾ *n.f.* youth, adulthood
ਤਰੁੱਪਣਾ [təruppəṇa] *v.t. dia.* see ਸਿਊਣਾ, to sew
ਤਰੂਣਾ [təruṇa] *v.i.dia.* see ਤੂਣਾ, to abort
ਤਰੇੜ [təreṛ] *n.f.* crack, crevice, cleft, fissure, breach
ਤਰੋਟ [təroṭ] *n.f. dia.* see ਟੋਟ, hangover
ਤਰੋਤਰ [tərotər] *adj.* same as ਤਰ ਬਤਰ under ਤਰ[2], inundated
ਤਰੋਤਾਜ਼ਾ [tərotaza] *adj.* fresh, refreshed, freshened
ਤਰੋਪਾ [təroppa] *n.m. dia.* see ਤੋਪਾ, stitch
ਤਰੋੜਨਾ [təroṛna] *v.t.* same as ਤੋੜਨਾ, to break
ਤਰੌਂਕਣਾ [tərɔ̃kəṇa] *v.t.* to sprinkle, spray
ਤਰੌਂਕਾ [tərɔ̃ka] *n.m.* sprinkle, spray; *informal.* light rain
ਤਰੌਤ [tərɔt] *n.f.* same as ਤਰਾਉਤ, moisture
ਤਲ [təl] *n.m.* base, bottom, bed; surface, plane, level
ਤਲ਼ [təḷ] *v.form.* imperative of ਤਲ਼ਨਾ, fry
ਤੱਲਕ [təllək] *n.m.* relation, connection, link, relationship
ਤੱਲਕਾ [təlləka] *n.m.* group of villages, region, same as ਤਹਿਸੀਲ (in some states)
ਤਲਖ [tələkh] *adj.* bitter, pungent, acrid, hot, acerb, acerbate; also ਤਲਖ਼
~ ਸੁਭਾ *n.m.* hot or harsh temperament; *adj.* hot tempered, choleric, irascible, acrimonious
~ ਜਬਾਨ *adj.* with a biting tongue, impolite, acrimonious
~ ਮਿਜ਼ਾਜ *adj.* same as ~ ਸੁਭਾ
ਤਲਖੀ [təlkhi] *n.f.* bitterness, acridness, hotness, acidity, acerbity; heat, temper, anger, strain in relationship
ਤਲੰਗ [tələ̃g] *n.m.* one of Indian musical measures
ਤਲੰਗਾ [tələ̃ga] *n.m. slang.* soldier
ਤਲਛਟ [təlchət] *n.f.* sediments, lees, dregs
~ ਚਟਾਨ *n.f.* sedimentary rock
ਤਲਣਾ/ਤਲ਼ਨਾ [təlṇa/təḷna] *v.t.* to fry
ਤਲੱਫ਼ਜ਼ [tələffəz] *n.m.* pronunciation
ਤਲਬ [tələb] *n.f.* want, demand, need, requirement; wish, desire; pay, salary
~ ਹੋਣੀ *con.v.* to have want, need or desire, need, desire, want
~ ਕਰਨਾ *con.v.* to summon
ਤਲਬਾ [təlba] *n.m. pl.* students, student community
ਤਲਬਾਨਾ [təlbana] *n.m.* fee for serving summons
ਤਲਬੀ [təlbi] *n.f.* summons, call for presence or attendance in court
~ ਕਰਜ਼ਾ *n.m.* call loan
ਤਲਮਲਾ [təlməla] *v.form.* nominative of ਤਲਮਲਾਉਣਾ
ਤਲਮਲਾਉਣਾ [təlməlauṇa] *v.i.* to be angry;

to writhe, wriggle, squirm
ਤਲਮਲਾਹਟ [təlməláṭ] *n.f.* feeling or motion of ਤਲਮਲਾਉਣਾ, squirm, anger, restlessness, agitation
ਤਲਵਾ [təlva] *n.m.* sole, bottom
ਤਲਵਾਂ [təlvã] *adj.m.* basal, bottom, lower, nether
ਤਲ਼ਵਾਂ [təḷvã] *adj.m.* fried
ਤਲ਼ਵਾਉਣਾ [təḷvauṇa] *v.t.* to get something fried
ਤਲ਼ਵਾਈ/ਤਲ਼ਾਈ [təḷvai/təḷai] *n.f.* process of, wages for ਤਲ਼ਵਾਉਣਾ
ਤਲਵਾਰ [təlvar] *n.f.* sword, sabre, scimitar, rapier, cutlass
~ **ਸੂਤਣੀ/~ ਕੱਸਣੀ/~ ਕੱਢ ਲੈਣੀ** *ph.* to draw, unsheath, raise or brandish sword
~ **ਚਲਾਉਣ ਵਾਲਾ** *ph.* swordsman
~ **ਚਲਾਉਣੀ** *con.v.* to fight or strike with ਤਲਵਾਰ, sabre
~ **ਦੀ ਧਾਰ** *n.f. ph.* razor's edge
~ **ਦੇ ਘਾਟ ਉਤਾਰਨਾ** *ph.* to kill with a ਤਲਵਾਰ, to put to sword, to sabre
ਤਲਾ/ਤਲ਼ਾ [təla/təḷa] *n.m.* sole, bottom, base, the nether side; (sea) bed
ਤੱਲਾ [təlla] *n.m.* distinctive looking portion of crop or field
ਤਲਾਉ/ਤਲਾ [təlau/təla] *n.m.* pond, pool, tank
ਤਲ਼ਾਈ [təḷai] *n.f.* see ਤਲ਼ਵਾਈ; mattress padded with cotton-wool
ਤਲਾਸ਼ [təlaṣ] *n.f.* search, desire or effort to find, prospecting, looking for, exploration
~ **ਕਰਨੀ** *con.v.* to search, explore, seek, look for, prospect
ਤਲਾਸ਼ੀ [təlaṣi] *n.f.* search, frisking, rummage, house-search
~ **ਲੈਣੀ** *con.v.* to carry out search, frisk, rummage
ਤਲਾਕ [təlak] *n.m.* divorce
~ **ਦੇਣਾ** *con.v.* to divorce
~ **ਲੈਣਾ** *con.v.* to divorce, get divorce
ਤਲਾਕਸ਼ੁਦਾ [təlakṣuda] *adj.* divorced
ਤਲਾਕਨਾਮਾ [təlaknama] *n.m.* decree or document of ਤਲਾਕ
ਤਲਾਂਜਲੀ [təlãjəli] *n.f.* same as ਤਿਲਾਂਜਲੀ, renunciation
ਤਲਾਫੀ [təlaphi] *n.f.* compensation, recompense, reparation, indemnity; satisfaction, amends, redress, making good or making up for (loss or wrong); also ਤਲਾਫ਼ੀ
~ **ਕਰਨਾ** *con.v.* to compensate, recompense, indemnify, make good, make amends, separation or satisfaction, make up for
ਤਲਾਬ [təlab] *n.m.* pond, pool, tank
ਤਲਿੱਸਮ [təlıssəm] *n.m.* same as ਤਿਲਿੱਸਮ, magic
ਤਲਿਹਾਰਾ [təlıàra] *n.m.* head halter, headstall, rope with a noseband or noose for mouth
ਤੱਲੀ [təlli] *n.f.* smaller ਤੱਲਾ, patch, portion
ਤਲ਼ੀ[1] [təḷi] *n.f.* palm; sole
~ **ਭਰ** *adj.* just a little, in small quantity, palmful
ਤਲ਼ੀ[2] *v.form.* of ਤਲ਼ਨਾ, past indefinite with *fem.* object; fried
~ **ਹੋਈ** *adj. f.* fried
ਤਲ਼ੇ [təḷe] *adv.* see ਥੱਲੇ, below; *n.m. pl.* of ਤਲ਼ਾ, soles
ਤਵੱਕਲ [təvəkkəl] *n.m.* faith, trust
ਤਵੱਕਲੀ [təvəkkəli] *adv.* on faith, with trust (in), *usu.* ਰੱਬ ~ *adv.* God willing, per chance, relying on fate
ਤਵੱਕੋ [təvəkko] *n.f.* expectation, hope
~ **ਰੱਖਣਾ** *con.v.* to expect, hope
ਤਵੱਜੋ [təvəjjo] *n.f.* attention, attentiveness
~ **ਦੇਣੀ** *con.v.* to pay attention, be attentive
ਤਵਰਗ [təvərg] *n.m.* group of dental plosive letters of Gurmukhi alphabet
ਤਵਾ [təva] *n.m.* iron plate for baking Indian bread (circular in shape); gramophone record
ਤਵਾਇਫ [təvaıf] *n.f.* dancing girl; prostitute
ਤਵਾਜ਼ਨ [təvazən] *n.m.* balance, stability, equilibrium
ਤਵਾਨ [təvan] *n.m.* penalty, fine

ਤਵਿੱਢਾ [təvíḍḍa] *adj.m.*(well) with space for three Persian wheels; three-faced, three-pronged

ਤਵੀ [təvi] *n.f.* large oblong ਤਵਾ; disc of mechanical cultivator, disc harrow; name of a river in Jammu and Kashmir

ਤਵੀਤ [təvit] *n.m.* amulet, charm

~ ਪਾਉਣੇ *con.v.* to wear, put on ਤਵੀਤ; to cast spells (in order to attract or harm)

ਤਵੀਤੜੀ/ਤਵੀਤੀ [təvitəṛi/təviti] *n.f.* small ਤਵੀਤ; an amulet like ornament for the neck

ਤੜਕ [təṛk] *v.form.* imperative of ਤੜਕਣਾ, fry

ਤੜੱਕ [təṛəkk] *n.f.* snapping, breaking sound; *adv.* with a snap

~ ਕਰਕੇ/~ ਦੇਣੀ *adv. dia.* same as ਤੜੱਕ

ਤੜਕਣਾ [təṛkəṇa] *v.t.* to fry, pan-fry, saute.

ਤੜਕ ਫੜਕ/ਤੜਕ ਭੜਕ [təṛk phəṛk/təṛk pə̀ṛk] *n.f.* ostentatious, pomp, glamour, flamboyance

ਤੜਕ ਫੜਕ ਵਾਲ਼ਾ [təṛk phəṛk vala] *adj.m.* ostentations, pompous, glamorous, flamboyant, foppish

ਤੜਕਵਾਉਣਾ [təṛkvauṇa] *v.t.* to get something fried or seasoned with ਤੜਕਾ

ਤੜਕਵਾਈ [təṛkvai] *n.f.* wages for ਤੜਕਵਾਉਣਾ

ਤੜਕਾ [təṛka] *n.m.* process of ਤੜਕਣਾ; a small quantity of onion, garlic, spices, separately fried in a pan for seasoning dishes; early morning; daybreak

~ ਲਾਉਣਾ *con.v.* same as ਛੌਂਕਣਾ or ਤੜਕਣਾ

ਤੜਕੇ [təṛke] *adv.* early in the morning, at daybreak; early tomorrow; also ਤੜਕਸਾਰ

ਤੜ ਤੜ [təṛ təṛ] *n.f.* cracking sound, crackle, crackling sound of rapid fire

ਤੜਥੱਲ/ਤੜਥੱਲੀ [təṛthəll/təṛthəlli] *n.f.* same as ਤਰਥੱਲੀ, uproar

ਤੜਪ/ਤੜਫ [təṛp/təṛph] *n.f.* tossing and turning, writhing and wriggling as in pain; flutter, squirm; intense longing or desire

ਤੜਫਣਾ [təṛphəṇa] *v.i.* to squirm, toss and turn, flutter, writhe and wriggle; to suffer pangs of desire or separation

ਤੜਫਣੀ [təṛphəṇi] *n.f.* same as ਤੜਫ

ਤੜਫੜਾਉਣਾ [təṛphəṛauṇa] *v.i.* same as ਤੜਫਣਾ

ਤੜਫੜਾਹਟ [təṛphəṛáṭ] *n.f.* same as ਤੜਫ

ਤੜਫਾਉਣਾ [təṛphauṇa] *v.t.* to cause ਤੜਫ

ਤੜਫਾਊ [təṛphau] *adj.* causing extreme pain, extremely painful

ਤੜਫਾਟ [təṛphaṭ] *n.m.* widespread pain, suffering, wailing, misery

~ ਪਾਉਣਾ *con.v.* to cause ਤੜਫਾਟ

ਤੜਾਉਣਾ [təṛauṇa] *v.t.* *colloq.* see ਤਿੜਾਉਣਾ

ਤੜਾਕ [təṛak] *n.f.* cracking, crashing or snapping sound; crack, snap (as of a whip); *adv.* with a crack

~ ਤੜਾਕ *adv.* repeatedly with a ਤੜਾਕ, crack-crack

ਤੜਾਕਾ [təṛakka] *n.m.* same as ਤੜਾਕ

~ ਪੈਣਾ *con.v.* for ਤੜਾਕਾ to be caused or happen; intensely hot or sultry weather

ਤੜਾਗੀ [təṛagi] *n.f.* cord worn around the loins by children

ਤੜਾ ਤੜ [təṛa-təṛ] *adv.* same as ਧੜਾ ਧੜ, in quick succession

ਤੜਾਂਵ [təṛãv] *n.f.* *usu pl.* ਤੜਾਵਾਂ small string tied to the lateral rib of a kite to which the long flying string is attached; see ਤਣੀ, ਤਣਾਵਾਂ

ਤੜਿੱਕਣਾ [təṛıkkəṇa] *v.i. dia.* see ਤਿੜਕਣਾ

ਤੜਿੰਗ [təṛı̃g] *adj.* angry, displeased, surly, sulky

ਤੜੀ [təṛi] *n.f.* overbearing attitude, false pride

ਤ੍ਰਹਿਕਣਾ/ਤਰਹਿਕਣਾ/ਤ੍ਰਹਿਣਾ/ਤਰਹਿਣਾ [tərékəṇa / tréṇa] *v.i.* same as ਤ੍ਰਭਕਣਾ, to start (as from shock or surprise)

ਤ੍ਰਹਿੰਦੜ/ਤਰਹਿੰਦੜ [tərẽdəṛ] *adj.* skittish

ਤ੍ਰੱਕ/ਤਰੱਕ [tərəkk] *n.m.* same as ਸੜ੍ਹਾਂਦ; rot

ਤ੍ਰੱਕਣਾ/ਤਰੱਕਣਾ [tərəkkəṇa] *v.i.* to rot, decany, putrefy, decompose

ਤ੍ਰੱਕਲ਼ਾ/ਤਰੱਕਲ਼ਾ [tərəkkəḷa] *n.m. dia.* same

as ਤੱਕਲਾ, spindle

ਤ੍ਰੱਕੜੀ/ਤਰੱਕੜੀ [tərəkkəṛi] *n.f. dia.* same as ਤੱਕੜੀ, balance

ਤ੍ਰੰਗ/ਤਰੰਗ [tərə̃g] *n.f.* wave

ਤ੍ਰੱਟੀ ਚੋੜ/ਤਰੱਟੀ ਚੋੜ [tərəṭṭi cɔr] *n.f.* utter loss, spoilage, severe damage, havoc

ਤ੍ਰੱਠਾ/ਤਰੱਠਾ [tərəṭṭha] *v. form.* participle of ਤਰਹਿਣਾ, frightened

ਤ੍ਰੰਢਾ/ਤਰੰਢਾ [tərə̃ḍa] *n.m.* stump of cut plant, stubble

ਤ੍ਰਭਕਣਾ/ਤਰਭਕਣਾ [tərə́bkəṇa] *v.i.* same as ਤਭਕਣਾ

ਤ੍ਰਾਸ/ਤਰਾਸ [təras] *n.m.* fear, dread, terror, horror, panic, fright

ਤ੍ਰਾਸਦੀ/ਤਰਾਸਦੀ [tərasdi] *n.f.* tragedy

ਤ੍ਰਾਹ/ਤਰਾਹ [tərá] *n.m.* fright, sudden fear, consternation

~ ਤ੍ਰਾਹ ਕਰਨਾ *con.v.* to lament under cruelty or tyranny

~ ਨਿਕਲ਼ਨਾ *con.v.* same as ਤਭਕਣਾ

ਤ੍ਰਾਹੁਣਾ [tərɔ́ṇa] *v.t.* to frighten, terrify, startle, astound, scare, surprise, consternate, shock; also ਤ੍ਰਾਹ ਕੱਢਣਾ

ਤ੍ਰਾਟ/ਤਰਾਟ [təraṭ] *n.f.* shooting, proxysmal pain

~ ਉੱਠਣੀ/~ ਪੈਣੀ *con.v.* for ਤ੍ਰਾਟ to rise or be felt

ਤ੍ਰਿਆ/ਤਿਰਿਆ [tɪria] *n.f.* woman, female,

~ ਚਰਿੱਤਰ *n.m.* women's wiles

ਤ੍ਰਿਸਕਾਰ/ਤਰਿਸਕਾਰ [tərɪskar] *n.m.* same as ਤਿਰਸਕਾਰ, reproach

ਤ੍ਰਿਸ਼ਣਾ/ਤਰਿਸ਼ਣਾ [tərɪṣəṇa] *n.f.* desire, wish; thirst, hunger, appetite; ambition, aspiration, greed, avarice

ਤ੍ਰਿਸੂਲ/ਤਰਿਸੂਲ [tərɪsul] *n.m.* trident

ਤ੍ਰਿੱਕੀ/ਤਰਿੱਕੀ [tərɪkki] *n.f. dia.* see ਤਿੱਕੀ, card with three pips

ਤ੍ਰਿਕੁਟੀ/ਤਰਿਕੁਟੀ [tərɪkuṭi] *n.f.* middle of forehead just above the eyebrows; triad, trinity

ਤ੍ਰਿਕੁਲ/ਤਰਿਕੁਲ [tərɪkul] *n.m. dia.* see ਲੱਕ[1], middle, waist

ਤ੍ਰਿਕੋਣ/ਤਰਿਕੋਣ [tərɪkoṇ] *n.f. dia.* see ਤਿਕੋਣ, triangle

ਤ੍ਰਿਖਾ/ਤਰਿਖਾ [tərɪkha] *n.f.* same as ਤ੍ਰਿਸ਼ਣਾ, thirst

ਤ੍ਰਿੱਖਾ/ਤਰਿੱਖਾ [tərɪkkha] *adj.m. dia.* see ਤਿੱਖਾ, sharp

ਤ੍ਰਿਗੁਣ/ਤਰਿਗੁਣ [tərɪguṇ] *n.m. pl.* threefold qualities of nature, see ਸਤੋਗੁਣ, ਰਜੋਗੁਣ and ਤਮੋਗੁਣ

ਤ੍ਰਿਗੁਣੀ/ਤਰਿਗੁਣੀ [tərɪguṇi] *adj.* related to or characterised by ਤਰਿਗੁਣ

ਤ੍ਰਿੰਞਣ/ਤਰਿੰਞਣ [tərĩñəṇ] *n.m.* group of spinning women, group-spinning by women

ਤ੍ਰਿੱਡਾ/ਤਰਿੱਡਾ [tərɪḍḍa] *n.m. dia.* see ਟਿੱਡਾ, grasshopper

ਤ੍ਰਿਪਤ/ਤਰਿਪਤ [tərɪpət] *adj.* satisfied, satiated, content; with thirst, hunger or desire fully allayed, quenched or slaked

~ ਹੋਣਾ *con.v.* to be ਤਰਿਪਤ, to have one's fill

ਤ੍ਰਿਪ ਤ੍ਰਿਪ/ਤਰਿਪ ਤਰਿਪ [tərɪp tərɪp] *n.f.* sound of dripping; *adv.* in drops

ਤ੍ਰਿਪਤੀ/ਤਰਿਪਤੀ [tərɪpəti] *n.f.* satisfaction, contentment, gratification, fill, satiety; quenching or slaking or fulfilment of one's desire or need

ਤ੍ਰਿਫਲਾ/ਤਰਿਫਲਾ [tərɪphəla] *n.m.* medicinal mixture of three fruits, ਹਰੜ, ਬਹੇੜਾ and ਔਲਾ

ਤ੍ਰਿਭਕਣਾ/ਤਰਿਭਕਣਾ [təríbəkəṇa] *v.i. dia.* see ਤਭਕਣਾ

ਤ੍ਰਿਭਵਨ/ਤਰਿਭਵਨ [tərɪpə̀vən] *n.m.* the three worlds, hell, earth and heaven, the entire cosmos or creation

ਤ੍ਰਿਭਾਸ਼ੀ/ਤਰਿਭਾਸ਼ੀ [tərɪpàṣi] *adj.* trilingual

ਤ੍ਰਿਭੌਤ/ਤਰਿਭੌਤ [tərɪpɔ̀t] *adj.m.* same as ਤਿਹਾਉਲਾ

ਤ੍ਰਿਮਾਸਿਕ/ਤਰਿਮਾਸਿਕ [tərɪmasɪk] *adj.* quarterly

ਤ੍ਰਿਮਾਤ੍ਰਿਕ/ਤਰਿਮਾਤਰਿਕ [tərɪmatrɪk] *adj.* trisyllabic

ਤ੍ਰਿਮੂਰਤੀ/ਤਰਿਮੂਰਤੀ [tərɪmurti] *n.f.* the Hindu trinity or triad or Brahma, Vishnu and Shiva

ਤ੍ਰਿਲੋਕ/ਤਰਿਲੋਕ/ਤ੍ਰਿਲੋਕੀ/ਤਰਿਲੋਕੀ [tərɪlok/ tərɪloki] *n.m. / n.f.* same as ਤ੍ਰਿਭਵਨ

ਤ੍ਰਿਵਾਰਸ਼ਿਕ/ਤਰਿਵਾਰਸ਼ਿਕ [tərɪvarṣɪk] *adj.* triennial

ਤ੍ਰਿਵੇਣੀ/ਤਰਿਵੇਣੀ [tərɪveṇi] *n.f.* confluence

of three rivers, particularly the one at Allahabad in India

ਤ੍ਰੇਹ/ਤਰੇਹ [təré] *n.f. dia.* see ਤੇਹ[1]

ਤ੍ਰੇਹਠ/ਤਰੇਹਠ [təréṭh] *adj.* sixty-three

ਤ੍ਰੇਹਠਵਾਂ/ਤਰੇਹਠਵਾਂ [təréṭhvā̃] *adj.m.* sixty-third

ਤ੍ਰੇਹਠੀਂ/ਤਰੇਹਠੀਂ [təréṭhī̃] *adv.* for Rs. 63

ਤ੍ਰੇਹਰ/ਤਰੇਹਰ [təréər] *n.f. dia.* see ਤਿਹਰ

ਤ੍ਰੇਤਾ/ਤਰੇਤਾ [təretta] *n.m.* the second eon of Hindu mythology

ਤ੍ਰੇਲ/ਤਰੇਲ [tərel] *n.f.* dew

ਤ੍ਰੇਲਿਆ/ਤਰੇਲਿਆ [tərelɪa] *adj.m.* bedewed; also ਤਰੇਲ ਭਿੱਜਾ

ਤ੍ਰੇਲੀ[1]/ਤਰੇਲੀ [təreli] *n.f.* sweat beads, mild perspiration

~ ਅਉਣੀ *con.v.* to perspire mildly (as out of weakness or fear)

ਤਰੇਲੀਓ ਤਰੇਲੀ *adj.* sweating profusely

ਤ੍ਰੇਲੀ[2]/ਤਰੇਲੀ *adj.f.* same as ਤਰੇਲਿਆ

ਤ੍ਰੇੜ/ਤਰੇੜ [tərer̤] *n.f.* crack, crevice fissure

ਤਾਂ [tā̃] *adv.* that is why, because of, so, therefore; then

~ ਹੀ *adv.* only then; that is why

~ ਕਿ/~ ਜੋ *conj.* so that

~ ਵੀ *adv.* even then, even so, still

ਤਾਉ [tau] *n.m.* heat, blaze, radiation, intensity of heat, radiated heat

~ ਖਾਣਾ *ph.* to be overheated; to be enraged

~ ਦੇਣਾ *ph.* same as ਤਾਉਣਾ; (for moustaches) to twist, twirl

ਤਾਉਣਾ [tauṇa] *v.t.* to heat; to provoke to anger; to torment

ਤਾਉਲਾ [taula] *adj.m.* same as ਉਤਾਉਲਾ, anxious

ਤਾਊਸ [taus] *n.m.* a type of string instrument; *lit.* peacock

ਤਾਊਨ [taun] *n.f.* plague, bubonic plague

ਤਾਅ [ta] *n.m.* same as ਤਾਉ; foolscap sheet of paper

ਤਾਇਆ[1] [taɪa] *n.m.* father's elder brother, uncle

ਤਾਇਆ[2] *v.form.* past indefinite of ਤਾਉਣਾ for masculine object, heated

ਤਾਇਨਾਤ [taɪnat] *adj.* appointed, posted

~ ਕਰਨਾ *con.v.* to appoint, post

ਤਾਈ [tai] *n.f.* wife of ਤਾਇਆ[1]

ਤਾਈਂ [taī̃] *prep.* to, upto, till

ਤਾਈਦ [taid] *n.f.* seconding (as of motion, proposal), support, confirmation

~ ਕਰਨੀ *con.v.* to second, support, confirm

ਤਾਸ਼ [taṣ] *n.f.* playing cards, game of cards

~ ਖੇਡਣੀ *con.v.* to play cards

~ ਫੈਂਟਣੀ *con.v.* to shuffle cards

~ ਵੰਡਣੀ *con.v.* to serve, deal cards

ਤਾਸੀ [tassi] *n.f.* metallic plate, salver or saucer

ਤਾਸੀਰ [tasir] *n.f.* (of diet, medicine, etc.) effect, influence, property, after-effect

ਤਾਹਨਾ [tána] *n.m.* taunt, twit, gibe, insinuation, sarcasm, ridicule, derisive reproach

~ ਦੇਣਾ/~ ਮਾਰਨਾ *ph.* to taunt, twit, gibe, ridicule, mock, pass a taunting, insinuating or sarcastic remark (at), deride, scoff (at)

ਤਾਹਨੇ ਮਿਹਣੇ *n.m.pl.* taunts, and gibes, exchange of taunts

ਤਾਹਰੂ [táru] *n.m.* saddle blanket, saddle cloth

ਤਾਹੀਂ/ਤਾਹੀਏਂ/ਤਾਹੀਂ ਤਾਂ [tahī̃/ táiẽ/ taī̃ tā̃] *adv.* that is why

ਤਾਕ[1] [tak] *n.m.* door-leaf, door

~ ਢੋਣਾ/~ ਭੇੜਨਾ *con.v.* to close, shut ਤਾਕ

ਤਾਕ[2] *n.f.* fixed gaze, looking for an opportunity, lying in wait, ambush; expectation

~ ਰੱਖਣੀ *ph.* to continually look for, be on the lookout; to expect eagerly, lie in wait for

~ ਲਾਉਣੀ *ph.* to stare, look with a fixed gaze

~ ਵਿਚ *adv.* looking for (chance)

ਤਾਕ[3] *adj.* adept, skilled, expert, proficient; odd (as against even)

ਤਾਕਤ [takət] *n.f.* strength, power, force, might, energy; dint; ability, capability, capacity; authority

ਤਾਕਤਵਰ [takətvər] *adj.* strong, powerful, mighty, potent

ਤਾਕੀ [takki] *n.f.* window, window leaf

ਤਾਕੀਦ [takid] *n.f.* repetition in message, order or request signifying emphasis or stress, importunity

~ ਕਰਨੀ *con.v.* to emphasise, stress, press, importune, urge, enjoin upon

ਤਾਕੀਦਨ [takidən] *adv.* by way of ਤਾਕੀਦ, repeatedly, importunely, emphatically

ਤਾਕੀਦੀ [takidi] *adj.* emphatic, obligatory, very important

ਤਾਖੀਰ [takhir] *n.f.* delay, lateness, procrastination, tarrying; also ਤਾਖ਼ੀਰ

ਤਾਗਾ [taga] *n.m.* see as ਧਾਗਾ, thread

ਤਾਂਗਾ [tãga] *n.m.* same as ਟਾਂਗਾ, horse-driven carriage

ਤਾਂਘ [tắg] *n.f.* longing, yearning, craving; earnest desire, wish, hope or expectation

ਤਾਂਘਣਾ [tãgəṇa] *v.i.* to cherish a ਤਾਂਘ, crave, long for, yearn, desire, wish, hope, expect; also ਤਾਂਘ ਰੱਖਣੀ

ਤਾਂਘਵਾਨ/ਤਾਂਘੀ [tắgvan/tắgi] *adj.* earnestly desirous, longing, yearning, expectant

ਤਾਂਘੜਨਾ [tắgərna] *v.i.* to behave rudely, arrogantly, defiantly

ਤਾਜ [taj] *n.m.* crown, diadem, coronet, coronal

~ ਸੰਬੰਧੀ *adj.* coronary

~ ਪਹਿਨਾਉਣਾ *con.v.* to crown

ਤਾਜ਼ਗੀ [tazgi] *n.f.* freshness

ਤਾਜਦਾਰ [tajdar] *n.m.* king

ਤਾਜਪੋਸ਼ੀ [tajpoṣi] *n.f.* coronation

ਤਾਜਰ [tajər] *n.m.* trader, merchant, dealer, businessman

ਤਾਜ਼ਾ [taza] *adj.m.* fresh; recent; new

~ ਕਰਨਾ *con.v.* to refresh, renew

~ ਦਮ *adj.* refreshed, rejuvenated, reinvigorated

ਤਾਜ਼ੀ[1] [tazi] *n.m.* an Arab horse

ਤਾਜ਼ੀ[2] *adj.f.* same as ਤਾਜ਼ਾ

ਤਾਜ਼ੀਆ [tazia] *n.m.* model of Imam Husain's tomb taken in procession and buried on the occasion of his martyrdom anniversary

ਤਾਜ਼ੀਮ [tazim] *n.f.* respect, reverence

ਤਾਂਡਵ [tãḍəv] *n.m.* Shiva's dance, a mode of male dance symbolic of nature's wrath

~ ਨਾਚ *n.m.* same as ਤਾਂਡਵ, *danse macabre*

ਤਾਣ [taṇ] *n.m.* strength, power

~ ਲਾਉਣਾ *con.v.* to try one's best, apply one's power or influence

ਤਾਣਨਾ [taṇna] *v.t.* to spread (over), to erect (as an open tent); to hang or spread (as a screen); to draw, wield, brandish or aim (weapon)

ਤਾਣਾ [taṇa] *n.m.* warp, woof; web

~ ਤਣਨਾ *con.v.* to make, prepare or spread ਤਾਣਾ; to weave web (as by spider)

~ ਪੇਟਾ/~ ਬਾਣਾ *n.m.* warp and weft, woof and weft

ਤਾਣੀ [taṇi] *n.f.* roll of warp; warp

ਤਾਤਪਰਜ [tatpərj] *n.m.* meaning, purport, tenor, gist, sense, import

ਤਾਂਤਾ [tãta] *n.m.* row, line, series, queue, stream (as of visitors, shoppers, etc.)

ਤਾਂਦਲਾ [tãdla] *n.m.* a weed plant, *Digera arvensis*

ਤਾਦਾਦ [tadad] *n.f.* number, amount, quantity, sum, total, aggregate

ਤਾਨ [tan] *n.f.* tune, musical tone, lilt

ਤਾਨਪੁਰਾ [tanpura] *n.m.* a stringed musical instrument

ਤਾਨ੍ਹਾ [tánna] *n.m.* same as ਤਾਹਨਾ, taunt

ਤਾਨਾਸ਼ਾਹ [tanaṣá] *n.m.*dictator, despot, autocrat

ਤਾਨਾਸ਼ਾਹੀ [tanaṣái] *n.f.* dictatorship, absolute rule, autocracy, absolutism

ਤਾਪ [tap] *n.m.* heat; fever

~ ਚੂਸੀ *adj.* endothermic

~ ਤਿਲੀ *n.f.* spleen *esp.* enlarged spleen

~ ਨਿਕਾਸੀ *adj.* exothermic

~ ਬਿਜਲੀ ਘਰ *n.m.* thermal-power plant

ਤਾਪਮਾਨ [tapman] *n.m.* temperature

ਤਾਬ [tab] *n.f.* splendour, lustre; power, awe-inspiring power or quality

~ ਨਾ ਲਿਆ ਸਕਣੀ *ph.* to be unable to bear or endure ਤਾਬ, to be overawed

ਤਾਬੜ ਤੋੜ [tabbəṛ toṛ] *adv.* at top or

breakneck speed, with full force; without break, continually, incessantly

ਤਾਂਬਾ [tãba] *n.m.* copper

ਤਾਂਬੇ ਵਰਗਾ/ਵਾਲ਼ਾ *adj./n.f.* cuprous, cupric

ਤਾਬਿਆ [tabıa] *adj.* subject, subordinate, under command; loyal, obedient, compliant, submissive; *adv.* in attendance, under command

~ ਬਹਿਣਾ *con.v.* to sit in attendance behind Shri Guru Granth Sahib (The Sikh scripture) holding and waving a whisk over it

ਤਾਬਿਆਦਾਰ [tabıadar] *n.f.* same as ਤਾਬੇਦਾਰ

ਤਾਬਿਆਦਾਰੀ [tabıadari] *n.f.* same as ਤਾਬੇਦਾਰੀ

ਤਾਂਬੀਆ [tãbia] *n.m.* metallic kettle

ਤਾਬੀਰ [tabir] *n.f.* interpretation (of dream)

ਤਾਬੂਤ [tabut] *n.m.* coffin

ਤਾਬੇਦਾਰ [tabbedar] *adj.* obedient, loyal, subject, submissive, subservient

ਤਾਬੇਦਾਰੀ [tabbedari] *n.f.* obedience, loyalty, fealty, allegiance, subjection

ਤਾਮਰ ਪੱਤਰ [tamər pəttər] *n.m.* copper plate with inscription

ਤਾਮਿਲ [tamıl] *n.f.* one of the Dravadian languages spoken in parts of South Indian peninsula; ethnic Tamil-speaking people; *adj.* belonging to Tamilnadu state or to ethnic Tamils

ਤਾਮੀਰ [tamir] *n.f.* construction, building or raising of any masonry work

~ ਕਰਨਾ *con.v.* to construct, build

ਤਾਮੀਲ [tamil] *n.f.* carrying out (of order), implementation

~ ਕਰਨੀ *con.v.* to obey, carry out, implement (order); to serve (warrant)

ਤਾਮੇਸਰ [tamesər] *n.m.* calx, scoria or slag of copper

ਤਾਰ¹ [tar] *n.f.* wire, cable, line, string, strand; telegram

~ ਕਮਾਨੀ *n.f.* spring wire (as ribs of umbrella)

~ ਘਰ *n.m.* telegraph office

~ ਤਾਰ *adj.* tattered, torn, in shreds; scattered

~ ਦੇਣੀ/~ ਪਾਉਣੀ/~ ਘੱਲਣੀ *con.v.* to send a telegram, telegraph, wire

ਤਾਰ² *v.form.* imperative of ਤਾਰਨਾ, repay (debt), pay (tax *esp.* land revenue)

ਤਾਰਕ/ਤਾਰਨਹਾਰ [tarək/tarənhar] *adj. & n.m.* saviour, deliverer, liberator

ਤਾਰਕਸ਼ੀ [tarkəṣi] *n.f.* filigree; wire-drawing; embroidery

ਤਾਰਕਾ ਮੰਡਲ [tarka mə̃ḍəl] *n.m.* see ਤਾਰਾ ਮੰਡਲ under ਤਾਰਾ

ਤਾਰਨਾ [tarna] *v.t.* to float; to cause or help to swim; to carry one across the river of existence; to liberate from the cycle of birth, death and rebirth, save or deliver from sin; to pay, deposit (tax); to repay (debt), clear (bill)

ਤਾਰਪੀਡੋ [tarpiḍo] *n.m.* torpedo

~ ਕਰਨਾ *con.v.* to torpedo; to cause (a plan or project) to fail, frustrate

ਤਾਰਪੀਨ [tarpin] *n.f.* turpentine

~ ਦਾ ਤੇਲ *ph.* turpentine, turpentine oil

ਤਾਰਾ [tara] *n.m.* star

~ ਸਮੂਹ *n.m.* constellation, glaxy

~ ਕਿਰਨਾਂ *n.f. pl.* astral rays, stellar rays

~ ਗਣ *n.m.* the stars collectively

~ ਚਿੰਨ੍ਹ *n.m.* asterisk

~ ਮੰਡਲ *n.m.* starry or stellar sphere, astral or stellar region, firmament, sky

~ ਵਿਗਿਆਨ *n.m.* astronomy

~ ਵਿਗਿਆਨੀ *n.m.* astronomer

ਤਾਰਿਆਂ ਸਬੰਧੀ *adj.* astral, steller; also ਤਾਰਵੀ

ਤਾਰਿਆਂ ਦੀ ਛਾਵੇਂ *ph.* very early in the morning, before dawn, during night

ਤਾਰਿਆਂ ਭਰੀ ਰਾਤ *ph.* starry night

ਤਾਰੇ ਗਿਣਨਾ *ph. fig.* to spend sleepless nights

ਤਾਰੇ ਤੋੜਨਾ *ph.* to boast; brag

ਤਾਰੇ ਵਰਗਾ *adj.m.* star-shaped, stellate

ਤਾਰੇ ਵਿਖਾਉਣਾ *ph.* to defeat, worst, beat

ਤਾਰਾਮੀਰਾ [taramira] *n.m.* a variety of mustard seed; its plant, *Brassica eruca*

ਤਾਰੀ [tari] *n.f.* swim; dip

~ ਬੰਨ੍ਹ ਜਾਣਾ *ph. informal.* to run away, to scoot, flee

~ ਲਾਉਣੀ *con.v.* to have or take a swim, have or take a dip or quick bath, swim

ਤਾਰੀਖ [tarikh] *n.f.* date; history; also ਤਾਰੀਖ਼
~ ਪਾਉਣੀ *ph.* to fix a date, postpone
~ ਵਾਰ *adv.* date wise, chronologically
ਤਾਰੀਖਦਾਨ [tarikhdan] *n.m.* historian
ਤਾਰੀਖੀ [tarikhi] *adj.* historic, historical
ਤਾਰੀਫ [tariph] *n.f.* praise, admiration, eulogy, panegyric, encomium, commendation, approbation; definition; description; also ਤਾਰੀਫ਼
~ ਕਰਨੀ *con.v.* to praise, admire, eulogise; to define, describe; to wax eloquent about
ਤਾਰੂ [taru] *n.m. & adj.* swimmer, expert or experienced swimmer; (for water) deep enough for swimming, not wadeable or fordable
ਤਾਲ¹ [tal] *n.m.* same as ਤਲਾਉ, pond, tank
ਤਾਲ² *n.f.* rhythm, beat
~ ਦੇਣੀ *con.v.* to beat time, provide rhythm
~ ਪੂਰਨੀ *con.v.* to keep time, follow rhythm
~ ਵਜਾਉਣੀ *con.v.* to beat, provide (a particular) rhythm
ਤਾਲੋਂ ਘੁੱਥਾ/ਤਾਲੋਂ ਬੇਤਾਲ *adj.m.* out of tune (with)
ਤਾਲਬ [taləb] *adj.* desirous, seeker
~ ਇਲਮ *n.m.* student
ਤਾਲਬੱਧ [talbə̃ḍḍ] *adj.* rhythmic
ਤਾਲਮਖਾਣਾ [talmkhaṇa] *n.m.* a medicinal plant; its seed; *Asteracantha longifolia*
ਤਾਲਮੇਲ [tal mel] *n.m.* co-ordination, harmonious relationship or interaction, liaison
~ ਪੈਦਾ ਕਰਨਾ *ph.* to establish contact or rapport
ਤਾਲ਼ਵੀ/ਤਾਲ਼ੂ ਸੰਬੰਧੀ [taḷvi/taḷu səbədi] *adj.* palatal, velar, palatine
ਤਾਲ਼ਾ [taḷa] *n.m.* lock, padlock
~ ਮਾਰਨਾ/~ ਲਾਉਣਾ *con.v.* to lock, put a lock on
ਤਾਲ਼ਾਬੰਦੀ [taḷabə̃di] *n.f.* lockout
ਤਾਲਿਕਾ [talıka] *n.f.* list, schedule
ਤਾਲ਼ੀ [taḷi] *n.f.* small lock; key; same as ਤਾੜੀ, clap
ਤਾਲੀਮ [talim] *n.f.* education, instruction, studies
~ ਹਾਸਲ ਕਰਨਾ *ph.* to be taught, educated, study, receive education or instruction
~ ਦੇਣਾ *con.v.* to teach; instruct, educate
~ ਯਾਫ਼ਤਾ *adj.m.* educated
ਤਾਲੀਮੀ [talimi] *adj.* educational
ਤਾਲ਼ੂ [taḷu] *n.m.* palate, velum
ਤਾਵਲ਼ਾ [tavəḷa] *adj.m. dia.* see ਉਤਾਉਲ਼ਾ, anxious
ਤਾਵਾਨ [tavan] *n.m.*same as ਤਵਾਨ, penalty
ਤਾੜ¹ [taṛ] *n.m.* toddy palm, *Caryota urens*
ਤਾੜ² *n.f.* intent look, watch, observation, surveillance
~ ਰੱਖਣੀ *ph.* to keep watch, watch
ਤਾੜ³ *v.form.* imperative of ਤਾੜਨਾ watch; confine; chide
ਤਾੜ ਤਾੜ [taṛ taṛ] *n.f.* sound of repeated shots or strikes; *adv.* (beating, striking) with resounding sound repeatedly; (to fire) in rapid succession
ਤਾੜਨਾ [taṛna] *v.t.* to watch, observe, look intently, stare (at), anticipate; to cage, confine, shut in, imprison; to admonish, chide, rebuke, warn, reprove; *n.f.* admonition, warning, rebuke, reproof
~ ਕਰਨੀ *con.v.* same as ਤਾੜਨਾ
ਤਾੜਾ [taṛa] *n.m.* an implement used for carding cotton-wool
ਤਾੜੀ [taṛi] *n.f.* toddy; intent gaze, stare, look without blinking; blank look; deep meditation; clap, clapping
~ ਦੋਹੀਂ ਹੱਥੀਂ ਵਜਦੀ ਹੈ *ph.* it takes two to make a quarrel
~ ਮਾਰਨੀ/~ ਵਜਾਉਣੀ *con.v.* to clap, applaud, cheer; to ridicule, deride
~ ਲੱਗਣੀ/~ ਲਾਉਣੀ *ph.* to stare, gaze intently or blankly without blinking; to adopt intently listening or meditative posture
ਤਿ [tı] *pref.* indicating three or three-sidedness; also ਤ੍ਰਿ or ਤਰਿ
ਤਿਊਂ [tıũ] *adv.* in the same way, similarly
ਤਿਉਹਾਰ [tıuhar] *n.m.* same as ਤਿਓਹਾਰ, festival
ਤਿਊੜੀ [tıuṛi] *n.f.* frown, scowl, angry

look, wrinkle in brow
~ ਚੜ੍ਹਾਉਣੀ/~ ਚਾੜ੍ਹਨੀ/~ ਵੱਟਣੀ *ph.* to frown (upon), scowl, express anger or displeasure; to wrinkle one's brow
ਤਿਓਹਾਰ [tɪohar] *n.m.* festival
ਤਿਓਰ [tɪor] *n.m.* gift comprising a set of three garments
ਤਿਓੜ [tɪoṛ] *n.m.* mixture of hot sweetened milk and clarified butter
ਤਿਆਗ [tɪag] *n.m.* renunciation, resignation, abdication, abandonment, forgoing, foregoing, forsaking, forswearing, abnegation, giving up, abjuration; sacrifice
~ ਪੱਤਰ *n.m.* resignation, letter of resignation
~ ਪੱਤਰ ਦੇਣਾ *ph.* to resign, submit one's resignation
ਤਿਆਗਣਾ [tɪagəṇa] *v.t.* to renounce, resign, abdictate, abandon, forgo, forego, forsake, forswear, abnegate, give up, objure, sacrifice (own interest); also ਤਿਆਗ ਕਰਨਾ
ਤਿਆਗੀ [tɪagi] *adj. n.m.* renouncer; recluse, hermit, ascetic
ਤਿਆਰ [tɪar] *adj.* ready, prepared; completed; readymade, fit for use; finished; ripe (fruit); willing, inclined
~ ਹੋਣਾ *con.v.* to be ready, get ready, dress; to be willing; to be likely, set for
~ ਕਰਨਾ *con.v.* to prepare, complete, persuade to agree, bring round
ਤਿਆਰੀ [tɪari] *n.f.* readiness, preparation; completion; physical fitness; willingness
~ ਕਰਨੀ *con.v.* to be ready, prepare, make arrangements or preparations (for)
ਤਿਸ[1] [tɪs] *pron.* same as ਉਸ
ਤਿਸ[2] *n.f.* see ਤੇਹ[1], thirst
ਤਿਸ਼ਨਾ [tɪṣna] *n.f.* same as ਤ੍ਰਿਸ਼ਣਾ
ਤਿੱਸਰ [tɪssər] *n.f.* three or third successive wins or defeats, hat-trick; penalty of three games or deals in cards
ਤਿਹੱਤਰ [tɪhəttər] *adj.* seventy-three
ਤਿਹੱਤਰਵਾਂ [tɪhəttərvã] *adj.m.* seventy-third
ਤਿਹੱਤਰੀਂ [tɪhəttərĩ] *adv.* for Rs. 73
ਤਿਹਰ [tɪhər] *n.f.* triplication, three executions or second repetition of any process
ਤਿਹਰਾ [téra] *adj.m.* threefold, triple
ਤਿਹਾ [tɪha] *adj.m.* similar, like that
ਤਿਹਾਉਲ਼ਾ [tɪhauḷa] *adj.m.* made of three ingredients, particularly pudding of flour, sugar and ghee in equal proportion
ਤਿਹਾਅ[1] [tɪha] *n.f.* dia. same as ਤੇਹ[1]
ਤਿਹਾਅ[2] *n.m.* same as ਧਿਜਾਅ, reassurance
ਤਿਹਾਇਆ [tɪhaɪa] *adj.m.* thirsty
ਤਿਹਾਈ [tɪhai] *n.f.* one third, third part
ਤਿਹਾਕ[1] [tɪhak] *n.m.* same as ਤਰਿਆਕਲ, arbiter or mediator
ਤਿਹਾਕ[2] *adj.* same as ਤਿਹਾਇਆ
ਤਿਹਾਕਲ [tɪhakəl] *adj.* very thirsty
ਤਿਹਾਕੜਾ [tɪhakəṛa] *n.m.* intense thirst
ਤਿਹਾਜੂ [tɪhajju] *adj.* married a third time; *n.m.* thrice-married man
ਤਿਹਾਰ [tɪhar] *n.m. colloq.* see ਤਿਓਹਾਰ
ਤਿਹੋ ਜਿਹਾ [tɪho jɪha] *adj.m.* same as ਤਿਹਾ
ਤਿਕੜੀ [tɪkəṛi] *n.f.* group of three, trio, triad
ਤਿੱਕੀ [tɪkki] *n.f.* card with three pips, trey
ਤਿਕੋਣ [tɪkoṇ] *n.f.* triangle
ਤਿਕੋਣ ਮਿਤੀ [tɪkoṇ mɪti] *n.f.* trigonometry
ਤਿਕੋਣਾ [tɪkoṇa] *adj.m.* triangular
ਤਿਖ [tɪkh] *n.f.* same as ਤੇਹ[1], thirst
ਤਿੱਖਲ [tɪkkhəl] *adj.* (son) born after three daughters or (daughter) born after three sons
ਤਿੱਖੜ [tɪkkhəṛ] *adj.f.* (milch cattle) yielding milk thrice in two days
ਤਿਖਾ [tɪkha] *n.f.* same as ਤੇਹ[1], thirst
ਤਿੱਖਾ [tɪkkha] *adj.m.* sharp; fast, quick, smart, brash, active; acute, intense, severe, violent; tart, pungent, biting, acrid; strong (intoxicant); trenchant, biting, sarcastic (remark)
ਤਿੱਖਾਪਣ [tɪkkhapəṇ] *n.m.* sharpness, acuity, acuteness, intensity; tartness, pungency, acridity, acridness

ਤਿਖੇਰਾ [tıkhera] *adj.m.* sharper, faster, etc., more ਤਿੱਖਾ

ਤਿੱਗਾ [tıgga] *adj.m.* (cattle) with three pairs of teeth cut

ਤਿਗੁੱਠਾ [tıguṭṭha] *adj.m.* three cornered

ਤਿਗੁਣਾ [tıgguṇa] *adj.m.* three times, threefold, triple, treble; conditioned by the three characteristics (ਸਤਿ, ਰਜ, ਤਮ) of nature

ਤਿਗੁਣਾਤੀਤ [tıguṇatit] *adj.* transcending ਤ੍ਰਿਗੁਣ or triple characteristics of wordly existence, transcendent, transcendental

ਤਿਗੁਣਾਤੀਤਵਾਦ [tıguṇatitvad] *n.m.* transcendentalism

ਤਿੰਘ [tĩg] *v.form.* nominative of ਤਿੰਘਣਾ

ਤਿੰਘਣਾ [tĩgəṇa] *v.i.* to strain, stomach muscles during defecation; to strain oneself; same as ਤਾਂਘੜਨਾ, to behave arrogantly

ਤਿਚਰ [tıcər] *adv.* till then, meanwhile, that long

ਤਿਛੱਤਾ [tıchətta] *adj.m.* three-storeyed, three-storey

ਤਿੰਜਣ [tĩjən] *n.m.* same as ਤ੍ਰਿੰਵਣ

ਤਿਜਾਬ [tıjab] *n.m. colloq.* see ਤੇਜਾਬ

ਤਿਜਾਰਤ [tıjarət] *n.f.* trade, buying and selling trade or business; commerce

~ ਕਰਨਾ *con.v.* to engage in trade

~ ਪੇਸ਼ਾ *adj.* trader, businessman, merchant

ਤਿਜਾਰਤੀ [tıjarti] *adj.* mercantile, commercial

ਤਿਜੌਰੀ [tıjɔri] *n.f.* cash box, till, coffer, iron safe, strong box, chest

ਤਿੰਞਣ [tĩñəṇ] *n.m.* same as ਤ੍ਰਿੰਞਣ/ਤਰਿੰਞਣ

ਤਿਟੰਗਾ [tıṭə̃ga] *adj.m.* three-legged

ਤਿਣ¹ [tıṇ] *n.m. dia.* see ਤਿਲ਼, mole, speckle

ਤਿਣ²/ਤਿਣਕਾ *n.m.* same as ਤੀਲਾ

ਤਿਤ [tıt] *pron.* that

ਤਿਤਨਾ [tıtna] *adj.m.* that much

ਤਿੱਤਰ [tıttər] *n.m.* partridge, *Perdix francolinus*

~ ਹੋ ਜਾਣਾ *ph.* to run away, scoot; to escape, flee

~ ਖੰਭੀ *adj.f.* (of cloud) streaked; spotted like the feathers of partridge

ਤਿੱਤਰ ਬਿੱਤਰ [tıttər bıttər] *adj.* scattered, dispersed (as a fleeing mob), helter-skelter

ਤਿਤਰ ਮਿਤਰਾ [tıtər mıtra] *adj.m.* spotted, dotted

ਤਿਤਰਾ [tıtəra] *adj.m.* dotted, pied, multi-coloured

ਤਿਤਲੀ [tıtli] *n.f.* butterfly; *informal.* flirt, coquette

ਤਿਤੁਕਾ [tıtuka] *adj.m.* three-lined (stanza)

ਤਿਥ [tıth] *n.f.* same as ਥਿੱਤ, date (of lunar month)

ਤਿਥੀ [tıthi] *n.f.* date (of solar month)

ਤਿਥਾਈਂ [tıthaĩ] *adv. dia.* also ਤਿਥੈ, see ਓਥੇ

ਤਿਨ [tın] *pron.* he, she, it; *pl.* ਤਿਨ੍ਹਾਂ

ਤਿੰਨ [tĩnn] *adj.* three

~ ਸਾਲਾ *adj.* triennial

~ ਗੁਣਾ *adj.* same as ਤਿਗੁਣਾ

~ ਪੱਖੀ *adj.* tripartite

~ ਪੱਤੀ *adj.* trefoil, trifoliate; *n.f.* a card game

ਤਿੰਨਾਂ [tınnã] *adj.* all three

ਤਿਪਦਾ [tıpəda] *n.m.* three-stanza verse; tripody

ਤਿਪਾਈ [tıpai] *n.f.* teapoy; tripod stand

ਤਿਪਾਸੜ [tıpasəṛ] *adj.* trilateral, tripartite, three-sided

ਤਿਬਕਾ [tıbka] *n.m. dia.* see ਤੁਬਕਾ, drop

ਤਿੱਬਤ [tıbbət] *n.m.* Tibet

ਤਿੱਬਤੀ *adj.* Tibetan

ਤਿਭਕਣਾ [tíbkəṇa] *v.i.* same as ਤਭਕਣਾ

ਤਿਮੰਜ਼ਲਾ [tımə̃jəla] *adj.m.* three-storeyed *n.m.* a three-storey building

ਤਿਮਾਹਾ [tımaha] *adj.m.* quarterly

ਤਿਮਾਹੀ [tımái] *adj.f.* same as *prec. n.f.* quarter, three months

ਤਿਮਾਤ੍ਰਿਕ/ਤਿਮਾਤਰਿਕ [tımatərık] *adj.* trisyllabic

ਤਿਰਸਕਾਰ [tırskar] *n.m.* reproach, opprobrium, scorn, contempt

~ ਕਰਨਾ *con.v.* to reproach, scorn, disdain; to insult, sneer at

ਤਿਰਕ [tırk] *n.f.* long narrow triangular

strip, particularly of land

ਤਿਰਕੋਣ [tɪrkoṇ] *n.f. dia.* see ਤਿਕੋਣ

ਤਿਰੰਗਾ [tɪrə̃ga] *adj.m.* tricolour; *n.m.* tricoloured flag; national flag of India

ਤਿਰਛਾ [tɪrcha] *adj.m.* diagonal standing, oblique, sloping, transverse, athwart, aslant, askew, crooked, not straight

ਤਿਰਛਾਪਣ [tɪrchapəṇ] *n.m.* slant, slope, obliqueness, crookedness

ਤਿਰਤਾਲੀ [tɪrtaḷi] *adj.* same as ਤਰਤਾਲ਼ੀ, forty-three

ਤਿਰਪਾਈ [tɪrpai] *n.f.* same as ਤਿਪਾਈ

ਤਿਰਵੰਜਾ [tɪrvə̃ja] *adj.* same as ਤਰਵੰਜਾ

ਤਿਰਵਰਾ [tɪrvəra] *n.m.* oily film on a liquid surface *esp.* drops of molten cream on hot milk

ਤਿਰਵੇਂਹਦਾ [tɪrvẽda] *n.m.* same as ਦਰੌਜਾ, third departure of newly-wed woman for her in-laws'

ਤਿਰੜਫਿੱਸ [tɪrəṛphɪss] *adj. colloq.* see ਨਰਾਜ, offended, estranged

ਤਿਰੜ ਫਿਰੜ [tɪrəṛ phɪrəṛ] *adj. colloq.* wavering, unsteady, diffident, unsure

ਤਿਰਾਸੀ [tɪrassi] *adj.* eighty three

ਤਿਰਾਸੀਂ [tɪrássi] *adv.* for Rs 83

ਤਿਰਾਸੀਆਂ [tɪrassiã] *adj.m.* eighty-third

ਤਿਰਾਨਵੇਂ [tɪranəvẽ] *adj.* ninety-three

ਤਿਰਾਨਵੇਂਵਾਂ/ਤਿਰਾਨਵਾਂ [tɪranvẽvã/tɪranvã] *adj.m.* ninety-third

ਤਿਰਿਓੜ [tɪrɪoṛ] *n.m. dia.* see ਤਿਓੜ

ਤਿਰਿਆ [tɪrɪa] *n.f.* woman, female

~ ਚਰਿੱਤਰ *n.m.* women's wiles

ਤਿਰਿਆਸੀ [tɪrɪassi] *adj.* same as ਤਿਰਾਸੀ

ਤਿਰਿਆਕਲ [tɪrɪakəl] *n.m.* same as ਤਰਿਆਕਲ

ਤਿਰਿਆਨਵੇਂ [tɪrɪanəvẽ] *adj.* same as ਤਿਰਾਨਵੇਂ

ਤਿਲ਼ [tɪḷ] *n.m.* mole, speckle; sesame plant or seed *Sesamum indicum*

~ ਕੁੱਟ *n.m.* crushed sesame mixed with brown sugar paste

~ ਚੌਲ਼ੀ *n.f.* mixture of sesame and rice *usu.* parched

~ ਤਿਲ਼ *adj. & adv.* in small bits, bit by bit

~ ਧਰਨ ਨੂੰ ਥਾਂ ਨਾ ਹੋਣੀ *ph.* to be absolutely no space, too be much over-crowded

~ ਫੁਲ *n.m. (lit.* sesame flowers), humble offerings

~ ਭਰ *adj.* minute, minuscule, infinitesimal, very little

~ ਭੁੱਗਾ *n.m.* same as ਤਿਲ਼ਕੁੱਟ

ਤਿੱਲ [tɪll] *adj.f.* (cattle) with one teat dry and only three yielding milk

ਤਿਲਕ[1] [tɪlək] *n.m.* mark made on forehead as a mark of caste, consecration or anointment; consecration mark, saffron mark

~ ਲਾਉਣਾ *con.v.* to put ਤਿਲਕ on forehead; to anoint

ਤਿਲਕ[2] *v.form.* nominative of ਤਿਲਕਣਾ

ਤਿਲਕਣ [tɪlkəṇ] *n.f.* slipperiness; slippery ground or surface; slick

ਤਿਲਕਣਬਾਜ਼ੀ [tilkəṇbazi] *n.f.* slippery or uncertain situation; preponderance of chance element, riskiness

ਤਿਲਕਣਾ [tɪlkəṇa] *v.i.* to slip, skid, slide; also ਤਿਲਕ ਜਾਣਾ

ਤਿਲਕਧਾਰੀ [tɪləktàri] *adj.* (person) wearing ਤਿਲਕ

ਤਿਲਕਵਾਂ [tɪlkvã] *adj.m.* slippery; slipping, sliding

ਤਿਲਕਾਉਣਾ [tɪlkauṇa] *v.t.* to cause to slip, slip, slide

ਤਿਲੰਗ [tɪlə̃g] *n.m.* a measure in Indian classical music

ਤਿੱਲੜ [tɪlləṛ] *adj.* (rope) made of three strands; (cattle) yielding milk thrice in two days

ਤਿੱਲਾ [tɪlla] *n.m.* gold or silver thread or lace

ਤਿਲਾਂਜਲੀ [tɪlãjəli] *n.f.* forsaking, giving up, renouncing, renunciation, breaking off relation or connection

~ ਦੇਣਾ *ph.* to sever, break or cut off relations or connection (with); to give up, forsake, renounce, abjure, shun

ਤਿਲਿੱਸਮ [tɪlɪssəm] *n.m.* magic, spell, charm, enchantment, attraction

ਤਿਲੀ [tɪli] *n.f.* spleen

ਤਿਲੀਅਰ [tɪliər] *n.m.* an insectivorous bird

resembling a partridge, sandgrouse
ਤਿੱਲਿਦਾਰ [tılledar] *adj.* embroidered with ਤਿੱਲਾ
ਤਿਵੇਂ [tıvẽ] *adv.* similarly, in the same manner
ਤਿੜ [tıṛ] *n.f.* pride, arrogance, egotism; foppery, foppishness; same as ਤਿੜ੍ਹ
ਤਿੜਕ [tıṛək] *n.f.* crack, fissure
ਤਿੜਕਣਾ [tıṛkəṇa] *v.i.* to crack, chap; to develop crack, crackle (as a burning log)
ਤਿੜਕਾਉਣਾ [tıṛkauṇa] *v.t.* to make something chap, crack or crackle
ਤਿੜ ਤਿੜ [tıṛ tıṛ] *n.f.* crackling sound
~ ਕਰਨਾ *con.v.* to crackle
ਤਿੜਨਾ [tıṛna] *v.i.* to be proud, arrogant, vain, take airs; to vaunt, boast (of); see ਤਿੜਕਣਾ
ਤਿੜ ਫਿੜ [tıṛ phıṛ] *n.f.* same as ਤਿੜ; making excuses, shirking, dilly-dallying
~ ਕਰਨੀ *ph.* to shirk, make excuses, dilly-dally
ਤਿੜ੍ਹ [tíṛ] *n.f.* stalk of creeping grass, straw
ਤਿੜਾਉਣਾ [tıṛauṇa] *v.t.* to flatter, make one proud, play upon the vanity of
ਤਿੜੂ [tıṛu] *adj.* same as ਤੇੜੂ
ਤੀ [ti] *v.form. dia.* see ਸੀ[1], was
ਤੀਆ [tia] *n.m.* the figure 3; *adj.m.* see ਤੀਜਾ
ਤੀਆਂ [tiã] *n.f.pl.* ladies' festival held on each Sunday of the Bikrami month of Savan
ਤੀਸਰਾ [tisra] *adj.m. third;* also ਤੀਜਾ
ਤੀਹ [ti] *adj.* thirty
ਤੀਹਰਾ [tíra] *adj.m. dia.* see ਤਿਹਰਾ
ਤੀਹਵਾਂ [tívã] *adj.m.* thirtieth
ਤੀਹੀਂ [tihĩ] *adv.* for Rs. 30
ਤੀਕ/ਤੀਕਰ [tik/tikər] *prep.* to, upto, till, until
ਤੀਖਣ [tikhəṇ] *adj.* see ਤਿੱਖਾ, sharp
ਤੀਖਣਤਾ [tikhəṇta] *n.f.* same as ਤਿੱਖਾਪਣ; sharpness
ਤੀਘੜਨਾ [tígəṛna] *v.i.* same as ਤਾਂਘੜਨਾ
ਤੀਜ [tij] *n.f.* the third day of a lunar month or fortnight or of solar month
ਤੀਜਾ [tijja] *adj.m.* third
ਤੀਣਾ [tiṇa] *adj.m.* same as ਤਿਗੁਣਾ
ਤੀਬਰ [tibər] *adj.* intent, keen, anxious; vehement; sharp, intense, dire, exacerbated
ਤੀਬਰਤਾ [tibərta] *n.f.* intentness, keenness, anxiousness, vehemence, sharpness, intensity, exacerbation
ਤੀਮੀਂ [timi] *n.f. dia.* see ਤੀਵੀਂ
ਤੀਰ [tir] *n.m.* arrow, shaft; horizontal cross-bar of bullock-cart; bank, shore, waterside
~ ਅੰਦਾਜ਼ *n.m.* archer
~ ਅੰਦਾਜ਼ੀ *n.f.* archery
~ ਹੋ ਜਾਣਾ *ph.* to run away; to be frightened
~ ਚਲਾਉਣਾ/~ ਮਾਰਨਾ *con.v.* to shoot an arrow; to shoot with an arrow
~ ਤੁੱਕਾ *n.m.* wild guess
~ ਦਾ ਨਿਸ਼ਾਨ *ph.* arrowhead mark, arrow mark
~ ਦੀ ਅਣੀ/ਨੋਕ *ph.* tip of arrow
ਤੀਰਥ [tirəth] *n.m.* place of pilgrimage, pilgrimage centre
~ ਅਸਥਾਨ/~ ਸਥਾਨ *n.m.* same as ਤੀਰਥ
~ ਯਾਤਰਾ *n.f.* pilgrimage
~ ਯਾਤਰੀ *n.m.* pilgrim
ਤੀਰਥੰਕਰ [tirthə̃kər] *n.m.* Jain prophet
ਤੀਰਾ [tira] *n.m.* shoulder piece of shirt
ਤੀਲ/ਤੀਲ੍ਹ [til/tíl] *n.f.* match-stick; friction match, lucifer match
ਤੀਲਾਂ ਵਾਲ਼ੀ ਡੱਬੀ *n.f.* matchbox
ਤੀਲਾ/ਤੀਲ੍ਹਾ [tilla/tílla] *n.m.* straw, a bit of straw
ਤੀਲੀ [tili] *n.f.* match stick; nose-pin
~ ਲਾਉਣੀ *ph.* to set fire to, set on fire; *fig.* to foment trouble, instigate
ਤੀਵੀਂ [tivĩ] *n.f.* woman, wife
~ ਜਾਤ *n.f.* female species, women
ਤੁਸ਼ਟ [tuṣt] *adj.* same as ਸੰਤੁਸ਼ਟ, satisfied
ਤੁਸ਼ਟੀ [tuṣṭi] *n.f.* same as ਸੰਤੁਸ਼ਟਤਾ, satisfaction
ਤੁਸਾਂ/ਤੁਸੀਂ [tusã/tusĩ] *pron.* you (subjective case)
ਤੁਹ [tó] *n.f.* same as ਤੋਹ, husk

ਤੁਹਫਾ [tófa] *n.m.* same as ਤੋਹਫ਼ਾ, present, gift

ਤੁਹਮਤ [tómət] *n.f.* calumny, false accusation, allegation, blame, aspersion, slander, insinuation, innuendo, slur

~ ਭਰਿਆ adj.m. snide, slanderous, insinuating (remark)

~ ਲਾਉਣੀ *con.v.* to cast aspersion on, slur, accuse

ਤੁਹਮਤਬਾਜ਼/ਤੁਹਮਤੀ [tómətbaz/tóməti] *adj.* calumniator, slanderer, defamer

ਤੁਹਾਡਾ/ਤੁਹਾਡੀ [tuàḍa/tuàḍi] *pron.m./pron.f.* your, yours (gender determined by object)

ਤੁਹਾਥੋਂ [tuàthõ] *pron. adj.* from you

ਤੁਹਾਨੂੰ [tuànũ] *pron. adv.* to you

ਤੁਕ [tuk] *n.f.* a line of verse; rhyme; sense, logic, reason (of any utterance)

ਤੁਕਸ [tukəs] *n.m.* large kettle, cylindrical in shape

ਤੁਕਬੰਦੀ [tukbə̃di] *n.f.* immature, grotesque or doggrel verse or versification

ਤੁਕਲਾ [tukla] *n.m.* seed-pod of acacia; corn-cob (shelled)

ਤੁੱਕਾ [tukka] *n.m.* *corn*-cob (shelled); cork, plug, stopper; same as ਕੁੱਤਾ; wild guess, fluke

~ ਲੱਗ ਜਾਣਾ *ph.* for a wild guess to become right, succeed by chance

~ ਲਾਉਣਾ/~ ਮਾਰਨਾ *ph.* to make a wild guess, conjecture, gamble

ਤੁਕਾਂਤ [tukãt] *n.m.* rhyme

ਤੁਖ [tukh] *n.m.* same as ਤੋਹ

ਤੁਖਣਾ [tukhəṇa] *n.m.* a bit of straw

ਤੁਖਮ [tukhəm] *n.m.* seed, germ; semen; *informal.* offspring; also ਤੁਖ਼ਮ

ਤੁਖਾਰ [tukhar] *n.m.* snow, snowing

ਤੁੰਗਲ [tũgəl] *n.m.* earring worn by men

ਤੁੱਛ [tucch] *adj.* trivial, trifling, paltry, worthless, trite, insignificant, inconsequential, inconsiderable, unimportant, negligible; banal, petty; mean, inane

~ ਸਮਝਣਾ *con.v.* to consider or treat as ਤੁੱਛ; to look down upon, belittle, slight, flout

ਤੁੱਠ [tuṭṭh] *v.form.* imperative of ਤੁੱਠਣਾ, be kind

ਤੁੱਠਣਾ [tuṭṭhəṇa] *v.i.* to be pleased (with), to be gracious, kind

ਤੁਣਕਣਾ/ਤੁਣਕਾਉਣਾ/ਤੁਣਕਾ ਮਾਰਨਾ [tuṇkəṇa/tuṇkauṇa/tuṇka marna] *V.t.* to give a jerky pull

ਤੁਣਕਾ [tuṇka] *n.m.* a jerky pull

ਤੁਤਲਾਉਣਾ [tutlauṇa] *v.i.* to lisp; to stammer

ਤੁਥ ਮੁਥ [tuth muth] *adj.* awkward, ungainly, uncouth, ugly

ਤੁੰਦ [tũd] *adj.* fierce, severe, strong, harsh, violent

ਤੁੰਦੀ [tũdi] *n.f.* fierceness, harshness, severity

ਤੁੰਨ [tũnn] *v.form.* imperative of ਤੁੰਨਣਾ, force in, penetrate

ਤੁੰਨਣਾ [tũnnəṇa] *v.t.* to stuff, fill, pack to capacity or forcibly, push in, penetrate, force into

ਤੁਫੰਗ [tuphə̃g] *n.f.* gun, musket; also ਤੁਫ਼ੰਗ

ਤੁਫਾਨ [tuphan] *n.m.* storm, tempest, tornado, hurricane; deluge; turmoil, disaster

~ ਆਉਣਾ *con.v.* for storm to break out or blow

~ ਮਚਾਉਣਾ *ph.* to cause or create turmoil, become boisterous

ਤੁਫਾਨੀ [tuphani] *adj.* stormy, fast moving, fast flying, tempestuous; violent

ਤੁਫੀਕ [tuphik] *n.f.* power, capacity, ability capability; also ਤੁਫ਼ੀਕ

ਤੁਬਕਾ [tubka] *n.m.*drop (of liquid), blob

ਤੁੰਬਣਾ/ਤੁੰਮਣਾ [tũbəṇa/tũmməṇa] *v.t.* to card

ਤੁੰਬਾਈ/ਤੁਮਾਈ [tũbai/tumai] *n.f.* process of or wages for *prec.*

ਤੁੰਮਾ [tũmma] *n.m.* colocynth, *Citrullus colocynthis*

ਤੁਮ੍ਹਾਤੜ [tumàtəṛ] *pron.* same as ਤਮ੍ਹਾਤੜ

ਤੁਰਸ਼ [turṣ] *adj.* bitter, pungent, acerbic, acerb, acrid, acidic, sour

~ ਕਲਾਮੀ *n.f.* biting speech, hot words, harsh talk

~ ਤਲਖ਼ *adj.* same as ਤੁਰਸ਼
~ ਮਿਜ਼ਾਜ *adj.* ill-tempered, bad-tempered, of irritable disposition
~ ਮਿਜ਼ਾਜੀ *n.f.* bad temper, harsh behaviour
ਤੁਰਸ਼ੀ [turṣi] *n.f.* bitterness, harshness, acerbity, severity
~ ਤਲਖ਼ੀ *n.f.* same as ਤੁਰਸ਼ੀ, bitterness, hardness or strain in relations
ਤੁਰਕ [turk] *n.m. adj.* Turk
ਤੁਰਕੀ [turki] *n.m.* Turkey; *adj.* Turkish; *n.f.* Turk language
ਤੁਰੰਗ [turə̃g] *n.m.* horse
ਤੁਰਤ/ਤੁਰੰਤ [turət/turə̃t] *adv.* at once, immediately, instantly, promptly; quickly, briskly, smartly
ਤੁਰਤ ਫੁਰਤ [turt phurt] *adv.* same as ਤੁਰਤ
ਤੁਰਨਾ [turna] *v.i.* to walk, pace, step, tread; to go, proceed, set out, start; to depart
~ ਫਿਰਨਾ *cpd.v.* to walk about, move about
ਤੁਰਪ [turp] *n.m.* troop; trump suit or card
ਤੁਰਮ [turm] *n.m.* trumpet
ਤੁਰਲਾ/ਤੁਰ੍ਹਾ [túrla/túrra] *n.m.*starched, flying end of turban, cockade
ਤੁਰ੍ਹੀ [túri] *n.f.* trumpet, bugle, clarion
ਤੁਰਾਉਣਾ [turauṇa] *v.t.* to make help or teach one to walk
ਤੁਰੀ [turi] *n.f.* clove (as of garlic); hard core of saffron flower
ਤੁਰੀ ਅਵਸਥਾ/ਤੁਰੀਆ ਪਦ [turi əvəstha/turia pəd] *n.f. n.m.* fourth and final stage of spiritual quietude, bliss, beatitude
ਤੁਲ਼ [tuḷ] *n.f.* lever; support
~ ਲਾਉਣੀ *con.v.* to use or apply a lever (when moving a heavy object); to give a support
ਤੁਲ [tul] *v.form.* nominative of ਤੁਲਣਾ
ਤੁੱਲ [tull] *adj.* matching, like, equal, equivalent, similar, proportional, resembling, comparable
~ ਪੂੰਜੀ *n.f.* equivalent investment
ਤੁਲਸੀ [tulsi] *n.f.* basil, *Ocimum sanctum*
ਤੁਲਹਾ [tulha] *n.m.* same as ਤੁਲ੍ਹਾ
ਤੁਲਣਾ [tulṇa] *v.i.* to be weighed; to be equal in weight
ਤੁਲਨਾ [tulna] *n.f.* comparison, similarity, simile, similitude
~ ਕਰਨੀ *con.v.* to compare, match, equate
ਤੁਲਨਾਤਮਿਕ [tulnatmɪk] *adj.* comparative
ਤੁਲਵਾਉਣਾ [tulvauṇa] *v.t.* to get or have something weighed
ਤੁਲਵਾਈ [tulvai] *n.f.* wages for *prec.*
ਤੁਲ੍ਹਾ [túlla] *n.m.* raft, *esp.* improvised one for crossing a river
ਤੁਲਾ [tula] *n.f.* balance; zodiac sign Libra
~ ਰਾਸ਼ੀ *n.f.* Libra
ਤੁਲਾਉਣਾ [tulauṇa] *v.t.* same as ਤੁਲਵਾਉਣਾ
ਤੁਲਾਈ [tulai] *n.f.* same as ਤੁਲਵਾਈ; padded mattress, light quilt; also ਤਲਾਈ
ਤੁੜਕਣਾ [tuṛkəṇa] *v.t. dia.* see ਤੜਕਣਾ
ਤੁੜਵਾਉਣਾ [tuṛvauṇa] *v.t.* to get (fruit, or flower) plucked; to get something broken into smaller parts or bits; to get smaller change for a coin or currency note
ਤੁੜਵਾਈ/ਤੁੜਾਈ [tuṛvai/tuṛai] *n.f.* process of or wages or charges for ਤੋੜਨਾ and ਤੁੜਵਾਉਣਾ
ਤੂੰ [tũ] *pron.* thou, you (singular)
ਤੂਆ [tua] *n.m.* (of cattle) abortion, premature delivery
ਤੂਈ[1] [tui] *v.form. past indefinite* of ਤੂਣਾ, aborted
ਤੂਈ[2] *n.f.* point of nail, spear, etc.; sprout, shoot
ਤੂਸਣਾ [tusəṇa] *v.t.* to stuff tightly to capacity; to stodge, gorge, guzzle
ਤੂਣਾ [tuṇa] *v.i.* (of cattle) to abort, miscarry, calve prematurely
ਤੂਤ [tut] *n.m.* same as ਸ਼ਤੂਤ, mulberry
ਤੂਤਰੀ [tutəri] *n.f.* same as ਤੂਤਰੂ/ਤੂਤੀ; snout of kettle
ਤੂਤਰੂ/ਤੂਤੜੀ/ਤੂਤੀ [tutru/tutəṛi/tuti] *n.m./n.f.* toy horn or trumpet
~ ਬੋਲਣੀ *ph.* to hold sway, become famous or preponderant
ਤੂ ਤੂ ਮੈਂ ਮੈਂ [tu tu mɛ̃ mɛ̃] *ph.* altercation, wrangle, exchange of hot words
ਤੂਫਾਨ [tuphan] *n.m.* same as ਤੁਫਾਨ; also ਤੂਫ਼ਾਨ
ਤੂੰਬਾ [tũba] *n.m.* a bit of cotton-wool or

cotton; hollowed shell of bottle gourd used as a water container by anchorites; calabash; a musical instrument comprising shell of gourd and gut-cord

ਤੂੰਬੀ [tũbi] *n.f.* water container of gourd-shell; a single string musical instrument popular with folk-singers

ਤੂਰ [tur] *n.m.* Mount Senai; wooden staff around which weavers roll the yarn

ਤੂਲ [tul] *n.m.* length; painter's brush; beddings given in dowry

~ ਦੇਣਾ *ph.* to stretch (or point); to lengthen (a matter or argument); to escalate (dispute)

ਤੂਲੀ [tuli] *n.f.* drawing pen

ਤੂੜ ਚਾੜ੍ਹਨਾ/ਤੂੜਨਾ [tuṛ cáṛna/tuṛna] *v.t.* same as ਤੂਸਣਾ

ਤੂੜੀ [tuṛi] *n.f.* wheat chaff

ਤੇ¹ [te] *conj.* same as ਅਤੇ, and

ਤੇ² *prep & adv.* same as ਉੱਤੇ, on

ਤੇਊ [teu] *pron.* see ਓਹੀ, the very same

ਤੇਓਰ [teor] *n.m.*see ਤਿਓਰ

ਤੇਈਂ [téĩ] *adv.* for Rs. 23

ਤੇਈ [tei] *adj.m.* twenty-three

ਤੇਈਆਂ/ਤੇਈਵਾਂ [teiã/teivã] *adj.m.* twenty-third

ਤੇਈਆ [teia] *n.m.* malaria

~ ਤਾਪ *n.m.* same as ਤੇਈਆ, malarial fever

ਤੇਸਾ [tessa] *n.m.* adze (carpenter's)

ਤੇਸੀ [tessi] *n.f.* adze (mason's)

ਤੇਹ¹ [té] *n.f.* thirst

~ ਲੱਗਣੀ *con.v.* to feel or be thirsty

ਤੇਹ² *n.m.* love, affection, attachment

~ ਕਰਨਾ *con.v.* to feel attachment for, love, be attached to

ਤੇਹਰ [tér] *n.f.* same as ਤਿਹਰ

ਤੇਹਾ [teha] *adj.m.* same as ਤਿਹਾ

ਤੇਹਾਂ [tehã] *adj.dia.* see ਤਿੰਨਾਂ

ਤੇਗ [teg] *n.f.* same as ਤਲਵਾਰ, also ਤੇਗ਼

ਤੇਗਾ [tegga] *n.m.* broad and straight sword

ਤੇਜ¹ [tej] *n.m.* glory, eminence, fame, renown; splendour, lustre, glitter, radiance, effulgence, brightness

~ ਪ੍ਰਤਾਪ/ਪਰਤਾਪ *n.m.* glory, eminence, dignity, grandeur

ਤੇਜ² *adj.* fast, swift, rapid, quick, speedy; sharp, keen, piercing, biting; clever, shrewd, intelligent; hot, pungent, acrid, strong; *adv.* fast, swiftly; also ਤੇਜ਼

~ ਕਰਨਾ *con.v.* to sharpen, hone; to speed up, accelerate

~ ਜਬਾਨ *adj.* talkative; rude

~ ਤਬਾ/~ ਤਬੀਅਤ *adj.* short-tempered, quick-tempered, feisty, touchy, choleric, irascible, impatient

~ ਤਰਾਰ *adj.* clever, smart

~ ਦਿਮਾਗ਼ *adj.* perspicacious, intelligent

~ ਰਫ਼ਤਾਰ *adj.* fast-moving, speedy, swift-footed, fast, swift

ਤੇਜੱਸਵੀ [tejəssəvi] *adj.* glorious, eminent, distinguished, renowned, famed, illustrious (person)

ਤੇਜਹੀਣ [tejhiṇ] *adj.* dull, commonplace

ਤੇਜ ਪੱਤਰ/ਤੇਜ ਪੱਤਾ [tej pəttər/tej pətta] *n.m.* bay leaf, leaf of cassia or cinnamon

ਤੇਜਵੰਤ/ਤੇਜਵਾਨ [tejvə̃t/tejvan] *adj.* same as ਤੇਜੱਸਵੀ

ਤੇਜਾਬ [tejab] *n.m.* acid, also ਤੇਜ਼ਾਬ

~ ਨਾਸ਼ਕ *adj.* antacid

ਤੇਜਾਬੀ [tejabi] *adj.* acidic

~ ਅਸਰ *n.m.* acidity

ਤੇਜੀ [teji] *n.f.* swiftness, quickness, rapidity, celerity, haste; sharpness; (of business, prices) upward trend; also ਤੇਜ਼ੀ

ਤੇਤੀ [tetti] *adj.* thirty-three

ਤੇਤ੍ਹੀਂ [tétti] *adv.* for Rs. 33

ਤੇਤ੍ਹੀਆਂ/ਤੇਤ੍ਹੀਵਾਂ [tétiã/tétivã] *adj.m.* thirty-third

ਤੇਥੋਂ [tethõ] *adv.* from you, by you (singular); *cf.* ਤੁਹਾਥੋਂ

ਤੇਂਦੂ [tẽdu] *n.m.* a kind of ebony, *Diospyros lanceolata*

ਤੇਂਦੂਆ [tẽdua] *n.m.* an animal of panther family

ਤੇਰ ਮੇਰ [ter mer] *n.f.* same as ਮੇਰ ਤੇਰ, partiality, discrimination

ਤੇਰ੍ਹ [tér] *n.f.* same as ਤਿਹਰ

ਤੇਰ੍ਹਵਾਂ [térvã] *adj.* thirteenth

ਤੇਰ੍ਹੀਂ [téri] *adv.* for Rs. 13

ਤੇਰਾ [tera] *pron.m.* (*fem.* ਤੇਰੀ) thy, thine,

your, yours (singular); *cf.* ਤੁਹਾਡਾ
ਤੇਰਾਂ [terã] *adj.* thirteen
ਤੇਲ[1] [tel] *n.m.* oil; petroleum
~ ਸੋਧਕ ਕਾਰਖ਼ਾਨਾ *ph.* oil refinery
~ ਕੱਢਣਾ *con.v.* to extract oil; *informal.* to extract too much work, tire out
~ ਜਿਹਾ *adj.m.* oleaginous
~ ਢੋਣ ਵਾਲ਼ਾ ਜਹਾਜ਼/ਜਾਂ ਗੱਡੀ *ph.* oil tanker
~ ਦੀ ਤਿਲਕਣ *ph.* slick
~ ਦੇਣਾ *con.v.* to lubricate, apply oil
~ ਦੇ ਬੀਜ *ph.* oilseeds
~ ਮਲ਼ਨਾ *con.v.* to rub oil, massage with oil; (*informal.*), to take exercise (as by wrestlers)
~ ਵਰਗਾ *adj.m.* same as ਤੇਲ ਜਿਹਾ
~ ਵਾਲ਼ਾ *adj.m.* oily, oleaginous (plant, seed or fruit)
ਤੇਲ[2]/ਤੇਲ਼ [tel̤] *n.f.* dew, see ਤ੍ਰੇਲ
ਤੇਲਗੂ [telgu] *n.f.* Telugu, language spoken in Andhra Pradesh
ਤੇਲਣ [teləṇ] *n.f.* wife of a ਤੇਲੀ, any woman of ਤੇਲੀ family
ਤੇਲਾ [tella] *n.m.* a microbic organism that attacks plants, a disease of plants and crops caused by it
~ ਲੱਗਣਾ *con.v.* (for crop) to be attacked by ਤੇਲਾ
ਤੇਲੀ [telli] *n.m.* person who extracts oil from oilseeds, oilman
ਤੇਲ਼ੀ [teḷi] *n.f. dia.* see ਤ੍ਰੇਲ਼ੀ
ਤੇਲੀਆ[1] [telia] *n.m. & adj.* a reddish black hue, bay colour
ਤੇਲੀਆ[2] *n.m.* poisonous root or tuber of *Aconytum ferox,* aconite root
ਤੇਵੀ [tevi] *adj. dia.* see ਤੇਈ
ਤੇੜ [teṛ] *n.f.* same as ਤਰੇੜ; waist, middle or lower part of human body; *adv.* around the waist
ਤੇੜਦੀ [teṛdi] *n.f.* same as ਤਹਿਮਤ
ਤੇੜੂ [teṛu] *adj.* boastful, pretentious, foppish
ਤੈ [tɛ] *adj.* settled, decided, finalised
~ ਹੋਣਾ *con.v.* to be settled, decided, finally
~ ਕਰਨਾ *con.v.* to settle, decide finally; (for journey) to cover
ਤੈਂ [tẽ] *pron. dia.* see ਤੂੰ
ਤੈਸ਼ [tɛṣ] *n.m.* anger, rage, wrath, ire
~ ਵਿੱਚ ਆਉਣਾ *ph.* to be enraged, angry
~ ਵਿਚ ਲਿਆਉਣਾ *ph.* to provoke into ਤੈਸ਼, enrage
ਤੈਸਾ [tɛsa] *adj.m.* same as, similar to
ਤੈਸੇ [tɛse] *adv.* similarly, like that, in the same manner
ਤੈਂਦੂਆ [tẽdua] *n.m.* same as ਤੇਂਦੂਆ
ਤੈਨੂੰ [tɛnnũ] *pron.* to thee, you (singular); *cf.* ਤੁਹਾਨੂੰ
ਤੈਰਾਕ [tɛrak] *adj. & n.m.* same as ਤਰਾਕ, swimmer
ਤੋਂ [tõ] *prep.* from; *conj.* than
ਤੋਈ [toi] *n.f.* colour-wash for wall surfaces
ਤੋਸਾ [tossa] *n.m.* cooked food, eatables, cereals or provisions carried for use during a long journey; also ਤੋਸ਼ਾ
ਤੋਸ਼ਾਖਾਨਾ [toṣakhana] *n.m.* store room for precious articles, treasure house; also ਤੋਸ਼ਾਖ਼ਾਨਾ
ਤੋਹ [tó] *n.f.* husk, hull of paddy or barley
~ ਕੁੱਟਣਾ *con.v.* to beat husk; *fig.* to waste effort, toil in vain
ਤੋਹਫ਼ਾ [tófa] *n.m.* present, gift
ਤੋਹਮਤ [tómət] *n.f.* same as ਤੁਹਮਤ
ਤੋਹੇ ਤੋਹੇ [tóe tóe] *interj.* call given to dogs; *n.f.* a term of scorn or contempt; bad name, ill-repute
~ ਹੋਣੀ *ph.* to earn or be subjected to popular scorn or contempt
~ ਕਰਨਾ *ph.* to call a dog by uttering ਤੋਹੇ ਤੋਹੇ; *fig.* to disdain, despise, contemn, scorn, scoff
ਤੋਕੜ [tokəṛ] *adj.f.* (cattle) yielding milk irregularly as towards the end of its lactation period
ਤੋਟ [toṭ] *n.f.* hangover; same as ਟੋਟ; lack, deficiency
ਤੋਟਾ [toṭṭa] *n.m.* loss; deficiency; lack, scarcity
ਤੋਣਾ [toṇa] *v.t. dia.* see ਤੁਸਣਾ
ਤੋਤਲਾ [totəla] *adj.m.* lisping; stammering
ਤੋਤਾ [tota] *n.m.* parrot
~ ਚਸ਼ਮ *adj.* faithless, false, fickle, inconstant, jilter
~ ਚਸ਼ਮੀ *n.f.* faithlessness, fickleness,

inconstancy

ਤੋਂਦ [tõd] *n.f.* potbelly, protuberant paunch, paunch

ਤੋਂਦਾ [todda] *n.m.* heap, large accumulated mass; ਬਰਫ਼ ਦਾ ਤੋਂਦਾ, iceberg

ਤੋਪ [top] *n.f.* gun, cannon, howitzer, ordnance, artillery weapon

~ ਦਾ ਗੋਲਾ *ph.* cannon ball, shell

ਤੋਪਾਂ ਦੀ ਸਲਾਮੀ *ph.* salvo

ਤੋਪਖਾਨਾ [topkhana] *n.m.* artillery, battery or regiment of artillery; also ਤੋਪਖ਼ਾਨਾ

ਤੋਪਚੀ [topci] *n.m.* gunner, cannoneer

ਤੋਪਾ [toppa] *n.m.* stitch

~ ਭਰਨਾ/~ ਲਾਉਣਾ *ph.* to make a stitch, stitch, mend, repair (a garment)

ਤੋਬੜਾ [tobəra] *n.m.* nosebag, feedbag

ਤੋਬਾ [toba] *n.f.* solemn promise or determination never to do again something bad or forbidden; repentance, penitence, remorse

~ ਕਰਨੀ *ph.* to make a solemn promise or declaration to refrain from undesirable acts; to express repentance, give up (habit or practice)

~ ਤੋਬਾ *interj.* an expression of horror

ਤੋਂਬਾ [tõba] *n.m.* carder; *cf.* ਤੁੰਬਣਾ

ਤੋਰ [tor] *n.f.* gait, manner of walking; movement, motion, pace, progress, momentum, speed

ਤੋਰਕੀ [torki] *n.f.* a skin disease, a mild form of small pox

ਤੋਰਨਾ [torna] *v.t.* to make or assist one to walk; to drive; to send off, despatch, see off; to cause to depart or go away

ਤੋਰਾ [tora] *n.m.* sustenance, subsistence; control, administration; usage, custom

~ ਤੁਰਨਾ *ph.* just to manage to run household or business

~ ਤੋਰੀ *n.f.* keeping things moving, making ends meet

~ ਫੇਰੀ *n.f.* same as ਫੇਰਾ ਤੋਰਾ, frequent visit or travel

ਤੋਰੀ [tori] *n.f.* sponge-gourd, rag gourd, luffa, *Luffa acutangula; cf.* ਭਿੰਡੀ

ਤੋਰੀਆ [toria] *n.m.* a type of mustard seed and plant

ਤੋਲ [tol] *n.m.* weight; weighing, weighing point

~ ਲਾਉਣਾ *con.v.* to set up weighing point

ਤੋਲਣਾ [toləṇa] *v.t.* to weigh; to balance; to assess, estimate

ਤੋਲਵਾਂ [tolvã] *adj.m.* weighed, by weight

ਤੋਲਾ¹ [tola] *n.m.* same as ਤੋਲ਼ਾ

ਤੋਲਾ² [tolla] *n.m.* weighman

ਤੋਲ਼ਾ [toḷa] *n.m.* a unit of weight equal to 11.664 grams

ਤੋੜ¹ [toṛ] *n.f.* needle thrust in skein of yarn while rerolling it into a bigger honk

ਤੋੜ² *n.m.* something having reverse, ameliorating effect, antidote, counter measure; stage in distillation (of country liqour); end, finish, finis; *adv.* upto the end

~ ਤੀਕ/~ ਤੀਕਰ *adv.* same as ਤੋੜ

~ ਦਾ *adj.m.* (ticket) straight for or up to destination

ਤੋੜ³ *v.form.* imperative of ਤੋੜਨਾ, break; *n.m.* breach, break

~ ਦੇਣਾ *con.v.* same as ਤੋੜਨਾ

~ ਫੋੜ *n.f.* destruction, sabotage, vandalism

~ ਮਰੋੜ *n.f.* crumpling, rumpling; distortion

ਤੋੜਨਾ [toṛna] *v.t.* to break, split, snap; to pluck; to violate, infringe (rule, law); to disconnect, disjoin

~ ਮਰੋੜਨਾ *cpd.v.* to crumple, crush, to distort, misrepresent

ਤੋੜਾ [toṛa] *n.m.* same as ਤੋੜਾ; beam, rafter; middle size bag (as for packing cement; chemical manure etc.); match of fuse of a gun, matchlock or musket; a heavier beat on drum to indicate change or end of rhythm

~ ਝਾੜਨਾ/~ ਦੇਣਾ *ph.* to give a heavy beat on drum

~ ਦਾਗਣਾ *ph.* to fire a gun or matchlock

ਤੋੜੀ [toṛi] *adv.* same as ਤਾਈਂ, upto

ਤੋੜੋ ਤੋੜੀ [toṛo toṛi] *adv.* from or since the beginning

ਤੌਸ [tɔs] *n.f.* fast breathing, panting, puffing

ਤੌਂਸ [tɔ̃s] *n.f.* intense thirst

ਤੌਸਣਾ [tɔsəṇa] *v.i.* same as ਘਰਕਣਾ, ਹੌਂਕਣਾ;

to puff and pant, be out of breath

ਤੌਂਸਣਾ [tɔ̃səṇa] *v.i.* to feel thirsty frequently, feel exhausted with heat and thirst

ਤੌਹੀਦ [tɔhid] *n.f.* monotheism, oneness or unicity of God

ਤੌਹੀਨ [tɔhin] *n.f.* insult, indignity, affront, slight

~ **ਕਰਨੀ** *con.v.* to insult, slight

ਤੌਕ [tɔk] *n.m.* colour or ring put around the neck of a criminal or slave

ਤੌਂਕਣਾ [tɔ̃kəṇa] *v.t.* same as **ਤਰੌਂਕਣਾ**, to sprinkle

ਤੌਖਲਾ [tɔkhəla] *n.m.* apprehension, fear of the unknown; misgiving, trepidation; mistake, misunderstanding

~ **ਹੋਣਾ** *con.v.* to apprehend fear or danger

~ **ਲੱਗਣਾ** *con.v.* to misunderstand, make a mistake

ਤੌਣ [tɔṇ] *n.f.* mass or lump of dough or kneaded flour; quantity kneaded at one time or in one lot

ਤੌਣੀ [tɔṇi] *n.f.* beating, thrashing

~ **ਲਾਉਣੀ** *ph.* to beat severely

ਤੌਫ਼ੀਕ [tɔphik] *n.f.* same as **ਤੁਫ਼ੀਕ**; also **ਤੌਫ਼ੀਕ**

ਤੌਬਾ [tɔba] *n.f.* same as **ਤੋਬਾ**

ਤੌਰ[1] [tɔr] *n.m. pl.* manners, ways, behaviour, conduct; mental state or condition

~ **ਤਰੀਕਾ** *n.m.* manner, behaviour, custom

~ **ਭੌਂ ਜਾਣੇ** *ph.* to be stunned, confused, disconcerted, nonplussed

~ **ਭੌਰ** *adj.* same as **ਤੌਰ ਭੌਰ**, perplexed

ਤੌਰ[2] *adv.* same as **ਬਤੌਰ**, by way of

ਤੌਲਾ[1] [tɔla] *n.m.* a wide-mouthed earthen vessel, same as **ਤੌੜਾ**

~ **ਭਰਨਾ** *slang. ph.* to eat voraciously, overeat

ਤੌਲਾ[2] *adj.m. colloq.* see **ਉਤਾਉਲਾ**, anxious

ਤੌਲੀਆ [tɔlia] *n.m.* towel; napkin

ਤੌੜ [tɔṛ] *adj.* uncultivated, unploughed, fallow; *n.m.* a fallow or undeveloped piece of open ground

ਤੌੜਾ [tɔṛa] *n.m.* pitcher; large **ਤੌੜੀ**

ਤੌੜੀ [tɔṛi] *n.f.* earthen cooking pot; *colloq.* see **ਤਾੜੀ**, clap, clapping

ਥ

ਥ [thəttha] *n.m.* twenty-second letter of Gurmukhi script representing the voiceless aspirated dental plosive [th]

ਥਈਆ [thəia] *n.m.* sound of a beat on drum; rhythm

ਥਹਿ [thɛ̃] *n.f. dia.* see ਥਾਂ

ਥਹੀ [thəi] *n.f.* pile; wad; small heap or stack

~ **ਲਾਉਣੀ** *con.v.* to pile up, heap, stack

ਥਹੁ [thó] *n.m.* memory, recollection; knowledge, information; method, way, solution

~ **ਸਿਰ** *adv.* according to ਥਹੁ, properly, methodically

~ **ਟਿਕਾਣਾ/~ -ਪਤਾ** *n.m.* whereabouts, address, location; knowledge of or information about location or whereabouts

ਥਕ [thək] *v.form.* nominative of ਥਕਣਾ

ਥਕਣਾ [thəkəṇa] *v.i.* to get or become tired, fatigued, weary, exhausted; to be fed up or bored; also ਥੱਕਣਾ

ਥਕਾਉਣਾ [thəkauṇa] *v.t.* to cause to be tired, tire, fatigue, fag out, weary; to wear down; to exasperate, irk

ਥਕਾਊ [thəkau] *adj.* tiring, wearing, wearying, gruelling, weariful, wearisome, fatiguing, tiresome; exasperating, irksome, tedious

ਥੱਕਾ ਟੁੱਟਾ/ਥੱਕਿਆ ਟੁੱਟਿਆ [thəkka ṭuṭṭa/ thəkkıa ṭuṭṭıa] *adj.m.* tired, fatigued, weary, wearied, dead tired, exhausted, languid

ਥੱਡਾ [thəḍḍa] *n.m.* cluster of plants or trees rising from the same stool; big wooden mortar in which bark of acacia is pounded for extraction of colour for tanning hides; boundary stone

ਥਣ [thəṇ] *n.m.* teat, tit, breast, pap, nipple, dug

~ **ਟੁੱਟ** *adj.* weanling, newly weaned; weakling

ਥੱਥ [thətth] *n.m.* stammer, stutter; speech defect, logorrhea

ਥਥਲਾ [thəthla] *adj.m.* same as ਥੱਥਾ[1]

ਥਥਲਾਉਣਾ [thəthlauṇa] *v.i.* to stammer, stutter

ਥਥਲਾਪਣ [thəthlapəṇ] *n.m.* same as ਥੱਥ

ਥੱਥਾ[1] [thəttha] *adj.m.* stammerer, stutterer

ਥੱਥਾ[2] *n.m.* the letter ਥ

ਥਥੂਆ [thəthua] *n.m.* potter's tool for shaping or smoothening the inside of pots

ਥੰਧਿਆਈ [thə̃dıài] *n.f. colloq.* same as ਥਿੰਧਾ

ਥੱਪ [thəpp] *v.form.* imperative of ਥੱਪਣਾ

ਥਪਕਣ [thəpkəṇ] *n.f.* place where cowdung cakes are prepared and laid for drying

ਥਪਕਣਾ [thəpkəṇa] *v.t.* to pat, strike gently (as to lull to sleep)

ਥਪਕੀ [thəpki] *n.f.* pat, tap, light stroke with hand

~ **ਦੇਣਾ** *con.v.* same as ਥਪਕਣਾ

ਥੱਪਣਾ [thəppəṇa] *v.t.* to prepare (cowdung cakes); to daub, besmear, bedaub, smear; to heap (accusation or blame); *n.m.* potter's tool to shape or beat the exterior of pots, pallet

ਥਪਥਪਾਉਣਾ [thəpthəpauṇa] *v.t.* same as ਥਪਕਣਾ

ਥਪਵਾਉਣਾ [thəpvauṇa] *v.t.* same as ਥਪਾਉਣਾ

ਥੱਪੜ [thəppəṛ] *n.m.* slap, smack, spank, cuff, clout, buffet

~ **ਮਾਰਨਾ** *con.v.* to slap, smack, spank, cuff, buffet, clout

ਥਪਾਉਣਾ [thəpauṇa] *v.t.* to get cowdung converted into cakes, assist in the process

ਥਪਾਈ [thəpai] *n.f.* process of or wages for ਥੱਪਣਾ

ਥਪੇੜਾ [thəpeṛa] *n.m.* same as ਥੱਪੜ; a stroke as from gust of wind, sea wave or from fate, misfortune

ਥਪੋਕੜੀ/ਥਪੋਕੀ [thəpokəṛi/thəpoki] *n.f.* light stroke with hands as when washing; a light slap, smack, spat

ਥੱਬਾ [thəbba] *n.m.* a grip with both arms extended around something; an armful; bundle, heap, pile

~ ਭਰਨਾ *con.v.* to grip or lift with both arms put around something

ਥੱਬੀ [thəbbi] *n.f.* a smaller bundle or pile

ਥੰਮ੍ਹ [thə̃mm] *n.m.* pillar, column; pylon; support, prop; *v.form.* imperative of ਥੰਮ੍ਹਣਾ, stop, halt

ਥਮ੍ਹਲਾ/ਥੰਮ੍ਹਾ *n.m.* same as ਥੰਮ੍ਹ

ਥੰਮ੍ਹਣਾ [thə̃mməṇa] *v.i.* to stop, halt, relent, slacken; *v.t.* to support, prop, hold, sustain; to stop, halt

ਥਮ੍ਹਾਉਣਾ [thəmàuṇa] *v.t.* to get something held, sustained in place by someone; to make one hold something; to give, deliver, hand over, entrust

ਥੰਮ੍ਹੀ [thə̃mmi] *n.f.* prop, upright support, stanchion *usu.* wooden beam

~ ਦੇਣੀ *con.v.* to put a ਥੰਮ੍ਹੀ under, to prop or support with a ਥੰਮ੍ਹੀ, to stanchion

ਥਰ [thər] *n.m.* same as ਥਲ

ਥਰਕਣਾ [thərkəṇa] *v.i.* to vibrate, pulsate

ਥਰਡ [thərḍ] *adj.* third

ਥਰਥਰਾਉਣਾ/ਥਰ ਥਰ ਕੰਬਣਾ/ਕਰਨਾ [thərthərauṇa/thər thər kə̃bəṇa/kərṇa] *v.i.* to shake, shiver, shudder, tremble, vibrate, pulsate

ਥਰਥਰਾਹਟ/ਥਰਥਰੀ [thərthəráṭ/thərthəri] *n.f.* shiver, shudder, tremble, quiver, vibration, pulsation

ਥਰਮਾਮੀਟਰ [thərmamiṭər] *n.m.* thermometer

ਥਰਮੋਸ/ਥਰਮਸ [thərmos/thərməs] *n.f.* thermos, thermos flask, vacuum flask or bottle

ਥੱਰਾਉਣਾ [thərrauṇa] *v.i.* same as ਥਰਥਰਾਉਣਾ

ਥਰੈਸ਼ਰ [thərɛṣər] *n.m.* thresher, threshing machine

ਥਲ [thəl] *n.m.* land (as against sea); place; region; *combining form* as in ਮਾਰੂਥਲ; layer, crust

~ ਸੈਨਾ *n.m.* land forces, army

~ ਮਾਰਗ *n.m.* land-route

~ ਯੁੱਧ *n.m.* land war

~ ਵਾਸੀ *adj.* living on land, terrestrial

ਥਲਵਾਂ [thəlvã] *adj.m.* lower, bottom, nether, lowermost, bottommost

ਥੱਲਾ [thəlla] *n.m.* bottom, bottom part, or portion, base, foot, floor, plinth, baseboard, baseplate; nadir

ਥੱਲੇ [thəlle] *adv.* under, below, beneath, down

~ ਉੱਪਰ *adv.* one above the other, in a pile; *adj.* misplaced

ਥੜ੍ਹਾ [thə́ṛa] *n.m.* platform of masonary or earthwork, terrace, base; ambush

~ ਬੰਨ੍ਹਣਾ *con.v.* to construct or raise ਥੜ੍ਹਾ; to lay ambush

ਥੜ੍ਹੇ ਬਹਿਣਾ *v.i.* to lie or sit in ambush

ਥਾਂ/ਥਾਉਂ [thã/thaõ] *n.f.* place, spot, stand, location; space, room; residence, house, dwelling, accommodation; post, position, situation, station, office; *adv.* in place of, instead of

~ ਸਿਰ *adv.* at or in proper place

~ ਕੁਥਾਂ *adv. & n.f.* good and/or bad place, at proper and/or improper time or place; at odd time or place

~ ਟਿਕਾਣਾ *n.m.* residence, abode, refuge; address; whereabouts

~ ਥਾਂ *adv.* in most or different places, everywhere

~ ਥਿੱਤਾ *n.m.* same as ਥਾਂ ਟਿਕਾਣਾ

~ ਮਾਰਨਾ/~ ਮੁਕਾਉਣਾ/~ ਰੱਖਣਾ *ph.* to kill on the spot

~ ਲੇਵਾ *n.m. & adj.* substitute

~ ਲੈਣੀ *con.v.* to purchase a house or site; to replace, succeed, substitute

ਥਾਉਂ ਥਾਈਂ [thaõ thãĩ] *adv.* in respective or proper places

ਥਾਈਂ ਥਾਈਂ [thaĩ thaĩ] *adv.* at various, different places; everywhere, here and there

ਥਾਏਂ [thaẽ] *adv.* instead of, in place of

ਥਾਹ [thá] *n.f.* bottom, depth; extent, measure; estimate or measure of depth or extent

~ ਪਾਉਣੀ/~ ਲੈਣੀ *ph.* to fathom, measure, estimate; to understand, realise the depth or extent (of)

ਥਾਣਾ [thaṇa] *n.m.* police station

ਥਾਣੀ [thaṇi] *adv.* through, via

ਥਾਣੇਦਾਰ [thaṇedar] *n.m.* officer incharge of a ਥਾਣਾ; station house office, S.H.O., subinspector or assistant sub inspector of police

ਥਾਣੇਦਾਰਨੀ [thaṇedarni] *n.f.* wife of ਥਾਣੇਦਾਰ

ਥਾਣੇਦਾਰੀ [thaṇedari] *n.f.* post or job of ਥਾਣੇਦਾਰ

ਥਾਨ [than] *n.m.* same as ਥਾਂ; *suff.* signifying land, region (of) as in ਰਾਜਸਥਾਨ; roll of cloth

ਥਾਪ [thap] *n.f.* pat, light stroke with palm, tap; imprint; a single beat of drum with hand; (in cards) throwing a card with conspicuous force signalling to the partner to repeat the same suit

ਥਾਪਣਾ[1] [thapəṇa] *n.f.* pat on the back signifying blessing, encouragement or accolade

ਥਾਪਣਾ[2] *v.t.* to instal, appoint, designate, nominate

ਥਾਪ ਯੰਤਰ [thap yə̃tər] *n.m.* percussion instrument

ਥਾਪੜਨਾ [thapəṛna] *v.t.* same as ਥਪਕਣਾ; to press, harden or beat by striking with a flat implement; to beat, thrash, batter

ਥਾਪਾ [thappa] *n.m.* implement to batter with, beater (*usu.* wooden)

ਥਾਪੀ [thappi] *n.f. dia.* same as ਪਾਥੀ; same as ਥਾਪਣਾ[1]; a pat on one's own upper arm or thigh indicating a challenge as in wrestling; small ਥਾਪਾ

~ ਦੇਣੀ *con.v.* to give a pat on the back, *fig.* to encourage

~ ਮਾਰਨੀ *con.v.* to pat one's own thigh or upper arm

ਥਾਲ/ਥਾਲੀ [thal/thali] *n.m./n.f.* round, flat tray or plate with vertically raised edge; platter

ਥਾਵੇਂ [thavẽ] *adv.* same as ਥਾਏਂ

ਥਿਊਰੀ [thıuri] *n.f.* theory

ਥਿਏਟਰ [thıeṭər] *n.m.* theatre

ਥਿਗੜਾ [thıgṛa] *n.m. dia.* garment, ਥਿਗੜੀ *n.f. dia.* garment *esp.* shirt

ਥਿੱਤ [thıtt] *n.f.* date

~ ਵਾਰ *n.m.* date and day of the week

ਥਿੰਧਾ [thĩda] *n.m.* butter, refined butter, any greasy substance, cooking oil, oil; *adj.m.* greasy, oily, lubricous, unctuous, soiled with greasy or oily substance

ਥਿੰਧਿਆਈ [thĩdıài] *n.f.* same as ਥਿੰਧਾ; greasiness, oiliness, unctuousness, lubricity

ਥਿੰਮ੍ਹ [thĩmm] *n.m.* spot, speckle, speck

ਥਿਰ [thır] *adj.* same as ਸਥਿਰ, stable, constant

ਥਿੜਕ [thıṛk] *v.form.* nominative of ਥਿੜਕਣਾ

ਥਿੜਕਣਾ [thıṛkəṇa] *v.i.* to stumble, totter, stagger, reel, trip; to be unstable, unsettled, unsure; to falter, err; to go astray in thought or belief

ਥਿੜਕਵਾਂ [thıṛkvã] *adj.m.* stumbling, staggering, unstable; uneven, rough, slippery (ground or path)

ਥਿੜਕਾਉਣਾ [thıṛkauṇa] *v.t.* to cause one to stumble, stagger; to cause one to falter in thought, belief or action; to cause one to miss an opportunity or chance

ਥੀਸਿਸ [thisıs] *n.m.* thesis

ਥੀਣਾ [thiṇa] *v.i. dia.* see ਹੋਣਾ, to be

ਥੁੱਕ [thukk] *n.m.* spit, spittle, saliva, sputter

~ ਸੁੱਟਣਾ *con.v.* to sputter, spit

~ ਕੇ ਚੱਟਣਾ *ph.* to go back on one's words, eat one's words, retract (vow or promise)

~ ਨਾਲ਼ ਵੜੇ ਪਕਾਉਣੇ *ph.* to try to do something with insufficient resources; to cook without provisions

ਥੁੱਕਣਾ [thukkəṇa] *v.i.* to spit, sputter; to expectorate

ਥੁੱਕਦਾਨ [thukkdan] *n.m.* spittoon, cuspidor

ਥੁਥਨੀ [thuthni] *n.f.* animals' mouth; snout, muzzle

ਥੁੱਥ ਮੁੱਥ [thuth muth] *adj. colloq.* ugly, ungainly

ਥੁੰਨ ਮੁੰਨ [thũnn mũnn] *adj.* silent, sulky, sullen, ill-humoured

ਥੁੰਨਾ [thũnna] *n.m.* wooden post

ਥੁੰਨੀ [thũnni] *n.f.* smaller ਥੁੰਨਾ

ਥੁੜ [thuṛ] *n.f.* lack, want, scarcity, shortage, paucity, dearth, insufficiency, inadequacy; shortfall; poverty, penury, indigence

~ ਆਉਣੀ *con.v.* to be or become in want

~ ਹੋਣੀ *con.v.* to be a shortage of; to be scarce

ਥੁੜਨਾ [thuṛna] *v.i.* to be deficient, fall short, be less than required, be inadequate, insufficient; also ਥੁੜ ਜਾਣਾ

ਥੁੜਿਆ ਹੋਇਆ [thuṛɪa hoɪa] *adj.m.* in want, lacking means, hard up; poor, indigent

ਥੁੜੇਰਾ [thuṛera] *adj.m.* lesser; *cf.* ਥੋੜ੍ਹਾ

ਥੂਹ [thú] *n.f.* sound of spitting; *interj.* expression of bitterness, contempt or disdain

~ ਥੂਹ *n.f.* public disgrace, contempt or scorn

~ ਥੂਹ ਹੋਣੀ *ph.* to be subject to public disgrace, contempt or scorn

~ ਥੂਹ ਕਰਨੀ *ph.* to spit frequently or habitually; to express bitterness, contempt, disdain or scorn

ਥੂਣ੍ਹੀ [thúṇi] *n.f.* same as ਥੰਮ੍ਹੀ

ਥੂਥਣੀ [thuthəṇi] *n.f.* same as ਥੁਥਨੀ

ਥੂਰ [thur] *n.f. & adj.* same as ਕੱਲਰ, salinity (of soil)

ਥੇਈ [thei] *n.f. dia.* see ਖੀਰ; ceremonial offering of rice pudding to holy men or to deity

ਥੇਹ [thé] *n.m.* mound formed by ruins, ruins

~ ਥਿਤਾ *n.m.* same as ਥਾਂ ਟਿਕਾਣਾ

ਥੇਟਰ [theṭər] *n.m. colloq.* see ਥਿਏਟਰ

ਥੇਵਾ [theva] *n.m.* gem, precious or semi-precious stone set or embedded or meant for setting in jewellery *esp.* in the ring

ਥੈਂਹ [thɛ̃] *n.f. dia.* see ਥਾਂ; sound of something thrown down; thump, thud

~ ਮਾਰਨਾ *ph.* to thump, strike or throw down, something with a thud

ਥੈਲਾ [thɛlla] *n.m.* bag, sack, satchel, tote bag, knapsack, rucksack, haver-sack

ਥੈਲੀ [thɛlli] *n.f.* small ਥੈਲਾ, pouch, wallet

ਥੋਹਰ [thór] *n.f.* cactus, *Euphorbia, Carnegiea giganta; pl.* cactuses, cacti

~ ਸੰਬੰਧੀ *adj.* cactal

~ ਵਰਗਾ *adj.* cactoid

ਥੋਕ [thok] *n.f.* thing; bulk; wholesale

~ ਦਾ ਮਾਲ *ph.* a big lot (bought or sold) in bulk

~ ਫਰੋਸ਼ *n.m.* wholesaler, wholesale dealer or trader, bulk trader

~ ਫਰੋਸ਼ੀ *n.f.* wholesale trade or business, bulk sale

~ ਵਪਾਰੀ *n.m.* same as ਥੋਕ ਫਰੋਸ਼

ਥੋਥਾ [thottha] *adj.m.* hollow, empty, vacuous; worthless, meaningless, specious

ਥੋਥਾਪਣ [thothapəṇ] *n.m.* hollowness, emptiness, vacuousness, speciousness

ਥੋਪਣਾ [thopəṇa] *v.t.* to foist upon, impose upon

ਥੋਬਾ [thobba] *n.m.* lump (of mud or similar material)

ਥੋਮ [thom] *n.f.* garlic, *Allium stivum*

ਥੋੜ [thoṛ] *n.f.* same as ਥੁੜ

ਥੋੜ੍ਹ [thóṛ] *pref.* signifying littleness

~ ਚਿਰਾ *adj.m.* short-lived, transitory ephemeral; temporary, transient

~ ਦਿਲਾ *adj.m.* coward, timid, timorous narrow-minded, petty; ungenerous

~ ਦਿਲੀ *adj.f.* as *prec.*; *n.f.* cowardice timidity, timorousness; pettiness, narrow-mindedness

ਥੋੜ੍ਹਾ [thóṛa] *adj.m.* little, small in quantity less, scanty, meagre, slight, insufficient inadequate

~ ਕਰਨਾ *con.v.* to lessen, reduce

~ ਜਿਹਾ *adj.m. & adv.* a little, a bit, somewhat, slightly
~ ਥੋੜ੍ਹਾ *adv.& adj.* in small parts or bits, piecemeal, little by little, in instalments; *adj.m.* same as ਥੋੜ੍ਹਾ
~ ਬਹੁਤ *adv.* somewhat, slightly
~ ਬਹੁਤਾ *adj.m.* more or less, somewhat
ਥੋੜ੍ਹੇ ਕੀਤੇ *adv.* hardly, not easily
ਥੋੜ੍ਹੇ ਚਿਰ ਪਿੱਛੋਂ *ph.* soon after, shortly (after)
ਥੋੜ੍ਹੇ ਤੋਂ ਥੋੜ੍ਹਾ/ਥੋੜ੍ਹੀ ਤੋਂ ਥੋੜ੍ਹੀ *ph.* least

ਥੋੜ੍ਹੇ ਥੋੜ੍ਹੇ ਚਿਰ ਪਿੱਛੋਂ *ph.* intermittently, sporadically, periodically, occasionally
ਥੌਹ [thɔ́] n.m. memory, recollection; estimate, measure
~ ਟਿਕਾਣਾ *n.m.* whereabouts; address
~ ਨਾ ਰਹਿਣਾ *ph.* to forget
~ ਲੱਗਣਾ *ph.* to have the knowledge of, to be found out
~ ਲਾਉਣਾ *ph.* to estimate, assess; to have or get a measure of

ਦ

ਦ [dədda] *n.m.* twentythird letter of Gurmukhi alphabet representing the dental voiced unaspirated plosive [d]

ਦਇਆ [dəɪa] *n.f.* compassion, pity, commiseration, mercy, clemency, benignity, benevolence, beneficence, kindness, tenderness, sympathy, fellow-feeling

~ ਆਉਣੀ *con.v.* to feel compassion

~ ਕਰਨੀ *con.v.* to be compassionate, pity, take pity on, commiserate

~ ਦ੍ਰਿਸ਼ਟੀ *n.f.* same as ਦਇਆ, favour, benevolence, helpfulness

~ ਪੂਰਨ *adj.* merciful, benign, sympathetic (act or behaviour)

ਦਇਆਵਾਨ [dəɪavan] *adj.* compassionate, kind, benign, merciful

ਦਸ [dəs] *adj.* ten

~ ਸਾਲ *n.m.* a decade

~ ਸਾਲਾ *adj.m.* decennial

ਦੱਸ [dəss] *v.form.* imperative of ਦੱਸਣਾ, tell; *n.f.* information, intimation, news about whereabouts or availability

~ ਦੇਣਾ *con.v.* same as ਦੱਸਣਾ; to betray

~ ਪਾਉਣੀ *con.v.* to give information about, acquaint; to propose (a match)

ਦਸਹਿਰਾ [dəsɛ́ra] *n.m.* a Hindu festival falling on the tenth of the light half of the lunar month of ਅੱਸੂ (*usu.* October)

ਦਸਹਿਰੀ [dəsɛ́ri] *adj.* a delicious variety of mango fruit

ਦਸਖ਼ਤ [dəskhət] *n.m. colloq.* see ਦਸਤਖ਼ਤ, signature

ਦੱਸਣਾ [dəssəṇa] *v.t.* to tell, inform, divulge, report, state, reveal, disclose; to express, describe, declare, confess; to show, indicate, point out, signify; to teach, instruct, caution, warn

ਦਸਤ [dəst] *n.m.* loose motions, stools or bowels, frequent or abnormally fluid faecal discharge, diarrhoea; hand; *pref.* signifying hand

~ ਆਉਣਾ *con.v.* to excrete fluid faeces

~ ਪੰਜਾ *n.m.* handshake, handclasp

~ ਬਸਤਾ *adv. & adj.* with folded hands

~ ਬਰਦਾਰ ਹੋਣਾ *ph.* to abdicate, give up, relinquish, renounce

~ ਬਰਦਾਰੀ *n.f.* abdication, renunciation

~ ਲੱਗਣੇ *con.v.* to suffer from loose motions or diarrhoea

ਦਸਤਕ [dəstək] *n.f.* knock, tap, rap (as at a door)

~ ਦੇਣਾ *con.v.* to knock (at a door)

ਦਸਤਕਾਰ [dəstkar] *n.m.* manual worker, craftsman, handicraftman, artisan

ਦਸਤਕਾਰੀ [dəstkari] *n.f.* craft, handicraft, manufacture, industry (cottage or small scale)

ਦਸਤਖ਼ਤ [dəstkhət] *n.m.* signature

~ ਕਰਨਾ *con.v.* to sign

ਦਸਤਗੀਰ [dəstgir] *adj.* helper, succourer, supporter (in hour of need or distress)

ਦਸਤਰਖਾਨ [dəstərkhan] *n.m.* dining table; table-cloth for dining table; food laid on it; also ਦਸਤਰਖ਼ਾਨ

~ ਵਿਛਾਉਣਾ *con.v.* to spread (cover or food) on a table; to lay food on dining table

ਦਸਤਾ [dəsta] *n.m.* helve, handle, grip, haft, hilt; a body of troops, contingent, posse, detachment; quire

ਦਸਤਾਨਾ [dəstanna] *n.m.* glove; one of a pair of gloves

ਦਸਤਾਨੇ *n.m. pl.* gloves; pair of gloves

ਦਸਤਾਰ [dəstar] *n.f.* turban

~ ਸਜਾਉਣੀ/~ਬੰਨ੍ਹਣੀ *con.v.* to wear turban

ਦਸਤਾਰਬੰਦੀ [dəstarbə̃di] *n.f.* ceremonial wearing of turban for the first time (by

children); ceremony of wearing turban by the eldest surviving son as a part of his late father's or mother's obsequies
ਦਸਤਾਰਾ [dəstara] *n.m.* same as ਦਸਤਾਰ
ਦਸਤਾਵੇਜ [dəstavej] *n.f.* document, deed, bond, instrument; also ਦਸਤਾਵੇਜ਼
ਦਸਤਾਵੇਜੀ [dəstaveji] *adj.* documentary, pertaining to ਦਸਤਾਵੇਜ
ਦਸਤੀ[1] [dəsti] *adj. & adv.* by hand; manual; by bearer
ਦਸਤੀ[2] *n.f.* small rosary
ਦਸਤੂਰ [dəstur] *n.m.* custom, practice, usage, manners; law, constitution; rule, regulation
ਦਸਤੂਰੀ [dəsturi] *adj.* customary, legal; (for person) strict, fastidious about manners or customs; *n.f.* customary commission or rebate
ਦਸੰਬਰ [dəsə̃bər] *n.m.* December
ਦਸਮ [dəsəm] *adj.* tenth
~ ਗ੍ਰੰਥ *n.m.* Holy Book containing compositions of the tenth Sikh Guru
~ ਦੁਆਰ *n.m. lit.* the tenth door (beyond or besides the nine openings in human body); the mystical orifice in ਹਠ ਯੋਗ
ਦਸ਼ਮਲਵ [dəṣəmləv] *n.m.* decimal, decimal point
~ ਭਿੰਨ *n.f.* decimal fraction
ਦਸ਼ਮਾਂਸ਼ [dəṣmā̃ṣ] *adj. & n.m.* tenth part
ਦਸ਼ਮਿਕ ਪਰਨਾਲੀ [dəṣmık pərnali] *n.f.* decimal system
ਦਸਮੀ [dəsmi] *adj.f.* tenth; *n.f.* the tenth of a lunar fortnight or of a solar month
ਦਸ਼ਮੇਸ਼ [dəṣmeṣ] *n.m. lit.* the tenth master; epithet for the tenth Sikh Guru, Gobind Singh (1666-1708)
ਦਸਵੰਧ [dəsvə̃d] *n.m.* tithe
ਦਸਵਾਂ [dəsvā̃] *adj.m.* tenth
ਦਸ਼ਾ [dəṣa] *n.f.* condition, state, position, circumstances
ਦਸਾਹਾ [dəsaha] *n.m.* tenth day ceremonies after death
ਦਸਾਵਰ [dəsavər] *n.m.*same as ਦਸੌਰ
ਦਸੀ [dəsi] *n.f.* ten paise coin, $^1/_{10}$th of a rupee
ਦਸੀਂ [dəsī] *adv.* for Rs. 10
ਦੱਸੀ [dəssi] *n.f.* loose unwoven strand of yarn at the end of a length of cloth
ਦਸੂਤੀ [dəsuti] *n.f. colloq.* see ਦੁਸੂਤੀ
ਦਸੇਰਾ/ਦਸੇਰੀ [dəsera/dəseri] *n.m. / n.f.* tenseer weight
ਦਸੋਤਰਾ [dəsotəra] *n.m.* ten per cent of revenue collected by a village headman given to him as remuneration; *cf.* ਪੰਜੋਤਰਾ
ਦਸੌਰ [dəsɔr] *n.m.* foreign country, foreign market
ਦਸੌਰੀ [dəsɔri] *adj.* imported or foreign (goods)
ਦਹਾਈ [dəhai] *n.f.* place and value of tens digit in a number
ਦਹਾਕਾ [dəhakka] *n.m.* same as *prec.*; decade; multiple of ten
ਦਹਾਨਾ [dəhana] *n.m.* mouth, opening; delta, estuary; curb, curb-bit
ਦਹਾੜ [dəhaṛ] *n.f.* roar
ਦਹਾੜਨਾ [dəhaṛna] *v.i.* to roar
ਦਹਿਆ [déa] *n.m.* any of the first ten days of Muharram; *usu. pl.* ਦਹੇ period of annual mourning observed by Shia Muslims
ਦਹਿਸ਼ਤ [déṣət] *n.f.* terror, dread, fear, horror
~ ਅੰਗੇਜ਼ *adj.* terrible, dreadful, terrifying, horrible, horrendous
ਦਹਿਸ਼ਤਗਰਦ [déṣətgərd] *adj.* terrorist
ਦਹਿਸ਼ਤਗਰਦੀ [déṣətgərdi] *n.f.* terrorism
ਦਹਿਸ਼ਤਨਾਕ [déṣətnak] *adj.* same as ਦਹਿਸ਼ਤ ਅੰਗੇਜ਼, under ਦਹਿਸ਼ਤ
ਦਹਿਸ਼ਤਪਸੰਦ [déṣətpəsə̃d] *adj.* terrorist
ਦਹਿਸਿਰ [désır] *n.m.*ten-headed demon; Ravana
ਦਹਿਣਾ [déṇa] *adj.m.* same as ਸੱਜਾ[2], right (hand, direction, etc.)
ਦਹਿਣੀਆਂ [déṇiā̃] *n.f. pl.* crosswise standing poles or supports used for spreading yarn by weavers or for hanging clothes for drying
ਦਹਿਲ [dél] *n.m.* sudden and extreme fear, fright, dread, terror, trembling fear
ਦਹਿਲਣਾ [déləṇa] *v.i.* to be struck with

ਦਹਿਲ, to shake, tremble with fear
ਦਹਿਲਾ [dɛ̀lla] *n.m.* ten of a suit in cards, card with ten pips
ਦਹਿਲਾਉਣਾ [dɛ́launa] *v.t.* to cause ਦਹਿਲ, to frighten, scare, appal
ਦਹਿਲੀਜ [dɛ́lij] *n.f.* same as ਦਲੀਜ; also ਦਹਿਲੀਜ਼
ਦਹੀਂ [də̃ĩ] *n.m.* curd, curds, yoghurt
~ **ਦਾ ਪਾਣੀ** *ph.* whey, milk-serum
~ **ਵਰਗਾ** *adj.m.* curdy, coagulated
ਦਹੁਸ਼ [dəhuṣ/dúṣ] *adj. & n.m.* boorish, boor, bullish
ਦਹੇਜ [dəhej/dèj] *n.m.* same as ਦਾਜ; also ਦਹੇਜ਼
ਦਕਿਆਨੂਸੀ [dəkıanusi] *adj.* ancient, old, antique, antiquated, outdated, obsolete, old-fashioned; conservative, reactionary
ਦੱਖ [dəkkh] *n.f.* appearance, favourable effect on the gazer, good looks, show, glow, comeliness
~ **ਦੇਣੀ** *ph.* to present a favourable appearance, look well, be comely
ਦੱਖਣ [dəkkhəṇ] *n.m.* south; *n.f.* south wind
~ **ਚੱਲਣਾ/~ ਚੱਲਣੀ** *ph.* for south wind to blow
~ **ਪਾਸੇ/~ ਵੱਲ** *adv.* southward
ਦੱਖਣਾ [dəkkhəṇa] *n.f.* same as ਦੱਛਣਾ
ਦੱਖਣੀ [dəkkhəṇi] *adj.* southern; belonging to or coming from the South
ਦਖਣੂਤਰਾ [dəkhṇutra] *n.m.* a urinary ailment causing difficulty or pain while urinating
ਦਖਲ [dəkhəl] *n.m.* entrance, approach, access, penetration; occupation, possession; interference, meddling, intervention; also ਦਖ਼ਲ
~ **ਅੰਦਾਜ਼ ਹੋਣਾ** *ph.* to interfere, meddle, intervene, intercede, interpose
~ **ਅੰਦਾਜ਼ੀ** *n.f.* interference, meddling, intervention; intercession
~ **ਹੋਣਾ** *con.v.* to have access, have the right to share or interfere
~ **ਜੋਤ** *n.f.* occupancy, holding
~ **ਦੇਣਾ** *con.v.* to interfere, meddle; to intervene, intercede, interpose
~ **ਨਾਮਾ** *n.m.* deed, document or title of possession or occupation
~ **ਮਿਲਣਾ/~ ਲੈਣਾ** *con.v.* to get, secure or take possession
ਦਖਲਕਾਰ [dəkhəlkar] *adj.* occupant, occupier; interferer, intervenor
ਦਖਲਕਾਰੀ [dəkhəlkari] *n.f.* occupation, possession; intervention
ਦਖਾਵਾ [dəkhava] *n.m. colloq.* see ਵਿਖਾਵਾ
ਦਖੀਲਕਾਰ [dəkhilkar] *n.m.* one who secures title of possession for reason of 12 years continuous occupation
ਦਖੀਲਕਾਰੀ [dəkhilkari] *n.f.* right of or title to possession by virtue of long, continuous occupation; occupancy right
ਦਖੁਤਰਾ [dəkhutra] *n.m.* same as ਦਖਣੂਤਰਾ
ਦੰਗ [də̃g] *adj.* surprised, wonderstruck, astounded, astonished
~ **ਮਾਤ** *n.f.* surprise defeat
~ **ਰਹਿ ਜਾਣਾ** *ph.* to be wonderstruck
ਦੰਗਈ [də̃gəi] *n.m.* riotous person or mob, one causing or taking part in ਦੰਗਾ; hooligan, rioter
ਦਗ ਦਗ [dəg dəg] *n.f.* glimmer, brilliance, shine, sheen, lustre, gleam
~ **ਕਰਦਾ** *adj.m.* glimmering, brilliant, shining, lustrous, gleaming
~ **ਕਰਨਾ/~ ਜਗਣਾ/~ ਦਗਣਾ** *con.v.* to shine, glisten, shimmer, sparkle, gleam
ਦਗਦਾ [dəgda] *adj.m.* same as ਦਗ ਦਗ ਕਰਦਾ under ਦਗ ਦਗ
ਦੰਗਲ਼ [də̃gəḷ] *n.m.* wrestling match *esp.* one between noted wrestlers, wrestling championship
ਦਗੜ ਦਗੜ [dəgəṛ dəgəṛ] *n.f.* clatter, din, noise (as of several persons or horses passing by at speed)
ਦਗਾ [dəga] *n.m.* treachery, betrayal, disloyalty; breach of trust, deceit, guile, trickery, cheating; also ਦਗ਼ਾ
~ **ਕਮਾਉਣਾ/~ ਕਰਨਾ/~ ਦੇਣਾ** *ph.* to commit ਦਗ਼ਾ, to betray, deceive, beguile, cheat
ਦੰਗਾ [də̃ga] *n.m.* riot, public disorder, disturbance or turbulence, violent fracas or fighting

~ ਕਰਨਾ *con.v.* to cause, create or take part in riot, foment trouble
~ ਫਸਾਦ *n.m.* same as ਦੰਗਾ
ਦਗਾਈ [dəgai] *n.f.* act of or wages for branding; *cf.* ਦਾਗਣਾ
ਦਗਾਬਾਜ/ਦਗੇਬਾਜ [dəgabaj/dəgebaj] *adj.* treacherous, betrayer, deceiver, deceitful, false, insincere, disloyal, cheat
ਦਗਾਬਾਜੀ/ਦਗੇਬਾਜੀ [dəgabaji/dəgebaji] *n.f.* treacherous conduct, deceitfulness
ਦੰਗੇਬਾਜ [dãgebaj] *n.m.* same as ਦੰਗਈ; *adj.* riotous, rioter
ਦੰਗੇਬਾਜੀ [dãgebaji] *n.f.* riotousness, tendency or proneness to foment ਦੰਗਾ, hooliganism
ਦੱਛਣਾ [dəcchəṇa] *n.f.* fee, reward, present or offering given to a (Hindu religious) teacher or priest
ਦੱਝਣਾ [dəjjəṇa] *v.i.* to burn, be burnt
ਦੰਡ [dãḍ] *n.m.* see ਡੰਨ; punishment
ਦਣ [dəṇ] *n.m.* pile, heap, stack of millet stalks (as dried fodder)
ਦਣਦਣਾਉਣਾ [dəṇdəṇauṇa] *v.i.* same as ਹਿਣਕਣਾ, to neigh; to gambol, frolic
ਦੰਤੀ [dãti] *adj.* dental
ਦੱਥਾ [dəttha] *n.m.* swath, swathe; bundle of harvested crop to be fed into a cutter, crusher or thresher; single bit of hemp going into the making of a rope; bundle of paper or currency notes, wad
ਦੱਥੀ [dətthi] *n.f.* small ਦੱਥਾ; wad
ਦੱਦ [dədd] *n.f. dia.* see ਧੱਦਰ
ਦੰਦ [dãd] *n.m.* tooth
~ ਸੰਬੰਧੀ *adj.* dental
~ ਹੋਠੀ *adj.* dento-labial, labio-dental
~ ਕੱਢਣਾ/~ ਕੱਢਣੇ *con.v.* to teethe, cut one's teeth; to extract teeth; to show one's teeth, laugh (derogatory)
~ ਕਥਾ *n.f.* hearsay, legend, myth, traditional or folk tale
~ ਕਰੀਚਣਾ *con.v.* to grind one's teeth, crunch
~ ਖੱਟੇ ਕਰਨਾ *ph.* to defeat, vanquish, give a crushing defeat, offer stiff resistance; to frustrate
~ ਖੰਦ *n.m.* ivory
~ ਘਸਾਈ *n.f.* derisive phrase for money given to Brahmins after feeding them
~ ਧਰਨੇ/~ ਰੱਖਣੇ *con.v.* to start teething, cut teeth, teethe
~ ਦਾ ਕੀੜਾ *ph.* caries
~ ਪੀਹਣਾ *ph.* to gnash, grit or grate teeth; to champ; to express anger
~ ਪੀੜ *n.f.* tooth-ache, odontalgia
~ ਵਰਗਾ *adj.m.* odontoid, toothlike
~ ਵਿਗਿਆਨ *n.m.* odontology
ਦੰਦੀ ਵੱਢਣੀ *con.v.* to bite, cut with teeth
ਦੰਦੀਆਂ ਝਕਾਉਣੀਆਂ *ph.* to make faces (at)
ਦੰਦਸਾਜ਼ [dãdsaz] *n.m.* dentist, dental surgeon
ਦੰਦਸਾਜ਼ੀ [dãdsazi] *n.f.* dentistry
ਦੰਦਣ [dãdəṇ] *n.f.* lockjaw, trismus
~ ਪੈਣੀ *con.v.* to have an attack of ਦੰਦਣ or of catalepsy
ਦੰਦਰਾਲ [dãdral] *n.f.* teeth cut on the edge of any implement; instrument or machine part; strip of a field made by raking upper soil to make field boundary
ਦੰਦਰੀ [dãdri] *n.f.* frill, fringe of a bedsheet
ਦੰਦਲ [dãdəl] *adj.* (one) with large or protruding teeth
ਦੱਦਾ [dədda] *n.m.* the letter ਦ
ਦੰਦਾ [dãda] *n.m.* tooth of a saw, rake, etc.; dent; edge of a heap or pile; sharp edge of a cutting instrument, implement or weapon
ਦੰਦਾਸਾ [dãdassa] *n.m.* bark of walnut tree used to clean teeth and to colour tongue, lips and gums
ਦੰਦਾਲਾ/ਦੰਦਾਲੀ [dãdala/dãdali] *n.m./n.f.* rake
ਦਦਿਅਹੁਰਾ [dədɪɔ́ra] *n.m.* father of father-in-law
ਦੰਦੀ [dãdi] *n.f.* small ਦੰਦ; milk-tooth, a bite or cut with teeth; edge of a cliff, precipice
ਦੰਦੀੜ [dãdiṛ] *n.f. dia.* see ਦੰਦ ਪੀੜ under ਦੰਦ
ਦਦੇਹਸ [dədés] *n.f.* mother of father-in-law

ਦੰਦੇਦਾਰ [də̃dedar] *adj.* dented, dentale, denticulate, toothed, serrated, serrate

ਦੰਦੋੜਿੱਕਾ [də̃doṛikka] *n.m.* clattering of teeth due to cold

ਦੰਨ [də̃nn] *n.m.* same as ਦਣ

ਦਨਾ [dəna] *n.m. & adj.* wise, intelligent, knowledgeable; wiseacre

ਦਨਾਈ [dənai] *n.f.* wisdom; intelligence

ਦੰਪਤੀ [də̃pəti] *n.f.* couple; husband and wife, married couple

ਦਫ਼ਤਰ [dəftər] *n.m.* office, bureau, head office, headquarters

ਦਫ਼ਤਰੀ [dəftəri] *adj.* related to office; *n.m.* an office worker with a status between a clerk and a peon; junior or probationary clerk

ਦਫ਼ਨ [dəfən] *adj.* buried, interred; *n.m.* burial, inhumation

~ ਕਫ਼ਨ *n.m.* material, arrangements for burial; burial (ceremony), obsequies; also ਦਫ਼ਨ

ਦਫ਼ਨਾਉਣਾ [dəfnauṇa] *v.t.* to bury, inhume, inter, entomb; also ਦਫ਼ਨ ਕਰਨਾ

ਦਫ਼ਾ[1] [dəfa] *n.f.* article, section, clause or para of law; a single term, turn, time or chance

~ ਲਾਉਣੀ *con.v.* to charge under a specific ਦਫ਼ਾ; to frame a specific charge

ਦਫ਼ਾ[2] *adv.* away, off, riddance

~ ਹੋ ਜਾ *ph.* imperative, go away, be off, disappear ! (in anger or contempt)

~ ਹੋਣਾ *ph.* to go away, be off

~ ਕਰਨਾ *ph.* to send away, dismiss, be rid of; *informal.* to spoil

ਦਫ਼ਾਹ [dəfá] *n.f.* defence, security *usu.* of country

ਦਫ਼ਾਹੀ [dəfái] *adj.* defensive

ਦਫ਼ੀਨਾ [dəfinna] *n.m.* buried treasure

ਦਫ਼ੇਦਾਰ [dəfedar] *n.m.* sergeant (in cavalry, armoured corps or mule companies); *cf.* ਹੌਲਦਾਰ

ਦਫ਼ੇਦਾਰਨੀ [dəfedarni] *n.f.* wife of ਦਫ਼ੇਦਾਰ

ਦਫ਼ੇਦਾਰੀ [dəfedari] *n.f.* rank, post or status of ਦਫ਼ੇਦਾਰ

ਦੱਬ [dəbb] *n.f.* pressure, compression

~ ਆਉਣੀ *con.v.* to feel or suffer under pressure, be pressed, crushed

~ ਕੇ *adv.* forcefully; abundantly

~ ਘੁੱਟ ਕੇ *adv.* somehow, economically, in low key

~ ਚਾੜ੍ਹਨੀ *con.v.* same as ਦਬੱਲਣਾ

~ ਦੇਣੀ *con.v.* to apply pressure, press

~ ਲੈਣਾ *ph.* to refuse to give back, occupy or possess by force or illegally, misappropriate; to grab, catch hold of; to press down, compress

ਦਬਕ [dəbək] *v.form.* nominative of ਦਬਕਣਾ

ਦਬਕਣਾ [dəbəkṇa] *v.i.* to shrink, draw back, slink, retreat, crouch in fear, lie low, hide

ਦਬਕਾ [dəbka] *n.m.* verbal threat; threat; shelf just below the ceiling

ਦਬਕਾਉਣਾ [dəbkauṇa] *v.t.* to threaten, warn, to utter ਦਬਕਾ, talk menacingly; also ਦਬਕਾ ਮਾਰਨਾ

ਦਬਣਾ [dəbṇa] *v.i.* to be pressed, yield, to give away, sag or sink; also ਦਬ ਜਾਣਾ

ਦੱਬਣਾ [dəbbṇa] *v.t.* to bury; to press, compress, inter, inhume, same as ਦੱਬ ਲੈਣਾ under ਦੱਬ; to stifle; to overpower, overshadow

ਦਬਦਬਾ [dəbdəba] *n.m.* sway, authority, awe, terror; authoritative, predominating or domineering effect or influence

ਦੱਬ ਦਬਾ [dəbb dəba] *n.m.* pressure, compulsion, compelling force or influence

ਦਬੱਲ [dəbəll] *n.f.* continued application of pressure

ਦਬੱਲਣਾ [dəbəllṇa] *v.i.t.* to press on, chase or pursue relentlessly, torment or pester incessantly; also ਦਬੱਲ ਚਾੜ੍ਹਨੀ

ਦਬਵਾਂ [dəbvā̃] *adj.m.* suppressed, in low key, subdued, restrained, gentle ਦਬਵੇਂ ਪੈਰੀਂ *adv.* quietly, stealthily

ਦਬਵਾਉਣਾ [dəbvauṇa] *v.t.* to get something pressed or buried; to get (limbs) massaged

ਦਬਵਾਈ [dəbvai] *n.f.* wages for *prec.*

ਦਬੜ ਦਬੜ [dəbəṛ dəbəṛ] *n.f.* same as ਦਗੜ ਦਗੜ

ਦਬੜੂ ਘੁਸੜੂ [dəbṛu kùsṛu] *n.m.* every

Tom, Dick and Harry, riff-raff; sham, counterfeit

ਦੱਬਾ [dəbba] *n.m.* intensity, suffering (as of prolonged illness)

ਦਬਾਉ/ਦਬਾ [dəbao/dəba] *n.m.* pressure, load, stress; coercion; urgency; influence, insistence

~ ਪਾਉਣਾ *con.v.* to exert or put pressure, pressurise, coerce, force, insist

ਦਬਾਉਣਾ [dəbauṇa] *v.t.* same as ਦੱਬਣਾ, to frighten, boss over, snub

ਦਬਾਊ [dəbau] *adj.* (of cart etc.) with more load towards the front part

ਦਬਾ ਸੱਟ [dəba səṭṭ] *adv.* quickly, hastily, briskly, agilely, at once, speedily

ਦਬਾਣਾ [dəbaṇa] *v.t.* same as ਦੱਬਣਾ

ਦਬਾ ਦਬ [dəba dəb] *adv.* same as ਦਬਾ ਸੱਟ

~ ਕਰਨਾ *con.v.* to make haste

ਦਬੀਰ [dəbir] *n.m.* scribe, writer, clerk

ਦਬੈਲ [dəbɛl] *adj.* suppressed, pressurised, downtrodden, subject to another's will, servile

ਦਬੋਚ [dəboc] *v.form.* imperative of ਦਬੋਚਣਾ, catch

ਦਬੋਚਣਾ [dəbocəṇa] *v.t.* to seize with a sudden movement, grasp, fall upon, swoop upon, catch

ਦੱਭ [dəbb] *n.f.* a type of spear grass

ਦੰਭ [də̃b] *n.m.* hypocrisy; false ostentation, coxcombry, artificiality of nature and behaviour; pious fraud, deception

ਦੰਭੀ [də̃bi] *adj.* hypocrite, coxcomb, foppish, prig, ostentatious, deceitful

ਦਮ [dəm] *n.m.* breath; life, stamina, strength, endurance; respite, temporary relief

~ ਕਰਨਾ *con.v.* to breathe or blow on something or someone pretending to ward off evil, exorcise

~ ਖੁਸ਼ਕ ਹੋਣਾ *ph.* to be frightened

~ ਘੁਟਣਾ *ph.* to feel suffocation, be or feel suffocated; *n.m.* asphyxia

~ ਚੜ੍ਹਨਾ *ph.* to pant, breathe heavily, be out of breath

~ ਚੜ੍ਹਾਉਣਾ *ph.* to cause one to pant

~ ਟੁੱਟਣਾ *ph.* to be out of breath; to gasp for breath, to breathe irregularly (as a dying man)

~ ਤੋੜਨਾ *ph.* to die, breathe one's last

~ ਦਾ ਦਮ *adj.* all alone, with no living relations

~ ਦਿਲਾਸਾ *n.m.* same as ਦਿਲਾਸਾ

~ ਦੇਣਾ *con.v.* to cook in steam in a closed vessel

~ ਬਦਮ *adv.* with every breath, constantly, always

~ ਭਰ *n.m.* a little while, an instant, movement; *adv.* for a short while

~ ਮਾਰਨਾ *ph.* to relax briefly

~ ਰੱਖਣਾ *ph.* to have stamina, persevere

~ ਰੋਕਣਾ *con.v.* to hold one's breath

~ ਲਾਉਣਾ *ph.* to smoke

~ ਲੈਣਾ *ph.* to relax; to wait

ਦੰਮ [də̃mm] *n.m.* coin, cash, money; *cf.* ਦਾਮ

~ ਕਰਾਏ ਕੰਮ *ph.* money makes the mare go

ਦਮਕ [dəmək] *n.f.* glitter, shine, sheen, lustre, gleam, glimmer, glow, radiance

ਦਮਕਸ਼ [dəmkəṣ] *n.m.* blow pipe; bellows

ਦਮਕਣਾ [dəməkṇa] *v.i.* to glitter, shine, sparkle, glisten, glimmer, gleam, glow, radiate light

ਦਮਕੜਾ [dəmkəṛa] *n.m.* disc fitted on the spindle of a spinning wheel

ਦਮਗਜਾ [dəmgəja] *n.m.* boast, bluff, vain boast, exaggerated account of one's past achievements and future plans and prospects

ਦਮਗਜੇ ਮਾਰਨਾ *ph.* to boast; bluff

ਦਮਦਮਾ [dəmdəma] *n.m.* temporary resting place; a famous Sikh shrine; a mound; cannon site on a battlement, a raised battery

ਦਮਨ [dəmən] *n.m.* suppression, subdual, quelling, crushing, persecution

~ ਕਰਨਾ *con.v.* to suppress, subdue, quell, vanquish, crush, subjugate; to persecute

ਦਮਨਕਾਰੀ [dəmənkari] *adj.* suppressive

ਦਮੜਾ [dəmṛa] *n.m.* rupee; money, wealth

ਦਮੜੀ [dəmṛi] *n.f.* a small coin now

obsolete, ¼th of pice, 1/256th of a rupee
ਦਮਾ [dəma] *n.m.* asthma
ਦਮਾਗ [dəmag] *n.m. colloq.* see ਦਿਮਾਗ, brain
ਦਮਾਦ [dəmad] *n.m.* same as ਜਵਾਈ, son-in-law
ਦਮਾਮਾ [dəmamma] *n.m.* large kettle-drum, war-drum
ਦਯਾ [dəya] *n.f.* same as ਦਇਆ, compassion
ਦਰ¹ [dər] *n.m.* door, threshold; rate, price, rate of interest
~ ਦਰ *adv.* from door to door
~ ਦਰ ਦੀ ਠੋਕਰ ਖਾਣੀ *ph.* to be driven from pillar to post
ਦਰ² *pref.* indicating in, amidst
ਦਰਅਸਲ/ਦਰਹਕੀਕਤ [dərəsəl / dərhəkikət] *adv.* in fact, as a matter of fact, really, actually
ਦਰਸ [dərs] *n.m.* same as ਸਬਕ or ਦਰਸ਼ਨ
~ ਗਾਹ *n.f.* school, seminary
ਦਰਸ਼ਕ [dərṣək] *n.m.* spectator, seer, observer, onlooker, looker-on; indicator, shower
ਦਰਸ਼ਨ [dərṣən] *n.m.* sight, view, glimpse, meeting, seeing, visiting, observing; philosophy
~ ਅਭਿਲਾਸ਼ੀ *adj.* desirous of ਦਰਸ਼ਨ
~ ਸ਼ਾਸਤਰ *n.m.* same as ਦਰਸ਼ਨ; treatise on philosophy
~ ਹੋਣਾ *con.v.* to see, have or be a chance to see
~ ਕਰਨਾ *con.v.* to see, have a glimpse of, to meet, visit
~ ਦੇਣਾ *con.v.* to let oneself be seen, give a chance to see or meet, grace or oblige with a visit, come, grant audience
ਦਰਸ਼ਨਕਾਰੀ [dərṣənkari] *n.f.* philosophising
ਦਰਸ਼ਨੀ [dərṣəni] *adj.* worth seeing, handsome, good looking
~ ਹੁੰਡੀ *n.f.* demand draft
~ ਡਿਓੜ੍ਹੀ *n.f.* principal gateway
ਦਰਸਾਉਣਾ [dərsauṇa] *v.t.* same as ਵਿਖਾਉਣਾ, to show
ਦਰਹਾਲ [dərhal] *adv.* under the circumstances, for the present
ਦਰਕ [dərək] *n.m.* fear; loose motion caused by intense fear; crack, fissure
ਦਰਕਣਾ [dərkəṇa] *v.i.* to be cracked, split, fissured; to suffer from loose motion, to defecate under intense fear; to behave like a coward; also ਦਰਕ ਨਿਕਲਣਾ
ਦਰਕਾਰ [dərkar] *adj.* wanted, needed, required
ਦਰਕਿਨਾਰ [dərkınar] *adv.* apart from, not to speak of, besides
ਦਰਖਤ [dərəkht] *n.m.* tree; also ਦਰਖ਼ਤ
ਦਰਖਾਸਤ [dərkhast] *n.f.* application, petition, submission, request, entreaty, prayer, supplication, suppliance, appeal; also ਦਰਖ਼ਾਸਤ
~ ਕਰਨੀ *con.v.* to request, entreat, pray, supplicate, appeal, to make ਦਰਖਾਸਤ
~ ਦੇਣੀ *con.v.* to submit application or petition, petition
ਦਰਖਾਸਤੀ [dərkhasti] *n.m.* applicant, petitioner, supplicant, suppliant
ਦਰਗਾਹ [dərgá] *n.f.* court, divine court; shrine, tomb
ਦਰਗੁਜਰ [dərgujər] *n.m.* forgiveness, pardon; ignoring or overlooking (fault or misconduct), forbearance, indulgence
~ ਕਰਨਾ *con.v.* to forgive, pardon, ignore, overlook indulgently, forbear
ਦਰਜ [dərj] *adj.* written, registered, entered (in records)
~ ਕਰਨਾ *con.v.* to write, enter, register
ਦਰਜ਼ [dərz] *n.f.* crevice, fissure, cleft, cleavage, rent, slit
ਦਰਜ਼ਣ [dərzəṇ] *n.f.* tailor, seamstress; tailor's wife
ਦਰਜਨ [dərjən] *n.f.* dozen
ਦਰਜਾ [dərja] *n.m.* grade, rank, status, class; point, degree (as of heat)
~ ਹਰਾਰਤ *n.m.* temperature
~ ਬਦਰਜਾ *adv.* rankwise, classwise, according to ਦਰਜਾ, in order of precedence; by degrees, step by step
ਦਰਜਾਬੰਦੀ [dərjabə̃di] *n.f.* classification, gradation

ਦਰਜੀ [dərji/dərzi] *n.m.* tailor
ਦਰਜੇਦਾਰ [dərjedar] *adj.* graduated, marked with degrees
ਦਰਜੇਵਾਰ [dərjevar] *adv.* same as ਦਰਜਾ ਬਦਰਜਾ under ਦਰਜਾ
ਦਰਦ [dərd] *n.m.* pain, ache, affliction, suffering; sympathy, compassion, pathos, realisation of other's pain or affliction
~ ਆਉਣਾ *ph.* to feel sympathy or compassion (for another); to sympathise with
~ ਹੋਣਾ *con.v.* to feel pain or ache
~ ਕਰਨਾ *ph* to sympathise with; to pain
ਦਰਦਨਾਕ/ਦਰਦਿਲਾ [dərdnak/dərdıla] *adj.* painful, sad, sorrowful, doleful, piteous, pathetic, heart-rending
ਦਰਦਮੰਦ [dərdmə̃d] *adj.* sympathiser, sympathetic, compassionate
ਦਰਦਮੰਦਾਨਾ [dərdmə̃dana] *adj.* sympathetic
ਦਰਦਮੰਦੀ [dərdmə̃di] *n.f.* sympathy, compassion
ਦਰਦੀ [dərdi] *adj.m.* sympathiser
ਦਰਪਣ [dərpəṇ] *n.m.* mirror, looking glass
ਦਰਪੇਸ਼ [dərpeṣ] *adv.* in the way, facing, confronting
ਦਰਬ [dərb] *n.m.* wealth, riches, property
ਦਰ ਬਦਰ [dər bədər] *adv.* from door to door
ਦਰਬਾਨ [dərban] *n.m.* gatekeeper; watchmen, gateman, janitor
ਦਰਬਾਨੀ [dərbani] *n.f.* job or occupation of ਦਰਬਾਨ
ਦਰਬਾਰ [dərbar] *n.m.* court, hall of audience
ਦਰਬਾਰ ਸਾਹਿਬ [dərbar sáb] *n.m.* Guru Granth Sahib; popular name of some important Sikh Shrines particularly the Golden Temple at Amritsar
ਦਰਬਾਰੀ [dərbari] *n.m.* courtier; *adj.* related to ਦਰਬਾਰ
ਦਰਮਾਂਦਗੀ [dərmãdgi] *n.f.* tiredness; poor, wretched or humble state; plight
ਦਰਮਾਂਦਾ [dərmãda] *adj.* tired; poor, indigent, wretched, humble
ਦਰਮਿਆਨ [dərmıan] *adv.* amid, amidst, among, between, in the middle or centre of; during, in the course of
ਦਰਮਿਆਨਾ [dərmıana] *adj.m.* average; middle, mid, medial, intermediate
ਦਰਯਾ [dərya] *n.m.* same as ਦਰਿਆ, river
ਦਰਵਾਜਾ [dərvaja] *n.m.* door, entrance; also ਦਰਵਾਜ਼ਾ
ਦਰਵਾਨ [dərvan] *n.m.* same as ਦਰਬਾਨ
ਦਰਵੇਸ਼ [dərveṣ] *n.m.* holyman, saint, Muhammedan hermit, recluse; beggar, mendicant, fakir, dervish
ਦਰਵੇਸ਼ੀ [dərveṣi] *n.f.* saintly living; *adj.* like or concerning ਦਰਵੇਸ਼
ਦਰੜ [dərəṛ] *adj.* coarsely ground, crushed; *n.m.* crushed grain (used as cattle feed)
~ ਕਰਨਾ *con.v.* same as ਦਰੜਨਾ
~ ਫਰੜ *adj.* crushed partly or superficially; (something) done haphazardly, half-baked
ਦਰੜਨਾ [dərəṛna] *v.t.* to crush, grind; *fig.* to destroy, annihilate; also ਦਰੜ ਦੇਣਾ
ਦੱਰਾ [dərra] *n.m.* mountain pass, pass
ਦਰਾਜ[1] [dəraj] *adj.* long; also ਦਰਾਜ਼
ਦਰਾਜ[2] *n.m.* drawer (as of a writing table)
ਦਰਾਜ[3] *n.f.* same as ਦਰਾੜ
ਦਰਾਣੀ [dəraṇi] *n.f.* wife of husband's younger brother; *cf.* ਜਿਠਾਣੀ
ਦਰਾਮਦ [dəramәd] *n.f.* import
~ ਬਰਾਮਦ *n.f.* import and export, foreign trade
ਦਰਾਵੜ [dəravəṛ] *adj.* Dravidian
ਦਰਾੜ [dərar] *n.f.* fissure, crevice, cleft, crack, slit, opening; rift, chink; distance or break (in relations)
ਦਰਿਆ [dərıa] *n.m.* river, stream
~ਦਿਲ *adj.* large-hearted, generous, benevolent, charitable
~ਦਿਲੀ *n.f.* large-heartedness, generosity, benevolence, charitableness
~ ਬੁਰਦ *adj.*(land) eroded, eaten away or encroached by river, threatened by ਦਰਿਆ
ਦਰਿਆਈ [dərıai] *adj.* riverine, fluvial, riparian; a type of silken cloth

~ ਘੋੜਾ *n.m.* hippopotamus, hippo
ਦਰਿਆਫਤ [dərɪaphət] *n.f.* enquiry, discovery, find; also ਦਰਿਆਫ਼ਤ
~ **ਕਰਨਾ** *con.v.* to enquire, find out, discover, make enquiry or discovery
ਦਰਿੰਦਗੀ [dərĩdəgi] *n.f.* beastliness, beastly behaviour, bestiality
ਦਰਿੱਦਰ [dərɪddər] *n.m.* poverty; indigence; *cf.* ਦਲਿੱਦਰ
ਦਰਿੰਦਾ [dərĩda] *n.m.* carnivorous animal, carnivore, any dangerous or ferocious animal, beast
ਦਰੀ [dəri] *n.f.* cotton mat or carpet, durrie
ਦਰੀਚਾ [dərica] *n.m.* window
ਦਰੀਨਾ [dərina] *adj.* see ਪੁਰਾਣਾ, old, ancient
ਦਰੁਸਤ [dərust] *adj.* correct, right, accurate, true, proper, fit, precise
~ **ਕਰਨਾ** *con.v.* to correct, amend; to rectify, adjust, repair, set or put right, improve; to chasten, castigate
ਦਰੁਸਤੀ [dərusti] *n.f.* correctness, accuracy, precision; correction, amendment, emendation; repair
ਦਰੁਭੜੀ [dərúbəṛi] *n.f.* same as ਧਰੁਬੜੀ, beating
ਦਰੂਦ [dərud] *n.m.*prayer, supplication to God or prophet; Islamic formula recited by priests when served with food
ਦਰੇਗ [dəreg] *n.m.* abstention, forbearance, refrainment; pity, sympathy, commiseration, grief, sorrow also ਦਰੇਗ਼
~ **ਕਰਨਾ** *v.i.* to abstain, refrain (from); to sympathise with pity, commiserate
ਦਰੋਗ [dərog] *n.m.*lie, falsehood; also ਦਰੋਗ਼
ਦਰੋਗਗੋ [dəroggo] *n.m.* liar
ਦਰੋਗਗੋਈ [dəroggoi] *n.f.* telling lies, lying
ਦਰੋਗਾ [dəroga] *n.m.* superintendent; jailor, inspector; sub-inspector of police, station house officer
ਦਰੌਂਜਾ [dərɔja] *n.m.* ceremony on the third departure of a newly married woman for her in-laws' place; clothes and gifts given to her on this occasion
ਦਲ [dəl] *n.m.* party, organised band, group or team; armed force, fighting force, army, troop; swarm, multitude
~ **ਬਦਲੀ** *n.f.* defection, changing sides
ਦਲ਼ [dəḷ] *n.m.* coarsly ground or partly crushed grain; *v.form.* imperative of ਦਲ਼ਨਾ, crush
ਦਲਦਲ [dəldəl] *n.f.* marsh, swamp, bog, marshland; quagmire, quag
ਦਲਦਲੀ [dəldəli] *adj.* marshy, swampy, boggy, quaggy
ਦਲ਼ਨਾ [dəḷna] *v.t.* to grind coarsely, bruise with millstones, crush, pulverise; *fig.* to annihilate, destroy
ਦਲਬੰਦੀ [dəlbə̃di] *n.f.* groupism, factionalism, organisation into ਦਲ
ਦਲ਼ਵਾਉਣਾ/ਦਲ਼ਾਉਣਾ [dəḷvauṇa/dəḷauṇa] *v.t.* to get something crushed, ground
ਦਲ਼ਵਾਈ/ਦਲ਼ਾਈ [dəḷvai/dəḷai] *n.f.* process of, charges for *prec.*
ਦਲ੍ਹੀਜ [də́lij] *n.f.* threshold, doorsill; also ਦਲ੍ਹੀਜ਼
ਦੱਲਾ [dəlla] *n.m.* pimp, procurer, pander, panderer, go-between, tout; *fem.* procuress
ਦਲਾਨ [dəlan] *n.m.* same as ਦਾਲਾਨ
ਦਲਾਲ [dəlal] *n.m.* broker, middleman, commission-agent; same as ਦੱਲਾ
ਦਲਾਲੀ [dəlalli] *n.f.* profession of ਦਲਾਲ; brokerage, commission
ਦਲਾਵਰ [dəlavər] *adj. colloq.* see ਦਲੇਰ, brave
ਦਲਿਤ [dəlɪt] *adj.* suppressed, downtrodden, exploited; trampled, crushed
ਦਲਿੱਦਰ [dəlɪddər] *n.m.* sloth, lethargy, laziness, idleness, indolence, sluggishness
ਦਲਿੱਦਰੀ [dəḷɪddəri] *adj.* slothful, lethargic, lazy, idle, indolent, sluggish, sluggard
ਦਲ਼ੀਆ [dəḷia] *n.m.* same as ਦਲ਼, *esp.* of wheat used as light, semi-solid food; ਦਲ਼ੀਆ dish
ਦਲੀਲ [dəlil] *n.f.* argument, reason, reasoning, plea; thought, thinking; intention
~ **ਦੇਣੀ**/~ **ਪੇਸ਼ ਕਰਨੀ** *con.v.* to give, put for-

ward or offer ਦਲੀਲ, to make plea

ਦਲੀਲੀਂ ਪੈਣਾ *ph.* to become pensive or meditative; to procrastinate, be indecisive

ਦਲੀਲਬਾਜ਼ੀ [dəlilbaji] *n.f.* argumentation, disputation, sophistry

~ ਕਰਨ *con.v.* to indulge in argumentation, argue

ਦਲੀਲਾਂ ਕਰਨੀਆਂ *con.v.* to procrastinate

ਦਲੀਲੀ [dəlilli] *adj.* argumentative, disputatious; pensive

ਦੱਲੇ ਮੱਲੇ [dəlle məlle] *n.m. pl.* diagonal furrows at corners of a field

ਦਲੇਰ [dəler] *adj.* daring, brave, bold, courageous, dauntless, fearless, intrepid, doughty; reckless, rash, temperarious

ਦਲੇਰਾਨਾ [dəlerana] *adj.* same as ਦਲੇਰ (for act or behaviour)

ਦਲੇਰੀ [dəleri] *n.f.* daring, bravery, boldness, courage, dauntlessness, intrepidity, fearlessness, intrepidness, pluck, gumption, guts; recklessness, temerity

~ ਕਰਨੀ *con.v.* to dare, take or pick up courage, show or exercise ਦਲੇਰੀ

ਦਵਈਆ [dəvəia] *n.m.* a prosodic form

ਦਵੰਦ [dəvə̃d] *n.m.* dual; conflict; dilemma; contradiction

ਦਵੰਦਵਾਦ [dəvə̃dvad] *n.m.* dialectics

ਦਵੰਦਵਾਦੀ [dəvə̃dvadi] *n.m.* dialectician; *adj.* dialectical

ਦਵੰਦਾਤਮਿਕ [dəvə̃datmɪk] *adj.* dialectical, controversial, debatable

ਦਵਾ [dəva] *n.f.* medicine, drug, nostrum; cure, remedy; treatment, medication

ਦਵਾਈ [dəvai] *n.f.* medicine, medicament

~ ਕਰਨਾ *con.v.* to treat, medicate; to remedy

~ਦਾਰੂ *n.m.* treatment; therapeutics; medication

~ ਦਾਰੂ ਸੰਬੰਧੀ *adj.* therapeutic

~ ਫ਼ਰੋਸ਼ *n.m.* chemist, druggist, seller of medicines

~ ਫ਼ਰੋਸ਼ੀ *n.f.* job or profession of ਦਵਾਫਰੋਸ਼; sale of medicines

ਦਵਾਖੜੀ [dəvakhəṛi] *n.f.* small ਦਵਾਖਾ

ਦਵਾਖਾ [dəvakha] *n.m.* notch or recess used as stand for earthen oil lamp

ਦਵਾਖਾਨਾ/ਦਵਾਘਰ [dəvakhana/dəvakə̀r] *n.m.* hospital, dispensary

ਦਵਾਤ [dəvat] *n.f.* inkpot

ਦਵਾਰ[1] [dəvar] *n.m.* same as ਦੁਆਰ, door

ਦਵਾਰ[2] *n.f. colloq.* see ਕੰਧ, wall

ਦਵਾਲ਼ਾ [dəvaḷa] *n.m.* same as ਦੁਆਲ਼ਾ, perimeter; *colloq.* see ਦਿਵਾਲ਼ਾ, bankruptcy

ਦਵੈਸ਼ [dəvɛṣ] *n.m.* see ਦ੍ਵੈਸ਼, enmity

ਦਵੈਤ [dəvɛt] *n.f.* see ਦ੍ਵੈਤ, dualism; *dia. colloq.* see ਦਵਾਤ, inkpot

ਦੜ [dəṛ] *n.f.* deliberate, silence, stillness

ਦੜੰਗਾ [dəṛə̃ga] *n.m.* long stride, caper, leap, run; long stitch

ਦੰੜਗੇ ਮਾਰਨਾ *con.v.* to caper, prance, leap, frisk, gambol; to kick around; to sew carelessly with long stitches

ਦੜਨਾ [dəṛna] *v.i.* to keep mum, keep silent, make no movement or sound, be still, remain inactive on purpose; also ਦੜ ਜਾਣਾ

ਦੜਪ [dəṛəp] *n.m.* a rich growing region (now in Pakistan)

ਦੜਬਾ [dəṛba] *n.m.* coop, hen-house, pigeon-house, pen; also ਡਰਬਾ

ਦੜਾ [dəṛa] *n.m.* mixed grain, fruit, etc.; any impure, mixed, adulterated or substandard stuff, also called ਦੜੇ ਦਾ ਮਾਲ; a kind of gambling

ਦ੍ਰਵ/ਦਰਵ [dərəv] *adj.* liquid, fluid, secretion

ਦ੍ਰਵਣ/ਦਰਵਣ [dərəvəṇ] *n.m.* liquefaction, melting

~ ਕਰਨਾ *con.v.* to liquefy, melt

~ ਪਦਾਰਥ *n.m.* liquid

ਦ੍ਰਵਣਸ਼ੀਲ/ਦਰਵਣਸ਼ੀਲ [dərvəṇṣil] *adj.* liquefiable

ਦ੍ਰਵਣਾ/ਦਰਵਣਾ [dərəvəṇa] *v.i.* to liquefy, melt, flow

ਦ੍ਰਵੀਕਰਨ/ਦਰਵੀਕਰਨ [dərəvikərən] *n.m.* condensation (of gases or vapours); liquefaction, melting

ਦ੍ਰਿਸ਼/ਦਰਿਸ਼ [dərıṣ] *n.m.* scene, scenery, sight, view, vista, perspective, panorama

~ ਗਿਆਨ *n.m.* phenomenology, phenomenological knowledge

ਦ੍ਰਿਸ਼ਟਮਾਨ/ਦਰਿਸ਼ਟਮਾਨ [dərıṣṭman] *adj.* visible, phenomenal

ਦ੍ਰਿਸ਼ਟਾਂਤ/ਦਰਿਸ਼ਟਾਂਤ [dərıṣṭãt] *n.m.* example, instance, simile, illustration, paradigm

ਦ੍ਰਿਸ਼ਟੀ/ਦਰਿਸ਼ਟੀ [dərıṣṭi] *n.f.* sight, eyesight, vision; seeing; eye; range of vision

~ ਸਬੰਧੀ *adj.* visual, optic, optical

~ ਭਰਮ *n.m.* optical illusion

ਦ੍ਰਿਸ਼ਟੀਹੀਨ/ਦਰਿਸ਼ਟੀਹੀਨ [dərıṣṭihin] *adj.* sightless, blind

ਦ੍ਰਿਸ਼ਟੀਕੋਣ/ਦਰਿਸ਼ਟੀਕੋਣ [dərıṣṭikoṇ] *n.m.* point of view, view-point; angle of vision

ਦ੍ਰਿਸ਼ਟੀਗੋਚਰ/ਦਰਿਸ਼ਟੀਗੋਚਰ [dərıṣṭigocər] *adj.* visible, discernible, seen, in sight, sighted, appearing

ਦ੍ਰਿਸ਼ਟੀਗੋਚਰਤਾ/ਦਰਿਸ਼ਟੀਗੋਚਰਤਾ [dərıṣṭigocərta] *n.f.* visibility, discernibility

ਦ੍ਰਿੜ੍ਹ/ਦਰਿੜ੍ਹ [dərír̥] *adj.* firm, resolute, determined, sure; hard, rigid, tight, inflexible

ਦ੍ਰਿੜ੍ਹਤਾ/ਦਰਿੜ੍ਹਤਾ [dərír̥ta] *n.f.* firmness, resoluteness, resolution, determination, sureness; hardness, rigidity, tightness, inflexibility

ਦ੍ਵੰਦ [dəvə̃d] *n.m.* see ਦਵੰਦ

ਦ੍ਵੈਸ਼/ਦਵੈਸ਼ [dəvɛṣ] *n.m.* discrimination, malice, animosity, enmity, rancour, spite, hatred, envy, invidiousness

~ ਭਾਵ/~ ਭਾਵਨਾ *n.m. / n.f.* malicious or envious feeling

ਦ੍ਵੈਸ਼ਪੂਰਨ/ਦਵੈਸ਼ਪੂਰਨ [dəvɛṣpurn] *adj.* malicious, discriminatory, invidious, discriminate

ਦ੍ਵੈਸ਼ਪੂਰਵਕ/ਦਵੈਸ਼ਪੂਰਵਕ [dəvɛṣpurvək] *adv.* maliciously, invidiously, discriminately

ਦ੍ਵੈਸ਼ੀ/ਦਵੈਸ਼ੀ [dəvɛṣi] *adj.* inimical, hostile, adversely, biased

ਦ੍ਵੈਤ/ਦਵੈਤ [dəvɛt] *n.f.* duality, twoness, discrimination, separateness, alienation, dualism

~ ਭਾਵ/~ ਭਾਵਨਾ *n.m. / n.f.* feeling of alienation, estrangement or enmity

ਦ੍ਵੈਤਵਾਦ/ਦਵੈਤਵਾਦ [dəvɛtvad] *n.m.* dualism; philosophical theory of there being two fundamental elements, substances or principles, as against monism or pluralism

ਦ੍ਵੈਤਵਾਦੀ/ਦਵੈਤਵਾਦੀ [dəvɛtvadi] *n.m. & adj.* dualist

ਦਾ[1] [da] *prep.* of, belonging to

ਦਾਉ/ਦਾ[2] [dao/da] *n.m.* trick, skill, sleight; proper way or method; deceit, deception, ruse

~ ਖੇਡਣਾ *ph.* to play trick, trick, deceive

~ ਪੇਚ *n.m. pl.* tactics, tricks of trade, trade secrets, intricacies of business

~ ਮਾਰਨਾ/~ ਲਾਉਣਾ *ph.* to deceive

ਦਾਅ [da] *n.m.* side, direction; stake, wager, bet

~ ਤੇ ਲਾਉਣਾ *ph.* to stake, wager, risk

ਦਾਇਕ [daık] *adj.* giver; *suff.* indicating giver of

ਦਾਇਮ [daım] *adj.* everlasting, eternal; *adv.* forever

ਦਾਇਮੀ [daımi] *adj.* permanent, everlasting, perennial; enduring; chronic

ਦਾਇਰ ਕਰਨਾ [daır kərna] *con.v.* to file (suit), register, record (report or complaint)

ਦਾਇਰਾ [daıra] *n.m.* circle, ring, orb; extent, ambit, sphere; coterie, group

ਦਾਈ[1] [dai] *n.f.* midwife, nurse; babysitter; (in games) side; approach; goal, objective

~ ਦੇਣਾ *con.v.* to be caught or touched (in touch-and-go games)

~ ਨੂੰ ਹੱਥ ਲਾਉਣਾ *ph.* to reach and touch the objective

ਦਾਈ[2] *suff.* same as ਦਾਇਕ

ਦਾਈ[3] *adj.* trickster, tricksy, crafty, wily; deceiver

ਦਾਈਆ [daia] *n.m.* goal, aim, objective; firm resolution, determination; assertion of right, claim; desire, ambition

~ ਬੰਨ੍ਹਣਾ *ph.* to set a goal, make a resolve; to assert a right, claim

ਦਾਈਂ ਦਾਈਂ [daī daī] *adv.* craftily, deceitfully, by stratagem; stealthily, covertly
ਦਾਈ ਦੁਕੜ [dai dukəṛ] *n.f.* a children's game; hide-and-seek
ਦਾਸ [das] *n.m.* slave, thrall, bondsman; disciple, follower; a term used for self expressing humility or obedience
ਦਾਸਤਾ [dasta] *n.f.* slavery, thralldom, bondage, servileness, servitude
ਦਾਸ਼ਤਾ [daṣta] *n.f.* same as ਰਖੇਲ, concubine
ਦਾਸਤਾਨ [dastan] *n.f.* story, tale
ਦਾਸੀ [dassi] *n.f.* same as ਦਾਸ, slave girl, bondswoman, maidservant
ਦਾਹ [dá] *n.m.* burning, inflammation, fire, conflagration; cremation; Machete; *dia.* see ਦਸ, ten
~ ਸੰਸਕਾਰ *n.m.* cremation, funeral rites
~ ਸੰਸਕਾਰ ਕਰਨਾ *con.v.* to cremate, consign to flames, perform funeral rites
ਦਾਹਦੜ [dádəṛ] *adj.* semi-crushed; half-baked, half-parched, half-ripe, unripe
ਦਾਹਵਤ [dávət] *n.f.* invitation; feast
~ ਦੇਣਾ *con.v.* to invite; to give a feast
ਦਾਹਵਤੀ ਚਿੱਠੀ *n.f.* invitation-card
ਦਾਹਵਾ [dáva] *n.m.* claim; law-suit
~ ਕਰਨ ਵਾਲ਼ਾ *ph.* claimant
~ ਕਰਨਾ *con.v.* to assert a right, assert as a right, assert as a fact; to file a suit
~ ਦਾਇਰ ਕਰਨ ਵਾਲ਼ਾ *ph.* same as ਮੁਦਈ, plaintiff
~ ਦਾਇਰ ਕਰਨਾ *ph.* to file a suit (against), sue in a court of law
ਦਾਹਵੇਦਾਰ [dávedar] *adj.* claimant
ਦਾਹਿਆ [dáɪa] *adj.* ten-times, multiplied by ten
ਦਾਖ [dakh] *n.f.* grape, raisin
ਦਾਖਲ [dakhəl] *adj.* entered, gone in, admitted, taken in; inserted; registered; filed; also ਦਾਖ਼ਲ
~ ਹੋਣਾ *con.v.* to enter, go in, come in, penetrate; to be admitted, join
~ ਕਰਨਾ *con.v.* to admit, enrol, enlist; to insert, put in, penetrate
~ ਖਾਰਜ *n.m.* admission and discharge; mutation (in revenue records)
~ ਦਫ਼ਤਰ *adj.* (for legal cases, petitions, etc.) filed with no further action to be taken
ਦਾਖਲਾ [dakhla] *n.m.* admission, entry; also ਦਾਖ਼ਲਾ
ਦਾਖੁ ਦਾਣਾ [dakhu daṇa] *n.m.* fruit or seed of grape
~ ਦੇਣਾ *ph. slang.* to teach a lesson, punish, beat, thrash
ਦਾਗ [dag] *n.m.* spot, stain, smear; blot, blotch; blemish, taint, stigma; mark, scar, sear, brand; cremation also ਦਾਗ਼
~ ਦੇਣਾ *ph.* to light the funeral pyre, cremate
~ ਲਾਉਣਾ *ph.* same as ਦਾਗਣਾ
ਦਾਗਣਾ [daggəṇa] *v.t.* to brand, scar, mark; to smudge, stain, soil, smear; to discharge (gun or firearm)
ਦਾਗਦਾਰ/ਦਾਗੀ [dagdar/daggi] *adj.* marked with ਦਾਗ, spotted, stained, smeared; rotten (fruit); blemished, stigmatised
ਦਾਜ [daj] *n.m.* dowry; trousseau
~ ਦਹੇਜ/~ ਦੌਣ *n.m.* same as ਦਾਜ
ਦਾਣਾ [daṇa] *n.m.* grain, seed, granule; pellet, shot; bird or cattle-feed, provender; a unit, single (fruit etc.); pimple, sore, eruption (as in chicken-pox)
~ ਪਾਣੀ *n.m.* victuals; livelihood; *fig.* fate
~ ਪੈਣਾ *con.v.* for seed to form in fruit or ear of corn
~ ਫੱਕਾ *n.m.* harvest
~ ਮੰਡੀ *n.f.* grain market
ਦਾਣੇਦਾਰ [daṇedar] *adj.* having ਦਾਣਾ, granular
ਦਾਤ¹ [dat] *n.f.* alms, gifts, boon, bounty; dowry
ਦਾਤ² *n.m.* same as ਦਾਤਰ
ਦਾਤਣ [dattəṇ] *n.f.* twig or walnut bark used for cleaning teeth
~ ਕਰਨੀ *con.v.* to cleane teeth with ਦਾਤਣ
ਦਾਤਰ [dattər] *n.m.* a falciform kitchen implement for cutting vegetables
ਦਾਤਰੀ [datəri] *n.f.* sickle, scythe
~ ਪਾਉਣੀ/~ ਲਾਉਣੀ *ph.* to commence harvesting

~ ਵਰਗਾ *adj.m.* falcate, falciform

ਦਾਤਾ [data] *n.m.* giver, donor, bestower; generous person; God

ਦਾਤਾਰ [datar] *n.m.* giver, an attributive word for God

ਦਾਤੀ [dati] *n.f.* same as ਦਾਤਾ; same as ਦਾਤਰੀ

ਦਾਦ [dad] *n.f.* same as ਧੱਦਰ, herpes; praise, approbation, cheer, applause, appreciation

~ ਦੇਣੀ *con.v.* to praise, applaud, cheer, appreciate

~ ਫਰਿਆਦ *n.f.* same as ਫਰਿਆਦ, appeal for help or justice

ਦਾਂਦ [dãd] *n.m.* bullock, bull

ਦਾਦਕਾ [dadka] *adj.m.* parental, paternal

ਦਾਦਕੇ [dadke] *n.m. pl.* paternal home or village; paternal ancestors

ਦਾਦਾ[1] [dada] *n.m.* vocative for a brahman or a mirasi male; *fem.* ਦਾਦੀ

ਦਾਦਾ[2] [dadda] *n.m.* paternal grandfather

~ ਪੜਦਾਦਾ *n.m.* ancestor, forefather

ਦਾਦੀ [daddi] *n.f.* paternal grandmother

ਦਾਨ [dan] *n.m.* alms, charity, largess, free gift or grant, donation, bounty, munificence; generosity

~ ਘਰ *n.m.* almshouse, poorhouse

~ ਕਰਨਾ/~ ਦੇਣਾ *con.v.* to give, dispense alms, give away in charity, donate, make or bestow a free gift or grant

~ ਦੀ ਵੱਛੀ ਦੇ ਦੰਦ ਨਹੀਂ ਗਿਣੀਦੇ *ph.* never look a gift horse in the mouth

~ ਪਾਤਰ *n.m.* begging bowl, charity box, *adj.* deserving ਦਾਨ

ਦਾਨਸ਼ਮੰਦ [danəṣmə̃d] *adj.* wise, intelligent, prudent *n.m.* a wise person, intellectual

ਦਾਨਸ਼ਮੰਦਾਨਾ [danəṣmə̃dana] *adj.* wise, prudent, intelligent, intellectual (act)

ਦਾਨਸ਼ਮੰਦੀ [danəṣmə̃di] *n.f.* wisdom; intelligence, prudence

ਦਾਨਸ਼ੀਲ [danṣil] *adj.* charitable, liberal, bountiful, munificent, generous, benevolent

ਦਾਨਸ਼ੀਲਤਾ [danṣilta] *n.f.* charitableness, liberality, munificence, generosity, benevolence

ਦਾਨਵ [danəv] *n.m.* demon, giant

ਦਾਨਾ [danna] *adj. & n.m.* wise, learned, knowledgeable, intelligent

~ ਬੀਨਾ *adj.m.* all-knowing and all-seeing, an attribute of God

ਦਾਨੀ[1] [danni] *adj.f.* same as ਦਾਨਾ

ਦਾਨੀ[2] *adj.* same as ਦਾਨਸ਼ੀਲ, bountiful

ਦਾਬ [dab] *n.f.* pressure; process of smoothening and pressing a ploughed field to conserve moisture; sapling or cutting of a plant buried partly or wholly for taking root and sprouting

ਦਾਬੜਾ [dabəṛa] *n.m.* metal basin, small trough; *dia.* a preparation of flour fried in refined butter with sugar, dry fruit and other nutritive ingredients mixed in it

ਦਾਬਾ [daba] *n.m.* threat, warning; awe, dread, domineering effect

ਦਾਬੂ [dabu] *adj.* same as ਦਬਾਊ

ਦਾਮ [dam] *n.m.* price, cost, value; cash, money; net, snare

ਦਾਮਨ [damən] *n.m.* same as ਪੱਲਾ foot, bottom (of hill or mountain)

ਦਾਮਨਗੀਰ [damə̃ngir] *adj. lit.* holder of ਦਾਮਨ seeker of favour or refuge, follower, hanger-on; sticking, holding

ਦਾਮਾਦ [damad] *n.m.* son-in-law

ਦਾਰਸ਼ਨਿਕ [darṣnık] *n.m.* philosopher *adj.* philosophical

ਦਾਰ ਹਲਦ [dar həld] *n.m.* barberry, *Berberis aristate,* also ਦਾਰ ਚੋਬ

ਦਾਰਾ [dara] *n.m.* same as ਸੱਥ; assembly point and common guesthouse of a village

ਦਾਰੁਲਖਿਲਾਫ਼ਾ [darulkhılafa] *n.m.* same as ਰਾਜਧਾਨੀ, capital; also ਦਾਰੁਲਖ਼ਿਲਾਫ਼ਾ

ਦਾਰੂ [daru] *n.m.* same as ਦਵਾ, ਦਵਾਈ; medicine for sore eyes; gun-powder; *informal,* alcoholic drink, liquor

~ ਸਿੱਕਾ *n.m.* ammunition

~ ਕਰਨਾ *ph.* to find a solution, set right

~ ਦਰਮਲ *n.m.* treatment

ਦਾਰੋਮਦਾਰ [daromədar] *n.m.* dependence, conditionality

ਦਾਲ਼ [daḷ] *n.f.* pulse, seeds of lentils; cooked dish of the same
~ ਨਾ ਗਲ਼ਨੀ *ph. lit.* for ਦਾਲ਼ not being fully cooked; *fig.* not to succeed
~ ਫੁਲਕਾ/~ ਮੰਡਾ/~ ਰੋਟੀ *n.m. / n.m. / n.f.* ordinary food, simple fare, bread and water; modest living, subsistence
~ ਵਿਚ ਕਾਲ਼ਾ ਹੋਣਾ *ph.* something wrong at the bottom, fishy
ਦਾਲ਼ਚੀਨੀ [daḷcini] *n.f.* cinnamon; cassia bark
ਦਾਲਾਨ [dalan] *n.m.* courtyard; large room, hall
ਦਾਵਾ[1] [dava] *n.m.* same as ਦਾਹਵਾ
ਦਾਵਾ[2] *n.f.* forest fire, bushfire
ਦਾੜ੍ਹ [dáṛ] *n.f.* molar, grinder tooth; hanging root of banyan tree
ਦਾੜ੍ਹਨਾ [dáṛna] *v.t.* to devour, eat greedily, guzzle
ਦਾੜ੍ਹਾ [dáṛa] *n.m.* a big beard; hanging root of banyan tree; indented end of wall left unsmoothened for future extension or joint
ਦਾੜ੍ਹੀ [dáṛi] *n.f.* beard; hanging root of banyan tree
~ ਹੱਥ ਲਾਉਣਾ *ph.* to beg; to appeal abjectly
~ ਖੋਹਣੀ *ph.* to insult, disgrace; *lit.* to pull or pluck ਦਾੜ੍ਹੀ
~ ਦੀ ਲਾਜ *ph.* respect, regard for age
ਦਿਓ [dıo] *n.m. dia.* see ਦੇ[1], giant
ਦਿਓਹਰਾ [dıóra] *n.m. colloq.* see ਦੇਹਰਾ
ਦਿਓਦਾਰ [dıodar] *n.m.* cedar; *Cedrus deodara*
ਦਿਓਰ [dıor] *n.m.* husband's younger brother; brother-in-law
ਦਿਆਨਤ [dıanət] *n.f.* honesty, probity, integrity, sincerity, uprightness, truthfulness
ਦਿਆਨਤਦਾਰ [dıanətdar] *adj.* honest, sincere, truthful, upright, trustworthy
ਦਿਆਨਤਦਾਰੀ [dıanətdari] *n.f.* same as ਦਿਆਨਤ
ਦਿਆਰ [dıar] *n.m.* same as ਦਿਓਦਾਰ
ਦਿਆਲ [dıal] *adj.* kind, compassionate, benign, bounteous, bountiful, kindhearted, merciful, clement
ਦਿਆਲਤਾ [dıaləta] *n.f.* kindness, compassion, benignity, bountifulness, kindheartedness, clemency, mercy
ਦਿਆਲੂ [dıallu] *adj.* same as ਦਿਆਲ
ਦਿੱਸ [dıss] *n.f.* appearance, looks, aspect, visual impression
ਦਿਸਹੱਦਾ [dıshədda] *n.m.* horizon; field of observation
ਦਿਸਣਾ [dısəṇa] *v.i.* to be seen, be in sight, be visible, appear, look, be able to see
ਦਿਸ਼ਾ [dısa] *n.f.* direction, side, quarter, way
~ ਸੂਚਕ *n.m.* compass; weathercock
ਦਿਸਾਵਰ [dısavər] *n.m. dia.* see ਦਸੌਰ
ਦਿਹ[1] [dé] *v.form.* imperative of ਦੇਣਾ, see ਦੇ[2]
ਦਿਹ[2] *n.m.* village
ਦਿਹਕਾਨ [dékan] *n.m.* peasant, farm worker, farmer, tiller of land, rustic
ਦਿਹਾਤ [dıàt] *n.m. pl.* of ਦਿਹ[2], villages, countryside
ਦਿਹਾਂਤ [dıā̀t] *n.m.* death, demise, decease
ਦਿਹਾਤੀ [dıàtti] *adj. & n.m.* belonging to village, villager, rural
ਦਿਹਾਰ [dıàr] *n.m.* festival day
ਦਿਹਾੜਾ [dıàṛa] *n.m.* day; important day such as festival; anniversary
ਦਿਹਾੜੀ [dıàṛi] *n.f.* day; day's labour; daily wage; work on daily basis
ਦਿਹਾੜੀਆ/ਦਿਹਾੜੀਦਾਰ [dıàṛia/dıàṛidar] *n.m.* daily labourer, worker on daily wages or basis
ਦਿੱਕ[1] [dıkk] *n.m.* see ਤਪਦਿੱਕ, tuberculosis
ਦਿੱਕ[2] *adj.* vexed, annoyed, teased, pestered, bothered, fed-up
~ ਕਰਨਾ *v.t.* to vex, annoy, tease, pester, bother
ਦਿੱਕਤ [dıkkət] *n.f.* difficulty, hardship, trouble, botheration
ਦਿੱਖ [dıkkh] *n.f.* same as ਦਿੱਸ
ਦਿਖਣਾ [dıkhṇa] *v.i.* same as ਦਿਸਣਾ
ਦਿਖਾ [dıkha] *v.form.* imperative of ਦਿਖਾਉਣਾ, show

ਦਿਖਾਉਟੀ [dɪkhauṭi] *adj.* showy, pretentious, insincere or fake

ਦਿਖਾਉਣਾ [dɪkhauṇa] *v.t.* same as ਵਿਖਾਉਣਾ, to show

ਦਿਖਾਈ ਦੇਣਾ [dɪkhai deṇa] *con.v.* same as ਦਿਸਣਾ, to be seen

ਦਿਖਾਣਾ [dɪkhaṇa] *n.m.* same as ਵਿਖਾਉਣਾ, show, display

ਦਿਣ [dɪṇ] *n.m.* same as ਦਿਨ

ਦਿੱਤਾ [dɪtta] *v.form.* past and participle of ਦੇਣਾ gave, given; *n.m.* gifts collectively; dowry

~ ਲਿਆ *n.m.* debit and credit; personal or mutual account

ਦਿਦਾਰ [dɪdar] *n.m.* sight, view, look, glimpse, particularly of a dear one or a holy one

~ ਕਰਨਾ *con.v.* to see, have a glimpse of, look at

~ ਦੇਣਾ *con.v.* to let oneself be seen, be visible; to visit

ਦਿਦਾਰਬਾਜ਼ੀ [dɪdarbazi] *n.f.* ogling; voyeurism

ਦਿਦਾਰੀ [dɪdari] *adj.* handsome, sightly, comely, worth seeing

ਦਿਨ [dɪn] *n.m.* day, daytime; *fig.* luck, fortune

~ ਕਟੀ *n.f.* just passing time; mere existence, misery, suffering, hard times

~ ਕਟੀ ਕਰਨਾ *ph.* to pass days, live a miserable life; to live purposelessly

~ ਚੜ੍ਹਨਾ *con.v.* sunrise, day break, morning

~ ਚੜ੍ਹੇ *adv.* at daybreak

~ ਛਿਪਣਾ/~ ਡੁੱਬਣਾ *con.v.* for day to end, sunset

~ ਛਿਪੇ/~ ਡੁੱਬੇ *adv.* at sunset, in the evening

~ ਢਲ੍ਹਨਾ *con.v.* to be afternoon

~ ਦਿਹਾਰ *n.m.* festival, festive occasion

~ ਦਿਹਾੜੇ/~ ਦੀਵੀਂ *adv.* in broad daylight

~ ਪੂਰੇ ਕਰਨਾ *ph.* same as ਦਿਨ ਕਟੀ ਕਰਨਾ

~ ਫਿਰਨੇ *ph.* to see better days, have better luck, begin to prosper

~ ਬਦਿਨ *adv.* day by day

~ ਭਰ *adv.* the whole day, throughout the day

~ ਰਾਤ *n.m.* day and night; *adv.* all the twenty-four hours, throughout the day and night

ਦਿਨਾਂ ਦੀ ਗੱਲ *ph.* a matter of luck *usu.* of bad luck, misfortune; a matter of time

ਦਿਨਾਂ ਨੂੰ ਧੱਕਾ ਦੇਣਾ *ph.* same as ਦਿਨ ਕਟੀ ਕਰਨਾ

ਦਿਨੇ *adv.* during the day; tomorrow morning

ਦਿਨੋਂ ~ *adv.* same as ਦਿਨ ਬਦਿਨ

ਦਿੱਬ ਦਰਿਸ਼ਟੀ [dɪbb dərɪṣṭi] *n.f.* divine sight or knowledge, insight, supernatural, knowledge or power, clairvoyance

ਦਿਮਾਗ [dɪmag] *n.m.* brain, mind, intellect, intelligence; *informal.* pride, arrogance; also ਦਿਮਾਗ਼

~ ਹੋਣਾ/~ ਕਰਨਾ *ph.* to be proud, arrogant

~ ਖਾਣਾ/~ ਚੱਟਣਾ *ph.* to irritate, jar, exasperate with idle talk, demands or questions

~ ਚਕਰਾ ਜਾਣਾ *ph.* to be confused, puzzled, obfuscated; to be tired, mentally tired

~ ਦੀ ਸੋਜ *ph.* meningitis

~ ਲੜਾਉਣਾ *ph.* to think hard or deeply, try to solve some problem

ਦਿਮਾਗੀ [dɪmagi] *adj.* mental

~ ਕਮਜ਼ੋਰੀ *n.f.* dementia; cerebral or mental weakness; poor intelligence

~ ਬਿਮਾਰੀ *n.f.* mental or cerebral disorder

~ ਬੁਖ਼ਾਰ *n.m.* brain fever, cerebrospinal fever, cerebrospinal meningitis

ਦਿਲ [dɪl] *n.m.* heart; mind, soul, spirit; courage, pluck; will; inclination

~ ਉਕਤਾਉਣਾ/~ ਉਚਾਟ ਹੋਣਾ *ph.* same as ਉਕਤਾਉਣਾ, to be fed up

~ ਸੰਬੰਧੀ *adj.* cardiac, coronary

~ ਸੰਬੰਧੀ ਵਿਗਿਆਨ *ph.* cardiology

~ ਸੜਿਆ *adj.m.* suffering from heart burning, distressed, fed up, exasperated

~ ਸ਼ਿਕਨ *adj.* heart-breaking, sorrowful, discouraging, distressing, disappointing

~ ਸ਼ਿਕਨੀ *n.f.* heartbreak; great sorrow,

grief or anguish; despair, distress, disappointment
~ ਹਿਲਾਊ *adj.* moving, piteous, pathetic, touching, tragic
~ ਕੱਚਾ ਹੋਣਾ *ph.* nausea
~ ਕੱਚਾ ਕਰਨਾ *ph.* to nauseate
~ ਕਰਨਾ *ph.* to desire, want
~ ਖੱਟਾ ਹੋਣਾ *ph.* to be disappointed, acerbity, embittered, exasperated, estranged, be fed up
~ ਖੱਟਾ ਕਰਨਾ *v.t.* to acerbate, embitter, disappoint, exasperate
~ ਚੀਰਵਾਂ *adj.m.* painful, pathetic, biteous, heart-rending; anguished, moving
~ ਛੱਡਣਾ *ph.* to lose heart, be demoralised, discouraged, despair
~ ਜਾਨੀ *n.m.* beloved, sweetheart, dear friend, lover
~ ਢਾਹੁਣਾ *ph.* to discourage, disappoint, break one's heart
~ ਢਾਹੂ *adj.* heartbreaking, discouraging, demoralising
~ ਤਰੰਗ *n.f.* impulse; whim, caprice; desire
~ ਤੋੜਨਾ *ph.* same as ਦਿਲ ਢਾਹੁਣਾ
~ ਤੋੜਵਾਂ *adj.m.* same as ਦਿਲ ਢਾਹੂ
~ ਦੇਣਾ *ph.* to fall in love (with), fall for, love
~ ਦਾ ਰੋਗ *n.m.* coronary or heart disease; love
~ ਦੇ ਰੋਗਾਂ ਦਾ ਡਾਕਟਰ *ph.* cardiologist
~ ਨਿਵਾਜ਼ *adj.* pleasing to the heart, beautiful, attractive
~ ਪਜ਼ੀਰ *adj.* charming, captivating, pleasing to the heart, fascinating
~ ਪਰਚਾਉਣਾ *ph.* to amuse, divert, entertain; to satisfy, reassure
~ ਪਰਚਾਵਾ *n.m.* amusement, diversion recreation, entertainment; pastime
~ ਭਰ ਆਉਣਾ *ph.* to get a heavy heart or damp eyes, become sentimental
~ ਭਰ ਜਾਣਾ *ph.* to be satiated; same as ਉਕਤਾਉਣਾ, to be fed up
~ ਰੱਖਣਾ *ph.* to console, reassure; not to discourage
~ ਰੱਖਵਾਂ *adj.m.* consoling, reassuring sympathetic
~ ਲੱਗਣਾ *ph.* to feel at home
~ ਲਗੀ *n.f.* joke, jest, banter, raillery, amusement

ਦਿਲਸ਼ਾਦ [dɪlṣad] *adj.* pleasing to the heart, delightful, happy

ਦਿਲਸੋਜ਼ [dɪləoz] *adj.* painful, pathetic, touching

ਦਿਲਕਸ਼ [dɪlkəṣ] *adj.* attractive, alluring, charming, engaging, pleasing, winsome, beautiful

ਦਿਲਗੀਰ [dɪlgir] *adj.* gloomy, depressed, sad, melancholy, mournful, dispirited, worried; thoughtful, pensive

ਦਿਲਗੀਰੀ [dɪlgiri] *n.f.* melancholy, gloom, sadness, depression, worry, pensiveness

ਦਿਲਚਸਪ [dɪlcəsp] *adj.* interesting, pleasing, entertaining, exciting; engaging, gripping

ਦਿਲਚਸਪੀ [dɪlcəspi] *n.f.* interest, interestedness; curiosity, attraction
~ ਲੈਣੀ *con.v.* to take interest, be interested (in)

ਦਿਲਜੋਈ [dɪljoi] *n.f.* consolation, solace, sympathy
~ ਕਰਨੀ *con.v.* to console, give solace, sympathise, cheer up

ਦਿਲਦਾਰ [dɪldar] *n.m.* dear, darling, beloved, sweetheart

ਦਿਲਬਰ [dɪlbər] *n.m.* beloved, sweetheart

ਦਿਲਰੁਬਾ [dɪlruba] *n.m.* sweetheart, beloved; a musical instrument, a kind of guitar

ਦਿਲਾਸਾ [dɪlassa] *n.m.* consolation, solace, reassurance, assuagement, sympathetic remark
~ ਦੇਣਾ *con.v.* to console, reassure, assuage

ਦਿਲਾਵਰ [dɪlavər] *adj.* same as ਦਲੇਰ

ਦਿਲੀ [dɪli] *adj.* hearty, sincere, cordial, warm-hearted

ਦਿੱਲੀ [dɪlli] *n.f.* Delhi

ਦਿਲੋਂ [dɪlõ] *adv.* heartily, sincerely, earnestly, whole-heartedly; from the bottom of one's heart

ਦਿਵਸ [dɪvəs] *n.m.* same as ਦਿਨ

ਦਿਵਾਉਣਾ [dɪvauṇa] *v.t.* to cause to give, assist in getting, get one something from someone else, procure for

ਦਿਵਾਨ [dɪvan] *n.m.* religious congregation; royal court; a revenue or civilian officer or minister

ਦਿਵਾਨਖਾਨਾ [dɪvankhana] *n.m.* court chamber, audience hall

ਦਿਵਾਨਗੀ/ਦਿਵਾਨਾਪਣ [dɪvangi/dɪvanapəṇ] *n.f. / n.m.* insanity, madness, lunacy; mad act or behaviour, craze

ਦਿਵਾਨਾ [dɪvana] *n.m. & adj.* insane, mad, lunatic, crazy, mentally deranged, demented; such person, maniac

ਦਿਵਾਨੀ[1] [dɪvani] *n.f. & adj.* same as ਦਿਵਾਨਾ

ਦਿਵਾਨੀ[2] *adj.* civil as against criminal or revenue (court or case)

ਦਿਵਾਰ [dɪvar] *n.f.* same as ਕੰਧ, wall

ਦਿਵਾਲ [dɪval] *adj.* (debtor) willing to pay back

ਦਿਵਾਲ਼ਾ [dɪvaḷa] *n.m.* bankruptcy, insolvency

~ **ਕੱਢਣਾ** *con.v.* to declare oneself bankrupt

~ **ਨਿਕਲ਼ਨਾ** *con.v.* to become bankrupt

ਦਿਵਾਲ਼ੀ [dɪvaḷi] *n.f.* Indian festival of lamps and lights

ਦਿਵਾਲ਼ੀਆ [dɪvaḷia] *adj.* bankrupt, insolvent

ਦੀ [di] *prep.* same as ਦਾ (for fem. object)

ਦੀਆਸਲਾਈ [diasəlai] *n.f.* same as ਮਾਚਸ, match box, match stick, match

ਦੀਖਿਆ [dikhɪa] *n.f.* initiation, consecration; religious instruction

~ **ਦੇਣਾ** *con.v.* to initiate, consecrate, impart or give instruction

ਦੀਗਰ [digər] *adj.* other, another, different; *adv.* moreover

ਦੀਦ [did] *n.f.* same as ਦਿਦਾਰ; consideration, respect, regard; modesty, bashfulness

~ **ਸ਼ਰਮ** *n.f.* same as ਦੀਦ

~ **ਕਰਨੀ** *con.v.* to show consideration or regard (for)

ਦੀਦਾ [didda] *n.m.* eye

~ **ਦਾਨਿਸਤਾ** *adv.* knowingly, deliberately, with one's eyes open, intentionally

ਦੀਦਾਰ [didar] *n.m.* same as ਦਿਦਾਰ

ਦੀਦੀ [didi] *n.f.* sister, elder sister

ਦੀਦੇ [didde] *n.m. pl.* of ਦੀਦਾ, eyes

~ **ਪਾੜ ਕੇ ਵੇਖਣਾ** *ph.* to stare (at), ogle

ਦੀਨ[1] [din] *adj.* poor, indigent, needy; humble, meek; lowly, pitiable; forlorn, miserable

~ **ਦਿਆਲ** *adj.* compassionate, benign, merciful; gracious; an attribute of God, cherisher of the poor and the meek

ਦੀਨ[2] *n.m.* religious faith, creed, belief; Islam, Mohammedanism

~ **ਈਮਾਨ** *n.m.* religious faith, uprightness, rectitude

~ **ਦੁਨੀਆ** *n.f.* both the spiritual and the material worlds, religious and mundane concerns, the here and the hereafter

ਦੀਨਤਾ [dinta] *n.f.* indigence; humility, humbleness; misery

ਦੀਨਦਾਰ [dindar] *adj.* religious-minded, believer

ਦੀਨਾਨਾਥ [dinanath] *adj. & n.m.* lord protector of the meek, God

ਦੀਨਾ ਬੰਧੁ [dina bə̃du] *n.m.* friend of the poor; God

ਦੀਨੀ [dini] *adj.* concerning ਦੀਨ[2], religious

ਦੀਪ [dip] *n.m.* lamp, particularly earthen oil lamp; island

ਦੀਪਕ [dipək] *n.m.* lamp

ਦੀਪਮਾਲਾ [dipmala] *n.f. lit.* row or string of lamps; same as ਦਿਵਾਲ਼ੀ

ਦੀਮਕ [dimək] *n.f.* same as ਸਿਓਂਕ, white ants, termite

~ **ਲੱਗਣੀ** *con.v.* for ਦੀਮਕ to attack or infest; to be attacked, eaten or damaged by white ants

ਦੀਰਘ [dirg] *adj.* long, big, serious

~ **ਸੁਰ** *n.m.* long vowel

~ **ਰੋਗ** *n.m.* serious disease or illness

ਦੀਵਟ [divəṭ] *n.f.* wick of earthen oil lamp; lamp-stand

ਦੀਵਟਾ [divəṭa] *n.m.* lamp

ਦੀਵਾ [diva] *n.m.* lamp, light; *slang.* dim-

wit, stupid
~ ਬੱਤੀ *n.f.* light, lighting, lamp, lighting arrangement
ਦੀਵਾਨ [divan] *n.m.* see ਦਿਵਾਨ; large cushioned seat without back rest; book containing works of a particular poet author; anthology of poems by a single poet; also ਦਿਵਾਨ
ਦੀਵਾਨਗੀ [divangi] *n.f.* same as ਦਿਵਾਨਗੀ
ਦੀਵਾਨਾ [divana] *adj.m.* same as ਦਿਵਾਨਾ
ਦੀਵਾਨੀ [divani] *adj.f.* same as ਦਿਵਾਨੀ²
ਦੀਵਾਰ [divar] *n.f.* same as ਕੰਧ, wall
ਦੀਵਾਲ਼ੀ [divaḷi] *n.f.* same as ਦਿਵਾਲ਼ੀ
ਦੁ [du] *pref.* indicating two or double, as in ਦੁਸਾਲਾ, ਦੁਪਾਇਆ
ਦੁਅਰਥਾ [duərtha] *adj.m.* with double meaning, ambiguous; equivocal; homonymous
ਦੁਆ¹ [dua] *n.f.* prayer, supplication (to god); blessing; *colloq.* see ਦਵਾ
~ ਸਲਾਮ *n.f.* greeting, salutation
~ ਕਰਨਾ *con.v.* to pray
~ ਗੋ *adj.* (one) who prays
~ ਦੇਣਾ *con.v.* to bless
~ ਮੰਗਣਾ *con.v.* to pray; to ask for blessings
ਦੁਆ² *v.form.* imperative of ਦੁਆਉਣਾ get (one)
ਦੁਆਉਣਾ [duauṇa] *v.t.* same as ਦਿਵਾਉਣਾ
ਦੁਆਖਾ [duakha] *n.m.* same as ਦਵਾਖਾ
ਦੁਆਗਾ [duaga] *n.m.* two ropes tied around the neck of an animal, one pulling on each side
ਦੁਆਠੀ [duaṭhi] *adj. & n.f.* (marriage or marital relationship) based on ਵੱਟਾ ਸੱਟਾ under ਵੱਟਾ³
ਦੁਆਤ [duat] *n.f. colloq.* see ਦਵਾਤ
ਦੁਆਦਸ਼ੀ [duadṣi] *n.f.* twelfth day of a lunar fortnight
ਦੁਆਨੀ¹ [duani] *n.f.* a coin (now obsolete) equal to $^1/_8$th of a rupee
ਦੁਆਨੀ² *adj. colloq.* see ਦਿਵਾਨੀ²
ਦੁਆਪਰ [duapər] *n.m.* the third of the four ages or eons in Hindu mythology
ਦੁਆਬਾ [duabba] *n.m.* country between two rivers, particularly the one between the rivers Sutluj and Beas called Jalandhar
ਦੁਆਬੀਆ [duabia] *adj. & n.m.* dweller in ਦੁਆਬਾ; *fem.* ਦੁਆਬਣ
ਦੁਆਰ [duar] *n.m.* door, gate, entrance, orifice, mouth (as of cave), opening
ਦੁਆਰਪਾਲ [duarpal] *n.m.* same as ਦਰਬਾਨ
ਦੁਆਰਾ¹ [duara] *n.m.* same as ਦੁਆਰ
ਦੁਆਰਾ² *conj.* through, by means of, per, via
ਦੁਆਰਾ³ *suff.* meaning temple as in ਗੁਰਦੁਆਰਾ, ਠਾਕੁਰਦੁਆਰਾ
ਦੁਆਲ਼ਾ [duaḷa] *n.m.* circumference, perimeter, surroundings; *colloq.* see ਦਿਵਾਲ਼ਾ
ਦੁਸਹਿਰਾ [dusɛra] *n.m.* same as ਦਸਹਿਰਾ
ਦੁਸ਼ਮਨ [duṣmən] *n.m./f.* enemy, an armed foe, of a hostile nation
ਦੁੱਸਰ¹ [dussər] *adv.* from end to end, through and through
ਦੁੱਸਰ² *n.f.* penalty for failure to make the bid number of tricks (in cards), by debiting double the bid
ਦੁਸਾਕਾ [dusaka] *adj.m.* in or with double relationship
ਦੁਸਾਂਘ [dusãg] *n.m.* forked branch or piece of wood, fork
ਦੁਸਾਂਘੜ [dusãgəṛ] *adj.* forked
ਦੁਸਾਂਘਾ [dusãga] *n.m.* same as ਦੁਸਾਂਘ, fork, pitchfork
ਦੁਸ਼ਾਂਦਾ [duṣãda] *n.m.* a herbal decoction used as medicine for cough and cold, ingredients (collectively) for such
ਦੁਸਾਰ [dusar] *adv.* same as ਦੁੱਸਰ¹; also ਦੁਸਾਰ ਪਾਰ
ਦੁਸਾਲਾ [dusala] *adj.m.* repeater (in academic class)
ਦੁਸ਼ਾਲਾ [duṣala] *n.m.* heavy shawl, woollen wrapper usually with embroidered border
ਦੁਸੂਤੀ [dusuti] *n.f.* cotton cloth woven with double strand of yarn
ਦੁਸੇਰਾ/ਦੁਸੇਰੀ [dusera/duseri] *n.m. / n.f.* two seer weight, approximately two kilograms
ਦੁਹੱਥੜ [duhətthəṛ] *n.m.* blow with both hands

~ ਮਾਰਨਾ *con.v.* to strike with both hands (*usu.* at thighs by wailing women)

ਦੁਹੱਥਾ [duhəttha] *adj.m.* ambidexterous

ਦੁਹਰਫ਼ੀ [duhərfi] *adj.f. lit.* two-lettered; brief

ਦੁਹਰਾ [dóra] *adj.m.* see ਦੋਹਰਾ, imperative of ਦੁਹਰਾਉਣਾ, revise, repeat

ਦੁਹਰਾਉਣਾ [dórauṇa] *v.t.* to revise, repeat, recapitulate, say or do again, reiterate; stress

ਦੁਹਰਾਈ [dórai] *n.f.* revision, repetition, recapitulation, reiteration; stress

ਦੁਹਾਈ [duhai] *n.f.* cry for mercy or justice, lament, plaint, wail, outcry, clamour

~ ਦੇਣੀ *ph.* to cry for mercy or justice; to cry or shout for help, lament

~ ਪਾਉਣੀ/~ ਮਚਾਉਣੀ *ph.* to raise an outcry, clamour, shout loudly, make a noise

~ ਪਾਹਰਿਆ *n.m.* same as ਹਾਲ ਦੁਹਾਈ, hue and cry

ਦੁਹਾਗਣ [duhagəṇ] *n.f.* widow, divorcee, one deserted or ignored by her husband, unfortunate woman *cf.* ਸੁਹਾਗਣ

ਦੁਹਾਜੂ [duhajju] *n.m.* one who is married a second time

ਦੁਹੇਲਾ [duhela] *adj.m.* difficult, arduous, laborious, hazardous; *cf.* ਸੁਹੇਲਾ

ਦੁਕੱਲਾ [dukəlla] *adj.m.* accompanied by a single person

ਦੁੱਕੜ [dukkəṛ] *n.m./adj.* two, couple, twosome, duo; a small tambourine

ਦੁਕਾਨ [dukan] *n.f.* shop, store, sale-depot, warehouse, workshop, workplace; business

~ ਕਰਨੀ/~ ਚਲਾਉਣੀ *con.v.* to set up or run a shop or business

~ ਚੱਲਣੀ *con.v.* (for shop or business) to flourish, prosper

~ ਵਧਾਉਣੀ *ph.* to close ਦੁਕਾਨ, shut up or wind up business; *lit.* to expand or extend ਦੁਕਾਨ

ਦੁਕਾਨਦਾਰ [dukandar] *n.m.* shopkeeper, businessman, proprietor of ਦੁਕਾਨ

ਦੁਕਾਨਦਾਰੀ [dukandari] *n.f.* shop-keeping business

ਦੁਕਾਲਿਕ [dukalık] *adj.* (linguistics) pertaining to two different periods, diachronic

ਦੁੱਕੀ [dukki] *n.f.* playing card bearing two pips

ਦੁਖ/ਦੁੱਖ [dukh/dukkh] *n.m.* pain, suffering, sorrow, grief, unhappiness, ache, hurt, agony, anguish, distress, affliction, tribulation, dolour

~ ਸਹਿਣਾ *con.v.* to suffer, bear, endure or undergo ਦੁਖ

~ ਸੁਖ *n.m.* pain and pleasure, sorrow and happiness, good and bad days, ups and downs of life

~ ਸੁਖ ਕਰਨਾ *ph.* to share sorrow or experience, condole (with)

~ ਸੁਖ ਪੁੱਛਣਾ *ph.* to enquire about another's state of affairs, sympathise (with)

~ ਦਰਦ *n.m.* same as ਦੁਖ

~ ਦੇਣਾ *con.v.* to cause ਦੁਖ, to torment, torture, distress, excruciate

~ ਪਾਉਣਾ *con.v.* same as ਦੁਖ ਸਹਿਣਾ

~ ਭੰਜਨ *adj.* eradicator of ਦੁਖ; a divine attribute

ਦੁੱਖ *n.m.* enmity, feud

~ ਕੱਢਣਾ *ph.* to avenge, retaliate, take vengeance

~ ਪਾਉਣਾ *ph.* to feud, cause enmity, antagonise

ਦੁਖ ਜਾਣਾ [dukh jaṇa] *con.v.* (for wound, sore, etc.) to be touched and hurt

ਦੁਖਣਾ [dukhəṇa] *v.i.* to pain, ache, hurt

ਦੁਖਣੂਤਰਾ/ਦੁੱਖਣੂਤਾ [dukhṇutra/dukhṇuta] *n.m.* same as ਦਖਣੂਤਰਾ

ਦੁਖਦਾਇਕ/ਦੁਖਦਾਈ [dukhdaık/dukhdai] *adj.* painful, grievous, sorrowful, harrowing, distressing, agonising, excruciating; tragic, pathetic

ਦੁਖੱਲੀ [dukhəlli] *adj.* (shoes) of double layered of hide or skin

ਦੁਖੜਾ [dukhəṛa] *n.m.* suffering, sorrow, grief

~ ਰੋਣਾ *ph.* to lament, express one's ਦੁੱਖ, complain

ਦੁਖਾਉਣਾ [dukhauṇa] *v.t.* to cause pain, hurt

ਦੁਖਾਂਤ [dukhãt] *n.m.* tragic end, tragedy;

tragic play
~ ਸੰਬੰਧੀ *adj.* thespian, tragic
ਦੁਖਿਆਰਾ/ਦੁਖਿਤ/ਦੁਖੀ/ਦੁਖੀਆ [dukhıara/dukhıt/dukhi/dukhia] *n.m. adj. / adj. / adj. / n.m. adj.* suffering, sufferer, afflicted, in pain, agony or distress, sorrowful, grieved, woebegone, grieving, in grief; melancholy
ਦੁਗਣ [dugəṇ] *n.f.* same as ਦੂਣ²
ਦੁਗਣਾ [dugəṇa] *adj.m.* same as ਦੂਣਾ
ਦੁੱਗਾ [dugga] *adj.m.* (animal *esp.* young cattle) with only two teeth cut
ਦੁਗਾਣਾ [dugaṇa] *n.m.* duet; an ancient measure of money, 1/256th of a rupee
ਦੁਗਾੜਾ [dugaṛa] *n.m.* double-barrelled gun; double shot
ਦੁਚਿੱਤਾ [ducıtta] *adj.m.* in two minds, double-minded, diffident, hesitant
ਦੁਚਿੱਤੀ [ducıtti] *adj.f.* same as *prec. n.f.* diffidence, double-mindedness, quandry, vacillation
ਦੁਛੱਤਾ [duchətta] *adj.m.* double-storey (building)
ਦੁੱਜਣ [dujjəṇ] *adj.f.* (cattle) in second calving
ਦੁੱਜਾ [dujja] *adj.m. dia.* see ਦੂਜਾ
ਦੁੱਤ¹ [dutt] *interj.* vocal sound to drive away dog, cat etc. or as a rebuke; shut up, shoo!
ਦੁੱਤ² *adj.* conjugate (letter, word or vowel) coupled, joint, conjoined, conjugated
~ ਅੱਖਰ *n.m. pl.* conjugate letter
~ ਸੁਰ *n.m.* diphthong
ਦੁਤਹੀ [dutəi] *n.f.* cotton sheet of double length and folded into two layers and single length
ਦੁਤਰਫ਼ਾ [dutərfa] *adj.m.* two-sided, two-way, mutual, reciprocal, bilateral
ਦੁਤਾਰਾ [dutara] *n.m.* two-stringed musical instrument
ਦੁੱਧ [dúd] *n.m.* milk; milky secretion or juice of certain plants, sap, latex
~ ਚੁੰਘਣਾ *con.v.* to suck at the breast or udder, suckle
~ ਚੁੰਘਦਾ *adj.m.* suckling, not yet weaned
~ ਚੁੰਘਾਉਣਾ *con.v.* to suckle, put to suck, nurse at breast or udder, breast-feed
~ ਚੋਣਾ *con.v.* to milk; to drip secretion of plant (as on a wound)
~ ਛੁਡਾਉਣਾ *con.v.* to wean, stop breast-feeding
~ ਦਾ ਦੁੱਧ ਪਾਣੀ ਦਾ ਪਾਣੀ ਕਰਨਾ *ph. lit.* to separate water from milk; to dispense unbiased justice, arrive at real truth
~ ਦੇ ਦੰਦ *ph.* milk-teeth, first teeth, deciduous teeth
~ ਧੋਤਾ *adj.m.* innocent, free of blemish, morally clean
ਦੁੱਧਲ/ਦੁਧਾਰੂ [dúddəḷ/dudàru] *adj.* milch (cattle); high-yielding (milch cattle)
ਦੁਧਾਤਾ [dudàtta] *adj.m.* bimetallic
ਦੁਧਾਰਾ [dutàra] *adj.m.* double-edged (weapon)
ਦੁਨਾਲ਼ੀ [dunaḷi] *adj.f.* double-barrelled (gun)
ਦੁਨਾਵਾਂ [dunavã] *adj.m.* binomial
ਦੁਨਿਆਵੀ [dunıavi] *adj.* worldly, earthly, terrestrial, temporal, mundane
ਦੁਨੀਆ [dunia] *n.f.* world, earth, universe, cosmos; worldly affairs; people, humanity, human race; multitude
ਦੁਨੀਆਦਾਰ [duniadar] *n.m. & adj.* man of the world, prudent, wordly, wordly-wise; householder
ਦੁਨੀਆਦਾਰੀ [duniadari] *n.f.* worldliness, worldly wisdom; family living or family life; prudence; ways of the world
ਦੁਪਹਿਰ [dupér] *n.f.* noon, mid-day, noontide
ਦੁਪਹਿਰਾ [dupéra] *n.m.* same as ਦੁਪਹਿਰ
ਦੁਪਹਿਰੇ [dupére] *adv.* at or during ਦੁਪਹਿਰ
ਦੁਪੱਖਾ [dupəkkha] *adj.m.* two-sided, bipartisan
ਦੁਪੱਟਾ [dupəṭṭa] *n.m.* ladies' scarf, wrapper or veil
ਦੁਪਰਨਾਉਣ [dupərnauṇ] *n.m.* bigamy
ਦੁਪਰਨਾਇਆ [dupərnaıa] *adj.m.* bigamous
ਦੁੱਪਰਿਆਰਾ [duppərıara] *adj.m.* not loved, neglected, not considered one's own, stranger
ਦੁੱਪੜ [duppəṛ] *n.f.* two-layered Indian

(fried) bread

ਦੁਪਾਇਆ [dupaɪa] *adj.m.* biped, human

ਦੁਪਾਸੜ/ਦੁਪਾਸਾ [dupasəṛ/dupassa] *adj.* bilateral; mutual, reciprocal

ਦੁਫ਼ਸਲਾ [dufəsla] *n.m.* (land, field, tract) producing two crops in a year

ਦੁਫਾੜ [duphaṛ] *adj.* split into two, bifurcated

ਦੁਫੇੜ [dupheṛ] *n.m.* split, divide, disunity, division, schism; quarrel, estrangement, enmity

~ **ਪਾਉਣਾ** *con.v.* to cause ਦੁਫੇੜ, to estrange, divide, split

~ **ਪੈਣਾ** *con.v.* for ਦੁਫੇੜ to take place; to be estranged, divided, split

ਦੁੰਬ¹ [dũb] *n.m.* ear of millet plant *esp.* of sorghum

ਦੁੰਬ² *n.f. colloq.* see ਦੁੰਮ, tail

ਦੁਬਲਾ [dubla] *adj.m.* lean, thin; weak, emaciated

~ **ਪਤਲਾ** *adj.m.* same as ਦੁਬਲਾ

ਦੁੰਬਾ [dũba] *n.m.* fat-tailed ram

ਦੁਬਾਜਰਾ [dubajəra] *adj.m.* double-talker, indulging in doublecross, betrayer; bastard, mixed, mongrel; ill-bred

ਦੁਬਾਰਾ [dubara] *adv.* again, a second time, once again, once more, encore, afresh, all over again; *interj.* encore

ਦੁਬਿੰਦੀ [dubĩdi] *n.f.* colon

~ **ਡੈਸ਼** *n.m.* colon and hyphen

ਦੁਬਿਧਾ [dúbɪda] *n.f.* double-mindedness, dilemma, quandary, diffidence, doubt, uncertainty, incertitude, indecision, perplexity

ਦੁਬਿਧਾਜਨਕ [dúbɪdajənək] *adj.* causing ਦੁਬਿਧਾ, dilemmatic, perplexing, doubtful, uncertain

ਦੁੰਬੀ [dũbi] *n.f.* same as ਦੁੰਬ¹

ਦੁਬੇਲਾ [dubella] *n.m.* double ride or riding, two persons riding a single horse or two-wheeler

ਦੁਭਦਾ [dúbda] *n.f. colloq.* see ਦੁਬਿਧਾ

ਦੁਭਰ [dúbər] *adj.* unbearable, intolerable hard, miserable (living or life)

ਦੁਭਾਸ਼ੀ [dupàṣi] *adj.* bilingual

ਦੁਭਾਸ਼ੀਆ [dupàṣia] *n.m.* interpreter; *fem.* ਦੁਭਾਸ਼ਣੀ

ਦੁਭਾਜਕ [dupàjək] *n.m.*bisector

ਦੁਭਾਜਨ [dupàjən] *n.m.* bisection, bisecting

~ **ਕਰਨਾ** *con.v.* to bisect

ਦੁੰਮ [dũmm] *n.f.* tail

~ **ਕਟਾ** *adj.m.* bob-tailed

~ **ਦਬਾ ਕੇ ਨੱਸਣਾ** *ph.* to turn tail, flee, run away in fright

ਦੁਮਚੀ [dumci] *n.f.* crupper

ਦੁਮੰਜ਼ਲਾ [dumə̃zla] *adj.m.* double-storey, two-storeyed; *n.m. informal.* double-storey house or building

ਦੁਮਦਾਰ [dumdar] *adj.* tailed

~ **ਤਾਰਾ** *n.m.* comet

ਦੁਮਾਤ੍ਰਿਕ/ਦੁਮਾਤਰਿਕ [dumatərɪk] *adj.* (word) with two vowel sounds or syllables; disyllabic

ਦੁਮਾਲ੍ਹਾ [dumáḷa] *adj.m.* (Persian wheel) with two chains of pots; (well) with two sets of Persian wheels

ਦੁਮਾਲਾ [dumala] *n.m* tail-piece showing above a turban *esp.* one worn as cockade by Nihang Sikhs

ਦੁਮੂੰਹਾਂ [dumṹã] *adj.m.* two-headed

ਦੁਮੂੰਹੀ [dumṹi] *adj.f.* same as ਦੁਮੂਹਾਂ; *n.f.* a kind of mythical snake said to have a head at either end, amphisbaena

ਦੁਰ [dur] *pref.* indicating badness or wrongness

~ **ਕਰਨਾ** *con.v.* same as ਦੁਰਕਾਰਨਾ

~ **ਫਿਟੇ ਮੂੰਹ** *interj.* same as ਫਿਟੇ ਮੂੰਹ

ਦੁਰਉਪਯੋਗ [durupyog] *n.m.* misuse, wrong or improper use.

ਦੁਰਕਾਰ [durkar] *n.f.* expression to shoo away a despicable dog; expression of scorn, contempt, disdain, contemptuous treatment

ਦੁਰਕਾਰਨਾ [durkarna] *v.t.* to shoo away, drive away contemptuously, insult, reprove, chide; to treat with contempt

ਦੁਰਗਤ [durgət] *n.f.* miserable plight, pitiable condition; misery, distress, tribulation, disconsolateness; also ਦੁਰਗਤੀ

ਦੁਰਗੰਧ [durgə̃d] *n.f.* bad, offensive, nauseating smell; stink, stench, malodour,

fetidness
~ ਨਾਸ਼ਕ *n.m.* deodorant
ਦੁਰਗਮ [durgəm] *adj.* difficult to travel along, impassable, inaccessible
ਦੁਰਗਮਤਾ [durgəmta] *n.f.* impassability, inaccessibility
ਦੁਰੰਗਾ [durə̃ga] *adj.m.* two-coloured, dichromatic
ਦੁਰਘਟਨਾ [durkə̀ṭna] *n.f.* accident, tragedy, mishap; mishappening, misadventure, mischance, contretemps
ਦੁਰਜਨ [durjən] *n.m.* bad person, rascal, scoundrel
ਦੁਰਦਸ਼ਾ [durdəṣa] *n.f.* same as ਦੁਰਗਤ
ਦੁਰ ਦੁਰ [dur dur] *n.f.* see ਦੁਰਕਾਰ
ਦੁਰਬਲ [durbəl] *adj.* weak, powerless, frail
ਦੁਰਬਲਤਾ [durbəlta] *n.f.* weakness, frailness
ਦੁਰਭਾਗ [durpàg] *n.m.* misfortune, bad luck, ill luck
~ ਵੱਸ *adv.* unfortunately
ਦੁਰਭਾਵਨਾ [durpàvna] *n.f.* ill-will, antipathy; malintention
ਦੁਰਮਟ [durməṭ] *n.m.* an implement for pounding stones (as in foundations) batterer, rammer, pounder
ਦੁਰਮਤ [durmət] *n.f.* evil-mindedness, wickedness
ਦੁਰਲਭ [durlə́b] *adj.* difficult to find, scarce, rare, unobtainable; uncommon
ਦੁਰਵਰਤੋਂ [durvərtõ] *n.f.* misuse, abuse, misapplication
ਦੁਰਾਹਾ [duraha] *n.m.* point where a road branches into two or bifurcates, bifurcation
ਦੁਰਾਚਾਰ [duracar] *n.m.* misconduct, bad conduct, perversion, moral turpitude, baseness, depravity, vice, immorality, dissoluteness, licentiousness, lewdness, lechery; a base, wicked, sinful act
ਦੁਰਾਚਾਰੀ [duracari] *adj.m.* perverted, base, depraved, vicious, wicked, dissolute, lewd, libertine, lecherous, immoral, sinful; *n.m.* such person, *fem.* ਦੁਰਾਚਾਰਨੀ
ਦੁਰਾਡਾ [duraḍḍa] *adj.m. & adv.* far off, distant, distal, far away; *cf.* ਦੂਰ
ਦੁਰੁਖਾ [durukha] *adj.m.* two-sided, two facetted, double-ended; double-faced, unreliable; also ਦੁਰੁਖਾ
ਦੁਰੇ [dure] *interj.* word to drive away a dog, shoo !
ਦੁਰੇਡਾ [dureḍa] *adj.m. & adv.* same as ਦੁਰਾਡਾ
ਦੁਲਹਨ [dulhən] *n.f.* bride; wife
ਦੁਲੱਤਾ/ਦੁਲੱਤੀ [dulətta/dulətti] *n.m. / n.f.* kick with both hind legs
ਦੁੱਲੜ [dulləṛ] *adj.* (rope) entwined twice
ਦੁਲੜਾ¹ [dulər̥a] *adj.m.* same as ਦੁੱਲੜ; two-strand
ਦੁਲੜਾ² *n.m.* same as ਦੋੜਾ
ਦੁਲਾਂਘ [dulãg] *n.f.* long pace or step, stride
ਦੁਲਾਂਘਾਂ ਭਰਨੀਆਂ/ਦੁਲਾਂਘਾਂ ਮਾਰਨੀਆਂ *con.v.* to walk with long steps, stride
ਦੁਲਾਰ [dular] *n.m.* fondling, expression of love *esp.* towards children, indulgence
~ ਕਰਨਾ *con.v.* to fondle, love, treat indulgently
ਦੁਲਾਰਾ [dulara] *adj.m.* dear, darling, apple of one's eye
ਦੁਲਾਵਾਂ [dulavã] *n.f. pl.* vowel symbol pronounced [ai], [ɛ] or [æ] as in English word 'hat'
ਦੁਲੈਂਕੜੇ [dulẽkəṛe] *n.m. pl.* vowel symbol pronounced [u]
ਦੁਵਰਸ਼ਿਕ [duvərṣɪk] *adj.* bienniel, also ਦੁਵਾਰਸ਼ਿਕ
ਦੁਵੱਲਾ [duvəlla] *n.m.* both sides; *adj.m.* mutual
ਦੁਵੱਲੇ [duvəlle] *adv.* on both sides or flanks
ਦੁਵਿੱਢਾ [duvíḍḍa] *adj.m.* same as ਦੁਮਾਲ੍ਹਾ
ਦੁੜਕੀ [duṛki] *n.f.* trot
ਦੁੜਾ [duṛa] *v.form.* imperative of ਦੁੜਾਉਣਾ, make (him) run
ਦੁੜਾਉਣਾ [duṛauṇa] *v.t.* to make or get one run; to chase, drive away
ਦੂਆ [dua] *adj.m. dia.* see ਦੂਜਾ; *n.m.* the

figure 2

ਦੁਈ[1] [dui] *adj.f. dia.* same as ਦੂਆ

ਦੁਈ[2] *n.f.* same as ਦ੍ਵੈਤ

ਦੂਸਰਾ [dusəra] *adj.m.* same as ਦੂਜਾ

ਦੂਸ਼ਣ [duṣəṇ] *n.m.* flaw, defect, blot, stigma; blame, accusation, calumny, slander; pollution, contamination, defilement

ਦੂਸ਼ਿਤ [duṣɪt] *adj.* polluted, contaminated, defiled; defective

ਦੂਹਰਾ [dúra] *adj.m.* same as ਦੋਹਰਾ[1]

ਦੂਖ ਨਿਵਾਰਨ [dukh nɪvarən] *n.m.* prevention or eradication of suffering or distress

ਦੂਜ [duj] *n.f.* second date, second day of lunar fortnight; second turn (in game)

ਦੂਜਣ [dujəṇ] *adj.f.* same as ਦੁੱਜਣ

ਦੂਜਾ [dujja] *adj.m.* second; other, next, alternate

ਦੂਣ[1] [duṇ] *n.m.* valley, vale

ਦੂਣ[2] *n.f.* duplication; double forfeit (in cards)

~ ਸਵਾਇਆ *adj.m. lit.* one and a quarter times of double, i.e. two and a half times; flourishing, increasing, progressing

ਦੂਣਾ [duṇa] *adj.m.* double, two times, twofold, twice in size or quantity

~ ਕਰਨਾ *con.v.* to double

ਦੂਤ [dut] *n.m.* messenger, courier, envoy, emissary, ambassador, legate, diplomatic representative

ਦੂਤਾਵਾਸ/ਦੂਤਘਰ [dutavas/dutkər] *n.m.* embassy, embassy building

ਦੂਧਾਧਾਰੀ [dúdatàri] *adj.* (one) who lives only on milk

ਦੂਧੀਆ [dúdia] *adj.m.* of the colour of milk, milky, white, milk-white

ਦੂਨ [dun] *n.f.* same as ਦੂਣ[2]

ਦੂਰ [dur] *adv.* far, away, far off, distant, remote; *adj.* distanced, estranged

~ ਅੰਦੇਸ਼ *adj.* far-seeing, far-sighted, foresighted, prudent, sagacious

~ ਅੰਦੇਸ਼ੀ *n.f.* farsightedness, foresight, prudence, sagacity, sagaciousness

~ ਸੰਚਾਰ *n.m.* telecommunication

~ ਕਰਨਾ *con.v.* to push or drive away; to dispel; to repel; to remove, eradicate

~ ਦਰਸ਼ਤਾ *n.f.* same as ਦੂਰ ਅੰਦੇਸ਼ੀ

~ ਦਰਸ਼ਨ *n.m.* television, T.V.

~ ਦਰਸ਼ੀ *adj.* same as ਦੂਰ ਅੰਦੇਸ਼

~ ਦਰਾਜ *adv.* far off; also ਦੂਰ ਦਰਾਜ਼

~ ਦ੍ਰਿਸ਼ਟੀ *n.f.* same as ਦੂਰ ਅੰਦੇਸ਼ੀ

~ ਦੀ *adj.f.* far-fetched

~ ਦੀ ਸੁੱਝਣੀ *ph.* to have or strike new or novel idea

~ ਦੀ ਨਜ਼ਰ *ph.* farsightedness, far sight; distant vision, hypermetropia, hyperopia

~ ਦੇ ਢੋਲ ਸੁਹਾਵਣੇ *ph.* distant drums have pleasant sound

~ ਵਰਤੀ *adj.* distant, remote

ਦੂਰੋ ਦੂਰੀ ਹੋਣਾ *ph.* to be estranged; to quarrel

ਦੂਰਬੀਨ [durbin] *n.f.* telescope; *adj.* far-sighted

ਦੂਰਬੀਨੀ [durbini] *n.f.* distant vision; same as ਦੂਰ ਅੰਦੇਸ਼ੀ

ਦੂਰੀ [duri] *n.f.* distance, farness, expanse, remoteness; estrangement

ਦੂਰੋਂ [durõ] *adv.* from a distance; from far away

ਦੂਲ੍ਹਾ [dúla] *n.m.* same as ਲਾੜਾ, bridegroom

ਦੂਲਾ [dula] *adj.m.* brave, valiant, valorous

ਦੇ[1] [de] *n.m.* giant, ogre, demon; *genitive particle,* pl. of ਦਾ

ਦੇ[2] *v.form.* imperative of ਦੇਣਾ, give, hand over

~ ਮਾਰਨਾ *ph.* to strike with, throw down

ਦੇਸ/ਦੇਸ਼ [des/deṣ] *n.m.* country, region; space; own country, native place or country, motherland

~ ਚਾਲ *n.f.* custom, usage, vogue, fashion, general trend

~ ਦਿਸਾਂਤਰ *n.m.* several countries

~ ਧ੍ਰੋਹ *n.m.* treason, sedition, betrayal of one's own country

~ ਧ੍ਰੋਹੀ *n.m. & adj.* guilty of ਦੇਸ ਧ੍ਰੋਹ, traitor, quisling

~ ਨਿਕਾਲ਼ਾ *n.m.* exile, banishment; deportation, expatriation; expulsion
~ ਨਿਕਾਲ਼ਾ ਦੇਣਾ *ph.* to exile, banish, deport, expatriate, expel from a country
~ ਪਰਦੇਸ *n.m.* own and other countries, same as ਦੇਸ ਦਿਸਾਂਤਰ
~ ਪ੍ਰੇਮ/~ ਪਿਆਰ *n.m.* love for one's own country, patriotism
~ ਪ੍ਰੇਮੀ/~ ਭਗਤ *n.m.* patriot; nationalist
~ ਭਗਤੀ *n.f.* patriotism, national spirit, nationalism
~ ਵਾਸੀ *adj. & n.m.* countryman, compatriot, native, citizen, denizen, dwellers in the same country
~ ਵਿਆਪੀ *adj.* countrywide
ਦੇਸੀ [dessi] *adj.* belonging or pertaining to one's own country, native, local, indigenous
~ ਸ਼ਰਾਬ *n.f.* country liquor
ਦੇਹ[1] [dé] *n.f.* body, physique, mortal frame
~ ਤਿਆਗ *n.m. lit.* renouncing the body, same as ਦਿਹਾਂਤ, casting off one's mortal frame
~ ਧਾਰੀ *adj.* embodied, alive, living, mortal
ਦੇਹ[2] *n.m.* see ਦਿਹ; village
ਦੇਹ[3] *v.form.* same as ਦੇ[2]
ਦੇਹਰਾ [déra] *n.m.* shrine, temple, *esp.* one built over cremation site or ashes
ਦੇਹਲੀ [déli] *n.f.* same as ਦਿੱਲੀ
ਦੇਹਲੀਜ਼ [déliz] *n.f.* same as ਦਲ੍ਹੀਜ
ਦੇਹਾਂਤ [dehãt] *n.m.* same as ਦਿਹਾਂਤ
ਦੇਹੀ [dehi] *n.f.* same as ਦੇਹ[1]
ਦੇਹੁਰਾ [déura] *n.m.* same as ਦੇਹਰਾ
ਦੇਖ [dekh] *v.form.* imperative of ਦੇਖਣਾ, see, look, lo, behold
~ ਦਾਖ ਕੇ *adv.* having seen carefully, having inspected, with circumspection
~ ਦਿਖਾ *n.m.* mutual inspection or trial
~ ਭਾਲ਼ *n.f.* care, maintenance
~ ਰੇਖ *n.f.* supervision; guardianship; same as ਦੇਖ ਭਾਲ਼
ਦੇਖਣਹਾਰ [dekhəṇhar] *adj.* seer, beholder; spectator
ਦੇਖਣਾ [dekhəṇa] *v.i.t.* to see, look (at or over), behold, observe, eye, scan, gaze, stare; to watch, look out; espy, look for, search; to examine, inspect, survey; to view, visualise, consider, perceive; to notice, mark; to experience
ਦੇਖਾ ਦੇਖੀ [dekha dekhi] *adv.* imitatively, following or copying the vogue of some particular person; monkeyingly
ਦੇਖਿਆ ਭਾਲ਼ਿਆ [dekhıa pàḷıa] *adj.m.* known; tried, well-known, familiar
ਦੇਗ [deg] *n.f.* large, narrow-mouthed cooking vessel, large kettle, cauldron; sacred pudding distributed in Sikh congregations; Sikh community kitchen or common feeding arrangements, commensality
ਦੇਗਚਾ/ਦੇਗਚੀ [degca/degci] *n.m. / n.f.* kettle, cooking pot, cooking vessel
ਦੇਗਬਰਾ [degbəra] *n.m.* same as ਤੁਕਸ, cylindrical
ਦੇਗਾ [degga] *n.m.* large ਦੇਗ, same as ਦੇਗ
ਦੇਗੀ ਮਿਰਚ [degi mırc] *n.f.* powdered chillies
ਦੇਗੀ ਲੋਹਾ [degi loha] *n.m.* cast iron
ਦੇਣ [deṇ] *n.m.* giving; gift, boon, debt, obligation; contribution
~ ਯੋਗ *adj.* payable; due out, fit to be given, gifted or presented; presentable, giveable
ਦੇਣਹਾਰ/ਦੇਣਹਾਰਾ [deṇhar/deṇhara] *adj.* giver, bestower
ਦੇਣਦਾਰ [deṇdar] *adj.* debtor, indebted, obliged, grateful, (one) under obligation
ਦੇਣਦਾਰੀ [deṇdari] *n.f.* debt, obligation; liability
ਦੇਣਾ [deṇa] *v.t.* to give, grant, confer, bestow; to supply, provide; to donate, contribute; to present, offer; *n.m.* debt, dues
ਦੇਰ[1] [der] *n.f.* delay, lateness; tardiness, slowness
~ ਕਰਨੀ *con.v.* to delay, be late, linger, tarry
ਦੇਰ[2] *n.m. dia.* see ਦਿਓਰ
ਦੇਰੀ [deri] *n.f.* same as ਦੇਰ[1]

ਦੇਵ [dev] *n.m.* deity, god, angle; see ਦੇ¹
~ ਅਸਥਾਨ/~ ਸਥਾਨ *n.m.* temple, abode of the gods
~ ਸਮਾਨ *adj.* godlike, divine
~ ਦਾਸੀ *n.f.* temple dancer
~ ਦਾਨਵ *n.m. pl.* gods and demons, supernatural beings
~ ਮਾਲਾ *n.f.* pantheon
~ ਲੋਕ *n.m.* paradise, heaven, region of the gods
ਦੇਵਤਵ [devətəv] *n.m.* godhood, divinity; godliness
ਦੇਵਤਾ [devəta] *n.m.*demi-god, god, deity, angel
ਦੇਵਦਾਰ [devdar] *n.m.* same as ਦਿਓਦਾਰ
ਦੇਵਨਾਗਰੀ [devnagri] *n.f.* script used for Sanskrit, Hindi, Marathi, Gujarati and Nepali languages
ਦੇਵਨੇਤ [devnet] *n.f.* divine will, divine purpose; providential coincidence
~ ਨਾਲ਼ *adv.* providentially, coincidentally
ਦੇਵਰ [devər] *n.m.* same as ਦਿਓਰ
ਦੇਵੀ [devi] *n.f.* goddess; lady
ਦੈਂਤ [dɛ̃t] *n.m.* demon, giant, ogre; devil; *informal.* abnormally tall and hefty person
ਦੈਨਿਕ [dɛnɪk] *adj.* daily; *n.m.* daily news paper
ਦੈਵੀ [dɛvi] *adj.* divine, celestial, heavenly; sacred, godly, virtuous; weird, supernatural
ਦੈੜ [dɛṛ] *n.m.* same as ਦਰੜ
ਦੋ [do] *adj.* two; *pref.* meaning two or double; same as ਦੁ
~ ਸ਼ਾਖਾ *adj.m.* binary
~ ਸਾਲਾ *adj.m.* same as ਦੁਸਾਲਾ; biennial; extending over two years, two years old
~ ਟੁਕ *adj.* final, ultimate; *adv.* finally, once for all
~ ਤਰਫ਼ਾ *adj.m.* same as ਦੁਤਰਫ਼ਾ
~ ਧਾਰਾ *adj.m.* same as ਦੁਧਾਰਾ
ਦੋਇਮ [doɪm] *adj.* same as ਦੋਮ
ਦੋਸ/ਦੋਸ਼ [dos/doṣ] *adj.* blame, accusation; defect, flaw, fault, failing, weakness, shortcoming; mistake, foible, faux pas, gaffe; blemish
~ ਕੱਢਣਾ *con.v.* to find fault (with), criticise, arraign, point out defect
~ ਦੇਣਾ *con.v.* to blame
~ ਪੂਰਨ *adj.* defective; blameworthy, blameable, wrongful, blamable, blameful
~ ਮੁਕਤ *adj.* free from ਦੋਸ਼, innocent
~ ਮੁਕਤ ਕਰਨਾ *con.v.* to exonerate, acquit, exculpate, vindicate
~ ਰਹਿਤ *adj.* blameless, free from ਦੋਸ਼, perfect, flawless
~ ਲਾਉਣਾ *con.v.* to blame, accuse, charge, arraign, indict
ਦੋਸਤ [dost] *n.m.* friend, companion, chum, pal
ਦੋਸਤਾਨਾ [dostana] *adj.* friendly; *n.m.* friendship
ਦੋਸਤੀ [dosti] *n.f.* friendship
ਦੋਸੜਾ [dosəṛa] *n.m.* double-folded cloth, *esp.* head-covering for women *esp.* widows
ਦੋਸ਼ੀ [doṣi] *adj. & n.m.* accused, guilty, culprit
~ ਠਹਿਰਾਉਣਾ *con.v.* to convict, pronounce or declare guilty; to blame, accuse, indict
ਦੋਂਹ [dõ] *adj.* two, both
ਦੋਹਣਾ¹ [dóṇa] *n.m.* narrow-mouthed brass vessel used for milking or as milk or water container
ਦੋਹਣਾ² *v.t.* see ਚੋਣਾ¹, to milk
ਦੋਹਣੀ [dóṇi] *n.f.* small ਦੋਹਣਾ¹
ਦੋਹਤ [dót] *pref. connective.* indicating daughter's family
~ ਜਵਾਈ *n.m.* daughter's son-in-law
~ ਨੂੰਹ *n.f.* daughter's daughter-in-law
~ ਪੋਤ *n.m.* daughter's grandchild
ਦੋਹਤਰਵਾਨ [dótərvan] *n.m.*daughter's progeny
ਦੋਹਤਰਾ/ਦੋਹਤਾ [dótra/dóta] *n.m.* daughter's son; grandson
ਦੋਹਰ [dór] *n.f.* repetition, duplication; double fold; second ploughing; a double-layer cotton wrap
~ ਪਾਉਣੀ *con.v.* to plough a field a second

time
~ ਲਾਉਣੀ *con.v.* same as *prec.;* to do anything twice, repeat
ਦੋਹਰਫ਼ੀ ਗੱਲ [dohərfi gəll] *n.f.* very brief or terse or laconical statement
ਦੋਹਰਾ¹ [dóra] *adj.m.* two-fold, double
~ ਉਨਤੋਦਰ *adj.* convexo-convex, double convex
~ ਨਤੋਦਰ *adj.* concavo-concave, double concave
ਦੋਹਰਾ²/ਦੋਹੜਾ/ਦੋਹਾ [dóra/dóṛa/doha] *n.m.* a verse metre, rhymed couplet, distich
ਦੋਹਰਾਉਣਾ [dohərauṇa] *v.i.t.* to repeat, to revise; also ਦੁਹਰਾਉਣਾ
ਦੋਹਾਂ [dohã] *pron. & adj.* both
ਦੋਹੋਠੀ [dohoṭhi] *adj.f.* bilabial
ਦੋਖ [dokh] *n.m.* same as ਦੋਸ, ਦੋਸ਼
ਦੋਖੀ [dokhi] *adj.* same as ਦੋਸ਼ੀ; inimical, malevolent, ill-disposed, jealous; *n.m.* enemy, foe
ਦੋਗਲ਼ਾ [dogəḷa] *adj.m.* hybrid, cross-bred, mongrel; bastard, illegitimate; double-tongued, double-dealer, hypocrite, ambivalent, unreliable
ਦੋਗਲ਼ਾਪਣ [dogəḷapəṇ] *n.m.* hybridness, illegitimacy; ambivalence, double-dealing
ਦੋਗਲ਼ੀ ਭਾਸ਼ਾ [dogḷi pàṣa] *n.f.* patois, pidgin
ਦੋਗੀ [dogi] *adj. colloq.* see ਦੂਜਾ
ਦੋਘਾਤੀ [dokàti] *adj.* square, raised to the power two: (in algebra) quadratic
ਦੋਜਖ [dojəkh] *n.f.* same as ਨਰਕ; also ਦੋਜ਼ਖ਼
ਦੋਂਦਾ [dõda] *adj.m.* (young cattle) with only two teeth
ਦੋਧਕ [dódək] *n.f.* a weed plant, *Sonchus oleraceus*
ਦੋਧਲ਼¹ [dódəḷ] *n.f.* a Himalayan shrub, *Spiraea lindleyana*
ਦੋਧਲ਼² *adj.f.* (cow or buffalo) with high milk-yield
ਦੋਧਾ [dóda] *adj.m.* (fruit or ear of corn) with milky juice; unripe, raw
ਦੋਧੀ¹ [dódi] *adj.f.* same as *prec.*
ਦੋਧੀ² *n.m.* milkman
ਦੋਧੀ³ *n.f.* a potion prepared with crushed poppy-seed boiled in milk
ਦੋਨੋ [dono] *adj.* same as ਦੋਵੇਂ
ਦੋ ਪੱਖੀ [do pəkkhi] *adj.f.* bilateral
ਦੋਬਾਰਾ [dobara] *adv.* same as ਦੁਬਾਰਾ
ਦੋਮ [dom] *adj.* second; inferior to the best in quality
ਦੋ ਮੰਜਲਾ [do mə̃zla] *adj.* same as ਦੁਮੰਜ਼ਲਾ
ਦੋਲੜਾ [dolərạ] *n.m.* same as ਦੋੜਾ
ਦੋਵੇਂ [dovẽ] *adj.pl.* both
ਦੋੜ [dóṛ] *n.f.* two-layered fried bread
ਦੋੜਾ [doṛa] *n.m.* a heavy sheet of coarse cotton cloth used for carrying fodder or hay or wheat-chaff
ਦੌਣ [dɔṇ] *n.f.* tightening cord of cot, bedstring; lower, stringed part of cot
ਦੌਣੀ [dɔṇi] *n.f.* an ornament worn on the forehead
ਦੌਰ [dɔr] *n.m.* era, period, age; sway, rule; circuit, round
~ ਦੌਰਾ *n.m.* predominance, sway, ascendancy, prevalence
ਦੌਰਾ [dɔra] *n.m.* tour, circuit, round, visit; circulation; fit, spasm, paroxysm, periodical attack of any convulsive disease; large earthen or stone mortar, any similar vessel
~ ਕਰਨਾ *con.v.* to go round, tour, visit in a circuit; to circulate
~ ਪੈਣਾ *con.v.* to suffer ਦੌਰਾ, to have a fit
ਦੌਰਾਨ [dɔran] *adv.* during, meanwhile; meantime
ਦੌਰੀ [dɔri] *n.f.* small mortat
~ ਡੰਡਾ *n.m.* mortat and pestle
ਦੌਲਤ [dɔlət] *n.f.* wealth, riches, money, fortune; property, possessions
ਦੌਲਤਖਾਨਾ [dɔlətkhana] *n.m.* residence, house, home, dwelling; also ਦੌਲਤਖ਼ਾਨਾ
ਦੌਲਤਪ੍ਰਸਤ/ਦੌਲਤਪਰਸਤ [dɔlətpərəst] *adj.* mammon-worshipper, mammonist, capitalist; greedy, avaricious
ਦੌਲਤਪ੍ਰਸਤੀ [dɔlətpərəsti] *n.f.* mammon-worship, mammonism
ਦੌਲਤਮੰਦ [dɔlətmə̃d] *adj.* wealthy, moneyed, affluent, opulent, prosperous, well-to-do
ਦੌਲਤਮੰਦੀ [dɔlətmə̃di] *n.f.* riches, wealthi-

ness, afluence, opulence, prosperity, richness

ਦੌੜ [dɔṛ] *n.f.* race, run, sprint, gallop, jog, jogging; struggle, competition

~ **ਜਾਣਾ** *con.v.* to run away, flee, abscond, desert; to go back, whithdraw from promise or undertaking; to scoot, dart

~ **ਭੱਜ** *n.f.* struggle, hard effort, running-about; scurry and scramble, flurry

~ **ਲਾਉਣੀ** *con.v.* to run a race, jog, sprint

ਦੌੜਨਾ [dɔṛna] *v.i.* to run, jog; to take part in a race or races; same as *prec.*; to double march

ਦੌੜਾ ਦੌੜੀ [dɔṛa dɔṛi] *n.f.* same as **ਦੌੜ ਭੱਜ** under **ਦੌੜ**

ਦੌੜੀਆ [dɔṛia] *n.m.* runner, racer, sprinter

ਧ

ਧ [tə̀dda] *n.m.* twenty-fourth letter of Gurmukhi script representing the dental plosives [t,d] which is used as a tone marker

ਧਸ [tə̀s] *v.form.* nominative/imperative of ਧਸਣਾ, push, drive

ਧਸਣਾ [tə̀səṇa] *v.i.* to sink, go down (into); to penetrate, get stuck (into); *v.t.* to push, force, drive, or make one to work at a feverish speed

ਧਸਾਉਣਾ [təsàuṇa] *v.t.* to make or cause to sink

ਧਸੋੜਨਾ [təsóṛna] *v.t.* to penetrate, pierce, thrust, push or force into

ਧੱਕ [tə̀kk] *n.f.* push, shove; jostle, bump; thrust; *v.form.* imperative of ਧੱਕਣਾ, push

ਧੱਕਣਾ [tə̀kkəṇa] *v.t.* to push, thrust, shove, jostle

ਧਕ ਧਕ [tə̀k tə̀k] *n.f.* heartbeat, pulsation, palpitation; anxiety, fear

~ **ਕਰਨਾ** *ph.* (for heart) to palpitate as out of anxiety or fear

ਧੱਕਮ ਧੱਕਾ [tə̀kkəm tə̀kka] *n.m.* great rush, pushing and jostling; free-for-all

ਧਕਵਾਉਣਾ [təkvàuṇa] *v.t.* to have something pushed, thrust or shoved; to assist in pushing or shoving

ਧਕਵਾਈ [təkvài] *n.f.* process of, wages for *prec.*

ਧੱਕੜ¹ [tə̀kkəṛ] *adj. & n.m.* violent, aggressive blustering, overbearing person, bully

ਧੱਕੜ² *n.m.* flat but roughly hewn piece of wood

ਧੱਕੜਸ਼ਾਹੀ [tə̀kkəṛṣái] *n.f.* aggressive, blustering behaviour; use of force, coercion

ਧੱਕਾ [tə̀kka] *n.m.* push, shove, jerk, jostle, jolt, bump; shock, blow, trauma; violence, use of force; injustice, coercion

~ **ਕਰਨਾ** *ph.* to be unjustly violent; to behave unfairly; to use unwarranted, unjustified force, ride roughshod (over), compel

~ **ਦੇਣਾ** *con.v.* to push, shove, jostle

~ **ਧੋੜਾ** *n.m.* coercion, compulsion

~ **ਮਾਰਨਾ** *con.v.* same as ਧੱਕਾ ਦੇਣਾ

~ **ਲੱਗਣਾ** *con.v.* to suffer ਧੱਕਾ; to receive a mental shock

ਧੱਕੇ ਜਾਣਾ *con.v.* to be pushed (in, along, through)

ਧੱਕੇ ਨਾਲ *adv.* forcibly, insistently, perforce

ਧਕਾਉਣਾ [təkàuṇa] *v.t.* same as ਧਕਵਾਉਣਾ

ਧੱਕੇਸ਼ਾਹੀ [tə̀kkeṣái] *n.f.* same as ਧੱਕੜਸ਼ਾਹੀ

ਧੱਕੇਬਾਜ਼ [tə̀kkebaz] *adj.* same as ਧੱਕੜ¹

ਧੱਕੇਬਾਜ਼ੀ [tə̀kkebazi] *n.f.* same as ਧੱਕੜਸ਼ਾਹੀ

ਧਕੇਲਨਾ [təkèlna] *v.t.* see ਧੱਕਣਾ

ਧੱਕੋਧੱਕੀ [tə̀kkotə̀kki] *adv.* same as ਧੱਕੇ ਨਾਲ

ਧੱਖ [tə̀kkh] *n.f.* young louse, nit

ਧਜ [tə̀j] *n.f.* see ਸਜ ਧਜ ਕੇ under ਸਜ

ਧੱਜੀ [tə̀jji] *n.f.* shred, piece, strip, tatter, rag

ਧੱਜੀਆਂ ਉਡਾਉਣਾ *ph.* to tear into pieces; *fig.* to refute opponent's arguments; to disgrace

ਧਣ [tə̀ṇ] *v.form.* nominative of ਧਣਨਾ

ਧਣਖ [tə̀ṇəkh] *n.f.* bow

~ **ਬਾਣ** *n.m.* bow and arrow

ਧਣਖਧਾਰੀ [tə̀ṇəkhtàri] *n.m.* bowman, archer

ਧਣਨਾ [tə̀ṇna] *v.t.* to mate, cross, impregnate, fecundate, inseminate

ਧਣਾਉਣਾ [təṇàuṇa] *v.t.* to get (cattle) crossed, mated, inseminated

ਧਣਾਈ [təṇài] *n.f.* process of, charges for *prec.*

ਧਣਾਖ [təṇàkh] *adj.f.* crossed, inseminated, impregnated

ਧਤਕਾਰ [tə̀tkar] *n.f.* same as ਦੁਰਕਾਰ, expression of scorn, contempt

~ **ਖਾਣੀ/~ ਪੈਣੀ** *ph.* to be treated with contempt, be despised or scorned

ਧਤਕਾਰਨਾ [tə̀tkarna] *v.t.* same as ਦੁਰਕਾਰਨਾ, to treat contemptuously

ਧਤੀਰੀ [tətìri] *n.f.* a jet or continued discharge of liquid, spout

~ **ਚੱਲਣੀ/~ ਵਗਣੀ** *con.v.* to spout, be discharged in a continuous stream or jet

ਧਤੂਰਾ [tətùra] *n.m.* datura, thorn apple, jimson weed, *Datura stramonium, alba* or *fertuosa*

ਧਤੂਰੀ [tətùri] *n.f.* dowel, dowel pin

ਧੱਦ [tə̀dd] *n.f.* heap of fresh excreta

ਧੱਦਰ [tə̀ddər] *n.f.* shingles, herpes, zoster; ringworm, tinea

ਧੰਦਾ [tə̃̀da] *n.m.* business, occupation, vocation, work, job, calling, profession, trade

~ **ਕਰਨਾ** *con.v.* to do or engage in ਧੰਦਾ

~ **ਪਿੱਟਣਾ** *ph.* to labour in an unpleasant or difficult job or vocation

ਧੰਦੇ ਸੰਬੰਧੀ *adj.* occupational, vocational

ਧੱਧਾ [tə̀dda] *n.m.* the letter ਧ

ਧਨ¹ [tə̀n] *n.m.* wealth, money, lucre, riches, pelf, capital, funds, assets, property; affluence, opulence

~ **ਸੰਬੰਧੀ** *adj.* monetary, pecuniary, financial; economic

~ **ਮਾਲ** *n.m.* wealth, property, possessions, belongings, valuables

ਧਨ² *adj.* plus, positive; *prep.* (maths) plus

ਧਨ³ *n.f.* bride, wife, female

ਧੰਨ [tə̃̀nn] *adj.* blest, blessed, auspicious, felicitous, fortunate; *interj.* blessed is or be (so and so)

~ **ਭਾਗ** *n.m.* good luck; *interj.* (my or our) good fortune ! welcome !

ਧਨਹੀਣ [tə̀nhiṇ] *adj. lit.* without ਧਨ; poor, penniless, indigent, out of pocket, impoverished, needy, destitute

ਧਨਖ [tə̀nəkh] *n.f.* same as ਧਣਖ, bow

ਧਨਦਾਨ [tə̀ndan] *n.m.* grant, gratuity, alms in cash

ਧੰਨ ਧੰਨ [tə̃̀nn tə̃̀nn] *interj.* same as ਧੰਨ; *n.f.* applause, accolade

ਧਨਵੰਤ/ਧਨਵਾਨ/ਧਨਾਢ/ਧਨੀ [tənvə̀t/ tə̀nvan/ tənàḍ/ tə̀ni] *adj.* wealthy, rich, opulent, affluent, moneyed, propertied, capitalist, tycoon

ਧੰਨਵਾਦ [tə̃̀nnvad] *n.m.* thanks, thank you, expression of gratitude

~ **ਕਰਨਾ** *con.v.* to thank

ਧੰਨਵਾਦੀ [tə̃̀nnvàdi] *adj.* grateful, thankful, obliged

ਧਨਾਸਰੀ [tənàsri] *n.f.* a classical measure in Indian music

ਧਨਾਢ/ਧਨੀ [tənàḍ/ tə̀ni] *adj.* same as ਧਨਵਾਨ

ਧਨਾਤਮਿਕ [tənàtmɪk] *adj.* positive

~ **ਸੰਖਿਆ** *n.f.* natural number

ਧਨੀਆ [təniã] *n.m.* coriander, plant and seed, *Coriandrum stivum*

ਧਨੁਸ਼ [tə̀nuṣ] *n.m.* same as ਧਣਖ, bow

~ **ਵਿੱਦਿਆ** *n.f.* archery

ਧਨੇਸਰੀ [tənèsri] *n.f.* insult, slight, snub, indignity

~ **ਦੇਣਾ** *ph.* to insult, slight, snub

ਧਨੇਸੜੀ [tənèsəṛi] *n.f.* pounding of paddy; pounding, beating, thrashing, threshing; threat, growl, frown, scowl

~ **ਦੇਣਾ** *ph.* to pound, beat, thresh; to threaten, growl, frown, scowl

ਧੱਪਾ [tə̀ppa] *n.m.* same as ਥੱਪੜ, slap

ਧੱਫੜ [tə̀pphəṛ] *n.m.* same as *prec.;* rash, eruption on skin, such as that caused by insect-bite or urticaria

ਧੱਫਾ [tə̀ppha] *n.f.* same as ਥੱਪੜ, slap

ਧੱਬਾ [tə̀bba] *n.m.* blot, stain, spot, speck, blotch, smut, smudge, smirch, smear, splotch, mottle; taint, blemish

~ **ਲਾਉਣਾ** *ph.* to cause ਧੱਬਾ, to stain, smear, smudge, splotch, besmirch, tarnish, sully, taint; to bring bad name

ਧੰਮ [tə̃̀mm] *n.f.* same as ਧੜੰਮ

ਧਮਕ [tə̀mək] *n.f.* vibration and sound caused by movement or falling of something heavy; thump, thud

ਧਮਕਣਾ [tə̀məkəṇa] *v.i.* to produce ਧਮਕ,

to thump, thud; to arrive suddenly, surprisingly

ਧਮੱਕੜ [təmə̀kkəṛ] *n.m.* thumping, thudding; a vigorous ladies' dance; noise, frolic, romp; same as ਭੰਬਟ, moth

ਧਮੱਕਾ [təmə̀kka] *n.m.* same as ਧਮਕ

ਧਮਕਾਉਣਾ [təmkàuṇa] *v.t.* to threaten, intimidate, frighten, daunt

ਧਮਕਾਊ [təmkàu] *adj.* threatening, frightening, intimidating, daunting

ਧਮਕੀ [tə̀mki] *n.f.* threat, intimidation, bluff

ਧਮੱਚੜ [təmə̀ccəṛ] *n.m. dia.* see ਧਮੱਕੜ

ਧਮਣੀ [tə̀məṇi] *n.f.* artery

~ **ਸੰਬੰਧੀ** *adj.* arterial

ਧਮਾਕਾ [təmàkka] *n.m.* explosion, sound of explosion, bursting, fulmination; sudden unexpected happening, sensational incident or news

ਧਮਾਣ [təmàṇ] *n.m.* ceremonies and festivities in connection with the birth of a son

ਧਮਾਲ [təmàl] *n.f.* frolic, romp, leap and whirl; a dance performed by a sect of Muslim monks; rhythm of such dance; a vigorous ladies' dance

~ **ਪਾਉਣੀ** *con.v.* to frolic, romp; to perform ਧਮਾਲ dance

ਧੰਮੀ [tə̃mmi] *n.f. & adv.* early morning

~ **ਵੇਲ਼ਾ** *n.m.* same as ਧੰਮੀ

ਧਮੂੜੀ [təmùṛi] *n.f.* yellow wasp, *Vespa cinota;* hornet, *Vespula maculata*

~ **ਲੜਨੀ** *con.v.* to be bitten by ਧਮੂੜੀ

ਧਰ[1] [tə̀r] *v.form.* imperative of ਧਰਨਾ[2], put, place

~ **ਪਕੜ** *n.f.* arrests on a large scale

~ **ਲੈਣਾ** *con.v.* to put under arrest

ਧਰ[2] *n.f.* same as ਧਰਤੀ, earth; ਆਸਰਾ, support, refuge

ਧਰੱਕ [tərə̀kk] *n.f.* plunge, downward jump

~ **ਮਾਰਨਾ** *con.v.* to plunge, take a plunge

ਧਰਕੋਨਾ [tərkòna] *n.m.* fruit of ਧਰੇਕ, china berry

ਧਰੰਘਾ [tərə̃ga] *n.m.* loosely strung or worn out, repairable cot

ਧਰਤ/ਧਰਤੀ [tə̀rt/tə̀rti] *n.f.* the earth; land, ground; terra; soil

~ **ਸੰਬੰਧੀ** *adj.* earthly; terrestrial

~ **ਹੇਠਲਾ** *adj.m.* subterranean, subterrestrial; underground

~ **ਮਾਤਾ** *n.f.* Mother Earth; motherland

~ **ਵਿਗਿਆਨ** *n.m.* geology; geography

ਧਰਨ [tə̀rən] *n.f.* umbilicus, umbilical muscles, navel; displacement of these muscles

~ **ਪੈਣੀ** *con.v.* umbilical muscles to get displaced or stretched, suffer from prolapsus of the navel

ਧਰਨਾ[1] [tə̀rna] *n.m.* squat, sitting position or posture; sit-in strike, squatting as protest or a form of picketting

~ **ਮਾਰਨਾ** *con.v.* to squat; same as ਧਰਨਾ ਲਾਉਣਾ

~ **ਲਾਉਣਾ** *con.v.* to go on sit-in strike, squat in protest, picket

ਧਰਨਾ[2] *v.t.* to place, put down, set down, lay, fix

ਧਰੱਫੜ [tərə̀pphəṛ] *n.m.* same as ਧੱਫੜ

ਧਰੱਫੜੀਆਂ [tərə̀phəṛiã] *n.f. pl.* cluster of ਧਰੱਫੜ, rashes

ਧਰਮ [tə̀rəm] *n.m.* religion, faith, theological system, belief, creed; duty, devotion; right, righteousness, justice; moral or ethical code or standard, morality, ethics; spiritualism; honesty, integrity

~ **ਉਪਦੇਸ਼** *n.m.* religious instruction, sermon

~ **ਅਸਥਾਨ** *n.m.* holy place, religious centre; temple

~ **ਅਰਥ** *adj.* charitable, benevolent, free; *adv.* by way of charity, in the name of or for the sake of ਧਰਮ

~ **ਸੰਬੰਧੀ** *adj.* religious, theological

~ **ਸ਼ਾਸਤਰ** *n.m.* holy book, scripture, religious code or law, canon

~ **ਸ਼ਾਸਤਰੀ** *n.m.* religious scholar

~ **ਸਿਧਾਂਤ** *n.m.* theology

~ **ਕਰਮ** *n.m.* religious act, conduct, rites and rituals

~ **ਗ੍ਰੰਥ** *n.m.* same as ਧਰਮ ਸ਼ਾਸਤਰ

~ **ਤੰਤਰ** *n.m.* theocracy

~ **ਨਿਰਪੇਖ** *adj.* secular

~ ਨਿਰਪੇਖਤਾ *n.f.* secularism
~ ਪਤਨੀ *n.f.* wife, wedded wife
~ ਪਰਿਵਰਤਨ *n.m.* change of religion, religious conversion, proselytising, apostasy
~ ਪਿਤਾ *n.m.* godfather, adoptive father
~ ਪੁਸਤਕ *n.f.* same as ਧਰਮ ਸ਼ਾਸਤਰ
~ ਪੁੱਤਰ *n.m.* adopted son
~ ਭਰਾ *n.m.* brother by faith, correligionist
~ ਮੀਮਾਂਸਾ *n.f.* theology
~ ਯੁੱਧ *n.m.* religious war, crusade
~ ਵਿਰੋਧੀ *adj.* heretical, *n.m.* heretic

ਧਰਮਸਾਲ਼ਾ [tərəmsaḷa] *n.f.* place of worship, house of God, alms house; inn, rest house for travellers

ਧਰਮਹੀਣ [tərəmhiṇ] *adj.* unreligious, nonreligious, secular, irreligious; unprincipled; non-believer; infidel, unbeliever, agnostic, atheist

ਧਰਮਕੰਡਾ [tərəmkə̃ḍa] *n.m.* an exact, reliable weighing scale or weighing machine

ਧਰਮਰਾਜ [tərəmraj] *n.m* an epithet of yama, the god of death, Pluto

ਧਰਮਾਤਮਾ/ਧਰਮੀ [tərmàtma/tərmi] *adj.* holy, pious, saintly, virtuous; *n.m.* such person, saint, sage

ਧਰਮਾਰਥ [tərmàrəth] *adj.* same as ਧਰਮ ਅਰਥ under ਧਰਮ

ਧਰਮੋਂ ਧਰਮੀ [tərmo tərmi] *adv.* truly, on oath, swearing by one's faith

ਧਰਵਾਉਣਾ [tərvauṇa] *v.t.* to have something put down, placed, laid; *cf.* ਧਰਨਾ[2]

ਧਰਵਾਈ [tərvai] *n.f.* act of, wages for ਧਰਵਾਉਣਾ

ਧਰਵਾਸ [tərvas] *n.m.* consolation, satisfaction, contentment, assurance, reassurement, confidence, ease of mind

ਧਰਾਉਣਾ [təràuṇa] *v.t.* same as ਧਰਵਾਉਣਾ

ਧਰਾਈ [tərài] *n.f.* same as ਧਰਵਾਈ

ਧਰਾਤਲ [təràtəl] *n.m.* land surface, surface, area; relief, topography

ਧਰਾਤਲੀ [təràtəli] *adj.* topographical
~ ਨਕਸ਼ਾ *n.m.* relief, physical or topographical map

ਧਰਾਲ [təràl] *n.f.* linear mark left on a wall by running or stagnant water; see ਘਰਲ, gully

ਧਰਿਗ [tərìg] *adj.* cursed, cussed, damned, shameful, loathsome; *interj.* shame, fie

ਧਰੀਕਣਾ [tərìkəṇa] *v.t.* to drag, haul, pull along a surface

ਧਰੁਬੜੀ [tərùbəṛi] *n.f.* severe beating; beating of breasts and thighs by women during mourning; bulge, bump
~ ਲਾਹੁਣੀ *con.v.* to beat severely, give a severe beating

ਧਰੂ [tərù] *n.m.* pole, end of earth's axis, pole star, north star; also ਧ੍ਰੂ

ਧਰੂਹ [tərú] *v.form. & n.m.* same as ਧ੍ਰੂਹ, pull, drag

ਧਰੂਹਣਾ [tərùṇa] *v.t.* same as ਧ੍ਰੂਹਣਾ

ਧਰੇਕ [tərèk] *n.f.* a shady tree, china berry, azedarach, *Melia azedarach*

ਧਰੇਲ [tərèl] *n.f.* same as ਰਖੇਲ, concubine

ਧਰੇਵਾ [tərèva] *n.m.* concubinage, cohabitation without marriage; taking or keeping a concubine

ਧਰੋਹ [təró] *n.m.* betrayal, deceit, treachery, breach of faith, act of disloyalty
~ ਕਮਾਉਣਾ/~ ਕਰਨਾ *con.v.* to betray, deceive

ਧਰੋਹਰ [tərõhər] *n.f.* safe deposit, trust money, pledge; *fig.* heritage

ਧਰੋਹੀ [təròi] *adj.* betrayer, deceiver, treacherous, traitor, disloyal

ਧਰੋੜੀ [təròṛi] *n.f.* small mound or rising; bulge, bump

ਧਰੌਂ [tərɔ̃] *v.form.* nominative of ਧਰੌਣਾ

ਧਰੌਣਾ [tərɔ̃ṇa] *v.i.* (for earth or floor) to sink, sag

ਧਲਿਆਰਾ [təlıàra] *n.m.* rope, tangle or curb encircling the mouth and neck of an animal, a combination of nose-band and crownpiece

ਧਲ਼ੀ [təḷi] *n.f.* same as ਧਰੋੜੀ

ਧੜ [təṛ] *n.f.* body below the head, trunk, torso; heap *esp.* of wheat chaff

ਧੜਕ [təṛk] *v.form.* nominative of ਧੜਕਣਾ

ਧੜਕਣ [təṛkəṇ] *n.f.* pulsation, palpitation

throbbing, (heart) beat
ਧੜਕਣਾ [tə̀ṛkəṇa] *v.i.* to pulsate, palpitate, throb, beat
ਧੜਕਵਾਂ [tə̀ṛəkvā̃] *adj.m.* pulsating, throbbing
ਧੜਕਾ [tə̀ṛka] *n.m.* fear, alarm, trepidation, apprehension, misgiving
ਧੜਕਾਉਣਾ [təṛkàuṇa] *v.t.* to cause ਧੜਕਣ or ਧੜਕਾ
ਧੜਤ/ਧੜਥ [tə̀ṛət/tə̀ṛəth] *n.f.* weighmanship, weighing charges; a village level tax on sale of agricultural produce (no longer in vogue)
ਧੜੰਮ [təṛə̀mm] *n.f.* thud, sound of some heavy object falling on the ground, thump
~ ਕਰਕੇ *adv.* with a thud
ਧੜੱਲਾ [təṛə̀lla] *n.m.* impressiveness, bang, noise, imposingness, stateliness; orotundity, bombast
ਧੜੱਲੇਦਾਰ [təṛə̀lledar] *adj.* impressive, imposing, stately, drawing applause; bombastic, orotund, rhetorical
ਧੜਵਾਈ [təṛvài] *n.m.* weighman, weigher; act of, wages for weighing (harvested grain); *cf.* ਧੜਤ
ਧੜਵੈਲ [təṛvɛ̀l] *adj.* huge, gigantic, colossal
ਧੜਾ [tə̀ṛa] *n.m.* counterpoise, counterbalancing weight, counterbalance for tare or packing material; faction, group, side, party, clique
~ ਕਰਨਾ *con.v.* to counterpoise, counterbalance, tare; to take sides to favour one's own ਧੜਾ, be partisan
ਧੜਾਕਾ [təṛàkka] *n.m.* explosion, bang, crash
ਧੜਾਧੜ [təṛatə̀ṛ] *adv.* in quick succession, continuously, incessantly, quickly, rapidly
ਧੜਾਮ [təṛàm] *n.f.* same as ਧੜੰਮ
ਧੜੀ [tə̀ṛi] *n.f.* five-seer weight roughly equal to 4.46 kilograms
ਧੜੇਬਾਜ਼ [tə̀ṛebaz] *adj.* partisan, factious, cliquish
ਧੜੇਬਾਜ਼ੀ [tə̀ṛebazi] *n.f.* factionalism, groupism partisan spirit or behaviour, cliquishness
ਧਾਈ [tài] *n.f.* attack, assault, rapid advance, dash
~ ਕਰਨੀ *con.v.* to attack, assault; to advance rapidly, dash
ਧਾਈਂ[1] [tàĩ] *n.f.* paddy, paddy seedling
ਧਾਈਂ[2] *n.f.* strand of fibre for making rope
ਧਾਹ [tà] *n.f.* same as ਢਾਹ, wailing cry, lament
ਧਾਹੀਂ ਰੋਣਾ *con.v.* to bewail loudly
ਧਾਕ [tàk] *n.f.* fame, renown, repute, sway, distinction, impression, mark, strong effect, fear, awe; stack, pile
~ ਜੰਮਣੀ *ph.* to become famous, earn renown, make one's mark for one's reputation to be established, hold sway
~ ਜਮਾਉਣੀ *ph.* to impress greatly, establish reputation or superiority
~ ਪੈਣੀ *ph.* same as ਧਾਕ ਜੰਮਣੀ
~ ਲਾਉਣੀ *con.v.* to stack, pile up
ਧਾਗਾ [tàga] *n.m.* thread, fine cord, strand of yarn; charm, spell, incantation, amulet
ਧਾਣਾ [tàṇa] *v.i.* same as ਧਾਈ ਕਰਨੀ
ਧਾਣਾਂ [tàṇā̃] *n.f.pl.* parched green gram
~ ਭੁੰਨਣੀਆਂ *con.v.* to parch green gram in pods
ਧਾਤ [tàt] *n.f.* metal, mineral, element *colloq.* aluminium or alloy; semen, a disease causing discharge of semen with or following urination, spermatorrhoea; also ਧਾਂਤ
~ ਦੀ *adj.* metallic
~ ਦੀ ਮੈਲ *ph.* slag, scoria
~ ਪੈਣੀ *con.v.* to suffer a seminal disorder involving involuntary discharge of semen
~ ਵਿਗਿਆਨ *n.m.* metallurgy
ਧਾਤੀ [tàti] *adj.* metallic
ਧਾਤੂ [tàtu] *n.m.* verb, root word, lexical root; element, primary substance
ਧਾਂਦਲੀ [tā̀dli] *n.f.* confusion, disorder, mess, chaos
~ ਮਚਾਉਣੀ *ph.* to cause or create ਧਾਂਦਲੀ
ਧਾਨ [tàn] *n.m.* paddy, rice plant, *Oryza*

stiva; rice in husk

ਧਾਨੀ [tànni] *adj.* of the colour of ਧਾਨ, light green

ਧਾਮ [tàm] *n.m.* place *esp.* holy place; abode

ਧਾਮਾ [tàmma] *n.m.* paste struck to drum-head for better sound; one of a pair of drums or one of the sides of a two-sided drum to which ਧਾਮਾ is applied for bass effect

ਧਾਰ [tàr] *n.f.* steady flow of liquid, spout jet, stream; mountain ridge or range; sharp edge or sharpness of blade

~ **ਕੱਢਣੀ** *con.v.* to milk

~ **ਕੱਢਣੀ**/~ **ਤਿੱਖੀ ਕਰਨੀ**/~ **ਬਣਾਉਣੀ** *v.t.* to grind (weapon, tool, etc.) to achieve a sharp edge; to hone, sharpen

~ **ਮਾਰਨੀ** *con.v.* to direct jet (of liquid at); *informal.* to urinate; *slang.* to reject or ignore contemptuously; to blunt a blade

ਧਾਰਨ [tàrən] *n.f.* quantity once weighed and then used to weigh other material

ਧਾਰਨ ਕਰਨਾ [tàrən kərna] *con.v.* to wear, put on; to assume, adopt

ਧਾਰਨਾ¹ [tàrna] *v.t.* same as *prec.*

ਧਾਰਨਾ² *n.f.* conception, concept notion, idea, opinion, view

ਧਾਰਨਾਵਾਦ [tàrnavad] *n.m.* idealism

ਧਾਰਨਾਵਾਦੀ [tàrnavadi] *adj.* idealist, idealistic

ਧਾਰਮਿਕ [tàrmık] *adj.* religious, pious, holy, sacred

ਧਾਰਮਿਕਤਾ [tàrmıkta] *n.f.* religiosity, piety

ਧਾਰ ਲੈਣਾ [tàr lɛṇa] *con.v.* to make up one's mind

ਧਾਰਾ [tàra] *n.f.* same as ਧਾਰ; current, flow; article, section (of law)

ਧਾਰਾਵਾਹਿਕ [tàravahık] *adj.* serial, serialised, continued

ਧਾਰੀ¹ [tàri] *n.f.* stripe, line, streak

ਧਾਰੀ² *suff.* meaning wielder, wearer, bearer such as ਖੜਗਧਾਰੀ, ਜਟਾਧਾਰੀ

ਧਾਰੀਦਾਰ [tàridar] *adj.* striped, streaked striate, striated

ਧਾਵਾ [tàva] *n.m.* attack, assault, raid, foray, invasion

~ **ਕਰਨਾ**/~ **ਬੋਲਣਾ** *ph.* to attack, assault, raid, foray, invade, launch attack, storm

ਧਾੜ [tàṛ] *n.f.* group, aggregation, horde, multitude as of warriors or robbers, mob in pursuit of thieves or robbers; *colloq.* see ਦਹਾੜ

ਧਾੜਵੀ [tàṛvi] *n.m.* robber, raider, dacoit, plunderer, marauder, mugger

ਧਾੜਾ [tàṛa] *n.m.* raid, robbery, dacoity loot, spoil, plunder, extortion, exploitation

ਧਿਆ [tıà] *v.form.* imperative of ਧਿਆਉਣਾ, remember

ਧਿਆਉਣਾ [tıàuṇa] *v.i.t.* to meditate (upon), contemplate, reflect, remember, repeat (the name of Diety)

ਧਿਆਣ [tıàṇ] *n.f.* daughter; also ਧਿਆਣੀ

ਧਿਆਨ [tıàn] *n.m.* attention, care, watch; cogitation, meditation, reflection, contemplation, remembrance

~ **ਆਉਣਾ** *con.v.* to remember

~ **ਕਰਨਾ**/~ **ਦੇਣਾ** *con.v.* to pay attention

~ **ਮਾਰਨਾ** *con.v.* to look, observe, see; to inspect, oversee; to have a look (at)

~ **ਯੋਗ** *adj.* noticeable

~ **ਰੱਖਣਾ** *con.v.* to take care (of), be careful; to look after, watch, guard

~ **ਲਾਉਣਾ** *con.v.* to meditate, reflect or concentrate (upon), cogitate; to distract, amuse, keep busy

ਧਿਆਨਸ਼ੀਲ [tıànṣil] *adj.* meditative, reflective, attentive

ਧਿਆਨੀ [tıàni] *adj.* meditator

ਧਿੱਕਾਰ [tìkkar] *n.f.* same a ਧਿਰਕਾਰ; *interj.* phew ! fie !

ਧਿੰਗਾਣਾ [tĩgàṇa] *n.m.* use of force, wrong, injustice, oppression

ਧਿੰਗਾਣੇ [tĩgàṇe] *adv.* by force, forcibly, unjustly, wrongfully

ਧਿੰਗੋਜੋਰੀ [tĩgojori] *n.f.* same as ਧਿੰਗਾਣਾ; *adv.* same as ਧਿੰਗਾਣੇ

ਧਿੱਜਣਾ [tìjjəna] *v.t.* to trust, believe, have confidence (in)

ਧਿਜਾਉਣਾ [tıjàuṇa] *v.t.* to comfort, console; to win or build up confidence

reassure; to coax, inveigle
ਧਿਜਾਅ [tıjà] *n.m.* trust, confidence, reassurance
ਧਿਰ [tìr] *n.f.* side, support, party, either or any of the contending groups
ਧਿਰਕਾਰ [tìrkar] *n.f.* curse, reproach, expression of contempt, disdain, scorn; rebuke or reproof, opprobrium, opprobrious remark; reprehension
~ ਪਾਉਣੀ *con.v.* same as ਧਿਰਕਾਰਨਾ
ਧਿਰਕਾਰਨਾ [tìrkarna] *v.t.* to curse, reproach, rebuke, reprove
ਧੀ [ti] *n.f.* daughter
~ ਧਿਆਣ/~ ਧਿਆਣੀ *n.f.* daugher, female descendant of daughter or sister
~ ਪੁੱਤ *n.m. lit.* daughter and son; *n.m. pl.* sons and daughters, children, offspring
~ ਭੈਣ *n.f. lit.* daughter and sister; female relations other than wife and elders; women in general
ਧੀਮਾ [tìma] *adj.m.* subdued (voice), in low tone, not loud, low; slow, tardy; mild, gentle; subsided; dim (flame)
~ ਪੈ ਜਾਣਾ *ph.* to slow down, subside, abate; to grow dimmer, dim
ਧੀਮਾਪਣ [tìmapəṇ] *n.m.* low voice, pitch or tone; slowness, tardiness; mildness; dimness
ਧੀਰ [tìr] *n.m.* same as ਧੀਰਜ; *adj.* same as ਧੀਰਜਵਾਨ
ਧੀਰਜ [tìrəj] *n.m.* patience, forbearance, serenity, sedateness, tranquillity; steadiness, fortitude, perseverance
~ ਕਰਨਾ/~ ਰੱਖਣਾ *con.v.* to forbear, be patient, have or keep ਧੀਰਜ; to persevere
ਧੀਰਜਵਾਨ [tìrəjvan] *adj.* patient, forbearing, sedate, serene; persevering
ਧੀਰਾ [tìra] *adj.m.* same as *prec.*
ਧੀਰੀ¹ [tìri] *adj.f.* same as ਧੀਰਾ
ਧੀਰੀ² *n.f.* pupil of the eye
ਧੀਰੇ [tìre] *adv.* slowly, lightly, gently, gradually, carefully
~ ਧੀਰੇ *adv.* same as ਧੀਰੇ, little by little, step by step
ਧੁਆ [tuà] *v.form.* imperative of ਧੁਆਉਣਾ, get (it) washed

ਧੁਆਉਣਾ [tuàuṇa] *v.t.* to have something washed; to cause to wash; to assist in washing
ਧੁਆਈ [tuài] *n.f.* process of or wages for ਧੁਆਉਣਾ and ਧੋਣਾ
ਧੁਆਂਖ [tuā̀kh] *n.f.* soot, smoke-deposit, smut
ਧੁਆਂਖਣਾ [tuā̀khəṇa] *v.i.t.* for smut to form; to soot, smoke, fumigate, expose, smoke
ਧੁਆਂਖਿਆ ਹੋਇਆ [tuā̀khıa hoıa] *adj.m.* sooted, smoked, spoiled by or covered with smut or soot
ਧੁਆਂਖਿਆ ਜਾਣਾ [tuā̀khıa jaṇa] *con.v.* to be sooted, smoked
ਧੁਆਣਾ [tuàṇa] *v.t.* same as ਧੁਆਉਣਾ
ਧੁੱਸ [tùss] *n.f.* push with head, butt; forcible push, hustle, jostle
~ ਦੇ ਕੇ *adv.* with a sudden, forcible push
~ ਦੇਣੀ/~ ਮਾਰਨੀ *con.v.* to push, butt, hustle, jostle
ਧੁੱਸਾ [tùssa] *n.m.* rough and coarse woollen blanket
ਧੁੱਸੀ [tùssi] *n.f.* dyke, dike, embankment, earthwork constructed as anti-flood measure
~ ਬੰਧ/~ ਬੰਨ੍ਹ *n.m.* same as ਧੁੱਸੀ
ਧੁਖ [tùkh] *v.form.* nominative of ਧੁਖਣਾ
~ ਉੱਠਣਾ/~ ਪੈਣਾ *con.v.* to begin to smoke or smoulder, catch fire
ਧੁਖਣਾ [tùkhəṇa] *v.i.* to smoulder, smoke, burn without flame; *fig.* to fret, have subdued anxiety, anger, worry or jealousy, sulk
ਧੁਖਣੀ [tùkhəṇi] *n.f.* fret, subdued anger, anxiety, worry, jealousy; fretfulness, peevishness; sulkiness; burning sensation, acidity
~ ਲੱਗਣੀ *ph.* to feel or suffer from ਧੁਖਣੀ
ਧੁਖਧੁਖੀ [tùkhtùkhi] *n.f.* same as *prec.*; an ornament for neck and breast, a type of necklace
ਧੁਖਾ [tukhà] *v.form.* imperative of ਧੁਖਾਉਣਾ, make fire
ਧੁਖਾਉਣਾ [tukhàuṇa] *v.t.* to cause to smoke, smoulder or burn without flame,

make fire

ਧੁਖਾਅ [tukhà] *n.m.* process of smoking or smouldering; suppressed combustion

ਧੁਜਾ [tùja] *n.f.* same as ਝੰਡਾ

ਧੁਣਕਾਰ [tùṇkar] *n.f.* same as ਧੁਨੀ, tune, and ਟੁਣਕਾਰ, twang

ਧੁਣਨਾ [tùṇna] *v.t.* same as ਪਿੰਜਣਾ, to card

ਧੁਤਕਾਰ [tùtkar] *n.f.* same as ਦੁਰਕਾਰ

ਧੁੰਦ [tũd] *n.f.* same as ਧੁੰਧ

ਧੁੰਦਾਲ਼ਾ¹ [tũdàḷa] *adj.m.* same as ਧੁੰਧਲ਼ਾ

ਧੁੰਦਾਲ਼ਾ² *n.m.* chimney

ਧੁੰਧ [tũd] *n.f.* fog, mist; fogginess, dimness, duskiness, lack of clarity

~ ਪੈਣੀ *con.v.* to fog

ਧੁੱਧਲ਼ [tùddəḷ] *n.f.* fine dust

ਧੁੰਧਲਕਾ [tũdəlka] *n.m.* semi-darkness, duskiness, fogginess

ਧੁੰਧਲ਼ਾ [tũdəḷa] *adj.m.* foggy, misty, hazy, dusky; *fig.* nebulous, vague, blurred, dim, murky, obscure, indistinct, crepuscular

ਧੁੰਧਲਾਉਣਾ [tũdəlàuṇa] *v.t.* to befog, cloud, obscure, blur, dim, obfuscate; *v.i.* (for eye or eyesight) to dim, weaken

ਧੁੰਧਲਾਪਣ [tũdəlapəṇ] *n.m.* fogginess, mistiness, haziness; vagueness

ਧੁੰਧੂਕਾਰ [tũdùkar] *n.m.* darkness, pitch darkness

ਧੁਨ [tùn] *n.f.* absorption in thought or action, single mindedness; persistence, perseverance; ardour, zeal; fad, fancy, passion; tune; also ਧੁਨੀ

~ ਸਵਾਰ ਹੋਣੀ *ph.* to have overriding desire to do or achieve something, follow some idea or goal with single-mindedness

ਧੁੰਨ [tũnn] *n.m.* large, prominent, protrudent, same as ਧੁੰਨੀ

ਧੁਨੀ [tùni] *n.f.* tune, musical mode, musical sound, tone, melody, sound, speech-sound

~ ਇਕਾਈ *n.f.* phoneme

~ ਜੰਤਰ *n.m.* musical instrument

~ ਵਿਗਿਆਨ *n.m.* musicology, phonology, phonemics, phonetics, science or study of speech-sound; acoustics

~ ਵਿਗਿਆਨੀ *adj. & n.m.* musicologist, phonologist

ਧੁੰਨੀ [tũnni] *n.f.* navel, umblicus, omphalos; central point, hub

ਧੁੱਪ [tùpp] *n.f.* sunshine, sunlight, sun, light and warmth or heat from the sun, solar radiation

~ ਸੇਕਣੀ *con.v.* to bask in the sun

~ ਘੜੀ *n.f.* sundial

~ ਚੜ੍ਹਨੀ *ph.* to be broad daylight

~ ਛਾਂ *n.f.* sun and shade, light and shade; *fig.* changing nature or vicissitudes of life, alternation of prosperity and adversity

ਧੁਪਣਾ [tùpəṇa] *v.i.* to be or to get washed

ਧੁੰਮ [tũmm] *n.f.* fame, renown; notoriety; widespread reputation

~ ਪਾਉਣੀ/~ ਮਚਾਉਣੀ *ph.* to cause or spread ਧੁੰਮ

~ ਪੈਣੀ/~ ਮੱਚਣੀ *ph.* for ਧੁੰਮ to be widespread, become famous, renowned

ਧੁੰਮਣਾ [tũmməṇa] *v.i.* to become widely known; to rise as fine dust or smoke in air

ਧੁਮਾ [tumà] *v.form.* imperative of ਧੁਮਾਉਣਾ, spread

ਧੁਮਾਉਣਾ [tumàuṇa] *v.t.* to spread (news or rumour), raise (smoke, dust or fumes)

ਧੁਰ¹ [tùr] *n.f.* axle, shaft, axletree; beginning, origin, pre-destined fate

ਧੁਰ² *adv.* right at, right from or upto

ਧੁਰਈ [turəi] *adj.* of or pertaining to ਧੁਰ¹, axial

ਧੁਰੰਧਰ [turə̃dər] *adj.* prominent, eminent, great, distinguished, celebrated

~ ਵਿਦਵਾਨ *n.m.* savant, highly learned scholar

ਧੁਰਲੀ [tùrli] *n.f.* sudden forward or sideways pull or push by yoked animals

~ ਮਾਰਨੀ *con.v.* to give a sudden pull or push

ਧੁਰਾ [tùra] *n.m.* central figure, axis

ਧੁਰੀ [tùri] *n.f.* same as *prec.*; same as

ਧੁਰ¹

ਧੁਲ਼ਨਾ [tùḷna] *v.i.* same as ਧੁਪਣਾ

ਧੁਲ੍ਹੜਾ [tùḷəṛa] *n.m.* remnant grain mixed with dust after the main heap has been removed

ਧੁਲ਼ਾਉਣਾ [tuḷàuṇa] *v.t.* same as ਧੁਆਉਣਾ

ਧੁਲ਼ਾਈ [tuḷài] *n.f.* same as ਧੁਆਈ

ਧੁਵਾਉਣਾ [tuvàuṇa] *v.t.* same as ਧੁਆਉਣਾ

ਧੁੜਕੂ [tùṛku] *n.m.* anxiety, fear, apprehension; suspense, doubt, misgiving, trepidation

~ ਲੱਗਣਾ *ph.* to feel ਧੁੜਕੂ

ਧੁੜਧੁੜੀ [tùṛtùṛi] *n.f.* same as ਝੁਣਝੁਣੀ, and ਧੁੜਕੂ

ਧੂੰ [tũ̀] *n.m.* smoke

ਧੂੰਆਂ [tũ̀ã] *n.m.* smoke, fume; open fire, camp fire; branch of Udasi sect

~ ਸੇਕਣਾ *ph.* to bask or warm oneself before or at open or camp fire

~ ਕੱਢਣਾ *ph.* to emit smoke; *fig.* to leak information or secret; *v.t. informal.* to beat severely

~ ਲੱਗਣਾ *ph.* to be or feel irritated by smoke

ਧੂੰਆਂਧਾਰ [tũ̀ãtàr] *adj.* full of smoke; *fig.* bombastic, high-flown (speech); heavy (rain)

~ ਤਕਰੀਰ *n.f.* bombast, oration, tirade harangue

ਧੂਸ਼ [tùṣ] *adj.&n.m.* same as ਦਹੂਸ਼

ਧੂਹ [tù] *n.f.* pull; attraction, pang, pain; spasm

~ ਘਸੀਟ *n.f.* pull and push, persecution, harassment

~ ਧਾਅ *n.f.* same as ਧੂਹ ਘਸੀਟ

~ ਪੈਣੀ *con.v.* to suffer pang, pain or spasm

ਧੂਹਣਾ [tùṇa] *v.t.* to pull, drag, haul, *fig.* pull up, haul up, admonish, reprove; to manhandle; to snatch

ਧੂਹਾ ਧੂਹੀ [tùa tùi] *n.f.* same as ਧੂਹ ਘਸੀਟ

ਧੂਣੀ [tùṇi] *n.f.* open fire *usu.* with straw; fire kept going by ascetics practising austerities; fomentation, fumigation; incense burning

~ ਦੇਣੀ *con.v.* to foment through fumigation

~ ਬਾਲ਼ਣੀ *con.v.* to make an open fire

~ ਰਮਾਉਣੀ *con.v.* to make and maintain fire burning (by ascetics), become an ascetic, practise austerities

ਧੂਤਕੜਾ [tùtəkṛa] *n.m.* merrymaking, fun and frolic, noise, hubbub

ਧੂਤਾ [tùta] *n.m.* any hollow reed or bamboo or metallic instrument such as horn or trumpet; *slang. adj. n.m.* stupid, foolish, slow-witted; such person, also ਧੂਤੂ

ਧੂੰਦਾਰ [tũ̀dar] *adj.* smoky

ਧੂਪ [tùp] *n.f.* see ਧੁੱਪ; incense, joss-stick, frankincense, olibanum

~ ਜਗਾਉਣੀ/~ ਦੇਣੀ *con.v.* to burn incense

~ ਬੱਤੀ *n.f.* joss-stick; act or process of incense-burning

~ ਬੱਤੀ ਕਰਨੀ *ph.* same as ਧੂਪ ਜਗਾਉਣੀ

ਧੂਪਦਾਨ [tùpdan] *n.m.* incense-burner, censer, thurible

ਧੂਪਦਾਨੀ [tùpdani] *n.f.* same as *prec.*

ਧੂਪੀਆ [tùpia] *n.m.* person appointed to burn incense (in temples)

ਧੂਫ [tùph] *n.f.* same as ਧੂਪ; respite, relaxation, breathing spell

~ ਕੱਢਣੀ *ph.* to relax a while during hard work

~ ਕਢਾਉਣੀ *ph.* to assist, enable or let someone to relax a while, relieve for brief rest

ਧੂਮ [tùm] *n.f.* see ਧੂੰਮ

~ ਧੜੱਕਾ/~ ਧਾਮ *n.m.* pomp, eclat, bustle, fanfare, elaborate display, great show

ਧੂਮਕੇਤੂ [tùmketu] *n.m.* same as ਪੁੱਛਲ ਤਾਰਾ, meteor

ਧੂੜ [tùṛ] *n.f.* dust, grit; fine powder

~ ਉੱਡਣੀ *con.v.* for dust to blow or rise

~ ਉਡਾਉਣੀ *con.v.* to raise dust

~ ਪੈਣੀ *con.v.* for dust to settle (on)

ਧੂੜਨਾ [tùṛna] *v.t.* to dust with or to sprinkle (powder)

ਧੂੜਾ [tùṛa] *n.m.* flour to dust a lump of dough preparatory to rolling or baking; any fine powder; roux

~ ਦੇਣਾ/~ ਲਾਉਣਾ *con.v.* to dust with or

apply ਧੁੜਾ, to dredge

ਧੁੜੀ [tùṛi] *n.f.* same as ਚਰਨ ਧੂੜ

ਧੇਤੇ [tètte] *n.m. pl.* members of daugher-in-law's family collectively; *cf.* ਪੁਤੇਤੇ

ਧੇਲਾ [tèlla] *n.m.* half a pice; coin of this value (no longer current)

ਧੇਲੀ [tèlli] *n.f.* half a rupee, 50 paise coin

ਧੋ [tò] *v.form.* imperative of ਧੋਣਾ, wash; *n.m.* a washing, wash

~ **ਪਾਉਣਾ** *con.v.* to wash or give a washing

ਧੋਆ ਧੁਆਈ [tòa tuài] *n.f.* process of washing, rinsing

ਧੋਖਾ [tòkha] *n.m.* deception, deceit, trick, trickery, chicane, chicanery, fraud, duplicity, guile, dissimulation, dodge, ruse, hoax, feint, sham, artifice, stratagem, delusion, betrayal

~ **ਹੋਣਾ**/~ **ਖਾਣਾ** *con.v.* to be deceived, deluded; to mistake, misunderstand

~ **ਦੇਣਾ** *con.v.* to deceive, beguile, delude, betray, outwit, hoodwink, defraud, dodge, mislead, cheat

~ **ਧੜੀ** *n.f.* commission or practice of ਧੋਖਾ, cheating

ਧੋਖੇ ਦੀ ਟੱਟੀ *ph.* trap, deception, mirage, illusion

ਧੋਖੇਬਾਜ਼ [tòkhebaz] *adj.* deceiver, cheat, betrayer, imposter, insidious

ਧੋਖੇਬਾਜ਼ੀ [tòkhebazi] *n.f.* same as ਧੋਖਾਧੜੀ under ਧੋਖਾ; cheating, deceiving, betraying

ਧੋਣ [toṇ] *n.m.* washing, water in which something has been washed; sewage, sullage, waste water

ਧੋਣਾ [tòṇa] *v.t.* to wash, launder, rinse, clean, flush

ਧੋਤਵਾਂ [tòtvã] *adj.m.* washed, cleaned, blanched; (lentils) with epicarp, removed by soaking and washing; hulled

ਧੋਤਾ [tòtta] *adj.m.* washed; *v.form.* past of ਧੋਣਾ, washed

ਧੋਤੀ [tòtti] *n.f.* length of cloth worn round the waist and covering the lower body

ਧੋਪਣਾ [tòpəṇa] *v.i.* same as ਧੁਪਣਾ

ਧੋਬਣ [tòbəṇ] *n.f.* laundress, washerwoman, laundrywoman, washwoman

ਧੋਬੀ [tòbi] *n.m.* washerman, launderer, laundryman

~ **ਘਾਟ** *n.m.* washing place or bank reserved for washermen

~ **ਪਟੜਾ** *n.m.* a trick in wrestling in which the opponent is lifted on the back and thrown down over the shoulder

ਧੋਲੂੜ [tòləṛ] *adj.* fat, plump, obese

ਧੋੜ੍ਹੀ [tòṛi] *n.f. dia.* see ਧਰੋੜੀ

ਧੌਂਸ [tɔ̃̀s] *n.f.* threatening, bullying; domineering or overbearing attitude

~ **ਜਮਾਉਣੀ**/~ **ਦੇਣੀ**/~ **ਵਿਖਾਉਣੀ** *ph.* to threaten, bully

ਧੌਂਸਾ [tɔ̃̀sa] *n.m.* large kettle-drum; wardrum

ਧੌਂਸੀਆ [tɔ̃̀sia] *n.m.* person who beats ਧੌਂਸਾ, drummer

ਧੌਂਕਣੀ [tɔ̃̀kəṇi] *n.f.* fast breathing; bellows

~ **ਚੜ੍ਹਨੀ** *con.v.* to breathe fast or be out of breath

ਧੌਣ [tɔ̀ṇ] *n.f.* neck, cervix, nape, scruff

~ **ਸੰਬੰਧੀ** *adj.* jugular, cervical

~ **ਦਾ ਵਲ਼** *ph.* torticollis, wryneck

ਧੌਂਣਾ [tɔ̃̀ṇa] *v.i.* same as ਧਰੌਣਾ

ਧੌਲ਼ [tɔ̀ḷ] *n.f.* box, blow or thump with fist or forearm, given on neck or ear

~ **ਧੱਫਾ** *n.m.* thumping, slapping, beating

ਧੌਲਰ [tɔ̀lər] *n.m.* palace, mansion

ਧੌਲ਼ਾ [tɔ̀ḷa] *adj.m.* white, grey; *n.m.* a single grey hair; pl. ਧੌਲ਼ੇ, grey hair

ਧੌੜੀ [tɔ̀ṛi] *n.f.* tanned hide, buff

~ **ਲਾਹੁਣੀ** *ph.* to skin, flay; *fig.* to beat severely

ਨ

ਨ¹ [nə̃nna] *n.m.* twenty-fifth letter of Gurmukhi script representing the dental nasal sound [n]
ਨ² *adv.* same as ਨਾਂਹ
ਨ³ *pref.* expressing negative aspect *usu.* of adjectives and adverbs as in ਨਹੱਕ, ਨਖੱਟੂ
ਨਈਆ [naia] *n.f.* same as ਨਾਓ, boat
ਨਸ [nəs] *n.f.* vein, venule; sinew, muscle, thew
~ ਚੜ੍ਹਨੀ *con.v.* to have a muscle stretched or pulled
ਨੱਸ [nəss] *v.form.* imperative of ਨੱਸਣਾ, run
~ ਭੱਜ *n.f.* running about, hectic effort or activity, hustle and bustle, scurry and scramble
ਨਸ਼ਈ [nəṣəi] *adj.* drunk, intoxicated, inebriate, under influence of drink; alcoholic, drunkard; drug-addict
~ ਕਰਨਾ *con.v.* to inebriate, dope
ਨਸ਼ਟ [nəṣṭ] *adj.* destroyed, ruined, wasted, spoiled, ravaged, devastated
~ ਕਰਨਾ *con.v.* to destroy, ruin, waste, spoil, ravage, devastate, eradicate, exterminate, annihilate
ਨੱਸਣਾ [nəssəṇa] *v.t.* to run away, abscond, flee; to elope (with); to decamp, desert; also ਨੱਸ ਜਾਣਾ
ਨਸ਼ਤਰ [nəṣtər] *n.m.* lancet, knife, *esp.* surgeon's knife
ਨਸਬ [nəsəb] *n.m.* root, origin; family, lineage, descent, ancestry
~ ਕਰਨਾ *con.v.* same as ਗੱਡਣਾ
ਨਸਬੰਦੀ [nəsbə̃di] *n.f.* vasectomy, operation on males for birth control, sterilisation
ਨਸਰ [nəsər] *n.f.* prose
ਨਸ਼ਰ [nəṣər] *adj.* publicised; exposed
~ ਕਰਨਾ *con.v.* to publish, publicise, broadcast, make public; to expose, defame
ਨਸਲ [nəsəl] *n.f.* race, tribe, clan, stock, ethnic group, ethnos; breed, descent, genealogy, pedigree
~ ਵਿਗਿਆਨ *n.m.* ethnology
ਨਸਲਕੁਸ਼ੀ [nəsəlkuṣi] *n.f.* genocide
ਨਸਲਵਾਦ [nəsəlvad] *n.m.* racism, racialism
ਨਸਲਵਾਦੀ [nəsəlvadi] *adj.* racist, racialist
ਨਸਲੀ [nəsəli] *adj.* racial
~ ਅਛੂਤਵਾਦ *n.m.* racial discrimination
~ ਸਮੂਹ/~ ਗਰੋਹ *n.m.* ethnic or racial group, ethnos
~ ਵੱਖਵਾਦ *n.m.* racial segregation, apartheid
~ ਵਿਤਕਰਾ *n.m.* racial discrimination
ਨਸਵਾਰ [nəsvar] *n.f.* snuff
~ ਚੜ੍ਹਾਉਣੀ/~ ਲੈਣੀ *con.v.* to snuff or inhale snuff
ਨਸਵਾਰੀ [nəsvari] *adj.* of the colour of ਨਸਵਾਰ, dark brown
ਨਸ਼ਾ [nəṣa] *n.m.* intoxication, intoxicant, inebriate, alcoholic drink, narcotic drug; *fig.* pride, vanity, conceit
~ ਆਉਣਾ/~ ਹੋਣਾ/~ ਚੜ੍ਹਨਾ *con.v.* to be intoxicated; *fig.* to be proud; (for something) to go to one's head
~ ਕਰਨਾ *con.v.* to take or use ਨਸ਼ਾ
~ ਚੜ੍ਹਾਉਣਾ *con.v.* to intoxicate, inebriate
~ ਪਾਣੀ *n.m.* drinking, drinks
ਨਸਾਉਣਾ [nəsauṇa] *v.t.* to cause, make or assist to run or run away
ਨਸ਼ਾਸਤਾ [nəṣasta] *n.m.* starch *esp.* that made from wheat
ਨਸ਼ਾਦਰ [nəṣadər] *n.m.* sal ammoniac, ammonium chloride
ਨਸ਼ਾਬੰਦੀ [nəṣabə̃di] *n.f.* prohibition (*usu.* of alcoholic drinks)

ਨਸ਼ਿਆਉਣਾ [nəṣɪauṇa] *v.t.* same as ਨਸ਼ਾ ਚੜ੍ਹਾਉਣਾ under ਨਸ਼ਾ

ਨਸੀਹਤ [nəsiət] *n.f.* advice, counsel, instruction; guidance; admonition, warning

~ ਆਉਣੀ *con.v.* to learn from experience, advice or admonition

~ ਕਰਨੀ *con.v.* to advise, counsel, instruction; to admonish, warn

ਨਸੀਬ [nəsib] *n.m.* luck, fate, destiny, lot, fortune

~ ਹੋਣਾ *ph.* to get, obtain; to be fortunate enough; to get to be in one's lot

~ ਵਿਚ ਹੋਣਾ *ph.* to be in one's lot, or available by luck

ਨਸੀਬਾ [nəsibba] *n.m.* same as ਨਸੀਬ

ਨਸੀਬੇ ਵਾਲ਼ਾ *adj.m.* fortunate, lucky

ਨਸੀਰ [nəsir] *n.f. dia.* see ਨਕਸੀਰ

ਨਸ਼ੀਲਾ [nəṣila] *adj.* intoxicating, inebriate, heady

ਨਸ਼ੀਲੀ [nəṣili] *adj.f.* same as *prec.*

~ ਵਸਤੂ *n.f.* intoxicant, narcotic drug, dope

ਨਸੂਰ [nəsur] *n.m.* same as ਨਾਸੂਰ

ਨਸ਼ੇਖੋਰੀ [nəṣekhori] *n.f.* addiction to ਨਸ਼ਾ

ਨਸ਼ੇਬੰਦੀ [nəṣebə̃di] *n.f.* prohibtion (of drinks and drugs)

ਨਸ਼ੇਬਾਜ਼ [nəṣebaz] *adj.* alcoholic, drug addict

ਨਹੱਕ [nəhəkk] *adj.* unjustly, without justification, undeservedly, unjustifiably, wrongly

ਨਹੱਕਾ [nəhəkka] *adj.m.* innocent, wrongly or unjustifiably blamed or punished

ਨਹਾਉਣਾ [nəhauṇa] *v.i.* same as ਨ੍ਹਾਉਣਾ, to bathe

ਨਹਿਸ਼ [néṣ] *adj.* bringing bad luck, unlucky, ill-omened, inauspicious, boding ill

~ ਆਦਮੀ *n.m.* jinx

~ ਵਸਤੂ *n.f.* jinx

ਨਹਿਣ [néṇ] *n.m.* thick rope for fastening a plough or leveller to the yoke, dragrope

ਨਹਿਣਨਾ [néṇna] *v.t.* to fasten tightly, firmly, tie with a ਨਹਿਣ

ਨਹਿਰ [nér] *n.f.* canal, main irrigation channel, artificial waterway

ਨਹਿਰੀ [néri] *adj.* pertaining to ਨਹਿਰ

~ ਪਾਣੀ *n.m.* canal water

ਨਹਿਲਾ [néla] *n.m.* nine of a suit in cards, card with nine pips

ਨਹੀਂ [nə̃i] *adv.* no, not, nay *n.f.* refusal, denial

~ ਤੇ *adv.* or, otherwise, or else

ਨਹੁੰ [nũ/nəũ] *n.m.* nail, finger nail, *pl.* ਨਹੁੰਆਂ; nails

~ ਭਰ *adj.* very little, just a bit

~ ਲਾਹੁਣੇ *con.v.* to pare nails

ਨਹੁੰਦਰ [nɔ̃dər] *n.f.* scratch or wound caused by nails or talons

ਨਹੁੰਦਰਨਾ [nɔ̃dərna] *v.t.* to scrabble, scratch with nails or claws

ਨਹੂਸਤ [nəhusət] *n.f.* inauspiciousness, bad luck

ਨਹੂਸਤੀ [nəhusti] *adj.* same as ਮਨਹੂਸ, inauspicious

ਨਹੇਰਨਾ [nəherna] *n.m.* barber's nail-cutter

ਨਹੋਰਾ [nəhora] *n.m.* same as ਗਿਲਾ

ਨੱਕ [nəkk] *n.m.* nose, mucus discharge from nose; *fig.* honour, prestige, reputation

~ ਆਉਣਾ *ph.* to drivel, snivel, for nose to run, for mucus to flow from nose

~ ਸੰਬੰਧੀ *adj.* rhinal, nasal

~ ਸੁਣਕਣਾ *con.v.* to blow nose

~ ਚੜ੍ਹਾਉਣਾ *ph.* to turn up one's nose, express dislike, disdain or scorn, sneer (at)

~ ਚੜ੍ਹਿਆ *adj.m.* snobbish, snooty, priggish, snobby, with one's nose in the air

~ ਦੀ ਸੋਜ਼ ਜਾਂ ਸੋਜ਼ਸ਼ *ph.* rhinitis

~ ਨਮੂਜ *n.m.* honour, self-respect, prestige

~ ਰਗੜਨਾ *ph. lit.* to rub one's nose; *fig.* to entreat, beseech most humbly, cringe and crawl, lick someone's boots

~ ਵਗਣਾ *ph.* snivel, to drivel for mucus to flow from nose, have a running nose
~ ਵੱਢਣਾ *ph.* to disgrace, insult, humiliate, *lit.* cut one's nose
~ ਵਢਾਉਣਾ *ph.* to cause dishonour, disgrace, humiliation; to bring dishonour or bad name; *v.i.* to suffer dishonour, disgrace
~ ਵਿਚ ਦਮ ਕਰਨਾ *ph.* to tease or annoy excessively, get up somebody's nose, badger, oppress, harass
~ ਵਿਚ ਬੋਲਣਾ *ph.* to snuffle

ਨਕਸ਼ [nəkṣ] *n.m.* impression, mark, print, stamp; features, appearance
ਨਕਸ਼ੇ ਕਦਮ *n.m.* foot print
ਨਕਸ਼ੇ ਕਦਮ ਤੇ ਚਲਣਾ *ph.* to follow someone's foot-steps

ਨਕਸ਼ਾ [nəkṣa] *n.m.* map, chart, drawing, sketch, plan, building plan, outline; impression, mental picture; cadastral map
~ ਖਿੱਚਣਾ *con.v.* to draw ਨਕਸ਼ਾ
~ ਨਵੀਸ *n.m.* map-maker, cartographer, draughtsman
~ ਨਵੀਸੀ *n.f.* cartography, map-making, draughtsmanship

ਨਕਸੀਰ [nəksir] *n.f.* bleeding from the nose, nosebleed, epistaxis
~ ਫੁੱਟਣੀ/~ ਵਗਣੀ *con.v.* to bleed from the nose, have nosebleed

ਨਕਚੂੰਢੀ [nəkcũḍi] *n.f.* clamp, clip, paper clip; pincers

ਨਕਟਾ [nəkṭa] *adj.m.* same as ਨੱਕ ਵੱਢਾ; person with clipped nose; *fig.* disgraced person

ਨਕਟਾਈ [nəkṭai] *n.f.* necktie

ਨਕਦ [nəkəd] *adj.* cash; *adv.* in cash; *n.m.* ready cash, ready money, down payment
~ ਨਰੈਣ *n.m.* hard cash; mammon, god of riches
~ ਮਾਲ *n.m.* liquid assets; goods sold on cash basis
ਨਕਦੋ ਨਕਦੀ *adv.* in cash, with payment on the spot; cash terms, down cash

ਨਕਦਰਾ [nəkədəra] *adj.m.* not respected, ignored, not appreciated; unappreciative, indifferent, thankless

ਨਕਦਰੀ [nəkədəri] *adj.f.* same as *prec.* *n.f.* ਬੇਕਦਰੀ

ਨਕਦੀ [nəkdi] *n.f.* same as ਨਕਦ

ਨਕਬ [nəkəb] *n.f.* see ਸੰਨ੍ਹ
~ ਜ਼ਨੀ *n.f.* housebreak, theft, burglary

ਨਕਲ [nəkəl] *n.f.* copy, imitation, transcript, duplicate, replica, facsimile; simulation, mime, mimicry, pantomime, spoof; buffoonery; counterfeit, reproduction
~ ਉਤਾਰਨੀ *con.v.* to make a copy; to mime, spoof
~ ਕਰਨੀ *con.v.* to copy, imitate; to reproduce; to simulate, mime or mimic
~ ਨਵੀਸ *n.m.* copyist, copywriter
~ ਨਵੀਸੀ *n.f.* art or profession of copywriting
~ ਮਾਰਨੀ *con.v.* to copy (as in examination)
~ ਲਾਉਣੀ *con.v.* to mimic, mime
~ ਲਾਹੁਣੀ *con.v.* to prepare a duplicate copy, a facsimile; same as *prec.*

ਨੱਕਲ [nəkkəl] *adj.* (one) having a long or prominent nose

ਨਕਲਚੀ [nəkəlci] *n.m.* one who copies or imitates, a mimic, buffoon

ਨਕਲੀ [nəkli] *adj.* counterfeit, not real or genuine, dummy, sham, false, spurious, artificial, imitation, make-believe
~ ਲੜਾਈ *n.f.* mockfight, mock battle

ਨਕਲੀਆ [nəklia] *n.m.* mimic, actor, stage player

ਨੱਕ ਵੱਢਾ [nəkk vəḍḍa] *adj.m.* shameless, brazen, brazen-faced

ਨੱਕਾ [nəkka] *n.m.* eye (as of a needle); small temporary dam, made in water channel while watering fields; cut in water channel; name of a region in the Punjab lying southwest of Lahore

between the rivers Ravi and Sutlej
~ ਖੋਲ੍ਹਣਾ *con.v.* to cut, remove ਨੱਕਾ, to let water flow through
~ ਬੰਨ੍ਹਣਾ *con.v.* to construct, make ਨੱਕਾ
~ ਮੋੜਨਾ *con.v.* to turn the current from one field or plot to another
ਨਕਾਸ਼ [nəkaṣ] *n.m.* painter, painting artist; engraver, carver, insetter
ਨਕਾਸ਼ੀ [nəkaṣi] *n.f.* art or profession of ਨਕਾਸ਼; fresco painting, inset work
ਨਕਾਹ [nəká] *n.m. colloq.* see ਨਿਕਾਹ
ਨਕਾਬ [nəkab] *n.m.* mask, domino, veil
ਨਕਾਬਪੋਸ਼ [nəkabpoṣ] *adj.* masked; *n.m.* one who wears ਨਕਾਬ
ਨਕਾਰ [nəkar] *v.form.* imperative of ਨਕਾਰਨਾ, refute
ਨਕਾਰਤਾ [nəkarta] *n.f.* negation; negativism, negative character or attitude
ਨਕਾਰਨਾ [nəkarna] *v.t.* to refute, contradict, reject; to deny, refuse
ਨਕਾਰਾ [nəkara] *adj.m.* unfit to work, disabled, incapacitated, handicapped, crippled; lethargic, slothful, indolent, useless, good-for-nothing (fellow); (of limb or organ of body) dysfunctional
ਨਕਾਰਾਪਣ [nəkarapəṇ] *n.m.* disability, handicap; slothfulness, indolence; dysfunction
ਨਕਾਰਾਤਮਿਕ [nəkaratmık] *adj.* negative
ਨੱਕਾਲ [nəkkal] *n.m.* same as ਨਕਲੀਆ one who copies, imitates or counterfeits
ਨਕਾਲ਼ [nəkaḷ] *n.m.* flow of water in irrigation channel
ਨੱਕੀ [nəkki] *n.f.* a turn in a game played with cowries
~ ਪੂਰ/~ ਨੱਕਾ ਪੂਰ *n.m.* a game played with cowries
ਨਕੀਬ [nəkib] *n.m.* herald
ਨਕੀਰ [nəkir] *n.f.* same as ਨਕਸੀਰ
ਨੱਕੂ[1] [nəkku] *adj.m.* (one) with long or big nose; *fem.* ਨੱਕੋ
ਨੱਕੂ[2] *n.m. dia.* see ਛੱਕ[1], paddy-husk
ਨਕੇਲ [nəkel] *n.f.* nose ring, nosebar (of camels); a sort of curb-bit; *fig.* curb, restraint, check
~ ਪਾਉਣੀ *con.v.* to put ਨਕੇਲ on; *fig.* to curb, restrain, check, bridle
ਨੱਕੋ ਨੱਕ [nəkko nəkk] *adv.* upto the brim, brimful, full to the brim
ਨਕੌੜਾ [nəkɔṛa] *n.m.* large, fat nose; noseband
ਨਖਸਮਾ [nəkhəsma] *adj.m.* masterless, ownerless
ਨਖੱਟੂ [nəkhəṭṭu] *adj.* non-earning, unemployed, idle; *n.m.* a good-for-nothing fellow, drone, wastrel
ਨਖੱਤਰਾ/ਨਖੱਤਾ [nəkhəttəra/nəkhətta] *adj.m.* poor, wretched, miserable, unfortunate; childless; stupid, worthless
ਨਖਰਾ [nəkhra] *n.m.* coquetry, enticing or alluring gesture or behaviour; foppery, prudery
ਨਖਰੇ ਹੱਥੀ *adj.f.* same as ਨਖਰੇਲੀ, coquettish
ਨਖਰੇਬਾਜ/ਨਖਰੇਲਾ/ਨਖਰੇਲੀ/ਨਖਰੇਲੋ [nəkhrebaj/nəkhrella/nəkhrelli/nəkhrello] *adj. / adj.m. / adj.f.* coquettish, coquette; foppish, prudish, snobbish, pretending to have delicate tastes
ਨਖਲਸਤਾਨ [nəkhləstan] *n.m.* oasis, grove of date-palm
ਨਖਾਸ [nəkhas] *n.m.* open market for buying and selling slaves, horses and cattle; horse-market, cattle-fair
~ ਚੌਕ *n.m.* market-square
ਨਖਿੱਧ [nəkhídd] *adj.* inferior, low, useless, worthless, ineffectual, sleazy, flimsy
ਨਖੇੜ [nəkheṛ] *n.m.* see ਨਿਖੇੜਾ *v.form* see ਨਿਖੇੜ
ਨਗ [nəg] *n.m.* precious stone for setting in or embedding in ornaments; gem, jewel; piece (of goods or luggage), package, a single unit of any commodity
ਨੰਗ [nə̃g] *n.m.* nakedness, nudity, bareness; *fig.* poverty, destitution; *adj.* poor, indigent, destitute

~ ਧੜੰਗ *adj.* stark-naked, absolutely naked or bare; also ਨੰਗਾ ਧੜੰਗਾ and *fem.* ਨੰਗੀ ਧੜੰਗੀ

~ ਨਮੂਜ *n.m.* same as ਨਮੂਜ, honour, modesty

~ ਭੁੱਖ *n.f.* same as ਭੁੱਖ ਨੰਗ, indigence

~ ਮਨੰਗਾ *adj.m.* same as ਨੰਗ ਧੜੰਗ

ਨਗਣ [nəgəṇ] *n.m.* a prosodic foot or line comprising three short syllables

ਨਗੰਦ [nəgə̃d] *v.form.* imperative of ਨਗੰਦਣਾ, baste

ਨਗੰਦਣਾ [nəgə̃dəṇa] *v.t.* to stitch padding in covers with long and loose stitches; to quilt, baste

ਨਗੰਦਵਾਉਣਾ [nəgə̃dvauṇa] *v.t.* to get something basted

ਨਗੰਦਵਾਈ [nəgə̃dvai] *n.f.* wages for *prec.*

ਨਗੰਦਾ [nəgə̃da] *n.m.* long, loose stitch

ਨਗੰਦਾਉਣਾ [nəgə̃dauṇa] *v.t.* same as ਨਗੰਦਵਾਉਣਾ

ਨਗੰਦਾਈ [nəgə̃dai] *n.f.* wages for ਨਗੰਦਣਾ

ਨਗਨ [nəgən] *adj.* same as ਨੰਗਾ

ਨਗਨਤਾ [nəgənta] *n.f.* nakedness, nudity, bareness

ਨਗਨਵਾਦ [nəgənvad] *n.m.* nudism

ਨਗਨਵਾਦੀ [nəgənvadi] *adj.* nudist

ਨਗਮਾ [nəgma] *n.m.* song, lyric, ditty, melody; also ਨਗ਼ਮਾ

ਨਗਮਾਸਰਾ [nəgmasəra] *n.m.* singer of ਨਗ਼ਮਾ

ਨਗਮਾਸਾਜ [nəgmasaj] *n.m.*composer of ਨਗਮਾ, lyricist also ਨਗ਼ਮਾਸਾਜ਼

ਨਗਰ [nəgər] *n.m.* town, city, habitation, settlement; *suff.* for forming name of some towns

~ ਸਭਾ *n.f.* town committee or council

~ ਕੀਰਤਨ *n.m.* singing of hymns while going round the streets in procession (like Christian carols)

~ ਨਿਗਮ *n.m.* (city) corporation

~ ਨਿਵਾਸੀ *n.m.* inhabitant or resident of ਨਗਰ, town or city dweller, townsman, citizen

~ ਪਾਲਿਕਾ *n.f.* municipal committee, municipality

~ ਵਾਸੀ *n.m. & adj.* same as ਨਗਰ ਨਿਵਾਸੀ; *pl.* urban population

ਨੱਗਰ [nəggər] *n.m.* village, town, habitation

~ ਖੇੜਾ *n.m.* same as ਨੱਗਰ, village and its households

ਨਗਰੀ [nəgri] *n.f.* same as ਨਗਰ, small ਨਗਰ

ਨਗੱਲਾ [nəgəlla] *adj.m.* not firm on one's promises or statements, unreliable, equivocal; lier

ਨੰਗਾ [nə̃ga] *adj.m.* naked, nude, bare, uncovered, unclothed, exposed

~ ਹੋ ਜਾਣਾ *ph.* to become naked or uncovered; to be exposed, unmasked

~ ਕਰਨਾ *ph.* to unclothe, strip, denude, bare, uncover; to reveal, expose, unmask

ਨਗਾਰਖਾਨਾ [nəgarkhana] *n.m.* place where ਨਗਾਰਾ is kept and beaten

ਨਗਾਰਚੀ [nəgarci] *n.m.* one appointed to beat ਨਗਾਰਾ

ਨਗਾਰਾ [nəgara] *n.m.* same as ਧੌਂਸਾ, large kettle-drum

ਨਗੀਨਾ [nəgina] *n.m.* same as ਨਗ, gem

ਨੰਗੇਜ [nə̃gej] *n.m.* nakedness, nudity, bareness, naked part; private parts of human body

~ ਢਕਣਾ *con.v.* to cover private parts of human body

ਨੰਗੇਜਵਾਦ [nə̃gejvad] *n.m.* same as ਨਗਨਵਾਦ, nudism

ਨਗੌਰੀ [nəgɔri] *adj.* (for bovines *esp.* bulls) belonging to Nagaur district in Rajasthan known for its prized breed

ਨਘੋਚ [nəgòc] *n.f.* criticism, fault-finding, animadversion, cavil

ਨਘੋਚੀ [nəgòci] *adj.m.* fault-finder, animadverter, carper, caviller

ਨੱਚ [nəcc] *v.form.* imperative of ਨੱਚਣਾ, dance

ਨੱਚਣ [nəccəṇ] *n.m.* dancing; *adj. informal.* quarrelsome, agrumentative, fretful

ਨੱਚਣਾ [nəccəṇa] *v.i.* to dance, gambol,

frolic, skip
ਨਚਵਾਉਣਾ [nəcvauṇa] *v.t.* to make one dance through someone
ਨਚਾਉਣਾ [nəcauṇa] *v.t.* to make or cause one to dance; *fig.* to make one to dance to one's tune, make one do as desired; to play cat and mouse game with
ਨਚਾਰ [nəcar] *adj. & n.m.* dancer, danseur; *fem.* danseuse
ਨਚੋੜ [nəcoṛ] *n.m.* liquid extracted by squeezing, wringing or straining, juice; *fig.* conclusion, summary, gist
~ **ਕੱਢਣਾ** *con.v.* to extract juice; to draw conclusion
ਨਚੋੜਨਾ [nəcoṛna] *v.t.* to squeeze, wring, strain; *fig.* to mulet, fleece, exploit
ਨਛੱਤਰ [nəchəttər] *n.m.* star, planet; zodiac sign; position of moon in lunar orbit
~ **ਸੰਬੰਧੀ** *adj.* sidereal, planetary
ਨਜਦੀਕ [nəjdik] *adv.* same as ਨੇੜੇ
ਨਜਦੀਕੀ [nəjdiki] *adj.* near (relation), related, close, proximate; *n.f.* same as ਨੇੜਾ, nearness
ਨਜਮ [nəjəm] *n.f.* poem, verse, ditty, rune
ਨਜ਼ਰ [nəzər] *n.f.* sight, eyesight, vision; look, glance; observation, watch; evil eye; offering, present
~ **ਅੰਦਾਜ਼ ਕਰਨਾ** *ph.* to overlook, ignore, disregard
~ **ਆਉਣਾ** *con.v.* to be seen, be in sight, be visible; to be evident
~ **ਕਰਨਾ** *ph.* to offer, present
~ **ਚੁਰਾਉਣਾ** *ph.* to look away; *v.t.* to avoid
~ **ਥੱਲੇ** *adv.* under supervision, under surveillance
~ **ਥੱਲੇ ਨਾ ਲਿਆਉਣਾ** *ph.* not to like; to look down upon, despise, snub
~ **ਪੈਣੀ** *ph.* to happen to see or observe
~ **ਮਾਰਨੀ** *ph.* to scan, have a look (upon), see
~ **ਰੱਖਣੀ** *ph.* to watchout, be watchful, keep an eye (upon), keep under one's eye, supervise
~ **ਲੱਗਣੀ** *ph.* to be influenced by evil eye, be affected by another's malevolent look
~ **ਲਾਉਣੀ** *ph.* to cast an evil eye upon
ਨਜ਼ਰਸਾਨੀ [nəzərsani] *n.f.* a second look, revision, reconsideration, review
ਨਜ਼ਰਬੰਦ [nəzərbə̃d] *adj.* detained, confined, arrested, imprisoned, under detention
ਨਜ਼ਰਬੰਦੀ [nəzərbə̃di] *n.f.* detention, confinement to quarters, house arrest
ਨਜ਼ਰਵੱਟੂ [nəzərvəṭṭu] *n.m.* something ugly to ward off effects of evil eye
ਨਜ਼ਰਾਨਾ [nəzrana] *n.m.* offering, present, tribute
ਨਜ਼ਰੀ [nəzri] *adj.* visual
ਨਜ਼ਰੀਆ [nəzəria] *n.m.* view-point, point of view, standpoint
ਨਜ਼ਲਾ [nəzla] *ph.* common cold, bad cold, rheum, catarrh, excessive secretion through nose
~ **ਝਾੜਨਾ** *ph. informal.* to give vent to one's anger
ਨਜ਼ਾਕਤ [nəzakət] *n.f.* tenderness; delicacy, seriousness (of situation); same as ਨਖਰਾ
ਨਜਾਤ [nəjat] *n.f.* salvation, deliverance, liberation; riddance, freedom, release
~ **ਹਾਸਲ ਹੋਣੀ**/~ **ਪਾਉਣੀ** *con.v.* to attain ਨਜਾਤ; to be rid of
ਨਜ਼ਾਮ [nəzam] *n.m.* system, order; title of rulers of former Hyderabad state
ਨਜ਼ਾਮਤ [nəzamət] *n.f.* district; administration
ਨਜ਼ਾਰਾ [nəzara] *n.m.* sight, scene, scenery, view, vista; *informal.* joy, enjoyment
~ **ਲੈਣਾ** *con.v.* to enjoy
ਨਜਿੱਠ [nəjɪṭṭh] *v.form.* imperative of ਨਜਿੱਠਣਾ, settle, tackle
ਨਜਿੱਠਣਾ [nəjɪṭṭhəṇa] *v.t.* to settle with, tackle, deal with; to perform, fulfil, complete, bring to conclusion
ਨਜੀਕ [nəjik] *adv. colloq.* see ਨੇੜੇ, near
ਨਜੀਰ [nəjir] *n.f.* close look, eyesight;

example, likeness, parallel, equal; also ਨਜ਼ੀਰ

~ ਲਾਉਣੀ *n.f.* to strain one's eyes

ਨਜੂਮ [nəjum] *n.m.* astronomy, astrology; fortune-telling, fore-telling, prediction

ਨਜੂਮੀ [nəjumi] *n.m.* astronomer, astrologer, foreteller, fortune-teller, predictor

ਨਜੂਲ [nəjul] *n.m. & adj.* descending, descent, falling; government land, escheat, escheated property; also ਨਜ਼ੂਲ

ਨਟ [nəṭ] *n.m.* nut; acrobat, gymnast, rope-walker, member of a class of professional and hereditary acrobats; *fem.* ਨਟਣੀ

ਨਟਖਟ [nəṭkhəṭ] *adj.* naughty, prancer, prankish, playful

ਨਟਬਾਜ਼ੀ [nəṭbaji] *n.f.* acrobatics, gymnastics

ਨਟ ਵਿੱਦਿਆ [nəṭ vɪddɪa] *n.f.* same as *prec.*

ਨੱਠ [nəṭṭh] *v.form.* imperative of ਨੱਠਣਾ, run

~ ਭੱਜ *n.f.* same as ਭੱਜ ਨੱਠ, struggle

ਨੱਠਣਾ [nəṭṭhəṇa] *v.i.* to run, jog, flee, scurry; *fig.* to break a promise, not to fulfil an obligation; to shy away

ਨਠਾਉਣਾ [nəṭhauṇa] *v.t.* to make, cause or assist one to run or flee

ਨੱਢਾ [nəḍḍa] *adj. & n.m.* young man, youth

ਨੱਢੀ [nəḍḍi] *n.f.* young woman, damsel

ਨਣਦ [nəṇəd] *n.f.* husband's sister; also ਨਣਾਣ

ਨਣਦੋਈਆ [nəṇdoia] *n.m.* husband of ਨਨਾਣ; also ਨਣਾਣਵਈਆ

ਨੱਤਾ [nətta] *n.m.* rag to clean oil press; cloth, sack or rug put on the back of a donkey over which a load-carrying frame is set; *cf.* ਤਾਹਰੂ

ਨਤਾਕਤਾ [nətakta] *adj.m.* without strength, weak, feeble, infirm, frail

ਨਤਾਕਤੀ [nətakti] *adj.f.* same as ਨਤਾਕਤਾ; *n.f.* lack of strength, weakness, feebleness, infirmity, frailness

ਨਤਾਰਨਾ [nətarna] *v.t.* same as ਨਿਤਾਰਨਾ, to decant

ਨੱਤੀ [nətti] *n.f.* ear-ring (worn by males)

ਨਤੀਜਾ [nətija] *n.m.* result, consequence, effect, outcome; conclusion, deduction, inference

~ ਕੱਢਣਾ *con.v.* to declare result; to draw conclusion

ਨਤੀਜੇ ਵਜੋਂ *adv.* as a result, as an effect of, consequently, consequentially

ਨਤੋਦਰ [nətodər] *adj.* concave

~ ਉਨਤੋਦਰ *adj.* concavo-convex, convexo-concave

ਨਤੋਦਰਤਾ [nətodərta] *n.f.* concavity

ਨੱਥ [nətth] *n.f.* nosering (an ornament worn by married women); nose-ring or nose string for animals

~ ਨਕੌੜਾ *n.m.* metallic nose ring (for animals)

~ ਪਾਉਣੀ *con.v.* same a ਨੱਥਣਾ; to wear ਨੱਥ (by women)

ਨੱਥਣਾ [nətthəṇa] *v.t.* to pass a ਨੱਥ through (animal's) nose; *fig.* to curb, control, restrain, discipline

ਨਥਨਾ [nəthna] *n.m.* same as ਨਾਸ[1]

ਨਥਵਾਉਣਾ/ਨਥਾਉਣਾ [nəthvauṇa/nəthauṇa] *v.t.* to get (animal) provided with ਨੱਥ

ਨਥਵਾਈ [nəthvai] *n.f.* charges for ਨਥਵਾਉਣਾ or ਨੱਥਣਾ

ਨੱਥੀ [nətthi] *adj.* tagged, attached, tied, fastened or stitched (with)

~ ਕਰਨਾ *con.v.* to tag, attach, tie, fasten, stitch (to, with)

ਨੱਥੂ ਖੈਰਾ [nətthu khɛra] *n.m.* any Tom, Dick or Harry

ਨਥੂਰ [nəthur] *n.m.* colloq. see ਨਾਸੂਰ

ਨਦਣੀ [nədəṇi] *n.f.* part of rope that fastens plough, etc. to the lower bar of yoke; also ਨੰਦਣੀ

~ ਪਾਉਣੀ *con.v.* to fasten with ਨਦਣੀ

ਨਦਰ [nədər] *n.f.* same as ਨਜ਼ਰ; divine grace

ਨਦਰੀ ~ ਨਿਹਾਲ *ph.* blessed with beatitude by the grace of God

ਨਦਾਨ [nədan] *adj.* same as ਨਾਦਾਨ, ignorant

ਨਦਾਮਤ [nədamət] *n.f.* shame, mortification, regret, remorse; humiliation, disgrace

~ ਉਠਾਉਣੀ *con.v.* to feel, suffer ਨਦਾਮਤ

ਨਦੀ [nədi] n.f. river, stream

ਨਦੀਣ [nədiṇ] *n.m.* weeds

~ ਕੱਢਣਾ *con.v.* to weed out, root out ਨਦੀਣ, rogue (a field)

~ ਮਾਰ ਦਵਾਈ *ph.* weedicide, herbicide

~ ਮਾਰਨਾ *con.v.* to destroy weeds by using weedicide chemicals or by ploughing or hoeing

ਨਧੜਕ [nətə̀ṛək] *adj.* same a ਨਿਡਰ, fearless

ਨੰਨ੍ਹਾ [nə̃nna] *adj.m.* young, tiny, infant; small, little

ਨੰਨਾ [nə̃nna] *n.m.* the letter ਨ; adamant refusal, negative attitude

~ ਪੜ੍ਹਨਾ/~ ਫੜਨਾ *ph.* to refuse adamantly or adopt a negative attitude

ਨਨਾਣ [nənaṇ] *n.f.* same as ਨਣਦ

ਨਨਿਅਹੁਰਾ [nənɪóra] *n.m.* father of mother-in-law

ਨਨੇਹਸ [nənés] *n.f.* mother of mother-in-law

ਨੱਪ [nəpp] *v.form.* imperative of ਨੱਪਣਾ, press

ਨਪਣਾ [nəpəṇa] *v.i.* to be measured; *cf.* ਨਾਪਣਾ

ਨੱਪਣਾ [nəppəṇa] *v.t.* to press, squeeze; to bury, cover; to refuse to give back, possess by force, misappropriate

ਨਪਵਾਉਣਾ/ਨਪਾਉਣਾ [nəpvauṇa/nəpauṇa] *v.t.* to get or cause to be measured, pressed, buried, covered; *cf.* ਨੱਪਣਾ and ਨਾਪਣਾ

ਨਪਵਾਈ/ਨਪਾਈ [nəpvai/nəpai] *n.f.* process of or wages for *prec.*

ਨਪਾਕ [nəpak] *adj.* same as ਨਾਪਾਕ, unholy

ਨਪੀ ਤੋਲੀ [nəpi tolli] *adj.f.* measured, restrained (speech or utterance)

ਨਪੀੜਨਾ [nəpiṛna] *v.t.* to squeeze, press, compress, wring, crush

ਨਪੁੰਸਕ [nəpũsək] *n.m. & adj.* eunuch, impotent; weak-kneed, weak-hearted, coward, timid

~ ਲਿੰਗ *n.m. (gr.)* neuter gender

ਨਪੁੰਸਕਤਾ [nəpũsəkta] *n.f.* impotence, sexual weakness, cowardice, weak-kneedness

ਨਪੁੱਤਾ [nəputta] *adj.m.* same as ਨਿਪੁੱਤਾ

ਨਫ਼ਸ [nəfəs] *n.m.* self, ego; sexual desire, lust, passion

ਨਫ਼ਸਕਸ਼ੀ [nəfəskəṣi] *n.f.* annihilation of passions, self-control

ਨਫ਼ਸਪ੍ਰਸਤ [nəfəspərəst] *adj. lit.* worshipper of ਨਫ਼ਸ; self-indulgent, sensual, libertine, lecherous, immoral, lewd, profligate, rake

ਨਫ਼ਸਪ੍ਰਸਤੀ [nəfəspərəsti] *n.f.* self-indulgence, sensuality, sensualness, lewdness, lechery, profligacy

ਨਫ਼ਸਾਨੀ [nəfsani] *adj.* concerning self; sexual, carnal, sensual; also ਨਫ਼ਸੀ

ਨਫ਼ਸਾਨੀਅਤ [nəfsaniət] *n.f.* carnality; also ਨਫ਼ਸੀਅਤ

ਨਫ਼ਸੀਆਤੀ [nəfsiati] *adj.* same as ਨਫ਼ਸਾਨੀ

ਨਫ਼ਰ [nəfər] *n.m.* slave; servant

ਨਫ਼ਰਤ [nəfrət] *n.f.* hate, hatred, disgust, loathing, aversion, dislike, detestation, abhorrence, odium, abomination; scorn, contempt

~ ਅੰਗੇਜ਼ *adj.* hateful, abnoxious, odious, abominable, abhorrent, repugnant, loathsome, disgusting

~ ਆਮੇਜ਼ *adj.* same as *prec.*

~ ਕਰਨੀ *con.v.* to hate, loathe, dislike, despise, abhor

~ ਦੇ ਕਾਬਲ *ph.* hateable; contemptible, despicable, abominable

ਨਫ਼ਰੀ [nəfəri] *n.f.pl* number (of persons), numerical strength (*usu.* of soldiers and policemen)

ਨਫ਼ਾ [nəfa] *n.m.* profit, gain, lucre, return, dividend; benefit, advantage; bonus, premium

~ ਨੁਕਸਾਨ *n.m.* profit and loss, pros and cons
ਨਫ਼ਾਸਤ [nəphasət] *n.f.* delicacy, fineness, refinement, elegance, fastidious-ness, refinedness, finesse; also ਨਫ਼ਾਸਤ
ਨਫ਼ਾਖੋਰ [nəfakhor] *adj.* profiteer
ਨਫ਼ਾਖੋਰੀ [nəfakhori] *n.f.* profiteering
ਨਫ਼ੀ [nəfi] *n.f.* same as ਮਨਫ਼ੀ
ਨਫ਼ੀਸ [nəfis] *adj.* delicate, fine, good, beautiful; refined, elegant, exquisite
ਨਬਜ [nəbəj] *n.f.* pulse; also ਨਬਜ਼
~ ਵੇਖਣੀ *con.v.* to feel ਨਬਜ
ਨੰਬਰ [nɑ̃bər] *n.m.* number; turn (as in a queue); marks, score (as in exam.)
ਨੰਬਰਦਾਰ [nɑ̃bərdar] *n.m.* lambardar, village headman; head of a gang of prisoners or labourers
ਨੰਬਰਦਾਰਨੀ [nɑ̃bərdarni] *n.f.* female ਨੰਬਰਦਾਰ; wife of ਨੰਬਰਦਾਰ
ਨੰਬਰਦਾਰੀ [nɑ̃bərdari] *n.f.* post or function of ਨੰਬਰਦਾਰ; *informal.* leadership
ਨੰਬਰਵਾਰ [nɑ̃bərvar] *adv.* serially, in serial order, by number, in turn, by turn
ਨੰਬਰੀ[1] [nɑ̃bəri] *adj. & n.m.* fellow soldier, comrade; mate
ਨੰਬਰੀ[2] *n.f.* (in maths text books) exercise number
ਨਬਾਲਗ [nəbaləg] *adj.* same as ਨਾਬਾਲਗ
ਨੱਬ੍ਹਿਆਂ [nə́bbıɑ̃] *adj.m.* ninetieth; also ਨੱਬ੍ਹੇਵਾਂ
ਨੱਬ੍ਹੀਂ [nə́bbi] *adv.* for Rs. 90
ਨਬੀ [nəbi] *n.m.* prophet, divine messenger
ਨੱਬੇ [nəbbe] *adj.* ninety
ਨਬੇੜਨਾ [nəberṇa] *v.t.* same as ਨਿਬੇੜਨਾ
ਨਭ [nə́b] *n.m.* sky, firmament
ਨਮ [nəm] *adj.* moist, wet, damp, humid
ਨਮਸਕਾਰ [nəməskar] *n.f.* term of salutation *esp.* among Hindus, greeting; 'I bow to you'; also ਨਮਸਤੇ
~ ਕਹਿਣਾ/~ ਕਰਨਾ *con.v.* to say ਨਮਸਕਾਰ, greet or salute with ਨਮਸਕਾਰ
ਨਮਕ [nəmək] *n.m.* salt *usu.* common salt, sodium chloride; rock salt
~ ਹਰਾਮ *adj.* not worth one's salt, disloyal, traitor, ungrateful
~ ਹਰਾਮੀ *n.f.* disloyalty, ingratitude
~ ਹਲਾਲ *adj.* true to one's salt, loyal, faithful
~ ਹਲਾਲੀ *n.f.* loyalty, faithfulness; sense of gratitude
~ ਛਿੜਕਣਾ/~ ਛਿੜਕਾਉਣਾ *ph.* to add insult to injury
~ ਮਿਰਚ ਲਾਉਣਾ *ph.* to exaggerate, give exaggerated account of something
ਨਮਕਖਾਰ [nəməkkhar] *adj. & n.m.* servant, person under obligation; *lit.* salt eater; also ਨਮਕਖ਼ਾਰ, ਨਮਕਖ਼ੋਰ
ਨਮਕਦਾਨੀ [nəməkdani] *n.f.* salt-pot, saltbox, compartmented box with sliding lid for keeping salt, pepper and condiments
ਨਮਕੀਨ [nəmkin] *adj.* salt, salty, saline
ਨਮਕੀਨਪਣ [nəmkinpəṇ] *n.m.* salinity saltiness; also ਨਮਕੀਨੀ
ਨਮਦਾ [nəmda] *n.m.* felt, felting; saddle-blanket
ਨਮਦਾਰ [nəmdar] *adj.* same as ਨਮ, wet
ਨਮਰਦ [nəmərd] *adj.m.* same as ਨਾਮਰਦ, impotent
ਨਮਾਇਸ਼ [nəmaıṣ] *n.f.* same as ਨੁਮਾਇਸ਼, exhibition
ਨਮਾਇੰਦਾ [nəmaĩda] *n.m. & adj. colloq.* see ਨੁਮਾਇੰਦਾ, representative
ਨਮਾਜ [nəmaj] *n.f.* Muslim prayer
~ ਪੜ੍ਹਨੀ *con.v.* to perform ਨਮਾਜ; *lit.* to read, learn or recite ਨਮਾਜ; also ਨਮਾਜ਼
ਨਮਾਜਗਾਹ [nəmajgá] *n.f.* place for performing ਨਮਾਜ, mosque
ਨਮਾਜੀ [nəmaji] *n.m. & adj.* (one) regular in performing ਨਮਾਜ; one who is performing ਨਮਾਜ
ਨਮਿਤ [nəmıt] *adv.* same as ਨਿਮਿਤ, on behalf of
ਨਮੀ [nəmi] *n.f.* moisture, dampness, humidity
ਨਮੂਜ [nəmuj] *n.m.* honour, name, prestige, good reputation; bashfulness, shyness, modesty

ਨਮੂਦਾਰ [nəmudar] *adj.* just apparent or visible
~ ਹੋਣਾ *con.v.* to appear, become visible; to arrive
ਨਮੂਨਾ [nəmuna] *n.m.* sample, specimen, model, type, prototype; pattern, design; example, instance; *informal.* a typical person
~ ਲੈਣਾ *con.v.* to take sample, sample
ਨਮੂਨੇ ਦਾ *adj.* typical
ਨਮੂਨੀਆ [nəmuniā] *n.m.* pneumonia
ਨਮੂਨੇਦਾਰ [nəmunedar] *adj.* made with a decorative design or pattern
ਨਮੇਸ਼ [nəmɛṣ] *n.f. colloq.* see ਨੁਮਾਇਸ਼
ਨਮੋਸ਼ੀ [nəmoṣi] *n.f.* shame, disgrace, humiliation, mortification
ਨਮੋਹਾ [nəmoha] *adj.m.* same as ਨਿਰਮੋਹ; without attachment
ਨਮੋਲ਼ੀ [nəmoḷi] *n.f.* same as ਨਿਮੋਲ਼ੀ
ਨਰ [nər] *n.m. & adj.m.* male, masculine, man, human; *fig.* brave, virile person; male sex
~ ਨਾਰੀ *n.m. pl.* men and women, male and female
~ ਮਾਦਾ *n.m. pl.* male and female
ਨਰਸ [nərs] *n.f.* nurse
ਨਰਸਰੀ [nərsəri] *n.f.* nursery
ਨਰਸਿੰਗਾ [nərsĩga] *n.m.* horn, trumpet; also ਨਰਸਿੰਘਾ
ਨਰਕ [nərk] *n.f.* hell, inferno, Hades, perdition
~ ਕੁੰਡ *n.m.* same as ਨਰਕ, infernal pit
ਨਰਕਚੂਰ [nərkəcur] *n.m.* curcuma
ਨਰਕੀ [nərki] *adj.* hellish, infernal; sinful
ਨਰਗਸ [nərgəs] *n.f.* narcissus (flower and plant), jonquil, *Narcissus jonquilla*
ਨਰਗਸੀ [nərgəsi] *adj.* resembling ਨਰਗਸ flower, beautiful (eyes); pale yellow
ਨਰਗਾ [nərga] *n.m.* encirclement (of game animal or of enemy; central square of dice-board *esp.* ਚੌਸਰ[1]; also ਨਰਗ਼ਾ
~ ਪਾਉਣਾ *con.v.* to encircle, surround
ਨਰਤਕ [nərtək] *n.m.* see ਨਿਰਤਕਾਰ, dancer
ਨਰਤਕੀ [nərtəki] *n.f.* dancer, female dancer, dancing girl
ਨਰਦ [nərəd] *n.f.* counter, pawn (in dice)
~ ਪੁੱਗਣੀ *ph.* for ਨਰਦ to reach its goal; *fig.* to succeed or achieve one's goal
ਨਰਪਤ [nərpət] *n.m. lit.* lord of men; king, ruler; also ਨਰਪਤੀ
ਨਰਮ [nərəm] *adj.* soft, plastic, pliant, pliable, flexible; delicate, tender; gentle, mild, weak; moderate
~ ਕਰਨਾ *con.v.* to soften; *fig.* to assuage; to relax (rules); to lessen or reduce (punishment)
~ ਗੋਸ਼ਾ *n.m.* soft corner, partiality, favourable attitude
~ ਦਿਲ *adj.* kind-hearted, tender-hearted, compassionate, gentle
~ ਮਿਜ਼ਾਜ *adj.* same as *prec.;* also ਨਰਮ ਮਿਜ਼ਾਜ
ਨਰਮਾ [nərma] *n.m* a soft, superior variety of cotton or its plant, American cotton, *Gossypium religiosum*
ਨਰਮਾਇਸ਼ [nərmaıṣ] *n.f.* softness, plasticity, flexibility; suppleness; gentleness, tenderness, mildness, moderateness, moderation
ਨਰਮਾਈ [nərmai] *n.f.* same as *prec.*
ਨਰਮੀ [nərmi] *n.f.* see ਨਰਮਾਇਸ਼
ਨਰੜ [nərəṛ] *n.m.* tying an animal to another (in order to control both); close and fast tying
~ ਪਾਉਣਾ *con.v.* same as ਨਰੜਨਾ
ਨਰੜਨਾ [nərəṛna] *v.t.* to tie tightly or close together
ਨਰੜਾਉਣਾ [nərəṛauṇa] *v.t.* to have something, *usu.* animals tightly tied together
ਨਰੜਾਈ [nərəṛai] *n.f.* act of, wages for *prec.*
ਨਰੂੜਾ [nə́rəṛa] *n.m. dia.* tough kernal of carrot; *dia.* see ਨਖਰਾ
ਨਰ੍ਹਾਤਾ [nərátta] *n.m.* night-blindness, nyctalopia
ਨਰਾਇਣ [nəraıṇ] *n.m.* God

ਨਰਾਜ [nəraj] *adj.* displeased, estranged, angry, offended, annoyed, unhappy; also ਨਰਾਜ਼

~ ਕਰਨਾ *con.v.* to displease, offend, annoy, rub one up the wrong way

ਨਰਾਜਗੀ [nərajgi] *n.f.* displeasure, estrangement, anger, unhappiness; also ਨਾਰਾਜ਼ਗੀ

ਨਰਾਤਾ [nəratta] *n.m.* (*usu. pl.* ਨਰਾਤੇ) any of the nine days of fasting following the new moon of the Indian lunar months of Chet and Assu

ਨਰੇਸ਼ [nareṣ] *n.m.* king

ਨਰੇਲ [nərel] *n.m. colloq.* see ਨਾਰੀਅਲ

ਨਰੈਣ [nərɛṇ] *n.m.* same as ਨਰਾਇਣ, God

ਨਰੋਆ [nəroa] *adj.m.* free from disease, healthy; strong; tough

ਨਲ [nəl] *n.m.* water tap, hand pump; also ਨਲ਼

ਨਲ਼ [nəḷ] *n.m.* testicle, testis, *pl.* testes; muscles or sinews connecting testes to upper organs; groin

ਨਲ਼ਕਾ [nəḷka] *n.m.* hand pump

ਨਲ਼ਕੀ [nəḷki] *n.f.* tube, test tube; pipe, tube

ਨਲ਼ਾ [nəḷa] *n.m. colloq.* see ਨਾਲ਼ਾ; same as ਨਲ਼ੀ

ਨਲ਼ੀ [nəḷi] *n.f.* same as ਨਲ਼ਕੀ; glass pipe; spout; running nose; mucus sliding down from nostrils, drivel

ਨਲ਼ੀਏਰ [nəḷier] *n.m. colloq.* see ਨਾਰੀਅਲ

ਨਲ਼ੀਦਾਰ [nəḷidar] *adj.* tubular, tubulate, tubulous

ਨਵ [nəv] *pref.* signifying new; signifying nine

ਨਵਉਸਾਰੀ [nəvusari] *n.f.* new or fresh construction, reconstruction, rebuilding

ਨਵਸਾਖਰ [nəvsakhər] *adj.* neo-literate

ਨਵਖੰਡ [nəvkhə̃ḍ] *n.m. pl.* same as ਨੌਖੰਡ

ਨਵਜਨਮਾ/ਨਵਜਾਤ [nəvjənma/nəvjat] *adj.* new born

ਨਵਜੀਵਨ [nəvjivən] *n.m.* resurrection, new life

ਨਵਨਿਰਮਾਣ [nəvnɪrmaṇ] *n.m.* same as ਨਵਉਸਾਰੀ

ਨਵਬਸਤੀਵਾਦ [nəvbəstivad] *n.m.* neo-colonialism

ਨਵੰਬਰ [nəvə̃bər] *n.m.* November

ਨਵਯੁਗ [nəvyug] *n.m.* new era, new age, modern times

ਨਵਯੁਵਕ [nəvyuvək] *n.m.* same as ਯੁਵਕ, young man

ਨਵਯੁਵਤੀ [nəvyuvti] *n.f.* young woman, nubile girl

ਨਵਵਿਵਾਹਿਤ [nəvvɪvahɪt] *adj.* newly-wed

ਨਵ੍ਹਾ [nəvà] *v.form.* imperative of ਨਵ੍ਹਾਉਣਾ, bathe

ਨਵ੍ਹਾਂ [nə́vā] *n.m.* same as ਨਹੁੰਆਂ under ਨਹੁੰ; nails

ਨਵ੍ਹਾਉਣਾ [nəvàuṇa] *v.t.* to bathe, wash, cause or assist one to take bath, give a bath, lave

ਨਵਾਂ [nəvā] *adj.* new, fresh, nascent, novel, modern, recent; unfamiliar, unknown, strange; see ਨੌਵਾਂ, ninth

~ ਕਰਨਾ *con.v.* to furbish, refurbish, renew, renovate

~ ਨਕੋਰ/~ ਨਵੇਲਾ *adj.m.* absolutely new, brand new

~ ਨਰੋਆ *adj.m.* new and strong; quite healthy

ਨਵਾਕਫ਼ [nəvakəf] *adj.* same as ਨਾਵਾਕਫ਼

ਨਵਾਜਣਾ [nəvajəṇa] *v.t.* same as ਨਿਵਾਜਣਾ

ਨਵਾਜਬ [nəvajəb] *adj.* same as ਨਾਵਾਜਬ

ਨਵਾਂਪਣ [nəvā̃pəṇ] *n.m.* newness, freshness, modernity

ਨਵਾਬ [nəvab] *n.m.* a high ranking feudal title, governor, nawab, nabob, a noble

ਨਵਾਬਜ਼ਾਦਾ [nəvabzada] *n.m.* son of ਨਵਾਬ

ਨਵਾਬੀ [nəvabbi] *n.f.* title or station of ਨਵਾਬ, nabobship, governorship; *adj.* pertaining to ਨਵਾਬ

ਨਵਾਰ [nəvar] *n.f.* a kind of cotton webbing used for lining tents and stringing cots

ਨਵਾਰੀ [nəvari] *adj.* made or strung with ਨਵਾਰ

ਨਵਾਲਾ [nəvalla] *n.m.* morsel
ਨਵਿਆਉਣਾ [nəvɪauṇa] *v.t.* same as ਨਵਾਂ ਕਰਨਾ under ਨਵਾਂ
ਨਵਿਤ [nəvɪt] *adv.* same as ਨਿਮਿਤ
ਨਵੀਂ [nəvi] *adj.f.* same as ਨਵਾਂ; (for cattle) crossed, pregnant
~ ਕਰਾਉਣੀ *con.v.* to get (cattle) crossed, impregnated
ਨਵੀਂ² *adv.* for Rs. 9
ਨਵੀਨ [nəvin] *adj.* same as ਨਵਾਂ
ਨਵੀਨਤਮ [nəvintəm] *adj.* newest, most modern
ਨਵੀਨਤਾ [nəvinta] *n.f.* newness
ਨਵੀਨੀਕਰਨ [nəvinikərn] *n.m.* renewal, renovation
ਨੱਵੇ [nəvve] *adj.* same as ਨੱਬੇ, ninety
ਨਵੇਂ ਸਿਰ [nəvẽ sɪr] *adv.* afresh, again from the beginning, all over again
ਨਵੇਕਲਾ [nəvekəḷa] *adj.m.* especial, reserved, exclusive, set aside, separate, alone, isolated; *adv.* especially, exclusively, separately
ਨਵੇਕਲਾਪਣ [nəvekəḷapəṇ] *n.m.* exclusiveness, isolation
ਨਵੇਕਲਾਵਾਦ [nəvekəḷavad] *n.m.* isolationism
ਨੜ੍ਹਿਨਵਾਂ/ਨੜ੍ਹਿਨਵਿਆਂ [nəṛìnvā̃/nəṛìnvɪā̃] *adj.m.* ninety-nine
ਨੜ੍ਹਿਨਵੀਂ [nəṛìnvĩ] *adv.* for Rs. 99
ਨੜ੍ਹਿਨਵੇਂ [nəṛìnəvẽ] *adj.* ninety-nine
ਨੜਾ [nəṛa] *n.m.* a thin kind of bamboo or a thick reed with a hollow; weaver's shuttle
ਨੜੀ [nəṛi] *n.f.* pipe, reed-pipe; pipe of a hubble-bubble
ਨੜੀਮਾਰ [nəṛimar] *adj.* smoker
ਨੜੋਆ [nəṛoa] *n.m.* bier, hearse
ਨ੍ਹਾਉਣ [nàuṇ] *n.m.* bathing, bath
~ ਧੋਣ *n.m.* bathing and washing, ablutions
ਨ੍ਹਾਉਣਾ [nàuṇa] *v.i.* to bathe, take bath or a dip; to wash oneself
~ ਧੋਣਾ/ਨ੍ਹਾਈ ਧੋਈ *n.m. / n.f.* same as ਨ੍ਹਾਉਣ ਧੋਣ
ਨ੍ਹਾਤਾ ਧੋਤਾ [nàtatòta] *adj.m.* neat and clean, spic and span

ਨ੍ਰਿਤ/ਨਰਿਤ [nərɪt] *n.m.* same as ਨਿਰਤ
~ ਕਲਾ *n.f.* same as ਨਿਰਤਕਾਰੀ
ਨਾ [nā] *adv.* no; *pref.* expressing negative meaning
ਨਾਂ/ਨਾਉਂ [nā̃/naõ] *n.m.* name, title, designation; reputation, fame, renown, honour; *gr.* noun; signifier, signifying term
~ ਉੱਜਲ ਕਰਨਾ *ph.* to earn or bring honour or renown
~ ਹੋਣਾ *ph.* to be well known
~ ਕਮਾਉਣਾ *ph.* to make a name for oneself
~ ਕਰਨਾ *ph.* to do something for form's or name's sake
~ ਡੁਬੋਣਾ *ph.* to earn or cause disgrace or dishonour
~ ਥੇਹ/~ ਨਿਸ਼ਾਨ *n.m.* trace, evidence of existence
~ ਧਰਨਾ *ph.* to name; to accuse, attribute (to)
~ ਨਾ ਲੈਣਾ *ph.* not to mention at all; not to touch with a long or large pole
~ ਮਾਤਰ *adj. & adv.* very little, nominal, just in name, slight, slightly, insignificant, insignificantly
~ ਰੌਸ਼ਨ ਕਰਨਾ *ph.* same as ਨਾਂ ਉੱਜਲ ਕਰਨਾ
~ ਲਾਉਣਾ *ph.* to name, blame, accuse, attribute
~ ਲੈਣਾ *ph.* same as ਨਾਂ ਲਾਉਣਾ; same as ਨਾਮ ਜਪਣਾ under ਨਾਮ
ਨਾਉਮੀਦ [naumid] *adj.* without hope, despaired
ਨਾਉਮੀਦੀ [naumiddi] *n.f.* hopelessness, despair
ਨਾਓ [nao] *n.f.* boat
ਨਾਅਤ [naət] *n.f.* hymn, devotional song *esp.* of Muslims
ਨਾਅਰਾ¹ [nara] *n.m.* slogan; war-cry
ਨਾਅਰਾ² *adj.m.* see ਨਾਹਰਾ¹
ਨਾਅਰੇਬਾਜ਼ੀ [narebaji] *n.f.* slogan-shouting
ਨਾਅਲ [naəl] *n.f.* same as ਨਾਲ੍ਹ
ਨਾਇਆਂ [naɪā̃] *n.m.* the figure 9
ਨਾਇਕ [naɪk] *n.m.* leader, chief; hero, protagonist; an army rank equiva-

lent of corporal

ਨਾਇਕਾ [naıka] *n.f.* heroine

ਨਾਇਣ [naıṇ] *n.f.* same as ਨੈਣ²

ਨਾਇਤਫ਼ਾਕੀ [naıtfakki] *n.f.* same as ਫੁੱਟ²

ਨਾਇਨਸਾਫ਼ੀ [naınsafi] *n.f.* same as ਬੇਇਨਸਾਫ਼ੀ

ਨਾਇਬ [naıb] *adj.* deputy, assistant

ਨਾਈ [nai] *n.m.* barber

ਨਾਈਟ੍ਰੋਜਨ [naiṭərojən] *n.f.* nitrogen

ਨਾਈਲਨ [nailən] *n.f.* nylon

ਨਾਸ¹ [nas] *n.f.* nostril

ਨਾਸਾਂ ਭੰਨਣੀਆਂ *ph.* to give a thorough beating; to buffet severely

ਨਾਸ² *n.m.* destruction, extermination, eradication, obliteration, annihilation, ruination, extinction; mortality, death; fall, downfall, ruin, undoing; waste, dissipation, loss; also ਨਾਸ਼

~ ਕਰਨਾ *con.v.* to destroy, exterminate, eradicate, extirpate, obliterate, annihilate, ruin, spoil, wreck, damage, waste; to undo, subvert

ਨਾਸਕ/ਨਾਸ਼ਕ [nasək/naṣək] *adj.* destroyer, eradicator, killer; *suff.* as in ਕੀਟਨਾਸ਼ਕ insecticide

ਨਾਸ਼ਕਾਰੀ [naṣkari] *adj.* destructive

ਨਾਸ਼ਤਾ [naṣta] *n.m.* breakfast

ਨਾਸਤਿਕ [nastık] *adj.* atheist; unbeliever, non-believer, agnostic, heretic, sceptic, infidel, godless; apostate

ਨਾਸਤਿਕਤਾ [nastıkta] *n.f.* atheism, disbelief in God, agnosticism, scepticism; apostasy

ਨਾਸ਼ਪਾਤੀ [naṣpati] *n.f.* same as ਨਾਖ

ਨਾਸਮਝ [nasə́məj] *adj.* foolish, stupid, dull, ignorant, unwise

ਨਾਸਮਝੀ [nasə́mji] *n.f.* foolishness, stupidity, ignorance

ਨਾਸਵਾਨ [nasvan] *adj.* destructible, perishable, mortal, transient, transitory

ਨਾਸਾਜ਼ [nasaz] *adj.* indisposed, unwell

ਨਾਸ਼ਾਦ [naṣad] *adj.* unhappy, displeased, sad, wretched, miserable

ਨਾਸਿਕਤਾ [nasıkta] *n.f.* nasalisation

ਨਾਸਿਕੀ [nasıki] *adj.* nasal

ਨਾਸ਼ੁਕਰਗੁਜ਼ਾਰ/ਨਾਸ਼ੁਕਰਾ [naṣukərguzar/naṣukra] *adj. adj.m.* ungrateful

ਨਾਸੂਰ [nasur] *n.m.* a festering or purulent, suppurating sore, boil or wound, cankor, carbuncle, cancer; *fig.* constant pain, worry, sorrow or problem

ਨਾਂਹ [nã̀] *n.f.* refusal, denial; *adv.* no

~ ਨੁੱਕਰ *n.f.* refusal, denial; excuses

ਨਾਹੱਕ [nahəkk] *adv.* same as ਨਹੱਕ

ਨਾਹਣ [náṇ] *n.m.* same as ਨਹਿਣ

ਨਾਹਮਵਾਰ [nahəmvar] *adj.* not level, plane or smooth; uneven, rough, rugged, undulating, undulated

ਨਾਹਰਾ¹ [nára] *adj.m.* (bullock) with long horns straight or curved inwards; curved (horn)

ਨਾਹਰਾ² *n.m.* same as ਨਾਅਰਾ¹

ਨਾਂਹਵਾਚੀ [nã̀vaci] *adj.* negative

ਨਾਕਸ [nakəs] *adj.* faulty, defective; useless, bad, of inferior quality

ਨਾਂ ਕਟਾ [nã kəṭa] *adj.m.* same as ਨਾਮਕਟਾ

ਨਾਕਾ [nakka] *n.m.* barrier, blockade, barricade; dam

ਨਾਕਾਫ਼ੀ [nakafi] *adj.* insufficient, inadequate

ਨਾਕਾਬੰਦੀ/ਨਾਕੇਬੰਦੀ [nakkabə̃di/nakebə̃di] *n.f.* establishment of a ਨਾਕਾ (to check or control undesired movement *esp.* of criminals or suspects)

ਨਾਕਾਬਲ [nakabəl] *adj.* incapable, incompetent, inefficient, unfit

ਨਾਕਾਬਲੇ ਕਬੂਲ *adj.* unacceptable; unbelievable

ਨਾਕਾਬਲੀਅਤ [nakabəliət] *n.f.* incapability, incompetence, inefficiency, unfitness

ਨਾਕਾਮ [nakam] *adj.* unsuccessful

ਨਾਕਾਮਯਾਬ [nakamyab] *adj.* same as ਨਾਕਾਮ

ਨਾਕਾਮਯਾਬੀ/ਨਾਕਾਮੀ [nakamyabi/nakami] *n.f.* failure, defeat

ਨਾਖ [nakh] *n.f.* pear, *Pyrus communis,* sand pear

ਨਾਖੁਸ਼ [nakhuṣ] *adj.* not happy, unhappy, displeased
ਨਾਖੁਸ਼ਗਵਾਰ [nakhuṣgəvar] *adj.* unpleasant, displeasing; saddening; deletarious, disagreeable, uncongenial, insalubrious
ਨਾਖੁਨ [nakhun] *n.m.* same as ਨਹੁੰ
ਨਾਗ [nag] *n.m.* cobra, *Naja naja; fem.* ਨਾਗਣ
ਨਾਗਦਮਨ [nagdəmən] *n.m.* asparagus; also ਨਾਗਦੌਣ
ਨਾਗਫਨੀ [nagfəni] *n.f.* a variety of cactus, prickly pears
ਨਾਗਬਾਲਾ [nagbala] *n.f.* a variety of alyssum
ਨਾਗਰਮੋਥਾ [nagərmɔtha] *n.m.* a fragrant grass used medicinally, *Cyperus juncifolius* or *rotundus*
ਨਾਗਰਵੇਲ [nagərvel] *n.f.* betel plant, *Piper betel,* betel leaf
ਨਾਗਰਿਕ [nagrɪk] *n.m.* citizen; city or town dweller; *adj.* pertaining to city or town; municipal, urban; public, civil
~ ਅਭਿਨੰਦਨ *n.m.* public reception
ਨਾਗਰਿਕਤਾ [nagrɪkta] *n.f.* citizenship
ਨਾਗਰੀ [nagri] *n.f.* same as ਦੇਵਨਾਗਰੀ
ਨਾਗਵਲ਼ [nagvəḷ] *n.m.* clove hitch, clove knot
ਨਾਗਵਾਰ [nagəvar] *adj.* unbearable, unpleasant, disagreeable, repugnant, offensive
ਨਾਗਾ [naga] *n.m.* native of Nagaland; absence, omission, missing a routine (such as work, meal, bath or prayer)
~ ਪਾਉਣਾ *con.v.* to miss or omit a routine
~ ਪੈਣਾ *con.v.* for ਨਾਗਾ to occur, for routine to be broken
ਨਾਂਗਾ [nãga] *n.m.* unclad ascetic; a mendicant order of naked sadhus; a nude
ਨਾਚ [nac] *n.m.* dance, nautch, ball
~ ਘਰ *n.m.* dancing hall, ball room
ਨਾਚਾ [naca] *n.m.* dancer, danseur
ਨਾਚੀ [naci] *n.f.* dancer, danseuse, nautch girl
ਨਾਜ਼ [naz] *n.m.* graceful gesture, whim or caprice; coquetry, dalliance, flirtation, amorous-toying
~ ਉਠਾਉਣੇ *ph.* to treat coquetry indulgently
~ ਨਖ਼ਰਾ *n.m.* coquetry, dalliance, flirtation
~ ਨਿਹੋਰਾ *n.m.* flirtation accompanied by pretended complaints
~ ਨੀਨ *n.f.* beautiful delicate woman, coquette
~ ਬਰਾਦਰੀ *n.f.* bearing with whims of beloved, indulgence
ਨਾਜ਼ਕ [nazək] *adj.* delicate, tender, fragile, frail, weak; dainty; serious, critical, crucial, precarious, tenuous
~ ਮਿਜ਼ਾਜ *adj.* having delicate tastes, fastidious, squeamish
~ ਮਿਜ਼ਾਜੀ *n.f.* fastidiousness; preciosity
ਨਾਜ਼ਬੋ [nazbo] *n.f. colloq.* see ਨਿਆਜ਼ਬੋ
ਨਾਜ਼ਮ [nazəm] *n.m.* governor, administrator
ਨਾਜ਼ਰ [nazər] *n.m.* chief clerk of a court
ਨਾਜ਼ਲ ਹੋਣਾ [nazəl hoṇa] *con.v.* (for calamity or nature's wrath) to come down or descend (upon) or occur
ਨਾਜਾਇਜ਼ [najaɪz] *adj.* unfair, unjustifiable, improper; illicit, illegitimate, unlawful, illegal; wrongful, unjust
~ ਕਾਰਵਾਈ *n.f.* malfeasance, wrongful action
ਨਾਜ਼ੀ [nazi] *n.m. & adj.* Nazi, Natse
ਨਾਜ਼ੀਵਾਦ [nazivad] *n.m.* Nazism
ਨਾਟ [naṭ] *n.m.* dancing art, dramatic art, mimicry
~ ਸ਼ਾਸਤਰ *n.m.* dramaturgy, dramatics
~ ਸ਼ਾਲਾ *n.f.* theatre
~ ਕਲਾ *n.f.* same as ਨਾਟ; choreography
~ ਮੰਡਲੀ *n.f.* dancing troupe
ਨਾਟਕ [naṭək] *n.m.* drama, play, dramatic performance, histrionics
~ ਸੰਬੰਧੀ *adj.* thespian, dramatic; histrionic
~ ਚੇਟਕ *n.m.* show-business, dramatic

or other stagy or stagey entertainments

ਨਾਟਕਕਾਰ [naṭəkkar] *n.m.* dramatist, playwright

ਨਾਟਕੀ [naṭki] *adj.* dramatic

ਨਾਢੂਖਾਨ [náḍukhãn] *adj. & n.m.* proud, arrogant, blustering, swaggering; bully

ਨਾਤਸੱਲੀਬਖਸ਼ [natəsəllibəkhṣ] *adj.* unsatisfactory; disappointing; slipshod

ਨਾਤਜਰਬੇਕਾਰ [natəjərbekar] *adj.* inexperienced, callow, immature, raw, tyro, neophyte, novice

ਨਾਤਜਰਬੇਕਾਰੀ [natəjərbekari] *n.f.* inexperience, lack of experience, callowness

ਨਾਤਾ [natta] *n.m.* relationship; marital alliance; betrothal (of girl)

~ **ਕਰਨਾ** *ph.* to betroth (one's sister or daughter)

~ **ਜੋੜਨਾ** *ph.* to establish or to claim relationship (with)

~ **ਤੋੜਨਾ** *ph.* to break, snap relationship

ਨਾਤੀ [natti] *n.m.* daughter's progeny

ਨਾਤੇਦਾਰ [nattedar] *n.m.* same as ਰਿਸ਼ਤੇਦਾਰ

ਨਾਤੇਦਾਰੀ [nattedari] *n.f.* same as ਰਿਸ਼ਤੇਦਾਰੀ

ਨਾਥ [nath] *n.m.* lord, master; husband; a sect of Hindu ascetics, any member of it

ਨਾਦ [nad] *n.m.* sound; music; conch, horn

~ **ਵਜਾਉਣਾ** *con.v.* to blow conch or horn

~ **ਵਿੱਦਿਆ** *n.f.* musicology; acoustics

ਨਾਦਮ [nadəm] *adj.* ashamed, abashed, sorry

~ **ਹੋਣਾ** *con.v.* to lose face, be ashamed

ਨਾਦਰ [nadər] *adj.* rare, scarce, seldom found

ਨਾਦਾਨ [nadan] *adj.* ignorant, simple, naive; young, foolish

ਨਾਦਾਨੀ [nadani] *n.f.* ignorance, simplicity, naivete (as of the young)

ਨਾਦੀ [naddi] *adj.* voiced

ਨਾਨ [nan] *n.m.* a kind of round, flat bread, loaf

~ **ਖਤਾਈ** *n.f.* a kind of biscuit

~ **ਫ਼ਰੋਸ਼** *n.m.* seller of ਨਾਨ

ਨਾਨਕ [nanək] *n.m.* Guru Nanak Dev (1469-1539), the founder of Sikhism, nom de plume of the first five and the ninth Sikh Gurus

ਨਾਨਕਸ਼ਾਹੀ [nanəkṣái] *adj.* named after or dedicated to ਨਾਨਕ

ਨਾਨਕਪੰਥੀ [nanəkpə̃thi] *adj. & n.m* .follower of ਨਾਨਕ, Sikh, pertaining to Sikhism

ਨਾਨਕਾ [nanka] *adj.m.* belonging to maternal grandfather's family or village; *cf.* ਨਾਨਾ[2]

ਨਾਨਕੀ ਛੱਕ [nanki chəkk] *n.f.* presents to bride (collectively) from maternal grandparents or uncles

ਨਾਨਕੇ [nanke] *n.m. pl.* maternal grandfather's family or village; *adv.* to or at ਨਾਨਕਾ family or village

~ **ਦਾਦਕੇ** *n.m. pl.* families on mother's as well as on father's side; kith and kin

ਨਾਨਬਾਈ [nanbai] *n.m.* baker

ਨਾਨਾ[1] [nana] *adj.* various, diverse, different, varied, miscellaneous

ਨਾਨਾ[2] [nanna] *n.m.* maternal grandfather

ਨਾਨੀ [nanni] *n.f.* maternal grandmother

~ **ਯਾਦ ਆਉਣੀ** *ph.* to be at one's wit's ends, be in great trouble

~ **ਯਾਦ ਕਰਾਉਣੀ** *ph.* to teach one a lesson

ਨਾਪ [nap] *n.m.* measurement; survey; standard, measure, criterion; see ਮਾਪ

~ **ਤੋਲ** *n.m.* measure, measurement, weighing, weight

~ **ਤੋਲ ਦੀ ਇਕਾਈ** *ph.* unit of weight and measurement, module

ਨਾਪਸੰਦ [napəsə̃d] *adj.* not liked, disliked, disapproved, detested, resented

ਨਾਪਸੰਦਗੀ/ਨਾਪਸੰਦੀ [napəsə̃dgi/napəsə̃di] *n.f.* dislike, disapproval, resentment, detestation

ਨਾਪਣਾ [napəṇa] *v.t.* to measure; to weigh

ਨਾਪਾਇਦਾਰ [napaedar] *adj.* not lasting, transient, transitory, destructible, mortal, ephemeral, short-lived, perishable

ਨਾਪਾਇਦਾਰੀ [napaedari] *n.f.* transience, transitoriness, destructibility, ephemerality, perishability, ephem-eralness, perishableness

ਨਾਪਾਕ [napak] *adj.* unclean, polluted, unholy, impious, profane, desecrated, foul, defiled

ਨਾਪਾਕੀ [napaki] *n.f.* profanity, pollutedness, pollution, defilement, unholiness, profaneness

ਨਾਫ਼ [naf] *n.f.* navel, umbilicus, umbilication

~ **ਟਲ ਜਾਣੀ** *ph.* same as ਧਰਨ ਪੈਣੀ

ਨਾਫ਼ਹਿਮ [nafém] *adj.* same as ਨਾਸਮਝ

ਨਾਫ਼ਹਿਮੀ [nafémi] *n.f.* same as ਨਾਸਮਝੀ

ਨਾਫ਼ਰਮਾਨ [nafərman] *adj.* disobedient, insubordinate

ਨਾਫ਼ਰਮਾਨੀ [nafərmani] *n.f.* disobedience, insubordination

ਨਾਫ਼ਰਮਾਂਬਰਦਾਰ [nafərmãbərdar] *adj.* same as ਨਾਫ਼ਰਮਾਨ

ਨਾਫ਼ਾ [nafa] *n.m.* musk gland, musk bag, musk pod

ਨਾਬ [nab] *n.f.* knob

ਨਾਬਰ [nabbər] *adj.* rebellious, refusing to obey or accept, disobedient, recusant, recalcitrant

ਨਾਬਰਾਬਰ [nabərabbər] *adj.* unequal, unmatched, not matching, different

ਨਾਬਰਾਬਰੀ [nabərabəri] *n.f.* inequality, difference

ਨਾਬਰੀ [nabəri] *n.f.* recusancy, refusal to obey or accept, disobedience, recalcitrance, recalcitrancy, rebelliousness

ਨਾਬਾਲਗ [nabaləg] *adj.* underage, minor, not of legal age

ਨਾਬਾਲਗੀ/ਨਾਬਾਲਗੀਅਤ [nəbalgi/nabalgiət] *n.f.* minority

ਨਾਬੀਨਾ [nabina] *adj.* blind

ਨਾਭ/ਨਾਭੀ [náb/nábi] *n.f.* navel; central point; hub (of wheel)

ਨਾਮ [nam] *n.m.* same as ਨਾਂ or ਨਾਉਂ; dynamic creative principle; Reality, God, the Name; mystical word or formula to recite or meditate upon

~ **ਅਭਿਆਸ** *n.m.* meditation upon ਨਾਮ

~ **ਕਮਾਉਣਾ** *ph.* to earn name and fame

~ **ਜਪਣਾ** *con.v.* to recite or repeat the Name

~ **ਰਸ** *n.m.* ecstasy of meditation on the Name

~ **ਰਹਿਣਾ** *con.v.* to leave a name behind, be remembered after death

~ **ਲੇਵਾ** *n.m.* descendant; follower

~ **ਲੈਣਾ** *con.v.* same as ਨਾਮ ਜਪਣਾ; to receive the mystical word or formula from a spiritual teacher, be initiated

ਨਾਮਕ [namək] *adj.* bearing the name of, named, called, known as

ਨਾਮ ਕਟਾ [nam kəṭa] *adj.m.* dismissed, discharged

ਨਾਮਕਰਨ [namkərn] *n.m.* naming ceremony, christening

ਨਾਮਜ਼ਦ [namzəd] *adj.* nominated, designated, appointed

~ **ਕਰਨਾ** *con.v.* to nominate, designate, appoint (as)

ਨਾਮਜ਼ਦਗੀ [namzədgi] *n.f.* nomination, appointment, designation

ਨਾਮਣਾ [naməṇa] *n.m.* fame, renown, honour, good reputation

~ **ਖੱਟਣਾ** *ph.* same as ਨਾਮ ਕਮਾਉਣਾ

ਨਾਮਧਾਰੀ [namtàri] *n.m.* a sect of the Sikhs, member of this sect

ਨਾਮਨਜ਼ੂਰ [namənzur] *adj.* not approved or accepted, rejected, turned down, dismissed

ਨਾਮਰਦ [namərd] *adj. m.* impotent, effeminate; coward, timid; sexually weak

ਨਾਮਰਦੀ [namərdi] *n.f.* impotence, effeminateness, cowardice, timidity

ਨਾਮਵਰ [namvər] *adj.* same as ਨਾਮੀ[1]

ਨਾਮਵਰੀ [namvəri] *n.f.* renown, fame,

eminence, prominence
ਨਾਮਵਾਚੀ [namvaci] *adj. (gr.)* denotative
ਨਾਮਾ¹ [nama] *n.m.* letter, epistle; *suff.* meaning letter, document or book as in ਹੁਕਮਨਾਮਾ, ਸ਼ਾਹਨਾਮਾ
~ ਨਿਗਾਰ *n.m.* correspondent, journalist, news reporter
~ ਨਿਗਾਰੀ *n.f.* journalism
ਨਾਮਾ² *adj.m. n.m. colloq.* see ਨਾਵਾਂ¹, ਨਾਵਾਂ² and ਨੌਵਾਂ, ninth, cash
ਨਾਮਾਕੂਲ [namakul] *adj.* unreasonable, stupid, foolish
ਨਾਮਾਲੂਮ [namalum] *adj.* not known, unknown; slight, insignificant, very little
ਨਾਮਾਵਲੀ [namavəli] *n.f.* list of names, schedule, catalogue, nominal roll
ਨਾਮਿਹਰਬਾਨ [namérvan] *adj.* unkind, unsympathetic
ਨਾਮਿਲਵਰਤਨ [namılvərtən] *n.m.* non-cooperation
ਨਾਮੀ¹ [nammi] *adj.* renowned, famous, well-known, eminent (person)
ਨਾਮੀ² *adj.f. colloq. fem.* of ਨਾਮਾ², ninth
ਨਾਮੁਆਫ਼ਿਕ [namuafık] *adj.* unsuitable, uncongenial, incompatible
ਨਾਮੁਕੰਮਲ [namukə̃mməl] *adj.* incomplete
ਨਾਮੁਨਾਸਬ [namunasəb] *adj.* improper, indecent, inappropriate, wrong
ਨਾਮੁਮਕਿਨ [namumkın] *adj.* impossible
ਨਾਮੁਰਾਦ [namurad] *adj. lit.* having all desires frustrated; unfortunate, ill-fated, ill-omened; childless, issueless; evil, wicked; dangerous
ਨਾਯਾਬ [nayab] *adj.* not to be found, unavailable, rare, scarce
ਨਾਰ [nar] *n.f.* woman; wife
ਨਾਰੰਗੀ [narə̃gi] *n.f.* same as ਸੰਗਤਰਾ, orange
ਨਾਰਦ [ṇarəd] *n.m.* a sage in Hindu mythology; *slang.* trouble-maker; clever, cunning person
ਨਾਰ੍ਹਾ [nára] *n.m.* same as ਨਾਅਰਾ²; *adj.* same as ਨਾਹਰਾ¹
ਨਾਰਾਇਣ [naraıṇ] *n.m.* same as ਨਰਾਇਣ, god
ਨਾਰਾਜ਼ [naraz] *adj.* same as ਨਰਾਜ
ਨਾਰੀ [nari] *n.f.* same as ਨਾਰ; *adj.* produced from fire (as aganist ਖ਼ਾਕੀ, produced from earth)
ਨਾਰੀਅਲ [nariəl] *n.m.* coconut; coconut palm; *Cocos nucifera*
ਨਾਲ਼¹ [naḷ] *prep.* with, along with, alongside, together with; by means of
~ ਦਾ *adj.* accompanying, accomplice; adjacent
~ ਨਾਲ਼/ਨਾਲ਼ੇ~ *adv.* along, close together, cheek by jowl, alongside, simultaneously, side by side (with)
~ ਲਗਦਾ *adj.m.* adjoining, adjacent, contiguous; concomitant, connected
ਨਾਲ਼² *n.f.* tube, pipe, conduit; a kind of bottle *usu.* made of hollow bamboo for administering medicine to cattle
ਨਾਲਸ਼ [nələṣ] *n.f.* complaint, petition for redress, assumpsit
~ ਕਰਨੀ *con.v.* to file ਨਾਲਸ਼
ਨਾਲ੍ਹ [náḷ] *n.f.* horse-shoe; similar iron plates for bullock's hooves
~ ਲਾਉਣੀ *con.v.* to shoe (animals)
ਨਾਲ੍ਹਬੰਦ [nálbə̃d] *n.m.* farrier; *adj.* (animal) shod
ਨਾਲ੍ਹਬੰਦੀ [nálbə̃di] *n.f.* process of shoeing horses or bullocks; profession of farrier, farriery
ਨਾਲਾ [nala] *n.m.* wail, mournful cry
ਨਾਲ਼ਾ [naḷa] *n.m.* rivulet, stream, brook, channel, ravine, gutter, sewer; cord for fastening trousers or underwear shorts to the waist
ਨਾਲਾਇਕ [nalaık] *adj.* unintelligent, dull, obtuse, stupid; inefficient; *lit.* incapable
ਨਾਲਾਇਕੀ [nalaıki] *n.f.* a ਨਾਲਾਇਕ act; dullness, obtuseness, stupidity; inefficiency
ਨਾਲ਼ੀ [naḷi] *n.f.* drain, gutter; barrel, muzzle; pipe, tube, duct, conduit; hollowbone

ਨਾਵ [nav] *n.f.* same as ਨਾਓ, boat
ਨਾਂਵ [nãv] *n.m. (gr.)* noun, name
ਨਾਵਕ [navək] *n.m.* boatman, oarsman
ਨਾਵਲ [navəl] *n.m.* novel
ਨਾਵਲਕਾਰ/ਨਾਵਲਿਸਟ [navəlkar/navəlɪst] *n.m.* novelist
ਨਾਵਲਕਾਰੀ [navəlkari] *n.f.* art for practice of novel-writing
ਨਾਵਾਂ[1] [navã] *adj.m.* same as ਨੌਵਾਂ, ninth
ਨਾਵਾਂ[2] *n.m.* cash, money, record of or receipt for borrowed cash or debt; *pl.* of ਨਾਂ, or ਨਾਉਂ, names; *pl.* of ਨਾਓ and ਨਾਂਵ[2], boats
ਨਾਵਾਕਫ਼ [navakəf] *adj.* unacquainted, stranger; ignorant, uninformed
ਨਾਵਾਜਬ [navajəb] *adj.* improper, unjust, unjustified, unconscionable; *adv.* improperly, unjustly, unconscionably, unscrupulously
ਨਾੜ[1] [naṛ] *n.m.* hollow, dry stalks of plants (as of wheat)
ਨਾੜ[2]**/ਨਾੜੀ** [naṛi] *n.f.* pulse; vein, tendon, sinew, duct, nerve
~ **ਪ੍ਰਬੰਧ** *n.m.* nervous system
~ **ਵਿਗਿਆਨ** *n.m.* neurology
ਨਾੜੂ/ਨਾੜੂਆ [naṛu/naṛua] *n.m.* umbilical cord
ਨਿ- [nɪ-] *pref.* used in negative adjectives as in ਨਿਹੱਥਾ or ਨਿਛੋਹ
ਨਿਊਕਲਿਆਈ/ਨਿਊਕਲੀਅਰ [nɪukəlɪai/nɪukəliər] *adj.* nuclear
ਨਿਊਣਕੋਣ [nɪuṇkoṇ] *n.m.* acute angle
ਨਿਊਣਤਮ [nɪuṇtəm] *adj.* least, lowest
ਨਿਓਂ [nɪõ] *v.form* imperative of ਨਿਓਂਣਾ, bow
ਨਿਓਜਨ [nɪojən] *n.m.* same as ਨਿਯੋਜਨ, planning
ਨਿਓਜ਼ਾ [nɪoza] *n.m.* a kind of nut, pineseed
ਨਿਓਟਾ [nɪoṭa] *adj.m.* shelterless, without refuge, unprotected, destitute
ਨਿਓਂਣ [nɪõṇ] *n.m.* act or process of ਨਿਓਂਣਾ
ਨਿਓਂਣਾ [nɪõṇa] *v.i.* to bow, bend, stoop; to submit, yield
ਨਿਓਂਦਰਾ/ਨਿਓਂਦਾ [nɪõdra/nɪõda] *n.m.* invitation; reciprocal, cash contribution on occasion of marriage also ਨਿਓਤਾ
~ **ਘੱਲਣਾ/~ ਦੇਣਾ** *con.v.* to invite; to extend invitation
~ **ਪਾਉਣਾ** *con.v.* to make reciprocal contribution
ਨਿਓਲ਼/ਨਿਓਲ਼ਾ [nɪoḷ/nɪoḷa] *n.m.* mongoose
ਨਿਓਲ਼ੀ[1]**/ਨਿਓਲ਼ੀ ਕਰਮ** [nɪoḷi/nɪoḷi kərm] *n.m.* a yogic exercise to clean intestines
ਨਿਓਲ਼ੀ[2] *n.f. dia.* see ਘੁਰਲੀ; frown, scowl
~ **ਵੱਟਣੀ** *con.v.* to frown (upon), scowl, glower
ਨਿਆਂ [nɪã] *n.m.* justice, equity; fair play; also ਨਿਆਉਂ
ਨਿਆਇ [nɪae] *n.m.* logic; same as ਨਿਆਂ
~ **ਸ਼ਾਸਤਰ** *n.m.* a treatise on logic
ਨਿਆਇਕ [nɪaɪk] *adj.* judicial
~ **ਜਾਂਚ** *n.f.* judicial inquiry
ਨਿਆਈਂ[1] [nɪaĩ] *adj.* same as ਨਿਆਂਕਾਰ
ਨਿਆਈਂ[2] *n.f.* land in the immediate vicinity of village
ਨਿਆਈਂ[3] *prep & adv.* same as ਵਾਂਗ[2], like
ਨਿਆਸ [nɪas] *n.m.* deposit; something entrusted for safe-keeping; pledge, investment
ਨਿਆਸਰਾ [nɪasəra] *adj.m.* shelterless, supportless, without means, destitute
ਨਿਆਂਸ਼ੀਲ [nɪãṣil] *adj.* just, judicious, equitable
ਨਿਆਂਸ਼ੀਲਤਾ [nɪãṣilta] *n.f.* justness, judiciousness
ਨਿਆਂਹੀਣ [nɪãhiṇ] *adj.* unjust, unfair, inequitable
ਨਿਆਂਹੀਣਤਾ [nɪãhiṇta] *n.f.* unjustness; unfairness, inequity, inequitableness
ਨਿਆਂਕਾਰ/ਨਿਆਂਕਾਰੀ [nɪãkar/nɪãkari] *adj.* dispenser of impartial justice; just, fair, impartial (judge, king, etc.)
ਨਿਆਜ਼ [nɪaz] *n.m.* favour, help, trust
~ **ਹਾਸਲ ਕਰਨਾ** *ph.* to see, meet, have the honour of seeing (a personage)
ਨਿਆਜ਼ਬੋ [nɪazbo] *n.f.* sweet basil, *Ocimum basilicum*

ਨਿਆਜ਼ਮੰਦ [nɪazmə̃d] *adj.* seeker of ਨਿਆਜ਼, supplicant, suppliant

ਨਿਆਣਪੁਣਾ [nɪaṇpuṇa] *n.m.* childishness

ਨਿਆਣਾ[1] [nɪaṇa] *adj.m.* young, of unripe age, childlike; *n.m.* young child, little one, offspring

ਨਿਆਣਾ[2] *n.m.* rope fastening together the hind legs of a cow while milking ~ ਪਾਉਣਾ *con.v.* to fasten with ਨਿਆਣਾ; *fig.* to entangle or control (a person)

ਨਿਆਂਪੂਰਨ [nɪãpurn] *adj.* just, fair, equitable (actions or judgement); reasonable

ਨਿਆਮਤ [nɪamət] *n.f.* something highly valuable or desirable, God-given; boon, blessing, gift, favour

ਨਿਆਰਾ [nɪara] *adj.m.* different, distinct, separate, uncommon, peculiar, strange

ਨਿਆਰਾਪਣ [nɪarapəṇ] *n.m.* uncommonness, distinctness, peculiarity

ਨਿਸ਼ [nɪṣ] *pref.* meaning without

ਨਿਸ਼ਕਪਟ [nɪṣkəpṭ] *adj.* candid, frank, sincere

ਨਿਸ਼ਕਪਟਤਾ [nɪṣkəpəṭta] *n.f.* candour, frankness, sincerity

ਨਿਸ਼ਕਰਸ਼ [nɪṣkərṣ] *n.m.* conclusion, outcome, result, inference, deduction; essence, substance ~ ਕੱਢਣਾ *con.v.* to conclude, infer or deduce

ਨਿਸ਼ਕਾਮ [nɪṣkam] *adj.* disinterested, without desire for reward

ਨਿਸ਼ੰਗ [nɪṣə̃g] *adv.* without hesitation, unhesitatingly, frankly, openly; by all means

ਨਿਸ਼ਚਲ [nɪṣcəl] *adj.* same as ਨਿਹਚਲ

ਨਿਸ਼ਚਾ [nɪṣca] *n.m.* faith, belief, trust; confidence, determination, resolution

ਨਿਸ਼ਚਿਤ [nɪṣcɪt] *adj.* definite, certain, settled, decided; fixed, precise; positive, indubitable, indisputable

ਨਿਸ਼ਚਿੰਤ [nɪṣcĩt] *adj.* free from worry or anxiety, reassured, carefree

ਨਿਸ਼ਚੇਆਤਮਿਕ [nɪṣceatmɪk] *adj.* firm, settled, certain, indubitable, determined

ਨਿਸ਼ਚੇ ਹੀ [nɪṣce hi] *adv.* certainly, without doubt, undoubtedly, surely, assuredly

ਨਿਸ਼ਚੇਹੀਨ [nɪṣcehin] *adj.* without faith or belief, non-believer; wavering, ambivalent, diffident

ਨਿਸ਼ਚੇਹੀਨਤਾ [nɪṣcehinta] *n.f.* lack of faith or belief, non-belief, ambivalence, uncertainty, diffidence

ਨਿਸ਼ਚੇਪੂਰਵਕ [nɪṣcepurvək] *adj. & adv.* certain, certainly, determinedly, resolutely

ਨਿਸ਼ਚੇਯੋਗ [nɪṣceyog] *adj.* believable, credible, reliable

ਨਿਸ਼ਚੇਵਾਚਕ [nɪṣcevacək] *adj.* convincing, decisive, determinative, deterministic

ਨਿਸ਼ਚੇਵਾਦ [nɪṣcevad] *n.m.* determinism

ਨਿਸ਼ਚੇਵਾਦੀ [nɪṣcevadi] *adj.* determinist; deterministic

ਨਿਸ਼ਠਾ [nɪṣṭha] *n.f.* faith, belief; allegiance, loyalty, submission

ਨਿਸ਼ਠਾਵਾਨ [nɪṣṭhavan] *adj.* firm believer, religious (person), faithful

ਨਿਸਤਾਰਾ [nɪstara] *n.m.* salvation, emancipation, redemption, deliverance, liberation

ਨਿਸਦਿਨ [nɪsdɪn] *adv.* day and night, always

ਨਿਸਫਲ [nɪsfəl] *adj.* fruitless, in vain, unsuccessful, abortive

ਨਿਸਬਤ [nɪsbət] *n.f.* ratio, proportion; relation, connection, affinity; comparison

ਨਿਸਬਤਨ [nɪsəbtən] *adv.* relatively, comparatively, proportionately

ਨਿਸਬਤੀ [nɪsbəti] *adj.* related, relative

ਨਿੱਸਰਨਾ [nɪssərna] *v.i.* to blossom, bloom, flower; to grow top shoots bearing ears of corn; (for crops) to ripen

ਨਿੱਸਲ਼ [nɪssəḷ] *adj.* lying flat with limbs straight or stretched, relaxing, lying comfortably

ਨਿਸ਼ਾ [nɪṣa] *n.f.* satisfaction, satiety, sur-

feit; night
~ ਹੋਣੀ *con.v.* to be satisfied, satiated
~ ਕਰਨੀ *con.v.* to satisfy, satiate; to eat or do something to one's entire satisfaction
ਨਿਸ਼ਾਸਤਾ [nɪṣasta] *n.m.* gluten of wheat, flour of wheat without its outer crust
ਨਿਸ਼ਾਨ [nɪṣan] *n.m.* mark, sign, trace, indication; scar, spot; flag, standard; brand, trademark, logo, logotype
ਨਿਸ਼ਾਨ ਸਾਹਿਬ [nɪṣan sáb] *n.m.* Sikh flag, pennant or standard
ਨਿਸ਼ਾਨਦਿਹੀ [nɪṣandéi] *n.f.* demarcation
~ ਕਰਨੀ *con.v.* to demarcate
ਨਿਸ਼ਾਨਚੀ [nɪṣanci] *n.m.* marksman; sniper
ਨਿਸ਼ਾਨਾ [nɪṣanna] *n.m.* aim, object, objective, target, goal, end; hit at the target
~ ਬੰਨ੍ਹਣਾ *con.v.* to aim (weapon) at, take aim
~ ਲਾਉਣਾ *con.v.* to hit the target
ਨਿਸ਼ਾਨੀ [nɪṣanni] *n.f.* sign, symbol, mark, indication; token, keepsake, memento, relic, memorial, monument
ਨਿਸ਼ਾਨੇਬਾਜ਼ [nɪṣannebaz] *n.m.* same as ਨਿਸ਼ਾਨਚੀ
ਨਿਸ਼ਾਨੇਬਾਜ਼ੀ [nɪṣannebazi] *n.f.* firing or archery, shooting practice, marksmanship
ਨਿਸਾਰ[1] [nɪsar] *n.f.* aqueduct of Persian wheel through which water is discharged into a pit or a channel
ਨਿਸਾਰ[2] *adj.* same as ਕੁਰਬਾਨ, sacrificed
ਨਿਸਾਲ੍ਹਨਾ [nɪsaḷna] *v.i.* to straighten, stretch (limbs); *cf.* ਨਿੱਸਲ
ਨਿਸ਼ੁਕਰਾ [nɪṣukra] *adj.m.* urgrateful, thankless
ਨਿਸ਼ੇਧ [nɪṣéd] *n.m.* prohibition, forbiddance, interdict, ban, interdiction, taboo, proscription; *adj.* prohibited, forbidden, interdicted, banned, taboo, proscribed, outlawed
ਨਿਸ਼ੇਧਾਤਮਿਕ [nɪṣédatmɪk] *adj.* prohibitory, prohibitive, proscriptive
ਨਿਹ [né] *pref.* indicating negation
ਨਿਹਸਵਾਰਥ [nésəvarth] *adj.* unselfish, selfless, disinterested (act)
ਨਿਹਸਵਾਰਥੀ [nésəvarthi] *adj.* unselfish, selfless (person)
ਨਿਹਕਲੰਕ [nékələ̃k] *adj.* without blemish, unblemished, unstained, untainted, taintless, pure; *n.m.* the last prophet or divine incarnation in Indian mythology yet to appear
ਨਿਹੰਗ [nɪhə̃g] *n.m. & adj.* a sect of baptised Sikhs, any of its members; without taint, pure
ਨਿਹੰਗਤਾ [nɪhə̃gta] *n.f.* purity of character
ਨਿਹਚਲ [nécəl] *adj.* immovable, indestructible, eternal, everlasting, permanent
ਨਿਹਚਾ [néca] *n.m.* same as ਨਿਸ਼ਚਾ
ਨਿਹੱਥਾ [nɪhəttha] *adj.* unarmed; empty-handed
~ ਕਰਨਾ *con.v.* to disarm
ਨਿਹਫਲ [néfəl] *adj.* same as ਨਿਸ਼ਫਲ
ਨਿਹਮਤ [némət] *n.f.* same as ਨਿਆਮਤ
ਨਿਹਾਇਤ [nɪhaɪt] *adj. & adv.* very much, extreme, excessive; extremely, greatly, exceedingly
ਨਿਹਾਈ [nɪhai] *n.f. dia.* see ਅਹਿਰਨ, anvil
ਨਿਹਾਰਨਾ [nɪharna] *v.i.t.* same as ਦੇਖਣਾ
ਨਿਹਾਰੀ [nɪhari] *n.f.* a paste made with certain condiments, jaggery and flour used as digestive medicine for horses; breakfast
ਨਿਹਾਲ [nɪhal] *adj.* delighted, glad, happy; exalted, elevated, rapturously excited
ਨਿਹਾਲੀ [nɪhalli] *n.f. informal.* quilt
ਨਿਹਿਤ [nɪhɪt] *adj.* placed, kept, included
ਨਿਹੁੰ [nɪõ] *n.m.* love, deep attachment, devotion, adoration, doting, excessive fondness
~ ਲਾਉਣਾ *con.v.* to fall in love (with), be emotionally attached (to)
ਨਿਹੋਰਾ [nɪhora] *n.m.* same as ਗਿਲਾ, complaint
ਨਿਕ ਸੁਕ [nɪk suk] *n.m.* odds and ends

miscellaneous articles, bric-a-brac, knick-knack, trinketry, gimcracks

ਨਿਕਟ [nɪkəṭ] *adv.* near, close by; *adj.* near, proximate; close, intimate

ਨਿਕਟਤਮ [nɪkəṭṭəm] *adj. & adv.* nearest, closest, most intimate

ਨਿਕਟਤਾ [nɪkəṭta] *n.f.* nearness, proximity; intimacy

ਨਿਕਟਵਰਤੀ [nɪkəṭvərti] *adj.* intimate, closely related, proximal, proximate situated or standing near

ਨਿਕਟੀ [nɪkəṭi] *adj.* same as *prec.*

ਨਿਕਬੁਰਜੁਆਜ਼ੀ [nɪkburjuazi] *n.f.* petty bourgeoise, petite bourgeoisie

ਨਿਕੰਮਾ [nɪkə̃mma] *adj.m.* idle, inactive, jobless; lazy, otiose, indolent; useless, worthless, good-for-nothing, ineffectual

ਨਿਕਮੂਰਤ [nɪkmurət] *n.f.* miniature painting

ਨਿਕਮੂਰਤੀ ਕਲਾ *n.f.* miniature art

ਨਿੱਕਰ¹ [nɪkkər] *n.m.* small lump or piece of rock salt/jaggery, etc.

ਨਿੱਕਰ² *n.f.* knickers, shorts, short pants

ਨਿਕਰਮਾ [nɪkərma] *adj.m.* unlucky, unfortunate, ill-fated, hapless, luckless; *fem.* ਨਿਕਰਮਣ

ਨਿਕਲ [nɪkəl] *n.m.* nickel; nickel-plating

~ ਕਰਨਾ *con.v.* to nickel

ਨਿਕਲ਼ [nɪkəḷ] *v.form* imperative of ਨਿਕਲ਼ਨਾ come out

ਨਿਕਲ਼ਨਾ [nɪkəḷna] *v.i.* to come out, emerge, come forth, emanate, appear; (for sun, moon) to rise; to go out from, leave, make one's exit; to be expelled, excluded; (for debit or credit) to amount to, be due to; (for books, journal, etc.) to be published, issued (from); (for harvest, yield) to come to, amount to; (for minerals, etc.) be dug out, mined, excavated, produced

ਨਿੱਕੜ ਸੁੱਕੜ [nɪkkəṛ sukkəṛ] *n.m.* same as ਨਿਕ ਸੁਕ

ਨਿਕੜਾ [nɪkəṛa] *adj.m.* small in stature, diminutive

ਨਿਕੜੀ [nɪkəṛi] *adj.f.* same as ਨਿਕੜਾ, petite

ਨਿੱਕਾ [nɪkka] *adj.m.* same as ਛੋਟਾ, small, young

ਨਿਕਾਸ [nɪkas] *n.m.* discharge, emission, outflow, egress, excretion; exit, outlet, vent; catharsis; evacuation

ਨਿਕਾਸੀ [nɪkassi] *n.m.* same as ਨਿਕਾਸ; vacated, abandoned, left behind, evacuee (property)

ਨਿਕਾਸੂ [nɪkassu] *adj.* exportable, available, for disposal, surplus; (for canals) without proper headworks and fed by overflow of a river, seasonal

ਨਿਕਾਹ [nɪká] *n.m.* marriage through Muslim rites, Mohammadan marriage

~ ਪੜ੍ਹਾਉਣਾ/~ ਕਰਾਉਣਾ/~ ਕਰਨਾ *con.v.* to marry

ਨਿਕਾਹਨਾਮਾ [nɪkánamma] *n.m.* marriage certificate

ਨਿਕਾਬ [nɪkab] *n.m.* same as ਨਕਾਬ

ਨਿਕਾਲ਼ਾ [nɪkaḷa] *n.m.* ousting, banishment, eviction

ਨਿਕੋਰ [nɪkor] *adj.* see ਨਵਾਂ ਨਕੋਰ

ਨਿਖਸਮਾਂ [nɪkhəsmā] *adj.m.* masterless, uncared for, unclaimed; homeless

ਨਿਖੱਟੂ [nɪkhəṭṭu] *adj.* see ਨਖੱਟੂ

ਨਿਖੱਤਾ [nɪkhətta] *adj.m.* see ਨਖੱਤਾ

ਨਿੱਖਰ [nɪkkhər] *v.form* imperative of ਨਿੱਖਰਨਾ

ਨਿੱਖਰਨਾ [nɪkkhərna] *v.i.* to clear, brighten up; to be cleaned or cleansed

ਨਿੱਖਰਵਾਂ [nɪkkhərvā] *adj.m.* bright, brightening, lustrous

ਨਿੱਖੜ [nɪkkhəṛ] *v.form* imperative of ਨਿੱਖੜਨਾ, move apart

ਨਿੱਖੜਨਾ [nɪkkhəṛna] *v.i.* to separate, part

ਨਿੱਖੜਵਾਂ [nɪkkhəṛvā] *adj.* distinct, detached, detachable, separable, distinguished, separate

ਨਿਖਾਰ [nɪkhar] *n.m.* brightness, lustre, clearness, cleanliness; bleaching, cleansing or brightening agent, detergent

ਨਿਖਾਰਨਾ [nıkharna] *v.t.* to clean, cleanse, rinse, brighten, clear

ਨਿਖਿੱਦ [nıkhıdd] *adj.* same as ਨਖਿੱਧ

ਨਿਖੁੱਟ [nıkhuṭṭ] *v.form* imperative of ਨਿਖੁੱਟਣਾ

ਨਿਖੁੱਟਣਾ [nıkhuṭṭəṇa] *v.i.* to be exhausted, wholly expended, finished, become deficient, lacking, wanting

ਨਿਖੇਦ [nıkhed] *n.m.* same as ਨਿਸ਼ੇਧ

ਨਿਖੇਦਵਾਦ [nıkhedvad] *n.m.* nihilism

ਨਿਖੇਦਵਾਦੀ [nıkhedvadi] *adj.* nihilist

ਨਿਖੇਦੀ [nıkhedi] *n.f.* condemnation, censure, obloquy, opprobrium

ਨਿਖੇੜ [nıkheṛ] *n.m.* same as ਨਿਖੇੜਾ; *v.form* imperative of ਨਿਖੇੜਨਾ, sort, separate

ਨਿਖੇੜਕ [nıkheṛək] *adj.* distributive, distributor, separator, analytic, analyst

ਨਿਖੇੜਨਾ [nıkheṛna] *v.t.* to separate, sort, differentiate, discriminate; to analyse

ਨਿਖੇੜਵਾਂ [nıkheṛvã] *adj.* separating, differentiating, analytical

ਨਿਖੇੜਾ [nıkheṛa] *n.m.* separation, (process of) distinction, differentiation, discrimination, analysis

~ **ਕਰਨਾ** *con.v.* to differentiate, analyse, separate

ਨਿਖੇੜੂ [nıkheṛu] *adj.* separator, discriminator, separative, analyser; *fig.*(one) who creates misunderstanding/dissension or division

ਨਿਗਮ [nıgəm] *n.m.* corporation

ਨਿਗਮਨ [nıgmən] *n.m.* deduction, logical conclusion

ਨਿਗਮਨਾਤਮਿਕ/ਨਿਗਮਨੀ [nıgəmənatmık/nıgməni] *adj.* deductive

ਨਿੱਗਰ [nıggər] *adj.* solid, compact, hard, firm; heavy, strong, substantial, weighty

ਨਿੱਗਰਤਾ [nıggərta] *n.f.* solidness, solidity compactness, hardness, weight, strength

ਨਿਗਰਾਨ [nıgran] *n.m. & adj.* supervisor, overseer, controller, manager, caretaker, watch; invigilator, superintendent, surveillant

ਨਿਗਰਾਨੀ [nıgrani] *n.f.* supervision, superintendence, watchfulness, caretaking, management, watch, vigil, surveillance, control

ਨਿਗਲ਼ [nıgəḷ] *v.form* imperative of ਨਿਗਲ਼ਨਾ, swallow

ਨਿਗਲ਼ਨਾ [nıgəḷna] *v.t.* to swallow, devour, gulp, gobble; to engulf; to eat away, erode; *fig.* to embezzle, usurp

ਨਿਗੱਲਾ [nıgəlla] *adj.m.* same as ਨਗੱਲਾ

ਨਿਗ੍ਹਾ/ਨਿਗਾਹ [nıgá] *n.f.* same as ਨਜ਼ਰ

ਨਿਗ੍ਹਾਬਾਨ [nıgában] *adj.* same as ਨਿਗਰਾਨ; protector, guardian

ਨਿਗ੍ਹਾਬਾਨੀ [nıgábani] *n.f.* same as ਨਿਗਰਾਨੀ; protection, guard

ਨਿਗੁਰਾ [nıgura] *adj.m.* (one) who has no spiritual guide or mentor; unprincipled

ਨਿਗੂਣਾ [nıguṇa] *adj.m.* petty, paltry, trivial; trifling, insignificant, negligible

~ **ਮਨੁੱਖ** *n.m.* a small fry, a nobody

ਨਿੱਘ [níg] *n.m.* warmth, cosiness, snugness

ਨਿੱਘਰ [níggər] *v.form* imperative of ਨਿੱਘਰਨਾ

ਨਿੱਘਰਨਾ [níggərna] *v.i.* to sink, go under, (as in quick-sand) be submerged

ਨਿਘਰਾ [nıkə̀ra] *adj.m.* homeless

ਨਿੱਘਾ [nígga] *adj.m.* warm, cosy, snug; *fig.* warm-hearted, affectionate

ਨਿਘਾਸ [nıgàs] *n.m.* same as ਨਿੱਘ; *fig.* profit, benefit

ਨਿਘਾਰ [nıgàr] *n.m.* process or degree of sinking, decadence

ਨਿਘਾਰਨਾ [nıgàrna] *v.t.* to sink or cause to sink, submerge; *cf.* ਨਿੱਘਰਨਾ

ਨਿਚੱਲਾ [nıcəlla] *adj.m.* inactive, immobile, motionless, static; quiet, still

ਨਿਚਿੰਤ [nıcĩt] *adj.* same as ਨਿਸ਼ਚਿੰਤ

ਨਿਚਿੰਤਤਾ [nıcĩtəta] *n.f.* freedom from care/anxiety or sorrow; unconcerned or detached attitude or nature

ਨਿਚੋੜ [nɪcoṛ] *n.m.* same as ਨਚੋੜ

ਨਿੱਛ [nɪcch] *n.f.* sneeze

~ ਆਉਣੀ/ਮਾਰਨੀ *con.v.* to sneeze

ਨਿਛਾਵਰ [nɪchavər] *adj.* same as ਕੁਰਬਾਨ, sacrificed

ਨਿਛੋਹ [nɪchó] *adj.* same as ਅਣਛੋਹ, untouched, brand new

ਨਿਜ/ਨਿੱਜ [nɪj/nɪjj] *pron.* self, oneself, one's own person

ਨਿਜਤਵ [nɪjtəv] *n.m.* selfhood, individuality, ego

ਨਿਜਵਾਚਕ [nɪjvacək] *adj. (gr.)* personal or reflective (pronoun)

ਨਿਜਵਾਦ [nɪjvad] *n.m.* individualism

ਨਿਜਵਾਦੀ [nɪjvadi] *adj.* individualist, individualistic

ਨਿਜਾਤ [nɪjat] *n.f.* same as ਨਜਾਤ

ਨਿਜ਼ਾਮ [nɪzam] *n.m.* same as ਨਜ਼ਾਮ[1]

ਨਿੱਜੀ [nɪjji] *adj.* personal, own; private

ਨਿਝਕ [nɪcək] *adj.* unhesitating, unabashed, forward, bold, fearless, reckless; frank

ਨਿੱਠ ਕੇ ਬਹਿਣਾ [nɪṭṭh ke bɛ́ṇa] *ph.* to squat, sit with legs crossed under one's body

ਨਿਡਰ [nɪḍər] *adj.* fearless, intrepid, bold, brave, dauntless, courageous

ਨਿਡਰਤਾ [nɪḍərta] *n.f.* fearlessness, intrepidness, intrepidity, dauntlessness, boldness, bravery, courage

ਨਿਢਾਲ਼ [nɪṭàḷ] *adj.* extremely tired, weary, wearied, fatigued, exhausted, languid

ਨਿੱਤ [nɪtt] *adv.* always, daily, regularly, ever, often

~ ਦਿਹਾੜੀ or ਦਿਹਾੜੇ *adv.* day after day, always, day in and day out

ਨਿਤਨੇਮ [nɪtnem] *n.m.* routine, *esp.* routine prayers

ਨਿਤਨੇਮੀ [nɪtnemi] *adj.m.* regular in one's routine

ਨਿਤਪਰਤੀ [nɪtpərəti] *adv.* same as ਨਿੱਤ

ਨਿੱਤਰ [nɪttər] *v.form* imperative of ਨਿੱਤਰਨਾ

ਨਿੱਤਰਨਾ [nɪttərna] *v.i.* to be decanted, become clear; to dare, come forward in face of difficulty or risk; to be the select one

ਨਿਤਾਣਾ [nɪtaṇa] *adj.m.* weak, feeble, frail, decrepit, debilitated, enfeebled, decapacitated, powerless

ਨਿਤਾਰ [nɪtar] *n.m.* decantation, decanted matter

ਨਿਤਾਰਨਾ [nɪtarna] *v.t.* to decant, leach (out), clarify; *fig.* to separate truth from falsehood, find out the truth of a matter

ਨਿਤਾਰਾ [nɪtara] *n.m.* distinction or separation of true and false, removal of doubt or suspicion, discernment, discrimination, judgement

ਨਿਥਾਵਾਂ [nɪthavã] *n.m.adj.* (one) having nowhere to go to, homeless, shelterless, destitute

ਨਿੰਦਕ [nĩdək] *adj.* slanderer, defamer, back-biter, columniator blasphemer

ਨਿੰਦਣਯੋਗ [nĩdəṇyog] *adj.* censurable, reproachable, condemnable, reprehensible, blameable, blameful, blameworthy

ਨਿੰਦਣਾ [nĩdəṇa] *v.t.* to talk ill of, vilify, defame, malign, calumniate, disparage, criticise or condemn behind one's back, denounce, back-bite, decry, slander, censure

ਨਿੰਦਰਾ [nĩdəra] *n.f.* same as ਨੀਂਦ

ਨਿੰਦਰਾਉਣਾ [nĩdərauṇa] *v.i.* to feel sleepy; *v.t.* to make sleepy, cause sleep

ਨਿੰਦਰਾਇਆ [nĩdəraɪa] *adj.m.* sleepy, drowsy, slumberous, somnolent

ਨਿੰਦਰਾਲਾ [nĩdrala] *adj.m.* soporific, sleepy, drowsy

ਨਿੰਦਾ/ਨਿੰਦਿਆ [nĩda/nĩdɪa] *n.f.* adverse talk or remark *usu.* behind one's back, back-bite, vilification, slander, condemnation, disparagement, defamation, columny, denunciation, vituperation

~ ਭਰੀ ਤਕਰੀਰ *ph.* tirade, vituperative speech

ਨਿੰਦਿਤ [nĩdɪt] *adj.* criticised, condemned, maligned, columniated, defamed

ਨਿਦੋਸਾ [nɪdossa] *adj.m.* not guilty, guiltless, blameless, innocent

ਨਿਧ/ਨਿਧਾਨ/ਨਿਧੀ [níd/nɪdàn/nídi] *n.f.* treasure, wealth, treasure trove, treasury

ਨਿਧੜਕ [nɪtəṛək] *adj.* same as ਨਿਡਰ

ਨਿਪਟਣਾ [nɪpṭəṇa] *v.i.t.* same as ਨਿਬੜਨਾ and ਨਿਬੇੜਨਾ

ਨਿਪਟਾਉਣਾ [nɪpṭauṇa] *v.t.* same as ਨਿਬੇੜਨਾ

ਨਿਪਟਾਰਾ [nɪpṭara] *n.m.* same as ਨਿਬੇੜਾ

ਨਿਪੱਤਰਨ [nɪpəttərən] *n.m.* defoliation, deciduousness

ਨਿਪੱਤਾ [nɪpətta] *adj.m.* dishonourable, ignoble, ignominious, base, brazen, shameless

ਨਿੱਪਲ [nɪppəl] *n.f.* nipple

ਨਿਪੁੰਸਕ [nɪpũsək] *adj.* impotent, incapable; cowardly

ਨਿਪੁੱਤਾ [nɪputta] *adj.m.* sonless; childless; not having a male issue

ਨਿਪੁੰਨ [nɪpũnn] *adj.* skilled, expert, master, competent, skilful, dexterous, adroit, efficient

ਨਿਪੁੰਨਤਾ [nɪpũnnta] *n.f.* skill, skilfulness, expertise, expertness, competence, dexterousness, dexterity, adroitness, efficiency

ਨਿੱਬ[1] [nɪbb] *n.f.* nib

ਨਿੱਬ[2] *v.form* imperative of ਨਿੱਬਣਾ

ਨਿੱਬਣਾ [nɪbbəṇa] *v.i.* to strain excretary muscles (as during stools or child birth); to feel pain, writhe and wriggle with pain

ਨਿਬੰਧ [nɪbə̃d] *n.m.* essay, short treatise, dissertation

ਨਿਬੰਧਕਾਰ [nɪbə̃dkar] *n.m.* essayist

ਨਿਬੰਧਕਾਰੀ [nɪbə̃dkari] *n.f.* art or practice of essay-writing

ਨਿੰਬਲ [nĩbəl] *adj.* clear, cloudless (sky)

ਨਿੱਬੜ [nɪbbəṛ] *v.form* imperative of ਨਿੱਬੜਨਾ

ਨਿੱਬੜਨਾ [nɪbbəṛna] *v.i.* to be finished, completed, settled or wholly spent; to come to an end or settlement, be over; to deal with, settle score with

ਨਿਬਾਹ [nɪbá] *n.m.* same as ਨਿਰਬਾਹ

ਨਿਂਬੂ/ਨਿੰਬੂ [nībbu/nɪbbu] *n.m.* lemon, *Citrus limon*

~ **ਨਿਚੋੜ** *n.m.* lemon-squeezer

ਨਿਬੇੜ [nɪbeṛ] *v.form* imperative of ਨਿਬੇੜਨਾ

ਨਿਬੇੜਨਾ [nɪbeṛna] *v.t.* to finish, complete, settle, bring to an end/settlement or conclusion; to spend, consume, dispose of

ਨਿਬੇੜਾ [nɪbeṛa] *n.m.* end, finish, settlement, conclusion; speed or pace of executing a task

~ **ਕਰਨਾ** *con.v.* same as ਨਿਬੇੜਨਾ; to carry out or finish speedily

ਨਿਬੇੜੂ [nɪbeṛu] *adj.* quick at work, fast (worker); *v.form* third person singular future, will finish

ਨਿਭ [níb] *v.form* imperative of ਨਿਭਣਾ

ਨਿਭਣਾ [níbəṇa] *v.i.* to be constant, faithful (in one's undertaking) to the end; to last, endure; to pull on (with)

ਨਿਭਾਉਣਾ [nɪbàuṇa] *v.t.* to fulfil (promise, obligation, duty, engagement, relationship or partnership), be true, constant and faithful (as in love), stand by (friends or one's word)

ਨਿਭਾਊ [nɪbàu] *adj.* constant, faithful, sincere till the end; *v.form* third person singular future will remain constant

ਨਿਭਾਅ [nɪbà] *n.m* .same as ਨਿਰਬਾਹ

ਨਿੰਮ [nĩmm] *n.f.* margosa tree, *Azadirachta indica*

ਨਿਮਕ [nɪmək] *n.m.* same as ਨਮਕ

ਨਿਮੰਤਰਨ [nɪmə̃trən] *n.m.* invitation

~ **ਪੱਤਰ** *n.m.* written invitation, invitation card

ਨਿਮੰਤਰਿਤ [nɪmə̃trɪt] *adj.* invited

ਨਿਮਨਤਮ [nɪmən̩təm] *adj.* minimum, lowest, least

ਨਿਮਨਲਿਖਤ [nɪmənlɪkhət] *adj.* undermentioned, given, listed below

ਨਿਮਰ [nɪmər] *adj.* humble, meek,

suave, modest, submissive, courteous, unassuming

ਨਿਮਰਤਾ/ਨਿਮਰਤਾਈ [nımərta/nımərtai] *n.f.* humility, humbleness, meekness, suaveness, modesty, submissiveness; courtesy

ਨਿੰਮ੍ਹਾ [nĩmma] *adj.m.* dim, faint, slight, moderate, low

ਨਿਮਾਣਾ [nımaṇa] *adj.m.* without pride, humble, meek, modest; unrespected, lowly

ਨਿਮਿਤ [nımıt] *adv.* in the name or memory of, for the sake of, on behalf of, in connection with

ਨਿੰਮੋਝਾਣਾ [nĩmmocàṇa] *adj.m.* crestfallen, dispirited, in low spirits, low-spirited, depressed, despondent, demoralised, dejected, unhappy; also ਨਿੰਮੋਝੂਣਾ

ਨਿਮੋਲ਼ੀ [nımoḷi] *n.f.* fruit of margosa tree

ਨਿਯਤ [nıyət] *adj.* fixed, appointed; settled, laid down, prescribed, established

~ **ਕਰਨਾ** *con.v.* to fix, appoint, lay down, establish, determine

ਨਿਯੰਤਰਨ [nıyə̃trən] *n.m.* control, management, regulation, restraint

~ **ਕਰਨਾ/~ ਰੱਖਣਾ** *con.v.* to control, manage, regulate, restrain; to keep under control

ਨਿਯੰਤਰਿਤ [nıyə̃trıt] *adj.* controlled, under control, restrained

ਨਿਯਤੀਵਾਦ [nıyətivad] *n.m.* predestination, fatalism

ਨਿਯਤੀਵਾਦੀ [nıyətivadi] *adj.* predestinarian, fatalist

ਨਿਯਮ [nıyəm] *n.m.* rule, regulation, prescript, principle, precept, canon, injunction; regular practice, usage, custom; vow, pledge; criterion

ਨਿਯਮਬਧ [nıyəmbə̀d] *adj.* regulated, systematic, formal

ਨਿਯਮਾਵਲੀ [nıyəmavəli] *n.f.* code, (book of) rules and regulations, charter, constitution; *lit.* list of ਨਿਯਮਾਂ

ਨਿਯਮਿਤ [nıymıt] *adj.* regulated, prescribed or established by ਨਿਯਮ

ਨਿਯਮੀ [nıyəmi] *adj.* same as ਨੇਮੀ

ਨਿਯੁਕਤ [nıyukt] *adj.* same as ਨਾਮਜ਼ਦ appointed, nominated

ਨਿਯੁਕਤੀ [nıyukti] *n.f.* same as ਨਾਮਜ਼ਦਗੀ; appointment, nomination

~ **ਪੱਤਰ** *n.m.* nomination paper, appointment letter or order

ਨਿਯੋਜਨ [nıyojən] *n.m.* ordering, arranging, systematising

ਨਿਰ [nır] *pref.* of negation; without

ਨਿਰਉਤਸ਼ਾਹ [nırutsá] *adj.* apathetic, unenthusiastic, rapid, insipid, dull

ਨਿਰਉਦੇਸ਼ [nırudeṣ] *adj. & adv.* aimless, purposeless; aimlessly, purposelessly

ਨਿਰਅਪਰਾਧ [nırəprád] *adj.*same as ਨਿਰਦੋਸ਼

ਨਿਰਸ [nırəs] *adj.* inferior; without taste, tasteless

ਨਿਰਸੰਕੋਚ [nırsə̃koc] *adj. & adv.* frank, open, uninhibited, unreserved, unhesitating; freely, openly, without inhibition or hesitation, unreservedly, unhesitatingly

ਨਿਰਸੰਦੇਹ [nırsə̃dé] *adv.* no doubt, doubtlessly, without doubt, unquestionably, certainly

ਨਿਰੰਕਾਰ [nırə̃kar] *adj.n.m.* formless; the Formless One, God

ਨਿਰੰਕਾਰੀ [nırə̃kari] *adj.* related to or pertaining ਨਿਰੰਕਾਰ, godly, divine; *n.m.* worshipper of ਨਿਰੰਕਾਰ; name of a religious sect

ਨਿਰੰਕੁਸ਼ [nırə̃kuṣ] *adj.* independent, sovereign

ਨਿਰਖ [nırkh] *n.m.* rate, price per unit; examining, testing, evaluating, discernment also ਨਿਰਖ਼

ਨਿਰਖਣਾ [nırkhəṇa] *v.t.* to examine, test, evaluate, discriminate, discern

ਨਿਰੱਖਰਤਾ [nırəkkhərta] *n.f.* illiteracy; also ਨਿਰਖਸ਼ਰਤਾ

ਨਿਰਖੀ [nırkhi] *adj.* tester, evaluator, connoisseur

ਨਿਰਗੰਧ [nɪrgə̃d] *adj.* odourless
ਨਿਰਗਾਮੀ ਵੇਗ [nɪrgami veg] *n.m.* escape velocity
ਨਿਰਗੁਣ [nɪrguṇ] *adj.* without attributes, transcendent aspect of reality; without merit/virtue or quality; useless
ਨਿਰਗੁਣਿਆਰਾ [nɪrguṇɪara] *adj.m. & n.m.* person without merit or goodness, worthless
ਨਿਰਛਲ [nɪrchəl] *adj.* guileless, candid, straightforward, sincere, honest, artless
ਨਿਰੰਜਣ [nɪrə̃jəṇ] *adj. & n.m.* untainted, unstained, spotless, flawless, immaculate; an attribute of God; God
ਨਿਰਜਨ [nɪrjən] *adj.* unpopulated, lonely, uninhabited, deserted, desolate
~ ਕਰਨਾ *con.v.* to depopulate
ਨਿਰਜਿੰਦ [nɪrjĩd] *adj.* lifeless, inanimate, dead
ਨਿਰਜੀਵ [nɪrjiv] *adj.* same as *prec.*
ਨਿਰਤ [nɪrt] *n.m.* dance, dancing
ਨਿਰਤਕਾਰ [nɪrtkar] *adj.* dancer
ਨਿਰਤਕਾਰੀ [nɪrtkari] *n.f.* dancing art or performance; *adj.* concerning ਨਿਰਤ
ਨਿਰੰਤਰ [nɪrə̃tər] *adv.* without break, ceaselessly, continuously, continually, incessantly, unceasingly, uninterruptedly; *adj.* ongoing, continuing, continuous
ਨਿਰੰਤਰਤਾ [nɪrə̃tərta] *n.f.* continuity, ceaselessness, continuousness
ਨਿਰਦਈ [nɪrdəi] *adj.* without compassion, cruel, pitiless, merciless, heartless; tyrannical, oppressive, brutal, fierce, ruthless, despotic, barbarous, atrocious
ਨਿਰਦਈਪੁਣਾ [nɪrdəipuṇa] *n.m.* same as ਨਿਰਦੇਤਾ
ਨਿਰਦੇਸ਼ [nɪrdeṣ] *n.m.* instruction, direction, guidance; order, command
~ ਦੇਣਾ *con.v.* to give or issue ਨਿਰਦੇਸ਼, direct
ਨਿਰਦੇਸ਼ਕ [nɪrdeṣək] *n.m.* director, supervisor, commander
ਨਿਰਦੈਤਾ [nɪrdɛta] *n.f.* cruelty, brutality, mercilessness, pitilessness, ruthlessness, heartlessness, atrocity
ਨਿਰਦੋਸ਼ [nɪrdoṣ] *adj.* guiltless, not guilty, innocent, blameless, inculpable
ਨਿਰਧਨ [nɪrtə̀n] *adj.* penniless, poor, indigent, penurious, impoversihed, poverty-stricken
ਨਿਰਧਨਤਾ [nɪrtə̀nta] *n.f.* poverty, pennilessness, penury, indigence
ਨਿਰਧਾਰਨ [nɪrtàrən] *n.m.* prescription, laying down, determination, settlement, fixation, assigning, appointing, allotment
ਨਿਰਧਾਰਿਤ [nɪrtàrɪt] *adj.* prescribed, laid down, assigned, fixed, settled, determined, allotted, appointed
~ ਕਰਨਾ *con.v.* to prescribe, lay down, determine, settle, allot, assign, appoint
ਨਿਰਨਾ[1] [nɪrna] *n.m.* decision; judgement, conclusion, affirmation, determination; distinction, discrimination, discernment, differentiation
ਨਿਰਨਾ[2] *adj.* empty, *usu.* stomach
~ ਕਲੇਜਾ/~ ਪੇਟ *n.m.* empty stomach
ਨਿਰਨੇ ਕਲੇਜੇ/ਨਿਰਨੇ ਪੇਟ *adv.* without taking any food, on or with empty stomach
ਨਿਰਨਾਇਕ [nɪrnaɪk] *adj.* decisive; affirmative
ਨਿਰਨੇਵਾਚਕ [nɪrnevacək] *adj.* (verbs) of affirmation
ਨਿਰਪੱਖ [nɪrpəkkh] *adj.* impartial, unbiased, unprejudiced, neutral
ਨਿਰਪੱਖਤਾ [nɪrpəkkhta] *n.f.* impartiality, neutrality
ਨਿਰਪੱਖਤਾਵਾਦ [nɪrpəkkhtavad] *n.m.* neutralism, non-alignment
ਨਿਰਪੇਖ [nɪrpekh] *adj.* independent, indifferent, unconcerned; absolute
~ ਮੁੱਲ *n.m.* absolute value
ਨਿਰਪੇਖਵਾਦ [nɪrpekhvad] *n.m.* absolutism
ਨਿਰਪੇਖਵਾਦੀ [nɪrpekhvadi] *adj.* absolutist, absolutistic
ਨਿਰਬਲ [nɪrbəl] *adj.* powerless, weak, weakly, feeble, decrepit, frail, enfee-

bled, debilitated

ਨਿਰਬਲਤਾ [nɪrbəlta] *n.f.* powerlessness, weakness, feebleness, frailness; frailty

ਨਿਰਬਾਹ [nɪrbá] *n.m.* maintenance, sustenance, living, subsistence; pulling on, continuation with satisfaction (of a state of living or relationship)

~ **ਕਰਨਾ** *con.v.* same as ਗੁਜ਼ਾਰਾ ਕਰਨਾ; to maintain amicable relationship

ਨਿਰਬਾਣ [nɪrbaṇ] *n.m.* same as ਨਿਰਵਾਣ; a liberated/emancipated person; recluse, ascetic

ਨਿਰਬੋਧਿਕ [nɪrbɔ́dɪk] *adj.* non-cognitive

ਨਿਰਭਉ/ਨਿਰਭੈ/ਨਿਰਭੌ [nɪrpə̀o/nɪrpɛ̀/nɪrpɔ̀] *adj.* fearless, dauntless, intrepid, bold, indomitable

ਨਿਰਭੈਤਾ [nɪrpɛ̀ta] *n.f.* fearlessness, dauntlessness, intrepidity, boldness, indomitability

ਨਿਰਮਲ [nɪrməl] *adj.* clear, clean, spotless, unpolluted, pure, without impurities; unsullied, undefiled, untainted; holy

ਨਿਰਮਲਤਾ [nɪrməlta] *n.f.* cleanness, purity

ਨਿਰਮਲਾ [nɪrməla] *n.m.* a Sikh sect; a member of this

ਨਿਰਮਾਣ[1] [nɪrmaṇ] *adj.* same as a ਨਿਮਰ

ਨਿਰਮਾਣ[2] *n.m.* construction, building, fabrication, setting up, creation, manufacture, production

ਨਿਰਮਾਤਾ [nɪrmata] *n.m.* builder, constructor, fabricator, manufacturer, maker, inventor, devisor, producer

ਨਿਰਮਿਤ [nɪrmɪt] *adj.* built, constructed, fabricated, manufactured, invented, devised, made, produced

ਨਿਰਮੂਲ [nɪrmul] *adj.* baseless, groundless, unfounded, rootless

ਨਿਰਮੋਹ [nɪrmó] *adj.* without affection or attachment, indifferent, unfeeling, hard-hearted, lacking feelings of love and affection; also ਨਿਰਮੋਹੀ

ਨਿਰਮੋਲ [nɪrmol] *adj.* same as ਅਨਮੋਲ, priceless, invaluable

ਨਿਰਯਾਤ [nɪryat] *n.f.* exports

ਨਿਰਯਾਤਕ [nɪryatək] *n.m.* exporter

ਨਿਰਰਥਕ [nɪrərthək] *adj.* meaningless, absurd, pointless; purposeless, aimless

ਨਿਰਰਥਕਤਾ [nɪrərthəkta] *n.f.* meaninglessness, absurdness, absurdity, pointlessness, purposelessness

ਨਿਰਲੱਜ [nɪrləjj] *adj.* same as ਨਿਲੱਜ

ਨਿਰਲੇਪ [nɪrlep] *adj.* unattached, unengrossed, disinterested; unsullied, pure

ਨਿਰਲੇਪਤਾ [nɪrlepta] *n.f.* state of being ਨਿਰਲੇਪ, disinterestedness, non-attachment

ਨਿਰਲੋਭ [nɪrlób] *adj.* free from greed, uncovetous, unselfish

ਨਿਰਵਾਸ [nɪrvas] *n.m.* exile, banishment, expatriation; expulsion, deportment

ਨਿਰਵਾਸਿਤ [nɪrvasɪt] *adj.* exiled, banished, expatriated; expelled, deported

ਨਿਰਵਾਚਕ [nɪrvacək] *n.m.* elector, selector, voter; election official

ਨਿਰਵਾਚਨ [nɪrvacən] *n.m.* election, selection

~ **ਕਰਨਾ** *con.v.* to elect, select

~ **ਖੇਤਰ** *n.m.* constituency, electoral college

ਨਿਰਵਾਣ [nɪrvaṇ] *n.m.* salvation, emancipation, liberation, redemption (Buddhist term for ਮੁਕਤੀ)

ਨਿਰਵਿਕਾਰ [nɪrvɪkar] *adj.* faultless; sinless, passionless; pure, unaltered, unadulterated

ਨਿਰਵਿਘਨ [nɪrvígən] *adj. & adv.* unobstructed, uninterrupted, unimpeded, without hitch or hindrance, unhindered

ਨਿਰਵਿਰੋਧ [nɪrvɪród] *adj. & adv.* unopposed, uncontested, undisputed; unanimous

ਨਿਰਵਿਵਾਦ [nɪrvɪvad] *adj.* indisputable, undisputed, undenied, undeniable, incontestable, apodictic, undebatable, universally accepted

ਨਿਰਵਿਵੇਕ [nɪrvɪvek] *adv.* beyond logic or reason, transcendent; indiscreet without reason, unreasonable; *adj.* unreasonably, without rhyme or reason

ਨਿਰਵੈਰ [nɪrvɛr] *adj.* without rancour/ malice or animosity; amiable, friendly

ਨਿਰਾ [nɪra] *adj.m.* only, alone, mere, sheer, utter, downright

~ **ਪੁਰਾ** *adj.m.* exactly alike, just like, resembling, almost same as

ਨਿਰਾਸ [nɪras] *adj.* without hope, hopeless, disappointed, disheartened, despaired, dismayed; despondent, forlorn, dejected

~ **ਕਰਨਾ** *con.v.* to disappoint, frustrate, dismay

ਨਿਰਾਸਤਾ [nɪrasta] *n.f.* hopelessness disappointment, dismay, despair, despondency, dejection; frustration

ਨਿਰਾਸਰਾ [nɪrasəra] *adj.m.* same as ਨਿਆਸਰਾ

ਨਿਰਾਸ਼ਾ [nɪraṣa] *n.f.* same as ਨਿਰਾਸਤਾ

ਨਿਰਾਸ਼ਾਜਨਕ [nɪraṣajənək] *adj.* disappointing, hopeless, frustrating, despairing, demoralising

ਨਿਰਾਸ਼ਾਵਾਦ [nɪraṣavad] *n.m.* pessimism

ਨਿਰਾਸ਼ਾਵਾਦੀ [nɪraṣavadi] *adj.* pessimist

ਨਿਰਾਹਾਰ [nɪrahar] *adj.* fasting, sustained without food, with empty stomach

ਨਿਰਾਕਾਰ [nɪrakar] *adj.* formless, shapeless, unembodied, amorphous

ਨਿਰਾਦਰ [nɪradər] *n.m.* disrespect, insult, dishonour, affront, slight

~ **ਕਰਨਾ** *con.v.* to insult

ਨਿਰਾਦਰੀ [nɪradəri] *n.f.* same as *prec.*

ਨਿਰਾਧਾਰ [nɪradàr] *adj.* baseless, groundless, unfounded, false

ਨਿਰਾਰਥ [nɪrarth] *adj.* same as ਨਿਰਰਥਕ

ਨਿਰਾਲਾ [nɪralla] *adj.m.* strange, uncommon, unusual, extraordinary, rare, odd, peculiar

ਨਿਰਾਲਾਪਣ [nɪrallapəṇ] *n.m.* strangeness, uncommonness, unusualness, peculiarity, oddness

ਨਿਰਿਆਤ [nɪrɪat] *n.f.* same as ਨਿਰਯਾਤ

ਨਿਰੀਸ਼ਵਰਵਾਦ [nɪrisvərvad] *n.m.* atheism

ਨਿਰੀਸ਼ਵਰਵਾਦੀ [nɪriṣvərvadi] *adj.* atheist

ਨਿਰੀਖਕ [nɪrikhək] *n.m.* inspector, supervisor, invigilator, observer, overseer

ਨਿਰੀਖਣ [nɪrikhəṇ] *n.m.* inspection, examination, observation, supervision, invigilation, scrutiny

~ **ਕਰਨਾ** *con.v.* to inspect, examine, observe, supervise, invigilate, scrutinise

ਨਿਰੁਕਤ [nɪrukt] *adj.* unsaid, unexplained, obscure, *n.m.* etymology, development and meaning of words

ਨਿਰੁਕਤੀ [nɪrukti] *n.m.* etymological explanation of words

ਨਿਰੁਕਤੀਕਾਰ [nɪruktikar] *n.m.* writer of ਨਿਰੁਕਤੀ, etymologist

ਨਿਰੁੱਤਰ [nɪruttər] *adj.* unable to answer, having no answer, silenced

~ **ਕਰ ਦੇਣਾ** *ph.* to silence, defeat in debate or argument

ਨਿਰੂਪਣ [nɪrupəṇ] *n.m.* formulation, shaping, outlining; ascertainment, determination; explanation; representation

~ **ਕਰਨਾ** *con.v.* to formulate, shape, outline; to ascertain, determine, explain, illustrate

~ **ਸ਼ਕਤੀ** *n.f.* imagination, fantasy

ਨਿਰੂਪਿਤ [nɪrupɪt] *adj.* formulated; ascertained; illustrated

ਨਿਰੋਆ [nɪroa] *adj.m.* same as ਨਰੋਆ

ਨਿਰੋਗ [nɪrog] *adj.* same as ਅਰੋਗ, health, free from disease

ਨਿਰੋਧ [nɪród] *n.m.* obstruction, impediment, check, hindrance, control, restriction, constraint, inhibition; condom

ਨਿਰੋਧਕ [nɪródək] *adj.* obstructive, impeder, hinderer, constrainer, inhibitory

ਨਿਰੋਲ [nɪrol] *adj.* unadulterated, unmixed, clear, pure

ਨਿਲੱਜ [nɪləjj] *adj.* shameless, devoid of a sense of honour, immodest, brazenfaced, impudent

ਨਿਲਾਮੀ [nɪlami] *n.f.* auction, public sale by auction; vendue

~ **ਕਰਨਾ** *con.v.* to auction

~ **ਕਰਾਉਣਾ ਵਾਲਾ** *ph.* auctioneer

ਨਿਵਣ [nɪvəṇ] *n.m.* bending down, stooping; submission; humility

ਨਿਵਣਾ [nɪvəṇa] *v.i.* same as ਨਿਉਣਾ

ਨਿਵਰਿਤ [nɪvrɪt] *adj.* indifferent to worldly affairs, recluse, retired, without attachment

ਨਿਵਰਿਤੀ [nɪvrɪti] *n.f.* indifference; non-attachment, renunciation, retirement; salvation, also ਨਿਵ੍ਰਿਤੀ

~ **ਮਾਰਗ** *n.m.* path or cult of renunciation

ਨਿਵਾ [nɪ'va] *v.form* imperative of ਨਿਵਾਉਣਾ, bend

ਨਿਵਾਉਣਾ [nɪvauṇa] *v.t.* to bend, make or cause to bend/bow or stoop; to lower; to subdue, subjugate

ਨਿਵਾਸ [nɪvas] *n.m.* residence, stay, sojourn, abode, habitation, house; domicile

~ **ਅਸਥਾਨ** *n.m.* place of residence, house, abode, dwelling, home; also ਨਿਵਾਸ ਸਥਾਨ

ਨਿਵਾਸੀ [nɪvassi] *n.m.* resident, dweller, inmate, inhabitant, citizen, denizen

ਨਿਵਾਜ [nɪvaj] *v.form* imperative of ਨਿਵਾਜਣਾ, cherish

ਨਿਵਾਜਣਾ [nɪvajəṇa] *v.t.* to cherish; to bestow care, affection, kindness, favour, patronage or regard; to patronise

ਨਿਵਾਜ਼ [nɪvaz] *suff.* meaning cherisher, as in ਗ਼ਰੀਬ ਨਿਵਾਜ਼, ਬੰਦਾ ਨਿਵਾਜ਼

ਨਿਵਾਜ਼ਸ਼ [nɪvazəṣ] *n.f.* care, kindness, favour, benevolence

ਨਿਵਾਣ [nɪvaṇ] *n.f.* downward, slope, declinity; low land, low ground, depression

ਨਿਵਾਰਕ [nɪvarək] *adj.* healer, preventer, remover, eradicator

ਨਿਵਾਰਨ [nɪvarən] *n.m.* healing, prevention, hindering or removing, eradication

ਨਿਵਾਰਨਹਾਰ [nɪvarənhar] *adj.* same as ਨਿਵਾਰਕ

ਨਿਵਾਰਨਾ [nɪvarna] *v.t.* to heal, prevent, remove, eradicate (*esp.* pain, suffering, distress, etc.)

ਨਿਵਾਲਾ [nɪvala] *n.m.* same as ਬੁਰਕੀ, morsel, bite

ਨਿਵਿਰਤ [nɪvɪrt] *adj.* freed, liberated, released, retired

ਨਿਵਿਰਤੀ [nɪvɪrti] *n.f.* freedom, liberation, relief (*esp.* from suffering, obligation, etc.); release, retirement, discharge

ਨਿਵੇਸ਼ [nɪveṣ] *n.m.* input, investment

ਨਿਵੇਦਨ [nɪvedən] *n.m.* same as ਬੇਨਤੀ

ਨਿਵੇਰਾ [nɪvera] *adj.m.* lower, slightly low; *cf.* ਨੀਵਾਂ

ਨੀ [ni] *interj.* o, hey, (while addressing females)

ਨੀਅਤ¹ [niət] *n.f.* intention, motive; will, aim, purpose; integrity; mind

~ **ਬਦਲ ਜਾਣੀ** *ph.* to change one's mind adversely, be dishonest, become ill-intentioned, go back on one's word

ਨੀਅਤ² *adj.* same as ਨਿਯਤ

ਨੀਂਹ [nĩ] *n.f.* foundation, base

~ **ਪੱਥਰ** *n.m.* foundation stone, cornerstone

~ **ਰੱਖਣੀ** *con.v.* to found, lay foundation or foundation-stone

ਨੀਂਗਰ [nĩgər] *n.m.* boy, child; bridegroom

~ **ਚੰਦ** *n.m.* affectionate term for ਨੀਂਗਰ

ਨੀਗਰੋ [nigro] *n.m. & adj.* Negro

ਨੀਚ [nic] *adj.* low, mean, base, lowbred, ill-bred, raffish, degenerate, vulgar, guttersnipe, gutter-snipish; menial, low-caste; *n.f.* lowness, declivity

ਨੀਚਤਾ/ਨੀਚਪੁਣਾ [nicta/nicpuṇa] *n.f./n.m.* lowness, meanness, baseness, de-

generacy, degenerateness, ill-breeding, low-breeding, vulgarity, vulgarness
ਨੀਚਾ [nica] *adj.m.* same as ਨੀਵਾਂ
~ ਵਿਖਾਉਣਾ *con.v.* to humble, defeat
ਨੀਝ [nĩj] *n.f.* intent, close or sharp look; gaze, stare
~ ਲਾਉਣੀ *con.v.* to have a close or sharp look, see intently, scan, stare, gaze
ਨੀਤ [nit] *n.f. dia.* see ਨੀਅਤ[1]
ਨੀਤੀ [niti] *n.f.* policy, strategy, plan or line or action; principle, prudence, shrewdness; diplomacy, expediency, political view or programme
~ ਸ਼ਾਸਤਰ *n.m.* art and science of diplomacy, politics or morality; ethics
~ ਪੱਤਰ *n.m.* manifesto, statement of policy
ਨੀਤੀਵਾਨ [nitivan] *n.m.* politician, statesman, moralist
ਨੀਂਦ/ਨੀਂਦਰ [nĩd/nĩdər] *n.f.* sleep, slumber
~ ਆਉਣੀ *con.v.* to feel sleepy, drowsy or dozy
~ ਆ ਜਾਣੀ *con.v.* to go to sleep, doze, sleep
~ ਲਿਆਉਣ ਵਾਲੀ ਦਵਾਈ *ph.* soporiferous or soporific medicine; soporific or sleeping pills
ਨੀਮ [nim] *pref.* meaning half, part
~ ਹਕੀਮ *n.m.* quack, mountebank, phony or phoney physician
~ ਹਕੀਮ ਖ਼ਤਰਾ ਏ ਜਾਨ *ph.* half knowledge is often dangerous
~ ਗਰਮ *adj.* lukewarm, tepid, warm
~ ਪਹਾੜੀ ਇਲਾਕਾ *ph.* submontane region
~ ਪਾਗਲ *adj.* half mad, partially insane
ਨੀਯਤ [niət] *n.f.* same as ਨੀਅਤ[1] and [2]
ਨੀਰ [nir] *n.m.* same as ਪਾਣੀ
~ ਵਹਾਉਣਾ *ph.* to shed tears profusely, cry bitterly
~ ਵਰੋਲ਼ਨਾ *ph.* to waste effort, follow a hopeless course, try to do the impossible
ਨੀਰਸ [nirəs] *adj.* same as ਬੇਰਸ, tasteless
ਨੀਰਾ [nira] *n.m.* wheat-chaff, hay, fodder
ਨੀਲ[1] [nil] *adj.* ten billion, 10,000,000,000,000
ਨੀਲ[2] *n.m.* indigo plant, *Indigofera tincoria;* blue dye extracted from it; blue mark caused on the skin by beating or other concussion injury; lividness; the river Nile
ਨੀਲਕੰਠ [nilkə̃ṭh] *n.m.* blue jay, Indian jay, *Coracias Indica*
ਨੀਲ ਗਊ/ਨੀਲ ਗਾਂ [nil gəu/nil gã] *n.f.* nylghai, nylgao, nilgai, *Baselaphus tragocamelus*
ਨੀਲਮ [niləm] *n.m.* sapphire, amethyst
ਨੀਲਾ[1] [nilla] *adj.m.* blue, azure, bluish
~ ਪੀਲ਼ਾ *adj.m. lit.* blue and pale; pale because of fear or anger; angry, enraged
ਨੀਲਾ[2] *n.m.* same as ਨੀਲ ਗਾਂ
ਨੀਲਾ ਥੋਥਾ [nila thottha] *n.m.* blue vitriol, copper sulphate
ਨੀਲਾਪਣ/ਨੀਲੱਤਣ/ਨੀਲਾਹਟ [nilapəṇ/ nilәttəṇ/nilahəṭ] *n.m./n.f.* blueness, bluishness
ਨੀਲਾਮੀ [nilami] *n.f.* same as ਨਿਲਾਮੀ
ਨੀਲੋਫ਼ਰ [nilofər] *n.m.* blue lotus, *Nymphea lotus, nelumbo;* water lily, *Nymphaea alba*
ਨੀਵਾਂ [nivã] *adj.m.* low, bent down; downcast; inferior, mean, of lower status; humble
ਨੀਵੀਂ [nivĩ] *adj.f.* same as ਨੀਵਾਂ; *n.f.* downcast eyes
~ ਪਾਉਣੀ *con.v.* to look down, be with downcast eyes (out of shame or dejection)
ਨੁਆਰ [nuar] *n.f. colloq.* see ਨਵਾਰ
ਨੁਆਲਾ [nuala] *n.m.* see ਨਵਾਲਾ
ਨੁਸਖ਼ਾ [nusxa] *n.m.* prescription; manuscript
ਨੁਸ਼ਾਦਰ [nuṣadər] *n.m.* same as ਨਸ਼ਾਦਰ
ਨੁਹਾਉਣਾ [nuhauṇa] *v.t.* same as ਨਵ੍ਹਾਉਣਾ
ਨੁਹਾਰ [nuhar] *n.f.* appearance, features,

form

ਨੁਕਸ [nukəs] *n.m.* defect, flaw, imperfection, fault, failing, shortcoming

~ ਕੱਢਣਾ *con.v.* to find fault, criticise, cavil, carp; to remove fault or defect, set right

~ ਪੈਣਾ *con.v.* for a defect to occur, develop or be caused

ਨੁਕਸਦਾਰ [nukəsdar] *adj.* same as ਨਾਕਸ

ਨੁਕਸਾਨ [nuksan] *n.m.* loss, harm, damage, disadvantage, detriment; injury

~ ਉਠਾਉਣਾ *con.v.* to suffer or incur loss

~ ਪੂਰਤੀ *n.f.* compensation, recompense

ਨੁਕਸਾਨਦਿਹ [nuksandé] *adj.* harmful, damaging, detrimental, deleterious, injurious, disadvantageous

ਨੁਕਤਾ [nukta] *n.m.* point, dot; significant idea, argument or meaning; point

~ ਨਿਗਾਹ *n.m.* point of view, view-point

ਨੁਕਤਾਚੀਨ [nuktacin] *adj.* fault-finder, critic; caviller, carper; hair-splitter

ਨੁਕਤਾਚੀਨੀ [nuktacini] *n.f.* fault-finding, criticism, cavil, carping, quibbling; hair- splitting

~ ਕਰਨਾ *con.v.* to criticise, find fault with, cavil, carp, quibble

ਨੁੱਕਰ [nukkər] *n.f.* corner; nook; apex of an angle; sharp turning

ਨੁਕਰਾ [nukra] *n.m.* silver; *adj.* white-skinned (horse)

ਨੁਕਰੀਲਾ [nukrila] *adj.m.* pointed, angular, multi-cornered; *cf.* ਨੁੱਕਰ

ਨੁਕਲ਼ [nukəl] *n.m.* snacks, light refreshment; dessert

~ ਪਾਣੀ *n.m.* drinks with snacks

ਨੁਕੀਲਾ [nukila] *adj.m.* same as ਨੋਕਦਾਰ

ਨੁਕੇਲ [nukel] *n.f.* nose-ring (of animals); curb

ਨੁਗਦਾ [nugda] *n.m.* strained remnants of drugs, sediments; crushed cannabis

ਨੁਗਦੀ [nugdi] *n.f.* salt or sweet preparation of gram flour roasted in butter or oil

ਨੁਚੜ [nucəṛ] *v.form* imperative of ਨੁਚੜਨਾ

ਨੁਚੜਨਾ [nucəṛna] *v.i.* to drip, ooze, be wrung or squeezed

ਨੁਚੜਵਾਉਣਾ/ਨੁਚੜਾਉਣਾ [nucəṛvauṇa/nucəṛauṇa] *v.t.* to get or cause to be wrung/squeezed or strained; *cf.* ਨਚੋੜਨਾ

ਨੁਚੜਵਾਈ/ਨੁਚੜਾਈ [nucəṛvai/nucṛai] *n.f.* process of/wages for ਨੁਚੜਾਉਣਾ

ਨੁਮਾ [numa] *suff.* meaning like, resembling or appearing as in ਖ਼ੁਸ਼ਨੁਮਾ

ਨੁਮਾਇਆਂ [numaiã] *adj.* visible, evident, clear, manifest, perceptible

ਨੁਮਾਇਸ਼ [numaiṣ] *n.f.* exhibition, show, display, spectacle, ostentation

ਨੁਮਾਇਸ਼ੀ [numaiṣi] *adj.* pertaining to or fit for or meant for exhibition; exhibitive, exhibitory, showy, gaudy, spectacular, ostentatious

ਨੁਮਾਇੰਦਗੀ [numaĩdəgi] *n.f.* representation; representativeness

~ ਕਰਨਾ *con.v.* to represent

ਨੁਮਾਇੰਦਾ [numaĩda] *n.m.* representative, deputy, agent

ਨੁਲਾਉਣਾ [nulàuṇa] *v.t.* same as ਨਵ੍ਹਾਉਣਾ

ਨੂੰ [nũ] *p.p.* to

ਨੂੰਹ [nũ] *n.f.* son's wife, daughter-in-law

ਨੂਟਣਾ [nuṭəṇa] *v.t. dia.* see ਮੀਟਣਾ

ਨੂਰ [nur] *n.m.* light, incandescence, refulgence, glow, radiance, brightness, brilliance

ਨੂਰਾਨੀ [nurani] *adj.* emitting or shedding light; bright, radiant; incandescent, refulgent, glowing; haloed

ਨੂਰੀ [nuri] *adj.* of ਨੂਰ, same as ਨੂਰਾਨੀ; created out of ਨੂਰ, (light) as against ਖ਼ਾਕੀ (of earth)

ਨੇ [ne] *p.p.* by (it is a particle subjoined to the nominative of a transitive verb in instrumental case in third person and has no equivalent in English language)

ਨੇਸਤੀ [nesti] *n.f.* non-existence, nonbeing, nothingness; lethargy, laziness, sloth, indolence

ਨੇਸਤੋਨਾਬੂਦ [nestonabud] *adj.* (*lit.* neither is nor ever was) totally destroyed, reduced to non-existence, with no trace left, annihilated
~ ਕਰਨਾ *con.v.* to eliminate, annihilate, destroy, devastate, raze, eradicate
ਨੇਹਣ [néṇ] *n.m.* same as ਨਹਿਣ
ਨੇਹੀਂ [nehĩ] *n.f.* stand with upright post supporting the shaft of a churn
ਨੇਹੁੰ [neõ] *n.m.* same as ਨਿਹੁੰ, love
ਨੇਕ [nek] *adj.* good, virtuous, pious, humane, conscientious, righteous; *pref.* indicating goodness
~ ਚਲਣ *adj.* bearing good moral character, virtuous
~ ਚਲਣੀ *n.f.* good moral character, virtuous conduct
~ ਦਿਲ *adj.* good at heart, kind-hearted, humane, gentle, benevolent, gracious, compassionate
~ ਦਿਲੀ *n.f.* goodness, of heart, humaneness
~ ਨਾਮ *adj.* having good reputation, famous, well-known
~ ਨਾਮੀ *n.f.* good reputation, prestige, good name, renown
~ ਨੀਅਤ *adj.* honest, upright, righteous, well-intentioned, trustworthy; also ਨੇਕਨੀਤ
~ ਨੀਤੀ *n.f.* honesty, uprightness, righteousness, moral integrity
~ ਬਖ਼ਤ *adj.* blessed, same as ਨੇਕ *lit.* fortunate
~ ਬਣਾਉਣਾ *con.v.* to edify, uplift morally
ਨੇਕੀ [nekki] *n.f.* goodness, virtue, righteousness, rectitude, humaneness; virtuous action, a good turn
~ ਬਦੀ *n.m. lit.* good or bad; virtue and vice; natural loss, bereavement, disaster or damage
ਨੇਚਾ [necca] *n.m.* connecting point of pot and pipe (of hubble-bubble or of any distillation apparatus)
ਨੇਜ਼ਾ [neza] *n.m.* javelin, lance, spike, spear; see also ਨਿਓਜ਼ਾ, pineseed
~ ਸੁੱਟਣਾ *con.v.* to throw javelin
ਨੇਜ਼ਾਬਰਦਾਰ [nezabərdar] *n.m.* spearman, lancer
ਨੇਜ਼ਾਬਾਜ਼ [nezabaz] *n.m.* sportsman specialising in or practising tent-pegging
ਨੇਜ਼ਾਬਾਜ਼ੀ [nezabazi] *n.f.* tent-pegging
ਨੇਤ [net] *n.f.* same as ਦੇਵਨੇਤ, providence
ਨੇਤਰ [netər] *n.m.* eye
~ ਜਲ *n.m.* tears
~ ਵਿਗਿਆਨ *n.m.* opthalmology
~ ਵਿਗਿਆਨੀ *n.m.* ophthalmologist, eye-specialist
ਨੇਤਰਹੀਣ [netərhiṇ] *adj.* blind
ਨੇਤਰਾ [netra] *n.m.* rope, rotating a churn
ਨੇਤਾ [neta] *n.m.* leader, chief, directing head; demogogue; torch-bearer
ਨੇਤਾਗਿਰੀ [netagıri] *n.f.* leadership, demogogy
ਨੇਂਦਾ/ਨੇਂਦਰਾ [nẽda/nẽdra] *n.m.* same as ਨਿਓਂਦਾ
ਨੇਪਰੇ [nepəre] *adv.* to completion
~ ਚੜ੍ਹਨਾ *con.v.* to reach completion, be completed
~ ਚੜ੍ਹਾਉਣਾ *con.v.* to complete, bring to completion
ਨੇਪਾਲੀ [nepalli] *n.m. & adj.* Nepalese *n.f.* Nepalese (language)
ਨੇਫ਼ਾ [nefa] *n.m.* turned-in top of trousers or shorts through which the tying-cord is passed; N.E.F.A abbreviated form of North-Eastern Frontier Agency, an Indian state since renamed Arunachal Pradesh
ਨੇਮ [nem] *n.m.* same as ਨਿਯਮ; regular practice of routine; vow, pledge, oath, solemn promise, pious resolution
~ ਨਾਲ *adv.* regularly, religiously, by one's faith; also ਧਰਮ ਨਾਲ
~ ਪਾਉਣਾ *con.v.* to vow, take a pledge, make a solemn promise or pious resolution
ਨੇਮਬਧ [nembəd] *adj.* same as ਨਿਯਮਬਧ, systematic

ਨੇਮੀ [nemmi] *adj.m.* regular in one's routine (prayer, work, exercise, etc.)

ਨੇੜ [neṛ] *n.m.* nearness, closeness, vicinity, proximity, propinquity

ਨੇੜਤਾ [neṛta] *n.f.* same as ਨੇੜ

ਨੇੜ ਤੇੜ [neṛ teṛ] *n.m.* vicinity, proximity; *adv.* same as ਨੇੜੇ

ਨੇੜਲਾ [neṛla] *adj.m.* (one) nearer or closer, proximal, nearby, near

ਨੇੜਾ [neṛa] *n.m.* nearness, closeness

ਨੇੜੇ [neṛe] *adv.* near, close to, close by, in the vicinity (of)

~ ਆਉਣਾ/ਹੋਣਾ/ਢੁਕਣਾ *con.v.* to come closer, converge

~ ਤੇੜੇ *adv.* near about, somewhere near, anywhere near

ਨੈਂ [nɛ̃] *n.f.* river, stream

ਨੈਸ਼ਨਲ [nɛṣnəl] *adj.* national

ਨੈਸ਼ [nɛṣ] *adj.* see ਨਹਿਸ਼

ਨੈਕਲਸ [nɛkləs] *n.m.* necklace

ਨੈਣ¹ [nɛṇ] *n.m. pl.* eyes

~ ਨਕਸ਼ *n.m. pl.* facial features; form, features, appearance

~ ਪ੍ਰਾਣ *n.m. pl.* body and soul, living body

ਨੈਣ² *n.f.* wife of ਨਾਈ, female belonging to a barber family

ਨੈਤਿਕ [nɛtɪk] *adj.* moral, ethical

~ ਸੁਧਾਰ *n.m.* moral uplift, edification

ਨੈਤਿਕਤਾ [nɛtɪkta] *n.f.* morality, ethics; moral sense

ਨੋਂਹ [nṓ] *n.f.* same as ਨੂੰਹ

ਨੋਕ [nok] *n.f.* sharp point, tip, point, pointed end; apex, angle

ਨੋਕ ਝੋਕ [nok cõk] *n.f.* exchange of sarcasms or of pleasantries

ਨੋਕ ਟੋਕ [nok ṭok] *n.f.* criticism, faultfinding, carping, cavil

ਨੋਕਦਾਰ [nokdar] *adj.* sharp-pointed, angular, barbed, pointed

ਨੋਚ [noc] *v.form* imperative of ਨੋਚਣਾ, pluck

ਨੋਚਣਾ [nocəṇa] *v.t.* to pluck, pull off, tear, yank; to snatch, grab abruptly

ਨੋਟ [noṭ] *n.m.* note, noting, minute; currency note

~ ਕਰਨਾ *con.v.* to note down, take notes, write; *v.i.* to take notice, be warned or informed note

~ ਪਸਾਰਾ *n.m.* inflation; money in circulation

~ ਬੁੱਕ *n.f.* notebook

ਨੋਟਿਸ [noṭɪs] *n.m.* notice

~ ਦੇਣਾ *con.v.* to serve notice, warn, inform

~ ਲੈਣਾ *con.v.* to receive notice, take notice of

ਨੌਂ [nɔ̃] *adj.* nine

~ ਖੰਡ *n.m. pl.* nine regions of earth in Hindu mythology

~ ਗ੍ਰਹਿ *n.m. pl.* nine planets in Indian astrology

~ ਨਿਧਾਂ *n.f.* nine treasures of Kuber, the mythical god of riches; all the riches

~ ਰਤਨ *n.m. pl.* (*lit.* nine jewels) the nine prominent courtiers of king Vikramaditya or of Akbar the Great; leading courtiers generally

ਨੌਂਆਂ/ਨੌਂਵਾਂ [nɔ̃ã/nɔ̃vã] *adj.m.* ninth

ਨੌਂਈਂ [nɔ̃i] *adv.* for Rs. 9

ਨੌਸਰਬਾਜ਼ [nɔsərbaz] *adj.* same as ਚਾਲਬਾਜ, tricksy

ਨੌਂਹ [nɔ̃́] *n.m.* same as ਨਹੁੰ, nail

ਨੌਹਰਾ [nɔ́ra] *n.m.* large room, hall

ਨੌਕਰ [nɔkər] *n.m.* servant, employee, footman, servitor, attendant, menial; *informal.* soldier

~ ਹੋਣਾ *con.v.* to join service, enlist

~ ਚਾਕਰ *n.m. pl.* domestic servants or staff, personal attendants

~ ਰੱਖਣਾ *con.v.* to employ or engage ਨੌਕਰ

ਨੌਕਰਸ਼ਾਹੀ [nɔkərṣái] *n.f.* bureaucracy

ਨੌਕਰਾਣੀ [nɔkraṇi] *n.f.* female ਨੌਕਰ, maidservant

ਨੌਕਰੀ [nɔkəri] *n.f.* service, employment

~ ਦੇਣੀ *con.v.* to employ or provide employment

~ ਪੇਸ਼ਾ *adj.* employed, employee, (one) having salaried service as a career, professional servant

ਨੌਕਾ [nɔka] *n.f.* same as ਨਾਓ

ਨੌਗਾ [nɔga] *n.m.* portion, share, lot; allotment, quota

ਨੌਜਵਾਨ [nɔjəvan] *adj.* young, youth; *n.m.* young man, youth

ਨੌਜਵਾਨੀ [nɔjəvani] *n.f.* same as ਜਵਾਨੀ earlier part of youth

ਨੌਬਤ [nɔbət] *n.f.* kettle-drum; state, condition, resultant condition, result, consequence

~ ਆਉਣੀ *con.v.* to result in, lead to, come to a state (of)

~ ਵਜਾਉਣੀ *con.v.* to beat or sound ਨੌਬਤ

ਨੌ ਬਰ ਨੌ [nɔ̃ bər nɔ̃] *adj.* fully cured, in perfect health; as good as new, brand new

ਨੌਲ਼ [nɔḷ] *v.form* imperative of ਨੌਲ਼ਨਾ, rebuke

ਨੌਲ਼ਨਾ [nɔḷna] *v.t.* to abuse, rebuke, scold, reprove, revile at

ਨੌਵਾਂ [nɔ̃vā̃] *adj.m.* ninth

ਪ

ਪ [pəppa] *n.m.* twenty-sixth letter of Gurmukhi script representing the voiceless, unaspirated bilabial plosive (p)

ਪਉਲ਼ੀ [pəuḷi] *n.f.* 25 paise coin, one fourth of a rupee

~ ਧੇਲੀ *n.f. lit.* 25 or 50 paise coin; a small amount

ਪਉੜੀ [pəuṛi] *n.f.* stanza *esp.* of a ballad or ode

ਪਊਆ [pəua] *n.m.* one fourth of a normal 750-millilitre bottle, nip; any small bottle of this capacity; one of a pair of wooden sandals

ਪਊਏ *n.m. pl.* wooden sandals

ਪਈ¹ [pəi] *conj.* that

ਪਈ² *v.form.* of ਪੈਣਾ for *fem.* subject, lay; *adj.f.* lying down, horizontal

ਪਸ¹ [pəs] *n.f.* pus; also ਪੱਸ

~ ਪੈਣੀ *con.v.* for pus to form, suppurate, fester

ਪਸ² *adv.* therefore

ਪਸ³ *pref.* indicating behind or backward

ਪਸ਼ਚਾਤ [pəṣcat] *adv.* after, later, subsequently, afterwards; also ਪਿੱਛੋਂ, ਮਗਰੋਂ

ਪਸ਼ਚਾਤਾਪ [pəṣcatap] *n.m.* same as ਪਛਤਾਵਾ

~ ਕਰਨਾ *con.v.* same as ਪਛਤਾਉਣਾ

ਪਸੰਜਰ [pəsə̃jər] *n.m.* passenger

ਪਸਤ [pəst] *adj.* low, short

~ ਹਿੰਮਤ *adj.* low-spirited, demoralised, disheartened, depressed; coward

~ ਕੱਦ *adj.* short-statured, dwarfish

ਪਸਤੀ [pəsti] *n.f.* lowness; decline; depression

ਪਸ਼ਤੋ [pəṣto] *n.f.* language spoken by Pathans; *cf.* ਪਖ਼ਤੂਨ

ਪਸਤੌਲ [pəstɔl] *n.m.* pistol, revolver

ਪਸੰਦ [pəsə̃d] *n.f.* liking, choice, preference; inclination, taste, penchant

~ ਕਰਨਾ *con.v.* to like, choose, prefer, approve, love

ਪਸੰਦਗੀ [pəsə̃dəgi] *n.f.* agreeableness, likeableness, agreeability

ਪਸੰਦੀਦਾ [pəsə̃dida] *adj.* liked, favourite, chosen

ਪਸਪਰਦਾ [pəspərda] *adv.* behind the screen or scene, in the background, secretly, covertly, clandestinely

ਪਸਪਾ [pəspa] *adj. lit.* stepping backward; running away, fleeing

~ ਕਰਨਾ *ph.* to make one run away, defeat, rout

ਪਸਪਾਈ [pəspai] *n.f.* running away, rout, flight

ਪਸਮ [pəsm] *v.form* imperative of ਪਸਮਣਾ

ਪਸ਼ਮ [pəṣm] *n.f.* wool *esp.* soft wool, fleece

ਪਸਮਣਾ [pəsməṇa] *v.i.* to bring milk down to the teats, be willing and ready to yield milk; *fig.* to be persuaded to agree

ਪਸ਼ਮਦਾਰ [pəṣmdar] *adj.* woollen, woolly

ਪਸਮਾ¹ [pəs'ma] *v.form* imperative of ਪਸਮਾਉਣਾ, get or persuade (the animal) to yeild milk

ਪਸਮਾ² *n.m.* the process or nature of an animal's bringing down milk

ਪਸਮਾਉਣਾ/ਪਸਮਾਣਾ [pəsmauṇa/pəsmaṇa] *v.t.* to make (animal) willing and ready to be milked (by feeling and rubbing the teats); *fig.* to cajole, wheedle

ਪਸਮਾਂਦਗੀ [pəsmãdgi] *n.f.* backwardness, poverty

ਪਸਮਾਂਦਾ [pəsmãda] *adj.* left behind, poor, backward

ਪਸ਼ਮੀਨਾ [pəṣmina] *n.m.* a fine variety of wool produced by Ladakhi and Tibetan goats; cloth made from this

ਪਸਰ [pəsər] *v.form* imperative of ਪਸਰਨਾ, sprawl

ਪਸਰਨਸ਼ੀਲ [pəsərnṣil] *adj.* expansive, extensible; diffusive
ਪਸਰਨਯੋਗ [pəsərnyog] *adj.* expandable, expansible, diffusible, extensile
ਪਸਰਨਾ [pəsərna] *v.i.* to extend, expand, spread, diffuse; to lie down flat, sprawl
ਪਸਰਵਾਂ [pəsərvã] *adj.m.* expansive, diffuse
ਪਸਲੀ [pəsli] *n.f.* rib
ਪਸਲੀਦਾਰ [pəslidar] *adj.* ribbed, fluted
ਪਸਾਰ [pəsar] *n.m.* expanse, spread, diffusion, expansion; ramification; large, spacious room, hall
ਪਸਾਰਕ [pəsarək] *adj. & n.m.* diffuser
~ ਗੁਣਕ *n.m.* co-efficient of diffusion
ਪਸਾਰਨਾ [pəsarna] *v.t.* to spread, sprawl, stretch, expand, extend, diffuse; to develop
ਪਸਾਰਵਾਦ [pəsarvad] *n.m.* expansionism
ਪਸਾਰਵਾਦੀ [pəsarvadi] *adj.* expansionist
ਪਸਾਰਾ [pəsara] *n.m.* expanse, spread or scattered condition; *fig.* the entire creation, cosmos
ਪਸਾਰੀ/ਪੰਸਾਰੀ [pəsari/pə̃sari] *n.m. colloq.* see ਪਨਸਾਰੀ
ਪਸਿੱਤਾ [pəsɪtta] *adj.m.* exclusive, kept aside; aloof
ਪਸਿੱਤੇ [pəsɪtte] *adv.* aside, back, behind
~ ਰਹਿਣਾ *con.v.* to keep to oneself or aloof
ਪਸੀਜਣਾ [pəsijəṇa] *v.i.* to relent, feel pity or compassion; (for heart) to melt
ਪਸੀਨਾ [pəsina] *n.m.* sweat, perspiration
~ ਆਉਣਾ *con.v.* to sweat, prespire
ਪਸੀਨੋ ਪਸੀਨੀ *adv.* sweating profusely
ਪਸੁ/ਪਸ਼ੂ [pəsu/pəṣu] *n.m.* animal, beast, quadruped, cattle, brute; fauna
ਪਸ਼ੂਆਂ ਦੇ ਰੋਗ *ph.* murrain
~ ਸਮਾਨ *adj.* beastly, bestial, brutish
~ ਬਣਾ ਦੇਣਾ *ph.* to bestialise, brutalise
~ ਧਨ *n.m.* cattle-wealth, livestock
~ ਪਾਲਣ *n.m.* cattle-breeding or rearing, animal husbandry
ਪਸ਼ੂਪੁਣਾ [pəṣupuṇa] *n.m.* animality, beastliness, brutishness, bestiality
ਪਸ਼ੇਮਾਨ [pəṣeman] *adj.* sorry, ashamed, contrite, penitent, regretful, remorseful, repentant
ਪਸ਼ੇਮਾਨੀ [pəṣemani] *n.f.* same as ਪਛਤਾਵਾ
ਪਸੇਰ [pəser] *n.f.* a kind of bush resembling witch hazel
ਪਸੇਰਾ/ਪਸੇਰੀ [pəsera/pəseri] *n.m./n.f. colloq.* see ਪਨਸੇਰੀ
ਪਸੇਲ [pəsel] *n.f.* rafter at the edge of a roof; edge plank or a sawn log
ਪਸੋਆ [pəsoa] *n.m.* fomentation of feet by dipping in warm water
ਪਹਾਰਾ [pəhara] *n.m.* forge, furnace, smithy
ਪਹਾਰੂ [pəharu] *n.m.* see ਭਾਰੂ[1]
ਪਹਾੜ [pàṛ] *n.m.* mountain, mountain range; North; *fig.* uphill task
~ ਜਿੱਡਾ ਦਿਨ *ph.* a long unbearable day
~ ਟੁੱਟ ਪੈਣਾ *ph.* for a calamity to befall
~ ਨਾਲ ਟੱਕਰ ਲੈਣੀ *ph.* dare, challenge or face a powerful adversary or to take up a formidable task
~ ਨਾਲ ਮੱਥਾ ਲਾਉਣਾ *ph.* same as *prec.*
ਪਹਾੜਾ [pàṛa] *n.m.* multiplication table
ਪਹਾੜੀ [pàṛi] *n.f.* hill, hillock; *adj.* hilly, mountainous, mountain; *n.m.* same as ਪਹਾੜੀਆ
~ ਕਾਂ *n.m.* raven
~ ਝੀਲ *n.f.* tarn
~ ਰਾਸ *n.f.* promontory, headland
ਪਹਾੜੀਆ [pàṛia] *n.m.* hillman, highlander; *fem.* ਪਹਾੜਨ
ਪਹਿਆ [péa] *n.m.* cart-track, camel-track. country road
ਪਹਿਚਾਣ [pécaṇ] *n.f.* same as ਪਛਾਣ
ਪਹਿਨ [pén] *v.form* imperative of ਪਹਿਨਣਾ, put on
ਪਹਿਨਣਾ [pénəṇa] *v.t.* to wear, don, put on
ਪਹਿਨਾਉਣਾ [pénauṇa] *v.t.* to make or help one to dress up or be dressed up, dress up, clothe
ਪਹਿਰ [pér] *n.m.* a 3-hour period, quarter of a day or night
ਪਹਿਰਾ [péra] *n.m.* watch, guard duty
~ ਦੇਣਾ *con.v.* to watch, guard; to keep a watch, to serve one's turn on guard duty, stand guard

ਪਹਿਰਾਵਾ [pérava] *n.m.* dress, costume, attire, raiment, garments, clothes, apparel, habit, clothing; garb, fashion or mode of dress; make-up

ਪਹਿਰੇਦਾਰ [péredar] *n.m.* guard, sentinel, watchman, guard man

ਪਹਿਰੇਦਾਰੀ [péredari] *n.f.* watch, watchfulness, custody

ਪਹਿਲ [pél] *n.f.* priority, preference; initiative, gumption; leading action, first step, first shot; pre-emption

~ ਕਦਮੀ *n.f. lit.* taking the first step, initiative

~ ਕਦਮੀ ਕਰਨਾ/~ ਕਰਨੀ *con.v.* to take initiative, be the first in any task, to pioneer, preempt

ਪਹਿਲਣ [péləṇ] *adj.f.* calved for the first time or in its first lactation period

ਪਹਿਲਵਾਨ [pélvan] *n.m.* wrestler, champion, *fig.* a hefty person

ਪਹਿਲਵਾਨੀ [pélvani] *n.f.* wrestling (practice or profession)

ਪਹਿਲਾ [péla] *adj.m.* first, primary, foremost, initial; maiden; former, preceding

~ ਭਾਸ਼ਨ/ਪਹਿਲੀ ਤਕਰੀਰ *n.m./n.f.* maiden speech

ਪਹਿਲੀ ਉਮਰ *n.f.* early age, childhood, youth

ਪਹਿਲਾਂ/ਪਹਿਲੋਂ [pélã/ pélõ] *adv.* at first, formerly, previously, at first, firstly, before, before hand, in the first place

~ ਪਹਿਲਾਂ/ਪਹਿਲੇ ਪਹਿਲ/ਪਹਿਲੋਂ ਪਹਿਲ *adv.* initially, in the beginning, first of all

ਪਹਿਲੂ [pélu] *n.m.* side; aspect; point of view

ਪਹੀ [pái] *n.f.* narrow country-road, path, track; *cf.* ਪਹਿਆ

ਪਹੀਆ [páia] *n.m.* wheel

~ ਬਣਾਉਣ ਵਾਲਾ *ph.* wheelwright

ਪਹੀਏਦਾਰ [páiedar] *adj.* wheeled

ਪਹੁ [pɔ́] *n.f.* dawn, daybreak

~ ਫੁੱਟਣੀ *con.v.* to dawn

~ ਫੁਟਾਲ਼ਾ *n.m.* same as ਪਹੁ; early morning

ਪਹੁੰਚ [pɔ̃́c] *n.f.* reach, approach, access; arrival; receipt

~ ਵਿਚ *adj.* within reach; approach; approachable

ਪਹੁੰਚਣਯੋਗ [pɔ̃́cəṇyog] *adj.* approachable, accessible; capable of reaching

ਪਹੁੰਚਣਾ [pɔ̃́cṇa] *v.i.t.* to reach, approach; to arrive (at), come, make it (to); to be received

ਪਹੁੰਚਾ¹ [pɔ̃́ca] *n.m.* claw, paw; hand, wrist; lower opening of trousers or shorts

ਪਹੁੰਚਾ² [pɔ̃́'ca] *v.form* imperative of ਪਹੁੰਚਾਉਣਾ convey and deliver

ਪਹੁੰਚਾਉਣਾ/ਪਹੁੰਚਾਣਾ [pɔ̃́cauṇa/pɔ̃́caṇa] *v.t.* to help or get one to reach; to deliver, convey, cause to be conveyed or delivered

ਪਹੁੰਚੀ [pɔ̃́ci] *n.f* an ornament having different varieties worn on feet, toes, ankles, wrists, head, respectively

ਪਹੁਲ [pɔ́l] *n.f.* initiation rite of Sikhs as Singhs; consecrated drink taken during this rite; see ਅੰਮ੍ਰਿਤ

~ ਛਕਣੀ/~ ਲੈਣੀ *con.v.* to take ਪਹੁਲ, to be initiated into the *Khalsa* brotherhood

~ ਛਕਾਉਣੀ/~ ਦੇਣੀ *con.v.* to administer ਪਹੁਲ, initiate or baptise as a Singh or member of the *Khalsa*

ਪਹੇ ਪਹੇ [pəhe pəhe] *adv.* along the country road, *cf.* ਪਹਿਆ

ਪਹੇਲੀ [pəheli] *n.f.* same as ਬੁਝਾਰਤ, riddle

ਪਹੌੜਾ [pəhɔṛa] *n.m.* same as ਫੌੜਾ, scraper for removing dung

ਪੱਕ [pəkk] *n.f.* certainty, fixity, firmness; emphasis, stress

~ ਪਕਾ *n.m.* firm-resolve, determination; settlement; emphasis, stress

ਪੰਕਜ [pãkəj] *n.m.* lotus

ਪੱਕਣਾ [pəkkəṇa] *v.i.* to ripen, mature; to be cooked, baked; (for boil, wound, etc.) to become septic, suppurate, maturate; to harden, become hard

ਪੰਕਤੀ [pãkti] *n.f.* line, row, file; series, range

ਪਕਰੋੜ [pəkroṛ] *adj.* on the way to ripen; mature, ripe; hard, hardened; (for boil or abcess) hard, not fully suppurated

ਪਕਲੂਤ [pəklut] *n.f.* a kind of skin-disease similar to herpes

ਪਕਵਾ [pəkva] *v.form* imperative of ਪਕਵਾਉਣਾ, get (it) baked

ਪਕਵਾਉਣਾ/ਪਕਵਾਣਾ [pəkvauṇa/pəkvaṇa] *v.t.* to assist in cooking, have or cause something to be cooked/ripened or hardened

ਪਕਵਾਈ [pəkvai] *n.f.* process of wages for *prec.*

ਪਕਵਾਨ [pəkvan] *n.m.* cooked dishes, delicacies, viands, fare

ਪਕੜ [pəkəṛ] *n.f.* grip, grasp, gripe, clasp, clutch, catch, firm hold, seizure, arrest, detention, apprehension, prehension

~ **ਪਕੜ** *n.f.* a series or campaign of arrests

~ **ਵਿਚ ਆਉਣ ਜੋਗਾ** *ph.* catchable, arrestable; graspable, apprehensible, prehensile

ਪੱਕੜ [pəkkər] *adj.* same as ਪਕਰੋੜ

ਪਕੜਨ ਵਾਲਾ [pəkərənvala] *adj.* apprehender, arrester, griper, catcher, grasper; prehensible

ਪਕੜਨਾ [pəkərna] *v.t.* same as ਫੜਨਾ, to catch, arrest

ਪਕੜਵਾਉਣਾ/ਪਕੜਾਉਣਾ [pəkərvauna/pəkəṛauṇa] *v.t.* same as ਫੜਾਉਣਾ, to get someone arrested

ਪਕੜਾਈ [pəkṛai] *n.f.* catching or being caught

~ **ਦੇਣਾ** *con.v.* to be caught

ਪਕਾ [pəka] *v.form* imperative of ਪਕਾਉਣਾ

ਪੱਕਾ [pəkka] *adj.m.* hard, firm, strong, sound, solid, secure; standard, genuine, real; cooked, baked, fried; hardened; steadfast, reliable, enduring; ripe,mature, mellow; fast (colour), indelible; (for house etc.) built of concrete or baked bricks

~ **ਕਰਨਾ** *ph.* to harden, strengthen, firm up; to pave, metal, concrete; to confirm, ensure; to finalise; (for pencil drawing or writing) to ink

~ **ਪਕਾਇਆ** *adj.m.* cooked and ready to be served or eaten

~ **ਯਕੀਨ ਹੋਣਾ** *ph.* to be cock-sure

ਪੱਕੀ ਪਰਖ *n.f.* acid test

ਪੱਕੇ ਪੈਰੀਂ *adv.* on firm footing, steadfastly

ਪਕਾਉਣਾ/ਪਕਾਣਾ [pəkauṇa/pəkaṇa] *v.t.* to cook, bake, fry; to make hard, firm, cause to ripen,maturate; to burn or bake (bricks or pottery); to make (resolve), pass (resolution); to learn (lesson) by heart

ਪਕਾਈ [pəkai] *n.f.* wages for ਪਕਾਉਣਾ

ਪਕਾਵਾ [pəkava] *n.m.* one who cooks, bakes or hardens; one who makes jaggery from sugar-cane juice

ਪਕਿਆਈ [pəkıai] *n.f.* hardness, firmness, strength; steadfastness

ਪੱਕੀ[1] [pəkki] *adj.f.* same as ਪੱਕਾ

ਪੱਕੀ[2] *n.f.* same as ਤਾਕੀਦ, emphasis, stress

ਪਕੇਰਾ [pəkera] *adj.m.* more ripe, harder, firmer

ਪਕੌੜਾ [pəkɔṛa] *n.m.* a kind of sandwich or snack prepared from gram flour dough stuffed or mixed with onion, vegetable and condiments

ਪਕੌੜੀ [pəkɔṛi] *n.f.* small ਪਕੌੜਾ, *esp.* one for mixing with curds

ਪੱਖ [pəkkh] *n.m.* side, party, team; partisanship, partiality; facet, aspect; (dark or light) half of a lunar month; lunar fortnight

~ **ਕਰਨਾ** *con.v.* to be partial to, be in favour of, take sides

~ **ਪੂਰਨਾ** *ph.* to support, side with, espouse, plump for

ਪੰਖ [pə̃kh] *n.m.* same as ਖੰਭ, wing

ਪਖੰਡ [pəkhə̃ḍ] *n.m.* false or misplaced belief or practice, hyprocrisy, prudery, pretention, pretence, feigning, shamming; sanctimony, heterodoxy, heresy; dissimulation, dissemblance

~ **ਕਰਨਾ** *con.v.* to dissimulate, dissemble, pretend, feign, practise ਪਖੰਡ

ਪਖੰਡਣ/ਪਖੰਡੀ [pəkhə̃ḍən/pəkhə̃ḍi] *adj.f./adj.m.* one who believes or practises ਪਖੰਡ, sham, hypocrite, dissembler, cheat, prude, sanctimonious, pretender; heterodox, heretical

ਪਖਤੂਨ [pəkhtun] *n.m. & adj.* Pathan,

Afghan

ਪੱਖਪਾਤ [pəkkhpat] *n.m.* partiality, favouritism, bias

ਪੱਖਪਾਤੀ [pəkkhpatti] *adj.* partial, biased prejudiced, prejudicial

ਪੱਖਲ਼ੀ [pəkkhəḷi] *n.f.* gunny cloth spread on the sides of a cart to increase its loading capacity

ਪਖਵਾੜਾ [pəkhvaṛa] *n.m.* fortnight, lunar fortnight

ਪੰਖੜੀ [pə̃khəṛi] *n.f.* petal, a segment of corolla, floral leaf; a small wing

ਪੰਖੜੀਹੀਣ [pə̃khəṛihiṇ] *adj.* achlamydeous

ਪੰਖੜੀਵਾਲਾ [pə̃khəṛivala] *adj.m.* petalled

ਪੱਖਾ [pəkkha] *n.m.*fan, flabellum; propeller (of ship or air craft); side plank or frame fitted near either wheel of a bullock cart, vertically placed plank in the front part of a horse-driven carriage; vane of a pumping set; part of roof between two girders or beams

ਪਖਾਨਾ [pəkhana] *n.m.* same as ਟੱਟੀ

ਪਖਾਲ [pəkhal] *n.f.* cistern; large canvas or leather bag for carrying or storing water

ਪਖਾਵਜ [pəkhavəj] *n.m.* a kind of small drum, tambourine, timbrel

ਪਖਾਵਜੀ [pəkhavəji] *n.m.* drum player, drummer

ਪੱਖੀ[1] [pəkkhi] *n.f.* hand fan; reed-mat; improvised hut of reed-mats

ਪੱਖੀ[2] *adj.* same as ਪੱਖਪਾਤੀ under ਪੱਖ[1]; *suff.* indicating side, flank, party, as in ਸੱਜੇ ਪੱਖੀ rightist, ਖੱਬੇ ਪੱਖੀ leftist, ਸਰਬ ਪੱਖੀ all round, ਬਹੁਪੱਖੀ multiside

ਪੰਖੀ/ਪੰਖੇਰੂ [pə̃khi/pə̃kheru] *n.m.* same as ਪੰਛੀ, bird

ਪੱਖੀਵਾਸ [pəkkhivas] *n.m. & adj.* hut-dweller, gypsy

ਪਗ [pəg] *n.m.* foot, pace, step

~ **ਚਿੰਨ੍ਹ** *n.m.* footprint, footmark

~ **ਟਿੱਪਣੀ** *n.f.* footnote

~ **ਡੰਡੀ** *n.f.* footpath, narrow track

ਪੱਗ [pəgg] *n.f.* turban, under-turban; *fig.* honour

~ **ਹੱਥੀ ਹੋਣਾ** *ph.* to engage in mutual insult, recriminate, scuffle

~ **ਬੰਨ੍ਹ** *adj.* turbaned, grown-up, adult

~ **ਲਾਹੁਣੀ** *ph. lit.* to take off turban; *fig.* to insult, dishonour, disgrace, humiliate

~ **ਵੱਟ ਭਰਾ** *ph.* vowed to be brothers by exchanging turbans

ਪੰਗਤ [pə̃gət] *n.f.* line, row *esp.* in dining hall; institution of dining together in community kitchen, commensality

ਪਗਲਾ [pəgla] *adj.m.* same as ਪਾਗਲ

ਪੱਗੜ [pəggəṛ] *n.m.* large ਪੱਗ, huge turban

ਪਗੜੀ [pəgṛi] *n.f.* same as ਪੱਗ, turban; extra payment or bribe money to secure possession of rented accommodation

~ **ਉਛਾਲ਼ਨਾ** *ph.* same as ਪੱਗ ਲਾਹੁਣੀ; to defame

ਪੰਗਾ [pə̃ga] *n.m.* forked stick or branch, point of bifurcation; *slang.* self-induced trouble

~ **ਲੈਣਾ** *ph.* to start unnecessary squabble, invite trouble; to make mischief; to tinker with or interfere unnecessarily

ਪੰਗੇਹੱਥਾ/ਪੰਗੇਬਾਜ਼ [pə̃gehəttha/pə̃gebaz] *adj.m./adj.* mischief-maker, trouble-maker

ਪੰਗੇਬਾਜ਼ੀ [pə̃gebazi] *n.f.* mischief-making

ਪੱਘਰ [pə́ggər] *v.form* imperative of ਪੱਘਰਨਾ

ਪੱਘਰਨਾ [pə́ggərna] *v.i.* to melt, thaw, liquefy, smelt, fuse; also ਪੰਘਰਨਾ

ਪਘਰਨ ਜੋਗ [pə́grən jog] *adj.* liquefiable

ਪਘਰਿਆ ਹੋਇਆ *adj.m.* molten, liquefied

ਪਘਰਵਾਉਣਾ [pə́gərvauṇa] *v.t.* to get something melted or liquefied

ਪਘਰਵਾਈ [pə́gərvai] *n.f.* wages for *prec.*

ਪਘਰਾ [pəgrà] *n.m.* melting, thaw, liquefication, fusion, smelting process

ਪਘਰਾਉਣਾ [pəgràuṇa] *v.t.* to melt, thaw, liquefy; to smelt, fuse

ਪਘਰਾਈ [pəgrài] *n.f.* wages or charges for melting or smelting

ਪਘਾਰਨਾ [pəgàrna] *v.t.* same as ਪਘਰਾਉਣਾ

ਪੰਘੂੜਾ [pə̃gùṛa] *n.m.* cradle, crib

~ **ਹਿਲਾਉਣਾ** *con.v.* to rock the cradle

ਪੰਚ[1] [pə̃c] *n.m.* member of ਪੰਚਾਇਤ (village council), village elder; punch, perforating tool, punching machine; blow in boxing

ਪੰਚ[2] *adj.* see ਪੰਜ; *suff.* indicating five

~ **ਤੱਤ/~ ਧਾਤ/~ ਭੂਤ** *n.m. pl.* five basic elements in Indian philosophy, viz. earth, fire, air, water and ether

~ **ਪਦਾ** *n.m.* a form in classical poetry in which each line has five words, a hymn having five stanzas excluding the refrain

ਪੰਚਸ਼ੀਲ [pə̃cṣil] *n.m.* five principles (collectively) of international peace and justice enunciated by Prime Ministers of India and China jointly in 1954

ਪਚਕਾਰੀ [pəckari] *n.f.* same as ਪਿਚਕਾਰੀ

ਪਚਣਾ [pəcəṇa] *v.i.* to be digested, assimilated

ਪੰਚਨਦ [pə̃cnəd] *n.m.* same as ਪੰਜਨਦ under ਪੰਜ

ਪਚ ਪਚ ਮਰਨਾ [pəc pəc mərna] *ph.* to die slow death *esp.* to die of jealousy; to be intensely jealous

ਪੰਚਮ [pə̃cəm] *adj.* fifth

~ **ਸੁਰ** *n.f. lit.* the fifth note (in music); the highest pitch, soprano

ਪੰਚਮੀ [pə̃cəmi] *n.f.* the fifth day of a lunar fortnight

ਪਚਮੇਲ [pəcmel] *n.m.* mixture of five ingredients

ਪੱਚਰ [pəccər] *n.f.* wedge, splinter, piece, driven in to fill a gap or fixed to repair something

~ **ਠੋਕਣੀ** *con.v.* to drive or hammer in ਪੱਚਰ

~ **ਲਾਉਣੀ** *con.v.* to fix ਪੱਚਰ, to mend or repair

ਪੰਚਰ [pə̃cər] *n.m.* puncture *esp.* in rubber tube or bladder; *adj.* punctured

~ **ਕਰਨਾ** *con.v.* to puncture

~ **ਲਾਉਣਾ** *con.v.* to mend or repair puncture

ਪਚਰਾ [pəcəra] *n.m.* hindmost horizontal plank of bullock cart

ਪਚਵੰਜਾ [pəcvə̃ja] *adj.* fifty-five

ਪਚਵੰਞਵਾਂ [pəcvə̃́jyã] *adj.m.* fifty-fifth

ਪਚਵੰਞੀਂ [pəcvə̃́ji] *adv.* for Rs. 55

ਪਚਾ [pəca] *v.form* imperative of ਪਚਾਉਣਾ, assimilate

ਪਚਾਉਣਾ [pəcauṇa] *v.i.t.* to digest, assimilate, absorb, *fig.* to embezzle, misappropriate without being detected/proceeded against or punished

ਪਚਾਅ [pəca] *n.m.* digestion, digestive power or process

ਪੰਚਾਇਤ [pə̃caɪt] *n.f.* village council or commune, village elders (collectively), brotherhood or clan council of elders (traditionally of five members); village assembly or meeting

ਪੰਚਾਇਤੀ [pə̃caɪti] *adj.* of or pertaining to ਪੰਚਾਇਤ

ਪਚਾਸੀ [pəcassi] *adj.* same as ਪੰਜਾਸੀ

ਪਚਾਕਾ [pəcakka] *n.m.* smack

ਪਚਾਕੇ ਮਾਰਨਾ *ph.* to smack, eat noisily

ਪੰਚਾਂਗ [pə̃cãg] *n.m.* calendar, almanac; anything consisting of five parts; the five parts

ਪਚਾਣਾ [pəcaṇa] *v.t.dia.* see ਪਚਾਉਣਾ

ਪਚਾਧ [pəcád] *n.m.* southwestern region of the Punjab

ਪਚਾਧਾ [pəcáda] *n.m.* a native of ਪਚਾਧ

ਪਚਾਧੀ [pəcádi] *n.f.* same as *prec.*; dialect of ਪਚਾਧ

ਪਚਾਨਵੇਂ [pəcanəvẽ] *adj.* ninety-five

ਪਚਾਨ੍ਵਿਆਂ [pəcánvɪã] *adj.m.* ninety-fifth

ਪਚਾਨ੍ਵੀਂ [pəcánəvi] *adj.f.* same as *prec.*; *adv.* for Rs. 95

ਪਚੀ [pəci] *adj.* ashamed, embarrassed, abashed

~ **ਕਰਨਾ** *con.v.* to put to shame, embarrass, abash

ਪੱਚੀ [pəcci] *adj.* same as ਪੰਝੀ

ਪੱਚੀਕਾਰੀ [pəccikari] *n.f.* inlay work in metal/wood or stone

ਪਚੈਤ [pəcɛt] *n.f. colloq.* see ਪੰਚਾਇਤ

ਪੱਛ [pəcch] *n.m.* slight cut; phlebotomy, blood-letting

~ **ਲਾਉਣੇ** *con.v.* same as ਪੱਛਣਾ, to phlebotomise

ਪਛੰਡਾ [pəchə̃ḍa] *n.m.* kick with hind legs

(by horses); *cf.* ਛੜ[1]
~ ਮਾਰਨਾ *con.v.* (for horse) to kick
ਪੱਛਣਾ [pəcchəṇa] *v.t.* to make ਪੱਛ, phlebotomise, to let blood, to bleed; *n.m.* razor or other similar instrument to make ਪੱਛ with
ਪਛਤਾ [pəchta] *v.form* imperative of ਪਛਤਾਉਣਾ, repent
ਪਛਤਾਉਣ ਵਾਲ਼ਾ [pəchtauṇvaḷa] *adj.m.* repentent, rueful, regretful, remorseful, penitent, contrite
ਪਛਤਾਉਣਾ [pəchtauṇa] *v.i.* to repent, regret, rue, feel sorry, feel remorse, be penitent or contrite
ਪਛਤਾਵਾ [pəchtava] *n.m.* repentence, penitence, rue, regret, contrition, remorse, compunction, qualm
~ ਹੋਣਾ/~ ਕਰਨਾ *con.v.* same as ਪਛਤਾਉਣਾ
ਪੱਛਮ [pəccham] *n.m.* same as ਪੱਛੋਂ, west, occident
ਪੱਛਮੀ [pəcchəmi] *adj.* western, westerly
~ ਪੌਣ *n.f.* west wind, westerly
ਪਛਵਾ [pəchva] *n.f.* same as ਪੱਛਮੀ ਪੌਣ, zephyr
ਪਛਵਾਉਣਾ [pəchvauṇa] *v.t.* same as ਪਛਾਉਣਾ
ਪਛੜ [pəchəṛ] *v.form* imperative of ਪਛੜਨਾ
~ ਜਾਣਾ *con.v.* same as ਪਛੜਨਾ
ਪਛੜਨਾ [pəchəṛna] *v.i.* to be late, lag behind, miss the bus
ਪਛੜਾਉਣਾ [pachəṛauṇa] *v.t.* to cause to be late, delay
ਪਛੜਿਆ [pəchṛɪa] *adj.m.* late, delayed, backward, lagging behind
ਪਛੜੇਵਾਂ [pəchṛevā̃] *n.m.* backwardness, lag
ਪਛਾਉਣਾ [pəchauṇa] *v.t.* to have one's blood let, get someone phlebotomised
ਪਛਾਈ [pəchai] *n.f.* process of/fee for ਪੱਛਣਾ
ਪਛਾਟਾ [pəchaṭṭa] *n.m.* forceful swing by horse of its tail
ਪਛਾਣ [pəchaṇ] *n.f.* recognition, identity; acquaintance; introduction, familiarity, distinction, identification, distinguishing features, identification marks; discrimination
~ ਹੋਣੀ/~ ਕਰਨੀ *con.v.* same as ਪਛਾਣਨਾ
~ ਕਰਾਉਣੀ *con.v.* to indroduce, acquaint, familiarise
ਪਛਾਣਨਾ [pəchaṇna] *v.t.* to recognise, distinguish, make out, identify, discriminate; to realise, perceive
ਪਛਾੜ [pəchaṛ] *n.f.* fall, defeat, *esp.* in wrestling/boxing etc; throwing down; falling down in trance, swoon, faint
ਪਛਾੜਨਾ [pəchaṛna] *v.t.* to throw down, defeat, leave behind, surpass, outdo, outstrip, excel over
ਪਛਾੜੀ [pəchaṛi] *n.f. & adv.* same as ਪਿਛਾੜੀ
ਪੱਛੀ [pəcchi] *n.f.* crushed stalk of sugarcane, bagasse; wheat stalks, palm leaves or grass used for making baskets or mats; basket
ਪੰਛੀ [pə̃chi] *n.m.* bird
~ ਵਿਗਿਆਨ *n.m.* ornithology
~ ਵਿਗਿਆਨੀ *n.m.* ornithologist
ਪੰਛੀਆਂ ਦਾ ਝੁੰਡ *ph.* covey
ਪਛੇਤ/ਪਛੇਤਰ [pəchet / pəchetər] *n.m.* lateness, delay (in sowing); suffix
ਪਛੇਤਰਾ/ਪਛੇਤਾ [pəchetəra / pəcheta] *adj.m.* late, delayed, after proper season or time; later, latter, subsequent
ਪੱਛੋਂ [pəcchõ] *n.f.* west; westwind, westerly, westerly wind, zephyr
ਪਛੋਟਾ [pəchoṭṭa] *n.m. dia.* see ਛਿੱਕੂ, small basket
ਪਛੋਤਾ/ਪਛੋਤਾਈ [pəcchota / pəcchotai] *n.m./n.f.* same as ਪਛਤਾਵਾ
ਪਛੋਲ਼ਾ [pəchɔḷa] *n.m.* same as ਚੋਰ ਚੁਲ਼ਾ
ਪੱਜ [pəjj] *n.m.* excuse, pretext, pretence, contrived reason, cause
~ ਪਾਉਣਾ/~ ਲਾਉਣਾ *ph.* to find or make excuses
~ ਬਣ ਜਾਣਾ *ph.* for one thing or incident to become cause for another more serious one
ਪੱਜੀਂ ਪੱਜੀਂ *adv.* on some pretext or the other
ਪੰਜ [pə̃j] *adj.* five; indicating five

~ ਇਸ਼ਨਾਨਾ *n.m.* washing of five limbs, viz. hands or lower arms, feet or lower legs and face; ablutions
~ ਸਾਲਾ *adj.* quinquennial
~ ਸੌ ਸਾਲਾ *adj.* quincentennial
~ ਹਜ਼ਾਰੀ *adj.* holder of a medieval title, signifying command over 5000 soldiers
~ ਕਲਿਆਨ *adj.* buffalo with five parts of body white, viz. cornea, all four feet, end of tail, forehead and mouth
~ ਕੋਣ *n.f.* pentagon; *adj.* pentagonal, pentangular
~ ਕੌਂਸਲ/~ ਕੌਂਸਲੀ *n.f.* a five-member council or committee
~ ਗ੍ਰੰਥੀ *n.f.* a breviary of the Sikhs containing five long hymns or prayers
~ ਦਵੰਜੀ *n.f.* system of sharing in the ratio of 2 : 3
~ ਨਦ *n.m. lit.* confluence of five rivers; five rivers of Punjab collectively; that part of the river Sutlej which carries the combined flow of these rivers and joins the Indus
~ ਪੱਤੀ *n.f.* a cards game
~ ਭੂਤਕ *adj.* made of five elements viz. earth air, water, fire and ether
~ ਰਤਨੀ *n.f.* mixture of five ingredients ritually put in the mouth of the dead; *colloq.* wine, alcoholic drink
~ ਲੜਾ *adj.* (garland) of five strands

ਪੰਜਸੇਰੀ [pə̃jseri] *n.f.* same as ਪਨਸੇਰੀ

ਪੰਜਹੁਰ [pə̃jɔ́r] *n.f.* five ploughings, fifth ploughing, five repetitions

ਪੰਜਹੁਰਾ [pə̃jɔ́ra] *adj.m.* fivefold

ਪੰਜਤਾਲੀ [pə̃jtaḷi] *adj.* forty-five

ਪੰਜਤਾਲੀਂ [pə̃jtáḷi] *adv.* for Rs. 45

ਪੰਜਤਾਲ੍ਹੀਆਂ/ਪੰਜਤਾਲ੍ਹੀਵਾਂ [pə̃jtáḷiã/pə̃jtáḷivã] *adj.m.* forty-fifth

ਪੱਜ ਪਲਾਲ [pəjj pəlal] *n.m.* same as ਪੱਜ *esp.* lame excuses, absurd pretext

ਪੱਜਲ਼ [pəjjəḷ] *adj.* malingerer, shirker

ਪੰਜਵਾਂ [pə̃jəvã] *adj.m.* fifth, *n.m.informal* clarified butter, ghee

ਪੰਜਾ [pə̃ja] *n.m.* the figure 5; paw, claw, hand, metacarpus; fore-part of foot or shoe; imprint of all fingers as well as thumb, dactylogram; *fig.* grip, sway, dominance; snare
~ ਮਾਰਨਾ *con.v.* to paw, strike with ਪੰਜਾ
~ ਲਾਉਣਾ *con.v.* to give finger-print
~ ਲੈਣਾ *ph.* to shake hands *esp.* before a wrestling or boxing match; *fig.* to start a fight
ਪੰਜੇ ਭਾਰ *adv.* on tiptoe

ਪੰਜਾਸੀ [pə̃jasi] *adj.* eighty-five

ਪੰਜਾਸੀਂ [pə̃jasĩ] *adv.* for Rs. 85

ਪੰਜਾਸੀਆਂ/ਪੰਜਾਸੀਵਾਂ [pə̃jasiã/pə̃jasivã] *adj.m.* eighty-fifth

ਪੰਜਾਹ [pə̃já] *adj.* fifty

ਪੰਜਾਹਾਂ/ਪੰਜਾਹਵਾਂ [pə̃jahã/pə̃jávã] *adj.m.* fiftieth

ਪੰਜਾਹੀਂ [pə̃jahĩ] *adv.* for Rs. 50

ਪੰਜਾਬ [pə̃jab] *n.m.* the Punjab

ਪੰਜਾਬਣ [pə̃jabəṇ] *n.f.* native of Punjab, belonging to Punjab; Punjabi woman

ਪੰਜਾਬੀ [pə̃jabi] *adj.* belonging or pertaining to Punjab, *n.m.* native of Punjab *esp.* male; *n.f.* Punjabi language

ਪੰਜਾਬੀਅਤ [pə̃jabiət] *n.f.* Punjabi culture; peculiar character of the Punjabis

ਪਜਾਮਾ [pəjama] *n.m.* trousers, pair of trousers

ਪੰਜਾਲ਼ [pə̃jaḷ] *n.m.* yoke for a single bullock

ਪੰਜਾਲ਼ੀ [pə̃jaḷi] *n.f.* yoke for a pair of bullocks *esp.* one with two horizontal bars, one above and the other below their necks; *fig.* compulsory duty, responsibility or commitment

ਪਜਾਵਾ [pəjava] *n.m.* brick-kiln

ਪੰਜੀ [pə̃ji] *n.f.* five-paise coin; playing card with five pips

ਪੰਜੀਂ [pə̃jĩ] *adv.* for Rs. 5
~ ਥਾਈਂ *adv.* in or at five places; in five equal shares

ਪੰਜੀਕਰਨ [pə̃jikərn] *n.m.* registration
~ ਕਰਨਾ *con.v.* to register

ਪੰਜੀਕਰਿਤ [pə̃jikərɪt] *adj.* registered

ਪੰਜੀਰੀ [pə̃jiri] *n.f.* a preparation of flour fried in clarified butter or cooking oil and mixed with sugar and dried fruit

ਪੰਜੇ [pə̃je] *adj. pl.* all the five; only five; *n.m. pl.* of ਪੰਜਾ paws, claws
ਪੰਜੇਬ [pə̃jeb] *n.f.* an ornament, *usu.* of silver, with little tinkling bells worn by women around the ankle
ਪੰਜੋਕੜਾ [pə̃jokəṛa] *n.m.* any group of five, fivesome, quintet, quintuplet
ਪੰਜੋਤਰਾ [pə̃jotra] *n.m.* five percent commission on land revenue retained by village headman as his remuneration
ਪੰਝੱਤਰ [pə̃jə̀ttər] *adj.* seventy-five
ਪੰਝੱਤਰਵਾਂ [pə̃jə̀ttərvã] *adj.m.* seventy-fifth
ਪੰਝੱਤਰੀਂ [pə̃jə̀ttəri] *adv.* for Rs. 75
ਪੰਝੀ [pə̃ji] *adj.* twenty-five
ਪੰਝੀਂ [pə̃ji] *adv.* for Rs. 25
ਪੰਝੀਆਂ/ਪੰਝੀਵਾਂ [pə̃jiã / pə̃jivã] *adj.m.* twenty-fifth
ਪਟ [pəṭ] *n.m.* breadth, span, single breadth of cloth
ਪੱਟ¹ [pəṭṭ] *n.m.* thigh; leaf of a door or window, door-leaf; silk, silk or silken yarn
ਪੱਟ² *adv.* same as ਝੱਟ and ਝਟਪਟ, immediately
ਪਟਸਨ [pəṭsən] *n.f.* jute; flax
ਪਟੱਕ [pəṭəkk] *n.f.* thud, bang, slam; sharp sound of impact as of slap or fall; *adv.* with a bang or thud
ਪਟਕਣਾ [pəṭkəṇa] *v.t.* to strike or throw down with thud; also ਪਟਕ ਮਾਰਨਾ
ਪਟ ਕਥਾ [pəṭ kətha] *n.f.* scenario
ਪਟਕਾ [pəṭka] *n.m.* a length of cloth used variously as turban, waist-cloth, towel, etc.
ਪਟਕਾਉਣਾ [pəṭkauṇa] *v.t.* same as ਪਟਕਣਾ; also ਪਟਕਾ ਮਾਰਨਾ
ਪੱਟਣਾ [pəṭṭəṇa] *v.t. dia.* see ਪੁੱਟਣਾ
ਪਟੰਬਰ [pəṭə̃bər] *n.m.* silk garment
ਪਟਮੇਲ਼ੀ [pəṭmeḷi] *n.f.* calamity, disaster, havoc; commotion, tumult, furore
ਪਟਰਾਣੀ [pəṭraṇi] *n.f.* first-wed or principal queen
ਪਟਰੋਲ [pəṭrol] *n.m.* petrol
ਪਟਵਾਰ [pəṭvar] *n.f.* job or career of ਪਟਵਾਰੀ
ਪਟਵਾਰਖਾਨਾ [pəṭvarkhana] *n.m.* office of ਪਟਵਾਰੀ
ਪਟਵਾਰੀ [pəṭvari] *n.m.* village level revenue official who keeps record of land holdings/surveys crops and calculates land revenue
ਪਟੜਾ [pəṭəṛa] *n.m.* wooden plank or board; wash board or slab
ਪਟੜੀ [pəṭəṛi] *n.f.* small ਪਟੜਾ; railroad, railway, railway line; path along and on the bank of a water channel or canal; silver band worn by women around the ankles; *cf.* ਪੰਜੇਬ
ਪਟਾ [pəṭa] *n.m.* dog collar; engine-belt; belt, band, strap; lease-deed, mortgage-deed; lease; short lock of hair; *usu. pl.* ਪਟੇ, short, dishevelled or bobbed hair
ਪਟਾਸ [pəṭas] *n.m.* strap used by calico-printers to cover an edge or part of cloth
ਪਟਾਸੀ [pəṭassi] *n.f.* leather strap used by barber for smoothening razor's edge
ਪਟਾਕ [pəṭak] *n.m.* same as ਪਟੱਕ
~ ਪਟਾਕ *n.f.* repeated bang or slam; *adv.* repeatedly with bang or slam; (to talk) chatteringly
ਪਟਾਕਾ [pəṭakka] *n.m.* cracker; explosion; crack or snap as of whip
ਪਟਾਕੋ [pəṭakko] *n.f.* smart talkative woman; chatterer
ਪਟਾਰਾ [pəṭara] *n.m.* basket or box made from wicker/bamboo or cane
ਪਟਾਰੀ [pəṭari] *n.f.* small ਪਟਾਰਾ
ਪੱਟੀ [pəṭṭi] *n.f.* bandage, strip, band of cloth; stripe, gauze, dressing; plait, braid, smoothened lock of hair; column, vertical, row; list, schedule; same as ਫੱਟੀ, writing board or tablet
~ ਬੰਨ੍ਹਣੀ *con.v.* to bandage, dress (wound), tie a band of gauze or cloth; to blindfold
~ ਮੇਸ ਕਰਨੀ *ph. slang.* to spoil, impair, damage, undo
ਪਟੀਸ਼ਨ [pəṭiṣən] *n.f.* petition
ਪੱਟੀਦਾਰ/ਪੱਟੀਦਰਜ [pəṭṭidar/pəṭṭidərj] *adj.* scheduled (caste or tribe); striped, plait-

ed

ਪੱਟੂ [pəṭṭu] *n.m.* thick/rough woollen cloth/ blanket or rug; *slang* spoiler; dandy, fop

ਪਟੇ [pəṭe] *n.m. pl.* of ਪਟਾ

~ ਸੁਆਰਨੇ *v.t.* to comb/brush or smoothen one's hair, improve one's appearance

ਪਟੇਦਾਰ [pəṭedar] *n.m.* leaseholder, lessee

ਪਟੇਦਾਰੀ [paṭedari] *n.f.* leasehold

ਪਟੋਹਲਾ [pəṭóla] *n.m.* doll's garment

ਪਟੋਕੀ [pəṭoki] *n.f.* a gentle slap

ਪੱਠ [pəṭṭh] *n.f.* young goat or sheep; young hen, pullet

ਪੱਠਾ [pəṭṭha] *n.m.* muscle, tendon, sinew; trainee *esp.* young wrestler; any robust young man, youth; any fodder plant/crop or grass

~ ਦੱਥਾ/ਪੱਠੇ *n.m/n.m.pl.* fodder, forage

~ ਦੱਥਾ ਕਰਨਾ/ਪੱਠੇ ਪਾਉਣਾ/ਪੱਠਿਆਂ ਦਾ ਅਚਾਰ *ph.* to feed the cattle; silage

~ ਵਿਗਿਆਨ *n.m.* myology

ਪਠਾਣ [pəṭhaṇ] *n.m.* Pathan, Afghan

ਪਠਾਣੀ [pəṭhaṇi] *n.f.* Pathan or Afghan woman; *adj.* pertaining to Pathans; Afghan

ਪਠਾਰ [pəṭhar] *n.m.* plateau, tableland

ਪਠੋਰਾ [pəṭhora] *n.m.* young goat; kid

ਪੰਡ [pə̃ḍ] *n.f.* bale, bundle, pack, package; sheaf; load, burden

~ ਚੁੱਕਣੀ *con.v./ph.* to lift or carry ਪੰਡ; *fig.* to take or shoulder responsibility, be burdened with responsibility

ਪੰਡਤ [pə̃ḍət] *n.m.* Pandit, Brahmin; scholar, expert, specialist

ਪੰਡਤਾਈ [Pə̃ḍtai] *n.f.* scholarship, learning, pedantry

ਪੰਡਤਾਣੀ [Pə̃ḍtaṇi] *n.f.* wife of ਪੰਡਤ, Brahmin woman

ਪੰਡਾ [pə̃ḍa] *n.m.* Brahmin priest cum teacher

ਪੰਡਾਲ [pə̃ḍal] *n.m.* shelter erected for a public meeting or other function

ਪੰਡੋਰੀ [pə̃dori] *n.f.* small village

ਪਣ¹ [pəṇ] *pref.* indicating water

~ ਚੱਕੀ *n.f.* water-mill

~ ਡੁੱਬੀ *n.f.* submarine

~ ਬਿਜਲੀ *n.f* hydroelectric power, hydroelectricity

ਪਣ² *suff.* to form abstract nouns of quality as in ਪਾਗਲਪਣ

ਪਣਸਾਲ [pəṇsal] *n.f.* an instrument for measuring depth or rate of discharge of water

~ ਨਵੀਸ *n.m.* official who keeps record of discharge of water

ਪਣਹਾਰਨ/ਪਣਹਾਰਾ [pəṇharən/ pəṇhara] *n.f./n.m.* water-carrier

ਪਣਖ [pəṇəkh] *n.m.* bar used by weavers to keep the yarn or cloth tightly stretched

ਪਣਘਟ [pəṇkə̀ṭ] *n.m.* place or quay from where people collect drinking water; water-point

ਪਣਾ¹ [pəṇa] *suff.* same as ਪਣ²

ਪਣਾ² *n.m.* same as ਪਨ੍ਹਾ, breadth of cloth

ਪਤ¹ [pət] *n.f.* honour, dignity, good name or reputation, self-respect; chastity

~ ਲਾਹੁਣੀ *con.v.* to deprive of ਪਤ, dishonour, disgrace, insult; (for woman as object) to molest, rape

ਪਤ² *suff.* sometimes used in place of ਪਤੀ as in ਨਰਪਤ, ਪਰਜਾਪਤ

ਪੱਤ¹ [pətt] *n.m.* same as ਪੱਤਾ, leaf

ਪੱਤ² *n.f.* one lot of sugarcane juice to make jaggery or brown sugar from; one lot of sugar syrup for dipping sweetmeats in

~ ਲਾਹੁਣੀ *con.v.* to prepare ਪੱਤ

ਪਤਹੀਣ [pəthiṇ] *adj.* without sense of honour, ignoble

ਪਤੰਗ [pətə̃g] *n.m.* kite

~ ਉਡਾਉਣਾ/~ ਚੜ੍ਹਾਉਣਾ *con.v.* to fly kite

ਪਤੰਗਬਾਜ਼ [pətə̃gbaj] *n.m.* kite-flier

ਪਤੰਗਬਾਜ਼ੀ [pətə̃gbaji] *n.f.* kite-flying

ਪਤੰਗਾ [pətə̃ga] *n.m.* moth, winged insect

ਪਤਝੜ [pətcə̀ṛ] *n.f.* autumn; defoliation

ਪਤਝੜੀ [pətcə̀ṛi] *adj.* autumnal; deciduous

ਪੱਤਣ [pəttəṇ] *n.m.* landing place for boats, dock, quay, wharf

ਪਤਤ [pətət] *adj.* colloq. see ਪਤਿਤ

ਪਤੰਦਰ [pətə̃dər] *n.m.* foster-father *adj. n.m.* clever/cunning person

ਪਤਨ [pətən] *n.m.* fall, decline, downfall, decadence, degradation

ਪੱਤਨ [pəttən] *n.m.* same as ਪੱਤਣ

ਪਤਨਸ਼ੀਲ [pətənṣil] *adj.* decadent, fallible

ਪਤਨਸ਼ੀਲਤਾ [pətənṣilta] *n.f.* decadence, fallibility, declination

ਪਤਨੀ [pətni] *n.f.* wife, female spouse; *informal.* better half, weaker half

ਪੱਤਰ [pəttər] *n.m.* leaf (of plant, petal; *pl.* ਪਤਰਾਲ਼, foliage; letter, epistle; paper, document; newspaper, journal

~ **ਕਲਾ** *n.f.* art of letter-writing; journalism

~ **ਪਰੇਰਕ** *n.m.* correspondent

~ **ਵਿਹਾਰ** *n.m.* correspondence

ਪੱਤਰਕਾਰ [pəttərkar] *n.m.* journalist

ਪੱਤਰਕਾਰਤਾ/ਪੱਤਰਕਾਰੀ [pəttərkarta/ pəttərkari] *n.f.* profession or art of ਪੱਤਰਕਾਰ, journalism

ਪੱਤਰਨ [pəttərən] *n.m.* foliation

ਪੱਤਰਾ[1] [pəttəra] *n.f.* a medicine to cure snake-bite

ਪੱਤਰਾ[2] *n.m.* leaf, folio; sheet, thin, flat, piece of metal; sheet of paper

~ **ਵਾਚਣਾ** *ph.* to read paper; *slang.* to flee, run away, decamp

ਪਤਰਾਉਣਾ [pətrauṇa] *v.i.* to foliate

ਪਤਰਾਲ਼ [pətraḷ] *n.f.* foliage, foliation

ਪਤਰਾਲ਼ਾ [pətraḷa] *adj.m.* leafy, foliate, foliose, folious

ਪਤਰਿਕਾ [pətrıka] *n.f.* magazine, journal, periodical, newspaper; letter, epistle; also ਪਤ੍ਰਿਕਾ

ਪੱਤਰੀ [pəttəri] *n.f.* small, thin, flat, piece of metal; *colloq.* see ਜਨਮ ਪੱਤਰੀ, horoscope

ਪਤਰੀਸ [pətris] *n.f.* wife of husband's paternal uncle, aunt-in-law

ਪਤਰੌਹਰਾ [pətrɔ́ra] *n.m.* brother of father-in-law, uncle-in-law

ਪੱਤਲ਼ [pəttəḷ] *n.f.* plate made of tree leaves; screen made of reeds or twigs

~ **ਬਣਾਉਣੀ** *con.v.* to make a plate of leaves

~ **ਬੰਨ੍ਹਣੀ** *con.v.* to make a screen of reeds or twigs

ਪਤਲਾ [pətla] *adj.m.* thin, lean, slim, svelte, sparse; dilute, not thick; delicate, slender; sleazy, flimsy

~ **ਹਾਲ** *n.m.* bad state, plight

~ **ਕਰਨਾ** *con.v.* to thin, dilute; to slim, attenuate

~ **ਪਤੰਗ** *adj.m.* very thin, slim, gaunt, sinewy, wiry; emaciated

ਪਤਲੀ ਤਹਿ *n.f.* lemina, thin layer, *pl.* laminae

ਪਤਲਾਪਣ [pətlapəṇ] *n.m.* thinness, leanness, slimness

ਪਤਲੂਣ [pətluṇ] *n.f.* pantaloon, pants, trousers; also ਪਤਲੂਨ

ਪਤਵੰਤ [pətvə̃t] *adj.* honourable, chaste, noble, commanding respect, respectable; also ਪਤਵੰਤਾ

ਪਤਵਾਰ [pətvar] *n.f.* rudder, helm

ਪਤਾ [pəta] *n.m.* address, whereabouts, location, knowledge; information

~ **ਸੁਰ** *n.m.* same as ਪਤਾ

~ **ਕੱਢਣਾ**/~ **ਲਾਉਣਾ** *con.v.* to find out, trace, discover

~ **ਕਰਨਾ** *con.v.* to enquire, inquire, investigate, find out

~ **ਠਿਕਾਣਾ** *n.m.* address, whereabouts

~ **ਨਹੀਂ** *ph.* I do not know

ਪੱਤਾ [pətta] *n.m.* leaf, tree leaf; phyllome; piece of cardboard (with buttons/medicinal tablets or capsules affixed to it); small/flat piece of metal; playing card; trick, trickery, deceit

~ **ਕੱਟਣਾ** *ph. slang.* to dismiss, outdo, exclude, drive out (of contest etc.)

~ **ਨੁਮਾ** *adj.* foliaceous, leaf-like, phylloid

~ **ਪੱਤਾ** *adv.* in a scattered state; *n.m.* each ਪੱਤਾ

~ **ਮਾਰਨਾ** *ph.* to play or throw card; to deceive, play trick, cheat, swindle

ਪਤਾਸਾ [pətassa] *n.m.* a kind of sweet-drop, sugar-bubble

ਪਤਾਮ [pətam] *n.m.* slit, socket

ਪਤਾਲ਼ [pətaḷ] *n.m.* hell, Hades, inferno; antipodal region; underworld, nether world, infernal region

~ **ਗੰਗਾ** *n.m.* a mythical river of the underworld

~ ਲੋਕ *n.m.* same as ਪਤਾਲ਼

ਪੰਤਾਲ਼ੀ [pə̃taḷi] *adj.* forty-five

ਪੰਤਾਲ਼ੀਂ [pə̃táḷi] *adv.* for Rs. 45

ਪੰਤਾਲ਼ੀਆਂ/ਪੰਤਾਲ਼ੀਵਾਂ [pə̃tḁ̄ḷiã/pətálivã] *adj.m.* forty-fifth

ਪਤਾਲੂ [pətaḷu] *n.m.* testicle,testis (*pl.* testes)

ਪਤਾਵਾ [pətava] *n.m.* thin strip of leather inside a shoe to cover the sole, inner lining of sole

ਪਤਿਆ [pətɪa] *v.form* imperative of ਪਤਿਆਉਣਾ, persuade

ਪਤਿਆਉਣਾ [pətɪauṇa] *v.t.* to inveigle, reassure/persuade or win confidence by artful or sympathetic talk

ਪਤਿਔਹਰਾ [pətɪɔ́ra] *n.m.* same as ਪਤਰੌਹਰਾ

ਪਤਿਤ [pətɪt] *adj.* fallen (in moral or religious sense), apostate; sinner, degraded

~ ਪਾਵਨ *adj.* redeemer of sinners

ਪਤੀ [pəti] *n.m.* husband, lord, master; *suff.* meaning owner as in ਪਰਜਾਪਤੀ

~ ਦੇਵ *n.m.* husband

~ ਪਤਨੀ *n.m. pl.* husband and wife, man and wife, spouses, married couple

~ ਵਰਤ ਧਰਮ *ph.* fidelity to husband

~ ਵਰਤਾ *adj.f.* faithful, virtuous (wife)

ਪੱਤੀ [pətti] *n.f.* small leaf, petal; tea leaves; same as ਪੱਤਰੀ; share, partnership; ward (of a village)

~ ਦਾਰ *adj.* same as ਪੱਤੇਦਾਰ, leafy

ਪੱਤੀਆਂ [pəttiã] *n.f. pl.* of ਪੱਤੀ; an ailment involving parching of throat; sore throat

ਪਤੀਸਾ [pətissa] *n.m.* a kind of sweetmeat, paste made form flour, *usu.* gram flour, cooking oil and sugar

ਪਤੀਹਸ [pətís] *n.f.* same as ਪਤਰੀਸ

ਪਤੀਜਣਾ [pətijəṇa] *v.i.* to be reassured, satisfied or trustful, be persuaded

ਪੱਤੀਦਾਰ [pəttidar] *adj. & n.m.* partner, co-sharer

ਪਤੀਲਾ [pətila] *n.m.* cooking pot, cooking vessel

ਪਤੀਲੀ [pətili] *n.f.* small ਪਤੀਲਾ

ਪੱਤੇਦਾਰ [pəttedar] *adj.* leafy, foliose, folious, foliate

ਪੱਤੇਬਾਜ਼ [pəttebaz] *adj.* tricksy, trickster, cheat, deceiver, swindler

ਪੱਤੇਬਾਜ਼ੀ [pəttebazi] *n.f.* trickery, cheating, swindling

ਪਤੋਰਨਾ [pətorna] *v.t.* to top green ears of corn

ਪਤੌੜ [pətɔṛ] *n.m.* a snack prepared with leaves of spinach, arum, etc., rolled or coated in salted gram-flour paste and fried

ਪਥ [pəth] *n.m.* path, way, course, road, route, track; orbit

~ ਪਰਦਰਸ਼ਕ *n.m.* guide, leader, pathfinder, pilot, also ਪਥਪ੍ਰਦਰਸ਼ਕ

~ ਪਰਦਰਸ਼ਨ *n.m.* guidance; also ਪਥਪ੍ਰਦਰਸ਼ਨ

~ ਵੇਗ *n.m.* orbital velocity

ਪੱਥ [pətth] *v.form* imperative of ਪੱਥਣਾ, mould with strokes of hand

ਪੰਥ [pə̃th] *n.m.* same as ਪਥ; religious order, sect or community, cult

ਪਥਕਣ [pəthkəṇ] *n.f.* place for making cow-dung cakes

ਪੱਥਣਾ [pətthəṇa] *v.t.* to make or mould with strokes of hand (bricks, cow-dung cakes, etc.)

ਪੱਥਰ [pətthər] *n.m.* stone, rock, boulder; gem; *adj.* hard or heavy like stone; adamantine

~ ਕਲਾ *n.f.* art of stone-cutting, sculpture

~ ਕੁੱਟ *n.m.* stone-breaker

~ ਘਾੜਾ *n.m.* stonecutter, stonedresser, sculptor

~ ਚਿਤ *adj.* stone-hearted, cruel, hard-hearted

~ ਜੁਗ *n.m.* Stone Age or any of its divisions, viz. Palaeolithic Age, Mesolithic Age, Neolithic Age

~ ਦਾ ਕੋਲ਼ਾ *ph.* hard coal, anthracite

~ ਦਾ ਛਾਪਾ *ph.* lithography

~ ਦਿਲ *adj.* same as ਪੱਥਰਚਿਤ

~ ਦੀ ਖਾਣ *ph.* stone quarry

~ ਨਾਖ *n.f.* sand pear

~ ਮਾਰਨਾ *con.v.* to throw stones (at), stone

ਪੱਥਰ ਚੱਟ[1] [pətthər cəṭṭ] *n.f.* a species of fish

ਪੱਥਰ ਚੱਟ² *n.m.* a herbal plant
ਪੱਥਰ ਚੱਟ³ *adj.* covetous, miserly
ਪਥਰਾਉਣਾ [pəthrauṇa] *v.i.t.* to petrify, stiffen; benumb; to become petrified, rigid, hard, inert
ਪੱਥਰੀ [pətthəri] *n.f.* stone in gall-bladder or kidney, gallstone, calculus
~ **ਦਾ ਅਪਰੇਸ਼ਨ** *ph.* nephrotomy
ਪੱਥਰੀ ਬਲੌਰ [pəthri bəlɔr] *n.m.* rock crystal, transparent quartz
ਪਥਰੀਲਾ [pəthṛila] *adj.m.* stony, rocky
ਪਥੱਲ [pəthəll] *v.form* imperative of ਪਥੱਲਣਾ, turnover
ਪਥੱਲਣਾ [pəthəllṇa] *v.t.* to turn over, cause to turn, to overturn
ਪਥੱਲਾ [pəthəlla] *n.m.* squat
~ **ਮਾਰਨਾ** *con.v.* squat, squarely, firmly
ਪਥਵਾਉਣਾ/ਪਥਾਉਣਾ [pəthvauṇa/pəthauṇa] *v.t.* to get or assist in getting something moulded with strokes of hand; *cf.* ਪੱਥਣਾ
ਪਥਵਾਈ/ਪਥਾਈ [pəthvai/pəthai] *n.f.* process of/wages for ਪਥਾਉਣਾ
ਪਥਵਾੜਾ [pəthvaṛa] *n.m.* same as ਪਥਕਣ
ਪੱਥਾ [pəttha] *n.m.* wooden piece set in the lower grindstone to fix the axle in it or one set in the hub of a wheel for the axle to rotate in it
ਪੱਥੀ [pətthi] *n.f. dia.* see ਕੁੜ (of plough)
ਪੰਥੀ [pə̃thi] *n.m.* same as ਪਾਂਧੀ; *suff.* meaning follower of the preceptor of a ਪੰਥ as in ਨਾਨਕਪੰਥੀ
ਪਥੇਰ [pəther] *n.f.* making or moulding of bricks; moulded bricks collectively; place where bricks are moulded
ਪਥੇਰਾ [pəthera] *n.m.* brick-maker
ਪਦ [pəd] *n.m.* foot, footstep; word, phrase, verse, stanza, hymn; post, place, rank, station, title
~ **ਅਧਿਕਾਰੀ** *n.m.* officer
~ **ਚਿੰਨ** *n.m.* footprint, footmark; (of game animals) pugmark
~ **ਛੇਦ** *n.m.* separation of words, verbal analysis, parsing
~ **ਤਿਆਗ** *n.m.* resignation, abdication, demission
~ **ਤਿਆਗ ਕਰਨਾ** *v.t.* to resign, abdicate, demit, quit, give up, surrender title
~ **ਰਚਨਾ** *n.f.* syntax; morphology
~ **ਰਚਨਾ ਵਿਗਿਆਨ/~ ਵਿਗਿਆਨ** *n.m.* morphology
~ **ਲੇਖ** *n.m.* footnote
~ **ਵੰਡ/~ ਵਿਆਖਿਆ** *n.f.* parsing
ਪੱਦ [pədd] *n.m.* fart, passing wind noisily through anus *cf.* ਫੂਸੀ
~ **ਮਾਰਨਾ** *con.v.* to fart, pass wind
ਪਦੱਕੜ/ਪੱਦਲ [pədəkkəṛ/pəddəl] *adj.* (one) who farts too often
ਪੱਦਣਾ [pəddəṇa] *v.i.* same as ਪੱਦ ਮਾਰਨਾ; *fig.* to show fear or cowardice, behave cowardly
ਪੱਦ ਪੇੜਾ/ਪੱਦ ਬਹੇੜਾ [pədd peṛa/pədd bəheṛa] *n.m.* mushroom (other than agaric), toadstool, puff-ball
ਪਦਮ¹ [pədəm] *n.m.* lotus
~ **ਆਸਨ** *n.m.* a posture in the practice of yoga
ਪਦਮ² *adj.* one thousand billion, 1,000,000,000,000,000
ਪਦਮਨੀ [pədməni] *n.f.* lily; beautiful woman
ਪਦਯਾਤਰਾ [pədyatra] *n.f.* travel or journey on foot
ਪੰਦ੍ਰਵਾਂ [pə̃dərvã] *adj.m.* fifteenth
ਪੰਦ੍ਰਵਾੜਾ [pə̃dərvaṛa] *n.m.* fortnight; lunar half month
ਪੰਦਰਾਂ [pə̃drã] *adj.* fifteen
ਪੰਦ੍ਰਾਂ [pə̃dəri] *adv.* for Rs. 15
ਪਦਵੀ [pədvi] *n.f.* rank, status, position, post, office, place, station; title, appellation
~ **ਵਜੋਂ** *adv.* ex-officio, by virtue of ਪਦਵੀ
ਪਦਾਉਣਾ [pədauṇa] *v.t.* same as ਘਰਕਾਉਣਾ; to frighten; (*lit.* to make one fart)
ਪਦਾਰਥ [pədarəth] *n.m.* material object, thing, commodity; goods, provisions, riches, wealth; matter
~ **ਵਿਗਿਆਨ** *n.m.* natural or material science, physics, economics
ਪਦਾਰਥਵਾਦ [pədarəthvad] *n.m.* materialism

ਪਦਾਰਥਵਾਦੀ [pədarəthvadi] *adj.* materialist

ਪਦਾਰਥਿਕ [pədarthık] *adj.* material

ਪਦਾਵਲੀ [pədavəli] *n.f.* list of words; anthology of hymns

ਪਦੀੜ/ਪਦੀੜ੍ਹ [pədiṛ/pədiṛ] *n.f. lit.* rapid succession of farts; *cf.* ਪੱਦ; *fig.* rout, stampede

~ ਪਾਉਣੀ *ph.* to cause ਪਦੀੜ, to rout, make people run helter-skelter, stampede

~ ਪੈਣੀ *ph.* for rout or stampede to take place, stampede

ਪੰਧ [pə̃d] *n.m.* distance; journey

ਪੱਧਤੀ [pə́ddəti] *n.f.* system, method; custom; ritual

ਪੱਧਰ [pə́ddər] *n.f.* level, plane, evenness; standard, measure, norm; stratum

ਪੱਧਰਾ [pə́ddəra] *adj.m.* level, plane, even, smooth

ਪਧਰਾਉਣਾ [pədràuṇa] *v.t.* to level, make level even/equal or uniform; also ਪੱਧਰਾ ਕਰਨਾ

ਪੰਧਾਊ [pə̃dàu] *n.m.* same as ਪਾਂਧੀ, traveller

ਪਧਾਰ [pədàr] *v.form* imperative of ਪਧਾਰਨਾ, come

ਪਧਾਰਨਾ [pədàrna] *v.i.* to arrive, come, enter; to set out, set forth, go, depart

ਪਨ [pən] *suff.* same as ਪਣ²

ਪਨਸਾਰੀ [pənsari] *n.m.* druggist, apothecary

ਪਨਸੇਰੀ [pənseri] *n.f.* five-seer weight roughly equal to five kilograms

ਪਨਵਾੜੀ [pənvaṛi] *n.m.* betel-seller; *cf.* ਪਾਨਵਾੜੀ

ਪਨ੍ਹਾਂ [pə́nã] *n.m.* breadth (of cloth)

ਪਨਾ [pəna] *v.form* imperative of ਪਨਾਉਣਾ, sharpen

ਪੰਨਾ [pə̃nnã] *n.m.* page, folio; upper of shoes; emerald

ਪਨਾਉਣਾ [pənauṇa] *v.t.* to sharpen, whet, hone

ਪਨਾਹ [pəná] *n.f.* refuge, shelter, asylum, protection

ਪਨਾਹਗਾਹ [pənágá] *n.f.* haven, shelter

ਪਨਾਹਗੀਰ/ਪਨਾਹੀ [pənágir/pənāi] *adj. & n.m.* refugee, fugitive

ਪਨਾਲ਼ਾ [pənaḷa] *n.m.* outlet for roof-water, spout, gargoyle, gutter, gutter-pipe

ਪਨੀ [pəni] *n.f.* same as ਵਰਕ¹

ਪਨੀਅਰ [pəniər] *n.m. & adj.* spaniel (dog)

ਪਨੀਰ [pənir] *n.m.* cheese

~ ਪਾਣੀ *n.m.* whey, milk-serum

ਪਨੀਰੀ [pəniri] *n.f.* seedlings, nursery plants

ਪੰਪ [pə̃p] *n.m.* pump, inflator, hand pump

ਪੰਪਸ਼ੂ [pə̃psu] *n.m.* pumps

ਪੱਪੜ [pəppəṛ] *n.m.* boxtree, boxwood, *Buxus sempervirens*

ਪਪੜੀ [pəpṛi] *n.f.* crust, scab, scale, incrustation, flake

~ ਬੱਝਣੀ *con.v.* for ਪਪੜੀ to form, incrust, desquamate

ਪੱਪਾ [pəppa] *n.m.* the letter ਪ

ਪੱਪੀ [pəppi] *n.f. informal.* kiss

ਪਪੀਹਾ [pəpiha] *n.m.* rain-bird

ਪਪੀਤਾ [pəpita] *n.m.* papaya, *Carica papaya*

ਪਪੋਟਾ [pəpoṭṭa] *n.m.* eyelid

ਪਪੋਲ਼ [pəpoḷ] *v.form* imperative of ਪਪੋਲ਼ਨਾ, roll in the mouth

ਪਪੋਲ਼ਨਾ [pəpoḷna] *v.t.* to roll between tongue and palate

ਪੱਬ¹ [pəbb] *n.m.* fore part of foot, toes

ਪੱਬ² *n.f.* pub

ਪੱਬਣ [pəbbəṇ] *n.f.* same as ਨੀਲੋਫ਼ਰ

ਪਬਲਿਸ਼ਰ [pəblıṣər] *n.m.* publisher

ਪਬਲਿਸਿਟੀ [pəblısıṭi] *n.f.* publicity

ਪਬਲਿਕ [pəblık] *n.f.* public

ਪਬਲੀਕੇਸ਼ਨ [pəblikeṣən] *n.f.* publication

ਪੱਬੀ [pəbbi] *n.f.* high ground, mound, plateau, table land

ਪੰਮਾ [pə̃mma] *n.m. colloq.* Brahmin, pandit

ਪਰ¹ [pər] *n.m.* same as ਖੰਭ, wing

~ ਦਾਰ *adj.* winged

ਪਰ² *conj.* but, yet, still, however, nevertheless

ਪਰ³ *n.m. & adv.* last year

~ ਸਾਲ *n.m. & adv.* same as ਪਰ

~ ਪਰਾਰ *adv.* last year or year before that

ਪਰ⁴ *prep. dia.* see ਉੱਤੇ, ਉੱਪਰ; indicating

ਪਰਾਇਆ foreign, not own

~ ਉਪਕਾਰ *n.m.* other's interest, an act performed for another's good, disinterested help or favour, benevolence, benefaction, beneficence; also ਪਰਸੁਆਰਥ

~ ਉਪਕਾਰੀ/~ ਸੁਆਰਥੀ *adj.* benevolent, beneficent

~ ਧਨ *n.m.* others' wealth or property

~ ਨਾਰੀ *n.f.* woman other than one's own wife

~ ਪੁਰਖ *n.m.* man other than one's own husband

ਪਰਸ[1] [pərs] *n.m.* purse

ਪਰਸ[2] *v.form* imperative of ਪਰਸਣਾ, touch, worship

ਪਰਸ਼ੰਸਕ [pərṣə̃sək] *adj. & n.m.* admirer, adulator, laudator, eulogiser, eulogist, panegyrist

ਪਰਸ਼ੰਸਾ [pərṣə̃sa] *n.f.* praise, admiration, eulogy, laudation, approbation, encomium, panegyric, tribute, commendation, applause, plaudit, adulation, acclamation

~ ਕਰਨੀ *con.v.* to praise, admire, eulogise, laud, commend, panegyrize

ਪਰਸੰਗ [pərsə̃g] *n.f.* reference, context, topic; story, discourse, anecdote, parable

ਪਰਸਣਾ [pərsəṇa] *v.t.* to touch, feel; to worship

ਪਰਸਤਾਨ [pərstan] *n.m.* fairyland

ਪਰਸੰਨ [pərsə̃nn] *adj.* pleased, delighted, happy, glad; contented, content, satisfied

~ ਕਰਨਾ *con.v.* to please, propitiate, appease

~ ਚਿਤ *adj.* same as ਪਰਸੰਨ

ਪਰਸੰਨਤਾ [pərsə̃nnta] *n.f.* happiness, delight, gladness, joy, merriment, euphoria, pleasure; content, contentment, satisfaction

ਪਰਸਪਰ [pərəspər] *adj.* mutual, reciprocal; *adv.* mutually, with one another, with each other

~ ਸੰਬੰਧ *n.m.* interrelation

~ ਕਿਰਿਆ *n.f.* interaction, interplay

~ ਵਿਹਾਰ *n.m.* intercourse, reciprocity

~ ਵਿਰੋਧੀ *adj.* contradictory

ਪਰਸਾ [pərsa] *n.m.* see ਕੁਹਾੜਾ

ਪਰਸ਼ਾਸਕ [pərṣasək] *n.m.* administrator, governor, ruler

ਪਰਸ਼ਾਸਨ [pərṣasən] *n.m.* administration, rule, government

ਪਰਸਾਦ [pərsad] *n.m.* kindness, grace, favour

ਪਰਸ਼ਾਦ [pərṣad] *n.m.* same as ਕੜਾਹ ਪਰਸ਼ਾਦ; meal; consecrated food; see ਪ੍ਰਸਾਦ

~ ਕਰਾਉਣਾ *con.v.* to offer ਪਰਸ਼ਾਦ to deity

~ ਪਾਣੀ *n.m.* meal

ਪਰਸ਼ਾਦਾ [pərṣadda] *n.m.* meal; same as ਚਪਾਤੀ

ਪਰਸਾਰ [pərsar] *n.m.* same as ਪਸਾਰ, expanse, spread, development, increase, rise

ਪਰਸਾਰਨ [pərsarən] *n.m.* publicity, propaganda; broadcast, telecast, broadcasting, propagation

ਪਰਸਾਰਿਤ [pərsarɪt] *adj.* published, proclaimed, broadcast, telecast

ਪਰਸਿੱਜਣਾ [pərsɪjjəṇa] *v.i.* to sweat, perspire profusely

ਪਰਸਿੱਧ [pərsɪdd] *adj.* same as ਮਸ਼ਹੂਰ, well-known

ਪਰਸੀਨਾ [pərsina] *n.m. colloq.* see ਪਸੀਨਾ, sweat

ਪਰਸੂਤ [pərsut] *n.m.* maternity, child birth, nativity, delivery, parturition

~ ਸੰਬੰਧੀ *adj.* obstetric, puerperal, parturient

~ ਸੰਬੰਧੀ ਵਿਗਿਆਨ *ph.* obstetrics

~ ਪੂਰਵ *adj.* prenatal

~ ਵਿਗਿਆਨੀ *n.m.* obstetrician

ਪਰਸੂਤੀ [pərsuti] *adj.* same as ਪਰਸੂਤ ਸੰਬੰਧੀ under ਪਰਸੂਤ

ਪਰਸੇਉ [pərseu] *n.m. dia.* see ਪਸੀਨਾ

ਪਰਸੋਂ [pərsõ] *adv. & n.m.* day before yesterday; day after tomorrow

ਪਰਹਸਨ [pərhəsən] *n.m.* joking, mirth, humour, merriment; mockery, joke, satire, ridicule

ਪਰਹੇਜ਼ [pərhez] *n.m.* abstinence, refraining, refrainment, abstention, forbearance, avoidance, continence, temperance, self-control, self-restraint, precautionary measures (against illness)
~ **ਕਰਨਾ** *con.v.* to exercise ਪਰਹੇਜ਼, abstain, refrain, forbear; to avoid, take precautionary measures

ਪਰਹੇਜ਼ਗਾਰ [pərhezgar] *adj.* pious, (one) who exercises abstinence and controls his passions; religious

ਪਰਹੇਜ਼ਗਾਰੀ [pərhezgari] *n.f.* piety, pious living, religiosity, religiousness

ਪਰਕਰਮਾ [pərkərma] *n.f.* circumambulation

ਪਰਕਾਸ਼ [pərkaş] *n.m.* light, radiance, luminance, illumination; clarity of vision, enlightenment, mental or spiritual awakening; open state of the Sikh scripture

ਪਰਕਾਰ[1] [pərkar] *n.m.* kind, sort, category, variety; manner, mode; *adv.* in certain way
~ **ਵਾਚਕ** *adj. (gr.)* (adverb) of manner

ਪਰਕਾਰ[2] *n.f.* compasses; callipers

ਪਰਕਾਲਾ [pərkala] *n.m.* spark; fragment; a type of handloom cloth

ਪਰਕਿਰਤਿਕ [pərkırtık] *adj.* natural, physical; inborn, innate

ਪਰਕਿਰਤੀ [pərkırti] *n.f.* nature, manifest world, cosmos, universe; matter

ਪਰਕਿਰਿਆ [pərkırıa] *n.f.* process, action, operation, working, procedure

ਪਰਕੋਟਾ [pərkoṭṭa] *n.m.* parapet, rampart

ਪਰਖ [pərkh] *n.f.* test, trial, inspection, assay, examination, scrutiny; assessment or determination of purity or genuineness
~ **ਕਰਨੀ** *con.v.* same as ਪਰਖਣਾ
~ **ਦਾ ਨਿਯਮ ਜਾਂ ਮਾਪ** *ph.* criterion, measure
~ **ਪੜਚੋਲ**/~ **ਪੜਤਾਲ** *n.f.* scrutiny, critical examination or review, enquiry, investigation

ਪਰਖਣਾ [pərkhəṇa] *v.t.* to test, try, inspect, assay, examine, scrutinise; to assess or determine purity or genuineness

ਪਰਖਵਾਉਣਾ/ਪਰਖਾਉਣਾ [pərkhəvauṇa/pərkhauṇa] *v.t.* to get something tested or tried

ਪਰਖਵਾਈ/ਪਰਖਾਈ [pərkhəvai/pərkhai] *n.f.* process of/charges for *prec.*

ਪਰਖੀ [pərkhi] *n.f.* pointed scoop used to extract specimen of contents of gunny bags

ਪਰਗਟ [pərgəṭ] *adj.* manifest, evident, revealed, apparent, visible, clear, open, overt

ਪਰਗਟਾਉਣਾ [pərgəṭauna] *v.t.* to make manifest, reveal, show, disclose, divulge, uncover, expose

ਪਰਗਟਾਅ/ਪਰਗਟਾਵਾ [pərgəṭa/pərgəṭava] *n.m.* manifestation, revelation, display, show; expression (of feeling or emotion)

ਪਰਗਣਾ [pərgəṇa] *n.m.* group of villages, country, sub-division of a district

ਪਰਚ [pərəc] *v.form* imperative of ਪਰਚਣਾ

ਪਰਚੰਡ [pərcə̃ḍ] *adj.* very great, tremendous, unbearable, mighty, forceful, powerful

ਪਰਚਣਾ [pərcəṇa] *v.i.* to be amused, entertained, diverted, assuaged, consoled, satisfied; to be happily engaged (in or with something)

ਪਰਚੱਲਤ [pərcəllət] *adj.* current, in vogue, common, prevailing, prevalent; customary

ਪਰਚਾ[1] [pərca] *n.m.* examination paper; newspaper, tabloid, an issue of a magazine; bill, invoice, bill of lading, list; first information report, F.I.R.; information, acquaintance; charm, magic formula
~ **ਕੱਢਣਾ** *con.v.* to start publication of a newspaper or magazine
~ **ਦੇਣਾ** *con.v.* to appear in or take examination; to inform, acquaint; to file a criminal case
~ **ਲਾਉਣਾ** *con.v.* to work a charm or miracle

ਪਰਚਾ[2] [pər'ca] *v.form* imperative of ਪਰਚਾਉਣਾ, amuse

ਪਰਚਾਉਣਾ [pərcauṇa] *v.t.* to amuse, entertain, divert, assuage, console, satisfy

ਪਰਚਾਉਣੀ [pərcauṇi] *n.f.* condolence call

ਪਰਚਾਰ [pərcar] *n.m.* preaching, propaganda, publicity, propagation, spread, popularisation

ਪਰਚਾਰਨਾ [pərcarna] *v.t.* to preach, propagate, publicise, spread; also ਪਰਚਾਰ ਕਰਨਾ

ਪਰਚਾਵਾ [pərcava] *n.m.* amusement, entertainment, diversion; means of diversion or amusement

ਪਰਚੂਣ [pərcuṇ] *n.f.* retail, retail trade, groceries

~ ਕਟੌਤੀ *n.f.* retail discount

~ ਮੁੱਲ *n.m.* retail price

~ ਵਪਾਰੀ *n.m.* retailor, grocer, groceryman

ਪਰਛਾਵਾਂ [pərchavã] *n.m.* shadow, shade, reflection; influence of evil spirits; rickets or fits supposedly caused by evil spirits; also ਪਰਛਾਈਂ

~ ਢਲ਼ਨਾ *con.v.* for shadow to lengthen

ਪਰਛਾਵੇਂ [pərchavẽ] *n.m. pl.* of ਪਰਛਾਵਾਂ *adv.* under shade or shadow

~ ਢਲ਼ਨੇ *con.v.* to be afternoon

ਪਰਜਾ [pərja] *n.f.* public, people, subjects, tenants, dependents, followers

~ ਤੰਤਰ *n.m.* republic, democracy; republican or democratic form of government; country with this form of government

~ ਤੰਤਰਵਾਦ *n.m.* republicanism, democracy

~ ਤੰਤਰਵਾਦੀ *adj. & n.m.* republican, democrat

~ ਤੰਤਰੀ *adj.* republican, democratic

~ ਪਤ/~ ਪਤੀ *n.m.* lord of creation, Hindus' god Brahma; king; *informal.* potter

ਪਰਜੀਵ [pərjiv] *n.m.* parasite

ਪਰਜੀਵੀ [pərjivi] *n.m.* parasitic

ਪਰਤ¹ [pərət] *n.f.* layer, stratum, ply, lamina (*pl.* laminae) veneer; reputation, credit, trust; copy, reproduction, transcript, likeness, imitation, resemblance

ਪਰਤਾਂਵਾਲ਼ਾ *adj.m.* layered, laminated

ਪਰਤ² *v.form* imperative of ਪਰਤਣਾ, turn, come back

~ ਆਉਣਾ *con.v.* to come back, return

ਪਰਤੱਖ [pərtəkkh] *adj.m.* manifest, evident, obvious, tangible, perceptible, visible, veritable

~ ਕਰਨਾ *con.v.* to manifest, reveal, make evident, actualise, demonstrate

~ ਗਿਆਨ *n.m.* perception, perceptual knowledge

~ ਦਰਸ਼ਨ *n.m.* real and clear view or sight

~ ਨੂੰ ਪ੍ਰਮਾਨ ਨਹੀਂ *ph.* evident reality needs no proof; good wine needs no bush

~ ਪ੍ਰਮਾਨ *n.m.* positive proof, clear evidence or proof

ਪਰਤੱਖਵਾਦ [pərtəkkhvad] *n.m.* positivism

ਪਰਤੱਖਵਾਦੀ [pərtəkkhvadi] *adj.* positivist

ਪਰਤਣਾ [pərtəṇa] *v.i.* to turn; to return, come back

ਪਰਤਲ [pərtəl] *n.m.* baggage of a horseman

ਪਰਤਵਾਂ [pərtvã] *adj.m.* folded, turned back; given back, returned; return

ਪਰਤਾਉਣਾ [pərtauṇa] *v.t.* to return, send back, give back; to reject, refuse to accept; to refund, repay; same as ਪਰਖਣਾ, to verify

ਪਰਤਾਪ [pərtap] *n.m.* greatness,majesty, celebrity, magnificence, prosperity, prosperousness, glory, fame

ਪਰਤਾਵਾ [pərtava] *n.m.* return, rejection; answer, counter-argument, rejoinder

ਪਰਤਾਵਾਂ [pərtavã] *adj.m.* returned, meant to be returned, return, refundable, returnable

~ ਵਾਰ *n.m.* counterstroke, riposte, counterblow, counterpunch

ਪਰਤੀਕ [pərtik] *n.m.* symbol, emblem, token, signifier, sign, mark

~ ਆਤਮਿਕ *adj.* symbolic, symbolical

ਪਰਤੀਖਿਆ [pərtikhɪa] *n.f.* same as ਉਡੀਕ

ਪਰਤੀਤ [pərtit] *n.f.* faith, trust, confidence, belief

~ ਹੋਣਾ *con.v.* to appear, seem, look

~ **ਕਰਨਾ** *con.v.* to ascertain, establish, prove; to find out

ਪਰੰਤੂ [pərãtu] *conj.* same as ਪਰ[2]

ਪਰਥਾਏ [pərthae] *adv.* for, in connection with, in relation to; in place of, instead of

ਪਰਦੱਖਣਾ [pərdəkkhəṇa] *n.f.* same as ਪਰਕਰਮਾ

ਪਰਦਰਸ਼ਨ [pərdərṣən] *n.f.* demonstration, show, display, exhibition, ostentation

ਪਰਦਰਸ਼ਨਾਤਮਿਕ [pərdərṣənatəmık] *adj.* demonstrative, ostentatious

ਪਰਦਾ [pərda] *n.m.* curtain, blind, screen, partition, dividing wall; purdah, cover, veil, privacy, seclusion, secrecy, clandestineness;fine layer, membrane, septum, velum; (of eye) eyelid

~ **ਉੱਠਣਾ** *ph.* for (curtain) to go up or be raised; to be uncovered/revealed or disclosed; to be inaugurated

~ **ਉਠਾਉਣਾ** *ph.* to raise curtain; to reveal; to inagurate

~ **ਕਰਨਾ** *ph.* to draw a curtain or veil, to veil, to conceal, to hide from view; to act secretly

~ **ਨਸ਼ੀਨ** *adj.* (one) who lives in seclusion or hidden from view, (one) who observes purdah

~ **ਨਸ਼ੀਨੀ** *n.f.* living in seclusion; observation of purdah

~ **ਪਾਉਣਾ** *ph.* to cover up, hush up, suppress or conceal facts

ਪਰਦਾਪੋਸ਼ੀ/ਪਰਦੇਦਾਰੀ [pərdapoṣi/pərdedari] *n.f.* concealment, hushing up, secretiveness, reticence; observing the veil, veiling

ਪਰਦੂਸ਼ਣ [pərduṣəṇ] *n.m.* pollution, contamination, befoulment

ਪਰਦੇਸ [pərdes] *n.m.* foreign country, foreign land

~ **ਜਾਣਾ** *con.v.* to go abroad, emigrate

~ **ਯਾਤਰਾ** *n.f.* foreign travel, travel abroad; foreign tour

ਪਰਦੇਸੀ [pərdesi] *n.m. & adj.* foreign, foreigner, alien, not native; one from another part of the country, stranger

ਪਰਧਾਨ [pərdàn] *n.m. & adj.* president, chairman, chairperson, head; principal, chief; see ਪ੍ਰਧਾਨ

ਪਰਨ [pərən] *n.m. colloq.* see ਪ੍ਰਣ, vow

ਪਰਨਾ[1] [pərna] *n.m.* a length of plain cloth used as towel or loin cloth

ਪਰਨਾ[2] [pər'na] *v.form* imperative of ਪਰਨਾਉਣਾ, marry

ਪਰਨਾਉਣਾ [pərnauṇa] *v.t.* to marry, arrange marriage, get someone married

ਪਰਨਾਹ [pərná] *n.m.* sharp-ended crowbar used in oil-presses to dig out oil cakes

ਪਰਨਾਮ [pərnam] *n.m.* salutation, greeting word for salutation among the Hindus

~ **ਕਰਨਾ** *con.v.* to salute, greet, pay respects

ਪਰਨਾਲ਼ਾ [pərnaḷa] *n.m.* same as ਪਨਾਲ਼ਾ

ਪਰਨਾਲ਼ੀ [pərnaḷi] *n.f.* system, dispensation; method, manner, technique

ਪਰਨੇ [pərne] *p.p.* on, upon (as in ਕੰਡ ਪਰਨੇ on one's back; ਪਾਸੇ ਪਰਨੇ inclining on one's side)

ਪਰਨੇਹ [pərné] *n.m.* same as ਪੀਲੀਆਂ

ਪਰਨੋਟ [pərnoṭ] *n.m.* same as ਪ੍ਰੋਨੋਟ

ਪਰਪੱਕ [pərpəkk] *adj.* firm, steady

ਪਰਪੱਕਤਾ [pərpəkkəta] *n.f.* firmness, steadiness

ਪਰਪੰਚ [pərpə̃c] *n.m.* the intricate phenomenal world, phenomena, intricacies of life and worldly affairs; same as ਅਡੰਬਰ; artifice, deception, fraud, hoax, fraudulent display or ostentation

ਪਰਪੰਚੀ [pərpə̃ci] *adj.* showy, pompous, deceitful; deceptive, not real

ਪਰੰਪਰਾ [pərə̃pəra] *n.f.* tradition, custom, usage, convention

ਪਰੰਪਰਾਈ/ਪਰੰਪਰਾਗਤ [pərə̃pərai/pərə̃pəragət] *adj.* traditional, customary, conventional

ਪਰੰਪਰਾਵਾਦ [pərə̃pəravad] *n.m.* traditionalism, conventionalism

ਪਰੰਪਰਾਵਾਦੀ [pərə̃pəravadi] *adj.* traditionalist, conventionalist, conservative

ਪਰਪਾਟੀ [pərpaṭi] *n.f.* set order, system

ਪਰਬਤ [pərbət] *n.m.* same as ਪਹਾੜ
ਪਰਬੰਧ [pərbə̃d] *n.m.* management, arrangement; see ਪ੍ਰਬੰਧ
ਪਰਬੀਨ [pərbin] *adj.* expert, skilled, adept, accomplished, experienced, skilful
ਪਰਬੀਨਤਾ [pərbinta] *n.f.* expertise, skill, adeptness, competence, proficiency, accomplishment, skilfulness
ਪਰਭ [pə́rəb] *n.m. colloq.* see ਪ੍ਰਭੂ, *informal* same as ਜਜਮਾਨ; *fem.* ਪਰਭਾਣੀ
ਪਰਭਾਤ [pərbàt] *n.f.* morning, early morning, dawn
ਪਰਭਾਤੀ [pərbàti] *n.f.* a measure or mode in Indian classical music
ਪਰਭਾਵ [pərbàv] *n.m.* effect, influence, impression; hegemony, sway, authority, domination, dominance
~ ਖੇਤਰ *n.m.* sphere of influence, domain
~ ਪਾਉਣਾ *con.v.* to affect, influence, impress, impinge (on, upon); to control, dominate
ਪਰਭਾਵਸ਼ਾਲੀ [pərbàvṣali] *adj.* effective, influential, impressive, effectual; dominant, dominating, dominative
ਪਰਭਾਵਹੀਣ [pərbàvhiṇ] *adj.* ineffective ineffectual, uninfluential, unimpressive
ਪਰਭਾਵਤ [pərbàvət] *adj.* affected, influenced; impressed
~ ਕਰਨਾ *con.v.* same as ਪਰਭਾਵ ਪਾਉਣਾ
ਪਰਭਾਵਵਾਦ [pərbàvvad] *n.m.* impressionism
ਪਰਭਾਵਵਾਦੀ [pərbàvvadi] *adj.* impressionist, impressionistic
ਪਰਭਾਵੀ [pərbàvi] *adj.* same as ਪਰਭਾਵਸ਼ਾਲੀ
ਪਰਮ [pərəm] *adj.* supreme, ultimate, highest, uttermost, paramount, absolute; *pref.* indicating supremeness
~ ਸੱਤ/~ ਸਤਿ *n.m.* ultimate reality, God
~ ਹੰਸ *n.m.* title for ascetics of the highest order
~ ਦੇਵ *n.m.* the supreme God, God
~ ਦੇਵਵਾਦ *n.m.* same as ਈਸ਼ਵਰਵਾਦ
ਪਰਮਲ¹ [pərməl] *n.f.* a fine variety of paddy or rice; boiled/salted and fried rice; sandalwood
ਪਰਮਲ² *n.m.* same as ਪਰਵਲ
ਪਰਮਾਣ [pərmaṇ] *n.m.* proof, testimony, authenticity
ਪਰਮਾਣੂ [pərmaṇu] *n.m.* atom
~ ਸ਼ਕਤੀ *n.f.* atomic or nuclear power or energy
~ ਜੁਗ *n.m.* nuclear age
~ ਬੰਬ *n.m.* nuclear bomb, atom bomb, atomic bomb
ਪਰਮਾਣੂਵਾਦ [pərmaṇuvad] *n.m.* atomism
ਪਰਮਾਣੂਵਾਦੀ [pərmaṇuvadi] *adj.* atomist; atomistic, atomistical
ਪਰਮਾਤਮਾ [pərəmatma] *n.m.* the supreme soul, God
ਪਰਮਾਨੰਦ [pərmanə̃d] *n.m.* the highest pleasure, bliss, beatitude
ਪਰਮਾਰਥ [pərmarəth] *n.m. lit.* the best object or objective; religious pursuit, spiritual knowledge; virtue, moral good; salvation, liberation, deliverance
ਪਰਮਾਰਥਿਕ [pərmarthɪk] *adj.* concerning ਪਰਮਾਰਥ, moral, spiritual
ਪਰਮਾਰਥੀ [pərmarthi] *adj.* virtuous, saintly, one in search of ਪਰਮਾਰਥ
ਪਰਮਿਟ [pərmɪṭ] *n.m.* permit
ਪਰਮੁਖ [pərmukh] *adj.* principal, supreme, paramount, highest, head
ਪਰਮੇਸ਼ਰ [pərmeṣər] *n.m.* the supreme lord, God
ਪਰਮੇਹ [pərmé] *n.m.* spermatorrhoea
ਪਰਮੋਸ਼ਨ [pərmoṣən] *n.f.* promotion
~ ਮਿਲ਼ਨੀ *con.v.* to get ਪਰਮੋਸ਼ਨ, be promoted
ਪਰਮੋਟ ਕਰਨਾ [pərmoṭ kərna] *con.v.* to promote
ਪਰਮੋਦ [pərmod] *n.m.* same as ਪ੍ਰਮੋਦ
ਪਰਯੰਤ [pəryə̃t] *p.p. & adv.* till, uptil, until, unto, upto
ਪਰਯੋਗ [pəryog] *n.m.* same as ਪ੍ਰਯੋਗ
ਪਰਲ ਪਰਲ [pərl pərl] *adv.* (of speech) fast; (of tears) profusely
ਪਰਲਾ [pərla] *adj.m.* farther, comparatively distant; *cf.* ਪਾਰਲਾ
ਪਰਲੋ [pərlo] *n.f.* doomsday, the day of last judgement, final destruction or end of the universe; *fig.* great/widespread calamity
ਪਰਲੋਕ [pərlok] *n.m.* the other or the next

world, the hereafter

~ ਸਿਧਾਰਨਾ *con.v.* to die, pass away, breathe one's last, expire, decease

~ ਗਮਨ *n.m.* death, decease

ਪਰਲੌਕਿਕ [pərlokık] *adj.* other-worldly, belonging or pertaining to ਪਰਲੋਕ

ਪਰਵੱਸ [pərvəss] *adj.* (one) in another's power, not free, subject, in subjection, in bondage, subservient

ਪਰਵਸੀ [pərvəsi] *n.f.* subjection, subservience

ਪਰਵਚਨ [pərvəcən] *n.m.* same as ਪ੍ਰਵਚਨ

ਪਰਵਰ [pərvər] *suff.* meaning cherisher, sustainer (as in ਗਰੀਬਪਰਵਰ, ਬੰਦਾਪਰਵਰ)

ਪਰਵਰਸ਼ [pərvərṣ] *n.f.* upbringing, nurture, rearing, sustenance, care and support, child-care

ਪਰਵਰਦਗਾਰ [pərvərdəgar] *n.m.* nurturer, sustainer, God

ਪਰਵਲ [pərvəl] *n.m.* a vegetable plant, *Trichosanthes diolca* bearing potable fruit

ਪਰਵਾਸ [pərvas] *n.m.* residence, sojourn or living in foreign countries or abroad; emigration

~ ਕਰਨਾ *con.v.* to migrate to a foreign country, emigrate

ਪਰਵਾਸੀ [pərvasi] *adj.* migrant, emigrant, resident in a foreign country

~ ਮਜ਼ਦੂਰ *n.m.* migrant labour

ਪਰਵਾਹ[1] [pərvá] *n.m.* same as ਪ੍ਰਵਾਹ

ਪਰਵਾਹ[2] *n.f.* care, concern, heed, attention, mindfulness

~ ਕਰਨੀ *con.v.* to heed, pay attention to, be careful/mindful (about, of); to care (about)

~ ਨਾ ਕਰਨੀ *ph.* to ignore; to be indifferent, to be unmindful (of)

ਪਰਵਾਜ਼ [pərvaz] *n.f.* flight

ਪਰਵਾਨ [pərvan] *adj.* accepted, approved, granted, acceded to, acknowledged, agreed to, sanctioned

~ ਕਰਨਾ *con.v.* to accept, approve, sanction

~ ਚੜ੍ਹਨਾ *con.v.* to reach completion, be finalised; to grow up, mature, get acceptance

ਪਰਵਾਨਗੀ [pərvangi] *n.f.* acceptance, approval, sanction, accedence, assent, agreement

ਪਰਵਾਨਾ [pərvanna] *n.m.* note, letter, certificate, written order, permit, licence, warrant; moth; *fig.* lover

ਪਰਵਾਨਿਤ [pərvanıt] *adj.* same as ਪਰਵਾਨ

ਪਰਵਾਰ [pərvar] *n.m.* same as ਪਰਿਵਾਰ; halo, aura, corona, nimbus, penumbra, aureole

ਪਰਵਾਰਿਆ ਜਾਣਾ *con.v.* (*usu.* for sun and moon) to be surrounded by corona; to be haloed

ਪਰਵਾਲ [pərval] *n.m.* same as ਪੜਵਾਲ

ਪਰਵਿਰਤੀ [pərvırti] *n.f.* same as ਪ੍ਰਵਿੱਤੀ

ਪਰਵੇਸ਼ [pərveṣ] *n.m.* entrance, entry, ingress, admission, admittance, penetration

~ ਕਰਨਾ *con.v.* to enter, go in, come in, penetrate, be admitted, be allowed, be given entry or ingress

~ ਦੁਆਰ *n.m.* entry, entryway, entrance, door

~ ਪੱਤਰ *n.m.* entry permit, visa, gatepass

ਪਰਵੇਸ਼ਿਕਾ [pərveṣıka] *n.f.* introduction, elementary primer

ਪੜ੍ਹਾ [póra] *n.m.* row, line, array; orderly assembly of spectators around an arena; ambush

~ ਬੰਨ੍ਹਣਾ *con.v.* to form ਪੜ੍ਹਾ

ਪੜ੍ਹੇ ਬਹਿਣਾ *con.v.* to lay ambush, ambush

ਪੜ੍ਹਾਂ [pórã] *adv.* away, beyond, further on, off, far, apart

ਪੜ੍ਹੇ [póre] *n.f.* same as ਪੰਚਾਇਤ

ਪਰਾਇਆ/ਪਰਾਈ [pəraıa/ pərai] *adj.m./adj.f.* belonging to someone else, not one's own; alien, stranger, foreign, unacquainted

ਪਰਾਸਰੀਰਕ [pərasərirək] *adj.* metaphysical

ਪਰਾਹੁਣਚਾਰੀ [pəráuṇcari] *n.f.* hospitality

ਪਰਾਹੁਣਾ [pəráuṇa] *n.m.* guest, visitor; *dia.* son-in-law; husband

ਪਰਾਕ [pərak] *n.m.* Indian bread stuffed

with sugar and fried in cooking oil or clarified butter
ਪਰਾਕਰਮ [pərakərəm] *n.m.* same as ਬਹਾਦਰੀ, also ਪਰਾਕ੍ਰਮ
ਪਰਾਕਰਮੀ [pərakərmi] *adj.* same as ਬਹਾਦਰ
ਪਰਾਗ [pərag] *n.m.* pollen
~ ਕਣ *n.m.* pollen grain
~ ਕੇਸਰ *n.m.* filament (of flower)
~ ਕੋਸ਼ *n.m.* anther
~ ਡੰਡੀ *n.f.* stamen
ਪਰਾਗਣ [pəragəṇ] *n.m.* pollination
ਪਰਾਂਗਣ [pərãgəṇ] *n.m.* same as ਵੇੜ੍ਹਾ
ਪਰਾਗਾ [pəragga] *n.m.* grist, lot, quantity put in at one time for oil-pressing/cutting/winnowing/parching or frying
ਪਰਾਚੀਨ [pəracin] *adj.* same as ਪ੍ਰਾਚੀਨ
ਪਰਾਜਿਤ [pərajɪt] *adj.* defeated, overcome, conquered, subdued, vanquished
ਪਰਾਠਾ [pəraṭha] *n.m.* same as ਪਰੌਂਠਾ
ਪਰਾਣਾ [pəraṇa] *n.m. dia.* see ਪੜਾਣਾ
ਪਰਾਣੀ [pəraṇi] *n.f.* stick to goad or drive bullocks with; same as ਪ੍ਰਾਣੀ, living being
ਪਰਾਤ [pərat] *n.f.* kneading dish/trough or basin
ਪਰਾਂਦਾ/ਪਰਾਂਦੀ [pərãda/pərãdi] *n.m./n.f.* tasselled tag for binding or braiding hair
ਪਰਾਧੀਨ [pəradin] *adj.* same as ਪਰਵੱਸ
ਪਰਾਧੀਨਤਾ [pəradinta] *n.f.* same as ਪਰਵਸੀ
ਪਰਾਪਤ [pərapət] *adj.* same as ਪ੍ਰਾਪਤ
ਪਰਾਪਰਕਿਰਤਿਕ [pərapərkɪrtɪk] *adj.* metaphysical; also ਪਰਾਪ੍ਰਕ੍ਰਿਤਿਕ
ਪਰਾਪੂਰਬਲਾ [pərapurbəla] *adj.m.* primal, primeval, ancient; predestined; carried over from past birth
ਪਰਾਭੂਤਿਕ [pərapùtɪk] *adj.* metaphysical
ਪਰਾਮਨੁੱਖ [pəramənukkh] *n.m.* superman
ਪਰਾਮਨੁੱਖੀ [pəramənukkhi] *adj.* superhuman
ਪਰਾਰ [pərar] *n.m. & adv.* year before last
~ ਸਾਲ *n.m. & adv.* same as ਪਰਾਰ
ਪਰਾਲਬਧ [pəraləbəd] *n.f.* same as ਪ੍ਰਾਲਬਧ
ਪਰਾਲ਼ੀ [pəraḷi] *n.f.* straw of paddy, paddy straw

ਪਰਾਵਰਤਨ [pəravərtən] *n.m.* reflection (of light), reflexion
ਪਰਾਵਰਤਿਤ ਕਿਰਨ [pəravərtɪt kɪrn] *n.f.* reflected ray, ray of reflection
ਪਰਾਵਰਤਿਤ ਕੋਣ [pəravərtɪt koṇ] *n.m.* angle of reflection
ਪਰਿਸਥਿਤੀ [pərɪsthɪti] *n.f.* circumsatnce, situation, state, setting, condition; environment
ਪਰਿਸ਼ਦ [pərɪṣəd] *n.f.* council
ਪਰਿਸ਼ਰਮ [pərɪṣərm] *n.m.* same as ਮਿਹਨਤ; also ਪਰਿਸ਼੍ਰਮ
ਪਰਿਸ਼ਰਮੀ [pərɪṣərmi] *adj.* same as ਮਿਹਨਤੀ
ਪਰਿਹਾਸ [pərɪhas] *n.m.* joke, jest, witticism, banter, raillery, pleasantries, humour, merriment, amusement
ਪਰਿਕਰਮਾ [pərɪkərma] *n.f.* same as ਪਰਕਰਮਾ
ਪਰਿਕਲਪਣਾ [pərɪkəlpəṇa] *n.f.* presupposition, assumption
ਪਰਿਕੇਂਦਰ [pərɪkẽdər] *n.m.* circumcentre
ਪਰਿਖੇਪ/ਪਰਿਖੇਪਨ [pərɪkhep/pərɪkhepən] *n.m.* meandering, wandering around, dispersion, dispersal
ਪਰਿਗ੍ਰਹਿ [pərɪgrɛ́] *n.m.* taking, seizing, holding, grasping; hoarding; possessions, property, home, family
ਪਰਿਗ੍ਰਾਹ [pərɪgrá] *n.m.* prehension, seizing, grasping
ਪਰਿਗ੍ਰਾਹੀ [pərɪgrái] *adj.* prehensible, prehensile
ਪਰਿਛੇਦ [pərɪched] *n.m.* paragraph, chapter, section, part
ਪਰਿਣਾਮ [pərɪṇam] *n.m.* same as ਪਰਿਨਾਮ
ਪਰਿਤਿਆਗ [pərɪtɪag] *n.m.* same as ਤਿਆਗ, renunciation, giving up
ਪਰਿੰਦਾ [pərĩda] *n.m.* bird
ਪਰਿਨਾਮ [pərɪnam] *n.m.* effect, consequence, result, outcome, sequel, upshot
~ ਸਰੂਪ *adv.* as a result, consequently
~ ਰਹਿਤ *adj.* inconsequential
ਪਰਿਪੱਕ [pərɪpəkk] *adj.* same as ਪਰਪੱਕ; fully developed
ਪਰਿਪੱਕਤਾ [pərɪpəkkta] *n.f.* complete development, maturity, firmness, fixity;

determination
ਪਰਿਪਾਟੀ [pərɪpaṭi] *n.f.* same as ਪਰਪਾਟੀ
ਪਰਿਪੂਰਨ [pərɪpurn] *adj.* same as ਪੂਰਨ[2], complete
ਪਰਿਭਾਸ਼ਕ [pərɪbàṣək] *adj.* definitive
ਪਰਿਭਾਸ਼ਾ [pərɪbàṣa] *n.f.* definition
ਪਰਿਭਾਸ਼ਿਤ [pərɪbàṣɪt] *adj.* defined
ਪਰਿਮਾਪ [pərɪmap] *n.m.* same as ਮਾਪ, measure
ਪਰਿਮਾਪਨ [pərɪmapən] *n.m.* measurement, survey
ਪਰਿਮਿਤ [pərɪmɪt] *adj.* definite, defined, precise
ਪਰਿਮੇਅ ਸੰਖਿਆ [pərɪme sə̃khɪa] *n.m.* (maths) rational number
ਪਰਿਵਰਤਕ [pərɪvərtək] *n.m.* transformer, converter
ਪਰਿਵਰਤਨ [pərɪvərtən] *n.m.* conversion, change, interchange, transformation, transmutation, transposition, transubstantiation, alteration
~ **ਅਵਧੀ** *n.f.* conversion period
ਪਰਿਵਰਤਨਸ਼ੀਲ [pərɪvərtənṣil] *adj.* convertible, changeable, mutable, alterable, transformable, transmutable
ਪਰਿਵਰਤਿਤ [pərɪvərtɪt] *adj.* transformed, converted, changed, altered, transmuted, transposed, transubstantiated
ਪਰਿਵਾਰ [pərɪvar] *n.m.* family, household
~ **ਨਿਯੋਜਨ** *n.m.* family planning, birth control
ਪਰਿਵਾਰਕ [pərɪvarək] *adj.* pertaining to ਪਰਿਵਾਰ, familial
ਪਰੀ [pəri] *n.f.* fairy, nymph, elf, sprite; *fig.* very beautiful or graceful woman
ਪਰੀਹਣਾ [pəri̇ṇa] *v.t.* same as ਪਰੋਸਣਾ, to serve or lay (meal)
ਪਰੀਖਿਆ [pərikhɪa] *n.f.* test, examination, trial, experiment; ordeal
~ **ਨਾਲ਼ੀ** *n.f.* test tube
~ **ਪੱਤਰ** *n.m.* question paper
~ **ਲੈਣ ਵਾਲ਼ਾ** *ph.* examiner, tester
~ **ਲੈਣੀ** *con.v.* to test, examine, put to test
ਪਰੀਖਿਆਰਥੀ [pərikhɪarthi] *n.m.* candidate, examinee
ਪਰੀਚਿਤ [pəricɪt] *adj.* acquainted, known, familiar, introduced
~ **ਕਰਾਉਣਾ** *con.v.* to acquaint, introduce, make familiar with, inform (about)
ਪਰੀਚੇ/ਪਰੀਚੈ [pərice/ pəricɛ] *n.m.* introduction, acquaintance
ਪਰੀਠਾ [pəriṭha] *n.m.* food distributed to neighbours and collaterals on ceremonial occasions
ਪਰੀਬੰਦ [pəribə̃d] *n.m.* bracelet with tinkling bells attached to it
ਪਰੀਵਰਤਨ [pərivərtən] *n.m.* same as ਪਰਿਵਰਤਨ
ਪਰੁੱਚ [pərucc] *v.form* imperative of ਪਰੁੱਚਣਾ
ਪਰੁੱਚਣਾ [pəruccəṇa] *v.i.* to be threaded, strung; *cf.* ਪਰੋਣਾ
ਪਰੁੰਨ੍ਹ [pərũnn] *v.form* imperative of ਪਰੁਨ੍ਹਣਾ, thread
ਪਰੁੰਨ੍ਹਣਾ [pərũnnəṇa] *v.t.* to thread, string, needle, pierce; *fig.* to engage, to marry
ਪਰੂੰ [pərũ] *adv.* last year, during last year
ਪਰੂਲਾ [pərula] *n.m.* thin wedge to fix the spoke of cart-wheel in the rim tightly
ਪਰੇ [pəre] *adv.* same as ਪਰ੍ਹਾਂ
ਪਰੇਸ਼ਾਨ [pəreṣan] *adj.* confused, perplexed, distraught, troubled, harassed, vexed, distressed
~ **ਕਰਨਾ** *con.v.* to confuse, perplex, distract, trouble, harass, vex, distress
ਪਰੇਸ਼ਾਨੀ [pəreṣani] *n.f.* confusion, perplexity, distraction, trouble, harassment, vexation, distress; vexing problem
ਪਰੇਗ [pəreg] *n.f.* nail
ਪਰੇਡ [pareḍ] *n.f.* parade
ਪਰੇਡੇ/ਪਰੇੜੇ [pəreḍe/ pəreṛe] *adv.* farther or further away
ਪਰੇਤ [pəret] *n.m.* same as ਪ੍ਰੇਤ
ਪਰੇਮ [pərem] *n.m.* same as ਪ੍ਰੀਤ
ਪਰੋਸ [pəros] *v.form* imperative of ਪਰੋਸਣਾ, lay (food), serve (meal)
ਪਰੋਸਣਹਾਰ/ਪਰੋਸਣਹਾਰਾ [pərosəṇhar/ pərosəṇhara] *n.m. & adj.* person who lays food or serves meal
ਪਰੋਸਣਾ [pərosəṇa] *v.t.* to lay (food on the table)
ਪਰੋਸਾ [pərossa] *n.m.* same as ਪਰੀਠਾ

ਪਰੋਹਤ [pərót] *n.m.* Brahmin family priest

ਪਰੋਹਤੀ [pəróti] *n.f.* job, office or status of ਪਰੋਹਤ

ਪਰੋਖ/ਪਰੋਖਾ [pərokh/ pərokha] *adj./adj.m.* invisible, out of sight, hidden, not known directly, indirect

ਪਰੋਖੋਂ [pərokhõ] *n.f.* capacity, strength

ਪਰੋਗਰਾਮ [pərogəram] *n.m.* see ਪ੍ਰੋਗ੍ਰਾਮ; programme

ਪਰੋਣਾ [pəroṇa] *v.t.* to string, thread (as into a garland)

ਪਰੋਤਾ¹ [pərotta] *v.form* participle and adjective of ਪਰੋਣਾ., strung, threaded

ਪਰੋਤਾ² *n.m.* large callipers used by wheelwrights

ਪਰੋਲ਼ਤਾਰੀ [pərolṭari] *adj. & n.m.* proletariat

ਪਰੋਲ਼ਾ [pəroḷa] *n.m.* rag used for mud-washing of wall surfaces; clay or its solution used for this purpose; piece of cloth used for cleaning mill stones

~ **ਫੇਰਨਾ** *con.v.* to mud-wash

~ **ਮਾਰਨਾ** *con.v.* to clean with ਪਰੋਲ਼ਾ

ਪਰੋੜ੍ਹਤਾ [pərórṭa] *n.f.* confirmation, verification, ratification

~ **ਕਰਨੀ** *con.v.* to confirm, verify, make sure, ratify

ਪਰੌਂਠਾ [pərõṭha] *n.m.* Indian cake inlaid with butter and then fried

ਪਲ [pəl] *n.m.* a unit of time equal to 22.5 second, a short period of time, instant, moment, trice

~ **ਪਲ** *adv.* every moment, constantly

~ **ਭਰ ਵਿਚ** *ph.* in a trice, in a moment, instantly

ਪਲੋ ~/ਪਲੋ ਪਲੀ *adv.* continuously, continually, as the clock ticks on

ਪਲ਼ [pəḷ] *v.form* imperative of ਪਲ਼ਨਾ; *n.m.colloq.* see ਪਲ

ਪਲਸ¹ [pəls] *n.f.* pulse

ਪਲਸ² *n.m.* same as ਢੰਗਾ, hobble

ਪਲੱਸ [pələss] *prep. & adj.* plus

ਪਲੱਸ਼ [pələṣṣ] *n.f.* a type of cloth, plush

ਪਲਸਤਰ [pələstər] *n.m.* plaster

ਪਲਸੇਟਾ [pəlseṭa] *n.m.* sideways roll or turn while lying down, body-turn

~ **ਮਾਰਨਾ** *con.v.* to take a sideways roll or turn; to roll or turn something sideways

ਪਲਕ [pəlk] *n.f.* either of the pair of side scarves used for dressing the Sikh scripture; eyelid, upper eyelid, eyelash; time spent in twinkling of the eye; moment, instant

~ **ਝਪਕਣਾ/~ ਝਮਕਣਾ** *con.v.* to wink, blink, nictate, nictitate; *fig.* to doze off

~ **ਲਾਉਣੀ** *ph.* to doze off, sleep briefly

ਪਲਕਾਂ ਵਿਛਾਉਣਾ *ph.* to wait eagerly (for), welcome warmly

ਪਲਕਾਰ/ਪਲਕਾਰਾ [pəlkar/ pəlkara] *n.f./n.m.* twinkle of an eye, wink; time required for a twinkle, very short time, instant

ਪਲੱਗ [pələgg] *n.m.* plug

ਪਲੰਗ [pələ̃g] *n.m.* see ਚਿੱਤਰਾ

ਪਲੰਘ [pələ̃g] *n.m.* bedstead, high and spacious cot

~ **ਪੀੜ੍ਹਾ** *n.m. lit.* ਪਲੰਘ and stool; furniture *esp.* as part of dowry

ਪਲੰਘਪੋਸ਼ [pələ̃gpoṣ] *n.m.* bedcover, bedspread, counterpane

ਪਲੰਘੀਰੀ [pələ̃giri] *n.f.* small cot for children

ਪਲਚ [pələc] *v.form* imperative of ਪਲਚਣਾ, bite

ਪਲਚਣਾ [pələcəṇa] *v.i.t.* to bite (meat from bone); to suck (bone); to stick (to); to be tempted, attracted

ਪਲੰਜਰ [pələ̃jər] *n.m.* plunger

ਪਲਟ [pəlṭ] *v.form* imperative of ਪਲਟਣਾ, turn

ਪਲ਼ਟਣ [pəlṭəṇ] *n.f.* battalion, infantry battalion; infantry

ਪਲ਼ਟਣਾ [pəlṭəṇa] *v.t.* same as ਉਲੱਦਣਾ to turn, overturn; also ਪਲਟਾਉਣਾ *v.i.* to turn, overturn; to go back; also ਪਲਟ ਜਾਣਾ

ਪਲ਼ਟਣੀਆ [pəlṭəṇia] *n.m.* infantryman, infantry soldier, foot soldier; *adj.m.* belonging to the same ਪਲ਼ਟਣ as oneself

ਪਲ਼ਟਵਾਉਣਾ [pəlṭvauṇa] *v.t.* same as ਉਲਟਉਣਾ

ਪਲ਼ਟਾ [pəlṭa] *n.m.* turn, overturning; turner, spatula; revolution, coup; a trick in wrestling

~ ਖਾਣਾ *con.v.* to turn, overturn, be overturned

~ ਮਾਰਨਾ *con.v.* same as ਉਲਟਾਉਣਾ; *fig.* to turn the tables (upon)

ਪਲੰਢ [pələ̃ḍ] *n.m.* thread wound round the spindle over which the belt-cord of a spinning wheel moves

ਪਲਤ [pələt] *n.f.* same as ਪਰਲੋਕ

ਪਲੱਥਾ [pələttha] *n.m.* fencing, training in swordplay with stricks used as swords; fighting with clubs; unarmed combat

ਪਲੱਥੇਬਾਜ਼ [pələtthebaz] *adj. & n.m.* fencer, expert or skilled in ਪਲੱਥਾ

ਪਲੱਥੇਬਾਜ਼ੀ [pələtthebazi] *n.f.* the sport or skill of ਪਲੱਥਾ

ਪਲੰਦਾ [pələ̃da] *n.m. colloq.* see ਪੁਲੰਦਾ

ਪਲ਼ਨਾ [pəḷna] *v.i.* to be brought up, be reared, nourished

ਪਲਮ [pələm] *n.f.* suppuration of wounds, tetanus

~ ਦੌੜਨੀ *con.v.* to develop ਪਲਮ, for ਪਲਮ to develop

ਪਲ਼ਮਣਾ [pəḷməṇa] *v.i.* same as ਲਮਕਣਾ

ਪਲ਼ਮਾਉਣਾ [pəḷmauṇa] *v.t.* same as ਲਮਕਾਉਣਾ

ਪੱਲਰ[1] [pəllər] *n.m.* husk of grain and oil seeds

ਪੱਲਰ[2] *v.form* imperative of ਪੱਲਰਨਾ

ਪੱਲਰਨਾ [pəllərna] *v.i.* to grow, expand; to sprout, blossom

ਪਲਵਲ [pəlvəl] *n.m.* same as ਪਰਵਲ

ਪਲੜਾ [pəlṛa] *n.m.* either pan of weighing scale or balance; case or strength of either party to a duel/dispute or contest

~ ਭਾਰੀ ਹੋਣਾ *ph.* to have the upper hand

ਪਲ੍ਹੀ [pə́li] *n.f.* dried leaves of gram

ਪੱਲਾ [pəlla] *n.m.* same as ਪਲੜਾ; end portion of sheet/scarf or shirt-front, border, hem; scarf covering a lady's head, stole

~ ਕਰਨਾ *ph.* same as ਘੁੰਢ ਕਢਣਾ, to veil

~ ਛੱਡਣਾ *ph.* to let one go, stop following or pestering someone

~ ਛਡਾਉਣਾ *ph.* to get rid of

~ ਝਾੜਨਾ *ph.* to express lack of money or ability to help

~ ਪਾਉਣਾ *ph.* to cover face (by women) while wailing at funerals

~ ਫੜਨਾ *ph.* to catch or hold ਪੱਲਾ; to be dependent (on), attach oneself to

~ ਫੜਾਉਣਾ *ph.* to hand over, give away, to entrust someone to; *usu.* in negative ਪੱਲਾ ਨਾ ਫੜਾਉਣਾ *ph.* not to be responsible or answerable, deny, refuse /avoid acoeptance or agreement

~ ਫੜਾਈ *n.f.* ritual giving of the end of bridegroom's scarf into the bride's hand while solemnising marriage

ਪਲਾਇਣ [pəlaiṇ] *n.m.* escape, running away, fleeing, flight

ਪਲਾਇਣਵਾਦ [pəlaiṇvad] *n.m.* escapism

ਪਲਾਇਣਵਾਦੀ [pəlaiṇvadi] *adj.* escapist

ਪਲਾਈ [pəlai] *n.f.* ply

~ ਵੁਡ *n.f.* plywood

ਪਲਾਸ [pəlas] *n.m.* pliers

ਪਲਾਸਟਰ [pəlasṭər] *n.m.* same as ਪਲਸਤਰ, plaster

ਪਲਾਸਟਿਕ [pəlasṭik] *n.m.* plastic

ਪਲਾਹ [pəlá] *n.m.* a kind of tree, *Butea frondosa*

ਪਲਾਹੀ [pəlái] *n.f.* same as ਫਲਾਹੀ

ਪਲਾਕੀ [pəlaki] *n.f.* sitting astride *esp.* on horseback

~ ਮਾਰਨੀ *con.v.* to mount astride (a horse) with a jump

ਪਲਾਖ [pəlakh] *n.m.* a kind of tree, *Ficus glomerulata*

ਪਲਾਂਘ [pəlā́g] *n.f.* stride, step

~ ਪੁੱਟਣੀ *con.v.* to step out, to take a step or stride (*usu.* forward)

ਪਲਾਂਘਾ [pəlā́ga] *n.m.* a boy's game played under and on a tree

ਪਲਾਚ [pəlac] *adj. & n.f. dia.* see ਔਪੜ[1], fallow (land or field)

ਪਲਾਟ [pəlaṭ] *n.m.* plot, piece of land, field

ਪਲਾਂਟ [pəlā̃ṭ] *n.m.* plant, factory

ਪਲਾਟੀਨਮ [pəlaṭinəm] *n.m.* platinum

ਪਲਾਟੂਨ [pəlaṭun] *n.f.* platoon

ਪਲਾਣ¹ [pəlaṇ] *n.m.* same as ਪਲਾਣਾ

ਪਲਾਣ² *n.f.* same as ਪਲੇਨ

ਪਲਾਣਾ [pəlaṇa] *n.m.* mat/rug or blanket put on horse's back in lieu of saddle; saddle for camel's back

ਪਲਾਣੀ [pəlaṇi] *n.f.* hub

ਪਲਾਲ [pəlal] *n.m.* same as ਪਖੰਡ

ਪਲਾਲਣ/ਪਲਾਲੀ [pəlaləṇ/ pəlali] *adj.f./ adj.m.* sham, dissembler, pretender, prude

ਪਲ਼ਿਆ [pəḷia] *adj.m.* nourished, reared, brought up; well-built, healthy, stout, corpulent

~ ਹੋਇਆ *adj.m.* same as ਪਲ਼ਿਆ

~ ਪਲਾਇਆ/ਪਲੀ-ਪਲਾਈ *adj.m./adj.f.* already grown-up

ਪਲ਼ੀ [pəḷi] *n.f.* small ladle used to take oil out of a container, also used by retailers as a measure for small quantitles

ਪੱਲੀ [pəlli] *n.f.* broad, sheet of gunny used for carrying loads of hay/chaff/ fodder, etc.

ਪਲੀਹਾ [pəliha] *n.m.* spleen

ਪਲੀਡਰ [pəliḍər] *n.m.* pleader

ਪਲੀਡਰੀ [pəliḍəri] *n.f.* career or function of ਪਲੀਡਰ

ਪਲੀਤ [pəlit] *adj.* unclean, filthy, polluted, impure, defiled, profane; wicked, evil

ਪਲੀਤਪਣ/ਪਲੀਤੀ [pəlitpəṇ/ pəliti] *n.m./n.f.* pollution, filth, defilement, profanity; wickedness, profaneness

ਪਲੀਤਾ [pəlitta] *n.m.* igniting charge, torch, wick or fuse; detonator; tinder, touchwood, amadou

~ ਲਾਉਣਾ *con.v.* to ignite, detonate; *fig.* to incite

ਪੱਲੂ [pəllu] *n.m.* same as ਪੱਲਾ

ਪਲੂੰਝੜ [pəlũjəṛ] *n.m.* roots or stumps of sugarcane

ਪਲੇ [pəle] *n.m.* play, game; looseness in parts of machinery

ਪੱਲੇ [pəlle] *n.m.* plural of ਪੱਲਾ; *adv.* in the ਪੱਲਾ

~ ਪੈਣਾ *ph.* to fall into one's lot (derogatory)

~ ਬੰਨ੍ਹਣਾ *ph.* to take (advice) seriously

ਪਲੇਅਰ [pəleər] *n.m.* player

ਪਲੇਗ [pəleg] *n.f.* plague

ਪਲੇਟ¹ [pəleṭ] *n.f.* plate

ਪਲੇਟ² *n.m.* pleat, plait, fold, braid

~ ਪਾਉਣਾ *con.v.* to pleat, fold; to plait, braid

ਪਲੇਟਫਾਰਮ [pəleṭfarm] *n.m.* platform

ਪਲੇਠਾ/ਪਲੇਠੀ ਦਾ [pəleṭha/ pəleṭhi da] *adj.m.* first-born; *cf.* ਘਰੋੜੀ ਦਾ

ਪਲੇਥਣ [pəlethəṇ] *n.m.* dry flour dusted on rolling board or lump of dough before rolling it flat

ਪੱਲੇਦਾਰ [pəlledar] *n.m.* labourer employed in grain market for filling/weighing/ stacking or loading bags of grain

ਪੱਲੇਦਾਰੀ [pəlledari] *n.f.* job of ਪੱਲੇਦਾਰ

ਪਲੈਨ [pəlɛn] *n.f.* plan

~ ਕਰਨਾ/~ ਬਣਾਉਣਾ *con.v.* to plan

ਪਲੋਈ [pəloi] *n.f.* fold, rumple, wrinkle, pleat

ਪਲ਼ੋਸ [pəḷos] *v.form* imperative of ਪਲ਼ੋਸਣਾ, fondle

ਪਲ਼ੋਸਣਾ [pəḷosəṇa] *v.t.* to stroke or rub gently; to pet, fondle, caress; to soothe, assuage, appease, pacify; to persuade, bring round, inveigle

ਪਵਨ [pəvən] *n.f.* same as ਪੌਣ wind, air

ਪਵਾਉਣਾ [pəvauṇa] *v.t.* same as ਪੁਆਉਣਾ

ਪ੍ਰਵਾਂਦ [pəvâd] *n.f.* same as ਪੁਆਂਦ

ਪਵਿੱਤਰ [pəvıttər] *adj.* sacred, holy, sacrosanct; consecrated, sanctified; pure, clean, chaste, unpolluted, unsoiled

ਪਵਿੱਤਰਤਾ [pəvıttərta] *n.f.* sacredness, holiness, sanctity, sacrosanctity purity, chasteness, chastity, cleanness

ਪੜਚੋਲ [pəṛcol] *n.f.* inquiry, investigation, research, verification

~ ਕਰਨੀ *con.v.* same as ਪੜਚੋਲਣਾ

ਪੜਚੋਲਣਾ [pəṛcoləṇa] *v.t.* to inquire into, investigate, research, verlfy

ਪੜਚੋਲ਼ਵਾਂ [pəṛcoḷvã] *adj.m.* concerning or by way of ਪੜਚੋਲ, investigative, investigatory

ਪੜਚੋਲੀਆ [pərcolia] *n.m.* investigator, researcher

ਪੜਛੱਤੀ [pərchətti] *n.f.* shelf high along a wall; buffet, cornice, mantel piece

ਪੜਛਾ [pərcha] *n.m.* splinter, fragment, large sliver

~ ਲਾਹੁਣਾ *con.v.* to splinter, slash to cause a gash, split (wood)

ਪੜਤ [pərt] *n.f.* cost price; fall; honour, reputation

ਪੜਤਲ [pərtəl] *n.f.* lofty pine, *Pinus excelsa*

ਪੜਤਾ [pərta] *n.m.* same as ਪੜਤ, cost price

ਪੜਤਾਲ [pərtal] *n.f.* verification, scrutiny, check, checking, audit, enquiry, investigation, confirmation; a kind of rhythm in classical music

ਪੜਦਾ [pərda] *n.m.* same as ਪਰਦਾ

ਪੜਦਾਦਾ [pərdada] *n.m.* great-grand father, father's grandfather

ਪੜਦੋਹਤਾ [pərdóta] *n.m.* great-grandson, daughter's grandson, grand-daughter's son

ਪੜਨਾਉਂ [pərnaõ] *n.m.* same as ਪੜਨਾਂਵ

ਪੜਨਾਨਾ [pərnana] *n.m.* great-grand father, mother's grand father

ਪੜਨਾਂਵ [pərnãv] *n.m.* pronoun

ਪੜਨਾਂਵੀ [pərnãvi] *adj.* pronominal

ਪੜਪੋਤਾ [pərpotta] *n.m.* great-grandson, son's grandson, grand son's son

ਪੜਵਾ [pərva] *v.form* imperative of ਪੜਵਾਉਣਾ, get (this) torn, split

ਪੜਵਾਉਣਾ [pərvauṇa] *v.t.* to have something torn, split, gashed, slashed; to assist in the process *cf.* ਪਾੜਨਾ

ਪੜਵਾਈ [pərvai] *n.f.* wages for *prec.*

ਪੜਵਾਲ [pərval] *n.m.* trichiasis, eyelash grown inwards of the eyelid

ਪੜ੍ਹਤ [pə́rət] *n.f.* reading (as in first reading, second reading, etc.)

ਪੜ੍ਹਨਾ [pə́rna] *v.t.* to read, study, learn, recite

ਪੜ੍ਹਵਾਉਣਾ [pərvàuṇa] *v.t.* to have something read or recited

ਪੜ੍ਹਾਉਣਾ [pəràuṇa] *v.t.* to teach, educate, tutor; to instruct, train in reading and writing; to have someone educated; *cf. prec.*

ਪੜ੍ਹਾਈ [pərài] *n.f.* education, study, learning; teaching, tuition

~ ਕਰਨੀ *con.v.* to study, receive education, be educated

~ ਕਰਾਉਣੀ *con.v.* same as ਪੜ੍ਹਾਉਣਾ

ਪੜ੍ਹਾਕੂ [pəràku] *adj.* studious; *n.m.* student

ਪੜ੍ਹਿਆ/ਪੜ੍ਹੀ [pə́rıa/pə́ri] *v.form* past tense of ਪੜ੍ਹਨਾ, read, studied

~ ਹੋਇਆ/~ ਲਿਖਿਆ *adj.m./adj.m.* ~ ਹੋਈ/

~ ਲਿਖੀ *adj.f/adj.f.* educated, literate, well-read, learned, scholar

ਪੜਾ [pəra] *n.m.* bundle or roll (of yarn or string)

ਪੜਾਂ/ਪੜਾਉ [pərã/pərao] *n.m.* halt, stage (of journey) a day's journey; halting place, staging site/place or camp

~ ਪੜਾਈ *adv.* by stages, stage by stage

ਪੜਾਉਣਾ [pərauṇa] *v.t.* same as ਪੜਵਾਉਣਾ

ਪੜਾਈ [pərai] *n.f.* same as ਪੜਵਾਈ

ਪੜਾਣਾ [pəraṇa] *n.m.* circular course for bullocks working a Persian wheel, oilpress, etc.

ਪੜਾਵਾ [pərava] *n.m.* stone or brick put under the leg of a cot in order to raise its level

ਪੜੁੱਲ [pərull] *n.m.* raised take-off point for jumps

~ ਬੰਨ੍ਹਣਾ *ph.* to build ਪੜੁੱਲ; *fig.* to build castles in the air; to make tall claims; to brag, boast

ਪੜੇ ਰੁਖ [pəre rukh] *adj.* lateral, horizontal; *adv.* laterally, horizontally

ਪੜੋਸ [pəros] *n.m.* same as ਗੁਆਂਢ, neighbourhood

ਪੜੋਤਾ [pərotta] *n.m.* same as ਪੜਪੋਤਾ

ਪੜੋਪੀ [pəropi] *n.f.* a measure of grain by volume roughly equal to 500 grams

ਪੜੋਲ [pərol] *n.m.* a kind of gourd

ਪ੍ਰਸ਼ੰਸਾ [pərṣẽsa] *n.f.* same as ਪਰਸ਼ੰਸਾ

ਪ੍ਰਸੰਗ [pərsẽg] *n.m.* same as ਪਰਸੰਗ

ਪ੍ਰਸਤ/ਪਰਸਤ [pərəst] *suff.* (as in) ਬੁਤਪਰਸਤ meaning worshipper

ਪ੍ਰਸਤਸ਼/ਪਰਸਤਸ਼ [pərəstəṣ] *n.f.* worship

ਪ੍ਰਸਤਾਵ/ਪਰਸਤਾਵ [pərəstav] *n.m.* suggestion, proposal; resolution

ਪ੍ਰਸਤਾਵਨਾ/ਪਰਸਤਾਵਨਾ [pərəstavəna] *n.f.* prologue, preface, foreword, introduction

ਪ੍ਰਸਤਾਵਿਤ/ਪਰਸਤਾਵਿਤ [pərəstavɪt] *adj.* suggested, proposed

ਪ੍ਰਸਤੁਤ/ਪਰਸਤੁਤ [pərəstut] *adj.* presented, mentioned, moved; present, currently under discussion

~ **ਕਰਨਾ** *con.v.* to present, move, mention

ਪ੍ਰਸਥਾਨ/ਪਰਸਥਾਨ [pərəsthan] *n.m.* departure, leaving, going away, setting out

~ **ਕਰਨਾ** *con.v.* to depart, leave, go away, set out

ਪ੍ਰਸਥਾਪਨ/ਪਰਸਥਾਪਨ [pərəsthapən] *n.m.* substitution; installation

ਪ੍ਰਸੰਨ [pərsə̃nn] *adj.* same as ਪਰਸੰਨ

ਪ੍ਰਸ਼ਨ/ਪਰਸ਼ਨ [pərəṣən] *n.m.* question, enquiry, query, interrogation; problem or point for or under discussion; sum

~ **ਉੱਤਰ** *n.m.* question and answer, interlocution, conversation, discussion, debate

~ **ਸੂਚਕ ਚਿੰਨ੍ਹ** *ph.* interrogation mark

~ **ਕਰਤਾ** *n.m.* questioner, interrogator

~ **ਕਰਨਾ** *con.v.* to put question, ask, question, interrogate

~ **ਚਿਨ੍ਹ** *n.m.* question mark, interrogation mark; a doubtful/dubitable/uncertain situation or problem; doubt, uncertainty

~ **ਪੱਤਰ** *n.m.* question paper, test paper, examination paper

~ **ਮਾਲਾ** *n.f.* same as ਪ੍ਰਸ਼ਨਾਵਲੀ

~ **ਪੁੱਛਣਾ** *con.v.* same as ਪ੍ਰਸ਼ਨ ਕਰਨਾ

~ **ਵਾਚਕ ਪੜਨਾਉਂ** *n.m.* interrogative pronoun

ਪ੍ਰਸ਼ਨਾਤਮਿਕ/ਪਰਸ਼ਨਾਤਮਿਕ [pərəṣənatmɪk] *adj.* interrogatory

ਪ੍ਰਸ਼ਨਾਵਲੀ/ਪਰਸ਼ਨਾਵਲੀ [pərəṣənavəli] *n.f.* list of questions or exercises; questionnaire

ਪ੍ਰਸ਼ਨਿਕ/ਪਰਸ਼ਨਿਕ [pərəṣənɪk] *adj.* pertaining to ਪ੍ਰਸ਼ਨ, in the form of a ਪ੍ਰਸ਼ਨ

ਪ੍ਰਸ਼ਾਸਕ [pərṣasək] *n.m.* same as ਪਰਸ਼ਾਸਕ

ਪ੍ਰਸ਼ਾਸਨ [pərṣasən] *n.m.* same as ਪਰਸ਼ਾਸਨ

ਪ੍ਰਸ਼ਾਸਨਾਤਮਿਕ/ਪਰਸ਼ਾਸਨਾਤਮਿਕ/ਪ੍ਰਸ਼ਾਸਨੀ/ਪਰਸ਼ਾਸਨੀ [pərṣasənatmɪk/pərṣasəni] *adj.* administrative, governmental

ਪ੍ਰਸਾਦ [pərsad] *n.m.* same as ਪਰਸਾਦ

ਪ੍ਰਸਾਰ [pərsar] *n.m.* same as ਪਰਸਾਰ

ਪ੍ਰਸਾਰਨ [pərsarən] *n.m.* same as ਪਰਸਾਰਨ

ਪ੍ਰਸਾਰਿਤ [pərsarɪt] *adj.* same as ਪਰਸਾਰਿਤ

ਪ੍ਰਸਿੱਧ [pərsídd] *adj.* same as ਪਰਸਿੱਧ

ਪ੍ਰਸੂਤ [pərsut] *n.m.* same as ਪਰਸੂਤ

ਪ੍ਰਹਸਨ [pərhəsən] *n.m.* same as ਪਰਹਸਨ

ਪ੍ਰਹਾਰ/ਪਰਹਾਰ [pərhar] *n.m.* blow, stroke, strike, hit, knock, attack, assault

ਪ੍ਰਕਰਨ/ਪਰਕਰਨ [pərkərən] *n.m.* context, topic

ਪ੍ਰਕ੍ਰਿਆ [pərkɪrɪa] *n.f.* same as ਪਰਕਿਰਿਆ

ਪ੍ਰਕ੍ਰਿਤੀ [pərkɪrti] *n.f.* same as ਪਰਕਿਰਤੀ; source of creation in Hindu (Sankhya) philosophy

ਪ੍ਰਕਾਸ਼ [pərkaṣ] *n.m.* same as ਪਰਕਾਸ਼

~ **ਅਸਥਾਨ** *n.m.* part of a Sikh temple where the scripture is placed in open position; sanctum-sanctorum

~ **ਕਰਨਾ** *con.v.* to illumine, illuminate; to enlighten; to open (Sikh scripture)

~ **ਪਾਉਣਾ** *con.v.* to throw or focus light upon; to make manifest; to explain, clarify, elucidate; to bring to light, discover

ਪ੍ਰਕਾਸ਼ਕ/ਪਰਕਾਸ਼ਕ [pərkaṣək] *n.m.* publisher

ਪ੍ਰਕਾਸ਼ਕੀ/ਪਰਕਾਸ਼ਕੀ [pərkaṣki] *adj.* concerning ਪ੍ਰਕਾਸ਼ਨ

ਪ੍ਰਕਾਸ਼ਨ/ਪਰਕਾਸ਼ਨ [pərkaṣən] *n.m.* publication, publishing

ਪ੍ਰਕਾਸ਼ਿਤ/ਪਰਕਾਸ਼ਿਤ [pərkaṣɪt] *adj.* published, brought out

~ **ਕਰਨਾ** *con.v.* to publish, bring out

ਪ੍ਰਕਾਰ [pərkar] *n.m.* same as ਪਰਕਾਰ

ਪ੍ਰਕਿਰਤੀ [pərkɪrti] *n.f.* same as ਪਰਕਿਰਤੀ; nature, disposition, character, quality, inherent tendency, proclivity, temperament

~ **ਵਾਦ** *n.m.* naturalism; materialism

~ **ਵਾਦੀ** *adj.* naturalist, naturalistic; materialist

ਪ੍ਰਕਿਰਿਆ [pərkɪrɪa] *n.f.* same as ਪਰਕਿਰਿਆ

ਪ੍ਰਖੇਪ/ਪਰਖੇਪ [pərkhep] *n.m.* interpolation, adding, mixing; also ਪ੍ਰਖੇਪਨ

ਪ੍ਰਗਟ [pərgəṭ] *adj.* same as ਪਰਗਟ

ਪ੍ਰਗਤੀ/ਪਰਗਤੀ [pərgəti] *n.f.* progress, advance, development, growth

ਪ੍ਰਗਤੀਸ਼ੀਲ/ਪਰਗਤੀਸ਼ੀਲ [pərgətiṣil] *adj.* progressive, developing

ਪ੍ਰਗਤੀਵਾਦ/ਪਰਗਤੀਵਾਦ [pərgtivad] *n.m.* progressivism

ਪ੍ਰਗਤੀਵਾਦੀ/ਪਰਗਤੀਵਾਦੀ [pərəgətivadi] *adj.* progressivist

ਪ੍ਰਚੰਡ [pərcə̃ḍ] *adj.* same as ਪਰਚੰਡ

ਪ੍ਰਚਲਿਤ [pərcəlɪt] *adj.* same as ਪਰਚਲਤ

ਪ੍ਰਚਾਰ [pərcar] *n.m.* same as ਪਰਚਾਰ

~ **ਕਰਨਾ** *con.v.* same as ਪਰਚਾਰਨਾ

~ **ਮਾਧਿਅਮ** *n.m.* publicity medium; pl. the media, press and platform, electronic media

ਪ੍ਰਚਾਰਕ/ਪਰਚਾਰਕ [pərcarək] *n.m.* preacher, promoter, propagandist, missionary, populariser

ਪ੍ਰਜੁਲਿਤ/ਪਰਜਵਲਿਤ [pərjəvəlɪt] *adj.* blazing, ablaze, burning, on fire

ਪ੍ਰਣ/ਪਰਣ [pərəṇ] *n.m.* vow, pledge, solemn, promise, resolution, resolve

~ **ਕਰਨਾ** *con.v.* to take vow or pledge, vow, pledge, make solemn promise, resolve

~ **ਪਾਲਨਾ** *con.v.* to fulfil, redeem ਪ੍ਰਣ

ਪ੍ਰਤੱਖ [pərətəkkh] *adj.* same as ਪਰਤੱਖ

ਪ੍ਰਤਾਪ [pərətap] *n.m.* same as ਪਰਤਾਪ

~ **ਵਾਨ** *adj.* glorious, famous, renowned, celebrated, eminent, great, majestic, magnificent, prosperous; also ਪਰਤ਼ਾਪੀ

ਪ੍ਰਤਿਸ਼ਠਾ/ਪਰਤਿਸ਼ਠਾ [pərtɪṣṭha] *n.f.* honour, respect, esteem, distinction, fame, glory, renown, respectability; also ਪਰਤਿਸ਼ਟਾ

ਪ੍ਰਤਿਸ਼ਠਿਤ/ਪਰਤਿਸ਼ਠਿਤ [pərtɪṣṭhɪt] *adj.* honoured, honourable, respectable, respected, esteemed, distinguished, famous, renowned, glorious, noble

ਪ੍ਰਤਿਸ਼ਤ/ਪਰਤਿਸ਼ਤ [pərətɪṣət] *adv.* percent

~ **ਅੰਕ** *n.m.* percentage

ਪ੍ਰਤਿਸਥਾਪਨ/ਪਰਤਿਸਥਾਪਨ [pərətɪsthapən] *n.m.* substitution, replacement

~ **ਕਰਨਾ** *con.v.* to substitute, replace

ਪ੍ਰਤਿਹਸਤਾਖਰ/ਪਰਤਿਹਸਤਾਖਰ [pərətɪhəstakhər] *n.m.* countersignature

~ **ਕਰਨਾ** *con.v.* to countersign

ਪ੍ਰਤਿਕਰਮ/ਪਰਤਿਕਰਮ [pərətɪkərəm] *n.m.* reaction, response, consequence

ਪ੍ਰਤਿਕ੍ਰਾਂਤੀ/ਪਰਤਿਕਰਾਂਤੀ [pərətɪkərãti] *n.f.* counter-revolution

ਪ੍ਰਤਿਕਿਰਿਆ/ਪਰਤਿਕਿਰਿਆ [pərətɪkɪrɪa] *n.f.* same as ਪ੍ਰਤਿਕਰਮ

ਪ੍ਰਤਿਕੂਲ/ਪਰਤਿਕੂਲ [pərətɪkul] *adj.* contrary, opposite, reverse, adverse, counter, antithetical

ਪ੍ਰਤਿਕੂਲਤਾ/ਪਰਤਿਕੂਲਤਾ [pərətɪkulta] *n.f.* contrariness, adverseness, antithesis, opposition

ਪ੍ਰਤਿਗਮਨ/ਪਰਤਿਗਮਨ [pərətɪgəmən] *n.m.* retrogression

ਪ੍ਰਤਿਗਮਨੀ/ਪਰਤਿਗਮਨੀ/ਪ੍ਰਤਿਗਾਮੀ/ਪਰਤਿਗਾਮੀ [pərətɪgəmni/ pərətɪgami] *adj.* retrogressive, retrograde

ਪ੍ਰਤਿਗੁਣਨ/ਪਰਤਿਗੁਣਨ [pərətɪguṇən] *n.m.* cross multiplication

ਪ੍ਰਤਿਜੀਵ/ਪਰਤਿਜੀਵ [pərətɪjiv] *n.m.* antibody; *adv.* per each individual

ਪ੍ਰਤਿਜੀਵੀ/ਪਰਤਿਜੀਵੀ [pərətɪjivi] *adj.* antibiotic

ਪ੍ਰਤਿਦੁੰਦੀ/ਪਰਤਿਦਵੰਦੀ [pərətɪdəvə̃di] *n.m. & adj.* opponent, rival, competitor, adversary, enemy, antagonist

ਪ੍ਰਤਿਧੁਨੀ/ਪਰਤਿਧੁਨੀ [pərətɪtùni] *n.f.* echo, reverberation, resonance

ਪ੍ਰਤਿਨਾਇਕ/ਪਰਤਿਨਾਇਕ [pərətɪnaɪk] *n.m.* anti-hero, hero's opposite or foil, villain; *fem.* ਪ੍ਰਤਿਨਾਇਕਾ

ਪ੍ਰਤਿਨਿਧਤਾ/ਪਰਤਿਨਿਧਤਾ [pərətɪnídta] *n.f.* representation, representativeness

ਪ੍ਰਤਿਨਿਧੀ/ਪਰਤਿਨਿਧੀ [pərətɪnídi] *n.m.* representative, deputy, agent, proxy, substitute

ਪ੍ਰਤਿਪਾਦਨ/ਪਰਤਿਪਾਦਨ [pərətɪpadən] *n.m.* elucidation, explication, illustration, proof, full explanation, ascertainment

ਪ੍ਰਤਿਪਾਦਿਤ/ਪਰਤਿਪਾਦਿਤ [pərətɪpadɪt] *adj.* elucidated, explicated, demonstrated, illustrated, proved, ascertained

ਪ੍ਰਤਿਬੰਧ/ਪਰਤਿਬੰਧ [pərtıbə̃d] *n.m* restriction, ban, prohibition, interdiction, curb, check, limitation, forbiddance
~ ਲਾਉਣਾ *con.v.* to impose ਪ੍ਰਤਿਬੰਧ, ban, curb, prohibit, restrict, interdict, forbid, check, limit
ਪ੍ਰਤਿਬਿੰਬ/ਪਰਤਿਬਿੰਬ [pərtıbĩb] *n.m.* reflection, image
ਪ੍ਰਤਿਬਿੰਬਿਤ [pərtıbĩbıt] *adj.* reflected
ਪ੍ਰਤਿਭਾ/ਪਰਤਿਭਾ [pərtíba] *n.f.* intellect, intellectual brilliance, inborn intelligence, natural ability, genius
~ ਨਿਕਾਸ *n.m.* brain-drain
ਪ੍ਰਤਿਭਾਸ਼ਾਲੀ/ਪਰਤਿਭਾਸ਼ਾਲੀ/ਪ੍ਰਤਿਭਾਵਾਨ/ਪਰਤਿਭਾਵਾਨ [pərtíbaṣali/pərtíbavan] *adj.* genius, most intelligent
ਪ੍ਰਤਿਭੂਤੀ/ਪਰਤਿਭੂਤੀ [pərtıpùti] *n.f.* security, surety, share
ਪ੍ਰਤਿਮਾ/ਪਰਤਿਮਾ [pərtıma] *n.f.* picture, image, likeness; idol, statue
ਪ੍ਰਤਿਯੋਗਤਾ/ਪਰਤਿਯੋਗਤਾ [pərtıyogta] *n.f.* competition, rivalry
ਪ੍ਰਤਿਯੋਗੀ/ਪਰਤਿਯੋਗੀ [pərtıyogi] *n.m.* competitor, rival
ਪ੍ਰਤਿਰੂਪ/ਪਰਤਿਰੂਪ [pərtırup] *n.m.* likeness, image, prototype, model
ਪ੍ਰਤਿਰੂਪਤਾ/ਪਰਤਿਰੂਪਤਾ [pərtırupta] *n.f.* similarity, likeness, conformity
ਪ੍ਰਤਿਰੋਧ/ਪਰਤਿਰੋਧ [pərtıród] *n.m.* resistence, opposition
ਪ੍ਰਤਿਲੋਕ/ਪਰਤਿਲੋਕ [pərtılok] *n.m.* antipode
ਪ੍ਰਤਿਲੋਮ/ਪਰਤਿਲੋਮ [pərtılom] *adj.* inverted, inverse, reverse, opposite; also ਵਿਲੋਮ
ਪ੍ਰਤਿਵਿੱਸ/ਪਰਤਿਵਿੱਸ [pərtıviss] *n.f.* antidote
ਪ੍ਰਤੀਕ [pərtik] *n.m.* same as ਪਰਤੀਕ
~ ਵਾਦ *n.m.* symbolism
~ ਵਾਦੀ *adj.* symbolist, symbolistic, symbolistical
ਪ੍ਰਤੀਖਿਆ [pərtikhıa] *n.f.* same as ਉਡੀਕ
ਪ੍ਰਤੀਤ [pərətit] *n.f.* same as ਪਰਤੀਤ
ਪ੍ਰਥਮ/ਪਰਥਮ [pərthəm] *adj.* same as ਪਹਿਲਾ
~ ਚਾਲਕ *n.m.* prime mover
ਪ੍ਰਥਾ/ਪਰਥਾ [pərtha] *n.f.* custom, usage, convention, system, tradition
ਪ੍ਰਦਰਸ਼ਨ [pərdərṣən] *n.m.* same as ਪਰਦਰਸ਼ਨ
ਪ੍ਰਦਾਨ/ਪਰਦਾਨ [pərdan] *n.m.* same as ਦਾਨ
~ ਕਰਨਾ *con.v.* to give, gift, donate, bestow
ਪ੍ਰਦੀਪ/ਪਰਦੀਪ [pərdip] *n.m.* same as ਦੀਪ[1]
ਪ੍ਰਦੀਪਿਤ/ਪਰਦੀਪਿਤ [pərdipıt] *adj.* lighted, kindled, shining, bright, radiant, resplendent
ਪ੍ਰਦੇਸ਼/ਪਰਦੇਸ਼ [pərdeṣ] *n.m.* region, state, province, territory, part of a country
ਪ੍ਰਦੇਸ਼ਕ/ਪਰਦੇਸ਼ਕ/ਪਰਦੇਸ਼ੀ/ਪ੍ਰਦੇਸ਼ੀ [pərdeṣək/pərdeṣi] *adj.* provincial, state, territorial, regional
ਪ੍ਰਧਾਨ/ਪਰਧਾਨ [pərdàn] *n.m.* president, chairman, head, chairperson; *adj.* principal, chief
~ ਨੌਕਰ *n.m.* factotum, head-servant, butler, steward, chief servant
~ ਮੰਤਰੀ *n.m.* prime minister
ਪ੍ਰਧਾਨਗੀ/ਪਰਧਾਨਗੀ [pərdàngi] *n.f.* presidentship, chairmanship, headship; *adj.* presidential
~ ਭਾਸ਼ਨ *n.m.* presidential address
ਪ੍ਰਧਾਨਤਾ/ਪਰਧਾਨਤਾ [pərdànta] *n.f.* supremacy, pre-eminence, prominence, superiority, importance, significance
ਪ੍ਰਨਾਮ [pərnam] *n.m.* same as ਪਰਨਾਮ
ਪ੍ਰਨਾਲ਼ੀ [pərnaḷi] *n.f.* same as ਪਰਨਾਲੀ
ਪ੍ਰਪੰਚ [pərpə̃c] *n.m.* same as ਪਰਪੰਚ
ਪ੍ਰਫੁੱਲਤਾ/ਪਰਫੁੱਲਤਾ [pərfullǝta] *n.f.* state of being ਪ੍ਰਫੁੱਲਿਤ, flowering; gaiety, gladness, happiness, cheer, cheerfulness
ਪ੍ਰਫੁੱਲਿਤ/ਪਰਫੁੱਲਿਤ [pərfullıt] *adj.* blossomed, blooming, in bloom, flowering; gay, glad, happy, cheerful
~ ਹੋਣਾ *con.v.* to blossom, bloom, flower, come in full bloom; to flourish, prosper
ਪ੍ਰਬੰਧ/ਪਰਬੰਧ [pərbə̃d] *n.m.* management, administration, dispensation, arrangement, organisation, system, provision, direction, control, regulation
~ ਕਰਨਾ *con.v.* to manage, administer, arrange, organise, make arrangements, direct, control, regulate
ਪ੍ਰਬੰਧਕ/ਪਰਬੰਧਕ [pərbə̃dək] *n.m.* manager, administrator (*fem.* administratrix), organiser, executive, superintendent,

provisioner

ਪ੍ਰਬੰਧਕੀ/ਪਰਬੰਧਕੀ [pərbə̃dəki] *adj.* managerial, administrative, organisational executive

ਪ੍ਰਬਲ/ਪਰਬਲ [pərbəl] *adj.* strong, powerful, forceful, puissant, mighty

ਪ੍ਰਬਲਤਾ/ਪਰਬਲਤਾ [pərəbəlta] *n.f.* strength, powerfulness, mightiness, puissance, forcefulness

ਪ੍ਰਬਲਨ/ਪਰਬਲਨ [pərbələn] *n.m.* reinforcement, strengthening, augmentation

ਪ੍ਰਬੁੱਧ/ਪਰਬੁੱਧ [pərbúdd] *adj.* awakened, roused, enlightened, learned, wise

ਪ੍ਰਬੋਧ/ਪਰਬੋਧ [pərbód] *n.m.* awakening, enlightenment, understanding, knowledge, learning, wisdom

ਪ੍ਰਭ/ਪਰਭ [pə́rəb] *n.m.* same as ਪ੍ਰਭੂ; *cf.* ਪਰਭ

ਪ੍ਰਭਤਾ/ਪਰਭਤਾ [pərə́bta] *n.f.* sovereignty, supremacy, overlordship, sway, superiority

ਪ੍ਰਭਾ/ਪਰਭਾ [pə́rba] *n.f.* light, radiance, lustre, brilliance, sheen

~ **ਮੰਡਲ** *n.m.* halo

ਪ੍ਰਭਾਤ [pərbàt] *n.f.* same as ਪਰਭਾਤ

~ **ਫੇਰੀ** *n.f.* going round the streets singing hymns during early morning

ਪ੍ਰਭਾਤੀ [pərbàti] *n.f.* same as ਪਰਭਾਤੀ

ਪ੍ਰਭਾਵ [pərbàv] *n.m.* same as ਪਰਭਾਵ

ਪ੍ਰਭੁਤਾ/ਪਰਭੁਤਾ [pərə́buta] *n.f.* same as ਪ੍ਰਭਤਾ

ਪ੍ਰਭੂ/ਪਰਭੂ [pərə́bu] *n.m.* lord, master; God

~ **ਸੱਤਾ** *n.f.* sovereignty

ਪ੍ਰਮਾਣ/ਪਰਮਾਣ [pərmaṇ] *n.m.* proof, testimony, authenticity; evidence, illustration, example, standard, measure, scale

~ **ਪੱਤਰ** *n.m.* testimonial, certificate

ਪ੍ਰਮਾਣਿਕ/ਪਰਮਾਣਿਕ [pərmaṇɪk] *adj.* authentic, standard, genuine

ਪ੍ਰਮਾਣਿਕਤਾ/ਪਰਮਾਣਿਕਤਾ [pərmaṇɪkta] *n.f.* authenticity

ਪ੍ਰਮਾਣਿਤ/ਪਰਮਾਣਿਤ [pərmaṇɪt] *adj.* authenticated, certified; verified, proved; authentic, genuine

~ **ਕਰਨਾ** *con.v.* to authenticate, attest, certify as correct, prove

ਪ੍ਰਮਾਦ/ਪਰਮਾਦ [pərmad] *n.m.* error, mistake, oversight, carelessness

ਪ੍ਰਮਾਦੀ/ਪਰਮਾਦੀ [pərmadi] *adj.* erring, careless, negligent

ਪ੍ਰਮੁਖ [pərmukh] *adj.* same as ਪਰਮੁਖ

ਪ੍ਰਮੋਦ/ਪਰਮੋਦ [pərmod] *n.m.* pleasure, hilarity, gaiety, frivolous enjoyment

ਪ੍ਰਮੋਦਵਾਦ/ਪਰਮੋਦਵਾਦ [pərmodvad] *n.m.* hedonism

ਪ੍ਰਮੋਦਵਾਦੀ/ਪਰਮੋਦਵਾਦੀ [pərmodvadi] *adj.* hedonist, hedonistic

ਪ੍ਰਮੋਦੀ/ਪਰਮੋਦੀ [pərmodi] *adj.* pleasure-seeking, pleasure-loving, hilarious, gay, libertine

ਪ੍ਰਯਤਨ/ਪਰਯਤਨ [pəryətən] *n.m.* same as ਜਤਨ

ਪ੍ਰਯੁਕਤ/ਪਰਯੁਕਤ [pəryukt] *adj.* used, in use; associated or connected (with)

ਪ੍ਰਯੋਗ/ਪਰਯੋਗ [pəryog] *n.m.* use, application; experiment, experimentation

ਪ੍ਰਯੋਗਸ਼ਾਲਾ/ਪਰਯੋਗਸ਼ਾਲਾ [pəryogṣala] *n.f.* laboratory

ਪ੍ਰਯੋਗਵਾਦ/ਪਰਯੋਗਵਾਦ [pəryogvad] *n.m.* experimentalism, empiricism

ਪ੍ਰਯੋਗਵਾਦੀ/ਪਰਯੋਗਵਾਦੀ [pəryogvadi] *adj.* experimentalist, empiricist

ਪ੍ਰਯੋਗਾਤਮਿਕ/ਪਰਯੋਗਾਤਮਿਕ [pəryogatmɪk] *adj.* experimental

ਪ੍ਰਯੋਗਿਕ/ਪਰਯੋਗਿਕ [pəryogɪk] *adj.* applied, practical

ਪ੍ਰਯੋਜਨ/ਪਰਯੋਜਨ [pəryojən] *n.m.* aim, purpose, object, end

ਪ੍ਰਯੋਜਨਾਤਮਿਕ/ਪਰਯੋਜਨਾਤਮਿਕ [pəryojənatmɪk] *adj.* purposive, purposeful

ਪ੍ਰਵਕਤਾ/ਪਰਵਕਤਾ [pərvəkta] *n.m.* eloquent speaker; propounder of sacred texts; orator

ਪ੍ਰਵਚਨ/ਪਰਵਚਨ [pərvəcən] *n.m.* elucidation or explanation of sacred text

ਪ੍ਰਵ੍ਰਿਤੀ/ਪਰਵਰਿਤੀ [pərvɪrti] *n.f.* propensity, proclivity, natural tendency

ਪ੍ਰਵਾਸ [pərvas] *n.m.* same as ਪਰਵਾਸ

ਪ੍ਰਵਾਹ/ਪਰਵਾਹ [pərvá] *n.m.* current, flow, continuous movement, stream

ਪ੍ਰਵਾਹਸ਼ੀਲ/ਪਰਵਾਹਸ਼ੀਲ [pərváṣil] *adj.* flowing, on the move, continuously moving; mobile, active

ਪ੍ਵਾਨ [pərvan] *adj.* same as ਪਰਵਾਨ

ਪ੍ਵਿਰਤੀ/ਪਰਵਿਰਤੀ [pərvɪrti] *n.m.* same as ਪ੍ਵਿੱਤੀ; attachment to mundane affairs, involvement in worldly life

ਪ੍ਵੀਣ [pərviṇ] *adj.* same as ਪਰਬੀਨ

ਪ੍ਵੀਣਤਾ [pərviṇta] *n.f.* same as ਪਰਬੀਨਤਾ

ਪ੍ਵੇਸ਼ [pərveṣ] *n.m.* same as ਪਰਵੇਸ਼

ਪ੍ਰਾਇਮਰੀ/ਪਰਾਇਮਰੀ [pəraɪməri] *adj.* primary

ਪ੍ਰਾਈਮਰ¹/ਪਰਾਈਮਰ [pəraimər] *n.m.* primer (for explosives)

ਪ੍ਰਾਈਮਰ²/ਪਰਾਈਮਰ *n.f.* primer (elementry text book)

ਪ੍ਰਾਈਵੇਟ/ਪਰਾਈਵੇਟ [pəraiveṭ] *adj.* private

ਪ੍ਰਾਸਪੈਕਟਸ/ਪਰਾਸਪੈਕਟਸ [pəraspɛkṭəs] *n.m.* prospectus

ਪ੍ਰਾਸਚਿਤ/ਪਰਾਸਚਿਤ [pərascɪt] *n.m.* atonement, penance, penitence, expiation

~ **ਕਰਨਾ** *con.v.* to undergo ਪ੍ਰਾਸਚਿਤ, atone for, expiate

ਪ੍ਰਾਕ੍ਰਿਤਿਕ/ਪਰਾਕਿਰਤਿਕ [pərakɪrtɪk] *adj.* same as ਪਰਕਿਰਤਿਕ

ਪ੍ਰਾਂਗਣ/ਪਰਾਂਗਣ [pərãgəṇ] *n.m.* same as ਵੇੜ੍ਹਾ

ਪ੍ਰਾਗ੍ਰੈੱਸ/ਪਰਾਗਰੈੱਸ [pəragrɛss] *n.f.* progress

ਪ੍ਰਾਚੀਨ/ਪਰਾਚੀਨ [pəracin] *adj.* ancient, old, antique, primitive, antiquated, primordial

ਪ੍ਰਾਚੀਨਤਾ/ਪਰਾਚੀਨਤਾ [pəracinta] *n.f.* ancientness, antiqueness, antiquatedness, primitiveness, primordiality

ਪ੍ਰਾਜੈਕਟ/ਪਰਾਜੈਕਟ [pərajɛkṭ] *n.m.* project

ਪ੍ਰਾਣ/ਪਰਾਣ [pəraṇ] *n.m.* vital air, breath, life force, life, soul; energy, strength

~ **ਛੱਡਣੇ**/~ **ਤਿਆਗਣੇ** *con.v.* to die, breathe one's last

~ **ਦੰਡ** *n.m.* death sentence, capital punishment

~ **ਨਾਥ**/~ **ਪਤੀ** *n.m.* husband; God

~ **ਵਾਯੂ** *n.f.* vital air; oxygen

ਪ੍ਰਾਣਹੀਨ/ਪਰਾਣਹੀਨ [pəraṇhin] *adj.* dead; insentient, inanimate

ਪ੍ਰਾਣਾਯਾਮ/ਪਰਾਣਾਯਾਮ [pəraṇayam] *n.m.* a system of breathing exercise and regulating respiration

ਪ੍ਰਾਣੀ/ਪਰਾਣੀ [pəraṇi] *n.m.* living, animate, sentient being; person, man or woman

~ **ਮਾਤਰ** *n.m.* simply a living being

~ **ਵਿਗਿਆਨ** *n.m.* zoology; biology

~ **ਵਿਗਿਆਨੀ** *adj. & n.m.* zoologist; biologist

ਪ੍ਰਾਂਤ/ਪਰਾਂਤ [pərât] *n.m.* same as ਪ੍ਰਦੇਸ਼

ਪ੍ਰਾਂਤਵਾਦ/ਪਰਾਂਤਵਾਦ [pərãtvad] *n.m.* provincialism, regionalism; provincial, state or regional chauvinism

ਪ੍ਰਾਤਾਕਾਲ/ਪਰਾਤਾਕਾਲ [pəratakal] *n.m.* morning time, early morning

ਪ੍ਰਾਥਮਿਕਤਾ/ਪਰਾਥਮਿਕਤਾ [pərathmɪkta] *n.f.* priority, preference

ਪ੍ਰਾਪਤ/ਪਰਾਪਤ [pərapət] *adj.* gained, achieved, attained, acquired, received, taken

~ **ਕਰਨਾ** *con.v.* to gain, achieve, attain, acquire, receive, take, find

ਪ੍ਰਾਪਤੀ/ਪਰਾਪਤੀ [pərapəti] *n.f.* gain, achievement, attainment; acquisition, profit, advantage, income; find, discovery

ਪ੍ਰਾਪਰਟੀ/ਪਰਾਪਰਟੀ [pərapərṭi] *n.f.* property

ਪ੍ਰਾਪੇਗੰਡਾ/ਪਰਾਪੇਗੰਡਾ [pərapegə̃ḍa] *n.m.* propaganda

ਪ੍ਰਾਬਲਮ/ਪਰਾਬਲਮ [pərabləm] *n.f.* problem

ਪ੍ਰਾਰਥਕ/ਪਰਾਰਥਕ/ਪ੍ਰਾਰਥੀ/ਪਰਾਰਥੀ [pərarthək/ pərarthi] *n.m.* applicant, petitioner, suppliant, supplicant

ਪ੍ਰਾਰਥਨਾ/ਪਰਾਰਥਨਾ [pərarthəna] *n.f.* prayer, supplication, request, petition, entreaty

~ **ਪੱਤਰ** *n.m.* written request, application, petition

ਪ੍ਰਾਰੰਭ/ਪਰਾਰੰਭ [pərarə̃b] *n.m.* same as ਅਰੰਭ, beginning

ਪ੍ਰਾਲਬਧ/ਪਰਾਲਬਧ [pəraləbəd] *n.f.* fate, destiny, fortune, luck

ਪ੍ਰਿਆ/ਪਰਿਆ [pərɪa] *adj.f.* dear, darling

ਪ੍ਰਿੰਸ/ਪਰਿੰਸ [pərĩs] *n.m.* prince

ਪ੍ਰਿੰਸੀਪਲ/ਪਰਿੰਸੀਪਲ [pərĩsipəl] *n.m.* principal; principle

ਪ੍ਰਿਜ਼ਮ/ਪਰਿਜ਼ਮ [pərɪzəm] *n.m.* prism

ਪ੍ਰਿੰਟ/ਪਰਿੰਟ [pərɪṭ] *n.m.* print

ਪ੍ਰਿਤਪਾਲਕ/ਪਰਿਤਪਾਲਕ [pərɪtpalək] *adj. & n.m.* nourisher, nurturer, fosterer; sustainer; protector

ਪ੍ਰਿਤਪਾਲਨ/ਪਰਿਤਪਾਲਨ/ਪ੍ਰਿਤਪਾਲਨਾ/ਪਰਿਤਪਾਲਨਾ [pərɪtpalən/ pərɪtpalna] *n.m.* / *n.f.* nourishing, bringing up, nurture, sustenance, protection, upbringing
ਪ੍ਰਿਥਵੀ/ਪਰਿਥਵੀ [pərɪthvi] *n.f.* the earth, land, ground; world
ਪ੍ਰੀਚੇ/ਪਰੀਚੇ [pərice] *n.m.* same as ਪਰੀਚੇ
ਪ੍ਰੀਤ/ਪਰੀਤ [pərit] *n.f.* love, attachment, amour, fondness, romance, tenderness, endearment; devotion, adoration
~ **ਕਾਵਿ** *n.m.* love poetry, romantic poetry
~ **ਪਾਉਣੀ** *con.v.* to love, fall in love (with), fall for, develop a feeling of love, have passionate affection or attachment
~ **ਭਾਵ**/~ **ਭਾਵਨਾ** *n.m./n.f.* sentiment of love, amorous feeling or desire
~ **ਭਿੰਨਾ** *adj.m.* saturated with ਪ੍ਰੀਤ, loving intensely
~ **ਰੀਤ** *n.f.* the ways or tradition of ਪ੍ਰੀਤ
ਪ੍ਰੀਤਮ/ਪਰੀਤਮ [pəritəm] *n.m.* beloved; lover; *lit. adj.* most dear
ਪ੍ਰੀਤੀ/ਪਰੀਤੀ [pəriti] *n.f.* same as ਪ੍ਰੀਤ
~ **ਭੋਜਨ** *n.m.* same as ਭੋਜ, feast
ਪ੍ਰੀਮੀਅਮ/ਪਰੀਮੀਅਮ [pərimiəm] *n.m.* premium
ਪ੍ਰੂਫ਼/ਪਰੂਫ਼ [pəruf] *n.m.* proof
ਪ੍ਰੇਖਕ/ਪਰੇਖਕ [pərekhək] *n.m.* observer
ਪ੍ਰੇਖਣ/ਪਰੇਖਣ [pərekhəṇ] *n.m.* seeing, viewing, observation
ਪ੍ਰੇਤ/ਪਰੇਤ [pəret] *n.m.* spirit of the dead, evil spirit, fiend, ghost, spectre, demon, spook, goblin
~ **ਆਤਮਾ** *n.f.* wandering soul or spirit
~ **ਪੂਜਾ** *n.f.* demonolatry
~ **ਵਰਨਨ** *n.m.* demonography
~ **ਵਿੱਦਿਆ** *n.f.* demonology, demonism
ਪ੍ਰੇਮ/ਪਰੇਮ [pərem] *n.m.* same as ਪ੍ਰੀਤ; intimate, deep friendship; fancy
~ **ਕਹਾਣੀ**/~ **ਕਥਾ** *n.f.* love story, romantic tale, romance
~ **ਕਰਨਾ** *con.v.* to love, express affection, caress, fondle
~ **ਕੁੱਠਾ** *adj.m.* lovesick, lovelorn
~ **ਜਾਲ** *n.m.* love snare
~ **ਪੱਤਰ** *n,m.* love letter, billet-doux
~ **ਪਿਆਲਾ** *n.m.* drink sipped by friends from the same bowl or tumbler; lovely peg
~ **ਬਾਣ** *n.m.* Cupid's arrow or barb
~ **ਭਗਤੀ** *n.f.* same as ਪ੍ਰੇਮਾ-ਭਗਤੀ
~ **ਭਾਵ**/~ **ਭਾਵਨਾ** *n.m./n.f.* same as ਪ੍ਰੀਤ ਭਾਵ or ਭਾਵਨਾ
~ **ਭਿੰਨਾ** *adj.m.* same as ਪ੍ਰੀਤ ਭਿੰਨਾ
~ **ਮਾਰਗ** *n.m. lit.* path or love; same as ਪ੍ਰੇਮਾ ਭਗਤੀ
~ **ਰਸ** *n.m.* ecstasy of love
ਪ੍ਰੇਮਣ/ਪਰੇਮਣ [pəreməṇ] *adj. & n.f.* same as ਪ੍ਰੇਮਿਕਾ; devoted, devotee
ਪ੍ਰੇਮਾ ਭਗਤੀ/ਪਰੇਮਾ ਭਗਤੀ [pərema pə̀gti] *n.f.* devotional worship, the cult or path of loving with self-surrender and deep attachment to the deity
ਪ੍ਰੇਮਿਕਾ/ਪਰੇਮਿਕਾ [pəremɪka] *n.f.* beloved, sweetheart
ਪ੍ਰੇਮੀ/ਪਰੇਮੀ [pəremi] *n.m.* lover, devotee, *adj. & m.* devoted
ਪ੍ਰੇਰਕ/ਪਰੇਰਕ [pərerək] *adj. & n.m.* prompter, motivator, instigator, abetter, inspirer
ਪ੍ਰੇਰਨਾ/ਪਰੇਰਨਾ [pərerna] *n.f.* prompting, motive, motivation, stimulus, inspiration; instigation, abetment; *v.t.* to prompt, motivate, encourage, stimulate, inspire; to instigate, abet
ਪ੍ਰੇਰਿਤ/ਪਰੇਰਿਤ [pərerɪt] *adj.* promoted, motivated, inspired, encouraged, attracted; instigated, incited
~ **ਕਰਨਾ** *con.v.* same as ਪ੍ਰੇਰਨਾ, to attract
ਪ੍ਰੈੱਸ/ਪਰੈੱਸ [pərɛss] *n.m.* press, printing press, iron (for pressing/smoothing clothes)
~ **ਕਰਨਾ** *con.v.* to iron (clothes); to press, apply pressure, pressurise
ਪ੍ਰੈਕਟਿਸ/ਪਰੈਕਟਿਸ [pərɛkṭɪs] *n.f.* practice
~ **ਕਰਨਾ** *con.v.* to practise
ਪ੍ਰੈਕਟਿਸ਼ਨਰ/ਪਰੈਕਟਿਸ਼ਨਰ [pərɛkṭɪṣnər] *n.m.* practitioner
ਪ੍ਰੈਕਟੀਕਲ/ਪਰੈਕਟੀਕਲ [pərɛkṭikəl] *adj.* practical
ਪ੍ਰੈਜ਼ੀਡੈਂਸੀ/ਪਰੈਜ਼ੀਡੈਂਸੀ [pərɛziḍẽsi] *n.f.* presidency
ਪ੍ਰੈਜ਼ੀਡੈਂਟ/ਪਰੈਜ਼ੀਡੈਂਟ [pərɛziḍẽṭ] *n.m.* president

ਪ੍ਰੋਗ੍ਰਾਮ/ਪਰੋਗਰਾਮ [pərogəram] *n.m.* programme

ਪ੍ਰੋਟੀਨ/ਪਰੋਟੀਨ [pərotin] *n.m.* protein

ਪ੍ਰੋਟੈਸਟ/ਪਰੋਟੈਸਟ [pərotɛst] *n.m.* protest

ਪ੍ਰੋਡਕਸ਼ਨ/ਪਰੋਡਕਸ਼ਨ [pərodəkṣən] *n.f.* production

ਪ੍ਰੋਡਿਊਸਰ/ਪਰੋਡਿਊਸਰ [pərodıusər] *n.m.* producer

ਪ੍ਰੋਨੋਟ/ਪਰੋਨੋਟ [pəronot] *n.m.* promissory note

ਪ੍ਰੋਪ੍ਰਾਈਟਰ/ਪਰੋਪਰਾਈਟਰ [pəropəraitər] *n.m.* proprietor

ਪ੍ਰੋਫ਼ੈਸਰ/ਪਰੋਫ਼ੈਸਰ [pərofɛssər] *n.m.* professor

ਪ੍ਰੋਫ਼ੈਸਰੀ/ਪਰੋਫ਼ੈਸਰੀ [pərofɛssəri] *n.f.* professorship

ਪ੍ਰੋਲ਼ਤਾਰੀ [pəroḷtari] *n.f.* same as ਪਰੋਲ਼ਤਾਰੀ

ਪ੍ਰੋੜ੍ਹਤਾ/ਪਰੋੜ੍ਹਤਾ [pərórta] *n.f.* confirmation, affirmation, ratification; assertion, asseveration, averment

~ ਕਰਨੀ *con.v.* to confirm, affirm, ratify; assert, asseverate, aver

ਪ੍ਰੌੜ੍ਹ/ਪਰੌੜ੍ਹ [pərɔ́ṛ] *adj.* adult, full-grown, strong, bold, firm

ਪ੍ਰੌੜ੍ਹਤਾ/ਪਰੌੜ੍ਹਤਾ [pərɔ́ṛta] *n.f.* adultness, adulthood, maturity, majority; strength, firmness

ਪਾ[1] [pa] *v.form* imperative of ਪਾਉਣਾ (for second person singular) put; pour

ਪਾ[2] *n.m. & adj.* a quarter of any basic unit of weight or measure, also ਪਾਉ, ਪਾਅ

ਪਾਂ [pã] *n.f.* scabies, scab, herpes, pus

~ ਪੈਣੀ *con.v.* to suffer from ਪਾਂ; to suppurate

ਪਾਉਣਾ [pauṇa] *v.t.* see ਪ੍ਰਾਪਤ ਕਰਨਾ; to put in, add, mix, pour; to drop or post (letters); to pay (reciprocal contribution - see under ਨਿਓਂਦਾ); to construct (building/house), have (own house) built; to put on (clothes/ornaments); to make (noise)

ਪਾਊਡਰ [pauḍər] *n.m.* powder (cosmetics)

ਪਾਇਆ [paıa] *n.m.* see ਪਾਵਾ

ਪਾਇਆਂ [paıã] *n.f.* ability, capability, strength, durability; standing or status (derogatory)

ਪਾਇਮਾਲ [paımal] *adj.* destroyed, badly damaged, ravaged, devastated; *lit.* trodden or crushed under feet

~ ਕਰਨਾ *con.v.* to destroy, damage, ravage, devastate, crush

ਪਾਇਲ [paıl] *n.f.* same as ਪੰਜੇਬ

ਪਾਈ [pai] *n.f.* pie (an Indian coin now obsolete), 1/192th of a rupee; pie (a dish); a measure of grain by volume, roughly eight kilograms in weight (now obsolete)

ਪਾਈਆ [paia] *n.m.* same as ਪਾ[2]

ਪਾਈਪ [paip] *n.f.* pipe

ਪਾਈਲਾਟ [pailaṭ] *n.m.* pilot

ਪਾਏਦਾਨ [paedan] *n.m.* footboard, footrest, doormat

ਪਾਏਦਾਰ [paedar] *adj.* durable, lasting, strong

ਪਾਏਦਾਰੀ [paedari] *n.f.* durability strength, firmness, lastingness

ਪਾਸ[1] [pas] *n.m.* pass, permit, signal to allow overtaking; respect, regard

~ ਹੋਣਾ *v.i.* to have respect (for)

~ ਕਰਨਾ *con.v.* to overtake, pass, pass through

~ ਦੇਣਾ *con.v.* to give signal to allow overtaking

ਪਾਸ[2] *adj.* passed (in examination); overturned, turned on a side (for vehicles)

~ ਹੋਣਾ *con.v.* to pass, be successful

~ ਕਰਨਾ *con.v.* to pass (test, examination)

~ ਪੈਣਾ *con.v.* to be overturned

ਪਾਸ[3] *adv.* same as ਕੋਲ਼, near

ਪਾਸਕੂ [pasku] *n.m.* counterpoise, counterweight, counterbalance; stealthily created imbalance in scale; a small quantity

ਪਾਸ਼-ਪਾਸ਼ [paṣ-paṣ] *adj.* broken into pieces, shattered, reduced to smithereens

~ ਕਰਨਾ *con.v.* to break into pieces

ਪਾਸਪੋਰਟ [pasporṭ] *n.m.* passport

ਪਾਸਬਾਨ [pasban] *adj. & n.m.* same as ਰਖਵਾਲਾ

ਪਾਸਬਾਨੀ [pasbani] *n.f.* same as ਰਖਵਾਲੀ

ਪਾਸਵਲ਼ੀ [pasvəḷi] *n.f.* rafter placed alongside a wall
ਪਾਸ਼ਵਿਕ [paṣvɪk] *adj.* bestial, beastly, inhuman
ਪਾਸਾ¹ [passa] *n.m.* side, flank; direction; same as ਪਾਸ਼ਾ; dice; slab of pure gold
~ **ਸੁੱਟਣਾ** *con.v.* to throw or cast die or dice
~ **ਪਰਤਣਾ** *con.v.* to change side, roll over to one's side (as while sleeping), turn over, turn upside down
~ **ਮਾਰਨਾ** *con.v.* to push with one's side, jostle, shove; to shift
~ **ਮਾਰਿਆ ਜਾਣਾ** *ph.* to suffer a severe attack of paralysis
~ **ਲੈਣਾ** *con.v.* same as ਪਾਸਾ ਪਰਤਣਾ
ਪਾਸ਼ਾ [paṣa] *n.m.* dice, game of dice
ਪਾਸਿਓਂ [pasɪõ] *adv.* from a side; also ਪਾਸੇ ਤੋਂ
ਪਾਸੇ [passe] *n.m. pl.* of ਪਾਸਾ; *adv.* aside, on the side of, in the direction of
~ **ਸੇਕਣੇ** *ph.* to beat severely
~ **ਪਰਨੇ** *adv.* sideways, laterally
~ **ਮਾਰਨਾ** *con.v.* to turn from side to side, toss and turn; *v.t.* to shove, jostle
ਪਾਸੋਂ [passõ] *p.p.* from; *conj.* than
ਪਾਹ/ਪਾਹਣ [pá/páṇ] *n.f.* mordant; rinse before dyeing *usu.* in solution of alum
~ **ਚੜ੍ਹਨੀ** *ph.* to be well-dyed
~ **ਚੜ੍ਹਾਉਣੀ** *ph.* to rinse in mordant; *fig.* to temper, influence
ਪਾਹਨ [pán] *n.m.* same as ਪੱਥਰ
ਪਾਹਰਿਆ ਪਾਹਰਿਆ [párɪa párɪa] *n.f.* same as ਹਾਲ ਹਾਲ
ਪਾਹਰੂ [páru] *n.m.* same as ਪਹਿਰੇਦਾਰ
ਪਾਹੀ [pahi/pái] *n.m. colloq.* see ਪਾਂਧੀ, traveller; *dia.* see ਗੁਜਾਰਾ, tenant; dyer; *cf.* ਪਾਹ
ਪਾਹੁਲ [páʊl] *n.f.* same as ਪਹੁਲ਼
ਪਾਕ¹ [pak] *n.f.* pus, suppuration, purulent matter
~ **ਪੈਣੀ** *con.v.* for pus to form, fester, suppurate
ਪਾਕ² *adj.* sacred, holy; pure, clean, virtuous; devoid of, lacking, without
~ **ਸਾਫ਼** *adj.* clean, unpolluted, undefiled; honest, innocent
~ **ਦਾਮਨ** *adj.* chaste, virtuous, unblemished (*usu.* for women)
~ **ਦਿਲ** *adj.* pure at heart, pure hearted, pious, virtuous
~ **ਪਵਿੱਤਰ** *adj.* same as ਪਵਿੱਤਰ, holy
ਪਾਕਟ [pakəṭ] *n.f.* pocket
ਪਾਕਟਮਾਰ [pakəṭmar] *adj. & n.m.* pickpocket
ਪਾਕਵਾਂ [pakvã] *adj.m.* ripening; septic, suppurating
ਪਾਕਾ [pakka] *n.m.* suppurating rashes or boils; septicemia, pyaemia
ਪਾਕੀ [paki] *n.f.* pubic or genital hair; removal of the same
~ **ਕਰਨਾ** *con.v.* to shave or remove pubic hair
ਪਾਕੀਜ਼ਗੀ [pakizəgi] *n.f.* piety, piousness, purity, cleanness, chastity, sacredness, virtue, virtuous conduct
ਪਾਕੀਜ਼ਾ [pakiza] *adj.* same as ਪਾਕ², pious, chaste
ਪਾਖੰਡ [pakhə̃ḍ] *n.m.* same as ਪਖੰਡ
ਪਾਖਰ [pakhər] *n.m.* saddlery; same as ਪੈਂਖੜ
ਪਾਖਾਨਾ [pakhana] *n.m.* same as ਟੱਟੀ
ਪਾਗਲ [pagəl] *adj. & n.m.* insane, mad, lunatic, maniac, phrenetic, demented; crazy, daft, berserk, mentally deranged
~ **ਹੋ ਜਾਣਾ** *ph.* to go mad, lose one's head, be off one's head, become ਪਾਗਲ
ਪਾਗਲਖਾਨਾ [pagəlkhana] *n.m.* lunatic asylum, mental hospital, madhouse
ਪਾਗਲਪਣ [pagəlpəṇ] *n.m.* insanity, lunacy, madness, mental derangement, craziness, craze, mania
ਪਾਚਕ [pacək] *adj.* digestive; *n.m.* digestive medicine
ਪਾਚਨ [pacən] *n.m.* digestion, assimilation
~ **ਸ਼ਕਤੀ** *n.f.* power of digestion
~ **ਕਿਰਿਆ/~ ਪ੍ਰਬੰਧ/~ ਪ੍ਰਨਾਲ਼ੀ** *n.f./n.m./n.f.* digestive system
ਪਾਛਾ [pacha] *n.m.* phebolomist, bloodletter; person trained in making slight cuts in poppy-pod in order to extract

opium; toddy-tapper; *cf.* ਪੱਛ

ਪਾਜ [paj] *n.m.* hypocrisy, pretension, falsehood, outward show; false gilding or plating; meanness, baseness, pettiness; foolishness; same as ਊਜ, blame

ਪਾਂਜਾ [pãja] *n.m.* the figure 5

ਪਾਜੀ [paji] *adj.* hypocrite, mean, base; foolish

ਪਾਜੀਪਣ/ਪਾਜੀਪੁਣਾ [pajipəṇ/ pajipuṇa] *n.m.* same as ਪਾਜ

ਪਾਜ਼ੇਬ [pazeb] *n.f.* same as ਪੰਜੇਬ

ਪਾਟ [paṭ] *n.m.* breadth, width (as of cloth or river), gap, hiatus

ਪਾਟਕ [paṭək] *n.f.* rift, discord, disunion, breach, cleavage; dichotomy

~ ਪੈਣਾ *ph.* for rift to occur or be created

ਪਾਟਣਾ [paṭəṇa] *v.i.* to be torn or rent; to burst, break, cleave, split, crack, develop cracks; to disunite, separate; (for path, road) to branch off, diverge, bifurcate

ਪਾਟਾ [paṭṭa] *v.f. & adj.m.* torn, rent, split

~ ਪੁਰਾਣਾ *adj.m.* worn-out, old (garment) *n.m.* rag, tatters

ਪਾਟੇ ਖਾਂ [paṭe khã] *n.m. slang.* braggart, boastful, proud person, fop

ਪਾਠ [paṭh] *n.m.* reading, recital; lesson, chapter, reading or recital of sacred text, prayer

~ ਕ੍ਰਮ *n.m.* syllabus

~ ਪੁਸਤਕ *n.f.* textbook

~ ਪੂਜਾ *n.f.* prayer, worship, routine prayers and rituals

~ ਭੇਦ *n.m.* difference/variation in text of manuscript or versions; also ਪਾਠਾਂਤਰ

ਪਾਠਸ਼ਾਲਾ [paṭhṣala] *n.f.* school, seminary

ਪਾਠਕ [paṭhək] *n.m.* student, scholar

ਪਾਠੀ [paṭhi] *n.m.* reader, reciter of sacred texts; person employed to reap fodder, reaper

ਪਾਡਾ [paḍa] *adj.m.* boastful, bragging; hard, hard even when ripe (as the first fruit of certain vegetable plants)

ਪਾਂਡਾ [pãḍa] *n.m.* same as ਪੰਡਾ, ਪੰਡਤ

ਪਾਡੀ [paḍi] *n.f.* boast; *adj.f.* same as ਪਾਡਾ

ਪਾਡੀਆਂ ਮਾਰਨਾ *ph.* to boast, brag

ਪਾਂਡੀ [pãḍi] *n.m.* same as ਪੱਲੇਦਾਰ

ਪਾਂਡੂ [pãḍu] *n.m.* pale-white clay; hard layer of earth

~ ਫੇਰਨਾ *con.v.* to whitewash with ਪਾਂਡੂ solution

~ ਰੋਗ *n.m.* same as ਪੀਲੀਆ

ਪਾਂਡੂ ਲਿਪੀ [pãḍu lɪpi] *n.f.* manuscript, original draft or writing

ਪਾਣ¹ [paṇ] *n.f.* temper, tempering, toughening; same as ਪਾਹਣ

~ ਚੜ੍ਹਾਉਣੀ/~ ਚਾੜ੍ਹਨੀ *con.v.* to temper, toughen; to colour, influence

ਪਾਣ² *n.m.* same as ਪਾਨ

ਪਾਣੀ [paṇi] *n.m.* water, aqua; liquid; watery substance, drivel, drool; juice, extract; whey; polish, lustre, plating; climatic influence, climate

~ ਹਾਰ *n.m.* water-carrier, servant; *adj.* equal, match

~ ਚੜ੍ਹਾਉਣਾ *ph.* to plate, nickle, gild

~ ਦੀਆਂ ਖੇਡਾਂ *ph.* aquatics, aquatic sports

~ ਦੇਣਾ *con.v.* to give/serve ਪਾਣੀ; to water, irrigate

~ ਧਾਣੀ *n.m.* refreshments

~ ਨਿਕਲ਼ਨਾ *con.v.* for water to leak, ooze; *fig.* to sweat profusely

~ ਪਾਣੀ ਹੋਣਾ *ph.* to be inundated, flooded; *fig.* to feel ashamed, suffer humiliation or disgrace

~ ਫੇਰਨਾ *ph.* to irrigate, flood, inundate; *fig.* to scuttle, destroy (hope, plan, expectation)

~ ਮਾਰ *n.f.* flood damage, damage by excessive rains

~ ਰਿੜਕਣਾ *ph.* to make futile effort, plough the sands

~ ਲਾਗ *n.f.* ill effect of water or climate, insalubrity

~ ਵਾਰਨਾ *ph.* to perform ritual of welcoming someone, *esp.* a newly wed couple by groom's mother

~ ਵਿਚ ਮਧਾਣੀ *ph.* futile effort, useless argumentation

ਪਾਤਸ਼ਾਹ [patṣá] *n.m.* king, emperor, monarch, sovereign

ਪਾਤਸ਼ਾਹੀ [patṣái] *n.f.* kingship, kingdom,

dominion, empire, rule, government; *adj.* kingly, imperial, regal, royal

ਪਾਤਕ [patək] *n.m.* sin, misdeed; impurity or pollution associated by caste Hindus with death in a house

ਪਾਤਣੀ [patəṇi] *n.m.* ferryman, boatman

ਪਾਤਰ¹ [pattər] *n.m.* actor, character, dramatis persona (*pl.* personae); vessel, receptacle

~ **ਉਸਾਰੀ** *n.f.* characterisation

ਪਾਤਰ² *adj.* worth, fit, deserving

ਪਾਤਰਤਾ [pattərta] *n.f.* worthiness, merit, desert

ਪਾਤਲ [patəl] *n.f.* fine saw used for making combs

ਪਾਥੀ [patthi] *n.f.* cow-dung cake, dung cake

ਪਾਂਦ [pãd] *n.f.* same as ਪੈਂਦ; upper portion of the stalks of certain juicy plants such as sugarcane

ਪਾਦਸ਼ਾਹ [padṣá] *n.m.* same as ਪਾਤਸ਼ਾਹ

ਪਾਦਰੀ [padəri] *n.f.* padre, Christian priest or preacher, clergyman, parson, pastor

ਪਾਂਦਲ [pãdəl] *adj.* pertaining to ਪਾਂਦ

ਪਾਂਧਾ [pā̀da] *n.m.* Brahmin priest or teacher; astrologer

~ **ਨਾ ਪੁੱਛਣਾ** *ph. slang.* to act immediately

ਪਾਂਧੀ [pā̀di] *n.m.* traveller

ਪਾਨ [pan] *n.m.* betel, betel-leaf *usu.* folded with catechu, lime paste and areca pieces inside it; drink, soft drink; hearts (in cards)

~ **ਕਰਨਾ** *con.v.* to drink

ਪਾਨਦਾਨ [pandan] *n.m.* container or casket for keeping folded betel leaves or their ingredients

ਪਾਨਵਾਈ [panvai] *n.m.* seller of ਪਾਨ

ਪਾਨਵਾੜੀ/ਪਾਨਾਂਵਾੜੀ [panvaṛi/panavaṛi] *n.f.* betel field/garden or plantation

ਪਾਨਾ [panna] *n.m. colloq.* spanner

ਪਾਪ [pap] *n.m.* sin, evil, vice, impiety, peccadillo, peccancy, immorality, immoral crime, offence or act

~ **ਕਰਨਾ** *con.v.* to commit sin, sin

ਪਾਪਰੀ [papəri] *n.f.* shrub of whose wood combs are made; *Phodo phyllum emodi*

ਪਾਪਲੀਨ [paplin] *n.f.* poplin

ਪਾਪੜ [papəṛ] *n.m.* thin/crisp/salted/spiced cake made from lentils/rice/sago/potatos, etc.

~ **ਵੇਲ਼ਣਾ** *ph.* to roll ਪਾਪੜ; *slang.* to successively pursue different occupations or professions without much profit

ਪਾਪੜੀ [papəṛi] *n.m.* same as ਪਪੜੀ

ਪਾਪਾ [pappa] *n.m.* papa, father; leaf; *slang.* bank note, currency note (of high value)

ਪਾਪੀ [pappi] *adj.* sinner, evildoer, peccant; *fem.* ਪਾਪਣ

ਪਾਬੰਦ [pabə̃d] *adj.* bound, committed; regular, punctual (*lit.* with feet fettered)

ਪਾਬੰਦੀ [pabə̃di] *n.f.* boundness, commitment, obligation; regularity, punctuality; restriction, curb, ban

ਪਾਮਰ [pamər] *adj.* mean, base, low, wicked, vile

ਪਾਮਾਲ [pamal] *adj.* trampled; ravaged, destroyed, ruined, devastated, laid waste; (*lit.* crushed under feet); also ਪਾਇਮਾਲ

~ **ਕਰਨਾ** *con.v.* to damage, destroy, trample, ruin, devastate, crush, lay waste, ravage

ਪਾਰ [par] *n.m.* the opposite bank, far side; limit, bound; *adv.* across, over, beyond, on the far side

~ **ਉਤਾਰਾ** *n.m.* salvation, liberation; success

~ **ਕਰਨਾ** *con.v.* to cross, take across, *fig.* to kill

~ **ਕਰਨ ਯੋਗ** *ph.* passable, fordable

~ **ਪਾਉਣਾ** *ph.* to know the farthest limits of, have complete knowledge of

~ **ਬੁਲਾਉਣਾ** *ph. lit.* to call to the other side; *fig.* to kill

ਪਾਰਸ [parəs] *n.m.* philosopher's stone

ਪਾਰਸਲ [parsəl] *n.m.* parcel

ਪਾਰਸਾ [parsa] *adj.* pious, holy, saintly

ਪਾਰਸਾਈ [parsai] *n.f.* piety, holiness, saintliness

ਪਾਰਸੀ [parsi] *adj. & n.m.* Parsee, Indian Zoroastrian

ਪਾਰਕ [park] *n.m.* park

ਪਾਰਖੂ [parkhu] *adj. & n.m.* connoisseur, assayer, expert, judge, critic, examiner; *cf.* ਪਰਖ

ਪਾਰਟ [parṭ] *n.m.* part

ਪਾਰਟਨਰ [parṭnər] *n.m.* partner

ਪਾਰਟੀ [parṭi] *n.f.* party, reception, at home, tea or dinner party; political party, faction

~ **ਦੇਣੀ** *con.v.* to throw or give ਪਾਰਟੀ

ਪਾਰਟੀਸ਼ਨ [parṭiṣən] *n.f.* partition; partitioning wall

ਪਾਰਟੀਬਾਜ਼ [parṭibaz] *adj.* partisan, factious, dissentious, cliquish

ਪਾਰਟੀਬਾਜ਼ੀ [parṭibazi] *n.f.* cliquishness, partisanship, factionalism

ਪਾਰਦਰਸ਼ਕ [pardərṣək] *adj.* transparent, diaphanous, pellucid, clear

ਪਾਰਦਰਸ਼ਕਤਾ/ਪਾਰਦਰਸ਼ਤਾ [pardərṣəkta/ pardərṣta] *n.f.* transparence, transparency, transparentness, diaphanousness, diaphanity, pellucidness, clearness; same as ਦੂਰਅੰਦੇਸ਼ੀ, farsightedness

ਪਾਰਦਰਸ਼ੀ [pardərṣi] *adj.* same as ਪਾਰਦਰਸ਼ਕ

ਪਾਰਬ੍ਰਹਮ [parbərə́m] *n.m.* God, the Transcendent One

ਪਾਰਲਾ [parla] *adj.m.* of or on the other/ far or opposite bank or side

ਪਾਰਲੀਮਾਨ/ਪਾਰਲੀਮੈਂਟ [parliman/ parlimẽṭ] *n.f.* parliament

ਪਾਰਲੀਮਾਨੀ/ਪਾਰਲੀਮੈਂਟਰੀ [parlimani/ parlimẽṭəri] *adj.* parliamentary

ਪਾਰਾ [para] *n.m.* mercury, quicksilver, hydrargyrum

~ **ਚੜ੍ਹ ਜਾਣਾ** *ph.* to become hot, for mercury to rise; *fig.* to become angry, lose temper

ਪਾਰਾਵਾਰ [paravar] *n.m.* farthest limits, expanse, complete knowledge, extent or vastness

ਪਾਰੀ [pari] *n.f.* turn, inning; embrace, hug, kiss

ਪਾਲ [pal] *n.f.* same as ਪਾਲ਼; *suff.* meaning sustainer, protector (as in ਦੁਆਰਪਾਲ); *v.form* imperative of ਪਾਲਣਾ, rear

ਪਾਲ਼ [paḷ] *n.f.* line, row, column, file, queue

ਪਾਲ਼ੋ ~ *adv.* in a row, in rows

ਪਾਲਕ[1] [palək] *adj.* nourisher, sustainer, protector

ਪਾਲਕ[2] *n.f.* spinach; *Spinacia oleracea*

ਪਾਲਕੀ [palki] *n.f.* palanquin, sedan chair, kiosk-like seat for holy scripture

ਪਾਲਣ [paləṇ] *n.m.* nourishing, bringing up, upbringing, fostering, rearing, tending; cherishing, nurture; observing, obeying, carrying out

~ **ਕਰਨਾ** *con.v.* same as ਪਾਲ਼ਨਾ

~ **ਪੋਸਣ** *n.m.* same as ਪਾਲਣ

ਪਾਲਣਹਾਰ [paləṇhar] *adj. & n.m.* nourisher, breeder, nurturer, sustainer, protector, God

ਪਾਲਣਾ[1] [paləṇa] *v.t.* same as ਪਾਲ਼ਨਾ

ਪਾਲਣਾ[2] *n.m.* cradle

ਪਾਲ਼ਤੂ [paḷtu] *adj.* domesticated, pet, tamed, tame

ਪਾਲ਼ਨਾ [paḷna] *v.t.* to nourish, nurture, bring up, foster; breed, rear, tend; domesticate, tame; to observe, obey, carry out (order/promise/commitment); *n.f.* same as ਪਾਲਣ

ਪਾਲ਼ਾ [paḷa] *n.m.* cold, coldness, chill; frost; *fig.* fear caused by or on account of own actions

~ **ਹੋਣਾ**/~ **ਲੱਗਣਾ** *con.v.* to be cold; feel cold; *fig.* to be afraid or apprehensive of the possible consequences of own actions, sense of guiltiness, guilt-consciousness

~ **ਪੈਣਾ** *con.v.* for weather to become cold, for frost to be formed

ਪਾ ਲਾ ਕੇ [pa la ke] *adv.* after all, ultimately, considering everything, all said and done

ਪਾਲਿਸ਼ [palıṣ] *n.f.* polish

~ **ਕਰਨਾ** *con.v.* to polish

ਪਾਲਿਸੀ [palısi] *n.f.* policy

ਪਾਲਿਸੀਬਾਜ਼ [palısibaz] *adj.* clever, smart, ingenious, prudent

ਪਾਲਿਟਿਕਸ [palıṭıks] *n.f.* politics

ਪਾਲਿਟਿਸ਼ਨ [palıṭısən] *n.m.* politician
ਪਾਲੀ [pali] *n.f.* an ancient Indian language, Pali
ਪਾਲ਼ੀ [paḷi] *n.m.* cowherd, shepherd; grazer; also ਪਾਲਣਹਾਰ
ਪਾਲ਼ੇਮਾਰ [paḷemar] *n.f.* damage to crop caused by frost
ਪਾਵਨ [pavən] *adj.* same as ਪਵਿੱਤਰ; (one) who makes ਪਵਿੱਤਰ, purifier, consecrator, holy, redeemer; *cf.* ਪਤਿਤਪਾਵਨ
ਪਾਵਨਤਾ [pavənta] *n.f.* holiness, sacredness, strength, vitality
ਪਾਵਰ [pavər] *n.f.* power; electric power, electricity
ਪਾਵਲੀ [pavəli] *n.m. dia.* weaver
ਪਾਵਾ [pava] *n.m.* leg of a piece of furniture
ਪਾੜ [paṛ] *n.m.* breach, gap, opening, hole, fissure; split, charm, hiatus, rent, cut, gash, slash; same as ਸੰਨ੍ਹ
ਪਾੜਛਾ [paṛcha] *n.m.* same as ਪਨਾਲਾ; metallic channel of a Persian wheel
ਪਾੜਨਾ [paṛna] *v.t.* to tear, rip, rend, split; pull apart, separate; to cause a rift or breach, divide, part, cleave; to gash, slash
ਪਾੜ੍ਹਾ [páṛa] *n.m.* a species of brown/spotted deer; student, scholar, learner
ਪਾੜ੍ਹੂ [páṛu] *adj.* studious; *n.m.* same as *prec.,* student
ਪਾੜਾ [paṛa] *n.m.* gap, difference, distance; undug gap between two furrows
ਪਾੜੋ ਤੇ ਰਾਜ ਕਰੋ [paṛo te raj kəro] *ph.* (of policy) divide and rule, *divide et impera*
ਪਿਓ [pıo] *n.m.* father, sire, male parent
~ **ਦਾਦੇ** *n.m. pl.* forefathers, ancestors, progenitors
~ **ਮਾਰ** *n.f.* patricide, parricide
ਪਿਓ ਕਾ [pıo ka] *n.m. dia.* same as ਪੇਕਾ
ਪਿਓਂਦ [pıõd] *n.f.* graft, grafting
~ **ਲਾਉਣੀ** *con.v.* to graft
ਪਿਆ[1] [pıa] *adj.* lying, lying down; *informal.* sleeping; *v.form* past tense singular of ਪੈਣਾ, lay
ਪਿਆ[2] *v.form* imperative of ਪਿਆਉਣਾ

ਪਿਆਉਣਾ [pıauṇa] *v.t.* to serve (water or other liquid); to water, irrigate (field, crop); to get or cause one to drink, serve drinks
ਪਿਆਓ [pıao] *n.m.* stall for serving water free to the needy
ਪਿਆਸ [pıas] *n.f.* thirst; *fig.* craving, yearning, strong or eager desire
~ **ਬੁਝਾਉਣੀ** *con.v.* to quench thirst
~ **ਲੱਗਣੀ** *con.v.* to feel thirsty
ਪਿਆਸਾ [pıassa] *adj.m.* thirsty
ਪਿਆਕ/ਪਿਆਕੜ [pıak/pıakəḷ] *adj.* drinker, fond of drinks, drunkard
ਪਿਆਜ [pıaj] *n.m.* onion, *Allium cepa*
~ **ਦੀ ਚਟਣੀ** *n.f.* soubise, soubise sauce
ਪਿਆਜੀ[1] [pıaji] *adj.* of the colour of onion, light pinkish red
ਪਿਆਜੀ[2] *n.f.* see ਙੁਗਾਟ
ਪਿਆਦਾ [pıadda] *n.m.* foot soldier, footman, court messenger or attendant; (in chess) pawn
~ **ਫ਼ੌਜ** *n.f.* infantry, unmounted troops
ਪਿਆਨੋ [pıanno] *n.m.* piano
ਪਿਆਮ [pıam] *n.m.* same as ਪੈਗ਼ਾਮ, message
ਪਿਆਰ [pıar] *n.m.* same as ਪ੍ਰੀਤ, ਪ੍ਰੇਮ; expression of affection for younger relation or children by passing open palm over their heads often accompanied by a cash present
~ **ਕਰਨਾ** *con.v.* same as ਪ੍ਰੇਮ ਕਰਨਾ
~ **ਦੇਣਾ** *con.v.* to express ਪਿਆਰ as above
~ **ਮੁਹੱਬਤ** *n.f.* same as ਪ੍ਰੇਮ
~ **ਵਿਗੁੱਤਾ** *adj.* same as ਪ੍ਰੇਮ ਕੁੱਠਾ, unloved
ਪਿਆਰਨਾ [pıarna] *v.t.* same as ਪਿਆਰ ਕਰਨਾ
ਪਿਆਰਾ [pıara] *adj.m.* dear, sweetheart beloved, apple of one's eye, loveable, fancied, pleasing, attractive, desirable; beautiful; *n.m.* lover, paramour; dear one
ਪਿਆਲ਼ਨਾ [pıaḷna] *v.t.* same as ਪਿਆਉਣਾ
ਪਿਆਲਾ [pıalla] *n.m.* cup, mug, bowl
ਪਿਆਲੀ [pıalli] *n.f.*small ਪਿਆਲਾ, tea or coffee cup
ਪਿਸਟਨ [pısṭən] *n.m.* piston
ਪਿਸਟਲ [pısṭəl] *n.m.* same as ਪਸਤੌਲ

ਪਿਸਣਾ [pɪsəṇa] *v.i.* to be ground, crushed, pulverised, powdered; *fig.* to be pressed, trampled, persecuted, oppressed, downtrodden

ਪਿਸਤਾ[1] [pɪsta] *n.m.* pistachio, *Pistacia vera*

ਪਿਸਤਾ[2] *adj.* small and smart (*usu.* dog)

~ **ਕੁੱਤਾ** *n.m.* lap dog; terrier

ਪਿਸਤਾਕੀ [pɪstaki] *adj.* light green, of the colour of ਪਿਸਤਾ

ਪਿਸਤਾਨ [pɪstan] *n.m.* breast, teat

ਪਿਸਤੌਲ [pɪstɔl] *n.m.* same as ਪਸਤੌਲ, pistol

ਪਿਸਵਾਉਣਾ/ਪਿਸਾਉਣਾ [pɪsvauṇa/pɪsauṇa] *v.t.* to have something ground, crushed, powdered

ਪਿਸਵਾਈ/ਪਿਸਾਈ [pɪsvai/pɪsai] *n.f.* wages for ਪਿਸਵਾਉਣਾ

ਪਿਸ਼ਾਚ [pɪṣac] *n.m.* demon, fiend, imp, evil spirit

~ **ਪੂਜਾ** *n.f.* demonolatry

ਪਿਸ਼ਾਚੀ [pɪṣaci] *adj.* demonaic, fiendish, impish; gigantic, huge; *n.f.* name of an ancient language

ਪਿਸ਼ਾਬ [pɪṣab] *n.m.* same as ਮੂਤ, urine

~ **ਸੰਬੰਧੀ** *adj.* urinary

~ **ਕਰਨਾ** *con.v.* to urinate; (for animals) to stale

~ **ਟੈਸਟ** *n.m.* uroscopy

~ **ਦੀ ਨਾਲ਼ੀ** *ph.* urinary canal/duct/passage

ਪਿਸ਼ਾਬਖ਼ਾਨਾ/ਪਿਸ਼ਾਬਘਰ [pɪṣabkhana/pɪṣabkər] *n.m.* urinal

ਪਿੱਸੂ [pɪssu] *n.m.* flea, *Siphonaptera*

~ **ਪੈ ਜਾਣੇ** *ph.* to be aflicted by fleas; *fig.* to be alarmed, afraid, apprehensive

ਪਿਹਾਉਣਾ [pɪhauṇa] *v.t.* same as ਪਿਸਾਉਣਾ

ਪਿਹਾਈ [pɪhai] *n.f.* same as ਪਿਸਾਈ

ਪਿਕਚਰ [pɪkcər] *n.f.* picture; movie, motion picture

ਪਿਕਟ [pɪkəṭ] *n.f.* picquet; picket

ਪਿਕਟਿੰਗ [pɪkṭig] *n.f.* picketing

ਪਿਕਨਿਕ [pɪknɪk] *n.f.* picnic

ਪਿੰਗਲ [pĩgəl] *n.m.* prosody, poetics

ਪਿੰਗਲਵਾੜਾ [pĩgəlvaṛa] *n.m.* house or asylum for the crippled and the disabled; leper asylum or home

ਪਿੰਗਲਾ[1] [pĩgəla] *adj.m.* cripple, disabled, physically handicapped; leper

ਪਿੰਗਲਾ[2] *n.f.* one of the three wind passages in the human body according to yoga; breathing through the right nostril

ਪਿਘਲ਼ਨਾ [pígəlna] *v.i.* see ਪੱਘਰਨਾ

ਪਿਘਲ਼ਾਉਣਾ [pɪglauṇa] *v.t.* see ਪਘਰਾਉਣਾ

ਪਿਚਕ [pɪcək] *n.f.* squeeze, compression, crush, constriction; marrow or pulp that comes out on squeezing or crushing

~ **ਨਿਕਲ਼ਨੀ** *con.v.* for ਪਿਚਕ to come out; to be squeezed, pressed tightly

ਪਿਚਕਣਾ [pɪcəkəṇa] *v.i.* to contract, shrink, shrivel, be constricted

ਪਿਚਕਾਉਣਾ [pɪckauṇa] *v.t.* to squeeze, compress, constrict, press, cause to shrink, shrivel, contract

ਪਿਚਕਾਰੀ [pɪckari] *n.f.* syringe, pump, squirt

ਪਿਚ ਪਿਚ [pɪc pɪc] *n.f.* same as ਚਿਪ ਚਿਪ

ਪਿੱਚਰ [pɪccər] *n.f.* same as ਚਿੱਪਰ

ਪਿੱਛ [pɪcch] *n.f.* rice-water, thickened milky water after rice has been boiled in it

ਪਿਛਕੜ [pɪchkəṛ] *n.m.* same as ਦੁਮਚੀ, crupper

ਪਿਛਲਖੁਰੀ [pɪchəlkhuri] *n.f.* same as ਡੈਣ, she-demon; *adv.* backward, right about

ਪਿਛਲੱਗ [pɪchləgg] *adj.* born of former husband and accompanying the mother on her remarriage; follower, henchman

ਪਿਛਲਪੈਰਾ [pɪchəlpɛra] *adj.m.* reactionary, backward looking, regressive, retrogressive

ਪਿਛਲਪੈਰੀ/ਪਿਛਲਪੈਰੀਂ [pɪchəlpɛri/pɪchəlpɛrĩ] *adv.* back at once, returning or retreating immediately

ਪਿਛਲਬੂਹਾ [pɪchəlbuha] *n.m.* back-door

ਪਿਛਲਰਾਤ [pɪchəlrat] *n.f.* later part of night, pre-dawn; also ਪਿਛਲੀਰਾਤ

ਪਿਛਲਾ [pɪchəla] *adj.m.* hind, hindmost, back, rear; posterior; latter, subsequent, former, past, previous

ਪਿਛਲੇ [pɪchle] *adj.m. pl.* of *prec.; n.m. pl.*

those left behind, surviving relations, descendants; parental folk of a married woman

ਪਿਛਲੇਰਾ [pɪchlera] *adj.m.* hinder, posterior, later, latter, subsequent (the one) next behind

ਪਿਛਵਾੜਾ [pɪchvaṛa] *n.m.* back, rear (of a house or building), back side or portion

ਪਿਛਵਾੜੇ [pɪchvaṛe] *adv.* at the back of, in the rear

ਪਿਛੜਲਾ [pɪchəṛla] *adj.m.* last, final, eventual

ਪਿੱਛਾ [pɪccha] *n.m.* back, rear, hinderpart, posterior, rump; support, supporter; pursuit; chase; antecedents, background, past, ancestral background, pedigree

~ **ਕਰਨਾ** *con.v.* to follow, pursue, chase *v.i.* to turn one's back (upon)

~ **ਛੱਡਣਾ** *con.v.* to stop following; to leave one alone

~ **ਛਡਾਉਣਾ** *ph.* to be or get rid of

ਪਿਛਾਂ/ਪਿਛਾਂਹ [pɪchã/pɪchã̃] *adv.* back, backward, behind, in the past; in the rear

~ **ਖਿੱਚੂ** *adj.* reactionary, regressive, retrograde, retrogressive

ਪਿਛਾੜੀ [pɪchaṛi] *adv.* same as ਪਿਛਾਂਹ; *n.f.* same as ਪਿੱਛਾ; heel-rope, rear tether; a kick with hind legs; same as ਦੁਲੱਤੀ

ਪਿੱਛੇ [pɪcche] *adv.* same as ਪਿਛਾਂਹ; in pursuit of

~ **ਤੋਂ** *adv.* from behind; with retrospective effect; ex post facto

~ **ਪੈ ਜਾਣਾ** *ph.* to harass, torment, tease, persecute

~ **ਰਹਿ ਜਾਣਾ**/~ **ਰਹਿਣਾ** *ph.* to be left behind, lag behind, straggle

~ **ਲੱਗਣਾ** *con.v.* to follow, imitate, be led by

ਪਿਛੇਤ/ਪਿਛੇਤਰ [pɪcchet/pɪcchetər] *n.m.* delay or being late or behind proper time *esp.* in sowing; suffix

ਪਿਛੇਤਾ/ਪਿਛੇਤਰਾ [pɪcheta/pɪchetəra] *adj.m.* late, sown late

ਪਿੱਛੋਂ [pɪcchõ] *adv.* after, later, subsequently; from behind, from the rear

ਪਿਛੋਕੜ [pɪchokəṛ] *n.m.* background, context, antecedents

ਪਿਛੋਕਾ [pɪchokka] *n.m.* ancestry, lineage, pedigree

ਪਿਛੋਲ਼ਾ [pɪchɔḷa] *n.m.* same as ਚੋਰ-ਚੁਲ੍ਹਾ, backburner

ਪਿੰਜ [pĩj] *v.form* imperative of ਪਿੰਜਣਾ, card

~ **ਚਾੜ੍ਹਨੀ** *ph.* to beat, thrash severely; (*lit.* to card cotton or cotton wool)

ਪਿੰਜਣਾ [pĩjəṇa] *v.t.* to card (cotton wool); same as ਪਿੰਜ ਚਾੜ੍ਹਨੀ

ਪਿੰਜਣੀ [pĩjəṇi] *n.f.* apparatus to card cotton wool, carding bow, carding machine; *v.t.* same as ਪਿੰਜਣਾ for *fem.* object; lower part of leg, calf, shank; long plank to hold the outer end of wheel-axle in a bullock cart

ਪਿੰਜਰ [pĩjər] *n.m.* skeleton; ribs collectively

ਪਿੰਜਰਾ [pĩjra] *n.m.* cage, aviary, grill or screen *esp.* of stone

ਪਿੰਜਵਾਉਣਾ/ਪਿੰਜਾਉਣਾ [pĩjvauṇa/pĩjauṇa] *v.t.* to have (cotton wool) carded

ਪਿੰਜਵਾਈ/ਪਿੰਜਾਈ [pĩjvai/pĩjai] *n.f.* process of/wages for *prec.*

ਪਿਟਣਾ [pɪṭəṇa] *v.i.* same as ਕੁੱਟ ਖਾਣੀ

ਪਿੱਟਣਾ [pɪṭṭəṇa] *v.i.*same as ਸਿਆਪਾ ਕਰਨਾ; *fig.*to express anguish; *n.m.* an unpleasant job, drudgery

ਪਿਟਰ ਪਿਟਰ [pɪṭər pɪṭər] *n.f.* gabble, jabber, gibberish

ਪਿਟਵਾਉਣਾ [pɪṭvauṇa] *v.t.* to get someone beaten up

ਪਿਟਾਉਣਾ [pɪṭauṇa] *v.t.* same as *prec.;* to tease, cause anguish

ਪਿਟਾਈ [pɪṭai] *n.f.* same as ਕੁੱਟ

~ **ਕਰਨੀ** *con.v.* same as ਕੁੱਟਣਾ

ਪਿੱਠ [pɪṭṭh] *n.f.* back, dorsum, backside; backrest, support

~ **ਸੰਬੰਧੀ** *adj.* dorsal

~ **ਠੋਕਣੀ** *ph.* to pat the back, give a pat on the back; *fig.* to encourage, appro-

bate, appreciate, praise
~ ਤੇ ਹੋਣਾ *ph.* to back up, support
~ ਦਿਖਾਉਣੀ *ph.* to turn tail, run away, flee; to accept defeat, shy away from contest or competition
~ ਦੇਣੀ *ph.* same as *prec.* to turn one's back upon, turn away, desert
~ ਪਿੱਛੇ *adv.* behind one's back, in one's absence
~ ਪਿੱਛੇ ਕਹਿਣਾ *ph.* to backbite
~ ਫੇਰਨੀ *ph.* same as ਪਿੱਠ ਦੇਣੀ
~ ਲਾਉਣੀ *ph.* to defeat *esp.* in wrestling
~ ਵਿਖਾਉਣੀ *ph.* same as ਪਿੱਠ ਦਿਖਾਉਣੀ
~ ਵਿਚ ਛੁਰਾ ਮਾਰਨਾ *ph.* to stab in the back, attack treacherously, betray

ਪਿੱਠੂ[1] [pɪṭṭhu] *n.m.* heavy pack carried on the back over the shoulders

ਪਿੱਠੂ[2] *adj. & n.m.* stooge, henchman, supporter, underling, myrmidon

ਪਿੰਡ [pĩḍ] *n.m.* village; body; ball of cooked rice/barley or meat ritually offered to deceased relatives
~ ਛੁਡਾਉਣਾ *ph.* to get rid of
~ ਭਰਨਾ/~ ਭਰਾਉਣਾ *con.v.* to ritually offer ਪਿੰਡ to manes

ਪਿੰਡਾ [pĩḍa] *n.m.* body, surface of body
~ ਗਰਮ ਹੋਣਾ/~ ਤਪਣਾ/~ ਭਖਣਾ *ph.* to have fever or high temperature

ਪਿੰਡੀ [pĩḍi] *n.f.* potter's tool to support the interior of a pot while it is being smoothened, shaped at the outside; stone idol especially of Hindu goddess Durga

ਪਿੰਡੌਰੀ [pĩḍori] *n.f.* same as ਪੰਡੋਰੀ

ਪਿੱਤ [pɪtt] *n.f.* prickly heat

ਪਿਤਰ [pɪtər] *n.m.* ancestor, forefather, manes; father
~ ਪ੍ਰਧਾਨ *adj.* patriarchal
~ ਪ੍ਰਧਾਨ ਸਮਾਜ *ph.* patriarchy
~ ਵੰਸ਼ੀ *adj.* patrilineal, patrilinear

ਪਿਤਰਘਾਤ [pɪtərkàt] *n.m.* patricide, parricide

ਪਿਤਰੀ [pɪtəri] *adj.* parental, ancestral

ਪਿਤਰੇਰ [pɪtərer] *n.m./f.* cousin, first cousin

ਪਿੱਤਲ਼ [pɪttəḷ] *n.m.* brass
~ ਦਾ/~ ਵਰਗਾ *adj.m.* brazen, brassy

ਪਿਤਾ [pɪta] *n.m.* father, sire, daddy, dad, male parent
~ ਪੱਖੀ *adj.* patrilineal, patrilinear
~ ਪ੍ਰਧਾਨ *adj.* patriarchal
~ ਪਿਤਾਮਾ *n.m. pl.* forefathers, ancestors
~ ਪੁਰਖੀ *adj.* ancestral, hereditary, traditional; *n.f.* tradition, family tradition

ਪਿੱਤਾ [pɪtta] *n.m.* gall bladder; *fig.* guts, courage, intrepidity, intrepidness, pluck; anger, touchiness

ਪਿਤਾਂਬਰ [pɪtãbər] *n.m.* yellow cloth or garment worn at the time of worship

ਪਿਤਾਮਾ [pɪtama] *n.m.* grandfather

ਪਿੱਤੇਵਾਲ਼ਾ [pɪttevaḷa] *adj.m.* courageous, plucky, bold, intrepid; touchy, irritable

ਪਿੱਦਣਾ [pɪddəṇa] *v.t.* to tire out, defeat; *v.i.* to be tired out (for the losing side)

ਪਿਦਰ [pɪdər] *n.m.* father

ਪਿੱਦਾ [pɪdda] *n.m.* any very small bird or species of very small birds; dwarf; louse; *adj.m.* dwarfish, short-statured

ਪਿਦਾਉਣਾ [pɪdauṇa] *v.t.* to tire out (opponent in game), keep (the opponent) on the run for long, defeat

ਪਿੱਦੀ[1] [pĩddi] *v.form* past tense of ਪਿੱਦਣਾ for *fem.* object, tired out, exhausted

ਪਿੱਦੀ[2]/**ਪਿਦੜੀ** [pɪdəṛi] *n.f.* same as ਪਿੱਦਾ

ਪਿੰਨ [pĩnn] *n.m.* pin

ਪਿਨਸ਼ਨ [pɪnṣən] *n.f.* same as ਪੈਨਸ਼ਨ, pension

ਪਿੰਨਣਾ [pĩnnəṇa] *v.i.* same as ਮੰਗਣਾ[1], to beg abjectly

ਪਿੰਨਾ [pĩnna] *n.m.* ball (of thread, string, yarn), clew

ਪਿੰਨੀ [pĩnni] *n.f.* ball or spherical lump of sweet made from flour roasted in clarified butter and mixed with sugar and dry fruit; calf, shank, lower leg

ਪਿਪਣੀ [pɪpəṇi] *n.f.* same as ਪੀਪਣੀ; same as ਝਿੰਮਣੀ, eyelash

ਪਿਪਰਾਮਿੰਟ [pɪpəramĩṭ] *n.m.* peppermint

ਪਿੱਪਲ [pɪppəl] *n.m.* sacred fig tree, *Ficus religiosa,* pipal, peepul, bo tree

ਪਿੱਪਲ ਪੱਤੀ [pɪppəl pətti] *n.f.* an ornament for the ear

ਪਿੱਪਲਾਮੂਲ [pɪppəlamul] *n.m.* root of long

pepper, *Piper longum*
ਪਿਪੜੀ [pɪpəṛi] *n.f.* same as ਪਪੜੀ
ਪਿੱਪੂ/ਪਿੰਪੂ [pɪppu/pĩpu] *n.m.* a kind of rhizome, *Boucerosia edulis*
ਪਿੰਮਣੀ [pĩmməṇi] *n.f.* same as ਝਿੰਮਣੀ, eyelash
ਪਿਮਵਾਲ [pɪmval] *n.m.* same as ਪੜਵਾਲ
ਪਿਰ [pɪr] *n.m.* husband, beloved
ਪਿਰਚ [pɪrc] *n.f.* saucer
~ **ਪਿਆਲੀ** *n.f.* cup and saucer
ਪਿਰਤ [pɪrt] *n.f.* custom, usage, practice, tradition, vogue
~ **ਪਾਉਣੀ** *con.v.* to set vogue or tradition
ਪਿਲਕਣ [pɪlkəṇ] *n.m.* a forest tree with leaves like those of mango tree but smaller in size
ਪਿਲਕਰਾ [pɪlkəra] *n.m.* pustule, pimple, whelk
ਪਿਲਖਣ [pɪlkhəṇ] *n.m.* a tree *Ficus venosa, Ficus infectoria,* also called ਪਲਾਖ, *Ficus glomerulata*
ਪਿਲ਼ਛੀ [pɪḷchi] *n.f.* tamarisk, *Tamarix dioica, Tamarix gallica*
ਪਿਲੱਤਣ [pɪḷəttəṇ] *n.m.* same as ਪੀਲ਼ਾਪਣ paleness, yellowness
ਪਿਲਪਿਲਾ [pɪlpɪla] *adj.m.* plump, flaccid, flabby, soft; overripe
~ **ਪਣ** *n.m.* plumpness, flaccidness, flabbiness, softness, overripeness
ਪਿੱਲਾ[1] [pɪlla] *adj.m.* half-ripe, not fully ripe; (for pottery, bricks) half-baked, inferior in quality; same as ਪੀਲ਼ਾ, pale, yellow
ਪਿੱਲਾ[2] *n.m.* same as ਕਤੂਰਾ, pup
ਪਿਲਾਉਣਾ [pɪlauṇa] *v.t.* same as ਪਿਆਉਣਾ
ਪਿੜ [pɪṛ] *n.m.* arena, ring; threshing floor
~ **ਬਣਾਉਣਾ** *con.v.* to prepare threshing floor
~ **ਬੰਨ੍ਹਣਾ** *con.v.* to form arena or ring
ਪਿੜਵਾਉਣਾ [pɪṛvauṇa] *v.t.* to have (sugarcane) crushed
ਪਿੜਵਾਈ [pɪṛvai] *n.f.* process of/charges for *prec.*
ਪਿੜਾ [pɪṛa] *n.m.* same as ਪਿੰਨਾ; basket with lid made from straw and palm leaves
ਪਿੜਾਉਣਾ [pɪṛauṇa] *v.t.* same as ਪਿੜਵਾਉਣਾ
ਪਿੜਾਈ [pɪṛai] *n.f.* same as ਪਿੜਵਾਈ; process of crushing (sugarcane)
ਪਿੜੀ [pɪṛi] *n.f.* square or rhombus pattern made in embroidery or stringing; a square in dice board or netting
~ **ਪਾਉਣੀ** *con.v.* to make/embroider/weave ਪਿੜੀ
ਪੀਓ[1] [pio] *v.form* imperative of ਪੀਣਾ, same as ਪੀ for second person plural, respectful request for singular as well as plural; please drink
ਪੀਓ[2]**/ਪੀਆ** [pia] *n.m.* lover, beloved, husband
ਪੀਅਨ [piən] *n.m.* peon
ਪੀ ਐਚ.ਡੀ. [pi ɛc.ḍi] *n.f.* Ph.D., doctor of philosophy, doctorate in philosophy
ਪੀ.ਏ [pi.e.] *n.m.* P.A., personal assistant
ਪੀਸ[1] [pis] *n.m.* piece; peace
ਪੀਸ[2] *n.f.* serving turn in cards
ਪੀਹ [pi] *v.form* imperative of ਪੀਹਣਾ, grind; deal (in cards); *n.f.* same as ਪੀਸ[2]
ਪੀਹਣ [píṇ] *n.m.* grain cleaned and prepared for grinding; *v.form* imperative for third person *pl.* (let them or tell them to) grind
~ **ਕਰਨਾ** *con.v.* to prepare or clean grain for grinding
~ **ਪਾ ਛੱਡਣਾ** *ph.* to delay, do something very slowly, not to finish work
ਪੀਹਣਾ [píṇa] *v.t.* to grind, crush, pulverise, powder; (in cards) to serve, deal, distribute
ਪੀਕ [pik] *n.f.* pus, suppuration; spittle produced by chewing betel; funnel
~ **ਪੈਣੀ** *con.v.* for pus to form, suppurate, become septic
ਪੀਕਦਾਨ [pikdan] *n.m.* spittoon
ਪੀਕੋ [piko] *n.f.* picot
~ **ਕਰਨਾ** *con.v.* to sew or stitch in picot design
ਪੀਂਘ [pĩg] *n.f.* swing, trapeze; rainbow
~ **ਝੂਟਣੀ** *con.v.* to swing or perform on ਪੀਂਘ
~ **ਪਾਉਣੀ** *con.v.* to make or prepare ਪੀਂਘ

ਪੀਂਘਾ [pĩga] *n.m.* hammock

ਪੀਚ [pic] *n.m.* close/tight connection; tightness (of knot or tangle); *fig.* fast friendship; area or land irrigated in one shift

ਪੀਚਣਾ [picəṇa] *v.i.* to be tightened, tightly bound or knotted; to be watered or irrigated

ਪੀਚਰਾ [picəra] *n.m.* same as ਚਿੱਪਰ

ਪੀਚਵਾਂ [picvã] *adj.m.* tight, tightly tied/connected or knotted; suitable for sowing, sown after being irrigated

ਪੀ ਜਾਣਾ [pi jaṇa] *con.v.* to drink; *fig.* to suppress (anger or tears)

ਪੀ.ਟੀ. [pi. ṭi.] *n.f.* P.T. physical training

ਪੀਠ¹ [piṭh] *n.f.* see ਪਿੱਠ; texture, density, soundness, solidness; grounding, base

ਪੀਠ² *n.m.* religious seat, altar; educational or judicial institution

ਪੀਠਾ [piṭṭha] *v.form & adj.m.* ground, crushed, pulverised; *cf.* ਪੀਹਣਾ

ਪੀਠੀ [piṭṭhi] *v.form & adj.f.* same as ਪੀਠਾ; *n.f.* paste or batter of pulses soaked in water and crushed on stone or in mortar

ਪੀਡਾ [piḍḍa] *adj.m.* tough, solid, firm, hard, strong, tough-bodied; serene, serious (face), dead pan

ਪੀਡਾਪਣ [piḍapəṇ] *n.m.* toughness, hardness; sereneness

ਪੀਣ [piṇ] *n.m.* act of drinking, smoking, etc.

~ ਯੋਗ *adj.* potable, fit for drinking

ਪੀਣਾ [piṇa] *v.i.t.* to drink, quaff; to smoke; to absorb; to suckle; to suppress, control (emotion)

ਪੀਤ [pit] *n.f.* (poetical) same as ਪ੍ਰੀਤ; *adj.* same as ਪੀਲ਼ਾ, yellow

ਪੀਨ [pin] *n.f.* part of an implement into which helve is fixed

ਪੀਨਸ¹ [pinəs] *n.f.* a type of palanquin, palankeen

ਪੀਨਸ² *n.m.* coryza

ਪੀਨਕ [pinək] *n.f.* drowsiness caused by drugs *esp.* opium; stupor, torpor

ਪੀਪ [pip] *n.f.* same as ਪੀਕ

ਪੀਪਣੀ [pipəṇi] *n.f.* reed-pipe, reed of wind instruments

ਪੀਪਾ [pippa] *n.m.* tin container, can, canister

ਪੀਪੀ [pipi] *n.f.* small ਪੀਪਾ

ਪੀਪੂੰ [pipũ] *n.m.* crushed, squeezed, pounded or ground matter; pulp

~ ਕਰਨਾ *con.v.* to reduce to pulp

ਪੀਰ [pir] *n.m.* Muslim holyman, religious teacher or recluse *esp.* one with a distinct following; *slang.* (ironical) clever, cunning person; *adj.* old, aged; same as ਸੋਮਵਾਰ

~ ਮੁਰਸ਼ਦ *n.m.* spiritual guide, religious teacher

ਪੀਰਜ਼ਾਦਾ [pirzada] *n.m.* son of a ਪੀਰ

ਪੀਰਜ਼ਾਦੀ [pirzadi] *n.f.* daughter of a ਪੀਰ

ਪੀਰਡ/ਪੀਰੀਅਡ [pirəḍ/piriəḍ] *n.m.* period *esp.* teaching period or hour

ਪੀਲਕ¹ [pilək] *n.f.* a shrub bearing small round fruit like grapes, *Solanum nigrums;* a small piece on the board to which lower ends of the strings of string instruments are fastened, bridge

ਪੀਲਕ² *n.m.* same as ਮਹਾਵਤ, elephant driver; oriole

ਪੀਲਣ [piləṇ] *n.f.* seesaw

ਪੀਲਪਲਾਂਘ [pilpəlãg] *n.f.* same as *prec.*; a rustic game played *usu.* by cowherd boys

ਪੀਲਪਾਵਾ [pilpava] *n.m.* column, pillar

ਪੀਲੂ [pil] *n.f.* fruit of ਜਣ tree; *pl.* ਪੀਲੂਾਂ, ਪੀਲੂੰ

ਪੀਲ਼ਾ [pil̤a] *adj.m.* yellow, yellowish, pale, pallid, ashen, wan, xanthous

ਪੀਲ਼ੀ ਮਿੱਟੀ *n.f.* raw sienna

ਪੀਲ਼ਾਪਣ [pil̤apəṇ] *n.m.* yellowness, paleness, pallidness, pallor, wanness

ਪੀਲ਼ੀਆ [pil̤ia] *n.m.* jaundice

ਪੀੜ¹ [piṛ] *n.f.* pain, ache; anguish, suffering, hurt, agony, distress, affliction; sympathy, compassion

~ ਹੋਣੀ *con.v.* to feel pain, undergo pain or distress

~ ਕਰਨਾ *con.v.* (for limb/wound, etc.) to pain, ache; *v.t.* to cause pain, hurt

~ ਦੀ ਅਣਹੋਂਦ *ph.* analgesia, absence of sense of pain
~ ਨਾਸ਼ਕ *adj.* analgesic, painkiller
ਪੀੜ² *v.form* imperative of ਪੀੜਨਾ, crush
ਪੀੜਨਾ [piṛna] *v.t.* to crush as in a cane-crusher or in oil press
ਪੀੜਾ [piṛa] *n.f.* same as ਪੀੜ¹
ਪੀੜਿਤ [piṛɪt] *adj.* crushed; *fig.* oppressed, tortured, exploited; in pain, pained, suffering, aggrieved, afflicted
ਪੀੜ੍ਹ [pír̥] *n.m.* set of teeth, denture
ਪੀੜ੍ਹਾ [píṛa] *n.m.* low/stringed chair
ਪੀੜ੍ਹੀ [píṛi] *n.f.* low/stringed stool; generation; lineage, lineal descendants; ancestry
~ ਦਰ ਪੀੜ੍ਹੀ *ph.* from generation to generation, over several generations
ਪੀੜ੍ਹੀਨਾਮਾ [píṛinama] *n.m.* genealogical chart or record; pedigree
ਪੁਆ [pua] *v.form* imperative of ਪੁਆਉਣਾ, take (it in some container)
ਪੁਆਉਣਾ [puauṇa] *v.t.* to let or cause to put on (clothes, etc.) or to put in (something); to receive (something in a receptacle)
ਪੁਆਇੰਟ [puaĩṭ] *n.m.* point
ਪੁਆਂਦ [puãd] *n.f.* foot or lower end of bed
ਪੁਆਂਦੀ [puãdi] *adv.* at the foot or lower end of a bed
ਪੁਆਧ [puád] *n.f.* a region of the erstwhile Punjab roughly comprising parts of Ropar, Patiala and Ambala districts
ਪੁਆਧੀ [puádi] *n.f.* dialect spoken in ਪੁਆਧ; *adj.* pertaining ਪੁਆਧ
ਪੁਆੜਾ [puaṛa] *n.m.* dispute, quarrel, wrangle, discord, trouble, inconvenience
~ ਪਾਉਣਾ *ph.* to create or cause ਪੁਆੜਾ
ਪੁਆੜੇ ਦੀ ਜੜ੍ਹ *ph.* apple of discord, root cause of trouble
ਪੁਸ਼ਟੀ [puṣṭi] *n.f.* confirmation, corroboration, substantiation, authentication, proof
~ ਕਰਨ ਵਾਲ਼ਾ *ph.* corroborator, authenticator, confirmor, confirmer; *adj.* corroborative, corroboratory, confirmatory, confirmative
~ ਕਰਨੀ *con.v.* to confirm, affirm, corroborate
ਪੁਸ਼ਤ [puṣt] *n.f.* same as ਪਿੱਠ, back; same as ਪੀੜ੍ਹੀ, generation
~ ਦਰ ਪੁਸ਼ਤ *adj.* same as ਪੀੜ੍ਹੀ ਦਰ ਪੀੜ੍ਹੀ
~ ਪਨਾਹ *n.f.* backing, support; refuge
ਪੁਸਤਕ [pustək] *n.f.* book
~ ਸੂਚੀ *n.f.* list of books, catalogue, bibliography
ਪੁਸਤਕਾਂ ਛਾਪਣ ਵਾਲ਼ਾ [pustəkã chapəṇ vaḷa] *ph.* publisher
ਪੁਸਤਕਾਲਾ/ਪੁਸਤਕਾਲਿਆ [pustəkala/pustəkalɪa] *n.m.* library
ਪੁਸਤਕਾਂ ਵੇਚਣ ਵਾਲ਼ਾ [pustəkã vecəṇ vaḷa] *ph.* bookseller
ਪੁਸ਼ਤਾ [puṣta] *n.m.* buttress; spine or backbone (of books)
ਪੁਸ਼ਤੀ/ਪੁਸ਼ਤੈਣੀ [puṣti/puṣtɛṇi] *adj.* ancestral, hereditary
ਪੁਸ਼ਤੀਮਾਨ [puṣtiman] *n.m.* any of the horizontal bars fixed to door or window planks
ਪੁਸ਼ਪ [puṣəp] *n.m.* flower, blossom
ਪੁਸ਼ਪਾਂਜਲੀ [puṣəpãjəli] *n.f.* offering of flowers *esp.* to deity
ਪੁਸ਼ਾਕ [puṣak] *n.f.* dress, costume, uniform, garb, apparel, attire, clothes, set of garments
~ ਪਹਿਨਣੀ *con.v.* to put on clothes or dress
ਪੁਸ਼ੀਦਗੀ [puṣidəgi] *n.f.* covertness, hiddenness, clandestineness, secrecy, concealment
ਪੁਸ਼ੀਦਾ [puṣida] *adj.* covert, hidden, clandestine, secret, concealed
ਪੁਕਾਰ [pukar] *n.f.* call, shout, cry; summon; prayer, request, appeal, entreaty for help or redress of wrong; complaint, lament; evocation
~ ਕਰਨੀ *con.v.* to call for help or justice
ਪੁਕਾਰਨਾ [pukarṇa] *v.t.* to call, summon; to call out, shout for; to give a call or cry; to evoke
ਪੁਖਤਾ [pukhta] *adj.* same as ਪੱਕਾ

ਪੁਖਰਨਾ [pukhərna] *v.i.* to come to someone's aid or rescue, help in time of need

ਪੁਖਰਾਜ [pukhraj] *n.m.* topaz

ਪੁਗ [pug] *v.form* imperative of ਪੁਗਣਾ

ਪੁਗਣਾ [pugəṇa] *v.i.* to decide on odd-man-out or on sequence of taking turns in games; to suit, be satisfactory/agreeable or acceptable (*usu.* in deals)

ਪੁੱਗਣਾ [puggəṇa] *v.t.* same as ਪੁੱਜਣਾ, to reach, arrive

ਪੁੰਗਰਨਾ [pũgərna] *v.i.* to germinate, sprout, bud, shoot, burgeon

ਪੁੰਗਰਵਾਂ [pũgrəvã] *adj.m.* growing from seed (not from seedling)

ਪੁਗਵਾਉਣਾ/ਪੁਗਾਉਣਾ [pugvauṇa/pugauṇa] *v.t.* to assist in, get or help decide sequence of turns; *cf.* ਪੁਗਣਾ

ਪੁੰਗਾਰ [pũgar] *n.m.* germination, sprouting, budding

ਪੁੰਗੀ [pũgi] *n.f.* cotyledon, seed-leaf

ਪੁਚਕਾਰ [puckar] *n.f.* sound produced by closing lips and pulling them inwards; to entice a child/animal or bird; endearment, noisy kiss

ਪੁਚਕਾਰਨਾ [puckarna] *v.i.t.* to produce or utter ਪੁਚਕਾਰ; to cajole, entice; to fondle, caress, kiss

ਪੁਚ ਪੁਚ [puc puc] *n.f.* same as ਪੁਚਕਾਰ

~ ਕਰਨਾ *con.v.* same as ਪੁਚਕਾਰਨਾ

ਪੁਚਵਾ [pucva] *v.form* imperative of ਪੁਚਵਾਉਣਾ

ਪੁਚਵਾਉਣਾ [pucvauṇa] *v.t.* to get (something or surface) wiped, washed, plastered; to get something carried, conveyed, delivered; to arrange for something or someone to reach

ਪੁਚਾਉਣਾ [pucauṇa] *v.t.* same as ਪਹੁੰਚਾਉਣਾ

ਪੁਚਾਈ[1] [pucai] *v.form* past of *prec.* for *fem.* object; *n.f.* process of/wages for *prec.*

ਪੁਚਾਈ[2] *n.f.* process of/wages for ਪੋਚਣਾ

ਪੁੱਛ [pucch] *n.f.* enquiry; seeking or questioning for information; respect; esteem, demand, being sought after, importance

~ ਹੋਣੀ *ph.* to be sought after; to be in demand, be important enough; to be respected, esteemed

~ ਗਿੱਛ *n.f.* same as ਪੁੱਛ

~ ਗਿੱਛ ਕਰਨੀ *ph.* to enquire, seek information

~ ਗਿੱਛ ਦਫ਼ਤਰ *ph.* enquiry office

~ ਪੜਤਾਲ *n.f.* inquiry, investigation

~ ਪ੍ਰਤੀਤ *n.f.* respect, regard, esteem, importance, reputation

~ ਪੁਛਾ ਕੇ *ph.* after due inquiry or consultations

~ ਪੁਛਾਈ *n.f.* same as ਪੁੱਛ, enquiry

ਪੁੱਛਣਾ [pucchəṇa] *v.i.t.* to ask, question, enquire; *n.f.* enquiry through astrologers

~ ਪੁਆਉਣੀ *con.v.* to approach some astrologer for enquiry

ਪੁੱਛਲ ਤਾਰਾ [pucchəl tara] *n.m.* comet; (*lit.* tailed star)

ਪੁਛਵਾਉਣਾ/ਪੁਛਾਉਣਾ [puchvauṇa/puchauṇa] *v.t.* to ask or enquire through someone else

ਪੁੱਜ [pujj] *n.f.* reach, approach; capacity to afford

~ ਕੇ *adv.* on reaching, on arrival; extremely, very much

~ ਪੈਣੀ *ph.* to afford, be able to do something

ਪੁੰਜ [pũj] *n.m.* heap, mass, accumulation; embodiment (of virtues)

ਪੁੱਜਣਾ [pujjəṇa] *v.i.* to reach, approach, arrive; to afford, be within one's capacity or means

ਪੁਜਤ [pujət] *n.f.* same as ਪੁੱਜ

ਪੁਜਦਾ [pujda] *adj.m.* capable; well-to-do; suitable, within reach, affordable, within one's means

ਪੁਜਵਾਉਣਾ/ਪੁਜਾਉਣਾ [pujvauṇa/pujauṇa] *v.t.* to have (deity or idol) worshipped; to get/persuade or encourage someone to worship; *cf.* ਪੂਜਣਾ

ਪੁਜਾਰਨ/ਪੁਜਾਰੀ [pujarən/pujari] *n.f./n.m.* worshipper; priest, officiant

ਪੁਜ਼ੀਸ਼ਨ [puzisən] *n.f.* position

ਪੁੰਝਵਾਉਣਾ/ਪੁੰਝਾਉਣਾ [pũjvàuṇa/pũjàuṇa]

v.t. to cause or get something to be wiped, rubbed off, cleaned; *cf.* ਪੂੰਝਣਾ

ਪੂੰਝਵਾਈ/ਪੂੰਝਾਈ [pũjvài/pũjài] *n.f.* act of or wages for *prec.* and ਪੂੰਝਣਾ

ਪੁੱਟ [puṭṭ] *n.f.* digging; *v.t.* imperative of ਪੁੱਟਣਾ, dig

~ **ਦੇਣੀ** *con.v.* to give a digging or turning over; to dig or churn (as for sugarcane syrup spread to cool down)

ਪੁੱਟਣਾ [puṭṭəṇa] *v.t.* to dig, uproot, pull-out, excavate, exhume; *fig.* to misguide, spoil, lead astray

ਪੁਟਵਾਉਣਾ/ਪੁਟਾਉਣਾ [puṭvauṇa/puṭauṇa] *v.t.* to have something dug, dug up, excavated, exhumed, uprooted or pulled out

ਪੁਟਵਾਈ/ਪੁਟਾਈ [puṭvai/puṭai] *n.f.* process of/wages for ਪੁੱਟਣਾ or ਪੁਟਾਉਣਾ

ਪੁਟਾਸ਼ [puṭaṣ] *n.f.* potash, potassium

ਪੁਟਾਸ਼ੀਅਮ [puṭaṣiəm] *n.m.* potassium

ਪੁਟੀਨ [puṭin] *n.f.* putty

ਪੁੱਠ [puṭṭh] *n.f.* backside, reverse side, coarser or rougher side; process of compounding (medicines) by heating or boiling; process of tempering weapons (as with poison)

~ **ਸਿੱਧ** *n.f.* reverse and obverse sides

~ **ਚਾੜ੍ਹਨੀ**/~ **ਦੇਣੀ** *con.v.* to compound or temper through ਪੁੱਠ

ਪੁਠਕੰਡਾ [puṭhkə̃ḍa] *n.m.* (*lit.* crooked thorn), a wild shrub, *Achyranthus aspera*

ਪੁੱਠਾ [puṭṭha] *adj.m.* reverse, converse; inverse, inverted, opposite, contrary, upside down, overturned; wrong, improper

~ **ਕੂਣਾ**/~ **ਬੋਲਣਾ** *ph.* to talk/reply/respond rudely, improperly, pugnaciously

ਪੁੱਠੇ ਕਾਮੇ *n.m. pl.* inverted commas

ਪੁੱਠੇ ਪੈਰੀਂ *adv.* (to walk) backwards; (to return) immediately

ਪੁੱਠੀ [puṭṭhi] *adj.f.* same as ਪੁੱਠਾ; *n.f.* outer side of wheel or rim

ਪੁਣ ਛਾਣ [puṇ chaṇ] *n.f.* (*lit.* sieving, straining) scrutiny, investigation; enquiry

ਪੁਣਨਾ [puṇəna] *v.t.* to strain, percolate, leach, filter; to darn; to talk ill of, abuse, criticise

ਪੁਣਵਾਉਣਾ/ਪੁਣਾਉਣਾ [puṇvauṇa/puṇauṇa] *v.t.* to get something strained, leached, filtered; to assist some one in this process

ਪੁਣਵਾਈ/ਪੁਣਾਈ [puṇvai/puṇai] *n.f.* process of/charges for *prec.*

ਪੁੱਤ/ਪੁੱਤਰ [putt/puttər] *n.m.* son, male offspring, male child

~ **ਪੋਤੇ**/~ **ਪੋਤਰੇ** *n.m. pl.* sons and grand sons, grandchildren, progeny, descendants

ਪੁੱਤਰੀ [puttəri] *n.f.* daughter, female child

~ **ਪਾਠਸ਼ਾਲਾ** *n.f.* girls school

ਪੁਤਰੇਲ [putrel] *n.m.* adopted son

ਪੁਤਲਾ [putla] *n.m.* effigy, idol, image; simulacrum, lay figure, model, scarecrow, mannequin, manikin

ਪੁਤਲੀ [putli] *n.f.* puppet, marionette, doll; pupil (of the eye)

~ **ਘਰ** *n.m. informal* textile mill

~ **ਦਾ ਤਮਾਸ਼ਾ** *ph.* puppet show

~ **ਦਾ ਤਮਾਸ਼ਾ ਕਰਨ ਵਾਲਾ** *ph.* puppeteer

~ **ਦਾ ਤਾਰਾ** *ph.* same as ਅੱਖ ਦਾ ਤਾਰਾ under ਅੱਖ, the pupil of one's eye

ਪੁਤੇਤੇ [putete] *n.m. pl.* relations of bridegroom; *cf.* ਪੇਤੇ

ਪੁਦੀਨਾ [pudina] *n.m.* mint, any menthaceous plant, peppermint, *Mentha piperita*

ਪੁਦੀਨੇ ਦਾ ਅਰਕ *ph.* menthol

ਪੁਦੀਨੇ ਦਾ ਸਤ *ph.* peppermint

ਪੁੰਨ [pũnn] *n.m.* virtuous or meritorious action, charitable or gratuitous deed; charity, alms; merit, virtue

~**ਅਰਥ** *adj. & adv.* gratuitous, charitable, by way of ਪੁੰਨ

~ **ਖੱਟਣਾ** *con.v.* to perform a meritorious/virtuous action

~ **ਖਾਤਾ** *n.m.* charitable fund or account

~ **ਖਾਤੇ** *adv.* same as ਪੁੰਨ ਅਰਥ

~ **ਦਾਨ** *n.m.* charity, alms

~ **ਪਾਪ** *n.m.* virtues and vices

ਪੁਨਰ [punər] *combining form* of repetition, re-
~ ਉਕਤੀ *n.f.* repetition, reiteration, tautology
~ ਉਥਾਨ *n.m.* resurrection, re-emergence, resurgence, revival, renaissance
~ ਉੱਧਾਰ *n.m.* redemption; salvation
~ ਉਪਜ *n.f.* reproduction
~ ਉਪਜਾਊ ਪ੍ਰਬੰਧ *ph.* reproductory system
~ ਗਠਨ *n.m.* reorganisation; re-establishment, reconstitution
~ ਜਨਮ/~ ਜੀਵਨ *n.m.* rebirth, reincarnation, transmigration of soul, metempsychosis
~ ਨਿਰਮਾਨ *n.m.* reconstruction; rebuilding, recreation; same as ਪੁਨਰਗਠਨ
~ ਵਾਸ *n.m.* rehabilitation, resettlement
~ ਵਿਆਹ *n.m.* remarriage, second marriage
~ ਵਿਚਾਰ *n.m.* reconsideration, review
ਪੁੰਨਿਆ [pũnnɪa] *n.f.* same as ਪੂਰਨਮਾਸ਼ੀ
ਪੁਰ¹ [pur] *prep & adv. dia.* see ਉੱਪਰ, ਉੱਤੇ
ਪੁਰ²/ਪੁਰਾ *suff.* for names of villages/towns/cities or forts *lit.* city, town, fort
ਪੁਰ³ *adj.* full, complete; *pref.* meaning full of
~ ਕਰਨਾ *con.v.* to fill, complete (*usu.* form or vacancy)
ਪੁਰਉਮੀਦ [purumid] *adj.* hopeful
ਪੁਰਅਸਰ [purəsər] *adj.* effective
ਪੁਰਅਮਨ [purəmən] *adj.* peaceful
ਪੁਰਸ਼ [purṣ] *n.m.* same as ਪੁਰਖ, person
ਪੁਰਸਕ੍ਰਿਤ/ਪੁਰਸਕਰਿਤ [purəskərɪt] *adj.* prized, one awarded or given prize or title, recipient of prize, prizeman, honoured
ਪੁਰਸਕਾਰ [purəskar] *n.m.* prize, reward, award, honour
ਪੁਰਸਕੂਨ [pursəkun] *adj.* peaceful, calm, quiet, tranquil
ਪੁਰਸ਼ਾਰਥ [purṣarth] *n.m.* valour, courage, effort, enterprise, energy, vigour
ਪੁਰਸ਼ਾਰਥੀ [purṣarthi] *adj.* energetic, vigorous, valiant
ਪੁਰਸੋਜ਼ [pursoz] *adj.* saddened, sad (tone)
ਪੁਰਸ਼ੋਤਮ [purṣottəm] *adj. & n.m.* ideal person
ਪੁਰਖ [purkh] *n.m.* man, male person; departed ancestor; cosmic spirit (as against material nature, ਪ੍ਰਕਿਰਤੀ); *pl.* ancestors; husband
~ ਵਾਚਕ/~ ਵਾਚੀ *adj. (gr.) adj.* masculine; personal
ਪੁਰਜ਼ਾ [purza] *n.m.* part, component (of machine); piece, fragment (of paper, cloth, etc.)
~ ਪੁਰਜ਼ਾ *adj.* reduced to pieces, broken into smithereens; (of machine) stripped into separate components, dismantled
ਪੁਰਜੋਸ਼ [purjoṣ] *adj.* forceful, ebullient, impassioned, ardent, vehement
ਪੁਰਜ਼ੋਰ [purzor] *adj.* forceful, vigorous
ਪੁਰਤਕੱਲਫ਼ [purtəkəlləf] *adj.* hospitable, formal
ਪੁਰਤਗਾਲ [purtgal] *n.m.* Portugal
ਪੁਰਤਗਾਲੀ/ਪੁਰਤਗੀਜ਼ [purtgalli/purtgiz] *adj.*, Portuguese; *n.f.* Portuguese language
ਪੁਰਦਰਦ [purdərd] *adj.* same as ਪੁਰਸੋਜ਼, same as ਦਰਦਨਾਕ, sad, sorrowful
ਪੁਰਨੂਰ [purnur] *adj.* full of light, radiant, brilliant, resplendent
ਪੁਰਬ [purb] *n.m.* religious function or festival; fiesta, any festival or festive occasion
ਪੁਰਲ ਪੁਰਲ [purl purl] *n.f.* rapid talk or speech; fast leak or pouring
~ ਕਰਨਾ *con.v.* to talk at a fast rate/rapidly/incessantly; to leak or flow profusely
ਪੁਰਵਾ¹ [purva] *n.f.* same as ਪੁਰਾ¹, east wind
ਪੁਰਵਾ² *v.form* imperative of ਪੁਰਵਾਉਣਾ, get (pit) filled up
ਪੁਰਵਾਉਣਾ [purvauṇa] *v.t.* to get (pit, ditch, form, etc.) filled up
ਪੁਰਵਾਈ [purvai] *n.f.* act of/wages for filling up; same as ਪੁਰਾ¹
ਪੁਰਾ¹ [pura] *n.m.* east wind, easterly, easterly wind
ਪੁਰਾ² *suff.* same as ਪੁਰ²
ਪੁਰਾਉਣਾ [purauṇa] *v.t.* same as ਪੁਰਵਾਉਣਾ

ਪੁਰਾਈ *n.f.* same as ਪੁਰਵਾਈ
ਪੁਰਾਣ [purаṇ] *n.m.* any of the several holy books of Hindu mythology, Purana
ਪੁਰਾਣਾ [puraṇa] *adj.m.* old, ancient, archaic, primitive, antique, antiquated, traditional, time-honoured; worn-out, used, second-hand, soiled
~ **ਪਾਪੀ** *adj.m.* inveterate sinner, old foggy; experienced hand
ਪੁਰਾਣਾਪਣ [puraṇapəṇ] *n.m.* state of being old; oldness, antiqueness; worn-out condition
ਪੁਰਾਣਿਕ [puraṇɪk] *adj.* mythological, pertaining to Puranas
ਪੁਰਾਤਤਵ [puratətəv] *n.m.* old remains, archaeological finds or monuments
~ **ਵਿਗਿਆਨ** *n.m.* archaeology
~ **ਵਿਭਾਗ** *n.m.* department of archaeology
ਪੁਰਾਤਨ [puratən] *adj.* same as ਪੁਰਾਣਾ
ਪੁਰਾਤਨਤਾ [puratənta] *n.f.* same as ਪੁਰਾਣਾਪਣ
ਪੁਰਾਨ [puran] *n.m.* same as ਪੁਰਾਣ
ਪੁਰੀ [puri] *suff.* same as ਪੁਰ²
ਪੁਰੋਹਤ [purót] *n.m.* same as ਪਰੋਹਤ
ਪੁਲ਼ [puḷ] *n.m.* bridge
~ **ਬੰਨ੍ਹਣਾ** *con.v.* to construct/build bridge; *slang* to exaggerate (while lying or praising)
ਪੁਲਓਵਰ [pulovər] *n.f.* pullover
ਪੁਲ਼ਸ [puḷs] *n.f. colloq.* see ਪੁਲੀਸ
ਪੁਲ਼ਸੀਆ [puḷsia] *n.m.* policeman, member of police force
ਪੁਲਟਸ [pulṭəs] *n.m.* poultice
ਪੁਲੰਦਾ [pulə̃da] *n.m.* bundle, packet, parcel, package, sheaf, wad
ਪੁਲਾਉ/ਪੁਲਾਅ [pulao/pula] *n.m.* a dish of quality rice cooked in water poured into boiling hot vegetable oil or clarified butter and seasoned with spices and dry fruit
ਪੁਲਾੜ [pulaṛ] *n.m.* space, cosmos
ਪੁਲਾੜੀ [pulaṛi] *adj.* pertaining to *prec.*, cosmic
~ **ਹਵਾਬਾਜ਼** *n.m.* astronaut, cosmonaut
~ **ਕਿਰਨਾਂ** *n.f. pl.* cosmic rays
~ **ਜਹਾਜ਼** *n.m.* space-ship, space shuttle
~ **ਧੂੜ** *n.f.* cosmic dust
ਪੁਲਿਸ [pulɪs] *n.f.* same as ਪੁਲੀਸ
ਪੁਲਿੰਗ [pulĩg] *n.m. (gr.)* masculine gender
ਪੁਲਿਟੀਕਲ [pulɪṭikəl] *adj.* political
ਪੁਲੀ [puli] *n.f.* pulley; culvert
ਪੁਲੀਸ [pulɪs] *n.f.* police
~ **ਕਪਤਾਨ** *n.m.* superintendent of police
~ **ਚੌਕੀ** *n.f.* police post
~ **ਥਾਨਾ** *n.m.* police station
ਪੁਲੀਸੀਆ *n.m.* same as ਪੁਲਸੀਆ
ਪੁੜ¹ [puṛ] *n.m.* either of the grindstones of a mill
ਪੁੜ² *v.form* imperative of ਪੁੜਨਾ
ਪੁੜਨਾ [puṛna] *v.t.* same as ਚੁਭਣਾ, to prick, prickle
ਪੁੜਪੁੜੀ [puṛpuṛi] *n.f.* temple (of cephalic region)
ਪੁੜਾ [puṛa] *n.m.* mark/wound or callus caused by frequent hitting/goading *usu.* on the rump of draught animals, excoriation; large ਪੁੜੀ
~ **ਪਾਉਣਾ** *con.v.* to callus, excoriate
~ **ਪੈਣਾ** *con.v.* for ਪੁੜਾ to be formed, to callus, be callused or excoriated
ਪੁੜੀ [puṛi] *n.f.* paper wrapping by folding it around small quantities of drugs or provisions; small packet so wrapped
ਪੂੰਗ [pũg] *n.m.* tiny fish, seed fish, minnow; young ones
ਪੂੰਗਾਰਾ [pũgəra] *n.m.* acquatic worm; *fig.* young one, child
ਪੁਛ¹ [puch] *n.f.* same as ਪੁੱਛ, importance, respect, being sought after
ਪੂਛ²/ਪੂਛਲ [puchəl] *n.f.* tail of animals *cf.* ਪੂੰਝਾ¹; *slang* hanger-on, parasite, fawning follower, minion
~ **ਹਿਲਾਉਣੀ** *con.v.* to wag tail; *slang* to fawn upon, attend upon abjectly
~ **ਤਾਰਾ** *n.m.* same as ਪੁੱਛਲ ਤਾਰਾ, meteor
ਪੂਜ [puj] *v.form* imperative of ਪੂਜਣਾ, worship, *suff.* indicating worshipper as in ਬੁਤਪੂਜ
ਪੂਜਣਾ [pujəṇa] *v.t.* to worship, adulate, idolise, be deeply devoted to; to make

offering; *slang* to give as bribe

ਪੁਜਨੀਕ [pujnik] *adj.* worthy of worship, highly respectable; sacred, holy, venerable, venerated, respected

ਪੁਜਾ [puja] *n.f.* worship, offering, prayers

~ **ਅਸਥਾਨ** *n.m.* place of worship, temple, altar, sacred shrine, tabernacle

~ **ਕਰਨੀ** *con.v.* to worship; to pray

~ **ਚੜ੍ਹਾਉਣੀ** *con.v.* to make offering

~ **ਦਾ ਧਾਨ** *ph.* money or material derived from offerings of the devotees

~ **ਪਾਠ** *n.m.* routine prayers

ਪੂੰਜੀ [pũji] *n.f.* capital, wealth, money, assets, stock, investment, finances

~ **ਕਰ** *n.m.* wealth tax, capital levy

~ **ਨਿਵੇਸ਼** *n.m.* investment, capital investment

~ **ਲਾਉਣੀ** *con.v.* to invest cash or capital, finance

ਪੂੰਜੀਗਤ [pũjigət] *adj.* in the form of capital

ਪੂੰਜੀਦਾਰ/ਪੂੰਜੀਪਤੀ [pũjidar/pũjipəti] *adj./n.m.* capitalist, wealthy, rich person, financier

ਪੂੰਜੀਵਾਦ [pũjivad[*n.m.* capitalism

ਪੂੰਜੀਵਾਦੀ [pũjivadi] *adv. & n.m.* capitalist, capitalistic

ਪੂੰਝ [pũj] *v.form* imperative of ਪੂੰਝਣਾ, wipe

ਪੂੰਝਣ [pũjəṇ] *n.m.* act of wiping; cloth or rag used for wiping or cleaning; matter wiped or scrubbed; duster

ਪੂੰਝਣਾ [pũjəṇa] *v.t.* to wipe; to rub out, erase, efface; to clean or dust

ਪੂੰਝਾ [pũja] *n.m* tail (of birds); same as ਪੂੰਝਣ

ਪੁਣ ਸਲਾਈ [puṇ səlai] *n.f.* bodkin used for preparing rolls of carded cotton-wool for spinning

ਪੂਣੀ [puṇi] *n.f.* same as ਪੋਣੀ; roll, sliver, roving of cotton or wool; crosswise stretching and rolling of a turban

~ **ਕੱਤਣੀ** *con.v.* to spin ਪੂਣੀ into yarn

~ **ਕਰਨੀ** *con.v.* to stretch and roll (turban) crosswise

~ **ਪੂਣੀ** *adj. & adv.* separated; scattered

~ **ਵੱਟਣੀ** *con.v.* to roll/rove/form sliver

ਪੁਤਕੰਦਾ [putkə̃da] *n.f.* a shrub, gardenia, *Gardenia tetrasperma*

ਪੁਦਨਾ [pudəna] *n.m.* same as ਪੁਦੀਨਾ

ਪੂਰ [pur] *n.m.* full batch, boatful, boatload of passengers; loaves baked in an oven at one time; sweets, jaggery, etc. prepared in one lot

~ **ਖਪਾਉਣਾ** *ph.* to kill or destroy a whole lot

~ **ਲਾਹੁਣਾ** *ph.* to bake a lot (of loaves), make or prepare a lot (of sweets, jaggery, etc.)

ਪੂਰਕ [purək] *adj.* supplementary, complementary, filler

~ **ਕੋਣ** *n.m.* complementary angle, supplementary angle

~ **ਪ੍ਰਸ਼ਨ** *n.m.* supplementary question

ਪੂਰਤੀ [purti] *n.f.* fulfilment, completion; supply, provision; consummation; making up (of loss, damage or deficiency), compensation

~ **ਕਰਨੀ** *con.v.* to fulfil, complete, supply, provide; to supplement, makə up, compensate, indemnify

ਪੂਰਨ[1] [purən] *n.m.* name of a hero of Punjabi folklore

ਪੂਰਨ[2] *adj.* full, complete, entire, whole; accomplished, consummate, perfect

~ **ਅੰਸ਼** *n.m.* (*maths*) a characteristic of logarithm; complete portion or part

~ **ਸੰਖਿਆ** *n.f.* (*maths*) integeral number

~ **ਭਵਿੱਖਕਾਲ** *n.m.(gr.)* future perfect

~ **ਭਾਜਕ** *n.m.* (maths) aliquot, exact divisor

~ **ਭੂਤਕਾਲ** *n.m.(gr.)* past perfect tense

~ **ਵਰਤਮਾਨ** *n.m.(gr.)* present perfect

~ **ਵਿਰਾਮ** *n.m.* full stop, period, stop

ਪੂਰਨਤਾ [purənta] *n.f.* fullness, completion, fulfilment, completeness

ਪੂਰਨਮਾਸ਼ੀ [purənmaṣi] *n.f.* full moon, a full-moon day or night

ਪੂਰਨਾ[1] [purna] *v.t.* to fill up (ditch, pit, etc.); to take or fulfil (a partisan stand), stand by one's side (of dispute)

ਪੂਰਨਾ[2] *n.m.* letter written in pencil to be written over by a learner child; ideal,

exemplary achievement
ਪੂਰਨੇ ਪਾਉਣੇ *con.v.* to write alphabet in pencil for a learner to write over; to set an ideal or example, make achievements
ਪੂਰਬ [purəb] *n.m.* east, orient; *adj.* same as ਪੂਰਵ
ਪੂਰਬਣ [purbəṇ] *n.f.* same as ਪੂਰਬੀਆ
ਪੂਰਬਲਾ [purbəla] *adj.m.* former, pertaining to previous birth
ਪੂਰਬੀ [purbi] *adj.* eastern; oriental
ਪੂਰਬੀਆ [purbia] *n.m.* native of eastern states *esp.* of Uttar Pradesh and Bihar
ਪੂਰਵ [purəv] *n.m.* same as ਪੂਰਬ; *adj.* former, previous, preceding, prior, earlier; *adv.* before, prior to, earlier
~ ਉਕਤ *adj.* aforesaid
~ ਅਨੁਮਾਨ *n.m.* anticipation, prolepsis, provisional estimate
~ ਆਭਾਸ *n.m.* prescience, presage, foreboding, presentiment
~ ਸੰਕਲਪ *n.m.* postulate, axiom, hypothesis, assumption, presumption
~ ਕਾਲ *n.m.* past; past tense
~ ਕਾਲੀ/~ ਕਾਲੀਨ *adj.* past; ancient
~ ਗਾਮੀ *adj.* forerunner, preceding, antecedent, precedent
~ ਚਿਤਾਉਣੀ *n.f.* forewarning, prewarning
~ ਗਿਆਨ *n.m.* previous or former knowledge; same as ਪੂਰਵ-ਆਭਾਸ
~ ਪਦ *n.m.* (*maths*) antecedent
~ ਪਰਭਾਵੀ *adj.* retrospective; ex post facto
~ ਬੋਧ *n.m.* same as ਪੂਰਵ ਗਿਆਨ
~ ਵਰਤੀ *adj.* same as ਪੂਰਵ
ਪੂਰਵਕ [purvək] *suff.* for forming adverbs, such as ਸਨੇਹਪੂਰਵਕ-affectionately and ਧਿਆਨਪੂਰਵਕ-attentively, carefully
ਪੂਰਵਜ [purvəj] *n.m.* ancestor, forefather
ਪੂਰਾ¹ [pura] *n.m.* acquatic larva or insect
ਪੂਰਾ² *adj.* complete, completed; full, entire, whole, total, all; exact, accurate, correct; stark, sheer
~ ਹੋ ਜਾਣਾ *con.v.* to be completed; *fig.* to die
~ ਕਰਨਾ *con.v.* to complete, fulfil; to make up (loss or deficiency)
ਪੂਰੀ¹ [puri] *n.f.* small flat/round/fried bread; pancake, muffin; achievement
~ ਪਾਉਣੀ *con.v.* to achieve something, make achievement
ਪੂਰੀ² *adj.f.* same as ਪੂਰਾ²
ਪੂਲ਼ਾ [puḷa] *n.m.* sheaf, bundle (of grass, fodder, etc.)
ਪੂਲ਼ੀ [puḷi] *n.f.* small ਪੂਲ਼ਾ; wisp
ਪੂੜਾ [puṛa] *n.m.* sweet/thin bread deep-fried or sauteed; fritter
ਪੂੜੀ [puṛi] *n.f.* same as ਪੂਰੀ¹
ਪੇ¹ [pe] *n.m. dia.* see ਪਿਓ
ਪੇ² *n.f.* pay, salary
ਪੇਸ਼ [peṣ] *adv.* before, in front of
~ ਆਉਣਾ *con.v.* to happen (to some one); to treat, behave towards
~ ਹੋਣਾ *con.v.* to be present, appear (before someone), present oneself to
~ ਕਦਮੀ *n.f.* advance, progress; initiative, lead
~ ਕਦਮੀ ਕਰਨਾ *ph.* to take initiative, lead, take steps, progress
~ ਕਬਜ਼ *n.f.* dagger
~ ਕਰਨਾ *con.v.* to present, offer, produce, arraign
~ ਨਾ ਚਲਣੀ *ph.* for no effort to avail, to be unsuccessful despite one's best efforts, unable to do anything, helpless
~ ਪੇਸ਼ *adv.* in the forefront
~ ਪੈਣਾ *ph.* to fall into one's lot (derogatory)
ਪੇਸ਼ਕਸ਼ [peṣkəṣ] *n.f.* offer, proposal; presentation
ਪੇਸ਼ਕਾਰ [peṣkar] *n.m.* court official who presents or produces cases before a judge
ਪੇਸ਼ਕਾਰੀ [peṣkari] *n.f.* presentation
ਪੇਸ਼ਗੀ [pəṣəgi] *n.f.* advance payment, earnest money, earnest
ਪੇਸਟਰੀ [peṣṭəri] *n.f.* pastry
ਪੇਸ਼ਤਰ [peṣtər] *adv.* before, earlier than, ahead of
ਪੇਸ਼ਬੰਦੀ [peṣbə̃di] *n.f.* forestalling, preemption, preclusion, prevention, precaution

ਪੇਸ਼ਵਾ [peṣva] *n.m.* guide, leader; head or prime minister of Maratha confederacy
ਪੇਸ਼ਵਾਈ [peṣvai] *n.f.* guidance, leadership
ਪੇਸ਼ਾ [peṣa] *n.m.* occupation, profession, calling, career, trade, business, work; harlotry, prostitution
~ ਅਪਨਾਉਣਾ *con.v.* to adopt a profession
~ ਕਰਨਾ *ph.* to practise prostitution
ਪੇਸ਼ਾਵਰ [peṣavər] *adj.* professional, career, (one) regularly practising a profession
ਪੇਸ਼ਾਵਰਾਨਾ [peṣavərana] *adj.* professional, concerning ਪੇਸ਼ਾ
ਪੇਸ਼ਾਨੀ [peṣani] *n.f.* same as ਮੱਥਾ, forehead
ਪੇਸ਼ਾਬ [peṣab] *n.m.* same as ਪਿਸ਼ਾਬ/ਮੂਤ
ਪੇਸੀ [pesi] *n.f.* small lump, *esp.* of jaggery
ਪੇਸ਼ੀ [peṣi] *n.f.* arraignment, presentation (before officer or court); hearing (in court); same as ਮਾਸਪੇਸ਼ੀ under ਮਾਸ, muscle
~ ਪਾਉਣੀ *con.v.* to fix date of hearing
ਪੇਸ਼ੀਨਗੋਈ [peṣingoi] *n.f.* prediction, prophecy, foretelling
ਪੇਕਾ [peka] *n.m.* parental home/house/family/village or town; *adj.* parental
~ ਘਰ *n.m.* parental house or home
ਪੇਚ [pec] *n.m.* screw, threads of a screw; twist; same as ਦਾਉ ਪੇਚ under ਦਾਉ; quirk, quibble, subterfuge, subtlety; fold, turn (of turban, creeper, etc.)
~ ਕਸ *n.m.* screwdriver
~ ਖੋਲ੍ਹਣਾ *con.v.* to unscrew; to unravel
~ ਬਣਾਉਣੇ *con.v.* to cut threads (of screw)
~ ਮਾਰੇ ਜਾਣੇ *ph.* for threads to be worn out or blunted
ਪੇਚਸ਼ [pecəṣ] *n.m.* dysentery, diarrhoea; tenesmus
ਪੇਚਕ [pecək] *n.m.* same as ਉੱਲੂ, owl
ਪੇਚਦਾਰ [pecdar] *adj.* screw-like, threaded; coiled, twisted, convoluted, zigzag
ਪੇਚਵਾਂ [pecvā̃] *adj.* same as ਪੇਚਦਾਰ
ਪੇਚਾ [pecca] *n.m.* tangle, entanglement, involvement, convolution, complication
~ ਪਾਉਣਾ *ph.* to cause ਪੇਚਾ (as in kite-flying), to entangle, complicate
~ ਪੈਣਾ *ph.* to be entangled, involved
ਪੇਚੀਦਗੀ [pecidgi] *n.f.* complication, complexity, intricacy, tangle
ਪੇਚੀਦਾ [pecida] *adj.* complicated, complex, intricate, entangled, tangled, involved
ਪੇਚੀਲਾ [pecila] *adj.m.* same as ਪੇਚਦਾਰ; knotty; same as ਪੇਚੀਦਾ
ਪੇਂਜਾ [pẽja] *n.m.* cotton-carder, cotton-comber; *cf.* ਪਿੰਜਣਾ
ਪੇਂਝੂ [pẽju] *n.m.* ripe fruit of wild caper; *cf.* ਡੇਲਾ[2]
ਪੇਟ [peṭ] *n.m.* same as ਢਿੱਡ, abdomen; cavity, capacity, accommodation, space
~ ਸਬੰਧੀ *adj.* abdominal, visceral
~ ਕੱਟਣਾ *ph.* to starve, take away means of subsistence; *v.i.* to economise, be frugal
~ ਗਿਰਨਾ *ph.* to abort, suffer abortion, miscarry
~ ਗਿਰਾਣਾ *ph.* to cause abortion
~ ਦਰਦ *n.m.* stomach ache, colic, gastralgia, neuralgia of the stomach
~ ਦੀ ਅੱਗ *ph. fig.* hunger (*lit.* abdominal fire)
~ ਦੀ ਝਿੱਲੀ *ph.* peritonium
~ ਪਾਲ੍ਹਣਾ *v.i.* to earn one's living, subsist, make both ends meet
ਪੇਂਟ [pẽṭ] *n.f.* paint
ਪੇਂਟਰ [pẽṭər] *n.m.* painter
ਪੇਟਾ [peṭṭa] *n.m.* weft, filling, woof, breadth; share, responsibility
ਪੇਟੇ ਪਾਉਣਾ *ph.* to take or give responsibility for; to take or accept as one's share; to apportion, accept assets and liabilities of
ਪੇਂਟਿੰਗ [pẽṭĩg] *n.f.* painting
ਪੇਟੀ [peṭṭi] *n.f.* belt, girdle; large box, chest
ਪੇਟੀ ਕੋਟ [peṭṭi koṭ] *n.m.* petticoat
ਪੇਟੂ [peṭṭu] *adj.* glutton, gourmand, gourmet, gastronome, gluttonous, voracious, greedy in eating, guzzler

ਪੇਟੈਂਟ [peṭɛ̃ṭ] *adj. & n.m.* patent

ਪੇਠਾ [peṭha] *n.m.* white or ash gourd, *Benincasa cerifera* or *Cucurbita maxima*

ਪੇਡੂ [peḍu] *n.m.* pelvis, pelvic region

~ ਦੀ ਹੱਡੀ *ph.* sacrum

ਪੇਂਡੂ [pẽḍu] *n.m. & adj.* villager, yokel; rustic, rural

ਪੇਂਡੂਪਣ [pẽḍupəṇ] *n.m.* rusticity, rustic or rural characteristics

ਪੇਤਲ਼ਾ [petḷa] *adj.m.* thin, dilute; even, level, smooth

ਪੇਤਲ਼ਾਪਣ [petḷapəṇ] *n.m.* thinness, dilution; evenness, level, smoothness

ਪੇਂਦਾ [pẽda] *n.m.* base, bottom

ਪੇਪਣੀ [pepəṇi] *n.f.* lobe (of ear)

ਪੇਪਰ [pepər] *n.m.* paper; newspaper; question paper

ਪੇਪੜੀ [pepəṛi] *n.f.* same as ਪਪੜੀ

ਪੇਰਨੀ [perni] ਨਟਣੀ; dancer-cum-acrobat

ਪੇਰੂ [peru] *n.m.* turkey, *Maleagris gallopava*

ਪੇਲਣਾ [peləṇa] *v.i.* to move about leisurely or arrogantly (by or like elephant)

ਪੇਵਾ [peva] *n.m. dia.* see ਵੜੇਵਾਂ, cotton seed; tonsil, tonsilitis, quinsy

ਪੇੜ [peṛ] *n.m.* same as ਰੁੱਖ, tree; tool box

ਪੇੜਾ [peṛa] *n.m.* ball of dough; a kind of sweatmeat made from milk paste

ਪੇੜੀ [peṛi] *n.f.* small tool box; granary made from twigs and straw, also called ਪੇੜੂ

ਪੈਸਾ [pɛsa] *n.m.* paisa, pice; *fig.* money, cash; wealth

~ ਟਕਾ/~ ਧੇਲਾ *n.m.* money, cash; wealth, riches

~ ਲਾਉਣਾ *ph.* to spend (on), invest (in); to wager cash

ਪੈਸੇ ਵਾਲ਼ਾ [pɛse vəḷa] *adj.* rich, wealthy

ਪੈਂਹਠ [pɛ̃ṭh] *adj.* sixty-five

ਪੈਂਹਠਵਾਂ [pɛ̃ṭhvã] *adj.m.* sixty-fifth

ਪੈਂਹਠੀਂ [pɛ̃ṭhi] *adv.* for Rs. 65

ਪੈਕ [pɛk] *n.m.* pack

~ ਕਰਨਾ *con.v.* to pack, pack up

ਪੈਕਟ [pɛkəṭ] *n.m.* pact; packet

ਪੈਖੜ [pɛ̃khəṛ] *n.m.* fetter, tether

ਪੈਗ/ਪੈੱਗ [pɛg/pɛgg] *n.m.* peg, a measure for alcoholic drinks; highball

ਪੈਗੰਬਰ [pɛgə̃bər] *n.m. lit.* messenger of God, prophet

ਪੈਗੰਬਰੀ [pɛgə̃bri] *n.f.* prophethood; *adj.* prophetic

ਪੈਗਾਮ [pɛgam] *n.m.* message

ਪੈਂਚ [pɛ̃c] *n.m.* same as ਪੰਚ[1] (flattering title for) water-carrier; *fem.* ਪੈਂਚਣੀ

ਪੈਂਚਰ [pɛ̃cər] *adj. & n.m.* same as ਪੰਚਰ, punctured; puncture

ਪੈਜ [pɛj] *n.f.* honour, fair name; vow, promise

ਪੈਂਟ [pɛ̃ṭ] *n.f.* pantaloon, pants, see ਪਤਲੂਣ

ਪੈਂਠ[1] [pɛ̃ṭh] *adj.* see ਪੈਂਹਠ

ਪੈਂਠ[2] *n.f.* dominating influence; reputation, awe, strong impression or effect

~ ਜੰਮ ਜਾਣੀ *ph.* to gain ਪੈਂਠ, for one's ਪੈਂਠ to be established

~ ਜਮਾਉਣੀ *ph.* to establish ਪੈਂਠ, make a mark, excel

ਪੈਡ [pɛḍ] *n.m.* pad

ਪੈਡਲ [pɛḍəl] *n.m.* pedal

ਪੈਂਡਲ [pɛ̃ḍəl] *n.m.* pendant; pendulum

ਪੈਂਡਾ [pɛ̃ḍa] *n.m.* distance; journey, trek, travel, distance travelled

~ ਕਰਨਾ/~ ਮਾਰਨਾ *con.v.* to cover a distance, trek, travel

~ ਪੈਣਾ *con.v.* to make a fruitless journey

ਪੈਂਡੇ ਪੈਣਾ *con.v.* to set out on journey

ਪੈਣਾ[1] [pɛṇa] *v.i.* to lie down; to sleep; (for rain) to fall; (for summer heat or winter cold) to be hot or cold; to be put in/added/mixed; (for clothes, shoes, etc.) to be put on, to fit; (for building, etc.) to be constructed, built; (for dogs) to attack, bark or bite

ਪੈਣਾ[2] *aux.v.* to be forced or obliged; to have to

ਪੈਂਤੜਾ [pɛ̃təṛa] *n.m.* position, posture, stance; strategy, strategic posture, tactical deployment

~ ਮੱਲਣਾ *ph.* to take tactical position

ਪੈਂਤੜੇਬਾਜ [pɛ̃təṛebaj] *adj.* strategist, tactician; cunning

ਪੈਂਤੜੇਬਾਜ਼ੀ [pẽtərebaji] *n.f.* skill in taking tactical stance
ਪੈਤ੍ਰਿਕ [pɛtrık] *adj.* parental, hereditary
ਪੈਂਤੀ [pẽṭi] *adj.* thirty-five
ਪੈਂਤ੍ਹੀਂ [pẽ́ṭi] *adv.* for Rs. 35
ਪੈਂਤ੍ਹੀਆਂ/ਪੈਂਤ੍ਹੀਵਾਂ [pẽ́tiã / pẽ́tivã] *adj.m.* thirty-fifth
ਪੈਂਦ [pẽd] *n.f.* same as ਪੁਆਂਦ; bed string, string to tighten cot strings
ਪੈਦਲ [pɛdəl] *adj. & adv.* on foot, marching
~ **ਚੱਲਣਾ** *con.v.* to march; to wade
~ **ਚੱਲਣ ਵਾਲ਼ਾ** *ph.* pedestrian
~ **ਫ਼ੌਜ** *n.f.* infantry, unmounted troops
ਪੈਂਦੜ ਸੱਟੇ [pẽdəṛ səṭṭe] *adv.* immediately, at once; to start with, at the outset
ਪੈਦਾ [pɛda] *adj.* born, begotten; produced
~ **ਹੋਣਾ** *con.v.* to take birth, be born/created/produced; to grow
~ **ਕਰਨਾ** *con.v.* to create, produce, grow; to spawn, give birth to, bring forth
ਪੈਦਾਇਸ਼ [pɛdaıṣ] *n.f.* birth, creation, growth, production; nativity
ਪੈਦਾਇਸ਼ੀ [pɛdaıṣi] *adj.* inborn, born, innate, native, inbred
~ **ਹੱਕ** *n.m.* birthright
ਪੈਦਾਵਾਰ [pɛdavar] *n.f.* produce, production, yield; income; consequence, result
ਪੈਦਾਵਾਰੀ [pɛdavari] *n.f.* same as ਪੈਦਾਇਸ਼; *adj.* pertaining to ਪੈਦਾਵਾਰ
ਪੈਂਦੀ ਸੱਟੇ [pẽdi səṭṭe] *adv.* same as ਪੈਂਦੜ ਸੱਟੇ
ਪੈੱਨ [pɛnn] *n.m.* pen
ਪੈਨਸ਼ਨ [pɛnṣən] *n.f.* pension
ਪੈਨਸ਼ਨਰ/ਪੈਨਸ਼ਨੀਆਂ [pɛnṣənər / pɛnṣəniã] *n.m.* pensioner
ਪੈਨਸਲੀਨ [pensəlin] *n.f.* pencillin
ਪੈਨਜ਼ੀ [penzi] *n.m.* pansy, violet, *Viola tricolor hortensis*
ਪੈਪਸੂ [pɛpsu] *n.m.* P.E.P.S.U., Patiala and East Punjab States Union
ਪੈਂਫ਼ਲਿਟ [pẽflıṭ] *n.m.* pamphlet
ਪੈਮਾਇਸ਼ [pɛmaıṣ] *n.f.* measurement; survey
~ **ਕਰਨੀ/~ ਲੈਣੀ** *con.v.* to measure, take measurement; to survey
ਪੈਮਾਨਾ [pɛmana] *n.m.* measure, meter, scale; drinking glass, goblet
ਪੈਰ [pɛr] *n.m.* foot; podium; footprint, footstep; base, basis, foundation, footing, foothold
~ **ਉੱਖੜਨੇ** *ph.* to lose ground/footing or foothold, become insecure
~ **ਹੀਨ** *adj.* apodal, apodous
~ **ਕਬਰ ਵਿਚ ਹੋਣਾ** *ph.* to be very old, be on death's threshold, have one foot in the grave
~ **ਖਿੱਚਣਾ** *ph.* to backtrack, withdraw, drag one's feet
~ **ਚੱਟਣਾ** *ph.* to lick someone's feet or boots; to behave slavishly/servilely, fawn
~ **ਚੁੰਮਣਾ** *ph.* to pay utmost respect or reverence
~ **ਛੂਹਣਾ** *ph.* to touch someone's feet, bow (to, before), salute (elders) by touching their feet
~ **ਜੰਮਣੇ/~ ਜਮਾਉਣੇ** *ph.* to be firmly in position or control, gain firm foothold
~ **ਟਿਕਾ** *n.m.* same as ਪੈਰ ਧਰਾ
~ **ਟਿੱਪਣੀ** *n.f.* same as ਪਗ ਟਿੱਪਣੀ, footnote
~ **ਦਾ ਅੰਗੂਠਾ** *ph.* the great toe, hallux
~ **ਦੀ ਉਂਗਲੀ** *ph.* toe
~ **ਧਰਾ** *n.m.* foothold, footing
~ **ਪਾਉਣਾ** *ph.* to enter, come in
~ **ਫੜਨੇ** *ph.* to fall at someone's feet, accept defeat, apologise, beg pardon or favour
~ **ਭਾਰੇ ਹੋਣੇ** *ph.* to be pregnant
~ **ਲੱਗਣੇ** *ph.* same as ਪੈਰ ਜੰਮਣੇ
ਪੈਰਾਂ ਹੇਠੋਂ ਜ਼ਮੀਨ ਨਿਕਲ ਜਾਣੀ *ph.* to be shocked, have the shock of one's life, be in great sudden fear
ਪੈਰਾਂ ਤੇ ਆਪ ਕੁਹਾੜਾ ਮਾਰਨਾ *ph.* to dig one's own grave
ਪੈਰਾਂ ਤੋਂ ਕੱਢਣਾ *ph.* to make one feel unsteady or insecure, threaten, frighten
ਪੈਰਾਂ ਭਾਰ ਬਹਿਣਾ *ph.* to sit on one's heels, squat
ਪੈਰੀਂ ਪੈਣਾ *ph.* same as ਪੈਰ ਚੱਟਣਾ and ਪੈਰ

ਛੂਹਣਾ
ਪੈਰ~ *adv.* step by step, gradually

ਪੈਰਵੀ [pɛrvi] *n.f.* pursuit, conduct *usu.* of a law suit or petition; following, obeying, acting upon (instruction or advice)

~ **ਕਰਨੀ** *con.v.* to follow, obey, carry out; to pursue, follow up, push through

ਪੈਰਾ [pɛra] *n.m.* para, paragraph

ਪੈਰਾਸ਼ੂਟ [pɛrasuṭ] *n.m.* parachute

ਪੈਰਾਮੀਟਰ [pɛramiṭər] *n.m.* perimeter

ਪੈਰਿਸਕੋਪ [pɛrɪscop] *n.f.* periscope

ਪੈਰੋਕਾਰ [pɛrokar] *n.m.* follower, disciple, devotee, adherent, acolyte

ਪੈਰੋਲ [pɛrol] *n.f.* parole

ਪੈਲ [pɛl] *n.f.* peacock's dance; *fig.* skipping about, gambol, caper, dance, frolic; layout of fruit *esp.* mango or of eggs on a bed of hay or chaff for ripening or hatching respectively

~ **ਪਾਉਣੀ** *con.v.* to dance, gambol; to layout ਪੈਲ

ਪੈਲ਼ੀ [pɛḷi] *n.f.* arable field, plot of agricultural land, landed property

~ **ਬੰਨਾ** *n.m.* agricultural land; crops

ਪੈੜ [pɛṛ] *n.f.* footprints, footmarks, trail, spoor, footstep; circular path around a Persian wheel or oil press

~ **ਕੱਢਣੀ** *v.t.* same as ਖੁਰਾ ਕੱਢਣਾ, under ਖੁਰਾ¹, to track down

ਪੈੜਾ [pɛṛa] *n.m.* stirrup leather; leucorrhoea, the whites

ਪੋਆ [poa] *n.m.* pupa; *pl.* pupae

ਪੋਈ [poi] *n.f.* a creeper, the leaves of which are used as a potherb, *Bassela alba*

ਪੋਈਆ [poia] *n.m.* canter

ਪੋਏ [poe] *n.m. pl.* pupae

ਪੋਸ਼ [poṣ] *suff.* indicating cover as in ਖੱਦਰਪੋਸ਼, ਮੇਜ਼ਪੋਸ਼

ਪੋਸਟ [posṭ] *n.f.* post, vacancy, job, situation; dak, mail

ਪੋਸਟ ਮਾਰਟਮ [posṭ marṭəm] *n.m.* post-mortem examination; autopsy, necropsy

ਪੋਸਟਰ [posṭər] *n.m.* poster

ਪੋਸਣ [posəṇ] *n.m.* see ਪਾਲਣ ਪੋਸਣ

ਪੋਸਤ [post] *n.m.* poppy husk, poppy pod; poppy plant *Papaver orientale*

~ **ਦਾ ਡੋਡਾ** *ph.* poppy pod

ਪੋਸਤੀ [posti] *n.m.* addict to ਪੋਸਤ solution; *adj. fig.* lazy, lethargic; moody

ਪੋਸਤੀਨ [postin] *n.f.* furcoat, buffcoat, garment of furry leather; fleecy hide, buff leather

ਪੋਸ਼ਾਕ [poṣak] *n.f.* same as ਪੁਸ਼ਾਕ, dress

ਪੋਹ [pó] *n.m.* tenth month of Bikrami calendar (mid December to mid January); *v.form* imperative of ਪੋਹਣਾ

ਪੋਹਕਰ ਮੂਲ [pókər mul] *n.m.* an odorous tuber root (used as incense and in some medicines)

ਪੋਹਣਾ [póṇa] *v.i.t.* to cause sensation, feeling, pain, affect; to be felt

ਪੋਹਲ਼ੀ [póḷi] *n.f.* a thorny weed; *Carthamus oxycantha* or *tinctoria*

ਪੋਖਣ [pokhəṇ] *n.m.* same as ਪਾਲਣ

ਪੋਖਰ [pokhər] *n.m.* pond

ਪੋਖੋ [pokho] *n.m.* imitation, reflection, influence, copy (of habits and behaviour)

ਪੋਚ¹ [poc] *n.m.* class or category according to age, generation, age group

ਪੋਚ² *v.form* imperative of ਪੋਚਣਾ, wipe, wash, plaster; *n.m.* coat of whitewash or plaster

ਪੋਚਣਾ [pocəṇa] *v.t.* to wipe, wash, plaster; to smear, daub

ਪੋਚਵਾਂ [pocvã] *adj.m.* smooth, smoothened, polished, plastered, daubed

ਪੋਚਾ [pocca] *n.m.* solution of mud or cowdung for plastering mud floors or walls; rag for cleaning floors, swab, mop; *fig.* hushing up, cover-up

~ **ਪਾਉਣਾ** *ph.* to hush up, explain away, cover up

~ **ਪਾਚੀ** *n.f.* cleaning up, sprucing up

~ **ਫੇਰਨਾ** *ph.* same as ਪੋਚਾ ਪਾਉਣਾ; to daub or plaster with ਪੋਚਾ; to clean, scrub, swab (floor, etc.)

~ **ਮਾਰਨਾ** *con.v.* to clean with a swab

ਪੋਜ਼ [poz] *n.m.* pose

ਪੋਟ [poṭ] *n.f.* sac on the gullet of birds;

crop, craw

ਪੋਟਲ਼ੀ [potəḷi] *n.f.* small bundle or package tied in cloth piece; cavity, sac, gland, follicule

ਪੋਟਾ [poṭṭa] *n.m.* section or bone of thumb/finger or toe; phalange, phalanx

~ **ਪੋਟਾ/ਪੋਟੇ ਪੋਟੇ** *adv.* joint by joint, inch by inch; inch deep

ਪੋਠੋਹਾਰ [poṭhohar] *n.m.* Northwestern region of the Punjab, particularly area around Rawalpindi

ਪੋਠੋਹਾਰੀ [poṭhohari] *adj.* pertaining to ਪੋਠੋਹਾਰ, native of or hailing from ਪੋਠੋਹਾਰ; *fem.* ਪੋਠੋਹਾਰਨ *n.f.* dialect spoken in ਪੋਠੋਹਾਰ

ਪੋਣ [poṇ] *n.m.* same as ਛਿੱਡੀ; residue of strained buttermilk

ਪੋਣਾ [poṇa] *n.m.* straining cloth, dish cloth, kitchen napkin; perforated stone screen; enclosure in a bathing tank meant exclusively for ladies

ਪੋਣੀ [poṇi] *n.f.* tea or coffee strainer; sieve with long handle used by confectioners

ਪੋਤ[1] [pot] *n.m.* ship, boat; same as ਪੋਟਾ; embroidery with silken thread, cloth so embroidered

ਪੋਤ[2] *n.f.* same as ਵੱਕ[1]

ਪੋਤ[3] *pref.* meaning ਪੋਤਰਾ

~ **ਜਵਾਈ** *n.m.* husband of one's grand daughter, grandson-in-law

~ **ਨੂੰਹ** *n.f.* wife of one's grandson, granddaughter-in-law

ਪੋਤਰਾ [potəra] *n.m.* grandson, son's son

ਪੋਤਰੀ [potəri] *n.f.* granddaughter, son's daughter

ਪੋਤੜਾ [potəṛa] *n.m.* diaper

ਪੋਤਾ [potta] *n.m.* same as ਪੋਤਰਾ

ਪੋਥਾ [pottha] *n.m.* large book, tome

ਪੋਥੀ [potthi] *n.f.* book, especially a sacred book

ਪੋਨਾ [ponna] *n.m.* a variety of sugarcane

ਪੋਪ [pop] *n.m.* pope

ਪੋਪਲ਼ਾ [popəḷa] *adj.m.* (for face) plump; toothless (mouth)

ਪੋਪਲੀ [popli] *n.f.* inflated leather bag (used as swimming aid), lifebelt, life preserver

ਪੋਰ [por] *n.f.* same as ਪੋਟਾ; funnel with a long tube used for sowing

ਪੋਰਚ [porc] *n.f.* porch

ਪੋਰਟਰ [porṭər] *n.m.* porter

ਪੋਰਨਾ [porna] *v.t.* to sow seed through ਪੋਰ (attached to the plough)

ਪੋਰਾ [pora] *n.m.* process of sowing with ਪੋਰ

ਪੋਰੀ [pori] *n.f.* segments (of bamboo, sugarcane, etc.) between two nodal joints

ਪੋਲ [pol] *n.m.* pole; hollowness, sponginess, weakness

~ **ਖੁਲ੍ਹਣਾ** *con.v.* for weakness or crime to be exposed

~ **ਵਾਲਟ** *n.m.* polevault

ਪੋਲੋ [póllo] *n.f.* polo

ਪੋਲਾ [polla] *adj.m.* hollow; plump, soft, tender; weak, delicate; yielding, easily compressible; fat, flabby, flaccid

ਪੋਲੇ ਮੂੰਹ *adv.* (to talk) glibly

ਪੋਲਾਪਣ [polapəṇ] *n.m.* hollowness, tenderness, weakness, flaccidness, flaccidity

ਪੋਲਿੰਗ [polĩg] *n.f.* polling, poll, polls

ਪੋਲੀਓ [polio] *n.m.* polio, poliomyelitis

ਪੌਂ [pɔ̃] *n.m.* any of the high counts in dice

~ **ਬਾਰਾਂ** *n.m pl.* largest count in dice, jackpot; *fig.* great success, lucky chance, good luck

ਪੌਂਚਾ [pɔ̃ca] *n.m.* same as ਪਹੁੰਚਾ[1]

ਪੌਂਡ [pɔ̃ḍ] *n.m.* pound

ਪੌਡਾ [pɔḍḍa] *n.m.* dent made in rock/wall or tree trunk (as foothold for climbing up)

ਪੌਣ [pɔṇ] *n.f.* wind, air, breeze; measure of three fourths or three quarters

ਪੌਣਾ[1] [pɔṇa] *adj.m.* three quarters, three fourth, 3/4th

ਪੌਣਾ[2] *n.m.* same as ਪਾਉਣਾ

ਪੌਦ [pɔd] *n.f.* same as ਪਨੀਰੀ, seedlings

ਪੌਦਾ [pɔdda] *n.m.* plant, young tree

ਪੌਲ੍ਹ [pɔ́l] *n.f.* see ਪਹੁਲ

ਪੌਲਾ [pɔlla] *n.m.* shoe, one of a pair of

shoes

ਪੌਲ਼ੀ [pɔḷi] *n.f.* same as ਚੁਆਨੀ, 4-anna coin (obsolete), 25-paise coin

ਪੌੜ [pɔṛ] *n.m.* hoof *esp.* that of a horse, hoof-print; *informal.* an uncommonly large foot

ਪੌੜੀ [pɔṛi] *n.f.* ladder, stairs, staircase; rung of a ladder, step of stairs; same as ਪਉੜੀ

ਪੌੜੀਆਂ [pɔṛiã] *n.f.pl.* flight of steps, steps of stairs, staircase, ladder

ਫ

ਫ [phəppha] *n.m.* twenty-seventh letter of Gurmukhi script representing the voiceless aspirated bilabial sound [ph]

ਫਸੱਕੜ [phəsəkkəṛ] *n.m.* an awkward sitting posture with legs spread

~ **ਮਾਰਨਾ** *con.v.* to sit awkwardly

ਫਸਕਾ [phəska] *n.m.* thick mud for constructing mud walls or for spreading over roofs

ਫਸਟ [phəsṭ] *adj.* first, also ਫ਼ਸਟ

~ **ਕਲਾਸ** *n.f.* first class; *adj.* first class, excellent, best, topclass

ਫਸਣਾ [phəsṇa] *v.i.* to fit tightly, get stuck; to be caught, involved, entangled, entrapped, ensnared

ਫਸਤਾ [phəsta] *n.m.* same as ਫਸਕਾ; dispute, quarrel

~ **ਮੁਕਾਉਣਾ** *ph.* to settle dispute, remove some obstacle or cause for worry

~ **ਵੱਢਣਾ** *ph.* same as *prec.;* to do something carelessly or half-heartedly

ਫਸਦ [phəsəd] *n.m.* phlebotomy, blood-letting, bleeding

~ **ਖੋਲ੍ਹਣਾ** *con.v.* to phlebotomise, bleed, 'et blood from a vein

ਫਸ ਫਸਾ [phəs phəsa] *n.m.* complication

ਫਸਲ [phəsəl] *n.f.* crop, harvest; also ਫ਼ਸਲ

~ **ਵਾੜੀ** *n.f.* crops, cultivated fields

ਫਸਲੀ [phəsli] *adj.* seasonal; also ਫ਼ਸਲੀ

~ **ਬਟੇਰਾ** *n.m. slang* inconstant friend, fair-weather friend, infrequent visitor; *adj.* opportunist, time-server

ਫਸਵਾ [phəsva] *v.form* imperative of ਫਸਵਾਉਣਾ, get (one) entangled

ਫਸਵਾਉਣਾ [phəsvauṇa] *v.t.* to cause to be stuck or entangled, entangle through someone else

ਫਸਵਾਈ [phəsvai] *n.f.* act of or payment for *prec.*

ਫਸਾ [phəsa] *v.form* imperative of ਫਸਾਉਣਾ, entangle

ਫਸਾਉਣਾ [phəsauṇa] *v.t.* to entangle, ensnare, entrap, implicate; to thrust, stick, fix something tightly

ਫਸਾਹਤ [phəsát] *n.f.* eloquence, fluency; perspicuousness, perspicuity; also ਫ਼ਸਾਹਤ

ਫਸਾਦ [phəsad] *n.m.* riot, public disorder or disturbance, fracas, fray, violent quarrel; also ਫ਼ਸਾਦ

~ **ਦੀ ਜੜ੍ਹ** *ph.* root cause of riot, bone of contention, apple of discord; person starting trouble, riotous person

ਫਸਾਦੀ [phəsadi] *adj. & n.m.* person causing or participating in riot, riotous person, rioter, hooligan; *pl.* riotous mob; *fem.* ਫਸਾਦਣ

ਫਸਾਨਾ [phəsana] *n.m.* same as ਅਫ਼ਸਾਨਾ, story; also ਫ਼ਸਾਨਾ

ਫਸੀਲ [phəsil] *n.f.* same as ਕੰਧ, wall; also ਫ਼ਸੀਲ

ਫਹਾ [phəha] *n.m.* same as ਫਹਿਆ; *v.form* imperative of ਫਹਾਉਣਾ

ਫਹਾਉਣਾ [phəhauṇa] *v.t.* same as ਫਸਾਉਣਾ

ਫਹਿਆ [phəhɪa/phéa] *n.m.* medicated piece of cotton or cloth put on a wound or boil, sticking plaster

ਫਹਿਰਾਉਣਾ [phérauṇa] *v.t.* same as ਲਹਿਰਾਉਣਾ, to hoist

ਫਹੁੜਾ [phóṛa] *n.m.* same as ਫੌੜਾ

ਫਹੁੜੀ [phóṛi] *n.f.* same as ਫੌੜੀ

ਫੱਕ[1] [phəkk] *n.f.* rice bran

ਫੱਕ[2] *adj.* pale, pallid, colourless (face due to fear); also ਫ਼ੱਕ

ਫੱਕ[3] *v.form* imperative of ਫੱਕਣਾ swallow

ਫੱਕ[4] *n.m.* possession, also ਫ਼ੱਕ

~ **ਕਰਨਾ** *con.v.* to free from mortgage, take possession

~ **ਰਹਿਣ** *adj.* released from mortgage

ਫੱਕਣਾ [phəkkəṇa] *v.t.* to throw something (powdered/granulated or tablet) from the palm into mouth or throat, swallow without munching or use of liquid

ਫਕਤ [phəkət] *adj.* same as ਸਿਰਫ਼; only; also ਫ਼ਕਤ

ਫੱਕਰ [phəkkər] *n.m.* same as ਫਕੀਰ; a person unattached to mundane interest; carefree/simple/gentle person; holy man

ਫੱਕੜ [phəkkəṛ] *n.m.* abuse, indecent or foul talk, utterance of unprintable words or phrases; useless/meaningless/ nonsensical chatter

~ **ਤੋਲਣਾ** *ph.* to indulge in ਫੱਕੜ, abuse

ਫੱਕੜੀ [phəkkəṛi] *n.m.* abusive/indecent talker, nonsensical chatterer

ਫੱਕਾ [phəkka] *n.m.* act of ਫੱਕਣਾ, quantity so consumed in one instant; *fig.* any small quantity

~ **ਨਾ ਛੱਡਣਾ** *ph.* not to leave a bit behind, to take away everything

~ **ਨਾ ਰਹਿਣਾ** *ph.* to suffer complete or total loss, be utterly ruined

~ **ਮਾਰਨਾ** *con.v.* to take by ਫੱਕਣਾ, swallow, gulp without munching, throw straight into the mouth

ਫੱਕੀ [phəkki] *n.f.* powdered medicine or other stuff to be swallowed dry followed by sip or draught of water

ਫੱਕੀਆਂ ਉਡਾਉਣੀਆਂ *ph. slang* to consume, finish, waste or squander fast

ਫਕੀਰ [phəkir] *n.m.* fakir, sadhu, monk, hermit, recluse; mendicant, beggar, anchorite; *fem.* ਫ਼ਕੀਰਨੀ; also ਫ਼ਕੀਰ

ਫਕੀਰਾਨਾ [phəkirana] *adj.* pertaining to/ characteristic of fakir; austere, anchoritic, hermitic, hermitish

ਫਕੀਰੀ [phəkiri] *adj.* same as *prec.; n.f.* life of a fakir, reclusion, anchoritism, mendicancy

ਫਖਰ [phəkhər] *n.m.* justified, righteous pride; also ਫ਼ਖ਼ਰ

~ **ਕਰਨਾ** *con.v.* to be proud of

ਫੱਗਣ [phəggəṇ] *n.m.* twelfth month of Bikrami calendar (mid-February to mid-March)

ਫੰਘ [phə̃g] *n.m. colloq.* see ਖੰਭ, wing

ਫਜਰ [phəjər] *n.f.* same as ਸਵੇਰ, morning; also ਫ਼ਜਰ

ਫਜ਼ਲ [phəzəl] *n.m.* same as ਕਿਰਪਾ; grace, also ਫ਼ਜ਼ਲ

ਫਜ਼ਾ [phəza] *n.f.* atmosphere, weather, climate; situation, circumstances; also ਫ਼ਜ਼ਾ

ਫਜ਼ੂਲ [phəzul] *adj.* worthless, needless, aimless, useless, nonsensical, good-for-nothing; also ਫ਼ਜ਼ੂਲ

~ **ਖ਼ਰਚ** *adj.* spendthrift, extravagant, prodigal, wastrel

~ **ਖ਼ਰਚੀ** *n.f.* wasteful or needless expenditure, extravagance, prodigality

~ **ਬਹਿਸ** *n.f.* palaver, pointless discussion or argumentation

ਫੱਟ¹ [phəṭṭ] *n.m.* wound, cut, gash, slash

ਫੱਟ² *n.f.* lower bar of a yoke; plank or board forming part of a leveller or of cart floor

ਫੱਟ³ *adv.* immediately, instantly, at once, quickly, hastily, in no time, in a jiffy

ਫਟਕ [phəṭək] *n.f.* crystal, marble, opal

ਫਟੱਕ¹ [phəṭəkk] *n.m.* sound of a blow or fall; thud

~ **ਕਰਕੇ** *adv.* with a thud

ਫਟੱਕ² *adv.* same as ਫੱਟ³

ਫਟਕਣਾ¹ [phəṭəkəṇa] *v.i.t.* same as ਫੜਕਣਾ; or ਪਟਕਣਾ, to throw down; to winnow, clean (grain) with a winnower (ਛੱਜ); also ਛੱਟਣਾ under ਛੱਟ²; same as ਫਰਕਣਾ, to quiver, throb

ਫਟਕੜੀ [phəṭkəṛi] *n.f.* alum

ਫਟਕਾ [phəṭka] *n.m.* same as ਝਟਾਕਾ, jerky swing of winnower

ਫਟਕਾਉਣਾ [phəṭkauṇa] *v.t.* same as ਫਟਕਣਾ; to get (grain) cleaned with a winnower; same as ਛਟਵਾਉਣਾ

ਫਟਣ ਵਾਲ਼ਾ [phəṭəṇ vaḷa] *adj.m.* explosive

ਫਟਣਾ [phəṭəṇa] *v.i.* same as ਪਾਟਣਾ, to be torn; to explode, burst, fulminate, detonate; (for milk) to curdle

ਫੱਟਣਾ [phəṭṭəṇa] *v.t.* to inflict or cause ਫੱਟ¹, wound, cut, gash, slash; also ਫੱਟ

ਲਾਉਣਾ

ਫੱਟੜ [phəṭṭər] *adj.* wounded, injured

ਫੱਟਾ [phəṭṭa] *n.m.* wooden plank or board; signboard, hoarding

ਫਟਾਉਣਾ [phəṭauṇa] *v.t.* to cause (milk) to curdle; to explode

ਫਟਾਕਾ [phəṭaka] *n.m.* same as ਛਟਾਕਾ

ਫਟਾ ਫਟ [phəṭa phəṭ] *adv.* same as ਫੱਟ³

ਫੱਟੀ [phəṭṭi] *n.f.* small ਫੱਟਾ; splint, tablet *esp.* one on which beginners learn to write; narrow strip of cloth; part of shirt front into which button holes are made; stripe; same as ਪੱਟੀ, column

~ **ਪੋਚਣੀ** *ph.* to clean the writing tablet; *slang* same as ਪੱਟੀ ਮੇਸ ਕਰਨੀ under ਪੱਟੀ

ਫੱਟੀਦਾਰ [phəṭṭidar] *adj.* striped

ਫੰਡ¹ [phə̃ḍ] *n.f.* severe/slanting shower of rain; *fig.* severe beating, thrashing, threshing; drubbing

~ **ਚਾੜ੍ਹਨੀ** *con.v.* same as ਫੰਡਣਾ

ਫੰਡ² *n.m.* fund; also ਫ਼ੰਡ

ਫੰਡਣਾ [phə̃ḍəṇa] *v.t.* to give a severe beating, drub, clobber, belabour; to thresh

ਫੰਡਰ [phə̃ḍər] *adj.f.* dry or barren (cow or buffalo)

ਫੰਡਵਾਉਣਾ/ਫੰਡਾਉਣਾ [phə̃ḍvauṇa/ phə̃ḍauṇa] *v.t.* to have someone beaten up; to get (paddy, etc.) threshed manually

ਫੰਡਵਾਈ/ਫੰਡਾਈ [phə̃ḍvai/ phə̃ḍai] *n.f.* act of/wage for *prec.*

ਫਤਵਾ [phətva] *n.m.* a verdict/decree or judgement under Muslim religious law; also ਫ਼ਤਵਾ

ਫਤਿਹ [phəte] *n.f.* victory, success, triumph; Sikh salutation or greeting; also ਫ਼ਤਹਿ

~ **ਕਰਨਾ** *con.v.* to conquer

~ **ਗਜਾਉਣੀ**/~ **ਬੁਲਾਉਣੀ** *con.v.* to utter (Sikh) salutation, greet, salute

ਫਤਿਹਯਾਬੀ [phətéyabi] *n.f. lit.* attainment of ਫਤਿਹ; same as ਫ਼ਤਿਹ

ਫਤੂਹੀ [phətúi] *n.f.* sleeveless jacket, waistcoat

ਫਤੂਰ [phətur] *n.m.* disturbance, disorder; same as ਫਸਾਦ

~ **ਮਚਾਉਣਾ** *ph.* to cause/create disorder

ਫੱਦ [phədd] *n.m.* toothless gum

ਫੰਧ [phə̃d] *n.m.* snare, trap, net, entanglement, noose

ਫੰਧਕ [phə̃dək] *n.m.* bird catcher, fowter, hunter, trapper

ਫੰਧਣਾ [phə̃dəṇa] *v.t.* same as ਫਸਾਉਣਾ

ਫੰਧਾ [phə̃da] *n.m.* same as ਫੰਧ

ਫਨ [phən] *n.m.* skill, art, trade, craft (requiring special talent, training and practice) also ਫ਼ਨ

ਫਨਕਾਰ [phənkar] *n.m.* artist, skilled artisan or craftsman

ਫਨਕਾਰੀ [phənkari] *n.f.* art; artistry, skill, craftsmanship

ਫੰਨ੍ਹ [phə̃nn] *n.f.* snake's hood or head

ਫਨ੍ਹੀਅਰ ਸੱਪ [phə̃niər səpp] *n.m.* hooded snake, cobra

ਫਨਾਹ [phəná] *n.m.* destruction, ruin, death, extermination; the end of existence; *adj.* dead, destroyed, exterminated; also ਫ਼ਨਾਹ

~ **ਕਰਨਾ** *con.v.* to destroy, ruin, exterminate

ਫਨੂਸ [phənus] *n.m.* see ਫਾਨੂਸ

ਫੰਨੇ ਖਾਂ/ਫੰਨੇ ਖਾਨ [phə̃nne-khã/phə̃nne khan] *n.m. slang* a proud, arrogant overbearing person

ਫਨੈਲ [phənɛl] *n.m.* see ਫਿਨੈਲ

ਫਫੜਾ [phəphṛa] *n.m.* deceit, fraud; flattery, sycophancy, hypocrisy

ਫਫੜੇਹੱਥਾ [phəphṛehəttha] *adj.m.* deceiver, flatterer, hypocrite

ਫੱਫਾ [phəppha] *n.m.* the letter ਫ

ਫਫੇਕੁੱਟ [phəphekuṭṭ] *adj.m.* deceitful, wily, cunning, hypocrite

ਫਫੇਕੁੱਟਣ/ਫਫੇਕੁਟਣੀ [phəphekuṭṭəṇ/ phəphekuṭṇi] *adj.f.* same as ਫਫੇਕੁੱਟ, old hag

ਫਫੋਲਾ [phəphola] *n.m.* same as ਛਾਲਾ

ਫਬ [phəb] *n.m.* ornate appearance, eclat, beauty, adornment, decoration; also ਫੱਬ

~ **ਫਬ ਬਹਿਣਾ** *ph.* to make oneself prominent, protrude or project one's self-

importance
ਫੱਬਣ [phəbbəṇ] *n.f.* same as ਫਬ
ਫਬਣਾ [phəbṇa] *v.i.* to make oneself beautiful or presentable; to look or appear beautiful, fit well, suit, match; to behove
ਫਬਵਾਂ [phəbvā̃] *adj.m.* fit, proper, suiting, matching, adding to beauty, good effect or appearance, becoming, pleasing
ਫੰਬਾ [phə̃ba] *n.m.* a piece or flock of cotton wool or pad of gauze (used for dressing)
ਫਬਾਉ/ਫਬਾਅ [phəbau/phəba] *n.m.* same as ਫਬ
ਫਬਾਉਣਾ [phəbauṇa] *v.t.* same as ਸਜਾਉਣਾ; to make beautiful, proper, befitting, becoming or matching
ਫਬੀਲਾ [phəbila] *adj.m.* same as ਸਜੀਲਾ, comely, attractive
ਫਰ[1] [phər] *n.m.* shoulder blade; scapula; (in animals) dorsal bone of the pectoral girdle
ਫਰ[2] *n.f.* fur; also ਫ਼ਰ
ਫਰਸ਼ [phərṣ] *n.m.* floor; pavement; also ਫ਼ਰਸ਼
ਫਰਸਾ [phərsa] *n.m.* same as ਕੁਹਾੜਾ, axe
ਫਰਸ਼ੀ [phərṣi] *n.f.* mat, matting; *adj.* pertaining to floor; prostrate (salutation)
ਫਰਹੰਗ [phərhə̃g] *n.m.* glossary; also ਫ਼ਰਹੰਗ
ਫਰਹਤ [phərhət] *n.f.* freshness, happiness, pleasure; also ਫ਼ਰਹਤ
~ **ਬਖ਼ਸ਼** *adj.* refreshing, pleasing, soothing, salubrious
ਫਰਕ[1] [phərk] *n.m.* difference, distance; discrepancy; deviation, variation, variance, divergence; inconsistency, contriety, disparity, estrangement; also ਫ਼ਰਕ
~ **ਪੈਣਾ** *con.v.* for ਫਰਕ to be caused or to occur
~ **ਪਾਉਣਾ** *con.v.* to cause ਫਰਕ, differentiate
ਫਰਕ[2] *v.form* imperative of ਫਰਕਣਾ
ਫਰਕਣਾ [phərkəṇa] *v.i.* (for muscles) to quiver or throb involuntarily; to flutter, tremble, vibrate
ਫਰਕਨ [phərkən] *n.f.* clonus, clonic spasm, trepidation of muscles
ਫਰਕਾ [phərka] *n.m.* drill for boring metals; *cf.* ਵਰਮਾ[1]
ਫਰਕਾਉਣਾ [phərkauṇa] *v.t.* to cause to throb/quiver/flutter; *v.i.* same as ਫਰਕਣਾ
ਫਰੰਗੀ [phərə̃gi] *n.m.* Feringhee, Englishman, European, foreigner
ਫਰਜ [phərj] *n.m.* duty, responsibility, obligation; also ਫ਼ਰਜ਼
~ **ਸ਼ਨਾਸ** *adj.* dutiful, duty-conscious
~ **ਨਿਭਾਉਣਾ** *con.v.* to fulfil or perform one's duty
ਫਰਜ ਕਰਨਾ [phərj kərna] *con.v.* to suppose, presume, assume
ਫਰਜੰਦ [phərjə̃d] *n.m.* son; also ਫ਼ਰਜ਼ੰਦ
ਫਰਜੀ[1] [phərji] *adj.* supposed, assumed, fictitious, presumed; also ਫ਼ਰਜ਼ੀ
ਫਰਜੀ[2] *n.m.* bishop (in chess)
ਫਰੰਟ[1] [phərə̃ṭ] *n.m.* front, facade; battle or war front
ਫਰੰਟ[2] *adj. slang* disobedient, rebel; (one) who backs out of one's duty or obligation
ਫਰਦ[1] [phərd] *n.f.* document *esp.* a schedule or list
~ **ਜਮ੍ਹਾਬੰਦੀ** *n.f.* an extract from land record
~ **ਜੁਰਮ** *n.m.* charge sheet
ਫਰਦ[2] *n.m.* person, individual
ਫਰਨ ਫਰਨ [phərn phərn] *adv.* (for wind or breeze to blow) continuous pleasent gushes
ਫਰਨਾਹੀ [phərnahi] *n.f.* lumberman's saw *usu.* fitted in rectangular frame
ਫਰਨੀਚਰ [phərnicər] *n.m.* furniture
ਫਰ ਫਰ[1] [phər phər] *adv.* same as ਫਰਨ ਫਰਨ
ਫਰ ਫਰ[2] *n.f.* sound of fluttering of wings; also ਫੜ ਫੜ
ਫਰਮ [phərm] *n.f.* firm, industrial or commerical concern
ਫਰਮਾ [phərma] *v.form* imperative of ਫਰਮਾਉਣਾ, please say; same as ਫ਼ਰਮਾ

ਫਰਮਾਂ [phərmã] *n.m.* frame; pages (*usu.* 16) printed on a single sheet

ਫਰਮਾਉਣਾ [phərmauṇa] *v.i.t.* to order, command; to tell, say, speak; also ਫ਼ਰਮਾਉਣਾ

ਫਰਮਾਇਸ਼ [phərmaɪṣ] *n.f.* order, command; recommendation; also ਫ਼ਰਮਾਇਸ਼

~ ਕਰਨੀ *con.v.* to make ਫਰਮਾਇਸ਼, ask for, request, order; to promote (case or cause)

~ ਪਾਉਣੀ *con.v.* to recommend; to request; to bring a recommendation or influence to bear upon through a promoter

ਫਰਮਾਇਸ਼ੀ [phərmaɪṣi] *adj.* recommendatory, (something) done/achieved or attained by virtue of ਫਰਮਾਇਸ਼; (one) who recommends or promotes; promoter

ਫਰਮਾਨ [phərman] *n.m.* order, command, edict, royal or governmental fiat or proclamation; also ਫ਼ਰਮਾਨ

~ ਜਾਰੀ ਕਰਨਾ *ph.* to issue ਫਰਮਾਨ

ਫਰਮਾਬਰਦਾਰ [phərmabərdar] *adj.* obedient, dutiful, compliant, docile; loyal, *lit.* bearer of ਫ਼ਰਮਾਨ

ਫਰਮਾਬਰਦਾਰੀ [phərmabərdari] *n.f.* obedience, dutifulness, compliance, docility; loyalty

ਫਰਲਾ [phərla] *n.m.* same as ਤੁਰਲਾ; a piece of cloth tied to the top of Sikh flag or sticking out from a Nihang's turban

ਫਰਲਾਂਗ [phərlãg] *n.f.* furlong; also ਫ਼ਰਲਾਂਗ

ਫਰਲੋ [fərlo] *n.f.* furlough; *informal* absence without leave, french leave; also ਫ਼ਰਲੋ

ਫਰਵਰੀ [fərvəri] *n.m.* February; also ਫ਼ਰਵਰੀ

ਫਰਵਾਂਹ [phərvã́] *n.m.* a species of fir tree growing in semi-desert plains, tamarisk, *Tamarix orticulata or orientalis*

ਫਰੜ[1] [phərəṛ] *adj.f.* same as ਫੰਡਰ, dry (cattle)

ਫਰੜ[2] *n.m.* horizontal plank of cart at either end of which an upright bar is fitted

ਫਰੜੀ [phərəṛi] *n.f.* part of spinning wheel into which upright posts holding the spindle are fixed

ਫਰ੍ਹ [phə́r] *n.m.* same as ਫਰ[1]; either of the circular boards forming the wheel of a spinning wheel

ਫਰ੍ਹਾ [phə́ra] *n.m.* same as ਫਰਲਾ; any loose paper or piece of paper; flag, penant; end piece of irregular thickness left out while sawing a log into planks; *dia.* see ਫੌੜਾ

ਫਰਾਂਸ [fərãs] *n.m.* France

ਫਰਾਸ਼ [fəraṣ] *n.m.* page, personal attendant, servant; floorer (boxing)

ਫਰਾਂਸੀਸੀ [fərãsisi] *adj.* French

ਫਰਾਕ[1] [phərak] *n.f.* frock; also ਫ਼ਰਾਕ

ਫਰਾਕ[2] *n.m.* same as ਫ਼ਿਰਾਕ, separation from lover or beloved

ਫਰਾਖ [phərakh] *adj.* open, spacious, commodious; also ਫ਼ਰਾਖ਼

~ ਦਿਲ *adj.* open-hearted, large-hearted, generous, liberal

~ ਦਿਲੀ *n.f.* open or large-heartedness, generosity, generousness, liberality

ਫਰਾਟਾ [phəraṭṭa] *n.m* gush of wind; same as ਫਟਾਕਾ

ਫਰਾਮੋਸ਼ [phəramoṣ] *adj.* forgotten; also ਫ਼ਰਾਮੋਸ਼; *suff.* signifying forgetter as in ਇਹਸਾਨ.ਫਰਾਮੋਸ਼, ਵਾਇਦਾਫਰਾਮੋਸ਼

~ ਕਰਨਾ *con.v.* to forget

ਫਰਾਮੋਸ਼ੀ [phəramoṣi] *n.f.* forgetfulness; oblivion, state of forgetting

ਫਰਾਰ [phərar] *adj.* absconder, run away, deserter; also ਫ਼ਰਾਰ

~ ਹੋ ਜਾਣਾ *ph.* to abscond, run away, desert

ਫਰਿਆਦ [phərɪad] *n.f.* request, supplication, appeal (*usu.* for justice or help); complaint; also ਫ਼ਰਯਾਦ

~ ਕਰਨੀ *con.v.* to make ਫਰਿਆਦ, supplicate, appeal

ਫਰਿਆਦੀ [phərɪadi] *adj. & n.m.* (one) who makes ਫਰਿਆਦ, suppliant, petitioner, appellant

ਫਰਿਸਤ [phərɪst] *n.f.* list, schedule, inventory, roll, catalogue

ਫਰਿਸ਼ਤਾ [phərɪṣta] *n.m.* angel, messenger of God; *fig.* a kind/good-natured/ virtuous person; also ਫ਼ਰਿਸ਼ਤਾ

ਫਰਿੱਜ [phərɪjj] *n.m.* refrigerator

ਫਰੀਕ [phərik] *n.m.* party to a suit/dispute or cause; also ਫ਼ਰੀਕ

ਫਰੂਟ [phəruṭ] *n.m.* fruit; also ਫ਼ਰੂਟ

ਫਰੇਫ਼ਤਾ [phərefta] *adj.* enamoured, charmed, captivated, fond, fallen in love; also ਫ਼ਰੇਫ਼ਤਾ

ਫਰੇਬ [phəreb] *n.m.* deceit, guile, trick, wile, subterfuge, cheating, cunning, treachery; delusion, illusion, mirage; also ਫ਼ਰੇਬ

ਫਰੇਬੀ [phərebi] *adj.m.* deceiver, deceitful, guileful, cunning, wily, sly, artful, feigning; malingerer; *fem.* ਫਰੇਬਣ

ਫਰੇਮ [phərem] *n.m.* frame

ਫਰੇਰਾ [phərera] *n.m.* flag, banner, standard

ਫਰੋਸ਼ [phəroṣ] *suff.* meaning seller as in ਕੁਤਬਫ਼ਰੋਸ਼, ਦਵਾਈਫ਼ਰੋਸ਼; also ਫ਼ਰੋਸ਼

ਫਰੋਖਤ ਕਰਨਾ [phərokht kərna] *con.v.* to sell; also ਫ਼ਰੋਖ਼ਤ ਕਰਨਾ

ਫਰੋਗ [phərog] *n.m.* expansion, development, progress; also ਫ਼ਰੋਗ਼

~ **ਦੇਣਾ** *con.v.* to develop, expand

ਫਰੋਲ਼ [phəroḷ] *v.form* imperative of ਫਰੋਲ਼ਨਾ, search

ਫਰੋਲ਼ਨਾ [phəroḷna] *v.t.* to rummage, search thoroughly, look through by turning things over and scattering the contents; also ਫਰੋਲਣਾ

ਫਰੋਲ਼ਾ ਫਰੋਲ਼ੀ [phəroḷa phəroḷi] *n.f.* rummage, rummaging, thorough search

ਫਲ਼ [phəḷ] *n.m.* fruit; consequence, result, reward, outcome, yield, profit; produce, product; blade (of instrument or weapon)

~ **ਆਉਣਾ** *con.v.* to fructify

~ **ਸਰੂਪ** *adj.* consequently, as a result (of), in the wake (of)

~ **ਸੁੱਟਣਾ** *ph.* (for cattle) to abort

~ **ਦੇਣਾ** *con.v.* to bear or yield fruit, fructify

~ **ਫੁੱਲ** *n.m. pl.* flowers and fruit

~ **ਫੁਲ਼** *n.m. pl.* fruit etc.

ਫਲੱਸ਼ [fələṣ] *n.f.* flush latrine, toilet cleaned by mechanical flushing

ਫਲਸਫਾ [phəlsəpha] *n.m.* philosophy; also ਫ਼ਲਸਫ਼ਾ

ਫਲਸਫਾਨਾ [phəlsəphana] *adj.* philosophical

ਫਲਸਫ਼ੀ [phəlsəfi] *n.m.* philosopher

ਫਲ਼ਹੀਣ [phəḷhiṇ] *adj.* fruitless, barren

ਫਲਕ [phələk] *n.m* sky; also ਫ਼ਲਕ

ਫਲ਼ਦਾਰ [phəḷdar] *adj.* fruit-bearing fruitiferous, fruitful

ਫਲਨ [phələn] *n.m.* (*maths* & *geom.*) function

ਫਲ਼ਨਾ [phəḷna] *v.i.* to fructify, bear fruit, become fruitful, come to fruition; to be rewarded (for one's labour); (for cattle) same as ਫਲ਼ੀਜਾਣਾ

ਫਲ਼ਨਾ ਫੁੱਲ਼ਨਾ *con.v.* to flourish, prosper, grow, burgeon

ਫੱਲੜ [phə́llər̤] *n.m.* wheel of a spinning wheel; hindmost plank of cart-floor

ਫਲ੍ਹਾ [phə́ḷa] *n.m.* square wooden frame slightly loaded with thorny twigs or cotton stalks, formerly used for threshing; threshing frame; similar frame used as door or gate

ਫਲ਼ਿਆਟ [phəḷɪàṭ] *adj.f.* cow or buffalo well advanced in lactation period and also pregnant

ਫਲਾਈਟ [phəlaiṭ] *n.f.* flight (of aircraft)

ਫਲਾਈਵੀਲ [phəlaivil] *n.m.* fly wheel (of engines)

ਫਲਾਹੀ [phəlái] *n.f.* a species of tree, *Acacia modesta* also ਫਲਾਹ

ਫਲਾਣਾ [phəlaṇa] *n.m.* so-and-so, unnamed person

~ **ਢਿਮਕਾ**/~ **ਢੀਂਗੜਾ** *pron.m.* same as ਫਲਾਣਾ, so and so, any Tom/Dick or Harry

ਫਲਾਲੈਣ [phəlalɛn] *n.f.* flannel

ਫਲਿਆਟ [phəlɪaṭ] *n.m.* pods and husk of lentil crop left after threshing and separating the grain

ਫ਼ਲਿੱਟ [fəlɪṭṭ] *n.f.* flit, a kind of disinfectant

ਫਲ਼ੀ [phəḷi] *n.f.* pod, seed pod, bean, silique

ਫਲ਼ੀ ਜਾਣਾ [phəḷi jaṇa] *con.v.* (for cattle)

to be crossed, be pregnant

ਫਲੀਟ [phəliṭ] *n.m.* fleet; canvas shoes, running shoes

ਫਲੂਹਾ [phəlúa] *n.m.* blister, sore, boil; burning sensation on skin

ਫਲੂਣ [phəluṇ] *adj.f.* young cow or buffalo calved or pregnant for the first time

ਫਲੂਦਾ [phəludda] *n.m.* a preparation of vermicelli made from rice starch

ਫਲੈਟ [phəlɛṭ] *n.m.* flat, apartment; *adj.* flat, level; also ਫ਼ਲੈਟ

ਫਲੌਂੜਾ/ਫਲ੍ਹੌਂੜਾ [phəlɔ̃ṛa/phəlɔ́ṛa] *n.m.* shoemaker's mallet

ਫਵ੍ਹੀ [phə́vi] *n.f.* freshly calved or rabid female jackal

ਫੜ[1] [phəṛ] *n.f.* same as ਫੜ੍ਹ[1], boast

ਫੜ[2] *v.form* imperative of ਫੜਨਾ, catch, hold

ਫੜਕ [phəṛk] *v.form* imperative of ਫੜਕਣਾ

~ **ਉੱਠਣਾ** *con.v.* same as ਫੜਕਣਾ; *fig.* to feel compassion

ਫੜਕਣ [phəṛkəṇ] *n.f.* flutter, flap, throb, pulsation, palpitation, quiver, tremor

ਫੜਕਣਾ [phəṛkəṇa] *v.i.* to flutter, flap, throb, pulsate, palpitate; to quiver, tremble; same as ਫਰਕਣਾ

ਫੜਕਾ [phəṛka] *n.m.* same as ਵਟਾਕਾ or ਛਟਾਕਾ; *informal* a loose paper or piece of paper

ਫੜਕਾਉਣਾ [phəṛkauṇa] *v.t.* to cause to flutter/flap or writhe; to beat; to kill

ਫੜਕੀ ਪਵੇ [phəṛki pəve] *interj.* may death befall (an abuse)

ਫੜਕੀ ਪੈਣੀ [phəṛki pɛṇi] *ph.* (abuse or curse); to die

ਫੜਨਾ [phəṛna] *v.t.* to catch, catch hold of, hold, grip, grasp, clasp, seize, take; to apprehend, arrest

ਫੜ ਫੜ [phəṛ phəṛ] *n.f.* act or sound of fluttering or flapping

~ **ਕਰਨਾ** *con.v.* same as ਫੜਫੜਾਉਣਾ

ਫੜਫੜਾਉਣਾ [phəṛphəṛauṇa] *v.i.* to flutter, flap, slat

ਫੜਫੜਾਹਟ [phəṛphəṛát] *n.f.* same as ਫੜ ਫੜ

ਫੜਫੂਲੀ [phəṛphuli] *n.f. informal* vain show, ostentation

ਫੜਵਾ [phəṛva] *v.form* imperative of ਫੜਵਾਉਣਾ, get (one) arrested

ਫੜਵਾਉਣਾ [phəṛvauṇa] *v.t.* to cause to be caught, assist in someone's arrest

ਫੜਵਾਈ [phəṛvai] *n.f.* reward for/act of *prec.*

ਫੜ੍ਹ[1] [phə́ṛ] *n.f.* brag, boast, vaunt, tall talk

~ **ਮਾਰਨੀ** *ph.* to brag, boast, vaunt, talk tall

ਫੜ੍ਹ[2] *n.m.* floor of grain market

ਫੜ੍ਹਬਾਜ਼ [phə́ṛbaz] *adj.* braggart, boastful, vainglorious, vaunter

ਫੜ੍ਹਬਾਜ਼ੀ [phə́ṛbazi] *n.f.* bragging, boasting, vaunting (practice of, habit of)

ਫੜਾਉਣਾ [phəṛauṇa] *v.t.* same as ਫੜਵਾਉਣਾ; to hand over, hand in, deliver, pass on; to let one hold or grasp

ਫੜਾਈ [phəṛai] *n.f.* act of/reward for *prec.*; being caught/arrested or apprehended

~ **ਦੇਣਾ** *con.v.* to be caught, let oneself be caught or arrested

ਫੜਾਹ [phəṛá] *n.f.* act or sound of striking or of throwing something down or of falling down with a thud or bang

~ **ਕਰਕੇ** *adv.* with a bang, forcefully

~ **ਮਾਰਨਾ** *ph.* to throw down with ਫੜਾਹ

ਫੜਾਕਾ [phəṛakka] *n.m.* same as ਵਟਾਕਾ, ਛਟਾਕਾ

ਫੜੋ ਫੜੀ[1] [phəṛo phəṛi] *n.f.* a spate of arrests; round-up

ਫੜੋ ਫੜੀ[2] *adv.* same as ਹੱਥੋ-ਹਥੀ, under ਹੱਥ, soon collectively

ਫ੍ਹੀਮ [phım] *n.f. colloq.* see ਅਫ਼ੀਮ, opium

ਫ੍ਰੰਟ [phərə̃ṭ] *n.m.* same as ਫਰੰਟ[1]

ਫ੍ਰੰਟੀਅਰ [phərə̃ṭiər] *n.m.* frontier; also ਫਰੰਟੀਅਰ

ਫ੍ਰਾਈ [phərai] *n.m.* fry, frying process; also ਫਰਾਈ

~ **ਕਰਨਾ** *con.v.* to fry

~ **ਪੈਨ** *n.m.* frying pan, griddle

ਫ੍ਰਾਂਸ [phərā̃s] *n.m.* same as ਫਰਾਂਸ

ਫ੍ਰਾਂਸਬੀਨ [phərā̃sbin] *n.f.* French bean; also

ਫਰਾਂਸਬੀਨ

ਫ੍ਰਿੱਜ [phərɪjj] *n.m.* same as ਫਰਿੱਜ

ਫ੍ਰੀ [phəri] *adj.* free; also ਫਰੀ

ਫ੍ਰੀ ਵੀਲ [phəri vil] *n.m.* free wheel (as of bicycles) also ਫਰੀਵੀਲ; *cf.* ਫ਼ਲਾਈ ਵੀਲ

ਫ੍ਰੂਟ [phəruṭ] *n.m.* same as ਫਰੂਟ

ਫ੍ਰੇਮ [phərem] *n.m.* same as ਫਰੇਮ

ਫ੍ਰੈਂਡ [phərɛ̃ḍ] *n.m.* friend; *fem.* friend; also ਫਰੈਂਡ

ਫਾਇਦਾ [phaɪda] *n.m.* advantage, benefit; gain, profit; return, dividend, good effect, efficacy (as of medicine or treatment; also ਫ਼ਾਇਦਾ

~ **ਉਠਾਉਣਾ/~ ਲੈਣਾ** *con.v.* to take advantage (of), benefit, reap profit; to profit (from)

ਫਾਇਦੇਮੰਦ *adj.* advantageous, beneficial, gainful, profitable; effective, efficacious

ਫਾਇਰ [phaɪr] *n.m.* fire-shot, gunshot; also ਫ਼ਾਇਰ

~ **ਬਰਗੇਡ** *n.m.* fire brigade

ਫਾਈਨ [phain] *n.m.* fine, penalty *adj.* fine, good; also ਫ਼ਾਈਨ

ਫਾਈਨਲ [phainəl] *adj.* final; also ਫ਼ਾਈਨਲ

ਫਾਈਲ [phail] *n.f.* file; also ਫ਼ਾਈਲ

ਫਾਸ਼ [phaṣ] *adj.* (of secret) revealed, exposed, disclosed; also ਫ਼ਾਸ਼

~ **ਕਰਨਾ** *con.v.* to reveal/disclose (a secret)

ਫਾਸਫੋਰਸ [phasphorəs] *n.m.* phosphorus; also ਫ਼ਾਸਫ਼ੋਰਸ

ਫਾਸਲਾ [phasla] *n.m.* distance, interspace, gap; remoteness, farness; estrangement, difference; also ਫ਼ਾਸਲਾ

ਫਾਸ਼ਿਸਟ [phaṣɪsṭ] *adj.* fascist, also ਫ਼ਾਸ਼ੀ

ਫਾਸ਼ਿਜ਼ਮ [phaṣɪzm] *n.m.* fascism

ਫਾਸੀ [phassi] *n.f.* noose, snare, halter entaglement, tangle; *colloq.* same as ਫਾਂਸੀ

~ **ਪੈਣੀ** *con.v.* to be entangled, entrapped, trapped

ਫਾਂਸੀ [phãsi] *n.f.* death by hanging, capital punishment, execution by hanging

~ **ਚੜ੍ਹਨਾ** *con.v.* to be hanged till death

~ **ਚੜ੍ਹਾਉਣਾ/~ ਦੇਣਾ** *con.v.* to hang, hang till death

~ **ਦਾ ਤਖ਼ਤਾ** *ph.* hanging board

~ **ਦਾ ਰੱਸਾ** *ph.* halter, hangman's noose

~ **ਦੇਣ ਵਾਲ਼ਾ** *ph.* hangman, executioner

~ **ਲੱਗਣਾ** *con.v.* to be awarded capital punishment by hanging, be hanged till death

~ **ਲਾਉਣਾ** *con.v.* hang, execute death sentence by hanging

ਫਾਹ/ਫਾਹਾ¹ [phá/phaha] *n.m.* same as ਫਾਸੀ and ਫਾਂਸੀ; strangulation

~ **ਦੇਣਾ** *con.v.* to hang, strangulate

~ **ਲੈਣਾ** *con.v.* to hang oneself

ਫਾਹੇ ਲਾਉਣਾ *con.v.* same as ਫਾਂਸੀ ਲਾਉਣਾ

ਫਾਂਹ [phã̃] *n.m.* same as ਫੜਾਹ, thud

ਫਾਹਾ²/ਫਾਹਿਆ [phaha/pháɪa] *n.m.* same as ਫਹਿਆ

ਫਾਹੀ [phái] *n.f.* same as ਫਾਸੀ

ਫਾਹੁਣਾ [pháuṇa] *v.t.* see ਫਸਾਉਣਾ

ਫਾਹੁੜਾ [pháuṛa] *n.m.* same as ਫੌੜ੍ਹਾ

ਫਾਂਕ/ਫਾਕੜ [phãk/phakəṛ] *n.f.* same as ਫਾੜੀ

ਫਾਕਾ [phakka] *n.m.* fast, going without food; also ਫ਼ਾਕਾ

~ **ਕਸ਼ੀ** *n.f.* starvation, hunger; fasting

~ **ਕਰਨਾ** *con.v.* to fast, go without food, observe fast, miss a meal

ਫ਼ਾਜ਼ਲ [fazəl] *adj.* learned, well-read, scholarly; surplus, spare; additional; also ਫ਼ਾਜ਼ਿਲ

ਫਾਟ [phaṭ] *n.f.* strip or part of a field covered by one set of rounds while ploughing

ਫਾਂਟ [phãṭ] *n.f.* beating, thrashing, flogging, drubbing

~ **ਚੜ੍ਹਾਉਣੀ/~ ਚਾੜ੍ਹਨੀ/ਫਾਂਟਣਾ** *ph.* to give a ਫਾਂਟ, beat, thrash, flog

ਫਾਟਕ [phaṭək] *n.m.* gate, large or heavy door; postern; barrier (as at rail/road crossings)

ਫਾਂਟਾ [phãṭa] *n.m.* same as ਫਾਂਟ

ਫਾਂਡਾ [phãḍa] *n.m.* same as ਫੰਡ¹; exorcism

~ **ਕੰਰਨ ਵਾਲ਼ਾ** *ph.* exorcist

~ **ਕਰਨਾ** *con.v.* to exorcise

ਫਾਡੀ [phaḍḍi] *adj.* lagging behind, hindmost in races or other competitive games, laggard, straggler; lingerer; backward

ਫਾਤਿਆ/ਫਾਤਿਹਾ [phatıa/phátıa] *n.m.* Muslim prayer for the dead

~ **ਖਾਨੀ** *n.f.* praying for the dead, recitation of ਫਾਤਿਹਾ

~ **ਪੜ੍ਹਨਾ** *con.v.* to recite ਫਾਤਿਹਾ, pray for a departed soul

ਫਾਥਾ [phatha] *adj. & v.form* of ਫਸਣਾ, entangled, ensnared, entrapped, caught; stuck

ਫਾਂਧੀ [phādi] *n.m.* same as ਫੰਧਕ

ਫਾਨਾ [phanna] *n.m.* wedge

ਫਾਨੇ ਵਰਗਾ *adj.m.* wedge-shaped, cuneate, cuneal, cuneiform

ਫ਼ਾਨੀ [fani] *adj.* mortal, subject to death/decay or destruction; destructible

ਫ਼ਾਨੂਸ [fanus] *n.m.* chandelier; any light with translucent glass housing

ਫਾਫਾਂ [phaphā] *n.f.* *informal* old/toothless woman

ਫਾਰਸ [pharəs] *n.m.* Persia, Iran

ਫਾਰਸੀ [pharsi] *n.f.* Persian (language)

ਫਾਰ.ਗ [pharəg] *adj.* free, released or relieved, unencumbered

ਫਾਰਮ [pharm] *n.m.* farm; form, proforma

ਫ਼ਾਰਮੂਲਾ [farmula] *n.m.* formula

ਫ਼ਾਲ [fal] *n.f.* fall (of garments); omen, augury, foretelling of fortune

~ **ਖੋਲ੍ਹਣੀ** *con.v.* to tell fortune, interpret omens

~ **ਨਾਮਾ** *n.m.* book of omens

ਫਾਲ਼ [phal] *n.f.* small wedge; dowel, dowel pin, sliver

~ **ਘੜਨੀ** *con.v.* to make ਫ਼ਾਲ਼

~ **ਠੋਕਣੀ/~ ਲਾਉਣੀ** *con.v.* to fix ਫਾਲ਼, dowel

ਫਾਲਸਾ [phalsa] *n.m.* a kind of small sized tree, *Grewia asiatica;* its fruit

ਫਾਲਜ [phaləj] *n.m.* paralysis, hemiplegia

ਫਾਲਤੂ [phaltu] *adj.* spare, extra, more than needed/required or expected; reserve; superfluous, redundant; nonsense (talk)

ਫਾਲ਼ਾ [phaḷa] *n.m.* ploughshare; blade of a spear

ਫਾਵੜਾ [phavəṛa] *n.m. dia.* see ਫੌੜ੍ਹਾ

ਫਾਵਾ [phava] *adj.m.* insulted, disgraced, ashamed, ignominious, humiliated; tired, wearied, harassed

ਫਾੜ¹ [phaṛ] *n.m.* see ਪਾੜ, breach; large ਫਾੜੀ

ਫਾੜ² *adv. & n.m.* same as ਫੜਾਹ

~ **ਫਾੜ** *adv.* (striking) violently, repeatedly and noisily

ਫਾੜਨਾ [pharna] *v.t.* see ਪਾੜਨਾ, to tear

ਫਾੜੀ [phaṛi] *n.f.* fragment, segment, natural section (as of certain fruits like orange); slice, splinter, piece

ਫ਼ਿਊਜ਼ [fıuz] *n.m.* fuse

ਫਿੱਸ [phıss] *v.form* imperative of ਫਿੱਸਣਾ

~ **ਜਾਣਾ** *con.v.* to be crushed, split, crack, burst

~ **ਪੈਣਾ** *ph. fig.* to weep, cry, sob, become emotional; to burst into tears

ਫਿੱਸਣਾ [phıssəṇa] *v.i.* to give way under pressure; same as ਫਿੱਸ ਜਾਣਾ under ਫਿੱਸ

ਫਿਸਲਣ [phısləṇ] *n.f.* same as ਤਿਲਕਣ, slipperiness

ਫਿਸਲਣਾ [phısləṇa] *v.i.* same as ਤਿਲਕਣਾ

ਫਿਸੂੰ ਫਿਸੂੰ [phısũ phısũ] *n.f.* sobbing; whispering

ਫਿਹਣਾ [phéṇa] *v.t.* same as ਫੇਹਣਾ

ਫਿੱਕ [phıkk] *n.m.* tastelessness, vapidness, vapidity, insipidness, insipidity; *fig.* estrangement/coolness or strain in relations

~ **ਪਾਉਣਾ** *ph.* to cause estrangement or strain in relations

~ **ਪੈਣਾ** *ph.* for estrangement to occur, for relations to become cool or strained

ਫ਼ਿਕਸੋ [fıkso] *n.f.* hair-fixing solution, hair fixer

ਫਿਕ ਫਿਕਾ [phık phıka] *adj.m.* somewhat tasteless/insipid or vapid

ਫਿਕਰ [phıkər] *n.m.* worry, anxiety, concern, care, sense of responsibility, concernment, apprehension, uneasiness, fear; also ਫ਼ਿਕਰ

~ **ਕਰਨਾ** *con.v.* to worry, be anxious, feel concern, be concerned (about), care (for)

~ **ਨਹੀਂ** *interj.* fear not, no fears ! I don't

care, never mind

ਫਿਕਰਮੰਦ [phɪkərmə̃d] *adj.* worried, anxious, concerned, apprehensive

ਫਿਕਰਮੰਦੀ [phɪkərmə̃di] *n.f.* state of being worried; same as ਫਿਕਰ

ਫਿਕਰਾ [phɪkra] *n.m. (gr.)* sentence; also ਫ਼ਿਕਰਾ

~ **ਬੰਦੀ** *n.f.* syntax

ਫਿੱਕਾ [phɪkka] *adj.m.* tasteless, vapid, insipid; flat, dull, mawkish; (of colour) light, dim, pale, faded; (of talk or character) lacking warmth, cool, discourteous, rude, indifferent

ਫਿੱਕਾਪਣ [phɪkkapəṇ] *n.m.* same as ਫਿੱਕ; dimness, paleness, coolness, rudeness, indifference

ਫਿਟ [phɪt] *interj.* fie, shame, phooh; *adj.* same as ਧ੍ਰਿਗ, cursed

ਫਿੱਟ¹ [phɪṭṭ] *n.f.* fit, spasm; also ਫ਼ਿੱਟ

ਫਿੱਟ² *adj.* fit, fitting

ਫਿੱਟ³ *v.form* imperative of ਫਿੱਟਣਾ

ਫਿਟਕ [phɪṭək] *n.f.* curse, abuse, imprecation, malediction, reproof, rebuke; evil habit, addiction to evil

ਫਿਟਕਾਰ [phɪṭkar] *n.f.* same as ਫਿਟਕ

~ **ਪਾਉਣੀ** *con.v.* same as ਫਿਟਕਾਰਨਾ

ਫਿਟਕਾਰਨਾ [phɪṭkarna] *v.t.* to curse, abuse, imprecate, maledict, reprove, rebuke, scold, fulminate, swear at, denounce vehemently, damn

ਫਿੱਟਣਾ [phɪṭṭəṇa] *v.i.* to be overfed, become bulky, stout, hefty; to become proud, vain, overbearing; (for milk) to turn sour, to curdle or split; also ਫਟਣਾ

ਫਿੱਟਰ [phɪṭṭər] *n.m.* fitter, mechanic

ਫਿਟਾਉਣਾ [phɪṭauṇa] *v.t.* to split (milk) into curd and whey, cause (milk) to so split, curdle (milk); to make fat or proud

ਫਿਟੇ ਮੂੰਹ/ਫਿੱਟੇ ਮੂੰਹ [phɪṭe mũ/phɪṭṭe mũ] *interj.* curse, *lit.* let (your) face be damned; be damned, fie on you! damn you !

ਫਿਟੇਵਾਂ [phɪṭevā̃] *n.m* condition of ਫਿੱਟਣਾ; bulkiness, stoutness, heftiness; pride, vainness, overbearing attitude

ਫਿੰਡ [phĩḍ] *n.f. dia.* see ਖਿੱਦੋ, ball

ਫਿੱਡਾ [phɪḍḍa] *adj.m.* deformed, club-footed, snub-nosed; same as ਠਿੱਬਾ

ਫਿੱਡੀ [phɪḍḍi] *n.f. dia.* see ਠਿੱਬੀ², kick at the ankle from behind

ਫਿਤਨਾ [phɪtna] *n.m.* same as ਸ਼ਰਾਰਤ; also ਫ਼ਿਤਨਾ *adj.m.* same as ਸ਼ਰਾਰਤੀ; *fig.* mischievous person

ਫਿਤਰਤ [phɪtrət] *n.f.* same as ਸੁਭਾਉ nature, temperament

ਫਿਦਾ [phɪda] *adj.* same a ਫਰੇਫ਼ਤਾ and ਕੁਰਬਾਨ

ਫਿਨਸੀ [phɪnsi] *n.f.* pimple, pustule, whelk; also ਫਿਣਸੀ, ਫੁਣਸੀ

ਫ਼ਿਫ਼ਟੀ [phɪfṭi] *n.f.* under-turban

ਫਿਫੜਾ [phɪphṛa] *n.m. colloq.* see ਫੇਫੜਾ

ਫਿੰਮ੍ਹਣੀ [phímməṇi] *n.f.* same as ਫਿਨਸੀ

ਫਿਰ¹ [phɪr] *adv.* same as ਫੇਰ², again

ਫਿਰ² *v.form* imperative of ਫਿਰਨਾ turn, stroll, wander

~ **ਜਾਣਾ** *con.v.* to turn, rotate; to go back (on one's promise or resolve), renege; (for cattle) not to become pregnant despite being crossed

ਫਿਰਕਣੀ [phɪrkəṇi] *n.f.* rotating disc of a machine, fly-wheel

ਫਿਰਕਾ [phɪrka] *n.m.* community, sect, tribe, clan; also ਫ਼ਿਰਕਾ

ਫਿਰਕਾਪ੍ਰਸਤ [phɪrkaparəst] *adj.* communalist

ਫਿਰਕਾਪ੍ਰਸਤੀ [phɪrkaparəsti] *n.f.* communalism

ਫਿਰਕੀ [phɪrki] *n.f.* bobbin, spool, reel; pulley; a paper toy stuck at the end of a stick so that it rotates as the child holding it runs

ਫਿਰਕੂ [phɪrku] *adj.* communal; communalist

ਫਿਰਕੇਦਾਰਾਨਾ [phɪrkedarana] *adj.* same as *prec.*; *adv.* community-wise, on communal basis; also ਫ਼ਿਰਕੇਵਾਰਾਨਾ

ਫਿਰਤੂ [phɪrtu] *adj.* rambler, wanderer, rover, footloose; mobile, circulating; peripatetic, itinerant; nomadic, wandering, roaming

~ **ਚਿੱਠੀ** *n.f.* circular letter, circular

ਫਿਰਦਾ ਤੁਰਦਾ/ਫਿਰਦਾ ਫਿਰਾਉਂਦਾ [phɪrda

turda/phırda phıraũda] *cpd.v.* rambling, up and about; during one's wanderings or travels

ਫਿਰਨਾ [phırna] *v.i.* to turn, rotate, whirl, revolve, go round,circulate; to stroll, walk about, ramble, wander; same as ਫਿਰ ਜਾਣਾ under ਫਿਰ²; to excrete (faeces)

ਫਿਰਨੀ [phırni] *n.f.* peripheral road around a village; milk-custard pudding

ਫਿਰਵਾ [phırva] *v.form* imperative of ਫਿਰਵਾਉਣਾ, help rotate

ਫਿਰਵਾਂ [phırvã] *adj.m.* rotating, rotary; revolving; rotatable, rotative

ਫਿਰਵਾਉਣਾ [phırvauṇa] *v.t.* to get something rotated/turned or moved round; to cause/take or help someone to walk about or stroll; same as ਫਿਰਾਉਣਾ

ਫਿਰਵਾਈ [phırvai] *n.f.* process of/wages for ਫਿਰਵਾਉਣਾ

ਫਿਰਾਉ/ਫਿਰਾਅ [phırau/phıra] *n.m.* extent or degree of turning or rotating motion, play

ਫਿਰਾਉਣਾ [phırauṇa] *v.t.* same a ਫਿਰਵਾਉਣਾ; to get (mud or dung plaster) executed

ਫਿਰਾਕ [phırak] *n.m.* same as ਜੁਦਾਈ, separation (of lovers); also ਫ਼ਿਰਾਕ

ਫਿਰੋਜ਼ਾ [phıroza] *n.m.* emerald, beryl; also ਫ਼ੀਰੋਜ਼ਾ

ਫਿਰੋਜ਼ੀ [phırozi] *adj.* greenish blue

ਫਿਰੌਤੀ [phırɔti] *n.f.* ransom

ਫਿਲਹਾਲ [phılhal] *adv.* for the time being, for the present; also ਫ਼ਿਹਾਲ

ਫਿਲਟਰ [phılṭər] *n.m.* filter

~ ਕਰਨਾ *con.v.* to filter

ਫਿਲਮ [phılm] *n.f.* film, also ਫ਼ਿਲਮ

ਫਿਲਮਸਾਜ਼/ਫਿਲਮਕਾਰ [phıləmsaz/phıləmkar] *n.m.* film-maker, producer, director

ਫਿਲਮਸਾਜ਼ੀ/ਫਿਲਮਕਾਰੀ [phıləmsazi/phıləmkari] *n.f.* production of films, film production, film-making, film industry

ਫਿਲਮੀ [phılmi] *adj.* pertaining to films, associated with ਫਿਲਮਸਾਜ਼ੀ; (songs) from the films

ਫਿਲਾਸਫਰ [phılasfər] *n.m.* philosopher

ਫਿਲਾਸਫੀ [phılasfi] *n.f.* same as ਫਲਸਫ਼ਾ, philosophy

ਫੀ [phi] *prep.* per, each; also ਫ਼ੀ

~ ਸਦੀ *adv.* percent

ਫੀਸ [phis] *n.f.* fee; tuition fee; also ਫ਼ੀਸ

ਫੀਸਟ [phist] *n.f.* feast; also ਫ਼ੀਸਟ

ਫੀਹਨਾ/ਫੀਨ੍ਹਾ [phínna] *adj.m.* flat-nosed, snub-nosed

ਫੀਡ [phiḍ] *n.f.* feed *esp.* cattle or poultry feed; also ਫ਼ੀਡ

ਫੀਤਾ [phitta] *n.m.* measuring tape, ribbon, lace, strip of cloth; also ਫ਼ੀਤਾ

ਫੀਤੀ [phitti] *n.f.* small ਫੀਤਾ; cheveron

ਫੀਲ [phil] *n.m.* same as ਹਾਥੀ; same as ਫੀਲਾ

~ ਚਾਲ *n.f.* diagonal movement (as of ਫੀਲਾ)

ਫੀਲਖਾਨਾ [philkhana] *n.m.* stable for elephants

ਫੀਲਪਾ [philpa] *n.m.* a disease causing abnormal thickness of legs, elephantiasis

ਫੀਲਾ [phila] *n.m.* (in chess) bishop

ਫੁਆਰਾ [phuara] *n.m.* same as ਫੁਹਾਰਾ

ਫੁੱਸ [phuss] *n.f.* sound of deflation/damp squib or of noiseless fart; *adj.* deflated

~ ਹੋ ਜਾਣਾ *ph.* to be deflated; *fig.* to lose heart, be demoralised or afraid; to end in smoke, turn out to be a damp squib

ਫੁਸਕਣਾ [phusəkṇa] *v.i.* same as ਡੁਸਕਣਾ, to sob

ਫੁਸ ਫੁਸ ਕਰਨਾ [phus phus kərna] *ph.* same as *prec.*; to whisper

ਫੁਸ ਫੁਸਾ [phus phusa] *adj.m.* spongy, porous, readily compressible, soft, tender

ਫੁਸਰ ਫੁਸਰ [phusər phusər] *n.f.* whisper, whispering compaign

~ ਕਰਨਾ *con.v.* to whisper, talk in very low tone

ਫੁਸਲਾ [phusla] *v.form* imperative of ਫੁਸਲਾਉਣਾ, coax

ਫੁਸਲਾਉਣਾ [phuslauṇa] *v.t.* to coax, cajole, wheedle, beguile, induce, persuade; to entice, lure, inveigle, seduce, blandish, allure, tempt

ਫੁਸਲਾਹਟ [phuslāṭ] *n.f.* cajolery, inducement, enticement, lure, allurement, seduction, temptation

ਫੁਹਸ਼ [fuhəš] *adj.* indecent, immodest, obscene, vulgar; also ਫ਼ੁਹਸ਼

ਫੁਹਾਰ [phuhár/phuár] *n.f.* drizzle; spray

ਫੁਹਾਰਾ [phuhara/phuára] *n.m.* fountain; watering pot, sprinkler; jet, discharge of liquid in fine spray or gush

ਫੁਕਣਾ¹ [phukṇa] *v.i.* to be burnt, be reduced to ashes; to be destroyed or wasted, be blown up

ਫੁਕਣਾ² *n.m.* same as ਫੂਕਣੀ

ਫੁਕਣਾ³ *adj.m.* vain, proud, arrogant, easily flattered or instigated

ਫੁਕਰਾ [phukra] *adj.m.* same as *prec.*

ਫੁਕਲਾ [phukla] *adj.m.* same as ਫੋਕਲ਼ਾ

ਫੁਕਵਾਉਣਾ/ਫੁਕਾਉਣਾ [phukvauṇa/phukauṇa] *v.t.* to get or cause to be burnt or destroyed

ਫੁਕਵਾਈ/ਫੁਕਾਈ [phukvai/phukai] *n.f.* act of/wages for *prec.*

ਫੁੰਕਾਰ [phũkar] *n.f.* hissing sound as that of snake; snort

ਫੁੰਕਾਰਨਾ [phũkarna] *v.i.* to hiss, snort

ਫੁੰਕਾਰਾ [phũkara] *n.m.* snort

ਫੁੱਟ¹ [phuṭṭ] *n.m.* foot, 12 inches; see ਪੈਰ and ਫੁੱਟੀ

~ **ਨੋਟ** *n.m.* footnote

~ **ਪਾਥ** *n.m.* footpath

~ **ਬਾਲ** *n.m.* football

ਫੁੱਟ² *n.f.* disunity, discord, split, schism, division; alienation; enmity; crack, rift, break; a kind of musk melon

~ **ਨਿਕਲਨਾ** *ph.* to ooze, exude, gush out or forth

~ **ਪਾਉਣੀ** *con.v.* to cause/abet or encourage disunity

~ **ਪੈਣਾ** *ph.* to break down, cry; to disclose

~ **ਪੈਣੀ** *con.v.* for rift to appear or be effected, to disunite, split, break away

~ **ਫੁੱਟ ਰੋਣਾ** *ph.* to cry bitterly

ਫੁੱਟ³ *interj. slang* go away, run away, be off, vanish

ਫੁਟਕਲ [phuṭkəl] *adj.* miscellaneous, sundry; also ਫੁਟਕਰ

ਫੁੱਟਣਾ [phuṭṭəṇa] *v.i.* same as ਟੁੱਟਣਾ, to sprout, burgeon, ratoon; to go away; run away, flee, disappear; also ਫੁੱਟ ਜਾਣਾ

ਫੁੱਟਾ [phuṭṭa] *n.m.* foot ruler

ਫੁੱਟੀ [phuṭṭi] *n.f.* cotton in freshly burst boll; a thick piece of curd; small floral design printed or embroidered on cloth

ਫੁੰਡ [phũḍ] *v.form* imperative of ਫੁੰਡਣਾ, hit

ਫੁੰਡਣਾ [phũḍəṇa] *v.t.* to hit (prey or traget); to strike at any target with missile/arrow or gun shot

ਫੁੰਡਵਾਉਣਾ/ਫੁੰਡਾਉਣਾ [phũḍvauṇa/phũḍauṇa] *v.t.* to get something hit or struck at

ਫੁਣਕਾਰ [phuṇkar] *n.f.* same a ਫੁੰਕਾਰ

ਫੁਦਕ [phudək] *v.form* imperative of ਫੁਦਕਣਾ

ਫੁਦਕਣਾ [phudəkṇa] *v.i.* to hop or jump about, skip about, gambol

ਫੁੰਦਣਾ [phũdəṇa] *n.m.* tassel; cockade, rosette

ਫੁੰਦਾ [phũda] *n.m* same as *prec.*

ਫੁੱਦੀ [phuddi] *n.f.* genitals of women, pudendum, vulva, vagina

ਫੁਨਸੀ [phunsi] *n.m.* same as ਫਿਨਸੀ

ਫੁੱਫੜ [phupphəṛ] *n.m.* husband of father's sister; uncle

ਫੁਫਿਆਹੁਰਾ [phuphɔ́ra] *n.m.* ਫੁੱਫੜ of one's wife or husband, uncle-in-law

ਫੁੱਫੀ [phupphi] *n.f.* father's sister, aunt, see ਭੂਆ

ਫੁਫੇਹਸ [phuphés] *n.f.* sister of father-in-law, aunt-in-law

ਫੁਫੇਰਾ [phuphera] *adj.m.* son of ਫੁੱਫੀ

~ **ਭਾਈ** *n.m.* son of ਫੁਫੀ, cousin

ਫੁਫੇਰੀ ਭੈਣ *n.f.* daughter of ਫੁੱਫੀ, cousin sister

ਫੁੰਮ੍ਹਣ [phũmmən] *n.m.* cockade, pompon; *slang* endearing word for young child or satirically for any one

ਫੁਮ੍ਹਣੀਆਂ [phũmməṇiã] *n.f. pl.* simple rustic dance, gambol

~ **ਪਾਉਣੀਆਂ** *con.v.* to dance about, gambol

ਫੁਰ [phur] *n.f.* sound of birds flying or

flapping their wings

ਫੁਰਸਤ [phursət] *n.f.* leisure, spare time, own time, free time, freedom from work or duty; also ਫ਼ੁਰਸਤ

ਫੁਰਕੜਾ [phurkəṛa] *n.m.* snort

~ **ਮਾਰਨਾ** *con.v.* to snort

ਫੁਰਤੀ [phurti] *n.f.* agility, nimbleness, quickness, activeness

ਫੁਰਤੀਲਾ [phurtila] *adj.m.* agile, nimble, quick, active

ਫੁਰਨਾ [phurna] *n.m.* idea *esp.* sudden idea, intuition, insight, thought, notion; *v.i.* (for idea) to strike, come to mind

~ **ਫੁਰਨਾ** *con.v.* to have a ਫੁਰਨਾ, for an idea to come to mind or to strike

ਫੁੱਲ [phull] *n.m.* flower, blossom; *adj. fig.* very light, delicate; an ornament worn by women just above either temple; lower end-piece of a churn; stud of a shield; ashes; snuff of a wick; grain burst by heat, parched grain; piece of metal/rock/horn reduced to ash by intense heat

~ **ਉਗਾਉਣ ਵਾਲ਼ਾ** *ph.* floriculturist

~ **ਸੰਬੰਧੀ** *adj.* floral

~ **ਕਰਨਾ** *con.v.* to burn a piece of metal/rock/horn to ashes

~ **ਕੇਰਨਾ** *con.v. lit.* to drop flowers; *fig.* to talk sweetly/wisely or eloquently

~ **ਚੁਗਣਾ**/~ **ਚੁਣਨਾ**/~ **ਤੋੜਨਾ** *con.v.* to pluck flower

~ **ਚੁਗਣੇ** *ph.* to pick up or collect ashes after cremation

~ **ਡੋਡੀ** *n.f.* same as ਡੋਡੀ, bud

~ **ਤਾਰਨੇ** *ph.* to immerse ashes in running water

~ **ਤੇ ਆਉਣਾ** *ph.* to flower, blossom, come to bloom, effloresce

~ **ਵੇਚਣ ਵਾਲ਼ਾ** *ph.* florist

ਫੁੱਲਾਂ ਦੀ ਖੇਤੀ *ph.* floriculture

ਫੁਲਹਿਰੀ [phuléri] *n.f.* see ਫੁਲਬਹਿਰੀ

ਫੁਲਕਾ [phulka] *n.m.* light Indian bread, loaf, same as ਚਪਾਤੀ

ਫੁਲਕਾਰੀ [phulkari] *n.f.* embroidered sheet or ladies' wrapper

ਫੁੱਲ ਗੋਭੀ [phull góbi] *n.f.* cauliflower *Brassica oleracea botrytis*

ਫੁਲ ਚੱਕੀ [phul cəkki] *n.f.* a species of small/bright coloured birds, sun bird

ਫੁਲਝੜੀ [phulcə̀ṛi] *n.f.* a kind of firework emitting bright sparks; *slang* beautiful woman, sparkling beauty

ਫੁੱਲਣਾ [phulləṇa] *v.i.* to be inflated, puffed up, swell, expand in volume, become abnormally fat or obese; to bloom, blossom, flower; *fig.* to get airs, be proud, be puffed up with pride; to be happy, glad, delighted, overjoyed

~ **ਫਲਨਾ** *cpd.v.* to prosper, flourish, thrive

ਫੁੱਲੇ ਨਾ ਸਮਾਉਣਾ *ph.* to be very happy, overjoyed

ਫੁੱਲਦਾਨ [phulldan] *n.m.* flower-pot

ਫੁੱਲਦਾਰ [phulldar] *adj.* flowery, floral, embroidered in floral designs

ਫੁਲਬਹਿਰੀ [phulbéri] *n.f.* leukoderma, vitiligo, piebald skin

ਫੁਲਵਾ [phulva] *v.form* imperative of ਫੁਲਵਾਉਣਾ

ਫੁਲਵਾਂ [phulvã] *adj.m.* expansive, expansible, expansile, tending to expand; inflated

ਫੁਲਵਾਉਣਾ [phulvauṇa] *v.t.* to get something inflated; to get something searched, rummaged; *cf.* ਫੁੱਲਣਾ/ਫੋਲਣਾ

ਫੁਲਵਾੜੀ [phulvaṛi] *n.f.* flower garden

ਫੁਲੜੀਆਂ [phuləṛiã] *n.f.pl.* same as ਫੁੱਲੀਆਂ

ਫੁੱਲਾ [phulla] *n.m.* popcorn, grain of corn burst by parching or roasting

ਫੁਲਾਉ/ਫੁਲਾਅ [phulao/ phula] *n.m.* expansion, swelling, inflation; degree or extent of expansion

ਫੁਲਾਉਣਾ [phulauṇa] *v.t.* to expand, puff up, inflate; *fig.* to flatter, overpraise

ਫੁਲਾਦ [phulad] *n.m.* steel

ਫੁਲਾਦੀ [phuladi] *adj.* of or like steel, steely; *fig.* strong, tough

ਫੁੱਲੀ [phulli] *n.f.* white patch (on the forehead of an animal, *esp.* of horse or mule)

ਫੁੱਲੀਆਂ [phulliã] *n.f. pl.* moistened and then parched rice

ਫੁਲੇਰਾ [phulera] *n.m.* florist

ਫੁਲੇਲ [phulel] *n.m.* oil treated with scent, scented oil

ਫੁੜਕ [phuṛk] *v.form* imperative of ਫੁੜਕਣਾ

~ ਪੈਣਾ *ph.* to die *esp.* to meet a violent death

ਫੁੜਕਣਾ [phuṛkəṇa] *v.i.* to fall insensitive or unconscious, flutter or writhe to death, die

ਫੁੜਕੜਾ [phuṛkəṛa] *n.m.* same as ਫੁਰਕੜਾ

ਫੁੜਕਾਉਣਾ [phuṛkauṇa] *v.t.* to hit, strike with force; to knock down unconscious or dead, kill

ਫੂੰ [phũ] *n.f.* snort; *fig.* pride, arrogance, haughtiness, airs, vanity, self-conceit; foppery, foppishness

~ ਫਾਂ/~ ਫੂੰ *n.f.* same as ਫੂੰ

ਫੂੰਈ-ਫੂੰਈ [phũi-phũi] *n.f.* small quantity, trickle, drop; *adv.* in a trickle, bit by bit, drop by drop

ਫੂਸ [phus] *n.m.* dry grass, hay, straw; audible ਫੂਸੀ

ਫੁਸੜੇ [phusəṛe] *n.m. pl.* rags

ਫੂਸੀ [phussi] *n.f.* noiseless fart; *cf.* ਪੱਦ

~ ਮਾਰਨੀ *con.v.* to pass wind, to fart with only a hissing sound

ਫੂਹਰ [phúr] *n.f.* same as ਫੂਰ੍ਹ, drizzle

ਫੂਹੜ [phúṛ] *n.m.* same as ਫੂੜ੍ਹ

ਫੂਕ [phuk] *n.f.* air blown with mouth or inflator; puff, whiff, blow

~ ਕੱਢਣੀ *ph.* to deflate; *fig.* to demoralise; to bewilder; to frighten

~ ਦੇਣੀ *ph.* to flatter, elate, inflate, incite

~ ਨਿਕਲਣੀ *ph.* to be deflated

~ ਫੂਕ ਕੇ ਪੈਰ ਰੱਖਣਾ *ph.* to be very careful or cautious

~ ਭਰਨੀ *ph.* to inflate, fill with air, pump air (into); *fig.* same as ਫੂਕ ਦੇਣੀ

~ ਮਾਰਨੀ *con.v.* to blow (in order to make fire or to warm up skin), to puff; to blow off (a flame or candle) to puff, whiff

ਫੂਕਣਾ [phukəṇa] *v.t.* to burn, set on fire, destroy with fire; *fig.* to waste, fritter away (money or property); *n.m.* same as ਫੂਕਣੀ

ਫੂਕਣੀ [phukəṇi] *n.f.* blow-pipe; *v.t.* same as *prec.* for *fem.* object

ਫੂੰ ਫਾਂ [phũ phã] *n.f.* foppery, foppishness, dandyism; arrogance

ਫੂਰ੍ਹ [phúr] *n.f.* drizzle, gentle rain

ਫੂੜ੍ਹ [phúṛ] *n.m.* large ਫੂੜ੍ਹੀ

ਫੂੜ੍ਹੀ [phúṛi] *n.f.* mat made of reeds or palm leaves, pallet

~ ਪਾਉਣੀ *ph.* to sit to mourn, observe mourning

ਫੇਹ [phé] *n.f.* crush, concussion, squeezel

~ ਆਉਣੀ *con.v.* same as ਫਿੱਸਣਾ

ਫੇਹਣਾ [phéṇa] *v.t.* to crush, crack, squeeze, trample

ਫੇਟ [pheṭ] *n.f.* shock; a push or knock with a side/body/trunk

ਫੇਟਾ [pheṭa] *n.m.* (for animal) palsy

ਫੇਟੀ [pheṭi] *n.f.* same as ਫੇਟਾ/ਫੇਟ

ਫੇਣੀ [pheṇi] *n.f.* same as ਫੈਣੀ

ਫੇਫੜਾ [phephṛa] *n.m.* lung

ਫੇਫੜੇ ਦਾ ਰੋਗ *ph.* pulmonary disease

ਫੇਫੜੇ ਦੀ ਝਿੱਲੀ *ph.* pleura

ਫੇਰ[1] [pher] *n.m.* turn, rotation, revolution; change, vicissitude

ਫੇਰ[2] *adv.* later, in future, afterwards; then, thereafter; again, once again; *interj.* once more, encore

~ ਵੀ *adv.* even then, yet, still

ਫੇਰਨਾ [pherna] *v.t.* to turn, rotate, cause to turn/rotate/revolve; to move or pass (hand) over; to spread or execute (mud or dung plaster)

ਫੇਰਵਾਂ [phervã] *adj.m.* return, returnable, same as ਫਿਰਵਾਂ

ਫੇਰਾ [phera] *n.m.* same as ਗੇੜਾ; round, visit

~ ਟੋਰਾ/~ ਤੋਰਾ *n.m.* frequent or occasional visit or travel; round

~ ਪਾਉਣਾ/~ ਮਾਰਨਾ *con.v.* to visit, pay a visit

ਫੇਰੀ [pheri] *n.f.* visit *esp.* of vagrant mendicants; round (of hawkers)

~ ਵਾਲ਼ਾ *n.m.* hawker, peddler, huckster, bagman

ਫੇਰੇ [phere] *n.m.* plural of ਫੇਰਾ; ceremonial ambulations by bride and bridegroom around the holy fire or book;

marriage ceremony, wedding
~ ਦੇਣੇ *con.v.* to give a girl in marriage
~ ਲੈਣੇ *con.v.* to marry, wed
ਫੇਲ੍ਹ[1] [phél] *adj.* fail, failed, unsuccessful; also ਫ਼ੇਲ੍ਹ
~ ਹੋ ਜਾਣਾ/~ ਹੋਣਾ *con.v.* to fail, flunk
~ ਕਰਨਾ *con.v.* to fail; to thwart, frustrate
ਫੇਲ੍ਹ[2] *n.m.* act, action, deed; also ਫ਼ੇਲ੍ਹ
ਫੇੜ [pheṛ] *n.m.* evil deed; mischief
ਫੈਸਲਾ [phɛsla] *n.m.* decision, judgement, ruling, award; resolve, resolution; agreement, settlement; disposal (of debatable point)
~ ਕਰਨਾ *con.v.* to decide, deliver judgement, give judgement/ruling/award; to resolve; to arrive at or cause agreement/settlement; to settle, dispose of
ਫੈਸਲਾਕੁਨ [phɛslakun] *adj.* decisive
ਫੈਹਾ [phéa] *n.m.* same as ਫਹਿਆ
ਫੈਕਟਰੀ [phɛkṭəri] *n.f.* factory
ਫੈਜ਼ [phɛz] *n.m.* benefit, favour, beneficence, benefaction, bounty; also ਫ਼ੈਜ਼
ਫੈਜ਼ਬਖਸ਼ [phɛzbəkhṣ] *adj.* bestower of ਫੈਜ਼, benefactor, bounteous, bountiful
ਫੈਜ਼ਯਾਬ [phɛzyab] *adj.* recipient of ਫੈਜ਼, benefited, blessed, beneficiary
ਫੈਜ਼ਯਾਬੀ [phɛzyabi] *n.f.* being benefited, recipiency of bounty
ਫੈਟ [phɛṭ] *n.f.* fat *esp.* fat content of milk
ਫੈਂਟ [phɛ̃ṭ] *v.form* imperative of ਫੈਂਟਣਾ, shake, beat
ਫੈਂਟਣਾ [phɛ̃ṭəṇa] *v.t.* to mix or cool (liquids) by pouring from one vessel to another and back; to bruise (dough); to shuffle (cards); to batter (eggs), shake, whisk; to thrash, beat, flog
ਫੈਂਟਵਾਉਣਾ [phɛ̃ṭvauṇa] *v.t.* to have something mixed or cooled by the above process, to get (dough) bruised, (cards) shuffled or (person) beaten up
ਫੈਂਟਾ [phɛ̃ṭa] *n.m.* beating
~ ਚੜ੍ਹਾਉਣਾ/~ ਚਾੜ੍ਹਨਾ *ph.* to beat, flog, thrash
ਫੈਡਰੇਸ਼ਨ [phɛḍreṣən] *n.f.* federation
ਫੈਣੀ [phɛṇi] *n.f.* a kind of very fine vermicelli
ਫੈਦਾ [phɛda] *n.m. colloq.* see ਫਾਇਦਾ
ਫੈਰ [phɛr] *n.m. colloq.* see ਫਾਇਰ
ਫੈਲ [phɛl] *v.form* imperative of ਫੈਲਣਾ
ਫੈਲਸੂਫ਼ੀ [phɛlsufi] *n.f.* fastidiousness, sophistication; extravagance
ਫੈਲਸੂਫ਼ੀਆ [phɛlsufia] *adj.m.* fastidious, sophisticated; extravagant, prodigal
ਫੈਲਣਾ [phɛlṇa] *v.i.* to spread, extend, expand, dilate, open out; to scatter, disperse; to diffuse, radiate; to become widely known (as news), disseminated, propagated, publicised; to be unfolded and stretched
ਫੈਲਰਨਾ [phɛlərna] *v.t. colloq.* see *prec.* and ਖਿੱਲਰਨਾ
ਫੈਲਾਉ/ਫੈਲਾ [phɛlao/phɛla] *n.m.* spread, extension, expansion, dilation, diffusion, dispersion
ਫੈਲਾਉਣਾ/ਫੈਲਾਣਾ [phɛlauṇa/phɛlaṇa] *v.t.* to spread, extend, expand, stretch, dilate, splay, widen; disperse, lay out; to disseminate, propagate, publicise; to unfold, unfurl
ਫੈਲਾਰ/ਫੈਲਾਵਟ [phɛlar/phɛlavəṭ] *n.m./n.f.* same as ਫੈਲਾਉ or ਖਿਲਾਰ
ਫੋਸ [phos] *n.m.* dung, excreta of cattle discharged at one time
ਫੋਸੜ [phosəṛ] *adj.*weak, sluggish, lethargic, lazy; timid, coward
ਫੋਸੀ [phossi] *n.f.* same as ਫੋਸ (lesser in quantity)
ਫੋਹਸ਼ [phóṣ] *adj.* same as ਫੁਹਸ਼
ਫੋਕ [phok] *n.m.* dregs, lees, residue of pressed or crushed fruit/plant, etc.
ਫੋਕਟ [phokəṭ] *adj.* useless, worthless
ਫੋਕਲ਼ਾ [phokḷa] *adj.m.* tasteless, insipid, unsavoury; without juicy content
ਫੋਕੜ [phokəṛ] *adj.* same as ਫੋਕਟ and ਫੋਕਲਾ; hollow; ineffective, sham
ਫੋਕਾ [phokka] *adj.m.* same as ਫੋਕਟ; blank (fire or cartridge); dull, trite, tasteless, plain
~ ਡਰਾਵਾ *n.m.* bluster, empty threat
ਫੋਕੀ ਗੱਲ *n.f.* a dull/trite/inane remark, twaddle, platitude
ਫੋਗ [phog] *n.m.* same as ਫੋਕ
ਫੋਟ [phoṭ] *n.f.* crack, fissure; crop sprout-

ed again after reaping, ratoon
ਫੋਟਕ [phoṭək] *n.f.* same as ਫੁੱਟ¹, disunity
ਫੋਟੋ [phoṭo] *n.f.* photograph
ਫੋਨ [phon] *n.m.* phone, telephone, telephone call or ring
~ ਕਰਨਾ *con.v.* to telephone
ਫੋਨੋਗ੍ਰਾਫ/ਫੋਨੋਗਰਾਫ [phonogəraph] *n.m.* phonograph
ਫੋਮ [phom] *n.f.* foam rubber
ਫੋਰ [phor] *n.m.* wink, time taken in a wink, instant, twinkling
ਫੋਰਮੈਨ [phormɛn] *n.m.* foreman
ਫੋਰਮੈਨੀ [phormɛni] *n.f.* foremanship
ਫੋਲ [phol] *n.m.* secret, unrevealed/hidden matter or fact; *v.form* imperative of ਫੋਲਣਾ
ਫੋਲਡਿੰਗ [pholḍĩg] *adj.* folding, collapsible
ਫੋਲਣਾ [pholəṇa] *v.t.* same as ਫਰੋਲ੍ਹਨਾ
ਫੋਲਣੀ [pholəṇi] *n.f.* poker (for poking, stirring fire)
ਫੋਲਾ [pholla] *n.m.* leucoma; nebula; see ਛਾਲਾ, blister, sore
ਫੋਲਾ ਫਾਲੀ [pholla phalli] *n.f.* same as ਫਰੋਲ੍ਹਾ ਫਰੋਲ੍ਹੀ
ਫੋੜਨਾ [phoṛna] *v.t.* to break, smash; *usu.* ਤੋੜਨਾ or ਭੰਨਣਾ
ਫੋੜਾ [phoṛa] *n.m.* boil, abscess, furuncle, ulcer, suppurating sore, fester, fistula, carbuncle
~ ਨਿਕਲਣਾ *con.v.* for ਫੋੜਾ to appear or form, to pustulate
ਫੋੜੀ [phoṛi] *n.f.* small ਫੋੜਾ, pustulate, pimple
ਫੌਹੜ [phɔ́ṛ] *n.m.* same a ਫੌੜ੍ਹ
ਫੌਜ [phɔj] *n.f.* army, military, militia, armed forces, defence forces; garrison; *fig.* multitude
ਫੌਜਦਾਰ [phɔjdar] *n.m.*commander, garrison commander
ਫੌਜਦਾਰੀ¹ [phɔjdari] *n.f.* post or status of ਫੌਜਦਾਰ
ਫੌਜਦਾਰੀ² *adj.* criminal; *n.f.* criminal act or offence, crime; fight, brawl
~ ਅਦਾਲਤ *n.f.* criminal court
~ ਕਨੂੰਨ *n.m.* criminal law, Criminal Procedure Code
ਫੌਜਵਾਦ [phɔjvad] *n.m.* militarism
ਫੌਜਵਾਦੀ [phɔjvaddi] *adj.* militarist, militaristic
ਫੌਜੀ [phɔji] *n.m.* soldier, militiaman; *adj.* pertaining to ਫੌਜ, military
ਫੌਤ [phɔt] *adj.* dead
~ ਹੋ ਜਾਣਾ *ph.* to die, expire, decease
ਫੌਰਨ [phɔrən] *adv.* immediately, instantly, at once
ਫੌਰੀ [phɔri] *adj.* immediate, instant, instantaneous
~ ਤੌਰ ਤੇ *adv.* same as ਫੌਰਨ
ਫੌਲਾਦ [phɔlad] *n.m.* same as ਫੁਲਾਦ, steel
ਫੌੜ੍ਹ [phɔ́ṛ] *n.m.* bluff; boast; wild guess
~ ਮਾਰਨਾ *ph.* to bluff, boast, make a wild guess or off-the-cuff remark
ਫੌੜ੍ਹਾ [phɔ́ṛa] *n.m.* a spade-like wooden scraper *usu.* used for removing dung from under the cattle; dung-rake
ਫੌੜ੍ਹੀ [phɔ́ṛi] *n.f.* crutch; small ਫੌੜ੍ਹਾ

ਬ

ਬ¹ [bəbba] *n.m.* twenty eighth letter of Gurmukhi script representing the voiced bilabial plosive [b]

ਬ² *prep.* denoting with, by (in the case of words of Persian origin) as in ਬਹਰਹਾਲ, ਬਹੁਕਮ

ਬਈ [bəi] *interj.* a form of address, brother, abbreviation of (ਭਾਈ or ਬਾਈ¹)

ਬੱਸ¹ [bəss] *adj.* enough, sufficient, *interj.* no more, stop, is that all? have you finished?

~ ਹੋ ਜਾਣੀ *ph.* to be exhausted

~ ਕਰਨਾ *con.v.* to stop (doing something)

~ ਕਰਾਉਣੀ *ph.* to tire out, exhaust, to defeat

ਬੱਸ² *n.m. dia* see ਵੱਸ¹

ਬੱਸ³ *n.f.* bus

ਬੰਸ [bə̃s] *n.m.* dynasty, tribe, clan; lineage, descent, line, family

ਬਸੰਤ [bəsə̃t] *n.f.* spring (season); *n.m.* a measure in Indian classical music

~ ਪੰਚਮੀ *n.f.* a festival observed on the fifth day of the light half of the lunar month of Magh (January-February), the spring festival

~ ਬਹਾਰ *n.f.* same as ਬਸੰਤ

ਬਸਤਰ [bəstər] *n.m.* garment, dress, clothes, clothing, garb, robe, apparel

ਬਸੰਤਰ [bəsə̃tər] *n.f.* fire

~ ਦੇਵਤਾ *n.m.* god of fire

ਬਸਤਰਹੀਨ [bəstərhin] *adj.* naked, nude

ਬਸਤਾ [bəsta] *n.m.* satchel, school bag; registers, file or papers tied in a cloth; cloth piece for this purpose

~ ਬੰਨ੍ਹਣਾ *ph. lit.* to tie ਬਸਤਾ; *fig.* to be ready or prepare to go away; to be dismissed

~ ਬੇ *n.m.* police register marked 'B' having particulars of habitual offenders and suspects

ਬਸਤੀ [bəsti] *n.f.* habitation, colony, hamlet, ward

ਬਸੰਤੀ [bəsə̃ti] *adj.* light-yellow, xanthic

ਬਸਤੀਵਾਦ [bəstivad] *n.m.* colonialism

ਬਸਤੀਵਾਦੀ [bəstivaddi] *adj.* colonialist

ਬਸਰ [bəsər] *n.m.* same as ਗੁਜ਼ਾਰਾ, ਨਿਰਬਾਹ

~ ਕਰਨਾ *con.v.* to manage to live, stay, live through; to spend (night or day)

ਬਸ਼ਰ [bəsər] *n.m.* same as ਮਨੁੱਖ

ਬੰਸਰੀ [bə̃səri] *n.f.* pipe, flute, fife

ਬੰਸਲੋਚਨ [bə̃slocən] *n.m.* same as ਤਬਾਸ਼ੀਰ

ਬਸਾਖ [bəsakh] *n.m. dia.* see ਵਸਾਖ

ਬਸਾਤ [bəsat] *n.f.* same as ਹੈਸੀਅਤ: pecuniary power

ਬਸਾਤੀ [bəsatti] *n.m.* general merchant, grocer, haberdasher

~ ਦੀ ਦੁਕਾਨ *ph.* general store, grocery

ਬਸ਼ਾਰਤ [bəsarət] *n.f.* same as ਖੁਸ਼ਖਬਰੀ

ਬੰਸਾਵਲੀ [bə̃savəli] *n.f.* genealogy, pedigree, genealogical tree/table or chart

ਬੰਸੀ¹ [bə̃si] *n.f.* same as ਬੰਸਰੀ

ਬੰਸੀ² *suff.* in adjectives, showing ancestral line as in ਸੂਰਜਬੰਸੀ, ਚੰਦਰਬੰਸੀ

ਬੰਸੀਧਰ [bə̃sitər] *n.m.* attributive name of Lord Krishna

ਬਸੀਠ [bəsiṭh] *n.m.* same as ਵਕੀਲ, attorney

ਬਸੂਲੀ¹ [bəsuli] *n.f.dia.* see ਵਸੂਲੀ, receipt; same as ਤੇਸੀ, mason's adze

ਬਸੇਖ [bəsekh] *adj.* same as ਵਿਸ਼ੇਸ਼, special

ਬਸੇਰਾ [bəsera] *n.m.* same as ਬਸਰ; resting place, haven, refuge, shelter, temporary abode, resort, roost, perch

~ ਕਰਨਾ *con.v.* to live, stay, dwell temporarily, take shelter

ਬਸੋਲਾ [bəsola] *n.m.* adze; hoe

ਬਹੱਤਰ [bəhəttər] *adj.* seventy two

ਬਹੱਤਰਵਾਂ [bəhəttərvã] *adj.m.* seventy second

ਬਹੱਤਰੀਂ [bəhəttəri] *adv.* for Rs. 72
ਬਹਰਹਾਲ [bəhərhal] *adv.* in any case
ਬਹਾ [bəha] *n.m.* same as ਵਹਾ, get (field) ploughed
ਬਹਾਉ [bəhau] *n.m.* same as ਵਹਾਉ, current
ਬਹਾਉਣਾ [bəhauṇa] *v.t.* same as ਬਠਾਉਣਾ and ਵਹਾਉਣਾ
ਬਹਾਦਰ [bəhadər] *adj.* brave, doughty, intrepid, courageous, daring, bold, fearless, dauntless, plucky
ਬਹਾਦਰਾਨਾ [bəhadrana] *adj.* brave, bold, courageous (act or step)
ਬਹਾਦਰੀ [bəhadri] *n.f.* bravery, doughtiness, intrepidity, courage, daring, boldness; fearlessness, dauntlessness; pluck, gumption, guts, spunk
ਬਹਾਨਾ [bəhana] *n.m.* excuse, pretext; reason, ground; flimsy or sham cause, pretence
~ ਕਰਨਾ *con.v.* to make or offer excuse
~ ਬਣਾਉਣਾ *con.v.* to invent excuse; same as *prec.*
ਬਹਾਨੇਸਾਜ਼ [bəhanesaz] *adj.* one who invents/finds/makes excuses, malingerer, shammer
ਬਹਾਨੇਸਾਜ਼ੀ [bəhanesazi] *n.f.* finding/making excuses; malingering, shamming
ਬਹਾਨੇਬਾਜ਼ [bəhanebaz] *adj.* same as ਬਹਾਨੇਸਾਜ਼, habitual malingerer, shammer, evader, or pretender
ਬਹਾਨੇਬਾਜ਼ੀ [bəhanebazi] *n.f.* habit of making excuses/pretending/shamming/malingering/evading or avoiding work
ਬਹਾਰ [bəhar] *n.f.* spring season, blossoming, blooming, joyous weather or atmosphere, *fig.* happiness, pleasure, joy
ਬਹਾਰੀ [bəhari] *n.f.* broom, *esp.* one made from reeds or stems of certain grasses
ਬਹਾਲ਼ [bəhaḷ] *adj.* reinstated, restored
~ ਕਰਨਾ *con.v.* to reinstate, restore
ਬਹਾਲ਼ਨਾ [bəhaḷna] *v.t.* same as ਬਠਾਉਣਾ
ਬਹਾਲ਼ੀ [bəhaḷi] *n.f.* reinstatement, restoration
ਬਹਿਆ [bɛ́a] *adj.m.* same as ਬਿਹਾ
ਬਹਿਆਂ [bɛ́ã] *n.m. dia.* see ਦਸਤਾ, helve
ਬਹਿਸ [bɛ́s] *n.f.* discussion, arguments, argumentation, debate, disputation, wrangling
~ ਤਲਬ *adj.* debatable, moot
~ ਮੁਬਾਹਸਾ *n.m.* debate
ਬਹਿਸਣਾ [bɛ́səṇa] *v.i.* ro discuss, debate, argue, wrangle, engage in or resort to ਬਹਿਸ; also ਬਹਿਸ ਕਰਨੀ
ਬਹਿਸ਼ਤ [bəhɪṣt] *n.f.* paradise, heaven, garden of Eden, Eden
ਬਹਿਸ਼ਤੀ¹ [bəhɪṣti] *adj.* heavenly, paradisiacal
ਬਹਿਸ਼ਤੀ² *n.m.* water carrier
ਬਹਿਕ¹ [bɛ́k] *n.f.* cattle kept in open field, farm house
~ ਬਹਾਉਣੀ *con.v.* to keep cattle in an open field
ਬਹਿਕ² *v.form* imperative of ਬਹਿਕਣਾ
ਬਹਿਕਣਾ [bɛ́kəṇa] *v.i.* to be misled, inveigled, led astray; to be intoxicated, lose self-control; also ਬਹਿਕ ਜਾਣਾ
ਬਹਿਕਲ਼ [bɛ́kəḷ] *adj.* (of draught cattle) prone to sit down when yoked
ਬਹਿਕਾ [bɛ́ka] *v.form* imperative of ਬਹਿਕਾਉਣਾ mislead, seduce
ਬਹਿਕਾਉਣਾ [bɛ́kauṇa] *v.t.* to mislead, misguide, lead astray; to deceive, inveigle, seduce; to intoxicate
ਬਹਿਕਾਵਾ [bɛ́kava] *n.m.* misleading or misguiding advice or suggestion, inveiglement, deception, seduction
ਬਹਿਕਾਵੇ ਵਿਚ ਆ ਜਾਣਾ *ph.* same as ਬਹਿਕਣਾ to be misled, inveigled
ਬਹਿ ਜਾਣਾ [bɛ́ jaṇa] *con.v.* same as ਬਹਿਣਾ; (for witness) to withdraw or to turn hostile; (for construction, land, etc.) to cave in, collapse; (for purchase) to cost per piece; see ਰੁੜ੍ਹਨਾ
ਬਹਿਣਾ [bɛ́ṇa] *v.i.* to sit, take a seat, settle down; to sink
ਬਹਿਣੀ¹ [bɛ́ṇi] *n.f.* sitting posture; company, society, *cf.* ਰਹਿਣੀ ਬਹਿਣੀ
ਬਹਿਣੀ² *v.i.* see ਵਹਿਣਾ
ਬਹਿਰ¹ [bɛ́r] *n.m.* see ਸਮੁੰਦਰ, sea
ਬਹਿਰ² *n.f.* tune, rhythm, lilt, melody

ਬਹਿਰਾ[1] [bɛ́ra] *n.m.* same as ਬੈਰ੍ਹਾ[1], waiter
ਬਹਿਰਾ[2] *adj.m.* same as ਬੋਲ਼ਾ
ਬਹਿਰੀ[1] [bɛ́ri] *n.f.* a small bird of prey of falcon family
ਬਹਿਰੀ[2] *adj.* same as ਸਮੁੰਦਰੀ
ਬਹਿਰੂਪੀਆ [bɛ́rupia] *n. & adj.m.* same as ਬਹੁਰੂਪੀਆ
ਬਹਿਲ ਗੱਡੀ [bɛ́lgəḍḍi] *n.f.* a light wheeled carriage drawn by oxen
ਬਹਿਲਣਾ [bɛ́ləṇa] *v.i.* same as ਵਰਚਣਾ, to be mollified or amused
ਬਹਿਲਾਉਣਾ/ਬਹਿਲਾਣਾ [bɛ́launa/bɛ́laṇa] *v.t.* same as ਵਰਚਾਉਣਾ
ਬਹੀ[1] [bə̀i] *n.f. dia.* see ਵਹੀ
ਬਹੀ[2] *adj.f.* same as ਬਿਹਾ
ਬਹੁ [bɔ́] *pref.* meaning many, much, several (*lit.* abbreviated form of ਬਹੁਤ)
ਬਹੁਅਰਥਕ [bɔ́ərthək] *adj.* polysemous, amphibolic, ambiguous
~ ਸ਼ਬਦ *n.m.* homonym, homograph
~ ਵਾਕ *n.m.* amphiboly, amphibology
ਬਹੁਸੰਮਤੀ [bɔ́sə̃mməti] *n.f.* majority vote, opinion of the majority
ਬਹੁਕਮ [bəhukəm] *adv.* by order of
ਬਹੁਕਰ [bɔ́kər] *n.f.* same as ਬਹਾਰੀ
~ ਫਿਰ ਜਾਣੀ *ph.* to be utterly ruined, to be thoroughly plundered
~ ਫੇਰਨੀ *con.v.* to sweep with ਬਹੁਕਰ
~ ਬਹਾਰੀ *n.f.* routine cleaning
ਬਹੁਕੌਮੀ [bɔ́kɔmi] *adj.* multi-national
ਬਹੁਗਿਣਤੀ [bɔ́giṇti] *n.f.* majority
ਬਹੁਗੁਣਾ [bɔ́guṇa] *adj.m.* more by several times; (person) with many qualities; versatile; (thing) useful in many, manifold, multifold ways
ਬਹੁਜਾਤੀ [bɔ́jati] *adj.* multi-racial
ਬਹੁਣੀ [bɔ́ṇi] *n.f.* first cash sale or receipt of the day
ਬਹੁਤ [bɔ́t] *adj.* much, many, plenty, plenteous, plentiful, copious, abundant, profuse, excessive, numerous, enough, sufficient; *adv.* very intensely, in a high degree
~ ਸਾਰਾ *adj.* very much; *adv.* in large quantity
~ ਹੱਛਾ *adj.* very good, very well; *adv.* yes, all right, okay, O.K.
~ ਕਰਕੇ *adv.* often, very often
~ ਕੁਝ *n.m. & adj.* a lot, quite a lot
ਬਹੁਤਾ [bɔ́ta] *adj.m.* same as ਬਹੁਤ, too much
ਬਹੁਤਾਤ [bɔ́tat] *n.f.* excess, abundance, excessiveness, copiousness, planteousness, profusion, plethora, superabundance
ਬਹੁਤੇਰਾ [bɔ́tera] *adj.m.* same as ਬਹੁਤ
ਬਹੁਪੱਖੀ [bɔ́pəkkhi] *adj.* many-sided, multi-dimensional, multi-lateral
ਬਹੁਪਦੀ [bɔ́pədi] *adj.* polynomial
ਬਹੁਬਿਧ [bɔ́bíd] *adv.* in several ways, by diverse means
ਬਹੁਭਾਸ਼ੀ [bɔ́pàṣi] *adj.* multilingual
ਬਹੁਭਾਸ਼ੀਆ [bɔ́pàṣia] *n.m.* multilingual person, polyglot, linguist; *fem.* ਬਹੁਭਾਸ਼ਣੀ
ਬਹੁਭਾਂਤ [bɔ́pə̃t] *adv.* same as ਬਹੁਬਿਧ; *adv.* of various kinds
ਬਹੁਭੁਜ [bɔ́pùj] *n.f.* polygon
ਬਹੁਭੁਜੀ [bɔ́pùji] *adj.* polygonal
ਬਹੁਮਤ [bɔ́mət] *n.m.* majority, majority vote
ਬਹੁਮੁਖੀ [bɔ́mukhi] *adj.* multifaceted, multiform, multidimensional, multipurpose
ਬਹੁਮੁੱਲਾ [bɔ́mulla] *adj.m.* costly, precious, dear, high-priced, valuable
ਬਹੁਰੰਗਾ [bɔ́rə̃ga] *adj.m.* multi-colour, multi-coloured, pied
ਬਹੁਰੂਪੀਆ [bɔ́rupia] *adj. & n.m.* a person who assumes different disguises and characters; a mimic; *fig.* a clever, cunning, unreliable person; time-server
ਬਹੁਲਤਾ [bɔ́lta] *n.f.* same as ਬਹੁਤਾਤ
ਬਹੁਲ਼ੀ [bɔ́ḷi] *n.f.* coagulated milk of newly calved animal
ਬਹੁਵਚਨ [bɔ́vəcən] *n.m.* plural number; *adj.* plural
ਬਹੁੜ [bɔ́ṛ] *adv.* again; *interj.* O help ! *v.form* imperative of ਬਹੁੜਨਾ
ਬਹੁੜਨਾ [bɔ́ṛna] *v.i.* to come back, return; to come to someone's help or rescue, succour
ਬਹੁੜੀ [bɔ́ṛi] *n.f.* help, succour, relief; call for help; *interj.* help!

ਬਹੂ [bəhu/bəú] *n.f.* bride; wife; daughter-in-law
~ ਬੇਟੀ *n.f. lit.* daughter and daughter-in-law; young female relations
ਬਹੇੜਾ [bəhera] *n.m.* a forest tree, myrobalan, *Torminalia balerica* or *Belleric myroblan;* its fruit used medicinally
ਬਹੋਲਾ [bəholla] *n.m.* same as ਬਸੋਲਾ
ਬੰਕ [bə̃k] *n.m. colloq.* see ਬੈਂਕ
ਬਕਸ [bəks] *n.m.* box; also ਬਕਸਾ
ਬਕਸੂਆ [bəksua] *n.m.* buckle; safety pin
ਬਕਣਾ [bəkəna] *v.i.* to talk, speak; to talk nonsense; to talk too much, chatter, prattle, babble, gabble, jabber; to talk unnecessarily, foolishly, indecently
ਬਕਤਰ [bəktər] *n.m.* armour
ਬਕਤਰਬੰਦ [bəktərbə̃d] *adj.* armoured
ਬਕ ਪੈਣਾ [bək pɛna] *con.v.* to speak up, confess, reveal a secret
ਬਕ ਬਕ [bək bək] *n.f.* babble, gab, gabble, jabber, gibberish, chatter; twaddle, blather, fudge, palaver; idle/nonsensical/rude or foolish talk, unnecessary argumentation
~ ਕਰਨਾ *con.v.* same as ਬਕਣਾ
ਬਕਬਕਾ [bəkbəka] *adj.m.* tasteless, insipid, vapid or nauseating (taste)
ਬੰਕਰ [bə̃kər] *n.m.* bunker
ਬਕਰਵਾਲ [bəkərval] *n.m.* goatherd; name of a tribe in Kashmir
ਬੱਕਰਾ [bəkkəra] *n.m.* he-goat, male goat; oral sound like that of stud goat (uttered as a challenge)
~ ਬੁਲਾਉਣਾ *ph.* to utter male-goat like sound (as a challenge)
ਬੱਕਰੇ ਦਾ ਮਾਸ *ph.* mutton, goat-flesh
ਬੱਕਰੀ [bəkkəri] *n.f.* goat, female goat, nanny goat
ਬਕਰੀਦ [bəkrid] *n.f.* Muslim festival of Id-uz-Zuha
ਬਕਲ [bəkəl] *n.m.* buckle, bucklet; con fusion, perplexity, embarrassment
~ ਜਾਣਾ *ph.* to be confused, perplexed, or embarrassed
ਬਕਲੀਆਂ [bəkliã] *n.f. pl.* same as ਘੁੰਙਣੀਆਂ
ਬਕਵਾਸ [bəkvas] *n.f.* same as ਬਕ-ਬਕ; *interj.* fudge !
ਬਕਵਾਸੀ [bəkvasi] *adj.* babbler, idle talker
ਬਕੜਵਾਹ [bəkərvá] *n.f.* rave, raving, hysterical talk
ਬਕਾਉਣਾ [bəkauna] *v.t.* to make one babble, speak, confess, force confession, extort a statement
ਬਕਾਇਆ [bəkaɪa] *n.m.* balance, arrears, outstanding amount, remainder, residue, residual
ਬਕਾਲ [bəkal] *n.m.* same as ਬਾਣੀਆਂ
ਬੱਕੀ [bəkki] *n.f. informal* mare, pet name for mare
ਬਖ਼ਸ਼ [bəkhs̤] *n.f.* gift, boon, blessing, bestowal, largess; *suff.* indicating giver, bestower, as in ਸਿਹਤਬਖ਼ਸ਼, salubrious
~ ਦੇਣਾ *con.v.* to pardon, forgive; to give gratis
ਬਖਸ਼ਸ਼ [bəkhs̤əs̤] *n.f.* same as ਬਖਸ਼
ਬਖਸ਼ਣਹਾਰ [bəkhs̤ənhar] *adj.* pardoner, forgiver, a divine attribute
ਬਖਸ਼ਣਾ [bəkhs̤əna] *v.t.* to bestow, bless; to pardon, forgive
ਬਖਸ਼ਵਾਉਣਾ [bəkhəs̤vauna] *v.t.* to get one pardoned/forgiven, obtain pardon or forgiveness for someone
ਬਖਸ਼ਿੰਦ [bəkhs̤id] *adj.* same as ਬਖਸ਼ਣਹਾਰ
ਬਖਸ਼ੀ [bəkhs̤i] *n.m.* a rank in Mughal times, paymaster of the army; name of a subcaste of Khatris; *suff.* indicating ਬਖ਼ਸ਼ਸ਼ as in ਜਾਨਬਖ਼ਸ਼ੀ
ਬਖਸ਼ੀਸ਼ [bəkhs̤is̤] *n.f.* same as ਬਖ਼ਸ਼; tip, reward
ਬਖਤ [bəkht] *n.m.* luck, fortune; *combining form* indicating luck or inborn nature, as in ਕੰਬਖ਼ਤ, ਨੇਕਬਖ਼ਤ
ਬਖਤਾਵਰ [bəkhtavər] *adj.* lucky, fortunate; prosperous, wealthy
ਬਖਤਾਵਰੀ [bəkhtavəri] *n.f.* good fortune; prosperity
ਬਖਰਾ [bəkhra] *n.m.* same as ਹਿੱਸਾ
ਬਖਾ [bəkha] *n.m.* stitch, seam
~ ਮਾਰਨਾ *con.v.* to stitch, seam, sew
ਬਖਾਦ [bəkhad] *n.m.* envy, ill talk, spite; dispute, wrangle, quarrel, conflict

ਬਖਾਦੀ [bəkhadi] *adj.* envious, spiteful, quarrelsome
ਬਖਾਲ [bəkhal] *n.f.* same as ਪਖਾਲ, cistern
ਬਖੀਲ [bəkhil] *adj.* miserly, niggard, niggardly, stingy, parsimonious; backbiter
ਬਖੀਲੀ [bəkhili] *n.f.* miserliness, niggardliness, stinginess, parsimony; backbiting
ਬਖੂਬੀ [bəkhubi] *adv.* well, nicely
ਬਖੇਰਨਾ [bəkherna] *v.t.* same as ਖਿਲਾਰਨਾ, to scatter
ਬਖੇੜਾ [bəkheṛa] *n.m.* same as ਝਗੜਾ; joke, jest; taunt, sarcasm
ਬਗ [bəg] *n.m.* same as ਬਗਲਾ, heron
ਬੱਗ [bəgg] *n.m.* whiteness, white spot or patch; *dia.* see ਵੱਗ, herd
ਬਗਲ [bəgəl] *n.f.* same as ਕੱਛ¹; side; neighbourhood
ਬਗਲ ਗੀਰ ਹੋਣਾ *con.v.* to embrace, hug
ਬਗਲਾਂ ਵਜਾਉਣਾ *ph. fig.* to be overjoyed, express delight
ਬਗਲ ਸਮਾਧੀ [bəgəl səmádi] *n.f. fig.* pretension of goodness with an evil mind; guile, duplicity, artfulness, deception, dissemblance, hypocrisy
ਬਗਲ਼ਨਾ [bəgəḷna] *v.t.dia.* see ਵਗਲ਼ਨਾ
ਬਗਲਾ [bəgla] *n.m.* heron, egret, crane
~ ਭਗਤ *n.m.* person practising duplicity; artful person, hypocrite; a wolf in sheep's clothing
ਬੰਗਲਾ¹ [bə̃gla] *n.m.* bungalow
ਬੰਗਲਾ² *n.f.* Bengali (language)
ਬਗਲੀ [bəgli] *n.f.* beggar's bag; shoulder bag; *adj.* adjacent, adjoining, contiguous
ਬਗਲੋਲ [bəglol] *adj. & n.m.* foolish (person), a fool, stupid
ਬਗੜ [bəgəṛ] *n.m.* a kind of grass used for making coarse rope or string; a variety of coarse rice
ਬੱਗੜ [bəggəṛ] *adj.* whitish, of very fair or pale complexion; anaemic
ਬਗੜਵਾਹ [bəgəṛvá] *n.f.* same as ਬਕੜਵਾਹ
ਬੱਗਾ [bəgga] *adj.m.* same as ਚਿੱਟਾ, white *n.m.* a grey hair
ਬਗਾਨਾ [bəgana] *adj.m.* same as ਬਿਗਾਨਾ
ਬੰਗਾਲ [bə̃gal] *n.m.* Bengal
ਬੰਗਾਲੀ [bə̃gali] *adj.* native or inhabitant of Bengal, pertaining to Bengali; *n.f.* language of Bengal
ਬਗਾਵਤ [bəgavət] *n.f.* rebellion, revolt, mutiny, insurgence, insurgency, insurrection; disobedience
ਬਗੀਚਾ [bəgica] *n.m.* small garden, flower garden
ਬਗੀਚੀ [bəgici] *n.f.* small garden
ਬੱਗੂ ਗੋਸ਼ਾ [bəggu goṣa] *n.m.* a variety of pear
ਬਗੂੜੀ [bəguṛi] *n.m.* a type of hoe
ਬਗੈਰ [bəgɛr] *p.p.* without, except, save, but, sans, but for
ਬੱਗੋਂ [bəggõ] *n.f.* same as ਚਿਟਿਆਈ; whiteness
ਬਗੋਣਾ [bəgoṇa] *v.t.* to backbite, talk ill of, slander; to harm, damage, ruin
ਬਗੋਲਾ [bəgolla] *n.m.* whirlwind
ਬਘਾਰ [bəgàr] *n.m.* oil heated for frying
ਬਘਾਰਨਾ [bəgàrna] *v.t.* to fry
ਬਘਿਆੜ [bəgıàṛ] *n.m.* wolf
ਬਘਿਆੜੀ [bəgıàṛi] *n.f.* she-wolf; an ornament worn by women over the hair knot
ਬੱਘੀ [bə́ggi] *n.f.* horse-driven four-wheeled carriage
ਬਘੇਲਾ [bəgèlla] *n.m.* whelp, young one of ਬਾਘ; tiger cub
ਬਚ [bəc] *v.form* imperative of ਬਚਣਾ, beware, look out
~ ਜਾਣਾ *con.v.* same as ਬਚਣਾ
ਬੱਚ [bəcc] *n.m.* shoal; large gathering of young ones of birds/animals or fish
ਬਚਗਾਨਾ [bəcganna] *adj.* childish
ਬਚਣਾ [bəcəṇa] *v.i.* to escape, survive; to avoid, keep away, beware; to be spared; to be saved; to be in balance as profit
ਬਚਤ/ਬੱਚਤ [bəcət/bəccət] *n.f.* saving, surplus; profit, gain, favourable balance; economy, economising, thrift, frugality
~ ਕਰਨੀ *con.v.* to save, economise
ਬਚਨ [bəcən] *n.m.* utterance, speech, talk; promise, pledge, solemnly given word,

word of honour
~ ਹਾਰਨਾ *ph.* not to keep one's word, to break one's promise
~ ਦਾ ਪੂਰਾ *ph.* firm on one's word; reliable, resolute, trustworthy
~ ਦਾ ਬੱਧਾ *ph.* same as ਬਚਨਬੱਧ
~ ਦੇਣਾ *ph.* to give one's word, promise, pledge, vow
~ ਪਾਲਣਾ *ph.* to fulfil or redeem one's promise, keep one's word
~ ਬਿਲਾਸ *n.m.* conversation
~ ਲੈਣਾ *ph.* to take one's word, make one give his or her word
ਬਚਨਬੱਧ [bəcənbə́dd] *adj.* bound by one's word, committed
ਬਚ ਨਿਕਲ੍ਹਨਾ [bəc nɪkəlna] *con.v.* to escape, slip away, get away, make good one's escape
ਬਚਪਣ [bəcpəṇ] *n.m.* childhood
ਬਚਪਣਾ [bəcpəṇa] *n.m.* childishness, childlike behaviour; petulance
ਬਚ ਬਚਾ [bəc bəca] *n.m.* escape, avoidance (of fight, injury, danger, etc.), precaution, safety, prevention, security
ਬਚੜਦਾਰ/ਬਚੜਵਾਲ [bəcəṛdar/bəcəṛval] *adj.* (parent) of many children; married and having children; *n.* householder
ਬਚੜਾ [bəcəṛa] *n.m.* endearment term for ਬੱਚਾ
ਬਚੜੀ [bəcəṛi] *n.f.* same as *prec.*
ਬੱਚਾ [bəcca] *n.m.* child, son, infant, kid, young one, offspring
~ ਗੱਡੀ *n.f.* perambulator, pram
ਬੱਚਿਆਂ ਦੇ ਰੋਗਾਂ ਦਾ ਵਿਗਿਆਨ *ph.* paediatrics
ਬਚਾਉ [bəcao] *n.m.* safety, security, defence, self-defence, protection, precaution; escape, avoidance; also ਬਚਾਅ
ਬਚਾਉਣਾ [bəcauṇa] *v.t.* to save, protect, shield, defend; to ward off, avert, evade, parry, dodge; to retrieve, salvage; to rescue; to economise, save
ਬਚਾਊ [bəcau] *adj.* frugal, thrifty, economising, economical, saving
ਬਚਿਆ ਖੁਚਿਆ [bəcɪa khucɪa] *adj.m.* leftover, remnant, remaining; *fem.* ਬਚੀ-ਖੁਚੀ
ਬੱਚੀ [bəcci] *n.f.* same as ਬੱਚਾ; *fig.* abutment, buttress
~ ਲਾਉਣੀ *con.v.* to support with abutment, abut, buttress
ਬੱਚੂ [bəccu] *n.m.* diminutive and endearment term for ਬੱਚਾ
~ ਬਣਾਉਣਾ *ph. slang.* to chastise; to control
ਬਚੂੰਗੜਾ [bəcũgəṛa] *n.m.* a little one, tiny tot, kid
ਬੱਚੇਦਾਨੀ [bəccedani] *n.f.* uterus, womb
ਬਛੜਾ [bəchəṛa] *n.m.* see ਵੱਛਾ
ਬੱਜ [bəjj] *n.f.* physical defect, disfigurement, deformity, flaw; stain, stigma, blemish, blot, slur
~ ਲੱਗਣੀ *ph.* to be disfigured, deformed, become flawed, flaw; to become blemished or disgraced
ਬਜਟ [bəjəṭ] *n.m.* budget
ਬਜੰਤਰੀ [bəjə̃təri] *n.m. dia.* see ਵਜੰਤਰੀ
ਬਜਰ [bəjər] *n.m.* same as ਵਜਰ; *adj.* hard, adamant, tough, rigid
ਬੰਜਰ [bə̃jər] *adj.* barren (soil or land), unproductive; *n.m.* a barren tract of land
ਬਜਰੰਗ ਬਲੀ [bəjrə̃g bəli] *n.m.* epithet of Hanuman (Hindu mythology); *lit.* stone-limbed, brave
ਬਜਰਾ [bəjra] *n.m.* a kind of covered or roofed boat
ਬਜਰੀ [bəjəri] *n.f.* shingle, gravel, small stones used in concrete, calcareous nodules
ਬਜ਼ਰੀਆ [bəzəria] *adv.* by means of, through
ਬੱਜਲ [bəjjəl] *adj.* disfigured, deformed; blemished, disgraced, stigmatised
ਬਜਾ[1] [bəja] *v.form dia.* see ਵਜਾ[2]
ਬਜਾ[2] *adj.* right, proper, true, appropriate, correct
~ ਫਰਮਾਉਣਾ *ph.* to say something right/true/proper (a respectful response to superior's utterance), quite right
~ ਲਾਉਣਾ *ph.* to obey, carry out (order)
ਬਜਾਉਣਾ [bəjauṇa] *v.t. dia.* see ਵਜਾਉਣਾ

or ਬਜਾ ਲਾਉਣਾ under ਬਜਾ² *cf.* ਹੁਕਮ ਬਜਾਉਣਾ

ਬਜਾਏ [bəjae] *adv.* in place of, instead of, in lieu of; instead

ਬਜ਼ਾਹਰ [bəzahər] *adv.* apparently, seemingly, menifestly, outwardly, overtly

ਬਜਾਜ [bəjaj] *n.m.* cloth merchant, draper, also ਬਜ਼ਾਜ਼

ਬਜਾਜੀ [bəjaji] *n.f.* cloth for sale, textile, fabrics, drapery

ਬਜ਼ਾਤੇ ਖ਼ੁਦ [bəzate khud] *adv.* in person, oneself, by oneself, in itself

ਬਜ਼ਾਰ [bəzar] *n.m.* bazaar, street; market place, shopping quarter or centre, trading centre, mart

~ ਗਰਮ ਹੋਣਾ *ph.* (for it) to be a roaring business; (for any activity) to be in full swing

~ ਤੇਜ਼ ਹੋਣਾ *ph.* for market prices or sales to go up/rise/boom, for a boom to occur

~ ਨਰਮ ਹੋਣਾ *ph.* for prices to slump, for business to be subdued, for the market to be dull; there being a depression/slump/recession

~ ਮੰਦਾ ਹੋਣਾ *ph.* for prices/sales or business to be bad/on the decline; for recession or slump to set in

ਬਜ਼ਾਰੀ [bəzari] *adj.* commonplace, ordinary, inferior; trite, vulgar (language); also ਬਜ਼ਾਰੂ

ਬਜ਼ਿਦ [bəzɪd] *adj.* insistent, importune, importunate, persistent

ਬਜ਼ੁਰਗ [bəzurg] *adj. & n.m.* elderly, old, aged (person); respectable, venerable (person); also ਬਜ਼ੁਰਗਵਾਰ

ਬਜ਼ੁਰਗਾਨਾ [bəzurgana] *adj.* of or like a ਬਜ਼ੁਰਗ

ਬਜ਼ੁਰਗੀ [bəzurgi] *n.f.* elderliness, state or status of ਬਜ਼ੁਰਗ; respectability, venerability, venerableness, respectableness

ਬੱਝ [bə́jj] *v.form* imperative of ਬੱਝਣਾ

ਬੱਝਣਾ [bə́jjəṇa] *v.i.* to be tied (down) bound, fastened, connected, attached, packed; *fig.* to be restricted, arrested, sentenced, imprisoned, jailed

ਬੱਝਵਾਂ [bə́jəvã] *adj.m.* binding, fixed, decided; in lump sum, at flat rate; tied, bound, packed

ਬੱਝਾ ਬਝਾਇਆ [bə́jja bəjàra] *adj.m.* duly tied, fastened, packed; already fixed, settled; bound, obliged, forced

ਬੱਟ [bəṭṭ] *n.m* butt (of weapon); butt (of firing range); *dia.* see ਵੱਟ¹

ਬਟਨ [bəṭən] *n.m.* button

ਬਟਵਾਰਾ [bəṭvara] *n.m.* partition, division, distribution, apportionment

~ ਕਰਨਾ *con.v.* to partition, divide, apportion, distribute

ਬਟਾ¹ [bəṭa] *n.m.* horizontal line or bar used in mathematical fractions; *adv.* over, divided by

ਬਟਾ² *n.m. dia.* same as ਵੱਟ¹, twist, torsion

ਬੰਟਾ [bə̃ṭa] *n.m.* glass ball, marble

ਬੰਟਿਆਂ ਦੀ ਖੇਡ *n.f.* marbles

ਬਟਾਈ [bəṭai] *n.f.* share-cropping; landlord's share of harvest; same as ਵੰਡ³, division, distribution

ਬਟਾਲੀਅਨ [bəṭaliən] *n.f.* battalion

ਬਟੂਆ [bəṭua] *n.m.* purse, small money bag, wallet, reticule

ਬਟੇਰਾ [bəṭera] *n.m.* quail, *Colinus virginianus*

ਬਟੋਰਨਾ [bəṭorna] *v.t.* to grab, wangle, obtain by contrivance or force

ਬੱਠਲ [bəṭṭhəḷ] *n.m.* earthen bowl or trough, *slang* shallow person; simpleton

ਬਠਾ [bəṭha] *v.form* imperative of ਬਠਾਉਣਾ also ਬਿਠਾ

ਬਠਾਉਣਾ/ਬਠਾਲ੍ਹਣਾ [bəṭhauṇa/bəṭhalṇa] *v.t.* to cause/have or make one be seated, seat, usher one to a seat; to cause/have or make one withdraw (as from elections or competition); to set/fix or mount properly

ਬੰਡਲ [bə̃ḍəl] *n.m.* bundle

ਬੰਡੀ [bə̃ḍi] *n.f.* padded jacket

ਬਣ¹ [bəṇ] *v.form* imperative of ਬਣਨਾ

~ ਠਣ ਕੇ *adv.* with pomp, pompously, with make-up or adornment, well-dressed, decked up

ਬਣ² *n.m.* forest, jungle, wood

ਬਣਚਰ [bəṇcər] *adj. & n.m.* wild fauna of the forest; forester
ਬਣਜ [bəṇj] *n.m. dia.* see ਵਣਜ
ਬਣਜਾਰਾ [bəṇjara] *n.m.* same as ਵਣਜਾਰਾ
ਬਣਤ[1] [bəṇt] *n.f.* same as ਬਨਾਵਟ[1]
~ **ਬਣਾਉਣੀ** *con.v.* to plan, arrange
ਬਣਤ[2] *n.f.* friendship, understanding
ਬਣਤਰ [bəṇtər] *n.f.* same as ਬਨਾਵਟ, construction, shape, design
ਬਣਦਾ ਫਬਦਾ [bəṇda phəbda] *adj.m.* befitting, appropriate, apt, proper, apposite, suitable, pertinent
ਬਣਨਾ [bəṇna] *v.i.* to be or become; to be made, prepared, manufactured, built, constructed; to be fit for use, be ready or completed; to be repaired; to happen, befall; to feign, pretend; to assume airs; to be befooled, duped
~ **ਠਣਨਾ** *cpd.v.* to put on make-up, adorn oneself, to spruce up
ਬਣਬਾਸ [bəṇbas] *n.m.* exile
ਬਣਮਾਣਸ [bəṇmaṇəs] *n.m.* wild animal resembling man such as gorilla and orang or orangutan, *Gorilla gorilla and Pongo Phymaeus* respectively
ਬਣਵਾਉਣਾ [bəṇvauṇa] *v.t.* to get something made, constructed, prepared, repaired
ਬਣਵਾਈ [bəṇvai] *n.f.* charges/wages for ਬਣਵਾਉਣਾ and ਬਣਾਉਣਾ
ਬਣਵਾਸੀ [bəṇvasi] *adj.* forest-dweller
ਬਣਾ [bəṇa] *v.form* imperative of ਬਣਾਉਣਾ, make
ਬਣਾਉ ਸ਼ਿੰਗਾਰ [bəṇao ṣĩgar] *n.m.* make-up, adornment, beautification, primping up
~ **ਕਰਨਾ** *con.v.* to put on make-up, adorn, beautify, primp up (self or another), decorate, bedeck, deck out
ਬਣਾਉਟੀ [bəṇauṭi] *adj.* artificial, fake, spurious, bogus, counterfeit, not genuine or real, sham; mock, feigned, simulated
ਬਣਾਉਣਾ [bəṇauṇa] *v.t.* to make, prepare, manufacture; to cook; to build, construct, fabricate; to repair, set right; to invent, design, shape; form, frame; to mock, befool, flatter
ਬਣਾਵਟ [bəṇavəṭ] *n.f.* same as ਬਨਾਵਟ, structure, design, shape
ਬਣਾਵਟੀ [bəṇavəṭi] *adj.* same as ਬਣਾਉਟੀ
ਬਣਿਆਣੀ [bəṇıaṇi] *n.f.* wife of a ਬਾਣੀਆ, any woman of that community
ਬਣਿਆ ਬਣਾਇਆ [bəṇıa bəṇaıa] *adj.m.* ready-made, already completed
ਬਣੀਆ [bəṇia] *n.m.* same as ਬਾਣੀਆਂ
ਬੱਤ [bətt] *n.m.* same as ਉਬਾਕ, retching
ਬਤਕ [bətək] *n.f.* duck, goose (pl. geese); also ਬਤਖ਼
~ **ਦੀ ਅਵਾਜ਼** *ph.* honk
ਬੱਤਾ [bətta] *n.m.* a bottled mineral water; bottle containing it
ਬਤਾਊਂ[1] [bətaũ] *n.m.* brinjal, egg-plant, *Solaum Melongena*
ਬਤਾਊਂ[2] *v.form* of Hindi verb ਬਤਾਣਾ will or may I tell, ਦੱਸਾਂ in Punjabi
ਬਤਾਣਾ [bətaṇa] *v.t.* same as ਦੱਸਣਾ
ਬਤਾਲ੍ਹੀਂ [bətáḷi] *adv.* for Rs. 42
ਬਤਾਲ੍ਹੀਆਂ/ਬਤਾਲ੍ਹੀਵਾਂ [bətáḷiã/bətáḷivã] *adj.m.* forty-second
ਬਤਾਲ਼ੀ [bətaḷi] *adj.* forty-two
ਬੱਤ੍ਹੀਂ [bátti] *adv.* for Rs. 32
ਬੱਤ੍ਹੀਆਂ/ਬੱਤ੍ਹੀਵਾਂ [báttiã/báttivã] *adj.m.* thirty-second
ਬੱਤੀ[1] [bətti] *adj.* thirty-two
ਬੱਤੀ[2] *n.f.* wick; lamp, lantern, candle, electric light, light point
~ **ਜਗਾਉਣੀ** *con.v.* to light a lamp/lantern or candle; to put on or switch on (electric) light
~ **ਬੁਝਾਉਣੀ** *con.v.* to put off or switch off light
ਬਤੀਸਾ [bətisa] *n.m.* a medicinal preparation (from thirty-two ingredients) for post-delivery recovery of woman or for use as general tonic
ਬਤੀਸੀ [bətisi] *n.f.* a set of thirty-two (*esp.* of teeth or tales)
ਬਤੀਤ [bətit] *adj.* (for time) passed, spent, elapsed, gone, past
~ **ਕਰਨਾ** *con.v.* to pass/spend or while away (time)

ਬਤੌਰ [bətɔr] *adj.* by way of, as, in the position or capacity of, as a substitute for

ਬਥੇਰਾ [bəthera] *adj.m.* same as ਬਹੁਤ

ਬਦ [bəd] *adj.* bad, evil, vile, vicious; *pref.* denoting badness

~ **ਅਸੀਸ** *n.f.* curse, malediction, imprecation, execration

~ **ਇਖ਼ਲਾਕ** *adj.* uncultured, impolite, vulgar, ill-mannered, of bad character, vicious, depraved

~ **ਇੰਤਜ਼ਾਮੀ** *n.f.* mismanagement, maladministration

~ **ਸ਼ਕਲ** *adj.* ugly, unsightly, hideous

~ **ਸਗਣੀ** *n.f.* badomen, ill omen, jinx; also ਬਦਸ਼ਗਣੀ

~ **ਸਲੂਕੀ** *n.f.* maltreatment, ill treatment; *informal.* disunity

~ **ਹਾਲ** *adj.* miserable, wretched, distressed

~ **ਖੋਈ** *n.f.* ill talk, talking ill (cf), slander, defamation

~ **ਗੁਮਾਨ** *adj.* suspicious, distrustful, alienated, estranged

~ **ਗੁਮਾਨੀ** *n.f.* suspicious, distrust

~ **ਜ਼ਬਾਨ** *adj.* foulmouthed, ribald, vituperative, scurrilous

~ **ਜ਼ਬਾਨੀ** *n.f.* scurrility, scurrilousness, vulgarity of expression

~ **ਜ਼ਾਤ** *adj.* mean, low, base, vile, of low birth

~ **ਤਮੀਜ਼** *adj.* discourteous; ill-mannered, rude, impolite, uncivil

~ **ਦਿਆਨਤ** *adj.* dishonest

~ **ਦਿਆਨਤੀ** *n.f.* dishonesty

~ **ਮਜ਼ਗੀ** *n.f.* spoiled atmosphere or situation, uninterestingness, boredom

ਬੰਦ[1] [bə̃d] *n.m.* stanza; an ornament for the wrist, wristband, bracelet, strap; same as ਬੰਨ੍ਹ[1]; joint, limb; *colloq.* bun, bunn, breadroll

ਬੰਦ[2] *suff.* indicating restriction, limitation as in ਸਿੱਕੇਬੰਦ, ਕਮਰਬੰਦ, ਕਲਮਬੰਦ

ਬੰਦ[3] *adj.* closed, shut, locked, confined, impounded, imprisoned, banned, prohibited, disallowed, not permitted

~ **ਕਰਨਾ** *con.v.* to close, shut, lock; to stop, ban, prohibit; to intern, lock up, arrest; to shut in, out or off; to switch off

~ **ਗਲ਼ੀ** *n.f.* blind alley

~ **ਗੋਭੀ** *n.f.* cabbage, *Brassica obracea capitata*

~-**ਖ਼ਲਾਸ**/~-**ਖ਼ਲਾਸੀ** *n.f.* liberation, release, rescue, manumission

ਬਦਅਮਨੀ [bədəmni] *n.f.* breach of peace, breakdown of law and order; rioting, disorder

ਬੰਦਈ [bə̃dəi] *n.m.* follower of Banda (Singh Bahadur), a Sikh hero (1670-1716)

ਬੰਦਸ਼ [bə̃dəṣ] *n.f.* restriction, ban, prohibition, interdiction; (in prosody or music) limitation, restraint, structure, composition

ਬਦਸਤੂਰ [bədəstur] *adv.* in customary manner, regularly, as usual, customarily

ਬਦਸੂਰਤ [bədsurət] *adj.* same as ਬਦਸ਼ਕਲ under ਬਦ

ਬਦਹਜ਼ਮੀ [bədhəzmi] *n.f.* indigestion, dyspepsia, brash

ਬਦਹਵਾਸ [bədhəvas] *adj.* out of one's senses or wits, confused, nonplussed, extremely perplexed, agitated or afraid, consternated

ਬਦਹਵਾਸੀ [bədhəvasi] *n.f.* state of being ਬਦਹਵਾਸ, confusion, perplexity, nonplus, consternation, dread

ਬਦਕਾਰ [bədkar] *adj.* wicked, vicious degenerte, vile, licentious, immoral, depraved, lecherous

ਬਦਕਾਰੀ [bədkari] *n.f.* vicious or immoral act, wickedness, vice, licentiousness, depravity

ਬਦਕਿਸਮਤ [bədkɪsmət] *adj.* unfortunate, unlucky, ill-fated, hapless

ਬਦਕਿਸਮਤੀ [bədkɪsməti] *n.f.* bad luck, misfortune

ਬੰਦਗੀ [bə̃dgi] *n.f.* worship, prayer; salutation, greeting

ਬਦਚਲਨ [bədcələn] *adj.* same as ਬਦਕਾਰ

ਬਦਤਮੀਜ਼ [bədtəmiz] *adj.* see under ਬਦ

ਬਦਤਮੀਜ਼ੀ [bədtəmizi] *n.f.* discourteous act, discourtesy, lack of good manners, rudeness, brusqueness

ਬਦਤਰ [bədtər] *adj.* worse

ਬਦਦਿਮਾਗ [bəddımag] *adj.* idiot, foolish, unintelligent, *informal.* same as ਬਦਤਮੀਜ਼

ਬਦ-ਦੁਆ [bəd-dua] *n.f.* same as ਬਦ-ਅਸੀਸ, under ਬਦ (usu. pronounced ਬੱਦੁਆ)

ਬਦਨ [bədən] *n.m.* body, physique, corpus

ਬਦਨਸੀਬ [bədnəsib] *adj.* same as ਬਦਕਿਸਮਤ

ਬੰਦਨਾ [bə̃dəna] *n.f.* salutation, greeting; prayer, supplication

ਬਦਨਾਮੀ [bədnami] *n.f.* infamy, bad or ill reputation, disrepute, natoriety; opprobrium, disgrace, disparagement, obloquy

~ ਦਾ ਟਿੱਕਾ/~ ਦਾ ਧੱਬਾ *ph.* stigma, blot or stain or one's reputation, blot on one's escutcheon

ਬਦਨੀ [bədni] *adj.* bodily, corporeal, physical

ਬਦਨੀਤ [bədnit] *adj.* ill-intentioned, insincere, false, deceitful, dishonest; *n.f.* same as ਬਦਨੀਤੀ

ਬਦਨੀਤੀ [bədniti] *n.f.* ill intention, insincerity, falsehood, deceitfulness, dishonesty

ਬਦਨੁਮਾ [bədnuma] *adj.* same as ਬਦਸ਼ਕਲ and ਕੋਝਾ

ਬਦਪਰਹੇਜ਼ੀ [bədpərhezi] *n.f.* lack of precaution or self-control (*esp.* in diet or health care)

ਬਦਫ਼ੈਲ੍ਹੀ [bədféli] *n.f.* same as ਬਦਕਾਰੀ, adultery

ਬਦਬਖਤ [bədbəkhət] *adj.* same as ਬਦਕਿਸਮਤ

ਬਦਬੂ/ਬਦਬੋ [bədbu/bədbo] *n.f.* bad, foul or offensive smell, stink, stench, reek, malodour

~ ਛੱਡਣੀ *con.v.* to stink, reek, to emit ਬਦਬੋ

ਬਦਬੂਦਾਰ/ਬਦਬੋਦਾਰ [bədbudar/bədbodar] *adj.* stinking, reeking, emitting ਬਦਬੋ, malodorous

ਬਦਮਸਤ [bədməst] *adj.* intoxicated, drunk, drunken, inebriated; licentious, profligate, immoral, libertine

ਬਦਮਸਤੀ [bədməsti] *n.f.* intoxication, drunkenness, inebriation, licentiousness, profligacy, libertinism

ਬਦਮਗਜ਼ [bədməgəz] *adj.* same as ਬਦਦਿਮਾਗ਼

ਬਦਮਜ਼ਾ [bədməza] *adj.* same as ਬੇਸੁਆਦ

ਬਦਮਾਸ਼ [bədmaṣ] *adj. & n.m.* wicked, depraved, immoral, villainous, rowdy, ruffian, hoodlum, goon, hooligan, rascal, rogue, scamp, a bad character, cad, rapscallion

ਬਦਮਾਸ਼ੀ [bədmaṣi] *n.f.* a wicked, villainous act; villainy,rowdyism, rascality, roguery, hooliganism

ਬਦਮਿਜ਼ਾਜ [bədmızaj] *adj.* ill, bad or short-tempered, irascible, irritable, touchy, testy, tetchy, churlish, surly

ਬਦਮਿਜ਼ਾਜੀ [bədmızaji] *n.m.* ill, bad or short temper, irascibility, irritability, touchiness, testiness, tetchiness; surliness

ਬੰਦਰ [bə̃dər] *n.m.* same as ਬੰਦਰਗਾਹ, port; same as ਬਾਂਦਰ, monkey

ਬਦਰੱਕਾ [bədrəkka] *n.m.* same as ਰਾਹਬਰ; a constant companion

ਬਦਰੰਗ [bədrə̃g] *adj.* discoloured, faded; (cards) of a suit different from the one played; see ਬਰੰਗ

ਬੰਦਰਗਾਹ [bə̃dərgá] *n.f.* port, harbour, haven, seaport, riverport

ਬਦਰਾ [bədra] *n.m.* bag; wallet, knapsack

ਬਦਲ [bədəl] *n.m.* substitute, *quid pro quo,* alternative; exchange

~ ਜਾਣਾ *con.v.* to change, be or get changed *v.t.* same as ਬਦਲਨਾ

ਬੱਦਲ਼ [bəddəl] *n.m.* cloud; ਕਾਲਾ ~- dark cloud; ਚਿੱਟਾ ~- altocumulus; ਭੂਰਾ ~- altostratus

~ ਹੋ ਜਾਣਾ *ph.* for it to become cloudy, for sky to be overcast

~ ਹਟ ਜਾਣਾ/~ ਛਟ ਜਾਣੇ *ph.* for clouds to lift, for weather to become clear

ਬਦਲਨਾ [bədəlna] *v.t.* same as ਬਦਲੀ ਕਰਨਾ

under ਬਦਲੀ

ਬਦਲਵਾਂ [bədəlvã] *adj.m.* changed; changeable; alternate; convertible

ਬਦਲਵਾਉਣਾ [bədəlvauṇa] *v.t.* to get something changed, exchanged, replaced, altered, converted

ਬਦਲਵਾਈ [bədəlvai] *n.f.* charges for ਬਦਲਨਾ

ਬੱਦਲ਼ਵਾਈ [bəddəḷvai] *n.f.* moderately cloudy weather

ਬਦਲਾ [bədla] *n.m.* revenge, vengeance, retaliation, retribution, reward, recompense, requital

~ ਦੇਣਾ *con.v.* to reward, repay (favour received)

~ ਲਊ *adj.* vengeful, vindictive; retaliatory

~ ਲੈਣਾ *con.v.* to avenge, retaliate, take revenge or vengeance, square account with

ਬਦਲਾਉਣਾ [bədlauṇa] *v.t.* same as ਬਦਲਨਾ

ਬਦਲੀ [bədəli] *n.f.* change, exchange, swap, replacement, substitute; transfer; amendment, alteration; conversion, transmutation, transformation; small cloud

~ ਕਰਨਾ *con.v.* to change, exchange, replace, substitute, amend, alter, convert, transmute, transform; to transfer

~ ਕਰਨੀ *con.v.* same as *prec.* (for *fem.* objects)

~ ਕਰਾਉਣੀ *con.v.* to get one or oneself transferred

ਬਦਲੇ *adv.* in exchange for, in lieu of, in return; *n.m.* pl. of ਬਦਲਾ

ਬੰਦਾ [bə̃da] *n.m.* man, human being; slave, servant; *pron.* I, my humble self

~ ਨਿਵਾਜ਼/~ ਪਰਵਰ *adj.* (a flattering term of respect), compassionate towards, sustainer

ਬਦਾਨਾ [bədana] *n.m.* grape; a sweetmeat made from gram floor fried in cooking oil and dipped in syrup

ਬਦਾਮ [bədam] *n.m.* almond, *Amygdalus prunus,* its fruit

~ ਰੋਗ਼ਨ *n.m.* almond oil

ਬਦਾਮੀ [bədami] *adj.* light brown, russet

ਬਦੀ [bədi] *n.f.* evil, vice, wickedness; badness

ਬੰਦੀ[1] [bə̃di] *n.f. fem.* of ਬੰਦਾ; stoppage of water in canals

ਬੰਦੀ[2] *adj. & n.m.* captive, detained, arrested, detenue, prisoner

~ ਛੋੜ *adj.* liberator, rescuer

~ ਬਣਾਉਣਾ *con.v.* to capture, detain, arrest, imprison, put in jail, make (one) a prisoner

ਬੰਦੀ[3] *suff.* used to form nouns, similarly as adjectives given under ਬੰਦ[2] such as ਜਮ੍ਹਾਬੰਦੀ

ਬੰਦੀਖਾਨਾ [bə̃dikhana] *n.m.* prison, gaol, jail, lock-up

ਬੱਦੂ[1] [bəddu] *n.m.* bedouin, beduin

ਬੱਦੂ[2] *adj.* infamous, illreputed

ਬੰਦੂਕ [bə̃duk] *n.f.* shot gun, musket, rifle

~ ਚਲਾਉਣ ਦੀ ਸਿਖਲਾਈ *ph.* musketry

~ ਚਲਾਉਣ ਵਾਲਾ *ph.* firer; same as ਬੰਦੂਕਚੀ

~ ਚਲਾਉਣੀ *con.v.* to fire, shoot

~ ਦੀ ਗੋਲੀ *ph.* cartridge, bullet, round

ਬੰਦੂਕਸਾਜ਼ [bə̃duksaj] *n.m.* manufacturer of armour, gunsmith

ਬੰਦੂਕਚੀ [bə̃dukci] *n.m.* soldier armed with ਬੰਦੂਕ; rifleman, gunman, musketeer

ਬਦੇਸ [bədes] *n.m.* foreign country; *adv.* abroad

~ ਜਾਣਾ *con.v.* to go abroad

~-ਨੀਤੀ *n.m.* foreign policy

~-ਮੰਤਰੀ *n.m.* foreign minister; minister for external affairs

ਬਦੇਸਾਂ ਦਾ ਭੈ/ਬਦੇਸਾਂ ਲਈ ਨਫਰਤ *ph.* xenophobia

ਬਦੇਸੀ [bədesi] *adj. & n.m.* foreign, foreigner, exotic, alien, peregrine; imported

~ ਮਾਮਲੇ *n.m.pl.* foreign affairs, external affairs

ਬੰਦੋਬਸਤ [bə̃dobəst] *n.m.* arrangements, provision, preparation, management, administration; land settlement

~ ਇਸਤਮਰਾਰੀ *n.m.* permanent settlement (of land)

ਬਦੋਬਦੀ [bədobədi] *adv.* by force, forcibly, forcedly; unwillingly

ਬਦੌਲਤ [bədɔlət] *adv.* by means of, by virtue of, with the help or favour of, through, owing to, attributable to

ਬਧ [bə́d] *n.m. & v.form. dia.* see ਵਧ

ਬੱਧ [bə́dd] *suff.* meaning tied up, arranged as in ਕ੍ਰਮਬੱਧ, ਬਚਨਬੱਧ, ਲੜੀਬੱਧ

ਬੰਧ [bə̃́d] *n.m.* stoppage, closure; general strike

ਬੱਧਕ [bə́ddək] *n.m.* bird-catcher, fowler

ਬੰਧਕ [bə̃́ddək] *adj. & n.m.* bonded (slave or labourer), abducted (person), detained, arrested (person), hostage

~ **ਬਣਾਉਣਾ** *con.v.* to abduct, capture, detain

ਬੰਧਨ [bə̃́dən] *n.m.* bond, bondage, ties, attachment; fetter, restraint, check, encumbrance, limitation, restriction; relationship, obligation arising out of relationship

~ **ਮੁਕਤ** *adj.* free, liberated from ਬੰਧਨ, unencumbered

ਬੰਧਪ [bə̃́dəp] *n.m.* same as ਬੰਧੂ, relation

ਬੱਧਾ [bə́dda] *v.form.* past participle of ਬੱਝਣਾ and ਬੰਨ੍ਹਣਾ; *adj.m.* tied, fastened, bound; forced, committed, obliged, compelled

~ **ਰੁੱਧਾ** *adj.m.* acting or working under compulsion, unwillingly; *adv.* under duress

ਬੰਧਾਨ [bə̃dàn] *n.m.* same as ਬੰਧੇਜ and ਬਾਨ੍ਹ

ਬੰਧੂ [bə̃́du] *n.m.* relation, relative

ਬੰਧੂਆ ਮਜ਼ਦੂਰ [bə̃́dua məzdur] *n.m.* bonded labour or labourer

ਬੰਧੇਜ [bə̃dèj] *n.m.* restriction, restrain, prohibition; taboo, fixed customary wages/allowances or share

~ **ਬੰਨ੍ਹਣਾ** *con.v.* to lay down, settle, fix ਬੰਧੇਜ

ਬਨ [bən] *n.m.* same as ਬਣ[2]

ਬਨਸ [bənəs] *n.m. colloq.* see ਬੰਸ

ਬਨਸਪਤ [bənəspət] *n.f.* vegetation, flora, plants, trees, herbage; also ਬਨਸਪਤੀ

~ **ਸੰਬੰਧੀ** *adj.* botanical, botanic

~ **ਦੁੱਧ** *n.m.* latex

~ **ਵਿਗਿਆਨ** *n.m.* botany

~ **ਵਿਗਿਆਨੀ** *n.m.* botanist

ਬਨਸਰੀ/ਬਨਸੀ [bənsəri/bənsi] *n.f.* same as ਬੰਸਰੀ

ਬਨਫ਼ਸ਼ਾ [bənəfṣa] *n.m.* a medicinal, herbal plant; *Viola odorata*; its flower; also ਬਨਫ਼ਸ਼ਾ

ਬਨਵ੍ਹਾ [bənvà] *v.form.* imperative of ਬਨਵ੍ਹਾਉਣਾ, get (this) tied

ਬਨਵ੍ਹਾਉਣਾ [bənvàuṇa] *v.t.* to get or cause something to be tied, fastened, bound, packed, dammed, imprisoned; to assist in ਬੰਨ੍ਹਣਾ

ਬੰਨਵ੍ਹਾਈ [bənvài] *n.f.* act of, wages for ਬੰਨ੍ਹਣਾ

ਬਨਵਾਰੀ [bənvari] *n.m.* an attributive name of Lord Krishna

ਬਨੜਾ [bənəṛa] *n.m.* same as ਬੰਨਾ[2]

ਬੰਨ੍ਹ[1] [bə̃́nn] *n.f.* hump (of bovine cattle)

ਬੰਨ੍ਹ[2] *n.m.* dam, barrage, dyke; embankment; obstruction, clog, stoppage, block; a visceral disease causing intestinal obstruction, volvulus

~ **ਪੈਣਾ** *con.v.* to be sick with or suffer from volvulus

~ **ਬਣਾਉਣਾ**/~ **ਮਾਰਨਾ**/~ **ਲਾਉਣਾ** *con.v.* to construct, build, raise a dam; to stop, check, control

ਬੰਨ੍ਹਣ [bə̃́nnən] *n.m.* same as ਬੰਧਨ

ਬੰਨ੍ਹਣਾ [bə̃́nnəṇa] *v.t.* to tie, bind, fasten, chain; to imprison, sentence to imprisonment; to pack; to bind, commit; to lay down, settle, fix, prescribe, (rule, usage or custom); to found, establish (habitation); to captivate, enthral

ਬੰਨ੍ਹਾਉਣਾ [bə̃nàuṇa] *v.t.* same as ਬਨਵ੍ਹਾਉਣਾ

ਬਨ੍ਹਾਈ [bənài] *n.f.* same as ਬਨ੍ਹਵਾਈ

ਬੰਨਾ [bə̃nna] *n.m.* boundary, border, ridge (dividing fields), bank; verge; side, direction; outside, exterior; bridegroom

ਬਨਾਉਟ [bənauṭ] *n.f.* same as ਬਨਾਵਟ

ਬਨਾਉਟੀ [bənauṭi] *adj.* same as ਬਣਾਉਟੀ

ਬਨਾਉਣਾ [bənauṇa] *v.t.* same as ਬਣਾਉਣਾ

ਬਨਾਸਪਤੀ [bənaspəti] *n.f.* same as ਬਨਸਪਤ; *adj.* of or made from ਬਨਸਪਤੀ; *slang.* impure, artificial, not genuine

~ ਘਿਓ *n.m.* vegetable or cooking oil
ਬਨਾਤ [bənat] *n.f.* woollen broad cloth, baize
ਬਨਾਮ [bənam] *adj.* addressed to named as, by the name of; *adv.* versus, against
ਬਨਾਵਟ [bənavəṭ] *n.f.* structure, composition; design, form, build, configuration, constitution, make-up; texture; fabrication, concoction, forgery, subterfuge, false case
ਬਨਾਵਟੀ [bənavəṭi] *adj.* same as ਬਣਾਉਟੀ
~ ਰੇਸ਼ਮ *n.m.* rayon, artificial silk
ਬਨਿਆਣ [bənıaṇ] *n.f.* same as ਬਨੈਣ
ਬਨਿਸਬਤ [bənısbət] *adv.* as compared to, than, in relation to
ਬੰਨੀ[1] [bãnni] *n.f.* same as ਬੰਨਾ[1]; low wall
ਬੰਨੀ[2] *n.f.* bride; young girl
ਬੰਨੇ [bãnne] *adv.* same as ਬਾਹਰ; on the side of, in the direction of
ਬਨੇਰਾ [bənera] *n.m.* roof boundary, parapet, coping
ਬਨੈਣ [bənɛṇ] *n.f.* vest
ਬਪਤਸਮਾ [bəptəsma] *n.m.* baptism
ਬੰਪਰ [bãpər] *n.m.* bumper (of vehicles)
ਬਪਰਾ [bəpra] *adj.m.* same as ਵਿਚਾਰਾ
ਬੰਬ [bãb] *n.m.* bomb, cannon shell; large or powerful cracker; grenade
~ ਸੁੱਟਣਾ *con.v.* to throw bomb or grenade, bomb
~ ਫਟਣਾ *con.v.* for ਬੰਬ to explode
~ ਮਾਰਨਾ *con.v.* to bombard, bomb, shell, throw ਬੰਬ
ਬੰਬਈ [bãbəi] *n.f.* Bombay, Mumbai
ਬਬਰ/ਬਬਰ ਸ਼ੇਰ [bəbər / bəbər ṣer] *n.m.* lion *Panthera-leo*
ਬੱਬਰ [bəbbər] *n.m.* potsherd, shard; rib
ਬੰਬਰ [bãbər] *n.m.* bomber; a type of cloth
ਬਬਰਾਂ ਦਾ ਗਰੋਹ [bəbərã da gəró] *ph.* pride of lions
ਬੱਬਰੀ [bəbbəri] *n.f.* small ਬੱਬਰ
ਬੰਬਲ਼ [bãbəḷ] *n.m.* same as ਬੁੰਬਲ਼
ਬਬਲਿੰਗ [bəblĩg] *n.f.* wobbling (of wheels)
~ ਕਰਨਾ *con.v.* to wobble, waggle
ਬੱਬਾ [bəbba] *n.m.* the letter ਬ
ਬੰਬਾ [bãba] n.m. engine *esp.* railway engine, pumping set, tube-well; jet, spurt, squirt
ਬਬਾਣ [bəbaṇ] *n.m.* bier, hearse; coffin; same as ਵਿਮਾਨ, aircraft
ਬੰਬਾਰ [bãbar] *n.m. & adj.* same as ਬੰਬਰ
ਬੰਬਾਰੀ [bãbari] *n.f.* bombardment, bombing, shelling
ਬੰਬੀ [bãbi] *n.f.* tube-well
ਬੰਬੀਹਾ [bãbiha] *n.m.* same as ਪਪੀਹਾ
ਬੰਬੂਕਾਟ [bãbukaṭ] *n.m. lit.* bamboo cart; a light two-wheeled carriage; *informal.* motorcycle
ਬਬੂਲ [bəbul] *n.m.* same as ਕਿੱਕਰ, acasia
ਬਮਾਰ [bəmar] *adj. n.m.* same as ਬਿਮਾਰ, sick, patient
ਬਮੂਜਬ [bəmujəb] *adv.* according to, in accordance with, under, vide
ਬਰ[1] [bər] *n.m.* width (of cloth, matting etc.); *dia.* ਵਰ[1]
~ ਮਿਚਣਾ *con.v.* to be matching; to be friendly
ਬਰ[2] *adv. & prep.* same as ਉੱਪਰ, on, upon
~ ਆਉਣਾ *con.v.* (for hope) to be fulfilled
ਬਰਸ [bərs] *n.m.* same as ਸਾਲ or ਵਰ੍ਹਾ, year
ਬਰਸਣਾ [bərsəṇa] *v.i.* same as ਵੱਸਣਾ[2], to rain
ਬਰਸਾਤ [bərsat] *n.f.* rainy season, rain
ਬਰਸਾਤੀ [bərsatti] *adj.* rainy, pertaining to ਬਰਸਾਤ; *n.f.* rain-coat, water-proof coat, garret, portico
ਬਰਸੀ [bərsi] *n.f.* death anniversary
ਬਰਸੀਮ [bərsim] *n.m* berseem; *Trifolium alexandrium*
ਬਰਕ [bərk] *n.m.* same as ਬੁਰਕ; same as ਬਿਜਲੀ
ਬਰਕਤ [bərkət] *n.f.* blessing, bounty; prosperity, gain, profit
ਬਰਕੰਦਾਜ਼ [bərkãdaz] *n.m.* gunner, see ਤੋਪਚੀ
ਬਰਕਰਾਰ [bərkərar] *adj.* unchanged, same as before, continued, as formerly established, status quo
~ ਰੱਖਣਾ *con.v.* to keep or maintain as before
ਬਰਕੀ [bərki] *adj.* electric, electrical
ਬਰਖਾ [bərkha] *n.f.* same as ਬਰਸਾਤ

~ ਰੁੱਤ *n.f.* rainy season
ਬਰਖਾਸਤ [bərkhast] *adj.* dismissed, discharged; (for meeting) dissolved, terminated; ended
ਬਰਖਾਸਤਗੀ [bərkhasətgi] *n.f.* dismissal, discharge, termination; dissolution, ending
ਬਰਖਿਲਾਫ਼ [bərkhılaf] *adv.* against, opposite to, contrary, in opposition to; on the contrary, contrariwise
ਬਰਖੁਰਦਾਰ [bərkhurdar] *adj.* dear, object of affection, youngster; obedient, respectful
ਬਰੰਗ [bərãg] *adj.* bearing (letter), posted without due postage; devoid of a suit, of suit other than the one bid (in cards games)
ਬਰਗੇਡ [bərgeḍ] *n.m.* brigade
ਬਰਗੇਡੀਅਰ [bərgeḍiər] *n.m.* brigadier
ਬਰਛਾ [bərcha] *n.m.* spear, pike, also *n.f.* ਬਰਛੀ
ਬਰੰਜੀ [bərãji] *n.f.* common flat-topped nail without threads, wirenail
ਬਰਤ [bərt] *n.m.* see ਵਰਤ[1]
ਬਰਤਨ [bərtən] *n.m.* same as ਭਾਂਡਾ, vessel
ਬਰਤਰ [bərtər] *adj.* higher, superior
ਬਰਤਰੀ [bərtəri] *n.f.* superiority, higher position
ਬਰਤਰਫ਼ [bərtərəf] *adj.* removed, dismissed, discharged, (from position)
~ ਕਰਨਾ *con.v.* to remove, dismiss, discharge, terminate services of
ਬਰਤਰਫ਼ੀ [bərtərfi] *n.f.* removal, dismissal, discharge, termination of service
ਬਰਤਾਂਤ [bərtãt] *n.m.* narration, narrative, tale, story, account, description, report, tidings or news (of any incident or occurrence)
ਬਰਤਾਨਵੀ [bərtanvi] *adj.* British
ਬਰਤਾਨੀਆਂ [bərtaniã] *n.m.* Britannia, Great Britain, United Kingdom
ਬਰਦਾ [bərda] *n.m.* slave, servant *esp.* bonded or faithful servant
~ ਫ਼ਰੋਸ਼ *n.m.* slave trader, slaver
~ ਫ਼ਰੋਸ਼ੀ *n.f.* slave trade
ਬਰਦਾਸ਼ਤ [bərdaṣt] *n.f.* tolerance, toleration; endurance; forbearance
~ ਕਰਨਾ *con.v.* to tolerate, endure, forbear; to undergo
~ ਦਾ ਮਾਦਾ *ph.* the quality of toleration or enduring without demur
ਬਰਦੀ [bərdi] *n.f.* female slave or servant, slave girl; *dia.* see ਵਰਦੀ, uniform
ਬਰਨ [bərən] *n.m.* same as ਵਰਨ, colour
ਬਰਨਰ [bərnər] *n.m.* burner (of stove)
ਬਰਫ਼ [bərf] *n.f.* ice, snow
~ ਤੇ ਰਿੜ੍ਹਨਾ *ph.* to ski or skate on ice; *n.f.* skiing, ice-skating
~ ਦਾ ਤੂਫ਼ਾਨ *ph.* snow-storm, blizzard
~ ਦਾ ਤੋਦਾ *ph.* iceberg; lump of ice
~ ਦਾ ਦਰਿਆ *ph.* Glacier
~ ਪੈਣੀ *con.v.* to snow
~ ਵਰਗਾ *adj.m.* niveous, snowy, snow-white; ice cold; icy
~ ਵਿਚ ਲਾਉਣਾ *ph.* to freeze, condense, chill; put in cold storage; *fig.* to neglect
ਬਰਫ਼ਾਨੀ [bərfani] *adj.* ice-cold, icy; nival, snowy; snow-clad (peaks)
ਬਰਫ਼ੀ [bərfi] *n.f.* variety of sweetmeat made of milk paste and sugar
ਬਰਫ਼ੀਲਾ [bərfilla] *adj.m.* same as ਬਰਫ਼ਾਨੀ
ਬਰਬਾਦ [bərbad] *adj.* ruined, destroyed, laid waste, devastated; wasted, squandered, dissipated; decayed, disintegrated, trampled, crushed
~ ਕਰਨਾ *con.v.* to ruin, destroy, lay waste, devastate; to waste, squander, dissipate; to disintegrate, tramp, crush
ਬਰਬਾਦੀ [bərbadi] *n.f.* ruin, ruination, destruction, waste, wastage, devastation, dissipation, disintegration, disaster, havoc
ਬਰਲ [bərəl] *n.m.* madness, dementia, insanity; craze, eccentricity
~ ਜਾਣਾ *con.v.* to suffer from or develop craze
~ ਪੈਣਾ *con.v.* for madness to attack; *v.i.* same as *prec.*
ਬਰੜ [bərəṛ] *n.m.* same as ਟੀਰ (*esp.* for animals), squint
ਬਰੜਾ [bərəṛa] *adj.m.* same as ਟੀਰਾ, squint-

eyed

ਬਰੜਾਉਣਾ [bərəṛauṇa] *v.i.* to talk in sleep; to mumble, mutter

ਬਰੜਾਅ [bərəṛa] *n.m.* talking in sleep, such utterance

ਬਰ੍ਹਮਾ [bə́rma] *n.m.* Burma; now Myanar

~ **ਸੰਬੰਧੀ/~ ਵਾਸੀ** *adj.* Burmese

ਬਰ੍ਹਮੀ ਭਾਸ਼ਾ [bərə́mi pàṣa] *n.f.* Burmese

ਬਰਾਏ [bərae] *prep.* for; *adv.* for the sake of, with the object or purpose of, meant for

ਬਰਾਸਤਾ [bərasta] *adv.* via, through

ਬਰਾਗ [bərag] *n.m. dia.* see ਵਿਰਾਗ, non-attachment; sorrow of separation

ਬਰਾਗੀ [bəragi] *n.m.* same as ਬੈਰਾਗੀ

ਬਰਾਜਣਾ [bərajəṇa] *v.i.* same as ਬਿਰਾਜਣਾ

ਬਰਾਂਡਾ [bərā̃ḍa] *n.m.* verandah; corridor

ਬਰਾਂਡੀ [bərā̃ḍi] *n.f.* overcoat; brandy

ਬਰਾਤ [bərat] *n.f.* same as ਜੰਞ, marriage party; luck, destiny, destined station in life

ਬਰਾਤੀ *n.m.* same as ਜਾਂਞੀ

ਬਰਾਦਰ [bəradər] *n.m.* brother

ਬਰਾਦਰਾਨਾ [bəradərana] *adj.* brotherly

ਬਰਾਦਰੀ [bəradəri] *n.f.* brotherhood, ethnic or social community

ਬਰਾਨ [bəran] *adj. dia.* see ਵੀਰਾਨ, ruined, desolate; same as ਬਰਾਨੀ

ਬਰਾਨੀ [bərani] *adj.* unirrigated, dry, rainfed (land or crop)

ਬਰਾਬਰ [bərabər] *adj.* equal, matching, evenly balanced or proportionate; level, plain, even, smooth; uniform, alike; balancing, balanced or square (accounts); equivalent

~ **ਹੋਣਾ** *con.v.* to equal, match, be equal

~ **ਕਰਨਾ** *con.v.* to make equal, equalise, balance, counter-balance, counter-vail, counterweigh, offset; to level; to square (up)

~ **ਦਾ** *adj.m.* matching, equal, of the same age or specifications; equivalent

ਬਰਾਬਰੀ [bərabəri] *n.f.* equality, parity; egalitarianism, equivalence

~ **ਕਰਨੀ** *con.v.* to behave as equal, imitate, vie

~ **ਦਾ/~ ਵਾਲ਼ਾ** *adj.* egalitarian, equalitarian

ਬਰਾਮਦ [bəramәd] *n.f.* export; recovery (as a result of search)

~ **ਕਰਨਾ** *con.v.* to export; to recover, find

ਬਰਾਮਦਗੀ [bəramədgi] *n.f.* recovery on search

ਬਰਾਮਦਾ [bəramda] *n.m.* same as ਬਰਾਂਡਾ

ਬਰਾਮਦਾਤ [bəramdat] *n.f. pl.* exports

ਬਰਿਸਟਰ [bərɪsṭər] *n.m.* barrister, bar-at-law

ਬਰਿਸਟਰੀ [bərɪsṭəri] *n.f.* status or function of ਬਰਿਸਟਰ

ਬਰੀ [bəri] *adj.* acquitted, set free, released; exculpated, absolved, exonerated; cleared, freed (from doubt, obligation); unburdened, unencumbered (from responsibility)

~ **ਕਰਨਾ** *con.v.* to acquit, set free, absolve, exculpate; to vindicate; to pardon, exonerate

ਬਰੀਅਤ [bəriət] *n.f.* acquittal, release; absolution, exculpation, exoneration

ਬਰੀਕ [bərik] *adj.* thin, fine, slender; pulverised, powdered; minute; subtle

~ **ਕਰਨਾ** *con.v.* to thin, attenuate, pulverise, powder

~ **ਨੁਕਤਾ** *n.m.* fine or subtle point

ਬਰੀਕਬੀਨ [bərikbin] *adj.* keen observer, highly sensitive and perceptive, (one) who notices or goes into minute details or who understands deeper meanings; subtle, discerning

ਬਰੀਕਬੀਨੀ [bərikbini] *n.f.* quality of being ਬਰੀਕਬੀਨ; keen observation, mental sharpness, discernment

ਬਰੀਕੀ [bərikki] *n.f.* thinness, fineness, slenderness, minuteness, subtleness, subtlety, finer or deeper meaning

ਬਰੂ [bəru] *n.m.* kind of a coarse, wild grass

ਬਰੂਹਾਂ [bərúā̃] *n.f. pl.* threshold

ਬਰੂਦ [bərud] *n.m.* explosive, dynamite, gun-powder

ਬਰੂਦਖਾਨਾ [bərudkhana] *n.m.* magazine; silo

ਬਰੂਦੀ [bərudi] *adj.* of or concerning ਬਰੂਦ, explosive
~ ਸੁਰੰਗ *n.f.* mine; torpedo
ਬਰੂਪੀਆ [bərupia] *adj. & n.m. colloq.* see ਬਹੁਰੂਪੀਆ
ਬਰੂੰਬਲ [bərũbəl] *n.f.* same as ਬੁੰਬਲ਼
ਬਰੂਰਨਾ [bərurna] *v.t.* same as ਧੂੜਨਾ, to dust
ਬਰੇਸ [bəres] *n.m.* brace and bit
ਬਰੇਤਾ [bəretta] *n.m.* sandy bank, sandy spot surrounded by water, island in river
ਬਰੇਤੀ [bəretti] *n.f.* small ਬਰੇਤਾ
ਬਰੋਜ਼ਾ [bəroza] *n.m.* resin
ਬਰੋਟਾ [bəroṭṭa] *n.m.* young tree; *dia.* banyan tree
ਬਲ [bəl] *n.m. dia.* same as ਵਲ਼ or ਵੱਟ[1]; strength, power, force, potency, vigour
~ ਦੇਣਾ *con.v.* to strengthen, support; to stress, emphasise
ਬਲ਼ [bəḷ] *v.form.* nominative of ਬਲ਼ਨਾ
ਬਲ਼ਦੀ ਤੇ ਤੇਲ ਪਾਉਣਾ *ph.* to add fuel to fire; to incite further
ਬਲਹੀਣ [bəlhiṇ] *adj.* devoid of ਬਲ, weak, feeble
ਬਲਕਾਰ [bəlkar] *adj.* same as ਬਲਵੰਤ
ਬਲਕਿ [bəlké] *conj.* same as ਸਗੋਂ, on the other hand
ਬਲਗ਼ਮ [bəlgəm] *n.f.* phlegm
ਬਲਗ਼ਮੀ [bəlgəmi] *adj.* phlegmatic
ਬਲੱਡ [bələḍḍ] *n.m.* blood
ਬਲ਼ਦ [bəḷd] *n.m.* ox, bullock, steer, zebu, *Bos indicus*
ਬਲ਼ਨਾ [bəḷna] *v.i.* to burn, flame, flare, be aflame, afire, ablaze, alight, on fire
ਬਲਪੂਰਵਕ [bəlpurvək] *adv.* by force, forcibly; forcefully
ਬੱਲ ਬੱਲ [bəll bəll] *n.f.* same as ਬੱਲੇ-ਬੱਲੇ
ਬਲ ਬਲ ਜਾਣਾ [bəl bəl jaṇa] *ph.* same as ਬਲਿਹਾਰ ਜਾਣਾ
ਬਲਮ[1] [bələm] *n.f.* same as ਬਰਛਾ or ਨੇਜ਼ਾ, spear or javeline
ਬਲਮ[2] *n.m.* same as ਬਾਲਮ
ਬਲਵੰਤ *adv.* strong, powerful, potent, vigorous
ਬਲਵਾ [bəlva] *n.m.* riot, violent public disorder, uproar, turmoil, tumult, affray, public
ਬਲਵਾਈ [bəlvai] *n.m.* rioter
ਬਲਵਾਨ [bəlvan] *adj.* same as ਬਲਵੰਤ
ਬਲ੍ਹਣਾ [bə́lṇa] *n.m.* earthen cooking-pot or small pitcher; *v.i.* to ferment, decompose, rot, putrefy, go bad, become rank (for liquid)
ਬੱਲ੍ਹਾ [bə́lla] *adj.m.* (cattle) with a blaze on the forehead
ਬੱਲ੍ਹੋ [bə́llo] *n.f.* same as ਬਾਘੀ
ਬਲ਼ਾ[1] [bəḷa] *n.m. dia.* see ਵਲ਼ਾ[1]
ਬਲ਼ਾ[2] *n.f.* demon, witch, ghost, monster; *fig.* calamity, sudden trouble; naughty child, enfant terrible; also ਬਲ਼ਾਅ
~ ਗਲ਼ ਪੈਣੀ *ph.* to fall in trouble
ਬੱਲਾ [bəlla] *n.m.* cricket bat
ਬਲਾਊਜ਼ [bəlauz] *n.m.* blouse
ਬਲਾਅ [bə'la] *n.f.* same as ਬਲ਼ਾ[2]
ਬਲਾਕ [bəlak] *n.m.* block; an ornament for the nose, nose trinket
ਬਲਾਟਿੰਗ ਪੇਪਰ [bəlaṭĩg pepər] *n.m.* blotting paper
ਬਲਾਤਕਾਰ [bəlatəkar] *n.m.* rape
ਬਲਾਤਕਾਰੀ [bəlatəkari] *n.f.* same as ਬਲਾਤਕਾਰ; *adj.m.* rapist
ਬਲਿਹਾਰ/ਬਲਿਹਾਰੇ/ਬਲਿਹਾਰੀ [bəlıhar/ həlıhare/bəlıhari] *adj.* intensely devoted or loving, sacrificing oneself (for); *interj.* very gocd ! wonderful ! expression of praise, wonder or awe
~ ਜਾਣਾ *ph.* to be a sacrifice to; to express deep devotion/affection/awe
ਬਲੀ[1] [bəli] *adj.* same as ਬਲਵੰਤ
ਬਲੀ[2] *n.f.* sacrifice; immolation
~ ਚੜ੍ਹਨਾ *ph.* sacrifice oneself, immolate oneself
~ ਚੜ੍ਹਾਉਣਾ/~ ਦੇਣੀ *ph.* to sacrifice, immolate; to present as an offering; *fig.* to make a scapegoat of
~ ਦਾ ਬੱਕਰਾ *ph.* goat offered as sacrifice; *fig.* scapegoat
ਬੱਲੀ [bəlli] *n.f.* wooden beam/rafter/pole
ਬਲੀਦਾਨ [bəlidan] *n.m.* sacrifice, martyrdom
ਬਲੂੰਗਾ [bəlũga] *n.m.* kitten; also diminu-

tive ਬਲੂੰਗੜਾ

ਬਲੂਤ [bəlut] *n.m.* oak

ਬੱਲੇ[1] [bəlle] *n.m. pl.* of ਬੱਲਾ

ਬੱਲੇ[2] *interj.* bravo, well done ! what a thing ! how grand !

~ **ਬੱਲੇ** *n.f.* applause, acclaim, acclamation, praise; fame, renown

~ **ਬੱਲੇ ਹੋਣੀ** *ph.* to be applauded, acclaimed, praised, famous

~ **ਬੱਲੇ ਕਰਨੀ** *ph.* to applaud, acclaim, praise, appreciate; to make famous/renowned/ spread someone's praise

ਬਲੇਡ [bəleḍ] *n.m.* blade

ਬੱਲੇਬਾਜ਼ [bəllebaz] *n.m.* batsman, cricketer

ਬੱਲੇਬਾਜ਼ੀ [bəllebazi] *n.m.* batsmanship, batting, cricket

ਬਲੈਕ [bəlɛk] *adj.* black; black-market, black-marketing, illicit trade, smuggling

~**-ਆਊਟ** *n.m.* black-out

~ **ਕਰਨੀ** *con.v.* to black-market, engage or indulge in black marketing or smuggling

~**-ਮਾਰਕਿਟ/ਮਾਰਕੀਟ** *n.f.* black-market, illicit trade

ਬਲੈਕੀਆ [bəlɛkia] *n.m.* black-marketeer, smuggler

ਬਲੈਡਰ [bəlɛḍər] *n.m.* bladder

ਬਲੋਚ [bəloc] *n.m. & adj.* Baluch, a Muslim tribe native of Baluchistan, any member of this tribe, any native of Baluchistan

ਬਲੋਚਿਸਤਾਨ [bəlocɪstan] *n.m.* Baluchistan, one of the provinces of Pakistan

ਬਲੋਚੀ [bəloci] *adj.* of or concerning Baluch or Baluchistan; *n.f.* Baluch dialect, Baluchi

ਬਲੌਰ [bəlɔr] *n.m.* crystal, crystal glass; glass

ਬਲੌਰੀ [bəlɔri] *adj.* made of ਬਲੌਰ, crystalline

ਬਵੰਜਾ [bəvə̃ja] *adj.* fifty-two

ਬਵੰਞਵਾਂ [bəvə̃ɲvā] *adj.m.* fifty-second

ਬਵੰਞੀ [bəvə̃ɲi] *adv.* for Rs. 52

ਬਵਰਚੀ [bəvərci] *n.m.* cook

ਬਵਾਸੀਰ [bəvasir] *n.f.* piles, haemorrhoids

~ **ਦਾ ਅਪਰੇਸ਼ਨ** *ph.* haemorrhoidectomy

ਬੜਬੜ [bəṛbəṛ] *n.f.* babble, chatter, mutter

~ **ਕਰਨੀ** *con.v.* to babble, chatter, mutter

ਬੜਬੜਾਹਟ [bəṛbəṛáṭ] *n.f.* same as ਬੜਬੜ, sound of ਬੜਬੜ

ਬੜਬੋਲਾ [bəṛbolla] *adj.m.* babbler, prattler; rude, impolite

ਬੜ੍ਹਕ [báṛək] *n.f.* bellow (of a bull); roar, thunder; challenging cry or shout; fermentation, rot, putrefaction, decomposition

~ **ਮਾਰਨੀ** *ph.* same as ਬੜ੍ਹਕਣਾ

ਬੜ੍ਹਕਣਾ [báṛkəṇa] *v.i.* to utter ਬੜ੍ਹਕ, bellow, roar, thunder

ਬੜ੍ਹੌਤਰੀ [bəṛɔ̀təri] *n.f.* increase, expansion, progress, rise

ਬੜਾ[1] [bəṛa] *n.m. dia.* see ਵੜਾ

ਬੜਾ[2] *adj.m.* same as ਬਹੁਤ, and ਵੱਡਾ

ਬੜਾਉਣਾ [bəṛauṇa] *v.i.* same as ਬਰੜਾਉਣਾ

ਬ੍ਰਹਮ/ਬਰਹਮ [bərə̃mm] *n.m.* God, the Ultimate Reality

~**-ਗਿਆਨ** *n.m.* knowledge of ਬ੍ਰਹਮ, the highest spiritual knowledge; theosophy

~**-ਗਿਆਨੀ** *n.m.* one who has attained or who possesses ਬ੍ਰਹਮ ਗਿਆਨ

~ **ਚਰਜ** *n.m.* celibacy

~**-ਭੋਜ** *n.m.* feast given to Brahmins

~**-ਲੋਕ** *n.m.* the supposed eternal abode of ਬ੍ਰਹਮ; mythical abode of the god Brahma

~**-ਵਿੱਦਿਆ** *n.f.* education or instruction leading to ਬ੍ਰਹਮ ਗਿਆਨ, spiritual instruction; same as ਬ੍ਰਹਮ ਗਿਆਨ

ਬ੍ਰਹਮਚਾਰੀ/ਬਰਹਮਚਾਰੀ [bərə̃mmcari] *n.m.* celibate, student of ਬ੍ਰਹਮ ਵਿੱਦਿਆ

ਬ੍ਰਹਮਾ/ਬਰਹਮਾ [bərəmma] *n.m.* Brahma, the creator god, one of the triad of Hindu pantheon; *colloq.* see ਬਰ੍ਹਮਾ, Burma

ਬ੍ਰਹਿਮੰਡ/ਬਰਹਿਮੰਡ [bərɛ́mə̃ḍ] *n.m.* cosmos; universe; the whole creation

ਬ੍ਰਹਿਮੰਡੀ/ਬਰਹਿਮੰਡੀ [bərɛ́mə̃ḍi] *adj.* cosmic

ਬ੍ਰਹਮੀ [bərə́mi] *n.f.* same as ਬ੍ਰਾਹਮੀ

ਬ੍ਰਹਿਮੀ ਬੂਟੀ/ਬਰਹਿਮੀ ਬੂਟੀ [bərə́mi buṭi] *n.f.* a medicinal herb, rue, *Centella asiatica, Ruta graveolens*

ਬ੍ਰਜ/ਬਰਜ [bərəj] *n.m.* name of the region around Mathura; *n.f.* dialect spoken in this region, also ਬ੍ਰਿਜ or ਬਰਿਜ
~ ਭਾਸ਼ਾ *n.f.* language based upon ਬ੍ਰਜ dialect
ਬ੍ਰਾਹਮਣ/ਬਰਾਹਮਣ [bərámən̩] *n.m.* Brahmin
~ ਜਾਤੀ *n.f.* name of the topmost caste of the Hindu caste system
ਬ੍ਰਾਹਮਣਵਾਦ/ਬਰਾਹਮਣਵਾਦ [bəráməṇvad] *n.m.* Brahminism, the traditional Hindu religion
ਬ੍ਰਾਹਮੀ/ਬਰਾਹਮੀ [bərámi] *n.f.* an ancient script once extant in India; also ਬ੍ਰਹਮੀ
ਬ੍ਰਾਂਚ/ਬਰਾਂਚ [bərãc] *n.f.* branch
ਬ੍ਰਾਡਕਾਸਟ/ਬਰਾਡਕਾਸਟ [bəraḍkasṭ] *n.m.* broadcast
ਬ੍ਰਿਗੇਡ/ਬਰਿਗੇਡ [bərɪgeḍ] *n.m.* same as ਬਰਗੇਡ
ਬ੍ਰੇਕ/ਬਰੇਕ [bərek] *n.f.* brake; break, interval, intermission
ਬ੍ਰੇਨਗੰਨ/ਬਰੇਨਗੰਨ [bərengə̃nn] *n.f.* Bren gun
ਬ੍ਰੇਲ/ਬਰੇਲ [bərel] *n.f.* braille
ਬ੍ਰੈਕਟ/ਬਰੈਕਟ [bərɛkəṭ] *n.f.* bracket
ਬਾ[1] [ba] *pref.* meaning with, (cf. ਬੇ), as in ਬਾਅਸਰ *adj.* well-mannered, well behaved, civil, polite, respectful
ਬਾ[2] *n.f.* same as ਬਰਲ; also ਬਾਅ
~ ਮਾਰਿਆ *adj.* same as ਪਾਗਲ
ਬਾਉਲ਼ਾ [bauḷa] *adj.m.* same as ਪਾਗਲ
ਬਾਉਲ਼ੀ[1] [bauḷi] *adj.f.* same as *prec.*
ਬਾਉਲ਼ੀ[2] *n.f.* well with steps leading down to water level
ਬਾਊ [bau] *n.m. colloq.* see ਬਾਬੂ
ਬਾਅਸਰ [baəsər] *adj.* effective
ਬਾਅਜ਼ [baz] *adj.* some, certain; unspecified
ਬਾਅਦ [bad/bad] *adv.* after, subsequently, latter, afterwards
~ ਦਾ *adj.* later, latter, subsequent
~ ਵਿਚ *adv.* same as ਬਾਅਦ
ਬਾਅਦਬ [baədəb] *adj.* respectful, *adv.* respectfully
ਬਾਇਆਂ [baɪã] *adj.m.* same as ਖੱਬਾ, left; *fem.* ਬਾਈਂ
ਬਾਇੱਜ਼ਤ [baɪzzət] *adj.* respected, respectable, honoured, honourable; *adv.* honourably
ਬਾਇਤਬਾਰ [baɪtbar] *adj.* reliable, trustworthy, dependable, trusted
ਬਾਇਲਰ [baɪlər] *n.m.* boiler
ਬਾਈ[1] [bai] *n.m. dia.* brother; father
ਬਾਈ[2] lady, madam; dancing girl, a woman brothelkeeper; madam; *dia.* see ਵਾਈ[1]
ਬਾਈ[3] *adj.* twenty-two
ਬਾਈਸਿਕਲ [baisɪkəl] *n.m.* bicycle
ਬਾਹਈਂ [bái] *adv.* for Rs. 22
ਬਾਹਈਆਂ/ਬਾਹਈਵਾਂ [báiã/báivã] *adj.m.* twenty-second
ਬਾਈਕਾਟ [baikaṭ] *n.m.* boycott
ਬਾਈਬਲ [baibəl] *n.f.* Bible
ਬਾਏ[1] [bae] *n.f. dia.* see ਵਾਈ, flatulence
ਬਾਸ [bas] *n.f.* smell; badsmell, stink; *dia.* see ਵਾਸ, resident
ਬਾਸ[2] *n.m.* boss
ਬਾਂਸ [bãs] *n.m.* bamboo; bamboo pole
ਬਾਸਕਟ[1] [baskəṭ] *n.m.* basket
~ ਬਾਲ *n.m.* basket ball
ਬਾਸਕਟ[2] *n.f. dia.* see ਵਾਸਕਟ, waistcoat
ਬਾਸਨਾ [basna] *n.f.* smell, odour, fragrance; also ਬਾਸ਼ਨਾ; *dia.* see ਵਾਸ਼ਨਾ, sensuality
ਬਾਸਮਤੀ [basməti] *n.f.* variety of superior quality paddy and rice
ਬਾਂਸਰੀ [bãsəri] *n.f.* same as ਬੰਸਰੀ
ਬਾਸ਼ਾ[1] [baṣa] *n.m.* thatched hut with walls of split bamboo sticks; a species of birds of prey
ਬਾਸ਼ਾ[2] *adj.m.* a clever or ungainly person
ਬਾਸ਼ਿੰਦਾ [baṣĩda] *n.m.* inhabitant, resident native
ਬਾਸੀ[1] [basi] *n.m.dia.* see ਵਾਸੀ, resident
ਬਾਸੀ[2] *adj. dia.* see ਬਿਹਾ
ਬਾਂਹ [bã́] *n.f.* arm, upper limb of human body; *fig.* flank, support, supporter
~ ਛੁਡਾਉਣੀ *ph.* to get one's arm released; *fig.* to wriggle out of a situation or promise
~ ਦੇਣੀ *ph.* to support, succour, help
~ ਫੜਨੀ *ph.* to grip opponent's wrist in a trial of strength; *fig.* same as *prec.*
ਬਾਹਠ [báṭh] *adj.* sixty-two
ਬਾਹਠਵਾਂ [báṭhvã] *adj.m.* sixty-second

ਬਾਹਠੀਂ [báṭhĩ] *adv.* for Rs. 62
ਬਾਹਮਣ [bámən̩] *n.m.* Brahmin
ਬਾਹਮਣੀ [bámən̩i] *n.f.* Brahmin woman; skink
ਬਾਹਮੀ [bámi] *adj.* mutual, reciprocal
ਬਾਹਰ [bár] *n.m.* outside, exterior; *adv.* out, outside, without, beyond, away, outwards, around
~ ਅੰਦਰ *adv.* in and out, everywhere
~ ਕੱਢਣਾ *con.v.* to take out, turn out, expel, oust
~ ਵਰਤੀ *adj.* being on the outside, external
ਬਾਹਰਮੁਖੀ [bármukhi] *adj.* outward bound, outwardly, extrovert; objective
ਬਾਹਰਲਾ [bárla] *adj.m.* external, exterior; foreign, alien, outsider, extrinsic, extraneous
~ ਕੋਣ *n.m.* exterior angle
ਬਾਹਰਵਾਰ [bárvar] *adv.* on the outside, on the exterior, outside
ਬਾਹਰਾ [bára] *adj.m.* (one) against, ignoring or taking exception to a superior's advice or decision, out of control, disobedient, insubordinate, adamant, wayward
ਬਾਹਰੀ [bári] *adj.* same as ਬਾਹਰਲਾ; *adj.f.* same as ਬਾਹਰਾ
ਬਾਹਲ਼ਾ [báḷa] *adj.m.* same as ਬਹੁਤ
ਬਾਹੀ [bahi/bài] *n.f.* flank, side; longer bar of cot-frame or ladder; side-wall; *dia.* see ਵਾਹੀ, farming
ਬਾਹੀਆ [báia] *n.m.* collective name of a group of 22 villages inhabited by Jaṭṭs of the same clan
ਬਾਹੂ [bahu/bàu] *n.m.* same as ਬਾਂਹ, arm
~ ਬਲ *n.m.* strength, power, might; valour, bravery
ਬਾਂਕ [bãk] *n.f.* a silver ornament for the ankle; curved knife; (artisan's) vice
ਬਾਂਕਪਣ [bãkpən̩] *n.m.* foppery, foppishness, elegance, grace; coquetry, prudery
ਬਾਂਕਾ [bãka] *adj.m.* foppish, elegant, graceful, self conscious about own beauty, coquettish, prudish

ਬਾਕਾਇਦਗੀ [bakaıdəgi] *n.f.* regularity, punctuality
ਬਾਕਾਇਦਾ [bakaıda] *adj. & adv.* according to rules, formal, regular, regularly, formally, systematic, systematically, punctually
ਬਾਕੀ [bakki] *adj.* remaining, remainder, remnant, residuary; *n.f.* balance, arrears, residue, remainder
~ ਨਵੀਸ *n.m.* recordkeeper of arrears in revenue office
ਬਾਕੀਦਾਰ [bakkidar] *adj.* (one) not making full payment, with balance dues, defaulter
ਬਾਗ [bag] *n.m.* garden, orchard; profusely embroidered sheet; also ਬਾਗ਼
~ ਪਰਿਵਾਰ *n.m.* family *esp.* a joint family or family with many children
~ ਬਗੀਚਾ *n.m.* same as ਬਾਗ
ਬਾਂਗ [bãg] *n.f.* crowing of a cock or rooster, Muslim's call for prayer
~ ਦੇਣੀ *con.v.* to crow; to give the call for prayer
ਬਾਗਡੋਰ [bagḍor] *n.f.* control
ਬਾਗਬਾਨ [bagban] *n.m.* gardener
ਬਾਗਬਾਨੀ [bagbani] *n.m.* gardening, horticulture
ਬਾਂਗਰ [bãgər] *n.m.* land with scanty rainfall, desert; name of a region in Haryana
ਬਾਂਗਰੂ [bãgru] *n.m.* native of ਬਾਂਗਰ; *fem.* ਬਾਂਗਰੋ; *n.f.* dialect spoken in ਬਾਂਗਰ
ਬਾਗਲ਼ਾ [bagḷa] *n.m.* same as ਵਲ਼ਗਣ, enclosure
ਬਾਗੜ [baggər] *n.m.* name of tract of land in Bikaner district *cf.* Rajasthan
ਬਾਗੜੀ [bagṛi] *n.m.* native of ਬਾਗੜ; *n.f.* dialect spoken in ਬਾਗੜ
ਬਾਗੜੀਆ/ਬਾਗੜਿਆਣੀ [bagəṛia/bagəṛiaṇi] *n.m./n.f.* native of ਬਾਗੜ
ਬਾਗੀ [bagi] *n.m. & adj.* rebel, mutineer, insurgent, insurrectionist; rebellious, disobedient, wayward, recusant, refractory, revolutionary; also ਬਾਗ਼ੀ
ਬਾਘ [bág] *n.m.* tiger, lion; *fem.* ਬਾਘਣੀ
ਬਾਘੜ-ਬਿੱਲਾ [bágəṛ-bılla] *n.m.* same as ਬਾਘ; wild cat, jungle cat; *fig.* hefty,

uncouth or fearsome person

ਬਾਘਾ [bága] *n.m.* loud, full-throated crying

~ ਅੱਡਣਾ/~ ਟੱਡਣਾ *ph.* to cry loudly

ਬਾਘੀ [bági] *n.f.* a kind of dance; clapping, laughing, dancing, merriment, mirth, hilarity, merry-making

~ ਪਾਉਣੀ *ph.* to dance and clap jubilantly, to make merry

ਬਾਚੀ [bacci] *n.f.* jaw, jaw-bone, mandible, maxilla

ਬਾਛ [bach] *n.f.* same as *prec.* and ਵਰਾਛ

ਬਾਜ [baj] *n.m.* hawk, falcon, falconet, goshawk; tapering stick or needle used for rolling up beard; also ਬਾਜ਼

~ ਦਾ ਆਲ੍ਹਣਾ *ph.* eyrie, aerie

~ ਦਾ ਪਿੰਜਰਾ *ph.* mew

~ ਨਾਲ ਸ਼ਿਕਾਰ *ph.* falconry

~ ਨਾਲ ਸ਼ਿਕਾਰ ਖੇਡਣ ਵਾਲ਼ਾ *ph.* falconer

ਬਾਜ਼ ਆਉਣਾ/ਬਾਜ਼ ਰਹਿਣਾ [baz auṇa/baz réna] *v.i.* to stop doing something undesirable; to refrain, desist

ਬਾਜ ਗੁਜ਼ਾਰ [baj guzar] *adj.* tributary, subjugated, vassal

ਬਾਜਰਾ [bajəra] *n.m.* a kind of millet, *Panicum spicatum*

ਬਾਜ਼ਾਰ [bazar] *n.m.* same as ਬਜ਼ਾਰ

ਬਾਜੀ [baji] *n.f.* game, play, forfeit, a lost game; stake, wager; somersault, any acrobatic feat, acrobatics, gymnastics, *esp.* balancing and matwork; also ਬਾਜ਼ੀ

~ ਜਿੱਤਣੀ *con.v.* to win a game or stake

~ ਤੇ ਲਾਉਣਾ *ph.* to stake, risk, wager

~ ਪਾਉਣੀ *con.v.* to give a demonstration of ਬਾਜ਼ੀ

~ ਮਾਰਨੀ *ph.* to win, excel, triumph, come off with flying colours

~ ਲਾਉਣੀ *con.v.* to somersault, perform an acrobatic feat

~ ਲੈ ਜਾਣਾ *ph.* to excel, surpass, outdo, win

ਬਾਜ਼ੀਗਰ [bazigər] *n.m.* acrobat, gymnast; a scheduled tribe of India, its member; *fem.* ਬਾਜ਼ੀਗਰਨੀ

ਬਾਜ਼ੀਗਰੀ [bazigəri] *n.f.* profession of *prec.*, acrobatics; gymnastics

ਬਾਜ਼ੂ [bazu] *n.m.* same as ਬਾਂਹ, arm; side, flank, direction

ਬਾਜ਼ੂਬੰਦ [bazubə̃d] *n.m.* armlet, bracelet

ਬਾਜੇ [baje] *adj. pl.* same as ਬਾਅਜ਼

ਬਾਝ [báj] *adv.* without, in the absence of, for want of

ਬਾਂਝ [bã́j] *adj.f.* barren, sterile

~ ਕਰਨਾ *con.v.* to spay; *cf.* ਖੱਸੀ ਕਰਨਾ

ਬਾਂਝਪਣ [bã́jpəṇ] *n.m.* barrenness, sterility

ਬਾਝੋਂ [bájõ] *adv.* same as ਬਾਝ

ਬਾਟ¹ [baṭ] *n.f. dia.* see ਵਾਟ¹, distance

ਬਾਟ² *n.m.* see ਵੱਟਾ, weight

ਬਾਟਾ [baṭṭa] *n.m.* bowl

ਬਾਟੀ [baṭṭi] *n.f.* small ਬਾਟਾ

ਬਾਂਡ [bãḍ] *n.m.* bond

ਬਾਡਰ [baḍər] *n.m.* border

ਬਾਡੀ [baḍi] *n.f.* body

~ ਗਾਰਡ *n.m.* bodyguard

ਬਾਢਾ [báḍḍa] *n.m. dia.* see ਵਾਢਾ, reaper

ਬਾਢੀ¹ [báḍḍi] *n.f.dia.* see ਵਾਢੀ, harvesting

ਬਾਢੀ² *n.m.* same as ਤਰਖਾਣ, carpenter

ਬਾਣ¹ [baṇ] *n.m.* arrow, shaft; *dia.* see ਵਾਣ, string

~ ਵਿੱਦਿਆ *n.f.* archery

ਬਾਣ² *n.f.* habit *esp.* undesirable habit

~ ਪੈਣੀ *con.v.* to develop ਬਾਣ

ਬਾਣਪ੍ਰਸਥ [baṇpərəsth] *n.m.* same as ਵਾਨਪ੍ਰਸਥ

ਬਾਣਾ [baṇa] *n.m.* dress, habit, apparel, garb

ਬਾਣੀ [baṇi] *n.f.* speech, utterance, voice; same as ਗੁਰ ਸ਼ਬਦ

ਬਾਣੀਆਂ [baṇiã] *n.m.* Hindu shopkeeper, grocer, trader, merchant, money-lender or businessman; *adj.m.* miserly, shrewd in business

ਬਾਤ [bat] *n.f.* same as ਗੱਲ, utterance

~ ਚੀਤ *n.f.* same as ਗੱਲ-ਕੱਥ and ਗੱਲਬਾਤ, conversation; riddle, conundrum, puzzle; ~ ਪਾਉਣੀ, *v.i.* to propound ਬਾਤ; tale, fable

~ ਪਾਉਣੀ/~ ਸੁਣਾਉਣੀ *con.v.* to narrate, recite ਬਾਤ

ਬਾਤਨ [batən] *n.m.* mind; inward thinking

or nature as against outward behaviour

ਬਾਤਮੀਜ਼ [batəmiz] *adj.* with respect/good manners, polite

ਬਾਤਲ [batəl] *adj.* same as ਝੂਠਾ, false

ਬਾਤੂਨੀ [batuni] *adj.* talkative, loquacious, babbler, chatty, chatterer, prattler, prater

ਬਾਥੂ [bathu] *n.m.* a weed plant (edible when young), goose-foot, *Chenopodium album*

ਬਾਦ[1] [bad] *n.f.* same as ਹਵਾ, wind

ਬਾਦ[2] *adv.* same as ਬਾਅਦ, later

ਬਾਦ[3] *n.m. dia.* see ਵਾਦ, dispute; syphilis

ਬਾਦਸ਼ਾਹ [badṣá] *n.m.* king, emperor, sovereign, ruling prince, ruler

ਬਾਦਸ਼ਾਹਤ [badṣát] *n.f.* kingship, empire, rule, kingdom, domain

ਬਾਦਸ਼ਾਹੀ [badṣái] *n.f.* same as ਬਾਦਸ਼ਾਹਤ; *adj.* kingly, royal, regal, imperial

ਬਾਦਜ਼ਹਿਰ [badzér] *n.m.* bezoar (an antidote)

ਬਾਦਬਾਨ [badban] *n.m.* sail

ਬਾਂਦਰ [bãdər] *n.m.* monkey, ape, chimpanzee, gibbon, macaque, *fem.* ਬਾਂਦਰੀ

~ ਬੂਥੀ *adj. slang.* simian-faced, ugly (person)

~ ਸੰਬੰਧੀ/~ ਵਰਗਾ *adj.* simian, simious

~ ਵੰਡ *n.f. slang.* cunning judgement in case of division or apportionment where the judge gobbles up the entire or most part; unjust or injudicious division

ਬਾਦਲਾ [badla] *n.m.* a variety of cloth interwoven with flattened gold or silver thread, brocade

ਬਾਦਲੀਲ [badəlil] *adj.* reasoned, logical, reasonable, supported with sound arguments

ਬਾਦੀ [badi] *n.f.* flatulence, rheumatic effect; *adj.* flatulent, rheumy

ਬਾਂਦੀ [bãdi] *n.f.* slave, slave girl, maid, maid servant

ਬਾਂਧ [bã́d] *n.m.* dam, dyke, barrage

ਬਾਧਾ[1] [báda] *n.f.* same as ਰੁਕਾਵਟ, obstruction

ਬਾਧਾ[2] *n.m. dia.* see ਵਾਧਾ, increase

ਬਾਨ੍ਹ/ਬਾਨ੍ਹਣੂੰ [bán/bánəṇũ] *n.m.* same as ਬੰਧੇਜ; settlement, stipulation; plan, planning, arrangements

~ ਬੰਨ੍ਹਣਾ *con.v.* to lay down or prescribe restriction, plan, settle, arrange

ਬਾਨਵੇਂ [banəvẽ] *adj.* ninety-two

ਬਾਨ੍ਹਵਾਂ/ਬਾਨ੍ਹਵਿਆਂ [bánəvã/bánvıã] *adj.m.* ninety-second

ਬਾਨ੍ਹਵੀਂ [bánəvĩ] *adj.f.* same as *prec., adv.* for Rs. 92

ਬਾਨੀ [banni] *n.m.* founder, one who founds/sets up/establishes

ਬਾਪ [bap] *n.m.* father, male parent, sire

~ ਦਾਦਾ *n.m. pl.* forefathers, ancestors (*usu.* ਬਾਪ ਦਾਦੇ) progenitors

ਬਾਪੂ [bappu] *n.m.* same as ਬਾਪ; also used for grandfather and elder uncle or old men in general

ਬਾਫ਼ਤਾ [bafta] *n.m.* a variety of embroidered silk

ਬਾਬ[1] [bab] *n.m.* chapter, section

ਬਾਬ[2] *n.f.* plight, miserable state

~ ਕਰਨੀ *con.v.* to punish, chastise, torture, persecute, rebuke, reprove, beat, reduce to a miserable condition

ਬਾਬਤ [babət] *prep. & adv.* about, regarding, pertaining to, concerning, relating to, on account of, with regard to

ਬਾਬਲ [babəl] *n.m.* endearment term for father (in relation to daughters only) mainly used in folklore; Babylon

ਬਾਬਾ [babba] *n.m.* old man; grandfather, older uncle; term of respect for holymen

ਬਾਂ-ਬਾਂ [bã-bã] *n.f.* sound of crying loudly, blubber; sound of lowing of cattle

~ ਕਰਨੀ *con.v.* to blubber; to low

ਬਾਬੂ [babu] *n.m.* clerk, baboo, babu, Hindu gentleman, *fem.* ਬਾਬੂਆਣੀ

ਬਾਬੂਪੁਣਾ [babupuṇa] *n.m.* profession of clerk, clerkship, clericalism, clerical mentality or behaviour

ਬਾਮ[1] [bam] *n.m.* roof, roof top

ਬਾਮ[2] *n.f.* balm

ਬਾਮੁਸ਼ੱਕਤ [bamuṣəkkət] *adj.* with hard labour, rigorous (imprisonment)

ਬਾਰ[1] [bar] *n.m. dia.* see ਬੂਹਾ/ਭਾਰ, door

ਬਾਰ[2] *n.f.* cultivable wasteland; any of the canal colonies in western Punjab, now in Pakistan; *dia.* see ਵਾਰ[5], day of the week

~ **ਬਰਦਾਰ** *adj.* load-carrying, transport

~ **ਬਰਦਾਰੀ** *n.f.* transportation, transport

ਬਾਰ[3] *n.m.* bar, counter

ਬਾਰਸ਼ [barəṣ] *n.f.* rain, rainfall, downpour

~ **ਪੈਣੀ** *con.v.* to rain

ਬਾਰਸੁਖ [barəsukh] *adj.* influential, respected in higher quarters

ਬਾਰਕ [barək] *n.f.* same as ਬੈਰਕ

ਬਾਰਦਾਣਾ [bardaṇa] *n.m.* packing material of gunny, gunny bags

ਬਾਰ-ਬਾਰ/ਬਾਰੰਬਰ [bar-bar/barə̃bar] *adv.* same as ਵਾਰ-ਵਾਰ under ਵਾਰ[5], repeatedly

ਬਾਰ੍ਹਵਾਂ [bárvã] *adj.m.* twelfth

ਬਾਰ੍ਹੀਂ [bárĩ] *adv.* for Rs. 12

ਬਾਰਾ [bara] *n.m. dia.* see ਵਾਰਾ, turn; large leather bucket for drawing water from wells; also ਬੋਕਾ

ਬਾਰਾਂ[1] [barã] *n.f. pl.* of ਬਾਰ[2]

ਬਾਰਾਂ[2] *adj.* twelve

ਬਾਰਾਂਸਿੰਗਾ [barãsĩga] *n.m.* stag; male deer, elk or moose

ਬਾਰਾਂਤਾਲ [barãtal] *n.m.* craftiness, cleverness, wickedness; *fem.* ਬਾਰਾਂਤਾਲਣ, witch

ਬਾਰਾਂਦਰੀ [barãdəri] *n.f. lit.* building with 12 doors; pavilion, summer-house with several doors

ਬਾਰਾਂਮਾਸੀ [barãmassi] *adj.* perennial (canal or stream)

ਬਾਰਾਮਾਹ/ਬਾਰਾਂਮਾਹਾ [baramá/barãmaha] *n.m.* a sort of acrostic; long poem with stanzas beginning with the names of successive months of the year

ਬਾਰੀ [bari] *n.f. dia.* see ਵਾਰੀ, turn; window

ਬਾਰੀ ਦੁਆਬ [bari duab] *n.m.* land mass lying between the river Beas and Ravi

ਬਾਰੁਜ਼ਗਾਰ [baruzgar] *adj.* having means of earning livelihood, employed, earning, engaged in service, business or industry

ਬਾਰੂਦ [barud] *n.m.* same as ਬਰੂਦ

ਬਾਰੇ [bare] *prep. & adv.* same as ਬਾਬਤ

ਬਾਲ [bal] *n.m.* child, infant, young one, offspring; ball

~ **ਅਵਸਥਾ** *n.f.* childhood, young age, boyhood

~ **ਬੱਚਾ** *n.m.* children, family

~-**ਬੱਚੇਦਾਰ** *adj. & n.m.* married and having children

~-**ਬੋਧ** *n.m.* primer, elementary text book

~-**ਵਰੇਸ** *n.f.* same as ਬਾਲ ਅਵਸਥਾ; *adj.* young, in one's early years

~ **ਵਾੜੀ** *n.f.* creche, nursery

ਬਾਲਸ਼ਵਿਕ [balṣəvɪk] *adj. & n.m.* Balshevik, Bolshevist

ਬਾਲਸ਼ਵਿਜ਼ਮ [balṣəvɪzəm] *adj. & n.m.* Bolshevism, Communism

ਬਾਲਕ [balək] *n.m.* boy, male child

ਬਾਲਕਾ[1] [balka] *n.f.* girl, female child, girl

ਬਾਲਕਾ[2] *n.m.* disciple, pupil, novice, follower

ਬਾਲਗ [baləg] *adj.* adult, grown-up, major, mature (person) (one) above the age of majority or maturity as recognised by law; also ਬਾਲਗ਼

ਬਾਲ਼ਟਾ [balṭa] *n.m.* large ਬਾਲ਼ਟੀ

ਬਾਲ਼ਟੀ [balṭi] *n.f.* bucket, pail, scuttle

~ **ਭਰ** *adj.* bucketful, pailful

ਬਾਲ਼ਨਾ [balna] *v.t.* to burn, kindle, ignite, set on fire; to light (lamp or candle); to switch on (light)

ਬਾਲਪਣ/ਬਾਲਪੁਣਾ [balpəṇ/balpuṇa] *n.m.* same as ਬਾਲ ਅਵਸਥਾ under ਬਾਲ[1]

ਬਾਲਮ [baləm] *n.m.* beloved, lover, paramour; husband

ਬਾਲੜੀ [baləri] *n.f.* young girl

ਬਾਲਾ[1] [balla] *n.f.* same as ਬਾਲਕਾ

ਬਾਲਾ[2] *adv.* over, above; over and above, surplus; *adj.* superior

~ **ਤਰ** *adj.* higher

ਬਾਲਾ[3] *n.m.* wooden bar, supporting roof-tiles

ਬਾਲਾਨਸ਼ੀਨ [balanəṣin] *adj.* seated high, in high position, exalted, superior in status; well-to-do

ਬਾਲਾ-ਭੋਲਾ [balla-pòla] *adj.m.* simple, artless, innocent; not shrewd or astute, gullible; *fem.* ਬਾਲੀ-ਭੋਲੀ

ਬਾਲੂ [ballu] *n.f.* sand

ਬਾਲੂਸ਼ਾਹੀ [ballușái] *n.f.* a kind of sweetmeat

ਬਾਵਕਾਰ [bavəar] *adj.* respected, respectable, honourable, prestigious, esteemed, having high reputation; influential

ਬਾਵਜੂਦ [bavəjud] *adv.* in spite of, despite, notwithstanding

ਬਾਵਨ-ਅੱਖਰੀ [bavən-əkkhəri] *n.f.* a kind of acrostic, long poem with stanzas beginning with successive letters of alphabet

ਬਾਵਰਚੀ [bavərci] *n.m.* same as ਬਵਰਚੀ

ਬਾਵਰਦੀ [bavərdi] *adj.* in uniform, uniformed, liveried

ਬਾਵਰਾ [bavəra] *adj.m.* same as ਬੌਰਾ

ਬਾਵਰੀ[1] [bavəri] *adj.f.* same as *prec.*

ਬਾਵਰੀ[2] *n.f.* (hair) lock, *usu. pl.* ਬਾਵਰੀਆਂ loose, curly hair

ਬਾਵਲਾ [bavəla] *adj.m.* same as ਬੌਰਾ

ਬਾਵਲੀ [bavəli] *n.f. & adj.* see ਬਾਉਲੀ

ਬਾਵਾ [bava] *n.m.* same as ਸਾਧ; gentleman of Bhalla subcaste of Khatris; toy-child; small, cute child

ਬਾਵੀ [bavi] *adj. dia.* see ਬਾਈ[2]

ਬਾੜ [baṛ] *n.f. dia.* see ਵਾੜ[1], fence

ਬਾੜ੍ਹ [báṛ] *n.f.* same as ਹੜ੍ਹ, flood; volley, fusillade

~ **ਮਾਰਨੀ** *con.v.* to fire a volley

ਬਾੜਾ [baṛa] *n.m.* barren plain; *dia.* see ਵਾੜਾ, enclosure

ਬਾੜੀ [baṛi] *n.f.* same as ਵਾੜੀ, garden

ਬਿਓਰਾ [bıora] *n.m.* detail, particulars, detailed statement

ਬਿਓਰੇਵਾਰ [bıorevar] *adj. & adv.* detailed, in detail, elaborate, elaborately

ਬਿਆਈ [biai] *n.f.* same as ਬਿਜਾਈ; crack or fissure in skin, chap

ਬਿਆਸ [bias] *n.m.* the River Beas

ਬਿਆਸੀ [bıassi] *adj.* eighty-two

ਬਿਆਸੀਂ [bıassi̇] *adv.* for Rs. 82

ਬਿਆਸੀਆਂ/ਬਿਆਸੀਵਾਂ [bıasiã/bıasivã] *adj.m.* eighty-second; fem. ਬਿਆਸੀਵੀਂ

ਬਿਆਹ [bıá] *n.m. dia.* see ਵਿਆਹ, marriage

ਬਿਆਹੁਣਾ [bıáuṇa] *v.t.* same as ਵਿਆਹੁਣਾ, *v.i.* (for cattle) to calve, be pregnant/crossed/impregnated

ਬਿਆਜ [bıaj] *n.m.* interest (on loans)

~ **ਦਰ** *n.m.* rate of interest

ਬਿਆਜਖੋਰ [bıajkhor] *adj.* usurer, moneylender

ਬਿਆਜਖੋਰੀ [bıajkhori] *n.f.* usury, moneylending

ਬਿਆਜਦਾਇਕ [bıajdaık] *adj.* interest-yielding

ਬਿਆਜੀ [bıajji] *adj.* (lent or borrowed) on interest, interest-bearing

ਬਿਆਧ [bıád] *n.m.* bird-catcher, fowler, hunter

ਬਿਆਧੀ [bıádi] *n.f.* disease, sickness, malady, illness; anguish, calamity

ਬਿਆਨ [bıan] *n.m.* statement, evidence, deposition; explanation, narration; description

~ **ਕਰਨਾ** *con.v.* to state, describe, narrate

~ **ਜਾਰੀ ਕਰਨਾ** *ph.* to issue a statement

~ **ਦੇਣਾ** *con.v.* to give evidence, make a statement, depose

~ **ਲੈਣਾ** *con.v.* to record statement

ਬਿਆਨਬਾਜ਼ੀ [bıanbazi] *n.f.* frequent making or issuing of statements; polemics

ਬਿਆਨਾ [bıanna] *n.m.* part payment in advance on conclusion of deal

ਬਿਆਨੀਆ [bıania] *adj.* descriptive, narrative (style or statement)

ਬਿਆਪਣਾ [bıapəṇa] *v.i.* same as ਵਿਆਪਣਾ, to happen

ਬਿਆਰ [bıar] *n.m.* same as ਦਿਓਦਾਰ, cedar

ਬਿਆਰੀ [bıari] *adj.* of ਬਿਆਰ

ਬਿਆਲੀ [bıali] *adj.* same as ਬਤਾਲੀ

ਬਿਆੜ [bıaṛ] *n.m.* vegetable crop or fruit left unplucked to ripen fully for seed; also ਬਿਆੜਾ

ਬਿੱਸ [bıss] *n.f.* same as ਵਿੱਸ[1], poison

ਬਿਸਕੁਟ [bıskuṭ] *n.m.* biscuit

ਬਿਸਕੁਟੀ [bıskuṭi] *adj.* light brown

ਬਿਸਤਰ [bıstər] *n.m.* same as ਬਿਸਤਰਾ

ਬਿਸਤਰਬੰਦ [bɪstərbə̃d] *n.m.* bedroll, bedding roll

ਬਿਸਤਰਾ [bɪstəra] *n.m.* bed, bedding, bedclothes

~ **ਵਿਛਾਉਣਾ** *con.v.* to lay or spread bedding

ਬਿਸ਼ਨ [bɪṣən] *n.m.* same as ਵਿਸ਼ਨੂੰ, the Hindu god Vishnu

ਬਿਸ਼ਨਪਦ [bɪṣənpəd] *n.m.* devotional song, hymn; *usu. pl.* ਬਿਸ਼ਨਪਦੇ

ਬਿਸ਼ਪ [bɪṣəp] *n.m.* bishop

~ **ਦਾ ਪਦ ਜਾਂ ਹਲਕਾ** *ph.* bishopric

ਬਿਸਮਾਦ [bɪsmad] *n.m.* same as ਵਿਸਮਾਦ, ecstasy

ਬਿਸਮਿਲ [bɪsmɪl] *adj.* same as ਜ਼ਖਮੀ, wounded

ਬਿਸਮਿੱਲਾ [bɪsmɪlla] *adv.* in or with the name of God; *n.m.* part of Islamic formula uttered a, the commencement of any work

~ **ਕਰਨਾ** *con.v.* to utter ਬਿਸਮਿੱਲਾ; to commence, begin, start

ਬਿਸਰਾਮ [bɪsram] *n.m.* same as ਵਿਸ਼ਰਾਮ, rest

ਬਿਸਵਾ [bɪsva] *n.m.* same as ਵਿਸਵਾ, a measure of land area, roughly 50 square yards

ਬਿਸਾਰ[1] [bɪsar] *n.f.* same as ਹਲ਼ਦੀ, turmeric

ਬਿਸਾਰ[2] *v.form.* same as ਵਿਸਾਰ, forget

ਬਿਸੀਅਰ [bɪsiər] *adj.* poisonous (snake); *n.m.* any poisonous snake

ਬਿਸੇਖ [bɪsekh] *adj.* same as ਵਿਸ਼ੇਸ਼, special

ਬਿਹੰਗਮ [bɪhə̃gəm] *n.m.* bird; roving mendicant

ਬਿਹਣੀ [béṇi] *n.f.* same as ਸੁੰਬਾ, poker

ਬਿਹਤਰ [bétər] *adj.* better, *adj.* very well, all right

ਬਿਹਤਰੀ [bétəri] *n.f.* betterment, development, welfare; a safer course of action

ਬਿਹਤਰੀਨ [bétərin] *adj.* best, top class

ਬਿਹਬਲ [bébəl] *adj.* same as ਬੇਕਰਾਰ

ਬਿਹਬਲਤਾ [bébəlta] *n.f.* same as ਬੇਕਰਾਰੀ

ਬਿਹਾ [béa/beha] *adj.m.* stale, not fresh

ਬਿਹਾਗੜਾ [bɪhagəṛa] *n.m.* a musical measure in Indian classical music; also ਬਿਹਾਗ

ਬਿਹਾਰ [bɪhar] *n.m.* name of an Indian state, Bihar

ਬਿਹਾਰੀ[1] [bɪhari] *adj.* pertaining to Bihar; *n.m.* native of ਬਿਹਾਰ; *n.f.* dialect spoken in ਬਿਹਾਰ

ਬਿਹਾਰੀ[2] *n.f.* vowel sign 'ਿ' representing /i/

ਬਿਹਾਰੀ[3] *n.m.* an epithet of Lord Krishna; (*lit.* meaning sportive or frolicsome)

ਬਿਹੀ [bɪhi] *n.f.* quince, *Cydonia oblonga;* its fruit

ਬਿੱਕ [bɪkk] *n.f. dia.* see ਛਿੱਲ, bark, rind

ਬਿਕਟ [bɪkəṭ] *adj. dia.* see ਵਿਕਟ, difficult

ਬਿਕਰਮੀ ਸੰਮਤ [bɪkərmi sə̃mmət] *n.m.* Bikrami era or year popular in North India commencing from 57 B.C.

ਬਿਕਰਾਲ [bɪkral] *adj. dia.* see ਵਿਕਰਾਲ, horrid

ਬਿੱਕਰੀ [bɪkkəri] *n.f.* same as ਵਿੱਕਰੀ, sale; same as ਠੀਕਰੀ, shard

ਬਿਕਲ [bɪkəl] *adj.* uneasy, troubled, anxious, depressed, feeling restlessness or weakness

ਬਿਕਲਤਾ [bɪkəlta] *n.f.* uneasiness, anxiety, depression

ਬਿਕਾਰ[1] [bɪkar] *n.m. dia.* see ਵਿਕਾਰ, evil, sin

ਬਿਕਾਰ[2] *adj. colloq.* see ਬੇਕਾਰ, unemployed

ਬਿਖ [bɪkh] *n.m.* poison

ਬਿਖਮ [bɪkhəm] *adj.* difficult, hard, ardous; complex, intricate, involved, knotty; odd, unequal, irregular, incongruous, dissonant

~ **ਕੋਣ** *n.m.* oblique angle, acute or obtuse angle

ਬਿਖਮਤਾ [bɪkkhəmta] *n.f.* difficulty, arduousness, complexity, intricacy, involution, knottiness; oddness, oddity, incongruousness, incongruity, dissonance

ਬਿਖਰਨਾ [bɪkhərna] *v.i.* same as ਖਿੱਲਰਨਾ, to spread

ਬਿਖੜਾ [bɪkhəṛa] *adj.m.* (for path route) difficult, arduous; dangerous, hazardous, perilous, unsafe; rough, uneven; desolate

ਬਿਖਾਦ [bɪkhad] *n.m.* quarrel, altercation, conflict, wrangle, contention, contentiousness, quarrelsomeness; also ਬਿਖਾਧ

ਬਿਖਾਦੀ [bɪkhadi] *adj.* quarrelsome, contentious, disputatious, pugnacious

ਬਿਖਿਆ [bɪkhɪa] *n.f.* poison, poisonous stuff; sin, falsehood, deceit

ਬਿਖੇਰਨਾ [bɪkherna] *v.i.* same as ਖਿਲਾਰਨਾ, to spread

ਬਿੰਗ [bĩg] *n.m.* same as ਵਿਅੰਗ, sarcasm; and ਵਿੰਗ wing; bend

ਬਿਗਲ [bɪgəl] *n.m.* bugle, trumpet, clarion

~ ਵਜਾਉਣਾ *con.v.* to blow ਬਿਗਲ; to give a clarion call

ਬਿਗਲਚੀ/ਬਿਗਲਰ [bɪgəlci/bɪglər] *n.m.* bugler, trumpeter

ਬਿਗੜਨਾ [bɪgəṛna] *v.i.dia.* see ਵਿਗੜਨਾ, to go out of order

ਬਿਗਾਨਾ [bɪgana] *adj.m.* unrelated, stranger, unacquainted, alien, another's

ਬਿਗਾਨਾਪਣ [bɪganapəṇ] *n.m.* otherness, alienage

ਬਿਗਾਰ [bɪgar] *n.f.* same as ਵਗਾਰ, bonded labour

ਬਿਗਾੜ [bɪgaṛ] *n.m. dia.* see ਵਿਗਾੜ, disorder, defect

ਬਿੱਘਾ [bígga] *n.m. dia.* same as ਵਿੱਘਾ, a unit of land measurment, ½ or $^5/_8$ acre roughly

ਬਿਚਾਰਾ [bɪcara] *adj.m.* same as ਵਿਚਾਰਾ, poorly, hapless

ਬਿਛਾਉਣਾ [bɪchauṇa] *v.t.* same as ਵਿਛਾਉਣਾ, to spread

ਬਿੱਛੂ [bɪcchu] *n.m.* same as ਠੂਹਾਂ, scorpion

ਬਿਛੂਆ [bɪchua] *n.m.* a kind of crooked dagger; ring, *usu.* silver, worn by women on toes as ornament

ਬਿਛੌਣਾ [bɪchɔṇa] *n.m.* same as ਬਿਸਤਰਾ; *v.t.* same as ਬਿਛਾਉਣਾ

ਬਿੱਜ [bɪjj] *n.f.* same as ਬਲਾ[2]

ਬਿਜਮੰਦਰ [bɪjmə̃dər] *n.m.* lofty mansion, skyscraper

ਬਿਜਲਈ [bɪjləi] *adj.* electric, electrical

ਬਿਜਲੀ [bɪjli] *n.f.* lightning, electricity; electric power/current or light

~ ਘਰ *n.m.* power house

~ ਚਮਕਣੀ *con.v.* for lightning to flash

~ ਚਲਾਉਣੀ *con.v.* to switch on electric power

~ ਜਗਾਉਣੀ *con.v.* to switch on light

~ ਦਾ ਬਟਨ *ph.* switch

~ ਦਾ ਮਿਸਤਰੀ *ph.* electrician

~ ਦੀ ਤਾਰ *ph.* electric cable, power-line

~ ਦੀ ਰੌ *ph.* electric current

~ ਨਾਲ ਚੱਲਣ ਵਾਲਾ *ph.* electric, electrical

~ ਬੰਦ ਕਰਨੀ *ph.* to switch off ਬਿਜਲੀ

~ ਵਾਂਗ *adv. lit.* like ਬਿਜਲੀ; very swiftly

ਬਿਜਵਾ [bɪjva] *v.form.* imperative of ਬਿਜਵਾਉਣਾ, get (it) sown

ਬਿਜਵਾਉਣਾ [bɪjvauṇa] *v.t.* to have something sown; to assist in sowing

ਬਿਜੜਾ [bɪjṛa] *n.m.* weaver bird, weaver finch; *Ploceus cucullatus*

ਬਿਜਾਉਣਾ [bɪjauṇa] *v.t.* same as ਬਿਜਵਾਉਣਾ; *cf.* ਬੀਜਣਾ

ਬਿਜਾਊ [bɪjau] *adj.* cultivable, cultivated, freshly sown

ਬਿਜਾਈ [bɪjai] *n.f.* process of or wages for ਬਿਜਾਉਣਾ and ਬੀਜਣਾ

~ ਕਰਨੀ *con.v.* to sow/plant or transplant (crop or seedings)

~ ਦੀ ਰੁੱਤ *ph.* sowing season

ਬਿੱਜੂ [bɪjju] *n.m.* Indian badger, hyaena, hyena

ਬਿਟ ਬਿਟ ਤੱਕਣਾ [bɪṭ bɪṭ təkkəna] *ph.* to gape, gawk, stare (at), stare vacantly

ਬਿੱਠ [bɪṭṭh] *n.f. dia.* see ਵਿੱਠ, dropping of birds; a type of skein of cotton yarn

ਬਿਠਾਉਣਾ/ਬਿਠਾਣਾ [bɪṭhauṇa/bɪṭhaṇa] *v.t.* same as ਬਠਾਉਣਾ

ਬਿੰਡਾ [bĩḍa] *n.m.* same as ਬੀਂਡਾ

ਬਿਤਰ ਬਿਤਰ ਵੇਖਣਾ [bɪtər bɪtər vekhəna] *ph.* to gape in surprise; same as ਬਿਟ ਬਿਟ ਤੱਕਣਾ

ਬਿਤਾਉਣਾ [bɪtauṇa] *v.t.* to spend, pass, while away (time)

ਬਿਤਾਲੀ [bɪtali] *adj.* same as ਬਤਾਲੀ

ਬਿਤੀਤ [bɪtit] *adj.* same as ਬਤੀਤ
ਬਿਤੌਰਾ[1] [bɪtɔra] *n.m.* same as ਬਿਲਬਤੌਰੀ
ਬਿਤੌਰਾ[2] *adj.m.* absurd, ungainly
ਬਿੱਦ [bɪdd] *n.f.* present of mixed dry fruit and sweets exchanged between bride's parents and in-laws
ਬਿੰਦ [bĩd] *n.f.* a small quantity; *n.m.* a short span of time, a moment
~-ਝੱਟ *n.m. & adv.* a moment, a short while
ਬਿਦਣਾ [bɪdəṇa] *v.i.* to bet, wager; to vie, compete, rival, contest; also ਜਿਦਣਾ
ਬਿਦਾਰਨਾ [bɪdarna] *v.i.* to destroy, kill, eradicate
ਬਿਦਿਆ [bɪdɪa] *adj. dia.*, departed, seen off
ਬਿੱਦਿਆ [bɪddɪa] *n.f. dia.* see ਵਿੱਦਿਆ, education
ਬਿੰਦੀ [bĩdi] *n.f.* dot, point; zero, cypher, cipher; small spot; round mark put on the forehead by married women; nasalisation mark
~ ਕਾਮਾ *n.m.* semi-colon
ਬਿੰਦੀਕਾਰੀ [bĩdikari] *n.f.* stipple, stippling
ਬਿੰਦੀਦਾਰ [bĩdidar] *adj.* marked with ਬਿੰਦੀ, also ਬਿੰਦੀ ਵਾਲਾ
ਬਿੰਦੂ [bĩdu] *n.m.* point, dot
~-ਪੱਥ *n.m.* locus, *pl.* loci
ਬਿਧ [bɪ́d] *n.f.* fate, destiny, predestination, coincidence; same as ਵਿਧੀ, procedure
~ ਬਣਨੀ *ph.* to happen, coincide
~ ਮਾਤਾ *n.f.* Dame Fate, Dame Fortune
ਬਿਧਨਾ [bɪ́dna] *n.f.* same as ਬਿਧ
ਬਿਧਾਤਾ [bɪdàta] *n.m.* same as ਵਿਧਾਤਾ, God
ਬਿਧੀ [bɪ́di] *n.f.dia.* see ਵਿਧੀ, procedure
ਬਿਨ [bɪn] *prep. & adv.* without, except, save, but, sans, but for
ਬਿਨਸ [bɪnəs] *v.form.* nominative of ਬਿਨਸਣਾ
ਬਿਨਸਣਹਾਰ [bɪnsəṇhar] *adj.* perishable, mortal, subject to death or decay, destructible, impermanent
ਬਿਨਸਣਾ [bɪnəsəṇa] *v.i.* to perish, die, decay, cease to exist, be destroyed
ਬਿਨਸਾਉਣਾ [bɪnsauṇa] *v.t.* to cause to perish, destroy
ਬਿਨਤੀ [bɪnti] *n.f.* same as ਬੇਨਤੀ, request
ਬਿਨਾ[1] [bɪna] *n.f.* foundation, base, basis; also ਬਿਨਾਅ
ਬਿਨਾ[2]**/ਬਿਨਾਂ** *prep.* same as ਬਿਨ
ਬਿਨਾਂ/ਬਿਨੂੰ [bĩnnã/bĩnnũ] *n.m.* cushioned loop placed on the head while carrying a load on the head
ਬਿਨੈ [bɪnɛ] *n.f.* same as ਬੇਨਤੀ, request
~ ਪੱਤਰ *n.m.* petition, application, written request
ਬਿਨੈਕਾਰ [bɪnɛkar] *n.m.* petitioner, applicant
ਬਿਪਤਾ [bɪpta] *n.f.* calamity, adversity, distress, disaster, tribulation; misfortune, misery, evil times, affliction; hardship, difficulty
~ ਪੈਣੀ *con.v.* for ਬਿਪਤਾ to befall, fall on evil times
ਬਿਫਰਨਾ [bɪphərna] *v.i.* to rage, be furious
ਬਿਫਲਣਾ [bɪphələṇa] *v.i.* to rave, talk wildly, be delirious; *dia.* see ਵਿਫਲ਼ਨਾ, to insist, be petulant
ਬਿੱਬ [bɪbb] *n.f.* bib
ਬਿੰਬ [bĩb] *n.m.* image, reflection, semblance; halo
ਬਿੰਬਾਕਾਰ [bĩbakar] *adj.* discoid
ਬਿੰਬਾਵਲੀ [bĩbavəli] *n.f.* imagery
ਬਿਬੇਕ [bɪbek] *n.m.* reason, reasoning, intelligence, wisdom, discrimination, discernment
ਬਿਬੇਕਵਾਦ [bɪbekvad] *adj.* rationalism
ਬਿਬੇਕੀ [bɪbeki] *adj. & n.m.* rationalist, rational, intelligent; wiseman, sage, philosopher
ਬਿਭੂਤ/ਬਿਭੂਤੀ[1] [bɪbùt/bɪbùti] *n.f.* ashes (of an ascetic's fire)
ਬਿਭੂਤੀ[2] *n.f.* same as ਵਿਭੂਤੀ, excellence
ਬਿਮਾਰ [bɪmar] *adj.* sick, ill, indisposed, *n.m.* sick person, patient
~ ਦੀ ਦੇਖਭਾਲ਼ *ph.* nursing the sick
ਬਿਮਾਰੀ [bɪmari] *n.f.* disease, sickness, illness, indisposition; plague, epidemic; pathology; murrain, cattle disease

~ ਸੰਬੰਧੀ *adj.* pathological
~ ਦੀ ਉਪਜ ਅਤੇ ਫੈਲਾ *ph.* pathogenesis, pathogeny
~ ਦੇ ਕੀਟਾਣੂ *ph. pl.* pathogens
~ ਦੇ ਚਿੰਨ੍ਹ *ph. pl.* pathognomonic signs, symptoms
~ ਵਿਗਿਆਨ *n.m.* pathology, medical or veterinary science
~ ਵਿਗਿਆਨੀ *n.m.* pathologist, doctor, medical man
ਬਿਰਹਣ [bɪrhəṇ] *adj. & n.f.* love-sick, one suffering from ਬਿਰਹਾ
ਬਿਰਹਾ [bɪrha] *n.m.* separation from beloved, pangs of separation, love-sickness
ਬਿਰਹੀ[1] [bɪrhi] *adj. & n.m.* same as ਬਿਰਹਣ
ਬਿਰਹੀ[2] *n.m.* same as ਬਿਰ੍ਹੀ[1]
ਬਿਰਹੋਂ [bɪrhõ] *n.m.* same as ਬਿਰਹਾ
ਬਿਰਕ [bɪrk] *v.form.* nominative of ਬਿਰਕਣਾ
ਬਿਰਕਣਾ [bɪrkəṇa] *v.i.* to speak out, confess (out of fear or under duress)
ਬਿਰਖ/ਬਿਰਛ [bɪrkh/bɪrch] *n.m.* tree; large or tall plant
~ ਸੰਬੰਧੀ *adj.* arboreal
~ ਪਾਲਣ *n.m.* arboriculture, tree planting
~ ਲਾਉਣਾ *con.v.* to plant tree
~ ਵਰਗਾ *adj.m.* arborescent, arboreous
ਬਿਰਜਸ [bɪrjəs] *n.f.* breeches
ਬਿਰਤਾਂਤ [bɪrtãt] *n.m.* same as ਬਰਤਾਂਤ
ਬਿਰਤੀ [bɪrti] *n.f.* concentration, keen attention, meditation, deep thinking; inclination, tendency, interestedness
~ ਲਾਉਣੀ *con.v.* to meditate (upon)
ਬਿਰਥਾ[1] [bɪrtha] *n.f.* pain, anguish; distress, sorrow; misery, miserable plight
ਬਿਰਥਾ[2] *adj.m.* useless, futile, fruitless, worthless, *adv.* in vain, futilely, fruitlessly
ਬਿਰਦ [bɪrəd] *n.m.* reputed or honourable nature or practice, reputation; same as ਜਪ, repetition of God's name
~ ਪਾਲਣਾ *con.v.* to maintain one's natural repute, live up to one's natural repute
ਬਿਰਧ [bírəd] *adj.* old, aged, elderly
ਬਿਰਲ [bɪrəl] *n.f. dia.* see ਵਿਰਲ, gap
ਬਿਰਵਾ[1] [bɪrva] *n.m.* same as ਬਿਰਖ
ਬਿਰਵਾ[2] *adj.m. dia.* see ਵਿਰਵਾ, empty, deprived
ਬਿਰ੍ਹੀ[1] [bíri] *n.m.* a mythical animal of which elephants are afraid; *interj.* word uttered to goad elephants
ਬਿਰ੍ਹੀ[2] *adj.* same as ਬਿਰਹਣ
ਬਿਰਾਜ [bɪraj] *v.form.* nominative of ਬਿਰਾਜਣਾ
ਬਿਰਾਜਣਾ [bɪrajəṇa] *v.i.* to sit, be seated, take a seat (indicates respect)
ਬਿਰਾਜਮਾਨ [bɪrajman] *adj.* seated
~ ਹੋਣਾ *con.v.* same as ਬਿਰਾਜਣਾ
ਬਿਲ[1] [bɪl] *n.m.* bill, invoice; *Aegle marmelos*
ਬਿਲ[2] *n.f.* same as ਖੁੱਡ, hole
ਬਿਲਕਣਾ [bɪlkəṇa] *v.i.* same as ਵਿਲਕਣਾ, to whimper, cry
ਬਿਲਕੁਲ [bɪlkʊl] *adv.* completely, wholly, entirely, totally, absolutely, quite; sheer, stark
~ ਨਹੀਂ *adv.* not at all
~ ਨਵਾਂ *adj.m.* brand new
ਬਿਲਟੀ [bɪlṭi] *n.f.* consignment, parcel booked by rail; document or receipt of such consignment, railway receipt, parcel waybill
~ ਕਰਨੀ/~ ਕਰਵਾਉਣੀ/~ ਕਰਾਉਣੀ *con.v.* to book (goods) by train
~ ਛੁਡਵਾਉਣੀ/~ ਛੁਡਾਉਣੀ *con.v.* to get delivery of ਬਿਲਟੀ
ਬਿਲਡਿੰਗ [bɪlḍĩg] *n.f.* building
ਬਿਲਪ [bɪlp] *n.m.* see ਵਿਰਲਾਪ, lamentation
ਬਿਲਪਣਾ [bɪlpəṇa] *v.i.* same as ਵਿਰਲਾਪ ਕਰਨਾ, to lament, cry
ਬਿਲਬਤੌਰੀ [bɪlbətɔri] *n.f.* a nocturnal bird of owl family, owlet
ਬਿਲਬਿਲਾਉਣਾ/ਬਿਲਲਾਉਣਾ [bɪlbɪlauṇa/ bɪllauṇa] *v.i.* to cry, blubber, wail, weep, lament, whimper, whine
-ਬਿਲਾ [bɪla] *pref.* meaning without
ਬਿੱਲਾ[1] [bɪlla] *n.m.* tom cat, male cat; cheveron, badge of rank; identifying symbol
ਬਿੱਲਾ[2] *adj.m.* brown-eyed, having light golden brown eyes

ਬਿਲਾਸ [bɪlas] *n.m.* same as ਵਿਲਾਸ, merriment

ਬਿਲਾਸ਼ਰਤ [bɪlaṣərət] *adj. & adv.* unconditional; unconditionally

ਬਿਲਾਕਸੂਰ [bɪlakəsur] *adv.* same as ਬੇਕਸੂਰ

ਬਿਲ੍ਹਾ ਕਰਨਾ [bɪla kərna] *con.v.* to find a way out of a tight corner; to make (own) arrangements; to be on one's own

ਬਿਲਾਨਾਗਾ [bɪlanaga] *adv.* without absence or omission, regularly, daily, punctually

ਬਿਲਾਮੁਆਵਜ਼ਾ [bɪlamuavza] *adv.* without compensation or return

ਬਿਲਾਮੁਕਾਬਲਾ [bɪlamukabəla] *adj. & adv.* without contest, unanimously; unanimous, unopposed

ਬਿਲਾਵਜ੍ਹਾ [bɪlavə́ja] *adj. & adv.* unprovoked, needless; without any rhyme or reason

ਬਿਲਾਵਲ [bɪlavəl] *n.m.* a measure in Indian classical music

ਬਿੱਲੀ¹ [bɪlli] *n.f.* cat, pussy cat, pussy
ਬਿੱਲੀਆਂ ਦੀ ਲੜਾਈ *ph.* caterwauling

ਬਿੱਲੀ² *adj.* hazel colour (eye)

ਬਿਲੂੰ-ਬਿਲੂੰ [bɪlũ-bɪlũ] *n.f.* whine, whimper
~ ਕਰਨਾ *con.v.* to whine, whimper

ਬਿਲੋਣਾ [bɪloṇa] *v.t.* same a ਰਿੜਕਣਾ, to churn

ਬਿਵਸਥਾ [bɪvəstha] *n.f. dia.* see ਪ੍ਰਬੰਧ, arrangement

ਬਿੜਕ [bɪṛk] *n.f.* attention (*usu.* anticipatory) to sound; information (of coming event *esp.* of danger); sound *esp.* of foot-fall
~ ਆਉਣੀ *con.v.* for a sound to be heard
~ ਰੱਖਣੀ *con.v.* to watch out, be attentive or alert to sound or movement, be vigilant
~ ਲੈਣੀ *con.v.* to try to hear/see or know; to spy

ਬਿੜਵਾ [bɪṛva] *v.form.* imperative of ਬਿੜਵਾਉਣਾ, get (this) laid or fixed

ਬਿੜਵਾਉਣਾ [bɪṛvauṇa] *v.t.* to get something firmly fixed or laid; *cf.* ਬੀੜਨਾ

ਬੀ¹ [bi] *n.m.* seed; semen, sperm; fertilised ovule; *fig.* source, origin; core
~ ਨਾਸ *n.m.* annihilation, eradication, total destruction, utter ruin, reduction to non-existence

ਬੀ² *adv. dia.* see ਵੀ, also

ਬੀਅਰ [biər] *n.f.* beer

ਬੀਆਬਾਨ [biaban] *n.m.* desolate forest; deserted place, wilderness

ਬੀ. ਐਸ-ਸੀ. [bi.ɛs-sɪ] *n.f.* B.Sc., degree of Bachelor of Science

ਬੀ. ਐੱਡ. [bi. ɛḍ.] *n.f.* B.Ed., degree of Bachelor of Education

ਬੀ. ਏ. [bi.e.] *n.f.* B.A., degree of Bachelor of Arts

ਬੀਹ¹ [bi] *adj. dia.* see ਵੀਹ, twenty

ਬੀਹ² *n.f.* same as ਬੀਹੀ² and ਵੀਹੀ

ਬੀਹੜ [bíəṛ] *n.m.* same as ਬੀਆਬਾਨ; *adj.* difficult to cross, uneven; *dia.* see ਪੀੜ੍ਹ, denture

ਬੀਹੀ [bihi] *n.f.* same as ਵੀਹੀ, lane; same as ਬਿਹੀ, quince

ਬੀਕਰ [bikər] *n.m.* beaker

ਬੀਚਕ [bicək] *n.m.* invoice, inventory, list, packing note

ਬੀਜ [bij] *n.m.* same as ਬੀ¹, seed; *v.form.* imperative of ਬੀਜਣਾ, sow

ਬੀਜ ਗਣਿਤ [bij gəṇɪt] *n.m.* algebra

ਬੀਜਣਾ [bijəṇa] *v.t.* to sow

ਬੀਜ ਮੰਤਰ [bij mə̃tər] *n.m.* fundamental scriptural formula

ਬੀਜਾਣੂ [bijaṇu] *n.m.* spore, germ cell

ਬੀ. ਟੀ. [bi. ṭi.] *n.m.* B.T., Bachelor of Teaching, same as B.Ed.

ਬੀਠਲ [biṭhəl] *n.f.* a deity Vitthal worshipped in Maharashtra

ਬੀਂਡਾ [bı̃ḍa] *n.m.* cricket, an insect or bird having shrill voice

ਬੀਡਿੰਗ [biḍĩg] *n.f.* beading, bead-work, bead-moulding

ਬੀਂਡੀ [bı̃ḍi] *n.f.* extra ox/bullock or pair yoked in front to draw heavily-loaded cart or to pull it out of a difficult patch; *n.m.* man at the tail-end in tug-or-war

ਬੀਣੀ [biṇi] *n.f.* same as ਵੀਣੀ, wrist; slope of nose; protective part of the grip of a sword; edge or part of the binding of a book that extends beyond the leaves; bar fixed to one of the door leaves in order to hold the other one back

ਬੀਤਣਾ [bitəṇa] *v.i.* (for time or opportunity) to pass, elapse, expire; (for person) to pass away, expire, die, decease

ਬੀਤੀ [bitti] *suff.* signifying past life or time as in ਆਪ-ਬੀਤੀ, ਜਗਬੀਤੀ; *v.form.* past tense of ਬੀਤਣਾ for *fem.* subject (as against ਬੀਤਿਆ for masculine)

ਬੀਦਾਣਾ [bidaṇa] *n.m.* seed of quince fruit

ਬੀਨ [bin] *n.m.* a wind-instrument used by snake-charmers

ਬੀਨਣਾ [binəna] *v.t.* same as ਚੁਗਣਾ, to pluck, gather

ਬੀਨਾ [bina] *n.m.* seer

ਬੀਨਾਈ [binai] *n.f.* eye-sight

ਬੀਂਬੜ [bibəṛ] *n.m.* same as ਬਿਆੜ

ਬੀਬਾ [bibba] *adj.m.* gentle, well-behaved, not naughty; *n.f.* young woman, girl, daughter

ਬੀਬੀ [bibbi] *adj.f.* same as *prec. n.f.* term of respect for ladies; *colloq.* term of address used variously for mother/sister/daughter or daughter-in-law

ਬੀਮ [bim] *n.m.* beam

ਬੀਮਾ [bima] *n.m.* insurance policy; life-insurance

~ ਕਰਨਾ *con.v.* to insure

~ ਕਰਾਉਣਾ *con.v.* to have (life or thing) insured

ਬੀਮਾਰ [bimar] *adj.* same as ਬਿਮਾਰ, sick

ਬੀਰ [bir] *n.m & adj.* same as ਵੀਰ, brave; brother

ਬੀਰਜ [birəj] *n.m.* semen, sperm, spermatozoa

ਬੀਰ ਵਹੁਟੀ [bir bóṭi] *n.f.* an insect with soft, deep pink coat which appears in rainy season, a kind of lady bug

ਬੀਵੀ [bivi] *n.f.* wife, female spouse; *informal.* better half

ਬੀੜ¹ [biṛ] *n.f.* same as ਬੀਹੜ; reserve forest or pasture; a volume or recension (of Sikh scripture), corpus (of Guru Granth Sahib)

ਬੀੜ² *v.form.* imperative of ਬੀੜਨਾ fix, lay

ਬੀੜਨਾ [biṛna] *v.t.* to fix, join, fasten; to lay (gun)

ਬੀੜਵਾਂ [biṛvã] *adj.m.* fixed, fastened, joined securely

ਬੀੜਾ [biṛa] *n.m.* button; same as ਪਾਨ¹/ ਦਮਕੜਾ

~ ਲਾਉਣਾ *con.v.* to stitch a button

~ ਚੁੱਕਣਾ *ph.* to accept a challenge, undertake a challenging task

ਬੀੜੀ [biṛi] *n.f.* a crude type of cigarette with tobacco rolled in leaf of a particular tree called tendu; same as ਦਮਕੜਾ

~ ਪੀਣਾ *con.v.* to smoke ਬੀੜੀ; *n.m.* ਬੀੜੀ smoking; *adj.m.* smoker

ਬੁਆੜ [buaṛ] *n.m.* same as ਕੁੱਟਲ *esp.* of sesame; sesame plant bearing no seed

ਬੁਸਕਣਾ [buskəṇa] *v.i.* same as ਭੁਸਕਣਾ, to sob and weep

ਬੁਸਣਾ [bussəṇa] *v.i.* to go stale and emit pungent smell, stink

ਬੁਸਬੁਸਾ [busbusa] *adj.m.* same as ਬੁੱਸਾ; sad, sobbing (face); *cf.* ਬੁਸਕਣਾ

ਬੁਸ਼ਰਟ [buşərṭ] *n.f.* bushshirt, open shirt

ਬੁੱਸਾ [bussa] *adj.m.* stale and stinking or likely to be so

ਬੁਹਲ਼ [bóḷ] *n.m.* same as ਬੋਹਲ਼

ਬੁਹਾਰ [buhar] *v.form.* imperative of ਬੁਹਾਰਨਾ, sweep

ਬੁਹਾਰਨਾ [buharna] *v.t.* to sweep, broom, clean with a broom

ਬੁਹਾਰੀ [buhari] *n.f.* broom, besom

~ ਫੇਰਨੀ *con.v.* same ਬੁਹਾਰਨਾ

ਬੁਹੋਲਾ [buhola] *n.m.* same as ਬਸੋਲਾ

ਬੁੱਕ¹ [bukk] *n.m.* both hands joined with palms up and joined together to form a bowl or cup; quantity, that is or can be held thus, double palmful

ਬੁੱਕ² *n.f.* book

ਬੁੱਕ³ *v.form.* nominative of ਬੁੱਕਣਾ

ਬੁੱਕਣਾ [bukkəṇa] *v.i.* to roar, thunder, yell in a challenging manner

ਬੁਕਰਮ [bukrəm] *n.f.* buckram

ਬੁੱਕਲ਼ [bukkəḷ] *n.f.* a style of wearing a

sheet or wrapper covering head and/or upper part of body; a sort of wimple; lap

~ ਮਾਰਨੀ *con.v.* to wear a wrapper, wimple

~ ਵਿਚ ਲੈਣਾ *ph.* to hold someone or something in one's lap; embrace

ਬੁਖਾਰ [bukhar] *n.m.* fever, high body temperature; *fig.* anxiety, excitement, fear; also ਬੁਖ਼ਾਰ

~ ਚੜ੍ਹਨਾ *con.v.* to have or suffer from fever, run fever; to be anxious, excited, afraid

~ ਨਾਸ਼ਕ *adj.* antipyretic, antifebrile

ਬੁਖਾਰਾਤ [bukharat] *n.m. pl.* vapours; also ਬੁਖ਼ਾਰਾਤ

ਬੁਖਾਰੀ [bukhari] *n.f.* a type of room-heating stove; earthen bin or compartment for storing grain; silo, granary

ਬੁੱਗਾ[1] [bugg] *adj.* stupid, foolish, silly, simpleton; taciturn, uncommunicative

ਬੁੱਗਾ[2] *n.m.* loose covering or bag; baggy trousers

ਬੁਗਤੀ [bugti] *n.f.* a gold coin current during Sikh rule in the Punjab; necklace made with such coins or gold discs

ਬੁਗਦਰ [bugdər] *n.m.* heavy, solid, cylindrical piece of wood with inbuilt grip used for practising weight-lifting

ਬੁੰਗਾ [bũga] *n.m.* house, living place, hospice, residence, dwelling place

ਬੁਘਣਾ [búgəṇa] *n.m.* an earthen vessel, or small pitcher; hitch or loop around the neck of a vessel used for carrying or hanging it

ਬੁਘਣੀ [búgəṇi] *n.f.* small ਬੁਘਣਾ with a slit for dropping coins in; children's till (to keep their savings in), *informal.* baby bank

ਬੁਘਣੀ ਪਾਉਣੀ/ਬੁਘਣਾ ਪਾਉਣਾ *con.v.* to make a loop or hitch around the neck of a vessel

ਬੁੱਘਾ [búgga] *n.m.* improvised ladle comprising a cup or tin container and a long handle

ਬੁਘਾਟ [bugàṭ] *n.m.* same as ਭੁਗਾਟ, a weed plant

ਬੁੱਘੀ [búggi] *n.f.* same as ਬੁੱਘਾ and ਬੁਘਣੀ; *informal.* kiss; a light bullock-cart

ਬੁਚਕਾ [bucka] *n.m.* bundle wrapped or tied in a piece of cloth

ਬੁਚਕੀ [bucki] *n.f.* small ਬੁਚਕਾ

ਬੁੱਚਣਾ [buccəṇa] *v.t.* same as ਬੋਚਣਾ, to catch while in air; *fig.* to swindle, cheat, fleece

ਬੁੱਚੜ [buccəṛ] *n.m.* butcher

ਬੁੱਚੜਖਾਨਾ [buccəṛkhana] *n.m.* butchery, slaughter-house, shambles, abbatoir

ਬੁੱਚਾ [bucca] *adj.m.* (as for dogs) with ears cut or shortened, with cropped or clipped ears; *fig.* without ornaments, unadorned

ਬੁਛਾੜ [buchaṛ] *n.f.* same as ਵਾਛੜ, shower

ਬੁਜ਼ਦਿਲ [buzdıl] *adj. lit.* sheep-hearted; timid, coward, chicken-hearted

ਬੁਜ਼ਦਿਲੀ [buzdıli] *n.f.* timidity, timidness, cowardice, cowardness, chicken-heartedness

ਬੁਜਲੀ [bujli] *n.f.* an ornament for the ear

ਬੁੱਜਾ [bujja] *n.m.* stopper, cork, plug, bung; any obstruction in the ear

ਬੁਝ [búj] *v.form.* nominative of ਬੁਝਣਾ

ਬੁੱਝ [bújj] *v.form.* imperative of ਬੁੱਝਣਾ, guess the answer

ਬੁਝੱਕੜ [bujə̀kkəṛ] *adj.* one who solves riddles

ਬੁਝਣਾ [bújəṇa] *v.i.* (for fire or light) to go off or out; be extinguished, put out; (for thirst) to be quenched

ਬੁੱਝਣਾ [bújjəṇa] *v.t.* to solve (a riddle), know answer (to a question); to comprehend, understand; to guess, conjecture, infer, deduce

ਬੁਝਵਾਉਣਾ [bujvàuṇa] *v.t.* to have (fire or light) put out; to have (riddle) solved

ਬੁਝਾ [bujà] *v.form.* imperative of ਬੁਝਾਉਣਾ, extinguish

ਬੁਝਾਉਣਾ [bujàuṇa] *v.t.* to extinguish, put out (fire); to switch off (light); to quench or slake (thirst); to put (question, riddle)

ਬੁਝਾਰਤ [bujàrət] *n.f.* riddle, puzzle, enigma, conundrum

ਬੁਝਿਆ ਚੂਨਾ [búɉɪa cuna] *n.m.* slaked lime, hydrated lime

ਬੁੱਟ [buṭṭ] *n.m.* toothless gum; also ਫੱਟ

ਬੁੱਟਾ [buṭṭa] *adj.m. dia.* see ਬੁੱਚਾ

ਬੁੰਡ [bũḍ] *n.f.* arse, rectum, anus; buttocks; back, seat, ass

ਬੁੱਢ [búḍḍ] *pref.* indicating old age

~ ਸੁਹਾਗਣ *n.f.* old woman whose husband is still alive; a blessing wishing long conjugal life for a woman

~ ਸੁਹਾਗਣ ਹੋਵੇਂ *interj.* may you live long along with husband

~ ਵਰੇਸ *adj.* long-lived, old, aged; *lit.* old or advanced in years; *n.m.* old age

ਬੁਢੜਾ/ਬੁੱਢਾ [búḍəṛa/búḍḍa] *adj. & n.m.* old or aged man; senile, senescent

~ ਠੇਰਾ *adj.m.* old, infirm, senile; *fem.* ਬੁੱਢੀ ਠੇਰੀ

ਬੁੱਢੇ ਵਾਰੇ *adv.* during old age

ਬੁਢੇਪਾ [buḍèppa] *n.m.* old age, senescence, senility, decreptitude; also ਬੁਢਾਪਾ

~ ਵਿਗਿਆਨ *n.m.* gerontology

~ ਵਿਗਿਆਨੀ *n.m.* gerontologist; geriatrician, geriatrist

ਬੁਢੇਪੇ ਸੰਬੰਧੀ *adj.* geriatric

ਬੁਣ [buṇ] *v.form.* imperative of ਬੁਣਨਾ, weave

ਬੁਣਤ/ਬੁਣਤੀ [buṇt/buṇti] *n.f.* weaving or knitting pattern, texture or style

ਬੁਣਨਾ [buṇna] *v.t.* same as ਉਣਨਾ, to weave; to knit

ਬੁਣਵਾਉਣਾ/ਬੁਣਾਉਣਾ [buṇvauṇa/buṇauṇa] *v.t.* same as ਉਣਵਾਉਣਾ

ਬੁਣਵਾਈ/ਬੁਣਾਈ [buṇvai/buṇai] *n.f.* process of, wages for *prec.;* same as ਬੁਣਤੀ

ਬੁੱਤ [butt] *n.m.* statue, idol, sculpture, image; physique, body; (poetics) beautiful woman, beloved

~ ਸ਼ਿਕਨ *adj.* idol-breaker, iconoclast

~ ਸ਼ਿਕਨੀ *n.f.* idol-breaking, iconoclasm

~ ਘਾੜਾ/~ ਤਰਾਸ਼ *n.m.* sculptor, idol-maker, image-maker

~ ਤਰਾਸ਼ੀ *n.f.* art of idol-making, sculpture

~ ਲਾਉਣਾ *con.v.* to install idol or statue

ਬੁਤਕੀ [butki] *n.f.* same as ਬੁਗਤੀ

ਬੁੱਤਖਾਨਾ [buttkhana] *n.m.* idol-house, temple with idols installed, worshipped therein

ਬੁੱਤਪਰਸਤ/ਬੁੱਤ ਪੂਜ [buttpərəst/butt puj] *adj.* indolater, idol-worshipper

ਬੁੱਤਪਰਸਤੀ/ਬੁੱਤ ਪੂਜਾ [buttpərəsti/butt puja] *n.f.* idol-worship, idolatry

ਬੁੱਤਾ ਸਾਰਨਾ [butta sarna] *con.v.* to make do, manage somehow, just serve a purpose; to help (a needy with money/material or means), get one over a difficult situation

ਬੁੱਤੀ [butti] *n.f.* boundary stone or pillar; task, problem, errand

~ ਕੱਢਣੀ *con.v.* to carry out errand/work/task or problem

~ ਪੈਣੀ *con.v.* for ਬੁੱਤੀ to crop up

ਬੁੱਥਾ [buttha] *n.m.* stump of harvested crop, stubble

ਬੁਥਾੜ [buthaṛ] *n.m.* same as ਬੂਥਾ

ਬੁੰਦਲ੍ਹਾ [bũdəḷa] *v.form.* imperative of ਬੁੰਦਲ੍ਹਾਉਣਾ, tire out, confuse

ਬੁੰਦਲਾਉਣਾ [bũdḷauṇa] *v.t.* to tire, exhaust; to confuse, perplex, nonplus, puzzle

ਬੁੰਦਾ [bũda] *n.m.* an ornament for the ear, pendant, ear-ring

ਬੁੱਧ[1] [búdd] *n.f.* same as ਬੁੱਧੀ

ਬੁੱਧ[2] *n.m.* Lord Buddha, Gautam Buddha; the planet Mercury *adj.* Buddhist

ਬੁੱਧ[3]/ਬੁੱਧਵਾਰ [búdvar] *n.* Wednesday

ਬੁੱਧਹੀਨ [búddhin] *adj.* unintelligent, stupid, dull, brainless, idiot, witless, irrational, idiotic, devoid of reason, mentally deficient, imbecile

ਬੁੱਧਹੀਨਤਾ [búddhinta] *n.f.* lack of intelligence or reason, stupidity, stupidness, idiocy, mental deficiency, imbecility, witlessness

ਬੁੱਧਵਾਨ [búddvan] *adj.* intelligent, quick-witted, bright, brilliant; wise, shrewd, sagacious, prudent

ਬੁੱਧੀ [búddi] *n.f.* intelligence, rational faculty, wit; mind, reason, intellect, brain, wisdom, sagacity

~ ਅੰਕ *n.m.* intelligence quotient, I.Q.

~ ਬਲ *n.m.* brain power, intellectual power, rationality

~ ਮੱਤਾ *n.f.* same as ਬੁੱਧੀਮਾਨਤਾ

~ ਲਭਧੀ *n.f.* same as ਬੁੱਧੀ ਅੰਕ

ਬੁੱਧੀਹੀਨ [búddihin] *adj.* same as ਬੁੱਧਹੀਨ

ਬੁੱਧੀਜੀਵੀ [búddijivi] *adj.* brainworker, intellectual

~ ਵਰਗ *n.m.* intelligentsia

ਬੁੱਧੀਮਾਨ [búddiman] *adj.* same as ਬੁੱਧਵਾਨ

ਬੁੱਧੀਮਾਨਤਾ [búddimanta] *n.f.* sagaciousness, sagacity, wisdom, prudence, intelligence

ਬੁੱਧੀਮਾਨੀ [búddimani] *n.f.* same as *prec.;* an academic certificate or diploma in Punjabi

ਬੁੱਧੂ [búddu] *adj.* same as ਬੁੱਧਹੀਨ; simple, silly, simpleton, foolish, dunce, nitwit, daft, addlepated, addlebrained, knucklehead, fatuous; ignoramus; gullible, dupable

~ ਬਣਾਉਣਾ *ph.* same as ਬੇਵਕੂਫ਼ ਬਣਾਉਣਾ, to befool

ਬੁੱਧੂਪੁਣਾ [búddupuṇa] *n.m.* foolishness, stupidity, silliness, witlessness, daftness, fatuousness, fatuity; gullibility, dupability, ignorance

ਬੁਨਣਾ [bunəṇa] *v.t.* see ਉਣਨਾ

ਬੁਨ੍ਹ [búnn] *adv. dia.* see ਹੇਠ

ਬੁਨਿਆਦ [bunɪad] *n.f.* same as ਨੀਂਹ; basis, origin, source

ਬੁਨਿਆਦੀ [bunɪadi] *adj.* fundamental, basic, foundational, foundationary

ਬੁੰਬਲ਼ [bũbəḷ] *n.m.* unwoven, end of warp in cloth; same as ਕਰੂੰਬਲ; tassel; scattered hair; hairlike growth on certain cobs such as corn of maize

ਬੁਰ [bur] *n.f.* fur; nap, down, coarse nap as of turkish towels and rugs

ਬੁਰਸ਼ [burṣ] *n.m.* brush

ਬੁਰਕ[1] [burk] *n.m.* cattle's bite on grass or plants; large ਬੁਰਕੀ

~ ਮਾਰਨਾ *con.v.* to bite (grass or plant by cattle); to take a bite; to eat greedily

ਬੁਰਕ[2] *v.form.* imperative of ਬੁਰਕਣਾ

ਬੁਰਕਣਾ [burkəṇa] *v.t.* same as ਧੂੜਨਾ or ਤਰੌਂਕਣਾ, to dust, sprinkle

ਬੁਰਕਾ [burka] *n.m.* same as ਬੁਰਕ[1]; mask, veil, *esp.* a long tent-like garment worn by Muslim women

~ ਪੋਸ਼ *adj.* masked, veiled, wearing ਬੁਰਕਾ

ਬੁਰਕੀ [burki] *n.f.* morsel, bite, mouthful

ਬੁਰਛਾ [burcha] *adj. & n.m.* bully, blusterer, blustering; villainous; strong, stout, hefty; overbearing, violent, atrocious, domineering

ਬੁਰਛਾਗਰਦੀ [burchagərdi] *n.f.* same as ਗੁੰਡਪੁਣਾ, hooliganism

ਬੁਰਜ [burj] *n.m.* tower, minaret, pillar; dome; balloon made of tissue paper with a burning candle or lamp within to give it upward push

ਬੁਰਜਵਾ [burjəva] *adj.* bourgeois

ਬੁਰਜਵਾਜ਼ੀ [burjəvazi] *n.f.* bourgeoisie

ਬੁਰਜੀ [burji] *n.f.* boundary pillar or stone, milestone, any mound or masonry work used as such

ਬੁਰਦ [burd] *adj.* (game of chess) ending with only king surviving on the losing side

ਬੁਰਾ [bura] *adj.m.* bad, undesirable, evil, wicked, vicious, depraved; faulty, defective, not good; harmful; indecorous, improper

~ ਇੰਤਜ਼ਾਮ *n.m.* mismanagement, maladministration

~ ਸਗਣ *n.m.* bad or ill omen or portent

~ ਸਲੂਕ *n.m.* maltreatment, mis-behaviour

~ ਹਾਲ *n.m.* bad or poor condition, plight

~ ਹਾਲ ਕਰਨਾ *ph.* to cause grievous harm or damage (to), reduce to dire state or circumstance

~ ਭਲਾ ਕਹਿਣਾ *ph.* to abuse, revile, lambaste, scold, berate, censure, objurgate, inveigh

~ ਮੰਨਣਾ/~ ਮਨਾਉਣਾ *con.v.* to take it ill, resent, dislike, be displeased

~ ਲੱਗਣਾ *con.v.* to be unpleasant, offensive, distasteful, appear ਬੁਰਾ

ਬੁਰੇ ਦਿਨ *n.m. pl.* hard times, evil days, misfortune

ਬੁਰਾਈ [burai] *n.f.* badness, evil, vice, viciousness, wickedness, depravity;

faultiness, defect, harm, harmfulness
ਬੁਰਾਦਾ [burada] *n.m.* saw-dust; filings
ਬੁਰਿਆਈ [burıai] *n.f.* same as ਬੁਰਾਈ
ਬੁਰਿਆਰ [burıar] *adj.* bad (person), evil-doer, wicked, depraved
ਬੁਰੀ [buri] *adj.f.* same as ਬੁਰਾ
~ ਹੋਣੀ *ph.* to be a disgrace, be badly treated or defeated
~ ਕਰਨੀ *ph.* to humiliate, treat one badly, shabbily, harshly; to beat
~ ਤਰ੍ਹਾਂ *adj.* badly; intensely
~ ਨਜ਼ਰ *n.f.* evil eye; leer
~ ਵਰਤੋਂ *n.f.* same as ਕੁਵਰਤੋਂ
ਬੁਲਡੋਜ਼ਰ [buldozər] *n.m.* bulldozer
ਬੁਲੰਦ [bulə̃d] *adj.* same as ਉੱਚਾ
~ ਖਿਆਲੀ *n.f.* high ideals
~ ਪਰਵਾਜ਼/~ ਪਰਵਾਜ਼ੀ *n.f.* high thinking; flight of imagination
ਬੁਲੰਦੀ [bulə̃di] *n.f.* same as ਉਚਾਈ, height
ਬੁਲਬੁਲ [bulbul] *n.f.* nightingale, philomel, a singing garden bird considered by poets as lover of flowers
ਬੁਲਬੁਲਾ [bulbula] *n.m.* bubble; *fig.* transient like bubble
ਬੁਲਬੁਲੇ ਛੱਡਣਾ *con.v.* to effervesce, bubble
ਬੁਲਬੁਲੀਆਂ [bulbuliã] *n.f. pl.* challenging call or shout; same as ਬੱਕਰਾ ਬੁਲਾਉਣਾ; curly hair, curls
ਬੁਲਵਾ [bulva] *v.form.* imperative of ਬੁਲਵਾਉਣਾ, send for
ਬੁਲਵਾਉਣਾ [bulvauṇa] *v.t.* to call (through someone), send for, summon
ਬੁੱਲ੍ਹ [búll] *n.m.* lip, lips
~ ਕੱਢਣੇ *ph.* to be on the verge of crying, sob; to pout (indicating sullenness or a gibe)
~ ਟੇਰਨੇ *ph.* same as *prec.*
ਬੁੱਲ੍ਹੜ [búllər̥] *adj.* (person) with large, protruding or thick lips
ਬੁੱਲ੍ਹੀ [búlli] *n.f.* small, thin, beautiful lip
ਬੁੱਲਾ [bulla] *n.m.* gust, puff, whiff, blast (of air)
ਬੁਲਾਉਣਾ [bulauṇa] *v.t.* same as ਬੁਲਵਾਉਣਾ; to call, beckon, address, invite
ਬੁਲਾਕ [bulak] *n.m.* same as ਬਲਾਕ
ਬੁਲਾਰਾ [bulara] *n.m.* call, shout; speech maker, eloquent speaker, orator; spokesman
ਬੁਲਾਵਾ [bulava] *n.m.* call, summon; invitation; caller, messenger
ਬੁਲਿਟਨ [bulıṭən] *n.m.* bulletin
ਬੁੜਬੁੜ [buṛbuṛ] *n.f.* bubbling sound; muttering, murmuring, mumbling *esp.* in plaintive tone; *cf.* ਬੜਬੜ
~ ਕਰਨਾ *ph.* to give out bubbling sound, effervesce, boil; to mutter, mumble; to complain
ਬੁੜਬੁੜਾਉਣਾ [buṛbuṛauṇa] *v.i.* same as *prec.*; same as ਬੜਬੜਾਉਣਾ
ਬੁੜਬੁੜਾਹਟ [buṛbuṛàṭ] *n.f.* same as ਬੁੜਬੁੜ; mumbo-jumbo
ਬੁੜਬੁੜੀਆਂ ਛੱਡਣੀਆਂ [buṛbuṛiã chəḍḍəṇiã] *con.v.* same as ਬੁਲਬੁਲੇ ਛੱਡਣਾ, under ਬੁਲਬੁਲਾ to boil, effervasce
ਬੁੜ੍ਹਕ [búṛk] *v. form.* nominative of ਬੁੜ੍ਹਕਣਾ
ਬੁੜ੍ਹਕਣਾ [búṛkəṇa] *v.i.* to toss, jump, spring
ਬੁੜ੍ਹਕਾਉਣਾ [búṛkauṇa] *v.t.* to toss, cause or make something to jump or spring
ਬੁੜ੍ਹਾਪਾ [buṛàppa] *n.m.* same as ਬੁਢੇਪਾ, old age
ਬੁੜਾਉਣਾ [buṛauṇa] *v.i.* same as ਬੜਾਉਣਾ
ਬੂਆ [bua] *n.f. dia.* see ਭੂਆ, father's sister, aunt
ਬੂਈ [bui] *n.f.* a bushy weed plant
ਬੂਹਾ [búa/buha] *n.m.* door, entrance
~ ਖੁਲ੍ਹਣਾ *con.v.* to open door; *informal.* to allow or invite one to enter
~ ਚੰਨਾ *n.m.* house, residence
~ ਢੋਣਾ *con.v.* to close door
~ ਮਾਰਨਾ *con.v.* to shut door
~ ਵੱਜਣਾ *con.v.* for a door to be shut, for a house to be closed, abandoned, deserted
ਬੂਹੇ ਬੂਹੇ *adv.* from door to door
ਬੂਝ [búj] *n.f.* same as ਸੂਝ, knowledge
ਬੂਝੜ¹ [bújər̥] *adj.* ignorant, uncultured, rustic, foolish, stupid
ਬੂਝੜ² *n.m.* stump of sugarcane or millet plant, same as ਬੂਝਾ
ਬੂਝਾ [bújja] *n.m.* bush, shrub; cluster of reed plants

ਬੁਝੋ [bújo] *adj. & n.m.* same as ਬੁਝੜ[1]; dullard, dunce, ignoramus, blockhead
ਬੂਟ [buṭ] *n.m.* boot, boots, shoes; same as ਬੂਟਾ[1], plant; boot (of automobile); any sketched/painted or embroidered floral design or decorative figure
ਬੂਟਾ[1] [buṭṭa] *n.m.* plant, seedling, sapling; bush, shrub; herb, weed
~ ਪਾਉਣਾ *con.v.* to draw, paint or embroider ਬੂਟਾ
~ ਪੁੱਟਣਾ *con.v.* to uproot ਬੂਟਾ; *fig.* to destroy, annihilate
~ ਲੱਗਣਾ *con.v.* for a plant to take root or be planted; *fig.* for a son or successor to be born; for a family or institution to be firmly established
~ ਲਾਉਣਾ *con.v.* to plant ਬੂਟਾ; *fig.* to found (family or institution)
ਬੂਟੇ ਪੁੱਟਣੇ *v.t.* to uproot plants
ਬੂਟੀ [buṭṭi] *n.f.* small ਬੂਟਾ; herb, weed; any intoxicating plant or drug
~ ਨਾਸ਼ਕ *adj.* herbicide, weedicide, weedkiller
~ ਪਾਉਣਾ *con.v.* to draw/paint or embroider ਬੂਟੀ
ਬੂਟੀਦਾਰ [buṭṭidar] *adj.* flowered, having floral or other design
ਬੂੰਡਾ [bũḍa] *n.m.* (bird's) tail; top portion of root plants; junction of root and leaves in such plants; back portion
~ ਚੁੱਕੀ ਫਿਰਨਾ *ph. fig.* to cock around, swagger, strut around
~ ਛਡਾਉਣਾ *ph.* same as ਪਿੱਛਾ ਛੁਡਾਉਣਾ, under ਪਿੱਛਾ, to get rid of
ਬੂਥ[1] [buth] *n.m.* booth
ਬੂਥ[2] *n.m. colloq.* see ਬੂਥਾ
ਬੂਥਾ [butha] *n.m.* animal's face; human face (derogatory), ugly face
ਬੂਥੀ [buthi] *n.f.* same as ਬੂਥਾ
ਬੂੰਦ [bũd] *n.f.* drop
ਬੂੰਦਾ-ਬੂੰਦੀ [bũda-bũdi] *n.f.* drizzle, intermittent light rain
ਬੂੰਦੀ [bũdi] *n.f.* a type of sweetmeat, fried globules of gram flour coated with sugar syrup
ਬੂਰ [bur] *n.m.* bloom; pollen; scum, mold, moss
~ ਦੇ ਲੱਡੂ *ph. slang.* something worthless yet tempting
ਬੂਰਾ[1] [bura] *n.m.* saw-dust; bran, fine chaff
ਬੂਰਾ[2] *adj.m.* brown (skin, hair, or animal)
~ ਖੰਡ *n.f.* brown sugar, unrefined sugar, powdered sugar
ਬੂਰੀ [buri] *adj.f.* same as ਬੂਰਾ[1]; *n.f.* buffalo of brown complexion
ਬੂੜੀਆ [buṛia] *n.m.* tooth of the gear of Persian wheel
ਬੇ[1] [be] *n.f.* abbreviated for ਬੇਬੇ
ਬੇ[2] *n.f.* second letter of Arabic and Persian script, equivalent of ਬ or /b/
ਬੇ[3] *pref.* meaning without, un-
ਬੇਉਜ਼ਰ [beuzər] *adj. & adv.* without objection/excuse or protest
ਬੇਉਮੀਦ [beumid] *adj.* same as ਨਾਉਮੀਦ
ਬੇਉਲਾਦ [beulad] *adj.* childless, issueless
ਬੇਓੜਕ [beoṛək] *adj.* unlimited, endless
ਬੇਅਸਰ [beəsər] *adj.* ineffective, ineffectual, otiose
ਬੇਅਸੂਲਾ [beəsula] *adj.* unprincipled, unscrupulous
ਬੇਅਸੂਲੀ [beəsuli] *adj.f.* same as ਬੇਅਸੂਲਾ; *n.f.* lack of scruple or principle, unprincipledness; an instance of unscrupulousness
ਬੇਅਕਲ [beəkəl] *adj.* foolish, doltish, stupid; also ਬੇਕਲ
ਬੇਅਕਲੀ [beəkəli] *n.f.* foolishness, folly, doltishness, stupidity; foolish act
ਬੇਅਣਖਾ [beəṇkha] *adj.m.* without or lacking a sense of honour or self -respect
ਬੇਅੰਤ [beə̃t] *adj.* endless, limitless, boundless; infinite; innumerable
ਬੇਅਦਬ [beədəb] *adj.* mannerless, rude, impolite, disrespectful
ਬੇਅਦਬੀ [beədəbi] *n.f.* disrespect, dishonour, sacrilege, profaneness
~ ਕਰਨਾ *con.v.* to commit ਬੇਅਦਬੀ, profane, insult
ਬੇਅੰਦਾਜ਼ [beə̃daz] *adj.* unmeasured, approximate, not exact; inmeasurable,

unlimited
ਬੇਅਬਾਦ [beəbad] *adj.* same as ਗ਼ੈਰਆਬਾਦ, uninhabited, uncultivated
ਬੇਅਰਥ [beərth] *adj.* same as ਵਿਅਰਥ, useless, meaningless
ਬੇਅਰਾਮ [beəram] *adj.* uncomfortable, uneasy, restless; unmindful of rest or comfort, tireless
ਬੇਅਰਾਮੀ [beərami] *n.f.* discomfort, disturbance, restlessness
ਬੇਅਰਿੰਗ [beərĩg] *n.m.* bearing, ball-bearing
ਬੇਅਵਾਜ਼ [beəvaz] *adj.* without sound, soundless, noiseless, silent, mute
ਬੇਆਬਰੂ [beabru] *adj.* same as ਬੇਇੱਜ਼ਤ and ਬੇਅਣਖਾ
ਬੇਐਬ [beɛb] *adj.* faultless; free from vice, morally good
ਬੇਇਹਤਿਆਤ [beétɪat] *adj.* careless
ਬੇਇਹਤਿਆਤੀ [beétɪati] *n.f.* carelessness, lack of precaution
ਬੇਇਖਤਿਆਰ [beɪkhtɪar] *adj. & adv.* out of control, impulsive, uncontrollable, spontaneous, involuntary; spontaneously, impulsively, involuntarily, unintentionally
ਬੇਇੱਜ਼ਤ [beɪzzət] *adj.* disgraced, insulted, slighted, humiliated, dishonoured, ignominious
ਬੇਇੱਜ਼ਤੀ [beɪzzəti] *n.f.* disgrace, insult, humiliation, dishonour, indignity, ignominy, shamefulness; affront; outrage, molestation
ਬੇਇੰਤਹਾ [beĩtəha] *adj.* same as ਬੇਹਦ, also ਲਾਇੰਤਹਾ
ਬੇਇਤਫ਼ਾਕੀ [beɪtfakki] *n.f.* same as ਫੁੱਟ³, disunity
ਬੇਇਤਬਾਰਾ [beɪtbara] *adj.m.* distrustful, sceptic, incredulous, not believing, disbelieving; not reliable, unreliable
ਬੇਇਤਬਾਰੀ [beɪtbari] *adj.f.* same as ਬੇਇਤਬਾਰਾ; *n.f.* distrust, disbelief, unbelief, incredulity, doubt; unreliability
ਬੇਇਨਸਾਫ਼ [beɪnsaf] *adj.* not just, unjust, not impartial, invidious, biased, partial
ਬੇਇਨਸਾਫ਼ੀ [beɪnsafi] *n.f.* lack or denial of justice, injustice, inequity, invidiousness; bias, partiality
ਬੇਇਲਮ [beɪlm] *adj.* uneducated; ignorant
ਬੇਇਲਮੀ [beɪlmi] *n.f.* lack of education or knowledge; ignorance, also ਲਾਇਲਮੀ
ਬੇਇਲਾਜ [beɪlaj] *adj.* incurable, uncured; without treatment, also ਲਾਇਲਾਜ
ਬੇਈਮਾਨ [beiman] *adj. lit.* without religious faith; without integrity, dishonest, cheat, treacherous, perfidious, deceitful, false, insincere; defector
ਬੇਈਮਾਨੀ [beimani] *n.f.* dishonesty, treachery, deceit, skullduggery, insincerity, perfidy, perfidiousness, falsehood; dishonest or treacherous act
ਬੇਸ [bes] *n.m.* base
ਬੇਸ਼ਊਰ [beṣəur] *adj.* lacking manners, unmannerly, unmannered, ill-bred, uncultured
ਬੇਸਹਾਰਾ [besəhara/besàra] *adj.* without support/shelter or means, destitute
ਬੇਸ਼ਕ [beṣək] *adv.* without doubt, doubtless, undoubtedly, of course, certainly, definitely
ਬੇਸ਼ਕਲ [beṣəkəl] *adj.* same as ਬਦਸ਼ਕਲ under ਬਦ, ugly; formless, amorphous
ਬੇਸ਼ਕੀਮਤ [beṣkimət] *adj.* same as ਕੀਮਤੀ; high-priced
ਬੇਸਬਬ [besəbəb] *adv.* without cause or reason
ਬੇਸਬਰ/ਬੇਸਬਰਾ [besəbər/besəbra] *adj./adj.m.* not content, discontented, unsatisfied; impatient
ਬੇਸਬਰੀ [besəbri] *adj.f.* same as *prec.; n.f.* lack of contentment; impatience; greed
ਬੇਸਮਝ [besáməj] *adj.* same as ਨਾਸਮਝ, foolish
ਬੇਸ਼ਰਮ [beṣərəm] *adj.* shameless, immodest, brazen, dishonourable, lacking sense of honour or self-respect
ਬੇਸ਼ਰਮੀ [beṣərmi] *n.f.* shamelessness, shame, immodesty, brazenness; disgrace, infamy, opprobrium; lack of self-respect or sense of honour
ਬੇਸਿਦਕ/ਬੇਸਿਦਕਾ [besɪdək/besɪdka] *adj. &*

adv./adj.m. without content, unsatisfied, greedy

ਬੇ ਸਿਰ ਪੈਰ [be sɪr pɛr] *ph.* meaningless, nonsense, nonsensical, inane

~ **ਦੀ ਗੱਲ** *ph.* inanity

ਬੇਸੁਆਦ [besuad] *adj.* tasteless, distasteful, vapid, insipid; unpleasant, tedious; platitudinous

ਬੇਸੁਆਦੀ [besuadi] *adj.* same as *prec.; n.f.* tastelessness; unpleasantness

ਬੇਸੁੱਧ [besúdd] *adj.* unconscious, fainted, in a coma, comatose

ਬੇਸ਼ੁਮਾਰ [beṣumar] *adj.* countless, numberless, innumerable

ਬੇਸੁਰ [besur] *adj.* out of tune, discordant, inharmonious, unharmonious

ਬੇਸੁਰਤ [besurt] *adj.* same as ਬੇਸੁੱਧ

ਬੇਸੁਰਾ [besura] *adj.m.* same as ਬੇਸੁਰ; awkward, clumsy, inopportune

ਬੇਹਥਿਆਰ [behəthɪar] *adj.* unarmed, disarmed

ਬੇਹਦ [behəd] *adj. & adv.* unlimited, limitless, boundless, endless; too much

ਬੇਹਯਾ [behəya] *adj.* same as ਬੇਸ਼ਰਮ

ਬੇਹਯਾਈ [behəyai] *n.f.* same as ਬੇਸ਼ਰਮੀ

ਬੇਹਰਕਤ [behərkət] *adj.* motionless, inert, immobile

ਬੇਹਾ [beha] *adj.m.* same as ਬਿਹਾ

ਬੇਹਾਲ [behal] *adj.* same as ਬਦਹਾਲ under ਬਦ

ਬੇਹਿਸਾਬ [behɪsab] *adj.* same as ਬੇਸ਼ੁਮਾਰ and ਬੇਹਦ

ਬੇਹਿੰਮਤ [behĩmmət] *adj.* lacking strength or courage, weak; weak-kneed, coward; lethargic, exhausted

ਬੇਹੁਨਰ [behunər] *adj.* unskilled

ਬੇਹੁਰਮਤੀ [behurməti] *n.f.* insult, disgrace, disrespect, dishonour

ਬੇਹੂਦਗੀ [behudgi] *n.f.* nonsense, silliness, absurdity, absurdness

ਬੇਹੂਦਾ [behuda] *adj.* nonsense, nonsensical, silly, absurd

ਬੇਹੋਸ਼ [behoṣ] *adj.* same as ਬੇਸੁੱਧ

~ **ਕਰਨ ਵਾਲੀ ਦਵਾਈ** *ph.* anaesthesia

~ **ਕਰਨਾ** *con.v.* to make unconscious, put under anesthesia, anesthetize

ਬੇਹੋਸ਼ੀ [behoṣi] *n.f.* unconsciousness, swoon, coma

ਬੇਕਸ [bekəs] *adj.* helpless, without support, hapless, destitute, powerless

ਬੇਕਸੀ [bekəsi] *n.f.* helplessness, deprivation, destitution, powerlessness, absence or lack of succour or support

ਬੇਕਸੂਰ [bekəsur] *adj.* without fault, blameless, guiltless, innocent

ਬੇਕਦਰ [bekədər] *adj.* unappreciative, indifferent; unappreciated, ignored; not in demand, cheap

ਬੇਕਦਰਾ [bekədəra] *adj.m.* same as *prec.*

ਬੇਕਦਰੀ [bekədəri] *adj.f.* same as ਬੇਕਦਰ; *n.f.* disregard, lack of appreciation, indifference; being ignored, not being in demand, cheapness, lack of demand

ਬੇਕਨੂਨਾ [bekənuna] *adj.m.* same as ਗੈਰਕਾਨੂਨੀ, illegal

ਬੇਕਨੂਨੀ [bekənuni] *adj.f.* same as *prec.; n.f.* illegality

ਬੇਕਰਾਰ [bekərar] *adj.* mentally disturbed, restless, uneasy or unquiet, emotionally perturbed, agitated; impatient, anxious

ਬੇਕਰਾਰੀ [bekərarì] *n.f.* mental restlessness, perturbation, uneasiness, agitation, impatience, anxiety

ਬੇਕਰੀ [bekəri] *n.f.* bakery

ਬੇਕਲੀ [bekəli] *n.f.* stupidity; same as ਬੇਕਰਾਰੀ

ਬੇਕਾਇਦਗੀ [bekaɪdgi] *n.f.* irregularity, impropriety, incorrectness, illegality

ਬੇਕਾਇਦਾ [bekaɪda] *adj.* irregular, haphazard; illegal, improper; *adv.* irregularly, haphazardly, unsystematically, improperly

ਬੇਕਾਬੂ [bekabu] *adj.* out of control, uncontrolled; runaway, uncontrollable

~ **ਹੋ ਜਾਣਾ** *ph.* to get out of hand or out of control

ਬੇਕਾਰ [bekar] *adj.* without a job, out of job, unemployed; idle; useless, purposeless, vacuous, worthless, fruitless, futile, ineffective, otiose

ਬੇਕਾਰੀ [bekari] *n.m.* unemployment; idleness

ਬੇਕਿਰਕ [bekɪrk] *adj.* pitiless, merciless, cruel, relentless, truculent

ਬੇਕਿਰਕੀ [bekɪrki] *n.f.* pitilessness, truculence, cruelty, relentlessness

ਬੇਖਤਾ [bekhəta] *adj.* without fault, faultless, guiltless, innocent, inculpable, blameless

ਬੇਖਬਰ [bekhəbər] *adj.* ignorant, uninformed, unconscious, absent-minded

ਬੇਖਬਰੀ [bekhəbəri] *n.f.* ignorance, lack of information

ਬੇਖੁਦੀ [bekhudi] *n.f.* unconsciousness, absent mindedness; ecstasy, absorption, deep meditation

ਬੇਖੌਫ਼ [bekhɔf] *adj.* same as ਨਿਡਰ

ਬੇਗਮ¹ [begəm] *adj.* without worry or sorrow, happy, carefree; also ਬੇਗ਼ਮ

ਬੇਗਮ² *n.f.* queen, lady *esp.* of high rank, begum; wife

ਬੇਗਮੀ [begəmi] *adj. & n.m.* a superior variety of rice

ਬੇਗਰਜ [begərj] *adj.* disinterested, selfless, unselfish; also ਬੇਗ਼ਰਜ਼

ਬੇਗਰਜੀ [begərji] *n.f.* disinterestedness, selflessness; also ਬੇਗ਼ਰਜ਼ੀ

ਬੇਗਾਨਗੀ [begangi] *n.f.* alienation, estrangement, lack of a sense of belonging

ਬੇਗਾਨਾ [beganna] *adj.m.* same as ਬਿਗਾਨਾ

ਬੇਗਾਰ [begar] *n.f.* same as ਵਗਾਰ, forced labour

ਬੇਗੁਨਾਹ [begunā] *adj.* sinless, innocent, guiltless, inculpable, blameless

ਬੇਗੁਨਾਹੀ [begunahi/begunài] *n.f.* sinlessness, innocence, guiltlessness, inculpability, blamelessness

ਬੇਗੈਰਤ [begɛrət] *adj.* same as ਬੇਸ਼ਰਮ; also ਬੇਗ਼ੈਰਤ

ਬੇਗੈਰਤੀ [begɛrəti] *n.f.* same as ਬੇਸ਼ਰਮੀ

ਬੇਘਰ [bekə̀r] *adj.* homeless

ਬੇਚਾਰਾ [becara] *adj.* without support or means; *adj.m.* same as ਵਿਚਾਰਾ, hapless

ਬੇਚਿਰਾਗ [becɪrag] *adj.* (*lit.* without lamp or light) ruined, deserted, uninhabited (village or house)

ਬੇਚੈਨ [becɛn] *adj.* restless, uneasy, anxious, mentally disturbed, worried; nervous, impatient, fidgety

ਬੇਚੈਨੀ [becɛni] *n.f.* restlessness, uneasiness, anxiety, worry, nervousness, impatience

ਬੇਜ਼ਬਾਨ [bejəban] *adj.* (*lit.* without tongue), mute, dumb; also ਬੇਜ਼ਬਾਨ

ਬੇਜਮੀਨਾ [bejəmina] *adj.m.* landless, possessing no agricultural land; also ਬੇਜ਼ਮੀਨਾ

ਬੇਜਮੀਰ [bejəmir] *adj.* with no conscience, unconsciensable; unscrupulous; also ਬੇਜ਼ਮੀਰ

ਬੇਜਰਰ [bejərər] *adj.* harmless, innocuous, also ਬੇਜ਼ਰਰ

ਬੇਜੜ [bejəṛ] *n.m.* same as ਬੇਰੜਾ, *lit.* rootless, infirm

ਬੇਜਾ [beja] *adj.* out of place, improper, inappropriate, incorrect, wrong, unjust

ਬੇਜਾਨ [bejan] *adj.* lifeless, dead, inanimate, inorganic, inert; dull, uninteresting

ਬੇਜਾਬਤਾ [bejabta] *adj.* irregular, illegal, against rules or set procedure; also ਬੇਜ਼ਾਬਤਾ

ਬੇਜਾਰ [bejar] *adj.* fed up, bored, disgusted; also ਬੇਜ਼ਾਰ

ਬੇਜੋਰ [bejor] *adj.* without power or strength, helpless, powerless, weak; also ਬੇਜ਼ੋਰ

ਬੇਜੋਰਾ [bejora] *adj.m.* same as ਬੇਜੋਰ; out of control; also ਬੇਜ਼ੋਰਾ

ਬੇਜੋਰੀ [bejori] *adj.f.* same as ਬੇਜੋਰ; *n.f.* helplessness, powerlessness, weakness; also ਬੇਜ਼ੋਰੀ

ਬੇਜੋੜ [bejoṛ] *adj.* not matching, unmatched, mismatched, incongruent, incongruous; inconsonant; inconsistent; matchless, rare

ਬੇਝੜ [becə̀ṛ] *n.m.* same as ਬੇਰੜਾ

ਬੇਟ [beṭ] *n.f.* low-lying land along a river *usu.* subject to inundation and erosion

ਬੇਟਾ [beṭa] *n.m.* son, male child

~ ਬਣਾਉਣਾ *con.v.* to adopt as a son; to treat as a son

ਬੇਟਿਕਾਣਾ [beṭıkaṇa] *adj.* with no fixed abode, homeless, shelterless, rootless; migrant, roving, wandering, nomadic

ਬੇਟੀ [beṭi] *n.f.* daughter, female child

ਬੇਡਰ [bedər] *adj.* same as ਨਿਡਰ

ਬੇਡੌਲ [beḍɔl] *adj.* shapeless, unshapely, rough, clumsy, ungainly, misshaped, amorphous

ਬੇਢੰਗਾ/ਬੇਢਬ/ਬੇਢੱਬਾ [beṭə̃ga/beṭəb/beṭəbba] *adj.m./adj./adj.m.* clumsy, awkward, unsystematic, unmethodical, inept

ਬੇਤਅੱਲਕ [betəllək] *adj.* unconnected; unconcerned; disinterested

ਬੇਤਅੱਲਕੀ [betəlləki] *n.f.* disinterestedness, breach of relationship, estrangement

ਬੇਤਹਾਸ਼ਾ [betəhaṣa] *adv.* recklessly, at great speed; without caution

ਬੇਤਕਸੀਰ [betəksir] *adj.* same as ਬੇਖਤਾ

ਬੇਤਕੱਲਫ਼ [betəkələf] *adj. informal.* not standing on formalities, intimate, close

ਬੇਤਕਲਫ਼ੀ [betəkələfi] *n.f. informal.* relation or behaviour, intimacy, familiarity, absence of ceremony

ਬੇਤਰਸ [betərəs] *adj.* same as ਬੇਕਿਰਕ; brutal, unrelenting, inexorable, ruthless

ਬੇਤਰਸੀ [betərsi] *n.f.* cruelty, brutality, ruthlessness

ਬੇਤਰਤੀਬ [betərtib] *adj.* unorganised, disorganised, confused, haphazard, helter-skelter

ਬੇਤਾਜ [betaj] *adj.* uncrowned, without crown

ਬੇਤਾਬ [betab] *adj.* eager; ardent, anxious, impatient, vehement

ਬੇਤਾਬੀ [betabi] *n.f.* eagerness, ardour, anxiousness, impatience, vehemence

ਬੇਤਾਲ¹ [betal] *adj.* out of rhythm or time, unrhythmic, unrhythmical, disorderly

ਬੇਤਾਲ² *n.m.* demon, evil spirit; bard, minstrel

ਬੇਤੁਕਾ [betuka] *adj.m.* out of place, absurd, inappropriate, inept, senseless, improper, incongruous, illogical

ਬੇਤੁਕੀ [betuki] *adj.f.* same as *prec.; n.f.* an absurd, out of place, improper or illogical remark or utterance

ਬੇਤੁਕੀਆਂ ਮਾਰਨਾ *ph.* to talk nonsense, pass an absurd or improper remark

ਬੇਥਵਾ [bethəva] *adj.m.* same as ਬੇਤੁਕਾ

ਬੇਦ [bed] *n.m.* same as ਵੇਦ

ਬੇਦਸਤੂਰ [bedəstur] *adj.* same as ਬੇਕਾਇਦਾ

ਬੇਦਸਤੂਰਾ [bedəstura] *adj.m.* same as *prec.*

ਬੇਦਸਤੂਰੀ [bedəsturi] *adj.f.* same as *prec.; n.f.* same as ਬੇਕਾਇਦਗੀ

ਬੇਦਖਲ [bedəkhəl] *adj.* out of possession, evicted, expelled, dispossessed, ejected, ousted

~ ਕਰਨਾ *con.v.* to evict, expel, dispossess, eject, oust, deprive of possession

ਬੇਦਖਲੀ [bedəkhli] *n.f.* eviction, dispossession, ejection, ejectment, expulsion

ਬੇਦਮ [bedəm] *adj.* out of breath, breathless, exhausted, panting, gasping

ਬੇਦਰਦ [bedərd] *adj.* same as ਬੇਕਿਰਕ, merciless

ਬੇਦਰਦੀ [bedərdi] *n.f.* same as ਬੇਤਰਸੀ

ਬੇਦਰੇਗ [bedəreg] *adj.* inconsiderate, thoughtless, rash, same as ਬੇਕਿਰਕ; also ਬੇਦਰੇਗ਼

ਬੇਦਲੀਲ [bedəlil] *adj.* without good reason or argument, irrational, illogical; undetermined, in two minds, wavering, vacillating, undecided, hesitant, reluctant

ਬੇਦਲੀਲਾ *adj.m.* undetermined, undecided, hesitant, diffident, wavering

ਬੇਦਲੀਲੀ *adj.f.* same as *prec.; n.f.* indicision, vacillation, wavering, diffidence, hesitancy

ਬੇਦਾਗ [bedag] *adj.* spotless, stainless, flawless, clear, clean; unblemished, chaste; also ਬੇਦਾਗ਼

ਬੇਦਾਮ [bedam] *adj.* without cost, free of cost, free, gratis, gratuitous

ਬੇਦਾਰ [bedar] *adj.* awake, alert, conscious, active, wakeful, vigilant

ਬੇਦਾਰੀ [bedari] *n.f.* same as ਜਾਗਾ², wakefulness

ਬੇਦਾਵਾ [bedava] *n.m.* instrument of abdication or relinquishment of right or title; letter of disowning or non-recognition

ਬੇਦਿਮਾਗ [bedımag] *adj.* same as ਬਦਦਿਮਾਗ

ਬੇਦਿਲ [bedıl] *adj.* disheartened, demoralised, exhausted, disinclined unwilling, reluctant, unenthusiastic

ਬੇਦਿਲੀ [bedıli] *n.f.* unwillingness, reluctance

~ **ਨਾਲ਼** *adv.* perfunctorily, unwillingly, unenthusiastically

ਬੇਦੀ[1] [bedi] *n.m. & adj.* name of a Khatri sub-caste, person belonging to it

ਬੇਦੀ[2] *n.f. dia.* same as ਵੇਦੀ[1]; holy fire, altar

ਬੇਦੀਨ [bedin] *adj.* irreligious, atheist, nonbeliever, infidel, unreliable, undependable, wicked

ਬੇਦੋਸ/ਬੇਦੋਸਣ/ਬੇਦੋਸਾ [bedos/bedosəṇ/bedosa] *adj./adj.f./adj.m.* same as ਨਿਰਦੋਸ਼, blameless, innocent

ਬੇਧਰਮ [betərm] *adj.* same as ਅਧਰਮੀ

ਬੇਧਰਮੀ [betərmi] *n.f.* atheism, heresy, infidelity, blasphemy, disbelief or unbelief in God

ਬੇਧੜਕ [betəṛk] *adj.* without fear or trepidation fearless, undaunted, dauntless; unapprehensive *adv.* without fear or apprehension, unapprehensively, fearlessly

ਬੇਧਿਆਨ [betıàn] *adj.* absentminded, oblivious, inattentive, inadvertent; *adv.* absent-mindedly, unconsciously, inadvertently, inattentively

ਬੇਧਿਆਨੀ [betıàni] *n.f.* absent mindedness, oversight, unattention, inadvertence, inadvertency

ਬੇਨਕਾਬ [benəkab] *adj.* uncovered, unhidden, naked, revealed, disclosed

ਬੇਨਜ਼ੀਰ [benəzir] *adj.* same as ਬੇਮਿਸਾਲ

ਬੇਨਤੀ [benti] *n.f.* request, supplication, prayer, entreaty, solicitation; petition, application

~ **ਕਰਨੀ** *con.v.* to request, supplicate, pray, entreat, solicit

~ **ਪੱਤਰ** *n.m.* same as ਬਿਨੈਪਤਰ under ਬਿਨੈ

ਬੇਨਿਆਈ [benıai] *adj.* unjust (person or judge); *n.f.* injustice; *adv.* unjustly

ਬੇਨਿਆਜ਼ [benıaz] *adj.* same as ਬੇਪਰਵਾਹ

ਬੇਨਿਸ਼ਾਨ [benısan] *adj.* unmarked, spotless, traceless

ਬੇਨੁਕਸ [benuks] *adj.* faultless, flawless

ਬੇਨੂਰ [benur] *adj.* lightless, blind, dull, pale, pallid or wan (face)

ਬੇਨੇਮ [benem] *adj.* without regularity in routine or life, irregular, unprincipled

ਬੇਨੇਮੀ [benemi] *adj.f.* same as *prec.; n.f.* irregularity in life

ਬੇਪਛਾਣ [bepəchaṇ] *adj.* not recognised, not recognisable, indistinct, vague, hazy, beyond recognition; stranger, unacquainted

ਬੇਪਤੀ [bepəti] *n.f.* same as ਬੇਇੱਜ਼ਤੀ; outrage of woman's modesty

ਬੇਪਨਾਹ [bepəná] *adj.* very much, extreme, tremendous, unlimited, galore; same as ਨਿਆਸਰਾ, without support

ਬੇਪਰਤੀਤਾ [bepərtita] *adj.* same as ਬੇਇਤਬਾਰਾ

ਬੇਪਰਤੀਤੀ [bepərtiti] *adj.f.* same as *prec., n.f.* same as ਬੇਇਤਬਾਰੀ

ਬੇਪਰਦ/ਬੇਪਰਦਾ [bepərd/bepərda] *adj.* uncovered, naked

ਬੇਪਰਦਗੀ [bepərdgi] *n.f.* nakedness, openness, immodesty

ਬੇਪਰਵਾਹ [bepərvá] *adj.* carefree, nonchalant, indifferent, insouciant, without anxiety; *cf.* ਲਾਪਰਵਾਹ

ਬੇਪਰਵਾਹੀ [bepərvái] *n.f.* carefreeness, nonchalance, insouciance, cool, indifference

ਬੇਪੀਰ/ਬੇਪੀਰਾ [bepir/bepira] *adj./adj.m. lit.* without a preceptor, unprincipled, wayward

ਬੇਪੈਦ [bepɛd] *adj.* same as ਬਾਂਝ; infertile

ਬੇਪੈਦਗੀ [bepɛdgi] *n.f.* same sa ਬਾਂਝਪਣ, infertility

ਬੇਫ਼ਾਇਦਾ [befaıda] *adj.* profitless, fruitless, futile, in vain, unprofitable useless, ineffective, of no use

ਬੇਫਿਕਰ [bephıkər] *adj.* same as ਬੇਪਰਵਾਹ; content, satisfied, smug; also ਬੇਫ਼ਿਕਰ

ਬੇਫਿਕਰਾ [bephıkəra] *adj.m.* same as ਬੇਫ਼ਿਕਰ

ਬੇਫਿਕਰੀ [bephıkri] *adj.f.* same as ਬੇਫਿਕਰਾ; *n.f.* same as ਬੇਪਰਵਾਹੀ; contentment, smugness

ਬੇਬਸ [bebəs] *adj.* same as ਬੇਵੱਸ

ਬੇਬਸੀ [bebəsi] *n.f.* same as ਬੇਵਸੀ and ਮਜਬੂਰੀ

ਬੇਬਹਾ [bebəha/bebá] *adj.* same as ਬੇਪਨਾਹ, unlimited

ਬੇਬਾਕ [bebak] *adj.* same as ਨਿਡਰ, fearless

ਬੇਬੀ [bebi] *n.f.* baby, little girl child

ਬੇਬੁਨਿਆਦ [bebunıad] *adj.* baseless, groundless, unfounded, false, (rumour, allegation, etc.)

ਬੇਬੇ [bebbe] *n.f.* elder sister, mother

ਬੇਮਕਸਦ/ਬੇਮਤਲਬ [beməksəd/bemətləb] *adj.* aimless, pointless, meaningless, purposeless, *adv.* aimlessly, purposelessly, pointlessly, meaninglessly

ਬੇਮਗਜਾ [beməgja] *adj.m.* same as ਬਦਦਿਮਾਗ

ਬੇਮਜਾ [beməja] *adj.* same as ਬੇਸੁਆਦ

ਬੇਮਲੂਮ/ਬੇਮਲੂਮਾ [beməlum/beməluma] *adj./adj.m.* slight, imperceptible insubstantial, insignificant

ਬੇਮਾਨੀ [bemáni] *adj.* meaningless, senseless, nonsensical, ambiguous

ਬੇਮਿਸਾਲ [bemısal] *adj.* unexampled, unparalelled, matchless, peerless, unrivalled, unequalled, incomparable unique, rare

ਬੇਮੁਹਤਾਜ [bemótaj] *adj.* not in need, not depending on another, independent, self-reliant, not needy, not indebted to anyone

ਬੇਮੁਹਤਾਜਗੀ/ਬੇਮੁਹਤਾਜੀ [bemótajəgi/bemótaji] *n.f.* independence in means, economic independence, self, sufficiency, self-reliance, freedom from want

ਬੇਮੁਹੱਬਤ [bemuhəbbət] *adj.* loveless, not affectionate, indifferent, apathetic

ਬੇਮੁੱਹਬਤਾ [bemuhəbbəta] *adj.m.* same as ਬੇਮੁਹੱਬਤ

ਬੇਮੁਹੱਬਤੀ [bemuhəbbəti] *adj.f.* same as *prec.; n.f.* lovelessness, lack of affection, apathy, indifference

ਬੇਮੁਹਾਰ [bemuhar] *adj.* unbridled, obstreperous, unruly, without check or control, rudderless, wayward, gone astray, uncurbed

ਬੇਮੁਹਾਰਾ/ਬੇਮੁਹਾਰੀ [bemuhara/bemuhari] *adj.m./adj.f.* same as *prec.*

ਬੇਮੁਕਾਬਲਾ [bemukabla] *adv.* see ਬਿਲਾ ਮੁਕਾਬਲਾ

ਬੇਮੁਖ [bemukh] *adj.* turned away, renegade, apostate, defiant, rebellious, recalcitrant, neglectful, disregardful

ਬੇਮੁਖਤਾ [bemukhta] *n.f.* apostasy, disowning, defiance, neglect, neglectfulness, disregard

ਬੇਮੁਥਾਜ [bemuthaj] *adj.* same as ਬੇਮੁਹਤਾਜ

ਬੇਮੁੱਲਾ [bemulla] *adj.m.* same as ਕੀਮਤੀ and ਅਨਮੋਲ, priceless

ਬੇਮੇਲ [bemel] *adj.* not matching, different, incompatible

ਬੇਮੌਸਮ [bemɔsəm] *adj. & adv.* out of season; unseasonal, unseasonable, untimely

ਬੇਮੌਸਮਾ/ਬੇਮੌਸਮੀ [bemɔsma/bemɔsmi] *adj.m./adj.f.* same as ਬੇਮੌਸਮ

ਬੇਮੌਕਾ [bemɔka] *adj.m.* inopportune, out of place, untimely, ill-timed

ਬੇਯਕੀਨਾ [beyəkina] *adj.m.* same as ਬੇਇਤਬਾਰਾ

ਬੇਰ [ber] *n.m.* berry, fruit of jujube; jujube tree; plum

ਬੇਰਸ [berəs] *adj.* sapless, juiceless tasteless, insipid, unpleasant, dull

ਬੇਰਸੀ [berəsi] *n.f.* unpleasantness, dullness

ਬੇਰਹਿਮ [berέm] *adj.* same as ਬੇਕਿਰਕ pitiless

ਬੇਰਹਿਮੀ [berέmi] *n.f.* same as ਬੇਤਰਸੀ,

~ **ਨਾਲ** *adv.* cruelly, brutally, ruthlessly, pitilessly, mercilessly

ਬੇਰੰਗ [berə̃g] *adj.* colourless, bleached, discoloured

~ **ਕਰਨਾ** *con.v.* to bleach, decolourise, discolour, spoil the colour of

ਬੇਰੜਾ [berəṛa] *n.m.* mixed crop of grain *esp.* wheat, barley and gram; hybrid, crossbred; *slang,* mongrel, illegitimate

ਬੇਰਾ [bera] *n.m.* projection to one of the door leaves; *dia.* knowledge, information

ਬੇਰਿਵਾਜਾ [berıvaja] *adj.* out of fashion, outmoded, not in vogue

ਬੇਰੀ [beri] *n.f.* jujube tree, Ziziphus, jujuba

ਬੇਰੁਖੀ [berukhi] *n.f.* antipathy, estrangement, avoidance

ਬੇਰੁਜ਼ਗਾਰ [beruzgar] *adj.* unemployment, without a job, out of job, idle

ਬੇਰੁੱਤਾ [berutta] *adj.m.* same as ਬੇਮੌਸਮ

ਬੇਰੋਕ [berok] *adj. & adv.* unobstructed, unhindered, uninterrupted, without check or hindrance, freely

~ ਟੋਕ *adv.* without let or hindrance

ਬੇਰੌਣਕੀ [berɔṇki] *n.f.* lack of gaiety, cheerlessness

ਬੇਲ [bel] *n.f.* same as ਵੱਲ', creeper, and ਵੇਲ tracery; money given to folk-artist; length of quadruped's body excluding tail

ਬੇਲਗਾਮ [beləgam] *adj.* same as ਬੇਮੁਹਾਰ

ਬੇਲਚਕ [beləcək] *adj.* inflexible, inelastic, rigid, stiff, hard

ਬੇਲਚਾ [belca] *n.m.* shovel

ਬੇਲੱਜ [beləjj] *adj.* see ਨਿਲੱਜ

ਬੇਲਦਾਰ¹ [beldar] *adj. dia.* see ਵੇਲਦਾਰ

ਬੇਲਦਾਰ² *n.m.* worker or supervisor of workers who guards and maintains roads and water courses

ਬੇਲਦਾਰੀ [beldari] *n.f.* job of ਬੇਲਦਾਰ²

ਬੇਲਣਾ [beləṇa] *v.t. & n.m. dia.* see ਵੇਲਣਾ

ਬੇਲਨ [belən] *n.m.* cylinder, roller

ਬੇਲਬੂਟੇ [belbuṭṭe] *n.m. pl.* flora; floral design or pattern, tracery, frieze, arabesque

ਬੇਲਾ [bela] *n.m. dia.* ਵੇਲ਼ਾ, time; forest of high grass, reeds and shrubbery along a river bank

ਬੇਲਾਗ [belag] *adj.* unattached, disinterested, same as ਨਿਰਪੱਖ

ਬੇਲਿਹਾਜ [belıhaj] *adj.* inconsiderate (of relations), unaccommodating, showing no regard or favour; disrespectful, discourteous, ill-mannered; also ਬੇਲਿਹਾਜ਼

ਬੇਲਿਹਾਜੀ [belıhaji] *adj.f.* same as *prec.; n.f.* lack of consideration, regard or favour

ਬੇਲੀ [belli] *n.m.* friend, chum

ਬੇਲੋੜਾ [beloṛa] *adj.m.* needless, unwanted, unnecessary, redundant, otiose; superfluous, same as ਬੇਮੁਹਤਾਜ

ਬੇਲੁਤਫ਼ [belutəf] *adj.* joyless, dull; same as ਬੇਸੁਆਦ

ਬੇਵੱਸ [bevəss] *adj.* powerless, helpless, not in control

ਬੇਵਸਾਹੀ [bevəsái] *n.f.* distrust, suspicion, lack of trust or confidence

~ ਦਾ ਮਤਾ *ph.* vote of no-confidence

ਬੇਵਸੀ [bevəsi] *n.f.* powerlessness, helplessness, incapability, inability

ਬੇਵਕਤ [bevəkət] *adv.* untimely, at improper or unsuitable time; *adj.* ill-timed

ਬੇਵਕੂਫ਼ [bevəkuf] *adj.* same as ਮੂਰਖ, fcol

~ ਬਣਾਉਣਾ *con.v.* to befool, dupe, deceive; to stultify, make a fool of; to kid, mock

ਬੇਵਕੂਫ਼ੀ [bevəkufi] *n.f.* foolishness, stupidity; folly, a foolish act

ਬੇਵਜ੍ਹਾ [bevə́ja] *adv.* without cause or reason, purposelessly, needlessly, unnecessarily; *adj.* needless, purposeless; unprovoked

ਬੇਵਫ਼ਾ [bevəfa] *adj.* unfaithful, faithless; false, fickle or inconstant in love; disloyal

ਬੇਵਫ਼ਾਈ [bevəfai] *n.m.* faithlessness, unfaithfulness, fickleness, falsehood, disloyalty, desertion

~ ਕਰਨੀ *con.v.* to commit disloyalty, be false in love, shift one's affection, jilt, desert

ਬੇਵਾ [beva] *adj. & n.f.* widow

ਬੇਵਾਹ [bevá] *adj.* same as ਬੇਵੱਸ

ਬੇੜ [beṛ] *n.f.* rope made from stalks or straw

ਬੇੜਾ [beṛa] *n.m.* ship, large boat, raft; armada, fleet, flotilla; navy

ਬੇੜੀ [beṛi] *n.f.* boat, canoe, dinghy; shackle, fetter, bilboes

~ ਪਾਉਣੀ *con.v.* to put ਬੇੜੀ in water

~ ਪਾਉਣੀ/~ ਲਾਉਣੀ *con.v.* to fetter, put

fetters upon, put someone in fetters, *fig.* to curb, control
~ ਪੈਣੀ *con.v.* to be fettered, shackled, be put in fetters or under restraint; to be kept in check or under control, be curbed, controlled; *slang.* to be married
ਬੈ¹ [bɛ] *n.f.* same as ਵਾਈ, flatulence; sound of sheeps bleating; *cf.* ਮੈਂਅ
ਬੈ² *n.m.* sale (of immovable property through a proper bond) *adj.* sold
~ ਕਰਨਾ *con.v.* to sell formally, legally
~ ਖ਼ਰੀਦ *n.f.* purchase; *adj.* purchased, bought, acquired through due legal formalities
ਬੈਸਾਖ [bɛsakh] *n.m.* same as ਵਸਾਖ
ਬੈਕ¹ [bɛk] *n.m.* back, defender (in team games), full back
ਬੈਕ² *n.f.* back (side), rear
ਬੈਂਕ [bɛ̃k] *n.m.* bank (as commercial institution)
ਬੈਕਟੇਰੀਆ [bɛkṭeria] *n.m.* bacteria
ਬੈਕੁੰਠ [bɛkũṭh] *n.m.* same as ਸੁਰਗ, paradise
ਬੈਗ [bɛg] *n.m.* bag
ਬੈਂਗਣ [bɛ̃gəṇ] *n.m.* brinjal, egg plant, *Solanum melongene*
ਬੈਂਗਣੀ [bɛ̃gəṇi] *adj.* violet (colour)
ਬੈਂਚ [bɛ̃c] *n.m.* bench
ਬੈਜ [bɛj] *n.m.* badge
ਬੈਂਜੋ [bɛ̃jo] *n.f.* banjo
ਬੈਟ [bɛṭ] *n.m.* cricket bat
ਬੈਟਮੈਨ [bɛṭmɛn] *n.m.* batsman, cricketer; personal attendant to military officer, orderly, batman
ਬੈਟਰੀ [bɛṭəri] *n.f.* (electric) torch; battery (comprising several electric cells as of vehicles); a sub-unit of an artillery regiment, battery
ਬੈਠ [bɛṭh] *v.form.* imperative of ਬੈਠਣਾ, sit
ਬੈਠਕ [bɛṭhək] *n.f.* sitting posture; knee-bend or sit-up exercise; sitting room, parlour, drawing room, lounge; *informal.* company, social gathering; sitting, session (as of a committee)
ਬੈਠਣਾ [bɛṭhəṇa] *v.i.* same as ਬਹਿਣਾ
ਬੈਠਵਾਂ [bɛṭhvā̃] *adj.m.* sitting, sedentary; low-built (design); tightly or properly fitting
ਬੈਠਾਉਣਾ/ਬੈਠਾਲ਼ਨਾ [bɛṭhauṇa / bɛṭhaḷna] *v.t.* see ਬਠਾਉਣਾ
ਬੈਠੇ-ਬਿਠਾਏ *adv. lit.* while sitting, in sitting position; *fig.* easily, effortlessly
ਬੈਂਡ [bɛ̃ḍ] *n.m.* band, orchestra
ਬੈੱਡ [bɛḍḍ] *n.m.* bed
ਬੈਡਮਿੰਟਨ [bɛḍmĩṭən] *n.f.* badminton
ਬੈਂਤ [bɛ̃t] *n.m.* cane, rattan birch; split cane bark (used for caning chairs, etc.); cane or birch rod, stick, switch; a prosodic meter in Punjabi verse
~ ਦਾ *adj.m.* cane, birchen
~ ਮਾਰਨਾ *con.v.* to beat with cane, cane, to flog
ਬੈਨਾਮਾ [bɛnama] *n.m.* sale deed
ਬੈਰ [bɛr] *n.m. dia.* see ਵੈਰ, enmity
ਬੈਰਕ [bɛrək] *n.f.* barrack
ਬੈਰ੍ਹਾ¹ [bɛ́ra] *n.m.* bearer, waiter
ਬੈਰ੍ਹਾ² *adj.m.* see ਬੋਲ਼ਾ, deaf
ਬੈਰਾ [bɛra] *n.m.* wooden piece set in crooked, small rafter (ਕੜੀ) to set it firmly, or to set in mud wall in order to strengthen it
ਬੈਰਾਗ [bɛrag] *n.m.* same as ਵਿਰਾਗ, renunciation, non-attachment
ਬੈਰਾਗੀ [bɛragi] *n.m.* a sect of Hindu ascetics; a member of this sect
ਬੈਰੀ [bɛri] *n.m. dia.* see ਵੈਰੀ, enemy
ਬੈਰੂਨੀ [bɛruni] *adj.* same as ਬਾਹਰਲਾ, outer, exterior
ਬੈਰੋਮੀਟਰ [bɛromiṭər] *n.m.* barometer
ਬੈਲ [bɛl] *n.m.* same as ਬਲ਼ਦ, ox, bullock
~ ਗੱਡੀ *n.f.* bullock-cart
ਬੈੱਲ [bɛll] *n.f.* bell
ਬੈਲਟ [bɛlṭ] *n.f.* belt
ਬੈੜ [bɛṛ] *n.m.* wheel of a Persian wheel over which the bucket-chain revolves; thread or cord fastening together the two boards of a spinning wheel
ਬੈੜਾ [bɛṛa] *adj.m.* churlish, obstinate, obdurate, stubborn; reprobate, wicked, scoundrel, unregenerate; quarrelsome, irascible

ਬੋ [bo] *n.f.* smell, odour *esp.* foul or offensive, malodour, reek, stench, stink; pride, conceit, vanity, arrogance
ਬੋਸਕੀ [boski] *n.f.* a type of silken cloth
ਬੋਸਾ [bossa] *n.m.* same as ਚੁੰਮੀ, kiss
ਬੋਹਣੀ [bóṇi] *n.f. dia.* see ਬਹੁਣੀ, first sale of the day
ਬੋਹਲ਼ [bóḷ] *n.m.* heap of freshly threshed grain
~ ਬਹਾਉਣਾ/~ ਲਾਉਣਾ *con.v.* to gather threshed and winnowed grain into a heap
ਬੋਹੜ [bóṛ] *n.m.* banyan tree, banyan, *Ficus benghalensis*
ਬੋਹੀਆ [bóia] *n.m.* same as ਛਿੱਕੂ, small basket
ਬੋਹੀਆਂ [bóiā] *n.f. pl.* present of sweets, etc. sent to married daughters on festival occasions; same as ਸੰਧਾਰਾ
ਬੋਕ [bok] *n.m.* stud, he-goat
ਬੋਕਾ [bokka] *n.m.* leather bucket for drawing water from wells
ਬੋਕਾਟਾ [bokaṭa] *interj.* winner's cry during kite-flying
ਬੋਕੀ [bokki] *n.f.* small ਬੋਕਾ; leather washer used in hand-pump
ਬੋਗਸ [bogəs] *adj.* bogus
ਬੋਗਨਵਿੱਲਾ/ਬੋਗਨਵਿਲੀਆ [bogənvılla/bogənvılia] *n.m.* bougainvillaea
ਬੋਗੀ [bogi] *n.f.* bogie, wagon
ਬੋਚ [boc] *v.form.* imperative of ਬੋਚਣਾ, catch
ਬੋਚਣਾ [bocəṇa] *v.t.* to catch in air (as in cricket), trap
ਬੋਝ [bój] *n.m.* same as ਭਾਰ, load
ਬੋਝਲ਼ [bójəḷ] *adj.* same as ਭਾਰਾ, heavy
ਬੋਝਾ [bójja] *n.m.* pocket; same as ਬੋਝ
ਬੋਟ¹ [boṭ] *n.m.* fledgling, infant bird
ਬੋਟ² *n.f.* boat
ਬੋਟਿੰਗ [boṭĩg] *n.f.* boating
ਬੋਟੀ [boṭṭi] *n.f.* a small piece of flesh
~ ਬੋਟੀ ਕਰਨਾ *ph.* to cut into small pieces, mince
ਬੋਣਾ¹ [boṇa] *n.m.* weaver
ਬੋਣਾ² *v.t.* see ਬੀਜਣਾ
ਬੋਤਲ [botəl] *n.f.* bottle
ਬੋਤਲ ਬੰਦ ਕਰਨਾ *ph.* to bottle
ਬੋਤਲਬੰਦੀ *n.f.* bottling
ਬੋਤਾ [botta] *n.m.* young he-camel
ਬੋਤੀ [botti] *n.f.* young she-camel
ਬੋਦਾ¹ [bodda] *adj.m.* hollow, worm-eaten, decayed; *fig.* weak, fragile, frail, decrepit
ਬੋਦਾ² *n.m.* hair, endearing term for child's hair
ਬੋਦੀ¹ [boddi] *adj.f.* same as ਬੋਦਾ¹
ਬੋਦੀ² *n.f.* tuft of hair left unshorn on top of head (as a religious symbol of caste Hindus)
ਬੋਦੀਆਂ *n.f. pl. informal.* curls, curly hair, tassels
~ ਵਾਲ਼ਾ ਤਾਰਾ *ph.* comet
ਬੋਧ [bód] *n.m.* knowledge, perception, prehension, comprehension, understanding, cognition
ਬੋਧਸ਼ੀਲ [bódsil] *adj.* knowable, cognisable
ਬੋਧਕ [bódək] *adj. & n.m.* cognitive
ਬੋਧੀ [bódi] *adj.* Buddhist *n.m.* follower of Buddhism, a Buddhist
ਬੋਨਸ [bonəs] *n.m.* bonus
ਬੋਨਟ [bonəṭ] *n.m.* bonnet, automobile hood, engine cover or casing
ਬੋਰ¹ [bor] *adj.* boring, tedious; *n.m.* a bore
~ ਕਰਨਾ *con.v.* to bore
ਬੋਰ² *n.m.* bore (hole), *esp.* for tubewell; a tinkling ornament worn on hand/feet or loins
~ ਕਰਨਾ to bore
ਬੋਰਡ¹ [borḍ] *n.m.* board (as an administrative body); board (wooden or metallic plank)
ਬੋਰਡਿੰਗ [borḍĩg] *n.m.* boarding house, hostel
ਬੋਰਾ [bora] *n.m.* large ਬੋਰੀ
ਬੋਰੀ [bori] *n.f.* bag, *esp.* gunny bag, sack
ਬੋਲ/ਬੋਲ਼ [bol/boḷ] *n.m.* utterance, speech, talk; voice, tone, pitch; line of a song; *v.form.* imperative of ਬੋਲਣਾ, speak
~ ਉੱਠਣਾ *con.v.* to blurt, speak up, speak out
~ ਕਬੋਲ *n.m.* abusive, offensive remark,

harsh talk or conversation, hot words, altercation, wrangle
~ ਚਾਲ *n.m.* conversation; being on speaking terms
~-ਚਾਲ ਹੋਣਾ *ph.* to be on speaking terms; for conversation to take place
~ ਚਾਲ ਦੀ ਭਾਸ਼ਾ *ph.* patois, colloquial language, dialect
~ ਬਾਲਾ ਹੋਣਾ *ph.* to be supreme, be in a predominating position; to flourish, prosper
~-ਬੁਲਾਰਾ *n.m.* altercation, wrangle, quarrel
~ ਵਿਗਾੜ *adj.* rough spoken, outspoken; scurrilous, foulmouthed; tactless, imprudent
ਬੋਲਣ ਢੰਗ [bolən ṭə̃g] *n.m.* same as ਬੋਲਣੀ; art of speaking
ਬੋਲਣਾ [boləṇa] *v.i.* to talk, speak, utter, say; to be on speaking terms; to deliver a speech, give a talk
ਬੋਲਣੀ [boləṇi] *n.f.* way or style of speaking, speech, locution
ਬੋਲ੍ਹ [bóḷ] *n.m.* same as ਬੋਹਲ਼
ਬੋਲਾ [bolla] *n.m.* word or phrase of Nihang Sikhs' jargon
ਬੋਲ਼ਾ [boḷa] *adj.m.* deaf, hard of hearing or stone deaf; (buffalo) with white patch on forehead
ਬੋਲੀ [bolli] *n.f.* language, tongue, dialect, pidgin; speech, parlance; taunt, jeer, sarcasm, derisive remark, gibe, jibe; auction, bid (at auction)
~ ਹੋਣੀ *con.v.* for auction to take place, (for something) to be auctioned
~ ਦੇਣ ਵਾਲ਼ਾ *n.m.* bidder
~ ਦੇਣੀ *con.v.* to bid (at auction)
~ ਮਾਰਨੀ *ph.* to taunt, jeer, gibe, deride, pass a sarcastic remark
~ ਮੁਕਾਉਣੀ *ph.* to knock down bid
ਬੋੜ [boṛ] *n.m.* toothlessness, toothless or partly toothless mouth
ਬੋੜਨਾ [boṛna] *v.t. dia.* see ਡੁਬੋਣਾ, to sink
ਬੋੜ੍ਹ [bóṛ] *n.m.* same as ਬੋਹੜ
ਬੋੜਾ [boṛa] *adj.m.* toothless, (one) with few teeth
ਬੌਹਕਰ [bɔ́kər] *n.f.* same as ਬਹਾਰੀ
ਬੌਹਲ਼ੀ [bɔ́ḷi] *n.f.* same as ਬਹੁਲ਼ੀ
ਬੌਂਕੇ ਦਿਹਾੜੇ [bɔ̃ke dɪàṛe] *n.m. pl.* difficult days, hard times, adversity
ਬੌਂਗਾ [bɔ̃ga] *adj. & n.m. slang.* silly, simpleton, stupid; crass, gross, unsophisticated (person)
ਬੌਣਾ [bɔṇa] *adj. & n.m.* dwarf, dwarfish, short-statured; pigmy, pygmy; midget
ਬੌਂਦਲ਼ਨਾ [bɔ̃dəḷna] *v.i.* to be confused, confounded, nonplussed, bewildered, flabbergasted, puzzled; to be exhausted, become dazed or groggy
ਬੌਧਿਕ [bɔ́dɪk] *adj.* intellectual, mental; scholarly
ਬੌਧਿਕਤਾ [bɔ́dɪkta] *n.f.* intellect, intelligence
ਬੌਰਾ [bɔra] *adj.m.* mad, insane, demented, crazy
ਬੌਲ਼ [bɔḷ] *n.m. dia.* see ਮੂਤ
~ ਕਰਨਾ *con.v.* same as ਮੂਤਣਾ
ਬੌਲ਼ਦ [bɔḷəd] *n.m.* same as ਬਲ਼ਦ
ਬੌਲ਼ਾ [bɔḷa] *adj.m. colloq.* see ਪਾਗਲ

ਭ

ਭ [pə̀bba] *n.m.* twenty-ninth letter of Gurmukhi script, denoting labial, consonant sounds as [p, b], a tone marker
ਭਉ [pɔ̀] *n.m.* same as ਭੌ
ਭਉਂ [pɔ̃̀] *n.m.* same as ਭੌਂ
ਭਉਜਲ [pɔ̀jəl] *n.m.* same as ਭਵਸਾਗਰ/ ਭਵਜਲ
ਭਉਣ [pɔ̀ṇ] *n.m.* same as ਭੌਣ and ਭਵਨ
ਭਇਆ [pə̀ia] *v.form. archaic.* was, happened
ਭਇਆਨਕ [pɪə̀anək] *adj.* same as ਭਿਆਨਕ
ਭਈ [pə̀i] *interj.* o brother; *conj.* that; *v.form. archaic.* same as ਭਇਆ (for *fem.* subject)
ਭਈਆ [pə̀ia] *n.m.* same as ਭਾਈ; native of Uttar Pradesh or Bihar
ਭੱਸ [pə̀ss] *n.f.* ash, dust
~ ਖੇਹ *n.f.* same as ਭੱਸ
~ ਡਕਾਰ *n.m.* belch or eructation resulting in bitter taste in the mouth
ਭਸਮ [pə̀səm] *n.f.* ash, calx; ashes
~ ਕਰਨਾ *con.v.* to burn, reduce to ash, incinerate
~ ਵਰਗਾ *adj.m.* cinereous, ashen
ਭਸਮੀਕਰਨ [pə̀səmikərn] *n.m.* calcination, incineration
ਭੱਸਰ [pə̀ssər] *adj.* (land or field) with ashen content in soil
ਭਸੂੜੀ [pəsùṛi] *n.f.* quarrel, trouble, disputation
~ ਪਾਉਣੀ *ph.* to cause or raise trouble
ਭਹਿ [pɛ̀] *n.f.* hue, tinge, tint or shade of colour
~ ਮਾਰਨੀ *con.v.* to show or reflect hue
ਭਕ ਭਕ [pə̀k pə̀k] *n.f.* sound of flickering flame
~ ਕਰਨਾ *con.v.* (for lamp) to flicker
ਭਖ [pə̀kh] *n.m.* same as ਭਖਾਅ; glow over a heater surface, a form of mirage; food, eatables
ਭਖਕ [pə̀khək] *adj.* eater, devourer,
ਭਖਣਾ [pə̀khəṇa] *v.i.* to become very hot; to emit or radiate heat; (for body) to have high temperature; to glow; *fig.* to become agitated, angry; to gain momentum or tempo; (for party) to warm up
ਭੱਖਣਾ [pə̀kkhəṇa] *v.t.* to eat, devour, consume
ਭਖਵਾਂ [pə̀khvā̃] *adj.m.* very hot
ਭਖਵਾਉਣਾ [pə̀khvàuṇa] *v.t.* to have something heated; to have (fire) stoked; to have (function or party) warmed up
ਭੱਖੜਾ [pə̀kkhəṛa] *n.m.* a medicinal herb, bearing hard thorny seed, a kind of nettle, *Tribulus alatus*
ਭਖਾ [pəkhà] *n.m* heat, temperature; fever
ਭਖਾਉਣਾ [pəkhàuṇa] *v.t.* to heat up; to stoke (fire); to warm up (party or function); to raise momentum or tempo; *fig.* to make (one) angry, agitated, incite, provoke
ਭਖਾਰਾ [pəkhàra] *n.m.* fumigation, fomentation
ਭਗ [pə̀g] *n.f.* genital organ of females, vulva, pudendum, vagina; anus
ਭੰਗ¹ [pə̀̃g] *n.f.* hemp, cannabis, its leaves and pistils, hashish
~ ਦੇ ਭਾੜੇ *ph.* in vain, for nothing, down the drain
~ ਭੁੱਜਣੀ *ph. slang.* to be extremely poor, have nothing to eat
ਭੰਗ² *adj.* broken up, dissolved, disbanded
~ ਕਰਨਾ *con.v.* to dissolve, disband, break up
ਭਗਉਤੀ [pəgɔ̀ti] *n.f.* goddess; sword
ਭਗਣ [pə̀gəṇ] *n.m.* a prosodic meter, with dactylic feet of one long followed by

two short syllables; dactyle
ਭੰਗਣ [pə̃gəṇ] *n.f.* female ਭੰਗੀ[1], sweeper; hemp-addict
ਭਗਤ [pə̀gət] *n.m.* devotee, worshipper, votary; holyman, pious person, lover of deity
~ **ਵਛਲ** *adj.* an epithet of God, *lit.* affectionate, tender, towards ਭਗਤ
ਭਗਤਣ/ਭਗਤਣੀ [pə̀gətəṇ/pə̀gətəṇi] *n.f.* female ਭਗਤ
ਭਗਤੀ [pə̀gəti] *n.f.* devotion, worship, devotional love of deity; meditation, religious observances
~ **ਭਾਉ** *n.m.* devotional love or emotion
ਭਗੰਦਰ [pəgə̃̀dar] *n.m.* fistula
ਭਗਦੜ [pə̀gdəṛ] *n.f.* stampede, frenzied rush, headlong flight, rout, running helter-skelter
~ **ਮੱਚਣੀ** *ph.* for stampede to occur or take place
ਭੰਗਰਾ [pə̃̀gəra] *n.m.* name of a medicinal plant
ਭਗਵੰਤ [pəgwə̃̀t] *n.m.* same as ਭਗਵਾਨ
ਭਗਵਤ ਗੀਤਾ [pə̀gvət gita] *n.f.* name of a sacred book of Hindus, Bhagavad Gita
ਭਗਵੰਤੀ/ਭਗਵਤੀ [pəgvə̃̀ti/pə̀gvəti] *n.f.* goddess Durga or Sarasvati; epithet of
ਭਗਵਨ [pə̀gvən] *n.m.* form of address for God or any high personage; see ਭਗਵਾਨ
ਭਗਵਾ [pə̀gva] *adj.m.* ochre; saffron-coloured
ਭਗਵਾਨ [pə̀gvan] *n.m.* God, Supreme Being
ਭੰਗੜ [pə̃̀gəṛ] *adj.m.* ਭੰਗ[1]–addict
ਭੰਗੜਾ [pə̃̀ggəṛa] *n.m. a* popular folk-dance of the Punjab
ਭੰਗਾ [pə̃̀gga] *n.m.* squint
~ **ਕੇ ਵੇਖਣਾ** *ph.* same as ਭੰਗਾਉਣਾ
ਭੰਗਾਉਣਾ [pə̃gàuṇa] *v.i.* to squint, skew
ਭੰਗੀ[1] [pə̃̀ggi] *n.m.* sweeper, scavenger
ਭੰਗੀ[2] *adj.m.* ਭੰਗ[1] addict
ਭੰਗੂਰ [pə̃gùr] *n.m.* gram soaked, boiled fried, salted and/or spiced
ਭੰਗੂੜਾ [pə̃gùṛa] *n.m.* same as ਪੰਘੂੜਾ, cradle
ਭਗੌਤੀ [pəgɔ̀ti] *n.f.* same as ਭਗਉਤੀ
ਭਗੌੜਾ [pəgɔ̀ṛa] *n.m.* deserter, absconder truant, runaway; fugitive
ਭੱਛਕ [pə̀cchək] *adj.* same as ਭਖਕ
ਭੱਛਣਾ [pə̀cchəṇa] *v.i.* same as ਭੱਖਣਾ
ਭੱਜ [pə̀jj] *v.form.* imperative/nominative of ਭੱਜਣਾ
~ **ਦੌੜ**/~ **ਨੱਸ**/~ **ਨੱਠ/ਭੱਜੋ ਨੱਸੀ** *n.f.* vehement effort, endeavour, struggle or exertion; running about, scurry and scramble; haste, hurry
ਭਜਣ [pə̀jəṇ] *n.m.* same as ਭਜਨ
ਭਜਣਾ [pə̀jəṇa] *v.i.* to remember, repeat (God's name), count one's beads, pray, worship, meditate (on God's name)
ਭੱਜਣਾ [pə̀jjəṇa] *v.i.* to break, crack, be broken or smashed; to run, jog, scoot; dart, sprint, scuttle; to run away, flee, escape, desert, abscond, to elope (with); *fig.* to go back upon one's word, renege
ਭਜਨ [pə̀jən] *n.m.* devotional song, hymn, psalm, carol, orison; prayer, remembrance or repetition of God's name; religious devotion
~ **ਕਰਨਾ** *con.v.* same as ਭਜਣਾ
~-**ਬੰਦਗੀ** *n.f.* religious devotion, worship, prayers
~ **ਮੰਡਲੀ** *n.f.* choir
ਭਜਨੀਕ [pə̀jnik] *adj.* regular in prayers, devotee, worshipper
ਭਜਾ [pəjà] *v.form.* imperative of ਭਜਾਉਣਾ, make (him) run
~ **ਦੇਣਾ** *con.v.* same as ਭਜਾਉਣਾ
ਭਜਾਉਣਾ [pəjàuṇa] *v.t.* to make or cause (some one) to run; to drive or chase away, scare away, defeat, rout, make one flee
ਭਟ [pə̀ṭ] *n.m.* warrior, mercenary soldier
ਭੱਟ [pə̀ṭṭ] *n.m.* bard, minstrel, panegyrist; flatterer, genealogist; *fem.* ਭਟਣੀ or ਭਟਿਆਣੀ
~ **ਅੱਖਰੀ** *n.f.* an obscure script used by Bhatts
ਭਟਕਣ [pə̀ṭkəṇ] *n.f.* wandering/straying/

running about fruitlessly; divagation, deviation, digression; disquietude, uneasiness, mental unrest
ਭਟਕਣਾ [pə̀ṭəkəṇa] *v.i.* to wander, stray, run about fruitlessly; to divagate, deviate, digress; to go astray, leave the right path
ਭਟਕਣੀ [pə̀ṭəkəṇi] *n.f.* same as ਭਟਕਣ; worry, anxiety, fear, misgiving, apprehension
ਭਟਕਾਉਣਾ [pəṭkàuṇa] *v.t.* to cause or lead one to go astray, mislead, misguide; to perplex, confound
ਭਟਕਾਈ [pəṭkài] *n.f.* act of ਭਟਕਾਉਣਾ; same as ਭਟਕਣ
ਭਟਕੀ[1] [pə̀ṭəki] *v.form.* past indefinite of ਭਟਕਣਾ for *fem.* subject-wandered, strayed, disgressed, deviated
ਭਟਕੀ[2] *n.f.* intense thirst
ਭਟਿੱਟਰ [pəṭiṭṭər] *n.m.* a bird of partridge family
ਭੱਟੀ [pə̀ṭṭi] *n.m.* name of a Rajput subcaste, a member of this; *adj.* belonging to this caste
ਭੱਠ [pə̀ṭṭh] *n.m.* large ਭੱਠੀ; extremely hot place, large hearth or furnace
~ **ਝੋਕਣਾ** *ph. slang.* to labour in vain, without return, or unwillingly, under duress
~ **ਤਪਣਾ** *ph.* to be extremely hot weather
~ **ਪੈਣਾ** *ph.* to go waste, be wasted; to be condemned
ਭੱਠਾ [pə̀ṭṭha] *n.m.* kiln, brick-kiln
~ **ਬਹਿ ਜਾਣਾ** *ph. slang.* to suffer utter loss, be destroyed, ruined
ਭਠਿਆਰਨ/ਭਠਿਆਰਾ [pəṭhɪàrən/ pəṭhɪàra] *n.f./n.m.* person who parches grain at a ਭੱਠੀ, grain parcher
ਭੱਠੀ [pə̀ṭṭhi] *n.f.* furnace; forge; oven or hearth specially designed for parching grain or for large scale cooking; still; place for distilling illicit liquor
~ **ਤਾਉਣੀ** *con.v.* to make fire in ਭੱਠੀ, work a ਭੱਠੀ
ਭਠੂਰਾ [pəṭhùra] *n.m.* a type of bun
ਭੰਡ[1] [pə̃ḍḍ] *n.m.* same as (Muslim) ਭੱਟ; jester, professional fool, joker, clown, a class of hereditary jesters and mimics
ਭੰਡ[2] *n.f.* woman, wife
ਭੰਡ[3] *v.form.* imperative of ਭੰਡਣਾ, slander
ਭੰਡਣਾ [pə̃ḍḍəṇa] *v.t.* to defame, slander, malign, calumniate, vituperate, vilify
ਭੰਡਵਾਉਣਾ/ਭੰਡਾਉਣਾ [pə̃ḍvàuṇa/ pə̃ḍàuṇa] *v.t.* to get someone defamed or slandered
ਭੰਡਾਰ [pə̃ḍàr] *n.m.* store, store-house, stock, stockpile; treasure, repository; repertory
ਭੰਡਾਰਾ [pə̃ḍàra] *n.m.* same as ਭੰਡਾਰ; feast or free distribution of food
ਭੰਡਾਰੀ [pə̃ḍàri] *n.m.* store keeper, storeholder; treasurer; *informal.* cook at a religious establishment; *n.f.* built-in tool box of a bullock-cart
ਭੰਡੀ [pə̃ḍḍi] *n.f.* defamation, slander, vituperation, calumny, vilification; same as ਜਿਦ, insistence, importunity
~ **ਕਰਨੀ** *con.v.* same as ਭੰਡਣਾ
~-**ਪਰਚਾਰ** *n.m.* defamatory propaganda, smear campaign
~ **ਪਾਉਣੀ** *ph.* same as ਜਿੱਦ ਕਰਨੀ; to demand something unreasonably
ਭਣਵਈਆ/ਭਣੂਜਾ [pəṇvə̀ia/ pəṇùja] *n.m.* sister's husband, brother-in-law
ਭਣੇਵਾਂ/ਭਣੇਆਂ [pəṇèvā̃/ pəṇèā̃] *n.m.* sister's son, nephew
ਭਣੇਵੀਂ [pəṇèvĩ] *n.f.* sister's daughter, niece
ਭੱਤ [pə̀tt] *n.m.* cooked rice
ਭਤਰੀ [pə̀təri] *n.f.* same as ਭਤੀਜੀ
ਭਤਰੀਆ [pə̀təria] *n.m.* same as ਭਤੀਜਾ
ਭੱਤਾ [pə̀tta] *n.m.* lunch *esp.* that which is carried (*usu.* by housewife) to the fields for menfolk working there; allowance, additional, compensatory salary for specific purpose
~ **ਢੋਣਾ** *ph.* to carry ਭੱਤਾ to the fields
ਭੱਤੇਵੇਲਾ *n.m.* lunch time, noon or early afternoon; *informal.* same as ਭੱਤਾ
ਭਤਾਰ [pətàr] *n.m.* husband; sustainer
ਭਤੀਆ/ਭਤੀਜਾ [pətia/ pətija] *n.m.* brother's son, nephew
ਭਤੀਈ/ਭਤੀਜੀ [pətii/ pətiji] *n.f.* brother's

daughter, niece

ਭੱਥਾ [pə̀ttha] *n.m.* quiver

ਭਦਕਲ [pə̀dkəl] *n.m.* name of a wild plant used medicinally

ਭੱਦਨ [pə̀ddən] *n.m.* same as ਮੁੰਡਨ, tonsure

ਭੱਦਰ [pə̀ddər] *adj.* gentle, cultured, virtuous, pious, educated, respectable, noble

~ ਪੁਰਸ਼/ਪੁਰਖ *n.m.* gentleman, respectable person

~ ਲੋਕ *n.m.* gentry, nobility

ਭੱਦਾ [pə̀dda] *adj.m.* ugly, unshapely, ungainly, uncouth; awkward, clumsy, dowdy; coarse, crass, bawdy, vulgar (remark); slouchy (posture or movement)

~ ਮਖ਼ੌਲ *n.m.* vulgar joke, bawdy humour

ਭੱਦਾਪਣ [pə̀ddapəṇ] *n.m.* ugliness; uncouthness; awkwardness; frumpiness; bawdiness

ਭੱਦੀ [pə̀ddi] *adj.f.* same as ਭੱਦਾ; frumpish, frumpy

ਭੰਨ[1] [pə̀nn] *n.m.* crease, fold; wrinkle, crinkle, crimp, pucker

~ ਪਾਉਣਾ *con.v.* to make a crease, fold, wrinkle, crinkle, crimple, pucker

ਭੰਨ[2] *v.form.* imperative of ਭੰਨਣਾ; break

~-ਤੋੜ *n.f.* breakage, damage, destruction, adjustment; adaptation, permutation and combination; spoliation, vandalism, sabotage

~ ਤੋੜ ਕਰਨੀ *con.v.* same as ਭੰਨਣਾ, to damage, demolish, destroy, spoil; to adapt, adjust, alter; to scheme, plan, plot, contrive; to resort to vandalism or sabotage

ਭਨਕਟ/ਭਨਘੜ[1] [pə̀nkəṭ/pə̀nkəṛ] *n.m.* change, small coins or notes of lower denomination

ਭਨਘੜ[2] *n.m.* permutation-combination, improvisation

ਭੰਨਣਾ[1] [pə̃̀nəṇa] *v.t.* to break, smash, shatter

ਭੰਨਣਾ[2] *v.t.* same as ਭੰਨ ਪਾਉਣਾ under ਭੰਨ[1]; to give change for a higher coin or note

ਭਨਵਾਂ [pə̃̀nvã] *adj.m.* same as ਟੁੱਟਵਾਂ, in parts, partial

ਭਨਵਾਉਣਾ/ਭਨਾਉਣਾ [pənvàuṇa/pənàuṇa] *v.t.* to get something broken or cracked; to get (coin or bank note) changed into smaller ones

ਭਨਵਾਈ/ਭਨਾਈ [pənvài/pənài] *n.f.* process of or changes for *prec.*

ਭਨੇਵਾਂ [pənèvã] *n.m.* same as ਭਣੇਵਾਂ

ਭਨੇਵੀਂ [pənèvĩ] *n.f.* same as ਭਣੇਵੀਂ

ਭੱਪਾ [pə̀ppa] *n.m.* dish of over-boiled rice and lentil

ਭਬਕ [pə̀bək] *n.f.* roar; *fig.* thunderous or threatening speech; threat; sudden bursting into flame, combustion, explosion

~ ਮਾਰਨੀ *ph.* same as ਭਬਕਣਾ

ਭਬਕਣਾ [pə̀bəkəṇa] *v.i.* to burst into flame, explode; to roar; to talk in loud, thundering or threatening tone

ਭਬਕਾ [pə̀bəka] *n.m.* same as ਭਬਕ *usu. n.f.* ਭਬਕੀ; pot for measuring liquids *esp.* milk; large mug, open-mouthed container with a handle, jug; improvised apparatus for distillation, still; scuttle

ਭੰਬਟ [pə̃̀bəṭ] *n.m.* moth

ਭੰਬਲ ਭੂਸੇ [pə̃̀bəl pùsse] *n.m. pl.* confusion, perplexity, bewilderment, fruitless wandering, straying

~ ਖਾਣਾ *ph.* to be confounded, confused, perplexed; same as ਭਟਕਣਾ

ਭਬਾਕਾ [pəbàkka] *n.m.* same as ਭਬਕ[2]

ਭੰਬੀਰੀ [pəbı̀ri] *n.f.* butterfly; winged insect *usu.* found fluttering and hovering over water surfaces; a kind of toy comprising a disc and a pointed axle; a paper-toy fixed on a stick which rotates as the child holding it runs

~ ਹੋ ਜਾਣਾ *ph. informal.* to run or work very fast

ਭੱਬੂ [pə̀bbu] *n.m.* dry or inspissated nasal mucus; *colloq.* ace of spades

ਭਬੂਕਾ [pəbùkka] *n.m.* suddenly bursting flame; gust of fire

ਭੱਭਾ [pə̀bba] *n.m.* the letter ਭ

ਭਭੂਤ/ਭਭੂਤੀ [pəbùt/pəbùti] *n.f.* same as ਬਿਭੂਤ, ashes

ਭਮੱਕੜ [pəmə̀kkəṛ] *n.m. dia.* see ਭੰਬਟ

ਭੱਯਾ [pə̀ia] *n.m.* same as ਭਈਆ

ਭਰ[1] [pə̀r] *combining form.* indicating fullness

~ **ਸਿਆਲ** *n.m.* height of winter

~ **ਜਵਾਨ** *adj.* in the prime of life, fully grown; mature

~-**ਭਾਰਾ** *n.m.* full load; burden, responsibility

ਭਰ[2] *Combining form.* meaning throughout or approximate as in ਉਮਰਭਰ *adv.* throughout life, life long; ਜਰਾਭਰੇ *adj.* just a little; ਮਣਭਰ *adj.* approximately a maund

ਭਰ[3] *v.form.* imperative of ਭਰਨਾ; fill, fill in, fill up

~ **ਆਉਣਾ** *ph.* (for wound) to heal; (for ਜੀਅ, ਮਨ, ਦਿਲ) to become sentimental, feel compassion, for heart to melt; to be sad

~ **ਜਾਣਾ** *con.v.* to get filled up; (for ਜੀਅ, ਮਨ, ਦਿਲ) to be satiated, cloyed, surfeit; to get bored

ਭਰਜਾਈ [pərjài] *n.f.* brother's or cousin's wife, sister-in-law

ਭਰਤ[1] [pə̀rət] *n.m.* name of a hero in Ramayana

ਭਰਤ[2] *n.f.* filling, material for filling (a pit or low lying area)

~ **ਪਾਉਣੀ** *con.v.* to raise level of a place with loose earth or debris; same as ਭਰਥ

ਭਰਤਾ [pə̀rta] *n.m.* husband

ਭਰਤੀ [pə̀rti] *n.f.* same as ਭਰਤ[2]; recruiting, recruitment, enlistment

~ **ਹੋਣਾ** *con.v.* to join, enrol or enlist (in armed forces); to be recruited, enrolled, enlisted; to be admitted (in hospital)

~ **ਕਰਨਾ** *con.v.* to recruit, enrol, enlist; to admit (as a patient in hospital)

ਭਰਥ [pə̀rəth] *n.m.* alloy of copper and lead

ਭਰਨਾ [pə̀rna] *v.t.* to fill, fill up, stuff, plug, cram, complete; to load (cart, carriage or firearm); to fill in (form, proforma); *v.i.* (for wound) to heal up; (for cattle) to be pregnant, impregnated; to pay, pay in, deposit (dues, tax, fee, penalty, etc.); to stain (clothes with mud etc.)

ਭਰਨੀ [pə̀rni] *n.f.* see ਕਰਨੀ ਭਰਨੀ

ਭਰੱਪਣ [pərə̀ppəṇ] *n.m.* fraternity, fraternal feeling, brotherhood, brotherly relations

ਭਰਪੂਰ [pərpùr] *adj.* full, brimful, full to capacity, replete; abundant, plentiful, profuse, plenteous; comprehensive

ਭਰਮ [pə̀rəm] *n.m.* illusion, delusion, misconception, misapprehension, superstition, erroneous belief; fancy, fallacy; suspicion; apprehension, anxiety, misgiving

~ **ਪੈਣਾ** *con.v.* same as ਭਰਮਣਾ, to have illusion

~ **ਰੋਗ** *n.m.* sorrow; hypochondria, depression

~ **ਲੱਗਣਾ** *con.v.* to have misgivings

ਭਰਮਣ[1] [pə̀rməṇ] *n.m.* see ਭ੍ਰਮਣ

ਭਰਮਣ[2] *adj.f.* same as ਭਰਮੀ

ਭਰਮਣਾ [pə̀rməṇa] *v.i.* to fancy, misconceive, misapprehend, misunderstand; to be deluded, deceived, attracted; to fancy, fall for, be inveigled or misled into false belief

ਭਰਮਾਉਣਾ [pərmàuṇa] *v.t.* to delude, deceive, inveigle, entice, attract; to mislead

ਭਰਮਾਰ [pərmàr] *n.f.* superabundance, excess, profusion, plenteousness, copiousness; pressure (as of work or worries)

ਭਰਮੀ [pə̀rmi] *adj.* suspicious; of doubting nature; superstitious; *n.m.* doubting Tom or Thomas, sceptic

ਭਰਵੱਟਾ [pərvə̀ṭṭa] *n.m.* eyebrow

ਭਰਵਾ [pərvà] *v.form.* imperative of ਭਰਵਾਉਣਾ, get (it) filled

ਭਰਵਾਂ [pə̀rvã] *adj.m.* same as ਭਰਪੂਰ; forceful, solid; stuffed

ਭਰਵਾਉਣਾ [pərvàuṇa] *v.t.* to get something filled up, stuffed, plugged; to get

(dues) paid; to assist in ਭਰਨਾ
ਭਰਵਾਈ [pərvài] *n.f.* process of, wages for ਭਰਵਾਉਣਾ
ਭਰਵਾਸਾ [pərvàsa] *n.m.* same as ਭਰੋਸਾ; support, prop
ਭਰੜਾਉਣਾ [pərəṛàuṇa] *v.t.* to speak or sing with a broken pitch (as when having sore-throat)
ਭਰਾ[1] [pərà] *v.form.* imperative of ਭਰਾਉਣਾ, get it filled up
ਭਰਾ[2] *n.m.* brother, male sibling
~ **ਸੰਬੰਧੀ** *adj.* brotherly, fraternal
~ **ਮਾਰ** *n.f.* fratricide, *fig.* deceiving a near one
ਭਰਾਉਣਾ [pəràuṇa] *v.t.* same as ਭਰਵਾਉਣਾ
ਭਰਾਈ[1] [pərài] *n.f.* same as ਭਰਵਾਈ *v.form.* past indefinite for *fem.* object, got filled up; drum-beater; a class of drum-beaters; priest of Nigahias or Sarvarias (an obscure and obscurantist sect)
ਭਰਾਤਰੀ ਭਾਵ [pəràtəri pàv] *n.m.* same as ਭਰੱਪਣ
ਭਰਾਂਦ [pərā̀d] *n.f.* same as ਭ੍ਰਾਂਤੀ
ਭਰਾਵਾ[1] [pərâva] *interj* vocative of ਭਰਾ[2] o brother!
ਭਰਾਵਾ[2] *n.m.* same as ਪਹਿਰਾਵਾ, dress
ਭਰਾੜ [pəràṛ] *n.m. dia.* see ਲੰਗਾਰ, rent, slit
ਭਰਿਆ [pərıa] *adj.m. usu.* ਭਰਿਆ ਹੋਇਆ, filled, full; paid, already paid; healed; stained, daubed
~ **ਜਾਣਾ** *con.v.* to be filled up; to have been paid; to get healed; to be stained
~ **ਪੀਤਾ** *adj.m.* sullen, sulky, angry
ਭਰਿਸ਼ਟ [pərìṣṭ] *adj.* same as ਭ੍ਰਿਸ਼ਟ
ਭਰਿੰਡ [pərĩḍ] *n.m. dia.* see ਭੂੰਡ
ਭਰੀ [pəri] *n.f.* sheaf
ਭਰੀਣਾ/ਭਰੀਚਣਾ [pəriṇa/ pəricəṇa] *v.i. dia.* see ਭਰਿਆ ਜਾਣਾ, under ਭਰਿਆ
ਭਰੂਹਣਾ [pərùṇa] *v.i.dia.* see ਧੂਹਣਾ, to pull
ਭਰੂਣ [pərùṇ] *n.m.* foetus, embryo
~ **ਵਿਗਿਆਨ** *n.m.* embryology
ਭਰੋਸਾ [pəròssa] *n.m.* confidence, trust, faith, reliance, assurance, surety
~ **ਹੋਣਾ** *con.v.* to have faith or confidence (in)
~ **ਕਰਨਾ** *con.v.* to trust, rely (on, upon), have confidence (in), depend (on, upon)
~ **ਦਿਵਾਉਣਾ/~ ਦੇਣਾ** *con.v.* to assure, reassure
ਭਰੋਸੇ [pəròsse] *adv.* relying on, depending upon *n.m. pl.* of ਭਰੋਸਾ
ਭਰੋਸੇਹੀਨ [pəròssehin] *adj.* unreliable, undependable; unbelieving, lacking ਭਰੋਸਾ
ਭਰੋਸੇਯੋਗ [pəròsseyog] *adj.* reliable, dependable
ਭਰੋਸੇਯੋਗਤਾ [pəròsseyogta] *n.f.* reliability, dependability, assurance, surety
ਭਲ/ਭੱਲ [pəl/ pəll] *n.f.* same as ਭਲਾ; greatness, fame, favourable reputation; alluvium, sedimentary deposit (in irrigational channels or ponds)
~ **ਕੱਢਣੀ** *con.v.* to clean, deepen, dredge (irrigational channels or ponds)
ਭਲਕ [pələk] *n.f.* tomorrow
ਭਲਕੇ [pəlke] *adv.* tomorrow, on the morrow
ਭਲੱਥਾ [pələttha] *n.m.* same as ਪਲੱਥਾ
ਭਲਮਨਸਊ/ਭਲਮਾਨਸੀ [pəlmənsəu/ pəlmansi] *n.m./n.f.* gentlemanliness; gentleness, goodness, good breeding, civility, mildness, patience
ਭਲਵਾਨ [pəlvàn] *n.m.* same as ਪਹਿਲਵਾਨ, wrestler
ਭਲਾ [pəla] *adj.m.* good, gentle, noble, pious, virtuous; *n.m.* a good deed, good turn, goodness; welfare, well-being; *interj.* well, good
~ **ਹੋਵੇ** *ph.* a blessing (*lit.* may you be well), may you be blest, may you prosper
~ **ਕਰਨਾ** *con.v.* to help, assist, aid, do a good turn (to); to benefit
~**-ਚੰਗਾ** *adj.m.* hale and hearty, in good health or circumstances
~ **ਚਾਹੁਣਾ** *con.v.* to desire or seek safety or well-being (of self or another)
~**-ਬੁਰਾ** *adj.m. ph. lit.* good and bad; pros and cons
~ **ਮੰਗਣਾ** *ph.* to pray for well-being (of own or others)

ਭਲੇ ਦਾ ਭਲਾ *ph.* goodness pays, goodness breeds goodness

ਭੱਲਾ¹ [pə̀lla] *n.m.* fried cake of pulse flour; same as ਭਾਲਾ, spear

ਭੱਲਾ² *n.m.* of a Khatri sub-caste; *adj. & n.m.* (person) belonging to it

ਭਲਾਈ [pəlàī] *n.f.* same as ਭਲਾ, goodness

ਭਲਾਮਾਨਸ [pə̀lamanəs] *n.m.* same as ਭਲਾ, good person, noble soul

ਭਲਿਆਈ [pəlıàī] *n.f.* same as ਭਲਾ

ਭਲਿਆਟ [pəlıàṭ] *adj. & n.f.* (cow or buffalo) yielding milk but not yet pregnant again

ਭਲੀ [pə̀li] *adj. & n.f.* same as ਭਲਾ

~ ਭਾਂਤ *adv.* very well, clearly, evidently, properly, in a good way

ਭਲੇਰਾ [pəlèra] *adj.m.* better, more virtuous, nobler

ਭਵਸਾਗਰ/ਭਵਜਲ [pə̀vsagər/pə̀vjəl] *n.m.* ocean of existence, world, mundane life

ਭਵਨ [pə̀vən] *n.m.* house, building, hall, palace, mansion, edifice; region (of universe), any of the universes

ਭੰਵਰ¹ [pə̃̀vər] *n.m.* whirlpool, maelstrom, eddy, swirl, vortex

ਭੰਵਰ²/ਭੰਵਰਾ [pə̃̀vəra] *n.m.* same as ਭੌਰ

ਭਵਾਂ [pə̀vā̃] *n.f. pl.* eyebrows

ਭਵਾਉਣਾ [pəvàuṇa] *v.t.* same as ਭੁਆਉਣਾ

ਭਵਾਟਣੀ [pəvàṭəṇi] *n.m.* same as ਭੁਆਂਟਣੀ

ਭਵਾਨੀ [pəvàni] *n.f.* goddess Durga

ਭਵਾੜਾ [pəvàṛa] *n.m.* place for cutting fodder

ਭਵਿਖ [pəvìkh] *n.m.* future, hereafter; prospect, potential, futurity

~-ਬਾਣੀ *n.f.* prophecy, prediction, prognostication, forecast

ਭਵਿਖਤ [pəvìkhət] *adj.* pertaining to ਭਵਿਖ, future, futuristic

ਭਵਿਖਵਾਦ [pəvìkhvad] *n.m.* futurism

ਭਵਿਖਵਾਦੀ [pəvìkhvadi] *adj.* futurist, futuristic

ਭੜ [pə̀ṛ] *n.m.* prestige, importance, dignity, fear, reputation for strength or capability

ਭੜਕ [pə̀ṛək] *n.f.* blaze, flare up, outbreak, bursting into flame; outburst, rage, fury; pomp, show, ostentation, tawdriness, gaudiness, flashiness, meretriciousness

ਭੜਕਣ [pə̀ṛkəṇ] *n.f.* blaze, flare-up

ਭੜਕਣਾ [pə̀ṛkəṇa] *v.i.* to burst into flame, flare up, blaze; to be angry, furious, enraged; to break out (as war, battle)

ਭੜਕਾਉਣਾ [pəṛkàuṇa] *v.t.* to cause to flare up or blaze; to inflame, incite, instigate, whip up, provoke, enrage, infuriate; to exacerbate

ਭੜਕਾਊ [pəṛkàu] *adj.* tending to arouse passion, exciting, inciting, provocative, infuriating, inflammatory, stirring, impassioned

ਭੜਕਾਹਟ [pəṛkàṭ] *n.f.* incitement, provocation, instigation

ਭੜਕੀਲਾ [pə̀ṛkila] *adj.m.* same as ਭੜਕਾਊ; pompous, showy, ostentatious, tawdry, gaudy, flashy, meretricious

ਭੜਕੀਲਾਪਣ [pə̀ṛkilapən] *n.m.* gaudiness, tawdriness, flashiness, meretriciousness

ਭੜਥਾ [pə̀ṛtha] *n.m.* brinjal roasted on flame or embers, mashed and spiced

~ਕਰਨਾ *con.v.* to prepare ਭੜਥਾ; *fig.* to burn, overcook; to destroy, ruin, damage

ਭੜਥੂ [pə̀ṛthu] *n.m.* same as ਤਰਥੱਲੀ, disorder, tumult

~ ਪਾਉਣਾ *ph.* to cause or create ਭੜਥੂ

ਭੜ ਭੜ ਕਰਨਾ [pə̀ṛ pə̀ṛ kərna] *ph.* to burn with hissing sound; to blaze; to speak angrily, excitedly and incoherently

ਭੜਭੂੰਜਾ [pəṛpū̃ja] *n.m.* same as ਭਠਿਆਰਾ

ਭੜਮੱਚ [pə̀ṛməcc] *n.m.* same as ਭਾਂਬੜ

ਭੜਮੱਲ [pəṛmə̀ll] *n.m. colloq.* heavy weight or great wrestler

ਭੜਾਸ [pəṛàs] *n.f.* vaporous heat, effervescence; *fig.* pent-up feeling

~ ਉੱਠਣੀ *ph.* for damp heat to radiate, effervesce

~ ਕੱਢਣੀ *ph.* to give vent to pent-up feelings

ਭੜਾਕਾ [pəràkka] *n.m.* explosion, bang, combustion
~ **ਪੈਣਾ** *con.v.* to explode, burst, bang, occur with a bang
ਭੜੂਆ [pəṛua] *n.m.* pimp, procurer, pander, prostitute's agent or hanger on; shameless person
ਭੜੋਲਾ [pəṛòlla] *n.m.* corn bin *usu.* made of clay; silo, bin; *slang.* fat person, fatty, obese
ਭੜੋਲੀ [pəṛòlli] *n.f.* small ਭੜੋਲਾ; a hearth for heating milk on slow fire of dung cakes
ਭ੍ਰਸ਼ਟ/ਭਰਸ਼ਟ [pərə̀ṣṭ] *adj.* same as ਭ੍ਰਿਸ਼ਟ
ਭ੍ਰਮਨ/ਭਰਮਨ [pə̀rmən] *n.m.* travel, going or walking around, loitering, wandering
ਭ੍ਰਾਂਤੀ/ਭਰਾਂਤੀ [pərā̀ti] *n.f.* same as ਭਰਮ; error, mistake, uncertainty; also ਭਰਾਂਦ
ਭ੍ਰਿਸ਼ਟ/ਭਰਿਸ਼ਟ [pərìṣṭ] *adj.* polluted, contaminated, foul, defiled, desecrated, unclean; fallen, degraded, depraved, apostate, corrupted, corrupt, venal
ਭ੍ਰਿਸ਼ਟਣਾ/ਭਰਿਸ਼ਟਣਾ [pərìṣṭəṇa] *v.i.* to get polluted or defiled; to pollute, defile
ਭ੍ਰਿਸ਼ਟਤਾ/ਭਰਿਸ਼ਟਤਾ [pərìṣṭəta] *n.f.* pollution, defilement, depravity, corruption, sinfulness, venality
ਭ੍ਰਿਸ਼ਟਾਚਾਰ/ਭਰਿਸ਼ਟਾਚਾਰ [pərìṣṭacar] *n.m.* corruption; moral degradation, depravity, debasement, perversion; jobbery, malversation
ਭਾ[1]/ਭਾਉ/ਭਾਅ [pà/pào/pà] *n.m.* rate, price
~ **ਕਰਨਾ** *con.v.* to quote or settle price
~ **ਚੜ੍ਹਨਾ** *ph.* for price to go up, rise
~ **ਡਿਗਣਾ** *ph.* for price to fall or slump
~ **ਦੱਸਣਾ** *con.v.* to quote rate
ਭਾ[2]/ਭਾਊ [pàu] *n.m.* brother
ਭਾ[3]/ਭਾਉ *n.m.* affection, love, regard, amity
~-**ਪਿਆਰ** *n.m.* same as *prec.*
~-**ਭਗਤੀ** *n.f.* same as ਭਗਤੀ ਭਾਉ
ਭਾਉਣਾ [pàuṇa] *v.i.* to be liked, desired; to appeal, be likeable, desirable
ਭਾਈ [pài] *n.m.* brother; an epithet of respect prefixed to names of gentlemen, same as ਸ੍ਰੀ; Mr.
ਭਾਈਆ [pàia] *n.m.* sister's husband, brother-in-law; elder brother, father, old man
ਭਾਈਚਾਰਾ [pàicara] *n.m.* kith and kin, circle of relatives; brotherhood, community, societal relations
ਭਾਈਚਾਰਿਕ [pàicarık] *adj.* pertaining to ਭਾਈਚਾਰਾ, societal
ਭਾਈਬੰਦ [pàibə̃d] *n.m.* relation, relative, kith, kin, kinsman, kindred
ਭਾਈਬੰਦੀ [pàibə̃di] *n.f.* favour; favouritism, nepotism
ਭਾਈ ਭਤੀਜਾਵਾਦ [pài pətijavad] *n.m.* nepotism
ਭਾਈਵਾਲ [pàival] *n.m.* partner, co-sharer, associate
ਭਾਈਵਾਲਤਾ [pàivalta] *n.f.* fact or sentiment of being ਭਾਈਵਾਲ
ਭਾਈਵਾਲੀ [pàivalli] *n.f.* partnership, association
ਭਾਸਣਾ [pàsəṇa] *v.i.* same as ਜਾਪਣਾ, to seem, appear
ਭਾਸ਼ [pàṣ] *n.m.* commentary, exegesis
ਭਾਸ਼ਣ [pàṣən] *n.m.* speech, address, talk, discourse, lecture, oration; harangue
~ **ਦੇਣਾ** *con.v.* to deliver ਭਾਸ਼ਣ, to lecture
ਭਾਸ਼ਣਕਾਰ [pàṣəṇkar] *n.m.* orator, speaker, speech maker, talker, lecturer
ਭਾਸ਼ਣਕਾਰੀ/ਭਾਸ਼ਣ ਕਲਾ [pàṣəṇkari/pàṣəṇkəla] *n.f.* elocution, rhetoric, oratory
ਭਾਸ਼ਾ [pàṣa] *n.f.* language, vernacular, dialect; jargon, pidgin, lingo; Hindi
~-**ਸ਼ਾਸਤਰ** *n.m.* philology
~-**ਸ਼ਾਸਤਰੀ** *n.m.* philologist
~-**ਵਿਗਿਆਨ** *n.m.* linguistics
~-**ਵਿਗਿਆਨੀ** *n.m.* linguist
ਭਾਸ਼ਾਈ [pàṣai] *adj.* pertaining to or based on ਭਾਸ਼ਾ, linguistic, lingual
ਭਾਗ [pàg] *n.m.* part, section, portion, fraction, segment, division; share, contribution, participation; fate, destiny, luck, fortune
~ **ਦੇਣਾ** *con.v.* to divide
~-**ਫਲ** *n.m.* quotient
~ **ਲੱਗਣਾ** *ph.* to become prosperous,

to prosper
~ ਲੈਣਾ *ph.* to get one's luck or predestined desert; *con.v.* to take part, participate, join
ਭਾਗਸ਼ਾਲੀ [pàgṣali] *adj.* fortunate, lucky
ਭਾਗਹੀਣ [pàghiṇ] *adj.* unfortunate, unlucky, luckless, hapless
ਭਾਗਭਰੀ [pàgpəri] *adj.f.* same ਭਾਗਸ਼ਾਲੀ
ਭਾਗਵਾਦ [pàgvad] *n.m.* fatalism; belief in predestination
ਭਾਗਵਾਦੀ [pàgvadi] *adj.* fatalist
ਭਾਗਵਾਨ [pàgvan] *adj.* same as ਭਾਗਸ਼ਾਲੀ
ਭਾਂਗਾ [pã̀ga] *n.m.* revenge, retaliation, requital; loss, deficiency, shortfall
~ ਪੂਰਾ ਕਰਨਾ *ph.* to make up loss
~ ਲੈਣਾ *ph.* to take revenge, retaliate, avenge, requite; to square, even the score
ਭਾਗੀਦਾਰ [pàgidar] *adj.* partner, sharer, co-sharer; destined (to), deserving (of)
ਭਾਂਜ [pã̀j] *n.f.* defeat, rout, escape
~ ਖਾਣੀ *ph.* to suffer defeat, be routed
~ ਦੇਣੀ *ph.* to defeat, rout
ਭਾਂਜਵਾਦ [pã̀jvad] *n.m.* escapism
ਭਾਂਜਵਾਦੀ [pã̀jvadi] *adj.* escapist
ਭਾਜੜ [pàjər] *n.f.* flight, hurried migration, rout; stampede; migrants' luggage
~ ਪੈਣੀ *ph.* to have to leave suddenly and hurriedly, flee; to run helter-skelter, stampede
ਭਾਜੀ [pàjji] *n.f.* cooked vegetable; sweets distributed among relations, collaterals, neighbours and close friends on occasions of child-birth, marriage, etc. on reciprocal basis; *fig.* excess committed and liable to be avenged
~ ਚੜ੍ਹਾਉਣੀ/~ ਚਾੜ੍ਹਨੀ *con.v.* to cook vegetable; to commit excess or wrong
~ ਲਾਹੁਣੀ *ph.* to requite or avenge wrong
ਭਾਂਜੀ [pã̀ji] *n.f. dia.* see ਭਾਨੀ
ਭਾਂਡਾ [pã̀ḍa] *n.m.* utensil, vessel, pot, container
~ ਟੀਂਡਾ *n.m.* kitchen ware
~ ਭੰਨਣਾ *ph. lit.* to break utensil; *fig.* to blame others for any mishap or harm, hold others responsible for something done by oneslelf, find scapegoat
ਭਾਂਡੇ ਮਾਂਜਣ ਵਾਲਾ *ph.* scullion
ਭਾਂਡੇ ਮਾਂਜਣ ਵਾਲ਼ੀ ਥਾਂ *ph.* scullery
ਭਾਣ¹ [pàṇ] *n.f.* fatigue, weariness, tiredness, aching of muscles, body ache due to exertion; fold, crease
ਭਾਣ² *n.m.* see ਭਾਨ¹
ਭਾਣਜਾ [pàṇja] *n.m.* same as ਭਣੇਵਾਂ
ਭਾਣਜੀ [pàṇji] *n.f.* same as ਭਣੇਵੀਂ
ਭਾਣਾ [pàṇa] *n.m.* God's will or pleasure; destiny, fate; *v.i.* same as ਭਾਉਣਾ
~ ਮੰਨਣਾ *con.v.* to accept God's will
ਭਾਣੇ¹ [pàṇe] *adv.* under or according to God's will
ਭਾਣੇ² *adv.* to one's understanding, as one understands
ਭਾਤ [pàt] *n.m.* same as ਭੱਤ
ਭਾਂਤ [pã̀t] *n.f.* kind, sort, variety, form; manner, method, way
~ ਭਾਂਤ ਦਾ *adj.m.* of different kinds, varied, multifarious, miscellaneous
ਭਾਦਰੋਂ/ਭਾਦੋਂ [pàdərõ/ pàdõ] *n.m.* name of the sixth month in Indian calendar corresponding to mid-August to mid-September
ਭਾਨ¹ [pàn] *n.m.* change, small coins; the sun
ਭਾਨ² *n.f.* see ਭਾਣ¹
ਭਾਨਮਤੀ [pànməti] *n.f.* sorceress, juggler
~ ਦਾ ਕੁਣਬਾ *ph. slang.* family, gathering or association of disparate persons; haphazard collection
ਭਾਨੀ [pànni] *n.f.* malicious interference, objection or backbiting with a view to thwart or frustrate another's deal or new relationship; insinuation
~ ਮਾਰਨੀ *ph.* to backbite, commit or resort to insinuation
ਭਾਨੀਮਾਰ [pànimar] *adj.* (person) resorting to ਭਾਨੀ, backbiter, insinuator
ਭਾਪ [pàp] *n.f.* same as ਭਾਫ
ਭਾਂਪ [pã̀p] *v.form.* imperative of ਭਾਂਪਣਾ, guess
ਭਾਂਪਣਾ [pã̀pəṇa] *v.i.t.* to guess or conjec-

ture (correctly), foreknow, feel

ਭਾਪਾ [pàppa] *n.m.* elder brother; daddy, papa; *informal.* male member of Sikh trading class originally coming from northwest Punjab (now Pakistan) *fem.* ਭਾਪਣ

ਭਾਫ [pàph] *n.f.* steam, vapours, fume; *fig.* pent-up feelings

~ ਕੱਢਣੀ *ph.* to let out steam, express one's pent-up feelings

~ ਛੱਡਣੀ *con.v.* to emit steam

~ ਨਿਕਲਣੀ *con.v.* to evaporate

~ ਦੇਣੀ *con.v.* to foment, fumigate

~ ਲੈਣੀ *con.v.* to inhale fumes

ਭਾਂਬੜ [pā̃bəṛ] *n.m.* big fire; conflagration, high leaping flames, bonfire; *fig.* tumult, turbulence, outbreak, war

~ ਮਚਾਉਣਾ *ph.* to raise, cause conflagration

ਭਾਬੀ [pàbi] *n.m.* brother's wife, sister-in-law; *informal.* mother; a rustic game of cards

ਭਾਬੋ [pàbo] *n.f.* same as ਭਾਬੀ

ਭਾਂ ਭਾਂ ਕਰਨਾ [pā̃ pā̃ kərna] *ph.* (for place, house, building) to be desolate, deserted, uninhabited, look eerie

ਭਾਰ [pàr] *n.m.* weight, load, burden, luggage, cargo; pressure; *fig.* responsibility, onus, obligation, encumbrance

~ ਉਠਾਉਣਾ *con.v.* same as ਭਾਰ ਚੁੱਕਣਾ

~ ਉਤਰਨਾ *con.v.* to be unburdened, relieved of responsibility or obligation

~ ਚੜ੍ਹਾਉਣਾ *ph.* to oblige, do one a favour, put one under obligation

~ ਚੁੱਕਣਾ *ph.* to lift weight or load; to take up or shoulder responsibility; *n.m.* weight-lifting

~ ਢੋਊ *adj.* load-carrying, transport

~ ਲੱਦਣਾ *con.v.* to load

~ ਲਾਹੁਣਾ *ph.* to repay debt, requite a favour; to fulfil one's obligation; to unload

~ ਵੰਡਣਾ/~ ਵੰਡਾਉਣਾ *ph.* to share one's own or another's responsibility

~ ਵਾਹਕ *adj.* same as ਭਾਰ-ਢੋਊ

ਭਾਰਤ [pàrət] *n.m.* India, Bharat

~ ਵਾਸੀ *n.m.* native or resident of ਭਾਰਤ, Indian

ਭਾਰਤਵਰਸ਼ [pàrətvərṣ] *n.m.* India

ਭਾਰਤੀ [pàrti] *adj.* Indian

ਭਾਰਾ [pàra] *adj.m.* heavy, weighty; massive; difficult to bear, carry or digest; stodgy, indigestible; great, big, largely attended (function); overwhelming

ਭਾਰਾਪਣ [pàrapəṇ] *n.m.* heaviness, massiveness, mass

ਭਾਰੀ [pàri] *adj.f.* same as ਭਾਰਾ

~ ਜਿੱਤ *n.f.* landslide victory (at polls), great triumph, signal or outstanding victory

ਭਾਰੂ[1] [pàru] *adj.* dominating, overwhelming, strong, stronger

ਭਾਰੂ[2] *n.m.* goat, sheep

ਭਾਲ਼[1] [pàḷ] *n.f.* search, hunt, exploration, prospecting

~ ਕੱਢਣਾ *con.v.* to search and find out

~ ਕਰਨੀ *con.v.* same as ਭਾਲ਼ਨਾ

~ ਲੈਣਾ *con.v.* same as ਭਾਲ਼ ਕੱਢਣਾ

~ ਵਿਚ *adv.* in search of

ਭਾਲ਼[2] *n.m.* see ਮੱਥਾ, forehead

ਭਾਲ਼ਨਾ [pàḷna] *v.t.* to search, seek, hunt; explore, prospect, locate, find out, trace

ਭਾਲਾ [pàlla] *n.m.* javeline, spear, spike, lance

~ ਸੁੱਟਣਾ *con.v.* to throw javeline; *n.m.* javeline-throw

~ ਮਾਰਨਾ *con.v.* to attack, strike or stab with ਭਾਲਾ

ਭਾਲੂ [pàllu] *n.m.* same as ਰਿੱਛ, bear

ਭਾਵ [pàv] *n.m.* underlying meaning or idea, import, sense, drift of thought; gist, purport; purpose, object; feeling, sentiment, emotion, passion, sensibility, affection

~-ਚਿੱਤਰ *n.m.* ideograph, ideogram

~-ਚਿੱਤਰਨ *n.m.* ideography

~-ਵਿਵੇਚਨ *n.m.* catharsis

ਭਾਵਕ [pàvək] *adj.* sentimental; sensitive

ਭਾਵਕਤਾ [pàvəkta] *n.f.* sentimentalism, sensitiveness, sensibility, sentimentality

ਭਾਵਨਾ [pàvəna] *n.f.* desire, wish, fancy, feeling; sentiments, inclination, thinking, way of thinking, motive; also ਭਾਵਨੀ

~ ਜਗਾਉਣੀ/~ ਪੈਦਾ ਕਰਨੀ *con.v.* to inspire, motivate; to arouse or awaken ਭਾਵਨਾ

ਭਾਵਪੂਰਨ/ਭਾਵਮਈ [pàvpurn/ pàvməi] *adj.* meaningful, significant, full of ideas, profound, deep

ਭਾਵਵਾਚਕ/ਭਾਵਵਾਚੀ [pàvəvacək/ pàvvaci] *adj.* abstract (noun); reflective, expressive of ideas

ਭਾਵਾਤਮਕ [pàvatəmək] *adj.* affective, emotional

ਭਾਵਾਰਥ [pàvarth] *n.m.* deeper, underlying meaning; central idea; real as against literal meaning

ਭਾਵਾਵੇਸ਼/ਭਾਵਾਵੇਗ [pàvaveṣ/ pàvaveg] *n.m.* strong emotion, passion

ਭਾਵੀ [pàvi] *adj.* future, prospective, would-be, expected; *n.f.* predestination, destiny, fate, preordination

ਭਾਵੀਵਾਦ [pàvivad] *n.m.* predestinarianism, fatalism

ਭਾਵੀਵਾਦੀ [pàvivadi] *adj.* predestinarian, fatalist

ਭਾਵੁਕ [pàvuk] *adj.* same as ਭਾਵਕ

ਭਾਵੇਂ [pàvẽ] *conj.* even if, even though, although, either or albeit, though; *adv.* possibly, just possible, may be

~ (ਇਹ) ਭਾਵੇਂ (ਉਹ) *ph.* either (this) or (that)

ਭਾੜ¹ [pàṛ] *n.m.* same as ਭੱਠ or ਭੱਠੀ; *colloq.* see ਪਹਾੜ

ਭਾੜਾ [pàṛa] *n.m.* fare, freight, freightage, freight charges; cartage, conveyance or transportation charges, hire charges (for transport); special fodder, feed or grain to coax or induce a milch animal to yield and allow milking; incentive, stimulus; stimulant; stimulative; *Informal.* bribe, illegal gratification; *colloq.* see ਪਹਾੜਾ, multiplication table

ਭਾੜੇ ਦਾ ਟੱਟੂ *ph. lit.* hired pony; *slang.* mercenary, venal, hireling

ਭਿਓਣਾ [pìọṇa] *v.t.* to moisten, dampen, wet, soak, sop, drench, steep, imbue, imbrue, saturate

ਭਿਅੰਕਰ [pɪə̃kər] *adj.* same as ਭਿਆਨਕ

ਭਿਆਉਣਾ [pɪàuṇa] *v.t.* same as ਪਿਸਾਉਣਾ, to get something ground

ਭਿਆਣਾ [pɪàṇa] *v.t. dia.* see *prec.*

ਭਿਆਨਕ [pɪànək] *adj.* dreadful, fearsome, fearful, terrible, terrifying, terrific, dire, horrible, horrifying, horrid, horrific, horrendous

ਭਿਆਨਕਤਾ [pɪànəkta] *n.f.* dreadfulness, fearsomeness, fearfulness, terribleness, horribleness, horridness

ਭਿਆਲ਼ [pɪàḷ] *n.m.* partner

ਭਿਆਲ਼ੀ [pɪàḷi] *n.f.* partnership

ਭਿਸ਼ਤ [pìṣt] *n.f. colloq.* see ਬਹਿਸ਼ਤ, paradise

ਭਿਸ਼ਤੀ [pìṣti] *n.m.* water-carrier; *fem.* ਭਿਸ਼ਤਣ

ਭਿਕਸ਼ਾ [pìkṣa] *n.f.* same as ਭਿੱਖ, alms

ਭਿਕਸ਼ੂ [pìkṣu] *n.m.* Buddhist monk or mendicant

ਭਿੱਖ [pìkkh] *n.f.* alms, charity; begging, beggary, mendicancy

~ ਮੰਗਣੀ *con.v.* to beg; to beg alms

~ ਮੰਗਾ *n.m.* beggar, anchorite, mendicant

ਭਿਖਾਰਨ/ਭਿਖਾਰੀ [pɪkhàrən/pɪkhàri] *n.f./n.m.* same as ਭਿੱਖ ਮੰਗਾ

ਭਿਖਿਆ [pìkhɪa] *n.f.* same as ਭਿੱਖ

ਭਿੱਛਿਆ [pìcchɪa] *n.f.* same as ਭਿੱਖ

ਭਿੱਜ [pìjj] *v.form.* nominative/imperative of ਭਿੱਜਣਾ

ਭਿੱਜਣਾ [pìjjəṇa] *v.i.* to be/become or get wet, drenched, soaked, soggy or sodden; to put one's trust in, be impressed by someone's trustworthiness, trust, be friendly (with)

ਭਿਜਵਾ [pɪjvà] *v.form.* imperative of ਭਿਜਵਾਉਣਾ, get (it) sent

ਭਿਜਵਾਉਣਾ [pɪjvàuṇa] *v.t.* to get or arrange to be sent, despatched, remitted, conveyed, or consigned; to send, despatch, remit through some one else

ਭਿਜਵਾਈ [pɪjvài] *n.f.* charges for ਭਿਜਵਾਉਣਾ

ਭਿੱਜੜ [pìjjəṛ] *adj.* (*esp.* grain) sodden

ਭਿਜਾਉਣਾ [pɪjàuṇa] *v.t.* same as ਭਿਜਵਾਉਣਾ

ਭਿੱਜਿਆ ਹੋਇਆ [pìjjɪa hoɪa] *adj.m.* soaked, wet; spoiled by rain, drenched
ਭਿੱਟ [pìṭṭ] *n.f.* defilement, pollution through touch; untouchability; contamination
ਭਿੱਟਣਾ [pìṭṭəṇa] *v.t.* to defile, pollute, contaminate
ਭਿੱਟੜ [pìṭṭəṛ] *adj.* defiled, polluted, contaminated, untouchable
ਭਿਟਾਉਣਾ [pɪṭàuṇa] *v.t.* to get someone or something touched by an untouchable thuş making him or it defiled, polluted or contaminated
ਭਿੱਟਿਆ ਹੋਇਆ [pìṭṭɪa hoɪa] *adj.m.* same as ਭਿੱਟੜ
ਭਿੰਡੀ [pĩḍḍi] *n.f.* ladyfinger, okra; also ਭਿੰਡੀ ਤੋਰੀ
ਭਿਣਕ [pìṇək] *n.f.* buzzing sound as of flies, drone, hum, humming sound; random/unconfirmed or indefinite information, overheard information, inkling, hint, intimation, rumour
~ **ਪੈਣੀ** *ph.* to get ਭਿਣਕ
~ **ਲੈਣੀ** *ph.* to try to get information; to overhear; to eavesdrop; to spy
ਭਿਣਕਣਾ [pìṇkəṇa] *v.i.* to buzz, hum, drone, burr; (for flies) to crowd
ਭਿਣਕਾਰ [pìṇkar] *n.f.* same as ਭਿਣਕ
ਭਿਣਖ [pìṇkh] *n.f.* same as ਭਿਣਕ
ਭਿਣਭਿਣ [pìṇpìṇ] *n.f.* same as ਭਿਣਕ
ਭਿਣਭਿਣਾ [pìṇpìṇa] *adj.m.* person with nasalised voice
ਭਿਣਭਿਣਾਉਣਾ [pìṇpiṇàuṇa] *v.i.* same as ਭਿਣਕਣਾ; to speak in nasalised voice or tone; also ਭਿਣਭਿਣ ਕਰਨਾ
ਭਿਣਭਿਣਾਹਟ [pìṇpɪṇàṭ] *n.f.* same as ਭਿਣਕ
ਭਿੱਤ [pìtt] *n.f.* door; crevice, peephole; wall
~**-ਚਿੱਤਰ** *n.m.* mural painting, mural
~**-ਮੂਲ** *n.m.* plinth; foundation
ਭਿੰਨ¹ [pĩnn] *adj.* different, varying, dissimilar, contrary, unlike, diverse, varied, separate, at variance
~**-ਭਿੰਨ** *adj.* various, different, diverse, variegated, of numerous kinds or varieties
~**-ਭੇਦ** *n.m.* difference, separateness, difference of opinion, disparity; heterodoxy
ਭਿੰਨ² *n.f.* (maths) fraction
ਭਿੰਨਤਾ [pĩnnəta] *n.f.* difference, variance, dissimilarity, contrast, unlikeness, diversity, separateness contriety
ਭਿੰਨਾ [pĩnna] *adj.m. dia.* see ਭਿੱਜਿਆ ਹੋਇਆ
ਭਿੰਬਰ ਤਾਰੇ ਵਿਖਾਉਣਾ [pĩbər tare vɪkhauṇa] *ph.* to stun; to make semi-unconscious (by hitting); to astound
ਭਿੜ¹ [pìṛ] *n.m.* same as ਭੂੰਡ or ਢੇਹ
ਭਿੜ² *v.form.* imperative of ਭਿੜਨਾ collide, fight, compete
ਭਿੜਨਾ [pìṛna] *v.t.* to collide, fight, clash (as for horned animals); to quarrel, compete; (for doors) to be closed, shut; *cf.* ਭੇੜਨਾ
ਭਿੜਵਾਉਣਾ/ਭਿੜਾਉਣਾ [pìṛvauṇa/ pɪṛàuṇa] *v.t.* to have or cause (others) to fight, clash, collide quarrel or compete; to get (door, etc.) closed or shut
ਭੀ [pi] *adv.* same as ਵੀ, also, too
ਭੀਸ਼ਨ [pìṣən] *adj.* terrible, dreadful, dire, awful
ਭੀਤ [pìt] *n.m.* wall
ਭੀਤਰ [pìtər] *adv. & n.m.* same as ਅੰਦਰ, interior
ਭੀਤਰੀ [pìtəri] *adj.* same as ਅੰਦਰਲਾ
ਭੀਂ ਬੋਲਣੀ [pi bolṇi] *ph. slang.* to be utterly tired or defeated, give up, despair, be demoralised
ਭੀਂ ਭੀਂ [pì pì] *n.f.* buzzing or humming sound, drone, monotone, tone
~ **ਕਰਨਾ** *con.v.* same as ਭਿਣਕਣਾ, to drone, hum
ਭੀਲ [pìl] *n.m.* an aboriginal tribe of central India; a member of this; *fem.* ਭੀਲਣੀ
ਭੀੜ [pìṛ] *n.f.* crowd, multitude, throng, mob, swarm, overcrowding, milling crowd, rush, stampede, pell-mell; distress, adversity, difficult situation, crisis, hardship, trouble
~ **ਪੈਣੀ**/~ **ਬਣਨੀ** *ph.* for ਭੀੜ to befall
~**-ਭੜੱਕਾ**/~**-ਭਾੜ** *n.m./n.f.* same as ਭੀੜ

ਭੀੜਾ [pi̊ṛa] *adj.m.* narrow, tight, close, tight-fitting
ਭੁਆ [puà] *v.form.* imperative of ਭੁਆਉਣਾ, turn, rotate
ਭੁਆਉਣਾ [puàuṇa] *v.t.* to turn about or around, rotate, revolve, spin; to take out a walk or (cattle) for grazing; to return, give back
ਭੁਆਂਟਣੀ/ਭੁਆਂਟਲੀ [puā̀ṭəṇi/puā̀ṭəli] *n.f.* spin, rotating motion, turning round and round, reel
ਭੁਆਨੀ [puàni] *n.f. colloq.* see ਭਵਾਨੀ, godess
ਭੁਆੜਾ [puàṛa] *n.m.* same as ਭਵਾੜਾ
ਭੁੱਸ [pùss] *n.m.* paleness, pallidness, waneness; anaemia; habit, addiction
~ ਪੈਣਾ *ph.* to develop habit (of); to have repeated or constant desire (for), be addicted (to), fall into the habit of
~ ਰੋਗ *n.m.* anaemia
ਭੁੱਸਾ [pùssa] *adj.m.* anaemia, pale, pallid, wane, ashen
ਭੁਕਣਾ [pùkəṇa] *v.t. dia.* see ਧੂੜਨਾ/ਤਰੌਂਕਣਾ, to sprinkle
ਭੁਕਵਾਉਣਾ/ਭੁਕਾਉਣਾ [pukvàuṇa/pukàuṇa] *v.t.* to have or cause something to be sprinkled, dusted
ਭੁਕਾਉਣਾ [pukàuṇa] *v.t.* to incite (a dog) to bark; *cf.* ਭੌਂਕਣਾ; *fig.* to torment, tease, make one run about; to dodge repeatedly (during games)
ਭੁਕਾਈ [pukài] *n.f.* barking; *fig.* running about, harassment, torment
ਭੁਕਾਨਾ [pukàna] *n.m.* balloon; bladder
ਭੁੱਕੀ [pùkki] *n.f.* powder or dust of anything; powdered, palverised medicine; crushed poppy-husk
ਭੁੱਖ [pùkkh] *n.f.* hunger; appetite; strong desire, fondness, want or need; starvation
~-ਹੜਤਾਲ *n.f.* hunger strike
~-ਤੇਹ *n.f.* hunger and thirst
~-ਨੰਗ *n.f.* poverty, penury, destitution, indigence, want
~ ਮਰ ਜਾਣੀ *ph.* anorexia, to suffer from anorexia; to lose appetite
~ ਲਾਊ/~ ਵਧਾਊ/~ ਵਰਧਕ *adj.* appetizing, appetitive, appetizer, stimulating appetite
~ ਵਰਤ ਜਾਣੀ/~ ਵਰਤਣੀ *ph.* to become destitute, indigent, impoverished
ਭੁੱਖਣ ਭਾਣਾ [pùkkhəṇ pàṇa] *adv. & n.m.* without food, without having eaten anything at all, with empty stomach
ਭੁੱਖਮਰੀ [pùkkhməri] *n.f.* starvation death; famine resulting in starvation death
ਭੁੱਖੜ [pùkkhəṛ] *adj.* ever hungry, guzzler, greedy, insatiable; ravenous, voracious, gluttonous
ਭੁੱਖਾ [pùkkha] *adj.m.* same as *prec.;* hungry; starved, famished, unsatiated, unsated; *fig.* needy; greedy, avaricious, covetous
~-ਨੰਗਾ *adj.m.* poor, poverty-stricken, indigent, destitute
~-ਭਾਣਾ *adj.m.* same as ਭੁੱਖਣ ਭਾਣਾ
ਭੁੰਗ [pṹg] *n.m.* fold, wrinkle, crinkle (in garments); undesirable fall or drop in spread (of tents, etc.)
~ ਪੈਣਾ *con.v.* for ਭੁੰਗ to appear or occur
ਭੁਗਤ[1] [pùgət] *n.f.* (*lit.* eaten or enjoyed thing), enjoyment, happiness
~ ਸੁਆਰਨੀ *ph. slang.* to beat, thrash, flog, punish
ਭੁਗਤ[2] *v.form.* nominative of ਭੁਗਤਣਾ
~ ਜਾਣਾ *ph.* to be settled, performed or completed, be over
ਭੁਗਤਣਾ [pùgətṇa] *v.i.t.* to suffer, under go (consequence, punishment, etc.); to appear in a court; to give evidence in court
ਭੁਗਤਾਉਣਾ [pugtàuṇa] *v.t.* to settle, perform or complete, pay, repay, disburse, distribute, deal with, dispose of; to make, get or have one appear in court as witness
ਭੁਗਤਾਣ/ਭੁਗਤਾਨ [pugtàṇ/pugtàn] *n.m.* settlement, payment, liquidation, disbursement, distribution, dealing, disposal
~ ਬਾਕੀ *n.f.* balance of payment
~ ਮਿਤੀ *n.f.* date due for payment

ਭੁਗੜੀ [pùgəri] *n.f.* dried, dehydrated fruit *esp.* date; *fig.* lean and thin, person, wrinkled face or body; also ਭੁਕੜੀ

ਭੁੱਗਾ¹ [pùgga] *adj.m.* moth-eaten, spoiled by dampness; hollow, weak (wood, cloth, etc.), sodden

ਭੁੱਗਾ² *n.m.* sesame pounded with sugar or jaggery, sometimes also mixed with milk paste

ਭੁਗਾਟ [pugàṭ] *n.m.* a weed, *Asphodelus fistulosus*

ਭੁੰਗੀ [pũgi] *n.f.* same as ਭੁੰਬ, wrapper

ਭੁਚੱਕਾ [pucəkka] *n.f.* same as ਭੁਲੇਖਾ, misunderstanding (in recognition)

ਭੁੱਚਰ [pùccər] *adj. slang.* fat, stout, bulky; stupid, foolish

ਭੁਚਲਾਉਣਾ [puclàuṇa] *v.t.* to wheedle, inveigle, beguile, coax, cajole, lure, persuade, deceive

ਭੁੱਚੜ [pùccər] *adj.* same as ਭੁੱਚਰ

ਭੁਚਾਲ਼ [pùcal] *n.m.* earthquake, earth tremor, *fig.* violent commotion, turmoil

~ ਸੰਬੰਧੀ *adj.* seismic

~ ਮਾਪਕ *adj.* seismograph

~ ਵਿਗਿਆਨ *n.m.* seismology

ਭੁਜ/ਭੁਜਾ [pùj/pùja] *n.m./n.f.* arm, upper human limb, side; *fig.* supporter, support, succour, friend

~ ਬਲ *n.m.* strength, power, physical force (of a person)

ਭੁਜੰਗ [pùjə̃g] *n.m.* reptile, see ਸੱਪ, snake

ਭੁਜੰਗੀ [pùjə̃gi] *n.m.* boy, lad, youth, son; a warrior, Nihang

ਭੁੱਜਣਾ [pùjjəṇa] *v.i.* to be parched, fried roasted; *fig.* to be angry, peevish, peeved; to be jealous; to sulk; also ਭੁਜਣਾ

ਭੁੰਜੇ [pũje] *adv.* on the ground or floor

ਭੁਝੰਗੀ [pùjə̃gi] *n.m.* same as ਭੁਜੰਗੀ

ਭੁਤਰਾਉਣਾ/ਭੁਤਾਉਣਾ [pùtərauṇa/pùtauṇa] *v.t.* to incite, cause one to be excited or agitated, cause or raise to frenzy

ਭੁੰਨ [pũnn] *v.form.* imperative of ਭੁੰਨਣਾ, roast

ਭੁੰਨਣਾ [pũnnəṇa] *v.t.* to parch, fry, roast; to riddle (with bullets), kill with firearm

ਭੁਨਵਾਉਣਾ/ਭੁਨਾਉਣਾ [punvàuṇa/punàuṇa] *v.t.* to get something parched, fried, roasted

ਭੁਨਵਾਈ/ਭੁਨਾਈ [punvài/puṇài] *n.f.* process of, wages for *prec.*

ਭੁੰਨੇ [pũnne] *adv. dia* see ਭੁੰਜੇ

ਭੁੱਬ [pùbb] *n.f.* loud wail, wailing cry; roar

~ ਨਿਕਲਨੀ *con.v.* for wail to escape spontaneously

~ ਮਾਰਨੀ *con.v.* to utter ਭੁਬ, roar

ਭੁੱਬੀਂ ਰੋਣਾ *v.i.* to cry with loud wails, wail profusly; to cry hoarse

ਭੁੰਬਰ [pũbər] *n.f.* same as ਭੁੰਮਰ

ਭੁੱਬਲ [pùbəl] *n.f.* hot ash

ਭੁੰਮਰ [pũmmər] *n.f.* a circular folk dance of West Punjab; frolic, gambol, frisking about in merriment

~ ਪਾਉਣੀ *con.v.* to perform ਭੁੰਮਰ; to frolic, gambol, frisk about

ਭੁਰਜੀ [pùrji] *n.f.* a dish of vegetable fried without gravy or of scrambled eggs

ਭੁਰਨਾ [pùrna] *v.i.* to wear off, moulder, waste away, crumble; *fig.* to be expended gradually

ਭੁਰਭੁਰਾ [pùrpùra] *adj.m.* easily breakable, crisp, crumbling

ਭੁਰਵਾ [purvà] *v.form.* imperative of ਭਰਵਾਉਣਾ get (it) shelled

ਭੁਰਵਾਉਣਾ [purvàuṇa] *v.t.* to get something shelled (as maize cob) or reduced into small fragments; to assist in ਭੋਰਨਾ

ਭੁਰਵਾਈ [purvài] *n.f.* process of, wages for *prec.*

ਭੁੱਲ [pùll] *n.f.* omission, unintentional neglect, slip of memory, oversight, lapse, mistake, error, peccadilo, fault, blunder, sin; oblivion; illusion, delusion, misconception; amnesia

ਭੁਲਈਆਂ *n.f.* maze, labyrinth; any confusing problem; *adj* labyrinthine

~ ਭੁਲੇਖੇ adv. mistakingly, by mistake, inadvertently

ਭੁਲੱਕੜ [puləkkər] *adj.* forgetful, having a weak or short memory

ਭੁੱਲਣਹਾਰ/ਭੁੱਲੜ [pùllaṇhar/pùllər] *adj.* forgetful, apt to forget, liable to commit mistake, guilty of mistake, oblivious, forgetful

ਭੁੱਲਣਾ [pùllaṇa] *v.i.t.* to forget, overlook, err, sin, commit ਭੁੱਲ; to be forgotten, slip from memory

ਭੁਲਵਾਉਣਾ [pulvàuṇa] *v.t.* to cause to forget

ਭੁੱਲਾ/ਭੁੱਲਿਆ [pùlla/pùllıa] *adj.m.* forgotten; (one) who is forgotten; (one) who has forgotten; *v.form.* past indefinite of ਭੁੱਲਣਾ, forgot; was forgotten

~-ਚੁੱਕਾ/~ ਚੁੱਕਿਆ/~-ਭਟਕਿਆ/~-ਭੁਲਾਇਆ *adj.m. & adv.* forgotten, inadvertent; by chance, rarely, unoften, inadvertently, unintentionally, unwillingly

~-ਵਿਸਰਿਆ *adj.m.* forgotten, long forgotten

ਭੁਲਾਉਣਾ [pulàuṇa] *v.i.t.* same as ਭੁੱਲਣਾ; to mislead

ਭੁਲਾਊ/ਭੁਲਾਵਾਂ [pulàu/pulàvã] *adj./adj.m.* making one forget or go astray; confusing, misleading

ਭੁਲਾਵਾ/ਭੁਲੇਖਾ [pulàva/pulèkha] *n.m.* mistake in recognition, misconception, misunderstanding; illusion, fallacy, wrong notion

~ ਖਾਣਾ/~ ਪੈਣਾ/~ ਲੱਗਣਾ *con.v.* to be or to fall under ਭੁਲੇਖਾ, to misunderstand

~ ਪਾਉਣਾ/~ ਲਾਉਣਾ *con.v.* to mislead, lead in error of recognition or judgement

~-ਪਾਊ *adj.* misleading, confusing, illusory, fallacious, same as ਭੁਲਾਵਾਂ

ਭੁੜਕਣਾ [pùṛkəṇa] *v.i.* same as ਬੁੜ੍ਹਕਣਾ, to spring, rebound; to frolic; gambol, frisk, romp; *fig.* to be angry, agitated

ਭੁੜਕਾਉਣਾ [puṛkàuṇa] *v.t.* same as ਬੁੜ੍ਹਕਾਉਣਾ, to make or cause to spring, rebound

ਭੂ [pù] *combining form.* indicating earth, land, world; *n.m.* earth

~ ਕੰਪ *n.m.* same as ਭੁਚਾਲ

~ ਕੇਂਦਰੀ *adj.* geocentric

~ ਖੰਡ *n.m.* region, zone

~ ਗਰਭ *n.m.* interior of earth

~ ਦਾਨ *n.m.* donation of land

~ ਮੰਡਲ *n.m.* terrestial sphere or region, the earth, world

~ ਮੱਧ ਰੇਖਾ *n.f.* equator

~ ਮੱਧਰੇਖੀ *adj.* equatorial

~ ਰਾਜਨੀਤੀ *n.f.* geopolitics

~-ਵਿਗਿਆਨ *n.m.* geology

~-ਵਿਗਿਆਨਿਕ *adj.* geological

~-ਵਿਗਿਆਨੀ *adj.* geologist

ਭੂਆ [pùa] *n.f.* father's sister, aunt

ਭੂਸ਼ਨ [pùṣən] *n.m.* same as ਭੂਖਣ, ornament

ਭੂਸਲਾ [pùsla] *adj.m.* grey, ashen, ashen-grey

ਭੂਸਾ [pùssa] *n.m.* same as ਤੂੜੀ, wheat-chaff

ਭੂਹ [pù] *n.f.* disorderly or rowdy behaviour (as a result of pride, arrogance or pampering) rowdyism

~ ਚਾੜ੍ਹਨੀ/ਭੂਹੇ ਹੋਣਾ/ਭੂਹੇ ਚੜ੍ਹਨਾ *ph.* to become disorderly, unruly, indulge in rowdyism; to be pampered and spoiled

ਭੂਹੇ ਕਰਨਾ/ਭੂਹੇ ਚੜ੍ਹਾਉਣਾ *ph.* to pamper, spoil by excessive indulgence; to incite or encourage to rowdyism

ਭੂਕ [pùk] *n.f.* hollow green leaf (as of onion)

ਭੂਕਣਾ [pùkəṇa] *n.m.* any hollow pipe; balloon

ਭੂਕਣੀ [pùkəṇi] *n.f.* same as *prec.*; spout, squirt, jet; loose motions, diarrhoea

~ ਚੱਲਣੀ *con.v.* to flow freely and forcefully; to spout, jet, squirt; to suffer from loose motions or diarrhea

ਭੂਕਲ਼ [pùkəḷ] *n.m.* same as ਭੁਗਾਟ, *adj.* (plant) with hollow leaves

ਭੂਖਣ [pùkhəṇ] *n.m.* ornament

ਭੂੰਗਾ[1] [pũ̀ga] *n.m.* same as ਭੂੰਬ, wrapper; portion of stolen property given out by a thief as bribe; fine, penalty

ਭੂੰਗਾ[2] *adj.m.* (ox) with straight horns

ਭੂਗੋਲ [pùgol] *n.m.* geography

~ ਅਨੁਸਾਰ *adv.* geographically; *adj.* geographical

~ ਸ਼ਾਸਤਰੀ *n.m.* geographist, geographic

ਭੂਗੋਲਿਕ [pùgolık] *adj.* geographical

ਭੂੰਡ [pṹḍ] *n.m.* wasp, yellow insect, black bee; *slang.* irascible person
~-ਪਟਾਕਾ *n.m.* a kind of cracker; *slang.* naughty child
ਭੂੰਡਾਂ ਦੀ ਖੱਖਰ [pṹḍā di khəkkhər] *ph.* wasps' hive; hornets' nest
ਭੂਤ [pùt] *n.m.* past; ghost, evil spirit, spectre, demon, spook, goblin, fiend, apparition, wraithe, revenant
~ ਕੱਢਣਾ *con.v.* to exorcise
~ ਕਾਲ *n.m.* past, past tense
~ ਚੰਬੜਨਾ *con.v.* to be possessed (by ਭੂਤ)
ਭੂਤਣਾ¹ [pùtṇa] *n.m.* same as ਭੂਤ
ਭੂਤਣਾ²/ਭੂਤਰਨਾ [pùtəṇa/pùtərna] *v.i.* same as ਭੂਹੇ ਹੋਣਾ under ਭੂਹ; to become angry, agitated, excited, unmanageable; to be in a rage, go berserk
ਭੂਤਨਾ [pùtna] *n.m.* same as ਭੂਤ
ਭੂਤਨੀ [pùtni] *n.f.* same as ਭੂਤ; witch
ਭੂਤਿਆ ਹੋਇਆ/ਭੂਤਰਿਆ ਹੋਇਆ [pùtıa hoıa/pùtərıa hoıa] *adj.m.* highly agitated, berserk, rowdy, disorderly, unruly
ਭੂਪ/ਭੂਪਤ/ਭੂਪਤੀ [pùp/pùpət/pùpəti] *n.m.* king
ਭੂੰ ਭੂੰ [pṹ pṹ] *n.f.* sound of buzzing, repeated sound of automobile's horn; repeated sound of farting
~ ਕਰਨਾ *con.v.* to buzz, blow horn; to fart repeatedly
ਭੂਮ [pùm] *n.f.* same as ਭੂਮੀ
ਭੂਮਕਾ/ਭੂਮਿਕਾ [pùmka/pùmıka] *n.f.* introduction, preface, preamble, foreword, prologue, prolegomenon, prefatory essay; role or function
ਭੂਮੀ [pùmi] *n.f.* land, ground, fields, landed property, soil, earth; the Earth, its land surface
~ ਸੰਬੰਧੀ *adj.* landed, praedial, terrestrial
~ ਤਲ *n.m.* ground level; land surface
~ ਦਾਨ *n.m.* same as ਭੂਦਾਨ under ਭੂ
ਭੂਮੀਆ [pùmia] *n.m.* land owner, also ਭੂਮੀਦਾਰ, ਭੂਮੀਪਤੀ
ਭੂਮੀਹੀਣ [pùmihiṇ] *adj.* landless, without landed property
ਭੂਮੀਗਤ [pùmigət] *adj.* subterranian, underground
ਭੂਰ [pùr] *n.f.* same as ਫੂਹ, drizzle; alms to Brahmins on the occasion of marriage
ਭੂਰਾ¹ [pùra] *adj.m.* same as ਭੂਸਲਾ; brown
~ ਲਾਲ *adj.* tan, dark tan
ਭੂਰਾ² *n.m.* coarse blanket
ਭੂਲ [pùl] *n.f.* same as ਭੁੱਲ
~ ਭੁਲਈਆਂ *n.f.* same as ਭੁੱਲ ਭੁਲਈਆਂ
ਭੇਂ [pẽ] *n.m.* stem or root of lotus
ਭੇਸ [pès] *n.m.* dress, costume, garb, habit, style of dress, appearance
~ ਬਦਲਨਾ/~ ਵਟਾਉਣਾ *con.v.* to disguise, change dress or appearance
ਭੇਖ [pèkh] *n.m.* same as *prec.*, distinctive dress of a religious order or sect
ਭੇਖਧਾਰੀ [pèkhtàri] *n.m.* wearer of ਭੇਖ, member of a particular order or sect having a distinctive dress
ਭੇਖੀ [pèkhi] *adj.* sham, feigning, disguised, false, impersonator; *n.m.* a fake ਭੇਖਧਾਰੀ
ਭੇਜਣਾ [pèjəṇa] *v.t.* same as ਘੱਲਣਾ
ਭੇਜਾ [pèjja] *n.m.* brain
ਭੇਟ [pèṭ] *n.f.* offering, present; sacrifice; donation; same as ਭੇਂਟ
~ ਚੜ੍ਹਨਾ/~ ਚੜ੍ਹ ਜਾਣਾ *ph.* to be sacrificed
~ ਚੜ੍ਹਾਉਣਾ *ph.* to offer, present; to sacrifice, donate; also ਭੇਟ ਕਰਨਾ
ਭੇਂਟ [pẽṭ] *n.f.* meeting, introduction, encounter
~ ਹੋਣੀ/~ ਕਰਨੀ *ph.* to meet, see, visit; to encounter
~ ਕਰਾਉਣੀ *ph.* to introduce, arrange ਭੇਂਟ
ਭੇਟਾ [pèṭa] *n.f.* same as ਭੇਟ; price *esp.* for sacred books
ਭੇਟਾਂ [pèṭā] *n.f. pl.* hymns in praise of Goddess
ਭੇਡ [pèḍ] *n.f.* sheep, ewe; *slang.* a coward or meek follower
~ ਚਾਲ *n.f. slang.* blind faith or following, vogue, irrational customary practice
~ ਦਾ ਮਾਸ *ph.* mutton
~ ਦੀ ਅਵਾਜ਼ *ph.* bleat
ਭੇਡਾਂ ਦਾ ਵਾੜਾ *ph.* sheep fold
ਭੇਡੂ [pèḍḍu] *n.m.* male sheep, ram

ਭੇਣਾ [pèṇa] *v.t. dia.* see ਭਿਉਂਣਾ
ਭੇਤ [pèt] *n.m.* secret, mystery, arcanum, classified information, intelligence; something communicated in confidence
~ ਖੋਲ੍ਹਣਾ *con.v.* to discover, divulge or reveal a secret, spill the beans; to uncover, solve or unravel a mystery
~ ਦੇਣਾ *con.v.* to communicate intelligence, give out a secret
~ ਭਰਿਆ *adj.m.* secret, confidential, mysterious, arcane; esoteric, recondite
~ ਲੈਣਾ *con.v.* to gather intelligence, spy (on)
ਭੇਤੀ [pètti] *adj.* (one) in possession of ਭੇਤ, knowledgeable, well informed about ਭੇਤ, confidante, (one) in the know of something; experienced, expert
ਭੇਤੀਆ [pètia] *n.m.* spy, secret agent
ਭੇਦ [pèd] *n.m.* same as ਭੇਤ; same as ਫਰਕ[1]
~ ਭਾਵ *n.m.* discrimination
~ ਭਾਵ ਵਰਤਣਾ *ph.* to practise discrimination or favouritism, discriminate for or against
ਭੇਰੀ [pèri] *n.f.* kettle-drum
ਭੇਲੜ [pèləṛ] *n.m.* same as ਬੇੜ, rope of straw
ਭੇਲਾ/ਭੇਲੀ [pèlla/pèlli] *n.m./n.f.* lump, *esp.* of earth or jaggery
ਭੇੜ[1] [pèṛ] *n.f.* see ਭੇਡ
ਭੇੜ[2] *n.m.* collision, violent contact, fight, combat, skirmish, battle; contest, match
ਭੇੜ[3] *v.form.* imperative of ਭੇੜਨਾ, close, shut
ਭੇੜਨਾ [pèṛna] *v.t.* to close, shut (door, etc.)
ਭੇੜੀਆ [pèṛia] *n.m.* same as ਬਘਿਆੜ, wolf
ਭੇੜੂ [pèṛu] *n.m.* fighter
ਭੈ [pɛ̀] *n.m.* same as ਭੌ
ਭੈਂਸ [pɛ̃̀s] *n.f. dia.* see ਮੱਝ, buffalo
ਭੈਂਗ [pɛ̃̀g] *n.m.* squint, skew, strabismus, cross eye
ਭੈਂਗਾ [pɛ̃̀ga] *adj.m.* squint-eyed, cross-eyed, skewed-eyed, squinty, affected by strabismus
ਭੈਣ [pɛ̀ṇ] *n.f.* sister, female sibling
ਭੈਂ ਬੋਲਣੀ [pɛ̃̀ bolṇi] *ph. slang.* same as ਭੌਂ ਬੋਲਣੀ
ਭੈਭੀਤ [pɛ̀pit] *adj.* afraid, frightened, scared, alarmed, terrified, terror-stricken
ਭੈਂ ਭੈਂ [pɛ̃̀ pɛ̃̀] *n.f.* bleat, bleating sound of sheep; repeated sound of horn
ਭੈਰਵੀ [pɛ̀rvi] *n.f.* name of a Hindu goddess; name of a musical measure in Indian classical music; song sung in this measure
ਭੈਰੋਂ [pɛ̀rõ] *n.m.* the Hindu god Rudra or Shiva; a musical measure
ਭੈੜ [pɛ̀ṛ] *n.m.* badness, bad trait, act or habit, wickedness, evilness, evil
ਭੈੜਾ [pɛ̀ṛa] *adj.m.* bad, evil, wicked, immoral, vile, profligate, dissolute; unfit for use, spoiled, defiled, contaminated; ugly, awkward, not good or proper
ਭੋਂ/ਭੋਏਂ [põ̀/poẽ̀] *n.f.* same as ਭੂਮੀ
~-ਭਾਂਡਾ *n.m.* property, belongings (movable and immovable)
ਭੋਆ [pòa] *n.m.* male nurse; share of cotton or saffron picker
ਭੋਸੜੀ [pòsəṛi] *n.f.* female genitalia
ਭੋਹ [pò] *n.m.* chaff, husk of lentil and oil-seed plants
ਭੋਹਰਾ [pòra] *n.m.* same as ਭੋਰਾ
ਭੋਖੜਾ [pòkhəṛa] *n.m.* intense hunger, voraciousness; *fig.* greediness, greed, avariciousness, avarice
ਭੋਗ[1] [pòg] *n.m.* conclusion (*usu.* of religious function); obsequy, obsequies; requiem; copulation, sexual intercourse, coition; ravishment, enjoyment; *dia.* see ਕੜਾਹ ਪਰਸ਼ਾਦ, consecrated food
~ ਪਾਉਣਾ *con.v.* to conclude, finish; to perform or observe ਭੋਗ ceremony
~ ਕਰਨਾ *con.v.* to copulate, ravish, enjoy sexually
~ ਬਿਲਾਸ *n.m.* same as ਭੋਗ; pleasures of the flesh

~ **ਲਾਉਣਾ** *ph.* to taste or eat; to consecrate by ritual offering to deity

ਭੋਗ² *v.form.* imperative/nominative of ਭੋਗਣਾ

ਭੋਗਣਾ [pògəṇa] *v.i.t.* to undergo, suffer or enjoy (consequences of one's deeds, pain or pleasure); to ravish

ਭੋਗੀ [pòggi] *adj.* sufferer; enjoyer

ਭੋਛਣ/ਭੋਛਾ [pòchəṇ/ pòcha] *n.m.* towel; ladies' shawl or heavy wrapper

ਭੋਜ [pòj] *n.m.* feast, banquet

ਭੋਜਨ [pòjən] *n.m.* meal, repast, food, diet; aliment

~ **ਸੰਬੰਧੀ** *adj.* prandial, dietary; culinary; alimentary

~ **ਸਮੱਗਰੀ** *n.f.* viands, victuals, ration, provisions

~ **ਕਰਨਾ/~ ਪਾਉਣਾ** *con.v.* to take a meal, eat

ਭੋਜ ਪੱਤਰ [pòj pəttər] *n.m.* birch bark (used as paper by the ancients)

ਭੋਂਡਾ [põ̀ḍa] *adj.m.* same as ਭੱਦਾ

ਭੋਨਵਾਂ [pònvã] *adj.m.* roasted; *cf.* ਭੁੰਨਣਾ

ਭੋਰ¹ [pòr] *n.f.* morning, early morning

ਭੋਰ² *v.form.* imperative of ਭੋਰਨਾ, shell

ਭੋਰਨਾ [pòrna] *v.t.* to reduce to small fragments with hands, shell (as maize cob); *fig.* to spend or consume frugally

ਭੋਰਾ [pòra] *n.m.* basement, underground cell, crypt; also ਭੋਗ

ਭੋਰਾ *n.m.* crumb, small fragment; *adj. & adv.* a little, just a little

ਭੋਲਾ [pòlla] *adj.m.* plump, chubby, fleshy, fat, stodgy; *fem.* ਭੋਲੋ; also ਭੋਲੂੜ, *fem.* ਭੋਲੂੜੇ

ਭੋਲ਼ਾ [pòḷa] *adj.m.* simple-minded, simple, artless, guileless, not smart or clever, innocent; simpleton, silly, foolish; naive, immature, wet behind the ears

~ **ਭਾਲ਼ਾ** *adj.m.* same as ਭੋਲਾ

ਭੋਲ਼ਾਪਣ [pòḷapəṇ] *n.m.* simple-mindedness, simplicity, artlessness, guilelessness, innocence, naivete, naivety

ਭੋਲ਼ੇਨਾਥ [pòḷenath] *n.m.* an epithet of Lord Shiva

ਭੋਲ਼ੇ ਭਾ [pòḷe pà] *adv.* innocently, artlessly, naively

ਭੌ [pɔ̀] *n.m.* fear, fright, dread, terror, consternation, scare, jitters, trepidation, alarm, panic; awe

ਭੌਂ [pɔ̃̀] *n.m.* whirl, spin, pirouette, gyration, rotation, revolution, circulation; vertigo, dizziness, giddiness, real; *v.form.* imperative of ਭੌਣਾ, turn, and of ਭੌਣਾ, refrain

~ **ਆਉਣੇ/~ ਚੜ੍ਹਨੇ** *ph.* to reel; to feel dizziness, suffer from vertigo

ਭੌਂਕਣਾ [pɔ̃̀kəṇa] *v.i.* to bark, yelp; *fig.* to talk too much or unnecessarily, talk nonsense; to rave

ਭੌਂਕਣੀ [pɔ̃̀kəṇi] *n.f.* bark, barking sound or manner

ਭੌਂਕਾ [pɔ̃̀kka] *adj.m.* barking; talkative, blunt in speech, pert

ਭੌਂਜਲ [pɔ̃̀jəl] *n.m.* same as ਭਵਜਲ

ਭੌਂਣ [pɔ̃̀ṇ] *n.m.* same as ਭਵਨ; same as ਭੌਂ; wandering; ant-hill

ਭੌਣਾ [pɔ̃̀ṇa] *v.i.* to turn, spin, gyrate, rotate, revolve; to turn about; to move with a circular or circulatory motion; to go about or round, take a walk; to wander, loiter; *adj.m.* wanderer, loiterer, loafer; *v.i. dia.* to refrain or desist (from), stop doing (something undesire-able); *colloq.* see ਭਾਉਣਾ

ਭੌਣੀ¹ [pɔ̃̀ṇi] *n.f.* pulley *esp.* one used for drawing water from well; same as ਫਿਰਨੀ, peripheral road; *colloq.* see ਭਾਵਨਾ

ਭੌਣੀ² *v.form. colloq.* same as ਭਾਉਣਾ (for *fem.* objects)

ਭੌਤਿਕ [pɔ̃̀tɪk] *adj.* material, physical, corporeal, elemental

~ **ਵਿਗਿਆਨ** *n.m.* physics

~ **ਵਿਗਿਆਨੀ** *n.m.* physicist

ਭੌਤਿਕਤਾ [pɔ̃̀tɪkta] *n.f.* materiality, materialness, physicality, physicalness, corporeity, corporealness

ਭੌਤਿਕਵਾਦ [pɔ̃̀tɪkvad] *n.m.* materialism

ਭੌਤਿਕਵਾਦੀ [pɔ̃̀tɪkvadi] *adj.* materialist, materialistic

ਭੌਂਦੂ [pɔ̃̀du] *adj.* wanderer, vagabond, loafer, loiterer

ਭੌਰ [pɔ̀r] *n.m.* large flower-sucking black bee

ਭੌਰ ਕਲੀ [pɔ̀r kəli] *n.f.* an ornament for ladies' forehead

ਭੌਰਾ [pɔ̀ra] *n.m.* same as ਭੌਰ

ਭੌਰੀ [pɔ̀ri] *n.f.* corn, callus

ਭੌੜਾ [pɔ̀ṛa] *n.m.* same as ਫੌੜ੍ਹਾ, wooden scraper

ਮ

ਮ [məmma] *n.m.* thirtieth letter of Gurmukhi script representing the bilabial nasal consonant [m]

ਮਈ¹ [məi] *n.m.* May (the month)

ਮਈ² *suff.* meaning abounding in, full of, composed of as in ਸ਼ਾਂਤਮਈ

ਮਈਅਤ [məiət] *n.f.* same as ਅਰਥੀ, bier

ਮੱਸ [məss] *n.f.* first appearance of moustaches and beard; black ink; any ink

~ **ਫੁੱਟਣੀ** *con.v.* for ਮੱਸ to appear or grow

~ **ਫੁੱਟ** *adj.m.* budding (youth), adolescent (person)

ਮਸ਼ਅਲ [məṣəl] *n.f.* same as ਮਸਾਲ

ਮਸਹਿਰੀ [məsέri] *n.f.* mosquito net, bedstead fitted with mosquito net

ਮਸ਼ਹੂਰ [məṣhur] *adj.* famous, famed, well-known, renowned; eminent, prominent, distinguished, celebrated, illustrious; reputed

~ **ਕਰਨਾ** *con.v.* to make famous, advertise, propagate; to spread renown

ਮਸ਼ਹੂਰੀ [məṣhuri] *n.f.* fame, renown, eminence, prominence, illustriousness; advertisement

ਮਸ਼ਕ [məṣək] *n.f.* exercise, practice, rehearsal, drill, training; leather bag for carrying water

~ **ਕਰਨੀ** *con.v.* to practise, rehearse

ਮਸ਼ੱਕਤ [məṣəkkət] *n.f. colloq.* see ਮੁਸ਼ੱਕਤ

ਮਸ਼ਕਰੀ [məṣkəri] *n.f.* same as ਮਖੌਲ

ਮਸ਼ਕਲਾ/ਮਸਕਾ [məṣkəla/məska] *n.m.* polish, polishing, polishing device *esp.* for weapons

~ **ਲਾਉਣਾ** *ph.* to polish (weapon); *slang.* to flatter, wheedle

ਮਸਕੀਨ [məskin] *adj.* humble, meek, gentle, submissive

ਮਸਕੀਨੀ [məskini] *n.f.* humility, humbleness, meekness, gentleness

ਮਸ਼ਕੂਕ [məṣkuk] *adj.* suspected, suspect, alleged; doubtful, uncertain

ਮਸ਼ਕੂਰ [məṣkur] *adj.* thankful, grateful, obliged

ਮਸ਼ਕੂਲਾ [məṣkulla] *n.m.* same as ਮਖੌਲ

ਮਸ਼ਖਰਾ [məṣkhəra] *adj. & n.m.* humorous, witty; jovial; jester, joker, buffoon

ਮਸ਼ਖਰਾਪਣ [məṣkhərapəṇ] *n.m.* humorousness, wittiness, jovialness, humorous nature, comic sense

ਮਸ਼ਖਰੀ [məṣkhəri] *adj.f.* same as ਮਸ਼ਖਰਾ *n.f.* same as ਮਖੌਲ

ਮਸਜਦ [məsjəd] *n.f.* same as ਮਸੀਤ

ਮਸ਼ਟੰਡਾ [məṣṭə̃ḍa] *adj.m.* same as ਮੁਸ਼ਟੰਡਾ

ਮਸਤ [məst] *adj.* intoxicated, excited or exhilarated, stupefied, under influence of drug or drink; self-absorbed, happy in one's own work or situation; happy, gay, carefree, indifferent

~ **ਮਲੰਗ**/~ **ਮੌਲਾ** *n.m.* carefree fakir, indifferent to worldly care, zombie

ਮਸਤਕ [məstək] *n.m.* same as ਮੱਥਾ

~ **ਉੱਚਾ ਰੱਖਣਾ** *ph.* to hold one's head high

~ **ਝੁਕਾਉਣਾ** *ph.* same as ਮੱਥਾ ਟੇਕਣਾ under ਮੱਥਾ

ਮਸਤਣਾ [məstəṇa] *v.i.* to become naughty, mischievous, troublesome or arrogant, proud; to be intoxicated; also ਮਸਤ ਜਾਣਾ

ਮਸਤਾਉਣਾ [məstauṇa] *v.t.* to cause to be ਮਸਤ

ਮਸਤਾਨਾ [məstanna] *adj.m.* same as ਮਸਤ; lascivious, lewd, wanton; proud; *slang.* without food or provisions

ਮਸਤੀ [məsti] *n.f.* intoxication, stupor; self-absorption, ecstatic feeling, ecstasy; carefreeness, buoyance of spirit; indifferent behaviour; lasciviousness, lustfulness, wantonness

~ **ਕੱਢਣੀ** *ph.* to punish; to bring to senses

~ **ਕਰਨੀ** *ph.* to act or behave wantonly

~ ਚੜ੍ਹਨੀ *ph.* to be intoxicated; for something to go to one's head
ਮਸਤੂਲ [məstul] *n.m.* mast
ਮਸਤੇਵਾਂ [məstevã] *n.m.* same as ਮਸਤੀ
ਮਸੱਦ [məsədd] *n.m.* stirrer (*usu.* wooden)
ਮਸੰਦ [məsə̃d] *n.m.* guru's agent or priest, preacher-cum-collector of tithes and offerings
ਮਸਦਰ [məsdər] *n.m.* root word *esp.* of verbs in Persian
ਮਸਨਦ [məsnəd] *n.f.* high seat, throne; large pillow, bolster
ਮਸਨਵੀ [məsnəvi] *n.f.* a poetic form *usu.* for long poems *esp.* in Persian
ਮਸਨੂਈ [məsnui] *adj.* artificial, imitation, not real or genuine, simulated, counterfeit, fake, sham
ਮਸਰ/ਮਸਰੀ [məsər/məsri] *n.m./n.f.* a kind of pulse, lentil, *Ernum lens, Lens esculanta,* or *Lens culinaris*
ਮਸ਼ਰਕ [məṣrək] *n.m.* east, orient
ਮਸ਼ਰਕੀ [məṣrəki] *adj.* oriental
ਮਸ਼ਰੂਤ [məṣrut] *adj.* contingent, conditional
ਮਸਰੂਫ਼ [məsruf] *adj.* busy, occupied or engaged (in work), preoccupied
ਮਸ਼ਰੂਰ [məṣrur] *adj.* happy, pleased, delighted, glad, cheerful; intoxicated *cf.* ਸਰੂਰ
ਮਸਲਹਤ [məslə́t] *n.f.* well-being; expediency
ਮਸਲਣਾ [məsləṇa] *v.t.* to crush by rubbing, crush, trample, squelch
ਮਸਲਤ [məslət] *n.f.* counsel, advice, consultation
ਮਸਲਤੀ [məsləti] *n.m.* counsellor, adviser, consultant
ਮਸਲਨ [məslən] *adv.* for example, for instance, such as, e.g.
ਮਸਲਾ [məsla] *n.m.* problem, any matter, topic or question needing discussion and/or solution
~ ਹੱਲ ਕਰਨਾ *ph.* to solve problem
ਮਸ਼ਵਰਾ [məṣvəra] *n.m.* consultation, exchange of opinion, suggestion, advice, counsel, conference, deliberation, conspiracy, confabulations
~ ਕਰਨਾ *ph.* to hold consultation, consult, confer, deliberate; to conspire, confabulate
~ ਦੇਣਾ *ph.* to advise, suggest, counsel
ਮਸਵਾਣੀ [məsvaṇi] *n.f.* inkpot
ਮਸਾਂ/ਮਸੀਂ [məsã/məsĩ] *adv.* with difficulty; hardly, scarcely
~-ਮਸਾਂ *adv.* with great difficulty, after a great deal of effort
ਮੱਸਾ [məssa] *n.m.* same as ਮੁਹਕਾ, wart
ਮਸਾਣ [məsaṇ] *n.m.* burning corpse; cremation ground; ashes of the cremated corpse
~ ਜਗਾਉਣਾ *con.v.* to practise necromancy
~ ਜਗਾਉਣ ਵਾਲ਼ਾ *ph.* necromancer
ਮਸਾਨਾ [məsanna] *n.m.* urinary bladder, vesica, vesicle
ਮਸਾਨੇ ਸੰਬੰਧੀ *adj.* vesical
ਮਸਾਮ [məsam] *n.m.* pore
ਮਸਾਮਦਾਰ [məsamdar] *adj.* porous
ਮਸਾਲ [məsal] *n.f.* torch, flambeau; also ਮਸ਼ਾਲ; *colloq.* see ਮਿਸਾਲ
ਮਸਾਲਚੀ [məsalci] *n.m.* torch bearer, a menial mess servant
ਮਸਾਲਾ [məsalla] *n.m.* condiments, spices; ingredients, material (masonary) mortar, matter (for writing, discussion etc.); electrolyte paste (in dry cells), calcium carbide, explosive mixture used in fireworks
~ ਪਾਉਣਾ *con.v.* to add ਮਸਾਲਾ, to season with ਮਸਾਲਾ
~ ਲਾਉਣਾ *ph. slang.* to exaggerate, overstate
ਮਸਾਲੇਦਾਨੀ [məsalledani] *n.f.* compartmented container for keeping condiments
ਮਸਾਲੇਦਾਰ [məsalledar] *adj.* spicy, seasoned, tasty
ਮੱਸਿਆ [məssɪa] *n.f.* moonless night, no moon
ਮੱਸਿਆਂ ਵਾਲ਼ਾ/ਮੱਸੇਦਾਰ [məssɪã vaḷa/ məssedar] *adj.m./adj.* warty, warted
ਮਸਿਔਹਰ [məsɪɔ́r] *n.m.* husband of mother-in-law's sister, uncle-in-law

ਮਸੀਹ [məsí] *n.m.* Jesus Christ, Christ
ਮਸੀਹਾ [məsia] *n.m.* messiah, liberator, deliverer, saviour
ਮਸੀਹੀ [məsihi] *adj.* Christian
ਮਸੀਤ [məsit] *n.f.* mosque
ਮਸ਼ੀਨ [məṣin] *n.f.* machine
ਮਸ਼ੀਨਗੰਨ [məṣingə̃nn] *n.f.* machine gun
ਮਸ਼ੀਨਰੀ [məṣinəri] *n.f.* machinery
ਮਸ਼ੀਨੀ [məṣini] *adj.* of ਮਸ਼ੀਨ, mechanical, made by ਮਸ਼ੀਨ, machine-made
ਮਸ਼ੀਰ [məṣir] *n.m.* consultant, advisor, counselor, confidant; *fem.* confidante
ਮਸੂਸ [məsus] *adj. colloq.* see ਮਹਿਸੂਸ
ਮਸੂਮ [məsum] *adj.* innocent, sinless, guiltless, infantile, babyish childlike *n.m.* innocent child; also ਮਾਸੂਮ
ਮਸੂਮੀਅਤ [məsumiət] *n.f.* innocence, sinlessness, guiltlessness
ਮਸੂਰ [məsur] *n.m.* same as ਮਸਰ
ਮਸੂਲ [məsul] *n.m.* tax, impost, duty, toll, custom, cess, levy
~ ਚੁੰਗੀ *n.f.* octroi
ਮਸੂੜਾ [məsuṛa] *n.m.* gum (of teeth) alveolus, alveolar ridge
ਮਸੇਹਸ [məsés] *n.f.* sister of mother-in-law, aunt-in-law
ਮਸੇਰ [məser] *n.m. f. & adj.* son or daughter of mother's sister, cousin
~ ਭਾਈ/~ ਭੈਣ *n.m./n.f.* same as ਮਸੇਰ, cousin
ਮਸੋਸ [məsos] *n.m. colloq.* same as ਅਫ਼ਸੋਸ
ਮਸੋਸਣਾ [məsosəṇa] *v.i.* same as ਅਫ਼ਸੋਸ ਕਰਨਾ or ਮਸਲਣਾ
ਮਹੱਤ [məhətt] *adj.* same as ਮਹਾਨ
ਮਹੰਤ [məhə̃t] *n.m.* priest *esp.* chief priest, abbot, prior or head of a temple or monastry; *dia.* same as ਗ੍ਰੰਥੀ
ਮਹੱਤਤਾ [məhəttəta] *n.f.* same as ਮਹੱਤਵ
ਮਹੱਤਮ [məhəttəm] *n.m.* (*maths.*) highest, greatest
ਮਹੱਤਵ [məhəttəv] *n.m.* importance, significance, import, consequence, weight, weightiness
~ ਦੇਣਾ *con.v.* to stress, lay stress on, give importance to, consider as important
ਮਹੱਤਵਪੂਰਨ [məhəttəvpurn] *adj.* important, significant, weighty; of consequence, consequential
ਮਹੱਤਵਾਕਾਂਖਾ [məhəttəvakākha] *n.f.* same as ਅਕਾਂਖਾ, ambition
ਮਹੱਤਾ [məhətta] *n.f.* same as ਮਹੱਤਵ and ਮਹਾਨਤਾ
ਮਹੱਲ [məhəll] *n.m.* palace; stately, majestic or large and elegant house, imposing mansion
ਮਹਲਾ [məhəla] *n.m.* term followed by numeral indicating Guru-authors of hymns in Guru Granth Sahib
ਮਹੱਲਾ [məhəlla] *n.m.* ward, urban district
ਮਹੱਲੇਦਾਰ [məhəlledar] *adj. & n.m.* resident of the same as ਮਹੱਲਾ; neighbour
ਮਹੱਲੇਦਾਰੀ [məhəlledari] *n.f.* state or relationship of ਮਹੱਲੇਦਾਰ; neighbourliness
ਮਹਾ [məha] *pref. & adj.* meaning great or vast
ਮਹਾਂ [məhã] *n.m. dia.* see ਮਾਂਹ
ਮਹਾਸ਼ਕਤੀ [məhaṣəkti] *n.f.* super power, great power
ਮਹਾਸ਼ਾ/ਮਹਾਜਨ [məhaṣa/məhajən] *n.m.* (*lit.* great person), businessman, shopkeeper, money-lender
ਮਹਾਸਾਗਰ [məhasagər] *n.m.* ocean
ਮਹਾਂਕਾਲ [məhãkal] *n.m.* eternal time, God
ਮਹਾਂਕਾਵਿ [məhãkav] *n.m.* epic; rhapsody
ਮਹਾਜਨੀ [məhajəni] *n.f.* same as ਲੰਡੇ², *adj.* pertaining to ਮਹਾਸ਼ਾ/ਮਹਾਜਨ, commercial
ਮਹਾਜਰ [məhajər] *n.m.* migrant; refugee
ਮਹਾਣ¹ [məhaṇ] *adj. colloq.* see ਮਹਾਨ
ਮਹਾਣ² *n.m.* raft, logs tied together and transported by floating in river
ਮਹਾਤਮ [məhatəm] *n.m.* same as ਮਹੱਤਵ; consequence, benefit or significance of a good deed or religious act
ਮਹਾਤਮਾ [məhatma] *n.m. lit.* great or noble soul; pious, holyman, saint, sage; *adj.* saintly
ਮਹਾਂਦੀਪ [məhãdip] *n.m.* continent
ਮਹਾਨ [məhan] *adj.* great, grand, glorious; big, large, lofty, vast, huge, immense, enormous, gigantic
ਮਹਾਨਤਾ [məhanta] *n.f.* greatness, grandeur, grandness, bigness, superiority;

importance

ਮਹਾਪਰਸ਼ਾਦ [məhapərṣad] *n.m.* meat, mutton, pork; dish of the same

ਮਹਾਪ੍ਰਾਣ/ਮਹਾਪਰਾਣ [məhapəraṇ] *adj.* aspirated sound like [kh]

ਮਹਾਂਪਾਪ [məhãpap] *n.m.* cardinal sin

ਮਹਾਂਪੁਰਖ [məhãpurkh] *n.m.* great, eminent or holy person

ਮਹਾਭਾਰਤ [məhapàrət] *n.f.* name of an ancient Indian epic, Mahabharata

ਮਹਾਮਾਰੀ [məhamari] *n.f.* epidemic, pestilence, plague

ਮਹਾਰਤ [məharət] *n.f.* expertise, expertness, practice, skill, adroitness, deftness, experience

ਮਹਾਰਾਜ [məharaj] *n.m & adj.* a term of respect or reverence, such as (your, his) excellency, majesty, highness, holiness

ਮਹਾਰਾਜਾ [məharaja] *n.m.* king, emperor, monarch, sovereign

ਮਹਾਰਾਣੀ [məharaṇi] *n.f.* queen, empress

ਮਹਾਲ [məhal] *adj.* see ਮੁਸ਼ਕਲ

ਮਹਾਵਤ [məhavət] *n.m.* keeper or driver of an elephant, mahout

ਮਹਾਵਿਦਿਆਲਾ [məhavɪdɪala] *n.m.* college

ਮਹਿੰ [mɛ̃] *n.f.* same as ਮੱਝ

ਮਹਿਆਂ [mɛ̃ã] *n.m dia.* see ਸੰਢਾ and ਝੋਟਾ, male or stud buffalo

ਮਹਿਸੂਸ [mɛ́sus] *adj.* felt, affected

~ ਕਰਨਾ *con.v.* to feel, perceive; to be affected by; also ਮਹਿਸੂਸਣਾ

ਮਹਿਸੂਲ [mɛ́sul/məsul] *n.m.* same as ਮਸੂਲ

ਮਹਿਕ [mɛ́k] *n.f.* fragrance, pleasing scent, smell, odour; flavour, aroma

ਮਹਿਕਣਾ [mɛ́kəṇa] *v.i.* to emit, give out ਮਹਿਕ

ਮਹਿਕਦਾ [mɛ́kda] *adj.m.* fragrant, aromatic, sweet-smelling, odorous, odoriferous; perfumed, scented

ਮਹਿਕਮਾ [mɛ́kma] *n.m.* department

ਮਹਿਕਮਾਨਾ [mɛ́kmana] *adj.* departmental

ਮਹਿਕਾਉਣਾ [mɛ́kauṇa] *v.t.* to make fragrant or aromatic, aromatise, perfume, scent; to fill with ਮਹਿਕ

ਮਹਿਕੂਮ [mɛ́kum] *adj.* subject, subordinate, subservient; *cf.* ਹਾਕਮ

ਮਹਿੰਗ [mɛ̃g] *n.m.* same as ਮਹਿੰਗਾਈ

ਮਹਿੰਗਾ [mɛ̃ga] *adj.m.* costly, high-priced, dear, expensive

ਮਹਿੰਗਾਈ [mɛ̃gai] *n.f.* dearness, price-rise, costliness, expensiveness, escalation of cost or price, inflation; also ਗਿਰਾਨੀ

ਮਹਿਜ਼ [mɛ́z] *adj.* same as ਸਿਰਫ਼

ਮਹਿੱਟਰ [məhɪṭṭər/mɪ̀ttər] *adj.* orphaned, orphan, motherless, bereft of parents

ਮਹਿਣਾ [mɛ́ṇa] *n.m.* same as ਮਿਹਨਾ

ਮਹਿਤਾ [mɛ́tta] *n.m.* clerk, accountant, scribe; name of a Hindu sub-caste; *dia.* goldsmith

ਮਹਿੰਦੀ [mɛ̃di] *n.f.* henna, *Lawsonia inermis,* dye or cosmetic made from leaves of this plant; myrtle, *Myrtus communis*

ਮਹਿਦੂਦ [mɛ́dud] *adj.* limited, restricted, bounded

ਮਹਿਨਾ [mɛ́na] *n.m.* meaning, import, signification, sense

ਮਹਿਫ਼ਲ [mɛ́fəl] *n.f.* social or cultural gathering, party for drinking, dancing, singing or for poetic recital

~ ਲੱਗਣੀ *con.v.* for ਮਹਿਫ਼ਲ to take place or to be held, or to be in progress

~ ਲਾਉਣੀ *con.v.* to arrange or hold ਮਹਿਫ਼ਲ

ਮਹਿਫ਼ੂਜ਼ [mɛ́fuz] *adj.* safe, protected, secure

ਮਹਿਬੂਬ [mɛ́bub] *n.m.* beloved (male or female)

ਮਹਿਬੂਬਾ [mɛ́buba] *n.f.* beloved (female)

ਮਹਿਮਾ [mɛ́ma] *n.f. lit.* greatness, grandeur; fame; praise, eulogy, panegyric, laudation, tribute

~ ਕਰਨੀ *con.v.* to praise, eulogise, panegyrise, laud, sing praises of

ਮਹਿਮਾਨ [mɛ́man] *n.m.* guest

~-ਘਰ *n.m.* guest-house

ਮਹਿਮਾਨਦਾਰੀ/ਮਹਿਮਾਨਨਿਵਾਜ਼ [mɛ́mandari/mɛ́mannɪvaz] *n.f.* hospitality, care, service and entertainment of guests

ਮਹਿਮਾਨੀ [mɛ́mani] *n.f.* being a guest; hospitality; feast, treat

ਮਹਿਰਮ [mɛ́rəm] *adj. & n.m.* confidant,

(*fem.* confidante), sharer of secrets, intimate friend or lover, knower of one's innermost feelings and desires

ਮਹਿਰਾ [méra] *n.m.* same as ਝਿਊਰ, water-carrier; name of a Khatri sub-caste

ਮਹਿਰਾਬ [mérab] *n.f.* arch, vault; alcove of mosque; intrados

ਮਹਿਰਾਬਦਾਰ [mérabdar] *adj.* arched, vaulted

ਮਹਿਰੂ [méru] *n.m.* buffalo (male or female) cattle of this species

ਮਹਿਰੂਮ [mérum] *adj.* deprived, dispossessed, bereft; lacking, without; bereaved

ਮਹਿਰੂਮੀ/ਮਹਿਰੂਮੀਅਤ [mérumi/mérumiət] *n.f.* deprivation, dispossession, bereavement; lack

ਮਹਿਲ [mél] *n.m.* same as ਮਹੱਲ

ਮਹਿਲਾ¹ [mélla] *n.f.* woman, lady, female

ਮਹਿਲਾ² *n.m.* same as ਮਹਲਾ

ਮਹਿਵ [mév] *adj.* deeply busy or occupied; rapt, absorbed, engrossed

ਮਹਿਵਰ [mévər] *n.m.* axis

ਮਹੀਂ [məĩ] *n.f. dia.* see ਮੱਝ

ਮਹੀਅਲ [məiəl] *adv.* see ਵਿਚ and ਵਿਚਕਾਰ, inside, in the middle

ਮਹੀਨ [məhin] *adj.* fine, thin, slender (as thread); soft, high-pitched, high-frequency (voice)

ਮਹੀਨਾ [məhinna] *n.m.* month; *informal.* monthly allowance or payment; same as ਸੰਗਰਾਂਦ, the first day of Bikrami month

ਮਹੀਨੇਵਾਰ [məhinnevar] *adj.* monthly

ਮਹੀਪ/ਮਹੀਪਤ [məhip/məhipət] *n.m.* king

ਮਹੀਂਵਾਲ [mɔ̃ival] *lit.* cowherd; name of a romantic hero of Punjabi folk-lore

ਮਹੁਕਾ [mɔ́ka] *n.m.* same as ਮੁਹਕਾ

ਮਹੁਰਾ [mɔ́ra] *n.m.* poison; hemlock or any other deadly drug or drink

ਮਹੁਰੀ [mɔ́ri] *n.f.* carbuncle; a disease causing decay of tissue and bone *esp.* of tail of cattle

ਮਹੂਆ [məua] *n.m.* a tree, *Bassia latifolia* or *Madhuca indica* bearing sweet yellow flowers used for perparing a type of country liquor also called by the same name; oil extracted from its seeds is used for making washing soap

ਮਹੂਰਤ [məhurət] *n.m.* auspicious time, propitious moment or hour

~ ਕੱਢਣਾ *con.v.* to calculate, determine ਮਹੂਰਤ

ਮਹੇਸ਼ [məheṣ] *n.m. lit.* lord of the earth, an epithet of Lord Shiva

ਮਹੈਣ [məhɛn] *n.m.* family; crowd, multitude

ਮਹੌਲ [məhɔl] *n.m.* same as ਮਾਹੌਲ

ਮਕਈ [məkəi] *n.f.* same as ਮੱਕੀ

ਮਕਸਦ [məksəd] *n.m.* aim, object, purpose; motive; intent, intention

ਮਕਸੂਦ [məksud] *adj.* aimed at, intended

ਮਕਚਰ੍ਹੀ [məkcári] *n.f.* teosinte, a fodder plant

ਮਕਤਬ [məktəb] *n.m.* school

ਮਕਤਲ [məktəl] *n.m.* place or site of murder or execution; slaughter house

ਮਕਤਾ [məkta] *n.f.* last line or verse of a poem

ਮਕਤੂਲ [məktul] *n.m.* the person murdered

ਮਕਬਰਾ [məkbəra] *n.m.* Mausoleum, tomb

ਮਕਬੂਜ਼ਾ [məkbuza] *adj.* in or under possession, occupied, possessed; conquered

ਮਕਬੂਲ [məkbul] *adj.* popular, widely liked and accepted, favourite

ਮਕਬੂਲੀਅਤ [məkbuliət] *n.f.* popularity, acceptance

ਮਕਰ [məkər] *n.m.* pretence, feigning, shamming, malingering, dissemblance; dissimulation; deception, trickery, deceit; the tenth sign of the zodiac, capricorn, capricornus, the Bikrami month of Magh (when the sun is in the zodiac mansion)

~ ਸਕ੍ਰਾਂਤੀ *n.f.* the first day of the month of Magh

~-ਫ਼ਰੇਬ *n.m.* same as ਮਕਰ

~ ਰਾਸ਼ੀ *n.f.* the zodiac mansion capricorn; the period for which the sun remains in this zodiac mansion

~ ਰੇਖਾ *n.f.* tropic of capricorn
ਮਕਰੰਦ [məkrə̃d] *n.m.* juice or nectar of flowers sucked by honey-bee to make honey; honey-bee; same as ਭੌਰ
ਮਕਰਾ [məkra] *adj.m.* malingerer, shammer, dissembler
ਮਕੜਾ [məkṛa] *n.m.* spider; grass hopper; small heap of reaped crop; wooden piece inset as the top hub for the vertical shaft of persian wheel or oil press; camel's crupper
ਮਕੜੀ [məkṛi] *n.f.* same as ਮਕੜਾ; locust
ਮੱਕਾ[1] [məkka] *n.m.* Mecca
ਮੱਕਾ[2] *n.m.* same as ਮੱਕੀ
ਮਕਾਣ [məkaṇ] *n.f.* condolence, condolence call
~ ਲਾਹੁਣੀ *ph.* to condole (with), make a condolence call
ਮਕਾਨ [məkan] *n.m.* house, apartment, building *esp.* residential building; residence, dwelling; home
~-ਮਾਲਕ *n.m.* landlord
~-ਮਾਲਕਣ *n.f.* landlady
ਮਕਾਮ [məkam] *n.m.* same as ਮੁਕਾਮ
ਮੱਕਾਰ [məkkar] *adj.* deceitful, cunning, sly, wily, catty, foxy, crafty, artful trickster, deceiver, cheat, insidious
ਮੱਕਾਰੀ [məkkari] *n.f.* deceitfulness, cunning, slyness, foxiness, artfulness, insidiousness; same as ਮਕਰ
ਮੱਕੀ [məkki] *n.f.* maize, *Zea mays*
ਮੱਕੂ [məkku] *n.m.* part of hubble-bubble fixed into the base containing water
~ ਠੱਪਣਾ *ph. slang.* to beat, thrash, chastise, take to task; *lit.* to tighten the ਮੱਕੂ
~ ਬੰਨ੍ਹਣਾ *ph.* same as *prec.*; to tie, secure ਮੱਕੂ
ਮਕੈਨਿਕ [məkɛnɪk] *n.m.* mechanic
ਮਕੈਨਿਕੀ [məkɛnɪki] *n.f.* skill or job of ਮਕੈਨਿਕ
ਮਕੈਨੀਕਲ [məkɛnikəl] *adj.* mechanical
ਮਕੋ [məko] *n.m.* a plant, *Solanum indica or* nigrum, bearing fruit and leaves used medicinally, solanum
ਮਕੌੜਾ [məkɔṛa] *n.m.* a large black ant
ਮਖ/ਮਖਾਂ [məkh/məkhã] *ph. colloq.* expression abbreviated from ਮੈਂ ਆਖਿਆ – I said, or ਮੈਂ ਆਖਾਂ – should I say
ਮੱਖ [məkkh] *n.m.* a large-sized fly; *cf.* ਮੱਖੀ
ਮਖ਼ਸੂਸ [məkhsus] *adj.* reserved, set apart
ਮਖੱਟੂ [məkhəṭṭu] *adj.* same as ਨਖੱਟੂ
ਮੱਖਣ [məkkhəṇ] *n.m.* butter; *informal.* a dear one
~-ਕਟੋਰੀ *n.m.* a flower plant, *Ficus krishnae*
ਮਖਣੀ [məkhṇi] *n.f.* same as ਮੱਖਣ
ਮਖ਼ਦੂਮ [məkhdum] *n.m.* master; *cf.* ਖ਼ਾਦਮ
ਮਖ਼ਮਲ [məkhməl] *n.f.* velvet
ਮਖ਼ਮਲੀ [məkhməli] *adj.* velvety, soft, smooth
ਮਖ਼ਮੂਰ [məkhmur] *adj.* intoxicated, transported, enraptured; absorbed, deeply engrossed
ਮਖ਼ਲੂਕ [məkhluk] *n.f.* same as ਖ਼ਲਕਤ, creature, created beings, *cf.* ਖ਼ਾਲਕ
ਮਖਾਣਾ [məkhaṇa] *n.m.* a kind of sweet drop; a kind of water lily; *Annesloea spinosa;* a type of knot, also called ਮਖਾਣੇ ਗੰਢ
ਮਖਿਆਲ਼ [məkhɪaḷ] *n.m. honey comb; a swarm of honey bees*
ਮੱਖੀ [məkkhi] *n.f.* fly, housefly, gadfly; bee, honey bee; *informal.* foresight of a gun
~ ਚੂਸ *adj. slang.* miserly, niggardly, stingy
~ ਤੇ ਮੱਖੀ ਮਾਰਨਾ *ph.* to copy exactly but thoughtlessly
~ ਪਾਲਣ *n.m.* apiculture, beekeeping
~ ਮਾਰ *n.m.* swat, fly-swat; *adj. slang.* idle, avoiding work, lethargic
ਮੱਖੀਆਂ ਮਾਰਨਾ *ph.* to kill or swat flies; *slang.* to sit or remain idle; to twiddle one's thumbs
ਮਖੀਰ [məkhir] *n.m.* same as ਮਖਿਆਲ਼; honey
ਮਖੇਰਨਾ [məkherna] *n.m.* fringe tied on horse's forehead to keep away flies and also to serve as blinkers
ਮਖੌਟਾ [məkhɔṭṭa] *n.m.* mask, false face
ਮਖੌਲ [məkhɔl] *n.m.* joke, jest, witticism,

jape, quip, wise-crack; hoax; taunt, ridicule, jeer, jibe, facetious remark
~ ਉਡਾਉਣਾ *con.v.* to mock, jeer, gibe, deride, taunt
~ ਕਰਨਾ *con.v.* to joke, cut or pass a joke, talk lightly in jest

ਮਖੌਲੀ/ਮਖੌਲੀਆ [məkhɔlli/məkhɔlia] *adj.m.* witty, jolly, jovial, joker, humorous; risible, facetious *adj.f.* ਮਖੌਲਣ

ਮਗ [məg] *n.m.* same as ਰਸਤਾ, path

ਮੱਗ [məgg] *n.m.* mug

ਮੰਗ [mə̃g] *n.f.* demand, requirement, claim, request; (one's) betrothed woman, fiancee; *n.m.* (rare) betrothed man, fiance; collective, co-operative agricultural effort in ploughing, sowing or harvesting
~ ਤੰਗ *n.f.* begging, borrowing
~ ਤੰਗ ਕੇ *adv.* by begging or borrowing
~ ਪੱਤਰ *n.m.* charter of demands, written request or demand, requisition
~ ਛੱਡਣੀ *con.v.* to break betrothal
~ ਪਾਉਣੀ *con.v..* to arrange ਮੰਗ

ਮਗ਼ਜ਼ [məgəz] *n.m.* brain; marrow, pitch, kernel of seed, the inner seed, melonseed
~ ਖਪਾਈ/~ ਪੱਚੀ/~ ਮਾਰੀ *ph.* same as ਸਿਰਖਪਾਈ, botheration, irritation

ਮਗ਼ਜ਼ੀ [məgzi] *n.f.* lining, hem, edging, welt
~ ਲਾਉਣੀ *con.v.* to stitch ਮਗ਼ਜ਼ੀ, hem, welt

ਮਗਜੋਲ਼ੀ [məgjɔḷi] *n.f. dia.* see ਸਿਰਖਪਾਈ

ਮਗਣ [məgəṇ] *n.m.* prosodic foot of three long syllables

ਮੰਗਣਾ[1] [mə̃gəṇa] *v.t.* to beg, ask for, demand, request for; to borrow

ਮੰਗਣਾ[2] *n.m.* betrothal, espousal, engagement; also ਮੰਗਣੀ; *v.t.* to have or get one betrothed

ਮੰਗ ਦੇਣਾ *v.t.* same as ਮੰਗਣਾ; also ਮੰਗਣੀ ਕਰਨੀ

ਮੰਗਤਾ/ਮੰਗਤੀ [mə̃gta/mə̃gti] *n.m./n.f.* beggar, mendicant

ਮਗਨ [məgən] *adj.* absorbed, engrossed, happily and deeply engaged, happy

ਮਗਨਤਾ [məgənta] *n.f.* state of being ਮਗਨ, absorption, engrossment, complete preoccupation, single-mindedness

ਮਗਰ[1] [məgər] *n.m.* same as ਮਗਰਮੱਛ

ਮਗਰ[2] *n.f.* back, backside; *adv.* behind, on the backside, on the back, at or towards the rear; after
~ ਪਿੱਛੇ *adv.* on the back, piggyback
~ ਪੈਣਾ *ph.* to pursue, importune; to pester, harass, treat maliciously, persecute
~ ਲੱਗਣਾ *ph.* to follow, be led or guided by

ਮਗਰ/ਮਗਰੇ *adv.* close behind, trailing at one's heels, on or upon the heels of

ਮਗਰ[3] *conj.* same as ਪਰ[2], but, yet, however

ਮਗਰਬ [məgrəb] *n.m.* west, occident
~ ਦੀ ਨਮਾਜ਼ *ph.* evening prayer by muslims performed just after sun-set

ਮਗਰਬੀ [məgrəbi] *adj.* western, occidental

ਮਗਰਮੱਛ [məgərməcch] *n.m.* crocodile, alligator,mugger, *Crocodylus spinosa*

ਮਗਰਲਾ [məgərla] *adj.m.* latter, last, later, súbsequent; (the one) behind, posterior

ਮਗਰਾ [məgra] *n.m.* bundle or load carried on the back over the shoulder

ਮਗਰੀ [məgri] *n.f.* small ਮਗਰਾ

ਮਗਰੂਰ [məgrur] *adj.* proud, vain, conceited, overbearing, overweening, haughty, snobbish, arrogant, supercilious

ਮਗਰੂਰੀ [məgruri] *n.f.* same as ਗਰੂਰ; conceitedness, haughtiness, snobbishness, superciliousness, arrogance

ਮਗਰੋਂ [məgrõ] *adv.* later, afterwards, after
~ ਲਾਹੁਣਾ *ph.* to get rid of; to disengage, break contact (with enemy in battle); to do or perform (some work) perfunctorily or in a slipshod, perfunctory manner

ਮੰਗਲ [mə̃gəl] *n.m.* same as ਮੰਗਲਵਾਰ, Tuesday; the planet Mars; happiness, auspiciousness, joy, well-being, prosperity
~ ਸੂਤਰ *n.m.* an ornament hung around

the neck or worn on the head by Hindu women as a symbol of married status

ਮੰਗਲਵਾਰ [mə̃gəlvar] *n.m.* Tuesday

ਮੰਗਲਾਚਰਨ [mə̃gəlacərən] *n.m.* invocatory verses in the beginning of a book or long poem; invocation, panegyric to deity

ਮੰਗਲਾਚਾਰ [mə̃gəlacar] *n.m.* invocatory song in the opening of a play; song of rejoicing sung on the occasion of marriage

ਮੰਗਲੀਕ [mə̃glik] *adj.* born under the influence of Mars, born on a Tuesday

ਮੰਗਾਵਾ [mə̃gva] *v.form.* imperative of ਮੰਗਵਾਉਣਾ, send for

ਮੰਗਾਵਾਂ [mə̃gvā] *adj.m.* borrowed; *adv.* on loan

ਮੰਗਵਾਉਣਾ/ਮੰਗਾਉਣਾ [mə̃gvauṇa/ mə̃gauṇa] *v.t.* to cause to be brought or fetched, arrange to be provided, send for, summon, order, place an order for; to arrange to be betrothed, arrange a match (for)

ਮੰਗਵਾਈ/ਮੰਗਾਈ [mə̃gvai/ mə̃gai] *n.f.* payment for ਮੰਗਾਉਣਾ

ਮੰਗੂ [mə̃gu] *n.m.* herd of cattle

ਮੰਗੇਤਰ [mə̃getər] *n.m./f.* fiance, fiancee, the betrothed one

ਮੰਗੋਲ [mə̃gol] *n.m.* Mongol

ਮਘ[1] [mə́g] *n.f.* a piperaceous plant, *Piper longum;* its fruit used in medicines, also called ਮਘਪਿਪਲਾ

ਮਘ[2] *n.m.* wild goose

ਮਘ[3] *v.form.* nominative of ਮਘਣਾ

ਮੱਘ [mə́gg] *n.m.* hold or opening in the roof; also ਮੁੱਘ

ਮਘਣਾ [mə́gəṇa] *v.i.* same as ਭਖਣਾ

ਮੱਘਰ [mə́ggər] *n.m.* the ninth month of Bikrami calendar corresponding to November-December

ਮਘਵਾਉਣਾ [məgvàuṇa] *v.t.* same as ਭਖਵਾਉਣਾ

ਮਘਾਉਣਾ [məgàuṇa] *v.t.* same as ਭਖਾਉਣਾ

ਮੱਘਾ [mə́gga] *n.m.* earthen pitcher of medium size

ਮੱਘੀ [mə́ggi] *n.f.* small ਮੱਘਾ

ਮਘੋਰਾ [məgòra] *n.m.* large hole, vent, rent or opening

ਮੱਚ [məcc] *n.m.* big open fire, blaze conflagration; *fig.* enthusiasm, fervour, ardour, vehemence

ਮੰਚ [mə̃c] *n.m.* stage, platform, dias

ਮਚਕੋੜ [məckoṛ] *n.f.* sprain, twist; also ਮੋਚ

ਮੱਚਣਾ [məccəṇa] *v.i.* to burn, be afire; (for tumult, battle etc.) break out, erupt with full force

ਮਚਲਕਾ [məcəlka] *n.m.* same as ਮੁਚਲਕਾ

ਮਚਲਣਾ [məcəlṇa] *v.i.* to become restless, fidget; to insist or persist (in demand like a child), behave intractably, refractorily

ਮਚਲਾ [məcla] *adj.m.* feigning ignorance, deliberately inattentive or inactive, pretending not to hear

ਮਚਵਾਉਣਾ [məcvauṇa] *v.t.* to cause (fire, tumult, noise, commotion, etc.) through someone else

ਮਚਾਉਣਾ [məcauṇa] *v.t.* to cause, make or raise (fire, noise, commotion, etc.)

ਮਚਾਕ [məcak] *n.m.* wheelwright's mallet; a type of ironsmith's anvil

ਮਚਾਕਾ [məcakka] *n.m.* same as ਪਚਾਕਾ, smack

ਮਚਾਣ [məcaṇ] *n.f.* improvised loft or platform supported by scaffolding or tree branches for use by big game hunters or by peasants while searing birds away from crops

ਮੱਛ [məcch] *n.m.* big fish, male fish, milter

ਮਛਹਿਰੀ [məchéri] *n.f.* same as ਮਸਹਿਰੀ, mosquito net

ਮੱਛਰ [məcchər] *n.m.* mosquito; *v.form.* nominative of ਮੱਛਰਨਾ

ਮੱਛਰਦਾਨੀ [məcchərdani] *n.f.* mosquito-net

ਮੱਛਰਨਾ [məccharna] *v.i.* to frolic, romp, be naughty, playful

ਮਛਰਾਉਣਾ [məchrauṇa] *v.t.* to cause, excite or incite to frolic or playfulness

ਮੱਛਰਿਆ ਹੋਇਆ [məcchrɪa hoɪa] *adj.m.* petulent, playful, naughty

ਮਛਰੀ [məchəri] *n.f.* sandfly; also ਗੁੱਦੀ

ਮਛਰੇਵਾਂ [məchrevã] *n.m.* petulence, playfulness, naughtiness, frolic-someness

ਮਛਲੀ [məchli] *n.f.* same as ਮੱਛੀ; an ornament for the nose; calf, thigh or upper arm muscle, biceps

ਮਛਿਆਂਧ [məchıãd] *n.f.* stink of dead fish

ਮੱਛੀ [məcchi] *n.f.* fish

~ ਸੰਬੰਧੀ *adj.* piscine

~ ਸਮਾਨ *adj.* pisciform

~ ਦਾ ਤੇਲ *ph.* cod liver oil

~ ਪਾਲਣ *n.m.* pisciculture, fish breeding

~ ਪਾਲਣ ਵਾਲਾ *ph.* fish breeder

~ ਫੜਨ ਸੰਬੰਧੀ *ph.* piscatory

~ ਫੜਨ ਵਾਲਾ *ph.* same as ਮਛੇਰਾ; fisherman, angler

~ ਫੜਨਾ *con.v.* to fish, angle, *n.m.* fishing, fishery

~ ਫਾਰਮ *n.m.* fishery

ਮੱਛੀਕੰਡਾ [məcchikə̃ḍa] *n.m.* bone of fish; a kind of stitch in embroidery

ਮਛੂਆ/ਮਛੇਰਾ [məchua/məchera] *n.m.* fisherman, piscator, fisher; *fem.* fisherwoman

ਮਛੋਹਰ [məchór] *n.m.* boy, child, *esp.* motherless child

~ ਮੱਤ *adj.* childish, boyish

~-ਮੱਤ *n.f.* childish mentality or behaviour, childishness

ਮਜ਼ਹਬ [mə́zəb] *n.m.* same as ਮਜ਼੍ਹਬ

ਮਜ਼ਕੂਰ [məzkur] *adj.* already mentioned, stated or referred to

ਮੰਜਣ/ਮੰਜਨ [mə̃jəṇ/mə̃jən] *n.m.* tooth powder, dentifrice

ਮਜ਼ਦੂਰ [məzdur] *n.m.* labourer, worker, workman, porter; any employee engaged on daily or hourly basis

~ ਸੰਘ *n.m.* labour union; trade union

ਮਜ਼ਦੂਰੀ [məzduri] *n.f.* labour, work or employment as a ਮਜ਼ਦੂਰ; wage, wages, remuneration

ਮਜਨੂੰ [məjnũ] *n.m.* name of lover-hero in a folklore romance; *fig.* man of romantic nature, lover; thin and lean person, shabbily dressed or sexy man

ਮਜ਼ਬੂਤ [məzbut] *adj.* strong, firm, hard, stiff, sturdy, robust, well built, stout

ਮਜ਼ਬੂਤੀ [məzbutti] *n.f.* strength, strongness, firmness, hardness, stiffness; sturdiness, robustness, stoutness

ਮਜਬੂਰ [məjbur] *adj.* forced, compelled, constrained, coerced, obliged, helpless

~ ਕਰਨਾ *con.v.* to force, compel, constrain, coerce, oblige, impel

ਮਜਬੂਰਨ [məjburən] *adv.* under constraint, compulsion, coercion or duress, per force, of necessity; willy-nilly

ਮਜਬੂਰੀ [məjburi] *n.f.* helplessness, compulsion, constraint, dire necessity

~ ਦਾ ਨਾਉਂ ਸ਼ੁਕਰੀਆ *ph.* making a virtue of necessity

ਮਜਮਾ [məjma] *n.m.* crowd, throng, large gathering, multitude, mob, assemblage

ਮਜ਼ਮੂਨ [məzmun] *n.m.* essay, article, composition; text; content, subject, topic

~ ਨਵੀਸ/~ ਨਿਗਾਰ *n.m.* essayist

~ ਨਵੀਸੀ/~ ਨਗਾਰੀ *n.f.* essay-writing

ਮਜ਼ਰੀ [məzri] *n.f.* a type of cotton cloth *usu.* silver grey in colour

ਮਜਲ [məjəl] *n.f.* *colloq.* see ਮੰਜ਼ਲ

ਮਜਲੋਂ ~ /ਮਜਲੋਂ ਮਜਲੀ *adv.* by stages, step by step

ਮੰਜ਼ਲ [mə̃zəl] *n.f.* destination; ultimate goal, stage, a day's journey; halt, halting place, *fig.* achievement progression; storey, floor

ਮਜਲਸ [məjləs] *n.f.* social or cultural gathering, assembly, meeting; same as ਮਹਿਫਲ

~ ਲਾਉਣੀ *con.v.* same as ਮਹਿਫਲ ਲਾਉਣੀ

ਮਜਲਸੀ [məjləsi] *adj.* pertaining to ਮਜਲਸ; (person) habitually attending ਮਜਲਸ

ਮਜ਼ਲੂਮ [məzlum] *adj.* oppressed, persecuted, wronged; victim of atrocity, tyranny or injustice; *cf.* ਜ਼ਾਲਮ, ਜ਼ੁਲਮ

ਮੰਜਵਾਉਣਾ [mə̃jvauṇa] *v.t.* to get (utensils etc.) cleaned by rubbing and scrubbing; to assist in cleaning; also ਮੰਜਾਉਣਾ

ਮੰਜਵਾਈ/ਮੰਜਾਈ [mə̃jvai/mə̃jai] *n.f.* act of, wages for *prec.*

ਮਜ਼੍ਹਬ [mə́zəb] *n.m.* religion, creed, faith,

belief, religious denomination
~ ਬਦਲਨ ਵਾਲ਼ਾ *ph.* proselyte, convert; *adj.m.* proselytiser
~ ਬਦਲਨਾ *con.v.* to change religion, proselytise, convert, be converted
ਮਜ਼੍ਹਬਣ [məzbəṇ] *n.f.* female member of ਮਜ਼੍ਹਬੀ ਸਿੱਖ class
ਮਜ਼੍ਹਬਨ [məzbən] *adv.* by religious faith
ਮਜ਼੍ਹਬੀ [məzbi] *adj.* religious, creedal; *n.m.* same as ਮਜ਼੍ਹਬੀ ਸਿੱਖ
~ ਸਿੱਖ *n.m.* class of Sikhs converted from the so-called low caste of scavengers; a member of this class
~ ਜਨੂਨ *n.m.* fantacism, religious intolerance, bigotry
~ ਲੜਾਈ *n.m.* crusade, religious war
ਮਜ਼ਾ [məza] *n.m.* taste, relish, savour; enjoyment, fun, pleasure
~ ਆਉਣਾ *con.v.* to feel particular ਮਜ਼ਾ, to enjoy thoroughly
~ ਚਖਾਉਣਾ *ph. slang.* to teach (one) a lesson, chastise, punish
~ ਲੈਣਾ *con.v.* to enjoy, relish
ਮੰਜਾ [mə̃ja] *n.m.* cot, bedstead
ਮਜ਼ਾਹੀਆ [məzáia] *adj.* same as ਮਖੌਲੀ
ਮਜ਼ਾਕ [məzak] *n.m.* same as ਮਖੌਲ
ਮਜ਼ਾਕੀਆ [məzakia] *adj.* same as ਮਖੌਲੀ; *adv.* by way of ਮਜ਼ਾਕ, jokingly
ਮਜਾਜ [məjaj] *n.m.* same as ਮਿਜਾਜ; arrogance, pride, prudery
ਮਜਾਜਣ/ਮਜਾਜੀ[1] [məjajəṇ/məjaji] *adj.f./adj.m.* arrogant, proud, prudish
ਮਜਾਜੀ[2] *adj.* physical as against spiritual (love), also ਮਜ਼ਾਜੀ
ਮਜ਼ਾਰ [məzar] *n.m.* tomb, grave of a Muslim holy man, shrine
ਮਜਾਲ [məjal] *n.f.* daring, boldness, nerve, courage; audacity
ਮਜਾਵਰ [məjavər] *n.m.* same as ਮਜੌਰ
ਮਜਿਸਟਰੇਟ [məjɪsṭəreṭ] *n.m.* magistrate
ਮਜਿਸਟਰੇਟੀ [məjɪsṭəreṭi] *n.f.* magistracy
ਮੰਜੀ [mə̃ji] *n.f.* same as ਮੰਜਾ; office or honour bestowed by Sikh Gurus on deserving sikhs as preachers; preaching centre or district, diocese; *cf.* ਮਸੰਦ
ਮਜੀਠ [məjiṭh] *n.m.* a rubiaceous plant, madder, *Rubia munjista;* a red dye extracted from its roots, madder; *adj.* same as ਮਜੀਠਾ
ਮਜੀਠਾ [məjiṭha] *adj.m.* red, deep red
ਮਜ਼ੀਦ [məzid] *adj.* additional, supplementary
ਮਜੀਰਾ [məjira] *n.m.* cymbal *usu. pl.* ਮਜੀਰੇ cymbals
ਮਜੂਰ [məjur] *n.m. colloq.* see ਮਜ਼ਦੂਰ
ਮਜ਼ੇਦਾਰ [məzedar] *adj.* delicious, tasty, tasteful, relishing, enjoyable, pleasurable, pleasant, delightful, delectable, scrumptious
ਮਜੌਰ [məjɔr] *n.m.* officiant at a Muslim shrine
ਮੱਝ [məjj] *n.f.* adult female buffalo
ਮੰਝਧਾਰ [mə̃jtàr] *n.f.* fast current in the middle of river
ਮੰਝਲਾ [mə̃jla] *adj.m.* same as ਵਿਚਕਾਰਲਾ, middle
ਮੰਝਲੀ[1] [mə̃jli] *adj.f.* same as ਮੰਝਲਾ
ਮੰਝਲੀ[2] *n.f.* sheet covering the lower body; also ਤਹਿਮਤ
ਮਝੇਰੂ [məjèru] *n.m.* axle of spinning wheel
ਮਝੈਲ [məjὲl] *adj. & n.m.* native of ਮਾਝਾ[1]
ਮਝੋਲਾ [məjòlla] *n.m.* small ਗਰਮਾਲਾ, mason's tool for smoothening plaster
ਮਝੋਲੀ [məjòlli] *n.f.* same as ਮੰਝਲੀ
ਮੱਟ [məṭṭ] *n.m.* large pitcher; earthen vat
ਮਟਕ [məṭək] *n.f.* graceful, enticing or coquettish movement, gesture or behaviour; coquetry, hip-swinging, dalliance
ਮਟਕਣ [məṭkəṇ] *n.f.* same as ਮਟਕ or ਮੁਰਕ; act or sound of finger-cracking
ਮਟਕਣਾ [məṭkəṇa] *v.i.* to move with ਮਟਕ, to behave in a sprightly/vivacious or voluptuous manner
ਮਟਕਾ [məṭka] *n.m.* pitcher; *slang.* pot-belly, paunch
ਮਟੱਕਾ [məṭəkka] *n.m.* same as ਅੱਖ-ਮਟੱਕਾ, ogling
ਮਟਕਾਉਣਾ [məṭkauṇa] *v.i.* to make coquetish gesture with eyes
ਮਟਕੀ [məṭki] *n.f.* small pitcher
ਮਟਰ [məṭər] *n.m.* pea, *Pisum sativum,*

its bean or seed; a flower plant, *Lathyrus odoratus*

ਮਟਰਗਸ਼ਤ [məṭərgəṣt] *n.f.* amble, saunter, leisurely walk or stroll; wandering, ramble, loitering, traipsing

~ **ਕਰਨੀ** *con.v.* to amble, stroll, saunter, ramble, loiter, traipse

ਮੱਟੀ¹ [məṭṭi] *n.f.* same as ਮਿੱਟੀ; small ਮੱਟ; same as ਪੋਰੀ, segment of stalk

ਮਠ [məṭh] *n.m.* monastery, cloister, priory, hermitage

ਮੱਠਾ¹ [məṭṭha] *adj.m.* slow, slow-moving; tardy; moderate; slight

~ **ਪੈਣਾ** *con.v.* to slow down, subside, abate

ਮੱਠਾ² *n.m.* churned curd

ਮਠਾਅ [məṭha] *n.m.* slowness, tardiness; (for prices or market) depression, recession, slump

ਮੱਠਾਪਣ [məṭṭhapəṇ] *n.m.* same as *prec.*

ਮਠਿਆਈ [məṭhıai] *n.f.* same as ਮਿਠਿਆਈ

ਮੱਠੀ¹ [məṭṭhi] *adj.f.* same as ਮੱਠਾ¹

ਮੱਠੀ² *n.f.* small-sized crisp, round flat fried bread

ਮੰਡ [mə̃ḍ] *n.m.* same as ਬੇਟ; stratum or layer of earth

ਮਡਗਾਰਡ [məḍgarḍ] *n.m.* mudguard

ਮੰਡਣ [mə̃ḍəṇ] *n.m.* logical proof of truth or correctness, also ਮੰਡਨ

ਮੰਡਣਾ [mə̃ḍəṇa] *v.t.* to prove, affirm, confirm

ਮੰਡਪ [mə̃ḍəp] *n.m.* pavilion, dome of a temple; canopied enclosure (for marriage or other ceremony)

ਮੰਡਲ [mə̃ḍəl] *n.m.* congregation; constellation; group, association, society, social circle; circle, circumference; region, sphere; administrative division, district, sub-division; department; halo around the sun or the moon

ਮੰਡਲਾਉਣਾ [mə̃ḍlauṇa] *v.i.* to fly over or around, hover, circle

ਮੰਡਲੀ [mə̃ḍli] *n.f.* group, gang, band; coterie, clique; choir; troupe

ਮੰਡਵਾ [mə̃ḍva] *n.m.* same as ਮੰਡਪ

ਮੰਡਾ [mə̃ḍa] *n.m.* rough Indian bread baked in mass on a wide iron plate

ਮੰਡਾਸਾ [mə̃ḍassa] *n.m.* same as ਮੁੰਡਾਸਾ

ਮੱਡੀ [məḍḍi] *n.f. dia.* household luggage

ਮੰਡੀ [mə̃ḍi] *n.f.* market, mart, trading centre; cattle fair

ਮੰਡੂਆ¹ [mə̃ḍua] *n.m.* same as ਮੰਡਪ; theatre, cinema or picture house

ਮੰਡੂਆ²/ਮੱਢਲ [mə́ḍḍəl] *n.m.* a coarse grain formerly used as staple diet by the very poor, now almost extinct

ਮਢੀਲ [məḍil] *n.f.* wedge or dowel used to fasten wheel of a bullock cart

ਮਢੇਲ [məḍèl] *n.f.* bar of a plough

ਮਣ [məṇ] *n.m.* same as ਮਨ; raised platform or terrace around a well; maund

ਮਣਾਂ ਮੂੰਹੀਂ *adj. & adv.* in large quantity, several maunds

ਮਣਸ [məṇəs] *v.form.* imperative of ਮਣਸਣਾ, donate

ਮਣਸਣਾ [məṇəsəṇa] *v.t.* to donate, reserve for charitable purposes, give away as alms

ਮਣਸਵਾਉਣਾ/ਮਣਸਾਉਣਾ [məṇsəvauṇa/məṇsauṇa] *v.t.* to cause or get to be donated, persuade someone to donate

ਮਣਕਾ [məṇka] *n.m.* bead, perforated jewel, stone, etc.; vertebra, *esp.* the upper cervical one

~ **ਟੁੱਟਣਾ** *v.i.* for neck to be broken

ਮਣਖ [məṇkh] *n.m.* same as ਮਨਖ

ਮਣਖੱਟੂ [məṇkhəṭṭu] *adj.* same as ਨਖੱਟੂ, idle, not earning

ਮਣਛਿੱਟੀ [məṇchıṭṭi] *n.f.* dry cotton plant

ਮਣ੍ਹਾ [mə́ṇa] *n.m.* temporary platform supported by scaffolding erected in fields for use while scaring birds off the crop

ਮਣੀ [məṇi] *n.f.* money; semen; jewel, gem, precious stone; topmost vertebra of certain species of snake supposed to cure snake-bite

~ **ਆਡਰ** *n.m.* moneyorder

ਮਤ¹ [mət] *n.m.* religion, faith, creed, cult, sect

ਮੱਤ/ਮਤ² [mətt] *n.m.* opinion, view, per-

sonal judgement, vote; same as ਮਤ[1]
~ ਅਧਿਕਾਰ *n.m.* right to vote, franchise
~-ਪੱਤਰ *n.m.* ballot paper
~ ਪਾਉਣਾ *con.v.* to vote, cast one's vote
~ ਪੇਟੀ *n.f.* ballot box
~-ਭੇਦ *n.m.* difference of opinion, dissent, disagreement

ਮੱਤ[2] *n.f.* advice, counsel; intelligence, intellect
~ ਦੇਣੀ *con.v.* to advise, counsel
~ ਮਾਰਨੀ *ph.* to baffle,confuse, confound, bemuse, befog, obfuscate; to irritate, vex to distraction

ਮਤਹਿਤ [mətɛ́t] *adj.* subject, subordinate, subservient, under command, underling

ਮਤਹਿਤੀ [mətɛ́ti] *n.f.* subjection, subordination, subservience

ਮੱਤਹੀਨ [mətthin] *adj. lit.* devoid of or lacking intelligence; stupid, foolish, idiot

ਮੰਤਕ [mə̃tək] *n.m.* logic, reason, science and art of reasoning

ਮੰਤਕੀ [mə̃təki] *adj.* logician; logical

ਮਤਦਾਤਾ [mətdatta] *n.m.* voter, elector

ਮਤਦਾਨ [mətdan] *n.m.* poll, ballot, hustings, election

ਮਤਬਲ [mətbəl] *n.m. colloq.* see ਮਤਲਬ

ਮੰਤਰ [mə̃tər] *n.m.* mystic formula, holy hymn or text; spell, charm
~ ਦੇਣਾ *ph.* to initiate (a disciple)
~ ਪੜ੍ਹਨਾ *con.v.* to recite or chant ਮੰਤਰ
~ ਮਾਰਨਾ *ph.* to cast a spell, enchant, bewitch, spellbind
~ ਮੁਗਧ *adj.* spellbound, enchanted, charmed, bewitched, under a spell

ਮੰਤਰਨਾ[1] [mə̃tərna] *n.f.* advice, counsel; view, opinion

ਮੰਤਰਨਾ[2] *v.t.* same as ਮੰਤਰ ਮਾਰਨਾ under ਮੰਤਰ

ਮੰਤਰਾਲਾ [mə̃trala] *n.m.* ministry, ministerial building or office, secretariat

ਮੰਤਰਾਲੇ ਸੰਬੰਧੀ [mə̃trale sə̃bə̃di] *adj.* ministerial, secretarial

ਮੰਤਰੀ [mə̃tri] *n.m.* minister; secretary, adviser
~ ਸੰਬੰਧੀ *adj.* ministerial
~ ਦਾ ਪਦ *ph.* ministership, ministry
~ ਦਾ ਵਿਭਾਗ *ph.* portfolio
~-ਮੰਡਲ *n.m.* council of ministers, cabinet, ministry

ਮਤਰੇਆ [mətrea] *adj.m.* same as ਮਤੇਆ, step

ਮਤਲਬ [mətləb] *n.m.* meaning, sense, idea, purport; purpose, object, motive, interest, self-interest
~ ਕੱਢਣਾ *ph.* to serve one's self interest, achieve one's object (by using others)

ਮਤਲਬਪ੍ਰਸਤ/ਮਤਲਬੀ [mətləbpərəst/mətləbi] *adj.* selfish, self-seeking, self-interested
~ ਦੋਸਤ/ਯਾਰ *n.m.* fair-weather friend, selfish friend

ਮਤਲਾ [mətla] *n.m.* first line or verse of a poem; weather

ਮਤਲਾ [mə'tla] *v.form.* nominative of ਮਤਲਾਉਣਾ

ਮਤਲਾਉਣਾ [mətlauṇa] *v.i.* see ਜੀਅ ਮਤਲਾਉਣਾ, to feel nausea

ਮਤਲੀ [mətli] *n.f.* same as ਕਚਿਆਣ, nausea

ਮੰਤਵ [mə̃təv] *n.m.* same as ਮਤਲਬ, meaning, aim

ਮਤਵਾਤਰ [mətvatər] *adv.* constantly, without break, continually, continuously, uninterruptedly, incessantly, unceasingly, without let or hindrance

ਮਤਵਾਲਾ [mətvala] *adj.m.* extremely fond (of), in love (with); intoxicated; charmed, enamoured, captivated; mad (after), infatuated
~ ਪਣ *n.m.* excessive fondness, love or infatuation; madness

ਮਤਾ [məta] *n.m.* resolution, motion
~ ਪਕਾਉਣਾ *con.v.* to restore, determine
~ ਪਾਉਣਾ *con.v.* to resolve, determine; to include a proposal for ਮਤਾ in the agenda
~ ਪਾਸ ਕਰਨਾ *ph.* to pass a resolution
~ ਪੇਸ਼ ਕਰਨਾ *ph.* to move a resolution, make a motion

ਮੱਤਾ [mətta] *adj.m.* same as ਮਤਵਾਲਾ, *usu.* as combining form indicating fond-

ness or absorption as in ਮਾਣਮੱਤਾ, ਰਸਮੱਤਾ
ਮਤਾਂ [mətā̃] *conj.* lest
ਮਤਾਬ [mətab] *n.m.* see ਚੰਦ[1] or ਚੰਨ
ਮਤਾਬੀ [mətabi] *n.f.* a kind of firework; match giving a coloured flame
ਮਤਾਲਬਾ [mətalba] *n.m. colloq.* see ਮੁਤਾਲਬਾ
ਮਤੀਰਾ [mətira] *n.m.* water melon, pepo
ਮਤੇ[1] [məte] *n.m. pl.* of ਮਤਾ
ਮਤੇ[2] *conj.* same as ਮਤਾਂ, lest
ਮਤੇਆ [mətea] *adj.m.* step (son, father, brother)
ਮਤੇਈ [mətei] *adj.f.* step (daughter, mother, sister)
ਮਥਣਾ [məthəṇa] *v.t.* same as ਰਿੜਕਣਾ, to churn
ਮੰਥਨ [mə̃thən] *n.m.* churning, stirring
ਮੱਥਾ [məttha] *n.m.* forehead, brow; front, facade
~ ਟੇਕਣਾ *ph.* to bow (before), salute, pay respects or obeisance, kowtow
~ ਠਣਕਣਾ *ph.* to feel suspicion, doubt or apprehension, be apprehensive
~ ਡੰਮ੍ਹਣਾ *ph.* to brand; *slang.* to chastise; to give and be done with
~ ਡਾਹੁਣਾ *ph.* to oppose, face; to argue, contend without sufficient knowledge or reason, argue for arguments' sake
~ ਪਿੱਟਣਾ *ph.* to lament
~ ਪਿੱਟਿਆਂ *adj.m.* a mild abuse
~ ਫੜ ਕੇ ਬਹਿ ਜਾਣਾ *ph.* to lose hope, despair, grieve; to suffer from severe headache
~ ਮਾਰਨਾ *ph.* to try to convince, argue; to talk one's head off; to knock one's head against
~ ਰਗੜਨਾ *ph.* to rub one's forehead (before deity or worldly superior), pray humbly and beseechingly, implore, entreat servilely
~ ਲਾਉਣਾ *ph.* to oppose, confront, stand-up to; to establish relationship (with a superior in wealth or status)
ਮੱਥੇ ਤੇ ਹੱਥ ਮਾਰਨਾ *ph.* to expect certain failure, lament failure or another's action likely to cause failure or trouble
ਮੱਥੇ ਦਾ ਲਿਖਿਆ *ph.* fate, destiny
ਮੱਥੇ ਮਾਰਨਾ *ph.* to give away angrily, throw in one's face
ਮੱਥੇ ਲੱਗਣਾ *ph.* to meet; to condole with
ਮੱਥੇ ਲਾਉਣਾ *ph.* to introduce one to another, arrange or take one to meet another
ਮੱਥੇ ਵੱਟ ਨਾ ਪਾਉਣਾ *ph.* not to be angry; to bear patiently with equanimity
ਮੱਥੇ ਵੱਟ ਪਾਉਣਾ *ph.* to express anger or disapproval; *usu.* in negative
ਮਦ [məd] *n.f.* wine, liquor, any intoxicating drink
ਮੱਦ [mədd] *n.f.* item, entry, issue, serial, head or sub-head
ਮੰਦ[1] [mə̃d] *adj.* slow
~ ਪੈਣਾ *ph.* to slow down, slacken
ਮੰਦ[2] *pref.* indicating, badness
ਮੰਦ[3] *suff.* indicating possession as in ਅਕਲਮੰਦ, ਦੌਲਤਮੰਦ
ਮਦਊ [mədəu] *adj.* invited
~ ਕਰਨਾ *con.v.* to invite
ਮੰਦਹਾਲੀ [mə̃dhali] *n.f.* bad days, hard times, poverty, destitution
ਮਦਹੋਸ਼ [mədhoṣ] *adj.* drunk, intoxicated, unconscious; enraptured, enrapt, transported, rapturous, in ecstasy, ecstatic
ਮਦਹੋਸ਼ੀ [mədhoṣi] *n.f.* state of drunkenness, intoxication, unconsciousness; rapture, esctasy, transport
ਮੰਦਕ [mə̃dək] *n.m.* moderator
ਮਦਤ [mədət] *n.f. colloq.* see ਮਦਦ
ਮਦਦ [mədəd] *n.f.* help, aid, assistance; succour, relief; support
~ ਕਰਨੀ *con.v.* to help, assist, support, succour; to come to one's help
ਮਦਦਗਾਰ [mədədgar] *adj.* helper, supporter
ਮਦਨ [mədən] *n.m.* Cupid, god of love
ਮੰਦਭਾਗਾ [mə̃dpàga] *adj.m.* unfortunate, hapless, unlucky
ਮੰਦਭਾਵਨਾ [mə̃dpàvna] *n.f.* ill will, antipathy, hostile feeling, malice, malevolence
ਮਦਮਸਤ/ਮਦਮਾਤਾ [mədməst/mədmatta] *adj./adj.m.* same as ਮਦਹੋਸ਼
ਮੰਦਰ [mə̃dər] *n.m.* temple, place of

worship; magnificent house
ਮਦਰਸਾ/ਮਦਰੱਸਾ [mədərsa/mədrəssa] *n.m./n.m. colloq.* school; seminary
ਮੰਦਰਨਾ [mə̃dərna] *v.t.* to spellbind, charm, exorcise
ਮਦਰਾ [mədra] *n.f.* wine, alcoholic drink, liquor
ਮਦਰਾਸ [mədras] *n.m.* Madras (city); Tamilnadu (state)
ਮਦਰਾਸੀ [mədrassi] *adj. & n.m.* pertaining to or native, domiciled or resident of Tamilnadu; *informal.* any South Indian; *n.f.* Tamil (language)
ਮੰਦਵਾੜਾ [mə̃dvaṛa] *n.m.* economic recession, depression or slump
ਮੰਦਾ [mə̃da] *adj.m.* bad, evil, inferior, poor (in quality); *n.m.* same as ਮੰਦਵਾੜਾ
ਮਦਾਹ [mədá] *adj.* admirer
ਮਦਾਖ਼ਲਤ [mədakhlət] *n.f.* interference; intervention, intercession, interposition; also ਦਖ਼ਲ
~ ਕਰਨਾ *con.v.* same as ਦਖ਼ਲ ਦੇਣਾ; to interfere, intervene, intercede, interpose
ਮਦਾਨ [mədan] *n.m.* plain; open ground or field, (play) ground; (battle) field; arena
~ ਸਾਫ਼ ਕਰਨਾ *ph.* to clear the field; to remove likely obstacle, prepare groundwork
~ ਮਾਰਨਾ *ph.* to win, achieve something difficult; *slang.* to answer the call of nature
~ ਵਿਚ ਉੱਤਰਨਾ/~ ਵਿਚ ਆਉਣਾ *ph.* to take the field; to accept a challenge, come forward
ਮਦਾਨੀ[1] [mədanni] *adj.* plain, pertaining to plain, level
ਮਦਾਨੀ[2] *n.f.* thick solution of flour and water prepared for making ਜਲੇਬੀ
ਮਦਾਰੀ [mədari] *n.m.* juggler, trickster, conjurer; snake-charmer, one who practises legerdemain or sleight of hand; one who tames monkeys or bear for show business
ਮੰਦਿਰ [mə̃dır] *n.m.* same as ਮੰਦਰ
ਮਦਿਰਾ [mədira] *n.f.* same as ਮਦ
ਮਦੀਨ [mədin] *adj. & n.f.* same as ਮਾਦਾ
ਮਦੀਰਾ [mədira] *n.m.* same as ਝਾਂਜਰ, tinkling anklet
ਮੰਦੀਲਾ [mə̃dila] *n.m.* large two-sided drum
ਮਦੇ ਨਜ਼ਰ [məddé nəzər] *adv.* in view of, in consideration of
ਮੰਦੇਰਾ [mə̃dera] *adj.* worse; cheaper
ਮੱਧ [mə́dd] *n.m.* centre, middle, half; *adv.* in the middle or centre, inside, in between
~ ਕਾਲ *n.m.* medieval period, middle ages
~ ਕਾਲੀਨ *adj.* medieval
~ ਮਾਰਗ *n.m.* central avenue, arterial road; middle path (as rule of Buddhism)
ਮੱਧਮ [mə́ddəm] *adj.* slow; dim; dull (light); light (colour)
~ ਪੁਰਖ *n.m.(gr.)* second person
~ ਪੈ ਜਾਣਾ *ph.* to slow down, bate, abate; to grow dim, fade
ਮੱਧਮਾਨ [mə́ddman] *n.m.* mean, medium, average
ਮਧਰ [mə́dər] *adj. colloq.* see ਮਧੁਰ
ਮਧਰਾ [mə́dra] *adj.m.* of medium or low height, short-statured, shorter in height
ਮਧਰਾਪਣ [mə́drapəṇ] *n.m.* short stature, low height, short-staturedness
ਮਧਵਰਤੀ [mə́dvərti] *adj.* central, middle; equatorial; equidistant
ਮਧਾਣਾ [mədàṇa] *n.m.* a type of grass, *Dectiloctenium Egypticum*
ਮਧਾਣੀ [mədàṇi] *n.f.* churn, churning stick or staff
~ ਪਾਉਣੀ *con.v.* to churn, start churning
~ ਫੁੱਲ *adj.* cross-shaped
ਮੱਧਿਆਨ ਰੇਖਾ [mə́ddıan rekha] *n.f.* meridian,
ਮਧੁਰ [mə́dur] *adj.* melodious
ਮਧੁਰਤਾ [mə́durta] *n.f.* melodiousness, mellifluousness, tunefulness, musicalness, musicality, euphoniousness, euphony, sweetness (of voice for sound)
ਮਧੋਲ਼ [mədòḷ] *v.form.* imperative of ਮਧੋਲ਼ਨਾ, rumple; trample

ਮਧੋਲ਼ਨਾ [mədòḷna] *v.t.* to rumple, crumple; to tousle; to handle roughly, trample, crush, spoil; to fondle

ਮਨ [mən] *n.m.* maund; mind, heart, inner self, psyche; desire, will, intention, inclination

~ ਆਈ ਕਰਨਾ *ph.* to act in a self-willed manner

~ ਇੱਛਤ *adj.* desired; fancied

~ ਘੜਤ *adj.* fanciful, imaginary; false

~ ਦੀ ਮਨ ਵਿਚ ਰਹਿਣੀ *ph.* for desire or wish to remain unfulfilled or unexpressed

~ ਦੇ ਲੱਡੂ ਭੋਰਨਾ *ph.* to build castles in the air; to imagine things desired

~ ਪਸੰਦ *adj.* desired, liked, pet, favourite; pleasing, agreeable

~ ਪਰਚਾਵਾ *n.m.* same as ਪਰਚਾਵਾ

~ ਭਰ ਜਾਣਾ *ph.* to be fed up, wearied, satiated

~ ਭਾਉਂਦਾ *adj.* same as ਮਨਪਸੰਦ

~ ਮਤ *n.f.* wilfulness, headstrongness, indifference to counsel of the wise (antonym ਗੁਰਮਤ), waywardness, perverseness; apostasy

~ ਮਤੀਆ *adj.m.* self-oriented as opposed to Guru-oriented, apostate, wilful, headstrong, wayward, perverse, irresponsive to advice

~ ਮਰਜ਼ੀ/ਮਨਮਾਨੀ *n.m.* will, volition, wilfulness; stubbornness, obduracy, arbitrariness

~ ਮਾਰ ਕੇ *adv.* diligently; patiently

~ ਮਾਰਨਾ *ph.* to control one's mind, passions or selfish desires; to be patient, sincere, diligent, put one's heart and soul (in whatever one does)

~ ਮੁੱਖ *adj.* guided by own mind rather than by Guru's advice, self-oriented, apostate, irreligious, atheist

~ ਮੇਲਣ/~ ਮੇਲੀ *n.f./n.m.* beloved, lover, sweet heart, friend

~ ਮੋਹਕ/~ ਮੋਹਣਾ/~ ਮੋਹਨ *adj./adj.m./adj.* attractive, winsome, charming, beautiful

~ ਮੌਜੀ *adj.* same as ਮਨ ਮਤੀਆ and ਮਸਤ-ਮੌਲਾ under ਮਸਤ

ਮੰਨ¹ [mə̃nn] *n.m.* (*deprec.*), thick, heavy, coarse Indian bread

ਮੰਨ² *v.form.* imperative of ਮੰਨਣਾ, agree, confess, believe

~ ਜਾਣਾ *cpd.v.* to agree, be willing, be persuaded or reconciled, come round; to acknowledge, confess

ਮਨਸਬ [mənsəb] *n.m.* rank, office, designation

ਮਨਸਬਦਾਰ [mənsəbdar] *n.m.* holder of ਮਨਸਬ, officer

ਮਨਸਬਦਾਰੀ [mənsəbdari] *n.f.* system of civil and military officialdom and administration under the Mughal rule in India

ਮਨਸ਼ਾ [mənṣa] *n.f.* desire, wish, intent, intention, purpose, aim, object

ਮਨਸੂਖ [mənsukh] *adj.* cancelled, annulled, abrogated, revoked; invalidated

~ ਕਰਨਾ *con.v.* to cancel, annul, abrogate, revoke; to invalidate

ਮਨਸੂਖੀ [mənsukhi] *n.f.* cancellation, annulment, abrogation, revocation, invalidation

ਮਨਸੂਬਾ [mənsubba] *n.m.* plan, scheme, project, design; conspiracy

~ ਬਣਾਉਣਾ *con.v.* to plan, design; to prepare ਮਨਸੂਬਾ

ਮਨਸੂਬਾਬੰਦੀ [mənsubabə̃di] *n.f.* planning

ਮਨਹੂਸ [mənhus] *adj.* inauspicious, ill-omened, unlucky, boding ill

ਮਨਹੂਸੀਅਤ [mənhusiət] *n.f.* see ਨਹੂਸਤ, inauspiciousness

ਮਨੱਕਾ [mənəkka] *n.m.* dried grape, raisin or currant

ਮਨਖੱਟੂ [mənkhəṭṭu] *adj.* same as ਨਖੱਟੂ, idle, not earning

ਮਨਜ਼ੂਰ [mənzur] *adj.* sanctioned, granted, approved, acceded to, permitted, accepted, agreed to

~ ਸ਼ੁਦਾ *adj.m.* same as ਮਨਜ਼ੂਰ; already sanctioned, granted

ਮਨਜ਼ੂਰੀ [mənzuri] *n.f.* sanction, approval; permission, consent, acceptance; permit, licence, imprimatur

ਮੰਨਣਯੋਗ [mə̃nnəṇyog] *adj.* believable, credible, plausible, reliable

ਮੰਨਣਾ [mə̃nnəṇa] *v.i.t.* to believe, have faith (in), follow; to accept, confess; to obey, comply (with), carry out; same as ਮੰਨ ਜਾਣਾ under ਮੰਨ²

ਮੰਨਤ [mə̃nnət] *n.f.* same as ਸੁੱਖਣਾ, promise of offering on fulfilment of desire

~ ਮੰਨਣੀ *con.v.* same as ਸੁੱਖ ਸੁੱਖਣੀ

ਮਨਤਾਰੂ [məntaru] *adj.* not knowing how to swim

ਮਨਨ [mənən] *n.m.* thought, reflection, contemplation, internalization, thinking process; deliberation

ਮਨਫ਼ੀ [mənfi] *prep.* minus; *n.f.* sign of minus

~ ਕਰਨਾ *con.v.* to subtract, deduct

ਮੰਨ-ਮੰਨੇਵਾਂ/ਮੰਨ-ਮਨੌਤ [mə̃nn-mənevā̃/mə̃nn-mənɔt] *n.m./n.f.* reconciliation, re-establishment of harmonious relations, reapproachment, compromise, accord

ਮਨਮੁਖ [mənmukh] *adj.* see under, ਮਨ²

ਮਨਮੋਹਣਾ [mənmóṇa] *adj.* see under, ਮਨ

ਮਨਵਾ [mənva] *v.form.* imperative of ਮਨਵਾਉਣਾ, make (one) agree or confess

ਮਨਵਾਉਣਾ [mənvauṇa] *v.t.* to make, get or persuade one to accept, agree or confess

ਮਨ੍ਹਾ¹ [mə́na] *n.m.* same as ਮਨ੍ਹਾ

ਮਨ੍ਹਾ² *adj.* forbidden, prohibited, taboo; banned, proscribed, disallowed

~ ਕਰਨਾ *con.v.* to forbid, prohibit, ban, proscribe; to warn against, disallow, interdict

ਮਨਾਉਣਾ [mənauṇa] *v.t.* same as ਮਨਵਾਉਣਾ; to conciliate, reconcile, bring round, propitiate; to celebrate, to observe; *colloq.* see ਮੁਨਵਾਉਣਾ

ਮਨਾਹੀ [mənái] *n.f.* prohibition, ban, taboo, interdiction

~ ਦਾ ਹੁਕਮ *ph.* prohibitory order, interdict, interdiction

ਮਨਾਖਾ [mənakha] *adj.m.* having weak eyesight, partly or totally blind

ਮੰਨਿਆ-ਦੰਨਿਆਂ/ਮੰਨਿਆ-ਪਰਮੰਨਿਆ [mə̃nnıa-də̃nnıa/mə̃nnıa-pərmə̃nnıa] *adj.m.* generally or universally accepted, acknowledged, putative; famous, well-known, eminent

ਮਨਿਆਰ [mənıar] *n.m.* same as ਮੁਨਿਆਰ

ਮਨਿਸਟਰ [mənısṭər] *n.m.* minister

ਮਨਿਸਟਰੀ [mənısṭəri] *n.f.* ministry; ministership

ਮਨੀ [məni] *n.f.* same as ਮਣੀ

ਮਨੀਟਰ [məniṭər] *n.m.* monitor

ਮਨੀਟਰੀ [məniṭəri] *n.f.* monitoring; monitorship

ਮਨੁੱਖ [mənukkh] *n.m.* man, human being, person; *informal.* husband

ਮਨੁੱਖਾ ਜਨਮ *n.m.* human birth/life/existence

ਮਨੁੱਖਤਾ [mənukkhta] *n.f.* humanity, people, mankind, human race; humanness, humaneness, humanism

ਮਨੁੱਖਤਾਵਾਦ [mənukkhtavad] *n.m.* humanism

ਮਨੁੱਖਤਾਵਾਦੀ [mənukkhtavadi] *adj.* humanist, humanistic

ਮਨੁੱਖੀ [mənukkhi] *adj.* human

ਮਨੂਆ [mənua] *n.m.* same as ਮਨ² (poetic use)

ਮਨੂਰ [mənur] *n.m.* slag or dross of iron

ਮਨੇਜਰ [mənejər] *n.m.* manager

ਮਨੇਜਰੀ [mənejəri] *n.f.* post or job of ਮਨੇਜਰ, managership; *adj.* managerial

ਮਨੋ [məno] *combining form.* meaning of or pertaining to ਮਨ²

~ ਕਾਮਨਾ *n.f.* desire, wish

~ ਦਸ਼ਾ *n.f.* mental state, mood

~ ਬਲ *n.m.* morale, will-power

~ ਭਾਵ *n.m.* thought; feeling

~ ਵਿਰਤੀ *n.f.* propensity, proclivity, inclination, tendency, leaning; mood; mentality

~ ਵਿਆਖਿਆ/~ ਵਿਸ਼ਲੇਸ਼ਣ *n.f./n.m.* psychoanalysis, self-analysis

~ ਵਿਗਿਆਨ *n.m.* psychology

~ ਵਿਗਿਆਨਿਕ *adj.* psychological

~ ਵਿਗਿਆਨੀ *n.m.* psychologist, *adj.* same as *prec.*

~ ਵਿਗਿਆਨੀ ਡਾਕਟਰ *ph.* psychiatrist

~ ਵਿਗਿਆਨੀ ਡਾਕਟਰੀ *n.f.* psychiatry

~ ਵਿਰੇਚਨ *n.m.* catharsis
~ ਵੇਗ *n.m.* impulse
ਮਨੋਹਰ [mənór] *adj.* same as ਮਨਮੋਹਕ under ਮਨ²
ਮਨੋਨੀਤ [mənonit] *adj.* nominated, appointed, designated
~ ਕਰਨਾ *con.v.* to nominate, appoint, designate
ਮਨੋਰੰਜਕ [mənorə̃jək] *adj.* entertaining, amusing, recreative, recreational, joyful
ਮਨੋਰੰਜਨ [mənorə̃jən] *n.m.* entertainment, recreation, amusment, merriment
ਮਨੋਰਥ [mənorəth] *n.m.* desire, wish, aim, object, purpose, intention
ਮਨੋਰਥਹੀਨ [mənorəthhin] *adj.* purposeless
ਮਨੌਤ/ਮਨੌਤੀ¹ [mənɔt/mənɔti] *n.f.* postulate, axiom, something assumed without proof; belief; promise, vow, same as ਸੁੱਖ or ਮੰਨਤ
ਮਨੌਤੀ² *n.f.* standing surety for a debtor
ਮਫ਼ਤੀ [məfti] *n.f.* same as ਮੁਫ਼ਤੀ¹
ਮਫ਼ਰੂਰ [məfrur] *adj.* absconder, underground
ਮਫ਼ਲਰ [məflər] *n.m.* muffler
ਮਫ਼ਾਦ [məfad] *n.m.* same as ਮੁਫ਼ਾਦ
ਮਬਨੀ [məbəni] *adj.* dependent, contingent or based (on)
ਮੰਬਰ [mə̃bər] *n.m.* place in mosque to give ਅਜ਼ਾਨ from
ਮੰਬਾ [mə̃ba] *n.m.* same as ਸ੍ਰੋਤ, source
ਮਮਟੀ [məmṭi] *n.f.* small room above the roof *usu.* covering the stairs; small dome or kiosk on roof top
ਮੰਮਣ/ਮੰਮਣੀ [mə̃mməṇ/mə̃mməṇi] *n.m./n.f.* corn cockle
ਮਮਤਾ [məmta] *n.f.* mother's affection, love or tenderness for the offspring
ਮਮਨੂਨ [məmnun] *adj.* obliged, thankful, grateful
ਮੰਮਾ [mə̃mma] *n.m.* the letter ਮ; human breast, teat
ਮਮਿਆਉਣਾ [məmɪauṇa] *v.i.* (for goats) to bleat
ਮਮਿਆਈ [məmɪai] *n.f.* excretion from certain rocks (used as tonic)
ਮਮਿਔਹਰਾ [məmɪɔ́ra] *n.m.* brother of mother-in-law; uncle-in-law
ਮੰਮੀ [mə̃mmi] *n.f.* young, small breast; mummy; embalmed and preserved dead body; mummy, mother
ਮਮੀਰਾ [məmira] *n.m.* rhizome of a species of plant used in medicine for certain diseases of the eye
ਮਮੂਲੀ [məmuli] *adj.* same as ਮਾਮੂਲੀ
ਮਮੋਲਾ [məmolla] *n.m.* pied wagtail, *Motacillidae sarah*
ਮਮੋਲ਼ੀ [məmoḷi] *n.f.* fruit of ਪੀਲਕ¹
ਮਰਸੀਆ [mərsia] *n.m.* elegy, dirge, epicedium, funeral poem
ਮਰਹਬਾ [mərhəba] *interj.* same as ਸ਼ਾਬਾਸ਼, well done !
ਮਰਹਮ [mərhəm] *n.f.* same as ਮਲ੍ਹਮ
ਮਰਹਲਾ [mərhəla] *n.m.* stage (as of journey)
ਮਰਹੂਮ [mərhum] *adj.* deceased, the late
ਮਰਕਜ਼ [mərkəz] *n.m.* same as ਕੇਂਦਰ, centre
ਮਰਕੇ [mərke] *adv. lit.* by dying or after death; with great difficulty; hardly, merely, just
ਮਰਗ [mərg] *n.f.* same as ਮੌਤ, death
ਮਰਘਟ [mərkə̀ṭ] *n.m.* same as ਮੜ੍ਹੀਆਂ; crematorium, crematory, cremation ground
ਮਰਚ [mərc] *n.f.* same as ਮਿਰਚ
ਮਰਜ਼ [mərz] *n.f.* disease, ailment, malady
ਮਰ ਜਾਣਾ [mər jaṇa] *con.v.* same as ਮਰਨਾ; *adj.m.* mortal, *lit.* liable to death; a mild abuse
ਮਰਜਾਦਾ [mərjada] *n.f. colloq.* see ਮਰਯਾਦਾ
ਮਰਜ਼ੀ [mərzi] *n.f.* willingness, assent, concurrence; will, volition, discretion, choice; eagerness, desire, inclination, pleasure, preference
ਮਰਜੀਵੜਾ [mərjivəṛa] *adj. & n.m.* (one) ready to lay down one's life for a cause, (one) trifling with death; (one) leading a simple life free from passion and worldly gain or attachment

ਮਰਤਬਾ [mərtəba] *n.m.* rank, position, status, office, degree of honour or respect, ability; same as ਵਾਰ[5], times, repetition

ਮਰਤਬਾਨ [mərtban] *n.m.* jar

ਮਰਦ [mərd] *n.m.* male, man; brave person; husband; *adj.* manly, brave; virile, masculine; upright, just

ਮਰਦਊ/ਮਰਦਊਪੁਣਾ/ਮਰਦਾਨਗੀ [mərdəu/ mərdəupuṇa/ mərdangi] *n.m./n.m/n.f.* manliness, bravery, courage, pluck; virility; uprightness

ਮਰਦੰਗ [mərdə̃g] *n.m.* a type of two-sided drum

ਮਰਦਮਸ਼ੁਮਾਰੀ [mərdəmṣumari] *n.f.* census

ਮਰਦਾਨਾ [mərdanna] *adj.m.* male, masculine; manlike, manly, befitting or expected of a man

ਮਰਦਾਨਾਵਾਰ [mərdanavar] *adv.* like a man, bravely, courageously

ਮਰਦਾਵਾਂ [mərdavã] *adj.m.* same as ਮਰਦਾਨਾ; (garment) made for males, in male design

ਮਰਦੂਦ [mərdud] *adj.* wicked, cursed

ਮਰਦੇ ਦਮ ਤੀਕ [mərde dəm tik] *ph.* till the last breath, till death, always, ever, to the bitter end

ਮਰਨ [mərən] *n.m.* dying, death, decease, demise

~ **ਇੱਛਿਆ** *n.f.* death instinct, suicidal impulse

~ **ਸੰਸਕਾਰ** *n.m.* funeral ceremony, funeral or last rites, obsequies

~ **ਦਰ** *n.m.* death rate, mortality rate, morbidity

~ **ਦਾ ਵਿਹਲ ਨਾ ਹੋਣਾ** *ph.* to be extremely busy or preoccupied

~ **ਮਰਾਣ**/~ **ਮਾਰਨ** *n.m.* do-or-die, desperate state

~-**ਵਰਤ** *n.m.* fast unto death

ਮਰਨਹਾਰ [mərənhar] *adj.* subject to death, mortal

ਮਰਨਾ [mərna] *v.i.* to die, expire, decease, pass away, (for plants) to die, wither, decay, perish; (for wind) to subside, stop; *adj.m.* same as ਮਰ ਜਾਣਾ

ਮਰਨਾਊ [mərnau] *adj.* dying, about or likely to die soon

ਮਰਨੀ [mərni] *n.f.* dying, death; *adj.f.* same as ਮਰ ਜਾਣਾ

ਮਰਨੇ-ਪਰਨੇ [mərne-pərne] *n.m. pl.* (*lit.* deaths or marriages), sad and happy occasions, customary social functions

ਮਰੱਬਾ [mərəbba] *n.m.* square, a square or rectangular tract of 25 acres

ਮਰੱਬਾਬੰਦੀ [mərəbbabə̃di] *n.m.* consolidation of land holdings

ਮਰਮ [mərəm] *n.m.* secret, mystery, mystique

ਮਰਮਰ [mərmər] *n.m.* marble

ਮਰਮਰੀ [mərməri] *adj.* marble, white, snow-white; soft, tender; made of marble

ਮਰ ਮਿਟਣਾ [mər mɪṭəṇa] *con.v.* to die, perish (*esp.* for a worthy cause); to work or struggle very hard, kill oneself in work

ਮਰਯਾਦਾ [məryada] *n.f.* custom, customary routine or practice, tradition, convention, traditional or conventional rules and rites, religious practice, code of socio-religious conduct

ਮਰਯਾਦਾਹੀਨ [məryadahin] *adj.* unconventional, wanton, prodigal, ignorant of or breaker of ਮਰਯਾਦਾ

ਮਰਯਾਦਾਹੀਨਤਾ [məryadahinta] *n.m.* absence or a breach of ਮਰਯਾਦਾ, unconventionality

ਮਰਯਾਦਾਵਾਦ [məryadavad] *n.m.* formalism, conservatism, fundamentalism

ਮਰਯਾਦਿਤ [məryadɪt] *adj.* regulated by ਮਰਯਾਦਾ, regular, conventional, restrained

ਮਰਲਾ [mərla] *n.m.* a unit of area measuring 1/160th of an acre; 5.5 yards square or 30.25 square yards; *informal.* spot where one is destined to die

ਮਰਵਾਉਣਾ [mərvauṇa] *v.t.* to cause or get someone killed; *informal.* to put someone in a dangerous or risky position; (for weeds) to get weeds destroyed or weeded out

ਮਰਾਉਣਾ [mərauṇa] *v.t.* same as ਮਰਵਾਉਣਾ

ਮਰਾਸੀ [mərasi] *n.m.* Muslim bard-cum-geneologist, humorist; *slang.* humorous, witty person *esp.* one possessing bawdy humour

ਮਰਾਤਬਾ [maratəba] *n.m.* same as ਮਰਤਬਾ

ਮਰਿਆ [məria] *v.form.* past indefinite of ਮਰਨਾ for masculine subject, died

~ ਮਾਸ *n.m.* dead tissue, infarct

ਮਰਿਆਦਾ [məriada] *n.f.* same as ਮਰਯਾਦਾ

ਮਰੀ [məri] *n.f.* death, a series or lot of deaths, epidemic, pestilence

ਮਰੀਅਲ [məriəl] *adj.* weakling, sickly, feeble, lean and thin, debilitated

ਮਰੀਜ਼ [məriz] *n.m.* patient, sick person

ਮਰੁੰਡਣਾ [mərũḍəṇa] *v.t.* to yank, pluck, rip, tweak (top of plants or flowers)

ਮਰੂਆ[1] [mərua] *n.m.* same as ਨਿਆਜ਼ਬੋ; another plant, *Artinisia elegans*

ਮਰੂਆ[2] *adj.* same as ਮਰੀਅਲ

ਮਰੂਸ [mərus] *adj.* same as ਮੌਰੂਸ

ਮਰੂੰਡਾ [mərũḍa] *n.m.* a snack made of parched wheat and jaggery paste

ਮਰੋੜ[1]**/ਮਰੋੜਾ**[1] [məroṛ/məroṛa] *n.m.* twist, tortion, contortion, tweak; stuffy, oppressive, hot and windless weather; loose motions preceded by contortion and pain in stomach; gripes; tenesmus; dysentery

~ ਆਉਣੇ/~ ਲੱਗਣੇ *con.v.* to suffer from ਮਰੋੜ

~ ਲੱਗਣਾ *ph.* for weather to be stuffy, oppressive

ਮਰੋੜਨਾ [məroṛna] *v.t.* to twist, wrench, contort

ਮਰੋੜਾ [məroṛa] *n.m.* see ਮਰੋੜ

ਮਰੋੜੀ [məroṛi] *n.f.* same as ਮਰੋੜ; a type of knot and loop

ਮਲ੍ਹ[1] [məḷ] *n.f.* filth; faeces, excrement

~-ਨਿਕਾਸ ਕਿਰਿਆ/~-ਨਿਕਾਸ ਪ੍ਰਬੰਧ *ph.* excretory system

ਮਲ੍ਹ[2] *n.f. v.form.* imperative of ਮਲ੍ਹਨਾ, rub, scrub; massage

ਮੱਲ[1] [məll] *n.m.* wrestler; a stout and strong man

ਮੱਲ[2] *n.f.* claim to possession, thing chosen or claimed, thing possessed; exploit, feat, conquest, possession

~ ਮਾਰਨੀ *con.v.* same as ਮੱਲਣਾ; to triumph, conquer, win; to occupy without title

ਮਲਕ [mələk] *n.m.* king, chieftain, noble; angel; name of a Khatri sub-caste

ਮਲਕੜੇ [mələkṛe] *adv.* slowly, gently; secretly, imperceptibly, on the sly

ਮਲਕਾ [mələka] *n.f.* queen, empress

ਮਲਕੀਅਤ [məlkiət] *n.f.* possession, ownership; property

ਮਲੰਗ [mələ̃g] *n.m.* fakir, Muslim mendicant; *adj.* carefree, indifferent to life

ਮਲੰਗਪੁਣਾ [mələ̃gpuṇa] *n.m.* mendicancy, mendicity; carefreeness, indifference or indifferent attitude towards life

ਮਲੱਠੀ [mələṭṭhi] *n.f.* root of liquorice, licorice, *Glycyrrhiza glabra*

ਮੱਲਣਾ [mələṇa] *v.t.* to choose, claim, possess; to opt; to become fat, robust, hefty *cf.* ਮੱਲ[1] and ਮੱਲ[2]

ਮਲ੍ਹਨਾ [məḷna] *v.i.t.* to rub, massage, scrub, wring (hands)

ਮਲਬਾ [məlba] *n.m.* debris; part of a built house other than land; rubble

ਮਲਮਲ [məlməl] *n.f.* muslin

ਮਲੰਮਾ [mələ̃mma] *n.m. colloq.* see ਮੁਲੰਮਾ

ਮਲਵਈ [məlvəi] *adj.* belonging or pertaining to ਮਾਲਵਾ; *n.m.* native of ਮਾਲਵਾ; *n.f.* dialect of Punjabi spoken in ਮਾਲਵਾ

ਮਲ੍ਹਵਾ [məḷva] *v.form.* imperative of ਮਲ੍ਹਵਾਉਣਾ

ਮਲ੍ਹਵਾਂ [məḷvã] *adj.m.* involving rubbing or massage

ਮਲ੍ਹਵਾਉਣਾ [məḷvauṇa] *v.t.* to get something chosen, claimed or possessed; to get or cause to be rubbed or massaged; *colloq.* see ਮਿਲ੍ਹਵਾਉਣਾ

ਮਲ੍ਹਵਾਈ/ਮਲ੍ਹਾਈ [məḷvai/məḷai] *n.f.* process of, wages for ਮਲ੍ਹਵਾਉਣਾ

ਮਲਵੇਰ [məlver] *n.m./f.* son or daughter of maternal uncle; cousin

ਮਲਵੈਣ [məlveṇ] *n.f.* native of ਮਾਲਵਾ, *cf.* ਮਲਵਈ

ਮਲ੍ਹੱਪ [məḷəpp] *n.m.* stomach worm, round worm, nematode, ascarid, *Ascaris*

lumbricoides, tape-worm, cestode, cestoid

ਮਲ੍ਹਮ [mǝlǝm] *n.f.* ointment, salve, unguent

~ ਪੱਟੀ *n.f.* dressing

~ ਪੱਟੀ ਕਰਨਾ *con.v.* to dress (wound, sore, etc.)

ਮੱਲ੍ਹੜ [mǝllǝṛ] *n.m.* same as ਕੂੜੀ

ਮਲ੍ਹਾ [mǝ̀ḷa] *n.m.* thorny bush bearing berries like those of jujube but smaller in size, *Zizyphus numulaira*

ਮਲ੍ਹਾਰ¹ [mǝlàr] *n.m.* name of a classical musical measure traditionally sung in rainy season; also ਮਲਾਰ; caress, fondling, expression of affection

ਮਲ੍ਹੀ [mǝ̀li] *n.f.* dust of dry cowdung; sediments in oils; dolphin

ਮੱਲਾ [mǝlla] *n.m.* boil, abscess; a term of endearment used while addressing youngsters; my dear, darling

ਮਲ਼ਾਉਣਾ [mǝḷauṇa] *v.t.* same as ਮਲ਼ਵਾਉਣਾ

ਮਲ਼ਾਈ [mǝḷai] *n.f.* cream, skim of milk

~ ਦੀ ਬਰਫ਼ *ph.* ice cream

~ ਕੱਢਣੀ/~ ਲਾਹੁਣੀ *con.v.* to skim milk

ਮਲਾਹ [mǝlá] *n.m.* boatman, sailor, oarsman, rower

ਮਲਾਹਗੀਰੀ [mǝlágiri] *n.f.* boatmanship

ਮਲਾਗੀਰੀ [mǝlagiri] *adj.* of the colour of almond, dark brown

ਮਲਾਮਤ [mǝlamǝt] *n.f.* rebuke, reproach, censure, remonstrance, chiding, scolding, reviling

ਮਲਾਲ [mǝlal] *n.m.* sadness, sorrow, despondence, despondency, gloom, dejection

ਮਲਿਆਲੀ [mǝlɪali] *n.f.* Malyalam, language spoken in Kerala; *n.m. & adj.* native of Kerala, Keralite; Malyalam-speaker

ਮਲਿਔਹਰਾ [mǝlɪɔ́ra] *n.m.* same as ਮਮਿਔਹਰਾ

ਮਲਿਕ [mǝlɪk] *n.m.* same as ਮਲਕ

ਮਲੀਆਮੇਟ [mǝliameṭ] *adj.* totally/utterly or completely destroyed, extirpated, exterminated, ruined, razed to ground, devastated, annihilated

~ ਕਰਨਾ *con.v.* to destroy completely, extirpate; exterminate, annihilate, eradicate; to ruin, devastate, raze to ground

ਮਲੀਹਸ [mǝlís] *n.f.* wife of ਮਲਿਔਹਰਾ, aunt-in-law

ਮਲੀਦਾ [mǝlida] *n.m.* same as ਚੂਰਮਾ; *adj.* crushed, pulverised, pounded, reduced to pulp, mashed; a variety of cloth made from lamb's wool

ਮਲੀਨ [mǝlin] *adj.* foul, defiled, polluted, filthy, unclean; vulgar, immoral, wicked (*usu.* mind)

ਮਲੀਨਤਾ [mǝlinta] *n.f.* foulness, defilement, pollution, filth, dirt; wickedness

ਮਲੂਕ [mǝluk] *adj.* tender, delicate, soft; feeble, weak

ਮਲੂਮ [mǝlum] *adj.* known

~ ਕਰਨਾ *con.v.* to enquire, find out

ਮਲੇਸ਼ੀਆ [mǝleṣia] *n.m.* name of a country, Malaysia; militia; same as ਮਜ਼ਰੀ

ਮਲੇਛ [mǝlech] *adj. & n.m.* barbarian, uncivilised (*usu.* for foreign invaders)

ਮੱਲੋ [mǝllo] *n.m.* same as ਮੱਲਾ

ਮੱਲੋਜ਼ੋਰੀ/ਮੱਲੋਮੱਲੀ [mǝllozori/mǝllo mǝlli] *adv.* forcibly, by force; insistently

ਮਵਾਤਾ [mǝvata] *n.m.* same as ਮੁਆਤਾ

ਮਵਾਦ [mǝvad] *n.m.* same as ਮੁਆਦ

ਮਵੇਸ਼ੀ [mǝveṣi] *n.m. pl.* animals, cattle, kine, bovine animals

ਮਵੇਸ਼ੀਖਾਨਾ [mǝveṣikhana] *n.m.* cattle-shed or house

ਮੜਕ [mǝṛǝk] *n.f.* same as ਮਟਕ

ਮੜੰਗਾ [mǝṛǝ̃ga] *n.m. dia.* see ਮੁਹਾਂਦਰਾ

ਮੜ੍ਹ [mǝ́ṛ] *v.form.* imperative of ਮੜ੍ਹਨਾ, mount

ਮੜ੍ਹਨਾ [mǝ́ṛna] *v.t.* to mount, stretch, wrap, stitch or cover tightly (as skin on a drum); *fig.* to force, dump (something on someone)

ਮੜ੍ਹਵਾਉਣਾ [mǝ́ṛvauṇa] *v.t.* to get something stretched and/or stitched tightly

ਮੜ੍ਹਾਉਣਾ [mǝṛàuṇa] *v.t.* same as *prec.*

ਮੜ੍ਹਾਈ/ਮੜ੍ਹਵਾਈ [mǝṛài/mǝṛvài] *n.f.* process of, charges for *prec.*

ਮੜ੍ਹੀ [mǝ́ṛi] *n.f.* funeral pyre; memorial built at site of cremation

ਮੜ੍ਹੀਆਂ [mǝ́ṛiã] *n.f. pl.* of ਮੜ੍ਹੀ; cremation

ground, crematory, crematorium
ਮੜਾਸਾ [mərassa] *n.m.* same as ਮੁੰਡਾਸਾ
ਮੜਾਕਾ [mərakka] *n.m.* same as ਕੜੱਕ, crack
ਮੜਿੱਕਣਾ [mərɪkkəṇa] *v.i. dia.* see ਪੁੱਗਣਾ[1] to decide turns in game
ਮੇਲ੍ਹਣਾ [mélṇa] *v.t.* to walk as if intoxicated; to strut, swagger
ਮੈਂਸ [mẽs] *n.f. colloq. dia.* see ਮੱਝ
ਮੈਂਣ [mẽṇ] *n.m.* same as ਮਹੇਣ
ਮ੍ਰਿਗ/ਮਰਿਗ [mərɪg] *n.m.* same as ਮਿਰਗ
~ ਜਲ *n.m.* mirage
ਮ੍ਰਿਤ/ਮਰਿਤ [mərɪt] *n.m.* dead
~ ਮੰਡਲ/~ ਲੋਕ *n.m.* the region of the dead, the next or the other world; hereafter; mortal world, this world
ਮ੍ਰਿਤੂ/ਮਰਿਤੂ [mərɪtu] *n.f.* death; see ਮਿਰਤੂ
ਮਾਂ [mã] *n.f.* mother
~-ਜਾਇਆ/~-ਜਾਈ *adj.m./adj.f.* (brother or sister) born of the same mother (as against step), real
~-ਪਿਓ/~-ਪੇ/~ ਬਾਪ *n.m. pl.* parents
~ ਬੋਲੀ *n.f.* mother tongue, native language
~ ਮਹਿਟਰ *adj.* motherless, orphaned, orphan
~ ਯਾਦ ਆਉਣੀ *ph.* to feel homesick, *lit.* to remember one's mother; *fig.* to be tired, exhausted, be under torture or extreme pain
~ ਯਾਦ ਕਰਾਉਣੀ *ph. lit.* to remind one of one's mother; to torture, punish severely; to tire out
ਮਾਊਂ[1] [maũ] *n.f.* same as ਮਿਆਊਂ; cat's mew
ਮਾਊਂ[2] *adj. informal.* coward, timid; simpleton, foolish; mum, silent
~ ਬਣ ਜਾਣਾ *ph.* to be frightened; to be mum
ਮਾਓਵਾਦ [maovad] *n.m.* Maoism
ਮਾਓਵਾਦੀ [maovadi] *adj.* Maoist
ਮਾਅਨਾ [mana] *n.m.* same as ਮਹਿਨਾ; meaning
ਮਾਅਰਕਾ [marka] *n.m.* same as ਮਾਰ੍ਹਕਾ
ਮਾਇਆ [maɪa] *n.f.* starch, farina; goddess of wealth, Lakshmi; wealth, riches, money, mammon; illusionary or illusory world of senses, material world; illusion, illusory phenomena
~ ਛਲ/~ ਜਾਲ੍ਹ *n.m.* illusion of or caused by ਮਾਇਆ; worldly attachment or entanglement; phantasmagoria, deception
ਮਾਇਆਧਾਰੀ [maɪatàri] *adj.* one attached to worldly possessions; rich, wealthy capitalist; worldlywise
ਮਾਇਆਵਾਦ [maɪavad] *n.m.* illusionism
ਮਾਇਆਵਾਦੀ [maɪavadi] *adj.* illusionist, illusionistic
ਮਾਇਕ/ਮਾਇਕੀ [maɪk/maɪki] *adj.* concerning money, financial, monetary, pecuniary
ਮਾਇਲ [maɪl] *adj.* inclined; disposed; attracted, allured
ਮਾਈ [mai] *n.f.* mother; old woman; goddess
~ ਬਾਪ *n.m.* parents; patron, sustainer, a term of abject flattery for the addressee
ਮਾਈਆਂ [maiã] *n.f. pl.* old women, ladies, womenfolk; a ceremony performed for bride or bridegroom a few days before nuptials
ਮਾਈਏਂ ਪਾਉਣਾ *ph.* to perform ਮਾਈਆਂ, put the prospective bride or bridegroom through ਮਾਈਆਂ ceremony
ਮਾਈਏਂ ਪੈਣਾ *ph.* to undergo ਮਾਈਆਂ; *fig.* to remain unbathed, unclean or idle
ਮਾਈਕ [maik] *n.m.* mike, microphone
ਮਾਈਕ੍ਰੋਸਕੋਪ/ਮਾਈਕਰੋਸਕੋਪ [maikərosəkop] *n.f.* microscope, see ਖ਼ੁਰਦਬੀਨ
ਮਾਈਕ੍ਰੋਫ਼ੋਨ/ਮਾਈਕਰੋਫ਼ੋਨ [maikərophon] *n.m.* same as ਮਾਈਕ
ਮਾਸ [mas] *n.m.* meat, flesh, skin; see ਮਹੀਨਾ
~ ਪਾਟਣਾ *con.v.* for skin to crack or chap; for tissues or muscles to contuse, suffer contusion
~ ਪੇਸ਼ੀ *n.f.* muscle
~ ਬੁੱਢਾ ਹੋਣਾ *ph.* to develop washer-man's skin
~ ਰੰਗਾ *adj.m.* incarnadine
ਮਾਸ਼ਕੀ [maṣki] *n.m.* water-carrier using

ਮਸ਼ਕ²

ਮਾਸਖ਼ੋਰ [maskhor] *adj.* carnivorous, non-vegetarian

ਮਾਸਖੋਰਾ [maskhora] *n.m.* pyorrhea; *adj.m.* non-vegetarian, meat-eating, meat-eater

ਮਾਸਖੋਰੀ [maskhori] *n.f.* non-vegetarianism

ਮਾਸਟਰ [masṭər] *n.m.* master, teacher

ਮਾਸਟਰਨੀ [masṭərni] *n.f.* lady teacher, school mistress

ਮਾਸਟਰਾਣੀ *n.f.* wife of ਮਾਸਟਰ

ਮਾਸਟਰੀ *n.f.* teaching profession, mastership; mastery

ਮਾਸੜ [masəṛ] *n.m.* husband of mother's sister, uncle

ਮਾਸਾ [massa] *n.m.* a weight roughly equal to one gram; a small quantity

~ ਕੁ *adj.* a little

~-ਮਾਸਾ *adj. & adv.* in small bits or portions

ਮਾਸਾਹਾਰੀ [masahari] *adj.* same as ਮਾਸਖੋਰ/ ਮਾਸਖੋਰਾ

ਮਾਸਿਕ [masık] *adj.* monthly, per month; *n.m.* monthly magazine or journal

ਮਾਸੀ [massi] *n.f.* mother's sister, aunt

ਮਾਸ਼ੂਕ [maṣuk] *n.m.* same as ਮਹਿਬੂਬ

ਮਾਸ਼ੂਕਾ [maṣukka] *n.f.* same as ਮਹਿਬੂਬਾ

ਮਾਸ਼ੋ [maṣo] *n.m.* same as ਠਿੱਸਾ, a medicinal plant

ਮਾਹ [má] *n.m.* same as ਮਹੀਨਾ

ਮਾਂਹ [mã] *n.m.* a variety of pulse, lentil, horse bean, *Phaseolus radiatus, Vigna radiata*

ਮਾਹਣੂ [máṇu] *n.m. dia.* see ਬੰਦਾ, man

ਮਾਹਤਾਬ [mátab] *n.m.* see ਚੰਦ¹ or ਚੰਨ

ਮਾਹਰ [már] *adj. & n.m.* expert, specialist, skilled, experienced, master, adroit; also ਮਾਹਿਰ

ਮਾਹਲ [mál] *n.f.* same as ਮਾਲ੍ਹ

ਮਾਹਵਾਰ [mávar] *adj.* monthly, per month

ਮਾਹਵਾਰੀ [mávari] *adj.* same as *prec.; n.f.* menses

ਮਾਹਾਨਾ [mahana] *adj.* same as ਮਾਹਵਾਰ; *n.m.* monthly allowance, subsistence allowance

ਮਾਹੀ [mahi/mái] *n.m.* boatman; same as ਮਾਸ਼ੂਕੀ; lover, paramour, beloved; husband, also ਮਾਹੀਆ

ਮਾਹੀਆ [máia] *n.m.* a mode in folk songs

~ ਗਾਉਣਾ/~ ਲਾਉਣਾ *con.v.* to sing ਮਾਹੀਆ

ਮਾਹੀਗੀਰ [mahigir] *n.m.* fisherman

ਮਾਹੀਗੀਰਨੀ [mahigirni] *n.f.* fisherwoman

ਮਾਹੀਗੀਰੀ [mahigiri] *n.f.* profession of ਮਾਹੀਗੀਰ, fishing, fishery

ਮਾਹੌਲ [mahɔl] *n.m.* atmosphere, ambience, situation

ਮਾਕੂਲ [makul] *adj.* same as ਮੁਨਾਸਬ, wise

ਮਾਖਜ਼ [makhəz] *n.m.* sources (such as historical)

ਮਾਖਤਾ [makhta] *n.m. dia.* see ਗੁੱਸਾ, anger; same as ਮੁਆਵਜ਼ਾ

ਮਾਖਿਓਂ [makhıõ] *n.m.* honey; honeycomb

ਮਾਂਗ [mãg] *n.f.* same as ਮੰਗ; demand; parting line of hair on the head

ਮਾਂਗਣੂ [mãgṇu] *n.m.* bed bug, bug

ਮਾਂਗਵਾਂ [mãgvã] *adj.m.* same as ਮੰਗਵਾਂ

ਮਾਘ [mág] *n.m.* Magh, the eleventh month of Bikrami calendar

ਮਾਘਾ [mágga] *n.m.* clap, clapping

~ ਮਾਰਨਾ *ph.* to clap

ਮਾਘੀ [mági] *n.f.* a festival observed on the first of ਮਾਘ

ਮਾਚਸ [macəs] *n.f.* matchbox, match stick, friction match, lucifer match

ਮਾਛੀ [macchi] *n.m.* fisherman

ਮਾਂਜ [mãj] *v.from.* imperative of ਮਾਂਜਣਾ, clean

ਮਾਂਜਣਾ [mãjəṇa] *v.t.* to rub, scrub, clean, cleanse (utensil, weapon, *etc.*); *slang.* to swindle, cheat, fleece

ਮਾਜਰਾ [majra] *n.m.* happening, event, occurrence, incident; village, habitation, ward

ਮਾਜਰੀ [majri] *n.f.* small village, hamlet

ਮਾਂਜਾ [mãja] *n.m.* broom

~ ਚਾੜ੍ਹਨਾ *ph.* to give a severe beating

~ ਫੇਰਨਾ *ph.* to sweep, scavenge, broom; *fig.* to sweep clean, destroy or squander completely; to swindle, rob or steal

~ ਲਾਉਣਾ *ph.* same as ਮਾਂਜਾ ਫੇਰਨਾ

~ ਲਾਹੁਣਾ *ph.* same as ਮਾਂਜਾ ਚਾੜ੍ਹਨਾ

ਮਾਜੂ [majju] *n.m.* gallnut of oak or cypress, oak apple, oak gall; berry or gall of cypress, also ਮਾਜੂਫਲ਼

ਮਾਜੂਨ [majun] *n.m.* any medicinal mixture in the form of sweetened paste

ਮਾਝ [máj] *n.m.* name of an Indian classical musical measure

ਮਾਝਾ[1] [mája] *n.m.* central region of the Punjab; *adj.m.* of or related to ਮਾਝਾ; mixture of powdered glass and glue used for stiffening kite string; thong joining blinds of oxen

ਮਾਝਾ[2] *adj.m.* of or related to ਮੱਝ

~ ਦੁੱਧ *n.m.* buffalo milk

ਮਾਝੀ [máji] *adj.f.* of or related to ਮਾਝਾ[1]; *n.f.* dialect spoken in ਮਾਝਾ

~ ਬੁੱਕਲ਼ *n.f.* wimple

~ ਬੁੱਕਲ਼ ਮਾਰਨੀ *ph.* to wimple

ਮਾਂਝੀ [mãji] *n.m.* same as ਮਾਹੀ, boatman

ਮਾਂਞੀ [mãñi] *n.m. pl.* guests on the bride's side (as opposed to ਜਾਂਞੀ)

ਮਾਟੀ [maṭi] *n.f.* see ਮਿੱਟੀ

ਮਾਟੋ [maṭo] *n.m.* motto

ਮਾਠਣਾ [maṭhəṇa] *v.t.* to acquire by stratagem or deceit, swindle, wangle; to buy very cheap

ਮਾਡਰਨ [maḍrən] *adj.* modern

ਮਾਡਲ [maḍəl] *n.m.* model

ਮਾਣ[1] [maṇ] *n.m.* respect, regard, honour, esteem; self-respect; pride, arrogance, conceit

~ ਹਾਨੀ *n.f.* loss of self-respect, humiliation, disgrace, insult

~ ਕਰਨਾ *con.v.* to be proud, be proud of; to respect, honour

~ ਤਾਣ *n.m.* respect, regard; hospitality

~ ਤੋੜਨਾ *con.v.* to humble one's pride, humiliate, insult

~ ਰੱਖਣਾ *con.v.* to respect, regard, be considerate of another's honour

ਮਾਣ[2] *v.form.* nominative of ਮਾਣਨਾ

ਮਾਣਸ [maṇəs] *n.m.* human being, man; person

~ ਕੀ ਜਾਤ *ph.* human species, Homo sapiens

ਮਾਣਕ [maṇək] *n.m.* ruby; gem, precious stone

ਮਾਣਤਾ [maṇta] *n.f.* same as ਮਾਨਤਾ

ਮਾਣਨਾ [maṇna] *v.t.* to enjoy, relish

ਮਾਣਮੱਤਾ [maṇmətta] *adj.m.* proud, arrogant, conceited; *lit.* intoxicated with pride

ਮਾਣਯੋਗ [maṇyog] *adj.* respectable, honourable, esteemable; honoured, esteemed

ਮਾਣੀ [maṇi] *n.f.* a measure of grains roughly equal to eight maunds or about three quintals

ਮਾਣੂ [maṇu] *n.m.* same as ਮਾਂਗਣੂ

ਮਾਣੋਂ[1] [maṇõ] *n.f.* cat, pussy, also ਮਾਣੋ ਬਿੱਲੀ

ਮਾਣੋਂ[2] *v.form.* imperative of ਮਾਣਨਾ for pl. addressees

ਮਾਤ [mat] *n.f.* same as ਮਾਤਾ[1], mother; *pref.* indicating mother; defeat; *esp.* in chess; checkmate

~ ਕਰਨਾ *con.v.* to checkmate; to defeat

~ ਗਰਭ *n.m.* mother's womb

~ ਪੱਖੀ *adj.* matrilineal, on the mother's side

~ ਪਰਧਾਨ *adj.* matriarchal; also ਮਾਤ ਪ੍ਰਧਾਨ

~ ਪਰਧਾਨਤਾ *n.f.* matriarchy; also ਮਾਤ ਪ੍ਰਧਾਨਤਾ

~ ਪਾਉਣਾ *ph.* to surpass, outdo, excel, overshadow

~ ਬੋਲੀ/~ ਭਾਸ਼ਾ *n.f.* mother tongue

~ ਭੂਮੀ *n.f.* motherland, native country

~-ਲੋਕ *n.f./m.* mortal world; earth

~ ਵੰਸ਼ੀ *adj.* matrilineal

ਮਾਤਹਿਤ [matɛ́t] *adj.* same as ਮਤਹਿਤ

ਮਾਤਮ [matəm] *n.m.* mourning, lamentation; dolour, grief; death

~ ਕਰਨਾ *con.v.* to mourn, observe mourning, lament, grieve

~ ਛਾ ਜਾਣਾ *ph.* for grief to befall or prevail

~ ਪੁਰਸ਼ੀ *n.f.* condolence, condolement; condolence call

ਮਾਤਮੀ [matəmi] *adj.* related to ਮਾਤਮ, funeral; sorrowful, mournful, doleful, dolorous, grievous

ਮਾਤਰ[1] [matər] *adj.* step, not real (brother, son, etc.)

ਮਾਤਰ² *pref.* same as ਮਾਤ
ਮਾਤਰ³ *combining form.* barely, merely; in the measure or amount of
ਮਾਤਰ⁴/ਮਾਤਰਾ/ਮਾਤ੍ਰਾ *n.f.* vowel sign or symbol; amount, quantity; degree; proportion
ਮਾਤ੍ਰਾਤਮਿਕ/ਮਾਤਰਾਤਮਿਕ [matəratmık] *adj.* quantitative
ਮਾਤ੍ਰਿਕ/ਮਾਤਰਿਕ [matərık] *adj.* accompanied by or bearing a vowel sign
ਮਾਤ੍ਰੀ/ਮਾਤਰੀ [matəri] *adj.* maternal
ਮਾਤਾ¹ [mata] *n.f.* mother; small pox, variola
~ ਸੰਬੰਧੀ *adj.* maternal; variolar, variolous
~ ਦਾ ਮਾਲ *ph. slang.* someone or something worthless, useless; good-for-nothing fellow
~-ਪਿਤਾ *n.m. pl.* parents
~ ਦੇ ਦਾਗ *ph.* varioles
ਮਾਤਾ² *adj.m. & suff.* same as ਮੱਤਾ
ਮਾਂਦ [mãd] *adj.* tired, weary, slow due to fatigue or overwork, fatigued, slowed down; dim, faded, reduced (light or brilliance)
~ ਪੈਣਾ *con.v.* to slow down, become ਮਾਂਦ, abate
ਮਾਂਦਗੀ [mãdgi] *n.f.* tiredness, weariness, slowness; dimness, dullness, abatement
ਮਾਦਰ [madər] *n.f.* see ਮਾਂ
ਮਾਦਰੀ [madəri] *adj.* related to mother, maternal, motherly
~ ਜਬਾਨ/~ ਬੋਲੀ *n.f.* mother tongue
ਮਾਂਦਰੀ [mãdəri] *n.m.* charmer, conjurer, one skilled in healing through charms, spells or incantations, exorcist
ਮਾਦਾ [madda] *n.m.* female sex; *adj.* female, feminine; matter, physical substance; pith; pus
ਮਾਂਦਾ [mãda] *adj.m.* same as ਮਾਂਦ
ਮਾਦਾਪ੍ਰਸਤ [maddapərəst] *adj.* materialist
ਮਾਦਾਪ੍ਰਸਤੀ [maddapərəsti] *n.f.* materialism
ਮਾਦੀ [maddi] *adj.* material, physical; mundane, of this world, worldly
ਮਾਧਿਅਮ [mádıəm] *n.m.* medium, means
ਮਾਧੋ [mádo] *n.m.* Lord Krishna; God; *slang.* simpleton
ਮਾਨ [man] *n.m.* same as ਮਾਣ¹; measure, standard
~ ਦੰਡ *n.m.* same as ਮਾਪ ਦੰਡ under ਮਾਪ
ਮਾਨਸਿਕ [mansık] *adj.* mental, psychological
~ ਰੋਗ *n.m.* mental disease or disorder, phychosis, psychopathy
~ ਰੋਗਾਂ ਦਾ ਇਲਾਜ *ph.* psychotherapy, psychiatry
~ ਰੋਗਾਂ ਦਾ ਡਾਕਟਰ *ph.* psychotherapist, psychiatrist
~ ਰੋਗੀ *n.m.* psychopath, person suffering from mental illness or disorder, mentally ill
ਮਾਨਤਾ [manta] *n.f.* acceptance, recognition; respect, reverence; value, belief
~ ਦੇਣੀ *con.v.* to accord recognition *esp.* diplomatic recognition; to respect, revere
~ ਪ੍ਰਾਪਤ *adj.* recognised, accepted, standard
ਮਾਨਤਾਵਾਂ [mantavã] *n.f. pl.* set or system of values or beliefs
ਮਾਨਵ [manəv] *n.m.* same as ਮਾਣਸ
~ ਅਧਿਕਾਰ *n.m.* human right
~ ਸ਼ਾਸਤਰ *n.m.* anthropology
~ ਹਿਤੈਸ਼ੀ *adj.* humanitarian
~ ਗਿਆਨ *n.m.* same as ਮਾਨਵ ਸ਼ਾਸਤਰ
~ ਰੂਪਵਾਦ *n.m.* anthropomorphism
~ ਰੂਪਵਾਦੀ *adj.* anthropomorphist
~ ਰੂਪੀ *adj.* anthropomorphic
ਮਾਨਵਤਾ [manəvta] *n.f.* mankind, human race, humanity
ਮਾਨਵਵਾਦ [manəvvad] *n.m.* humanism, humanitarianism
ਮਾਨਵਵਾਦੀ [manəvvadi] *adj.* humanist, humanistic, humanitarian
ਮਾਨਵੀ [manəvi] *adj.* human, humanitarian
ਮਾਨਵੀਕਰਨ [manəvikərən] *n.m.* anthropomorphosis
~ ਕਰਨਾ *con.v.* to anthropomorphise
ਮਾਨਿੰਦ [manĩd] *adj. & adv.* same as ਵਰਗਾ and ਵਾਂਗਰ
ਮਾਨੀ [mani] *n.f.* improvised rope made

by joining together bunches of wheat-stalks

ਮਾਨੁਖ [manukh] *n.m.* same as ਮਨੁਖ

ਮਾਨੋ [mano] *conj.* as if, as though; *v.form.* suppose

ਮਾਪ [map] *n.m.* measure; measurement; size

~ਅੰਕ *n.m.* degree, modulus, coefficient

~ ਦੰਡ *n.m.* scale, measure; criterion (*pl.* criteria)

~ ਲੈਣਾ *con.v.* same as ਮਾਪਣਾ

ਮਾਪਕ [mapək] *n.m.* measure; measuring aid

ਮਾਪਣਾ [mapəṇa] *v.t.* to measure, take measurement

ਮਾਪੇ [mappe] *n.m. pl.* parents

ਮਾਫ਼ [maf] *adj.* excused, pardoned, condoned, remitted, forgiven; exempted, waived; also ਮੁਆਫ਼

~ ਕਰਨਾ *con.v.* to excuse, pardon, condone, remit, forgive; exempt, waive; *ph.* sorry, excuse me, pardon, I beg your pardon

ਮਾਫ਼ਕ [mafək] *adj.* same as ਮੁਆਫ਼ਕ

ਮਾਫ਼ੀ [mafi] *n.f.* pardon, forgiveness, exemption, remission; amnesty; apology; land in freehold; also ਮੁਆਫ਼ੀ

~ ਦੇਣੀ *con.v.* same as ਮਾਫ਼ ਕਰਨਾ under ਮਾਫ਼; to grant amnesty

~ ਮੰਗਣੀ *con.v.* to apologise, ask for ਮਾਫ਼ੀ

ਮਾਫ਼ੀਦਾਰ [mafidar] *n.m.* freeholder

ਮਾਫ਼ੀਨਾਮਾ [mafinama] *n.m.* written apology or request for pardon; document granting ਮਾਫ਼ੀ; apologia; waiver

ਮਾਮਲਾ [mamla] *n.m.* affair, case, business, matter, fact; land revenue, land tax

~ ਉਗਰਾਹੁਣਾ/~ ਵਸੂਲਣਾ *con.v.* to collect ਮਾਮਲਾ

ਮਾਮਾ¹ [mamma] *n.m.* mother's brother, maternal uncle, uncle

ਮਾਮਾ² *n.f. informal.* mama, mamma

ਮਾਮੀ [mammi] *n.f.* wife of ਮਾਮਾ¹, aunt

ਮਾਮੂਰ [mamur] *adj.* appointed, assigned to

ਮਾਮੂਲ [mamul] *n.m.* routine; assistant to a performing juggler

ਮਾਮੂਲੀ [mamuli] *adj.* ordinary, common; slight, petty, insignificant, trivial, trifling, niggling, inconsequential

ਮਾਯਾ [maya] *n.f.* see ਮਾਇਆ

ਮਾਯੂਸ [mayus] *adj.* disappointed, frustrated, without hope, hopeless, dejected, despondent, despairing

ਮਾਯੂਸੀ [mayusi] *n.f.* disappointment, frustration, hopelessness, despair, dejection, despondency, dismay

ਮਾਰ¹ [mar] *n.f.* beating, drubbing, thrashing, clobbering; stroke, strike, blow; striking or effective range (for weapons); prey, game; plunder, exploit; target, victim

~ ਸੁੱਟਣਾ/~ ਦੇਣਾ *con.v.* to kill

~-ਕੁੱਟ/~-ਕੁਟਾਈ *n.f.* beating, drubbing, clobbering; scuffle, fight, brawl

~ ਖਾਣੀ *con.v.* to receive or get a beating; to be defeated; *fig.* to be swindled, cheated; to suffer a loss

~ ਧਾੜ *n.f.* plundering, pillage, spoliation, rapine, plunder, loot

ਮਾਰਨ ਪੈਣਾ *con.v.* to behave aggressively, threaten

~ ਮਾਰਨੀ *ph.* to win or achieve notable sucess or exploit

~ ਲੈਣਾ *con.v.* to filch, steal or misappropriate

ਮਾਰ² *interj.* exclamation of wonder-what!

ਮਾਰ³ *combining form* denoting killer or remover, as in ਚਿੜੀਮਾਰ *n.m.* fowler, bird catcher

ਮਾਰ⁴ *n.m.* see ਸੱਪ

ਮਾਰਸ਼ਲ [marṣəl] *n.m.* marshall; *adj.* martial

ਮਾਰਕਸਵਾਦ [markəsvad] *n.m.* Marxism

ਮਾਰਕਸਵਾਦੀ [markəsvadi] *adj.* Marxist

ਮਾਰਕਾ [marka] *n.m.* mark, trademark, brand; see ਮਾਰ੍ਹਕਾ

ਮਾਰਕਿਟ/ਮਾਰਕੀਟ [markıṭ/markiṭ] *n.f.* market

ਮਾਰਕੀਨ [markin] *n.f.* a kind of cotton cloth, unbleached long cloth

ਮਾਰਖੰਡਾ [markhə̃ḍa] *adj.m.* aggressive, pugnacious (*usu.* for animals)

ਮਾਰਖੋਰਾ [markhora] *adj.m.* same as *prec.*
ਮਾਰਗ [marəg] *n.m.* path, passage, way, road, track, highway; street; religion, path to liberation
ਮਾਰਗੇਜ [margej] *adj.* mortgage (bank)
ਮਾਰਚ [marc] *n.m.* March (the month); march (soldierly walk)
~ ਕਰਨਾ *con.v.* to march; to go away (on foot)
ਮਾਰਨਾ [marna] *v.t.* to beat, thrash, drub, spank; to hit, strike, attack, throw something at; to kill, execute, assassinate, murder; to close, shut (door, etc.); to reduce to ashes (chemicals, medicines); to control (mind, hunger, anger, etc.); to weed out (weed plants)
ਮਾਰਫ਼ਤ¹ [marfət] *prep. & adv.* via, through, care of, by
ਮਾਰਫ਼ਤ² *n.f.* same as ਮਾਰੁਫ਼ਤ
ਮਾਰਫ਼ੀਆ [marfia] *n.m.* morphine, morphia
ਮਾਰਬਲ [marbəl] *n.m.* marble
ਮਾਰੁਕਾ [márka] *n.m.* feat, exploit, heroic act, great battle, extraordinary achievement
~ ਮਾਰਨਾ *ph.* to perform or achieve ਮਾਰੁਕਾ
ਮਾਰੁਫ਼ਤ [márfət] *n.m.* spiritualism, mysticism, highest stage of worship in Sufism
ਮਾਰੂ [maru] *adj.* fatal, mortal, deadly; unirrigated (land or crop), dependent only on rainfall, dry
~ ਖੇਤੀ *n.f.* dry farming
~ ਥਲ *n.m.* desert, arid land area
ਮਾਰੂ² *n.m.* name of a classical musical measure
ਮਾਰੂ³ *v.form.* future indefinite of ਮਾਰਨਾ for third person singular, will beat, will kill
ਮਾਰੇ [mare] *adv.* for the sake of, because of
ਮਾਰੋ-ਮਾਰ [maro-mar] *adv.* at great pace, speedily, with great enthusiasm and speed
ਮਾਲ [mal] *n.m.* goods, cargo, movable property, luggage, merchandise, commodities, wares; wealth, riches, money, capital, pelf; cattle, domestic animals, cattle wealth; also ਮਾਲ ਡੰਗਰ/ਮਾਲ ਢਾਂਡਾ; public revenue from land; *adj.* concerning land; same as ਵਣ², a tree
~ ਅਸਬਾਬ *n.m.* luggage, movables
~ ਅਫ਼ਸਰ *n.m.* revenue assistant, collector
~ ਗੁਜ਼ਾਰੀ *n.f.* land revenue
~ ਗੁਦਾਮ *n.m.* godown, warehouse, store, goods, store-cum-office at railway stations
~ ਘਾਟ *n.m.* dock, wharf
~ ਧਨ *n.m.* riches, wealth
~ ਮਹਿਕਮਾ *n.m.* revenue department
~ ਮੰਤਰੀ *n.m.* revenue minister
~ ਮਤਾਹ *n.m.* same as ਮਾਲ ਅਸਬਾਬ
~ ਵਾਹਕ ਜਹਾਜ਼ *ph.* cargo ship
~ ਵਾਹਕ ਟ੍ਰੱਕ *ph.* goods or public carrier
ਮਾਲਾ ~ *adj.* very rich, richly or profusely provided
ਮਾਲਾ ~ ਕਰਨਾ *ph.* to enrich
ਮਾਲਸ਼ [maləṣ] *n.f.* massage, embrocation
~ ਕਰਨ ਵਾਲਾ *ph.* masseur; *fem.* masseuse
~ ਕਰਨੀ *con.v.* to massage, embrocate
~ ਦੇ ਤੇਲ *ph.* embrocation, liniment or lotion
ਮਾਲਕ [malək] *n.m.* owner, proprietor, master; husband
~ ਮਕਾਨ *n.m.* landlord; *n.f.* landlady
ਮਾਲਕਣ [malkəṇ] *n.f.* owner, proprietress, mistress
ਮਾਲਕਾਨਾ [malkana] *n.m.* cess on property, property tax; *adj.* proprietary
ਮਾਲਕੀ [malki] *n.f.* same as ਮਲਕੀਅਤ ownership
ਮਾਲਖਾਨਾ [malkhana] *n.m.* parcel office, store; cattle pound
ਮਾਲਟਾ [malṭa] *n.m.* a kind of sweet lime, *Citrus sineusis*
ਮਾਲਣ [maləṇ] *n.f.* wife of ਮਾਲੀ², female -gardener; flower girl
ਮਾਲਦਾ [malda] *n.m.* a superior variety of mango (so named after a district in West Bengal)
ਮਾਲਦਾਰ [maldar] *adj.* rich, wealthy
ਮਾਲਰੋਡ [malroḍ] *n.f.* the Mall

ਮਾਲਵਾ [malva] *n.m.* Cis-Sutlej region of the Punjab; a region in Central India

ਮਾਲ੍ਹ [mál] *n.f.* string of buckets of a Persian wheel; string belt of spinning wheel

ਮਾਲ੍ਹਪੁੜਾ [málpuṛa] *n.m.* a kind of fritter; bread made from sweetened batter of wheat flour fried in cooking oil

ਮਾਲ੍ਹਾ [málla] *n.m.* buffalo bull

ਮਾਲ਼ਾ [maḷa] *n.f.* string of beads, flower etc., garland; rosary

~ ਫੇਰਨੀ *con.v.* to tell/count or say one's beads

ਮਾਲਿਸ਼ [malıṣ] *n.f.* same as ਮਾਲ਼ਸ਼

ਮਾਲੀ¹ [malli] *n.m.* buffalo or cow-bull; gardener

ਮਾਲੀ² *n.f.* highest prize - fight in wrestling

ਮਾਲੀ³ *adj.* financial, fiscal, economic; concerning revenue

ਮਾਲੀਅਤ [maliət] *n.f.* value, economic worth, price

ਮਾਲੀਆ [malia] *n.m.* land revenue

ਮਾਵਾ¹ [mava] *n.f.* see ਮਾਇਆ

~ ਲਾਉਣਾ *con.v.* to starch, treat with ਮਾਵਾ

ਮਾਵਾ² *n.m.* a dose of drug *esp.* of opium

ਮਾੜਕੂ/ਮਾੜਚੂ [maṛku/maṛcu] *adj.m.* weakling; *fem.* ਮਾੜੋ, ਮਾੜਚੋ

ਮਾੜਾ [maṛa] *adj.m.* weak, feeble, infirm, frail, delicate, emaciated, lean and thin; bad, inferior, poor; undesirable, evil, sinful, wicked, immoral; economically weak, poor, needy

~-ਮਾੜਾ *adv.* slightly, somewhat

~ ਮੋਟਾ *adj.m.* ordinary, commonplace simple, lacklustre

ਮਾੜੀ¹ [maṛi] *n.f.* large, lofty building, mansion; loft, attic; habitation, village

ਮਾੜੀ² *adj.f.* same as ਮਾੜਾ

ਮਾੜੂ [maṛu] *adj.* same as ਮਾੜਕੂ

ਮਿਊਜ਼ਿਕ [mıuzık] *n.m.* music

ਮਿਊਜ਼ੀਅਮ [mıuziəm] *n.m.* museum

ਮਿਉਂਸਪਲ ਕਮੇਟੀ/ਮਿਓਂਸਪਲ਼ਟੀ [mıõspəl kəmeṭi/mıõspəḷṭi] *n.f.* municipal committee, municipality

ਮਿਓਣਾ [mıoṇa] *v.i.* to be contained in, be within limit or capacity (of container), be able to be counted or measured

ਮਿਆਊਂ [mıaõ] *n.f.* mew, mewing

~ ਮਿਆਊਂ ਕਰਨਾ *ph.* to mew

ਮਿਆਂਕਣਾ [mıãkəṇa] *v.i.* to mew, bleat, cry or produce a sound like that of a lamb, pup or cat in distress

ਮਿਆਦ [mıad] *n.f.* duration, time, term, tenure, period; durability

~ ਪੁੱਗਣੀ *con.v.* for ਮਿਆਦ to elapse, become due or overdue, mature

ਮਿਆਦੀ [mıadi] *adj.* time-bound, of or for fixed or specified duration

~ ਖਾਤਾ *n.m.* term deposit or fixed deposit account

~ ਬੁਖ਼ਾਰ *n.m.* typhoid fever, typhoid

ਮਿਆਨ [mıan] *n.f.* scabbard, sheath

~ ਵਿੱਚ ਪਾਉਣਾ *ph.* to put in ਮਿਆਨ, sheathe, scabbard, invaginate

~ ਵਿੱਚੋਂ ਕੱਢਣਾ *ph.* to take or draw out from ਮਿਆਨ, to unsheathe

ਮਿਆਨੀ [mıani] *n.f.* gusset, gore; middle piece or position

ਮਿਆਰ [mıar] *n.m.* standard, level; criterion

ਮਿਆਰਬੰਦ [mıarbə̃d] *adj.* standardised

~ ਕਰਨਾ *con.v.* to standardise

ਮਿਆਰੀ [mıari] *adj.* standard, of recognised or desirable specifications or excellence, model

ਮਿੱਸ¹ [mıss] *n.f.* miss, unmarried girl or woman, Ms.

ਮਿੱਸ² *adj.* missed

~ ਕਰਨਾ *con.v.* to miss, misfire

ਮਿਸਟਰ [mısṭər] *n.m.* mister, Mr.

ਮਿਸਤਰ [mıstər] *n.m.* wooden mallet used by masons for levelling roofs etc.

ਮਿਸਤਰੀ [mıstəri] *n.m.* artisan, craftsman *esp.* carpenter, blacksmith, mason; mechanic, technician

ਮਿਸਰ [mısər] *n.m.* Egypt; Brahmin; *fem.* ਮਿਸਰਾਣੀ

ਮਿਸ਼ਰਨ [mıṣrən] *n.m.* mixture, blend, melange, amalgam, combination; adulteration

ਮਿਸਰਾ [mısra] *n.m.* line (in poetry)

ਮਿਸ਼ਰਿਤ [mıṣrıt] *adj.* mixed, blended,

amalgamated, combined, compounded
~ ਵਿਆਜ *n.m.* compound interest
ਮਿਸਰੀ[1] [mısri] *n.f.* lump sugar
ਮਿਸਰੀ[2] *adj.* Egyptian
ਮਿਸਲ[1] [mısəl] *n.f.* file (of office or lawsuit); any of the eighteenth-century Sikh confederacies, misl
ਮਿਸਲ[2] *adv.* like, as, such as
ਮਿੱਸਾ [mıssa] *adj.m.* of mixed flour *usu.* of wheat and gram
~ ਲੂਣਾ *adj., n.m.* simple, ordinary (food)
ਮਿਸਾਈਲ [mısail] *n.f.* missile
ਮਿਸਾਲ [mısal] *n.f.* example, instance, illustration, allegory; model, ideal
ਮਿਸਿਜ਼ [mısız] *n.f.* Mrs.
ਮਿਹਣਾ [méṇa] *n.m.* accusation, complaint, aspersion, slur; taunt, gibe
~ ਮਾਰਨਾ *ph.* to cast aspersion, make complaint or accusation; to taunt, gibe, slur
ਮਿਹਣੇ ਭਿੜਨਾ *ph.* to exchange taunts
ਮਿਹਤਰ/ਮਿਤਰਾਣੀ [métər/métəraṇi] *n.m./n.f.* sweeper, scavenger
ਮਿਹਦਾ [méda] *n.m.* stomach
ਮਿਹਦੇ ਸੰਬੰਧੀ *adj.* gastric
ਮਿਹਦੇ ਦੀ ਝਿੱਲੀ *n.f.* peritonium
ਮਿਹਨਤ [ménət] *n.f.* hard work, industry, toil, labour; assiduity, diligence
~ ਕਰਨੀ *con.v.* to work hard, toil, moil, slog
~ ਮੁਸ਼ਕਤ *n.f.* hard physical labour, toil, strenuous work
ਮਿਹਨਤਕਸ਼ [ménətkəṣ] *adj. & n.m.* toiling; toiler, labourer, worker
ਮਿਹਨਤਾਨਾ [ménətana] *n.m.* wages, remuneration, return on ਮਿਹਨਤ
ਮਿਹਨਤੀ [ménəti] *adj.* industrious, hardworking, assiduous, diligent, sedulous; *n.m.* same as ਮਿਹਨਤਕਸ਼
ਮਿਹਮਾਨ [méman] *n.m.* same as ਮਹਿਮਾਨ, guest
ਮਿਹਰ [mér] *n.f.* grace, mercy, clemency, compassion, kindness, favour
ਮਿਹਰਬਾਨ [mérban] *adj.* gracious, merciful, clement, kind, compassionate, benign, benevolent
ਮਿਹਰਬਾਨੀ [mérbani] *n.f.* same as ਮਿਹਰ; an act of kindness, benevolence, benificence, benefaction
ਮਿਹਰੂ [méru] *n.m.* same as ਮਹਿਰੂ, cattle
ਮਿਕਸਚਰ [mıkəscər] *n.m.*mixture
ਮਿਕਸੀ [mıksi] *n.f.* mixer, blender, mixing machine
ਮਿੱਕਣਾ [mıkkəṇa] *v.l.* same as ਪੁੱਗਣਾ[1]; to decide turn in games
ਮਿਕਦਾਰ [mıkdar] *n.f.* quantity, amount, proportion
ਮਿਕਨਾਤੀਸ [mıknatis] *n.m.* magnet
ਮਿਕਨਾਤੀਸੀ [mıknatisi] *adj.* magnetic
ਮਿਚ [mıc] *v.form.* nominative of ਮਿਚਣਾ[1]
ਮਿਚਣਾ[1] [mıcəṇa] *v.i.* to measure (up to), be measured, be compared; *cf.* ਮਿਣਨਾ
ਮਿਚਣਾ[2] *v.i.* to be closed or shut; *cf.* ਮੀਟਣਾ
ਮਿਚਵਾਉਣਾ [mıcvauṇa] *v.t.* to get or cause to be measured; to get or cause to be closed or shut
ਮਿਚਾਉਣਾ [mıcauṇa] *v.t.* same as *prec.;* to compare
ਮਿਜ਼ਮਾਨ [mızman] *n.m. colloq.* see ਮੇਜ਼ਬਾਨ
ਮਿਜ਼ਮਾਨੀ [mızmani] *n.f. colloq.* see ਮੇਜ਼ਬਾਨੀ
ਮਿਜ਼ਰਾਬ [mızrab] *n.f.* plectrum, bow
ਮਿਜ਼ਾਜ [mızaj] *n.m.* state of health, disposition; nature, temperament, mood
ਮਿੱਝ [míjj] *n.f.* marrow, pitch, pulp
~ ਕੱਢਣੀ *ph.* to crush, squeeze, press hard; to beat severely, whop
~ ਨਿਕਲ਼ਨੀ *ph. lit.* for ਮਿੱਝ to ooze or be extracted, reduced to pulp; to be thoroughly beaten or defeated; to be crushed under heavy or excessive weight, work or labour
ਮਿਟ [mıṭ] *v.form.* nominative of ਮਿਟਣਾ
~ ਮਿਟਾ *n.m.* reconciliation, rapprochement
ਮਿੰਟ [mĩṭ] *n.m.* minute
ਮਿਟਣਾ [mıṭəṇa] *v.i.* to be erased, rubbed off, effaced, wiped out, obliterated, destroyed; to cease to exist, be extinct
ਮਿਟਵਾਉਣਾ [mıṭvauṇa] *v.t.* to get or cause to be erased, wiped out, obliterated or

destroyed
ਮਿਟਾਉਣਾ [mɪṭauṇa] *v.t.* to erase, rub off, efface, wipe out, obliterate, destroy
ਮਿਟਿਆਲਾ [mɪṭɪala] *adj.m.* dusty, dirty, of the colour of earth or dust, ashen
ਮਿੱਟੀ [mɪṭṭi] *n.f.* earth, soil, clay, dust, ashes, mud
ਮਿੱਟੀਓ ~ *adj.* covered all over with ਮਿੱਟੀ
~ ਹੋ ਜਾਣਾ *ph.* to be reduced to dust; *fig.* to be ashamed
~ ਕਰਨਾ *ph.* to reduce to dust; to spoil, destroy, ruin
~ ਖਰਾਬ ਹੋਣੀ *ph.* to be put in disgrace or destitution, be humiliated, suffer distress, failure
~ ਖਰਾਬ ਕਰਨੀ *ph.* to cause disgrace and/or destitution, ruin
~ ਘੱਟਾ *n.m.* dust, dirt, impurities, refuse, filth
~ ਦਾ *adj.m.* earthen, clayey
~ ਦਾ ਤੇਲ *ph.* kerosene (oil)
~ ਦਾ ਪੁਤਲਾ *ph. lit.* earthen or clayey statue or model; corporeal body; man, mortal
~ ਦਾ ਮਾਧੋ *ph.* simpleton, foolish, plain person, dunce
~ ਦੇ ਭਾਅ/~ ਦੇ ਮੁੱਲ *ph.* dirt-cheap, very cheap
~ ਨਾਲ਼ ਮਿੱਟੀ ਹੋਣਾ *ph.* to toil, labour hard, (*esp.* in agriculture)
~ ਪਾਉਣੀ *ph. lit.* to cover or smear with ਮਿੱਟੀ; *fig.* to hush up, ignore, let bygones be bygones
~ ਰੰਗਾ *adj.* same as ਮਿਟਿਆਲਾ, ashen
~ ਵਿਚ ਮਿਲਾਉਣਾ *ph.* same as ਮਿੱਟੀ ਕਰਨਾ
ਮਿੱਠਤ [mɪṭṭhət] *n.f.* sweetness (of talk and behaviour), politeness
ਮਿਠਬੋਲਾ [mɪṭhbo.a] *adj.m.* sweet-tongued, polite, soft-spoken, persuasive
ਮਿੱਠਾ¹ [mɪṭṭha] *adj.m.* sweet, sweetened, sugary, dulcet, honeyed, saccharine; tasty, delicious; *n.m.* sugar, jaggery pudding
~ ਸੁਭਾਉ *n.m.* affectionate and polite nature
~ ਕਰਨਾ *con.v.* to sweeten
~ ਤੇਲ *n.m.* sesame oil
~ ਪਾਣੀ *n.m.* cold drink, sherbet; sweet (as against saline or brackish) ground water
~ ਮਹੁਰਾ *n.m. lit.* sugar-coated poison; *adj.m. fig.* attractive but harmful
~ ਮੂੰਹ ਕਰਨਾ *ph.* to eat something sweet (on hearing good news or to mark auspicious occasion)
ਮਿੱਠਾ² *n.m.* same as ਮੁਸੰਮੀ²
ਮਿਠਾਈ [mɪṭhai] *n.f.* same as ਮਿਠਿਆਈ
ਮਿਠਾਸ [mɪṭhas] *n.f.* sweetness
ਮਿਠਿਆਈ [mɪṭhɪai] *n.f.* sweetmeats, confectionery, candy
ਮਿੱਠੀ [mɪṭṭhi] *adj.f.* same as ਮਿੱਠਾ; *n.f. informal.* kiss
~ ਛੁਰੀ *n.f.* deceptive politeness, a fraudulent person, a cheat, dangerous allurement
ਮਿਡਲ [mɪḍəl] *adj.* middle; *n.m.* middle (8th) standard examination or certificate
ਮਿੱਡਾ [mɪḍḍa] *adj.m.* snub-nosed, snubby
ਮਿੱਡੀ¹ [mɪḍḍi] *adj.f.* same as *prec.*
ਮਿੱਡੀ² *n.f.* a type of long shirt worn by young girls, middy-blouse
ਮਿਣਕਣਾ [mɪṇkəṇa] *v.i.* to bleat in low tremulous tone (as by goats and lambs)
ਮਿਣਤੀ [mɪṇti] *n.f.* measurement, weighing, quantity
ਮਿਣਨਾ [mɪṇəna] *v.t.* to measure, to weigh; to estimate
ਮਿਣ ਮਿਣ ਕਰਨਾ [mɪṇ mɪṇ kərna] *ph.* to talk in a low, whispering, plaintive tone
ਮਿਣਵਾਉਣਾ/ਮਿਣਾਉਣਾ [mɪṇvauṇa/mɪṇauṇa] *v.t.* to get or cause to be measured or weighed; to assist in the process
ਮਿਣਵਾਈ/ਮਿਣਾਈ [mɪṇvai/mɪṇai] *n.f.* process of, wages for *prec.*
ਮਿਤ [mɪt] *adj.* limited, restricted; *n.f.* limit, bound
ਮਿੱਤਰ [mɪttər] *n.m.* friend, mate, pal, chum; comrade, companion; also ਮਿੱਤ
~ ਘਾਤ *n.m. lit.* slaying of friend; treachery, deception or cheating of ਮਿੱਤਰ

~ ਧਰੋਹ *n.m.* same as ਮਿੱਤਰ ਘਾਤ
ਮਿੱਤਰਤਾ/ਮਿੱਤਰਤਾਈ/ਮਿੱਤਰਾਈ [mɪttərta/mɪttərtai/mɪttərai] *n.f.* friendship, friendliness, friendly relations
ਮਿਤਰਾਨਾ [mɪtrana] *n.m.* same as *prec.; adj.* friendly
ਮਿਤੀ [mɪti] *n.f.* date; *adj.* dated
~ ਪੁੱਗਣੀ *con.v.* to fall due, become overdue
~ ਕਾਟਾ *n.m.* discount, rebate
ਮਿਥ [mɪth] *v.form.* imperative of ਮਿਥਣਾ, suppose
ਮਿਥਣਾ [mɪthəṇa] *v.t.* to suppose, assume, postulate, opt, decide, settle, determine
ਮਿਥਵਾਂ [mɪthvã] *adj.m.* decided, settled, agreed upon; deliberate, intentional
ਮਿਥਿਆ¹ [mɪthɪa] *v.form.* past indefinite of ਮਿਥਣਾ, settled, decided, determined, supposed, assumed, postulated
ਮਿਥਿਆ² *adj.* false, unreal, illusory, deluding, untrue
ਮਿਥਿਹਾਸ [mɪthɪhas] *n.m.* mythology
ਮਿਥਿਤ [mɪthɪt] *adj.* supposed, assumed, postulated
ਮਿੱਧ [mídd] *v.form.* imperative of ਮਿੱਧਣਾ, trample
ਮਿੱਧਣਾ [míddəṇa] *v.t.* to trample, crush, press, squeeze
ਮਿਧਵਾਉਣਾ/ਮਿਧਾਉਣਾ [mídvauṇa/mɪdàuṇa] *v.t.* to get or cause to be trampled, crushed, pressed
ਮਿਨਤ [mint] *n.f.* humble or piteous request, entreaty or supplication, abject imploring, also ਮਿੰਨਤ
~ ਸਮਾਜਤ *n.f.* same as ਮਿਨਤ
~ ਕਰਨੀ *con.v.* to implore, beseech, beg, pray, supplicate, request, entreat humbly
~ ਤਰਲਾ *n.m.* same as ਮਿਨਤ or ਤਰਲਾ
ਮਿਨਾਰ [mɪnar] *n.m.* same as ਮੁਨਾਰਾ, tower
ਮਿੰਬਰ [mībər] *n.m. colloq.* see ਮੈਂਬਰ
ਮਿਰਗ [mɪrg] *n.m.* deer, antelope, gazelle; forest animals in general, fauna
~ ਸ਼ਾਲਾ/~ ਛਾਲਾ *n.f./colloq. n.f.* deerskin, *usu.* ਮ੍ਰਿਗਸ਼ਾਲਾ
~ ਤ੍ਰਿਸ਼ਨਾ *n.f.* mirage; illusion
~ ਦਾ ਬੱਚਾ *ph.* fawn
~ ਨੈਣੀ *adj.f.* fawn-eyed (woman) with beautiful eyes, *usu.* ਮ੍ਰਿਗ-ਨੈਣੀ
~ ਰਾਜ *n.m.* lion, *usu.* ਮ੍ਰਿਗਰਾਜ
ਮਿਰਗੀ [mɪrgi] *n.f.* epilepsy, epileptic fit, catalepsy
~ ਦਾ ਗਸ਼ *ph.* epileptic fit, also called ਮਿਰਗੀ ਦਾ ਦੌਰਾ
~ ਦਾ ਮਰੀਜ਼ *ph.* an epileptic
~ ਦੇ ਕੁੜੱਲ *ph.* epileptic convulsions
~ ਪੈਣੀ *con.v.* to suffer from ਮਿਰਗੀ, have epileptic fit
ਮਿਰਚ [mɪrc] *n.f.* chilli, capsicum, red pepper, *Capsicum frutescens;* see ਕਾਲੀ ਮਿਰਚ black pepper
~ ਮਸਾਲਾ *n.m.* condiments
ਮਿਰਚਾਂ ਲੱਗਣੀਆਂ *ph.* to feel the bitterness of ਮਿਰਚ; *slang.* to feel struck by or to be angry at accusation, insinuation, gibe or taunt; to taste the bitterness of truth
ਮਿਰਤਕ [mɪrtək] *adj.* dead, lifeless; *n.m.* dead person, dead body
~ ਦੇਹ *n.f.* dead body, corpse
ਮਿਰਤੂ [mɪrtu] *n.f.* death, mortality
~ ਸਮਾਚਾਰ *n.m.* news of death; obituary
~ ਕਰ *n.m.* death duty
~-ਤਾਂਘ *n.f.* death wish, death instinct
~ ਦੰਡ *n.m.* death sentence, capital punishment, death penalty
~ ਦਰ *n.m.* death rate, mortality rate
~ ਪ੍ਰਿਵ੍ਰਿੱਤੀ/ਪਰਵਿਰਤੀ *n.f.* same as ਮਿਰਤੂ ਤਾਂਘ
~ ਭੈ *n.m.* thanatophobia
~ ਵਰਗਾ *adj.m.* deathlike, deadly, thanatoid
~ ਵਿਚਾਰ *n.m.* thanatopsis
ਮਿਰਾਸੀ [mɪrasi] *n.m.* same as ਮਰਾਸੀ
ਮਿਲ਼ [mɪḷ] *v.form.* imperative of ਮਿਲ਼ਨਾ, meet
~ ਪੈਣਾ *cpd.v.* to meet by chance; to catch up with; to be milked
ਮਿੱਲ [mɪll] *n.f.* mill
~ ਮਾਲਕ *n.m.* mill-owner; industrialist
ਮਿਲਖ [mɪlkh] *n.f.* possessions, property,

landed property, landed estate, riches, wealth

ਮਿਲਟਰੀ [mɪlṭəri] *n.f.* military, defence force, troops

ਮਿਲਣਾ [mɪlṇa] *v.i.t.* see ਮਿਲ਼ਨਾ

ਮਿੱਲਤ [mɪllət] *n.f.* religious community, nation, particularly Islam

ਮਿਲ਼ਤ ਗਿਲ਼ਤ [mɪḷt gɪḷt] *n.f.* same as ਮਿਲ਼ਨ ਵਰਤਨ

ਮਿਲ਼ਦਾ ਜੁਲ਼ਦਾ [mɪḷda juḷda] *adj.m.* similar, like, resembling, identical

ਮਿਲ਼ਨ [mɪḷn] *n.m.* meeting, mixing, union, reunion

ਮਿਲ਼ਨਸਾਰ [mɪḷənsar] *adj.* same as ਮਿਲਾਪੜਾ

ਮਿਲ਼ਨ-ਵਰਤਨ [mɪḷn-vərtən] *n.m.* social relationship, friendship, association

ਮਿਲ਼ਨਾ [mɪḷna] *v.i.t.* to mix, merge, mingle; to accede; to be got, received, found; to catch up with, also ਮਿਲ਼ ਪੈਣਾ; to be absorbed, dissolved, amalgamated, annexed; to tally, match; to meet, join, encounter, come across; to visit; to embrace, hug; to resemble, be like or similar to; (for milch animal) to be milked or to allow milking

ਮਿਲ਼ਨੀ [mɪḷni] *n.f.* formal or ceremonial meeting and embracing by relations of bride and bridegroom; *v.form.* same as ਮਿਲ਼ਨਾ for *fem.* subject or object

~ **ਕਰਨੀ** *con.v.* to perform ਮਿਲ਼ਨੀ ceremony

ਮਿਲਵਰਤਨ [mɪlvərtən] *n.m.* co-operation, *cf.* ਮਿਲ਼ਨ ਵਰਤਨ

ਮਿਲ਼ਵਾਂ [mɪḷvã] *adj.m.* matching, resembling, similar; adjacent, contiguous, adjoining, connected; mixed; closely-tied

ਮਿਲ਼ਵਾਉਣਾ [mɪḷvauṇa] *v.t.* to get or cause to be mixed or come together; to introduce, bring together

ਮਿਲ਼ਾਉਣਾ [mɪḷauṇa] *v.t.* same as *prec.;* to mix, blend, mingle, dissolve; to tally, compare, reconcile; to affiliate, associate, attach, annex, merge, amalgamate, incorporate, also ਮਿਲ਼ਾ ਲੈਣਾ; to join, couple, connect; (for female animals) to cross, mated

ਮਿਲਾਪ [mɪlap] *n.m.* meeting, joining, coming together, combination, union, accord, reunion, reconciliation

ਮਿਲਾਪੜਾ [mɪlpəṛa] *adj.m.* affectionate, social, sociable, warm-hearted, affable, cordial, courteous

ਮਿਲਾਵਟ [mɪlavəṭ] *n.f.* adulteration, blend, mixture; adulterant, impurity, impurities

~ **ਕਰਨ ਵਾਲ਼ਾ** *ph.* adulterator

~ **ਕਰਨੀ** *con.v.* to adulterate; to practise adulteration

ਮਿਲਾਵਟੀ [mɪlavəṭi] *adj.* adulterated

ਮਿਲ਼ਿਆ ਜੁਲ਼ਿਆ [mɪḷɪa juḷɪa] *adj.m.* same as ਮਿਲ਼ਦਾ ਜੁਲ਼ਦਾ; mixed, amalga-mated, commingled

ਮਿਲੀਗ੍ਰਾਮ/ਮਿਲੀਗਰਾਮ [mɪligəram] *n.m.* milligram

ਮਿਲੀ ਭਗਤ [mɪli pə̀gət] *n.f.* collusion, conspiracy, secret understanding

ਮਿਲੀਮੀਟਰ [mɪlimiṭər] *n.m.* millimetre

ਮਿਲੀਲੀਟਰ [mɪliliṭər] *n.m.* millilitre

ਮੀਆਂ [miã] *n.m.* husband; father; Muslim priest or teacher; a term of respect affixed to names (*usu.* among or for Muslims, and also used for Hindu Rajputs in Himachal Pradesh)

~-**ਬੀਬੀ** *n.m. pl.* husband and wife

~ **ਮਿੱਠੂ** *n.m. informal.* parrot; *adj.m.* self-spoken, sweet-tongued, talkative

ਮੀਸਣਾ [misəṇa] *adj.m.* soft-spoken but cunning, deceitful, insidious, inveigler

ਮੀਸਣਾਪਣ [misəṇapən] *n.m.* cunning, deceitfulness, insidiousness

ਮੀਂਹ [mi] *n.m.* rain, downpour, shower

~-**ਕਣੀ** *n.f.* same as ਮੀਂਹ, slight intermittent rain, drizzle; cloudy, wet weather

~ **ਜਾਏ ਹਨੇਰੀ ਜਾਏ** *ph.* come what may

~ **ਪੈਣਾ**/~ **ਵੱਸਣਾ** *con.v.* to rain, for rain to fall

ਮੀਚਣਾ [micəṇa] *v.i.t.* same as ਮੀਟਣਾ

ਮੀਜ਼ਾਨ [mizan] *n.m.* total or balance (in accounts)

ਮੀਟ [miṭ] *n.m.* meat; mutton, pork, beef, venison, flesh

ਮੀਟਣਾ [miṭəṇa] *v.i.t.* to shut or close (as eye, palm, etc.)
ਮੀਟਰ [miṭər] *n.m.* metre, meter
ਮੀਟ੍ਹ/ਮੀਟ੍ਹੀ [mi̇̃ṭ/mi̇̃ṭi] *n.f.* forfeit or defeat in (children's) games
~ ਚੜ੍ਹਨੀ *con.v.* to be defeated
~ ਚੜ੍ਹਾਉਣੀ *con.v.* to defeat
~ ਦੇਣੀ *con.v.* to serve one's turn or forfeit
~ ਲੈਣੀ *con.v.* to make one serve his or her turn or forfeit
ਮੀਟਿੰਗ [miṭĩg] *n.f.* meeting
ਮੀਢੀ [miḍi] *n.f.* braid, plait (of hair)
ਮੀਣ [miṇ] *n.f.* same as ਮੀਨ
ਮੀਣ ਮੇਖ [miṇ mekh] *n.f.* objection, criticism, cavil, hair-splitting, stickling, pettifoggery
~ ਕੱਢਣੀ/~ ਕਰਨੀ *con.v.* to resort to ਮੀਣ-ਮੇਖ, find fault (with), criticise, carp, cavil, pettifog, quibble
ਮੀਣਾ [miṇa] *adj.m.* (for cattle) with short, curved horns going downwards; same as ਮੀਸਣਾ; *fig. n.m.* name given to an heretical, schismatic sect of Sikhs, now almost extinct; a backward tribe of Rajasthan; a member of this sect of tribe
ਮੀਤ [mit] *n.m.* same as ਮਿੱਤਰ
ਮੀਨ [min] *n.f.* fish; twelfth sign of zodiac, pisces
ਮੀਨ ਮੇਖ [min mekh] *n.f.* same as ਮੀਣ-ਮੇਖ
ਮੀਨਾ [minna] *n.m.* a type of precious stone of blue colour used in inset work
~-ਬਾਜ਼ਾਰ *n.m.* fancy fair
ਮੀਨਾਕਾਰ [minakar] *n.m.* artist or craftsman skilled in inset work in metal, stone or stucco; a painter of intricate designs
ਮੀਨਾਕਾਰੀ [minakari] *n.f.* inset work in stone, stucco or metal; painting or any other visual art in intricate designs
ਮੀਨਾਰ [minar] *n.m.* same as ਮੁਨਾਰਾ
ਮੀਨੋਂ [mino] *n.m.* menu
ਮੀਮਾਂਸਾ [mimãsa] *n.f.* one of the six schools of Hindu philosophy; thorough, logical examination or determination of a point
ਮੀਮੋ [mimo] *n.m.* memo, memorandum
ਮੀਰ [mir] *n.m.* same as ਮਰਾਸੀ; chief, chieftain, head
~ ਮਲਾਹ *n.m. lit.* chief sailor, captain of a ship
~ ਮੁਨਸ਼ੀ *n.m.* chief clerk or scribe, head clerk
ਮੀਰਾਸ [miras] *n.f.* hereditary possessions
ਮੀਰੀ [miri] *n.f.* chieftainship, headship; political affairs or power
ਮੀਰੀ ਪੀਰੀ [miri piri] *n.f.* Sikh doctrine of close relationship between religion and politics
ਮੀਲ [mil] *n.m.* mile
~ ਪੱਥਰ *n.m.* milestone, landmark, significant event or achievement
ਮੁਅੱਜ਼ਜ [muəzəj] *adj.* respectable, honourable, esteemable, respected, honoured, esteemed, revered
ਮੁਅੱਜ਼ਨ [muəzzən] *n.m.* person who shouts calls for Muslim prayers
ਮੁਅੱਤਲ [muəttəl] *adj.* suspended (of employees or decisions)
~ ਕਰਨਾ *con.v.* to suspend (judgment, operation, etc.); to suspend (from service)
ਮੁਅੱਤਲੀ [muəttəli] *n.f.* suspension
ਮੁਅੱਨਸ [muənnəs] *n.m.* feminine gender; *cf.* ਮੁਜ਼ੱਕਰ
ਮੁਅੰਮਾ [muə̃mma] *n.m.* same as ਬੁਝਾਰਤ, riddle
ਮੁਆਇਨਾ [muaına] *n.m.* inspection, examination, review, survey, appraisal; inspection visit
~ ਕਰਨਾ *con.v.* to inspect, examine, review, survey; to make an appraisal
ਮੁਆਹਿਦਾ [muáıda] *n.m.* same as ਅਹਿਦਨਾਮਾ, agreement, pact
ਮੁਆਤਾ [muatta] *n.m.* spark, burning wood, stick or ember; igniter
~ ਲਾਉਣਾ *ph.* to set fire to, ignite; *fig.* to incite, instigate, provoke; to cause trouble
ਮੁਆਦ [muad] *n.m.* secretion, secreted matter, purulent matter, pus
ਮੁਆਫ਼ਕ [muafək] *adj.* agreeable, likeable, favourable; suitable; effective

ਮੁਆਫ਼ਕਤ [muafkət] *n.f.* agreeability, agreeableness, suitability, effectiveness

ਮੁਆਮਲਾ [muamla] *n.m.* same as ਮਾਮਲਾ

ਮੁਆਵਜ਼ਾ [muavza] *n.m.* compensation, recompense, reward, indemnity, indemnification, reparations

~ ਦੇਣਾ *con.v.* to recompense, reward, compensate, indemnify, repair, make reparations, pay compensation or indemnity

ਮੁਆਵਨ [muavən] *n.m.* helper, assistant; tributary (stream)

ਮੁਸ਼ਕ [muṣk] *n.m.* smell, odour, fragrance; stink, reek, stench, malodour

~ ਬਿੱਲੀ *n.f.* civet

ਮੁਸ਼ਕ ਕਪੂਰ [muṣk kəpur] *n.m.* camphor; also ਮੁਸ਼ਕ ਕਫ਼ੂਰ

ਮੁਸ਼ਕ ਕਪੂਰੀ [muṣk kəpuri] *adj.* camphoric

ਮੁਸ਼ਕਣਾ [muṣkəṇa] *v.i.* to stink; (for animals) to come in heat, become sexually excited, rut; also ਮੁਸ਼ਕ ਜਾਣਾ

ਮੁਸਕਣੀ [muskəṇi] *n.f.* same as ਮੁਸਕੜੀ

ਮੁਸ਼ੱਕਤ [muṣəkkət] *n.f.* toil, hard-work, moil, drudgery, labour; rigorous, hardwork assigned to prisoners

ਮੁਸ਼ੱਕਤੀ [muṣəkkəti] *n.m.* labourer, toiler, labour hand; *adj.* industrious, hardworking

ਮੁਸਕਰਾਉਣਾ [muskərauṇa] *v.i.* same as ਮੁਸਕਾਉਣਾ, to smile

ਮੁਸਕਰਾਹਟ [muskəráṭ] *n.f.* same as ਮੁਸਕਾਨ, smile

ਮੁਸ਼ਕਲ [muṣkəl] *adj.* difficult, hard, tough, arduous, severe; knotty, intricate, puzzling; *n.f.* difficult work or situation; same as ਮੁਸੀਬਤ

~ ਪੈਣੀ *con.v.* to get into trouble

~ ਵਿਚੋਂ ਕੱਢਣਾ *ph.* to shore up, save from or pull out of ਮੁਸ਼ਕਲ

ਮੁਸਕੜੀ [muskəṛi] *n.f.* a faint smile or smirk

ਮੁਸਕਾ [muska] *v.form.* imperative of ਮੁਸਕਾਉਣਾ, smile

ਮੁਸਕਾਉਣਾ [muskauṇa] *v.i.* to smile; to smirk

ਮੁਸਕਾਨ [muskan] *n.f.* smile; smirk

ਮੁਸ਼ਕਾਂ ਬੰਨ੍ਹਣੀਆਂ [muṣkā̃ bə̃nəṇiā̃] *con.v.* to tie hand and foot; to tie hands at the back; *fig.* to put under tight or strict control

ਮੁਸ਼ਕਿਆ [muṣkia] *adj.m.* stinking, reeking, malodorous

ਮੁਸ਼ਕੀ[1] [muṣki] *adj.* black, dark-complexioned (*esp.* for horses)

ਮੁਸ਼ਕੀ[2] *adj.f.* (animal) in heat, in rut, rutting; also ਮੁਸ਼ਕੀ ਹੋਈ

ਮੁਸ਼ਟੰਡਾ [muṣṭə̃ḍa] *adj.m.* rascal, villainous, wicked, rowdy; *n.m.* rogue, ruffian, bully, tough, muscleman, hoodlum

ਮੁੱਸਣਾ [mussəṇa] *v.t.* to steal, rob

ਮੁਸਤਹੱਕ [mustəhəkk] *adj.* deserving; entitled

ਮੁਸਤਕਬਿਲ [mustəkbil] *n.m.* same as ਭਵਿੱਖ, future

ਮੁਸਤਕਿਲ [mustəkil] *adj.* permanent, long lasting, firm, constant, invariable, fixed, stable

ਮੁਸਤਤੀਲ [mustətil] *adj. & n.f.* rectangular; rectangle

ਮੁਸਤਨਿਦ [mustənid] *adj.* authentic

ਮੁਸ਼ਤਮਲ [muṣtəməl] *adj.* comprising, consisting of, containing, including; composed of

ਮੁਸ਼ਤਰਕਾ [muṣtərka] *adj.* common, undivided, shared, joint

ਮੁਸ਼ਤਾਕ [muṣtak] *adj.* desirous, fond (of)

ਮੁਸਤਾਫ਼ੀ [muṣtafi] *adj.* (one) who resigns; *cf.* ਅਸਤੀਫ਼ਾ

~ ਹੋਣਾ *con.v.* same as ਅਸਤੀਫ਼ਾ ਦੇਣਾ, to resign

ਮੁਸੱਦੀ [musəddi] *n.m.* clerk, scribe, writer

ਮੁਸੰਨਫ਼ [musə̃nnəf] *n.m.* author, writer; *cf.* ਤਸਨੀਫ਼

ਮੁਸਬਤ [musəbət] *adj.* positive, plus

ਮੁਸੰਮਨ [musə̃mmən] *adj.* octangular, octagonal

ਮੁਸੰਮਮ [musə̃mməm] *adj.* firm (determination)

ਮੁਸੰਮਾਤ [musə̃mmat] *pref.* added to ladies' names, Ms. or Mrs.

ਮੁਸੰਮੀ[1] [musə̃mmi] *pref.* added to man's names, Mr., Mister

ਮੁਸੰਮੀ[2] *n.f.* sweet lime, *Citrus sinensis*

ਮੁਸੱਰਤ [musərrət] *n.f.* happiness, gladness, delight

~-ਆਮੇਜ਼ *adj.* delightful, gladdening

ਮੁਸਲਸਲ [musəlsəl] *adv.* same as ਲਗਾਤਾਰ, continuous

ਮੁਸਲਮ [musləm] *n.m. & adj.* same as ਮੁਸਲਮਾਨ

ਮੁਸੱਲਮ [musəlləm] *adj.* same as ਸਾਲਮ, complete, entire

ਮੁਸਲਮਾਨ [musəlman] *n.m. & adj.* follower of Islam; Muhammadan, Muslim

ਮੁਸਲਮਾਨੀ [musəlmani] *n.f.* female Muslim, (also ਮੁਸਲਮਾਨਣੀ); Muslim faith; Muslim community; *adj.* belonging or pertaining to Islam, Islamic, Muslim, Muhammadan

ਮੁਸਲਾ [musla] *n.m.* derogatory for ਮੁਸਲਮਾਨ

ਮੁਸੱਲਾ [musəlla] *n.m.* prayer mat of Muslims

ਮੁਸੱਲਾਹ [musəllá] *adj.* same as ਹਥਿਆਰਬੰਦ, armed; *cf.* ਅਸਲਾ[2]

ਮੁਸਲਿਮ [muslım] *n.m.* same as ਮੁਸਲਮਾਨ; *adj.* Muslim, Muhammadan, Islamic

ਮੁਸੱਲੀ [musəlli] *n.m.* a backward tribe, Muslim by faith; a member of this

ਮੁਸਵਦਾ [musvəda] *n.m.* manuscript, draft

ਮੁਸੱਵਰ [musəvvər] *n.m.* artist who makes, draws or paints pictures and/or portraits, painter, portraitist; *cf.* ਤਸਵੀਰ

ਮੁਸ਼ਾਇਰਾ [muṣaıra] *n.m.* poetic gathering or competition, several poets reciting their own poems in public

ਮੁਸਾਹਿਬ [musahıb] *n.m.* courtier, counsellor, courtier, attendant or companion of a king or satrap

ਮੁਸਾਫ਼ਰ [musafər] *n.m.* traveller, passenger, wayfarer; *cf.* ਸਫ਼ਰ

ਮੁਸਾਫ਼ਰ ਖਾਨਾ [musafər khana] *n.m.* waiting room, inn, serai; *fig.* this transient world

ਮੁਸਾਫ਼ਰੀ [musafəri] *n.f.* travel, travelling, journeying

ਮੁਸਾਮ [musam] *n.m.* same as ਮਸਾਮ, pore

ਮੁਸੀਬਤ [musibət] *n.f.* trouble, calamity, adversity, tribulation, distress, suffering, disaster, difficulty

~ ਆਉਣੀ *con.v.* for ਮੁਸੀਬਤ to befall

~ ਕੱਟਣੀ *con.v.* to suffer or undergo ਮੁਸੀਬਤ

ਮੁਹੱਈਆ ਕਰਨਾ [muhəia kərna] *v.t.* to provide, produce, supply, furnish, make available

ਮੁਹਕਾ [móka] *n.m.* wart, papilla, papule

ਮੁਹੱਜ਼ਬ [muhəzzəb] *adj.* same as ਤਹਿਜ਼ੀਬਯਾਫ਼ਤਾ, cultured

ਮੁਹਤਦਿਲ [mótdıl] *adj.* temperate (climate); moderate, not extreme or excessive

ਮੁਹਤਬਰ [mótbər] *adj. lit.* reliable, dependable (*cf.* ਇਤਬਾਰ); prominent, distinguished, leading, important (person); *informal.* person in authority, officer

ਮੁਹਤਰਮ [mótərəm] *adj.m.* same as ਮਾਣਯੋਗ, respected, respectable; *fem.* ਮੁਹਤਰਮਾ

ਮੁਹਤਾਜ [mótaj] *adj.* same as ਮੁਥਾਜ, in want

ਮੁਹੱਬਤ [muhəbbət] *n.f.* same as ਪ੍ਰੀਤ, love

ਮੁਹੱਬਤੀ [muhəbbəti] *adj.m.* close, affectionate, friendly

ਮੁਹਮਲ [móməl] *adj.* puzzling, enigmatic, intriguing; meaningless, absurd, nonsensical

ਮੁਹਰ [mór] *n.f.* same as ਮੋਹਰ

ਮੁਹਰਕਾ [mórka] *n.m.* typhoid

~ ਤਾਪ *n.m.* typhoid fever

ਮੁਹੱਰਮ [muhərrəm] *n.m.* Muharram, the first month of Hijri calendar; anniversary of Hussain's martyrdom

ਮੁਹੱਰਰ [muhərrər] *n.m.* scribe, clerk, *esp.* of court

ਮੁਹਰੀ [móri] *n.m. & adj.* same as ਮੋਹਰੀ[1]

ਮੁਹਰੈਲ [mórɛl] *n.m.* advance guard

ਮੁਹਲਕ [mólək] *adj.* fatal, lethal, deadly, mortal

ਮੁਹਲਤ [mólət] *n.f.* time permitted for completion or implementation; leisure, respite, free time, pause, interval, intermission; reprieve

ਮੁਹੱਲਾ [muhəlla] *n.m.* same as ਮਹੱਲਾ

ਮੁਹਾਸਰਾ [muhasra] *n.m.* siege, encirclement, blockade

~ ਕਰਨਾ *con.v.* to lay siege, besiege, encircle, blockade

ਮੁਹਾਸਾ [muhassa] *n.m.* acne

ਮੁਹਾਜ਼ [muhaz] *n.f.* front, battle or warfront

ਮੁਹਾਜਰ [muhajər] *n.m.* migrant; refugee, same as ਮਹਾਜਰ

ਮੁਹਾਣਾ [muhaṇa] *n.m.* boatman, ferryman

ਮੁਹਾਂਦਰਾ [muhãdra] *n.m.* appearance, form, features, *esp.* facial features

ਮੁਹਾਨਾ [muhana] *n.m.* mouth (of river, stream, etc.)

ਮੁਹਾਫ਼ਜ਼ [muhafəz] *n.m.* protector, defender, keeper, guard, guardian, custodian; *cf.* ਹਿਫ਼ਾਜ਼ਤ

ਮੁਹਾਰ [muhar] *n.f.* nose-string of a camel, rein; *fig.* authority to control and direct

~ ਪਾਉਣੀ *ph.* to curb, control

~ ਮੋੜਨੀ *ph.* to turn, return

ਮੁਹਾਰਤ [muharət] *n.f.* see ਮਹਾਰਤ

ਮੁਹਾਰਨੀ [muharni] *n.f.* repetition, recitation drill for learning by rote

ਮੁਹਾਰਾ [muhara] *n.m.* stack

ਮੁਹਾਲ [muhal] *adj.* same as ਮੁਸ਼ਕਲ

ਮੁਹਾਵਰਾ [muhavəra] *n.m.* idiom, aphorism; saying, proverb; practice, experience, skill, same as ਮਹਾਰਤ

ਮੁਹਾਵਰੇਦਾਰ *adj.* idiomatic, aphoristic

ਮੁਹਾੜ [muhaṛ] *n.m.* direction, side, face; inclination, leaning, proclivity

ਮੁਹਿੰਮ [muhĩmm] *n.f.* expedition, campaign; arduous task

ਮੁਕਟ [mukəṭ] *n.m.* crown, diadem, tiara, coronet

ਮੁੱਕਣਾ [mukkəṇa] *v.i.* to end, come to an end, finish, exhaust, be finished, be spent, be over, be completed

ਮੁਕਤ [mukət] *adj.* free, freed, released; liberated, emancipated, redeemed

ਮੁਕਤਾ [mukta] *n.m.* liberated person; (in Sikh history) any of the martyrs of Chamkaur or Muktsar; pearl; the short vowel 'a' or [ə] which is not represented in the script if in non-initial position

ਮੁਕਤੀ [mukti] *n.f.* freedom, release, liberation, emancipation; redemption, salvation, deliverance, end of transmigration of soul and its union with God, the Supreme Soul

~ ਸੰਬੰਧੀ *adj.* soteriologic, soteriological

~ ਦਾ ਸਿਧਾਂਤ *ph.* doctrine of liberation of soul, soteriology

~ ਦਾਤਾ/~ ਦਿਵਾਉਣਾ ਵਾਲ਼ਾ/~ ਦੇਣ ਵਾਲ਼ਾ *ph.* liberator, saviour, redeemer, deliverer

ਮੁਕੱਦਸ [mukəddəs] *adj.* sacred, holy

ਮੁਕੱਦਮਾ [mukəddəma] *n.m.* law suit, court case, legal action, prosecution

~ ਕਰਨਾ/~ ਦਾਇਰ ਕਰਨਾ/~ ਚਲਾਉਣਾ *con.v.* to file a suit, sue; to prosecute

ਮੁਕੱਦਮੇਬਾਜ਼ [mukəddmebaz] *adj.* litigant, habitual or frequent law-suitor

ਮੁਕੱਦਮੇਬਾਜ਼ੀ [mukəddmebazi] *n.f.* litigation

ਮੁਕੱਦਰ [mukəddər] *n.m.* fate, destiny

ਮੁਕਬਰ [mukbər] *n.m. colloq.* see ਮੁਖ਼ਬਰ

ਮੁਕੰਮਲ [mukə̃mməl] *adj.* complete, completed, finished, finalised; entire, whole

~ ਸ਼ੁਦਾ *adj.* completed, finished, finalised, ready, up-to-date

~ ਕਰਨਾ *con.v.* to complete, finish, finalise, bring up-to-date

ਮੁਕ ਮੁਕਾ [muk muka] *n.m.* final settlement

ਮੁੱਕਰ [mukkər] *v.form.* imperative of ਮੁੱਕਰਨਾ, deny

ਮੁੱਕਰਨਾ [mukkərna] *v.i.t.* to deny, retract, recant, disavow, renege, go back upon or withdraw one's word or promise

ਮੁਕੱਰਰ[1] [mukərrər] *adj.* appointed, assigned, nominated, detailed; fixed, settled

~ ਕਰਨਾ *con.v.* to appoint, nominate, assign, detail; to fix, determine, set

ਮੁਕੱਰਰ[2] *interj. & adv.* once again, once more, repeat, say again, encore !

ਮੁਕੱਰਰਾ [mukərrəra] *adj.* appointed, fixed, determined (time, rate)

ਮੁਕਰਵਾਉਣਾ/ਮੁਕਰਾਉਣਾ [mukərvauṇa/ mukrauṇa] *v.t.* to make, induce, persuade or cause one to deny, recant or renege; *cf.* ਮੁੱਕਰਨਾ

ਮੁਕਰਾਈ [mukrai] *n.f.* denial, disavowal

ਮੁਕਲਾਵਾ [muklava] *n.m.* second ceremonial visit of bride to her in-laws after marriage

~ ਤੋਰਨਾ *con.v.* to send a girl to her husband's house for the second time

~ ਲਿਆਉਣਾ *con.v.* to bring one's wife home for the second time after marriage

ਮੁਕਵਾਉਣਾ [mukvauṇa] *v.t.* to get or cause to be completed, ended, consumed or settled; *cf.* ਮੁਕਾਉਣਾ

ਮੁਕਾ *v.form.* of ਮੁਕਾਉਣਾ, past indefinite for singular subject, ended, finished, completed

ਮੁੱਕਾ [mukka] *n.m.* clenched fist, blow with it, buffet, cuff, clout, box

~ ਮਾਰਨਾ *con.v.* to give a blow with clenched fist, buffet, cuff, box

~ ਵੱਟਣਾ *con.v.* to clench one's fist; to threaten with a clenched fist

ਮੁਕਾਉਣਾ [mukauṇa] *v.t.* to complete, finish, end, exhaust, consume or spend completely; to settle; to repay

ਮੁਕਾਣ [mukaṇ] *n.f.* same as ਮਕਾਣ, condolence call

ਮੁਕਾਬਲਤਨ [mukabəltən] *adv.* comparatively, in comparison with

ਮੁਕਾਬਲਾ [mukabla] *n.m.* competition, contest, tournament, match, bout, fight, encounter, opposition, confrontation; matching, comparison

~ ਕਰਨਾ *con.v.* to compete, fight; to match, compare

ਮੁਕਾਬਲੇਬਾਜ਼ੀ [mukablebazi] *n.f.* competition, tournament, tourney, trial of strength

ਮੁਕਾਮ [mukam] *n.m.* place, locale, site; halting place, halt, stop, temporary residence

~ ਕਰਨਾ *con.v.* to make a halt (during a journey and *usu.* for overnight stay); to camp, encamp

ਮੁਕਾਮੀ [mukami] *adj.* local

ਮੁਕਾਲ਼ਾ [mukaḷa] *n.m.* (*lit.* abbreviated form of ਮੂੰਹ ਕਾਲ਼ਾ), disgrace, ignominy, shame, taint, stigma

~ ਹੋਣਾ *ph.* to be disgraced, put to shame, stigmatised

ਮੁੱਕੀ [mukki] *n.f.* same as ਮੁੱਕਾ

~ ਦੇਣੀ *con.v.* to knead

~ ਮਾਰਨੀ *con.v.* to give a blow with ਮੁੱਕੀ

ਮੁੱਕੀਓ~/ ਮੁੱਕੋ~ *adv.* exchanging blows, fighting with ਮੁੱਕੀ, fisticuff

ਮੁੱਕੇਬਾਜ਼ [mukkebaz] *n.m.* boxer, pugilist

ਮੁੱਕੇਬਾਜ਼ੀ [mukkebazi] *n.f.* boxing, pugilism

ਮੁਕੈਸ਼ [mukɛṣ] *n.f.* gold or silver (or shiny, coloured) thread used in embroidery

ਮੁਖ [mukh] *n.m.* face, countenance, visage; mouth, orifice

ਮੁੱਖ [mukkh] *adj.* main, chief, principal, premier, first, topmost, head, leading

~ ਕਾਰਨ *n.m.* main reason, principal cause

~ ਧਾਰਾ *n.f.* mainstream

~ ਮੰਤਰੀ *n.m.* chief minister

ਮੁਖਤ [mukhət] *adj. & adv. colloq.* see ਮੁਫ਼ਤ

ਮੁਖ਼ਤਸਰ [mukhətsər] *adj.* brief, short, abridged, condensed

~ ਤੌਰ ਤੇ *ph.* briefly, in short, in brief

ਮੁਖਤਲਿਫ਼ [mukhətlɪf] *adj.* different, varying, various, varied, diverse, sundry, miscellaneous; dissimilar

ਮੁਖਤਾਰ/ਮੁਖਤਿਆਰ [mukhtar/mukhtɪar] *n.m.* agent, deputy, manager; attorney, legal representative

~ ਆਮ *n.m.* agent for all purposes

~ ਖਾਸ *n.m.* agent for specified purpose

ਮੁਖਤਾਰਨਾਮਾ [mukhtarnama] *n.m.* (document containing) power of attorney

ਮੁਖਤਾਰੀ [mukhtari] *n.f.* power, office or function of ਮੁਖ਼ਤਾਰ; same as ਇਖ਼ਤਿਆਰ

ਮੁਖਬੰਦ [mukhbə̃d] *n.m.* preface, foreword, prologue, introduction

ਮੁਖਬਰ [mukhbər] *n.m.* informer, clandestine reporter, spy, tattler

ਮੁਖਬਰੀ [mukhbəri] *n.f.* tattle, tattling, telling on

~ ਕਰਨੀ *con.v.* to inform the authorites

(*esp.* police) against someone, tell on or tattle on someone

ਮੁਖੜਾ [mukhṛa] *n.m.* face, countenance, visage

ਮੁਖਾਤਿਬ [mukhatəb] *adj.* addressed, spoken to, addressing, speaking to

~ ਹੋਣਾ/~ ਕਰਨਾ *con.v.* to address, speak to

ਮੁਖਾਰਬਿੰਦ [mukharbīd] *n.m.* beautiful or holy face or mouth; *lit.* lotus face

ਮੁਖਾਲ਼ਫ [mukhaləf] *adj.* opposed, opposing, opposite, antagonistic; *n.m.* adversary, opponent, detractor

ਮੁਖਾਲ਼ਫਤ [mukhalfət] *n.f.* opposition, antagonism

~ ਕਰਨੀ *con.v.* to oppose, resist, confront, confute, inveigh

ਮੁਖੀ¹ [mukhi] *n.m.* head, principal, chief, leader

ਮੁਖੀ² *suff.* indicating direction or orientation as in ਅੰਤਰਮੁਖੀ

ਮੁਖੀਆ [mukhia] *n.m.* headman of a village, tribe or clan

ਮੁਖੌਟਾ [mukhɔṭṭa] *n.m.* same as ਮਖੌਟਾ, mask

ਮੁਗਦਰ [mugdər] *n.m.* same as ਬੁਗਦਰ, an item to practice weightlifting

ਮੁਗਧ [múgəd] *adj.* enamoured; in love, infatuated, fascinated, enchanted; silly, foolish, stupid, simple, naive

ਮੁਗਧਤਾ [múgdta] *n.f.* amorousness, infatuation, fascination; foolishness, stupidity; naiveness, naivety

ਮੂੰਗਫਲੀ [mũgphəli] *n.f.* groundnut, *Arachis hypogaea,* peanut, monkey nut

ਮੁੰਗਰਾ [mũgra] *n.m. usu. pl.* ਮੁੰਗਰੇ, seed pods of radish, radish beans

ਮੁਗਲ [mugəl] *n.m.* Mogul, Mughal; *fem.* ਮੁਗਲਾਣੀ

ਮੁਗਲਈ [mugləi] *adj.* of or pertaining to ਮੁਗਲ, Mughal

ਮੁੰਗਲ਼ੀ [mũgəḷi] *n.f.* a heavy conical club with a grip on top used for physical exercise; mallet with longer head and small grip used for pounding or driving down pegs, etc.

ਮੁੰਗਲੀਆਂ ਫੇਰਨੀਆਂ *con.v.* to take exercise with ਮੁੰਗਲੀ in either hand (by holding them grip downwards and then revolving them in turn around the body)

ਮੁਗਾਲਤਾ [mugalta] *n.m.* same as ਭੁੱਲ and ਭੁਲੇਖਾ, misunderstanding

ਮੁੰਗੀ [mũgi] *n.f.* a kind of kidney bean (grown for its easily digestible pulse seed), *Phaseolus mungo*

ਮੁੰਗੀਆ [mũgia] *adj.* of the colour of ਮੁੰਗੀ grain, greenish gray

ਮੁੱਘ [múgg] *n.m.* same as ਮੱਘ and ਮਘੋਰਾ

ਮੁਘਧ [múgəd] *adj.* see ਮੁਗਧ

ਮੁਚਣਾ [mucəṇa] *v.i.* to be sprained or dislocated

ਮੁਚਲਕਾ [mucəlka] *n.m.* written undertaking by a defaulter or accused not to repeat the crime and to accept fine in case of infringement; personal bond, note of hand, recognizance

~ ਭਰਨਾ *con.v.* to submit ਮੁਚਲਕਾ, to deposit security

ਮੁੱਛ¹ [mucch] *n.f.* or *pl.* ਮੁੱਛਾਂ, moustaches

~ ਢਿੱਲੀ ਹੋਣੀ *ph.* to be defeated, demoralised, or depressed

~ ਨੂੰ ਤਾਉ ਦੇਣਾ *ph.* to twist, twirl or twiddle one's ਮੁੱਛ; to express courage

~ ਪੁੱਟਣੀ *ph.* to insult, dishonour; *lit.* to pluck ਮੁੱਛ

~ ਪੁਟਾਉਣੀ *ph.* to be insulted, dishonoured

~ ਫੁੱਟ *adj.m.* youngman with first appearence of ਮੁੱਛ; adolescent

ਮੁੱਛ² *v.form.* imperative of ਮੁੱਛਣਾ, cut, smoothen the end

ਮੁਛਹਿਰੇ [muchére] *n.m. pl.* long, thick or bushy moustaches

ਮੁੱਛਣਾ [mucchəṇa] *v.t.* to cut, and smoothen the end (of log, club, etc.); to browse; *slang.* to wangle, swindle

ਮੁੱਛਲ਼ [mucchəḷ] *adj.m.* having long or thick moustaches

ਮੁਛਵਾਉਣਾ/ਮੁਛਾਉਣਾ [muchvauṇa/muchauṇa] *v.t.* to get something cut and the ends smoothened; to get or cause to be browsed; to get or cause someone to be swindled

ਮੁਛਵਾਈ/ਮੁਛਾਈ [muchvai/muchai] *n.f.* process of, wages for *prec.*
ਮੁੰਜ [mũj] *n.f.* reed fibre (used for making ropes, strings or matting
ਮੁਜੱਸਮ [mujəssəm] *adj.* corporeal, embodied, physical, having body and form, tangible, concrete; *cf.* ਜਿਸਮ
ਮੁਜੱਸਮਾ [mujəssəma] *n.m.* statue, idol, sculptured figure
ਮੁਜ਼ੱਕਰ [muzəkkər] *n.m.* masculine gender
ਮੁਜ਼ੱਮਤ [muzəmmət] *n.f.* condemnation, censure, disapprobation, decrial, disapproval
~ ਕਰਨੀ *con.v.* to condemn, censure, decry, disapprove
ਮੁੰਜਰ [mũjər] *n.f.* ear of paddy
ਮੁਜਰਮ [mujrəm] *n.m.* convict, criminal, offender, person proved guilty of crime
ਮੁਜਰਮਾਨਾ [mujərmana] *adj.* criminal
ਮੁਜਰਾ [mujra] *n.m.* singing and dancing by professional prostitutes; a particular style of such performance
~ ਕਰਨਾ *con.v.* to perform ਮੁਜਰਾ
ਮੁਜਰਾਅ [mujra] *n.m.* credit to account; reduction from dues
ਮੁਜਾਹਦ [mujahəd/mujàd] *n.m.* warrior, fighter *esp.* for a religious cause, crusader; *cf.* ਜਹਾਦ
ਮੁਜ਼ਾਹਰਾ [muzára] *n.m.* demonstration, rally, procession, show of unity, protest or political strength, protest march
~ ਕਰਨਾ *con.v.* to hold procession or rally
ਮੁਜ਼ਾਰਾ [muzara] *n.m.* agricultural tenant
ਮੁਜਾਵਰ [mujavər] *n.m.* same as ਮਜੌਰ
ਮੁੰਜੀ [mũji] *n.f.* paddy
ਮੁੰਞ [mũñ] *n.f.* same as ਮੁੰਜ
ਮੁਟਾਈ [muṭai] *n.f.* thickness, same as ਮੁਟਾਪਾ
ਮੁਟਾਪਾ [muṭappa] *n.m.* fatness, portliness, bulkiness, corpulence, obesity
ਮੁਟਿਆਈ [muṭiai] *n.f.* same as ਮੁਟਾਪਾ
ਮੁਟਿਆਰ [muṭiar] *n.f.* young woman, maiden, damsel, nubile girl
ਮੁਟਿਆਰਪਣ [muṭiarpəṇ] *n.m.* maidenhood
ਮੁਟੇਰਾ [muṭera] *adj.m.* fatter, thicker, coarser, rather fat, thick or coarse
ਮੁੱਠ [muṭṭh] *n.f.* closed hand or palm, fist; breadth of a closed hand; grip, handle; *adj.* handful, palmful, wisp, swath, swathe
~ ਗਰਮ ਕਰਨੀ *ph.* to bribe
~ ਘੁੱਟਣੀ *ph.* to close the palm tightly, tighten grip; *fig.* to be stingy, miserly, parsimonious, tight-fisted
~ ਮਾਰਨੀ *con.v.* to masturbate
~ ਮੀਟਣੀ *con.v.* to close hand, palm or fist
ਮੁਠਣਾ [muṭhəṇa] *v.t.* same as ਠੱਗਣਾ
ਮੁਠ ਭੇੜ [muṭh pèṛ] *n.m.* skirmish, encounter, scuffle, fight, short or brief battle
ਮੁੱਠਾ [muṭṭha] *n.m.* handle, grip, hilt, haft; wisp, swath, swathe; upright post of spinning wheel
ਮੁੱਠੀ [muṭṭhi] *n.f.* same as ਮੁੱਠ
~ ਚਾਪੀ *n.f.* massage, kneading of muscles; *informal.* sycophancy
~ ਚਾਪੀ ਕਰਨੀ *ph.* to massage or knead muscles; to attend servilely upon, please, flatter
~ ਭਰ *adj.* a handful, very few, a few, a little
~ ਵਿਚ *adv.* under one's control, at beck and call, in one's possession
ਮੁਠੀਆ [muṭhia] *n.m.* vertical bar of ਪੰਜਾਲੀ
ਮੁੰਡਨ [mũḍən] *n.m.* tonsure
~ ਸੰਸਕਾਰ *n.m.* tonsure rite or ceremony
~ ਕਰਨਾ *con.v.* to tonsure
ਮੁੰਡਪੁਣਾ [mũḍpuṇa] *n.m.* childishness, childish behaviour, puerility, puerilism
ਮੁੰਡਾ [mũḍa] *n.m.* boy, male child, lad, urchin, son
~ ਹੋਣਾ *con.v.* to be a ਮੁੰਡਾ; for a son to be born
~ ਖੁੰਡਾ *n.m.* same as ਮੁੰਡਾ, youngman, youngster
ਮੁੰਡਾਸਾ [mũḍassa] *n.m.* a length of cloth or scarf tied around head and face
~ ਕਰਨਾ/~ ਬੰਨ੍ਹਣਾ/~ ਮਾਰਨਾ *con.v.* to tie ਮੁੰਡਾਸਾ
ਮੁੰਡੀ [mũḍi] *n.f.* neck; head
ਮੁੰਡੀਰ [mũḍir] *n.f.* youth collectively, crowd of boys

ਮੁੰਡੂ [mũḍu] *n.m.* young male domestic servant, scullion, page
ਮੁੰਡੇਬਾਜ਼ [mũḍebaz] *adj.* sodomite, paederast
ਮੁੰਡੇਬਾਜ਼ੀ [mũḍebazi] *n.f.* sodomy, paederasty
ਮੁੰਡੇਰ [mũḍer] *n.f.* same as ਬਨੇਰਾ, parapet
ਮੁੱਢ [múḍḍ] *n.m.* beginning, origin, inception, source, root, bottom portion of (an uprooted) plant or tree, stub, stump
~ **ਕਦੀਮ** *n.m.* ancient times, remote past, antiquity
~ **ਕਦੀਮੀ** *adj.* ancient, primitive, antique, pristine, primeval
~ **ਬੰਨ੍ਹਣਾ** *con.v.* to begin, start, found
ਮੁਢਲਾ [múḍla] *adj.m.* elementary, initial, primary, incipient, preliminary, rudimentary, elemental, inchoate, introductory, earliest, original, primeval, primordial, pristine
ਮੁੱਢਾ [múḍḍa] *n.m.* reel or skein of yarn spun on spinning wheel, cop
ਮੁੱਢੀ [múḍḍi] *n.f.* stub, stump, unhewn wooden block
ਮੁੱਢੋਂ [múḍḍõ] *adv.* from or since the beginning, from the roots
ਮੁਣਮੁਣਾ [muṇmuṇa] *n.m.* pendulous excrescence below the jaws of some goats; *usu. pl.* ਮੁਣਮੁਣੇ, boiled and parched, grain particularly of wheat; cubical piece of soft rubber attached to the interior surface of rubber balls
ਮੁਣਿਆਦ [muṇiad] *n.f. colloq.* see ਨੀਂਹ, foundation; durability, life
ਮੁਤਅੱਸਬ [mutəssəb] *adj.* same as ਤਅੱਸਬੀ, bigot
ਮੁਤਅੱਲਕ [mutəlləkˈ] *adv.* same as ਮੁਤੱਲਕ
ਮੁੰਤਸ਼ਰ [mũtṣər] *adj.* scattered, dispersed
ਮੁਤਹੱਰਕ [muthərrək] *adj.* in motion, moving
ਮੁਤਹਿਦ [muthɪd/mutɛ̀d] *adj.* united, joint; organised into a single entity; collective, co-operative
~ **ਹੋਣਾ** *con.v.* to unite, combine, form a union; to display unity, come together, act together
~ **ਕਰਨਾ** *con.v.* to unite, combine, bring under a single or collective body
ਮੁਤਹਿਦਾ [muthida/mutɛ̀da] *adj.* united, incorporated or federated
ਮੁੰਤਕਲ [mũtkəl] *adj.* transferred, shifted, transposed, mutated; *cf.* ਇੰਤਕਾਲ
~ **ਕਰਨਾ** *con.v.* to transfer, shift, transpose, mutate
ਮੁਤਕਾ [mutka] *n.m.* same as ਸੇਲ੍ਹੀ, woollen cord
ਮੁੰਤਖਬ [mũtkhəb] *adj.* elected, selected, chosen; *cf.* ਇੰਤਖਾਬ
ਮੁੰਤਜ਼ਮ [mũtzəm] *n.m.* manager, organiser, administrator; controller; *cf.* ਇੰਤਜ਼ਾਮ
ਮੁੰਤਜ਼ਰ [mũtzər] *adj.* waiting, expecting, awaiting; *cf.* ਇੰਤਜ਼ਾਰ
ਮੁਤਫ਼ਿਕ [mutfɪk] *adj.* same as ਸਹਿਮਤ; agreed
ਮੁਤਬੰਨਾ [mutbə̃nna] *n.m.* adopted son and heir
ਮੁਤਬੱਰਕ [mutbərrək] *adj.* holy, sacred; consecrated, sanctified; sacrosanct
ਮੁਤਬਾਦਲ [mutbadəl] *n.m.* substitute, alternative
ਮੁਤਰਾਲ਼ [mutraḷ] *n.f.* place where urine collects and/or stagnates; urinal; collected or stagnating urine (*usu.* of animals)
ਮੁਤਰਾੜ [mutraṛ] *n.m.* same as ਮੁਤਾੜ; carcass or skeleton
ਮੁਤਲਕ [mutələk] *adj.* plenipotentiary, high powered; independent; *adv.* wholly, entirely, completely
~ **ਨਹੀਂ** *adv.* not at all, not the least
ਮੁਤੱਲਕ [mutəllək] *adv. prep.* about, concerning, regarding, in connection with
ਮੁਤੱਲਕਾ [mutəlləka] *adj.* connected, related
ਮੁਤਵੱਜੋ [mutvəjjo] *adj.* attentive; *cf.* ਤਵੱਜੋ
ਮੁਤਵਾਉਣਾ [mutvauṇa] *v.t.* to assist, get or induce one to urinate
ਮੁਤਵਾਜ਼ੀ [mutvazi] *adj.* parallel
ਮੁਤਵਾਤਰ [mutvatər] *adv.* constantly,

continuously, continually, incessantly, without break

ਮੁਤਾਉਣਾ [mutauṇa] *v.t.* same as ਮੁਤਵਾਉਣਾ

ਮੁਤਾਸਰ [mutasər] *adj.* affected, influenced; impressed, moved

ਮੁਤਾਬਕ [mutabək] *adj.* corresponding, suitable, coinciding, resembling, conforming, similar; *adv.* according to, in accordance with, as per, as stated (by); on or under the authority of

ਮੁਤਾਬਕਤ [mutabkət] *n.f.* correspondance, similarity, conformity

ਮੁਤਾਲਬਾ [mutalba] *n.m.* demand, claim, pressing need or requirement

ਮੁਤਾਲਿਆ [mutalıa] *n.m.* study, careful reading, research; knowledge

ਮੁਤਾੜ [mutaṛ] *n.m.* swelling or wound on bullock's neck caused by friction with yoke or by sudden jerk (of loaded cart, etc.)

ਮੁਤਾੜਨਾ [mutaṛna] *v.i.* (for bullocks) to get, develop or suffer from ਮੁਤਾੜ; also ਮੁਤਾੜਿਆ ਜਾਣਾ

ਮੁੱਥ [mutth] *n.m.* a kind of leveller used in wet fields

ਮੁਥਾਜ [muthaj] *adj.* needy, in want, poor, indigent, destitute, dependent

ਮੁਥਾਜਗੀ/ਮੁਥਾਜੀ [muthajgi/muthaji] *n.f.* need, want, poverty, indigence, destitution, cause or fact of being ਮੁਥਾਜ

ਮੁੰਦ [mũd] *v.form.* imperative of ਮੁੰਦਣਾ, close, shut, fill

ਮੁਦਈ [mudəi] *n.m.* plaintiff, claimant; upholder, supporter

ਮੁਦਗਰ [mudgər] *n.m.* same as ਬੁਗਦਰ

ਮੁੰਦਣਾ [mũdəṇa] *v.t.* to shut, close; to fill (a cavity, breech, etc.); to perforate, pierce

ਮੁੱਦਤ [muddət] *n.f.* duration, time, time-limit, long time

~ ਹੋਈ *ph.* long ago

ਮੁਦੱਬਰ [mudəbbər] *adj.* (*lit.* planner; *cf.* ਤਦਬੀਰ); wise, sagacious, discerning statesman

ਮੁੰਦਰ [mũdər] *n.f.* earring; *cf.* ਮੁੰਦਰੀ

ਮੁਦੱਰਸ [mudərrəs] *n.m.* teacher; *cf.* ਦਰਸ[1] or ਸਬਕ

ਮੁੱਦਰਾ [muddəra] *n.f.* pose, posture; signet, seal; coin, money, currency

~ ਸਫੀਤੀ *n.f.* same as ਮੁੱਦਰਾ ਪਸਾਰ

~ ਸੁਕੇੜ *n.m.* deflation, recession in money market

~ ਪਸਾਰ *n.m.* inflation, expansion or increase in money-supply

ਮੁੰਦਰਾਂ [mũdərã] *n.f. pl.* heavy earrings worn by mendicants of Jogi order

ਮੁੱਦਰਿਤ [muddərıt] *adj.* stamped, minted; printed

ਮੁੰਦਰੀ [mũdəri] *n.f.* ring, finger ring

ਮੁੰਦਵਾਉਣਾ [mũdvauṇa] *v.t.* to get (opening etc.) shut, closed, filled; to get (ear or nose) perforated or pierced

ਮੁੰਦਵਾਈ [mũdvai] *n.f.* process of, charges for ਮੁੰਦਣਾ

ਮੁੱਦਾ [mudda] *n.m.* aim, object, goal, objective; specific issue; meaning, purport, gist, substance; stolen thing, document, etc.

~ ਗੱਲ ਕੀਹ *ph.* long and short of it

~ ਗੁਆਉਣਾ *ph.* to remove trace of ਮੁੱਦਾ

ਮੁੰਦਾਉਣਾ [mũdauṇa] *v.t.* same as ਮੁੰਦਵਾਉਣਾ

ਮੁੱਦਾਅਲਹਿ [muddalɛ́] *n.m.* respondent, defendant

ਮੁੰਦਾਈ [mũdai] *n.f.* same as ਮੁੰਦਵਾਈ

ਮੁਧਾਉਣਾ/ਮੁਧਿਆਉਣਾ [mudàuṇa/mudıàuṇa] *v.t.* same as ਮੂਧਾ ਕਰਨਾ under ਮੂਧਾ, to turn upside down

ਮੁੰਨ [mũnn] *v.form.* imperative of ਮੁੰਨਣਾ, shave

ਮੁਨਸਫ਼ [munsəf] *n.m.* justice, judge, arbiter, arbitrator; *adj.* just

ਮੁਨਸਫ਼ੀ [munsəfi] *n.f.* same as ਇਨਸਾਫ਼, job or post of judge; justice, lawfulness, rightfulness; decision of a judge, arbitration

ਮੁਨਸ਼ੀ [munṣi] *n.m.* scribe, writer, clerk; teacher; lawyer's clerk or agent

~-ਮੁਸੱਦੀ *n.m.* clerical staff (*esp.* of courts)

ਮੁਨਸ਼ੀਆਨਾ [munṣiana] *n.m.* fee of lawyer's clerk, scribe's fee

ਮੁਨਸ਼ੀਗੀਰੀ [munṣigiri] *n.f.* job, profession or career of ਮੁਨਸ਼ੀ

ਮੁਨਹਸਰ [munə́sər] *adj.* dependent or depending (on), determined (by), conditioned (by)

ਮੁਨਕਰ [munkər] *adj.* same as ਇਨਕਾਰੀ; apostate, atheist, repudiator, disbeliever

~ ਹੋ ਜਾਣਾ/~ ਹੋਣਾ *con.v.* to deny, disavow, renege, disclaim, repudiate, disbelieve

ਮੁਨੱਕਾ [munəkka] *n.m.* same as ਮਨੱਕਾ

ਮੁੰਨਣਾ [mũnnəṇa] *v.t.* to shave, trim, shear; *fig.* to fleece, cheat

ਮੁਨੱਵਰ [munəvvər] *adj.* same as ਰੌਸ਼ਨ, lighted

ਮੁਨਵਾਉਣਾ [munvauṇa] *v.t.* to get (hair, head, etc.) shaved, trimmed; to get (goat, sheep etc.) sheared

ਮੁਨਵਾਈ [munvai] *n.f.* process of, charges for ਮੁੰਨਣਾ

ਮੁਨ੍ਹੇਰਾ [munèra] *n.m.* same as ਮੂੰਹ ਹਨੇਰਾ, under ਮੂੰਹ

ਮੁੰਨਾ[1] [mũnna] *n.m.* upright post or stake holding something firmly in place; a type of ਹਲ਼; term of endearment for male child, young boy, son

ਮੁੰਨਾ[2] *adj.m.* same as ਪੌਣਾ[1], three-quarters

ਮੁਨਾਉਣਾ [munauṇa] *v.t.* same as ਮੁਨਵਾਉਣਾ

ਮੁਨਾਈ [munai] *n.f.* same as ਮੁਨਵਾਈ

ਮੁਨਾਸਬ [munasəb] *adj.* appropriate, proper, suitable, just, equitable, reasonable condign

ਮੁਨਾਦੀ [munadi] *n.f.* proclamation by beat of drum

~ ਕਰਨੀ/~ ਕਰਵਾਉਣੀ *con.v.* to proclaim by beat of drum

ਮੁਨਾਫ਼ਾ [munafa] *n.m.* same as ਨਫ਼ਾ, profit

ਮੁਨਾਰਾ [munara] *n.m.* minaret, tower, turret

ਮੁਨਿਆਦ [munıad] *n.f.* same as ਮਿਆਦ or ਨੀਂਹ also ਮੁਣਿਆਦ

ਮੁਨਿਆਰ [munıar] *n.m.* seller of general store articles (including toilet requirements, cosmetics, trinkets, bangles, etc.) general merchant, grocer

ਮੁਨਿਆਰੀ [munıari] *n.f.* general stores, general merchandise, grocery

ਮੁਨੀ [muni] *n.m.* ascetic, hermit, saint, holyman, a Jain scholar or savant

ਮੁੰਨੀ[1] [mũnni] *n.f.* same as ਮੁੰਨਾ[1]; ਜਾਤਰੂ

ਮੁੰਨੀ[2] *adj.f.* same as ਮੁੰਨਾ[2]

ਮੁਨੀਮ [munim] *n.m.* accountant, bookkeeper

ਮੁਨੀਮੀ [munimi] *n.f.* accountancy, bookkeeping

ਮੁਫ਼ੱਸਲ [mufəssəl] *adj.* detailed, elaborate, exhaustive, comprehensive; *cf.* ਤਫ਼ਸੀਲ

ਮੁਫ਼ਤ [mufət] *adj. & adv.* free of charge, free of cost, free, gratis, gratuitous

~ ਵਿਚ *adv.* for nothing; for no rhyme or reason

ਮੁਫ਼ਤਖੋਰ [mufətkhor] *adj.* living free at others' cost, parasite, cadger, hanger-on

ਮੁਫ਼ਤਖੋਰੀ [mufətkhori] *n.f.* parasitism, cadging

ਮੁਫ਼ਤੀ[1] [mufti] *n.f.* mufti, civilian yet uniform dress worn by soldiers

ਮੁਫ਼ਤੀ[2] *n.m.* Muslim law-giver or judge dispensing Islamic law

ਮੁਫ਼ਤੀ[3] *adv.* same as ਮੁਫ਼ਤ

ਮੁਫ਼ਾਦ [mufad] *n.f.* same as ਫ਼ਾਇਦਾ; interest, benefit, advantage

ਮੁਫ਼ੀਦ [mufid] *adj.* same as ਫਾਇਦੇਮੰਦ under ਫਾਇਦਾ, useful, profitable

ਮੁਬਤਲਾ [mubtəla] *adj.* involved (in), suffering (from), engaged, engulfed

ਮੁਬਾਹਿਸਾ [mubáısa] *n.m.* debate; discussion

ਮੁਬਾਰਕ [mubarək] *adj.* auspicious, propitious; happy, blessed, fortunate; *n.f.* congratulation, felicitation, blessing, good wishes

~ ਦੇਣੀ *con.v.* to congratulate, felicitate

~ ਮਿਲਣੀ *con.v.* to be congratulated, felicitated, receive ਮੁਬਾਰਕ, be approbated, commended

ਮੁਬਾਰਕਬਾਦ/ਮੁਬਾਰਕਬਾਦੀ [mubarəkbad/ mubarəkbadi] *n.f./n.m.* same as *prec.;*

interj. congratulations
ਮੁਬਾਲਗਾ [mubalga] *n.m.* exaggeration, over statement
ਮੁਮਕਿਨ [mumkın] *adj.* possible, feasible, viable, workable, practicable, achieveable, attainable; likely, probable
ਮੁਮਤਾਜ਼ [mumtaz] *adj.* distinguished, eminent, prominent, conspicuous; respectable, reputable, reputed
ਮੁਮਿਆਈ [mumıai] *n.f.* same as ਮਮਿਆਈ
ਮੁਯੱਸਰ [muyəssər] *adj.* available, obtainable, accessible
~ ਕਰਨਾ *con.v.* to provide, make available
ਮੁਰਸ਼ਦ [murṣəd] *n.m.* spiritual teacher, preceptor
ਮੁਰਕ [murk] *n.f.* a kind of weed grass
ਮੁਰੱਕਸ [murəkkəs] *n.m.* compound
ਮੁਰਕਣਾ [murkəṇa] *v.t.* to snap, crack, break; to munch; *adj.m.* crisp
ਮੁਰਕੀ [murki] *n.f.* small ear-ring
ਮੁਰਗਾ [murga] *n.m.* cock, rooster, broiler, male chicken; also ਮੁਰਗ਼ਾ
ਮੁਰਗ਼ ਮੁਸੱਲਮ *n.m.* chicken roasted or cooked whole
ਮੁਰਗਾਬੀ [murgabi] *n.f.* wild duck; also ਮੁਰਗ਼ਾਬੀ
ਮੁਰਗੀ [murgi] *n.f.* hen, female chicken; also ਮੁਰਗ਼ੀ
~ ਪਾਲਣ *n.m.* poultry farming
ਮੁਰਗੀਖਾਨਾ [murgikhana] *n.m.* pen, poultry pen or shed, poultry farm
ਮੁਰਝਾਉਣਾ [murjàuṇa] *v.i.* to wither, wilt, wizen, fade, droop; *fig.* to pine, languish
ਮੁਰਝਾਣ/ਮੁਰਝਾਹਟ [murjàṇ/murjàṭ] *n.f.* state, condition of *prec.* withering, wilting, witheredness; langour, dejection, despondency
ਮੁਰਦਨੀ [murdəni] *n.f.* gloomy countenance, gloom, lifelessness, listlessness
ਮੁਰਦਾ [murda] *n.m.* dead body, corpse; *adj.* dead, lifeless; numb, insensitive; *fig.* lazy, slothful, indolent; weak, weakling
~ ਘਰ/~ ਖਾਨਾ *n.m.* mortuary
~ ਘਾਟ *n.m.* cremation ground, crematory, crematorium
~ ਦਿਲ *adj.* lacking vigour or enthusiasm, depressed, languid, listless; coward
~ ਦਿਲੀ *n.f.* dullness, depression, languidness, listlessness; cowardice
~ ਪੁੱਟਣਾ *con.v.* to exhume a dead body
ਮੁਰਦਾਬਾਦ [murdabad] *interj.* death to!, down with!
ਮੁਰਦਾਰ [murdar] *n.m.* same as ਮੁਰਦਾ; carcass
ਮੁਰਦਿਹਾਨ [murdıhan] *n.f.* same as ਮੁਰਦਨੀ
ਮੁਰੱਬਾ [murəbba] *n.m.* preserved fruit, like jam, etc.; same as ਮਰੱਬਾ, square
ਮੁਰੱਬੀ [murəbbi] *n.m.* guardian, protector, patron
ਮੁਰੰਮਤ [murə̃mmət] *n.f.* repair, mending, renovation; *slang.* beating, buffeting
~ ਦੇ ਕਾਬਲ *ph.* repairable
ਮੁਰੰਮਤੀ [murə̃mmti] *n.f.* same as ਮੁਰੰਮਤ
ਮੁਰਮੁਰਾ [murmura] *n.m.* same as ਮੁਰਮੁਰਾ; *adj.m.* crisp
ਮੁਰਲੀ [murli] *n.f.* flute, pipe
ਮੁਰਲੀਧਰ/ਮੁਰਲੀਮਨੋਹਰ [murlitər/murlimənór] *n.m.* epithets of Lord Krishna
ਮੁਰੱਵਤ [murəvvət] *n.f.* goodness, compassion, benevolence; accommodativeness, obliging nature
ਮੁਰਾਸਲਾ [murasla] *n.m.* letter, dispatch, communication, report
ਮੁਰਾਦ [murad] *n.f.* meaning, intended sense or purport; wish, desire, object
~ ਪੁੱਗਣੀ/~ ਪੂਰੀ ਹੋਣੀ *ph.* for desire to be fulfilled
~ ਮੰਗਣੀ *ph.* to ask or pray for a boon, wish
ਮੁਰਾਰੀ [murari] *n.m.* epithet of Lord Krishna
ਮੁਰੀਦ [murid] *n.m.* disciple, follower, votary, devotee
ਮੁਰੀਦੀ [muriddi] *n.f.* discipleship
ਮੁੱਲ [mull] *n.m.* price, rate, cost; worth, value
~ ਅਨੁਸਾਰ (ਕਰ) *adv.* (tax or duty) ad valorem; according to or based on value
~ ਹਰਾਸ *n.m.* depreciation; devaluation

~ ਖਰੀਦ *adj.* bought, boughten, paid for; *cf.* ਖਰੀਦ ਮੁੱਲ under ਖਰੀਦ

~ ਟੁੱਕਣਾ *ph.* to finally settle or negotiate price

~ ਦੇਣਾ *con.v.* to pay the cost or price; to give on payment, sell

~ ਪਾਉਣਾ *con.v.* to assess or quote cost or price of; to evaluate; to appreciate, to be considerate (for some act or favour)

~ ਪੈਣਾ *con.v.* true value to be realised; to be appreciated

~ ਲੈਣਾ *con.v.* to receive the cost or price; to get on payment, buy, purchase

~ ਵਿਚ ਘਾਟਾ/~ ਵਿਚ ਗਿਰਾਵਟ *ph.* depreciation, devaluation; recession, slump

~ ਵਿਚ ਵਾਧਾ *ph.* appreciation, rise in value

ਮੁਲਹਦ [mulə́d/mulhəd] *n.m.* same as ਕਾਫ਼ਰ, atheist

ਮੁਲਕ [mulk] *n.m.* country, state, kingdom, realm; homeland, land

ਮੁਲਖ [mulkh] *n.m.* same as *prec.;* large crowd, multitude

ਮੁਲਖਈਆ [mulkhəia] *n.m.* country folk, populace; mob, multitude

ਮੁਲਖੀ [mulkhi] *adj.* pertaining to ਮੁਲਖ, national

ਮੁਲਜ਼ਮ [mulzəm] *n.m.* accused, defendant (in criminal cases)

ਮੁਲਤਵੀ [multəvi] *adj.* postponed, adjourned, deferred

~ ਕਰਨਾ *con.v.* to postpone, adjourn, defer, put off

ਮੁਲਤਾਨੀ [multani] *n.f.* dialect of Punjabi spoken in and around Multan in southwest Punjab; *adj.* belonging to or originally coming from Multan district

ਮੁਲੰਮਾ [mulə̃mma] *n.m.* gilding, plating; *fig.* false, outward show; speciousness

ਮੁੱਲਾਂ [mullā̃] *n.m.* Muslim priest, one learned in Muslim religious texts

ਮੁਲਾਇਮ [mulaɪm] *adj.* soft, smooth, silky (to touch); mild, gentle, tender

ਮੁਲਾਇਮੀ [mulaɪmi] *n.f.* softness, smoothness; mildness, tenderness

ਮੁਲਾਹਜ਼ਾ [muláza] *n.m.* inspection, review, survey; regard, consideration, favour

~ ਕਰਨਾ *con.v.* to inspect, review, survey

~ ਤੋੜਨਾ *con.v.* to favour, oblige

ਮੁਲਾਹਜ਼ੇਦਾਰ [mulázedar] *adj.* favourite

ਮੁਲਾਹਜ਼ੇਦਾਰੀ [mulázedari] *n.f.* favouritism

ਮੁਲਾਂਕਣ [mulā̃kəṇ] *n.m.* assessment, evaluation

ਮੁਲਾਕਾਤ [mulakat] *n.f.* meeting, encounter, personal contact; visit, interview, acquaintance

~ ਕਰਨੀ *con.v.* to meet, see, visit

ਮੁਲਾਕਾਤੀ [mulakatti] *n.m.* visitor; acquaintance

ਮੁਲਾਜ਼ਮ [mulazəm] *n.m.* servant, employee

ਮੁਲਾਜ਼ਮਤ [mulazmət] *n.f.* service, employment

ਮੁਲਾਣਾ [mulaṇa] *n.m.* same as ਮੁੱਲਾਂ

ਮੁਲੈਮ [mulɛm] *adj.* same as ਮੁਲਾਇਮ

ਮੁੜ[1] [muṛ] *adv.* same as ਫੇਰ[2], again

~ ਸਥਾਪਨ *n.m.* re-establishment, reinstallation

~ ਘਿੜ/~ ਮੁੜ *adv.* again and again, repeatedly

~ ਵਸੇਬਾ *n.m.* resettlement, rehabilitation

ਮੁੜ[2] *v.form.* imperative of ਮੁੜਨਾ, turn, comeback; stop, desist

ਮੁੜਨਾ [muṛna] *v.i.* to turn, bend; to return, to come or go back; to stop doing something, desist, refrain

ਮੁੜਵਾਂ [muṛvā̃] *adj.m.* bent, turned, crooked; return; see ਮੋੜਵਾਂ

ਮੁੜਵਾਉਣਾ [muṛvauṇa] *v.t.* to have or make someone to return or give back something; to get or cause something to be turned, bent

ਮੁੜਵਾਈ [muṛvai] *n.f.* act of, payment for *prec.*

ਮੁੜ੍ਹਕਾ [múṛka] *n.m.* perspiration, sweat, diaphoresis

~ ਆਉਣਾ *con.v.* perspire, sweat

~ ਲਿਆਉਣ ਵਾਲੀ ਦਵਾਈ *ph.* diaphoretic medicine, diaphoretic

ਮੁੜ੍ਹਕੋ ਮੁੜ੍ਹਕੀ *adj. & adv.* sweating profusely

ਮੂਆਂ [muā̃] *n.m.* same as ਸੀਰ[2], seepage,

leakage

ਮੁਸਲ [musəl] *n.m.* wooden pestle, threshing club; same as ਕੁੱਪ, stack or wheat-chaff

ਮੁਸਲਾਧਾਰ [musəlatàr] *adj.* torrential, incessant, heavy (rain)

~ ਮੀਂਹ ਪੈਣਾ/~ ਮੀਂਹ ਵੱਸਣਾ *ph.* to rain cats and dogs

ਮੁਸਲੀ [musəli] *n.f.* same as ਮੁਸਲ; taproot

ਮੁਸਾ [mussa] *n.m.* name of a Jew prophet, Moses; mouse, rat

~ ਭੱਜਾ ਮੌਤ ਤੋਂ ਅੱਗੇ ਮੌਤ ਖੜੀ *ph.* to jump from the frying pan into fire

ਮੂੰਹ [mũ] *n.m.* mouth, orifice, face, countenance; opening; hole

~ ਉੱਤੇ *adv.* in the presence of; on the face

~ ਅੱਗੇ ਫਿਰਨਾ *ph.* to know but not to readily recollect; to be just on the tip of the tongue

~ ਸੜਿਆ *adj.m.* foul-mouthed

~ ਸਿਊਣਾ *ph.* to keep mum

~ ਸਿਰ *n.m.* clear shape; meaningfulness

~ ਸੁੱਕਣਾ *ph.* to feel thirsty

~ ਸੁਜਾਉਣਾ *ph.* to be sullen, sulk, be angry

~ ਹਨੇਰਾ *n.m.* early morning, dawn, first light

~ ਕਰਨਾ *ph.* to face; to proceed (towards, to)

~ ਕਾਲ਼ਾ ਕਰਨਾ *ph.* to do something disgraceful; to commit adultery or rape

~ ਖੁਰ *n.m.* foot-and-mouth disease

~ ਖੋਲ੍ਹਣਾ *ph.* to speak up, break silence

~ ਚੱਟਣਾ *ph.* to lick the face; to kiss, fondle, express fondness or affection

~ ਚਿੜਾਉਣਾ *ph.* to gibe, jeer by pouting

~ ਜਬਾਨੀ *adv.* by rote, from memory, orally, by word of mouth

~ ਜੋਰ *adj.* wayward, intractable, brash, wilful, headstrong, obstinate; insolent, audacious, defiant

~ ਜੋਰੀ *n.f.* waywardness, brashness, intractableness, insolence, audaciousness, audacity, defiance

~ ਟੱਡਣਾ *ph. lit.* to open the mouth wide; *fig.* to be greedy, avaricious

~ ਤੇ ਮਾਰਨੀ *ph.* to fling in one's teeth

~ ਤੋਂ ਲੋਈ ਲਾਹੁਣੀ *ph.* to behave shamelessly

~ ਤੋੜ/~ ਤੋੜਵਾਂ *adj./adj.m.* hard-hitting (reply or reaction)

~ ਦਰੂਹੀਂ *adv.* face-to-face, in the presence of both parties

~ ਦਾ ਮਿੱਠਾ *adj.m.* soft-spoken

~ ਪੱਕ ਜਾਣਾ *ph.* to suffer from canker sore

~ ਪਰਨੇ *adv.* face downwards, prostrate

~ ਪਾਟਾ/~ ਪਾੜ/~ ਫਟ *adj.m./adj./adj.* rude, brusque, blunt, pert, impertinent, saucy; scurrilous, ribald

~ ਫੇਰ ਲੈਣਾ *ph.* to abstain from; to shun, desert

~ ਬਣਾਉਣਾ *ph.* to pout; to draw a long face

~ ਬੋਲਦਾ *adj.m.* (for picture, etc.) highly expressive

~ ਭੰਨਣਾ *ph.* to give a crushing blow

~ ਮੰਗਿਆ *adj.m.* desired, asked for, solicited, coveted

~ ਮੱਥਾ/~ ਮੁਹਾਂਦਰਾ *n.m.* appearance, face, facade, form, features; same as ਮੂੰਹ ਸਿਰ

~ ਮੁਲਾਹਜ਼ਾ *n.m.* acquaintance, cordial relations; favouritism, regard for formal relations

~ ਮੋਟਾ ਕਰਨਾ *ph.* to express displeasure, vexation or sullenness, pull a long face

~ ਮੋੜਨਾ *ph.* to turn away, renounce; to desert defeat, drive away

~ ਲੱਗਣਾ *ph.* to develop a taste for; to have dealing with one of unequal status; to make a condolence call, condole (with)

~ ਲਮਕਾਉਣਾ *ph.* to pull or draw a long face; to mop

~ ਲਾਉਣਾ *ph.* to permit or encourage familiarity

~ ਵਿਖਾਈ *n.f.* same as ਘੁੰਡ ਚੁਕਾਈ under ਘੁੰਡ

~ ਵਿਚ ਘੁੰਘਣੀਆਂ ਪਾਉਣੀਆਂ *ph.* to be mealy-mouthed, keep mum

ਮੂਹਾਂ [muhã] *n.m.* opening or cut made in a channel to divert current into a

field
~ ਬੰਨ੍ਹਣਾ *con.v.* to make or close ਮੂਹਾਂ
ਮੂਹੀਂ [muhĩ] *n.f.* same as ਮੂਹਾਂ; sect, clan; lineage
ਮੂਹੋਂ [muhõ] *adv.* from the mouth, orally
~ ਮੂੰਹ *adv.* upto the brim
~ ਮੂਹੀਂ *adv.* face to face
ਮੂਕ [muk] *adj.* speechless, voiceless, silent, mute, dumb
ਮੂੰਗਫਲੀ [mũgphəli] *n.f.* see ਮੁੰਗਫਲੀ
ਮੂੰਗਰਾ [mũgəra] *n.m.* same as ਮੁੰਗਰਾ
ਮੂੰਗਲੀ [mũgəḷi] *n.f.* same as ਮੁੰਗਲੀ
ਮੂੰਗਾ [mũga] *n.m.* same as ਮੋਂਗਾ
ਮੂੰਗੀ [mũgi] *n.f.* same as ਮੁੰਗੀ
ਮੂਜਬ [mujəb] *adv.* same as ਬਮੂਜਬ, according to
ਮੂਜ਼ੀ [muzi] *adj.* tormentor, torturer, cruel; wicked, villainous, evil
ਮੂੰਜੀ [mũji] *n.f.* see ਮੁੰਜੀ
ਮੂਡ [muḍ] *n.m.* mood
ਮੂਢਾ[1] [múḍa] *n.m. dia.* see ਮੂੜ੍ਹਾ
ਮੂਢਾ[2] *adj.m. dia.* see ਮੋਢਾ[2]
ਮੂਤ/ਮੂਤਰ [mut/mutər] *n.m.* urine
~ ਸੰਬੰਧੀ *adj.* urinary
~ ਜ਼ਿਆਦਾ ਆਉਣਾ *n.m.* diuresis
~ ਟੈਸਟ *n.m.* urine analysis, urinalysis
~ ਦੀ ਥਾਂ *ph.* urinal, urinary
~ ਰੁਕ ਰੁਕ ਕੇ ਆਉਣ ਦਾ ਰੋਗ *ph.* strangury
ਮੂਤਣਾ/ਮੂਤਰਨਾ [mutəṇa/mutərna] *v.i.* to urinate, pass ਮੂਤ; (for animals) to stale
ਮੂਤਰੀ [mutəri] *n.f.* urinary passage (also sexual organ) of female animals
ਮੂਧਾ [múda] *adj.m.* upside down, inverted, overturned, topsy-turvy; prostrate, face downwards
~ ਕਰਨਾ *con.v.* to overturn,turn upside-down, invert, prostrate
ਮੂਧੇ ਮੂੰਹ/ਮੂਧੜ ਮੂੰਹੇ *adv.* prostrate, face downward, (falling) face first
ਮੂਨ [mun] *n.f.* doe, hind
ਮੂਰਖ [murəkh] *adj.* foolish, stupid, silly, idiotic, daft, unwise, thick-witted, dull, fatuous, obtuse, inane; *n.m.* fool, idiot, dullard, scatterbrain, nitwit, dunce, mooncalf, simpleton
ਮੂਰਖਤਾ/ਮੂਰਖਤਾਈ [murkhəta/murkhətai] *n.f.* foolishness, folly, silliness, stupidity, idiocy, daftness, fatuousness, inanity; foolish act, tomfoolery
ਮੂਰਖਤਾਪੂਰਨ [murkhətapurn] *adj.* inept, silly, foolish, unwise,
ਮੂਰਖਪੁਣਾ [murkhpuṇa] *n.m.* same as ਮੂਰਖਤਾ
ਮੂਰਛਾ [murcha] *n.f.* swoon, syncope, loss of consciousness, unconsciousness, fainting, catalepsy, trance, coma
ਮੂਰਛਿਤ [murchɪt] *adj.* swooned, faint, entranced, in trance, cataleptic
ਮੂਰਤ [murt] *n.f.* picture, likeness, portrait, image, figure
ਮੂਰਤੀ [murti] *n.f.* idol, statue, image, icon, effigy, sculpture
~ ਕਲਾ *n.f.* sculpture, art of making idols
~ ਪੂਜ/~ ਪੂਜਕ *adj.* idolater, worshipper of idols
~ ਪੂਜਾ *n.f.* idolatry, idol-worship
ਮੂਰਤੀਕਾਰ [murtikar] *n.m.* sculptor, maker of idols
ਮੂਰਤੀਮਾਨ [murtiman] *adj.* manifest, incarnate, personified, present
ਮੂਰਧਨੀ [murdə̀ni] *adj.* (for consonant sounds) retroflex
ਮੂਰਲਾ [múrla] *adj.m.* same as ਮੋਹਰਲਾ
ਮੂਲ [mul] *n.m.* root, base, origin, source; original investment, capital; principal; *adj.* basic, original, fundamental, primary
~ ਅਸਥਾਨ *n.m.* place of origin, provenance, provenience, original place
~ ਅਧਿਕਾਰ *n.m.* fundamental rights
~ ਦੇਸ *n.m.* country of origin, mother - country
~ ਧਨ *n.m.* principal (in loans)
~ ਨਿਵਾਸੀ *n.m.* aborigine, native
~ ਪਰਵਿਰਤੀ *n.f.* instinct, instinctive propensity; also ਮੂਲ ਪ੍ਰਵਿੱਤੀ
~ ਭੂਤ *adj.* primordial, pristine, primitive, original
~ ਮੁੱਦਾ *n.m.* primary object, real intention, underlying sense, crux (of the matter)
ਮੂਲਵਾਦ [mulvad] *n.m.* fundamentalism
ਮੂਲਵਾਦੀ [mulvadi] *adj.* fundamentalist

ਮੂਲ਼ੀ [muḷi] *n.f.* radish, *Raphanus sativus*

ਮੂਲ਼ੋਂ [muḷõ] *adv.* at all, quite, totally; from the beginning

ਮੂੜ [muṛ] *n.m.* same as ਬੁੱਜਾ; a stopper or cork made from grass or cloth for inserting into the private parts of milch animal as a means of torture under which they would yield milk; also ਮੂੜਾ (*n.m.*) or ਮੂੜੀ (*n.f.*)

~ ਦੇਣਾ *con.v.* to apply ਮੂੜ to; to torture; coerce, force, pressurise

ਮੂੜ੍ਹ [múṛ] *adj.* same as ਮੂਰਖ

ਮੂੜ੍ਹਮੱਤ [múrmətt] *n.f.* same as ਮੂਰਖਤਾ; *adj.* same as ਮੂਰਖ

ਮੂੜ੍ਹਾ [múṛa] *n.m.* a seat, mat or stool made of reeds and straw

~ ਬੰਨ੍ਹਣਾ *ph.* to make ਮੂੜ੍ਹਾ; *slang.* to harm, reduce to bad or miserable state

ਮੇਅਰ [meər] *n.m.* mayor

ਮੇਸ [mes] *v.form.* imperative of ਮੇਸਣਾ, erase

ਮੇਸਣਾ [mesəṇa] *v.t.* to erase, rub off, efface; to spoil, destroy

ਮੇਸਾ [mesa] *adj.m.* same as ਮੀਸਣਾ

ਮੇਸੂ [mesu] *n.m.* a kind of sweetmeat or candy

ਮੇਹਦਾ [méda] *n.m.* same as ਮਿਹਦਾ

ਮੇਕ ਅਪ/ਮੇਕਪ [mek əp/mekəp] *n.m.* make-up, facial cosmetics or decoration

ਮੇਖ [mekh] *n.f.* nail, hob nail, peg, cotter, brad

ਮੇਂਗਣ [mẽgəṇ] *n.f.* dropping as of goat, sheep or rat

ਮੇਘ [még] *n.m.* cloud; name of a classical musical measure; name of a backward, depressed class of central Punjab; a member of this

ਮੇਘਲਾ [Mègla] *adj.m.* cloudy; *n.m.* cloud

ਮੇਚ [mec] *n.m.* measurement, size; *adj.* fit, fitting, matching

~ ਲੈਣਾ *con.v.* to take measurement (*usu.* for garments, shoes etc.)

ਮੇਚਣਾ [mecəṇa] *v.t.* to measure, take measurement; to compare, match

ਮੇਚਾ [mecca] *n.m.* same as ਮੇਚ

ਮੇਜ਼ [mez] *n.m.* table

~ ਪੋਸ਼ *n.m.* tablecloth, table cover

ਮੇਜਬਾਨ [mejban] *n.m.* host; also ਮੇਜ਼ਬਾਨ

ਮੇਜਬਾਨੀ [mejbani] *n.f.* hospitality; also ਮੇਜ਼ਬਾਨੀ

ਮੇਜਰ [mejər] *n.m.* major

ਮੇਜਰੀ [mejəri] *n.f.* rank or status of major, majority

ਮੇਟ [meṭ] *n.m.* mate, head or supervisor of a group of labourers; chief servant, factotum

ਮੇਟਣਾ [meṭəṇa] *v.t.* same as ਮਿਟਾਉਣਾ, to erase

ਮੇਢਾ/ਮੇਂਢਾ [méḍa/mẽḍa] *n.m.* ram, tup

ਮੇਢੀ/ਮੇਂਢੀ [méḍi/mẽḍi] *n.f.* same as ਮੀਢੀ, braid

ਮੇਥਰੇ [methəre] *n.m. pl.* fenugreek, *Trigonella Foenu-graecum;* its seed

ਮੇਥੀ [metthi] *n.f.* a finer variety of *prec.* plant, used as table vegetable and also to season other dishes

ਮੇਥੇ [metthe] *n.m. pl.* same as ਮੇਥਰੇ

ਮੇਦਨੀ [medəni] *n.f.* the Earth

ਮੇਨਕਾ [menəka] *n.f.* celestial damsel; name of the mother of goddess Parvati

ਮੇਮ [mem] *n.f.* European, white-skinned or fashionable woman; beautiful woman; queen (in playing cards)

ਮੇਮਣਾ [meməṇa] *n.m.* lamb, young one of goat or sheep, kid

ਮੇਰ[1] [mer] *n.m.* same as ਮੇਰੂ[1], mountain

ਮੇਰ[2] *n.f.* claim of possession, ownership or close relationship; affection; partiality, favouritism

~-ਤੇਰ *n.f.* differentiation of mine and thine, discrimination, partiality

ਮੇਰਾ/ਮੇਰੀ [mera/meri] *pron.m./pron.f.* my, mine

ਮੇਰੂ[1] [meru] *n.m.* mountain, *esp.* mythical mountain Sumer; top bead in a rosary

ਮੇਰੂ[2] *n.f.* spine, spinal column or cord

ਮੇਲ਼ [mel] *n.m.* guests (collectively) at marriage or other family function; association, intimacy, friendship; connection, consonance, accord, harmony;

correspondence, comparison, match; fusion; meeting
~ ਹੋਣਾ *con.v.* to meet; to correspond or match, be in consonance
~ ਕਰਨਾ *con.v.* to establish or re-establish relationship, friendship or association
~ ਗੇਲ਼/~ ਜੋਲ਼/~ ਮਿਲਾਪ *n.m.* association, intimacy, friendship, familiarity; harmony, amity, rapport, rapprochement
ਮੇਲਣ [melən̩] *n.f.* female guest at wedding, etc.
ਮੇਲਣਹਾਰ [melən̩har] *adj.* (one) who unites, brings together, reunites
ਮੇਲਣਾ/ਮੇਲ਼ਨਾ [melən̩a/mel̩na] *v.t.* same as ਮਿਲਾਉਣਾ; to join closely; to twine tightly (as rope); to intertwine
ਮੇਲ੍ਹਣਾ [méləṇa] *v.i.* see ਮੁੇਲ੍ਹਣਾ
ਮੇਲਾ [mela] *n.f.* fair, festival, crowd, hustle and bustle, large gathering, carnival, fun and festivity; *cf.* ਮੇਲ਼ਾ
~ ਗੇਲਾ *n.m.* same as ਮੇਲ਼ ਗੇਲ਼
~ ਠੇਲਾ *n.m.* same as ਮੇਲਾ
~ ਮੁਸ਼ਾਹਦਾ *n.m.* same as ਮੇਲਾ
ਮੇਲ਼ਾ [mel̩a] *n.m.* some one (single or group) brought or sent for the purpose of recommendation, reconciliation, etc; goodwill delegation or deputation
~ ਪਾਉਣਾ/~ ਪੁਆਉਣਾ *con.v.* to bring or send ਮੇਲ਼ਾ
ਮੇਲ਼ੀ [mel̩i] *n.m.* guest at wedding, etc.; friend, associate, companion
~ ਗੇਲ਼ੀ/~ ਜੋਲ਼ੀ *n.m.* friend, pal, chum
ਮੇਵਾ [meva] *n.m.* same as ਸੌਗੀ; resin; fruit *esp.* dry fruit
ਮੇੜ੍ਹ [méṛ] *n.f.* oxen yoked together for treading over reaped harvest as a threshing measure
~ ਪਾਉਣੀ *con.v.* to yoke oxen into ਮੇੜ੍ਹ; to thresh crop by means of ਮੇੜ੍ਹ; *slang.* to gather a crowd for a small job
ਮੇੜ੍ਹਾ [méṛa] *n.m.* group of standing sugarcane tied together (to prevent its lodging or falling down); roller for pressing, crushing sods into finer earth
~ ਬੰਨ੍ਹਣਾ *con.v.* to tie (sugarcane) into ਮੇੜ੍ਹਾ
~ ਮਾਰਨਾ *con.v.* to use a ਮੇੜ੍ਹਾ (over a ploughed field)
ਮੈ [mɛ] same as ਸ਼ਰਾਬ, liquor
ਮੈਂ [mɛ̃] *pron.* I; *n.f.* I-ness, ego, egotism, pride
ਮੈਂਅ [mɛ̃] *n.f.* sound of a goat bleating; *cf.* ਬੈਅ[3]
ਮੈਂਹ [mɛ̃] *n.f.* same as ਮੱਝ, buffalo
ਮੈਖਾਨਾ [mɛkhana] *n.m.* pub, liquor shop, tarvern
ਮੈਗਜ਼ੀਨ [mɛgzin] *n.m.* magazine
ਮੈਚ [mɛc] *n.m.* match
~ ਕਰਨਾ *con.v.* to match, compare
~ ਖੇਡਣਾ *con.v.* to play a match
ਮੈਚ ਬਾਕਸ [mɛc bakəs] *n.m.* same as ਮਾਚਸ, matchbox
ਮੈਜਿਸਟ੍ਰੇਟ/ਮੈਜਿਸਟਰੇਟ [mɛjɪsṭəreṭ] *n.m.* same as ਮਜਿਸਟਰੇਟ
ਮੈਟ੍ਰਿਕ/ਮੈਟਰਿਕ [mɛṭrɪk] *n.m./adj.* matric, matriculation; matriculant, matriculate
ਮੈਡਮ [mɛḍəm] *n.f.* madam; lady teacher
ਮੈਡਲ [mɛḍəl] *n.m.* medal, medallion
~ ਮਿਲ਼ਨਾ *con.v.* for ਮੈਡਲ to be awarded or received
~ ਲੈਣ ਵਾਲ਼ਾ *ph.* medallist
ਮੈਂਡਾ/ਮੈਂਢਾ [mɛ̃ḍa/mɛ̃ḍa] *pron. dia.* see ਮੇਰਾ
ਮੈਡੀਕਲ [mɛḍikəl] *adj.* medical; *colloq. n.m.* medical examination
~ ਕਰਾਉਣਾ *con.v.* to get (one self or someone) medically examined, be medically examined
ਮੈਣ ਦੁਆਬ [mɛṇ duab] *n.m.* same as ਪੁਆਧ
ਮੈਣਾ[1] [mɛṇa] *n.m.* a fodder crop or weed, *Medicago denticulata*
ਮੈਣਾ[2] *n.f.* same as ਮੈਨਾ
ਮੈਤਰੀ [mɛtəri] *n.f.* same as ਮਿੱਤਰਤਾ
ਮੈਥੀਂ/ਮੈਥੋਂ [mɛthi/mɛthõ] *adv.* from me
ਮੈਦਾ [mɛdda] *n.m.* flour, fine wheat flour, farina
ਮੈਦਾਨ [mɛdan] *n.m.* same as ਮਦਾਨ
ਮੈਨਸਿਲ [mɛnsɪl] *n.m.* red arsenic, realgar
ਮੈਨਾ [mɛna] *n.f.* starling, *Sturlus vulgaris*, myna, mynah, grackle
ਮੈਨੀਫ਼ੈਸਟੋ [mɛnifɛsṭo] *n.m.* manifesto

ਮੈਨੂੰ [mɛnū] *pron.* to me, me
ਮੈਂਬਰ [mɛ̃bər] *n.m.* member
ਮੈਂਬਰੀ [mɛ̃bəri] *n.f.* membership
ਮੈਰਾ [mɛra] *adj.* mixed clayey and sandy (soil); productive, fertile, soft soil
ਮੈਰਿਜ [mɛrɪj] *n.f.* marriage
ਮੈਲ਼ [mɛḷ] *n.f.* dirt, filth, grime, sludge, dross, scum; impurities; *fig.* malice, rancour, grudge, malintention, malevolence; (*usu.* ਮਨ ਦੀ ਮੈਲ਼) sinful thoughts
~ ਕੱਟ *adj. & n.m.* detergent
ਮੈਲ਼ ਖੋਰਾ [mɛḷ khora] *adj.m.* brown, gray or dust coloured; of any kind or colour that would not look dirty soon
ਮੈਲ਼ਾ [mɛḷa] *adj.m.* dirty, dusty, filthy, muddy, unclean, tatty, soiled, smirched, sludgy; *n.m.* faeces, excreta, night-soil
~ ਕਰਨਾ *con.v.* to make or cause to be ਮੈਲ਼ਾ; smirch, besmirch, smudge
~ ਕੁਚੈਲ਼ਾ *adj.m.* very dirty, soiled
ਮੈਲ਼ੀ ਅੱਖ *n.f. lit.* unclean eye; *fig.* lascivious look, stare or gaze, leer; malintention
ਮੈਲ਼ੀ ਬਸਤੀ *n.f.* slum
ਮੋਇਆ/ਮੋਈ [moɪa/moi] *adj.m./adj.f. lit.* dead; *v.form.* past indefinite of ਮਰਨਾ – died; a term of mild rebuke; *pl.* ਮੋਏ and ਮੋਈਆਂ for m./f. respectively
ਮੋਸ਼ਨ [moṣən] *n.f.* motion; *n.m.* urge or instance of call of nature
ਮੋਹ [mó] *n.m.* attachment, attraction, infatuation; love, affection, fondness; *v.form.* imperative of ਮੋਹਣਾ, charm, attract, infatuate
~ ਜਾਲ/~ ਮਾਇਆ *n.m./n.f.* attachment to worldly goods and relationships
~ ਮਮਤਾ *n.f.* love, affection, fondness
ਮੋਹਕਾ [mókka] *n.m.* same as ਮੁਹਕਾ
ਮੋਹਣਾ [móṇa] *v.t.* to attract, infatuate, fascinate, enchant, charm, enamour; *adj.m.* attractive, fascinating, charming, handsome, beautiful
ਮੋਹਣੀ [móṇi] *adj.f.* same as *prec.; n.f.* beautiful maiden, lovely woman; enchantress
ਮੋਹਰ [mór] *n.f.* medieval gold coin; stamp, seal, signet, cachet
~ ਸੰਬੰਧੀ *adj.* sphragistic
~ ਲਾਉਣੀ *con.v.* to stamp, affix seal
~ ਵਿੱਦਿਆ *n.f.* sphragistics
ਮੋਹਰਬੰਦ [mórbə̃d] *adj.* sealed
ਮੋਹਰਲਾ [mórla] *adj.m.* front, foremost, (the one) in front, fore, earlier, leading; *n.m.* frontside, front, facade
ਮੋਹਰਾ [móra] *n.m.* same as ਮੋਹਰਲਾ; chessman, pawn
ਮੋਹਰਾ ਕਸ਼ੀ [móra kəṣi] *n.f.* filigree
ਮੋਹਰੀ[1] [móri] *n.m.* leader; *adj.* leading
ਮੋਹਰੀ[2] *n.f.* width or circumference of the bottom openings of trousers; front part
ਮੋਹਲ਼ਾ [móḷa] *n.m.* wooden pestle used for separating rice from paddy husk
ਮੋਹਲ਼ੇਧਾਰ [móḷetàr] *adj.* (of rain) torrential, heavy, in torrents, cats and dogs
ਮੋਹੜੀ [móṛi] *n.f.* same as ਮੋੜ੍ਹੀ
ਮੋਹਿਤ [móɪt/mohɪt] *adj.* enamoured, enchanted, charmed, infatuated, fascinated, in love (with), enthralled, captivated, fallen (for)
~ ਹੋਣਾ *con.v.* to fall for, fall in love with
~ ਕਰਨਾ *con.v.* to enamour, enchant, charm, infatuate, fascinate, captivate, enthral
ਮੋਕ [mok] *n.f. dia.* see ਦਸਤ, loose motions or stools
ਮੋਕਲ਼ਾ [mokəḷa] *adj.m.* loose, loose-fitting; wide, spacious; *adv.* separate, aside, at a little distance
ਮੋਕਲ਼ਾਈ [mokḷai] *n.f.* spaciousness, openness
ਮੋਖ [mokh] *n.m.* price, selling price; liberation, salvation, emancipation; beatitude, eternal bliss
ਮੋਗਰਾ [mogəra] *n.m.* heavy club or baton (as for washing clothes); shoe maker's tool for beating leather; cotton-carder's tool to strike the gut of his carding appliance
ਮੋਂਗਰਾ [mõgəra] *n.m.* same as ਮੁੰਗਰਾ
ਮੋਗਰੀ [mogəri] *n.f.* mallet, also ਮੁੰਗਲੀ
ਮੋਂਗਾ [mõga] *n.m.* coral
ਮੋਘਾ [móga] *n.m.* same as ਮਘੋਰਾ; open-

ing for discharge of water particularly from irrigational canal distributaries

ਮੋਚ [moc] *n.f.* sprain, wrench, dislocation

~ ਆਉਣੀ *con.v.* to sprain a joint, sustain or suffer dislocation or sprain

ਮੋਚਣਾ [mocəṇa] *n.m.* tweezers, nippers, pincers (for plucking unwanted hair, thorn, etc.)

ਮੋਚੀ [moci] *n.m.* shoemaker, cobbler, saddler

ਮੋਛਾ [mocha] *n.m.* a clean cut with saw, axe or sawing machine; piece of a log

~ ਪਾਉਣਾ *con.v.* to cut or saw (a log) into smaller pieces; to make a clean cut

ਮੋਟਰ [moṭər] *n.f.* motor

~ ਸਾਈਕਲ *n.m.* motorcycle, motorbike

~ ਕਾਰ *n.f.* motor car, car, automobile

~ ਗੱਡੀ *n.f.* motor vehicle, automobile; bus, car, truck, public carrier

~ ਬੋਟ *n.f.* motorboat

~ ਮਕੈਨਿਕ *n.m.* motor mechanic

~ ਰਿਕਸ਼ਾ *n.m.* autorickshaw, motor rickshaw

ਮੋਟੜ/ਮੋਟੜੋ [moṭəṛ/moṭəṛo] *adj.m./adj.f.* fat, bulky, corpulent, obese

ਮੋਟਾ [moṭṭa] *adj.m.* same as ਮੋਟੜ, plump, portly, chubby, fleshy, stout, thickset; thick, coarse, rough

~ ਤਾਜ਼ਾ *adj.m.* well-built, hefty, stout, fat, bulky, robust

~ ਦਿਸਣਾ *con.v. lit.* to look fat; *informal.* to have weak eyesight

ਮੋਟਾਈ [moṭai] *n.f.* same as ਮੁਟਾਈ

ਮੋਟੇ ਤੌਰ [moṭṭe tɔr] *adv.* by and large, broadly speaking

ਮੋਟੀ [moṭṭi] *adj.f.* same as *prec.*

~ ਅਕਲ *n.f.* poor intelligence, dim-wittedness, slow thinking, dullness, obtuseness

~ ਅਕਲ ਵਾਲ਼ਾ *ph.* dull, obtuse, not sharp or intelligent, unintelligent

~ ਸਾਮੀ *n.f.* also ਮੋਟੀ ਅਸਾਮੀ, rich, wealthy, affluent, opulent person

ਮੋਠ [moṭh] *n.m.* a plant grown for fodder and pulse, *Phaseolus aconitifolius*

ਮੋਢਾ[1] [móḍa] *n.m.* shoulder

~ ਡਾਹੁਣਾ *ph.* to put shoulder to; to shoulder (responsibility), set to (a task); to help, support, prop up, buttress

~ ਦੇਣਾ *ph.* to lend a hand or shoulder, help, aid; to give a shoulder to or help carry a bier

ਮੋਢਾ[2] *adj.m.* (crop) sprouted a second or subsequent time

ਮੋਢੀ[1] [móḍi] *adj.f.* same as *prec.*

ਮੋਢੀ[2] *adj. n.m.* founder, beginner, pioneer, originator; leading (person); foremost

ਮੋਣ[1] [moṇ] *n.m.* same as ਮੌਨ

ਮੋਣ[2] *n.f.* ghee or cooking oil added to dough (for crispness of product)

~ ਪਾਉਣੀ *con.v.* to mix, add ਮੋਣ[2] (to dough)

ਮੋਣਾ [moṇa] *v.t.* to knead after adding ਮੋਣ or to knead ਮੋਣ into dough

ਮੋਤੀ [motti] *n.m.* pearl, imitation pearl, spangle

~ ਕੇਰਨਾ *ph.* (*lit.* to drop ਮੋਤੀ); *fig.* to talk sweetly, eloquently or profoundly

~ ਪਰੋਣਾ *ph.* to string ਮੋਤੀ; *fig.* to write beautifully

ਮੋਤੀਆ[1] [motia] *n.m.* a variety of jasmine plant, *Jasminum zambac;* its flower; *cf.* ਚੰਬੇਲੀ; *adj.* pale yellow

ਮੋਤੀਆ[2]/ਮੋਤੀਆ ਬਿੰਦ [motiabĩd] *n.m.* an eye disease; ਚਿੱਟਾ ਮੋਤੀਆ cataract; ਕਾਲ਼ਾ ਮੋਤੀਆ glaucoma

ਮੋਤੀਚੂਰ [moticur] *n.m.* fine drops of gram flour solution fried for making special type of sweetmeat called ਮੋਤੀਚੂਰ ਦੇ ਲੱਡੂ

ਮੋਤੀਝਾਰਾ [moticàra] *n.m.* measles, rubeola

ਮੋਥਾ [motha] *n.m.* darnel; root of a tree *Cyperus rotundifolivs* used medicinally and for hair washing

ਮੋਂਦਾ [mõda] *n.m.* same as ਬੰਨ੍ਹ[2] and ਬੁੱਜਾ; stopper

ਮੋਦੀ [moddi] *n.m.* storekeeper of provisions store

ਮੋਦੀਖਾਨਾ [moddikhana] *n.m.* provisions store

ਮੋਨ [mon] *n.m. & adj.* same as ਮੌਨ

ਮੋਨਾ[1] [monna] *adj.m.* clean-shaven, (one)

with cropped hair

ਮੋਨਾ[2] *adj.m.* (ascetic) who has taken a vow of silence; taciturn

ਮੋਬਲਾਇਲ [mobəlaɪl] *n.m.* mobile oil, lubricating oil

ਮੋਮ [mom] *n.f.* wax, beeswax, tallow

~ **ਦਿਲ** *adj.* kind-hearted, compassionate, benign, kind

~ **ਬੱਤੀ** *n.f.* candle, wax candle, tallow candle

ਮੋਮਜਾਮਾ [momjamma] *n.m.* oil cloth, waterproof cloth

ਮੋਮਨ [momən] *n.m.* believer (in God), follower of Islam, Muslim

ਮੋਮਿਆਈ [momɪai] *n.f.* same as ਮਮਿਆਈ

ਮੋਮੀ [mommi] prepared from or treated with ਮੋਮ, waxen, waxy

ਮੋਮੋਠਗਣਾ [momoṭhəgəṇa] *adj.m.* soft-spoken but crafty, cunning, inveigler

ਮੋਰ [mor] *n.m.* peacock, *Pavo cristatus*

~ **ਚਾਲ** *n.f. informal.* flirtatious, coquettish gait

~ **ਛਲ਼/~ ਛੜ** *n.m.* whisk made from peacock's long feathers (of tail)

~ **ਮੁਕਟ** *n.m.* crest or crown made of or decorated with ਮੋਰਪੰਖ

ਮੋਰਚਾ [morca] *n.m.* trench; fortification, military position; front, battle front, battle line; agitation, political movement

~ **ਬੰਦੀ** *n.f.* fortification, entrenchment

~ **ਮੱਲਣਾ** *con.v.* to occupy a trench

~ **ਮਾਰਨਾ** *ph.* to win, triumph, be victorious, successful or triumphant

~ **ਲਾਉਣਾ** *ph.* to launch or sustain an agitation

ਮੋਰਨੀ [morni] *n.f.* peahen

ਮੋਰਪੰਖ [morpə̃kh] *n.m.* peacock's feather *esp.* of its tail; a decorative garden tree thuja, thuya, *Thiya orientalis*

ਮੋਰ੍ਹੀ [móri] *n.f.* same as ਮੋਹਰੀ[1]

ਮੋਰਾ[1]/ਮੋਰੀ[1] [mora/mori] *pron.m./pron.f.* (poetical) see ਮੇਰਾ, ਮੇਰੀ

ਮੋਰਾ[2]/ਮੋਰੀ[2] *n.m./n.f.* hole, opening, aperture, gap, slit, slot

ਮੋਲ [mol] *n.m.* same as ਮੁੱਲ

ਮੋੜ [moṛ] *n.m.* turn, turning, bend, curve, curvature, sinus; turning back, return; antidote, check, counteraction, repulse; reciprocity

~ **ਘੋੜ/~ ਤੋੜ** *n.m.* distortion, misrepresentation; deforming, disfiguring; repetitious or involved manner of speaking

ਮੋੜਦਾਰ [moṛdar] *adj.* zigzag, sinuous; reciprocal

ਮੋੜਨਾ [moṛna] *v.t.* to turn, bend; to return, give back, refuse acceptance; to check, stop; to advise or direct; to refrain or desist

ਮੋੜਵਾਂ [moṛvã] *adj.m.* returnable, return, reciprocal

~ **ਵਾਰ** *n.m.* riposte, counterstroke

ਮੋੜ੍ਹਾ [móṛa] *n.m.* severed branch of tree particularly a thorny one

ਮੋੜ੍ਹੀ [móṛi] *n.f.* a small ਮੋੜ੍ਹਾ

~ **ਅੜ ਜਾਣੀ** *ph. lit.* to be caught by a ਮੋੜ੍ਹੀ; *fig.* to be involved in a difficult case or situation

~ **ਗੱਡਣੀ** *ph.* to found (a village)

ਮੋੜਾ [moṛa] *n.m.* act of returning, coming back or giving back; turning back of a grazing herd; reply, answer; hitting back; beginning of relief or recovery from sickness; same as ਮੋੜ

ਮੌਸਮ [mɔsəm] *n.m.* weather, climate, season

ਮੌਸਮੀ [mɔsəmi] *adj.* climatic; seasonal

ਮੌਸੀਕੀ [mɔsiki] *n.f.* music, musicology

ਮੌਹਰਾ [mɔ́ra] *n.m.* same as ਮਹੁਰਾ

ਮੌਹਰੀ [mɔ́ri] *n.f.* same as ਮਹੁਰੀ

ਮੌਕਾ [mɔka] *n.m.* opportunity, chance, occasion; time or place of any event; site, location; happening, happenstance

~ **ਸ਼ਨਾਸ** *adj.* prudent, cautious, timeserver, shrewd

~ **ਸ਼ਨਾਸੀ** *n.f.* prudence, caution

~ **ਸੰਭਾਲ਼ਨਾ** *con.v.* to avail oneself of an opportunity

~ **ਹੱਥੋਂ ਨਾ ਜਾਣ ਦੇਣਾ** *ph.* to take time by the forelock, not to miss a chance

~ **ਕਮੌਕਾ** *n.m.* any ਮੌਕਾ, proper or improper

chance
ਮੌਕੇ ਕਮੌਕੇ *adv.* at odd times
ਮੌਕੇ ਤੇ *adv.* same as ਮੌਕੇ ਸਿਰ; at site
ਮੌਕਾ ਪ੍ਰਸਤ [mɔka pərəst] *adj.* time server, selfish, opportunist
ਮੌਕਾ ਪ੍ਰਸਤੀ [mɔka pərəsti] *n.f.* selfishness, opportunism
ਮੌਕਾਵਾਦ [mɔkavad] *n.m.* opportunism
ਮੌਕਾਵਾਦੀ [mɔkavadi] *adj.* opportunist, opportunistic
ਮੌਕੇ ਸਿਰ [mɔke sɪr] *adv.* at opportune or proper time, when the time is ripe
ਮੌਕੂਫ਼ [mɔkuf] *adj.* suspended, dismissed, discharged, removed or fired (from service)
ਮੌਖਿਕ [mɔkhɪk] *adj.* oral, verbal
ਮੌਜ [mɔj] *n.f.* wave, breaker, billow, surge; delight, pleasure, comfort, ease, carefreeness, enjoyment
~ ਉਡਾਉਣੀ/~ ਕਰਨੀ/~ ਮਾਨਣੀ *con.v.* to have a good time, enjoy, be happy and carefree
~ ਬਹਾਰ/~ ਮੇਲਾ *n.f./n.m.* good time, fun and frolic, enjoyment, rejoicing, pleasure, jamboree, carnival
ਮੌਜ਼ਾ [mɔza] *n.m.* village; *usu. pl.* ਮੌਜ਼ੇ, socks, stockings; shoes
ਮੌਜੀ [mɔji] *adj.* merry, gay, mirthful, jovial, carefree; whimsical
~ ਠਾਕਰ *n.m. & adj.* fun-loving, carefree person, happy-go-lucky person
ਮੌਜੂ [mɔju] *n.m.* joke, quip, jest
~ ਕਰਨਾ *ph.* to quip, cut a joke; to scoff at, deride, mock
ਮੌਜੂਦ [mɔjud] *adj.* present, available, ready at hand
ਮੌਜੂਦਗੀ [mɔjudgi] *n.f.* presence
ਮੌਜੂਦਾ [mɔjuda] *adj.* present, current, modern, existing
ਮੌਣ[1] [mɔṇ] *adj. & n.m.* same as ਮੌਨ
ਮੌਣ[2] *n.f.* same as ਮਣ
ਮੌਤ [mɔt] *n.f.* death, decease, demise, mortality
~ ਸੰਬੰਧੀ *adj.* obtituary
~ ਦੰਡ *n.m.* death sentence
~ ਦਰ *n.m* death rate, mortality rate
~ ਦਾ ਸ਼ਿਕਾਰ ਹੋਣਾ *ph. lit.* to fall a prey to death; to die, be killed
~ ਦਾ ਡਰ *ph.* fear of death, thanato-phobia
~ ਦੀ ਸਜ਼ਾ *ph.* death sentence, capital punishment
~ ਦੇ ਘਾਟ ਉਤਾਰਨਾ *ph.* to kill, murder, assassinate, put to death
~ ਦੇ ਮੂੰਹ *ph.* in the jaws of death, certain death
ਮੌਨ [mɔn] *n.m.* silence, refraining from speech, reticence, taciturnity; *adj.* silent, taciturn, mum, reticent, tacit
~ ਧਾਰਨਾ *con.v.* to keep silent, speechless, vow not to speak
~ ਵਰਤ *n.m.* vow to observe silence for specified periods
ਮੌਨਧਾਰੀ [mɔntàri] *adj. n.m.* one who has taken a vow to observe silence or who otherwise keeps speechless
ਮੌਰ [mɔr] *n.m.* shoulder blade, scapula
ਮੌਰੂਸ [mɔrus] *adj.* hereditary, patrimonial, inherited (property); also ਮੌਰੂਸੀ
ਮੌਲਸਰੀ [mɔlsəri] *n.f.* a soft-wood garden tree with fragrant flowers, *Minusops elangi*
ਮੌਲਣਾ [mɔləṇa] *v.i.* to bud, blossom, bloom
ਮੌਲਵੀ [mɔlvi] *n.m.* Muslim priest
ਮੌਲਾ [mɔla] *n.m.* God
ਮੌਲਾਣਾ [mɔlaṇa] *n.m.* same as ਮੁੱਲਾਂ, Muslim religious scholar
ਮੌਲਿਕ [mɔlɪk] *adj.* original, creative, inventive, having originality or original ideas; fundamental, basic, primary
ਮੌਲਿਕਤਾ [mɔlɪkta] *n.f.* originality, creativeness, inventiveness
ਮੌਲ਼ੀ [mɔḷi] *n.f.* untwisted multistrand yarn with alternate band of red and suffron or red and bleached used, on ceremonial occasions

ਯ

ਯ [yəia] *n.m.* thirty-first letter of Gurmukhi script representing the frictionless palatal consonant [y]

ਯਈਂ ਯਈਂ [yəi yəi] *n.f.* servile fawning, cringing request; unconvincing explanations after falsehood has been discovered

~ ਕਰਨਾ *ph.* to speak or argue shamelessly

ਯਸ਼ [yəṣ] *n.m.* same as ਜੱਸ

ਯਸੂ [yəsu] *n.m.* Jesus Christ

~ ਮਸੀਹ *n.m.* same as ਯਸੂ, Jesus, the Messiah

ਯਹਾਉਣਾ [yəhauṇa] *v.i.* to copulate (for woman), be ravished, fucked, undergo or engage in copulation

ਯਹਿਣਾ [yéṇa] *v.t.* (for man) to copulate, ravish, rape, fuck, commit adultery

ਯਹਿਨੀ [yéni] *conj.* same as ਯਾਨੀ

ਯਹੂਦੀ [yəhudi] *n.m.* Jew, Israelite; adj. Jewish, Hebraic, Hebrew

~ ਧਰਮ *n.m.* Judaism

~ ਬੋਲੀ *n.f.* Hebrew

~ ਮਹੰਤ *n.m.* rabbi

ਯਕ [yək] *adj.* same as ਇੱਕ; *pref.* denoting one or oneness

~ ਸਾਂ *adj.* equal; uniform; constant; *adv.* equally, uniformly, constantly

~ ਜ਼ਬਾਨ *adj. & adv.* with one voice, unanimous, unanimously

~ ਜ਼ਬਾਨੀ *n.f.* unanimity

~ ਜਾਨ *adj.* one in spirit, very intimate

~ ਜਿਹਤੀ *n.f.* unity, unitedness

~ ਤਰਫ਼ਾ *adj.* one-sided, partial, ex parte, unilateral

~ ਦਮ *adv.* suddenly, all at once, all of a sudden; instantly

~ ਮੁਸ਼ਤ *adj. & adv.* in one instalment, lump sum

~ ਲਖ਼ਤ *adv.* same as ਯਕ ਦਮ, also ਯਕਾਯਕ

ਯਕਸ਼ [yəkəṣ] *n.m.* same as ਯੱਖ

ਯਕਮ [yəkəm] *adj.* the first

ਯੱਕੜ [yəkkəṛ] *n.m.* yarn, tale, gossip, nonsensical or idle talk; tattle, chatter

~ ਵੱਢਣਾ *ph.* to gossip, spin a yarn, tell tales, tattle, chatter, talk idly, spread false rumours

ਯੱਕੜਬਾਜ਼ [yəkkəṛbaz] *adj.* gossip, gossiper, tale-bearer, tattler, chatterer, chatterbox

ਯੱਕੜਬਾਜ਼ੀ [yəkkəṛbazi] *n.f.* gossiping, tattle, chatter; spinning yarn; telling tales, rumour-mongering

ਯੱਕਾ [yəkka] *n.m.* horse-driven two-wheeled carriage; *cf* ਟਾਂਗਾ; (in cards) ace

ਯਕੀਨ [yəkin] *n.m.* faith, belief, conviction, certainty, certitude; confidence, trust

~ ਆਉਣਾ/~ ਕਰਨਾ *con.v.* to have faith, believe, trust, accept as true, be convinced

~ ਦਿਵਾਉਣਾ *con.v.* to assure, convince

ਯਕੀਨਨ [yəkinən] *adv.* surely, certainly, without fail

ਯਕੀਨੀ [yəkini] *adj.* sure, certain, believable, unfailing

ਯਖ [yəkh] *adj.* very cold, ice-cold, icy, frozen, freezing cold; *n.f.* ice, hard ice

~ ਕਰਨਾ *con.v.* to freeze, harden (by cooling)

ਯੱਖ [yəkkh] *n.m.* demi-god, attendant of ਕੁਬੇਰ, the god of riches

ਯਖਣੀ [yəkhṇi] *n.f.* gravy of cooked meat

ਯੱਗ [yəgg] *n.m.* any ritualistic sacrifice, oblation, sacrificial ritual, yajna

~ ਕਰਨਾ/~ ਕਰਾਉਣਾ *con.v.* to perform ਯੱਗ

~ ਕੁੰਡ *n.m* fire-pit where ਯੱਗ is performed

ਯੱਗਸ਼ਾਲਾ [yəggsala] *n.f.* place where ਯੱਗ is performed, altar

ਯਗਣ [yəgəṇ] *n.m.* prosodic foot comprising one short followed by two long syllables
ਯਜੁਰਵੇਦ [yəjurved] *n.m.* one of the four Vedas containing ritual formulae
ਯਤਨ [yətən] *n.m.* same as ਜਤਨ
ਯੰਤਰ [yə̃tər] *n.m.* same as ਜੰਤਰ
ਯੰਤਰਕ [yə̃trək] *n.m.* machinist, mechanic
ਯੰਤਰਿਕ [yə̃trık] *adj.* mechanical
ਯਤੀਮ [yətim] *adj.* orphan, fatherless, motherless
ਯਤੀਮਖ਼ਾਨਾ [yətimkhanna] *n.m.* orphanage
ਯਤੀਮੀ [yətimi] *n.f.* orphanhood
ਯਥਾ [yətha] *prep. & adv.* as, as per, according to
~ **ਸ਼ਕਤ** *adv.* according to one's capability or power; as far as possible
ਯਥਾਯੋਗ [yəthayog] *adj.* suitable, proper *adv.* suitably, as deemed proper
ਯਥਾਰਥ [yətharth] *n.m.* reality, fact, truth
ਯਥਾਰਥਵਾਦ [yətharthvad] *n.m.* realism
ਯਥਾਰਥਵਾਦੀ [yətharthvadi] *adj.* realist, realistic
ਯਥਾਰਥਿਕ [yətharthık] *adj.* real, factual, true
ਯਥਾਰਥਿਕਤਾ [yətharthıkta] *n.f.* factfulness, trueness
ਯੱਭ [yə́bb] *n.m.* difficulty, difficult work; bother, worry, inconvenience, trouble, hardship
~ **ਖੜੱਬ** *n.m.* same as ਯੱਭ
~ **ਪੈਣਾ** *con.v.* for ਯੱਭ be caused, to suffer ਯੱਭ
ਯੱਭਲ਼/ਯੱਭੂ [yə́bbəḷ/yə́bbu] *adj.* foolish, stupid; fat but weak; awkward in work, clueless
ਯਭਲ਼ੀ [yə́bḷi] *n.f.* something foolish
~ **ਮਾਰਨੀ** *ph.* to say or do something foolish
ਯਮ [yəm] *n.m.* same as ਜਮ; means of controlling, subduing or restraining passions; penances, austerities, self-control
ਯਮ੍ਹਲਾ [yə́mla] *adj.m.* clever but pretending to be a simpleton
ਯਯਾ [yəia] *n.m.* the letter ਯ
ਯਰਕਣਾ [yərkəṇa] *v.i.* to be afraid and to yield, frightened, cowed down, overawed
ਯਰਕਾਉਣਾ [yərkauṇa] *v.t.* to cow, frighten, overawe, bully, intimidate; to make one yield or retire
ਯਰਕਾਟ [yərkaṭ] *n.m.* state of being cowed, act of cowing
~ **ਪਾਉਣਾ** *con.v.* same as ਯਰਕਾਉਣਾ
ਯਰਕਾਨ [yərkan] *n.m.* jaundice, icterus, infectious hepatitis
ਯਰਕੂ [yərku] *adj.* timid, cowardly
ਯਰਗਮਾਲ [yərgmal] *n.m.* hostage
ਯਰਾਨਾ [yərana] *n.m.* friendship; love affair
ਯਾ [ya] *conj.* or, either
ਯਾਕ [yak] *n.m.* yak, *Poephagus grunniens*
ਯਾਕੂਤ [yakut] *n.m.* a precious stone, garnet
ਯਾਚਨਾ [yacəna] *n.f.* same as ਬੇਨਤੀ
ਯਾਤਰਾ [yatra] *n.f.* travel, travelling, journey; pilgrimage
~ **ਕਰਨੀ** *con.v.* to travel, go on pilgrimage
ਯਾਤਰੀ/ਯਾਤਰੂ [yatri/yatru] *n.m.* traveller, passenger, tourist, wayfarer; pilgrim
ਯਾਂਤ੍ਰਿਕ [yãtrık] *adj.* mechanical
ਯਾਦ [yad] *n.f.* memory, remembrance, recollection, reminiscence; nostalgia
~ **ਆਵਰੀ** *n.f.* act or instance of ਯਾਦ, remembering
~ **ਸ਼ਕਤੀ** *n.f.* memory, faculty or power of remembering or recalling
~ **ਕਰਨਾ** *con.v.* to remember, recollect, recall
~ **ਕਰਾਉਣ ਵਾਲ਼ਾ** *ph.* reminiscent, reminder
~ **ਕਰਾਉਣਾ** *con.v.* to remind
~ **ਦਹਾਨੀ** *n.f.* reminding
~ **ਪੱਤਰ** *n.m.* memorial, memorandum, reminder, *aide memoire*
~ **ਮਨਾਉਣੀ** *con.v.* to commemorate
~ **ਰੱਖਣਾ** *con.v.* to remember, keep in mind
ਯਾਦਗਾਰ [yadgar] *n.f.* memorial, monument, memento
ਯਾਦਗਾਰੀ [yadgari] *adj.* memorial, commemorative

ਯਾਦਦਾਸ਼ਤ [yaddaṣt] *n.f.* same as ਯਾਦ ਸ਼ਕਤੀ
~ ਦੀ ਕਮੀ ਜਾਂ ਕਮਜ਼ੋਰੀ *ph.* amnesia
ਯਾਨੀ [yani] *conj.* or; *adv.* namely, that is, that is to say, meaning thereby, I mean
ਯਾਰ [yar] *n.m.* friend, pal, chum; lover, paramour
~ ਦੋਸਤ/~ ਬੇਲੀ *n.m.* friend, close companion; *pl.* circle of friends
ਯਾਰਡ [yarḍ] *n.m.* yard, *usu.* railway yard
ਯਾਰਾਂ[1] [yarã] *n.m. pl.* of ਯਾਰ
ਯਾਰਾਂ[2] *adj.* same as ਗਿਆਰਾਂ
ਯਾਰੀ [yari] *n.f.* same as ਯਰਾਨਾ, friendship, love affair
~ ਦੋਸਤੀ *n.f.* friendship
ਯਾਲ [yal] *n.m.* mane
ਯਾਵਾ [yava] *adj. informal.* fool, foolish, simpleton, silly, nonsense
ਯਾਵੀ [yavi] *n.f.* silly remark or talk, inanity
~ ਮਾਰਨੀ *ph.* to talk nonsense
ਯੁਕਤ [yukt] *adj.* proper, fit, right, valid, reasonable, adequate; *suff.* meaning joined with, provided with
ਯੁਕਤੀ [yukti] *n.f.* same as ਜੁਗਤ
ਯੁਗ [yug] *n.m.* same as ਜੁਗ
ਯੁਗਮ [yugəm] *n.m.* couple, pair, duo; also ਯੁਗਲ
ਯੁਗਮਤ [yugmət] *adj. & adv.* simultaneous, simultaneously
ਯੁਗਮੱਤਾ [yugmətta] *n.f.* simultaneity, simultaneousness
ਯੁਗਮਨ [yugmən] *adj.* coupling
ਯੁੱਧ [yúdd] *n.m.* same as ਜੁੱਧ
ਯੁਨਾਨ [yunan] *n.m.* Greece
ਯੁਨਾਨੀ [yunani] *adj.* Greek; *n.m.* a Greek; *n.f.* Greek (language)
ਯੁਰੇਨੀਅਮ [yureniəm] *n.m.* uranium
ਯੁਵਕ [yuvək] *n.m.* youth, young person
~ ਮੇਲਾ *n.m.* youth festival
ਯੁਵਰਾਜ [yuvraj] *n.m.* crown prince, heir-apparent
ਯੁਵਾ [yuva] *adj.* young, youthful
~ ਅਵਸਥਾ *n.f.* youth, young age
~ ਪੀੜ੍ਹੀ *n.f.* the younger generation, the youth
~ ਵਰਗ *n.m.* the youth, young people (collectively)
ਯੂ.ਐਨ.ਓ [yu. ɛn. o] *n.f.* U.N.O., United Nations Organisation
ਯੂਕਲਿਪਟਸ [yukəlɪpṭəs] *n.m.* eucalyptus
ਯੂਥ [yuth] *n.m. pl.* the youth
ਯੂਨਾਨ [yunan] *n.m.* same as ਯੁਨਾਨ
ਯੂਨਿਟ [yunɪṭ] *n.f.* unit
ਯੂਨੀਅਨ [yuniən] *n.f.* union, trade union
ਯੂਨੀਫ਼ਾਰਮ [yunifarm] *n.f.* uniform
ਯੂਨੀਵਰਸਿਟੀ [yunivərsɪṭi] *n.f.* university
ਯੂ.ਪੀ. [yu. pi.] *n.m.* U.P., Uttar Pradesh, formerly United Provinces of Agra and Oudh
ਯੂਰਪ [yurəp] *n.m.* Europe
ਯੂਰੀਆ [yuria] *n.m.* urea
ਯੋਗ[1] [yog] *n.m.* same as ਜੋਗ[1], yoga; sum, total; addition
~ ਅਭਿਆਸ *n.m.* practice of yoga, yoga exercise
~ ਅਭਿਆਸੀ *n.m.* same as ਯੋਗੀ
~ ਆਸਨ *n.m.* posture in any of the yoga exercises
~ ਸ਼ਾਸਤਰ *n.m.* one of the six schools of Hindu philosophy, a sacred work by the sage Patanjali
~ ਸਾਧਣਾ *n.f.* same as ਯੋਗ ਅਭਿਆਸ; *con.v.* to practise ਯੋਗ
~ ਦਰਸ਼ਨ *n.m.* the yoga philosophy
ਯੋਗ[2] *adj.* same as ਜੋਗ[2]
ਯੋਗਕ [yogək] *n.m.* compound
ਯੋਗਤਾ [yogta] *n.f.* ability, talent, competence, calibre; merit, desert, suitability, qualification
ਯੋਗਦਾਨ [yogdan] *n.m.* contribution, aid or service rendered, participation
ਯੋਗਾਤਮਿਕ [yogatmɪk] *adj.* additive, cumulative; contributive, contributory
ਯੋਗਿਕ [yogɪk] *adj.* pertaining to yoga
ਯੋਗੀ [yogi] *n.m.* a person who practises yoga
ਯੋਜਕ [yojək] *n.m.* conjunction, conjunctive
ਯੋਜਕੀ [yojəki] *adj.* conjunctive, conjunctional, connective
ਯੋਜਨਾ [yojəna] *n.f.* plan, scheme;

programme
ਯੋਜਨਾਬੰਦੀ [yojənabə̃di] *n.f.* planning
ਯੋਜਨਾਬੱਧ [yojənabə́dd] *adj.* planned
ਯੋਧਾ [yóda] *n.m.* same as ਜੋਧਾ
ਯੋਨੀ [yoni] *n.f.* female genitalia, vagina, vulva
ਯੌਮ [yɔm] *n.m.* same as ਦਿਨ, ਰੋਜ਼, day
ਯੌਮੀਆ [yɔmia] *adj.* same as ਰੁਜ਼ਾਨਾ¹, daily
ਯੌਵਨ [yɔvən] *n.m.* same as ਜੋਬਨ
~ **ਅਰੰਭ** *n.m.* puberty, pubescence, pubescency

ਰ

ਰ [rara] *n.m.* thirty-second letter of Gurmukhi script representing alveolar trill sound [r]

ਰਊਂ [rəõ] *n.m.* same as ਰੌਂ

ਰਈ [rəi] *n.f.* favour, partiality (in favour)

ਰਈਅਤ [rəiət] *n.f.* same as ਪਰਜਾ

ਰਈਸ [rəis] *n.m.* rich, wealthy person, a noble

ਰਈਸਜ਼ਾਦਾ [rəiszada] *n.m.* son of a ਰਈਸ

ਰਈਸੀ [rəisi] *n.f.* status, position of ਰਈਸ *adj.* of, like or befitting a ਰਈਸ, also ਰਈਸਾਨਾ

ਰਸ [rəs] *n.m.* juice, sap, extract, syrup, gravy; relish, taste, gust, gusto; love, emotion, enjoyment, pleasure; secretion

~ ਆਉਣਾ *con.v.* to enjoy, feel or take pleasure

~ ਸੰਬੰਧੀ *adj.* pertaining to ਰਸ, gustative, gustatory

~ ਕੱਢਣਾ *con.v.* to extract ਰਸ

~ ਪੈਣਾ *con.v.* for ਰਸ to form, ripen

~ ਭਰਪੂਰ *adj.* same as ਰਸਦਾਰ, fully ripe

~ ਭਿੰਨਾ *adj.m.* tasteful, pleasing to taste or ear, sweet, enjoyable, (one) immersed in enjoying ਰਸ

~ ਮੱਤਾ *adj.* intoxicated with or charmed by ਰਸ

~ ਮਾਣਨਾ/~ ਲੈਣਾ *con.v.* to enjoy, relish ਰਸ

ਰਸ਼ [rəş] *n.m.* rush

ਰਸਹੀਣ [rəshiṇ] *adj.* tasteless, insipid, dry, dull

ਰਸ਼ਕ [rəşk] *n.m.* envy; desire to emulate, wish to equal

~ ਕਰਨਾ *con.v.* to envy

ਰਸਕਪੂਰ [rəskəpur] *n.m.* calomel, muriate or chloride of mercury

ਰਸਗੁੱਲਾ [rəsgulla] *n.m.* a kind of sweetmeat

ਰਸਣਾ[1] [rəsṇa] *v.i.* same as ਰਸ ਪੈਣਾ under ਰਸ; see ਰਿਸਣਾ; to be absorbed or thoroughly mixed, to mix well socially, be intimate, reconciled; (for machines or parts) to become smooth-running

ਰਸਣਾ[2] *n.f.* see ਰਸਨਾ

ਰਸਤ [rəst] *n.f.* same as ਰਸਦ

ਰਸਤਾ [rəsta] *n.m.* path, passage, road, track, opening, approach, exit, entrance, way; method, way out, solution; choice, alternative

~ ਨਾਪਣਾ/~ ਪਕੜਨਾ *ph.* to go away (*usu.*, disappointed)

ਰਸਤੇ ਪੈਣਾ *ph.* to find or follow the right path, be reformed; to set out, leave, go away

ਰਸਦ [rəsəd] *n.f.* ration, provisions, victuals, viands, supplies (of foodstuff)

~ ਪਾਣੀ *n.m.* same as ਰਸਦ

~ ਰਸਾਨੀ *n.f.* transportation or supply of ਰਸਦ

ਰਸਦਾਇਕ [rəsdaık] *adj.* tasty, delicious, enjoyable

ਰਸਦਾਰ [rəsdar] *adj.* juicy, succulent; sweet, enjoyable

ਰਸਨਾ [rəsna] *n.f.* tongue; sense or faculty of taste, gustation

ਰਸਭਰੀ[1] [rəspə̀ri] *n.f.* raspberry, *Physalis peruviana*

ਰਸਭਰੀ[2] *adj.f.* juicy, *lit.* full of ਰਸ; dark reddish purple

ਰਸਮ [rəsəm] *n.m.* custom, ceremony, rite, ritual, usage, traditional practice

~ ਰਿਵਾਜ *n.m.pl.* customs, traditions

ਰਸਮਈ [rəsməi] *adj.* same as ਰਸਦਾਰ

ਰਸਮਪ੍ਰਸਤੀ/ਰਸਮਪਰਸਤੀ [rəsəmpərəsti] *n.f.* ritualism, traditionalism

ਰਸਮਲਾਈ [rəsməlai] *n.f.* a kind of sweetmeat

ਰਸ ਮਿਸ ਜਾਣਾ [rəs mıs jana] *ph.* same as ਰਸਣਾ[1], also ਰਸ ਮਿਚ ਜਾਣਾ

ਰਸਮਿਸਾ [rəsmɪsa] *adj.* (for meal or dish) not having much gravy, with just enough gravy to cook it well

ਰਸਮੀ [rəsmi] *adj.* customary, conventional,

ਰਸ ਰਸਾਉ/ਰਸ ਰਸਾਈ [rəs rəsao/rəs rəsai] *n.m./n.f.* reconciliation, rapprochement

ਰਸਵਾਂ [rəsvã] *adj.* ripening; same as ਰਸਦਾਰ

ਰਸਾ [rəsa] *n.m.* same as ਰਸ

ਰੱਸਾ [rəssa] *n.m.* rope, lasso, halter

~ **ਖਿੱਚਣਾ** *con.v. lit.* to pull a rope, play tug-of-war

~ **ਪਾਉਣਾ** *con.v.* to tie with a rope, rope, halter; *fig.* to control, restrain, check

~ **ਪੈੜਾ** *n.m.* equipment, equipage, accoutrements, outfit, rigging

~ **ਵੱਟਣਾ** *con.v.* to make ਰੱਸਾ

ਰਸਾਉਣਾ [rəsauṇa] *v.t.* to help to ripen; to mix well; to bring about reconciliation, rapprochement, reconcile; to cause or make (machinery) run smoothly (as by lubrication, readjustment)

ਰਸਾਇਣ [rəsaɪṇ] *n.f.* any chemical

~ **ਚਿਕਿਤਸਾ** *n.f.* chemotherapy

~ **ਸ਼ਾਸਤਰ** *n.m.* chemistry

~ **ਯੋਗਕ** *n.m.* chemical compound

~ **ਵਿੱਦਿਆ** *n.f.* chemistry; alchemy

ਰਸਾਇਣਿਕ/ਰਸਾਇਣੀ [rəsaɪṇɪk/rəsaɪṇi] *adj.* chemical

ਰਸਾਈ [rəsai] *n.f.* approach, access; process of ਰਸਣਾ and ਰਸਾਉਣਾ

ਰੱਸਾਕਸ਼ੀ [rəssakəṣi] *n.f.* tug-of-war; *fig.* trial of strength, hard fight, struggle for supremacy

ਰਸਾਤਮਿਕ [rəsatmɪk] *adj.* same as ਰਸ ਸੰਬੰਧੀ, under ਰਸ

ਰਸਾਤਲ [rəsatəl] *n.m.* hell, Hades, the sixth lower layer of hell (according to Hindu belief); nadir

ਰਸਾਲ [rəsal] *adj.* sweet, attractive, beautiful

ਰਸਾਲਾ [rəsala] *n.m.* same as ਰਿਸਾਲਾ

ਰਸਿਕ [rəsɪk] *n.m.* admirer, lover, amorist, gallant; *adj.* amorous; lover of beauty, music, dance, etc., pleasure-loving; libertine

ਰਸਿਕਤਾ [rəsɪkta] *n.f.* amorousness, taste for good things of life, love for life/arts or pleasure; libertinism

ਰੱਸੀ [rəssi] *n.f.* small rope, string, cord

~ **ਟੱਪਾ** *n.m.* skipping exercise or game

ਰਸੀਆ [rəsia] *n.m. & adj.* same as ਰਸਿਕ

ਰਸੀਦ [rəsid] *n.f.* receipt, acknowledgement

~ **ਫ਼ਾਰਮ** *n.m.* acknowledgement slip

ਰਸੀਦੀ [rəsidi] *adj.* pertaining to ਰਸੀਦ

~ **ਟਿਕਟ** *n.f.* revenue stamp

ਰਸੀਲਾ [rəsila] *adj.m.* same as ਰਸਦਾਰ and ਰਸਿਕ

ਰਸੀਵਰ [rəsivər] *n.m.* receiver, telephone receiver, head set, headphone

ਰਸੂਖ [rəsukh] *n.m.* influence, pull, access, power or position to pressurize

~ **ਵਾਲ਼ਾ** *adj.m.* influential

ਰਸੂਲ [rəsul] *n.m.* prophet particularly Prophet Muhammad

ਰਸੋਈ [rəsoi] *n.f.* kitchen, pantry; cooked food

~ **ਘਰ** *n.m.* kitchen, cookhouse

~ **ਦਾ ਕੰਮ** *ph.* cookery, cuisine

~ **ਦੇ ਕੰਮ ਸੰਬੰਧੀ** *ph.* culinary

ਰਸੋਈਆ [rəsoia] *n.m.* cook

ਰਸੌਂਤ [rəsɔ̃t] *n.f.* dried extract of the root of a shrub called barberry, *Berberis aristata* (used medicinally as purgative for children)

ਰਸੌਲ਼ੀ [rəsɔḷi] *n.f.* tumour

ਰਹੱਸ [rəhəss] *n.m.* secret, mystery, something mysterious or incomprehensible, enigma

ਰਹੱਸਪੂਰਨ/ਰਹੱਸਮਈ [rəhəsspurn/rəhəssməi] *adj.* secret, mysterious, mystical, enigmatic, obscure; occult, supernatural, mystic

ਰਹੱਸਵਾਦ [rəhəssvad] *n.m.* mysticism

ਰਹੱਸਵਾਦੀ [rəhəssvadi] *adj. & n.m.* mystic, mystical

ਰਹੱਸਾਤਮਿਕ [rəhəssatmɪk] *adj.* mystical, mysterious

ਰਹਲ [rəhəl] *n.f.* same as ਰਿਹਲ

ਰਹਾ [rəha] *n.m.dia.* see ਰਾਗ tune, lilt

ਰਹਾਉ [rəhao] *n.f.* refrain; pause
ਰਹਾਉਣਾ [rəhauṇa] *v.t.* to get (a millstone) tipped, picked, roughened; *cf.* ਰਾਹਣਾ
ਰਹਾਇਸ਼ [rəhaiṣ] *n.f.* same as ਰਿਹਾਇਸ਼
ਰਹਾਈ [rəhai] *n.f.* process of or wages for ਰਹਾਉਣਾ
ਰਹਿ [rɛ́] *n.f.* honour, prestige, face-saving
~ ਆਉਣੀ *ph* for ਰਹਿ to be protected or maintained
ਰਹਿਆ ਸਹਿਆ [rəhɪa səhɪa] *adj.m.* remaining, residual, left-over; *fem.* ਰਹੀ ਸਹੀ
ਰਹਿਕਲਾ [rékla] *n.m.* light cannon drawn manually or carried on camel back
ਰਹਿ ਜਾਣਾ [rɛ́ jaṇa] *cpd.v.* to remain behind, be left behind, stay on; to fail, miss the bus; to be omitted or overlooked
ਰਹਿਟ [rɛ́ṭ] *n.m.* same as ਹਲਟ[1]
ਰਹਿਣ[1] [rɛ́ṇ] *n.m. & adj. colloq.* ਰਹਿਨ, mortgage
ਰਹਿਣ[2] *n.m.* living, staying, manner of living
~ ਸਹਿਣ *n.m.* manner, style or standard of living, living conditions; culture, also ਰਹਿਤਲ
ਰਹਿਣਾ [réṇa] *v.i.* to reside, dwell, stay, live; to stop, stay on; to remain, last; *aux.v.* to continue to do
ਰਹਿਣੀ/ਰਹਿਣੀ ਬਹਿਣੀ [réni/réni béni] *n.f.* same as ਰਹਿਣ ਸਹਿਣ under ਰਹਿਣ[2]
ਰਹਿਤ[1] [rɛ́t] *suff.* meaning without as in ਪਾਪ ਰਹਿਤ sinless, ਧੂੰਰਹਿਤ smokeless
ਰਹਿਤ[2] *n.f.* same as ਰਹਿਣੀ, particularly mode of living prescribed for Sikhs *esp.* baptised Sikhs; five articles (collectively) which a baptised Sikh must not part with, *viz.* hair, comb, sword or dagger, underwear shorts and steel bangle
~ ਬਹਿਤ *n.f.* same as ਰਹਿਣੀ ਬਹਿਣੀ
~ ਮਰਯਾਦਾ *n.f.* code or practice of traditional theological rules and rites, *esp.* for the Sikhs
ਰਹਿਤਨਾਮਾ [rétnama] *n.m.* any of the Sikh codes of conduct *esp.* those ascribed to Guru Gobind Singh or to his contemporary disciples
ਰਹਿਤੀਆ [rɛ́tia] *adj.& n.m.* one who strictly observes ਰਹਿਤ ਮਰਯਾਦਾ, *fem.* ਰਹਿਤਣ
ਰਹਿੰਦ ਖੂੰਦ [rẽdẽ khũd] *n.m.* residue; left-over, crumbs
ਰਹਿੰਦਾ ਖੂੰਦਾ [rẽda khũda] *adj.m.* whatever remains, residual, remaining
ਰਹਿਨ [rén] *n.m.* mortgage, pledge; *adj.* mortgaged, pledged, hypothecated
~ ਕਰਨਾ/~ ਰੱਖਣਾ *con.v.* to mortgage, pledge, hypothecate
~ ਛੁਡਾਉਣਾ *con.v.* to redeem ਰਹਿਨ
~ ਰੱਖਣ ਵਾਲਾ *ph.* mortgager, mortgagor
~ ਲੈਣ ਵਾਲਾ *ph.* mortgagee
ਰਹਿਨਨਾਮਾ [rénnama] *n.m.* mortgage deed
ਰਹਿਨੁਮਾ [rénuma] *n.m.* see ਰਾਹਨੁਮਾ, ਰਾਹਬਰ, guide
ਰਹਿਬਰ [rébər] *n.m.* see ਰਾਹਬਰ, guide, preceptor
ਰਹਿਮ [rém] *n.m.* pity, mercy, compassion, kindness, tenderness, benignity, commiseration, clemency; womb, uterus; same as ਰਿਹਮ
~ ਕਰਨਾ *con.v.* to take pity (on), treat mercifully or with tenderness
~ ਦਿਲ *adj.* merciful, compassionate, kind, tender-hearted, benign, benignant, clement
~ ਦਿਲੀ *n.f.* same as ਰਹਿਮ, mercifulness, kindheartedness, tender-heartedness, tenderness
~ ਦੀ ਅਪੀਲ *ph.* mercy petition, prayer for clemency
ਰਹਿਮਤ [rémət] *n.f.* grace, benevolence, bounty, bountifulness, munificence
ਰਹਿਮਾਨ [réman] *adj.* merciful, clement, bountiful; an attribute of God
ਰਹਿ ਰਹਿ ਕੇ [rɛ́ rɛ́ ke] *ph.* again and again, repeatedly
ਰਹਿਰਾਸ [réras] *n.f.* custom, practice; evening prayer of the Sikhs
ਰਹਿਲ [rél] *n.f.* circuit of furrows; collapsible wooden stand for open book (*usu.* for sacred book) while reading it
ਰਹੀਮ [rəhim] *adj.* same as ਰਹਿਮਾਨ
ਰਹੁ[1] [rɔ́] *n.f.* sugarcane juice

ਰਹੁ² *v. form.* imperative of ਰਹਿਣਾ -stay, stay on, also ਰਹਿ
ਰਹੁਰੀਤ [rɔ́rit] *n.f.* traditional practice, custom, tradition
ਰੰਕ [rə̃k] *n.m.* poor, penniless, indigent person
ਰਕਸ [rəks] *n.m.* dance
ਰਕਤ [rəkt] *n.f.* same as ਰੱਤ
~ ਦਾਨ *n.m.* blood-donation
ਰਕਤਾਣੂ [rəktaṇu] *n.m.* blood corpuscle
ਰਕਬਾ [rəkba] *n.m.* area, land area; landed property
ਰਕਮ [rəkəm] *n.f.* amount, sum, money, cash; statement of mathematical question or problem
ਰੱਕੜ [rəkkəṛ] *adj. n.m.* hard, tough, barren land
ਰਕਾਸਾ [rəkasa] *n.f.* dancing girl, dancer; *cf.* ਰਕਸ
ਰਕਾਨ [rəkan] *adj.f.* intelligent, sophisticated (woman)
ਰਕਾਬ [rəkab] *n.f.* stirrup
~ ਤੇ ਪੈਰ ਰਖਣਾ *ph.* to mount a horse
ਰਕਾਬਤ [rəkabət] *n.f.* rivalry, antagonism, jealousy; *cf.* ਰਕੀਬ
ਰਕਾਬੀ [rəkabi] *n.f.* plate, saucer, platter
ਰਕੀਬ [rəkib] *n.m.* rival *esp.* in love, opponent
ਰੱਖ¹ [rəkkh] *n.f.* protection, preservation, protected or reserve forest or pasture; preserve
~ ਸੰਭਾਲ *n.f.* care and maintenance; custody, preservation, warehousing, storage
~ ਰਖਾ *n.m.* same as ਰੱਖ ਸੰਭਾਲ਼
~ ਰਖਾਈ *n.f.* act of, charges or wages for *prec.*
ਰੱਖ² *v.form.* imperative of ਰੱਖਣਾ, put, place
ਰਖਸ਼ਕ [rəkhṣək] *n.m.* same as ਰੱਖਿਅਕ
ਰੱਖਣਾ [rəkkhəṇa] *v.t.* to put, place, lay; to hold, possess, keep; to save, protect; to employ, engage
ਰਖਨਾ [rəkhna] *n.m.* drawer, slot, recess, compartment, pigeonhole
ਰਖਵਾਉਣਾ [rəkhvauṇa] *v.t.* to cause, have or assist to put down, place, keep or preserve; to get one employed
ਰਖਵਾਈ [rəkhvai] *n.f.* act or process of, charges for *prec.*
ਰਖਵਾਲਾ [rəkhvala] *n.m.* protector, guard, guardian, custodian, keeper; saviour, preserver
ਰਖਵਾਲੀ [rəkhvali] *n.f.* same as *prec.*; same as ਰੱਖਿਆ
ਰਖੜਾ [rəkhṛa] *n.m.* ਥੱਪੜ
ਰੱਖੜੀ [rəkkhəṛi] *n.f.* wrist band tied by sisters on their brothers' arms as a symbol of love and also of binding the brothers to their duty and responsibility for the protection of their sisters' life and honour; name of the festival on which this customary rite is observed
ਰੱਖਿਅਕ [rəkkhıək] *n.m. & adj.* protector, saviour, defender; protective, defensive
ਰੱਖਿਆ [rəkkhıa] *n.f.* protection, safety, defence, security
~ ਸੇਵਾਵਾਂ *n.f. pl.* defence forces, security forces
~ ਕਰਨੀ *con.v.* to protect, defend, safeguard
~ ਮੰਤਰੀ *n.m.* defence minister
~ ਵਿਧਾਨ *n.m.* defence mechanism
ਰਖਿਆਕਾਰੀ/ਰਖਿਆਤਮਕ [rəkhıakari/rəkhıatmık] *adj.* protective, defensive
ਰਖੇਲ [rəkhel] *n.f.* concubine, keep
ਰਗ [rəg] *n.f.* vein, artery; nerve, fibre; strain, streak; *fig.* trait
~ ਪਛਾਣਨੀ/~ ਫੜਨੀ *ph.* to understand trait or nature of
~ ਫੜਕਣੀ *ph. lit.* for ਰਗ to throb; for one's sense of honour to be aroused; to be excited, agitated or angry
~ ਰੇਸ਼ਾ *n.m.* fibre
~ ਰੇਸ਼ੇ ਵਿੱਚ *ph.* throughout the body, in the muscles and fibres
ਰਗਾਂ ਦੀ ਸੋਜ *ph.* phlebitis
ਰਗਾਂ ਵਿੱਚ ਖ਼ੂਨ ਦਾ ਜਮਾ *ph.* thrombosis
ਰਗਾਂ ਵਿੱਚ ਖ਼ੂਨ ਦੌੜਨਾ *ph.* to be agitated
ਰੰਗ [rə̃g] *n.m.* colour, hue, complexion; dye, paint, colourant, colouring,

colouration; (in cards) suit, trump suit; *fig.* condition, state, situation, circumstances; enjoyment, merriment; love, pleasure

~ ਉੱਡਣਾ *ph.* to fade, for colour to fade; *fig.* to turn pale out of fear or apprehension

~ ਕਰਨਾ *con.v.* to colour, colourwash or paint

~ ਕਾਟ *n.m.* bleaching agent, bleacher, bleach

~ ਚੜ੍ਹਨਾ *con.v.* to colour, take on or change colour; *fig.* to take on habits or ways of one's company

~ ਚੜ੍ਹਾਉਣਾ *con.v.* to dye, colour, paint; to influence someone socially or behaviourally

~ ਜੰਮਣਾ *ph.* for a proper atmosphere or impact to be created, for a function to warm up

~ ਜਮਾਉਣਾ *ph.* to create proper atmosphere, impress

~ ਢੰਗ *n.m.* manners, behaviour, attitude; circumstances, situation, atmosphere; look, aspect

~ ਤਮਾਸ਼ਾ *n.m.* merriment, festivity

~ ਪੱਟੀ *n.f.* palette

~ ਪੀਲ਼ਾ ਜਾਂ ਫੱਕ ਹੋਣਾ *ph.* to pale, be terrified or terror-stricken

~ ਬਰੰਗਾ *adj.m.* multicoloured, multi-colour, particoloured, motley, variegated, pied

~ ਭੂਮੀ *n.m.* stage

~ ਮਹੱਲ *n.m.* pleasure-palace, pleasure-house

~ ਮੰਚ *n.m.* stage, theatre; dramatics

~ ਮੰਚਕ/~ ਮੰਚੀ *adj.* pertaining to ਰੰਗਮੰਚ theatrical, dramatic

~ ਮਾਣਨਾ *ph.* to enjoy or experience pleasure (in)

~ ਰਸ *n.m.* merriment, mirth, joy, enjoyment, rejoicing, revelry, merry-making, gaiety, jollity, pleasure, sensual gratification

~ ਰਸੀਆ *adj.m.* same as ਰਸਿਕ

~ ਰੱਤੜਾ/~ ਰੱਤਾ/~ ਰਾਤਾ *adj.* immersed in love, *esp.* in spiritual love

~ ਰਲ਼ੀਆਂ *n.f.* same as ਰੰਗ ਰਸ, *esp.* sensual pleasure

~ ਵਿੱਚ ਭੰਗ ਪਾਉਣੀ *ph.* to spoil ਰੰਗ, be a spoilsport

ਰੰਗਸਾਜ਼ [rə̃gsaz] *n.m.* dyer

ਰੰਗਸ਼ਾਲਾ [rə̃gsala] *n.f.* stage, theatre, playhouse

ਰੰਗਣ [rə̃gəṇ] *n.f.* colouring, colour

ਰੰਗਣਾ [rə̃gəṇa] *v.t.* to dye, colour, paint

ਰੰਗਤ [rə̃gət] *n.f.* colour, hue, coloured state

ਰੰਗਦਾਨੀ [rə̃gdani] *n.f.* colour box, paint box, palette

ਰੰਗਦਾਰ [rə̃gdar] *adj.* coloured

ਰਗਪਿੱਤੀ [rəgpɪtti] *n.f.* same as ਛਪਾਕੀ

ਰਗਬਤ [rəgbət] *n.f.* liking, inclination, weakness for

ਰੰਗਰੂਟ [rə̃gruṭ] *n.m.* recruit

ਰੰਗਰੂਟੀ [rə̃gruṭi] *n.f.* recruits' training

~ ਕਰਨੀ *con.v.* to undergo recruits' training

ਰੰਗਰੂਪ [rə̃grup] *n.m. lit.* complexion and form; appearance, look, beauty, comeliness

ਰੰਗਰੇਜ਼ [rə̃grez] *n.m.* same as ਰੰਗਸਾਜ਼

ਰੰਗਲਾ [rə̃gla] *adj.m.* coloured, colourful

ਰੰਗਵਾਉਣਾ/ ਰੰਗਾਉਣਾ [rə̃gvauna/rə̃gauṇa] *v.t.* to get something dyed, coloured or painted

ਰੰਗਵਾਈ/ ਰੰਗਾਈ [rə̃gvai/rə̃gai] *n.f.* process of, wages or charges for *prec.*

ਰਗੜ [rəgəṛ] *n.f.* friction, rubbing, rub, mark caused by friction, abrasion, bruise, scrape

~ ਬਾਲਾ *n.m.* push or rub against the ground

~ ਬਾਲੇ ਕੱਢਣਾ *ph.* to treat and/or defeat cruelly, insultingly (as in wrestling)

~ ਲੱਗਣੀ *con.v.* to suffer ਰਗੜ, for ਰਗੜ to be caused, abraded, bruised, scraped

ਰਗੜਨਾ [rəgəṛna] *v.t.* to rub, scrape, scrub, abrade; to grind, grate, crush, mash, bray, pulverise; (in wrestling) to push, rub against the ground; *fig.* to give a crushing or humiliating defeat;

to treat cruelly, harm, cause great loss or trouble

ਰਗੜਵਾਉਣਾ [rəgərvauṇa] *v.t.* to get or cause something ground, brayed, scrubbed, rubbed or abraded; to assist in the process

ਰਗੜਵਾਈ [rəgərvai] *n.f.* process of, wages for *prec. fig.* harm, loss, trouble

ਰਗੜਾ [rəgṛa] *n.m.* act or process of ਰਗੜਨਾ, *fig.* harm, loss, trouble

~ **ਝਗੜਾ** *n.m.* same as ਝਗੜਾ, long-drawn or complicated dispute

~ **ਬੰਨ੍ਹਣਾ** *ph.* to treat cruelly, cause great trouble or harassment as well as loss or harm, persecute

~ **ਲਾਉਣਾ** *con.v.* same as ਰਗੜਨਾ; *fig.* to cheat

ਰਗੜੇ ਜਾਣਾ *con.v.* to be ground or brayed; *fig.* to be ill-treated, be cheated, suffer loss

ਰਗੜਾਉਣਾ [rəgṛauṇa] *v.t.* same as ਰਗੜਵਾਉਣਾ

ਰਗੜਾਈ [rəgṛai] *n.f.* process of ਰਗੜਨਾ, wages or charges for this

ਰੰਗਾ ਰੰਗ [rɔ̃ga rɔ̃g] *adj.* same as ਰੰਗ ਬਰੰਗਾ

ਰੰਗੀਨ [rɔ̃gin] *adj.* coloured

ਰੰਗੀਲ [rɔ̃gil] *adj.* same as ਰੰਗਦਾਰ

ਰੰਗੀਲਾ [rɔ̃gila] *adj.* colourful; merry, jovial, pleasure-seeking, pleasure-loving

ਰੰਗੋਲੀ [rɔ̃goli] *n.f.* same as ਹੋਲੀ

ਰੰਘਰੇਟਾ [rɔ̃greṭa] *n.m.* Sikh convert from a so-called low caste

ਰੰਘੜ [rɔ̃ggər] *n.m.* Rajput converted to Islam; *adj.* arrogant, overbearing, haughty

ਰੰਘੜਊ/ਰੰਘੜਊਪੁਣਾ [rɔ̃gṛəu/rɔ̃gṛəupuṇa] *n.m* arrogance, haughtiness, overbearing behaviour

ਰਚ [rəc] *v.form.* nominative/imperative of ਰਚਣਾ create, compose

ਰੰਚ [rɔ̃c] *n.m. & adj.* same as ਕਿਣਕਾ, a very small quantity; very little; also ਰੰਚਕ, ਰੰਚਕ ਮਾਤਰ

ਰਚਣਹਾਰ [rəcəṇhar] *n.m. & adj.* maker, composer, creator, producer, writer, inditer

ਰਚਣਾ [rəcṇa] *v.i.t.* to be absorbed, mix, permeate, saturate; to pervade; to make, compose, create, indite, write, produce, form, construct, frame, fabricate, prepare; to arrange (any function such as marriage, yajna, etc.)

ਰਚਨਾ[1] [rəcna] *n.f.* creation, composition, production, construction; any work of art, literature or craftmanship

ਰਚਨਾ[2] *n.m.* name of the region lying between the rivers Ravi and Chenab

ਰਚਨਾਕਾਰ [rəcnakar] *n.m.* same as ਰਚਣਹਾਰ

ਰਚਨਾਤਮਿਕ [rəcnatmɪk] *adj.* constructive, productive

ਰਚਵਾਉਣਾ/ਰਚਾਉਣਾ [rəcvauṇa/ rəcauṇa] *v.t.* to have something made, prepared or produced

ਰਚਿਤ [rəcɪt] *adj.* made, created, written (by)

ਰਚੇਤਾ [rəceta] *n.m. & adj.* same as ਰਚਣਹਾਰ; also ਰਚੇਤਾ

ਰੱਛ [rəcch] *n.m.* tools, toolbox particularly of barber or weaver

~ **ਕਾਣ** *n.m.* tools, equipment, accoutrements (collectively)

ਰੱਛਕ [rəcchək] *adj.* same as ਰੱਖਿਅਕ

ਰੱਛਿਆ [rəcchɪa] *n.f.* same as ਰੱਖਿਆ, also ਰੱਛਾ

ਰੱਛੀ [rəcchi] *n.f.* turner's bow

ਰਜ [rəj] *n.f.* dust, dirt; pollen

ਰੱਜ [rəjj] *n.m.* satiety, satiation, one's fill, surfeit, satisfaction; plenty; affluence

~ **ਨੂੰ ਚੱਜ** *ph.* plenty teaches manners

ਰੰਜ [rɔ̃j] *n.m.* sorrow, grief; displeasure, anger; enmity, rancour

ਰੰਜਸ਼ [rɔ̃jəṣ] *n.f.* enmity, rancour, anger

~ **ਰੱਖਣੀ** *con.v.* to harbour ਰੰਜਸ਼

ਰੱਜਣਾ [rəjjəṇa] *v.i.* to have one's fill, be satiated, satisfied

ਰਜਮੰਟ [rəjmɔ̃ṭ] *n.f.* regiment

ਰਜਵਾਂ [rəjvɑ̃] *adj.m.* satiating, full, satisfying, plenty

ਰਜਵਾਉਣਾ [rəjvauṇa] *v.t.* to get someone eat one's fill through someone else or at another's cost

ਰਜਵਾਹਾ [rəjvaha] *n.m.* canal distributary

ਰਜਵਾੜਾ [rəjvaṛa] *n.m.* petty chief, chieftain; petty state

ਰਜ਼ਾ [rəza] *n.f.* same as ਮਰਜ਼ੀ, will; God's will and pleasure; furlough

ਰਜਾਉਣਾ [rəjauṇa] *v.t.* to make or have someone to eat his or her fill, satiate, satisfy

ਰਜਾਈ [rəjai] *n.f.* quilt, also ਰਜ਼ਾਈ

ਰਜਾਕਾਰ [rəjakar] *n.m.* volunteer

ਰਜਾਕਾਰਵਾਦ [rəjakarvad] *n.m.* voluntarism, voluntaryism

ਰਜਾਕਾਰਵਾਦੀ [rəjakarvadi] *adj.* voluntarist, voluntaristic

ਰਜਾਕਾਰਾਨਾ [rəjakarana] *adv.* voluntarily

ਰਜਾਮੰਦ [rəjamə̃d] *adj.* willing, agreeable, consenting

ਰਜਾਮੰਦਾਨਾ [rəjamə̃dana] *adv.* willingly, agreeably

ਰਜਾਮੰਦੀ [rəjamə̃di] *n.f.* willingness, consent, approval, agreement, acquiescence

ਰਜਿਸਟਰ [rəjɪsṭər] *n.m.* register

~ **ਵਿੱਚ ਚੜ੍ਹਾਉਣਾ/~ ਵਿੱਚ ਦਰਜ ਕਰਨਾ** *ph.* to enter in register, to register

ਰਜਿਸਟਰਾਰ [rəjɪsṭərar] *n.m.* registrar

ਰਜਿਸਟਰੀ [rəjɪsṭəri] *n.f.* registration

ਰਜੂਹ [rəjú] *n.m.* attention, paying attention; inclination, proclivity, predilection

~ **ਕਰਨਾ** *con.v.* to pay attention (to), have liking or inclination (for)

ਰਜੇਵਾਂ [rəjevã] *n.m.* same as ਰੱਜ

ਰਜੋਗੁਣ [rəjoguṇ] *n.m.* one of the three characteristics that determine the nature of beings and things, passion, emotion; *cf.* ਸਤੋਗੁਣ and ਤਮੋਗੁਣ

ਰਟ [rəṭ] *n.f.* repetition, iteration, reiteration

~ **ਲਾਉਣੀ** *con.v.* same as ਰਟਣਾ; to persistently make the same assertion or demand, to importune

ਰਟਣਾ [rəṭəṇa] *v.i.* to repeat, iterate, reiterate; to learn by rote, commit to memory by repetition

ਰਟਨ [rəṭən] *n.m.* travelling, travel, journeying, wandering, going round places

ਰਟਵਾਉਣਾ/ਰਟਾਉਣਾ [rəṭvauṇa/rəṭauṇa] *v.t.* to make one repeat, iterate, get one learn by rote, teach through rote-method

ਰਟਵਾਈ/ਰਟਾਈ [rəṭvai/rəṭai] *n.f.* process or act of repeating or getting one to repeat

ਰੱਟਾ [rəṭṭa] *n.m.* repetition, learning through repetition, rote method of learning; quarrel, disputation; same as ਜਿਦ; drudgery, unpleasant hard work

~ **ਕਰਨਾ** *ph.* to drudge

~ **ਪਾਉਣਾ** *ph.* to raise dispute or quarrel; same as ਜਿਦ ਕਰਨੀ

~ **ਲਾਉਣਾ** *con.v.* to go on repeating, to commit to memory by constant repetition

ਰੱਟੇਬਾਜ਼ [rəṭṭebaz] *adj.* quarrelsome; same as ਜਿੱਦੀ; (one) who follows ਰੱਟਾ method of learning

ਰੱਟੇਬਾਜ਼ੀ [rəṭṭebazi] *n.f.* tendency to raise quarrels or disputes

ਰੰਡਾ [rə̃ḍa] *n.m.* widower

ਰੰਡੀ [rə̃ḍi] *n.f.* widow; prostitute, harlot, strumpet

ਰੰਡੀਬਾਜ਼ [rə̃ḍibaz] *adj.m.* fornicator, lecher, lecherous; frequenter of brothels

ਰੰਡੀਬਾਜ਼ੀ [rə̃ḍibazi] *n.f.* lechery, frequenting the brothels

ਰੰਡੀਰੋਣਾ [rə̃ḍiroṇa] *n.m.* constant whimpering, crying, complaining or nagging

ਰੰਡੂਆ [rə̃ḍua] *n.m.* same as ਰੰਡਾ

ਰੰਡੇਪਾ [rə̃ḍepa] *n.m.* widowhood

ਰਣ [rəṇ] *n.m.* battle, fighting, combat, battlefield

~ **ਖੇਤਰ** *n.m.* battlefield, battle front, war front

~ **ਚੰਡੀ** *n.f.* goddess of war; sword

~ **ਜੀਤ** *n.m.* victor; *adj.* victorious

~ **ਨੀਤੀ** *n.f.* strategy

~ **ਬੀਰ** *n.m.* war-hero, brave warrior

~ **ਭੂਮੀ** *n.f.* battlefield

ਰਣਸਿੰਗਾ [rəṇsĩga] *n.m.* war-horn, clarion,

trumpet

ਰਣਵਾਸ [rəṇvas] *n.m.* seraglio; harem, ladies' apartments in a palace

ਰਤ [rət] *adj.* occupied, engaged, busy, absorbed; *suff.* conveying the same sense, as in ਕਰਮਰਤ- engaged in action

ਰੱਤ [rətt] *n.f.* blood

~ **ਸੁੱਕਣੀ** *ph.fig.* to be extremely afraid, apprehensive or worried

~ **ਖੌਲ਼ਨੀ** *ph. lit.* for blood to boil; *fig.* to be highly agitated, angry or enraged

~ **ਪਿੱਤ** *n.f.* same as ਰੱਤ; same as ਛਪਾਕੀ

~ **ਪੀਣਾ** *ph.* blood-sucker, cruel, brutal, bloodthirsty, tyrant

~ **ਪੀਣੀ** *ph.* same as *prec.*; to suck blood; to treat cruelly, to torture, tease, annoy

~ **ਰੰਗਾ** *adj.m.* blood-coloured, purple, crimson, red

ਰੱਤੋ ~ *adj.* blood-soaked, drenched in blood, bloody

ਰੱਤਹੀਨ [rətthin] *adj.* bloodless, pale, weak, anaemic

ਰੱਤਕ [rəttək] *n.m.* same as ਰਤੀ[2]

ਰਤਨ [rətən] *n.m.* jewel, gem, pearl, any precious stone, *esp.* ruby

ਰਤਨ ਚੌਂਕ [rətən cɔ̃k] *n.m.* an ornament for the back of hand to which finger rings are attached with chains

ਰਤਨਜੋਤ [rətənjot] *n.f.* a type of alkanet, *Patentilla nepalensis*; its root used for dyeing oils as well as medicinally

ਰਤਨਾਕਰ [rətənakər] *n.m. lit.* heap of jewels; ocean, sea

ਰਤਨਾਵਲੀ [rətənavəli] *n.f.* string or necklace of jewels

ਰਤੜਾ/ਰੱਤਾ[1] [rətṛa/ rətta] *adj.m.* coloured, red, immersed, steeped, imbued, permeated; *suff.* as in ਰੰਗਰੱਤਾ

ਰਤਾ [rəta] *adj. & adv.* a small amount, a little, a short while

~ **ਕੁ/~ ਭਰ/ ~ ਮਾਸਾ** *adj. & adv.* just a little, somewhat

ਰੱਤਾ [rətta] *adj.m.* red; steeped, imbued

ਰਤਾਨ੍ਹਾ [rətána] *n.m.* night-blindness, nyctalopia

ਰਤਾਲੂ [rətalu] *n.m.* yam, root of *Dioscorea*

ਰਤੀ[1] [rəti] *adj. & adv.* same as ਰਤਾ

ਰਤੀ[2] *n.f.* name of the consort of Kamadeva, the mythological god of love, Cupid; symbol of sexual passion, love or enjoyment of love

ਰੱਤੀ [rətti] *n.f.* small red and black seed of *Abrus Precatorius* used as small weight by goldsmiths and jewellers, weighting about 21 grains of Troy weight, or 1/8th of a ਮਾਸਾ, about 111 milligrams

ਰਤੂਬਤ [rətubət] *n.f.* moisture, humidity

ਰਤੌਂਧਾ [rətɔ̃da] *n.m.* same as ਰਤਾਨ੍ਹਾ

ਰਥ [rəth] *n.m.* chariot; a two-wheeled bullock-driven light carriage

ਰਥਵਾਨ [rəthvan] *n.m.* charioteer, driver of ਰਥ

ਰਥਵਾਨੀ [rəthvani] *n.f.* job or career of charioteer

ਰਥੀ [rəthi] *n.m.* same as ਰਥਵਾਨ; warrior who fought riding a ਰਥ

ਰੱਦ [rədd] *adj.* cancelled, repealed, null and void, rejected; refuted; revoked, annulled, invalidated, abrogated, nullified

~ **ਕਰਨਾ** *con.v.* same as ਰੱਦਣਾ

ਰੰਦ[1] [rə̃d] *v.form.* imperative of ਰੰਦਣਾ

ਰੰਦ[2] *n.m.* jungle trail, path, track; battlement, loophole

ਰੱਦਣਾ [rəddəṇa] *v.t.* to cancel, repeal, annul, nullify, revoke, abrogate, to declare null and void, to invalidate, to reject; to refute

ਰੰਦਣਾ [rə̃dəṇa] *v.t.* to smoothen, pare or trim with a jack plane; to plane

ਰਦਵਾਉਣਾ/ਰਦਾਉਣਾ [rədvauṇa/rədauṇa] *v.t.* to get a (law order or judgment, etc.) cancelled, repeated, amended, revoked, rejected or (argument) refuted

ਰੱਦਾ [rədda] *n.m.* a scoopful; a layer of bricks (in masonry); quantity of fodder, etc. fed into a cutting machine at one time

ਰੰਦਾ [rə̃da] *n.m.* carpenter's plane, jack plane, router plane

~ ਫੇਰਨਾ/~ ਲਾਉਣਾ *con.v.* same as ਰੰਦਣਾ

ਰੰਦਾਉਣਾ/ਰੰਦਵਾਉਣਾ [rə̃dauṇa/rə̃dvauṇa] *v.t.* to get (any surface) smoothened with plane

ਰੰਦਾਈ/ਰੰਦਵਾਈ [rə̃dai/rə̃dvai] *n.f.* process of, wages for ਰੰਦਣਾ

ਰੱਦੀ [rəddi] *adj. & n.f.* useless, worthless; *n.f.* wastepaper, waste, refuse, junk

ਰਦੀਫ਼ [rədif] *n.f.* rhyme, *esp.* the end part of rhyming phrase

ਰੱਦੋਬਦਲ [rəddobədəl] *n.m.* change, deletion and substitution, addition and alteration, interchange, transposition, exchange

ਰੰਧਰ [rə̃dər] *n.m.* nozzle; hole, aperture

ਰਨ [rən] *n.f.* run (in cricket)

ਰੰਨ [rə̃nn] *n.f.* woman; wife (*depec.*)

~ ਮੁਰੀਦ *n.m. & adj.m.* henpecked (husband)

ਰਪਟ [rəpəṭ] *n.f.* report *esp.* one filed or given at a police station

ਰਪਟੀਆ [rəpəṭia] *n.m.* reporter; informer

ਰਫ਼ [rəf] *adj.* rough

ਰਫ਼ਤਾਰ [rəftar] *n.f.* speed, velocity

ਰਫ਼ਤਾ ਰਫ਼ਤਾ [rəfta rəfta] *adv.* slowly, gradually

ਰਫ਼ਲ [rəfəl] *n.f.* rifle

ਰੱਫੜ [rəppʰəṛ] *n.m.* quarrel, dispute, knotty problem, difficult task

ਰਫ਼ਾਕਤ [rəfakət] *n.f.* companionship, friendship

ਰਫ਼ਾ ਦਫ਼ਾ ਕਰਨਾ [rəfa dəfa kərna] *con.v.* to hush up, dispose of, do away; to arrange or settle amicably

ਰਫ਼ਿਊਜੀ [rəfiuji] *n.m.* refugee

ਰਫ਼ੀਕ [rəfik] *n.m.* companion, partner, friend

ਰਫ਼ੂ ਕਰਨਾ [rəfu kərna] *con.v.* to darn

ਰਫ਼ੂਗਰ [rəfugər] *adj.* darner

ਰਫ਼ੂਗਰੀ [rəfugəri] *n.f.* darning

ਰਫ਼ੂ ਚੱਕਰ ਹੋ ਜਾਣਾ [rəfu cəkkər ho jaṇa] *ph.* to run away, abscond, decamp, disappear, scoot, flee, scuttle

ਰੱਬ [rəbb] *n.m.* God; lord, master, divinity, providence

~ ਸਬੱਬੀ *adv.* providentially, by chance, coincidently

~ ਚਾਹੇ ਤਾਂ *ph.* God willing

~ ਜਾਣੇ *ph.* God knows

~ ਤਰਸੀ *n.f.* same as ਤਰਸ, something done for God's sake

~ ਤਵੱਕਲੀ *adv.* relying on God, providence or chance

~ ਦੀ ਸਹੁੰ *ph.* by God

~ ਦੇ ਵਾਸਤੇ *ph.* for God's sake, in God's name

~ ਰਾਖਾ *ph.* a blessing *lit.* may God protect you; *interj.* farewell ! adieu ! good-bye ! God bless!

~ ਲੇਖੇ *adv.* in God's name; by way of charity, charitably

ਰਬਤ [rəbət] *n.m.* same as ਰਾਬਤਾ, contact

ਰਬੜ [rəbəṛ] *n.f.* rubber; eraser

~ ਕਰਨਾ *con.v.* to rub off, to erase with rubber

ਰਬੜੀ [rəbəṛi] *n.f.* milk sweetened, thickened by heating into paste

ਰੱਬਾ [rəbba] *interj.* O God !

ਰੰਬਾ [rə̃ba] *n.m.* short-handled hoe

ਰਬਾਬ [rəbab] *n.f.* rebeck

ਰਬਾਬੀ [rəbabi] *n.m.* rebeck player

ਰੱਬੀ¹ [rəbbi] *adj.* divine, godly, providential

~ ਹੁਕਮ *n.m.* God's will and pleasure, divine law; predestination, foreordination by God

ਰੱਬੀ² *n.m.* Jewish priest or scholar, rabbi

ਰੱਬੀਂ/ਰੱਬੋਂ [rəbbĩ/rəbbõ] *adv.* same as ਰੱਬ ਸਬੱਬੀ under ਰੱਬ, by God's will

ਰੰਬੀ [rə̃bi] *n.f.* small ਰੰਬਾ; shoe maker's scraper

ਰਬੀਹ [rəbí] *adj. & n.f.* winter crop sown in autumn or early winter and harvested in spring

ਰੰਭਣਾ [rə̃́bəṇa] *v.i.* same as ਅਰੜਾਉਣਾ

ਰੰਭਾਟ [rə̃bàṭ] *n.m.* same as ਅਰੜਾਟ, bellow

ਰਮ [rəm] *v.form.* nominative/imperative of ਰਮਣਾ

ਰੰਮ [rə̃mm] *n.f.* rum

ਰਮਜ਼ [rəməz] *n.f.* mystery, secret; hint,

witty remark
~ ਸ਼ਨਾਸ *adj.* (one) who understands ਰਮਜ਼, intelligent, sharp-witted
ਰਮਜ਼ਦਾਰ [rəməzdar] *adj.* mysterious
ਰਮਜ਼ਾਨ [rəmzan] *n.m.* ninth month of Muslim or Hijri Calendar (a month of fasting) Ramazan, Ramadan
ਰਮਣਾ [rəmṇa] *v.i.* to roam, rove, wander; to depart, go away; *v.t.* to pervade, permeate, dwell; to enjoy, ravish
ਰਮਣੀਕ [rəmṇik] *adj.* beautiful, captivating, pleasing, pleasurable, pleasant, enjoyable, delightful (*usu.* for place, landscape)
ਰਮਤਾ [rəmta] *adj.* wandering, wanderer, roving, rover
ਰਮਦਾਸੀਆ [rəmdasia] *n.m.* follower of medieval saint Ravidas
~ ਸਿੱਖ *n.m.* Sikh convert from Chamar caste
ਰਮਲ [rəməl] *n.m.* diagrammatic method of fortune-telling, geomancy
ਰਮਲੀਆ [rəmlia] *n.m.* fortune-teller, geomancer
ਰਮਾਉਣਾ [rəmauṇa] *v.t.* to bring into use, adopt; to irrigate, water; to make and keep a fire (ਧੂਣੀ) burning
ਰਮਾਇਣ [rəmaɪṇ] *n.f.* same as ਰਾਮਾਇਣ
ਰਲ਼ [rəḷ] *v.form.* nominative/imperative of ਰਲ਼ਨਾ, mix
ਰਲ਼ ਗੱਡ [rəḷ gəḍḍ] *adj.* mixed, mingled, concocted
ਰਲ਼ਨਾ [rəḷna] *v.i.* to mix, mingle, join, combine, unite; to overtake, accompany; to intermix, intermingle, blend; to resemble, match, similar, identical or comparable with, compare with
ਰਲ਼ਵਾਂ/ਰਲ਼ਵਾਂ ਮਿਲ਼ਵਾਂ [rəḷvã/rəḷvã mɪḷvã] *adj.m.* mixed, blended; common, shared, composite
ਰਲ਼ਵਾਉਣਾ [rəḷvauṇa] *v.t.* to get (ingredients) mixed, blended; to have (different things) compared or matched; to bring together, introduce
ਰਲ਼ਾ [rəḷa] *n.m.* mixture, adulteration; adulterant
ਰਲ਼ਾਉਣਾ [rəḷauṇa] *v.t.* to mix, mingle, blend, combine, join, associate, admit one (to own company or party or society, etc.); to adulterate; to shuffle (cards); also ਰਲ਼ਾ ਲੈਣਾ
ਰਲ਼ਾਵਟ [rəḷavəṭ] *n.f.* same as ਮਿਲਾਵਟ
ਰਲ਼ਿਆ ਮਿਲ਼ਿਆ [rəḷɪa mɪḷɪa] *adj.m.* same as ਰਲ਼ਵਾਂ ਮਿਲ਼ਵਾਂ; familiar, well-adjusted (in company, society, etc.), integrated, integrant
ਰਵੱਈਆ [rəvəia] *n.m.* attitude, disposition, manner, behaviour
ਰਵਸ਼ [rəvəṣ] *n.f.* garden path; manners, ways, behaviour, conduct
ਰਵਾ¹ [rəva] *n.m.* pedigree, lineage, ancestry, breed; same as ਸੂਜੀ
ਰਵਾ² *adj.* proper, just, justifiable, lawful
ਰਵਾਂ [rəvã] *adj.* flowing, running, moving; (for machinery or equipment) moving or working smoothly
~ ਰਵੀਂ *adv.* steadily, at a steady pace, without break; quickly
ਰਵਾਇਤ [rəvaɪt] *n.f.* old saying, legend, story or tradition, traditional practice, custom
ਰਵਾਇਤੀ [rəvaɪti] *adj.* customary, traditional
ਰਵਾਂਹ [rəvã] *n.m.* same as ਹਰਵਾਂਹ
ਰਵਾਜ [rəvaj] *n.m.* same as ਰਿਵਾਜ
ਰਵਾਦਾਰ [rəvadar] *adj.* just, liberal, responsible, considerate
ਰਵਾਦਾਰੀ [rəvadari] *n.f.* justness, liberality, liberalism, broad-mindedness, catholicity, considerateness
ਰਵਾਨਗੀ [rəvangi] *n.f.* move, departure
ਰਵਾਨਾ [rəvana] *adj.* sent, set out, going
~ ਹੋਣਾ *con.v.* to move, depart, get going
~ ਕਰਨਾ *con.v.* to send, despatch, see off, get going
ਰਵਾਨੀ [rəvani] *n.f.* flow, current, course, fluency
ਰਵਾਲ [rəval] *n.f.* dust, dust particle
~ 'ਕੁ/~ ਭਰ *adj.* very little; a gait of horses (with short steps and without jerks of trot)

ਰਵੀ [rəvi] *n.m.* sun
ਰਵੀਵਾਰ [rəvivar] *n.m.* Sunday
ਰੜਕ [rəṛk] *n.f.* irritation, rankle, pain (as caused by foreign body in eye); *fig.* rancour, rankle, animosity; deficiency, shortage, shortcoming
~ **ਕੱਢਣੀ** *ph.* to act with rancour, give expression to enmity, retaliate; to treat irritation, rankle or pain
~ **ਰੱਖਣੀ** *ph.* to harbour rancour, animosity, rankle or pain
ਰੜਕਣਾ [rəṛkəṇa] *v.i.* to cause ਰੜਕ, to rankle
ਰੜਕਵਾਂ [rəṛkəvā̃] *adj. m.* irritating; taunting, sarcastic
ਰੜਕਾ [rəṛka] *n.m.* broom
ਰੜਕਾਉਣਾ [rəṛkauṇa] *v.t.* to cause ਰੜਕ, express rancour, taunt; to remind of some cause of ਰੜਕ
ਰੜ੍ਹ [rə́ṛ] *v.form.* nominative of ਰੜ੍ਹਨਾ
ਰੜ੍ਹਨਾ [rɛ̃ ə́ṛna] *v.i.* to be fried, thoroughly baked, parched or cooked; to be slightly overcooked or overbaked
ਰੜ੍ਹਵਾਉਣਾ/ਰੜ੍ਹਾਉਣਾ [rə́ṛvauṇa/ rəṛàuṇa] *v.t.* to get something thoroughly fried, baked, parched or cooked
ਰੜ੍ਹਵਾਈ/ਰੜ੍ਹਾਈ [rə́ṛvai/ rəṛài] *n.f.* process of, wages for *prec.*
ਰੜਾ [rəṛa] *adj. m.* plain, bare, (ground) devoid of vegetation; *n.m.* same as ਰੌੜ
ਰੜੇ ਤੇ ਮਾਰਨਾ *ph.* to kill mercilessly; to treat shabbily
ਰੜੇ ਤੇ ਰੱਖਣਾ *ph.* to keep one waiting and hoping in vain
ਰੜੀ [rəṛi] *adj. & n.f.* same as ਰੌੜ
ਰਾਉ [rao] *n.m.* king, prince, chieftain
ਰਾਉਲ [raul] *n.m.* same as ਰਾਵਲ
ਰਾਅ [ra] *n.m.* name of a backward community of the Punjab; also ਰਾਅ ਸਿੱਖ; a member of this
ਰਾਇਜ [raɪj] *adj.* current, in vogue, in fashion, in practice, prevalent.
~ **ਕਰਨਾ** *con.v.* to put or bring into vogue, in fashion or in practice; to introduce, enforce
ਰਾਇਤ [raɪt] *n.m.* ryot
ਰਾਇਤਾ [raɪta] *n.m.* same as ਰੈਤਾ
ਰਾਇਲਟੀ [raɪlṭi] *n.f.* royalty
ਰਾਈ [rai] *n.f.* mustard, charlock, *Brassica arvensis;* white mustard Bras*sica hirta*; leaf mustard, *Brassica juncea*; black mustard, *Brassica nigra*; their tiny seeds
~ **ਦਾ ਪਹਾੜ ਬਣਾਉਣਾ** *ph.* to make a mountain out of a mole-hill
~ **ਭਰ/~ ਮਾਤਰ** *adj.* very small quantity, very little
ਰਾਈਟ [raiṭ] *n.m.* right; *adj.* right, correct
ਰਾਈਟਰ [raiṭər] *n.m.* writer, author
ਰਾਏ[1] [rae] *n.m.* a title of civil honour
~ **ਸਾਹਿਬ** *n.m.* another title superior to *prec.*, but below ਰਾਏ ਬਹਾਦਰ *n.m.* yet another title
ਰਾਏ[2] *n.f.* opinion, view, advice, suggestion, counsel; vote
~ **ਸ਼ੁਮਾਰੀ** *n.f.* opinion poll, polling, referendum, plesbiscite
~ **ਦੇਣੀ** *con.v.* to express opinion, advise or counsel; to vote
~ **ਪੁੱਛਣੀ/~ ਮੰਗਣੀ** *con.v.* to seek or solicit ਰਾਏ
~ **ਲੈਣੀ** *con.v.* to take or receive ਰਾਏ, consult, to confer (with)
ਰਾਸ[1] [ras] *n.f.* capital, outlay, investment, amount invested; cape (a land feature); dance, drama, *esp.* one depicting early life of Lord Krishna; reins *esp.* of camel
~ **ਪੂੰਜੀ** *n.f.* same as ਰਾਸ
~ **ਲਾਉਣੀ** *con.v.* to invest capital
~ **ਲੀਲ੍ਹਾ** *n.f.* same as ਰਾਸ
ਰਾਸ[2] *adj.* fit, fitting, in working order; befitting, agreeable, suitable, acceptable
~ **ਆਉਣਾ** *ph.* to suit, agree, suitable, agreeable or beneficial; to become fit or in good working order
~ **ਕਰਨਾ** *ph.* to mend, set right, put in working order
ਰਾਸ਼ਕੀ [raṣki] *n.f.* camel's sharp biting tooth
ਰਾਸ਼ਟਰ [raṣṭər] *n.m.* nation

ਰਾਸ਼ਟਰਸੰਘ [raṣṭərsə̃g] *n.m.* the United Nations, the U.N., U.N.O.
ਰਾਸ਼ਟਰਹੀਣ [raṣṭərhiṇ] *adj.* stateless
ਰਾਸ਼ਟਰਹੀਣਤਾ [raṣṭərhiṇta] *n.f.* statelessness
ਰਾਸ਼ਟਰਪਤੀ [raṣṭərpəti] *n.m.* president (of a republic)
ਰਾਸ਼ਟਰਮੰਡਲ [raṣṭərmə̃ḍəl] *n.m.* commonwealth; the British Commonwealth of Nations
ਰਾਸ਼ਟਰਵਾਦ [raṣṭərvad] *n.m.* nationalism
ਰਾਸ਼ਟਰਵਾਦੀ [raṣṭərvadi] *adj.* nationalist, nationalistic
ਰਾਸ਼ਟਰੀ [raṣṭəri] *adj.* national
~ **ਗਾਨ** *n.m.* national anthem; national song
~ **ਧੁਨ** *n.f.* national anthem
~ **ਭਾਸ਼ਾ** *n.f.* national language, also ਰਾਜ ਭਾਸ਼ਾ
ਰਾਸ਼ਟਰੀਅਤਾ [raṣṭəriəta] *n.f.* citizenship, nationality
ਰਾਸ਼ਟਰੀਕਰਨ [raṣṭərikərn] *n.m.* nationalisation
~ **ਕਰਨਾ** *con.v.* to nationalise
ਰਾਸਤੀ [rasti] *n.f.* truth, truthfulness righteousness, uprightness, correctness
ਰਾਸਧਾਰੀਆ [rastària] *n.m.* performer of ਰਾਸ[1]
ਰਾਸ਼ਨ [raṣən] *n.m.* ration
~ **ਪਾਣੀ** *n.m.* rations, food supplies, provisions
ਰਾਸ਼ਾ [raṣa] *n.m.* an Afghan, Pathan
ਰਾਸ਼ੀ [raṣi] *n.f.* sign of Zodiac; quantity, sum, amount
~ **ਚੱਕਰ** *n.m.* the Zodiac
~ **ਚਿੰਨ੍ਹ** *n.m.* sign of Zodiac
~ **ਫਲ਼** *n.m.* astronomical or astrological forecast
ਰਾਹ[1] [rá] *n.m.* same as ਰਸਤਾ, pathway
~ **ਸਾਫ਼ ਹੋਣਾ** *ph. lit.* for ਰਾਹ to be clean or clear; *fig.* to be unhindered, unimpeded
~ **ਸਿਰ** *adv.* properly, appropriately, methodically; fairly
~ **ਖਹਿੜਾ** *n.m.* pathway, track, road
~ **ਖਹਿੜੇ** *adv.* somewhere or incidently on the way
~ **ਤੇ ਆਉਣਾ** *ph.* to understand and appreciate a situation, accept advice or suggestion; to take the right-path, be reformed
~ **ਦੱਸਣਾ** *con.v.* to direct, suggest, advise, guide
~ **ਦੀ ਗੱਲ** *ph.* the correct thing to do, proper course of action, truth
~ **ਪਾਟਣਾ** *ph.* for ਰਾਹ to branch off, bifurcate or diverge
~ **ਪੈਣਾ** *ph.* to go away, take to road; resume one's journey
~ **ਰਾਸਤ** *n.m.* the righteous path, uprightness, the correct path, goodness; *lit.* the straight path
~ **ਰਾਸਤ ਉੱਤੇ ਆਉਣਾ** *ph.* to be reformed, mend one's ways
~ **ਵਿਚ ਅੱਖਾਂ ਵਿਛਾਉਣੀਆਂ** *ph.* to eagerly wait for, gladly welcome
~ **ਵੇਖਣਾ** *ph.* to wait for, await, expect
ਰਾਹੇ ਪਾਉਣਾ *ph.* to guide, direct one to the right path, tell the way; to reform
ਰਾਹੇ ਪੈਣਾ *ph.* same as ਰਾਹ ਪੈਣਾ
ਰਾਹੋਂ ਕੁਰਾਹੇ ਜਾਣਾ *ph.* to take the wrong path, stray, go astray, deviate from the right path
ਰਾਹ[2] *v.form.* imperative of ਰਾਹੁਣਾ, to tip; to till
ਰਾਹਕ [rák] *n.m.* tenant (of agricultural land), tiller; one who tips millstones
ਰਾਹਕਾਰ [rákar] *adj.* cunning, clever, wily, crafty
ਰਾਹਗੀਰ [rágir] *n.m.* traveller, wayfarer
ਰਾਹਗੁਜ਼ਰ [ráguzər] *n.m.* path, way; passer-by
ਰਾਹਜ਼ਨ [rázən] *n.m.* highwayman, waylayer, robber, dacoit
ਰਾਹਜ਼ਨੀ [rázəni] *n.f.* highway robbery, dacoity
ਰਾਹੁਣਾ [ráṇa] *v.t.* to roughen (millstone) by cutting grooves on its surface; to tip, to pick; to till, plough, cultivate
ਰਾਹਤ [rát] *n.f.* same as ਅਰਾਮ; compensation, aid (to victims of natural or man-made calamities)

ਰਾਹਦਾਰੀ [rádari] *n.f.* transit permit; transit duty or tax; *informal.* travel expenses, provisions for journey

ਰਾਹਨੁਮਾ [ránuma] *n.m.* same as ਰਾਹਬਰ

ਰਾਹਬ [ráb] *n.m.* monk, ascetic

ਰਾਹਬਰ [rábər] *n.m.* guide, leader, preceptor

ਰਾਹਬਰੀ [rábəri] *n.f.* guidance, leadership

ਰਾਹਮਾਰ [rámar] *n.m.* same as ਰਾਹਜ਼ਨ

ਰਾਹਲ਼ [rál̤] *n.f.* same as ਰਹਿਲ, circuit (in ploughing)

ਰਾਹੀ [rahi] *n.m.* traveller, wayfarer

ਰਾਹੀਂ [rahī] *adv.* through, by means of, via, care of

ਰਾਹੁਣਾ [ráuṇa] *v.t.* same as ਰਾਹਣਾ

ਰਾਹੂ [rahu] *n.m.* one of the planets in astrology; the mythological demon who is supposed to devour the sun or the moon during eclipse

ਰਾਕਸ਼ਸ [rakṣəṣ] *n.m.* same as ਰਾਖਸ਼

ਰਾਕਟ [rakəṭ] *n.m.* rocket

ਰਾਖ [rakh] *n.f.* same as ਸੁਆਹ

ਰਾਖਸ਼ [rakhəṣ] *n.m.* demon, ogre, monster, dragon; *fem.* ਰਾਖਸ਼ਣ, ਰਾਖਸ਼ਣੀ

ਰਾਖਵਾਂ [rakhvã] *adj.m.* reserved; pet (bird or animal)

~ ਹੱਕ *n.m.* copyright, exclusive right, special right

ਰਾਖਵੀਂ ਰਕਮ *n.f.* cash reserve, monetary reserve

ਰਾਖਾ [rakkha] *n.m.* guard, keeper, caretaker, guardsman, watchman, sentry, sentinel, custodian, protector, defender

ਰਾਖੀ [rakkhi] *n.f.* same as *prec.*; protection, defence; watch, guard, vigil; same as ਰੱਖੜੀ

ਰਾਗ [rag] *n.m.* music, musical metre or measure, vocal music, singing, tune, melody, lilt; same as ਅਨੁਰਾਗ, love

~ ਅਲਾਪਣਾ *con.v.* to sing, particularly some classical measure; *fig.* to relate or repeat one's own account or version

~ ਨਾਦ *n.m.* music, vocal as well as instrumental

~ ਰੰਗ *n.m.* dance and music, merriment, fun and frolic, gaiety, gaieties, jollity, festivity

ਰਾਗਣੀ [ragṇi] *n.f.* variation of a major ਰਾਗ; a particular type of folk songs popular in Haryana

ਰਾਗਬਧ [ragbə́d] *adj.* set to music

ਰਾਗਮਈ [ragməi] *adj.* musical, melodious

ਰਾਗਮਾਲਾ [ragmala] *n.f.* poetical catalogue of musical measures and sub-measures

ਰਾਂਗਲਾ [rãgla] *adj.m.* same as ਰੰਗਲਾ

ਰਾਗਾਤਮਿਕ [ragatmık] *adj.* musical, melodious

ਰਾਗਾਤਮਿਕਤਾ [ragatmıkta] *n.f.* musicality, musicalness, melodiousness

ਰਾਗੀ [ragi] *n.m.* performer of ਰਾਗ, musician, singer

ਰਾਜ [raj] *n.m.* rule, reign; regime, government; sway, domination; dominions, country, states or territories ruled over; mason, bricklayer

~ ਅਧਿਅਕਸ਼ *n.m.* head of state or of government

~ ਸੱਤਾ *n.f.* state power, sovereignty

~ ਸਭਾ *n.f.* council of states

~ ਕਰਨਾ *con.v.* to rule, reign

~ ਕਾਜ *n.m.* administration, government

~ ਕੋਸ਼ *n.m.* state exchequer, government treasury

~ ਗੱਦੀ *n.f.* throne, royal seat

~ ਗੁਰੂ *n.m.* royal priest, preceptor of king

~ ਘਾਤ *n.f.* regicide

~ ਜੋਗ *n.m.* life-style of a saintly king; spiritual pursuit without asceticism or renunciation

~ ਤੰਤਰ *n.m.* monarchy, monarchical system of government

~ ਤਿਲਕ *n.m.* coronation, anointment ceremony of a king

~ ਦਰਬਾਰ *n.m.* royal court

~ ਦੂਤ *n.m.* ambassador, diplomatic representative, emissary

~ ਧਰਮ *n.m.* state-religion

~ ਧਰੋਹ *n.m.* treason, sedition

~ ਪਰਬੰਧ/ ~ ਪ੍ਰਬੰਧ *n.m.* government, public

administration; polity, system of government
~ ਪਾਟ *n.m.* same as ਰਾਜ
~ ਭਗਤੀ *n.f.* patriotism; loyalty towards government
~ ਭਵਨ *n.m.* royal palace, residence of a republican president or governor; government house
~ ਭਾਸ਼ਾ *n.f.* official or court language, state or national language
~ ਭਾਗ *n.m.* same as ਰਾਜ
~ ਮਹੱਲ/~ ਮਹਿਲ *n.m.* royal palace
~ ਮੰਤਰੀ *n.m.* minister of state
~ ਮਾਤਾ *n.f.* queen mother, dowager queen
~ ਮੁਕਟ *n.m.* king's, royal or kingly crown
~ ਵੰਸ਼ *n.m.* royal dynasty, lineage or house
~ ਵੰਸ਼ੀ *adj.* dynastic

ਰਾਜ਼ [raz] *n.m.* same as ਭੇਤ

ਰਾਜਸਥਾਨ [rajəsthan] *n.m. lit.* land of the Rajputs; name of a state in India (formerly ਰਾਜਪੂਤਾਨਾ)

ਰਾਜਸਥਾਨੀ [rajəsthani] *adj.* related to ਰਾਜਸਥਾਨ, native or dweller of ਰਾਜਸਥਾਨ; *n.f.* dialect of Hindi spoken in ਰਾਜਸਥਾਨ

ਰਾਜਸੀ [rajsi] *adj.* public, political, governmental, state; royal, princely, stately; gaudy, showy, ostentatious

ਰਾਜਹੰਸ [rajhə̃s] *n.m.* male swan

ਰਾਜਕੀ [rajki] *adj.* governmental
~ ਖੇਤਰ *n.m.* public sector
~ ਦਹਿਸ਼ਤ *n.f.* state terrorism
~ ਪੂੰਜੀਵਾਦ *n.m.* state capitalism

ਰਾਜਕੁਮਾਰ [rajkumar] *n.m.* prince

ਰਾਜਕੁਮਾਰੀ [rajkumari] *n.f.* princess

ਰਾਜ਼ਦਾਨ/ਰਾਜ਼ਦਾਰ [razdan/razdar] *adj.* (one) knowing or sharing a secret, confidant; *fem.* confidante

ਰਾਜ਼ਦਾਰੀ [razdari] *n.f.* keeping a secret; mutual confidence or trust

ਰਾਜਧਾਨੀ [rajtàni] *n.f.* capital, seat of government

ਰਾਜਨੀਤਕ [rajnitək] *adj.* political; diplomatic
~ ਅਰਥ ਸ਼ਾਸਤਰ *n.m.* political economy

ਰਾਜਨੀਤੱਗ [rajnitəgg] *n.m.* politician, statesman

ਰਾਜਨੀਤੀ [rajniti] *n.f.* politics, statecraft, state policy, statesmanship
~ ਸ਼ਾਸਤਰ *n.m.* political science or theory

ਰਾਜਨੀਤੀਵਾਨ [rajnitivan] *adj. & n.m.* politician, statesman, political theorist

ਰਾਜਪਾਲ [rajpal] *n.m.* governor of an Indian state; provincial or state governor

ਰਾਜਪੂਤ [rajput] *n.m. & adj.* Rajput

ਰਾਜਪੂਤਾਨਾ [rajputana] *n.m.* same as ਰਾਜਸਥਾਨ

ਰਾਜਾ [raja] *n.m.* king, ruler, sovereign, rajah, monarch; *informal.*, barber

ਰਾਜ਼ੀ [razi] *adj.* willing, agreeable, agreed, consenting, concurring, reconciled, assenting, acquiescent; happy, contented, well-pleased; recovered from illness, in good health; healthy, strong, fit
~ ਹੋ ਜਾਣਾ *ph.* to recover from illness, recoup health; (for wound, etc.) to heal up
~ ਹੋਣਾ *con.v.* to be ਰਾਜ਼ੀ, agree, consent, assent, acquiesce, reconcile, concur; to be in good health, healthy, strong, fit
~ ਕਰਨਾ *con.v.* to have, make or persuade one agree, accept or concur
~ ਖੁਸ਼ੀ *adv.* willingly; to please or propitiate; to treat, cure
~ ਖੁਸ਼ੀ/~ ਬਾਜ਼ੀ *adj.* hale and hearty, well, happy; safe and sound; *adv.* happily
~ ਨਾਮਾ *n.m.* compromise, reconciliation, rapprochement, agreement (written or oral)
~ ਰੱਖਣਾ *ph.* to keep well pleased

ਰਾਂਝਾ [rãja] *n.m.* name of a romantic hero of Punjabi folk-lore; *fig.* romantic lover, fond person
ਰਾਂਝਨ *n.m.* (*poet.*) same as ਰਾਂਝਾ
ਰਾਂਝਾ ਰਾਜ਼ੀ ਕਰਨਾ/ਰੱਖਣਾ *ph.* to please oneself

ਰਾਠ [raṭh] *n.m.* king, chief; brave person, knight *adj.* brave, valiant

ਰਾਣਾ [raṇa] *n.m.* same as ਰਾਜਾ, a title of Rajput kings

ਲੰਗਰ [lãgər] *n.m.* free community or public kitchen, refectory, food served in such kitchen; anchor, kedge, kedge anchor

~ ਸੁੱਟਣਾ *con.v.* to drop ਲੰਗਰ, to anchor

~ ਲਾਉਣਾ *con.v.* to run ਲੰਗਰ

ਲੱਗ ਲਬੇੜ [ləg ləbeṛ] *n.m.* residue, leavings, remains, refuse, *esp.* what is left stuck to bottom and sides of a vessel

ਲਗਵਾਂ [ləgvã] *adj.m.* sarcastic, ironic, biting; derisive; cutting, abrasive; adjoining, adjacent, attached, contiguous

ਲਗਵਾਉਣਾ [ləgvauṇa] *v.t.* same as ਲਵਾਉਣਾ

ਲਗੜ [ləgəṛ] *n.m.* a species of bird of prey having a striped coat of feathers

ਲਗੜ ਭਗੜ/ਲਗੜ ਭੱਗਾ [ləgəṛ pə̀gəṛ/ləgəṛ pə̀gga] *n.m.* hyena

ਲੰਗੜਾ¹ [lãgṛa] *adj.m.* lame, limp, limping, crippled in the foot or leg

ਲੰਗੜਾ² *n.m.* a superior variety of mango

ਲੰਗੜਾਉਣਾ [lãgṛauṇa] *v.i.* same as ਲੰਙਾਉਣਾ

ਲੰਗੜਾਅ/ਲੰਗਾਅ [lãgṛa/lãga] *n.m.* same as ਲੰਙ

ਲਗਾਉ [ləgao] *n.m.* attachment, devotion, fondness, affection, adherence, contact, connection; also ਲਗਾਅ

ਲਗਾਉਣਾ [ləgauṇa] *v.t.* same as ਲਾਉਣਾ

ਲਗਾਖਰ [ləgakhər] *n.m.* suprasegmental sign, stress or nasalisation symbol, 'ੱ', 'ਂ', 'ੰ'; see ਅਧਕ, ਬਿੰਦੀ, ਟਿੱਪੀ

ਲਗਾਤਾਰ [ləgatar] *adv.* continuously, continually, ceaselessly, incessantly, without break, uninterruptedly, unceasingly

ਲਗਾਤਾਰਤਾ [ləgatarta] *n.f.* continuity, ceaslessness

ਲਗਾਨ [ləgan] *n.m.* same as ਮਾਮਲਾ, land revenue

ਲਗਾਨਦਾਰ [ləgandar] *adj.* revenue payer, taxpayer

ਲਗਾਮ [ləgam] *n.f.* rein, reins, bridle, snaffle, bit, curb

~ ਚੜ੍ਹਾਉਣੀ/~ ਦੇਣੀ *ph.* to bridle, *fig.* to control, curb, restrain, discipline

ਲੰਗਾਰ [lãgar] *n.m.* rent, slit, tear

~ ਲਹਿ ਜਾਣਾ *ph.* to be torn, split, slit, rent, be pulled apart, (for ਲੰਗਾਰ) to be effected or caused

ਲੱਗਿਆਂ [ləggiā̃] *adv.* while something is begun or started; during

ਲੱਗੀ [ləggi] *n.f.* love, vow of love; torture

ਲੰਗੂਰ [lãgur] *n.m.* langur, lemur

ਲੰਗੋਟ [lãgoṭ] *n.m.* loincloth, wrestler's drawers

~ ਦਾ ਢਿੱਲਾ *ph.* lecherous, womaniser, philanderer, libertine, profligate, rake

ਲੰਗੋਟਧਾਰੀ [lãgoṭṭàri] *adj.m.* wearing ਲੰਗੋਟ; *fig.* celibate, vowed to celibacy

ਲੰਗੋਟਾ [lãgoṭa] *n.m.* same as ਲੰਗੋਟ

ਲੰਗੋਟੀ [lãgoṭi] *n.f.* loincloth

ਲੰਗੋਟੀਆ ਯਾਰ [lãgoṭia yar] *n.m.* close, intimate or bosom friend, chum, crony

ਲਗੌੜ [ləgɔṛ] *n.f. informal.* mass of common people, mob, riff-raff

ਲੰਘ [lə̃́g] *v.form.* imperative of ਲੰਘਣਾ, pass

ਲੰਘਣਾ [lə̃́gəṇa] *v.i.* to go through, over or across, pass through, cross, enter

ਲੰਘਵਾਉਣਾ [lãgvàuṇa] *v.t.* to get one across through someone else

ਲੰਘਵਾਈ [lãgvài] *n.f.* charges for *prec.*

ਲੰਘਾਉਣਾ [lãgàuṇa] *v.t.* to get some one or something across or through, gulp, swallow, penetrate, pass or spend (time); *fig.* to kill

ਲੰਘਾਈ [lãgài] *n.f.* process of, charges for *prec.*; toll tax

ਲਘੁੱਤਮ [ləgùttəm] *n.m.* least

ਲਘੂ [lə́gu] *adj.* small, short, little, puny brief, trivial, trifling

~ ਸਵਰ *n.m.* short vowel

~ ਮਾਤਰਾ *n.f.* symbol for short vowel

~ ਵਿਰਾਮ *n.m.* semicolon

ਲੰਙ [lãṅ] *n.m.* lameness, crippled condition, disability of foot or leg

ਲੰਙਾ [lãṅa] *adj.m.* same as ਲੰਗੜਾ¹, lame

ਲੰਙਾਉਣਾ [lãṅauṇa] *v.i.* to limp

ਲੰਚ [lãc] *n.m.* lunch, luncheon

~ ਕਰਨਾ *con.v.* to take lunch

~ ਬਰੇਕ *n.f.* lunch break, recess for lunch

ਲਚਕ [ləcək] *n.f.* elasticity, flexibility, nimbleness, resilience, springiness

ਲਚਕਹੀਨ [ləcəkhin] *adj.* inelastic, inflexible, hard, tough, rigid
ਲਚਕਹੀਨਤਾ [ləcəkhinta] *n.f.* inelasticity, hardness, inflexibility, toughness, rigidity
ਲਚਕਣਾ [ləcəkəṇa] *v.i.* to bend and resile, spring, have or show elasticity or suppleness, move or make bodily movement, flirtingly
ਲਚਕਦਾਰ [ləcəkdar] *adj.* elastic, flexible, nimble, supple, lithe, resilient, springy
ਲਚਕਵਾਂ [ləcəkvā̃] *adj.m.* same as *prec.*
ਲਚਕਾ [ləcka] *n.m.* jolt, jar; flirtation
ਲਚਕਾਉਣਾ [ləckauṇa] *v.t.* to bend, shake, jolt; to move (part of body) flirtingly
ਲਚਕੀਲਾ [ləckila] *adj.m.* same as ਲਚਕਦਾਰ
ਲਚਕੀਲਾਪਣ [ləckilapəṇ] *n.m.* same as ਲਚਕ
ਲੱਚਰ [ləccər] *adj.* obscene, indecent, vulgar, crude, lewd, lecherous, salacious
ਲਚਰਪੁਣਾ [ləcərpuṇa] *n.m.* obsceneness, obscenity, vulgarity, crudeness, lecherousness, lechery, salaciousness, salacity
ਲਚਾਰ [ləcar] *adj.* same as ਲਾਚਾਰ
ਲੱਛਣ [ləcchəṇ] *n.m.* same as ਲੱਖਣ
ਲੱਛਮੀ [ləcchmi] *n.f.* same as ਲਕਸ਼ਮੀ
ਲੱਛਾ [ləccha] *n.m.* bundle, coil or skein, tassel, pompon, curl
ਲੱਛੀ [ləcchi] *n.f.* small as ਲੱਛਾ, wisp
ਲੱਛੇਦਾਰ [ləcchedar] *adj.* tasselled, curled, embellished, pompous, attractive; highflown, bombastic
ਲੱਜ[1] [ləjj] *n.f.* long thick or strong rope *esp.* one used for drawing water from well
ਲੱਜ[2]**/ਲੱਜਿਆ** [ləjjɪa] *n.f.* same as ਲਾਜ
ਲੱਜ਼ਤ [ləzzət] *n.f.* same as ਸੁਆਦ
ਲੱਜ਼ਤਦਾਰ/ਲਜ਼ੀਜ਼ [ləzzətdar/ləziz] *adj.* same as ਸੁਆਦੀ
ਲਜਿਆਉਣਾ [ləjɪauṇa] *v.t.* to put to shame, disgrace, curse, blush; *v.i.* to blush, be ashamed
ਲੱਜਿਆਵਾਨ/ਲਜੀਲਾ [ləjjɪavan/ləjila] *adj./adj.m.* same as ਲਾਜਵੰਤ
ਲੱਜੋਂ ਕੁਲੱਜੋਂ [ləjjõ kuləjjõ] *adv.* out of regard for self-respect or public opinion
ਲਟ [ləṭ] *n.f.* same as ਲਿਟ[1]
ਲਟਕ [ləṭək] *n.f.* graceful, coquettish or affected movement or behaviour; swing, pendency, suspension; love, attachment, fondness; fun, joy, ecstasy
ਲਟਕਣ [ləṭkəṇ] *n.f.* same as ਲਟਕ; state of hanging or swinging; *n.m.* ear drop, pendant; pendulum
ਲਟਕਣਾ [ləṭkəṇa] *v.i.* see ਲਮਕਣਾ; to be in suspense, be left in the lurch
ਲਟਕਵਾਂ [ləṭəkvā̃] *adj.m.* hanging, swinging, dangling
ਲਟਕਾ [ləṭka] *n.m.* same as ਲਟਕ; *v.form;* imperative of ਲਟਕਾਉਣਾ, hang
ਲਟਕਾਉਣਾ [ləṭkauṇa] *v.t.* same as ਲਮਕਾਉਣਾ or ਟੰਗਣਾ to dangle, keep in suspense; to delay; to leave one in the lurch
ਲਟਕਾਊ [ləṭkau] *adj.* (something) causing suspense or delay; dilatory
ਲਟਬੌਰਾ [ləṭbɔra] *adj.m.* mad, crazy, infatuated; intoxicated; carefree
ਲੱਟਰ [ləṭṭər] *adj.* vagabond, loafer
ਲਟ ਲਟ [ləṭ ləṭ] *adj.* shining brightly
~ **ਕਰਨਾ/~ ਜਗਣਾ/~ ਬਲ੍ਹਨਾ** *con.v.* to shine or burn brightly
ਲਟਾ ਪਟਾ [ləṭa pəṭa] *n.m.* miscellaneous items, odds and ends, paraphernalia
ਲਟਾ ਪੀਂਘ ਹੋਣਾ [ləṭa pig hoṇa] *ph.* to grapple (with), be engrossed (in some activity)
ਲੱਟੂ [ləṭṭu] *n.m.* same as ਲਾਟੂ
~ **ਹੋਣਾ** *ph.* to be enamoured (of), infatuated (by), fall for, fall in love (with)
ਲਟੈਣ [ləṭɛṇ] *n.f.* large wooden beam or log
ਲਟੋਰ[1] [ləṭor] *adj.* same as ਲੱਟਰ
ਲਟੋਰ[2] *n.m.* a species of sparrow-hawk *Lunius lahtara*
ਲੱਠ [ləṭṭh] *n.f.* axle, roller of cane-crusher, ginning machine, etc.; heavy club, knobbed stick, cudgel
ਲੱਠਮਾਰ [ləṭṭhəmar] *adj.* uncouth, boorish rude, unmannerly
ਲੱਠਾ [ləṭṭha] *n.m.* long cloth; wooden beam, rafter
ਲੰਡ [lə̃ḍ] *n.m.* same as ਲੰਨ

ਲੰਡਰ [lə̃ḍər] *adj.* loafer, vagabond, wicked, libertine, lecher, profligate

ਲੰਡਾ [lə̃ḍa] *adj.m.* tailless, or having a short, cut or docked tail, bobtail, docktail

~ ਛੜਾ *adj.m.* (person) with no family or children, unencumbered, bachelor, single, unmarried

~ ਲੁੱਚਾ *adj.m.* same as ਲੁੱਚਾ

ਲਡਿੱਕਾ [ləḍɪkka] *adj.m.* same as ਲਾਡਲਾ

ਲੰਡੀ ਬੁੱਚੀ [lə̃ḍi bucci] *n.f.* any Tom, Dick or Harry, every Tom, Dick and Harry

ਲੱਡੂ [ləḍḍu] *n.m.* a common sweet meat made from droplets of gram-flour paste fried in cooking oil and soaked in sugar syrup and then rolled into balls

ਲੰਡੇ[1] [lə̃ḍe] *adj.m. pl. of* ਲੰਡਾ

ਲੰਡੇ[2] *n.m. pl.* a type of script used by a class of Indian traders

ਲਤ [lət] *n.f.* bad habit

~ ਪੈਣੀ *con.v.* to fall into or acquire ਲਤ

ਲੱਤ [lətt] *n.f.* leg, lower limb; shank; kick

~ ਅੜਾਉਣੀ *ph.* to interfere, meddle, create obstacle, poke one's nose in others' affairs

~ ਹੇਠੋਂ ਕੱਢਣਾ *ph.* to defeat, humiliate, subjugate

~ ਹੇਠੋਂ ਨਿਕਲ਼ਨਾ *ph.* to surrender abjectly, accept defeat with humiliation

~ ਖਾਣੀ *ph.* to be kicked

~ ਮਾਰਨੀ *ph.* to kick; renounce, reject scornfully, spurn

ਲੱਤਾਂ ਖਿਲਾਰ ਕੇ ਬਹਿਣਾ/ਖਲੋਣਾ/ਤੁਰਨਾ *ph.* to straddle

ਲੱਤਾਂ ਦੇ ਭੂਤ ਗੱਲਾਂ ਨਾਲ਼ ਨਹੀਂ ਮੰਨਦੇ *ph.* rod is the logic of fools

ਲੱਤਾਂ ਬਾਹਾਂ ਮਾਰਨੀਆਂ *ph.* to make desperate or vain effort, struggle desperately

ਲਤਪਤ [lətpət] *adj.* drenched, besmeared, bedaubed

ਲਤਾ [ləta] *n.m.* same as ਵੱਲ[1], creeper

ਲੱਤਾ [lətta] *n.m.* see ਕੱਪੜਾ ਲੱਤਾ

ਲਤਾੜ [lətaṛ] *n.f.* trample, pressure, pressing or massage or kneading with body weight or feet

ਲਤਾੜਨਾ [lətaṛna] *v.t.* to press, massage, knead through ਲਤਾੜ, to trample

ਲਤੀਫ਼ [lətif] *adj.* soft, light, subtle

ਲਤੀਫ਼ਾ [lətifa] *n.m.* joke, witty or humorous ancedote or its narration, witticism, titbit, tidbit

ਲਤੀਫ਼ਾਗੋ/ਲਤੀਫ਼ੇਬਾਜ਼ [lətifago/lətifebaz] *adj. & n.m.* narrator of ਲਤੀਫ਼ਾ; joker, jokester, witty person

ਲਥਪਥ [ləthpəth] *adj.* same as ਲਤਪਤ

ਲੱਥਾ [lattha] *v.form.* participle of ਲਹਿਣਾ

~ ਪੱਥਾ *adj.m.* cast off, discarded or worn out (garment)

ਲੱਥੀ ਚੜ੍ਹੀ [lətthi cəṛi] *n.f.* (*lit.* ebb and flow); *fig.* disgrace and/or honour, *usu.* disgrace, dishonour; insult

~ ਦੀ ਪਰਵਾਹ ਨਾ ਹੋਣੀ *ph.* to be indifferent to disgrace or insult, be thick-skinned

ਲੱਦ [lədd] *n.f.* load, burden, full load

ਲੱਦਣਾ [ləddəṇa] *v.t.* to load, burden, lade; to encumber

ਲੰਦਨ [lə̃dən] *n.m.* London

ਲਦਵਾਉਣਾ/ਲਦਾਉਣਾ [lədvauṇa/lədauṇa] *v.t.* to have something loaded; to assist in loading

ਲਦਵਾਈ/ਲਦਾਈ [lədvai/lədai] *n.f.* process of, wages for *prec,* loading charges

ਲੱਦਾ [ladda] *n.m.* same as ਲੱਦ

ਲੱਦੇ ਸਮਾਨ ਦਾ ਰਸੀਦ ਪਰਚਾ *ph.* bill of loading

ਲੱਧਾ [lə́dda] *v.form. dia.* see ਲੱਭਾ

ਲੰਨ [lə̃nn] *n.m.* penis, phallus

ਲੱਪ [ləpp] *n.f.* hand with palm upwards and contracted to form a cup, cup-shaped hand; a palmful, handful

ਲੰਪ [lə̃p] *n.m.* same as ਲੈਂਪ

ਲਪਕ [ləpək] *n.f.* dash, leap, swift movement; catch (as in cricket)

ਲਪਕਣਾ [ləpəkṇa] *v.i.t.* to spring, leap, rush, dash(at); to attack or assault with a rush; to catch in the air (as cricket ball); also ਲਪਕ ਕੇ ਪੈਣਾ

ਲਪਟ [ləpəṭ] *n.f.* flame, blaze, blast; agreeable, fragrant or odorous puff

ਲੰਪਟ [lə̃pəṭ] *adj.* lustful

ਲਪਰ ਲਪਰ [ləpər ləpər] *n.f.* nonsensical, incessant talk, chatter, babble

~ ਕਰਨਾ *ph.* to talk nonsense continually; to chatter, babble

ਲਪਰਵਾਉਣਾ [ləpərvauṇa] *v.t.* to get a tree pruned or crop cut off the top; *cf.* ਲਾਪਰਨਾ
ਲਪਰਵਾਈ [ləpərvai] *n.f.* wages for *prec.*
ਲੱਪੜ [ləppər̤] *n.m.* same as ਥੱਪੜ
ਲਪੜ ਲਪੜ [ləpər̤ ləpər̤] *n.f.* same as ਲਪਰ ਲਪਰ
ਲੱਪਾ [ləppa] *n.m.* piece of wood attached to another woodwork to ensure level or added strength; bayonet frog
ਲਪੇਟ [ləpeṭ] *n.f.* fold, engulfment, engrossment, encirclement, entanglement, convolution; grip, grasp, hold
ਲਪੇਟਣਾ [ləpeṭəṇa] *v.t.* to roll up, wrap, fold, coil, convolute, pack up; to entangle, engulf, involve, envelop, engross
ਲਪੇਟਵਾਂ [ləpeṭvã] *adj.m.* rolled, wrapped, coiled; covering, enveloping, folding, winding
ਲਪੇਟਾ [ləpeṭa] *n.m.* coil, whorl, encircling hold or grasp, verticil
ਲਫੰਗਾ [ləfə̃ga] *n.m.* & *adj.m.* loafer, vagabond, rogue, ruffian, villain; villainous, wicked, bad character, cad
ਲਫ਼ਜ਼ [ləfəz] *n.m.* word, vocable
~ ਬਲਫ਼ਜ਼ *adv.* word by word
ਲਫ਼ਜ਼ੀ [ləfzi] *adj.* literal, verbal, wordy
~ ਜਮ੍ਹਾ ਖ਼ਰਚ *ph.* words not followed by action, mere words or talk
ਲਫਟੈਣ [ləphṭeṇ] *n.m.* lieutenant
ਲਫਟੈਣੀ [ləphṭeṇi] *n.f.* rank or post of ਲਫ਼ਟੈਣ, lieutenancy
ਲੱਫੜ/ਲਫੇੜਾ [ləpphər̤/ləpher̤a] *n.m.* same as ਥੱਪੜ
ਲਫ਼ਾਫ਼ਾ [ləfafa] *n.m.* envelope, paper bag; *fig.* outward show
ਲਫ਼ਾਫ਼ੇਬਾਜ਼ੀ [ləfafebazi] *n.f.* outward, false show, ostentation, pretentious display, pretentiousness
ਲਬ [ləb] *n.m.* same as ਲਾਲਚ; and ਬੁੱਲ੍ਹ lips; saliva
ਲੰਬ[1] [lə̃b] *n.m.* perpendicular
~ ਕੋਣ *n.m.* right angle
~ ਕੋਣੀ *adj.* right-angled, orthogonal
ਲੰਬ[2] *n.f.* blaze, large flame, radiation of heat
ਲੰਬਕਾਰ/ਲੰਬਰੂਪ [lə̃bkar/lə̃brup] *adj.* perpendicular, vertical, upright, longitudinal
ਲੰਬਰ [lə̃bər] *n.m.* *collog.* see ਨੰਬਰ
ਲੰਬਰਦਾਰ [lə̃bərdar] *n.m.* same as ਨੰਬਰਦਾਰ; also ਲੰਬੜ, ਲੰਬੜਦਾਰ colloquially
ਲੰਬਾ [lə̃ba] *adj.* same as ਲੰਮਾ
ਲੰਬਾਈ [lə̃bai] *n.f.* length, tallness
ਲਬਾਟਰੀ [ləbaṭəri] *n.t.* laboratory
ਲਬਾਦਾ [ləbada] *n.m.* cloak, greatcoat, pelisse; disguise
ਲਬਾਲਬ [ləbaləb] *adj.* & *adv.* brimful, upto the brim or top
ਲੰਬੂ [lə̃bu] *n.m.* *slang.* a very tall man; big fire, conflagration
~ ਲਾਉਣਾ *ph.* to raise or cause a big fire; *informal.* to cremate
ਲੰਬੂਤਰਾ [lə̃butəra] *adj.m.* oblong, oval, elliptical; long, elongated
ਲਬੇ [ləbe] *adv.* *dia.* see ਨੇੜੇ, near, nearby
~ ਲੱਗਣਾ *con.v.* to come near
~ ਲੌਣੇ *adv.* same as ਲਬੇ, in the vicinity or neigbourhood
ਲਬੇੜ [ləbeṛ] *n.m.* same as ਲੱਗ ਲਬੇੜ
ਲਬੇੜਨਾ [ləberṇa] *v.t.* same as ਲਿਬੇੜਨਾ
ਲੱਭ [lə́bb] *v.form.* imperative of ਲੱਭਣਾ trace, find
ਲੱਭਣਾ [lə̀bbəṇa] *v.t.* to seek, search, trace; to find, get, bring out, discover
ਲਭਤ [lə́bət] *n.f.* find, discovery; acquisition, achievement; profit, gain
ਲਭਵਾਉਣਾ/ਲਭਾਉਣਾ [ləbvàuṇa/ləbàuṇa] *v.t.* to have something traced, found, discovered; to assist in searching, discovering or finding
ਲਭਵਾਈ/ਲਭਾਈ [ləbvài/ləbài] *n.f.* act of, reward for ਲੱਭਣਾ or ਲਭਾਉਣਾ
ਲੱਭਾ [lə́bba] *v.form.* & *adj.m.* participle of ਲੱਭਣਾ for masculine object, found, discovered
~ ਲਭਾਇਆ *adj.m.* already found; sure to be found out; *fem.* ਲੱਭੀ ਲਭਾਈ
ਲੰਮ ਸਲੰਮਾ/ਲੰਮਾ ਉੱਚਾ [lə̃mm sələ̃mma/lə̃mma ucca] *adj.* tall and straight, handsomely tall
ਲਮਹਾ [ləmha] *n.m.* same as ਖਿਣ

ਲਮਕ [ləmək] *v.form.* imperative of ਲਮਕਣਾ, hang

ਲਮਕਣਾ [ləmkəṇa] *v.i.* to hang, dangle, droop; to be suspended, swing freely; to be prolonged or delayed

ਲਮਕਵਾਂ [ləməkvã] *adj.m.* hanging, dangling, drooping; suspended

ਲਮਕਵਾਉਣਾ [ləməkvauṇa] *v.t.* to get something hung, suspended or delayed, prolonged

ਲਮਕਾ [ləmka] *n.m.* delay, suspense; elongation

ਲਮਕਾਉਣਾ [ləmkauṇa] *v.t.* to hang, dangle, suspend; to delay, prolong

ਲਮਢੀਂਗ [ləmṭ̃ig] *n.m.* stork, crane; *adj.* long-legged; awkwardly tall

ਲਮ੍ਹਾ [lə́ma] *n.m.* same as ਖਿਣ, instant

ਲੰਮਾ [lə̃ma] *adj.m.* tall, long, oblong, elongated, long term; much

~ ਚੌੜਾ *adj.m.* long and broad, extensive, expansive, spacious; bulky, hefty, big; *fig.* significant, elaborate

ਲੰਮੀ ਛਾਲ਼ *n.f.* broad jump, running broad jump, long jump

ਲੰਮੇ ਦਾ *adv.* lengthwise, horizontally, warpwise

ਲੰਮੇ ਪੈਣਾ *con.v.* to lie down; *slang.* to surrender abjectly, grovel

ਲੰਮਾਈ [lə̃mai] *n.f.* length, tallness, height

ਲਮੂਤਰਾ [ləmutəra] *adj.m.* same as ਲੰਬੂਤਰਾ

ਲਮੇਰਾ [ləmera] *adj.m.* comparatively long or tall; larger, taller

ਲਰਜ਼ਸ਼ [lərzəṣ] *n.f.* tremor, trembling, rocking, shaking; shudder

ਲਰਜ਼ਣਾ [lərzəṇa] *v.i.* to tremble, shudder, shake, rock

ਲਰਜ਼ਾ [lərza] *n.m.* same as ਲਰਜ਼ਸ਼

ਲਲਕਾਰ [ləlkar] *n.f.* challenge, call to fight, whoop, cry, war cry, bawl, hallo, halloa, halloo

ਲਲਕਾਰਨਾ [ləlkarna] *v.t.* to challenge, call to fight, throw down the gauntlets, *vi.* to utter ਲਲਕਾਰ, to whoop

ਲਲਕਾਰਾ [ləlkara] *n.m.* same as ਲਲਕਾਰ, shout, whoop, howl, threatening or challenging cry

~ ਮਾਰਨਾ *con.v.* to utter ਲਲਕਾਰਾ, to whoop

ਲਲਚਾਉਣਾ [ləlcauṇa] *v.i.t.* to desire eagerly, covet; to make some one covet, tempt, suborn

ਲੱਲ ਵਲੱਲਾ [ləll vələlla] *adj.m.* same as ਝੱਲ ਵਲੱਲਾ or ਝੱਲਾ

ਲੱਲ੍ਹ [lə́ll] *n.f.* trait, habit; manner, mode, knack, hang

ਲਲ੍ਹਕ [lə́lək] *n.f.* intense desire hankering, craving; addiction, habit

ਲਲ੍ਹਕਰ [lə́lkər] *n.f.* same as ਲਲਕਾਰਾ

ਲਲ੍ਹਕਰਨਾ [lə́lkərna] *v.i.* same as ਲਲਕਾਰਾ ਮਾਰਨਾ; *v.t.* same as ਲਲਕਾਰਨਾ

ਲੱਲ੍ਹਾ [lə́lla] *n.m.* a rustic support for boys

ਲੱਲਾ [ləlla] *n.m.* the letter 'ਲ'; an endearment for male child

ਲਲਾਟ [ləlaṭ] *n.m.* same as ਮੱਥਾ

ਲਲਾਮੀ [ləlami] *n.f. colloq.* see ਨਿਲਾਮੀ

ਲਲਾਰੀ [ləlari] *n.m.* dyer

ਲਲਿਤ [ləlɪt] *adj.* handsome, beautiful, fine, delicate; light

~ ਕਲਾ *n.f.* fine art

ਲੱਲੂ [ləllu] *adj. n.m.* stupid, foolish, fool, idiot, moron

~ ਪੰਜੂ *adj. & n.m.* person of no consequence, a nobody, any Tom, Dick or Harry; commonplace, ordinary

ਲੱਲੋ ਪੱਤੋ/ਲੱਲੋ ਪੋਪੋ [ləllo pətto/ləllo popo] *n.f.* wheedling, cajolery, coaxing, flattery, inveiglement, beguilement, false promise or excuse, blarney

ਲਵ ਮੈਰਿਜ [ləv mɛrɪj] *n.f.* love marriage

ਲਵ੍ਹੇਟਣਾ [ləvèṭəṇa] *v.t.* same as ਲਪੇਟਣਾ

ਲਵਾ¹ [ləva] *adj. m.* tender, young, immature

ਲਵਾ² [ləva] *v.form.* imperative of ਲਵਾਉਣਾ

ਲਵਾਉਣਾ [ləvauṇa] *v.t.* to get something sharpened, honed, whetted; to get something sown or planted; to get someone employed; to get (cow, mare, etc.) crossed, mated; to cause to spend (money); *cf.* ਲਾਉਣਾ

ਲਵਾਈ [ləvai] *n.f.* act of, wages for ਲਾਉਣਾ and ਲਵਾਉਣਾ

ਲਵੇ [ləve] *adv.* see ਲਬੇ, near

ਲਵੇਰਾ [ləvera] *n.m.* (availability of) milk -

yielding animal

ਲਵੇਰੀ [ləveri] *n.f.* milch animal in lactation period, lactating cow, buffalo or goat

ਲੜ[1] [ləṛ] *v.form.* imperative of ਲੜਨਾ, fight

ਲੜ[2] *n.m.* end or corner of cloth or garment, loose or hanging end

~ **ਛਡਾਉਣਾ** *ph.* to get rid of

~ **ਫੜਨਾ** *ph. lit.* to catch hold of; *fig.* to follow or depend upon for succour

~ **ਬੰਨ੍ਹਣਾ** *ph. lit.* to tie ਲੜ[2] or to tie in ਲੜ[2] to take (advice) seriously

~ **ਲੱਗਣਾ** *ph.* to be attached to, follow; to be married to

ਲੜਕਪਣ [ləṛəkpəṇ] *n.m.* childhood; childishness, childish behaviour

ਲੜਕਾ [ləṛka] *n.m.* boy, son, male child, youngster, young servant, page

~ **ਬਾਲਾ** *n.m.* offspring, child

ਲੜਕੀ [ləṛki] *n.f.* girl, daughter, female child

ਲੜਖੜਾ [ləṛkhəṛa] *v.form.* nominative of ਲੜਖੜਾਉਣਾ

ਲੜਖੜਾਉਣਾ [ləṛkhəṛauṇa] *v.i.* to stagger, lurch, dodder, toddle, reel, lose, balance, move unsteadily; to waver, vacillate, to be shaky; to go astray

ਲੜਖੜਾਹਟ [ləṛkhəṛáṭ] *n.f.* state or instance of ਲੜਖੜਾਉਣਾ

ਲੜਨਾ [ləṛna] *v.i.t.* to fight, grapple, combat, battle, contend, quarrel, enter into disputation (with); to bite, sting; to struggle (against)

ਲੜਵਾਉਣਾ/ਲੜਾਉਣਾ [ləṛvauṇa/ləṛauṇa] *v.t.* to cause, make, get or incite (others) to fight, quarrel, bite or sting

ਲੜਾ[1] [ləṛa] *n.m.* same as ਲੜ[2]; strand; same as ਟਾਹਣ, beam of a plough

ਲੜਾ[2] [ləṛa] *v.form.* imperative of ਲੜਾਉਣਾ, make (them) fight

ਲੜਾਈ [ləṛai] *n.f.* fight, battle, combat, fracas, clash, contest; quarrel, dispute; enmity, estrangement

~ **ਕਰਨੀ** *con.v.* same as ਲੜਨਾ

~ **ਝਗੜਾ** *n.m.* quarrel, dispute, bickering, wrangle, altercation; riot, brawl, fray, tumult

~ **ਭਿੜਾਈ** *n.f.* same as ਲੜਾਈ ਝਗੜਾ

ਲੜਾਈਬੰਦੀ [ləṛaibə̃di] *n.f.* ceasefire, truce, armistice

ਲੜਾਕਾ [ləṛaka] *adj. m.* fighting, combatant, belligerent, militant, quarrelsome, pugnacious, irascible, contentious, fractious

ਲੜਾਕੀ [ləṛaki] *adj.f.* same as ਲੜਾਕਾ; shrewish *n.f.* shrew, virago

ਲੜਾਕੂ [ləṛaku] *adj.* same as ਲੜਾਕਾ, fighter

ਲੜੀ[1] [ləṛi] *v.form.* of ਲੜਨਾ, past indefinite for female subject, fought

ਲੜੀ[2] *n.t.* chain, necklace, string (as of beads flowers), concatenation, link, series, sequence, set; row, frieze, arabesque; strand

~ **ਜੋੜਨੀ** *conv.* to connect a series, concatenate

ਲੜੀਦਾਰ [ləṛidar] *adj.* composed of or adorned with tassels or vertical strands

ਲੜੀਬੱਧ [ləṛibə́dd] *adj.* serially, arranged, serialised

ਲੜੀਵਾਰ [ləṛivar] *adj.* serially, sequently

ਲਾ[1] [la] *pref.* meaning without

ਲਾ[2] *v.from.* imperative of ਲਾਉਣਾ

ਲਾਂ [lã] *n.f.* symbol 'ੇ' standing for long vowel sound [e]; same as ਲੱਜ[1]; any of the circumambulations in marriage ceremony; any of the four stanzas of the sacred text of the Sikh scripture recited and sung with successive circumambulations in marriage ceremony

ਲਾਉਣਾ [lauṇa] *v.t.* to touch, connect (with); to apply (as ointment, plaster perfume etc.); to apply (latch, bolt or lock); *cf.* ਲੱਗਣਾ; to sharpen, hone, whet; to sow, plant; to fix, affix; to hold (class, school. court, etc.); to spend, wager, invest (money); to make (gues estimate etc.); to winnow; to appoint, engage, assign (duty); to set (fire) to

ਲਾਊਡਸਪੀਕਰ [lauḍsəpikər] *n.m.* loud speaker

ਲਾਊ ਬੁਝਾਊ [lau bujàu] *adj.* mischievous inciter, mischiefmaker

ਲਾਇਕ [laık] *adj.* intelligent, bright, astute,

sagacious; able, capable; deserving, fit, suitable; good; well-behaved, *prep.* for

ਲਾਇੰਤਹਾ [laĩtəha] *adj.* limitless, boundless, endless, illimitable, unlimited

ਲਾਇਤਬਾਰ [laɪtbar] *adj.* not trustworthy, unreliable; disbelieving, unbelieving; distrustful, sceptic, *cf.* ਬੇਇਤਬਾਰਾ

ਲਾਇਬ੍ਰੇਰੀ/ਲਾਇਬਰੇਰੀ [laɪbəreri] *n.f.* library

ਲਾਇਬ੍ਰੇਰੀਅਨ/ਲਾਇਬਰੇਰੀਅਨ [laɪbərerien] *n.m.* librarian

ਲਾਇਲਮੀ [laɪlmi] *n.f.* ignorance

ਲਾਇਲਾਜ [laɪlaj] *adj.* incurable, irremediable, hopeless

ਲਾਈ¹ [lai] *v.form.* past indefinite of ਲਾਉਣਾ for *fem.* object

ਲਾਈ² *n.f.* harvesting labour (per day or per acre); *pl.* ਲਾਈਆਂ

ਲਾਈਟ [laiṭ] *n.f.* light

~ ਹਾਊਸ *n.m.* lighthouse

ਲਾਈਟਰ [laiṭər] *n.m.* lighter

ਲਾਈਨ [lain] *n.f.* line

~ ਹਾਜ਼ਰ ਹੋਣਾ *ph.* (for policemen or officers) to report or to be transferred to district police headquarters *usu.* as or for disciplinary action

ਲਾਈਨਦਾਰ [laindar] *adj.* lined, ruled; striped

ਲਾਈਫ਼ [laif] *n.f.* life

ਲਾਈ ਬੁਝਾਈ [lai bujài] *n.f.* inciting one against another, backbiting

ਲਾਈਲੱਗ [lailəgg] *adj.* credulous, gullible

ਲਾਸ [las] *n.f.* wale, welk

ਲਾਸਣਾ [lasṇa] *v.t.* to cause ਲਾਸ

ਲਾਸ਼ਰੀਕ [laṣərik] *adj.* without rival or equal, unequalled, unique, peerless, matchless, unrivalled; an attributive for God

ਲਾਸਾਨੀ [lasani] *adj.* unparallelled, unmatched, matchless, unequalled, unique, peerless, second to none

ਲਾਹ¹ [lá] *n.m.* same as ਲਾਹਾ

ਲਾਹ² *v.m. form.* imperative of ਲਾਹੁਣਾ–bring down, unload

ਲਾਹਣ [láṇ] *n.f.* solution of water, jaggery, acacia bark, etc. fermented for distillation of country-made liquor; dregs of the same

ਲਾਹਨਤ [lánət] *n.f.* imprecation, curse

~ ਪਾਉਣੀ *con.v.* to curse, imprecate

~- ਮੁਲਾਮਤ *n.f.* imprecation, execration; censure, denunciation, scolding, reproach, objurgation, rebuke

~ ਮੁਲਾਮਤ ਕਰਨੀ *ph.* to imprecate, execrate, censure, denunciate, scold, reproach, objurgate, rebuke

ਲਾਹਨਤੀ [lánti] *adj.* cursed, damned, accursed

ਲਾਹ ਪਾਹ [lá pá] *n.f.* insult, vituperation; rebuke, reproach

~ ਕਰਨੀ *ph.* to insult, vituperate, rebuke, reproach

ਲਾਹਾ [laha] *n.m.* profit, gain, benefit

~ ਤੋਟਾ *n.m.* profit and loss, loss and gain; pros and cons

ਲਾਹੁਣਾ [láuṇa] *v.t.* to bring down, unload; to take off, rub off; to pare (nails), separate, sever; to pay off (debt)

ਲਾਹੇਵੰਦ/ਲਾਹੇਵੰਦਾ [lahevə̃d / lahevə̃da] *adj./ adj.m.* profitable, gainful, fruitful beneficial, lucrative, fructuous

ਲਾਹੌਰ [lahɔr] *n.m.* same as ਲਹੌਰ, Lahore

ਲਾਕ [lak] *n.m.* lock

ਲਾਕਟ [lakəṭ] *n.m.* locket

ਲਾਕਨੂੰਨੀ [lakənũni] *n.f.* lawlessness, chaos

ਲਾਕਰ [lakər] *n.m.* locker

ਲਾਕੜਾ ਕਾਕੜਾ [lakṛa kakṛa] *n.m.* same as ਕਾਕੜਾ ਲਾਕੜਾ, a disease

ਲਾਕੜੀ [lakṛi] *n.m.* administrator, official (*usu.* self-appointed) in an arena or sports meet; leader

ਲਾ ਕੇ ਗੱਲ ਕਰਨੀ [la ke gəll kərni] *ph.* to pass a snide or insinuating remark (at)

ਲਾਖ¹ [lakh] *n.f.* sealing wax, lac, shellac

ਲਾਖ² *adj.* see ਲੱਖ

ਲਾਖਾ [lakkha] *adj.* black, black-skinned (*usu.* for cow or bullock); dark-complexioned; black or chestnut (horse)

ਲਾਗ¹ [lag] *n.m.* fee or customary payment to village menials on special occasions such as marriage, obsequies, etc.; *dia.* see ਨੇੜ; *prep. & adv.* near, nearby; same as ਲਾਗੇ²

ਲਾਗ² *n.f.* influence, emulation, contagion, contamination; rennet, renum, coagulant; detergent, washing soda, soda ash

~ **ਲੱਗਣੀ** *con.v.* to be influenced (by the company one keeps)

~ **ਲਾਉਣੀ** *con.v.* to add or apply rennet

ਲਾਗ ਡਾਟ [lag daṭ] *n.f.* enmity, malice, rancour

ਲਾਗਤ [lagət] *n.f.* cost, cost price; expenditure

ਲਾਗਤਬਾਜ਼ੀ [lagətbazi] *n.f.* same as ਲਾਗ ਡਾਟ; ill will, antipathy, antagonism, rivalry, jealousy, spite

ਲਾਗ ਬੁੱਕ [lag buk] *n.f.* log book

ਲਾਗਰਿਥਮ [lagrıthəm] *n.f.* logarithm

ਲਾਂਗਰੀ [lãgəri] *n.m.* cook

ਲਾਗਲਾ/ਲਾਗਵਾਂ [lagla/lagvã] *adj.m.* same as ਨੇੜਲਾ; (of lake, sea or ocean) littoral

ਲਾਗੜ [lagəṛ] *adj.* rotten (fruit), galled, excoriated

ਲਾਂਗੜ [lãgəṛ] *n.f.* loincloth, waist-cloth worn like a loincloth

ਲਾਗਾ¹ [lagga] *n.m.* nearness, closeness, vicinity, proximity; sore or wound caused by chafing, excoriation, gall

~ **ਬੰਨਾ** *n.m.* relation, connection; surroundings, vicinity

~ **ਲੱਗਣਾ** *con.v.* for ਲਾਗਾ to be caused or effected, to be galled, chafed, excoriated

ਲਾਂਗਾ [lãga] *n.m.* tangled pile (of hay, reaped crop, cut tree branches etc.)

ਲਾਗੀ [laggi] *n.m.* village menial working for customary payment

ਲਾਗੂ¹ [laggu] *adj.* applicable, relevant; in force, enforced

~ **ਕਰਨਾ** *con.v.* to enforce; to apply, to implement

ਲਾਗੂ² *n.m. & adj.* enemy, antagonist; hostile, adverse, adversary

ਲਾਗੇ¹ [lagge] *n.m. pl.* of ਲਾਗਾ

ਲਾਗੇ² *adv.* near, near by, close by

~ **ਬੰਨੇ** *adv.* near about, anywhere near, in the vicinity or neighbourhood

ਲਾਂਘ [lãg] *n.f. colloq.* see ਪਲਾਂਘ

ਲਾਂਘਾ [lãga] *n.m.* passage, way; traffic; passing of time, living, bare living; amicable living

~ **ਲੰਘਣਾ** *ph.* to make do, to pass time, to live in peace, amicably

ਲਾਚਾ [laca] *n.m.* silk sheet, *usu.* chequered with red border

ਲਾਚਾਰ [lacar] *adj.* helpless, powerless; hopeless, desperate

ਲਾਚਾਰੀ [lacari] *n.f.* helplessness, powerlessness; hopelessness, desperation

ਲਾਚੀ [laci] *n.f.* same as ਇਲਾਚੀ

ਲਾਜ [laj] *n.f.* modesty, honour, chastity; shame, shyness, bashfulness, coyness, demureness

ਲਾਜ਼ਮ [lazəm] *adj.* compulsory, mandatory, obligatory, imperative, binding, necessary

ਲਾਜ਼ਮੀ [lazmi] *adj.* same as ਲਾਜ਼ਮ

~ **ਸ਼ਰਤ** *n.f.* compulsory requirement or condition, *sine qua non*

ਲਾਜਵੰਤ/ਲਾਜਵੰਤੀ¹ [lajvə̃t/lajvə̃ti] *adj./adj.f.* modest, demure, shy, bashful; possessing a high sense of honour, chaste

ਲਾਜਵੰਤੀ² *n.f.* a plant sensitive to touch or shade, *Mimosa pudiea*

ਲਾਜਵਰਦ [lajvərd] *n.m.* amethyst, purple or violet quartz; *adj.* of the colour of ਲਾਜਵਰਦ, purple, purplish violet

ਲਾਜਵਰਦੀ [lajvərdi] *adj.* same as ਲਾਜਵਰਦ

ਲਾਜਵਾਬ [lajəvab] *adj.* having no answer or counter-argument, silenced; matchless, peerless, unrivalled

ਲਾਜ਼ਵਾਲ [lazəval] *adj.* without fall or decline, everlasting, enduring, permanent, eternal

ਲਾਂਝਾ [lãja] *n.m.* same as ਕੰਮ ਕਾਰ; botheration, unpleasant job; obstacle, hindrance

ਲਾਟ¹ [laṭ] *n.f.* flame; same as ਲਾਠ

ਲਾਟ² *n.m.* lord, *esp.* referring to governor, governor-general or viceroy (during the British rule in India)

~ **ਸਾਹਿਬ** *n.m.* the honourable ਲਾਟ; *slang.* a

proud vain person, self-important; same as ਨਾਢੂ ਖਾਨ
ਲਾਟਰੀ [laṭəri] *n.f.* lottery, raffle
~ ਨਿਕਲ਼ ਆਉਣੀ *ph.* to win a lottery; *fig.* to get unexpected wealth or gain
ਲਾਟੀ[1] [laṭi] *n.f. dia.* wooden peg passed through a camel's nose (as a curb), same as ਨਕੇਲ
ਲਾਟੀ[2] *n.m. colloq.* see ਅਲਾਟੀ
ਲਾਟੂ [laṭṭu] *n.m.* top (a toy); bulb, electric lamp
ਲਾਠ [laṭh] *n.f.* pillar, column *esp.* obelisk
ਲਾਠੀ [laṭhi] *n.f.* same as ਡਾਂਗ, club
ਲਾਡ [laḍ] *n.m.* fondling, coddling, caressing; indulgence, pampering, over indulgence; petting, mollycoddling
~ ਕਰਨਾ/~ ਲਡਾਉਣਾ *con.v.* to fondle, coddle, caress, mollycoddle
~ ਪਿਆਰ/~ ਮਲ੍ਹਾਰ *n.m.* same as ਲਾਡ; endearment, love, affection
ਲਾਂਡਰੀ [lãḍri] *n.f.* laundry
ਲਾਡਲਾ/ਲਾਡਾ/ਲਾਡਲੀ/ਲਾਡੋ [laḍla/laḍa/laḍli/laḍo] *adj.m./adj.m./adj.f./adj.f.* dear, darling, pet; indulged, pampered; mollycoddled, spoiled
ਲਾਣ [laṇ] *n.m.* pile of reaped harvest; same as ਲਾਨ
ਲਾਣਾ[1] [laṇa] *n.m.* family, household
~ ਬਾਣਾ *n.m.* same as ਲਾਣਾ including livestock and other movable property
ਲਾਣਾ[2] *v.t.* same as ਲਾਉਣਾ
ਲਾਣਾ[3] *adj.m. colloq.* see ਅਲਾਣਾ, unsaddled; bare
ਲਾਣੇਦਾਰ [laṇedar] *n.m.* head or leading member of a family
ਲਾਤੀਨੀ [latini] *adj.* Latin; *n.f.* Latin (language)
ਲਾਦਵਾ [ladəva] *adj.* same as ਲਾਇਲਾਜ
ਲਾਦੂ [ladu] *adj.* (animal) trained to be ridden or to carry loads; pack (animal); gentle, not frisky (animal)
~ ਕੱਢਣਾ *con.v.* to train (animal) for riding or as beast of burden
ਲਾਧ [lád] *n.f.* discovery of theft during or soon after its commission; pursuit of the thief or thieves; party in such pursuit
ਲਾਨ [lan] *n.m.* lawn
ਲਾਨ੍ਹ [lán] *n.f.* same as ਲਾਹਣ
ਲਾਨ੍ਹਤ [lánət] *n.f.* same as ਲਾਹਨਤ
ਲਾਪਤਾ [lapəta] *adj.* (one) with whereabouts unknown, untraceable, lost, missing, absent, absconded
ਲਾਪਰ [lapər] *v.form.* imperative of ਲਾਪਰਨਾ, lop
ਲਾਪਰਨਾ [lapərna] *v.t.* to lop, prune, to cut or reap upper portions of vegetation
ਲਾਪਰਵਾਹ [lapərvá] *adj.* careless, heedless, callous; negligent, indifferent, nonchalant, unmindful, neglectful, inconsiderate; slipshod, casual, not serious
ਲਾਪਰਵਾਹੀ [lapərvái] *n.f.* carelessness, heedlessness, callousness; negligence, indifference, neglect, nonchalance, levity, trifling
ਲਾ ਪਾ ਕੇ [la pa ke] *adv.* altogether, in the nett result
ਲਾਫ਼ਾਨੀ [lafani] *adj.* immortal, indestructible, everlasting
ਲਾਬ [lab] *n.f.* paddy seedlings (collectively)
ਲਾਂਬੂ [lãbu] *n.m.* same as ਲੰਬੂ; fire, flame, wisp of hay, etc. used to set fire to funeral pyre
~ ਲਾਉਣਾ *con.v.* to set fire *esp.* to funeral pyre, to cremate; *slang.* to incite trouble, to cause a fire
ਲਾਭ [láb] *n.m.* profit, gain, interest, benefit, advantage, use, usefulness, utility
~ ਅੰਸ਼ *n.m.* dividend
~ ਹਾਨ/~ ਹਾਨੀ *n.m./n.f.* profit and loss, advantage and disadvantage, pros and cons
ਲਾਂਭ [lãb] *n.f.* side, direction; edge; *adv.* same as ਲਾਂਭੇ
~ ਚਾਂਭ *n.f.* surroundings, vicinity
ਲਾਭਕਾਰੀ/ਲਾਭਦਾਇਕ/ਲਾਭਵੰਦ [lábkari/lábdaık/lábvə̃d] *adj.* profitable, beneficial, lucrative, fructuous, advantageous; useful; effective; also ਲਾਭਵੰਦਾ (*m.*)
ਲਾਂਭੇ [lãbe] *adv.* away, aside, on a side
~ ਚਾਂਭੇ *adv.* around, here and there, hither and thither, away from sight or site

ਲਾਮ [lam] *n.f.* war
~ ਲਸ਼ਕਰ *n.m.* crowd, throng
~ ਲੱਗਣੀ *con.v.* for war to break out
ਲਾਮਹਿਦੂਦ [lamɛ́dud] *adj.* unlimited, illimitable
ਲਾਮ ਡੋਰ/ਲਾਮ ਡੋਰੀ [lam ḍor/lam ḍori] *n.f.* long file of persons, queue
ਲਾਮਬੰਦ [lambə̃d] *adj.* mobilised, marshalled
ਲਾਮਬੰਦੀ [lambə̃di] *adj.* mobilisation
ਲਾਮ੍ਹ [lám] *n.f.* side; *adv.* aside; also ਲਾਂਭ
ਲਾਮ੍ਹਾ [láma] *n.m. colloq.* see ਉਲਾਹਮਾ
ਲਾਮਾ [lama] *n.m.* lama, Tibetan priest or monk
ਲਾਰ [lar] *n.f.* same as ਰਾਲ਼, drivel; same as ਲਾਰਾ; *dia.* see ਡਾਰ, line of birds in flight
ਲਾਰਡ [larḍ] *n.m.* lord
ਲਾਰਵਾ [larva] *n.m.* larva (*pl.* larvae)
ਲਾਰਾ [lara] *n.m.* false promise, false hope, lingering hope or promise
~ ਲੱਪਾ *n.m.* same as ਲਾਰਾ
~ ਲਾਉਣਾ *con.v.* to make false promise, to keep one on false hope
ਲਾਰੀ [lari] *n.f.* lorry
ਲਾਰੇਬਾਜ਼ [larebaz] *adj.* given to often making ਲਾਰਾ
ਲਾਰੇਬਾਜ਼ੀ [larebazi] *n.f.* practice or habit of making ਲਾਰਾ
ਲਾਲ[1] [lal] *n.m.* ruby; *informal.* son, darling child
ਲਾਲ[2] *adj.* red, crimson; ruddy; blushing; red with anger
~ ਸੁਰਖ/~ ਸੂਹਾ *adj./adj.m.* deep red; *fig.* angry, red with anger
~ ਪੀਲ਼ਾ *adj.m.* angry, enraged
ਲਾਲ਼ [lal̤] *n.f.* same as ਰਾਲ਼
ਲਾਲਸਾ [lalsa] *n.f.* ardent desire, craving, coveting, cupidity
ਲਾਲਚ [laləc] *n.m.* greed, avarice, covetousness, greediness, avariciousness, cupidity, acquisitiveness; temptation; incentive
~ ਕਰਨਾ *con.v.* to desire, covet; to be greedy
~ ਦੇਣਾ *con.v.* to tempt, motivate, to give incentive, to bribe or try to bribe, to throw a bait
~ ਬੁਰੀ ਬਲਾ *ph.* no vice like avarice
ਲਾਲਚੀ [lalci] *adj.* greedy, avaricious, covetous; ravenous, voracious; *fem.* ਲਾਲਚਣ
ਲਾਲਟੈਨ [lalṭɛn] *n.f.* lantern
ਲਾਲ ਬੁਝੱਕੜ [lal bujə̀kkər] *n.m. informal.* a conceited fool, wiseacre
ਲਾਲ ਮਿਰਚ [lal mɪrc] *n.f.* chilli, red pepper, *Capsicum frutescens*
ਲਾਲੜੀ [laləṛi] *n.f.* a kind of myna; see ਗਟਾਰ
ਲਾਲਾ [lala] *n.m.* epithet or form of address for a Hindu businessman; a kind of flower and plant
ਲਾਲ਼ਾ [lal̤a] *n.m.* slightly raw form of jaggery, plastic jaggery
ਲਾਲੀ [lalli] *n.f.* redness, red or crimson hue; same as ਗਟਾਰ
ਲਾਂਵ [lɑ̃v] *n.f.* same as ਲਾਂ *pl.* ਲਾਵਾਂ
ਲਾਵਾਂ ਲੈਣੀਆਂ *ph.* to undergo ਲਾਵਾਂ ceremony; to marry
ਲਾਵਾਂ ਫੇਰੇ *n.m. pl.* marriage ceremony with circumambulations
ਲਾਵਲਦ [lavəld] *adj.* issueless; childless, wthout a living offspring
ਲਾਵਾ [lava] *n.m.* lava; labourer engaged for reaping harvest, reaper
ਲਾਵਾਰਸ [lavarəs] *adj.* heirless, without a surviving heir; unclaimed by heirs; without a master, masterless; orphan, orphaned; stray (animal)
ਲਾੜਾ [laṛa] *n.m.* bridegroom
ਲਾੜੀ [laṛi] *n.f.* bride; same as ਵਹੁਟੀ
ਲਿਓਟੀ [lɪoṭi] *n.f.* diminutive of ਲੇਵਾ, small udder
ਲਿਓੜ [lɪoṛ] *n.m.* same as ਲੇਉ, layer
ਲਿਆ [lɪa] *v.form.* imperative of ਲਿਆਉਣਾ, bring, fetch
ਲਿਆਉਣਾ [lɪauṇa] *v.t.* to bring, to fetch, to convey, carry (towards, home, etc.)
ਲਿਆਕਤ [lɪakət] *n.f.* intelligence, sagacity, astuteness, ingenuity, cleverness; ability, calibre; mannerliness, politeness
ਲਿਆਕਤਮੰਦ [lɪakətmə̃d] *adj.* same as ਲਾਇਕ

ਲਿਸ਼ਕ [lɪṣk] *n.f.* shine, glitter, glance, glare, gleam, glint, lustre, sheen; flash, sparkle, twinkle

ਲਿਸ਼ਕਣਾ [lɪṣkəṇa] *v.i.* to shine, glitter, glint, sparkle, glance, glare, gleam, flash, twinkle *adj.* shining, glittering, sparkling, bright

ਲਿਸ਼ਕਵਾਂ [lɪṣəkvã] *adj.m.* same as *prec.*

ਲਿਸ਼ਕਵਾਉਣਾ [lɪṣəkvauṇa] *v.t.* to get something cleaned, polished, burnished

ਲਿਸ਼ਕਾਉਣਾ [lɪṣkauṇa] *v.t.* to clean thoroughly, to polish, burnish, to make or cause to shine

ਲਿਸ਼ਕਾਰ/ਲਿਸ਼ਕਾਰਾ [lɪṣkar/lɪṣkara] *n.f./n.m.* same as ਲਿਸ਼ਕ; flash; reflection, bright reflecting light

ਲਿਸਟ [lɪsṭ] *n.f.* list

ਲਿੱਸੜ/ਲਿੱਸਾ [lɪssəṛ/lɪssa] *adj./adj.m.* thin, lean, feeble, weak, weakling

ਲਿੱਸਾਪਣ [lɪssapəṇ] *n.m.* thinness, weakness

ਲਿਹ [lé] *v.form.* nominative of ਲਿਹਣਾ, to suckle (for calves)

ਲਿਹਣਾ [léṇ] *v.i.* same as ਲੇਹਣਾ

ਲਿਹਾਉਣਾ [lɪhauṇa] v.t. (for cattle) to let (the calf) suckle; to assist a suckling suck at its mother's teats

ਲਿਹਾਜ਼ [lɪhaz] *n.m.* consideration, sympathetic concern or attitude, favour, favouritism, indulgence, accommodation

~ ਕਰਨਾ *con.v. to* favour, indulge, accommodate; to be considerate towards, to be lenient

~ ਰੱਖਣਾ *con.v.* to take into consideration

~ ਮੁਲਾਹਜ਼ਾ *n.m.* close acquaintance; favouritism

ਲਿਹਾਜ਼ਾ [lɪhaza] *conj. & adv.* therefore, hence, consequently

ਲਿਹਾਜ਼ੀ [lɪhazi] *adj.* favoured; considerate, accommodative; familiar, close acquaintance

ਲਿੰਕ [lĩk] *n.f.* link

ਲਿਖ [lɪkh] *v.form.* imperative of ਲਿਖਣਾ, write

~ ਲਿਖਾ/ਲਿਖਾਪੜ੍ਹੀ *n.m.* same as ਲਿਖਤ ਪੜ੍ਹਤ, writing

ਲਿਖਣ ਸ਼ਾਸਤਰ [lɪkhəṇ ṣastə̆r] *n.m.* orthography

ਲਿਖਣਹਾਰ [lɪkhəṇhar] *adj.* writer, scribe, calligraphist

ਲਿਖਣਢੰਗ [lɪkhəṇṭə̃g] *n.m.* style of writing, art of writing; handwriting, calligraphy

ਲਿਖਣਾ [lɪkhṇa] *v.i.t.* to write, to take down, scribe, inscribe, note down, jot down, scribble, to put something in black and white; to enter (in account book, etc.)

ਲਿਖਤ [lɪkhṭ] *n.f.* writing, a piece of writing, document

~ ਪੜ੍ਹਤ *n.f.* written deed, agreement or account

ਲਿਖਤਮ [lɪkhtəm] *adj.* an expression used in letters and meaning 'writer' or 'from'

ਲਿਖਤੀ [lɪkhti] *adj.* written, in writing, reduced to writing

ਲਿਖਵਾਉਣਾ/ਲਿਖਾਉਣਾ [lɪkhvauṇa/lɪkhauṇa] *v.t.* to get something written, to dictate

ਲਿਖਾਈ [lɪkhai] *n.f.* process of, wages for *prec.* act or art of writing, style of writing, handwriting

~ ਪੜ੍ਹਾਈ *n.f.* reading and writing, education

ਲਿਖਤੀ [lɪkhti] *adj.* written, in writing

ਲਿਖਾਰੀ [lɪkhari] *n.m.* writer, author; scribe, amanuensis

ਲਿੰਗ/ਲਿੰਙ [lĩg] *n.m.* sex, gender; male copulative organ, penis; limb, leg, arm

ਲਿੰਗਤਾ *n.f.* sexuality, gender

~ ਪਰਿਵਰਤਨ *n.m.* change of gender, transformation of sex

~ ਪੈਰ *n.m. pl.* limbs, arms, legs, hands, feet

~ ਭੇਦ *n.m.* difference of sex or gender

~ ਵਿਹਾਰ *n.m.* sexual behaviour

ਲਿੰਗੀ [lĩgi] *adj.* sexual

ਲਿਟ¹ [lɪṭ] *n.f.* lock, wisp or strand of hair

ਲਿਟ² *v.form.* imperative of ਲਿਟਣਾ, lie down

ਲਿਟਣਾ [lɪṭəṇa] *v.i.* same as ਲੇਟਣਾ, to lie down

ਲਿਟਰ [lɪṭər] *n.m.* litre

ਲਿਟਰੇਚਰ [lɪṭrecər] *n.m.* literature

ਲਿਟਵਾਉਣਾ [lɪṭvauṇa] *v.t.* to have or make someone lie down through someone else

ਲਿਟਾਉਣਾ [lɪṭauṇa] *v.t.* to make or cause or get one to lie down, to lay

ਲਿੱਤਰ [lɪttər] *n.m. dia.* see ਛਿੱਤਰ, shoes

ਲਿਤੜ [lɪtəṛ] *v.form.* nominative/imperative of ਲਿਤੜਨਾ

ਲਿਤੜਨਾ [lɪtəṛna] *v.t.* same as ਲਤਾੜਨਾ; *v.i.* to be pressed or massaged

ਲਿਤੜਵਾਉਣਾ/ਲਿਤੜਾਉਣਾ [lɪtəṛvauṇa/lɪtṛauṇa] *v.t.* to get something pressed with legs; to get oneself so pressed or massaged

ਲਿਤੜਵਾਈ/ਲਿਤੜਾਈ [lɪtəṛvai/lɪtəṛai] *n.f.* act or process of, wages for ਲਿਤਾੜਨਾ

ਲਿਤਾੜ [lɪtaṛ] *n.f. dia.* same as ਲਤਾੜ

ਲਿਤਾੜਨਾ [lɪtaṛna] *v.t.* same as ਲਤਾੜਨਾ

ਲਿਥੋਗਰਾਫ [lɪthogəraf] *n.m.* lithograph

ਲਿਥੋਗਰਾਫੀ [lɪthogərafi] *n.f.* lithography

ਲਿੱਦ [lɪdd] *n.f.* dropping or dung (of horse, mule, ass or elephant)

~ ਕਰਨੀ *con.v.* to excrete ਲਿੱਦ; *slang.* to behave like a coward, to be afraid

ਲਿਨਨ [lɪnən] *n.f.* linen

ਲਿਪਸਟਿਕ [lɪpsəṭɪk] *n.f.* lipstick

ਲਿਪਟ [lɪpəṭ] *v.form.* imperative of ਲਿਪਟਣਾ, cling

ਲਿਪਟਣਾ [lɪpṭəṇa] *v.i.* to cling, cleave, cuddle, embrace; to tangle, to be coiled, rolled up or wound around

ਲਿਪਟਵਾਉਣਾ/ਲਿਪਟਾਉਣਾ [lɪpəṭvauṇa/lɪpṭauṇa] *v.t.* to get something coiled up or wound up; *cf.* ਲਪੇਟਣਾ; to assist in coiling or winding up

ਲਿੱਪਣਾ [lɪppəṇa] *v.t. dia.* see ਲਿੰਬਣਾ

ਲਿਪਾਈ [lɪpai] *n.f.* plastering, daubing

ਲਿਪੀ [lɪpi] *n.f.* script

ਲਿਪੀਅੰਤਰਨ [lɪpiə̃trən] *n.m.* transliteration, transcription

ਲਿਪੀਕਾਰ [lɪpikar] *n.m.* transliterator, scribe

ਲਿਪੀਬੱਧ [lɪpibə̃dd] *adj.* transcribed, written

ਲਿਪੇਟਣਾ [lɪpeṭəṇa] *v.i.* same as ਲਪੇਟਣਾ, to wrap

ਲਿਫ [lɪph] *v.form.* nominative of ਲਿਫਣਾ

ਲਿੱਫ [lɪpph] *n.f.* enlarged spleen; disease causing enlargement of spleen

ਲਿਫ਼ਟ [lɪfṭ] *n.f.* lift

~ ਚਾਲਕ *n.m.* liftman

ਲਿਫਣਾ [lɪphəṇa] *v.i.* to bend, to stoop: *fig.* to yield, submit; to relent

ਲਿਫਵਾਂ [lɪphvã] *adj.m.* elastic, flexible, pliant

ਲਿਫਵਾਉਣਾ [lɪphvauṇa] *v.t.* to get something bent or to get someone to relent through someone else

ਲਿਫਾਉਣਾ [lɪphauṇa] *v.t.* to bend, force, make, cause to bend, stoop, yield, submit or relent

ਲਿਫਾਅ [lɪpha] *n.m.* fact or degree of elasticity

ਲਿਫ਼ਾਫ਼ਾ [lɪfafa] *n.m.* same as ਲਫ਼ਾਫ਼ਾ

ਲਿੰਬ [lĩb] *v.form.* imperative of ਲਿੰਬਣਾ, plaster

ਲਿੰਬਣਾ [lĩbəṇa] *v.t.* to plaster (*usu.* with mud), to daub, coat, smear (milk)

ਲਿੰਬਵਾਉਣਾ/ਲਿੰਬਾਉਣਾ [lĩbvauṇa/lĩbauṇa] *v.t.* to get (wall, roof etc.) plastered; to assist in plastering

ਲਿੰਬਵਾਈ/ਲਿੰਬਾਈ [lĩbvai/lĩbai] *n.f.* process of or wages for ਲਿੰਬਣਾ

ਲਿਬੜਨਾ [lɪbəṛna] *v.i.* to be smeared, stained, daubed, soiled or defiled

ਲਿਬੜਵਾਉਣਾ [lɪbəṛvauṇa] *v.t.* to get or cause to be smeared, stained etc. by someone

ਲਿਬਾਸ [lɪbas] *n.m.* dress, apparel, raiment, clothing, garb, vestment, attire

ਲਿਬੇੜ [lɪbeṛ] *n.m.* same as ਲੱਗ ਲਬੇੜ

ਲਿਬੇੜਨਾ [lɪbeṛna] *v.t.* to smear, besmear, daub, bedaub, imbrue, soil, stain, defile

ਲਿੱਲ [lɪll] *n.f.* same as ਲਿਲ੍ਹਕ

ਲਿੱਲੂ [lɪ́ll] *n.f.* raw fruit of jujube

ਲਿਲ੍ਹਕ [lɪ́lək] *n.f.* cry, lament, scream; humble or abject entreaty or appeal

ਲਿਲ੍ਹਕਣਾ [lɪlə̀kəṇa] *v.t.* to utter ਲਿਲ੍ਹਕ, to cry, lament; scream; to entreat or appeal humbly or abjectly

ਲਿਲ੍ਹਕੜੀ [lɪ́ləkṛi] *n.f.* same as ਲਿਲ੍ਹਕ

ਲਿਲਾਟ [lɪlaṭ] *n.m.* same as ਲਲਾਟ or ਮੱਥਾ

ਲਿਲਾਰੀ [lɪlari] *n.m.* same as ਲਲਾਰੀ

ਲਿਲੀ [lɪli] *n.f.* lily

ਲਿਵ [lɪv] *n.f.* concentration, contemplation, absorption, engrossment

~ **ਲੱਗਣੀ** *con.v.* to be absorbed (in thought)

~ **ਲਾਉਣੀ** *con.v.* to concentrate (on, upon) to contemplate

ਲਿਵਤਾਰ [lɪvtar] *n.f.* intense, constant ਲਿਵ

ਲਿਵਰ [lɪvər] *n.m.* liver

ਲਿਵਲੀਨ [lɪvlin] *adj.* absorbed, engrossed in contemplation, rapt

ਲਿਵਲੀਨਤਾ [lɪvlinta] *n.f.* state of being ਲਿਵਲੀਨ, rapture

ਲੀਹ [li] *n.f.* rut, beaten track; *fig.* precedent, custom, tradition

~ **ਤੋਂ ਲਾਹੁਣਾ** *ph.* to derail

ਲੀਕ [lik] *n.f.* same as ਲਕੀਰ; blemish, disgrace, stigma; leak

~ **ਕਰਨਾ** *con.v.* to leak

~ **ਲੱਗਣੀ** *ph.* to be blemished, disgraced, stigmatised

ਲੀਕਣਾ [likəṇa] *v.t.* see ਉਲੀਕਣਾ

ਲੀਖ [likh] *n.f.* nit, egg of louse

ਲੀਗ [lig] *n.f.* league, *informal.* the Muslim League (political party in India and Pakistan)

ਲੀਗਲ [ligəl] *adj.* legal

ਲੀਚੜ [licəṛ] *adj.* annoyingly insistent, cadger, mean, stingy, niggardly, miserly, penurious

ਲੀਚੀ [lici] *n.f.*, lichi, *Litchi chinensis*

ਲੀਜ਼ [liz] *n.m.* lease

~ **ਦੇਣ ਵਾਲ਼ਾ** *ph.* lessor

~ **ਲੈਣ ਵਾਲ਼ਾ** *ph.* lessee

ਲੀਂਡ/ਲੀਂਡਾ/ਲੀਂਡੀ [lĩḍ/lĩḍa/lĩḍi] *n.m./n.f.* same as ਲੇਡਣਾ

ਲੀਡਰ [liḍər] *n.m.* leader

ਲੀਡਰੀ [liḍəri] *n.f.* leadership

ਲੀਨ [lin] *adj.* engrossed, absorbed, raptly busy or occupied, rapt in thought; merged, blended

ਲੀਰ [lir] *n.f.* a longish strip of cloth, rag, shred

ਲੀਰੂੰ ਲੀਰੂੰ/ਲੀਰੋ ~ *adj. & adv.* torn, mutilated, reduced to rags or shreds

ਲੀਲ੍ਹ [lı́l] *n.f.* ripe, red berry *esp.* of jujube; *cf.* ਲਿੱਲ੍ਹ

ਲੀਲ੍ਹਾ [lı́la] *n.f.* sport, amusement, wonderful act; theatrical performance; amour, amorous sport

ਲੀਵਰ [livər] *n.m.* lever

ਲੀੜਾ [liṛa] *n.m.* any item of clothing, garment, ladies' scarf or head cloth

~ **ਲੱਤਾ** *n.m.* clothing, dress, garments

~ **ਲੈਣਾ** *ph.* to wear head cloth; same as ਘੁੰਡ ਕੱਢਣਾ, to wear a wrapping

ਲੁਆਉਣਾ [luauṇa] *v.t.* same as ਲਵਾਉਣਾ

ਲੁਆਬ [luab] *n.m.* mucilage, any gummy secretion, saliva

ਲੁਸ ਲੁਸਾ [lus lusa] *adj.m.* soft and plump

ਲੁਸ ਲੁਸ ਕਰਨਾ *ph.* to be tender, soft or plump

ਲੁਹਾਉਣਾ [luhauṇa] *v.t.* same as ਲਹਾਉਣਾ, to unload

ਲੁਹਾਰ [luhar] *n.m.* blacksmith, ironsmith

~ **ਦੀ ਦੁਕਾਨ** *ph.* smithy

ਲੁਹਾਰਾ [luhara] *n.m.* vocative case for ਲੁਹਾਰ; blacksmithy

ਲੁਹਾਰੀ [luhari] *n.f.* wife of ਲੁਹਾਰ, any female member of his family

ਲੁੱਕ [lukk] *n.f.* tar, coal-tar; hiding place, hiding, hide out, hide-away, refuge

ਲੁਕਣ ਛਿਪਣ/ਲੁਕਣ ਮੀਚੀ/ਲੁਕਣ-ਮੀਟੀ [lukəṇ-chɪpəṇ/lukəṇ mici/lukəṇ miṭi] *n.m./n.f.* game of hide-and-seek

ਲੁਕਣਾ [lukṇa] *v.i.* to hide, to go into hiding, to conceal oneself

ਲੁਕਮਾ [lukma] *n.m.* morsel

ਲੁਕਲੁਕਾ [lukluka] *n.m.* secrecy, clandestineness, surreptitiousness, covertness

ਲੁਕਵਾਂ [lukvã] *adj.m.* concealed, secret, hidden, clandestine, covert, underhand

ਲੁਕਵਾਉਣਾ [lukvauṇa] *v.t.* to get something hidden

ਲੁਕਾ [luka] *n.m.* secretness, secrecy, privacy

ਲੁਕਾਉਣਾ [lukauṇa] *v.t.* to hide, conceal, to steal

ਲੁਕਾਈ[1] [lukai] *v.form.* of ਲੁਕਾਉਣਾ, past indefinite for *fem.* object—hid

ਲੁਕਾਈ[2] *n.f.* people, masses, the entire animate creation

ਲੁਕਾਟ [lukaṭ] *n.m.* loquat, *Eriobotrya*

japonica, its yellow plum-like fruit

ਲੁੰਗ [lũg] *n.f.* small leaves as those of accacia or tamarind

~ **ਲਾਣਾ** *n.m. informal.* same as ਲਾਣਾ ਬਾਣਾ under ਲਾਣਾ[1]

ਲੁਗਤ/ਲੁਗਾਤ[lugt/lugat] *n.f.* dictionary, lexicon, glossary

ਲੁਗਦੀ/ਲੁਗੜੀ[lugdi/lugṛi] *n.f.* same as ਪਿੱਛ, alcoholic drink extracted from rice water

ਲੁੱਗਾ [lugga] *adj.m.* deserted, vacated, empty, bare (house), unoccupied and unguarded

ਲੁਗਾਈ [lugai] *n.f.* wife, woman

ਲੁੰਗੀ [lũgi] *n.f.* striped, chequered or embroidered sheet for use as garment for lower body

ਲੁੱਚ [lucc] *adj.* same as ਲੁੱਚਾ

~ **ਘੜਿੱਚੀਆਂ** *n.f. pl.* trickery, artifice, subterfuge, tricks, deception

~ **ਮੰਡਲੀ** *n.f.* band of rascals or wicked persons, gang of bad characters, criminals or mischiefmakers

ਲੁੱਚਪੁਣਾ [luccpuṇa] *n.m.* wickedness; villainy; villainousness, rascality, roguery, depravity

ਲੁੱਚਾ [lucca] *adj.m.* wicked, villainous, loafer, depraved, rascal, rogue, bad character *n.m.* ਲੁੱਚਾ person

~ **ਲੰਡਾ**/~ **ਲਫੰਗਾ** *adj. & n.m.* same as ਲੁੱਚਾ

ਲੁੱਚੀ [lucci[*n.f.* same as ਲੁੱਚੀ ਪੂੜੀ

~ **ਪੂੜੀ** *n.f.* stuffed ਪੂੜੀ

ਲੁੱਛਣਾ [lucchəṇa] *v.i.* to writhe, wriggle squirm

ਲੁੰਜਾ [lũja] *adj.m.* same as ਲੂਲ੍ਹਾ

ਲੁੱਝ [lújj] *v.form.* nominative of ਲੁੱਝਣਾ

ਲੁੱਝਣਾ [lújjəṇa] *v.i.t.* to quarrel, to fight, to provoke, to quarrel

ਲੁੱਟ [luṭṭ] *n.f.* plunder, pillage, piracy, rapine, robbery, loot, extortion, exploitation, booty, plunderage

~ **ਖਸੁੱਟ** *n.f.* same as ਲੁੱਟ

~ **ਚੋਂਘ** *n.f.* exploitation, fleecing, swindling, extortion

~ **ਦਾ ਮਾਲ** *ph.* booty, loot, plunder

~ **ਪੈਣੀ** *con.v.* for ਲੁੱਟ to take place

~ **ਮਾਰ** *n.f.* same as ਲੁੱਟ; plundering and killing, ravage, havoc, devastation

~ **ਲੈਣਾ** *con.v.* same as ਲੁੱਟਣਾ

ਲੁੱਟਣਾ [luṭṭəṇa] *v.t.* to plunder, pillage, rob, loot; to swindle, overcharge, exploit, extort (money)

ਲੁਟਵਾਉਣਾ/ਲੁਟਾਉਣਾ [luṭvauṇa/luṭauṇa] *v.t.* to cause, have or let to be plundered; to squander, waste, give away liberally

ਲੁਟਾਊ [luṭau] *adj.* squanderer, spendthrift, prodigal

ਲੁਟਾਈ[luṭai] *n.f.* state of being plundered; robbed or exploited

~ **ਖਾਣੀ** *con.v.* to be robbed, swindled

ਲੁਟੇਰਾ [luṭera] *n.m.* robber, plunderer, bandit, predator, highwayman; buccaneer, pirate, swindler, cheat, exploiter

ਲੁੰਡ[1] [lũḍ] *adj.m.* same as ਲੁੱਚਾ

ਲੁੰਡ[2] *n.m.* short or shortened tail, bobtail, docktail

ਲੁੰਡਾ [lũḍa] *adj.m.* (animal) with ਲੁੰਡ[2]; see ਲੰਡਾ

ਲੁਡਾਉਣਾ [luḍauṇa] *v.t.* to sway, swing or pat (a child to sleep)

ਲੁੱਡੀ [luḍḍi] *n.f.* a folk dance of West Punjab; dancing, prancing, fun and frolic

~ **ਪਾਉਣੀ** *con.v.* to perform ਲੁੱਡੀ; to prance, skip, dance, gambol, frolic

ਲੁੱਡੋ [luḍḍo] *n.f.* ludo, a game played with dice

ਲੁਣ [luṇ] *v.form.* imperative of ਲੁਣਨਾ, cut, reap

ਲੁਣਨਾ [luṇna] *v.t.* to reap, harvest, cut

ਲੁਤਫ਼ [lutəf] *n.m.* pleasure, enjoyment, relish

~ **ਆਉਣਾ** *con.v.* for ਲੁਤਫ਼ to be felt, to feel ਲੁਤਫ਼

~ **ਲੈਣਾ** *con.v.* to enjoy, to relish

ਲੁਤਰ ਲੁਤਰ [lutər lutər] *n.f.* same as ਲਪਰ ਲਪਰ

ਲੁਤਰਾ [lutəra] *adj.m.* idle talker, nonsensical or constant talker, babbler, chatterer

ਲੁੱਦਣਾ [luddəṇa] *v.t.* same as ਉਲੱਦਣਾ

ਲੁਦਵਾਉਣਾ/ਲੁਦਾਉਣਾ [ludvauṇa/ludauṇa]

v.t. to have something poured
ਲੁੱਧਰ [lúddər] *n.m.* otter
ਲੁਪਤ [lupt] *adj.* vanished, disappeared, hidden, concealed, invisible, out of sight
~ ਹੋਣਾ/ ~ ਹੋ ਜਾਣਾ *con.v.* to vanish, disappear; to be or become ਲੁਪਤ
ਲੁਪਰੀ [lupri] *n.f.* poultice
ਲੁੱਪੀ [luppi] *n.f.* loop; frog (for bayonet, sword, etc.)
ਲੁਬਾਣਾ [lubaṇa] *n.m.* a class or community engaged in salt trade during the middle ages; any of its members
ਲੁਭਾ [lubà] *v.form.* imperative of ਲੁਭਾਉਣਾ
ਲੁਭਾਉਣਾ [lubàuṇa] *v.t.* to tempt, attract, allure, charm, entice, captivate; *cf.* ਲੋਭ
adj.m. same as ਲੁਭਾਇਮਾਨ
ਲੁਭਾਇਮਾਨ [lubàıman] *adj.* tempting, attractive, charming, alluring, captivating, tempted, attracted, desirous
ਲੁਭਾਇਮਾਨਤਾ [lubàemanta] *n.f.* attractiveness, tempting quality, appeal
ਲੁੱਲ [lull] *n.m.* same as ਲੰਨ, penis
ਲੁੜ੍ਹਕ [lúṛk] *v.form.* nominative of ਲੁੜ੍ਹਕਣਾ
ਲੁੜ੍ਹਕਣਾ [lúṛkəṇa] *v.i.* to roll down, to stumble, tumble down, to fall, to lose balance; *slang.* to fail; to die
ਲੁੜ੍ਹਕਾਉਣਾ [luṛkauṇa] *v.t.* to cause to fall or roll down, to push (down a slope)
ਲੁੜੀਂਦਾ [luṛida] *adj.m.* wanted, required, needed, necessary, needful, desired; *cf.* ਲੋੜ
ਲੂ [lu] *n.f.* same as ਲੋ
ਲੂੰ [lũ] *n.m.* small body hair, trichome
~ ਕੰਡੇ ਖੜ੍ਹੇ ਹੋਣੇ *ph.* for hair to stand on end, to be horrified
~ ਕੰਡੇ ਖੜ੍ਹੇ ਕਰਨ ਵਾਲਾ *ph.* horrendous, horrible, dreadful, horried
~ ਕੰਡੇ ਖੜ੍ਹੇ ਕਰਨੇ *ph.* to horrify, to horripilate, to cause gooseflesh
ਲੂੰਈ [lũi] *n.f.* same as ਲੂੰ, soft coat of hair or tender feathers, pelage
~ ਕੰਡੇ *n.m.* hair standing on end, gooseflesh, horripilation
~ ਝਾੜਨੀ *ph.* to moult
ਲੂਸ [lus] *v.form.* nominative of ਲੂਸਣਾ
ਲੂਸਣ [lusəṇ] *n.m.* lucern, *Medicago stiva*
ਲੂਸਣਾ [lusəṇa] *v.i.* to be scorched; to feel burning sensation; fig. to sulk, to be sulky, to smoulder with envy or jealousy
ਲੂਸਣੀ [lusəṇi] *n.f.* burning sensation; envy, sulks, sulkiness
~ ਲੱਗਣੀ *con.v.* same as ਲੂਸਣਾ
ਲੂਸਣੀਆਂ ਲੈਣੀਆਂ *ph.* to sulk, be sulky
ਲੂਹਣਾ [lúṇa] *v.t.* to burn, scorch, singe, char
ਲੂਹਣੀ [lúṇi] *n.f.* same as ਲੂਸਣੀ
ਲੂਹਰੀ [lúri] *n.f* anxiety, apprehension, restlessness; unfulfilled desire, longing, craving; excitement
ਲੂਹਰੀਆਂ ਲੈਣੀਆਂ *v.i.* to be excited, anxious; to desire intensely, crave
ਲੂਹਲਾਂ [lúlã] *n.f. pl.* worms in hair or ears, ticks; trinkets or tassels (for animals), also ਲੂਲ੍ਹਾਂ
ਲੂਣ [luṇ] *n.m.* salt *usu.* sodium chloride
~ ਹਰਾਮ/~ ਹਰਾਮੀ *adj.* not true to one's salt, disloyal, traitor, treacherous, perfidious, ungrateful
~ ਤੇਲ *n.m.* articles of bare subsistence, bread and butter
~ ਦਾ ਤੇਜ਼ਾਬ *ph.* hydrochloric acid
~ ਮਿਰਚ ਲਾਉਣੀ *ph. lit.* to season or smear with salt and pepper; *slang.* to state or report (an incident) in exaggerated or interesting manner, exaggerate
ਲੂਣਕ [luṇək] *n.f.* a common weed, *Chenopodium album* or *Portulacea Sativa.*
ਲੂਣਦਾਨੀ [luṇdani] *n.f.* compartmented tray or container for salt, pepper and other condiments
ਲੂਣਾ [luṇa] *adj.m.* salty, saline, briny, brackish
ਲੂਤ [lut] *n.f.* eczema; a leafless, parasitical creeper, dodder
ਲੂਤੀ [luti] *n.f.* same as ਚੁਆਤੀ
~ ਲਾਉਣੀ *ph.* to instigate, incite; to backbite
ਲੂੰਧੜੇ [lū̃dṛe] *n.m. pl. dia.* see ਕਾਕੜਾ ਲਾਕੜਾ, a kind of pox
ਲੂਪ [lup] *n.f.* loop
ਲੂੰਬੜ [lũbər] *n.m.* fox; *n.m. & adj; fig.* foxy,

sly, crafty person
~ ਸੰਬੰਧੀ *adj.m.* vulpine
ਲੂੰਬੜੀ ਵਰਗੀ *adj.f.* vixen
ਲੂੰਬੜੀ [lũbəṛi] *n.f. & adj.* same as ਲੂੰਬੜ
ਲੂੰਬਾ [lũba] *n.m.* same as ਲੰਬੂ
ਲੂੰਬੀ [lũbi] *n.f.* chimney
ਲੂਮੜ [lumər̥] *n.m.* same as ਲੂੰਬੜ
ਲੂਲ੍ਹ [lúl] *n.f.* an ornament for neck or head and ears (*usu.* of horses) with flowing strands and other trinkets; teatlike protuberance under goat's neck
ਲੂਲ੍ਹਾ [lúla] *adj.m.* cripple, crippled, disabled, maimed particularly in arms or legs
ਲੇਊ [leo] *n.m.* layer (of plaster *esp.* mud plaster), also ਲੇਅ
ਲੇਸ[1] [les] *n.f.* any viscous matter, mucilage; viscosity, glutinosity, viscidity, adhesiveness, stickiness
ਲੇਸ[2] *n.m.* lace
ਲੇਸਦਾਰ/ਲੇਸਲਾ [lesdar/lesla] *adj./adj.m.* viscous, viscid, glutinous, gluey, adhesive, sticky, mucilaginous
ਲੇਹ [lé] *v.form.* nominative of ਲੇਹਣਾ
ਲੇਹਣਾ [léṇa] *v.i.* (for calves) to suck at mother's teats
ਲੇਹਲੜੀ [léləṛi] *n.f.* same as ਲੇਲ੍ਹੜੀ
ਲੇਹਲੜੀਆਂ ਲੈਣੀਆਂ *ph.* same as ਲੇਲ੍ਹੜੀਆਂ ਕੱਢਣੀਆਂ
ਲੇਹੜਨਾ [léṛna] *v.i.* same as ਲੇੜ੍ਹਨਾ; *colloq.* see ਉਲੇੜ੍ਹਨਾ
ਲੇਹਾ [leha] *n.m.* plant bearing burs or briars; bur, briar; insect or worm that infests woollen fabrics
ਲੇਹੀ [lehi] *n.f.* a thorny shrub similar to ਲੇਹਾ
ਲੇਕ [lek] *n.f.* lake
ਲੇਕਨ [lekən] *conj.* but, yet, however, nevertheless, still
ਲੇਖ [lekh] *n.m.* essay, article, composition, writing, write-up; fate, destiny, luck, fortune
~ ਸੰਗ੍ਰਹਿ *n.m.* collected essays, works or writings
~ ਸੂਚੀ *n.f.* list of articles or essays
~ ਸੌਂ ਜਾਣੇ *ph.* to fall upon evil days, for misfortune or bad luck to befall
~ ਜਾਗਣੇ *ph.* to come by good luck, become prosperous
ਲੇਖਾਂ ਸੜਿਆ *adj.m.* unlucky, unfortunate
ਲੇਖਕ [lekhək] *n.m.* writer, author, contributor; scribe, copyist, clerk, penman, *fem.* ਲੇਖਕਾ
ਲੇਖਣ ਸਮੱਗਰੀ [lekhəṇ səmәggəri] *n.f.* writing material, stationery
ਲੇਖਣੀ [lekhə̀ṇi] *n.f.* pen, quill; style of writing, hand-writing; writings, written works
ਲੇਖਾ [lekha] *n.m.* account, calculation, computation; account book, cash account, record of receipts and expenditure or of assets and liabilities; assessment, estimate, evaluation; cash, money
~ ਕਰਨਾ *con.v.* to compute, calculate or prepare ਲੇਖਾ
~ ਜੋਖਾ *n.m.* calculation, computation; assessment, evaluation
~ ਦੇਣਾ *con.v.* to render acount; fig. to suffer consequences of one's actions,
~ ਪੱਤਾ *n.m.* accounts, cash account, record or income and expenditure
~ ਪਰੀਖਕ *n.m.* auditor
~ ਪਰੀਖਿਆ *n.f.* audit
ਲੇਖਾਕਾਰ [lekhakar] *n.m.* accountant, accounts clerk
ਲੇਖਾਕਾਰੀ [lekhakari] *n.f.* accountancy, accounting
ਲੇਂਝ/ਲੇਂਝੜ [lẽj/lẽjər̥] *adj.* greedy, avaricious, covetous (for eatables)
ਲੇਂਝਪੁਣਾ [lẽjpuṇa] *n.m.* greed, greediness
ਲੇਟ[1] [leṭ] *adj. & adv.* late; *n.f.* lateness, delay
ਲੇਟ[2] *v.form.* imperative of ਲੇਟਣਾ, lie down, roll
ਲੇਟਣਾ [leṭəṇa] *v.t.* to lie down, roll; to rest or relax lying down; to sleep, wallow
ਲੇਟਣੀ [laṭəṇi] *n.f.* body roll, toss and turn
ਲੇਟਣੀਆਂ ਲੈਣਾ *con.v.* to roll (in pain or grief), toss and turn
ਲੇਟਵਾਂ [leṭvã] *adj.m.* lying down, horizontal

ਵ

ਵ [vava] *n.m.* thirty-fourth letter of Gurmukhi script representing the voiced labio-dental fricative consonant [v] and the semi-vowel [w]
ਵੱਸ¹ [vəss] *n.m.* authority, power, control, controlling power; domination
~ ਹੋਣਾ *con.v.* to have or own ਵੱਸ
~ ਕਰਨਾ *con.v.* to control, gain control (over), bring under control, overpower, subdue, tame, conquer
~ ਦਾ *adj.m.* within one's power, possible
~ ਚੱਲਣਾ *ph.* for one's power to work
~ ਵਿੱਚ ਆਉਣਾ *ph.* to come under control
ਵੱਸ² *v.form.* nominative of ਵੱਸਣਾ
ਵੰਸ਼ [və̃ṣ] *n.m.* same as ਬੰਸ, dynasty
ਵੰਸ਼ਜ [və̃ṣəj] *n.m.* lineal descendant, progeny
ਵੱਸਣਯੋਗ [vəssəṇyog] *adj.* habitable, inhabitable
ਵੱਸਣਾ [vəssəṇa] *v.i.* to settle, reside, inhabit, live; (for rain) to fall, rain
ਵਸਤ¹ [vəst] *n.f.* thing, article, commodity, material object, substance; also ਵਸਤੂ
ਵਸਤ² *n.m.* middle, centre
ਵਸਤਰ [vəstər] *n.m.* same as ਬਸਤਰ, clothing
ਵਸਤੀ¹ [vəsti] *n.f. dia.* see ਬਸਤੀ, habitation
ਵਸਤੀ² *adj.* middle, central, half way, intermediate
ਵਸਤੂਪਰਕ [vəstupərk] *adj.* objective, external
ਵਸਤੂਪਰਨ [vəstupərn] *n.m.* objectivity, objectification, externalisation
ਵਸਤੂ ਵਾਚਕ ਨਾਮ [vəstuvacək nam] *n.m.(gr.)* material noun
ਵਸਤੂਵਾਚੀ [vəstuvaci] *adj.(gr.)* denotative
ਵਸਦਾ [vəsda] *v.form.* participle of ਵੱਸਣਾ raining; *adj.m.* inhabitant, living
~ ਰਸਦਾ *adj.m.* flourishing, prosperous, living happily
ਵਸਨੀਕ [vəsnik] *n.m.* resident, dweller, inhabitant, domiciled, native
ਵਸਫ਼ [vəsəf] *n.m.* same as ਸਿਫ਼ਤ, quality; *informal.* habit (*depec.*)
ਵਸਮਾ [vəsma] *n.m.* hair-dye
ਵਸਲ [vəsəl] *n.m.* meeting, coming together; sexual intercourse, copulation
ਵਸਵਸਾ [vəsvəsa] *n.m.* apprehension, misgiving, anxiety, doubt, trepidation
ਵਸਾ [vəsa] *v.form.* imperative of ਵਸਾਉਣਾ
ਵਸਾਉਣਾ [vəsauṇa] *v.t.* to settle, cause or help settling down to live; to found (habitation), colonise, populate; to cause rain, drizzle, shower, rain
ਵਸਾਊ [vəsau] *adj.* helping to settle down
ਵਸਾਹ [vəsá] *n.m.* trust, reliance, faith; surety, assurance
~ ਖਾਣਾ *ph.* to have or put faith in, trust, rely; to be beguiled, deceived, wronged or let down
~ ਨਾ ਖਾਣਾ *ph.* not to trust, be alert, cautious and circumspect, not to give (to one's adversary) a chance
ਵਸਾਹਘਾਤ [vəsákàt] *n.m.* betrayal of trust, beguilement and deception
ਵਸਾਹੁਣਾ [vəsáuṇa] *v.t.* to win as or try to win one's trust, reassure (with ill intent), beguile
ਵਸਾਖ [vəsakh] *n.m.* Indian month of Baisakh (April-May)
ਵਸਾਖੀ [vəsakhi] *n.f.* spring festival on the 1st of Baisakh (mid-April); crutch
ਵਸਾਰ [vəsar] *n.m. dia.* see ਹਲ਼ਦੀ
ਵਸਾਰਨਾ [vəsarna] *v.t.* same as ਵਿਸਾਰਨਾ
ਵਸਾਲ [vəsal] *n.m.* same as ਵਸਲ
ਵਸ਼ਿਸ਼ਟ [vəṣɪṣṭ] *adj.* same as ਵਿਸ਼ੇਸ਼ and ਵਿਸ਼ਿਸ਼ਟ

ਵਸੀਅਤ [vəsiət] *n.f.* will, testament, (written or oral) declaration of bequest or legacy
~ ਕਰਨੀ *con.v.* to make a will, bequeath
~ ਦੀ ਤਰਮੀਮ *ph.* revision of will, codicil
~ ਦੀ ਪ੍ਰਮਾਣਿਤ ਨਕਲ *ph.* authenticated copy of will, probate
ਵਸੀਅਤਨਾਮਾ [vəsiətnama] *n.m.* written will
ਵਸੀਅਤੀ [vəsiəti] *adj.* testamentary
ਵਸੀਹ [vəsi] *adj.* broad, vast, spacious, expansive, extensive, large
ਵਸੀਕਾ [vəsika] *n.m.* agreement, bond, deed, promissory note
~ ਨਵੀਸ *n.m.* bond writer, deed writer
ਵਸੀਕਾਰ [vəsikar] *n.m.* same as ਵੱਸ[1]; *adj.* under control, controlled
ਵਸੀਲਾ [vəsila] *n.m.* means, medium, instrument, resource, wherewithal; support, assistance, patronage; supporter, patron, promoter
ਵਸੀਲੇ ਵਾਲ਼ਾ *adj.m.* (one) possessing or having ਵਸੀਲਾ, resourceful
ਵਸੂਲ [vəsul] *adj.* received, recovered, realised, collected
~ ਕਰਨਾ/~ ਪਾਉਣਾ *con.v.* to receive, recover, realise, collect
ਵਸੂਲਣਯੋਗ/ਵਸੂਲੀਯੋਗ [vəsulənyog/vəsuliyog] *adj.* receivable, recoverable, due in
ਵਸੂਲੀ [vəsuli] *n.f.* receipt, recovery, realisation, collection (of dues)
ਵਸੇਖ [vəsekh] *adj.* same as ਵਿਸ਼ੇਸ਼
ਵਸੇਬਾ [vəseba] *n.m.* living, life with peace and honour, peaceful and honourable living
ਵੱਸੋਂ[1] [vəssõ] *n.f.* same as *prec.;* inhabitance, habitation, residence; population
~ ਕਰਨੀ *con.v.* to inhabit, come to live (in), dwell, reside (in)
ਵੱਸੋਂ[2] *adj.* a term of endearment of youngsters
ਵਸੋਆ [vəsoa] *n.m.* same as ਵਸਾਖੀ[1]
ਵਹਾ [vəha] *v.form.* imperative of ਵਹਾਉਣਾ, float
ਵਹਾਉ [vəhao] *n.m.* current, flow, afflux, effusion; also ਵਹਾ
ਵਹਾਉਣਾ [vəhauṇa] *v.t.* to cause or make to flow, float, pour, spill; *fig.* to waste, squander; to get to be ploughed; *cf.* ਵਾਹੁਣਾ
ਵਹਾਈ [vəhai] *n.f.* process of, wages for ploughing
ਵਹਿਸ਼ਤ [vəhɪṣt] *n.f.* savagery, barbarity, bestiality, animality, wildness, uncivilness, boorishness, beastliness
ਵਹਿਸ਼ੀ [vɛ́ṣi] *adj.* savage, barbarian, beastly, beastial, uncivil, uncivilised, boorish, unmannerly
ਵਹਿਸ਼ੀਆਨਾ [vɛ́ṣiana] *adj.* brutal, beastly, beastial, barbarous, merciless, ferocious (act)
ਵਹਿਸ਼ੀਪੁਣਾ [vɛ́ṣipuṇa] *n.m.* same as ਵਹਿਸ਼ਤ; also ਵਹਿਸ਼ੀਅਤ
ਵਹਿੰਗੀ [vẽgi] *n.f.* a contrivance resembling a weighing balance and used for carrying loads across the shoulder
ਵਹਿਣ [vɛ́ṇ] *n.m.* same as ਵਹਾਉ; stream or river course; stream of consciousness, flow of ideas, rambling thoughts
ਵਹਿਣਾ [vɛ́ṇa] *v.i.* same as ਵਗਣਾ, to flow
ਵਹਿਣੀ [vɛ́ṇi] *n.f.* drain, gutter, sewer, duct
ਵਹਿਤਰ [vɛ́tər] *adj.* same as ਵਹਿਸ਼ੀ; unkempt, uncouth
ਵਹਿਦਤ [vɛ́dət] *n.f.* same as ਵਾਹਦਤ
ਵਹਿੰਦੜ [vəhĩdəṛ] *adj.* regularly ploughed and cultivated
ਵਹਿਮ [vɛ́m] *n.m.* false notion, fallacy, mistaken belief, delusion; superstition; whim, caprice, eccentricity, fancy
~ ਪ੍ਰਸਤ *adj.* superstitious
~ ਪ੍ਰਸਤੀ *n.f.* superstitiousness, superstitions
ਵਹਿਮੀ [vɛ́mi] *adj.* having mistaken belief or ideas; superstitious by nature; eccentric, whimsical
ਵਹਿੜ [vɛ́ṛ] *n.f.* young cow, heifer
ਵਹਿੜਕਾ [vɛ́ṛka] *n.m.* young bullock, grown up calf; also ਵਹਿੜਾ
ਵਹਿੜਕੀ [vɛ́ṛki] *n.f.* heifer; also ਵਹਿੜੀ

ਵਹੀ¹ [vəhi] *n.f.* accountbook, recordbook, record of debts and debtors
~ ਖਾਤਾ *n.m.* cashbook, cash account, ledger of transactions
ਵਹੀ² *n.m.* same as ਇਲਹਾਮ, revelation
ਵਹੀ³ *pron.* see ਓਹੀ
ਵਹੀਣ [vəhiṇ] *adj. colloq.* see ਵਿਹੂਣ
ਵਹੀਰ [vəhir] *n.m.* large body of men, women and children on the move, column, baggage train, caravan
ਵਹੁਟੀ [vɔ́ṭi] *n.f.* bride, wife, *informal.* daughter-in-law
ਵਕਤ [vəkət] *n.m.* time; period, age, era, interval, duration, span, spell; circumstance, occasion, opportunity; leisure, free time
~ ਸੰਭਾਲਣਾ *ph.* to avail of or to make the best of an opportunitly, take time by the forelock
~ ਸਿਰ *adv.* timely, in time, promptly, punctually, on time
~ ਕੱਟਣਾ *ph.* to spend, pass or kill time; to make ends meet
~ ਕਟੀ *n.f.* just passing, killing or whiling away time
~ ਖੁੰਝਾ ਦੇਣਾ *ph.* to miss the bus, let an opportunity go by default
~ ਗਵਾਉਣਾ *ph.* to waste time, dawdle
~ ਤੇ *adv.* same as ਵਕਤ ਸਿਰ
~ ਬੇਵਕਤ *adv.* at any time, at odd hours; in and out of season
ਵਕਤਨ ਫਵਕਤਨ *adv.* occasionally, infrequently, sporadically
ਵਕਤਾ [vəkta] *n.m.* speaker, narrator, orator, spokesman
ਵਕਤੀ [vəkti] *adj.* occasional, temporary, transient, impermanent
~ ਤੌਰ ਤੇ *adv.* temporarily, on adhoc basis, for the time being
ਵਕਫ਼ [vəkəf] *adj.* reserved, allotted, allocated; *n.m.* something reserved for specific purpose; a trust
~ ਬੋਰਡ *n.m.* trust, board of trustees particularly one for property assigned to religious places
ਵਕਫ਼ਨਾਮਾ [vəkəfnama] *n.m.* deed of reservation
ਵਕਫ਼ਾ [vəkfa] *n.m.* interval, time gap, intervening time, interlude, intermission
ਵਕਮ [vəkəm] *n.m.* sappan wood, *Caesalpinia sappan*
ਵਕਰ [vəkər] *n.m.* arc, curve, bend; *adj.* curved
~ ਰੇਖਾ *adj.* curvilinear
ਵਕਰਤਾ [vəkərta] *n.f.* curvature
ਵਕਰੋਕਤੀ [vəkrokti] *n.f.* equivocal utterance, equivoque, periphrasis, pun, circumlocution, quirk; sarcasm
ਵਕਾਰ [vəkar] *n.m.* respectability, good reputation or social standing, prestige, honour, good will
ਵਕਾਲਤ [vəkalət] *n.f.* legal profession or practice, pleadership; pleading, advocacy, verbal support, argumentation
~ ਕਰਨੀ *con.v.* to practise law, plead, to advocate
ਵਕਾਲਤਨਾਮਾ [vəkalətnama] *n.m.* power of attorney given by client to lawyer
ਵਕੀਲ [vəkil] *n.m.* advocate, pleader, lawyer, attorney, counsel
~ ਕਰਨਾ *con.v.* to engage ਵਕੀਲ
ਵਕੀਲੀ [vəkili] *n.f.* same as ਵਕਾਲਤ
ਵਕੂਆ [vəkua] *n.m.* incident, happening, occurrence, event, *esp.* criminal
ਵਕੈਨਸੀ [vəkɛ̃si] *n.f.* vacancy; also ਵਕੈਂਸੀ
ਵੱਕੋਂ [vəkkõ] *n.f.* pregnancy (*usu.* of cattle)
~ ਦੀ *adj.f.* pregnant, nearer to calving
ਵੱਖ [vəkkh] *adj.* separate, separated, isolated, severed, disconnected, disjointed; *adv.* separately, apart, aside
~ ਕਰਨਾ *con.v.* to separate, isolate, segregate; sever, disconnect, disjoin, disjoint; to let one set up a separate home
ਵੱਖਰਾ ਰਾਗ ਅਲਾਪਣਾ *ph.* to sing a different tune
ਵਖਤ [vəkht] *n.m. colloq.* see ਵਕਤ; botheration, trouble, hardship
~ ਕਰਨਾ *ph.* to take the trouble of
~ ਪੈਣਾ *ph.* for ਵਖਤ to befall, be in trouble
ਵੱਖਰ [vəkkhər] *n.m.* merchandise, wares
ਵੱਖਰਾ [vəkkhəra] *adj.m.* same as ਵੱਖ
ਵੱਖਰਾਪਣ [vəkkhərapəṇ] *n.m.* separate-

ness, isolation

ਵੱਖਰਿਆਉਣਾ [vəkkhərɪauṇa] *v.t.* same as ਵੱਖ ਕਰਨਾ; to treat as different or separate; to discriminate (against)

ਵਖਰੇਵਾਂ [vəkhrevã] *n.m.* discrimination, separateness, distinction, distinctness

ਵੱਖਵਾਦ [vəkkhvad] *n.m.* separatism

ਵੱਖਵਾਦੀ [vəkkhvadi] *adj.* separatist

ਵਖਾਉਣਾ [vəkhauṇa] *v.t.* same as ਵਿਖਾਉਣਾ

ਵਖਾਣ [vəkhaṇ] *v.form.* imperative of ਵਖਾਣਨਾ, describe, elaborate

ਵਖਾਣਨਾ [vəkhaṇna] *v.i.t.* to describe, elaborate, discourse (on), explain expatiate

ਵਖਿਆਨ [vəkhɪan] *n.m.* same as ਵਿਖਿਆਨ

ਵੱਖੀ [vəkkhi] *n.f.* either of the side parts of the body between the hip bone and the ribs; side, flank, groin

~ ਭਾਰ *adv.* on a side, sidewise

ਵਗ [vəg] *v.form.* nominative of ਵਗਣਾ

ਵੱਗ [vəgg] *n.m.* herd of cattle, drove

ਵੰਗ [və̃g] *n.f.* bangle of glass or plastic; *cf.* ਚੂੜੀ[1]

ਵਗ ਜਾਣਾ [vəg jaṇa] *con.v.* to go away, go at a speed; to leak, to flow down, to be spilt

ਵਗਣਾ [vəgṇa] *v.i.* to flow, ooze, leak, secrete, seep, spill, to be spilt; (for wind) to blow; (for oxen) to work or serve; (for fields) to be ploughed, cultivated

ਵੰਗਣਾ [və̃gəṇa] *n.m.* an ornament for ladies' forehead; rope tied around the neck of a vessel (in order to lift or carry it)

ਵਗਦਾ [vəgda] *adj.m.* flowing, leaking; (for oxen, plough, tractor, etc.) at work, working; (for fields) being regularly ploughed or cultivated, regularly under the plough

ਵਗਲ਼ [vəgəḷ] *n.m.* all round boundary wall or fence, perimeter, periphery

ਵਗਲ਼ਨਾ [vəgəḷna] *v.t.* to surround, enclose with wall or fence, occupy

ਵਗਲ਼ਵਾਉਣਾ [vəgəḷvauṇa] *v.t.* to get a place surrounded or enclosed

ਵੰਗਾ [və̃ga] *n.m.* same as ਨਿਆਣਾ[2]

ਵਗਾਉਣਾ [vəgauṇa] *v.t.* to let or cause to flow, leak or spill

ਵਗਾਹਤਾ [vəgáta] *adj.m./adv.* (flung or thrown) with force and straight (at the object), hit-or-miss; also ਵਗਾਹਵਾਂ

ਵਗਾਹ ਮਾਰਨਾ [vəgá marna] *con.v.* to throw, hurl, hurtle, fling (at), jettison; to drop or throw down with a jerk, slat; also ਵਗਾਹੁਣਾ

ਵਗਾਤਗ [vəgatəg] *adv.* speedily, rapidly, without slackening

ਵਗਾਰ [vəgar] *n.f.* forced, unpaid labour

~ ਕੱਟਣੀ *ph.* to work under duress; to do something in a slipshod manner

ਵੰਗਾਰ [və̃gar] *n.f.* challenge

~ ਮੰਨਣੀ *ph.* to take up the gauntlet, accept a challenge to dare

ਵਗਾਰਨ [vəgarən] *n.f.* bondwoman, bondswoman

ਵੰਗਾਰਨਾ [və̃garna] *v.t.* to challenge, throw down the gauntlet

ਵਗਾੜ [vəgaṛ] *n.m.* same as ਵਿਗਾੜ

ਵਗੈਰਾ [vəgɛra] *adj.* etcetera, etc. et al, and others; also ਵਗ਼ੈਰਾ

ਵੰਚਤ [və̃cət] *adj.* deprived (of), bereaved (of)

~ ਕਰਨਾ *con.v.* to deprive someone (of), rob, dispossess, make one go without, bereave (of)

ਵਚਨ [vəcən] *n.m.(gr.)* number; same as ਬਚਨ, utterance

ਵੰਚਨ [və̃cən] *n.m.* deprivation, depriving, dispossessing

ਵਚਨਬੱਧ [vəcənbə́dd] *adj.* committed

ਵਚਨਬੱਧਤਾ [vəcənbə́ddəta] *n.f.* commitment

ਵਚਿੱਤਰ [vəcɪttər] *adj.* same as ਵਿਚਿੱਤਰ

ਵਚੋਲਾ [vəcolla] *n.m. colloq.* see ਵਿਚੋਲਾ

ਵੱਛਾ [vəccha] *n.m.* male bovine calf; *fem.* ਵੱਛੀ; *cf.* ਕੱਟਾ

ਵਛੇਰਾ [vəchera] *n.m.* male foal, young horse, colt

ਵਛੇਰੀ [vəcheri] *n.f.* female foal, filly

ਵੱਜ [vəjj] *n.m.* bang, eclat, fanfare, pomp

~ ਗੱਜ ਕੇ/~ ਵਜਾ ਕੇ *adv.* with ਵੱਜ, pompously

ਵੱਜਣਾ [vəjjəṇa] *v.i.* to ring, chime, be struck, bang, strike (against), collide; (for door etc.) to be shut, closed; (for musical instruments) to be played at, be blown

ਵਜੰਤਰੀ [vəjə̃təri] *n.m.* instrumentalist

ਵਜ਼ਨ [vəzən] *n.m.* weight; *fig.* force (of argument); load, heavy luggage

ਵਜ਼ਨਦਾਰ [vəzəndar] *adj.* weighty, forceful, heavy

ਵਜ਼ਨੀ [vəzni] *adj.* same as *prec.*

ਵਜਰ [vəjər] *n.m.* stone, meteorite, aerolite, thunderbolt, steel; adamant

ਵਜਵਾ [vəjva] *v.form.* imperative of ਵਜਵਾਉਣਾ, have (the instrument) played at

ਵਜਵਾਉਣਾ [vəjvauṇa] *v.t.* to get (bell, instrument etc.) rung, chimed, struck, shut, closed or played at; *cf.* ਵਜਾਉਣਾ

ਵਜ੍ਹਾ [və́ja] *n.f.* cause, reason, ground, motive

ਵਜ੍ਹਾ ਕਤਾ [və́ja kəta] *n.f.* appearance, shape

ਵਜਾ [vəja] *v.form.* imperative ਵਜਾਉਣਾ, ring

ਵਜਾਉਣਾ [vəjauṇa] *v.t.* to ring, strike, chime; to blow, play at (instrument); *slang.* to beat, thrash, belabour

ਵੰਜਾਉਣਾ [və̃jauṇa] *v.t.* to waste, squander, lose

ਵਜ਼ਾਹਤ [vəzát] *n.f.* elaboration, explication, explanation, elucidation, clarification

~ ਕਰਨਾ *con.v.* to elaborate, explicate, explain, elucidate, clarify

ਵਜ਼ਾਰਤ [vəzarət] *n.f.* ministry, council of ministers, cabinet; post of a minister, ministership; *cf.* ਵਜ਼ੀਰ

ਵਜ਼ਾਰਤੀ [vəzarti] *adj.* ministerial

~ ਮਹਿਕਮਾ *n.m.* portfolio

ਵਜ਼ੀਫ਼ਾ [vəzifa] *n.m.* scholarship, stipend; pension

ਵਜ਼ੀਫ਼ਾਖਾਰ [vəzifakhar] *n.m.* scholarship holder, stipendiary, pensioner

ਵਜ਼ੀਰ [vəzir] *n.m.* minister, vizier; (in chess) queen

~ ਮੰਡਲ *n.m.* ministry, council of ministers, cabinet

ਵਜ਼ੀਰੀ [vəziri] *n.f.* ministership

ਵਜ਼ੀਰੇ ਆਲ੍ਹਾ [vəzire ála] *n.m.* chief-minister

ਵਜ਼ੀਰੇ ਆਜ਼ਮ [vəzire azəm] *n.m.* prime minister

ਵਜੂਦ [vəjud] *n.m.* existence, being, perceptible, reality; body, physique, structure

ਵਜੇ [vəje] *adv.* at .... O' clock

ਵਜੋਂ [vəjõ] *adv.* by way of, as

ਵੰਝ [və̃j] *n.m.* pole, bamboo pole

ਵੰਝਲੀ [və̃jli] *n.f.* flute, pipe

ਵੰਞਣਾ [və̃ññna] *v.i. dia.* to go

ਵੱਟ¹ [vəṭṭ] *n.m.* fold, wrinkle, pucker, crease, crinkle, crimple; twist, twine, torsian, contortion; spasm, spasmodic or paroxysmal pain in stomach; sultriness, swetter

~ ਖਾਣਾ *ph.* to squirm; to be sullen or angry

~ ਚੜ੍ਹਨਾ *ph.* to be twisted, wound

~ ਚੜ੍ਹਾਉਣਾ/~ ਚਾੜ੍ਹਨਾ *con.v.* to twist, wind, twirl; *fig.* to cause anger, annoy

~ ਪਾਉਣਾ *con.v.* to make or cause ਵੱਟ; to pucker, wrinkle, crinkle, crimple; *fig.* to cause difference in relations, cause estrangement

~ ਪੈਣਾ *con.v.* for ਵੱਟ to be caused or effected, wrinkle, crinkle, crimple; to feel spasmodic pain in stomach, to suffer from colic

ਵੱਟ² *n.f.* raised boundary lines between fields

~ ਪਾਉਣੀ/~ ਬਣਾਉਣੀ *con.v.* to make or raise ਵੱਟ

~ ਲੱਗਣਾ *ph.* to be sultry; to feel oppressive heat, perspire

ਵਟਕ [vəṭək] *n.f.* sale proceeds

ਵਟਣਾ¹ [vəṭəṇa] *n.m.* paste prepared with oil, barley flour and turmeric used for massage *usu.* to bride and bridegroom-to-be; same as ਵਟਨਾ

~ ਮਲ਼ਨਾ *con.v.* to massage with ਵਟਣਾ

ਵਟਣਾ[2] *v.i.* to be or to get changed or exchanged

ਵੱਟਣਾ [vəṭṭəṇa] *v.t.* to twist, wind, twine, intertwine

ਵਟਤ [vəṭət] *n.f.* same as **ਵਟਕ**

ਵਟਨਾ [vəṭna] *n.m.* torque; *cf.* **ਵਟਣਾ**

ਵਟਵਾ [vəṭva] *v.form.* imperative of **ਵਟਵਾਉਣਾ**, get (rope) made

ਵਟਵਾਂ [vəṭvā̃] *adj.m.* twisted, twined, intertwined; changed, exchanged; alternate, alternative

ਵਟਵਾਉਣਾ [vəṭvauṇa] *v.t.* to get (rope etc.) made, twined or intertwined; to assist in the process

ਵਟਵਾਈ [vəṭvai] *n.f.* wages for *prec.*

ਵੱਟਾ [vəṭṭa] *n.m.* stone, piece of rock, brickbat; weight; *adj.* hard, adament; *fig.* silent, sullen; exchange, barter, swap; discount in weighment; blemish, stigma, taint, sully; revenge, retribution, vengeance, retaliation, requital

~ **ਮਾਰਨਾ** *con.v.* to throw stone at, hit with stone or brickbat

~ **ਸੱਟਾ** *n.m.* same as **ਵੱਟਾ**

~ **ਲਾਉਣਾ** *ph.* to charge discount or to impose cut on weight as compensation for inferior quality, wastage, etc.; to cause **ਵੱਟਾ**, to disgrace, stigmatise

~ **ਖਾਤਾ** *n.m.* account of bad debts or dead losses

~ **ਲੱਗਣਾ** *ph.* to suffer in reputation, suffer disgrace; for one's honour to be sullied

~ **ਲੈਣਾ** *ph.* to take revenge, avenge, retaliate, requite

ਵਟਾਉਣਾ [vəṭauṇa] *v.t.* same as **ਵਟਵਾਉਣਾ**, to assist in winding, twining or intertwining; to change, exchange, barter, to replace *cf.* **ਵਟਣਾ**

ਵਟਾਈ [vəṭai] *n.f.* process or quality of wages for winding, twining or intertwining; amount paid or received as difference of value in exchange; *adj.* exchanged (for fem. object); see **ਬਟਾਈ**, share-cropping

~ **ਦਰ** *n.m.* rate of exchange, exchange rate

ਵਟਾਂਦਰਾ [vəṭā̃dra] *n.m.* exchange, barter, swap, replacement, substitution

~ **ਦਰ** *n.m.* exchange rate

ਵਟਾਵਾਂ [vəṭavā̃] *adj.m.* alternate, alternative, substitutive

ਵੱਟੀ[1] [vəṭṭi] *n.f.* wick of earthen lamp; an old weight of two seers (roughly 1.8 kilograms); oilstone

ਵੱਟੀ[2] *v.form.* & *adj.f.* changed, exchanged, replaced; *adj.m.* **ਵੱਟਿਆ**

ਵੱਟੇ[1] [vəṭṭe] *adv.* in exchange for, in place of

ਵੱਟੇ[2] *n.m.pl.* of **ਵੱਟਾ**, weights

ਵਡ [vəḍ] *pref.* denoting **ਵੱਡਾ**

ਵੰਡ[1] [və̃ḍ] *n.m.* concentrated cattle feed *usu.* a mixture of crushed grain and oil cake or cotton seed; hard to cook, coarse or unthreshed seed mixed in edible grain

~ **ਚੁਗਣੇ** *con.v. pl.* to pick out and separate **ਵੰਡ** from grain and pulses

ਵੰਡ[2] *n.f.* distribution, disbursement; division, parcelling, partition, split; allocation, allocated portion or share, moiety

~ **ਕਰਨੀ** *con.v.* to divide, split, partition, apportion

~ **ਫਲ਼** *n.m.* quotient, dividend

ਵਡਹੰਸ [vəḍhə̃s] *n.m.* name of a musical measure in classical Indian music

ਵੰਡਣਯੋਗ [və̃ḍəṇyog] *adj.* divisible

ਵੰਡਣਾ [və̃ḍəṇa] *v.t.* same as **ਵੰਡ ਕਰਨੀ** under **ਵੰਡ**[2]; distribute, parcel (out), allocate, allot

ਵਡਦਾਨਾ [vəḍdana] *adj.m.* highly knowledgeable

ਵਡਦਿਲਾ [vəḍdıla] *adj.m.* large-hearted, brave, generous, liberal

ਵੰਡਨਾਮਾ [və̃ḍnama] *n.m.* partition agreement or deed

ਵਡੱਪਣ [vəḍəppəṇ] *n.m.* greatness, grandness, grandeur; honour, eminence, dignity, large-heartedness, nobility; also **ਵਡਪਣ**

ਵਡਪਰਵਾਰਾ [vəḍpərvara] *adj.m.* (person) with a large family

ਵਡਭਾਗ [vəḍpàg] *n.m.* good fortune, good luck

ਵਡਭਾਗਾ/ਵਡਭਾਗੀ [vəḍpàga/vəḍpàgi] *adj.m./adj.* lucky, fortunate, prosperous; blessed; *adj. fem.* ਵਡਭਾਗਣ

ਵਡਮੁੱਲਾ [vəḍmulla] *adj.m.* precious, costly

ਵੰਡਵਾਂ [və̃ḍvã] *adj.m.* apportioned, proportionate, divided

ਵੰਡਵਾਉਣਾ [və̃ḍvauṇa] *v.t.* to get something divided, disbursed, apportioned, partitioned; to assist in ਵੰਡਣਾ

ਵੰਡਵਾਈ [və̃ḍvai] *n.f.* act of, charges for ਵੰਡਵਾਉਣਾ

ਵੱਡਾ [vəḍḍa] *adj.m.* great, big, large, huge, tall, senior, elder, taller, bigger, whopping; also ਵਡੜਾ

~ ਸਾਰਾ *adj.m.* same as ਵੱਡਾ; grown up, quite large, big, tall or old

~ ਹੋਣਾ *con.v.* to be or become ਵੱਡਾ; to grow

~ ਕਰਨਾ *con.v.&ph.* to enlarge, expand, extend; to elevate; to bring up, rear (children); to perform last rites more elaborately in case of old persons leaving behind male progeny; *informal.* to put off (lamp or candle)

~ ਘਰ *n.m. slang.* jail, *lit.* a big house

~ ਦਿਨ *n.m.* Christmas; *lit.* a long day

~ ਵਡੇਰਾ *n.m.* elder, old man, ancestor, forefather, progenitor

~ ਵੇਲ਼ਾ *n.m.* morning

ਵੱਡੇ ਵੇਲ਼ੇ *adv.* in the morning; tomorrow morning

ਵੰਡਾ [və̃ḍa] *n.m.* same as ਵੰਡ; portion, share, moiety

ਵੰਡਾਉਣਾ [və̃ḍauṇa] *v.t.* same as ਵੰਡਵਾਉਣਾ

ਵੰਡਾਈ [və̃ḍai] *n.f.* same as ਵੰਡ² and ਵੰਡਵਾਈ

ਵਡਾਣਕ [vəḍaṇək] *n.f.* a superior variety of wheat

ਵੰਡਾਵਾ [və̃ḍava] *n.m.* official or other person who makes or supervises ਵੰਡ², labourer who works for share in produce instead of wage

ਵਡਿਆ [vəḍɪa] *v.form.* imperative of ਵਡਿਆਉਣਾ, praise

ਵਡਿਆਉਣਾ [vəḍɪauṇa] *v.t.* to praise, eulogise, panegyrise, extol, laud; to puff up, flatter, to wheedle, cajole

ਵਡਿਆਈ [vəḍɪai] *n.f.* praise, compliment, eulogy, panegyric, laudation, tribute; same as ਵਡੱਪਣ

ਵਡਿੱਕਾ [vəḍɪkka] *n.m.* same as ਵੱਡਾ ਵਡੇਰਾ under ਵੱਡਾ

ਵਡਿੱਤਣ [vəḍɪttəṇ] *n.f.* same as ਵਡੱਪਣ

ਵੰਡੀ [və̃ḍḍi] *n.f.* same as ਵੰਡ

ਵੰਡੀਆਂ ਪਾਉਣੀਆਂ *con.v.&ph.* to divide, apportion, allocate different shares; to split, create division, disunity or split

ਵੰਡੀਚਣਾ [və̃ḍicəṇa] *v.i. dia. usu.* ਵੰਡਿਆ ਜਾਣਾ, to be split into shares, be apportioned, distributed, disbursed

ਵਡੇਰਾ¹ [vəḍera] *adj.m.* older, elder, larger, bigger; *n.m.* elder; ancestor, forefather, progenitor

ਵਡੇਰਾ² *n.m.* a sub-caste of Khatris

ਵੱਢ [vә́ḍḍ] *v.form.* imperative of ਵੱਢਣਾ, cut, kill; *n.m.* field with crop cut and removed but stubbles still standing, i.e. not yet ploughed; stubbly field

~ ਟੁੱਕ *n.f.* same as ਕੱਟ ਵੱਢ under ਕੱਟ, massacre

ਵੱਢਣਾ [vә́ḍḍəṇa] *v.t.* to cut, sever, amputate; to kill, murder; to reap, harvest; to bite (as against to bark); to fell (tree)

ਵੱਢਵਾਂ [vә́ḍḍvã] *adj.m.* cutting, biting; sarcastic

ਵਢਵਾਉਣਾ/ਵਢਾਉਣਾ [vəḍvàuṇa/vəḍàuṇa] *v.t.* to get something cut, hacked, severed or reaped; to get someone murdered

ਵਢਵਾਈ [vә́ḍvai] *n.f.* act of, wages for ਵਢਵਾਉਣਾ

ਵੱਢਾ [vә́ḍḍa] *n.m.* cut, dent, cleft; crevasse

ਵਢਾਈ [vəḍài] *n.f.* same as ਵਢਵਾਈ and ਵਾਢੀ

ਵਢਾਕਲ਼ [vəḍàkəḷ] *adj.* adept in cutting or reaping; biting (dog)

ਵਢਾਰਾ [vəḍãra] *n.m.* general or large scale felling of trees; massacre

ਵਢਾਵਾ [vəḍàva] *n.m.* cutter, reaper,

labour engaged for reaping, same as ਵਾਢਾ

ਵੱਢੀ [vəḍḍi] *n.f.* bribe, illegal gratification, graft, hush money, corruption, bribery

~ ਖਾਣੀ/~ ਲੈਣੀ *con.v.* to take or accept bribe

~ ਦੇਣੀ *con.v.* to bribe

ਵੱਢੀਖੋਰ [vəḍḍikhor] *adj.* (one) who demands and takes or accepts ਵੱਢੀ, venal, corrupt

ਵੱਢੀਖੋਰੀ [vəḍḍikhori] *n.f.* bribery, corruption; venality

ਵੱਢੂ ਖਾਊਂ/ਵੱਢੂੰ ਵੱਢੂੰ [vəḍḍu khaũ/vəḍḍũ vəḍḍũ] *n.m.* irascibility, hot-headedness, short temper, waspishness

ਵਣ [vəṇ] *n.m.* same as ਬਣ², forest; a slow growing, wild tree, *Salvadora oleoides* or *Salvodora indica*

~ ਵਣ ਦੀ ਲੱਕੜੀ *ph. fig.* people, persons of diverse origin or nature

ਵਣਸਪਤੀ [vəṇəspəti] *n.f.* same as ਬਨਸਪਤ, flora

ਵਣਗੀ [vəṇgi] *n.f.* sample, specimen

ਵਣਜ [vəṇəj] *n.m.* trade, commerce, buying and selling, business

~ ਸੰਬੰਧੀ *adj.* mercantile, commercial

~ ਕਰਨਾ *con.v.* to engage in ਵਣਜ

~ ਵਪਾਰ/~ ਵਿਹਾਰ *n.m.* same as ਵਣਜ

ਵਣਜਣਾ [vəṇjəṇa] *v.i.t.* to buy, purchase, buy and resell, trade

ਵਣਜਾਰਨ/ਵਣਜਾਰਾ [vəṇjarən/vəṇjara] *n.f./n.m.* trader, peddler, bangle-seller; name of a community which almost monopolised transportation business during the middle ages and is still traditionally engaged in small trade and peddling *esp.* selling bangles and trinkets, any member of this

ਵਣਾਠੀ [vəṇaṭhi] *n.f. dia.* see ਮਣਛਿੱਟੀ; also ਵਣਛਿੱਟੀ, dry cotton stalks

ਵੱਤ¹ [vətt] *adv. dia.* see ਫੇਰ², again

ਵੱਤ² *n.m. dia.* see ਵੱਤਰ, moisture

ਵਤਨ [vətən] *n.m.* motherland, fatherland, native country, one's own country, homeland

ਵਤਨਪ੍ਰਸਤ [vətənpərəst] *adj.n.m.* patriot, patriotic

ਵਤਨਪ੍ਰਸਤੀ [vətənpərəsti] *n.f.* patriotism

ਵਤਨੀ [vətni] *n.m.* countryman, fellow countryman, compatriot, fellow citizen

ਵਤਰ [vətər] *n.m.* chord; hypotenuse

ਵੱਤਰ [vəttər] *n.m.* moisture, wetness; method; knack

ਵਤਾਊਂ [vətaũ] *n.m. dia.* see ਬਤਾਊਂ¹, brinjal

ਵਤੀਰਾ [vətira] *n.m.* behaviour, attitude

ਵੱਥ [vətth] *n.f.* see ਵਸਤ¹

ਵਦਾਨ [vədan] *n.m.* sledge hammer

ਵਦੀ [vədi] *n.f.* day or date of the dark half of a lunar month; *cf.* ਸੁਦੀ

ਵਧ¹ [vəd] *v.form.* imperative of ਵਧਣਾ² advance, go forward

~ ਚੜ੍ਹਕੇ *adv.* surpassingly, exceedingly, extraordinarily, enthusiastically

~ ਜਾਣਾ *con.v.* same as ਵਧਣਾ²; *informal.* to cross limits of propriety

ਵਧ² *n.m.* murder, assassination, killing

~ ਕਰਨਾ *v.t.* to kill, murder, assassinate

ਵੱਧ [vədd] *adj.* more, additional, in excess, surplus

~ ਘੱਟ *adj. & adv.* more or less

~ ਘੱਟ ਬੋਲਣਾ *ph.* to talk improperly, rudely or offensively

~ ਭਾਅ ਤੇ *ph.* above par, at a higher price

ਵਧਣਾ¹ [vədṇa] *n.m.* same as ਲੋਟਾ, waterpot with spout

ਵਧਣਾ² *v.i.* to increase, grow, expand, lengthen; to advance, go forward, progress; to be surplus or remainder; to outdo, excel

~ ਘਟਣਾ *cpd.v.* to grow and retard, wax and wane

~ ਫੁੱਲਣਾ *ph.* to prosper, multiply, flourish, burgeon

ਵਧਣੀ [vədṇi] *n.f.* small ਵਧਣਾ¹

ਵੱਧਰ [vəddər] *n.f.* string, thin rope; thong, leash, strap

ਵੱਧਰੀ [vəddəri] *n.f.* small ਵੱਧਰ

ਵਧਵਾਂ [vədvã] *adj.m.* projecting, protruding, jutting out

ਵਧਵਾਉਣਾ [vədvàuṇa] *v.t.* to get some-

thing increased, expanded, extended; to have some surplus created or left
ਵਧਾ [vədà] *n.m.* projection, extension, extended part, jut, protrusion; same as ਵਾਧਾ
ਵਧਾਉਣਾ [vədàuṇa] *v.t.* to increase, expand, extend, lengthen, enlarge, enhance; to exaggerate; *informal.* close down (shop or business); to pour (milk from one to another vessel); to aggravate, escalate; to save as surplus
ਵਧਾਇਓਂ [vədàıõ] *n.f. & interj.* expression to convey congratulations
ਵਧਾਈ [vədài] *n.f.* same as ਵਧਾਇਓਂ; congratulations, felicitation; any occasion for congratulation
~ ਦੇਣੀ *con.v.* to congratutate, felicitate
ਵਧਾਣ [vədàṇ] *n.m.* increase; escalation
~ ਵਧਣਾ *ph.* to grow in intensity; to escalate, aggravate
ਵਧੀ [vədi] *v.form.* participle & *adj.f.* of ਵਧਣਾ, increased, lengthened (for *fem.* object/subject); *informal.* long life
~ ਨੂੰ ਕੋਈ ਡਰ ਨਹੀਂ *ph.* as long as there is life, there is hope; fear not for life because it must last all its allotted hours
ਵਧੀਆ [vədia] *adj.m.* good, fine, nice, excellent; better, superior
ਵਧੀਆਪਣ [vədiapəṇ] *n.m.* excellence, superiority
ਵਧੀਕ [vədìk] *adj.* same as ਵੱਧ
ਵਧੀਕੀ [vədìki] *n.f.* excess, offence, provocation, outrage, offensive behaviour, overstepping one's authority or social norms
ਵਧੇਰਾ [vədèra] *adj.m.* more, still more; *cf.* ਵੱਧ
ਵੰਨ [vɔ̃nn] *n.m.* colour; appearance, look; state of pregnancy (of cattle)
~ ਸੁਵੰਨਾ *adj.m.* of different colours, shades, qualities, kinds or shapes; multifarious, multiform, varied
~ ਤੇ ਆਉਣਾ *ph.* (for milch cattle) to be obviously pregnant
ਵਨਸਪਤੀ [vənəspəti] *n.f.* same as ਬਨਸਪਤ, flora

ਵਨਗੀ [vəngi] *n.f.* same as ਵਣਗੀ
ਵੰਨੀ/ਵੰਨੇ [vɔ̃nni/vɔ̃nne] *adv. dia.* see ਵੱਲ²
ਵਪਾਰ [vəpar] *n.m.* same as ਵਣਜ
~ ਸ਼ੇਸ਼ *n.m.* balance of trade or trade balance
~ ਚਿੰਨ੍ਹ *n.m.* trade mark, brand
ਵਪਾਰਕ [vəparək] *adj.* commercial, mercantile
ਵਪਾਰੀ [vəpari] *n.m.* trader, merchant, businessman *esp.* one engaged in buying and selling without stocking for long, wholesaler
ਵਫ਼ਦ [vəfəd] *n.m.* delegation, deputation
ਵਫ਼ਾ [vəfa] *n.f.* fidelity, faithfulness, constancy, steadfastness in love
ਵਫ਼ਾਤ [vəfat] *n.f.* death, demise
~ ਪਾਉਣੀ *con.v.* to die, expire, pass away, breathe one's last; also ਵਫ਼ਾਤ ਪਾ ਜਾਣਾ
ਵਫ਼ਾਦਾਰ [vəfadar] *adj.* loyal, faithful, obedient, true to one's salt
ਵਫ਼ਾਦਾਰੀ [vəfadari] *n.f.* fidelity, fealty, loyalty, faithfulness
ਵਬੰਡਰ [vəbə̃ḍər] *n.m.* storm, tornado; commotion, violent disturbance
~ ਖੜ੍ਹਾ ਕਰਨਾ *ph.* to cause or raise commotion, disturbance or noisy dispute
ਵਬਾ [vəba] *n.f.* epidemic, pestilence, disease; *informal.* widespread social evil
ਵਬਾਲ [vəbal] *n.m.* same as ਮੁਸੀਬਤ
ਵਰ¹ [vər] *n.m.* boon, blessing; husband, prospective husband, matrimonial match
~ ਘਰ *n.m.* husband and home
~ ਦੇਣਾ *ph.* to grant or bestow ਵਰ, to bless
~ ਪ੍ਰਾਪਤ *adj.f.* married
~ ਯੋਗ *adj.f.* marriageable, of marriageable age, nubile
ਵਰ² *suff.* indicating possessor as in ਤਾਕਤਵਰ, ਨਾਮਵਰ
ਵਰਸ਼ [vərṣ] *n.m.* same as ਸਾਲ or ਵਰ੍ਹਾ; year
ਵਰਸਣਾ [vərsəṇa] *v.i.* same as ਵੱਸਣਾ
ਵਰਸਾਉਣਾ [vərsauṇa] *v.t.* same as ਵਰ ਦੇਣਾ under ਵਰ¹, to shower boons, benefac-

tion or blessings

ਵਰਕ [vərk] *n.m.* leaf (of gold, silver or tin)

~ ਲਾਉਣਾ *con.v.* to decorate (sweets) with ਵਰਕ

ਵਰਕਸ਼ਾਪ [vərkṣap] *n.f.* workshop

ਵਰਕਰ [vərkər] *n.m.* worker

ਵਰਕਾ [vərka] *n.m.* leaf (of book, etc.) folio; piece of paper

~ ਪਾਟ ਜਾਣਾ *ph. slang.* for something to become impossible or out of question

ਵਰਖਾ [vərkha] *n.f.* rain, same as ਬਰਸਾਤ

ਵਰਗ [vərg] *n.m. geom.* square; class, category, group, ilk, kind

ਵਰਗਹੀਣ [vərghiṇ] *adj.* classless

ਵਰਗਮੂਲ [vərgmul] *n.m.* square root

ਵਰਗਲਾਉਣਾ [vərglauṇa] *v.t.* to mislead, lead astray; to incite, instigate, induce; to seduce, suborn, inveigle; to lure, entice; to beguile, deceive, cheat

ਵਰਗਾ [vərga] *adj.m.* similar, resembling, like

ਵਰਗਾਕਾਰ [vərgakar] *adj.* square, square-shaped

ਵਰਗੀਕਰਨ [vərgikərn] *n.m.* classification, categorisation

~ ਵਿਗਿਆਨ *n.m.* (of seals) taxonomy

ਵਰਚ [vərc] *v.form.* nominative of ਵਰਚਣਾ

ਵਰਚਣਾ [vərcəṇa] *v.i.* to be induced to stop crying; to calm down, be assuaged, mollified, consoled; to be amused

ਵਰਚਾਉਣਾ [vərcauṇa] *v.t.* to calm down (a crying child); to amuse (an angry child); to assuage, console, mollify

ਵਰਜ [vərəj] *v.form.* imperative of ਵਰਜਣਾ

ਵਰਜਸ਼ [vərjəṣ] *n.f.* physical exercise, calisthenics

~ ਕਰਨੀ *con.v.* to take bodily exercise, exercise

ਵਰਜਣਾ [vərjəṇa] *v.t.* to warn (against), to forbid, interdict, prohibit, prevent; to invite (to a meal)

ਵਰਜਿਤ [vərjit] *adj.* forbidden, prohibited, banned, taboo, proscribed

ਵਰੰਟ [vərə̃ṭ] *n.m.* warrant

ਵਰਣ [vərəṇ] *n.m.* see ਵਰਨ

ਵਰਤ[1] [vərt] *n.m.* fast, fasting; religious vow

~ ਰੱਖਣਾ *con.v.* to fast

~ ਲੈਣਾ *con.v.* to vow

ਵਰਤ[2] *v. form.* imperative of ਵਰਤਣਾ, use

~ ਵਿਹਾਰ/~ ਵਰਤਾ *n.m.* social intercourse, business dealings or relations

ਵਰਤਣ [vərtəṇ] *n.m.* use; social or commercial dealings, intercourse, behaviour or treatment

ਵਰਤਣਾ [vərtəṇa] *v.t.* to use, make use of, handle, treat; to have social contact or business dealing with; *v.i.* (for tragedy or mishap) to occur, happen or take place; to be distributed, disbursed, served

ਵਰਤਨ [vərtən] *n.m.* refraction

ਵਰਤਨਾਂਕ [vərtənāk] *n.m.* refractive index

ਵਰਤਮਾਨ [vərtman] *n.m.* present time, the present; *adj.* present, existing, current

ਵਰਤਾਉ [vərtao] *n.m.* same as ਵਰਤਣ

ਵਰਤਾਉਣਾ [vərtauṇa] *v.t.* to distribute

ਵਰਤਾਰਾ/ਵਰਤੋਂ [vərtara/vərtõ] *n.m.* same as ਵਰਤਣ

ਵਰਤਾਵਾ [vərtava] *n.m.* person who distributes or serves, distributor

ਵਰਦਾਨ [vərdan] *n.m.* same as ਵਰ[1], granting of boon

ਵਰਦੀ [vərdi] *n.f.* uniform, dress, livery

~ ਵਾਲ਼ਾ *adj.m.* uniformed, liveried

~ ਵਾਲ਼ਾ ਨੌਕਰ *ph.* lackey, flunky, liveried servant

ਵਰਨ [vərən] *n.m.* colour, hue, tint; caste, class, group; letter of alphabet or script

~ ਆਸ਼ਰਮ ਧਰਮ *ph.* traditional Hinduism based on fourfold division of human life and of society

~ ਪ੍ਰਬੰਧ/~ ਵਿਵਸਥਾ *n.m./n.f.* caste-system

~ ਬੋਧ *n.m.* knowledge or learning of alphabet; orthography

~ ਮਾਲਾ *n.f.* alphabet

~ ਵਿਗਿਆਨ *n.m.* science of colours, chromatics

ਵਰਨਨਯੋਗ [vərnənyog] *adj.* describable,

requiring elaboration, fit to be mentioned

ਵਰਨਨਾਤਮਿਕ [vərnənatmɪk] *adj.* descriptive, explanatory, elaborative, elucidative

ਵਰਨਾ[1] [vərna] *conj. & adv.* or, otherwise

ਵਰਨਾ[2] *v.t.* to marry; *cf.* ਵਰ[2]

ਵਰਨਿਤ [vərnɪt] *adj.* described, mentioned, referred to

ਵਰਮਾ [vərma] *n.m.* brace, drill, brace and bit, auger; name of a Hindu non-Brahmin caste-group

ਵਰਮਾਉਣਾ *v.t.* to bore with ਵਰਮਾ

ਵਰਮੀ [vərmi] *n.f.* small ਵਰਮਾ; mound raised by white ants, ant-hill; hole for snakes to live in

ਵਰਯਾਮ [vəryam] *n.m.* brave person, hero

ਵਰਲਾਪ [vərlap] *n.m.* same as ਵਿਰਲਾਪ

ਵਰ੍ਹਨਾ [vórna] *v.i.* same as ਵੱਸਣਾ; *informal.* (for blows) to fall in rapid succession; *v.t.* to be angry at, scold, rebuke, reprimand, shower abuses at

ਵਰ੍ਹਾ [vóra] *n.m.* year

ਵਰ੍ਹਾਉਣਾ [vəràuṇa] *v.t.* to shower

ਵਰ੍ਹੀ [vóri] *n.f. dia.* see ਰੱਸੀ

ਵਰ੍ਹੀਣਾ [vəriṇa] *n.m.* first death anniversary

ਵਰ੍ਹੇਗੰਢ [vóregə̃ḍ] *n.f.* anniversary

ਵਰਾਉਣਾ [vərauṇa] *v.t.* same as ਵਰਚਾਉਣਾ

ਵਰਾਗ [vərag] *n.m.* same as ਵਿਰਾਗ

ਵਰਾਛ [vərach] *n.f.* corner of the mouth; jaw

ਵਰਾਛਾਂ ਖਿਲਰਨੀਆਂ/ਖਿੜਨੀਆਂ *ph.* to laugh, be very happy or overjoyed

ਵਰਾਨ[1] [vəran] *adj.* same as ਵੀਰਾਨ

ਵਰਾਨ੍ਹ[2] *n.m.* act of ਵਰਚਾਉਣਾ, calming down, amusing, assuaging, consoling, mollifying

ਵਰਿਆਮ [vərɪam] *n.m.* same as ਵਰਯਾਮ, brave, hero

ਵਰਿਹਾਲ਼ [vərɪáḷ] *n.f.* ploughed field; *adj.* ploughed; also ਵਰ੍ਹਿਆਲ਼

ਵਰੀ [vəri] *n.f.* dresses, ornaments presented to bride by her in-laws; *v.form.* past indefinite of ਵਰਨਾ[2] for *fem.* object, married

ਵਰੇਸ [vəres] *suff.* age, *cf.* ਵਰ੍ਹਾ, as in ਬਾਲ ਵਰੇਸ, *n.f.* young age, childhood; *adj.* young, of tender years ਬੁੱਢ ਵਰੇਸ *n.f.* old age; *adj.* old, aged, advanced in years

ਵਰੋਸਾਉਣਾ [vərosauṇa] *v.i.t.* same as ਵਰਸਾਉਣਾ

ਵੱਲ[1] [vəll] *n.f.* creeper, climber (plant)

ਵੱਲ[2] *adv.* on the side of, in the direction of, towards; outstanding, against

ਵੱਲੇ *adv. dia.* same as ਵੱਲ[2]

ਵੱਲ[3] *n.m. dia.* see ਢੰਗ[1]

ਵੱਲ[4] *adj.* good, well, recovered (in health)

~ ਹੋ ਜਾਣਾ *ph.* to recoup, recover health

~ ਕਰਨਾ *ph.* to heal, restore health

ਵਲ਼ [vəḷ] *n.m.* twist, convolution, coil, spiral, loop, helix; curve, bend, detours, roundabout way, sinuosity, sinus; quibble, quirk, pun, subterfuge; stiffening or stretching of muscles

~ ਛਲ਼ *n.m.* same as ਛਲ਼

~ ਪਾਉਣਾ *ph.* to proceed or talk in a roundabout way, quibble; to make a detour; to make a loop; to spiral

~ ਪੇਚ *n.m. pl.* same as ਦਾਉ ਪੇਚ, tactics

~ ਫੇਰ *n.m.* pettifoggery, deception; relation, association, connection

~ ਵਲ਼ਨਾ *con.v.* to make or construct ਵਲ਼ਗਣ

~ ਵਲ਼ਾਅ *n.m.* same as ਵਲ਼

~ ਵਾਲ਼ਾ *adj.m.* same as ਵਲ਼ਦਾਰ

ਵਲ਼ਗਣ [vəḷgəṇ] *n.f.* enclosure, fenced or walled space; fold; pen; also ਵਲਗਨ

ਵਲੰਟੀਅਰ [vələ̃ṭiər] *n.m.* volunteer

~ ਹੋਣਾ *con.v.* to volunteer

ਵਲਟੋਹਾ [vəlṭóa] *n.m.* large kettle, cauldron

ਵਲਟੋਹੀ [vəlṭói] *n.f.* kettle

ਵਲਦ [vəld] *adj.* term indicating male parentage; son of, daughter of

ਵਲ਼ਦਾਰ [vəḷdar] *adj.* sinuous, circuitous; spiral, helical; ambiguous, quibbling

ਵਲਦੀਅਤ [vəldiət] *n.f.* parentage, father's name

ਵਲ਼ਨਾ [vəḷna] *v.t.* to wrap around, wind, coil; to encircle, surround; to bypass

ਵਲੱਲ [vələll] *n.m.* same as ਝੱਲ¹

ਵਲਵਲਾ [vəlvəla] *n.m.* excitement, impulse, sudden, strong feeling, idea or thought, aspiration

ਵਲ੍ਹੇਟ [vəlèṭ] *n.m.* same as ਲਪੇਟ, wrap

ਵਲ਼ਾ¹ [vəḷa] *n.m.* detour, longer route, roundabout course; long ਵਲ਼ੀ, rafter

ਵਲ਼ਾ² *v.form.* imperative of ਵਲ਼ਾਉਣਾ, bypass

ਵਲ਼ਾਉਣਾ [vəḷauṇa] *v.i.t.* to bypass, sidetrack, circumvent; to desist; to get something wrapped around, wound or surrounded; to assist in ਵਲ਼ਨਾ

ਵਲਾਇਤ [vəlaɪt] *n.f.* country; foreign country *esp.* Great Britain

ਵਲਾਇਤੀ [vəlaɪti] *adj.* foreign, pertaining to, made in or imported from a foreign country *esp.* of the West

ਵਲ਼ਾਵਾਂ [vəḷavã] *n.m.* turn, loop, warp, entanglement, tangle

ਵਲ਼ੀ/ਵਲੀ¹ [vəḷi/vəli] *n.m.* prophet, saint, holyman, man of God

ਵਲ਼ੀ/ਵਲੀ² *n.f.* see ਬੱਲੀ

ਵਲੀ ਅਹਿਦ [vəli ɛ́d] *n.m.* heir apparent

ਵਲੂੰਧਰ [vəlũdər] *n.f.* scratch, abrasion

ਵਲੂੰਧਰਨਾ [vəlũdərna] *v.t.* to scratch, abrade, scrape or wound *esp.* with finger nails or claws

ਵਲੇਲ [vəlel] *n.m.* same as ਉਲੇਲ; rumour, inkling, intimation, notion

ਵਲ਼ੇਵਾ [vəḷeva] *n.m.* luggage, household goods, movable property

ਵਲ਼ੇਵਾਂ [vəḷevã] *n.m.* same as ਵਲ਼ਾਵਾਂ

ਵਲੈਤ [vəlɛt] *n.f.* same as ਵਲਾਇਤ

ਵੱਲੋਂ [vəllõ] *prep. & adv.* from, on behalf of, from the side of

ਵੱਵਾ [vəvva] *n.m.* the letter ਵ

ਵੜ¹ [vəṛ] *n.f.* saleable goods; same as ਪਰੀਠਾ

ਵੜ² *v.form.* imperative of ਵੜਨਾ, enter

ਵੜਨਾ [vəṛna] *v.i.* to enter, go in, come in, step in, penetrate, intrude, trespass

ਵੜਾ [vəṛa] *n.m.* fried lump of soaked and mashed pulses with condiments

ਵੜਾਉਣਾ [vəṛauṇa] *v.t.* to have, let or cause something to enter into

ਵੜੀ [vəṛi] *n.f.* sun-dried ਵੜਾ

ਵੜੇਵਾਂ [vəṛevã] *n.m.* cottonseed *usu. pl.* ਵੜੇਵੇਂ

ਵ੍ਰੱਤ/ਵਰੱਤ [vərətt] *n.m.* same as ਵਰਤ¹

ਵ੍ਰਿੱਤ/ਵਰਿੱਤ [vərɪtt] *n.m.* circle

ਵ੍ਰਿੱਤਾਕਾਰ/ਵਰਿੱਤਾਕਾਰ [vərɪttakar] *adj.* circular

ਵ੍ਰਿਤਾਂਤਰ/ਵਰਿਤਾਂਤਰ [vərɪtãtər] *n.m.* annulus

ਵ੍ਰਿੱਤੀ/ਵਰਿਤੀ [vərɪti] *n.f.* same as ਬਿਰਤੀ, concentration; stipend

ਵ੍ਰਿਧੀ/ਵਰਿਧੀ [vərídi] *n.f.* same as ਬੜ੍ਹੌਤਰੀ; addition, enhancement, augmentation

ਵਾ¹ [va] *n.f.colloq.* see ਹਵਾ; also ਵਾਉ

~ **ਸੂਲ਼** *n.m.* pain caused by wind in stomach, gastric pain caused by flatulence

~ **ਗੋਲ਼ਾ** *n.m.* wind or gas formation in stomach

~ **ਵਰੋਲ਼ਾ** *n.m.* whirlwind

ਵਾ² *conj.* and

ਵਾਉਕਾ [vauka] *n.m. & dia.* see ਪੱਦ, fart

ਵਾਅਦਾ [vada] *n.m.* same as ਵਾਇਦਾ

ਵਾਇਆ¹ [vaɪa] *adj.* via.

ਵਾਇਆ² *n.m.* breadth, span

ਵਾਇਸਰਾਏ [vaɪsrae] *n.m.* viceroy

ਵਾਇਦਾ [vaɪda] *n.m.* promise, pledge, solemn word, word of honour, undertaking

~ **ਸ਼ਿਕਨ** *adj.* (one) who breaks, does not fulfil or denies having made ਵਾਇਦਾ, reneger, (one) who commits breach of ਵਾਇਦਾ

~ **ਸ਼ਿਕਨੀ** *n.f.* breach of ਵਾਇਦਾ

~ **ਕਰਨਾ** *con.v.* to promise, take a pledge, give one's word of honour

~ **ਖਿਲਾਫ਼** *adj.* same as ਵਾਇਦਾ ਸ਼ਿਕਨ

~ **ਖਿਲਾਫ਼ੀ** *n.f.* same as ਵਾਇਦਾ ਸ਼ਿਕਨੀ

~ **ਖਿਲਾਫ਼ੀ ਕਰਨਾ** *ph.* to renege, go back upon one's word, not to fulfil one's promise

~ **ਤੋੜਨਾ** *con.v.* same as *prec.* to break one's promise

~ **ਨਿਭਾਉਣਾ/~ ਪੂਰਾ ਕਰਨਾ** *con.v.* to fulfil, redeem one's promise

~ **ਫ਼ਰਾਮੋਸ਼** *adj.* (one) who forgets his/her promise

~ ਫ਼ਰਾਮੋਸ਼ੀ *n.f.* forgetting one's promise
~ ਮੁਆਫ਼ ਗਵਾਹ *ph.* approver
ਵਾਇਰ [vaɪr] *n.f.* wire
~ ਕਰਨਾ *con.v.* to telegraph, send a telegram
ਵਾਇਰਲੈੱਸ [vaɪrlɛs] *n.f.* wireless, wireless set
ਵਾਇਲ [vaɪl] *n.f.* voile
ਵਾਇਲਿਨ [vaɪlɪn] *n.f.* violin
~ ਵਜਾਉਣ ਵਾਲ਼ਾ *ph.* violinist
ਵਾਈ [vai] *n.f.* flatulence; rheumatism; *adj.* likely or liable to cause flatulence or rheumatism; flatulent; *colloq.* see ਅਵਾਈ, rumour
~ ਬਾਦੀ *n.f. & adj.* same as ਵਾਈ
ਵਾਈਸ[1] [vais] *n.f.* vice (smith's appliance)
ਵਾਈਸ[2] *pref.* vice (deputy as in vice-chairman)
ਵਾਈਖੋਰਾ [vaikhora] *adj.m.* susceptible to ਵਾਈ
ਵਾਈਫ਼ [vaif] *n.f.* wife
ਵਾਸ [vas] *n.m.* stay, sojourn, living; residence, abode, dwelling
~ ਕਰਨਾ *con.v.* to stay or live (at, in), sojourn, reside, dwell, inhabit
ਵਾਂਸ [vãs] *n.m.* same as ਬਾਂਸ, bamboo
ਵਾਸਕਟ [vaskəṭ] *n.f.* waist-coat
ਵਾਸਤਵ [vastəv] *adj.* essential, genuine, real, true, factual
~ ਵਿਚ *adv.* essentially; in reality, infact
ਵਾਸਤਵਵਾਦ [vastəvvad] *n.m.* realism
ਵਾਸਤਵਵਾਦੀ [vastəvvadi] *adj.* realist
ਵਾਸਤਵਿਕ [vasətvɪk] *adj.* real, factual, de facto, veritable
~ ਸੰਖਿਆ *n.f.* (maths) real number
ਵਾਸਤਵਿਕਤਾ [vasətvɪkta] *n.f.* reality, truth, factualness
ਵਾਸਤਾ [vasta] *n.m.* connection, relation, interaction, contact, concern; invocation, servile or humble entreaty in the name of deity
~ ਪਾਉਣਾ *ph.* to invoke the deity; to cringe
~ ਪੈਣਾ *ph.* to come in contact with, have to deal with, concern
ਵਾਸਤੇ [vaste] *prep. & adv.* for, for the sake or purpose of, with the object of, in order to, on account of
ਵਾਸ਼ਨਾ [vaṣna] *n.f.* same as ਬਾਸਨਾ, smell; sensualness, sensuality, sensual desire, lewdness, voluptuosity
~ ਪੂਰਤੀ *n.f.* gratification of sensual desire
ਵਾਸ਼ਨਾਮਈ [vaṣnaməi] *adj.* sensual, capable of arousing ਵਾਸ਼ਨਾ
ਵਾਸ਼ਪ [vaṣp] *n.m.* evaporation, vapour, also ਵਾਸ਼ਪਕਣ
ਵਾਸ਼ਪਨ [vaṣpən] *n.m.* evaporation, vaporisation
ਵਾਸ਼ਪੀਕਰਨ [vaṣpikərn] *n.m.* vaporisation
~ ਹੋਣਾ *con.v.* to evaporate, for evaporation or vaporisation to take place
~ ਕਰਨਾ *con.v.* to evaporate, vaporise, cause to turn into vapours
ਵਾਸ਼ਰ [vaṣər] *n.f.* washer, also ਵਾਸ਼ਲ
ਵਾਂਸਲੀ [vãsli] *n.f.* hollowed bamboo or tubular leather or cloth belt to hide money in; cylindrical capped container for keeping rolled up documents
ਵਾਸਾ [vassa] *n.m.* same as ਵਾਸ
ਵਾਸ਼ਿੰਗ [vaṣĩg] *n.f. & adj.* washing
ਵਾਸੀ [vassi] *n.m.* resident, inhabitant, dweller, denizen, citizen
ਵਾਸੂ[1] [vassu] *adj.* (cloud or weather) about to or likely to rain
ਵਾਸੂ[2] *n.m.* name of a Khatri sub-caste
ਵਾਹ[1] [vá] *interj.* wonderful, well-done, bravo; (in sarcastic tone) fie
ਵਾਹ[2] *n.m.* same as ਵਾਸਤਾ, dealing business relation
ਵਾਹ[3] *n.f.* strength, power; loose motions, diarrhoea (for cattle)
~ ਲਾਉਣੀ *ph.* to try, strain, endeavour with utmost ਵਾਹ
~ ਲੱਗਣੀ *con.v.* to suffer from ਵਾਹ
ਵਾਹ[4] *v.form.* imperative of ਵਾਹੁਣਾ plough, cultivate; *n.f.* process, extent or amount of ploughing
ਵਾਹਕ [vák] *n.m.* ploughman, cultivator; driver; carrier
ਵਾਹਣ [váṇ] *n.m.* ploughed field; same as ਵਹਿਣ
ਵਾਹਣਾ [váṇa] *n.m.* a contraption used for

carrying loads on both sides of the back of animals *esp.* donkeys

ਵਾਹਦ [vád] *adj.* single, sole, one

ਵਾਹਦਤ [vádət] *n.f.* oneness of God, monotheism

ਵਾਹਦਪਰਸਤ [vádpərəst] *adj.* monotheist

ਵਾਹਦਪਰਸਤੀ [vádpərəsti] *n.f.* monotheism

ਵਾਹਦਾ [váda] *n.m.* same as ਵਾਇਦਾ

ਵਾਹਦਾਨੀਅਤ [vádaniət] *n.f.* unicity (of God)

ਵਾਹਨ [ván] *n.m.* vehicle

ਵਾਹਰ [vár] *n.f.* same as ਵੱਗ

ਵਾਹਵਾ [váva] *adj.* good, well; substantial, ample; *n.f.* praise, approbation, accolade, applause; *interj.* same as ਵਾਹ[1]

ਵਾਹਿਗੁਰੂ/ਵਾਹਗੁਰੂ [vaheguru/váguru] *n.m.* Sikhs' name for ultimate reality or God, (*lit.* wondrous preceptor or enlightener)

ਵਾਹਿਯਾਤ [váıyat] *adj.* nonsense, nonsensical, absurd, foolish

ਵਾਹਿਯਾਤੀ [váiati] *n.f.* ਵਾਹਿਯਾਤ act or talk

ਵਾਹੀ [vái] *n.f.* process or act of ploughing, tillage, tilth; agriculture; *adj. & v.form.* ploughed

~ **ਯੋਗ** *adj.* arable, cultivable; also ਵਾਹੂ

ਵਾਹੀਕਾਰ [váikar] *n.m.* agriculturist, peasant, tiller of land

ਵਾਹੁਣਾ [váuṇa] *v.t.* to plough, till; to ply (any vehicle); to wield (weapon *esp.* sword or club); to draw (line)

ਵਾਹੋਦਾਹੀ [vahodahi] *adv.* rapidly, swiftly; incessantly, continuously; haphazardly; *n.f.* fast movement, agitated state, haphazard action

ਵਾਕ [vak] *n.m.* mouth, oral; gr. sentence; utterance, speech; hymn on the top left hand page of Sikh scripture opened at random

~ **ਅੰਸ਼** *n.m.* phrase, idiom, expression; clause

~ **ਸ਼ੈਲੀ** *n.f.* style of speaking, locution

~ **ਖੰਡ** *n.m.* clause, phrase, part of speech

~ **ਛਲ** *n.m.* casuistry, subtle speech or subtlety of speech; prevarication; quibble, quirk, equivocation

~ **ਧੁਨੀ** *n.f.* speech sound

~ **ਬਣਤਰ/~ ਬੋਧ/~ ਰਚਨਾ/~ ਵਿਓਂਤ** *n.f./n.m.* syntax

~ **ਲੈਣਾ** *con.v.* to read, recite a hymn from the Sikh scripture opened at random

~ **ਵੰਡ** *n.f.* analysis of a sentence

ਵਾਕ ਆਊਟ [vak auṭ] *n.m.* walkout

ਵਾਕਈ [vakəi] *adv.* infact, in truth, really, indeed, truly

ਵਾਕਫ਼ [vakəf] *adj.* acquainted, known, knowing, conversant, aware; *n.m.* acquaintance, someone known

~ **ਕਾਰ** *adj.* same as ਵਾਕਫ਼; *n.m.* acquaintance, familiar or somewhat friendly person

ਵਾਕਫ਼ੀ/ਵਾਕਫ਼ੀਅਤ [vakəfi/vakfiət] *n.f.* acquaintance, knowledge, conversance, know-how

ਵਾਕਬ [vakəb] *adj. colloq.* see ਵਾਕਫ਼

ਵਾਕਰ[1] [vakər] *prep. & adv.* same as ਵਾਂਗਰ

ਵਾਕਰ[2] *n.m.* walker, frame on castors or wheels supporting babies learning to walk

ਵਾਕਾਂਸ਼ [vakãṣ] *n.m.* same as ਵਾਕ ਅੰਸ਼ under ਵਾਕ

ਵਾਕਿਆ [vakıa] *n.m.* incident, happening, happenstance, event; site of crime

ਵਾਗ [vag] *n.f.* rein; strand of horse's name

~ **ਗੁੰਦਣੀ** *con.v.* to braid ਵਾਗ

~ **ਗੁੰਦਾਈ** *n.f.* ceremonial braiding of the mane of bridegroom's horse by his sister before the marriage party sets out

~ **ਡੋਰ** *n.f.* reins of power, authority, de facto control

~ **ਫੜਨੀ** *ph.* to hold the reins

~ **ਫੜਾਈ** *ph.* present given for ਵਾਗ ਗੁੰਦਾਈ

ਵਾਗਾਂ ਖੁੱਲ੍ਹੀਆਂ ਛੱਡਣੀਆਂ *ph.* to let go; to give freedom of action

ਵਾਗਾਂ ਮੋੜਨੀਆਂ *ph.* to return homewards, come back, return (after long absence)

ਵਾਂਗ[1] [vãg] *v.form.* imperative of ਵਾਂਗਣਾ, lubricate

ਵਾਂਗ²/ਵਾਂਗਰ/ਵਾਂਗਰਾਂ [vãgər/ vãgrã] *prep. & adv.* like, same as, similar to, in similar manner

ਵਾਂਗਣਾ [vãgṇa] *v.t.* to lubricate

ਵਾਗੀ [vaggi] *n.m.* cowherd, herdsman, cattle-drover, herder; *cf.* **ਵੱਗ**

ਵਾਂਗੂੰ [vãgũ] *prep. & adv.* same as **ਵਾਂਗਰ**, also **ਵਾਂਙੂ**

ਵਾਚ *n.m.* utterance, speech; *(gr.)* voice; *v.form.* imperative of **ਵਾਚਣਾ**, study, read

~ **ਪਰਿਵਰਤਨ** *n.m.(gr.)* change of voice

ਵਾਚਕ [vacək] *adj.* signifier, signifying, showing, indicating, significative, suggestive, expressive of; *n.m.* speaker, reader, narrator, *suff.* meaning reciter or narrator as in **ਕਥਾਵਾਚਕ** or signifier as in **ਪ੍ਰਸ਼ਨਵਾਚਕ**

ਵਾਚਣਾ¹ [vacəṇa] *v.t.* to read, recite, study

ਵਾਛ [vach] *n.f.* same as **ਵਰਾਛ**

ਵਾਛਾਂ ਖਿੜ ਜਾਣੀਆਂ *ph.* to be extremely glad or delighted

ਵਾਛੜ [vachəṛ] *n.f.* severe, slanting shower or rain

ਵਾਜ [vaj] *n.f.* sound; call, shout

~ **ਮਾਰਨੀ** *con.v.* to call, shout (for)

ਵਾਜਬ [vajəb] *adj.* reasonable, proper, appropriate, suitable, befitting

ਵਾਜਬੀ [vajəbi] *adj.* same as **ਵਾਜਬ**; slight, simple, low (price, cost)

ਵਾਜਾ [vajja] *n.m.* musical instrument *esp.* wind instrument such as trumpet, clarinet and harmonium; band, orchestra

~ **ਗਾਜਾ** *n.m.* pomp and show

ਵਾਂਜਾ [vãja] *adj.m.* without, devoid of, lacking

ਵਾਜ਼ਿਆ [vazıa] *adj.* evident, clear, manifest, lucid; explained, described, elucidated

~ **ਕਰਨਾ** *con.v.* to explain, describe, clarify

ਵਾਂਞਾ [vã́ja] *adj.m.* same as **ਵਾਂਜਾ**

ਵਾਟ¹ [vaṭ] *n.f.* distance; journey

ਵਾਟ² *n.m.* watt

ਵਾਟਰ [vaṭər] *n.m.* water

ਵਾਟੜੀ [vaṭəṛi] *n.f. poet.* diminutive of **ਵਾਟ¹**

ਵਾਢ [váḍ] *n.f.* same as **ਵੱਢ¹**; process or degree of cutting

ਵਾਢਾ [váḍḍa] *n.m.* same as *prec.*; cutter, reaper, harvester; a person employed for reaping crop

~ **ਪਾਉਣਾ** *ph.* to make a cut or dent, to cut, to saw

~ **ਲਾਉਣਾ** *ph.* to hire a reaper, put a labourer on reaping, harvesting job; *fig.* to spend or consume indiscriminately

ਵਾਂਢਾ [vã́ḍa] *n.m.* any place out of and away from one's home, town or village

ਵਾਂਢੇ ਜਾਣਾ *con.v.* to go away (*usu.* to visit relations)

ਵਾਢੀ [váḍi] *n.f.* reaping or harvesting process; *informal.* massacre

~ **ਪਾਉਣੀ**/~ **ਲੱਗਣਾ** *ph.* to commence harvesting

ਵਾਣ [vaṇ] *n.m.* twine used for stringing cots

ਵਾਣਪ੍ਰਸਥ [vaṇpərəsth] *n.m.* same as **ਵਾਨਪ੍ਰਸਥ**

ਵਾਣੀ¹ [vaṇi] *n.f.* same as **ਬਾਣੀ**

ਵਾਣੀ² *adj.f.* (cot) strung with **ਵਾਣ**

ਵਾਤ [vat] *n.f.* information, enquiry

~ **ਪੁੱਛਣੀ**/~ **ਲੈਣੀ** *con.v.* to enquire about, care for

ਵਾਤਸੱਲ [vatsəll] *n.m.* parental love or affection

ਵਾਤਾਵਰਨ [vatavərn] *n.m.* atmosphere, environment, situation, pervading social mood

ਵਾਤਾਵਰਨਿਕ [vatavərnık] *adj.* atmospheric, environmental

ਵਾਦ [vad] *n.m.* heated conversation, controversy, discussion, debate, disputation, polemics

~ **ਵਿਵਾਦ** *n.m.* debate, disputation, polemics

ਵਾਂਦ [vãd] *n.f.* leisure, respite, relaxation

ਵਾਦਗ੍ਰਸਤ [vadgərəst] *adj.* controversial

ਵਾਦੜੀ [vadəṛi] *n.f. poet.* diminutive of **ਵਾਦੀ¹**

ਵਾਦੜੀਆਂ ਸਜਾਦੜੀਆਂ ਜਾਣ ਸਿਰਾਂ ਦੇ ਨਾਲ *ph.*

habits die hard; a leopard does not change its spots

ਵਾਂਦਾ [vãda] *adj.* unoccupied, free, at leisure, relaxing, not busy

ਵਾਦੀ¹ [vaddi] *n.f.* valley, vale; habit (derogatory)

~ **ਪੈਣੀ** *con.v.* to fall into ਵਾਦੀ, to develop a ਵਾਦੀ

ਵਾਦੀ² *adj. & n.m.* disputant, pugnacious, disputatious, argumentative, contentious, litigious; litigant, party in a ਵਾਦ; polemicist

ਵਾਧ ਘਾਟ [vád kàṭ] *n.f.* increase or decrease, profit or loss; *informal.* impropriety, intemperance

ਵਾਧਰਾ [vádəra] *n.m.* extension or projection of roof or floor beyond the walls; eave; terrace

ਵਾਧਾ [vádda] *n.m.* increase, extension, expansion, growth, multiplication, augmentation, accretion, increment, profit; exacerbation, aggravation; provocation, excess, excessive or undue use of power

~ **ਕਰਨਾ** *con.v.* to increase, extend, expand, promote, augment, provoke, aggravate, exacerbate; to commit excess

~ **ਘਾਟਾ** *n.m.* same as ਵਾਧ ਘਾਟ

ਵਾਧੂ [vádu] *adj.* surplus, excessive, extra, superfluous, redundant

ਵਾਨ¹ [van] *n.m.* see ਵਾਣ

ਵਾਨ² *suff.* meaning possessor as in ਦਰਵਾਨ, ਨੀਤੀਵਾਨ

ਵਾਨਪ੍ਰਸਥ [vanpərəsth] *n.m.* going to live in forests

~ **ਆਸ਼੍ਰਮ** *n.m.* third stage of life for twice born Hindus during which one renounces family life and retires to forests to practise austerities and meditation

ਵਾਨ੍ਹ [vấn] *n.m.* same as ਵਾਹਣ

ਵਾਪਸ [vapəs] *adv.* back, backward, towards original or former position or place

~ **ਆਉਣਾ** *con.v.* to return, come back

~ **ਕਰਨਾ/~ ਦੇਣਾ** *con.v.* to give back, return, restore, repay, refund

~ **ਮੁੜਨਾ** *con.v.* to turn about or back; same as ਵਾਪਸ ਆਉਣਾ; to resile

~ **ਲੈਣਾ** *con.v.* to take back, withdraw

ਵਾਪਸੀ [vapəsi] *adj.* return; *n.f.* return, withdrawal, arrival back; giving or receiving back, repayment

ਵਾਪਰਨਾ [vapərna] *v.i.* to happen, occur, come to pass, take place, befall

ਵਾਫ਼ਰ [vafər] *adj.* same as ਵਾਧੂ

ਵਾਬਸਤਾ [vabəsta] *adj.* connected, attached, linked, conjoint, conjunct, associated

ਵਾਮ [vam] *adj.* left, opposite, in opposition

~ **ਪੰਥੀ** *adj.* leftist (in politics)

~ **ਮਾਰਗ** *n.m.* tantric mode of worship; leftism, radicalism, socialist ideology (in politics)

~ **ਮਾਰਗੀ** *adj.* follower of ਵਾਮ ਮਾਰਗ (in religion); leftist (in politics)

ਵਾਮਾਚਾਰ [vamacar] *n.m.* same as ਵਾਮ ਮਾਰਗ (in religion)

ਵਾਮਾਚਾਰੀ [vamacari] *adj.* same as ਵਾਮ ਮਾਰਗੀ (in religion)

ਵਾਯੂ [vayu] *n.f.* same as ਹਵਾ; gastric wind, flatus

~ **ਸੈਨਾ** *n.f.* air force

~ **ਮੰਡਲ** *n.m.* atmosphere

~ **ਮਾਰਗ** *n.m.* air route

~ **ਯਾਨ** *n.m.* aeroplane, aircraft

ਵਾਰ¹ [var] *n.m.* day of the week; blow, strike, stroke; attack, assault; layer (as in masonry)

~ **ਕਰਨਾ** *con.v.* to strike a blow, attack, assault

~ **ਬਚਾਉਣਾ** *con.v.* to ward off, avert, avoid or parry a blow

ਵਾਰ² *n.f.* ballad

~ **ਸਾਹਿਤ** *n.m.* balladry

ਵਾਰ³ *n.f.* turn, chance, times (as in games); war

~ **ਵਾਰ** *adv.* again and again, repeatedly

ਵਾਰੀ ਦਾ ਵੱਟਾ *ph.* revenge, reprisal, retaliation, tit for tat, blow for blow

ਵਾਰੀ ਵੱਟਾ *ph.* exchange, swap; same as

prec.
ਵਾਰੀ ਵਾਰੀ/ਵਾਰ ਵਾਰੀ/ਵਾਰੋ ਵੱਟੀ *adj.* in turn, turn by turn, by rotation, alternately
ਵਾਰ⁴ *v.form.* imperative of ਵਾਰਨਾ, sacrifice
ਵਾਰਸ [varəs] *n.m.* heir, inheritor, descendant, successor; Waris Shah, the author of the popular Punjabi romance *Hir-Ranjha*
ਵਾਰਸ਼ਿਕ [varṣık] *adj.* annual, yearly
ਵਾਰਸ਼ਿਕੀ [varṣiki] *n.f.* annuity
ਵਾਰਕਾਰ [varkar] *n.m.* composer of ਵਾਰ, balladeer
ਵਾਰਡ [vard] *n.m.* ward
ਵਾਰਡਨ [vardən] *n.m.* warden
ਵਾਰਡਰ [vardər] *n.m.* warder
ਵਾਰਤਕ [vartək] *n.f.* prose
ਵਾਰਤਕਕਾਰ [vartəkkar] *n.m.* prose-writer
ਵਾਰਤਕੀ [vartəki] *adj.* prosaic, prosaical, proselike
ਵਾਰਤਾ [varta] *n.f.* story, narrative, account, statement, report; negotiation, parley, dialogue
ਵਾਰਤਾਕਾਰ [vartakar] *n.m.* narrator, reporter, negotiator
ਵਾਰਤਾਲਾਪ [vartalap] *n.m.* conversation, dialogue, interlocution; parley, talks, exchange of views
ਵਾਰਤਾਲਾਪੀ [vartalapi] *adj.* conversational, interlocutory
ਵਾਰਦਾਤ [vardat] *n.f.* incident or happening *esp.* of criminal nature; accident
ਵਾਰਨਾ [varna] *v.t.* to make a sacrifice of, sacrifice something in order to avert evil by waiving something around a person's head before giving it away to the poor
ਵਾਰਨੇ ਜਾਣਾ/ਵਾਰੀ ਜਾਣਾ/ਵਾਰੇ ਜਾਣਾ *ph.* to be a sacrifice (to); to express love or devotion
ਵਾਰੇ ਜਾਵਾਂ *ph.* an expression of love or devotion
ਵਾਰਨਿਸ਼ [varnıṣ] *n.f.* varnish
ਵਾਰੂ¹ [vár] *n.m.* same as ਵੱਗ
~ ਚੜ੍ਹਨਾ *con.v.* to rut
ਵਾਰੂ² *n.f.* mob in pursuit of thieves
~ ਚੜ੍ਹਨੀ *con.v.* for ਵਾਰੂ to set out in pursuit
ਵਾਰਾ [vara] *n.m.* same as ਵਾਰੀ such as turn for milling grain or for collecting water from a common source, or for irrigating fields
ਵਾਰਾਬੰਦੀ [varabə̃di] *n.f.* fixation of turn (for irrigation) on more or less permanent basis
ਵਾਰੀ [vari] *n.f.* turn, chance
~ ਦਾ ਤਾਪ/~ ਦਾ ਬੁਖਾਰ *ph.* malaria, malarial fever
ਵਾਲ¹ [val] *n.m.* valve; hair (single or collective) locks, tresses; also ਵਾਲ
~ ਸਫਾ *adj.* hair-removing (soap or powder)
~ ਝੜਨਾ *con.v.* for hair to fall abnormally
~ ਤੋੜ *n.m.* boil caused by uprooting of hair
~ ਦੀ ਖੱਲ ਉਤਾਰਨਾ *ph.* to pettifog, split hair; *n.f.* pettifoggery
~ ਵਾਲ ਬਚਣਾ *ph.* to have a narrow escape, escape by the skin of one's teeth, have a near (or close) shave
ਵਾਲ਼² *suff. usu.* added to names of places, including of or belonging to (as in ਗੋਇੰਦਵਾਲ਼)
ਵਾਲ਼ਖੋਰਾ/ਵਾਲ਼ਚਰ [vaḷkhora/ vaḷcər] *n.m.* a skin disease causing baldness *esp.* of the face, madarosis
ਵਾਲਦ [valəd] *n.m.* father
ਵਾਲਦਾ [valda] *n.f.* mother
ਵਾਲਦੈਨ [valdɛn] *n.m. pl.* parents
ਵਾਲ਼ਾ¹ [vaḷa] *suff. m.* same as ਵਾਲ਼²
ਵਾਲ਼ਾ² *n.m.* large ear-ring
ਵਾਲ਼ਾ³ *n.m.* same as ਕੋਰ², field sown but not yet watered
ਵਾਲੀ¹ [valli] *n.m.* master, owner, lord, ruler, protector, guardian
~ ਵਾਰਸ *n.m.* same as ਵਾਲੀ and ਵਾਰਸ, claimant
ਵਾਲੀ² *n.f.* volley
~ ਮਾਰਨੀ *con.v.* to fire a volley, strike a ਵਾਲੀ (in game)
ਵਾਲ਼ੀ¹ [vaḷi[*suff.* same as ਵਾਲ਼²
ਵਾਲ਼ੀ² *n.f.* ear-ring
ਵਾਲੀਬਾਲ [vallibal] *n.m.* volleyball

ਵਾਵਰੋਲ਼ਾ [vavəroḷa] *n.m.* see under ਵਾ¹

ਵਾਵੜਿੰਗ [vavəṛĩg] *n.f.* name of a medicine used to cure flatulence

ਵਾਵਾ [vava] *n.m.* same as ਵੱਵਾ

ਵਾਵੇਲਾ [vavɛla] *n.m.* outcry, clamour, noise, noisy protest; wailing, lament, lamentation

ਵਾੜ¹ [vaṛ] *n.f.* fence, hedge *usu.* of thorny tree branches or bushes; wattles

~ ਕਰਨੀ *con.v.* to fence, hedge, wattle

ਵਾੜ² *v.form.* imperative of ਵਾੜਨਾ, penetrate, thrust in, let in, let or cause to enter

ਵਾੜਨਾ [vaṛna] *v.t.* to penetrate, push in, thrust in, insert, force in, drive in, enter; to admit into, let in

ਵਾੜਾ [vaṛa] *n.m.* enclosure, stockade, corral

ਵਾੜੀ [vaṛi] *n.f.* garden, orchard, flower garden

ਵਿਉਤਪਤ [vɪutpət] *adj.* derived, etymological

ਵਿਉਤਪਤੀ [vɪutpəti] *n.f.* root, origin, derivation, etymology

ਵਿਓਗ [vɪog] *n.m.* same as ਵਿਜੋਗ

ਵਿਉਂਤ [vɪõt] *n.f.* plan, scheme, design, technique

ਵਿਉਂਤਕਾਰ [vɪõtkar] *n.m.* planner, designer

ਵਿਉਂਤਕਾਰੀ [vɪõtkari] *n.f.* same as ਵਿਉਂਤਬੰਦੀ

ਵਿਉਂਤਣਾ [vɪõtəṇa] *v.t.* to plan, design

ਵਿਉਂਤਬੰਦੀ [vɪõtbə̃di] *n.f.* planning, designing

ਵਿਉਂਤਬੱਧ [vɪõtbə́dd] *adj.* planned

ਵਿਅਸਤ [vɪəst] *adj.* busy, engaged (in), preoccupied

ਵਿਅਕਤ [vɪəkt] *adj.* articulated, expressed, uttered; obvious, apparent, manifest

~ ਕਰਨਾ *con.v.* to express, articulate, pronounce

ਵਿਅਕਤਿਤਵ [vɪəktɪtəv] *n.m.* individuality; personality

ਵਿਅਕਤਿਤਵਹੀਨ [vɪəktɪtəvhin] *adj.* unimpressive, dull, nincompoop

ਵਿਅਕਤੀ [vɪəkti] *n.m.* individual, person

ਵਿਅਕਤੀਗਤ [vɪəktigət] *adj.* individual, personal, subjective

ਵਿਅਕਤੀਵਾਦ [vɪəktivad] *n.m.* individualism

ਵਿਅਕਤੀਵਾਦੀ [vɪəktivadi] *adj.* individualist, individualistic

ਵਿਅੰਗ [vɪə̃g] *n.m.* sarcasm, irony, ironic or sarcastic remark, taunt, gibe, innuendo, banter

~ ਕਾਵਿ/~ ਲੇਖ *n.m.* satire, lampoon, parody

~ ਚਿੱਤਰ *n.m.* cartoon, caricature

ਵਿਅੰਗਮਈ/ਵਿਅੰਗਾਤਮਿਕ [vɪə̃gməi/vɪə̃gatmɪk] *adj.* sarcastic, ironic, satirical, taunting

ਵਿਅੰਜਨ [vɪə̃jən] *n.m.* mark, symbol; consonant (letter or sound); food, dish

~ ਗੁੱਟ *n.m.* any of the groups of phonetically similar consonants in Gurumukhi alphabet

~ ਲਮਕਾ *n.m.* germination

ਵਿਅੰਜਨਾ [vɪə̃jəna] *n.f.* metaphoric quality of words, sarcasm, irony, joke, etc., consonance

ਵਿਅਰਥ [vɪərth] *adj.* meaningless, useless, futile, vacuous, nugatory, fruitless, otiose; *adv.* in vain, no effect

~ ਹੋਣਾ/~ ਜਾਣਾ *con.v.* to be ਵਿਅਰਥ, to go waste, be in vain

ਵਿਅਰਥਤਾ [vɪərthəta] *n.f.* meaninglessness, futility

ਵਿਆਸ [vɪas] *n.m.* diameter; calibre (of gun or pipe)

ਵਿਆਹ [vɪá] *n.m.* marriage, matrimony, wedding, nuptials, bridal

~ ਸੰਬੰਧੀ *adj.* nuptial, marital, matrimonial, conjugal, connubial

~ ਸ਼ਾਦੀ *n.f.* any auspicious occasion or function

~ ਕਰਨਾ *con.v.* to marry; to get married

~ ਕਰਵਾਉਣਾ *con.v.* to get married; to arrange a marriage, perform or conduct nuptials

~ ਢੰਗ *n.m.* same as ਵਿਆਹ ਸ਼ਾਦੀ

ਵਿਆਹਿਆ ਹੋਇਆ/ਵਿਆਹਿਆ ਵਰਿਆ *adj.m.* married

ਵਿਆਂਹਦੜ [viãdəṛ] *adj.* about to be married, prospective (groom or bride), married

ਵਿਆਹੁਣਯੋਗ [viáuṇyog] *adj.* marriageable, of marriageable age; (for girls) nubile

ਵਿਆਹੁਣਯੋਗ ਕੁੜੀ *n.f.* nubile girl

ਵਿਆਹੁਣ ਵਾਲਾ ਮੁੰਡਾ *n.m.* bridegroom

ਵਿਆਹੁਣੇ ਵਾਲ਼ੀ ਕੁੜੀ *n.f.* bride

ਵਿਆਹੁਣਾ [viáuṇa] *v.t.* to marry; to get someone married

ਵਿਆਹੁਤਾ [viáuta] *adj.f.* lawfully married (wife); married (woman)

ਵਿਆਕਰਨ [viakərn] *n.m.* grammar

ਵਿਆਕਰਨਕਾਰ [viakərnkar] *n.m.* grammarian

ਵਿਆਕਰਨਿਕ [viakərnik] *adj.* grammatical

ਵਿਆਕਰਨੀਆ [viakərnia] *n.m.* same as ਵਿਆਕਰਨਕਾਰ

ਵਿਆਕੁਲ [viakul] *adj.* same as ਬੇਕਰਾਰ

ਵਿਆਖਿਆ [viakhia] *n.f.* description, elaboration, commentry, critique, elucidation, explanation, annotation, exegesis, explanatory treatise

~ ਕਰਨੀ *con.v.* to describe, explain, elaborate, elucidate, expound

ਵਿਆਖਿਆਕਾਰ [viakhiakar] *n.m.* commentator, exegete, exponent, expounder, elucidator

ਵਿਆਖਿਆਕਾਰੀ [viakhiakari] *n.f.* act or process of ਵਿਆਖਿਆ; practice of ਵਿਆਖਿਆਕਾਰ; *adj.* interpretative, elaborative, explicative, explicatory, elucidative

ਵਿਆਖਿਆਤਮਿਕ/ਵਿਆਖਿਆਮਈ [viakhiatmik / viakhiaməi] *adj.* explanatory, elucidatory, exegetical

ਵਿਆਜ [viaj] *n.m.* same as ਬਿਆਜ

ਵਿਅੰਝਣਾ [viájəṇa] *v.t.* same as ਵਿਹਾਜਣਾ

ਵਿਆਂਧੜ [viãdəṛ] *adj.* same as ਵਿਆਂਹਦੜ

ਵਿਆਪ [viap] *v. form.* nominative of ਵਿਆਪਣਾ

ਵਿਆਪਕ [viapək] *adj.* comprehensive, detailed; diffusive, pervasive, extensive, all-embracing, widespread, rampant

~ ਸੰਮਤੀ *n.f.* general consensus or will

ਵਿਆਪਕਤਾ [viapəkta] *n.f.* comprehensiveness, pervasiveness, extensiveness

ਵਿਆਪਣਾ [viapəṇa] *v.i.* to happen, occur; to come to pass

ਵਿਆਪਤ [viapət] *adj.* diffused, pervading, spread

ਵਿਆਯਾਮ [viayam] *n.m.* same as ਵਰਜਸ਼ or ਕਸਰਤ

ਵਿੱਸ[1] [viss] *n.f.* poison, venom, toxin, virus; *fig.* anger, sulkiness, sullenness, bitterness

~ ਘੋਲ਼ਨੀ *ph.* to sulk, smoulder; (of snake) to writhe (when injured)

~ ਚੜ੍ਹਨੀ *ph.* for ਵਿੱਸ to spread (in body); to be affected by ਵਿਸ; *fig.* to get angry, sulk

~ ਮਾਰ ਦਵਾਈ *ph.* antidote, antitoxin, antivenom

~ ਵਿਗਿਆਨ *n.m.* toxicology

ਵਿੱਸ[2] *v.form.* nominative of ਵਿੱਸਣਾ

ਵਿਸ਼ਈ [viṣəi] *adj.* voluptuous, lewd, lecherous, salacious, lustful; libertine, profligate, dissolute, licentious, prurient, lascivious

ਵਿਸਕੀ [viski] *n.f.* whisky

ਵਿਸ਼ਟਾ [viṣṭa] *n.m.* faeces, excreta, excrement

ਵਿੱਸਣਾ [vissəṇa] *v.i.t.* to trust, rely (upon), put one's faith in; to be inveigled (by)

ਵਿਸਤ੍ਰਿਤ/ਵਿਸਤਰਿਤ [vistərit] *adj.* extensive, expansive, enlarged, expanded, broad, commodious, spacious, widespread, expatiated

ਵਿਸਤਾਰ [vistar] *n.m.* expansion, extension, spread, details, enlargement, expatiation, elaboration; also ਵਿਸਥਾਰ

~ ਕਰਨਾ *con.v.* to expand, extend, enlarge, spread; to expatiate, elaborate

ਵਿਸਤਾਰਪੂਰਨ [vistarpurən] *adj.* detailed, in detail, elaborate, expatiated

ਵਿਸਤਾਰਮਈ [vistarməi] *adj.* expanding, spreading

ਵਿਸਤਾਰਵਾਦ [vistarvad] *n.m.* expansionism

ਵਿਸਤਾਰਵਾਦੀ [vistarvadi] *adj.* expansionist

ਵਿਸਥਾਪਨ [vɪsthapən] *n.m.* displacement, removal, replacement, supplantation

ਵਿਸਥਾਪਿਤ [vɪsthapɪt] *adj.* displaced, supplanted, homeless, uprooted

ਵਿਸ਼ਨੂ [vɪṣnu] *n.m.* one of the Hindu trinity, Lord Vishnu

ਵਿਸਫੋਟ [vɪsphoṭ] *n.m.* explosion, violent outburst

ਵਿਸਫੋਟਕ [vɪsphoṭək] *adj.* explosive

~ **ਪਦਾਰਥ** *n.m.* explosive material, explosives

ਵਿਸਮ [vɪsəm] *v. form.* nominative of ਵਿਸਮਣਾ

ਵਿਸ਼ਮ [vɪṣəm] *adj.* same as ਬਿਖਮ, difficult; odd (as against even)

~ **ਸੰਖਿਆ** *n.f.* odd number

~ **ਕੋਣ** *n.m.* oblique angle, obtuse angle

~ **ਕੋਣ ਆਇਤ** *n.f.* rhomboid

ਵਿਸਮਕ [vɪsmək] *n.m.* interjection, sign of interjection '!'

ਵਿਸਮਣਾ [vɪsməṇa] *v.i.* to relax, recuperate, have a breather; to wonder, be happily surprised, be awed or enraptured

ਵਿਸਮਾਦ [vɪsmad] *n.m.* awe, wonder, ecstasy, rapture, bliss

ਵਿਸਮਾਦਜਨਕ/ਵਿਸਮਾਦਮਈ/ਵਿਸਮਾਦੀ [vɪsmadjənək/vɪsmadməi/vɪsmadi] *adj.* awesome, wonderful, ecstatic, enrapturing, blissful

ਵਿਸਮਿਤ [vɪsmɪt] *adj.* happily surprised, awed, enraptured, rapturous

ਵਿੱਸਰ [vɪssər] *v. form.* nominative / imperative of ਵਿਸਰਨਾ, forget

ਵਿਸਰਗ [vɪsərg] *n.m.* `sign:in Devnagri script denoting the sound of half 'ਹ' also used in some old Punjabi works

ਵਿਸਰਜਨ [vɪsərjən] *n.m.* dispersal, dismissal; the military word of command equivalent of `dismiss'

ਵਿਸਰਨਾ [vɪsərna] *v.i.t.* to forget, fail to remember, overlook; to be forgotten, to be out of some one's mind; to omit, neglect

ਵਿੱਸਰਭੋਲ [vɪssərpòl] *n.m.* oblivion, obliviscence

ਵਿਸਰਾਉਣਾ [vɪsrauṇa] *v.t.* same as ਵਿਸਾਰਨਾ, to cause to forget

ਵਿਸ਼ਰਾਮ [vɪṣram] *n.m.* rest, relaxation, recess, repose; pause; military word of command equivalent of 'stand-at-ease'

~ **ਕਰਨਾ** *con.v.* to take rest, relax, repose, pause

~ **ਘਰ** *n.m.* rest-house

~ **ਚਿੰਨ੍ਹ** *n.m.* punctuation mark

~ **ਚਿੰਨ੍ਹ ਲਾਉਣਾ** *con.v.* to punctuate

ਵਿਸਲ [vɪsəl] *n.f.* whistle

~ **ਮਾਰਨੀ** *con.v.* to blow ਵਿਸਲ

ਵਿਸ਼ਲੇਸ਼ਕ [vɪṣleṣək] *n.m.* analyser

ਵਿਸ਼ਲੇਸ਼ਨ [vɪṣleṣən] *n.m.* analysis

ਵਿਸ਼ਲੇਸ਼ਨਾਤਮਿਕ [vɪṣleṣənatmɪk] *adj.* analytical

ਵਿਸ਼ਲੇਸ਼ਿਤ [vɪṣleṣɪt] *adj.* analysed

ਵਿਸ਼ਲੇਸ਼ੀ [vɪṣleṣi] *adj.* same as ਵਿਸ਼ਲੇਸ਼ਨਾਤਮਿਕ

ਵਿਸ਼ਵ [vɪṣəv] *n.m.* the world, universe, cosmos

~ **ਉਤਪਤੀ** *n.f.* genesis, creation

~ **ਸੰਬੰਧੀ** *adj.* universal, worldwide, cosmic; mundane, worldy

~ **ਯੁੱਧ** *n.m.* world war

~ **ਰਚਨਾ ਦਾ ਸਿਧਾਂਤ** *ph.* cosmogony

~ **ਵਰਨਨ** *n.m.* cosmography

~ **ਵਿਆਪੀ** *adj.* universal, worldwide, cosmic, cosmopolitan

~ **ਵਿਗਿਆਨ** *n.m.* cosmology

~ **ਵਿਦਿਆਲਾ** *n.m.* university

ਵਿਸ਼ਵਕਰਮਾ [vɪṣəvkərma] *n.m.* artisan god; god of the artisans

ਵਿਸ਼ਵਕੋਸ਼ [vɪṣəvkoṣ] *n.m.* encyclopaedia

ਵਿਸਵਾ [vɪsva] *n.m.* a measure of land area equal to $^1/_{20}$th of a ਵਿੱਘਾ and approximately $^1/_{96}$th of an acre or 50.4 square yards

ਵਿਸ਼ਵਾਸ [vɪṣvas] *n.m.* trust, faith, belief, confidence, credence, reliance, firm hope

~ **ਕਰਨਾ** *con.v.* to trust, believe, have faith, credence or confidence; to rely (on, upon)

~ ਅਧਾਰ/~ ਪੱਤਰ *n.m.* credentials
ਵਿਸ਼ਵਾਸਹੀਨ [vɪṣvashin] *adj.* unbelieving, incredulous, sceptical, without faith
ਵਿਸ਼ਵਾਸਘਾਤ [vɪṣvaskàt] *n.m.* breach of faith or trust, betrayal, treachery, infidelity, disloyalty, perfidy
ਵਿਸ਼ਵਾਸਘਾਤੀ [vɪṣvaskàti] *adj. & n.m.* traitor, traitorous, treacherous, perfidious
ਵਿਸ਼ਵਾਸਪਾਤਰ [vɪṣvaspatər] *n.m.* confidant, trustworthy; *fem.* confidante
ਵਿਸ਼ਵਾਸਯੋਗ [vɪṣvasyog] *adj.* credible, believable; trustworthy, reliable
ਵਿਸ਼ਵਾਸਯੋਗਤਾ [vɪṣvasyogta] *n.m.* credibility, trustworthiness, reliability
ਵਿਸਵੇਦਾਰ [vɪsvedar] *n.m.* freeholder, land-owner
ਵਿਸਵੇਦਾਰੀ [vɪsvedari] *n.f.* freehold tenure of land; legal status of ਵਿਸਵੇਦਾਰ
ਵਿਸ਼ਾ [vɪṣa] *n.m.* subject, topic, theme, thesis, context, matter; sexual enjoyment, lechery, carnal desire or indulgence, sensuality
~ ਵਸਤੂ *n.m.* contents, plot, topics, covered; same as ਵਿਸ਼ਾ
ਵਿਸਾਹ [vɪsá] *n.m.* same as ਵਸਾਹ
ਵਿਸ਼ਾਣੂ [vɪṣaṇũ] *n.m.* virus
ਵਿਸਾਰ [vɪsar] *v.form.* imperative of ਵਿਸਾਰਨਾ, forget
ਵਿਸ਼ਾਰਦ [vɪṣarəd] *n.m.* a highly learned person, savant; a degree in Sanskrit
ਵਿਸਾਰਨ ਵਾਲ਼ਾ [vɪsarən vaḷa] *adj.m.* forgetful, oblivious
ਵਿਸਾਰਨਾ [vɪsarṇa] *v.t.* to forget, not to remember, to neglect, omit
ਵਿਸਾਲ [vɪsal] *n.m.* same as ਵਸਲ
ਵਿਸ਼ਾਲ [vɪṣal] *adj.* large, vast, huge, immense, extensive, enormous, gigantic, great, grand; spacious, capacious, roomy
ਵਿਸ਼ਾਲਤਾ [vɪṣalta] *n.f.* largeness, vastness, immensity, extensiveness, greatness, spaciousness, capaciousness
ਵਿਸ਼ਿਸ਼ਟ [vɪṣɪṣṭ] *adj.* special, specific, especial, particular, notable, prominent, distinguished
ਵਿਸ਼ੁੱਧ [vɪṣúdd] *adj.* pure, genuine, unmixed, unadulterated
ਵਿਸ਼ੁੱਧਤਾ [vɪṣúddta] *n.f.* purity, genuineness
ਵਿਸੂਲ਼ਾ [vɪsuḷa] *adj.m.* poisonous, toxic, viral
ਵਿਸ਼ੇਸ਼ [vɪṣeṣ] *adj.* same as ਵਿਸ਼ਿਸ਼ਟ; distinctive, definite, unusual, peculiar, endemic
~ ਅਧਿਕਾਰ *n.m.* special right, privilege
~ ਲੱਛਣ *n.m.* peculiar quality or characteristic, idiosyncracy
ਵਿਸ਼ੇਸ਼ੱਗ [vɪṣeṣəgg] *adj. & n.m.* specialist, expert
ਵਿਸ਼ੇਸ਼ੱਗਤਾ [vɪṣeṣəggəta] *n.f.* specialisation, peculiar or distinctive qualification
ਵਿਸ਼ੇਸ਼ਣ [vɪṣeṣəṇ] *n.m.* adjective, epithet, attribute, modifier
ਵਿਸ਼ੇਸ਼ਣੀ [vɪṣeṣəṇi] *adj.* adjectival
ਵਿਸ਼ੇਸ਼ਤਾ/ਵਿਸ਼ੇਸ਼ਤਾਈ [vɪṣeṣta/vɪṣeṣtai] *n.f.* peculiarity, particularity, distinction, distinctiveness, definiteness, special or unusual characteristic
ਵਿਸ਼ੇ ਸੂਚੀ [vɪṣe suci] *n.f.* table of contents
ਵਿਸ਼ੇ ਵਾਸਨਾ [vɪṣe vasna] *n.f.* sexual desire, sinful propensity, prurience, lascivious thoughts, sensuality, lewdness, lasciviousness
ਵਿਸ਼ੇ ਵਿਕਾਰ [vɪṣe vɪkar] *n.m. pl.* evils, sins, evil deeds
ਵਿਸ਼ੈਲਾ [vɪṣela] *adj.m.* same as ਵਿਸੂਲ਼ਾ
ਵਿਹਰ [vér] *v.form.* nominative of ਵਿਹਰਨਾ
ਵਿਹਰਨਾ [vérna] *v.i.* to show defiant or rebellious mood, defy, turn and resist, be or to stand at bay
ਵਿਹਲ [vél] *n.m.* leisure, unoccupied state, free time
ਵਿਹਲੜ [véləṛ] *adj.* idle, unoccupied, unemployed, indolent, lazy, drone, slothful
ਵਿਹਲਾ [véla] *adj.m.* leisured, unoccupied, idle, unemployed, unengaged, not busy, relaxing; footloose
~ ਸਮਾਂ *n.m.* free time, leisure
ਵਿਹੜ [véṛ] *n.m.* same as ਵੇੜ੍ਹ
ਵਿਹੜਾ [véṛa] *n.m.* same as ਵੇੜ੍ਹਾ

ਵਿਹਾਉਣਾ [vɪhauṇa] *v.i.* (for time or opportunity) to pass, elapse, lapse or be missed

ਵਿਹਾਜਣਾ [vɪhajəṇa] *v.t.* to buy, purchase; to contract, establish relationship

ਵਿਹਾਜੜ/ਵਿਹਾਜੂ [vɪhajəṛ/vɪhaju] *n.m. & adj.* prospective or potential buyer or taker; desirous of establishing marital relationship

ਵਿਹਾਰ [vɪár] *n.m.* work, trade, occupation, profession, business dealings; behaviour

~ **ਦਾ ਖਰਾ** *ph.* honest, fair in dealings, straightforward

~ **ਦਾ ਖੋਟਾ** *ph.* dishonest in dealings, delaying or avoiding clearance of dues, ill-mannered, uncouth; also ਵਿਹਾਰ ਦਾ ਮਾੜਾ

ਵਿਹਾਰਿਕ/ਵਿਹਾਰੀ [vɪharɪk/vɪhari] *adj.* professional, applied, practical; commercial; pertaining to ਵਿਹਾਰ

~ **ਵਿਗਿਆਨ** *n.m.* applied science

ਵਿਹੀਣ [vɪhiṇ] *adj.* same as ਵਿਹੂਣ

ਵਿਹੁ [vɪɔ́] *n.m.* same as ਵਿੱਸ

~ **ਵਰਗਾ** *adj.m. lit.* like ਵਿਹੁ; very bitter, unpleasant, unacceptable

ਵਿਹੁਲਾ [vɪɔ́la] *ad.m.* same as ਵਿਸੂਲ਼ਾ

ਵਿਹੂਣ/ਵਿਹੂਣਾ [viùṇ/viùṇa] *adj./adj. m.* deprived of, without, wanting, lacking

ਵਿਕਸ [vɪkəs] *v. form.* nominative of ਵਿਕਸਣਾ

ਵਿਕਸਣਾ [vɪkəsəṇa] *v.i.* to bloom, grow, evolve, develop, progress, flourish

ਵਿਕਸਿਤ [vɪksɪt] *adj.* developed, evolved; expanded, flourishing

ਵਿਕਟ [vɪkəṭ] *adj.* difficult, intricate, knotty, horrible, terrible (problem or situation); wicket

ਵਿਕਣਯੋਗ [vɪkəṇyog] *adj.* salable, saleable

ਵਿਕਣਾ [vɪkəṇa] *v.i.* to be sold, sell

ਵਿਕਰਨ [vɪkərn] *n.m.* diagonal, hypotenuse

ਵਿਕਰਾਲ [vɪkral] *adj.* horrible, horrendous, terrible, dreadful, frightful, frightening, hideous, repulsive, ghastly; abominable

ਵਿਕਰਾਲਤਾ [vɪkralta] *n.f.* horribleness, horridness, frightfulness, dreadfulness, fearfulness, hideousness

ਵਿੱਕਰੀ [vɪkkəri] *n.f.* sale, quantity sold, sale proceeds

~ **ਮੁੱਲ** *n.m.* sale price

~ **ਯੋਗ** *adj.* saleable, marketable

ਵਿਕਰੇਤਾ [vɪkreta] *n.m.* seller, vendor

ਵਿਕਲ [vɪkəl] *adj.* same as ਬਿਕਲ, troubled, depressed

ਵਿਕਲਪ [vɪkəlp] *n.m.* alternative, choice, option, substitute

ਵਿਕਲਪੀ [vɪkəlpi] *adj.* alternate, optional

ਵਿਕਵਾਉਣਾ/ਵਿਕਾਉਣਾ [vɪkvauṇa/vɪkauṇa] *v.t.* to get or cause to be sold, assist in selling or disposing of

ਵਿਕਾਊ [vɪkau] *adj.* available or put up for sale, saleable, marketable; venal

ਵਿਕਾਸ [vɪkas] *n.m.* development, progress, rise, expansion, evolution

~ **ਸੰਬੰਧੀ** *adj.* evolutionary, developmental, expansionary

~ **ਕਰਨਾ** *con.v.* to develop, progress, evolve, expand, rise, raise

~ **ਦਰ** *n.m.* rate of development or of expansion

ਵਿਕਾਸਸ਼ੀਲ [vɪkasṣil] *adj.* developing, progressing, progressive, evolving

ਵਿਕਾਸਸ਼ੀਲਤਾ [vɪkasṣilta] *n.f.* progressiveness

ਵਿਕਾਸਮਈ [vɪkasməi] *adj.* same as ਵਿਕਾਸਸ਼ੀਲ

ਵਿਕਾਸਵਾਦ [vɪkasvad] *n.m.* theory of evolution, evolutionism; progressivism

ਵਿਕਾਸਾਤਮਿਕ [vɪkasatmɪk] *adj.* same as ਵਿਕਾਸ ਸੰਬੰਧੀ

ਵਿਕਾਰ [vɪkar] *n.m.* evil, immoral act, sin, perversion, perversity; defect, flaw, fault, imperfection; deterioration

ਵਿਕਾਰੀ [vɪkari] *adj.* evil, immoral, sinful, sinner, profligate, dissolute, licentious; bad, faulty, defective

ਵਿਕਾਵਾਂ [vɪkavã] *adj.m.* same as ਵਿਕਾਊ

ਵਿਕਿਟ [vɪkɪṭ] *n.f.* wicket

ਵਿਕੀਰਨ [vɪkirən] *adj.* scattered, diffused;

n.m. radiation
~ **ਵਿਗਿਆਨ** *n.m.* radiology
ਵਿਕੇਂਦਰਿਤ/ਵਿਕੇਂਦਰੀਕਰਿਤ [vɪkẽdərɪt/vɪkẽdərikərɪt] *adj.* decentralised; centrifugal
ਵਿਕੇਂਦਰੀਕਰਨ [vɪkẽdərikərən] *n.m.* decentralisation
ਵਿੱਕੋਲਿੱਤਰਾ [vɪkkolɪttəra] *adj.m.* separate, isolated, distinct, solitary, sole
ਵਿਖ [vɪkh] *n.m.* same as ਬਿਖ
ਵਿਖੰਡਨ [vɪkhə̃ḍən] *n.m.* fission
ਵਿਖਮ [vɪkhəm] *adj.* same as ਬਿਖਮ, difficult
ਵਿਖਮੀਕਰਨ [vɪkhəmikərn] *n.m.* dissimilation
ਵਿਖਵਾਉਣਾ [vɪkhvauṇa] *v.t.* to get or cause to be shown or displayed
ਵਿਖਾਉਣਾ [vɪkhauṇa] *v.t.* to show, display, exhibit, demonstrate; to point out, reveal, unfold
ਵਿਖਾਈ [vɪkhai] *n.f.* process of, reward for ਵਿਖਾਉਣਾ
ਵਿਖਾਦ [vɪkhad] same as ਬਿਖਾਦ, quarrel
ਵਿਖਾਲ਼ਨਾ [vɪkhaḷna] *v.t.* same as ਵਿਖਾਉਣਾ
ਵਿਖਾਲ਼ਾ [vɪkhaḷa] *n.m.* show, display, ostentation, meretriciousness
~ **ਕਰਨਾ/~ ਪਾਉਣਾ** *ph.* to display pretentiously, flaunt, show off
ਵਿਖਾਵਾ [vɪkhava] *n.m.* same as ਵਿਖਾਲ਼ਾ; displayer, exhibitor
ਵਿਖਾਵੇ ਦਾ *adj.m.* showy but not genuine, false
ਵਿਖਿਆਤ [vɪkhɪat] *adj.* famous, well-known, renowned
ਵਿਖਿਆਨ [vɪkhɪan] *n.m.* lecture, discourse, speech, oration, talk; description; elaboration; also ਵਿਆਖਿਆਨ
ਵਿਖਿਆਨਕ/ਵਿਖਿਆਨਕਾਰ [vɪkhɪanək/vɪkhɪankar] *n.m.* person delivering ਵਿਖਿਆਨ, speaker, orator, lecturer, discourser
ਵਿਖੇ [vɪkhe] *prep.* same as ਵਿੱਚ
ਵਿਖੇਪਨ [vɪkhepən] *n.m.* dispersion, diffusion; deflection
ਵਿੰਗ [vĩg] *n.m.* bend, curve, turn, crook, tilt, sinus, crookedness; detour
~ **ਟੇਢ** *n.m.* same as ਵਿੰਗ
~ **ਤੜਿੰਗ** *adj.* same as ਵਿੰਗੜ
~ **ਪੈਣਾ** *con.v.* for ਵਿੰਗ to be caused or to exist, become bent, curved, crooked
~ **ਵਲ** *n.m.* same as ਵਿੰਗ; also ਵਲ ਵਿੰਗ
ਵਿਗਸਣਾ [vɪgsəṇa] *v.i.* same as ਵਿਕਸਣਾ; to be happy
ਵਿਗੜ [vɪgəṛ] *v. form.* nominative of ਵਿਗੜਨਾ
ਵਿੰਗੜ/ਵਿੰਗਾ [vĩgəṛ/vĩga] *adj.* crooked, winding, bent, curved, askew, sinuous, zig zag, not straight, devious; aslant; wry (face); also ਵਿੰਗਾ ਟੇਢਾ
ਵਿਗੜਨਾ [vɪgəṛna] *v.i.* to go out of order, develop defect or fault; to go bad, be spoiled; to be estranged, alienated, rebellious; to be annoyed or angry
ਵਿਗੜਵਾਉਣਾ/ਵਿਗੜਾਉਣਾ [vɪgəṛvauṇa/vɪgṛauṇa] *v.t.* to get something out of order or spoiled
ਵਿਗੜਿਆ/ਵਿਗੜਿਆ ਹੋਇਆ [vɪgəṛɪa/vɪgəṛɪa hoɪa] *v. form. & adj.m.* gone or become out of order, defective; wayward, spoiled, annoyed, angry
ਵਿਗਾੜ [vɪgaṛ] *n.m.* disorder, defect, damage; tension, rupture or break in relations, quarrel, estrangement
~ **ਪਾਉਣਾ** *con.v.* to cause ਵਿਗਾੜ
~ **ਪੈਣਾ** *con.v.* for ਵਿਗਾੜ to be caused or effected
ਵਿਗਾੜਨਾ [vɪgaṛna] *v.t.* to spoil, damage, put out of order; to misguide, lead astray
ਵਿਗਾੜੂ [vɪgaṛu] *adj.* spoiler
ਵਿਗਿਆਨ [vɪgɪan] *n.m.* science; knowledge, learning
ਵਿਗਿਆਨਿਕ [vɪgɪanɪk] *adj.* scientific
ਵਿਗਿਆਨੀ [vɪgɪani] *n.m.* scientist
ਵਿਗਿਆਪਨ [vɪgɪapən] *n.m.* same as ਇਸ਼ਤਿਹਾਰ
ਵਿਗੁੱਚਣਾ [vɪguccaṇa] *v.i.* to wither, wilt, contract; to come to grief, be spoiled, be lost without redemption, be wasted
ਵਿਗੁਚਾ/ਵਿਗੁੱਤਾ [vɪguca/vɪgutta] *adj.m.* spoiled, wasted, lost, deprived
ਵਿਗੋਚਾ [vɪgoca] *n.m.* lack, want
~ **ਆਉਣਾ/~ ਹੋਣਾ/~ ਪੈਣਾ** *ph.* to miss, feel or

experience lack or want (of)

ਵਿਘਟਨ [vɪkə̀ṭən] *n.m.* breaking up, disintegration, disruption, dissolution, dissipation

~ ਹੋਣਾ *con.v.* to disintegrate, dissipate, break up, to be dissolved, to come to an end

ਵਿਘਟਨਕਾਰੀ [vɪkə̀ṭənkari] *adj.* disruptive, disruptionist, disintegrating, disintegrative

ਵਿਘਟਿਤ [vɪkə̀ṭɪt] *adj.* disintegrated, dissolved

ਵਿਘਨ [vígən] *n.m.* obstacle, hindrance, impediment, disruption, obstruction; hitch, defect, fault

~ ਪਾਉਣਾ *con.v.* to obstruct, hinder, hamper, impede, interrupt, disrupt, cause hitch or defect

~ ਪੈਣਾ *con.v.* for ਵਿਘਨ to occur, develop or be caused, be obstructed, hindered, hampered, impeded or disrupted

ਵਿੱਘਾ [vígga] *n.m.* a unit of land area equal to ½acre or in some regions, 5/8th of an acre

ਵਿੱਚ [vɪcc] *prep.* in, within, into, inside, among, between

~ ਵਿਚਾਲ਼ੇ *adv.* in between, in the middle of; occasionally, at times, sporadically

ਵਿੱਚੇ~/ਵਿੱਚੋ ~ *adv.* internally; covertly, secretly

ਵਿਚਕਾਰ [vɪckar] *n.m.* same as ਵਿਚਾਲ਼ੇ; *adv.* in the middle or centre of, between, among

ਵਿਚਕਾਰਲਾ [vɪckarla] *adj.m.* middle, central, intermediate

ਵਿਚਰ [vɪcər] *v.form.* nominative of ਵਿਚਰਨਾ

ਵਿਚਰਨਾ [vɪcərna] *v.i.* to go about, pass through, stroll, wander, loiter

ਵਿਚਲਨ [vɪcələn] *n.m.* deviation, divergence, variation; unsteadiness, vacillation

~ ਖੇਤਰ *n.m.* range of deviation

ਵਿਚਲ਼ਨਾ [vɪcəḷna] *v.i.* same as ਵਿਗੜਨਾ

ਵਿਚਲਾ [vɪcla] *adj.m.* internal, inner, interior, contained or situated within

ਵਿਚਲਾਉਣਾ [vɪclauṇa] *v.t.* same as ਵਿਗਾੜਨਾ

ਵਿਚਲਿਤ [vɪclɪt] *adj.* unsteady, unsettled, unstable, shaky, infirm, wavering, wandering, inconstant, deviating

ਵਿਚਾਰ [vɪcar] *n.m.* thought, idea, concept, view, opinion; reflection, imagination; consideration, consultation, deliberation; feeling; notion; superstition

~ ਅਧੀਨ *adj. & adv.* under consideration

~ ਸ਼ਕਤੀ *n.f.* thinking power or faculty, mind, reason, intellect, intelligence

~ ਸ਼ੀਲ *adj.* considerate, sensible, rational, thoughtful

~ ਹੀਨ *adj.* thoughtless, unthoughtful, unthinking, mindless, irrational

~ ਕਰਨਾ *con.v.* to think, consider, deliberate, discuss, ponder, reflect, meditate, contemplate

~ ਗੋਚਰਾ *adj.m.* noticeable, under consideration

~ ਵਟਾਂਦਰਾ *n.m.* exchange of views, negotiations, discussion

~ ਵਿਮਰਸ਼ *n.m.* consultation, exchange of views

ਵਿਚਾਰਕ [vɪcarək] *adj. & n.m.* thinker

ਵਿਚਾਰਜਨਕ [vɪcarjənək] *adj.* stimulating thought

ਵਿਚਾਰਧਾਰਾ [vɪcartàra] *n.f.* ideology

ਵਿਚਾਰਧਾਰਿਕ [vɪcartàrɪk] *adj.* ideological

ਵਿਚਾਰਨਯੋਗ [vɪcarnyog] *adj.* fit to be considered

ਵਿਚਾਰਨਾ [vɪcarna] *v.i.t.* same as ਵਿਚਾਰ ਕਰਨਾ under ਵਿਚਾਰ

ਵਿਚਾਰਵਾਦ [vɪcarvad] *n.m.* idealism

ਵਿਚਾਰਵਾਦੀ [vɪcarvadi] *adj.* idealist

ਵਿਚਾਰਵਾਨ [vɪcarvan] *adj.* same as ਵਿਚਾਰਸ਼ੀਲ

ਵਿਚਾਰਾ [vɪcara] *adj.m.* poor, poorly, poor soul, helpless, hapless, unfortunate, wretched, pitiable

ਵਿਚਾਰਾਤਮਿਕ [vɪcaratmɪk] *adj.* deliberative, reflective, meditative, contemplative, pensive

ਵਿਚਾਲ਼ਲਾ [vɪcaḷəla] *adj.m. dia.* see ਵਿਚਕਾਰਲਾ

ਵਿਚਾਲ਼ੇ [vɪcaḷe] *adv.* same as ਵਿਚਕਾਰ, in

the middle or centre

ਵਿਚਿੱਤਰ [vɪcɪttər] *adj.* wonderful, wondrous, marvellous, surprising, strange, queer, unusual, extraordinary, singular; fantastic, grotesque

ਵਿਚਿੱਤਰਤਾ [vɪcɪttərta] *n.f.* wonderfulness, strangeness, queerness, singularity, wonder, grotesqueness

ਵਿਚੋਂ [vɪccõ] *prep.* from, out of

~ ਵਿਚੋਂ *adv.* selectively; here and there; at intervals

ਵਿਚੋਲਗਿਰੀ/ਵਿਚੋਲਪੁਣਾ [vɪcolgiri/vɪcolpuṇa] *n.f./n.m.* middlemanship, match-making; mediation

ਵਿਚੋਲਗੀ [vɪcolgi] *n.f.* same as *prec.*, middleman's fee or profit

ਵਿਚੋਲਣ/ਵਿਚੋਲਾ [vɪcolən/vɪcola] *n.f./n.m.* match-maker *esp.* for marriage, mediator, intercessor, go-between

ਵਿਛਣਾ [vɪchəṇa] *v.i.* to be spread, stretched, laid, unrolled (as for bedding)

ਵਿਛਵਾ [vɪchva] *v.form.* imperative of ਵਿਛਵਾਉਣਾ, get (bedding, carpet, etc.) spread

ਵਿਛਵਾਉਣਾ [vɪchvauṇa] *v.t.* to get something spread, or to get (bed) made, assist in spreading, laying (bedding, etc.)

ਵਿਛਵਾਈ [vɪchvai] *n.f.* act or process of, wages for ਵਿਛਵਾਉਣਾ

ਵਿਛੜਨਾ [vɪchəṛna] *v.i.* to part, separate, be separated, depart

ਵਿਛਾਉਣਾ [vɪchauṇa] *v.t.* to spread, stretch, lay, make (a bed); *n.m.* see ਬਿਸਤਰਾ

ਵਿਛਾਈ [vɪchai] *n.f.* process of, wages for ਵਿਛਾਉਣਾ; bedding, bed clothes

ਵਿਛੁੰਨਾ [vɪchũnna] *adj.m.* separated, parted, undergoing separation

ਵਿਛੇਦ [vɪched] *n.m.* disjunction, break, separation, analysis

ਵਿਛੋੜ [vɪchoṛ] *v.form.* imperative of, ਵਿਛੋੜਨਾ, separate, part

ਵਿਛੋੜਨਾ [vɪchoṛna] *v.t.* to separate, cause separation, part

ਵਿਛੋੜਾ [vɪchoṛa] *n.m.* separation, parting, disunion, disjunction; departure

ਵਿਛੋਣਾ [vɪchɔṇa] *n.m.* same as ਬਿਸਤਰਾ, bedding

ਵਿਜਈ [vɪjəi] *adj.* winner, victor, victorious, triumphant, conquerer

ਵਿਜ਼ਟ [vɪzṭ] *n.m.* visit

ਵਿਜੇ [vije] *n.f.* victory

ਵਿਜੇਤਾ [vɪjeta] *adj.* victor

ਵਿਜੋਗ [vɪjog] *n.m.* separation, disunion, disjunction, loss, bereavement

ਵਿਜੋਗਣ/ਵਿਜੋਗੀ [vɪjogəṇ/vɪjogi] *n.f./n.m.* person separated and feeling the pangs of separation

ਵਿਜੋਗਾਤਮਿਕ [vɪjogatmɪk] *adj.* separative, disjunctive

ਵਿਟਰਨਾ [vɪṭərna] *v.i.* same as ਰੁੱਸਣਾ, to become estranged

ਵਿਟਾਮਿਨ [vɪṭamɪn] *n.m.* vitamin

ਵਿੱਠ [vɪṭṭh] *n.f.* dropping (of birds)

ਵਿੱਡ [vɪḍḍ] *n.m.* project, undertaking; arrangements, preparations (for project or undertaking)

~ ਵਿੱਡਣਾ *ph.* to take some project in hand, launch a project or to prepare ground-work for it

ਵਿੱਡਣਾ [vɪḍḍəṇa] *v.t.* to plan, make preparations, start (project, etc)

ਵਿਡੰਬਣਾ [vɪḍə̃bəṇa] *n.f.* mockery, joke, ridiculous position

ਵਿੱਢ [vɪ́ḍḍ] *n.m.* breadth, intervening space, span; frame superimposed on a cart in order to increase its loading capacity; cleft, split, interstice

ਵਿੱਢਣਾ [vɪ́ḍḍəṇa] *v.t.* same as ਵਿੱਡਣਾ

ਵਿੱਤ[1] [vɪtt] *n.f.* capacity, power, capability, competence

~ ਸਿਰ *adv.* depending on one's ਵਿੱਤ

ਵਿੱਤੋਂ ਬਾਹਰ *adv.* beyond one's ਵਿੱਤ

ਵਿੱਤ[2] *n.m.* finance

~ ਮੰਤਰਾਲਾ *n.m.* finance ministry

~ ਮੰਤਰੀ *n.m.* finance minister

~ ਵਰਸ਼ *n.m.* financial year; also ਵਿੱਤੀ ਸਾਲ

~ ਵਿਭਾਗ *n.m.* finance department

ਵਿਤਕਰਾ [vɪtkəra] *n.m.* discrimination, partiality

~ ਕਰਨਾ *con.v.* to discriminate, to pe partial

ਵਿਤਕਰੇ ਭਰਿਆ/ਵਿਤਕਰੇ ਵਾਲਾ [vɪtkəre pàrɪa/ vɪtkəre vaḷa] *adj.m.* discriminatory, discriminative, discriminating, partial, partisan

ਵਿਤਰਨ [vɪtərən] *n.m.* distribution, disbursement

ਵਿੱਤਰਨਾ [vɪttərna] *v.t.* to cut (cloth for making garments)

ਵਿੱਤੀ [vɪtti] *adj.* financial, fiscal

ਵਿੱਥ [vɪtth] *n.f.* distance, space, interstice; rupture, distance in relations, estrangement; nook, obscure corner

~ ਸੂਝ *n.f.* spatial sense

~ ਪੈਣੀ *con.v.* to be estranged, distanced

ਵਿਥਿਆ [vɪthɪa] *n.f.* story, account, statement or narrative

ਵਿਦਮਾਨ [vɪdman] *adj.* existing, extant, present

ਵਿਦਮਾਨਤਾ [vɪdmanta] *n.f.* existence, presence

ਵਿਦਰੋਹ [vɪdró] *n.m.* same as ਵਿਦ੍ਰੋਹ, mutiny

ਵਿਦਵਤਾ [vɪdvəta] *n.f.* learing, scholarship, knowledge, erudition

ਵਿਦਵਤਾਪੂਰਨ [vɪdvətapurn] *adj.* learned, scholarly, erudite

ਵਿਦਵਾਨ [vɪdvan] *adj. & n.m.* learned, scholar, highly educated, man of letters, literary person, savant, intellectual

ਵਿਦ੍ਰੋਹ/ਵਿਦਰੋਹ [vɪdəró] *n.m.* rebellion, revolt, mutiny, uprising, insurrection; defiance

~ ਕਰਨਾ *con.v.* to rebel, revolt, mutiny or to rise in ਵਿਦਰੋਹ (against)

ਵਿਦ੍ਰੋਹੀ/ਵਿਦਰੋਹੀ [vɪdərói] *adj. & n.m.* rebel, rebellious, mutineer, mutinying, insurrectionist, insubordinate, recalcitrant

ਵਿਦਾਇਗੀ [vɪdaɪgi] *n.f.* departure, parting; farewell, send-off, seeing-off, valedication, adieu; parting gift *usu.* in cash by bride's parents to her in laws

~ ਸੰਬੰਧੀ *adj.* valedictory

ਵਿਦਾਈ [vɪdai] *n.f.* parting, departure; farewell, send off

~ ਦੇਣਾ/ਵਿਦਿਆ ਕਰਨਾ *con.v.* to see off, to bid farewell

ਵਿੱਦਿਅਕ [vɪddɪək] *adj.* educational

ਵਿੱਦਿਆ [vɪddɪa] *n.f.* education, learning, study, studies; knowledge, science; skill

~ ਅਭਿਮਾਨੀ *adj.* pedant

~ ਪਰਨਾਲੀ *n.f.* system of education

~ ਮੰਤਰੀ *n.m.* education minister

ਵਿੱਦਿਆਹੀਣ [vɪddɪahiṇ] *adj.* uneducated, unlettered, illiterate

ਵਿਦਿਆਰਥਣ/ਵਿਦਿਆਰਥੀ [vɪdɪarthəṇ/ vɪdɪarthi] *n.f./n.m.* student, pupil, learner

ਵਿਦਿਆਲਾ [vɪdɪala] *n.m.* school, educational institution, seminary

ਵਿਦਿਤ [vɪdɪt] *adj.* known, understood, perceived

ਵਿਦੂਸ਼ਕ [vɪduṣək] *n.m.* clown, joker, comedian

ਵਿਦੇਸ਼ [vɪdeṣ] *n.m.* same as ਬਦੇਸ

ਵਿਦੇਸ਼ੀ [vɪdeṣi] *adj.* foreign, alien; *n.m.* foreigner

ਵਿਧ [víd] *n.f.* same as ਵਿਧੀ

ਵਿਧਵਾ [vídva] *n.f.* widow

ਵਿੱਧਾ [vídda] *v.form.* of ਵਿੰਨ੍ਹਣਾ, pierced

ਵਿਧਾਇਕ [vɪdàɪk] *n.m.* legislator, lawmaker, member of legislature

ਵਿਧਾਇਕੀ [vɪdàɪki] *adj.* legislative; *n.f.* job or status of ਵਿਧਾਇਕ

ਵਿਧਾਤਾ [vɪdàta] *n.m.* maker, creator; God

ਵਿਧਾਨ [vɪdàn] *n.m.* constitution; law

~ ਸਭਾ *n.f.* legislative assembly, lower house of legislature in a state; *cf.* ਲੋਕ ਸਭਾ

~ ਪਰਿਸ਼ਦ *n.f.* legislative council, upper house of a bicameral legislature in a state

~ ਮੰਡਲ *n.m.* legislature, law-making body, parliament

ਵਿਧਾਨਕਾਰ [vɪdànkar] *n.m.* same as ਵਿਧਾਇਕ

ਵਿਧਾਨਕਾਰੀ [vɪdànkari] *n.f.* legislation; law-making body, parliament

ਵਿਧਾਨਿਕ [vɪdànɪk] *adj.* constitutional; legal

ਵਿਧੀ [vídi] *n.f.* method, technique, process, mode, way, methodology

~ ਗਿਆਨ *n.m.* methodology

~ ਪੂਰਬਕ/~ ਪੂਰਵਕ/ਵਿਧੀਵਤ *adv.* methodically, in the proper manner, as per law or rules
ਵਿਨਮਰ [vɪnmər] *adj.* same as ਨਿਮਰ, humble
ਵਿਨ੍ਹਣਾ [vínnəṇa] *v.t.* to pierce, perforate, penetrate
ਵਿਨ੍ਹਵਾਂ [vínnvā̃] *adj.m.* piercing, perforating, penetrating; *fig.* sarcastic
ਵਿਨ੍ਹਵਾਉਣਾ [vɪnvàuṇa] *v.t.* to get (ear lobe or nose) pierced, perforated
ਵਿਨ੍ਹਵਾਈ [vɪnnvàī] *n.f.* process of, payment for ਵਿਨ੍ਹਵਾਉਣਾ
ਵਿਨ੍ਹਾਉਣਾ [vɪnàuṇa] *v.t.* same as ਵਿਨ੍ਹਵਾਉਣਾ
ਵਿਨ੍ਹਾਈ [vɪnài] *n.f.* act or process of, charges for *prec.*
ਵਿਨਾਸ਼ [vɪnaṣ] *n.m.* same as ਨਾਸ²
ਵਿਨਾਸ਼ਕਾਰੀ [vɪnaṣkari] *adj.* destructive
ਵਿਨਾਸ਼ਮਈ [vɪnaṣməi] *adj.* subject to ਵਿਨਾਸ਼; mortal, destructible, decadent
ਵਿਨਾਸ਼ਵਾਦ [vɪnaṣvad] *n.m.* nihilism.
ਵਿਨਾਸ਼ਵਾਦੀ [vɪnaṣvadi] *adj.* nihilist
ਵਿਨਿਓਗ [vɪnɪog] *n.m.* appropriation for specified purpose
~ ਬਿਲ *n.m.* appropriation bill
ਵਿਨੋਦ [vɪnod] *n.m.* fun, jollity, gaiety, merriment, jocosity, amusement
ਵਿਨੋਦਮਈ [vɪnodməi] *adj.* providing ਵਿਨੋਦ, amusing, entertaining
ਵਿਨੋਦਾਤਮਿਕ [vɪnodatmɪk] *adj.* concerning ਵਿਨੋਦ, carnivalesque
ਵਿਨੋਦੀ [vɪnodi] *adj.* jolly, gay, jovial, jocular, humorous, waggish, jocose, jocund, merry
ਵਿਪੱਖ [vɪpəkkh] *n.m.* opposition (parties collectively), opposite side or group, opponent, adversary
ਵਿਪੱਖਤਾ [vɪpəkkhta] *n.f.* opposition, hostility, adverseness, antagonism
ਵਿਪੱਖੀ [vɪpəkkhi] *adj.* antagonist, antagonistic, opponent, hostile, opposing
ਵਿਪੱਤੀ/ਵਿਪਦਾ [vɪpətti/vɪpda] *n.f.* same as ਬਿਪਤਾ
ਵਿਪਰੀਤ [vɪpərit] *adj. & adv.* same as ਉਲ਼ਟ, against
ਵਿਪਲਵ [vɪpələv] *n.m.* same as ਗਦਰ, mutiny
ਵਿਫਲ [vɪphəl] *adj.* same as ਨਿਸਫਲ; futile, barren, unproductive, useless, ineffective, ineffectual
ਵਿਫਲਤਾ [vɪphəlta] *n.f.* fruitlessness, futility, barrenness, failure, ineffectiveness, ineffectualness, uselessness
ਵਿੱਫਲ਼ਨਾ [vɪpphəḷna] *v.i.* to be petulent, obdurate
ਵਿਭਕਤੀ [vɪpə̀kti] *n.f.(gr.)* inflexion, case, paradigm
ਵਿਭਚਾਰ [víbcar] *n.m.* sexual misconduct unchasteness, inçest.; extra marital relations, prostitution, whoredom, libidousness
ਵਿਭਚਾਰੀ [víbcari] *adj & n.m.* lecher, lecherous, fornicator, adulterer, immoral, unchaste, sinful, libidous, libertine; *fem.* ਵਿਭਚਾਰਨ, adulteress
ਵਿਭਾਗ [vɪpàg] *n.m.* department, branch, administrative division, section or office
ਵਿਭਾਗੀ [vɪpàgi] *adj.* departmental, administrative
ਵਿਭਾਜਨ [vɪpàjən] *n.m.* division, partition, fragmentation, disintegration, separation, disjunction
~ ਕਰਨਾ *con.v.* to divide, partition, fragment, disintegrate, disjoin, disjoint, separate
ਵਿਭਾਜਿਤ [vɪpàjɪt] *adj.* divided, partitioned, fragmented, disintegrated, disjoined, disjoint, disjointed, separated
ਵਿਭਿੰਨ [vɪpɪ̀n] *adj.* same as ਭਿੰਨ¹
ਵਿਭੂਤੀ [vɪpùti] *n.f.* excellence, glory, majesty, distinction, eminence, fame, repute, renown; power, supernatural power
ਵਿਮਰਸ਼ [vɪmərṣ] *n.m.* review or criticism (of a book); see ਵਿਚਾਰ ਵਿਮਰਸ਼ under ਵਿਚਾਰ
ਵਿਮਾਨ [vɪman] *n.m.* aircraft, aeroplane
~ ਚਾਲਕ *n.m.* pilot, navigator, flier, air crew
ਵਿਯੋਗ [vɪyog] *n.m.* same as ਵਿਜੋਗ
ਵਿਰਸਾ [vɪrsa] *n.m.* inheritance, heritage,

legacy
ਵਿਰਸੇ ਵਿਚ ਮਿਲ਼ਨਾ *ph.* to be inherited; to inherit
ਵਿਰਕਤ [vɪrəkt] *adj.* free from worldly attachment; ascetical, ascetic
ਵਿਰਕਤਤਾ [vɪrəktəta] *n.f.* non-attachment; asceticism
ਵਿਰਚਣਾ [vɪrcəṇa] *v.i.* same as ਵਰਚਣਾ
ਵਿਰਚਾਉਣਾ [vɪrcauṇa] *v.t.* same as ਵਰਚਾਉਣਾ
ਵਿਰਦ [vɪrəd] *n.m.* same as ਜਪ
ਵਿਰਨਾ [vɪrna] *v.i. dia.* see ਵਰਚਣਾ
ਵਿਰਲ [vɪrəl] *n.f.* interstice, crevice, fissure, cleft, space; spacing
ਵਿਰਲਤਾ [vɪrəlta] *n.f.* looseness, thinness (as against denseness), spacing; sparseness
ਵਿਰਲਾ [vɪrla] *adj.m.* loose, thinly placed, not dense, sparse; rare, exceptional, uncommon, sporadic, infrequent
~ ਵਾਂਝਾ *adj.* rare, exceptional
ਵਿਰਲਾਪ [vɪrlap] *n.m.* mournful cry, wailing, wail, lament, lamentation
ਵਿਰਵਾ [vɪrva] *adj.m.* empty, vacant, deprived, lacking, needy, in want, bereft, destitute
ਵਿਰਵਾਪਣ [vɪrvapəṇ] *n.m.* emptiness, vacantness, deprivation, lack, want; destitution, bereavement
ਵਿਰਾਸਤ [vɪrasət] *n.f.* same as ਵਿਰਸਾ
ਵਿਰਾਗ [vɪrag] *n.m.* freedom from worldly desires or attachments, apathy, indifference, non-attachment, renunciation, asceticism, monasticism; grief caused by separation or bereavement
ਵਿਰਾਗਮਈ [vɪragməi] *adj.* causing or arousing ਵਿਰਾਗ doleful, sorrowful
ਵਿਰਾਗੀ [vɪragi] *adj. & n.m.* apathetic or indifferent towards worldly pleasures, desires, riches, etc., ascetic, renunciant, recluse, mendicant; see ਬੈਰਾਗੀ
ਵਿਰਾਟ [vɪraṭ] *adj.* big, large, huge, enormous, gigantic, stupendous; immense
ਵਿਰਾਨ [vɪran] *adj.* same as ਵੀਰਾਨ
ਵਿਰਾਮ [vɪram] *n.m.* stop, stoppage, rest, respite, pause, cessation, surcease; punctuation
~ ਘੜੀ *n.f.* stop watch
~ ਚਿੰਨ੍ਹ *n.m.* punctuation mark
~ ਜੜਤਾ *n.f.* inertia of rest
ਵਿਰੁੱਧ [vɪrúdd] *prep. & adv.* against, opposed to, counter or contrary to, adverse or hostile to
ਵਿਰੂਪ [vɪrup] *adj.* same as ਕਰੂਪ, disfigured, distorted
ਵਿਰੂਪਨ [vɪrupən] *n.m.* disfigurement, distortion
ਵਿਰੋਧ [vɪród] *n.m.* opposition, antagonism, hostility, rivalry; resistence, confrontation, disapproval; protest, dissent, contrariety, adverseness
~ ਕਰਨਾ *con.v.* to oppose, contest, resist, confront; to protest against, to disapprove, disagree, dissent
ਵਿਰੋਧਤਾ/ਵਿਰੋਧਤਾਈ [vɪródta/vɪródtai] *n.f.* same as ਵਿਰੋਧ
ਵਿਰੋਧਮਈ [vɪródməi] *adj.* same as ਵਿਰੋਧੀ; hostile, antagonistic; paradoxical
ਵਿਰੋਧਾਤਮਿਕ [vɪródatmɪk] *adj.* contradictory, controversial, disputable, polemical
ਵਿਰੋਧਾਭਾਸ [vɪródapàs] *n.m.* oxymoron, paradox, contradiction
ਵਿਰੋਧੀ [vɪródi] *adj. & n.m.* opponent, antagonist, rival, hostile, adversary, detractor; opposite, opposing, contrary, contradictory
ਵਿੱਲ [vɪll] *v.form.* nominative of ਵਿੱਲਣਾ
ਵਿਲ਼ [vɪḷ] *n.f.* a disease of the cattle affecting muscles
ਵਿਲਕ [vɪlk] *v.form.* nominative of ਵਿਲਕਣਾ
ਵਿਲਕਣਾ [vɪlkəṇa] *v.i.* to whimper, weep, cry, lament; to desire, crave
ਵਿਲਕਣੀ [vɪlkəṇi] *n.f.* whimper, lament; abject request
ਵਿਲੱਖਣ [vɪləkkhəṇ] *adj.* distinctive, peculiar, special , singular, unique; strange, uncommon, queer, quaint, extraordinary
ਵਿਲੱਖਣਤਾ [vɪləkkhəṇta] *n.f.* distinctiveness, peculiarity, special feature or characteristic, speciality, singularity, unique-

ness; quaintness, queerness, strangeness

ਵਿਲੰਗ [vɪlə̃g] *n.f.* suspended bar or extended rope for keeping clothes on

ਵਿੱਲਣਾ [vɪlləṇa] *v.i.* (for cotton) to be ginned, (for dough) be rolled; *cf.* ਵੇਲਣਾ

ਵਿਲੰਬ [vɪlə̃b] *n.m.* same as ਦੇਰ[1]

ਵਿਲੰਬਿਤ [vɪlə̃bit] *adj.* delayed, deferred

ਵਿਲਵਾਉਣਾ/ਵਿਲਾਉਣਾ [vɪlvauṇa/vɪlauṇa] *v.t.* to get (cotton) ginned or (dough) rolled, *cf.* ਵੇਲਣਾ; to assist in the process

ਵਿਲਾ [vɪla] *n.m.* villa

ਵਿਲਾਈ [vɪlai] *n.f.* process of, wages for ਵਿਲਾਉਣਾ

ਵਿਲਾਸ [vɪlas] *n.m.* merriment, enjoyment, wantonness; wanton, sensuous or amorous play or sport, pursuit of pleasure

~ ਵਸਤੂ *n.f.* luxury

ਵਿਲਾਸਤਾ [vɪlasta] *n.f.* same as ਵਿਲਾਸ; pleasure-seeking, sensuousness, licentiousness, philandering, voluptuousness

ਵਿਲਾਸਵਾਦ [vɪlasvad] *n.m.* epicureanism

ਵਿਲਾਸਵਾਦੀ [vɪlasvadi] *adj.* epicurean

ਵਿਲਾਸੀ [vɪlasi] *adj.* sensualist, licentious, philanderer, pleasure-loving, voluptuary, voluptuous, rake, dissolute, profligate; amatory

ਵਿਲੀਨ [vɪlin] *adj.* same as ਲੀਨ

ਵਿਲੀਨਤਾ [vɪlinta] *n.f.* absorption, engrossment merger, state of being blended, united or combined, combination

ਵਿਲੂੰ ਵਿਲੂੰ [vɪḷũ vɪḷũ] *n.f.* whimper

~ ਕਰਨਾ *con.v.* to whimper

ਵਿਲੋਮ ਸ਼ਬਦ [vɪlom ṣəbəd] *n.m.* antonym

ਵਿਵਸਥਾ [vɪvəstha] *n.f.* same as ਪਰਬੰਧ

ਵਿਵਹਾਰ [vɪvhar] *n.m.* same as ਵਿਹਾਰ

ਵਿਵਰਨ [vɪvərn] *n.m.* desription, eleboration

ਵਿਵਾਹ [vɪvá] *n.m.* same as ਵਿਆਹ

ਵਿਵਾਹਿਕ [vɪvahɪk] *adj.* marital, nuptial, matrimonial

ਵਿਵਾਹਿਤ [vɪvahɪt] *adj.* married

ਵਿਵਾਦ [vɪvad] *n.m.* controversy, dispute, disputation, debate

ਵਿਵਾਦਗ੍ਰਸਤ / ਵਿਵਾਦਪੂਰਨ / ਵਿਵਾਦਮਈ [vɪvadgərəst/vɪvadpurn/vɪvadməi] *adj.* controversial, debatable, in dispute, disputed, contentious

ਵਿਵਾਦੀ [vɪvadi] *adj.* disputant, contender

ਵਿਵਿਧ [vɪvíd] *adj.* different, varying, various, varied, miscellaneous, diverse, multifarious

ਵਿਵਿਧਤਾ [vɪvídta] *n.f.* difference, variance, variety, diverseness

ਵਿਵੇਕ [vɪvek] *n.m.* reason, rationality, rational or reasoning power, intellect, wisdom, discernment, discriminating faculty, insight; prudence

ਵਿਵੇਕਸ਼ੀਲ [vɪvekṣil] *adj.* rational, wise, intelligent, discerning, discriminating; prudent, prudential, reasonable

ਵਿਵੇਕਹੀਣ [vɪvekhiṇ] *adj.* irrational, unwise, unthinking, undiscerning

ਵਿਵੇਕਵਾਦ [vɪvekvad] *n.m.* rationalism

ਵਿਵੇਕਵਾਦੀ [vɪvekvadi] *adj.* rationalist, rationalistic

ਵਿਵੇਚਨ [vɪvecən] *n.m.* thorough investigative study, disquisition, dissertation, analytical study

~ ਕਰਨਾ *con.v.* to carry out ਵਿਵੇਚਨ, to dissertate

ਵਿਵੇਚਨਾਤਮਿਕ [vɪvecənatmɪk] *adj.* investigative, analytical, dissertational

ਵਿੜਕ [vɪṛk] *n.f.* see ਬਿੜਕ

ਵਿੜ੍ਹੀ [víṛi] *n.f.* partnership, share, joint enterprise, same as ਸੀਰ[1]; or ਮੀਟ੍ਹੀ

~ ਦਾ ਵੱਟਾ *ph.* same as ਵਾਗੀ ਦਾ ਵੱਟਾ under ਵਾਰ[3]

ਵੀ [vi] *adv.* also, as well as, even

ਵੀ.ਸੀ. [vi.si.] *n.m.* V.C., vice-chancellor; V.C. Victoria Cross

ਵੀ. ਸੀ. ਆਰ. [vi. si. aṛ] *n.m.* V.C.R., video cassette recorder

ਵੀਹ [vī] *adj.* twenty

~ ਕੋਣਾ *adj.* icosahedral

~ ਤਰਫ਼ਾ ਸ਼ਕਲ *n.m.* icosahedron

ਵੀਹਵਾਂ/ਵੀਹਾਂ [vívã/vihã] *adj.m.* twentieth

ਵੀਹੀਂ [vihĩ] *adv.* for Rs. 20

ਵੀਹੀ [vihi] *n.f.* lane, narrow, street

ਵੀਜ਼ਾ [viza] *n.m.* visa

ਵੀਟਣਾ [viṭəṇa] *v.t. dia.* see ਡੋਲ੍ਹਣਾ

ਵੀਟੋ [viṭo] *n.f.* veto

ਵੀਣਾ [viṇa] *n.f.* a type of string instrument, Indian lute or lyre

ਵੀਣੀ [viṇi] *n.f.* wrist, carpus

~ ਦੀ ਹੱਡੀ *ph.* wrist-bone, carpale

ਵੀ.ਪੀ. [vi. pi.] *n.f.* V.P.P., value payable post

ਵੀਭਤਸ [vipə̀təs] *n.m.* disgust, disdain, scorn, loathing; *adj.* disgusting, loathsome, contemptible, hideous; cruel, atrocious

ਵੀਰ [vir] *adj./n.m.* brother; brave, valiant, stalwart, daring, hero, knight, knightly, courageous, plucky

~ ਕਾਵਿ *n.m.* heroic poetry, epic

~ ਗਤੀ *n.f.* heroic death

~ ਰਸ *n.m.* heroism or heroic quality in poetry

ਵੀਰਜ [virəj] *n.m.* same as ਬੀਰਜ, semen

ਵੀਰਤਾ [virta] *n.f.* bravery, valour, daring, courage, pluck

ਵੀਰਵਾਰ [virvar] *n.m.* Thursday

ਵੀਰਾਨ [viran] *adj.* ruined, desolate, devastated, ravaged, deserted, laid waste, dreary, bleak, gloomy

ਵੀਰਾਨਾ [virana] *n.m.* a ਵੀਰਾਨ place or scene

ਵੀਰਾਨੀ [virani] *n.f.* ruin, devastation, desolation, dreariness, bleakness, gloom; also ਵੀਰਾਨਗੀ

ਵੀਲ੍ਹਾ [viḷa] *n.m.* colic

ਵੁਕਤ [vukət] *n.f.* power, position, status, capability

ਵੁਜ਼ੂ [vuzu] *n.m.* ablution before muslim prayer

~ ਕਰਨਾ *con.v.* to perform ਵੁਜ਼ੂ

ਵੇ [ve] *interj.m.* o, used by females while addressing males

ਵੇਈਂ [veĩ] *n.f.* stream

ਵੇਸ [ves] *n.m.* dress, garb, costume, apparel; attire

~ ਭੂਸ਼ਾ *n.m.* style or mode of dress, garb; also ਵੇਸ਼ ਭੂਸ਼ਾ

ਵੇਸਣ [vesəṇ] *n.m.* gram flour

ਵੇਸਵਾ [vesva] *n.f.* prostitute, dancing girl, call girl, whore, harlot, slut, street-walker

~ ਵਰਗਾ *adj.m.* whorish, lewd, meretricious

~ ਵ੍ਰਿਤੀ *n.f.* whorishness, lewdness, meretriciousness

ਵੇਸਵਾਪਣ [vesvapəṇ] *n.m.* prostitution, harlotry

ਵੇਹੜਾ [véṛa] *n.m.* same as ਵੇੜ੍ਹਾ

ਵੇਖ [vekh] *v.form.* nominative/imperative of ਵੇਖਣਾ, see, look

~ ਭਾਲ਼ ਕੇ *adv.* cautiously, watchfully, with eyes open, circumspectly, discreetly, carefully

ਵੇਖਣਾ [vekhṇa] *v.i.t.* same as ਦੇਖਣਾ

ਵੇਖਣੀ [vekhṇi] *n.f.* glance, look, gaze

ਵੇਗ [veg] *n.m.* speed, velocity; rapidity, impulse, excitation; sexual excitement *esp.* in female animals, heat, rut, oestrus

~ ਵਿਚ ਆਉਣਾ/~ ਹੋਣਾ *ph.* to rut, be in heat

ਵੇਗਮਈ [vegməi] *adj.* arousing ਵੇਗ, ostragenic

ਵੇਗਵਾਨ [vegvan] *adj.* in ਵੇਗ, rutting, sexually excited, ostrous

ਵੇਚ [vec] *v.form.* imperative of ਵੇਚਣਾ, sell

~ ਮੁੱਲ *n.m.* selling price

~ ਵੱਟ ਕੇ *adv.* having disposed of, sold, traded or bartered

ਵੇਚਣਯੋਗ [vecəṇyog] *adj.* saleable, vendible

ਵੇਚਣ ਵਾਲ਼ਾ [vəcəṇ vala] *n.m.&adj.* seller, vendor

ਵੇਚਣਾ [vecəṇa] *v.t.* to sell, vend, peddle, dispose of through sale

ਵੇਟ[1] [veṭ] *v.form. & n.m.* wait

~ ਕਰਨਾ *con.v.* to wait, await

ਵੇਟ[2] *n.m.* weight

ਵੇਤਨ [vetən] *n.m.* same as ਤਨਖ਼ਾਹ

ਵੇਤਨਮਾਨ [vetənman] *n.m.* pay-scale

ਵੇਤਾ [vetta] *adj.* knower, knowledgeable, learned

ਵੇਦ [ved] *n.m.* any of the four ancient Hindu scriptures, the Vedas

ਵੇਦਨਾ [vedna] *n.f.* mental pain, agony, grief, sorrow; distress, affliction

ਵੇਦਨਾਮਈ [vednaməi] *adj.* painful, agonising, grievous, sorrowful, distressing

ਵੇਦਾਂਤ [vedãt] *n.m.* a system of Hindu philosophy, Vedant

ਵੇਦਾਂਤੀ [vedãti] *adj.* vedantic, vedantist

ਵੇਦੀ[1] [vedi] *n.f.* altar for solemnising Hindu marriage

ਵੇਦੀ[2] *n.m. & adj.* see ਬੇਦੀ[1]

ਵੇਰ [ver] *n.f.* same as ਵਾਰ[3]

ਵੇਰਵਾ [verva] *n.m.* detail, particulars, description, minutiae

ਵੇਰਵੇ ਸਹਿਤ *adj. & adv.* detailed, in detail

ਵੇਰ੍ਹਨਾ [vérna] *n.f.* same as ਵਿਹਰਨਾ

ਵੇਲ[1] [vel] *n.f.* same as ਵੱਲ[1]; decorative linear floral pattern in painting, embroidery, etc., tracery; money individually given to traditional singers and entertainers as a mark of appreciation; see ਬੇਲ[3]; whale, *Physeter catodon*

~ ਬੂਟੇ *n.m. pl.* same as ਬੇਲ ਬੂਟੇ

ਵੇਲ[2] *v.form.* imperative of ਵੇਲਣਾ, gin, roll

ਵੇਲਣ [velən̩] *n.m.*, the act or process of ginning or rolling; also ਵੇਲਨ

ਵੇਲਣਾ [velṇa] *v.t.* to gin (cotton by a hand-operated contraption; to roll (dough) into loaves;

ਵੇਲ੍ਹਨਾ [veḷ na] *n.m.* hand-operated ginning machine; rolling pin, cylindrical piece of wood, stone or metal with grips at both ends used to roll dough into loaves; sugarcane-crusher

ਵੇਲਦਾਰ [veldar] *adj.* creeper-like, linear, floral (design); printed, painted or embroidered in such designs

ਵੇਲ੍ਹ [vél] *n.m.* same ás ਵਿਹਲ, leisure

ਵੇਲ਼ਾ [veḷa] *n.m.* time; occasion; opportunity

~ ਕੁਵੇਲ਼ਾ *n.m.* old or late hour, suitable or unsuitable occasion

~ ਖੁੰਝਾ ਦੇਣਾ *ph.* to miss the bus, to let an opportunity slip away

~ ਟਪਾਊ *adj.* same as ਝੱਟ ਟਪਾਊ

~ ਵਕਤ *n.m.* proper, suitable ਵੇਲ਼ਾ

ਵੇਲ਼ੇ ਸਿਰ *adv.* timely, opportunely, in time, in good time

ਵੇੜ੍ਹ [véṛ] *n.m.* encirclement, enclosed space, enclosure, compound, fold; *v.form.* imperative of ਵੇੜ੍ਹਨਾ, encircle, hem in, fold

ਵੇੜ੍ਹਨਾ [véṛna] *v.t.* to encircle, enclose, collect (scattered animals), hem in fold

ਵੇੜ੍ਹਵਾਂ [véṛvã] *adj.m.* encircling, enclosing

ਵੇੜ੍ਹਾ [véṛa] *n.m.* compound, ourtyard; patio

ਵੈਸ਼ [vɛṣ] *n.m.* one of the four Hindu castes comprising agriculturist and commercial classes

ਵੈਸ਼ਨਵ [vɛṣnəv] *adj.* worshipper of the Hindu god Vishnu, Vaishnavite

ਵੈਸ਼ਨੂੰ [vɛṣnũ] *adj.* same as *prec.*; vegetarian; aslo ਵੈਸ਼ਨੋ

ਵੈਸਲੀਨ [vɛslin] *n.f.* vaseline,

ਵੈਸਾ [vɛsa] *adj.m.* like that, such as that, similar to that; *cf.* ਐਸਾ

ਵੈਸਾਖ [vɛsakh] *n.m.* same as ਵਸਾਖ

ਵੈਸੇ [vɛse] *adv.* that way, in that manner; in fact, as a matter of fact; otherwise

ਵੈਸ਼ੇਸ਼ਕ [vɛṣeṣək] *n.m.* one of the six schools of classical Hindu philosophy

ਵੈਂਗਣ [vɛ̃gən̩] *n.m.* same as ਬੈਂਗਣ, brinjal

ਵੈਗਨ [vɛgən] *n.f.* wagon

ਵੈਣ[1] [vɛṇ] *n.m.* dirge, funeral song, threnody; unrhymed phrases uttered individually and in unison by wailing women recounting the virtues of the deceased as well as own sorrows

~ ਪਾਉਣੇ *con.v.* to wail loudly uttering ਵੈਣ

ਵੈਣ[2] *n.f.* van, covered light vehicle, van

ਵੈਣਾ [vɛṇa] *v.i. dia.* see ਜਾਣਾ, to go

ਵੈਤਰਨੀ [vɛtərni] *n.f. Lethe, Styx* in Hindu mythology

ਵੈਦ [vɛd] *n.m.* physician, practitioner of Ayurvedik system of medicine

ਵੈਦਗੀ [vɛdgi] *n.f.* profession of ਵੈਦ; treatment by a ਵੈਦ

ਵੈਦਿਕ [vɛdɪk] *adj.* pertaining to Vedas, Vedic

~ ਕਾਲ *n.m.* the Vedic age

ਵੈਰ [vɛr] *n.m.* enmity, hostility, animosity, animus, antagonism, rancour, ill will; feud, vendetta

~ ਭਾਵ *n.m.* feeling of ਵੈਰ, ill will, rancour

~ ਵਿਰੋਧ *n.m.* same as ਵੈਰ

ਵੈਰਾਨ [vɛran] *adj.* same as ਵੀਰਾਨ

ਵੈਰੀ [vɛri] *n.m. & adj.* enemy, foe, antagonist; feudist, *fem.* ਵੈਰਨ

ਵੈਲ [vɛl] *n.m.* bad or base habit or addiction, vice, depravity, lewdness; *dia.* voile

ਵੈਲਕਮ [vɛlkəm] *n.m.* welcome

~ ਕਰਨਾ *con.v.* to welcome

ਵੈਲਡਰ [vɛldər] *n.m.* welder

ਵੈਲਡਿੰਗ [vɛldĩg] *n.m.* welding

~ ਕਰਨਾ *con.v.* to weld

ਵੈਲੀ [vɛli] *adj. & n.m.* a bad character, depraved, lewd, degenerate, profligate; loafer, dandy, fop, foppish

ਵੈੜਾ [vɛra] *adj.m.* same as ਬੈੜਾ, churlish, wicked

ਵੋਟ [voṭ] *n.m.* vote; ballot; polling

~ ਦਾ ਅਧਿਕਾਰ *ph.* right to vote, franchise

~ ਦਾ ਅਧਿਕਾਰ ਖੋਹਣਾ *ph.* to disenfranchise

~ ਦਾ ਅਧਿਕਾਰ ਦੇਣਾ *ph.* to enfranchise

~ ਦੇਣਾ/~ ਪਾਉਣਾ *con.v.* to vote (for), to cast vote, to exercise one's right to vote

ਵੋਟਰ [voṭər] *n.m.* voter

~ ਸੂਚੀ *n.f.* voter's list, list of voters

~ ਪਰਚੀ *n.f.* ballot paper, ballot

ੜ

ੜ [ṛara] *n.m.* thirty-fifth letter of Gurmukhi script representing the retroflex flap consonant [ṛ]

ੜਾੜ [raṛ] *n.f.* same as ਰਾੜ'

ੜਾੜਾ [ṛaṛa] *n.m.* the letter 'ੜ'

PRONUNCIATION KEY

IPA symbol	*Gurmukhi Symbol*		*As used in word*	*Transcription in IPA*
Vowels				
ə	ਅ		ਅਟੱਲ	əṭəll
a	ਆ	ਾ	ਸਾਤਾ	sat*a*
ɪ	ਇ	ਿ	ਕਿਸ	k*ɪ*s
i	ਈ	ੀ	ਗੀਤ	g*i*t
ʊ	ਉ	ੁ	ਕੁੱਤਾ	k*ʊ*tta
u	ਊ	ੂ	ਜੂਠ	j*u*ṭh
e	ਏ	ੇ	ਦੇਗ	d*e*g
ɛ	ਐ	ੈ	ਨੈਣ	n*ɛ*ṇ
o	ਓ	ੋ	ਪੋਟਾ	poṭṭa
ɔ	ਔ	ੌ	ਰੌਲ਼ਾ	rɔḷa
Consonants				
s	ਸ		ਸਨੇਹ	*s*əné
ṣ	ਸ਼		ਸ਼ਬਦ	*ṣ*əbəd
h	ਹ		ਹਿੱਸਾ	*h*ɪssa
k	ਕ		ਕਿਤੇ	*k*ɪte
kh	ਖ		ਖਜਾਂਨਾ	*kh*əjana
x	ਖ਼		ਖ਼ੁਦਾ	*x*ʊda
g	ਗ		ਗਰਮ	*g*ərəm
g̣	ਗ਼		ਬਾਗ਼	ba*g̣*
k/g	ਘ		ਘੱਟਾ/ਸੰਘ	*k*ə̀ṭṭa/sə̃́*g*
c	ਚ		ਸੱਚ	sə*cc*
ch	ਛ		ਕੁੱਛੜ	kʊ*ch*əṛ
j	ਜ		ਚੱਜ	cə*jj*
z	ਜ਼		ਬਜ਼ਾਰ	bəzar
c/j	ਝ		ਝਸ/ਕੁਝ	*c*ə̀s/kú*j*
ṭ	ਟ		ਟੇਕ	*ṭ*ek
ṭh	ਠ		ਠੱਗ	*ṭh*əgg
ḍ	ਡ		ਲੰਡਾ	lə̃*ḍ*a
ṭ/ḍ	ਢ		ਢੱਕ/ਨੱਢੀ	*ṭ*ə̀kk/nə*ḍḍ*i
ṇ	ਣ		ਖਾਣਾ	kha*ṇ*a
t	ਤ		ਕਰਤਾ	kər*t*a